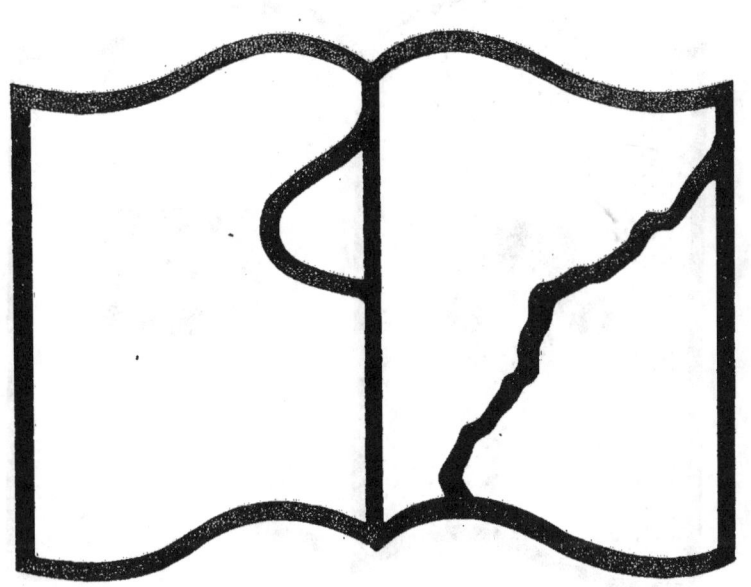

Texte détérioré — reliure défectueuse

NF Z 43-120-11

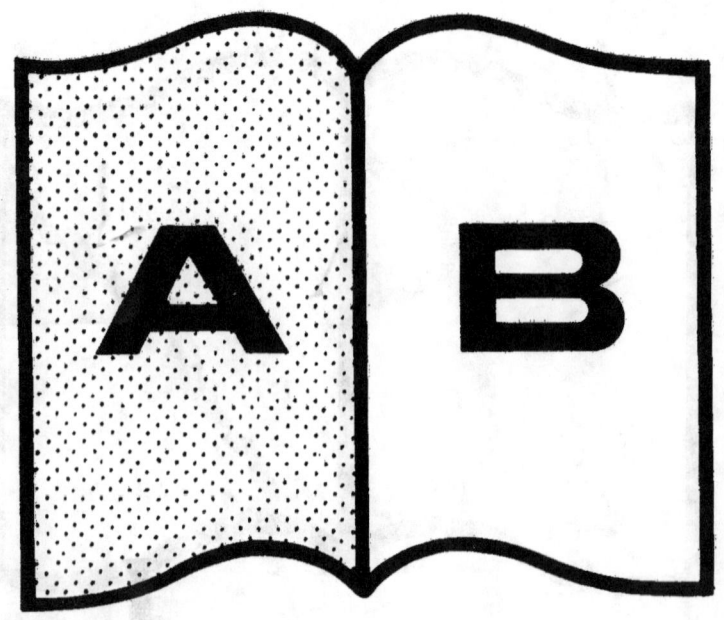

Contraste insuffisant
NF Z 43-120-14

Les Mystères du Peuple

par Eugène Süe

HISTOIRE DES PAPES

Mystères d'iniquités de la Cour de Rome

MEURTRES, EMPOISONNEMENTS, PARRICIDES, ADULTÈRES, INCESTES, DÉBAUCHES ET TURPITUDES DES PONTIFES ROMAINS

Depuis saint Pierre jusqu'à nos jours

CRIMES DES ROIS, DES REINES ET DES EMPEREURS

Par MAURICE LACHATRE

SPLENDIDE ÉDITION A DEUX COLONNES, FORMAT GRAND IN-4°, IMPRIMÉE SUR PAPIER VÉLIN GLACÉ

Illustrée d'environ 600 gravures, chefs-d'œuvre de l'art moderne

REPRÉSENTANT LES SCÈNES LES PLUS ÉMOUVANTES DE L'OUVRAGE ET LES VUES DES PRINCIPALES VILLES D'ITALIE

Chaque série, composée de 5 livraisons : 50 centimes

OUVRAGE COMPLET EN 54 SÉRIES OU 3 VOLUMES BROCHÉS. PRIX : 27 FR.

Collection spéciale de 50 gravures sur acier hors du texte. Prix : 5 francs

---

HISTOIRE DE LA BASTILLE

Depuis sa fondation jusqu'à sa destruction
1374-1789

SES MYSTÈRES, SES CACHOTS, LA CHAMBRE DES TORTURES, LES PRISONNIERS, LES GOUVERNEURS
LES VICTIMES ET LES BOURREAUX, AVENTURES DRAMATIQUES, RÉVÉLATIONS SCANDALEUSES, VIOLS
TURPITUDES ET DÉBAUCHES, ÉVASIONS CÉLÈBRES, ARCHIVES SECRÈTES DE LA POLICE

PAR

A. ARNOULT, ALBOIZE, A. MAQUET

L'ouvrage illustré de magnifiques gravures intercalées dans le texte, imprimé sur beau papier glacé, format grand in-4°, comprenant 800 pages de texte, à deux colonnes. Prix : 6 fr.

LES MYSTÈRES DU CONFESSIONNAL

I. **Manuel des Confesseurs**, livre secret des prêtres, par Mgr Bouvier, évêque du Mans . . . . Prix : **2 fr.** »
  Même ouvrage in-18. . . . . Prix : **2 fr.** »
II. **La Clé d'Or**, par Mgr Claret, archevêque de Cuba. **Le Traité de Chasteté**, par Louvel, vicaire général . . . . Prix : **2 fr.** »
  Même ouvrage, in-18 . . . . Prix : **2 fr.** »
III. **Le Péché de Sœur Cunégonde**, format in-4°, illustré, par Hector France. . Prix : **2 fr.** »
  Même ouvrage, in-18 . . . . Prix : **3 fr. 50**
IV. **Le Presbytère maudit, ou Marie Queue-de-Vache**, par Hector France.
  Edition illustrée . . . . Prix : **2 fr.** »
  Même ouvrage, in-18 . . . . Prix : **3 fr.** »
V. **Le Roman du Curé**, in-18, par Hector France. . . . . Prix : **3 fr. 50**
VI. **La Guerre des Dieux. — Les Galanteries de la Bible. — Le Christ au Vatican** . . . . Prix : **0 fr. 75**
VII. **Histoire de l'Inquisition** . . . . Prix : **0 fr. 50**

LES
MYSTÈRES DU PEUPLE

PAR

EUGÈNE SÜE

LIBRAIRIE DU PROGRÈS
DIRECTEUR : MAURICE LACHATRE

PARIS — 11, rue Bertin-Poirée, 11 — PARIS

DIX CENTIMES la livraison de huit pages de texte — Une série de cinq livraisons par semaine. Prix : 50 centimes

NOUVEAU
DICTIONNAIRE UNIVERSEL
PANTHÉON LITTÉRAIRE ET ENCYCLOPÉDIE ILLUSTRÉE
Par MAURICE LACHATRE
AVEC LE CONCOURS DE SAVANTS, D'ARTISTES ET D'HOMMES DE LETTRES
Deux magnifiques volumes grand in-4° à trois colonnes
ILLUSTRÉS D'ENVIRON 2,000 SUJETS GRAVÉS SUR BOIS, INTERCALÉS DANS LE TEXTE

Chaque livraison contient 95,768 lettres, c'est-à-dire la matière de la moitié d'un volume in-8°. — Prix : **10** centimes.
Cette Œuvre, la plus gigantesque des entreprises littéraires de notre époque, renferme l'analyse
des 400,000 ouvrages qui existent dans les Bibliothèques nationales
et peut être considérée à bon droit comme le plus vaste répertoire des connaissances humaines.

Le NOUVEAU DICTIONNAIRE UNIVERSEL est le plus complet et le plus progressif de tous les Dictionnaires, le seul qui embrasse dans ses développements tous les Dictionnaires spéciaux.

Ouvrage complet en 400 livraisons à **10** centimes, ou 80 séries à **50** centimes, ou broché en deux volumes. Prix : **40** fr.
L'édition populaire — imprimée sur papier ordinaire — brochée en deux volumes. Prix : **24** fr.
On devra ajouter **12** fr. pour la reliure de l'édition de luxe, ou **8** fr. pour la reliure de l'édition populaire.

En préparation :
COMPLÉMENTS DU DICTIONNAIRE UNIVERSEL

GRAMMAIRE MAGISTRALE
ILLUSTRÉE
DE LA LANGUE FRANÇAISE
ET
COURS DE LITTÉRATURE
PAR
Maurice LACHATRE

L'ouvrage — format in-4° — magnifiquement illustré, est publié par séries de cinq livraisons au prix de **50** cent. la série.
L'ouvrage complet en 120 livraisons.

SUPPLÉMENT
AU
Dictionnaire Universel
PAR ORDRE ALPHABÉTIQUE & CHRONOLOGIQUE
avec illustrations dans le texte
faisant suite à tous les lexiques français et les complétant
Par MAURICE LACHATRE

L'ouvrage sera publié par séries de trois livraisons
Prix de la série : **50** centimes.

HISTOIRE DE LA RÉVOLUTION FRANÇAISE
PAR
LOUIS BLANC
Splendide Édition à deux colonnes, format grand in-4° raisin

Imprimée sur papier vélin glacé, illustrée de 600 gravures, chefs-d'œuvre de l'art moderne,
de la collection Ch. LAHURE et ARMENGAUD, ayant coûté plus de cinq cent mille francs
L'ouvrage est publié en séries de CINQ livraisons, au prix de CINQUANTE centimes chaque série
OUVRAGE COMPLET EN 207 LIVRAISONS A 10 CENTIMES
ou 42 séries à 50 centimes, ou broché en deux beaux volumes

L'édition populaire — reproduction exacte de l'édition de luxe, mais imprimée sur papier ordinaire — brochée en deux volumes, coûte **15** francs l'ouvrage complet.
Si on désire l'ouvrage relié en deux volumes, pour l'édition de luxe, on devra ajouter **10** francs et, pour l'édition populaire, en un seul volume, **6** francs.

LES MYSTÈRES DU PEUPLE

Gildas Pakou et Jeanike — Breton et Bretonne (page 7)

INTRODUCTION

LE CASQUE DE DRAGON. — L'ANNEAU DU FORÇAT OU LA FAMILLE LEBRENN

CHAPITRE PREMIER

Comment, en février 1848, M. Marik Lebrenn, marchand de toile rue Saint-Denis, avait pour enseigne : *A l'Epée de Brennus.* — Des choses extraordinaires que Gildas Pakou, garçon de magasin, remarqua dans la maison de son patron. — Comment, à propos d'un colonel de dragons, Gildas Pakou raconte à Jeanike, la fille de boutique, une terrible histoire de trois moines rouges, vivant il y a près de mille ans. — Comment Jeanike répond à Gildas que le temps des moines rouges est passé et que le temps des *omnibus* est venu. — Comment Jeanike, qui faisait ainsi l'esprit fort, est non moins épouvantée que Gildas Pakou.

Le 23 février 1848, époque à laquelle la France depuis plusieurs jours et Paris surtout depuis la veille étaient profondément agités par la question des banquets réformistes, l'on

1re livraison

voyait, rue Saint-Denis, non loin du boulevard, une boutique assez vaste surmontée de cette enseigne :

LEBRENN, MARCHAND DE TOILE
A L'ÉPÉE DE BRENNUS

En effet, un tableau assez bien peint représentait ce trait si connu dans l'histoire, le chef de l'armée gauloise, *Brennus*, d'un air farouche et hautain, jetait son épée dans l'un des plateaux de la balance où se trouvait la rançon de Rome, vaincue par nos pères les Gaulois, il y a deux mille ans et plus.

On s'était autrefois beaucoup diverti, dans le quartier Saint-Denis, de l'enseigne belliqueuse du marchand de toile ; puis l'on avait oublié l'enseigne, pour reconnaître que M. Marik Lebrenn était le meilleur homme du monde, bon époux, bon père de famille, qu'il vendait à juste prix d'excellentes marchandises, entre autres de superbe toile de Bretagne, tirée de son pays natal. Ce digne commerçant payait régulièrement ses billets, se montrait avenant et serviable envers tout le monde, remplissait, à la grande satisfaction de ses *chers camarades*, les fonctions de capitaine en premier de la compagnie de grenadiers de son bataillon, dans la garde nationale ; aussi était-il généralement fort aimé dans son quartier, dont il pouvait se dire un des *notables*.

Or donc, par une assez froide matinée, le 23 février, les volets du magasin de toile furent, selon l'habitude, enlevés par le garçon de boutique, aidé de la servante, tous deux Bretons, comme leur patron, M. Lebrenn, qui prenait toujours ses serviteurs, commis ou domestiques, dans son pays.

La servante, fraîche et jolie fille de vingt ans, s'appelait *Jeanike*. Le garçon de magasin, nommé *Gildas Pakou*, jeune et robuste gars du pays de Vannes, avait une figure candide et un peu étonnée, car il n'habitait Paris que depuis deux jours ; il parlait très suffisamment français, mais dans ses entretiens avec Jeanike, *sa payse*, il préférait employer le bas breton, l'ancienne langue gauloise, ou peu s'en faut, que parlaient nos pères avant la conquête des Gaules par César.

Nous traduirons en français l'entretien des deux commensaux de la maison Lebrenn.

Gildas Pakou semblait pensif, quoiqu'il s'occupât de transporter à l'intérieur de la boutique les volets du dehors ; il s'arrêta même un instant au milieu du magasin, d'un air profondément absorbé, les deux bras et le menton appuyés sur la carre de l'un des contrevents qu'il venait de décrocher.

— Mais à quoi pensez-vous donc, Gildas ? lui dit Jeanike.

— Ma fille, répondit-il d'un air méditatif et presque comique, vous rappelez-vous la chanson du pays : *Geneviève de Rustefan* ?

— Certainement, j'ai été bercée avec cela, elle commence ainsi :

Quand le petit Jean gardait ses moutons,
Il ne songeait guère à être prêtre.

— Eh bien ! Jeanike, je suis comme le petit Jean... Quand j'étais à Vannes, je ne songeais guère à ce que je verrais à Paris.

— Et que voyez-vous donc à Paris de si surprenant, Gildas ?

— Tout, Jeanike...

— Vraiment !

— Et bien d'autres choses encore !

— C'est beaucoup.

— Écoutez plutôt. Ma mère m'avait dit : « Gildas, monsieur Lebrenn, notre compa« triote, à qui je vends la toile que nous tissons « aux veillées, te prend pour garçon de ma« gasin. C'est une maison du bon Dieu. Toi, « qui n'es guère hardi ni coureur, tu seras « là aussi tranquille qu'ici, dans notre petite « ville ; car la rue Saint-Denis de Paris, où « demeure ton patron, est une rue habitée par « d'honnêtes et paisibles marchands. » — Eh bien ! Jeanike, pas plus tard qu'hier soir, le second jour de mon arrivée, n'avez-vous pas entendu comme moi ces cris : « Fermez les boutiques ! fermez les boutiques ! ! ! » Avez-vous vu ces patrouilles, ces tambours, ces rassemblements d'hommes qui allaient et venaient en tumulte ? Il y en avait dont les figures étaient terribles avec leurs longues barbes... J'en ai rêvé, Jeanike ! j'en ai rêvé !

— Pauvre Gildas !

— Et si ce n'était que cela !

— Quoi encore ? Avez-vous quelque chose à reprocher au patron ?

— Lui ! c'est le meilleur homme du monde... J'en suis sûr, ma mère me l'a dit.

— Et madame Lebrenn ?

— Chère et digne femme ! elle me rappelle ma mère pour la douceur.

— Et mademoiselle ?

— Oh ! pour celle-là, Jeanike, on peut dire d'elle ce que dit la chanson des *Pauvres* :

Votre maîtresse est belle et pleine de bonté.
Et comme elle est jolie elle est aimable aussi.
Et c'est par là qu'elle est venue à bout de gagner tous les
[cœurs.

— Ah ! Gildas, que j'aime à entendre ces chants du pays ! Celui-là semble être fait pour mademoiselle Velléda, et je...

— Tenez, Jeanike, dit le garçon de magasin en interrompant sa compagne, vous me demandez pourquoi je m'étonne..... Est-ce un nom chrétien que celui de mademoiselle, dites ? *Velléda !* Qu'est-ce que ça signifie ?

— Que voulez-vous ! c'est une idée de monsieur et de madame.

— Et leur fils, qui est retourné hier à son école de commerce ?
— Eh bien ?
— Quel autre nom du diable a-t-il aussi celui-là ? On a toujours l'air de jurer en le prononçant. Ainsi, dites-le, ce nom, Jeanike. Voyons, dites-le.
— C'est tout simple : le fils de notre patron s'appelle Sacrovir.
— Ah ! ah ! j'en étais sûr ! Vous avez eu l'air de jurer... Vous avez dit *Sacrrrrovir*.
— Mais non, je n'ai pas fait ronfler les *r* comme vous.
— Ils ronflent assez d'eux-mêmes, ma fille... Enfin, est-ce un nom ?
— C'est encore une idée de monsieur et de madame...
— Bon. Et la porte verte ?
— La porte verte ?
— Oui, au fond de l'appartement. Hier, en plein midi, j'ai vu monsieur le patron entrer là avec une lumière.
— Naturellement, puisque les volets restent toujours fermés...
— Vous trouvez cela naturel, vous, Jeanike ? Et pourquoi les volets sont-ils toujours fermés ?
— Je n'en sais rien ; c'est encore...
— Une idée de monsieur et de madame, allez-vous me dire, Jeanike ?
— Certainement.
— Et qu'est-ce qu'il y a dans cette pièce où il fait nuit en plein midi ?
— Je n'en sais rien, Gildas. Madame et monsieur y entrent seuls ; leurs enfants, jamais.
— Et tout cela ne vous semble pas très-surprenant, Jeanike !
— Non, parce que j'y suis habituée ; aussi vous ferez comme moi.

Puis, s'interrompant après avoir regardé dans la rue, la jeune fille dit à son compagnon :
— Avez-vous vu ?
— Quoi ?
— Ce dragon...
— Un dragon, Jeanike !
— Oui ; et je vous en prie, allez donc regarder s'il se retourne... du côté de la boutique ; je m'expliquerai plus tard. Allez vite... vite !
— Le dragon ne s'est point retourné, répondit naïvement Gildas. Mais que pouvez-vous avoir de commun avec les dragons ?
— Rien du tout, Dieu merci ; mais ils ont leur caserne ici près...
— Mauvais voisinage pour les jeunes filles que ces hommes à casque et à sabre, dit Gildas d'un ton sentencieux, mauvais voisinage. Cela me rappelle la chanson de *la Demande*.

J'avais une petite colombe dans mon colombier ;
Et voilà que l'épervier est accouru comme un coup de vent ;
Et il a effrayé ma petite colombe, et l'on ne sait ce qu'elle
[est devenue.

Comprenez-vous Jeanike ? Les colombes, ce sont les jeunes filles, et l'épervier...
— C'est le dragon... Vous ne croyez peut-être pas si bien dire, Gildas.
— Comment, Jeanike ! vous seriez-vous aperçue que le voisinage des éperviers... c'est-à-dire des dragons, vous est malfaisant ?
— Il ne s'agit pas de moi.
— De qui donc ?
— Tenez, Gildas, vous êtes un digne garçon ; il faut que je vous demande un conseil. Voici ce qui est arrivé : Il y a quatre jours, mademoiselle, qui ordinairement se tient toujours dans l'arrière-boutique, était au comptoir pendant l'absence de madame et de monsieur Lebrenn ; j'étais à côté d'elle ; je regardais dans la rue, lorsque je vois s'arrêter devant nos carreaux un militaire.
— Un dragon ? un épervier de dragon ? hein, Jeanike ?
— Oui ; mais ce n'était pas un soldat ; il avait de grosses épaulettes d'or, une aigrette à son casque ; ce devait être au moins un colonel. Il s'arrête donc devant la boutique et se met à regarder.

L'entretien des deux compatriotes fut interrompu par la brusque arrivée d'un homme de quarante ans environ, vêtu d'un habit-veste et d'un pantalon de velours noir, comme sont ordinairement vêtus les mécaniciens des chemins de fer. Sa figure énergique était à demi couverte d'une épaisse barbe brune ; il paraissait inquiet, et entra précipitamment dans le magasin en disant à Jeanike :
— Mon enfant, où est votre patron ? Il faut que je lui parle à l'instant ; allez, je vous prie, lui dire que Dupont le demande... Vous vous rappellerez bien mon nom, Dupont ?
— Monsieur Lebrenn est sorti ce matin au tout petit point du jour, monsieur, reprit Jeanike, et il n'est pas encore rentré.
— Mille diables !... *Il y serait donc allé*, alors ? se dit à demi-voix le nouveau venu.

Il allait quitter le magasin aussi précipitamment qu'il y était entré, lorsque, se ravisant et s'adressant à Jeanike :
— Mon enfant, dès que M. Lebrenn sera de retour, dites-lui d'abord que Dupont est venu.
— Bien, monsieur.
— Et que si, lui, monsieur Lebrenn... ajouta Dupont en hésitant comme quelqu'un qui cherche une idée ; puis, l'ayant sans doute trouvée, il ajouta couramment : Dites à votre patron que s'il n'est pas allé ce matin visiter *sa provision de poivre*, vous entendez bien, *sa provision de poivre*, il n'y aille pas avant d'avoir vu Dupont... Vous vous rappellerez cela, mon enfant ?
— Oui, monsieur... Cependant, si vous vouliez écrire à monsieur Lebrenn ?

— Non pas, dit vivement Dupont; c'est inutile... dites-lui seulement...

— De ne pas aller visiter sa provision de poivre avant d'avoir vu monsieur Dupont, reprit Jeanike. Est-ce bien cela, monsieur?

— Parfaitement, dit-il. Au revoir, mon enfant. Et il disparut en toute hâte.

— Ah çà, mais, monsieur Lebrenn est donc aussi épicier, dit Gildas d'un air ébahi à sa compagne, puiqu'il a des provisions de poivre?

— En voici la première nouvelle.

— Et cet homme! il avait l'air tout ahuri, L'avez-vous remarqué? Ah! Jeanike, décidément c'est une étonnante maison que celle-ci.

— Vous arrivez du pays, vous vous étonnez d'un rien... Mais laissez-moi achever mon histoire de dragon.

— L'histoire de cet épervier à épaulettes d'or et à aigrette sur son casque, qui s'était arrêté à vous regarder à travers les carreaux, Jeanike?

— Ce n'est pas moi qu'il regardait.

— Et qui donc?

— Mademoiselle Velléda.

— Vraiment?

— Mademoiselle était occupée à coudre; elle ne voyait pas que ce militaire la dévorait des yeux. Moi, j'étais si honteuse pour elle, que je n'osais l'avertir qu'on la regardait ainsi.

— Ah! Jeanike, cela me rappelle une chanson que...

— Laissez-moi donc achever mon récit, Gildas; vous me direz ensuite votre chanson si vous le voulez. Ce militaire...

— Cet épervier...

— Soit... Était donc là, regardant mademoiselle de tous ses yeux.

— De tous ses yeux d'épervier, Jeanike.

— Mais laissez-moi donc terminer. Voilà que mademoiselle s'aperçoit de l'attention dont elle était l'objet; alors elle devient rouge comme une cerise, me dit de garder le magasin, et se retire dans l'arrière-boutique. Ce n'est pas tout: le lendemain, à la même heure, le colonel revient, mais en bourgeois cette fois, et le voilà encore aux carreaux. Mais madame était au comptoir, et il ne resta pas longtemps en faction. Avant-hier encore, il est revenu sans pouvoir apercevoir mademoiselle. Enfin, hier, pendant que madame Lebrenn était à la boutique, il est entré et lui a demandé, très poliment d'ailleurs, si elle pourrait lui faire une grosse fourniture de toile. Madame a répondu affirmativement, et il a été convenu que ce colonel reviendrait aujourd'hui, pour s'entendre avec monsieur Lebrenn au sujet de cette fourniture.

— Et croyez-vous, Jeanike, que madame ait remarqué que ce militaire soit venu regarder plusieurs fois à travers les carreaux?

— Je l'ignore, Gildas, et je ne sais si je dois en prévenir madame. Tout à l'heure je vous ai prié d'aller voir si ce dragon ne se retournait pas, parce que je craignais qu'il ne fût chargé de nous épier... Heureusement il n'en est rien. Maintenant, me conseillez-vous d'avertir madame, ou de ne rien dire? Parler, c'est peut-être l'inquiéter; me taire, c'est peut-être un tort. Qu'en pensez-vous?

— M'est avis que vous devez prévenir madame; car elle se défiera peut-être de cette grosse fourniture de toile. Hum... hum...

— Je suivrai votre conseil, Gildas.

— Et vous ferez bien. Ah! ma chère fille... les hommes à casque...

— Bon, nous y voilà... votre chanson, n'est-ce pas?

— Elle est terrible, Jeanike! Ma mère me l'a cent fois contée à la veillée, comme ma grand'mère la lui avait contée, de même que la grand'mère de ma grand'mère...

— Allons, Gildas, dit Jeanike en riant et en interrompant son compagnon, de grand'mère en mère-grand', vous remonterez ainsi jusqu'à notre mère Ève...

— Certainement! Est-ce qu'au pays on ne se transmet pas de famille en famille des contes qui remontent...

— Qui remontent à des mille, à des quinze cents et plus, comme les contes de *Myrdin* et du *Baron de Jauioz*, avec lesquels j'ai été bercée. Je sais cela, Gildas.

— Eh bien, Jeanike, la chanson dont je vous parle à propos des gens qui portent des casques et rôdent autour des jeunes filles est effrayante, elle s'appelle LES TROIS MOINES ROUGES, dit Gildas d'un ton formidable, *les Trois Moines rouges*, OU LE SIRE DE PLOUERNEL.

— Comment dites-vous? reprit vivement Jeanike, frappée de ce nom... le sire de...

— Le sire de *Plouernel*.

— C'est singulier.

— Quoi donc?

— M. Lebrenn prononce quelquefois ce nom-là.

— Le nom du sire de *Plouernel*? et à propos de quoi?

— Je vous le dirai tout à l'heure; mais voyons d'abord la chanson des *Trois Moines rouges*, elle va m'intéresser doublement.

— Vous saurez, ma fille, que les moines rouges étaient des templiers, portant sabre et casque comme cet épervier de dragon.

— Bien; mais dépêchez-vous, car madame peut descendre et monsieur rentrer d'un moment à l'autre.

— Écoutez bien, Jeanike.

Et Gildas commença ce récit non précisément chanté, mais psalmodié d'un ton grave et mélancolique;

LES TROIS MOINES ROUGES

La victime des trois moines rouges (page 10)

« Je frémis de tous mes membres en voyant
« les douleurs qui frappent la terre.

« En songeant à l'évènement qui vient en-
« core d'arriver dans la ville de Kemper il y a
« un an. Katelik cheminait en disant son cha-
« pelet, quand trois moines rouges (templiers),
« armés de toutes pièces, la joignirent.

« Trois moines sur leurs grands chevaux
« bardés de fer de la tête aux pieds.

« — Venez avec nous au couvent, belle jeune
« fille ; là ni l'or ni l'argent ne vous manque-
« ront.

« — Sauf votre grâce, messeigneurs, ce n'est
« pas moi qui irai avec vous, dit Katelik ; j'ai
« peur de vos épées qui pendent à votre côté.
« Non, je n'irai pas, messeigneurs : on entend
« dire trop de vilaines choses sur vous.

« — Venez avec nous au couvent, jeune fille,
« nous vous mettrons à l'aise.

« — Non, je n'irai point au couvent. Sept
« jeunes filles de la campagne y sont allées,
« dit-on ; sept belles jeunes filles à fiancer, et
« elles n'en sont point sorties.

« — S'il y est entré sept jeunes filles, s'écria
« Gonthramm de Plouernel, un des moines
« rouges, vous serez la huitième.

« Et de la jeter à cheval et de s'enfuir rapi-
« dement vers leur couvent avec la jeune fille
« en travers à cheval, un bandeau sur la bou-
« che pour étouffer ses cris. »

— Ah ! la pauvre chère enfant ! s'écria Jeanike en joignant les mains. Et que va-t-elle
devenir dans ce couvent des moines rouges ?

— Vous allez le savoir, ma fille, dit en soupirant Gildas ; et il continua son récit :

« Au bout de *sept* ou *huit* mois, ou quelque
« chose de plus, les moines furent bien étonnés
« dans cette abbaye.

2e livraison

« — Que ferons-nous, mes frères, de cette « fille-ci, maintenant? se disaient-ils.

« — Enterrons-la ce soir sous le maître-« autel, où personne de sa famille ne viendra « la chercher. »

— Ah! mon Dieu! reprit Jeanike, ils l'avaient mise à mal, les bandits de moines, et ils voulaient s'en débarrasser en la tuant.

— Je vous le répète, ma fille, ces gens à casque et à sabre n'en font jamais d'autre, dit Gildas d'un ton dogmatique ; et il continua :

« Vers la chute du jour, voilà que tout le ciel « se fend : de la pluie, du vent, de la grêle, le « tonnerre le plus épouvantable. Un pauvre « chevalier, les habits trempés par la pluie, et « qui cherchait un asile, arriva devant l'église « de l'abbaye. Il regarde par le trou de la ser-« rure : il voit briller une petite lumière, et les « moines, qui creusaient sous le maître-autel, « et la jeune fille sur le côté, ses petits pieds « nus attachés ; elle se désolait et demandait « grâce.

« — Messeigneurs, au nom de Dieu, laissez-« moi la vie, disait-elle. J'errerai la nuit, je me « cacherai le jour.

« Mais la lumière s'éteignit peu après ; le « chevalier restait à la porte sans bouger, « quand il entendit la jeune fille se plaindre « du fond de son tombeau et dire : *Je voudrais « pour ma créature l'huile et le baptême*.

« Et le chevalier s'encourut à Kemper chez le comte-évêque.

« — Monseigneur l'évêque de Cornouailles, « éveillez-vous bien vite, lui dit le chevalier. « Vous êtes là dans votre lit, couché sur la « plume molle, et il y a une jeune fille qui « gémit au fond d'un trou de terre dure, requé-« rant pour sa créature l'huile et le baptême, « et l'extrême-onction pour elle-même.

« On creusa sous le maître-autel par ordre « du seigneur comte, et au moment où l'évêque « arrivait on retira la pauvre jeune fille de sa « fosse profonde, avec son petit enfant endormi « sur son sein. Elle avait rongé ses deux bras ; « elle avait déchiré sa poitrine, sa blanche poi-« trine jusqu'à son cœur.

« Et le seigneur évêque, quand il vit cela, se « jeta à deux genoux, en pleurant sur la « tombe ; il y passa trois jours et trois nuits « en prières, et au bout des trois jours, tous « les moines rouges étant là, l'enfant de la « morte vint à bouger à la clarté des cierges, et « à ouvrir les yeux, et à marcher tout droit, « tout droit, aux trois moines rouges, et à par-« ler, et à dire : — C'est celui-ci *Gonthramm de « Plouernel!* »

— Eh bien! ma fille, dit Gildas en secouant la tête, n'est-ce pas là une terrible histoire? Que vous disais-je, que ces porte-casques rôdaient toujours autour des jeunes filles comme des éperviers ravisseurs! Mais, Jeanike... à quoi pensez-vous donc? Vous ne me répondez pas, vous voici toute rêveuse...

— En vérité, cela est très extraordinaire, Gildas. Ce bandit de moine rouge se nommait le sire de Plouernel?

— Oui.

— Souvent j'ai entendu monsieur Lebrenn parler de cette famille comme s'il avait à s'en plaindre, et dire en parlant d'un méchant homme : C'est donc un fils de Plouernel! comme on dirait : C'est donc un fils du diable!

— Étonnante... étonnante maison que celle-ci, reprit Gildas d'un air méditatif et presque alarmé. Voilà monsieur Lebrenn qui prétend avoir à se plaindre de la famille d'un moine rouge, mort depuis huit ou neuf cents ans... Enfin, Jeanike, le récit vous servira, je l'espère.

— Ah çà, Gildas, reprit Jeanike en riant, est-ce que vous vous imaginez qu'il y a des *moines rouges* dans la rue Saint-Denis, et qu'ils enlèvent les jeunes filles en omnibus?

Au moment où Jeanike prononçait ces mots, un domestique en livrée du matin entra dans la boutique et demanda M. Lebrenn.

— Il n'y est pas, dit Gildas.

— Alors, mon garçon, répondit le domestique, vous direz à votre bourgeois que le colonel l'attend ce matin, avant midi, pour s'entendre avec lui au sujet de la fourniture de toile dont il a parlé hier à votre bourgeoise. Voici l'adresse de mon maître, ajouta le domestique en laissant une carte sur le comptoir. Et surtout recommandez bien à votre patron d'être exact ; le colonel n'aime pas attendre.

Le domestique sorti, Gildas prit machinalement la carte, la lut, et s'écria en pâlissant :

— Par sainte Anne d'Auray! c'est à n'y pas croire...

— Quoi donc, Gildas?

— Lisez, Jeanike!

Et d'une main tremblante il tendit la carte à la jeune fille, qui lut :

LE COMTE GONTRAN DE PLOUERNEL,

COLONEL DE DRAGONS

18, rue de Paradis-Poissonnière.

— Étonnante... effrayante maison que celle-ci! répéta Gildas en levant les mains au ciel, tandis que Jeanike paraissait aussi surprise et presque aussi effrayée que le garçon de magasin.

CHAPITRE II

Comment et à propos de quoi le bonhomme Morin, dit *le Père la Nourrice*, manqua de renverser la soupe au lait que lui avait accommodée son petit-fils Georges Duchêne, ouvrier menuisier, ex-sergent d'infanterie légère. — Pourquoi M. Lebrenn, marchand de toile, avait pris pour enseigne de sa boutique *l'Epée de Brennus*. — Comment le petit-fils fit la leçon à son grand-père et lui apprit des choses dont le bonhomme ne se doutait point, entre autres que les Gaulois, nos pères, réduits en esclavage, portaient des colliers, ni plus ni moins que des chiens de chasse, et qu'on leur coupait parfois les pieds, les mains, le nez et les oreilles.

Pendant que les évènements précédents se passaient dans le magasin de M. Lebrenn, une autre scène avait lieu, presque à la même heure, au cinquième étage d'une vieille maison située en face de celle qu'occupait le marchand de toile.

Nous conduirons donc le lecteur dans une modeste petite chambre d'une extrême propreté : un lit de fer, une commode, deux chaises, une table au-dessus de laquelle se trouvaient quelques rayons garnis de livres ; tel était l'ameublement. A la tête du lit, on voyait suspendue à la muraille une espèce de trophée, composé d'un képi d'uniforme et de deux épaulettes de sous-officier d'infanterie légère, surmontant un congé de libération de service, encadré d'une bordure de bois noir. Dans un coin de la chambre, on apercevait, rangés sur une planche, divers outils de menuisier.

Sur le lit, on voyait une carabine fraîchement mise en état, et sur une petite table un moule à balles, un sac de poudre, une *forme* pour confectionner des cartouches, dont plusieurs paquets étaient déjà préparés.

Le locataire de ce logis, jeune homme d'environ vingt-six ans, d'une mâle et belle figure, portant la blouse de l'ouvrier, était déjà levé ; accoudé au rebord de la fenêtre de sa mansarde, il paraissait regarder attentivement la maison de M. Lebrenn, et particulièrement une des quatre fenêtres, entre deux desquelles était fixée la fameuse enseigne : *A l'Epée de Brennus*.

Cette fenêtre, garnie de rideaux très blancs et étroitement fermés, n'avait rien de remarquable, sinon une caisse de bois peint en vert, surchargée d'oves et de moulures soigneusement travaillées, qui garnissait toute la largeur de la baie de la croisée, et contenant quelques beaux pieds d'héliotropes d'hiver et de perce-neige en pleine floraison.

Les traits de l'habitant de la mansarde, pendant qu'il contemplait la fenêtre en question, avaient une expression de mélancolie profonde, presque douloureuse ; au bout de quelques instants, une larme, tombée des yeux du jeune homme, roula sur ses moustaches brunes.

Le bruit d'une horloge qui sonna la demie de sept heures tira Georges Duchêne (il se nommait ainsi) de sa rêverie ; il passa la main sur ses yeux encore humides, et quitta la fenêtre en se disant avec amertume :

— Bah ! aujourd'hui ou demain, une balle en pleine poitrine me délivrera de ce fol amour...

Dieu merci, il y aura tantôt une prise d'armes sérieuse, et du moins ma mort servira la liberté...

Puis, après un moment de réflexion, Georges ajouta :

— Et le grand-père... que j'oubliais !

Alors il alla chercher dans un coin de la chambre un réchaud à demi plein de braise allumée qui lui avait servi à fondre des balles, posa sur le feu un petit poêlon de terre rempli de lait, y émiça du pain blanc, et en quelques minutes confectionna une appétissante soupe au lait, dont une ménagère eût été jalouse.

Georges, après avoir caché la carabine et les munitions de guerre sous son matelas, prit le poêlon, ouvrit une porte pratiquée dans la cloison, et communiquant à une pièce voisine, où un homme d'un grand âge, d'une figure douce et vénérable, encadrée de longs cheveux blancs, était couché dans un lit beaucoup meilleur que celui de Georges. Ce vieillard semblait être d'une grande faiblesse ; ses mains amaigries et ridées étaient agitées par un tremblement continuel.

— Bonjour, grand-père, dit Georges en embrassant tendrement le vieillard. Avez-vous bien dormi cette nuit ?

— Assez bien, mon enfant.

— Voilà votre soupe au lait. Je vous ai fait un peu attendre.

— Mais non. Il y a si peu de temps qu'il est jour ! Je t'ai entendu te lever et ouvrir la fenêtre... il y a plus d'une heure.

— C'est vrai, grand-père... j'avais la tête un peu lourde... j'ai pris l'air de bonne heure.

— Cette nuit je t'ai entendu aller et venir dans ta chambre.

— Pauvre grand-père ! je vous aurai réveillé ?

— Non, je ne dormais pas... Mais, tiens, Georges, sois franc... tu as quelque chose.

— Moi ? pas du tout.

— Depuis plusieurs mois tu es tout triste, tu es pâli, changé à ne pas te reconnaître ; tu n'es plus gai comme à ton retour du régiment.

— Je vous assure, grand-père, que...

— Tu m'assures... tu m'assures... Je sais bien ce que je vois, moi... et pour cela, il n'y a pas à me tromper... j'ai des yeux de mère... va...

— C'est vrai, reprit Georges en souriant ; aussi c'est *grand'mère* que je devrais vous appeler... car vous êtes bon, tendre et inquiet pour moi, comme une vraie mère-grand'. Mais, croyez-moi, vous vous inquiétez à tort... Tenez, voilà votre cuillère... attendez que je mette la petite table sur votre lit... vous serez plus à votre aise.

Et Georges prit dans un coin une jolie petite table de bois de noyer, bien luisante, pareille à celles dont se servent les malades pour manger dans leur lit; et après y avoir placé l'écuelle de soupe au lait, il la mit devant le vieillard.

— Il n'y a que toi, mon enfant, pour avoir des prévenances pareilles, — lui dit le bonhomme.

— Ce serait bien le diable, grand-père, si en ma qualité de menuisier, je ne vous avais pas fabriqué cette table qui vous est utile.

— Oh! tu as réponse à tout... je le sais bien, — dit le vieillard.

Et il commença à manger d'une main si vacillante que deux ou trois fois sa cuillère se heurta contre ses dents.

— Ah! mon pauvre enfant, — dit-il tristement à son petit-fils... — vois donc comme mes mains tremblent; il me semble que cela augmente tous les jours.

— Allons donc, grand-père! il me semble, au contraire, que cela diminue...

— Oh non, va, c'est fini... bien fini... il n'y a pas de remède à cette infirmité.

— Eh bien, que voulez-vous! il faut en prendre votre parti...

— C'est ce que j'aurais dû faire depuis que ça dure, et pourtant je ne peux m'habituer à cette idée d'être infirme et à ta charge jusqu'à la fin de mes jours.

— Grand-père... grand-père, nous allons nous fâcher.

— Pourquoi aussi ai-je été assez bête pour prendre le métier de doreur sur métaux? Au bout de vingt ans, et souvent plus tôt, la moitié des ouvriers deviennent de vieux trembleurs comme moi; mais comme moi ils n'ont pas de petit-fils qui les gâte...

— Grand-père!

— Oui, tu me gâtes, je te le répète... tu me gâtes..

— C'est comme ça! eh bien, je vais joliment vous rendre la monnaie de votre pièce, c'est mon seul moyen d'*éteindre votre feu*, comme nous disait la théorie au régiment. Or donc, moi je connais un excellent homme, nommé le père Morin : il était veuf et avait une fille de dix-huit ans... Ce digne homme marie sa fille à un brave garçon, mais tapageur en diable, qui, un jour, reçoit un mauvais coup dans une rixe, de sorte qu'au bout de deux ans de mariage il meurt, laissant sa jeune femme avec un petit garçon sur les bras.

— Georges... Georges...

— La pauvre jeune femme nourrissait son enfant; la mort de son mari lui cause une telle révolution qu'elle meurt... et son petit garçon reste à la charge du grand-père.

— Mon Dieu, Georges! que tu es donc terrible! A quoi bon toujours parler de cela, aussi?

— Cet enfant, il l'aimait tant qu'il n'a pas voulu s'en séparer. Le jour, pendant qu'il allait à son atelier, une bonne voisine gardait le mioche: mais, dès que le grand-père rentrait, il n'avait qu'une pensée, qu'un cri... son petit Georges. Il le soignait aussi bien que la meilleure, que la plus tendre mère; il se ruinait en belles petites robes, en jolis petits bonnets, car il l'attifait à plaisir, et il en était très coquet de son petit-fils, le bon grand-père; tant et si bien que, dans la maison, les voisins, qui adoraient ce digne homme, l'appelaient *le père la Nourrice.*

— Mais, Georges...

— C'est ainsi qu'il a élevé cet enfant, qu'il a constamment veillé sur lui, subvenant à tous ses besoins, l'envoyant à l'école, puis en apprentissage, jusqu'à ce que...

— Eh bien, tant pis, — s'écria le vieillard d'un ton déterminé, ne pouvant se contenir plus longtemps. — puisque nous en sommes à nous dire nos vérités, j'aurai mon tour, et nous allons voir! D'abord, tu étais le fils de ma pauvre Georgine, que j'aimais tant : je n'ai donc fait que mon devoir... attrape d'abord ça...

— Et moi aussi, je n'ai fait que mon devoir.

— Toi?... Laisse-moi donc tranquille! — s'écria le vieillard en gesticulant violemment avec sa cuillère.— Toi! voilà ce que tu as fait... Le sort t'avait épargné au tirage pour l'armée...

— Grand-père... prenez garde!

— Oh! tu ne me feras pas peur!

— Vous allez renverser le poëlon, si vous vous agitez si fort.

— Je m'agite... parbleu! tu crois donc que je n'ai plus de sang dans les veines? Oui, réponds, toi qui parles des autres! Lorsque mon infirmité a commencé, quel calcul as-tu fait, malheureux enfant? tu as été trouver un marchand d'hommes.

— Grand-père, vous mangerez votre soupe froide; pour l'amour de Dieu, mangez-la donc chaude!

— Ta ta ta! tu veux me fermer la bouche; je ne suis pas la dupe... oui! Et qu'as-tu dit à ce marchand d'hommes? » Mon grand-père est « infirme; il ne peut presque plus gagner sa « vie: il n'a que moi pour soutien; je peux lui « manquer, soit par la maladie, soit par le « chômage; il est vieux : assurez-lui une petite « pension viagère, et je me vends à vous... » Et tu l'as fait! — s'écria le vieillard les larmes aux yeux, en levant sa cuillère au plafond avec un geste si véhément que, si Georges n'eût pas vivement retenu la table, elle tombait du lit avec l'écuelle; aussi s'écria-t-il :

— Sacrebleu! grand-père, tenez-vous donc tranquille! vous vous démenez comme un diable dans un bénitier; vous allez tout renverser.

— Ça m'est égal... ça ne m'empêchera pas de te dire que voilà comment et pourquoi tu t'es fait soldat, pourquoi tu t'es vendu pour moi... à un marchand d'hommes...

— Tout cela, ce sont des prétextes que vous cherchez pour ne pas manger votre soupe; je vois que vous la trouvez mal faite.

— Allons, voilà que je trouve sa soupe mal faite, maintenant — s'écria douloureusement le bonhomme. — Ce maudit enfant a juré de me désoler.

Enfonçant alors, d'un geste furieux, sa cuillère dans le poêlon et la portant à sa bouche avec précipitation, le père Morin ajouta, tout en mangeant : Tiens, voilà comme je la trouve mauvaise, ta soupe... tiens... tiens.... Ah! je la trouve mauvaise... tiens... tiens... Ah! elle est mauvaise...

— Pour Dieu, maintenant, n'allez pas si vite, — s'écria Georges en arrêtant le bras de son grand-père; — vous allez vous étrangler.

— C'est ta faute aussi; me dire que je trouve ta soupe mal faite, tandis que c'est du nectar! reprit le vieillard en s'apaisant et savourant son potage plus à loisir, — du vrai nectar des dieux!

— Sans vanité, — reprit Georges en souriant, j'étais renommé au régiment pour la soupe aux poireaux... Ah çà, maintenant, je vais charger votre pipe.

Puis, se penchant vers le bonhomme, il lui dit en le câlinant :

— Hein! il aime bien ça... fumer sa petite pipe dans son lit, le bon vieux grand-père?

— Qu'est-ce que tu veux que je te dise, Georges? tu fais de moi un pacha, un vrai pacha, — répondit le vieillard pendant que son petit-fils, allant prendre une pipe sur un meuble, la remplit de tabac, l'alluma, et vint la présenter au père Morin. Alors celui-ci, bien adossé à son chevet, commença de fumer délicieusement sa pipe.

Georges lui dit en s'asseyant au pied du lit :

— Qu'est-ce que vous allez faire aujourd'hui?

— Ma petite promenade sur le boulevard, où j'irai m'asseoir si le temps est beau...

— Hum!... grand-père, je crois que vous ferez mieux d'ajourner votre promenade... Vous avez vu hier combien les rassemblements étaient nombreux ; on est presque venu aux mains avec les municipaux et les sergents de ville... Aujourd'hui, ce sera peut-être plus sérieux.

— Ah çà, mon enfant, tu ne te fourres pas dans ces bagarres-là? Je sais bien que c'est tentant, quand on est dans son droit ; car c'est une indignité au gouvernement de défendre des banquets... Mais je serais si inquiet pour toi!

— Soyez tranquille, grand-père, vous n'avez rien à craindre pour moi ; mais suivez mon conseil, ne sortez pas aujourd'hui.

— Eh bien, mon enfant, je resterai à la maison ; je m'amuserai à lire un peu dans tes livres, et je regarderai les passants par la fenêtre en fumant ma pipe.

— Pauvre grand-père, dit Georges en souriant ; — de si haut vous ne voyez guère que des chapeaux qui marchent.

— C'est égal, ça me suffit pour me distraire ; et puis je vois les maisons d'en face, les voisins se mettent aux fenêtres... Ah! mais... j'y pense : à propos des maisons d'en face, il y a une chose que j'oublie toujours de te demander... Dis-moi donc ce que signifie cette enseigne du marchand de toile, avec ce guerrier en casque, qui met son épée dans une balance? Toi, qui as travaillé à la menuiserie de ce magasin quand on l'a remis à neuf, tu dois savoir le comment et le pourquoi de cette enseigne?

— Je l'ignorais comme vous, avant que mon bourgeois m'eût envoyé travailler chez monsieur Lebrenn, le marchand de toile.

— Dans le quartier, on le dit très brave homme, ce marchand ; mais quelle diable d'idée a-t-il eue de choisir une pareille enseigne... A *l'Epée de Brennus!* Il aurait été armurier, passe encore. Il est vrai qu'il y a des balances dans le tableau, et que les balances rappellent le commerce... mais pourquoi ce guerrier, avec son casque et son air d'Artaban, met-il son épée dans ces balances?

— Sachez... Mais vraiment je suis honteux d'avoir l'air, à mon âge, de vous faire ainsi la leçon.

— Comment, honteux? Pourquoi donc? Au lieu d'aller à la barrière le dimanche, tu lis, tu apprends, tu t'instruis ? Tu peux pardieu bien faire la leçon au grand-père... il n'y a pas d'affront.

— Eh bien... ce guerrier à casque, ce *Brennus*, était un Gaulois, un de nos pères, chef d'une armée qui, il y a deux mille et je ne sais combien d'années, est allée en Italie attaquer Rome, pour la châtier d'une trahison ; la ville s'est rendue aux Gaulois, moyennant une rançon en or; mais Brennus, ne trouvant pas la rançon assez forte, a jeté son épée dans le plateau de la balance où étaient les poids.

— Afin d'avoir une rançon plus forte, le gaillard! Il faisait à l'inverse des fruitières, qui donnent le coup de pouce au trébuchet, je comprends cela ; mais il y a deux choses que je comprends moins, d'abord, tu me dis que ce guerrier, qui vivait il y a plus de deux mille ans, était un de nos pères!

— Oui, en cela que Brennus et les Gaulois de son armée appartenaient à la race dont nous descendons, presque tous tant que nous sommes, dans le pays.

— Un moment... tu dis que c'étaient des Gaulois?

— Oui, grand-père.

— Alors nous descendrions de la race gauloise?

Certainement.

— Mais nous sommes Français? Comment arranges-tu cela, mon garçon?

— C'est que notre pays... notre mère-patrie à tous, ne s'est pas toujours appelée la France.

— Tiens... tiens... tiens... — dit le vieillard en ôtant sa pipe de sa bouche; — comment, la France ne s'est pas toujours appelée la France?

— Non, grand-père; pendant un temps immémorial notre patrie s'est appelée *la Gaule*, et a été une république aussi glorieuse, aussi puissante, mais plus heureuse, et deux fois plus grande que la France du temps de l'empire.

— Fichtre! excusez du peu...

— Malheureusement, il y a à peu près deux mille ans...

— Rien que ça... deux mille ans! Comme tu y vas, mon garçon!

— La division s'est mise dans *la Gaule*, les provinces se sont soulevées les unes contre les autres...

— Ah! voilà toujours le mal... c'est à cela que les prêtres et les royalistes ont tant poussé lors de la Révolution...

— Aussi, grand-père, est-il arrivé à la Gaule, il y a des siècles, ce qui est arrivé à la France en 1814 et en 1815.

— Une invasion étrangère!

— Justement. Les Romains, autrefois vaincus par Brennus, étaient devenus puissants. Ils ont profité des divisions de nos pères, et ont envahi le pays...

— Absolument comme les Cosaques et les Prussiens nous ont envahis?

— Absolument. Mais ce que les rois cosaques et prussiens, les bons amis des Bourbons, n'ont pas osé faire, non que l'envie leur en ait manqué, les Romains l'ont fait, et, malgré une résistance héroïque, nos pères, toujours braves comme des lions, mais malheureusement divisés, ont été réduits en esclavage, comme le sont aujourd'hui les nègres dans certaines colonies.

— Est-il Dieu possible!

— Oui. Ils portaient le collier de fer, marqué au chiffre de leur maître, quand on ne marquait pas ce chiffre au front de l'esclave avec un fer rouge...

— Nos pères! — s'écria le vieillard, en joignant les mains avec une douloureuse indignation, — nos pères!

— Et quand ils essayaient de fuir, leurs maîtres leur faisaient couper le nez et les oreilles, ou bien les poings et les pieds.

— Nos pères!!!

— D'autres fois, leurs maîtres les jetaient aux bêtes féroces pour se divertir, ou les faisaient périr dans d'affreuses tortures, quand ils refusaient de cultiver, sous le fouet du vainqueur, les terres qui leur avaient appartenu...

— Mais, attends donc, — reprit le vieillard en rassemblant ses souvenirs, — attends donc! ça me rappelle une chanson de notre vieil ami à nous autres pauvres gens...

— Une chanson de notre Béranger, n'est-ce pas, grand-père, LES ESCLAVES GAULOIS?

— Juste, mon garçon. Ça commence... voyons... oui... c'est ça...

D'anciens Gaulois, pauvres esclaves,
Un soir qu'autour d'eux tout dormait, etc., etc.

Et le refrain était :

Pauvres Gaulois, sous qui trembla le monde,
Environs-nous!

Ainsi, c'était de nos pères les Gaulois que parlait notre Béranger? Hélas! pauvres hommes! comme tant d'autres sans doute, ils se grisaient pour s'étourdir sur leur infortune...

— Oui, grand-père; mais ils ont bientôt reconnu que s'étourdir n'avance à rien, que briser ses fers vaut mieux.

— Pardieu!

— Aussi, les Gaulois, après des insurrections sans nombre...

— Dis donc, mon garçon, il paraît que le moyen n'est pas nouveau, mais c'est toujours le bon... Eh! eh! — ajouta le vieillard en frappant de son ongle le fourneau de sa pipe, — eh! eh! vois-tu, Georges, tôt ou tard, il faut en revenir à la Révolution... comme en 89... comme en 1830... comme demain peut-être...

— Pauvre grand-père! — pensa Georges, — il ne croit pas si bien dire.

Et il reprit tout haut :

— Vous avez raison; en fait de liberté, il faut que le peuple se serve lui-même et mette les mains au plat, sinon il n'a que des miettes... il est volé... comme il l'a été il y a dix-huit ans.

— Et fièrement volé, mon pauvre enfant! J'ai vu cela; j'y étais.

— Heureusement, vous savez le proverbe, grand-père... *chat échaudé*... suffit, la leçon aura été bonne... Mais pour revenir à nos Gaulois, ils font, comme vous dites, appel à la Révolution; elle ne fait pas défaut à ses braves enfants; et ceux-ci, à force de persévérance, d'énergie, de sang versé, parviennent à reconquérir une partie de leur liberté sur les Romains, qui, d'ailleurs, n'avaient pas débaptisé la Gaule, et l'appelaient la Gaule romaine.

— De même qu'on dit aujourd'hui l'Algérie française?

— C'est ça, grand-père.

— Allons, voilà, Dieu merci, nos braves Gaulois, grâce au secours de l'insurrection, un

peu remontés sur leur bête, comme on dit; ça me met du baume dans le sang.
— Ah! grand-père, attendez... attendez!
— Comment?
— Ce que nos pères avaient souffert n'était rien auprès de ce qu'ils devaient souffrir encore.
— Allons, bon, moi qui étais déjà tout aise... Et que leur est-il donc arrivé?
— Figurez-vous qu'il y a treize ou quatorze cents ans, des hordes de barbares à demi sauvages, appelés *Francs*, et arrivant du fond des forêts de l'Allemagne, de vrais cosaques enfin, sont venus attaquer les armées romaines, amollies par les conquêtes de la Gaule, les ont battues, chassées, se sont à leur tour emparés de notre pauvre pays, lui ont ôté jusqu'à son nom, et l'ont appelé *France*, en manière de prise de possession.
— Brigands! — s'écria le veillard — J'aimais encore mieux les Romains, foi d'homme! au moins il nous laissaient notre nom.
— C'est vrai; et puis du moins les Romains étaient le peuple le plus civilisé du monde, sauf leur barbarie envers les esclaves; ils avaient couvert la Gaule de constructions magnifiques, et rendu, de gré ou de force, une partie de leurs libertés à nos pères; tandis que les Francs étaient, je vous l'ai dit, de vrais cosaques... Et sous leur domination tout a été à recommencer pour les Gaulois.
— Ah! mon Dieu! mon Dieu!
— Ces hordes de bandits francs...
— Dis donc ces cosaques! nom d'un nom!
— Pis encore, s'il est possible, grand-père... Ces bandits francs, ces cosaques, si vous le voulez, appelaient leurs chefs des ROIS; cette graine de rois s'est perpétuée dans notre pays, d'où vient que depuis tant de siècles nous avons la douceur de posséder des rois d'origine franque, et que les royalistes les appellent rois de *droit divin*.
— Dis donc de *droit cosaque!*... Merci du cadeau!
— Les chefs inférieurs se nommaient des DUCS, des COMTES; la graine s'en est également perpétuée chez nous, d'où vient encore que nous avons eu pendant si longtemps l'agrément de posséder une noblesse d'origine franque qui nous traitait en race conquise.
— Qu'est-ce que tu m'apprends-là! — dit le bonhomme avec ébahissement. — Donc, si je te comprends bien, mon garçon, ces bandits francs, ces cosaques, rois et chefs, une fois maîtres de la Gaule, se sont partagé les terres que les Gaulois avaient en partie reconquises sur les Romains?
— Oui, grand-père; les rois et seigneurs francs ont volé les propriétés des Gaulois, et se sont partagé terres et gens comme on se partage un domaine et son bétail.
— Et nos pères ainsi dépouillés de leurs biens par ces cosaques...

— Nos pères ont été de nouveau réduits à l'esclavage comme sous les Romains, et forcés de cultiver pour les rois et les seigneurs francs la terre qui leur avait appartenu, à eux Gaulois, depuis que la Gaule était la Gaule.
— De sorte, mon garçon, que les rois et seigneurs francs, après avoir volé à nos pères leur propriété, vivaient de leurs sueurs...
— Oui, grand-père; ils les vendaient, hommes, femmes, enfants, jeunes filles, au marché. S'ils regimbaient au travail, ils les fouaillaient comme on fouaille un animal rétif, ou bien les tuaient par colère ou cruauté, de même que l'on peut tuer son chien ou son cheval; car nos pères et nos mères appartenaient aux rois et aux seigneurs francs ni plus ni moins que le troupeau appartient à son maître; le tout au nom du Franc conquérant du Gaulois. Ceci a duré jusqu'à la révolution de 1789 que vous avez vue, grand-père; et vous vous rappelez la différence énorme qu'il y avait encore à cette époque entre un noble et un roturier, entre un seigneur et un manant.
— Parbleu... la différence du maître à l'esclave.
— Ou, si vous l'aimez mieux, du *Franc* au *Gaulois*, grand-père.
— Mais, nom d'un petit bonhomme, comment se fait-il que nos pères les Gaulois se soient ainsi laissé martyriser par une poignée de Francs, non... de cosaques, pendant des siècles?
— Ah! grand-père! ces Francs possédaient la terre qu'ils avaient volée; donc, ils possédaient la richesse. L'armée, très-nombreuse, se composait de leurs bandes impitoyables; puis, à demi épuisés par leur longue lutte contre les Romains, nos pères eurent bientôt à subir une terrible influence: celle des prêtres...
— Il ne leur manquait plus que cela pour les achever!
— A leur honte éternelle, la plupart des évêques gaulois ont, dès la conquête, renié leur pays et fait cause commune avec les rois et les seigneurs francs, qu'ils ont bientôt dominés par la ruse et la flatterie, et dont ils ont tiré le plus de terres et le plus d'argent possible. Aussi, de même que les conquérants, grand nombre de ces saints prêtres, ayant des serfs qu'ils vendaient et exploitaient, vivaient dans la plus horrible débauche, dégradaient, tyrannisaient, abrutissaient à plaisir les populations gauloises, leur prêchant la résignation, le respect, l'obéissance envers les Francs, menaçant du diable et de ses cornes les malheureux qui auraient voulu se révolter pour l'indépendance de la patrie contre ces seigneurs et ces rois étrangers qui ne devaient leur pouvoir et leurs richesses qu'à la violence, au vol et au meurtre.
— Ah çà, mais, nom d'un petit bonhomme, est-ce que nos pères se sont laissé tondre sans

regimber, depuis l'époque de la conquête jusqu'à ces beaux jours de la révolution, où nous avons commencé à faire rendre gorge à ces seigneurs, à ces rois francs et à leur allié le clergé, qui, par habitude, avait continué de s'arrondir?

— Il n'est pas probable que tout se soit passé sans de nombreuses révoltes des serfs contre les rois, les seigneurs et les prêtres. Mais, grand-père, je vous ai dit le peu que je savais... et ce peu-là, je l'ai appris tout en travaillant à la menuiserie du magasin de monsieur Lebrenn, le marchand de toile d'en face...

— Comment donc cela, mon garçon?

— Pendant que j'étais à l'ouvrage, monsieur Lebrenn, qui est le meilleur homme du monde, causait avec moi... me parlait de l'histoire de nos pères, que j'ignorais comme vous l'ignoriez. Une fois ma curiosité éveillée... et elle était vive...

— Je le crois bien...

— Je faisais mille questions à monsieur Lebrenn, tout en rabotant et en ajustant; il me répondait avec une bonté vraiment paternelle. C'est ainsi que j'ai appris le peu que je vous ai dit. Mais... — ajouta Georges avec un soupir qu'il put à peine étouffer, — mes travaux de menuiserie finis... les leçons d'histoire ont été interrompues. Aussi, je vous ai dit tout ce que je savais, grand-père.

— Ah! le marchand de toile d'en face est si savant que ça?

— Il est aussi savant que bon patriote; c'est un *vieux Gaulois*, comme il s'appelle lui-même. Et quelquefois, — ajouta Georges sans pouvoir s'empêcher de rougir légèrement, — je lui ai entendu dire à sa fille, en l'embrassant avec fierté pour quelque réponse qu'elle avait faite: Oh! toi... tu es bien une vraie Gauloise!

A ce moment le père Morin et Georges entendirent frapper à la porte de la première chambre.

— Entrez, dit Georges.

On entra dans la pièce qui précédait celle où était le vieillard.

— Qui est là? — demanda Georges.

— Moi... Lebrenn, dit une voix.

— Tiens!... ce digne marchand de toile... dont nous parlions... Ce *vieux Gaulois!* — dit à demi-voix le bonhomme. — Va donc vite le recevoir, mon enfant, et ferme la porte.

Georges, aussi troublé que surpris de cette visite, quitta la chambre de son grand-père, et se trouva en face de M. Lebrenn.

CHAPITRE III

Comment M. Marik Lebrenn, le marchand de toile, devina ce que Georges Duchêne, le menuisier, ne voulait pas dire, et ce qui s'ensuivit.

M. Lebrenn avait cinquante ans environ, quoiqu'il parût plus jeune. Sa grande stature, la nerveuse musculature de son cou, de ses bras et de ses épaules, le port fier et décidé de sa tête, son visage large et fortement accentué, ses yeux bleus de mer au regard ferme et perçant, son épaisse et rude chevelure châtain clair quelque peu grisonnante et plantée un peu bas sur un front qui semblait avoir la dureté du marbre, offraient le type caractéristique de la race bretonne, où le sang et le langage gaulois se sont surtout perpétués presque sans mélange jusqu'à nos jours. Sur les lèvres vermeilles et charnues de M. Lebrenn régnait un sourire tantôt rempli de bonhomie, tantôt empreint d'une malice narquoise et *salée*, comme disent nos vieux livres en parlant des plaisanteries de haut goût, du vieil esprit gaulois, toujours si enclin à *gaber* (narguer). Nous achèverons le portrait du marchand en l'habillant d'un large paletot bleu et d'un pantalon de drap gris.

Georges Duchêne, étonné, presque interdit de cette visite imprévue, attendait en silence les premières paroles de M. Lebrenn. Celui-ci lui dit:

— Monsieur Georges, il y a six mois, vous avez été chargé, par votre patron, de différents travaux à exécuter dans ma boutique; j'ai été très satisfait de votre intelligence et de votre habileté.

— Vous me l'avez prouvé, monsieur, par votre bienveillance.

— Elle devait vous être acquise; je vous voyais laborieux, désireux de vous instruire. Je savais de plus... comme tous nos voisins, votre digne conduite envers votre vieux grand-père, qui habite cette maison depuis quinze ans.

— Monsieur, — dit Georges embarrassé de ces louanges, — ma conduite...

— Est toute simple, n'est-ce pas? Soit. Vos travaux dans ma boutique ont duré trois mois... Très satisfait de nos relations, je vous ai dit, et cela de tout cœur: Monsieur Georges, nous sommes voisins... venez donc me voir, soit le dimanche, soit d'autres jours, après votre travail... vous me ferez plaisir... bien plaisir....

— En effet, monsieur, vous m'avez dit cela.

— Et cependant, monsieur Georges, vous n'avez jamais remis les pieds chez moi.

— Je vous en prie, monsieur, n'attribuez ma réserve ni à l'ingratitude ni à l'oubli.

— A quoi l'attribuer alors?

— Monsieur...

Les cascades de Pradeline (page 24)

— Tenez, monsieur Georges, soyez franc... vous aimez ma fille ?...

Le jeune homme tressaillit, pâlit, rougit tour à tour, et après une hésitation de quelques instants, il répondit à M. Lebrenn d'une voix tremblante et émue :

— C'est vrai, monsieur... j'aime mademoiselle votre fille.

— De sorte que, vos travaux achevés, vous n'êtes pas revenu chez nous de peur de vous laisser entraîner à votre amour ?

— Oui, monsieur...

— De cet amour vous n'avez jamais parlé à personne ni même à ma fille ?

— Jamais, monsieur...

— Je le savais. Mais pourquoi avoir manqué de confiance envers moi, monsieur Georges ?

— Monsieur, — répondit le jeune homme avec embarras, — je... n'ai... pas osé...

— Pourquoi ! parce que je suis ce qu'on appelle *un bourgeois* ?... un homme riche comparativement à vous, qui vivez au jour le jour du salaire de votre travail ?

— Oui, monsieur...

Après un moment de silence, le marchand reprit :

— Permettez-moi, monsieur Georges, de vous adresser une question ; vous y répondrez si vous le jugez convenable.

— Je vous écoute, monsieur.

— Il y a environ quinze mois, quelque temps après votre retour de l'armée, vous avez dû vous marier ?

— Oui, monsieur.

— Avec une jeune ouvrière fleuriste, orpheline, nommée Joséphine Eloi ?

— Oui, monsieur ; tout cela est exact.

3e livraison

— Pouvez-vous m'apprendre pour quel motif ce mariage n'a pas eu lieu?

Le jeune homme rougit; une expression douloureuse contracta ses traits; il hésitait à répondre.

M. Lebrenn l'examinait attentivement; aussi, inquiet et surpris du silence de Georges, il ne put s'empêcher de s'écrier avec amertume et sévérité:

— Ainsi, la séduction, puis l'abandon et l'oubli... Votre trouble ne le dit que trop!

— Vous vous méprenez, monsieur, — reprit vivement Georges, — mon trouble, mon émotion, sont causés par de cruels souvenirs... Voici ce qui s'est passé; je ne mens jamais...

— Je le sais, monsieur Georges.

— Joséphine demeurait dans la même maison que mon patron. C'est ainsi que je l'ai connue. Elle était fort jolie, et, quoique sans instruction, remplie d'esprit naturel. Je savais qu'elle était habituée au travail et à la pauvreté; je la croyais sage. La vie de garçon me pesait.. Je pensais aussi à mon grand-père: une femme m'eût aidé à le mieux soigner. Je proposai à Joséphine de nous unir; elle parut enchantée, fixa elle-même le jour de notre mariage... Et ceux-là ont menti, monsieur, qui vous ont parlé de séduction et d'abandon!

— Je vous crois, — dit M. Lebrenn en tendant cordialement la main au jeune homme.— Je suis heureux de vous croire; mais comment votre mariage a-t-il manqué?

— Huit jours avant l'époque de notre union, Joséphine a disparu, m'écrivant que tout était rompu. J'ai su, depuis, que, cédant aux mauvais conseils d'une amie déjà perdue, elle l'avait imitée... Ayant toujours vécu dans la misère, endurant de vives privations, malgré son travail de douze à quinze heures par jour... Joséphine a reculé devant l'existence que je lui offrais, existence aussi laborieuse, aussi pauvre que la sienne.

— Et comme tant d'autres, — reprit M. Lebrenn, — elle aura succombé à la tentation d'une vie moins pénible! Ah! la misère... la misère!

— Je n'ai jamais revu Joséphine, monsieur... Elle est à cette heure, m'a-t-on dit, une des coryphées des bals publics... elle a quitté son nom pour je ne sais quel surnom motivé sur son habitude d'improviser à propos de tout les plus folles chansons... Enfin, elle est à jamais perdue. Cependant elle avait d'excellentes qualités de cœur... Vous comprenez maintenant, monsieur, la cause de ma triste émotion de tout à l'heure, lorsque vous m'avez parlé de Joséphine.

— Cette émotion prouve en faveur de votre cœur, monsieur Georges... On vous avait calomnié... Je m'en doutais; maintenant, j'en suis certain. Ne parlons plus de cela. Voici ce qui s'est passé chez moi il y a trois jours: J'étais, le soir, dans la chambre de ma femme avec ma fille. Depuis quelque temps elle semblait pensive; soudain elle nous dit, en prenant ma main et celle de sa mère: « J'ai « quelque chose à vous confier à tous deux.

« J'ai longtemps différé, parce que j'ai long- « temps réfléchi, afin de ne pas parler légère- « ment... J'aime monsieur Georges Duchêne. »

— Grand Dieu! monsieur, — s'écria Georges les mains jointes et en proie à un saisissement inexprimable, — il serait possible! Mademoiselle votre fille...

— Ma fille nous a dit cela, reprit tranquillement M. Lebrenn. « Je te sais gré de ta fran- « chise, mon enfant, lui ai-je répondu; mais « comment cet amour t'est-il venu?—D'abord, « mon père, en apprenant la conduite de « Georges envers son grand-père; puis en vous « entendant louer souvent le caractère, les « habitudes laborieuses, l'intelligence de Geor- « ges, ses efforts pour s'instruire. Enfin, il m'a « plu par ses manières douces et polies, par sa « franchise, par sa conversation que j'enten- « dais lorsqu'il causait avec vous. Jamais je ne « lui ai dit un mot qui ait pu lui faire soup- « çonner mon amour. Lui, de son côté, n'est « jamais sorti à mon égard d'une parfaite « réserve; mais je serais heureuse s'il partageait « le sentiment que j'ai pour lui, et si ce mariage « convenait à vous, mon père, ainsi qu'à ma « mère. S'il en est autrement, je respecterai « votre volonté, sachant que vous respecterez « ma liberté. Si je n'épouse pas monsieur « Georges, je resterai fille. Vous m'avez souvent « dit, mon père, que j'avais du caractère; vous « croirez donc à ma résolution. Si ce mariage « ne peut se faire, vous ne me verrez ni mau- « sade ni chagrine. Votre affection me consolera. « Heureuse comme par le passé, je vieillirai « auprès de vous, de ma mère et de mon frère. « Voilà la vérité; maintenant décidez, j'at- « tendrai. »

Georges avait écouté M. Lebrenn avec une stupeur croissante. Il ne pouvait croire à ce qu'il entendait. Enfin, il s'écria d'une voix entrecoupée:

— Monsieur, est-ce un rêve?

— Non pas. Ma fille n'a jamais été plus éveillée, je vous le jure. Je connais sa franchise, sa fermeté; ma femme et moi nous en sommes certains, si ce mariage n'a pas lieu, l'affection de Velléda pour nous ne changera pas, mais elle n'épousera personne... Or, comme il est naturel qu'une jeune et belle fille de dix-huit ans épouse quelqu'un, et comme le choix qu'a fait Velléda est digne d'elle et de nous, ma femme et moi, après mûres réflexions, nous serions décidés à vous prendre pour gendre...

Il est impossible de rendre l'expression de surprise, d'ivresse qui se peignit sur les traits de Georges à ces paroles du marchand; il restait muet et comme frappé de stupeur.

— Ah çà! monsieur Georges, — reprit M. Lebrenn en souriant, — qu'y a-t-il de si extraordinaire, de si incroyable dans ce que je vous dis là? Durant trois mois vous avez travaillé dans ma boutique; je savais déjà pour assurer l'existence de votre grand-père vous vous étiez fait soldat. Votre grade de sous-officier et deux blessures prouvaient que vous aviez servi avec honneur. Pendant votre séjour chez moi, j'ai pu, et j'ai l'œil assez pénétrant, apprécier tout ce que vous valiez comme cœur, intelligence et habileté dans votre état. Enchanté de nos relations, je vous ai engagé à revenir souvent me voir. Votre reserve, à ce sujet, est une nouvelle preuve de votre délicatesse. Par-dessus tout cela, ma fille vous aime, vous l'aimez. Vous avez vingt-sept ans, elle en a dix-huit. Elle est charmante, vous êtes beau garçon. Vous êtes pauvre, j'ai de l'aisance pour deux. Vous êtes ouvrier, mon père l'était. De quoi diable vous étonnez-vous si fort? Ne dirait-on pas d'un conte de fées?

Ces bienveillantes paroles ne mirent pas terme à la stupeur de Georges, qui se croyait réellement en plein conte de fées, ainsi que l'avait dit le marchand; aussi, les yeux humides, le cœur palpitant, le jeune homme ne put que balbutier:

— Ah! monsieur... pardonnez à mon trouble... mais j'éprouve un tel étourdissement de bonheur en vous entendant dire... que vous consentez à mon mariage...

— Un instant! — reprit vivement M. Lebrenn, — un instant! Remarquez que, malgré ma bonne opinion de vous, j'ai dit nous *serions* décidés à vous prendre pour gendre... Ceci est conditionnel... et les conditions, les voici: la première, que vous n'auriez pas à vous reprocher la séduction indigne... dont on vous accusait...

— Monsieur, ne vous ai-je pas juré?

— Parfaitement; je vous crois. Je ne rappelle cette première condition que pour mémoire... quant à la seconde... car il y en a deux.

— Et cette condition, quelle est-elle, monsieur? — demanda Georges avec une anxiété inexprimable et commençant à craindre de s'être abandonné à une folle espérance.

— Écoutez-moi, monsieur Georges. Nous avons peu parlé politique ensemble; du temps que vous travailliez chez moi, nos entretiens roulaient surtout sur l'histoire de nos pères. Cependant je vous sais des opinions très avancées... Tranchons le mot, vous êtes républicain socialiste...

— Je vous ai entendu dire, monsieur, que toute opinion sincère était honorable...

— Je ne me dédis pas. Je ne vous blâme pas; mais entre le désir de faire prévaloir pacifiquement son opinion et le projet de la faire triompher par la force, par les armes... Il y a un abîme, n'est-ce pas, monsieur Georges?

— Oui, monsieur, — répondit le jeune homme en regardant le marchand avec un mélange de surprise et d'inquiétude.

— Or, ce n'est jamais individuellement que l'on tente une démonstration armée, n'est-ce pas, monsieur Georges?

— Monsieur, — répondit le jeune homme avec embarras, — Je ne sais...

— Si, vous devez savoir qu'ordinairement l'on s'associe à des frères de son opinion; en un mot, on s'affilie à une *société secrète*... et le jour de la lutte... on descend courageusement dans la rue, n'est-ce pas, monsieur Georges?

— Je sais, monsieur, que la révolution de 1830 s'est faite ainsi, — répondit Georges, fort anxieux et dont le cœur se serrait de plus en plus.

— Certainement, — reprit M. Lebrenn, — certainement, elle s'est faite ainsi, et d'autres encore, se feront probablement de même. Cependant, comme les révolutions, les insurrections ne réussissent pas toujours; comme ceux qui jouent ces jeux-là y jouent leur tête, vous concevrez, monsieur Georges, que ma femme et moi nous serions peu disposés à donner notre fille à un homme qui ne s'appartiendrait plus, qui, d'un moment à l'autre, pourrait prendre les armes pour marcher avec la société secrète dont il ferait partie, et risquer ainsi sa vie en homme d'honneur et de conviction. C'est très beau, très héroïque, je le confesse. L'inconvénient est que la chambre des pairs, appréciant mal ce genre d'héroïsme, envoie au mont Saint-Michel les conspirateurs, à moins qu'elle ne leur fasse couper la tête. Or, je vous le demande en bonne conscience, monsieur Georges, ne serait-ce pas triste, pour une jeune femme, d'être exposée un jour ou l'autre à avoir un mari sans tête ou prisonnier à perpétuité?

Georges, abattu, consterné, était devenu pâle. Il dit à M. Lebrenn d'une voix oppressée:

— Monsieur... deux mots...

— Permettez, dans l'instant j'ai fini, — reprit le marchand, et il ajouta d'une voix grave, presque solennelle:

— Monsieur Georges, j'ai une foi aveugle dans votre parole, je vous l'ai prouvé; jurez-moi que vous n'appartenez à aucune société secrète, je vous crois, et vous devenez mon gendre... ou plutôt mon fils, — ajouta M. Lebrenn en tendant la main à Georges; — car depuis que je vous ai connu... apprécié... j'ai toujours éprouvé pour vous, je vous le répète, autant d'intérêt que de sympathie...

Les louanges du marchand, sa cordialité, rendaient encore plus douloureux le coup dont les espérances de Georges venaient d'être frappées. Lui, si courageux, si énergique, il se sentit faiblir, cacha sa figure dans ses mains, et ne put retenir ses larmes.

M. Lebrenn l'observait avec commisération ; il lui dit d'une voix émue :

— J'attends votre serment, monsieur Georges.

Le jeune homme détourna la tête pour essuyer ses pleurs, se leva et dit au marchand :

— Je ne puis, monsieur, faire le serment que vous me demandez.

— Ainsi... votre mariage avec ma fille...

— Je dois y renoncer, monsieur, — répondit Georges d'une voix étouffée.

— Ainsi donc... monsieur Georges, — reprit le marchand, — vous en convenez, vous appartenez à une société secrète ?

Le silence du jeune homme fut sa seule réponse.

— Allons, — dit le marchand avec un soupir de regret. Et il se leva. — Tout est fini... Heureusement ma fille a du courage...

— J'en aurai aussi, monsieur...

— Monsieur Georges, — reprit M. Lebrenn en tendant la main au jeune homme, — vous êtes homme d'honneur. Je n'ai pas besoin de vous demander le silence sur cet entretien. Vous le voyez, je ressentais pour vous les meilleures dispositions. Ce n'est pas ma faute si mes projets.. je dirai plus... mes désirs... mes vifs désirs... d'une union entre ma fille et vous rencontrent un obstacle insurmontable.

— Jamais, monsieur, je n'oublierai la preuve d'estime dont vous venez de m'honorer. Vous agissez avec la sagesse, avec la prudence d'un père... Je ne puis... quoi que j'aie à en souffrir, qu'accepter avec respect votre décision. J'aurais dû même, je le reconnais, aller au-devant de votre question à ce sujet... vous dire loyalement l'engagement sacré qui me liait à mon parti. Sans doute... je vous aurais fait cet aveu... lorsque, revenu de mon enivrement, j'aurais réfléchi aux devoirs que m'imposait ce bonheur inespéré... cette union... Pardon, monsieur, — ajouta Georges avec des larmes dans la voix, — pardon, je n'ai plus le droit de parler de ce beau rêve... Mais ce dont je me souviendrai toujours avec orgueil, c'est que vous m'avez dit : Vous pouvez être mon fils.

— Bien, monsieur Georges... je n'attendais pas moins de vous, — reprit M. Lebrenn en se dirigeant vers la porte.

Et tendant la main au jeune homme, il ajouta d'une voix émue :

— Encore adieu.

— Adieu, monsieur... — dit Georges en prenant la main que lui tendait le marchand. Mais soudain celui-ci, par une brusque étreinte, serra le jeune homme contre sa poitrine en lui disant d'une voix émue et les yeux humides :

— Viens, Georges, honnête homme ! loyal cœur !... je t'avais bien jugé !

Georges, abasourdi, regardait M. Lebrenn sans pouvoir prononcer une parole ; mais celui-ci lui dit à voix basse :

— Il y a six semaines, *rue de Lourcine ?*

Georges tressaillit et s'écria d'un air alarmé :

— De grâce, monsieur !

— Numéro dix-sept, au quatrième, au fond de la cour ?

— Monsieur, encore une fois !

— Un mécanicien, nommé Dupont, vous a introduit les yeux bandés...

— Monsieur, je ne puis vous répondre...

— Cinq membres d'une société secrète vous ont reçu. Vous avez prêté le serment d'usage, et vous avez été reconduit toujours les yeux bandés ?...

— Monsieur, — s'écria Georges aussi stupéfait qu'effrayé de cette révélation et tâchant de reprendre son sang-froid, — je ne sais ce que vous voulez dire...

— Je présidais ce soir-là le comité, mon brave Georges.

— Vous, monsieur ? — s'écria le jeune homme, hésitant encore à croire M. Lebrenn. — Vous...

— Moi...

Et voyant l'incrédulité de Georges durer encore, le marchand reprit :

— Oui, moi, je présidais, et la preuve, la voici :

Et il dit quelques mots à l'oreille de Georges.

Celui-ci, ne pouvant plus douter de la vérité, s'écria en regardant le marchand :

— Mais alors, monsieur, ce serment que vous me demandiez tout à l'heure ?

— C'était une dernière épreuve.

— Une épreuve ?

— Il faut me le pardonner, mon brave Georges. Les pères sont défiants !... Grâce à Dieu, vous n'avez point trompé mon espoir. Cette épreuve, vous l'avez vaillamment subie ; vous avez préféré la ruine de vos plus chères espérances à un mensonge, et cependant vous deviez être certain que je croirais aveuglément à votre parole, quelle qu'elle fût.

— Monsieur, — reprit Georges avec une hésitation qui toucha le marchand, — cette fois, puis-je croire... puis-je espérer... avec certitude ? Je vous en conjure, dites-le-moi... Si vous saviez ce que j'ai souffert tout à l'heure !...

— Sur ma foi d'honnête homme, mon cher Georges, ma fille vous aime. Ma femme et moi nous consentons à votre mariage, qui nous enchante, parce que nous y voyons un avenir de bonheur pour notre enfant. Est-ce clair ?

— Ah! monsieur! — s'écria Georges en serrant avec effusion les mains du marchand, qui reprit:

— Quant à l'époque précise de votre mariage, mon cher Georges... les évènements d'hier, ceux qui se préparent aujourd'hui... la marche à suivre par notre société secrète...

— Vous, monsieur? — s'écria Georges, ne pouvant s'empêcher d'interrompre M. Lebrenn pour lui témoigner sa surprise un moment oubliée dans le ravissement de sa joie. — Vous, monsieur, membre de notre société secrète? En vérité, cela me confond!

— Bon, — reprit en souriant le marchand. — Voici les étonnements du cher Georges qui vont recommencer. Ah ça, pourquoi n'en serais-je pas de cette société secrète? Est-ce parce que, sans être riche, j'ai quelque aisance et pignon sur rue? Qu'ai-je à faire, n'est-ce pas, dans un parti dont le but est l'avénement des prolétaires à la vie politique par le suffrage universel, et à la propriété par l'organisation du travail? Eh! mon brave Georges, c'est justement parce que *j'ai*... qu'il est de mon devoir d'aider mes frères à conquérir ce qu'*ils n'ont pas*.

— Ce sont là, monsieur, de généreux sentiments, — s'écria Georges; — car bien rares sont les hommes qui, arrivés au but avec labeur, se retournent pour tendre la main à leurs frères moins heureux...

— Non, Georges, non, cela n'est pas rare. Et lorsque dans quelques heures peut-être... vous verrez courir aux armes tous ceux de notre société dont je suis un des chefs depuis longtemps, vous y trouverez des commerçants, des artistes, des fabricants, des gens de lettres, des avocats, des savants, des médecins, *des bourgeois* enfin, vivant pour la plupart comme moi dans une modeste aisance, n'ayant aucune ambition, ne voulant que l'avènement de leurs frères du peuple, et désireux de déposer le fusil après la lutte pour retourner à leur vie laborieuse et paisible.

— Ah! monsieur, combien je suis surpris, mais heureux, de ce que vous m'apprenez!

— Encore surpris! pauvre Georges! Et pourquoi? parce qu'il y a des *bourgeois*, voilà le grand mot, des *bourgeois républicains socialistes*! Voyons, Georges, sérieusement, est-ce que la cause des bourgeois n'est pas liée à celle des prolétaires? Est-ce que moi, par exemple, prolétaire hier, et que le hasard a servi jusqu'ici, je ne peux pas, par un coup de mauvaise fortune, redevenir prolétaire demain, ou mon fils le devenir? Est-ce que moi, et tous les petits commerçants, nous ne sommes pas à la discrétion des hauts barons du coffre-fort, comme nos pères étaient à la merci des hauts barons des châteaux forts? Est-ce que les petits propriétaires ne sont pas aussi asservis, exploités par ces ducs de l'hypothèque, par ces marquis de l'usure, par ces comtes de l'agio? Est-ce que chaque jour, malgré probité, travail, économie, intelligence, nous ne sommes pas, nous commerçants, à la veille d'être ruinés à la moindre crise; lorsque, par peur, cupidité ou caprice de satrapes, il plaît aux autocrates du capital de fermer le crédit, et de refuser nos signatures, si honorables qu'elles soient? Est-ce que si ce crédit, au lieu d'être le monopole de quelques-uns, était, ainsi qu'il devrait l'être et le sera, démocratiquement organisé par l'État, nous serions sans cesse exposés à être ruinés par le retrait subit des capitaux, par le taux usuraire de l'escompte ou par les suites d'une concurrence impitoyable? Est-ce qu'aujourd'hui nous ne sommes pas tous à la veille de nous voir, nous vieillards, dans une position aussi précaire que celle de votre grand-père, brave invalide du travail, qui, après trente ans de labeur et de probité, serait mort de misère sans votre dévouement, mon cher Georges? Est-ce que moi, une fois ruiné comme tant d'autres commerçants, j'ai la certitude que mon fils trouvera les moyens de gagner son pain de chaque jour, qu'il ne subira pas, ainsi que vous, Georges, ainsi que tout prolétaire, le chômage homicide, qui vous fait mourir un peu de faim tous les jours? Est-ce que ma fille... Mais non, non, je la connais, elle mourrait plutôt... Mais, enfin, combien de pauvres jeunes personnes, élevées dans l'aisance, et dont les pères étaient comme moi modestes commerçants, ont été, par la ruine de leur famille, jetées dans une misère atroce... et parfois de cette misère dans l'abîme du vice, ainsi que cette malheureuse ouvrière que vous deviez épouser! Non, non, Georges; les bourgeois intelligents, et ils sont nombreux, ne séparent pas leur cause de celle de leurs frères du peuple: prolétaires et bourgeois ont pendant des siècles combattu côte à côte, cœur à cœur, pour redevenir libres; leur sang s'est mêlé pour cimenter cette sainte union des vaincus contre les vainqueurs! des conquis contre les conquérants! des faibles et des déshérités contre la force et le privilège! Comment, enfin, l'intérêt des bourgeois et des prolétaires ne serait-il pas commun? toujours ils ont eu les mêmes ennemis! — Mais assez de politique, Georges, parlons de vous, de ma fille... L'agitation dans Paris a commencé hier soir, ce matin elle est à son comble; nos sections sont prévenues: on s'attend d'un moment à l'autre à une prise d'armes... Vous le savez?

— Oui, monsieur; j'ai été prévenu hier.

— Ce soir, ou cette nuit, nous descendons dans la rue... Ma fille et ma femme l'ignorent, non que j'aie douté d'elles, — ajouta le marchand de toile en souriant; — ce sont de *vraies Gauloises*, dignes de nos mères, vaillantes femmes, qui encourageaient, du geste et de la voix, pères, frères, fils et maris à la bataille! Mais vous connaissez nos statuts, ils nous imposent une discrétion absolue. Georges, avant trois jours, la royauté de Louis-Philippe sera renversée, ou notre parti sera encore une fois vaincu, mais non découragé; l'avenir lui appartient. Dans cette prise d'armes, mon ami, vous ou moi, vous et moi, nous pouvons rester sur une barricade.

— C'est la chance de la guerre, monsieur... puisse-t-elle vous épargner!

— Dire d'avance à ma fille que je consens à son mariage avec vous, et que vous l'aimez, ce serait doubler ses regrets si vous succombez dans la lutte.

— C'est juste, monsieur.

— Je vous demande donc, Georges, d'attendre l'issue de la crise pour tout dire à ma fille... Si je suis tué, ma femme saura mes derniers désirs; ils sont que vous épousiez Velléda.

— Monsieur, — reprit Georges d'une voix profondément émue, — ce que je ressens à cette heure ne peut s'exprimer... je ne peux vous dire que ces mots: Oui, je serai digne de votre fille... oui, je serai digne de vous... la grandeur de la reconnaissance ne m'effraye pas... mon cœur et ma vie y suffiront, croyez-le, monsieur.

— Et je vous crois, mon brave Georges, — dit le marchand en serrant affectueusement les mains du jeune homme dans les siennes. — Quelques mots encore. Vous avez des armes?

— J'ai une carabine cachée ici, et cinquante cartouches que j'ai fabriquées cette nuit

— Si l'affaire s'engage ce soir, et c'est infaillible, nous barricaderons la rue à la hauteur de ma maison. Le poste est excellent; nous possédons plusieurs dépôts d'armes et de poudre; je suis allé ce matin visiter des munitions que l'on croyait éventées par les limiers de la police, il n'en était rien. Au premier mouvement, revenez ici chez vous, Georges; je vous ferai prévenir, et mordieu! ferme aux barricades! Dites-moi: votre grand-père est discret?

— Je réponds de lui comme de moi, monsieur.

— Il est là dans sa chambre?

— Oui, monsieur.

— Eh bien, laissez-moi lui causer une bonne joie.

Et M. Lebrenn entra dans la chambre du vieillard, toujours occupé à fumer sa pipe en *pacha*, comme il le disait.

— Bon père, lui dit le marchand de toile, — votre petit-fils est un si bon et si généreux cœur, que je le lui donne ma fille, dont il est amoureux fou... Je vous demande seulement le secret pour quelques jours, après quoi vous aurez le droit d'espérer de vous voir arrière-grand-père, et moi, grand-père... Georges vous expliquera la chose. Adieu, bon père... Et vous, Georges, à tantôt.

Et laissant Georges avec le vieillard, M. Lebrenn se dirigea vers la demeure de M. le comte de Plouernel, colonel de dragons, qui attendait le marchand de toile avant midi pour s'entendre avec lui au sujet d'une grosse fourniture.

CHAPITRE IV

Comment le colonel de Plouernel déjeunait en tête à tête avec une jolie fille qui improvisait toutes sortes de couplets sur l'air de *la rifla*. — De l'émotion peu dévotieuse causée à cette jeune fille par l'arrivée d'un cardinal.

M. GONTRAN NÉROWEG, *comte de Plouernel*, occupait un charmant petit hôtel de la rue Paradis-Poissonnière, bâti par son grand-père. A l'élégance un peu *rococo* de cette habitation, on devinait qu'elle avait dû être construite au milieu du dernier siècle, et avait servi de *petite maison*. Le quartier *des Poissonniers*, comme on le disait du temps de la régence, très-désert à cette époque, était ainsi parfaitement approprié à ces mystérieuses retraites, vouées au culte de la Vénus aphrodite.

M. de Plouernel déjeunait en tête à tête avec une jolie fille de vingt ans, brune, vive et rieuse, qu'on avait surnommée *Pradeline*, parce que dans les soupers, dont elle était l'âme et souvent la reine, elle improvisait sur tout sujet des chansons que n'eût sans doute pas avouées le célèbre improvisateur dont elle portait le nom féminisé, mais qui du moins ne manquaient ni d'à-propos ni de gaieté.

M. de Plouernel, ayant entendu parler de *Pradeline*, l'avait invitée à souper la veille avec lui et quelques amis. Après le souper, prolongé jusqu'à trois heures du matin, l'hospitalité était de droit; ensuite de l'hospitalité, le déjeuner: aussi les deux convives étaient attablés dans un petit boudoir Louis XV attenant à la chambre à coucher; un bon feu flambait dans la cheminée de marbre chantourné; d'épais rideaux de damas bleu tendre, semé de roses, atténuaient l'éclat du jour; des fleurs garnissaient de grands vases de porcelaine. L'atmosphère était tiède et parfumée. Les vins étaient fins, les mets recherchés, Pradeline et M. de Plouernel y faisaient honneur.

Le colonel était un homme de trente-huit ans environ, d'une taille élevée, svelte et robuste à la fois; ses traits, un peu fatigués, mais d'une sorte de beauté fière, offraient le type de la race germanique ou *franque*, dont Tacite et César ont tant de fois dessiné les traits caractéristiques: cheveux d'un blond pâle, longues moustaches rousses, yeux gris clair, nez en bec d'aigle.

M. de Plouernel, vêtu d'une robe de chambre

magnifique, paraissait non moins gai que la jeune fille.

— Allons, Pradeline, — dit-il en lui versant un glorieux verre de vieux vin de Bourgogne, — à la santé de ton amant!

— Quelle bêtise! est-ce que j'ai un amant?

— Tu as raison. A la santé de tes amants!

— Tu n'es donc pas jaloux, mon cher?

— Et toi?

A cette question, Pradeline vida lestement son *rouge bord;* puis, faisant tinter son verre avec le bout de la lame de son couteau, elle répondit à la question de M. de Plouernel en improvisant sur l'air alors si en vogue de *la rifla:*

> A la fidélité
> Je joue un pied de nez.
> Quand un amant me plaît,
> Ah! mais, c'est bientôt fait.
> La rifla, fla, fla, fla, la rifla, etc., etc.

— Bravo, ma chère! — s'écria le colonel en riant aux éclats.

Et faisant chorus avec Pradeline, il chanta en frappant aussi son verre de la pointe de son couteau :

> Quand un amant me plaît,
> Ah! mais, c'est bientôt fait.
> La rifla, fla, fla, fla, la rifla, etc., etc.

— Eh bien, petite, — reprit-il après ce refrain, — puisque tu n'es pas jalouse, donne-moi un conseil... un conseil d'amie. — Je suis amoureux... amoureux fou.

— Est-ce Dieu possible!

— S'il s'agissait d'une femme du monde, je ne te demanderais pas conseil, et...

— Ah çà! est-ce que je ne suis pas femme? et du monde?

— Et pour tout le monde, n'est-ce pas, ma chère?

— Naturellement, puisque je suis ici; ce qui est peu flatteur pour toi, mon cher, et encore moins flatteur pour moi. Mais c'est égal ; continue, et ne sois plus grossier... si tu le peux.

— Ah! cette petite me donne des leçons de savoir-vivre!

— Tu me demandes des conseils, je peux bien te donner des leçons. Voyons, achève.

— Figure-toi que je suis amoureux d'une boutiquière, c'est-à-dire dont le père et la mère tiennent une boutique. Tu dois connaître ce monde-là, toi, ses mœurs, ses habitudes : quels moyens me conseilles-tu d'employer pour réussir?

— Fais-toi aimer.

— C'est trop long... Quand j'ai un violent caprice, il m'est impossible d'attendre.

— Vraiment!... C'est étonnant, mon cher, comme tu m'intéresses. Voyons. Cette boutiquière, d'abord, est-elle bien pauvre? est-elle bien misérable? a-t-elle bien faim?

— Comment! a-t-elle faim? Que diable veux-tu-dire?

— Colonel, je ne peux nier tes agréments... tu es beau, tu es spirituel, tu es charmant, tu es adorable, tu es délicieux...

— De l'ironie?

— Ah! par exemple! est-ce que j'oserais?... Tu es donc délicieux! Mais pour que la pauvre fille pût te bien apprécier, il faudrait qu'elle mourût de faim. Tu n'as pas d'idée comme la faim... aide à trouver les gens adorables.

Et Pradeline d'improviser de nouveau, non pas cette fois avec un accent joyeux, mais avec une sorte d'amertume et en ralentissant tellement la mesure de son air favori, qu'il devenait mélancolique :

> Tu as faim et tu pleures,
> Petite... en ma demeure
> Viens... tu auras de l'or,
> Mais livre-moi ton corps.
> La rifla, fla, fla, fla, la rifla, etc., etc.

— Diable! ton refrain n'est pas gai cette fois, — dit M. de Plouernel, frappé de l'accent de mélancolie de la jeune fille, qui d'ailleurs reprit bientôt son insouciance et sa gaieté habituelles.

— Je comprends l'allusion, — reprit le comte; — mais ma belle boutiquière n'a pas faim.

— Alors, est-elle coquette? aime-t-elle la toilette, les bijoux, les spectacles? Voilà encore de fameux moyens de perdre une pauvre fille.

— Elle doit aimer tout cela ; mais elle a père et mère, elle doit donc être très surveillée. Aussi j'avais une idée...

— Toi?... Enfin ça s'est vu. Et cette idée?...

— Je voulais acheter beaucoup chez ces gens-là, leur prêter même au besoin de l'argent, car ils doivent toujours être à tirer le diable par la queue, ces gens du petit commerce!

— De sorte que tu crois qu'ils te vendront leur fille... comptant?

— Non, mais j'espère que du moins ils fermeront les yeux... alors je pourrai éblouir la petite par des cadeaux et aller très vite. Hein! qu'en penses-tu?

— Dam! moi, je ne sais pas, — répondit Pradeline en jouant l'ingénuité... — Si dans ton grand monde ça se fait de la sorte, si les parents vendent leurs filles, peut-être ça se fait-il aussi chez les petites gens. Pourtant, je ne le crois pas; ils sont trop bourgeois, trop *épiciers*, vois-tu.

— Petite, — dit M. de Plouernel avec hauteur, — tu t'émancipes prodigieusement.

A ce reproche, la jeune fille partit d'un grand éclat de rire, qu'elle interrompit par cette nouvelle improvisation joyeusement chantée :

> Voyez donc ce seigneur
> Avec son point d'honneur!
> Pour ce fier paladin
> Tout bourgeois tout gredin!
> La rifla, fla, fla, fla, la rifla, etc., etc.

Après quoi, Pradeline se leva, prit sur la cheminée un cigare qu'elle alluma bravement en continuant de chantonner son refrain; puis elle s'étendit dans un fauteuil en envoyant au plafond la fumée bleuâtre du tabac doré de la Havane.

M. de Plouernel, oubliant son dépit d'un moment, ne put s'empêcher de rire de l'originalité de la jeune fille, et lui dit:

— Voyons, petite, parlons sérieusement; il ne s'agit pas de chanter, mais de me conseiller.

— D'abord, il faut que je connaisse le quartier de tes amours, — reprit la jeune fille d'un ton dogmatique en se renversant dans le fauteuil; — la connaissance du quartier est très importante... ce qui se peut dans un quartier ne se peut pas dans l'autre. Il y a, mon cher, des quartiers bégueules, dévots et des quartiers décolletés.

— Profondément raisonné, ma belle; l'influence du quartier sur la vertu des femmes est considérable... Je peux donc sans rien compromettre te dire que ma boutiquière habite la rue Saint-Denis.

A ces mots, la jeune fille, qui jusqu'alors, étendue dans un fauteuil, faisait indolemment tourbillonner la fumée de son cigare, tressaillit et se releva si brusquement, que M. de Plouernel la regardant avec surprise, s'écria:

— Que diable as-tu?

— J'ai... — répondit Pradeline en reprenant son sang-froid et secouant sa jolie main avec une expression de douleur, — j'ai que je me suis horriblement brûlée avec mon cigare,... mais ce ne sera rien. Tu disais donc, mon cher, que tes amours demeurent rue Saint-Denis? C'est déjà quelque chose, mais pas assez.

— Tu n'en sauras cependant pas davantage, petite.

— Maudit cigare! — reprit la jeune fille en secouant de nouveau sa main; — ça me cuit... oh! mais ça me cuit...

— Veux-tu un peu d'eau fraîche?

— Non, ça passe... Or donc, tes amours demeurent dans la rue Saint-Denis... Mais, un instant, mon cher... Est-ce dans le haut ou dans le bas de la rue? car c'est encore quelque chose de très différent que le haut ou le bas de la rue? à preuve que les boutiques sont plus chères dans un endroit que dans un autre. Or, selon le plus ou moins de cherté du loyer, la générosité doit être plus ou moins grande... Hein! c'est ça qui est fort!

— Très fort. Alors je te dirai que mes amours ne demeurent pas loin de la porte Saint-Denis.

— Je n'en demande pas davantage pour donner ma consultation, — répondit la jeune fille d'un ton qu'elle s'efforça de rendre comique. Mais un homme plus observateur que M. de Plouernel eût remarqué une vague inquiétude dans l'expression des traits de Pradeline.

— Eh bien, voyons! que me conseilles-tu? lui dit-il.

— D'abord, il faut... — Mais la jeune fille s'interrompit et dit:

— On a frappé, mon cher.

— Tu le crois?

— J'en suis sûre. Tiens, entends-tu?...

En effet, on frappa de nouveau.

— Entrez, — dit le comte.

Un valet de chambre se présenta d'un air assez embarrassé, et dit vivement à son maître:

— Monsieur le comte, c'est Son Éminence...

— Mon oncle! — dit le colonel très surpris en se levant aussitôt.

— Oui, monsieur le comte; monseigneur le cardinal est arrivé cette nuit de voyage, et...

— Un cardinal! — s'écria Pradeline en interrompant le domestique par un grand éclat de rire, car elle oubliait déjà ses dernières préoccupations; — un cardinal! voilà qui est flambard! voilà ce qu'on ne rencontre pas tous les jours à Mabille ou à Valentino!... Un cardinal! je n'en ai jamais vu, il faut que je m'en régale.

Et d'improviser sur son air favori:

La reine Bacchanal
Voyant un cardinal,
Dit : Faut nous amuser
Et le faire danser...
La rifla, fla, fla, fla, la rifla, etc., etc.

Et ce disant, elle souleva à demi les deux pans de sa robe, et se mit à évoluer dans le boudoir avec désinvolture en répétant son improvisation, tandis que le valet de chambre, immobile à la porte à demi ouverte, tenait à grand'peine son sérieux, et que M. de Plouernel, fort irrité des libertés grandes de cette effrontée, lui disait:

— Allons donc, ma chère, c'est stupide... taisez-vous!

Le cardinal de Plouernel, que l'on venait d'annoncer, se souciant peu de faire antichambre chez son neveu, et ne le croyant pas sans doute en si profane compagnie, arriva bientôt sur les pas du valet de chambre, et entra au moment où Pradeline, lançant en avant sa jambe charmante, ondulait du torse en répétant:

Il faut nous amuser
Et le faire danser...
La rifla, fla, fla, fla, la rifla, etc., etc.

A la vue du cardinal, M. de Plouernel courut à la porte, et tout en embrassant son oncle à plusieurs reprises, il le repoussa doucement dans le salon d'où il sortait; alors le valet de chambre, en homme bien appris, ferma discrètement sur son maître la porte du boudoir, dont il poussa le verrou.

Cardinal et Colonel — Sabre et goupillon (page 28)

CHAPITRE V

De l'entretien du cardinal de Plouernel et de son neveu. — Comment son Éminence finit par envoyer son neveu à tous les diables. — Ce que vit M. Lebrenn, le marchand de toile, dans un certain salon de l'hôtel de Plouernel, et pourquoi il se souvint d'une abbesse portant l'épée, de l'infortuné *Bronte-Soule*, de la pauvre *Septimine la Colibert*, de la gentille *Ghiselle la Paumière*, d'*Alison la Maçonne*, et autres personnages trépassés des temps passés que l'on rencontrera plus tard au cours de ces récits.

Le cardinal de Plouernel était un homme de soixante-cinq ans, grand, osseux, décharné. Il offrait, avec la différence de l'âge, le même type de figure que son neveu ; son long cou, son crâne pelé, son grand nez en bec d'oiseau de proie, ses yeux écartés, ronds et perçants, donnaient à ses traits, en les analysant et en faisant abstraction de la haute intelligence qui semblait les animer, donnaient à ses traits, disons-nous, une singulière analogie avec la physionomie du vautour.

Somme toute, ce prêtre, drapé dans sa robe rouge de prince de l'Église, devait avoir une physionomie redoutable ; mais pour visiter son neveu il était simplement vêtu d'une longue redingote noire, strictement boutonnée jusqu'au cou.

— Pardon, cher oncle, — dit le colonel en souriant. — Ignorant votre retour, je ne comptais pas sur votre visite matinale...

Le cardinal n'était pas homme à s'étonner de ce qu'un colonel de dragons eût des maîtresses ; aussi lui dit-il de sa voix brève :

— Je suis pressé. Parlons d'affaires. Je reviens d'une longue tournée en France. Nous touchons à une révolution.

4e livraison

— Que dites-vous, mon oncle? — s'écria le colonel d'un air incrédule. — Vous le croyez?...

— Je crois à une révolution.

— Mais, mon oncle...

— As-tu des fonds disponibles? Si tu n'en as pas, j'en ai à ton service.

— Des fonds... pourquoi faire?

— Pour les convertir en or, en bon papier sur Londres. C'est plus commode en voyage...

— Ah çà! mon oncle, quel voyage?

— Celui que tu feras en m'accompagnant. Nous partirons ce soir.

— Partir... ce soir!

— Aimes-tu mieux servir la République?

— La République! — demanda M. de Plouernel. — Quelle République?

— Celle qui sera proclamée à Paris, avant peu, après la chute de Louis-Philippe.

— La chute de Louis-Philippe! la République en France... et avant peu!

— Oui, la République française, une, indivisible... proclamée à notre profit... Seulement; sachons attendre...

Et le cardinal sourit d'un air étrange en aspirant une prise de tabac.

Le comte le regardait avec ébahissement. Il semblait tomber des nues.

— Ah çà! mon pauvre Gontran, tu es donc aveugle, sourd? — reprit le cardinal en haussant les épaules. — Et ces banquets révolutionnaires qui se succèdent dans les principales villes de France depuis trois mois?

— Ah! ah! ah! mon oncle, — dit le comte en riant; — vous croyez ces buveurs de vin bleu, ces mangeurs de veau... à vingt sous par tête... capables de faire une révolution.

— Ces niais-là... et je ne les en blâme point, tant s'en faut... ces niais-là ont tourné la cervelle des imbéciles qui les écoutaient. Il n'y a rien de plus bête en soi-même que la poudre à canon, n'est-ce pas? et ça ne l'empêche point d'éclater! Eh bien! ces banqueteurs ont joué avec la poudre. La mine va éclater et faire sauter le trône des d'Orléans.

— Cela n'est pas sérieux, mon oncle. Il y a ici cinquante mille hommes de troupes; si la canaille bougeait, elle serait hachée en morceaux. On est si tranquille sur l'état de Paris, que, malgré l'espèce d'agitation de la journée d'hier, l'on n'a pas seulement consigné les troupes dans les casernes.

— Vraiment? Ah! tant mieux, — reprit le cardinal en se frottant les mains. — Si leur gouvernement a le vertige, ces d'Orléans feront promptement place à la république, et notre tour viendra plus tôt.

Ici, l'Eminence fut interrompue par deux petits coups frappés à la porte du salon donnant sur le boudoir; puis, à ce bruit succéda le cantilène suivante, toujours sur l'air de *la rifla*, chanté extérieurement et *piano* par Pradeline:

Pour m'en aller d'ici...
Il me faut, mon bibi,
Et par occa-si-on,
La béné-dic-ti-on.
La rifla, fla, fla, fla, la rifla, etc., etc.

— Ah! mon oncle, — dit le colonel avec colère, — méprisez, je vous en supplie, les insolences de cette sotte petite fille.

Et, se levant, le comte de Plouernel prit sur un canapé le châle et le chapeau de l'effrontée, sonna brusquement, et, jetant ces objets au valet de chambre qui entra, il lui dit:

— Donnez cela à cette péronnelle, et faites-la sortir à l'instant.

Puis, revenant auprès de l'Eminence, qui était restée impassible, et qui ouvrait en ce moment sa tabatière:

— En vérité, mon oncle, je suis confus. Mais de pareilles drôlesses ne savent rien respecter.

— Elle a une fort jolie jambe! — répondit le prêtre en aspirant sa prise. — Elle est très-gentille, cette drôlesse! Au quinzième siècle, nous l'aurions, pour sa plaisanterie, fait rôtir comme une petite juive. Mais patience... Ah! mon ami, jamais... non, jamais... nous n'avons eu la partie si belle!

— La partie plus belle si les d'Orléans sont chassés et si la République est proclamée?

Le cardinal haussa les épaules et reprit:

— De deux choses l'une: ou la République de ces va-nu-pieds sera l'anarchie, la dictature, l'émigration, le pillage, les assignats, la guillotine, la guerre avec l'Europe; alors, il y en aura pour six mois au plus, et Henri V est ramené triomphant par la sainte-alliance... ou bien, au contraire, leur République sera bénigne, bête, légale, modérée, avec le suffrage universel pour base.

— Et dans ce cas-là, mon oncle?

— Dans ce cas-là, ce sera plus long; mais nous ne perdrons rien pour attendre. Usant de notre influence de grands propriétaires, agissant par le bas clergé sur nos paysans, nous devenons maîtres des élections, nous avons à la Chambre la majorité, nous entravons toute mesure qui pourrait faire non pas aimer, mais seulement tolérer cet horrible et révolutionnaire état de choses; dans tous les esprits nous semons la défiance, la peur; bientôt, mort du crédit, ruine générale, désastre universel, chœur de malédictions contre cette infâme République, qui meurt de sa belle mort après cet essai qui en dégoûte à jamais. Alors nous paraissons; le peuple affamé, le bourgeois épouvanté, se jettent à nos pieds, nous demandant à mains jointes Henri V, le salut de la France... Vient enfin l'heure des conditions; voici les nôtres: la royauté d'avant 89 au moins, c'est-à-dire plus de Chambre bourgeoise insolente et criarde, aussi reine que le roi, puisqu'elle le tient par l'impôt, ce qui est ignoble; plus de système bâtard, *tout* ou *rien;* et nous voulons tout, à savoir : un roi de droit et absolu, appuyé sur un clergé tout-puissant; une forte aristocratie et une armée impitoyable; cent mille, deux cent mille hommes de troupes étrangères, s'il le faut; la sainte-alliance nous les prêtera. La misère est si atroce, la peur si intense, la lassitude si grande, que nos conditions sont aussitôt acceptées qu'imposées. Alors nous prenons vite des mesures promptes, terribles, les seules efficaces. Les voici. Premier point : Cours prévôtales; rappel des crimes de sacrilège et de lèse-majesté depuis 1830; jugement et exécution dans les vingt-quatre heures, afin d'écraser dans leur venin tous les révolutionnaires, tous les impies... une terreur, une Saint-Barthélemy, s'il le faut... La France n'en mourra pas; au contraire, elle crève de pléthore, elle a besoin d'être saignée à blanc de temps à autre. Second point: Donner l'instruction publique à la compagnie de Jésus... elle peut mater l'espèce. Troisième point : Briser le faisceau de la centralisation; elle a fait la force de la révolution... Il faut, au contraire, isoler les provinces en autant de petits centres, où, seuls, nous dominerons par le clergé ou grâce à nos grandes propriétés, restreindre, empêcher, s'il est possible, les rapports des populations entre elles; il n'est point bon pour nous que les hommes se rapprochent, se fréquentent; et pour les diviser, réveiller d'urgence les rivalités, les jalousies, et, s'il le faut, les vieilles haines provinciales. En ce sens, un brin de guerre civile serait d'un favorable expédient, comme germe d'animosités implacables.

Puis, prenant sa prise de tabac, le cardinal ajouta :

— Les gens divisés par la haine ne conspirent point.

L'impitoyable logique de ce prêtre répugnait à M. de Plouernel; malgré son infatuation et ses préjugés de race, il s'arrangeait assez du temps présent; sans doute il eût préféré le règne des *rois légitimes;* mais il ne réfléchissait pas que, si l'on veut la fin, il faut vouloir les moyens, et qu'une restauration complète, absolue, pour être durable aux yeux de ses partisans, ne pouvait avoir lieu et se soutenir que par les terribles moyens dont le cardinal venait de faire une complaisante exposition. Aussi le colonel reprit-il en souriant :

— Mais, mon oncle, songez-y-donc ! de nos jours isoler les populations entre elles, c'est impossible ! et les routes stratégiques ! et les chemins de fer !

— Les chemins de fer ?... — s'écria le cardinal courroucé; — invention du diable, bonne à faire circuler d'un bout de l'Europe à l'autre la peste révolutionnaire ! Aussi notre saint-père ne veut point de chemins de fer dans ses Etats, et il a raison. Il est inouï que les monarques de la sainte-alliance se soient laissé aller à ces nouveautés diaboliques ! Ils les payeront cher peut-être ! Qu'ont fait nos aïeux, lors de la conquête, pour dompter et asservir cette mauvaise race gauloise, notre vassale de naissance et d'espèce, qui s'est tant de fois rebellée contre nous ? nos aïeux l'ont parquée dans leurs domaines, avec défense d'en sortir sous peine de mort. Ainsi enchaînée à la glèbe, ainsi isolée, abrutie, l'engeance est plus domptable... c'est là qu'il faut tendre et arriver.

— Mais encore une fois, cher oncle, vous n'irez pas détruire les grandes routes et les chemins de fer ?

— Pourquoi non ? Est-ce que les Francs, nos aïeux, par une excellente politique, n'ont pas ruiné ces grandes voies de communication fondées en Gaule par ces païens de Romains ? Est-ce que l'on ne peut pas lancer sur les chemins de fer toutes les brutes que cette invention infernale a dépossédées de leur industrie ? Anathème... anathème sur ces orgueilleux monuments de la superbe de Satan !... Par le sang de ma race ! si l'on ne l'arrêtait pas dans ses intentions sacrilèges, l'homme finirait, Dieu me garde, par changer sa vallée de larmes en un paradis terrestre! comme si la tache originelle ne le condamnait point à la douleur pour l'éternité.

— Corbleu ! cher oncle, un moment, — s'écria le colonel — Je ne tiens pas à accomplir si scrupuleusement ma destinée !

— Grand enfant ! — dit le cardinal en prisant son tabac. — Pour que l'immense majorité de la race d'Adam souffre et ait une conscience méritoire de sa souffrance, ne faut-il pas qu'il y ait toujours en évidence un bon petit nombre d'heureux en ce monde ?

— J'entends... Pour le contraste, n'est-ce pas, cher oncle ?

— Nécessairement... On ne s'aperçoit de la profondeur des vallées qu'à la hauteur des montagnes. Mais assez philosopher... Tu le sais, j'ai le coup d'œil juste, prompt et sûr... la position est telle que je te le dis. Je te le répète, fais comme moi, réalise toutes tes valeurs négociables en or et en bon papier sur Londres, envoie ta démission aujourd'hui, et partons demain. L'aveuglement de ces gens-là est tel, qu'ils ne craignent rien; tu le dis toi-même... Presque aucune disposition militaire n'est prise... tu peux donc sans blesser en rien le point d'honneur militaire quitter ton régiment.

— Impossible, mon cher oncle... ce serait une lâcheté... Si la République s'établit, ce ne sera pas sans coups de fusil, et j'en veux ma part... quitte à rendre politesse pour politesse à bons coups de mousqueton! car mes dragons chargeront cette canaille à cœur-joie.

— Ainsi, tu vas défendre le trône de ces misérables d'Orléans! — s'écria le cardinal avec un éclat de rire sardonique.

— Mon cher oncle, vous le savez, je ne me suis pas rallié aux d'Orléans; ainsi que vous, je ne les aime pas... Je me suis rallié à l'armée, parce que j'ai du goût pour l'état militaire; l'armée n'a pas d'autre opinion que la discipline... Encore une fois, si vous voyez juste, et votre vieille expérience me fait supposer que vous ne vous trompez pas, il y aura bataille ces jours-ci... Je serais donc un misérable de donner ma démission à la veille d'une affaire.

— De sorte que tu tiens extrêmement à risquer de te faire égorger par la populace sur une barricade pour la dynastie d'Orléans?

— Je suis soldat... je tiens à faire jusqu'au bout mon métier.

— Mais, maudit opiniâtre, si tu es tué, notre maison tombe de lance en quenouille.

— Je vous ai promis de me marier quand j'aurai quarante ans...

— Mais d'ici là, songes-y donc, cette guerre des rues est atroce... mourir dans la boue d'un ruisseau massacré par des gueux!

— Je me donnerai du moins le régal d'en sabrer quelques-uns; et si je succombe, — dit en riant le colonel, — vous trouverez toujours bien de mon fait quelque petit bâtard de Plouernel... que vous adopterez, cher oncle... il continuera notre nom... Les bâtards portent souvent bonheur aux grandes maisons.

— Triple fou! jouer ainsi ta vie... au moment où l'avenir n'a jamais été plus beau pour nous! au moment où, après avoir été vaincus, abaissés, bafoués, par les fils de ceux qui, depuis quatorze siècles, étaient nos vassaux et nos serfs, nous allons enfin effacer d'un trait cinquante ans de honte! au moment où, instruits par l'expérience, servis par les événements, nous allons redevenir plus puissants qu'avant 89!... Tiens, tu me fais pitié... Tu as raison, les races dégénèrent, — s'écria l'intraitable vieillard en se levant. — Ce serait à désespérer de notre cause si tous les nôtres te ressemblaient.

Le valet de chambre, entrant de nouveau après avoir frappé, dit à M. de Plouernel:

— Monsieur le comte, c'est le marchand de la rue Saint-Denis... il attend dans l'antichambre.

— Faites-le entrer dans le salon des portraits.

Le domestique sorti, le colonel dit au cardinal, qu'il vit prendre brusquement son chapeau et se diriger vers la porte:

— Pour Dieu, mon oncle, ne vous en allez pas ainsi fâché...

— Je ne m'en vais pas fâché, je m'en vais honteux.

— Allons, cher oncle, vous vous calmerez.

— Veux-tu, oui ou non, partir avec moi pour l'Angleterre?

— Impossible, cher oncle.

— Va-t'en au diable! — s'écria peu canoniquement le cardinal en sortant furieux et refermant la porte derrière lui.

. . . .

M. Marik Lebrenn avait été introduit, par ordre de M. de Plouernel, dans un salon richement meublé; l'on voyait suspendus aux boiseries un grand nombre de portraits de famille.

Les uns portaient la cuirasse des chevaliers, la croix blanche et le manteau rouge des templiers, le pourpoint des gentilshommes, l'hermine des pairs de France ou le bâton des maréchaux, quelques-uns la pourpre des princes de l'Eglise.

De même, parmi les femmes, plusieurs portaient le costume monastique ou le costume de cour; mais, soit que chaque peintre eût scrupuleusement copié la nature, soit qu'il eût cédé aux exigences d'une famille qui tenait à honneur de faire montre d'une filiation de race non interrompue, le type générique de ces figures diverses se retrouvait partout, soit en beau, soit en laid, et par l'écartement des yeux et la courbe prononcée du nez rappelait l'oiseau de proie. De même ce que l'on est convenu d'appeler *le type bourbonien*, qui n'est pas sans rapport avec celui de la race *ovine*, s'est visiblement perpétué dans la race des Capets. De même enfin presque tous les descendants de la maison de Rohan avaient, dit-on, dans la chevelure certain épi longtemps appelé *le toupet des Rohans*.

Ainsi que cela se voit dans presque tous les portraits anciens, le blason des Plouernel et le nom de l'original du tableau étaient placés dans un coin de la toile. Par exemple, on pouvait lire Gonthramm V, sire de Plouernel; Gonthramm IX, comte de Plouernel; Hildeberte, dame de Plouernel; Mérofléde, abbesse de Mériadok en Plouernel, et les noms des descendants, hommes ou femmes des Plouernel.

M. Lebrenn, en contemplant ces tableaux de famille, semblait éprouver un singulier mélange de curiosité, d'amertume, et de récrimination plus triste que haineuse; il allait de l'un à l'autre de ces portraits, comme s'ils eussent éveillé en lui mille souvenirs. Son regard s'arrêtait pensif sur ces figures immobiles, muettes comme des spectres. Plusieurs de ces personnages parurent surtout exciter vivement son attention. L'un, évidemment peint d'après des indications ou des souvenirs transmis postérieurement à l'époque de la date du tableau (an 497), devait être le fondateur de cette antique maison; on lisait dans l'angle de la toile le nom de *Gonthramm Néroweg.*

Ce personnage était un homme d'une taille colossale; ses cheveux, d'un rouge de cuivre, relevés à la chinoise, et arrêtés au sommet de sa tête, au moyen d'un cercle d'or, retombaient ensuite sur ses épaules comme la crinière d'un casque. Les joues et le menton étaient rasés, mais de longues moustaches, du même rouge que les cheveux, tombaient jusque sur la poitrine, tatouée de bleu et à demi cachée par une espèce de plaid ou de manteau bariolé de jaune et de rouge. On ne pouvait imaginer une figure d'un caractère plus farouche et plus barbare que celle de ce premier des Néroweg.

Sans doute, à son aspect, de cruelles pensées agitèrent le marchand de toile; car, après avoir regardé longtemps ce portrait, M. Lebrenn ne put s'empêcher de lui montrer le poing, mouvement involontaire et puéril dont il parut bientôt confus.

Le second portrait, qui sembla non moins vivement impressionner le marchand de toile, représentait une femme vêtue de l'habit monastique; ce tableau portait la date de 759 et le nom de Méroflède, abbesse de Mériadek en Plouernel. Particularité assez étrange, cette femme tenait d'une main une crosse abbatiale, et de l'autre une épée nue et sanglante, afin d'indiquer sans doute que ce glaive n'était pas toujours resté dans le fourreau. Cette femme était très belle, mais d'une beauté fière, sinistre, violente; ses traits, fatigués par les excès et enveloppés de longs voiles blancs et noirs; ses grands yeux gris étincelants sous leurs épais sourcils roux; ses lèvres rouges comme du sang, d'une expression à la fois méchante et sensuelle; enfin cette crosse et cette épée sanglante entre les mains d'une abbesse formaient un ensemble étrange, presque effrayant.

M. Lebrenn, après avoir contemplé cette image avec un dégoût mêlé d'horreur, murmura tout bas :

— Ah! Méroflède! noble abbesse, sacrée par le démon! Messaline ou Frédégonde étaient des vierges auprès de toi! le maréchal de Retz, un agneau! et son château infâme un saint lieu auprès de ton cloître de damnées!

Puis il ajouta avec un soupir douloureux, en levant les yeux au ciel comme s'il eût plaint des victimes:

— Pauvre *Septimine la Coliberte!* Et toi, malheureux *Broute-Saule!*

Et, détournant le regard avec tristesse, M. Lebrenn resta un moment pensif; lorsqu'il releva les yeux, ils s'arrêtèrent sur un autre portrait daté de 1237, représentant un guerrier aux cheveux ras, à la longue barbe rousse, armé de toutes pièces, et portant sur l'épaule le manteau rouge et la croix blanche des croisés

— Ah! — fit le marchand de toile avec un nouveau geste d'aversion, — le *moine rouge!*..

Et il passa la main sur ses yeux comme pour chasser une hideuse vision.

Mais bientôt les traits de M. Lebrenn se déridèrent; il soupira avec une sorte d'allégement, comme si de douces pensées succédaient chez lui à de cruelles émotions; il attachait un regard bienveillant, presque attendri, sur un portrait daté de l'an 1463, et portant nom de Gontran XII, sire de Plouernel.

Ce tableau représentait un jeune homme de trente ans au plus, vêtu d'un pourpoint de velours noir, et portant le collier d'or de l'ordre de Saint-Michel. On ne pouvait imaginer une physionomie plus sympathique; le regard et le demi-sourire qui effleurait les lèvres de ce personnage avaient une expression d'une mélancolie touchante.

— Ah! — dit M. Lebrenn, — la vue de celui-là repose l'esprit... calme... et console... Grâce à Dieu, il n'est pas le seul qui ait failli à la méchanceté proverbiale de sa race!

Puis, après un moment de silence, il dit en soupirant:

— Chère petite *Ghiselle la Paonnière!* ta vie a été courte... mais quel songe d'or que la vie!... Ah! pourquoi faut-il que tes sœurs *Alison la Maçonne* et *Marotte la Haubergière* n'aient pas...

M. Lebrenn fut interrompu dans ses réflexions par l'entrée de M. de Plouernel.

CHAPITRE VI

Comment le marchand de toile, qui n'était point sot, fit le simple homme au vis-à-vis du comte de Plouernel, et ce qu'il en advint. — Comment le colonel reçut l'ordre de se mettre à la tête de son régiment parce que l'on craignait une émeute dans la journée.

M. Lebrenn était si absorbé dans ses pensées, qu'il tressaillit comme en sursaut lorsque M. de Plouernel entra dans le salon.

Malgré son empire sur lui-même, le marchand de toile ne put s'empêcher de trahir une certaine émotion en se trouvant face à face avec le descendant de cette ancienne famille. Ajoutons enfin que M. Lebrenn avait été instruit par Jeanike des fréquentes stations du colonel devant les carreaux du magasin; mais, loin de paraître soucieux ou irrité, M. Lebrenn prit un air de bonhomie naïve et embarrassée, que M. de Plouernel attribuait à la respectueuse déférence qu'il devait inspirer à ce citadin de la rue Saint-Denis.

Le comte, s'adressant donc au marchand

avec un accent de familiarité protectrice, lui montra du geste un fauteuil en s'asseyant lui-même.

— Ah! monsieur, — dit M. Lebrenn en saluant d'un air gauche, — vous me faites honneur, en vérité...

— Allons, allons, pas de façons, mon cher monsieur, — reprit le comte, et il ajouta d'un ton interrogatif, — Mon cher monsieur... Lebrenn... je crois?

— Lebrenn, — répondit le marchand en s'inclinant, — Lebrenn, pour vous servir.

— Eh bien donc, j'ai eu le plaisir de voir hier la chère Madame Lebrenn, et de lui parler d'un achat considérable de toile que je désire faire pour mon régiment.

— Bien heureux nous sommes, monsieur, que vous ayez honoré notre pauvre boutique de votre achalandage... Aussi, je viens savoir combien il vous faut de mètres de toile, et de quelle qualité vous la désirez. Voici des échantillons, — ajouta-t-il en fouillant d'un air affairé dans la poche de son paletot. — Si vous voulez choisir... je vous dirai le prix, monsieur... le juste prix... le plus juste prix...

— C'est inutile, cher monsieur Lebrenn ; voici en deux mots ce dont il est question ; j'ai quatre cent cinquante dragons ; il me faut une remonte de quatre cent cinquante chemises de bonne qualité ; vous vous chargerez de plus de me les faire confectionner. Le prix que vous fixerez sera le mien ; car vous sentez, cher monsieur Lebrenn, que je vous sais la crème des honnêtes gens !

— Ah! monsieur.

— La fleur des pois des marchands de toile.

— Monsieur... monsieur... vous me confusionnez ; je ne mérite point...

— Vous ne méritez pas ! Allons donc, cher monsieur Lebrenn, vous méritez cela et beaucoup d'autres choses, au contraire...

— Je ne saurais, monsieur, disputer ceci avec vous. Pour quelle époque vous faudra-t-il cette fourniture ? — demanda le marchand en se levant. — Si c'est un travail d'urgence, la façon sera un peu plus chère.

— Faites-moi donc d'abord le plaisir de vous rasseoir, mon brave ! et ne partez pas ainsi comme un trait... Qui vous dit que je n'aie pas d'autres commandes à vous faire?

— Monsieur, pour vous obéir, je siérai donc... Et pour quelle époque vous faudrat-il cette fourniture ?

— Pour la fin du mois de mars.

— Alors, monsieur, les quatre cent cinquante chemises de très-bonne qualité coûteront sept francs pièce.

— Eh bien! d'honneur, c'est très-bon marché, cher monsieur Lebrenn... Voilà, je l'espère, un compliment que les acheteurs ne font pas souvent, hein ?

— Non, point très-souvent, il est vrai, monsieur. Mais vous m'aviez parlé d'autres fournitures.

— Diable, mon cher, vous ne perdez pas la carte... Vous pensez au solide.

— Eh! eh! monsieur... on est marchand, c'est pour vendre...

— Et, dans ce moment-ci, vendez-vous beaucoup?

— Hum... hum !... couci... couci...

— Vraiment! couci... couci? Eh bien, tant pis, tant pis, cher monsieur Lebrenn ! Cela doit vous contrarier... car vous devez être père de famille?

— Vous êtes bien bon, monsieur... J'ai un fils.

— Et vous l'élevez pour vous succéder ?

— Oui-da, monsieur ; il est à l'École centrale du commerce.

— A son âge? ce brave garçon! Et vous n'avez qu'un fils, cher monsieur Lebrenn ?

— Sauf respect de vous contredire, monsieur, j'ai aussi une fille...

— Aussi une fille! Ce cher Lebrenn! Si elle ressemble à la mère... elle doit être charmante...

— Eh! eh !... elle est grandelette... et gentillette...

— Vous devez en être bien fier. Allons, avouez-le.

— Trédame! je ne dis point non, monsieur, point non je ne dis.

— C'est étonnant (pensa M. de Plouernel), ce bonhomme a une manière de parler singulièrement surannée ; il faut que ce soit de tradition dans la rue Saint-Denis ; il me rappelle le vieil intendant Robert, qui m'a élevé, et qui parlait comme les gens de l'autre siècle.

Puis le comte reprit tout haut:

— Mais, parbleu, j'y pense : il faut que je fasse une visite à la chère madame Lebrenn.

— Monsieur, elle est votre servante.

— Figurez-vous que j'ai le projet de donner prochainement dans la grande cour de ma caserne un carrousel, où mes dragons feront toutes sortes d'exercices d'équitation : il faut me promettre de venir un dimanche, assister à une répétition avec la chère madame Lebrenn, et en sortant de là, accepter, sans façon, une petite collation.

— Ah! monsieur, c'est trop d'honneur pour nous... Je suis confus...

— Allons donc, mon cher, vous plaisantez ! Est-ce convenu?

— Je pourrai amener mon garçon ?

— Parbleu !

— Et ma fille aussi?

— Pouvez-vous, cher monsieur Lebrenn, me faire une pareille question ?...

— Vrai, monsieur? vous ne trouverez point mauvais que ma fille...

— Mieux que cela... une idée, mon cher, une excellente idée!

— Voyons, monsieur.

— Vous avez entendu parler des anciens tournois?

— Des tournois?...

— Oui, du temps de la chevalerie.

— Faites excuse, monsieur; de bonnes gens comme nous...

— Eh bien, cher monsieur Lebrenn, au temps de la chevalerie, il y avait des tournois, et dans ces tournois plusieurs de mes ancêtres, que vous voyez là, — et il montra les portraits, — ont autrefois combattu.

— Ouais!!! — fit le marchand, feignant la surprise et suivant du regard le geste du colonel, — ce sont là messieurs vos ancêtres?... Aussi, je me disais : Il y a quelque chose comme un air de famille.

— Vous trouvez?

— Je le trouve, monsieur... pardon de la liberté grande...

— N'allez-vous pas vous excuser!... Pour Dieu! ne soyez donc pas ainsi toujours formaliste, mon cher... Je vous disais donc que dans ces tournois, il y avait ce qu'on appelait la *reine de beauté;* elle distribuait les prix au vainqueur... Eh bien, il faut que ce soit votre charmante fille qui soit la reine de beauté du carrousel que je veux donner... elle en est digne à tous égards.

— Ah! monsieur, c'est trop, non, c'est trop. Et puis, ne trouvez-vous point que pour une jeune fille... être comme cela... en vue... et au vis-à-vis de messieurs vos dragons... c'est un peu... pardon de la liberté grande... mais un peu... comment vous dirai-je cela?... un peu...

— N'ayez donc pas de ces scrupules, cher monsieur Lebrenn; les plus nobles dames étaient autrefois reines de beauté dans les tournois, elles donnaient même un baiser au vainqueur et sur la bouche.

— Je conçois... elles en avaient l'habitude... tandis que ma fille... voyez-vous... dam!... ça a dix-huit ans, et c'est élevé... à la bourgeoise...

— Rassurez-vous; je n'ai pas un instant songé à ce que votre charmante fille donnât un baiser au vainqueur.

— Voire! monsieur... que de bontés!... et si vous daignez permettre que ma fille n'embrasse point...

— Mais cela va sans dire, mon cher... Que parlez-vous de ma permission? Je suis déjà trop heureux de vous voir accepter mon invitation, ainsi que votre aimable famille.

— Ah! monsieur, tout l'honneur est de notre côté.

— Pas du tout, il est du mien.

— Nenni, monsieur, nenni! c'est trop de bonté à vous. Je vois bien, moi, l'honneur que vous voulez nous faire.

— Que voulez-vous, mon cher! il y a comme cela des figures... qui vous reviennent tout de suite; et puis je vous ai trouvé si honnête homme au sujet de votre fourniture...

— C'est tout en conscience, monsieur, tout en conscience.

— ... Que je me suis dit tout de suite : Ce doit être un excellent homme que ce brave Lebrenn; je voudrais lui être agréable, et même l'obliger, si je le pouvais.

— Ah! monsieur, je ne sais où me mettre.

— Tenez, vous m'avez dit tout à l'heure que les affaires allaient mal... voulez-vous que je vous paye d'avance votre fourniture?...

— Nenni, monsieur, c'est inutile.

— Ne vous gênez pas! parlez franchement... La somme est importante... je vais vous donner un bon à vue sur mon banquier.

— Je vous assure, monsieur, que je n'ai point besoin d'avances.

— Les temps sont si durs, cependant...

— Bien durs sont les temps, il est vrai, monsieur; il faut en espérer de meilleurs.

— Tenez, cher monsieur Lebrenn, — dit le comte en montrant au marchand les portraits qui ornaient le salon, — le temps où vivaient ces braves seigneurs, c'était le bon temps!...

— Vraiment, monsieur.

— Et qui sait?... peut-être reviendra-t-il, ce bon temps...

— Oui-da... vous croyez?

— Un autre jour nous parlerons politique... car vous parlez peut-être politique?

— Monsieur, je ne me permettrais point cela; vous concevez, un marchand...

— Ah! mon cher, vous êtes un homme du bon vieux temps, vous, à la bonne heure!... Que vous avez donc raison de ne pas parler politique! c'est cette sotte manie qui a tout perdu; car dans ce bon vieux temps dont je vous parle, personne ne raisonnait : le roi, le clergé, la noblesse commandaient, tout le monde obéissait sans mot dire.

— Trédame! C'était pourtant bien commode, monsieur!

— Parbleu!

— Si je vous comprends, monsieur, le roi, les prêtres, les seigneurs, disaient : Faites... et l'on faisait?

— C'est cela même.

— Payez... et l'on payait?

— Justement.

— Allez... et on allait?

— Eh! mon Dieu, oui!

— Enfin, tout comme à l'exercice : à droite! à gauche! en avant! halte!... On n'avait point le souci de vouloir ceci ou cela; le roi, les seigneurs et le clergé se donnaient la peine de vouloir pour vous... et l'on a changé cela, et l'on a changé cela!!!

— Heureusement il ne faut désespérer de rien, cher monsieur Lebrenn.

— Que le bon Dieu vous entende! — dit le marchand en se levant et saluant. — Monsieur, je suis votre serviteur.

— Ah çà, à dimanche... pour le carrousel, mon cher... vous viendrez... en famille... c'est convenu.

— Certainement, monsieur, certainement... Ma fille ne manquera point à la fête... puisqu'elle doit être la reine de... de?...

— Reine de beauté, mon cher! Ce n'est pas moi qui lui assigne ce rôle... c'est la nature!

— Ah! monsieur, si vous le permettiez?...

— Quoi donc?

— Ce que vous venez de dire là de, si galant pour ma fille, je le lui répéterais de votre part.

— Comment donc, mon cher! non-seulement je vous y autorise, mais je vous en prie; j'irai d'ailleurs rappeler, sans façon, mon invitation à la chère madame Lebrenn et à sa charmante fille.

— Ah! monsieur... les pauvres femmes... elles seront si flattées du bien que vous nous voulez... Je ne vous parle point de moi... l'on me donnerait la croix d'honneur que je ne serais pas plus glorieux.

— Ce brave Lebrenn, il est ravissant.

— Serviteur, monsieur... serviteur de tout mon cœur, — dit le marchand en s'éloignant.

Cependant, au moment où il atteignait la porte, il parait se raviser, se gratte l'oreille et revient vers M. de Plouernel.

— Eh bien! qu'est-ce, mon cher? — dit le comte, surpris de ce retour; qu'y a-t-il?

— Il y a, monsieur, — poursuivit le marchand en se grattant toujours l'oreille, — il y a que j'ai comme une idée... pardon de la liberté grande...

— Parbleu, à votre aise! Pourquoi donc n'auriez-vous pas d'idées... tout comme un autre?

— C'est vrai, monsieur; parfois les petits tout comme les grands n'en *chevissent* point... d'idées.

— N'en *chevissent* point... quel est ce diable de mot-là? Je ne me rappelle pas l'avoir jamais entendu prononcer.

— Un honnête vieux mot, monsieur, qui veut dire *manquer;* Molière l'emploie souvent.

— Comment, Molière! — dit le comte surpris; — vous lisez Molière, mon cher? En effet, je remarquais tout à l'heure, à part moi, que vous vous serviez souvent du vieux langage.

— Je m'en vas vous dire pourquoi cela, monsieur : quand j'ai vu que vous me parliez environ comme don Juan parle à monsieur Dimanche, ou Dorante à monsieur Jourdain...

— Qu'est-ce à dire? — s'écria M. de Plouernel de plus en plus surpris, et commençant à se douter que le marchand n'était pas aussi simple qu'il le paraissait, — que signifie cela?

— ... Alors, moi, — poursuivit M. Lebrenn avec sa bonhomie narquoise, — alors, moi, afin de correspondre à l'honneur que vous me faisiez, monsieur, j'ai pris à mon tour le langage de monsieur Dimanche ou de monsieur Jourdain... pardon de la liberté grande... Mais, pour revenir à mon idée... m'est avis, selon mon petit jugement, monsieur, m'est avis que vous ne seriez pas fâché de prendre ma fille pour maîtresse...

— Comment! — s'écria le comte tout à fait décontenancé de cette brusque apostrophe; — je ne sais pas... je ne comprends pas ce que vous voulez dire...

— Voire! monsieur... je ne suis qu'un bonhomme... je vous parle ainsi selon mon petit jugement.

— Votre petit jugement!... mais il vous sert fort mal, monsieur; car, d'honneur, vous êtes fou; votre idée n'a pas le sens commun.

— Vraiment? ah bien, tant mieux!... Je m'étais dit, suivez bien, s'il vous plaît, mon petit raisonnement... je m'étais dit : Je suis un bon bourgeois de la rue Saint-Denis, je vends de la toile, j'ai une jolie fille; un jeune seigneur... (il paraît que nous revenons au temps des jeunes seigneurs) un jeune seigneur a vu ma fille, il en a envie; il me fait une grosse commande, il ajoute des offres de service, et, sous ce prétexte...

— Monsieur Lebrenn... je ne souffre pas certaines plaisanteries de gens...

— D'accord... mais suivez bien toujours, s'il vous plaît, mon petit raisonnement... Ce jeune seigneur, me dis-je, me propose de donner un carrousel en l'honneur des beaux yeux de ma fille, de venir souvent nous voir, à seule fin, en faisant ainsi le bon prince, de parvenir à suborner mon enfant.

— Monsieur, — s'écria le comte devenant pourpre de dépit et de colère, — de quel droit vous permettez-vous de me supposer de pareilles intentions?

— À la bonne heure, monsieur, voilà qui est parler; ce n'est point vous, n'est-ce pas, qui auriez imaginé un projet non-seulement indigne, mais énormément ridicule?

— Assez, monsieur... assez!

— Bien! bien! ce n'est point vous... c'est entendu, et j'en suis tout aise... sans cela j'aurais été, voyez-vous, forcé de vous dire humblement, révérencieusement, ainsi qu'il sied à un pauvre homme de ma sorte : Pardon de la liberté grande, mon jeune seigneur; mais, voyez-vous, l'on ne séduit plus comme cela les filles des

Les préliminaires d'une insurrection (page 36)

bons bourgeois ; depuis une cinquantaine d'années, ça ne se fait plus, mais plus du tout, du tout... Monsieur le duc ou monsieur le marquis appelle bien encore familièrement les bourgeois et les bourgeoises de la rue Saint-Denis *cher monsieur... Chose... chère madame... Chose...* regardant, par vieille habitude de race, la bourgeoisie comme une espèce inférieure; mais, trédame ! aller plus loin ne serait point du tout prudent! Les bourgeois de la rue Saint-Denis n'ont plus peur, comme autrefois, des lettres de cachet et de la Bastille... et si monsieur le marquis ou monsieur le duc s'avisait de leur manquer de respect... à eux ou à leur famille... ouais!... les bourgeois de la rue Saint-Denis pourraient bien rosser... pardon de la liberté grande... je dis rosser d'importance monsieur le marquis ou monsieur le duc... fût-il de race impériale ou royale.

— Mordieu ! monsieur ! — s'écria le colonel, qui s'était contenu à peine et pâlissait de courroux, — est-ce une menace?
— Non, monsieur, — dit M. Lebrenn en quittant son accent de bonhomie narquoise pour prendre un ton digne et ferme ; — non, monsieur, ce n'est pas une menace... c'est une leçon à votre adresse.
— Une leçon ! — s'écria M. de Plouernel pâle de colère, — une leçon ! à moi !...
— Monsieur !... malgré vos préjugés de race... vous êtes homme d'honneur... jurez-moi sur l'honneur qu'en tâchant de vous introduire chez moi, qu'en me faisant des offres de service, votre intention n'était pas de séduire ma fille!... Oui, jurez-moi cela, et, reconnaissant mon erreur, je retire ce que j'ai dit.
M. de Plouernel, très-embarrassé de l'alternative qu'on lui posait, rougit, baissa les yeux

5ᵉ livraison

devant le regard perçant du marchand de toile, et resta muet.

— Ah! — reprit M. Lebrenn avec amertume, — ils sont incorrigibles; ils n'ont rien oublié... rien appris... nous sommes encore pour eux les vaincus, les conquis, la race sujette.

— Monsieur!...

— Eh! monsieur, je le sais bien! nous ne sommes plus au temps où, après avoir violenté mon enfant, vous m'auriez fait battre de verges et pendre à la porte de votre château, ainsi que cela se faisait dans les siècles passés, et comme il a été fait à un de mes aïeux par ce seigneur que voici...

Et du geste M. Lebrenn désigna un des portraits appendus à la muraille, à la profonde surprise de M. de Plouernel.

— Mais il vous a paru tout simple, — ajouta le marchand, — de vouloir prendre ma fille pour maîtresse... Je ne suis plus votre esclave, votre serf, votre vassal, votre mainmortable... mais, tranchant du bon prince, vous me faites asseoir par grâce, et me dites dédaigneusement: Cher monsieur Lebrenn. Il n'y a plus de comtes, mais vous portez votre titre et vos armoiries de comte! L'égalité civile est déclarée; mais rien ne vous semblerait plus monstrueux que de marier votre fille ou votre sœur à un bourgeois ou à un artisan, si grands que fussent leur mérite et leur moralité... M'affirmez-vous le contraire?... Non; vous me citerez une exception peut-être, et elle sera une nouvelle preuve qu'il existe toujours à vos yeux des mésalliances... Puérilités, dites-vous; certes, puérilités... mais quel grave symptôme que d'attacher par tradition tant d'importance à ces puérilités!... Aussi, vous et les vôtres, soyez demain tout-puissants dans l'Etat, et fatalement, forcément, vous voudrez, comme sous la Restauration, peu à peu rétablir vos anciens privilèges, qui de puérils deviendraient alors odieux, honteux, écrasants pour nous, comme ils l'ont été pour nos pères pendant tant de siècles.

M. de Plouernel avait été si stupéfait du changement de ton et de langage du marchand, qu'il ne l'avait pas interrompu; il reprit alors avec une hautaine ironie: — Et sans doute, monsieur, la moralité de la belle leçon d'histoire que vous me faites la grâce de me donner, en votre qualité de marchand de toile, probablement est qu'il faut mettre les prêtres et les nobles à la lanterne... comme aux beaux jours de 93, et marier nos filles et nos sœurs au premier goujat venu?

— Ah! monsieur, — reprit le marchand avec une tristesse pleine de dignité, — ne parlons pas de représailles; oubliez ce que vos pères ont souffert pendant ces formidables années... j'oublierai, moi, ce que nos pères à nous ont souffert, grâce aux vôtres, non *pendant quelques années*, mais pendant QUINZE SIÈCLES DE TORTURES... Mariez vos filles et vos sœurs comme vous l'entendrez, c'est votre droit; croyez aux mésalliances, cela vous regarde; ce sont des faits, je les constate; et comme symptôme, je le répète, ils sont graves, ils prouvent que pour vous il y a, il y aura toujours... deux races.

— Et quand cela serait, monsieur, que vous importe à vous notre manière d'envisager ces faits?

— Diable! mais cela nous importe beaucoup, monsieur : *la sainte-alliance, le droit divin et absolu, le parti prêtre et l'aristocratie de naissance, tout-puissants*, telles sont les conséquences forcées de cette croyance qu'il y a deux races, une supérieure, une inférieure, l'une faite pour commander, l'autre pour obéir et souffrir... Vous me demandez la moralité de cette leçon d'histoire?... la voici, monsieur...

— reprit le marchand. — Comme je suis fort jaloux des libertés que nos pères nous ont conquises au prix de leur sang, de leur martyre... comme je ne veux plus être traité en vaincu, tant que votre parti reste dans la légalité, je vote contre lui, en ma qualité d'électeur... mais lorsque, comme en 1830, votre parti sort de la légalité, afin de nous ramener au gouvernement du bon plaisir et des prêtres, c'est-à-dire au gouvernement d'avant 89... je descends dans la rue... et je tire des coups de fusil à votre parti.

— Et il vous en rend!

— Parfaitement bien... car j'ai eu le bras cassé en 1830 par une balle suisse... Mais voyons, monsieur, pourquoi la bataille! toujours la bataille! toujours du sang, et de brave sang... versé des deux côtés? Pourquoi toujours rêver un passé qui n'est plus, qui ne peut plus être? Vous nous avez vaincus, spoliés, dominés, exploités, torturés quinze siècles durant! n'est-ce donc point assez? Est-ce que nous pensons à vous opprimer à notre tour? Non, non... mille fois non... la liberté nous a coûté trop cher à conquérir, nous en savons trop le prix, pour attenter à celle des autres. Mais, que voulez-vous! depuis 89, vos alliances avec l'étranger, la guerre civile soulevée par vous, vos continuelles tentatives contre-révolutionnaires, votre accord intime avec le parti prêtre, tout cela inquiète et afflige les gens réfléchis, irrite et exaspère les gens d'action. Encore une fois, à quoi bon? Est-ce que jamais l'humanité a rétrogradé?... Non, monsieur, jamais... Vous pouvez, certes, faire du mal, beaucoup de mal; mais c'est fini du droit divin et de vos privilèges... prenez-en donc votre parti... Vous épargnerez au pays, et à vous peut-être, de nouveaux désastres; car, je vous le dis, l'avenir est à la démocratie.

La voix, l'accent de M. Lebrenn étaient si pénétrants, que M. de Plouernel fut, non pas convaincu, mais touché de ces paroles : son indomptable fierté de race luttait contre son désir d'avouer au marchand qu'il le reconnaissait au moins pour un généreux adversaire.

A ce moment, la porte fut brusquement ouverte par un capitaine adjudant-major, du régiment du comte, qui lui dit d'une voix hâtée en faisant le salut militaire :

— Pardon, mon colonel, d'être entré sans me faire annoncer, mais l'on vient d'envoyer l'ordre de faire à l'instant monter le régiment à cheval, et de rester en bataille dans la cour du quartier.

M. Lebrenn se disposait à quitter le salon, lorsque M. de Plouernel lui dit :

— Allons, monsieur, du train dont vont les choses, et d'après vos opinions républicaines, il se peut que j'aie l'honneur de vous trouver demain sur une barricade.

— Je ne sais ce qui doit arriver, monsieur, — répondit le marchand, — mais je ne crains ni ne désire une pareille rencontre.

Puis il ajouta en souriant : — Je crois, monsieur, qu'il sera bon de surseoir à la fourniture en question.

— Je le crois aussi, monsieur, — dit le colonel en faisant un salut contraint à M. Lebrenn, qui sortit du salon.

CHAPITRE VII

Pourquoi madame Lebrenn et mademoiselle Velléda, sa fille, n'avaient pas une haute opinion du courage de Gildas Pakou, le garçon de magasin. — Comment Gildas, qui ne trouvait pas le quartier Saint-Denis pacifique ce jour-là, eut peur d'être séduit et violenté par une jolie fille, et s'étonna fort de voir certaines marchandises apportées dans la boutique de *l'Épée de Brennus*.

Pendant que M. Lebrenn avait eu avec M. de Plouernel l'entretien précédent, la femme et la fille du marchand se tenaient, selon l'habitude, dans le comptoir du magasin.

Madame Lebrenn, pendant que sa fille était occupée à des ouvrages de couture, vérifiait les livres de commerce de la maison. C'était une femme de quarante ans, d'une taille élevée ; sa figure, à la fois grave et douce, conservait les traces d'une beauté remarquable ; il y avait dans l'accent de sa voix, dans son attitude, dans sa physionomie, quelque chose de calme, de ferme, qui donnait une haute idée de son caractère ; en la voyant on aurait pu se rappeler que nos mères, les Gauloises, avaient part aux conseils de l'État dans les circonstances graves, et que telle était la vaillance de ces matrones, que Diodore de Sicile s'exprime ainsi :

Les femmes de la Gaule ne rivalisent pas seulement avec les hommes pour la grandeur de leur taille, elles les égalent par la force de l'âme. Tandis que Strabon ajoute ces mots significatifs : *Les Gauloises sont fécondes et bonnes éducatrices.*

Mademoiselle Velléda Lebrenn était assise à côté de sa mère. En voyant cette jeune fille pour la première fois, l'on restait frappé de sa rare beauté, d'une expression à la fois fière, ingénue et réfléchie ; rien de plus limpide que le bleu de ses yeux, rien de plus éblouissant que son teint, rien de plus noble que le port de sa tête charmante, couronnée de longues tresses de cheveux bruns, brillant, çà et là, de reflets dorés. Grande, svelte et forte sans être virile, sa taille était accomplie ; l'ensemble et le caractère de cette beauté faisaient comprendre le caprice paternel du marchand, donnant à son enfant le nom de *Velléda*, nom d'une femme illustre, héroïque dans les annales patriotiques des Gaules ; l'on se figurait mademoiselle Lebrenn le front ceint de feuilles de chêne, vêtue d'une longue robe blanche à ceinture d'airain, et faisant vibrer la harpe d'or des druides, ces admirables éducateurs de nos pères, qui, les exaltant par la pensée de l'immortalité de l'âme, leur enseignaient à mourir avec tant de grandeur et de sérénité ! On pouvait retrouver dans mademoiselle Lebrenn le type de ces Gauloises vêtues de noir, *au bras si blanc et si fort* (dit Ammien-Marcellin), qui suivaient leurs maris à la bataille, avec leurs enfants dans leurs chariots de guerre, encourageant les combattants de la voix et du geste, se mêlant à eux dans la victoire et dans la défaite, et préférant la mort à l'esclavage et à la honte.

Ceux qui n'évoquaient pas ces tragiques et glorieux souvenirs du passé voyaient dans mademoiselle Lebrenn une belle jeune fille de dix-huit ans, coiffée de ses magnifiques cheveux bruns, et dont la taille élégante se dessinait à ravir sous une jolie robe montante de popeline bleu tendre, que rehaussait une petite cravate de satin orange nouée autour de sa fraîche et blanche collerette.

Pendant que madame Lebrenn vérifiait ses livres de commerce, et que sa fille continuait de coudre en causant avec sa mère, Gildas Pakou, le garçon de magasin, se tenait sur le seuil de la porte, inquiet, troublé, si troublé, qu'il ne songeait plus, selon son habitude, à citer, çà et là, quelques passages de ses chères chansons bretonnes.

Le digne garçon n'était préoccupé que d'une chose, du contraste étrange qu'il trouvait entre la réalité et les promesses de sa mère, celle-ci lui ayant annoncé que la rue Saint-Denis en général et la demeure de M. Lebrenn en particulier, étaient des lieux calmes et pacifiques par excellence.

Soudain Gildas se retourna et dit à madame Lebrenn d'une voix alarmée :

— Madame ! madame ! entendez-vous ?

— Quoi, Gildas ? — demanda la femme du marchand en continuant d'écrire tranquillement sur un grand livre de commerce.

— Mais, madame, c'est le tambour... tenez... Et puis... ah ! mon Dieu !... il y a des hommes qui courent !

— Eh bien, Gildas, — dit madame Lebrenn, — laissez-les courir.

— Ma mère, c'est le rappel, — dit Velléda après avoir un instant écouté. — On craint sans doute que l'agitation qui règne dans Paris depuis hier n'augmente encore.

— Jeanike, — dit madame Lebrenn à sa servante, — il faut préparer l'uniforme de garde national de monsieur Lebrenn ; il le demandera peut-être à son retour.

— Oui, madame... je vous obéis, — dit Jeanike en disparaissant par l'arrière-boutique.

— Gildas, — reprit madame Lebrenn, — vous pouvez apercevoir d'ici la porte Saint-Denis ?

— Oui, madame, — répondit Gildas en tremblant ; — est-ce qu'il faudrait y aller ?

— Non... rassurez-vous ; dites-nous seulement s'il y a beaucoup de monde rassemblé de ce côté.

— Oh ! oui, madame, — répondit Gildas en allongeant le cou ; — c'est une vraie fourmilière... Ah ! mon Dieu ! madame... madame !... ah ! mon Dieu !

— Allons ! quoi encore... Gildas ?

— Ah ! madame... là-bas... les tambours... ils allaient détourner la rue.

— Eh bien ?

— Des hommes en blouse viennent de les arrêter et de crever leurs caisses... Tenez, madame, voilà tout le monde qui court de ce côté-là... Entendez-vous comme on crie, madame ? Si l'on fermait la boutique ?...

— Allons, décidément, vous n'êtes pas très brave, Gildas, — dit en souriant mademoiselle Lebrenn sans cesser de s'occuper de son travail.

A ce moment, un homme en blouse, traînant péniblement une petite charrette à bras, qui semblait pesamment chargée, s'arrêta devant le magasin, rangea la voiture au long du trottoir, entra dans la boutique, et dit à la femme du marchand :

— Monsieur Lebrenn, madame ?

— C'est ici, monsieur.

— Ce sont quatre ballots que je lui apporte.

— De toile, sans doute ? — demanda madame Lebrenn.

— Mais, madame... je le crois, — répondit le commissionnaire en souriant.

— Gildas, — reprit-elle en s'adressant au digne garçon, qui jetait dans la rue des regards de plus en plus effarés, — aidez monsieur à transporter ces ballots dans l'arrière-boutique.

Le commissionnaire et Gildas déchargèrent les ballots, longs et épais rouleaux enveloppés de grosse étoffe grise.

— Ça doit être de la toile fièrement serrée, — dit Gildas en aidant avec effort le voiturier à apporter le dernier de ces colis, — car ça pèse... comme du plomb.

— Vrai ? vous trouvez, mon camarade ? — dit l'homme en blouse en regardant fixement Gildas, qui baissa modestement les yeux et rougit beaucoup.

Le voiturier, s'adressant alors à madame Lebrenn, lui dit :

— Voilà ma commission faite, madame ; je vous recommande surtout de ne pas faire mettre ces ballots dans un endroit humide ou près du feu, en attendant le retour de monsieur Lebrenn ; ces toiles sont très... très susceptibles.

Et ce disant, le voiturier essuya son front baigné de sueur.

— Vous avez dû avoir bien de la peine à apporter tout seul ces ballots ? — lui dit madame Lebrenn avec bonté, et ouvrant le tiroir qui lui servait de caisse, elle y prit une pièce de dix sous, qu'elle fit glisser sur le comptoir. — Veuillez prendre ceci pour vous.

— Je vous rends mille grâces, madame, — répondit en souriant le voiturier ; — je suis payé.

— Les commissionnaires *rendent mille grâces* et refusent des pourboires ! — se dit Gildas. — Étonnante... étonnante maison que celle-ci !...

Madame Lebrenn, assez surprise de la manière dont le refus du voiturier était formulé, leva les yeux, et vit un homme de trente ans environ, d'une figure agréable, et qui avait, chose assez rare chez un portefaix, les mains très blanches, très soignées, et une très belle bague chevalière en or au petit doigt.

— Pourriez-vous me dire, monsieur, — lui demanda la femme du marchand, — si aujourd'hui l'agitation augmente dans Paris ?

— Beaucoup, madame ; c'est à peine si l'on peut circuler sur le boulevard... Les troupes arrivent de toutes parts ; il y a de l'artillerie mèche allumée ici près, en face du Gymnase... J'ai rencontré deux escadrons de dragons en patrouille, la carabine au poing... On bat partout le rappel... quoique la garde nationale se montre fort peu empressée. Mais, pardon, madame, — ajouta le voiturier en saluant très poliment madame Lebrenn et sa fille ; — voici bientôt quatre heures... Je suis pressé.

Il sortit, s'attela de nouveau à sa charrette et repartit rapidement.

En entendant parler de l'artillerie stationnant dans le voisinage, mèche allumée, les étonnements de Gildas devinrent énormes ; cependant, partagé entre la crainte et la curiosité, il hasarda de jeter un nouveau coup d'œil dans cette terrible rue Saint-Denis, si voisine de l'artillerie.

Au moment où Gildas avançait le cou hors de la boutique, la jeune fille qui avait déjeuné chez M. de Plouernel, et qui improvisait de si folles chansons, sortait de l'allée de la maison où logeait Georges Duchêne, qui, on l'a dit, demeurait en face du magasin de toile.

Pradeline avait l'air triste, inquiet; après avoir fait quelques pas sur le trottoir, elle s'approcha autant qu'elle le put de la boutique de M. Lebrenn, afin d'y jeter un regard curieux, malheureusement arrêté par les rideaux du vitrage. La porte, il est vrai, était entr'ouverte; mais Gildas, s'y tenant debout, l'obstruait entièrement. Cependant Pradeline tâcha, sans se croire remarquée, de voir dans l'intérieur du magasin. Gildas, depuis quelques instants, observait avec une surprise croissante la manœuvre de la jeune fille; il s'y trompa, et se crut le but des regards obstinés de Pradeline; le pudique garçon baissa les yeux, rougit jusqu'aux oreilles : sa modestie alarmée lui disait de rentrer dans le magasin, afin de prouver à cette effrontée le cas qu'il faisait de ses agaceries; mais un certain amour-propre le retenait cloué au seuil de la porte, et il se disait plus que jamais :

— Ville étonnante que celle-ci, où, non loin d'une artillerie dont la mèche est allumée, les jeunes filles viennent dévorer des yeux les garçons de magasin!

Il aperçut alors Pradeline traversant de nouveau la rue et entrant dans un café voisin.

— La malheureuse! elle va sans doute boire des petits verres pour s'étourdir... Elle est capable de venir me relancer jusque dans la boutique... Bon Dieu!... que diraient madame Lebrenn et mademoiselle?...

Un nouvel incident coupa court, pour un moment, aux chastes appréhensions de Gildas. Il vit s'arrêter devant la porte un camion à quatre roues, traîné par un vigoureux cheval, et contenant trois grandes caisses plates, hautes de deux mètres environ, et sur lesquelles on lisait : *Très fragile...* Deux hommes en blouse conduisaient cette voiture : l'un, nommé Dupont, avait paru de très bon matin dans la boutique, afin d'engager M. Lebrenn à ne pas aller visiter sa provision de *poivre;* l'autre portait une épaisse barbe grise. Ils descendirent de leur siège, et Dupont, le mécanicien, entrant dans la boutique, salua madame Lebrenn, et lui dit:

— Monsieur Lebrenn n'est pas encore rentré, madame?

— Non, monsieur.

— Ce sont trois caisses de glaces que nous lui apportons.

— Très bien, monsieur, — répondit madame Lebrenn.

Et, appelant Gildas :

— Aidez ces messieurs à entrer ces glaces ici.

Le garçon de magasin obéit tout en se disant:

— Étonnante maison!... Trois caisses de glaces... et d'un poids!... Il faut que le patron, sa femme et sa fille aiment fièrement à se mirer...

Dupont et son compagnon à barbe grise venaient d'aider Gildas à placer les caisses dans l'arrière-magasin, d'après l'indication de madame Lebrenn, lorsqu'elle leur dit :

— Sait-on quelque chose de nouveau, messieurs? Le mouvement dans Paris se calme-t-il?

— Au contraire, madame... ça chauffe... ça chauffe, — répondit Dupont avec un air de satisfaction à peine déguisée. — On commence à élever des barricades au faubourg Saint-Antoine... Cette nuit les préparatifs... demain la bataille...

A peine Dupont achevait-il ces mots, qu'on entendit au dehors et au loin un grand tumulte et un formidable bruit de voix criant : *Vive la réforme!*

Gildas courut à la porte.

— Dépêchons-nous, — dit Dupont à son compagnon; — on prendrait notre camion comme noyau d'une barricade... Ce serait trop tôt; nous avons encore des pratiques à servir... — Puis, saluant madame Lebrenn : — Bien des choses à votre mari, madame.

Les deux hommes sautèrent sur le siège de leur camion, fouettèrent leur cheval, et s'éloignèrent dans une direction opposée à celle de l'attroupement.

Gildas avait suivi des yeux ce nouveau mouvement de la foule avec une inquiétude croissante; il vit tout à coup Pradeline sortir du café où elle était entrée, et se diriger vers le magasin, tenant une lettre à la main.

— Quelle enragée!... elle vient de m'écrire! — pensa Gildas, — la malheureuse m'apporte sa lettre!... Une déclaration!... Je vais être déshonoré aux yeux de mes patrons!...

De sorte que Gildas éperdu referma vivement la porte du magasin, lui donna un tour de clé et se tint coi auprès du comptoir.

— Eh bien, — lui dit madame Lebrenn, — pourquoi fermez-vous ainsi cette porte, Gildas?

— Madame, c'est plus prudent. Je viens de voir venir de là-bas une bande d'hommes... dont la mine effrayante...

— Allons, Gildas, vous perdez la tête! Ouvrez cette porte.

— Mais, madame...

— Faites ce que je vous dis... Tenez, justement, il y a quelqu'un qui essaye d'entrer... Ouvrez donc cette porte...

— C'est cette enragée avec sa lettre, — pensa

Gildas plus mort que vif. — Ah! pourquoi ai-je quitté ma tranquille petite ville d'Auray?...
Et il ouvrit la porte avec un grand battement de cœur; mais au lieu de voir apparaître la jeune fille avec sa lettre, il se trouva en face de M. Lebrenn et de son fils.

CHAPITRE VIII

Comment M. Lebrenn, son fils, sa femme et sa fille se montrent dignes de leur race.

Madame Lebrenn fut surprise et heureuse à la vue de son fils qu'elle n'attendait pas, le croyant à son École du commerce. Velléda embrassa tendrement son frère, tandis que le marchand serrait la main de sa femme.

Sacrovir Lebrenn, par son air résolu, semblait digne de porter le glorieux nom de son patron, l'un des plus grands patriotes gaulois dont l'histoire fasse mention.

Le fils de M. Lebrenn était un grand et robuste garçon de dix-neuf ans passés, d'une figure ouverte, bienveillante et hardie; une barbe naissante ombrageait sa lèvre et son menton; ses joues pleines étaient vermeilles et animées par l'émotion : il ressemblait beaucoup à son père.

Madame Lebrenn embrassa son fils et lui dit :
— Je ne m'attendais pas au plaisir de te voir aujourd'hui, mon enfant.
— J'ai été le chercher à son école, — reprit le marchand. — Tu sauras tout à l'heure pour quel motif, ma chère Hénory.
— Sans être inquiètes, — reprit madame Lebrenn en s'adressant à son mari, — Velléda et moi, nous nous étonnions de ne pas te voir rentrer... Il paraît que l'agitation augmente dans Paris... Tu sais qu'on a battu le rappel?
— Oh! mère! s'écria Sacrovir, l'œil étincelant d'enthousiasme, — Paris a la fièvre... On devine que tous les cœurs battent plus fort. Sans se connaître, on se cherche, on se comprend du regard; dans chaque rue ce sont d'ardentes paroles... de patriotiques appels aux armes... Ça sent la poudre, enfin! Ah! mère! mère!... — ajouta le jeune homme avec exaltation, — comme c'est beau le réveil d'un peuple!...
— Allons, calmez-vous, enthousiaste, — dit madame Lebrenn en souriant.

Et elle étancha avec son mouchoir la sueur dont était mouillé le front de son fils. Pendant ce temps, M. Lebrenn embrassait sa fille.
— Gildas, — dit le marchand, — on a dû apporter des caisses pendant mon absence?
— Oui, monsieur, de la toile et des glaces; elles sont dans l'arrière-boutique.
— Bien... laissez-les là, et surtout gardez-vous d'approcher le feu des ballots de toile.
— C'est donc inflammable comme du madapolam? de la mousseline? de la gaze? — pensa Gildas; — et pourtant c'est lourd comme du plomb... Encore une chose étonnante!
— Ma chère amie, — dit M. Lebrenn à sa femme, — nous avons à causer; veux-tu que nous montions chez toi avec les enfants, pendant que Jeanike mettra le couvert, car il est tard?... Vous, Gildas, vous mettrez les contrevents de la boutique; nous aurons peu d'acheteurs ce soir.
— Fermer la boutique! ah! monsieur, combien vous avez raison! — s'écria Gildas avec enchantement. — C'est depuis tantôt mon idée fixe.

Et comme il courait pour obéir aux ordres du marchand, celui-ci lui dit :
— Un moment, Gildas; vous ne poserez pas les contrevents à la porte d'entrée, car plusieurs personnes doivent venir nous demander. Vous ferez attendre ces personnes dans l'arrière-boutique, et vous me préviendrez.
— Oui, monsieur, — répondit Gildas en soupirant; car il eût préféré voir le magasin complètement fermé et la porte garnie de ses bonnes barres de fer fortement boulonnées à l'intérieur.
— Maintenant, chère amie, — dit M. Lebrenn à sa femme, — nous allons monter chez toi.

La nuit était déjà presque noire.

La famille du marchand se rendit au premier étage, et se réunit dans la chambre à coucher de M. et de madame Lebrenn.

Celui-ci dit alors à sa femme d'une voix grave :
— Ma chère Hénory, nous sommes à la veille de grands événements.
— Je le crois, mon ami, — répondit madame Lebrenn d'un air pensif.
— Voici, mon ami, le résumé de la situation d'aujourd'hui, — poursuivit M. Lebrenn. — Tu dois la connaître pour juger ma résolution, la combattre si elle te semble injuste et mauvaise, l'encourager si elle te semble juste et bonne.
— Je t'écoute, mon ami, — répondit madame Lebrenn, calme, sérieuse, réfléchie, comme nos mères lors de ces conseils solennels où elles voyaient souvent leur avis prévaloir.

M. Lebrenn reprit ainsi :
— Après avoir agité la France pendant trois mois, dans les banquets réformistes, les députés avaient appelé hier le peuple dans la rue; mais le cœur a manqué à ces intrépides agitateurs au dernier moment; ils n'ont pas osé venir au rendez-vous qu'ils avaient eux-mêmes donné... Le peuple y est venu pour constater son droit de réunion et faire lui-même ses affaires... On dit ce soir que le roi a pris pour ministres les

coryphées du centre dynastique... Cette concession ne nous suffit pas; ce que nous voulons, ce que le peuple veut, c'est le renversement de la monarchie, c'est la République, c'est la souveraineté pour tous... des droits politiques pour tous... afin d'assurer à tous éducation, bien-être, travail, crédit, moyennant courage et probité!... Voilà ce que nous voulons, femme!... Est-ce juste ou injuste?

— C'est juste! — dit madame Lebrenn d'une voix ferme et convaincue, — c'est juste!

— Je t'ai dit ce que nous voulions, — poursuivit M. Lebrenn; — voici ce que nous ne voulons plus... Nous ne voulons plus que deux cent mille électeurs privilégiés décident seuls du sort de trente-huit millions de prolétaires ou petits propriétaires; de même qu'une imperceptible minorité conquérante, romaine ou franque, a spolié, asservi, exploité nos pères pendant vingt siècles... Non, nous ne voulons pas plus de la féodalité électorale ou industrielle que de la féodalité des conquérants! Femme! est-ce juste ou injuste?

— C'est juste! car le servage, l'esclavage, s'est perpétué de nos jours, — reprit madame Lebrenn avec émotion. — C'est juste! car je suis femme, et j'ai vu des femmes, esclaves d'un salaire insuffisant, mourir à la peine, épuisées par l'excès du travail et par la misère... C'est juste! car je suis mère, et j'ai vu des filles, esclaves de certains fabricants, forcées de choisir entre le déshonneur et le chômage... c'est-à-dire le manque de pain!.. C'est juste! car je suis épouse, et j'ai vu des pères de famille, commerçants probes, laborieux, intelligents, esclaves et victimes du caprice ou de la cupidité usuraire de leurs seigneurs les gros capitalistes, tomber dans la faillite, la ruine et le désespoir... Enfin, ta résolution est juste et bonne, mon ami, — ajouta madame Lebrenn en tendant la main à son mari, — parce que, si tu as été assez heureux jusqu'ici pour échapper à bien des maux, ton devoir est de te dévouer à l'affranchissement de nos frères qui souffrent des malheurs dont nous sommes exempts.

— Vaillante et généreuse femme! tu redoubles mes forces et mon courage, — dit le marchand en serrant la main de madame Lebrenn avec effusion. — Je n'attendais pas moins de toi... Mais ces droits si justes que nous réclamons pour nos frères, il faudra les conquérir par la force, par les armes..

— Je le crois, mon ami.

— Aussi, — reprit le marchand, — cette nuit, des barricades... demain, au point du jour, la bataille... Voilà pourquoi j'ai été chercher notre fils à son école... M'approuves-tu?... Veux-tu qu'il reste?

— Oui, — reprit madame Lebrenn; — la place de ton fils est à tes côtés...

— Oh! merci, mère! — s'écria le jeune homme en sautant au cou de madame Lebrenn, qui le serra contre son sein.

— Vois donc, mon père, — dit Velléda au marchand avec un demi-sourire en montrant Sacrovir du regard; — il est aussi content que si on lui donnait congé...

— Mais, dis-moi, mon ami, — reprit madame Lebrenn en s'adressant au marchand, — la barricade où, toi et mon fils, vous vous battrez... sera-t-elle près d'ici? dans cette rue?

— A notre porte... — répondit M. Lebrenn.

— C'est convenu...

— Ah! tant mieux! — dit madame Lebrenn; nous serons là... près de vous.

— Ma mère, — reprit Velléda, — ne nous faudra-t-il pas cette nuit préparer du linge?... de la charpie? Il y aura beaucoup de blessés.

— J'y pensais, mon enfant. Notre magasin servira d'ambulance.

— Oh! ma mère!... ma sœur!... — s'écria le jeune homme, — nous battre... sous vos yeux, pour la liberté!... Quelle ardeur cela donne!... Hélas! — ajouta-t-il après un instant de réflexion, — pourquoi faut-il que ce soit entre frères... qu'on se batte?...

— Cela est triste, mon enfant, — répondit en soupirant M. Lebrenn. — Ah! que le sang versé dans cette lutte fratricide retombe sur ceux-là qui forcent un peuple à revendiquer ses droits par les armes... comme nous le ferons demain, comme l'ont fait nos pères, presque à chaque siècle de notre histoire!

— Grâce à Dieu, de nos jours on se bat du moins sans haine, — reprit le jeune homme. — Le soldat se bat au nom de la discipline... le peuple au nom de son droit. Duel fatal, mais loyal, après lequel les adversaires survivants se tendent la main.

— Mais comme il n'y a pas que des survivants... et que moi ou mon fils pouvons rester sur une barricade, — reprit M. Lebrenn en souriant, — une dernière réflexion, mes enfants. Vous le voyez, où d'autres pâliraient d'effroi... nous sourions avec sérénité. Pourquoi? Parce que la mort n'existe pas pour nous, parce que, élevés dans la croyance de nos pères, au lieu de ne voir dans ce qu'on appelle la fin de la vie qu'une terminaison lugubre, effroyable, qui nous rejette dans des ténèbres éternelles, nous ne voyons, nous, dans la mort que la désagrégation de l'âme d'avec le corps qui permet à celle-là d'aller retrouver ou attendre un peu plus tard, un peu plus tard, ceux que nous aimions, et nous réunir à eux de l'autre côté du rideau qui, pendant notre vie corporelle, nous cache les merveilleux, les éblouissants mystères de nos existences futures, existences infinies, variées, comme la puissance divine dont elles émanent. La mort, pour nous, n'est qu'une renaissance.

— Cela est tellement l'idée que je me fais de la mort, — s'écria Sacrovir, — que je suis certain de mourir avec une *incroyable curiosité!*... Que de mondes nouveaux! étranges! éblouissants à visiter!

— Mon frère a raison, — reprit non moins *curieusement* la jeune fille. — Cela doit être si beau! si nouveau! si merveilleux! Et puis ne se jamais quitter que passagèrement pendant l'éternité!... Quels voyages variés, infinis, à faire ensemble dans de nouvelles réincarnations sur cette terre ou dans d'autres planètes!... Ah! quand on songe à cela, ma mère, l'esprit s'égare dans l'impatience de voir et de savoir!

— Allons, allons, curieuse! pas tant d'impatience, — répondit madame Lebrenn en souriant, et avec un accent d'affectueux reproche. — Tu sais, quand tu étais petite, je te grondais toujours, lorsque dans ta leçon de dessin tu songeais moins au modèle que tu copiais qu'à celui que tu copierais ensuite... Eh bien, chère enfant! que ta curiosité, si naturelle d'ailleurs, de savoir *ce qu'il y a de l'autre côté du rideau*, comme dit ton père, ne te distraie pas trop de ce qu'il y a de ce côté-ci...

— Oh! je suis tranquille, ma mère! — répondit la jeune fille avec effusion. — De ce côté-ci du rideau, il y a toi, il y a mon père, mon frère; c'est assez pour m'occuper sans distraction...

— Et voilà comme le temps passe à philosopher! — dit en riant M. Lebrenn. — Jeanike va venir nous avertir pour le dîner, et je ne vous aurai rien dit de ce que je voulais vous confier... Dans le cas *où ma curiosité serait satisfaite avant la vôtre*... ma chère Hénory, — ajouta-t-il en s'adressant à sa femme et lui montrant un secrétaire, — tu trouveras là mes dernières volontés... Tu les connais, car nous n'avons qu'un cœur... Ceci, — reprit le marchand en tirant de sa poche un pli fermé, mais non cacheté, — concerne notre chère fille, et tu le lui remettras après l'avoir lu.

Velléda rougit légèrement en songeant qu'il s'agissait sans doute de son mariage.

— Quant à toi, mon enfant, — dit le marchand en s'adressant à son fils, — prends cette clé... — et il la détacha de la chaîne de sa montre. — C'est la clé de la chambre aux volets fermés, dans laquelle ta mère et moi sommes seuls entrés jusqu'ici... Le 11 septembre de l'année prochaine, tu auras vingt-et-un ans accomplis; ce jour, mais pas avant, tu ouvriras cette porte... Entre autres objets, tu trouveras dans ce cabinet un écrit que tu liras... Il t'apprendra par suite de quelle immémoriale tradition de famille... car, — ajouta M. Lebrenn en s'interrompant et en souriant, — nous autres plébéiens, nous autres conquis, nous avons aussi nos archives, archives du prolétaire, souvent aussi glorieuses, crois-moi, que celles de nos conquérants... Tu verras, dis-je, par suite de quelle tradition de notre famille, à l'âge de vingt-et-un ans, le fils aîné, ou, à défaut de fils, la fille aînée, ou notre plus proche parent, prend connaissance de ces archives et des divers objets qui y sont rassemblés... Maintenant, mes amis, — ajouta M. Lebrenn d'une voix émue en se levant et tendant les bras à sa femme et à ses enfants, — un dernier embrassement... Nous pouvons avant demain être passagèrement séparés... et la possibilité d'une séparation attriste toujours un peu.

Ce fut un tableau touchant... M. Lebrenn tendit les bras à ses enfants et à sa femme, qui se suspendit à son cou, pendant qu'il entourait sa fille de son bras droit et son fils de son bras gauche. Il les serra passionnément contre sa poitrine, et ceux-ci, à leur tour, enlaçaient leur mère dans une seule étreinte.

Ce groupe touchant, symbole de la famille, resta quelques moments silencieux; on n'entendit que le bruit des baisers échangés. Puis, cette dette payée à la nature, malgré un stoïcisme puisé dans la foi à une existence éternelle, cette émotion calmée, ce groupe se délia, les têtes se redressèrent calmes, mais attendries: la mère et la fille, graves et sérieuses; le père et le fils, tranquilles et résolus.

— Et maintenant, — reprit le marchand, — à la besogne, mes enfants... Toi, femme, tu t'occuperas avec la fille et Jeanike de préparer du linge et de faire de la charpie... Moi et Sacrovir, en attendant l'heure où les barricades doivent s'élever simultanément dans tous les quartiers de Paris, nous déballerons les cartouches et les armes que bon nombre de nos frères viendront chercher ici.

— Mais ces armes, mon ami, — demanda madame Lebrenn, — où sont-elles?

— Ces caisses, dit le marchand en souriant, — ces caisses et ces ballots de tantôt?...

— Ah! je comprends! — reprit madame Lebrenn. — Mais il te faudra mettre Gildas dans ta confidence... C'est sans doute un honnête garçon... cependant ne crains-tu pas...

— A cette heure, chère Hénory, le masque est levé; il n'y a pas à craindre une indiscrétion... Si ce pauvre Gildas a peur, je lui offrirai une retraite sûre dans les mansardes... ou dans la cave... Maintenant, allons dîner, et ensuite, toi et ta fille vous remonterez ici préparer tout pour l'ambulance, avec Jeanike... Nous resterons au magasin, moi et Sacrovir... car nous aurons cette nuit nombreuse compagnie.

Le marchand et sa famille descendirent dans l'arrière-boutique, où ils dînèrent en hâte.

La promenade des cadavres aux flambeaux (page 43)

L'agitation allait croissant dans la rue ; on entendait au loin ce grand murmure de la foule, sourd, menaçant, comme le bruit lointain de la tempête sur les vagues. Quelques fenêtres de la rue étaient illuminées en l'honneur du changement de ministère ; mais quelques amis de M. Lebrenn, qui entrèrent et sortirent plusieurs fois afin de lui rendre compte du mouvement, annonçaient que ces concessions de la royauté témoignaient de sa faiblesse, que la nuit serait décisive, que partout le peuple s'armait en entrant dans les maisons et y demandant des fusils ; après quoi l'on écrivait sur la porte, à la craie : *Armes données*...

Le dîner terminé, madame Lebrenn, sa fille et sa servante remontèrent chez elles, au premier étage, donnant sur la rue : le marchand, son fils et Gildas restèrent dans l'arrière-magasin.

Gildas était doué par la nature d'un robuste appétit, cependant il ne dîna pas ; son inquiétude augmentait à chaque instant, et plus que jamais il disait tout bas à Jeanike ou à lui-même :

Étonnante maison ! étonnante rue !... étonnante ville que celle-ci !...

— Gildas ! — lui dit M. Lebrenn, — apportez-moi un marteau et un ciseau ; j'ouvrirai ces caisses avec mon fils pendant que vous déballerez ces ballots.

— Ces ballots de toile, monsieur ?

— Oui... Éventrez d'abord leur enveloppe avec un couteau.

Et le marchand, ainsi que Sacrovir, munis de marteaux et de ciseaux, commencèrent à marteler vigoureusement les caisses, pendant que Gildas, ayant placé un des gros rouleaux par terre, s'agenouilla, se préparant à l'ouvrir.

6e livraison

— Monsieur, — s'écria-t-il soudain, effrayé des violents coups de marteau que donnait M. Lebrenn sur les caisses. — Mais, monsieur, s'il vous plaît, prenez donc garde... Il y a écrit sur les caisses : *Très fragile*... Vous allez mettre les glaces en morceaux !

— Soyez tranquille Gildas, — reprit en riant M. Lebrenn, tout en cognant à tour de bras, — ces glaces-là sont solides.

— Elles sont étamées à fer et à plomb, mon ami Gildas, — ajouta Sacrovir en frappant à coups redoublés.

— De plus en plus étonnant ! — murmura Gildas en s'agenouillant devant le ballot, afin de l'éventrer. Pour voir plus clair à sa besogne, il prit une lumière, et la plaça sur le plancher à côté de lui. Il commençait à découvrir la grosse enveloppe de toile grise, lorsque M. Lebrenn, s'apercevant seulement alors de l'illumination que s'était ménagée le garçon de magasin, s'écria :

— Ah çà ! Gildas, vous êtes donc fou ? Remettez vite cette lumière sur la table... Diable ! vous nous feriez sauter, mon garçon !

— Sauter, monsieur ! — s'écria Gildas effrayé, et d'un bond il s'écartait du ballot, pendant que Sacrovir replaçait la lumière sur la table. — Pourquoi sauterions-nous ?

— Parce que ces ballots contiennent des cartouches, mon garçon ; ainsi faites attention.

— Des cartouches ! s'écria Gildas en reculant de plus en plus effrayé, tandis que le marchand prenait deux fusils de munition dans la caisse qu'il venait d'ouvrir, et que son fils y puisait plusieurs paires de pistolets, des mousquetons et des carabines.

A la vue de ces armes, se sachant entouré de cartouches, Gildas eut un éblouissement, devint d'une pâleur extrême, s'appuya sur une table et se dit :

— Étonnante maison ! où les ballots de toile sont remplis de cartouches ! les glaces des fusils, des mousquetons et des pistolets.

— Mon bon Gildas, — lui dit affectueusement M. Lebrenn, — il n'y a aucun danger à déballer ces armes et ces munitions. Voilà tout ce que j'attends de vous... Cela fait, vous pourrez, si bon vous semble, descendre à la cave ou monter aux mansardes, et y rester en sûreté jusqu'après la bataille ; car je dois vous en avertir, Gildas, il y aura bataille au point du jour... Seulement, une fois dans la retraite de votre choix, ne mettez le nez ni aux lucarnes ni au soupirail lorsque vous entendrez la fusillade... car souvent les balles s'égarent...

Ces mots de balles égarées, de bataille, de fusillade, achevèrent de plonger Gildas dans une sorte de vertige très concevable ; il ne s'attendait pas à trouver le quartier Saint-Denis si belliqueux. D'autres évènements vinrent redoubler les terreurs de Gildas... De nouvelles rumeurs, d'abord lointaines, se rapprochèrent et éclatèrent enfin avec une telle furie, que Gildas, M. Lebrenn et son fils, presque alarmés, coururent à la porte de la boutique pour voir ce qui se passait dans la rue.

CHAPITRE IX

Comment une charretée de cadavres ayant traversé la rue Saint-Denis, M. Lebrenn, son fils, Georges le menuisier et leurs amis élevèrent une formidable barricade. — De l'inconvénient d'aimer trop les montres d'or et la monnaie, démontré par les raisonnements et par les actes du père *Bribri*, du jeune *Flamèche* et d'un forgeron, aidé de plusieurs autres scrupuleux prolétaires.

Lorsque M. Lebrenn, son fils et Gildas accoururent à la porte de la boutique, attirés par le bruit et le tumulte croissant, la rue était déjà encombrée par la foule.

Les fenêtres s'ouvraient et se garnissaient de curieux. Soudain, des reflets rougeâtres vacillants éclairèrent la façade des maisons. Un immense flot de peuple, toujours grossissant, accompagnait et précédait ces sinistres clartés. Les clameurs devenaient de plus en plus terribles. On distinguait parfois, dominant le tumulte, les cris :

— Aux armes ! vengeance !

A ces cris répondaient des exclamations d'horreur. Des femmes, attirées aux croisées par ces rumeurs, se rejetaient en arrière avec épouvante, comme pour échapper à quelque effrayante vision...

Le marchand et son fils, le cœur serré, la sueur au front, pressentant quelque horrible spectacle, se tenaient au seuil de la porte. Enfin le funèbre cortège parut à leurs yeux.

Une foule innombrable d'hommes en blouse, en habit bourgeois, en uniforme de garde nationale, brandissant des fusils, des sabres, des couteaux, des bâtons, précédaient un camion de diligence lentement traîné par un cheval et entouré d'hommes portant des torches.

Dans cette charrette était entassé un monceau de cadavres.

Un homme de haute taille, coiffé d'un béret écarlate, nu jusqu'à la ceinture, la poitrine déchirée par une blessure récente, se tenait debout sur le devant du camion et secouait une torche enflammée.

On l'eût pris pour le génie de la Vengeance et de la Révolution.

A chaque mouvement de sa torche, il éclairait de lueurs rouges : là des têtes de vieillards souillées de sang, ici le buste d'une femme, aux bras pendants et ballottants comme sa tête livide et ensanglantée, que voilaient à demi ses longs cheveux dénoués.

De temps à autre l'homme au béret écarlate secouait sa torche et s'écriait d'une voix tonnante :

— On massacre nos frères ! Vengeance !... Aux barricades !... Aux armes !

Et des milliers de voix, frémissantes d'indignation et de colère, répétaient :

— Vengeance !... Aux barricades !... Aux armes !...

Et des milliers de bras, ceux-ci armés, ceux-là désarmés, se dressaient vers le ciel sombre et orageux, comme pour le prendre à témoin de ces serments vengeurs.

Et la foule exaspérée que recrutait ce funèbre cortège allait toujours grossissant. Il avait passé comme une sanglante vision devant le marchand et son fils. Leur première impression fut si douloureuse, qu'ils ne purent prononcer une parole ; leurs yeux se remplirent de larmes en apprenant que ce massacre de gens inoffensifs et désarmés avait eu lieu sur le boulevard des Capucines.

À peine la voiture de cadavres eût-elle disparu, que M. Lebrenn saisit une des barres de fer de la fermeture de son magasin, la brandit comme un levier au-dessus de sa tête, et s'écria en s'adressant à la foule indignée :

— Amis !... la royauté engage la bataille en massacrant nos frères !... Que leur sang retombe sur cette royauté maudite !... Aux barricades ! Aux armes !... Vive la République !...

Et le marchand ainsi que son fils soulevèrent les premiers pavés ; ces paroles, cet exemple, furent électriques, et des cris mille fois répétés répondirent :

— Aux armes !... Aux barricades !... Vive la République !...,

En un instant le peuple eut envahi les maisons voisines, demandant partout des armes, et des leviers pour dépaver la rue. La première tranchée ouverte, ceux qui ne possédaient ni barres de fer, ni barres de bois, arrachaient les pavés avec leurs mains et leurs ongles.

M. Lebrenn et son fils travaillaient avec ardeur à élever une barricade à quelques pas de leur porte, lorsqu'ils furent rejoints par Georges Duchêne, l'ouvrier menuisier, accompagné d'une vingtaine d'hommes armés, composant une demi-section de la société secrète à laquelle ils étaient affiliés, ainsi que le marchand.

Parmi ces nouveaux combattants se trouvaient les deux voituriers d'armes et de munitions apportées à la boutique dans la journée, l'un était un homme de lettres, l'autre un savant éminent, et Dupont, le mécanicien.

Georges Duchêne s'approcha de M. Lebrenn au moment où celui-ci, cessant un instant de travailler à la barricade, distribuait, à la porte de son magasin, les armes et les munitions à des hommes du quartier sur lesquels il pouvait compter ; tandis que Gildas, dont la poltronnerie s'était changée en héroïsme depuis l'apparition de la sinistre charretée de cadavres, revenait de la cave avec plusieurs paniers de vin, qu'il versait aux travailleurs de la barricade pour les réconforter.

Georges, vêtu de sa blouse, portait une carabine à la main et des cartouches dans un mouchoir serré autour de ses reins ; il dit au marchand :

— Je ne suis pas venu plus tôt, monsieur Lebrenn, parce que nous avons eu beaucoup de barricades à traverser ; elles s'élèvent de tous côtés. Je quitte Caussidière et Sobrier ; ils s'apprêtent à marcher sur la Préfecture : Leserré, Lagrange, Etienne Arago, doivent, au point du jour, marcher sur les Tuileries et barricader la rue Richelieu ; nos autres amis se sont partagé divers quartiers.

— Et les troupes, Georges ?

— Plusieurs régiments fraternisent avec la garde nationale et le peuple aux cris de : Vive la réforme ! À bas Louis-Philippe !... Mais la garde municipale et deux ou trois régiments de ligne et de cavalerie se montrent hostiles au mouvement.

— Pauvres soldats ! — reprit tristement le marchand ; — eux comme nous subissent cette fatalité terrible, qui arme les frères les uns contre les autres... Enfin cette lutte sera peut-être la dernière... Et votre grand-père, Georges, l'avez-vous vu pour le rassurer ?

— Oui, monsieur ; je viens de le voir à l'instant... Malgré son âge et sa faiblesse, il voulait m'accompagner... Je l'ai décidé à rester dans sa chambre.

— Ma femme et ma fille sont là, — dit le marchand en montrant à Georges les jalousies du premier étage, à travers lesquelles on voyait filtrer la lumière ; — elles s'occupent à faire de la charpie pour les blessés... On établira une ambulance dans notre magasin.

Tout à coup, ces cris : *Au voleur ! au voleur !* retentirent vers le milieu de la rue, et un homme fuyant à toutes jambes fut bientôt arrêté par cinq ou six ouvriers en blouse et armés de fusils. Parmi eux, l'on remarquait un chiffonnier à longue barbe grise, encore agile et vigoureux ; il était vêtu de haillons, et quoiqu'il portât un mousqueton sous son bras, il gardait toujours sa hotte sur son dos. L'un des premiers, il avait arrêté le fuyard et le tenait au collet d'une main ferme, pendant qu'une femme essoufflée accourait, criant de toutes ses forces :

— Au voleur !... au voleur !...

— Ce cadet-là vous a volé, la petite mère? — dit le chiffonnier.

— Oui, mon brave homme, — répondit-elle. — J'étais sur le pas de ma porte; cet homme me dit: Le peuple se soulève, il nous faut des armes. — Monsieur, je n'en ai pas, lui ai-je répondu. — Alors il m'a repoussée, est entré malgré moi dans ma boutique en disant: — Eh bien, s'il n'y a pas d'armes, je veux de l'argent pour en acheter. — En disant cela, il a ouvert mon comptoir, a pris trente-deux francs qui s'y trouvaient avec une montre d'or. J'ai voulu l'arrêter, il a tiré un couteau-poignard... heureusement j'ai paré le coup avec ma main... Tenez, voyez comme saigne la blessure... J'ai redoublé mes cris, et il s'est enfui...

L'accusé était un homme grand, robuste, bien vêtu, mais d'une figure ignoble; le vice endurci avait laissé sur ses traits flétris son empreinte ineffaçable.

— Ce n'est pas vrai! je n'ai pas volé! — s'écria-t-il d'une voix enrouée, en se débattant pour éviter d'être fouillé. — Laissez-moi... Et d'ailleurs, est-ce que ça vous regarde?

— Un peu que ça nous regarde, mon cadet! — reprit le chiffonnier en le retenant. — Tu as donné un coup de poignard à cette pauvre dame après lui avoir volé de l'argent et une montre au nom du peuple... Minute... faut s'expliquer.

— Voilà déjà la montre, — dit un ouvrier après avoir fouillé le voleur.

— Là reconnaîtriez-vous, madame?

— Je crois bien, monsieur; elle est ancienne et très-grosse.

— C'est bien ça, — dit l'ouvrier. — Tenez, la voici.

— Et dans son gilet, — dit un autre en continuant de fouiller le voleur, — six pièces de cent sous et une pièce de quarante sous.

— Mes trente-deux francs! — s'écria la marchande. — Merci mes bons messieurs, merci...

— Ah çà! maintenant, mon cadet, à nous autres! — reprit le chiffonnier. — Tu as volé et voulu assassiner au nom du peuple, dis, hein?

— Ah çà! voyons, les amis, sommes-nous, oui ou non, en révolution? — répondit le voleur d'une voix enrouée en riant d'un air cynique. — Alors, crevons les comptoirs!!!

— C'est ça que tu appelles la Révolution, toi? — dit le chiffonnier. — Crever les comptoirs?...

— Tiens!...

— Tu crois donc que le peuple s'insurge pour voler... brigand que tu es?...

— Pourquoi donc alors que vous vous insurgez, tas de feignants? C'est peut-être pour l'honneur! — répondit le voleur avec audace.

Le groupe d'hommes armés (moins le chiffonnier) qui entouraient le voleur se consultèrent un moment à voix basse. L'un d'eux, avisant une boutique d'épicier à demi-ouverte, s'y rendit; deux autres se détachèrent du groupe en disant:

— Il faut en parler à monsieur Lebrenn et lui demander son avis.

Un autre enfin dit quelques mots à l'oreille du chiffonnier, qui répondit:

— J'en suis... C'est juste... Faudrait ça pour l'exemple... Mais, en attendant, envoyez-moi *Flamèche* pour m'aider à garder ce mauvais Parisien-là.

— Eh! Flamèche! — dit une voix, — viens aider le père *Bribri* à garder le voleur!

Flamèche accourut. C'était le type du gamin de Paris: hâve, frêle, étiolé par la misère, cet enfant, d'une figure intelligente et hardie, avait seize ans; il n'en paraissait pas douze. Il portait un mauvais pantalon garance troué, des savates, un bourgeron bleu presque en lambeaux, et était armé d'un pistolet d'arçon. Il arriva en gambadant.

— Flamèche! — dit le chiffonnier, — ton pistolet est-il chargé?

— Oui, père Bribri; deux billes, trois clous et un osselet... J'ai bourré dedans tout mon saint frusquin.

— Ça suffit pour régaler *mossieu* s'il bouge... Attention, mon ami Flamèche! le doigt sur la détente... et le canon dans le gilet.

— Ça y est, père Bribri.

Et Flamèche introduisit délicatement le canon de son pistolet entre la chemise et la peau du voleur. Celui-ci, voulant regimber, Flamèche ajouta:

— Gigottez pas... gigottez pas... vous ferez partir *Azor*.

— Flamèche veut dire le chien de son pistolet, — ajouta le père Bribri en matière de traduction.

— Mais, farceurs que vous êtes! — s'écria le voleur en ne bougeant plus, mais commençant de trembler, quoiqu'il tâchât de rire, — qu'est-ce que vous voulez donc me faire? Voyons, ça finira-t-il? Assez blagué comme ça...

— Minute, cadet! reprit le chiffonnier. — Causons un brin... Tu m'as demandé pourquoi nous nous insurgions... Je vas te le dire, moi... D'abord, ça n'est pas pour crever des comptoirs et piller les boutiques... Merci!... La boutique est au marchand, comme mon mannequin est à moi... Chacun son négoce et ses objets... Nous nous insurgeons, mon cadet, parce que ça nous embête de voir les vieux comme moi crever de faim au coin des bornes, comme de vieux chiens perdus, quand les forces nous manquent... Nous nous insurgeons, mon cadet, parce que ça nous embête de nous dire que, sur cent pauvres filles qui raccrochent le soir sur les trottoirs, il y en a quatre-vingt-quinze que la misère a réduites là... Nous nous insurgeons, mon cadet, parce que ça nous embête de voir des milliers de *voyous* comme Flamèche, enfants du pavé de Paris, sans feu ni lieu, sans père ni mère, abandonnés à la grâce du diable, et exposés à devenir un jour ou l'autre, faute d'un morceau de pain, des voleurs et des assassins comme toi, mon cadet!...

— Ayez pas peur, père Bribri, — reprit Flamèche, — ayez pas peur... j'ai pas besoin de voler; je vous aide, vous et les autres négociants en vieilles loques, à décharger vos mannequins et à trayer vos épluchures; je me paye les meilleures, dans celles que les chiens ont laissées... je fais mon trou dans vos tas de chiffons, et j'y dors comme un *Philippe*... Ayez donc pas peur, père Bribri! j'ai pas besoin de voler... Moi, si je m'insurge, nom d'un nom! c'est que ça m'embête à la fin... de ne pouvoir pas pêcher de poissons rouges dans le grand bassin des Tuileries... Et j'en veux pêcher à mort, si nous sommes vainqueurs... Chacun son idée... Vive la réforme! A bas Louis-Philippe!...

Puis, s'adressant au voleur, qui, voyant revenir les cinq ou six ouvriers armés, faisait un mouvement pour s'échapper:

— Bougez pas, *mossieu*! ou je lâche *Azor*. Et il appuya de nouveau son doigt sur la détente du pistolet.

— Mais qu'est-ce que vous voulez donc faire de moi? — s'écria le voleur en blêmissant à la vue des trois ouvriers qui apprêtaient leurs armes, tandis qu'un autre, sortant de chez l'épicier où il était entré, apportait un écriteau sur papier gris, fraîchement tracé au moyen d'un pinceau trempé dans du cirage.

Un sinistre pressentiment agita le voleur, il s'écria en se débattant:

— Vous dites que j'ai volé?... Alors conduisez-moi chez le commissaire...

— Pas moyen... le commissaire marie sa fille, — dit le père Bribri. — Il est à la noce.

— Il a mal aux quenottes, — ajouta Flamèche, — il est chez le dentiste.

— Amenez le voleur près du bec de gaz, — dit une voix.

— Je vous dis que je veux aller chez le commissaire! — répéta le misérable en se débattant, et il se mit à hurler:

— Au secours!... au secours!

— Si tu sais lire, lis cela... — dit un ouvrier en mettant un écriteau sous les yeux du voleur.

— Si tu ne sais pas lire, il y a là écrit:

FUSILLÉ COMME VOLEUR!

— Fusillé! — murmura l'homme en devenant livide. — Fusillé! Grâce! Au secours!... A l'assassin! — A la garde!... A l'assassin!...

— Il faut un exemple pour tes pareils, mon cadet, afin qu'ils ne déshonorent pas la Révolution! — dit le père Bribri.

— Allons, à genoux, canaille! — dit au voleur un forgeron qui portait encore son tablier de cuir. — Et vous autres, les amis, apprêtez vos armes!... A genoux donc! — répéta-t-il au voleur en le jetant sur le pavé.

Le misérable tomba à genoux, si défaillant, si anéanti par l'épouvante, qu'affaissé sur lui-même, il ne put qu'étendre les mains en avant et murmurer d'une voix éteinte:

— Oh! grâce!... Pas la mort!...

— Tu as peur! — dit le chiffonnier. — Attends, je vas te bander les yeux...

Et détachant son mannequin de dessus ses épaules, le père Bribri en couvrit presque entièrement le condamné agenouillé, ramassé sur lui-même, et se recula prestement.

Trois coups de fusil partirent.

La justice populaire était faite...

Quelques instants après, attaché par-dessous les épaules au support du bec de gaz, le corps du bandit se balançait au vent de la nuit, portant cet écriteau attaché à ses habits:

FUSILLÉ COMME VOLEUR!

CHAPITRE X

Comment M. Lebrenn, son fils Georges le menuisier et leurs amis défendirent leur barricade. — Ce que venait faire Pradeline dans cette bagarre et ce qu'il lui advint. — Oraison funèbre de Flamèche par le père Bribri — Comment le grand-père *la Nourrice* fut amené à jeter son bonnet de coton sur la troupe du haut de sa mansarde. — Entretien philosophique du père Bribri, qui avait une jambe cassée, et d'un garde municipal ayant les reins brisés. — Comment celui-ci trouva que le père Bribri avait du bon tabac dans sa tabatière. — Dernière improvisation de Pradeline sur l'air de *la rifla*. — Comment, ensuite d'une charge de cavalerie, le colonel de Plouernel fit un cadeau à M. Lebrenn au moment où la République était proclamée à l'Hôtel de Ville.

Peu de temps après l'exécution du voleur, le jour commença de poindre.

Soudain, des hommes placés en éclaireurs aux angles des rues avoisinant la barricade qui s'élevait presque à la hauteur des croisées de l'appartement de M. Lebrenn, se replièrent en criant: Aux armes! après avoir tiré leur coup de fusil.

Aussitôt on entendit des tambours, muets jusqu'alors, battre la charge, et deux compagnies de garde municipale, débouchant par la rue latérale, s'avancèrent résolûment pour enlever la barricade. En un instant elle fut intérieurement garnie de combattants.

M. Lebrenn, son fils, Georges Duchêne et leurs amis se postèrent et armèrent leurs fusils.

Le père Bribri, grand amateur de tabac, prévoyant qu'il n'aurait guère le loisir de priser, puisa une dernière fois dans sa tabatière, saisit son mousqueton et s'agenouilla derrière une sorte de meurtrière ménagée entre plusieurs pavés, tandis que Flamèche, son pistolet à la main, grimpait comme un chat pour atteindre la crête de la barricade.

— Veux-tu descendre, galopin, et ne pas montrer ton nez ! — lui dit le chiffonnier en le tirant par une jambe. — Tu vas te faire poivrer.

— Ayez donc pas peur, père Bribri, — répondit Flamèche en gigottant et parvenant à se débarrasser de l'étreinte du vieillard. — C'est gratis... Je veux me payer une première de face... et bien voir.

Et se dressant à mi-corps au-dessus de la barricade, Flamèche tira la langue à la garde municipale, qui s'avançait toujours.

M. Lebrenn, se retournant, dit aux combattants qui l'entouraient.

— Ces soldats sont des frères, après tout; tâchons, une dernière fois, d'éviter l'effusion du sang.

— Vous avez raison... — Essayez toujours, monsieur Lebrenn, — dit le forgeron aux bras nus, en frappant avec l'ongle sur la pierre de son fusil; — mais ce sera peine perdue... vous allez voir...

Le marchand monta jusqu'au faîte des pavés amoncelés ; là, appuyé d'une main sur son fusil, et de l'autre main agitant son mouchoir, il fit signe aux soldats qu'il voulait parlementer.

Les tambours de la troupe cessèrent de battre la charge, et firent un roulement, que suivit un grand silence.

A l'une des fenêtres du premier étage de la maison du marchand, sa femme, sa fille, à demi cachées par la jalousie, qu'elles soulevaient un peu, se tenaient côte à côte, pâles, mais calmes et résolues. Elles ne quittaient pas des yeux M. Lebrenn, parlant alors aux soldats, et son fils, qui, son fusil à la main, avait bientôt gravi la barricade, afin de pouvoir, au besoin, couvrir son père de son corps. Georges Duchêne allait les rejoindre, lorsqu'il se sentit vivement tirer par sa blouse.

Il se retourna et vit Pradeline, les joues animées et toute haletante d'une course précipitée.

Les défenseurs de la barricade, regardant la jeune fille avec surprise, lui avaient dit, tandis qu'elle essayait de se frayer un passage parmi eux pour arriver jusqu'à Georges :

— Ne restez pas là, mon enfant, c'est trop dangereux.

— Vous, ici ! — s'écria Georges, stupéfait à à l'aspect de Pradeline.

— Georges, écoutez-moi ! — lui répondit-elle d'une voix suppliante. — Hier, je suis allée chez vous deux fois dans la journée, sans pouvoir vous trouver... Je vous ai écrit que je reviendrais ce matin... J'ai traversé pour cela plusieurs barricades, et...

— Retirez-vous ! — s'écria Georges alarmé pour elle. Vous allez vous faire tuer... Votre place n'est pas ici...

— Georges ! je viens vous rendre un service... Je...

Pradeline ne put achever. M. Lebrenn, qui avait en vain parlementé avec un capitaine de la garde municipale, se retourna et s'écria :

— Ils veulent la guerre !... Eh bien ! la guerre ! Attendez leur feu... et alors ripostez...

La garde municipale tira ; les insurgés ripostèrent, et bientôt un nuage de fumée plana sur la barricade. On tira des fenêtres voisines, on tira des soupiraux de caves ; on put même voir à la croisée de sa mansarde le vieux grand-père de Georges Duchêne effectuer, faute d'armes et de munitions, une espèce de déménagement à grande volée sur les municipaux assaillant la barricade, où se battait le petit-fils du vieillard : ustensiles de ménage et de cuisine, tables, chaises, tout ce qui put enfin passer à travers la fenêtre, était jeté par le bonhomme avec une fureur presque comique ; car, à bout de projectiles, il finit par jeter, de désespoir, son bonnet de coton sur les troupes ; puis, regardant autour de lui, désolé de n'avoir plus de munitions, il poussa un cri de triomphe, et commença d'arracher toutes les ardoises de la toiture qui se trouvaient à sa portée, et de les lancer à tour de bras sur les soldats.

L'attaque était chaudement engagée : les municipaux, après avoir riposté aux décharges des insurgés par des feux de peloton, s'élancèrent intrépidement à la baïonnette pour enlever la barricade d'assaut.

A travers la vapeur blanchâtre condensée sur le faîte de la barricade, se dessinaient plusieurs groupes : dans l'un, M. Lebrenn, après avoir déchargé son fusil, s'en servait comme d'une massue pour repousser les assaillants ; son fils et Georges, attachés à ses pas, le secondaient vigoureusement. De temps à autre, tout en combattant, le père et le fils jetaient un regard rapide sur la jalousie à demi baissée, et ces mots parvenaient parfois à leur oreille :

— Courage, Marik !... criait madame Lebrenn. — Courage, mon fils !

— Courage, père ! — criait Velléda. — Courage, frère !...

Une balle égarée fit voler en éclats une des lames fragiles de la jalousie derrière laquelle se trouvaient les deux femmes héroïques. Les deux vraies Gauloises, comme disait M. Lebrenn, ne sourcillèrent pas, elles restèrent à portée de voir le marchand et son fils.

Il y eut un moment où, après avoir vaillamment lutté corps à corps avec un capitaine, M. Lebrenn, venant de le renverser, se redressa, chancelant encore sur les pavés ébranlés ; soudain un soldat, debout sur la crête de la barricade, et dominant le marchand de toute sa hauteur, leva son fusil la pointe de la baïonnette en bas ; il allait transpercer le marchand, lorsque Georges, se jetant au-devant du coup, le reçut à travers le bras, et tomba. Le soldat se préparait à porter un nouveau coup quand il fut saisi aux jambes par deux petites mains, qui se cramponnèrent à lui avec la force convulsive du désespoir... Il perdit l'équilibre et roula, la tête en avant, de l'autre côté de la barricade.

Georges devait la vie à Pradeline : brave comme un lion, les cheveux en désordre, la joue enflammée, elle était, durant le combat, parvenue à se rapprocher de Georges. Mais, au moment où elle venait de le sauver, une balle, en ricochant, frappa la jeune fille au côté. Elle tomba sur les genoux et s'évanouit... son dernier regard avait cherché Georges.

Le père Bribri, voyant la jeune fille blessée, déposa son mousqueton, courut à elle et la souleva. Il cherchait des yeux en quel endroit il pourrait la déposer, lorsqu'il aperçut à la porte du magasin de toile, madame Lebrenn et sa fille. Elles venaient de descendre du premier étage et s'occupaient, avec Gildas et Jeanike, d'organiser une ambulance dans la boutique.

Gildas commençait à s'habituer au feu. Il aida le père Bribri à transporter Pradeline mourante dans l'arrière-magasin, où madame Lebrenn et sa fille lui donnèrent les premiers soins.

Le chiffonnier sortait de la boutique, lorsqu'il vit rouler à ses pieds un frêle petit corps vêtu d'un pantalon garance et d'un bourgeron bleu en lambeaux, trempé de sang.

— Ah ! pauvre Flamèche ! — s'écria le vieillard en courant auprès de l'enfant, qu'il essaya de relever en lui disant : — Tu es blessé ?... Ça ne sera rien... Courage !

— Je suis flambé, père Bribri ! — répondit l'enfant d'une voix éteinte. — C'est dommage... je n'irai pas... pêcher des poissons rouges dans le... bassin... des...

Et il expira.

Une grosse larme roula sur la barbe hérissée du chiffonnier.

— Pauvre petit b......! il n'était pas méchant, — dit le père Bribri en soupirant. — Il meurt comme il a vécu, sur le pavé de Paris !

Telle fut la fin et l'oraison funèbre de Flamèche.

Au moment où le pauvre enfant trépassait, le grand-père de Georges, malgré sa faiblesse, descendait de chez lui, accourant à la barricade. Du haut de sa fenêtre, ses munitions mobilières et immobilières épuisées, il avait suivi les péripéties du combat et vu tomber son petit-fils. Il le cherchait parmi les morts et les blessés, en l'appelant d'une voix déchirante.

La résistance des défenseurs de la barricade fut si opiniâtre que les municipaux, après avoir perdu un grand nombre de soldats, durent se replier en bon ordre.

Le feu avait cessé depuis quelques instants, lorsqu'on entendit tirer un coup de fusil dans une rue voisine, et retentir sur le pavé le galop de plusieurs chevaux.

On vit bientôt paraître à revers de la barricade un colonel de dragons, suivi de plusieurs cavaliers, le sabre au poing, comme leur chef, et chargeant un groupe d'insurgés, qui tiraient en battant en retraite et en courant.

C'était le colonel de Pouernel ; séparé d'un escadron de son régiment par un mouvement populaire, il cherchait à s'ouvrir un passage vers le boulevard ; ne s'attendant pas à trouver la rue occupée à cet endroit par l'insurrection.

Le combat, un moment suspendu, recommença. Les défenseurs de la barricade crurent d'abord que ce petit nombre de cavaliers formait l'avant-garde d'un régiment qui allait les prendre à revers et les mettre entre deux feux si la garde municipale revenait à l'assaut.

Une décharge générale accueillit les quinze ou vingt dragons commandés par le colonel de Plouernel ; quelques cavaliers tombèrent, lui-même fut atteint ; mais cédant à son intrépidité naturelle, il enfonça ses éperons dans les flancs de son cheval, brandit son sabre et s'écria :

— Dragons ! sabrez cette canaille !...

Le bond que fit le cheval du colonel fut énorme ; il atteignit la base de la barricade ; mais là, il trébucha sur les pavés roulants et s'abattit.

M. de Plouernel, quoique blessé et à demi engagé sous sa monture, se défendait encore avec un courage héroïque ; chacun des coups de sabre qu'il assénait de son bras de fer faisait une blessure. Il allait cependant succomber sous le nombre ; au péril de sa vie, M. Lebrenn, aidé de son fils et de Georges (quoique celui-ci fût blessé), se jeta entre le colonel et les assaillants exaspérés par la lutte, parvint à le retirer de dessous son cheval et à le pousser dans l'intérieur de la boutique.

Amis ! ces dragons sont isolés, hors d'état de nous résister... désarmons-les... mais pas de carnage inutile... ce sont des frères !...

— Grâce aux soldats... mais mort au colonel ! — s'écrièrent les hommes qui étaient accourus chargés par les dragons. — Mort au colonel !...

— Oui ! oui ! — répétèrent plusieurs voix.

— Non ! s'écria le marchand en barrant la porte avec son fusil, tandis que Georges se joignait à lui. — Non ! non ! pas de massacre après le combat... pas de lâcheté !...

— Le colonel a tué mon frère d'un coup de pistolet à bout portant... là-bas, au coin de la rue ! — hurla un homme, les yeux sanglants, l'écume aux lèvres, en brandissant un sabre.— A mort, le colonel !...

— Oui ! oui !... à mort ! — crièrent plusieurs voix menaçantes. — A mort !

— Non ! vous ne tuerez pas un homme blessé !... Vous ne voudrez pas massacrer un homme désarmé !...

— A mort ! — répétèrent plusieurs voix. — A mort !...

— Eh bien, entrez ! — Voyons si vous aurez le cœur de déshonorer la cause du peuple par un crime.

Et le marchand, quoique prêt à s'opposer de nouveau à cette férocité, laissa libre la porte qu'il avait jusque-là défendue.

Les assaillants restèrent immobiles, frappés des paroles de M. Lebrenn.

Cependant, l'homme qui voulait venger son frère s'élança le sabre à la main en poussant un cri farouche. Déjà il touchait au seuil de la porte, lorsque Georges, lui saisissant les mains, et les serrant entre les siennes, l'arrêta, et lui dit d'une voix profondément émue :

— Tu voudrais te venger par un assassinat ! Non, frère... tu n'es pas un assassin !

Et Georges Duchêne, les larmes aux yeux, le pressa dans ses bras.

La voix, le geste, l'accent et la physionomie de Georges causèrent une impression tellement vive à l'homme qui criait vengeance, qu'il baissa la tête, jeta son sabre loin de lui ; puis, se laissant tomber sur un tas de pavés, il cacha sa figure entre ses deux mains, en murmurant à travers ses sanglots étouffés :

— Mon frère ! mon pauvre frère !

. . . .

Le combat a cessé depuis quelque temps. Le fils du marchand est allé aux informations, il a apporté la nouvelle que le roi et la famille royale sont en fuite, que les troupes fraternisent avec le peuple, que la chambre des députés est dissoute, et qu'un gouvernement provisoire est établi à l'Hôtel de Ville.

La barricade de la rue Saint-Denis est cependant toujours militairement gardée. En cas de nouvelles alertes, des vedettes avancées ont été placées. Çà et là gisent les morts des deux partis.

Les blessés appartenant soit à l'insurrection, soit à l'armée, ont été transportés dans plusieurs boutiques où sont établies des ambulances ainsi que chez M. Lebrenn. Les soldats sont traités avec les mêmes soins que ceux qui les combattaient quelques heures auparavant. Les femmes s'empressent autour d'eux ; et s'il est quelque chose à regretter, c'est l'excès de zèle et la multitude des offres de service.

Plusieurs gardes municipaux et un officier de dragons, qui accompagnait le colonel de Plouernel, ayant été faits prisonniers, on les a répartis dans diverses maisons, d'où ils ont pu sortir bientôt, déguisés en bourgeois, et accompagnés bras dessus bras dessous par leurs adversaires du matin.

La boutique de M. Lebrenn est encombrée de blessés : l'un est étendu sur le comptoir, les autres sur des matelas jetés à la hâte sur le plancher. Le marchand et sa famille aident plusieurs chirurgiens du quartier à poser le premier appareil sur les blessures ; Gildas distribue de l'eau mélangée de vin aux patients, dont la soif est brûlante. Parmi ces derniers, côte à côte sur le même matelas, se trouvaient le père Bribri et un sergent de la garde municipale, vieux soldat à moustaches aussi grises que la barbe du chiffonnier.

Celui-ci, après avoir prononcé l'oraison funèbre de Flamèche, avait reçu, lors de l'alerte causée par les dragons, une balle dans la jambe. Le sergent avait reçu, lui, à la première attaque de la barricade, une balle dans les reins.

— Cré coquin ! que je souffre ! — murmura le sergent, — et quelle soif !... Le gosier me brûle...

Le père Bribri l'entendit, et voyant passer Gildas, tenant d'une main une bouteille d'eau mélangée de vin et de l'autre un panier de verres, il s'écria comme s'il eût été au cabaret :

— Garçon ! Eh ! garçon ! à boire à l'ancien, s'il vous plaît !... il a soif.

Le sergent, surpris et touché de l'attention de son camarade de matelas, lui dit :

— Merci, mon vieux ; c'est pas de refus, car j'étrangle...

Gildas, à l'appel du père Bribri, avait rempli un de ses verres ; il se baissa et le tendit au soldat. Celui-ci essaya de se soulever, mais il n'y put parvenir, et dit en retombant :

— Sacrebleu, je ne peux pas me tenir assis ; j'ai les reins démolis.

— Attendez, sergent, — dit le père Bribri, — j'ai une patte avariée, mais les reins et les bras sont encore solides. Je vas vous donner un coup de main.

Le chiffonnier aida le soldat à se mettre sur son séant, et le maintint de la sorte jusqu'à ce qu'il eût fini de boire ; après quoi il l'aida à se recoucher.

— Merci et pardon de la peine, mon vieux, — dit le municipal.

— A votre service, sergent.

— Dites donc, mon vieux ?

— Quoi, sergent ?

— Savez-vous que c'est tout de même une drôle de chose ?

— Laquelle, sergent ?

— Enfin ! de dire qu'il y a deux heures, nous nous fichions des coups de fusil, et que maintenant nous nous faisons des politesses.

La mort de Pradeline (page 51)

— Ne m'en parlez pas, sergent! C'est bête comme tout, les coups de fusil.

— D'autant plus qu'on ne s'en veut pas...

— Parbleu! Que le diable me brûle si je vous en voulais, à vous, sergent!... Et pourtant, c'est peut-être moi qui vous ai cassé les reins... De même que, sans m'en vouloir pour deux liards, vous m'auriez planté votre baïonnette dans le ventre... D'où j'en reviens à dire, sergent, que c'est bête de s'échiner les uns les autres quand on ne s'en veut pas.

— C'est la pure vérité.

— Et puis, enfin, est-ce que vous y teniez beaucoup, à Louis-Philippe... vous, sergent?

— Moi? je m'en moque pas mal!... Je tenais à avoir mon temps de retraite pour m'en aller planter mes choux... Voilà mon opinion. Et vous, l'ancien? la vôtre?...

— Moi, je suis pour la République, qui assurera du travail et donnera du pain à ceux qui en manquent.

— Si c'est comme ça, l'ancien, j'en serais assez de la République; car j'ai mon pauvre frère, chargé de famille, à qui le chômage fait bien du mal... Ah! c'est pour ça que vous vous battiez, vous, l'ancien? Ma foi, vous n'aviez pas tort... Vive la République!

— Et pourtant, c'est peut-être vous qui m'avez déquillé, farceur; mais sans reproche au moins!

— Que diable voulez-vous! Est-ce que nous savons jamais pourquoi nous nous battons? La vieille habitude de l'exercice est là; on nous commande feu... nous faisons feu, sans vouloir trop bien ajuster pour la première fois... vrai... Mais on riposte ferme... Dam!... alors chacun pour sa peau...

— Tiens! je le crois bien...

7e livraison

— On est pincé, ou l'on voit tomber un camarade; alors on se monte; l'odeur de la poudre vous grise, et l'on finit par taper comme des sourds...

— Une fois là, sergent, c'est si naturel!

— C'est égal, voyez-vous, mon ancien, à portée de fusil, ça va encore; mais une fois qu'on en vient à s'empoigner corps à corps, à la baïonnette, et que se regardant le blanc des yeux, on se dit en français : *A toi, à moi...* tenez, on sent quelque chose qui vous amollit les bras et les jambes.

— C'est tout simple, sergent, parce que vous vous dites en vous-même : Voilà des gaillards qui veulent la réforme, la République... bon... Quel mal me font-ils à moi? Et puis, est-ce que je ne suis pas du peuple comme eux? Est-ce que je n'ai pas des parents ou des amis dans le peuple aussi? Il y a donc cent à parier contre un que je devrais être de leur avis, me mettre dans leurs rangs, au lieu de les carnager...

— C'est si vrai, l'ancien, que je suis comme vous pour la République... si elle peut donner du pain et du travail à mon pauvre frère, qui en manque.

— C'est ce qui revient à dire, sergent, qu'il n'y a rien de plus bête que de s'esquinter les uns les autres, sans s'être au moins dit le pourquoi de la chose.

Et le père Bribri, tirant de sa poche sa vieille petite tabatière de bois blanc, dit à son compagnon :

— Sergent, en usez-vous?

— Ma foi, ça n'est pas de refus, l'ancien; ça me dégagera un peu la cervelle.

— Dites donc, sergent, — dit en riant le père Bribri — est-ce que vous seriez enrhumé du cerveau? Vous savez la chanson :

Il y avait une fois cinq à six gendarmes
Qui avaient des bons rhumes de cerveau...

— Ah! vieux farceur! — dit le municipal en donnant une tape amicale sur l'épaule de son camarade de matelas, et riant de la plaisanterie; puis, ayant savouré son tabac en connaisseur, il ajouta :

— Fichtre! c'est du fameux!

— Ecoutez donc, sergent, — dit le père Bribri en prisant à son tour, — c'est mon luxe. Je le prends à la *Civette*, rien que ça!

— C'est aussi là que ma femme se fournit.

— Ah! vous êtes marié, sergent? Diable! votre pauvre épouse va être fièrement inquiète!

— Oui, car c'est une brave femme! Et si ma blessure n'est pas mortelle, il faudra, l'ancien, que vous veniez souper d'amitié manger la soupe chez nous. Eh! eh!... nous parlerons de la rue Saint-Denis en cassant une croûte.

— Vous êtes bien honnête, sergent; c'est pas de refus. Et comme je n'ai pas de ménage, il faudra qu'en retour votre épouse et vous veniez manger avez moi une gibelotte à la barrière.

— C'est dit, mon ancien.

Au moment où le *civil* et le *militaire* faisaient entre eux cet échange de courtoisie, M. Lebrenn, pâle et les larmes aux yeux, sortit de l'arrière-magasin, dont la porte était fermée jusque-là, et dit à sa femme, toujours occupée à soigner les blessés :

— Ma chère amie, veux-tu venir un instant?

Mme Lebrenn rejoignit son mari, et la porte de l'arrière-magasin se referma sur eux. Un triste spectacle s'offrit aux yeux de la femme du marchand.

Pradeline était étendue sur un canapé, pâle et mourante. Georges Duchêne, le bras en écharpe, se tenait agenouillé auprès de la jeune fille, lui présentant une tasse remplie de breuvage.

A la vue de Mme Lebrenn, la pauvre créature tâcha de sourire, rassembla ses forces, et dit d'une voix défaillante et entrecoupée :

— Madame... j'ai voulu vous voir... avant de mourir... pour vous dire... la vérité sur Georges. J'étais orpheline, ouvrière fleuriste; j'avais eu bien de la peine... bien de la misère... mais j'étais restée honnête. Je dois dire, pour ne pas en faire trop accroire, que je n'avais jamais été tentée, — ajouta-t-elle avec un sourire amer; puis elle sourit : — J'ai rencontré Georges à son retour de l'armée... je suis devenue amoureuse de lui... Je l'ai aimé... oh! bien aimé... allez!... c'est le seul... peut-être est-ce parce qu'il n'a jamais été mon amant... Je l'aimais sans doute plus qu'il ne m'aimait; il valait mieux que moi... c'est par bon cœur qu'il m'a offert de nous marier... Malheureusement, une amie m'a perdue; elle avait été, comme moi ouvrière... et par misère, elle s'était vendue!... Je l'ai revue riche, brillante... elle m'a engagée à faire comme elle... la tête m'a tourné... j'ai oublié Georges... pas longtemps, pourtant... mais pour rien au monde, je n'aurais osé reparaître devant lui... Quelquefois, cependant, je venais dans cette rue, tâchant de l'apercevoir... Je l'ai vu plus d'une fois travailler dans votre magasin, madame... et parler à votre fille, que j'ai trouvée belle... oh! belle comme le jour!... Un pressentiment m'a dit que Georges devait l'aimer... Je l'ai épié; plus d'une fois dans ces derniers temps, je l'ai aperçu le matin à sa fenêtre, regardant vos croisées... Hier matin, j'étais chez *quelqu'un*...

Et une faible rougeur de honte colora un instant les joues livides de la jeune fille; elle baissa les yeux, et reprit d'une voix de plus en plus affaiblie :

— Là, par hasard... j'ai appris que *cette personne...* trouvait votre fille... très belle... et comme cette personne... ne recule devant rien, cela m'a fait peur pour votre fille et pour Georges... J'ai voulu le prévenir hier... il n'était pas chez lui ; j'ai écrit... pour demander à le voir, sans en expliquer le motif... Ce matin... je suis sortie... sans savoir... qu'il y avait... des barricades... et...

La jeune fille ne put achever, sa tête se renversa en arrière ; elle porta machinalement les deux mains à son sein, où elle avait reçu la blessure, poussa un soupir douloureux et balbutia quelques paroles inintelligibles, pendant que M. et Mme Lebrenn pleuraient silencieusement en la regardant.

— Joséphine, — lui dit Georges, — souffrez-vous davantage ? — Et il ajouta en portant la main à ses yeux : — Cette blessure... mortelle... c'est en voulant me sauver la vie qu'elle l'a reçue.

— Georges, — dit la jeune fille d'une voix faible et d'un air égaré, — Georges, vous ne savez pas...

Et elle se mit à rire.

Ce rire dans l'agonie était navrant.

— Pauvre enfant ! revenez à vous, — dit Mme Lebrenn.

— Je m'appelle *Pradeline*, — répondit la malheureuse créature en délire. — Oui... parce que je chante toujours.

— L'infortunée ! dit M. Lebrenn, pauvre créature ! elle délire !

— Georges, — reprit-elle dans un complet égarement, — Écoutez mes chansons...

Et d'une voix expirante elle improvisa sur son air favori :

> Je sens déjà la mort...
> Allons .. si c'est mon sort ..
> Ah ! c'est pourtant bientôt
> Que de .. mourir ..

Elle n'acheva pas la phrase ; ses bras se raidirent, sa tête se pencha sur son épaule. Elle était morte.

Gildas, à cet instant, entr'ouvrit la porte qui communiquait à un escalier montant au premier étage, et dit au marchand :

— Monsieur, le colonel qui est là-haut demande à vous parler.

Le marchand se rendit dans sa chambre à coucher, où le colonel avait été conduit par mesure de prudence.

M. de Plouernel avait reçu deux blessures légères et de fortes contusions. Pour faciliter le premier pansement appliqué à ses plaies il s'était dépouillé de son uniforme.

M. Lebrenn trouva son hôte debout, pâle et sombre.

— Monsieur, — dit-il, — mes blessures ne sont pas assez graves pour m'empêcher de quitter votre maison. Je n'oublierai jamais votre généreuse conduite envers moi, conduite doublement louable, après ce qui s'est passé hier entre nous. Mon seul désir est de pouvoir m'acquitter un jour envers vous... Cela me sera difficile, monsieur, car nous sommes vaincus, et vous êtes vainqueurs... J'étais aveugle sur la situation des esprits ; cette Révolution soudaine m'éclaire... Le jour de l'avénement du peuple est arrivé... Nous avons eu notre temps, comme vous me le disiez hier, monsieur, votre tour est venu.

— Je le crois, monsieur. Maintenant, laissez-moi vous donner un conseil... Il ne serait pas prudent à vous de sortir en uniforme... L'effervescence populaire n'est pas encore calmée... Je vais vous donner un paletot et un chapeau, et dans la compagnie d'un de mes amis, vous pourrez sans encombre et sans danger regagner votre demeure.

— Monsieur ! vous n'y songez pas... Me déguiser... ce serait une lâcheté !...

— De grâce, monsieur ! pas de susceptibilité exagérée ; n'avez-vous pas conscience de vous être intrépidement battu jusqu'à la fin ?

— Oui... mais désarmé... par des...

Puis, s'interrompant, il tendit la main au marchand et lui dit :

— Pardon, monsieur... je m'oublie, et je suis vaincu... Soit, je suivrai votre conseil ; je prendrai un déguisement, sans croire commettre une lâcheté. Un homme dont la conduite est aussi digne que la vôtre doit être bon juge en matière d'honneur.

En un instant M. de Plouernel fut vêtu en bourgeois, grâce aux habits que lui prêta le marchand.

Le colonel, montrant alors son casque bossué placé à côté de son uniforme à demi déchiré pendant la lutte, dit à M. Lebrenn :

— Monsieur, je vous en prie, gardez mon casque, à défaut de mon sabre, que j'aurais aimé à vous laisser comme souvenir d'un soldat à qui vous avez généreusement sauvé la vie, comme un témoignage de sa reconnaissance.

— J'accepte, monsieur, — répondit le marchand ; — j'ajouterai ce casque à plusieurs autres souvenirs qui me viennent de votre famille.

— De ma famille ! — s'écria M. de Plouernel stupéfait. — De ma famille !... Vous la connaissez ?

— Hélas ! monsieur... — répondit le marchand d'un air mélancolique, — ce n'est pas la première fois que, depuis des siècles, un Néroweg de Plouernel et un Lebrenn se sont rencontrés les armes à la main.

— Que dites-vous, monsieur ? demanda le comte de plus en plus surpris. — Je vous en prie, expliquez-vous...

Deux coups frappés à la porte interrompirent l'entretien de M. Lebrenn et de son hôte.

— Qui est là ? — dit le marchand.

— Moi, père.

— Entre mon enfant.

— Père, dit vivement Sacrovir, — plusieurs amis sont en bas : ils arrivent de l'Hôtel de ville. Ils vous attendent.

— Mon enfant, — reprit M. Lebrenn, — tu es connu comme moi dans la rue ; tu vas accompagner notre hôte, en prenant le petit escalier qui aboutit sous la porte cochère, afin de ne pas passer par la boutique. Tu ne quitteras M. de Plouernel que lorsqu'il sera rentré chez lui, et tout à fait en sûreté.

— Soyez tranquille, mon père ; je viens déjà de traverser deux fois les barricades... Je réponds de tout.

— Pardon, monsieur, si je vous quitte, — dit le marchand à M. de Plouernel. — Mes amis m'attendent.

— Adieu, monsieur... — dit le colonel d'une voix pénétrée. — J'ignore ce que l'avenir nous réserve ; nous pouvons nous retrouver encore dans des camps opposés ; mais, je vous le jure, je ne pourrai désormais vous regarder comme un ennemi.

Et M. de Plouernel suivit le fils du marchand.

M. Lebrenn, resté seul, contempla le casque du colonel pendant un instant, et se dit : — Il est vraiment des fatalités étranges.

Et prenant le casque, il alla le déposer dans cette pièce mystérieuse qui excitait si vivement la curiosité de Gildas.

M. Lebrenn vint ensuite rejoindre ses amis, qui lui apprirent que l'on ne doutait plus que la République ne fût proclamée par le gouvernement provisoire réuni à l'Hôtel de ville.

CHAPITRE XI

Comment la famille du marchand de toile, Georges Duchêne et son grand-père assistèrent à une imposante cérémonie et à une touchante manifestation, aux cris de : Vive la République ! — Comment le numéro *onze cent vingt*, forçat au bagne de Rochefort, fut menacé du bâton par un argousin et eut un entretien avec un général de la République, et ce ce qu'il en advint. — Ce qu'étaient ce général et ce forçat.

Après la bataille, après la victoire, l'inauguration du triomphe et la glorification des cendres des victimes !

Quelques jours après le renversement du trône de Louis-Philippe, vers les dix heures du matin, la foule se pressait aux abords de l'église de la Madeleine, dont la façade disparaissait entièrement sous d'immenses draperies noir et argent. Au fronton du monument on lisait ces mots :

RÉPUBLIQUE FRANÇAISE
LIBERTÉ — ÉGALITÉ — FRATERNITÉ

Un peuple immense encombrait les boulevards, où s'élevaient depuis la Bastille jusqu'à la place de la Madeleine, deux rangs de hauts trépieds funéraires. Ce jour-là, on honorait les mânes des citoyens morts en février, pour la défense de la liberté. Un double cordon de gardes nationales, commandées en premier par le général *Courtais*, et en second par un vieux soldat de la cause républicaine, *Guinard*, formaient la haie.

La population, grave, recueillie, avait conscience de sa souveraineté nouvelle, conquise par le sang de ses frères.

Bientôt le canon tonna, l'hymne patriotique de *la Marseillaise* retentit. Les membres du gouvernement provisoire arrivaient : c'étaient les citoyens *Dupont* (de l'Eure), *Ledru-Rollin*, *Arago*, *Louis Blanc*, *Albert*, *Flocon*, *Lamartine*, *Crémieux*, *Garnier-Pagès*, *Marrast*. Ils montèrent lentement l'immense perron de l'église : des écharpes tricolores, nouées en sautoir, distinguaient seules les citoyens chargés, à cette époque, des destinées de la France.

A leur suite venaient, acclamant la République et la souveraineté populaire, les grands corps de l'État, la haute magistrature en robe rouge, les corps savants revêtus de leur costume officiel, les maréchaux, les amiraux, les généraux en grand uniforme.

Des cris passionnés de *Vive la République!* éclatèrent sur le passage de ces dignitaires, dont la plupart, courtisans de tant de régimes, et, à ce moment, néophytes républicains, avaient blanchi au service de la monarchie.

Toutes les fenêtres des maisons situées sur la place de la Madeleine étaient garnies de spectateurs. A l'entre-sol d'une boutique occupée par un des amis de M. Lebrenn, on voyait aux croisées Mme Lebrenn et sa fille, toutes deux vêtues de noir ; M. Lebrenn, son fils, ainsi que le père Morin et son petit-fils, Georges, qui portait le bras en écharpe : tous faisaient dès lors, pour ainsi dire, partie de la famille du marchand. La surveille de ce jour, M. et Mme Lebrenn avaient annoncé à leur fille qu'ils consentaient à son mariage avec Georges. Aussi lisait-on sur les beaux traits de Velléda l'expression d'un bonheur profond, contenu par le caractère imposant de de la cérémonie, qui excitait une pieuse émotion dans la famille du marchand. Lorsque le cortège fut entré dans l'église, et que *la Marseillaise* eût cessé de retentir, M. Lebrenn, dont les yeux étaient humides, s'écria avec enthousiasme :

Oh ! c'est un grand jour que celui-ci... c'est l'inamovibilité de notre République pure de tout excès, de toute proscription, de toute souillure... Clémente comme la force et le bon droit, fraternelle comme son symbole, sa première pensée a été de renverser l'échafaud politique, cet échafaud que, vaincue, elle eût arrosé du plus pur, du plus glorieux sang. Voyez: loyale et généreuse, elle appelle maintenant à un pacte solennel d'oubli, de pardon, de concorde, juré sur les cendres des derniers martyrs de nos libertés, ces magistrats, ces généraux, naguère encore implacables ennemis des républicains, qu'ils frappaient par le glaive de la loi, par le glaive de l'armée... Oh! c'est beau! c'est noble! tendre ainsi, à ses adversaires de la veille, une main amie et désarmée!

— Mes enfants, — dit Mme Lebrenn, — espérons... croyons que ces martyrs de la liberté, dont on honore aujourd'hui les cendres, seront les dernières victimes de la royauté.

— Oui! car partout la liberté s'éveille! — s'écria Sacrovir Lebrenn avec enthousiasme. — Révolution à Vienne... révolution à Milan... révolution à Berlin... Chaque jour apporte la nouvelle que la commotion républicaine de la France a ébranlé tous les trônes de l'Europe! La fin des rois est venue!

— Une armée sur le Rhin, une autre sur la frontière de l'Italie pour marcher à l'aide de nos frères d'Europe, s'ils ont besoin de notre secours, — dit Georges Duchêne, — et la République fait le tour du monde!... Alors, plus de guerres, n'est-ce pas monsieur Lebrenn?... Union! fraternité des peuples! paix générale! travail! industrie! bonheur pour tous!... Plus d'insurrections, puisque la lutte pacifique du suffrage universel va désormais remplacer ces luttes fratricides dans lesquelles tant de nos frères ont péri.

— Oh! — s'écria Velléda Lebrenn, qui des yeux avait sans non fiancé tandis qu'il parlait, — que l'on est heureux de vivre dans un temps comme celui-ci! Que de grandes et nobles choses nous verrons, n'est-ce pas, mon père?

— En douter, mes enfants, serait nier la marche, le progrès constant de l'humanité... — dit M. Lebrenn, — et jamais l'humanité n'a reculé...

— Que le bon Dieu vous entende, monsieur Lebrenn, — reprit le père Morin. — Et quoique bien vieux, j'aurai ma petite part de ce beau spectacle... Après ça, c'est être trop gourmand aussi! — ajouta le bonhomme d'un air naïf et attendri en regardant la fille du marchand. — Est-ce que j'ai encore quelque chose à désirer, moi, maintenant que je sais que cette bonne et belle demoiselle doit être la femme de mon petit-fils? Ne fait-il pas à cette heure partie d'une famille de braves gens? la fille valant la mère... le fils valant le père... Dam! quand on a vu cela, et qu'on est aussi vieux que moi...

l'on n'a plus rien à voir... on peut s'en aller... le cœur content...

— Vous en aller, bon père? — dit Mme Lebrenn en prenant une des mains tremblantes du bonhomme. — Et ceux qui restent et qui vous aiment?

— Et qui se sentiront doublement heureux, — ajouta Velléda en embrassant le vieillard, — si vous êtes témoin de leur bonheur!

— Et qui tiennent à honorer longuement en vous, bon père, le travail, le courage et le grand cœur! — reprit Sacrovir avec un accent de respectueuse déférence, pendant que le vieillard, de plus en plus ému, portait à ses yeux ses mains tremblantes et vénérables.

— Ah! vous croyez, monsieur Morin, — dit M. Lebrenn en souriant, — vous croyez que vous n'êtes pas aussi notre *bon grand-père* à nous? vous croyez que vous ne nous appartenez pas maintenant, aussi bien qu'à notre cher Georges? comme si nos affections n'étaient pas les siennes, et les siennes les nôtres?

— Mon Dieu! mon Dieu! — reprit le vieillard, si délicieusement ému que ses larmes coulaient, — que voulez-vous que je vous réponde? — C'est trop... c'est trop... je ne peux que dire merci et pleurer. Georges, toi qui sais parler, réponds pour moi, au moins.

— Ça vous est bien facile à dire, grand-père, — reprit Georges non moins ému que le vieillard.

— Mon père! — dit vivement Sacrovir en s'avançant près de la fenêtre. — Vois donc! vois donc!...

Et il ajouta avec exaltation:

— Oh! brave et généreux peuple entre tous les peuples!...

A la voix du jeune homme, tous coururent à la fenêtre.

Voici ce qu'ils virent sur le boulevard, laissé libre pour l'accomplissement de la cérémonie funèbre:

A la tête d'un long cortège d'ouvriers marchaient quatre des leurs, portant sur leurs épaules une sorte de pavois enrubané, au milieu duquel était placée une petite caisse de bois blanc; venait ensuite un drapeau sur lequel on lisait:

VIVE LA RÉPUBLIQUE!

LIBERTÉ — ÉGALITÉ — FRATERNITÉ

OFFRANDE A LA PATRIE

Les passants s'arrêtaient, saluaient, et criaient avec transport:

— Vive la République!

— Ah! je les reconnais bien là! — s'écria le marchand les yeux mouillés de larmes. — Ce sont eux, prolétaires... eux qui ont dit ce mot sublime: *Nous avons trois mois de misère au service de la République*... eux, pauvres ouvriers de tous les corps d'état, et les premiers frappés de la crise du commerce. Et pourtant les voici les premiers offrant à la patrie le peu qu'ils possèdent... la moitié de leur pain de demain, peut-être..

— Et ceux-là, les déshérités, qui donnent un tel exemple aux riches, aux heureux du jour... ceux-là, qui montrent tant de générosité, tant de cœur, tant de résignation, tant de patriotisme, ne sortiraient pas enfin de leur servage! — s'écria Mme Lebrenn. — Quoi! leur intelligence, leur travail opiniâtre, seraient toujours stériles pour eux seuls! Quoi! pour eux, toujours la famille serait une angoisse! le présent, une privation! l'avenir, une épouvante! la propriété, un rêve sardonique! Non, non! Dieu est juste!... Ceux-là qui triomphent avec tant de grandeurs ont enfin gravi leur Calvaire! Le jour de la justice est venue pour eux. Et je dis comme votre père, mes enfants. C'est un grand et beau jour que celui-ci! jour d'équité... de justice, pur de toute vengeance!

— Et ces mots sacrés sont le symbole de la délivrance des travailleurs! — dit M. Lebrenn en montrant du geste cette inscription attachée au fronton du temple chrétien :

LIBERTÉ — ÉGALITÉ — FRATERNITÉ

. . . .

C'est près de dix-huit mois ensuite de cette journée si imposante par cette cérémonie religieuse, et si riche de splendides espérances qu'elle donnait à la France... au monde!... que nous allons retrouver M. Lebrenn et sa famille.

. . . .

Voilà ce qui se passait au commencement du mois de septembre 1849 au bagne de Rochefort.

L'heure du repas avait sonné : les forçats mangeaient.

L'un de ces galériens, vêtu, comme les autres, de la veste et du bonnet rouge, portant au pied la *manille*, ou anneau de fer auquel se rivait une lourde chaîne, était assis sur une pierre et mordait son morceau de pain noir d'un air pensif.

Ce forçat était M. Lebrenn.

Il avait été condamné aux travaux forcés par un conseil de guerre, après l'insurrection de juin 1848.

Les traits du marchand avaient leur expression habituelle de fermeté sereine; seulement, sa figure, exposée pendant ses durs travaux au hâle de la mer et à l'ardeur du soleil, était devenue, pour ainsi dire, couleur de brique.

Un garde-chiourme, le sabre au côté, le bâton à la main, après avoir parcouru quelques groupes de condamnés, s'arrêta comme s'il eût cherché quelqu'un des yeux, puis s'écria en agitant son bâton dans la direction de M. Lebrenn :

— Eh! là-bas!... *numéro onze cent vingt!*

Le marchand continua de manger son pain noir de fort bon appétit et ne répondit pas.

— *Numéro onze cent vingt!* — cria de nouveau l'argousin. — Tu ne m'entends donc pas, gredin ?

Même silence de la part de M. Lebrenn.

L'argousin, maugréant et irrité d'être obligé de faire quelques pas de plus, s'approcha rapidement du marchand, et le touchant du bout de son bâton, lui dit brutalement :

— Sacredieu! tu es donc sourd, toi, dis-donc, animal ?

Le visage de M. Lebrenn, lorsqu'il se sentit touché par le bâton de l'argousin, prit une expression terrible... Puis, domptant bientôt ce mouvement de colère et d'indignation, il répondit avec calme :

— Que voulez-vous ?

— Voilà deux fois que je t'appelle... *onze cent vingt!* et tu ne me réponds pas... Est-ce que tu crois me faire aller ? Prends-y garde !...

— Allons, ne soyez pas brutal, — répondit M. Lebrenn en haussant les épaules. — Je ne vous ai pas répondu, parce que je n'ai pas encore perdu l'habitude de m'entendre appeler par mon nom... et que j'oublie toujours que je me nomme maintenant *onze cent vingt*.

— Assez de raisons!... Allons, en route chez le commissaire de marine...

— Pourquoi faire ?

— Ça ne te regarde pas... Allons, marche, et plus vite.

— Je vous suis, — dit M. Lebrenn avec un calme imperturbable.

Après avoir traversé une partie du port, l'argousin, suivi de *son forçat*, arriva à la porte des bureaux du commissaire chargé de la direction du bagne.

— Veux-tu prévenir M. le commissaire que je lui amène le *numéro onze cent vingt ?* — dit le garde-chiourme à un de ses camarades servant de planton.

Au bout de quelques instants, le planton revint, dit au marchand de le suivre, lui fit traverser un long corridor ; puis, ouvrant la porte d'un cabinet richement meublé, il lui dit :

— Entrez-là, et attendez...

— Comment! — dit M Lebrenn fort surpris. — Vous me laissez seul ?

— C'est l'ordre de M. le commissaire.

— Diable! — reprit M. Lebrenn en souriant; c'est une marque de confiance dont je suis très flatté.

Le planton referma la porte et sortit.

— Parbleu! — dit le marchand en avisant un excellent fauteuil, — voici une bonne occasion de m'asseoir ailleurs que sur la pierre ou sur le banc de la chiourme.

Puis il ajouta en se carrant sur les moelleux coussins :

— Décidément, c'est toujours une chose très agréable qu'un bon fauteuil.

A ce moment, une porte s'ouvrit, M. Lebrenn vit entrer un homme de haute taille, portant le petit uniforme de général de brigade, habit bleu à épaulettes d'or, pantalon garance.

A l'aspect de cet officier général, M. Lebrenn, saisi de surprise, se renversa sur le dossier de son fauteuil et s'écria :

— Monsieur de Plouernel !...

— Qui n'a pas oublié la nuit du 23 février 1848, monsieur, — répondit le général en s'avançant et tendant la main à M. Lebrenn. Celui-ci la prit, tout en examinant par réflexion les deux étoiles d'argent dont étaient ornées les épaulettes d'or de M. de Plouernel. Alors il lui dit avec un sourire de bonhomie narquoise :

— Vous êtes devenu général au service de la République, monsieur, et moi je suis au bagne !... Avouez-le... c'est piquant...

M. de Plouernel regardait le marchand avec stupeur ; il s'attendait à le trouver profondément abattu, ou dans un état d'irritation violente ; il le voyait calme et souriant avec malice.

— Eh bien ! monsieur, — reprit M. Lebrenn toujours assis, pendant que le général, debout, le considérait avec un ébahissement croissant. — Eh bien ! monsieur, il y a tantôt dix-huit mois, lors de cette soirée dont vous voulez bien vous souvenir, qui eût dit que nous nous retrouverions dans la position où nous sommes aujourd'hui ?

— Tant de fermeté d'âme ! — dit M. de Plouernel, — c'est de l'héroïsme !

— Pas du tout, monsieur... c'est tout simplement de la conscience et de la confiance...

— De la confiance !

— Oui... Je suis calme, parce que j'ai foi dans la cause à laquelle j'ai voué ma vie... et que ma conscience ne me reproche rien.

— Et pourtant... vous êtes ici, monsieur.

— Je plains l'erreur de mes juges.

— Vous... l'honneur même ! sous la livrée de l'infamie !...

— Bah ! cela ne déteint pas sur moi.

— Loin de votre femme... de vos enfants...

— Ils sont aussi souvent ici avec moi que moi avec eux... Les corps sont enchaînés, séparés, mais l'esprit se joue des chaînes et de l'espace.

Et, s'interrompant, M. Lebrenn ajouta :

— Mais, monsieur, apprenez-moi donc par quel hasard je vous vois ici... Le commissaire du bagne m'a fait demander... était-ce seulement pour me procurer l'honneur de recevoir votre visite ?

— Vous me jugeriez mal, monsieur, — reprit le général, — si vous croyiez qu'après vous avoir dû la vie, je viens ici par un sentiment de curiosité stérile ou blessante...

— Je ne vous ferai pas cette injure, monsieur. Sans doute vous êtes en tournée d'inspection ?

— Oui, monsieur.

— Vous aurez appris que j'étais ici au bagne et vous venez peut-être m'offrir vos services ?

— Mieux que cela, monsieur.

— Mieux que cela ?... Expliquez-vous, je vous prie... Vous semblez embarrassé...

— En effet... je le suis... et beaucoup, — répondit le général visiblement décontenancé par le sang-froid et l'aisance du forçat. — Les révolutions amènent souvent des circonstances si bizarres...

— Des circonstances bizarres ?...

— Sans doute, — reprit le général ; — celle où nous nous trouvons tous les deux aujourd'hui, par exemple.

— Oh ! nous avons déjà épuisé cette apparente bizarrerie du sort, monsieur, — reprit le marchand en souriant. — Que sous la République, moi, vieux républicain, je sois aux galères, tandis que vous, républicain... de date un peu plus récente, vous soyez devenu général... cela est en effet bizarre... nous en sommes convenus... Mais ensuite ?

— Mon embarras a une autre cause, monsieur.

— Laquelle ?

— C'est que... — répondit M. de Plouernel en hésitant.

— C'est que ?...

— J'ai demandé...

— Vous avez demandé... quoi, monsieur ?

— Et obtenu...

— Ma grâce, peut-être ! — s'écria M. Lebrenn. — C'est charmant !

Et il y avait une coïncidence si comique dans ce trait de mœurs politiques, que le marchand ne put s'empêcher de rire.

— Oui, monsieur, — reprit le général, — j'ai demandé et obtenu votre grâce... vous êtes libre... J'ai tenu à honneur de venir moi-même vous apporter cette nouvelle.

— Un mot d'explication, monsieur, — reprit le marchand d'un ton digne et sérieux. — Je n'accepte pas de grâce ; mais, quoique tardive, j'accepte une justice réparatrice...

— Que voulez-vous dire ?

— Si lors de la fatale insurrection de juin j'avais partagé l'opinion de mes frères qui sont ici au bagne avec moi, je n'accepterais pas de grâce ; après avoir agi comme eux, je resterais ici comme eux et avec eux !...

— Mais cependant, monsieur... votre condamnation...

— Est inique; en peu de mots, je vais vous le prouver... A l'époque de la prise d'armes de juin, l'an passé, j'étais capitaine dans ma légion; je me rendis sans armes à l'appel fait à la garde nationale... Et là, j'ai déclaré haut, très haut... que c'est *sans armes* que je marcherais à la tête de ma compagnie, non pour engager une lutte sanglante, mais dans l'espoir de ramener nos frères, qui, exaspérés par la misère, par un déplorable malentendu, et surtout par d'atroces déceptions, ne devaient pourtant pas oublier que la souveraineté du peuple est inviolable, et que tant que le pouvoir qui la représente n'a pas été légalement accusé, convaincu de trahison... se révolter contre ce pouvoir, l'attaquer par les armes au lieu de le renverser par l'expression du suffrage universel, c'est se suicider ; c'est porter atteinte à sa propre souveraineté. La moitié de ma compagnie a partagé mon avis, suivi mon exemple ; et pendant que d'autres citoyens nous accusaient de trahison, nous, tête nue, désarmés, les mains fraternellement tendues, nous nous sommes avancés vers une première barricade ; les fusils se sont relevés à notre approche... Des mains amies serraient déjà les nôtres... notre voix était écoutée... Déjà nos frères comprenaient que, si légitimes que fussent leurs griefs, une insurrection serait le triomphe momentané des ennemis de la République... lorsqu'une grêle de balles pleut dans la barricade derrière laquelle nous parlementions. Ignorant sans doute cette circonstance, un bataillon de ligne attaquait cette position... Surpris à l'improviste, les insurgés se défendent en héros ; la plupart sont tués, un petit nombre fait prisonnier... Confondu avec eux, ainsi que plusieurs hommes de ma compagnie, nous avons été pris et considérés comme insurgés. Si je ne suis pas devenu fou d'horreur, ainsi que plusieurs de mes amis, prisonniers comme moi dans le souterrain des Tuileries pendant trois jours et trois nuits ! si j'ai conservé ma raison, c'est que j'étais par l'esprit avec ma femme et mes enfants... Traduit devant le conseil de guerre, j'ai dit la vérité; l'on ne m'a pas cru... J'ai été envoyé ici... Vous le voyez, monsieur, l'on ne m'accorde pas une grâce; on me rend une justice tardive... Cela ne m'empêche pas de vous savoir gré des démarches que vous avez faites pour moi... Ainsi donc je suis libre ?

— M. le commissaire de la marine va venir vous confirmer ce que je vous annonce, monsieur. Vous pouvez sortir d'ici, aujourd'hui... à l'heure même.

— Eh bien, monsieur, puisque vous êtes si parfaitement en cour... républicaine, — reprit M. Lebrenn en souriant, — soyez assez obligeant pour demander au commissaire une faveur qu'il me refuserait peut-être.

— Je suis, monsieur, tout à votre service.

— Vous voyez cet anneau de fer que je porte à la jambe, et qui soutient ma chaîne ? Cet anneau de fer, je voudrais être autorisé à l'emporter... en le payant, bien entendu.

— Comment !... cet anneau... Vous voudriez le conserver ?

— Simple manie de *collectionneur*, monsieur... Je possède déjà quelques petites curiosités historiques... entre autres, le casque dont vous avez bien voulu me faire hommage il y a dix-huit mois... J'y joindrai l'*anneau de fer* du forçat politique... Vous voyez, monsieur, que pour moi et ma famille ce rapprochement dira bien des choses...

— Rien de plus facile, je crois, monsieur, que de satisfaire votre désir. Tout à l'heure j'en ferai part au commissaire. Mais permettez-moi une question, peut-être indiscrète.

— Laquelle, monsieur ?

— Je me rappelle qu'il y a dix-huit mois, et bien souvent depuis j'ai songé à cela, je me rappelle que, lorsque je vous ai prié de conserver mon casque, en souvenir de votre généreuse conduite envers moi, vous avez répondu à ma question...

— Que ce ne serait pas la seule chose provenant de votre famille que je possédais dans ma collection ? C'est la vérité.

— Vous m'avez dit aussi, je crois, monsieur, que les Néroweg de Plouernel...

— S'étaient quelquefois rencontrés, dans le courant des âges et des évènements, avec plusieurs membres de mon obscure famille, esclave, serve, vassale ou plébéienne, — reprit M. Lebrenn. — Cela est encore vrai, monsieur.

— Et à quelle occasion ? dans quelles circonstances ? comment avez-vous pu être instruit de faits passés il y a tant de siècles ?...

— Permettez-moi de garder ce secret, et excusez-moi d'avoir inconsidérément éveillé chez vous, monsieur, une curiosité que je ne peux satisfaire. Mais encore sous l'impression de cette journée de guerre civile et de l'étrange fatalité qui nous avait mis, vous et moi, face à face... une allusion au passé m'est échappée... Je le regrette ; car, je vous le répète, il est certains souvenirs de famille qui ne doivent jamais sortir du foyer domestique.

— Je n'insisterai pas, monsieur, — dit M. de Plouernel.

Et après un instant d'hésitation il reprit :

— Encore une question indiscrète, sans doute...

— J'écoute, monsieur.

— Que pensez-vous... en me voyant servir la République ?

— Une telle question appelle une réponse d'une entière franchise.

La chambre mystérieuse (page 63)

— Vous ne pouvez m'en faire d'autre, monsieur, je le sais.

— Eh bien, je pense que vous ne croyez pas à la durée de la République ; vous voulez vous servir utilement, pour l'avenir de votre parti, de l'autorité que vous confie, ainsi qu'à tant d'autres royalistes, le pouvoir actuel... Vous espérez enfin, à un moment donné, user de votre position dans l'armée pour favoriser le retour de *votre maître*, ainsi que vous appelez, je crois, ce gros garçon, le dernier des Capets et des rois franks par droit de conquête... Le gouvernement met entre vos mains des armes contre la République... Vous les acceptez, c'est de bonne guerre, à votre point de vue. Quant à moi, je hais la monarchie de droit divin pour les maux affreux dont elle a écrasé mon pays ; je l'ai combattue de toutes mes forces... cependant, jamais je ne l'aurais servie... avec l'intention de lui nuire... Jamais je n'aurais porté sa livrée, ses couleurs.

— Je ne porte pas la livrée de la République, monsieur ! — dit vivement M. de Plouernel. — Je porte l'uniforme de l'armée !

— Allons, monsieur, — reprit le marchand en souriant, — avouez, sans reproche, que, pour un soldat, c'est peut-être un peu... un peu... *prêtre*... ce que vous dites là... Mais passons... chacun sert sa cause à sa façon. Et tenez, nous sommes tous deux ici... vous, revêtu des insignes du pouvoir et de la force ; moi, pauvre homme, portant la chaîne du forçat, ni plus ni moins que mes pères portaient, il y a quinze cents ans, le collier de fer de l'esclave : votre parti est tout-puissant et considérable ; il a les vœux et il aurait au besoin l'appui des monarchistes de l'Europe ; il possède la richesse, il a le clergé ; de plus, les

8e livraison

trembleurs, les repus, les cyniques, les ambitieux de tous les régimes se sont ralliés à vous dans l'effroi que leur cause la souveraineté populaire; ils disent tout haut qu'ils préfèrent à la démocratie la royauté de droit divin et absolue d'avant 89, appuyée, s'il le faut, par une armée cosaque et permanente... Eh bien, moi et ceux de mon parti, nous sommes pleins de foi dans le triomphe de la démocratie.

L'entrée du commissaire de marine mit fin à l'entretien du général et du marchand; celui-ci obtint facilement, par l'intervention de son *protecteur*, la permission d'emporter son anneau de fer, sa *mantille*, comme on dit au bagne.

Dans la soirée, M. Lebrenn se mit en route pour Paris.

CHAPITRE XII

Ce qu'était devenue la famille de M. Lebrenn pendant son séjour au bagne, et d'une lettre qu'elle reçut un soir.

Le 10 septembre 1849, deux jours après que le général de Plouernel était allé porter à M. Lebrenn sa grâce pleine et entière, la famille du marchand se trouvait réunie dans le modeste salon de l'appartement du premier étage.

On avait fermé la boutique depuis une heure environ; une lampe, placée sur une grande table ronde, éclairait les différentes personnes qui l'entouraient.

Mme Lebrenn s'occupait des écritures commerciales de la maison; sa fille, vêtue de deuil, berçait doucement sur ses genoux un petit enfant endormi, tandis que Georges Duchêne, vêtu de deuil comme sa femme (le grand-père Morin était mort depuis quelques mois), dessinait sur une feuille de papier l'*épure* d'une boiserie; car depuis son mariage, et d'après le désir de M. Lebrenn, Georges avait établi, sur les bases de l'*association* et de la *participation*, un vaste atelier de menuiserie dans le rez-de-chaussée d'un des bâtiments dépendant de la maison de son beau-père.

Sacrovir Lebrenn lisait un traité de mécanique appliqué au tissage des toiles, et de temps à autre prenait des notes dans ce livre.

Jeanike ourlait des serviettes, tandis que Gildas, placé devant une petite table chargée de linge, pliait et étiquetait à leur numéro de vente divers objets destinés à la *montre* du magasin.

La physionomie de Mme Lebrenn était pensive et triste; telle eût été sans doute aussi l'expression des traits de sa fille, alors dans tout l'éclat de sa beauté, si à ce moment elle n'avait doucement souri à son petit enfant qui lui tendait les bras.

Georges, un instant distrait de son travail par ce rire enfantin, contemplait ce groupe avec un ravissement inexprimable.

On sentait vaguement qu'un chagrin, pour ainsi dire de tous les instants, pesait sur une famille si tendrement unie; c'est qu'en effet il ne se passait pour ainsi dire pas d'heure où l'on ne se souvînt avec amertume que le chef si aimé, si vénéré de cette famille lui manquait...

Disons en quelques mots comment le fils et le gendre de M. Lebrenn n'avaient pas imité sa conduite lors de l'insurrection du mois de juin 1848, et, conséquemment, n'avaient point partagé son sort.

Vers le commencement de ce mois, Mme Lebrenn, se rendant en Bretagne, afin d'y faire différentes emplètes de toile, et d'y voir quelques personnes de sa famille, était partie accompagnée de sa fille et de son gendre, voyage de plaisir pour les deux jeunes mariés. Sacrovir Lebrenn était, de son côté, allé à Lille pour les intérêts du commerce de son père. Il devait revenir à Paris avant le départ de sa mère; mais, retenu en province par quelques affaires, il apprit, lors de son retour à Paris, l'arrestation de son père, alors prisonnier au fort de *Vanves*, comme insurgé.

A cette funeste nouvelle, Mme Lebrenn, sa fille et Georges étaient en toute hâte revenus de Bretagne.

Est-il besoin de dire que M. Lebrenn reçut dans sa prison toutes les consolations que la tendresse et le dévouement de sa famille pouvaient lui offrir? Sa condamnation prononcée, sa femme et ses enfants voulurent le suivre et aller à Rochefort, afin d'habiter au moins la même ville que lui, et de le voir souvent; mais il s'opposa formellement à cette résolution pour plusieurs motifs de convenance et d'intérêts de famille; puis enfin, son principal argument contre un déplacement considérable et fâcheux fut... (cette fois son excellent jugement le trompa) fut sa foi complète à une amnistie générale plus ou moins prochaine. Il fit partager cette conviction à sa famille, les siens avaient trop besoin, trop envie de le croire pour ne pas accepter cette espérance. Aussi les jours, les semaines, les mois, se passèrent dans une attente toujours vaine et toujours renaissante.

Chaque jour le condamné recevait une longue lettre collective de sa femme et de ses enfants; il leur répondait aussi chaque jour, et grâce à ces épanchements quotidiens, ainsi qu'au courage et à la sérénité de son caractère si fermement trempé, M. Lebrenn avait supporté sans faiblesse la terrible épreuve dont on vient de

voir le terme . . . .
. . . .

La famille du marchand était toujours silencieusement occupée autour de la table ronde. Mme Lebrenn cessa un moment d'écrire et appuya son front sur une main, pendant que son autre main, qui tenait sa plume, s'arrêtait immobile. Georges Duchêne, s'apercevant de la préoccupation de sa belle-mère, fit un signe à Velléda. Tous deux silencieux regardèrent Mme Lebrenn. Sa fille, au bout de quelques instants, lui dit tendrement :

— Ma mère, tu parais inquiète, soucieuse.

— Depuis bientôt treize mois, mes enfants, — répondit la femme du marchand, — voici le premier jour que nous ne recevons pas de lettre de votre père...

— Si M. Lebrenn eût été malade, ma mère, — dit Georges, — et hors d'état de vous écrire, il vous l'eût fait savoir, grâce à une main étrangère, plutôt que de vous inquiéter par son silence. Aussi, comme nous le disions tantôt, il est probable que, pour la première fois, sa lettre aura subi quelque retard.

— Georges a raison, ma mère, — reprit la jeune femme ; — il ne faut pas t'alarmer ainsi.

— Et puis, qui sait ? ajouta Sacrovir Lebrenn avec amertume, — les règlements de police sont si étranges, si despotiques, qu'il se peut qu'on ait voulu priver mon père de sa dernière consolation... Les gens qui nous gouvernent ont tant de haine contre les républicains !... Oh ! nous vivons dans de tristes temps...

— Après avoir rêvé l'avenir si beau !... — dit Georges en soupirant. — le voir sombre, presque désespéré !... M. Lebrenn !... lui ! lui ! condamné !... traité ainsi !... Ah ! cela ferait croire que le triomphe des honnêtes gens... n'est jamais qu'un accident !

— Ah ! frère ! frère ! je sens qu'il s'amasse en moi de terribles ferments de haines et de vengeance ! — dit d'une voix sourde le fils du marchand. — Avoir un jour... un seul jour !... et faire justice... dût ma vie entière se passer dans les tortures !

— Patience, frère ! — dit Georges, — patience... A chacun son heure !

— Mes enfants, — reprit Mme Lebrenn d'une voix grave et mélancolique, — vous parlez de justice... n'y mêlez jamais de pensées de haine, de vengeance... Votre père, s'il était là... et il est toujours en esprit avec nous... vous dirait que le bon droit ne hait pas... ne se venge pas... La haine, la vengeance, donnent le vertige ; témoin ceux qui ont poursuivi votre père et son parti avec acharnement... Plaignez-les... mais ne les imitez pas.

— Et cependant, voir ce que nous voyons, ma mère ! — s'écria le jeune homme. — Penser que mon père... mon père !... l'homme d'honneur, de courage, de patriotisme éprouvé, est à cette heure au bagne !... savoir que nos ennemis éprouvent une joie féroce de la prolongation de ses souffrances imméritées !

— Qu'est-ce que cela fait à l'honneur, au courage, au patriotisme de votre père, mes enfants, — dit Mme Lebrenn. — Est-ce qu'il est au pouvoir de personne au monde de flétrir ce qui est pur ? d'abaisser ce qui est grand ? de faire d'un honnête homme un forçat ?... Est-ce que vous croyez que votre père, injustement condamné, sera moins honoré de l'empreinte de la chaîne qu'il traîne que des cicatrices de 1830 ? Est-ce qu'au jour de la justice il ne sortira pas du bagne encore plus honoré, encore plus vénéré que par le passé ? Ah ! mes enfants ! pleurons l'absence de votre père... mais songeons que chaque jour de son martyre le grandit et l'honore !...

— Tu as raison, ma mère, — dit Sacrovir en soupirant. — Les pensées de haine et de vengeance sont mauvaises au cœur.

— Ah ! — reprit tristement Velléda, — pauvre père ! le jour de demain était attendu par lui avec tant d'impatience !...

— Le jour de demain ? — demanda Georges à sa femme. — Pourquoi cela ?

— Demain est l'anniversaire de la naissance de mon fils, — reprit Mme Lebrenn. — Demain, 11 septembre, il aura vingt-et-un ans ; et pour plusieurs raisons cet anniversaire devait être pour nous une fête de famille.

Mme Lebrenn achevait à peine ces mots, que l'on entendit sonner à la porte de l'appartement.

— Qui peut venir si tard ? il est près de minuit, dit Mme Lebrenn. — Allez voir qui sonne, Jeanike.

— J'y vais, madame ! s'écria héroïquement Gildas en se levant. — Il y a peut-être du danger.

— Je ne le pense pas, — reprit Mme Lebrenn ; — mais allez toujours ouvrir.

Au bout d'un instant, Gildas revint, tenant une lettre qu'il remit à Mme Lebrenn, en lui disant :

— Madame, c'est un commissionnaire qui a apporté cela... Il n'y a pas de réponse.

A peine la femme du marchand eut-elle jeté les yeux sur l'enveloppe qu'elle s'écria :

— Mes enfants !... une lettre de votre père !...

Georges, Sacrovir et Velléda se levèrent spontanément et se rapprochèrent de leur mère.

— C'est singulier ! — reprit celle-ci en examinant avec inquiétude l'enveloppe qu'elle décachetait. — Cette lettre doit venir de Rochefort comme les autres, et elle n'est pas timbrée...

— Peut-être, — dit Georges, — M. Lebrenn

aura-t-il chargé quelqu'un partant de Rochefort de vous la faire parvenir.

— Et telle aurait été la cause du retard, reprit Sacrovir. — C'est probable.

M™ Lebrenn, assez inquiète, se hâta de lire à ses enfants la lettre suivante :

« Chère et tendre amie, embrasse nos enfants « au nom d'une bonne nouvelle, dont vous « allez être aussi heureux que surpris... J'ai « espoir de vous revoir bientôt... »

Ces mots étaient à peine prononcés par la femme du marchand, qu'il lui fut impossible de continuer sa lecture. Ses enfants l'entourèrent et sautèrent à son cou avec des exclamations de joie impossible à rendre, tandis que Gildas et Jeanike partageaient l'émotion de la famille.

— Mes pauvres enfants! soyons raisonnables, ne triomphons pas trop tôt, — dit M™ Lebrenn. — Ce n'est qu'un espoir que votre père nous donne... Et Dieu sait combien notre espérance d'amnistie a été souvent déçue.

— Alors, mère, lis vite... bien vite... achève, — dirent les enfants d'une voix inpatiente. — Nous allons voir si cet espoir est sérieux.

M™ Lebrenn continua la lecture de la lettre de son mari :

« J'ai l'espoir de vous revoir bientôt... plus tôt même que vous ne pouvez le croire... »

— Vois-tu, mère, vois-tu! dirent les enfants d'une voix palpitante et les mains jointes, comme s'ils eussent prié.

— Mon Dieu! mon Dieu! serait-il possible!... Nous le reverrions bientôt! — dit M™ Lebrenn en essuyant les pleurs qui obscurcissaient sa vue; et puis elle continua :

« Quand je dis *espoir*, chère et tendre amie, « c'est plus qu'un espoir, c'est une certitude... « J'aurais dû commencer ma lettre en te donnant cette assurance; mais, quoique certain « de la fermeté de ton caractère, j'ai craint « qu'une trop brusque surprise ne vous fit « mal, à toi et à nos enfants... Vous voici donc « déjà familiarisés avec l'idée de me revoir « prochainement... très prochainement, n'est-ce « pas? Je puis donc vous... »

— Mais, ma mère! — s'écria Georges Duchêne en interrompant la lecture, — M. Lebrenn doit être à Paris!

— A Paris! s'écria-t-on tout d'une voix.

— La lettre n'est pas timbrée, reprit Georges; — M. Lebrenn est arrivé... il l'aura envoyée par un commissionnaire.

— Plus de doute! Georges a raison, — reprit M™ Lebrenn.

Et elle lut rapidement la fin de la lettre :

« Je puis donc vous promettre que nous « fêterons en famille le jour de l'anniversaire « de mon fils... Ce jour commence ce soir à « minuit au milieu de vous, peut-être avant ; « car aussitôt le commissionnaire descendu, je « monterai l'escalier et j'attendrai... Oui, j'attends à la porte, là, près de vous. »

Ces mots à peine achevés, M™ Lebrenn et ses enfants se précipitaient à la porte de l'appartement.

Elle s'ouvrit.

En effet, M. Lebrenn était là.

. . . .

Il faut renoncer à peindre les transports de cette famille en retrouvant ce père adoré.

CHAPITRE XIII

Comment le jour anniversaire de la naissance de son fils, M. Lebrenn lui ouvre cette chambre mystérieuse qui causait tant d'étonnements à Gildas Pakou, le garçon de magasin. — Comment Sacrovir Lebrenn et Georges Duchêne, son beau-frère, désespéraient du salut de la République et du progrès de l'humanité — Pourquoi M. Lebrenn, fort de ce que renfermait la chambre mystérieuse, était au contraire plein de foi et de certitude sur l'avenir de la démocratie.

Le lendemain matin du retour de M. Lebrenn, jour de l'anniversaire de la naissance de son fils, qui atteignait à cette époque sa vingt-et-unième année, la famille du marchand était rassemblée dans le salon.

— Mon enfant, — dit M. Lebrenn à son fils, — tu as aujourd'hui vingt-et-un ans, le moment est venu de t'ouvrir cette chambre aux volets fermés, qui a si souvent excité ta curiosité. Tu vas voir ce qu'elle contient... Je t'expliquerai le but et la cause de cette espèce de mystère... Alors, j'en suis convaincu, mon enfant, ta curiosité se changera en un pieux respect... Le moment de t'initier à ce mystère de famille semble providentiellement choisi. Depuis hier, tout à notre tendresse, nous avons eu peu le temps de parler des affaires publiques; cependant, quelques mots qui te sont échappés, ainsi qu'à vous, mon cher Georges, — ajouta M. Lebrenn en s'adressant au mari de sa fille, — me font craindre que vous ne soyez découragés... presque désespérés.

— Cela n'est que trop vrai, mon père, — répondit Sacrovir.

— Quand on est témoin de ce qui se passe chaque jour, — ajouta Georges, — on est effrayé pour l'avenir de la République et de l'humanité.

— Voyons, mes enfants, — dit M. Lebrenn en souriant; — que se passe-t-il donc de si terrible? Contez-moi cela...

— Partout, à cette heure, la liberté des peuples est bâillonnée, bâtonnée, égorgée par les bourreaux des rois absolus!... L'Italie, la Hongrie, la Prusse, l'Allemagne, sont de nouveau courbées sous le joug sanglant qu'elles avaient brisé en 1848, électrisées par notre exemple, et comptant sur nous comme sur des frères !... Au nord, le despote des cosaques, un pied sur la Pologne, un pied sur la Hongrie, étouffées dans leur sang, menace de son knout l'indépendance de l'Europe, prêt à lancer sur nous ses hordes sauvages !...

— Des hordes pareilles, mes enfants, nos pères, en sabots, les ont écharpées sous la Convention... et nous ferions comme eux... Quant aux rois, ils massacrent, ils menacent, ils écument de fureur... et surtout d'épouvante !... Ils voient déjà, du sang des martyrs assassinés par eux, naître des milliers de vengeurs !... Ces porte-couronnes ont le vertige : il y a bien de quoi !... Qu'une guerre européenne éclate, la Révolution se dresse chez eux et les dévore ! Que la paix subsiste, le flot pacifique de la civilisation monte... monte... et submerge leurs trônes... Passons, enfants...

— Mais, à l'intérieur ! s'écria Georges, — à l'intérieur ?

— Eh bien, mes amis, que se passe-t-il à l'intérieur !

— Hélas ! mon père... la défiance, la peur, la misère partout semées par les éternels ennemis du peuple et de la bourgeoisie... Le crédit anéanti... Des populations égarées, trahies, trompées, ameutées contre la République, leur mère.

— Pauvres chers aveugles ! — reprit en souriant M. Lebrenn, — le prodigieux mouvement industriel qui s'opère dans les différentes classes de travailleurs et de bourgeois ne frappe donc pas vos yeux ? Songez donc à ces innombrables associations ouvrières qui se fondent de toutes parts, à ces excellents essais de banque d'échange, de comptoirs commerciaux, de crédit foncier, de sociétés coopératives, etc. Ces tentatives, les unes couronnées de succès, les autres incertaines encore, mais toutes entreprises avec intelligence, courage, probité, persévérance et foi dans l'avenir démocratique et social, ne prouvent-elles pas que le peuple et la bourgeoisie, ne comptant plus sur le concours et l'aide de l'*Etat*, cherchent leur force et leurs ressources en eux-mêmes, afin de se délivrer de l'exploitation capitaliste et usuraire ?... Croyez-moi, mes enfants, lorsque tout un peuple comme le nôtre se met à chercher la solution du problème, d'où descend sa vraie liberté, son travail, son bien-être et celui de sa famille... ce problème, il le trouve... et, le Socialisme aidant, il le trouvera.

— Mais où sont nos forces, mon père ? Notre parti est décimé !... Les républicains sont traqués, calomniés, emprisonnés, proscrits !...

— Et quelle est, mes enfants, la conclusion de votre découragement ?

— Hélas ! — reprit tristement Sacrovir, — ce que nous redoutons, c'est la ruine de la République, c'est le retour au passé ; c'est de rétrograder au lieu d'avancer, c'est la négation du progrès... c'est d'en arriver à cette désolante conviction : que l'humanité, au lieu de marcher toujours, est fatalement condamnée à tourner incessamment sur elle-même dans un cercle de fer dont elle ne peut jamais sortir... Ainsi, que la République succombe, peut-être allons-nous retourner sur nos pas... revenir au delà même du point d'où nos pères sont partis en 89 !

— C'est absolument ce que disent et ce qu'espèrent les royalistes, mes enfants... Que les royalistes commettent cette erreur de logique, je le conçois ; rien n'aveugle comme la passion, l'intérêt, ou les préjugés de caste ; mais que nous... mes enfants, nous fermions les yeux à l'évidence du progrès... plus éclatant que le soleil, pour nous plonger dans les ténèbres du doute... mais que nous, mes enfants, nous fassions à la sainteté de notre cause l'injure de douter de sa puissance, de son triomphe souverain... lorsqu'il se manifeste de toutes parts...

— Que dites-vous, mon père ?

— Je dis : lorsque notre triomphe se manifeste de toutes parts ; je dis que, en de telles circonstances, se laisser abattre, se décourager, ce serait compromettre notre cause... si le progrès de l'humanité ne poursuivait pas sa marche éternelle, malgré l'incrédulité, l'aveuglement, les faiblesses, les trahisons ou les crimes des hommes !...

— Comment !... l'humanité sans cesse en progrès ?...

— Sans cesse, mes enfants.

— Mais il y a bien des siècles... nos pères les Gaulois vivaient libres, heureux ! et pourtant ils ont été dépouillés, asservis par la conquête romaine, ensuite par les rois franks !

— Je n'ai pas dit, mes amis, que nos pères n'aient pas souffert, mais que l'humanité avait marché... Derniers fils d'un ancien monde qui s'écroulait de toutes parts pour faire place au monde chrétien, progrès immense !... nos pères ont été meurtris, mutilés sous les débris de la société antique... Mais en même temps une grande transformation sociale s'opérait : car l'humanité marche toujours... parfois lentement... jamais elle n'a fait un pas en arrière...

— Mon père, je vous crois... cependant...

— Malgré toi tu doutes encore, Sacrovir ? Je comprends cela ; heureusement les enseignements, les *preuves*, les *dates*, les *faits*, les *noms*, que tu trouveras tout à l'heure dans la chambre mystérieuse, te convaincront mieux que mes paroles... Et lorsque vous verrez, mes amis, qu'aux temps les plus affreux de notre histoire, tels que les ont presque toujours faits à notre pays les rois, les seigneurs et le haut clergé catholique ; lorsque vous verrez que nous autres *conquis*, nous sommes partis de l'ESCLAVAGE pour arriver progressivement, à travers les siècles, à la SOUVERAINETÉ DU PEUPLE, vous vous demanderez si, à cette heure où nous sommes investis de cette souveraineté si laborieusement gagnée, nous ne serions pas criminels de douter de l'avenir... En douter, grand Dieu! ah! nos pères, malgré leur martyre, n'en ont jamais douté! Aussi n'est-il presque pas de siècle où ils n'aient fait un pas vers l'affranchissement... Hélas! ce pas était presque toujours ensanglanté. Car si nos maîtres les conquérants se sont montrés implacables, vous le verrez, il n'est pas de siècle où de terribles représailles n'aient éclaté contre eux pour satisfaire la justice de Dieu... Oui, vous le verrez, pas de siècle où le bonnet de laine ne se soit insurgé contre le casque d'or! où la faux du paysan ne se soit croisée avec la lance du chevalier! où la main calleuse du vassal n'ait brisé la main douillette de quelque tyranneau d'évêque! Vous le verrez, mes enfants... pas de siècle où les infâmes débauches, les voleries, les férocités des rois et de la plupart des seigneurs et des membres du haut clergé catholique, n'aient soulevé les populations, et où elles n'aient protesté par les armes contre la tyrannie du trône, de la noblesse et des papes!... Vous le verrez, pas de siècle où les affamés, se dressant inexorables comme la faim, n'aient jeté les repus dans la terreur... pas de siècle qui n'ait eu son festin de Balthazar, enseveli avec ses coupes d'or, ses fleurs, ses chants et ses magnificences, sous le flot vengeur de quelque torrent populaire... Sans doute, hélas! à ces terribles, mais légitimes représailles de l'opprimé, succédaient contre lui de féroces vengeances; mais de formidables exemples étaient faits ; et toujours la Révolution a *arraché* aux éternels oppresseurs de nos pères *quelque durable concession* ÉCRITE DANS LA LOI *et forcément observée.*

— Je vous crois, — dit Sacrovir ; — si l'on juge du passé par le présent, car en 1789 la Révolution a conquis nos libertés ; en 1830, la Révolution nous a rendu une partie de nos droits ; enfin, en 1848, la Révolution a proclamé la souveraineté du peuple, et le suffrage universel, qui met un terme à ces luttes fratricides.

— Et il en a toujours été ainsi, mon enfant; car, tu le verras, *il n'est pas une réforme sociale, politique, civile ou religieuse, que nos pères n'aient été forcés de conquérir de siècle en siècle au prix de leur sang!*... Hélas! cela est cruel... cela est déplorable ; il fallait bien recourir aux armes, lorsque des privilégiés opiniâtres, inexorables, répondaient aux larmes, aux douleurs, aux prières des opprimés : RIEN, RIEN, RIEN!!... Alors d'effroyables colères surgissaient... alors des torrents de sang coulaient des deux côtés... C'est à force de vaillance, d'opiniâtreté, de batailles, de martyres, que nos pères ont brisé d'abord les fers de l'esclavage antique où les Franks les avaient maintenus lors de la conquête ; puis ils sont arrivés au servage, condition un peu moins horrible. Puis, de serfs, ils sont devenus vassaux, puis mainmortables, nouveaux progrès ; et toujours ainsi, de pas en pas, se frayant, à force de patience et d'énergie, une route à travers les siècles et les obstacles, ils sont enfin arrivés à reconquérir la SOUVERAINETÉ DU PEUPLE. Vous désespérez de l'avenir, lorsque, grâce au suffrage universel, les déshérités peuvent imposer à la minorité privilégiée leur volonté, souveraine comme l'équité! Quoi! vous désespérez, lorsque le pouvoir est révocable à la voix de nos représentants, nommés par nous JUGES SUPRÊMES de ce pouvoir!... Quoi! vous désespérez, parce que, depuis dix-huit mois, nous avons lutté, quelque peu souffert!... Ah! ce n'est pas pendant dix-huit mois que nos pères ont souffert, ont lutté ; c'est pendant plus de dix-huit siècles... Et si chaque génération a eu ses martyrs, elle a eu ses conquêtes!... et de ces martyrs, de ces conquêtes, vous allez voir les pieuses reliques, les glorieux trophées... Venez, mes enfants.

Et ce disant, M. Lebrenn se dirigea, suivi de sa famille, dans la chambre aux volets fermés, où le fils, la fille et le gendre du marchand entraient pour la première fois.

CHAPITRE XIV

Comment la famille Lebrenn vit de nombreuses curiosités historiques dans la chambre mystérieuse. — Quelles étaient ces curiosités et pourquoi elles se trouvaient là, ainsi que plusieurs manuscrits singuliers. — De l'engagement sacré que prit Sacrovir entre les mains de son père avant de commencer la lecture de ces manuscrits qui doit chaque soir se faire en famille.

La chambre mystérieuse où M. Lebrenn introduisait pour la première fois son fils, sa fille et Georges Duchêne, n'avait, quant à ses dispositions intérieures, rien d'extraordinaire, sinon qu'elle était toujours éclairée par une lampe de forme antique, de même que le sont certains sanctuaires sacrés ; et ce lieu n'était-il pas le sanctuaire des pieux souvenirs, des traditions souvent héroïques de cette famille plébéienne? Au-dessous de la lampe, les enfants du marchand virent une grande table recouverte d'un tapis, sur cette table un coffret de bronze. Autour de ce coffret, verdi par les siècles, étaient rangés différents objets, dont quelques-uns remontaient à l'antiquité la plus reculée, et dont les plus modernes étaient le *casque* du comte de Plouernel et l'*anneau de fer* que le marchand avait rapporté du bagne de Rochefort.

— Mes enfants, — dit M. Lebrenn d'une voix pénétrée en leur désignant du geste les curiosités historiques rassemblées sur la table, — voici les reliques de notre famille... A chacun de ces objets se rattache, pour nous, un souvenir, un nom, un fait, une date ; de même que lorsque notre descendance possédera le récit de ma vie écrit par moi, le casque de M. de Plouernel et l'anneau de fer que j'ai porté au bagne auront leur signification historique. C'est ainsi que presque toutes les générations qui nous ont précédés ont, depuis près de deux mille ans, fourni leur tribut à cette collection.

— Depuis tant de siècles, mon père — dit Sacrovir avec un profond étonnement, en regardant sa sœur et son beau-frère.

— Vous saurez plus tard, mes enfants, comment sont parvenues jusqu'à nous ces reliques, peu volumineuses, vous le voyez ; car, sauf le casque de M. de Plouernel et un sabre d'honneur donné à mon père à la fin du dernier siècle, ces objets peuvent être renfermés, ainsi qu'ils l'ont été souvent, dans ce coffret de bronze... tabernacle de nos souvenirs, enfoui parfois dans quelque solitude, et y restant de longues années jusqu'à des temps plus calmes.

M. Lebrenn prit alors sur la table le premier de ces débris du passé, rangés par ordre chronologique. C'était un bijou d'or noirci par les siècles, ayant la forme d'une *faucille* ; un anneau mobile fixé au manche indiquait que ce bijou avait dû se porter suspendu à une chaîne ou à une ceinture.

— Cette petite faucille d'or, mes enfants, — poursuivit M. Lebrenn, — est un emblème druidique ; c'est le plus ancien souvenir que nous possédions de notre famille ; son origine remonte à l'année 57 avant Jésus Christ ; c'est-à-dire qu'il y a de cela aujourd'hui dix-neuf cent six ans.

— Et ce bijou... l'un des nôtres l'a porté, mon père ? — demanda Velléda.

— Oui, mon enfant, — répondit M. Lebrenn avec émotion, — Celle qui l'a porté était jeune comme toi, belle comme toi... et le cœur le plus angélique! le courage le plus fier! Mais à quoi bon anticiper sur l'histoire de cette relique ?... vous lirez cette légende de notre famille dans ce manuscrit, — ajouta M. Lebrenn en indiquant à ses enfants un livret auprès duquel était placée la *faucille d'or*. Ce livret, ainsi que les plus anciens de ceux que l'on voyait sur la table, se composait d'un grand nombre de feuillets oblongs de *peau tannée* jadis cousus à la suite des uns des autres en manière de bande longue et étroite, mais, pour plus de commodité, ils avaient été décousus les uns des autres et reliés en un petit volume, recouvert de chagrin noir, sur le plat duquel on lisait en lettres argentées :

AN 57 AV. J. C.

— Mais, mon père, — dit Sacrovir, — je vois sur cette table un livret à peu près pareil à celui-ci, à côté de chacun des objets dont vous nous avez parlé ?...

— C'est qu'en effet, mes enfants, chaque relique provenant d'un des membres de notre famille est accompagnée d'un manuscrit de sa main, racontant sa vie et souvent celle des siens.

— Comment, mon père !... — dit Sacrovir de plus en plus étonné ; — ces manuscrits...

— Ont tous été écrits par quelqu'un de nos aïeux... Cela vous surprend, mes enfants? Vous avez peine à comprendre qu'une famille inconnue possède *sa chronique*, comme si elle était d'antique race royale ! puis vous vous demandez comment cette chronique a pu se succéder, sans interruption, de siècle en siècle, depuis près de deux mille ans jusqu'à nos jours?

— En effet, mon père, dit le jeune homme, — cela me semble si extraordinaire...

— Que cela touche à l'invraisemblance, n'est-ce pas ? — reprit le marchand.

— Non, mon père, — dit Velléda, — puisque vous affirmez que cela est ; mais cela nous étonne beaucoup.

— Sachez d'abord, mes enfants, que cet usage de se transmettre, de génération en génération, soit oralement, soit par écrit, les traditions de famille, a toujours été l'une des coutumes les plus caractéristiques de nos pères les Gaulois, et encore plus religieusement observée chez les Gaulois de Bretagne que partout ailleurs. Chaque famille, si obscure qu'elle fût, avait sa tradition, tandis que dans les autres pays d'Europe cette coutume se pratiquait même rarement parmi les princes et les rois. Pour vous en convaincre, — ajouta le marchand en prenant sur la table un vieux petit livre qui semblait dater des premiers temps de l'imprimerie, — je vais vous citer un passage traduit d'un des plus anciens ouvrages sur la Bretagne, et dont l'autorité fait foi dans le monde savant.

Et M. Lebrenn lut ce qui suit:

« *Chez les* BRETONS, *les gens de la moindre condition connaissent leurs aïeux et retiennent de mémoire toute la ligne de leur ascendance* JUSQU'AUX GÉNÉRATIONS LES PLUS RECULÉES, *et l'expriment ainsi, par exemple :* ÉRÈS, *fils* de Théodrik, — fils d'Enn, — fils d'Aecle, — fils de Cadel, — fils de Roderik le Grand, ou le chef. Et ainsi du reste. Leurs ancêtres sont pour eux l'objet d'un vrai culte, et les injures qu'ils punissent le plus sont celles faites à leur race. Leurs vengeances sont cruelles et sanguinaires, et ils punissent non-seulement les insultes nouvelles, mais aussi les plus anciennes, faites à leur race, et qu'ils ont toujours présentes tant qu'elles ne sont pas vengées. »

— Vous le voyez, mes enfants, — ajouta M. Lebrenn en remettant le livre sur la table, — notre chronique de famille s'explique ainsi ; et malheureusement vous verrez que quelques-uns de nos aïeux n'ont été que trop fidèles à cette coutume de poursuivre une vengeance de génération en génération... Car plus d'une fois, dans le cours des âges, les Plouernel...

— Que dites-vous, mon père ? — s'écria Georges. — Les ancêtres du comte de Plouernel ont été parfois les ennemis de notre race ?

— Oui, mes enfants... vous le verrez... Mais n'anticipons pas sur les évènements. Vous comprendrez donc que si nos pères se transmettaient une vengeance de génération en génération, depuis les temps les plus reculés, ils se transmettaient nécessairement aussi les causes de cette vengeance, et en outre les faits les plus importants de chaque génération ; c'est ainsi que nos archives se sont trouvées écrites d'âge en âge jusqu'à notre époque.

— Vous avez raison, mon père, — dit Sacrovir ; — cette coutume explique ce qui nous avait d'abord semblé si extraordinaire.

— Tout à l'heure, mes enfants, — reprit le marchand, — je vous donnerai d'autres éclaircissements sur la langue employée dans ces manuscrits ; laissez-moi d'abord appeler vos regards sur ces pieuses reliques, qui vous diront tant de choses après la lecture de ces manuscrits... Cette faucille d'or, — ajouta M. Lebrenn, en replaçant le bijou sur la table, — est donc le symbole du manuscrit numéro 1, portant la date de l'an 57 avant Jésus-Christ. Vous le verrez, ce temps a été pour notre famille, libre alors, une époque de joyeuse prospérité, de mâles vertus, de fiers enseignements. C'était, hélas! la fin d'un beau jour... de terribles maux l'ont suivi, l'esclavage, les supplices, la mort... — Et après un moment de silence pensif, le marchand reprit : — Chacun de ces manuscrits vous dira siècle par siècle la vie de nos aïeux.

Pendant quelques instants, les enfants de M. Lebrenn, non moins silencieux et émus que leur père, parcoururent d'un regard avide ces débris du passé, dont nous donnerons une sorte de nomenclature chronologique, comme s'il s'agissait de l'inventaire du cabinet d'un antiquaire.

Nous l'avons dit, à la petite FAUCILLE D'OR était joint un manuscrit portant la date de l'an 57 avant Jésus-Christ.

Au manuscrit numéro 2, portant la date de l'an 56 avant Jésus-Christ, était jointe UNE CLOCHETTE D'AIRAIN, pareille à celle dont on garnit aujourd'hui en Bretagne les colliers des bœufs.

Cette clochette datait donc au moins de DIX-NEUF CENT CINQ ans..

Au manuscrit numéro 3, portant la date de l'année 50 après Jésus-Christ, était joint un fragment de COLLIER DE FER, ou carcan, rongé de rouille, sur lequel on reconnaissait les vestiges de ces lettres romaines burinées dans le fer :

SERVUM SUM... (Je suis esclave de...)

Nécessairement, le nom du possesseur de l'esclave devait se trouver sur le débris du collier qui manquait.

Ce carcan datait au moins de dix-sept cent quatre-vingt-dix-neuf ans.

Au manuscrit n° 4, portant la date de l'an 290 de notre histoire, était jointe UNE PETITE CROIX D'ARGENT attachée à une chaînette du même métal, qui semblaient avoir été noircies par le feu.

Cette petite croix datait de quinze cent cinquante-neuf ans.

Au manuscrit n° 5, portant la date de l'an 393 de notre histoire, était joint un ornement de cuivre massif, ayant appartenu au cimier d'un casque et représentant une ALOUETTE les ailes à demi étendues.

Ce débris de casque datait de quatorze cent cinquante-six ans.

Au manuscrit n° 6 portant la date de l'année 497 de notre histoire, était jointe *la garde d'un poignard de fer*, noire de vétusté; sur la coquille on lisait d'un côté ce mot :

GHILDE ;

et de l'autre, ces deux mots en langue celtique ou gauloise (le breton de nos jours ou peu s'en faut) :

AMINTIAICH (Amitié).
COMMUNITEZ (Communauté).

Ce manche de poignard datait de treize cent cinquante-deux ans.

Au manuscrit n° 7, portant la date de l'an 675 de notre histoire, était jointe une CROSSE ABBATIALE en argent repoussé, autrefois doré. On remarquait parmi les ornements finement travaillés de cette crosse le nom de *Méroflède*.

Cette crosse datait de onze cent soixante-quatorze ans.

Au manuscrit n° 8, portant la date de 787,

Joel, le brenn de la tribu de Karnak (page 71)

étaient jointes DEUX PETITES PIÈCES DE MONNAIE DITES CARLOVINGIENNES, ayant à l'exergue la figure de Charlemagne, l'une de cuivre, l'autre d'argent, réunies entre elles par un fil de fer.

Ces deux pièces de monnaie dataient de mille soixante-deux ans.

Au manuscrit n° 9, portant la date de l'an 885, était joint le fer d'une SAGETTE (ou flèche) BARBELÉE.

Cette flèche datait de neuf cent soixante-quatre ans.

Au manuscrit n° 10, portant la date de l'an 999, était joint un CRANE D'ENFANT de huit à dix ans (à en juger par sa structure et son volume). On lisait sur les parois extérieures de ce crâne ces mots, gravés en langue gauloise :

FIN—AL—BÈD (Fin du monde).

Ce crâne datait de huit cent cinquante ans.

Au manuscrit n° 11, portant la date de l'an 1010, était jointe une COQUILLE BLANCHE côtelée, pareille à celles que l'on voit sur les manteaux des pèlerins.

Cette coquille datait de huit cent trente-neuf ans.

Au manuscrit n° 12, portant la date de l'an 1157, était joint un ANNEAU PASTORAL en or, tel que les ont portés les évêques. Sur l'un des chatons dont il était orné, on voyait gravées les armes des PLOUERNEL ; leur blason était de *trois serres d'aigle d'or sur champ de gueules* (fond rouge).

Cet anneau datait de sept cent douze ans.

Au manuscrit n° 13, portant la date de l'an 1208, était jointe une PAIRE DE TENAILLES DE FER, INSTRUMENT DE TORTURE, découpées en lame de scie, de sorte que les dents s'emboîtaient exactement les unes dans les autres.

9° livraison

Cet instrument de torture datait de six cent quarante-et-un ans.

Au manuscrit n° 14, portant la date de l'an 1358, étaient joints aux objets :

1° UN PETIT TRÉPIED DE FER de vingt centimètres de diamètre, qui semblait à moitié rongé par le feu;

2° La POIGNÉE D'UNE DAGUE richement damasquinée, et dont le pommeau était orné des armes des comtes de *Plouernel*.

Ce trépied de fer et cette poignée de dague dataient de quatre cent quatre-vingt-onze ans.

Au manuscrit n° 15, portant la date de l'an 1413, était joint un COUTEAU DE BOUCHER à *manche de corne*, et dont la lame était rouillée par le temps et à demi brisée.

Ce couteau datait de quatre cent trente-six ans.

Au manuscrit n° 16, portant la date de l'an 1515, était jointe une PETITE BIBLE DE POCHE, appartenant aux premiers temps de l'imprimerie : la couverture de ce livre était presque entièrement brûlée, ainsi que les angles des pages, comme si cette Bible était restée quelque temps exposée au feu; on remarquait aussi sur plusieurs pages quelques traces de sang.

Cette Bible datait de trois cent trente-quatre ans.

Au manuscrit n° 17, portant la date de l'an 1648, était joint LE FER D'UN LOURD MARTEAU DE FORGERON sur lequel on voyait ces mots incrustés dans le métal en langue bretonne :

EZ—LIBR (Être libre).

Ce marteau datait de deux cent un ans.

Au manuscrit n° 18, portant la date de 1794, était joint un *sabre d'honneur* à garde de cuivre doré, avec ces inscriptions gravées des deux côtés de la lame :

RÉPUBLIQUE FRANÇAISE
LIBERTÉ — ÉGALITÉ — FRATERNITÉ
JEAN LEBRENN A BIEN MÉRITÉ DE LA PATRIE

Enfin l'on voyait, mais sans être accompagnés de manuscrit, et seulement portant la date de 1848 et 1849, les deux derniers objets dont se composait cette collection :

Le CASQUE DE DRAGON donné en février 1848 par le comte de Plouernel à M. Lebrenn.

La MARELLE ou l'anneau de fer que le marchand avait porté au bagne de Rochefort.

On comprendra sans doute avec quel pieux respect, avec quel ardente curiosité, ces débris du passé furent examinés par la famille du marchand. Il interrompit le silence pensif que gardaient ses enfants pendant cet examen, et reprit :

— Ainsi, vous le voyez, mes enfants, ces manuscrits racontent l'histoire de notre famille plébéienne depuis près de deux mille ans; aussi cette histoire pourrait-elle s'appeler l'histoire du peuple, de ses fautes, de ses excès, parfois même de ses crimes; car l'esclavage, l'ignorance et la misère dépravent souvent l'homme en le dégradant. Mais, grâce à Dieu, dans notre famille les mauvaises actions ont été rares, tandis que nombreux ont été les traits de patriotisme et d'héroïsme de nos aïeux, GAULOIS et GAULOISES pendant leur longue lutte contre la conquête des *Romains* et des *Franks!* Oui, hommes et femmes... car vous le verrez dans bien des pages de ces récits, les femmes, en dignes filles de la Gaule, ont rivalisé de dévouement, de vaillance! Aussi plusieurs de ces figures touchantes ou héroïques resteront chéries et glorifiées dans votre mémoire comme les saints de notre légende domestique... Une dernière explication sur la langue employée dans ces manuscrits... Vous le savez, mes enfants, votre mère et moi, nous vous avons toujours donné, dès votre plus bas âge, une servante de notre pays, afin que vous apprissiez à parler le breton en même temps que le français; aussi, notre mère et moi, nous vous avons toujours entretenus dans l'habitude de cette langue en nous en servant souvent avec vous...

— Oui, mon père...

— Eh bien, mon enfant, — dit M. Lebrenn à son fils, — en t'apprenant le breton, j'avais surtout en vue, suivant d'ailleurs une tradition de notre famille, qui n'a jamais abandonné sa langue maternelle, de te mettre à même de lire ces manuscrits.

— Ils sont donc écrits en langue bretonne, père? demanda Velléda.

— Oui, enfants; car la langue bretonne n'est autre que la langue celtique ou gauloise, qui se parlait dans toute la Gaule avant les conquêtes des Romains et des Franks. Sauf quelques altérations causées par les siècles, elle s'est à peu près conservée dans notre Bretagne jusqu'à nos jours; car, de toutes les provinces de la Gaule, la Bretagne est la dernière qui se soit soumise aux rois franks, issus de la conquête... Oui... et ne l'oublions jamais, cette fière et héroïque devise de nos pères asservis, dépouillés par l'étranger : *Il nous reste notre nom, notre langue, notre foi...* Or, mes enfants, depuis deux mille ans de lutte et d'épreuves, notre famille a conservé son nom, sa langue et sa foi; car nous nous appelons *Lebrenn*, nous parlons gaulois, et je vous ai élevés dans la foi de nos pères, dans cette foi de l'immortalité de l'âme et à la continuité de l'existence, qui nous fait regarder la mort comme un changement d'habitation, rien de plus... foi sublime, dont la moralité enseignée par les druides, se résumait par des préceptes tels que ceux-ci : *Adorer Dieu. Ne point faire le mal. Exercer la charité. Celui-ci est pur et saint qui fait des œuvres* célestes et pures. Heureusement, mes enfants, nous ne sommes pas les seuls qui ayons conservé ce dogme sublime de continuité de la vie. Armand Barbès, l'un des plus vaillants soldats de la démocratie, alors qu'il était prisonnier et condamné à mort, sous le règne de Louis-Philippe, attendait avec une religieuse sérénité d'âme l'heure de son exécution, et cette sérénité, il la puisait dans sa foi à la perpétuité de la vie, point fondamental de notre croyance. Je ne puis faire mieux, mes amis, que de vous citer une page écrite par Armand Barbès, page dédiée à la mémoire de Godefroid Cavaignac, le publiciste de la démocratie, et intitulée : *Deux jours d'une* CONDAMNATION A MORT.

« C'était le 12 juillet 1839, la Cour des pairs,
« après quatre jours de délibération, venait de
« me notifier son arrêt. Suivant l'usage, c'était
« le greffier en chef qui me l'avait apporté, et
« l'honorable M. Cauchy crut devoir ajouter à
« son message une petite réclame en faveur de
« la religion catholique, apostolique et romaine.
« Je lui répondis que j'avais en effet ma reli-
« gion, que je croyais en Dieu; mais que
« ce n'était pas une raison pour que j'eusse,
« quoi que ce soit, à faire des consolations d'un
« prêtre; qu'il voulût donc bien aller dire à ses
« maîtres que j'étais prêt à mourir, et que je
« leur souhaitais d'avoir à leur dernière heure
« l'âme aussi tranquille que l'était la mienne
« en ce moment. »

Armand Barbès dit ensuite comment, spirite par instinct, et ramené par l'approche de son heure dernière à un ordre de pensées élevées, il se rappela, avec une touchante reconnaissance, à quelle source il avait puisé cette tranquillité suprême en face de la mort, et il poursuit ainsi :

« ... Un jour je lus, dans *l'Encyclopédie*
« *nouvelle*, le magnifique article Ciel, par Jean
« Raynaud. Sans parler des raisons péremp-
« toires par lesquelles il détruit en passant le
« ciel et l'enfer des catholiques, sa capitale idée
« (telle que l'enseignait la foi druidique), de
« faire découler de la loi du progrès la série
« infinie de nos vies, progressant continuelle-
« ment dans des mondes qui y gravitaient de
« plus en plus vers Dieu, me parut satisfaire
« à la fois nos aspirations multiples. Sens
« moral, imagination, désirs, tout n'y trouve-
« t-il pas de place? Cependant, emporté, lorsque
« je lus cet article, par les préoccupations d'un
« républicain actif, j'en méditai peu les détails,
« je ne fis que le déposer, en quelque sorte,
« *bruts*, dans mon sein; mais depuis que, ra-
« massé blessé dans la rue, j'habitais une
« chambre de prison avec l'échafaud en pers-
« pective, je les avais tirés du fond où je
« les gardais en réserve comme une dernière
« richesse dont il m'importait enfin de connai-
« tre toute la valeur... et c'est ce qui vint natu-
« rellement se présenter à ma pensée au moment
« où je veillais, victime déjà liée pour le bour-
« reau, où je veillais la solennelle nuit de la
« mort...

« Que Jean Raynaud, l'éloquent encyclopé-
« diste, me pardonne, si je changeai en un
« *plomb vil*, pour le besoin du moment, l'*or*
« *pur* de sa haute métaphysique; mais voici
« comment, après m'être confirmé par quelques
« raisonnements préliminaires ma croyance à
« l'immortalité de l'âme, il m'a semblé voir se
« dérouler une sublime échelle de Jacob, dont
« le pied s'appuyait sur la terre pour monter
« vers le ciel, sans finir jamais, d'astre en
« astre, de sphère en sphère! La terre, cette
« planète, où je venais de passer trente ans,
« me parut un des lieux innombrables où
« l'homme fait sa première étape dans la vie...
« d'où il commence à monter devant Dieu ; et
« lorsque le phénomène que nous appelons la
« *mort* s'accomplit, l'homme, emporté par
« l'attraction du progrès, va renaître dans un
« astre supérieur avec un nouvel épanouisse-
« ment de son être... »

— Vous voyez, mes enfants, quelle force d'âme peut donner le dogme de la perpétuité dans la vie. Imitons donc nos aïeux dans leurs croyances, et conservons comme eux *notre nom, notre langue, notre foi.*

— A cet engagement nous ne faillirons pas, mon père! — répondit Velléda.

— Nous ne montrerons ni moins de courage ni moins de persistance que nos ancêtres, — ajouta Sacrovir. — Ah! quelle émotion sera la mienne lorsque je lirai ces caractères vénérés qu'ils ont tracés! Mais l'écriture de la langue celtique ou gauloise est-elle donc tout à fait la même que l'écriture bretonne, que nous avons l'habitude de lire, père?

— Non, mon enfant; depuis nombre de siècles l'écriture gauloise, qui était d'abord la même que celle des Grecs, s'est peu à peu modifiée par le temps, et est tombée en désuétude; mais mon grand-père, ouvrier imprimeur, érudit et lettré, a traduit en écriture bretonne moderne tous les manuscrits écrits en gaulois. Grâce à ce travail, tu pourras donc lire ces manuscrits aussi couramment que tu lis ces légendes si aimées de notre brave Gildas, et qui, composées il y a huit ou neuf cents ans, courent encore nos villages de Bretagne, imprimées sur papier gris.

— Mon père, — dit Sacrovir, — une question encore... Notre famille a-t-elle donc pendant tant de siècles toujours habité notre Bretagne chérie?

— Non... pas toujours, ainsi que tu le verras par ces récits.. La conquête, les guerres, les rudes vicissitudes auxquelles était soumise, dans ces temps-là, une famille comme la nôtre, ont souvent forcé nos pères de quitter le pays natal, tantôt parce qu'ils étaient traînés esclaves ou prisonniers dans d'autres provinces, tantôt pour échapper à la mort, tantôt pour gagner leur pain, tantôt pour obéir à des lois étranges, tantôt par suite des hasards du sort; mais il est bien peu de nos ancêtres qui n'aient accompli une sorte de pieux pèlerinage, que j'ai accompli moi-même, et que tu accompliras à ton tour le 1er janvier de l'année qui suivra ta majorité, c'est-à-dire le 1er janvier prochain.

— Pourquoi particulièrement ce jour, père?

— Parce que le premier jour de chaque nouvelle année a toujours été dans les Gaules un jour solennel.

— Et ce pèlerinage, quel est-il?

— Tu iras aux pierres druidiques de KARNAK, près d'*Auray*.

— On dit, en effet, mon père, que cet assemblage de gigantesques blocs de granit, que l'on voit encore de nos jours alignés d'une façon mystérieuse, remonte à la plus haute antiquité.

— Il y a deux mille ans et plus, mon enfant, que l'on ignorait déjà à quelle époque, perdue dans la nuit des temps, les pierres de *Karnak* avaient été ainsi disposées.

— Ah! père! on éprouve une sorte de vertige en songeant à l'âge que doivent avoir ces pierres monumentales.

— Dieu seul le sait, mes amis! et si l'on juge de leur durée à venir par leur durée passée, des milliers de générations se succéderont encore devant ces monuments gigantesques, qui défient les âges, et sur lesquels les regards de nos pères se sont tant de fois arrêtés de siècle en siècle avec un pieux recueillement.

— Et pourquoi faisaient-ils ce pèlerinage, père?

— Parce que le berceau de notre famille, les champs et la maison du premier de nos aïeux, dont ces manuscrits fassent mention, étaient situés près des pierres de Karnak; car, tu le verras, cet aïeul, nommé *Joel, en Brenn an Lignez an Karnak*, ce qui signifie, tu le sais, en breton: *Joel, le chef de la tribu de Karnak*, cet aïeul était chef ou patriarche, élu par sa tribu, ou par son clan, comme disent les Ecossais...

— De sorte, — dit Georges Duchêne, — que notre nom, mon père, le nom de *Brenn*, signifie chef?

— Oui, mon ami, cette appellation honorifique, jointe au nom individuel de chacun, au nom de baptême, comme on dit, depuis le christianisme, s'est, par le temps, changée en nom de famille; mais l'usage des noms de famille ne commence guère à se répandre généralement dans les familles plébéiennes que vers le quatorzième ou le quinzième siècle. Ainsi, dans les premiers âges, on a appelé, par exemple, le fils du premier de nos aïeux dont je vous ai parlé: *Guilhern, mab eus an Brenn Guilhern*, fils du chef, puis *Kirio*, petit-fils du chef, etc., etc. Mais avec les siècles, les mots petit-fils et arrière-petit-fils ont été supprimés, et l'on n'a plus ajouté au mot *Brenn*, devenu par corruption *Lebrenn*, que le nom de baptême. Ainsi, presque tous les noms empruntés à une profession, tels que M. *Charpentier*, M. *Serrurier*, M. *Boulanger*, M. *Tisserand*, M. *Meunier*, etc., etc., ont eu presque toujours pour origine une profession manuelle, dont la désignation s'est transformée, avec le temps, en nom de famille. Ces explications vous sembleront peut-être puériles, et pourtant elles constatent un fait grave et douloureux: l'absence du nom de famille chez nos frères du peuple... Hélas! tant qu'ils ont été esclaves ou serfs, pouvaient-ils avoir des noms, eux qui ne s'appartenaient pas? Leurs maîtres leur donnaient des noms bizarres ou grotesques, de même qu'on donne un nom de fantaisie à un cheval ou à un chien; puis, l'esclave venant à un autre maître, on l'affublait d'un autre nom... Mais, vous le verrez, à mesure que ces opprimés, grâce à leur lutte énergique, incessante, arrivent à une condition moins servile, la conscience de leur dignité d'homme se développe davantage; et lorsqu'ils purent enfin avoir *un nom à eux* et le transmettre à leurs enfants, obscur, mais honorable, c'est que déjà ils n'étaient plus esclaves, ni serfs, quoique toujours bien malheureux... La conquête du nom *propre*, du nom de *famille*, en raison des devoirs qu'il impose et des droits qu'il donne, a été l'un des plus grands pas de nos aïeux vers un complet affranchissement. Dans les manuscrits que nous allons lire, vous trouverez un admirable sentiment de la nationalité gauloise et de sa foi religieuse, sentiment d'autant plus indomptable, d'autant plus exagéré peut-être, que la conquête romaine et franque s'appesantissait davantage sur ces hommes et sur ces femmes héroïques, si fiers de leur race, et poussant le mépris de la mort jusqu'à une grandeur surhumaine. Admirons-les, imitons-les, dans cet ardent amour du pays, dans cette inexorable haine de l'oppression, dans cette croyance à la perpétuité progressive de la vie, qui nous délivre du *mal de la mort*... Mais, tout en glorifiant pieusement le passé, continuons, selon le mouvement de l'humanité, de marcher vers l'avenir... N'oublions pas qu'un nouveau monde avait commencé avec le christianisme... Sans doute, son divin esprit de fraternité, d'égalité, de liberté, a été outrageusement renié, refoulé, persécuté, dès les premiers siècles, par la plupart des évêques catholiques, possesseurs d'esclaves et de serfs, gorgés de richesses subtilisées aux Francs conquérants, en retour de l'absolution de leurs crimes abominables, que leur vendait le haut clergé... Sans doute, nos pères esclaves, voyant la parole évangélique étouffée, impuissante à les affranchir, ont fait leurs affaires eux-mêmes, se sont soulevés en armes contre la tyrannie des conquérants, et presque toujours, ainsi que vous allez en avoir la preuve, là où le sermon avait échoué, l'insurrection obtenait des concessions durables, selon ce sage axiome de tous les temps : *Aide-toi.., le ciel t'aidera*... Mais enfin, malgré l'Eglise catholique, apostolique et romaine, le souffle chrétien a passé sur le monde; il le pénètre de plus en plus de cette chaleur douce et tendre, dont manquait, dans sa sublimité, la foi druidique de nos aïeux, qui, ainsi rajeunie, complétée, doit prendre une sève nouvelle... Sans doute, il a été cruel pour nous, conquis, de perdre jusqu'au nom de notre nationalité, de voir imposer à cette antique et illustre Gaule le nom de *France*, par une horde de conquérants féroces...

Sans doute, la *République gauloise* sonnerait non moins bien à nos oreilles que la République française; mais notre première et immortelle République a suffisamment purifié le nom français de ce qu'il y avait de monarchique, en le portant si haut dans toutes les contrées de l'Europe; et puis, voyez-vous, mes amis, — ajouta le marchand en souriant, — il en est de cette brave Gaule comme de ces femmes héroïques qui s'illustrent sous le nom de leur mari... quoique le mariage de la Gaule avec le Franc ait été singulièrement forcé.

— Je comprends cela, père, — dit Velléda souriant aussi. — De même que beaucoup de femmes signent leur nom de famille à côté de celui qu'elles tiennent de leur mari, toutes les admirables choses accomplies par notre héroïne, sous un nom qui n'était pas le sien, doivent être signées : France, *née* Gaule...

— Rien de plus juste que cette comparaison, — ajouta Mme Lebrenn. — Notre nom a pu changer, notre race est restée notre race...

— Maintenant, — reprit M. Lebrenn avec émotion, — vous êtes initiés à la tradition de famille qui a fondé nos archives plébéiennes, vous prenez l'engagement solennel de les continuer et d'engager vos enfants à suivre votre exemple?... Toi, mon fils, et toi, ma fille, à défaut de lui, vous me jurez d'écrire avec sincérité vos faits et vos actes, justes ou injustes, louables ou mauvais, afin qu'au jour où vous quitterez cette existence pour une autre, ce récit de votre vie vienne augmenter cette chronique de famille, et que l'inexorable justice de nos descendants estime ou mésestime notre mémoire selon que nous aurons mérité?...

— Oui, père... nous te le jurons!...

— Eh bien, Sacrovir, aujourd'hui que tu as accompli ta vingt-et-unième année, tu peux, selon notre tradition, lire ces manuscrits... Cette lecture, nous la ferons aujourd'hui, chaque soir, en commun; et pour que Georges puisse y participer, nous la traduirons en français.

. . . .

Et ce même soir, M. Lebrenn, sa femme, sa fille et Georges s'étant réunis, Sacrovir Lebrenn commença ainsi la lecture du premier manuscrit, intitulé:

LA FAUCILLE D'OR.

LES MYSTÈRES DU PEUPLE A TRAVERS LES AGES

LA FAUCILLE D'OR, OU HÉNA LA VIERGE DE L'ILE DE SÊN
(An 57 avant J.-C.)

CHAPITRE PREMIER

Les Gaulois d'il y a *dix-neuf cents ans*. — Joël, *le laboureur*, chef (ou *brenn*) de la tribu de Karnak. — Guilhern, fils de Joël. — Rencontre qu'ils font d'un voyageur. — Étrange façon d'offrir l'hospitalité. — Joël, étant aussi causeur que le voyageur l'est peu, parle avec complaisance de son fameux étalon, Tom-Bras, et de son fameux dogue de guerre, Deber-Trud, *le mang ur d' omnes*. — Ces confidences ne rendant pas le voyageur plus communicatif, le bon Joël parle non moins complaisamment de ses trois fils, Guilhern, *le laboureur*, Mikael, *l'armurier*, et Albinick, *le marin*, ainsi que de sa fille Héna, *la vierge de l'île de Sên*. — Au nom d'Héna, la langue du voyageur se délie. — On arrive à la maison de Joël.

Celui qui écrit ceci se nomme Joël, *le brenn de la tribu de Karnak;* il est fils de *Marik*, qui était fils de *Kirio*, fils de *Tiras*, fils de *Gomez*, fils de *Vorr*, fils de *Glenan*, fils d'*Erer*, fils de *Roderik*, choisi pour être chef de l'armée gauloise qui, il y a deux cent soixante-dix-sept ans, fit payer rançon à Rome.

Joël (pourquoi ne le dirait-il pas?) craignait les dieux, avait le cœur droit, le courage ferme et l'esprit joyeux; il aimait à rire, à conter, et surtout à entendre raconter, en vrai Gaulois qu'il était.

Au temps où vivait César (que son nom soit maudit!), Joël demeurait à deux lieues d'*Alrè*, non loin de la mer et de l'île de Roswallan, près de la lisière de la forêt de Karnak, la plus célèbre forêt de la Gaule bretonne.

Un soir, le soir du jour qui précédait celui où *Héna*, sa fille bien-aimée, lui était née... il y a dix-huit ans de cela... Joël et son fils aîné, *Guilhern*, à la tombée du jour, retournaient à leur maison, dans un chariot traîné par quatre de ces jolis petits bœufs bretons dont les cornes sont moins grandes que les oreilles. Joël et son fils venaient de porter de la *marne* dans leurs terres, ainsi que cela se fait à la saison d'automne, afin que les champs soient *marnés* pour les semailles de printemps. Le chariot gravissait péniblement la côte de *Craig'h*, à un endroit où le chemin très montueux est resserré entre de grandes roches, et d'où l'on aperçoit au loin la mer, et plus loin encore l'*île de Sên*, île mystérieuse et sacrée.

— Mon père, — dit Guilhern à Joël, — voyez donc là-bas, au sommet de la côte, ce cavalier qui accourt vers nous... Malgré la raideur de la descente, il a lancé son cheval au galop.

— Aussi vrai que le bon *Eldud* a inventé la charrue, cet homme va se casser le cou.

— Où peut-il aller ainsi, père? Le soleil se couche; il fait grand vent, le temps est à l'orage, et ce chemin ne mène qu'aux grèves désertes...

— Mon fils, cet homme n'est pas de la Gaule bretonne; il porte un bonnet de fourrure, une casaque poilue, et ses jambes sont enveloppées de peaux tannées assujetties avec des bandelettes rouges.

— A sa droite pend une courte hache, à sa gauche un long couteau dans sa gaîne.

— Son grand cheval noir ne bronche pas dans cette descente... Mais où va-t-il ainsi?

— Mon père, cet homme est sans doute égaré...

— Ah! mon fils! — que *Teutatès* l'entende!... Nous offririons l'hospitalité à ce cavalier; son costume annonce qu'il est étranger... Quels beaux récits il nous ferait sur son pays et sur ses voyages!...

— Que le divin *Ogmi*, dont la parole enchaîne les hommes à des liens d'or, nous soit favorable, père! Depuis si longtemps un étranger conteur ne s'est assis à notre foyer!

— Et nous n'avons aucune nouvelle de ce qui se passe dans le reste de la Gaule.

— Malheureusement!

— Ah! mon fils! si j'étais tout-puissant comme *Hésus*, j'aurais chaque soir un nouveau conteur à mon souper.

— Moi, j'enverrais des hommes partout voyager, afin qu'ils revinssent me réciter leurs aventures.

— Et si j'avais le pouvoir d'*Hésus*, quelles aventures surprenantes je leur ménagerais, à mes voyageurs, pour doubler l'intérêt de leurs récits au retour!...

— Mon père! mon père! voici le cavalier près de nous.

— Oui... il arrête son cheval, car la route est étroite, et nous lui barrons le passage avec notre chariot... Allons, Guilhern, le moment est propice; ce voyageur doit être nécessairement égaré, offrons-lui l'hospitalité pour cette nuit... nous le garderons demain, et peut-être plusieurs jours encore... Nous aurons fait une chose bonne, et il nous donnera des nouvelles de la

Gaule et des pays qu'il peut avoir parcourus.

— Et ce sera aussi une grande joie pour ma sœur Héna, qui vient demain à la maison pour la fête de sa naissance.

— Ah! Guilhern! je n'avais pas songé au plaisir qu'aurait ma fille chérie à écouter cet étranger... Il faut qu'il soit notre hôte!

— Et il le sera, père!... Oh! il le sera... — reprit Guilhern d'un air très déterminé.

Joel, étant alors, de même que son fils, descendu de son chariot, s'avança vers le cavalier. Tous deux, en le voyant de près, furent frappés de ses traits majestueux. Rien de plus fier que son regard, de plus mâle que sa figure, de plus digne que son maintien; sur son front et sur sa joue gauche, on voyait la trace de deux blessures à peine cicatrisées. A son air valeureux, on l'eût pris pour un de ces chefs que les tribus choisissent pour les commander en temps de guerre. Joel et son fils n'en furent que plus désireux de le voir accepter leur hospitalité.

— Ami voyageur, lui dit Joel, la nuit vient; tu t'es égaré, ce chemin ne mène qu'à des grèves désertes; la marée va bientôt les couvrir, car le vent souffle très fort... continuer ta route par la nuit qui s'annonce, serait très périlleux; viens donc dans ma maison: demain tu continueras ton voyage.

— Je ne suis point égaré; je sais où je vais, je suis pressé; range tes bœufs; fais-moi passage, — répondit brusquement le cavalier, dont le front était baigné de sueur à cause de la précipitation de sa course. Par son accent, il paraissait appartenir à la Gaule du centre, vers la Loire. Après avoir ainsi parlé à Joel, il donna deux coups de talon à son grand cheval noir pour s'approcher davantage des bœufs du chariot, qui, s'étant un peu détournés, barraient absolument le passage.

— Ami voyageur, tu ne m'as donc pas entendu? — reprit Joel. — Je t'ai dit que ce chemin ne menait qu'à la grève... que la nuit venait, et que je t'offrais ma maison.

— Mais l'étranger, commença à se mettre en colère, s'écria:

— Je n'ai pas besoin de ton hospitalité... range tes bœufs... Tu vois qu'à cause des rochers je ne peux passer ni d'un côté ni de l'autre... Allons, vite, je suis pressé...

— Ami, — dit Joel, — tu es étranger, je suis du pays: mon devoir est de t'empêcher de t'égarer... Je ferai mon devoir...

— Par *Ritha-Gaür*! qui s'est fait une *saie* avec la barbe des rois qu'il a rasés! — s'écria l'inconnu de plus en plus courroucé, — depuis que la barbe m'a poussé, j'ai beaucoup voyagé, beaucoup vu de pays, beaucoup vu d'hommes, beaucoup vu de choses surprenantes... mais jamais je n'ai rencontré des fous semblables à ces deux fous-là!

Joel et son fils, qui aimaient passionnément à entendre raconter, apprenant par l'étranger lui-même qu'il avait vu beaucoup de pays, beaucoup d'hommes, beaucoup de choses surprenantes, conclurent de là qu'il devait avoir de charmants et nombreux récits à faire, et se sentirent un très violent désir d'avoir pour hôte un tel récitateur. Aussi, Joel, loin de déranger son chariot, s'avança tout auprès du cavalier, et lui dit de sa voix la plus douce, quoique naturellement il l'eût très rude:

— Ami, tu n'iras pas plus loin! Je veux me rendre très aimable aux dieux, et surtout à *Teutâtès*, le dieu des voyageurs, en t'empêchant de t'égarer, et en te faisant passer une bonne nuit sous un bon toit, au lieu de te laisser errer sur la grève, où tu risquerais d'être noyé par la marée montante.

— Prends garde!... — reprit l'inconnu en portant la main à la hache suspendue à son côté. — Prends garde!... Si à l'instant tu ne ranges pas tes bœufs, j'en fais un sacrifice aux dieux, et je t'ajoute à l'offrande!...

— Les dieux ne peuvent que protéger un fervent tel que toi, — répondit Joel, qui en souriant avait échangé quelques mots à voix basse avec son fils; — aussi les dieux t'empêcheront-ils de passer la nuit sur la grève... Tu vas voir...

Et Joel, ainsi que son fils, se précipitant à l'improviste sur le voyageur, le prirent chacun par une jambe, et, comme ils étaient tous deux extrêmement grands et robustes, ils le soulevèrent comme debout au-dessus de la selle de son cheval, auxquels ils donnèrent un coup de genou dans le ventre, de sorte qu'il se porta en avant, et que Joel et Guilhern n'eurent plus qu'à déposer par terre, et avec beaucoup de respect, le cavalier sur ses pieds. Mais celui-ci, dont la rage était au comble, ayant voulu résister et tirer son couteau, Joel et Guilhern le continrent, prirent une grosse corde dans leur chariot, lièrent solidement, mais avec grande douceur et amitié, les mains et les jambes de l'inconnu, et, malgré ses furieux efforts, le rendant ainsi incapable de bouger, le placèrent au fond du chariot, toujours avec beaucoup de respect et d'amitié, car la mâle dignité de sa figure les frappait de plus en plus.

Alors Guilhern monta le cheval du voyageur, et suivit le chariot que conduisait Joel, hâtant de son aiguillon la marche de ses bœufs, car le vent soufflait de plus en plus fort; on entendait la mer se briser à grand bruit sur les rochers de la côte; quelques éclairs brillaient à travers les nuages noirs, tout enfin annonçait une nuit d'orage.

Et cependant, malgré cette nuit menaçante, l'inconnu ne semblait point reconnaissant de l'hospitalité que Joel et son fils s'empressaient de lui offrir. Couché au fond du chariot, il était pâle de rage; tantôt il grinçait des dents, tantôt il soufflait comme quelqu'un qui a fort chaud; mais, concentrant son courroux en lui-même, il ne disait mot. Joel (il doit l'avouer) aimait beaucoup à entendre raconter; mais il aimait aussi beaucoup à parler. Aussi dit-il à l'étranger :

— Mon hôte, car tu l'es maintenant, je remercie *Teutâtès*, le dieu des voyageurs, de m'avoir envoyé un hôte... Il faut que tu saches qui je suis; oui, je dois te dire qui je suis, puisque tu vas t'asseoir à mon foyer.

Et quoique le voyageur fit un mouvement de colère, semblant signifier qu'il lui était indifférent de savoir quel était Joel, celui-ci continua néanmoins :

— Je me nomme *Joel*... je suis fils de *Marik*, qui était fils de *Kirio*... *Kirio* était fils de *Tiras*... *Tiras* était fils de *Gomer*... *Gomer* était fils de *Vorr*... *Vorr* était fils de *Glenan*... *Glenan*, fils d'*Erer*, qui était le fils de *Roderik*, choisi pour être fils adoptif de l'armée gauloise confédérée, qui fit, il y a deux cent soixante-dix-sept ans, payer rançon à Rome pour punir les Romains de leur traîtrise. J'ai été nommé *brenn* de ma tribu, qui est la tribu de Karnak. De père en fils nous sommes laboureurs, nous cultivons nos champs de notre mieux, et selon l'exemple donné par Coll à nos aïeux... Nous semons plus de froment et d'orge que de seigle et d'avoine.

L'étranger paraissait toujours plus colère que soucieux de ces détails; cependant Joel continua de la sorte :

— Il y a trente-deux ans, j'ai épousé *Margarid*, fille de *Doriem* ; j'ai eu d'elle une fille et trois garçons : l'aîné, qui est là derrière nous, conduisant ton bon cheval noir, ami hôte... l'aîné se nomme Guilhern; il m'aide, ainsi que plusieurs de nos parents, à cultiver nos champs... J'élève beaucoup de moutons noirs, qui paissent dans nos landes, ainsi que des porcs à demi sauvages, méchants comme des loups, et qui ne couchent jamais sous un toit... Nous avons quelques bonnes prairies dans la vallée d'*Alrè*... J'élève aussi des chevaux, fils de mon fier étalon *Tom-Bras* (ardent); Mon fils Guilhern s'amuse, lui, à élever des chiens pour la chasse et pour la guerre : ceux de chasse sont issus de la race d'un limier nommé *Tyntammar* ; ceux de guerre sont fils de mon grand dogue *Deber-Trud* (le mangeur d'hommes). Nos chevaux et nos chiens sont si renommés, que de plus de vingt lieues d'ici on vient nous en acheter. Tu vois, mon hôte, que tu pouvais tomber en pire maison.

L'étranger poussa un grand soupir de colère étouffée, mordit ce qu'il put mordre de ses longues moustaches blondes, et leva les yeux le ciel.

Joel continua en aiguillonnant ses bœufs:

— *Mikaël*, mon second fils, est armurier à quatre lieues d'ici, à *Alrè*... il ne fabrique pas seulement des armes de guerre, mais aussi des coutres de charrue, de grandes faux gauloises et des haches très estimées, car il tire son fer des montagnes d'Arrès... Ce n'est point tout, ami voyageur... non, ce n'est point tout... Mikaël fait autre chose encore... Avant de s'établir à Alrè, il est allé à *Bourges* travailler chez un de nos parents, qui descend du premier artisan qui ait eu l'idée d'appliquer l'étain sur le fer et sur le cuivre, étamage où excellent maintenant les artisans de Bourges... Aussi, mon fils Mikaël est-il revenu digne de ses maîtres... Ah ! si tu les voyais, tu les croirais d'argent, ces mors de chevaux ! ces ornements de chariot, et ces superbes casques de guerre, que fabrique Mikaël !!! Il a terminé dernièrement un casque dont le cimier représente une tête d'élan avec ses cornes... rien de plus magnifique !...

— Ah ! — murmura l'étranger entre ses dents, — que l'on a bien raison de dire : L'épée du Gaulois ne tue qu'une fois, sa langue vous massacre sans cesse !...

— Ami hôte, — reprit Joel, — jusqu'ici je n'ai aucune louange à donner à ta langue, aussi muette que celle d'un poisson : mais j'attendrai ton loisir, afin que tu me dises, à ton tour, qui tu es, d'où tu viens, où tu vas, ce que tu as vu dans tes voyages, quels hommes surprenants tu as rencontrés, et ce qui se passe à cette heure dans les autres contrées de la Gaule que tu viens de traverser, sans doute? En attendant tes récits, je vais terminer de t'instruire sur moi et sur ma famille.

A cette menace, l'étranger se raidit de tous ses membres, comme s'il eût voulu rompre ses liens; mais il ne put y parvenir: la corde était solide, et Joel, ainsi que son fils, faisaient très bien les nœuds.

— Je ne t'ai point encore parlé de mon troisième fils, *Albinik* le marin, continua Joel ; — il trafique avec l'île de la Grande-Bretagne, ainsi que sur toute la Gaule, et va jusqu'en Espagne porter des vins de Gascogne et des salaisons d'Aquitaine... Malheureusement il est en mer depuis assez longtemps avec sa gentille femme Meroë; aussi tu ne les verras pas ce soir dans ma maison... Je t'ai dit qu'en outre de mes trois fils j'avais une fille... celle-là, oh ! celle-là, vois-tu ! — ajouta Joel d'un air glorieux et attendri, — c'est la perle de la famille !... Ce n'est point moi seul qui dis cela, c'est ma femme, ce sont mes fils, c'est toute ma tribu; car il n'y a qu'une voix pour chanter les louanges d'*Héna*, fille de Joel... d'Héna, l'une des neuf vierges de l'île de *Sén*.

Les jeux guerriers des Gaulois (page 78)

— Que dis-tu? — s'écria le voyageur en se dressant soudain sur son séant, seul mouvement qui lui fût permis, parce qu'il avait les jambes liées et les mains attachées derrière le dos. — Que dis-tu? ta fille? une des neuf vierges de l'île de Sèn?...

— Cela paraît te suprendre et t'adoucir un peu, ami hôte?...

— Ta fille, — reprit l'étranger, comme s'il ne pouvait croire à ce qu'il entendait, — ta fille... une des neuf druidesses de l'île de Sèn?

— Aussi vrai qu'il y a demain dix-huit années qu'elle est née; car nous nous apprêtons à fêter sa naissance, et tu pourras être de la fête. L'hôte, assis à notre foyer, est de notre famille... Tu verras ma fille; elle est la plus belle, la plus douce, la plus savante de ses compagnes, sans pour cela médire d'aucune d'elles.

— Allons, — reprit brusquement l'inconnu, — je te pardonne la violence que tu m'as faite.

— Violence hospitalière, ami.

— Hospitalière ou non, tu m'as empêché par la force de me rendre à l'anse d'*Erer*, où une barque m'attendait jusqu'au coucher du soleil pour me conduire à l'île de *Sèn*.

A ces mots, Joel se mit à rire.

— De quoi ris-tu? — lui demanda l'étranger.

— Si tu me disais qu'une barque ayant une tête de chien, des ailes d'oiseau et une queue de poisson, t'attend pour te conduire dans le soleil, je rirais de même de tes paroles. Tu es mon hôte; je ne t'injurierai point en te disant que tu mens. Mais je te dirai : Ami; tu plaisantes en me parlant de cette barque qui doit te conduire à l'île de Sèn. Jamais homme... excepté le plus ancien des druides... n'a mis, ne met ni ne mettra le pied dans l'île de Sèn...

— Et quand tu vas y voir ta fille?

10ᵉ livraison

— Je n'entre pas dans l'île ; je touche à l'îlot de Kellor. Là, j'attends ma fille Héna, qui vient me joindre.

— Ami Joel, — dit le voyageur, — tu as voulu que je fusse ton hôte ; je le suis, et, comme tel, je te demande un service. Conduis-moi demain, dans ta barque, à l'îlot de Kellor.

— Tu ne sais donc pas que des *ewagh's* veillent la nuit et le jour ?

— Je le sais ; c'est l'un d'eux qui devait ce soir venir me chercher, à l'anse d'Erer, pour me conduire auprès de *Talyessin*, le plus ancien des druides, qui est... à cette heure à l'île de Sèn, avec son épouse Auria.

— C'est la vérité, — dit Joel très surpris. — La dernière fois que ma fille est venue à la maison, elle m'a dit que Talyessin était dans l'île depuis le nouvel an, et que la femme de Talyessin avait pour elle les bontés d'une mère.

— Tu vois que tu peux me croire, ami Joel. Conduis-moi donc demain à l'îlot de Kellor ; je parlerai à un des ewagh's.

— J'y consens ; je te conduirai à l'îlot de Kellor.

— Maintenant, tu peux me débarrasser de mes liens. Je te jure par *Hésus* que je ne chercherai pas à échapper à ton hospitalité...

— Ainsi soit fait, — dit Joel en détachant les liens de l'étranger. — Je me fie à la promesse de mon hôte.

Lorsque Joel disait cela, la nuit était venue. Mais, malgré les ténèbres et les difficultés du chemin, l'attelage, sûr de sa route, arrivait proche de la maison de Joel. Son fils Guilhern, qui, toujours monté sur le cheval du voyageur, avait suivi le chariot, prit une corne de bœuf, percée à ses deux bouts, s'en servit comme d'une trompe, et y souffla par trois fois. Bientôt de grands aboiements de chiens répondirent à ces appels.

— Nous voici arrivés à ma maison, — dit Joel à l'étranger. — Tu dois t'en douter aux aboiements des chiens... Tiens, cette grosse voix qui domine toutes les autres est celle de mon vieux *Deber-Trud* (le mangeur d'hommes), d'où descend la vaillante race de chiens de guerre que tu verras demain. Mon fils Guilhern va conduire ton cheval à l'écurie ; il y trouvera bonne litière et bonne provende.

Au bruit de la trompe de Guihern, un de ses parents était sorti de la maison avec une torche de résine à la main. Joel, guidé par cette clarté, dirigea ses bœufs, et le chariot entra dans la cour.

CHAPITRE II

La maison de Joel, le brenn de la tribu de Karnak. — La famille gauloise. — Hospitalité. — Costumes. — Armes. — Mœurs. — La *ceinture d'agilité*. — Le coffre *aux têtes de mort*. — ARMEL et JULYAN, les deux *Saldunes* — Joel brûle d'entendre les récits du voyageur, qui ne satisfait pas encore sa curiosité. — Repas. — *Le pied d'honneur*. — Comment finissait souvent un souper chez les Gaulois, à la grande joie des mères, des jeunes filles et des petits enfants.

La maison de Joel, comme toutes les habitations rurales, était très spacieuse, de forme ronde, et construite au moyen de deux rangs de claies, entre lesquelles on pilait de l'argile bien battue, mélangée de paille hachée ; puis l'on enduisait le dehors et le dedans de cette épaisse muraille d'une couche de terre fine et grasse, qui, en séchant, devenait dure comme du grès ; la toiture, large et saillante, faite de solives de chêne jointes entre elles, était recouverte d'une couche de joncs marins si serrés que l'eau n'y pénétrait jamais.

De chaque côté de la maison s'étendaient les granges destinées aux récoltes, les étables, les bergeries, les écuries, le cellier, le lavoir.

Ces divers bâtiments, formant un carré long, encadraient une vaste cour, close pendant la nuit par une porte massive ; au dehors, une forte palissade, plantée au revers d'un fossé profond entourait les bâtiments, laissant entre eux et elle une sorte d'allée de ronde, large de quatre coudées. On y lâchait, durant la nuit, deux grands dogues de guerre très féroces. Il y avait à cette palissade une porte extérieure correspondant à la porte intérieure : toutes se fermaient à la tombée de la nuit.

Le nombre d'hommes, de femmes et d'enfants, tous parents plus ou moins proches de Joel, qui cultivaient les champs avec lui, était considérable. Ils logeaient dans les bâtiments dépendants de la maison principale, où ils se réunissaient au milieu du jour et le soir pour prendre leur repas en commun.

D'autres habitations ainsi construites et occupées par de nombreuses familles, qui faisaient valoir leurs terres, étaient çà et là dispersées dans la campagne et composaient la *lignez* ou tribu de Karnak, dont Joel avait été élu chef.

A son entrée dans la cour de sa maison, Joel avait été accueilli par les caresses de son vieux dogue de guerre *Deber-Trud*, molosse gris de fer, rayé de noir, à la tête énorme, aux yeux sanglants, chien de si haute taille qu'en se dressant pour caresser son maître, il lui mettait ses pattes de devant sur les épaules ; chien si valeureux qu'une fois il avait combattu seul un ours monstrueux des montagnes d'*Arrès*, et l'avait étranglé. Quant à ses qualités pour la guerre, *Deber-Trud* eût été digne de figurer dans la meute de combat de *Bitherl*, ce chef gaulois qui disait dédaigneusement à la vue d'une troupe ennemie : *Il n'y a pas là un repas pour mes chiens !*

Deber-Trud ayant d'abord regardé et flairé le

voyageur d'un air douteux, Joel dit à son chien :
— Ne vois-tu pas que c'est un hôte que j'amène ?

Et Deber-Trud, comme s'il eût compris son maître, ne parut plus s'inquiéter de l'étranger, et, gambadant lourdement, précéda Joel dans la maison.

Cette maison était divisée en trois pièces, de grandeur inégale ; les deux petites, fermées par deux cloisons de chêne, étaient destinées l'une à Joel et à sa femme, l'autre à *Héna* leur fille, *la vierge de l'île de Sèn*, lorsqu'elle venait voir sa famille. La vaste salle du milieu servait aux repas et aux travaux du soir à la veillée.

Lorsque l'étranger entra dans cette salle, un grand feu de bois de hêtre, avivé par des bruyères et des ajoncs marins, brûlait dans l'âtre, et par son éclat, rendait inutile la clarté d'une belle lampe de cuivre étamé, soutenue par trois chaînes de même métal, brillantes comme de l'argent. Cette lampe était un présent de Mikael l'armurier.

Deux moutons entiers, traversés d'une longue broche de fer, rôtissaient devant le foyer, tandis que des saumons et autres poissons de mer cuisaient dans un grand bassin de cuivre avec de l'eau, du vinaigre, du sel et du *cumin*.

Aux cloisons, on voyait clouées des têtes de loup, de sanglier, de cerf, et deux têtes de bœuf sauvage, appelé *urok*, qui commençait à devenir très rare dans le pays. On voyait encore des armes de chasse, telles que flèches, arcs, frondes... et des armes de guerre, telles que le *sparr*, le *matag*, des haches, des sabres de cuivre, des boucliers de bois, recouverts de la peau si dure des veaux marins, et des lances à fer large, tranchant et recourbé, ornées d'une clochette d'airain, afin d'annoncer de loin à l'ennemi l'arrivée du guerrier gaulois, parce que celui-ci dédaigne les embuscades et aime à se battre face à face, à ciel ouvert. On voyait encore suspendus çà et là des filets de pêche et des harpons pour harponner le saumon dans les bas-fonds, lorsque la marée se retire.

A droite de la porte d'entrée, il y avait une sorte d'autel composé d'une pierre de granit gris, surmonté et ombragé par de grands rameaux de chêne fraîchement coupés. Sur la pierre était posé un petit bassin de cuivre, où trempaient sept branches de *gui*, et sur la muraille on lisait cette inscription :

L'ABONDANCE ET LE CIEL
SONT POUR LE JUSTE QUI EST PUR.
CELUI-LA EST PUR ET SAINT
QUI FAIT DES ŒUVRES CÉLESTES ET PURES.

Lorsque Joel entra dans la maison, il s'approcha du bassin de cuivre où trempaient les sept branches de gui, et sur chacune il posa ses lèvres avec respect. Son hôte l'imita, et tous deux s'avancèrent vers le foyer.

Là se tenait, filant sa quenouille, *Mamm' Margarid*, femme de Joel. Elle était de très grande taille et portait une courte tunique de laine brune, sans manches, par-dessus sa longue robe de couleur grise à manches étroites : tunique et robe attachées autour de sa ceinture par le cordon de son tablier. Une coiffe blanche, coupée carrément, laissait voir ses cheveux gris séparés sur son front. Elle portait, ainsi que plusieurs femmes de ses parents, un collier de corail, des bracelets travaillés à jour, enrichis de grenat, et autres bijoux d'or et d'argent fabriqué à *Autun*.

Autour de *Mamm' Margarid* se jouaient les enfants de son fils Guilhern et de plusieurs de ses parents, tandis que les jeunes mères s'occupaient des préparatifs du repas du soir.

— Margarid, — dit Joel à sa femme — je t'amène un hôte.

— Qu'il soit le bienvenu, — répondit la femme tout en filant sa quenouille. — Les dieux nous envoient un hôte, notre foyer est le sien. La veille du jour de la naissance de ma fille nous aura été favorable.

— Que vos enfants, s'ils voyagent, soient accueillis comme je le suis par vous, — dit l'étranger avec respect.

— Et tu ne sais pas quel hôte les dieux nous envoient, Margarid ? — reprit Joel. — Un hôte tel qu'on le demanderait au bon *Ogmi* pour les longues soirées d'automne et d'hiver, un hôte qui a vu dans ses voyages tant de choses curieuses, surprenantes, que nous n'aurions pas trop de cent soirées pour écouter ses merveilleux récits.

A peine Joel eut-il prononcé ces paroles, que tous, depuis Mamm' Margarid et les jeunes mères, jusqu'aux jeunes filles et aux petits enfants, tous regardèrent l'étranger avec une curieuse avidité, dans l'attente des merveilleux récits qu'il devait faire.

— Allons-nous bientôt souper, Margarid ? — dit Joel. — Notre hôte a peut-être aussi faim que moi, et j'ai grand'faim.

— Nos parents finissent de remplir les râteliers des bestiaux, — répondit Margarid ; — ils vont revenir tout à l'heure. Si notre hôte y consent, nous les attendrons pour le repas.

— Je remercie la femme de Joel et j'attendrai, — dit l'inconnu.

— Et en attendant, — reprit Joel, — tu vas nous raconter...

Mais le voyageur, l'interrompant, lui dit en souriant :

— Ami, de même qu'une seule coupe sert pour tous, de même un seul récit sert pour tous... Plus tard la coupe circulera de lèvres en lèvres, et le récit d'oreilles en oreilles... Mais, dis-moi, quelle est cette ceinture d'airain que je vois là, pendue à la muraille ?

— Vous autres, dans votre pays, n'avez-vous pas aussi la *ceinture d'agilité?*

— Explique-toi, Joel.

— Chez nous, à chaque nouvelle lune, les jeunes gens de chaque tribu viennent chez le chef essayer cette ceinture, afin de montrer que leur taille ne s'est pas épaissie par l'intempérance, et qu'ils se sont conservés agiles et lestes. Ceux qui ne peuvent agrafer la ceinture sont hués, montrés au doigt et payent l'amende. De la sorte chacun prend garde à son ventre, de peur d'avoir l'air d'une outre sur deux quilles.

— Cette coutume est bonne. Je regrette qu'elle soit tombée en oubli dans ma province. Mais à quoi sert, dis-moi, ce grand vieux coffre ? Le bois en est précieux, et il paraît très-ancien.

— Très-ancien. C'est le coffre de triomphe de ma famille, — dit Joel en ouvrant le coffre, où l'étranger vit plusieurs crânes blanchis. L'un deux, scié par moitié, était monté sur un pied d'airain en forme de coupe.

— Sans doute, ce sont les têtes d'ennemis tués par vos pères, ami Joel ? Chez nous, ces sortes de charniers de famille sont depuis longtemps abandonnés.

— Chez nous aussi. Je conserve ces têtes par respect pour mes aïeux; car, depuis plus de deux cents ans, on ne mutile plus ainsi les prisonniers de guerre. Cette coutume remontait au temps des rois que *Ritha-Gaür* a rasés, comme tu le dis, pour se faire une blouse avec leur barbe. C'était le beau temps de la barbarie que ces royautés. J'ai entendu dire à mon aïeul *Kirio* que, même du vivant de son père *Tiras*, les hommes qui avaient été à la guerre revenaient dans leur tribu avec les têtes de leurs ennemis plantées au bout de lances, ou accrochées par leur chevelure au poitrail de leurs chevaux ; on les clouait ensuite aux portes des maisons en manière de trophées comme vous voyez clouées ici aux murailles des têtes d'animaux des bois.

— Chez nous, dans les anciens temps, ami Joel, on gardait aussi les trophées, mais conservés dans l'huile de cèdre, lorsqu'il s'agissait des têtes des chefs ennemis.

— Par *Hésus!* de l'huile de cèdre... quelle magnificence ! — dit Joel en souriant ; — c'est la coutume des matrones : à beau poisson, bonne sauce !

— Ces reliques étaient chez nous, comme chez vous, le livre où le jeune Gaulois apprenait les exploits de ses aïeux; souvent les familles du vaincu offraient de racheter ces dépouilles ; mais se dessaisir à prix d'argent d'une tête ainsi conquise par soi-même ou par ses pères, était un crime d'avarice et d'impiété sans exemple... Je dis comme vous, ces coutumes barbares sont passées avec les royautés, comme aussi le temps où nos ancêtres se teignaient le corps et le visage de couleurs bleue et écarlate, et se lavaient les cheveux et la barbe avec de l'eau de chaux, afin de les rendre d'un rouge de cuivre.

— Sans injurier leur mémoire, ami hôte, nos aïeux devaient être ainsi peu plaisants à considérer, et devaient ressembler à ces effrayants dragons rouges et bleus qui ornent la proue des vaisseaux de ces terribles pirates du Nord dont mon fils Albinik, le marin, et sa gentille femme Meroë nous ont conté de si curieuses histoires. Mais voici nos hommes de retour des bergeries ; nous n'attendrons pas longtemps maintenant le souper, car Margarid fait débrocher les moutons ; tu en mangeras, ami, et tu verras quel bon goût donnent à leur chair les prairies salées qu'ils paissent le long de la mer.

Tous les hommes de la famille de Joel qui entrèrent dans la salle portaient, comme lui, la *saie* de grosse étoffe sans manches, laissant passer celles de la tunique ou chemise de toile blanche ; leurs *braies* tombaient jusqu'au-dessus de la cheville, et ils étaient chaussés de *solés*. Quelques-uns de ces laboureurs, arrivant des champs, avaient sur l'épaule une casaque de peau de brebis qu'ils retirèrent. Tous avaient des bonnets de laine, les cheveux longs et coupés en rond, la barbe touffue. Les deux derniers qui entrèrent se tenaient par le bras : ils étaient très-beaux et très-robustes.

— Ami Joel, — dit l'étranger, — quels sont ces deux jeunes gens ? les statues du dieu *Mars* des païens ne sont pas plus accomplis, n'ont pas un aspect plus valeureux...

— Ce sont deux de mes parents, deux cousins, *Julyan* et *Armel;* ils se chérissent comme frères... Dernièrement un taureau furieux s'est précipité sur Armel : Julyan, au péril de sa vie, a sauvé Armel... Grâce à Hésus, nous ne sommes pas en temps de guerre ; mais s'il fallait prendre les armes, Julyan et Armel se sont juré d'être *saldunes...* Ah ! voici le souper prêt... Viens ! à toi la place d'honneur...

Joel et l'inconnu s'approchèrent de la table ; elle était ronde, peu élevée au-dessus du sol recouvert de paille fraîche; tout autour de la table il y avait des sièges rembourrés de foin odorant. Les deux moutons rôtis, dépecés par quartiers, étaient servis dans de grands plats de bois de hêtre, blancs comme de l'ivoire; il y avait aussi de grosses pièces de porc salé et un jambon de sanglier fumé : le poisson restait dans le grand bassin de cuivre où il avait cuit.

A la place où s'asseyait Joel, chef de la famille, on voyait une immense coupe de cuivre étamé, que deux hommes très altérés n'auraient pu tarir. Ce fut devant cette coupe, marquant la place d'honneur, que l'étranger s'assit, ayant à sa droite Joel, à sa gauche Mamm'Margarid.

Les vieillards, les jeunes filles, les enfants, se placèrent ensuite autour de la table ; les hommes faits et les jeunes gens se tinrent derrière sur un second rang, d'où ils se levaient parfois pour remplir tour à tour l'office de serviteurs, allant de temps à autre, lorsqu'elle s'était vidée en passant de main en main, à commencer par l'étranger, remplir la grande coupe à un tonneau d'hydromel placé dans un des coins de la salle ; chacun, muni d'un morceau de pain d'orge et de blé, prenait ou recevait une tranche de viande rôtie ou de salaison, qu'il mordait à belles dents, ou qu'il dépeçait avec son couteau.

Le vieux dogue de guerre, *Deber-Trud*, jouissant du privilège de son âge et de ses longs services, était couché aux pieds de Joel, qui n'oubliait pas ce fidèle serviteur.

Vers la fin du repas, Joel ayant tranché le jambon de sanglier, en détacha le pied, et, selon une ancienne coutume, il dit à son jeune parent Armel, en lui donnant ce pied :

— A toi, Armel, le morceau du plus brave ! à toi, le vainqueur dans la lutte d'hier soir !...

Au moment où Armel, très fier d'être reconnu pour le plus brave en présence de l'étranger, avançait la main pour prendre le pied de sanglier que lui présentait Joel, un tout petit homme de la famille, que l'on appelait *Rabouziqued*, à cause de sa petite taille, dit :

— Armel a été hier vainqueur à la lutte parce que Julyan n'a pas lutté contre lui ; deux taureaux d'égale force s'évitent, se craignent et ne se combattent pas.

Julyan et Armel, humiliés de s'entendre dire devant un étranger qu'ils ne luttaient pas l'un contre l'autre parce qu'ils se redoutaient, devinrent très rouges.

Julyan, dont les yeux brillaient déjà, s'écria :

— Si je n'ai pas lutté contre Armel, c'est qu'un autre s'est présenté à ma place ; mais Julyan ne craint pas plus Armel qu'Armel ne craint Julyan ; et si tu avais une coudée de plus, Rabouzigued, je te montrerais sur l'heure qu'à commencer par toi, je ne crains personne... pas même mon bon frère Armel...

— Bon frère Julyan ! — reprit Armel, dont les yeux commencèrent aussi à briller, — nous devons prouver à l'étranger que nous n'avons pas peur l'un de l'autre.

— C'est dit, Armel... luttons au sabre et au bouclier.

Et les deux amis se tendirent et se serrèrent la main ; car ces jeunes gens n'avaient aucune haine l'un contre l'autre, s'aimaient toujours autant, et n'allaient combattre que par *outrevaillance*.

Joel n'était point sans contentement de voir les siens se comporter valeureusement devant son hôte, et la famille pensait comme lui.

A l'annonce de ce combat, tous, jusqu'aux petits enfants, aux jeunes femmes et aux jeunes filles, furent très joyeux, et battirent des mains en souriant et se regardant, très fiers de la bonne idée que l'inconnu allait avoir du courage de leur famille.

Mamm'Margarid dit alors aux jeunes gens :

— La lutte cessera quand j'abaisserai ma quenouille.

— Ces enfants te font fête de leur mieux, ami hôte, — dit Joel à l'étranger ; — tu leur feras fête à ton tour en leur racontant, comme à nous, les choses merveilleuses que tu as vues dans tes voyages.

— Il faut bien que je paye de mon mieux ton hospitalité, ami, — répondit l'étranger. — Ces récits, je les ferai.

— Alors, dépêchons-nous, frère Julyan, — dit Armel ; — j'ai grande envie d'entendre le voyageur. Je ne me lasserais jamais d'entendre raconter, mais les conteurs sont rares du côté de Karnak.

— Tu vois, — ami Joel, — avec quelle impatience on attend tes récits ; — mais avant de les commencer, et pour te donner des forces, tout à l'heure tu boiras au vainqueur de la lutte, avec de bon vieux vin des Gaules... — Et s'adressant à son fils : — Guilhern, va chercher ce petit baril de vin blanc du coteau de *Béziers*, que ton frère Albinik nous a rapporté lors de son dernier voyage, et remplis la coupe en l'honneur du voyageur.

Lorsque cela fut fait, Joel dit à Julyan et à Armel :

— Allons, enfants, aux sabres ! aux sabres !...

CHAPITRE III

Combat de Julyan et d'Armel. — Mamm'Margarid abaisse trop tard sa quenouille. — Agonie d'Armel. — Etranges commissions dont on charge le mourant. — Le *remplaçant*. — La dette *payée outre tombe* par Rabouzigued. — Armel meurt désolé de n'avoir pas entendu les récits du voyageur. — Julyan promet à Armel d'aller les lui raconter *ailleurs*. — L'étranger commence ses récits. — Histoire d'*Albrège*, la Gauloise des bords du Rhin. — Margarid raconte à son tour l'histoire de son aïeule *Syomara* et d'un officier romain aussi débauché qu'avaricieux. — L'étranger fait de sévères reproches à Joel sur son amour pour les contes, et lui dit que le moment est venu de prendre la lance et l'épée.

La nombreuse famille de Joel, rangée en demi-cercle à l'extrémité de la grande salle, attendait la lutte avec impatience, tandis que Mamm'Margarid, ayant l'étranger à sa droite, Joel à sa gauche, et deux des plus petits enfants sur ses genoux, levant sa quenouille, donna le signal du combat, de même qu'en l'abaissant elle devait donner le signal de le cesser.

Julyan et Armel se mirent nus jusqu'à la ceinture, ne gardant que leurs *braies*; ils se serrèrent de nouveau la main, se passèrent au bras gauche un bouclier de bois, recouvert de peau de veau marin, s'armèrent d'un lourd sabre de cuivre, et fondirent l'un sur l'autre avec impétuosité, de plus en plus animés par la présence de l'étranger, aux yeux duquel ils étaient jaloux de faire valoir leur adresse et leur courage. L'hôte de Joel semblait plus content qu'aucun autre de cette annonce de combat, et sa figure paraissait à tous encore plus mâle et plus fière.

Julyan et Armel étaient aux prises : leurs yeux ne brillaient pas de haine, mais d'une fière *outre-vaillance*; ils n'échangeaient pas des paroles de colère, mais d'amicale joyeuseté, tout en se portant des coups terribles, et parfois mortels, s'ils n'eussent été évités avec adresse. A chaque estocade brillamment portée ou dextrement parée au moyen du bouclier, hommes, femmes et enfants battaient des mains, et, selon les chances du combat, criaient, tantôt :

— Hèr !... hèr.... Julyan !...
— Hèr !... hèr !... Armel !...

De sorte que ces cris, la vue des combattants, le bruit du choc des armes, rappelant même au vieux grand dogue de guerre ses ardeurs de bataille, *Deber-Trud*, le mangeur d'hommes, poussait des hurlements féroces en regardant son maître, qui de sa main le calmait en le caressant.

Déjà la sueur ruisselait sur les corps jeunes, beaux et robustes de Julyan et Armel, égaux en courage, en vigueur, en prestesse; ils ne s'étaient pas encore atteints.

— Dépêchons, frère Julyan ! — dit Armel en s'élançant sur son compagnon avec une nouvelle impétuosité.—Dépêchons pour entendre les beaux récits du voyageur...

— La charrue ne peut aller plus vite que le laboureur, frère Armel, — répondit Julyan.

Et en disant cela, il saisit le sabre à deux mains, se dressa de toute sa hauteur, et asséna un si furieux coup à son adversaire, que, bien que celui-ci se jetant en arrière, eût tenté de parer avec son bouclier, le bouclier vola en éclats, et le sabre atteignit Armel à la tempe; de sorte qu'après s'être un instant balancé sur ses pieds, il tomba tout de son long sur le dos, tandis que tous ceux qui étaient là, admirant ce beau coup, battaient des mains en criant :

— Hèr !... hèr !... Julyan !...

Et Rabouzigued criait plus fort que les autres :

— Hèr !... hèr !...

Mamm'Margarid, après avoir abaissé sa quenouille pour annoncer la fin du combat, alla donner ses soins au blessé, tandis que Joel dit à l'inconnu en lui tendant la grande coupe :

— Ami hôte, tu vas boire ce vieux vin au triomphe de Julyan...

— Je bois au triomphe de Julyan et aussi à la vaillante défaite d'Armel ! — répondit l'étranger; — car le courage du vaincu égale le courage du vainqueur... J'ai vu bien des combats! mais jamais je n'ai vu déployer plus de bravoure et d'adresse !... Gloire à ta famille, Joel !... gloire à ta tribu !...

— Autrefois, — dit Joel, — ces combats du festin avaient lieu chez nous presque chaque jour... maintenant ils sont rares, et se remplacent par la lutte; mais le combat au sabre rappelle davantage le vieux Gaulois.

Mamm'Margarid, après avoir examiné le blessé, secoua deux fois la tête, pendant que Julyan soutenait son ami adossé à la muraille; une des jeunes femmes se hâta d'apporter un coffret rempli de linge, de baume, et contenant un petit vase avec de l'eau de gui. Le sang coulait à flots de la blessure d'Armel ; ce sang, étanché par Mamm'Margarid, laissa voir la figure pâle et les yeux demi-clos du vaincu.

— Frère Armel, — lui disait Julyan de bonne amitié en se tenant à genoux près de lui, — frère Armel, ne faiblis pas pour si peu... chacun a son heure et son jour... Aujourd'hui tu es blessé, demain je le serai... Nous nous sommes battus en braves... L'étranger se souviendra des jeunes garçons de Karnak, et de la famille de Joel, *le brenn* de la tribu.

Armel, le visage baissé sur sa poitrine, le front déjà couvert d'une sueur abondante et glacée, ne paraissait pas entendre la voix de son ami. Mamm'Margarid secoua de nouveau la tête, se fit apporter sur une petite pierre des charbons allumés, y jeta de l'écorce de gui pulvérisée : une forte vapeur s'éleva des charbons... et Mamm'Margarid la fit aspirer à Armel. Au bout de quelques instants il ouvrit les yeux, regarda autour de lui comme s'il sortait d'un rêve... et dit enfin d'une voix faible :

— L'ange de la mort m'appelle... je vais aller continuer de vivre ailleurs... Ma mère et mon père seront surpris et contents de me revoir sitôt... Moi aussi, je serai content de les retrouver.

Et il ajouta d'un ton de regret :

— J'aurais bien voulu entendre les beaux récits du voyageur...

— Quoi ! frère Armel, — reprit Julyan d'un air véritablement surpris et peiné, — tu partiras si tôt d'ici ? Nous nous plaisions pourtant bien ensemble... nous nous étions juré notre foi de *saldune* de ne jamais nous quitter.

— Nous nous étions juré cela, Julyan, — reprit faiblement Armel. — Il en est autrement...

Julyan appuya son front entre ses deux mains et ne répondit rien.

Mamm'Margarid, savante en l'art de soigner

les blessures, qu'elle avait appris d'une druidesse sa parente, posa la main sur le cœur d'Armel. Après quelques instants, elle dit à ceux qui étaient là et qui, de même que Joel et son hôte, entouraient le blessé.

— *Teutâtès* appelle Armel pour le conduire là où sont ceux qui nous ont devancés; il ne va tarder à s'en aller. Que ceux de nous qui ont à charger Armel de paroles pour les êtres qui nous ont précédés et qu'il va retrouver *ailleurs*... se hâtent.

Alors Mamm'Margarid, baisant au front celui qui allait mourir, lui dit : Tu donneras à tous ceux de notre famille le baiser de souvenir et d'espérance.

— Je leur donnerai pour vous le baiser de souvenir et d'espérance, Mamm'Margarid, — répondit Armel d'une voix faible. — Et il ajouta d'un air toujours contrarié : — J'aurais pourtant bien aimé à entendre les beaux récits du voyageur...

Ces paroles parurent faire réfléchir Julyan, qui soutenait toujours la tête de son ami, et le regardait d'un air triste.

Le petit Sylvest, fils de Guilhern, enfant tout vermeil à cheveux blonds, qui d'une main tenait la main de sa mère Hénory, s'avança un peu, et s'adressant au moribond :

— J'aimais bien le petit *Alanik*; il s'en est allé l'an passé... Tu lui diras que le petit *Sylvest* se souvient toujours de lui, et pour moi tu l'embrasseras, Armel.

— Pour toi, petit Sylvest, j'embrasserai le petit Alanik. — Et Armel ajouta encore : — J'aurais pourtant bien voulu entendre les beaux récits du voyageur.

Un autre homme de la famille de Joel dit au mourant :

— J'étais ami d'*Hoüarné*, de la tribu de *Morlec'h*, notre voisine. Il a été tué sans défense pendant son sommeil, il y a peu de temps. Tu lui diras, Armel, que *Daoülas*, son meurtrier, a été découvert, jugé et condamné par les druides de Karnak, et que son sacrifice aura lieu bientôt. Hoüarné sera content d'apprendre la punition de Daoülas, son meurtrier.

Armel fit signe qu'il donnerait cette nouvelle à Hoüarné.

Rabouzigued, cause de tout cela, non par méchanceté, mais par intempérance de langue, s'approcha aussi pour donner une commission à celui qui s'en allait *ailleurs*... et lui dit :

— Tu sais qu'à la huitième lune de ce mois-ci, le vieux Mark, qui demeure près de Glen'han, est tombé malade; l'ange de la mort lui disait aussi de se préparer à partir bientôt. Le vieux Mark n'était point prêt, il désirait assister à la noce de la fille de sa fille. Le vieux Mark n'étant donc point prêt, pensa à trouver quelqu'un qui voulût s'en aller à sa place (ce qui devait satisfaire l'ange de la mort), et demanda au druide, son médecin, s'il ne connaîtrait pas un *remplaçant*. Le druide lui a répondu que *Gigel de Nouarën*, de notre tribu, passait pour serviable, et que peut-être il consentirait à partir à la place du vieux Mark, afin de l'obliger et pour être agréable aux dieux, toujours touchés de ces sacrifices; Gigel a librement consenti. Le vieux Mark lui a fait cadeau de dix pièces d'argent *à tête de cheval*, qui ont été distribuées par Gigel à ses amis avant de s'en aller; puis, vidant joyeusement sa dernière coupe, il a tendu sa poitrine au couteau sacré, au bruit du chant des bardes. L'ange de la mort a accepté l'échange, car le vieux Mark a vu mourir la fille de sa fille, et il est aujourd'hui en bonne santé.

— Veux-tu donc partir à ma place, Rabouzigued? — demanda le mourant. — Je crains qu'il ne soit bien tard...

— Non, non, je ne veux point partir à ta place, — se hâta de répondre Rabouzigued. — Je te prie seulement de remettre à Gigel ces trois pièces d'argent que je lui devais; je n'ai pu m'acquitter plus tôt. Je craindrais que Gigel ne revînt me demander son argent au clair de la lune, sous la figure d'un démon.

Et Rabouzigued, fouillant dans son sac de peau d'agneau, prit trois pièces d'argent à tête de cheval, qu'il plaça dans la saie d'Armel.

— Je remettrai tes pièces d'argent à Gigel, — dit le mourant, dont on entendait à peine la voix. Et il murmura une dernière fois à l'oreille de Julyan : — J'aurais... pourtant... bien aimé... à... entendre... les beaux récits... du... voyageur.

— Sois content, frère Armel, — lui répondit alors tout bas Julyan. — Je vais les écouter attentivement ce soir, pour les bien retenir, ces beaux récits; et demain... j'irai te les dire... Je m'ennuierais ici sans toi... Nous nous sommes juré notre foi de *saldunes* de ne jamais nous quitter; j'irai donc continuer de vivre *ailleurs* avec toi.

— Vrai... tu viendras? — dit le mourant, que cette promesse parut rendre très heureux, — tu viendras... demain?

— Demain, par Hésus... je te le jure, Armel, je viendrai.

Et toute la famille, entendant la promesse de Julyan, le regarda avec estime. Le blessé parut encore plus satisfait que les autres, et dit à son ami d'une voix expirante :

— Alors, à bientôt, frère Julyan... et écoute attentivement... le récit... Maintenant... adieu... adieu... à vous tous de notre tribu...

Et Armel agita ses mains agonisantes vers ceux qui l'entouraient.

Et de même que des parents amicalement unis s'empressent autour de l'un d'eux, au moment où il part pour un long voyage, durant lequel il doit trouver des personnes restées chères au souvenir de tous, chacun serrait les mains d'Armel, et le chargeait de tendres paroles pour ceux de la tribu qu'il allait revoir.

Lorsque Armel fut mort, Joel abaissa les paupières de son parent, le fit transporter près de l'autel de pierres grises, au-dessus duquel était le bassin de cuivre où trempaient sept brins de *gui*. .

Ensuite, on couvrit le corps avec les rameaux de chêne dont on dégarnit l'autel, de sorte qu'au lieu du cadavre l'on ne vit bientôt plus qu'un monceau de verdure, auprès duquel Julyan restait assis.

Le chef de la famille, emplissant alors de vin la grande coupe jusqu'aux bords, y trempa ses lèvres, et dit en la présentant à l'étranger : Que le voyage d'Armel soit heureux, car Armel a toujours été juste et bon ; qu'il traverse, sous la conduite de Teutatès, ces espaces et ces pays merveilleux d'outre-tombe, que nul de nous n'a parcourus... que tous nous parcourrons... qu'Armel retrouve ceux que nous avons aimés, et qu'il leur assure que nous les aimons !...

Et la coupe circulant à la ronde, les femmes et les jeunes filles firent des vœux pour l'heureux voyage d'Armel, puis l'on releva les restes du repas, et tous s'assirent autour du foyer, attendant impatiemment les récits promis par l'étranger.

Celui-ci, voyant tous les regards fixés sur lui avec une grande curiosité, dit à Joel :

— C'est donc un récit que l'on veut de moi ?

— Un récit ! — s'écria Joel, — dis donc vingt récits, cent récits. Tu as vu tant de choses ! tant d'hommes ! tant de pays ! un récit ! ah ! par le bon *Ogmi*, tu n'en seras pas quitte pour *un* récit, ami hôte.

— Oh non ! répétèrent toutes les personnes de la famille d'un air très déterminé. — Oh non ! il nous faut plus d'un récit.

— Il y aurait pourtant mieux à faire, dans les temps où nous vivons, que de raconter et d'écouter de frivoles histoires... — dit l'étranger d'un air pensif et sévère.

— Je ne comprends pas, — reprit Joel non moins surpris que sa famille ; et tous regardèrent silencieusement le voyageur.

— Non, tu ne me comprends pas, — dit tristement l'inconnu. — Alors, je vais tenir ma promesse... chose promise, chose due...

Puis il ajouta en montrant Julyan toujours assis au fond de la salle à côté du corps d'Armel couvert de feuillage :

— Il faut bien que ce jeune homme ait demain à raconter quelque chose à son ami, lorsqu'il ira le retrouver... ailleurs.

— Va, notre hôte, conte, — répondit Julyan, le front toujours appuyé dans ses deux mains, — conte... je ne perdrai pas une de tes paroles.. Armel saura le récit tel que tu vas le dire.

— « Il y a deux ans, voyageant chez les « Gaulois des bords du Rhin, — reprit l'étran- « ger ; — je me trouvais un jour à Strasbourg. « J'étais sorti de la ville pour me promener au « bord du fleuve. Bientôt je vis arriver une « grande foule de gens, ils suivaient un homme « et une femme, jeunes tous deux, beaux tous « deux, qui portaient sur un bouclier, dont ils « tenaient les côtés, un petit enfant né à peine « depuis quelques jours. L'homme avait l'air « inquiet et sombre, la femme était pâle et « calme. Tous deux s'arrêtèrent sur la rive du « fleuve, à un endroit où il est très rapide. La « foule s'arrêta comme les deux personnes « qu'elle accompagnait. Je m'approchai, et « demandai à quelqu'un quels étaient cet « homme et cette femme. — L'homme se « nomme *Vindorix*, et la femme *Albrège* ; « ils sont époux, — me répondit-on. — Alors « je vis Vindorix, l'air de plus en plus sombre, « s'approcher de son épouse, et il lui dit : « Voici le moment venu...

— « Tu le veux ? répondit Albrège, tu le veux ?...

— Oui, — reprit son époux. — Je doute... je veux la certitude.

— Qu'il en soit ainsi... dit-elle.

« Alors, prenant à lui seul le bouclier, où « était son petit enfant qui lui souriait en lui « tendant les bras, Vindorix entra dans le « fleuve jusqu'à la ceinture, leva un instant le « bouclier et l'enfant au-dessus de sa tête, se « retournant une dernière fois vers sa femme « comme pour la menacer de ce qu'il allait « faire... mais, elle, le front haut, le regard « assuré, se tenait debout au bord du fleuve, « immobile comme une statue, les bras croisés « sur son sein... Elle étendit sa main droite sur « son mari, et sembla lui dire :

— « Fais...

« A ce moment, un frémissement courut « dans la foule ; car Vindorix ayant placé sur « les flots le bouclier où se trouvait l'enfant, « l'abandonna dans cette dangereuse nacelle « au courant du fleuve... »

— Ah ! le méchant homme ! — s'écria Mamm' Margarid, émue de ce récit, ainsi que toute la famille de Joel. — Et sa femme !... sa femme... qui reste sur la rive ?...

— Mais quelle était la cause de cette barbarie, ami hôte ? — demanda Hénory, la jeune femme de Guilhern, en embrassant ses deux enfants, son petit Sylvest et sa petite Siomara, qu'elle tenait sur ses genoux, comme si elle eût craint de les voir exposés à un péril semblable.

L'étranger mit un terme à ces questions en

Le viol d'une captive (page 83)

demandant le silence par un geste, et poursuivit son récit :

— « A peine le courant eût-il emporté le « bouclier où se trouvait l'enfant, que le père « leva au ciel ses mains jointes et tremblantes, « comme s'il eût invoqué les dieux. Il suivait « des yeux le bouclier avec une sombre angoisse, malgré lui se penchant à droite si le « bouclier penchait à droite, ou à gauche si le « bouclier penchait à gauche... La mère au « contraire, les bras toujours croisés sur sa « poitrine, suivait le bouclier des yeux, d'un « regard si ferme, si tranquille, qu'elle ne semblait n'avoir rien à craindre pour son enfant. »

— Rien à craindre ! — s'écria Guilhern. — Voir son enfant ainsi exposé à une mort presque certaine... car il va périr...

— Mais cette mère était donc dénaturée !... — s'écria Hénory, la femme de Guilhern.

— Et pas un homme dans cette foule pour se jeter à l'eau et sauver l'enfant ! — dit Julyan en pensant à son ami. — Ah ! voici qui courroucera le bon cœur d'Armel, quand je lui répéterai ce que je viens d'entendre.

— N'interrompez donc pas à chaque instant ! — s'écria Joel. — Continue, ami hôte... puisse Teutatès, qui préside aux voyages de ce monde et des autres, veiller sur ce pauvre petit !

— « Par deux fois, — reprit l'étranger, — « le bouclier faillit s'engouffrer avec l'enfant « dans un des tourbillons du fleuve ; la mère « seule ne sourcilla pas... Et bientôt on vit, « voguant comme un petit esquif, le bouclier, « descendre paisiblement le cours de l'eau. « Alors toute la foule cria en battant des mains: « La barque ! la barque !

« Deux hommes coururent, mirent une barque à flot, et, forçant de rames, ils atteignirent

11ᵉ livraison

« en peu d'instants le bouclier, et le retirèrent
« de l'eau, ainsi que l'enfant qui s'était en-
« dormi... »

— Grâce aux dieux, il est sauvé ! — dit presque tout d'une voix la famille de Joel, comme si elle eût été délivrée d'une appréhension douloureuse.

Et l'étranger continua, s'apercevant qu'on allait l'interrompre par de nouvelles questions:
— « Pendant que l'on retirait de l'eau le
« bouclier et l'enfant, son père, Vindorix, dont
« les traits étaient devenus aussi radieux qu'ils
« avaient été sombres jusqu'alors, courut à sa
« femme; lui tendit les bras en s'écriant :
« Albrège !... Albrège !... tu disais vrai... tu
« m'as été fidèle...
« Mais Albrège, repoussant son mari d'un
« geste, lui répondit fièrement : — Certaine de
« mon honneur, je n'ai pas craint l'épreuve...
« J'étais tranquille sur le sort de mon enfant;
« les dieux ne pouvaient punir une femme
« innocente par la perte de son fils... Mais...
« femme soupçonnée, femme outragée... je
« garderai mon enfant; tu ne nous verras plus,
« ni lui, ni moi... toi qui as douté de l'honneur
« de ton épouse !
« A ce moment, on rapportait en triomphe
« l'enfant... Sa mère se jeta sur lui, de même
« qu'une lionne sur son petit, l'enserra passion-
« nément entre ses bras; et autant elle avait
« été jusque-là calme et paisible, autant elle
« fut violente dans les embrassements dont elle
« couvrit son enfant, qu'elle emporta en se
« sauvant. »

— Ah ! c'était une vraie Gauloise que celle-là ! — dit la femme de Guilhern. — Femme soupçonnée... femme outragée... ces mots sont fiers... je les aime !

— Mais, — reprit Joel, — cette épreuve est donc une coutume des Gaulois des bords du Rhin ?

— Oui, — répondit l'inconnu. — Le mari qui soupçonne sa femme d'avoir déshonoré son lit met l'enfant qui naît d'elle sur un bouclier, et l'expose au courant du fleuve... Si l'enfant surnage, l'innocence de la femme est prouvée; s'il s'abîme dans les flots, le crime de la mère est avéré...

— Et cette vaillante épouse, ami hôte, — demanda Hénory, femme de Guilhern, — comment était-elle vêtue ? Portait-elle des tuniques semblables aux nôtres ?

— Non, — dit l'étranger; — leur tunique est très-courte et de deux couleurs : le corsage bleu, je le suppose, et la jupe rouge; souvent elle est brodée d'or ou d'argent.

— Et les coiffes, demanda une jeune fille, — sont-elles blanches et carrées comme les nôtres ?

— Non; elles sont noires et évasées souvent ornées de fils d'or ou d'argent.

— Et les boucliers, — demanda Guilhern, — sont-ils faits comme les nôtres ?

— Ils sont plus longs, — répondit le voyageur; — mais ils sont peints de couleurs tranchantes, disposées en carreaux, ordinairement rouges et blancs.

— Et les mariages, comment se font-ils ? — demanda une jeune fille.

— Et leurs troupeaux, sont-ils aussi beaux que les nôtres ? — dit un vieillard.

— Et ont-ils comme nous de vaillants coqs de combats ? — demanda un enfant.

De sorte que Joel, voyant l'étranger si fort accablé de questions dit aux questionneurs :

— Assez, assez, vous autres... laissez donc souffler notre ami; vous êtes à crier autour de lui comme une volée de mouettes.

— Et payent-ils comme nous l'argent qu'ils doivent aux morts ? — demanda Rabouzigued, malgré la recommandation de Joel de ne plus questionner l'étranger.

— Oui; leur coutume est la nôtre, — répondit l'inconnu, — et ils ne sont pas idolâtres comme un homme de l'Asie, que j'ai rencontré à Marseille, qui prétendait, selon sa religion, que nous continuons de vivre après notre mort, non plus revêtus de formes humaines, mais de formes d'animaux.

— Hèr !... hèr !... — cria Rabouzigued en grande inquiétude. — S'il en était ainsi que disent ces idolâtres, Gigel, parti pour le vieux Mark, habite peut-être le corps d'un poisson... et je lui ai envoyé trois pièces d'argent par Armel, qui habite peut-être à cette heure le corps d'un oiseau... Comment un oiseau pourra-t-il remettre de pièces d'argent à un poisson ?... Hèr !... Hèr !...

— Notre ami te dit que cette croyance est une idolâtrie, Rabouzigued... — reprit sévèrement Joel. — Ta crainte est donc impie.

— Il doit en être ainsi. — reprit tristement Julyan. — Or, que deviendrais-je, moi, qui demain vais rejoindre Armel par serment et par amitié, si je le retrouvais oiseau, moi étant devenu cerf des bois ou bœuf des champs ?

— Ne crains rien, jeune homme, — dit l'étranger à Julyan, — la religion de Hésus est la seule vraie; elle nous enseigne que nous retrouvons après la mort des corps plus jeunes et plus beaux.

— C'est là mon espoir ! — dit Rabouzigued le nabot.

— Ce que c'est que de voyager ! — reprit Joel; — que de choses l'on apprend ! Mais, tiens, pour ne pas être en reste avec toi, récit pour récit, fière Gauloise pour fière Gauloise... demande à Margarid de te raconter la belle action d'une de ses aïeules; il y a à peu près cent trente ans de cela, lorsque nos pères étaient allés jusqu'en Asie fonder la nouvelle Gaule; car il est peu de terres dans le monde qu'ils n'aient touchées de leurs semelles.

— Après le récit de la femme, reprit l'étranger, — puisque tu veux parler de nos pères, je t'en parlerai aussi, moi… et par Ritta-Gaürl… jamais le moment n'aura été mieux choisi; car pendant que nous racontons ici des récits, vous ne savez pas ce qui se passe, vous ignorez qu'en ce moment peut-être…

— Pourquoi t'interrompre? — dit Joel surpris. — Que se passe-t-il donc pendant que nous faisons ici des contes? Qu'y a-t-il de mieux à faire au coin de son foyer, pendant les soirées d'automne?…

Mais l'étranger, au lieu de répondre à Joel, dit respectueusement à Mamm'Margarid :

— J'écouterai le récit de l'épouse de Joel.

— C'est un récit très-simple, — répondit Margarid tout en filant sa quenouille, — un récit simple comme l'action de mon aïeule… Elle se nommait *Siomara.*

— Et en son honneur, — dit Guilhern interrompant sa mère, et montrant avec orgueil à l'étranger une enfant de huit ans, d'une beauté merveilleuse, — en l'honneur de notre aïeule Siomara, aussi belle que vaillante, j'ai donné son nom à ma petite fille que voici.

— On ne peut voir une enfant plus charmante, — dit l'inconnu frappé de l'adorable figure de la petite Siomara. — Elle aura, j'en suis certain, la vaillance de son aïeule comme elle en a la beauté.

Hénory, la mère de l'enfant, rougit de plaisir à ces paroles, et dit à Mamm'Margarid en souriant :

— Je n'ose pas blâmer Guilhern de vous avoir interrompue, car il m'a valu ce beau compliment.

— Ce compliment m'est aussi doux qu'à toi, ma fille, — dit Mamm'Margarid, et elle reprit ainsi son récit :

— « Mon aïeule se nommait Siomara; elle « était fille de Ronan. Son père l'avait conduite « dans le bas Languedoc, où il allait com- « mercer. Les Gaulois de ce pays se préparaient « alors à l'expédition d'Orient. Leur chef, nom- « mé *Oriëgon,* vit mon aïeule, fut frappé de « son extrême beauté, s'en fit aimer, l'épousa. « Siomara partit avec son mari pour l'expédi- « tion d'Orient. D'abord on triompha; puis les « Romains, toujours jaloux des possessions « gauloises, vinrent attaquer nos pères. Dans « l'un de ces combats, Siomara, qui, selon son « devoir et son cœur, accompagnait Oriëgon, « son mari, à la bataille, dans son chariot de « guerre, fut, durant la lutte, séparée de son « époux, faite prisonnière et mise sous la

« garde d'un officier romain, avare et débauché. « Ce Romain, frappé de la grande beauté de « Siomara, tenta de la séduire; elle le méprisa. « Alors, abusant du sommeil de sa captive, il « lui fit violence… »

— Tu entends, Joel, — s'écria l'inconnu avec indignation, — tu entends… un Romain; l'aïeule de ta femme subir un pareil outrage!

— Ecoute la fin du récit, ami hôte, — dit Joel; — tu verras que Siomara vaut la Gauloise du Rhin.

— « L'une comme l'autre, — poursuivit « Margarid, — se sont montrées fidèles à cette « maxime : Il y a trois sortes de pudeur chez « la femme gauloise : — la première, lorsque « son père dit en sa présence qu'il accorde sa « main à celui qu'elle aime; — la deuxième, « lorsque pour la première fois elle entre dans « le lit de son mari; — la troisième, lorsqu'elle « paraît ensuite devant les hommes. — Le Ro- « main avait fait violence à Siomara, sa cap- « tive. Son désir assouvi, il lui proposa la « liberté moyennant rançon. Elle accepta la « proposition, et engagea le Romain à envoyer « un de ses serviteurs, prisonnier comme elle, « au camp des Gaulois, pour dire à Oriegon, ou « en l'absence de celui-ci à ses amis, d'apporter « la rançon en un lieu désigné. Le serviteur « partit pour le camp gaulois. L'avaricieux « Romain, voulant recevoir lui-même la rançon « et ne la partager avec personne, conduisit « seul Siomara au lieu convenu. Les amis « d'Oriegon se trouvèrent là avec l'or de la « rançon. Pendant que le Romain comptait la « somme fixée, Siomara s'adressant aux Gau- « lois dans leur langue commune, leur dit d'é- « gorger l'infâme… Cela fut fait… Alors Sio- « mara lui coupa la tête, l'emporta dans un « pan de sa robe, et retourna au camp gaulois. « Oriegon, fait prisonnier de son côté, était par- « venu à s'échapper et arrivait au camp en « même temps que sa femme. Celle-ci, à la vue « de son époux, laisse tomber à ses pieds la « tête du Romain, et s'adressant à Oriëgon : — « Cette tête est celle d'un homme qui m'avait « outragée… Nul autre que toi ne pourra dire « qu'il m'a possédée… »

Et après ce récit, Mamm'Margarid continua de filer sa quenouille.

— Ne te disais-je pas, ami, — reprit Joel, — que Siomara, l'aïeule de Margarid, valait la Gauloise des bords du Rhin?

— Et ce noble nom ne doit-il pas porter bonheur à ma petite fille! — ajouta Guilhern en baisant tendrement la tête blonde de son enfant.

— Ce mâle et chaste récit est digne des lèvres qui l'ont prononcé, — dit l'étranger. — Il prouve aussi que les Romains, nos ennemis implacables, n'ont pas changé… Cupides et débauchés…

tels ils étaient… tels ils sont encore. Et puisque nous parlons de Romains avides et débauchés, et que vous aimez les récits, — ajouta l'étranger avec un sourir amer, — vous saurez que j'ai été à Rome… et que là j'ai vu… *Jules César*… le plus fameux des généraux romains, et aussi le plus cupide, le plus infâme débauché qu'il y ait dans toute l'Italie; car de ses débauches infâmes je n'oserais parler devant des femmes et des filles.

— Ah! tu as vu ce fameux *Jules César?* Quel homme est-ce?— demanda curieusement Joel.

L'étranger regarda le brenn comme s'il eût été très surpris de sa question, et répondit, paraissant contraindre sa colère :

— César touche à l'âge mur; il est de taille élevée; son visage est maigre et long, son teint pâle, son œil noir, son front chauve; et, comme cet homme réunit tous les vices des plus mauvaises femmes romaines, il a, ainsi qu'elles, l'orgueil de sa personne; aussi, pour dissimuler qu'il est chauve, porte-t-il toujours une couronne de feuilles d'or. Ta curiosité est-elle satisfaite, Joel? Veux-tu savoir encore que César tombe d'épilepsie? veux-tu savoir…

Mais l'inconnu n'acheva pas, et s'écria en regardant la famille du brenn avec un grand courroux :

— Par la colère de Hésus! ignorez-vous donc tous, tant que vous êtes ici, capables de prendre le sabre et la lance, et insatiables de vains récits, ignorez-vous donc qu'une armée romaine, après avoir envahi, sous le commandement de César, la moitié de nos provinces, prend ses quartiers d'hiver dans l'Orléanais, la Touraine et l'Anjou?

— Oui, oui, nous avions entendu parler de ces choses, — dit tranquillement Joel. — Des gens de l'Anjou, qui sont venus nous acheter des bœufs et des porcs, nous ont appris cela.

— Et c'est avec cette insouciance que tu parles de l'invasion romaine en Gaule? — s'écria le voyageur.

— Jamais les Gaulois bretons n'ont été envahis par l'étranger, — répondit fièrement le brenn de la tribu de Karnak. — Nous resterons vierges de cette souillure… Nous sommes indépendants des Gaulois du Poitou, de la Touraine, de l'Orléanais et des autres provinces, de même qu'ils sont indépendants de nous. Ils ne nous ont pas demandé secours. Nous ne sommes pas faits pour aller nous offrir à leurs chefs et guerroyer sous eux : que chacun sauvegarde son honneur et sa province… Les Romains sont en Touraine… mais d'ici à la Touraine il y a loin.

— De sorte, que si les pirates du Nord égorgeaient ton fils Albinik, le marin, et sa vaillante femme Meroë, cela ne te toucherait point, parce que ce meurtre aurait été commis loin d'ici?

— Tu plaisantes. Mon fils est mon fils… Les Gaulois des autres provinces que la mienne ne sont pas mes fils.!

— Ne sont-ils pas ainsi que toi les fils d'un même Dieu, comme te l'apprend la religion des druides? S'il en est ainsi, tous les Gaulois ne sont-ils pas frères? et l'asservissement, le sang d'un frère, ne crient-ils pas vengeance? De ce que l'ennemi n'est pas à la porte de ta maison… tu es sans inquiétude? Ainsi la main, sachant le pied gangrené, peut se dire : « Moi, je suis « saine et le pied est loin de la main… Je n'ai « point à m'inquiéter de ce mal… » Aussi, la gangrène n'étant pas arrêtée, monte du pied aux autres membres, et bientôt le corps périt tout entier.

— A moins que la main saine ne prenne une hache, — dit le brenn, — et ne coupe le pied d'où vient le mal.

— Et que devient un corps ainsi mutilé, Joel? — reprit Mamm'Margarid, qui avait écouté en silence. — Quand les plus belles provinces de notre pays auront été envahies par l'étranger, que deviendra le reste de la Gaule? Ainsi mutilée, démembrée, comment se défendra-t-elle contre ses ennemis?

— La digne épouse de mon hôte parle avec sagesse, — dit respectueusement le voyageur en s'adressant à Mamm'Margarid; — ainsi que toute matrone gauloise, elle tiendra sa place au conseil public aussi bien qu'au milieu de sa maison.

— Tu dis vrai, — reprit Joel; — Margarid a le cœur vaillant et l'esprit sage; souvent son avis est meilleur que le mien… je le dis avec contentement… Mais cette fois j'ai raison. Quoi qu'il arrive du reste de la Gaule, jamais le Romain ne mettra le pied dans notre vieille Bretagne. Elle a pour se défendre ses écueils, ses marais, ses forêts, ses rochers et surtout… ses Bretons.

A ces paroles de son époux, Mamm' Margarid secoua la tête; mais tous les hommes de la famille de Joel applaudirent à ce qu'il avait dit.

Alors l'inconnu reprit d'un air sombre :

— Soit, un dernier récit; mais que celui-là vous tombe à tous sur le cœur comme de l'airain brûlant, puisque les sages paroles de la matrone de la maison ont été vaines.

Tous regardèrent l'étranger avec surprise, et il commença son récit.

CHAPITRE IV

Le voyageur fait le récit qui doit tomber comme de l'airain brûlant sur le cœur de Joel, assez insensé pour avoir répondu *qu'il y avait loin de la Touraine à la Bretagne*. — Joel commence d'autant mieux à comprendre l'utilité de cette leçon, que soudain ses deux fils, MIKAEL, *l'armurier*, et ALBINIK, le *marin*, arrivant d'Auray au milieu de la nuit, apportent de redoutables nouvelles.

Le voyageur, d'un air sombre et sévère, commença son récit en ces termes :

« Depuis deux ou trois mille ans, peut-être, « une famille vit ici, en Gaule. D'où est-elle « venue, cette famille, pour occuper la première « ces grandes solitudes aujourd'hui si peu-« plées? Sans doute elle était venue du fond « de l'Asie, cet antique berceau des races hu-« maines, aujourd'hui caché dans la nuit des « temps. Cette famille a toujours conservé un « caractère qui lui est propre et ne se retrouve « chez aucun autre peuple du monde ; loyale, « hospitalière, généreuse, vive, gaie, railleuse, « aimant à conter et surtout entendre raconter, « intrépide dans le combat, bravant la mort « plus héroïquement qu'aucune nation, parce « qu'elle sait, par sa religion, ce que c'est que « la mort... voilà les qualités de cette famille. « Étourdie, vagabonde, présomptueuse, incons-« tante, curieuse de toute nouveauté, encore « plus avide de voir des pays inconnus que de « les conquérir, s'unissant aussi facilement « qu'elle se divise, trop orgueilleuse et trop « changeante pour accommoder son avis à « celui de ses voisins, ou, si elle y consent, « incapable de marcher longtemps de concert « avec eux, quoiqu'il s'agisse des intérêts com-« muns les plus importants... voilà les vices de « cette famille ; en bien et en mal, ainsi a-t-« elle toujours été depuis des siècles, ainsi est-elle « encore aujourd'hui, ainsi sera-t-elle sans « doute demain ! »

— Eh, eh, si je ne me trompe, — reprit le brenn en riant, — tous, tant Gaulois que nous sommes, nous serions un peu de cette famille-là...

— Oui, — dit l'inconnu, — pour son malheur... et pour la joie de ses ennemis... tel a été, tel est le caractère de notre peuple!

— Avoue du moins que, malgré ce caractère, ce cher peuple gaulois a bien fait son chemin dans le monde! car il est peu de terres où ce grand vagabond curieux, comme tu l'appelles, n'ait été promener ses chausses, le nez au vent et l'épée sur la cuisse...

— Tu dis vrai ; tel est notre esprit d'aventure : toujours marcher en avant et vers l'inconnu, plutôt que de s'arrêter et de fonder. Aussi, aujourd'hui, le tiers de la Gaule est au pouvoir des Romains, tandis qu'il y a plusieurs siècles, la race gauloise, par ses conquêtes exagérées, occupait, en outre de la Gaule, *l'Angleterre*, *l'Irlande*, *la haute Italie*, *la rive droite du Danube*, le pays d'outre-mer, jusqu'au *Danemarh*, et ce n'était pas assez, car on dirait que notre race devait se répandre dans tout le monde! Les Gaulois du Danube s'en allaient en *Macédoine*, en *Thrace*, en *Thessalie*; d'autres traversant le *Bosphore* et *l'Hellespont*, atteignaient *l'Asie-Mineure*, fondaient la NOUVELLE GAULE, et devenaient ainsi arbitres de tous les rois de l'Orient.

— Jusqu'ici, — reprit le brenn, — il me semble que nous n'avons pas à regretter notre caractère que tu juges sévèrement?

Et qu'est-il donc resté de ces folles batailles entreprises par l'orgueil des rois qui alors régnaient sur les Gaules? Ces conquêtes lointaines ne nous ont-elles pas échappé? Les Romains, nos ennemis implacables et toujours grandissants, n'ont-ils pas soulevé tous les peuples contre nous? n'avons-nous pas été obligés d'abandonner ces possessions inutiles : l'Asie, la Grèce, l'Allemagne, l'Italie? Voilà donc le fruit de tant d'héroïsme, de tant de sang versé! Voilà donc où nous avait conduits l'ambition des rois usurpateurs du pouvoir des druides!

— A cela je n'ai rien à répondre. Tu as raison; il n'était pas besoin de nous aller promener si loin pour ne rapporter à nos semelles que du sang et de la poussière des pays étrangers. Mais, si je ne me trompe, c'est vers ces temps-là, les fils du brave Ritha-Gaür, qui s'est fait une blouse avec la barbe des rois qu'il a rasés, voyant dans ceux-ci les bouchers du peuple et non ses pasteurs, ont mis bas les royautés?

— Oui, grâce aux dieux, une époque de vraie grandeur, de paix, de prospérité a succédé aux conquêtes stériles et sanglantes des royautés. Débarrassée de ses inutiles possessions, réduite à de sages limites, ses frontières naturelles, *le Rhin*, *les Alpes*, *les Pyrénées*, *l'Océan*, la République des Gaules a été la reine et l'envie du monde. Son sol fertile, cultivé comme nous savons le cultiver, produisait tout avec abondance ; les rivières étaient couvertes de bateaux marchands ; les mines d'or, d'argent, de cuivre, augmentaient chaque jour sa richesse ; de grandes villes s'élevaient de toutes parts. Les druides, répandant partout les lumières, prêchaient l'union aux provinces, et en donnaient l'exemple en convoquant, une fois par an, dans le pays chartrain, centre des Gaules, une assemblée solennelle, où se traitaient les intérêts généraux du pays. Chaque tribu, chaque canton, chaque cité, nommait ses magistrats ; chaque province était une République, qui, selon la pensée des druides, venait se fondre dans la grande République des Gaules, et ne faire ainsi qu'un seul corps tout-puissant par son union.

— Les pères de nos grands-pères ont encore vu cet heureux temps-là, ami hôte!

— Et leurs fils n'ont vu que ruines et malheurs! Qu'est-il arrivé? la race maudite des rois détrônés se joint à la race non moins maudite de leurs anciens clients ou seigneurs, et tous, irrités d'être dépossédés de leur autorité, espèrent la ressaisir au milieu des malheurs publics, et exploitent avec une perfidie infâme l'inconstance, l'orgueil, l'indiscipline de notre caractère qu'améliorait déjà la puissante influence des druides; les rivalités de province à province, depuis longtemps assoupies, se réveillent; les jalousies, les haines, renaissent dans la République; l'œuvre d'union se démembre de toutes parts. Les rois ne remontent pas encore sur le trône; plusieurs de leurs descendants sont même juridiquement exécutés; mais ils ont déchaîné les partis. La guerre civile s'allume, les provinces puissantes veulent asservir les plus faibles. Ainsi, à la fin du dernier siècle, les Marseillais descendants de ces Grecs exilés, à qui la Gaule avait généreusement cédé le territoire où ils bâtirent leur ville, veulent s'ériger en suzerains. La province se soulève, Marseille menacée appelle les Romains à son secours... Les Romains viennent, non pour soutenir Marseille dans son iniquité, mais pour s'emparer eux-mêmes de la contrée, malgré les prodiges de valeur de ses habitants. Établis en Provence, les Romains y bâtissent la ville d'*Aix*, et fondent ainsi leur première colonie dans notre pays...

— Ah! maudits soient les gens de Marseille! — s'écria Joel. — C'est grâce à ces fils des Grecs que les Romains ont mis le pied chez nous!

— Et de quel droit maudire les gens de Marseille? Ne doivent-elles pas être aussi maudites ces provinces, qui, depuis la décadence de la République, laissaient ainsi écraser, asservir, une de leurs sœurs par l'étranger? Mais prompte est la punition! Les Romains, encouragés par l'insouciance de la Gaule, s'emparent de l'*Auvergne*, puis du *Dauphiné*, plus tard du *Languedoc* et du *Vivarais*, malgré la défense héroïque de ces populations divisées entre elles et abandonnées à leurs seules forces. Voilà donc les Romains maîtres de presque tout le midi de la Gaule; ils le gouvernent par leurs proconsuls, réduisent le peuple au plus dur esclavage. Les autres provinces s'alarment-elles enfin de ces terribles envahissements de Rome, qui toujours s'avance menaçant le cœur de la Gaule? Non, non! confiantes dans leur courage, elles disent comme tu le disais tout à l'heure, Joel: *Le Midi est loin du Nord, l'O-* *rient est loin de l'Occident.* Cependant notre race, assez insouciante et présomptueuse pour ne pas prévenir la domination étrangère lorsqu'il en est temps, a toujours le courage tardif de se révolter lorsque le joug s'appesantit sur elle. Les provinces soumises aux Romains éclatent en rébellions terribles: elles sont comprimées dans le sang. Nos désastres se précipitent. Les Bourguignons, excités par les descendants des anciens rois, s'arment contre les Francs-Comtois, en invoquant le secours des Romains. La Franche-Comté, hors d'état de résister à une telle alliance, demande des renforts aux Germains, de l'autre côté du Rhin; ces *barbares du Nord* apprennent ainsi le chemin de la Gaule, et après de sanglantes batailles contre ceux même qui les avaient appelés, ils restent maîtres de la Bourgogne et de la Franche-Comté... Enfin, l'an passé, les *Suisses*, excités par l'exemple des Germains, font irruption dans les provinces gauloises conquises par les Romains. Jules César, nommé proconsul, accourt d'Italie, refoule les Suisses dans leurs montagnes, chasse les Germains de la Bourgogne et de la Franche-Comté, s'empare de ces provinces, épuisées par leur longue lutte contre les barbares, et à leur oppression succède celle des Romains: c'était simplement changer de maîtres... Enfin! enfin! au commencement de cette année, une partie de la Gaule sort de son assoupissement, sent le danger qui menace les provinces encore indépendantes. De courageux patriotes, ne voulant pour maîtres ni Romains ni Germains, *Galba* chez les Gaulois de la Belgique, *Boddig-nat* chez les Gaulois de Flandre, soulèvent en masse les populations contre César. Les Gaulois du Vermandois, ceux de l'Artois, s'insurgent aussi. Et l'on marche aux Romains! Ah! ce fut une grande et terrible bataille!... que cette bataille de *la Sambre*! — s'écria l'inconnu avec exaltation. — L'armée gauloise avait attendu César sur la rive gauche du fleuve. Trois fois l'armée romaine la traversa, trois fois elle fut forcée de le repasser en combattant jusqu'à la ceinture dans l'eau rougie par le sang. La cavalerie romaine est culbutée, les plus vieilles légions écrasées. César descend de cheval, met l'épée à la main, rallie ses dernières cohortes de vétérans qui lâchaient pied, et, à leur tête, charge notre armée... malgré le courage de César, la bataille était perdue pour lui... lorsque nous voyons s'avancer à son secours un nouveau corps de troupes.

— Tu dis: Nous voyons s'avancer? — reprit Joel. — Tu assistais donc à cette terrible bataille?

Mais l'inconnu, sans répondre, continua:

— Épuisés, décimés par sept heures de combat, nous luttons encore contre ces troupes fraîches... nous luttons jusqu'à l'agonie... nous luttons jusqu'à la mort... Et savez-vous, — ajouta l'étranger avec une grande douleur, — savez-vous, vous autres, qui restiez paisibles ici, tandis que vos frères mouraient pour la liberté des Gaules, qui est la vôtre aussi... savez-vous combien il en a survécu ?... des *soixante mille* combattants de l'armée gauloise ? à cette bataille de la Sambre?... Il en a survécu CINQ CENTS !...

— Cinq cents !... — s'écrie Joel d'un air de doute.

— Je le dis parce que je suis un de ceux-là qui ont survécu... — répondit fièrement le voyageur.

— Ainsi, ces deux cicatrices récentes que tu portes au visage...

— Je les ai reçues à la bataille de la Sambre...

A ce moment du récit, on entendit au dehors de la maison les dogues de garde aboyer avec furie, pendant que l'on frappait de grands coups à la porte de la palissade. La famille du brenn, encore sous la triste impression des paroles du voyageur, se crut sur le point d'être attaquée : les femmes se levèrent, les petits enfants se jetèrent dans leurs bras, les hommes coururent aux armes suspendues à la muraille... Cependant, les dogues ayant cessé d'aboyer, quoique l'on heurtât toujours fortement, Joel dit à sa famille :

— Quoique l'on continue de frapper, les chiens n'aboient plus ; ils connaissent ceux qui frappent.

Et disant ces mots, le brenn sortit de sa maison : plusieurs des siens et l'inconnu le suivirent par prudence. La porte de la cour fut ouverte, et l'on entendit deux voix qui criaient de l'autre côté de la palissade :

— C'est nous, amis, c'est nous... Albinik et Mikaël.

En effet, à la clarté de la lune on vit les deux fils du brenn, et derrière eux leurs chevaux essoufflés et blancs d'écume. Lorsqu'il eût embrassé tendrement ses enfants, surtout le marin, qui voyageait sur mer depuis près d'une année, Joel entra avec eux dans la maison, où ils furent accueillis avec beaucoup de joie et de surprise par leur mère et par toute la famille.

Albinik, le marin, et Mikaël, l'armurier, étaient, comme leur père et leur frère, très grands et très robustes ; ils portaient, par dessus leurs vêtements, un manteau à capuchon, en grosse étoffe de laine et ruisselant de pluie. A leur entrée dans la maison, et même avant d'aller embrasser leur mère, les deux nouveaux venus avaient approché leurs lèvres des sept petites branches de gui baignant dans la coupe de cuivre placée sur la grosse pierre. Là, ils avaient vu un corps inanimé à demi couvert de feuillage, auprès duquel se tenait toujours Julyan.

— Bonsoir, Julyan, — lui dit Mikaël. — Qui donc est mort ici ?

— C'est Armel ; je l'ai tué ce soir en me battant au sabre avec lui par outre-vaillance. — répondit Julyan. — Mais comme nous nous sommes promis d'être *saldunes*, demain j'irai le rejoindre... *ailleurs* ; si tu le veux, je lui parlerai de toi ?

— Oui, oui, Julyan ; car j'aimais Armel, et je croyais le trouver vivant. J'ai dans mon sac, sur mon cheval, un petit fer de harpon, que j'ai forgé pour lui ; je le mettrai demain sur votre bûcher à tous deux...

— Et tu diras à Armel, — ajouta le marin en souriant, — qu'il s'en est allé trop tôt, car son ami Albinik et sa femme Méroë lui auraient raconté leur dernier voyage sur mer...

— C'est moi et Armel qui, à notre tour, aurons plus tard à t'en faire de beaux récits, Albinik, reprit Julyan souriant avec confiance ; — car tes voyages sur mer ne sont rien auprès de ceux qui nous attendent dans ces mondes merveilleux que personne n'a vus et que tout le monde verra.

Lorsque les deux fils de Margarid eurent répondu aux tendresses de leur mère et de leur famille, le brenn dit au voyageur :

— Ami, ce sont mes deux enfants.

— Fassent les dieux que la précipitation de leur arrivée ici n'ait pas une cause mauvaise ! — répondit l'inconnu.

— Je dis comme notre hôte, mes fils, — reprit Joel, — que s'est-il passé, pour que vous veniez si tard et si pressés ? Heureux soit ton retour, Albinik ; mais je ne le croyais pas prochain ; où est donc ta gentille femme Méroë ?

— Je l'ai laissée à Vannes, mon père. Voilà ce qui s'est passé : Je revenais d'Espagne par le golfe de Gascogne, m'en allant en Angleterre ; le mauvais temps d'aujourd'hui m'a forcé d'entrer dans la rivière de *Vannes*. Mais, par Teutatès, qui préside à tous les voyages sur terre et sur mer, ici-bas et ailleurs, je ne m'attendais pas... non, je ne m'attendais pas à voir ce que j'ai vu dans la ville. Aussi, laissant mon navire au port, à la garde de mes matelots sous la surveillance de ma femme, j'ai pris un cheval et galopé jusqu'à Auray ; là, j'ai dit la nouvelle à Mikaël, et nous sommes accourus ici afin de vous prévenir, mon père.

— Et qu'as-tu donc vu à Vannes ?

— Ce que j'ai vu ? tous les habitants soulevés par l'indignation et par la colère, en braves Bretons qu'ils sont !

— Et la cause de cette colère, mes enfants ? — demanda Mamm' Margarid en filant sa quenouille.

— Quatre officiers romains, sans autre es-

corte que quelques soldats, et aussi tranquillement insolents que s'ils étaient en un pays d'esclaves, sont venus hier, commander aux magistrats de la ville d'expédier des ordres à toutes les tribus voisines, afin qu'elles envoyassent à Vannes dix mille sacs de blé...
— Et puis, mon fils? — demanda Joel en riant et haussant les épaules.
— Cinq mille sacs d'avoine.
— Et puis?
— Cinq cents tonneaux d'hydromel.
— Naturellement, — dit le brenn en riant plus fort, — il faut boire... et puis?
— Mille bœufs.
— Et des plus gras, nécessairement... Ensuite?
— Cinq mille moutons.
— C'est juste, l'on se rassasie de manger toujours du bœuf. Est-ce tout, mes enfants?
— Ils demandent encore trois cents chevaux pour remonter la cavalerie romaine, et deux cents chariots de fourrage.
— Pourquoi non? Il faut bien les nourrir ces pauvres chevaux, — reprit Joel en continuant de railler. — Mais il doit y avoir encore quelque commande? Dès que l'on ordonne, pourquoi s'arrêter?
— Il faudra ensuite charroyer ces approvisionnements jusqu'en Poitou et en Touraine.
— Et quelle *grand-gueule* doit avaler ces sacs de blé, ces moutons, ces bœufs et ces tonnes d'hydromel?
— Et surtout, — ajouta l'Inconnu, — qui doit payer ces approvisionnements?
— Les payer, — reprit Albinik, — personne! c'est un impôt forcé.
— Ah! ah! — reprit Joel.
— Et la grand-gueule qui doit avaler ces provisions, c'est l'armée romaine qui hiverne en Touraine et en Anjou.
Un grand frémissement de colère, mêlée de dédain railleur, souleva toute la famille du brenn.
— Eh bien, Joel, — reprit alors le voyageur, — trouves-tu encore qu'il y ait loin de la Touraine à la Bretagne? La distance ne me paraît point grande à moi, puisque les officiers de César viennent tranquillement et sans escorte approvisionner leur armée la bourse vide et le bâton haut.
Joel ne rit plus, baissa la tête avec confusion et resta muet.
— Notre hôte dit vrai, — reprit Albinik. — Oui, ces Romains sont venus la bourse vide et le bâton haut; car un de leurs officiers a levé son cep de vigne sur le vieux Ronan, le plus ancien des magistrats de Vannes, qui, comme toi, père, riait très fort des demandes des Romains.
— Et pourtant, mes enfants, que faire si ce n'est d'en rire de ces demandes? Nous imposer ces approvisionnements à nous autres, tribus voisines de Vannes? nous forcer de conduire ces réquisitions en Touraine et en Anjou avec nos bœufs et nos chevaux que les Romains garderont! et cela au moment de nos semailles et de nos labours d'automne! ruiner la récolte de l'an qui vient, en nous volant celle de l'an passé! c'est nous réduire à brouter l'herbe dont auraient vécu les bestiaux qu'ils nous volent!
— Oui, — dit Mikaël, l'armurier, — ils veulent nous prendre notre blé, nos troupeaux, et nous laisser l'herbe; mais, par le fer de lance que je forgeais encore ce matin!!! ce sont les Romains qui, sous nos coups, mordront l'herbe de nos champs!!!
— Vannes dès aujourd'hui prépare sa défense en cas d'attaque, — reprit le marin. — Des retranchements sont commencés aux environs du port... Tous nos matelots s'armeront, et si les galères romaines viennent nous attaquer par mer, jamais les corbeaux de mer n'auront vu sur nos grèves pareil régal de cadavres!
— En passant à travers les autres tribus, — reprit Mikaël, — nous avons cette nuit répandu la nouvelle et semé l'alarme... Les magistrats de Vannes ont aussi envoyé de tous côtés, pour ordonner que des feux allumés de colline en colline signalent dès cette nuit un grand danger d'un bout à l'autre de la Bretagne.
Mamm' Margarid, toujours filant sa quenouille, avait écouté les paroles de ses fils... Alors elle dit tranquillement:
— Et ces officiers romains? mes enfants, est-ce qu'on ne les a point renvoyés à leur armée... après les avoir battus de verges?
— Non, ma mère, on les a mis en prison à Vannes, sauf deux de leurs soldats que les magistrats ont chargé de déclarer au général romain qu'on ne lui fournirait aucun approvisionnement, et que ses officiers seraient gardés en otage.
— Il valait mieux battre ces officiers de verges et les chasser honteusement de la ville, — reprit Mamm' Margarid. — On traite ainsi les voleurs, et ces Romains voulaient nous voler...
— Tu as raison, Margarid, — dit Joel, — ils venaient nous voler... nous affamer! nous enlever nos récoltes! nos troupeaux, — ajouta Joel avec grande colère. — Par la vengeance de Hésus! nous prendre notre bel attelage de six jeunes bœufs à poil de loup! nos quatre couples de taureaux noirs qui ont une si jolie étoile blanche au milieu du front!
— Nos belles génisses blanches à tête fauve! — dit Mamm' Margarid en haussant les épaules et toujours filant, — nos brebis dont la toison est si épaisse! Allons, des verges... pour ces Romains!
— Et ces rudes chevaux de la race de ton fier étalon *Tom-Bras*, Joel, — reprit le voyageur, — ils vont pourtant charroyer les récoltes, les fourrages, jusqu'en Touraine, et servir ensuite

Les sacrifices humains chez les Gaulois (page 95)

à remonter la cavalerie romaine… Il est vrai que pour eux la fatigue ne sera point forte… car, maintenant, tu avoueras peut-être qu'il n'y a pas loin de la Touraine à la Bretagne.

— Tu peux railler, ami, — dit Joel, — tu as raison et j'avoue que j'avais tort. Oui, oui, tu disais vrai! Ah! si toutes les provinces de Gaule s'étaient confédérées à la première attaque des Romains! si, réunies, elles avaient fait seulement la moitié des efforts qu'elles ont tentés séparément… nous ne serions pas exposés aujourd'hui aux insolentes demandes et aux menaces de ces païens! Tu peux donc railler!

— Non, Joel, non, je ne veux plus railler, — reprit gravement l'inconnu. — Le danger est proche, le camp ennemi est à douze journées de marche; le refus des magistrats de Vannes, l'emprisonnement des officiers romains, c'est la guerre sous peu de jours… la guerre sans pitié, comme la font les Romains!!! Vaincus! c'est pour nous la mort sur le champ de bataille ou l'esclavage au loin!!! car les marchands d'esclaves, suivant les camps romains, sont avides à la curée. Tout ce qui survit, valides ou blessés, hommes, jeunes femmes, filles, enfants, sont vendus à la criée comme bétail, au profit du vainqueur, et expédiés par milliers en Italie ou dans la Gaule romaine du midi, puisqu'il y a maintenant une Gaule romaine! Là souvent les hommes robustes sont forcés de combattre les bêtes féroces dans les cirques pour le divertissement de leurs maîtres; les jeunes femmes, les filles, les enfants même… sont victimes de monstrueuses débauches! Voilà ce que c'est que la guerre avec les Romains, si l'on est vaincu, — s'écria l'étranger. — Vous laisserez-vous donc vaincre? subirez-vous cette honte? leur livrerez-vous vos femmes, vos sœurs,

12e livraison

vos filles, vos enfants, Gaulois de Bretagne?

Le voyageur eut à peine prononcé ces paroles, que la famille de Joel, hommes, femmes, jeunes filles, enfants, tous jusqu'au nabot Rabouzigued, se dressèrent les yeux brillants, les joues enflammées, et s'écrièrent en tumulte et en agitant les bras :

— Guerre! guerre! guerre!

Le grand dogue de bataille de Joel, animé par ces cris, se dressa, appuya ses pattes de devant sur la poitrine de son maître, qui, caressant sa tête énorme, lui dit :

— Oui, vieux Deber-Trud, tu feras comme notre tribu la chasse aux Romains... La curée sera pour toi... ta gueule sera rouge de sang! Ouh!... ouh!... Deber-Trud, aux Romains, aux Romains...

A ces cris de guerre le dogue répondit par des hurlements furieux, en montrant des crocs aussi redoutables que ceux d'un lion. Les chiens de garde du dehors, ainsi que ceux renfermés dans les étables, entendant Deber-Trud, lui répondirent, et les hurlements de cette meute de bataille devinrent effroyables!

— Bon présage, ami Joel, dit le voyageur, — tes dogues hurlent à la mort de l'ennemi.

— Oui, oui, mort à l'ennemi! — s'écria le *brenn*. — Grâce aux dieux... dans notre Gaule bretonne, au jour du péril... le chien de garde devient chien de guerre! le cheval de trait, cheval de guerre! le taureau de labour, taureau de guerre! le chariot de moisson, chariot de guerre! le laboureur, homme de guerre! et jusqu'à notre terre paisible et féconde, devenant terre de guerre, dévore l'étranger! A chaque pas il trouve un tombeau dans nos marais sans fond, et ses vaisseaux disparaissent dans les gouffres de nos baies, plus terribles dans leur calme que la tempête dans sa fureur!

— Joel, — dit alors Julyan, qui s'était éloigné du corps de son ami, — j'ai promis à Armel d'aller le rejoindre ailleurs... Cette mort serait pour moi un plaisir... Mourir en combattant les Romains est un devoir... Que faire?

— Demain tu le demanderas à l'un des druides de Karnak.

— Et notre sœur Hèna? — dit à sa mère Albinik, le marin, — depuis tantôt un an je ne l'ai point vue... elle est toujours, j'en suis certain, la perle de l'île de Sên? Ma femme Méroë m'a chargé de ses tendresses pour elle.

— Tu la verras demain, — répondit Mamm' Margarid, — et, déposant sa quenouille, elle se leva; — c'était pour la famille le signal d'aller prendre du repos.

Mamm'Margarid dit alors :

— Retirons-nous, mes enfants, la soirée est avancée; demain au point du jour il faudra nous occuper des provisions de guerre.

Et s'adressant au voyageur :

— Que les dieux vous donnent bon repos et doux sommeil!

CHAPITRE V

Joel, le brenn de la tribu de Karnak, fidèle à sa promesse, conduit son hôte à l'île de Sên. — Julyan consulte les druides de Karnak, pour savoir s'il doit aller retrouver Armel ou combattre les Romains. — Comment, chez les Gaulois, en moins d'une demi-journée, des ordres étaient transmis à quarante et cinquante lieues de distance. — Hèna, la vierge de l'île de Sên, vient dans la maison paternelle. — Ce qu'elle apprend à sa famille au sujet de trois sacrifices humains, auxquels doivent assister toutes les tribus voisines, et qui auront lieu le soir aux pierres de la forêt de Karnak, dès le lever de la lune. — Hèna, ainsi que tous ceux de sa famille et de la tribu de Joel, se rend à la forêt de Karnak aussitôt la lune levée. — Sacrifices humains. — Appel aux armes contre les Romains.

Le lendemain de ce jour, Joel, dès l'aube et selon sa promesse, mit sa barque à la mer, et accompagné de son fils Albinik, le marin, conduisit l'inconnu à l'îlot de Kellor, n'osant aborder le sol sacré de l'île de Sên. L'hôte du *brenn*, ayant parlé bas à l'*ewagh*, qui toujours veille dans la maison de l'île, celui-ci parut frappé de respect, et dit que Talyessin, le plus ancien des druides, qui se trouvait alors à l'île de Sên, ainsi que sa femme *Auria*, attendait un voyageur depuis la veille.

L'étranger, avant de quitter Joel, lui dit :

— Ta famille et toi n'oublierez pas, je l'espère, vos résolutions d'hier. Aujourd'hui un appel aux armes retentira d'un bout à l'autre de la Gaule bretonne.

— Sois certain qu'à cet appel, moi, les miens et ceux de ma tribu, nous serons les premiers à répondre.

— Je te crois ; il s'agit pour la Gaule d'être esclave ou de renaître dans sa force et dans sa gloire d'autrefois.

— Au moment de te quitter, ne saurai-je pas le nom de l'homme vaillant qui s'est assis à mon foyer? le nom du sage qui parle avec tant de raison et aime si fort son pays?

— Joel, je me nommerai *soldat* tant que la Gaule ne sera pas libre; et si nous nous rencontrons encore, je me nommerai *ton ami*, car je le suis.

En disant ces mots, l'inconnu monta dans la barque, qui de l'îlot de Kellor devait le conduire à l'île de Sên. Avant que la barque se fût éloignée, sous la conduite de l'ewagh, Joel demanda à ce dernier s'il pouvait attendre sa fille Hèna, qui devait venir à sa maison ce jour-là. L'ewagh lui apprit que sa fille ne se rendrait chez lui que vers la fin de la journée.

Le *brenn*, chagrin de ne point emmener Héna, s'en retourna dans sa barque seul avec Albinik.

Julyan, vers le milieu du jour, alla consulter les druides de la forêt de Karnak pour leur demander s'il devait préférer à la mort prochaine et volontaire, qui était pour lui un plaisir... puisqu'il allait rejoindre Armel... la mort qu'il irait chercher en combattant les Romains. Les druides lui répondirent qu'ayant juré à Armel sa foi de saldune de mourir avec lui, il devait être fidèle à sa promesse, et que les ewaghs iraient chercher le corps d'Armel avec les cérémonies d'usage pour le transporter sur le bûcher, où Julyan trouverait sa place dès le lever de la lune. Julyan, joyeux de pouvoir sitôt retrouver son ami, se disposait à quitter Karnak, lorsqu'il vit arriver chez les druides l'étranger qui avait été l'hôte de Joel, et qui revenait de l'île de Sên en compagnie de Talyessin. Celui-ci dit quelques mots aux autres druides, et ils entourèrent le voyageur avec autant d'empressement que de respect; les plus jeunes l'accueillaient comme un frère, les plus vieux comme un fils.

Le voyageur, reconnaissant alors Julyan, lui dit :

— Tu retournes chez le *brenn* de la tribu, attends un peu : je te donnerai un écrit pour lui.

Julyan obéit au désir de l'inconnu, qui se retira accompagné de Talyessin et des autres druides. Peu de temps après il revint, et remit un petit rouleau de peau tannée au jeune garçon, en lui disant:

— Voici pour Joel... Ce soir, Julyan, au lever de la lune... nous nous verrons encore... Hésus aime ceux qui, comme toi, sont vaillants et fidèles à l'amitié.

Julyan, revenu à la maison du brenn, apprit qu'il était aux champs pour rentrer les blés en meule; il alla le trouver, et lui remit l'écrit de l'étranger; cet écrit renfermait ces mots:

« Ami Joel, au nom de la Gaule en danger, « voici ce que les druides de Karnak attendent « de toi : Commande à tous ceux de ta famille « qui travaillent dans les champs de crier à « ceux de la tribu qui travailleraient non loin « d'eux : — AU GUI L'AN NEUF!... *Que ce soir,* « *hommes, femmes, enfants, tous se rendent* « *à la forêt de Karnak au lever de la lune.* — « Que ceux de la tribu qui auront entendu ces « paroles les crient à leur tour à ceux des « autres tribus, aussi occupés aux travaux de « la terre; de sorte que ce cri ainsi répété « de proche en proche, de l'un à l'autre, de « village en village, de cité à cité, de Vannes à « Auray, avertisse toutes les tribus de se trouver ce soir à la forêt de Karnak. »

Joel fit ainsi qu'il lui avait été demandé par l'étranger au nom des druides de Karnak. Le cri d'appel se répéta de proche en proche, et toutes les tribus, des plus voisines aux plus éloignées, furent prévenues de se trouver le soir au lever de la lune à la forêt de Karnak.

Pendant qu'une partie des hommes de la famille du brenn rentraient en hâte les récoltes de blés restées en meule, pour en enfouir une partie au fond des cavités que d'autres laboureurs creusaient dans des terrains secs, les femmes, les jeunes filles et jusqu'aux enfants, dirigés par Margarid, mettaient en hâte des salaisons dans des paniers, de la farine dans des sacs, de l'hydromel et du vin dans des outres; d'autres rangeaient dans des coffres des vêtements, du linge et des baumes pour les blessures; d'autres ajustaient de grandes et fortes toiles destinées à recouvrir les chars; car, dans les guerres redoutables, toutes les tribus du pays menacé par l'ennemi, au lieu de l'attendre, allaient souvent à sa rencontre. On abandonnait les maisons; les bœufs de labour étaient attelés aux chariots de bataille contenant les femmes, les enfants, les habillements et les provisions; les chevaux montés par les hommes mûrs de la tribu, formaient la cavalerie; les jeunes gens, plus alertes, escortaient à pied et en armes. Les grains étaient enfouis; les troupeaux délaissés allaient paître les champs sans gardiens, et par instinct rentraient le soir aux étables abandonnées; presque toujours les loups et les ours dévoraient une partie du ce bétail. Les champs restaient sans culture : de grandes disettes s'ensuivaient. Mais souvent aussi les combattants s'en allant de la sorte à la défense du pays, encouragés par la présence de leurs femmes et de leurs enfants, qui n'avaient à attendre de l'ennemi que la honte, l'esclavage ou la mort, les combattants repoussaient l'étranger au delà des frontières, et revenaient réparer les désastres de leurs champs.

Vers le déclin du soleil, Joel sachant que sa fille devait se rendre à sa maison, y retourna avec les siens, afin d'aider aussi aux préparatifs du voyage de guerre. Héna, la vierge de l'île de Sên, vint à la tombée du jour, selon qu'elle l'avait promis.

Lorsque son père, sa mère et tous ceux de sa famille, virent entrer Héna, il leur sembla que jamais, non, jamais elle n'avait été si belle... et son père ne s'était non plus jamais senti si fier de son enfant. La longue tunique noire qu'elle portait était serrée à sa taille par une ceinture d'airain, où pendait d'un côté une petite faucille d'or, de l'autre un croissant, figuré ainsi que la lune en son décours. Héna avait voulu se parer pour le jour où l'on devait fêter sa naissance. Un collier, des bracelets d'or, travaillés à jour et garnis de grenat, ornaient ses bras et son cou plus blancs que la blanche neige;

lorsqu'elle ôta son manteau à capuchon, l'on vit qu'elle portait, comme dans les cérémonies religieuses, une couronne de feuilles de chêne vert sur ses cheveux blonds, tressés en nattes autour de son front chaste et doux. Le bleu de la mer, lorsqu'elle est calme sous un beau ciel, n'était pas plus pur que le bleu des yeux d'Héna.

Le *brenn* tendit ses bras à sa fille. Elle y courut joyeuse, et lui offrit son front, ainsi qu'à sa mère Margarid ; les enfants de la famille chérissaient Héna, ils se disputaient à qui baiserait ses belles mains, que cherchaient à l'envi toutes ces petites bouches innocentes.

Il n'est pas jusqu'au vieux Deber-Trud qui ne gambadât et n'aboyât pour fêter la venue de sa jeune maîtresse.

Albinik, le marin, fut celui à qui Héna offrit son front après son père et sa mère ; elle n'avait pas vu son frère depuis longtemps ; Guilhern et Mikaël eurent ensuite leur tour, ainsi que la fourmillante nichée d'enfants qu'Héna enserra tous à la fois de ses deux bras en se baissant à leur niveau pour les embrasser. Elle fit ensuite tendre accueil de sœur à Hénory, femme de son frère Guilhern, regrettant que Méroë, l'épouse d'Albinik, ne fût point là. Ses autres parentes et parents ne furent point oubliés : tous, jusqu'à Rabouzigued, dont chacun se moquait, eurent d'elle une parole d'amitié.

Alors, toute heureuse de se trouver parmi les siens, dans la maison où elle était née, il y avait dix-huit ans de cela, Héna voulut s'asseoir aux pieds de sa mère, sur le même escabeau où elle s'asseyait toujours étant enfant. Lorsqu'elle vit sa fille ainsi à ses pieds, Mamm' Margarid lui montra le désordre qui régnait dans la salle par suite des préparatifs de départ pour la guerre, et dit tristement :

— Nous devions fêter avec joie et tranquillité ce jour où tu nous es née... chère fille ! et voici que tu trouves confusion et alarmes dans notre maison bientôt déserte... car la guerre menace...

— Ma mère dit vrai, — reprit Héna en soupirant. — La colère de Hésus est grande...

— Toi chère fille, qui es une sainte, — reprit Joel, une sainte de l'île de Sèn, dis ? que faire pour apaiser la colère du Tout-Puissant ?

— Mon père et ma mère m'honorent trop en m'appelant sainte, — répondit la jeune vierge.

— Comme les druides, moi et mes compagnes, nous méditons la nuit, sous l'ombrage des chênes sacrés, à l'heure où la lune se lève. Nous cherchons les préceptes les plus simples et les plus divins pour les répandre parmi nos semblables ; nous adorons le Tout-Puissant dans ses œuvres, depuis le grand chêne, qui lui est consacré, jusqu'aux humbles mousses qui croissent sur les roches noires de notre île... depuis les astres dont nous étudions la marche éternelle, jusqu'à l'insecte qui vit et meurt en un jour... depuis la mer sans bornes... jusqu'au filet d'eau pure qui coule sous l'herbe. Nous cherchons la guérison des maux qui font souffrir, et nous glorifions ceux de nos pères et de nos mères qui ont illustré la Gaule. Par la connaissance des augures et l'étude du passé, nous tâchons de prévoir l'avenir, afin d'éclairer de moins clairvoyants que nous. Comme les druides, enfin, nous instruisons l'enfance, nous lui inspirons un ardent amour pour notre commune et chère patrie... aujourd'hui si menacé par le courroux de Hésus !... parce que les Gaulois ont trop longtemps oublié *qu'ils sont tous fils d'un même Dieu* et qu'un frère doit ressentir la blessure faite à son frère !

— L'étranger qui a été notre hôte et que ce matin j'ai conduit à l'île de Sèn, — reprit le *brenn*, — nous a parlé comme toi, chère fille...

— Ma mère et mon père peuvent écouter comme saintes les paroles du *chef des cent vallées*. Hésus et l'amour de la Gaule l'inspirent ; c'est un vaillant entre les plus vaillants.

— Lui ! chef des cent vallées ? Il est donc bien puissant ? — reprit Joel. — Il a refusé de me dire son nom ! Le sais-tu, fille ? Sais-tu en quelle province il est né ?

— Il était impatiemment attendu hier soir à l'île de Sèn par le vénérable Talyessin. Quant au nom de ce voyageur, tout ce qu'il m'est permis de dire à mon père et à ma mère, c'est que le jour où notre pays sera asservi, *le chef des cent vallées* aura vu couler la dernière goutte de son généreux sang ! Puisse le courroux de Hésus nous épargner ce terrible jour !...

— Hélas ! ma fille... si Hésus est irrité... par quels moyens l'apaiser ?

— En suivant sa loi, car il a dit : — Tous les hommes sont fils d'un même Dieu... — et aussi, en offrant à Hésus des sacrifices humains... Puissent ceux de cette nuit calmer sa colère !...

— Les sacrifices de cette nuit ! demanda le *brenn*. — Lesquels ?

— Mon père et ma mère ne savent-ils pas que cette nuit, à l'heure où la lune se lèvera, il y aura trois sacrifices humains aux pierres de la forêt de Karnak ?

— Nous savons, — reprit Joel, — que toutes les tribus seront appelées pour se rendre ce soir à la forêt de Karnak ; mais quels sont ces sacrifices qui doivent être agréables à Hésus, fille chérie ?

— D'abord celui de *Daoülas*, le meurtrier ; il a tué *Hoüarné* sans combat pendant son sommeil... Les druides l'ont condamné à mourir ce soir. Le sang d'un lâche meurtrier est une expiation agréable à Hésus.

— Et le second sacrifice ?

— Notre parent Julyan veut aller, par amitié jurée, rejoindre Armel, qu'il a loyalement tué par *outre-vaillance*... Ce soir, glorifié par le chant des bardes, il ira, selon son vœu, retrouver Armel dans les mondes inconnus. Le sang qu'un brave offre volontairement à Hésus... lui est agréable.

— Et le troisième sacrifice, fille chérie? — dit Mamm'Margarid, — le troisième sacrifice, quel est-il?

Hèna ne répondit pas... Elle appuya sa tête blonde et charmante sur les genoux de Margarid, rêva pendant quelques instants, baisa les mains de sa mère et lui dit avec un doux sourire de remémorance :

— Combien de fois la petite Hèna, quand elle était enfant, s'est ainsi endormie, le soir, sur vos genoux, ma mère, pendant que vous filiez votre quenouille, et que vous tous, qui êtes ici, moins Armel, étiez réunis autour du foyer, parlant des mâles vertus de nos mères et de nos pères du temps passé !

— Il est vrai, fille chérie, — répondit Margarid en passant sa main sur les blonds cheveux de sa fille, comme pour les caresser, — il est vrai; et ici, chacun t'aimait tant, à cause de ton bon cœur et de ta grâce enfantine, que lorsqu'on te voyait endormie sur mes genoux, on parlait tout bas, de peur de t'éveiller.

Rabouzigued, qui était là, parmi les autres de la famille, dit alors :

— Et quel est ce troisième sacrifice humain, qui doit apaiser Hésus et nous délivrer de la guerre... qui donc, Hèna, sera sacrifié ce soir ?

— Je te le dirai, Rabouzigued, lorsque j'aurai un peu songé au temps qui n'est plus, — répondit la jeune fille, toujours rêveuse, sans quitter les genoux de sa mère; puis passant sa main sur son front, comme pour rappeler ses souvenirs, elle regarda autour d'elle, montra du doigt la pierre sur laquelle était le bassin de cuivre où trempaient les sept branches de gui, et reprit :

— Et lorsque j'ai eu douze ans, mon père et ma mère se rappellent-ils combien j'ai été heureuse d'être choisie par les druidesses de l'île de Sên pour recevoir dans un voile de lin, blanchi à la rosée des nuits, le gui, que coupaient les druides avec une serpe d'or, lorsque la lune jetait sa plus grande clarté ?... Mon père et ma mère se souviennent-ils que, rapportant du gui pour sanctifier notre maison, j'ai été ramenée ici, par les ewaghs, dans un chariot orné de fleurs et de feuillages, pendant que les bardes chantaient la gloire de Hésus ?... Quels tendres embrassements notre famille me prodiguait à mon retour ! quelle fête dans la tribu !...

— Chère... chère fille ! — dit Margarid en pressant la tête d'Hèna contre son sein, — si les druidesses t'avaient choisie pour recueillir le gui sacré dans un voile de lin, c'est que ton âme était blanche comme ce voile !

— C'est que la petite Hèna était la plus courageuse de ses compagnes; car elle avait failli périr pour sauver Janed, fille de Wor, qui, ramassant des coquillages sur les rochers de l'anse Glen'-Hek, était tombée à la mer, et déjà entraînée par les vagues... — dit Mikaël, l'armurier, en regardant tendrement sa sœur.

— C'est que la petite Hèna était, plus que toute autre, douce, patiente, aimable aux enfants... c'est que, à l'âge de douze ans à peine, elle les instruisait déjà, au collège des druidesses de l'île de Sên, comme une petite matrone, — dit à son tour Guilhern, le laboureur.

La fille de Joel rougissait de modestie en entendant ces paroles de sa mère et de ses frères, lorsque Rabouzigued dit encore :

— Et quel est ce troisième sacrifice humain qui doit apaiser Hésus et nous délivrer de la guerre ? qui donc, Hèna, sera sacrifié ce soir ?...

— Je te le dirai, Rabouzigued, — répondit la jeune fille en se levant; — je te le dirai, après avoir revu une fois encore la chère petite chambre où je dormais lorsque, devenue jeune fille, j'arrivais ici de l'île de Sên pour nos fêtes de famille.

Et allant vers la porte de cette chambre, elle s'arrêta un moment sur le seuil et dit :

— Que de douces nuits j'ai passées là, après m'être retirée le soir, à regret, du milieu de vous tous ! avec quelle impatience je me levais pour vous revoir le matin !

Et s'avançant de deux pas dans la petite chambre, pendant que sa famille s'étonnait de plus en plus, de ce que, si jeune encore, Hèna parlât tant du passé, elle reprit en regardant avec plaisir plusieurs objets placés sur une table :

— Voici les colliers de coquillages que je faisais le soir, à côté de ma mère ! Voilà ces varechs desséchés, qui ressemblent à de petits arbres, et recueillis par moi sur nos rochers... Voici le filet dont je me servais pour m'amuser à prendre à la marée basse des *mormen* dans les sables du rivage... Voici encore les rouleaux de peau blanche où, chaque fois que je venais ici, j'écrivais le bonheur que j'avais de revoir les miens et la maison où je suis née... Tout est à sa place. Je suis contente d'avoir amassé ces trésors de jeune fille...

Cependant, Rabouzigued, que ces remémorances ne semblaient pas toucher, dit encore de sa voix aigre et impatiente :

— Et quel est ce troisième sacrifice humain, qui doit apaiser Hésus et nous délivrer de la guerre ? qui donc, Hèna, sera sacrifié ce soir ?

— Je te le dirai, Rabouzigued, — reprit Hèna en souriant; — je te le dirai lorsque j'aurai distribué mes petits trésors de jeune fille à vous tous; et à toi aussi... Rabouzigued.

Et en disant ces mots, la fille du *brenn* fit

signe à ceux de sa famille d'entrer dans sa chambre; et à chacun, bien étonné, elle donna un souvenir d'elle. Tous, jusqu'aux enfants qui l'aimaient tant, et aussi Rabouzigued, reçurent quelque chose; car elle délia les colliers de coquillages et divisa les varechs desséchés, disant de sa douce voix à chaque personne.

— Garde ceci, je te prie, pour l'amitié d'Héna, ta parente et amie.

Joel, sa femme et ses trois fils, à qui Héna n'avait encore rien donné, se regardaient, d'autant plus surpris de ce qu'elle faisait, que sur la fin ils lui virent des larmes dans les yeux, quoiqu'elle ne parût pas triste. Alors elle détacha le collier de grenat qu'elle portait au cou, et dit à Margarid en baisant sa main et lui offrant le collier :

— Héna prie sa mère de garder cela pour l'amitié d'elle.

Elle prit ensuite les petits rouleaux de peau blanche préparés pour écrire, les remit à Joel, lui baisa aussi la main et dit :

— Héna prie son père de garder ce rouleau pour l'amitié d'elle, il y trouvera ses plus chères pensées.

Détachant ensuite de son bras ses deux bracelets de grenat, Héna dit à la femme de son frère Guilhern, le laboureur :

— Héna prie sa sœur Hénory de porter ce bracelet par amitié.

Donnant ensuite l'autre bracelet à son frère le marin, elle lui dit :

— Ta femme Méroë, que j'aime tant pour son courage et son noble cœur, gardera ce bracelet en souvenir de moi.

Détachant ensuite de sa ceinture d'airain la petite faucille et le croissant d'or qui y étaient suspendus, Héna offrit la première à Guilhern, le laboureur, le second à Albinik, le marin, puis, ôtant de son doigt un anneau, elle le remit à Mikaël, l'armurier, et leur dit à tous trois :

— Que mes frères gardent ceci par amitié pour leur sœur Héna.

Tous restaient là, bien étonnés, tenant à la main ce que la vierge de l'île de Sên venait de leur offrir... Tous restaient là, si étonnés que, ne trouvant pas une parole, ils se regardaient inquiets, comme si un malheur inconnu les eût menacés. Alors Héna se tourna vers Rabouzigued :

— Rabouzigued, je vais maintenant t'apprendre quel sera le troisième sacrifice de ce soir.

Et elle prit doucement par la main Joel et Margarid, qui la suivirent, revinrent avec eux dans la grande salle, et leur dit :

— Mon père et ma mère savent que le sang d'un lâche meurtrier est une offrande expiatoire agréable à Hésus, et qui peut l'apaiser...

— Oui... tout à l'heure tu nous as dit cela, chère fille.

— Ils savent aussi que le sang d'un brave, mourant pour la foi de l'amitié, est une valeureuse offrande à Hésus, et qui peut l'apaiser.

— Oui... tout à l'heure tu nous as dit cela.

— Mon père et ma mère savent enfin qu'il est surtout une offrande agréable à Hésus, et qui peut l'apaiser : c'est le sang innocent d'une vierge, heureuse et fière d'offrir ce sang à Hésus, de le lui offrir librement... volontairement... dans l'espoir que ce dieu tout-puissant délivrera de l'oppression étrangère notre patrie bien-aimée, cette chère et sainte patrie de nos pères !... Le sang innocent d'une vierge coulera donc ce soir pour apaiser le courroux de Hésus.

— Et le nom ? — demanda Rabouzigued, — le nom de cette vierge, qui doit nous délivrer de la guerre ?

Héna, regardant son père et sa mère avec tendresse et sérénité, leur dit :

— Cette vierge qui doit mourir, est une des neuf druidesses de l'île de Sên ; elle s'appelle Héna ; elle est fille de Margarid et de Joel, le brenn de la tribu de Karnak !...

Et il se fit un grand et triste silence parmi la famille de Joel.

Personne... personne... ne s'attendait à voir si prochainement Héna s'en aller *ailleurs*... Personne... personne... ni père, ni mère, ni frères, ni parents n'étaient préparés aux adieux de ce brusque voyage.

Les enfants joignaient leurs petites mains, et disaient pleurant :

— Quoi !... déjà partir... notre Héna ? quoi déjà t'en aller ?...

Le père et la mère se regardèrent en soupirant, Margarid dit à Héna :

— Joel et Margarid croyaient aller attendre leur chère fille dans ces mondes inconnus, où l'on continue de vivre et où l'on retrouve ceux que l'on a aimés ici... c'est, au contraire, notre Héna qui va nous y devancer.

— Et peut-être, — reprit le *brenn*, — notre douce et chère fille ne nous attendra pas longtemps...

— Puisse son sang innocent et pur comme celui de l'agneau apaiser la colère de Hésus ! — ajouta Margarid ; puissions-nous aller bientôt apprendre à notre chère fille que la Gaule est délivrée de l'étranger !

— Et le souvenir du vaillant sacrifice de notre fille se perpétuera dans notre race, — dit le père ; — tant que vivra la descendance de Joel, le brenn de la tribu de Karnak, sa descendance sera fière de compter parmi ses aïeules *Héna, la vierge de l'île de Sên*.

La jeune fille ne répondit rien... Elle regardait son père, sa mère, tous les siens, avec une douce avidité; de même qu'au moment d'un voyage, on regarde une dernière fois les êtres chéris que l'on va quitter pour quelque temps..

Rabouzigued, montrant alors, par la porte ouverte, la lune en son plein, qui au loin dans la brume du soir se levait large... rouge, comme un disque de feu. Rabouzigued dit:

— Héna!... Héna! la lune paraît à l'horizon...

— Tu as raison, Rabouzigued; voici l'heure! — répondit-elle en détachant à regret son regard du regard des siens.

Et elle ajouta:

— Que mon père et ma mère, et ma famille, et tous ceux de notre tribu m'accompagnent aux pierres sacrées de la forêt de Karnak... Voici l'heure des sacrifices...

De sorte que Héna, marchant entre Joel et Margarid, et suivie de sa famille et de tous ceux de sa tribu, se rendit à la forêt de Karnak.

. . . .

L'appel aux tribus, volant de bouche en bouche, de village en village, de cité en cité, avait été entendu dans la Gaule bretonne... Les tribus se rendaient en foule, hommes, femmes, enfants, à la forêt de Karnak, ainsi que s'y rendaient Joel et les siens.

La lune, en son plein cette nuit-là, brillait radieuse dans le firmament au milieu des étoiles. Les tribus, après avoir longtemps, longtemps marché, à travers les ténèbres et les clairières de la forêt, arrivèrent sur les bords de la mer. Là se dressaient en neuf longues avenues les pierres sacrées de Karnak. Pierres saintes! gigantesques piliers d'un temple qui pour voûte a le ciel...

A mesure que les tribus approchaient de ce lieu, le recueillement redoublait.

Au bout de ces avenues étaient rangées en demi-cercle les trois pierres de l'autel du sacrifice, placé au bord de la mer. De sorte que derrière soi l'on avait la forêt profonde... devant soi, la mer sans bornes... au-dessus le firmament étoilé...

Les tribus ne dépassèrent pas les dernières avenues de Karnak, et laissèrent vide un large espace entre la foule et l'autel. Cette grande foule resta silencieuse.

Trois bûchers s'élevaient au pied des pierres du sacrifice.

Celui du milieu, le plus grand des trois, était orné de longs voiles blancs rayés de pourpre; il était aussi orné de rameaux de frêne, de chêne et de bouleau, disposés dans un ordre mystérieux.

Le bûcher de droite, moins élevé, était aussi orné de feuillages divers et de gerbes de blé...
Là se trouvait le corps d'Armel, tué en loyal combat, étendu, à demi caché par des branches de pommier chargées de fruits.

Le bûcher de gauche était surmonté d'une cage tressée d'osier, représentant une figure humaine d'une taille gigantesque.

Bientôt on entendit au loin le son des cymbales et des harpes.

Les druides, les druidesses, les vierges de l'île de Sèn, arrivaient au lieu du sacrifice.

D'abord les *bardes*, vêtus de longues tuniques blanches, serrées par une ceinture d'airain, le front ceint de feuilles de chêne, et chantant sur leurs harpes: Dieu, la Gaule et ses héros.

Ensuite les *ewaghs*, chargés des sacrifices. Ils portaient des torches, des haches, et conduisaient enchaîné, au milieu d'eux, *Daoülas* le meurtrier destiné au supplice.

Puis les druides, vêtus de leurs robes blanches, traînantes et rayées de pourpre, le front ceint de couronnes de chêne. Au milieu d'eux marchait Julyan, heureux et fier, Julyan, qui voulait quitter ce monde pour aller retrouver Armel et voyager avec lui dans les mondes inconnus.

Venaient enfin les druidesses mariées, portant des tuniques blanches, à ceinture d'or, et les neuf vierges de l'île de Sèn, avec leurs tuniques noires, leurs ceintures d'airain, leurs bras nus, leurs couronnes verdoyantes et leurs harpes d'or. Héna marchait la première de ses sœurs; son regard et son sourire cherchèrent son père, sa mère et les siens... Joel, Margarid et leur famille s'étaient placés sur le premier rang; ils rencontrèrent les yeux de leur fille... leurs cœurs allèrent vers elle.

Les druides se rangèrent autour des pierres du sacrifice. Les bardes cessèrent leurs chants...

Un des ewaghs dit alors à la foule que ceux-là qui voulaient se rappeler à la mémoire des personnes qu'ils avaient aimées et qui n'étaient plus ici, pouvaient déposer leurs lettres et leurs offrandes sur les bûchers.

Alors beaucoup de parents et d'amis de ceux qui depuis longtemps voyageaient ailleurs, s'approchèrent pieusement des bûchers, et ils y déposèrent des lettres, des fleurs et d'autres souvenirs, qui devaient reparaître dans les autres mondes, de même que les âmes dont les corps allaient se dissoudre en une flamme brillante allaient revêtir ailleurs une nouvelle enveloppe.

Mais personne... personne... ne déposa rien sur le bûcher du meurtrier... Autant Julyan était fier et souriant, autant Daoülas était gémissant, épouvanté. Julyan avait tout à espérer de la continuité d'une vie toujours pure et juste... Le meurtrier avait tout à redouter de la continuité d'une vie souillée par un crime... Lorsque les missions pour les défunts furent déposées, il se fit un grand silence.

Les ewaghs conduisant Daoülas, chargé de chaînes, l'amenèrent auprès de la cage d'osier, représentant une figure humaine d'une taille gigantesque. Malgré les cris d'effroi du condamné, les ewaghs le placèrent garrotté au pied du bûcher, et se tinrent à ses côtés la hache à la main.

Alors Talyessin, le plus ancien des druides, vieillard à longue barbe blanche, fit signe à l'un des bardes. Celui-ci fit vibrer sa harpe à trois cordes et chanta les paroles suivantes, après avoir d'un geste montré à la foule le meurtrier :

« — Celui-ci est Daoülas, de la tribu de Mor-
« lech. — Il a tué Hoüarné, de la même tribu.
« — L'a-t-il tué en brave? face à face? à armes
« égales? — Non, Daoülas a tué Hoüarné en
« lâche. — A l'heure de midi, Hoüarné dormait
« dans son champ sous un arbre. — Daoülas
« est venu, sur la pointe du pied, sa hache à la
« main, et d'un coup il a frappé sa victime. —
« Le petit Erik, de la même tribu, monté dans
« un arbre voisin, où il cueillait des fruits, a
« vu le meurtre et reconnu celui qui le com-
« mettait. — Le soir de ce jour, les ewaghs ont
« été saisir Daoülas dans sa tribu... Amené
« devant les druides de Karnak, et mis en pré-
« sence du petit Erik, il a avoué son crime. —
« Alors le plus ancien des druides a dit :
« — Au nom de Hésus, *celui qui est parce*
« *qu'il est*, au nom de Teutâtès, qui préside
« aux voyages de ce monde et des autres,
« écoute : — Le sang expiatoire du meurtrier
« est agréable à Hésus... — Tu vas aller renaître
« dans d'autres mondes. — Ta nouvelle vie
« sera terrible, parce que tu as été cruel et
« lâche... tu mourras pour aller renaître ailleurs
« plus malheureux encore... et toujours ainsi...
« toujours à l'infini!!! — Deviens, au contraire,
« lors de la renaissance brave et bon, malgré
« les peines que tu endureras... et tu mourras
« heureux pour renaître ailleurs... et toujours
« ainsi... toujours à l'infini!!! »

Alors le barde s'adressa au meurtrier, qui, chargé de liens, poussait des cris d'épouvante :

« — Ainsi a parlé le druide vénéré... Daoü-
« las, tu vas mourir... et aller revoir ta vic-
« time... ELLE T'ATTEND! ELLE T'ATTEND ! »

De sorte qu'à ces paroles du barde, toute la foule était là, frémissante d'épouvante, pensant à cette redoutable chose : — RETROUVER AILLEURS ET VIVANT CELUI QUE L'ON A TUÉ ICI !!!

Et le barde continua en se tournant vers le bûcher :

« — Daoülas, tu vas mourir! Si elle est glo-
« rieuse à voir, la figure des justes et des vail-
« lants, au moment où ils s'en vont volontaire-
« ment de ce monde pour des causes saintes;
« s'ils aiment, au moment du départ, à rencon-
« trer les tendres regards d'adieu de leurs
« parents et de leurs amis, les lâches comme
« toi, Daoülas, sont indignes de voir une der-
« nière fois la foule des justes et d'en être vus...
« Voici pourquoi, Daoülas, tu vas mourir et
« brûler caché au fond de cette enveloppe
« d'osier, simulacre d'un homme, de même que
« tu n'es plus que le simulacre d'un homme
« depuis ton crime... »

Et le barde s'écria :

« — Au nom de Hésus! au nom de Teutâ-
« tès!... gloire! gloire aux braves!... Honte!
« honte aux lâches!... »

Et tous les bardes, faisant résonner leurs harpes et leurs cymbales, s'écrièrent en chœur :

« — Gloire! gloire aux braves!... Honte!
« honte aux lâches!... »

Alors un ewagh prit le couteau sacré, trancha la vie du meurtrier, qui fut ensuite jeté dans le gigantesque simulacre de figure humaine. Le bûcher s'embrasa; les harpes, les cymbales retentirent à la fois, et toutes les tribus répétèrent à grands cris les derniers mots du barde :

« — Honte au lâche!... »

Le bûcher du meurtrier ne fut bientôt plus qu'une fournaise où apparut un moment la forme humaine comme un géant de feu, la flamme jeta au loin ses clartés sur la cime des grands chênes de la forêt... sur la mer immense, pendant que la lune inondait l'espace de sa divine lumière... Et au bout de peu d'instants, à la place du bûcher de Daoülas, il ne resta qu'un monceau de cendres...

Alors on vit Julyan monter d'un air joyeux sur le bûcher où était étendu le corps d'Armel, son ami... son *saldune*... Julyan portait ses habits de fête : une saie de fine étoffe rayée de bleu et de blanc, qui serrait sa ceinture de cuir brodé, à laquelle pendait un long couteau; son manteau de laine brune à capuchon s'agrafait sur son épaule gauche; une couronne de chêne ornait son front mâle. Il tenait à la main un bouquet de verveine; sa figure était hardie, sereine. A peine fut-il monté sur le bûcher, que les harpes, les cymbales, retentirent, et le barde chanta ainsi :

« — Quel est celui-ci? C'est un brave. — C'est
« Julyan, le laboureur; — Julyan, de la famille
« de Joel, le brenn de la tribu de Karnak ! — Il
« craint les dieux, et chacun l'aime; il est bon,
« il est laborieux, il est hardi. — Il a tué Ar-
« mel, non par haine, il le chérissait, mais il
« l'a tué par *outre-vaillance*, en combat loyal,
« le bouclier au bras, le sabre au poing, en
« vrai Gaulois breton, qui aime à montrer sa
« bravoure et ne craint pas la mort. — Armel
« parti, Julyan, qui lui avait juré sa foi de
« saldune, veut aller retrouver son ami... —
« Gloire à Julyan, fidèle aux enseignements des
« druides; il sait que les créatures du Tout-
« Puissant ne meurent jamais... et son pur et

Héna, la vierge de l'île de Sen (page 99)

« noble sang, Julyan l'offre à Hésus : — Gloire,
« espérance, bonheur à Julyan! il a été bon,
« juste et brave... il va renaître plus heureux,
« plus juste, plus brave; et toujours ainsi...
« toujours, de monde en monde, Julyan renaî-
« tra... son âme s'incarnant à chaque vie nou-
« velle dans un corps nouveau, de même que
« le corps revêt ici des vêtements nouveaux.

« Oh! Gaulois! fières âmes! pour qui la mort
« n'existe pas! venez, venez!! détachez vos re-
« gards de la terre... élevez-vous dans les su-
« blimités du ciel! — Voyez, voyez à vos pieds
« les abîmes de l'espace, sillonnés par ces cor-
« téges d'immortels, comme nous le sommes
« tous, que Teutatès guide incessamment du
« monde où ils ont vécu dans les mondes où ils
« vont revivre. — Oh! que de contrées incon-
« nues, merveilleuses à parcourir! avec les
« amis, les parents qui nous ont devancés,
« et avec ceux que nous aurons précédés!
« Non, nous ne sommes pas mortels! notre
« vie infinie se compte par milliers de milliers
« de siècles... de même que se comptent par
« milliers de milliers les étoiles du firmament...
« mondes mystérieux, toujours divers, tou-
« jours nouveaux, que nous devons habiter
« tour à tour.

« Qu'ils craignent la mort ceux-là qui, fidèles
« aux faux dieux des Grecs, des Romains ou
« des Juifs, croient que l'on ne vit qu'une fois,
« et qu'ensuite, dépouillée de son corps, l'âme
« heureuse ou malheureuse reste éternellement
« dans le même enfer ou dans le même para-
« dis!... Oh! oui, ils doivent redouter la mort
« ceux-là qui croient qu'en quittant cette vie
« l'on trouve : L'IMMOBILITÉ DANS L'ÉTERNITÉ!

« Nous, Gaulois, nous avons la vraie connais-
« sance de Dieu... Nous avons le secret de la

13e livraison

« mort... *l'homme est immortel par l'âme et
« par le corps*... Notre destinée, de monde en
« monde, est de voir et de savoir... afin qu'à
« chacun de ses voyages l'homme, s'il a été
« méchant, s'épure et devienne meilleur...
« meilleur encore s'il a été juste et bon... et
« qu'ainsi, de renaissance en renaissance,
« l'homme s'élève incessamment vers une per-
« fection sans fin comme sa vie!!!
« Heureux donc les braves qui, volontaire-
« ment, quittent cette terre-ci, pour d'autres
« pays, où toujours ils verront de nouvelles et
« merveilleuses choses en compagnie de ceux
« qu'ils ont aimés! Heureux donc.. heureux le
« brave Julyan! il va rejoindre son ami, et avec
« lui voir et savoir *ce que nul de nous n'a vu
« ni ne sait!... ce que tous nous verrons et
« saurons.* Heureux Julyan... Gloire à Julyan! »

Et tous les bardes et tous les druides, les druidesses, les vierges de l'île de Sèn, répétèrent en chœur, au bruit des harpes et des cymbales :

« — Heureux, heureux Julyan! gloire, gloire
« à Juyan! »

Et toutes les tribus, sentant passer alors dans leur esprit comme le curieux désir de la mort, afin de savoir plus tôt l'inconnu et le merveilleux des autres mondes, répétèrent avec mille cris :

« — Heureux... heureux Julyan! »

Alors Julyan, radieux, debout sur le bûcher, ayant à ses pieds le corps d'Armel, leva ses regards inspirés vers la lune brillante, écarta les plis de sa saie, tira son long couteau, tendit vers le ciel le bouquet de verveine qu'il tenait à la main gauche, et se plongea fermement de la main droite son couteau dans la poitrine, en criant d'une voix mâle :

« — Heureux... heureux je suis... je vais
« rejoindre Armel!... »

Aussitôt le feu embrasa le bûcher... Julyan leva une dernière fois son bouquet de verveine vers le ciel, et disparut au milieu des flammes éblouissantes, tandis que les chants des bardes, le son des harpes, des cymbales, retentissaient au loin.

Un grand nombre d'hommes et de femmes des tribus, dans leur impatient et curieux désir de voir et de savoir les mystères des autres mondes, se précipitèrent vers le bûcher de Julyan, afin de s'en aller avec lui et d'offrir à Hésus une immense hécatombe de leurs corps. Mais Talyessin, le plus ancien des druides, ordonna aux ewaghs de repousser ces fidèles, et leur cria :

« — Assez! assez de sang a coulé... sans celui
« qui va être versé; mais l'heure est venue
« où le sang gaulois ne doit plus couler que
« pour la liberté! Et le sang versé pour la
« liberté est aussi une offrande agréable au
« Tout-Puissant! »

Les ewaghs s'opposèrent, non sans grande peine, à ces sacrifices humains et volontaires. Le bûcher de Julyan et d'Armel continua de brûler, et il n'en resta qu'un monceau de cendres.

Un grand silence se fit parmi la foule des tribus... Hèna, la vierge de l'île de Sèn, montait sur le troisième bûcher.

Joel et Margarid, ainsi que ses trois fils Guilhern, Albinik et Mikaël, leurs femmes et leurs petits enfants, qui aimaient tant Hèna, tous ses parents et tous ceux de la tribu, qui la chérissaient aussi, se serraient les uns contre les autres, en se disant tout bas :

« — Voici Hèna... voici notre Hèna. »

Lorsque la vierge de l'île de Sèn fut debout sur le bûcher, orné de voiles blancs, de feuillages et de fleurs, la foule des tribus cria tout d'une voix : — « Qu'elle est belle!... qu'elle est sainte!... »

Joel l'écrit ici avec sincérité. Elle était bien belle, sa fille Hèna!!! ainsi debout sur le bûcher, éclairée par la douce clarté de la lune, resplendissante avec sa tunique noire, ses cheveux blonds, couronnés de feuilles vertes, tandis que ses bras, plus blancs que l'ivoire, s'arrondissaient sur sa harpe d'or!

Les bardes firent silence.

La vierge de l'île de Sèn chanta d'une voix pure comme son âme :

« — La fille de Joel et de Margarid vient avec joie offrir sa vie en sacrifice à Hésus!
« — O Tout-Puissant... de l'étranger délivre
« la terre de nos pères!
« — Gaulois de Bretagne, vous avez la lance
« et l'épée!
« — La fille de Joel et de Margarid n'a que
« son sang; elle l'offre VOLONTAIREMENT à Hésus!
« — O Dieu tout-puissant! rends invincibles
« la lance et l'épée gauloises! Oh! Hésus,
« prends mon sang, il est à toi... sauve notre
« sainte patrie! »

La plus âgée des druidesses s'était tenue debout sur le bûcher derrière Hèna, le couteau sacré à la main... Lorsque Hèna eut chanté, le couteau brilla... et frappa la vierge de l'île de Sèn...

Sa mère, ses frères, tous ceux de sa tribu, et Joel, son père, virent Hèna tomber à genoux, croiser les mains sur son sein, tourner son céleste visage vers la lune, en s'écriant d'une voix ferme encore :

« — Hésus... Hésus... par ce sang qui coule...
« clémence pour la Gaule!... »
« — Gaulois, par ce sang qui coule! victoire
« à nos armes!... »

Le sacrifice d'Hèna s'accomplit ainsi au milieu de la religieuse admiration des tribus... et tous répétèrent ces dernières paroles de la vaillante vierge :

« Hésus ! clémence pour la Gaule !... Gaulois ! victoire à nos armes !... »

Plusieurs jeunes hommes, enthousiasmés par l'héroïque exemple et la beauté d'Héna, voulurent se tuer sur ce bûcher, afin de renaître avec elle... Les ewaghs les repoussèrent, bientôt la flamme enveloppa le bûcher. Héna disparut au milieu de ces splendeurs éblouissantes, et, quelques instants après, il ne resta plus de la vierge et du bûcher que des cendres. Un grand souffle du vent de mer survint et dispersa ces atomes... La vierge de l'île de Sên, brillante et pure comme la flamme qui l'avait consumée, s'était évanouie dans les airs pour aller revivre et attendre ailleurs ceux qu'elle aimait !

Les cymbales, les harpes, retentirent de nouveau, et le chef des bardes chanta :

« — Aux armes, Gaulois ! aux armes !

« — Le sang innocent d'une vierge a coulé « pour vous, et le vôtre ne coulerait pas pour « la patrie !!! — Aux armes !... voici le Romain : « frappe !... Gaulois ! frappe-le à la tête... frappe « fort... — Tu vois le sang ennemi couler « comme un ruisseau ! il te monte jusqu'au ge« nou ! courage ! frappe fort, Gaulois ! frappe « donc le Romain !... Plus fort encore !... — Tu « vois le sang ennemi s'étendre comme un lac !

« il te monte jusqu'à la poitrine ! Courage ! « frappe plus fort encore, Gaulois ! Frappe donc « le Romain ! Frappe plus fort encore ! tu te repo« seras demain. — Demain la Gaule sera libre ? « — Qu'aujourd'hui, de la Loire à l'Océan, il « n'y ait qu'un cri... Aux armes !... »

Toutes les tribus, comme emportées par ce souffle de guerre, se dispersèrent en courant aux armes... La lune avait disparu, la nuit était venue, que du sein des forêts, que du fond des vallées, que du haut des collines où brillaient les feux d'alarmes, mille voix répétaient encore ce chant du barde : — Aux armes !... Frappe, Gaulois ! frappe fort le Romain !... Aux armes !...

Ce récit véridique de tout ce qui s'est passé dans notre pauvre maison le jour anniversaire de ma glorieuse fille Héna, jour qui a vu aussi son sacrifice héroïque, ce récit a été écrit par moi, Joel, le brenn de la tribu de Karnak, la dernière lune d'octobre de la première année où Jules César a combattu en Gaule.

Après moi, Guilhern, mon fils aîné, gardera précieusement cet écrit, et après Guilhern, les fils de ses fils se le transmettront de génération en génération, afin que dans notre famille se conserve à jamais la mémoire d'*Héna, la vierge de l'île de Sên.*

LA CLOCHETTE D'AIRAIN, OU LE CHARIOT DE LA MORT

(An 56 à 40 avant J.-C.)

CHAPITRE PREMIER

Albinik, le marin, et sa femme Méroë, vêtue en matelot, partent seuls du camp gaulois pour aller braver le *lion dans sa tanière.* — Leur voyage. — Ils assistent à un spectacle *que nul n'avait vu jusqu'alors et que nul ne verra jamais.* — Arrivée des deux époux au camp de César. — Les cinq pilotes crucifiés. — Le souper de César. — L'interrogatoire. — La jeune esclave maure. — Le réfractaire mutilé. — L'épreuve. — L'hospitalité de César. — Albinik et Méroë sont séparés. — Ce qui apparaît à Méroë dans la tente où elle a été renfermée seule.

Albinik, le marin, fils de Joel, le brenn de la tribu de Karnak ; Méroë, la chère et bien-aimée femme d'Albinik, ont, pendant une nuit et un jour, assisté à un spectacle dont ils frémissent encore.

Ce spectacle, nul ne l'avait vu jusqu'ici, nul ne le verra désormais !

L'appel aux armes, fait par les druides de la forêt de Karnak, et par le *chef des cent vallées,* avait été entendu.

Le sacrifice d'Héna, la vierge de l'île de Sên, semblait agréable à Hésus, puisque toutes les populations de la Bretagne, du nord au midi, de l'orient à l'occident, s'étaient soulevées pour combattre les Romains. Les tribus du territoire de Vannes et d'Auray, celles des montagnes d'Arès et d'autres encore, se sont réunies devant la ville de Vannes, sur la rive gauche, et presque à l'embouchure de la rivière qui se jette dans la grande baie du Morbihan : cette position redoutable, située à dix lieues de Karnak, et où devaient se réunir toutes les forces gauloises, a été choisie par le *chef des cent vallées,* élu général en chef de l'armée.

Les tribus, laissant derrière elles leurs champs, leurs troupeaux, leurs maisons, étaient rassemblées, hommes, femmes, enfants, vieillards, et campaient autour de la ville de Vannes, où se trouvaient aussi Joel, ceux de sa famille et de sa tribu. Albinik, le marin, ainsi que sa femme Méroë, ont tous deux quitté le camp, vers le coucher du soleil, pour entreprendre une longue marche. Depuis son mariage avec Albinik, Méroë a toujours été la compagne de ses voyages ou de ses dangers sur mer. Alors, comme lui, elle portait le costume de marin; comme lui, elle savait au besoin mettre la main au gouvernail, manier la rame ou la hache, car son cœur est ferme, son bras est fort.

Ce soir-là, avant de quitter l'armée gauloise, Méroë a revêtu ses habits de matelot : une courte saie de laine brune, serrée par une ceinture de cuir, de larges braies de toile blanche tombant au-dessous du genou, et des bottines de peau de veau marin; elle porte son court mantel à capuchon sur son épaule gauche, et sur ses cheveux flottants un bonnet de cuir; de sorte qu'à son air résolu, à l'agilité de sa démarche, à la perfection de son mâle et doux visage, on pouvait prendre Méroë pour un de ces jeunes garçons, dont la beauté fait rêver les vierges à fiancer. Albinik aussi est vêtu en marin ; il a jeté sur son dos un sac contenant des provisions pour la route, et les larges manches de sa saie laissent voir son bras gauche enveloppé jusqu'au coude dans un linge ensanglanté.

Les deux époux avaient quitté depuis peu d'instants les environs de Vannes, lorsque Albinik, s'arrêtant triste et attendri, a dit à sa femme :

— Il en est temps encore... songes-y... Nous allons braver le lion jusque dans son repaire; il est rusé, défiant et féroce... c'est peut-être pour nous l'esclavage, la torture, la mort... Méroë, laisse-moi accomplir seul ce voyage et cette entreprise, auprès de laquelle un combat acharné ne serait qu'un jeu... Retourne auprès de mon père et de ma mère, dont tu es aussi la fille.

— Albinik, il fallait attendre la nuit noire pour me dire cela... tu ne m'aurais pas vue rougir de honte à cette pensée : tu me crois lâche !...

Et la jeune femme, en répondant ces mots, a hâté sa marche, au lieu de retourner en arrière.

— Qu'il en soit ainsi que le veut ton courage et ton amour pour moi... — lui a dit son mari.

— Qu'Héna, ma sainte sœur, qui est ailleurs, te protège auprès de Hésus !...

Tous deux ont continué leur chemin à travers une route montueuse, qui aboutit et se prolonge sur les cimes d'une chaîne de collines très-élevées. Les deux voyageurs eurent ainsi à leurs pieds et devant eux une suite de profondes et fertiles vallées : aussi loin que le regard pouvait s'étendre, ils virent ici des villages, là des bourgades, ailleurs des fermes isolées, plus loin une ville florissante, traversée par un bras de la rivière, où étaient de loin en loin amarrés de grands bateaux chargés de gerbes de blé, de tonneaux de vin et de fourrages.

Mais, chose étrange, la soirée était sereine, et l'on ne voyait dans les pâturages aucun de ces grands troupeaux de bœufs et de moutons qui ordinairement y paissaient jusqu'à la nuit; aucun laboureur ne paraissait non plus dans les champs, et pourtant c'était l'heure où par tous les sentiers, par tous les chemins, les campagnards commencent à regagner leurs maisons, car le soleil s'abaissait de plus en plus. Cette contrée, la veille encore si peuplée... semblait déserte.

Les deux époux se sont arrêtés pensifs, contemplant ces terres fertiles, ces richesses de la nature, cette opulente cité, ces bourgs, ces maisons. Alors, songeant à ce qui allait arriver dans quelques instants, dès que le soleil serait couché et la lune levée, Albinik et Méroë ont frissonné de douleur, d'épouvante, les larmes ont coulé de leurs yeux, et ils sont tombés à genoux, les yeux attachés avec angoisse sur la profondeur de ces vallées, que l'ombre envahissait de plus en plus... Le soleil avait disparu ; mais là lune, alors dans son décours, ne paraissait pas encore...

Il y eut ainsi, entre le coucher du soleil et le lever de la lune, un assez long espace de temps. Cela fut poignant pour les deux époux, comme l'attente certaine de quelque grand malheur!

— Vois, Albinik, — a dit tout bas la jeune femme à son époux, quoiqu'ils fussent seuls, car il est des instants redoutables où l'on se parlerait bas au milieu d'un désert, — vois donc... pas une lumière? pas une!... dans ces maisons... dans ces villages... dans cette ville... La nuit est venue... et tout dans ces demeures est ténébreux comme la nuit...

— Les habitants de ce pays vont se montrer dignes de leurs frères, — a répondu Albinik avec respect. — Ceux-là aussi vont répondre à la voix de nos druides vénérés, et à celle du *chef des cent vallées*.

— Oui, à l'effroi dont je suis saisie, je sens que nous allons voir une chose que nul n'a vue jusqu'ici... que nul ne verra peut-être désormais...

— Méroë, aperçois-tu là-bas... tout là-bas... derrière la cime de cette forêt... une faible lueur blanche ?...

— Je la vois... c'est la lune qui va bientôt paraître... Le moment approche... Je me sens frappée d'épouvante... Pauvres femmes!... pauvres enfants!,..

— Pauvres laboureurs !... ils vivaient depuis tant d'années, heureux sur cette terre de leurs pères! sur cette terre fécondée par le travail de tant de générations!... Pauvres artisans! ils trouvaient l'aisance dans leurs rudes métiers !... Oh ! les malheureux !... les malheureux !... Quelque chose égale leur grande infortune... c'est leur héroïsme !... Méroë... Méroë !... — s'est écrié Albinik, — la lune paraît... Cet astre sacré de la Gaule va donner le signal du sacrifice.

— Hésus!... Hésus!... — a répondu la jeune femme, les joues baignées de larmes, — ton courroux ne s'apaisera jamais, si ce dernier sacrifice ne te calme pas...

La lune s'était levée radieuse au milieu des étoiles; elle inondait l'espace d'une si éclatante lumière, que les deux époux voyaient comme en plein jour, et jusqu'aux plus lointains horizons, le pays qui s'étendait à leurs pieds.

Soudain, un léger nuage de fumée, d'abord blanchâtre, puis noire, puis tantôt nuancée des teintes rouges d'un incendie qui s'allume, s'éleva au-dessus de l'un des villages disséminés dans la plaine.

— Hésus!... Hésus!... — s'écria Méroë, tout en cachant sa figure dans le sein de son époux agenouillé près d'elle, — tu as dit vrai : l'astre sacré de la Gaule a donné le signal du sacrifice... il s'accomplit...

— Oh! liberté!... — s'est écrié Albinik, — sainte liberté!...

Il n'a pu achever... — Sa voix s'est éteinte dans les pleurs, tandis qu'il serrait avec force sa femme éplorée dans ses bras.

Méroë n'est pas restée la figure cachée dans le sein de son époux plus de temps qu'il n'en faudrait à une mère pour baiser le front, la bouche et les yeux de son enfant nouveau né...

Et lorsque Méroë, relevant la tête, a osé regarder au loin... ce n'était plus seulement une maison, un village, un bourg, une ville, de cette longue suite de vallées, qui disparaissait dans les flots de fumée noire teinte des lueurs rouges de l'incendie qui s'allume!

C'étaient toutes les maisons... tous les villages... tous les bourgs, toutes les villes... de cette longue suite de vallées que l'incendie dévorait..

Du nord au midi, de l'orient à l'occident, tout était incendié! les rivières elles-mêmes semblaient rouler des flammes sous leurs bateaux chargés de grains, de tonneaux, de fourrages, aussi embrasés, qui s'abîmaient dans les eaux.

Tour à tour le ciel était obscurci par d'immenses nuages de fumée, ou enflammé par d'innombrables colonnes de feu.

D'un bout à l'autre, cette vallée ne fut bientôt plus qu'une fournaise, qu'un océan de flammes...

Et non-seulement les maisons, les bourgs, les villes de ces vallées ont été livrés aux ravages de l'incendie, mais il en a été ainsi de toutes les contrées qu'Albinik et Méroë ont traversées durant une nuit et un jour de marche qu'ils ont mis à se rendre de Vannes à l'embouchure de la Loire, où était établi le camp de César.

Oui, tous ces pays ont été incendiés par leurs habitants, et ils ont abandonné ces ruines fumantes pour aller se joindre à l'armée gauloise, rassemblée aux environs de Vannes.

Ainsi a été obéie la voix du *chef des cent vallées*, qui avait dit ces paroles, répétées de proche en proche, de village en village, de cité en cité :

« Que dans trois nuits, à l'heure où la lune,
« l'astre sacré de la Gaule, se lèvera, tout le
« pays, de Vannes à la Loire, soit incendié!
« Que César et son armée ne trouvent sur leur
« passage ni hommes, ni toits, ni vivres, ni
« fourrages, et partout... partout... des cendres,
« la famine, le désert et la mort!... »

Cela a été fait ainsi que l'ont ordonné les druides et le *chef des cent vallées*.

Ceux-là, qui ont assisté à ce dévouement héroïque de chacun et de tous au salut de la patrie, ont vu une chose que personne n'avait vue... une chose que personne ne verra peut-être plus désormais... Ainsi, du moins, ont été expiées ces fatales dissensions, ces rivalités de province à province, qui pendant trop longtemps, et pour le triomphe de leurs ennemis, ont divisé les Gaulois.

La nuit s'est passée, le jour aussi, et les deux époux ont traversé tout le pays incendié, depuis Vannes jusqu'à l'embouchure de la Loire, dont ils approchaient. Au soleil couché, ils sont arrivés à un endroit où la route qu'ils suivaient se partageait en deux.

— De ces deux chemins, lequel prendre? — dit Albinik; — l'un doit nous rapprocher du camp de César, l'autre doit nous en éloigner; après avoir un instant réfléchi, la jeune femme répondit :

— Il faut monter sur cet arbre, les feux du camp nous indiqueront notre route.

— C'est vrai, — dit le marin; et confiant dans l'agilité de sa profession, il se disposait à grimper à l'arbre; mais s'arrêtant, il dit :

— J'oubliais qu'il me manque une main... Je ne saurais monter.

Le beau visage de la jeune femme s'attrista et elle reprit :

— Tu souffres, Albinik? Hélas! toi, ainsi mutilé!

— Prend-on le *loup de mer* sans appât?

— Non...

— Que la pêche soit bonne, — reprit Albinik, — je ne regretterai pas d'avoir donné ma main pour amorce...

La jeune femme soupira, et après avoir regardé l'arbre pendant un instant, elle dit à son époux :

— Adosse-toi à ce chêne : je mettrai mon pied dans le creux de ta main, ensuite sur ton épaule, et de ton épaule j'atteindrai cette grosse branche.

— Hardie et dévouée!... tu es toujours la chère épouse de mon cœur, aussi vrai que ma sœur Héna est une sainte! — répondit tendrement Albinik.

Et s'adossant à l'arbre, il reçut de sa main robuste le petit pied de sa compagne, si leste, si légère, qu'il put, grâce à la vigueur de son bras, la soutenir pendant qu'elle posait son autre pied sur l'épaule; de là, elle gagna la première grosse branche, puis, montant de rameau en rameau, elle atteignit la cime du chêne, jeta au loin les yeux et aperçut vers le midi, au-dessous d'un groupe de sept étoiles, la lueur de plusieurs feux. Elle redescendit, agile comme un oiseau qui sautille de branche en branche, et, appuyant enfin ses pieds sur l'épaule du marin, d'un bond elle fut à terre, en disant :

— Il nous faut aller vers le midi, dans la direction de ces sept étoiles... les feux du camp de César sont de ce côté.

— Alors, prenons cette route, — reprit le marin en indiquant le plus étroit des deux chemins. Et les deux voyageurs poursuivirent leur marche.

Au bout de quelques pas, la jeune femme s'arrêta, et parut chercher dans ses vêtements.

— Qu'as-tu, Méroë ?

— Attends-moi : j'ai, en montant à l'arbre, laissé tomber mon poignard ; il se sera détaché de la ceinture que j'ai sous ma saie.

— Par Hésus! il nous faut retrouver ce poignard, — dit Albinik en revenant vers l'arbre.

— Tu as besoin d'une arme, et celle-ci, mon frère Mikaël l'a forgée, trempée lui-même, elle peut percer une pièce de cuivre.

— Oh! je retrouverai ce poignard, Albinik! Avec cette petite lame d'acier bien effilée, on a réponse à tout... et dans tous les langages.

Après quelques recherches au pied du chêne, elle retrouva son poignard ; il était renfermé dans une gaîne, long à peine comme une plume de poule, et guère plus gros. Méroë l'assujettit de nouveau sous sa saie et se remit en route avec son époux. Après une assez longue marche à travers des chemins creux, tous deux arrivèrent dans une plaine : on entendait très au loin le grand bruit de la mer; sur une colline on apercevait les lueurs de plusieurs feux.

— Voici enfin le camp de César ! — dit Albinik en s'arrêtant : — le repaire du lion...

— Le repaire du fléau de la Gaule... Viens viens... la soirée s'avance.

— Méroë!... voici donc le moment venu !...

— Hésiteras-tu, maintenant?...

— Il est trop tard... Mais j'aimerais mieux un loyal combat à ciel ouvert... vaisseau contre vaisseau... soldats contre soldats... épée contre épée... Ah! Méroë... pour nous, Gaulois, qui, méprisant les embuscades comme des lâchetés, attachons des clochettes d'airain aux fers de nos lances, afin d'avertir l'ennemi de notre approche, venir ici... traîtreusement...

— Traîtreusement ! — s'écria la jeune femme. — Et opprimer un peuple libre... est-ce loyal? Réduire ses habitants en esclavage... les expatrier par troupeaux, le collier de fer au cou... est-ce loyal?... Massacrer les vieillards, les enfants... livrer les femmes et les vierges aux violences des soldats... est-ce loyal ?... Et maintenant, tu hésiterais... après avoir marché tout un jour, toute une nuit, aux clartés de l'incendie... au milieu de ces ruines fumantes, qu'a faites l'horreur de l'oppression romaine!.. Non... non... pour exterminer les bêtes féroces, tout est bon : l'épieu comme le piège... Hésiter... hésiter!!! Réponds! Albinik!... Sans parler de la mutilation volontaire... sans parler des dangers que nous bravons en entrant dans ce camp... ne serons-nous pas, si Hésus aide ton projet, les premières victimes de cet immense sacrifice que nous voulons faire aux dieux?... Va, crois-moi, qui donne sa vie n'a jamais à rougir... et par l'amour que je te porte! par le sang virginal de notre sœur Héna.., j'ai à cette heure, je te le jure, la conscience d'accomplir un devoir sacré... Viens... viens... la soirée s'avance...

— Ce que Méroë, la juste et la vaillante, trouve juste et vaillant doit être ainsi... — dit Albinik en pressant sa compagne contre sa poitrine. — Oui... oui... pour exterminer les bêtes féroces tout est bon : l'épieu comme le piège... Qui donne sa vie n'a pas à rougir... Viens...

Les deux époux hâtèrent leur marche vers les lueurs du camp de César. Au bout de quelques instants, ils entendirent, à peu de distance, résonner sur le sol le pas réglé de plusieurs soldats et le cliquetis des sabres sur les armures de fer; puis à la clarté de la lune ils virent briller les casques d'acier à aigrettes rouges.

— Ce sont des soldats de ronde qui veillent autour du camp, — dit Albinik. — Allons à eux...

Et ils eurent bientôt rejoint les soldats romains, dont ils furent aussitôt entourés. Albinik avait appris dans la langue des Romains ces seuls mots : « Nous sommes Gaulois bretons; nous voulons parler à César. » Telles furent les premières paroles du marin aux soldats. Ceux-ci, apprenant ainsi que les deux voyageurs appartenaient à l'une des provinces soulevées en armes, traitèrent rudement ceux qu'ils regardèrent comme leurs prisonniers, les garrottèrent et les conduisirent au camp.

Ce camp, ainsi que tous ceux des Romains, était défendu par un fossé large et profond, au delà duquel s'élevaient des palissades et un retranchement de terre très élevé, où veillaient des soldats de guet.

Albinik et Méroë furent d'abord conduits à l'une des portes du retranchement. A côté de cette porte, ils ont vu, souvenir cruel... cinq grandes croix de bois : à chacune d'elles était crucifié un marin gaulois, aux vêtements tâchés de sang. La lumière de la lune éclairait ces cadavres...

— On ne nous avait pas trompés, — dit tout bas Albinik à sa compagne; — les pilotes ont été crucifiés après avoir subi d'affreuses tortures, plutôt que de vouloir piloter la flotte de César sur les côtes de Bretagne.

— Leur faire endurer la torture... la mort sur la croix... — répondit Méroë, — est-ce loyal?... Hésiterais-tu encore?... Parleras-tu de traîtrise?...

Albinik n'a rien répondu ; mais il a serré dans l'ombre la main de sa compagne. Amenés devant l'officier qui commandait le poste le marin répéta les seuls mots qu'il sût dans la langue des Romains. « Nous sommes Gaulois bretons; nous voulons parler à César. » En ces temps de guerre, les Romains enlevaient ou retenaient souvent les voyageurs, afin de savoir par eux ce qui se passait dans les provinces révoltées. César avait donné l'ordre de lui amener toujours les prisonniers ou les transfuges qui pouvaient l'éclairer sur les mouvements des Gaulois.

Les deux époux ne furent donc pas surpris de se voir, selon leur secret espoir, conduits à travers le camp jusqu'à la tente de César, gardée par l'élite de ses vieux soldats espagnols, chargés de veiller sur sa personne.

Albinik et Méroë, amenés dans la tente de César, le fléau de la Gaule, ont été délivrés de leurs liens; ils ont tâché de maintenir l'expression de leur haine, et ont regardé autour d'eux avec une sombre curiosité.

Voilà ce qu'ils ont vu :

La tente du général romain, recouverte au dehors de peaux épaisses, comme toutes les tentes du camp, était ornée au dedans d'une étoffe de couleur pourpre, brodée d'or et de soie blanche; le sol battu disparaissait sous un tapis de peaux de tigres. César achevait de souper, à demi couché sur un lit de campagne que cachait une grande peau de lion, dont les ongles étaient d'or et la tête ornée d'yeux d'escarboucles. A portée, sur une table basse, les deux époux virent de grands vases d'or et d'argent précieusement ciselés, des coupes enrichies de pierreries. Assise humblement au pied du lit de César, Méroë vit une jeune et belle esclave, africaine sans doute, car ses vêtements blancs faisaient ressortir davantage encore son teint couleur de cuivre, où brillaient ses grands yeux noirs; elle les leva lentement sur les deux étrangers, tout en caressant un grand lévrier fauve, étendu à ses côtés; elle semblait aussi craintive que le chien.

Les généraux, les officiers, les secrétaires, les jeunes et beaux affranchis de César, se tenaient debout autour de son lit, tandis que les esclaves noirs d'Abyssinie, portant au cou, aux poignets et aux chevilles, des ornements de corail, restaient immobiles comme des statues, tenant à la main des flambeaux de cire parfumée, dont la clarté faisait étinceler les splendides armures des Romains.

César, devant qui Albinik et Méroë ont baissé le regard, de crainte de trahir leur haine, César avait quitté ses armes pour une longue robe de soie richement brodée; sa tête était nue, rien ne cachait son grand front chauve, de chaque côté duquel ses cheveux bruns étaient aplatis. La chaleur du vin des Gaules, dont il buvait, dit-on, presque chaque soir outre mesure, rendait ses yeux brillants, et colorait ses joues pâles; sa figure était impérieuse, son sourire moqueur et cruel. Il s'accoudait, tenant de sa main, amaigrie par la débauche, une large coupe d'or enrichie de perles ; il la vida lentement et à plusieurs reprises, tout en attachant son regard pénétrant sur les deux prisonniers, placés de telle sorte qu'Albinik cachait presque entièrement Méroë.

César dit en langue romaine quelques paroles à ses officiers. Ils se mirent à rire, l'un d'eux s'approcha des deux époux, repoussa brusquement Albinik en arrière, prit Méroë par la main, et la força ainsi de s'avancer de quelques pas, afin, sans doute, que le général pût la contempler plus à son aise, ce qu'il fit en tendant de nouveau, et sans se retourner, sa coupe vide à l'un de ses jeunes échansons.

Albinik sait se vaincre; il resta calme en voyant sa chaste femme rougir sous les regards effrontés de César. Celui-ci a bientôt appelé à lui un homme richement vêtu, l'un de ses interprètes, qui, après quelques mots échangés avec le général romain, s'est approché de Méroë, et il lui a dit en langue gauloise :

— César demande si tu es fille ou garçon ?

— Moi et mon compagnon, nous fuyons le camp gaulois... — répondit ingénument Méroë.

— Que je sois fille ou garçon, peu importe à César...

A ces paroles, que l'interprète lui traduisit, César se prit à rire d'un air cynique. Il parut confirmer d'un signe de tête la réponse de Méroë, tandis que les officiers romains partageaient la gaieté de leur général. César continuait de vider coupe sur coupe, en attachant sur l'épouse d'Albinik des yeux de plus en plus ardents ; il dit quelques mots à l'interprète, et celui-ci commença l'interrogatoire des deux prisonniers, transmettant à mesure leurs réponses au général, qui lui indiquait ensuite de nouvelles questions.

— Qui êtes-vous ? — a dit l'interprète ; — d'où venez-vous ?

— Nous sommes Bretons, — répondit Albinik. — Nous venons du camp gaulois, établi sous les murs de Vannes, à deux journées de marche d'ici...

— Pourquoi as-tu abandonné l'armée gauloise?

Albinik ne répondit rien, développa le linge ensanglanté dont son bras était entouré. Les Romains virent alors qu'il n'avait plus sa main gauche. L'interprète reprit:

— Qui t'a mutilé ainsi?

— Les Gaulois.

— Mais tu es Gaulois toi-même?

— Peu importe au *chef des cent vallées*.

Au nom du *chef des cent vallées*, César a froncé les sourcils, son visage a exprimé la haine et l'envie.

L'interprète a dit à Albinik: — Explique-toi.

— Je suis marin, je commande un vaisseau marchand; moi et plusieurs autres capitaines, nous avons reçu l'ordre de transporter par mer des gens armés et de les débarquer dans le port de Vannes, par la baie du Morbihan. J'ai obéi; un coup de vent a rompu un de mes mâts; mon vaisseau est arrivé le dernier de tous. Alors... le *chef des cent vallées* m'a fait appliquer la peine des retardataires... Mais il a été généreux, il m'a fait grâce de la mort; il m'a donné à choisir entre la perte du nez, des oreilles ou d'un membre. J'ai été mutilé... non pour avoir manqué de courage ou d'ardeur... cela eût été juste... je me serais soumis sans me plaindre aux lois de mon pays.

— Mais ce supplice inique, — reprit Méroë.

— Albinik l'a subi parce que le vent de mer s'est élevé contre lui... Autant punir de mort celui qui ne peut voir clair dans la nuit noire... celui qui ne peut obscurcir la lumière du soleil!

— Et cette mutilation me couvre à jamais d'opprobre, s'est écrié Albinik. — A tous elle dit: Celui-là est un lâche... Je n'avais jamais connu la haine: maintenant mon âme en est remplie! Périsse cette patrie maudite, où je ne peux vivre que déshonoré! périsse sa liberté! périssent ceux de mon peuple, pourvu que je sois vengé du *chef des cents vallées!..* Pour cela je donnerais avec joie les membres qu'il m'a laissés. Voilà pourquoi je suis ici avec ma compagne. Partageant ma honte, elle partage ma haine. Cette haine nous l'offrons à César; qu'il en use à son gré, qu'il nous éprouve; notre vie répond de notre sincérité... Quant aux récompenses, nous n'en voulons pas.

— La vengeance... voilà ce qu'il nous faut, — ajouta Méroë.

— En quoi pourrais-tu servir César contre le *chef des cent vallées?* — a dit l'interprète à Albinik.

— J'offre à César de le servir comme marin, comme soldat, comme guide, comme espion même, s'il le veut.

— Pourquoi n'as-tu pas cherché à tuer le *chef des cents vallées...* pouvant approcher de lui dans le camp gaulois? — dit l'interprète au marin. — Tu te serais vengé.

— Aussitôt après la mutilation de mon époux, reprit Méroë, — nous avons été chassés du camp: nous ne pouvions y rentrer.

L'interprète s'entretint de nouveau avec le général romain, qui, tout en écoutant, ne cessait de vider sa coupe et de poursuivre Méroë de ses regards audacieux.

— Tu es marin, dis-tu? — reprit l'interprète; — tu commandais un vaisseau de commerce?

— Oui.

— Et... es-tu bon marin?

— J'ai vingt-huit ans; depuis l'âge de douze ans je voyage sur mer; depuis quatre ans je commande un vaisseau.

— Connais-tu bien la côte depuis Vannes jusqu'au canal qui sépare la Grande-Bretagne de la Gaule?

— Je suis du port de Vannes, près de la forêt de Karnak. Depuis plus de seize ans je navigue continuellement sur ces côtes...

— Serais-tu bon pilote?

— Que je perde les membres que m'a laissés le *chef des cent vallées* s'il est une baie, un cap, un îlot, un écueil, un banc de sable, un brisant, que je ne connaisse, depuis le golfe d'Aquitaine jusqu'à Dunkerque.

— Tu vantes ta science de pilote: comment la prouveras-tu?

— Nous sommes près de la côte: pour qui n'est pas bon et hardi marin, rien de plus dangereux que la navigation de l'embouchure de la Loire en remontant vers le nord.

— C'est vrai, — répondit l'étranger. — Hier encore une galère romaine a échoué et s'est perdue sur un banc de sable.

— Qui pilote bien un bateau — dit Albinik, — pilote bien une galère, je pense?

— Oui.

— Faites-nous conduire demain sur la côte; je connais les bateaux pêcheurs du pays: ma femme et moi, nous suffirons à la manœuvre, et du haut du rivage César nous verra raser les écueils, les brisants, et nous en jouer comme le corbeau de mer se joue des vagues qu'il effleure. Alors César me croira capable de piloter sûrement une galère sur les côtes de Bretagne.

L'offre d'Albinik ayant été traduite à César par l'interprète, celui-ci reprit:

— L'épreuve que tu proposes, nous l'acceptons... Demain matin elle aura lieu... Si elle prouve ta science de pilote, en prenant toute garantie contre la trahison, si tu voulais nous tromper, peut-être seras-tu chargé d'une

Méroë dans la tente de César (page 108)

mission qui servira ta haine... plus que tu ne l'espères ; mais il te faudrait pour cela gagner toute la confiance de César.
— Que faire ?
— Tu dois connaître les forces, les plans de l'armée gauloise. Prends garde de mentir, nous avons déjà eu des rapports à ce sujet ; nous verrons si tu es sincère, sinon le chevalet de torture n'est pas loin d'ici.
— Arrivé à Vannes le matin, arrêté, jugé, supplicié presque aussitôt, et ensuite chassé du camp gaulois, je n'ai pu connaître les délibérations du conseil tenu la veille, — répondit Albinik ; — mais la situation était grave, car à ce conseil les femmes ont été appelées ; il a duré depuis le soleil couché jusqu'à l'aube. Le bruit répandu était que de grands renforts arriveraient à l'armée gauloise.
— Quels étaient ces renforts ?

— Les tribus du *Finistère* et des *Côtes du Nord*, celles de *Lisieux*, d'*Amiens*, du *Perche*. On disait même que des guerriers du *Brabant* arrivaient par mer...
Après avoir traduit la réponse d'Albinik à César, l'interprète reprit :
— Tu dis vrai... tes paroles s'accordent avec les rapports qui nous ont été faits... mais quelques éclaireurs de l'armée, revenus ce soir, ont apporté la nouvelle que de deux ou trois lieues d'ici... on apercevait du côté du nord les lueurs d'un incendie... Tu viens du nord ? as-tu connaissance de cela ?
— Depuis les environs de Vannes jusqu'à trois lieues d'ici, — a répondu Albinik, il ne reste ni une ville, ni un bourg, ni un village, ni une maison... ni un sac de blé, ni une outre de vin, ni un bœuf, ni un mouton, ni une meule de fourrage, ni un homme, ni une femme, ni

14ᵉ livraison

un enfant... Approvisionnements, bétail, richesses, tout ce qui n'a pu être emmené, a été livré aux flammes par les habitants.,. A l'heure où je te parle, toutes les tribus des contrées incendiées se sont ralliées à l'armée gauloise, ne laissant derrière elles qu'un désert couvert de ruines fumantes.

A mesure qu'Albinik avait parlé, la surprise de l'interprète était devenue croissante et profonde; dans son effroi il semblait n'oser croire à ce qu'il entendait, et hésiter à apprendre à César cette redoutable nouvelle... Enfin il s'y résigna...

Albinik ne quitta pas César des yeux, afin de lire sur son visage quelle impression lui causeraient les paroles de l'interprète.

Bien dissimulé était, dit-on, le général romain; mais à mesure que parlait l'interprète, la stupeur, la crainte, la fureur, et aussi le doute, se trahissaient sur la figure de l'oppresseur de la Gaule... Ses officiers, ses conseillers, se regardaient avec consternation, et échangeaient à voix basse des paroles qui semblaient pleines d'angoisse.

Alors César, se redressant brusquement sur son lit, adressa quelques brèves et violentes paroles à l'interprète, qui dit aussitôt au marin :

— César t'accuse de mensonge... Un tel désastre est impossible. Aucun peuple n'est capable d'un pareil sacrifice... Si tu as menti, tu expieras ton crime dans les tortures!...

Albinik et Méroë éprouvèrent une joie profonde en voyant la consternation, la fureur du Romain, qui ne pouvait se résoudre à croire à cette héroïque résolution si fatale pour son armée... Mais les deux époux cachèrent cette joie, et Albinik répondit :

— César a dans son camp des cavaliers numides, aux chevaux infatigables : qu'à l'instant il les envoie en éclaireurs; qu'ils parcourent non-seulement toutes les contrées que nous venons de traverser en une nuit et un jour de marche, mais qu'ils étendent leur course vers l'orient, du côté de la Touraine, qu'ils aillent plus loin encore, jusqu'au Berri... et aussi loin que leurs chevaux pourront les porter, ils traverseront des contrées désertes, ravagées par l'incendie.

A peine Albinik eut-il prononcé ces paroles, que le général romain donna des ordres à plusieurs de ses officiers; ils sortirent en hâte de sa tente, tandis que lui, revenant à sa dissimulation habituelle, et sans doute regrettant d'avoir trahi ses craintes en présence de transfuges gaulois, affecta de sourire, se coucha de nouveau sur sa peau de lion, tendit encore sa coupe à l'un de ses échansons, et la vida, après avoir dit à l'interprète ces paroles, qu'il traduisit ainsi :

— César vide sa coupe en l'honneur des Gaulois... et, par Jupiter! il leur rend grâce d'avoir accompli ce que lui-même voulait accomplir... car la vieille Gaule s'humiliera, soumise et repentante, devant Rome, comme la plus humble esclave... ou pas une de ses villes ne restera debout... pas un de ses guerriers vivants... pas un de ses habitants libre!...

— Que les dieux entendent César! — a répondu Albinik. — Que la Gaule soit esclave ou dévastée, je serai vengé du *chef des cent vallées*... car il souffrira mille morts en voyant asservie ou anéantie cette patrie que je maudis maintenant!

Pendant que l'interprète traduisait ces paroles, le général, soit pour mieux dissimuler ses craintes, soit pour les noyer dans le vin, vida plusieurs fois sa coupe, et recommença de jeter sur Méroë des regards de plus en plus ardents; puis, paraissant réfléchir, il sourit d'un air singulier, fit signe à l'un de ses affranchis, lui parla tout bas, ainsi qu'à l'esclave maure, jusqu'alors assise à ses pieds, et tous deux sortirent de la tente.

L'interprète dit alors à Albinik :

— Jusqu'ici tes réponses ont prouvé ta sincérité... Si la nouvelle que tu viens de donner se confirme, si demain tu te montres habile et hardi pilote, tu pourras servir ta vengeance... Si tu satisfais César, il sera généreux... si tu le trompes! ta punition sera terrible... as-tu vu, en entrant dans le camp, cinq crucifiés?

— Je les ai vus.

— Ce sont des pilotes qui ont refusé de nous servir... On les a portés sur la croix, car leurs membres, brisés par la torture, ne pouvaient plus les soutenir... Tel serait ton sort et celui de ta compagne au moindre soupçon...

— Je ne redoute pas plus ces menaces que je n'attends quelque chose de la magnificence de César... — reprit fièrement Albinik. — Qu'il m'éprouve d'abord, ensuite il me jugera.

— Toi et ta compagne, vous allez être conduits dans une tente voisine; vous y serez gardés comme prisonniers...

Les deux Gaulois, à un signe du Romain, furent emmenés et conduits, par un passage tournant et couvert de toile, dans une tente voisine. On les y laissa seuls... Eprouvant une grande défiance, et devant passer la nuit en ce lieu, ils l'examinèrent avec attention.

Cette tente, de forme ronde, était intérieurement garnie de laine rayée de couleurs tranchantes, fixée sur des cordes tendues et attachées à des piquets enfoncés en terre. L'étoffe, ne descendant pas au ras du sol, Albinik remarqua qu'il restait circulairement, entre les peaux grossièrement tannées, servant de tapis, et le rebord inférieur de la tente, un espace large comme trois fois la paume de la main. On ne voyait pas d'autre ouverture à cette tente que celle par laquelle les deux époux venaient d'entrer, et que fermaient deux pans de toile croisés l'un sur l'autre. Un lit de fer, garni de coussins, était à demi enveloppé de draperies dont on pouvait l'entourer en tirant un long cordon pendant au-dessus du chevet; une lampe d'airain, élevée sur sa longue tige piquée dans le sol, éclairait faiblement l'intérieur de la tente.

Après avoir examiné en silence et avec soin l'endroit où il allait passer la nuit avec sa femme, Albinik lui dit à voix très-basse :

— César nous fera épier cette nuit; on écoutera notre conversation... mais si doucement que l'on vienne, si adroitement que l'on se cache, on ne pourra, du dehors, s'approcher de la toile pour nous écouter sans que nous apercevions, à travers ce vide, les pieds de l'espion.

Et il montra à sa femme l'espace circulaire laissé entre le sol et le rebord inférieur de la toile.

— Crois-tu donc, Albinik, que César ait des soupçons? Pourrait-il supposer qu'un homme ait eu le courage de se mutiler lui-même pour faire croire à ses ressentiments de vengeance?

— Et nos frères? les habitants des contrées que nous venons de traverser, n'ont-ils pas montré un courage mille fois plus grand que le mien, en livrant leur pays à l'incendie?... Mon unique espoir est dans le besoin absolu où est notre ennemi d'avoir des pilotes gaulois pour conduire ses galères sur les côtes de Bretagne. Maintenant surtout que le pays n'offre plus aucune ressource à son armée, la voie de mer est peut-être son seul moyen de salut... Tu l'as vu, en apprenant cette héroïque dévastation, il n'a pu, lui toujours si dissimulé, cacher sa consternation, sa fureur, qu'il a bientôt tenté d'oublier dans l'ivresse du vin... Et ce n'est pas la seule ivresse à laquelle il se livre... je t'ai vue rougir sous les regards obstinés de cet infâme débauché!...

— Oh! Albinik! pendant que mon front rougissait de honte et de colère sous les yeux de César... par deux fois ma main a cherché et serré, sous mes vêtements, l'arme dont je me suis munie... Un moment j'ai mesuré la distance qui me séparait de lui... il était trop loin...

— Au premier mouvement, et avant d'arriver jusqu'à lui, tu aurais été percée de mille coups... Notre projet vaut mieux... S'il réussit, — a ajouté Albinik en jetant un regard expressif à sa compagne, et en élevant peu à peu la voix, au lieu de parler très-bas, ainsi qu'il avait fait jusqu'alors, — si notre projet réussit... si César a foi en ma parole, nous pourrons enfin nous venger de mon bourreau... Oh! je te le dis... Je ressens maintenant pour la Gaule l'exécration que m'inspiraient les Romains.

Méroë, surprise des paroles d'Albinik, le regarda presque sans le comprendre; mais d'un signe il lui fit remarquer, à travers l'espace resté vide entre le sol et la toile de la tente, le bout des sandales de l'interprète, qui écoutait au dehors de la tente... La jeune femme reprit:

— Je partage ta haine comme j'ai partagé l'amour de ton cœur et les périls de ta vie de marin... Fasse Hésus que César comprenne quels services tu peux lui rendre, et je serai témoin de la vengeance comme j'ai été témoin de ton supplice.

Ces paroles, et d'autres encore, échangées par les deux époux, afin de tromper l'interprète, l'ayant sans doute rassuré sur la sincérité des deux prisonniers, ils s'aperçurent qu'il s'éloignait de la tente.

Peu de temps après, et au moment où Albinik et Méroë, fatigués de la route, allaient se jeter tout vêtus sur le lit, l'interprète parut à l'entrée de la tente: la toile soulevée laissait voir plusieurs soldats espagnols.

— César veut s'entretenir avec toi sur-le-champ, — dit l'interprète au marin. — Suis-moi.

Albinik, persuadé que les soupçons du général romain, s'il en avait eu, venaient d'être détruits par le rapport de l'interprète, se crut au moment de connaître la mission dont on voulait le charger; il se disposait, ainsi que Méroë, à sortir de la tente, lorsque celui-ci dit à la jeune femme en l'arrêtant du geste:

— Tu ne peux nous accompagner... César veut parler seul avec ton compagnon.

— Et moi, — répondit le marin en prenant la main de sa femme, — je ne quitte pas Méroë.

— Oses-tu bien refuser d'obéir à mon ordre?...
— dit l'interprète. — Prends garde!... prends garde!...

— Nous irons tous deux près de César, — reprit Méroë, — ou nous n'irons ni l'un ni l'autre.

— Pauvres insensés! n'êtes-vous pas prisonniers et à notre merci, leur dit l'interprète en indiquant les soldats immobiles à l'entrée de la tente. — De gré ou de force, je serai obéi.

Albinik réfléchit que résister était impossible... La mort ne l'effrayait pas; mais mourir, c'était renoncer à ses projets au moment où ils semblaient devoir réussir. Cependant il s'inquiétait de laisser Méroë seule dans cette tente. La jeune femme devina les craintes de son époux, et sentant comme lui qu'il fallait se résigner, elle lui dit:

— Va seul... je t'attendrai sans alarmes, aussi vrai que ton frère *est habile armurier*...

A ces mots de sa femme, rappelant qu'elle portait sous ses vêtements un poignard forgé par Mikaël, Albinik, plus rassuré, suivit l'interprète. Les toiles de l'entrée de la tente, un moment soulevées, s'abaissèrent, et bientôt Méroë crut entendre de ce côté le bruit d'un choc pesant; elle y courut et s'aperçut alors qu'une épaisse claie d'osier, fermant l'entrée, avait été appliquée au dehors. D'abord surprise de cette précaution, la jeune femme pensa qu'il valait mieux, pour elle, rester ainsi enfermée en attendant Albinik, et que peut-être lui-même avait demandé que la tente fût clôturée jusqu'à son retour.

Méroë s'assit pensive sur le lit, pleine d'espoir dans l'entretien que son époux avait sans doute alors avec César. Tout à coup elle fut tirée de sa rêverie par un bruit singulier ; il venait de la partie située en face du lit. Presque aussitôt, à l'endroit d'où était parti le bruit, la toile se fendit dans sa longueur... La jeune femme se leva debout; son premier mouvement fut de s'armer du poignard qu'elle portait sous sa saie. Alors, confiante en elle-même et dans l'arme qu'elle tenait, elle attendit... se rappelant le proverbe gaulois : — *Celui-là qui tient sa propre mort dans sa main... n'a rien à redouter que des dieux!...*

A ce moment la toile, qui s'était fendue dans toute sa longueur s'entr'ouvrit sur un fond d'épaisses ténèbres, et Méroë vit apparaître la jeune esclave maure, enveloppée de ses vêtements blancs.

CHAPITRE II

Trahison de l'esclave maure. — César et Méroë. — Le coffret précieux. — *La corde au cou.* — Adresse et générosité de César. — Le bateau pilote. — *Tor-é-benn*, chant de guerre des marins gaulois. — Albinik pilote la flotte romaine vers la baie du Morbihan. — L'homme à la hache. — Le chenal de *perdition.* — Le vétéran romain et ses deux fils. — Rencontre d'un vaisseau irlandais. — Les sables mouvants. — *Jamais Breton ne fit trahison.*

Dès que la Mauresque eut mis le pied dans la tente, elle se jeta à genoux et tendit ses mains jointes vers la compagne d'Albinik, qui, touchée de ce geste suppliant et de la douleur empreinte sur les traits de l'esclave, ne ressentit ni défiance, ni crainte, mais une compassion mêlée de curiosité, et déposa son poignard au chevet du lit. La jeune Mauresque s'avançait comme en rampant sur ses genoux, les deux mains toujours tendues vers Méroë, penchée vers la suppliante avec pitié, afin de la relever; mais l'esclave s'étant ainsi approchée du lit où était le poignard, se releva d'un bond, sauta sur l'arme, qu'elle n'avait pas sans doute perdue de vue depuis son entrée dans la tente et avant que, dans sa stupeur, la compagne d'Albinik eût pu s'y opposer, son poignard fut lancé à travers les ténèbres que l'on voyait au dehors.

A l'éclat de rire sauvage poussé par la Mauresque lorsqu'elle eut ainsi désarmé Méroë, celle-ci se vit trahie, courut vers le ténébreux passage, afin de retrouver son poignard ou de fuir... mais de ces ténèbres... elle vit sortir César...

Saisie d'effroi, la Gauloise recula de quelques pas. César avança d'autant et l'esclave disparut par l'ouverture, aussitôt refermée : à la démarche incertaine du Romain, au feu de ses regards, à l'animation qui empourprait ses joues, Méroë s'aperçut qu'il était ivre à demi ; elle eut moins de frayeur. Il tenait à la main un coffret de bois précieux ; après avoir silencieusement contemplé la jeune femme avec une telle effronterie qu'elle sentit de nouveau la rougeur de la honte lui monter au front, le Romain tira du coffret un riche collier d'or ciselé, l'approcha de la lumière de la lampe comme pour le faire mieux briller aux yeux de celle qu'il voulait tenter ; puis, simulant un respect ironique, il se baissa, déposa le collier aux pieds de la Gauloise, et se releva, l'interrogeant d'un regard audacieux.

Méroë, debout, les bras croisés sur sa poitrine soulevée par l'indignation et le mépris, regarda fièrement César, et repoussa le collier du bout du pied.

Le Romain fit un geste de surprise insultante, se mit à rire d'un air de dédaigneuse confiance, choisit dans le coffret un magnifique réseau d'or pour la coiffure tout incrusté d'escarboucles, et après l'avoir fait scintiller à la clarté de la lampe, il le déposa encore aux pieds de Méroë, en redoublant de respect ironique, puis, se relevant, sembla lui dire :

— Cette fois, je suis certain de mon triomphe.

Méroë, pâle de colère, sourit de dédain.

Alors César versa aux pieds de la jeune femme tout le contenu du coffret... Ce fut comme une pluie d'or, de perles et de pierreries, colliers, ceintures, pendants d'oreilles, bracelets, bijoux de toutes sortes.

Méroë cette fois ne repoussa pas du pied ces richesses, mais autant qu'elle le put elle les broya sous le talon de sa bottine, et d'un regard arrêta l'infâme débauché qui s'avançait vers elle les bras ouverts.

Un moment interdit, le Romain porta ses deux mains sur son cœur, comme pour protester de son adoration, la Gauloise répondit à ce langage muet par un éclat de rire si méprisant que César, ivre de convoitise, de vin et de colère, parut dire :

— J'ai offert des richesses, j'ai supplié ; tout a été vain, j'emploierai la force...

Seule, désarmée, persuadée que ses cris ne lui attireraient aucun secours, l'épouse d'Albinik sauta sur le lit, saisit le long cordon qui servait à rapprocher les draperies, le noua autour de son cou, monta sur le chevet, prête à se lancer dans le vide et à s'étrangler par la seule pesanteur de son corps au premier mouvement de César; celui-ci vit une résolution si désespérée sur les traits de Méroë qu'il resta immobile; et, soit remords de sa violence, soit certitude, s'il employait la force, de n'avoir en sa possession qu'un cadavre, soit enfin, ainsi que le fourbe le prétendit plus tard, qu'une arrière-pensée, presque généreuse, l'eût guidé, il se recula de quelques pas et leva la main au ciel comme pour prendre les dieux à témoins qu'il respecterait sa prisonnière. Celle-ci, défiante, resta toujours prête à se donner la mort. Alors le Romain se dirigea vers la secrète ouverture de la tente, disparut un moment dans les ténèbres, donna un ordre à haute voix, et rentra bientôt, se tenant assez éloigné du lit, les bras croisés sur sa toge. Ignorant si le danger qu'elle courait n'allait pas encore augmenter, Méroë demeurait debout au chevet du lit, la corde au cou. Mais, au bout de quelques instants, elle vit entrer l'interprète accompagné d'Albinik, et d'un bond fut auprès de lui.

— Ton épouse est une femme de mâle vertu! — lui dit l'interprète. — Vois à ses pieds ces trésors! elle les a repoussés... L'amour du grand César... elle l'a dédaigné. Il a feint de vouloir recourir à la violence. Ta compagne, désarmée par ruse, était prête à se donner la mort... Ainsi elle est glorieusement sortie de cette épreuve.

— Une épreuve?... — reprit Albinik d'un air de doute sinistre, — une épreuve... qui a donc ici le droit d'éprouver la vertu de ma femme?...

— Les sentiments de vengeance qui t'ont amené dans le camp romain sont ceux d'une âme fière révoltée par l'injustice et la barbarie... La mutilation que tu as subie semblait surtout prouver la sincérité de tes paroles, — reprit l'interprète; mais les transfuges inspirent toujours une secrète défiance. L'épouse est souvent préjugée de l'époux, la tienne est une vaillante femme. Pour inspirer une fidélité pareille, tu dois être un homme de cœur et de parole. C'est de cela qu'on voulait s'assurer.

— Je ne sais... — reprit le marin d'un air de doute. — La débauche de ton général est connue...

— Les dieux nous ont envoyé en ta personne un précieux auxiliaire, tu peux devenir fatal aux Gaulois. Crois-tu César assez insensé pour avoir voulu se faire un ennemi de toi en outrageant ta femme, et cela au moment peut-être où il va te charger d'une mission de confiance? Non, je le répète, il a voulu vous éprouver tous deux, et jusqu'ici ces épreuves vous sont favorables...

César interrompit son interprète, lui dit quelques mots; puis, s'inclinant avec respect devant Méroë et saluant Albinik d'un geste amical, il sortit lentement avec majesté.

— Toi et ton épouse, — dit l'interprète, — vous êtes désormais assurés de la protection du général... Il vous en donne sa foi, vous ne serez plus ni séparés ni inquiétés... La femme du courageux marin a méprisé ces riches parures, — ajouta l'interprète en ramassant les bijoux et les replaçant dans le coffret. — César veut garder comme souvenir de la vertu Gauloise le poignard qu'elle portait et qu'il lui avait fait enlever par ruse. Rassure-toi, elle ne restera pas désarmée.

Et presque au même instant deux jeunes affranchis entrèrent dans la tente; ils portaient sur un grand plateau d'argent un petit poignard oriental d'un travail précieux et un sabre espagnol court et légèrement recourbé, suspendu à un baudrier de cuir rouge, magnifiquement brodé d'or. L'interprète remit le poignard à Méroë, le sabre à Albinik, en leur disant:

— Reposez en paix et gardez ces dons de la magnificence de César.

— Et tu l'assureras, — reprit Albinik, — que tes paroles et sa générosité dissipent mes soupçons; il n'aura pas désormais d'auxiliaires plus dévoués que moi et ma femme, jusqu'à ce que notre vengeance soit satisfaite.

L'interprète sortit avec les affranchis; Albinik raconta à sa femme que, conduit dans la tente du général romain, il l'avait attendu en compagnie de l'interprète, jusqu'au moment où tous deux étaient revenus dans la tente sous la conduite d'un esclave. Méroë dit à son tour ce qui s'était passé. Les deux époux conclurent, non sans vraisemblance, que César, ivre à demi, avait d'abord cédé à une idée infâme, mais que la résolution désespérée de la Gauloise, et sans doute aussi la réflexion qu'il risquait de s'aliéner un transfuge dont il pouvait tirer un utile parti, ayant dissipé la demi-ivresse du romain, il avait, avec sa fourbe et son adresse habituelles, donné, sous prétexte d'une épreuve, une apparence presque généreuse à un acte odieux.

Le lendemain, César, accompagné de ses généraux, se rendit sur le rivage qui dominait l'embouchure de la Loire : une tente y avait été dressée. De cet endroit on découvrait au loin la mer et ses dangereux parages, semés de bancs de sable et d'écueils à fleur d'eau. Le vent soufflait violemment. Un bateau de pêche, à la fois solide et léger, était amarré au rivage et gréé à la gauloise, d'une seule voile carrée, à pans coupés. Albinik et Méroë furent amenés. L'interprète leur dit:

— Le temps est orageux, la mer menaçante: oseras-tu t'aventurer dans ce bateau, seul avec ta femme? Il y a ici quelques pêcheurs prisonniers, veux-tu leur aide?

— Ma femme et moi, nous avons bravé bien

des tempêtes, seuls dans notre barque, lorsque par de mauvais temps, nous allions rejoindre mon vaisseau ancré loin du rivage.

— Mais, maintenant, tu es mutilé, — reprit l'interprète, — comment pourras-tu manœuvrer?

— Une main suffit au gouvernail... ma compagne orientera la voile...Métier de femme, puisqu'il s'agit de manier de la toile, — ajouta gaiement le marin pour donner confiance au Romain.

— Va donc, — dit l'interprète. — Que les dieux te conduisent.

La barque, poussée à flot par plusieurs soldats, vacilla un instant sous les palpitations de la voile, que le vent n'avait pas encore emplie; mais bientôt, tendue par Méroë, tandis que son époux tenait le gouvernail, la voile se gonfla, s'arrondit sous le souffle de la brise; le bateau s'inclina légèrement, et sembla voler sur le sommet des vagues comme un oiseau de mer. Méroë, vêtue de son costume de marin, se tenait à la proue. Ses cheveux noirs flottaient au vent; parfois la blanche écume de l'Océan, après avoir jailli sous la proue du bateau, jetait sa neige amère au noble et beau visage de la jeune femme. Albinik connaissait ces parages comme le passeur des landes solitaires de la Bretagne en connaît les moindres détours. La barque semblait se jouer des hautes vagues; de temps à autre les deux époux apercevaient au loin, sur le rivage, la tente de César, reconnaissable à ses voiles de pourpre, et voyaient briller au soleil l'or et l'argent des armures de ses généraux.

— Oh! César!... fléau de la Gaule!... le plus cruel, le plus débauché des hommes!... — s'écria Méroë, — tu ne sais pas que cette frêle barque, qu'en ce moment peut-être tu suis au loin des yeux, porte deux de tes ennemis acharnés! Tu ne sais pas qu'ils ont d'avance abandonné leur vie à Hésus, dans l'espoir d'offrir à Teutatès, dieu des voyages sur terre et sur mer, une offrande digne de lui... une offrande de plusieurs milliers de Romains, s'abîmant dans les gouffres de la mer, et c'est en élevant nos mains vers toi, reconnaissants et joyeux, ô Hésus! que nous disparaîtrons au fond des abîmes avec les ennemis de notre Gaule sacrée!...

Et la barque d'Albinik et de Méroë, rasant les écueils et les vagues au milieu de ces dangereux parages, tantôt s'éloignait, tantôt se rapprochait du rivage. La compagne du marin, le voyant pensif et triste, lui a dit:

— A quoi songes-tu, Albinik?... Tout seconde nos projets: le général romain n'a plus de soupçons, l'habileté de ta manœuvre va le décider à accepter tes services, et demain peut-être tu piloteras les galères de nos ennemis...

— Oui... je les piloterai vers l'abîme... où elles doivent s'engloutir avec nous...

— Quelle magnifique offrande à nos dieux!... dix mille Romains, peut-être!...

— Méroë, — a répondu Albinik avec un soupir, — lorsque, après avoir cessé de vivre ici, ainsi que ces soldats... de braves guerriers après tout, nous revivrons ailleurs avec eux, ils pourront me dire: « Ce n'est pas vaillamment, « par la lance et par l'épée, que tu nous a tués... « Non, tu nous as tués sans combat, par trahi- « son... Tu veillais au gouvernail... nous dor- « mions confiants et tranquilles... tu nous a « conduits sur des écueils... et en un instant la « mer nous a engloutis... Tu es comme un lâche « empoisonneur, qui, en mettant du poison « dans nos vivres, nous aurait fait mourir... « Est-ce vaillant?... Non! ce n'est plus là cette « franche audace de tes pères! ces fiers Gaulois, « qui, demi-nus, nous combattaient, en nous « raillant sur nos armures de fer, nous deman- « dant pourquoi nous battre si nous avions « peur des blessures ou de la mort... »

— Ah! — s'est écrié Méroë avec amertume et douleur, — pourquoi les druidesses m'ont-elles enseigné qu'une femme doit échapper par la mort au dernier outrage?!... Pourquoi ta mère Margarid nous a-t-elle si souvent raconté, comme un mâle exemple à suivre, ce trait de ton aïeule *Siomara*... coupant la tête du Romain qui l'avait violentée... et apportant dans un pan de sa robe cette tête à son mari, en lui disant ces fières et chastes paroles: « Deux hommes « vivants ne se vanteront pas de m'avoir pos- « sédée!... » Ah! pourquoi n'ai-je pas cédé à César!

— Méroë!...

— Peut-être te serais-tu vengé alors!... Cœur faible, âme sans vigueur! il le faut donc l'outrage accompli... la honte bue... pour allumer la colère?...

— Méroë! Méroë!...

— Il ne suffit donc pas que ce Romain ait proposé à ta femme de se vendre... de se livrer à lui pour des présents?... C'est à ta femme... entends-tu!... à ta femme... que César l'a faite... cette offre d'ignominie!...

— Tu dis vrai, — a répondu le marin en sentant, au souvenir de ces outrages, le courroux enflammer son cœur, — j'étais une âme faible...

Mais sa compagne a poursuivi avec un redoublement d'amertume:

Non, je le vois; ce n'est pas assez... j'aurais dû mourir... peut-être alors aurais-tu juré vengeance sur mon corps!... Ah! ils t'inspirent de la pitié, ces Romains, dont nous voulons faire une offrande aux dieux!... ils ne sont pas complices du crime qu'a voulu tenter César, dis-tu... Réponds?... Seraient-ils venus à mon aide, ces soldats, *ces braves guerriers*?... Si, au lieu de me fier à mon seul courage et de puiser ma force dans mon amour pour toi, je m'étais écriée, éplorée, suppliante: « Romains, au nom « de vos mères, défendez-moi des violences de « votre général! » réponds, seraient-ils venus à ma voix? auraient-ils oublié que j'étais Gauloise... et que César était... César? Le cœur généreux de ces braves se serait-il révolté? Eux-mêmes, après le viol, ne noient-ils pas les enfants dans le sang des mères?...

Albinik n'a pas laissé achever sa compagne; il a rougi de sa faiblesse; il a rougi d'avoir pu oublier un instant les horreurs commises par les Romains dans leur guerre impie... il a rougi d'avoir oublié que le sacrifice des ennemis de la Gaule est surtout agréable à Hésus. Alors, dans sa colère, et pour toute réponse, il a chanté le chant de guerre des marins bretons, comme si le vent avait pu porter ces paroles de défi et de mort sur le rivage où était César:

« *Tor-è-benn! Tor-è-benn!*

« Comme j'étais couché dans mon vaisseau, « j'ai entendu l'aigle de mer appeler au milieu « de la nuit. — Il appelait ses aiglons et tous les « oiseaux du rivage. — Et il leur disait en les « appelant : — Levez-vous tous... venez... « venez... — Non, ce n'est plus de la chair « pourrie de chien ou de brebis qu'il vous faut... « c'est de la chair romaine.

« *Tor-è-benn! Tor-è-benn!*

« Vieux corbeau de mer, dis-moi, que tiens-« tu là? — Moi, je tiens la tête du chef romain: « je veux avoir ses deux yeux... ses deux yeux « rouges... — Et toi, loup de mer, que tiens-tu « là? — Moi, je tiens le cœur du chef romain, « et je le mange! — Et toi, serpent de mer, que « fais-tu là, roulé autour de ce cou, et ta tête « plate si près de cette bouche, déjà froide et « bleue? — Moi, je suis ici pour attendre au « passage l'âme du chef romain.

« *Tor-è-benn! Tor-è-benn!* »

Méroë, exaltée par ce chant de guerre, ainsi que son époux, a, comme lui, répété, en semblant défier César, dont on voyait au loin la tente :

« *Tor-è-benn! Tor-è-benn! Tor-è-benn!* »

Et toujours la barque d'Albinik et de Méroë se jouant des écueils et des vagues, au milieu de ces dangereux passages, tantôt s'éloignait tantôt se rapprochait du rivage.

— Tu es le meilleur et le plus hardi pilote que j'aie rencontré, moi, qui dans ma vie ai tant voyagé sur mer, — fit dire César à Albinik, lorsqu'il eut regagné la terre et débarqué avec Méroë. — Demain, si le temps est favorable, tu guideras une expédition dont tu sauras le but au moment de mettre en mer.

Le lendemain, au lever du soleil, le vent se trouvant propice, la mer belle, César a voulu assister au départ des galères romaines; il a fait venir Albinik. A côté du général était un guerrier de grande taille à l'air farouche ; une armure flexible, faite d'anneaux de fer entrelacés, le couvrait de la tête aux pieds; il se tenait immobile; on aurait dit une statue de fer. A la main, il portait une lourde et courte hache à deux tranchants. L'interprète a dit à Albinik, lui montrant cet homme :

— Tu vois ce soldat... durant la navigation il ne te quittera pas plus que ton ombre...: Si par ta faute ou par trahison une seule des galères échouait, il a l'ordre de te tuer à l'instant, toi et ta compagne... Si, au contraire, tu mènes la flotte à bon port, le général te comblera de ses dons; tu feras envie au plus heureux.

— César sera content... — a répondu Albinik.

Et suivi par le soldat à la hache, il a monté, ainsi que Méroë, sur la galère *prétorienne*, dont la marche guidait celle des autres navires; on la reconnaissait à trois flambeaux dorés, placés à sa poupe.

Chaque galère portait soixante-dix rameurs, dix mariniers pour la manœuvre des voiles, cinquante archers et frondeurs armés à la légère, et cent cinquante soldats bardés de fer de la tête aux pieds.

Lorsque les galères eurent quitté le rivage, le préteur, commandant militaire de la flotte, fit dire, par un interprète, à Albinik, de se diriger vers le nord pour débarquer au fond de la baie du Morbihan, dans les environs de la ville de Vannes, où était rassemblée l'armée gauloise. Albinik, la main au gouvernail, devait transmettre, par l'interprète, ses commandements au maître des rameurs. Celui-ci, au moyen d'un marteau de fer, dont il frappait une cloche d'airain, d'après les ordres du pilote, indiquait ainsi, par les coups lents ou redoublés du marteau, le mouvement de la cadence des rames, selon qu'il fallait accélérer ou ralentir l'allure de la *prétorienne*, sur laquelle la flotte romaine guidait sa marche.

Les galères, poussées par un vent propice, s'avançaient vers le nord. Selon l'interprète, les plus vieux mariniers admiraient la hardiesse de la manœuvre et la promptitude de coup d'œil du pilote gaulois. Après une assez longue navigation, la flotte, se trouvant près de la pointe méridionale de la baie du Morbihan, allait entrer dans ces parages, les plus dangereux de toute la côte de Bretagne par leur multitude d'îlots, d'écueils, de bancs de sable, et surtout par leurs courants sous-marins d'une violence irrésistible.

Un îlot, situé au milieu de l'entrée de la baie, que resserrent deux pointes de terre, partage cette entrée en deux passes très étroites. Rien à la surface de la mer, ni brisants, ni écume, ni changement de nuance dans la couleur des vagues, n'annonce la moindre différence entre ces deux passages. Pourtant, l'un n'offre aucun écueil, et l'autre est si redoutable, qu'au bout de cent coups de rame les navires engagés dans ce chenal à la file les uns des autres, et guidés par la *prétorienne* que pilotait Albinik, allaient être peu à peu entraînés par la force d'un courant sous-marin vers un banc de rochers, que l'on voyait au loin, et sur lequel la mer, partout ailleurs calme, se brisait avec furie... Mais les commandants de chaque galère, ne pourraient s'apercevoir du péril que les uns après les autres, chacun ne le reconnaissant qu'à la rapide dérive de la galère qui le précéderait... et alors il serait trop tard... la violence du courant emporterait, précipiterait vaisseau sur vaisseau... Tournoyant sur l'abîme, s'abordant, se heurtant, ils devaient, dans ces terribles chocs, s'entr'ouvrir et s'engloutir au fond des eaux avec leur équipage, ou se briser sur le banc de roches... Cent coups de rame encore, et la flotte était anéantie dans ce passage de perdition...

La mer était si calme, si belle, que nul, parmi les Romains, ne soupçonnait le péril... Les rameurs accompagnaient de chants le mouvement cadencé de leurs rames ; parmi les soldats, les uns nettoyaient leurs armes, d'autres dormaient, étendus à la proue; d'autres jouaient aux osselets. Enfin, à peu de distance d'Albinik, toujours au gouvernail, un vétéran aux cheveux blanchis, au visage cicatrisé, était assis sur un des bancs de la poupe, entre ses deux fils, beaux jeunes archers de dix-huit à vingt ans. Tout en causant avec leur père, ils avaient chacun un bras familièrement passé sur l'épaule du vieux soldat, qu'ils enlaçaient ainsi ; ils semblaient causer tous trois avec une douce confiance et s'aimer tendrement. Albinik, malgré sa haine contre les Romains, n'a pu s'empêcher de soupirer de compassion, en songeant au sort de tous ces soldats, qui ne se croyaient pas si près de mourir.

A ce moment, un de ces légers vaisseaux dont se servent les marins d'Irlande, sortit de la baie du Morbihan par le chenal qui n'offrait aucun danger... Albinik avait, pour son commerce, fait de fréquents voyages à la côte d'Irlande, terre peuplée d'habitants d'origine gauloise, parlant à peu près le même langage, difficile cependant à comprendre pour qui n'avait pas souvent abordé cette côte comme Albinik.

L'Irlandais, soit qu'il craignît d'être poursuivi et pris par quelqu'une des galères de guerre qu'il voyait s'approcher, et qu'il voulût échapper à ce danger en venant de lui-même au-devant de la flotte, soit qu'il crût avoir des renseignements utiles à donner, l'Irlandais se dirigea vers la *prétorienne*, qui ouvrait la marche. Albinik frémit... L'interprète allait peut-être interroger cet Irlandais, et il pouvait signaler le danger que devait courir l'armée navale en prenant l'une ou l'autre des deux passes de l'îlot. Albinik ordonna donc de forcer de rames, afin d'arriver au chenal de perdition, avant que l'Irlandais eût rejoint les galères. Mais après quelques mots échangés entre le commandant militaire et l'interprète, celui-ci ordonna d'attendre le navire qui s'approchait, afin de lui demander des nouvelles de la flotte gauloise. Albinik, n'osant contrarier ce commandement de peur d'éveiller les soupçons, obéit, et bientôt le petit navire irlandais fut à portée de voix de la *prétorienne*. L'interprète, s'avançant alors, dit en langue gauloise à l'Irlandais :

— D'où venez-vous ? où allez-vous ?... Avez-vous rencontré des vaisseaux en mer ?...

A ces questions, l'Irlandais fit signe qu'il ne comprenait pas. Et dans son langage moitié gaulois, il reprit :

— Je viens vers la flotte pour lui donner des nouvelles.

— Quelle langue parle cet homme ? — dit l'interprète à Albinik. — Je ne l'entends pas, quoique son langage ne me semble pas tout à fait étranger.

— Il parle moitié irlandais, moitié gaulois,— répondit Albinik. — J'ai souvent commercé sur les côtes de ce pays ; je comprends ce langage. Cet homme dit s'être dirigé vers la flotte pour lui donner des nouvelles importantes.

— Demande-lui quelles sont ces nouvelles.

— Quelles nouvelles as tu à donner ? — dit Albinik à l'Irlandais.

— Les vaisseaux gaulois, — repondit-il, — venant de divers ports de Bretagne, se sont réunis hier soir dans cette baie que je viens de quitter. Ils sont en très-grand nombre, bien équipés, bien armés, et prêts au combat. Ils ont choisi leur ancrage tout au fond de la baie, près du port de Vaenes. Vous ne pourrez les apercevoir qu'après avoir doublé le promontoire d'Aëlkern...

— L'Irlandais nous apporte des nouvelles favorables, — dit Albinik à l'interprète. — La flotte gauloise s'est dispersée de tous côtés : une partie de ses vaisseaux est dans la rivière d'Auray, d'autres plus loin encore, vers la baie d'Audiern et Ouessant... Il n'y a au fond de cette baie, pour défendre Vannes par mer, que cinq ou six mauvais vaisseaux marchands, à peine armés à la hâte.

— Par Jupiter ! — s'écria l'interprète joyeux. — les dieux sont, comme toujours, favorables à César !...

Le préteur et les officiers, à qui l'interprète répéta la fausse nouvelle donnée par le pilote, parurent aussi très-joyeux de cette dispersion de la flotte gauloise... Vannes était ainsi livrée aux Romains, presque sans défense, du côté de la mer.

Albinik et Méroë échappés des mains des Romains (page 115)

Albinik dit alors à l'interprète en lui montrant le soldat à la hache :
— César s'est défié de moi ; bénis soient les dieux de me permettre de prouver l'injustice de ses soupçons. Voyez-vous cet îlot, là-bas à cent longueurs de rame d'ici ?
— Je le vois.
— Pour entrer dans cette baie, il n'y a que deux passages, l'un à droite, l'autre à gauche de cet îlot. Le sort de la flotte romaine était entre mes mains ; je pouvais vous piloter vers l'une de ces passes, que rien à la vue ne distingue de l'autre, et un courant sous-marin entraînait vos galères sur un banc de rochers... pas une n'eût échappé...
— Que dis-tu ? — s'écria l'interprète, tandis que Méroë regardait son époux avec douleur et surprise, car, d'après ses paroles, il semblait renoncer à sa vengeance.

— Je dis la vérité, — répondit Albinik à l'interprète ; — je vais vous le prouver... Cet Irlandais connaît, comme moi, les dangers de l'entrée de cette baie qu'il vient de quitter ; je lui demanderai de marcher devant nous, en guise de pilote ; et d'avance je vais vous tracer la route qu'il va suivre : d'abord il prendra le chenal à droite de l'îlot ; il s'avancera ensuite, presque à toucher cette pointe de terre que vous apercevez plus loin ; puis il déviera beaucoup à droite, jusqu'à ce qu'il soit à la hauteur de ces rochers noirs qui s'élèvent là-bas ; cette passe traversée, ces écueils évités, nous serons en sûreté dans la baie... Si l'Irlandais exécute de point en point cette manœuvre, vous défierez-vous encore de moi ?
— Non, par Jupiter ! — répondit l'interprète.
— Il faudrait être insensé pour conserver le moindre soupçon sur ta bonne foi.

15ᵉ livraison

— Jugez-moi donc!... — reprit Albinik, — et il adressa quelques mots à l'Irlandais, qui consentit à piloter les navires. Sa manœuvre fut celle prévue par Albinik. Alors celui-ci, ayant donné aux Romains ce gage de sincérité, fit déployer la flotte sur trois files, et pendant quelque temps la guida à travers les îlots dont la baie est semée; puis il donna l'ordre aux rameurs de rester en place sur leurs rames. De cet endroit on ne pouvait apercevoir la flotte gauloise, ancrée tout au fond de la baie, à près de deux lieues de distance de là, et dérobée à tous les yeux par un promontoire très-élevé.

Albinik dit alors à l'interprète:

— Nous ne courons plus qu'un seul danger, mais il est grand. Il y a devant nous des bancs de sable mouvants, parfois déplacés par les hautes marées: les galères pourraient s'y engraver; il faut donc que j'aille reconnaître ce passage la sonde à la main, avant d'y engager la flotte. Elle va rester en cet endroit sur ses rames; faites mettre à la mer la plus petite des barques de cette galère avec deux rameurs; ma femme tiendra le gouvernail; si vous avez quelque défiance, vous et le soldat à la hache, vous nous accompagnerez dans la barque; puis, le passage reconnu, je reviendrai à bord de cette galère pour piloter la flotte jusqu'à l'entrée du port de Vannes.

— Je ne me défie plus, — répondit l'interprète; — mais selon l'ordre de César, ni moi ni ce soldat nous ne devons te quitter un seul instant.

— Qu'il en soit ainsi que vous le désirez, — dit Albinik.

Et la petite barque de la galère fut mise à la mer. Deux rameurs y descendirent avec le soldat et l'interprète; Albinik et Méroë s'embarquèrent à leur tour: le bateau s'éloigna de la flotte romaine, disposée en croissant et se maintenant sur ses rames en attendant le retour du pilote. Méroë, assise au gouvernail, dirigeait la barque selon les indications de son époux. Lui, à genoux, et penché à la proue, sondait le passage au moyen d'un plomb très-lourd attaché à un long et fort cordeau. Le bateau côtoyait alors un des nombreux îlots de la baie du Morbihan. Derrière cet îlot s'étendait un long banc de sable que la marée, alors descendante, commençait à découvrir; puis, au delà du banc de sable, quelques rochers bordant le rivage... Albinik venait de jeter de nouveau la sonde; pendant qu'il semblait examiner sur la corde les traces de la profondeur de l'eau, il échangea un regard rapide avec sa femme en lui indiquant d'un coup d'œil le soldat et l'interprète... Méroë comprit... l'interprète était assis près d'elle à la poupe; venaient ensuite les deux rameurs sur leur banc, et enfin l'homme à la hache debout, derrière Albinik, penché à la proue, sa sonde à la main... Se relevant soudain, il se fit de cette sonde une arme terrible, lui imprima le mouvement rapide que le frondeur donne à sa fronde, et le lourd plomb attaché au cordeau frappa si violemment le casque du soldat, qu'étourdi du coup, il s'affaissa au fond de la barque. L'interprète voulut s'élancer au secours de son compagnon; mais, saisi aux cheveux par Méroë, il fut renversé en arrière, perdit l'équilibre et tomba à la mer. L'un des deux rameurs, ayant levé sa rame sur Albinik, roula bientôt à pieds. Le mouvement donné au gouvernail par Méroë fit approcher le bateau si près de l'îlot montueux, qu'elle y sauta, ainsi que son époux. Tous deux gravirent rapidement ces roches escarpées; ils n'avaient plus d'autre obstacle pour arriver au rivage qu'un banc de sable, dont une partie, déjà découverte par la marée, était mouvante, ainsi qu'on le voyait aux bulles d'air qui venaient continuellement à sa surface. Prendre ce passage pour atteindre les rochers de la côte, c'était périr dans le gouffre caché sous cette surface trompeuse. Déjà les deux époux entendaient de l'autre côté de l'îlot, dont l'élévation les cachait, les cris, les menaces du soldat, revenu de son étourdissement, et la voix de l'interprète, retiré sans doute de l'eau par les rameurs. Albinik, habitué à ces parages, reconnut, à la grosseur du gravier et à la limpidité de l'eau dont il était encore couvert, que le banc de sable, à quelques pas de là, n'était plus mouvant. Il le traversa donc en cet endroit avec Méroë, tous deux ayant de l'eau jusqu'à la ceinture. Ils atteignirent alors les rochers de la côte, les escaladèrent agilement, et s'arrêtèrent ensuite un instant, afin de voir s'ils étaient poursuivis.

L'homme à la hache, gêné par sa pesante armure, et n'étant, non plus que l'interprète habitué à marcher sur des pierres glissantes, couvertes de varechs, comme l'étaient celles de l'îlot qu'ils avaient à traverser pour atteindre les fugitifs, arrivèrent après maints efforts, en face de la partie mouvante du banc de sable laissé à sec par la marée de plus en plus basse. Le soldat, furieux à l'aspect d'Albinik et de sa compagne, dont il ne se voyait séparé que par un banc de sable fin et uni, laissé à sec, crut le passage facile et s'élança. Au premier pas il enfonça dans la fondrière jusqu'au genoux; il fit un violent effort pour se dégager... et disparu jusqu'à la ceinture... Il appela ses compagnons à son aide... à peine avait-il appelé... qu'il n'eut plus que la tête hors du gouffre... La tête disparut aussi... et un moment après, comme le soldat avait levé les mains au ciel en s'abîmant, l'on ne vit plus qu'un de ses gantelets de fer s'agitant convulsivement en dehors du sable... Puis l'on n'aperçut plus rien... rien...

sinon quelques bulles d'eau à la surface de la fondrière.

Les rameurs et l'interprète, saisis d'épouvante, restèrent immobiles, n'osant braver une mort certaine pour atteindre les fugitifs...

Alors Albinik adressa ces mots à l'interprète:

— Tu diras à César que je m'étais mutilé moi-même pour lui donner confiance dans la sincérité de mes offres de service... Mon dessein était de conduire la flotte romaine à une perte certaine en nous sacrifiant moi et ma compagne... Il en allait être ainsi... Je vous pilotais dans le chenal de perdition d'où pas une galère ne serait sortie... Lorsque nous avons rencontré l'Irlandais qui m'a appris que, rassemblés depuis hier, les vaisseaux gaulois, très-nombreux et très-bien armés, sont ancrés au fond de cette baie... à deux lieues d'ici. Apprenant cela, j'ai changé de projet, je n'ai plus voulu perdre les galères... Elles seront de même anéanties, mais non par embûche ni déloyauté... elles le seront par vaillant combat, navire contre navire, Gaulois contre Romain... Maintenant, dans l'intérêt du combat de demain, écoute bien ceci: J'ai à dessein conduit tes galères sur des bas-fonds où dans quelques instants elles se trouveront à sec sur le sable. Elles y resteront engravées, car la mer descend... Tenter un débarquement, c'est vous perdre; vous êtes de tous côtés entourés de bancs de sable mouvants, pareils à celui où vient de s'engloutir l'homme à la hache... Restez donc à bord de vos navires; demain ils seront remis à flot par la marée montante...

et demain bataille... bataille à outrance... Le Gaulois aura une fois de plus montré que *jamais Breton ne fit trahison*... et que s'il est glorieux de la mort de son ennemi, c'est lorsqu'il a loyalement tué son ennemi.

Et Albinik et Méroë, laissant l'interprète effrayé de ces paroles, se sont dirigés en hâte vers la ville de Vannes, pour y donner l'alarme et prévenir les gens de la flotte gauloise de se préparer au combat pour le lendemain.

Chemin faisant, l'épouse d'Albinik lui a dit:

— Le cœur de mon époux bien-aimé est plus haut que le mien. Je voulais voir détruire la flotte romaine par les écueils de la mer... Mon époux veut la détruire par la vaillance gauloise. Que je sois à jamais glorifiée d'être la femme d'un tel homme!

« Ce récit que votre fils Albinik, le marin,
« vous envoie, à vous, ma mère Magarid, à
« vous, mon père *Joel, le brenn de la tribu de*
« *Karnak*, ce récit, votre fils l'a écrit durant
« cette nuit-ci qui précède la bataille de de-
« main. Retenu dans le port de Vannes par les
« soins qu'il donne à son navire, afin de
« combattre les Romains au point du jour,
« votre fils vous envoie cette écriture au camp
« gaulois qui défend par terre les approches de
« la ville. Mon père et ma mère blâmeront
« ou approuveront la conduite d'Albinik et de
« sa femme Méroë, mais ce récit contient
« la simple vérité. »

CHAPITRE III

La veille de la bataille de Vannes, Guilhern, le laboureur, fait une promesse sacrée à son père, Joel, le brenn de la tribu de Karnak. — Position de l'armée gauloise. — Le chef des cent vallées. — Les bardes à la guerre. — La cavalerie de la Trimarkisia. — La chaîne de fer des deux saldunes. — Piéton et cavalier.

La veille de la bataille de Vannes, qui, livrée sur terre et sur mer, allait décider de l'esclavage ou de la liberté de la Bretagne, et, par suite, de l'indépendance ou de l'asservissement de toute la Gaule; la veille de la bataille de Vannes, en présence de tous ceux de notre famille réunie dans le camp gaulois, moins mon frère Albinik et sa femme Méroë, alors sur la flotte rassemblée dans la baie du Morbihan, mon père Joel, *le brenn de la tribu de Karnak*, a dit ceci à moi son premier-né, *Guilhern*, le laboureur (qui écris ce récit):

« — Demain est jour de grand combat, mon
« fils; nous nous battrons bien. Je suis vieux,
« tu es jeune; l'ange de la mort me fera sans
« doute partir le premier d'ici, et demain peut-
« être j'irai revivre ailleurs avec ma sainte fille
« Héna. Or, voici ce que je te demande, en
« présence des malheurs dont est menacé
« notre pays, car demain la mauvaise chance
« de la guerre peut faire triompher les Romains:

« mon désir est que, dans notre famille, et tant
« que durera notre race, l'amour de la Gaule et
« le souvenir sacré de nos pères ne périssent
« point. Si nos enfants doivent rester libres,
« l'amour du pays, le respect pour la mémoire
« paternelle, leur rendront la liberté plus chère
« encore. S'ils doivent vivre et mourir esclaves,
« ces souvenirs sacrés leur disant sans cesse de
« génération en génération qu'il fut un temps
« où, fidèle à ses dieux, vaillante à la guerre,
« indépendante et heureuse, maîtresse de son
« sol fécondé par de durs labeurs, insouciante
« de la mort dont elle a le secret, la race gau-
« loise était redoutée du monde entier et hospi-
« talière aux peuples qui lui tendaient une
« main amie, ces souvenirs perpétués d'âge en
« âge, rendant à nos enfants leur esclavage plus
« horrible, leur donneront un jour la force de
« le briser. Afin que ces souvenirs se transmet-
« tent de siècle en siècle, il faut, mon fils, me
« promettre, par Hésus, de rester fidèle à notre

« vieille coutume gauloise, en conservant le
« dépôt que je vais te confier, en l'augmentant
« et en faisant jurer à ton fils Sylvest de l'aug-
« menter à son tour, afin que les fils de tes
« petits-fils imitent leurs pères, et qu'ils soient
« imités de leur descendance... Ce dépôt, le
« voici... Ce premier rouleau contient le récit de
« ce qui est arrivé dans notre maison lors de
« l'anniversaire de la naissance de ma chère
« fille Héna, jour qui a été aussi celui de sa
« mort. Cet autre rouleau, que ce soir, vers le
« coucher du soleil, j'ai reçu de mon fils Albinik
« le marin, contient le récit de son voyage au
« camp de César, à travers les contrées incen-
« diées par leurs populations. Ce récit honore
« le courage gaulois ; il honore ton frère Albinik
« et sa femme Méroë, fidèles, jusqu'à l'excès
« peut-être, à cette maxime de nos pères : *Jamais*
« *Breton ne fit trahison.* Ces écrits, je te les
« confie, tu me les remettras après la bataille de
« demain, si j'y survis... sinon, tu les garderas
« (ou à défaut de toi, tes frères), et tu y inscri-
« ras les principaux faits de ta vie et de celle
« des tiens ; tu transmettras ces récits à ton fils,
« afin qu'il fasse comme toi, et ainsi toujours de
« génération en génération... Me jures-tu, par
« Hésus, d'obéir à ma volonté ?... »

« — Moi, Guilhern, le laboureur, — ai-je
« répondu, — je jure à mon père, Joel, le brenn
« de la tribu de Karnak, d'accomplir fidèlement
« ses volontés... »

. . . .

Et ces volontés de mon père, je les accomplis pieusement aujourd'hui, longtemps après la bataille de Vannes, et ensuite de malheurs sans nombre. Le récit de ces malheurs, je le fais pour toi, mon fils Sylvest. Et ce n'est pas avec du sang... que je devrais écrire ceci... non, ce n'est pas avec du sang, car le sang se tarit : mais avec des larmes de douleur, de haine et de rage... leur source est intarissable !

Après que mon pauvre et bien-aimé frère Albinik a eu piloté la flotte romaine dans la baie du Morbihan, voici d'abord ce qui s'est passé le jour de la bataille de Vannes...

Cela s'est passé sous mes yeux... je l'ai vu...
J'aurais à vivre ici toutes les vies que j'ai à vivre ailleurs, que, dans des temps infinis, le souvenir de ce jour épouvantable et de ceux qui l'ont suivi me serait présent, comme il l'est à cette heure, comme il l'a été, comme il le sera toujours...

Joel mon père, Margarid ma mère, Hénory ma femme, mes deux enfants Sylvest et Siomara, ainsi que mon frère Mikaël, l'armurier, sa femme Martha et leurs enfants (pour ne parler que de nos parents les plus proches), s'étaient rendus, comme tous ceux de notre tribu, dans le camp gaulois : nos chariots de guerre, recouverts de toiles, nous avaient servi de tentes jusqu'au jour de la bataille de Vannes. Pendant la nuit, le conseil, convoqué par le *chef des cent vallées* et par *Talyessin*, le plus ancien des druides, s'était rassemblé. Des montagnards d'*Arès*, montés sur leurs petits chevaux infatigables, avaient été envoyés, la veille, en éclaireurs, à travers le pays incendié. Ils accoururent à l'aube annoncer qu'à six lieues de Vannes on apercevait les feux de l'armée romaine, campée cette nuit là au milieu des ruines de la ville de Morh'ek. Le *chef des cent vallées* supposa que César, pour échapper au cercle de destruction et de famine par lequel son armée allait être de plus en plus enserrée, avait fui à marches forcées ce pays dévasté et venait offrir la bataille aux Gaulois. Le conseil résolut de marcher au-devant de César, et de l'attendre sur les hauteurs qui dominent la rivière d'Elrik. Au point du jour, après que les druides eurent invoqué les dieux, notre tribu se mit en marche pour aller prendre son rang de bataille.

Joel montait son fier étalon *Tom-Bras* et commandait la *marheh-ha-droad*, dont je faisais partie avec mon frère Mikaël, moi comme cavalier, lui comme piéton. Nous devions, selon la règle militaire, combattre à côté l'un de l'autre, lui à pied, moi à cheval, et nous secourir mutuellement. Dans l'un des chars de guerre, armés de faux et placés au centre de l'armée avec la réserve, se tenaient ma mère, ma femme, ainsi que celle de Mikaël et nos enfants à tous deux. Quelques jeunes garçons, légèrement armés, entouraient les chars de bataille, et tenaient difficilement en laisse les grands dogues de guerre, qui, animés par l'exemple de *Deber-Trud*, le mangeur d'hommes, hurlaient et bondissaient, flairant déjà le combat et le sang. Parmi les jeunes gens de notre tribu qui se rendaient à leur rang, j'en ai remarqué deux qui s'étaient juré foi de *saldunes*, comme Julyan et Armel ; de plus, pour être plus certains de partager le même sort, une assez longue chaîne de fer, rivée à leur ceinture d'airain, les attachait l'un à l'autre. Image du serment qui les liait, cette chaîne les rendait inséparables, vivants, blessés ou morts.

En allant à notre poste de combat, nous avons vu passer le *chef des cent vallées* à la tête d'une partie de la TRIMARKISIA. Il montait un superbe cheval noir, recouvert d'une housse écarlate ; son armure était d'acier ; son casque de cuivre étamé, brillant comme de l'argent, était surmonté de l'emblème de la Gaule ; un coq doré, aux ailes à demi ouvertes ; aux côtés du chef chevauchaient un *barde* et un *druide*, vêtus de longues robes blanches rayées de pourpre ; ils ne portaient pas d'armes ; mais, la bataille engagée, dédaigneux du péril, au premier rang des combattants, ils les encourageaient par leurs paroles et par leurs chants de guerre. Ainsi chantait le barde au moment où passait devant nous le *chef des cent vallées* :

« César est venu contre nous. — Il nous a « demandé d'une voix forte : Voulez-vous être « esclaves? êtes-vous prêts?... — Non, nous « ne voulons pas être esclaves... non, nous ne « sommes pas prêts. — Gaulois, enfants d'une « même race, unis pour la même cause, levons « notre étendard sur les montagnes, et préci- « pitons-nous dans la plaine. — Marchons... « marchons à César, unissons dans un même « carnage lui et son armée... Aux Romains!... « aux Romains! »

Et tous les cœurs battaient vaillamment à ces chants du barde.

En passant devant notre tribu, à la tête de laquelle était Joel, mon père, le *chef des cent vallées* arrêta son cheval et dit :

— Ami Joel, lorsque j'étais ton hôte, tu m'as demandé mon nom : je t'ai répondu que je m'appelais *Soldat* tant que notre vieille Gaule ne serait pas délivrée de ses oppresseurs...

L'heure est venue de nous montrer fidèles à la devise de nos pères : *Dans toute guerre, il n'y a que deux chances pour l'homme de cœur : vaincre ou périr*. Puisse mon amour pour notre commune patrie n'être pas stérile!.. Puisse Hésus protéger nos armes!... Peut-être alors le *chef des cent vallées* aura-t-il effacé la tache qui couvre un nom qu'il n'ose plus porter... Courage, ami Joel! les fils de ta tribu sont braves entre les braves... Quels coups ne va-t-elle pas frapper, aujourd'hui qu'il s'agit du salut de la Gaule!...

— Ma tribu frappera de son mieux et de toutes ses forces, — reprit mon père. — Nous n'avons pas oublié ce chant des bardes qui t'accompagnaient, lorsqu'ils ont poussé le premier cri de guerre dans la forêt de Karnak :

« Frappe fort le Romain... frappe à la tête... « plus fort encore... frappe... frappe le « Romain!... »

Et tous ceux de la tribu de Joel répétèrent à grands cris et d'une voix le refrain des bardes :

« Frappe... frappe le Romain!... »

CHAPITRE IV

Le char armé de faux — Margarid, Hénory, Martha, et autres femmes ou jeunes filles de la famille de Joel se préparent au combat. — Logette des petits enfants. — Los dogues de guerre. — Les bardes donnent le signal de la bataille. — Bataille de Vannes. — La Foudroyante. — La légion de fer. — Les cavaliers numides. — Les bardes. — Guilhern le laboureur et César. — Mort de Joel, le brenn de la tribu de Karnak, et de Mikaël. — L'archer crétois et Deber-Trud, le mangeur d'hommes. — Les deux saldunes enchaînés. — Margarid, Hénory, Martha. — Les vierges et les femmes gauloises pendant le combat. — Le char de la mort.

Le *chef des cent vallées* s'éloigna pour aller adresser quelques paroles à chaque tribu. Avant de prendre notre poste de bataille, loin des chariots de guerre où étaient les femmes, les jeunes filles et les enfants, mon père, mon frère et moi, nous avons voulu nous assurer une dernière fois que rien ne manquait à la défense du char qui portait notre famille. Ma mère Margarid, aussi tranquille que lorsqu'elle filait sa quenouille au coin de notre foyer, était debout, appuyée à la membrure de chêne dont est formée la caisse du char. Elle engageait ma femme Hénory, et Martha, femme de Mikaël, à donner plus de jeu aux courroies qui assujettissent aux chevilles plantées sur le rebord du chariot le manche des faux que l'on manœuvre pour le défendre, de même que l'on manœuvre les rames attachées au plat-bord d'une barque.

Plusieurs jeunes filles et jeunes femmes de nos parentes s'occupaient d'autres soins : les unes, à l'arrière de la voiture, préparaient, au moyen de peaux épaisses tendues sur des cordes, un réduit où nos enfants devaient être à l'abri des flèches et des pierres lancées par les frondeurs et les archers ennemis. Ces enfants riaient et s'ébattaient déjà, avec de joyeux cris, dans cette logette à peine achevée. Pour plus de préservation encore, Mamm' Margarid, veillant à toute chose, fit placer des sacs remplis de grain au-dessus du réduit. D'autres jeunes filles accrochaient au long des parois intérieures du char des couteaux de jet, des épées et des haches, qui, le péril venu, ne pesaient pas plus qu'une quenouille à leurs bras blancs et forts. Deux de leurs compagnes, agenouillées près de Mamm' Margarid, ouvraient des caisses de linge et préparaient l'huile, le baume, le sel et l'eau de gui, pour panser les blessures, à l'exemple des druidesses, dont le char secourable était voisin.

A notre approche, nos enfants sont accourus gaiement du fond de leur réduit sur le devant de la voiture, d'où ils nous ont tendu leurs petites mains. Mikaël, étant à pied, prit dans ses bras son fils et sa fille, tandis que ma femme, Hénory, pour m'épargner la peine de descendre de cheval, mit tour à tour entre mes bras, du haut du char, ma petite Siomara et mon petit Sylvest. Je les assis tous deux sur le devant de ma selle, et au moment d'aller combattre, j'eus grand plaisir à baiser leurs têtes blondes. Mon père Joel dit alors à ma mère :

— Margarid, si la chance tourne contre nous, si le char est assailli par les Romains, ne fais lâcher les dogues de guerre qu'au moment de l'attaque; ces braves chiens ne seront que plus furieux de leur longue attente et ne s'écarteront pas du lieu où vous êtes.

— Ton conseil sera suivi, Joel, — répondit Mamm' Margarid. — Vois maintenant si les courroies des faux leur donnent assez de jeu pour la manœuvre.

— Oui, elles en ont assez, — répondit mon père après avoir visité une partie des courroies; puis, examinant l'armement des faux qui défendait l'autre bord du chariot, Joel reprit:
— Femme! femme!... à quoi ont pensé ces jeunes filles?... Vois donc... Ah! les têtes folles! de ce côté-ci, le tranchant des faux est tourné vers le timon, et de l'autre, le tranchant est tourné vers l'arrière...
— C'est moi qui ai fait ainsi disposer les armes, — a dit ma mère.
— Et pourquoi tous les tranchants des faux ne sont-ils pas tournés du même côté, Margarid?
— Parce qu'un char est presque toujours assailli à la fois par l'avant et par l'arrière; dans ce cas, les deux rangs de faux agissant en sens inverse l'un de l'autre, sont de meilleure défense... Ma mère m'a enseigné cela, je transmets la méthode à ces chères filles.
— Ta mère était plus judicieuse que moi, Margarid... La bonne fauchaison est ainsi plus certaine... Viennent les Romains à l'assaut du char! têtes et membres tomberont fauchés comme des épis mûrs en temps de moisson! et fasse Hésus qu'elle soit bonne, cette moisson humaine!

Puis, prêtant l'oreille, mon père nous dit, à Mikaël et à moi:
— Enfants, j'entends les cymbales des bardes et les clairons de la *trimarkisia*... Rejoignons nos amis... Allons, Margarid, allons, mes filles, au revoir ici... ou ailleurs...
— Ici ou ailleurs, nos pères et nos époux nous retrouveront pures de tout outrage... — répondit ma femme Hénory, plus fière, plus belle que jamais.
— Victorieuses ou mortes vous nous reverrez! — ajouta Madalèn, jeune vierge de seize ans; — mais esclaves ou déshonorées! non... par le glorieux sang de notre Héna... non... jamais!...
— Non!... — reprit Martha, la femme de Mikaël, en pressant sur son sein ses deux enfants, que mon frère venait de replacer sur le chariot.
— Ces chères filles sont de notre race... Sois sans inquiétude, Joel, — reprit Mamm' Margarid, toujours calme et grave; — elles feront leur devoir.
— Comme nous ferons le nôtre... Et ainsi la Gaule sera délivrée, — dit mon père. — Toi aussi tu feras ton devoir, vieux mangeur d'hommes, vieux Deber-Trud! — ajouta le *brenn* en caressant la tête énorme du dogue de guerre, qui, malgré sa chaîne, s'était dressé debout et appuyait ses pattes sur l'épaule du cheval. —

Bientôt viendra l'heure de la curée, bonne et sanglante curée, Deber-Trud! hèr! hèr!... aux Romains!...

Pendant que le dogue et la meute de combat semblaient répondre à ces mots par des aboiements féroces, le *brenn*, mon frère et moi nous avons jeté un dernier regard sur notre famille; puis mon père a tourné la tête de son fier étalon *Tom-Bras* vers les rangs de l'armée; et l'a rapidement rejointe. J'ai suivi mon père, tandis que Mikaël, agile et robuste, tenant fortement serrée de sa main gauche une poignée de crins de la longue crinière de mon cheval lancé au galop, m'accompagnait en courant; parfois, s'abandonnant à l'élan de ma monture, il bondissait avec elle, et était ainsi soulevé de terre pendant quelques pas... Mikaël et moi, comme bien d'autres de la tribu, nous nous étions, en temps de paix, familiarisés avec le mâle exercice militaire le *mahreh-hâ-droud*.

Le *brenn*, mon frère et moi, nous avons ainsi rejoint notre tribu et notre rang de bataille.

L'armée gauloise occupait le faîte d'une colline éloignée de Vannes d'une lieue: à l'orient, notre ligne de bataille s'appuyait sur la forêt de Merek, occupée par nos meilleurs archers; à l'occident, nous étions défendus par les hauteurs escarpées du rivage que baignaient les eaux de la baie du Morbihan... Au fond de cette baie était ancrée notre flotte, où se trouvaient alors mon frère Albinik et sa femme Méroë. Nos vaisseaux commençaient à lever leurs câbles de fer pour aller combattre les galères romaines, disposées en croissant, et immobiles comme une volée de cygnes de mer reposés sur les vagues. N'étant plus pilotée par Albinik, la flotte de César, remise à flot lors de la marée haute, gardait sa position de la veille de peur de tomber sur des écueils qu'elle ignorait.

A nos pieds coulait la rivière de Roswallan: les Romains devaient la traverser à gué pour venir à nous. Le *chef des cent vallées* avait habilement choisi notre position; nous avions devant nous une rivière, derrière nous la ville de Vannes; à l'occident, la mer; à l'orient, la forêt de Merek; sa lisière abattue offrait des obstacles insurmontables à la cavalerie ennemie, et beaucoup de dangers à l'infanterie, nos meilleurs archers étant disséminés au milieu de ces grands abatis de bois.

Le terrain qui nous faisait face, de l'autre côté de la rivière, s'élevait en pente douce; ses hauteurs nous cachaient la route par laquelle devait arriver l'armée romaine. Soudain nous avons vu apparaître au faîte de cette colline, et descendre son versant à toute bride, en venant à nous, des montagnards d'Arès, envoyés en éclaireurs pour nous signaler l'approche de l'ennemi. Ils traversèrent la rivière à gué, nous rejoignirent, et nous annoncèrent l'avant-garde de l'armée romaine.

— Amis, — avait dit le *chef des cent vallées* à chaque tribu en passant à cheval devant le front de bataille de l'armée, — restez immobiles jusqu'à ce que les Romains, rassemblés sur l'autre bord de la rivière, commencent à la traverser; à ce moment, les frondeurs et les archers épuiseront leurs pierres et leurs flèches sur l'ennemi; puis, lorsque les Romains, après le passage de la rivière, reformeront leurs cohortes, que toute notre ligne s'ébranle, laissant la réserve auprès des chariots de guerre; alors, les gens de pied au centre, les cavaliers sur les ailes, précipitons-nous comme un torrent du haut de cette pente rapide; l'ennemi, encore acculé à la rivière, ne résistera pas à l'impétuosité de notre premier choc!

Bientôt la colline opposée à la nôtre s'est couverte des nombreuses troupes de César. A l'avant-garde marchaient les VEXILLAIRES, reconnaissables à la peau de lion qui leur couvrait la tête et les épaules; les vieilles cohortes renommées par leur expérience et leur intrépidité, telles que la FOUDROYANTE, LA LÉGION DE FER, et bien d'autres, que nous désigna le *chef des cent vallées*, qui avait déjà combattu les Romains, formaient la réserve. Nous voyions briller au soleil leurs armures et les enseignes distinctives des légions : un *aigle*, un *loup*, un *dragon*, un *minotaure*, et autres figures de bronze doré, ornées de feuillages... Le vent nous apportait les sons éclatants de leurs longs clairons... Nos cœurs bondissaient à cette musique guerrière. Une nuée de cavaliers numides, enveloppés de longs manteaux blancs, précédait l'armée. Elle a fait halte un moment; un grand nombre de ces Numides sont arrivés à toute bride au bord opposé de la rivière, ils y sont entrés à cheval, afin de s'assurer qu'elle était guéable, et se sont approchés malgré la grêle de pierres et de flèches que faisaient pleuvoir sur eux nos frondeurs et nos archers. Aussi avons-nous vu plus d'un manteau blanc flottant sur le courant de la rivière, et plus d'un cheval sans cavalier, gravir la berge et retourner vers les Romains. Cependant plusieurs Numides, malgré les pierres et les traits qu'on leur lançait, traversèrent plusieurs fois la rivière dans toute sa largeur, montrant ainsi tant de bravoure, que nos archers et nos frondeurs cessèrent leur jet d'un commun accord, afin d'honorer cette outre-vaillance. Le courage nous plaît dans nos ennemis; ils en sont plus honorables à combattre. Les Numides, certains d'un passage à gué, coururent porter cette nouvelle à l'armée romaine... Alors les légions s'ébranlant se sont formées en plusieurs colonnes profondes; le passage de la rivière a commencé... Selon les ordres du *chef des cent vallées*, nos archers et nos frondeurs ont recommencé leur jet, tandis que les archers crétois et les frondeurs des îles Baléares, se déployant sur la rive opposée, ripostaient à nos gens.

— Mes fils, — nous dit mon père en regardant du côté de la baie du Morbihan, — votre frère Albinik va se battre sur mer pendant que nous nous battrons sur terre... Voyez... notre flotte a rejoint les galères romaines.

Mikaël et moi, regardant du côté que nous montrait le *brenn*, nous avons vu, au loin, nos navires aux lourdes voiles de peaux tannées, tendues par des chaînes de fer, aborder les galères romaines.

Mon père disait vrai : le combat s'engageait à la fois sur terre et sur mer... De ce double combat allait sortir l'indépendance ou l'asservissement de la Gaule. J'ai fait alors une remarque de sinistre augure : nous tous, ordinairement si babillards, si gais à l'heure de la bataille, que l'on entendait toujours sortir des rangs gaulois de plaisantes provocations à l'ennemi ou de bouffonnes saillies sur le danger, nous étions graves, silencieux, mais résolus à vaincre ou à périr.

Le signal de la bataille a été donné, les cymbales des bardes ont répondu aux clairons romains; le *chef des cent vallées*, descendant de cheval, s'est mis de quelques pas en avant de notre ligne de bataille... plusieurs druides et bardes étaient à ses côtés... Il a brandi son épée et s'est élancé en courant sur la pente rapide de la colline... Les druides et les bardes couraient du même pas que lui... faisant vibrer leurs harpes d'or... A ce signal, toute notre armée s'est précipitée à leur suite sur l'ennemi, qui, après le passage de la rivière, reformait ses cohortes.

La *mahrek-ha-droad* (cavaliers et piétons) des tribus voisines de Karnak, que commandait mon père, s'élança, ainsi que le reste de l'armée, sur le versant de la colline. Mon frère Mikaël, tenant la bride de la main droite, fut, pendant cette impétueuse descente, presque toujours suspendu à la crinière de mon cheval, qu'il avait saisie de la main gauche. Je voyais, au bas côté, la légion romaine, appelée la *légion de fer*, à cause des pesantes armures de ses soldats, formée *en coin*. Immobile comme une muraille d'acier, hérissée de piques, elle s'apprêtait à recevoir notre choc à la pointe de ses lances. Je portais, comme tous nos cavaliers, un sabre au côté gauche, une hache au côté droit, et à la main un lourd pieu ferré. Nous avions pour casque un bonnet de fourrure, pour cuirasse une casaque de peau de sanglier, et des bandelettes de cuir enveloppaient nos jambes que nos braies ne couvraient pas. Mikaël était armé d'un épieu ferré, d'un sabre, et portait au bras gauche un léger bouclier.

— Saute en croupe! — ai-je dit à mon frère

au moment où nos chevaux, dont nous n'étions plus maîtres, arrivaient à toute bride sur les lances de la *légion de fer*... Une fois à portée, nous avons de toutes nos forces lancé notre épieu ferré à la tête des Romains, comme on lance le *pen-bas*. Mon coup à moi, porta ferme et droit sur le casque d'un légionnaire. Tombant à la renverse, il entraîna dans sa chute le soldat qui le suivait. Mon cheval entra, par cette trouée, au plus épais de la *légion de fer*. D'autres des nôtres m'imitèrent; dans cette mêlée le combat devint rude. Mon frère Mikaël, toujours à mes côtés, tantôt, pour frapper de plus haut, sautait sur la croupe de mon cheval, tantôt s'en faisait un rempart; il combattait valeureusement. Une fois je fus à demi démonté; il me protégea de son arme pendant que je me remettais en selle. Les autres piétons de la *mahreh-ha-droad* se battaient de la même manière, chacun aux côtés de son cavalier.

— Frère, tu es blessé, — ai-je dit à Mikaël.
— Vois, ta saie est rougie.
— Et toi, frère, — m'a-t-il répondu, — regarde tes braies ensanglantées.

Et, de vrai, dans la chaleur du combat, nous ne sentions pas ces blessures. Mon père, chef de la *mahreh-ha-droad*, n'était pas accompagné d'un piéton. A deux reprises, nous l'avons rejoint au milieu de la mêlée; son bras, fort malgré son âge, frappait sans relâche; sa lourde hache résonnait sur les armures de fer comme le marteau sur l'enclume. Son étalon *Tom-Bras* mordait avec furie tous les Romains à sa portée; il en a soulevé un presque de terre, en se cabrant; il le tenait par la nuque et le sang jaillissait. Plus tard le flot des combattants nous a de nouveau rapprochés de mon père déjà blessé; j'ai renversé, broyé sous les pieds de mon cheval un des assaillants du *brenn*; nous avons encore été séparés de lui. Nous ne savions rien des autres mouvements de la bataille; engagés dans la mêlée, nous ne pensions qu'à culbuter la *légion de fer* dans la rivière. Nous poussions fort à cela; déjà nos chevaux trébuchaient sur les cadavres comme sur un sol mouvant; nous avons entendu, non loin de nous, la voix éclatante des bardes; ils chantaient à travers la mêlée :

« Victoire à la Gaule !!! — Liberté! liberté!!!
« — Encore un coup de hache ! — Encore un
« effort! Frappe... frappe, Gaulois ! — Et le
« Romain est vaincu. — Et la Gaule délivrée.
« Liberté! liberté!!! — Frappe fort le Romain!
« — Frappe plus fort... frappe, Gaulois! »

Les chants des bardes, l'espoir victorieux qu'ils nous donnaient, redoublent nos efforts. Les débris de la *légion de fer*, presque anéantie, repassent la rivière en désordre; nous voyons accourir à nous, saisie de panique, une cohorte romain en pleine déroute; les nôtres la refoulaient de haut en bas sur la pente de la colline au pied de laquelle nous étions. Cette troupe, jetée entre deux ennemis, est détruite... Nos bras se lassaient de tuer, lorsque je remarque un guerrier romain de moyenne taille, sa magnifique armure annonçait son rang élevé ; il était à pied, et avait perdu son casque dans la mêlée. Son grand front chauve, son visage pâle, son regard terrible, lui donnaient un aspect menaçant; armé d'une épée, il frappait avec fureur ses propres soldats, ne pouvant arrêter leur fuite. Je le montrai du geste à Mikaël, qui venait de me rejoindre.

— Guilhern, — me dit-il, — si partout l'on s'est battu comme ici, nous sommes victorieux... Ce guerrier, à l'armure d'or et d'acier, doit être un général romain; faisons-le prisonnier, ce sera un bon otage à garder... Aide-moi, nous l'aurons.

Mikaël court, se précipite sur le guerrier à l'armure d'or, au moment où il tentait encore d'arrêter les fuyards. En quelques bonds de mon cheval je rejoins mon frère. Après une courte lutte, il renverse le Romain; ne voulant pas le tuer, mais le garder prisonnier, il le tenait sous ses genoux, sa hache haute, pour lui signifier d'avoir à se rendre. Le Romain comprit, n'essaya plus de se débattre, et leva au ciel la main qu'il avait de libre, afin d'attester les dieux qu'il se rendait prisonnier.

— Emporte-le, — me dit mon frère.

Mikaël, ainsi que moi, très-robuste, très-grand, tandis que notre prisonnier était frêle et de stature moyenne, le saisit entre ses bras et le soulève de terre; moi, je prends le Romain par le collet de buffle qu'il portait sous sa cuirasse, je l'attire vers moi, je l'enlève, je le jette tout armé en travers devant ma selle; prenant alors les rênes entre mes dents, afin de pouvoir d'une main contenir notre prisonnier, et de l'autre le menacer de ma hache, je l'emporte ainsi, et, pressant les flancs de mon cheval, je me dirige vers notre réserve, pour mettre là notre otage en sûreté, et aussi pour faire panser mes blessures. J'avais fait à peine quelques pas, lorsqu'un de nos cavaliers, venant à ma rencontre en pourchassant des fuyards, s'écria, en reconnaissant le Romain que j'emportais :

— *C'est* CÉSAR !... *Frappe !... Assomme* CÉSAR !

J'apprends ainsi que j'emportais sur mon cheval le plus grand ennemi de la Gaule ; moi, loin de songer à le tuer... saisi de stupeur, je m'arrête... ma hache s'échappe de ma main, et je me renverse en arrière, afin de mieux contempler ce César si redouté que je tenais en mon pouvoir.

Malheur à moi! malheur à mon pays! César profite de mon stupide étonnement, saute à bas

Le char de la mort (page 123)

de mon cheval, appelle à son aide un gros de cavaliers numides qui accouraient à sa recherche, et, lorsque j'ai eu conscience de mon ébahissement stupide, il n'était plus temps de le réparer... César s'était élancé sur le cheval d'un des cavaliers numides, tandis que les autres m'enveloppaient... Furieux d'avoir laissé échapper César, je me défends à outrance... Je reçois de nouvelles blessures, et je vois tuer mon frère Mikaël à mes côtés... Ce malheur est le signal d'autres incidents. Jusqu'alors favorable à nos armes, la chance de la bataille tourne contre nous... César rallie ses légions ébranlées, un renfort considérable de troupes fraîches arrive à son secours, et nous sommes repoussés en désordre sur notre réserve, où se trouvaient nos chariots de guerre, nos blessés, nos femmes et nos enfants... Entraîné par le flot des combattants, j'arrive près des chars de guerre, heureux, dans notre défaite, d'être du moins rapproché de ma mère et des miens, et de pouvoir les défendre, s'il m'en restait la force, car le sang qui coulait de mes blessures m'affaiblissait de plus en plus. Hélas! les dieux m'avaient condamné à une horrible épreuve ; maintenant je peux répéter ce que disaient mon frère Albinik et sa femme, morts tous deux dans l'attaque des galères romaines, en combattant sur mer comme nous combattions sur terre pour la liberté de notre chère patrie : « — Nul « n'avait vu, nul ne verra désormais le spectacle « épouvantable auquel j'ai assisté... »

Refoulés vers les chariots, toujours combattant, attaqués à la fois par les cavaliers numides, par les légionnaires de l'infanterie et par les archers crétois, nous cédions le terrain pas à pas. Déjà j'entendais les mugissements des taureaux, le bruit éclatant de nombreuses clo-

16e livraison

chettes d'airain qui garnissaient leur joug, les aboiements des dogues de guerre, encore enchaînés autour des chars. Ménageant mes forces défaillantes, je ne cherche plus à combattre, mais à me diriger vers l'endroit où ma famille se trouvait en danger. Soudain, mon cheval, déjà blessé, reçoit au flanc un coup mortel, s'abat, roule sur moi; ma jambe et ma cuisse, percées de deux coups de lance, sont prises comme dans un étau entre le sol et cette masse inerte; je m'efforçais en vain de me dégager, lorsqu'un de nos cavaliers, qui me suivait au moment de ma chute, se heurte à ma monture expirante, culbute sur elle avec son cheval, tous deux sont à l'instant percés de coups par des légionnaires. La résistance des nôtres devient désespérée; cadavres sur cadavres s'entassent sur moi et autour de moi. De plus en plus affaibli par la perte de mon sang, vaincu par les douleurs de mes membres brisés sous cet entassement de morts et de mourants, incapable de faire un mouvement, tout sentiment m'abandonne, mes yeux se ferment... et lorsque, rappelé à moi par les élancements aigus de mes blessures, je rouvre les yeux... voici ce que je vois, me croyant d'abord obsédé par un de ces songes effrayants auxquels on veut vainement échapper par un réveil qui vous fuit.

Et pourtant ce n'était pas un songe... Non, ce n'était pas un songe, mais une réalité horrible... horrible!...

A vingt pas de moi, j'aperçois le char de guerre où se trouvaient ma mère, ma femme Hénory, Martha, la femme de Mikaël, nos enfants et plusieurs jeunes filles et jeunes femmes de notre famille. Plusieurs hommes de nos parents et de notre tribu, accourus comme moi vers les chars, les défendaient contre les Romains. Parmi ceux des nôtres, je reconnais les deux *saldunes*, attachés l'un à l'autre par une chaîne de fer, emblème de leur fraternelle amitié; tous deux jeunes, beaux, vaillants comme l'avaient été Armel et Julyan. Leurs vêtements en lambeaux, la tête, la poitrine nues et déjà ensanglantées, armés de leur épieu, les yeux flamboyants, un dédaigneux sourire aux lèvres, ils combattaient intrépidement des légionnaires romains couverts de fer, et des crétois armés à la légère de casaques et de jambarts de cuir. Les grands dogues de guerre, déchaînés depuis peu sans doute, sautaient à la gorge des assaillants, souvent les renversaient par leur élan furieux, et leurs redoutables mâchoires, ne pouvant entamer ni casque ni cuirasse, dévoraient le visage de leurs victimes; et ils se faisaient tuer sur elles sans démordre. Les archers crétois, presque sans armure défensive, étaient saisis par les dogues, aux jambes, aux bras, au ventre, aux épaules; et chaque morsure de ces chiens féroces emportait un lambeau de chair sanglante.

A quelques pas de moi, j'ai vu un archer de taille gigantesque, calme au milieu de cette mêlée, choisir dans son carquois sa flèche la plus aiguë, la poser sur la corde de son arc, le tendre d'un bras vigoureux, et longuement viser l'un des deux *saldunes* enchaînés, qui, entraîné par la chute et le poids de son frère d'armes, tombé mort à son côté, ne pouvait plus combattre qu'un genou en terre; mais si vaillamment encore, que pendant quelques instants nul n'osa braver les coups de son épieu ferré, qu'il faisait voltiger autour de lui, et dont chaque atteinte était mortelle. L'archer crétois, attendant le moment opportun, visait encore le *saldune*, lorsque j'ai vu bondir le vieux *Deber-Trud*. Cloué à ma place, sous le monceau de morts qui m'écrasait, incapable de bouger sans ressentir des douleurs atroces à ma cuisse blessée, j'ai rassemblé ce qui me restait de forces pour crier:

— Hou! hou!... Deber-Trud... au Romain!...

Le dogue, encore excité par ma voix, qu'il reconnaît, s'élance d'un bond sur l'archer crétois, au moment où sa flèche partait en sifflant et s'enfonçait, vibrante encore, dans la ferme poitrine du saldune... A cette nouvelle blessure ses yeux se ferment, ses bras alourdis laissent tomber son épieu... le genou qu'il tendait en avant fléchit... son corps s'affaisse; mais, par un dernier effort, le saldune se redresse sur ses deux genoux, arrache la flèche de sa plaie, la rejette aux légionnaires romains, en criant d'une voix forte encore et avec un sourire de raillerie suprême:

— A vous, lâches, qui abritez votre peur et votre corps sous des armures de fer... La cuirasse du Gaulois est sa poitrine.

Et le saldune est tombé mort sur le corps de son frère d'armes.

Tous deux ont été vengés par Deber-Trud... Le terrible dogue avait renversé et tenait sous ses pattes énormes l'archer crétois, qui poussait des cris affreux: mais d'un coup de ses crocs, formidables comme ceux d'un lion, le dogue de guerre a déchiré si profondément la gorge de sa victime, que deux jets d'un sang chaud sont venus mouiller mon front, et l'archer, sans mourir encore, n'a plus crié... Deber-Trud, sentant sa proie toujours vivante, s'acharnait sur elle avec des grondements furieux, dévorant et jetant de côté chaque lambeau de chair arraché; j'ai entendu les côtes du Crétois craquer, se broyer sous les crocs de Deber-Trud, qui fouillait et fouillait... si avant dans cette poitrine sanglante, que son mufle rougi s'y perdait, et que je ne voyais plus que ses deux yeux flamboyants. Un légionnaire est accouru, et par deux fois il a transpercé Deber-Trud de sa lance... Deber-Trud n'a pas poussé un seul gémissement... Deber-Trud est mort en bon dogue de guerre, sa tête monstrueuse plongée dans les entrailles du Romain.

Après la mort des deux saldunes enchaînés l'un à l'autre, les défenseurs du chariot sont tombés un à un... Alors j'ai vu ma mère, ma femme, celle de Mikaël, et nos jeunes parentes, les yeux et les joues enflammés, les cheveux épars, les vêtements en désordre par l'action du combat, les bras et le sein demi-nus, courir, intrépides, d'un bout à l'autre du chariot, encourageant les combattants de la voix et du geste, lançant sur les Romains, d'une main virile et aguerrie, courts épieux ferrés, couteaux de jet, massues armées de pointes! Enfin, le moment suprême est venu : tous ceux de notre famille tués, le chariot, entouré de corps amoncelés jusqu'à ses moyeux, n'a plus été défendu que par ma mère, nos épouses, nos parentes... Il allait être assailli... Elles étaient là avec Margarid... cinq jeunes femmes et six jeunes vierges, presque toutes d'une beauté superbe, rendues plus belles encore par l'exaltation de la bataille.

Les Romains, sûrs de cette proie pour leurs débauches, et la voulant garder vivante, se sont consultés avant d'attaquer... Je ne comprenais pas leurs paroles; mais à leurs rires grossiers, aux regards licencieux qu'ils jetaient sur les Gauloises, je ne doutais pas du sort qui les attendait... Et j'étais là, brisé, inerte, haletant, plein de désespoir, d'épouvante et de rage impuissante, voyant à quelques pas de moi ce char, où étaient ma mère, ma femme, mes enfants!... Courroux du ciel!... ainsi que celui qui ne peut se réveiller d'un rêve épouvantable, j'étais condamné à tout voir, à tout entendre, et à rester immobile...

Un officier, d'une figure insolente et farouche, s'est avancé seul vers le char, et s'adressant aux Gauloises en langue romaine, il leur a dit des paroles que les autres soldats ont accueillies par des rires insultants... Ma mère, calme, pâle, redoutable, m'a paru recommander aux jeunes femmes, rassemblées autour d'elle, de ne pas s'émouvoir. Alors le Romain, ajoutant quelques mots, les a terminés par un geste obscène... Margarid tenait à ce moment une lourde hache... Elle l'a lancée si droit à la tête de l'officier, qu'il a tournoyé sur lui-même et est tombé... Sa chute a donné le signal de l'attaque : les soldats se sont élancés pour assaillir le char... Les Gauloises se précipitant alors sur les faux, qui de chaque côté défendaient le chariot, les ont fait jouer avec tant de vigueur et d'ensemble, qu'après avoir vu tuer ou mettre hors de combat un grand nombre des leurs, les Romains, un moment effrayés des ravages de ces armes terribles, si intrépidement manœuvrées, ont suspendu l'attaque... Mais bientôt, se servant, en guise de leviers, des longues lances des légionnaires, ils sont parvenus à briser les manches des faux, en se tenant hors de leur atteinte. Cette armature anéantie, un nouvel assaut allait commencer : l'issue n'était plus douteuse... Pendant que les dernières faux tombaient brisées sous les coups des soldats, j'ai vu ma mère parler à Hénory et à Martha, épouse de Mikaël... Toutes deux ont couru vers le réduit où étaient abrités nos enfants. J'ai frémi malgré moi en voyant l'air farouche et inspiré de ma femme et de Martha en allant vers ce réduit. Margarid a aussi parlé aux jeunes femmes qui n'avaient pas d'enfants, et celles-ci, ainsi que les jeunes filles lui ont pris les mains et les ont pieusement baisées.

A ce moment, les dernières faux, abandonnées par les Gauloises, tombaient sous les coups des Romains... Ma mère saisit une épée d'une main, de l'autre un voile blanc, s'avance sur le devant du chariot, et agitant le voile blanc, jette l'épée loin d'elle, comme pour annoncer à l'ennemi que toutes les femmes voulaient se rendre prisonnières. Cette résolution me surprit et m'effraya ; car, pour ces jeunes vierges et pour ces jeunes femmes si belles, se rendre... c'était aller au devant de l'esclavage et des derniers outrages, plus affreux que la servitude et la mort!... Les soldats, d'abord étonnés de la reddition proposée, répondirent par des rires de consentement ironique. Margarid paraissait attendre un signal ; par deux fois elle jeta les yeux avec impatience vers le réduit où se trouvaient nos enfants, et où étaient entrées ma femme et celle de mon frère. Le signal désiré par ma mère ne venant pas, elle voulut sans doute détourner l'attention de l'ennemi, et agita de nouveau son voile blanc en montrant tour à tour la ville de Vannes et la mer.

Les soldats, ne comprenant pas la signification de ces gestes, se regardent et s'interrogent... Alors ma mère, après un nouveau coup d'œil vers le réduit où avaient disparu Hénory et Martha, échange quelques mots avec les jeunes filles qui l'entouraient, saisit un poignard, et, avec la rapidité de l'éclair, frappe l'une après l'autre trois des vierges placées près d'elle, et qui, entr'ouvrant leur robe, avaient vaillamment offert au couteau leur chaste sein... Pendant ce temps, les autres jeunes Gauloises s'étaient entre-tuées d'une main prompte et sûre... Elles roulaient au fond du char, lorsque Martha, la femme de mon frère, sortit du réduit où l'on avait caché les enfants pendant la bataille : fière et calme, Martha tenait ses deux petites filles dans ses bras... Un timon de rechange, dressé à l'avant-train où se tenait Margarid, s'élevait assez haut... D'un bond, Martha s'élance sur le rebord du char... et seulement alors je remarque qu'elle avait le cou entouré d'une corde; le bout de cette corde, Martha le passe dans l'anneau du timon : ma mère le prend, s'y cramponne de ses deux mains... Martha s'élance en ouvrant les bras... et elle reste étranglée... pendante le long du timon... Mais ses deux petites filles, au lieu de tomber à terre, demeurent suspendues de chaque côté du sein de leur mère, étranglées comme elle par un même lien qu'elle s'était passé derrière le cou après avoir attaché à chaque bout un de ses enfants.

Tout cela est arrivé si promptement, et avec tant d'ensemble, que les Romains, d'abord immobiles de stupeur et d'épouvante, n'eurent pas le temps de prévenir ces morts héroïques!... Ils sortaient à peine de leur surprise, lorsque ma mère Margarid, voyant toutes celles de notre famille expirantes ou mortes à ses pieds, s'est écriée d'une voix forte et calme en levant vers le ciel son couteau sanglant :

— Non, nos filles ne seront pas outragées!...

non, nos enfants ne seront pas esclaves!... Nous tous, de la famille de Joel, *le brenn de la tribu de Karnak*, mort, comme les siens, pour la liberté de la Gaule, nous allons le rejoindre ailleurs... Tant de sang versé l'apaisera peut-être, ô Hésus!...

Et ma mère s'est frappée d'une main tranquille.

Moi... après tout ceci... en face de ce *chariot de mort*, ne voyant pas sortir ma femme Hénory du réduit où elle devait être avec mes deux enfants, où elle s'était tuée sans doute comme ses sœurs, après avoir mis à mort mon petit Silvest et ma petite Siomara... le vertige m'a saisi, mes yeux se sont fermés... je me suis senti mourir, et j'ai, du fond de l'âme, remercié Hésus de ne pas me laisser seul ici... tandis que tous les miens allaient revivre ensemble dans des mondes inconnus...

. . . .

Mais, non... c'est ici-bas que je devais revivre... puisque j'ai survécu à tant de douleurs!...

CHAPITRE V

L'esclavage. — Guilhern à la chaîne. — *Le maquignon*. — *Perce-Peau*, l'esclave de *réjouissance*. — Sous quel *numéro, nom* et *enseigne* doit être vendu Guilhern. — Il craint que ses deux enfants, son fils *Sylvest* et sa fille *Siomara*, n'aient échappé à la mort sur le chariot de guerre. — Ce que l'on faisait des enfants esclaves — Le *maquignon* parle à Guilhern du seigneur *Trymalcion*, riche vieillard qui achète beaucoup d'enfants. — Épouvante de Guilhern au récit de ces monstruosités.

Après que j'eus vu ma mère et les femmes de ma famille et de ma tribu se tuer et s'entretuer, sur le chariot de guerre, pour échapper à la honte et aux outrages de la servitude, la perte de mon sang me priva de tout sentiment : il se passa un assez long temps, pendant lequel je n'eus pas la plénitude de ma raison; lorsqu'elle me revint, je me trouvai couché sur la paille, ainsi qu'un grand nombre d'hommes, dans un vaste hangar. A mon premier mouvement, je me suis senti enchaîné par une jambe à un pieu enfoncé en terre; j'étais à demi vêtu, l'on m'avait laissé ma chemise et mes braies, où j'avais caché dans une poche secrète les écrits de mon père et d'Albinik, mon frère, ainsi que la petite *faucille d'or*, don de ma sœur Héna, la vierge de l'île de Sên. Un appareil avait été mis sur mes blessures, elles ne me faisaient presque plus souffrir; je ne ressentais qu'une grande faiblesse et un étourdissement qui rendaient confus mes derniers souvenirs. J'ai regardé autour de moi : nous étions là peut-être cinquante prisonniers blessés, tous enchaînés sur nos litières; au fond du hangar se tenaient plusieurs hommes armés; ils ne me parurent pas appartenir aux troupes régulières romaines. Assis autour d'une table, ils buvaient et chantaient; quelques-uns d'entre eux, marchant d'un pas mal assuré comme des gens ivres, se détachaient de temps à autre de ce groupe, ayant à la main un fouet à manche court, composé de plusieurs lanières terminées par des morceaux de plomb; ils se promenaient çà et là, jetant sur les prisonniers des regards railleurs. A côté de moi était un vieillard à barbe et à cheveux blancs, d'une grande pâleur et maigreur; un linge ensanglanté cachait à demi son front. Ses coudes sur les genoux, il tenait son visage entre ses mains. Le voyant prisonnier et blessé, je l'ai cru Gaulois : je ne m'étais pas trompé.

— Bon père, — lui ai-je dit en le touchant légèrement au bras, — où sommes-nous ici?

Le vieillard, relevant sa figure morne et sombre, m'a répondu d'un air de compassion :

— Voilà tes premières paroles depuis deux jours...

— Depuis deux jours? — ai-je repris bien étonné, ne pouvant croire qu'il se fût passé ce temps depuis la bataille de Vannes, et cherchant à rappeler ma mémoire incertaine. — Est-ce possible? Comment, il y a deux jours que je suis ici!...

— Oui... et tu as toujours été en délire... ne semblant pas savoir ce qui se passait autour de toi... Le médecin qui a pansé tes blessures t'a fait boire des breuvages...

— Maintenant je me rappelle cela confusément... et aussi... un voyage en chariot?

— Oui, pour venir du champ de bataille ici. J'étais avec toi dans ce chariot, où l'on t'a porté blessé et mourant.

— Et ici nous sommes ?
— A Vannes.
— Notre armée ?
— Détruite...
— Et notre flotte ?
— Anéantie.
— O mon frère !... et sa courageuse femme Méroë !... tous deux morts aussi ! — ai-je pensé.
— Et Vannes, où nous sommes, — ai-je dit au vieillard, — Vannes est au pouvoir des Romains !
— Ainsi que toute la Bretagne, disent-ils.
— Et le *chef des cent vallées* ?
— Il s'est réfugié dans les montagnes d'Arès avec un petit nombre de cavaliers... Les Romains sont à sa poursuite, — me répondit le vieillard ; et levant les yeux au ciel : — Qu'Hésus et Teutatès protégent ce dernier défenseur des Gaules !

J'avais fait ces questions à mesure que la pensée me revenait incertaine encore ; mais lorsque je me suis rappelé le combat du char de guerre, la mort de ma mère, de mon père, de mon frère Mikaël, de sa femme, de ses deux enfants, puis, enfin, la mort presque certaine de ma femme Hénory, de ma fille et de mon fils... car au moment où je perdais tout sentiment, je n'avais pas vu sortir Hénory de la logette à l'arrière du chariot, où je supposais qu'elle s'était tuée après avoir tué nos deux enfants... après m'être rappelé tout cela, j'ai poussé malgré moi un grand cri de désespoir, me voyant resté seul ici, tandis que les miens étaient ailleurs ; alors, pour fuir la lumière du jour, je me suis rejeté la face sur ma paille.

Un des gardiens à moitié ivre fut irrité d'entendre mes gémissements, et plusieurs coups de fouet rudement assénés, accompagnés d'imprécations, sillonnèrent mes épaules. Oubliant la douleur pour la honte, moi, Guilhern ! moi, fils de Joel ! battu du fouet ! je me dressai sur mes jambes d'un seul élan, malgré ma faiblesse, pour me jeter sur le gardien ; mais ma chaîne, tendue brusquement par cette secousse, m'arrêta, me fit trébucher et retomber à genoux. Aussitôt le gardien, mis hors de ma portée par la longueur de son fouet, redoubla ses coups, me fouettant la figure, la poitrine, le dos... D'autres gardiens accoururent, se précipitèrent sur moi, et me mirent aux mains des menottes de fer.

(Mon fils... ô mon fils... toi pour qui j'écris ceci, fidèle aux dernières volontés de mon père... n'oublie jamais... et que tes fils conservent le souvenir de cet outrage, le premier que notre race ait subi... Vis pour le venger à son heure, cet outrage ! Et, à défaut de toi, que tes fils le vengent sur les Romains !)

La chaîne aux pieds, les menottes aux mains, incapable de remuer, je n'ai pas voulu donner à mes bourreaux le spectacle de ma fureur impuissante ; j'ai fermé les yeux et me suis tenu immobile, sans trahir ni colère ni douleur, pendant que les gardiens, irrités par mon calme, me frappaient avec acharnement. Cependant une voix s'étant fait entendre et ayant prononcé quelques paroles très vives en langue romaine, leurs coups cessèrent ; alors j'ouvris les yeux, je vis trois nouveaux personnages : l'un d'eux gesticulait d'un air courroucé, parlait très-vite aux gardiens, me désignant de temps à autre. Cet homme, petit et gros, avait la figure fort rouge, des cheveux blancs, une barbe grise pointue ; il portait une courte robe de laine brune, des chausses de peau de daim et des bottines de cuir ; il n'était pas vêtu à la mode romaine ; deux hommes l'accompagnaient : l'un, vêtu d'une longue robe noire, avait l'air grave et sinistre ; l'autre tenait un coffret sous son bras. Pendant que je regardais ces personnages, le vieillard, mon voisin, enchaîné comme moi, me montra du regard le gros petit homme à figure rouge et à cheveux blancs, qui s'entretenait avec les gardiens, et me dit d'un air de colère et de dégoût :

— *Le maquignon !... le maquignon !...*

— De qui parles-tu, — lui ai-je répondu ne le comprenant pas ; — un maquignon ?

— C'est le nom que les Romains donnent aux marchands d'esclaves.

— Quoi ! on vend des blessés ? — dis-je au vieillard dans ma surprise ; — il y a des gens qui achètent des mourants ?

— Ne sais-tu pas qu'après la bataille de Vannes, — m'a-t-il répondu avec un sombre sourire, — il restait plus de morts que de vivants, et pas un Gaulois sans blessures ?... C'est sur ces blessés qu'à défaut de proie plus valide, les marchands d'esclaves, suivant l'armée romaine, se sont abattus comme les corbeaux sur les cadavres.

Alors je n'en ai plus douté... j'étais esclave... On m'avait acheté, je serais revendu. Le maquignon, ayant cessé de parler aux gardiens, s'approcha du vieillard, et lui dit en langue gauloise, mais avec un accent qui prouvait son origine étrangère :

— Mon vieux *Perce-Peau*, qu'est-il donc arrivé à ton voisin ? Est-ce qu'il est enfin sorti de son assoupissement ? Il a donc agi ou parlé ?

— Interroge-le, — dit brusquement le vieillard en se retournant sur sa paille ; — il te répondra lui-même.

Alors le maquignon vint de mon côté ; il ne paraissait plus irrité, sa figure, naturellement joviale, se dérida ; il se baissa vers moi, appuya ses deux mains sur ses genoux, me sourit, et me dit en parlant très-vite et me faisant des questions auxquelles il répondait souvent pour moi, sans paraître se soucier de m'entendre :

— Tu as donc repris tes esprits, mon brave *Taureau ?* Oui... Ah ! tant mieux... Par Jupiter ! c'est bon signe... Vienne maintenant l'appétit, et il vient, n'est-ce pas ? Oui ?... tant mieux encore ; avant huit jours tu seras remplumé... Ces brutes de gardiens, toujours à moitié ivres, t'ont donc fouaillé ? Oui ?... Cela ne m'étonne pas... ils n'en font jamais d'autres... Le vin des Gaules les rend stupides... Te battre... te battre... et c'est à peine si tu peux te tenir sur les jambes... sans compter que chez les hommes de race gauloise, la colère contenue peut avoir de mauvais résultats... Mais tu n'es plus en colère, n'est-ce pas ? Non ?... Tant mieux ; c'est moi qui dois être irrité contre ces ivrognes... Si ton sang, bouillonnant de fureur, t'avait étouffé pourtant ?... Mais, bah ! ces brutes se soucient bien de me faire perdre vingt-cinq ou trente sous d'or que tu pourras me valoir prochainement, mon brave Taureau !... Mais, pour plus de sûreté, je vais te conduire dans un réduit où tu seras seul et mieux qu'ici ; il était occupé par un blessé qui est mort cette nuit... un superbe blessé !... C'est une perte... Ah ! tout n'est pas gain dans le commerce... Viens, suis-moi.

Et il s'occupa de détacher ma chaîne au moyen d'un ressort dont il avait le secret. Je me demandais pourquoi le maquignon m'appelait, toujours *Taureau*...J'aurais d'ailleurs préféré le fouet des gardiens à la joviale loquacité de ce marchand de chair humaine. J'étais certain de ne pas rêver ; cependant j'avais peine à croire à la réalité de ce que je voyais... Incapable de résister, je suivis cet homme : je n'aurais plus ainsi sous les yeux ces gardiens qui m'avaient battu, et dont la vue faisait bouillonner mon sang. Je fis un effort pour me lever, car excessive encore était ma faiblesse. Le maquignon décrocha ma chaîne, la prit par le bout, et, comme j'avais toujours les menottes aux mains, l'homme à la longue robe noire et celui qui portait un coffret me prirent chacun sous un bras, et me conduisirent à l'extrémité du hangar ; on me fit monter quelques degrés, et entrer dans un réduit éclairé par une ouverture grillée. J'y jetai un regard ; je reconnus la grande place de la ville de Vannes, et au loin la maison où j'étais souvent venu voir mon frère Albinik, le marin, et sa femme Méroë. Je vis dans le réduit un escabeau, une table et une longue caisse remplie de paille fraîche, remplaçant celle où l'autre esclave était mort. On me fit d'abord asseoir sur l'escabeau ; l'homme à la robe noire, médecin romain, visita mes deux blessures, tout en causant dans sa langue avec le maquignon ; il prit différents baumes dans le coffret que portait son compagnon, me pansa, puis alla donner ses soins à d'autres esclaves.. après avoir aidé le maquignon à attacher ma chaîne à la caisse de bois qui me servait de lit ; je suis resté seul avec mon *maître*.

— Par Jupiter ! — me dit-il de son air satisfait et joyeux, qui me révoltait, — tes blessures se cicatrisent à vue d'œil, preuve de la pureté de ton sang ; et avec un sang pur il n'y a pas de blessures, a dit le fils d'Esculape. Mais le voici revenu à la raison, mon brave Taureau ; tu vas répondre à mes questions, n'est-ce pas ? Oui... Alors écoute-moi...

Et le maquignon, ayant tiré de sa poche des tablettes enduites de cire et un stylet pour écrire, me dit :

— Je ne te demande pas ton nom : tu n'as plus d'autre nom que celui que je t'ai donné, en attendant qu'un nouveau propriétaire te nomme autrement ; moi, je t'ai appelé *Taureau*... fier nom, n'est-ce pas ? Tu es digne de le porter. Il te convient ?... Tant mieux !...

— Pourquoi m'appelles-tu *Taureau ?*

— Pourquoi ai-je nommé *Perce-Peau* ce grand vieillard, ton voisin de tout à l'heure ? parce que ses os lui percent la peau, tandis que toi, à part tes deux blessures, quelle forte nature tu es ! quelle poitrine ! quelle carrure ! quelles larges épaules ? quels membres vigoureux ! — Et le maquignon, en disant ces mots, se frottait les mains, me regardait avec satisfaction et convoitise, songeant déjà au prix qu'il me revendrait. — Et la taille ! elle dépasse de plus d'une palme celle des plus grands captifs que j'aie dans mon lot... Aussi, te voyant si robuste, je t'ai nommé *Taureau*. C'est sous ce nom que tu es porté sur mon inventaire... à ton numéro... et sous ce nom tu seras crié à l'encan !

Je savais que les Romains vendaient leurs prisonniers aux marchands d'esclaves ; je savais que l'esclavage était horrible, puisque je trouvais juste qu'une mère tuât ses enfants plutôt que de les laisser vivre pour la captivité ; je savais que l'esclave devenait une bête de somme ; oui, je savais tout cela, et pourtant, pendant que le maquignon me parlait ainsi, je passais la main sur mon front, je me touchais, comme pour bien m'assurer que c'était moi... moi... Guilhern, fils de Joel, le brenn de la tribu de Karnak... moi, de race fière et libre, que l'on traitait comme un bœuf destiné au marché... Cette honte, cette vie d'esclave me parut si impossible à supporter, que je me rassurai, résolu de fuir à la première occasion, ou de me tuer... pour aller rejoindre les miens... Cette pensée me calma. Je n'avais ni l'espoir ni le désir d'apprendre que ma femme et mes enfants eussent échappé à la mort sur le chariot de guerre ; mais, me rappelant que je n'avais vu sortir ni Hénory, ni mon petit Sylvest, ni ma chère petite Siomara de la logette de l'arrière du char, je dis au maquignon :

— Où m'as-tu acheté ?

— Dans l'endroit où nous faisons toujours nos achats, mon brave *Taureau*, sur le champ de bataille... après le combat.

— Ainsi, c'est sur le champ de bataille de Vannes que tu m'as acheté?...

— C'est là même...

— Et tu m'as ramassé sans doute à la place où j'étais tombé?

— Oui, vous étiez là un gros tas de gaulois, dans lequel il n'y a eu de bon à ramasser que toi et trois autres, y compris ce grand vieillard, ton voisin... tu sais?... *Perce-Peau*, que les archers crétois m'ont donné par-dessus le marché, comme *esclave de réjouissance*. C'est qu'aussi, vous autres Gaulois, vous vous faites carnager de telle sorte, qu'après une bataille, les captifs vivants et sans blessures sont introuvables et hors de prix... Moi, je ne peux point mettre beaucoup d'argent dehors : aussi je me rabats sur les blessés. Mon compère, le fils d'Esculape, vient avec moi visiter le champ de bataille, examine les plaies, et guide mon choix ; ainsi, malgré tes deux blessures et ton évanouissement, voilà ce que m'a dit ce jeune médecin, après t'avoir examiné et avoir sondé tes plaies : « Achète, mon compère, achète... il « n'y a que les chairs d'attaquées, et elles sont « saines; cela dépréciera peu ta marchandise « et ne donnera lieu à aucun *cas rédhibitoire*. » Alors, vois-tu, moi, en vrai maquignon qui connaît le métier, j'ai dit aux archers crétois en les poussant du bout du pied : « Quant à ce « grand cadavre-là, il n'a plus que le souffle, je « n'en veux point dans mon lot. »

— Quand j'achetais des bœufs au marché, — dis-je au maquignon en le raillant, car je me rassurais de plus en plus, sachant que l'homme redevient libre par la mort... — quand j'achetais des bœufs au marché, j'étais moins habile que toi.

— Oh! c'est que, moi, je suis un vieux négociant, sachant mon métier ; aussi les archers crétois m'ont-ils répondu, s'apercevant que je te dépréciais : « Mais ce coup de lance et ce coup « d'épée sont des égratignures. — Des égrati« gnures, mes maîtres! — leur ai-je dit à mon « tour ; — mais on a beau le crosser, le retour« ner (et je le crossais), et le retournais du « pied), voyez... il ne donne pas signe de vie ; « il expire, mes nobles fils de Mars! il est déjà « froid... » Enfin, brave Taureau, je t'ai eu pour deux sous d'or...

— Je me trouve payé peu cher; mais à qui me revendras-tu?

— Aux trafiquants d'Italie et de la Gaule romaine du midi ; ils nous rachètent les esclaves de seconde main. Il en est déjà arrivé plusieurs ici, et ils ont déjà commencé à faire leurs achats.

— Et ils m'emmèneront au loin?

— Oui, à moins que tu sois acheté par l'un de ces vieux officiers romains qui, trop invalides pour continuer la guerre, vont fonder ici des colonies militaires, par ordre de César.

— Et nous dépouiller ainsi de nos terres?...

— Naturellement. J'espère donc tirer de toi vingt-cinq ou trente sous d'or... au moins... et davantage si tu es d'un état facile à placer, tel que forgeron, charpentier, maçon, orfèvre ou autre bon métier. C'est pour le savoir que je t'interroge, afin de t'inscrire sur mon état de vente. Ainsi nous disons... — Et le maquignon reprit ses tablettes, sur lesquelles il écrivit avec son stylet, d'après mes réponses. — Ton nom? *Taureau, race gauloise bretonne.* Je vois cela d'un coup d'œil... je suis connaisseur... je ne prendrais pas un Breton pour un Bourguignon, ni un Poitevin pour un Auvergnat... J'en ai beaucoup vendu des Auvergnats, l'an passé, après la bataille du Puy... Ton âge?

— Vingt-neuf ans...

— *Age, vingt-neuf ans,* — écrivit-il sur ses tablettes. — Ton état?

— Laboureur.

— Laboureur, — reprit le maquignon d'un air déçu en se grattant l'oreille avec son stylet.

— Oh! oh! tu n'es que laboureur... tu n'as pas d'autre profession?

— Je suis soldat aussi.

— Oh! oh! soldat... qui porte le carcan ne touche de sa vie ni lance ni épée... Ainsi donc, — ajouta le maquignon en soupirant et relisant ses tablettes :

« *N° 7, Taureau, race gauloise bretonne, de première vigueur et de la plus grande taille, âgé de vingt-neuf ans, excellent laboureur.* » Et il me dit :

— Ton caractère?...

— Mon caractère?...

— Oui, quel est-il? rebelle ou docile? ouvert ou sournois? violent ou paisible? joyeux ou taciturne?... Les acheteurs s'enquièrent toujours du caractère de l'esclave qu'ils achètent, et quoique l'on ne soit pas tenu de leur répondre, il est d'un mauvais négoce de les tromper... Voyons, ami Taureau, quel est ton caractère?... Dans ton intérêt, sois sincère... Le maître qui t'achètera saura toujours à la longue la vérité, et il te ferait payer un mensonge plus cher qu'à moi.

— Alors écris ceci sur tes tablettes : 'Le Taureau de labour aime la servitude, chérit l'esclavage et lèche la main de celui qui le frappe.

— Tu plaisantes; la race gauloise aimer la servitude? Autant dire que l'aigle ou le faucon chérit la cage...

— Alors écris sur tes tablettes que, ses forces revenues, le Taureau, à la première occasion, brisera son joug, éventrera son maître, et fuira dans les bois pour y vivre libre...

— Il y a plus de vérité là dedans ; car ces brutes de gardiens, qui t'ont battu, m'ont dit qu'au premier coup de fouet tu t'étais élancé terrible au bout de ta chaîne... Mais, vois-tu, ami Taureau, si je t'offrais aux acheteurs sous la dangereuse enseigne que tu te donnes, je trouverais peu de chalands... Or, un honnête commerçant ne doit pas vanter sa marchandise outre mesure, il ne doit pas non plus la déprécier... J'annoncerai donc ton caractère ainsi que suit. Et il écrivit :

« *Caractère violent, ombrageux, par suite de son inhabitude de l'esclavage, car il est tout neuf encore ; mais on l'assouplira en employant tour à tour la douceur, la rigueur et le châtiment.* »

— Relis un peu...
— Quoi?...
— Sous quelle enseigne je serai vendu.
— Tu as raison, mon fils ; il faut s'assurer si cette enseigne sonne bien à l'oreille, et se figurer le crieur d'enchères... voyons :

« *N° 7*, TAUREAU, *race gauloise bretonne, de première vigueur et de la plus grande taille, âgé de vingt-neuf ans, excellent laboureur, caractère violent, ombrageux, par suite de son inhabitude de l'esclavage, car il est tout neuf encore ; mais on l'assouplira en employant tour à tour la douceur, la rigueur et le châtiment.* »

— Voilà donc ce qui reste d'un homme fier et libre, dont le seul crime est d'avoir défendu son pays contre César ! — me suis-je dit tout haut avec une grande amertume. — Et ce César, qui, après nous avoir réduits à l'esclavage, va partager à ses soldats les champs de nos pères, je ne l'ai pas tué lorsque je l'emportais tout armé sur mon cheval !...

— Toi, brave Taureau... tu aurais fait prisonnier le grand César ? — m'a répondu en raillant le maquignon. Il est fâcheux que je ne puisse faire proclamer ceci à la criée, cela ferait de toi un esclave curieux à posséder.

Je me suis reproché d'avoir prononcé devant ce trafiquant de chair humaine, des paroles qui ressemblaient à un regret et à une plainte ; revenant à ma première pensée, qui me faisait endurer patiemment le verbiage de cet homme, je lui dis :

— Puisque tu m'as ramassé sur le champ de bataille à la place où je suis tombé, as-tu vu près de là un chariot de guerre attelé de quatre bœufs noirs, avec une femme pendue au timon, ainsi que ses deux enfants ?

— Si je l'ai vue ! — s'écria le maquignon en soupirant tristement, — si je l'ai vue !... Ah ! que d'excellente marchandise perdue ! Nous avons compté, dans ce chariot, jusqu'à onze jeunes femmes ou jeunes filles, toutes belles... oh ! belles !... à valoir au moins quarante ou cinquante sous d'or chacune... mais mortes... tout à fait mortes !... Et elles n'ont profité à personne !..

— Et dans ce chariot... il ne restait ni femmes... ni enfants vivants ?...

— De femmes ?... non... hélas ! non... pas une... au grand dommage des soldats romains et au mien ; mais, des enfants... il en est resté, je crois, deux ou trois, qui avaient survécu à la mort qu'avaient voulu leur donner ces féroces Gauloises, furieuses comme des lionnes...

— Et où sont-ils ? — m'écriai-je en pensant à mon fils et à ma fille, qui étaient peut-être des survivants, — où sont-ils, ces enfants ? Réponds... réponds !...

— Je te l'ai dit, brave Taureau, je n'achète que les blessés ; un de mes confrères aura acheté le lot d'enfants... ainsi que d'autres petits, car l'on en a encore ramassé quelques-uns vivants dans d'autres chariots... Mais que t'importe qu'il y ait ou non des enfants à vendre ?...

— C'est que moi, j'avais une fille et un fils... dans ce chariot, — ai-je répondu en sentant mon cœur se briser.

— Et quel âge avaient ces enfants ?
— La fille, huit ans... le garçon, neuf ans...
— Et ta femme ?
— Si aucune des onze femmes du chariot n'a été trouvée vivante, ma femme est morte.
— Et voilà qui est fâcheux, très fâcheux : ta femme était féconde, puisque tu avais déjà deux enfants ; on aurait pu faire un bon marché de vous quatre... Ah ! que de bien perdu !...

J'ai réprimé un mouvement de vaine colère contre cet infâme vieillard et j'ai répondu :

— Oui, on aurait mis en vente le taureau et la taure... le taurin et la taurine ?

— Certainement ; puisque César va distribuer vos terres dépeuplées à grand nombre de ses vétérans, ceux d'entre eux qui ne se seront pas réservé de prisonniers seront obligés d'acheter des esclaves pour cultiver et repeupler leurs lots de terre, et justement tu es de race rustique et forte : c'est ce qui fait mon espoir de te bien vendre à quelque nouveau colon.

— Écoute-moi... j'aimerais mieux savoir mon fils et ma fille tués, comme leur mère, que réservés à l'esclavage... Cependant, puisque l'on a trouvé sur nos chariots quelques enfants ayant survécu à la mort, et cela m'étonne, car la Gauloise frappe toujours d'une main ferme et sûre, lorsqu'il s'agit de soustraire sa race à la honte !... il se peut que mon fils et ma fille soient parmi les enfants que l'on vendra bientôt... Comment pourrai-je le savoir ?...

— A quoi bon savoir cela ?
— Afin d'avoir du moins avec moi mes deux enfants...

Le maquignon se prit à rire, haussa les épaules, et me répondit :

— Tu ne m'as donc pas entendu ?... Et, par Jupiter, ne t'avise pas d'être sourd... ce serait

La toilette des esclaves (page 134)

un cas rédhibitoire... Je t'ai dit que je n'achète ni ne vends d'enfants, moi...
— Que m'importe à moi ?
— Cela fait que sur cent acheteurs d'esclaves de travail rustique, il n'y en aurait pas dix assez fous pour acheter un homme seul avec ses deux enfants sans leur mère... Aussi te mettre en vente avec tes deux petits, s'ils vivent encore, ce serait m'exposer à perdre la moitié de la valeur, en grevant ton acheteur de deux bouches inutiles... Me comprends-tu... crâne épais ?... Non, car tu me regardes d'un air farouche et hébété... Je te répète que j'aurais été obligé d'acheter deux enfants avec toi dans un lot, ou bien on me les eût donnés par-dessus le marché en *réjouissance*, comme le vieux *Perce-Peau*, que mon premier soin eût été de te mettre en vente sans eux... Comprends-tu à la fin, double et triple brute que tu es ?

J'ai compris, à la fin ; car jusqu'alors je n'avais pas songé à ce raffinement de torture dans l'esclavage... Penser que mes deux enfants, s'ils vivaient, pouvaient être vendus... je ne savais où, ni à qui, et loin de moi... je ne l'ai pas cru possible, tant cela me paraissait affreux !... Mon cœur s'est gonflé de douleur... et j'ai dit presque en suppliant, tant je souffrais, j'ai dit au maquignon :
— Tu me trompes !... qu'en ferait-on, de mes enfants ? Qui voudrait acheter de pauvres petites créatures si jeunes ? des bouches inutiles... tu l'as dit toi-même ?...
— Oh ! oh ! ceux qui font le commerce des enfants ont une clientèle à part et assurée, surtout si les enfants sont doués d'une jolie figure... Les tiens sont-ils beaux ?
— Oui, — ai-je répondu malgré moi, me rappelant alors plus que jamais, hélas ! les

17ᵉ livraison

charmantes figures blondes de mon petit Sylvest et de ma petite Siomara, qui se ressemblaient comme deux jumeaux, et que j'avais embrassés une dernière fois un moment avant la bataille de Vannes. — Ah! oui, ils sont beaux!... ils ressemblent à leur mère qui était si belle!...

— S'ils sont beaux, rassure-toi, mon brave Taureau de labour; ils seront faciles à placer: les marchands d'enfants ont surtout pour clientèle des sénateurs Romains décrépits et blasés qui aiment les fruits verts... et justement on annonce la prochaine arrivée du très riche et très noble seigneur Trymalcion... un vieil amateur fort capricieux... Il voyageait dans les colonies romaines du midi de la Gaule, et il doit, dit-on, venir ici avec sa galère, aussi splendide qu'un palais... Il voudra sans doute ramener en Italie quelques gentils échantillons de la marmaille gauloise... Et si tes enfants sont jolis, leur sort est assuré, car le seigneur Trymalcion est un des clients de mon confrère.

J'avais écouté d'abord le maquignon sans savoir ce qu'il voulait dire; mais bientôt j'ai eu comme un vertige d'horreur, à cette pensée que mes enfants, s'ils avaient malheureusement échappé à la mort que leur mère si prévoyante voulait leur donner, pouvaient être conduits en Italie pour y accomplir de monstrueuses destinées... Ce n'est pas de la colère, de la fureur que j'ai ressenti; non... mais une douleur si grande, une épouvante si terrible, que je me suis agenouillé sur ma paille, et j'ai tendu, malgré mes menottes, mes mains suppliantes vers le maquignon; puis, ne trouvant pas une parole, j'ai pleuré... à genoux...

Le maquignon m'a regardé fort surpris, et m'a dit:

— Eh bien! qu'est-ce, mon brave Taureau? qu'y a-t-il?

— Mes enfants!... ai-je pu seulement répondre, car les sanglots étouffaient ma voix. — Mes enfants... s'ils vivent!...

— Tes enfants?...

— Ce que tu dis... le sort qui les attend... si on les vend à ces hommes.

— Comment... ce sort t'alarme pour eux?...

— Hésus! Hésus!... me suis-je écrié en invoquant Dieu et me lamentant, — c'est horrible!...

— Deviens-tu fou? — a repris le maquignon.
— Et qu'y a-t-il d'horrible dans le sort qui attend tes enfants?... Ah! que vous êtes bien, en Gaule, de vrais barbares! Mais, sache-le donc: il n'est pas d'existence plus douce, plus fleurie, que celle de ces petites joueuses de flûte et de ces petits danseurs, dont s'amusent ces vieux richards... Si tu les voyais, les petits fripons, les joues couvertes de fard, le front couronné de roses, avec leurs robes flottantes pailletées d'or et leurs riches pendants d'oreilles...
Et les petites filles... si tu les voyais, avec leurs tuniques et...

Je n'ai pu laisser le maquignon continuer... un nuage sanglant a passé devant mes yeux; je me suis élancé furieux, désespéré, vers cet infâme; mais cette fois encore ma chaîne, en se tendant brusquement, m'a fait trébucher, tomber et rouler sur ma paille... J'ai regardé autour de moi... rien, pas un bâton, pas une pierre... rien... Alors, devenant, je crois, insensé, je me suis replié sur moi-même, et j'ai mordu ma chaîne comme aurait fait une bête sauvage enchaînée...

— Quelle brute gauloise! — s'est écrié le maquignon en haussant les épaules et en se tenant hors de ma portée. — Il est là à rugir, à bondir, à mordre sa chaîne comme un loup à l'attache, parce qu'on lui dit que ses enfants, s'ils sont beaux, auront à vivre dans l'opulence, la mollesse et les voluptés... Que serait-ce donc, sot que tu es, s'ils étaient laids ou difformes, tes enfants? sais-tu à qui on les vendrait?... à ces riches seigneurs, très curieux de lire l'avenir dans les entrailles palpitantes d'enfants fraîchement égorgés pour cette expérience divinatoire.

— Oh! Hésus! — me suis-je écrié plein d'espoir à cette pensée, — faites qu'il en soit ainsi des miens, malgré leur beauté! Oh! pour eux, la mort... mais qu'ils aillent revivre ailleurs dans leur innocence, auprès de leur chaste mère... — Et je n'ai pu m'empêcher de pleurer encore.

— Ami Taureau, — a repris le maquignon d'un air mécontent, — je ne m'étais point trompé en te portant sur mes tablettes comme violent et emporté; mais je crains que tu n'aies un défaut pire que ceux-là... je veux dire une tendance à la tristesse... J'ai vu des esclaves chagrins fondre comme neige d'hiver au soleil du printemps, devenir aussi secs que des parchemins, et causer grand dommage à leur propriétaire par cette chétive apparence... Ainsi, prends garde à toi; il me reste à peine quinze jours avant l'encan où tu dois être vendu; c'est peu pour te ramener à ton embonpoint naturel, pour te donner un teint frais et reposé, une peau souple et lisse, enfin tous les signes de la vigueur et de la santé, qui allèchent les amateurs jaloux de posséder un esclave sain et robuste. Pour obtenir ce résultat, je ne veux rien ménager, ni bonne nourriture, ni soins, ni aucun de ces petits artifices à nous connus, pour parer agréablement notre marchandise. Mais il faut que de ton côté tu me secondes; or si, loin de là, tu ne décolères pas, si tu te mets à larmoyer, à te désoler, c'est-à-dire à dépérir, en rêvant creux à tes enfants, au lieu de me faire honneur et profit par ta bonne mine, ainsi que doit tout bon esclave jaloux de l'intérêt de son maître... prends garde, ami Taureau, prends garde! je ne suis pas novice dans mon commerce... je le fais depuis longtemps et dans tous les pays... J'en ai dompté de plus intraitables que toi ; j'ai rendu des *Sardes* dociles, et des *Sarmates* doux comme des agneaux... juge de mon savoir faire... Ainsi, crois moi, ne l'évertue pas à me causer préjudice en dépérissant : je suis très-doux, très-clément ; je n'aime point par goût les châtiments : ils laissent souvent des traces qui déprécient les esclaves... cependant, si tu m'y obliges, tu feras connaissance avec les mystères de l'*ergastule* des récalcitrants... Songe à cela, ami Taureau... Voici bientôt l'heure du repas : le médecin affirme que l'on peut maintenant te donner une nourriture substantielle ; on va t'apporter de la poule bouillie avec du gruau arrosé de jus de mouton rôti, de bon pain et de bon vin mélangé d'eau... Je saurai si tu as mangé de bon appétit et de manière à réparer tes forces, au lieu de les perdre en larmoyant... Ainsi donc, mange, c'est le seul moyen de gagner mes bonnes grâces... mange beaucoup... mange toujours... j'y pourvoirai : tu ne mangeras jamais assez à mon gré, car tu es loin d'être à *pleine peau*... et il faut que tu y sois, à pleine peau... avant quinze jours, terme de l'encan... Je te laisse sur ces réflexions, prie les dieux qu'elles te profitent, sinon... oh! sinon, je te plains, ami Taureau...

Et en disant cela, le maquignon m'a laissé seul, enchaîné dans ce réduit dont la porte épaisse s'est refermée sur moi.

CHAPITRE VI

La soirée du supplice. — Les anciens de la tribu *de Vannes*. — Le Maure bourreau. — L'exécution. — Derniers cris d'un barde et de deux druides. — La veille de l'encan. — Toilette de Guilhern. — Philtre magique. — Guilhern se croit victime des sortilèges du maquignon. — Le marché aux esclaves. — *La cage*. — Guilhern est *essayé* et vendu. — Les captives gauloises. — Indignes outrages que subit leur chasteté. — Le noble seigneur *Trymalcion*. — Les enfants à l'encan. — *Sylvest* et *Siomara*, fils et fille de Guilhern. — Horreurs sans nom qui rompent le charme magique dont Guilhern se croyait victime. — Il se souvient à propos de son vieux dogue de guerre, *Deber-Trud*, le mangeur d'hommes.

Sans mon incertitude sur le sort de mes enfants, je me serais tué après le départ du maquignon, en me brisant la tête sur la muraille de ma prison, ou en refusant toute nourriture. Beaucoup de Gaulois avaient ainsi échappé à l'esclavage ; mais je ne devais pas mourir avant de savoir si mes enfants étaient vivants ; et, en ce cas, je ne devais pas non plus mourir sans avoir fait ce qui dépendait de moi pour les arracher à la destinée dont ils étaient menacés. J'ai d'abord examiné mon réduit, afin de voir si, mes forces une fois revenues, j'avais quelque chance de m'échapper... Il était formé de trois côtés par une muraille, de l'autre par une épaisse cloison renforcée de poutres, entre deux desquelles s'ouvrait la porte, toujours soigneusement verrouillée au-dehors : un barreau de fer traversait la fenêtre, trop étroite pour me donner passage. Je visitai ma chaîne et les anneaux, dont l'un était rivé à ma jambe et l'autre fixé à l'une des barres transversales de ma couche ; il m'était impossible de me déchaîner, eussé-je été aussi vigoureux qu'auparavant... Alors, moi, Guilhern, fils de Joel, le brenn de la tribu de Karnak, j'ai dû songer à la ruse... à la ruse!... A me mettre dans les bonnes grâces du maquignon, afin d'obtenir de lui quelques renseignements sur mon petit Sylvest et ma petite Siomara... Pour cela, il ne fallait ni dépérir, ni paraître triste et effrayé du sort réservé à mes enfants... J'ai craint de ne pouvoir réussir à feindre : notre race gauloise n'a jamais connu la fourbe et le mensonge ; elle triomphe ou elle meurt !...

Le soir même de ce jour où, revenant à moi, j'ai eu conscience de mon esclavage, j'ai assisté à un spectacle d'une terrible grandeur ; il a relevé mon courage... je n'ai pas désespéré du salut et de la liberté de la Gaule. La nuit allait venir, j'ai entendu d'abord le piétinement de plusieurs troupes de cavalerie arrivant au pas sur la grande place de la ville de Vannes, que je pouvais apercevoir par l'étroite fenêtre de ma prison. J'ai regardé, voici ce que j'ai vu :

Deux cohortes d'infanterie romaine et une légion de cavalerie, rangées en bataille, entouraient un grand espace vide, au milieu duquel s'élevait une plate-forme en charpente. Sur cette plate-forme était placé un de ces lourds billots de bois dont on se sert pour dépecer les viandes. Un *Maure*, de gigantesque stature, au teint bronzé, les cheveux ceints d'une bandelette écarlate, les bras et les jambes nus, portant une casaque et un court caleçon de peau tannée, çà et là taché d'un rouge sombre, se tenait debout à côté de ce billot, une hache à la main.

J'ai entendu retentir au loin les longs clairons des Romains : ils sonnaient une marche lugubre. Le bruit s'est rapproché ; une des cohortes rangées sur la place a ouvert ses rangs en formant la haie : les clairons romains sont entrés les premiers sur la place ; ils précédaient les *légionnaires* bardés de fer. Après cette troupe venaient des prisonniers de notre armée, garrottés deux à deux ; puis venaient des femmes, des enfants, aussi garrottés... Plus de deux portées de frondes me séparaient de ces captifs ; à une si grande distance, je ne pouvais distinguer leurs traits, malgré mes efforts... Pourtant, mon fils et ma fille se trouvaient peut-être là... Ces prisonniers de tout âge, de tout sexe, serrés entre deux haies de soldats, ont été rangés au pied de la plate-forme : d'autres troupes ont encore défilé, et, après elles, j'ai compté vingt-deux autres captifs, marchant un à un; mais non pas enchaînés, ceux-là; je l'ai reconnu à leur libre et fière allure : c'étaient les chefs et les *anciens* de la ville et de la tribu de Vannes, tous vieillards à cheveux blancs... Parmi eux, et marchant les derniers, j'ai distingué deux *druides* et un *barde* du collège de la forêt de Karnak, reconnaissables, les premiers, à leurs longues robes blanches; le second, à sa tunique rayée de pourpre. Ensuite a paru encore de l'infanterie romaine; et enfin, entre deux escortes de cavaliers numides, couverts de leurs manteaux blancs, César à cheval et entouré de ses officiers. J'ai reconnu le fléau des Gaules à l'armure dont il était revêtu lorsque, à l'aide de mon bien-aimé frère Mikaël, l'armurier, j'emportais César tout armé sur mon cheval... Oh! combien à sa vue j'ai maudit de nouveau mon ébahissement stupide, qui fut le salut du bourreau de mon pays!

César s'est arrêté à quelque distance de la plate-forme, il a fait un signe de la main... Aussitôt les vingt-deux prisonniers, le barde et les deux druides passant les derniers, sont montés d'un pas tranquille sur la plate-forme... Tour à tour ils ont posé leur tête blanche sur le billot, et chacune de ces têtes vénérées, abattue par la hache du Maure, a roulé aux pieds des captifs garrottés.

Le barde et les deux druides restaient seuls à mourir... Ils se sont tous trois enlacés dans une dernière étreinte, la tête et les mains levées vers le ciel... Puis ils ont crié d'une voix forte ces paroles de ma sœur Héna, la vierge de l'île de Sên, à l'heure de son sacrifice volontaire sur les pierres de Karnak... ces paroles qui avaient été le signal du soulèvement de la Bretagne contre les Romains :

« Hésus! Hésus!... par ce sang qui va couler,
« clémence pour la Gaule!...
« Gaulois, par ce sang qui va couler, victoire
« à nos armes!... »

Et le barde a ajouté :
« Le *chef des cent vallées* est sauf... espoir
« pour nos armes!... »

Et tous les captifs gaulois, hommes, femmes, enfants, qui assistaient au supplice, ont ensemble répété les dernières paroles des druides, les acclamant d'une voix si puissante, que l'air en a vibré jusque dans ma prison.

Après ce chant suprême, le barde et les deux druides ont tour à tour porté leurs têtes sacrées sur le billot, et elles ont roulé comme les têtes des anciens de la ville de Vannes.

A ce moment, tous les captifs ont entonné d'une voix si forte et si menaçante le refrain de guerre des bardes : « Frappe le Romain!... frappe... frappe à la tête!... » que les légionnaires, abaissant leurs lances, ont resserré précipitamment les captifs, désarmés et garrottés pourtant, dans un cercle de fer, hérissé de piques... Mais cette grande voix de nos frères était venue jusqu'aux blessés, renfermés comme moi dans le hangar, et tous, moi-même, nous avons répondu aux cris des autres prisonniers par le refrain de guerre :

« Frappe le Romain!... frappe... frappe à la
« tête!... frappe fort le Romain!... »

Telle a été la fin de la guerre de Bretagne, de cet appel aux armes, fait par les druides, du haut des pierres sacrées de la forêt de Karnak, après le sacrifice volontaire de ma sœur Héna... de cet appel aux armes, terminé par la bataille de Vannes. Mais la Gaule, quoique envahie de toutes parts, devait résister encore. Le *chef des cent vallées*, forcé d'abandonner la Bretagne, allait soulever les autres populations restées libres.

Hésus! Hésus! ce ne sont pas seulement les malheurs de ma sainte et bien-aimée patrie qui ont déchiré mon cœur... ce sont aussi les malheurs de ma famille... Hélas! à chaque blessure de la patrie, la famille saigne!

Forcément résigné à mon sort, j'ai repris peu à peu mes forces, espérant chaque jour obtenir du maquignon quelques renseignements sur mes enfants... Je les lui avais dépeints le plus fidèlement possible; il me répondait toujours que parmi les captifs qu'il avait vus il n'en connaissait pas de semblables au signalement que je lui donnais, mais que plusieurs marchands avaient l'habitude de cacher à tous les yeux leurs esclaves de choix jusqu'au jour de la vente publique. Il m'apprit aussi que le noble seigneur Trymalcion, cet homme qui achetait les enfants, et dont le nom seul me faisait frémir d'horreur, était arrivé à Vannes sur sa galère.

Après quinze jours de captivité vint le moment de la vente.

La veille, le maquignon entra dans ma prison : c'était le soir; il me présenta lui-même mon repas, et y assista. Il avait en outre apporté un flacon de vieux vin des Gaules.

— Ami Taureau, — m'a-t-il dit avec sa jovialité habituelle, — je suis content de toi; la peau s'est à peu près remplie; tu n'as plus d'emportements insensés, et si tu ne te montres pas très-joyeux, du moins je ne te trouve plus triste et larmoyant... Nous allons boire ensemble ce flacon à ton heureux placement chez un bon maître, et au gain que tu me produiras.

— Non, — lui ai-je répondu; — je ne boirai pas...

— Pourquoi cela?

— La servitude rend le vin amer... et surtout le vin du pays où l'on est né.
— Tu réponds mal à mes bontés; tu ne veux pas boire... libre à toi... Je voulais vider une première coupe à ton heureux placement, et la seconde à ton rapprochement de tes enfants : j'avais mes raisons pour cela.
— Que dis-tu? — me suis-je écrié plein d'espoir et d'angoisse. — Tu saurais quelque chose sur eux?
— Je ne sais rien... — a-t-il repris brusquement, et se levant comme pour sortir. — Tu refuses une avance amicale... Tu as bien soupé... dors bien...
— Mais que sais-tu de mes enfants? Parle! je t'en conjure... parle!...
— Le vin seul me délie la langue, ami Taureau, et je ne suis point de ces gens qui aiment à boire seuls... Tu es trop fier pour vider une coupe avec ton maître... Dors bien jusqu'à demain, jour de l'encan.
Et il fit de nouveau un pas vers la porte. J'ai craint d'irriter cet homme en refusant de céder à sa fantaisie, et surtout de perdre cette occasion d'avoir des nouvelles de mon petit Sylvest et de ma petite Siomara...
— Tu le veux absolument? — lui ai-je dit; — je boirai donc, et surtout je boirai à l'espoir de revoir bientôt mon fils et ma fille.
— Tu te fais bien prier, — reprit le maquignon en se rapprochant de moi à la longueur de ma chaîne; puis il me versa une pleine coupe de vin, et s'en versa une à lui-même. Je me souvins plus tard qu'il l'a porta longuement à ses lèvres, sans qu'il me fût possible de m'assurer qu'il ait bu. — Allons, — ajouta-t-il, — allons, buvons... au bon gain que je ferai sur toi.
— Oui, buvons à mon espoir de revoir mes enfants.
A mon tour je vidai ma coupe; ce vin me sembla excellent.
— J'ai promis, — reprit cet homme, — je tiendrai ma promesse. Tu m'as dit que le chariot où se trouvait ta famille, le jour de la bataille de Vannes, était attelé de quatre bœufs noirs?
— Oui.
— De quatre bœufs noirs portant chacun une petite marque blanche au milieu du front?
— Oui, ils étaient tous quatre frères et pareils, ai-je répondu sans pouvoir m'empêcher de soupirer, songeant à ce bel attelage, élevé dans nos prairies, et que mon père et ma mère admiraient toujours.
— Ces bœufs portaient au cou des colliers de cuir garnis de clochettes d'airain pareilles à celle-ci, — poursuivit le maquignon en fouillant à sa poche... Et il en tira une clochette qu'il me montra.
Je la reconnus; elle avait été fabriquée par mon frère Mikaël, l'armurier, et portait la marque de tous les objets façonnés par lui.
Cette clochette vient de nos bœufs, — lui dis-je. — Veux-tu me la donner?... Elle n'a aucune valeur.
— Quoi! — me répondit-il en riant, — tu voudrais aussi te pendre des clochettes au cou, ami Taureau?... C'est ton droit... Tiens, prends-là... Je l'avais seulement apportée pour savoir de toi si l'attelage dont elle provient était celui du chariot de ta famille.
— Oui, — ai-je dit en mettant cette clochette dans la poche de mes braies, comme le seul souvenir qui devait peut-être me rester du passé.
— Oui, cet attelage était le nôtre; mais il m'a semblé voir un ou deux bœufs tomber blessés dans la mêlée?
— Tu ne te trompes pas... deux de ces bœufs ont été tués dans la bataille; les deux autres, quoique légèrement blessés, sont vivants et ont été achetés par un de mes confrères, qui a acheté aussi trois enfants restés dans ce chariot: deux, dont un petit garçon et une petite fille de huit à neuf ans, à demi étranglés, avaient encore le lacet au cou; mais on a pu les rappeler à la vie...
— Et ce marchand... — me suis-je écrié tout tremblant, — où est-il?...
— Ici, à Vannes... Tu le verras demain; nous avons tiré au sort nos places pour l'encan, et elles sont voisines l'une de l'autre... Si donc les enfants qu'il doit vendre sont les tiens, tu seras rapproché d'eux.
— En serai-je bien près?
— Tu en seras loin comme deux fois la longueur de la prison... Mais pourquoi porter ainsi les mains à ton front?
— Je ne sais... Il y a longtemps que je n'ai bu de vin; la chaleur de celui que tu m'as versé me monte à la tête... depuis quelques instants... je me sens étourdi...
— Cela prouve, ami Taureau, que mon vin est généreux, — a repris le maquignon avec un sourire étrange; puis, se levant, il est sorti, a appelé un des gardiens, et est entré avec un coffret sous le bras... Il a ensuite soigneusement refermé la porte, et étendu un lambeau de couverture devant la fenêtre, afin que l'on ne pût pas voir du dehors dans mon réduit, éclairé par une lampe... Ceci fait, il m'a regardé de nouveau très-attentivement, sans prononcer une parole, tout en ouvrant son coffret, dont il a tiré plusieurs flacons, des éponges, un petit vase d'argent avec un long tube recourbé, ainsi que différents instruments, dont l'un en acier me parut très-tranchant. A mesure que je contemplais le maquignon, toujours silencieux, je sentais s'augmenter en moi un engourdissement inexplicable, mes paupières alourdies se fermèrent deux ou trois fois malgré moi. Assis jusqu'alors sur ma couche de paille, où j'étais

toujours enchaîné, j'ai été obligé d'appuyer ma tête au mur, tant elle devenait pesante, embarrassée. Le maquignon me dit en riant :

— Ami Taureau, il ne faut pas t'inquiéter de ce qui t'arrive.

— Quoi ? — répondis-je en tâchant de sortir de ma torpeur, — que m'arrive-t-il ?

— Tu sens une espèce de demi-sommeil te gagner malgré toi ?

— C'est vrai.

— Tu m'entends, tu me vois ; mais comme si ta vue et ton oreille étaient couvertes d'une voile ?

— C'est vrai, — murmurai-je, car ma voix faiblissait aussi, et sans éprouver aucune douleur, tout en moi semblait s'éteindre peu à peu. Je fis cependant un effort pour dire à cet homme :

— Pourquoi suis-je ainsi ?

— Parce que je t'ai préparé pour *la toilette d'esclave*.

— Quelle toilette ?

— Je possède, ami Taureau, certains philtres magiques pour parer ma marchandise... Ainsi, quoique tu sois maintenant assez bien en chair, la privation d'exercice et de grand air, la fièvre allumée par tes blessures, la tristesse qu'occasionne toujours la captivité, d'autres causes encore ont séché, terni ta peau, jauni ton teint; mais grâce à mes philtres, demain matin tu auras la peau aussi fraîche et aussi souple, le teint aussi vermeil que si tu arrivais des champs par une belle matinée de printemps, mon brave rustique ; cette apparence ne durera guère qu'un jour ou deux ; mais je compte, par Jupiter, que demain soir tu seras vendu : libre à toi de rejaunir et de dépérir chez ton nouveau maître... Je vais donc commencer par te mettre nu et oindre ton corps de cette huile préparée, — dit le maquignon en débouchant un de ses flacons.

Ces apprêts me parurent si honteux pour ma dignité d'homme, que, malgré l'engourdissement qui m'accablait de plus en plus, je me dressai sur mon séant et m'écriai en agitant mes mains et mes bras libres de toute entrave :

— Je n'ai pas mes menottes aujourd'hui... Si tu approches je t'étrangle !

— Voici ce que j'avais prévu, ami Taureau, — dit le maquignon en versant tranquillement l'huile de son flacon dans un vase où il mit tremper une éponge. — Tu vas vouloir résister, t'emporter... J'aurais pu te faire garrotter par les gardiens ; mais dans ta violence tu te serais meurtri les membres, détestable enseigne pour la vente ; car des meurtrissures annoncent toujours un esclave récalcitrant... Et tout à l'heure, quels cris n'aurais-tu pas poussés ! quelle révolte ! lorsqu'il va falloir te raser la tête en signe d'esclavage !

À cette dernière et insultante menace, j'ai rassemblé ce qui me restait de force pour me lever, et je me suis écrié en menaçant le maquignon :

— Par *Ritha-Gaür !* ce saint des Gaules, qui se faisait, lui, une saie de la barbe des rois qu'il avait rasés, je te tue si tu oses toucher à un seul cheveu de ma tête !...

— Oh ! oh ! rassure-toi, ami Taureau, — me répondit le maquignon en me montrant un instrument tranchant, — rassure-toi... ce n'est pas un seul de tes cheveux que je couperai.... mais tous.

Je ne pus me tenir plus longtemps debout ; vacillant bientôt sur mes jambes comme un homme ivre, je retombai sur ma paille, tandis que le maquignon, riant aux éclats, me disait en me montrant toujours son instrument d'acier :

— Grâce à ceci, ton front sera tout à l'heure aussi chauve que celui du grand César, que tu as, dis-tu, emporté tout armé sur ton cheval, ami Taureau... Et le philtre magique que tu as bu dans ce vin des Gaules va te mettre à ma merci, aussi inerte qu'un cadavre.

Et le maquignon a dit vrai ; ces paroles ont été les dernières dont je me souvienne... Un sommeil de plomb s'est appesanti sur moi ; je n'ai plus eu conscience de ce que l'on me faisait.

Et cela n'était que le prélude d'une journée horrible, rendue doublement horrible par le mystère dont elle est encore à cette heure enveloppée.

Oui, à cette heure où j'écris ceci pour toi, ô mon fils Sylvest, afin que dans ce récit sincère et détaillé, où je te dis une à une les souffrances, les hontes infligées à notre pays et à notre race, tu puises une haine impitoyable contre les Romains... en attendant le jour de la vengeance et de la délivrance... oui, à cette heure, les mystères de cette horrible journée de vente sont impénétrables pour moi, à moins que je ne les explique par les sortilèges du maquignon, plusieurs de ces gens étant, dit-on, adonnés à la magie ; mais nos druides vénérés affirment que la magie n'existe pas.

Le jour de l'encan, j'ai été éveillé le matin par mon maître, car je dormais profondément ; je me suis souvenu de ce qui s'était passé la veille ; mon premier mouvement a été de porter mes deux mains à ma tête ; j'ai senti qu'elle était rasée, ainsi que ma barbe... Cela m'a grandement affligé ; mais, au lieu d'entrer en fureur, comme je l'aurais fait la veille, j'ai seulement versé quelques larmes en regardant le maquignon avec crainte... Oui, j'ai pleuré devant cet homme... oui, je l'ai regardé avec crainte !...

Que s'était-il donc passé en moi depuis la veille ? Étais-je encore sous l'influence de ce philtre versé dans le vin ? Non... ma torpeur avait disparu : je me trouvai dispos de corps, sain d'entendement ; mais, quant au caractère et au courage, je me sentais amolli, énervé, craintif, et, pourquoi ne pas le dire? lâche!... oui... lâche!... Moi, Guilhern, fils de Joel, le brenn de la tribu de Karnak, je regardais timidement autour de moi, presque à chaque instant mon cœur semblait se fondre, et les larmes me montaient aux yeux, de même qu'auparavant le sang de la colère et de la fierté me montait au front... De cette inexplicable transformation, due peut-être au sortilège, j'avais vaguement conscience, et je m'en étonnais... puisque aujourd'hui je m'en souviens, je m'en étonne, et qu'aucun des détails de cette horrible journée ne s'est effacé de ma mémoire.

Le maquignon m'observait en silence d'un air triomphant; il ne m'avait laissé que mes braies. J'étais nu jusqu'à la ceinture; je restais assis sur ma couche. Il m'a dit :

— Lève-toi...

Je me suis hâté d'obéir. Il a tiré de sa poche un petit miroir d'acier, me l'a tendu, et a repris:

— Regarde-toi.

Je me suis regardé : grâce aux sortilèges de cet homme, j'avais les joues vermeilles, le teint clair et reposé, comme si d'affreux malheurs ne s'étaient pas appesantis sur moi et sur les miens. Cependant, en voyant pour la première fois dans le miroir ma figure et ma tête complètement rasées, en signe de servitude... j'ai de nouveau versé des larmes, tâchant de les dissimuler au maquignon, de crainte de l'indisposer... Il a remis le miroir dans sa poche, a pris sur la table une couronne tressée de feuilles de hêtre, et m'a dit :

— Baisse la tête.

J'ai obéi... mon maître m'a posé cette couronne sur le front; ensuite il a pris un parchemin où étaient écrites plusieurs lignes en gros caractères latins, et au moyen de deux lacets noués derrière mon cou, il a attaché cet écriteau qui pendait sur ma poitrine; il a jeté sur les épaules une couverture de laine, a ouvert le ressort secret qui attachait ma chaîne à l'extrémité de ma couche; puis cette chaîne a été fixée par lui à un anneau de fer, qu'on avait rivé à mon autre jambe pendant mon lourd sommeil; de sorte que, quoique enchaîné par les deux jambes, je pouvais marcher à petits pas, ayant de plus les deux mains liées derrière le dos.

D'après l'ordre du maquignon, que j'ai suivi, docile et soumis comme le chien qui suit son maître, j'ai descendu péniblement, à cause du peu de longueur de ma chaîne, les degrés qui de mon réduit conduisaient au hangar; là, couchés sur la paille, j'ai retrouvé plusieurs captifs parmi lesquels j'avais passé ma première nuit; leur guérison n'était pas sans doute assez avancée pour qu'ils pussent être mis en vente. D'autres esclaves, dont la tête avait été rasée comme la mienne, par surprise ou par force, portaient aussi des couronnes de feuillage, des écriteaux sur la poitrine, des menottes aux mains, de lourdes entraves aux pieds. Ils commencèrent, sous la surveillance des gardiens armés, à défiler par une porte qui s'ouvrait sur la grande place de la ville de Vannes : là se tenait l'encan; presque tous les captifs me paraissaient mornes, abattus, soumis comme moi; ils baissaient les yeux, ainsi que des gens honteux de s'entreregarder. Parmi les derniers, j'ai reconnu deux ou trois hommes de notre tribu; l'un d'eux me dit à demi-voix, en passant près de moi :

— Guilhern... nous sommes rasés, mais les cheveux repoussent et les ongles aussi!

J'ai compris que le Gaulois voulait me donner à entendre que l'heure de la vengeance viendrait un jour, mais dans l'inconcevable lâcheté qui m'énervait depuis le matin, j'ai feint de ne pas comprendre le captif, tant j'avais peur du maquignon.

L'emplacement occupé par notre maître pour l'encan de ses esclaves n'était pas éloigné du hangar où nous avions été retenus prisonniers; nous sommes bientôt arrivés dans une espèce de loge, entourée de planches de trois côtés, recouverte d'une toile et jonchée de paille; d'autres loges pareilles, que je vis en me rendant à la nôtre, étaient disposées à droite et à gauche d'un long espace formant comme une rue. Là se promenaient en foule des officiers et des soldats romains, des acheteurs ou revendeurs d'esclaves, et autres gens qui suivaient les armées; ils regardaient les captifs enchaînés dans les loges, avec une railleuse et outrageante curiosité. Mon maître m'avait averti que sa place au marché se trouvait en face de celle de son confrère, au pouvoir de qui étaient mes enfants. J'ai jeté les yeux sur la loge située vis-à-vis de la nôtre; je n'ai rien pu voir, une toile abaissée en cachait l'entrée; j'ai seulement entendu, au bout de quelques instants, des imprécations et des cris perçants, mêlés de gémissements douloureux poussés par des femmes, qui disaient en gaulois :

— La mort... la mort, mais pas d'outrages!

— Ces sottes timorées font les vestales, parce qu'on les met toutes nues pour les montrer aux acheteurs, — me dit le maquignon, qui m'avait gardé près de lui. — Bientôt, il m'a emmené dans le fond de notre loge : en traversant j'y ai compté neuf captifs, les uns adolescents, les autres de mon âge, deux seulement avaient dépassé l'âge mûr. Ceux-ci s'assirent sur la paille, le front baissé, pour échapper aux regards des curieux; ceux-là s'étendirent la face contre terre; quelques-uns restèrent debout, jetant autour d'eux des regards farouches; les gardiens, le fouet à la main, le sabre au côté, les surveillaient. Le maquignon me montra une cage en charpente, espèce de grande boîte placée au fond de la loge, et me dit :

— Ami Taureau, tu es la perle, l'escarboucle de mon lot : entre dans cette cage ; la comparaison que l'on ferait de toi aux autres esclaves les déprécierait trop ; en habile marchand, je vais d'abord tâcher de vendre ce que j'ai de moins vaillant... on écoule le fretin avant le gros poisson.

J'ai obéi, je suis entré dans la cage, mon maître en a fermé la porte ; je pouvais me tenir debout, une ouverture pratiquée au plafond me permettait de respirer sans être vu du dehors : bientôt une cloche a sonné, c'était le signal de la vente. De tous côtés se sont élevées les voix glapissantes des crieurs annonçant les enchères des marchands de chair humaine, qui en langue romaine vantaient leurs esclaves, en invitant les acheteurs à entrer dans les loges. Plusieurs chalands sont venus visiter le lot du maquignon ; sans comprendre les paroles qu'il leur adressait, j'ai deviné, aux inflexions de sa voix, qu'il s'efforçait de les capter pendant que le crieur annonçait les enchères offertes. De temps à autre un grand tumulte s'élevant dans la loge, se mêlait aux imprécations du marchand et au bruit du fouet des gardiens ; ils frappaient sans doute quelques-uns de mes compagnons de captivité, qui refusaient de suivre le nouveau maître auquel ils venaient d'être adjugés à *la criée* : mais bientôt ces clameurs cessaient, étouffées sous le bâillon. D'autres fois j'entendais les piétinements d'une lutte sourde, désespérée, quoique muette... Cette lutte se terminait aussi sous les efforts des gardiens. J'étais effrayé du courage que montraient ces captifs ; je ne comprenais plus la résistance ni l'audace ; j'étais plongé dans ma lâche inertie, lorsque la porte de ma cage s'est ouverte, le maquignon, tout joyeux, s'est écrié :

— Tout est vendu, sauf toi, ma perle, mon escarboucle ! Et par *Mercure!* à qui je promets une offrande, en reconnaissance de mon gain d'aujourd'hui, je crois avoir trouvé pour toi un acquéreur de gré à gré.

Mon maître m'a fait sortir de ma cage ; j'ai traversé la loge, je n'y ai plus vu aucun esclave, je me suis trouvé en face d'un homme à cheveux gris, d'une figure froide et dure ; il portait l'habit militaire, boitait très-bas, et s'appuyait sur la canne en cep de vigne qui distingue le rang des *centurions* dans l'armée romaine ; le maquignon ayant enlevé de dessus mes épaules la couverture de laine dont j'étais enveloppé, je suis resté nu jusqu'à la ceinture... puis j'ai été obligé de quitter mes braies ; mon maître, en homme fier de sa marchandise, exposait ainsi ma nudité aux yeux de l'acheteur.

Plusieurs curieux rassemblés au dehors me regardaient ; j'ai baissé les yeux, ressentant de la honte, de l'affliction... non de la colère.

Après avoir lu l'écriteau qui pendait à mon cou, l'acheteur m'examina longuement, tout en répondant, par plusieurs signes de tête approbatifs, à ce que le marchand lui disait en langue romaine, avec sa volubilité habituelle ; souvent il l'interrompait pour mesurer, au moyen de ses doigts qu'il écartait, tantôt la largeur de ma poitrine, tantôt la grosseur de mes bras, de mes cuisses ou la carrure de mes épaules.

Ce premier examen parut satisfaire le centurion, car le maquignon me dit :

— Sois fier pour ton maître, ami Taureau, ta structure est trouvée sans défaut... « Voyez, — « ai-je dit à l'acheteur, — voyez si les statuaires « grecs ne feraient pas de ce superbe esclave le « modèle d'une statue d'Hercule ? » Mon client est de mon avis ; il faut maintenant lui montrer que ta vigueur et ton agilité sont dignes de ton apparence.

Mon maître, me montrant alors un poids de plomb placé là pour cette épreuve, me dit en me déliant les bras :

— Tu vas remettre tes braies, puis prendre ce poids entre tes deux mains, le lever au-dessus de ta tête, et le tenir ainsi suspendu le plus longtemps que tu le pourras.

J'allais exécuter cet ordre avec ma stupide docilité, lorsque le centurion se baissa vers le poids de plomb, et essaya de l'enlever de terre, ce qu'il fit à grand' peine, pendant que le maquignon me disait :

— Ce malin boiteux est un vieux renard aussi fin que moi ; il sait que beaucoup de marchands ont, pour éprouver la force de leurs esclaves, des poids demi-creux qui semblent peser deux et trois fois plus qu'ils ne pèsent réellement ; allons, ami Taureau, montre à ce défiant que tu es aussi vigoureux que solidement bâti.

Mes forces n'étaient pas encore entièrement revenues ; cependant je pris ce lourd poids entre mes deux mains, et je l'élevai au-dessus de ma tête, où je le balançai un moment ; j'eus alors la vague pensée de le laisser retomber sur le crâne de mon maître, et de l'écraser ainsi à mes pieds... Mais ce ressouvenir de mon courage passé s'éteignit bien vite dans ma timidité présente, et je rejetai le poids sur le sol.

Le Romain boiteux parut satisfait.

— De mieux en mieux, ami Taureau, — me dit le maquignon, — par Hercule, ton patron, jamais esclave n'a fait plus d'honneur à son propriétaire. Ta force est démontrée ; maintenant, voyons ton agilité. Deux gardiens vont tenir cette barre de bois à la hauteur d'une coudée ; tu vas, quoique tes pieds soient enchaînés, sauter par-dessus cette barre à plusieurs

Le marché des esclaves (page 140)

reprises ; rien ne prouve mieux la vigueur et l'élasticité des membres.

Malgré mes récentes cicatrices et la pesanteur de ma chaîne, je sautai plusieurs fois à pieds joints par-dessus la barre, au nouveau contentement du centurion.

— De mieux en mieux, — reprit le maquignon ; — tu es reconnu aussi fortement construit et aussi agile que vigoureux ; reste à montrer l'inoffensive douceur de ton caractère... Quant à cette dernière épreuve... je suis certain d'avance de son succès...

Et de nouveau il m'attacha les mains derrière le dos.

Je ne compris pas d'abord ce que voulait dire le marchand, car il prit un fouet de la main du gardien, puis, me désignant du bout de ce fouet, il parla tout bas à l'acheteur ; celui-ci fit un signe d'assentiment ; déjà le maquignon s'avançait vers moi, lorsque le boiteux prit lui-même le fouet.

— Le vieux renard, toujours défiant, craint que je ne te fouaille pas assez durement, ami Taureau ; allons, ne bronche pas... fais-moi une dernière fois honneur et profit en montrant que tu endures patiemment les châtiments.

A peine avait-il prononcé ces mots, que le boiteux m'asséna sur les épaules et sur la poitrine une grêle de coups ; je ressentis la douleur, mais non la honte de l'outrage ; je pleurai en tombant à genoux et demandai grâce... pendant que les curieux amassés à l'entrée de la loge riaient aux éclats.

Le centurion, surpris de tant de résignation chez un Gaulois, abaissa le fouet et regarda le maquignon, qui par son geste semblait lui dire :

Vous avais-je trompé... ?

Alors, me flattant du plat de la main qu'il

18ᵉ livraison

passa sur mon échine meurtrie, de même que l'on flatte un animal dont on est satisfait, mon maître reprit :

— Si tu es taureau pour ta force, tu es agneau pour la douceur ; je m'attendais à cette patience. Maintenant, quelques questions sur ton métier de laboureur, et le marché sera conclu ; l'acheteur demande en quel endroit tu étais laboureur ?

— Dans la tribu de Karnak, — ai-je répondu avec un lâche soupir ; — là, je cultivais avec ma famille les champs de mes pères...

Le maquignon reporta ma réponse au boiteux ; celui-ci parut à la fois aussi surpris que content ; il échangea quelques mots avec le marchand, qui reprit :

— L'acheteur demande où étaient placées la maison et les terres de ta famille ?

— Non loin et à l'orient des pierres de Karnak, sur la hauteur de Craig'h.

A cette réponse, le Romain fut si satisfait, qu'il parut à peine croire à ce qu'il apprenait, car le maquignon me dit :

— Rien de plus défiant que ce boiteux... Pour être certain que je ne le trompe pas, et que je lui traduis fidèlement tes paroles, il exige que tu traces devant lui, sur le sable, la position des terres et de la maison de ta famille par rapport aux pierres de Karnak et au bord de la mer ; je ne sais malheureusement pas pour quel motif, car si c'est une convenance pour lui, je la lui ferais payer cher... Mais obéis à son ordre.

Mes mains furent de nouveau déliées ; je pris le manche du fouet de l'un des gardiens, et je traçai sur le sable, sous les yeux attentifs du centurion, la position des pierres de Karnak et de la côte de Craig'h, puis l'emplacement de notre maison et de nos champs à l'orient de Karnak.

Le boiteux frappa dans ses mains en signe de joie ; il tira de sa poche une longue bourse, y puisa un certain nombre de pièces d'or qu'il offrit au maquignon ; après un assez long débat sur le prix de mon corps, le vendeur et l'acheteur tombèrent d'accord.

— Par Mercure, — me dit le maquignon, — je t'ai vendu trente-huit sous d'or, moitié comptant, comme arrhes, moitié à la fin de la vente, lorsque le boiteux viendra te prendre... Avais-je tort de dire que tu étais l'escarboucle de mon lot ?

Puis il ajouta, après quelques paroles du centurion :

— Ton nouveau maître... et je comprends cela lorsqu'il s'agit d'un esclave que l'on a chèrement payé, ton nouveau maître ne te trouve pas assez sûrement enchaîné, il veut qu'on ajoute des entraves à ta chaîne, il viendra te chercher en chariot.

En outre de ma chaîne, on me mit aux pieds deux pesantes entraves de fer, qui m'auraient empêché de marcher autrement qu'en sautant à pieds joints si j'avais pu soulever un poids si lourd ; mes menottes furent soigneusement visitées et serrées, et je m'assis dans un coin de la loge pendant que le maquignon comptait et recomptait son or.

A ce moment, la toile qui cachait l'entrée de la loge située vis-à-vis de celle où je me trouvais s'est relevée... Voici ce que j'ai vu :

D'un côté, trois belles jeunes femmes ou jeunes filles... les mêmes sans doute que j'avais entendues supplier et gémir pendant qu'on les dépouillait de leurs vêtements pour les livrer aux regards des acheteurs, étaient assises encore demi-nues, leurs pieds nus aussi, enduits de craie, passés dans les anneaux d'une longue barre de fer. Serrées les unes contre les autres, elles s'enlaçaient de telle sorte, que deux d'entre elles, encore écrasées de honte, cachaient leur figure dans le sein de la troisième. Celle-ci, pâle et sombre, sa longue chevelure noire dénouée, baissait la tête sur sa poitrine découverte et meurtrie... meurtrie sans doute pendant la lutte de ces infortunées contre les gardiens qui les avaient déshabillées. A peu de distance d'elles, deux petits enfants de trois à quatre ans au plus, et seulement attachés par la ceinture à une corde légère fixée à un pieu, riaient et s'ébattaient sur la paille avec l'insouciance de leur âge ; j'ai pensé, sans me tromper, j'en suis certain, que ces enfants n'appartenaient à aucune des trois Gauloises.

A l'autre côté de la loge, je vis une matrone de taille aussi élevée que celle de ma mère Margarid, les menottes aux mains, les entraves aux pieds ; elle se tenait debout, appuyée à une poutre à laquelle elle était enchaînée par le milieu du corps, immobile comme une statue, sa chevelure grise en désordre, les yeux fixes, la figure livide, effrayante ; elle poussait de temps à autre un éclat de rire à la fois menaçant et insensé... Enfin, au fond de la loge, j'ai aperçu une cage semblable à celle d'où je sortais ; dans cette cage devaient se trouver mes deux enfants, selon ce que m'avait dit le maquignon. Les larmes me sont venues aux yeux... Cependant, malgré la faiblesse qui m'énervait et me glaçait encore, j'ai senti, en songeant que mes enfants étaient là... si près de moi... j'ai senti une légère chaleur me monter du cœur à la tête, comme un symptôme encore lointain du réveil de mon énergie.

(Maintenant, mon fils, Sylvest, toi pour qui j'écris ceci... lis lentement ce qui va suivre... Oui, lis lentement... afin que chaque mot de ce récit pénètre à jamais ton âme d'une haine implacable contre les Romains... haine qui doit éclater terrible au jour de la vengeance... Lis ceci, mon fils, et tu comprendras que ta mère, après vous avoir donné la vie à ta sœur et à toi, après vous avoir comblés de sa tendresse, ne pouvait mieux vous prouver à tous deux son maternel amour qu'en essayant de vous tuer... afin de vous emmener d'ici pour revivre ailleurs, auprès d'elle et des nôtres... Hélas! vous avez survécu à sa prévoyance...)

Voici donc, mon fils, ce qui s'est passé...

J'avais les yeux fixés sur la cage où je te supposais prisonnier avec ta sœur, lorsque j'ai vu entrer dans cette loge un vieillard magnifiquement vêtu; c'était le riche et noble seigneur Trymalcion, aussi usé par la débauche que par les années: ses yeux ternes, froids, comme ceux d'un mort, semblaient sans regards; sa figure hideuse et ridée disparaissait à demi sous une épaisse couche de fard. Il portait une perruque blonde frisée, des boucles d'oreilles ornées de pierreries et un gros bouquet à la ceinture de sa longue robe brodée, que son manteau de peluche rouge laissait entrevoir. Il traînait péniblement ses pas, appuyant ses mains sur les épaules de deux jeunes esclaves de quinze à seize ans, vêtus avec luxe, mais d'une façon si étrange, si efféminée, que l'on ne savait si l'on devait les prendre pour des hommes ou pour des femmes. Deux autres esclaves plus âgés suivaient: l'un tenait sous son bras la pelisse fourrée de son maître, l'autre un vase de nuit en or.

Le marchand de la loge est accouru au-devant du seigneur Trymalcion avec empressement et respect, lui a adressé quelques mots, puis il a avancé un escabeau où le vieillard s'est assis. Ce siège n'ayant pas de dossier, un des jeunes esclaves s'est aussitôt placé debout et immobile derrière son maître, afin de lui servir d'appui, tandis que l'autre esclave s'est couché par terre à un signe du noble seigneur, a soulevé ses pieds, chaussés de riches sandales, et les enveloppant d'un pli de sa robe, il les a tenus pressés contre sa poitrine, afin sans doute de les réchauffer.

Le vieillard, ainsi appuyé, le dos et les pieds sur le corps de ses esclaves, a dit quelques mots au marchand. Celui-ci lui a d'abord montré du geste les trois esclaves demi-nues... Alors le seigneur Trymalcion, à la vue de ces trois belles jeunes femmes, que lui désignait le marchand, s'est tourné vers les Gauloises captives, et a craché de leur côté, comme pour témoigner de son souverain mépris!...

A cet outrage, les esclaves du vieillard et les Romains rassemblés aux abords de la loge ont ri aux éclats. Le marchand a ensuite indiqué au seigneur Trymalcion les deux tout petits enfants jouant sur la paille; il a haussé les épaules en prononçant je ne sais quelles horribles paroles; elles devaient être horribles, car les éclats de rire des Romains ont redoublé.

Le marchand, espérant enfin contenter ce difficile acheteur, s'est dirigé vers la cage, l'a ouverte, et en a fait sortir trois enfants enveloppés de longs voiles blancs, qui cachaient leur visage: deux de ces enfants étaient de la taille de mon fils et de ma fille; l'autre, plus petit. Celui-ci a d'abord été dévoilé aux yeux du vieillard; j'ai reconnu la fille d'une de nos parentes, dont le mari avait été tué en défendant notre chariot de guerre; elle s'était tuée ensuite comme les autres femmes de notre famille, oubliant sans doute dans ce moment suprême de mettre son enfant à mort. Cette petite fille était chétive et sans beauté; le seigneur Trymalcion, après un coup d'œil rapide jeté sur elle, fit de la main un geste impatient, comme s'il eût été irrité de ce que l'on osât offrir à ses regards un objet si peu digne de les fixer... Elle fut reconduite dans la cage par un gardien: les deux autres enfants restèrent là, toujours voilés.

Moi, mon fils, je voyais ceci du fond de la loge du maquignon, les bras liés derrière le dos par des menottes et de doubles anneaux de fer, les jambes enchaînées et les deux pieds joints par une entrave d'un poids énorme. Je me sentais toujours sous l'empire du sortilège. Cependant, mon sang, jusqu'alors figé dans mes veines, commençait à circuler de plus en plus vivement... Un vague frémissement faisait de temps à autre tressaillir mes membres... Le réveil approchait... Je n'étais pas le seul à frémir: les trois jeunes Gauloises et la matrone, oubliant leur honte et leur désespoir, trouvaient dans leurs cœurs de fille, d'épouse ou de mère, une douloureuse épouvante pour le sort de ces enfants offerts à cet horrible vieillard. Quoique demi-nues, elles ne songeaient plus à se soustraire aux regards licencieux des spectateurs du dehors, et couvaient des yeux, avec une sorte de terreur maternelle, les deux enfants voilés, tandis que la matrone, liée à un poteau, les yeux étincelants, les dents serrées par une rage impuissante, levait au ciel ses bras enchaînés comme pour appeler le châtiment des dieux sur ces monstruosités...

A un signe du seigneur Trymalcion, les voiles sont tombés... Et je vous ai reconnus tous deux... toi, mon fils Sylvest et ta sœur Siomara...

Vous étiez tous deux pâles, amaigris, vous frissonniez d'effroi... la douleur se lisait sur vos visages baignés de larmes... Les longs cheveux blonds de ma petite fille tombaient sur ses épaules; elle n'osait lever les yeux, non plus que toi; vous vous teniez tous deux par la main, serrés l'un contre l'autre... Malgré la terreur qui bouleversait sa figure, je revoyais ma fille dans sa rare et enfantine beauté... beauté maudite! car à son aspect les yeux morts du seigneur Trymalcion s'allumèrent et brillèrent comme des charbons ardents au milieu de son visage ridé, couvert de fard. Il se redressa, tendit vers ma fille ses mains décharnées, comme pour s'emparer de sa proie, et un sourire affreux découvrit ses dents jaunes... Siomara épouvantée se rejeta en arrière, et se cramponna à ton cou. Le marchand vous eut bientôt séparés, et la ramena près du vieillard. Celui-ci, repoussant alors du pied son esclave couché à terre, s'empara de ma fille, la saisit entre ses genoux, maîtrisa facilement les efforts qu'elle faisait afin de lui échapper en poussant des cris perçants, rompit violemment les cordons qui attachaient la petite robe de mon enfant, et la mit à moitié nue pour examiner sa poitrine et ses épaules, tandis que le marchand te contenait, mon fils.

Et moi... le père des deux victimes... moi, chargé de chaînes, je voyais cela...

A ce crime du seigneur Trymalcion... le plus exécrable des crimes!... outrager la chasteté d'un enfant!... les trois Gauloises enchaînées et la matrone firent un effort désespéré, mais vain, pour rompre leurs fers, et se mirent à pousser des imprécations et des gémissements...

Le seigneur Trymalcion acheva plaisiblement son horrible examen, dit quelques mots au marchand, et aussitôt un gardien rajusta la robe de mon enfant, plus morte que vive, l'enveloppa dans son long voile, qu'il lia autour d'elle, et prenant entre ses bras ce léger fardeau, il se tint prêt à suivre le vieillard, qui, pour payer le marchand, prenait de l'or dans sa bourse... A ce moment de désespoir suprême... toi et ta sœur... pauvres enfants égarés par la terreur! vous avez crié comme si vous croyiez pouvoir être entendus et secourus... vous avez crié: *Ma mère!... mon père!...*

Jusqu'à ce moment, j'avais assisté à cette scène haletant, presque fou de douleur et de rage, à mesure que, luttant de toute la puissance de mon cœur paternel contre les sortilèges du maquignon, j'en triomphais peu à peu... Mais à ces cris poussés par toi et par ta sœur: *Ma mère!... mon père!...* le charme se rompit tout à fait... Je retrouvai toute ma raison, tout mon courage; votre vue me donna une telle secousse, un tel élan de fureur, que, ne pouvant briser mes fers, je me suis dressé, et, les mains toujours enchaînées derrière le dos, les jambes toujours chargées de lourdes entraves, je me suis élancé hors de ma loge, et, en deux bonds, à pieds joints, je suis tombé comme la foudre sur le noble seigneur Trymalcion... Il a du choc roulé sous moi; alors, faute de la liberté de mes mains, pour l'étrangler, je l'ai mordu au visage... près du cou..., et puis je n'ai plus démordu... Les maquignons, leurs gardiens, se sont jetés sur nous; mais, pesant de tout mon poids sur ce hideux vieillard, qui poussait des hurlements, je n'ai pas démordu... Le sang de ce monstre m'inondait la bouche... on a frappé sur moi à coups de fouet, à coups de bâton, à coups de pierre... je n'ai pas démordu, je n'ai pas plus quitté ma proie que notre vieux dogue de guerre, Deber-Trud, le mangeur d'hommes, ne quittait la sienne... Non... et ainsi que lui, je n'ai démordu qu'en emportant entre mes dents un lambeau de la chair du riche et noble seigneur Trymalcion, lambeau sanglant que j'ai craché à sa face hideuse, livide, agonisante, comme il avait craché sur les captives gauloises.

— Père!... père!... me criais-tu pendant ce temps-là, toi. Alors, voulant me rapprocher de vous deux, mes enfants; je me suis redressé effrayant... oui, effrayant... car, pendant un moment, un cercle d'épouvante s'est fait autour de l'esclave gaulois chargé de fers...

— Père!... père!..., — t'es-tu encore écrié en tendant vers moi tes petits bras, malgré le gardien qui te retenait... J'ai fait un bond vers toi; mais aussitôt le marchand, monté sur la cage où vous aviez été renfermés, mes enfants, m'a jeté à l'improviste une couverture sur la tête; l'on m'a en même temps saisi par les jambes: j'ai été renversé, garrotté de mille liens... la couverture, dont j'avais eu la tête et les épaules enveloppées, a été liée autour de mon cou, et dans cette couverture les bourreaux ont pratiqué un trou qui me permit malheureusement de respirer... car j'espérais étouffer.

J'ai senti que l'on me transportait dans notre loge, où l'on m'a jeté sur la paille, mis hors d'état de faire un mouvement; puis, assez longtemps après cela, j'ai entendu le centurion, mon nouveau maître, se disputer vivement avec le maquignon et le marchand qui avait vendu Siomara au seigneur Trymalcion... Puis, ceux-ci sont sortis; le silence s'est fait autour de moi. Plus tard, le maquignon, de retour, s'est approché de moi, et, me crossant du pied avec rage, après avoir écarté la couverture qui cachait mon visage, il m'a dit d'une voix tremblante de colère:

— Scélérat!... sais-tu ce que m'a coûté la bouchée de chair humaine que tu as arrachée de la figure du noble seigneur Trymalcion? le sais-tu, bête féroce?... Cette bouchée de chair m'a coûté vingt sous d'or!... plus de la moitié de ce que je t'avais vendu, car je suis responsable de tes méfaits, infâme! tant que tu es dans ma loge, double scélérat!... De sorte que c'est moi qui ai fait cadeau de la fille au marchand; on la lui vendait vingt sous d'or que j'ai payés pour lui; il a exigé... et j'en suis encore quitte à bon marché... il a exigé ce dédommagement.

— Ce monstre n'est pas mort... Hésus!... il n'est pas mort!... — me suis-je écrié avec désespoir... — et ma fille non plus n'est pas morte!... Hésus! Teutatès! prenez pitié de ma fille!

— Ta fille... gibier de potence!... ta fille est entre les mains du seigneur Trymalcion... et c'est sur elle qu'il se vengera de toi... il s'en réjouit d'avance; car il a parfois des caprices féroces, et il est assez riche pour se les passer...
Je n'ai pu répondre à ces paroles que par de longs gémissements.
— Et cela n'est pas tout, infâme scélérat!... J'ai perdu la confiance du centurion à qui je t'ai vendu... Il m'a reproché de l'avoir indignement trompé, de lui avoir vendu, au lieu d'un agneau, un tigre qui dévore à belles dents les riches seigneurs... Aussi a-t-il voulu te revendre sur l'heure... te revendre!... comme si quelqu'un pouvait consentir à t'acheter... après un coup pareil!... Autant acheter une bête enragée... Heureusement pour moi, j'avais reçu des arrhes devant témoins... la férocité de caractère n'est pas un cas rédhibitoire, et il faut bien que le centurion te garde... Il te gardera donc... mais il te fera payer cher ta scélératesse... Oh! tu ne sais pas la vie qui t'attend dans son ergastule! tu ne sais pas non plus...
— Et mon fils?... ai-je demandé au maquignon en l'interrompant, et sachant bien que par cruauté il me répondrait. — Aussi vendu, mon fils?... A qui vendu?...
— Vendu!... et qui donc en voudrait encore de celui-là! Vendu!... dis donc donné pour rien! car tu portes malheur à tout le monde, double traître!... Tes fureurs et les cris de cet avorton n'ont-ils pas appris à tous qu'il était de ta race de bête féroce?... Personne n'en a seulement offert une obole!... Achetez donc un pareil louveteau... J'allais d'ailleurs t'en parler, de ton fils, afin de réjouir ton cœur de père... Apprends donc que mon confrère l'a donné par-dessus le marché, *en réjouissance*, à l'acheteur auquel il a vendu la matrone à cheveux gris, qui sera bonne à tourner la roue d'un moulin...
— Et cet acheteur, — lui ai-je dit, — qui est-il? que va-t-il faire de mon fils?...

— Cet acheteur! c'est le centurion... c'est ton maître!...
— Hésus! — me suis-je écrié, pouvant à peine croire à ce que j'entendais. — Hésus!... vous êtes bon et miséricordieux... J'aurai au moins mon fils près de moi...
— Ton fils près de toi!... Mais tu es donc aussi brute que scélérat... Ah! tu crois que c'est pour ton contentement paternel que ton maître s'est chargé de ce louveteau!... Sais-tu ce qu'il m'a dit, ton maître? « Je n'ai qu'un « moyen de dompter cet animal sauvage que tu « m'as vendu, fourbe insigne! Cet enragé aime « peut-être son petit... Je prends le petit; je le « tiendrai en cage, et le fils me répondra de la « docilité du père... aussi, à sa première... à sa « moindre faute... il verra les tortures que, « sous mes yeux, je lui ferai souffrir, à son lou- « veteau!... »
Je n'ai plus fait attention à ce que m'a dit le maquignon... J'étais du moins certain de te voir ou de te savoir près de moi, mon enfant; cela m'aiderait à supporter l'horrible douleur que me causait le sort de ma pauvre petite Siomara, qui, deux jours après avoir été vendue, a quitté Vannes à bord de la galère du seigneur Trymalcion, qui l'emmenait en Italie.

. . . .

— Mon père Guilhern, à moi, Sylvest, n'a pu achever ce récit...
La mort!... oh! quelle mort!... la mort l'a frappé le lendemain, le jour même où il avait écrit ces dernières lignes!...
« Ce récit des souffrances de notre race, je le continuerai pour obéir à mon père Guilhern, comme il avait obéi à son père Joel, le brenn de la tribu de Karnak...
« Hésus a été miséricordieux pour toi, ô mon père!... Tu n'as pas sa vie de ta fille Siomara... Et c'est à moi de raconter la vie de ma sœur!... »

LE COLLIER DE FER, OU FAUSTINE ET SIOMARA

(De 40 avant J.-C. à l'an 10 de l'ère chrétienne)

CHAPITRE PREMIER

Société secrète des *Enfants du gui.* — Réception de Sylvest. — Serment. — Plan d'insurrection des esclaves. Chant des bardes sur la mort du *chef des cent vallées.*

A l'heure où j'écris ceci, moi, SYLVEST, pour accomplir les dernières volontés de mon père Guilhern, fils de Joel, le brenn de la tribu de Karnak, j'ai atteint ma soixante-douzième année, à travers mille vicissitudes.

Ma femme, *Loyse la Parisienne,* la chère compagne de ma vie, est morte esclave.
Mon fils *Pëaron* est mort esclave.
Sa femme *Foëny* est morte esclave.
Il ne me reste que toi, mon petit-fils *Fergan,*

esclave comme ton vieux grand-père, qui était né libre pourtant !,.. libre comme tes aïeux !...

Chanceuse est notre vie, elle dépend du caprice ou de la barbarie du maître... Bien souvent je me demande comment j'ai pu survivre à tant de douleurs, de chagrins, de périls ! Cette vie pouvait m'être retirée d'un jour à l'autre: je n'avais pas attendu d'être si avancé en âge pour obéir aux ordres de mon père Guilhern... J'avais, dans le courant des années, écrit çà et là, quelques pages destinées à mon fils. Ces pages, tu les liras, toi, le fils de mon fils.

Le plus ancien de ces récits est le suivant ; les faits qu'il raconte se sont passés alors que j'avais vingt-sept ans... C'était sous le règne d'*Octave-Auguste*, empereur, seize ans après que César, le fléau des Gaules, avait été puni, comme traître et parjure à la République romaine, par le poignard de *Brutus*...

Octave-Auguste régnait sur l'Italie sur la Gaule, notre patrie, complètement asservie après des luttes héroïques !...

. . . .

La ville d'*Orange*, une des villes les plus riches de la Gaule provençale ou narbonnaise, dont les Romains se sont emparés, et où ils se sont établis depuis plus de deux cents ans, est devenue une ville complètement romaine par son luxe, ses mœurs et sa dépravation. Dans ces contrées, moins âpres que notre Bretagne, le climat est doux comme le climat d'Italie ; le printemps et l'été y sont perpétuels, et, comme en Italie, le citronnier, l'oranger, le grenadier, le figuier, le laurier-rose, se mêlent aux colonnades des temples de marbre bâtis par les Romains depuis qu'ils sont maîtres de ces belles provinces de notre pays.

Par une nuit d'été, qu'éclairait une lune brillante, un homme... non... un esclave gaulois (car il avait la tête rasée, portait au cou un collier de fer poli, et était vêtu d'une livrée) sortait des faubourgs de la ville d'Orange. Attaché au service intérieur de la maison de son maître, il n'était pas enchaîné comme les esclaves des champs ou de la plupart des fabriques, appelés pour cela *gente-ferrée*.

Après avoir passé devant le cirque immense où se donnent les combats de gladiateurs, et où sont enfermées les bêtes féroces, lions, éléphants et tigres, dont on sentait au loin la fauve et âcre odeur, l'esclave suivit pendant quelque temps les avenues de lauriers-roses et de citronniers en fleurs dont sont entourées les somptueuses villas romaines. Mais, abandonnant bientôt ce riant paysage, il s'enfonça dans les bois, traversa, non sans péril, un torrent rapide et profond, en sautant de l'une à l'autre de plusieurs grandes roches, disséminées dans la largeur de son courant, gagna la pente escarpée d'une montagne, çà et là couverte de blocs de granit ; puis, arrivé sur la crête de cette colline, il redescendit au fond d'un vallon inculte, désert, sauvage, sans arbres, sans verdure, et non moins rocheux que la montagne. Au milieu du profond silence de la nuit et de cette solitude éclairée par la vive clarté de la lune à son déclin, l'esclave gaulois entendit au loin, et dans des directions diverses et opposées à celle qu'il avait suivie, le pas précipité de plusieurs hommes, mêlé au cliquetis des chaînes que quelques-uns d'entre eux portaient au pied. Après s'être arrêté un instant pour écouter, l'esclave hâta sa marche. Il arriva devant l'entrée d'une grotte pleine de ténèbres ; son ouverture était si basse qu'il lui fallut ramper pour s'y introduire. Il rampait ainsi depuis quelques instants, lorsqu'une voix, sortant de l'obscurité, lui dit en langue gauloise :

— Arrête... la hache est levée sur ta tête...

— La branche du chêne sacré me couvrira de son ombre et me protègera, — répondit l'esclave.

— La branche de chêne est fanée, — reprit la voix ; — le vent de la tempête a emporté ses feuilles ; tu ne peux plus te mettre à l'abri de son ombre sacrée ; qui te protègera ?

— La branche de chêne perd ses feuilles à la saison mauvaise ; mais le gui sacré reste toujours verdoyant, dit l'esclave : — sept brins de gui me protègeront.

— Que signifient ces sept brins de gui ?

— Sept lettres.

— Ces sept lettres, quel mot font-elles ?

— LIBERTÉ...

— Passe...

Et l'esclave continuant de ramper, passa ; grâce à l'élévation croissante de la grotte, il put marcher à demi courbé, puis debout... mais toujours dans la plus profonde obscurité. Bientôt une autre voix sortant des ténèbres, lui dit :

— Arrête... le couteau est levé sur ta poitrine.

— Sept brins de gui me protègent.

— A cette heure, — reprit la voix, — le gui sacré dégoutte de larmes, de sueur et de sang.

— Ces larmes, ces sueurs, ce sang, se changeront un jour en rosée féconde...

— Que fécondera-t-elle ?

— L'indépendance de la Gaule.

— Qui veille sur la Gaule asservie ?

— Hésus le tout puissant, et ses druides vénérés, errants dans les bois, se cachant dans des cavernes comme celle-ci :

— Ton nom ?

— *Bretagne*...

— Qui es tu ?

— *Enfant du Gui*...

— Passe...

L'esclave gaulois, après avoir ainsi répondu

aux questions que l'on adresse toujours aux *Enfants du Gui* venant aux réunions nocturnes, fit encore quelques pas et s'arrêta; les ténèbres étaient toujours profondes dans la caverne, et quoique l'on fit silence, l'on entendait les mouvements de plusieurs personnes réunies en cet endroit, et le sourd cliquetis des fers qu'elles portaient, pour la plupart; bientôt la voix d'un druide présidant la réunion secrète s'éleva dans l'ombre et dit :
— *Auvergne?*
— Je suis là, — reprit une voix.
— *Artois?*
— Je suis là...
— *Bretagne?*
— Je suis là, — dit l'esclave; et après lui, chacun répondit à cet appel de presque toutes les provinces de la Gaule, que représentaient à cette réunion des esclaves vendus et amenés de diverses contrées dans la Gaule provençale, devenue romaine par la conquête. Après cet appel, un grand silence s'est fait, et le druide a continué :
— Artois et Bourgogne présentent un nouvel affilié.
— Oui... oui, — répondirent deux voix.
— Est-il éprouvé par les larmes et par le sang? — demanda le druide.
— Il est éprouvé.
— Vous le jurez par Hésus?
— Par Hésus, nous le jurons.
— Qu'il écoute et réponde, — reprit le druide; et il ajouta : — Toi, nouveau venu ici, que veux-tu?
— Être l'un des *Enfants du Gui*...
— Dans quel but?
— Pour obtenir justice... liberté... vengeance, reprit la voix du néophyte.
— Toi qui demandes justice, liberté, vengeance, — dit le druide, — es-tu dépouillé, asservi par l'étranger? Travailles-tu sous son fouet, la chaîne au pied, le carcan au cou?
— Oui.
— Tes labeurs commencés à l'aube, terminés le soir, souvent prolongés dans la nuit, enrichissent-ils le Romain qui t'a acheté comme un vil bétail? Vit-il ainsi dans l'opulence et l'oisiveté, tandis que tu vis dans la misère et l'esclavage?
— Oui... je travaille, et le Romain profite... je souffre, et il jouit.
— Les champs que tu laboures, que tu moissonnes aujourd'hui pour l'étranger conquérant, appartenaient-ils à tes pères de race libre?
— Oui...
— Les douces et pures joies de la famille te sont-elles défendues? La sainteté du mariage t'est-elle interdite? Le Romain, te regardant comme un animal qui s'accouple, peut-il, à son gré, séparer le mari de la femme, les enfants de la mère, pour les vendre et les envoyer au loin?
— Oui...
— Tes enfants sont-ils, par corruption ou par violence, prostitués aux plaisirs de tes maîtres?
— Oui...
— Tes dieux sont-ils proscrits, leurs ministres poursuivis, traqués comme des bêtes fauves et crucifiés comme des larrons?
— Oui...
— Le Romain peut-il à son gré te battre, te marquer au front, te mutiler, te torturer, toi et les tiens? Peut-il vous faire périr au milieu d'affreux supplices, pour cela seul que cela plaît à sa méchanceté?
— Oui...
— Ce joug abhorré... veux-tu le briser?
— Je le veux.
— Veux-tu que la Gaule, redevenue libre et fière, puisse en paix honorer ses héros, adorer ses dieux, assurer le bonheur de tous ses enfants?
— Je le veux... je le veux...
— Sais-tu que la tâche sera longue, remplie de douleurs, hérissée d'épreuves, de périls!...
— Je le sais...
— Sais-tu qu'il y va de la vie? je ne dis pas de la mort... car ce n'est plus le temps de sortir de la vie par une mort facile et volontaire, afin de plaire à Hésus, et d'aller revivre ailleurs, auprès de ceux que nous avons aimés?... Non, non, mourir n'est rien pour le Gaulois, mais il est cruel pour lui de vivre esclave... et pour plaire aujourd'hui à Hésus, il faut à cela te résigner, afin de travailler lentement, péniblement à la délivrance de notre race... T'y résignes-tu?...
— Je m'y résigne...
— Quels que soient les maux dont tu souffriras, toi et les tiens, jures-tu par Hésus de ne porter ni sur toi ni sur eux une main homicide, et d'attendre, pour t'en aller d'ici, que l'ange de la mort t'appelle à lui.
— Je le jure par Hésus.
— Jures-tu, lorsque le signal de l'insurrection et du combat sera donné, du nord au midi, de l'orient à l'occident de la Gaule, jures-tu de frapper le Romain, ton maître, et de combattre jusqu'à la fin?
— Je le jure...
— Jures-tu d'attendre, patient et résigné, le jour d'une terrible vengeance, et de ne te soulever qu'à la voix des druides, afin qu'un sang précieux ne coule pas en vain dans une révolte isolée?
— Je le jure...
— Jures-tu d'envelopper dans une haine commune et les Romains et ces lâches Gaulois, traîtres à leur pays, qui se sont ralliés à nos

oppresseurs pour accabler la vaillante plèbe gauloise? Hais-tu ces parjures, qui ont déserté la cause de la liberté afin de jouir en paix de leurs richesses, sous la protection de Rome, en mendiant le titre de citoyens romains?

— Je jure de haïr ceux-là autant que les Romains, et, lorsque l'heure sonnera, de les envelopper dans une même et terrible vengeance.

— Jures-tu... rude épreuve pour notre race, d'employer la dissimulation, la ruse, seules armes de l'esclave, afin d'endormir ton maître dans la sécurité, pour qu'au jour de la justice il se réveille dans l'épouvante?

— Je le jure.

— Jures-tu de tenir secrètes et cachées à tes maîtres les réunions nocturnes des *Enfants du Gui?* Jures-tu d'endurer toutes les tortures plutôt que de révéler la cause de ton absence de cette nuit, et que demain, sans doute, tu vas expier par le fouet et la prison?

— Je le jure...

— Par Hésus! sois donc un des braves *Enfants du Gui,* si ceux-là qui sont ici présents dans l'ombre t'acceptent pour leur frère, comme moi je t'accepte pour le mien.

Il y eut unanimité pour l'admission du nouvel enfant du Gui. Cela fait, un autre druide reprit :

— Vous tous, qui êtes-là, m'écoutant dans l'ombre, entendez ceci... Lointaine peut-être la délivrance de la Gaule... prochaine peut-être! *Enfants du gui...* Je vais vous apprendre une nouvelle heureuse, moi, *Ronan,* fils de Talyessin, qui fut le plus vénéré des druides de Karnak... de ce coin de terre de notre Bretagne d'où est parti, ne l'oubliez jamais, le premier cri de guerre sainte! où se dressent les pierres sacrées, arrosées du sang généreux d'Héna, la vierge de l'île de Sên... glorieuse vierge gauloise dont les bardes chantent encore le courage et la beauté!

— Oui... Héna... était une sainte; les chants des bardes nous l'ont appris, — dirent plusieurs voix. — Glorieuse soit-elle, la fille de Joel, le brenn de la tribu de Karnak!

— Glorifiée soit-elle, la vaillante et douce vierge qui a offert son sang innocent à Hésus pour apaiser sa colère!

— Gloire aux chants des bardes, notre seule consolation dans la servitude! car ils racontent la grandeur de nos pères.

L'esclave gaulois n'a pu retenir ses larmes, et elles ont coulé dans l'ombre, ces larmes douces; car cette Héna, depuis longtemps chantée par les bardes, Héna, la vierge de l'île de Sên, dont on glorifiait en ce moment le nom et la mémoire, était la sœur de Guilhern, père de l'esclave qui pleurait... et celui-ci se nommait Sylvest... et avait pour aïeul Joel, le brenn de la tribu de Karnak.

Le druide a continué ainsi :

— Lointaine peut être notre délivrance, peut-être prochaine... Moi, Ronan, fils de Talyessin, j'arrive du centre de la Gaule; j'ai marché la nuit; le jour, je me suis caché dans les bois et dans les cavernes servant, comme celle-ci, aux réunions secrètes des *Enfants du Gui*; car, par tout le pays, malgré obstacles et périls, les *Enfants du Gui* se rassemblent en secret...Là est notre force... là est notre espoir... Ayons espoir; voici la bonne nouvelle! Les Romains, rassurés par le calme apparent des provinces depuis les dernières guerres, font rentrer leur grande armée en Italie. L'avant-garde est en marche, elle se dirige vers cette province où nous sommes, pour aller s'embarquer à Marseille... Le passage de cette armée dans les contrées qu'elle traverse sera le signal pour les *Enfants du Gui* de se préparer à la sainte nuit de la révolte et de la vengeance.

— Nous sommes prêts!... — s'écrièrent plusieurs voix; — vienne cette nuit!...

— Et de cette nuit de révolte et de vengeance, qui donnera au même instant le signal par toute la Gaule, du nord au midi, de l'orient à l'occident? — reprit le druide. — Oui, ce signal nocturne, visible aux yeux de chacun... à la même heure... au même instant, qui le donnera? Ce sera l'astre sacré des Gaules!... Ecoutez... écoutez...La lune commence aujourd'hui son décours... A mesure que son orbe va se rétrécir, l'armée fera un pas vers le lieu de son embarquement; ces étapes militaires sont comptées... Lorsque la lune aura atteint le terme de son décours, les Romains seront au moment de quitter la Gaule, n'y laissant qu'une faible garnison.

— Et cette nuit-là, — s'écria Sylvest dans son ardeur impatiente, — toute la Gaule se soulève!

— Non... pas encore cette nuit-là,—répondit le druide. — Quoique, en cette saison, les vents soient toujours favorables, une brise contraire peut s'élever et retarder le départ de l'ennemi.

— Et si le soulèvement suivait de trop près l'embarquement des Romains, — dit une voix, — un bâtiment léger pourrait rejoindre les galères en haute mer, et donner l'ordre de ramener les troupes...

— Cela est juste, — reprit le druide; — il faut donner aux troupes le temps de s'éloigner. La révolte ne doit éclater que la nuit du second croissant de la lune nouvelle... Oh! Gaulois opprimés, — ajouta le druide inspiré, — oh! vous tous, de toutes les contrées, qui gémissez dans l'esclavage... je vous vois à l'approche de ce moment solennel!... les yeux levés vers le ciel, n'ayant tous qu'un seul regard! attendant le signal... Il paraît... il a paru le croissant d'or sur le bleu du firmament! Alors je n'entends

Faustine, la noble dame romaine (page 149)

qu'un seul bruit d'un bout à l'autre de la Gaule!... le bruit des fers qui se brisent! Je n'entends qu'un seul cri : Liberté!

— Vengeance et liberté! — répétèrent les *Enfants du Gui* en secouant leurs fers.

— Toute insurrection sans chef, sans ordre, est funeste et stérile, — reprit le druide. — Que l'heure de la délivrance sonne... êtes-vous prêts?

— Nous sommes prêts, — dit un esclave de labour; — la nuit de la délivrance est venue, les esclaves de chaque métairie isolée assomment les Romains et les gardiens...

— En épargnant les femmes et les enfants, — dit le druide; — les femmes et les enfants de nos ennemis sont sacrés pour nous...

— Il est des femmes qui méritent la mort aussi bien que les hommes, — reprit une voix; — car elles surpassent la férocité des hommes...

— C'est vrai... — ajoutèrent plusieurs autres voix; — combien est-il de grandes dames romaines qui rivalisent avec les seigneurs, par leurs monstrueuses débauches et leurs cruautés envers leurs esclaves!...

— Feriez-vous donc grâce à FAUSTINE, reprit la voix de l'Enfant du Gui qui le premier avait parlé de la férocité de certaines femmes; feriez-vous grâce à Faustine, de la ville d'Orange? cette noble dame, dont la noblesse remonte, dit-on, jusqu'à Junon, une des divinités de ces païens!

A ce nom de Faustine, que Sylvest exécrait aussi, un murmure d'horreur et d'épouvante circula parmi les *Enfants du Gui*, et plusieurs s'écrièrent :

— Non, pas de pitié pour celle-là et pour ses pareilles!... la mort aussi pour elles! la mort, qu'elles ont donnée à tant d'esclaves!

— Faustine et ses semblables sont des mons-

19e livraison

tres de luxure et de férocité, — reprit le druide ; — leurs passions infâmes et sanglantes n'ont pas de nom dans la langue des hommes : que le sang qu'elles auront versé retombe donc sur elles... Je vous parle des enfants et des femmes des Romains, vos maîtres ; quoique celles-ci soient souvent impitoyables envers vous, et que, par avidité, elles vous écrasent de travaux, ce sont des êtres faibles, sans défense ; épargnez-les... prenez-les en pitié...

— Celles-là... oui, — reprit l'esclave de labour, — elles seront épargnées ; mais nos maîtres romains, mais nos gardiens, seront assommés sans pitié !... Cela fait, nous autres des métairies isolées nous nous emparons des armes, des vivres, des chariots ; nous choisissons un chef, et nous nous retirons dans le bourg le plus voisin...

— Dans ce bourg, — reprit un esclave demi-laboureur, demi-artisan, — les esclaves de métiers ou de location se sont au même signal débarrassés des Romains, ont pris les armes et élu un chef ; ils accueillent leurs frères des campagnes, et fortifient de leur mieux le bourg, en attendant un avis de la ville voisine...

— Dans la ville, — dit alors Sylvest, esclave citadin, — les esclaves domestiques, artisans ou loués aux fabriques, ont au même signal fait justice des Romains et de leur faible garnison. Ils se sont armés et formés en compagnies ; chacune d'elles a élu un chef général ; les postes militaires sont occupés, les portes de la ville sont fermées, et l'on attend les avis de la réunion suprême des *Enfants du Gui*.

— Et cet avis ne se fait pas attendre, — dit le druide ; — le conseil suprême s'est assemblé au même signal, dans la forêt de Chartres, au cœur de la Gaule... Ses avis partent dans toutes les directions, nous retrouvons la force par notre union. Les levées en masse s'organisent, afin de pouvoir soutenir une lutte suprême contre Rome, si elle veut nous envahir de nouveau... Tous unis cette fois contre l'ennemi, la victoire n'est pas douteuse... la Gaule rentre en possession d'elle-même... Et il arrive enfin, ce jour, ce grand jour où elle pourra honorer en paix ses héros, adorer ses dieux, et assurer le bonheur de tous ses enfants.

— Espoir à la Gaule ! — s'écrièrent alors les *Enfants du Gui*.

— Oh ! que cette nuit n'est-elle celle de demain ! — dit l'un d'eux.

— Enfants, — reprit un des druides, — pas d'impatience... On vous l'a dit... — prochaine peut être la délivrance de la Gaule, peut-être lointaine... L'armée romaine, déjà en marche pour regagner l'Italie, peut s'arrêter ou revenir sur ses pas... et prolonger longtemps encore son occupation ! Depuis trente ans, le plus pur, le plus généreux sang de la Gaule a coulé dans de terribles luttes ; aujourd'hui, épuisée, désarmée, enchaînée, elle ne peut songer à attaquer à ciel ouvert cette innombrable armée romaine aguerrie, disciplinée ! nous serions écrasés ! Si les troupes étrangères trompaient notre attente, en restant dans le pays, ajournons nos projets ; et jusque-là... patience... enfants... patience... calme et résignation ! Que la foi dans la justice de notre cause soit notre force impérissable ; songeons à tout le sang versé par nos pères ! que le souvenir de leur martyre et de leur héroïsme nous console, nous soutienne !

— Oui, que ce souvenir nous console et nous soutienne, — s'écria la voix d'un barde inspiré ; car à chacune de ces réunions des *Enfants du Gui*, les bardes, avant qu'elle fût close, chantaient toujours quelque mâle *bardit*, qui nous réchauffait le cœur, à nous pauvres esclaves, et dont le refrain répété entre nous à voix basse, durant nos rudes labeurs et nos misères, semblait les adoucir. — Oui, — reprit le barde, — que ce souvenir nous soutienne, nous console et nous rende fiers, esclaves que nous sommes, nous rende plus fiers que des rois... Écoutez, écoutez ce chant inspiré par l'un des plus grands héros de la Gaule... le *chef des cent vallées*, ce héros dont César, à jamais maudit, a été le bourreau !

Au nom du *chef des cent vallées* un grand frémissement d'orgueil patriotique a couru parmi les *Enfants du Gui*, et Sylvest a doublement partagé cet orgueil ! il se souvenait que dans son enfance, avant la bataille de Vannes, VERCINGÉTORIX, le *chef des cent vallées*, avait été l'hôte de Joel, le brenn de la tribu de Karnak, aïeul de Sylvest.

Et le barde a commencé ses chants :

« Combien en est-il morts de guerriers gau-
« lois, depuis la bataille de Vannes jusqu'au
« siège d'Alais !... — Oui, — pendant ces quatre
« ans, combien en est-il morts de guerriers,
« pour la liberté ? Cent mille ? est-ce trop ?
« — Non. — Deux cent mille ? — Non. — Trois
« cent, quatre cent mille ? — Non, ce n'est pas
« trop ; — non, ce n'est pas assez ! — Nombrez
« les feuilles tombées de nos chênes sacrés du-
« rant ces quatre ans, — vous n'aurez pas
« nombré les guerriers dont les os blanchissent
« dans les champs de leurs pères !

« Et tous ces guerriers, dont les chefs se
« nommaient — *Luctère*, — *Camalogène* (le
« vieux défenseur de Paris), — *Corrès*, — *Ca-*
« *varill*, — *Epidorix*, — *Comm* (de l'Artois),
« — *Virdumar*, — *Versagillaüm*, — *Ambio-*
« *rix*, — tous ces guerriers, à la voix de quel
« guerrier s'étaient-ils levés pour l'indépendance
« de la patrie ? — Tous ils s'étaient levés à la
« voix du *chef des cent vallées*, — celui-là
« qui, depuis la bataille de Vannes jusqu'au
« siège d'Alais, a pendant quatre années tenu
« la campagne et deux fois battu César. — Un

« effort encore... un effort suprême... et la Gaule
« était délivrée...
« Mais, non, — de lâches Gaulois n'ont pas
« voulu cela, — non, — ils ont préféré aux
« rudes et sanglants labeurs de la délivrance le
« repos et la richesse sous le joug de l'étranger.
« — Ils ont abandonné, trahi la fière plèbe
« gauloise! — Magistrats, ils ont ouvert leurs
« villes aux Romains; — chefs militaires, ils
« ont laissé leurs troupes sans ordres, sans
« direction, — leur ont soufflé la défiance, le
« découragement, — et ces troupes se sont dis-
« persées de divers côtés.
« On les attend pourtant, ces troupes vail-
« lantes. — Qui cela?... où cela?... qui les
« attend? — C'est le *chef des cent vallées*.
« Où les attend-il? — Dans la ville d'Alais, au
« milieu des Cévennes. — Là il est renfermé
« avec les débris de son armée et les femmes et
« les enfants de ses soldats. — César l'assiège
« en personne; — dix contre un sont les
« Romains. — Les vivres manquent; — la
« famine moissonne les plus faibles. — Mais,
« de jour en jour, d'heure en heure, on espère
« le secours des traîtres, et l'on dit: — Ils vont
« venir... ils vont venir... — Non, ils ne doivent
« pas venir!...—
« Non, ils ne doivent pas venir! — Non, ils
« ne sont pas venus!... — Un dernier effort
« pourtant délivrait la Gaule. — Les lâches ont
« reculé. — Alors, voyant cela, le *chef des cent
« vallées* se montre encore plus grand par le
« cœur que par le courage; il peut fuir seul...
« une issue est préparée; — mais il sait que
« c'est lui, — l'âme de la guerre sainte, que
« César poursuit de sa haine. — Il sait qu'Alais,
« hors d'état de résister, va tomber au pouvoir
« des Romains; — il sait ce que les Romains
« font des prisonniers, des femmes, des enfants;
« — il dépêche pendant la nuit un de ses offi-
« ciers à César. — Au bout de deux heures,
« l'officier revient.
« Voici que le lendemain, dès l'aube, le soleil
« se lève sur les remparts d'Alais. — Quel est
« ce tribunal, couvert de tapis de pourpre, qui
« s'élève entre les retranchements du camp
« romain et les murailles de la ville gauloise
« assiégée? — Quel est cet homme pâle, au front
« chauve, à l'œil ardent et cave, au sourire
« cruel, qui siège sur ce tribunal? — Oui...
« qui siège sur ce tribunal, dans son fauteuil
« d'ivoire, seul assis au milieu de ses généraux,
« debout autour de lui? — Cet homme chauve
« et pâle, c'est César...
« Et ce guerrier à cheval, qui sort seul d'une
« des portes de la ville d'Alais, qui est-il ? —
« Sa longue épée pend à son côté; — d'une
« main il tient un javelot; fière et martiale est
« sa grande taille sous sa cuirasse d'acier, qui
« étincelle aux premiers feux du jour; — fière

« et triste est sa mâle figure sous la visière de
« son casque d'argent, surmonté du coq doré
« aux ailes demi-ouvertes, emblème de la Gaule;
« flottante au vent est la housse rouge brodée
« qui cache à demi son cheval noir... son ardent
« cheval noir... tout écumant et hennissant. —
« Oui, ce fier guerrier, quel est-il? — Ce fier
« guerrier, c'est le *chef des cent vallées*.
« Où va-t-il ainsi? — Que va-t-il faire? — Le
« voilà qui presse son noir coursier de l'éperon,
« son noir coursier qui bondit jusqu'au pied du
« tribunal où est assis le chauve et pâle César.
« — Alors le *chef des cent vallées* lui dit ceci:
« — César, ma mort n'assouvirait pas ta haine;
« tu veux me posséder vivant... me voilà, César,
« tu as juré à mon envoyé d'épargner les habi-
« tants de la ville d'Alais si je me rendais pri-
« sonnier... Je suis ton prisonnier. — Et le
« *chef des cent vallées* a sauté à bas de son
« cheval; — son casque brillant, son lourd
« javelot, sa forte épée, il les a jetés au loin; —
« et tête nue, il a tendu ses mains... — ses
« mains vaillantes, — aux chaînes des lic-
« teurs de César, — du pâle César, qui, du haut
« de son siège, accablé d'injures son ennemi
« désarmé, vaincu, — et il l'envoie à Rome.
« Quatre ans se sont passés; une longue
« marche triomphale se déroule à Rome, sur la
« place du Capitole. — César, couvert de la
« pourpre impériale, couronné de lauriers,
« s'avance, enivré d'orgueil, debout dans un
« char d'or, traîné par huit chevaux blancs. —
« Quel est cet esclave livide, décharné, à peine
« vêtu de haillons, chargé de chaînes, et conduit
« par des licteurs armés de haches?... — Il
« marche, d'un pas ferme encore, devant le char
« triomphal de César. — Oui, — quel est-il cet
« esclave? — Cet esclave, — c'est le *chef des
« cent vallées*. — Ce jour-là, César l'a tiré du
« cachot où il se mourait depuis quatre ans,
« et le plus glorieux ornement du triomphe de
« ce vainqueur du monde, — c'est le captif
« gaulois. — Mais la marche triomphale s'ar-
« rête. — César fait un geste, — un homme
« s'agenouille, — une tête tombe sous la hache
« des licteurs. — Quelle est cette tête qui vient
« de tomber? — c'est la tête du *chef des cent
« vallées*... Ce sang qui coule, c'est le sang du
« plus grand héros de la Gaule... — esclave
« comme nous.
« Deux ans s'écoulent encore après le sup-
« plice. — Les dieux sont justes. — Quel est cet
« homme vêtu de la pourpre impériale, dont
« vingt poignards labourent la poitrine? —
« Oui. — Quel est-il, cet homme, à qui ces ven-
« geurs disent: — Meurs, tyran! — meurs,
« traître à la République! — meurs, traître à
« la liberté! — Cet homme, enfin frappé par la
« main d'un homme libre — (que ton nom soit
« à jamais glorifié, ô Brutus!), — cet homme,

« qui a été pendant sa longue vie le bourreau
« sanglant des libertés du monde, — c'est
« César, — c'est le meurtrier du *chef des cent
« vallées*, — c'est César, le lâche meurtrier du
« captif enchaîné...
 « Oh! oui! les dieux sont justes! — Coule,
« coule, sang du captif! — Tombe, tombe, rosée
« sanglante! — Germe, grandis, moisson ven-
« geresse! — A toi, faucheur, à toi!... la voilà
« mûre! — Aiguise ta faux... aiguise, — aiguise
« ta faux! »

Et les *Enfants du Gui*, entraînés par ce refrain du barde, répétèrent tous, en agitant leurs chaînes dans une sinistre cadence :

« Oh! coule, coule, sang du captif! —
« Tombe, tombe, rosée sanglante! — Germe,
« grandis, moisson vengeresse! — A toi fau-
« cheur, à toi!... la voilà mûre! — Aiguise ta
« faux! »

Et tous les *Enfants du Gui* ont quitté la grotte, par ses différentes voies, pour regagner les champs, les bourgs ou la ville.

CHAPITRE II

Sylvest s'introduit dans la villa de la noble Faustine. — Le temple du Canal. — Les délassements d'une grande dame romaine. — Torture. — La sorcière. — Empoisonnement d'une esclave. — L'orgie. — Sylvest rencontre Loyse. — Il est surpris avec elle dans les jardins de Faustine.

La lune couchée... la nuit était devenue noire... Sylvest, après avoir traversé de nouveau la vallée déserte et couverte de roches, franchit le torrent, gagna les grands bois et le chemin d'Orange; mais il ne se dirigea pas vers cette ville, où habitait son maître; il suivit un sentier, à droite de la route, marcha longtemps, et arriva près d'un grand mur de briques, clôture d'un parc immense, dépendant de la villa de Faustine, cette grande dame romaine, dont le nom avait été prononcé avec horreur dans la réunion des *Enfants du Gui*; s'arrêtant alors un instant, Sylvest prit dans les broussailles, où elle était cachée, une longue perche garnie çà et là de bâtons formant autant d'échelons, et la dressa contre la muraille : jeune, agile et robuste, il l'eut bientôt escaladée; passant alors sa perche de l'autre côté, il descendit dans le parc.

L'ombre des grands arbres était si épaisse que l'on voyait à peine devant soi ; mais l'esclave, connaissant ce lieu, gagna bientôt les bords d'un canal orné de balustrades de marbre; près de là s'élevait un temple, construit en rotonde, entouré d'une riche colonnade à jour, formant, autour du bâtiment, un portique circulaire qui communiquait avec le canal au moyen d'un large escalier dont les dernières marches baignaient dans l'eau.

Sylvest, marchant alors d'un pas léger, l'oreille au guet, entra sous la colonnade et appela à plusieurs reprises et à voix basse :

— Loyse!... Loyse!...

Personne ne répondit à son appel; étonné de ce silence, car s'étant attardé à la réunion nocturne des *Enfants du Gui*, il croyait trouver Loyse depuis longtemps arrivée en ce lieu, l'esclave continua de s'avancer à tâtons; il se rapprocha ainsi de l'escalier donnant sur le canal, pensant que peut-être Loyse l'attendait sur une des marches... Vain espoir.

Soudain il vit les eaux réfléchir au loin une grande clarté, tandis qu'une bouffée de vent lui apportait, avec la senteur des citronniers et des orangers, un bruit confus de lyres et de flûtes accompagnées de chants.

Sylvest supposa que Faustine, par cette chaude et belle nuit d'été, se promenait en gondole sur le canal, avec ses esclaves chanteuses, musiciennes; ces bruits harmonieux se rapprochant de plus en plus, ainsi que les reflets des lumières sur les eaux, il crut que la gondole allait passer devant l'escalier du temple, et se retira prudemment dans l'ombre, surpris et inquiet de n'avoir pas rencontré Loyse, il ne perdait pas encore toute espérance, et prêtait toujours l'oreille du côté des jardins. Sylvest vit tout à coup dans cette direction, à travers l'obscurité, la clarté de plusieurs lanternes, et il entendit le pas et la voix des hommes qui les portaient; saisi d'une grande épouvante, car il l'avoue en ce moment, il redoutait la mort, et, surpris dans le parc de la grande dame romaine, il pouvait être tué sur l'heure... l'esclave hésita. Retourner vers l'escalier du canal, c'était s'exposer à être éclairé par les flambeaux de la gondole qui, dans quelques instants, devait longer les marches du temple... Rester sous la colonnade, c'était, pour lui, risquer d'être découvert par les gens qui, venant des jardins, se rendaient peut-être dans ce bâtiment. Sylvest, voyant les lanternes encore à une assez grande distance, eut le temps de grimper le long d'une des colonnes, et, se cramponnant à la forte saillie du chapiteau, d'atteindre le rebord d'une large corniche circulaire, régnant autour du dôme de cette rotonde ; puis il se mit à plat ventre sur cet entablement; les hommes, porteurs de lanternes, contournèrent le temple et passèrent...

Sylvest respira; mais craignant que ces hommes revinssent sur leurs pas, il n'osa pas redescendre encore de sa cachette... Bien lui en prit, car la gondole, continuant d'avancer, s'arrêta devant l'escalier du canal... Plus de doute, Faustine allait entrer dans cette rotonde, pendant que ses esclaves veilleraient peut-être au dehors. Sylvest resta sur le rebord de la corniche, où bientôt il remarqua, au niveau du large entablement sur lequel il se tenait blotti, plusieurs cintres à jour, destinés à laisser pénétrer des courants d'air frais en ce lieu ; il pouvait ainsi du haut de sa cachette plonger ses regards dans l'intérieur de la rotonde. Durant quelques instants, il n'aperçut que des ténèbres ; mais il entendit bientôt s'ouvrir la porte donnant sur le canal, et il vit entrer, tenant à la main un flambeau, un noir d'Ethiopie d'une taille gigantesque, coiffé d'un bonnet écarlate et vêtu d'une courte robe orange lamée d'argent ; cet esclave portait au cou un large carcan aussi d'argent, et à ses jambes nues et musculeuses des anneaux du même métal.

L'Ethiopien alluma plusieurs candélabres dorés, placés autour d'une statue représentant le dieu Priape ; une grande lumière remplit alors la rotonde, tandis que la cavité des cintres de la coupole supérieure où se cachait Sylvest resta dans l'ombre ; entre les colonnes intérieures de marbre blanc, enrichies de cannelures dorées comme leurs chapiteaux, l'on voyait des peintures à fresque, tellement obscènes, que Sylvest rougirait de les décrire ; le plancher du temple disparaissait sous un épais matelas recouvert d'étoffe pourpre, ainsi que d'un grand nombre de coussins jetés çà et là... Entre des colonnes, et se faisant face, étaient des buffets d'ivoire incrustés d'écaille et précieusement sculptés ; sur leurs tablettes de porphyre l'on voyait de grands vases d'or ciselés, des coupes ornées de pierreries, et d'autres plus précieuses encore, des coupes de *murrhe* que l'on fait venir à si grands frais d'Orient, qui sont d'une sorte de pâte odorante et polie, brillant de toutes les couleurs de l'arc-en-ciel ; dans des bassins remplis de neige, plongeaient de petites amphores en argile de *Sagonte ;* de grandes cassolettes remplies de parfums, posées sur des trépieds, étaient disposées autour de la statue du dieu des jardins ; le noir les alluma, et aussitôt une odeur balsamique, mais d'une force presque enivrante, monta des trépieds d'or et remplit la coupole...

Ces préparatifs terminés, le gigantesque Ethiopien disparut par la porte du bord de l'eau et rentra bientôt : il tenait entre ses bras, comme on tient un enfant qui dort, une femme enveloppée de longs voiles ; plusieurs jeunes esclaves, d'une rare beauté, vêtues avec magnificence, suivaient le noir ; c'étaient les esclaves de la grande dame romaine, la riche et noble Faustine : *habilleuses, berceuses, coiffeuses, noueuses de sandales, porteuses de coffret, chanteuses, musiciennes et autres.*

Dès leur entrée dans le temple, elles s'empressèrent d'empiler des coussins, afin de coucher le plus mollement possible leur maîtresse, que le noir portait toujours entre ses bras... Celles des esclaves qui avaient joué de la flûte et de la lyre en se rendant au temple tenaient encore à la main leurs instruments de musique ; parmi elles se trouvaient deux jeunes et beaux affranchis grecs, de seize à dix-huit ans, reconnaissables, comme tous ceux de leur nation voués à cette condition servile, reconnaissables à leur démarche lascive, à leur physionomie effrontée, à leurs cheveux courts et frisés, ainsi qu'à leur costume aussi riche qu'efféminé. Ils portaient de grands éventails en plume de paon, destinés à rafraîchir l'air autour de leur maîtresse.

Les coussins soigneusement disposés, l'Ethiopien y plaça la noble Faustine avec autant de précaution que s'il eût craint de la briser ; puis les deux jeunes Grecs, déposant leurs éventails, s'agenouillèrent auprès de leur maîtresse, et écartèrent doucement les voiles dont elle était entourée.

Sylvest avait souvent entendu parler de Faustine, célèbre comme tant d'autres dames romaines par sa beauté, son opulence et ses monstrueuses débauches ; mais Sylvest n'avait jamais vu cette femme redoutée ; il put la contempler avec un mélange d'horreur, de haine et de curiosité.

De taille moyenne et frêle, âgée de trente ans au plus, Faustine aurait été d'une beauté rare, si des excès sans nom n'eussent déjà flétri, amaigri ce visage fin et régulier ; on apercevait ses épais cheveux noirs à travers les mailles de la résille d'or qui ceignait son front pâle et bombé. Ses yeux noirs, profondément cernés et demi-clos, parurent un moment offusqués par l'éclat des lumières ; aussi, à un simple froncement de sourcils de la grande dame, deux de ses esclaves, prévenant sa pensée, se hâtèrent de développer un voile qu'elles tinrent étendu entre la lumière des candélabres et les yeux de leur maîtresse.

Faustine portait deux tuniques de soie tyrienne, l'une longue et blanche brodée d'or, l'autre beaucoup plus courte, de couleur vert clair brodée d'argent ; pour corsage, elle n'avait autre chose qu'une résille d'or, comme celle de ses cheveux, et à travers les mailles on apercevait son sein et ses épaules nus comme ses bras frêles et d'une blancheur de cire. Un collier de grosses perles et de rubis d'Orient faisait plusieurs fois le tour de son cou flexible un peu allongé ; ses petites oreilles se distendaient presque sous le poids des nombreuses pendeloques de diamants, d'émeraudes et d'escarboucles qui descendaient presque sur ses épaules ; ses bas de soie étaient roses et ses sandales à semelles d'or, attachées à ses pieds par des cothurnes de soie verte, disparaissaient sous les pierres précieuses dont elles étaient ornées.

La grande dame, ainsi mollement couchée sur ses coussins, fit un signe aux deux jeunes Grecs ; ils s'agenouillèrent, l'un à droite, l'autre à gauche de leur maîtresse, et commencèrent de l'éventer doucement, tandis que le noir gigantesque, agenouillé derrière elle, se tenait prêt à remédier au moindre dérangement des carreaux.

Faustine dit alors d'une voix languissante :
— J'ai soif.

Aussitôt plusieurs de ses femmes se précipitèrent vers les buffets d'ivoire : celle-ci mit une coupe de *murrhe* sur un plateau de jaspe, celle-là prit un vase d'or, tandis qu'une autre apportait un des grands bassins d'argent remplis de neige, où plongeaient plusieurs flacons d'argile de *Sagonte*. Faustine indiqua du geste qu'elle voulait boire de ce vin glacé dans la neige. Une esclave tendit la coupe, qui fut aussitôt remplie ; mais en se hâtant d'apporter ce breuvage à sa maîtresse, la jeune fille trébucha sur un des coussins, la coupe déborda, et quelques gouttes de la liqueur glacée tombèrent sur les pieds de Faustine. Elle fronça le sourcil, et tout en prenant le vase de l'une de ses mains blanches et fluettes, couvertes de pierreries, de l'autre elle fit voir à l'esclave la tache humide du vin sur sa chaussure ; puis elle vida lentement la coupe, sans quitter de son noir et profond regard la jeune fille... Celle-ci commença de trembler et de pâlir...

A peine la grande dame eut-elle bu, que plusieurs mains se tendirent à l'envi pour recevoir la coupe... Se renversant alors en arrière, et s'accoudant sur l'un des coussins, tandis que les deux Grecs continuaient de l'éventer, Faustine, tout en jouant avec les pendants d'oreilles que portait l'un de ces deux jeunes gens, se mit à sourire d'un rire cruel ; ce rire montra deux rangées de petites dents blanches entre ses lèvres rouges... d'un rouge de sang... Elle dit alors à l'esclave qui avait maladroitement répandu quelques gouttes de vin :
— *Philénie*, à genoux...

L'esclave effrayée obéit.
— Plus près, — dit Faustine, — plus près... à ma portée.

Philénie obéit encore.
— J'ai grand chaud ! dit la noble dame, pendant que sa jeune esclave, de plus en plus épouvantée, marchant sur ses deux genoux, se rapprochait de sa maîtresse presque à la toucher... Lorsque celle-ci eut dit qu'elle avait grand chaud, les deux jeunes Grecs agitèrent plus vivement encore leurs éventails, et la porteuse de mouchoirs, fouillant dans sa corbeille parfumée, donna un carré de lin richement brodé à l'une de ses compagnes, qui s'empressa de venir essuyer respectueusement le front moite de sa maîtresse. Philénie, coupable de maladresse, toujours agenouillée, attendait son sort en frémissant.

Faustine la contempla quelques instants d'un air de satisfaction féroce, et dit :
— La *pelote*...

A ces mots, l'esclave tendit vers sa maîtresse ses mains suppliantes ; mais elle, sans paraître seulement voir ce geste implorant, dit au noir gigantesque :
— Erèbe, découvre son sein... et tiens-la bien... serre ses poignets.

Le noir exécuta les ordres de la grande dame, qui prit alors, des mains d'une de ses femmes, un singulier et horrible instrument de torture. C'était une assez longue tige d'acier, très-flexible, terminée par une plaque d'or ronde, recouvrant une pelote de soie rouge... Dans cette pelote étaient fixées par la tête, et assez écartées l'une de l'autre, un grand nombre d'aiguilles, de façon que leurs pointes acérées sortaient de la pelote au lieu d'y être enfoncées.

Le noir s'était emparé de Philénie... Celle-ci, pâle comme une morte, n'essaya pas de résister... Son sein fut brutalement mis à nu. Alors, au milieu du morne silence de tous, car l'on savait quel châtiment était réservé à la moindre marque de pitié, Faustine, accoudée sur un coussin, la joue appuyée dans sa main gauche, prit la pelote de sa main droite, imprima un léger balancement à la tige flexible, et en frappa le sein de Philénie, contenue dans les bras nerveux de l'Ethiopien agenouillé derrière elle...

A cette douleur aiguë, la malheureuse enfant poussa un cri, et la blancheur de sa poitrine se teignit de quelques petites gouttelettes de sang vermeil, sortant à fleur de peau...

A la vue de ce sang, au cri de la victime, les yeux noirs de Faustine, jusqu'alors presque éteints, reprirent un vif éclat ; le sourire de ce monstre devint effrayant, et elle dit en se dressant sur son séant avec une sorte de férocité doucereuse :
— Crie... mon doux trésor !... crie donc, ma colombe, crie donc !

Et ce disant... Faustine redoublait ses coups, de sorte que le sein de l'esclave fut bientôt couvert d'une légère rosée de sang...

Philénie eut la force d'étouffer le gémissement de sa douleur, de peur d'exciter davantage la barbarie de sa maîtresse, dont les traits devenaient de plus en plus étranges... effrayants... Mais, jetant soudain la pelote loin d'elle, la grande dame, refermant à demi ses yeux, dit languissamment en se renversant sur ses coussins, pendant que sa victime, à demi évanouie de douleur, allait tomber dans les bras de ses compagnes :
— J'ai encore soif...

Au moment où l'on s'empressait de lui obéir, le son retentissant de deux petites cymbales

se fit entendre au dehors, du côté du canal.
— La sorcière de Thessalie ! la sorcière ! déjà... — dit Faustine, après avoir vidé sa coupe. — Par les trois Parques ! sœurs de cette rusée vieille, je ne l'attendais pas sitôt
Et s'adressant à Érèbe :
— Fais-la entrer sur l'heure, et que la barque qui l'a amenée reste près des marches de l'escalier pour son retour.
La sorcière thessalienne fut introduite par l'Éthiopien. Son teint était d'un bran cuivré, sa figure hideuse disparaissait à demi sous de longs cheveux gris emmêlés sortant de son capuchon rabattu et noir comme sa robe, que serrait à sa taille une ceinture de cuir rouge, où l'on voyait, tracés en blanc, des caractères magiques, et à laquelle pendait une pochette. La Thessalienne tenait à la main une petite branche de coudrier.
A l'aspect de cette sorcière, tous les esclaves ont paru troublés, effrayés ; mais Faustine, impassible comme une statue de marbre, dont elle avait la pâleur, est restée accoudée, et a dit à la Thessalienne, debout au seuil de la porte :
— Approche... approche... viens à mes côtés, orfraie des enfers !...
— Tu m'as envoyé quérir, — reprit la sorcière en s'approchant ; — que veux-tu de moi !
Sylvest fut frappé du son de la voix de la sorcière ; cette femme était vieille et sa voix était douce et fraîche.
Je ne crois pas plus à la science magique qu'au pouvoir des dieux, dont je me raille, — reprit Faustine, — et pourtant je veux te consulter... Je suis dans un jour de faiblesse.
— La vie ne croit pas à la mort... le soleil ne croit pas à la nuit... — répondit la vieille en hochant la tête. — Et pourtant vient la nuit noire... et pourtant vient la tombe noire... Que veux-tu de moi, noble Faustine ? que veux-tu de moi ? Je suis à tes ordres.
— Tu as entendu parler du fameux gladiateur... Mont-Liban ?
— Ah ! ah ! — dit la sorcière avec un étrange éclat de rire, — encore lui ! encore cet Hercule au bras de fer ! au cœur de tigre !
— Que veux-tu dire ?
— Vois-tu, noble Faustine, sur dix grandes dames qui ont recours à mes charmes magiques, il y en a neuf qui commencent ainsi que toi... en me nommant l'objet de leurs rêves amoureux, le fameux gladiateur Mont-Liban.
— Je l'aime ! — dit audacieusement Faustine devant ses esclaves, en fronçant ses sourcils, tandis que ses narines s'enflaient, et que tout son corps semblait tressaillir. — Je veux savoir s'il aime ?
La sorcière hocha la tête, et, attachant fixement ses regards sur la grande dame, comme pour lire au fond de sa pensée, elle répondit :

— Faustine, tu me demandes ce que tu sais... car toute la ville d'Orange en est instruite...
— Lors du dernier combat du cirque — poursuivit la sorcière, — chaque fois que Mont-Liban, vainqueur, tenait sous son pied son adversaire, avant de lui enfoncer son fer dans la gorge, est-ce qu'il ne se tournait pas, avec un sauvage sourire, vers certaine place de la galerie dorée, en saluant de son épée... après quoi il égorgeait son adversaire vaincu ?
— Et qui occupait cette place ?
— C'était une nouvelle courtisane, venue d'Italie... belle à rendre Vénus jalouse... blonde aux yeux noirs et au teint de rose... Une nymphe pour la taille... vingt-cinq à vingt-six ans au plus... une femme ravissante, et d'une telle renommée de beauté qu'on ne la nomme pas autrement que la *belle Gauloise*...
A mesure que la magicienne parlait, Sylvest sentait son cœur se briser, une sueur froide inonder son front. Il avait entendu parler déjà d'une courtisane gauloise, arrivée depuis peu à Orange, sans avoir d'autres détails sur elle ; mais, apprenant par la sorcière que cette courtisane venait d'Italie, qu'elle avait vingt-cinq à vingt-six ans, les cheveux blonds et les yeux noirs, il se souvint de sa petite sœur Siomara, autrefois vendue tout enfant, après la bataille de Vannes, au seigneur Trymalcion, partant alors pour l'Italie. Elle devait être âgée de vingt-cinq à vingt-six ans, et avait aussi les cheveux blonds et les yeux noirs... Un horrible pressentiment traversa l'esprit de Sylvest ; il écouta la sorcière avec un redoublement d'angoisse.
Faustine, de plus en plus sombre et sinistre, à mesure que la vieille parlait de la rare beauté de la courtisane gauloise, écoutait, sans l'interrompre, la Thessalienne. Celle-ci poursuivit au milieu du profond silence des esclaves.
— La belle Gauloise !... oh ! oh !... j'en sais long sur elle... grâce à mes secrets magiques ! — ajouta la Thessalienne d'un air mystérieux. — Ç'a été un beau jour pour moi quand j'ai appris sa venue à Orange !
Et, éclatant d'un rire singulier, qui fit tressaillir la grande dame, l'horrible vieille s'écria :
— Ah ! ah ! ah ! belle Gauloise ! belle adorée !... tu verras une nuit... par une nuit profonde comme la tombe... tu verras que la *poule noire a couvé des œufs de serpent !...*
Sylvest ne comprit pas le sens de ces mots étranges, mais l'expression cruelle de la Thessalienne l'épouvanta.
— Parle plus clairement, — lui dit Faustine ; — que signifient ces paroles mystérieuses ?
La sorcière secoua la tête et reprit :
— L'heure n'est pas venue de t'en dire davantage... Mais ce que je peux t'apprendre, c'est que la belle Gauloise s'appelle Siomara... Elle a été revendue lors de la succession du

vieux et riche seigneur Trymalcion, qui a laissé de si grands souvenirs d'opulence et d'impériale débauche en Italie !

Les derniers doutes de Sylvest s'évanouirent... La courtisane gauloise... c'était sa sœur... sa sœur Siomara, qu'il n'avait pas revue depuis dix-huit ans...

Faustine avait écouté la sorcière dans un sombre silence ; elle lui dit :

— Ainsi, Mont-Liban aime cette courtisane ?... il en est aimé ?...

— Tu l'as dit, noble dame.

— Écoute... Tu prétends ton art puissant : peux-tu rompre à l'instant le charme qui attache cet homme à cette vile créature ?

— Non ; mais je peux te prédire si ce charme sera ou non rompu... et s'il le sera tard... ou bientôt.

— Alors parle, — s'écria Faustine, qui en ce moment semblait plus sinistre et plus pâle encore ; — si ton art n'est pas un mensonge... dis-moi l'avenir à l'instant... Parle...

— Crois-tu donc que l'avenir se dévoile à nous sans cérémonie propitiatoire !...

— Fais ta cérémonie... hâte-toi...

— Il me faut trois choses...

— Lesquelles ?

— Un de tes cheveux.

— Le voilà, — dit Faustine en arrachant un de ses noirs cheveux, à travers les mailles de sa résille d'or.

— Il me faut encore une boulette de cire ; elle représentera le cœur de Siomara, la belle Gauloise, et je percerai d'une aiguille d'or ce cœur figuré.

— Érèbe, — dit Faustine au gigantesque Éthiopien, — prends un morceau de cire à ce flambeau...

Et s'adressant à la sorcière :

— Que veux-tu encore ?

La Thessalienne parla bas à l'oreille de la grande dame...

— Te la faut-il jeune... belle ?...

— Oui, jeune et belle, — répondit la magicienne avec un sourire qui fit frémir Sylvest, — j'aime ce qui est jeune... ce qui est beau.

— Choisis, — dit Faustine en lui désignant du geste ses esclaves muettes, immobiles et debout autour de leur maîtresse.

La sorcière s'approcha d'elles, examina soigneusement la paume des mains de plusieurs de ces jeunes filles, qui, osant à peine manifester leur inquiétude devant Faustine, échangeaient quelques regards à la dérobée. Enfin la vieille fit son choix ; c'était une charmante enfant de quinze ans ; à son teint brun, à ses cheveux d'un noir bleuâtre, on la reconnaissait pour une Gauloise du Midi. La Thessalienne la saisit par la main, l'amena toute tremblante devant la grande dame.

— Celle-ci convient !

— Prends-la ! — répondit Faustine pensive, sans même regarder la jeune fille, dont les yeux, déjà humides de larmes, l'imploraient humblement.

— Une coupe pleine de vin ! — demanda la sorcière.

Le noir Éthiopien alla chercher une coupe sur l'un des buffets d'ivoire et la remplit.

Faustine devenait de plus en plus sombre ; par deux fois elle passa ses mains sur son front, et dit durement aux jeunes Grecs, qui, attentifs à cette scène, avaient cessé le jeu de leurs éventails :

— De l'air... donc... de l'air !... j'étouffe ici... Pas de négligence... ou je vous fais couper les épaules à coups de fouet !

Les deux affranchis, à cette menace, firent jouer leurs éventails avec une nouvelle activité.

Le noir ayant rapporté du buffet une coupe remplie de vin, la sorcière tira de sa pochette un petit flacon, en vida le contenu dans le vase d'or, et le présentant à la jeune esclave :

— Bois...

Sans doute frappée d'un sinistre soupçon, la malheureuse enfant hésita...

Faustine, courroucée de l'hésitation de son esclave, s'écria d'une voix menaçante ;

— Par Pluton... boiras-tu ?

La jeune fille devint d'une pâleur mortelle, se résigna, leva les yeux au ciel, approcha la coupe de ses lèvres d'une main si tremblante que Sylvest entendit le choc du métal sur les dents de cette pauvre enfant ; puis elle but, rendit la coupe à l'Éthiopien, et secoua la tête avec accablement, comme quelqu'un qui renonce à la vie.

— Maintenant, — lui dit la sorcière, — donne-moi tes mains...

La jeune Gauloise obéit ; la sorcière prit un morceau de craie dans sa pochette et en blanchit les doigts de l'esclave.

A peine la vieille avait-elle terminé cette opération, que la jeune Gauloise devint livide, ses lèvres bleuirent, ses yeux semblèrent se renfoncer dans leur orbite, ses membres frissonnèrent, et se sentant sans doute défaillir, elle s'appuya sur l'un des trépieds où brûlaient des parfums, et porta d'un air égaré ses mains tantôt à son cœur, tantôt à sa tête.....

La grande dame, toujours accoudée, le menton dans sa main, avait attentivement suivi les mouvements de la sorcière.

— Pourquoi as-tu ainsi enduit ses doigts de craie ?

— Pour qu'elle écrive sur ce tapis rouge.

Il régna dans le temple un silence de mort.

Tous les regards s'attachèrent alors sur la jeune Gauloise,..

Après s'être appuyée toute chancelante sur le

La victime des pratiques de la magie (page 153)

trépied, elle parut soudain saisie de vertige, balbutia quelques mots, s'affaissa sur elle-même, roula sur le tapis et bientôt s'y tordit, en proie à des convulsions horribles; de sorte que ses mains, tour à tour détendues et crispées par la douleur, labouraient l'étoffe rouge dont était couvert le plancher, y laissant ainsi des traces blanches avec ses doigts enduits de craie.

— Vois-tu?... vois-tu? — dit la magicienne à la grande dame, qui regardait avec curiosité son esclave se tordre et agoniser.

— Vois-tu ces caractères blancs... tracés par ses doigts convulsifs? vois-tu qu'elle écrit?... C'est là mon grimoire, c'est là que je vais lire si le charme qui unit Mont-Liban à Siomara... sera bientôt rompu...

Peu à peu les convulsions de la jeune Gauloise devinrent de moins en moins violentes, elle ne se débattit plus que faiblement contre la mort... Après quelques derniers tressaillements, elle expira, et tout son corps se raidit d'une manière effrayante.

— Otez ce corps, — dit la sorcière, — il faut que je lise maintenant les arrêts du destin.

Le gigantesque Ethiopien prit le corps inanimé de la Gauloise, se dirigea vers la porte qui donnait sur le canal et disparut.

Sylvest, de l'endroit où il était caché, entendit le bruit d'un corps tombant au milieu des eaux profondes, et vit peu d'instants après l'Ethiopien rentrer dans le temple.

Faustine quitta ses coussins, se leva et s'approcha de la sorcière, qui, courbée vers le tapis, semblait y déchiffrer les caractères tracés par la main de la mourante...

Faustine se courba aussi, et suivit d'un œil sombre tous les mouvements de la Thessalienne; celle-ci avait traversé d'une aiguille la

20ᵉ livraison

boule de cire symbolisant le cœur de Siomara, rivale de la grande dame, et ensuite attaché le cheveu de Faustine à cette aiguille; puis tout en marmottant des paroles confuses, elle la piquait çà et là, sur les caractères blancs tracés par l'esclave agonisante.

De temps à autre Faustine demandait à la sorcière avec anxiété :

— Que lis-tu?... que lis-tu?...

— Rien de bon jusqu'ici...

— Chimère... fourberie que ta magie! — s'écria la noble dame en se redressant avec dédain; — vains jeux que tout cela!...

— Voici pourtant un signe meilleur, — reprit la vieille en se parlant à elle-même et sans s'inquiéter des paroles de la Romaine. — Oui... oui... En comparant à cet autre à demi effacé... c'est bon... très bon...

— Tu as de l'espoir? — dit Faustine; et de nouveau elle se courba auprès de la vieille.

— Pourtant, — dit celle-ci en hochant la tête, — voici le cœur de Siomara qui vient de tourner trois fois sur lui-même... Mauvais... mauvais présage!

— Je suis folle de t'écouter! — s'écria Faustine en se redressant courroucée. — Va-t'en... sors d'ici... orfraie de l'enfer... oiseau de malheur! grande est mon envie de te faire payer cher ton effronterie et tes impostures.

— Par Vénus! — s'écria soudain la magicienne, sans avoir paru entendre les imprécations de Faustine, — je n'ai jamais vu prédiction plus évidente, plus assurée, car ces trois derniers signes le disent... Oui, le charme qui enchaîne le gladiateur Mont-Liban à Siomara, la Gauloise, sera rompu... Mont-Liban préférera la noble Faustine à toutes les femmes... Et ce n'est pas tout, non, car ses derniers signes sont infaillibles... L'avenir tout entier s'ouvre devant moi... Oui, je vous vois, furies de l'enfer... avec vos chevelures de vipères... Secouez, secouez vos torches... elles m'éclairent, je vois! je vois! — ajouta la Thessalienne, — et en proie à une sorte de délire qui alla croissant, elle agita ses bras qu'elle levait en tournant sur elle-même avec rapidité.

Sylvest remarqua une chose étrange : les longues et larges manches de la magicienne s'étant un instant relevées pendant ses brusques mouvements, il lui sembla que les bras de cette horrible vieille à figure ridée, bronzée, étaient ronds et blancs comme ceux d'une jeune fille.

La magicienne poursuivit de plus en plus agitée :

— Furies, secouez vos torches! Je vois... je vois la Gauloise Siomara! elle tombe au pouvoir de la noble Faustine... Oui, Faustine la tient... Va-t-elle brûler la chair de sa rivale... scier ses os, arracher son cœur palpitant... le dévorer?... Furies... secouez vos torches! secouez-les... qu'elles éclairent pour moi l'avenir... tout l'avenir!... Furies... furies... à moi!... à moi!... Mais ces lueurs funèbres ont disparu. — poursuivit la sorcière d'une voix défaillante. — Je ne vois plus... rien... rien... Là nuit... de la tombe... rien... plus rien...

Et l'horrible vieille, livide, baignée de sueur, haletante, épuisée! les yeux fermés, s'appuya sur une des colonnes, tandis que Faustine, ne pouvant contenir la joie féroce que lui causait cette prédiction, s'écriait en saisissant une des mains de la Thessalienne pour la rappeler à elle-même :

— Dix mille sous d'or pour toi si ta prédiction se réalise!... Entends-tu?... pour toi dix mille sous d'or!

— Quelle prédiction? — reprit la vieille en paraissant sortir d'un rêve et passant sa main sur son front pour écarter ses cheveux gris; — de quelle prédiction parles-tu?... qu'ai-je prédit?

— Tu as prédit que Mont-Liban me préférerait à toutes les femmes!... s'écria Faustine d'une voix pantelante; — tu as prédit que la Siomara tomberait entre mes mains... serait à moi... tout à moi...

— Quand l'esprit s'est retiré, répondit la sorcière en revenant à elle, — je ne me souviens plus de rien... Si j'ai prédit... ma prédiction s'accomplira...

— Et alors, dix mille sous d'or pour toi!... Oh! elle s'accomplira cette prédiction, je le sens à mon cœur embrasé d'amour et de vengeance, — dit Faustine.

Et d'un geste furieux, la noble dame arracha la résille d'or de sa coiffure, la résille d'or de son corsage; sa noire chevelure, qu'elle secoua comme une lionne sa crinière, tomba sur son sein, sur ses épaules nues, et entoura ce pâle visage, alors éclatant d'une épouvantable beauté. Elle vida d'un trait une large coupe d'or, donnant le signal de l'orgie; les coupes circulèrent, et bientôt, au bruit retentissant des lyres, des flûtes, des cymbales, affranchis et esclaves, entraînés par le vin, la corruption, la terreur et l'exemple de leur maîtresse infâme, commencèrent, au son des instruments et des chants obscènes, une danse sans nom... monstrueuse.

Sylvest, saisi d'un vertige d'horreur, et au risque d'être découvert et tué s'il rencontrait quelqu'un dans les jardins, quitta le rebord de l'entablement, se laissa glisser le long des colonnes, toujours poursuivi par les chants frénétiques de cette infernale orgie.

Éperdu, insensé, oubliant toute prudence, l'esclave s'éloignait de ce temple maudit, marchant à l'aventure, lorsqu'une voix bien chère à son cœur le rappela à lui-même.

— Sylvest! — disait cette voix dans l'ombre, — Sylvest!

C'était la voix de Loyse, sa femme... sa femme

bien-aimée... sa femme devant leurs serments secrets, jurés au nom des dieux de leurs pères, car l'esclave n'a pas d'épouse devant les hommes!

Quoique l'aube ne dût pas tarder à paraître, la nuit était encore sombre, l'esclave se dirigea à tâtons vers l'endroit d'où était partie la voix de Loyse, et tomba dans ses bras, sans pouvoir d'abord prononcer une parole.

Loyse, effrayée de l'accablement de Sylvest, le soutint et guida péniblement ses pas au fond d'un bosquet de rosiers et de citronniers en fleurs; l'esclave s'assit sur un banc de mousse, entourant le pied d'une statue de marbre.

— Sylvest, lui dit sa femme avec inquiétude, — reviens à toi... Qu'as-tu? Parle-moi, je t'en supplie!

L'esclave, revenant peu à peu à lui, a dit à sa femme en la serrant passionnément contre son cœur:

— Oh! je renais... je renais... Auprès de toi je respire un air pur; celui de ce temple maudit est empoisonné... Il m'avait rendu fou!

— Que dis-tu? — s'écria Loyse épouvantée; — tu es entré dans le temple?

— Je t'attendais près du canal, lieu ordinaire de nos rendez-vous. J'ai vu venir au loin des gens avec des lanternes; pour n'être pas découvert, je suis monté le long d'une des colonnes du temple: caché sur la corniche, j'ai assisté à de monstrueux mystères... Le vertige m'a saisi... et j'accours, ne sachant encore si je n'ai pas été le jouet d'une vision horrible!...

— Non, ce n'est pas une vision, — reprit la jeune femme en frémissant. — Tu l'as dit, il se passe de monstrueux mystères dans ce temple, où Faustine, ma maîtresse, ne se rend que le jour consacré à *Vénus* chez les païens. C'était avant-hier, ce jour-là; je pensais que les environs du temple seraient déserts cette nuit; aussi, songeant à notre rendez-vous, j'ai été ce soir surprise et effrayée lorsque, de la filandrie où nous travaillons pour Faustine, j'ai vu au loin la lueur des flambeaux de la gondole, qui, suivant le canal, se dirigeait vers le temple.

— Attardé moi-même, ma Loyse bien-aimée, je croyais te trouver déjà arrivée ici.

— En effet... je suis venue plus tard que je ne l'aurais voulu, — répondit la jeune femme avec embarras et un accent de tristesse dont fut frappé Sylvest.

— Loyse, que s'est-il passé? — reprit-il. — Ta voix est triste... tu soupires... ta main tremble... tu as une révélation à me faire.

— Non... non... mon Sylvest, je n'ai rien à t'apprendre... Il m'est toujours difficile, tu le sais, de sortir de la filandrie... il m'a fallu attendre ce soir longtemps... plus longtemps qu'à l'ordinaire, une occasion favorable...

— Vrai? il ne t'est rien arrivé de fâcheux?

— Non, je te l'assure...

— Loyse, mon amour, tu ne me réponds pas, ce me semble, avec ta sincérité habituelle... tu es troublée...

— Parce que je frémis encore du danger que tu courais. Quel malheur, si tu avais été surpris caché près du temple...

— Ah! Loyse.. je te le dis... c'est comme un rêve effrayant! Ces supplices... cette mort... cette sorcière... et puis... ma sœur... dieux pitoyables!... ma sœur, rivale de ce monstre! ma sœur courtisane! Ah! je te le dis... c'est à en devenir fou!...

— Ta sœur, rivale de Faustine!... ta sœur, courtisane!... Mais depuis dix-huit ans... tu ignorais si elle était morte ou vivante!

— Elle vit, elle habite Orange depuis peu... On la connaît sous le nom de la *belle Gauloise!* Et ce matin, mon maître m'a annoncé qu'il était amoureux de cette courtisane...

— Ton maître? le seigneur *Diavole?*

— Oui... juge... de mon anxiété, maintenant que je sais qu'il s'agit de ma sœur... faut-il bénir ce jour où je retrouve la compagne de mon enfance... cette sœur si souvent pleurée... tu le sais, Loyse... cette sœur, à qui ma mère Hénory avait donné, comme présage d'honneur, le nom de notre aïeule *Siomara*, la fière et chaste Gauloise!... Faut-il le maudire, ce jour où j'apprends l'infamie de ma sœur... courtisane?... Oh! honte et douleur sur moi!... Oh! honte et mépris sur elle!...

— Hélas!... arrachée toute enfant à ses parents, vendue, m'as-tu dit, à des infâmes... elle était belle et esclave!... et la beauté dans l'esclavage, c'est l'opprobre... c'est l'asservissement aux débauches du maître... la mort seule peut y soustraire une femme!...

— Tiens, Loyse... tu ne sais pas quelle affreuse pensée m'est venue pendant cette nuit d'horreurs!... Je me disais, en voyant ces malheureuses filles, esclaves comme toi, belles comme toi... jeunes comme ma Loyse...

— Belles comme moi! — répondit la jeune femme avec un accent singulier et un soupir étouffé, — belles comme moi!...

— Non, — reprit Sylvest, sans avoir alors remarqué l'expression de la voix de sa femme. — Non, moins belles que toi, Loyse!... car elles n'ont plus, comme toi, cette beauté céleste, pure de toute souillure!... Aussi, cette nuit, les voyant si jeunes et déjà si profondément corrompues par l'esclavage et par la terreur des supplices, je me disais: Si Loyse, au lieu d'avoir toujours été, par la bénédiction des dieux, reléguée loin des regards de sa maîtresse infâme et de ses affranchis, était tombée sous ses yeux, peut-être ce soir, dans cette orgie infernale, je l'aurais vue... elle aussi...

Mais, frissonnant à ce souvenir et à cette crainte, Sylvest, s'apercevant qu'au loin l'aube naissante blanchissait déjà faiblement l'horizon, reprit en serrant sa femme entres ses bras :

— Loin de nous ces affreuses pensées, ma Loyse !... Le jour va bientôt paraître... quelques instants nous restent à peine... qu'ils ne soient pas attristés davantage... Parlons de toi, de cet espoir à la fois si cruel et si doux... Mère ! toi, mère !... Ah ! pourquoi faut-il que l'esclavage me fasse prononcer avec angoisse, presque avec effroi, ce mot béni des dieux pourtant: *mère*!...

— Mon époux bien-aimé ! reprit Loyse d'une voix pleine de larmes, et comme impatiente d'abréger l'entretien, — tu l'as dit, le jour va bientôt paraître... Il y a loin d'ici à Orange : il te faut sortir du parc sans être vu... Les esclaves des champs vont être bientôt conduits à leurs travaux ; leurs gardiens pourraient te rencontrer... éloigne-toi, je t'en supplie... Adieu... adieu !...

— Loyse, quelques moments encore !... Attends au moins que la première clarté du matin m'ait permis de voir tes traits chéris ! Il y a si longtemps, hélas ! que je n'ai joui de ce bonheur ! car c'est la nuit, toujours la nuit, qu'il m'est seulement possible de venir près de toi... ma femme bien-aimée.

Et Sylvest, enlaçant tendrement de ses bras sa femme, toujours assise sur le banc de mousse, est tombé à ses genoux, a pris ses mains, les a baisées dans un ravissement qui lui faisait oublier un instant les misères et les douleurs de la vie d'esclave... Le jour naissant colorait les arbres d'un rose pâle : les citronniers, par cette fraîcheur matinale, répandaient une senteur plus pénétrante et plus douce ; des milliers d'oiseaux commençaient à gazouiller sous les feuilles aux approches du soleil levant... Et il y eut bientôt assez de clarté au ciel pour que Sylvest pût remarquer que sa femme détournait la tête et tenait sa figure cachée dans une de ses mains ; puis il vit à l'agitation de son sein, qu'elle versait des larmes et tâchait d'étouffer ses sanglots.

— Tu pleures !...—s'écria-t-il,—tu détournes ta vue de moi,.. Loyse, au nom de notre amour, dis, qu'as-tu ? réponds-moi ?...

— Mon ami, je t'en conjure ! — reprit-elle en essayant de dérober d'autant plus ses traits à son mari que le jour augmentait. — Retourne chez ton maître... pars... pars à l'instant si tu m'aimes !...

— Partir ! sans avoir vu tes traits !... partir ! sans un baiser, un seul et dernier baiser !...

— Oui... — a-t-elle repris d'une voix entrecoupée.— Oui, pars... va-t'en sans me regarder... il le faut... je le veux... je t'en supplie...

— Partir sans te regarder ? — répéta Sylvest stupéfait.

Et comme sa femme, retirant brusquement son autre main d'entre les mains de son époux, cachait complètement sa figure, et ne pouvait plus retenir ses sanglots, Sylvest, effrayé, abaissa, malgré elle, les mains de sa femme, se renversa en arrière à mesure qu'il la contemplait... et enfin poussa un grand cri de douleur déchirante... oui, cri de douleur horrible...

La dernière fois qu'il avait vu Loyse, son teint semblait plus blanc que le lis ; ses yeux bleus comme le bleu du ciel, se voilaient de longs cils ; ses traits charmants étaient d'une incomparable pureté, et, lorsqu'elle souriait, sourire triste et résigné, ses lèvres vermeilles avaient une expression de douceur céleste...

Oui, voilà quelle était Loyse, et voici comme la revoyait Sylvest aux clartés du soleil levant : un des yeux de sa femme paraissait comme mort ; l'autre éraillé, sans cils, s'ouvrait entre deux paupières rougies. Son teint était aussi brûlé, aussi couturé, que si elle eût exposé sa figure à un brasier ardent. Ses lèvres étaient boursouflées, cicatrisées, comme si elle avait bu quelque liquide bouillant... et pourtant, malgré sa hideur effrayante, ce pauvre visage exprimait encore, et plus que jamais peut-être, une douceur ineffable.

Le premier mouvement de Sylvest fut de pleurer en silence toutes les larmes de son cœur, en regardant sa femme qui lui dit d'une voix navrée :

— Je suis bien laide, n'est-ce pas ?

Mais lui, croyant que sa femme avait été ainsi torturée, défigurée par Faustine, qu'il savait capable de tous les crimes, se releva en bondissant de fureur, et s'écria, montrant le poing au temple des orgies infâmes :

— Faustine... je te tuerai !... Oui, quand je devrais être brûlé à petit feu... je t'arracherai les entrailles !

— Sylvest, tu te trompes... ce n'est pas elle !...

— Qui donc alors t'a ainsi mutilée, défigurée ?...

— Moi...

— Toi, Loyse ! toi !... Non... non.... tu veux calmer ma fureur...

— C'est moi, te dis-je !... je te le jure, mon Sylvest ! je te le jure par l'enfant que je porte dans mon sein...

Que faire devant un pareil serment ? croire... croire sans le comprendre, ce douloureux mystère...

— Ecoute, Sylvest, — reprit Loyse. — Nous toutes, les esclaves filandières de la fabrique, reléguées dans des bâtiments éloignés du palais de Faustine, nous ne la voyions jamais, ni ses affranchis, aussi cruels, aussi corrompus qu'elle... Ce matin, je ne sais quel funeste hasard a amené dans la filandrie l'esclave favori de notre maîtresse, un noir d'Ethiopie...

— Cette nuit je l'ai vu.

— Il a traversé la cour au moment où j'étendais au soleil des toiles de lin tissées par nous... Il s'est arrêté devant moi, m'a regardée fixement... Les premiers mots ont été un outrage; j'ai pleuré... il a ri de mes larmes, et a dit à la gardienne qui surveille nos travaux : « Tu amèneras cette esclave au palais. » La gardienne a répondu qu'elle obéirait. Le noir a ajouté que si je refusais de me rendre de bon gré chez ma maîtresse, on m'y traînerait de force...

— Il faudra pourtant qu'il se lève terrible... oh! terrible! le jour de la vengeance!...

— Sylvest, je ne suis pas, tu le sais, comme la plupart de nos malheureuses compagnes, fille d'esclave, et déjà forcément corrompue dès ma naissance... J'avais quinze ans lorsque, faite prisonnière par les Romains, lors du siège de Paris, défendu par le vieux Camulogène, bataille où ma famille a vaillamment péri, j'ai été vendue à un marchand d'esclaves. Amenée dans ce pays, j'ai été achetée par l'intendant des fabriques de Faustine... J'ai conservé ma fierté de race, sucée avec le lait de ma mère... S'il ne s'était agi que de toi, mon Sylvest, j'aurais, ce matin, en vrai Gauloise, comme nos aïeules, échappé par la mort à la honte d'un outrage inévitable, sûre de vivre honorée dans ta mémoire et d'être louée par la digne mère Hénory, que je serais allée rejoindre *ailleurs*... où sont aussi les miens... Mais je suis mère... je porte dans mon sein, depuis quelque temps, le fruit de notre amour!... Faiblesse ou raison, je n'ai pas voulu mourir; mais j'ai voulu détourner de moi l'outrage dont j'étais menacée... Alors, ce soir, avant de venir ici, et c'est cela qui m'a retardée, je me suis introduite dans l'officine où l'on teint les étoffes... je me suis armée de courage, mon Sylvest, en songeant à toi... à notre enfant... à l'outrage qu'il me faudrait subir... Alors j'ai versé dans un vase un liquide corrosif, et j'y ai plongé ma figure...

Et la Gauloise ajouta avec un geste superbe :

— Ta femme est-elle digne de ta mère?...

— O Loyse! — s'écria Sylvest en tombant en adoration devant cette fière et courageuse créature, — tu es maintenant plus belle à mes yeux... tu es une sainte!... sainte comme Héna, la fille de Joel, la douce vierge de l'île de Sên!... sainte comme notre aïeule Siomara!...

— Sylvest, — dit soudain Loyse à voix basse en se levant brusquement, et prêtant l'oreille avec épouvante, — tais-toi... j'entends des pas... le bruit des chaînes... Oh! malheur à nous!... tu seras surpris ici... Nous avons oublié qu'il est grand jour... Malheur à nous!...

— Ta maîtresse, peut-être?...

— Non... elle a dû retourner au palais par le canal.

— Qui donc vient alors?

— Les esclaves... on les conduit au travail des champs... Tu es perdu...

La jeune femme achevait à peine ces mots, que les deux époux furent découverts au milieu de ces touffes de rosiers et de citronniers, qui ne pouvaient les cacher, par trois hommes armés de longs fouets; à quelques pas derrière eux venait une troupe d'esclaves enchaînés deux à deux, vêtus de haillons, la tête rasée; les uns portaient des instruments aratoires, d'autres étaient attelés à des chariots.

A la vue de Sylvest et de sa femme, les trois gardiens accoururent, la troupe d'esclaves s'arrêta, et les deux époux furent entourés par les hommes armés.

— Que fais-tu là? — dit l'un d'eux en levant son fouet sur Loyse, tandis que les deux autres se jetaient sur Sylvest, qui, désarmé, ne pouvait et ne voulait pas d'ailleurs opposer de résistance.

— Je suis esclave de la fabrique, — répondit Loyse, tandis que Sylvest tremblait pour sa femme.

— Tu mens, — dit le gardien à Loyse en la regardant avec dégoût, tant son pauvre visage était repoussant; — je vais souvent à la fabrique, et s'il y avait parmi les esclaves qui travaillent un monstre tel que toi, je l'aurais remarqué.

— Lis mon nom sur mon collier, — répondit la femme de Sylvest en montrant du geste au gardien le carcan qu'elle portait au cou; et il lut tout haut en langue romaine :

LOYSE EST L'ESCLAVE DE FAUSTINE, PATRICIENNE.

— Toi... Loyse! — s'écria le gardien, — toi, dont avant-hier encore, j'avais remarqué la beauté en traversant la fabrique! Réponds, pendarde, qui t'a défigurée de la sorte? Est-ce sortilège ou maléfice? Aurais-tu imité ces gibiers de potence qui se mutilent pour faire pièce à leur maître en se détériorant? Achèveras-tu cette belle œuvre en allant, comme d'autres garnements plus malicieux encore, te précipiter au milieu de combats d'animaux féroces pour t'y faire dévorer, dans la méchante intention de détruire en ta personne une valeur appartenant à notre maîtresse? Ah! scélérate! voilà comme tu t'es arrangée! Ah! tu t'es méchamment retiré, au détriment de notre honorée maîtresse, les trois quarts de ton prix! Car maintenant, personne ne voudrait un monstre pareil à toi, sinon comme épouvantail pour les enfants!... Ah! tu as eu l'audace de te défigurer! toi... une des plus belles esclaves de notre noble maîtresse!... toi que l'on pouvait vendre non-seulement comme bonne esclave de travail, mais comme esclave de beauté de premier choix! Ah! double scélérate! marche devant moi, tu vas être fouaillée comme il convient; et par Pollux, je vais recommander à l'exécuteur de mettre des lanières neuves à son fouet.

Loyse calma d'un regard angélique la rage désespérée que ces injures et ces menaces soulevaient chez Sylvest, et elle répondit tranquillement au gardien :

— Non... tu ne me feras subir aucun mauvais traitement!

— Et qui m'en empêchera, *délice des houssines?*

— L'intérêt de ta maîtresse... Je suis mère... En battant la mère, on tuerait l'enfant... Or, c'est une valeur qu'un enfant...

— Tu es mère? Chanson! Elles sont toujours mères, les effrontées coquines, lorsqu'il s'agit de leur marbrer la peau!!! Du reste, la matrone des esclaves en gésine dira bien si tu mens...

Et se retournant vers Sylvest, toujours maintenu par deux autres veilleurs :

— Et toi, pilier de prison, que fais-tu ici? A qui appartiens-tu, *enfant chéri des étrivières?*

— Il se nomme Sylvest; il appartient au seigneur Diavole, noble romain à Orange, — répondit un des gardiens en lisant cette inscription gravée sur le collier que l'esclave portait au cou.

— Ah! tu appartiens au seigneur Diavole? — reprit le gardien. — Tu vas être reconduit chez ton maître, et j'espère qu'il te fera payer selon tes mérites...

Au moment de se séparer de sa femme, Sylvest lui dit, en langue gauloise, que les surveillants n'entendaient pas :

— A la prochaine lune, viens m'attendre près des murs du parc, à gauche du canal... Quoi qu'il arrive, à moins que d'ici là je meure, je viendrai... Adieu, mon adorée femme, ma sainte! songe à notre enfant!

— Songe à toi, — répondit Loyse; — songe à nous, mon Sylvest!

— Assez! assez de ce jargon barbare, bon à cacher de mauvais desseins! — dit brusquement le gardien en poussant Loyse devant lui pour la reconduire à la fabrique, tandis que Sylvest regagnait la ville d'Orange sous la conduite des gardiens.

Parmi les esclaves de Faustine, au milieu desquels marchait Sylvest, enchaîné entre deux Espagnols, se trouvaient plusieurs Gaulois; il reconnut bientôt qu'il n'était pas le seul de la bande qui se fut rendu pendant la nuit à la réunion secrète des *Enfants du Gui,* car au moment où les gardiens s'éloignèrent, il entendit deux robustes esclaves attelés à un chariot non loin de lui, fredonner, tout en tirant péniblement leur lourde charge :

Coule, coule, sang du captif! — Tombe, tombe, rosée sanglante!

Sylvest répondit par les vers suivants, du chant du barde :

Germe, grandis, moisson vengeresse...

Ce chant avait été improvisé cette nuit-là dans la caverne de la vallée déserte; les deux esclaves reconnurent Sylvest pour un des *Enfants du Gui,* échangèrent avec lui un coup d'œil d'intelligence, puis tous trois murmurèrent les derniers vers du barde, en agitant leurs chaînes avec une sorte de sinistre cadence :

A toi, à toi, faucheur, à toi! — Aiguise ta faux gauloise, aiguise... aiguise ta faux!

Les gardiens revenant sur leurs pas, les trois Gaulois se turent. On arriva bientôt près des portes de la ville d'Orange, et, tandis que les esclaves de labour furent conduits au milieu de leurs travaux par l'un des gardiens, l'autre fit marcher Sylvest devant lui pour le reconduire chez son maître, le seigneur Diavole.

CHAPITRE III

Le seigneur Diavole. — Le portier *Camus.* — Le cuisinier *Quatre-Epices.* — Le seigneur Norbiac. — Les amoureux de la belle Gauloise. — Sylvest se rend à la maison de Siomara. — L'eunuque. — Les prodiges. — La magicienne. — Belphégor.

Sylvest avait pour maître le seigneur Diavole, descendant d'une noble famille romaine établie dans la Gaule provençale, conquise par les Romains depuis près de deux siècles, et ainsi devenue une nouvelle Italie. Jeune, dissipateur, débauché, oisif comme tous les gens de sa race noble, il se serait cru déshonoré par le travail, et il empruntait aux usuriers, en attendant impatiemment la mort de son père, le seigneur Claude, homme riche, dont le revenu considérable provenait du travail de deux ou trois mille esclaves, artisans de toutes sortes de métiers, qu'il louait à des entrepreneurs. Ceux-ci exploitaient à leur tour ces malheureux, de sorte que leur travail devait ainsi produire à la fois un gros revenu pour leur maître et un bénéfice pour les entrepreneurs, qui, chargés de la nourriture et de l'entretien des esclaves, les laissaient presque nus, et leur donnaient une nourriture insuffisante, qui eût répugné à des animaux. Ecrasé de travail, épuisé par la fatigue et la faim, l'esclave sentait-il les forces lui manquer, l'entrepreneur le réveillait au moyen du fouet, de l'aiguillon, et souvent lui sillonnait le dos et les membres avec des lames ardentes rougies au feu, menus supplices, car l'évasion, le refus de travail, la révolte, étaient punis de peines aussi atroces que variées, commençant à la torture et finissant à la mort.

Sylvest, reconduit chez le seigneur Diavole,

son maître, par les gens de Faustine, s'attendait à un rude châtiment. Absent pendant toute la nuit sans permission, il rentrait à une heure assez avancée de la matinée, manquant ainsi à tous ses devoirs domestiques, puisque Sylvest était valet. Cette servitude, moins dure peut-être, mais souvent plus cruelle que celle d'esclave artisan ou d'esclave de labour, il l'avait subie en suite de plusieurs évènements qui suivirent l'horrible mort de son père Guilhern, dont il parlera plus tard. Oui, cette condition servile il l'avait subie, lui de race fière et libre, lui petit-fils du *brenn de la tribu de Karnak*, préférant même cet esclavage, parce qu'il savait qu'au grand jour de la justice et de la délivrance, les Gaulois de l'intérieur des villes et des maisons devaient puissamment aider à la révolte contre les Romains.

Réduit à la ruse jusqu'au moment où il pourrait utilement employer la force, Sylvest, comme tant d'autres de ses compagnons, cachait sa haine de l'oppression, son amour pour la liberté de son pays, sous un masque humble et riant ; car il avait toujours le mot pour rire ; il faisait le plaisant, le bon valet, l'effronté coquin ; il se réjouissait des odieux penchants de son maître cruel et pervers, voyant avec contentement cette dure et méchante âme se perdre en ce monde-ci, pour aller revivre de plus en plus malheureuse dans les autres mondes. Cela aidait Sylvest à attendre patiemment le grand jour de la vengeance.

— O mon fils !... toi pour qui j'écris ce récit, afin d'obéir aux ordres de mon père, comme il a obéi aux ordres du sien, tu excuseras ma lâche dissimulation... tu maudiras ceux qui m'y forçaient ; hélas ! le temps de briser nos fers et de combattre à ciel ouvert, comme nos aïeux, n'était pas encore venu ; et puis, mon enfant, si fermement trempée que soit une race, l'air empoisonné de l'esclavage la pénètre et l'abâtardit toujours.

Tu verras dans ces récits que notre aïeule Margarid et les autres femmes de notre famille ont tué leurs enfants et se sont tuées ensuite, dans leur indomptable horreur de la servitude. Mon père Guilhern, homme mûr cependant, s'est résigné à un esclavage que son père Joel n'aurait pas supporté un seul jour... Non, à la première occasion, il eût tué son fils et après se serait tué. De même aussi, mon père, toujours taciturne et farouche, comme un loup à sa chaîne, n'aurait pu prendre son parti de l'esclavage, comme moi je le prends. Peut-être, enfin, pauvre enfant, condamné par ta naissance à la servitude, peut-être, si nos libertés ne sont pas reconquises de ton vivant, dégénéreras-tu encore plus que moi de cette superbe haine de l'asservissement... une des mâles vertus de nos ancêtres... Pourtant, c'est dans l'espoir que leur exemple te donnera des forces pour lutter contre cette dégradation que je te lègue ces pieux récits de famille, en y ajoutant celui-ci.

Sylvest a donc été ramené dans la matinée chez son maître. Le seigneur Diavole habitait une belle maison de la ville d'Orange, maison située non loin du cirque où combattent les gladiateurs, et où les esclaves sont parfois livrés aux bêtes féroces.

Le portier, vêtu d'une livrée verte, couleur de la livrée du maître, était, comme d'habitude, enchaîné par le cou dans le vestibule, ainsi que l'un des chiens de garde. Deux fois fugitif, il avait été puni par la perte des oreilles et du nez ; à la place du nez on ne voyait que deux trous ; sur son front rasé, deux lettres marquées au fer chaud, dans la chair vive, F. O. C'était un Gaulois d'Auvergne, toujours sombre et morne. Le seigneur Diavole l'avait déjà surnommé *Cerbère*, en raison de ses fonctions de portier ; mais après lui avoir fait couper le nez, il l'avait nommé, par dérision, *Camus*. La longueur de sa chaîne lui permettait seulement d'atteindre jusqu'à la porte ; il l'ouvrit au gardien qui ramenait Sylvest, lorsque celui-ci eut frappé avec le marteau de bronze représentant une figure obscène.

L'esclave cuisinier, nommé *Quatre-Epices*, sortait d'un couloir et entrait dans le vestibule au même instant que Sylvest et le gardien. Quatre-Epices, s'étant une fois évadé de chez un de ses maîtres, avait eu le pied droit coupé ; il marchait au moyen d'une jambe de bois. Il était Suisse de nation et d'une inébranlable fermeté dans la douleur, comme il en avait donné la preuve un certain jour que le seigneur Diavole, ayant fait venir un *surmulet* d'Italie, au prix de deux cents sous d'or, avait convié ses amis à manger ce mets délicat. Le surmulet fut mal cuit ; Diavole, irrité, fit venir Quatre-Epices devant ses convives, ordonna qu'on l'attachât sur un banc, et que l'aide cuisinier, au moyen de lardoires garnies de lard, lardât l'échine de Quatre-Epices, ce qui fut exécuté. Quatre-Epices subit cette affreuse opération sans pousser une plainte ; et pendant les jours qui suivirent, sa cuisine fut encore plus exquise que de coutume... Mais deux mois après, il prévint en confidence Sylvest et les autres esclaves que ce jour-là, jour de grand festin, tous les mets seraient empoisonnés. Sylvest, qui trouvait cette vengeance lâche et atroce, eut grand'peine à dissuader Quatre-Epices de mettre son projet à exécution, et encore celui-ci n'avait-il consenti à y surseoir qu'à l'idée que lui avait suggérée Sylvest d'une révolte prochaine des esclaves.

— Ah ! mon pauvre camarade ! — dit le cuisinier à Sylvest en l'apercevant, — une lamproie écorchée vive est moins rouge et moins saignante que ton dos ne le sera tout à l'heure... Notre maître est furieux... je ne l'ai jamais vu dans une pareille colère... Si tu m'avais laissé faire... pourtant...

Et il fit le geste de prendre une pincée de poudre entre ses deux doigts, rappelant ainsi ses projets d'empoisonnement. Sylvest, certain d'avance du sort qui l'attendait, dit au gardien :

— Suis-moi... je vais te conduire à l'appartement de mon maître.

Et tous deux sont entrés dans la chambre de Diavole. Ce seigneur était en robe du matin... A la vue de son esclave, il devint pâle de rage, et, le menaçant du poing, il s'écria avant que le surveillant eût dit un mot :

— Ah ! te voilà enfin, scélérat !... par Pollux ! je ne te laisserai pas un pouce de peau sur les épaules et un ongle aux mains !... Je rentre cette nuit impérialement ivre, et personne pour me porter à mon lit ! Ce matin, personne pour me chausser, m'habiller, me peigner, me friser, me raser... D'où viens-tu, infâme coquin?...

— Seigneur, — dit le surveillant, — nous avons surpris ce vagabond, dès l'aube, dans le parc de la villa de notre honorée maîtresse Faustine... Il se trouvait là avec une des esclaves du logis... Au lieu de châtier ce misérable, nous l'avons amené ici, instruits par notre honorée maîtresse des égards que l'on se doit entre nobles personnes.

— Tiens, voilà pour toi, — reprit Diavole en donnant au surveillant une pièce d'argent. — Tu salueras Faustine de la part de Diavole, et tu l'assureras que ce bandit sera puni selon ses mérites, pour avoir eu l'audace de s'introduire dans le parc de cette noble dame.

Le surveillant sortit : Sylvest resta seul avec son maître.

— Ainsi, gibier de potence ! — s'écria Diavole, — tu vas courir la nuit hors des portes de la ville pour t'accoupler avec une...

— C'est cela... risquez les étrivières, les aiguillons, la mort peut-être, pour le service de votre maître, — répondit effrontément Sylvest à Diavole en l'interrompant ; — telle est la récompense qu'on reçoit ici !

— Comment, pendard ! tu oses...

— Privez-vous de sommeil, épuisez-vous de fatigue... et voilà comme on est accueilli !...

— Par Hercule ! est-ce que je veille ? est-ce que je rêve ?...

— Allez, seigneur, vous ne méritez pas d'avoir un esclave tel que moi.

— Voilà du nouveau... il me réprimande...

— Mais désormais je ne serai point si sot que de me crever à votre service...

— Et je n'ai pas là un bâton ! — reprit Diavole en regardant autour de lui stupéfait du redoublement d'effronterie de son esclave. — Comment, pendard ! c'est pour mon service que tu vas courtiser une de tes pareilles à une lieue d'ici ?...

— C'est pour moi, peut-être ?

— Quel impudent coquin !...

— Tous les maîtres sont des ingrats !...

— Décidément, ce misérable fait-il le fou pour échapper au châtiment qu'il mérite ?

— Fou ! moi !... jamais je n'ai eu plus de raison... Que m'avez-vous dit hier matin ?

— Hier matin ?...

— Oui, seigneur... « Ah ! mon cher Sylvest ! » Car, lorsque vous avez besoin de moi, je suis votre cher.

— Par Jupiter ! est-ce assez d'insolence ? y aura-t-il assez de verges pour te casser sur les épaules ?

— « Ah ! mon cher Sylvest ! nuit et jour je « pense à l'admirable beauté de cette courti- « sane, que l'on appelle la *belle Gauloise*, tout « nouvellement arrivée d'Italie à Orange. Je ne « l'ai vue qu'une fois, au cirque, au combat des « gladiateurs, et j'en raffole... Mais il faudrait « un pont d'or pour arriver jusqu'à elle... et « mon bourreau de père ! mon ladre, mon ava- « ricieux, mon grippe-sou de père, ne veut pas « mourir, le traître !... » Pardonnez-moi, mon maître, de parler ainsi du seigneur Claude ; mais ce sont vos propres paroles que je répète...

— Comment, impudent hâbleur ! tu veux me persuader que la course de cette nuit, employée à aller courtiser une esclave de Faustine, a le moindre rapport avec mon amour pour la belle Gauloise ?

— Je dis la vérité, seigneur.

— Par Hercule ! c'est aussi trop se jouer de moi !... Tu connais, n'est-ce pas ? certain banc garni de chevalets, de poulies et de poids ?

— Oui, seigneur, je le connais parfaitement ; j'en ai tâté... On vous étend d'abord sur le banc, les mains liées au-dessus de la tête ; ensuite on vous attache aux pieds un poids fort lourd ; puis, au moyen d'un très ingénieux tourniquet, on tend violemment la corde qui vous lie les mains : il en résulte nécessairement que le poids qui pend à vos pieds pesant de son côté, vous avez tous les membres disloqués, de sorte qu'à la longue on finit par y gagner quelques lignes de taille...

— Tu serais devenu géant, effronté drôle ! si tu avais seulement gagné une ligne chaque fois que tu as été attaché sur ce banc pour tes scélératesses... Mais je t'y fais étendre à l'instant si tu ne me prouves quel rapport il y a entre la fuite de cette nuit et la belle Gauloise...

— N'avez-vous pas ajouté, seigneur, en parlant de la belle Gauloise : « Ah ! mon cher Syl- « vest ! si tu pouvais imaginer un moyen pour « me rapprocher de cet astre de beauté !... »

— Mais, misérable !... qu'a de commun avec cela l'esclave de Faustine ?...

Les métamorphoses de la magicienne (page 168)

— Un heureux hasard me rappelle qu'une esclave de mon pays, filandière dans les fabriques de l'intendant de la noble Faustine, m'avait parlé il y a peu de jours, ou plutôt peu de nuits; car, seigneur, lorsque vous allez à ces festins, qui doivent durer deux jours et trois nuits, vous me permettez parfois de disposer de quelques heures...

— Je me souviens donc que cette esclave m'avait dit quelques mots de la belle Gauloise, notre compatriote; ignorant alors que cela vous pouvait intéresser, seigneur, je n'avais pas prêté grande attention à ses paroles... Mais, hier, après votre confidence, elles me sont revenues à l'esprit... J'étais à peu près certain de rencontrer l'esclave à l'endroit où elle vient souvent m'attendre à tout hasard; comptant être de retour ici avant vous, seigneur, je cours à la villa de la noble Faustine, je trouve l'esclave, je lui parle de la belle Gauloise... Ah! seigneur!...

— Si vous saviez ce que j'apprends!...
— La belle Gauloise... est ma sœur...
— Ta sœur? mensonge!... Tu veux échapper au fouet en me faisant ce conte...
— Seigneur, je vous dis la vérité... La belle Gauloise doit avoir de vingt-cinq à vingt-six ans; elle est, comme moi, de la Gaule bretonne; elle a été achetée tout enfant, après la bataille de Vannes, par un vieux et riche seigneur romain, nommé Trymalcion.
— En effet, Trymalcion, mort depuis longtemps, a laissé en Italie un renom de magnificence et d'extrême originalité dans ses débauches. Comment! il serait possible!... la belle Gauloise serait ta sœur? — reprit Diavole ayant tout à fait oublié sa colère. — Ta sœur... elle?...

Sylvest, quoiqu'il lui en eût coûté de parler de sa femme et de sa sœur avec cette apparence

21e livraison

de légèreté, s'était résigné à cette feinte; il avait ses projets... Mais son entretien avec son maître fut interrompu par l'arrivée d'un ami de Diavole, un jeune et riche Gaulois de Gascogne, nommé Norbiac, fils d'un de ces traîtres ralliés à la conquête romaine.

Diavole était célèbre par ses débauches, ses dettes et ses maîtresses; le seigneur Norbiac le prenait pour modèle, s'efforçant d'imiter son insolence, sa corruption et jusqu'à la façon de se vêtir; car ces Gaulois dégénérés, reniant leurs costumes, leur langue, leurs dieux, mettaient leur vanité à copier servilement les mœurs et les vices des Romains.

Après avoir échangé quelques paroles amicales, le maître de Sylvest dit au jeune Gaulois :

— Vous permettez, Norbiac, que l'on me rase devant vous; je suis ce matin fort en retard pour ma toilette, grâce à ce pendard, — et Diavole montra Sylvest, — que j'allais rouer de coups quand vous êtes entré...

— J'ai, ce matin aussi, assommé un de mes esclaves... — répondit Norbiac en gonflant ses joues. — C'est la seule manière de traiter ces animaux-là...

Sylvest s'était mis en devoir de raser Diavole... Toutes les fois que l'esclave tenait ainsi à sa portée la gorge de son maître, sur laquelle il promenait le tranchant du rasoir, il se demandait, avec un étonnement toujours nouveau, si c'était par excès de confiance envers ses esclaves, ou par excès de mépris pour eux, qu'un maître souvent impitoyable, livrait ainsi chaque jour sa vie à leur merci; mais Sylvest eût été incapable de se venger par un meurtre aussi lâche. Or, pendant qu'il rasait Diavole, l'entretien continua de la sorte entre lui et Norbiac :

— Je viens, — dit le jeune Gaulois, — vous apprendre une mauvaise nouvelle et vous demander un service, mon cher Diavole !

— Débarrassons-nous d'abord de la mauvaise nouvelle, nous parlerons ensuite du service que vous attendez de moi... l'ennui avant le plaisir.

— Ah! mon ami! il n'y a que vous autres Romains pour donner aux choses ce tour agréable : *L'ennui avant le plaisir*... — répéta Norbiac d'un air charmé. — Combien nous sommes barbares auprès de vous, nous autres de cette grossière et sauvage race gauloise !...

Enfin, comme vous le dites, débarrassons-nous donc d'abord de la mauvaise nouvelle.

— Quelle est-elle ?

— Je viens d'apprendre par un de mes amis, qui arrive du centre de la Gaule, que notre brave armée romaine s'est mise, hélas !... en route pour retourner en Italie...

— Vous dites *notre* brave armée romaine, vous, Gaulois conquis ? — reprit Diavole en riant. — Voilà qui est d'un cœur pacifique !

— Certes, *notre* brave armée romaine... et n'est-ce pas, en effet, notre brave, notre chère armée, celle qui protège nos plaisirs?... Si elle rentre en Italie, ainsi qu'Octave-Auguste en a donné l'ordre funeste, ces misérables populations du centre et de l'ouest de la Gaule, comprimées à grand'peine, vont tenter de se soulever encore à la voix de leurs endiablés druides !... Alors de nouveaux *chefs des cent vallées*, de nouveaux *Ambionix*, de nouveaux *Drapès*, sortiront de dessous terre... là, révolte gagnera du terrain, arrivera jusqu'ici, et adieu à nos plaisirs, à nos folles nuits d'orgie, à nos festins, qui durent d'un soleil à l'autre?!

— Rassurez-vous, Norbiac... Octave-Auguste sait ce qu'il fait; s'il retire l'armée romaine de l'ouest et du centre de la Gaule, c'est qu'il est certain que toute pensée de rébellion est éteinte chez vos sauvages compatriotes !... Eh! oh! ils ont été si souvent et si rudement châtiés par le grand César, qu'il leur a bien fallu renoncer à leurs idées d'indépendance... Et puis, voyez-vous, avec un bon joug ferré, un aiguillon pointu, une lourde charrue derrière eux, peu de sommeil et très-peu de nourriture, les plus farouches taureaux s'assouplissent à la longue...

— Que les dieux vous entendent, cher Diavole ! mais je ne suis pas complètement rassuré... Et si vous saviez où l'on peut mener ces brutes, avec ces mots insipides : *Liberté de la Gaule !*

— Maintenant que je vous ai dit ma mauvaise nouvelle, et bien que je ne partage pas votre sécurité, j'arrive au service que je viens vous demander.

— Un mot, cher Norbiac ; vous êtes voisin de Junius... Savez-vous si sa fille, la belle Lydia...

— Morte... mon cher... morte ce matin, au point du jour...

— Voilà ce que je craignais d'apprendre ; car hier soir, l'on conservait à peine l'espoir de la sauver.

— Pauvre jeune fille !... Une vestale n'était pas plus chaste, dit-on...

— Aussi, excitait-elle autant d'admiration que de curiosité ; car les vestales sont rares à Orange, mon cher Norbiac. Ah! les gardiens du tombeau de Lydia vont avoir fort à faire cette nuit...

— Pourquoi ?

— Et les magiciennes ?... Ignorez-vous qu'elles rôdent toujours autour des tombeaux afin d'emporter quelque bribe humaine pour leurs sortilèges ?... Et il paraît surtout que le corps d'une jeune vierge trépassée est précieux pour leurs maléfices ; aussi, vous le disais-je, comme peu de filles meurent vestales, à Orange, les gardiens du tombeau de Lydia auront à repousser des assauts de sorcières... Junius est de mes amis... Il sera inconsolable de la mort de sa fille... Que Bacchus et Vénus lui viennent en aide!... Et maintenant, cher Norbiac, dites-moi quel service je peux vous rendre, et disposez de moi...

— Votre charmant poète Ovide vient d'écrire l'*Art d'aimer*, c'est bien ; mais qu'est-ce que l'art d'aimer sans l'*art de plaire?* — Or, je vous reconnais humblement passé maître en cet art de plaire, mon cher Diavole ; aussi je viens, moi, Gaulois barbare, vous demander conseil.

— Vous êtes amoureux !

— Passionnément, éperdument... Oui, je suis amoureux... et vous allez rire de la bassesse de mes goûts : j'aime une courtisane...

— La belle Gauloise, peut-être?...

— D'où vient votre étonnement, Diavole ?... Est-ce que, vous aussi ?...

— Moi ?... Par Hercule ! je me soucie de la belle Gauloise comme de faire donner des étrivières à ce drôle que voilà, et qui n'a jamais été plus longtemps à me raser... Finiras-tu, pendard ?... Scélérat, achève ta besogne.

— Seigneur, vous remuez tellement en parlant, — dit Sylvest à son maître, — que je crains de vous couper.

— Commets une pareille maladresse, et la plus légère égratignure à mon menton se traduira, je t'en préviens, en lambeaux de chair enlevés sur ton dos... Vous disiez donc, mon cher Norbiac, que vous étiez amoureux fou de la belle Gauloise?... Sans partager votre goût, je l'approuve ; car, par Vénus ! sa patronne, on ne saurait être plus charmante... Mais, qui vous arrête ? vous êtes riche, vous avez la clé d'or ; le bon Jupin s'en est servi pour entrer chez Danaé... imitez-le...

— Hélas ! la clé d'or ne sert de rien pour entrer chez la belle Gauloise.

— Comment ! une courtisane ?

— Ignorez-vous donc que celle-ci, mon cher Diavole, n'est pas une courtisane comme une autre ? Vous savez que dès qu'une célèbre courtisane arrive dans une ville, ces honnêtes commères, dont votre obligeant Mercure est le patron... se rendent aussitôt près d'elle pour lui offrir leurs services.

— Sans doute, de même que les courtiers vont faire leurs offres aux capitaines de tous les navires entrant dans le port ; c'est la règle du commerce.

— Eh bien, non-seulement ces honnêtes commères n'ont pas été reçues par la belle Gauloise, mais elles ont été brutalement accueillies et chassées par un vieil eunuque, méchant comme un Cerbère.

— Hum !... cela commence à devenir très-inquiétant pour vous, mon cher Norbiac.

— Ce n'est pas tout ; car vous saurez que j'ai dix espions en campagne.

— Bonne précaution.

— La belle Gauloise habite une petite maison près du temple de Diane ; mes espions n'ont pas quitté son logis de l'œil, depuis le jour où je l'ai vue au cirque et où elle a produit une si profonde sensation. Ils se sont relayés nuit et jour, et sauf deux servantes, ils n'ont vu sortir ni entrer personne chez la Gauloise... Je ne sais combien de litières, de chars, de cavaliers, se sont arrêtés à la porte ; mais toujours le vieil eunuque, à figure farouche, les renvoyait sans vouloir entendre à rien...

— Alors que vient-elle faire à Orange, cette belle Gauloise ?

— C'est ce que tout le monde se demande ; enfin, avant-hier, plusieurs jeunes seigneurs romains, trouvant impertinente cette sauvagerie de la belle Gauloise, accompagnés de plusieurs esclaves armés de haches et de leviers, ont ordonné à ces coquins d'enfoncer la porte de la belle Gauloise.

— Par la vaillance de Mars ! un assaut en règle...

— L'assaut a été aussi vain que le reste ; car le préfet de la ville, presque aussitôt instruit du siège de la maison de la courtisane, a envoyé à son secours un centurion suivi de ses soldats... Et, malgré la qualité des jeunes seigneurs, deux d'entre eux ont été conduits dans la prison du prétoire... Il ne me reste presque plus rien à vous apprendre, mon cher Diavole, sinon que je suis allé moi-même affronter le Cerbère... Le vieil eunuque, homme à figure blafarde et gros comme un muid ; je lui ai offert cinq cents sous d'or s'il voulait seulement m'écouter...

— Par Plutus ! voilà parler... et surtout agir en homme sensé... Eh bien, l'eunuque a-t-il prêté l'oreille à vos discours ?

— Il m'a répondu dans un langage barbare... moitié romain, moitié gaulois. J'ai suffisamment compris l'eunuque pour être certain que toutes mes offres seraient vaines ; maintenant, mon cher Diavole, dictez-moi ce que j'ai à faire en cette occurrence. Vous seul me pouvez conseiller en qualité de passé maître en fait de séductions et d'intrigues amoureuses.

— Mon cher Norbiac, faites offrande ce soir à Vénus de deux couples de colombes en or ciselé... Les prêtres de la bonne déesse préfèrent l'or à la plume.

— Une offrande à Vénus ? Pourquoi ?

— Parce qu'elle vous protège.

— Expliquez-vous.

— Diavole, s'adressant alors à Sylvest, lui dit :

— Approche...

Sylvest approcha.

Son maître reprit :

— Cher Norbiac, regardez ce drôle.

— Cet esclave ! votre valet ?

— Oui, examinez-le attentivement.

— Est-ce une plaisanterie ?

— Non, par Hercule !... Voyons, ne trouvez-vous pas une certaine et vague ressemblance... environ comme celle d'une oie avec un cygne ?
— Une ressemblance... avec quel cygne ?
— Avec la belle Gauloise... vos amours.
— Vous vous moquez ?
— Je ne me moque point... Sur cette tête rasée, figurez-vous des cheveux blonds ; au lieu de cette face brûlée par le soleil, imaginez un teint de lis et de rose.
— En effet, je ne l'avais pas attentivement regardé, cet esclave, — dit Norbiac en examinant Sylvest, — et s'il est blond, il a comme la belle Gauloise, chose peu commune, les yeux noirs. Oui, plus je le considère, plus je trouve en effet une vague ressemblance...
— Cela vient sans doute de ce qu'il n'est pas tout à fait du même père que sa sœur, — reprit Diavole en éclatant de rire.

Sylvest sentit que s'il avait tenu en ce moment son maître sous son rasoir, il l'eût peut-être égorgé.

— Mais enfin, — reprit Diavole, — le père a été suffisamment représenté pour que vous reconnaissiez dans ce drôle le frère de la belle Gauloise.
— Son frère !... cet esclave ?
— Lui et votre belle ont été vendus enfants, il y a environ dix-huit ans, de cela, après la bataille de Vannes ; il me contait justement tout à l'heure cette histoire. Est-ce vrai, pendard !
— C'est la vérité, seigneur, — a répondu Sylvest, croyant rêver, car il ne pouvait concevoir le dessein de son maître.
— Tu es son frère ! — s'écria le Gaulois en s'adressant à Sylvest, — alors tu dois savoir...

Diavole l'interrompit :

— Il a seulement appris hier sa parenté, — se hâta-t-il de dire ; — jusqu'alors il n'avait pas vu la belle Gauloise, et il ignorait qu'elle fût sa sœur. Comprenez-vous maintenant, cher Norbiac, que si les entremetteuses, les riches seigneurs ont vu la porte se fermer à leur nez, elle s'ouvrira devant un frère ?
— Ah ! Diavole !.. mon ami ! mon généreux ami, vous me rendez le plus heureux des hommes !
— Maintenant retenez bien ceci : il n'y a pas de courtisane qui ne se puisse acheter, il faut seulement choisir l'heure et mettre le prix. Je suis donc certain que si ce drôle se présente de votre part, avec une bonne cassette pleine d'or et suffisamment garnie de bijoux, comme simple échantillon de votre magnificence...
— Diavole, vous êtes la perle des amis ; je cours chez mon banquier prendre deux mille sous d'or... Mais de votre esclave... vous répondez ! La commission sera fidèlement remplie.
— Il sait d'abord que je lui ferais couper les pieds et les mains s'il refusait de vous servir ; puis, comme cette race est naturellement pillarde, si vous lui confiez votre or, je ne le quitterai pas que je ne l'aie vu entrer devant moi chez la belle Gauloise.
— Ah ! mon ami, voilà de ces services... impossibles à reconnaître, — s'écria Norbiac. — Je cours chercher de l'or... ma litière est en bas, et je reviens bientôt.

Et il sortit.

Sylvest, resté seul avec son maître, le regardait tout ébahi.

— A nous deux maintenant, pendard... As-tu compris mon dessein ?
— Non, seigneur.
— Quelle brute ! En vertu de ton titre de frère... tu iras chez la belle Gauloise...
— Peut-être, seigneur... Je ne sais si je pourrai...
— Je te fais écorcher vif si aujourd'hui tu n'es pas reçu chez elle. Est-ce clair ?
— Très-clair, seigneur. Je m'introduirai donc chez ma sœur.
— Avec la cassette d'or du Gaulois.
— Cassette que je lui offrirai comme un échantillon de la générosité du seigneur ?...
— Du seigneur Diavole... double butor !... Oui, tu offriras cette cassette à la belle Gauloise comme une faible preuve de la magnificence de ton maître, qui t'a accompagné, diras-tu, jusqu'à la porte de la maison ; et, pour convaincre ta sœur, tu la feras venir à sa fenêtre, afin qu'elle me voie attendant sur la place... Comprends-tu, enfin, pendard ?
— Seigneur, je comprends. Vous vous servirez de l'or du seigneur Norbiac pour séduire la belle Gauloise à votre profit... J'admire tant de génie !

Sylvest avait feint de vouloir servir l'amour de son maître pour trouver le moyen et la facilité de se rapprocher de Siomara et d'échapper, non aux tortures, il savait les endurer, mais à la prison, dont aurait pu être punie sa dernière absence nocturne, captivité qui l'eût empêché de voir sa sœur aussi prochainement qu'il le désirait.

Le seigneur Norbiac, ayant apporté sa cassette remplie d'or, combla Diavole de nouveaux remercîments, et se retira en le suppliant de l'instruire le plus promptement possible du bon ou mauvais succès de l'entrevue de Siomara et de l'esclave. Celui-ci, portant la cassette, et suivi de près par son maître, se rendit à la tombée du jour vers le temple de Diane, non loin duquel se trouvait la maison de la belle Gauloise ; il frappa ; bientôt, à travers la porte entre-bâillée, il aperçut la figure de l'eunuque, vieillard d'une grosseur démesurée. Au milieu de sa face bouffie, imberbe, grasse et blafarde, l'on ne voyait que deux petits yeux noirs, perçants et méchants comme ceux d'un reptile ; quelques mèches de cheveux blancs sortaient de dessous son cha-

peron, noir comme sa robe. Il portait des chausses rouges et de vieilles bottines jaunes. Ce vieillard dit brusquement à Sylvest, de sa voix claire et perçante :
— Que veux-tu ?
— Voir ma sœur.
— Quelle sœur ?
— Siomara.
— Tu es le frère de Siomara ?
— Oui.
— Sauve-toi, imposteur ! sinon je te fais goûter d'un bâton de cormier que j'ai là derrière la porte... Hors d'ici, drôle !
— J'avais prévu votre incrédulité, j'apporte avec moi les preuves que Siomara est ma sœur ; si vous me refusez accès auprès d'elle, je saurai, par un moyen ou par un autre, lui apprendre qui je suis, et que j'habite Orange.

Ces mots parurent à la fois surprendre l'eunuque et le faire réfléchir ; il devint soucieux, inquiet, et, tenant toujours la porte entre-bâillée, il dit à l'esclave, en attachant sur lui ses petits yeux de vipère :
— Ton nom ?
— Sylvest.
— Le nom de ton père ?
— Guilhern.
— De ton grand-père ?
— Joel, le brenn de la tribu de Karnak.
— Le nom de ta mère ? de ta grand'mère ?
— Ma mère s'appelait Hénory, ma grand'-mère Margarid.
— Où as-tu été vendu ?
— A Vannes, avec mon père et ma sœur, après la bataille.

L'eunuque parut de plus en plus pensif et contrarié ; il garda le silence pendant quelques instants, laissant toujours Sylvest dehors, tandis que le seigneur Diavole, placé à peu de distance, ne quittait pas son esclave des yeux... Enfin l'eunuque dit à Sylvest :
— Viens...

Et la porte se referma sur lui.

L'eunuque marchant le premier, suivit un étroit corridor, et entra bientôt dans une petite chambre dont il ferma soigneusement la porte ; puis il s'assit à côté d'une table, sortit de sa robe un long poignard très acéré, le plaça près de lui à sa portée, et s'adressant à Sylvest d'un ton bourru :
— Quelques vains mots ne me prouvent pas, à moi, que tu sois le frère de Siomara.
— J'ai d'autres preuves.
— Lesquelles ?
— J'ai sur moi une petite faucille d'or, une clochette d'airain, legs de notre père, et de plus quelques rouleaux où sont racontés divers évènements de famille... Si ma sœur vous a parlé de son enfance et de nos parents, vous verrez par ces écrits que je ne mens pas, et que je suis son frère.
— A moins, chose fort possible, que tu ne sois un vagabond qui aura volé ces objets après avoir tué le vrai Sylvest.
— Il est beaucoup d'autres choses relatives à notre famille dont je suis instruit ; moi seul peux les savoir... quand je les aurai dites à Siomara, elle reconnaîtra qui je suis...
— Approche-toi de cette fenêtre, — dit l'eunuque, car le jour baissait de plus en plus ; — ou bien attends, — reprit-il ; et, prenant un briquet et de l'amadou, il alluma une lampe, et ayant, à sa clarté, examiné longtemps et attentivement l'esclave, il dit :
— Ta figure sera peut-être pour moi une meilleure preuve de ce que tu avances que ces brimborions de *faucille* et de *clochette*.

Après avoir assez longtemps examiné les traits de Sylvest, l'eunuque hocha la tête et murmura, comme se parlant à lui-même :
— Une pareille ressemblance n'est pas due au hasard... La Gauloise disait vrai... on devait, dans leur enfance, les prendre l'un pour l'autre...
— Ma sœur vous a donc parlé de moi ? — reprit Sylvest à l'eunuque, les larmes aux yeux.
— Elle s'est peut-être souvent rappelé son frère !...
— Oh ! très souvent... C'est une créature qui n'oublie rien...

Et les yeux du vieillard prirent une expression de raillerie sinistre.
— Et de mon père ? de ma mère ? Ma sœur vous a-t-elle aussi souvent parlé ?...
— Très souvent, — répondit le vieillard avec la même expression, — très souvent... C'est la perle des filles et des sœurs !... Il est dommage qu'elle ne soit pas mariée, elle serait aussi la perle des épouses ! Mais que lui veux-tu, à ta sœur ?
— La voir... m'entretenir longuement avec elle.
— Vraiment !... Et qu'est-ce que cette cassette, que tu tiens là sous ton bras ?
— C'est de l'or...
— Pour la belle Gauloise ?
— On m'a ordonné de le lui offrir...
— Ton maître, sans doute ? car ta tête rasée et ta livrée annoncent que tu es esclave domestique... Un valet pour frère !... il y a de quoi enorgueillir Siomara... De plus, tu fais l'entremetteur auprès de ta sœur... c'est d'un bon parent...

La fureur monta au front de Sylvest ; mais il se contint et reprit :
— Le hasard m'a offert ce soir le moyen de me rapprocher de ma sœur... je l'emploie...
— Soit... pose cette cassette sur la table...

Et comment, et quand as-tu su que la belle Gauloise était ta sœur?
— Peu vous importe!...
— Ce maraud est tout abandon... Ainsi, tu veux voir ta sœur, sans doute pour lui demander de te racheter des mains de ton maître? ou pour gueuser auprès d'elle quelque aumône?
— En cherchant à voir la fille de mon père, je cède au besoin de mon cœur! — répondit fièrement Sylvest. — Une parcelle de l'or infâme qu'elle gagne pourrait me racheter de la torture et de la mort... que je préférerais la torture et la mort!...
— Entendez-vous ce coquin, avec sa tête rasée et sa souquenille de valet, parler de son honneur! — dit l'eunuque; et regardant Sylvest avec un redoublement de défiance, il ajouta : — Viendrais-tu, scélérat, faire honte à ta sœur de son métier?...
— Plût aux dieux! car j'aimerais mieux la voir tourner, pieds nus, la meule d'un moulin, sous le fouet d'un gardien, que vivre d'une honteuse opulence!... — s'écria Sylvest.
Ces mots prononcés, il les regretta, pensant qu'ils pouvaient empêcher l'eunuque de le conduire auprès de Siomara, de peur qu'elle écoutât les bons conseils de son frère. Mais, à sa grande surprise, l'eunuque, après avoir longtemps et de nouveau réfléchi, se frappa le front comme éclairé d'une idée subite, prit la lampe d'une main, de l'autre son poignard, et dit à Sylvest :
— Suis-moi...
Le vieillard ouvrit la porte, précédant l'esclave dans un couloir tortueux, où ils marchèrent durant quelques instants; puis, soufflant soudain la lampe, il dit à Sylvest, au milieu d'une obscurité profonde :
— Passe devant moi.
Sylvest obéit, quoique très surpris, et se glissa, non sans peine, entre le gros eunuque et la muraille de l'étroit couloir.
— Maintenant, — reprit le vieillard, — va toujours devant toi jusqu'à ce que tu trouves un mur... L'as-tu rencontré?
— Je viens de m'y heurter.
— Ne bouge pas et écoute bien.
L'eunuque cessa de parler, puis bientôt il ajouta :
— Qu'as-tu entendu?
— J'ai entendu comme le bruit d'une coulisse glissant dans sa rainure.
— Tu devrais l'appeler Fine-Oreille... Adosse-toi au mur... Est-ce fait?...
— Oui.
— Avance avec précaution un de tes pieds à un pas devant toi, comme pour tâter le terrain... Que sens-tu?
— Le vide... — reprit Sylvest effrayé en se retirant vivement en arrière et s'adossant à la muraille.
— Oui, c'est le vide! — reprit la voix de l'eunuque. — Si tu fais un pas pour sortir de ce recoin... tu tombes au fond d'un abîme... abandonné, où tu te briseras les os, et dont tu ne sortiras plus, car je refermerai sur toi la trappe... maintenant béante à tes pieds!
— Pourquoi cette menace?... Quel est votre but?...
— Mon but est d'être certain que tu ne bougeras pas de là pendant que je vais ailleurs... Attends-moi...
Et l'esclave, entendant les pas du vieillard qui se retirait, s'écria :
— Mais, ma sœur! ma sœur!...
— Tu vas la voir...
— Où cela?...
— Où tu es, — reprit la voix de l'eunuque, de plus en plus lointaine. — Tournes-toi du côté du mur... regarde... et...
Les derniers mots de l'eunuque ne parvinrent pas aux oreilles de Sylvest... Il se crut le jouet de ce méchant vieillard... Cependant il se retourna machinalement du côté de la muraille, et fut frappé d'une chose étrange... Peu à peu il distingua des objets d'abord inaperçus, il lui sembla que le mur devenait transparent à la hauteur de ses yeux... Ce fut d'abord une sorte de brouillard blanchâtre; puis il s'éclaircit lentement, et fit place à une faible lueur, semblable à l'aube du jour... L'esclave aurait pu couvrir de ses deux mains le point le plus lumineux de cette lueur circulaire, qui, se dégradant ensuite insensiblement, se fondait dans les ténèbres environnantes. Il tâta la muraille à cet endroit : il rencontra une surface polie, unie et froide comme le marbre ou l'acier. La clarté allait toujours grandissant; l'on aurait dit l'orbe de la lune en son plein, se dégageant de moment en moment des légères vapeurs grises dont parfois elle est voilée... Enfin ce disque devint tout à fait transparent, et Sylvest vit à travers cette transparence une chambre voûtée dont son regard ne pouvait embrasser qu'une partie. Une lampe semblable à celles qui brûlent incessamment à l'intérieur des tombeaux romains, pendait à une chaîne de fer et éclairait ces lieux. Il remarqua, non sans horreur, sur des tablettes placées au long du mur, plusieurs têtes de morts aux os blanchis, mais qui conservaient encore leurs chevelures longues, soyeuses comme des chevelures de femmes... Sur une table couverte d'instruments bizarres, en acier, il vit encore des vases de forme étrange, des mains de squelettes aux doigts osseux, couvertes de pierreries... Et, chose effrayante!... une petite main d'enfant fraîchement coupée... encore saignante...
Près de cette table un trépied de bronze,

rempli de braise, supportait un vase d'airain, d'où sortait une vapeur bleuâtre; de l'autre côté de la table se trouvait un grand coffre de bois précieux, et, au-dessus un miroir composé d'une plaque d'argent bruni. Sur ce coffre était une ceinture rouge, couverte de caractères magiques, pareille à la ceinture que portait la sorcière thessalienne que l'esclave avait vue chez Faustine la nuit précédente. Dans un des angles de cette chambre était un lit de repos en bois de cèdre, incrusté d'ivoire et recouvert d'un tapis richement brodé. A la tête de ce lit s'élevait une petite colonne de porphyre au chapiteau d'argent, précieusement ciselé, sur lequel on voyait placé, ainsi qu'une relique, le sabot d'un âne à la corne luisante, comme l'ébène, et tourné de telle sorte que Sylvest s'aperçut que ce sabot avait un fer d'or, et que cinq gros diamants remplaçaient les clous de la ferrure. Il crut d'abord cette chambre inoccupée, car son regard ne pouvait en embrasser qu'une partie. Soudain apparut une femme, marchant à reculons et lui tournant le dos. Elle envoyait des baisers vers un endroit invisible. A demi vêtue d'une tunique de lin, qui laissait nus ses épaules et ses bras aussi blancs que l'albâtre, cette femme était d'une taille élevée, svelte, et ressemblait à la Diane des Romains. L'une des épaisses et longues tresses de ses cheveux blonds, détachés de sa coiffure, pendait jusqu'à ses pieds. A la vue de ces cheveux blonds.... blonds comme ceux de sa sœur, Sylvest tressaillit; puis cette femme, après avoir envoyé du bout de ses doigts délicats un dernier baiser dans la même direction que les premiers, se jeta sur le lit de repos, et ainsi tourna le lit du côté de Sylvest...

C'était elle... Siomara... oui, c'était bien elle. Grâce à la présence de ces doux souvenirs d'enfance, seule consolation de sa servitude... grâce à la ressemblance frappante de sa sœur avec leur mère Hénory, Sylvest ne pouvait méconnaître Siomara, et jamais il n'avait rencontré plus éblouissante beauté. Aussi, oubliant la perdition de cette infortunée, oubliant les objets étranges, hideux, horribles, dont elle était entourée, il n'eut pour elle que des regards humides de tendresse et d'admiration.

Siomara, la joue animée d'un rose vif, ses grands yeux noirs brillant comme des étoiles sous leurs longs cils, sa chevelure blonde et dorée, à demi dénouée, tombant sur ses blanches épaules, s'accouda sur le lit de repos, de son autre main essuya son front tiède... puis laissa tomber sa tête alanguie sur un des coussins en fermant à demi les yeux, cherchant sans doute le repos ou le sommeil.

Sylvest put ainsi contempler longuement sa sœur... Alors il versa des larmes cruelles... Cette figure enchanteresse, rose, fraîche, ingénue comme celle d'une vierge, était celle d'une courtisane, vouée par l'esclavage, et dès son enfance, à un métier infâme !... La honte au front, la colère au cœur, il pensa que les baisers, envoyés par sa sœur à un être invisible, s'adressaient peut-être au gladiateur Mont-Liban, puis enfin les objets sinistres dont cette chambre était remplie frappèrent de nouveau les regards de Sylvest... ces têtes de morts aux longues chevelures, ces doigts de squelettes, chargés de pierreries... cette main d'enfant fraîchement coupée... saignante encore... Et Siomara, étendue sur le lit de repos, sommeillait, paisible et riante, au milieu de ces débris humains... Il trouvait fatal ce hasard, qui, durant deux nuits de suite, l'une chez Faustine, l'autre en ce dernier lieu, le rendait spectateur invisible de mystères étranges...

Bientôt Siomara sembla sortir en sursaut de son assoupissement, elle tressaillit, se redressa comme si elle eût entendu quelque bruit ou quelque signal, abandonna le lit de repos, se leva et alla regarder un sablier à moitié vide, qui lui rappela sans doute une heure fixée par elle, car elle se hâta de rajuster les nattes de sa coiffure... Alors elle prit sur la table un flacon de forme bizarre, et en versa plusieurs gouttes dans le vase d'airain posé sur un trépied, d'où sortait une lueur bleuâtre; cette lueur se changea en plusieurs jets de flamme d'un rouge vif; tant qu'ils durèrent, Siomara exposa au-dessus d'eux une plaque de métal poli... Les jets de flamme rouge éteints, elle examina curieusement les traces noirâtres laissées par le feu sur le poli du métal... L'esclave ne put s'empêcher de se rappeler en frémissant les sortilèges de la hideuse sorcière thessalienne. Mais bientôt Siomara jeta la plaque loin d'elle, frappa dans ses mains en signe de contentement; sa figure devint rayonnante, et elle courut au coffre de bois de cèdre, placé au-dessous du miroir d'argent bruni... Ainsi posée, elle tournait de nouveau le dos à Sylvest; elle ouvrit le coffre, en tira une longue robe noire, s'en vêtit, et la serra à sa taille au moyen de la ceinture rouge accrochée près du miroir... A la vue de cette robe noire et de cette ceinture magique, une sueur froide inonda le front de Sylvest; il voyait sa sœur habillée comme la sorcière thessalienne introduite chez Faustine... Siomara, le dos toujours tourné, s'était baissée de nouveau vers le coffre, y prit une sorte de moule à capuchon, dont elle couvrit soigneusement sa tête, et se retourna pour se rapprocher de nouveau du trépied d'airain.

Dieux secourables! la raison de Sylvest était ferme, car en ce moment il n'est pas devenu fou!... mais le vertige l'a saisi... Non, ce n'était plus Siomara qu'il voyait... c'était la sorcière thessalienne, qui, la nuit précédente, avait demandé, chez la grande dame romaine, la mort d'une esclave... Oui, c'était la magicienne... c'était elle-même... son teint cuivré, son visage sillonné des rides de la vieillesse, son nez en bec d'oiseau de nuit, ses épais sourcils gris comme les mèches de cheveux sortant çà et là de son capuce... Oui, c'était la Thessalienne... Avait-elle, par un charme magique, pris jusqu'alors les traits de Siomara? ou Siomara prenait-elle, par sortilège, les traits de la hideuse vieille?... Sylvest l'ignorait; mais il avait, devant les yeux la Thessalienne... Cette transformation surhumaine, égarant presque sa raison, le frappa d'épouvante; ne songeant qu'à fuir cette infernale demeure, il oublia l'abîme infranchissable ouvert devant lui... Mais à peine eût-il, marchant à tâtons, avancé l'un de ses pieds, qu'il rencontra le vide... Il voulut se jeter en arrière... Ce brusque mouvement le fit trébucher, tomber, glisser dans l'ouverture béante... Il n'eut que le temps de se cramponner de ses deux mains au rebord du plancher, et resta ainsi un instant le corps suspendu au-dessus de cette profondeur inconnue. Oh! sans le souvenir de Loyse et de l'enfant qu'elle portait dans son sein, l'esclave n'eût pas tenté d'échapper à la mort... il se serait laissé rouler dans le gouffre; mais son amour pour sa femme lui donna des forces surhumaines : il raidit ses poignets, parvint à s'enlever assez pour pouvoir appuyer l'un de ses genoux sur le bord de l'ouverture de la trappe et échapper à ce danger... Alors, épuisé par ces efforts, écrasé par son affreuse découverte, il se laissa tomber sur le plancher.

Combien de temps resta-t-il dans cet anéantissement du corps et de l'esprit? il l'ignore... Lorsqu'il revint à lui, il crut d'abord avoir été le jouet d'un songe; puis, la réalité se retraçant à sa mémoire, il reconnut hélas! que ce n'était pas là un songe... Il supposa que l'eunuque l'avait fait ainsi assister, invisible, à d'affreux mystères... pour lui inspirer l'horreur de sa sœur, et rendre impossible un rapprochement entre eux : entrevue peut-être redoutée par le vieillard. Sylvest, sans le gouffre ouvert à ses pieds, aurait à jamais fui ce lieu maudit! Ses sens ranimés, il s'aperçut que la clarté transparente, quoique obscurcie, régnait toujours dans l'épaisseur de la muraille... Cédant malgré lui à une terrible curiosité, il se leva et regarda. La chambre était déserte, la lampe de fer éteinte, la lueur bleuâtre du vase d'airain, placé sur le trépied, éclairait seul ce lieu sinistre. Au bout de peu de temps, la sorcière reparut, tenant à la main un paquet enveloppé d'une étoffe noire; elle la déroula précipitamment, et en retira une tête fraîchement coupée... Sylvest reconnut, à la clarté bleuâtre du trépied, la tête de la belle Lydia... cette jeune vierge morte depuis la veille, qu'il avait souvent vue et admirée dans les rues d'Orange... Il se souvint alors des paroles de son maître, disant le matin au seigneur Norbiac, que les gardiens du tombeau de Lydia auraient grand'peine à préserver ses restes des profanations des magiciennes... ajoutant avec cynisme que les jeunes filles mortes vestales devenaient rares à Orange, et que leurs corps étaient incomparables pour les sortilèges.

L'horrible vieille, car Sylvest commençait à se croire le jouet d'une vision ou de l'erreur de ses yeux, et se refusait à croire que Siomara et la magicienne ne fussent qu'une seule et même personne, l'eunuque vieille posa la tête de Lydia sur la table, ainsi qu'un autre lambeau de chair sanglant et informe, mit ce lambeau dans la main d'enfant fraîchement coupée, la plaça sur la tête de Lydia, et l'y fixa au moyen des longs cheveux de la morte.

Sylvest sentit soudain une main s'appuyer sur son épaule, la voix claire et railleuse de l'eunuque lui dit dans les ténèbres :

— Le gouffre n'est plus ouvert sous tes pieds... tu peux me suivre sans danger... Es-tu content?... tu as vu ta sœur, Siomara, la belle Gauloise, la courtisane adorée?...

— Non! — s'écria l'esclave en s'avançant éperdu dans l'ombre. — Non, je n'ai pas vu ma sœur... non, cette horrible magicienne n'est pas Siomara!... Tout ceci est magie et sortilèges... Laissez-moi fuir cette maison maudite!...

Mais l'eunuque, barrant avec son gros corps l'étroit passage du couloir, força l'esclave de rester à sa place, et lui dit :

— Quoi! maintenant tu veux t'en aller sans parler à ta sœur? Qu'est donc devenue cette furieuse tendresse pour la fille de ta mère?...

— Non, ce n'est pas là ma sœur... ou si c'est elle, je n'ai plus de sœur... laisse-moi fuir!...

— Ce n'est pas ta sœur? et pourquoi? — reprit l'eunuque en éclatant de rire. — Est-ce parce que, belle comme Vénus, elle s'est tout à coup changée en vieille hideuse comme l'une des trois parques?... Et avant-hier donc, si tu l'avais vue... nue comme Cypris sortant des flots, se frotter d'une huile magique, et aussitôt ce beau corps se couvrir d'un léger duvet, ces bras charmants s'amoindrir et disparaître sous de longues ailes, ces jambes de Diane chasseresse et ces pieds délicats se changer en serres d'oiseau de nuit... son cou gracieux se gonfler, s'emplumer, et cette tête adorée prendre la figure d'une orfraie qui, poussant trois cris funèbres, s'est envolée à travers la voûte de la salle...

— Laissez-moi fuir... vous me rendrez fou!...

— Qu'aurais-tu dit l'autre soir, où Siomara s'est changée en louve fauve, pour aller, au déclin de la lune, rôder autour des gibets et en

Le gladiateur amoureux (page 171)

rapporter ici entre ses dents le crâne d'un supplicié nécessaire à ses enchantements?
— Dieux secourables, ayez pitié de moi!!..
— Et l'autre nuit, où, prenant la forme d'une couleuvre noire, Siomara est allée se glisser dans le berceau d'un nouveau-né, dormant près du lit de sa mère, et, s'enroulant doucement autour du cou de l'enfant, tandis qu'elle approchait sa tête de reptile des petites lèvres roses de la victime, afin d'aspirer son dernier souffle... Siomara l'a étranglé, ce nouveau-né, dont le dernier souffle était nécessaire à ses sortilèges!
— Je suis dans l'épouvante! — a murmuré Sylvest. — Est-ce que je rêve? est-ce que je veille?... Quelle horrible confidence!
— Tu veilles, par Hercule!... Oui, tu es bien éveillé... mais tu as peur... Comment, infâme poltron! tu as une sœur qui, par sa puissance magique, peut devenir tour à tour la belle Gauloise, orfraie, louve, couleuvre... qui peut enfin revêtir toutes les figures, et tu ne te réjouis pas... pour l'honneur de ta famille!...

Sylvest sentit sa raison un instant défaillir; il crut aux paroles de l'eunuque... Siomara, se métamorphosant en hideuse magicienne, ne pouvait-elle pas aussi se transformer en orfraie, en louve ou en couleuvre?

Le vieillard, barrant toujours le passage avec son gros corps, continua:
— Quoi, butor! tu ne me remercies pas, moi qui t'ai placé en ce bon endroit afin de t'initier aux secrets de la vie de Siomara... de sorte qu'en la voyant tout à l'heure tu puisses la serrer tendrement contre ton cœur de frère, et lui dire: « Tu es la digne fille de notre mère!... »
— O tout-puissant Hésus! sois miséricordieux!... ôte-moi la vie, ou éteins tout à fait ma pensée, que je n'entende plus ce démon!... —

22e livraison

dit Sylvest, tellement abattu, étourdi, qu'il ne se sentait ni la force ni le courage d'employer la violence pour fuir.

— Quoi! je te place là, afin que tu puisses voir aussi et connaître le galant de ta sœur... approuver son bon goût, la féliciter tout à l'heure de son choix, et tu restes là... stupide comme une autruche, sans me dire un mot ?... Réponds donc !... Tu le connais maintenant, je l'espère, le galant de Siomara... tu as vu *Belphégor !*

— Je n'ai vu personne... murmura Sylvest, de plus en plus éperdu et répondant pour ainsi dire malgré sa volonté. — La jeune femme qui était là... oh! non ! ce n'était pas ma sœur... est entrée en envoyant des baisers..... à quelqu'un que je ne pouvais apercevoir... J'ai cru que c'était au gladiateur Mont-Liban qu'elle les adressait...

— Mont-Liban ! — reprit l'eunuque en éclatant de rire. — Siomara méprise Mont-Liban comme la boue de ses sandales... elle donnerait dix Mont-Liban pour un Belphégor...

Comment, tu ne l'as pas vu, ce beau mignon ?
— Non...
— C'est possible... elle aura pénétré chez lui, au lieu de le faire entrer chez elle... Leurs chambres sont de plain-pied ; aussi, en sortant, lui aura-t-elle envoyé d'amoureux baisers à travers la porte... Ah ! tu n'as pas vu Belphégor! c'est dommage... Veux-tu savoir qui est ce mignon chéri ? ce galant que bien des grandes dames envieraient à Siomara, si elles le lui connaissaient? Eh bien ce galant, c'est...

Et l'eunuque a dit deux mots à Sylvest.

Celui-ci a poussé un cri horrible, car un souvenir récent traversait son esprit... Alors, dans sa terreur et sa rage, il s'est précipité violemment sur l'eunuque, l'a renversé, foulé aux pieds, s'est ainsi ouvert un passage, a couru devant lui dans les ténèbres, se heurtant çà et là aux murailles, poursuivi par les rires affreux de l'eunuque, qui, s'étant relevé, le poursuivait en répétant : un âne est l'amant de ta sœur !

— Belphégor !... Belphégor !...

CHAPITRE IV

Le gladiateur Mont-Liban. — Siomara. — Le lion amoureux. — Siomara reconnaît Sylvest. — Ce qui est advenu à Sylvest et à sa sœur depuis leur séparation. — Sylvest, arrêté chez Siomara, est ramené chez le seigneur Diavolo, et ensuite conduit au cirque pour être livré aux bêtes féroces lors du prochain spectacle.

Sylvest, toujours fuyant la poursuite de l'eunuque, aperçut à l'extrémité du couloir une vive lumière, se précipita de ce côté, reconnut le vestibule, tira le verrou intérieur de la porte de la rue; il se crut sauvé; mais au moment où il mettait le pied dehors, il se trouva en face d'un homme d'une taille gigantesque, qui, d'une main de fer, le saisit à la gorge, le rejeta au loin dans le vestibule, puis verrouilla et ferma la porte en dedans, au moment où l'eunuque arrivait essoufflé, en criant :

— Belphégor !... Belphégor !...

A la vue du géant, l'eunuque, reculant de deux pas, s'écria d'un air courroucé :

— Mont-Liban !... toi ici !...

— Mort et massacre !... — s'écria le gladiateur d'un ton menaçant ; — la belle Gauloise ne se jouera pas plus longtemps de moi... Depuis la chute du jour, je suis embusqué dans une maison en face de celle-ci... J'ai vu venir ce misérable esclave accompagné de son maître, le seigneur Diavolo; ils se sont arrêtés à quelques pas de ce logis : le maître a parlé à l'esclave; celui-ci, tenant sous son bras une cassette, a frappé à cette porte ; elle s'est ouverte et refermée sur lui... Cela se passait à la nuit tombante... et voici bientôt l'aube... Ravage et furies ! me prend-on pour un oison?...

— On te prend pour ce que tu vaux, pour ce que tu es, boucher de chair humaine! sac à vin ! désolation des outres pleines !... — s'écria l'eunuque de sa voix claire et perçante. — Hors d'ici, pilier de taverne ! effroi des cabaretiers ! hors de céans, taureau de combat !... Il n'y a personne à transpercer ici, et tes beuglements ne me font pas peur !...

— Veux-tu que je t'étouffe dans ta graisse ? vieux chapon bardé de lard ! Veux-tu que je te crève à coups de bâton ? molle et flasque panse ! — s'écria le gladiateur en levant sur le vieillard une grande canne d'ébène, ayant pour pomme la tête arrondie d'un os humain. — Sang et entrailles ! si tu dis encore un mot, tu n'en diras pas un second... Prends garde à toi, tonne de lard rance !...

Ainsi parlait Mont-Liban, ce gladiateur célèbre, que les grandes dames romaines poursuivaient de leurs impudiques désirs... Il paraissait jeune encore; mais l'expression de ses traits rudes, grossiers, était insolente et stupide... Un coup de sabre, commençant au front et allant se perdre dans son épaisse barbe fauve, lui avait crevé l'œil gauche. Les taches de vin et de graisse souillaient ses vêtements ; sa tunique, brodée d'argent, mais en désordre et mal agrafée, laissait voir sa poitrine d'Hercule, velue comme celle d'un ours. Ses chausses de peau de daim et ses bottines militaires bordées de galons d'or, semblaient aussi sordides que le reste de son accoutrement. Une large et longue épée pendait à son côté; il portait sur la tête un chaperon de feutre, orné d'une longue aigrette rouge, et tenait à la main sa grosse canne d'ébène, ayant pour pommeau la tête arrondie d'un os humain, souvenir d'un de ses combats. Oui, tel était ce Mont-Liban, ce héros des cirques, dont les nobles dames d'Orange se disputaient la possession, et qui avait répondu par un dédaigneux refus aux provocations de Faustine...

Au bruit croissant de la dispute du gladiateur et de l'eunuque, une porte intérieure du vestibule s'ouvrit... Sylvest vit paraître Siomara, non plus transfigurée en hideuse sorcière, mais jeune, mais fière, mais belle! oh! mille fois plus belle encore que l'esclave ne l'avait vue au commencement de cette nuit maudite... Mais ce n'était pas elle... non, ce n'était pas elle qu'il avait vue... Il ne pouvait le croire. Les épais cheveux de Siomara étaient retenus dans une résille à mailles d'argent; elle portait deux tuniques, l'une blanche et très longue; l'autre bleu céleste, courte et brodée d'or et de perles, laissait son cou et ses bras nus... En revoyant sa sœur d'une beauté si brillante, si pure, Sylvest crut plus que jamais avoir fait un songe horrible pendant cette nuit... Non, non, pensait-il, une courtisane monstrueusement débauchée, une sorcière maudite, n'auraient pas ce front chaste et fier, ce doux et noble regard; non, l'infâme eunuque a menti, les apparences sont souvent trompeuses, mes yeux même, cette nuit, ont été dupes d'une illusion... il y a là un mystère impénétrable à ma raison... Mais la Siomara que je vois là est bien ma sœur... celle de cette nuit m'était apparue sans doute par sortilège...

Ainsi pensait l'esclave, caché dans l'ombre du vestibule par l'épaisseur d'une colonne... Jusqu'alors inaperçu de la courtisane, il attendait ce qui allait advenir entre elle, l'eunuque et le gladiateur. Celui-ci avait paru perdre sa grossière audace à la vue de Siomara, qui, le regard impérieux, menaçant, la tête haute, fit un pas vers le géant.

— Quel est ce bruit dans ma maison? — lui dit-elle durement. — Mont-Liban se croit-il ici dans une de ces tavernes où il va s'enivrer chaque nuit?...

— Cette brute sauvage ne sait que rugir, — reprit l'eunuque. — Et, par Jupiter! je...

— Tais-toi... — dit Siomara au vieillard en l'interrompant; puis, s'adressant au gladiateur, elle ajouta d'un ton d'impératrice:

— A genoux!... et demande pardon de ton insolence...

— Siomara, écoute, — balbutia Mont-Liban, dont le trouble et la confusion augmentaient; — je veux t'expliquer...

— A genoux d'abord... Repens-toi de ton insolence... tu parleras ensuite, si je le veux...

— Siomara! — reprit le gladiateur en joignant les mains d'un air suppliant, — un mot... un seul... pour me justifier — je t'aime.

— A genoux!... reprit-elle impatiemment, — à genoux donc!...

L'Hercule, avec la docilité craintive de l'ours à la chaîne, qui obéit à son maître, s'agenouilla en disant:

— Me voilà donc à genoux... moi... Mont-Liban... moi, qui vois à mes pieds les plus grandes dames d'Orange...

— Et c'est sur elles que je marche en te foulant aux pieds... — dit Siomara avec un geste de dédain superbe. — Baisse la tête... plus bas... plus bas encore!...

Le géant obéit, se prosterna la face presque sur la dalle... Alors Siomara, appuyant le bout de sa petite sandale brodée sur la nuque de ce taureau, lui dit:

— Te repens-tu de ton insolence?

— Je m'en repens...

— Maintenant hors d'ici! — ajouta Siomara en le repoussant du pied, — hors d'ici au plus vite, et n'y rentre jamais!...

— Siomara... tu méprises mon amour! — reprit le gladiateur en se redressant sur ses genoux, où il resta un moment l'air implorant et désolé, — et pourtant je ne donne pas un coup d'épée sans prononcer ton nom; je n'égorge pas un vaincu sans t'en faire honneur! Je me ris de toutes les femmes qui me poursuivent de leur amour... Et quand je me trouve trop malheureux de tes dédains, je vais m'enivrer dans les tavernes... Je me résignerais à tes mépris sans me plaindre, si chacun était rebuté comme moi... Mais enfin, ce vil esclave, — et le gladiateur désigna Sylvest en se relevant, — ce vil esclave est resté presque toute la nuit chez toi, Siomara... pour son compte ou pour celui de son maître... Aussi, n'ai-je pu vaincre mon courroux... et je suis entré chez toi.

La sœur de Sylvest, ayant suivi du regard le geste de Mont-Liban, remarqua, pour la première fois, l'esclave, jusqu'alors toujours caché dans l'ombre et sous l'épaisseur d'une des colonnes du vestibule.

— Quel est cet homme? — dit-elle en s'avançant rapidement vers Sylvest; puis, le prenant vivement par le bras, elle lui fit faire un pas, de sorte qu'il eut la figure entièrement éclairée par la lumière de la lampe. — Qui es-tu? à qui appartiens-tu? — ajouta-t-elle en regardant fixement l'esclave. — Que fais-tu là?...

L'eunuque paraissait attendre avec crainte la réponse de Sylvest, tandis que lui ne trouvait pas une parole, s'efforçant d'oublier les mystères de cette nuit fatale; il sentait sa tendresse fraternelle lutter contre l'épouvante que lui avait inspirée Siomara... Mais celle-ci, après avoir un instant contemplé l'esclave en silence, tressaillit, l'attira encore plus près de la lampe, et alors, l'examinant avec un redoublement d'attention et de curiosité, ses deux mains placées

sur ses épaules... et ces mains, Sylvest les sentit légèrement trembler... Siomara lui dit :
— De quel pays es-tu ?
Sylvest hésita un moment encore ; il fut sur le point de répondre de manière à tromper sa sœur... Mais en voyant si près de lui ce beau visage, qui lui rappelait tant celui de sa mère... mais en sentant sur ses épaules ces mains si souvent enlacées dans les siennes, au temps heureux de son enfance, il ne vit plus que sa sœur, qui reprit avec impatience :
— N'entends-tu donc pas la langue romaine ?... Je te demande de quel pays tu es ?..
— Je suis Gaulois.
— De quelle province ?... — lui dit alors Siomara en langue gauloise.
— De Bretagne.
— De quelle tribu ?
— De la tribu de Karnak.
— Depuis quand es-tu esclave ?
— J'ai été vendu tout enfant après la bataille de Vannes.
— Avais-tu une sœur ?
— Oui... elle était moins âgée que moi d'une année. Nous nous aimions tendrement.
— Et elle a été vendue comme toi, tout enfant ?
— Oui. Un riche seigneur a acheté ma sœur.
— Tu ne l'as jamais revue depuis ce temps-là ?
— Non... hélas ! je ne l'ai jamais revue.
— Viens, suis-moi... — dit à l'esclave Siomara, pendant que le gladiateur et l'eunuque semblaient, l'un soucieux, l'autre courroucé de cet entretien en langue gauloise, que sans doute ils ne comprenaient pas. La courtisane fit un pas vers l'appartement intérieur, paraissant avoir complètement oublié Mont-Liban ; mais, se ravisant, elle se tourna vers lui... et lui adressant cette fois le plus doux sourire :
— Tu as humilié ton front sous mon pied... toi, le vaillant des vaillants ! — lui dit-elle... — Baise cette main... — et elle avança le bras. — Continue de désespérer les grandes dames romaines, comme je désespère les nobles seigneurs... Mais il ne l'est pas défendu d'espérer... tu m'as comprise, cœur de lion ?...
Le gladiateur s'était jeté à genoux pour presser contre ses grosses lèvres la main de Siomara, la courtisane... Il fallait que cet homme féroce, brutal, débauché, fût profondément épris, malgré la grossièreté de sa nature ; car, pendant qu'il baisait la main de Siomara avec une sorte de respect mêlé d'ardeur, une larme tomba de son œil attendri ; puis, se relevant, pendant que Siomara faisait signe à son frère de la suivre, Mont-Liban s'écria d'un air exalté :
— Par toutes les gorges que j'ai coupées ! par toutes celles que je couperai encore ! Siomara... tu peux dire à l'univers que tout le cœur et l'épée de Mont-Liban sont à toi !...

La courtisane, laissant le gladiateur exclamer sa passion, et l'eunuque dévorer sans doute la colère que lui causait le rapprochement du frère et de la sœur, quitta le vestibule, fit signe à Sylvest de la suivre, et le conduisit dans une chambre meublée avec magnificence, où tous deux restèrent seuls... Alors Siomara se jeta au cou de son frère, et lui dit avec une expression d'inexprimable tendresse, en le serrant passionnément contre sa poitrine :
— Sylvest... tu ne me reconnais pas, moi qui t'ai eu sitôt reconnu ? Je suis ta sœur... vendue comme toi, il y a dix-huit ans, après la bataille de Vannes !...
— Je t'avais bien reconnue...
— Tu dis cela froidement, frère... tu détournes les yeux... ton visage est sombre... Est-ce ainsi que l'on accueille la compagne de son enfance... après une si longue séparation ?... Ingrat... moi qui ne passais pas un jour sans penser à toi... Oh ! c'est à en pleurer !...
Et, en effet, ses yeux se remplirent de larmes.
— Écoute, Siomara... d'un mot tu peux me rendre le plus misérable des hommes ou le plus heureux des frères !...
— Oh ! parle !...
— D'un mot tu peux appeler de mon cœur à mes lèvres tout ce que j'ai thésaurisé d'affection pour toi depuis tant d'années !...
— Parle... parle vite !...
— Un mot de toi enfin, et nous continuerons cet entretien, qu'hier j'aurais acheté au prix de mon sang ; sinon je quitte cette maison à l'instant pour ne jamais te revoir...
— Ne jamais me revoir !... et pourquoi ? que t'ai-je fait ? En quoi ai-je pu t'offenser ?
— Siomara, les dieux de nos pères m'en sont témoins... lorsque j'ai appris que la belle Gauloise... la célèbre courtisane, c'était toi... grande a été ma douleur et ma honte, ma sœur... Mais j'ai songé à la corruption forcée que presque toujours l'esclavage impose... lorsqu'il vous prend tout enfant... et surtout j'ai songé que ton maître, qui t'avait achetée à l'âge de neuf ans, se nommait Trymalcion... C'est donc une profonde pitié que j'ai ressentie pour toi... c'est ce sentiment qui m'a conduit ici dans ta maison... hier soir, à la tombée du jour...
— Tu es ici depuis hier soir ?... — dit Siomara en regardant son frère avec stupeur. — Tu as passé la nuit ici ?...
— Oui... oui, ma sœur.
— C'est impossible !...
— Je te l'ai dit, Siomara, d'un mot tu vas décider si je dois te chérir en te plaignant, ou m'éloigner de toi avec horreur !...
— Moi... l'inspirer de l'horreur !... — reprit-elle d'un air ingénument surpris, d'un ton si doux reproche, que Sylvest en fut saisi. — Pourquoi, frère, aurais-tu horreur de moi ?

Et elle attacha tranquillement ses beaux grands yeux sur ceux de l'esclave... Il se sentit de plus en plus ébranlé; ses doutes renaissant pourtant, il reprit :

— Ecoute encore : hier soir j'ai frappé à ta porte, qui m'a été ouverte par ton eunuque... je lui ai dit que j'étais ton frère...

— Tu lui as confié cela ?... — s'écria-t-elle. Puis elle sembla réfléchir...

— Il a paru inquiet et courroucé de ma révélation ; puis il m'a dit : Tu veux voir ta sœur, je vais te la montrer, viens... Et il m'a précédé dans un étroit couloir... Au bout d'un instant, il a éteint sa lampe, me disant d'avancer toujours... J'ai obéi, j'ai rencontré un mur... En même temps un gouffre s'est ouvert à mes pieds... L'eunuque m'a dit alors de ne pas bouger de là au péril de ma vie, et de regarder la muraille...

— Comment ! — reprit-elle avec autant d'étonnement que de candeur, tandis qu'un léger sourire d'incrédulité effleurait ses lèvres.

— Pour me voir, il t'a dit de regarder la muraille... Parles-tu sérieusement, bon et cher frère ?...

— Je parle si sérieusement, Siomara, qu'en cet instant je ressens une terrible angoisse... car ce mot fatal que j'attends de toi, tu vas le prononcer... Ecoute encore... J'ai donc suivi le conseil de l'eunuque, j'ai concentré mon attention sur la muraille, et alors...

— Et alors ?...

— Par je ne sais quel prodige, ce mur est devenu transparent... et j'ai vu, dans une chambre voûtée, une femme... Elle avait ta ressemblance... cette femme... Etait-ce toi, Siomara ? était-ce toi ou ton spectre ?... était-ce toi... oui ou non ?...

Et pendant que Sylvest tremblait de tous ses membres, attendant la réponse de sa sœur :

— Moi... dans une chambre voûtée ? — répéta-t-elle, comme si son frère lui eût dit quelque chose d'incroyable, d'insensé. — Moi,.. vue à travers la transparence d'une muraille ?

Puis, portant vivement ses deux petites mains à son front, comme frappée d'un brusque souvenir, elle se prit à rire aux éclats, mais d'un rire tellement naïf et franc que son visage enchanteur devint d'un rose vif, et ses yeux se noyèrent de ces larmes que provoque souvent l'excès du rire. L'esclave la regardait bien étonné, mais aussi bien heureux ; oh ! de plus en plus heureux de sentir ses soupçons se dissiper. Alors, elle, se rapprochant davantage encore de son frère, assis à ses côtés, appuya l'un de ses bras sur son épaule, et lui dit de sa voix douce :

— Te rappelles-tu, dans notre rustique maison de Karnak... à gauche de la Bergerie, et donnant sur le pâtis des jeunes génisses ! te rappelles-tu, au pied d'un grand chêne, une petite logette couverte d'ajoncs marins et...

— Certes... — répondit Sylvest, surpris de cette question, mais se laissant aller malgré lui à ces chères souvenances. — Cette logette, je l'avais construite pour toi...

— Oui, et quand le soleil d'été brûlait, ou que les pluies de printemps tombaient, nous nous mettions, tu sais, à l'ombre ou à l'abri dans ce réduit...

— On y était si bien ! Au-dessus de soi, ce grand chêne ; devant soi, le beau pâturage des jeunes génisses... et plus loin, le joli ruisseau bordé de cette belle saulée, où l'on étendait les toiles nouvellement tissées...

— Frère, te rappelles-tu qu'une fois retirés là, nous aimions beaucoup à jouer à des *jeux parlés*, comme nous disions ?

— Oui, oui... je m'en souviens...

— Te rappelles-tu qu'un de ces jeux s'appelait celui *des conditions ?*

— Sans doute...

— Eh bien, frère, jouons-y encore... à cette heure comme autrefois.

— Que veux-tu dire ?

Elle reprit avec une grâce charmante :

— Première condition : le petit Sylvest, qui voit des Siomara à travers les murailles, n'interrogera plus sa sœur sur ce sujet ; car celle-ci, malgré le profond respect qu'elle a pour son aîné, ne pourrait s'empêcher de rire de lui... Seconde condition : le petit Sylvest répondra aux questions que lui adressera sa sœur ; et ces conditions remplies, il apprendra tout ce qu'il veut savoir, même au sujet de la muraille transparente, — ajouta Siomara en paraissant contenir à peine une nouvelle envie de rire. — Et il n'aura plus qu'un embarras... celui d'exprimer assez vivement sa tendresse à cette pauvre sœur... qu'il menaçait pourtant, tout à l'heure, de ne revoir jamais, le méchant frère...

Bien des années se sont passées depuis cet entretien jusqu'au jour où Sylvest écrit ceci ; mais il lui semble encore entendre la voix de Siomara, son accent plein de gaieté naïve, en rappelant à son frère ces souvenirs de leur enfance... Il lui sembla voir encore cette adorable figure, d'une expression à la fois si ingénue, si sincère... Il crut donc aux paroles de sa sœur... il se confirma dans cette pensée : qu'il s'agissait de mystères impénétrables à sa raison... Ces mystères, Siomara devait, selon sa promesse, les éclaircir et prouver à son frère qu'elle ne démérilait en rien de sa tendresse... Il s'abandonna donc de nouveau à ce doux besoin de remémoration des seules années de bonheur qu'il eût jamais connues et partagées avec sa sœur, au sein de sa famille, alors heureuse et libre !... Se rapprochant de Siomara, il prit ses deux mains entre les siennes, et tâchant de

sourire comme elle au ressouvenir de leurs jeux enfantins il lui dit:
— Sylvest accepte les conditions de la petite Siomara... Il ne fera plus de questions... Que sa sœur l'interroge, il répondra...

Siomara, serrant non moins tendrement entre ses mains les mains de son frère, lui dit d'une voix touchante et attristée, comme si elle eût attendu d'avance une sinistre réponse:
— Sylvest... et notre père?...
— Mort... mort par un affreux supplice...

De grosses larmes coulèrent des yeux de la courtisane, et après un sombre silence elle reprit:
— Et il y a longtemps que notre père a été ainsi supplicié?
— Trois ans après avoir été fait esclave comme nous, après la bataille de Vannes...
— Je me rappelle notre douleur lorsque nous avons été séparés l'un de l'autre, à la vue de mon père chargé de chaînes, faisant un effort surhumain pour accourir à notre secours... Mais toi, frère, qu'es-tu devenu? Tu n'as donc pas été séparé de lui?
— Non... Son maître m'a aussi acheté, pour peu d'argent, je le crois du moins... Notre père s'étant montré de race indomptable... on a craint que le louveteau ne devînt loup.
— Et dans quelle contrée avez-vous été emmenés tous les deux?
— Dans notre tribu... pour cultiver sous le fouet et à la chaîne... les champs de nos pères...
— Que dis-tu?
— César, après la bataille de Vannes, avait distribué des terres à ses officiers invalides: l'un d'eux a eu pour lot notre maison et une partie de nos guérets...
— Pauvre père!... pauvre frère!... quelle douleur pour vous de revoir notre maison, nos campagnes, au pouvoir de l'étranger! Mais du moins tu n'étais pas séparé de notre père?
— Il habitait la nuit, comme les autres esclaves, un souterrain creusé pour eux, tandis que l'officier romain, ses femmes esclaves et nos gardiens demeuraient dans notre maison, où je logeais aussi, renfermé dans une sorte de cage...
— Dans une cage? Et pourquoi cette barbarie envers un si jeune enfant?
— Le lendemain de notre arrivée chez nous, notre maître a dit à mon père, en me montrant à lui: « Chaque journée où ton travail ne m'aura
« pas satisfait, on arrachera une dent à ton fils...
« Si tu essayes de te révolter, on lui arrachera
« un ongle; si tu tentes de t'évader, à chaque
« tentative on lui coupera soit un pied, soit une
« main, soit le nez, les oreilles ou la langue...
« Si tu parviens à t'échapper, on lui arrachera
« les yeux; puis il sera mis au four ou enduit
« de miel, et ainsi exposé aux guêpes, ou bien
« encore brûlé à petit feu dans une robe enduite

« de poix. Libre à toi, maintenant, de faire que
« ton fils compte ses jours par les tortures. »

Siomara frémit et cacha son doux visage entre ses mains.

« — Tu n'auras pas d'esclave plus docile,
« plus laborieux que moi, — a répondu mon
« père à notre maître; — seulement, promets-
« moi que si tu es satisfait de ma conduite et de
« mon travail, je verrai quelquefois mon fils. »
— Conduis-toi bien, j'aviserai, — a répondu le Romain. — Notre père tint sa promesse, ne pensant qu'à m'épargner des tortures... Il s'est montré le plus laborieux, le plus docile des esclaves...
— Lui... le plus docile des esclaves!... — dit Siomara les yeux humides de larmes, — lui, notre père... lui si fier de l'indépendance de notre race... lui Guilhern, fils de Joel!... Ah! jamais père n'a donné à son enfant plus grande preuve de tendresse.
— Ah mère... un père ont seuls un pareil courage... Cependant, malgré sa soumission, notre maître fut longtemps sans lui permettre de se rapprocher de moi: de temps à autre je l'apercevais de loin, le soir et le matin, lorsqu'il rentrait à l'ergastule ou lorsqu'il en sortait; car à ces heures, notre maître, pour me faire prendre un peu d'exercice, me faisait sortir de ma cage, après m'avoir accouplé avec un grand chien très méchant, qui ne me quittait jamais.
— Toi, frère... ainsi traité?...
— Oui, sœur, j'avais au cou un petit collier de fer, et une chaînette assez longue, s'ajustant au collier du chien, m'accouplait à lui; enfin notre père puisa un tel courage dans l'espoir qu'on lui donnait de le laisser un jour se rapprocher de moi, qu'il accomplit parfois des travaux presque au-dessus des forces humaines. Ainsi, la première fois qu'il lui fut permis de me parler, depuis notre commun esclavage, il dut cette faveur à l'achèvement d'un labour de sept mesures de terre, à la houe, commencé au lever du soleil et terminé à son déclin... tandis qu'en pleine force et santé, libre, heureux, il n'eût peut-être pas mené à fin une pareille tâche en deux jours et en travaillant rudement. Ce soir-là, notre père, brûlé par le soleil, inondé de sueur, encore haletant de fatigue, fut amené par un gardien auprès de ma cage. Pour plus de sûreté, en outre de la chaîne qu'il portait aux jambes, on lui avait mis les menottes. Le gardien ne nous quittait pas des yeux... Oh! ma sœur... je fondis en larmes à l'aspect de notre père; jusqu'alors je l'avais seulement aperçu de loin; mais de près... je voyais sa tête rasée, son visage amaigri, creusé, les haillons dont il était couvert; il était méconnaissable.
— Lui si beau! si fier! si joyeux! t'en souviens-tu, Sylvest, lorsque les jours de fête... et

d'exercices militaires, monté sur son vaillant étalon gris de fer, à housse et à bride rouge, il courait à toutes brides dans nos prairies, tandis que notre oncle Mikaël, l'armurier, le suivait à pied, comme suspendu à la crinière du cheval?

— Et pourtant, ma sœur, la première fois où il lui fut permis de s'approcher de moi, de me parler, la figure de mon père, devint aussi rayonnante que lors de nos plus heureux jours d'autrefois. A peine fut-il à portée de ma cage, qu'il me dit d'une voix entrecoupée par des larmes de bonheur : — Ta joue, mon pauvre enfant, ta joue. — Alors j'appuyai ma joue sur le grillage, et il tâcha de la baiser à travers les barreaux ; puis, malgré notre contentement de nous revoir, nous avons beaucoup pleuré. Il a le premier séché ses larmes pour me consoler, pour m'encourager, pour me rappeler les mâles exemples de notre famille, les préceptes de nos dieux. Nous avons aussi longuement parlé de toi, ma sœur. Enfin, après bien des tendresses échangées, le gardien l'a reconduit au souterrain. Rares étaient ces entrevues, mais, chaque fois, elles donnaient à notre père un nouveau courage et quelques instants d'indicible bonheur.

— Et toi, pauvre frère, toujours prisonnier ?

— Toujours... C'était pour notre maître la seule garantie de la docilité de mon père... Trois ans se sont ainsi passés. Le Romain ayant eu à correspondre dans notre langue avec les ventes de blés avec les Gaulois d'Angleterre, chargea mon père de ce soin... Ce fut ainsi qu'il put, obéissant aux dernières volontés de notre aïeul Joel, écrire à la dérobée, çà et là, pour moi, quelques récits de sa vie... Il avait caché dans le creux d'un tronc d'arbre, dont je savais la place, les récits de Joel et d'Albinik, ainsi que la petite faucille d'or venant de notre tante Héna, et une des clochettes d'airain que portaient nos taureaux de guerre à la bataille de Vannes ; il déposait aussi dans sa cachette ce qu'il pouvait écrire... Ces pieuses reliques de notre famille, je les ai là, ma sœur ; je te les apportais, pour te prouver au besoin que j'étais ton frère... Hélas ! les dernières lignes écrites par notre père n'ont précédé sa mort que de peu de jours...

— Et cette mort... si horrible... sais-tu quelle en a été la cause ?

— Mon père, rendant de nombreux services à notre maître, finit par jouir d'un peu plus de liberté que les autres esclaves, il en profita pour nous préparer à tous deux les moyens de fuir. Lors de notre dernière entrevue, il me dit : « Si la nuit l'incendie envahit l'endroit où tu « loges, ne crains rien, ne cherche pas à fuir... « attends-moi. » Tu te rappelles, ma sœur, le bâtiment où l'on mettait sécher le chanvre ?

— Oui, le *toit au chanvre*; il communiquait à l'étable des taureaux... Ah ! Sylvest, que de fois nous et notre famille nous avons passé là joyeusement les longues veillées d'hiver, à mettre le chanvre en écheveaux ! quelle joyeuseté présidait à ces travaux !... Et notre pauvre père donnait le premier le signal de la gaieté.

— Oui... Il avait alors comme Joel, notre aïeul, la gaieté des bons et vaillants cœurs... J'étais donc renfermé d'habitude dans le toit de chanvre ; ma cage construite d'épaisses planches en chêne, avait un côté à jour, garni de barreaux de fer ; j'entrais là dedans par une porte dont le Romain fermait chaque fois les verrous extérieurs... Une nuit, je suis éveillé par une épaisse fumée, puis j'aperçois une vive lueur sous la porte qui communiquait aux étables ; soudain elle s'ouvre, et à travers un nuage de feu et de fumée, mon père entre, une hache à la main, et délivré de ses chaînes. Comment ? je ne l'ai jamais su... Il accourt, tire les verrous de ma cage, me dit de le suivre, s'élance au fond du toit au chanvre, déjà envahi par l'incendie ; à coups de hache il perce une trouée à travers les claies enduites de terre servant de murailles, me fait passer par cette ouverture et me suit...

— Et vous vous trouvez dans l'étroit chemin de ronde environné d'une palissade, et où, pendant la nuit, on lâchait les dogues de guerre ?

— Oui... mais cette palissade, trop élevée pour être franchie, mon père l'attaque avec sa hache ; la lueur de l'incendie nous éclairait comme en plein jour ; enfin la palissade cède ; derrière elle se trouvait, tu le sais, un profond et large fossé...

— Et comment le franchir ?... impossible.

— Il y avait, du bord au fond de ce fossé, deux fois la hauteur de mon père... Il y saute, me tend les bras, me dit de l'imiter : je me trouble ; je prends trop d'élan... mon père peut à peine amortir ma chute ; et en tombant au fond du fossé, je me démets le pied. La douleur m'arracha un cri perçant... mon père l'étouffe en me mettant la main sur la bouche, et je perds connaissance... Revenu à moi, longtemps après, sans doute, voici ce que j'ai vu... Tu te souviens que, non loin de la source du lavoir, il y avait deux vieux saules, dont l'un était creux !...

— Oui... et nous tendions, de l'un à l'autre, une corde pour nous balancer.

— Dans le creux de l'un d'eux étaient cachées nos reliques de famille... et ces arbres, autrefois témoins de nos jeux enfantins, devaient voir mon supplice et celui de notre père... Après m'être évanoui au fond du fossé, j'ai été rappelé à moi par une douleur extraordinaire, c'était comme le fourmillement d'une infinité de petites morsures aiguës que je sentais par tout mon corps... J'ai ouvert les yeux ; mais un soleil brûlant, dardant en plein sur ma tête rasée, m'a d'abord obligé de baisser mes paupières... Je me suis senti nu, debout et garrotté à l'un des deux saules... J'ai de nouveau ouvert les yeux; et en face de moi, nu et garotté, à l'autre arbre, j'ai aperçu notre père... Son corps, sa figure, d'abord enduits de miel, ainsi que j'en avais été enduit moi-même, disparaissaient presque entièrement sous une nuée de grosses fourmis rouges, dont les nids étaient placés dans les racines des deux saules... Je me suis alors expliqué ces milliers de petites morsures qui me rongeaient... Ces fourmis ne m'avaient pas encore envahi le visage, mais je les sentais déjà monter autour de mon cou... Mon premier cri fut d'appeler mon père; seulement alors je me suis aperçu que, tour à tour, il riait d'un rire affreux, prononçait des paroles sans suite, ou poussait des cris de douleur horribles; les fourmis commençaient sans doute à pénétrer dans sa tête par les oreilles et à lui dévorer les yeux; car ses paupières fermées disparaissaient sous les insectes. Cette souffrance atroce, et surtout le soleil ardent, frappant depuis longtemps sur sa tête nue et rasée, l'avait rendu fou... Je lui criais : Mon père au secours!... il ne m'entendait plus... Mes cris ont attiré un autre colon romain, voisin de notre maître, et que l'on disait humain envers ses esclaves... Se promenant par hasard de ce côté, il est accouru à moi... Ému de pitié, il a coupé mes liens, m'a traîné jusqu'à la source du lavoir, et m'a plongé dans ses eaux, afin de me délivrer des fourmis... Mes premières souffrances apaisées, je suppliais ce Romain d'aller au secours de mon père... A ce moment est arrivé un de nos gardiens, et bientôt après lui notre maître... Il a consenti, par cupidité, à me vendre à l'autre colon; mais il a déclaré, dans sa fureur, que mon père, ayant incendié, la nuit précédente, une partie des bâtiments de la métairie, afin de profiter du tumulte pour s'échapper avec moi, subirait son supplice jusqu'à la fin... et il l'a subi... Entraîné loin de là par mon nouveau maître, j'ai été longtemps malade, et traité avec humanité; car quelques Romains ne sont pas les bourreaux de leurs esclaves.. La première fois que j'ai pu sortir seul, je me suis rendu près des deux saules... j'y ai trouvé les os blanchis de notre père...

— Mourir ainsi! ô Dieu! — s'est écriée Siomara en essuyant ses larmes, — mourir esclave, et d'une mort affreuse... dans ces mêmes lieux où l'on a si longtemps vécu heureux et libre!

— Comme toi, Siomara j'ai eu le cœur déchiré à cette pensée; quoique jeune encore, j'ai fait un serment de vengeance sur les restes sacrés de notre père... Puis, j'ai pris dans le creux du saule, où ils étaient cachés, nos récits de famille... Je suis resté quelques années chez mon nouveau maître comme esclave domestique... A cette époque, j'ai appris à parler la langue romaine; malheureusement mon maître est mort : mis à l'encan, ainsi que ses autres esclaves, un procureur romain, en tournée dans notre pays, m'a acheté, il était violent et cruel, ma vie a recommencé plus misérable que jamais; puis il s'est défait de moi; d'esclavage en esclavage, j'ai été revendu au seigneur Diavole, l'un des plus méchants maîtres que j'aie servis... Il y a bientôt deux ans, ayant accompagné Diavole dans une villa voisine de celle d'une grande dame romaine, dont l'intendant fait travailler beaucoup d'esclaves de fabriques, j'ai rencontré là une jeune Gauloise de Paris, vendue après le siège de cette ville; nous nous sommes aimés, et, une nuit, devant l'astre sacré des Gaules, nous nous sommes donné notre foi... seul mariage permis aux esclaves malgré leurs misères... Les dieux ont béni notre amour; car Loyse, ma femme, a l'espoir d'être mère... Enfin, hier, apprenant par hasard, que la belle Gauloise arrivée récemment d'Orange, c'était toi, ma sœur, j'ai feint de flatter la corruption de mon maître pour trouver le moyen de m'introduire chez toi... Durant la nuit que je viens d'y passer, j'ai été témoin de mystères effrayants... ils ont un moment ébranlé ma raison... Oui... un moment j'ai été le jouet de visions ou de sortilèges... Ton spectre m'est apparu pour me glacer d'horreur... Ma folle épouvante t'a fait sourire, et tu m'as dit : Frère, réponds d'abord à mes questions; puis ce qui te semble inexplicable te paraîtra naturel, et tu reconnaîtras que jamais ta sœur Siomara n'a démérité de ta tendresse... Ma sœur, au nom de nos souvenirs d'enfance, dont tu as été si attendrie... au nom de notre père, que tu viens de pleurer, accomplis ta promesse. Crois enfin que j'ai pardon et pitié pour la honte où tu vis et où tu es tombée malgré toi... Hélas! que pouvais-tu devenir, achetée tout enfant par Trymalcion... ce monstre de débauche et de cruauté?...

— Trymalcion n'était pas un monstre!... — reprit Siomara avec son doux sourire, — non vraiment!

— Que dis-tu?... cet horrible vieillard...

— Oh! laid jusqu'à l'horrible... il m'a même inspiré, d'abord un grand effroi... cela a duré quelques jours... Et puis, — ajouta-t-elle ingénument, — mes sentiments pour lui sont devenus tout différents...

— Qu'entends-je!... Toi! ma sœur.., toi! parler ainsi?...

— Voudrais-tu me voir ingrate?

— Dieux justes!... que dit-elle?...

— Toi, pauvre frère, — reprit Siomara en redoublant de tendresse caressante, — toi... soumis tout enfant à un dur esclavage, ayant toujours sous les yeux le spectacle des misères, des maux de notre père, tu devais voir la ser-

Siomara, la belle Gauloise (page 178)

vitude avec haine, avec horreur ; rien de plus naturel... et puis tu comparais à la vie présente les paisibles jours de notre enfance dans notre humble maison... mais, pour moi, Sylvest ! quelle différence !...

— Quoi ! ma sœur, c'est ainsi que tu parles de l'esclavage ?

— Esclave ?... moi ? — et elle se mit à rire, d'un rire si sincère qu'il effraya Sylvest. — Dis donc, au contraire, qu'au bout de huit jours, moi, enfant de neuf ans, j'avais pour premier esclave le vieux seigneur Trymalcion ; tous ses esclaves étaient aussi les miens, car je ne sais quel philtre avait rendu ce vieillard, si redouté de tous, un véritable agneau pour moi. Et puis, tu ne peux t'imaginer les merveilles de sa galère, qui m'a conduite de Vannes en Italie... Figure-toi que ma chambre, la plus belle de toutes, car Trymalcion l'habitait avant de me la donner, avait pour lambris des plaques d'ivoire incrustées d'or ; de charmantes peintures couvraient le plafond... Le tapis, composé des dépouilles des petits oiseaux les plus rares par la variété et l'éclat de leur plumage, semblait aussi brillamment nuancé que l'arc-en-ciel. Mon lit et tous les meubles de ma chambre, ciselés par les Grecs, étaient de l'or le plus pur ; le duvet des jeunes cygnes gonflait mes matelas, recouverts de soie tyrienne ; et telle était la blancheur et la finesse de mes draps de lin, qu'auprès d'eux la toile d'araignée eût semblé grossière et la neige grise. Dix femmes esclaves, destinées à me servir, travaillant jour et nuit, m'avaient taillé dans des étoffes d'Orient, d'un prix inestimable, les plus riches, les plus charmants vêtements... et, chaque jour, offraient une parure nouvelle à mes yeux enchantés. Des colliers, des bracelets, des bijoux

23ᵉ livraison

de toutes sortes, étincelants de pierreries, remplissaient mes coffrets; des mets exquis, des vins précieux couvraient ma table, et le vieux seigneur Trymalcion se divertissait à me servir d'échanson. Voulais-je jouer, on m'apportait des chiens de Perse gros comme le poing, des singes couverts d'habits grotesques, des petites filles mauresques de mon âge, pour me servir de poupées, ou, dans leur cage d'argent à grillage d'or, des perroquets rouges et bleus sachant dire Siomara... Ces amusements m'ennuyaient-ils, le vieux seigneur me donnait des boîtes d'onyx remplies de perles et de pierres précieuses, que j'aimais beaucoup à jeter à la mer; ces seuls jeux ont peut-être coûté dix mille sous d'or à Trymalcion... A notre arrivée en Italie, les magnificences qui m'attendaient m'ont fait presque prendre en pitié mes naïfs éblouissements de la galère.

Sylvest n'eut pas le courage d'interrompre sa sœur. Jamais jusqu'alors il n'avait songé à ce côté monstrueux de l'esclavage, à ces séductions infâmes, plus effroyables encore pour une âme fière et juste que les plus rudes labeurs et les supplices, car ceux-ci ne brisent et ne tuent que le corps...

— Quoi! — dit-il à Siomara, les yeux pleins de larmes et de pitié, — quoi! malheureuse enfant, à cet âge si tendre, pas un regret pour ton père... pour ta mère... pour tes tiens? Pas un regret pour l'innocente vie de tes premières années?

— Oh! si... j'ai d'abord pleuré, toi, ma mère, mon père; mais à force de pleurer, les larmes se tarissent... et puis, l'enfance est si mobile! Et puis enfin, frère, je ne pouvais sincèrement regretter longtemps mes grosses robes de laine brune, mes épais souliers de cuir, mes coiffes de toile, nos jeux aux cailloux sur la grève, lorsque régnant en souveraine sur la galère du vieux seigneur Trymalcion, je me voyais vêtue comme la fille d'une impératrice, et m'amusais à jeter perles et rubis dans la mer...

— Dieux miséricordieux! — s'écria Sylvest, — soyez bénis de m'avoir fait l'esclavage si cruel! de m'avoir mis au cou un carcan de fer, au lieu d'un collier d'or! j'aurais sans doute, comme cette infortunée, porté joyeusement ce collier d'infamie. Ainsi, l'opulence, la mollesse, les plaisirs, te tenaient lieu de tout! Famille, pudeur, pays, liberté, dieux! rien de tout cela n'existait plus pour toi!...

— Que veux-tu? Sylvest, — reprit Siomara en étendant à demi ses bras, comme si un inexprimable souvenir d'ennui et de satiété eût à ce moment encore pesé sur son âme, — que veux-tu? A quatorze ans à peine, j'étais la reine de ces gigantesques bacchanales, que le vieux Trymalcion donnait, de mois en mois, pour me divertir dans son immense villa souterraine de l'île de Caprée, où, par un goût bizarre de ce noble seigneur, dix mille flambeaux de cire parfumée remplaçaient la lumière du jour. On eût acheté des provinces avec l'or que coûtait chacune de ces saturnales, où l'on noyait de jeunes et beaux esclaves dans les bassins de porphyre remplis des vins les plus rares, où l'on étouffait des enfants et de jeunes vierges sous des montagnes de feuilles de roses mêlées de fleurs de jasmin et d'oranger, sans te parler de mille autres inventions capricieuses de Trymalcion, qui ne savait qu'imaginer pour me plaire ou pour me distraire de mon ennui croissant...
Ah! Sylvest, on parle à Orange des orgies de Faustine... ce sont des jeux d'innocentes vestales auprès des orgies nocturnes et souterraines de ce vieux seigneur, qui a prolongé ses jours jusqu'à quatre-vingt-dix-huit ans et prenait chaque matin un bain magique, où entrait le sang encore tiède d'une jeune fille... Ce vieillard est mort à temps pour lui et pour les autres... Il était à bout d'inventions pour combattre le dégoût, la satiété, qui, de jour en jour, me minaient... Heureusement, de cet ennui, de cette satiété, de ce dégoût de toutes choses, j'ai, depuis deux ans, trouvé la guérison... Oh! frère, — ajouta Siomara avec une exaltation dont tout son visage sembla rayonner, — si tu savais quelle âpre et terrible volupté l'on trouve dans certains mystères!... si tu savais!... Mais qu'as-tu? ta figure pâlit et peint l'épouvante... Sylvest, qu'as-tu? réponds-moi...

Siomara disait vrai; son frère pâlissait, ses traits exprimaient l'horreur, l'épouvante... car, en lui faisant ces abominables révélations, la figure de sa sœur était restée indifférente, presque souriante... Sa voix calme ne venait seulement de s'animer en parlant de ces âpres et terribles voluptés que trouvait Siomara dans certains mystères. Ces paroles réveillant ses doutes plus poignants que jamais en lui rappelant la vision de la nuit, Sylvest frémit de tout son corps et s'éloigna brusquement de sa sœur, dont le bras s'était jusqu'alors appuyé sur son épaule; levant au ciel ses mains jointes, il s'écria, comme s'il ne pouvait croire à ce qu'il voyait, à ce qu'il entendait :

— O dieux tout-puissants! cette malheureuse s'attendrissait pourtant, il y a un instant, aux souvenirs de notre enfance! elle pleurait au récit des tortures de mon père et des miennes ! Dieux secourables! est-ce encore une vision? est-ce encore un fantôme qui prend la ressemblance de ma sœur?...

Siomara, regardant à son tour Sylvest avec surprise, fit un mouvement pour se rapprocher de lui; mais il l'arrêta d'un geste plein d'effroi.

Alors, elle, attachant sur lui ses grands yeux étonnés, lui dit de sa voix toujours tendre :

— Pauvre frère! qu'as-tu donc? D'où vient

ton inquiétude ? Tu m'as vue, dis-tu, m'attendrir et pleurer aux souvenirs de notre enfance... au récit des misères, des tortures de notre père et des tiennes...
— Oui... et en voyant couler tes larmes, mes derniers soupçons s'étaient évanouis.
— Quels soupçons?
— Ne t'avais-je pas raconté mon horrible vision de cette nuit?...

Siomara resta un moment silencieuse, pensive, puis, s'adressant à l'esclave, sans rougeur, sans effroi, elle lui dit à demi-voix, et de même qu'on fait une confidence amicale:
— Je le puis maintenant te l'avouer, ce n'était pas une vision; c'est moi que tu as vue cette nuit...

A cette révélation, Sylvest s'est élancé vers la porte, et c'est alors seulement qu'il s'aperçut qu'elle était fermée. Il ne put parvenir à l'ouvrir, quoiqu'il redoublât d'efforts en entendant Siomara répéter encore :
— Non, ce n'était pas une vision... La Siomara de cette nuit... la Siomara la magicienne... c'était moi, ta sœur...

Et elle ajouta d'un ton de doux reproche :
— Ne sois donc pas un cœur faible...
— Dieux secourables ! — s'écria-t-il avec joie, frappé d'une idée subite, — vous l'avez rendue insensée... Oh ! maintenant, ce n'est plus de l'horreur que tu m'inspires, infortunée !
— ajouta-t-il ne pouvant contenir ses sanglots et se rapprochant de sa sœur ; — c'est de la pitié que je ressens... Oh ! mon cœur se brise de douleur en te voyant si jeune, si belle, et la raison perdue... Oui, mon cœur se brise, mais il ne se soulève plus à la vue d'un monstre; car tu n'es qu'une pauvre folle...
— Folle !... moi !... parce que mes larmes ont coulé à tes récits ? Est-ce cela qui te surprend ? Cela m'a étonnée moi-même, je l'avoue... Mais ces larmes étaient sincères ; pourquoi feindre, puisque je devais te faire cette révélation et te dire : La magicienne de cette nuit, c'était moi ?...
— Oui, c'était toi, pauvre créature, — répondit Sylvest avec cette complaisance que l'on montre à l'égard des insensés, afin de ne point les irriter. — Oui, c'était toi... oui...
— Frère... tu parles de faiblesse d'esprit ? C'est le tien qui est faible ; tu veux nier ce que tu ne comprends pas... Cette nuit, par la trahison de l'eunuque, tu m'as vue jeune et belle ; je me suis transformée à tes yeux en une hideuse vieille... Comprends-tu cela davantage ? T'expliques-tu la cause des larmes répandues tout à l'heure ? Et pourtant cette transfiguration était vraie comme étaient véritables les pleurs que j'ai versés devant toi. Que ton étonnement cesse.

Au souvenir de ce sortilège, dont il avait été témoin, l'esprit de Sylvest se troubla de nouveau. Folle ou non, sa sœur était sorcière, un de ces monstres, l'horreur de la nature, des hommes et des dieux. Il voulut tenter une dernière et redoutable épreuve ; se contraignant, il reprit :
— Pauvre insensée ! si tu es véritablement magicienne, dis, qu'as-tu fait la nuit précédente ? où est-tu allée ?
— Chez Faustine... l'orgueilleuse patricienne, dans le temple sur le canal.
— Comment étais-tu vêtue ?
— Ainsi que j'étais cette nuit, à l'heure où je suis sortie pour mes enchantements.
— Non, non ! — s'est écrié Sylvest éperdu, voyant sa dernière espérance lui échapper ; — non, ce n'était pas toi, car la magicienne a prédit à Faustine que Siomara serait sa victime. Aurais-tu fait cette prédiction contre toi-même ?
— Qui t'a instruit de cela ?
— Oh ! prédiction horrible !... déchiffrée par toi ou par ton spectre à travers les traces blanches que laissaient sur le tapis rouge les doigts crispés de l'esclave empoisonnée...
— Encore une fois, qui t'a dit ?...
— Dieux secourables ! ayez pitié de moi !
— Puisque tu sais tout, frère, apprends donc que, pour tromper Faustine, que je hais, oh ! que je hais depuis longtemps... car cette haine remonte à trois ans... nous étions alors l'une et l'autre à Naples... j'ai voulu, la nuit dernière, donner à Faustine un vain espoir, dont la perte lui portera un coup affreux. Alors, par sortilège, j'ai pris les traits de la magicienne de Thessalie, qu'elle avait demandée ; et ces traits, je les ai de nouveau pris cette nuit devant toi, en sortant pour accomplir d'autres charmes magiques...
— Tu l'avoues !... c'est toi qui as fait périr cette enfant de seize ans par une mort affreuse, afin de tromper Faustine...
— Oui, — reprit Siomara d'un air inspiré, — oui, cette esclave est morte par mes sortilèges... car ce que m'a révélé son agonie, Faustine, abusée par mes trompeuses paroles, l'ignore... et moi, dans ces traces laissées par une main agonisante, j'ai lu des choses mystérieuses qui m'ouvrent l'avenir... oui, cette esclave est morte comme d'autres sont mortes et mourront encore !!! L'agonie nous livre des secrets certains et redoutables. Le trépas renferme des trésors que nul ne sait découvrir. Aussi je cherche... je cherche, — ajouta-t-elle d'un air de plus en plus pensif et inspiré, — je cherche, j'interroge tout, car tout possède une puissance magique ! La fleur croissant dans les fentes du tombeau, le sang figé dans les veines d'une jeune vierge, la direction que l'air imprime à la flamme d'un flambeau funèbre, le bouillonnement des métaux en fusion, le rire de l'enfant qui joue avec le couteau dont il va être frappé, le rire sardonique du supplicié sur la croix,

j'interroge tout... je cherche, je cherche... j'ai trouvé... je trouverai plus encore !
— Que cherches-tu ? — s'écria Sylvest éperdu, — que trouveras-tu ?
— L'inconnu ! ! ! le pouvoir magique de vivre à la fois dans le passé... dans l'avenir... et de soumettre le présent à nos volontés... le pouvoir de franchir l'air comme l'oiseau... l'onde comme le poisson ; de changer les feuilles sèches en pierreries... le sable en or pur, le pouvoir de prolonger éternellement ma beauté, ma jeunesse, le pouvoir de revêtir toutes les formes... Oh ! devenir à mon gré fleur des bois pour sentir mon calice inondé de la rosée des nuits, tressaillir sous les baisers des petits génies, nocturnes amants des fleurs... devenir lionne au désert pour attirer les grands lions par mes rugissements... couleuvre argentée, pour m'enlacer aux noirs serpents et nous abriter sous les grandes feuilles du lotos à fleurs bleues, qui borde les eaux dormantes... tourterelle au cou d'iris et au bec rose, pour nicher dans la mousse avec les oiseaux chéris de Vénus !... Oh ! égaler les dieux par la toute-puissance... pouvoir dire : *Je veux! et cela est!...* Aussi je cherche... je cherche... je trouverai !... Rien ne me coûtera... rien... Oh ! frère ! je te l'ai dit... si tu savais les angoisses, les terreurs de ces recherches... par l'emploi des sortilèges... Voluptés étranges et sans égales !... Tiens... cette nuit... depuis le moment où, transfigurée en magicienne de Thessalie, je suis parvenue, par mille enchantements, à tromper et à endormir les gardiens du tombeau de Lydia... jusqu'à l'heure où, enfin seule, dans le silence et la nuit de ce sépulcre... j'ai pu m'emparer du corps de la jeune vierge pour accomplir mes charmes magiques... j'ai éprouvé, vois-tu, frère... de ces épouvantes... de ces frémissements... de ces extases ,. de ces jouissances, dont aucune langue humaine ne sait... ne saura jamais le nom !...

— Courroux du ciel !... — s'écria Sylvest. — Horreur à toi, Siomara !... mais exécration à l'esclavage qui t'a faite ce que tu es !... Toi, l'innocente enfant de ma mère !... un démon t'a emportée toute petite, t'a égarée, dépravée, perdue... et de débauche en débauche, rassasiée à quatorze ans, des monstruosités de Trymalcion... tu en es venue à chercher l'inconnu, l'impossible, dans le meurtre... la profanation des tombeaux... et les effroyables mystères d'une magie sacrilège... Oh ! par mon père mort dans les tortures ! par ma sœur, devenue l'épouvante de la nature et des dieux !... exécration à l'esclavage ! haine implacable !... vengeance contre ceux qui ont des esclaves !...

— Oui... haine ! exécration ! vengeance ! frère... elles tuent ! elles tuent... et les morts servent aux sortilèges !... Ecoute... il est de puissants enchantements, infaillibles, disent les Égyptiennes, s'ils sont évoqués par le fils et la fille d'un même sang, ayant tous deux sacrifié aux secrètes cérémonies de la déesse Isis... Sois ce frère... je te ferai affilier, et saurai bien te racheter à ton maître...

Sylvest allait repousser cette offre avec indignation, lorsque l'entretien fut interrompu par la voix de l'eunuque. Il criait en frappant à la porte :

— Ouvrez, Siomara... ouvrez... le soleil est levé... Un magistrat vient d'entrer au logis avec des soldats pour chercher un esclave caché ici, et qui a fui la maison du seigneur Diavole en s'emparant d'une cassette pleine d'or... Ouvrez... ouvrez... ou l'on enfonce la porte...

— Je m'informerai de la demeure de ton maître, — dit Siomara à Sylvest. — Je ne veux plus me séparer de toi, bon et tendre frère ! Je te rachèterai à quelque prix que ce soit... Et d'ailleurs, Diavole est épris de la belle Gauloise... que pourra-t-il lui refuser !

Jamais Sylvest n'avait songé à une pareille honte... être racheté par l'infamie de sa sœur !... Aussi, pour échapper à ce dernier coup, il dit à Siomara, tandis que l'eunuque heurtait toujours à la porte :

— Élevé dans la foi de nos pères, la magie me semble redoutable. Cependant je te servirais peut-être dans tes sortilèges si tu me promettais, par ton art magique, de me donner le moyen de tirer de mon maître et de ses pareils une vengeance terrible !...

— Frère... ne nous quittons plus... et, grâce à mes sortilèges, parmi les plus atroces vengeances, tu n'auras que le choix...

— Afin de satisfaire ma haine... il me faut rester quelques jours encore au service de Daviole... J'ai mes projets... Jure-moi, par notre affection, de ne tenter aucune démarche auprès de mon maître pour racheter ma liberté, avant que je t'aie revue... et bientôt j'en trouverai facilement le moyen... Me promets-tu cela ?...

— Je te le jure ! — répondit Siomara radieuse.

Et elle enlaça son frère d'une dernière et tendre étreinte, sans qu'il osât s'en défendre, de peur d'éveiller les soupçons de la magicienne. Celle-ci, s'approchant alors de la porte, toucha sans doute un ressort caché, car elle s'ouvrit aussitôt, et avant que Sylvest ait eu le temps de se retourner, Siomara avait disparu, ou par une invisible issue, ou par un nouvel enchantement.

— Voilà ce misérable esclave ! — s'écria l'eunuque entrant avec le magistrat, et paraissant triompher d'une joie cruelle en expulsant Sylvest de la maison.

Il le désigna au magistrat et ajouta :

— La belle Gauloise, ignorant que ce pendard

eût volé une cassette, car personne ici n'a vu de cassette, avait été assez faible pour croire aux lamentations de ce coquin, se disant son compatriote, afin de gueuser quelque aumône... Allons, hors d'ici, gibier de potence!... Heureusement le seigneur Diavole va régler ses comptes avec toi...

Sylvest quitta la maison de Siomara, emmené par le magistrat et par les soldats. Au dehors, il trouva son maître; celui-ci l'attendait; il pria le magistrat de faire à l'instant lier les mains de l'esclave, que deux soldats escorteraient jusqu'à la maison, de peur qu'il n'essayât de fuir...

Le secret désir de Sylvest commençait de s'accomplir; il fut reconduit chez le seigneur Diavole, qui, sans prononcer un mot, marchait à côté des soldats. Ses colères froides étaient plus redoutées par ses esclaves que ses colères bruyantes. Arrivé à son logis, il dit aux deux soldats d'attendre dans le vestibule; puis il fit entrer Sylvest dans une chambre basse, et s'y enferma seul avec lui.

Les traits de Diavole étaient pâles: de temps à autre ses mains semblaient, malgré lui, se crisper de rage, tandis que, les sourcils froncés, l'œil féroce, les dents serrées, il regardait son esclave dans un farouche silence. Enfin, après avoir suffisamment savouré, sans doute, ses projets de vengeance, il dit à Sylvest, dont les mains étaient toujours garrottées:

— Je t'ai attendu toute la nuit à la porte de la belle Gauloise... oui, à sa porte... moi... j'ai attendu... Que faisais-tu chez elle, pendant que ton maître se morfondait dehors?...

— Je lui parlais de vous, seigneur.

— Vraiment... honnête serviteur?... Et que lui disais-tu?

— Je lui disais, seigneur, que, couvert de dettes, ne reculant devant aucune basse friponnerie, aucune honte... vous lui envoyiez, comme présent, une cassette d'or, que vous aviez à peu près volée à un de vos amis, jeune imbécile fort riche... « Or, m'est avis, — disais-je à la belle « Gauloise, — que tu ne peux faire un choix « plus lucratif qu'en prenant ce jeune imbécile « et son or... Quant à mon maître, le seigneur « Diavole, crois-moi, ferme-lui ta porte: ce « noble fripon te grugerait; témoin Fulvie, la « noble dame; Bassa, la joueuse de flûte, et « tant d'autres pauvres sottes qu'il a mises sur « la paille... » La belle Gauloise a écouté mes conseils fraternels; vous en aurez la certitude si vous allez frapper à son logis... Ne pensez pas que je plaisante, seigneur; non, cette fois, ainsi que tant d'autres, je ne m'amuse pas de votre stupide crédulité... J'ai dit... et je dis sincèrement ce que je pense de vous, ô mon méprisable seigneur! ô maître plus infâme que le dernier des misérables!...

Diavole, quoique habitué aux réparties effrontées de son esclave, ne l'interrompit pas d'abord, croyant sans doute qu'après ces insolences, dites en manière de contre-vérité, Sylvest chercherait à excuser sa faute... Mais, Diavole, détrompé par les dernières paroles de son valet, ne put contenir sa fureur, saisit un escabeau, orné de sculptures de bronze, s'élança, et, levant ce meuble des deux mains, il allait briser d'un coup la tête de l'esclave, qui, impassible et plein d'espoir, attendait la mort... Cependant, se ravisant et tenant toujours l'escabeau suspendu, Diavole s'écria:

— Oh! non... je ne veux pas te tuer là..., non... tu ne souffrirais pas assez...

Sylvest vit avec chagrin sa dernière espérance déçue; il ne se rebuta point encore. Ses mains étaient garrottées, mais il avait les jambes libres; aussi profita-t-il de cette liberté pour donner au seigneur Diavole un si furieux coup de pied dans le ventre, qu'il alla rouler à quelques pas de là, en criant à l'aide et au meurtre...

— A cette heure, — pensa Sylvest, — il ne peut manquer de me tuer; je ne devrai pas la liberté à l'infamie de Siomara, et je serai à l'abri de ses sortilèges; ils me poursuivraient sans cesse... je finirais par en être victime...

Aux cris du seigneur Diavole, les deux soldats et quelques esclaves, entre autres le cuisinier Quatre-Épices, se précipitèrent dans la chambre, tandis que leur maître se relevait péniblement, la figure bouleversée par la douleur et par la rage... Il se laissa tomber tout essoufflé sur un siège, en disant aux soldats:

— Saisissez ce scélérat... il a voulu me tuer!...

Les soldats s'emparèrent de Sylvest, tandis que ses compagnons d'esclavage, silencieux et consternés, car ils l'aimaient, échangeaient de mornes regards.

Diavole, sentant alors sans doute sa douleur un peu calmée, se leva, et, s'appuyant sur une table, dit aux soldats d'une voix calme, après avoir assez longtemps réfléchi:

— Conduisez ce meurtrier aux souterrains du cirque... Dans trois jours il y a spectacle, dans trois jours il sera livré aux bêtes féroces...

— Enfin, — pensa Sylvest, — mon heure va donc bientôt venir.

Un frémissement d'épouvante agita ses compagnons, pendant que les deux soldats l'entraînaient; mais Quatre-Épices, le cuisinier, fit à la dérobée, à Sylvest, un signe mystérieux, en rapprochant deux des doigts de sa main, comme s'il prenait une pincée de quelque poudre. Sylvest comprit que Quatre-Épices revenait à ses projets d'empoisonnement.

Avant de continuer ce douloureux récit, mon enfant, je veux te dire pourquoi la noble Faustine ne doit t'inspirer aucune pitié, tandis que Siomara, si criminelle, si monstrueuse qu'elle te paraisse, a droit peut-être à quelque commisération.

Faustine, c'est la personnification de ce féroce mépris des créatures humaines, né du pouvoir illimité que le maître s'arroge sur l'esclave, le conquérant sur le conquis, l'oppresseur sur l'opprimé... Faustine, c'est l'exemple le plus épouvantable de ces débordements auxquels on arrive presque forcément par l'absence de tous sentiments religieux, par des volontés sans freins, des désirs sans bornes, bientôt suivis de la satiété, qui engendre alors ces raffinements de barbarie et ces débauches dont frémit la nature !...

Siomara, c'est la personnification de l'épouvantable dépravation où nous plonge presque forcément l'esclavage lorsqu'il nous prend jeunes, et surtout lorsque, au lieu d'être rude et cruel, il caresse le corps par toutes les jouissances du luxe, et empoisonne à jamais l'âme par une corruption précoce. L'esclave, voué aux plus pénibles labeurs, battu, torturé, retrempe incessamment son énergie dans la douleur, dans la haine ; le sentiment de sa dignité n'est pas éteint en lui, car il songe à la révolte ! Et cette horreur de l'oppression, seule vertu de l'esclavage, l'esclave amolli, énervé par d'infâmes délices, la perd ; et souvent par ses crimes, il égale et dépasse ses maîtres.

Siomara, achetée tout enfant et élevée par un vieillard infâme, dont la monstruosité semblait aller au delà des limites du possible, devait imiter Trymalcion... elle l'a surpassé...

Honte et malheur à notre race ! mais l'esclave Siomara n'avait pas le choix entre le bien et le mal ; la noble Faustine, libre et riche, pouvait choisir entre le bien et le mal :

L'une est devenue un monstre par condition, l'autre par nature.

Prends en pitié l'infortunée Siomara.

CHAPITRE V

Sylvest est conduit dans les souterrains du cirque d'Orange. — Conseils paternels du guichetier du cirque à l'encontre des lions, des tigres, des éléphants et des crocodiles. — Le jour de la fête arrive. — Gladiateurs à cheval et gladiateurs esclaves. — Les Mercures. — Les Plutons. — Les buveurs de sang. — Les femmes gladiatrices. — Faustine et Siomara. — Mont-Liban et Bibrix. — Diavolo et ses amis. — Esclaves livrés aux bêtes féroces. — Dernier chant des *Enfants du Gui.* — Le temple du Canal. — Fuite.

Sylvest, conduit au cirque par les soldats, fut chargé de chaînes et enfermé seul dans une cellule souterraine ; les esclaves destinés aux bêtes féroces étaient emprisonnés séparément, de peur qu'ils ne s'étranglassent les uns les autres, afin d'échapper à une mort horrible par sa longue agonie.

De son cachot, il entendait les rugissements des animaux auxquels il devait être livré, le soir du troisième jour après son emprisonnement, les combats de gladiateurs et de bêtes féroces se donnant aux flambeaux.

Tel avait été le trouble de l'esprit de Sylvest à la fin de cette nuit passée dans la maison de Siomara, surtout lorsque celle-ci lui eût offert de l'associer à ses sortilèges, qu'oubliant Loyse, il avait, en outrageant et frappant son maître, cherché une mort qu'il ne pouvait pas se donner, ayant eu les mains liées au moment de son arrestation chez la courtisane. Son esprit se raffermissant dans la solitude du cachot, l'esclave se souvint de sa femme, et par la pensée lui adressa ses adieux, songeant, non sans regrets, que, le soir même où il serait livré aux bêtes féroces, Loyse devait venir l'attendre à tout hasard dans le parc de Faustine, ainsi qu'ils en étaient tous deux convenus lors de leur dernière entrevue. Il regrettait aussi de n'avoir pas, un mois auparavant, accepté l'offre de Loyse, qui lui proposait de fuir.

Pour certains esclaves domestiques, de fabrique ou de labeur, la fuite était parfois possible ; mais il fallait se réfugier dans des solitudes profondes, loin de tous les lieux habités ; alors souvent l'on mourait par la faim. C'est à une pareille mort qu'il n'avait pas voulu exposer sa femme, déjà mère ; mais, ce moment venu, où le seul espoir de Sylvest était d'être étranglé du premier coup de dent par un lion ou par un tigre de l'amphithéâtre, et d'échapper ainsi à une lente agonie, il regrettait de n'avoir pas voulu braver avec Loyse les redoutables chances d'une évasion. Sans le souvenir de sa femme, l'esclave aurait d'ailleurs attendu le jour de son supplice avec indifférence ; la Gaule asservie ne devait peut-être pas de sitôt briser ses fers par la révolte des *Enfants du Gui ;* et il serait allé rejoindre ses aïeux dans les mondes inconnus...

Cependant une seule crainte faisait parfois frémir Sylvest, et alors il regardait avec angoisse la voûte épaisse et les dalles de pierre de son cachot : Siomara était magicienne, il redoutait à chaque instant de la voir apparaître et d'être emporté par elle, grâce à la puissance de ses sortilèges. Enfin, un chagrin pesait sur le cœur de Sylvest : il avait, selon son usage, replacé dans la forte et épaisse ceinture de ses braies la petite *faucille d'or* et la *clochette d'airain,* provenant d'Héna et de son père Guilhern, ainsi que les minces rouleaux de peau tannée contenant les récits de sa famille. Se voyant inévitablement destiné à mourir, il pensait avec tristesse que ces pieuses reliques seraient bientôt dispersées sur le sable ensanglanté de l'arène, au lieu d'être transmises à sa descendance, selon l'espoir de son aïeul Joël, le brenn de la tribu de Karnak...

Le guichetier, qui, une fois par jour, apportait à Sylvest sa pitance, était un soldat invalide, ancien archer crétois, *aussi bavard qu'un Gaulois*, eût dit le bon Joel. Ce guichetier, vieil habitué des combats du cirque et endurci à ce spectacle, entretenait toujours Sylvest durant son repas, et cela sans méchante intention, du nombre et de la férocité des animaux, dont son ami et compagnon le *bestiaire* en chef avait la surveillance. La veille de la fête sanglante, il dit à l'esclave d'un ton paternel :

— Ah ! mon fils, il vient de nous arriver juste à point pour demain un superbe couple de lions d'Afrique ; j'ai songé à toi, car, mon bon ami, le bestiaire en chef n'a jamais vu de bêtes plus farouches. A quatre lieues d'ici, dans un repos, et après s'être pourtant bien repus de viande, ces lions ont, par pur malice, mis en morceaux leur gardien arabe, auquel ils étaient depuis longtemps accoutumés, et qui ne se défiait aucunement d'eux. Que sera-ce demain soir, lorsqu'ils auront été privés de nourriture pendant tout le jour ? Aussi, mon fils, je te souhaite de tomber sous la griffe d'un de ces compères, il ne te fera pas languir... et surtout, je t'en conjure, car ta jeunesse m'intéresse, surtout rappelle-toi ceci... N'imite pas ces malavisés, qui, une fois les bêtes féroces lâchées dans l'amphithéâtre, se jettent maladroitement la face contre terre, et présentent le dos au lieu du ventre... Maladroits ! leur agonie, leur supplice durent cent fois davantage ; tu vas comprendre pourquoi : aucune des parties nobles du corps n'étant tout de suite attaquée, la mort est beaucoup plus lente... tandis qu'au contraire, on en finit vite en se mettant, n'oublie pas ceci, mon fils, en se mettant à genoux face à face avec le lion ou le tigre, la gorge et la poitrine franchement à portée de leurs dents ; l'on a du moins la bonne chance d'être étranglé ou éventré du premier coup...

— Le conseil est bon, je m'en souviendrai.

— Mais rappelle-toi, mon fils, que s'agenouiller ainsi, face à face de la bête, ne convient qu'à l'encontre des tigres ou des lions... A-t-on affaire à un éléphant, c'est une manœuvre contraire que je veux t'indiquer.

— Il y aura donc des éléphants à cette fête romaine ? Je ne croyais pas qu'il y eût à Orange de ces animaux ?

— Les édiles, voulant rendre le spectacle de demain non pareil dans la Gaule romaine, se sont mis en grands frais ; ils ont acheté l'éléphant de combat du cirque de Nîmes ; on le dit féroce ; il est arrivé depuis plusieurs jours. Et ce n'est pas tout, car, par Jupiter, nos vénérables édiles font impérialement les choses : il y aura encore un combat extraordinaire, que je n'ai vu, moi, que deux fois en ma vie, une fois à Rome, l'autre à Alexandrie, en Egypte.

— Et ce combat extraordinaire, quel est-il ?

— Avant de t'en parler, mon fils, laisse-moi te donner un précepte excellent. Quant à l'éléphant, tu le vois venir à toi furieux, n'est-ce pas ? Tâche de ne pas te laisser enlacer dans les replis de sa trompe, jette-toi à plat ventre, glisse-toi sous lui, cramponne-toi à l'une de ses jambes de derrière... aussitôt il te piétinera pour se débarrasser de ton étreinte : or, en un instant, il t'aura brisé les os, et écrasé aussi facilement que tu aplatirais sous ton soulier un escargot dans sa coquille...

— Je tâcherai donc de m'adresser de préférence aux éléphants, avec eux il y a plus de chance de mourir vite...

— Certes ! mais il te faudra être preste et leste pour arriver l'un des premiers à la portée de l'éléphant ; il sera très recherché, et dès son apparition dans l'arène tu verras tous les esclaves condamnés aux bêtes se précipiter vers lui.

— Et ce combat extraordinaire dont vous parlez, offrirait-il une chance de mort plus prompte ?

— Non, non ! aussi, par Hercule, je ne te souhaite pas d'avoir à affronter ce monstrueux animal dont je vais te parler, le crocodile. J'ai vu à Rome trois esclaves avoir en un instant les cuisses et les bras aussi nettement tranchés par les dents de scie du crocodile que par une hache...

— Cette fête romaine sera complète... Ours, tigres, lions, éléphants, monstres marins... Y aura-t-il seulement assez d'esclaves pour le régal de tant d'hôtes ?

— Sans compter ceux que leurs maîtres offriront encore généreusement d'ici à demain pour le spectacle, vous êtes déjà près de quatre-vingts... c'est suffisant.

— Oui, il y a là de quoi divertir les ennuyés... Mais ce crocodile ne pourra combattre sur le sable de l'amphithéâtre ?

— Non ; aussi lui a-t-on creusé un bassin au milieu du cirque, à fleur de terre ; de sorte que les esclaves, en fuyant de ci de là les bêtes féroces, ne pourront manquer d'y tomber. Ce bassin aura cent pas de tour et deux coudées de profondeur. Le crocodile vient de Rome par mer, dans une galère disposée exprès pour lui.

— Ainsi qu'un proconsul ou un riche et noble seigneur !

— Oui, mon fils. Et tiens, ce qui m'intéresse encore à toi, c'est le ferme courage que tu montres... De quel pays es-tu donc ?

— Je suis né dans la Gaule bretonne !

— Par le vaillant dieu Mars ! c'étaient de rudes épées que ces Bretons !... Je les connais : le bras qui me manque, je l'ai perdu d'un coup de hache sous les yeux de César, du grand César ! à la bataille de Vannes... Terrible combat, où César a failli être fait prisonnier.

— Oui, mon père l'emportait tout armé sur son cheval...

— Tu dis vrai ; j'étais là lorsque les cavaliers numides sont accourus au secours de César, qu'une espèce de géant gaulois emportait sur son cheval... Comment, ce Breton, c'était ton père?
— Le seul de ma famille qui ait survécu à la bataille de Vannes... Mais, — reprit Sylvest, de crainte que ce Romain ne crût qu'il le voulait apitoyer en lui parlant de la bravoure gauloise, — mais nous voici loin du crocodile venu de Rome dans sa galère, ainsi qu'un proconsul ou un riche et noble seigneur ! Où a-t-il débarqué ?
— A Narbonne, et de Narbonne ici il est venu dans une immense cuve remplie d'eau et traînée par vingt couples de bœufs. Ce matin on a donné à ce monstre une génisse vivante... Ah ! mon fils, il lui a broyé les os aussi facilement qu'un chat croque une souris.
— Les esclaves qui lui seront livrés pourront, il me semble, se noyer avant d'être dévorés... C'est une bonne chance...
— Non, ils ne pourront pas se noyer... l'on a prévu ceci... Le bassin du cirque sera rempli d'une coudée de limon, puis d'un peu d'eau par-dessus, de sorte que les esclaves auront les épaules et la tête hors de la vase... Quant à la manière d'aller à l'encontre du crocodile, mon fils, je ne peux rien te conseiller, n'ayant pas d'expérience à ce sujet... Du reste, comme les esclaves ne sont livrés aux bêtes que pour terminer les jeux... tu attendras ton heure, en assistant à l'un des plus fameux combats de gladiateurs qu'on ait vus ; il y en aura huit couples es à cheval et vingt-cinq couples à pied... Et l'on dit même, cela n'est pas encore certain, mais la fête sera complète, qu'à l'instar de la nouvelle mode de Rome, plusieurs de nos grandes dames combattront entre elles. Nous aurions alors des gladiatrices
— Des femmes ? de nobles dames ?
— Certes, et des plus nobles ; le gardien qui a amené le crocodile d'Italie nous disait tantôt avoir vu, dans le cirque de Rome, cinq couples de femmes, épouses de sénateurs et de chevaliers, se combattre, soit entre elles, soit contre des femmes esclaves, avec une furie incroyable ; de même que souvent des seigneurs et des chevaliers combattent en gladiateurs contre des esclaves, désarmés, bien entendu... On n'arme les esclaves pour qu'ils combattent entre eux jusqu'à la mort, ainsi que les gladiateurs de profession, tels que le célèbre Mont-Liban de ce pays et autres batteurs d'épée, luttent entre eux... Oh ! la soirée sera belle... Aussi, — ajouta le guichetier en riant, — grâce à la nouvelle méthode des médecins, les servants du cirque, et je suis du nombre, auront demain d'excellents profits, les compères.
— Quels profits ?
— Ignores-tu les merveilleux effets que, pour la guérison de certaines maladies, l'on retire maintenant du foie de gladiateur fraîchement tué ?... Les médecins sont là, tout prêts à s'abattre, comme une nuée de vautours, sur les corps des gladiateurs encore chauds... Car il faut que le foie soit retiré chaud des entrailles pour conserver toute sa vertu... et cette vente de foies, sans compter les générosités des vieillards et des épileptiques qui viennent aussi là chercher la vie dans la mort... constitue nos petits profits. Mais, par Pluton ! tout n'est pas plaisir pour nous ; car, une fois la fête terminée, les flambeaux éteints, l'amphithéâtre désert et noir comme la nuit... Ah ! mon fils !...
— Qu'avez-vous à frissonner ainsi ? que se passe-t-il lorsque l'amphithéâtre est désert et noir comme la nuit ?
— Alors... vient l'heure des sorcières !...
— Des sorcières ! — dit Sylvest en tressaillant à son tour. — Et que viennent-elles faire au cirque... à cette heure de la nuit ?
— Oh ! c'est l'heure où, prenant la forme de hyènes, de louves, de couleuvres, d'oiseaux de proie ou d'animaux inconnus, plus effrayants encore, les magiciennes, se glissant dans les ténèbres, viennent se disputer, pour leurs sortilèges, les débris humains dont est jonché le sable ensanglanté de l'arène... Ah ! que de fois, frémissant dans ma logette, moi, vieux soldat pourtant, j'ai entendu au loin les cris, les grondements effrayants des sorcières s'arrachant ces lambeaux de chair à demi dévorés, ces têtes arrachées du tronc, labourées et trouées par l'ongle et la dent des bêtes féroces !... Ah ! mon fils ! la sueur me vient au front en songeant aux bruits mystérieux, formidables, que j'entendrai encore pendant la nuit de demain après la fête...

Et le guichetier laissa Sylvest dans de nouvelles angoisses... Peut-être Siomara, sous la forme d'une louve, viendrait-elle, dans la nuit du lendemain, disputer les débris du corps de son frère aux autres magiciennes.

Sylvest passa la dernière nuit dans sa prison presque sans sommeil, craignant toujours de voir apparaître Siomara... Grâce aux dieux, elle ne vint pas... Sans doute aussi, fidèle à sa promesse de ne pas s'adresser au seigneur Diavole, afin d'acheter, à un prix infâme, la liberté de Sylvest avant de l'avoir revu, elle l'attendait, ignorant qu'il était condamné à mourir dans l'arène.

La soirée consacrée à la fête romaine arriva ; deux heures auparavant le vieil invalide crétois, le guichetier, au lieu d'apporter à Sylvest sa pitance habituelle, lui dit : Mon fils... tu as aujourd'hui le *repas libre*.
— Qu'est-ce qu'un repas libre ?
— Tu peux demander à manger tout ce que tu voudras, jusqu'à la valeur d'un demi-sou d'or... Les quatre-vingts esclaves, destinés,

Combat entre patricien et esclave (page 192)

comme toi, aux bêtes, ont la même liberté... pour leur dernier repas... C'est un ancien et généreux usage...

— Oui... les édiles tiennent sans doute à ce que lions, tigres et crocodiles aient pour festin des esclaves délicatement nourris pendant leur dernier jour... Quant à moi, je n'offrirai pas ce régal à ces nobles animaux; je ne mangerai rien aujourd'hui; ils me prendront tel que m'a fait le régime de la prison.

— Voilà qui est singulier, — reprit le guichetier en réfléchissant et en regardant Sylvest. — Vous êtes ici à peu près une trentaine d'esclaves gaulois condamnés aux bêtes, et vous êtes fermes comme des rocs; tandis que les autres esclaves romains, espagnols, allemands, arabes, hébreux, tous... non, pas tous... les esclaves hébreux se montrent aussi d'un grand courage... ils se soucient assez peu de mourir, disant que leur véritable Messie viendra un jour et fera régner la justice sur la terre.

— Qu'est-ce que leur Messie ?...

— Je ne saurais te le désigner. Ils prétendent que c'est un homme plus heureux que les nombreux Messies qui se sont produits naguère, qui doit affranchir leur peuple du joug des Romains, Rome domine le pays des Hébreux comme le reste du monde... Mais enfin, ces Hébreux aussi sont très fermes devant la mort, tandis que les autres, sauf vous, Gaulois, ont vu arriver le soir de ce jour-ci avec une terreur croissante ou un désespoir farouche; vous autres, au contraire, vous ne sourcillez point. Par Hercule! je voudrais bien savoir qui vous donne un tel courage.

— Ce sont les druides, nos prêtres, nous puisons cette force dans la croyance en l'immortalité. Les druides nous ont appris qu'on ne meurt jamais.

— Comment! lorsque dans quelques heures

24ᵉ livraison

tes os craqueront sous la dent des bêtes féroces.... lorsque ton corps sera déchiré en lambeaux, tu prétends que la vie ne sera pas éteinte en toi.

— Le corps meurt-il parce que les vêtements dont on le couvre s'usent et se remplacent? Non : les vêtements passent, le corps reste.... Il en est ainsi de notre vie... elle est éternelle.... et change d'enveloppe comme nous changeons de vêtements... A peine, ce soir, le dernier lambeau de mon vêtement de chair sera-t-il déchiré par les bêtes féroces, que, prenant un corps nouveau, comme l'on prend un vêtement nouveau, j'irai continuer de vivre dans les mondes inconnus, où je retrouverai ceux que j'ai aimés ici-bas.

L'invalide regarda Sylvest d'un air surpris, hocha la tête et dit :

— Si vous croyez cela, vous autres Gaulois, le courage vous est facile ; je ne m'étonne plus que vous soyez des outre-vaillants, des enragés à la bataille... Ainsi, tu ne veux pas faire honneur au *repas libre* ?

— Non... je ne goûterai à aucun des mets que tu m'offres.

— Tu as tort... J'ai toujours ouï dire que l'agonie d'un homme à ventre vide dure plus longtemps que celle d'un homme à ventre plein... Mais, fais à ta guise... Au soleil couché, je viendrai te chercher ; tu assisteras à l'un des plus beaux spectacles du monde... d'abord, combat de huit couples de gladiateurs à cheval, gladiateurs de métier, ceux-là ; puis vingt-cinq couples de gladiateurs esclaves, forcés de combattre jusqu'à la mort ; ensuite, le jeune et riche seigneur Norbiac paraîtra dans le cirque.

— Pour se battre ?... le seigneur Norbiac ?... et contre qui ?...

— Pure comédie, mais c'est la mode... Il se battra, lui, armé jusqu'aux dents, contre un esclave *armé à blanc*, comme on dit au cirque, c'est-à-dire nu et armé d'un sabre de fer blanc, sans pointe ni tranchant ; nos jeunes seigneurs se donnent ces divertissements... Ensuite viendra le combat de femmes, dont je t'ai parlé ; car décidément ce combat aura lieu.

— Entre quelles personnes ?

— Entre deux des plus belles femmes d'Orange... une grande dame et une célèbre courtisane affranchie...

— Leurs noms ? demanda Sylvest avec anxiété, — oh ! leurs noms ?

— La grande dame est Faustine, patricienne de cette ville... La courtisane affranchie est depuis peu de temps à Orange ; elle se nomme la belle Gauloise... Ensuite, nous aurons un combat à mort entre le fameux Mont-Liban et Bibrix, le plus célèbre gladiateur de Nîmes... Enfin, pour terminer la fête, les esclaves seront livrés aux bêtes... et à ce propos, mon fils, n'oublie pas mes conseils selon l'encontre d'un lion, d'un tigre ou d'un éléphant ; quant au crocodile, je ne peux te donner d'avis.

Sylvest resta seul ; il venait d'apprendre, avec surprise, l'annonce du combat de Siomara et de Faustine. Pour quelle cause ces deux femmes devaient-elles se battre ? Mont-Liban était-il l'objet de cette rivalité ? Sylvest hésitait à le croire : il se rappelait avec quel dédain Siomara avait traité le gladiateur, quoiqu'elle l'eût congédié en lui adressant quelques douces paroles.... Mais, depuis cette nuit-là, trois jours s'étaient passés : Siomara avait peut-être pris Mont-Liban pour amant, par haine contre Faustine, plutôt que par amour pour ce gladiateur stupide et brutal ; car Sylvest se souvenait des aveux de Siomara se jetant dans les sortilèges par satiété de débauche... il se souvenait enfin, en frémissant et sans y croire, de l'horrible révélation de l'eunuque au sujet de Belphégor... D'ailleurs, il ne s'étonnait pas de voir la noble Faustine franchir, pour ce combat, la distance qui la séparait de la courtisane affranchie... A Rome, les plus grandes dames combattaient soit entre elles, soit contre des femmes esclaves, et une courtisane gauloise rentrait dans la condition d'une esclave. Ce dont il était surpris, c'est que Siomara eût accepté cette lutte meurtrière : peut-être, pour en sortir victorieuse, elle comptait sur la puissance de ses sortilèges...

Ces pensées occupèrent l'esprit de Sylvest jusqu'à la fin du jour...

Au soleil couché, le guichetier vint chercher l'esclave pour la fête romaine.

— Serai-je donc livré aux bêtes les menottes aux mains et la chaîne aux pieds ? — demanda-t-il à l'invalide. — N'allez-vous donc pas me déferrer ?

Non, mon fils. Vous allez être conduits tous ensemble sous une voûte grillée, communiquant de plain-pied avec l'arène ; et comme vous resterez enfermés là jusqu'au moment où vous serez livrés aux bêtes, on craindrait qu'en attendant vous ne vous tuiez les uns les autres. Quelques instants avant votre entrée dans le cirque, vous serez déferrés... Allons, mon fils, suis-moi : bonne et surtout prompte chance je te souhaite.

En sortant de son cachot, Sylvest se trouva dans une longue galerie souterraine, de chaque côté de laquelle s'ouvraient les portes de cellules d'où étaient sans doute sortis avant lui un grand nombre de ses pareils, aussi condamnés. A l'extrémité de ce souterrain, vers laquelle se dirigeaient les esclaves, poussés par les guichetiers et les gardiens, armés, on apercevait, à travers d'épais barreaux de fer, une éclatante lumière, produite par l'éclairage de l'amphithéâtre. Sylvest, plein d'angoisses en songeant au combat de sa sœur et de Faustine, voulut arriver l'un des premiers à la grille de cet immense soupirail, d'où il pouvait voir le spectacle, et fendit la foule de ses compagnons. Il parvint, grâce à cette manœuvre, à s'approcher des barreaux de fer, entendant de plus en plus distinctement le murmure et le tumulte d'une foule immense, car l'amphithéâtre d'Orange, comme ceux d'Arles, de Nîmes, et de plusieurs autres villes de la Gaule romaine, contenait vingt-cinq mille spectateurs...

— O mon pauvre enfant! le fils de ma Loyse! toi pour qui j'écris ce récit, tu sauras, par la description que je veux te faire d'un des amphithéâtres construits par les Romains dans notre vieille Gaule, à quels excès de prodigalité insensée nos oppresseurs, enrichis par le travail de leurs esclaves, en étaient venus pour se donner le divertissement de supplices horribles et de massacres humains.

L'arène du cirque d'Orange, destiné aux combats et aux supplices, était de forme ovale, longue de cent cinquante pas, large de cent, et entourée d'une muraille assez massive pour que l'on ait pu prendre dans son épaisseur la voûte sous laquelle se tenaient les victimes destinées aux bêtes. Cette construction, d'une telle hauteur que les éléphants ne pouvaient, du bout de leur trompe, atteindre le rebord de la plate-forme qui la surmontait, était intérieurement décorée de pilastres, séparant des niches ornées de grandes statues de marbre, entourant l'arène de tous côtés, et offraient ainsi, à sa partie supérieure, une sorte de terrasse où se trouvaient les places de *première galerie*. De crainte des bonds des bêtes féroces, et malgré son élévation au-dessus du lieu des combats, l'on avait encore défendu cette galerie par une forte balustrade de bronze doré. Ces places, régnant autour de l'amphithéâtre, étaient réservées aux femmes et aux hommes les plus riches, les plus nobles ou les plus considérables de la ville. On y voyait aussi, se faisant face l'un à l'autre, le trône d'Auguste, empereur de Rome et des Gaules, et la tribune des édiles, magistrats ordonnateurs de la fête.

Derrière cette galerie, et suivant comme elle la forme ovale de l'arène, s'élevaient une innombrable quantité de gradins de marbre superposés les uns aux autres; l'on y arrivait du dehors par plusieurs étages de galeries extérieures, contournant le cirque, et communiquant entre elles par de nombreux escaliers. En temps de pluie ou de soleil trop ardent, l'on abritait les spectateurs sous un *velarium*; mais cette toile immense n'avait pas été tendue ce soir-là; l'air était si calme, que pas un souffle de vent n'agitait la flamme des milliers de flambeaux de cire placés dans les torchères de bronze doré fixées autour de l'arène, où l'on avait accès par quatre passages voûtés, pratiqués sous les gradins et dans l'épaisseur de la muraille d'enceinte. Les deux entrées, du nord et du midi, étaient réservées aux gladiateurs à pied et à cheval. A l'orient et à l'occident, se faisant face, se voyaient deux voûtes grillées; l'une destinée aux bêtes féroces, l'autre aux esclaves condamnés à être dévorés. Sous cette voûte avaient été conduits Sylvest et ses compagnons: debout, le long des barreaux de fer, il examinait, avec une curiosité triste, tout ce qu'il pouvait apercevoir au dehors.

Le sol de l'arène, couvert d'une épaisse couche de sable, coloré en rouge, afin que les traces du sang parussent moins crues, était semé d'une foule de petites parcelles brillantes, qui, à la lueur des flambeaux, étincelaient comme des millions de paillettes d'or. Un certain espace n'avait pas été sablé, mais seulement recouvert d'un épais tapis à claire-voie; au-dessous se trouvait le bassin où le crocodile attendait ses victimes. Ce plancher mobile devait être enlevé au moment où les animaux seraient lâchés dans le cirque. De loin en loin, montés sur des estrades appuyées au mur d'enceinte de l'arène, Sylvest remarqua des hommes vêtus comme le *Mercure* des païens, coiffés d'un casque d'acier arrondi et orné de deux ailes dorées; ces hommes portaient pour tout vêtement un caleçon rouge, et au talon de leurs sandales étaient attachées de petites ailes. Chacun de ces Mercures avait devant lui un réchaud de bronze, rempli de braise, où chauffaient de longues tiges d'airain; ainsi rougies au feu, elles servaient à s'assurer si les gladiateurs esclaves, qui, gravement blessés, feignaient parfois d'être morts pour ne plus combattre, avaient réellement cessé de vivre: le Mercure acquérait cette certitude en sillonnant les plaies des blessés avec sa tige brûlante; car sous cette affreuse douleur, il était impossible de simuler l'insensibilité de la mort. Ces tiges d'airain servaient encore à ramener au combat les esclaves timides ou réfractaires qui lâchaient pied devant leur adversaire.

Sylvest remarqua aussi, autour du mur d'enceinte de l'arène, immobiles comme les statues des niches qui le décoraient, des hommes à longue barbe, d'une taille gigantesque, vêtus comme Pluton, le dieu de l'enfer des païens; coiffés d'une couronne de cuivre à dents aiguës, drapés dans leurs togos noires, semées d'étoiles d'argent, ils s'appuyaient sur le long manche de leurs gros marteaux de forgeron: on les nommait *les Plutons*; ils avaient pour office de traîner les cadavres hors du cirque, et d'achever, à coups de marteau, les victimes qui respiraient encore.

Enfin, près des deux entrées des gladiateurs se tenaient les *hérauts d'armes*, la tête ceinte d'une bandelette écarlate, ayant à la main une verge d'ivoire et vêtus de chlamydes blanches. A côté de ces hérauts étaient les *buccinateurs*, portant des justaucorps verts brodés d'argent; leurs chausses, de même couleur, disparaissaient sous la tige de leurs grandes bottes de cuir, qui couvraient leurs jambes jusqu'au milieu des cuisses ; ils avaient à la main, prêts à les emboucher, leurs énormes buccins, recourbés à la manière des trompes de chasse.

On attendait l'arrivée des édiles pour commencer la fête, bien que l'amphithéâtre regorgeât de monde. Les cris, les sifflets témoignaient de l'impatience de la multitude. L'éclairage du cirque donnait à ce spectacle une apparence étrange, sinistre ; les innombrables flambeaux placés autour de l'arène l'inondaient de clarté, ainsi que les spectateurs de la première galerie et des gradins rapprochés de ce foyer de lumière qui, ensuite, allait toujours décroissant d'intensité vers les gradins supérieurs, de sorte qu'à ces lueurs rougeâtres, presque crépusculaires, les milliers de figures humaines placées aux rangs les plus élevés de l'amphithéâtre ressemblaient à de pâles fantômes, à peine distincts des ténèbres, au-dessus desquelles brillaient les étoiles du firmament.

Soudain, il se fit un grand tapage à la première galerie, où plusieurs places avaient été réservées jusqu'alors. Sylvest les vit bientôt occupées par son maître Diavole et par plusieurs jeunes seigneurs de ses amis, vêtus, comme lui, avec magnificence, et, comme lui, sortant d'un festin prolongé, car ils portaient des couronnes de pampres verts, et tenaient à la main de gros bouquets de roses. L'entrée bruyante de ces jeunes gens, leurs éclats de voix, leurs rires prolongés, l'animation de leurs traits, témoignaient de leur état d'ivresse. Le seigneur Diavole, penché sur la balustrade, examina longtemps l'aspect de l'amphithéâtre, saluant de côté et d'autre ; puis, comme il se trouvait placé juste en face de l'endroit où se tenaient les condamnés aux bêtes, et que Sylvest était debout derrière les barreaux de la voûte, Diavole, ayant par hasard jeté les yeux de ce côté, reconnut son esclave, le désigna du geste à ses amis, et redoubla d'éclats de rire en lui montrant le poing et l'interpellant par des grossières injures.

Il est au ciel des dieux vengeurs! Au moment où Diavole insultait ainsi au sort de son esclave, celui-ci entendit prononcer son nom derrière lui parmi ses compagnons ; il prêta l'oreille, une voix disait en langue gauloise :

— Il doit y avoir parmi nous un camarade du nom de Sylvest... comment ne répond-il pas? Voici plusieurs fois que je l'appelle... est-il donc sourd?... Sylvest!... Sylvest!...

— Je suis là, — reprit l'esclave ; — je suis auprès de la grille ; je ne veux pas quitter ma place ; viens à moi si tu as à me parler...

Il vit, au bout de quelques instants, s'approcher de lui un des condamnés, marqué au front comme fugitif, et jeune encore, qui lui dit à voix basse en langue gauloise :

— Tu te nommes Sylvest?
— Oui, frère en esclavage.
— Esclave chez Diavole, tu avais pour compagnon un cuisinier surnommé Quatre-Epices?
— Oui, tu dis vrai.
— Quatre-Epices m'a chargé pour toi d'une bonne nouvelle ; je l'ai rencontré avant-hier au marché ; je le connais depuis longtemps ; c'est un compagnon ferme et sûr ; je lui ai dit : « Dans
« deux jours, je serai libre au fond des bois ou
« condamné aux bêtes lors du prochain specta-
« cle ; car cette nuit j'essaye de me sauver, et
« mon maître m'a menacé, si je tentais encore
« de fuir et qu'il pût me rattraper, de m'envoyer
« au cirque... Veux-tu tenter de fuir avec moi
« cette nuit?... une évasion à deux offre plus
« de ressource. — Non, — m'a répondu Quatre-
« Epices ; — je ne peux t'accompagner cette
« nuit. Mais, si tu es rattrapé, ramené à ton
« maître et conduit au cirque, tu trouveras
« parmi les condamnés un Gaulois nommé
« Sylvest, esclave de Diavole ; tu lui diras ceci,
« afin de lui rendre la mort douce : Notre maître
« a convié bon nombre de jeunes seigneurs de
« ses amis à un splendide festin, qui doit avoir
« lieu demain, et précéder le spectacle du cir-
« que, où ils se rendront après le repas. J'attends
« depuis longtemps l'heure de me venger ;
« Sylvest m'avait fait ajourner mon projet en
« m'assurant qu'au prochain départ de l'armée
« romaine les esclaves se soulèveraient en ar-
« mes... Vain espoir! hier, on affirmait chez
« mon maître que l'armée romaine restait en
« Gaule dans ses quartiers d'hiver. »

— Que dis-tu? — s'écria Sylvest plein d'anxiété.
— Cette nouvelle serait vraie?...
— Oui ; car les logements préparés dans les faubourgs d'Orange pour l'avant-garde, qui devait y arriver demain, ont été décommandés hier... je le sais.
— Malheur! malheur! — dit Sylvest désolé.
— Quand viendra maintenant le jour de la délivrance, le jour des représailles?
« — La révolte devenue impossible, — a
« ajouté Quatre-Epices, — j'ai hâte de venger
« moi et Sylvest du même coup. J'ai acheté
« d'une sorcière un poison sûr et d'un effet
« lent ; je l'ai essayé sur un chien : le poison
« n'a agi qu'au bout de quelques heures, mais
« avec une violence terrible. Au festin de de-
« main, les plats d'honneur les plus exquis, que
« l'on ne sert qu'à la fin du repas, seront em-
« poisonnés par moi, ainsi que les dernières
« amphores que l'on videra. D'après mon
« expérience sur le chien, Diavole et ses amis
« doivent expirer vers le milieu de la fête... Dis
« ceci à Sylvest si tu vas le rejoindre au cirque.
« S'il doit mourir avant d'avoir vu expirer Dia-
« vole et sa bande, il s'en ira du moins certain
« d'être bientôt suivi par notre maître et ses

« dignes amis. Le coup fait, je tâcherai de fuir. « Si je suis repris, j'ai fait d'avance le sacrifice « de ma vie. » Et, là-dessus, Quatre-Epices m'a quitté. Moi, j'ai tenté mon évasion; mon maître m'épiait, il m'a surpris au moment où j'escaladais un mur... Trois heures après, j'étais amené au cirque... et depuis que nous sommes rassemblés ici, je l'appelle, afin de remplir la promesse que j'ai faite à Quatre-Epices... A cette heure, il a sans doute abandonné la maison de son maître... Fasse que le poison soit sûr, et que ces Romains maudits crèvent comme des rats empoisonnés !

— Vois-tu, — dit Sylvest à l'autre condamné, — vois-tu à la galerie, au-dessus de la voûte aux bêtes féroces, ce jeune seigneur couronné de pampres, vêtu d'une chlamyde de soie bleue brodée d'argent, et aspirant le parfum de ce bouquet de roses qu'il tient à la main ?

— Oui, je le vois.

— C'est le seigneur Diavole.

— Ah! par tout le sang qui va couler ! — s'est écrié l'esclave avec une joie farouche, — nous aurons donc aussi notre fête, nous ?... Riez, riez, jeunes seigneurs avinés! lancez des œillades amoureuses aux courtisanes... ce soir le marbre de la brillante galerie aura ses morts comme l'arène ensanglantée aura les siens !... Regardons-nous donc un peu en face, mes joyeux et beaux seigneurs ! mes fiers conquérants romains! vous, du haut de votre balcon doré... tout parfumé de fleurs... éblouissant de lumière... nous, Gaulois conquis, nous vos esclaves, du fond de notre soupirail funèbre... Oui, regardons-nous donc en face! et saluons-nous, condamnés que nous sommes, vous et nous, à mourir ce soir !... nous, sous l'ongle et la dent des bêtes féroces... vous, tordus par le poison... Oh! vengeance, ne tarde pas d'avantage.

L'esclave ayant, dans son exaltation croissante, assez élevé la voix pour être entendu des autres Gaulois, il leur raconta, afin de leur rendre aussi la mort plus douce, la vengeance de Quatre-Epices. A ces mots, presque tous les esclaves, qui, jusqu'alors sombres et taciturnes, mais résignés à leur sort, s'étaient tenus assis ou couchés sur les dalles, dans l'ombre de la voûte, se précipitèrent aux barreaux pour contempler avec une joie farouche ces jeunes seigneurs romains si gaiement avinés, et portant dans leur sein une mort terrible et prochaine...

Cette joie farouche, Sylvest la partagea d'abord, mais bientôt il se souvint que son oncle Albinik, le marin, pilotant les galères romaines, la veille de la bataille de Vannes, avait regardé comme une lâcheté indigne de la valeur et de la loyauté gauloises de traîtreusement engloutir au fond de la mer les galères qui portaient des milliers de soldats romains, confiants dans sa manœuvre. Si excusable qu'elle fût par la férocité de Diavole, la vengeance de Quatre-Epices fit horreur à Sylvest... tandis qu'il eût donné des premiers le signal d'une révolte armée pour briser les fers de l'esclavage, exterminer les Romains et reconquérir la liberté de la Gaule; mais l'heure de cette révolte, quand sonnerait-elle ?... S'il n'eût pas été ferme devant la mort, la nouvelle qu'il venait d'apprendre, au sujet du maintien de l'armée romaine en Gaule, lui eût ôté tout regret de quitter la vie.

— Heureusement, — pensa Sylvest, — si les hommes meurent, les réunions nocturnes des *Enfants du Gui* se succéderont d'âge en âge, grâce aux druides, jusqu'au jour de la justice et de la délivrance...

Le bruit éclatant des fanfares tira Sylvest de sa rêverie; les buccinateurs, soufflant dans leurs buccins, annonçaient l'arrivée des édiles. Ces magistrats prirent place dans leur tribune; les hérauts d'armes donnèrent le signal du combat. Les buccinateurs firent de nouveau résonner leurs instruments de cuivre; un profond silence se fit dans cette foule immense, et quatre couples de gladiateurs à cheval (gladiateurs de profession) se présentèrent dans l'arène par l'entrée du nord, quatre couples par l'entrée du midi. Les premiers montaient des chevaux blancs, harnachés de vert; les seconds, des chevaux noirs, harnachés de rouge. Chaque gladiateur à cheval était armé d'une lance légère, d'un bouclier peint et doré; leur casque de bronze, à visière baissée, seulement ouverte à la hauteur des yeux par deux trous ronds, leur cachait le visage; un brassard et un gantelet de fer couvraient leur bras droit; le reste du corps était nu, car ils ne portaient que leur tablier de gladiateur, attaché aux hanches par une ceinture d'airain, à laquelle pendait leur longue épée; des sandales ferrées chaussaient leurs pieds. Ces cavaliers, gladiateurs de profession, étaient libres; du moins ils se combattaient volontairement, en hommes braves, ainsi que s'étaient souvent battus les aïeux de Sylvest, par outre-vaillance, mais non comme des esclaves forcés de s'entr'égorger sans raison, pour le divertissement de leurs maîtres. Sylvest et plusieurs de ses compagnons, collés aux barreaux du souterrain, oublièrent leur mort prochaine, intéressés malgré eux à ce valeureux combat. Plusieurs de ces cavaliers furent tués, ainsi que leurs chevaux; et pas un gladiateur ne quitta l'arène sans blessure. Quand le combat des gladiateurs à cheval fut terminé, les cadavres emportés hors de l'arène par les Plutons, et les chevaux morts entraînés par des mules richement caparaçonnées que l'on attelait après eux, il y eut un moment de repos.

Alors de longs rugissements retentirent au fond de la voûte faisant face à celle où se trouvaient les esclaves condamnés, grillée comme la leur, et divisée en trois loges; bientôt ils virent arriver lentement, et avec de sourds grondements, quatre lions dans l'une des loges, trois tigres dans l'autre, et dans celle du milieu, un éléphant si énorme que son dos touchait presque au cintre. Ces animaux, un moment éblouis par la vive lumière du cirque, n'approchèrent pas d'abord jusqu'aux barreaux du souterrain; ils restèrent à demi dans l'ombre, où l'on voyait luire leurs prunelles. Un frémissement d'effroi courut parmi les esclaves : les plus faibles, poussant des gémissements lamentables, défaillirent et se laissèrent tomber à terre en se cachant la figure; d'autres éclatèrent en imprécations contre les Romains; d'autres enfin, mornes, mais résolus, paraissaient insensibles au péril.

Les buccinateurs firent retentir leurs clairons; les hérauts ouvrirent les barrières de l'arène, et l'on vit entrer un grand nombre de couples de gladiateurs esclaves, offerts ou vendus par leurs maîtres pour cette fête sanglante, et forcés de combattre jusqu'à la mort... Tous étaient coiffés de casques de différentes formes: les uns à visière grillée, d'autres à visière pleine seulement d'un côté ou trouée de deux ouvertures; leur tablier de gladiateur, d'étoffe rouge ou blanche, attaché autour des reins par un ceinturon de cuir, laissant leur corps, leurs cuisses et leurs jambes nus. Plusieurs portaient un brassard de fer au bras droit et un jambard de fer à la jambe gauche; tous avaient l'épée à la main, et presque tous le bouclier au bras gauche; quelques-uns remplaçaient cette arme défensive par un filet frangé de plomb, roulé autour de leur bras, et destiné à être lancé sur leur adversaire, afin d'empêcher ses mouvements et pour le frapper plus facilement.

L'esclavage énerve souvent les courageux et double la couardise des lâches : la plupart de ces gladiateurs forcés, loin de ressentir aucune haine les uns contre les autres, étaient plutôt liés entre eux par la confraternité du malheur: les valeureux se révoltaient à la pensée d'employer leur vaillance au divertissement de maîtres abhorrés et d'être réduits à la condition de chiens de combat. Aussi, dès leur entrée dans l'arène, trois esclaves se tuèrent en s'enfonçant leur épée dans la gorge avant que les couples fussent placés face à face par les hérauts; d'autres, éperdus d'effroi, jetant sabre et bouclier, pleurant à sanglots, se mirent à genoux, les mains étendues vers les spectateurs pour demander grâce; mais ils furent couverts de huées. Parmi eux, un vieillard courut embrasser les pieds d'une des grandes statues de marbre placées dans les niches de la muraille d'enceinte, et représentant les divinités païennes; il semblait se mettre sous sa protection... Mais à un des signes des édiles, les Mercures, retirant du brasier leurs longues tiges d'airain ardentes, en menacèrent le vieillard et les esclaves agenouillés... Ainsi placés entre l'effroi de ces horribles brûlures et la crainte d'un combat à mort, ils se résignèrent à la lutte... La bataille commença : quelques gladiateurs combattirent avec la furie du désespoir, heureux de trouver dans la mort la fin de leurs misères ; d'autres, à la première blessure, s'agenouillèrent et tendirent la gorge à leur adversaire, forcé de les tuer, aux grands applaudissements du public... Ceux-ci, couverts de blessures, se traînant à peine, levaient, selon l'usage, la paume de la main gauche vers les spectateurs pour demander grâce de la vie, oubliant que les seuls gladiateurs de profession avaient ce droit, et que tout esclave entrant dans l'arène n'en sortait que mort, tué par l'épée, ou la tête broyée sous le marteau des Plutons. Plusieurs enfin, grièvement blessés, feignirent d'être morts. L'un de ceux-ci, jeune et vigoureux esclave, avait vaillamment combattu : son corps était criblé de blessures ; au dernier choc, il tomba non loin des barreaux de la voûte où se trouvait Sylvest. Lui-même crut cet esclave mort : les membres raidis, la tête, couverte de son casque à visière baissée, renversée sur le sable, il restait immobile... Un des Mercures l'aperçut, s'approcha de lui, armé de sa longue tige d'airain, rouge comme un charbon ardent, et en sillonna une des plaies de l'esclave... La chair vive grésilla, fuma... Le corps resta sans mouvement malgré cette torture... Le Mercure le crut mort; il s'éloigna... mais, se ravisant, il revint, plongea sa tige d'airain à travers l'un des trous de la visière du casque du gladiateur... Sans doute le fer brûlant et aigu pénétra dans l'œil, car l'esclave, vaincu cette fois par la douleur, se releva d'un bond, en poussant des hurlements qui n'avaient rien d'humain, fit quelques pas et retomba; aussitôt deux Plutons accoururent vers lui, et, frappant de leurs lourds marteaux sur ce casque, comme sur une enclume, ils broyèrent tellement cette tête, que Sylvest vit jaillir, à travers les cassures de la visière, un mélange sans nom de chair, de sang, de cervelle et de petits morceaux d'ossements.

A cet horrible spectacle, qui couronnait cette boucherie, Sylvest ne put se contenir : d'une voix éclatante il chanta ce refrain des bardes gaulois à la réunion nocturne des *Enfants du Gui* :

— *Oh! coule... coule... sang du captif!* — *Tombe, tombe, rosée sanglante!...* — *Germe, grandis, moisson vengeresse!...*

Parmi les condamnés, Sylvest n'était pas le seul *enfant du Gui*, bientôt d'autres voix que la sienne répétèrent avec lui, à la sinistre cadence des chaînes secouées avec fureur :

— *Coule... coule... sang du captif ! — Tombe, tombe, rosée sanglante !... — Germe, grandis, moisson vengeresse !...*

Ces chants de mort furent couverts par un grand tumulte : l'arène était jonchée de cadavres et de mourants ; pas un des combattants n'était debout. Soudain on entendit crier par les hérauts :

— Les *malades !...* les *médecins !...*

Et aussitôt se précipitèrent dans le cirque un grand nombre de vieillards débiles, richement vêtus, les uns soutenus par des esclaves, d'autres s'appuyant sur des cannes. Il y avait parmi ces malades des hommes mûrs et des jeunes gens ; tous s'agenouillèrent ou s'accroupirent auprès de ces mourants, et chaque malade, appliquant sa bouche avide aux blessures, pompa le sang encore tiède qui s'en échappait : les uns cherchant dans ce sang le ravivement de leurs forces épuisées, les autres la guérison de l'épilepsie. Çà et là des médecins, armés d'instruments tranchants, éventraient les morts encore chauds et en retiraient les *foies,* dont ils se servaient comme remèdes. Les médecins pourvus, les riches malades rassasiés de sang, les Plutons achevèrent, à coups de marteau, les esclaves encore survivants, et, aidés des Mercures, ils emportèrent les cadavres, pendant que les servants de l'amphithéâtre, au moyen de longs râteaux, mêlaient au sang, en le couvrant, le sable de l'arène...

A ce moment, les bêtes féroces, de plus en plus animées par la vue de ce long carnage, ainsi que par la chaude et forte odeur de sang, ont redoublé de rugissements, bondissant avec furie dans leurs cages, dont elles ébranlaient les barreaux avec leurs pattes énormes. A ces rugissements des animaux, dont ils allaient être la proie, Sylvest et les esclaves gaulois ont répondu en répétant le refrain des bardes et en secouant leurs chaînes :

— *Coule... coule... sang du captif ! — Tombe, tombe, rosée sanglante !... — Germe, grandis, moisson vengeresse !...*

Il y eut alors un entr'acte à la fête romaine.

Pendant cette interruption, Sylvest et les esclaves jetèrent les yeux sur le seigneur Diavole et sur ses amis ; tous continuaient de se montrer joyeux et animés. Diavole avait été un des plus obstinés à refuser la vie, même aux gladiateurs libres, qui, blessés demandaient grâce aux spectateurs d'un geste suppliant.

Cependant, Sylvest remarqua que, sans doute grâce aux lents et sûrs effets du poison de Quatre-Épices, la vive rougeur du visage de son maître, excité par le vin et par la vue de cette fête sanglante, commençait à s'effacer, surtout au front, au nez, au menton, qui devenaient d'un blanc de cire. La même altération s'observait sur les traits des autres jeunes seigneurs ; ceux-ci, d'ailleurs, ne se montraient ni moins bruyants ni moins gais que Diavole ; car, la comédie ayant pour quelques instants succédé à la tragédie, tous accueillirent avec de grands éclats de rire l'apparition de leur ami Norbiac, accoutré d'une façon grotesque, qu'un faux pas avait fait trébucher à son entrée dans l'arène.

Ce Gaulois ridicule et lâche, objet des railleries de tous par sa suffisance et sa sottise, ayant ouï dire qu'à Rome les seigneurs à la mode combattaient parfois en gladiateurs, voulait, par vanité, les imiter. Son casque d'acier avait pour cimier une chimère dorée d'une hauteur démesurée, sa visière baissée ne laissait pas voir son visage ; il s'était prudemment bardé de fer, hausse-col, cuirasse, brassards, gantelets, cuissards, jambards, bottines à écailles de fer ; on aurait dit une tortue dans sa caparace : ployé sous le poids de cette lourde armure, il marchait difficilement, et portait de plus un complet arsenal, sans parler de son bouclier doré, ayant pour emblème un lion peint de vives couleurs, qui tenait dans sa patte droite une devise où l'on voyait écrit en grosses lettres le nom de Siomara. N'ayant pas renoncé à son amour pour la belle Gauloise, il espérait sans doute la toucher en faisant montre de courage dans ce spectacle où elle devait aussi combattre.

Norbiac tenait à la main une longue épée, et avait à sa ceinture d'un côté un poignard, de l'autre une hache d'armes et une masse à pointes aiguës. A peine se fut-il remis de l'ébranlement causé par son faux pas, que l'on s'aperçut, à l'embarras et à l'hésitation de sa marche, que les trous de sa visière, percés trop bas sans doute, pouvaient à peine lui servir à se conduire, car il essaya deux ou trois fois, mais en vain, de rehausser cette visière au bruit des rires de la foule.

L'esclave destiné à combattre Norbiac était entré par l'autre porte de l'arène : sauf son tablier de gladiateur, aucun vêtement, aucune armure ne le couvrait ; pour seule défense il tenait à la main un large sabre de fer-blanc, véritable jouet d'enfant, et paraissait d'ailleurs jeune, agile et vigoureux. Le héraut d'armes et les buccinateurs donnèrent le signal de l'attaque... Norbiac, couvrant de son bouclier son corps déjà défendu par son épaisse cuirasse, fit tournoyer sa longue épée autour de lui, se tenant sur la défensive. L'esclave, armé d'un glaive inutile, restait hors de portée des coups de son adversaire, attendant, pour l'étreindre corps à corps, que Norbiac, peu familier au maniement d'une pesante épée, eût le bras lassé. En effet, le tournoiement du glaive se ralentissait, et de toutes parts, surtout des gradins supérieurs, où se tenait plus particulièrement le populaire, on entendait des huées, des quolibets.

Les esclaves gaulois, du fond de leur souterrain, applaudissaient aux injures dont on poursuivait ce lâche parjure... ce stupide imitateur des Romains... Mais les édiles, ne pouvaient permettre qu'un riche seigneur servît plus longtemps de risée à la foule, ils firent signe à l'un des Mercures de l'arène. Aussitôt celui-ci, retirant de la fournaise une des tiges d'airain brûlant, en piqua le dos de l'esclave, jusqu'alors toujours hors de la portée du glaive de Norbiac. La surprise et la douleur de la brûlure firent faire à l'esclave un bond en avant; il se jeta, les yeux fermés, sur l'épée de son adversaire, et reçut ainsi à la figure et à la poitrine deux larges blessures. Abandonnant alors son sabre de fer-blanc, il se précipita sur son adversaire couvert d'acier, le renversa sous lui, arracha de sa ceinture sa masse de fer, et commença de marteler le casque de Norbiac, qui poussait des cris perçants et appelait à l'aide, au grand contentement de la foule. Mais les forces de l'esclave se perdant avec le sang de ses deux larges blessures, il ralentit bientôt ses coups, laissa échapper la masse de fer, éleva sa main défaillante pour demander grâce de la vie, et tomba près de Norbiac, dont les cris aigus s'étaient changés en gémissements lamentables, et qui essayait de se relever.

Les spectateurs des gradins supérieurs, quoique l'esclave fût d'avance destiné à périr, selon la coutume, crièrent :

— La vie à l'esclave! Grâce! grâce!...

Mais les spectateurs de la galerie et des gradins voisins, ainsi que Diavole et ses amis, trouvant d'un fâcheux exemple d'accorder la vie à un esclave qui venait de marteler si rudement un seigneur, demandèrent la mort, et, sur un signe de l'édile, un des Plutons brisa la tête du blessé. A ce moment, Norbiac, parvenant enfin à se relever, et retrouvant des forces dans son effroi, se mit à courir çà et là devant lui, malgré le poids de son armure, étendant les mains au hasard, comme quelqu'un dont les yeux sont bandés. Il tomba ainsi entre les bras d'un des hérauts, qui le conduisit hors de l'arène, au milieu des huées universelles...

L'arène restant vide un moment, l'esclave, ami de Quatre-Epices, dit à Sylvest et à ses compagnons :

— Voyez donc Daviole et ses amis... comme leur pâleur augmente et devient verdâtre; l'on dirait que leurs yeux se renfoncent dans l'ombre de leur orbite, qui va toujours se creusant!... Courroux du ciel!... le poison de Quatre-Epices est d'un effet certain; mais ces joyeux seigneurs n'éprouvent encore sans doute aucune douleur. Cependant, voici l'un d'eux qui porte la main à son front; sa tête alourdie semble lui peser... Les effets du poison commencent à se faire sentir.

— Et cet autre... qui vient de se rasseoir en cachant ses yeux, comme s'il était ébloui ou étourdi!... En voilà deux de frappés...

Un grand frémissement se fit alors dans la foule; les noms de Faustine et de Siomara, circulant dans toutes les bouches, arrivèrent jusqu'aux oreilles de Sylvest, comme s'ils eussent été prononcés par une seule et grande voix composée de plusieurs milliers de voix !

Hélas ! Siomara lui inspirait autant d'horreur que d'épouvante; mais à ce moment suprême... où il allait entrevoir sa sœur pour la dernière fois... il oublia la courtisane, la magicienne; il ne se souvint plus que de l'innocente enfant d'autrefois, la douce compagne de sa première jeunesse !

Les buccinateurs sonnèrent une fanfare ; tous les spectateurs se levèrent et se penchèrent avidement vers l'arène, s'écriant d'une voix palpitante d'impatience et de curiosité :

— Les voilà !... les voilà !...

Un instant cette attente fut trompée... cette fanfare n'annonçait pas encore l'entrée de Siomara et celle de Faustine, mais Mont-Liban, qui les précédait, non pour se battre à mort avec le célèbre Bibrix, car il était seul, le combat des deux gladiateurs ne devait avoir lieu qu'après celui de la courtisane et de la grande dame... Le géant se présenta d'un air fanfaron dans l'arène, au milieu d'applaudissements et de cris d'enthousiasme. Sauf son tablier de gladiateur, un jambard de fer à sa jambe gauche et un brassard de fer à son bras droit, son corps, velu comme celui d'un ours, athlétique comme celui de l'Hercule païen, était nu et frotté d'huile; par un raffinement d'orgueil, ses nombreuses cicatrices étaient peintes de vermillon, comme pour rehausser leur éclat aux yeux des spectateurs. Un casque d'acier poli, sans visière, — il dédaignait cette défense, — recouvrait sa tête énorme. Son poing gauche sur la hanche, et tenant de sa main droite deux épées courtes et légères, il fit le tour de l'arène, jetant des regards effrontés sur les nobles dames de la galerie, pendant que ces impudiques, agitant leurs mouchoirs, criaient avec ardeur :

— Salut... salut à Mont-Liban!... salut au vainqueur des vainqueurs!...

Mais les fanfares des buccinateurs résonnèrent de nouveau... et la foule cria, cette fois avec vérité!

— Les voilà !... les voilà !...

C'était Faustine et Siomara se présentant dans l'arène, l'une par la porte du nord, l'autre par la porte du midi...

Hommes, femmes, tous, jusqu'aux édiles, se levèrent de nouveau, et bientôt un profond silence régna dans cette foule immense...

La noble dame et la courtisane s'avancèrent, calmes, résolues, le front haut, le regard assuré, bravant tous les yeux; depuis longtemps elles

Les gladiatrices dans le cirque (page 195)

ne connaissaient plus la retenue, la pudeur ou la honte!

Faustine portait le léger casque de la Minerve païenne, orné d'une touffe de légères plumes écarlates; sa courte visière découvrait son hardi et pâle visage, aux yeux noirs, aux lèvres rouges, encadré de deux grosses tresses de cheveux d'ébène, tressés de perles, qui se perdaient sous les oreillères du casque... Elle avait pour cuirasse une simple résille d'or, à larges mailles, laissant voir le blanc mat de la peau, et emprisonnant ce corps souple et nerveux depuis la naissance des bras et du sein jusqu'aux hanches, serrées dans un étroit ceinturon d'or enrichi de pierreries, et où se rattachait sa tunique de soie écarlate, coupée bien au-dessus du genou, nu comme la jambe. Des bottines, formées de petites écailles d'or flexibles, montaient jusqu'à sa cheville, emboîtaient le coude-pied, et ne laissaient voir que l'extrémité de sa petite sandale de maroquin, aussi brodée de pierreries.

Si d'horribles débauches et l'expression des plus féroces passions n'eussent pas empreint les traits de ce monstre, elle eût paru belle d'une beauté sinistre; car ardent était son regard... et fier était son front au moment de ce combat à mort!

Siomara, par son armure, par sa beauté resplendissante, car ses traits, à la stupeur profonde de Sylvest, conservaient en ce moment, comme toujours, leur sérénité candide, Siomara présentait un contraste frappant avec Faustine.

Son casque grec, d'argent ciselé, orné d'une touffe de légères plumes bleues, découvrait entièrement son visage enchanteur... Ses cheveux blonds, à demi coupés depuis peu, tombaient en nombreuses boucles flottantes

25ᵉ livraison

autour de ses joues et de son cou d'ivoire... Son corps de nymphe était, comme celui de Faustine, emprisonné dans une résille à mailles d'argent, laissant voir le rose animé de l'épiderme ; son étroite ceinture d'argent, sa courte tunique, d'un bleu céleste, brodée de perles, ses bottines à écailles d'argent, étaient pareilles pour la forme à celles de Faustine.

L'expression du visage de Siomora n'était pas fière, impudique et sombre comme la physionomie de sa rivale... Non... ses grands yeux, doux comme son sourire, semblaient annoncer une confiance tranquille ; aussi, voyant sa sœur d'une beauté si radieuse sous son casque de guerrière, Sylvest se demandait encore par quel continuel prodige l'enfant élevée par Trymalcion, la célèbre courtisane, la magicienne empoisonneuse, la hideuse et sacrilège profanatrice des tombeaux, conservait ces dehors ingénus et charmants.

Les deux femmes avaient lentement traversé l'arène pour se joindre à l'endroit où les attendait Mont-Liban, tenant les courtes épées. Le plancher à claire-voie recouvrant le bassin du crocodile, et occupant le milieu du cirque, n'ayant sans doute pas paru une place propice au combat, le gladiateur avait choisi un endroit si voisin de la voûte grillée où les esclaves attendaient la mort, que, Faustine et Siomora s'étant rapprochées de Mont-Liban, Sylvest était à peine éloigné de sa sœur de quelques pas. Cédant à un mouvement involontaire, il se rejeta dans l'ombre de la voûte, afin d'échapper aux regards de Siomara ; mais un mélange de tendresse, d'épouvante et de curiosité terrible le ramena bientôt vers la grille. Une puissance au-dessus de sa volonté le retenait là ; il put ainsi observer plus attentivement la figure de Mont-Liban. A ses airs de brutalité fanfaronne et effrontée avait succédé une émotion visible. Pâle, troublé, une épée dans chaque main, de la gauche il offrait une arme à Faustine, et de la droite une arme à Siomara ; mais ses mains tremblèrent si fort au moment où les deux femmes s'apprêtaient à prendre les épées qu'il leur tendait, que ce tremblement et l'angoisse croissante du gladiateur n'échappèrent pas à Faustine ; elle jeta sur lui un de ses profonds et noirs regards, réfléchit un instant, puis, écartant du geste l'épée qui lui était offerte, elle voulut prendre l'autre.

— Non ! — dit Mont-Liban en reculant presque effaré d'un pas en arrière, — non... pas celle-ci.

— Pourquoi non ? — demanda Faustine d'un air de sombre défiance.

— Parce que, juge du combat, — balbutia le géant, — il m'appartient de donner les armes...

Tout à coup, Siomara, inattentive à ce débat, car avant qu'il eût commencé, les yeux tournés vers le souterrain des esclaves, elle y attachait ses regards avec une anxiété croissante, tout à coup Siomara reconnut Sylvest, s'élança vers la grille, et, saisissant de ses deux mains les mains de l'esclave attachées aux barreaux, elle s'écria en gaulois, d'une voix très-émue et de grosses larmes dans les yeux :

— Toi, frère !,.. toi condamné !... toi ici !...

— Oui... je vais mourir... Fassent les dieux que tu meures aussi ! et avant ce soir nous aurons rejoint ceux des nôtres qui nous ont précédés dans les mondes inconnus... Puissent Hésus et nos parents te pardonner comme je te pardonne !

— Confiante en ta promesse, je t'attendais... Ah ! malheur à moi d'avoir cru à ta parole !... tu serais libre à cette heure !...

— C'est pour fuir cette liberté honteuse que j'ai voulu mourir...

Siomara, d'abord émue et effrayée, redevint souriante, presque joyeuse, et dit à son frère :

— Ecoute... approche ton oreille de la grille...

Il obéit machinalement, et elle lui dit tout bas :

— Frère, tu ne mourras pas... Faustine, par un sortilège, va tomber sous mes coups... Diavole est là. . il peut d'un mot t'arracher au supplice... Ce mot, il va le dire... après la mort de Faustine... Courage, frère... ce soir nous souperons ensemble, et tu seras libre !

Puis, Siomara, de plus en plus souriante, fit un signe d'intelligence à son frère, lui envoya du bout des doigts un baiser d'adieu, et courut rejoindre Faustine et Mont-Liban, au bruit d'un murmure de surprise causée dans l'amphithéâtre par ce court entretien de la belle Gauloise avec un esclave condamné.

Lorsque Siomara revint près de Mont-Liban, celui-ci, de plus en plus pâle et troublé, ne tenait plus qu'une épée à la main ; sa figure stupide peignait à la fois l'embarras, la douleur et l'effroi.

— Mon épée... — lui dit Siomara.

Le gladiateur parut faire un violent effort sur lui-même, et malgré un geste de Faustine, bref et menaçant, il repoussa du geste la main de la Gauloise étendue vers l'épée, et lui dit d'une voix altérée :

— Pas cette épée... non... non... pas cette épée...

Et de son œil unique il essaya de se faire comprendre de la courtisane ; mais celle-ci, préoccupée d'une autre pensée, ne remarqua pas les signes du gladiateur, se tourna du côté de la galerie où se trouvait Diavole. Alors, le saluant du geste et du regard, elle arracha une des légères plumes bleues de son casque d'argent, la prit entre ses deux doigts, approcha de cette plume ses lèvres roses, puis d'un souffle gracieux la lança dans la direction de la galerie, en disant à haute voix :

— A toi, beau Diavole !

Ensuite elle jeta à la dérobée un regard vers son frère.

Sylvest comprit alors, en frémissant, que sa sœur donnait à Diavole les arrhes d'un marché infâme, dont sa liberté, à lui, serait le prix ; car tout maître, jusqu'au dernier moment, pouvait arracher son esclave au supplice... Faustine tuée, la belle courtisane irait pendant le combat de Mont-Liban et de Bibrix demander à Diavole la liberté de Sylvest... Elle obtiendrait cette grâce par une promesse honteuse, et l'on viendrait retirer du souterrain le condamné.

Pendant que l'esclave se désespérait à cette pensée, — il préférait la mort à une telle délivrance, — tous les regards se tournaient vers Diavole, un murmure d'envie avait circulé parmi les jeunes seigneurs, à l'appel provocant de la belle Gauloise, jusqu'alors dédaigneuse de tous les hommages. Diavole était devenu, ainsi que la plupart de ses compagnons de table, d'une pâleur verdâtre... Mais, soit qu'il n'éprouvât pas encore les atteintes du poison, soit qu'enivré d'orgueil par la flatteuse provocation de la célèbre courtisane, il oubliât les premiers ressentiments de la douleur, il se pencha radieux au-dessus de la balustrade, jeta dans l'arène le bouquet de roses qu'il tenait à la main, après l'avoir passionnément pressé de ses lèvres, et s'écria :

— Victoire et amour à la belle Gauloise !

La courtisane ramassa le bouquet, l'approcha de ses lèvres à son tour, puis, le plaçant au pied d'une des gigantesques statues de marbre qui décoraient les niches profondes du mur d'enceinte de l'arène, elle jeta un dernier regard à son frère, revint auprès de Mont-Liban, et lui dit impatiemment :

— Mon épée... mon épée !

Le gladiateur, cette fois, ne refusa pas l'arme à la courtisane...

Il lui mit au contraire l'épée dans la main avec un affreux sourire.

Sylvest devina tout... il avait été témoin des protestations d'amour de Mont-Liban pour Siomara ; mais du moment où, dans l'espoir d'obtenir la liberté de l'esclave, elle eut si impudiquement provoqué Diavole, les traits de Mont-Liban, d'abord aussi troublés qu'attendris, devinrent soudain effrayants de jalousie et de férocité ; tandis que Faustine, immobile comme un spectre, son poing gauche sur la hanche, la pointe de son épée appuyée sur le bout de sa sandale, souriait d'un air de triomphe sinistre...

Plus de doute pour Sylvest, un des deux glaives offerts par le gladiateur avait été enchanté, grâce aux maléfices de Siomara... D'accord avec elle, Mont-Liban connaissait l'arme magique...

Mais son trouble éclairant Faustine, elle avait refusé l'épée qu'il lui offrait pour prendre l'autre, presque malgré lui. Autant ce choix avait d'abord épouvanté le gladiateur pour Siomara, autant il devait s'en réjouir, à cette heure que son amour pour la courtisane se changeait en haine furieuse par jalousie contre Diavole.

A peine Siomara eut-elle pris l'épée, qu'à demi-voix à Faustine :

— Es-tu prête ?

— Je suis prête, — répondit la grande dame, qui ajouta aussi à demi-voix, mais assez haut pour que Sylvest l'entendît : — Tu te rappelles nos conditions ?

— Oui, c'est convenu, noble Faustine.

— A toi Mont-Liban si je te tue... à toi si tu me tues !

— Oui... c'est accepté.

— Morte ou vive, tu m'appartiendras, Siomara, si tu ne peux continuer le combat, après une première blessure.

— Et si je te tue, Faustine, nulle autre que moi n'entrera dans ton tombeau, pour la veillée de mort ?

— Non... j'en ai donné l'ordre, et je t'ai remis les clés du sépulcre de ma famille.

— Allons, noble Faustine.

— Allons, belle Siomara.

Et sur un signe de Mont-Liban, les deux jeunes femmes se précipitèrent l'une sur l'autre, l'arme haute, Siomara toujours souriante et comme certaine de son triomphe, Faustine le regard implacable, mais confiante aussi, car au premier choc des épées, celle de la courtisane se rompit entre ses mains, au ras de la poignée.

A ce moment Sylvest ne put retenir un cri ; car il vit la grande dame, poussant un éclat de rire féroce, plonger son épée dans le flanc de Siomara, en s'écriant :

— A toi... la fausse sorcière de Thessalie !

La blessure était grave, mortelle peut-être. La courtisane abandonna la poignée de son arme, tomba sur les genoux, jeta un dernier regard vers Sylvest, et cria d'une voix à peine distincte et défaillante :

— Pauvre frère !

Puis elle roula renversée sur le sable, tandis que son casque, se détachant, laissait nue sa tête blonde, et que le sang, coulant à flots de sa blessure, rougissait les mailles d'argent de la résille qui lui servait de cuirasse.

Faustine, rugissant de joie, se précipita sur sa rivale, comme une tigresse sur sa proie, et la fureur, la haine doublant ses forces, elle l'enlaça de ses bras frêles et nerveux, la souleva de terre, l'emporta comme elle eût emporté un enfant, en jetant d'une voix éclatante ces derniers mots au gladiateur :

— Mont-Liban, je vais t'attendre au temple du canal ! à la rotonde dédiée à Priape.

Et Faustine disparut avec sa victime dans l'ombre de la voûte du nord, au milieu des acclamations frénétiques des spectateurs.

Cela s'était passé si rapidement, que Sylvest se crut le jouet d'un songe; il éprouva une sorte de vertige, dont il fut tiré par le bruit des chaînes que les guichetiers et des soldats armés ôtaient à ses compagnons; l'heure était venue de déferrer les esclaves condamnés aux bêtes féroces, dont les grondements redoublaient.

Sylvest, immobile auprès de la grille, regardait sans voir. Deux guichetiers le saisirent et firent tomber ses chaînes. Alors, pleurant malgré lui sur la destinée de sa sœur, quoiqu'il eût désiré cette mort, il s'assit sur les dalles du souterrain, sa tête cachée dans ses deux mains, indifférent à ce qui se passait dans l'arène, où combattaient alors Bibrix et Mont-Liban. De temps à autre de grandes rumeurs annonçaient les différentes chances du combat.

— Courage, Mont-Liban! — criaient les uns.
— Courage!
— Courage, Bibrix! — criaient les autres. — Courage!

Puis enfin, après un assez long temps, une immense clameur de: — *Victoire à Bibrix!* — fit trembler les murailles de l'amphithéâtre.

Mont-Liban venait de succomber dans cette lutte à mort...

Tout à coup Sylvest fut violemment heurté et foulé aux pieds par ses compagnons, qui fuyaient pêle-mêle. Se relevant, non sans peine, pour n'être pas écrasé par eux, il vit dans l'ombre, et du fond de la voûte, s'approcher rapidement une sorte de muraille ardente de la hauteur d'un homme, barrant toute la largeur du souterrain.

Cette immense plaque de bronze, rougie au feu sur des brasiers roulants, chassait devant elle les condamnés. La grille qui les avait jusqu'alors séparés du cirque s'était enfoncée au-dessous du sol en glissant dans une rainure; de sorte que ces malheureux, refoulés par la plaque ardente, ne pouvaient échapper à d'horribles brûlures qu'en se précipitant dans l'arène où bondissaient les bêtes féroces, et d'où Plutons, Mercures, hérauts et buccinateurs venaient de disparaître après avoir emporté le cadavre de Mont-Liban, et fermé, au moyen de portes garnies de barreaux de fer, les deux entrées du nord et du midi.

Le moment du supplice arrivé, Sylvest résolut de mourir vaillamment avec ses compagnons, et s'écria:

— *Enfants du Gui!* mourons en dignes fils de la vieille Gaule! Frères, répétez comme moi, en face de la mort...

Coule... coule, sang du captif!... — Tombe... tombe, rosée sanglante!... — Germe... grandis, moisson vengeresse!...

Et les *Enfants du Gui*, ainsi que les autres esclaves gaulois, ayant Sylvest à leur tête, se précipitèrent dans l'arène, en chantant, dans leur langue natale, et d'une voix retentissante, ce refrain du barde...

Ces chants éclatants, l'apparition de cette troupe d'hommes, étonnèrent d'abord les animaux... Profitant de leur hésitation, et se souvenant des conseils du guichetier, Sylvest, voyant à quelques pas de lui l'éléphant acculé à l'une des niches du mur d'enceinte ornées de grandes statues de marbre, donna une dernière pensée à sa femme Loyse, et aussi à Siomara, courut droit à l'éléphant, et, dans l'espoir d'être bientôt piétiné, écrasé par lui, se jeta à plat ventre, rampa sous l'animal énorme, afin d'embrasser de ses deux bras un de ses pieds monstrueux.

A cet instant, s'élevèrent, du côté de la galerie où se tenait Diavole et ses amis, des cris d'abord voilés, puis de plus lamentables, parmi lesquels il distingua la voix de son maître... A ces cris se joignait un tumulte extraordinaire dans l'amphithéâtre; aussitôt une pensée traversa comme un éclair l'esprit de Sylvest... pensée lâche, il l'avoue, car il voulait tenter d'échapper au supplice que ses compagnons allaient subir; mais cette pensée lui venait avec le souvenir de sa femme et de son enfant...

Les yeux de tous les spectateurs, au lieu d'être tournés vers l'arène, devaient en ce moment être attachés sur Diavole et ses amis, alors sans doute expirants, par la violence du poison, aux regards de la foule étonnée; le corps immense de l'éléphant, acculé à l'une des niches du mur, la cachait en partie; il sut hasard, et au risque d'être découvert plus tard, Sylvest, après s'être glissé sous le ventre de l'éléphant, au lieu de saisir une de ses jambes de derrière, passa entre elles, monta sur le soubassement de la niche, et parvint à se blottir derrière une statue de marbre, deux fois haute comme lui, et par bonheur représentant une femme amplement drapée...

A peine fut-il caché là que les rumeurs de l'amphithéâtre s'apaisèrent, et qu'il entendit ces mots:

— Voici les médecins... Emportez ces mourants; leur agonie interrompt la fête...

Sans doute on transporta hors de la galerie Diavole et ses amis expirants, car peu à peu le silence se rétablit, silence bientôt troublé par le rugissement croissant des bêtes féroces, revenues de leur première surprise...

Le carnage commença; au milieu du grondement des animaux, des cris de douleur de quelques esclaves déjà tombés sous la dent des tigres et des lions, des imprécations des victimes non encore atteintes, dont quelques-unes, folles de terreur, demandaient grâce aux animaux furieux... çà et là retentissait encore la voix éclatante des *Enfants du Gui*, chantant jusque sous l'ongle des bêtes féroces :

Coule...coule, sang du captif!... — Tombe... tombé, rosée sanglante!... — Germe... grandis, moisson vengeresse!...

De temps à autre, du fond de sa cachette, que ne masquait plus la masse de l'éléphant, alors au milieu de l'arène, Sylvest voyait bondir un tigre ou un lion à la poursuite d'un esclave, qu'ils abattaient en le saisissant entre leurs pattes, dont les griffes faisaient aussitôt jaillir des jets de sang en s'enfonçant dans les chairs; puis, accroupis ou allongés sur leur proie, ils la dévoraient ou la mettaient en lambeaux...

Sylvest vit, entre autres, horrible souvenir! un lion énorme, fauve, à crinière presque noire, se précipiter sur le Gaulois ami de Quatre-Épices... Afin de mourir plus vite, ce malheureux s'était jeté à genoux; seulement, dans son épouvante, il cachait sa figure entre ses deux mains pour ne pas voir le monstre... Le lion, d'un coup de patte sur le haut du crâne, le jeta la face contre terre et l'y contint; puis, lui plantant les ongles de son autre patte dans les reins, il l'attira transversalement à lui, et, le maintenant ainsi, il ne se hâta pas de le dévorer... Haletant, essoufflé, il s'étendit de toute sa longueur le ventre sur le sable, et appuya pendant un instant sur le corps de l'esclave sa tête monstrueuse, dont la gueule béante et la langue pendante ruisselaient d'une écume ensanglantée... Le Gaulois n'était pas mort; il poussait des cris inarticulés; ses bras, ses jambes s'agitaient et battaient le sol; aux contorsions de tout son corps, on voyait qu'il s'efforçait, mais en vain, d'échapper à une torture atroce... Soudain la crinière du lion se hérissa; il fouetta le sable à grands coups de queue; sa large croupe se releva, quoiqu'il tînt toujours le Gaulois sous ses pattes de devant, puis, baissant brusquement la tête, il mordit sa proie au milieu de l'échine, et, tout en la broyant sous ses crocs, il poussa des grondements irrités... Un tigre moucheté de jaune et de noir, aussi énorme que le lion, venait lui disputer sa victime... Le lion, sans démordre, levant la patte dont les ongles avaient jusqu'alors labouré le crâne de l'esclave, les enfonça dans le mufle du tigre... Celui-ci, malgré cette blessure, ouvrit la gueule, saisit entre ses dents la tête du Gaulois, que le lion contenait de son autre patte; et, la croupe haute, le mufle abaissé, s'arc-boutant sur ses pattes de devant, le tigre tira violemment cette tête à lui en rugissant, tandis que le lion, ne démordant pas le milieu du corps, où s'enfonçaient ses crocs, tirait de son côté... Tous deux, d'accroupis, se levèrent pour finir de s'entre arracher le corps. L'esclave n'avait pas encore cessé de vivre... Soulevé de terre par les deux bêtes féroces, qui se le disputaient, il raidissait encore convulsivement, de temps à autre, ses jambes et ses bras... La masse énorme de l'éléphant vint cacher à Sylvest cet épouvantable dépècement...

L'éléphant furieux tenait, enlacé dans les replis de sa trompe, un jeune esclave, un enfant âgé de quinze ans au plus, qui se tordait dans les airs en poussant des cris horribles. Par deux fois l'éléphant, dans sa rage, battit violemment, de ce pauvre corps meurtri, presque disloqué, la muraille d'enceinte; et lorsqu'il eut ainsi brisé ses membres palpitants, il jeta l'enfant sous ses pieds, tâcha de le transpercer de ses défenses, et finit par le piétiner avec emportement. En s'acharnant ainsi sur ces restes sanglants, qui ne formaient plus qu'une espèce de boue de chair humaine, il recula et heurta d'une de ses jambes de derrière un esclave fuyant un tigre, et qui, à ce moment, passait entre la croupe de l'éléphant et le bassin du crocodile. Du choc, l'esclave fut, comme d'autres l'avaient été avant lui, au milieu de leur fuite éperdue, précipité dans la cuve limoneuse du reptile; aussitôt Sylvest entendit les hurlements de l'infortuné, que coupaient en morceaux les dents de scie du crocodile.

Ce carnage a duré jusqu'à ce que les esclaves livrés aux bêtes ne fussent plus que des ossements à demi rongés ou des débris sans nom et sans forme...

Pendant toute sa durée, cette fête romaine fut accompagnée des cris, des acclamations de la foule, devenue ivre à ce spectacle de massacre...

Enfin les flambeaux usés, prêts à s'éteindre, ne jetèrent plus que des clartés vacillantes : lions et tigres, gorgés de chair humaine, alourdis et silencieux, vautraient leurs grands corps sur la boue sanglante de l'arène, bâillaient, soufflaient, ou léchaient leurs pattes énormes, qu'ils passaient ensuite sur leur mufle rougi.

Sylvest entendit le murmure de plus en plus lointain de la foule quittant le cirque...

Bientôt, par les entrées du nord et du midi, à la lueur des flambeaux expirants, apparurent les esclaves bestiaires, revêtus d'épaisses armures de fer, à l'épreuve de la morsure des animaux; ils étaient armés de longs tridents sortant rouges de la fournaise. Les animaux, fatigués, repus, habitués à la voix des bestiaires, et surtout effrayés des piqûres des tridents, furent poussés sous la voûte dans les trois couloirs correspondant à leurs cages; puis, au moyen d'une roue tournée par les servants du cirque, les grilles remontèrent de leur rainure souterraine; la voûte fut close, le plancher mobile replacé sur le bassin du crocodile. Les flambeaux tout à fait éteints, les bestiaires quittèrent précipitamment l'arène en se disant, d'une voix basse et effrayée :

— Voici l'heure des magiciennes.

Et le plus profond silence régna dans les ténèbres de l'immense amphithéâtre...

Sauvé de la mort par un hasard miraculeux, car si les cris de Diavole et de ses amis expirants par le poison n'avaient pas distrait tous les regards de l'arène, il lui eût été impossible, quoique à demi caché par l'éléphant, de gagner, sans être aperçu, la niche où il s'était tenu blotti... Sylvest, ainsi sauvé miraculeusement de la mort, remercia Hésus... et comme si les dieux lui étaient cette nuit-là secourables, il se souvint que sa femme Loyse, lors de leur dernière entrevue lui avait promis de venir l'attendre, à quatre jours de là, dans le parc de Faustine, le soir, à l'extrémité du canal... Il se souvint aussi de ces dernières paroles de Faustine à Mont-Liban, tandis qu'elle emportait Siomara évanouie dans ses bras :

— Mont-Liban, je t'attends au temple du canal, à la rotonde dédiée à Priape.

Un sinistre pressentiment disait à l'esclave que la grande dame, tenant Siomara en son pouvoir et peut-être vivante encore, devait lui faire subir toutes les tortures qu'une femme dépravée, jalouse et féroce, pouvait imaginer en haine d'une rivale... Sans doute, le temple du canal était le lieu de ces supplices... Sylvest résolut de gagner en hâte le parc de la villa de Faustine... L'oreille au guet, il sortit enfin de sa cachette... Alors il éprouva d'étranges frayeurs... Comme il traversait l'arène, il entendit le vol de grands oiseaux de nuit qui, silencieux, tournoyaient très près de terre, deux ou trois fois il sentit, en frissonnant, le vent de leurs ailes sur son front; il fut aussi plusieurs fois heurté, presque renversé, par des corps velus et rapides qui passaient auprès de lui... C'étaient sans doute les magiciennes, venant, sous forme d'animaux inconnus, chercher des débris sanglants pour leurs maléfices, pour leurs sortilèges... Peut-être Siomara, échappée par magie au pouvoir de Faustine, se trouvait-elle parmi ces monstres...

L'esclave, ayant marché sur une épée abandonnée par un gladiateur, la ramassa ; elle était courte et acérée ; il s'en arma, atteignit enfin la sortie du nord, suivit une longue voûte, et se trouva bientôt hors de l'enceinte extérieure de l'amphithéâtre, situé dans le faubourg d'Orange. Il n'avait qu'une demi-heure de trajet pour se rendre chez Faustine; il précipita sa marche, arriva, escalada le mur du parc, et courut à l'extrémité du canal, où il osait à peine espérer de rencontrer encore Loyse, la nuit étant déjà très avancée.

Bonheur des cieux! le pauvre esclave a aussi ses moments de joie. A peine Sylvest eut-il fait quelques pas sur la terrasse du canal, qu'il reconnut la voix de sa femme disant :

— Sylvest! Sylvest! c'est toi?...

L'esclave ne répondit rien... il se jeta en sanglotant dans les bras de Loyse, et la tint longtemps embrassée, la couvrant de larmes et de baisers...

— Tu pleures... — lui dit-elle enfin avec angoisse. — Un malheur te menace!...

— Non, oh! non... Loyse... les dieux nous sont secourables... mais nous n'avons pas un seul instant à perdre ; le jour va bientôt paraître... veux-tu risquer les chances d'une fuite ? Elles sont terribles ! mais nous les braverons ensemble...

— Sylvest, plus d'une fois je t'ai proposé de fuir... tu as refusé.

— Oui... mais maintenant j'accepte. Auras-tu la force de m'accompagner, femme bien-aimée!

— Mon amour pour toi, pour notre enfant, me donnera cette force... Mais où fuir? de quel côté diriger nos pas?...

— En partant à l'instant, nous pourrons arriver avant le jour dans une vallée sauvage et déserte, où se trouve une caverne. Je m'y suis déjà rendu pour des réunions nocturnes... Nous resterons d'abord cachés là... nous prendrons en passant des fruits et des racines dans les jardins qui bordent la route... Un torrent n'est pas loin de la caverne, nous n'aurons donc pas à craindre de manquer d'eau et de nourriture pour quelques jours... Plus tard, nous aviserons : peut-être les dieux, peut-être les hommes auront-ils pitié de nous...

A ce moment, un cri horrible... un cri prolongé, qui n'avait rien d'humain, mais affaibli par la distance, arrive aux oreilles de Sylvest et de sa femme, qui dit en frémissant :

— Ah! ces cris... encore ces cris!...

— Tu les as déjà entendus?...

— Plusieurs fois, depuis que je suis ici à l'attendre... Tantôt ils cessent... et puis, au bout d'un assez long temps, ils recommencent plus effrayants encore... Faustine supplicie quelque esclave...

— Faustine! s'écria Sylvest frappé de stupeur, et se souvenant alors seulement de Siomara. — Ces cris viennent du temple du canal?

— Oui... et pourtant on avait dit ce soir que notre maîtresse allait au cirque... mais au moment où je quittais la fabrique, un affranchi à cheval, venant de l'amphithéâtre, s'est dirigé à toute bride vers le temple, par les jardins, pour annoncer, disait-il, à Faustine, la mort de Mont-Liban.

— Plus de doute ! — s'écria Sylvest, — c'est Siomara... On l'aura transportée dans ce temple maudit... Oh! malheur! malheur!... Viens, viens, Loyse !...

— Où vas-tu ? — dit la compagne de Sylvest en s'attachant à son bras, et le voyant courir éperdu. — N'entends-tu pas ces cris?... Faustine est là!... Approcher du temple... c'est risquer de nous perdre...

Mais Sylvest n'écoutait plus Loyse... Plus il s'approchait de la rotonde, plus les cris que de temps à autre poussait la victime, devenaient distincts... si distincts... qu'il reconnut la voix de Siomara, étouffée de temps à autre par les chants et le bruit des lyres, des flûtes et des cymbales.

Loyse, effrayée, suivait son époux, n'essayant plus de le retenir... Tous deux arrivèrent bientôt près du portique circulaire dont le temple était entouré... Une vive lumière s'échappait des cintres à jour, à travers lesquels, quatre nuits auparavant, Sylvest avait assisté, invisible, à de monstrueux mystères... Soudain un dernier cri, plus affreux encore que les autres, mais déjà expirant, retentit au milieu du silence de la nuit, et fut suivi de ces mots, suprême appel prononcé d'une voix forte encore, bien que défaillante et haletante de douleur :

— Sylvest!... ma mère!... mon père!...

L'esclave, prenant son épée entre ses dents, s'élança afin de grimper, ainsi qu'il l'avait déjà fait, le long d'une des colonnes du portique. Une fois arrivé aux cintres à jour, qu'aurait-il fait ! il ne le sait ; car en ce moment il n'était possédé que d'une passion furieuse, celle d'aller au secours de Siomara, et de la venger par la mort de Faustine... Mais Loyse, de plus en plus épouvantée de l'exaltation de son époux, se cramponna de toutes ses forces à son bras, et l'empêcha de monter à la colonne, en lui disant tout bas avec un accent déchirant :

— Tu nous perds!... Songe donc à notre enfant!...

Sylvest essayait de se dégager de l'étreinte de sa femme, et, sourd à sa prière, il allait poursuivre son projet insensé, lorsque soudain, après un moment de silence funèbre, il entendit la voix éclatante de Faustine s'écrier ;

— Morte!... déjà morte!... Tu l'avais prédit toi-même, belle magicienne... que Siomara, ma rivale, tomberait en mon pouvoir... et expirerait sous ma main dans des tortures inconnues!... Ta prédiction est accomplie... te voilà morte... déjà morte!... oui, morte... comme Mont-Liban!... Par Hercule!... — ajouta le monstre avec un éclat de rire effrayant, — Mont-Liban est mort... vive Bibrix!... Evoë! Evoë!... à moi, tous!... Evoë! venez ! du vin, des chants, des fleurs!... Morte est ma rivale!... Du vin... des chants... du vin!... toutes les ivresses!...

Et les instruments de musique retentirent : les chants obscènes, les cris de l'orgie devinrent frénétiques et marquèrent la cadence de cette ronde infernale, dont l'aspect avait déjà failli rendre Sylvest fou d'horreur!...

Siomara était morte, l'esclave n'avait plus qu'à fuir avec Loyse... et ce fut à peine si, haletant, éperdu, il put reconnaître son chemin à travers les ténèbres pour trouver la muraille du parc; il la fit franchir à sa femme, et tous deux se dirigèrent en hâte vers la route de la vallée déserte.

. . . .

Moi, *Fergan*, qui écris ceci, je suis fils de *Pearon*, qui était fils de Sylvest, dont le père se nommait Guilhern, fils de Joel, le brenn de la tribu de Karnak, le dernier Gaulois libre de notre famille.

Sylvest, mon grand-père, est mort à quatre-vingt-six ans.

J'étais alors dans ma quinzième année ; ma naissance avait coûté la vie à ma mère. Peu de temps après ma mort, Pearon, mon père, a été écrasé sous la roue d'un moulin qu'il tournait.

De plusieurs récits sur sa vie, que Sylvest, mon aïeul, devait me remettre, deux ont été perdus ; il ne m'a transmis, avec les autres parchemins de notre famille, que le récit précédent sur les évènements de sa vie, alors qu'il était esclave du seigneur Diavole dans la ville d'Orange, et qu'ayant échappé, par prodige, à la mort qui l'attendait dans le cirque, il s'était rendu dans le jardin de la noble Faustine, où il avait retrouvé mon aïeule Loyse, et d'où il avait fui avec elle après les derniers cris de l'agonie de Siomara, torturée par la grande dame romaine.

Je me rappelle que, dans mon enfance, mon grand-père m'a raconté qu'après son évasion il s'était tenu longtemps caché avec sa femme Loyse, d'abord dans la caverne des *Enfants du Gui*, puis dans une solitude plus profonde encore, vivant de fruits et de racines, que mon grand-père allait chercher la nuit, à travers mille dangers, et souvent à de grandes distances, dans les champs cultivés.

La saison était belle et douce ; les deux pauvres esclaves, au fond de leur retraite, jouissaient avec délices des seuls jours de liberté qu'ils eussent jamais connus. Cependant l'été passa, puis l'automne ; l'hiver approchait, et avec lui le froid, le manque de fruits et de racines; enfin le moment venait où mon aïeule allait mettre mon père au monde : ses vêtements tombaient en lambeaux, sa santé s'affaiblissait de plus en plus... Mon grand-père se résigna de nouveau à l'esclavage, plutôt que de voir sa femme mourir de misère et de faim, mort qu'aurait partagée l'enfant qu'elle portait dans son sein.

Les esclaves fugitifs que l'on arrêtait loin du domicile de leur maître, ou qui refusaient de dire le nom de leur possesseur, lorsque, comme mon grand-père et sa femme, ils étaient parvenus à se débarrasser de leur collier, où se trouvaient écrit le nom de leur maître, ces esclaves appartenaient au fisc romain, et étaient ou vendus à son profit ou employés, toujours comme esclaves, aux travaux de chemins ou de routes et à des constructions publiques.

Mon aïeul et sa femme, après plusieurs jours de marche dans les montagnes, arrivèrent, presque mourants de fatigue et de faim, jusqu'aux faubourgs de la ville de Marseille; ils demandèrent la demeure de l'agent du fisc, avouèrent qu'ils avaient fui de la maison de leur maître, et qu'ils se rendaient à discrétion.

Les dieux voulurent que l'agent du fisc fût humain; il eut pitié de mon aïeul et de sa femme, et leur promit qu'au lieu d'être vendus ils resteraient esclaves du fisc, et seraient employés : mon aïeul aux travaux que l'on exécutait à Marseille, et sa femme dans la maison de l'agent, pour soigner les enfants; mais ce Romain ne put épargner à mon grand-père et à sa pauvre femme la honte et la douleur d'être, selon la loi, marqués d'un fer rouge au front comme esclaves fugitifs...

Pendant de longues années, le sort de mon aïeul fut supportable, quoique soumis aux plus durs travaux. Employé d'abord à la construction d'un aqueduc, il transportait, soit sur son dos, soit attelé à un chariot, les pierres destinées aux bâtisses... Il rentrait le soir, brisé de fatigue; mais du moins, au lieu de coucher à l'*ergastule*, ainsi que ses compagnons d'esclavage, il revenait auprès de sa femme et de son enfant, faveur que mon aïeule avait, par sa douceur et son zèle, obtenue de la femme de l'agent du fisc.

Les années se passèrent ainsi... Mon grand-père, devenu vieux et usé par le travail, incapable de continuer de porter de lourds travaux, fut chargé, par le Romain, du soin de cultiver son jardin... Mon aïeule mourut peu de temps avant que mon père fût en âge de se marier, comme se marient les esclaves, et ma mère perdit la vie en me donnant le jour... J'avais huit ans lorsque mon père, resté esclave du fisc, et attaché à la culture, eut écrasé sous la roue d'un moulin à huile qu'il faisait mouvoir. Le fils de l'agent avait succédé à l'emploi de son père; à sa recommandation, il conserva mon aïeul auprès de lui comme esclave jardinier : celui-ci, quoique très vieux, suffisait à ces fonctions.

Après la mort de ma mère, une autre esclave gauloise de la maison m'avait nourri en même temps que sa fille Geneviève, ma sœur de lait et d'esclavage. Dès l'âge de dix ans, nous étions employés tous les deux aux menus travaux de la maison... Mais peu d'années après, notre maître, chargé, comme son père, de la surveillance des esclaves du fisc, me fit apprendre le métier de tisserand, afin de pouvoir retirer un profit de moi en me plaçant à loyer : Geneviève, ma sœur, apprit l'état de lavandière.

J'avais quinze ans lorsque mon grand-père, se sentant de plus en plus affaibli, pressentit sa fin prochaine... Il occupait une cabane dans le jardin du maître; de temps à autre, ma journée d'apprenti tisserand terminée, on me permettait de venir voir mon aïeul. L'un de ces soirs-là, je le trouvai couché dans sa cabane; il fit un grand effort pour se lever, me fit fermer soigneusement la porte, monta sur un escabeau, et prit dans une cachette pratiquée entre deux solives de la toiture une large ceinture de toile épaisse; puis il tira de cette espèce de fourreau de longues bandes de peau tannées, pareilles à celles dont on se sert pour écrire dans notre pays; ces bandes de peau, larges comme deux fois la paume de la main, couvertes de notre écriture gauloise, fine et serrée, étaient cousues les unes au bout des autres. A ces rouleaux étaient joints une petite *faucille d'or*, une *clochette d'airain*, grosse comme le pouce, et un morceau du *collier de fer* que portait mon aïeul lors de son évasion du cirque de la ville d'Orange, et qu'il était parvenu, avec l'aide de Loyse, sa femme, à limer, au moyen de sable mouillé et d'un poignard qu'il avait emporté dans sa fuite. Sur ce fragment de collier on lisait encore, gravés sur le fer, ces mots en langue latine : *Je suis esclave...*

« Mon enfant, — me dit mon grand-père, —
« je le sens, la vie s'éteint en moi; mais avant
« de mourir je veux accomplir un devoir
« sacré... Quoique bien jeune encore, tu es en
« âge de sentir la valeur d'une promesse...
« Promets-moi donc, lorsque tu auras lu ces
« récits touchant notre famille, d'accomplir la
« volonté suprême de notre aïeul Joel, le brenn
« de la tribu de Karnak, volonté que tu trou-
« veras mentionnée dans ces parchemins...
« Promets-moi aussi, mon enfant, de garder
« précieusement les reliques de notre famille,
« cette petite *faucille d'or*, cette *clochette*
« *d'airain* et ce morceau de *collier*, que j'ai
« porté pendant les plus cruels jours de mon
« esclavage. Du moins, jusqu'ici, mon pauvre
« enfant, de la servitude tu n'as connu que le
« pénible labeur et la honte... et encore la
« honte... je ne sais; ton caractère est résigné,
« timide, craintif; je ne trouve pas en toi cette
« *furie gauloise*, comme disent les Romains
« en parlant de notre race; cela tient peut-être
« à ce que tu es chétif et frêle... Ah! mon
« enfant! les races dégénèrent dans l'esclavage,
« et pour la force du caractère et pour celle du
« corps... Mon aïeul Joel et mon père Guilhern
« avaient tous deux plus de six pieds romains;
« peu d'hommes auraient pu les vaincre à la
« lutte; ma taille n'atteignait pas la leur; mais

Mort héroïque de Sacrovir (page 203)

« avant d'être courbée par le travail et les an-
« nées, elle était haute et robuste... Déjà mon
« fils, ton pauvre père, atteint pour ainsi dire
« dans les entrailles de sa mère, par suite des
« misères de notre vie errante et fugitive, avait
« dégénéré de l'antique vigueur de notre race, et
« toi, mon pauvre enfant, tu es plus petit et plus
« faible que ton père. Les habitudes sédentaires
« de ton état de tisserand, l'insuffisance de la
« nourriture accordée aux esclaves, augmentent
« encore ta débilité corporelle; puisse ton ca-
« ractère ne pas s'affaiblir davantage! puisses-tu
« retrouver l'énergie de ta race, l'heure de la
« délivrance et de la justice venue, si elle vient,
« hélas! pendant ta vie!... Tu sauras du moins,
« par ces écrits, les maux que tes aïeux ont
« soufferts; cette conscience et cette connais-
« sance réveilleront peut-être en toi l'ardeur
« du vieux sang gaulois, et te donneront le

« courage et la force de briser le joug odieux
« que tu portes, toi, de race autrefois libre, et
« de venger toi et tes aïeux sur le Romain,
« notre oppresseur éternel. J'avais joint à ce
« récit, que tu liras, celui de mon évasion avec
« Loyse, ma femme, évasion dont je t'ai quel-
« quefois parlé; j'y avais retracé les douces
« jouissances des seuls jours de liberté dont
« j'aie jamais joui durant ma longue vie d'es-
« clavage; j'avais ainsi fait le récit de ma ren-
« contre avec un de nos courageux et vénérés
« druides, esclave comme moi et mes compa-
« gnons, lors de nos travaux de l'aqueduc de
« Marseille; ces deux récits se sont égarés : le
« plus important des trois est resté, c'est celui
« que je te remets... Jure-moi, mon enfant, de
« conserver pieusement ce dépôt; si tu ne crois
« pas pouvoir le cacher sûrement quelque part,
« porte-le sur toi au moyen de cette ceinture,

26ᵉ livraison

« sous tes vêtements, ainsi que souvent j'ai
« fait moi-même... Adieu, mon enfant, sois fi-
« dèle à tes dieux, n'aie qu'un espoir, qu'un
« but, la délivrance de notre Gaule bien-aimée !
« qu'un souvenir, celui des maux dont ta race
« a soufferts !... »

J'ai fait à mon grand-père la promesse qu'il me demandait ; puis, selon ses conseils, j'ai mis la ceinture autour de moi, sous mes vêtements, et après un dernier embrassement de mon aïeul je l'ai quitté.

Je ne devais plus le revoir... le lendemain il expirait.

J'avais alors quinze ans.

Geneviève, ma sœur de lait, devenue ma femme quelques années plus tard, avait été louée comme lavandière par l'épouse d'un Romain de Marseille, nommé le seigneur *Grémion*, parent du premier maître de mon aïeul, et aussi l'un des agents du fisc.

La domination des Romains s'étendait alors d'un bout à l'autre du monde. La Judée leur était soumise, comme dépendance de la province de Syrie, gouvernée par un préfet de Rome.

Plusieurs vaisseaux de Marseille partaient de ce port pour le pays des Israélites... Grémion, parent du procureur de la Judée, nommé *Ponce-Pilate*, fut désigné pour aller remplacer dans ce pays le *tribun du trésor* chargé d'assurer le recouvrement des impôts ; car partout où s'établissait la domination romaine, l'exaction des impôts s'organisait en même temps.

Aurélie, épouse de Grémion, avait loué Geneviève, ma femme, comme esclave lavandière ; elle fut si satisfaite de son zèle et de sa douceur, qu'elle voulut se l'attacher pendant le long voyage au pays des Israélites, et pria son mari d'acheter Geneviève, ce qu'il fit.

Les dieux nous furent favorables. Aurélie était du petit nombre de ces dames romaines qui se montraient pitoyables envers leurs esclaves. Jeune, belle, d'un caractère vif et enjoué, Aurélie ne devait pas rendre à ma femme la servitude trop pénible. Cette pensée adoucit pour moi les regrets de notre séparation. J'étais devenu habile dans mon métier de tisserand, et je rapportais au fisc, qui me louait à des maîtres, de gros bénéfices.

Ma vie était celle de tous les esclaves artisans, ni meilleure, ni pire ; et d'ailleurs, je l'avoue, mon père m'avait bien jugé : je n'avais pas hérité, tant s'en faut, *de la furie* et de *l'outrevaillance* de notre vieille race gauloise et de sa farouche impatience de l'esclavage. La servitude me pesait comme elle pèse à tous ; mais je n'aurais jamais osé songer à briser mes fers par la violence, ou à échapper par la fuite à la servitude ; mon caractère est resté aussi débile que mon corps, et lorsque je relis parfois les terribles combats des guerriers de ma race et les effrayants périls auxquels mon grand-père a échappé, je frissonne d'épouvante, la sueur baigne mon front, et je me fais à moi-même le serment de ne jamais m'exposer, volontairement du moins, à de pareils dangers, et de faire de mon mieux tourner ma navette pour satisfaire mes maîtres ; j'ai gagné à cette résignation d'être un peu moins maltraité que mes compagnons, quoique j'aie fait comme eux connaissance avec le fouet et les verges, malgré ma douceur et mon envie de bien faire ; mais les maîtres ont leurs caprices et leurs moments de colère ; régimber contre eux, c'est s'exposer à un pire sort... J'endurais donc le mien, me contentant de me frotter les épaules quand elles me cuisaient... Malgré l'exemple de mon aïeul et les sollicitations de quelques-uns de mes compagnons, qui me croyaient d'une grande énergie, comme étant de la race de Joel, le brenn de la tribu de Karnak, je ne voulus jamais faire partie des réunions secrètes des *Enfants du Gui*, qui s'étaient perpétuées en Gaule... Le supplice des esclaves crucifiés par rébellion m'inspirait trop d'effroi, et je frémissais, moi chétif, à la seule pensée d'une révolte armée contre des maîtres.

D'ailleurs ces entreprises me semblaient insensées... En effet, vers le commencement du règne de Tibère, successeur d'Auguste, les sociétés secrètes des *Enfants du Gui*, et d'autres conjurés gaulois, après avoir longtemps attendu le moment opportun pour la révolte, se décidèrent, d'après les avis des druides, à tenter un soulèvement général.

Sacrovir, Gaulois du Nivernais, fut l'âme de cette insurrection, parcourant les conciliabules secrets, envoyant des émissaires de concert avec les druides, montrant l'Italie elle-même subissant avec impatience le joug de Tibère ; il croyait le moment venu, ou jamais, de recouvrer la liberté des Gaules. Une grande conjuration s'organisa. Sacrovir en fut le chef et la dirigea avec une extrême circonspection. Il ne fallait, selon lui, rien brusquer, et attendre que toutes les cités conjurées fussent en mesure d'agir. Malheureusement les Gaulois d'Anjou et de Touraine s'insurgèrent trop tôt ; ce commencement de révolte, n'étant pas appuyé, fut aussitôt comprimé ; les riches Gaulois, ralliés aux Romains, se joignirent à eux pour châtier, disaient-ils, l'ingratitude des rebelles qui avaient l'audace de se soulever contre l'auguste empereur Tibère, le protecteur des Gaulois. Sacrovir avait toujours combattu au premier rang, sans casque et la poitrine découverte. Mais ses partisans, écrasés par le nombre, se débandèrent ; entraîné par la fuite de ceux qu'il avait soulevés, il se réfugia dans *Autun*, tenta d'insurger cette ville contre les

Romains... Le peuple et les magistrats, découragés et craignant les vengeances de Tibère, menacèrent Sacrovir de le livrer aux Romains... Alors il se rendit, avec plusieurs de ses amis, dans sa maison de campagne, voisine de la ville ; ils y mirent le feu par en bas ; puis, montant sur la terrasse qui la surmontait, ils s'attablèrent, vidèrent une dernière coupe à la délivrance de la Gaule, dont ils ne désespéraient pas, et lorsque l'incendie commença d'envahir la terrasse où buvaient Sacrovir et ses amis, tous se poignardèrent et s'abîmèrent dans les flammes, offrant, comme nos aïeux, leur sang en holocauste à Hésus.

Gaulois, je déplorai la mort de ces vaillants ; mais je me dis avec découragement. C'en est fait à jamais de la liberté de notre pauvre pays, puisque depuis le *chef des cent vallées*, l'hôte de mon aïeul Joel, tant de héros ont en vain sacrifié leur sang généreux !...

Ma femme Geneviève est une guerrière auprès de moi, et digne, par le courage et la vertu, d'entrer dans notre famille, qui compte parmi ses aïeules Héna, la vierge de l'île de Sên ; Méroé, la femme du marin, et Margarid, la matrone gauloise... J'ai fait lire à Geneviève les parchemins que m'a laissés mon grand-père : ces récits l'ont exaltée... Combien de fois elle m'a tendrement reproché ma tiédeur, mon découragement, en s'écriant :

« Ah ! si j'étais homme ! si je descendais du « brenn de la tribu de Karnak ! cette race « féconde en vaillants et en vaillantes ! au « premier soulèvement des Gaulois j'irais me « faire tuer...

« — J'aime mieux vivre tranquillement près « de toi, Geneviève, — lui disais-je, — prendre « en patience les maux que je ne peux em- « pêcher, et dévider de mon mieux ma navette « au profit de mon maître. »

. . . .

Ce fut donc vers la quinzième année du règne de Tibère que ma femme partit de Marseille avec Aurélie, sa maîtresse, pour se rendre en Judée.

Les faits suivants ont été écrits par Geneviève, il y a un an, à son retour de voyage... Ma vie a été jusqu'ici tellement monotone et insignifiante qu'elle figurerait mal parmi les récits de ma famille. Celui de Geneviève, bien qu'il raconte quelques aventures sans grande importance, qui se sont passées dans le pays des Hébreux, alors qu'elle habitait Jérusalem, aura du moins l'attrait de curiosité qu'inspire tout évènement dont un pays très-lointain et peu connu se trouve être le théâtre...

LA CROIX D'ARGENT OU LE CHARPENTIER DE NAZARETH

(De l'an 10 à 130 de l'ère chrétienne)

CHAPITRE PREMIER

Un souper chez *Ponce-Pilate*, à Jérusalem — *Aurélie*, femme de *Grémion*. — *Jeane*, femme de *Chusa*, intendant d'*Hérode*. — *Jonas*, riche banquier. — *Baruch*, docteur de la loi. — *Caïpha*, prince des prêtres. — Ce que ces seigneurs pensent d'un jeune homme de Nazareth, ancien ouvrier charpentier, et comment lesdits Pharisiens accusent ce jeune homme de prêcher, surtout à la lie de la populace, des doctrines incendiaires, subversives et criminellement attentatoires à la *religion*, à la *famille* et à la *propriété*. — *Jeane*, femme de Chusa, essaye de défendre le jeune homme de Nazareth. — Nouveau méfait du Nazaréen annoncé par un officier romain. — *Jeane* et *Aurélie* échangent une promesse mystérieuse pour le lendemain.

Ce soir-là, il y avait à Jérusalem un grand souper chez Ponce-Pilate, procurateur au pays des Israélites pour l'empereur Tibère.

Vers la tombée du jour, la plus brillante société de la ville se rendit chez le seigneur romain. Sa maison, comme celles de toutes les personnes riches du pays, était bâtie en pierres de taille, enduite de chaux et badigeonnée d'une couleur rouge.

On entrait dans ce somptueux logis par une cour carrée, entourée de colonnes de marbre, formant galerie. Au milieu de cette cour jaillissait une fontaine qui répandait une grande fraîcheur sous ce ciel brûlant de l'Arabie. Un immense palmier, planté auprès de cette fontaine, la couvrait de son ombre pendant le jour.

On pénétrait ensuite dans un vestibule rempli de serviteurs, et de là dans la salle du festin, boisée de sandal incrusté d'ivoire.

Autour de la table étaient rangés des lits de bois de cèdre, recouverts de riches draperies, où les convives s'asseyaient pour manger... Selon l'usage du pays, chacune des femmes qui assistaient au repas avait amené une de ses esclaves, qui se tenait debout derrière elle durant tout le festin. Ce fut ainsi que Geneviève, femme de Fergan, assista aux scènes qu'elle va raconter, ayant accompagné sa maîtresse Aurélie chez le seigneur Ponce-Pilate.

La société était choisie : on remarquait parmi les gens les plus considérables le seigneur *Baruch*, sénateur et docteur de la loi ; le seigneur *Chusa*, intendant de la maison d'Hérode, tétrarque, ou prince de Judée, sous la protection de Rome ; le seigneur *Grémion*, nouvellement arrivé de la Gaule romaine, comme tribun du trésor en Judée ; le seigneur *Jonas*, un des plus riches banquiers de Jérusalem, et enfin le seigneur *Caïphe*, un des princes de l'Eglise des Hébreux.

Au nombre des femmes qui assistaient à ce festin, il y avait *Lucrèce*, épouse de Ponce-Pilate ; *Aurélie*, épouse de Grémion, et *Jeane*, épouse de Chusa.

Les deux plus jolies femmes de l'assemblée qui soupait ce soir-là chez Ponce-Pilate étaient Jeane et Aurélie : Jeane avait cette beauté particulière aux Orientales ; de grands yeux noirs à la fois doux et vifs, et des dents d'une blancheur que son teint brun rendait plus éblouissante encore. Son turban, de précieuse étoffe tyrienne, de couleur pourpre, enroulée d'une grosse chaîne d'or, dont les deux bouts retombaient de chaque côté sur ses épaules, encadrait son front à demi caché par deux grosses tresses de cheveux noirs. Elle était vêtue d'une longue robe blanche, laissant nus ses bras chargés de bracelets d'or ; par-dessus cette robe, serrée à sa taille par une écharpe d'étoffe pourpre pareille à son turban, elle portait une sorte de soubreveste de soie orange, sans manches. Les beaux traits de Jeane avaient une expression remplie de douceur, et son sourire exprimait une bonté charmante.

Aurélie, femme de Grémion, née de parents romains, dans la Gaule du Midi, était belle aussi, et vêtue, à la mode de son pays, de deux tuniques, l'une longue et rose, l'autre courte et bleu clair ; une résille d'or retenait ses cheveux châtains ; elle avait le teint aussi blanc que celui de Jeane était brun ; ses grands yeux bleus brillaient d'enjouement, et son gai sourire annonçait une inaltérable bonne humeur.

Le sénateur Baruch, un des plus savants *docteurs de la loi*, occupait à ce souper la place d'honneur. Il semblait fort gourmand, car son turban vert était presque toujours penché sur son assiette ; deux ou trois fois même il fut obligé de desserrer la ceinture qui retenait sa longue robe violette, ornée d'une longue frange d'argent. La gloutonnerie de ce gros sénateur fit plusieurs fois sourire et chuchoter Jeane et Aurélie, nouvelles amies, assises à côté l'une de l'autre, et derrière lesquelles se tenait debout Geneviève, ne perdant pas une de leurs paroles, et étant non moins attentive à tout ce que disaient les convives.

Le seigneur Jonas, un des plus riches banquiers de Jérusalem, coiffé d'un petit turban jaune, vêtu d'une robe brune, portait une barbe grise pointue, et ressemblait à un oiseau de proie ; il parlait de temps à autre, à voix basse, avec le docteur de la loi, qui lui répondait rarement, et sans cesser de manger, tandis que le prince des prêtres, Caïphe, Grémion, Ponce-Pilate et les autres personnages s'entretenaient de leur côté.

Vers la fin du souper, le docteur de la loi, tout à fait rassasié, essuya sa barbe grasse du revers de sa main, et dit au tribun du trésor nouvellement arrivé en Judée :

— Seigneur Grémion, commencez-vous à vous habituer à notre pauvre pays ? Ah ! c'est un grand changement pour vous, qui arrivez de la Gaule romaine... Quel long voyage vous avez fait !

— J'aime à voir des pays nouveaux, — répondit Grémion, — et j'aurai souvent occasion de parcourir votre contrée pour surveiller les péagers du fisc.

— Malheureusement pour le seigneur Grémion, — reprit le banquier Jonas, — il arrive en Judée dans un triste et mauvais temps.

— Pourquoi, seigneur ? — demanda Grémion.

— N'est-ce pas toujours un mauvais temps qu'un temps de troubles civils ? — répondit le banquier.

— Sans doute, seigneur Jonas ; mais de quels troubles s'agit-il ?

— Mon ami Jonas, — reprit Baruch, le docteur de la loi, — veut vous parler des déplorables désordres que ce vagabond de Nazareth traîne partout après lui, et qui augmentent chaque jour.

— Ah ! oui, — dit Grémion, — cet ancien ouvrier charpentier de Galilée, né dans une étable, et fils d'un fabricant de charrues ?... Il court, dit-on, le pays... Vous le nommez ?...

— Si on lui donnait le nom qu'il mérite... — s'écria le docteur de la loi d'un air courroucé, — on l'appellerait le scélérat... l'impie... le séditieux... mais il porte le nom de Jésus.

— Bon... un bavard, — dit Ponce-Pilate en haussant les épaules après avoir vidé sa coupe, — un fou qui parle à des oisons...

— Seigneur Ponce-Pilate ! — s'écria le docteur de la loi d'un ton de reproche. — Comment ! vous qui représentez ici l'auguste empereur Tibère, notre protecteur, à nous, pacifiques et honnêtes gens, car, sans vos troupes, il y a longtemps que la populace se serait soulevée contre Hérode, notre prince, vous vous montrez insoucianct de faits et gestes de ce Nazaréen !... vous le traitez de fou !... Ah ! seigneur Ponce-Pilate... seigneur Ponce-Pilate, ce n'est pas d'aujourd'hui que je vous le dis les fous comme celui-là sont des pestes publiques !...

— Et je vous le répète, mes seigneurs, — reprit Ponce-Pilate en tendant sa coupe vide à son esclave, debout derrière lui, je vous le répète, vous vous alarmez à tort... Laissez ce

Nazaréen prêcher à son aise, ses paroles passeront comme du vent.

— Seigneur Baruch, vous ressentez donc une bien grande haine pour ce jeune homme de Nazareth ? — dit Jeane de sa voix douce. — Vous ne pouvez entendre prononcer son nom sans vous courroucer...

— Oui, j'ai de la haine pour ce Nazaréen, — reprit le docteur de la loi, — et cette haine est justifiée par sa conduite ; car ce misérable, qui ne respecte rien, non-seulement m'a insulté, moi, personnellement, mais encore il a insulté tous mes confrères du sénat en ma personne... Savez-vous ce qu'il a osé dire sur la place du Temple, en me voyant passer ?...

— Et qu'a-t-il dit, seigneur Baruch ?... — reprit Jeane en souriant. — Cela doit être affreux !...

— C'est abominable, monstrueux, qu'il faut dire ! — reprit le docteur de la loi. — Je passais donc l'autre jour sur la place du Temple ; je venais de dîner chez mon voisin Samuel... Sur mon chemin se trouvait un groupe de gueux en haillons, artisans, conducteurs de chameaux, loueurs d'ânes, femmes de mauvaise vie, enfants déguenillés, et autres gens de la plus dangereuse espèce ; ils écoutaient un jeune homme monté sur une pierre qui pérorait de toutes ses forces... Soudain il me désigne du geste : tous ces vagabonds se retournent vers moi, et j'entends le Nazaréen, car c'était lui, dire à ces vauriens. « Gardez-vous de ces doc-
« teurs de la loi, qui aiment à se promener
« avec de longues robes, à être salués sur la
« place publique, à avoir les premières chaires
« dans les synagogues et les premières places
« dans les festins. »

— Vous avouerez, seigneur Ponce-Pilate, — dit le banquier Jonas, —qu'il est impossible de pousser plus loin l'audace de la personnalité...

— Mais il me semble, — dit tout bas en riant Aurélie à Jeane, en lui faisant remarquer que le docteur de la loi avait précisément la place d'honneur au festin, il me semble que le seigneur Baruch affectionne en effet les meilleures places.

— C'est pourquoi il est si courroucé contre le jeune homme de Nazareth, qui a l'hypocrisie en horreur ! — répondit Jeane, tandis que Baruch reprenait, de plus en plus furieux :

— Mais voici, chers seigneurs, qui est plus abominable encore : « Gardez-vous, — a ajouté
« le séditieux, — gardez-vous de ces docteurs
« de la loi, qui dévorent les maisons des veuves,
« sous prétexte qu'ils font de longues prières.
« Ces personnes-là seront punies plus rigoureu-
« sement que les autres. » Oui, voilà ce que j'ai entendu dire en propres termes au Nazaréen... Et maintenant, seigneur Ponce-Pilate, je vous le déclare, si l'on ne réprime au plus tôt cette licence effrénée, qui ose attaquer l'autorité des docteurs de la loi, c'est-à-dire la loi et l'autorité elles-mêmes... si l'on peut impunément signaler ainsi les sénateurs à la haine et au mépris public, c'en est fait de la société !...

— Laissez-le dire, — reprit Ponce-Pilate en vidant de nouveau sa grande coupe, laissez-le dire, et vivez en joie...

— Vivre en joie n'est pas possible, seigneur Ponce-Pilate, lorsqu'on prévoit de grands désastres, — reprit le banquier Jonas. — Je le déclare, les craintes de mon digne ami Baruch sont des plus fondées... Oui, je le répète après lui : C'en est fait de la société ; ce charpentier de Nazareth est d'une audace qui dépasse toutes les bornes ; il ne respecte rien : hier, c'était la loi, l'autorité, qu'il attaquait dans ses représentants ; aujourd'hui, ce sont les riches contre lesquels il excite la lie de la populace... N'a-t-il pas osé prononcer ces exécrables paroles : « Il « est plus aisé qu'un câble passe par le trou « d'une aiguille qu'il ne l'est qu'un riche entre « dans le royaume du ciel ? »

A cette citation du seigneur Jonas, tous les convives s'exclamèrent à l'envi.

— C'est abominable !...

— Nous marchons à un abîme !

— Ainsi, nous qui possédons de l'or dans nos coffres, nous voici voués au feu éternel !

— Comparés à des câbles qui ne peuvent passer par le trou d'une aiguille !

— Et ces monstruosités sont dites et répétées par le Nazaréen à la lie de la populace...

— Afin de l'exciter au pillage des riches.

— N'est-ce pas indignement flatter les détestables passions de tous ces gueux déguenillés, dont Jésus de Nazareth fait ses plus chères délices, et avec lesquels, dit-on, il s'enivre ?

— Je ne peux guère en vouloir à ce garçon d'aimer le vin, — dit Ponce-Pilate en riant, en tendant de nouveau sa coupe à son esclave. — Les buveurs ne sont point gens dangereux.

— Mais ce n'est pas tout, — reprit Caïphe, prince des prêtres ; — non-seulement ce Nazaréen outrage la loi, l'autorité, la propriété, il attaque non moins audacieusement la religion de nos pères... Ainsi, le *Deutéronome* dit formellement : « Vous ne prêterez pas à usure à « votre frère, mais seulement aux étrangers. » Remarquez bien ceci : *mais seulement aux étrangers.* Eh bien ! méprisant les prescriptions de notre sainte religion, le Nazaréen s'arroge le droit de dire : « Faites du bien à tous, et prêtez « sans rien espérer (et il a soin d'ajouter) : « *Vous ne pouvez servir à la fois Dieu et « l'argent.* » De sorte que la religion déclare formellement qu'il est licite de tirer profit de son argent à l'endroit des étrangers, tandis que le Nazaréen, blasphémant la sainte Écriture dans l'un de ses dogmes les plus importants, nie ce qu'elle affirme, défend ce qu'elle permet.

— Ma qualité de païen, — reprit Ponce-Pilate, mis en bonne humeur par le vin, — ne me permet pas de prendre part à une telle discussion... Je vais intérieurement invoquer notre dieu Bacchus... A boire, esclave, à boire!...

— Cependant, seigneur Ponce-Pilate, — reprit le banquier Jonas, qui paraissait contenir à grande peine la colère que lui causait l'indifférence du Romain, — en mettant même de côté ce qu'il y a de sacrilège dans la proposition du Nazaréen, vous avouerez qu'elle est des plus insensées ; car, avec de semblables idées, adieu à notre commerce...

— C'est la ruine de la fortune publique!

— Que ferai-je de l'or que j'ai dans mes coffres, si je n'en tire point profit, si je prête *sans rien espérer*, comme dit cet audacieux novateur? Cela ferait rire... si ce n'était pas odieux...

— Et il ne s'agit pas seulement d'une attaque isolée, dirigée contre notre sainte religion, — reprit Caïphe, un des princes de l'Eglise, — c'est, chez le Nazaréen, un système arrêté d'outrager, de saper dans sa base la foi de nos pères ; en voici une nouvelle preuve: Dernièrement, des malades étaient plongés dans la piscine de *Béthèsda*... Ce jour-là était jour de sabbat ; or vous savez, mes seigneurs, combien est solennelle et sacrée l'interdiction de faire quoi que ce soit le jour du sabbat !

— Pour tout homme religieux c'est commettre une impiété.

— Maintenant, jugez la conduite du Nazaréen, reprit Caïphe. — Il va à la piscine, et notez en passant que, par une astuce scélérate, il ne reçoit jamais un denier pour ses guérisons ; il y trouve entre autres un homme qui avait le pied démis, il le lui remet...

— Quoi ! le jour du sabbat ?

— Abomination de la désolation !...

— Guérir un malade le jour du sabbat... sacrilège !...

— Oui, mes seigneurs, — répondit le prince des prêtres d'une voix lamentable, — il a commis ce sacrilège !

— Si encore ce jeune homme n'avait pas guéri le malade, — dit tout bas Aurélie à Jeanne en souriant, — je concevrais leur colère...

— Une telle impiété, — ajouta le docteur Baruch, — une telle impiété mériterait le dernier supplice, car il est impossible d'outrager plus abominablement la religion !...

— Et ne croyez pas, reprit Caïphe, — que le Nazaréen se cache de ces sacrilèges, ou en rougisse... loin de là, il blasphème à ce point de dire qu'il se moque du sabbat, et que ceux qui l'observent sont des hypocrites !...

Un murmure général d'indignation accueillit les paroles du prince des prêtres, tant l'impiété du Nazaréen semblait abominable aux convives de Ponce-Pilate ; mais celui-ci, vidant coupe sur coupe, ne paraissait plus s'occuper de ce qui se disait autour de lui.

— Non, seigneur Caïphe, — reprit le banquier Jonas d'un air consterné, — si ce n'était vous qui m'affirmiez de telles énormités, j'hésiterais à les croire.

— Je vous parle pertinemment, car j'ai eu l'idée d'aposter près du Nazaréen des gens très rusés, qui ont l'air d'être ses partisans ; ils se font parler ; il se livre alors sans défiance, cause avec nos hommes à cœur ouvert, et puis... ceux-ci viennent aussitôt tout me rapporter.

— C'est une excellente imagination que vous avez eue là, seigneur Caïphe, — dit le banquier Jonas. — Honneur à vous !...

— C'est donc grâce à ces émissaires, — reprit le prince des prêtres, — que j'ai été instruit qu'avant-hier encore ce Nazaréen a prononcé des paroles incendiaires, capables de faire égorger les maîtres par leurs esclaves.

« *Le disciple n'est pas plus que le maître, ni*
« *l'esclave plus que son seigneur* ; *c'est assez*
« *au disciple d'être comme son maître, et à*
« *l'esclave comme son seigneur*. »

Un nouveau murmure d'indignation se fit entendre.

— Voyez-vous la belle concession que ce Nazaréen daigne nous faire ! — s'écria le banquier Jonas. — Vraiment ? *C'est assez à l'esclave d'être comme son seigneur !* Vous nous accordez cela, Jésus de Nazareth ! vous permettez que l'esclave ne soit pas plus que son seigneur !... Grand merci !

— Et voyez, — ajouta le docteur de la loi, — voyez les conséquences de ces épouvantables doctrines, si elles étaient répandues dans les masses ; nous pouvons parler ainsi entre nous, à cette heure où nos serviteurs viennent de quitter la salle du festin... car enfin, du jour où l'esclave se croira l'égal de son maître, il n'a donc pas le droit de me tenir en servitude... et j'ai le droit, moi, de me rebeller... Or, vous savez, mes seigneurs, ce que serait une pareille révolte !

— Ce serait la fin de la société !

— La fin du monde !

— Le chaos ! — s'écria le seigneur Baruch, — car le chaos doit succéder au déchaînement des plus détestables passions populaires, et le Nazaréen ne les flatte que pour les déchaîner, il promet monts et merveilles à ces misérables pour s'en faire prosélytes ; il flatte leur envie haineuse en leur disant qu'au jour de la justice : — *les premiers seront les derniers et les derniers seront les premiers*.

— Oui... dans le royaume des cieux, — dit

Jeane d'une voix douce et ferme. — C'est ainsi que l'entend le jeune maître...

— Ah! vraiment? — reprit le seigneur Chusa, son mari, d'un air sardonique, il s'agit seulement du royaume des cieux?... Vous croyez cela?... Pourquoi donc alors, il y a quelque temps, un nommé Pierre, un de ses disciples, lui ayant dit en propres termes : — « Maître, « voici que nous abandonnons tout et que « nous te suivons; quoi donc aurons-nous pour « cela? »

— Ce Pierre est un homme de prévoyance, — dit le banquier Jonas d'un ton railleur; — ce compère ne se paye pas de viande creuse.

— A cette question de Pierre, — reprit Chusa, — que répond le Nazaréen, afin d'exciter la cupidité des bandits dont il veut se faire tôt ou tard des instruments? Il répond par ces propres paroles :

« Personne n'abandonnera sa maison, ses « frères, ses sœurs, son père, sa mère, ses fils « et ses champs pour moi et pour l'Évangile... « qu'il ne reçoive, *pour le présent,* CENT FOIS « PLUS *qu'il n'a abandonné,* et dans les siècles « futurs la vie éternelle. »

— *Pour le présent...* c'est assez clair, — dit le docteur Baruch; — il promet *pour le présent* aux hommes de sa bande cent maisons au lieu d'une qu'ils quittent pour le suivre; un champ cent fois plus grand que celui qu'ils abandonnent; et, en outre, pour l'avenir, dans les siècles futurs, il assure à ces mécréants la vie éternelle!

— Or, où les prendra-t-il, ces cent maisons pour une? — reprit le banquier Jonas; — ces champs promis à ces vagabonds? Il les prendra à nous, possesseurs de biens, câbles, pour qui l'entrée du paradis est aussi étroite que le trou d'une aiguille, parce que nous sommes riches.

— Je crois, mes seigneurs, — reprit Jeane, — que vous interprétez mal les paroles du jeune maître; elles ont un sens figuré.

— Vraiment! — reprit le mari de Jeane d'un air ironique, — et voyons donc cette belle figure, cette allégorie!

— Lorsque Jésus de Nazareth dit que ceux qui le suivront auront pour le présent cent fois plus qu'ils n'ont abandonné, il entend par là, ce me semble, que la conscience de prêcher la bonne nouvelle, l'amour du prochain, la tendresse pour les faibles et les souffrants, compensera au centuple le renoncement que l'on se sera imposé.

Ces sages et douces paroles de Jeane furent très mal accueillies par les convives de Ponce-Pilate, et le prince des prêtres s'écria :

— Je plains votre femme, seigneur Chusa, d'être, comme tant d'autres, aveuglée par le Nazaréen. Il s'agit tellement pour lui des biens matériels, qu'il a l'audace d'envoyer ces vagabonds, qu'il appelle ses disciples, s'établir et manger à bouche que veux-tu dans les maisons sans rien payer, sous prétexte d'y prêcher ses aimables doctrines.

— Comment! mes seigneurs, — reprit Grémion, — dans votre pays de telles violences sont possibles et demeurent impunies!... Des gens viennent chez vous s'établir de force, y boire et y manger, sous le prétexte d'y pérorer!

— Ceux qui reçoivent les disciples du jeune maître de Nazareth, — reprit Jeane, — les reçoivent volontairement.

— Oui, quelques-uns, — reprit Jonas; — mais le plus grand nombre de ceux qui hébergent ces vagabonds cèdent à la peur, à la menace; car, d'après les ordres du Nazaréen, ceux qui refusent d'héberger ces fainéants vagabonds sont voués par eux au feu du ciel.

De nouvelles clameurs accueillirent le récit des nouveaux méfaits du Nazaréen.

— C'est une intolérable tyrannie!...
— Il faut en finir avec de telles indignités!...
— C'est le pillage organisé!...
— Aussi, — reprit le banquier Jonas, — le seigneur Baruch a parfaitement raison de dire : C'est droit au chaos que nous mène le Nazaréen, pour qui rien n'est sacré; car, je le répète, non content de vouloir détruire la loi, l'autorité, la propriété, la religion, il veut, pour couronner son œuvre infernale, détruire la famille!...

— Mais c'est donc votre Belzébuth en personne? — s'écria Grémion — Comment, mes seigneurs, ce Nazaréen maudit voudrait anéantir la famille, la sacro-sainte famille?...

— Oui... l'anéantir en la divisant, — reprit Caïphe, — l'anéantir en semant la discorde et la haine dans le foyer domestique! en armant le fils contre le père! les serviteurs contre leurs maîtres!...

— Seigneur, — reprit Grémion d'un air de doute, — un projet si abominable peut-il entrer dans la tête d'un homme sensé?...

— D'un homme... non, — reprit le prince des prêtres, — mais d'un Belzébuth comme ce Nazaréen; en voici la preuve : d'après le rapport irrécusable des émissaires dont je vous ai parlé, ce maudit a prononcé, il y a huit jours, ces horribles paroles, en parlant à cette bande de gueux qui ne le quitte pas :

« Ne croyez point que je sois venu apporter « la paix sur la terre... j'ai *apporté l'épée;* je « suis venu mettre le feu sur la terre, et tout « mon désir est qu'il s'allume; *c'est la division,* « *je vous le répète, et non la paix,* que je vous « apporte; je suis venu jeter la division entre « le père et le fils, la fille et la mère, la belle-« fille et la belle-mère; les propres serviteurs « d'un homme se déclareront ses ennemis; dans

« toutes les maisons de cinq personnes, il y en
« aura trois contre les deux autres. »

— Mais c'est épouvantable! — s'écrièrent à la fois le banquier Jonas et l'intendant Chusa.

— C'est prêcher la dissolution de la famille par la haine!...

— C'est prêcher la guerre civile! — s'écria le romain Grémion, — la guerre sociale! comme celle qu'a soulevée Spartacus, l'esclave révolté.

— Quoi ! oser dire : *Je suis venu mettre le feu sur la terre et tout mon désir est qu'il s'allume!*...

— *Les propres serviteurs d'un homme se déclareront ses ennemis!...*

— *Dans toute maison de cinq personnes, il y en aura deux contre les trois autres!...*

— C'est, comme il a l'infernale audace de le dire, *c'est venir mettre le feu sur la terre*...

Jeane avait paru écouter avec une pénible impatience toutes ces accusations portées contre le Nazaréen; aussi s'écria-t-elle d'une voix ferme et animée :

— Eh ! mes seigneurs, je suis lasse d'entendre vos calomnies ; vous ne comprenez pas le sens des paroles du jeune maître de Nazareth à ses disciples... Quand il parle des divisions qui naîtront dans les familles, cela signifie que dans une maison, les uns partageant ses doctrines d'amour et de tendresse pour le prochain, qu'il prêche du cœur et des lèvres, et les autres persistant dans leur dureté de cœur, ils seront divisés ; il veut dire que les serviteurs se déclareront les ennemis de leur maître si ce maître a été injuste et méchant: il veut dire encore une fois que dans toute famille on sera pour et contre lui. En peut-il être autrement ? Il engage à renoncer aux richesses ; il proclame l'esclave l'égal de son maître; il console, il pardonne ceux qui ont péché plus par suite de leur misère ou de leur ignorance que par mauvais naturel. Tous les hommes ne peuvent donc partager ces généreuses doctrines... Quelle vérité nouvelle ne les a pas d'abord divisés? Aussi le jeune maître de Nazareth exprime-t-il, dans son langage figuré, qu'il est venu mettre le feu sur la terre, et que son désir est qu'il s'allume!... Oh ! oui, je le crois; car ce feu dont il parle, c'est l'ardent amour de l'humanité dont son cœur est embrasé.

Jeane, en parlant ainsi, d'une voix émue, vibrante, paraissait plus belle encore; Aurélie, sa nouvelle amie, la contemplait avec autant de surprise que d'admiration...

Les convives du seigneur Ponce-Pilate firent entendre, au contraire, des murmures d'étonnement et d'indignation, et Chusa, mari de Jeane, lui dit durement :

— Vous êtes folle ! et j'ai honte de vos paroles. Il est incroyable qu'une femme qui se respecte ose, sans mourir de confusion, défendre d'abominables doctrines, prêchées sur la place publique ou dans d'ignobles tavernes, au milieu de vagabonds, de voleurs et de femmes de mauvaise vie, entourage habituel de ce Nazaréen...

— Le jeune maître, répondant à ceux qui lui reprochaient ce mauvais entourage, n'a-t-il pas dit, — reprit Jeane de sa voix toujours sonore et ferme : — *Ce ne sont pas ceux qui se portent bien, mais les malades, qui ont besoin de médecin?* faisant entendre par cette parabole que ce sont les gens dont la vie est mauvaise qui ont surtout besoin d'être éclairés, soutenus, guidés, aimés.. je le répète, oui, aimés, consolés, pour revenir au bien; car douceur et miséricorde font plus que violence et châtiment ; et cette pieuse et tendre tâche, Jésus se l'impose chaque jour.

— Et moi, je vous le répète, — s'écria Chusa courroucé, — le Nazaréen ne flatte ainsi les détestables passions de la vile populace au milieu de laquelle il passe sa vie qu'afin de la soulever, l'heure et le moment venus, pour s'en déclarer le chef, et tout mettre à feu, à sac et à sang dans Jérusalem et en Judée, puisqu'il a l'audace de dire qu'il n'apporte pas la paix sur la terre, *mais l'épée... mais le feu*...

Ces paroles de l'intendant d'Hérode furent très approuvées par les convives de Ponce-Pilate, qui semblaient de plus en plus étonnés du silence et de l'indifférence du procurateur romain; car celui-ci, vidant fréquemment sa grande coupe, souriait d'une façon de plus en plus débonnaire à chaque énormité que l'on reprochait au jeune homme de Nazareth.

Aurélie avait écouté la femme de l'intendant d'Hérode défendre si généreusement le jeune maître, aussi lui dit-elle tout bas :

— Chère Jeane, vous ne sauriez croire quel désir j'ai de voir ce Nazaréen... Ce doit être un homme extraordinaire?...

— Oh ! oui... extraordinaire par sa bonté, — répondit Jeane aussi tout bas. — Si vous saviez comme sa voix est tendre lorsqu'il parle aux faibles, aux souffrants, aux petits enfants... oh! surtout aux petits enfants! il les aime à l'adoration; quand il les voit, sa figure prend une expression céleste.

— Jeane, — reprit Aurélie en souriant, — il est donc bien beau?

— Oh! oui... beau... beau comme un archange!

— Que je serais donc curieuse de le voir, de l'entendre !... reprit Aurélie. — Mais, hélas ! comment faire s'il est toujours si mal entouré?... Une femme ne peut se risquer dans ces tavernes où il prêche...

Jeane resta un moment pensive, puis elle reprit :

— Qui sait, chère Aurélie!... il y aurait peut-

Pierre, le disciple du jeune maître de Nazareth, à la taverne de l'*Onagre* (page 215)

être un moyen de voir et d'entendre le jeune maître de Nazareth.

— Oh! — s'écria vivement Aurélie, — chère Jeane... quel serait ce moyen?

— Silence! on nous regarde... — répondit Jeane; — plus tard nous reparlerons de cela...

En effet, le seigneur Chusa, très indigné de l'opiniâtreté de sa femme à défendre le Nazaréen, jetait de temps à autre sur elle des regards courroucés avec Caïphe.

Ponce-Pilate venait de vider encore une fois sa grande coupe, et, les joues allumées, les yeux brillants, semblait jouir d'une extrême béatitude intérieure.

Le Seigneur Baruch, après s'être consulté à voix basse avec Caïphe et le banquier, dit au Romain ;

— Seigneur Ponce-Pilate, si, après tout ce que mes amis et moi venons de vous raconter des abominables projets de ce Nazaréen, vous ne sévissez pas contre lui avec la dernière rigueur, vous, le représentant de l'auguste empereur Tibère, protecteur naturel d'Hérode, notre prince, il arrivera qu'avant la pâque prochaine, Jérusalem... la Judée entière sera au pillage par le fait du Nazaréen, que la populace appelle déjà le roi des Juifs.

Ponce-Pilate répondit, conservant cet air tranquille et insouciant qui le caractérisait :

— Allons, mes seigneurs, ne prenez pas des buissons pour des forêts, des taupinières pour des montagnes! Est-ce à moi de vous rappeler votre histoire? Est-ce que ce garçon de Nazareth est le premier qui se soit avisé de jouer le rôle de *messie*? Est-ce que vous n'avez pas eu *Judas, le Galiléen*, qui prétendait que les Israélites ne devaient reconnaître d'autre maître que Dieu... et qui tâcha de soulever vos popu-

27e livraison

lations contre notre pouvoir ? Qu'est-il arrivé ?... Ce Judas a été mis à mort, et il en serait de même de ce jeune homme de Nazareth s'il s'avisait de souffler la rébellion.

— Sans doute, seigneur, — reprit Caïphe, le prince des prêtres, — le Nazaréen n'est pas le premier fourbe qui se soit donné pour le messie que nos saintes Ecritures annoncent depuis tant de siècles. Depuis cinquante ans, pour ne parler que des faits récents, nous avons eu parmi les faux messies : Jonathas, et après lui Simon le magicien, surnommé la grande vertu de Dieu; puis Barkokebah, le fils de l'Etoile, et tant d'autres imposteurs, prétendus messies ou sauveurs et régénérateurs du pays d'Israël !... Mais aucun de ces fourbes n'a eu l'influence du Nazaréen, et surtout son infernale audace; ils n'attaquaient pas, comme lui, avec acharnement, les riches, les docteurs de la loi, les prêtres, la famille, la religion, enfin tout ce qui doit être respecté, sous peine de voir Israël tomber dans le chaos... Ces autres imposteurs ne s'adressaient pas surtout et incessamment, comme le Nazaréen, à cette lie de la populace, dont il dispose d'une façon redoutable; car, dernièrement encore, le seigneur Baruch, las des outrages publics dont le Nazaréen poursuivait les Pharisiens, voulut le faire emprisonner, mais il en fut empêché par la populace. Si donc vous ne venez point à notre aide, vous, seigneur Ponce-Pilate, qui disposez d'une force armée considérable, c'en est fait de la paix publique, et même un soulèvement populaire contre vos troupes devient possible.

— Tout beau ! mes seigneurs, — reprit en riant Ponce-Pilate — si le Nazaréen osait ameuter la populace contre mes troupes, vous me verriez le premier prêt, casque en tête, cuirasse au dos, épée au poing; quant au reste, par Jupiter ! démêlez vous-mêmes votre écheveau s'il est embrouillé ; ces affaires intérieures vous concernent seuls, vous autres sénateurs de la cité. Arrêtez ce jeune homme, emprisonnez-le, crucifiez-le s'il le mérite, c'est votre droit, usez-en : moi, je représente ici l'empereur, mon maître ; tant que son pouvoir n'est pas attaqué, je n'ai rien à faire.

— Et d'ailleurs, seigneur procurateur, — reprit Jeane, — le jeune maître de Nazareth n'a-t-il pas dit ; Rendez à Dieu ce qui est à Dieu, et à César ce qui est à César ?

— C'est vrai, noble Jeane, — répondit Ponce-Pilate, — et il y a loin de là à vouloir insurger le peuple contre les Romains.

— Mais ne voyez-vous donc pas, seigneur, — s'écria le docteur Baruch, — que ce fourbe agit ainsi par hypocrisie pour ne pas éveiller vos soupçons, mais qu'à l'heure venue, il appellera la populace aux armes !

— Alors, mes seigneurs, — reprit Ponce-Pilate en vidant de nouveau sa coupe, — le Nazaréen me trouvera prêt à le recevoir à la tête de mes cohortes ; je n'ai rien à voir dans vos démêlés avec ce jeune homme.

A ce moment un officier romain entra tout effaré et dit à Ponce-Pilate :

— Seigneur procurateur, il vient d'arriver ici une nouvelle : une grande émotion populaire est causée par Jésus de Nazareth...

— Pauvre jeune homme ! — dit tout bas Aurélie s'adressant à Jeane, — il joue de malheur : tout se tourne contre lui !

— Ecoutons, — reprit Jeane avec inquiétude, — écoutons...

— Vous voyez, seigneur Ponce-Pilate, — s'écrièrent à la fois le prince des prêtres, le docteur de la loi et le banquier, — il n'est pas de jour que le Nazaréen ne trouble la paix publique...

— Répondez, dit le gouverneur à l'officier, — de quoi s'agit-il ?

— Quelques gens arrivés de Béthanie prétendent qu'il y a trois jours, Jésus de Nazareth a ressuscité un mort... Tout le peuple de la ville est dans une émotion inexprimable, des bandes de gens déguenillés courent à l'heure qu'il est les rues Jérusalem avec des flambeaux, criant : Gloire à Jésus de Nazareth, qui ressuscite les morts !

— L'audacieux ! — s'écria Caïphe, — vouloir imiter nos saints prophètes ! imiter Elie, qui ressuscita le fils de la veuve de Sérapta ou Elysée, qui ressuscita Joreb ! Profanation ! profanation !

— C'est un imposteur ! — s'écrie le banquier Jonas ; — c'est une supercherie impie, sacrilège ! Nos saintes Ecritures annoncent que le messie ressuscitera les morts... Le Nazaréen veut jouer son rôle de messie...

— On va jusqu'à dire le nom du mort ressuscité, — reprit l'officier : — il se nommerait Lazare !

— Je demande au seigneur Ponce-Pilate, — s'écria Caïphe, — que l'on fasse rechercher et arrêter à l'instant ce Lazare !

— Il faut un exemple ! — s'écria le docteur de la loi, — il faut que ce Lazare-là soit pendu pour lui apprendre à ressusciter !

— Les entendez-vous ? ils veulent faire mourir ce pauvre homme, — dit Aurélie en s'adressant à Jeane et haussant les épaules. — Perdre la vie parce qu'on l'a retrouvée malgré soi !... car ils ne l'accuseront pas, je le suppose, d'avoir demandé à ressusciter... Décidément, ils sont fous.

— Hélas ! chère Aurélie, — reprit tristement la femme de Chusa, — il y a des méchants fous...

— Je répète, — s'écria le docteur Baruch, — qu'il faut que ce Lazare soit pendu !

— Ah çà ! voyons, mes seigneurs, — reprit Ponce-Pilate, — voilà un honnête mort couché tranquillement dans son sépulcre, ne songeant à mal ; on le ressuscite, il n'en peut mais... et vous voulez que je le fasse pendre pour cela !

— Oui, seigneur ! — s'écria Caïphe, — il faut couper le mal dans sa racine ; car enfin, si le Nazaréen se met à ressusciter les morts...

— Il est impossible de prévoir où cela s'arrêtera ! — s'écria le docteur Baruch ; — je demande donc formellement au seigneur Ponce-Pilate que cet audacieux Lazare soit mis à mort !

— Mais, seigneur, — dit Aurélie, — si vous le pendez et que le jeune maître de Nazareth le ressuscite encore ?...

— On le rependra, dame Aurélie ! — s'écria le banquier Jonas, — on le rependra ! Par Josué ! il serait plaisant de céder à de pareils vagabonds !

— Mes seigneurs, — dit Ponce-Pilate, — vous avez votre milice, faites arrêter et pendre ce Lazare, si bon vous semble ; seulement, vous seriez plus impitoyables que nous autres païens, qui avons eu comme vous nos ressuscités. Mais, par Jupiter ! nous ne les pendons pas, car j'ai ouï dire que tout récemment *Apollonius de Tyane* ressuscita une jeune fille dont il rencontra le cercueil que le fiancé suivait en gémissant... Apollonius dit quelques mots magiques, la fiancée sortit de son cercueil plus fraîche, plus charmante que jamais. Le mariage se fit, et les époux vécurent fort heureux.

— L'eussiez-vous donc aussi fait mourir de nouveau, cette pauvre fiancée revenant à la vie, mes seigneurs ? — demanda Aurélie.

— Oui, certes, — répondit Caïphe, — si elle eût été complice d'un imposteur ; et, puisque le seigneur procurateur nous abandonne, moi et mon digne ami Baruch, nous allons mettre sur pied la milice et donner des ordres pour l'arrestation de ce Lazare.

— Faites, mes seigneurs, — dit Ponce-Pilate en se levant.

— Seigneur Grémion, — dit Chusa, l'intendant de la maison d'Hérode. — je devais partir après-demain pour aller jusqu'à Bethléem ; si vous voulez que nous voyagions ensemble, j'avancerai mon départ d'un jour, et nous nous mettrons en route demain matin, nous serons de retour dans quatre jours ; je profiterai de votre escorte : car, dans ce temps de troubles, il fait bon d'être accompagné.

— J'accepte votre offre, seigneur Chusa, — répondit le tribun du trésor ; — je serai ravi de voyager avec vous.

— Chère Aurélie, — dit tout bas Jeane à son amie, — vous vouliez voir le jeune maître de Nazareth ?

— Oh ! plus que jamais, chère Jeane ! Tout ce que j'entends raconter de cet homme extraordinaire redouble ma curiosité...

— Venez demain à ma maison, après le départ de votre mari.

— A demain donc, chère Jeane.

Et les deux jeunes femmes quittèrent, ainsi que leur maris et l'esclave Geneviève, la maison de Ponce-Pilate.

CHAPITRE II

La taverne de l'*Onagre*. — Aurélie et Geneviève. — Les mendiants. — Les courtisanes. — Les mères et les petits enfants. — Les émissaires des princes des prêtres et des docteurs de la loi. — Pierre. — *Celui qui travaille doit être nourri.* — *Paix universelle.* — Arrivée du jeune maître de Nazareth.

La taverne de l'*Onagre* était le rendez-vous habituel des conducteurs de chameaux, de loueurs d'ânes, des portefaix, des marchands ambulants, vendeurs de pastèques, de grenades et de dattes fraîches en la saison, et plus tard d'olives confites et de dattes sèches. On trouvait aussi dans cette taverne des gens sans aveu, des courtisanes de bas étage, des mendiants, des vagabonds et de ces braves dont les voyageurs achetaient la protection armée lorsqu'ils se rendaient d'une ville à une autre, afin d'être défendus contre les voleurs des grands chemins par cette escorte souvent fort suspecte. On y voyait aussi des esclaves romains amenés par leurs maîtres dans le pays des Hébreux.

La taverne de l'*Onagre* avait une mauvaise réputation : les disputes, les rixes y étaient fréquentes, et aux approches de la nuit l'on ne voyait guère s'aventurer aux environs de la porte des *Brebis*, non loin de laquelle était situé ce repaire, que des hommes à figures sinistres ou des femmes de mauvaise vie ; puis, la nuit tout à fait venue, on entendait sortir de ce lieu redouté des cris, des éclats de rire, des chants bachiques ; souvent des gémissements plaintifs succédaient aux disputes : de temps à autre quelques hommes de la milice de Jérusalem entraient dans la taverne sous prétexte d'y rétablir le bon ordre, et en sortaient ou plus avinés et plus turbulents que les buveurs, ou chassés à coups de bâton et de pierre.

Le lendemain du jour où avait eu lieu le souper chez Ponce-Pilate, vers le soir, à la nuit tombée, deux jeunes garçons, simplement vêtus d'une tunique blanche et d'un turban de laine bleue, se promenaient dans une petite rue tortueuse, au bout de laquelle on apercevait la porte de la redoutable taverne ; ils causaient en marchant, et souvent tournaient la tête vers l'une des extrémités de la rue, comme s'ils eussent attendu la venue de quelqu'un.

— Geneviève, — dit l'un d'eux à son compagnon en s'arrêtant (ces deux prétendus jeunes gens étaient Aurélie et son esclave, déguisées sous des habits masculins), — Geneviève, ma nouvelle amie Jeane tarde bien à venir; cela m'inquiète; et puis, s'il faut te l'avouer, je crains de faire une folie...

— Alors, ma chère maîtresse, rentrons au logis.

— J'en ai grande envie... et pourtant, retrouverai-je jamais une occasion pareille?...

— Il est vrai que l'absence du seigneur Grémion, votre mari, parti ce matin avec le seigneur Chusa, l'intendant du prince Hérode, vous laisse complètement libre, et que de longtemps peut-être vous ne jouirez d'une liberté pareille...

— Avoue, Geneviève, que tu es encore plus curieuse que moi de voir cet homme extraordinaire, ce jeune maître de Nazareth?

— Cela serait, ma chère maîtresse, qu'il n'y aurait rien d'étonnant dans mon désir : je suis esclave, et le Nazaréen dit qu'il ne doit plus y avoir d'esclaves.

— Je te rends donc la servitude bien dure, Geneviève?

— Non, oh! non!... Mais, sincèrement, connaissez-vous beaucoup de maîtresses qui vous ressemblent?

— Ce n'est pas à moi de répondre à cela... flatteuse.

— C'est à moi de le dire... S'il se rencontre par hasard une bonne maîtresse comme vous, il y en a cent qui, pour un mot, pour la moindre négligence, font déchirer leurs esclaves à coups de fouet, ou les torturent avec une joie cruelle... Est-ce vrai?...

— Je ne dis pas non...

— Vous me rendez la servitude aussi douce que possible, ma chère maîtresse; mais enfin, je ne m'appartiens pas... J'ai été obligée de me séparer de mon pauvre Fergan, mon mari, qui a tant pleuré en me quittant... Qui me dit qu'à notre retour je le retrouverai à Marseille? qu'il n'aura pas été vendu et emmené? Qui me dit que le seigneur Grémion ne me vendra pas moi-même, ne me séparera pas de vous?...

— Je t'ai promis que tu ne me quitterais pas.

— Mais si votre époux voulait me vendre, pourriez-vous l'en empêcher?

— Hélas! non...

— Et il y a cent ans nos pères et nos mères, à nous Gaulois, étaient libres pourtant!... Les aïeux de Fergan étaient les plus vaillants chefs de leur tribu!...

— Oh! — dit Aurélie en souriant, — la fille d'un César ne serait pas plus fière d'avoir un empereur pour père que tu l'es, toi, de ce que tu appelles les *aïeux* de ton mari.

— La fierté n'est pas permise aux esclaves, — reprit tristement Geneviève; — tout ce que je regrette, c'est notre liberté... Qu'avons-nous donc fait pour la perdre?... Ah! si les vœux de ce jeune homme de Nazareth étaient exaucés!... s'il n'y avait plus d'esclaves!...

— Plus d'esclaves! Mais, Geneviève, tu es folle; est-ce possible?... Plus d'esclaves!... Qu'on leur rende la vie moins dure, soit, mais supprimer l'esclavage, ce serait la fin du monde. Vois-tu, Geneviève, ce sont ces exagérations-là qui nuisent à ce jeune homme de Nazareth.

— Il n'est pas aimé des puissants et des heureux... Hier, à ce souper, chez le seigneur Ponce-Pilate, debout derrière vous, j'écoutais et je n'ai pas perdu une parole... Quel acharnement contre ce pauvre jeune homme!

— Que veux-tu, Geneviève! — répondit Aurélie en souriant, — c'est un peu sa faute.

— Vous aussi, vous l'accusez!

— Non; mais enfin il attaque les banquiers, les docteurs de la loi, les prêtres, enfin tous ces hypocrites qui appartiennent à l'opinion pharisienne... Il n'en faut pas davantage pour se perdre à jamais.

— C'est du courage, au moins, de dire leurs vérités aux méchants gens... et ce jeune homme de Nazareth est aussi bon que courageux, selon Jeane, votre amie... Elle est riche, considérée, elle n'est pas esclave comme moi; il ne prêche donc pas en sa faveur, à elle... et pourtant, voyez comme elle l'admire!

— Cette admiration d'une douce et charmante femme témoigne, il est vrai, en faveur de ce jeune homme; car Jeane, avec son noble cœur, serait incapable d'admirer un méchant... Quelle aimable amie le hasard m'a donnée en elle! Je ne sais rien de plus tendre que son regard, de plus pénétrant que sa voix... Elle dit que lorsque ce Nazaréen parle aux souffrants, aux pauvres et aux petits enfants, sa figure devient divine. Je ne sais, mais ce qui est certain, c'est que la figure de Jeane devient céleste lorsqu'elle parle de lui.

— Ne serait-ce pas elle qui s'approche de ce côté, ma chère maîtresse?... J'entends dans l'ombre un pas léger...

— Ce doit être elle.

En effet, Jeane, aussi costumée en jeune garçon, eut bientôt rejoint Aurélie et son esclave...

— Vous m'attendez peut-être depuis longtemps, Aurélie, — dit la jeune femme, — mais je n'ai pu sortir en secret de ma maison avant cette heure.

— Jeane, je ne me sens pas très-rassurée... je suis peut-être encore plus peureuse que curieuse... Pensez donc, des femmes de notre condition dans cette horrible taverne, où se rassemble, dit-on, la lie de la populace!

— N'ayez aucune crainte; ces gens sont plus

turbulents et plus effrayants à voir que vraiment méchants... Déjà je suis allée deux fois parmi eux sous ce déguisement avec une de mes parentes pour entendre le jeune maître... Cette taverne est très peu éclairée ; il règne autour de la cour une galerie sombre où nous ne serons pas vues ; nous demanderons un pot de cervoise, et l'on ne fera pas attention à nous ; on ne s'occupe que du jeune maître de Nazareth, ou, en son absence, de ses disciples, qui viennent prêcher la bonne nouvelle... Venez, Aurélie... il se fait tard... venez...

— Écoutez ! écoutez ! — dit la jeune femme à Jeane en prêtant l'oreille du côté de la taverne avec inquiétude. — Entendez-vous ces cris ? On se dispute dans cet horrible lieu !...

— Cela prouve que le jeune maître n'y est pas encore arrivé, — reprit Jeane ; — car en sa présence toutes les voix se taisent, et les plus violents deviennent doux comme des agneaux.

— Et puis, tenez, Jeane, voyez donc ce groupe d'hommes et de femmes de mauvaise mine, réunis devant la porte à la lueur de cette lanterne... Attendons qu'ils soient passés ou entrés dans la taverne.

— Venez... il n'y a rien à craindre, vous dis-je...

— Non... je vous en prie, Jeane, un moment encore... En vérité, j'admire votre bravoure !

— Oh ! c'est que Jésus de Nazareth inspire le courage comme il inspire la mansuétude pour les coupables... Et puis, si vous saviez comme son langage est naturel ! quelles touchantes et ingénieuses paraboles il trouve pour mettre sa pensée à la portée de ces hommes simples, de ces *pauvres d'esprit*, comme il les appelle, et qu'il aime tant ! Aussi, tous, jusqu'aux petits enfants, pour lesquels il a une si grande tendresse comprennent ses discours et n'en perdent pas un mot... Sans doute, avant lui, d'autres *messies* ont prophétisé la délivrance de notre pays opprimé par l'étranger, ont expliqué nos saintes Écritures, ont, par les moyens magiques de la médecine, guéri des maladies désespérées ; mais aucun des messies n'avait montré jusqu'ici cette patiente douceur avec laquelle le jeune maître enseigne aux humbles et aux petits... à tous enfin, car, pour lui, il n'y a pas d'infidèles, de païens ; chaque cœur simple et bon, par cela seul qu'il est bon, est digne du royaume des cieux... Ne savez-vous pas sa parabole du païen ? Rien de plus simple et de plus touchant.

— Non, Jeane, je ne la connais pas.

— Elle s'appelle *le bon Samaritain*.

— Qu'est-ce qu'un *Samaritain* ?

— Les Samaritains sont un peuple idolâtre, par delà les dernières montagnes de la Judée ; les princes des prêtres regardent ces gens comme exclus du royaume de Dieu. Voici cette parabole :

« Un homme qui allait de Jérusalem à Jé-
« richo tomba entre les mains des voleurs ; ils
« le dépouillèrent, le couvrirent de plaies et
« s'en allèrent, le laissant à demi mort. »

« Il arriva ensuite qu'un *prêtre* allait par le
« même chemin, lequel, ayant aperçu le blessé,
« passa outre.

« Un *lévite*, qui vint au même lieu, ayant
« aperçu le blessé, passa encore outre.

« Mais un *Samaritain*, qui voyageait, vint
« à l'endroit où était cet homme, et, l'ayant vu,
« il fut touché de compassion, s'approcha de
« lui, versa de l'huile et du vin sur ses plaies,
« les banda, et, l'ayant mis sur son cheval, il
« le mena dans une hôtellerie et en prit soin.

« Le lendemain, le Samaritain tira deux de-
« niers de sa poche, les donna à l'hôte et lui
« dit : Ayez bien soin de cet homme ; tout ce
« que vous dépenserez de plus, je vous le ren-
« drai à mon prochain retour.

« Maintenant, demanda Jésus à ses disciples,
« — lequel de ces trois hommes vous semble
« avoir été le prochain (le frère) de celui qui
« était tombé entre les mains des voleurs ?

« — C'est celui, — répondit-on à Jésus, — qui
« a exercé la miséricorde envers le blessé.

« — *Allez donc en paix et faites de même,* »
répondit Jésus avec un sourire céleste.

L'esclave Geneviève, en entendant ce récit, ne put retenir ses larmes, car Jeane avait surtout accentué avec une ineffable douceur ces derniers mots de Jésus : *Allez en paix et faites de même...*

— Vous avez raison, Jeane, — dit Aurélie pensive. — Un enfant comprendrait l'enseignement de ces paroles, et je me sens émue.

— Et pourtant cette parabole, — reprit Jeane, — est une de celles qui ont le plus irrité les princes des prêtres et les docteurs de la loi contre le jeune maître de Nazareth.

— Et pourquoi ?

— Parce que, dans ce récit, il montre un Samaritain, un païen, plus humain que le *lévite*, que le *prêtre*, puisque cet idolâtre, voyant un frère dans le pauvre blessé, le secourt, et se rend ainsi plus digne du ciel que les deux saints hommes au cœur aride. Voilà pourtant ce que les ennemis de Jésus appellent ses blasphèmes, ses sacrilèges !...

— Jeane, allons à la taverne ; je n'ai plus peur d'entrer en ce lieu... Des gens pour qui l'on invente de pareils récits, et qui les écoutent avec avidité, ne doivent pas être méchants.

— Vous le voyez, chère Aurélie, la parole du Nazaréen agit déjà sur vous ; elle vous donne confiance et courage... Venez... venez...

Et la jeune femme prit le bras de son amie ; toutes deux, suivies de l'esclave Geneviève, se dirigèrent vers la taverne de l'*Onagre*, où elles arrivèrent bientôt.

Cette taverne, bâtie carrément comme toutes les maisons d'Orient, se composait d'une cour intérieure entourée de gros piliers, soutenant une terrasse et formant quatre galeries, sous lesquelles pouvaient se retirer les buveurs en cas de pluie; mais cette nuit étant sereine et douce, le plus grand nombre des habitués du lieu étaient attablés dans la cour, à la lueur vacillante et rougeâtre d'une grosse lampe de fer placée au milieu de la cour. Cet unique luminaire éclairant à peine les galeries, où se tenaient aussi quelques buveurs, elles restaient complètement obscures.

Ce fut vers l'une de ces sombres retraites que Jeanne, Aurélie et l'esclave Geneviève se dirigèrent: elles virent en traversant la foule, alors bruyante, beaucoup de gens en haillons ou pauvrement vêtus, des femmes de mauvaise vie : les unes, et en grand nombre, misérablement habillées, avaient pour turban un lambeau de voile blanc sur la tête ; quelques autres, au contraire, portaient des robes et des coiffures d'étoffe assez précieuse, mais fanées; des bracelets, des colliers et des pendants d'oreilles en cuivre, ornés de fausses pierreries; leurs joues étaient couvertes d'un fard éclatant; leurs traits flétris, chagrins, reflétaient une sorte d'amertume; leur joie était bruyante et exagérée; tout, chez elles, indiquait les misères, les angoisses, la honte de leur triste existence de courtisanes.

Parmi les hommes, ceux-ci semblaient abattus par la pauvreté, ceux-là avaient l'air farouche, hardi ; plusieurs portaient des armes rouillées à leur ceinture, ou s'appuyaient sur de longs bâtons terminés par une boule de fer; ailleurs l'on reconnaissait à leur carcan de fer, à leur tête rasée, des esclaves domestiques, appartenant aux officiers romains; plus loin, des infirmes en haillons étaient assis auprès de leurs béquilles. Des mères tenaient entre leurs bras leurs petits enfants malades, pâles, amaigris, qu'elles couvaient d'un regard tendrement inquiet, attendant sans doute aussi la venue du jeune maître de Nazareth, si savant dans l'art de guérir.

Geneviève, à quelques mots échangés entre deux hommes bien vêtus, mais d'une figure sardonique et dure, devina qu'ils étaient des émissaires secrets dont les princes des prêtres et les docteurs de la loi se servaient pour épier le Nazaréen, et le faire tomber dans le piège d'une confiance imprudente.

Jeanne, plus hardie que son amie, lui avait frayé le passage à travers la foule; avisant une table inoccupée, placée dans l'ombre et derrière un des piliers des galeries, la femme du seigneur Chusa s'y établit avec Aurélie, et demanda un pot de cervoise à l'une des filles de la taverne, tandis que Geneviève, debout à côté de sa maîtresse, ne perdait pas de vue les deux émissaires des Pharisiens, et écoutait avidement tout ce qui se disait autour d'elle.

— La nuit s'avance, — dit tristement une femme jeune et belle encore à l'une de ses compagnes attablée devant elle, et dont les joues étaient, comme les siennes, couvertes de fard, selon la coutume des courtisanes, Jésus de Nazareth ne viendra pas ce soir.

— C'était bien la peine de venir ici, — reprit l'autre d'un ton de reproche ; — nous aurions dû aller nous promener aux environs de la piscine, et là, quelque centenier romain à moitié ivre, ou quelque docteur de la loi, rasant les murailles, le nez dans son manteau, nous eût donné à souper. Il ne faudra donc pas te plaindre, Oliba, si nous nous couchons sans avoir mangé, tu l'auras voulu.

— Ce pain-là me semble maintenant si amer que je ne le regrette pas.

— Amer ou non... c'est du pain... et quand on a faim... on le mange...

— En écoutant les paroles de Jésus, — répondit doucement l'autre courtisane, — j'aurais oublié ma faim...

— Oliba, tu deviendras folle... Se nourrir avec des mots...

— C'est que les paroles de Jésus disent toujours : pardon, miséricorde, amour... et jusqu'ici l'on n'avait pour nous que des paroles d'aversion ou de mépris !

Et la courtisane resta pensive, le front appuyé sur sa main.

— Tu es une singulière fille, Oliba, — reprit l'autre. — Enfin, si creux qu'il soit, nous n'aurons pas même de souper de paroles ; car le Nazaréen ne viendra pas maintenant, il est trop tard.

— Que le Dieu tout-puissant fasse qu'il vienne, au contraire ! — dit une pauvre femme assise par terre près des deux courtisanes, et tenant entre ses bras son enfant malade. — Je suis venue à pied de Bethléem pour prier notre bon Jésus de guérir ma petite fille ; il est sans pareil pour la guérison des maux des enfants, et, loin de faire payer ses conseils, il vous donne souvent de quoi acheter les baumes qu'il prescrit...

— Par le ventre de Salomon ! j'espère bien aussi que notre ami Jésus viendra ce soir, — reprit un homme de grande taille, à figure farouche et à longue barbe hérissée, coiffé d'un lambeau de turban rouge, vêtu d'un sayon de poil de chameau presque en guenilles, serré à la taille par une corde soutenant un large coutelas rouillé sans fourreau. Cet homme tenait en outre à la main un long bâton terminé par une masse de fer. — Si notre brave ami de Nazareth ne vient pas ce soir, j'aurais pour rien perdu ma nuit, car j'avais fait prix pour escorter un voyageur qui craignait d'aller seul de Jérusalem à Béthanie, de peur des mauvaises rencontres.

— Voyez donc ce bandit, avec sa figure patibulaire et son grand coutelas ! voilà-t-il pas une escorte bien rassurante ! — dit à demi-voix à son compagnon l'un des deux émissaires, assis non loin de Geneviève ; — quel effronté scélérat !...

— Il eût égorgé et dépouillé ce trop confiant voyageur dans le premier chemin creux ! — répondit l'autre émissaire.

— Aussi vrai que je m'appelle Banaïas ! — reprit l'homme au grand coutelas, — j'aurais perdu sans regret cette bonne aubaine d'un voyageur à escorter, si notre ami de Nazareth était venu... J'aime cet homme-là, moi ! il vous console de traîner la guenille, en vous démontrant que, puisqu'ils ne peuvent pas plus entrer au paradis qu'un câble passer par le trou d'une aiguille, tous les mauvais riches seront un jour rôtis comme des chapons à la cuisine de Belzébuth... Ça ne remplit ni notre ventre ni notre bourse, c'est vrai !... mais ça soulage... aussi je passerais des jours et des nuits à l'écouter dauber sur les prêtres, les docteurs de la loi et autres pharisiens ! Et bien il fait, notre ami, car il faut les entendre, ces Pharisiens ; si l'on vous conduit devant leur tribunal pour quelque vétille, ils ne savent que vous crier : « Vite à la geôle et au fouet ! voleur ! scélérat ! tison d'enfer ! fils de Satan ! » et autres paternelles remontrances. Par le nez d'Ézéchiel ! croient-ils ainsi morigéner l'homme? Ils ne savent donc pas, les maudits, que tel cheval rétif à la houssine obéirait à la voix ? Oh ! il sait bien cela, lui, notre ami de Nazareth, qui, l'autre jour, nous disait : *Si votre frère a péché contre vous, reprenez-le... et s'il se repent, pardonnez-lui...* Voilà parler, car, par l'oreille de Melchisédech ! je ne suis pas tendre et bénin comme l'agneau pascal, moi... Non, non, j'ai eu le temps de m'endurcir le cœur, la tête et la peau. Depuis vingt ans, mon père m'a chassé de sa maison pour une sottise de jeunesse ; depuis lors, j'ai vécu aux crochets du diable... Je suis aussi difficile à brider qu'un âne sauvage... Et pourtant, foi de Banaïas, d'un seul mot dit de sa voix douce, notre ami de Nazareth me ferait aller au bout du monde !

— Si Jésus ne peut venir, — reprit un autre buveur, — il nous enverra quelqu'un de ses disciples nous avertir et nous prêcher la bonne nouvelle à la place du maître.

— À défaut du gâteau de fleur de froment pétri de miel, on mange du pain d'orge, — dit un vieux mendiant courbé par les années. — La parole des disciples est bonne... celle du maître vaut mieux...

— Oh ! oui, — reprit un autre mendiant ; — à nous qui désespérons depuis notre naissance, il nous donne l'espérance éternelle...

— Jésus nous enseigne que nous ne sommes pas au-dessous de nos maîtres, de quel droit nous tiennent-ils en esclavage ?

— Est-ce parce que s'il y a cent maîtres d'un côté, nous sommes dix mille esclaves de l'autre ? — reprit un autre. — Patience !... patience !... un jour viendra où nous compterons nos maîtres, et nous nous compterons ensuite ; après quoi s'accomplira la parole de Jésus : *Les premiers seront les derniers, et les derniers seront les premiers...*

— Ils nous a dit, à nous artisans, qui, par le poids des impôts et par l'avarice des vendeurs, manquons souvent de pain et de vêtements, ainsi que nos femmes et nos enfants : « Ne vous « inquiétez pas ; Dieu, notre père, pourvoit à « la parure des lis des champs... à la nourri« ture des passereaux... un jour viendra où « rien ne vous manquera. »

— Oui, car Jésus a dit encore ceci : « N'ayez « ni or, ni argent, ni monnaie dans votre bourse, « ni sac pour le voyage, ni deux habits, ni « souliers ; *Car celui qui travaille mérite « d'être nourri*... »

— Voici le maître !... voici le maître !... — dirent quelques personnes placées près de la porte de la taverne ; Aurélie, non moins curieuse que son esclave Geneviève, monta sur un escabeau afin de mieux voir le jeune maître. Leur attente fut trompée ; ce n'était pas encore lui, c'était *Pierre*, l'un de ses disciples.

— Et Jésus ? — cria-t-on tout d'une voix.

— Le Nazaréen ne viendra-t-il donc pas ?

— Ne verrons-nous pas notre ami, l'ami des affligés ?

— Moi, Judas et Simon, nous l'accompagnions, — répondit Pierre, — lorsqu'aux portes de la ville une pauvre femme, nous voyant passer, a supplié le maître d'entrer pour visiter sa fille malade ; c'est ce qu'il a fait. Il a gardé Judas et Simon près de lui, et m'a envoyé vers vous. Ceux qui ont besoin de lui n'ont qu'à l'attendre ici, il viendra.

Les paroles du disciple calmèrent l'impatience de la foule, et Banaïas, l'homme au grand coutelas, dit à Pierre :

— En attendant le maître, dis-nous la bonne nouvelle. Approche-t-il le temps où ces gloutons, dont le ventre s'arrondit à mesure que le nôtre se creuse, n'auront plus pour s'engraisser que le soufre et le bitume de l'enfer ?

— Oui les temps approchent ! — s'écria Pierre en montant sur un banc. — Oui, les temps viennent comme vient la nuit d'orage chargée de tempête et de foudre ! Le Seigneur n'a-t-il pas dit, par la voix des prophètes : *Je vais envoyer mon ange, qui préparera le chemin devant moi ?*

— Oui ! oui ! crièrent plusieurs voix.

— Quel est cet ange ? — reprit Pierre ; — quel est cet ange, sinon Jésus, notre maître, le Messie... le seul vrai Messie ?...

— C'est l'ange promis !

— C'est le vrai Messie !

— Et cet ange ayant préparé le chemin, que dit le Seigneur par la voix des prophètes ? — continua Pierre : — « Alors je m'approcherai « de vous pour exercer mon jugement ; je me « hâterai de rendre mon témoignage contre les « empoisonneurs, contre les parjures, contre « ceux qui retiennent par violence le salaire de « l'ouvrier, contre ceux qui oppriment les « veuves, les orphelins et les étrangers sans « être retenus par ma crainte. » Le Seigneur n'a-t-il pas dit encore : « Il y a une race dont « les dents sont des épées, et qui s'en sert « comme de couteaux pour dévorer ceux qui « n'ont rien sur la terre et sont pauvres parmi « les hommes ! »

— Si cette race a des couteaux pour dents, — dit Banaïas en mettant la main sur son coutelas, — nous mordrons avec les nôtres !...

— Oh ! vienne le jour où seront jugés ceux qui retiennent par violence le salaire de l'ouvrier, et je dénoncerai à la vengeance du Seigneur le banquier Jonas ! — dit un artisan. — Il m'a fait travailler en secret aux boiseries de sa salle de festin les jours de sabbat, et il m'a retenu le salaire de ces jours-là. J'ai voulu me plaindre, il a menacé de me dénoncer aux princes des prêtres comme profanateur des jours saints, et de me faire jeter en prison !

— Et pourquoi le banquier Jonas t'a-t-il retenu injustement ton salaire ? — reprit Pierre ; — parce que, ainsi que le dit le prophète : « La cupidité est une sangsue, elle a deux filles qui disent toujours : *Apporte, apporte.* »

— Et ces grosses sangsues-là, — s'écria Banaïas, — est-ce qu'elles ne dégorgeront pas un jour tout le sang qu'elles ont sucé aux pauvres artisans, aux veuves et aux orphelins ?

— Si... si, — répondit le disciple, — nos prophètes et Jésus l'ont annoncé : « Pour ceux-là « ce sera l'enfer et les grincements de dents... « mais une fois l'ivraie, qui étouffe le bon grain, « arrachée, les méchants rois, les cupides, les « usuriers extirpés de la terre, dont ils pom- « pent tous les sucs, viendra le jour du bonheur « pour tous, de la justice pour tous, et ce jour- « là venu, — ont dit les prophètes, — les peu- « ples ne s'armeront plus les uns contre les « autres, leurs épées seront transformées en « hoyaux, leurs lances en serpes ; une nation, « ne lèvera plus le glaive contre aucune autre « nation ; l'on ne fera plus la guerre, mais « chacun s'assiéra sous sa vigne ou sous son « figuier sans craindre personne ; l'œuvre de « la justice sera la sûreté, la paix et le bon- « heur de chacun. En ces temps-là, enfin, le « loup habitera avec l'agneau, le léopard se « couchera près du chevreau, le lion et la bre- « bis demeureront ensemble, et un petit en- « fant les conduira tous. »

Cette peinture charmante de la paix et du bonheur universel parut faire une profonde impression sur l'auditoire de Pierre : plusieurs voix s'écrièrent :

— Oh ! viennent ces temps-là !... Car à quoi bon s'égorger peuple contre peuple ?

— Que de sang perdu !

— Et qui en profite ? les Pharaons conquérants... hommes de sang, de bataille et de rapine.

— Oh ! viennent ces temps de félicité, de justice, de douceur, et, comme disent les prophètes : *un petit enfant nous conduira tous.*

— Oui, un petit enfant suffira... car nous serons doux parce que nous serons heureux, nous serons paisibles et dociles, tandis qu'à cette heure nous sommes si malheureux, si courroucés, si exaspérés, que cent géants ne suffiraient pas à nous contenir.

— Et ces temps venus, — reprit Pierre, — tous ayant une part aux biens de la terre, fécondée par le travail de chacun, tous étant sûrs de vivre en paix et félicité, on ne verra plus les oisifs jouir du fruit des labeurs d'autrui : le Seigneur ne l'a-t-il pas dit par la voix du fils de David, l'un de ses élus ?

« J'ai aussi eu en horreur tout le travail au- « quel je me suis appliqué, sous le soleil, en « devant laisser le fruit à un homme qui me « succédera.

« Car il y a tel homme qui travaille avec « sagesse, avec science, avec industrie, et il « laissera tout ce qu'il a acquis à un homme « qui n'y a pas travaillé... Et qui sait s'il sera « sage ou insensé ?

« Or, c'est là une vanité et une grande affliction.

— Vous le savez, — ajouta l'apôtre, — la voix du fils de David est sainte comme la justice ; non, celui-là qui n'a pas travaillé ne doit pas profiter du travail d'autrui !

— Mais si j'ai des enfants ? — Une voix ; — si, en me privant de sommeil et de la moitié de mon pain quotidien, je parviens à épargner quelque chose pour lui, afin qu'il ne connaisse pas les maux dont j'ai souffert, est-ce donc injuste de lui laisser mon bien en héritage ?

— Eh ! qui vous parle du présent ? — s'écria Pierre ; — qui vous parle de ce temps-ci, où le fort opprime le faible, le riche le pauvre, l'inique le juste, le maître l'esclave ? En temps d'orage et de tempête, chacun élève comme il

Madeleine au désert (page 223)

peut un abri pour lui et pour les siens, c'est justice !... Mais quand seront venus les temps promis par les prophètes, temps divins où un soleil bienfaisant resplendira toujours, où il n'y aura plus d'orages, où la naissance de chaque enfant sera saluée par des chants joyeux, comme un bienfait du Seigneur, au lieu d'être pleurée, ainsi qu'aujourd'hui, comme une affliction, parceque, conçu dans les larmes, l'homme, de nos jours, vit et meurt dans les larmes; lorsque, au contraire, l'enfant conçu dans l'allégresse devra vivre dans l'allégresse; lorsque le travail, écrasant aujourd'hui, sera lui-même une allégresse, tant seront abondants les fruits de la *terre promise*... par le Seigneur, chacun, tranquille sur l'avenir de ses enfants, n'aura plus à prévoir, à thésauriser pour eux, en se privant, s'exténuant de travail... Non, non, quand Israël jouira enfin du royaume de Dieu, chacun travaillera pour tous, et tous jouiront du travail de chacun !

— Au lieu qu'à cette heure, — dit l'artisan qui s'était plaint de l'iniquité du banquier Jonas, tous travaillent pour quelques-uns, lesquels ne travaillent pour personne et jouissent du travail de tous.

— Mais pour ceux-là, — reprit Pierre, — notre maître de Nazareth l'a dit : « Le fils de « l'homme enverra ses anges, qui ramasseront « et enlèveront hors de son royaume tout ce « qu'il y a de scandaleux et de gens qui commet- « tent l'iniquité; ceux-là on les précipitera dans « une fournaise ardente, et c'est là qu'il y aura « des pleurs et des grincements de dents. »

— Et ce sera justice, — dit Oliba la courtisane; — car ce sont eux qui nous forcent de vendre notre corps pour échapper aux grincements de dents que cause la faim !

28e livraison

— Ce sont eux qui forcent les mères à trafiquer de leurs enfants plutôt que de les voir mourir de misère ! — dit une autre courtisane. Nous sommes chair à prostitution !

— Oh ! quand viendra-t-il, le jour de la justice ?...

— Il vient, il approche, — répondit Pierre d'une voix éclatante ; — car le mal, l'iniquité, la violence sont partout ; non-seulement ici en Judée, mais dans le monde entier, qui est le monde romain... Oh ! les maux d'Israël ne sont rien auprès des maux affreux qui accablent les nations ses sœurs !... L'univers entier se lamente et saigne, sous le triple joug de la férocité, de la débauche et de la cupidité romaines !... D'un bout de la terre à l'autre, depuis la Syrie jusqu'à la Gaule opprimée, l'on entend le bruit des chaînes et les gémissements des esclaves écrasés de travail ; malheureux, entre les malheureux, ils suent le sang par tous les pores !... Plus à plaindre que l'animal des bois mourant dans sa tanière, ou que l'animal de labour, mourant sur sa litière, ces esclaves sont torturés, livrés à la dent des bêtes féroces !!! S'ils veulent briser leurs fers, on les noie dans leur sang ! et moi, je vous le dis en vérité, au nom de Jésus, notre maître, je vous le dis en vérité, cela ne peut durer.

— Non... non, — s'écrièrent plusieurs voix, — non, cela ne peut durer !

— Notre maître est attristé, — continua le disciple, — oh ! attristé jusqu'à la mort, en songeant aux maux horribles, aux vengeances, aux épouvantables représailles que tant de siècles d'oppression et d'iniquité vont déchaîner sur la terre... Avant-hier, à Bethléem, le maître nous disait ceci :

« Lorsque vous entendrez parler de guerres
« et de séditions, ne soyez pas alarmés ; il faut
« que ces choses arrivent d'abord ; mais leur
« fin ne viendra pas sitôt.

« On verra se soulever peuple contre peuple,
« royaume contre royaume ; aussi les hommes
« sécheront de frayeur dans l'attente de tout ce
« qui doit arriver dans tout l'univers, car les
« vertus des cieux seront ébranlées. »

Une sourde rumeur d'effroi circula dans la foule à ces prophéties de Jésus rapportées par Pierre, et plusieurs voix s'écrièrent :

— De grands orages vont donc éclater dans le ciel !...

— Tant mieux ! il faut qu'elles crèvent, ces nuées d'iniquité, pour que le ciel se dégage et que le soleil éternel resplendisse !

— Et s'ils grincent des dents sur la terre avant d'aller grincer dans le feu éternel, ces riches égoïstes, ces princes des prêtres, ces Pharaons couronnés, ils l'auront voulu ! — s'écria Banaïas.

— Oui... oui... c'est vrai... Vengeance !

— Oh ! — poursuivit Banaïas, — ce n'est pas d'aujourd'hui que les prophètes leur crient aux oreilles : — Amendez-vous ! soyez bons ! soyez justes ! soyez pitoyables ! Regardez seulement à vos pieds, au lieu de vous mirer dans votre orgueil ! — Quoi ! repus que vous êtes, vous rebutez sur les mets les plus délicats, vous tombez gorgés de vin, près de vos coupes remplies jusqu'aux bords ; vous vous demandez : Mettrai-je aujourd'hui ma robe fourrée à broderies d'or, ou ma robe de peluche à broderies d'argent ? et votre prochain, grelottant de froid sous ses guenilles, ne peut seulement égoutter votre coupe et lécher les miettes de vos festins ! Par les entrailles de Jérémie ! voilà-t-il assez longtemps que cela dure ?

— Oui, oui ! — crièrent plusieurs voix, — cela a trop duré ; les plus patients se lassent à la fin ! Mort aux exploiteurs du peuple !

— Le bœuf le plus paisible finit par se retourner contre l'aiguillon !

— Et quel aiguillon que la faim !

— Oui, — reprit Pierre, — oui, cela a trop duré ; oui, cela n'a que trop duré. Aussi Jésus, notre maître, a-t-il dit :

« L'esprit du Seigneur s'est reposé sur moi,
« c'est pourquoi il m'a consacré par son onc-
« tion ; il m'a envoyé pour prêcher la bonne
« nouvelle aux pauvres, pour guérir ceux qui
« ont le cœur brisé ; pour annoncer aux captifs
« leur délivrance, aux aveugles le recouvrement
« de la vue ; pour renvoyer libres ceux qui sont
« écrasés sous leurs fers ; pour publier l'année
« favorable du Seigneur et le jour où il se ven-
« gera de ses ennemis. »

Ces paroles du Nazaréen, rapportées par Pierre, excitèrent un nouvel enthousiasme, et Geneviève entendit l'un des deux émissaires de la loi et des princes dire à son compagnon :

— Cette fois le Nazaréen ne nous échappera pas ; de pareilles prédications le rendent passible des peines portées contre les séditieux.

Mais une nouvelle et grande rumeur s'entendit bientôt à l'extérieur de la taverne de l'Onagre, et ce seul cri fut répété par tous :

— C'est lui ! c'est lui !...

— C'est notre ami !

— Le voilà, c'est lui ! le voilà !

CHAPITRE III

Jésus de Nazareth arrive dans la taverne de l'*Onagre*. — Il appelle à lui les petits enfants. — Il secourt les malades. — Il console les pauvres mères. — Il vide son aumônière. — Paraboles. — *L'Enfant prodigue*. — Madeleine, la riche courtisane, entre à la taverne. — Anathème et satire de Jésus sur les princes des prêtres, les docteurs de la loi et autres pharisiens hypocrites. — *Le bon pasteur*. — Le soleil se lève. — La foule suit Jésus dans la campagne. — Rencontre de pharisiens et de la *femme adultère*. — *Discours sur la montagne*, interrompu par le passage du seigneur Chusa et du seigneur Grémion, accompagnés de leur escorte et revenant subitement de leur voyage. — Les populations se rebellant contre l'impôt, ces deux seigneurs sont menacés d'être lapidés. — Jésus apaise le peuple et les sauve. — Leur surprise de trouver leurs femmes en pareille compagnie. — Ils les prennent toutes deux en croupe et rentrent à Jérusalem.

La foule qui remplissait la taverne apprenant cette fois l'arrivée de Jésus de Nazareth, se heurta, se pressa pour aller à la rencontre du jeune maître ; les mères, qui tenaient leurs petits enfants entre leurs bras, tâchèrent d'arriver les premières auprès de Jésus ; les infirmes, reprenant leurs béquilles, prièrent leurs voisins de leur ouvrir passage. Telle était déjà la pénétrante et charitable influence de la parole du fils de Marie, que les valides s'écartèrent pour laisser arriver jusqu'à lui les mères et les souffrants.

Jeane, Aurélie et son esclave partagèrent l'émotion générale ; Geneviève surtout, fille, femme et peut-être un jour mère d'esclaves, éprouvait un grand battement de cœur à la vue de celui-là qui venait, — disait-il, — *annoncer aux captifs leur délivrance, et renvoyer libres ceux qui étaient écrasés sous leurs fers.*

Enfin, Geneviève l'aperçut.

Le fils de Marie, l'ami des petits enfants, des pauvres mères, des souffrants et des esclaves, était vêtu comme les autres Israélites ses compatriotes ; il portait une robe de laine blanche, serrée à la taille par une ceinture de cuir où pendait une aumônière ; un manteau carré, de couleur bleue, se drapait sur ses épaules. Ses longs cheveux, d'un blond doré, tombaient de chaque côté de son pâle visage d'une douceur angélique ; ses lèvres et son menton étaient à demi ombragés d'une barbe légère, à reflets dorés comme sa chevelure. Son air était cordial et familier ; il serra fraternellement toutes les mains qu'on lui tendait ; plusieurs fois il se baissa pour embrasser quelques enfants déguenillés que tenaient les pans de sa robe, et, souriant avec bonté, il dit à ceux et à celles qui l'entouraient :

« Laissez... laissez venir à moi ces petits enfants ! »

Judas, homme à figure sombre, sournoise, et Simon, autres disciples de Jésus, l'accompagnaient, et portaient chacun un coffret dans lequel le fils de Marie, après avoir interrogé chaque malade et attentivement écouté sa réponse, prit plusieurs médicaments qu'il remit aux infirmes et aux femmes qui venaient consulter sa science, soit pour eux-mêmes, soit pour leurs enfants. Souvent aux avis et aux baumes qu'il distribuait, Jésus joignait un don d'argent qu'il tirait de l'aumônière suspendue à sa ceinture ; il puisa tant et si souvent à cette aumônière, qu'y ayant une dernière fois plongé la main, il sourit tristement en trouvant la pochette vide. Aussi, après l'avoir retournée en tous sens, il fit un signe de touchant regret, comme pour avertir qu'il n'avait plus rien à donner. Alors, ceux-là qu'il venait de secourir de ses conseils, de ses baumes et de son argent, le remerciant avec effusion, il leur dit de sa voix douce :

« C'est le Seigneur Dieu, notre père à tous, « qui est aux cieux, qu'il faut remercier, et « non point moi ; allez en paix. »

— Si ton trésor d'argent est vide, notre ami, il te reste un trésor inépuisable... celui de tes bonnes paroles, — dit Banaïas ; car il s'était frayé un passage pour arriver tout près de Jésus de Nazareth, et il le contemplait avec un mélange de respect et d'attendrissement qui faisait oublier sa farouche laideur.

— Oui, — reprit un autre ; dis-nous, Jésus, de ces choses que nous autres humbles et petits nous comprenons...

— Le langage de nos saints prophètes est divin... mais souvent obscur pour nous autres pauvres gens.

— Oh ! oui, notre bon Jésus, — ajouta un joli enfant qui s'était glissé au premier rang et tenait un pan de la robe du jeune maître de Nazareth, — raconte-nous une de ces paraboles qui nous plaisent tant et que nous retenons dans notre mémoire pour les répéter à nos mères ou à nos frères.

— Non, non, — reprirent d'autres voix ; — avant la parabole fais-nous un de tes beaux discours contre les mauvais riches, les puissants et les superbes !

— Et surtout, notre ami, reprit Banaïas, — dis-nous quand ces Pharaons retourneront chez Belzébuth, leur maître et seigneur.

Mais le fils de Marie désigna du geste, en souriant, le petit enfant qui avait d'abord demandé une parabole et le prit sur ses genoux, après s'être pris d'une table ; montrant de la sorte sa tendresse pour l'enfance, le fils de Marie sembla dire que ce cher petit serait d'abord satisfait dans son désir...

Tous alors se groupèrent autour de Jésus... Les enfants, qui l'aimaient tant, s'assirent à ses pieds ; Oliba et d'autres courtisanes s'assirent aussi à terre à la mode d'Orient, embrassant leurs genoux de leurs mains, et les yeux attachés sur le jeune maître de Nazareth, dans une attente avide. Banaïas et plusieurs de ses pareils, s'entassant derrière le jeune maître, recommandaient le silence à la foule pressée. D'autres enfin, plus éloignés, tels que Jeane, Aurélie et son esclave Geneviève, formèrent un second rang en montant sur des bancs.

Le fils de Marie, tenant toujours sur ses genoux l'enfant qui, un de ses petits bras appuyé sur l'épaule de son bon Jésus, paraissait suspendu à ses lèvres, le fils de Marie commença la parabole suivante :

« Un homme avait deux fils :

« Le plus jeune dit à son père : — Mon père, « donnez-moi ce qui me doit revenir de votre « bien. — Et le père leur partagea son bien.

« Quelque temps après, le plus jeune de ces « enfants ayant emporté tout ce qu'il avait, « s'en alla dans un pays éloigné où il dissipa « son bien.

« Après qu'il eut tout dépensé, il survint une « grande famine en ce pays-là, et il commença « à être dans l'indigence. Il s'en alla donc se « mettre au service de l'un des habitants du « pays, qui l'envoya en sa maison des champs « pour y garder les pourceaux.

« Là, il eût bien voulu se rassasier des cosses « que les pourceaux mangeaient ; mais per« sonne ne lui en donnait. »

A ces mots du récit, l'enfant que le fils de Marie tenait sur ses genoux poussa un soupir, en joignant ses petites mains d'un air apitoyé.

Jésus continua :

« — Enfin, étant rentré en lui-même (ce fils « prodigue), il dit : — Combien, dans la maison « de mon père, il y a de serviteurs à gages qui « ont du pain en abondance, et moi je meurs « de faim !

« Il faut que je me lève, que j'aille trouver « mon père, et que je lui dise : — Mon père, « j'ai péché contre le ciel et contre vous. Je ne « suis pas digne d'être appelé votre fils ; traitez« moi comme un de vos serviteurs.

« Il se leva donc et s'en alla trouver son père : « lorsqu'il était encore bien loin, son père « l'aperçut, et, touché de compassion, il courut « à lui, se jeta sur son cou et l'embrassa.

« Et son fils lui dit : — Mon père, j'ai péché « contre le ciel et contre vous, je ne suis plus « digne d'être appelé votre fils.

« Alors le père dit à ses serviteurs : — Ap« portez promptement la plus belle des robes « et revêtez-en mon fils ; mettez-lui un anneau « aux doigts et des souliers aux pieds.

« — Amenez aussi le veau gras et tuez« mangeons et faisons bonne chère ; car voici « que mon fils était mort, et il est ressuscité ; « il était perdu, et il est retrouvé. »

— Oh ! le bon père ! — dit l'enfant que le jeune maître de Nazareth tenait sur ses genoux, — oh ! le bon et tendre père, qui pardonne et embrasse au lieu de gronder !

Jésus sourit, baisa l'enfant au front et continua :

« Ils se mirent donc à faire festin. Cependant « le fils aîné, qui était dans les champs, revint, « et lorsqu'il fut proche de la maison, il enten« dit le bruit et le concert de ceux qui dansaient.

« Il appela un des serviteurs et lui demanda « ce que c'était.

« Le serviteur lui répondit : — C'est que votre « frère est revenu, et votre père a fait tuer le « veau gras, parce qu'il a retrouvé votre frère « en bonne santé. »

« Ce qui ayant mis le fils aîné en colère, il ne « voulait pas entrer dans le logis ; son père « sortit pour l'en prier.

« Et son fils lui fit cette réponse : « Il y a « tant d'années que je vous sers, je ne vous ai « jamais désobéi en quoi que ce soit ; cependant « vous ne m'avez jamais donné à moi un che« vreau pour me divertir avec mes amis ; mais « aussitôt que votre autre fils, qui a mangé « votre bien avec des femmes perdues, est « revenu, vous avez fait tuer pour lui le veau « gras. »

— Oh ! qu'il est donc méchant, cet aîné ! — dit l'enfant que le jeune maître tenait sur ses genoux ; il est jaloux de son jeune frère, qui revient pourtant bien malheureux à la maison... Dieu ne l'aimera pas, ce jaloux ; n'est-ce pas, bon Jésus !

Le fils de Marie secoua la tête, comme pour répondre à l'enfant que le Seigneur, en effet, n'aimait pas les jaloux, et il continua :

« Alors le père dit à son aîné : « Mon fils, vous « êtes toujours avec moi, et ce que j'ai est à « vous ; mais il fallait faire fête, parce que « votre frère était mort, et il est ressuscité ; il « était perdu, et il est retrouvé. »

Tous ceux qui étaient là parurent touchés jusqu'aux larmes de ce récit ; le fils de Marie versait tu pour boire un verre de vin que lui versait Judas, son disciple, Banaïas, qui l'avait écouté avec une profonde attention, s'écria :

— Notre ami, sais-tu que c'est là un peu mon histoire et beaucoup celle de tant d'autres ?... Car si après ma première faute de jeunesse mon père avait imité le père de la parabole et m'eût tendu les bras en signe de pardon, au lieu de me chasser du logis à grands coups de bâton, je serais peut-être à cette heure assis à mon honnête foyer, au milieu de ma famille, tandis qu'aujourd'hui j'ai pour foyer le grand chemin, pour femme la misère, et pour enfants les mauvais desseins, fils de cette *mère la misère* à l'œil farouche.... Ah ! pourquoi n'ai-je pas eu pour père l'homme de ta parabole !

— Ce père indulgent a pardonné, — reprit Oliba la courtisane, — parce qu'il sait que Dieu, ayant donné la jeunesse à ses créatures, parfois elles en abusent; mais celles-là qui, flétries, misérables et repentantes, reviennent humblement demander la moindre place à la maison paternelle, celles-là, loin de les repousser, ne doit-on pas les accueillir avec miséricorde?

— Moi, — reprit une autre voix, je ne donnerais pas un pepin de ce frère aîné, de cet homme de bien, si rauque, si rêche et si jaloux, à qui la vertu n'a rien coûté.

Geneviève entendit l'un des deux émissaires des pharisiens dire à son compagnon :

— Le Nazaréen flatte-t-il assez dangereusement les mauvaises passions de ces vagabonds?... Désormais tout fainéant débauché qui aura quitté la maison paternelle, va se croire en droit d'envoyer son père à Belzébuth si ce père, malavisé, au lieu de tuer le veau gras, chasse de chez lui, comme il le doit, ce fils scélérat, que la faim seule ramène au bercail.

— Oui... Et tous les jeunes gens sages et honnêtes passeront pour des gens à cœur sec et jaloux.

Et cet homme reprit tout haut, croyant que personne ne saurait qui parlait ainsi :

— Gloire à toi, Jésus de Nazareth, gloire à toi, le protecteur, le défenseur de nous autres, dissipateurs et prostituées! Folie d'être vertueux et sages, puisqu'on doit tuer le veau gras pour les débauchés.

De grands murmures accueillirent ces paroles de l'émissaire des Pharisiens; tous se retournèrent du côté où elles avaient été prononcées ; des menaces se firent entendre.

— Hors d'ici ces gens au cœur inexorable !

— Oh! ils sont sans pitié, sans entrailles, ces gens que le repentir ne touche pas, — dit la courtisane Oliba. — Ces corps glacés qui ne comprennent pas que chez d'autres le sang bouillonne !

— Que celui qui a ainsi parlé se montre, s'écria Banaïas en frappant sur la table avec son lourd bâton ferré d'un air menaçant ; — oui, qu'il nous montre sa vertueuse face, ce scrupuleux, plus sévère que notre ami de Nazareth, le frère des pauvres, des affligés et des malades, qu'il soutient, guérit et console!... Par l'œil de Jérobabel! je voudrais le voir en face, ce blanc agneau sans tache, qui vient de nous bêler ses vertus... Où est-il donc ce lis immaculé de la vallée des hommes? Il doit flairer le bien comme un vrai baume, — ajouta Banaïas en ouvrant ses larges narines; — et, par le nez de Malachie! je ne sens point du tout cet aromate de sagesse, ce parfum d'honnêteté, qui devrait trahir cet odorant vase d'élection caché parmi nous.

Cette plaisanterie de Banaïas fit beaucoup rire l'assistance, et celui des deux émissaires qui avait ainsi attaqué les paroles du fils de Marie ne parut pas empressé de se rendre au désir du redoutable ami du Nazaréen : il feignit, au contraire, ainsi que son compagnon, de chercher, comme les assistants, de quel côté étaient parties ces paroles.

Le tumulte allait croissant, lorsque le jeune maître de Nazareth fit signe qu'il voulait parler ; la tempête s'apaisa comme par enchantement, et, répondant à ce reproche d'être trop indulgent pour les pécheurs, Jésus dit avec un accent de sévère douceur :

« Qui d'entre vous, possédant cent brebis et
« en ayant perdu une, ne laisse dans le désert
« les quatre-vingt-dix-neuf autres pour s'en
« aller chercher celle qui est perdue, jusqu'à ce
« qu'il la trouve?
« Lorsqu'il l'a retrouvée, il la met avec joie
« sur ses épaules.
« Et, étant retourné en sa maison, il assem-
« ble ses amis et ses voisins, et leur dit :
« Réjouissez-vous avec moi, parce que j'ai
« retrouvé ma brebis qui était perdue...
« Et je vous dis, — ajouta le fils de Marie
« d'une voix remplie d'une grave et tendre
« autorité, — je vous dis, moi, qu'il y aura
« plus de joie dans le ciel pour un seul pécheur
« qui fait pénitence que pour quatre-vingt-dix-
« neuf justes qui n'ont pas besoin de pardon. »

Ces touchantes paroles du fils de Marie firent une vive impression sur la foule; elle applaudit du geste et de la parole.

— Réponds à cela, mon agneau blanc, mon lis sans tache ! — reprit Banaïas en s'adressant à l'interrupteur invisible du Nazaréen. — Si tu n'es pas de l'avis de mon ami, viens ici répéter et soutenir tes paroles.

— Le beau mérite, comme le dit Jésus, — reprit un autre, — le beau mérite, à celui qui n'a ni faim ni soif, de ne se montrer ni glouton ni ivrogne!

— Facile est la vertu... à qui rien ne manque, dit la courtisane Oliba. — La faim et l'abandon perdent plus de femmes que la débauche.

Soudain un certain tumulte se fit parmi la foule dont la taverne était remplie, et l'on entendit prononcer le nom de *Madeleine*.

— C'est une de ces créatures qui trafiquent de leur corps, — dit Jeanne à Aurélie ; — ce n'est pas la misère qui l'a jetée, comme tant d'autres, dans cette dégradation, mais une première faute, suivie de l'abandon de celui qui l'avait séduite et qu'elle adorait. Depuis, malgré les désordres de sa vie et la vénalité de ses amours, Madeleine a prouvé que son cœur n'était pas tout à fait corrompu ; les pauvres ne l'implorent jamais en vain, et elle a passionnément aimé quelques hommes d'un amour aussi dévoué que désintéressé, leur sacrifiant les princes des prêtres, les docteurs de la loi, les riches seigneurs, qui la comblaient à l'envi de leurs dons; mon mari, entre autres, était du nombre de ces magnifiques...

— Votre mari, chère Jeanne?

— Il a dépensé pour Madeleine beaucoup d'argent... elle est si belle! — répondit la jeune femme avec un sourire d'indulgence. — Il est de ceux qui l'ont enrichie. On dit des merveilles de sa maison, ou plutôt du palais qu'elle habite; ses coffres sont remplis des étoffes les plus rares, des plus éblouissantes pierreries... Les vases d'or et d'argent, venus à grands frais de Rome, d'Asie et de Grèce, encombrent ses buffets; la pourpre et la soie de Tyr ornent sa demeure, et ses serviteurs sont aussi nombreux que ceux d'une princesse!

— Nous avons aussi, en Italie et dans la Gaule romaine, de ces créatures dont le luxe insolent insulte à la médiocre fortune de beaucoup d'honnêtes femmes, — répondit Aurélie.

— Mais que peut vouloir cette Madeleine au jeune maître de Nazareth?...

— Elle vient sans doute, comme plusieurs de ses pareilles, que vous voyez là, moins riches qu'elle, mais non moins dégradées, écouter la parole de Jésus; cette douce et tendre parole, qui pénètre les cœurs par sa miséricorde, les attendrit et y fait germer le repentir...

Geneviève, entendant ces mots de Jeanne, se rappela le récit de Sylvest, le grand-père de son mari, récit qui racontait l'horrible vie de Siomara, la courtisane, et sa mort épouvantable.

— Peut-être, — pensait Geneviève, — peut-être Siomara eût connu le repentir, et sa fin eût été paisible, si elle avait pu, comme cette Madeleine dont on parle, entendre les salutaires enseignements de ce jeune homme.

— La voilà! — dirent plusieurs voix; — place à Madeleine, la belle entre les plus belles!...

— Notre princesse à nous! — dit à Oliba, sa compagne, d'un air de fierté; — car, enfin, notre reine... c'est Madeleine!...

— Triste royauté! — reprit Oliba en soupirant; — sa honte est vue de plus haut!... de plus loin!...

— Mais elle est si riche... si riche!...

— Se vendre pour un denier ou pour un monceau d'or, — répondit la courtisane, — où est la différence? L'ignominie est égale:...

— Oliba... tu deviens tout à fait folle!...

La jeune femme ne répondit rien et soupira.

Geneviève, montée comme sa maîtresse, sur un escabeau, se haussa sur la pointe des pieds et vit bientôt entrer dans la taverne la célèbre courtisane.

Madeleine était d'une beauté rare; la mentonnière de son turban de soie blanche brochée d'or encadrait son pâle et brun visage d'une perfection admirable; ses longs sourcils, d'un noir d'ébène, comme les bandeaux de ses cheveux, se dessinaient sur ce front jusqu'alors impudique et superbe, mais alors triste, abattu, car elle semblait navrée. Le rebord de ses paupières, teint d'une couleur bleuâtre, selon la mode orientale, donnait à son regard noyé de larmes quelque chose d'étrange, et semblait doubler la grandeur de ses yeux, brillants dans ses pleurs comme des diamants noirs... Une longue robe de soie tyrienne d'un bleu tendre, brochée d'or et brodée de perles, traînait au loin sur ses pas, et elle avait pour ceinture une écharpe flottante d'étoffe d'or couverte de pierreries de mille couleurs, comme celles de ses doubles colliers, de ses boucles d'oreilles et des bracelets dont étaient couverts ses beaux bras nus, entre lesquels elle portait une urne d'albâtre rose de Chalcédoine plus précieux que l'or...

— Quel changement dans les traits de Madeleine! — dit Jeanne à Aurélie; je l'ai vue vingt fois passer dans sa litière, portée par ses serviteurs vêtus de riches livrées, le triomphe de la beauté, l'ivresse et la joie de la jeunesse se lisaient sur ses traits... Et la voici qui s'approche timidement de Jésus, humble, accablée, pleurante et plus triste que la plus désolée de ces pauvres femmes qui tiennent entre leurs bras des enfants en haillons.

— Mais que fait-elle? — reprit Aurélie de plus en plus attentive. — La voilà debout devant le jeune homme de Nazareth; d'une main elle tient son urne d'albâtre serrée contre son sein agité, tandis que de son autre main elle détache son riche turban. Elle le jette loin d'elle. Sa noire et épaisse chevelure, tombant sur sa poitrine et sur ses épaules, se déroule comme un manteau de jais et traîne jusqu'à terre...

— Oh! voyez... voyez, ses larmes redoublent, — dit Jeanne, — son visage en est inondé...

— Elle s'agenouille aux pieds du fils de Marie, — reprit Aurélie, — les couvre de pleurs et de bais

— Quels sanglots déchirants!...

— Et les larmes qu'elle verse sur les pieds de Jésus... elle les essuie avec ses longs cheveux...

— Et voici que, fondant toujours en pleurs, elle prend son urne d'albâtre et verse aux pieds de Jésus un parfum délicieux, dont la senteur vient jusqu'ici.

— Le jeune maître veut la relever... elle résiste... Elle ne peut parler, ses sanglots brisent sa voix; elle courbe son front sur le pavé...

Alors Jésus, dont l'attendrissement semblait se contenir à peine, se tourna vers Simon, l'un de ses disciples, et s'adressant à lui :

« — Un créancier avait deux débiteurs; l'un
« lui devait cinq cents deniers, l'autre cin-
« quante. Comme ils n'avaient pas de quoi le

« payer, il leur remit à tous deux leur dette;
« dites-moi donc lequel des deux l'aimera da-
« vantage? »

Simon répondit :

— Maître, je crois que ce sera celui auquel il aura été remis une plus grosse somme.

— Vous avez fort bien jugé, Simon.

Et, se tournant vers la riche courtisane agenouillée, Jésus dit aux assistants :

« — Voyez-vous cette femme? Je vous dé-
« clare que beaucoup de péchés lui seront
« remis, parce qu'elle a beaucoup aimé! »

Alors il dit à Madeleine, d'une voix remplie de tendresse :

« — Vos péchés vous seront remis... votre
« foi vous a sauvée; allez en paix. »

— Abomination de la désolation! — dit à demi-voix l'émissaire des pharisiens à son compagnon. — Peut-on pousser plus loin l'audace et la démoralisation! Voici que ce Nazaréen pardonne tout ce que l'on blâme, absout tout ce que l'on punit, relève tout ce qu'on flétrit; après avoir réhabilité les débauchés, les prodigues, le voilà maintenant qui réhabilite les infâmes courtisanes!

— Et pourquoi? — reprit l'autre émissaire, — afin de flatter les vices et les détestables passions des scélérats dont il s'entoure, afin de s'en faire un jour des instruments...

— Mais patience, — reprit l'autre, — patience, Nazaréen, ton heure approche; ton audace toujours croissante t'attirera bientôt un châtiment terrible!

Pendant que Geneviève entendait ces deux méchants hommes parler ainsi, elle vit Madeleine, après les miséricordieuses paroles de Jésus, se relever radieuse; les larmes coulaient encore sur son beau visage, mais ces larmes ne semblaient plus amères. Elle distribua à toutes les pauvres femmes qui l'entouraient ses pierreries, ses bijoux, dégrafa jusqu'à la magnifique robe qu'elle portait par-dessus sa tunique de fine étoffe de Sidon, et revêtit le manteau de grosse laine brune d'une jeune femme, à qui elle donna en échange sa riche robe brodée de perles valant un grand prix. Puis elle dit à Simon, disciple du jeune maître, qu'elle ne quitterait plus ces humbles vêtements, et que le lendemain tous ses biens seraient distribués à des familles dans la pauvreté et aux courtisanes que la seule misère empêchait de revenir à une vie meilleure.

A ces mots, Oliba, joignant ses mains dans un élan de reconnaissance, se jeta aux pieds de Madeleine, prit ses mains, les baisa en sanglotant, et lui dit :

— Bénie soyez-vous, Madeleine!... oh! bénie soyez-vous! Votre bonté m'aura sauvée, moi et tant d'autres de mes pauvres compagnes de honte; nous nous repentions à la voix du fils de Marie... cette voix faisait tressaillir nos cœurs, nous espérions le pardon. Mais, hélas! la nécessité de vivre nous retenait dans le mal... Bénie soyez-vous, Madeleine, vous qui rendez possible notre retour au bien!...

— Sœur, ce n'est pas moi qu'il faut bénir, — répondit Madeleine, — c'est Jésus de Nazareth.

Et Madeleine se confondit dans la foule pour entendre la parole du jeune maître.

Quelques-uns de ses disciples lui ayant dit, en parlant de Madeleine, qu'elle avait été séduite, puis abandonnée par un jeune docteur de la loi, la figure de Jésus devint grave, sévère, presque menaçante :

« Malheur à vous, docteurs de la loi! mal-
« heur à vous, hypocrites! vous êtes semblables
« à des sépulcres blanchis; le dehors paraît
« beau, mais le dedans est plein d'ossements
« et de pourriture!...

« Ainsi, au dehors vous paraissez justes aux
« yeux des hommes, et au dedans vous êtes
« pleins d'hypocrisie et d'iniquité.

« Malheur à vous, conducteurs aveugles, qui
« avez grand soin de passer au filtre ce que
« vous buvez, de peur d'avaler un moucheron,
« et qui laissez passer un chameau!... »

Cette satire familière fit rire plusieurs des assistants, et Banaïas s'écria :

— Oh! que tu as raison, notre ami! combien nous en connaissons de ces gloutons, avaleurs de chameaux!... Mais telle est l'âcreté de leur conscience qu'ils digèrent ces chameaux comme l'autruche digère les cailloux, et il n'y paraît rien, tout est gobé!...

De nouveaux éclats de rire répondirent à la plaisanterie de Banaïas, et Jésus poursuivit :

« Malheur à vous, pharisiens! malheur à
« vous, qui nettoyez le dehors de la coupe,
« tandis que le dedans est plein de rapines et
« d'impuretés!

« Malheur à vous, pharisiens, qui dites ce
« qu'il faut faire et ne le faites pas! Malheur à
« vous, qui liez des fardeaux pesants et insup-
« portables, les mettez sur les épaules des
« hommes, mais ne voulez pas les remuer du
« bout du doigt, ces pesants fardeaux! »

Cette nouvelle comparaison familière frappa l'esprit des auditeurs du jeune maître, et plusieurs voix s'écrièrent encore :

— Oui, oui, ces fainéants hypocrites disent aux humbles : — Le travail est saint, travaillez... mais nous, nous ne travaillons pas!

— Oui, portez seuls le fardeau du labour, *nous ne voulons pas, nous autres, y toucher seulement du bout du doigt!...*

Jésus continua :

« Malheur à vous, qui faites toutes vos ac-
« tions pour vous donner en spectacle aux
« hommes! c'est pourquoi vous portez de longues
« bandes de parchemin où sont écrites les pa-

« rôles de la loi, que vous ne pratiquez pas.

« Malheur à vous, qui dites : Si un homme
« jure par le temple, cela n'est rien... mais s'il
« jure par l'*or* du temple, il est obligé à son
« serment! »

— Parce que, pour ces mauvais riches, — dit
une voix, — rien n'est sacré que l'or! Ils jurent
par leur or comme d'autres jurent par leur
âme... ou par leur honneur !...

« — De sorte que si un homme jure par
« l'autel, cela n'est rien, — poursuivit Jésus;
« — mais quiconque jure par l'offrande qui est
« sur l'autel est obligé à son serment. Malheur
« donc à vous, hypocrites, qui payez scrupu-
« leusement la dîme et qui reniez ce qu'il y a
« de plus important dans la loi : la justice, la
« miséricorde et la bonne foi! C'étaient là les
« choses qu'il fallait pratiquer sans omettre les
« autres! »

— Par les deux pouces de Mathusalem ! —
s'écria Banaïas en riant, — tu en parles bien à
ton aise, notre ami... Tous ces hypocrites ont
dans leurs coffres de quoi payer la dîme... et ils
la payent... mais où veux-tu qu'ils trouvent
cette monnaie de justice, de bonne foi et de
miséricorde, que tu leur demandes, à ces sépulcres blanchis, à ces avaleurs de chameaux
à ces gens couverts d'iniquités?

— Hélas ! le jeune maître dit vrai ! — reprit
un autre ; — pour qui n'a pas d'argent, la
justice est sourde. Les docteurs de la loi ne
vous disent pas à leur tribunal : — Quelles
bonnes raisons as-tu pour toi ? — mais : —
Combien d'argent me promets-tu ?

— J'avais confié quelques épargnes à Joas,
un prince des prêtres, — reprit une pauvre
vieille femme ; — il m'a dit avoir dépensé
l'argent en offrandes pour mon salut... Que
faire, moi pauvre femme, contre un si puissant
seigneur ?... me résigner et mendier un pain
que je ne trouve pas tous les jours.

A cette plainte, Jésus s'écria avec un redoublement d'indignation :

« Oh ! malheur à vous, hypocrites, parce que
« sous prétexte de vos longues prières, vous
« dévorez les deniers des veuves ! Malheur à
« vous, serpents, race de vipères ! Comment
« éviterez-vous d'être condamnés au feu de
« l'enfer ?... C'est pourquoi je vais vous en-
« voyer des prophètes et des sages pour vous
« sauver... Mais, hélas ! — ajouta le fils de
« Marie avec un accent de grande tristesse, —
« vous tuerez les uns, vous crucifierez les
« autres ; vous les persécuterez de ville en
« ville... afin que tout le sang innocent qui a
« été répandu sur la terre retombe sur vous:
« depuis le sang d'Abel, le juste, jusqu'au sang
« de Zacharie, que vous avez tué entre le temple
« et l'autel ! »

— Oh ! ne crains rien, notre ami ! si ces

avaleurs de chameaux veulent répandre ton
sang, — s'écria Banaïas en frappant sur la
poignée de son grand coutelas rouillé, — il
faudra d'abord qu'ils répandent le nôtre, et nous
les attendons de pied ferme !...

— Oui, oui, — reprit la foule presque tout
d'une voix, — ne crains rien, Jésus de Nazareth, nous te défendrons contre nos ennemis !

— Nous mourrons pour toi, s'il le faut !

— Tu seras notre chef !

— Notre roi !

Mais le fils de Marie, comme s'il se fût défié
de cet entraînement, secoua la tête avec une
tristesse de plus en plus profonde, des larmes
coulèrent de ses yeux, et il s'écria d'une voix
désolée :

« Oh ! Jérusalem... Jérusalem !... toi qui
« tues les prophètes ! toi qui lapides les sages
« qui te sont envoyés ! combien de fois ai-je
« voulu rassembler tes enfants, comme une
« poule rassemble ses petits sous ses ailes !...
« Et tu ne l'as pas voulu... tu ne l'as pas
« voulu !... »

Et l'accent du fils de Marie, d'abord mordant,
sévère ou indigné en parlant des pharisiens
hypocrites, fut empreint d'un regret si déchirant en prononçant ces dernières paroles, que
presque tous versèrent des larmes comme le
jeune maître de Nazareth ; bientôt un grand
silence se fit, car on le vit s'accouder sur la
table et cacher en pleurant sa figure entre ses
mains.

Geneviève ne put non plus retenir ses larmes,
elle entendit l'un des deux émissaires dire à son
compagnon d'un air de triomphe:

— Le Nazaréen a appelé les docteurs de la
loi et les princes des prêtres *serpents* et *race
de vipères* ! Pendant toute cette nuit il a blasphémé ce qu'il y a de plus saint parmi les
hommes; malheur à lui !

— Ah ! tu parles de crucifiés, Jésus de Nazareth ! — reprit l'autre ; — nous ne te ferons
pas mentir, prophète de Belzébuth !

Simon, l'un des disciples du jeune maître, le
voyant toujours accoudé sur la table, pleurant
en silence, se pencha vers lui et lui dit:

— Maître... le soleil va bientôt paraître... Les
gens des campagnes qui apportent leurs fruits
au marché de Jérusalem passent par la vallée
de Cédron ; ils ont soif de la parole ; ils t'attendent sur la route.... n'irons-nous pas à leur
rencontre ?...

Jésus se leva ; sa figure triste et pensive s'é-
claircit en embrassant les enfants, qui, le voyant
disposé à partir, lui tendirent leurs petits bras.
Ensuite il serra fraternellement toutes les mains
qu'on lui offrait, et sortit de la taverne de
l'*Onagre*, située près d'une des portes de la
ville s'ouvrant sur la campagne ; il se dirigea
vers la vallée de Cédron, que les hommes et les

Geneviève mise entièrement nue est fouettée jusqu'au sang (page 231)

femmes des champs traversaient pour se rendre à Jérusalem, où ils apportaient leurs provisions ainsi que leurs denrées à vendre...

Tel était l'attrait de la parole du jeune maître de Nazareth, que la plupart des personnes qui venaient de passer la nuit à l'écouter se décidèrent à l'accompagner.

Madeleine, Oliba, Banaïas étaient du nombre de ces personnes.

— Jeane, allez-vous donc aussi hors de la ville ? — dit Aurélie à la femme de Chusa. — Voici le jour, rentrons au logis ; il serait imprudent de prolonger notre absence.

— Moi, je ne rentre pas encore ; je suivrais Jésus au bout du monde, — répondit Jeane avec exaltation.

Et, descendant de son banc, elle tira de sa poche une lourde bourse remplie d'or, qu'elle mit dans la main de Simon, au moment où il allait quitter la taverne sur les pas du fils de Marie.

— Le jeune maître a vidé ce soir son aumônière, dit Jeane à Simon, voici de quoi la remplir et lui permettre de soulager les pauvres.

— Encore vous ! — répondit Simon avec reconnaissance à la vue de Jeane ; — votre charité ne se lasse pas.

— C'est la tendresse de votre maître qui est inépuisable, car il ne se lasse pas de secourir, de consoler les pauvres, les repentants et les opprimés, — répondit la femme de Chusa.

Geneviève, qui épiait avec inquiétude les émissaires des Pharisiens, entendit l'un de ces deux hommes dire à l'autre :

— Suivez et surveillez le Nazaréen... moi, je cours chez les seigneurs Caïphe et Baruch leur rendre compte des abominables blasphèmes et impiétés qu'il a proférés cette nuit en compagnie de ces vagabonds... de ces femmes de mau-

29ᵉ livraison

vaise vie, de toute la populace... Il ne faut pas que, cette fois, le Nazaréen échappe au sort qui l'attend.

Et les deux hommes se séparèrent.

Aurélie, après avoir paru réfléchir, dit à sa compagne :

— Jeane, je ne saurais vous exprimer ce que me fait éprouver la parole de ce jeune homme. Cette parole, tantôt simple, tendre et élevée, tantôt satirique et menaçante, pénètre mon cœur. C'est pour mon esprit un nouveau monde qui s'ouvre ; car pour nous autres païens, ce mot *charité* est une parole et une chose nouvelles... Loin d'être apaisée, ma curiosité, mon intérêt augmentent, et quoi qu'il puisse m'arriver, Jeane, je suis décidée à vous suivre... Nos maris sont absents pour quatre jours ; qu'importe, après tout, que nous rentrions dans nos demeures avant l'aube ou après le soleil levé ?...

Entendant sa maîtresse parler de la sorte, Geneviève fut très-heureuse, car, pensant à ses frères esclaves de la Gaule, elle éprouvait aussi un grand désir d'entendre encore les paroles du jeune maître de Nazareth, l'ami et le libérateur des captifs.

Au moment de quitter la taverne avec sa maîtresse et la charitable femme du seigneur Chusa, Geneviève fut témoin d'une chose qui lui prouva combien la parole de Jésus portait promptement ses fruits.

Madeleine, la belle courtisane repentie, vêtue d'un sordide manteau de laine, comme une pauvresse, suivait la foule empressée sur les pas de Jésus, elle heurta du pied une pierre de la rue, trébucha et fût tombée à terre sans le secours de Jeane et d'Aurélie, qui, se trouvant par hasard à ses côtés, se hâtèrent de la soutenir.

— Quoi ! vous, Jeane, la femme du seigneur Chusa ! — dit la courtisane rougissant de confusion, songeant sans doute aux dons impurs qu'elle avait reçus de Chusa, — vous, Jeane, vous n'avez pas craint de me tendre une main secourable, à moi pauvre créature justement méprisée des honnêtes femmes !...

— Madeleine, — lui répondit Jeane avec une bonté charmante, — notre jeune maître ne vous a-t-il pas dit d'*aller en paix*, et que *tous vos péchés vous seraient remis, parce que vous aviez beaucoup aimé ?* De quel droit serais-je plus sévère que Jésus de Nazareth ? Votre main, Madeleine... votre main ; c'est une sœur qui vous la demande en signe de pardon et d'oubli du passé.

Madeleine prit la main que Jeane lui offrait, mais ce fut pour la baiser avec respect et la couvrir de larmes de reconnaissance.

— Ah ! Jeanne, — dit tout bas à son amie la maîtresse de Geneviève, — le jeune homme de Nazareth serait satisfait de vous voir pratiquer si généreusement ses préceptes...

Jeanne, Aurélie et Madeleine suivant la foule, sortirent bientôt des portes de Jérusalem.

Le soleil, se levant alors dans toute sa splendeur, éclairait au loin les campagnes de la vallée de Cédron, dont l'aspect oriental si nouveau pour Geneviève, la frappait de surprise et d'admiration.

Grâce à la saison printanière, hâtive cette année-là, les plaines qui s'étendaient aux portes de Jérusalem étaient aussi verdoyantes, aussi fleuries que celles de Saron, que Geneviève avait traversées en venant de Jaffa (lieu de son débarquement), pour se rendre de Jérusalem avec sa maîtresse. Les roses blanches et rouges, les narcisses, les anémones, les giroflées jaunes et les immortelles odorantes embaumaient l'air et émaillaient les champs de leurs fraîches couleurs humides de rosée.

Au bord du chemin, un bouquet de palmiers ombrageait la voûte d'une fontaine où venaient déjà s'abreuver de grands buffles noirs, couplés à leur joug et conduits par des laboureurs vêtus d'un sayon de poil de chameau ; des pâtres amenaient aussi à cette fontaine leurs troupeaux de chèvres à oreilles pendantes et de moutons à larges queues, tandis que de jeunes femmes au teint brun, vêtues de blanc, venant sans doute d'un village que l'on voyait à peu de distance à demi caché par un bois d'oliviers, puisaient de l'eau à cette fontaine et retournaient au village, portant sur leur tête à demi enveloppée de leurs voiles blancs, de grandes amphores remplies d'eau fraîche.

Plus loin, sur la route poudreuse qui descendait en serpentant des premières rampes des montagnes, dont la cime se dégageait à peine des vapeurs azurées du matin, on voyait cheminer lentement une longue caravane, que dominaient les cous allongés des chameaux chargés de paniers et de ballots.

Tout au long de la route que suivait Geneviève, des colombes bleues, des alouettes et des bergeronnettes nichées dans des taillis de nopal et de térébinthe faisaient entendre leurs chants, tandis que quelque cigogne blanche aux pattes rouges s'élevait dans les airs, tenant un serpent dans son bec...

Plusieurs pâtres et laboureurs, apprenant par les personnes qui suivaient le Nazaréen qu'il se rendait à la colline de Cédron pour y prêcher la bonne nouvelle, dirigèrent leurs troupeaux de ce côté et augmentèrent la foule attachée aux pas du fils de Marie.

Jeane, Aurélie et Geneviève approchaient ainsi du village, à demi caché dans le bois d'oliviers que l'on devait traverser pour arriver à la colline. Soudain de ce bois elles virent sortir un grand nombre d'hommes et de femmes, poussant des cris et des imprécations.

A la tête de ce rassemblement marchaient

des docteurs de la loi et des prêtres ; deux de ceux-ci emmenaient une belle jeune femme pieds et bras nus, à peine vêtue d'une tunique ; la honte, l'épouvante se peignaient sur son visage baigné de larmes ; ses cheveux épars couvraient ses épaules nues. De temps à autre, demandant grâce à travers ses sanglots, elle se jetait dans son désespoir, à genoux sur les cailloux du chemin malgré les efforts des deux prêtres qui, la tenant chacun par un bras et la traînant ainsi dans la poussière, la forçaient bientôt de se relever et de marcher entre eux. La foule accablait de huées, d'imprécations et d'injures cette infortunée, aussi livide, aussi terrifiée que peut l'être une femme que l'on conduit au supplice...

A la vue de ce tumulte, le fils de Marie, surpris, s'arrêta ; ceux qui l'accompagnaient s'arrêtèrent de même et se rangèrent derrière lui.

Les prêtres et les docteurs de la loi, reconnaissant sans doute le jeune maître de Nazareth, firent signe aux gens du village, de qui les cris et les fureurs redoublaient à chaque instant, de faire halte. Alors ces gens courroucés, hommes et femmes, ramassèrent de grosses pierres dont ils restèrent armés, faisant de temps à autre entendre des injures grossières et des menaces de mort contre la prisonnière éplorée.

Les prêtres et les docteurs de la loi traînèrent l'infortunée créature jusqu'aux pieds de Jésus, qu'elle se mit à implorer dans sa terreur, levant vers lui son visage baigné de larmes et ses mains meurtries, couvertes de sang et de poussière.

Alors un des prêtres dit à Jésus pour l'éprouver, et dans l'espoir de le perdre s'il ne se prononçait pas comme eux :

« — Cette femme vient d'être surprise en « adultère ; or, Moïse nous a ordonné dans la « loi de lapider les adultères... Quel est sur « cela votre sentiment. »

Jésus, au lieu de répondre, se baissa et se mit à écrire sur le sable du bout de son doigt :

« — Que celui d'entre vous qui est sans « péché lui jette la première pierre. »

Et comme les Pharisiens, étonnés, continuaient à l'interroger, il se releva et leur lut à haute voix ce qu'il venait d'écrire.

Aux paroles du fils de Marie, de grands applaudissements éclatèrent parmi la foule, et Banaïas s'écria en riant aux éclats :

— Bien dit, notre ami... Je ne suis pas prophète, mais si des mains doivent seules lapider cette pauvre pécheresse, je jure, par les talons de Gédéon, que nous allons voir tous ces furieux de vertu, tous ces frénétiques de chasteté, tous ces endiablés de pudeur, à commencer par les seigneurs prêtres et les seigneurs docteurs de la loi, tourner au plus vite leurs sandales et retrousser leurs robes pour courir plus vite... Tenez, que vous disais-je ? les voilà qui se débandent comme un troupeau de pourceaux poursuivis par un loup !

— Et pourceaux ils sont ! reprit un autre. — Quant au loup qui les poursuit, c'est leur conscience.

En effet, après avoir entendu ces paroles de Jésus : *Que celui d'entre vous qui est sans péché jette la première pierre à cette femme*, les docteurs de la loi et les princes des prêtres, ainsi que ceux qui voulaient d'abord lapider la femme adultère, craignant d'être malmenés par les gens dont était suivi le jeune maître de Nazareth, se sauvèrent si prestement que lorsque le fils de Marie se releva, car il avait continué d'écrire sur le sable, cette foule, naguère si menaçante, fuyait au loin vers le village ; Jésus ne vit plus alors que l'accusée, toujours agenouillée, suppliante et pleurant à ses pieds.

Souriant avec finesse et bonté en lui montrant le vide fait autour d'elle par la dispersion de ceux qui voulaient la lapider, Jésus lui dit :

« — Femme, où sont donc vos accusateurs ? « Personne ne vous a-t-il condamnée ?

« — Non, Seigneur, — répondit-elle fondant « en larmes.

« — Je ne vous condamnerai pas non plus, « lui dit Jésus. — Allez... et ne péchez plus « à l'avenir. »

Et, laissant la femme adultère à genoux dans le saisissement d'avoir été ainsi sauvée de la mort et pardonnée, le fils de Marie arriva, suivi de ses disciples et de la foule, au pied d'une colline où se trouvait déjà rassemblés un grand nombre de gens de la campagne, attendant sa venue avec impatience, ceux-ci ayant leurs provisions sur des ânes ou sur des zèbres, ceux-là sur des chariots traînés par des bœufs, d'autres dans les paniers tressés qu'ils portaient sur leurs têtes. Les pasteurs qui, lors du passage du Nazaréen, abreuvaient leurs troupeaux à la fontaine, arrivèrent à leur tour ; et lorsque toute cette foule, silencieuse et attentive, fut ainsi rassemblée au pied de la colline, Jésus de Nazareth gravit ce monticule afin d'être mieux entendu de tous.

Le soleil levant, inondant de sa vive lumière le fils de Marie, vêtu de sa tunique blanche et de son manteau d'azur, faisait resplendir son céleste visage, et, se jouant dans ses longs cheveux blonds, semblait les entourer d'une auréole d'or. Alors, s'adressant à ces simples de cœur, qu'il aimait à l'égal des petits enfants, Jésus leur dit de sa voix sonore et tendre :

« — Bienheureux les pauvres d'esprit, parce « que le royaume des cieux est à eux !

» Bienheureux ceux qui sont doux, parce « qu'ils posséderont la terre !

« Bienheureux ceux qui pleurent, parce qu'ils seront consolés !

« Bienheureux les miséricordieux, parce quils obtiendront eux-mêmes miséricorde !

« Bienheureux ceux qui ont le cœur pur, parce qu'ils verront Dieu !

« Bienheureux les pacifiques, parce qu'ils seront appelés les bienheureux !

« Bienheureux ceux qui souffrent persécution pour la justice, parce que le royaume des cieux est à eux !

« Mais malheur à vous, riches, car vous emportez votre consolation !

« Malheur à vous qui êtes rassasiés, car vous aurez faim !

« Malheur à vous qui riez maintenant, car vous pleurerez plus tard !

« Malheur à vous quand les hommes diront du bien de vous, car leurs pères disaient du bien des faux prophètes !

« Aimez votre prochain comme vous-mêmes...

« Prenez bien garde de ne pas faire vos bonnes œuvres devant les hommes, afin d'attirer leurs regards !

« Lors donc que vous donnez l'aumône, ne faites pas sonner la trompette devant vous, comme font les hypocrites dans les temples et dans les rues, pour être honorés des hommes ; car je vous le dis en vérité qu'alors ils ont déjà reçu leur récompense.

« Ainsi, l'autre jour, j'étais assis dans la synagogue, vis-à-vis du trone, prenant garde de quelle manière le peuple y jetait de l'argent : plusieurs gens riches y jetaient beaucoup ; il vint une pauvre veuve, elle mit dans le tronc deux petites pièces, qui faisaient le quart d'un sou ; alors, appelant mes disciples, je leur dis :

« — En vérité, cette pauvre veuve a donné plus que tous ceux qui ont mis dans le tronc ; car tous les autres ont donné de leur abondance, mais celle-ci a donné de son indigence, même tout ce qu'elle avait et tout ce qui lui restait pour vivre.

« Lorsque vous faites l'aumône, que votre main gauche ne sache donc point ce que fait votre main droite.

« De même lorsque vous priez, ne ressemblez pas aux hypocrites qui affectent de prier dans les synagogues et au coin des places publiques, pour être vus des hommes. Pour vous, lorsque vous voulez prier, entrez dans votre chambre, fermez-en la porte et priez votre père dans le secret.

« Lorsque vous jeûnez, ne prenez point un air triste comme font les hypocrites ; car ils apparaissent avec un visage pâle et défait, afin que les hommes connaissent qu'ils jeûnent.

« Vous, lorsque vous jeûnez, parfumez-vous la tête et le visage, afin qu'il ne paraisse pas aux hommes que vous jeûniez, mais seulement à votre père, qui est toujours présent à ce qu'il y a de plus secret.

« Ne faites point, surtout, comme les deux hommes de cette parabole :

« Deux hommes montèrent au temple pour prier ; l'un était Publicain, l'autre Pharisien.

« Le Pharisien, se tenant debout, priait ainsi en lui même :

« — Mon Dieu, je vous rends grâce de ce que je ne suis pas comme le reste des hommes, qui sont voleurs, injustes, adultères, qui sont enfin tels que ce *Publicain* (que je vois là-bas). Je jeûne deux fois la semaine ; je donne la dîme de ce que je possède.

« Le Publicain, au contraire, se tenant bien loin, n'osait pas même lever les yeux au ciel ; mais il se frappait la poitrine en disant :

« — Mon Dieu, ayez pitié de moi, qui suis un pécheur !

« Je vous déclare que celui-ci s'en retourna chez lui justifié, et non pas l'autre.

« Car quiconque s'élève sera abaissé... quiconque s'abaisse sera élevé...

« Ne vous amassez pas de trésors sur la terre, où les vers et la rouille les corrompent, et où les voleurs les déterrent et les dérobent ; mais faites-vous des trésors dans le ciel, car là où est votre trésor, là aussi est votre cœur !...

« Faites aux hommes ce que vous désirez qu'ils vous fassent ; c'est la loi et les prophètes.

« Aimez vos ennemis, faites du bien à ceux qui vous haïssent.

« Si quelqu'un prend votre manteau, ne l'empêchez point de prendre aussi votre robe.

« Donnez à ceux qui vous demanderont.

« Ne réclamez point votre bien à celui qui l'emporte.

« Que celui qui a deux vêtements en donne un à celui qui n'en a pas.

« Que celui qui a de quoi manger en fasse de même.

« Car le jour de la justice venu, Dieu dira à ceux qui seront à sa gauche :

« — Allez loin de moi, maudits ! allez au feu éternel, car j'ai eu faim, et vous ne m'avez pas donné à manger !

« — J'ai eu soif, et vous ne m'avez pas donné à boire !

« — J'ai eu besoin de logement et vous ne m'avez pas logé !

« — J'ai été sans habits, et vous ne m'avez pas revêtu !

« — J'ai été malade et en prison, et vous ne m'avez pas visité !

« Et alors les méchants répondront au Seigneur :

« — Seigneur, quand est-ce que nous vous
« avons vu avoir faim ou soif ? ou être sans
« logement ? ou en prison ?
« Mais le Seigneur répondra :
« — Je vous le dis, en vérité, qu'autant de
« fois que vous aurez manqué de rendre ces
« services à l'un des plus pauvres parmi les
« hommes, vous avez manqué de les rendre à
« moi-même, votre Seigneur Dieu !... »

Au grand chagrin de la foule émue, attendrie par ces divins préceptes du fils de Marie, que pouvaient comprendre *les plus pauvres d'esprit*, son discours fut interrompu par suite d'un violent tumulte.

Voici à quel propos : une troupe de gens à cheval, venant des montagnes, se dirigeant rapidement vers Jérusalem, fut obligée de s'arrêter devant le rassemblement considérable groupé au pied de la colline où prêchait le jeune maître de Nazareth.

Ces cavaliers, dans leur impatience, enjoignirent brutalement à la foule de se disperser et de livrer passage au seigneur Chusa, intendant de la maison du prince Hérode, et au seigneur Grémion, tribun du trésor romain.

En voyant les soldats de l'escorte, Aurélie, femme du seigneur Grémion, pâlit et dit à Jeane :

— Nos maris ! déjà de retour !... Ils reviennent sur leurs pas ; ils vont nous trouver absentes du logis... ils sauront que nous l'avons quitté depuis hier soir... Nous sommes perdues !...

— Avons-nous quelque chose à nous reprocher, pour être inquiètes ? — demanda Jeane.

— N'avons-nous pas écouté des enseignements qui rendent les bons cœurs meilleurs encore ?

— Chère maîtresse, dit Geneviève à Aurélie, je crois que du haut de son cheval le seigneur Grémion vous a reconnue, car il parle bas au seigneur Chusa en étendant le doigt de ce côté-ci.

— Ah ! je tremble ! — dit Aurélie. — Que faire ? que devenir ? Ah ! maudite soit ma curiosité !

— Bénie soit-elle, au contraire, — lui dit Jeane, — car vous remporterez des trésors dans votre cœur... Allons hardiment au-devant de nos maris : ce sont les méchants qui se cachent et baissent la tête. Venez, Aurélie, venez... et marchons le front haut !...

A ce moment, Madeleine, la repentie, s'approcha des deux jeunes femmes et dit à Jeane les larmes aux yeux :

— Adieu, vous qui m'avez tendu la main quand j'étais dans le mépris ; votre souvenir sera toujours présent à l'esprit de Madeleine dans sa solitude...

— De quelle solitude parlez-vous ? — dit Jeane surprise. — Où allez-vous donc belle Madeleine ?

— Au désert ! — répondit la repentie en étendant le bras vers la cime des montagnes arides au delà desquelles s'étendent les solitudes désolées de la mer Morte. — Je vais au désert pleurer mes péchés, emportant dans mon cœur un trésor d'espérance ! Béni soit le fils de Marie, à qui je dois ce divin trésor !...

Et la foule s'ouvrant avec respect devant la grande repentie, elle se dirigea vers les montagnes arides qu'elle avait désignées.

A peine Madeleine eut-elle disparu que Jeane, entraînant son amie presque malgré elle, se dirigea vers les cavaliers à travers le peuple, qui déjà se montrait irrité des grossières paroles des gens de l'escorte.

On abhorrait Hérode, prince de Judée, qui eût été chassé du trône sans la protection des Romains... Il était cruel, dissolu et écrasait d'impôts le peuple israélite ; aussi, lorsque l'on apprit que l'un des cavaliers était le seigneur Chusa, intendant de ce prince exécré, la haine que l'on avait contre le maître rejaillit sur son intendant, ainsi que sur son compagnon, le seigneur Grémion, qui, au nom du fisc romain, glanait où avait moissonné Hérode.

Aussi, pendant que Jeane, Aurélie et l'esclave Geneviève traversaient péniblement le rassemblement pour arriver jusqu'aux cavaliers, des huées éclatèrent de toutes parts contre les seigneurs Chusa et Grémion, et ils durent entendre en frémissant de colère des paroles telles que celles-ci, écho affaibli des anathèmes du jeune maître contre les méchants :

— Malheur à toi, intendant d'Hérode ! qui nous écrase d'impôts et dévores la maison de la veuve et de l'orphelin !

— Malheur à toi, Romain ! qui viens prendre part à nos dépouilles !...

Banaïas, agitant d'une main son coutelas d'un air menaçant et farouche, s'approcha des deux seigneurs, et leur montrant le poing :

— Le renard est lâche et cruel ; aussi il a appelé à lui son ami le loup, dont les dents sont plus longues et la force plus grande !... Le renard lâche et cruel, c'est ton maître Hérode, seigneur Chusa ! et le loup féroce, c'est Tibère, ton maître, à toi Romain, qui viens aider le renard à la curée !...

Et comme le seigneur Chusa, pâle de rage, faisait mine de tirer son épée pour frapper Banaïas, celui-ci leva son coutelas et s'écria :

— Par le ventre de Goliath ! je te coupe en deux comme une pastèque si tu mets la main à ton épée !

Les deux seigneurs, n'ayant pour escorte que cinq ou six cavaliers, se continrent et essayèrent de se dégager du rassemblement, qui devenait de plus en plus menaçant.

— Oui, malheur à vous, gens du fisc d'Hérode et de Tibère ! malheur à vous ! car nous avons faim ; et vous arrachez le pain trempé de nos sueurs, que nous portons à nos lèvres, au nom de l'impôt !

— Malheur à vous ! car vous accablez de maux des gens sans défense.

— Malheur à vous ! car le jour de la justice arrivera bientôt.

Oui, oui, bientôt il y aura pour vous, méchants et oppresseurs, des larmes et des grincements de dents.

— Alors les premiers seront les derniers... et les derniers, les premiers...

Chusa et Grémion, de plus en plus effrayés se consultaient du regard, ne sachant comment échapper à cette foule menaçante... Les plus irrités parmi les assaillants commençaient déjà à ramasser de grosses pierres, et Banaïas s'était écrié en s'armant d'un énorme caillou :

— Notre maître a dit ce matin, en parlant de cette pauvre femme que ces Pharisiens hypocrites voulaient lapider : *Que celui qui est sans péché lui jette la première pierre...* Et moi, mes amis, je vous dis ceci : Que celui qui a été écorché par le fisc jette la première pierre à ces écorcheurs !... et qu'elle soit suivie de beaucoup d'autres...

— Oui, oui, cria la foule, — qu'ils disparaissent sous un monceau de cailloux !...

— Lapidons-les !...

— Aux pierres ! aux pierres !...

— Nos époux courent un danger ; c'est une raison de plus pour nous rapprocher d'eux, — avait dit Jeane à Aurélie, en redoublant d'efforts, afin d'arriver jusqu'aux cavaliers.

Soudain on entendit la voix douce et vibrante du Nazaréen dominer le tumulte et prononcer ces paroles.

« — Je vous le dis, en vérité, si ces hommes « ont péché, ne peuvent-ils pas se repentir, « d'ici au jour du jugement ? Qu'ils ne pèchent « plus et aillent en paix !... »

A ces mots du fils de Marie, la tempête populaire s'apaisa comme par enchantement... La foule se calma, devint silencieuse et, par un mouvement spontané, s'écarta pour laisser libre passage à l'intendant d'Hérode, au seigneur Grémion et à leur escorte... Alors Jeane et Aurélie parvinrent à rejoindre leur maris.

A la vue de sa femme, le seigneur Grémion dit à Chusa d'un air irrité : — C'est bien elle, ma femme, sous un costume d'homme...

— Et la mienne aussi l'accompagne ! — s'écria Chusa, non moins en colère. — Et comme elle, sous un déguisement... C'est l'abomination de la désolation !...

— Rien ne manque à la fête, — ajouta Grémion, — voici l'esclave de ma femme...

Jeane, toujours douce et calme, dit à son mari :

— Seigneur, faites-moi place ; je monterai en croupe sur votre cheval pour regagner le logis en votre compagnie.

— Oui... — reprit Chusa en serrant les dents de colère, — vous allez regagner le logis avec moi... mais, par les colonnes du temple ! vous ne le quitterez plus désormais sans moi.

Jeane ne répondit rien, tendit la main à son mari pour qu'il l'aidât à monter en croupe : d'un léger bond elle s'assit sur le cheval.

— Montez aussi en croupe derrière moi, — dit Grémion à sa femme d'un air courroucé. — Votre esclave Geneviève,... et par Jupiter ! elle payera cher sa complicité dans cette indignité, votre esclave Geneviève se tiendra en croupe derrière un des cavaliers de l'escorte.

Il en fut ainsi, et le groupe suivit la route de Jérusalem.

Le cavalier qui portait Geneviève en croupe suivait de près les seigneurs Grémion et Chusa, et l'esclave put entendre ceux-ci gourmander rudement leurs femmes.

— Non, par Hercule !... — s'écriait le Romain, — retrouver ma femme déguisée en homme au milieu de cette bande de gueux en haillons, de vagabonds et de séditieux scélérats !... C'est à n'y pas croire... Non, par Hercule ! Il me fallait venir en Judée pour voir une pareille énormité !...

— Et moi, qui suis de Judée, seigneur, — reprenait Chusa, — je ne suis non plus que vous habitué à ces énormités... Je savais bien que des mendiants, des voleurs, des courtisanes du plus bas étage, suivaient ce Nazaréen maudit ! mais que la colère du Seigneur me frappe à l'instant si j'avais jamais entendu dire que des femmes qui se respectaient avaient eu l'indignité de se mêler à la vile populace que cet homme traîne à sa suite en tout pays, vile populace qui tout à l'heure nous lapidait, sans la vaillance de notre attitude ! — ajouta le seigneur Chusa d'un air superbe.

— Oui... heureusement nous avons imposé à ces misérables par notre courage, — reprit le seigneur Grémion ; — sinon c'était fait de nous... Ah ! vous disiez vrai... voilà une nouvelle preuve des haines et des ressentiments que produisent les prédications incendiaires de ce Nazaréen ; il ne songe qu'à exciter les pauvres contre les riches !

— Le jeune maître n'a-t-il pas, au contraire, calmé la fureur de la foule ? — reprit Jeane d'une voix douce et ferme. — N'a-t-il pas dit : Laissez aller en paix ces hommes et qu'ils ne pèchent plus ?...

— Est-ce assez d'audace ! — s'écria Chusa s'adressant à Grémion. — Vous entendez ma femme ! Ne dirait-on pas que l'on ne peut maintenant aller en paix sur les chemins qu'avec la permission du Nazaréen... de ce fils de Belzébuth ! et que si nous avons échappé aux fureurs de ces scélérats, c'est grâce à la promesse qu'il leur a faite que nous ne pécherions plus !... Par les colonnes du saint temple !... est-ce assez d'impudence !...

— Le jeune maître de Nazareth, — répliqua Jeane, — ne peut répondre de ce qui se dit et se fait en son nom... La foule s'était injustement émue contre vous... d'un mot il l'a apaisée... que pouvait-il faire davantage ?.,.

— Voilà du nouveau !... — s'écria le seigneur Chusa. — Et de quel droit ce Nazaréen calme-t-il ou soulève-t-il à son gré le populaire ?.,. Savez-vous pourquoi nous revenons à Jérusalem ?... C'est parce qu'on nous a assuré que, par suite des prédications abominables de cet homme, les montagnards de Judée et les laboureurs de Saron nous lapideraient si nous nous présentions pour recevoir les impôts...

— Le jeune maître a dit : *Rendez à César ce qui est à César et à Dieu ce qui est à Dieu !*

— reprit Jeane. — Est-ce donc sa faute si les populations, écrasées par le fisc, sont hors d'état de payer des impôts excessifs ?

— Et par Hercule ! il faudra pourtant bien qu'elles les payent ! — s'écria Grémion. — Nous retournerons à Jérusalem, afin d'y chercher une escorte de troupe suffisante pour anéantir la rébellion, et malheur à ceux qui nous résisteront... nous les exterminerons tous !...

Et surtout malheur au Nazaréen ! — reprit Chusa ; — lui seul est cause de tout le mal... Aussi vais-je prévenir le roi Hérode, les seigneurs Ponce-Pilate et Caïphe, de l'audace croissante de ce vagabond, et demander son supplice...

— Faites-le mourir, — reprit Jeane, — il vous pardonnera et priera Dieu pour vous !

Ce fut ainsi que Jeane, Aurélie et Geneviève furent ramenés à Jérusalem, en croupe de leurs maris et escortés par les soldats.

CHAPITRE IV

Geneviève est punie d'être allée écouter les paroles de Jésus. — La prison. — Aurélie vient trouver son esclave au milieu de la nuit. — Projets.

Lorsque Geneviève fut revenue avec sa maîtresse au logis du seigneur Chusa, celui-ci ordonna à sa femme de rentrer dans sa chambre.

Aurélie baissa la tête en soupirant, obéit et jeta sur son esclave un triste regard d'adieu.

Grémion prit alors Geneviève par le bras et la conduisit dans une salle basse, sorte de cave destinée à conserver les outres remplies d'huile, de vin et autres provisions ; l'on descendait dans ce lieu par quelques marches rapides. Le maître de Geneviève la poussa si rudement qu'elle trébucha et tomba de marche en marche jusque sur le sol, pendant que Grémion fermait la porte de cette salle.

La jeune femme se releva toute endolorie, s'assit sur la pierre et pleura alors amèrement ; puis ses larmes devinrent presque douces, lorsqu'elle songea qu'elle souffrait pour être allée écouter la parole du jeune maître de Nazareth, si tendre pour les pauvres et les esclaves, si miséricordieux pour les repentants, si sévère pour les riches et pour les méchants.

Elevée dans la foi druidique que sa mère lui avait pour ainsi dire transmise avec la vie, Geneviève n'en avait pas moins de confiance dans les préceptes du fils de Marie, quoiqu'il professât une autre religion que celle des druides, Jésus croyait, disait-on, ainsi que les druides, qu'en sortant de ce monde-ci, on allait revivre ailleurs en âme et en chair, puisque, selon sa religion, il parlait de la résurrection des morts. Enfin, malgré la sublimité de la foi druidique, qui délivrait l'homme de la crainte de mourir, en lui apprenant que l'on ne mourait jamais, Geneviève ne trouvait pas dans les préceptes de la religion gauloise ce sentiment fraternel, miséricordieux dont les paroles du jeune homme de Nazareth étaient empreintes.

L'esclave se livrait à ces réflexions, lorsqu'elle vit s'ouvrir la porte de la cave où elle était enfermée ; Grémion, son maître, revenait accompagné de deux hommes ; l'un tenait un paquet de cordes, l'autre un fouet à lanières.

Geneviève n'avait jamais vu ces hommes ; ils portaient un vêtement étranger.

Le seigneur Grémion descendit les premières marches de l'escalier et dit à Geneviève :

— Déshabille-toi...

L'esclave regarda son maître avec autant de surprise que d'effroi, croyant à peine ce qu'elle entendait. Il reprit :

— Déshabille-toi... sinon ces hommes, les valets du bourreau de la ville, vont enlever tes vêtements... pour te fouailler !

Ce supplice indigne, si souvent infligé aux femmes esclaves, Geneviève, grâce à la bonté des dieux et de sa maîtresse ne l'avait pas encore enduré ; aussi, dans son épouvante, elle ne put que joindre ses mains, les tendre vers son maître, et suppliante tomber à genoux.

Mais le seigneur Grémion, s'effaçant pour donner passage aux deux hommes restés sur la première marche de l'escalier, leur dit :

— Déshabillez-la... fouaillez-la rudement jusqu'au sang... Elle se souviendra d'avoir assisté aux prédications de ce Nazaréen maudit.

Geneviève avait alors à peine vingt-trois ans, et son époux, Fergan, lui disait parfois qu'elle était belle. Elle fut, malgré ses pleurs, ses prières et sa résistance impuissante, dépouillée de ses vêtements, garrottée à l'un des piliers de la salle basse, et bientôt son corps fut sillonné de coups de fouet.

Elle avait d'abord espéré que la honte et l'horreur lui feraient perdre tout sentiment... Il n'en fut rien; mais elle oublia la douleur des coups, en se voyant en proie aux regards de ses bourreaux et en entendant les plaisanteries qu'ils échangeaient en la frappant...

Le seigneur Grémion, debout, les bras croisés, disait en riant, avec méchanceté :

— Le Nazaréen! ce fameux Messie qui se mêle de prophétiser, l'avait-il prédit ce qui t'arrive, Geneviève? Trouves-tu qu'il ait eu raison de proclamer l'esclave l'égal de son maître?... Par Jupiter! je regrette maintenant de ne t'avoir pas fait fouetter au milieu de la place publique... c'eût été une bonne leçon donnée sur ton échine à ces bandits qui croient aux insolences de leur ami Jésus!

Lorsque les bourreaux furent las de frapper, et sur l'ordre de Grémion, l'un d'eux délia Geneviève, et son maître lui dit :

— Tu ne sortiras d'ici que dans huit jours; durant ce temps, ma femme se passera de tes soins; ce sera sa punition.

Et Grémion, sortant avec les bourreaux, laissa Geneviève seule. Ce ne fut plus alors le souvenir des tendres et miséricordieuses paroles du fils de Marie qui vint à la pensée de l'esclave, ainsi qu'il était advenu avant son supplice; ce furent les paroles d'anathème qu'il avait aussi prononcées le matin même contre les méchants et les oppresseurs. Pendant les longues heures qu'elle passa seule avec le souvenir de sa honte, elle se fit à elle-même le serment que si jamais les dieux voulaient qu'elle fût mère et qu'elle pût garder près d'elle son enfant, elle s'efforcerait de lui inspirer à la fois l'amour des faibles et des opprimés, mais de lui inspirer aussi l'horreur de la servitude, la haine des riches et des oppresseurs, au lieu de laisser dégénérer dans sa jeune âme ces fiers ressentiments, comme ils avaient dégénéré chez son époux Fergan, qu'elle aimait tant, malgré la faiblesse de son caractère.

Geneviève était depuis trois jours renfermée dans la salle basse de la maison où Grémion, son maître, lui avait, chaque matin, apporté un peu de nourriture, lorsqu'un soir, à une heure assez avancée de la nuit, la porte de la prison de l'esclave s'ouvrit ; elle vit apparaître Aurélie sa maîtresse, tenant une lampe d'une main et de l'autre un paquet, qu'elle déposa sur la dernière marche de l'escalier.

— Pauvre femme! tu as bien souffert à cause de moi, — dit Aurélie, — dont les yeux se mouillèrent de larmes en s'approchant de Geneviève... pauvre et chère Geneviève!

Celle-ci, malgré la bonté de sa maîtresse, ne put s'empêcher de lui répondre avec amertume :

— Si vous aviez une fille et que des hommes l'eussent dépouillée de ses vêtements pour la battre à coups de fouet par ordre d'un maître, que diriez-vous de l'esclavage?

— Geneviève, tu m'accuses!...

— Ce n'est pas vous que j'accuse, c'est l'esclavage; vous êtes douce pour moi. Pourtant, voyez comme l'on me traite!

— En vain, depuis trois jours, je demande ta grâce à mon mari, — reprit Aurélie d'une voix remplie de compassion, — il a repoussé ma demande; je l'ai supplié de me laisser venir te voir, il s'est montré impitoyable, il emporte d'ailleurs toujours avec lui la clé de ta prison et la met sous son chevet pendant la nuit. Ce soir il m'a été possible de m'en emparer pendant son premier sommeil, et je suis venue.

— J'ai bien souffert!... plus de honte encore que de douleur, — reprit Geneviève, vaincue par la douceur de sa maîtresse, — mais vos paroles me consolent.

Ecoute, Geneviève, je ne suis pas seulement ici pour te consoler; tu peux fuir de cette maison et rendre un grand service au jeune homme de Nazareth... peut-être même lui sauver la vie...

— Que dites-vous, chère maîtresse? — s'écria Geneviève, songeant moins à sa liberté qu'au service qu'elle pourrait peut-être rendre au fils de Marie. — Oh! parlez; ma vie, s'il le faut, pour celui qui dit qu'un jour les fers des esclaves seront brisés.

— Depuis que nous avons passé la nuit hors du logis pour aller entendre les prédications de Jésus, Jeanne et moi ne nous étions pas revues : le seigneur Chusa l'avait empêchée de sortir de chez elle; cependant, aujourd'hui, cédant à sa prière, il l'a amenée ici... et pendant qu'il causait avec mon mari, elle m'a appris que le jeune maître de Nazareth était trahi, qu'on devait l'arrêter pendant cette nuit même et le faire mourir.

— Trahi... lui? et par qui?

— Par un de ses disciples.

— Oh! l'infâme!

— Le seigneur Chusa, triomphant déjà de la mort de ce pauvre Nazaréen, a tout révélé ce soir à Jeanne, pour jouir méchamment de l'affliction que lui causerait cette triste nouvelle; voici donc ce qui s'est passé : les Pharisiens, docteurs de la loi, sénateurs et princes des prêtres, tous exaspérés par les prédications de ce jeune homme, se sont réunis chez le grand prêtre Caïphe et ont cherché les moyens de surprendre le Nazaréen ; mais, craignant un soulèvement populaire si on l'arrêtait hier, jour de fête dans Jérusalem, ils ont remis à cette nuit l'exécution de leurs mauvais desseins.

— Quoi! cette nuit? cette nuit même?

Le baiser de Judas (page 237)

— Oui; un de ses disciples, nommé Judas, doit le livrer.
— L'un de ceux qui, l'autre nuit, l'accompagnaient à la taverne de l'*Onagre?*
— Celui-là même dont tu avais remarqué la figure sombre et sournoise... Judas est donc allé trouver les princes des prêtres et les docteurs de la loi et leur a dit : « Donnez-moi de « l'argent, et je vous livrerai le Nazaréen. »
— Le misérable !
— Il est convenu de trente pièces d'argent avec les Pharisiens, et à l'heure qu'il est, peut-être, ce pauvre jeune homme, qui ne se défie de rien, est victime de cette trahison.
— Hélas ! s'il en est ainsi, quel service pourrai-je donc lui rendre ?
— Ecoute encore... voici ce que Jeane m'a dit ce soir : « C'est en nous rendant chez vous, « chère Aurélie, que mon mari m'a appris, avec

« une joie cruelle, le malheur dont est menacé « Jésus. Surveillée comme je le suis, je n'ai « aucun moyen de le faire prévenir, car nos « serviteurs redoutent tellement le seigneur « Chusa que, malgré mes prières ou des offres « d'argent, aucun n'oserait sortir de la maison « pour aller à la recherche du fils de Marie et « l'avertir du danger; une idée m'est venue : « votre esclave, Geneviève, paraît avoir autant « de courage que de dévouement... ne pour- « rait-elle pas nous servir en cette circons- « tance?... » J'ai aussitôt appris à Jeane la cruelle vengeance que mon mari avait exercée sur toi ; mais Jeane, loin de renoncer à son projet, m'a demandé où Grémion mettait la clé de la prison. — Sous son chevet, lui ai-je répondu. — Tâchez de la prendre pendant qu'il dormira, m'a dit Jeane. — Si vous réussissez à vous en emparer, allez délivrer Geneviève ; il

30e livraison

vous sera facile de la faire sortir ensuite du logis; elle ira vite à la taverne de l'*Onagre;* et là, peut-être, elle rencontrera des gens qui lui diront où se trouve le jeune maître.

— Oh! chère maîtresse! s'écria Geneviève, — je serai digne de la confiance que vous avez eue en moi. Ouvrons à l'instant la porte de la maison.

— Un moment; car, avant de mettre notre projet à exécution, il faut songer à la colère de mon mari. Ce n'est pas pour moi que je la redoute, mais pour toi... Lorsque tu reviendras ici, pauvre Geneviève, juge d'après le traitement odieux que tu as subi ce que tu aurais à souffrir encore !

— Ne pensons pas à moi !

— Nous y avons pensé, au contraire. Écoute encore : La nourrice de mon amie demeure près de la porte Judiciaire; elle vend des étoffes de laine et s'appelle Véronique, femme de Samuel... Te rappelleras-tu ces noms?

— Oui, oui : Véronique, femme de Samuel, marchande d'étoffes près de la porte Judiciaire... Mais, chère maîtresse, hâtons-nous, l'heure s'avance; chaque instant perdu peut être funeste au jeune maître... Oh! je vous en supplie, allons ouvrir la porte de la rue.

— Non, pas avant que je t'aie dit au moins où tu pourras trouver un refuge ; il te sera impossible de revenir ici, car je frémis des traitements que te ferait endurer mon mari.

— Quoi! vous quitter... vous quitter pour toujours, ma chère maîtresse!...

— Aimes-tu mieux subir encore un supplice infâme, et de pires tortures peut-être?

— Je préférerais la mort à tant de honte?

— Mon mari ne te tuera pas, parce qu'une esclave représente une somme d'argent... Cette séparation est donc indispensable; elle m'afflige beaucoup... parce que jamais peut-être, je ne retrouverai une esclave en qui j'aie autant de confiance qu'en toi... mais depuis que j'ai entendu les paroles de ce jeune homme, je partage l'enthousiasme qu'il inspire à Jeane, et si tu consens à le sauver...

— En doutez-vous, chère maîtresse?

— Non ; je connais ton dévouement, ton courage... Voici donc ce qu'il faudrait faire : si tu peux parvenir à trouver le jeune maître de Nazareth, tu l'avertiras qu'il est trahi par Judas, l'un de ses disciples, et qu'il n'a plus qu'à fuir de Jérusalem pour échapper aux Pharisiens, qui ont juré sa mort!... Jeane pense qu'en se retirant en Galilée, son pays natal, le fils de Marie sera sauvé, car ses ennemis n'oseront pas le poursuivre jusque là...

— Mais, chère maîtresse, même ici, à Jérusalem, il n'aurait cette nuit qu'à appeler le peuple à sa défense; ses disciples, dont il est adoré, se mettraient à la tête de la révolte, et tous les Pharisiens seraient impuissants à l'arrêter même avec l'appui des milices.

— Jeane avait aussi songé à ce moyen ; mais pour qu'il soulève le peuple en sa faveur, il faut que Jésus ou ses disciples soient avertis du danger dont il est menacé.

— Aussi, chère maîtresse, n'avons-nous pas un moment à perdre.

— Encore une fois, pauvre Geneviève, tu oublies les périls qui te menacent!,.. Lors donc que tu auras prévenu le jeune maître ou quelqu'un de ses disciples, tu te rendras chez Véronique, femme de Samuel ; tu lui diras que tu viens de la part de Jeane, et pour preuve tu lui remettras cet anneau, que mon amie a ôté de son doigt et que sa nourrice reconnaîtra ; tu prieras Véronique de te cacher dans sa maison et de se rendre aussitôt chez Jeane qui l'instruira de ce qu'elle et moi comptons ensuite faire pour toi. Véronique, m'a dit mon amie, est bonne et serviable ; elle conserve, ainsi que son mari, pour le jeune homme de Nazareth, une grande reconnaissance, parce qu'il a guéri un de leurs enfants; tu seras donc sûrement cachée dans cette maison jusqu'à ce que Jeane et moi ayons résolu quelque chose à ton égard. Ce n'est pas tout, j'ai à te recommander de fuir sans retard sous tes habits d'homme, et de te rendre à la taverne de l'*Onagre.*

— Chère... chère maîtresse... vous pensez à tout?

— Hâte-toi, je vais ouvrir la porte de la rue.

CHAPITRE V

Évasion de Geneviève. — Le jardin des Oliviers. — Bananas. — Le tribunal de Caïphe. — La maison de Ponce-Pilate. — Le prétoire — Les soldats romains — Le roi des Juifs. — La croix. — La porte judiciaire. — Le Golgotha. — Les deux larrons — Les Pharisiens. — Mort de Jésus.

Aurélie, ayant quitté la salle basse, y revint au bout de quelques instants et trouva Geneviève bouclant la ceinture de cuir de sa tunique.

— Impossible d'ouvrir la porte ! — dit avec désespoir Aurélie à son esclave ; — la clé n'a pas pu tourner dans la serrure, comme d'ordinaire, peut-être est-elle forcée?

— Chère maîtresse, — dit Geneviève, — venez ; à nous deux nous parviendrons bien à ouvrir la porte.

Et toutes deux, après avoir traversé la cour, arrivèrent auprès de l'entrée de la maison. Les efforts de Geneviève furent aussi vains que ceux de sa maîtresse pour faire jouer le ressort de la serrure. La porte était surmontée d'un demi-cintre à jour ; mais il était impossible d'atteindre sans échelle à cette ouverture... Soudain Geneviève dit à Aurélie :

— J'ai lu, dans les récits de famille laissés à Fergan, qu'une de ses aïeules nommée Méroë, femme d'un marin, avait pu, à l'aide de son mari, monter sur un arbre assez élevé.

— Par quel moyen ?

— Veuillez vous adosser à cette porte, chère maîtresse ; maintenant enlacez vos deux mains, de sorte que je puisse placer dans leur creux le bout de mon pied : je mettrai ensuite l'autre pied sur votre épaule ; j'atteindrai le cintre, et de là je pourrai descendre dans la rue.

Soudain l'esclave entendit la voix du seigneur Grémion, qui, de l'étage supérieur, appelait d'un ton courroucé :

— Aurélie ! Aurélie !

— Mon mari ! — s'écria la jeune femme toute tremblante. — Ah ! Geneviève, tu es perdue !

— Vos mains, vos mains, chère maîtresse, — dit vivement l'esclave. — Si je puis monter jusqu'à cette ouverture, je suis sauvée.

Aurélie obéit presque machinalement à Geneviève ; car la voix menaçante du seigneur Grémion se rapprochait de plus en plus. L'esclave, après avoir placé l'un de ses pieds dans le creux des deux mains de sa maîtresse, appuya légèrement son autre pied sur son épaule, atteignit ainsi à la hauteur de l'ouverture, parvint à se placer sur l'épaisseur de la muraille, et resta quelques instants agenouillée sous le demi-cintre.

— Mais, en sautant dans la rue, — s'écria tout à coup Aurélie avec effroi, — tu pourras te blesser, pauvre Geneviève !

À ce moment arrivait le seigneur Grémion, pâle, courroucé, tenant une lampe à la main.

— Que faites-vous là ? — s'écria-t-il en s'adressant à sa femme, — répondez ! répondez ! Puis, apercevant l'esclave agenouillée au-dessus de la porte, il ajouta :

— Ah ! scélérate ! coquine, infâme gueuse, tu veux m'échapper de ma maison, et mon indigne femme favorise ta fuite !

— Oui, — répondit courageusement Aurélie, — oui ; dussiez-vous me tuer sur place, elle échappera à vos mauvais traitements.

Geneviève, après avoir, du haut de l'ouverture où elle était blottie, regardé dans la rue, vit qu'il lui fallait sauter deux fois sa hauteur ; elle hésita un moment ; mais entendant le seigneur Grémion dire à sa femme, qu'il secouait brutalement par le bras pour lui faire abandonner les anneaux de la porte auxquels elle se cramponnait :

— Par Hercule ! me laisserez-vous passer ? Oh ! je vais aller dehors attendre votre misérable esclave, et si elle ne se brise pas les membres en sautant dans la rue, moi je lui briserai les os à coups de massue !

— Tâche de descendre et de te sauver, Geneviève, — cria Aurélie ; — ne crains rien !... il faudra que l'on me foule aux pieds avant qu'on puisse ouvrir cette porte !

Geneviève éleva les yeux au ciel pour invoquer les dieux, s'élança du rebord du cintre en se pelotonnant, et fut assez heureuse pour toucher terre sans se blesser. Cependant elle resta un instant étourdie de sa chute, puis se releva et prit rapidement la fuite, le cœur navré des cris qu'elle entendait pousser au dedans du logis par sa maîtresse, que son mari maltraitait.

L'esclave, après avoir d'abord précipité sa course pour s'éloigner de la maison de son maître, s'arrêta essoufflée, puis se dirigea du côté de la taverne de *l'Onagre*, où elle espérait apprendre en quel lieu se trouvait le jeune maître de Nazareth, qu'elle voulait prévenir du danger dont il était menacé.

Son attente ne fut pas trompée : le tavernier auquel elle s'adressa lui dit que Jésus avait quitté sa maison quelques heures avant son arrivée, emmenant plusieurs de ses disciples du côté du torrent de Cédron, vers un jardin planté d'oliviers où, souvent il se rendait la nuit pour méditer et pour prier.

Geneviève se dirigea en hâte vers ce lieu. Au moment où elle franchissait la porte de la ville, elle vit au loin, dans la nuit, la lueur de plusieurs torches se reflétant sur les casques et sur les armures d'un assez grand nombre de soldats ; ils marchaient en désordre et poussaient des clameurs confuses. L'esclave, craignant qu'ils ne fussent envoyés par les Pharisiens pour se saisir du fils de Marie, se mit à courir, dans l'espoir de les devancer peut-être et d'arriver assez à temps pour donner l'alarme à Jésus ou à ses disciples.

Elle n'était plus qu'à une petite distance de ces gens armés qu'elle reconnut pour les miliciens de Jérusalem, assez peu renommés pour leur courage, lorsqu'à la lueur des flambeaux qu'ils portaient, elle remarqua en dehors de la route, et suivant la même direction, un étroit sentier bordé de térébinthes ; elle prit ce chemin, afin de n'être pas vue des soldats, à la tête desquels elle remarqua Judas, ce disciple du jeune maître qu'elle avait aperçu à la taverne de *l'Onagre* pendant la nuit, lors de sa précédente sortie avec sa maîtresse. Il disait alors à haute voix à l'officier des miliciens qui commandait l'escorte : — Seigneur, celui que vous me verrez embrasser sera le Nazaréen.

— Oh ! cette fois, — reprit l'officier, — il ne nous échappera pas, et, demain, avant le coucher du soleil, ce séditieux aura subi la peine de ses crimes... Hâtons-nous... hâtons-nous, quelqu'un de ses disciples pourrait lui donner l'éveil sur notre arrivée. Soyons très prudents... de peur de tomber dans une embuscade... et soyons très prudents encore lorsque nous serons sur le point de nous saisir du Nazaréen... Il peut employer contre nous des moyens magiques et diaboliques... Si je vous recommande la prudence, — ajouta l'officier à ses miliciens d'un ton valeureux, — ce n'est pas que je redoute le danger... mais pour assurer le succès de notre entreprise.

Les miliciens ne parurent pas fort rassurés par ces paroles de leur officier et ralentirent leur marche, de crainte sans doute de quelque embuscade. Geneviève profita de cette circonstance, et, toujours courant, elle arriva au bord du torrent de Cédron. Non loin de là, elle aperçut un monticule planté d'oliviers; ce bois, noyé d'ombre, se distinguait à peine des ténèbres de la nuit. Elle prêta l'oreille... tout était silencieux; l'on entendait seulement au loin les pas mesurés des soldats, qui s'approchaient lentement. Geneviève eut un moment d'espoir, pensant que peut-être le jeune maître de Nazareth, prévenu à temps, avait quitté ce lieu. Elle s'avançait avec précaution dans l'obscurité, lorsqu'elle trébucha contre un corps étendu au pied d'un olivier. Elle ne put retenir un cri d'effroi, tandis que l'homme qu'elle avait heurté s'éveillait en sursaut et disait :

— Maître, pardonnez-moi ! mais, cette fois encore, je n'ai pu vaincre le sommeil qui m'accablait.

— Un disciple de Jésus ! — s'écria l'esclave alarmée de nouveau.

— Il est donc ici ?

Puis s'adressant à cet homme :

— Puisque vous êtes un disciple de Jésus, sauvez-le... il en est temps encore... Voyez au loin ces torches... entendez ces clameurs confuses! les miliciens s'approchent... ils veulent le prendre... le faire mourir... Sauvez-le! sauvez le jeune maître!

— Qui cela? répondit le disciple encore à demi appesanti par le sommeil; — qui veut-on faire mourir?... qui êtes-vous?

— Peu vous importe qui je suis, mais sauvez votre maître; on vient pour le saisir... les soldats avancent...

— Oui, — répondit le disciple d'un air surpris et effrayé en s'éveillant tout à fait; — je vois au loin briller des casques à la lueur des flambeaux. Ah, ajouta-t-il en regardant autour de lui, — où sont donc mes compagnons?

— Endormis comme vous peut-être, — dit Geneviève. — Et votre maître, où est-il ?

— Là, dans le bois d'oliviers, où il vient souvent méditer ; ce soir, il s'est senti saisi d'une tristesse insurmontable... il a voulu être seul et s'est retiré sous ces arbres, après nous avoir recommandé à tous de veiller...

— Il prévoyait sans doute le danger qui le menace, s'écria Geneviève. — Et vous n'avez pas eu la force de résister au sommeil ?...

— Non; moi et mes compagnons nous avons vainement lutté... notre maître est venu deux fois nous réveiller, nous reprochant doucement de nous endormir ainsi... puis il s'en est allé de nouveau méditer et prier sous ces arbres...

— Les miliciens ! — s'écria Geneviève en voyant la lueur des flambeaux se rapprocher de plus en plus ; — les voilà !... Il est perdu ! à moins qu'il ne reste caché dans le bois... ou que vous vous fassiez tuer pour le défendre... Êtes-vous armés ?

— Nous n'avons pas d'armes, — répondit le disciple, commençant à trembler; — et puis, résister à des soldats, ce serait insensé !...

— Pas d'armes ! s'écria Geneviève indignée; — est-ce qu'il est besoin d'armes ? est-ce que les cailloux du chemin, est-ce que le courage ne suffisent pas pour écraser ces hommes ?

— Nous ne sommes pas des gens d'épée, — dit le disciple en regardant autour de lui avec inquiétude, car déjà les miliciens étaient assez près de là, pour que leurs torches éclairassent en partie Geneviève, le disciple et plusieurs de ses compagnons, qu'elle aperçut alors, çà et là, encore endormis au pied des arbres. Ils s'éveillèrent en sursaut à la voix de leur camarade, effrayé, qui les appelait, allant de l'un à l'autre.

Les miliciens accouraient en tumulte; voyant à la lueur des flambeaux plusieurs hommes, les uns encore couchés, les autres se relevant, les autres debout, ils se précipitèrent sur eux, les menaçant de leurs épées et de leurs bâtons, car quelques-uns n'étaient armés que de bâtons, et tous criaient :

— Où est le Nazaréen?... dis-nous, Judas, où est-il ?...

Le traître et infâme disciple, après avoir examiné à la lueur des torches ses anciens compagnons, les disciples de Jésus, retenus prisonniers, dit à l'officier.

— Le jeune maître n'est pas parmi ceux-ci.

— Nous échappera-t-il cette fois ? — s'écria l'officier. — Par les colonnes du temple ! tu as reçu le prix de son sang, traître, il faut que tu nous le livres.

Geneviève s'était tenue à l'écart; tout à coup elle vit à quelques pas, du côté du bois d'oliviers, comme une forme blanche qui, se détachant des ténèbres, s'approchait lentement vers les soldats. Le cœur de Geneviève se brisa; c'était sans doute le jeune maître, attiré par le bruit du tumulte. Elle ne se trompait pas. Bientôt elle reconnut Jésus à la clarté des torches; sur sa figure douce et triste on ne lisait ni crainte ni surprise.

Judas fit un signe d'intelligence à l'officier, courut au-devant du jeune homme de Nazareth et lui dit en l'embrassant :

— Je vous salue, mon maître !

A ces mots, ceux des miliciens qui n'étaient pas occupés à retenir prisonniers les disciples, qui essayaient en vain de fuir, se rappelant les recommandations de leur officier au sujet des sortilèges infernaux que Jésus pourrait sans doute employer contre eux, le regardaient avec crainte, hésitant à s'approcher de lui pour s'en emparer ; l'officier lui-même, se tenant derrière ses soldats, les excitait à se saisir de Jésus, mais sans oser mettre la main sur lui.

Le jeune maître, calme et pensif, fit quelques pas au-devant de ces gens armés, et leur dit de sa voix douce :

« — Qui cherchez-vous ? »

— Nous cherchons Jésus, — répondit l'officier, restant toujours derrière ses soldats ; — nous cherchons Jésus de Nazareth.

« — C'est moi ; » — dit le jeune maître en faisant un pas vers les soldats.

Mais ceux-ci reculèrent effrayés. Jésus reprit :

« — Encore une fois, qui cherchez-vous ? »

— Jésus de Nazareth ! — reprirent-ils tous d'une voix ; — nous voulons prendre Jésus de Nazareth !

Et ils reculèrent de nouveau.

« — Je vous ai déjà dit que c'était moi, — « répondit le jeune maître en allant à eux ; — « et puisque vous me cherchez, prenez-moi, « mais laissez aller ceux-ci, » — ajouta-t-il en montrant du geste ses disciples, toujours retenus prisonniers.

L'officier fit signe aux miliciens, qui ne semblaient pas encore rassurés ; cependant ils s'approchèrent de Jésus pour le garrotter, tandis qu'il leur disait doucement :

« — Vous êtes venus ici armés d'épées, de « bâtons, pour me prendre, comme si j'étais un « malfaiteur ?... J'étais pourtant tous les jours « assis au milieu de vous, priant dans le tem- « ple... et vous ne m'avez pas arrêté... »

Puis, de lui-même, il tendit ses mains aux liens dont on les garrotta. Les lâches disciples du jeune maître n'avaient pas eu le courage de le défendre ; ils n'osèrent pas même l'accompagner jusqu'à sa prison, et, dès qu'ils ne furent plus contenus par les soldats, ils s'enfuirent de tous côtés.

Un triste sourire effleura les lèvres de Jésus lorsqu'il se vit ainsi trahi, délaissé par ceux qu'il avait tant aimés et qu'il croyait ses amis.

Geneviève, cachée dans l'ombre par le tronc d'un olivier, ne put retenir des larmes de douleur et d'indignation en voyant ces hommes abandonner si misérablement le jeune maître ; elle comprit pourquoi les docteurs de la loi et les princes des prêtres, au lieu de le faire arrêter en plein jour, le faisaient rechercher durant la nuit : ils craignaient les colères du peuple et des gens résolus comme Banaïas ; ceux-là n'auraient pas laissé enlever sans résistance l'ami des pauvres.

Les miliciens quittèrent le bois des oliviers, emmenant au milieu d'eux leur prisonnier ; ils se dirigèrent vers la ville. Au bout de quelque temps, Geneviève s'aperçut qu'un homme, dont elle ne pouvait distinguer les traits dans les ténèbres, marchait derrière elle, et plusieurs fois, elle entendit cet homme soupirer en sanglotant.

Après être rentrés dans Jérusalem à travers les rues désertes et silencieuses, comme elles le sont à cette heure de la nuit, les soldats se rendirent à la maison de Caïphe, prince des prêtres, où ils conduisirent Jésus. L'esclave, remarquant à la porte de la maison de Caïphe un assez grand nombre de serviteurs, se glissa parmi eux lors de l'entrée des soldats, et resta d'abord sous le vestibule, éclairé par des flambeaux. A cette lueur, elle reconnut l'homme qui, depuis le bois des oliviers, avait suivi l'ami des opprimés : c'était Pierre, un de ses disciples. Il semblait aussi chagrin qu'effrayé, les larmes inondaient son visage. Geneviève crut d'abord que l'un des amis du jeune maître lui serait du moins fidèle, et que celui-ci témoignerait de son dévouement en accompagnant Jésus devant le tribunal de Caïphe. Hélas ! l'esclave se trompait. A peine Pierre eut-il dépassé le seuil de la porte qu'au lieu d'aller rejoindre le fils de Marie, il s'assit sur l'un des bancs du vestibule, au milieu des serviteurs de Caïphe, cachant sa figure entre ses mains.

Geneviève, voyant alors au fond de la cour une vive lumière s'échapper d'une porte au dehors de laquelle se pressaient les soldats de l'escorte, se rapprocha d'eux. Cette porte était celle d'une grande salle, au milieu de laquelle s'élevait un tribunal éclairé par de nombreux flambeaux. Elle reconnut, assis derrière ce tribunal, plusieurs de ceux qu'elle avait vus au souper de Ponce-Pilate : le seigneur Caïphe, prince des prêtres ; Baruch, docteur de la loi ; Jonas, sénateur et banquier, se trouvaient parmi les juges du jeune maître de Nazareth. Le prisonnier fut conduit devant eux les mains garrottées, la figure toujours calme, triste et douce ; à peu de distance de lui se tenaient les huissiers, et derrière eux, mêlés aux miliciens et aux gens de la maison de Caïphe, les deux espions que Geneviève avait remarqués à la taverne de l'*Onagre*.

La contenance de l'ami des affligés était tranquille et digne ; ses juges paraissaient irrités ; leurs traits exprimaient le triomphe d'une joie haineuse ; ils se parlaient à voix basse, et, de temps à autre, ils désignaient d'un geste menaçant le fils de Marie, qui attendait patiemment qu'on l'interrogeât. Geneviève, confondue parmi ceux qui remplissaient la salle, put entendre ce que disaient les ennemis du jeune maître.

— Le voici donc pris, ce Nazaréen qui prêchait la révolte!

— Oh! il est moins hautain à cette heure que lorsqu'il était à la tête de la troupe de scélérats et de femmes de mauvaise vie!

— Il prêche contre les riches, — dit un des serviteurs du prince des prêtres. — Il commande le renoncement des richesses... mais si nos maîtres faisaient maigre chère, nous serions donc, nous autres serviteurs, réduits au sort des mendiants affamés, au lieu de nous engraisser des abondants reliefs des festins délicats et de nous enivrer de vins délicieux.

— Et ce n'est pas tout, — reprit un autre serviteur. — Si l'on écoutait ce Nazaréen maudit, nos maîtres, volontairement appauvris, renonceraient à toutes les magnificences, à tous les plaisirs... ils ne mettraient pas chaque jour au rebut de superbes robes ou les tuniques dont la broderie ou la couleur ne leur plaît plus... Or, qui profite de ces caprices de nos fastueux seigneurs, sinon nous autres, puisque tuniques et robes nous reviennent?

— Et si nos maîtres renonçaient aux plaisirs pour vivre dans le jeûne et les prières, ils n'auraient plus de belles maîtresses, ils ne nous chargeraient plus de ces amoureux messages et courtages, récompensés si magnifiquement en cas de succès!

— Oui, oui, — criaient-ils tous ensemble, — à mort ce Nazaréen, qui veut faire de nous, qui vivons dans la paresse, l'abondance et la joyeuseté, des mendiants ou des animaux de travail!

Geneviève entendit encore bien d'autres propos, tenus à demi-voix et menaçants pour la vie de l'ami des affligés; l'un des deux mystérieux émissaires, derrière lequel elle se trouvait, dit à son compagnon :

— Maintenant notre témoignage suffira pour faire condamner ce maudit; je me suis entendu à cet égard avec le seigneur Caïphe.

A ce moment, l'un des huissiers du prince des prêtres placé à côté du jeune maître de Nazareth, et chargé de veiller sur lui, frappa de sa masse sur les dalles de la salle; aussitôt un grand silence se fit.

Alors Caïphe, après quelques paroles échangées à voix basse avec les autres Pharisiens composant le tribunal, dit à l'assistance :

— Quels sont ceux qui peuvent déposer ici contre le nommé Jésus de Nazareth?

L'un des deux émissaires s'avança au pied du tribunal et dit d'une voix solennelle :

— Je jure avoir entendu cet homme affirmer que les princes des prêtres et les docteurs de la loi étaient tous des hypocrites, et les traiter de race de serpents et de vipères.

Un murmure d'indignation s'éleva parmi les miliciens et les serviteurs du grand prêtre; les juges s'entre-regardèrent, ayant l'air de se demander si d'aussi horribles paroles avaient pu être prononcées.

L'autre émissaire s'avança auprès de son complice et, levant la main au-dessus de sa tête, ajouta d'une voix non moins solennelle :

— Je jure avoir entendu cet homme-ci affirmer qu'il fallait se révolter contre le prince Hérode et contre l'empereur Tibère, auguste protecteur de la Judée, afin de le proclamer roi des Juifs.

Tandis qu'un sourire de pitié effleurait les lèvres du fils de Marie à ces accusations mensongères, puisqu'il avait dit : *Rendez à César ce qui est à César, et à Dieu ce qui est à Dieu*, les Pharisiens du tribunal levèrent les mains au ciel comme pour le prendre à témoin de tant d'énormités.

Un des serviteurs de Caïphe, s'avançant à son tour, dit aux juges :

— Je jure avoir entendu cet homme-ci dire qu'il fallait massacrer tous les Pharisiens, piller leurs biens et violenter leurs femmes!

Un nouveau mouvement d'horreur se manifesta parmi les juges et l'assistance qui leur était dévouée.

— Le pillage! le massacre! les violences! — s'écrièrent les uns, voilà ce que veut ce Nazaréen! Abomination de la désolation!

— C'est pour cela qu'il traîne toujours après lui cette bande de scélérats.

— Il voulait un jour mettre Jérusalem à feu, à sac et à sang.

Le prince des prêtres, Caïphe, présidant le tribunal, fit signe à l'un des huissiers de demander le silence; l'huissier frappa de sa masse les dalles de la salle; tout le monde se tut; s'adressant au jeune maître d'une voix menaçante, il lui dit :

— Pourquoi ne répondez-vous pas à ce que ces personnes déposent contre vous?

Jésus répondit avec un accent rempli de douceur et de dignité :

« — J'ai parlé publiquement à tout le monde,
« j'ai toujours enseigné dans le temple et dans
« la synagogue où tous les Juifs s'assemblent;
« je n'ai rien dit en secret... pourquoi donc
« m'interrogez-vous? Interrogez ceux qui m'ont
« entendu, pour savoir ce que je leur ai dit...
« ceux-là savent ce que j'ai enseigné. »

A peine eût-il parlé de la sorte que Geneviève vit un des huissiers, furieux de cette réponse si juste et si calme, lever la main sur Jésus et le frapper au visage en s'écriant :

— Est-ce ainsi que tu parles au grand prêtre?

A cet outrage infâme, frapper un homme garrotté, Geneviève sentit son cœur bondir, ses larmes couler, tandis qu'au contraire de grands éclats de rire s'élevèrent parmi les soldats et les serviteurs du grand prêtre.

Le fils de Marie resta toujours placide; seulement il se retourna vers l'huissier et lui dit avec douceur :

« — Si j'ai mal parlé, faites-moi voir le mal que j'ai dit ; mais si j'ai bien parlé, pourquoi me frappez-vous ? »

Ces paroles, cette mansuétude angélique ne désarmèrent pas les persécuteurs du jeune maître ; des rires grossiers éclatèrent de nouveau dans la salle, et les insultes recommencèrent de toutes parts.

— Oh ! le Nazaréen, l'homme de paix, l'ennemi de la guerre ne se dément pas, il est lâche et se laisse frapper au visage.

— Appelle donc à toi tes disciples. Qu'ils viennent te délivrer et te venger.

— Ses disciples ! — reprit un des miliciens qui avaient arrêté Jésus, — ses disciples : ah ! si vous les aviez vus ! A l'aspect de nos lances et de nos flambeaux ils se sont sauvés, les misérables, comme une nichée de hiboux !

— Ils étaient très contents d'échapper à la tyrannie du Nazaréen, qui les retenait auprès de lui par magie !

— La preuve qu'ils le haïssent et le méprisent, c'est que pas un d'eux, pas un seul n'a osé l'accompagner ici.

— Oh ! — pensait Geneviève, — combien Jésus doit souffrir de cette lâche ingratitude de ses amis ! elle doit lui être plus cruelle que les outrages dont il est l'objet.

Et, tournant la tête du côté de la porte de la rue, elle vit au loin Pierre, toujours assis sur un banc, la figure cachée dans ses mains et n'ayant pas même le courage de venir assister et défendre son doux maître devant ce tribunal de sang.

Le tumulte soulevé par la violence de l'huissier étant un peu apaisé, l'un des émissaires reprit d'une voix éclatante :

— Je jure, enfin, que cet homme a épouvantablement blasphémé en disant qu'il était le Christ, le fils de Dieu !

Alors, Caïphe s'adressant à Jésus, lui dit de nouveau et d'un ton plus menaçant encore :

— Vous ne répondez rien à ce que ces personnes disent de vous.

Mais le jeune maître haussa légèrement les épaules et continua de garder le silence.

Ce silence irrita Caïphe, il se leva de son siège et s'écria, en montrant le poing au fils de Marie :

— De la part du Dieu vivant, je vous ordonne de nous dire si vous êtes le Christ, le messie attendu, le fils de Dieu.

« — Vous l'avez dit... je le suis », — reprit le jeune maître en souriant.

Geneviève avait entendu Jésus dire que tous les hommes étaient fils de Dieu ; de même aussi que les druides enseignent que tous les hommes sont fils d'un même Dieu. Quelle fut donc la surprise de l'esclave lorsqu'elle vit le prince des prêtres, dès que Jésus lui eut répondu qu'il était fils de Dieu, se lever, déchirer sa robe avec toutes les marques de l'épouvante et de l'horreur, s'écriant en s'adressant aux membres du tribunal ;

— Il a blasphémé... qu'avons-nous besoin de témoins ? Vous venez vous-mêmes de l'entendre blasphémer, qu'en jugez-vous ?

— Il a mérité la mort !

Telle fut la réponse de tous les juges de ce tribunal d'iniquité... Mais les voix du docteur Baruch et du banquier Jonas dominaient toutes les voix, ils criaient en frappant du poing le marbre du tribunal :

— A mort le Nazaréen ! il a mérité la mort !

— Oui, oui ! — crièrent aussi les miliciens et les serviteurs du grand prêtre, — il a mérité la mort ! A mort le maudit !

— Conduisez le criminel devant le seigneur Ponce-Pilate, gouverneur de Judée pour l'empereur Tibère, — dit Caïphe aux soldats, — lui seul peut donner l'ordre de mettre à mort le condamné.

A ces mots du prince des prêtres, on entraîna le fils de Marie hors de la maison de Caïphe pour le conduire devant Pilate.

Geneviève, confondue parmi les serviteurs, suivit les soldats. En passant sous la voûte de la porte, elle vit Pierre, ce lâche disciple du jeune maître (le moins lâche de tous, cependant, pensait-elle, puisque seul, du moins, il l'avait suivi jusque-là), elle vit Pierre détourner les yeux lorsque Jésus, cherchant le regard de son disciple, passa devant lui emmené par les soldats... Une des servantes de la maison, reconnaissant Pierre, lui dit :

— Vous étiez aussi avec Jésus le Galiléen ?

Et Pierre, rougissant et baissant les yeux, répondit :

— Je ne sais ce que vous dites.

Un autre serviteur, entendant la réponse de Pierre, reprit en le désignant aux autres assistants :

— Je vous dis, moi, que celui-ci était aussi avec Jésus de Nazareth.

— Je jure, — s'écria Pierre, — je jure que je ne connais pas Jésus de Nazareth.

Le cœur de Geneviève se soulevait d'indignation et de dégoût ; ce Pierre, par lâche faiblesse ou par peur de partager le sort de son maître, le reniant deux fois en se parjurant, était à ses yeux le dernier des hommes ; plus que jamais elle plaignit le fils de Marie d'avoir été trahi, livré, abandonné, renié par ceux-là même qu'il aimait tant.

Elle s'expliquait ainsi la tristesse navrante qu'elle avait remarquée sur ses traits. Une grande âme comme la sienne ne devait pas redouter la mort, mais se désespérer de l'ingratitude de ceux qu'il croyait ses amis les plus chers.

L'esclave quitta la maison du prince des prêtres où était resté Pierre, le renégat, le premier de ses disciples, et rejoignit bientôt les soldats qui emmenaient Jésus. Le jour commençait à poindre; plusieurs mendiants et vagabonds, qui avaient dormi sur des bancs placés de chaque côté de la porte des maisons, s'éveillèrent au bruit des pas des soldats qui emmenaient le jeune maître. Un moment Geneviève espéra que ces pauvres gens, qui le suivaient en tous lieux, l'appelaient leur ami, sur le sort desquels il s'apitoyait si tendrement, allaient avertir leurs compagnons et les rassembler pour délivrer Jésus ; aussi dit-elle à l'un de ces hommes :

— Ne savez-vous pas que ces soldats emmènent le jeune maître de Nazareth, l'ami des pauvres et des affligés? On veut le faire mourir, courez le défendre... délivrez-le ! soulevez le peuple ; ces soldats fuiront devant vous.

Mais cet homme répondit d'un air craintif:
— Les miliciens de Jérusalem fuiraient peut-être ; mais les soldats de Ponce-Pilate sont aguerris, ils ont de bonnes lances, d'épaisses cuirasses, des épées bien tranchantes... que pouvons-nous tenter ?

— Mais l'on se soulève en masse, on s'arme de pierres, de bâtons ! — s'écria Geneviève, — et du moins vous mourrez pour venger celui qui a consacré sa vie à votre cause !

Le mendiant secoua la tête et répondit pendant qu'un de ses compagnons se rapprochait de lui :
— Si misérable que soit la vie, on y tient... et c'est vouloir courir à la mort que d'aller frotter nos haillons cuirasses des soldats romains.

— Et puis, — reprit l'autre vagabond, — si Jésus de Nazareth est un messie, comme tant d'autres l'ont été avant lui, et comme tant d'autres le seront après lui... c'est un malheur si on le tue... mais l'on ne manque jamais de messies dans Israël...

— Et si on le met à mort, — s'écria Geneviève, — c'est parce qu'il vous a aimés... c'est parce qu'il a plaint vos malheurs... c'est parce qu'il a fait honte aux riches de leur hypocrisie et de leur dureté de cœur envers ceux qui souffrent!

— C'est vrai ; il nous prédit sans cesse le royaume de Dieu sur la terre, — répondit le vagabond en se recouchant sur son banc ainsi que son camarade, afin de se réchauffer aux rayons du soleil levant ; — cependant ces beaux jours qu'il nous promet n'arrivent pas... et nous sommes aussi gueux aujourd'hui que nous l'étions hier.

— Et qui vous dit que ces beaux jours, promis par lui, n'arriveront pas demain? — reprit Geneviève... — Ne faut-il pas à la moisson le temps de germer, de grandir, de mûrir ?... Pauvres aveugles impatients que vous êtes !... songez donc que laisser mourir celui que vous appeliez votre ami, avant qu'il ait fécondé les bons germes qu'il a semés dans les cœurs, c'est fouler aux pieds, c'est anéantir en herbe une moisson peut-être magnifique...

Les deux vagabonds gardèrent le silence en secouant la tête, et Geneviève s'éloigna d'eux, se disant avec un redoublement de douleur profonde :

— Ne rencontrerai-je donc partout qu'ingratitude, oubli, lâcheté, trahison ! Oh ! ce n'est pas le corps de Jésus qui sera crucifié, ce sera son cœur...

L'esclave se hâta de rejoindre les soldats, qui se rapprochaient de plus en plus du palais de Ponce-Pilate. Au moment où elle doublait le pas, elle remarqua une sorte de tumulte parmi les miliciens de Jérusalem qui s'arrêtèrent brusquement. Elle monta sur un banc de pierre et vit Banaïas seul, à l'entrée d'une arcade assez étroite que les soldats devaient traverser pour se rendre chez le gouverneur, leur barrant audacieusement le passage en faisant tournoyer autour de lui son long bâton terminé par une masse de fer.

— Ah ! celui-là, du moins, n'abandonne pas celui qu'il appelait son ami ! — pensa la pauvre Geneviève.

— Par les épaules de Samson ! — criait Banaïas de sa voix retentissante, — si vous ne mettez pas sur l'heure notre ami en liberté, miliciens de Belzébuth ! je vous bats aussi dru que le fléau bat le blé sur l'aire de la grange !... Ah ! si j'avais eu le temps de rassembler une bande de compagnons aussi résolus que moi à défendre notre ami de Nazareth, c'est un ordre que je vous adresserais au lieu d'une simple prière, et cette simple prière, je la répète : Laissez libre notre ami, ou sinon, par la mâchoire dont s'est servi Samson, je vous assomme tous comme il a assommé les Philistins!

— Entendez-vous ce scélérat ! Il appelle cette audacieuse menace une prière ! — s'écria l'officier commandant les miliciens, qui se tenait prudemment au milieu de sa troupe, — percez ce misérable de vos lances... Frappez-le de vos épées s'il ne vous livre passage !

Les miliciens de Jérusalem n'étaient pas une troupe très-vaillante car ils avaient hésité avant d'arrêter Jésus qui s'avançait vers eux, seul et désarmé; aussi, malgré les ordres de leur chef, ils restèrent un moment indécis devant l'attitude menaçante de Banaïas. En vain, Jésus, dont Geneviève entendait la voix douce et ferme, tâchait d'apaiser son défenseur et le suppliait de se retirer. Banaïas reprit d'un ton

Jésus dans la cour du prétoire (page 247)

plus menaçant encore, répondant aux supplications du jeune maître.

— Ne t'occupe pas de moi, notre ami ; tu es un homme de paix et de concorde ; moi, je suis un homme de violence et de bataille. Lorsqu'il faut protéger un faible, laisse-moi faire... J'arrêterai ici ces mauvais soldats, jusqu'à ce que le bruit du tumulte ait averti et fait accourir mes compagnons ; et alors par les cinq cents concubines de Salomon qui dansaient nues devant lui, tu verras la danse de ces miliciens du diable, au son de nos bâtons ferrés, battant la mesure sur leurs casques et sur leurs cuirasses de fer blanc !

— Vous laisserez-vous insulter plus longtemps par un seul homme, gens sans courage ! — s'écria l'officier à ses miliciens... — Oh ! si je n'avais l'ordre de ne quitter le Nazaréen plus que son ombre, je vous montrerais ce que vous avez à faire, et ma grande épée aurait déjà transpercé la gorge de ce bandit !

— Par le nombril d'Abraham ! c'est moi qui vais aller te percer le ventre et arracher notre ami de tes griffes ! — s'écria Banaïas... — Je suis seul... mais un bon faucon vaut mieux que cent merles.

Et Banaïas se précipita sur les miliciens, en faisant tournoyer avec furie son bâton ferré, malgré les prières de Jésus.

D'abord surpris et ébranlés par tant d'audace, quelques soldats du premier rang de l'escorte lâchèrent pied ; mais bientôt, honteux de leur couardise et voyant qu'ils n'avaient à faire qu'à un seul homme, ils se rallièrent, attaquèrent à leur tour Banaïas, qui, harcelé, accablé par leur nombre, et malgré son courage héroïque, tomba mort percé de coups. Geneviève vit alors les soldats dans leur rage jeter dans un puits voi-

31ᵉ livraison

sin de l'arcade le corps ensanglanté du seul défenseur du fils de Marie. Après cet exploit, l'officier, brandissant sa longue épée, se mit à la tête de sa troupe et tous ensemble continuèrent leur marche jusqu'à la maison du seigneur Ponce-Pilate, où Geneviève avait accompagné sa maîtresse Aurélie plusieurs jours auparavant.

Le soleil était déjà haut. Attirés par le bruit de la lutte de Banaïas contre les soldats, beaucoup d'habitants de Jérusalem, sortant de leurs maisons avaient suivi les miliciens. La maison du gouverneur romain se trouvait dans l'un des plus riches quartiers de la ville; les personnes qui, par curiosité, accompagnèrent Jésus, loin de le prendre en pitié, l'accablaient d'injures et de huées.

— Enfin, — criaient-les uns, — le voilà donc pris ce Nazaréen qui portait le trouble et l'inquiétude dans notre ville !

— Ce séditieux qui ameutait les gueux contre les riches et les bourgeois !

— Cet impie qui, dans tous ses discours, blasphémait notre sainte religion !

— Cet audacieux qui portait le trouble dans nos familles en glorifiant les fils prodigues et débauchés ! — dit un des deux émissaires qui avait suivi la troupe.

— Cet infâme qui voulait pervertir nos épouses, — dit l'autre émissaire, — en glorifiant l'adultère, puisqu'il a arraché une de ces indignes pécheresses, une femme éhontée, au supplice qu'elle méritait !

— Grâce au Seigneur, — ajouta un vendeur d'argent, — si ce Nazaréen est mis à mort, ce qui sera justice, nous pourrons aller rouvrir nos comptoirs sous la colonnade du Temple, dont ce profanateur et sa bande de vagabonds nous avaient chassés.

— Combien nous étions fous de craindre son entourage de mendiants ! — ajoutait un autre; — voyez si l'un d'eux a seulement osé se révolter pour défendre ce Nazaréen, par le nom duquel ils juraient sans cesse... et qu'ils appelaient leur ami !

— Qu'on en finisse donc avec cet abominable séditieux ! Qu'on le crucifie, et qu'il n'en soit plus question !

Oui... oui, mort au Nazaréen ! — criait la foule parmi laquelle se trouvait Geneviève; et ce rassemblement, allant toujours grossissant, répétait, avec une fureur croissante, ces cris funestes :

— Mort au Nazaréen !

— Hélas ! — se disait l'esclave, — est-il un sort plus affreux que celui de ce jeune homme, abandonné des pauvres qu'il chérissait, haï des riches auxquels il prêchait le renoncement et la charité ! Combien doit être profonde l'amertume de son cœur !

Les miliciens, suivis de la foule, étaient arrivés en face de la maison de Ponce-Pilate; plusieurs princes des prêtres, docteurs de la loi, sénateurs et autres pharisiens, parmi lesquels se trouvaient Caïphe, le docteur Baruch et le banquier Jonas, avaient rejoint la troupe et marchaient à sa tête. L'un de ces pharisiens ayant crié :

— Seigneurs, entrons chez Ponce-Pilate, afin qu'il condamne de suite le Nazaréen à mort !

Le prêtre Caïphe répondit d'un air pieux :

— Mes seigneurs, nous ne pouvons entrer dans la maison d'un païen; cette souillure nous empêcherait de manger la pâque aujourd'hui. Devons-nous enfreindre la loi religieuse ?

— Non, — ajouta le docteur Baruch, — nous ne pouvons commettre cette impiété abominable.

— Les entendez-vous ? — dit à la foule un des espions avec un accent d'admiration, — les entendez-vous les saints hommes ? Quel respect ils professent pour les commandements de notre religion !... Ah ! ceux-là ne sont pas comme cet impie, ce Nazaréen, qui raille et blasphème les choses les plus sacrées, en osant déclarer qu'il ne faut pas observer le sabbat.

— Oh ! les infâmes hypocrites ! — se dit Geneviève, — combien Jésus les connaissait, comme il avait raison de les démasquer ! Les voilà qui craignent de souiller leurs sandales en entrant dans la maison d'un païen, et ils ne craignent pas de souiller leur âme en demandant à ce païen de verser le sang d'un juste, leur compatriote ! Ah ! pauvre jeune maître de Nazareth ! ils vont te faire payer de ta vie le courage que tu as montré en attaquant ces méchants fourbes.

L'officier des miliciens étant entré dans le palais de Ponce-Pilate, tandis que l'escorte demeurait au dehors gardant le prisonnier, Geneviève monta derrière un chariot attelé de bœufs arrêté par la foule, afin d'apercevoir encore le jeune homme de Nazareth.

Elle le vit debout au milieu des soldats, les mains liées derrière le dos, tête nue, ses longs cheveux blonds tombant sur ses épaules, le regard toujours calme et doux, un sourire de résignation sur les lèvres. Il contemplait cette foule tumultueuse, menaçante, avec une sorte de commisération douloureuse, comme s'il eût plaint ces hommes de leur aveuglement et de leur iniquité. De tous côtés on lui adressait des injures; les miliciens eux-mêmes le traitaient avec une extrême brutalité et avaient presque mis en lambeaux le manteau bleu qu'il portait sur sa tunique blanche. Jésus à tant d'outrages et de mauvais traitements opposait une inaltérable placidité; seulement, de temps à autre, il levait les yeux au ciel; mais sur son pâle et beau visage, Geneviève ne vit pas se trahir la moindre impatience, la moindre colère.

Soudain on entendit ces mots circuler dans la foule :
— Voici le seigneur Ponce-Pilate.
— Il va prononcer la sentence de mort de ce Nazaréen maudit.
— Nous pourrons enfin le voir crucifié au Golgotha, où l'on supplicie les criminels.

En effet, Geneviève vit bientôt paraître le seigneur Ponce-Pilate à la porte de sa maison ; il venait sans doute d'être arraché au sommeil, car il était enveloppé d'une longue robe de matin ; sa chevelure et sa barbe étaient en désordre ; ses yeux rougis, gonflés, semblaient éblouis des rayons du soleil levant ; il put à peine dissimuler plusieurs bâillements, et semblait vivement contrarié d'avoir été réveillé du si bon matin, lui qui peut-être avait, selon son habitude, prolongé son souper jusqu'à l'aube. Aussi, s'adressant au docteur Baruch avec un ton de brusquerie et de mauvaise humeur, il lui dit :

« — Quel est le crime dont vous accusez ce « jeune homme ? »

Le docteur Baruch, paraissant blessé de la brusquerie et de la mauvaise humeur de Ponce-Pilate, répondit avec aigreur :

« — Si ce n'était pas un malfaiteur, nous ne « vous l'aurions pas amené. »

Le seigneur Ponce-Pilate, choqué à son tour de l'aigreur du docteur Baruch, reprit impatiemment :

« — Eh bien, puisque vous dites qu'il a pé-« ché contre la loi, prenez-le et jugez-le selon « votre loi. »

Et le gouverneur tourna le dos au docteur Baruch en haussant les épaules, et rentra dans sa maison.

Un moment Geneviève crut le jeune homme de Nazareth sauvé : car la réponse de Ponce-Pilate souleva de nombreux murmures dans la foule.

— Voilà bien les Romains, — disaient les uns ; — ils ne cherchent qu'à entretenir l'agitation dans notre pays pour le dominer et le rançonner.

— Ce Ponce-Pilate semble protéger ce maudit Nazaréen !...

— Moi, je suis certain que ce Nazaréen est un secret affidé des Romains, — ajouta l'un des espions, — ils se servent de ce misérable séditieux pour de ténébreux projets.

— Il n'y a pas à en douter, — reprit l'autre émissaire, — le Nazaréen est vendu aux Romains, c'est un agent provocateur.

A ce dernier outrage, Geneviève vit Jésus lever de nouveau les yeux au ciel d'un air navré, tandis que la foule répétait :

— Oui, oui, c'est un traître ! c'est un espion !
— C'est un agent des Romains !...
— A mort le traître ! à mort l'espion !

Le docteur Baruch n'avait pas voulu lâcher sa proie ; lui et plusieurs princes des prêtres, voyant Ponce-Pilate rentrer dans sa maison, coururent après lui, et, l'ayant supplié de revenir, ils le ramenèrent dehors aux grands applaudissements de la foule.

Le seigneur Ponce-Pilate semblait continuer presque malgré lui cet interrogatoire ; il dit avec impatience au docteur Baruch en désignant Jésus du geste :

« — De quoi accusez-vous cet homme ? »

Le docteur de la loi répondit à haute voix :

« — Cet homme soulève le peuple par la doc-« trine qu'il enseigne dans toute la Judée, de-« puis la Galilée où il a commencé, jusqu'ici. »

A cette accusation, Geneviève entendit l'un des espions dire à demi-voix à son compagnon :

— Le docteur Baruch est un fin renard ; par cette accusation de sédition, il va forcer le gouverneur à condamner le Nazaréen.

Ponce-Pilate ayant fait signe à Jésus de s'approcher, ils échangèrent entre eux quelques paroles ; à chaque réponse du jeune maître de Nazareth, toujours calme et digne, Ponce-Pilate semblait de plus en plus convaincu de son innocence ; il reprit à haute voix, s'adressant aux princes des prêtres et aux docteurs de la loi :

« — Vous m'avez présenté cet homme comme « poussant le peuple à la révolte ; néanmoins, « l'ayant interrogé en votre présence, je ne le « trouve coupable d'aucun des crimes dont « vous l'accusez. Je ne le juge pas digne de « mort... je m'en vais donc le renvoyer après « l'avoir fait châtier. »

Et Ponce-Pilate, étouffant un dernier bâillement, fit signe à un de ses serviteurs, qui partit en courant.

La foule, non satisfaite de l'arrêt de Ponce-Pilate, murmura d'abord, puis se plaignit tout haut.

— Ce n'est pas pour faire châtier le Nazaréen qu'on l'a conduit ici, — disaient les uns, — mais pour le faire condamner à mort...

— Après son châtiment, il recommencera ses séditions et continuera de soulever le peuple...

— Ce n'est pas le châtiment de Jésus que nous voulons, c'est sa mort !...

— Oui, oui ! — crièrent plusieurs voix, la mort ! la mort !...

Ponce-Pilate ne répondit à ces murmures, à ces cris qu'en haussant les épaules, et rentra chez lui.

— Si le gouverneur est convaincu de l'innocence du jeune maître, se disait Geneviève, — pourquoi le châtier ?... C'est à la fois lâche et cruel... Il espère peut-être calmer par cette concession, la rage des ennemis de Jésus... Hélas ! il s'est trompé il ne les apaisera que par la mort de ce juste !...

A peine Ponce-Pilate eut-il donné l'ordre de châtier le fils de Marie, que les miliciens s'en emparèrent, lui arrachèrent les derniers lambeaux de son manteau, le dépouillèrent de sa tunique de toile et de sa tunique de laine, qu'ils rabattirent sur sa ceinture de cuir, et mirent ainsi à nu le haut de son corps ; puis ils le garrottèrent à l'une des colonnes qui ornaient la porte d'entrée de la maison du gouverneur romain.

Jésus n'opposa aucune résistance, ne proféra pas une plainte, tourna vers la foule son céleste visage, et la contempla tristement sans paraître entendre les injures, les outrages et les huées, qui redoublèrent.

On était allé quérir le bourreau de la ville pour battre Jésus de verges ; aussi, en attendant la venue de l'exécuteur, les vociférations continuèrent, toujours excitées par les émissaires des Pharisiens.

— Ponce-Pilate espère nous satisfaire par le châtiment de ce maudit, mais il se trompe, — disaient les uns.

— La coupable indulgence du gouverneur romain, — ajouta l'un des émissaires, — ne prouve que trop qu'il s'entend secrètement avec le Nazaréen...

— Ah ! mes amis... de quoi vous plaignez-vous ? — disait un autre ? — Ponce-Pilate nous donne plus que nous ne lui demandions : nous ne voulions que la mort du Nazaréen, et il sera châtié avant d'être mis à mort... Gloire au généreux Ponce-Pilate !...

— Oui, oui ! il faudra qu'il le condamne... nous saurons l'y contraindre.

— Ah ! voici le bourreau ! — crièrent plusieurs voix, — voici le bourreau et son aide...

Geneviève reconnut les deux mêmes hommes qui, trois jours auparavant, l'avaient battue à coups de fouet chez son maître ; elle ne put retenir ses larmes à cette pensée, que ce jeune homme, qui n'était qu'amour et miséricorde, allait subir l'ignominieux châtiment réservé aux esclaves.

Les deux bourreaux portaient sous leurs bras un paquet de baguettes de coudriers, longues, flexibles et grosses comme le doigt. Chacun des exécuteurs en prit une, et, à un signe de Caïphe, les coups commencèrent à pleuvoir, violents et rapides, sur les épaules du jeune maître de Nazareth... Lorsqu'une baguette était brisée, les bourreaux en prenaient une autre.

D'abord Geneviève détourna la vue de ce cruel spectacle ; mais elle fut forcée d'entendre les railleries féroces de la foule, qui devaient être pour le fils de Marie une souffrance plus grande que le supplice même.

— Toi qui disais : Aimez-vous les uns les autres, Nazaréen maudit, — criaient les uns, — vois comme l'on t'aime !...

— Toi qui disais : Partagez votre pain et votre manteau avec qui n'a ni pain ni manteau, ces honnêtes bourreaux suivent les préceptes : ils partagent leurs baguettes pour les briser sur ton échine...

— Toi qui disais qu'il était plus facile à un câble de passer par le trou d'une aiguille qu'à un riche d'entrer au paradis, ne trouves-tu pas qu'il te serait plus facile de passer par le trou d'une aiguille que d'échapper aux baguettes dont on caresse ton dos ?

— Toi qui glorifiais les vagabonds, les voleurs, les courtisanes et autres gibiers de houssine, tu les aimais sans doute, ces scélérats, parce que tu devais savoir qu'un jour tu serais fouetté comme eux !...

Jésus ne poussait pas un cri, ne faisait pas entendre une plainte, si bien que Geneviève craignit qu'il ne se fût évanoui de douleur, et jeta sur lui les yeux avec angoisse.

Hélas ! ce fut pour elle un spectacle terrible. Le dos du jeune maître n'était qu'une large plaie saignante interrompue çà et là par quelque sillons bleuâtres de meurtrissures... à ces endroits seulement la peau n'avait pas été enlevée. Jésus tournait la tête vers le ciel et fermait les yeux, pour ne pas voir sans doute cette foule impitoyable. Son visage, livide, baigné de sueur, trahissait une souffrance horrible à chaque nouvelle flagellation fouettant sa chair meurtrie à vif... Et pourtant parfois, il essayait encore de sourire avec une résignation angélique !

Les princes des prêtres, les docteurs de la loi, les sénateurs et tous ces méchants Pharisiens suivaient d'un regard triomphant et avide l'exécution du supplice... Parmi les plus acharnés à se repaître de cette torture, Geneviève remarqua le docteur Baruch, Caïphe et le banquier Jonas... Les bourreaux commençaient à se lasser de frapper ; ils avaient brisé sur les épaules de Jésus presque toutes leurs baguettes ; ils interrogèrent d'un coup d'œil le docteur Baruch, comme pour lui demander s'il n'était pas temps de mettre fin au supplice ; mais le docteur de la loi s'écria :

— Non, non.. usez jusqu'à la dernière de vos baguettes...

L'ordre du Pharisien fut exécuté... les dernières verges furent brisées sur les épaules du jeune maître et éclaboussèrent de sang le visage des bourreaux... ce n'était plus la peau qu'ils flagellaient, mais une plaie saignante. Le martyre devint alors si étrange que Jésus, malgré son courage, défaillit et laissa tomber sa tête apesantie sur son épaule gauche ; ses genoux fléchirent, il fût tombé à terre sans les liens qui le garrottaient à la colonne par le milieu du corps.

Ponce-Pilate, après avoir ordonné le châtiment, était rentré dans sa maison; il ressortit alors de chez lui et fit signe aux bourreaux de délier le condamné... Ils le délièrent et le soutinrent; l'un d'eux lui jeta sur les épaules sa tunique de laine. Le contact de cette rude étoffe sur sa chair mise à vif causa sans doute une nouvelle et si cruelle douleur à Jésus qu'il tressaillit de tous ses membres. L'excès même de la souffrance le fit revenir à lui; il releva la tête, tâcha de se raffermir assez sur ses jambes, ouvrit les yeux et jeta sur la foule un regard miséricordieux...

Ponce-Pilate, croyant avoir satisfait à la haine des Pharisiens, dit à la foule, après avoir fait délier Jésus:

« — Voilà l'homme... »

Et il fit signe à ses officiers de rentrer dans sa maison; il se disposait à les suivre, lorsque le prince des prêtres, Caïphe, après s'être consulté à voix basse avec le docteur Baruch et le banquier Jonas, s'écria en arrêtant le gouverneur par sa robe:

« — Seigneur Pilate, si vous délivrez Jésus, « vous n'êtes pas ami de l'empereur; car le « Nazaréen s'est dit roi, et quiconque se dit roi « se déclare contre l'empereur. »

— Ponce-Pilate va craindre de passer pour traître à son maître, l'empereur Tibère, — dit à son complice l'un des émissaires placés non loin de Geneviève. — Il sera forcé de livrer le Nazaréen.

Puis ce méchant homme s'écria d'une voix éclatante:

— Mort au Nazaréen! l'ennemi de l'empereur Tibère, le protecteur de la Judée!...

— Oui, oui! — reprirent plusieurs voix, — le Nazaréen s'est dit roi des Juifs!

— Il veut renverser la domination de l'empereur Tibère!

— Il veut se déclarer roi en soulevant la populace contre les Romains, nos amis, nos protecteurs et alliés.

— Réponds à cela, Ponce-Pilate! — cria du milieu de la foule l'un des deux espions. — Comment se fait-il que nous autres Hébreux nous nous montrions plus dévoués que toi au pouvoir de l'empereur ton maître?... Comment se fait-il que ce soit nous autres Hébreux qui demandions la mort du séditieux qui veut renverser l'autorité romaine, et que ce soit toi, gouverneur pour Tibère, qui veuille gracier ce rebelle, ce séditieux?...

Cette apostrophe parut d'autant plus troubler Ponce-Pilate que de tous les côtés on cria dans la foule:

— Oui, oui... ce serait trahir l'empereur que de délivrer le Nazaréen!

— Ou prouver peut-être que l'on est son complice.

Ponce-Pilate, malgré le désir qu'il avait peut-être de sauver le jeune maître de Nazareth, parut de plus en plus troublé de ces reproches partis de la foule, reproches qui mettaient en doute sa fidélité à l'empereur Tibère. Il alla vers les Pharisiens et s'entretint avec eux à voix basse, tandis que les miliciens gardaient toujours au milieu d'eux Jésus garrotté.

Alors, Caïphe, prince des prêtres, reprit tout haut en s'adressant à Pilate, afin d'être entendu de la foule et en montrant Jésus:

« — Nous avons trouvé que cet homme per- « vertit notre nation, qu'il empêche de payer « le tribut à César, et qu'il se dit le roi des « Juifs comme étant le fils de Dieu. »

Alors Ponce-Pilate, se tournant vers le jeune maître de Nazareth, lui dit:

— Etes-vous roi des Juifs?

« — Dites-vous cela de vous-même? — répon- « dit Jésus d'une voix affaiblie par la souf- « france, — ou bien me le demandez-vous « parce que d'autres vous l'on dit avant moi? »

— Les princes des prêtres et les sénateurs vous ont livré à moi... — reprit Ponce-Pilate. — Qu'avez-vous fait?... Vous prétendez-vous roi des Juifs?...

Jésus secoua doucement la tête et répondit:

« — Mon royaume n'est pas de ce monde... « si mon royaume était de ce monde, mes « amis eussent combattu pour empêcher que « je vous fusse livré... mais je vous le répète, « mon royaume n'est pas d'ici. »

Ponce-Pilate se retourna de nouveau vers les Pharisiens, comme pour les prendre eux-mêmes à témoignage de la réponse de Jésus, qui devait l'innocenter, puisqu'il proclamait que son royaume n'était pas de ce monde-ci.

— Son royaume, — pensa Geneviève, — est sans doute dans ces mondes inconnus où nous allons, selon notre foi druidique, retrouver ceux que nous avons aimés ici... Comment oseraient-ils condamner Jésus comme rebelle à l'empereur, lui qui a tant de fois répété: « Rendez à César ce qui est à César, et à Dieu ce qui est à Dieu! »

Mais, hélas! Geneviève oubliait que la haine des Pharisiens était implacable... Les seigneurs Baruch, Jonas et Caïphe ayant de nouveau parlé bas à Ponce-Pilate, celui-ci dit à Jésus:

« — Etes-vous, oui ou non le fils de Dieu? »

« — Oui, — répondit Jésus de sa voix douce « et ferme, — oui, je le suis... »

A ces mots, les princes des prêtres, les docteurs et sénateurs, indignés, poussèrent des exclamations qui furent répétées par la foule.

— Il a blasphémé!... il a dit qu'il était le fils de Dieu!...

— Et celui-là qui se dit le fils de Dieu, — cria l'espion, — celui-là qui se dit le fils de Dieu, se dit aussi le roi des Juifs...

— C'est un ennemi de l'empereur!

— A mort ! à mort le Nazaréen !... condamnez-le ! Ordonnez qu'il soit crucifié !

Ponce-Pilate, singulier mélange de lâche faiblesse et d'équité, voulant sans doute tenter un dernier effort pour sauver Jésus, qu'il ne trouvait pas coupable, dit à la foule qu'il était d'usage pour la fête de ce jour de donner la liberté à un criminel, et que le peuple avait à choisir pour cet acte de clémence entre un prisonnier nommé Barrabas et Jésus, qui avait déjà été battu de verges, puis il ajouta :

« — Lequel des deux voulez-vous que je « délivre ? Jésus, ou Barrabas ? »

Geneviève vit les émissaires des Pharisiens courir dans la foule de groupe en groupe, et disant :

— Demandons la liberté de Barrabas... Demandons que l'on délivre Barrabas.

— Et bientôt la foule cria de toutes parts :

— Délivrez Barrabas et gardez Jésus !...

— Mais, — reprit Ponce-Pilate, — que ferai-je de Jésus ?

— Qu'il soit crucifié !... — répondirent les mille voix de la foule, — qu'il soit crucifié !...

— Mais, — reprit encore Ponce-Pilate, — quel mal a-t-il fait ?

— Qu'il soit crucifié !... — reprit la foule, de plus en plus furieuse. — Qu'on le crucifie !... Mort au Nazaréen !...

Ponce-Pilate, n'ayant pas le courage de défendre Jésus, qu'il trouvait innocent, fit signe à l'un de ses serviteurs ; celui-ci rentra dans la maison du gouverneur, pendant que la foule criait avec une furie croissante :

— Crucifiez le Nazaréen !... crucifiez-le !...

Jésus, toujours calme, triste, pensif, semblait étranger à ce qui se passait autour de lui.

— Sans doute, — se dit Geneviève, — il songe déjà aux mondes mystérieux, où l'on va renaître et revivre en quittant ce monde-ci.

Le serviteur de Ponce-Pilate revint, tenant un vase d'argent d'une main et de l'autre un bassin ; un second serviteur prit ce bassin, et, pendant que le premier serviteur y versait de l'eau, Ponce-Pilate trempa ses mains dans cette eau, en disant à haute voix :

« — Je suis innocent de la mort de ce juste ; « c'est à vous d'y prendre garde... Quant à « moi, je m'en lave les mains... »

— Que le sang du Nazaréen retombe sur nous !... — cria l'un des émissaires.

— Oui, que son sang retombe sur nous et sur nos enfants !...

— Prenez donc Jésus et crucifiez-le vous-mêmes... — répondit Ponce-Pilate. — On va, puisque vous l'exigez, délivrer Barrabas.

Et Ponce-Pilate rentra dans sa maison au bruit des acclamations de la foule, tandis que Caïphe, le docteur Baruch, le banquier Jonas et les autres Pharisiens triomphants montrèrent le poing à Jésus.

L'officier qui avait commandé l'escorte des miliciens chargés d'arrêter le fils de Marie dans le jardin des Oliviers, s'approchant du Caïphe, lui dit :

— Seigneur, pour conduire le Nazaréen au Golgotha, lieu de l'exécution des criminels, nous aurons à traverser le quartier populeux de la porte Judiciaire ; il se pourrait que le calme des partisans de ce séditieux ne fût qu'apparent... et qu'une fois arrivés dans ce quartier de vile populace, elle se soulevât pour délivrer le Nazaréen... Je réponds du courage de mes braves miliciens ; ils ont déjà, ce matin, après un combat acharné, mis en fuite une grosse troupe de scélérats déterminés, commandée par un bandit nommé Banaïas, qui voulait nous forcer à leur livrer Jésus... Pas un de ces misérables n'a échappé... malgré leur furieuse résistance...

— Le lâche menteur ! — se dit Geneviève en entendant cette vanterie de l'officier des miliciens, qui reprit :

— Cependant, seigneur Caïphe, malgré la vaillance éprouvée de notre milice, il serait peut-être plus prudent de confier l'escorte du Nazaréen, jusqu'au lieu du supplice, à la garde romaine.

— Je suis de votre avis, — répondit le prince des prêtres ; — je vais demander à l'un des officiers de Ponce-Pilate de faire garder le Nazaréen dans le prétoire de la cohorte romaine jusqu'à l'heure du supplice.

Geneviève vit alors, pendant que le prince des prêtres allait s'entretenir avec un des officiers de Ponce-Pilate, le chef des miliciens se rapprocher de Jésus... bientôt elle entendit cet officier, répondant à quelques mots du jeune maître, lui dire d'un air railleur :

— Tu es bien pressé de l'étendre sur la croix... Il faut d'abord qu'on la construise, et ce n'est pas fait en un tour de main... Tu dois le savoir mieux que personne, en ta qualité d'ouvrier charpentier.

L'un des officiers de Ponce-Pilate, à qui le prince des prêtres avait parlé, vint alors trouver Jésus, et lui dit :

— Je vais te conduire dans le prétoire de nos soldats ; lorsque la croix sera prête, on l'apportera, et sous notre escorte tu te mettras en route pour le Calvaire... Suis-nous !

Jésus, toujours garrotté, fut conduit à peu de distance de là par les miliciens, dans la cour de l'édifice où logeaient les soldats romains ; la porte devant laquelle se promenait un factionnaire restant ouverte, plusieurs personnes qui avaient, ainsi que Geneviève, suivi le Nazaréen, demeurèrent en dehors pour voir ce qui allait advenir.

Lorsque le jeune maître fut amené dans la cour du prétoire (on appelle ainsi les bâtiments où logent les soldats romains), ceux-ci étaient disséminés en plusieurs groupes : les uns nettoyaient leurs armes ; les autres jouaient à différents jeux ; ceux-ci maniaient la lance sous les ordres d'un officier ; ceux-là, étendus sur des bancs au soleil, chantaient ou causaient entre eux. On reconnaissait, à leurs figures bronzées par le soleil, à leur air martial et farouche, à la tenue militaire de leurs armes et de leurs vêtements, ces soldats courageux, aguerris, mais impitoyables, qui avaient conquis le monde, laissant derrière eux le massacre, la spoliation et l'esclavage.

Dès que ces Romains eurent entendu le nom de Jésus de Nazareth, et qu'ils le virent amené par l'un de leurs officiers dans la cour du prétoire, tous abandonnèrent leurs jeux et accoururent près de lui.

Geneviève pressentit, en remarquant l'air railleur et endurci de cette soldatesque, que le fils de Marie allait subir de nouveaux outrages. L'esclave se souvint d'avoir lu dans les récits laissés par les aïeux de son mari, Fergan, les horreurs commises par les soldats de César, le fléau des Gaules ; elle ne doutait pas que ceux-là dont le jeune maître était entouré ne fussent aussi cruels que ceux des temps passés.

Il y avait au milieu de la cour du prétoire un banc de pierre où ces Romains firent d'abord asseoir Jésus, toujours garrotté ; puis, s'approchant de lui, ils commencèrent à le railler et à l'injurier :

— Le voilà donc, ce fameux prophète ! — dit l'un d'eux, — le voilà donc celui qui annonce que le temps viendra où l'épée se changera en serpe et où il n'y aura plus de guerre, plus de bataille !

— Plus de guerre ! Par le vaillant dieu Mars, plus de guerre ! — s'écrièrent d'autres soldats avec indignation. — Ah ! ce sont là les prophètes, prophète de malheur !

— Plus de guerre ! c'est-à-dire plus de clairons, plus d'enseignes flottantes, plus de brillantes cuirasses, plus de casques à aigrette, qui attirent le regard des femmes !

— Plus de guerre ! c'est-à-dire plus de conquêtes, plus de pillage, plus de viols !

— Quoi ! ne pouvoir plus essuyer nos bottines ferrées sur la tête des peuples conquis !

— Ne plus boire leur vin en courtisant leurs filles comme ici, comme en Gaule, comme dans la Grande-Bretagne, comme en Espagne, comme dans tout l'univers, enfin !

— Plus de guerre ! Par Hercule ! et que deviendraient donc les forts et les vaillants, Nazaréen maudit ? Ils iraient, selon toi, depuis l'aube jusqu'à la nuit, labourer la terre ou tisser la toile comme de lâches esclaves, au lieu de partager leur temps entre la bataille, la paresse, la taverne et l'amour ?

— Toi qui te fais appeler le fils de Dieu, — dit un de ces Romains en menaçant du poing le jeune maître, — tu es donc le fils du Dieu *la Peur*, lâche que tu es !

— Toi qui te fais appeler le roi des Juifs, tu veux donc être acclamé le roi de tous les poltrons de l'univers ?

— Camarades ! — s'écria l'un des soldats en éclatant de rire, — puisqu'il est roi des poltrons, il faut le couronner.

Cette proposition fut accueillie avec une joie insultante ; plusieurs voix s'écrièrent aussitôt :

— Oui, oui, puisqu'il est roi, il faut le revêtir de la pourpre.

— Il faut lui mettre le sceptre à la main, une couronne sur la tête, un manteau royal, alors nous le glorifierons, nous l'honorerons à l'instar de notre auguste empereur Tibère.

Et pendant que leurs compagnons continuaient d'entourer et d'injurier le jeune maître de Nazareth, insoucianit de ces outrages, plusieurs soldats s'éloignèrent ; l'un alla prendre le manteau rouge d'un cavalier ; l'autre la canne d'un centurion ; un troisième, avisant dans un coin de la cour un tas de broussailles destinées à être brûlées, y choisit quelques brins d'une plante épineuse et se mit à en tresser une couronne. Alors plusieurs voix s'écrièrent :

— Maintenant il faut procéder au couronnement du roi des Juifs.

— Oui, couronnons le roi des lâches !

— Le fils de Dieu !

— Compagnons, il faut que ce couronnement se fasse avec pompe, comme s'il s'agissait d'un vrai César.

— Moi, je suis le porte-couronne.

— Moi, le porte-sceptre.

— Moi, le porte-manteau impérial.

Et, au milieu des huées, des railleries grossières, ces Romains formèrent une espèce de cortège dérisoire : le porte couronne s'avançait le premier, tenant la couronne d'épines d'un air solennel, et suivi d'un certain nombre de soldats ; venait ensuite un porte-sceptre ; puis d'autres soldats ; puis enfin celui qui tenait le manteau, et tous chantaient en chœur :

— Salut au roi des Juifs !

— Salut au Messie !

— Salut au fils de Dieu !

— Salut au César des poltrons, salut !

Jésus, assis sur le banc de pierre, regardait les préparatifs de cette cérémonie insultante avec une inaltérable placidité ; le porte-couronne, s'étant approché le premier, leva la tresse épineuse au-dessus de la tête du jeune homme de Nazareth, et lui dit :

— Je te couronne, ô roi !

Et le Romain enfonça si brutalement cette

couronne sur la tête de Jésus que les épines lui déchirèrent le front ; de grosses gouttes de sang coulèrent comme des larmes sanglantes sur le pâle visage de la victime ; mais, sauf le premier tressaillement involontaire causé par la douleur, les traits du jeune maître reprirent leur mansuétude ordinaire et ne trahirent ni ressentiment ni courroux.

— Et moi, je te revêts de la pourpre impériale, ô roi ! — ajouta un autre Romain pendant qu'un de ses compagnons arrachait la tunique que l'on avait rejetée sur le dos de Jésus. Sans doute la laine de ce vêtement s'était déjà collée à la chair vive, car, au moment où il fut violemment arraché des épaules de Jésus, il poussa un grand cri de douleur, mais ce fut tout ; il se laissa patiemment revêtir du manteau rouge.

— Maintenant, prends ton sceptre, ô grand roi ! — ajouta un autre soldat en s'agenouillant devant le jeune maître et en lui mettant dans la main le cep de vigne du centurion ; puis tous, avec de grands éclats de rire, répétèrent :

— Salut ! ô roi des Juifs, salut !

Un grand nombre d'entre eux s'agenouillèrent même devant lui par dérision en répétant :

— Salut, ô grand roi !

Jésus garda dans sa main ce sceptre dérisoire et ne prononça pas un mot ; cette résignation inaltérable, cette douceur angélique frappèrent tellement l'esprit des Romains qu'ils en restèrent d'abord stupéfaits ; puis, leur colère s'exaltant en raison de la patience du jeune maître de Nazareth, ils s'irritèrent à l'envi, s'écriant :

— Ce n'est pas un homme, c'est une statue !

— Tout le sang qu'il avait dans les veines est sorti sous les baguettes du bourreau.

— Le lâche ! il n'ose pas seulement se plaindre !

— Lâche ? — dit un vétéran d'un air pensif, après avoir longtemps contemplé Jésus, quoiqu'il eût été d'abord l'un de ses tourmenteurs acharnés. — Non, celui-là n'est pas un lâche ! non, pour endurer patiemment tout ce que nous lui faisons souffrir, il faut plus de courage que pour se jeter, tête baissée, l'épée à la main sur l'ennemi... Non, — répéta-t-il en se retirant à l'écart, — non, cet homme là n'est pas un lâche !

Et Geneviève crut voir une larme tomber sur les moustaches grises du vieux soldat.

Mais les autres Romains se moquèrent de l'attendrissement de leur compagnon et s'écrièrent ;

— Il ne voit pas que ce Nazaréen feint la résignation pour nous apitoyer.

— C'est vrai ! il est au dedans rage et haine, tandis qu'au dehors il se montre bénin et pâlissant.

— C'est un tigre honteux qui se revêt d'une peau d'agneau...

A ces paroles, Jésus se contenta de sourire tristement en secouant la tête : ce mouvement fit pleuvoir autour de lui une rosée de sang, car les blessures faites à son front par les épines saignaient toujours...

A la vue du sang de ce juste, Geneviève ne put s'empêcher de murmurer tout bas le refrain du chant des *Enfants du Gui* cité dans les écrits des aïeux de son mari :

Coule, coule, sang du captif ! — Tombe, tombe, rosée sanglante ! — Germe, grandis, moisson vengeresse !

— Oh ! — se disait Geneviève, — le sang de cet innocent, de ce martyr, si indignement abandonné par ses amis, par ce peuple de pauvres et d'opprimés qu'il chérissait... ce sang retombera sur eux et sur leurs enfants... Mais qu'il féconde aussi la sanglante moisson de la vengeance !

Les Romains, exaspérés par la céleste patience de Jésus, ne savaient qu'imaginer pour la vaincre... Les injures, les menaces ne pouvant l'ébranler, un des soldats lui arracha des mains le cep de vigne qu'il continuait de tenir et le lui brisa sur la tête, en s'écriant ;

— Tu donneras peut-être signe de vie, statue de chair et d'os !

Mais Jésus, ayant d'abord courbé sous le coup sa tête endolorie, la releva en jetant un regard de pardon sur celui qui venait de le frapper.

Sans doute cette ineffable douleur intimida ou embarrassa ces barbares, car l'un d'eux, détachant son écharpe, banda les yeux du jeune maître de Nazareth en lui disant :

— O grand roi, les respectueux sujets ne sont pas dignes de supporter tes regards.

Lorsque Jésus eut ainsi les yeux bandés, une idée d'une lâcheté féroce vint à l'esprit de ces Romains ; l'un d'eux s'approcha de la victime, lui donna un soufflet, et dit en éclatant de rire :

— O grand prophète, dis le nom de celui qui t'a frappé !

Alors un horrible jeu commença...

Ces hommes robustes et armés vinrent tour à tour, riant aux éclats, souffleter ce jeune homme garrotté, brisé par tant de tortures, disant chaque fois qu'ils le frappaient à la figure :

— Devineras-tu cette fois qui t'a frappé ?

Jésus (et ce furent les seules paroles que Geneviève lui entendit prononcer durant ce long martyre), Jésus dit d'une voix miséricordieuse, en levant vers le ciel sa tête couverte d'un bandeau :

« Seigneur, mon Dieu ! pardonnez-leur... ils « ne savent ce qu'ils font ! »

Telle fut l'unique et tendre plainte que fit entendre la victime, et ce n'était pas même une

Mort de Jésus (page 253)

plainte... c'était une prière qu'il adressait aux dieux, implorant leur pardon pour ces tourmenteurs... qui ne savaient pas ce qu'ils faisaient.

Les Romains, loin d'être apaisés par cette divine mansuétude, redoublèrent de violences et d'outrages.

Des infâmes crachèrent au visage de Jésus...

Geneviève n'aurait pu supporter plus longtemps la vue de ces monstruosités si les dieux n'y eussent mis un terme; elle entendit dans la rue un grand tumulte et vit arriver le docteur Baruch, le banquier Jonas et Caïphe, prince des prêtres. Deux hommes de leur suite portaient une lourde croix de bois, un peu plus haute que la grandeur d'un homme. À la vue de cet instrument de supplice, les personnes arrêtées au dehors de la porte du prétoire, et parmi lesquelles se trouvait Geneviève, crièrent d'une voix triomphante:

— Enfin, voici la croix !... voici la croix !
— Une croix toute neuve et digne d'un roi !

Lorsque les Romains entendirent annoncer qu'on apportait la croix, ils parurent contrariés de ce que leur victime allait leur échapper, Jésus, au contraire, à ces mots: — Voici la croix !... voici la croix ! — se leva avec une sorte d'allégement, espérant sans doute sortir bientôt de ce monde-ci... Les soldats lui débandèrent les yeux, ôtèrent le manteau rouge, laissant seulement la couronne d'épines sur sa tête; de sorte qu'il resta demi-nu ; on le conduisit ainsi jusqu'à la porte du prétoire, où se tenaient les hommes qui venaient d'apporter la croix.

Le docteur Baruch, le banquier Jonas et le prince des prêtres, Caïphe, dans leur haine toujours inassouvie, échangeaint des regards triomphants, en se montrant le jeune maître

32ᵉ livraison

de Nazareth, pâle, sanglant et dont les forces semblaient être à bout. Ces Pharisiens impitoyables ne purent résister au cruel plaisir d'outrager encore la victime ; le banquier Jonas lui dit :

— Tu vois, audacieux insolent, à quoi mènent les injures contre les riches ; tu ne les railles plus à cette heure ! tu ne les compares plus à des câbles incapables de passer par le trou d'une aiguille ! C'est grand dommage que l'envie de plaisanter te soit passée !

— Es-tu satisfait, à cette heure, — ajouta le docteur Baruch, — d'avoir traité les docteurs de la loi de fourbes et d'hypocrites, aimant à avoir la première place aux festins ?... Ils ne te disputeront pas du moins ta place sur la croix.

— Et les prêtres ! — ajouta le seigneur Caïphe, — c'étaient aussi des fourbes qui dévoraient les maisons des veuves, sous prétexte de longues prières... des hommes endurcis, moins pitoyables que les païens samaritains... des stupides à l'esprit assez étroit pour observer pieusement le sabbat... des orgueilleux qui faisaient devant eux sonner les trompettes pour annoncer leurs aumônes ! Tu te croyais bien fort, tu faisais l'audacieux... à la tête de la bande de gueux, de scélérats et de prostituées que tu recrutais dans les tavernes, où tu passais tes jours et tes nuits ? Où sont-ils à cette heure tes partisans ? Appelle-les donc ! qu'ils viennent te délivrer !

La foule n'avait pas la haine aussi patiente que les Pharisiens, qui se plaisaient à torturer lentement leur victime ; aussi l'on entendit bientôt crier avec fureur :

— A mort... le Nazaréen ! à mort !

— Hâtons-nous !... Est-ce qu'on voudrait lui faire grâce en retardant ainsi son supplice ?

— Il n'expirera pas tout de suite... on aura encore le temps de lui parler lorsqu'il sera cloué sur la croix.

— Oui, hâtons-nous !... sa bande de scélérats, un moment effrayée, pourrait tenter de venir pour nous l'enlever...

— A quoi bon d'ailleurs lui adresser la parole ? on voit bien qu'il ne veut pas répondre.

— A mort ! à mort !

— Et il faut qu'il porte lui-même sa croix jusqu'au lieu du supplice...

La proposition de cette nouvelle barbarie fut accueillie par les applaudissements de tous. On fit sortir Jésus de la cour du prétoire, et l'on plaça la croix sur l'une de ses épaules saignantes... La douleur fut si aiguë, le poids de la croix fut si lourd, que le malheureux fléchit les genoux et faillit tomber à terre ; mais trouvant de nouvelles forces dans son courage et sa résignation, il parut se raidir contre la souffrance, et, courbé sous le fardeau, il commença de cheminer paisiblement. La foule et l'escorte de soldats romains criaient en le suivant :

— Place ! place au triomphe du roi des Juifs !...

Le triste cortège se mit en marche pour le lieu du supplice, situé en dehors de la porte Judiciaire, quitta le riche quartier du Temple et poursuivit sa route à travers une partie de la ville beaucoup moins riche et très populeuse ; aussi, à mesure que l'escorte pénétrait dans le quartier des pauvres gens, Jésus recevait du moins quelques marques d'intérêt de leur part.

Geneviève vit un grand nombre de femmes, debout au seuil de leur porte, gémir sur le sort du jeune maître de Nazareth ; elles se ressouvenaient qu'il était l'ami des pauvres et des enfants ; beaucoup de ces innocents envoyèrent en pleurant des baisers à *ce bon Jésus*, dont ils savaient par cœur les simples et touchantes paraboles.

Mais, hélas ! presque à chaque pas, vaincu par la douleur, écrasé sous le poids qu'il portait, le fils de Marie s'arrêtait en trébuchant... enfin, les forces lui manquant tout à fait, il tomba sur les genoux, puis sur les mains, et son front heurta la terre.

Geneviève le crut mort ou expirant ; elle ne put retenir un cri de douleur et d'effroi ; mais il n'était pas mort... Son martyre et son agonie devaient se prolonger encore ; les soldats romains qui le suivaient, ainsi que les Pharisiens, lui crièrent :

— Debout ! debout, fainéant ! tu feins de tomber pour ne pas porter ta croix jusqu'au lieu de l'exécution !...

— Toi qui reprochais aux princes des prêtres de lier sur le dos de l'homme des fardeaux insupportables auxquels ils ne touchaient pas du bout du doigt, — dit le docteur Baruch, — voici que tu fais comme eux en refusant de porter ta croix !

Jésus, toujours agenouillé et le front penché vers la terre, s'aida de ses deux mains pour se relever, ce qu'il fit à grand'peine ; puis, encore tout chancelant, il attendit qu'on lui eût placé la croix sur les épaules ; mais à peine fut-il de nouveau chargé de ce fardeau que, malgré son courage et sa bonne volonté, il ploya et tomba une seconde fois comme écrasé sous ce poids.

— Allons, — fit brutalement l'officier romain, — il est fourbu !

— Seigneur Baruch, — s'écria un des espions, qui n'avait, non plus que les Pharisiens, quitté la victime, — voyez-vous cet homme en manteau brun, qui passe si vite en détournant la tête comme s'il ne voulait pas être reconnu ? je l'ai vu souvent aux prêches du Nazaréen... si on le forçait de porter la croix ?

— Oui, — dit Baruch, — appelez-le...

— Eh ! Simon ! — cria l'émissaire, — eh !

Simon, le Cyrénéen ! vous qui preniez votre part des prédications du Nazaréen, venez donc à cette heure prendre votre part du fardeau qu'il porte...

A peine cet homme eut-il appelé Simon, que beaucoup de gens parmi la foule crièrent comme lui :

— Eh ! Simon... Simon !...

Celui-ci, au premier appel de l'espion, avait hâté sa marche, comme s'il n'eût rien entendu ; mais lorsqu'un grand nombre de voix crièrent son nom, il revint sur ses pas, se dirigea vers l'endroit où se tenait Jésus et s'approcha d'un air troublé.

— On va crucifier Jésus de Nazareth, de qui tu aimais tant à écouter la parole, — lui dit le banquier Jonas en raillant ; — c'est ton ami, ne l'aideras-tu pas à porter sa croix ?

— Je la porterai seul, — répondit le Cyrénéen, ayant le courage de jeter un coup d'œil de pitié sur le jeune maître, qui, toujours agenouillé, semblait prêt à défaillir.

Simon, s'étant chargé de la croix, marcha devant Jésus, et le cortège poursuivit sa route.

A cent pas plus loin, au commencement de la rue qui conduit à la porte Judiciaire, en passant devant une boutique de marchand d'étoffes de laine, Geneviève vit sortir de cette boutique une femme d'une figure vénérable... Cette femme, à la vue de Jésus pâle, affaibli, sanglant, ne put retenir ses larmes ; seulement alors, l'esclave, qui jusqu'alors avait oublié qu'elle pouvait être recherchée par les ordres du seigneur Grémion, son maître, se souvint de l'adresse que sa maîtresse Aurélie lui avait donnée de la part de Jeane, lui disant que Véronique, sa nourrice, tenant une boutique près la porte Judiciaire, pourrait lui donner un asile provisoire où elle serait en sûreté.

Mais Geneviève en ce moment ne songea pas à profiter de cette chance de salut. Une force invincible l'attachait aux pas du jeune maître de Nazareth, qu'elle voulait suivre jusqu'à la fin. Elle vit alors Véronique s'approcher en pleurant de Jésus, dont le front était baigné d'une sueur ensanglantée, et essuyer d'une toile de lin le visage du pauvre martyr, qui remercia Véronique par un sourire d'une bonté céleste.

A plusieurs pas de là, et toujours dans la même rue qui conduisait à la porte Judiciaire, Jésus passa devant plusieurs femmes qui pleuraient ; il s'arrêta un moment et dit à ces femmes avec un accent de tristesse profonde :

« Filles de Jérusalem, ne pleurez pas sur
« moi, mais sur vous-mêmes, pleurez sur vos
« enfants ; car il viendra un temps où l'on dira :
« Heureuses les stériles ! Heureuses les entrailles qui n'ont pas porté d'enfants ! Heureuses
« les mamelles qui n'ont point allaité ! »

Puis Jésus, quoique brisé par la souffrance, se redressant d'un air inspiré, les traits empreints d'une douleur navrante, comme s'il avait conscience des effroyables malheurs qu'il prévoyait, s'écria d'un ton prophétique, qui fit tressaillir les Pharisiens eux-mêmes :

« Oui, les temps approchent où les hommes,
« dans leur effroi, diront aux montagnes :
« Tombez sur nous !... et aux collines : Cou-
« vrez-nous ! »

Et Jésus, baissant la tête sur sa poitrine, poursuivit péniblement sa marche au milieu du silence de stupeur et d'épouvante qui avait succédé à ses paroles prophétiques. Le cortège continuait de gravir la rue rapide qui conduit à la porte Judiciaire, sous laquelle on passe pour monter au Golgotha, colline située hors de la ville et au sommet de laquelle sont dressées les croix des supplices.

Geneviève remarqua que la foule, d'abord si lâchement hostile à Jésus, commençait, à mesure qu'approchait l'heure du supplice, à s'émouvoir et à gémir sur le sort de la victime ; ces malheureux comprenaient sans doute, hélas ! trop tard, qu'en laissant mettre à mort l'ami des pauvres, non-seulement ils allaient être privés d'un défenseur, mais que leur honteuse ingratitude pouvait avoir pour conséquence d'arrêter ceux qui eussent été disposés à continuer l'œuvre du jeune maître de Nazareth et à se dévouer pour eux.

Lorsque l'on eut passé sous la voûte de la porte Judiciaire, on commença de gravir la montée du Calvaire ; cette pente était si rapide que souvent Simon, le Cyrénéen, toujours chargé de la croix de Jésus, fut obligé de s'arrêter, ainsi que le jeune maître lui-même... Celui-ci semblait avoir à peine conservé assez de forces pour atteindre au sommet de cette colline aride, couverte de pierres roulantes, et où croissaient çà et là des ronces et quelques buissons d'une pâle verdure... Le ciel s'était couvert de nuages épais, un jour sombre, lugubre, jetait sur toutes choses un voile de tristesse... Geneviève, à sa grande surprise, remarqua vers le sommet du Calvaire deux autres croix dressées en outre de celle qui devait être élevée pour Jésus, le jeune maître de Nazareth. Dans son étonnement, elle s'informa de la destination de ces deux croix à une personne de la foule, qui lui répondit :

— Ces croix sont destinées à deux voleurs, qui doivent être crucifiés en même temps que le Nazaréen.

— Et pourquoi supplicie-t-on ces voleurs en même temps que le jeune maître ? — demanda l'esclave.

— Parce que les Pharisiens, hommes de justice, de sagesse et de piété, ont voulu que le Nazaréen fût accompagné jusqu'à la mort par ces misérables qu'il fréquentait durant sa vie.

Geneviève se retourna pour savoir qui lui faisait cette réponse ; elle reconnut un des deux espions.

— Oh ! les hommes impitoyables ! — pensa l'esclave. — Ils trouvent le moyen d'outrager Jésus jusque dans sa mort.

Lorsque les soldats romains qui escortaient le jeune maître arrivèrent, suivis de la foule de plus en plus silencieuse et attristée, au sommet du Calvaire, ainsi que le docteur Baruch, le banquier Jonas et le grand prêtre Caïphe, tous trois jaloux d'assister à l'agonie et à la mort de leur victime, Geneviève aperçut les deux voleurs destinés au supplice, garrottés et entourés de gardes ; ils étaient livides et attendaient leur sort avec une terreur mêlée de colère et de rage impuissante.

A un signe de l'officier romain, chef de l'escorte, les bourreaux ôtèrent les deux croix des trous où elles avaient été d'abord placées et dressées, les couchèrent par terre ; puis, se saisissant des condamnés, malgré leurs cris, leurs blasphèmes et leur résistance désespérée, ils les dépouillèrent de leurs vêtements et les étendirent sur les croix ; puis, tandis que des soldats les y maintenaient, les bourreaux, armés de longs clous et de lourds marteaux, clouaient sur la croix, par les pieds et par les mains, ces malheureux qui poussaient des hurlements de douleur. Par ce raffinement de barbarie on rendait le jeune maître de Nazareth témoin du sort qu'il allait bientôt subir lui-même ; aussi, à la vue des souffrances de ses deux compagnons de supplice, Jésus ne put retenir ses larmes ; il leva les yeux au ciel, puis il cacha son visage entre ses mains, pour échapper à cette pénible vision.

Les deux voleurs crucifiés, on redressa leurs croix, sur lesquelles ils se tordaient en gémissant ; elles furent enfoncées en terre et affermies au moyen de pierres et de pieux.

— Allons, Nazaréen, — dit l'un des bourreaux à Jésus en s'approchant de lui, tenant d'une main son lourd marteau, de l'autre plusieurs grands clous, — allons, es-tu prêt ? Va-t-il falloir user de violence envers toi comme envers tes deux compagnons ?

— De quoi se plaignent-ils ? — répondit l'autre bourreau ; l'on est pourtant si à l'aise sur une croix, les bras étendus, comme un homme qui se détire après un long sommeil !...

Jésus ne répondit pas ; il se dépouilla de ses vêtements, se plaça lui-même sur l'instrument de son supplice, étendit ses bras en croix et tourna vers le ciel ses yeux noyés de larmes...

Geneviève vit alors les deux bourreaux s'agenouiller de chaque côté du jeune maître de Nazareth et saisir leurs longs clous, leurs lourds marteaux... L'esclave ferma les yeux ; mais elle entendit les coups sourds des marteaux faisant pénétrer les clous dans la chair vive, tandis que les deux voleurs crucifiés continuaient de pousser des hurlements de douleur... Le bruit des coups de marteau cessa ; Geneviève ouvrit les yeux... La croix à laquelle on avait attaché le jeune maître de Nazareth venait d'être dressée et placée au milieu de celles des deux autres crucifiés.

Jésus, le front couronné d'épines, ses longs cheveux blonds collés à ses tempes par une sueur mêlée de sang, la figure livide et empreinte d'une douleur effrayante, les lèvres bleuâtres, semblait au moment d'expirer ; tout le poids de son corps pesant sur ses deux mains clouées à la croix, ainsi que sur ses pieds, et d'où le sang ruisselait ; ses bras se raidissaient par de violents mouvements convulsifs, tandis que ses genoux à demi fléchis s'entre-choquaient de temps à autre.

Alors Geneviève entendit la voix déjà presque agonisante de l'un des deux voleurs qui s'adressait à Jésus :

— Maudit sois-tu... Nazaréen ! maudit sois-tu, toi qui nous disais que les premiers seraient les derniers... et les derniers les premiers !... nous voici crucifiés... que peux-tu faire pour nous ?

— Maudit sois-tu, toi qui promettais la consolation aux affligés !... — reprit l'autre voleur — nous voici crucifiés, où est notre consolation ?

— Maudit sois-tu... toi qui nous disais que ceux-là seuls qui sont malades ont besoin de médecin !... nous voici malades... où est le médecin ?

— Maudit sois-tu... toi qui nous disais que le bon pasteur abandonne son troupeau pour chercher une seule brebis égarée !... nous sommes égarés, et tu nous laisses aux mains des bouchers !

Et ces misérables ne furent pas les seuls à insulter l'agonie de Jésus ; car, chose horrible, à laquelle Geneviève, à l'heure où elle écrit ceci, peut à peine y croire ; le docteur Baruch, le banquier Jonas et Caïphe, le prince des prêtres, raillèrent et outragèrent le jeune maître de Nazareth au moment où il allait rendre l'âme.

— Oh ! Jésus de Nazareth ! Jésus le messie ! Jésus le prophète ! Jésus le sauveur du monde ! — disait Caïphe en riant, — comment n'as-tu pas prophétisé ton sort ?... Pourquoi ne commences-tu pas par te sauver toi-même, toi qui devais sauver le monde ?

— Tu te dis fils de Dieu, ô Nazaréen ! — ajoutait le banquier Jonas ; — nous croirons à ta céleste puissance si tu descends de la croix... Fils de Dieu, descends ! Quoi ! tu préfères rester cloué sur cette poutre, comme un oiseau de nuit à la porte d'une grange !... On pourra t'appeler Jésus le crucifié... mais non Jésus le fils de Dieu...

— Tu te montrais si confiant dans le Seigneur ! — ajouta le docteur Baruch ; — appelle-donc à ton secours ! S'il te protège, si tu es véritablement son fils, que ne tonne-t-il contre nous ? Que ne change-t-il cette croix en un buisson de roses, d'où tu t'élancerais radieux vers le ciel ?

Les huées, les railleries des soldats romains accompagnaient ces lâches outrages des Pharisiens ; soudain Geneviève vit Jésus se raidir de tous ses membres, faire un dernier effort pour lever vers le ciel sa tête appesantie... Une dernière lueur illumina son céleste regard, un sourire navrant contracta ses lèvres et il murmura d'une voix éteinte :

« Seigneur !... Seigneur !... ayez pitié de moi ! »

Puis sa tête retomba sur sa poitrine... l'ami des pauvres et des affligés avait cessé de vivre !

Geneviève s'agenouilla et fondit en larmes. A ce moment elle entendit une voix s'écrier derrière elle :

— La voici, l'esclave fugitive ! Oh ! j'étais certain de la retrouver sur les traces de ce maudit Nazaréen, dont on vient enfin de faire bonne justice. Saisissez-la ! liez ses mains derrière le dos ; oh ! cette fois, ma vengeance sera terrible !

Geneviève se retourna et vit son maître, le seigneur Grémion.

— Maintenant, — dit Geneviève, — je peux mourir... puisqu'il est mort celui qui avait promis aux esclaves de briser leurs fers.

. . . .

Geneviève, quoiqu'elle ait eu à endurer les plus cruels traitements de la part de son maître, Geneviève n'est pas morte, puisqu'elle a écrit ce récit pour son mari Fergan.

Après avoir ainsi raconté ce qu'elle a su et ce qu'elle a vu de la vie et de la mort du jeune maître de Nazareth, elle croirait téméraire d'oser parler de ce qui lui est arrivé à elle-même, depuis le triste jour où elle a vu expirer sur la croix l'ami des pauvres et des affligés ; Geneviève dira seulement que, prenant exemple sur la résignation de Jésus, elle endura patiemment les cruautés du seigneur Grémion, par attachement pour sa maîtresse Aurélie, souffrant tout afin de ne pas la quitter ; aussi elle est restée l'esclave de la femme de Grémion pendant les deux ans de son séjour en Judée.

Hélas ! suite naturelle de l'ingratitude humaine, six mois après la mort du pauvre jeune homme de Nazareth, son souvenir était effacé de la mémoire des hommes. Quelques-uns de ses disciples seulement conservèrent pieusement sa souvenance ; aussi, bien souvent Geneviève se disait en soupirant :

— Pauvre jeune maître de Nazareth ! lorsqu'il annonçait qu'un jour les fers des esclaves seraient brisés, il écoutait le vœu de son âme angélique ; mais l'avenir devait démentir cette généreuse espérance.

En effet, lorsque, après deux années passées en Judée avec sa maîtresse Aurélie, Geneviève revint dans les Gaules, elle y retrouva l'esclavage aussi affreux, plus affreux peut-être que par le passé.

Geneviève a joint à ce récit, qu'elle a écrit pour son mari Fergan, une petite croix d'argent qui lui a été donnée par Jeane, femme du seigneur Chusa, peu de temps après la mort du jeune homme de Nazareth. Quelques personnes (et Jeane était de ce nombre) qui conservaient un pieux respect pour le souvenir de l'ami des affligés, firent fabriquer de petites croix en commémoration de l'instrument du supplice de Jésus, et les portèrent ou les distribuèrent, après les avoir déposées au sommet du Calvaire, sur la terre où avait coulé le sang de ce juste.

Geneviève ne sait si elle doit être mère un jour ; si elle a ce bonheur (est-ce un bonheur pour l'esclave de mettre au jour d'autres esclaves ?), elle aura ajouté cette petite croix d'argent aux reliques de famille que doit se transmettre de génération en génération la descendance de Joel, le brenn de la tribu de Karnak.

Puisse cette petite croix être le symbole du futur affranchissement de cette vieille et héroïque race gauloise !... Puissent se réaliser un jour pour les enfants de nos enfants ces paroles de Jésus : — *Les fers des esclaves seront brisés !*

Moi, Fergan, époux de Geneviève, j'ajoute ce peu de mots à ce récit : quarante ans se sont passés depuis que ma bien-aimée femme, toujours regrettée, a raconté dans cet écrit ce qu'elle avait vu pendant son séjour en Judée.

L'espoir que Geneviève avait conçu, d'après ces paroles de Jésus : — *Les fers des esclaves seront brisés*, — ne s'est pas réalisé... ne se réalisera sans doute jamais ; car depuis quarante ans l'esclavage subsiste toujours. Depuis quarante ans, je tourne incessamment ma navette pour mes maîtres, de même que mon fils Judicaël tourne la sienne, puisqu'il est, comme son père, esclave tisserand.

Pauvre enfant de ma vieillesse (car il y a douze ans que Geneviève est morte en le mettant au monde), tu es peut-être encore plus chétif et plus craintif que moi !... Hélas ! ainsi que l'avait prévu mon aïeul Sylvest, notre race a de plus en plus dégénéré. Je n'aurai donc pas à te faire, comme mes ancêtres de race libre ou esclave, mais toujours vaillante, d'héroïques ou tragiques récits sur ma vie... Ma vie, tu la connais mon fils, et dussé-je vivre cent ans, elle serait ce qu'elle a été jusqu'ici, et du plus loin qu'il me souvienne :

« Chaque matin me lever à l'aube pour tisser « la toile, et me coucher le soir ; interrompre « les longues heures de mon travail monotone « pour manger une maigre pitance ; être parfois « battu, par suite du caprice ou de la colère du « maître. »

Telle a été ma condition depuis que je me connais, mon pauvre enfant ! telle sera sans doute la tienne... Hélas ! Gaulois dégénérés, ni toi ni moi nous n'aurons rien à ajouter à la tradition de nos aïeux.

J'écris et je signe ceci quarante ans après que ma femme Geneviève a vu mettre à mort ce jeune homme de Nazareth.

A toi, mon fils Judicaël, moi Fergan, fils de Péaron, je lègue, pour que tu les conserves et les transmettes à ta descendance, ces récits de notre famille et ces reliques : *la faucille d'or* de notre aïeule *Héna*, — *la clochette d'airain* de mon aïeul *Guilhern*, — *le collier de fer* de notre aïeul *Sylvest*, — et *la petite croix d'argent* que m'a laissée *Geneviève*.

. . . .

Moi Gomer, fils de Judicaël, j'avais dix-sept ans lorsque mon père est mort... il y a de cela (aujourd'hui où j'écris ceci) cinquante ans.

Ainsi que mon père l'avait prévu, ma vie d'esclavage a été, comme la sienne, monotone et morne, ainsi que celle d'une bête de somme.

Je rougis de honte en songeant que ni moi ni toi sans doute, mon fils Médérik, nous n'aurons rien à ajouter aux récits de nos aïeux ; car, hélas ! ils ne sont pas encore venus, et ils ne viendront peut-être jamais, ces temps dont parlait notre aïeule Geneviève, sur la foi de celui qu'elle appelle dans ses récits le jeune maître de Nazareth, et qui prophétisait qu'un jour *les fers des esclaves seraient brisés*.

A toi donc, mon fils Médérik, moi Gomer, fils de Judicaël, je lègue, pour que tu les conserves et les transmettes à notre descendance, ces reliques et ces récits de notre famille.

L'ALOUETTE DU CASQUE OU VICTORIA, LA MÈRE DES CAMPS
(De l'an 130 à 395 de l'ère chrétienne)

CHAPITRE PREMIER

Justin, Aurel, Ralf, descendants du brenn de la tribu de Karnak. — *Schanvoch,* libre soldat. — *Vindex, Civilis, Marik,* héros de la Gaule redevenue libre. — *Velléda.* — *Victoria, la mère des camps,* sœur de lait de Scanvoch. — Scanvoch va porter un message au camp des Franks. — La légende d'*Héna,* la vierge de l'île de Sèn. — Les *Écorcheurs.* — Ce que font les Franks des prisonniers gaulois. — La chaudière infernale. — *Victoria.* — *Tetrik.* — Les Bohémiennes hongroises. — Scanvoch aborde au camp des Franks.

Moi, descendant de Joel, le brenn de la tribu de Karnak, moi *Scanvoch,* redevenu libre par le courage de mon père *Ralf* et les vaillantes insurrections gauloises, arrivées de siècle en siècle, j'écris ceci deux cent soixante-quatre ans après que mon aïeule Geneviève, femme de Fergan, a vu mourir en Judée le pauvre charpentier Jésus de Nazareth.

J'écris ceci trente-quatre ans après que *Gomer,* fils de *Judicaël* et petit-fils de Fergan, esclave comme son père et son grand-père, écrivait à son fils *Médérik* qu'il n'avait à ajouter que le monotone récit de sa vie d'esclave à l'histoire de notre famille.

Médérik, mon aïeul, n'a rien ajouté non plus à notre légende ; son fils *Justin* y avait fait seulement tracer ces mots par une main étrangère:

« Mon père Médérik est mort esclave, com-
« battant, comme *Enfant du Gui*, pour la li-
« berté de la Gaule ; il m'a dit avoir été poussé
« à la révolte contre l'oppression étrangère par
« les récits de la vaillance de nos aïeux libres
« et par la peinture de la souffrance de nos
« pères esclaves. Moi, son fils Justin, colon du
« fisc, mais non plus esclave, j'ai fait consigner
« ceci sur les parchemins de notre famille : je
« les transmettrai fidèlement à mon fils *Aurel,*
« ainsi que *la faucille d'or, la clochette d'ai-*
« *rain, le morceau de collier de fer* et *la pe-*
« *tite croix d'argent,* que j'ai pu conserver. »

Aurel, fils de Justin, colon comme son père, n'a pas été plus lettré que lui ; une main étrangère avait aussi tracé ces mots à la suite de notre légende :

« Ralf, fils d'Aurel, le colon, s'est battu pour
« l'indépendance de son pays ; Ralf, devenu
« tout à fait libre par la force des armes gau-
« loises et par suite de la guerre sainte prêchée
« par nos druides vénérés, a été obligé de prier
« un ami de tracer ces mots sur nos parche-
« mins pour y constater la mort de son père
« Aurel : Mon fils Scanvoch, plus heureux que
« moi, pourra, sans recourir à une main étran-
« gère, écrire dans nos récits de famille la date
« de ma mort, à moi, Ralf, le premier homme
« de la descendance de Joel, le brenn de la
« tribu de Karnak, qui ait reconquis une en-
« tière liberté. Je déclare ici, comme plusieurs

« de nos aïeux, que c'est le récit de la vaillance
« et du martyre de nos ancêtres, réduits en
« servitude, qui m'a fait prendre les armes
« contre les Romains, nos maîtres, nos oppres-
« seurs séculaires. »

Moi donc, Scanvoch, fils d'Aurel, j'ai effacé de notre légende et récrit moi-même les lignes précédentes qui mentionnaient la mort et les noms de nos aïeux, Justin, Aurel, Ralf. Ces trois générations remontaient à Médérik, fils de Gomer, lequel était fils de Judicaël et petit-fils de Fergan, dont la femme Geneviève a vu mettre à mort, en Judée, le jeune maître de Nazareth, il y a aujourd'hui deux cent soixante-quatre ans.

Mon père Ralf m'a aussi remis nos saintes reliques.

La petite faucille d'or de notre aïeule Hèna, la vierge de l'île de Sên.

La clochette d'airain, laissée par notre aïeul Guilhern, le seul survivant de tous les membres de notre famille à la grande bataille de Vannes; jour funeste, duquel a daté l'asservissement de la Gaule par César, il y a aujourd'hui trois cent vingt ans.

Le collier de fer, signe de la servitude de Sylvest.

La petite croix d'argent que nous a léguée notre aïeule Geneviève, témoin de la mort de Jésus, le charpentier de Nazareth.

Ces récits, ces reliques, je te les léguerai, cher petit Aëlguen, fils de ma bien-aimée femme *Ellèn*, qui t'a mis au monde il y a aujourd'hui quatre ans.

Je choisis ce beau jour, anniversaire de ta naissance, ô mon fils, comme jour d'un heureux augure, afin de commencer, pour toi et pour notre descendance, le récit de ma vie, de mes combats, de mes joies et de mes chagrins, selon le dernier vœu de notre aïeul Joel, le brenn de la tribu de Karnak.

Tu t'attristeras, mon fils, quand tu verras par ces récits que depuis la mort de Joel jusqu'à celle de mon arrière grand-père Justin, sept générations, *sept générations !*... ont été soumises à un horrible esclavage ; mais ton cœur s'allégera lorsque tu apprendras que mon bisaïeul et mon aïeul étaient, d'esclaves, devenus colons attachés à la terre des Gaules, condition encore servile, mais de beaucoup supérieure à l'esclavage ; mon père à moi, redevenu libre, grâce aux redoutables insurrections des *Enfants du Gui*, soulevés de siècle en siècle à la voix de nos druides, infatigables et héroïques défenseurs de la Gaule asservie, m'a légué la liberté, ce bien le plus précieux de tous ; je te le transmettrai.

Nous avons pu, nous Gaulois, à force de luttes, de résistance opiniâtre, reconquérir successivement presque toutes nos libertés. Un fragile et dernier lien nous attache encore à Rome, aujourd'hui notre alliée, autrefois notre impitoyable dominatrice ; mais ce fragile et dernier lien brisé, nous retrouverons notre indépendance absolue et nous reprendrons notre antique place à la tête des grandes nations du monde.

Avant de te faire connaître certaines circonstances de ma vie, mon enfant, je dois suppléer en quelques lignes au vide que laisse dans l'histoire de notre famille l'abstention de ceux de nos aïeux qui, par suite de leur manque d'instruction et du malheur des temps, n'ont pu ajouter leurs récits à notre légende. Leur vie a dû être celle de tous les Gaulois qui, malgré les chaînes de l'esclavage, ont, pas à pas, siècle à siècle, conquis par la révolte et la bataille l'affranchissement de notre pays.

Tu liras, dans les dernières lignes écrites par notre aïeul Fergan, époux de Geneviève que, malgré les serments des *Enfants du Gui* et de nombreux soulèvements, dont l'un des plus redoutables fut dirigé par Sacrovir, ce digne émule du *chef des cent vallées*, la tyrannie de Rome, imposée depuis César à la Gaule, durait toujours. En vain Jésus, le charpentier de Nazareth, avait prophétisé les temps où les fers des esclaves seraient brisés ; les esclaves traînaient toujours leurs chaînes ensanglantées ; cependant notre vieille race affaiblie, mutilée, énervée ou corrompue par l'esclavage, mais non soumise, ne laissait passer que peu d'années sans essayer de briser son joug ; les secrètes associations des *Enfants du Gui* couvraient le pays et donnaient d'intrépides soldats à chacune de nos révoltes contre Rome.

Après la tentative héroïque de *Sacrovir*, dont tu verras la mort sublime dans les récits de notre aïeul Fergan, le chétif et timide esclave tisserand, d'autres insurrections éclatèrent sous les empereurs romains Tibère et Claude : elles redoublèrent d'énergie pendant les guerres civiles qui, sous le règne de *Néron*, divisèrent l'Italie. Vers cette époque, l'un de nos héros, VINDEX, aussi intrépide que le CHEF DES CENT VALLÉES ou que Sacrovir, tint longtemps en échec les armées romaines. — CIVILIS, autre patriote gaulois, s'appuyant sur les prophéties de VELLÉDA, une de nos druidesses, femme virile et de haut conseil, digne de la vaillance et de la sagesse de nos mères, souleva presque toute la Gaule et commença d'ébranler profondément la puissance romaine. Plus tard, enfin, sous le règne de l'empereur Vitellius, un pauvre esclave de labour, comme l'avait été notre aïeul Guilhern, se donnant comme messie et libérateur de la Gaule, de même que Jésus de Nazareth s'était donné comme messie et libérateur de la Judée, poursuivit avec une patriotique ardeur l'œuvre d'affranchissement commencée par le *chef des cent vallées*, et continuée par *Sacrovir*, *Vindex*, *Civilis* et tant d'autres héros. Cet esclave laboureur, nommé Marik, âgé de vingt-cinq ans à peine, robuste, intelligent, d'une héroïque bravoure, était affilié aux *Enfants du Gui;* nos vénérés druides, toujours persécutés, avaient parcouru la Gaule pour exciter les tièdes, calmer les impatients et prévenir chacun du terme fixé pour le soulèvement. Il éclate; *Marik*, à la tête de dix mille esclaves, paysans comme lui, armés de fourches et de faux, attaque, sous les murs de Lyon, les troupes romaines de Vitellius. Cette première tentative avorte; les insurgés sont presque entièrement détruits par l'armée romaine, trois fois supérieure en nombre; mais, loin d'accabler les insurgés gaulois, cette défaite les exalte; des populations entières se soulèvent à la voix des druides prêchant la guerre sainte: les combattants semblaient sortir des entrailles de la terre; Marik se voit de nouveau à la tête d'une nombreuse armée. Doué par les dieux du génie militaire, il discipline ses troupes, les encourage, leur inspire une confiance aveugle, marche vers les bords du Rhin, où campait, protégée par ses retranchements, la réserve de l'armée romaine, l'attaque, la bat et force des légions entières, qu'il fait prisonnières, à changer leurs enseignes pour notre antique coq gaulois. Ces légions romaines, devenues presque compatriotes par leur long séjour dans notre pays, entraînées par l'ascendant militaire de Marik, se joignent à lui, combattent les nouvelles colonnes romaines venues d'Italie, les dispersent ou les anéantissent. L'heure de la délivrance de la Gaule allait sonner... Marik tombe entre les mains de l'immonde empereur Vespasien, par une lâche trahison... Ce nouveau héros de la Gaule, criblé de blessures est livré aux animaux du cirque, comme notre aïeul Sylvest.

La mort de ce martyr exaspère les populations; sur tous les points de la Gaule de nouvelles insurrections éclatent. La parole de Jésus de Nazareth, proclamant *l'esclave l'égal de son maître*, commence à pénétrer dans notre pays, prêchée par des apôtres voyageurs; la haine contre l'oppression étrangère redouble: attaqués en Gaule de toutes parts, harcelés de l'autre côté du Rhin par d'innombrables hordes de Franks, guerriers barbares, venus du fond des forêts du Nord, et attendant le moment de fondre à leur tour sur la Gaule, les Romains capitulent avec nous; nous recueillons enfin le fruit de tant de sacrifices héroïques! Le sang versé par nos pères depuis trois siècles a fécondé notre affranchissement, car elles étaient prophétiques, ces paroles du chant du *chef des cent vallées*:

« *Coule, coule, sang du captif!* — *Tombe, tombe, rosée sanglante!* — *Germe, grandis, moisson vengeresse!...* »

Oui, mon enfant, elles étaient prophétiques ces paroles; car c'est en chantant ce refrain que nos pères ont combattu et vaincu l'oppression étrangère. Enfin Rome nous rend une partie de notre indépendance; nous formons des légions gauloises, commandées par nos officiers; nos provinces sont administrées par des gouverneurs de notre choix. Rome se réserve seulement le droit de nommer un *principat* des Gaules, dont elle sera suzeraine; on accepte en attendant mieux, et ce mieux nous ne tarderons pas à l'obtenir. Épouvantés par nos continuelles révoltes, nos tyrans avaient peu à peu adouci les rigueurs de notre esclavage; la terreur devait obtenir d'eux ce qu'ils avaient impitoyablement refusé au bon droit, à la justice, à la voix suppliante de l'humanité; il ne fut plus permis au maître, comme du temps de notre aïeul Sylvest et de plusieurs de ses descendants, de disposer de la vie des esclaves comme on dispose de la vie d'un animal. Plus tard, l'influence de la terreur augmentant, le maître ne put infliger des châtiments corporels à son esclave que par l'autorisation d'un magistrat. Enfin, mon enfant, cette horrible loi romaine, qui, du temps de notre aïeul Sylvest et des sept générations qui l'ont suivi, déclarait les esclaves hors de l'humanité, disant dans son féroce langage: *que l'esclave n'existe pas, qu'il* N'A PAS DE TÊTE *(non caput habet,* selon le langage romain), cette horrible loi, grâce à l'épouvante inspirée par nos révoltes continuelles, s'était à ce point modifiée que le code Justinien proclamait ceci:

« La liberté est de droit naturel; — c'est le
« droit des gens qui a créé la servitude; — il a
« créé aussi l'affranchissement, qui est le retour
« à la liberté naturelle. »

Hélas! il est sans doute désolant de ne voir triompher les droits sacrés de l'humanité qu'au milieu de torrents de sang et d'innombrables désastres! Mais qui doit-on maudire comme le véritable auteur de tant de maux? N'est-ce pas l'oppresseur qui courbe son semblable sous le joug d'un affreux esclavage, qui vit des sueurs de ses frères, qui les déprave, qui les avilit, qui les martyrise, qui les tue par caprice ou par cruauté, et les force de reconquérir violemment la liberté qu'on leur a ravie? Sache-le bien, mon enfant, si la race gauloise asservie s'était montrée aussi patiente, aussi craintive, aussi résignée que notre pauvre aïeul *Fergan le tisserand*, notre esclavage n'eût jamais été aboli! Lorsqu'on a fait de vains appels au cœur et à la raison de l'oppresseur, il ne reste qu'un moyen de briser la tyrannie: la révolte... la révolte énergique, opiniâtre, incessante, et tôt ou tard le bon droit triomphe, comme il a

Victoria, la Mère des camps (page 258)

triomphé pour nous ! Que le sang qu'il a coûté retombe sur ceux qui nous avaient asservis !

Ainsi donc, mon enfant, grâce à nos insurrections sans nombre, l'esclavage était remplacé par le *colonat*, sous le régime duquel ont vécu notre bisaïeul Justin et notre aïeul Aurel ; c'est-à-dire qu'au lieu d'être forcés de cultiver, sous le fouet et au seul profit des Romains, les terres dont ceux-ci nous avaient dépouillés par la conquête, les *colons* avaient une petite part dans le produit de la terre qu'ils faisaient valoir. On ne pouvait plus les vendre, comme des animaux de labour, eux et leurs enfants ; on ne pouvait plus les torturer ou les tuer ; mais ils étaient obligés, de père en fils, de rester, eux et leur famille, attachés à la même propriété. Lorsqu'elle se vendait, ils passaient au nouveau possesseur sous les mêmes conditions de travail. Plus tard, la condition des colons s'améliora davantage encore, ils jouirent de leurs droits de citoyens. Lorsque les légions gauloises se formèrent, les soldats dont elles furent composées redevinrent complètement libres. Mon père Ralf, fils de colon, gagna ainsi sa liberté ; et moi, fils de soldat, élevé dans les camps, je suis né libre et je te léguerai cette liberté, comme mon père me l'a transmise, avec le devoir de la conserver pour ta descendance.

Lorsque tu liras ceci, mon enfant, après avoir eu connaissance des souffrances de nos aïeux, esclaves pendant sept générations, tu comprendras la sagesse des vœux de notre aïeul Joel, le brenn de la tribu de Karnak ; tu verras combien justement il espérait que notre vieille race gauloise, en conservant pieusement le souvenir de sa bravoure et de son indépendance d'autrefois, trouverait dans son horreur de l'oppression romaine la force de la briser.

33e livraison.

Aujourd'hui que j'écris ces lignes, j'ai trente-huit ans ; mes parents sont morts depuis longtemps. Ralf, mon père, premier soldat d'une de nos légions gauloises, où il avait été enrôlé à dix-huit ans dans le midi de la Gaule, est venu dans ce pays-ci, près des bords du Rhin, avec l'armée ; il a été de toutes les batailles contre les hordes féroces des Franks, qui, attirés par la fertilité de notre Gaule, par les richesses de notre pays, sont campés de l'autre côté du Rhin, toujours prêts à l'envahir.

Il y a environ quarante ans, on craignit en Bretagne une descente des insulaires d'Angleterre : plusieurs légions, parmi lesquelles se trouvait celle de mon père, furent envoyées dans ce pays. Pendant plusieurs mois il tint garnison dans la ville de Vannes, non loin de Karnak, le berceau de notre famille. Ralf, s'étant fait lire par un ami les récits de nos ancêtres, alla visiter avec un pieux respect le champ de bataille de Vannes, les pierres sacrées de Karnak et les terres dont nous avions été dépouillés, du temps de César, par la conquête. Ces terres étaient au pouvoir d'une famille romaine ; des colons, fils de Gaulois bretons de notre ancienne tribu, autrefois réduits à l'esclavage, exploitaient ces terres pour ceux-là dont les ancêtres les avaient dépossédés. La fille de l'un de ces colons aima mon père et en fut aimée. Elle se nommait Madalène ; c'était une de ces viriles et fières Gauloises dont notre aïeule Margarid, femme de Joel, offrait le modèle accompli. Elle suivit mon père lorsque sa légion quitta la Bretagne pour revenir ici sur les bords du Rhin, où je suis né, dans le camp fortifié de Mayence, ville militaire occupée par nos troupes. Le chef de la légion où servait mon père était fils d'un laboureur ; son courage lui avait valu ce commandement. Le lendemain de ma naissance, la femme de ce chef mourait en mettant au monde une fille... une fille... qui, peut-être un jour, du fond de sa modeste maison, régnera sur le monde, comme elle règne aujourd'hui sur la Gaule ; car aujourd'hui, à l'heure où j'écris ceci, Victoria, par sa haute sagesse, par ses qualités éminentes, par la juste influence qu'elle exerce sur son fils Victorin et sur notre armée, est de fait impératrice de la Gaule.

Victoria est ma sœur de lait ; son père, devenu veuf, et appréciant les mâles vertus de ma mère, la supplia de nourrir cette enfant ; aussi elle et moi avons-nous été élevés comme frère et sœur : à cette fraternelle affection nous n'avons jamais failli... Victoria, dès ses premières années, était sérieuse et douce, quoiqu'elle aimât le bruit des clairons et la vue des armes. Elle devait être un jour belle de cette auguste beauté, mélange de calme, de grâce et de force, particulière à certaines femmes de la Gaule. Tu verras des médailles frappées en son honneur dans sa première jeunesse ; elle y est représentée en *Diane chasseresse*, tenant un arc d'une main et de l'autre un flambeau. Sur une dernière médaille, frappée il y a deux ans, Victoria est figurée avec Victorin, son fils, sous les traits de *Minerve* accompagnée de *Mars*. A l'âge de dix ans, elle fut envoyée par son père dans un collège de druidesses. Celles-ci, délivrées de la persécution romaine par la renaissance de la liberté des Gaules, élevaient des enfants comme par le passé.

Victoria resta chez ces femmes vénérées jusqu'à l'âge de quinze ans ; elle puisa dans leurs patriotiques et sévères enseignements un ardent amour de la patrie et des connaissances sur toutes choses ; elle sortit de ce collège instruite des secrets du temps d'autrefois, et possédant, dit-on, comme Velléda et d'autres druidesses, la prévision de l'avenir. A cette époque, la virile et fière beauté de Victoria était incomparable... Lorsqu'elle me revit, elle fut heureuse et me le témoigna ; son affection pour moi, son frère de lait, loin de s'affaiblir pendant notre longue séparation, avait augmenté.

Ici, mon enfant, je veux, je dois te faire un aveu ; car tu ne liras ceci que lorsque tu auras l'âge d'homme ; dans cet aveu tu trouveras un bon exemple de courage et de renoncement.

Au retour de Victoria, éblouissante de sa beauté de quinze ans, j'avais le même âge, je devins, quoique à peine adolescent, follement épris d'elle ; je cachai soigneusement cet amour, autant par timidité que par suite du respect que m'inspirait, malgré le fraternel attachement dont elle me donnait chaque jour des preuves, cette sérieuse jeune fille, qui rapportait du collège des druidesses je ne sais quoi d'imposant, de pensif et de mystérieux. Je subis alors une cruelle épreuve. A quinze ans et demi, Victoria, ignorant mon amour (qu'elle doit toujours ignorer), donna sa main à un jeune chef militaire... Je faillis mourir d'une lente maladie, causée par un secret désespoir. Tant que dura pour moi le danger, Victoria ne quitta pas mon chevet ; une tendre sœur ne m'eût pas comblé de soins plus dévoués, plus délicats... Elle devint mère... et, quoique mère, elle accompagnait à la guerre son mari, qu'elle adorait. A force de raison, j'étais parvenu à vaincre sinon mon amour, du moins ce qu'il y avait de violent, de douloureux, d'insensé dans cette passion ; mais il me restait pour ma sœur de lait un dévouement sans bornes ; elle me demanda de demeurer auprès d'elle et de son mari, comme l'un de ces cavaliers qui servent ordinairement d'escorte aux chefs gaulois et écrivent ou portent leurs ordres militaires ; j'acceptai. Ma sœur de lait avait dix-huit ans à peine lorsque, dans une grande bataille contre les Franks, elle perdit le même jour son père et son mari... Restée veuve avec son enfant, pour qui elle prévoyait de glorieuses destinées, vaillamment réalisées aujourd'hui, Victoria ne quitta pas le camp. Les soldats, habitués à la voir au milieu d'eux, son fils dans les bras, entre son père et son mari, savaient que plus d'une fois ses avis, d'une sagesse profonde, avaient, comme ceux de nos mères, prévalu dans les conseils des chefs; ils regardaient enfin comme d'un bon augure pour les armes gauloises la présence de cette jeune femme, élevée dans la science mystérieuse des druidesses; ils la supplièrent, après la mort de son père et de son mari, de ne pas abandonner l'armée, lui déclarant, dans leur naïve affection, que son fils Victorin serait désormais le *fils des camps*, et elle la *mère des camps*. Victoria, touchée de tant d'attachement, resta au milieu des troupes, conservant sur les chefs son influence, les dirigeant dans le gouvernement de la Gaule, s'occupant d'élever virilement son fils et vivant aussi simplement que la femme d'un officier.

Peu de temps après la mort de son mari, ma sœur de lait m'avait déclaré qu'elle ne se remarierait jamais, voulant consacrer sa vie tout entière à Victorin... Le dernier et fol espoir que j'avais conservé en la voyant veuve et libre s'évanouit : la raison me vint avec l'âge; oubliant mon malheureux amour, je ne songeai plus qu'à me dévouer à Victoria et à son enfant. Simple cavalier dans l'armée, je servais de secrétaire à ma sœur de lait; souvent elle me confiait d'importants secrets d'État et parfois me chargeait de messages de confiance pour les chefs militaires de la Gaule.

J'apprenais à Victorin à monter à cheval, à manier la lance et l'épée; je le chéris bientôt comme mon fils : on ne pouvait voir un plus aimable, un plus généreux naturel. Il grandit ainsi au milieu de soldats, qui s'attachèrent à lui par les mille liens de l'habitude et de l'affection. A quatorze ans, il fit ses premières armes contre les Franks, devenus pour nous d'aussi dangereux ennemis que l'avaient été les Romains... Je l'accompagnai : sa mère, à cheval, entourée d'officiers, resta, en vraie Gauloise, sur une colline d'où l'on découvrait le champ de bataille où combattait son fils... Il se comporta bravement et fut blessé. Ainsi habitué jeune à la vie de guerre, de grands talents militaires se développèrent en lui : intrépide comme le plus brave des soldats, habile et prudent comme un vieux capitaine, généreux autant que sa bourse le lui permettait, gai, ouvert, avenant à tous, il gagna de plus en plus l'attachement de l'armée, qui partagea bientôt son adoration entre lui et sa mère... Vint enfin le jour où la Gaule, déjà presque indépendante, voulut partager avec Rome le gouvernement de notre pays; le pouvoir fut alors divisé entre un chef gaulois et un chef romain : Rome choisit *Posthumus*, et nos troupes acclamèrent d'une voix Victorin comme chef de la Gaule et général de l'armée. Peu de temps après, il épousa une jeune fille dont il était aimé... Malheureusement elle mourut après une année de mariage, lui laissant un fils. Victoria, devenue aïeule, se voua à l'enfant de son fils comme elle s'était vouée à celui-ci, et l'entoura de tous les soins inspirés par la plus tendre sollicitude.

Ma première résolution avait été de ne jamais me marier; cependant je fus peu à peu séduit par la grâce modeste et par les vertus de la fille d'un centenier de notre armée; c'était ta mère Ellèn, que j'ai épousée il y a cinq ans, mon enfant.

Telle a été ma vie jusqu'à ce jour, où je commence le récit qui va suivre... Certaines réflexions de Victoria m'ont décidé à l'écrire autant pour toi que pour notre descendance; car si les prévisions de ma sœur de lait, à propos de divers incidents de cette histoire, se réalisent, ceux des nôtres qui, dans des siècles peut-être, liront ceci, reconnaîtront que Victoria, *la mère des camps*, avait, comme notre aïeule *Héna*, la vierge de l'île de Sên, et *Velléda*, la druidesse, compagne de *Civilis*, le don sacré de prévoir l'avenir.

Ce que je vais raconter s'est passé il y a huit jours. Ainsi donc, afin de préciser la date de ce récit pour notre descendance, je constate qu'il est écrit dans la ville de Mayence, défendue par notre camp fortifié des bords du Rhin, le cinquième jour du mois de juin, ainsi que disent les Romains, la septième année du *principat* de Posthumus et de Victorin en Gaule, deux cent soixante-sept après la mort de Jésus de Nazareth, l'ami des pauvres, crucifié à Jérusalem sous les yeux de notre aïeule Geneviève.

Le camp gaulois, composé de tentes et de baraques légères, mais solides, avait été massé autour de Mayence, qui le dominait. Victoria logeait dans la ville; j'occupais une petite maison à peu de distance de la sienne.

Le matin du jour dont je parle, je me suis éveillé à l'aube, laissant ma bien-aimée femme Ellèn encore endormie; je la contemplai un instant : ses longs cheveux dénoués couvraient à demi son sein; sa tête, d'une beauté si douce, reposait sur l'un de ses bras replié, tandis qu'elle étendait l'autre sur ton berceau, mon enfant, comme pour te protéger, même pendant son sommeil... J'ai, d'un baiser, effleuré votre front à tous les deux, de crainte de vous réveiller; il m'en a coûté de ne pas vous embrasser tendrement, à plusieurs reprises; je partais pour une expédition aventureuse, il se pouvait que le baiser que j'osais à peine vous donner, chers endormis, fût le dernier. Quittant la chambre où vous reposiez, je suis allé m'armer, endosser ma cuirasse par-dessus ma saie, prendre mon casque et mon épée; puis je suis sorti de notre maison. Au seuil de notre porte j'ai rencontré *Sampso*, la sœur de ma femme, et, comme elle, aussi douce que belle; son tablier était rempli de fleurs de nuances diverses, humides de rosée, elle venait de les cueillir dans notre petit jardin. A ma vue elle sourit et rougit de surprise.

— Déjà levée, Sampso? — lui dis-je. — Je croyais être sur pied le premier... Mais pourquoi avoir cueilli ces fleurs?

— N'y a-t-il pas aujourd'hui une année que je suis venue habiter avec ma sœur Ellèn et avec vous... oublieux Scanvoch? — me répondit-elle avec un sourire affectueux. — Je veux fêter ce jour, selon notre vieille mode gauloise; j'ai été chercher ces fleurs pour orner la porte de la maison, le berceau de votre cher petit Aëlguen, et la coiffure de sa mère... Mais vous-même, où allez-vous si matin armé en guerre?

A la pensée de cette journée de fête, qui pouvait devenir une journée de deuil pour ma famille, j'ai étouffé un soupir et répondu à la sœur de ma femme en souriant, afin de ne lui donner aucun soupçon :

— Victoria et son fils m'ont chargé hier soir de quelques ordres militaires à porter au chef d'un détachement campé à deux lieues d'ici; l'habitude militaire est d'être armé pour porter des messages.

— Savez-vous, Scanvoch, que vous devez faire beaucoup de jaloux?

— Parce que ma sœur de lait emploie mon épée de soldat pendant la guerre et ma plume pendant la trêve?...

— Vous oubliez de dire que cette sœur de lait est *Victoria la grande*... et que Victorin, son fils, a pour vous le respect qu'il aurait à l'égard du frère de sa mère... il ne se passe presque pas de jour sans que lui ou Victoria ne vienne vous voir... Ce sont là des faveurs que beaucoup envient.

— Ai-je jamais tiré parti de cette faveur, Sampso? ne suis-je pas resté simple cavalier? refusant toujours d'être officier? demandant pour toute grâce de me battre à la guerre à côté de Victorin?

— A qui vous avez deux fois sauvé la vie, au moment où il allait périr sous les coups de ces Franks, de ces barbares!

— J'ai fait mon devoir de soldat et de Gaulois... ne dois-je pas sacrifier ma vie à celle d'un homme si nécessaire à notre pays?

— Scanvoch, je ne veux pas que nous nous querellions; vous savez mon admiration pour Victoria; mais...

— Mais je connais votre injustice à l'égard de son fils, — lui dis-je en souriant — austère et sévère Sampso.

— Est ce de ma faute si le dérèglement des mœurs est à mes yeux méprisable... honteux?

— Certes, vous avez raison; cependant je ne peux m'empêcher d'avoir un peu d'indulgence pour quelques faiblesses de Victorin. Veuf à vingt ans, ne faut-il pas l'excuser s'il cède parfois à l'entraînement de son âge? Tenez, chère et impitoyable Sampso, je vous ai fait lire les récits de notre aïeule Geneviève; vous êtes douce et bonne comme Jésus de Nazareth, imitez donc sa miséricorde envers les pécheurs. Il a pardonné à Madeleine parce qu'elle avait beaucoup aimé; pardonnez, au nom du même sentiment, à Victorin!

— Rien de plus digne de pardon et de pitié que l'amour, lorsqu'il est sincère; mais la débauche n'a rien de commun avec l'amour... C'est comme si vous me disiez, Scanvoch, qu'il y a quelque comparaison à faire entre ma sœur ou moi... et ces bohémiennes hongroises arrivées depuis peu à Mayence...

— Pour la beauté on pourrait vous les comparer, ainsi qu'à Ellèn, car on les dit belles à ravir d'admiration... Mais là s'arrête la comparaison, Sampso... J'ai peu de confiance dans la vertu de ces vagabondes, si charmantes, si parées qu'elles soient, qui vont de ville en ville chanter et danser pour divertir le public... lorsqu'elles ne font pas un pire métier...

— Et pourtant, je n'en doute pas, un jour ou l'autre, vous verrez Victorin, général d'armée, un des deux chefs de la Gaule, accompagner à cheval le chariot où ces bohémiennes vont se promener chaque soir sur les bords du Rhin... Et si je m'indigne de ce que le fils de Victoria serve d'escorte à pareilles créatures, alors vous me répondrez sans doute : — Pardonnez à ce débauché, de même que Jésus a pardonné à Madeleine, la pécheresse... — Allez, Scanvoch, l'homme qui se complaît dans d'indignes amours est capable de...

Mais Sampso s'interrompit.

— Achevez, — lui dis-je, — dites toute votre pensée, je vous en prie...

— Non, — dit-elle après un moment de réflexion, — le temps n'est pas venu; je ne voudrais pas hasarder une parole légère.

— Tenez, — lui dis-je en souriant, — je suis certain qu'il s'agit de quelqu'un de ces contes ridicules qui courent depuis quelque temps dans l'armée au sujet de Victorin, sans qu'on puisse savoir d'où viennent ces menteries. Pouvez-vous, Sampso... vous... avec votre saine raison, avec votre bon cœur, vous faire l'écho de pareilles histoires, d'indignes calomnies?

— Adieu, Scanvoch; je vous ai dit que je ne voulais pas me quereller avec vous, cher frère, au sujet du héros que vous défendez envers et contre tous...

— Que voulez-vous? c'est mon faible; j'aime

sa mère comme ma sœur... j'aime son fils comme s'il était le mien. Ne faites-vous pas ainsi que moi, Sampso? Mon petit Aëlguen, le fils de votre sœur, ne vous est-il pas aussi cher que vous le serait votre enfant? Croyez-moi... lorsque Aëlguen aura vingt ans et que vous l'entendrez accuser de quelque folie de jeunesse, vous le défendrez, j'en suis sûr, encore plus chaudement que je ne défends Victorin... D'ailleurs, ne commencez-vous pas dès à présent votre rôle de défenseuse? Oui, lorsque l'espiègle est coupable de quelque grosse faute, n'est-ce pas sa tante Sampso qu'il va trouver pour la prier d'obtenir son pardon? vous l'aimez tant!

— L'enfant de ma sœur n'est-il pas mien?

— Voilà donc pourquoi vous ne voulez pas vous marier?

— Certainement, mon frère, — répondit-elle en rougissant avec une sorte d'embarras; puis, après un moment de silence, elle reprit:

— Vous serez, je l'espère, de retour ici vers le milieu du jour, pour que notre petite fête soit complète?

— Mon devoir accompli, je reviendrai. Au revoir, Sampso!

— Au revoir, Scanvoch!

Et, laissant la sœur de ma femme occupée à placer un bouquet dans l'un des anneaux de la porte de notre maison, je m'éloignai en réfléchissant à notre entretien.

Souvent je m'étais demandé pourquoi Sampso, plus âgée d'un an qu'Ellén, et aussi belle, aussi vertueuse qu'elle, avait jusqu'alors repoussé plusieurs offres de mariage; parfois je supposais qu'elle ressentait quelque amour caché, d'autres fois je me disais qu'elle appartenait peut-être à une de ces affiliations chrétiennes qui commençaient à se répandre en Gaule, et dans lesquelles les femmes faisaient vœu de chasteté, comme plusieurs denos druidesses. Un moment aussi je me demandai la cause de la réticence de Sampso au sujet de Victorin; puis j'oubliai ces pensées pour ne songer qu'à l'expédition dont j'étais chargé. M'acheminant vers les avant-postes du camp, je m'adressai à un officier, à qui je fis lire quelques lignes écrites de la main de Victorin. Aussitôt l'officier mit à ma disposition quatre soldats d'élite, excellents rameurs choisis parmi ceux qui avaient l'habitude de manœuvrer les barques de la flottille militaire destinée à remonter ou à descendre le Rhin pour défendre au besoin notre camp fortifié. Ces quatre soldats, sur ma recommandation, ne prirent pas d'armes; moi seul étais armé. En passant devant un bouquet de chênes, je leur fis couper quelques branchages destinés à être placés à la proue du bateau qui devait nous transporter. Nous arrivons bientôt sur la rive du fleuve; là étaient amarrées plusieurs barques réservées au service de l'armée. Pendant que deux des soldats placent à l'avant de l'embarcation les feuillages de chêne dont je les avais munis, les deux autres examinent les rames d'un œil exercé, afin de s'assurer qu'elles sont en bon état; je me mets au gouvernail, nous quittons le bord.

Les quatre soldats avaient ramé en silence pendant quelque temps, lorsque le plus âgé des quatre, un vétéran à moustaches grises et à cheveux blancs, me dit:

— Il n'y a rien de tel qu'un *bardit* gaulois pour faire passer le temps et manœuvrer les rames en cadence; on dirait qu'un vieux refrain national répété en chœur rend les avirons moins pesants et l'eau plus facile à couper. Peut-on chanter, ami Scanvoch?

— Tu me connais donc, camarade?

— Qui ne connaît dans l'armée le frère de lait de la *mère des camps*?

— Simple cavalier, je croyais que mon nom était plus obscur.

— Tu es resté simple cavalier malgré l'amitié de Victoria pour toi; voilà pourquoi, Scanvoch, chacun te connaît et t'aime.

— Vrai, tu me rends heureux en me disant cela. Comment te nommes-tu?

— Douarnek.

— Tu es Breton!

— Des environs de Vannes.

— Ma famille aussi est originaire de ce pays.

— Je m'en doutais, car on t'a donné un nom breton. Eh bien, ce *bardit*, peut-on le chanter, ami Scanvoch? Notre officier nous a donné l'ordre de t'obéir comme à lui; j'ignore où tu nous conduis, mais un chant s'entend de loin, surtout quand il s'agit d'un bardit entonné en chœur par de vigoureux garçons à larges poitrines... Or, peut-être ne faut-il pas attirer l'attention sur notre barque?

— Maintenant tu peux chanter... plus tard... non... il faudra avancer sans bruit.

— Allons, qu'allons-nous chanter, enfants? — dit le vétéran en continuant de ramer, ainsi que ses compagnons, et tournant seulement la tête de leur côté, car, placé au premier banc, il me faisait face. — Voyons... choisissez...

— Le bardit des marins, — dit un des soldats. Cela vous convient-il?

— C'est bien long, mes enfants, — reprit Douarnek.

— Le bardit du *chef des cent vallées*?

— C'est bien beau, — reprit Douarnek; — mais c'est un chant d'esclaves attendant leur délivrance, et par les os de nos pères, nous sommes libres aujourd'hui dans la vieille Gaule!

— Ami Douarnek, — lui dis-je, — c'est au refrain de ce chant d'esclaves:

— *Coule, coule, sang du captif!*
Tombe, tombe, rosée sanglante !
Que nos pères, les armes à la main, ont reconquis cette liberté dont nous jouissons.

— C'est vrai, Scanvoch... mais ce bardit est long, et tu nous as prévenus que nous devions bientôt rester muets comme les poissons.

— Douarnek, — reprit un jeune soldat, — si tu nous chantais le bardit d'Hêna, la vierge de l'île de Sèn?... Il me fait toujours venir les larmes aux yeux; car c'est ma sainte, à moi, cette belle et douce Hêna, qui vivait il y a des cents et des cents ans !

— Oui, oui, — reprirent les trois autres soldats, — chante-nous le bardit d'Hêna, Douarnek; ce bardit prophétise la victoire de la Gaule... et la Gaule est victorieuse aujourd'hui !

Moi, entendant cela, j'étais ému, heureux et, je l'avoue, fier en songeant que le nom d'Hêna, morte depuis plus de trois cents ans, était resté populaire en Gaule comme au temps de mon aïeul Sylvest.

— Va pour le bardit d'Hêna, — reprit le vétéran, — j'aime aussi cette sainte et douce fille, qui offre son sang à Hésus pour la délivrance de la Gaule ; et toi, Scanvoch, le sais-tu, ce chant ?

— Oui... à peu près... je l'ai déjà entendu chanter...

— Tu le sauras toujours assez pour répéter le refrain avec nous.

Et Douarnek se mit à chanter d'une voix pleine et sonore qui, au loin, domina les grandes eaux du Rhin :

« Elle était jeune, elle était belle, elle était
« sainte.
« Elle a donné son sang à Hésus pour la dé-
« livrance de la Gaule !
« Elle s'appelait Hêna ! Hêna, la vierge de
l'île de Sèn.

« — Bénis soient les dieux, ma douce fille, lui
« — dit son père Joel, le brenn de la tribu de
« Karnak, — bénis soient les dieux, ma douce
« fille, puisque te voilà ce soir dans notre
« maison pour fêter le jour de ta naissance !

« — Bénis soient les dieux, ma douce fille,
« — lui dit sa mère Margarid, — bénie soit ta
« venue ! Mais ta figure est triste ?

« — Ma figure est triste, ma bonne mère ;
« ma figure est triste, mon bon père, parce
« qu'Hêna, votre fille, vient vous dire adieu et
« au revoir.

« — Et où vas-tu, chère fille ? Le voyage sera
« donc bien long ? Où vas-tu ainsi ?

« — Je vais dans ces mondes mystérieux que
« personne ne connaît et que tous nous con-
« naîtrons, où personne n'est allé et où tous
« nous irons, pour revivre avec ceux que nous
« avons aimés. »

Et moi et les rameurs nous avons repris en chœur :
« Elle était jeune, elle était belle, elle était
« sainte...
« Elle a donné son sang à Hésus pour la dé-
« livrance de la Gaule!
« Elle s'appelait Hêna, Hêna, la vierge de
« l'île de Sèn. »

Douarnek continua son chant :

« Et entendant Hêna dire ces paroles-ci, bien
« tristement se regardèrent et son père et sa
« mère, et tous ceux de sa famille, et aussi les
« petits enfants, car Hêna avait un grand faible
« pour l'enfance.

« — Pourquoi donc, chère fille, pourquoi déjà
« quitter ce monde, pour s'en aller ailleurs sans
« que l'ange de la mort t'appelle ?

« — Mon bon père, ma bonne mère, Hésus
« est irrité, l'étranger menace notre Gaule bien-
« aimée. Le sang innocent d'une vierge, offert
« par elle aux dieux, peut apaiser leur colère...
« — Adieu donc et au revoir, mon bon père,
« ma bonne mère. Adieu et au revoir, vous
« tous, mes parents et mes amis ! Gardez ces
« colliers, ces anneaux en souvenir de moi;
« que je baise une dernière fois vos têtes
« blondes, chers petits ! adieu et au revoir !
« Souvenez-vous d'Hêna ; elle va vous attendre
« dans les mondes inconnus. »

Et moi et les rameurs nous avons repris en chœur, au bruit cadencé des rames :
« Elle était jeune, elle était belle, elle était
« sainte !
« Elle a offert son sang à Hésus pour la déli-
« vrance de la Gaule.
« Elle s'appelait Hêna, Hêna, la vierge de l'île
« de Sèn. »

Douarnek continua le bardit :

« — Brillante est la lune, grand est le bûcher
« qui s'élève auprès des pierres sacrées de
« Karnak ; immense est la foule des tribus qui
« se pressent autour du bûcher.

« — La voilà ! c'est elle ! c'est Hêna !... Elle
« monte sur le bûcher, sa harpe d'or à la main,
« et elle chante ainsi :

« — Prends mon sang, ô Hésus ! et délivre
« mon pays de l'étranger ! Prends mon sang,
« ô Hésus ! pitié pour la Gaule ! Victoire à nos
« armes ! — Et il a coulé, le sang d'Hêna !

« — O vierge sainte ! il n'aura pas en vain
« coulé, ton sang innocent et généreux ! cour-
« bée sous le joug, la Gaule un jour se relèvera
« libre et fière, en criant comme toi : — Vic-
« toire et liberté ! »

Et Douarnek, ainsi que les trois autres soldats, répétèrent à voix plus basse ce dernier refrain avec une sorte de pieuse admiration :

« — Celle-là qui a ainsi offert son sang à
« Hésus, pour la délivrance de la Gaule !

« Elle était jeune, elle était belle, elle était
« sainte.
« Elle s'appelait Héna, Héna, la vierge de l'Ile
« de Sên ! »
Moi seul je n'ai pas répété avec les soldats le
dernier refrain du bardit : tant je me sentais
ému !
Douarnek, remarquant mon émotion et mon
silence, me dit d'un air surpris :
— Quoi, Scanvoch, voici maintenant que la
voix te manque ? Tu restes muet pour achever
un chant si glorieux ?
— Tu dis vrai, Douarnek ; c'est parce que ce
chant est glorieux pour moi... que tu me vois
si fort ému.
— Glorieux pour toi ce bardit ; je ne te comprends pas
— Héna était fille d'un de mes aïeux !
— Que dis-tu ?
— Héna était la fille de Joel, le brenn de la
tribu de Karnak, mort, ainsi que sa femme et
presque toute sa famille, à la grande bataille
de Vannes, livrée sur terre et sur mer il y a
plus de trois siècles ; de père en fils, je descends
de Joel.
— Sais-tu, Scanvoch, — reprit Douarnek,
— sais-tu que des rois seraient fiers de tes
aïeux ?
— Le sang versé pour la patrie et la liberté,
c'est une noblesse, à nous autres Gaulois, —
lui dis-je ; — voilà pourquoi nos vieux bardits
sont chez nous si populaires.
— Quand on pense, — reprit le plus jeune
des soldats, — qu'il y a plus de trois cents ans
qu'Héna, cette sainte, a offert sa vie pour la
délivrance du pays, et que son nom est venu
jusqu'à nous.
— Quoique la voix de la jeune vierge ait
mis plus de deux siècles pour remonter jusqu'aux oreilles d'Hésus, — reprit Douarnek, —
cette voix est parvenue jusqu'à lui, puisque
nous pouvons dire, dès aujourd'hui : Victoire
à nos armes ! victoire et liberté !
Nous étions arrivés vers le milieu du Rhin,
à l'endroit où ses eaux sont très rapides.
Douarnek me demanda en relevant ses
rames :
— Entrerons-nous dans le fort du courant ?
Ce serait une fatigue inutile, si nous n'avions
qu'à remonter ou à descendre le fleuve à la
distance où nous voici de la rive que nous venons de quitter.
— Il faut traverser le Rhin dans toute sa
largeur, ami Douarnek.
— Le traverser !... — s'écria le vétéran en
me regardant d'un air ébahi. Traverser le
Rhin !... et pourquoi faire ?
— Pour aborder à l'autre rive.
— Y penses-tu, Scanvoch ? L'armée de ces
bandits franks, si on peut honorer du nom
d'armée ces hordes sauvages, n'est-elle pas
campée sur l'autre bord ?.
— C'est au milieu de ces barbares que je me
rends.
Pendant quelques instants, la manœuvre des
rames fut suspendue ; les soldats interdits et
muets se regardèrent les uns les autres, comme
s'il avaient peine à croire à ma résolution.
Douarnek rompit le premier le silence et me
dit, avec son insouciance de soldat :
— C'est alors une espèce de sacrifice à Hésus
que nous allons lui offrir en livrant notre peau
à ces écorcheurs ? Si tel est l'ordre, en avant !
Allons enfants, à nos rames !...
— Oublies-tu, Douarnek, que, depuis huit
jours, nous sommes en trêve avec les Franks ?
— Il n'y a jamais de trêve pour de pareils
brigands ?
— Tu le vois, j'ai fait, en signe de paix, garnir de feuillage l'avant de notre bateau ; je
descendrai seul dans le camp ennemi, une
branche de chêne à la main...
— Et ils te massacreront malgré la branche
de chêne, comme ils ont massacré d'autres
envoyés en temps de trêve.
— C'est possible, ami Douarnek ; mais si le
chef commande, le soldat obéit, Victoria et
son fils m'ont ordonné d'aller au camp des
Franks ; j'y vais !
— Ce n'est pas par peur, au moins, Scanvoch, que je te disais que ces sauvages ne nous
laisseraient pas nos têtes sur nos épaules...
et notre peau sur le corps... J'ai parlé par
vieille habitude de sincérité... Allons, ferme,
enfants ! ferme à vos rames !... c'est à un ordre
de notre mère... de la *mère des camps*, que
nous obéissons... En avant !... dussions-nous
être écorchés vifs par ces barbares, divertissement cruel qu'ils se donnent souvent aux
dépens de nos prisonniers.
— On dit aussi, — reprit le jeune soldat
d'une voix moins assurée que celle de Douarnek, — on dit aussi que ces prêtresses d'enfer
qui suivent les hordes frankes mettent parfois
nos prisonniers bouillir tout vivants dans de
grandes chaudières d'airain, avec certaines
herbes magiques.
— Eh ! eh ! — reprit joyeusement Douarnek,
— celui de nous qui sera mis ainsi à bouillir,
mes enfants, aura du moins l'avantage de
goûter le premier de son propre bouillon...
cela console... Allons, ferme sur nos rames !
nous obéissons à un ordre de la *mère des
camps*...
— Oh ! nous ramerions droit à un abîme si
Victoria l'ordonnait !
— Elle est bien nommée, la mère des camps
et des soldats ; il faut la voir après chaque
bataille allant visiter les blessés !
— Et leur disant de ces bonnes paroles qui

font presque regretter aux valides de n'avoir pas de blessures.

— Et puis, si belle... si belle !...

— Oh! quand elle passe dans le camp, montée sur son cheval blanc, vêtue de sa longue robe noire, le front si fier sous son casque, et pourtant l'œil si doux, le sourire si maternel... c'est comme une vision !

— On assure que notre Victoria connaît aussi bien l'avenir que le présent.

— Il faut qu'elle ait un charme; car qui croirait jamais, à la voir, qu'elle est mère d'un fils de vingt-deux ans ?...

— Ah! si le fils avait tenu ce qu'il promettait dès son jeune âge!

— On aimerait Victorin comme on l'aimait autrefois.

— Oui, et c'est vraiment dommage, — reprit Douarnek en secouant la tête d'un air chagrin, après avoir ainsi laissé les autres soldats ; — oui, c'est grand dommage! Ah! Victorin n'est plus cet enfant des camps que nous autres vieux à moustaches grises, qui l'avons vu naître et fait danser sur nos genoux, nous regardions, il y a peu de temps encore, avec orgueil et amitié.

Ces paroles des soldats me frappèrent ; non seulement j'avais souvent eu à défendre Victorin contre la sévère Sampso, mais je m'étais aperçu dans l'armée d'une sourde hostilité contre le fils de ma sœur de lait, qui avait été jusqu'alors l'idole de nos soldats.

— Qu'avez-vous donc à reprocher à Victorin ? — dis-je à Douarnek et à ses compagnons.

— N'est-il pas brave... entre les plus braves ? Ne l'avez-vous pas vu à la guerre ?

— Oh! s'il s'agit de se battre... il se bat vaillamment... aussi vaillamment que toi, Scanvoch, quand tu es à ses côtés, sur ton grand cheval gris, songeant plus à défendre le fils de ta sœur de lait qu'à te défendre toi-même... *Tes cicatrices le diraient ! si elles pouvaient parler par la bouche de tes blessures*, selon notre vieux proverbe.

— Moi, je me bats en soldat ; Victorin se bat en capitaine... Et ce capitaine de vingt-deux ans n'a-t-il pas déjà gagné cinq grandes batailles contre les Germains et les Franks ?

— Sa mère, notre Victoria, la bien nommée, a dû, par ses conseils, aider à la victoire, car il confère avec elle de ses plans de combat... mais enfin, c'est vrai, Victorin est vaillant soldat et bon capitaine.

— Et sa bourse, tant qu'elle est pleine, n'est-elle pas ouverte à tous ? Connais-tu un invalide qui se soit en vain adressé à lui ?

— Victorin est généreux... c'est encore vrai...

— N'est-il pas l'ami, le camarade du soldat ? Est-il fier ?

— Non, il est bon compagnon et de joyeuse humeur ; d'ailleurs, pourquoi serait-il fier ? Son père, sa victorieuse mère et lui ne sont-ils pas, comme nous autres, gens de la plèbe gauloise ?

— Ne sais-tu pas, Douarnek, que souvent les plus fiers sont les gens qui sont partis de plus bas ?

— Victorin n'est point orgueilleux.

— A la guerre, ne dort-il pas sans abri, la tête sur la selle de son cheval, ainsi que nous autres cavaliers ?

— Elevé par une mère aussi virile que la sienne, il devait devenir un rude soldat, comme cela est arrivé.

— Ignores-tu qu'il montre dans le conseil une maturité que beaucoup d'hommes de notre âge ne possèdent point ? N'est-ce pas enfin, sa bravoure, sa bonté, sa raison, ses rares qualités de soldat et de capitaine qui l'ont fait acclamer général par l'armée, et l'un des deux chefs de la Gaule ?

— Oui, mais en le choisissant, nous savions, nous autres, que sa mère Victoria serait toujours près de lui, le guidant, l'éclairant, lui enseignant l'art de gouverner les hommes, tout en cousant ses toiles de lingerie, la digne matrone, à côté du berceau de son petit-fils, selon son habitude de bonne ménagère.

— Personne mieux que moi ne sait combien sont sages et précieux pour notre pays les conseils que Victoria donne à son fils ; mais qu'y a-t-il de changé ? n'est-elle pas là, veillant sur Victorin et sur la Gaule, qu'elle aime d'un pareil et éternel amour ?... Voyons, Douarnek, réponds-moi avec ta franchise de soldat: D'où vient cette hostilité, qui, je le crains, va toujours empirant contre Victorin, notre jeune et vaillant général ?

— Ecoute, Scanvoch ; je suis, comme toi, un vieux et franc soldat, car ta moustache, plus jeune que la mienne, commence à grisonner. Tu veux connaître la vérité ? la voici : Nous savons tous que la vie des camps ne rend pas les gens de guerre chastes et réservés comme des jeunes filles élevées chez nos druidesses vénérées ; nous savons encore, parce que nous en avons bu souvent, que notre vin des Gaules nous met en humeur joyeuse ou tapageuse... nous savons encore qu'en garnison le jeune soldat, qui porte fièrement sur l'oreille une aigrette à son casque, en caressant sa moustache blonde ou brune, ne garde pas longtemps pour chers amis les pères qui ont de jolies filles ou les maris qui ont de jolies femmes. Mais tu m'avoueras, Scanvoch, qu'un soldat qui d'habitude s'enivrerait comme une brute, et qui ferait lâchement violence aux femmes, mériterait d'être régalé d'une centaine de coups de ceinturon bien appliqués sur l'échine, et d'être ensuite chassé honteusement du camp; est-ce vrai ?

Elwig, la prêtresse franque (page 270)

— C'est vrai; mais pourquoi me dire ceci à propos de Victorin?
— Écoute encore, ami Scanvoch, et réponds-moi : Si un obscur soldat méritait ce châtiment pour sa honteuse conduite, que devrait-on faire à un chef d'armée qui se dégraderait ainsi?
— Oserais-tu prétendre que Victorin ait fait violence à une femme et qu'il s'enivre chaque jour? — m'écriai-je indigné. — Je dis que tu mens, ou que ceux qui l'ont rapporté cela ont menti... Voilà donc ces bruits indignes qui circulent dans le camp sur Victorin! et vous êtes assez simples pour y ajouter foi?...
— Le soldat n'est déjà pas si crédule, ami Scanvoch, seulement il n'ignore pas le vieux proverbe gaulois : *On n'attribue les brebis perdues qu'aux possesseurs de troupeaux*... Ainsi, par exemple, tu connais le capitaine Marion, cet ancien ouvrier forgeron?...

— Oui, je connais ce brave comme l'un des meilleurs officiers de l'armée...
— Le fameux capitaine Marion, qui porte un bœuf sur ses épaules, — ajouta un des soldats, — et qui peut abattre ce bœuf d'un seul coup de poing, car son bras est aussi pesant que la masse de fer d'un boucher.
— Et le capitaine Marion, ajouta un autre rameur, — n'en est pas moins bon compagnon, malgré sa force et son renom militaire; car il a pour ami de guerre, pour *saldunc*, comme on disait au temps jadis, un simple soldat, son ancien camarade de forge.
— Je connais la bravoure, la modestie, la haute raison et l'austérité du capitaine Marion, — leur dis-je; — mais à quel propos le comparer à Victorin?...
— Prends patience, ami Scanvoch, je vais te le dire. As-tu vu, l'autre jour, entrer dans

31ᵉ livraison

Mayence ces deux bohémiennes traînées dans leur chariot par des mules couvertes de grelots et conduites par un négrillon?

— Je n'ai pas vu ces femmes, mais j'ai entendu parler d'elles. Mais, encore une fois, à quoi bon tout ceci à propos de Victorin?

— Je t'ai rappelé le proverbe : *On n'attribue les brebis perdues qu'aux possesseurs de troupeaux...* parce que l'on aurait beau attribuer au capitaine Marion des habitudes d'ivrognerie et de violence envers les femmes, que, malgré sa *simplesse*, le soldat ne croirait pas un mot de ces mensonges, n'est-ce pas? De même que si l'on attribuait quelque débauche à ces coureuses bohémiennes, le soldat ajouterait foi à ces bruits, à ces racontars?

— Je te comprends, Douarnek, et comme toi je serai sincère... Oui, Victorin aime la gaieté du vin, en compagnie de quelques camarades de guerre... oui, Victorin, resté veuf à vingt ans, après quelques mois de mariage, a parfois cédé aux entraînements de la jeunesse; sa mère a souvent regretté, ainsi que moi, qu'il ne fût pas d'une sévérité de mœurs d'ailleurs assez rare à son âge... Mais, par le courroux des dieux! moi, qui n'ai pas quitté Victorin depuis son enfance, je nie que l'ivresse soit chez lui une habitude; je nie surtout qu'il ait jamais été assez lâche pour violenter une femme!...

— Par bon cœur tu défends le fils de ta sœur de lait, Scanvoch, quoique tu le saches coupable, à moins que tu nies ce que tu ignores...

— Qu'elle est cette chose que j'ignore?

— Une aventure qui a causé un grand scandale et que chacun connaît dans le camp.

— Quelle aventure?

— Il y a quelque temps, Victorin et plusieurs officiers de l'armée ont été boire et se divertir dans une des îles des bords du Rhin, où se trouve une taverne... Le soir venu, Victorin, ivre comme d'habitude, a fait violence à l'hôtesse; celle-ci, dans son désespoir, s'est jetée dans le fleuve... où elle s'est noyée...

— Un soldat qui se conduirait ainsi sous un chef sévère, — dit un des rameurs, — porterait sa tête sur le billot...

— Et ce supplice, il l'aurait mérité, — ajouta l'un des rameurs; — j'aimerais, comme un autre, à rire avec mon hôtesse; mais lui faire violence, c'est une sauvagerie digne de ces écorcheurs franks dont les prêtresses, cuisinières du diable, font bouillir nos prisonniers dans leur chaudière.

J'étais resté si stupéfait de l'accusation portée contre Victorin que, pendant un moment, j'avais gardé le silence; mais je m'écriai :

— Mensonge!.., mensonge aussi infâme que l'eût été une pareille conduite! Qui ose accuser le fils de Victoria d'un tel crime?

— Un homme bien informé, — me répondit Douarnek.

— Son nom? Dis le nom de ce menteur?

— Il s'appelle *Morix*; il était secrétaire d'un parent de Victorin, venu au camp pour conférer sur de graves affaires, il y a un mois.

— Ce parent est *Tétrik*, gouverneur de la Gascogne, — dis-je stupéfait; — cet homme est la bonté, la loyauté même, un des plus anciens, des plus fidèles amis de Victoria.

— Alors, le témoignage de cet homme n'en est que plus certain.

— Quoi! lui, Tétrik! il aurait affirmé ce que tu racontes?

— Il en a fait part et l'a confirmé à son secrétaire, en déplorant l'horrible dissolution des mœurs de Victorin.

— Mensonge! Tétrik n'a que des paroles de tendresse et d'estime pour le fils de Victoria.

— Scanvoch, je sers dans l'armée depuis vingt-cinq ans : demande à mes officiers si Douarnek est un menteur.

— Je te crois sincère, mais on t'a indignement abusé!

— Morix, le secrétaire de Tetrik, a raconté l'aventure, non pas seulement à moi, mais à d'autres soldats du camp, auxquels il payait à boire... Cet homme a été cru sur parole, parce que plus d'une fois, moi, comme beaucoup de mes compagnons, nous avons vu Victorin et ses amis, échauffés par le vin, se livrer à de folles prouesses.

— L'ardeur du courage n'échauffe-t-elle pas les jeunes têtes autant que le vin?

— Ecoute, Scanvoch, j'ai vu, de mes yeux vu, Victorin pousser son cheval dans le Rhin, disant qu'il voulait le traverser; et il se fût noyé infailliblement si moi et un autre soldat, nous jetant dans une barque, n'avions été le repêcher demi-ivre, tandis que le courant entraînait son cheval... Sais-tu ce que Victorin nous dit alors? « Il fallait me laisser boire, puisque dans ce fleuve « coule du vin blanc de Béziers. » — Ce que je raconte n'est pas un mensonge, Scanvoch; je l'ai vu de mes yeux, entendu de mes oreilles.

A cela, malgré mon attachement pour Victorin, je ne pus que répondre : — Je le savais incapable d'une lâcheté, d'une infamie; mais aussi je le savais capable de certaines extravagances, de dangereuses étourderies.

— Quant à moi, reprit un autre soldat, — j'ai souvent vu, étant de faction près de la demeure de Victorin, séparée de celle de sa mère par un jardin, des femmes voilées sortir à l'aube de son logis; il y en avait de toutes nuances, de stature diverse, brunes et blondes, grandes et petites, les unes à encolure rebondie, les autres maigres et fluettes; telles ces femmes m'apparaissaient, à moins que le crépuscule ne me troublât la vue et que ce fût toujours la même femme.

A cela ta sincérité n'a rien à répondre, ami Scanvoch, — me dit Douarnek ; car, en effet, je n'avais pu contredire cette autre accusation. — Ne t'étonne donc plus de notre croyance aux paroles du secrétaire de Tétrik... Avoue-le, celui qui, dans son ivresse, prend le Rhin pour un fleuve de vin de Béziers, celui qui fait sortir de sa maison une procession de femmes, ne peut-il pas, dans son état de soulographie, vouloir faire violence à son hôtesse ?

— Non, — m'écriai-je, — l'on peut avoir les défauts de son âge, sans être pour cela un infâme, un criminel !

— Tiens, Scanvoch, tu es l'ami de notre mère, de Victoria ; tu chéris Victorin comme s'il était ton fils ; dis-lui ceci : « Les soldats, même « les plus grossiers, les plus dissolus, n'aiment « pas à retrouver leurs vices dans les chefs « qu'ils ont choisis ; aussi, de jour en jour, « l'affection de l'armée se retire de Victorin « pour se reporter tout entière sur Victoria. »

— Oui, — lui dis-je en réfléchissant ; — et cela depuis que Tetrik, le gouverneur de Gascogne, parent et ami de Victoria, a fait un dernier voyage au camp ? Car jusqu'alors on aimait le jeune général, malgré ses faiblesses.

— C'est vrai ; il est si bon, si brave, si avenant pour chacun ! Il l'était si beau à cheval ! Il avait une tournure militaire si fière ! Nous l'aimions comme notre enfant, ce jeune capitaine ! nous l'avions vu naître et fait danser tout petit sur nos genoux aux veillées du camp ; plus tard, nous fermions les yeux sur ses faiblesses, car les pères sont toujours indulgents ; mais pour ces indignités, pas d'indulgence !

— Et de ces indignités, — repris-je de plus en plus frappé de cette circonstance, qui, rappelant à mon esprit certains souvenirs, éveillait aussi en moi une vague défiance, et de ces indignités il n'existe pas d'autre preuve que la parole du secrétaire de Tetrik ?

— Ce secrétaire nous a rapporté les paroles de son maître...

Pendant cet entretien, auquel je prêtais une attention de plus en plus vive, notre barque, conduite par les quatre vigoureux rameurs, avait traversé le Rhin dans toute sa largeur ; les soldats tournaient le dos à la rive où nous allions aborder ; moi, j'étais tellement absorbé par ce que j'apprenais de la désaffection croissante de l'armée à l'égard de Victorin, que je n'avais pas songé à jeter les yeux sur le rivage, dont nous approchions de plus en plus... Soudain, j'entendis des sifflements aigus se croiser autour de nous, et je m'écriai : — Jetez-vous à plat sur vos bancs !

Il était trop tard ; une volée de longues flèches criblait notre bateau : l'un des rameurs fut tué, tandis que Douarnek, qui tournait le dos à l'avant de la barque pour ramer, reçut un trait dans l'épaule.

— Voilà comme les Franks accueillent les parlementaires en temps de trêve, — dit le vétéran sans discontinuer de ramer et même sans retourner la tête ; — c'est la première fois que je suis frappé par derrière ; cette flèche dans le dos sied mal à un soldat ; arrache-la vite, camarade, — ajouta-t-il en s'adressant au rameur devant lequel il était placé.

Mais Douarnek, malgré ses efforts, manœuvrait sa rame avec moins de vigueur, et quoique la plaie fût légère, son visage trahissait sa souffrance et le sang coulait avec abondance.

— Je te l'avais bien dit, Scanvoch, — reprit-il, — que tes branchages de paix ne seraient de mauvais remparts contre la traîtrise de ces écorcheurs franks... Allons, enfants, ferme à nos rames, puisque nous ne sommes plus que trois ; car notre camarade, qui se débat le nez sur son banc, les membres crispés, ne peut plus compter pour un rameur !

Douarnek n'avait pas achevé de prononcer ces paroles que, m'élançant à l'avant de la barque en passant par-dessus le corps du soldat qui rendait le dernier soupir, je saisis une des branches de chêne et l'agitai au-dessus de ma tête en signal de paix.

Une seconde volée de flèches, partie de derrière un escarpement de la rive, répondit à mon appel pacifique : l'une m'effleura le bras, l'autre s'émoussa sur mon casque de fer ; mais aucun soldat ne fut atteint. Nous étions alors à peu de distance du rivage ; je me jetai à l'eau et me mis à nager, puis ayant pris pied après quelques brassées, je dis à Douarnek :

— Fais force de rames pour te mettre hors de portée des flèches, puis tu ancreras le bateau, et vous m'attendrez sans courir aucun danger... Si après le coucher du soleil je ne suis pas de retour, retourne au camp et dis à Victoria que j'ai été fait prisonnier ou massacré par les Franks ; elle prendra soin de ma femme Ellèn et de mon fils Aëlguen...

— Cela me cause un vif chagrin de te laisser aller seul parmi ces écorcheurs, ami Scanvoch, — dit Douarnek, — mais nous faire tuer avec toi serait t'enlever tout moyen de revenir à notre camp, si tu as le bonheur de leur échapper... Bon courage, Scanvoch... à ce soir...

Et la barque s'éloigna pendant que je gagnais le rivage.

CHAPITRE II

Le camp des Franks. — *Les guerriers noirs.* — Les écorcheurs. — Les uns veulent faire bouillir Scanvoch, les autres l'écorcher vif. — Moyen de concilier ces deux avis proposé par l'un des chefs. — Aspect du camp et peinture des mœurs des Franks. — La clairière. — Divinités infernales. — La cuve d'airain. — *Elwig*, la prêtresse, et *Riowag*, le chef des guerriers noirs. — Coquetterie sauvage. — Inceste et fratricide. — Le trésor. — *Néroweg, l'aigle terrible.* — Message de Victoria. — Comment les Franks traitent un messager de paix. — Invocation aux dieux infernaux. — La caverne des sorcières.

A peine eus-je touché le bord, tenant ma branche d'arbre à la main, que je vis sortir des rochers, où ils étaient embusqués, un grand nombre de Franks, appartenant à ces hordes de leur armée, qui portent des boucliers noirs, des casaques de peau de mouton noires, et se teignent les bras, les jambes et la figure, afin de se confondre avec les ténèbres lorsqu'ils sont en embuscade ou qu'ils tentent une attaque nocturne. Leur aspect était d'autant plus étrange et hideux que les chefs de ces hordes noires, avaient sur le front, sur les joues et autour des yeux, des tatouages d'un rouge éclatant... Je parlais assez bien la langue franque, en raison de mon long séjour dans ces parages.

Les guerriers noirs, poussant des hurlements sauvages, m'entourèrent de tous côtés me menaçant de leurs longs couteaux, dont les lames étaient noircies au feu.

— La trève est conclue depuis plusieurs jours, — leur ai-je crié, — je viens, au nom du chef de l'armée gauloise, porter un message aux chefs de vos hordes... conduisez-moi vers eux... Vous ne tuerez pas un homme désarmé...

Puis j'ai tiré mon épée et l'ai jetée au loin ; aussitôt ces barbares se précipitèrent sur moi en redoublant leurs cris de mort... Quelques-uns détachèrent les cordes de leurs arcs et, malgré mes efforts, me renversèrent et me garrottèrent.

— Ecorchons-le, — dit l'un ; — nous porterons sa peau au grand chef *Néroweg, l'aigle terrible* ; elle lui servira pour faire des bandelettes et envelopper ses jambes.

Je savais qu'en effet les Franks enlevaient souvent, avec beaucoup de dextérité, la peau de leurs prisonniers tout vivants, et que les chefs de hordes se paraient triomphalement de ces dépouilles humaines. La proposition de l'écorcheur fut accueillie de ses compagnons par des cris de joie ; ceux qui me tenaient garrotté cherchèrent un endroit convenable pour mon supplice, tandis que d'autres aiguisaient leurs couteaux sur les cailloux...

Soudain le chef de ces écorcheurs s'approcha de moi ; il était horrible à voir : un cercle tatoué d'un rouge vif entourait ses yeux et rayait ses joues ; on aurait dit des découpures sanglantes sur ce visage noirci. Ses cheveux, relevés à la mode franque autour de son front, et noués au sommet de sa tête, retombaient derrière ses épaules comme la crinière d'un casque et étaient devenus d'un fauve cuivré, grâce à l'usage de l'eau de chaux dont se servent ces barbares pour donner une couleur ardente à leurs cheveux et à leur barbe. Il portait au cou et aux poignets un collier et des bracelets d'étain grossièrement travaillés ; il avait pour vêtement une casaque de peau de mouton noire ; ses jambes et ses cuisses étaient aussi enveloppées de peau de mouton, assujetties avec des bandelettes de peau croisées les unes sur les autres. A sa ceinture pendait une épée et un long couteau. Après m'avoir regardé pendant quelques instants, il leva la main, puis l'abaissa sur mon épaule en disant :

— Moi, je prends et garde ce Gaulois pour Elwig, c'est mon prisonnier.

De sourds murmures venant de plusieurs guerriers noirs accueillirent ces paroles de leur chef. Celui-ci reprit d'une voix éclatante :

— Riowag prend ce Gaulois pour la prêtresse Elwig ; il faut à Elwig un prisonnier pour ses augures.

L'avis du chef parut accepté par la majorité des guerriers noirs, les murmures cessèrent et une foule de voix répétèrent en chœur :

— Oui, oui, il faut garder ce Gaulois pour Elwig...

— Il faut le conduire à Elwig !...

— Depuis plusieurs jours elle n'a pas consulté nos divinités tutélaires...

— Et nous, — s'écria l'un de ceux qui m'avaient garrotté, — nous ne voulons pas livrer ce prisonnier à Elwig ; nous voulons l'écorcher pour faire hommage de sa peau au grand chef Néroweg, l'aigle terrible, qui, en retour, nous fera quelque présent...

Peu importait le choix : être écorché vif ou être mis à bouillir dans une cuve d'airain ; je ne sentais pas le besoin de manifester ma préférence et je ne pris nulle part au débat. Déjà ceux qui voulaient m'écorcher vif regardaient d'un air farouche ceux qui voulaient me faire bouillir et portaient la main à leurs couteaux, lorsqu'un guerrier noir, homme de conciliation, dit au chef :

— Riowag, tu veux livrer ce Gaulois à la prêtresse Elwig ?

— Oui, — répondit le chef, — oui... je le veux, et il en sera selon ma volonté.

— Et vous autres, — poursuivit-il, — vous voulez offrir la peau de ce Gaulois au grand chef Néroweg ?

— C'est ce que nous prétendons faire !...

— Eh bien ! vous pouvez être tous satisfaits...

Un grand silence se fit à ces mots de conciliation ; il continua :

— Écorchez-le vif d'abord, et vous aurez sa peau... Elwig fera bouillir ensuite le corps dans sa chaudière.

Ce moyen terme sembla d'abord satisfaire les deux partis ; mais Riowag, le chef des guerriers noirs, reprit :

— Ne savez-vous pas qu'il faut à Elwig un prisonnier vivant pour que ses augures soient certains ? et vous ne lui donnerez qu'un cadavre en écorchant d'abord ce Gaulois...

Puis il ajouta d'un ton de voix terrible :

— Voulez-vous donc vous exposer au courroux des dieux infernaux en leur dérobant une victime ?

A cette menace un sourd frémissement courut dans la foule, et le parti des écorcheurs parut céder à une terreur superstitieuse.

Le même homme de conciliation, qui avait proposé de me faire écorcher et ensuite bouillir, reprit :

— Les uns veulent faire offrande de ce Gaulois au grand chef Néroweg, les autres à la prêtresse Elwig ; mais donner à l'une, c'est donner à l'autre : Elwig n'est-elle pas la sœur de Néroweg ?...

— Et il serait le premier à vouer ce Gaulois aux dieux infernaux pour les rendre propices à nos armes, dit Riowag.

Puis se tournant vers moi, il ajouta d'un ton impérieux :

— Enlevez ce Gaulois sur vos épaules et suivez-moi...

— Nous voulons ses dépouilles, — dit un de ceux qui s'était un des premiers emparé de moi, — nous voulons son casque, sa cuirasse, ses braies, sa ceinture, sa chemise ; nous voulons tout, jusqu'à sa chaussure.

— Ce butin vous appartient, — répondit Riowag, — Vous l'aurez puisque Elwig dépouillera ce Gaulois de tous ses vêtements pour le mettre dans sa chaudière.

— Nous allons te suivre, Riowag, — reprirent-ils — d'autres que nous s'empareraient des dépouilles du Gaulois.

Mes perplexités cessaient, je connaissais mon sort ; je serais bouilli vif ; je me serais résigné à une mort vaillante ou utile, mais cette mort me semblait si stérile, si absurde, que je me décidai à tenter un dernier effort pour conserver ma vie, et m'adressant au chef des guerriers noirs, je lui dis :

— Ton action est injuste... plusieurs fois des guerriers franks sont venus dans le camp gaulois demander des échanges de prisonniers ; ces Franks ont toujours été respectés ; nous sommes en trêve, et en temps de trêve on ne met à mort que les espions qui s'introduisent furtivement dans un camp... Moi, je suis venu ici à la face du soleil, une branche d'arbre à la main, au nom de Victorin, fils de Victoria la Grande ; j'apporte de leur part un message aux chefs de l'armée franque... Prends garde ! si tu agis sans leur ordre, ils regretteront de ne pas m'avoir entendu, ils pourront te faire payer cher ta trahison envers un soldat sans armes qui vient en temps de trêve, en plein jour, le rameau de paix à la main.

A mes paroles, Riowag répondit par un signe, et quatre guerriers noirs, m'enlevant sur leurs épaules, m'emportèrent, suivant les pas de leur chef, qui se dirigea vers le camp des Franks d'un air solennel.

Au moment où ces barbares me soulevaient sur leurs épaules, j'entendis l'un de ceux qui voulaient m'écorcher vif dire à l'un de ses compagnons en termes grossiers :

— Riowag est l'amant d'Elwig ; il veut faire présent de ce prisonnier à sa maîtresse...

J'ai compris dès lors que Riowag, le chef des guerriers noirs, étant l'amant de la prêtresse Elwig, lui faisait galamment hommage de ma personne, de même que dans notre pays les fiancés offrent une colombe ou un chevreau à la jeune fille qu'ils aiment.

(Une chose t'étonnera peut-être dans ce récit, mon enfant, c'est que j'y mêle des paroles presque plaisantes, lorsqu'il s'agit de ces événements redoutables pour ma vie... Ne pense pas que ce soit parce qu'à cette heure où j'écris ceci j'aie échappé à tout danger... non... même au plus fort de ces périls, dont j'ai été délivré comme par un prodige, ma liberté d'esprit était entière, la vieille raillerie gauloise, naturelle à notre race, mais longtemps engourdie chez nous par la honte et la douleur de l'esclavage, m'était revenue, ainsi qu'à d'autres avec notre liberté... Les réflexions que tu verras parfois se produire au moment où la mort me menaçait étaient sincères, et par suite de ma disposition d'esprit et de ma foi dans cette croyance de nos pères, que l'homme ne meurt jamais... et qu'en quittant ce monde-ci il va revivre ailleurs...)

Porté sur les épaules de quatre guerriers noirs, je traversai une partie du camp des Franks : ce camp immense, mais établi sans aucun ordre, se composait de tentes pour les chefs et de tentes pour les soldats ; c'était une sorte de ville sauvage et gigantesque : çà et là on voyait leurs innombrables chariots de guerre abrités derrière des retranchements construits en terre et renforcés de troncs d'arbre ; selon l'usage de ces barbares, leurs infatigables petits chevaux maigres, au poil rude, hérissé, ayant un licou de corde pour bride, étaient attachés aux roues des chariots ou aux arbres dont ils rongeaient l'écorce... Les Franks, à peine vêtus de quelques peaux de bêtes, la barbe et les cheveux graissés de suif, offraient un aspect repoussant, stupide et féroce : les uns s'étendaient aux chauds rayons de ce soleil qu'ils venaient chercher du fond de leurs sombres forêts ; d'autres trouvaient un passe-temps dans la chasse à la vermine sur leur corps velu, car ces barbares croupissaient dans une telle fange que, bien qu'ils fussent campés en plein air, leur rassemblement exhalait une odeur infecte.

A l'aspect de ces hordes indisciplinées, mal armées, mais innombrables, et se recrutant incessamment de nouvelles peuplades, émigrant en masse des pays glacés du nord pour venir fondre sur notre fertile et riante Gaule, comme sur une proie, je songeais, malgré moi, à quelques mots de sinistre prédiction échappés à Victoria ; mais bientôt je prenais en grand mépris ces barbares qui, trois ou quatre fois supérieurs en nombre à notre armée, n'avaient jamais pu, depuis plusieurs années, et malgré de sanglantes batailles, envahir notre sol, et s'étaient toujours vus repoussés au delà du Rhin, notre frontière naturelle.

En traversant une partie de ces campements, porté sur les épaules des quatre guerriers noirs, je fus poursuivi d'injures, de menaces et de cris de mort par les Franks qui me voyaient passer ; plusieurs fois l'escorte dont j'étais accompagné fut obligée, d'après l'ordre de Riowag, de faire usage de ses armes pour empêcher qu'on me massacrât. Nous sommes ainsi arrivés à peu de distance d'un bois épais. Je remarquai, en passant, une hutte plus grande et plus soigneusement construite que les autres, devant laquelle était plantée une bannière jaune et rouge. Un grand nombre de cavaliers vêtus de peaux d'ours, les uns en selle, les autres à pied à côté de leurs chevaux, et appuyés sur leurs longues lances, postés autour de cette habitation, indiquaient suffisamment qu'elle était occupée par un des chefs importants de leurs hordes. J'essayai encore de persuader à Riowag, qui marchait à mes côtés, toujours grave et silencieux, de me conduire d'abord auprès de celui des chefs dont j'apercevais la bannière, après quoi l'on pourrait ensuite me tuer ; mes instances ont été vaines, et nous sommes entrés dans un bois touffu, puis, arrivés au milieu d'une grande clairière. J'ai vu à quelque distance l'entrée d'une grotte naturelle, formée de gros blocs de roche grise, entre lesquels avaient poussé, çà et là, des sapins et des châtaigniers gigantesques ; une source d'eau vive, filtrant parmi les pierres, tombait dans une sorte de bassin naturel. Non loin de cette caverne se trouvait une cuve d'airain assez étroite, et de la longueur d'un homme ; un réseau de chaînes de fer garnissait l'orifice de cette infernale chaudière ; elles servaient sans doute à y maintenir la victime que l'on y mettait bouillir vivante. Quatre grosses pierres supportaient cette cuve, au-dessous de laquelle on avait préparé un amas de broussailles et de gros bois ; des os humains blanchis et dispersés sur le sol donnaient à ce lieu l'aspect d'un charnier. Enfin, au milieu de la clairière s'élevait une statue colossale à trois têtes, presque informe, taillée à coups de hache dans un tronc d'arbre énorme et d'un aspect repoussant.

Riowag fit signe aux quatre guerriers noirs qui me portaient sur leurs épaules de s'arrêter au pied de la statue, et il entra seul dans la grotte, pendant que les hommes de mon escorte appelaient à haute voix :

— Elwig ! Elwig !...

— Elwig ! prêtresse des dieux infernaux !

— Réjouis-toi, Elwig, nous t'apportons un prisonnier destiné à ta chaudière !

— Tu nous diras tes augures !

Après une assez longue attente, la prêtresse, suivie de Riowag, apparut au dehors de la caverne.

Je m'attendais à voir quelque hideuse vieille, je me trompais : Elwig était jeune, grande et douée d'une sorte de beauté sauvage ; ses yeux gris, surmontés d'épais sourcils naturellement roux, de même nuance que ses cheveux, étincelaient comme l'acier du long couteau dont elle était armée ; son nez en bec d'aigle, son front élevé lui donnaient une physionomie imposante et farouche. Elle était vêtue d'une longue tunique de couleur sombre ; son cou et ses bras nus étaient surchargés de grossiers colliers et de bracelets de cuivre, qui, dans sa marche, bruissaient, choqués les uns contre les autres, sur lesquels, en s'approchant de moi, elle jeta un regard de coquetterie sauvage. Sur son épaisse et longue chevelure rousse éparse autour de ses épaules, elle portait une espèce de chaperon écarlate, ridiculement imité de la charmante coiffure que les femmes gauloises avaient adoptée. Enfin je crus remarquer chez cette étrange créature ce mélange de hauteur et de vanité puérile particulier aux peuples barbares.

Riowag, debout à quelques pas d'elle, semblait la contempler avec admiration ; malgré sa couleur noire et les tatouages rouges sous lesquels son visage disparaissait, ses traits me parurent exprimer un violent amour, et ses yeux brillèrent de joie lorsque, par deux fois, Elwig, me désignant du geste, se retourna vers son amant, le sourire aux lèvres, pour le remercier sans doute de sa sanglante offrande. Je remarquai aussi sur les bras nus de cette infernale prêtresse deux tatouages ; ils me rappelèrent un souvenir de guerre.

L'un de ces tatouages représentait *deux serres d'oiseau de proie* ; l'autre, *un serpent rouge*.

Elwig, retournant son couteau dans sa main, attachait sur moi ses grands yeux gris avec une satisfaction féroce, tandis que les guerriers noirs la contemplaient d'un air de crainte et de superstition...

— Femme, — dis-je à la prêtresse, — je suis venu ici sans armes, le rameau de chêne à la main, apportant un message de paix aux grands chefs de vos hordes... On m'a saisi et garrotté... Je suis en ton pouvoir... tu pourras me tuer... si tel est ta volonté... mais auparavant fais-moi présenter à l'un de vos chefs... cette entrevue importe autant aux Franks qu'aux Gaulois, car c'est Victorin et sa mère Victoria la Grande qui m'ont envoyé ici.

— Tu es envoyé ici par Victoria? — s'écria la prêtresse d'un air singulier, — Victoria que l'on dit si belle?

— Oui, je suis envoyé par celle qu'on nomme la *Mère des camps*.

Elwig réfléchit et, après un assez long silence, elle leva ses bras au-dessus de sa tête, brandit son couteau en prononçant quelques mystérieuses paroles d'un ton à la fois menaçant et inspiré; puis elle fit signe à ceux qui m'avaient amené de s'éloigner.

Tous obéirent et se dirigèrent lentement vers la lisière du bois dont était entourée la clairière.

Riowag resta seul, à quelques pas de la prêtresse. Se tournant alors vers lui, elle désigna d'un geste impérieux le bois où avaient disparu les autres guerriers noirs. Le chef n'obéissant pas à cet ordre, elle éleva la voix et lui désigna de nouveau le bois.

Riowag obéit et disparut à son tour.

Je restai seul avec la prêtresse, toujours garrotté et couché au pied de la statue des divinités infernales. Elwig s'accroupit alors sur ses talons près de moi, et reprit :

— Tu es envoyé par Victoria pour parler aux chefs des Franks?

— Je te l'ai déjà dit.

— Tu es l'un des officiers de Victoria?

— Je suis l'un de ses soldats?

— Elle t'affectionne?

— C'est ma sœur de lait, je suis pour elle un frère.

Ces mots parurent faire de nouveau réfléchir Elwig; elle garda encore le silence, puis continua la conversation :

— Victoria pleurera ta mort?

— Comme on pleure la mort d'un serviteur fidèle.

— Elle donnerait beaucoup sans doute pour te sauver la vie?

— Est-ce une rançon que tu veux?

Elwig se tut encore et me dit avec un mélange d'embarras et d'astuce dont je fus frappé :

— Que Victoria vienne demander ta vie à mon frère, il la lui accordera; mais écoute... on dit Victoria très belle, les femmes belles aiment à se parer de ces magnifiques bijoux gaulois si renommés... Victoria doit avoir de superbes parures, puisqu'elle est la mère du chef des chefs de ton pays... Dis-lui qu'elle se couvre de ses plus riches ornements, cela réjouira les yeux de mon frère... Il en sera plus clément et accordera ta vie à Victoria.

Je crus dès lors deviner le piège que me tendait la prêtresse de l'enfer, avec cette ruse grossière, naturelle aux sauvages; voulant m'en assurer, je lui dis sans répondre à ses dernières paroles :

— Ton frère est donc un chef puissant?

— Il est plus que chef! — me répondit orgueilleusement Elwig, il est ROI!

— Nous aussi, du temps de notre barbarie, nous avons eu des *rois*. Comment s'appelle donc ton frère?

— *Néroweg*, surnommé l'*Aigle terrible*.

— Tu as sur les bras deux figures représentant un serpent rouge et deux serres d'oiseau de proie. Que signifient ces emblèmes?

— Les pères de nos pères ont toujours, dans notre famille de rois, porté ces signes des vaillants et des subtils : *les serres de l'aigle*, c'est la vaillance; *le serpent*, c'est la subtilité... Mais assez parlé de mon frère, — ajouta Elwig avec une sombre impatience, car cet entretien semblait lui peser; — veux-tu engager Victoria à venir ici?

— Une question encore sur ton royal frère... Ne porte-t-il pas au front les deux mêmes signes que tu portes sur les bras?

— Oui, reprit-elle avec une impatience croissante, — oui, mon frère porte une serre d'aigle bleue au-dessus de chaque sourcil, et le serpent rouge en bandeau sur le front, parce que les rois portent un bandeau... Mais assez parlé de Néroweg... assez...

Et je crus voir sur les traits d'Elwig un ressentiment de haine à peine dissimulé en prononçant le nom de son frère; elle continua :

— Si tu ne veux pas mourir, écris à Victoria de venir dans notre camp parée de ses plus magnifiques bijoux. Elle se rendra seule dans un lieu que je te dirai... un endroit écarté que je connais... je viendrai la chercher et je la conduirai auprès de mon frère, afin qu'elle obtienne ta grâce.

— Victoria venir seule dans ce camp?... J'y suis venu, moi, comptant sur la franchise de la trêve... le rameau de paix à la main, et l'on a tué l'un de mes compagnons; un autre a été blessé, puis l'on m'a livré à toi garrotté, pour être mis à mort...

— Victoria pourra se faire accompagner d'une petite escorte.

— Qui serait massacrée par tes gens, sans

aucun doute!... l'embûche est trop grossière.
— Tu veux donc mourir! — s'écria la prêtresse en grinçant des dents comme prise de rage et me menaçant de son couteau; — on va rallumer le foyer de la chaudière... Je te ferai plonger vivant dans l'eau magique, et tu y bouilliras jusqu'à la mort... Une dernière fois, choisis... — Ou tu vas mourir dans les supplices, ou tu vas écrire à Victoria de se rendre au camp parée de ses plus riches ornements... choisis!... — ajouta-t-elle dans un redoublement de colère, en me menaçant encore de son couteau... — choisis... ou tu vas mourir.

Je savais qu'il n'était pas de race plus pillarde, plus cupide, plus vaniteuse que cette maudite engeance franque... Je remarquai que les grands yeux gris d'Elwig étincelaient de convoitise chaque fois qu'elle me parlait des magnifiques parures que devait posséder la mère des camps, dans sa pensée. L'accoutrement ridicule de la prêtresse, la profusion d'ornements sans valeur dont elle se couvrait avec une coquetterie sauvage, pour plaire sans doute à Riowag, le chef des guerriers noirs; et surtout la persistance qu'elle mettait à me demander que Victoria se rendît au camp couverte de riches ornements: tout me donnait à penser qu'Elwig voulait attirer ma sœur de lait dans un piège pour l'égorger et lui voler ses bijoux. Cette embûche grossière ne faisait pas honneur à l'invention de l'infernale prêtresse; mais sa cupidité pouvait me servir; je lui répondis d'un air indifférent :

— Femme, tu veux me tuer si je n'engage pas Victoria à venir ici? Tue-moi donc... fais bouillir ma chair et mes os... tu y perdras plus que tu ne sais, puisque tu es la sœur de Néroweg, l'aigle terrible, un des plus grands rois de vos hordes!...

— Que perdrai-je?
— De magnifiques parures gauloises!
— Des parures... Quelles parures? — s'écria Elwig d'un air de doute, quoique ses yeux brillassent de convoitise...

— Crois-tu que Victoria la Grande, en envoyant ici son frère de lait pour porter un message aux rois des Franks, ne leur ait pas destiné, en gage de trêve, de riches présents pour leurs femmes ou leurs sœurs, qui les ont accompagnés et qui sont restés en Germanie?

Elwig bondit sur ses talons, se releva d'un saut, jeta son couteau, frappa dans ses mains, poussa des éclats de rire presque insensés, puis s'accroupit de nouveau près de moi, me disant d'une voix entrecoupée, haletante :

— Des présents? tu apportes des présents?... où sont-ils?...

— Oui, j'apporte des présents capables d'éblouir une impératrice: colliers d'or ornés d'escarboucles, pendants d'oreilles de perles et de rubis, bracelets, ceintures et couronnes d'or, si chargés de pierreries qu'ils resplendissent de tous les feux de l'arc-en-ciel... Ces chefs-d'œuvre de nos plus habiles orfèvres gaulois... je les apportai en présent... et puisque ton frère Néroweg, l'aigle terrible, est le puissant roi de vos hordes, tu aurais eu la grosse part de ces richesses, de ces bracelets, de ces colliers, de ces bagues, de ces parures...

Elwig m'avait écouté la bouche béante, les mains jointes, sans chercher à cacher l'admiration et l'effrénée cupidité que lui causait l'énumération de ces trésors... Mais soudain ses traits prirent une expression de doute et de courroux... Elle ramassa son couteau, et le levant sur moi, elle s'écria :

— Tu mens ou tu railles!... Ces trésors, où sont-ils?

— En sûreté... car je prévoyais que je pourrais être tué et dépouillé sans avoir accompli les ordres de Victoria et de son fils.

— Où les as-tu mis en sûreté, ces trésors?
— Ils sont restés dans la barque qui m'a amené ici... mes compagnons ont regagné le large et se sont ancrés dans les eaux du Rhin, hors de portée des flèches de tes gens.

— Il y a les barques du radeau à l'autre extrémité du camp, je vais faire poursuivre tes compagnons... j'aurai les trésors!

— Erreur... Mes compagnons, voyant au loin s'avancer vers eux des bateaux ennemis, se défieront et, comme ils ont une longue avance, ils regagneront sans danger l'autre rive du Rhin... Tel sera le fruit de la trahison des tiens envers moi... Allons, femme, fais-moi bouillir pour tes augures infernaux! Mes os, blanchis dans ta chaudière, se changeront peut-être en magnifiques parures!...

— Mais ces trésors, — reprit Elwig, luttant contre ses dernières défiances, — ces trésors, puisque tu ne les avais pas apportés avec toi, quand les aurais-tu donnés aux rois de nos hordes?

— En les quittant, je croyais être accueilli et reconduit par eux en envoyé de paix... Alors mes compagnons auraient abordé le rivage pour venir me chercher; j'aurais pris dans la barque les présents pour les distribuer aux rois au nom de Victoria et de son fils.

La prêtresse me regarda encore pendant quelques instants d'un air sombre, paraissant céder tour à tour à la méfiance et à la cupidité. Enfin, vaincue sans doute par ce dernier sentiment, elle se leva et appela d'une voix forte, et par un nom bizarre, une personne jusqu'alors restée invisible.

Presque aussitôt sortit de la caverne une hideuse vieille à cheveux gris, vêtue d'une robe souillée de sang, car elle aidait sans doute la prêtresse dans ses horribles sacrifices. Elle

Scanvoch, le Gaulois, livré aux magiciennes (page 274)

échangea quelques mots à voix basse avec Elwig et disparut dans le bois où s'étaient retirés les guerriers noirs.

La prêtresse s'accroupissant de nouveau près de moi, me dit d'une voix basse et sourde :

— Tu veux entretenir mon frère le roi Néroweg, je l'envoie chercher... il va venir; mais tu ne lui parleras pas de ces trésors.

— Pourquoi lui en faire un mystère ?

— Parce qu'il les garderait...

— Quoi !... lui, ton frère, ne partagerait pas les richesses avec toi, sa sœur !...

Un sourire amer contracta les lèvres d'Elwig; elle reprit :

— Mon frère a failli m'abattre le bras d'un coup de hache, il y a quelques semaines, parce que j'ai voulu toucher à une part de son butin...

— Est-ce ainsi que frères et sœurs se traitent parmi les Franks ?

— Chez les Franks, — répondit Elwig d'un air de plus en plus sinistre, — le guerrier a pour premières esclaves sa mère, sa sœur et ses femmes...

— Ses femmes ! en ont-ils donc plusieurs ?...

— Toutes celles qu'ils peuvent enlever et nourrir... de même qu'ils en ont autant de chevaux qu'ils en peuvent acheter...

— Quoi ! une sainte et éternelle union n'attache pas, comme chez nous, l'époux à la mère de ses enfants ?... Quoi ! sœurs, femmes, mères, sont esclaves ?... Bénie des dieux est la Gaule ! mon pays, où nos mères et nos épouses, vénérées de tous, siègent fièrement dans les conseils de la nation et font prévaloir leurs avis, souvent plus sages que celui de leurs maris et de leurs fils...

Elwig, palpitante de cupidité, ne répondit pas à mes paroles et reprit :

— De ces trésors tu ne parleras donc pas à

35ᵉ livraison

Néroweg ; il les garderait pour lui... tu attendras la nuit pour quitter le camp... Je t'accompagnerai, tu me donneras les bijoux, tous les présents, à moi seule !...

Et, poussant de nouveau des éclats de rire d'une joie presque insensée, elle ajouta :

— Bracelets d'or ! colliers de perles ! boucles d'oreilles garnies de rubis ! diadèmes de pierreries !... Je serai belle comme une impératrice !... oh ! que je vais être belle aux yeux de Riowag !

Puis, jetant un regard de mépris sur ses grossiers bracelets de cuivre, qu'elle fit bruire en secouant ses bras... elle répéta :

— Je serai bien belle aux yeux de Riowag !...

— Femme, — lui dis-je, ton avis est prudent ; il faudra attendre la nuit pour quitter tous deux le camp et regagner le rivage !...

Puis, voulant mettre davantage Elwig en confiance avec moi en paraissant m'intéresser à sa vaniteuse cupidité, j'ajoutai :

— Mais si ton frère te voit parée de ces magnifiques bijoux, il te les prendra... peut-être ?...

— Non, — me répondit-elle d'un air étrange et sinistre, — non, il ne me les prendra pas...

— Si Néroweg, l'aigle terrible, est aussi violent que tu le prétends, s'il a failli t'abattre le bras pour avoir voulu toucher à sa part de butin, lui dis-je, surpris de sa réponse, et voulant pénétrer au fond de sa pensée, — qui empêchera ton frère de s'emparer de ces parures ?

Elle me montra son large couteau avec une expression de férocité froide qui me fit tressaillir, et répondit :

— Quand j'aurai le trésor... cette nuit, j'entrerai dans la hutte de mon frère... je partagerai son lit, comme d'habitude... et pendant qu'il dormira, je le tuerai...

— Ton frère ! — m'écriai-je en frémissant et croyant à peine ce que j'entendais, quoique le récit de l'épouvantable dissolution des mœurs des Franks ne fût pas nouveau pour moi. — Comment !... tu partages le lit de ton frère ?...

La prêtresse ne parut nullement surprise de ma question, et me répondit d'un air sombre :

— Je partage le lit de mon frère depuis qu'il m'a fait violence... C'est le sort de presque toutes les sœurs des rois franks qui les suivent à la guerre... Ne t'ai-je pas dit que leurs sœurs, leurs mères et leurs filles étaient les premières esclaves de nos maîtres ? Et quelle est l'esclave qui de gré ou de force, ne partage pas le coucher de son maître ? Mon père a fait violence à sa mère, qui était belle encore...

— Tais-toi, femme !... — m'écriai-je en l'interrompant ! — tais-toi ! Tes monstrueuses paroles attireraient la foudre sur nous.

Et, sans pouvoir ajouter un mot, je contemplai cette créature avec horreur... Ce mélange de débauche, de cupidité, de barbarie et de confiance stupide, puisque Elwig s'ouvrait à moi, qu'elle voyait pour la première fois, sur le fratricide qu'elle voulait commettre... ce fratricide, précédé de l'inceste, subi par cette prêtresse d'un culte sanglant, qui partageait le lit de son frère et se donnait à un autre homme... tout cela m'épouvantait, quoique j'eusse entendu souvent parler des abominables mœurs de ces barbares d'outre-Rhin.

Elwig ne semblait pas se douter de la cause de mon silence et du dégoût qu'elle m'inspirait ; elle murmurait quelques paroles inintelligibles en comptant les bracelets de cuivre dont ses bras étaient chargés ; après quoi elle me dit d'un air pensif :

— Aurai-je bien neuf beaux bracelets de pierreries pour remplacer ceux-ci ?... Tous tiendront-ils dans un petit sac que je cacherai sous ma robe en revenant à la hutte du roi mon frère ? Réponds donc à ma question.

Cette férocité froide, et pour ainsi dire naïve, redoubla l'aversion que m'inspirait cette horrible créature. Je gardai le silence ; alors elle s'écria :

— Tu ne me réponds pas au sujet de ces bijoux que tu m'as promis !

Puis, paraissant frappée d'une idée subite, elle ajouta :

— Et j'ai parlé !... S'il allait tout dire à Néroweg !... mon frère nous tuerait, moi et Riowag... La pensée de ces trésors m'a rendue folle !

Et elle se mit à appeler, en se tournant vers la caverne.

Une seconde vieille, non moins hideuse que la première, accourut, tenant en main un os de bœuf où pendait un lambeau de chair à demi cuite qu'elle rongeait.

— Accours ici, — lui dit la prêtresse, — et laisse là ton os.

La vieille obéit à regret et en grondant, ainsi qu'un chien à qui l'on ôte sa proie, déposa l'os sur l'une des pierres saillantes de l'entrée de la grotte et s'approcha en s'essuyant les lèvres.

— Rassemble des broussailles, des branches et des racines d'arbres, et fais du feu sous la cuve d'airain, — dit la prêtresse à la vieille.

Celle-ci retourna dans la caverne, en rapporta tout ce qui lui était indiqué, et bientôt un ardent brasier brûla sous la chaudière.

— Maintenant, — dit Elwig à la vieille en me montrant, étendu que j'étais toujours à terre, aux pieds de la divinité infernale, les mains liées derrière le dos et les jambes attachées, — agenouille-toi sur lui.

Je ne pouvais faire un mouvement ; la vieille se mit à genoux sur la cuirasse dont ma poitrine était couverte, et dit à la prêtresse :

— Que faut-il faire ?

— Fais sortir sa langue de la bouche.

Je compris alors qu'Elwig, d'abord entraînée à de dangereuses confidences par sa sauvage convoitise, se reprochant d'avoir inconsidérément parlé de ses amours et de ses projets fratricides, ne trouvait pas de meilleur moyen de me forcer au silence envers son frère qu'en me coupant la langue. Je crus ce projet facile à concevoir, mais difficile à exécuter, car je serrai les dents de toutes mes forces.

— Serre le cou, — dit Elwig à la vieille ; — il ouvrira la bouche, tirera la langue, et j'aurai vite fait de la trancher.

La vieille, toujours agenouillée sur ma cuirasse, se pencha si près de moi que son hideux visage touchait presque le mien. De dégoût je fermai les yeux ; bientôt je sentis les doigts crochus et nerveux de la suivante de la prêtresse me serrer la gorge. Pendant quelques instants, je luttai contre la suffocation et ne desserrai pas les dents ; mais enfin, selon qu'Elwig l'avait prévu, je me sentis prêt à étouffer et j'ouvris malgré moi la bouche. Elwig y plongea aussitôt ses doigts pour saisir ma langue. Je les mordis si cruellement qu'elle les retira en poussant un cri de douleur. A ce moment, je vis sortir du bois, où ils s'étaient retirés par ordre de la prêtresse, les guerriers noirs et Riowag. Celui-ci accourait ; mais il s'arrêta indécis à la vue d'une troupe de Franks, arrivant du côté opposé et entrant dans la clairière ; l'un de ces derniers venus appelait d'une voix rauque et impérieuse :

— Elwig ! Elwig !

— Le roi mon frère ! — murmura la prêtresse, toujours agenouillée près de moi.

Et elle me parut chercher son couteau, tombé à terre pendant notre lutte.

— Ne crains rien... je serai muet... Tu auras le trésor pour toi seule, — dis-je tout bas à Elwig, de crainte que, dans sa terreur, elle ne me tuât. J'espérais, à tout hasard, m'assurer son appui et me ménager les moyens de fuir en flattant sa cupidité.

Soit qu'Elwig crût à ma parole, soit que la présence de son frère l'empêchât de m'égorger, elle me jeta un regard significatif, et resta agenouillée à mes côtés, la tête penchée sur sa poitrine d'un air méditatif ; la vieille, s'étant relevée, ne pesait plus sur ma cuirasse, je pus respirer librement, et je vis l'*Aigle terrible*, debout, à deux pas de moi, escorté de quelques autres rois franks, comme s'intitulent ces chefs de pillards.

Néroweg était d'une taille colossale ; sa barbe, grâce à l'usage de l'eau de chaux, était devenue d'un rouge de cuivre, ainsi que ses cheveux graissés et relevés autour de son front ; cette chevelure, nouée par une tresse de cuir au sommet de la tête, retombait derrière ses épaules, comme la crinière d'un casque ; au-dessus de chacun de ses épais sourcils roux, je vis une serre d'aigle tatouée en bleu, tandis qu'un autre tatouage écarlate, représentant les ondulations d'un serpent, ceignait son front ; sa joue gauche était aussi recouverte d'un tatouage rouge et bleu, composé de raies transversales ; mais sur la joue droite, ce sauvage ornement disparaissait presque entièrement dans la profondeur d'une cicatrice commençant au-dessous de l'œil et allant se perdre dans sa barbe hérissée. De lourdes plaques d'or grossièrement travaillées, attachées à ses oreilles, les distendaient et tombaient sur ses épaules ; un gros collier d'argent faisait deux ou trois fois le tour de son cou et tombait jusque sur sa poitrine demi-nue. Il avait pour vêtement, par dessus sa tunique de toile, presque noire, tant elle était malpropre, une casaque de peau de bête. Les chausses, de même étoffe et de même saleté que sa tunique, la rejoignaient et y étaient assujetties par un large ceinturon de cuir où pendaient, d'un côté, une longue épée, de l'autre une hache de pierre tranchante ; de larges bandes de peau tannée se croisaient sur ses chausses, depuis le cou-de-pied jusqu'au-dessus du genou ; il s'appuyait sur une demi-pique armée d'un fer aigu. Les autres rois qui accompagnaient Néroweg étaient à peu près tatoués, vêtus et armés comme lui ; tous avaient les traits empreints d'une gravité farouche.

Elwig, toujours agenouillée près de moi, avait jusqu'alors caché ma figure à Néroweg. Il toucha brutalement, du bout du manche de sa pique, les épaules de sa sœur, et l'interpellant durement :

— Pourquoi m'as-tu envoyé quérir avant de faire bouillir pour tes augures ce chien gaulois... dont mes écorcheurs doivent me donner la peau ?

— L'heure n'est pas propice, — reprit la prêtresse d'un ton mystérieux et saccadé ; — l'heure de la nuit... de la nuit noire, est préférable pour sacrifier aux dieux infernaux. Ce Gaulois dit avoir été chargé d'un message, ô puissant roi ! par Victoria et par son fils.

Néroweg s'approcha davantage et me regarda, d'abord avec une dédaigneuse indifférence ; puis, m'examinant plus attentivement, ses traits prirent soudain une expression de haine et de rage triomphante, et il s'écria, comme s'il ne pouvait en croire ses yeux :

— C'est lui !... c'est le cavalier au cheval gris... c'est lui !

— Tu le connais ?... — demanda Elwig à son frère. — Tu connais ce prisonnier ?...

— Va-t'en ! — reprit brusquement Néroweg. — Hors d'ici !

Puis me contemplant de nouveau, il répéta :

— C'est lui... le cavalier au cheval gris !...

— L'as-tu donc rencontré à la bataille ? —

demanda de nouveau Elwig à son frère. — Réponds... réponds-moi donc...

— T'en iras-tu ! — reprit Néroweg en levant son bâton sur la prêtresse. — J'ai parlé ! va-t'en !...

J'avais les yeux, à ce moment, fixés sur le groupe des guerriers noirs ; je vis Riowag, le roi des guerriers noirs, à peine contenu par ses compagnons, porter la main à son épée, pour venger sans doute l'insulte faite à Elwig par Néroweg.

Mais la prêtresse, loin d'obéir à son frère, et craignant sans doute qu'en son absence je ne parlasse à l'*aigle terrible* des projets fratricides de sa sœur et des riches présents de Victoria, qu'elle convoitait, s'écria :

— Non... non... je reste... Ce prisonnier m'appartient pour mes augures... Je ne m'éloigne pas... je le garde...

Néroweg, pour toute réponse, asséna plusieurs coups du manche de sa pique sur le dos d'Elwig ; puis il fit un signe et plusieurs hommes de ceux dont il était accompagné repoussèrent violemment la prêtresse, ainsi que la vieille mégère, sa suivante, dans la caverne, dont ils gardèrent l'issue l'épée à la main.

Il fallut que les guerriers noirs qui entouraient leur roi Riowag fissent de grands efforts pour l'empêcher de se précipiter, l'épée à la main, sur l'*aigle terrible ;* mais celui-ci, ne songeant qu'à moi, ne s'aperçut pas de la fureur de son rival et me dit d'une voix tremblante de colère, en me croisant du pied :

— Me reconnais-tu, chien ?

— Je te reconnais, loup rapace.

— Cette blessure, — reprit Néroweg en portant son doigt à la profonde cicatrice dont sa joue était sillonnée, — cette blessure ! sais-tu qui me l'a faite ?

— Oui, c'est mon œuvre... Je t'ai combattu en soldat...

— Tu mens !... tu m'as combattu en lâche... vous étiez deux contre un...

— Tu attaquais avec furie le fils de Victoria la Grande ; il était déjà blessé... sa main pouvait à peine soutenir son épée... je suis venu à son aide... et j'ai frappé en gaulois.

— Et tu m'as marqué à la face de ton sabre gaulois... chien !...

En disant cela, Néroweg m'asséna plusieurs coups du manche de sa pique, à la grande risée des autres rois.

Je me rappelai mon aïeul Guilhern, enchaîné comme esclave, et supportant avec dignité les cruels traitements des Romains, après la bataille de Vannes... Je l'imitai, je dis simplement à Néroweg :

— Tu frappes un soldat désarmé, garrotté, qui, confiant dans la trêve, est venu pacifiquement vers toi... c'est une lâcheté !... Tu n'oserais pas lever ton bâton sur moi, si j'étais debout, une épée à la main...

Le chef frank, se mettant à rire et me frappant de nouveau, me répondit :

— Fou est celui qui, pouvant tuer son ennemi désarmé, ne l'extermine pas... Je voudrais pouvoir te tuer deux fois... Tu es doublement mon ennemi... Je te hais parce que tu es Gaulois, je te hais parce que ta race possède la Gaule, le pays du soleil, du bon vin et des belles femmes... je te hais parce que tu m'as marqué à la face d'une blessure qui est ma honte éternelle... Je veux donc te faire tant souffrir que tes souffrances vaillent deux morts, mille morts, si je le puis... chien gaulois !

— Le chien gaulois est un noble animal de chasse et de guerre, — lui répliquai-je ; — le loup frank est un animal de rapine et de carnage ; mais avant peu les braves chiens gaulois auront chassé de leurs frontières cette bande de loups voraces, sortis des forêts du nord... Prends garde !... Si tu refuses d'écouter le message de Victoria et de son vaillant fils... prends garde !... Notre armée est nombreuse. Entre le loup frank et le chien gaulois, ce sera une guerre à mort, une guerre d'extermination, et le loup frank sera dévoré par le chien gaulois.

Néroweg, grinçant les dents de rage, saisit à son côté sa hache et, la tenant des deux mains, la leva sur moi pour me briser la tête... Je me crus à mon heure dernière ; mais deux des autres rois arrêtèrent le bras du frère d'Elwig, et ils lui dirent quelques mots à voix basse, qui parurent le calmer. Il se concerta ensuite avec ses compagnons, et me dit :

— Quel est le message dont tu es chargé par Victoria pour les rois des Franks ?

— Le messager de Victorin et de Victoria doit parler debout, sans liens, le front haut... et non étendu à terre et garrotté comme le bœuf qui attend le couteau du boucher... Fais-moi délivrer de mes liens, et je parlerai... sinon, non !... Tu as entendu, brute !

— Parle à l'instant... sans condition, chien gaulois !... ou redoute ma colère.

— Non !... Je ne dirai rien !

— Je saurai te faire parler !

— Essaye ! Tu me trouveras inébranlable !

Néroweg ordonna à l'un des autres rois de prendre sous la cuve d'airain deux tisons enflammés ; l'on me saisit par les épaules et par les pieds, afin de m'empêcher de faire un mouvement, tandis que le Frank, plaçant et maintenant les tisons sur le fer de ma cuirasse, y établissait ainsi une sorte de brasier, aux grands éclats de rire de Néroweg, qui me dit :

— Tu parleras, ou tu seras grillé comme la tortue dans son écaille.

Le fer de ma cuirasse commençait à s'échauffer sous ce brasier, que deux des rois franks attisaient de leur souffle. Je souffrais beaucoup, et je m'écriai :

— Ah! Néroweg... Néroweg!... lâche bourreau ! j'endurerais ces tortures avec joie pour me trouver une fois encore face à face avec toi, une épée à la main, et te marquer à l'autre joue !... Oh! tu l'as dit... entre nos deux races... haine à mort!...

— Quel est le message de Victoria? — reprit l'*aigle terrible*.

Je restai muet, quoique la douleur devînt pour moi fort grande... le fer de ma cuirasse s'échauffant dans toutes les parties.

— Parleras-tu ? — s'écria de nouveau le chef frank, qui parut étonné de ma constance.

— Le messager de Victoria parle debout et libre ! — ai-je répondu, — sinon, non !...

Soit que le roi frank crût de son intérêt de connaître le message que j'apportais, soit qu'il se rendît aux observations de ses compagnons, moins féroces que lui, l'un d'eux déboucla la mentonnière de mon casque, l'enleva de dessus ma tête, alla le remplir d'eau à la fontaine qui sourdait entre les roches de la caverne, et versa cette eau fraîche sur ma cuirasse brûlante ; elle se refroidit ainsi peu à peu.

— Délivrez-le de ses liens, — dit Néroweg, — mais entourez-le... et qu'il tombe percé de coups s'il essaye de fuir...

Je repris mes forces pendant qu'on ôtait mes liens ; car la douleur m'avait fait presque défaillir. Je bus un peu d'eau restant au fond du casque ; puis je me levai au milieu des rois franks qui m'entouraient, afin de me couper toute retraite.

— Maintenant rends compte de ton message ? — me dit Néroweg.

— Une trêve a été convenue entre nos deux armées... ai-je répondu. Victoria et son fils m'envoient vous dire ceci : Depuis que vous avez quitté les forêts du nord, vous possédez tout le pays d'Allemagne qui s'étend sur la rive gauche du Rhin... Ce sol est aussi fertile que celui de la Gaule. Avant votre invasion, il produisait tout avec abondance ; vos violences, vos cruautés ont fait fuir presque tous ses habitants ; mais le sol reste plantureux, fertile... Pourquoi ne le cultivez-vous pas, au lieu de guerroyer contre nous sans cesse et de vivre de rapines ? Est-ce l'amour de batailler qui vous pousse ?... Nous comprenons mieux que personne, nous autres Gaulois, cette outre-vaillance, et nous y voulons bien satisfaire : envoyez à chaque lune nouvelle, mille, deux mille guerriers d'élite, dans une des grandes îles du Rhin, notre frontière commune ; nous enverrons pareil nombre de guerriers ; on se combattra rudement et selon le bon plaisir de chacun ; mais du moins, vous, Franks, d'un côté du Rhin, nous, Gaulois, de l'autre, nous pourrons en paix cultiver nos champs, travailler, fabriquer, enrichir nos pays, sans être obligés d'avoir toujours un œil sur la frontière et une épée pendue au manche de la charrue. Si vous refusez nos propositions, nous vous ferons une guerre d'extermination pour vous chasser de nos frontières et vous refouler dans vos forêts ! Lorsque deux peuples sont séparés seulement par un fleuve, il faut qu'ils soient amis, ou que l'un des deux peuples détruise l'autre... Choisissez!... J'attends votre réponse.

Néroweg se consulta avec plusieurs des rois dont il était entouré et, après quelques instants d'attente, me répondit insolemment :

— Le Frank n'appartient pas à l'une de ces races viles, comme la race gauloise, qui cultivent la terre et travaillent : le Frank aime la bataille ; mais il aime surtout le soleil, le bon vin, les belles armes, les brillantes étoffes, les coupes d'or et d'argent, les riches colliers, les grandes villes bien bâties, les palais superbes à la mode romaine, les jolies femmes gauloises, les esclaves laborieux et soumis au fouet, qui travaillent pour leurs maîtres, tandis que ceux-ci boivent, chantent, dorment, font l'amour ou la guerre... Mais dans leur sombre pays du nord, les Franks, ne trouvent ni bon soleil, ni bon vin, ni belles armes, ni brillantes étoffes, ni coupes d'or et d'argent, ni grandes villes bien bâties, ni palais superbes, ni jolies femmes gauloises... Tout cela se trouve chez vous, chiens gaulois... Nous voulons vous prendre tout cela... nous voulons nous établir dans votre pays fertile... jouir de tout ce qu'il renferme, tandis que vous travaillerez pour nous, courbés sous notre forte épée, et pendant que vos femmes, vos filles, vos sœurs coucheront dans notre lit, fileront la toile de nos chemises et les laveront à la buanderie... Entends-tu cela, chien gaulois ?

Les autres chefs applaudirent aux paroles de Néroweg appuyant leur approbation par leurs rires et leurs clameurs, et tous répétèrent :

— Oui... voilà ce que nous voulons... entends-tu, chien gaulois ?

— J'entends... — répliquai-je, — ne pouvant m'empêcher de railler cette sauvage insolence.

— Je comprends que vous voulez nous conquérir et nous asservir comme l'ont fait pendant un certain temps les Romains, après que notre race a eu dominé, vaincu l'univers durant des siècles... Mais vous qui aimez tant le soleil, le bien, le pays et les femmes d'autrui, vous oubliez que les Romains, malgré leur puissance universelle et leurs innombrables armées, ont été forcés par nos armes de nous rendre une à une toutes nos libertés, de sorte qu'à cette heure, les Romains ne sont plus nos conquérants, mais nos alliés... Or, puisque vous aimez tant le soleil, le pays, le bien et les femmes d'autrui, écoutez ceci : Nous autres, Gaulois, seuls et sans l'alliance romaine, nous vous chasserons de nos frontières ou nous vous exterminerons jusqu'au dernier, si vous persistez à être de mauvais voisins et à prétendre nous larronner notre vieille Gaule !...

— Oui, larrons nous sommes ! — s'écria Néroweg, — et, par les neiges de la Germanie ! nous larronnerons la Gaule !... Notre armée est quatre fois plus nombreuse que la vôtre ; vous avez à défendre vos palais, vos villes, vos richesses, vos femmes, votre soleil, votre terre fertile... Nous n'avons rien à défendre et tout à prendre ; nous campons sous nos huttes et nous dormons sur l'épaule de nos chevaux ; notre seule richesse est notre épée ; nous n'avons rien à perdre, tout à gagner... Nous gagnerons tout, et nous asservirons ta race, chien gaulois !... ce sera la fin de la Gaule.

— Va demander aux Romains, dont l'armée était plus nombreuse que la tienne, combien la vieille terre des Gaules a dévoré de cohortes étrangères ! Les plus grandes batailles qu'ils aient livrées, ces conquérants du monde, ne leur ont pas coûté le quart de soldats que nos pères, esclaves insurgés, ont exterminés à coups de faux et de fourche... Prends garde ! bien forte est l'épée du soldat gaulois... bien tranchante est la faux, bien lourde est la fourche du paysan gaulois, quand ils défendent leur foyer, leur famille, leur liberté !... Prenez garde ! si vous restez mauvais voisins, la faux et la fourche gauloise suffiront pour vous chasser dans vos neiges, gens de paresse, de rapine et de carnage, qui voulez jouir du travail, du sol, de la femme et du soleil d'autrui, de par le vol et le massacre !...

— Et c'est toi, chien gaulois, qui oses parler ainsi ! — s'écria Néroweg en grinçant les dents, — toi, prisonnier ! sous la pointe de nos épées !... sous le tranchant des haches franques !

— Le moment me paraît tout à fait opportun pour dire la vérité aux ennemis de la Gaule.

— Et le moment me paraît bon, à moi, pour te faire souffrir mille morts ! — s'écria le chef frank, non moins furieux que ses compagnons. — Oui, tu vas souffrir mille morts... après quoi, ma seule réponse à l'audacieux message de ta Victoria sera de lui envoyer ta tête et de lui faire dire de la part de Néroweg, l'*aigle terrible*, qu'avant que le soleil se soit levé six fois, j'irai la prendre au milieu de son camp ; tu lui diras qu'elle partagera mon lit, et qu'ensuite je la livrerai à mes hommes afin qu'ils jouissent à leur tour de Victoria, la fière Gauloise.

A cette féroce insolence, dite sur la femme que je vénérais le plus au monde, j'ai perdu mon sang-froid ; j'étais désarmé, mais, ramassant à mes pieds un des tisons alors éteint dont les Franks s'étaient servi pour me torturer, j'ai saisi cette lourde bûche, et j'en ai si rudement frappé Néroweg, qu'étourdi du coup, et faisant deux pas en arrière, il a trébuché et est tombé sans mouvement, sans connaissance.

Aussitôt dix coups d'épée me frappèrent à la fois ; mais mon casque et ma cuirasse me préservèrent ; car, dans leur aveugle rage, les chefs franks me portèrent au hasard les premières atteintes en criant :

— A mort ! à mort ! le chien gaulois...

Riowag, le chef des guerriers noirs, Riowag seul ne chercha pas à venger sur moi le coup que j'avais porté à son rival Néroweg ; il profita du tumulte pour entrer dans la caverne où l'on avait repoussé Elwig ; car les deux chefs qui, l'épée à la main, gardaient l'issue de cette grotte, étaient accourus au secours de l'*aigle terrible* renversé à quelques pas de là.

Peu d'instants après que Riowag fut entré dans la grotte, la prêtresse et les deux vieilles se précipitèrent hors de leur repaire ; les cheveux en désordre, l'air hagard, les mains levées au ciel en s'écriant :

— L'heure est venue... le soleil baisse... la nuit approche... à mort !... à mort, le Gaulois !... Il a frappé l'*aigle terrible*... A mort ! à mort, le Gaulois ! Garrottez-le !... Nous allons consulter les augures dans l'eau magique où il va bouillir.

— Oui... à mort ! — crièrent les Franks en se précipitant sur moi, et me chargeant de nouveaux liens. — Qu'il périsse dans un long supplice !... A mort le chien gaulois !

— Les prêtresses du supplice, c'est nous... — s'écrièrent à la fois Elwig et les deux vieilles, en redoublant de contorsions bizarres qui semblaient peu à peu frapper les chefs franks de terreur.

— O toi, qui as frappé mon frère, le sang de mon sang ! — s'écria Elwig en se tordant les bras, poussant des hurlements affreux, et se jetant sur moi avec une furie réelle ou feinte, — les dieux infernaux t'ont livré à moi !... Venez, venez... entraînons-le dans la caverne, — ajouta-t-elle en s'adressant aux deux vieilles, — il faut le préparer à la mort par les tortures... Vengeance ! que notre vengeance soit implacable !

Le trouble jeté au milieu des Franks par le coup que j'avais porté à Néroweg les empêcha d'abord de s'opposer au dessein d'Elwig et des deux vieilles ; plusieurs chefs même se joignirent à elles pour me pousser dans la caverne, tandis que d'autres s'empressaient autour de l'*aigle terrible*, étendu à terre, pâle, inanimé, le front sanglant.

— Notre grand chef n'est pas mort, — disaient les uns ; — ses mains sont chaudes et son cœur bat.

— Il faut le transporter dans sa hutte.

— S'il meurt, nous tirerons au sort ses cinq chevaux noirs et sa belle épée gauloise à poignée d'or, et ses bracelets d'argent et ses colliers.

— Les chevaux et les armes de Néroweg appartiennent au plus ancien chef! — s'écria l'un de ceux qui soutenaient l'*aigle terrible*, — et ce chef, c'est moi... A moi donc les chevaux et les armes! A moi encore sa tente et ses chariots! A moi ses colliers d'or et ses bracelets d'argent.
— Tu mens!... — dit celui qui soutenait Néroweg de l'autre côté. — Ses chevaux, sa tente, ses chariots et ses armes m'appartiennent comme étant son compagnon de guerre.
— Non! — crièrent les autres chefs, — non! tout ce qui vient de Néroweg doit être tiré au sort entre nous.

Du seuil de la caverne où j'entrais alors, je vis la dispute s'animer et les épées briller, pendant que Néroweg, toujours inanimé, était foulé aux pieds; la lutte allait devenir sanglante, lorsque Elwig, me laissant aux abords de son repaire, s'élança parmi les combattants, qu'elle s'efforça de séparer en criant d'une voix éclatante;
— Honte et malheur à ceux qui se disputent les dépouilles d'un chef qui n'est ni mort, ni vengé!... Honte et malheur à ceux qui se disputent les dépouilles du frère devant la sœur!... Honte et malheur aux impies qui troublent le repos des lieux consacrés aux dieux infernaux!

Puis, l'air inspiré, terrible, elle se dressa de toute sa hauteur, leva ses deux mains fermées au-dessus de sa tête en s'écriant; — J'ai les deux mains remplies de malheurs redoutables... Tremblez!...

A cette menace, les barbares effrayés courbèrent involontairement la tête, comme s'ils eussent craint d'être atteints par ces mystérieux malheurs qui allaient s'échapper des mains de la prêtresse. Ils remirent leurs épées dans le fourreau; un grand silence se fit.

— Emportez l'*aigle terrible* dans sa hutte, — dit alors Elwig; — la sœur va accompagner son frère blessé... le prisonnier gaulois sera gardé dans cette caverne par *Map* et *Mob*, qui m'aident aux sacrifices... Deux d'entre vous resteront à l'entrée de la caverne, l'épée à la main... La nuit approche... Bientôt Elwig reviendra ici avec Néroweg... Le supplice du prisonnier commencera et je consulterai les augures dans les eaux magiques où il doit bouillir jusqu'à ce que la mort s'ensuive!...

Mon dernier espoir m'abandonna; Elwig, devant revenir avec son frère, renonçait sans doute, au dessein que lui avait inspiré sa cupidité, dessein où je voyais mon salut... J'étais solidement garrotté, les mains fixées derrière le dos, un ceinturon enlaçant mes jambes me permettait à peine de marcher à très petits pas. Je suivis les deux vieilles dans la grotte dont l'entrée fut gardée par plusieurs chefs armés. Plus j'avançais dans l'intérieur de ce souterrain, plus il devenait obscur. Après avoir marché ainsi pendant quelques instants, l'une des deux vieilles me dit :

— Couche-toi à terre si tu le veux; le soleil a disparu; je vais avec ma compagne, en attendant le retour d'Elwig, entretenir le feu sous la chaudière...

Les vieilles me quittèrent... je restai seul.

Je voyais au loin l'entrée de la caverne devenir de plus en plus sombre, à mesure que le crépuscule faisait place à la nuit. Bientôt, de ce côté, les ténèbres furent complètes; seulement, de temps à autre, le feu, avivé par les vieilles sous la cuve d'airain, jetait dans la nuit noire des clartés rougeâtres qui venaient mourir au seuil de la grotte.

J'essayai de rompre mes liens; une fois les jambes et les mains libres, j'aurais tenté de désarmer l'un des Franks gardiens de l'antre, et, l'épée à la main, protégé par l'obscurité, je me serais dirigé vers les bords du Rhin, guidé par le bruit des grandes eaux du fleuve. Peut-être Douarnek, malgré mes ordres, ne se serait-il pas encore éloigné de la rive pour regagner notre camp; mais, malgré mes efforts, je ne pus rompre les cordes d'arc et les ceinturons dont j'étais garrotté. Déjà une sourde et croissante rumeur m'annonçait qu'un grand nombre d'hommes arrivaient et se rassemblaient aux abords de la caverne, sans doute afin d'assister à mon supplice et pour entendre les augures de la prêtresse.

Je crus n'avoir plus qu'à me résigner à mon sort; je donnai une dernière pensée à ma femme et à mon enfant.

Soudain, au milieu des ténèbres dont j'étais entouré, j'entendis, à deux pas derrière moi, la voix d'Elwig. Je tressaillis de surprise; j'étais certain qu'elle n'était point venue par l'entrée de la caverne.

— Suis-moi, — me dit-elle.

Et en même temps sa main brûlante saisit la mienne avec force.

— Comment es-tu ici? — lui dis-je stupéfait, en renaissant à l'espérance et m'efforçant de marcher.

— La caverne a deux issues, répondit Elwig; — l'une d'elles est secrète et connue de moi seule... c'est par là que je viens d'arriver jusqu'à toi, tandis que les rois m'attendent autour de la chaudière... Viens! viens!... conduis-moi à la barque où est le trésor, où sont les bracelets, les parures, les diadèmes!...

— Mes jambes sont liées, — lui dis-je, — je peux à peine mettre un pied devant l'autre.

Elwig ne répondit rien, mais je sentis qu'à l'aide de son couteau elle tranchait le cuir des ceinturons et les cordes d'arc qui me garrottaient aux coudes et aux jambes. J'étais libre!

— Et ton frère, — dis-je, en marchant sur ses pas, — est-il revenu à lui

— Néroweg est encore à demi étourdi, comme le bœuf mal atteint par l'assommoir... Il attend dans sa hutte le moment de ton supplice. Je dois aller lui annoncer l'heure des augures il veut te voir souffrir... Viens, viens !...

— L'obscurité est si grande que je ne vois pas devant moi pour me diriger dans cette caverne.

— Donne-moi ta main.

— Si ton frère, lassé d'attendre, — lui dis-je en me laissant conduire, — entre avec les chefs dans le bois sacré, et qu'ils ne trouvent dans la caverne ni toi ni moi; qu'arrivera-t-il ? Ne se mettront-ils pas à notre poursuite ?

— Moi seule connais cette issue secrète : mon frère et les chefs croiront, en ne nous trouvant plus ici, que je t'ai fait descendre chez les dieux infernaux... ils ne craindront davantage... Viens, viens !...

Pendant qu'Elwig me parlait ainsi, je la suivais à travers un chemin si étroit que je sentais de chaque côté les parois des roches... Puis ce sentier sembla s'enfoncer dans les entrailles de la terre; ensuite il devint, au contraire, si rude à gravir pour mes jambes encore engourdies par la violente pression de mes liens, que j'avais peine à suivre les pas précipités de la prêtresse. Bientôt un courant d'air frais me frappa au visage : je supposai que nous allions bientôt sortir de ce souterrain.

— Cette nuit, lorsque j'aurai eu tué mon frère, pour me venger de ses outrages et de ses violences, — me dit Elwig d'une voix brève, haletante, — je fuirai avec un roi que j'aime... il nous attend au dehors de cette caverne. Ce chef est robuste, vaillant, bien armé ; il nous accompagnera jusqu'à ton bateau... Si tu m'as trompée, Riowag te tuera... entends-tu, Gaulois ?... Tu tomberas sous sa hache !

Cette menace m'effraya peu... j'avais les mains libres... ma seule inquiétude était de ne plus retrouver Douarnek et la barque.

Au bout de quelques instants, nous étions sortis de la grotte... Les étoiles brillaient si vivement au ciel qu'une fois hors du bois où nous nous trouvions encore, l'on devait voir à quelques pas devant soi.

La prêtresse s'arrêta un moment et appela :

— Riowag !...

— Riowag est là, — répondit une voix si proche, que le roi des guerriers noirs, qui venait de répondre à l'appel de la prêtresse, était sans doute tout près de moi, à me toucher... pourtant ce fut en vain que j'essayai de distinguer sa forme noire au milieu de la nuit. Je compris plus que jamais combien ces guerriers, se confondant avec l'ombre, devaient être redoutables pour les embuscades nocturnes.

— Y a-t-il loin d'ici aux bords du Rhin ? — demandai-je à Riowag. — Tu dois connaître l'endroit où j'ai débarqué, puisque tu étais le chef de ceux qui nous ont envoyé une grêle de flèches.

— Nous n'avons pas longtemps à marcher pour gagner l'endroit où tu as pris terre, — me répondit Riowag.

— Nous faudra-t-il traverser le camp ? — dis-je, en voyant à peu de distance la lueur des feux allumés par les Franks.

Mes deux conducteurs ne me répondirent pas, échangèrent à voix basse quelques paroles, me prirent chacun par un bras, et nous suivîmes un chemin qui s'éloignait du camp. Bientôt le bruit des grandes eaux du Rhin arriva jusqu'à moi. Nous approchions de plus en plus du rivage. Enfin j'aperçus du haut de l'escarpement où je me trouvais, une sorte de nappe blanchâtre à travers l'obscurité de la nuit... c'était le fleuve !

— Nous allons remonter maintenant deux cents pas sur la grève, — me dit Riowag, — nous atteindrons ainsi l'endroit où tu as débarqué sous nos flèches... Ton bateau doit t'attendre à peu de distance de là... Si tu nous trompais, ton sang rougira la grève, et les eaux du Rhin entraîneront ton cadavre...

— Peut-on crier du rivage vers le large, — demandai-je au Frank, — sans être entendu des avant-postes de ton camp ?

— Le vent souffle de la rive vers le Rhin, — me dit Riowag avec sa sagacité de sauvage, — tu peux crier; l'on ne t'entendra pas du camp, et ta voix portera jusque vers le milieu du fleuve.

Après avoir encore marché pendant quelque temps, Riowag s'arrêta :

— C'est ici que tu as débarqué... ton bateau devrait être ancré non loin d'ici... Moi, guerrier de nuit, j'ai l'habitude de voir à travers les ténèbres, et je ne vois pas ce bateau...

— Oh ! tu nous as trompés ! tu nous as trompés ! — murmura Elwig d'une voix sourde, — tu mourras !...

— Peut-être, — leur dis-je, — la barque, après m'avoir vainement attendu, n'a quitté son ancrage que depuis quelque temps... Le vent porte au loin la voix, je vais appeler.

Et je poussai notre cri de ralliement de guerre, bien connu de Douarnek.

Le bruit du vent et des grandes eaux me répondit seul.

Douarnek avait sans doute suivi mes ordres et regagné notre camp au coucher du soleil.

Je poussai une seconde fois et avec plus de force notre cri de guerre.

Le bruit du vent et des grandes eaux me répondit encore.

Voulant gagner du temps et me mettre en défense, je dis à Elwig : — Le vent souffle de la rive; il porte ma voix au large; mais il re-

La fuite sur le Rhin (page 283)

pousse les voix qui ont peut-être répondu à mon signal... Attendons...

En parlant ainsi, je m'efforçais de voir à travers les ténèbres de quelle manière Riowag était armé. Il portait à sa ceinture un poignard et tenait sa courte et large épée à la main... Quoiqu'ils fussent côte à côte et près de moi, je pouvais d'un bond leur échapper... m'élancer dans le fleuve et me sauver à la nage... j'attendis encore. Soudain je perçus le bruit lointain et cadencé des rames... mon appel était parvenu aux oreilles de Douarnek.

A mesure que l'heure décisive approchait, l'angoisse d'Elwig et de son compagnon devait augmenter... Me tuer, c'était pour eux renoncer aux trésors que mes soldats, leur avais-je dit, n'apporteraient qu'à ma voix ; permettre à ceux-ci de débarquer, c'était laisser venir à moi des auxiliaires qui mettaient la force de mon côté. Elwig s'aperçut alors, sans doute, que sa cupidité sauvage l'avait menée trop loin, car, voyant la barque s'approcher de plus en plus, elle me dit d'une voix altérée :

— On vante la parole gauloise... Tu me dois la vie... m'aurais-tu trompée par une fausse promesse?

Cette prêtresse de l'enfer, incestueuse, féroce, qui avait eu la pensée de me couper la langue pour s'assurer de mon silence, et qui pensait froidement à ajouter le fratricide à ses autres crimes, ne m'avait sauvé la vie que par un sentiment de basse cupidité ; cependant je ne pus rester insensible à son appel à la loyauté gauloise ; je regrettai presque le mensonge que j'avais fait, quoiqu'il pût être excusable en raison de la trahison des Franks ; mais, en ce moment, je dus songer à mon salut... Je sautai sur Riowag et je parvins à le désarmer

36e livraison

après une lutte violente, dans laquelle Elwig n'osa pas intervenir, de peur de blesser son amant en voulant me frapper... Me mettant alors en défense, l'épée à la main, je m'écriai :

— Non, je n'ai pas de trésor à te livrer, Elwig; mais si tu crains de retourner chez ton frère, suis-moi. Victoria te traitera avec bonté, tu ne seras pas prisonnière... je t'en donne ma parole... tu peux compter sur la foi gauloise...

La prêtresse et Riowag, sans vouloir m'entendre, éclatèrent en rugissements de rage et se précipitèrent sur moi avec furie. Dans cet engagement, je tuai le chef des guerriers noirs, qui voulut me frapper de son poignard, et je fus blessé au bras par Elwig, en lui arrachant son couteau, que je jetai dans le fleuve, au moment où Douarnek et un autre soldat, attirés par le bruit de la lutte, s'élançaient sur le rivage pour venir à mon secours.

— Scanvoch ! — me dit Douarnek, — nous n'avons pas, selon tes ordres, regagné notre camp au soleil couché; nous sommes restés à notre ancrage, décidés à t'attendre jusqu'au jour; mais, pensant peut-être que tu viendrais à un autre endroit du rivage, nous l'avons longé, retournant de temps à autre à notre point de départ; c'est à l'un de ces retours que nous avons entendu ton appel et, il n'y a qu'un instant, le bruit d'une lutte; nous avons débarqué pour venir à ton aide. Ce matin, lorsque nous t'avons vu enveloppé par ces diables noirs, notre premier mouvement a été de ramer droit à terre et d'aller nous faire tuer à tes côtés... mais je me suis rappelé tes ordres, et nous avons réfléchi que nous faire tuer, c'était t'enlever tout moyen de retraite... Enfin, te voici; crois-moi, regagnons le camp. Mauvais voisinage est celui de ces écorcheurs.

Pendant que Douarnek m'avait ainsi parlé, Elwig s'était jetée sur le corps de Riowag en poussant des rugissements de fureur mêlés de sanglots. Si détestable que fût cette créature, son accès de douleur me toucha... Je m'apprêtais à lui parler, lorsque Douarnek s'écria :

— Scanvoch, vois-tu au loin ces torches?

Et il me montra, dans la direction du camp des Franks, plusieurs lueurs rougeâtres qui semblaient approcher avec rapidité.

— On s'est aperçu de ta fuite, Elwig, — lui dis-je en essayant de l'arracher du corps de son amant, qu'elle tenait étroitement embrassé en redoublant ses cris; — ton frère est à ta poursuite... il n'y a pas un instant à perdre... viens ! viens ! ou tu es perdue !...

— Scanvoch, me dit Douarnek pendant que j'essayais en vain d'entraîner Elwig, qui ne me répondait que par des sanglots, — ces torches sont portées par des cavaliers... entends-tu leurs hurlements de guerre? entends-tu le rapide galop de leurs chevaux ?... Ils ne sont plus qu'à six portées de flèche de nous... J'ai fait échouer notre barque pour arriver plus vite près de toi, à peine aurons-nous le temps de la remettre à flot... Veux-tu nous faire tuer ici ? soit... faisons-nous bravement égorger; mais si tu veux fuir, il n'en est que temps...

— C'est ton frère ! c'est la mort qui vient ! — criai-je une dernière fois à Elwig, que je ne pouvais abandonner sans regret; car elle m'avait après tout, sauvé la vie. — Dans un instant il sera trop tard...

Et comme la prêtresse ne me répondait pas, je criai à Douarnek :

— Aide-moi... enlevons-la de force !

Pour arracher Elwig du cadavre de Riowag, qu'elle enlaçait avec une force convulsive, il eût fallu emporter les deux corps : Douarnek et moi, nous y avons renoncé.

Les cavaliers franks s'approchaient si rapidement que la lueur de leurs torches, faites de brandons résineux, se projetait jusque sur la grève... Il n'était plus temps de sauver Elwig... Notre barque, grâce à nos efforts, fut remise à flot : je saisis le gouvernail, Douarnek et les deux autres soldats ramèrent avec vigueur.

Nous n'étions qu'à une portée de trait du rivage, lorsqu'à la clarté de leurs flambeaux, nous vîmes les premiers cavaliers franks accourir ; et, à leur tête, je reconnus Néroweg, *l'aigle terrible*, remarquable par sa stature colossale; suivi de plusieurs cavaliers qui, comme lui hurlaient de rage, il poussa jusqu'au poitrail son cheval dans le fleuve; ses compagnons l'imitèrent, agitant d'une main leurs longues lances, et de l'autre les torches dont les rouges reflets éclairaient au loin les eaux du fleuve et notre barque qui s'éloignait à force de rames...

Assis au gouvernail, je tournai bientôt le dos au rivage, et je dis tristement à Douarnek :

— A cette heure la misérable créature est égorgée !

Et notre barque, poussée par les deux vigoureux rameurs, continua de voler sur les eaux.

— Est-ce un homme, une femme, un démon, qui nous suit ? — s'écria Douarnek au bout de quelques instants en abandonnant ses rames et se dressant pour regarder dans le sillage de notre barque, que la lueur lointaine des torches agitées par les cavaliers qui renonçaient à nous poursuivre, éclairait encore.

Je me levai aussi, regardant du même côté; puis, après un moment d'observation, je m'écriai :

— Haut les rames, enfants !... ne ramez plus... c'est elle... c'est Elwig !... Douarnek, donne-moi un aviron ! je vais le lui tendre... ses forces semblent épuisées !...

En parlant ainsi, j'avais agi. La prêtresse, fuyant son frère et une mort certaine, avait dû, pour nous rejoindre, nager avec une énergie extraordinaire. Elle saisit l'extrémité de la rame d'une main crispée ; deux coups d'aviron firent reculer le canot jusqu'à elle, et à l'aide d'un d'un soldat je pus recueillir Elwig à bord de notre barque.

— Bénis soient les dieux ! — m'écriai-je ; — je me serais toujours reproché ta mort.

La prêtresse ne me répondit rien, se laissa tomber sur le banc de l'un des rameurs, et repliée sur elle-même, la figure cachée entre ses genoux, elle garda un silence farouche ; pendant que les soldats ramaient vigoureusement, je regardai au loin derrière moi : les torches des cavaliers franks n'apparaissaient plus que comme des lueurs incertaines à travers la brume de la nuit et l'humide vapeur des eaux du fleuve. Le terme de notre traversée approchait, déjà nous apercevions les feux de notre camp sur l'autre rive. Plusieurs fois j'avais adressé la parole à Elwig sans qu'elle m'eût répondu... Je jetai sur ses épaules et sur ses habits trempés de l'eau glacée du Rhin l'épaisse casaque de nuit de l'un des soldats. En m'occupant de ce soin, je touchai l'un de ses bras, il était brûlant ; étrangère à ce qui se passait dans le bateau, elle ne sortait pas de son farouche silence. En abordant au rivage, je dis à la sœur de Néroweg :

— Demain je te conduirai près de Victoria ; jusque-là je t'offre l'hospitalité dans ma maison ; ma femme et la sœur de ma femme te traiteront en amie.

Elle me fit signe de marcher devant elle et me suivit. Alors Douarnek s'approchant de moi me dit à demi-voix ;

— Si tu m'en crois, Scanvoch, après que cette diablesse qui t'a suivi à la nage, je ne sais pourquoi, se sera essuyée et réchauffée à ton foyer, enferme-la jusqu'au jour ; elle pourrait, cette nuit, étrangler ta femme et ton enfant... Rien n'est plus sournois et plus féroce que les femmes franques.

— Cette précaution sera bonne à prendre, — dis-je à Douarnek.

Et je me dirigeai vers ma demeure accompagné d'Elwig, sombre et silencieuse, qui me suivait comme un spectre.

La nuit était avancée ; je n'avais plus que quelques pas à faire pour arriver à la porte de mon logis, lorsqu'à travers l'obscurité je vis un homme monté sur le rebord d'une des fenêtres de ma maison : il semblait examiner les volets. Je tressaillis... cette croisée était celle de la chambre occupée par ma femme Ellèn. Je dis tout bas à Elwig en lui saisissant le bras :

— Ne bouge pas... attends...

Elle s'arrêta immobile... Maîtrisant mon émotion, je m'avançai avec précaution, tâchant de ne pas faire crier le sable sous mes pieds... Mon attente fut trompée, mes pas furent entendus, et l'homme sauta du rebord de la fenêtre et prit la fuite. Je m'élançais à sa poursuite, lorsque Elwig, croyant que je voulais l'abandonner, courut après moi, me rejoignit, se cramponna à mon bras, me disant avec terreur :

— Si l'on me trouve seule dans le camp gaulois, on me tuera.

Malgré mes efforts, je ne pus me débarrasser de l'étreinte d'Elwig que lorsque l'homme eût disparu dans l'obscurité. Il avait trop d'avance sur moi, la nuit était trop sombre, pour qu'il me fût possible de l'atteindre. Surpris et inquiet de cette aventure, je frappai à la porte de ma demeure.

Presque aussitôt j'entendis au dedans du logis les voix de ma femme et de sa sœur, inquiètes sans doute de la durée de mon absence ; quoiqu'elles ignorassent que j'étais allé au camp des Franks, elles ne s'étaient pas couchées.

— C'est moi ! — leur criai-je, — c'est moi, Scanvoch !

A peine la porte fut-elle ouverte, qu'à la clarté de la lampe que tenait Sampso, ma femme se jeta dans mes bras en me disant d'un ton de doux et tendre reproche :

— Enfin, te voilà !... Nous commencions à nous alarmer, ne te voyant pas revenir depuis ce matin...

— Nous qui comptions sur vous pour notre petite fête, — ajouta Sampso ; — mais vous vous êtes trouvé avec d'anciens compagnons de guerre... et les heures ont vite passé.

— Oui, l'on aura longuement parlé batailles, — ajouta Ellèn, toujours suspendue à mon cou, — et mon bien aimé Scanvoch a un peu oublié sa femme...

Ellèn fut interrompue par un cri de Sampso... Elle n'avait pas d'abord aperçu Elwig, restée dans l'ombre, à côté de la porte ; mais à la vue de cette sauvage créature, pâle, sinistre, immobile, la sœur de ma femme ne put cacher sa surprise et son effroi involontaire. Ellèn se détacha brusquement de moi, remarqua aussi la présence de la prêtresse et, me regardant non moins étonnée que sa sœur, elle me dit :

— Scanvoch, quelle est cette femme ?

— Ma sœur ! — s'écria Sampso, oubliant la présence d'Elwig et me considérant plus attentivement, — vois donc, les manches de la saie de Scanvoch sont ensanglantées... il est blessé !...

Ma femme pâlit, se rapprocha vivement de moi et me regarda avec angoisse.

— Rassure-toi, lui dis-je, — ces blessures sont légères... Je vous avais caché, à toi et à ta sœur, le but de mon absence : j'étais allé au camp des Franks, nos farouches ennemis, chargé d'un message de Victoria.

— Aller au camp des Franks! — s'écrièrent Ellèn et Sampso avec terreur,— c'était la mort!

— Et voilà la créature qui m'a sauvé de la mort,— dis-je à ma femme en lui montrant Elwig, toujours immobile. — Je vous demande à toutes deux vos soins pour elle jusqu'à demain...

En apprenant que je devais la vie à cette étrangère, ma femme et sa sœur allèrent vivement à elle dans l'expansion de leur reconnaissance; mais presque aussitôt elles s'arrêtèrent, intimidées, effrayées par la sinistre et impassible physionomie d'Elwig, qui semblait ne pas les apercevoir et dont l'esprit devait être ailleurs.

— Donnez-lui seulement quelques vêtements secs, les siens sont trempés d'eau, — dis-je à ma femme et sa sœur. — Elle ne comprend pas le gaulois, vos remercîments seraient inutiles.

— Si elle ne t'avait sauvé la vie, — me dit Ellèn, — je trouverais à cette femme l'air sombre et menaçant.

— Elle est sauvage comme ses farouches compatriotes... Lorsque vous lui aurez donné des vêtements, je la conduirai dans la petite chambre basse où je l'enfermerai à clé, pour plus de prudence.

Sampso étant allée chercher une tunique et une mante pour Elwig, je dis à ma femme :

— Cette nuit... peu de temps avant mon retour... tu n'as entendu aucun bruit à la fenêtre de ta chambre?

— Aucun... ni Sampso non plus, car elle ne m'a pas quittée de la soirée, tant nous étions inquiètes de la durée de ton absence... Mais pourquoi me fais-tu cette question ?

Je ne répondis pas tout d'abord à ma femme, car, voyant sa sœur revenir avec des vêtements, je dis à Elwig en les lui remettant :

— Voici les habits que ma femme et sa sœur t'offrent pour remplacer les tiens qui sont mouillés... As-tu besoin d'autre chose?... as-tu faim?... as-tu soif?... enfin, que veux-tu?

— Je veux la solitude, — me répondit Elwig en repoussant les vêtements du geste, — je veux la nuit noire. C'est cela seulement qui me convient.

— Suis-moi donc, — lui dis-je.

Et, marchant devant elle, j'ouvris la porte d'une petite chambre, et j'ajoutai en élevant la lampe afin de lui montrer l'intérieur de ce réduit : — Tu vois cette couche... repose-toi et que les dieux te rendent paisible la nuit que tu vas passer dans ma demeure.

Elwig ne me répondit rien et se jeta sur le lit en se cachant la figure entre ses mains.

— Maintenant, — dis-je en fermant la porte, — ce devoir hospitalier accompli, je brûle d'aller embrasser mon petit Aëlguen.

Je te trouvai, mon enfant, dans ton berceau, dormant d'un paisible sommeil ; je te couvris de mille baisers, dont je sentis d'autant mieux la douceur que j'avais un moment craint de ne te revoir jamais. Ta mère et sa sœur examinèrent et pansèrent mes blessures... Elles étaient légères.

Pendant qu'Ellèn et Sampso me donnaient ces soins, je leur parlai de l'homme qui, monté sur le rebord de la fenêtre, m'avait paru examiner sa fermeture. Elles furent très surprises de mes paroles ; elles n'avaient rien entendu, ayant toutes deux passé la soirée auprès du berceau de mon fils. En causant ainsi, Ellèn me dit :

— Sais-tu, Scanvoch, la nouvelle d'aujourd'hui ?

— Non.

— Tétrik, gouverneur d'Aquitaine et parent de Victoria, est arrivé ce soir... La mère des camps est allée à cheval à sa rencontre... nous l'avons vue passer.

— Et Victorin, — dis-je à ma femme, — accompagnait-il sa mère?

— Il était à ses côtés,.. c'est pour cela sans doute que nous ne l'avons pas vu dans la journée.

L'arrivée de Tétrik me donna beaucoup à réfléchir.

Sampso me laissa seul avec Ellèn... la nuit était avancée... je devais, le lendemain, dès l'aube, aller rendre compte à Victoria et à son fils du résultat de mon message auprès des chefs franks.

CHAPITRE III

La maison de Victoria, la mère des camps. — Le capitaine Marion. — Victoria et son petit fils. — Tétrik, gouverneur d'Aquitaine. — La mère des camps. — Prévisions mystérieuses. — Elwig. — Attaque des Franks. — Bataille du Rhin.

Le jour venu, je me suis rendu chez Victoria. On arrivait à cette modeste demeure par une ruelle étroite et assez longue, bordée des deux côtés par de hauts retranchements dépendant des fortifications d'une des portes de Mayence. J'étais à vingt pas environ du logis de *la mère des camps*, lorsque j'entendis derrière moi ces cris, poussés avec un accent d'effroi :

— Sauvez-vous! sauvez-vous!...

En me retournant, je vis, non sans crainte, arriver sur moi, avec rapidité, un char à deux roues, attelé de deux chevaux, dont le conducteur n'était plus le maître.

Je ne pouvais me jeter ni à droite ni à gauche de cette ruelle étroite, afin de laisser passer ce char, dont les roues touchaient presque de chaque côté les murs ; je me trouvais aussi trop loin de l'entrée du logis de Victoria pour espérer de m'y réfugier, si rapide que fût ma course : je devais, avant d'arriver à la porte, être broyé sous les pieds des chevaux... Mon premier mouvement fut donc de leur faire face, d'essayer de les saisir par leur mors et de les arrêter ainsi, malgré ma certitude d'être écrasé. Je m'élançai les deux mains en avant ; mais, ô prodige ! à peine j'eus touché le frein des chevaux, qu'ils s'arrêtèrent subitement sur leurs jarrets, comme si mon geste eût suffi pour mettre un terme à leur course impétueuse... Heureux d'échapper à une mort certaine, mais ne me croyant pas magicien et capable de refréner, d'un seul geste, des chevaux emportés, je me demandais, en reculant de quelques pas, la cause de cet arrêt extraordinaire, lorsque bientôt je remarquai que les chevaux, quoique forcés de rester en place, faisaient de violents efforts pour avancer, tantôt se cabrant, tantôt s'élançant en avant et raidissant leurs traits, comme si le chariot eût été tout à coup enrayé ou retenu par une force insurmontable.

Ne pouvant résister à ma curiosité, je me rapprochai, puis me glissant entre les chevaux et le mur du retranchement, je parvins à monter sur l'avant-train du char, dont le cocher, plus mort que vif, tremblait de tous ses membres ; de l'avant-train je courus à l'arrière et je vis, non sans stupeur, un homme de la plus grande taille et d'une carrure d'Hercule, cramponné à deux espèces d'ornements recourbés qui terminaient le dossier de cette voiture, qu'il venait ainsi d'arrêter dans sa course, grâce à une force surhumaine.

— Le capitaine *Marion !* — m'écriai-je, — j'aurais dû m'en douter, lui seul, dans l'armée gauloise, est capable d'arrêter un char dans sa course rapide.

— Dis donc à ce cocher du diable de raccourcir ses guides et de contenir ses chevaux... mes poignets commencent à se lasser.

Je transmettais cet ordre au cocher, qui commençait à reprendre ses esprits, lorsque je vis plusieurs soldats, de garde chez Victoria, sortir de la maison et, accourant au bruit, ouvrir la porte de la cour et donner ainsi libre entrée au char.

— Il n'y a plus de danger, — dis-je au cocher, conduis tes chevaux jusqu'au logis... Mais à qui appartient cette voiture ?

— A Tétrik, gouverneur de Gascogne, arrivé d'hier à Mayence ! Il demeure chez Victoria, me répondit le cocher en calmant de la voix ses chevaux.

Pendant que le char entrait dans la maison de la mère des camps, j'allai vers le capitaine pour le remercier de son secours.

Marion avait quitté pour la guerre son enclume de forgeron depuis bien des années ; il était connu et aimé dans l'armée autant pour son courage héroïque et sa force extraordinaire que pour son rare bon sens, sa ferme raison, l'austérité de ses mœurs et son extrême bonhomie. Il s'était redressé sur ses jambes, et son casque à la main, il essuyait son front baigné de sueur. Il portait une cuirasse de mailles d'acier par dessus sa saie gauloise, et une longue épée à son côté ; ses bottes poudreuses annonçaient qu'il venait de faire une longue course à cheval. Sa grosse figure hâlée, à demi couverte d'une barbe épaisse et déjà grisonnante, était aussi ouverte qu'avenante.

— Capitaine Marion, — lui dis-je, — je te remercie de m'avoir empêché d'être écrasé sous les roues de ce char.

— Je ne savais pas que c'était toi qui risquais d'être foulé aux pieds des chevaux, ni plus ni moins qu'un chien ahuri, sotte mort, pour un brave soldat comme toi, Scanvoch ; mais quand j'ai entendu ce cocher du diable s'écrier : Sauvez-vous ! j'ai deviné qu'il allait écraser quelqu'un ; alors j'ai tâché d'arrêter ce char, et heureusement, ma mère m'a donné de bons poignets. Mais où est donc mon cher ami Eustache ? — ajouta le capitaine en regardant autour de lui.

— De qui parles-tu ?

— D'un brave garçon, mon ancien compagnon d'enclume ; comme moi il a quitté le marteau pour la lance ; les hasards de la guerre m'ont mieux servi que lui, car, malgré sa bravoure, mon ami Eustache est resté simple cavalier, et je suis devenu capitaine... Mais le voici là-bas, les bras croisés, immobile comme une borne... Eh ! Eustache ! Eustache !

A cet appel, le compagnon du capitaine Marion s'approcha lentement, les bras toujours croisés sur sa poitrine. C'était un homme de stature moyenne et vigoureuse ; sa barbe et ses cheveux d'un blond pâle, son teint bilieux, sa physionomie dure et morose offraient un contraste frappant avec l'extérieur avenant du capitaine Marion. Je me demandais quelles singulières affinités avaient pu rapprocher dans une étroite et constante amitié deux hommes de dehors si différents et sans doute de caractères si dissemblables.

— Comment, mon ami Eustache, — lui dit le capitaine, — tu restes là, les bras croisés, à me regarder, tandis que je m'efforce d'arrêter un char lancé à toute bride !

— Tu es si fort ! — répondit Eustache. — Quelle aide peut apporter le ciron au taureau ?

— Cet homme doit être jaloux et haineux, — me suis-je dit en entendant cette réponse et en remarquant l'expression sournoise des traits de 'ami du capitaine.

— Va pour le ciron et le taureau, mon ami Eustache, — reprit le capitaine avec sa bonhomie habituelle, et paraissant flatté de la comparaison ; — mais quand le ciron et le taureau sont camarades, si fort que soit celui-ci, ou si petit que soit celui-là, l'un n'abandonne pas l'autre... *l'union fait la force*, dit le proverbe.

— Capitaine, — répondit le soldat avec un sourire amer, t'ai-je jamais abandonné au jour du danger ? N'ai-je pas toujours combattu à tes côtés, depuis que nous avons quitté la forge ?...

— J'en porte témoignage, — s'écria Marion en prenant cordialement la main d'Eustache ; car, aussi vrai que l'épée que tu portes est la dernière arme que j'aie forgée, pour t'en faire un don d'amitié, ainsi que cela est gravé sur la lame, tu as toujours, à la bataille, *marché dans mon ombre*, comme nous disons au pays.

— Qu'y a-t-il d'étonnant à cela ? — reprit le soldat ; — auprès de toi, si vaillant et si robuste... j'étais ce que l'ombre est au corps.

— De par le diable ! quelle ombre ! mon ami Eustache, — dit en riant le capitaine, et, s'adressant à moi, il ajouta, montrant son compagnon Eustache :

— Qu'on me donne deux ou trois mille ombres comme celle-là, et, à la première bataille que nous livrerons en deçà ou au delà du Rhin, je ramène un troupeau de prisonniers franks.

— Tu es un capitaine renommé ! moi, comme tant d'autres, pauvres hères, nous ne sommes bons qu'à obéir, à nous battre et à nous faire tuer ; nous sommes de la chair à bataille, — répondit l'ancien forgeron d'un air quelque peu narquois, en plissant ses lèvres.

— Capitaine, dis-je à Marion, — n'avez-vous pas à parler à Victorin ou à sa mère ?

— Oui, j'ai à rendre compte à Victorin d'un voyage que nous venons de faire, moi et mon vieux camarade.

— Je t'ai suivi comme soldat, — dit Eustache ; — le nom d'un obscur cavalier ne doit pas être prononcé devant Victoria la Grande.

Le capitaine haussa les épaules avec impatience, et de son poing énorme il menaça familièrement son ami.

— Capitaine, dis-je à Marion, hâtons-nous d'entrer chez Victoria ; je devais me rendre chez elle à l'aube, et je suis en retard.

— Ami Eustache, — dit Marion en se dirigeant vers la maison, — veux-tu rester ici, ou aller m'attendre chez nous ?

— Je t'attendrai ici à la porte... c'est la place d'un subalterne...

— Croiriez-vous, Scanvoch, — reprit Marion en riant, — croiriez-vous que, depuis tantôt vingt ans que ce mauvais garçon et moi nous vivons et guerroyons ensemble comme deux frères, il ne veut pas oublier que je suis capitaine et me traiter en simple batteur d'enclume, comme nous nous traitions jadis...

— Je ne suis pas seul à reconnaître la différence qu'il y a entre nous, Marion, — répondit Eustache ; — tu es l'un des capitaines les plus renommés de l'armée... je ne suis que le dernier de ses soldats.

Et il s'assit sur une pierre à la porte en rongeant ses ongles.

— Il est incorrigible, — me dit le capitaine ; et nous sommes tous deux entrés chez Victoria.

— Il faut que le capitaine Marion soit étrangement aveuglé par l'amitié pour ne pas s'apercevoir que son compagnon est dévoré d'une haineuse envie, — pensai-je à part moi.

La demeure de la mère des camps était d'une extrême simplicité. Le capitaine Marion ayant demandé à l'un des soldats de garde si Victorin pouvait le recevoir, le soldat répondit qu'il ne pouvait le renseigner sur ce point, le jeune général n'ayant point passé la nuit au logis.

Marion, malgré la vie des camps, conservait une grande austérité de mœurs ; il parut choqué d'apprendre que Victorin ne fût pas encore rentré chez lui, et il me regarda d'un air mécontent. Je voulus excuser le fils de Victoria, et je répondis au capitaine :

— Ne nous hâtons pas de croire le mal : hier, Tétrik, gouverneur de Gascogne, est arrivé au camp ; il se peut que Victorin ait passé la nuit en conférence avec lui.

— Tant mieux... car je voudrais voir ce jeune homme, aujourd'hui chef des Gaules, sortir des griffes de *cette peste de luxure* qui nous pousse à tant de mauvais actes... Quant à moi, dès que j'aperçois un coqueluchon ou un jupon court, je détourne la vue comme si je voyais le démon en personne.

— Victorin s'amendera et il s'amendera davantage encore, l'âge viendra, — dis-je au capitaine ;
— mais, que voulez-vous, il est jeune, il aime le plaisir... et les jolies filles...

— Et moi aussi j'aime le plaisir, et furieusement encore !... — reprit le bon capitaine. — Ainsi... rien ne me plaît plus, mon service accompli, que de rentrer chez moi pour vider un pot de cervoise, bien rafraîchissant, avec mon ami Eustache, en causant de notre métier d'autrefois, ou en nous amusant à fourbir nos armes en fins armuriers... Voilà des plaisirs ! Et pourtant, malgré leur vivacité, ils n'ont rien que d'honnête... Espérons, Scanvoch, que Victorin les préférera quelque jour à ses orgies impudiques et diaboliques avec ces belles filles qui nous scandalisent.

— Je suis de votre avis, capitaine ; mieux vaut l'espérance que la désespérance... Mais en l'absence de Victorin, vous pouvez conférer avec sa mère... je vais la prévenir de votre arrivée.

Je laissai Marion seul, et, passant dans une

pièce voisine, j'y trouvai une servante qui m'introduisit auprès de Victoria, la mère des camps, ma sœur de lait.

Je veux, mon enfant, pour toi et pour notre descendance, tracer ici le portrait de cette illustre Gauloise, une des gloires les plus pures de notre pays.

J'ai trouvé Victoria assise à côté du berceau de son petit-fils *Victorinin*, joli enfant de deux ans, qui dormait d'un profond sommeil. Elle s'occupait d'un travail de couture, selon son habitude de bonne ménagère. Elle avait alors mon âge, trente-huit ans; mais on lui eût à peine donné trente ans; dans sa jeunesse, on l'avait justement comparée à la *Diane chasseresse*; dans son âge mur, on la comparait non moins justement à la *Minerve antique*; grande, svelte et virile, sans perdre pour cela des chastes grâces de la femme, elle avait une taille incomparable; son beau visage, d'une expression grave et douce, avait un grand caractère de majesté sous sa noire couronne de cheveux, formée de deux longues tresses enroulées autour de son front auguste. Envoyée tout enfant dans un collège de nos druidesses vénérées, et ayant prononcé à quinze ans les vœux mystérieux qui la liaient d'une manière indissoluble à la religion sacrée de nos pères, elle avait depuis lors, quoique mariée, toujours conservé les vêtements noirs que les druidesses et les matrones de la vieille Gaule portaient d'habitude; ses larges et longues manches, fendues à la hauteur de la saignée, laissaient voir ses bras aussi blancs, aussi forts que ceux de ces vaillantes Gauloises qui, tu le verras, mon enfant, dans nos récits de famille, ont héroïquement combattu les Romains à la bataille de Vannes, sous les yeux de notre aïeule Margarid, et préféré la mort aux hontes de l'esclavage.

Au milieu de la chambre, et non loin du siège où la mère des camps était assise, auprès du berceau de son petit-fils, on voyait plusieurs rouleaux de parchemin et tout ce qu'il fallait pour écrire; accrochés à la muraille, étaient les deux casques et les deux épées du père et du mari de Victoria, tués à la guerre. L'un de ces casques était surmonté d'un coq gaulois en bronze doré, les ailes à demi ouvertes, tenant sous ses pattes une alouette qu'il menaçait du bec. Cet emblème avait été adopté comme ornement de guerre par le père de Victoria, après un combat héroïque, où, à la tête d'une poignée de soldats, il avait exterminé une légion romaine qui portait une *alouette* sur ses enseignes. Au-dessous de ces armes on voyait une coupe d'airain où trempaient sept brins de gui, car la Gaule avait conquis sa liberté religieuse en recouvrant son indépendance. Cette coupe d'airain et ces brins de gui, symboles druidiques, étaient accompagnés d'une croix de bois

noir, en commémoration de la mort de Jésus de Nazareth, pour qui la mère des camps, sans être chrétienne, professait une profonde admiration; elle le regardait comme l'un des sages qui honoraient le plus l'humanité.

Telle était, mon enfant, *Victoria la Grande*, cette illustre Gauloise dont notre descendance prononcera toujours le nom avec orgueil...

La mère des camps, à ma vue, se leva vivement, vint à moi d'un air content, me disant de sa voix sonore et douce :

— Sois le bienvenu, frère, la mission était périlleuse... Ne te voyant pas de retour avant la fin du jour, je n'ai pas voulu envoyer chez toi, de crainte d'alarmer ta femme en me montrant inquiète de la durée de ton absence... Te voici, je suis heureuse...

Et elle serra tendrement mes mains dans les siennes.

Les paroles qu'elle m'adressait ayant troublé sans doute le sommeil du petit fils de Victoria, il fit entendre un léger murmure; elle retourna promptement vers lui, le baisa au front; puis, se rasseyant et posant le bout de son pied sur une bascule qui soutenait le berceau, Victoria lui imprima un léger balancement, tout en continuant de causer avec moi.

— Et le message? — me dit-elle, — comment ces barbares l'ont-ils accueilli?... Veulent-ils la paix?... veulent-ils la guerre?... Ont-ils accepté nos propositions?

Au moment où j'allais lui répondre, ma sœur de lait m'interrompit d'un geste et ajouta ensuite, après un moment de réflexion:

— Sais-tu que Tétrik, mon bon parent, est ici depuis hier?

— Je le sais, ma sœur.

— Il ne peut tarder à venir; je préfère que devant lui seulement tu me rendes compte de ce message.

— Il en sera donc ainsi... Pouvez-vous recevoir le capitaine Marion? Il venait conférer avec Victorin...

— Scanvoch! mon fils a passé encore la nuit hors de son logis! — me dit Victoria en imprimant à son aiguille un mouvement plus rapide, ce qui annonçait toujours chez elle une vive contrariété.

— Connaissant l'arrivée de votre parent de Gascogne, j'ai pensé que peut-être de graves intérêts avaient retenu Victorin en conférence avec Tétrik durant cette nuit... Voilà du moins ce que j'ai laissé supposer au capitaine Marion, en lui disant que vous pourriez entendre le rapport qu'il avait à faire à votre fils.

Victoria resta quelques moments silencieuse; puis, laissant son ouvrage de couture sur ses genoux, elle releva la tête et reprit d'un ton à la fois douloureux et contenu

— Victorin a des vices... ils étoufferont ses qualités ! L'ivraie fait périr le bon grain.

— Ayez confiance et espoir... l'âge le mûrira.

— Depuis deux ans ses vices augmentent, ses qualités déclinent !

— Sa bravoure, sa générosité, sa franchise, n'ont pas dégénéré...

— Sa bravoure n'est plus cette calme et prévoyante bravoure qui sied à un général... elle devient aveugle... folle; sa générosité ne choisit plus entre les dignes et les indignes; sa raison faiblit, le vin et la débauche le perdent... Par Hésus! ivrogne et débauché!... lui, mon fils! l'un des deux chefs de notre Gaule, aujourd'hui libre... et demain peut-être sans égale parmi les nations du monde!... Scanvoch, je suis une mère malheureuse!

— Victorin m'aime... je lui ferai de sévères reproches.

— Crois-tu donc que tes remontrances feront ce que n'ont pas fait les supplications de sa mère? de celle qui depuis plus de vingt ans ne l'a pas quitté! le suivant aux armées, souvent à la bataille? Scanvoch, Hésus me punit... j'ai été trop fière de mon fils.

— Et quelle mère n'eût pas été fière de lui, ce jour où toute une vaillante armée acclamait librement pour son chef ce général de vingt ans, derrière lequel on voyait... vous, sa mère!

— Eh! qu'importe, s'il me déshonore! Et pourtant ma seule ambition était de faire de mon fils un citoyen! un homme digne de nos pères!... En le nourrissant de mon lait, ne l'ai-je pas aussi nourri d'un ardent et saint amour pour notre Gaule renaissant à la vie, à la liberté!... Qu'ai-je demandé, qu'ai-je toujours voulu? vivre obscure, ignorée, mais employer mes veilles, mes jours, mon intelligence, ma science du passé, qui me donne la conscience du présent et parfois la connaissance de l'avenir... employer enfin toutes les forces de mon âme et de mon esprit à rendre mon fils vaillant, sage, éclairé, digne en tout de guider les hommes libres qui l'ont élu pour chef... Et alors, Hésus m'en est témoin, fière comme Gauloise, heureuse comme mère d'avoir enfanté un tel homme, j'aurais joui de sa gloire et de la prospérité de mon pays du fond de ma retraite... Mais avoir un fils ivrogne et débauché! Courroux du ciel!... Cet insensé ne comprend donc pas qu'à chaque excès il soufflette sa mère! s'il ne le comprend pas, nos soldats le sentent, eux autres... Hier, je traversais le camp, trois vieux cavaliers viennent à ma rencontre et me saluent... sais-tu ce qu'ils me disent? — *Mère, nous te plaignons!*... Puis ils se sont éloignés tristement... Scanvoch, je te le dis... je suis une mère malheureuse!...

— Écoutez-moi, depuis quelque temps nos soldats se désaffectionnent de Victorin, je l'avoue, je le comprends; car le guerrier que les hommes libres ont choisi pour chef doit être pur de tout excès et vaincre même les entraînements de son âge... Cela est vrai, ma sœur, et souvent n'ai-je pas blâmé votre fils devant vous?...

— J'en conviens.

— Je le défends surtout à cette heure, parce que ces soldats, aujourd'hui si scrupuleux sur des défauts fréquents chez les jeunes chefs, obéissent moins à leurs scrupules qu'à des excitations perfides qui émanent d'un ennemi.

— Que veux-tu dire?

— On est jaloux de votre fils, de son influence sur les troupes, et pour le perdre, on exploite ses défauts afin de donner créance à des calomnies infâmes.

— Qui serait jaloux de Victorin? qui aurait intérêt à répandre ces calomnies?

— C'est surtout depuis un mois, n'est-ce pas, que cette hostilité contre votre fils s'est manifestée, et qu'elle va s'empirant!

— Oui, oui; mais qui soupçonnes-tu de l'avoir excitée?

— Ma sœur, ce que je vais vous dire est grave... Il y a un mois, un de vos parents, gouverneur de Gascogne, est venu à Mayence...

— Tétrik!

— Oui, puis il est reparti après un séjour de quelques jours! Et presque aussitôt après le départ de Tétrik la sourde hostilité contre votre fils s'est déclarée et a toujours été croissant!

Victoria me regarda en silence, comme si elle n'avait pas d'abord compris mes paroles; puis une idée subite lui venant à l'esprit, elle s'écria d'un ton de reproche:

— Quoi! tu soupçonnerais Tétrick? mon parent, mon meilleur ami, le plus sage des hommes, l'un des meilleurs esprits de ce temps, qui cherche ses distractions dans les lettres et se montre grand poète! l'un des plus utiles défenseurs de la Gaule, bien qu'il ne soit pas homme de guerre; Tétrik qui, dans son gouvernement de Gascogne, répare, à force de soins, les maux de la guerre civile... Ah! frère! j'attendais mieux de ton loyal cœur et de ta raison.

— Je soupçonne cet homme...

— Oh! tête de fer! caractère inflexible!... pourquoi soupçonnes-tu Tétrik? de quel droit? qu'a-t-il fait? Par Hésus! si tu n'étais mon frère... si je ne connaissais ton cœur... je te croirais jaloux de l'amitié que j'ai pour mon parent!

A peine Victoria eut-elle prononcé ces paroles qu'elle sembla regretter de les avoir prononcées et me dit: — Oublie ces paroles...

— Elles me seraient pénibles, ma sœur, si le doute injuste qu'elles expriment vous aveuglait sur la vérité.

A ce moment la servante entra et demanda si Tétrik pouvait être introduit.

Les bohémiennes Kidda et Flory (page 295)

— Qu'il vienne, — répondit Victoria, — qu'il vienne à l'instant!

En même temps parut Tétrik.

C'était un petit homme entre les deux âges, d'une figure fine et douce, un sourire affable effleurait toujours ses lèvres; il avait enfin tellement l'extérieur d'un homme de bien que Victoria, le voyant entrer, ne put s'empêcher de me jeter un regard qui semblait encore me reprocher mes soupçons.

Tétrik alla droit à Victoria, la baisa au front avec une familiarité paternelle et lui dit:

— Salut à vous, chère Victoria.

Puis, s'approchant du berceau où continuait de dormir le petit-fils de la mère des camps, le gouverneur de la Gascogne, contemplant l'enfant avec tendresse, ajouta tout bas, comme s'il eût craint de le réveiller:

— Dors, pauvre petit! tu souris à tes songes enfantins, et tu ignores que l'avenir de notre Gaule bien-aimée repose peut-être sur ta tête... Dors, enfant prédestiné, sans doute, à poursuivre la tâche entreprise par ton glorieux père! noble tâche qu'il accomplira durant de longues années sous l'inspiration de ton auguste aïeule!... Dors, pauvre petit, — ajouta Tétrik, dont les yeux se remplirent de larmes d'attendrissement, — les dieux propices à la Gaule veilleront sur toi... tu grandiras pour le bonheur de notre patrie.

Victoria, pendant que son parent essuyait ses yeux humides, m'interrogea de nouveau du regard, comme pour me demander si c'était le langage et la physionomie d'un traître, d'un lâche hypocrite, d'un homme perfidement ennemi du père de cet enfant?

Tétrik, s'adressant alors à moi, me dit affectueusement:

— Salut au meilleur, au plus fidèle ami de

la femme que j'aime et que je vénère le plus au monde, salut au frère de lait de Victoria.

— Vous dites vrai : je suis le plus obscur, mais le plus dévoué des amis de Victoria, — ai-je répondu en regardant fixement Tétrik ; — et le devoir d'un ami est de démasquer les fourbes et les traîtres !

— Je suis de votre avis, bon Scanvoch, — reprit simplement Tétrik ; — le premier devoir d'un ami est de démasquer les fourbes ; je crains moins le lion rugissant, la gueule ouverte, que le serpent rampant dans l'ombre.

— Alors, moi, Scanvoch, je vous dis ceci, à vous Tétrik : Vous êtes un de ces dangereux reptiles dont vous parlez... je vous regarde comme un traître ! je veux démasquer vos trahisons !

— Scanvoch ! — s'écria Victoria m'interrompant et d'un ton de reproche.

— Je vois que la vieille plaisanterie gauloise, une de nos franchises, nous est revenue avec nos dieux et notre liberté, — reprit en souriant le gouverneur.

Puis se retournant vers Victoria, il ajouta :

— Notre ami Scanvoch possède la *gausserie* sérieuse... la plus plaisante de toutes...

— Mon frère parle en honneur et conscience, — reprit la mère des camps. — Il m'afflige, puisqu'en vous accusant je sais qu'il se trompe ; mais il est sincère dans son erreur...

Tétrik, jetant les yeux tour à tour sur Victoria et sur moi avec une sorte de stupeur, garda le silence ; puis il reprit d'un ton grave et pénétré :

— Tout ami fidèle est ombrageux ; bon Scanvoch, inexplicable est pour moi votre défiance, mais elle doit avoir sa cause ; franche est l'attaque, franche sera la réponse... Vidons le débat : Que me reprochez-vous ?

— Il y a un mois, vous êtes venu à Mayence ; un homme à vous, votre secrétaire, nommé Morix, bien muni d'argent, a donné à boire à beaucoup de soldats, s'efforçant de les irriter contre Victorin, leur disant qu'il était honteux que leur général, l'un des deux chefs de la Gaule régénérée, fût un ivrogne et un homme dissolu... Votre secrétaire a-t-il, oui ou non, tenu ces propos ?... J'attends votre réponse.

— Continuez, ami Scanvoch, continuez...

— Votre secrétaire a cité un fait qui, depuis, propagé dans le camp, a fait naître une grande irritation contre Victorin... Ce fait, le voici : il y a quelques mois, Victorin et plusieurs officiers seraient allés dans une taverne située dans une île des bords du Rhin ; après boire, animé par le vin, Victorin aurait fait violence à l'hôtesse... et celle-ci se serait tuée de désespoir...

— Mensonge ! — s'écria Victoria. — Je connais et condamne les défauts de mon fils... mais il est incapable d'une pareille infamie !...

Le gouverneur m'avait écouté sans laisser paraître la moindre émotion ; il reprit en souriant, son visage conservant la même placidité :

— Ainsi, bon Scanvoch, selon vous, mon secrétaire aurait, d'après mes ordres, répandu dans le camp ces calomnies indignes ?

— Oui. Tout s'est fait avec votre assentiment.

— Quel serait mon but ?

— Vous êtes ambitieux...

— Et comment ces calomnies servent-elles mon ambition ?

— Les soldats continuant de se désaffectionner de Victorin, élu par eux, vous useriez de votre influence sur Victoria, afin de l'amener à vous proposer aux soldats comme successeur de Victorin au gouvernement de la Gaule.

— Une mère ! y songez-vous, bon Scanvoch ? — répondit Tétrik en regardant Victoria. — Une mère ! sacrifier son fils à un ami !...

— Victoria, dans la grandeur de son amour pour son pays, sacrifierait son fils à votre élévation, si la mesure devait être prise pour le salut de la Gaule... Suis-je dans l'erreur, ma sœur ?

— Non, — me répondit Victoria, qui paraissait chagrine de mes accusations portées contre son parent. — En cela tu dis la vérité ; mais quant aux déductions que tu en tires, je les repousse.

— Et ce sacrifice héroïque, bon Scanvoch, reprit le gouverneur, — Victoria le ferait, sachant que, par mes calomnies souterraines, j'aurais essayé de perdre son fils dans l'esprit de nos soldats ?

— Ma sœur eût ignoré ces menées, si je ne les avais pas démasquées... D'ailleurs, souvent je lui ai entendu dire avec raison que si la paix s'affermissait dans notre pays, il vaudrait mieux que son chef, au lieu d'être toujours enclin à batailler, songeât sérieusement à guérir les maux des guerres passées ; souvent elle vous a cité comme l'un de ces hommes qui préfèrent sagement la paix à la guerre.

— Je pense, il est vrai, que l'épée, bonne pour détruire, est impuissante à reconstruire, reprit Victoria ; — et, la liberté de la Gaule affermie, je voudrais que mon fils songeât plus à la paix qu'à la guerre... Aussi l'ai-je engagé, Scanvoch, à tenter une dernière démarche auprès des chefs franks en l'envoyant près d'eux, afin de préparer le retour de la paix.

— Permettez-moi de vous interrompre, Victoria, — reprit Tétrik, — et de demander à notre ami Scanvoch s'il n'a pas d'autre accusation à porter contre moi...

— Je t'accuse d'être, ou l'agent secret de l'empereur romain, GALIEN, ou l'agent du chef de la nouvelle religion, le catholicisme romain...

— Moi ! — s'écria le gouverneur, — moi, l'agent des chrétiens !...

— J'ai dit l'agent du chef de la nouvelle religion... je veux parler de l'évêque qui siège à Rome, de celui qui s'intitule souverain pontife.

— Moi, l'agent d'Etienne, évêque de Rome? le quatorzième pape de la nouvelle Eglise? de ce pape dont Firmilien, évêque de Césarée, écrivait ceci à Cyprien, chef du concile d'Espagne, composé de vingt-huit évêques ; « Pour-« rait-on croire que cet homme (le pape Etienne) « ait une âme et un corps? Apparemment le « corps est bien mal conduit, et cette âme est « déréglée ; Etienne ne craint pas de traiter son « frère Cyprien de faux Christ, de faux apôtre, « d'ouvrier frauduleux, et pour ne pas l'en-« tendre dire de lui-même, il a l'audace de le « reprocher aux autres. » Moi, je serais l'agent de cet ambitieux pontife !... de cet évêque simoniaque adonné à tous les vices !...

— Oui !.. à moins que, trompant à la fois et l'empereur romain et le pape de Rome, vous ne les serviez tous deux, quitte à sacrifier l'un ou l'autre, selon les nécessités de votre ambition.

— Que je serve les Romains, je l'admettrais encore, — répondit Tétrik avec son inaltérable placidité ; — votre soupçon, si cruel qu'il soit pour moi, pourrait, à la rigueur, se comprendre ; car, enfin, si par la force des armes nous sommes parvenus à reconquérir pas à pas, depuis près de trois siècles, presque toutes les libertés de la vieille Gaule, les empereurs romains ont vu avec douleur notre pays échapper à leur domination; je comprendrais donc, bon Scanvoch, que vous m'accusassiez de vouloir arriver au gouvernement de la Gaule, afin de la rendre tôt ou tard aux Romains, en la trahissant, il est vrai, d'une manière infâme... Mais peut-on croire que j'agisse dans l'intérêt du pape des chrétiens, de ces malheureux partout persécutés, martyrisés... n'est-ce pas insensé ?... Que pourrais-je faire pour eux ? que pourraient-ils faire pour moi ?...

Scanvoch allait répondre; Victoria l'interrompit d'un geste et dit à Tétrik, en lui montrant la croix de bois noir, emblème de la mort de Jésus, placée à côté de la coupe d'airain, où trempaient sept brins de gui, symbole druidique en usage parmi les Gaulois :

— Voyez cette croix, Tétrik, elle vous dit que, tout en restant fidèle à nos dieux, je vénère cependant celui qui a dit :

« *Que nul homme n'avait le droit d'oppri-*
« *mer son semblable...*

« *Que les coupables méritaient pitié, conso-*
« *lation, et non le mépris et la rigueur...*

« *Que les fers des esclaves devaient être*
« *brisés...* »

Glorifiées soient donc ces maximes ; les plus sages de nos druides les ont acceptées comme saintes; c'est vous dire combien j'aime la tendre et pure morale de ce jeune homme de Nazareth... Mais, voyez-vous, Tétrik, — ajouta Victoria d'un air pensif, — il y a une chose étrange, mystérieuse, qui m'épouvante... Oui, bien des fois, durant mes longues veilles auprès du berceau de mon petit-fils, songeant au présent et au passé, j'ai été tourmentée souvent pour l'avenir de notre Gaule bien-aimée.

— Et d'où provient cette terreur, — demanda Tétrik, — qui l'a fait naître?

— Quelle a été depuis trois siècles l'implacable ennemie de la Gaule? — reprit Victoria, — quel a été, depuis tant de siècles, l'impitoyable bourreau du monde ?

— *Rome*, — répondit le gouverneur, — Rome païenne!

— Oui, cette tyrannie qui pesait sur le monde avait son siège à Rome, — reprit Victoria. — Or, par quelle fatalité les évêques, les papes de cette nouvelle religion qui aspirent à régner sur l'univers en dominant les souverains du monde, ont-ils établi à Rome le siège de leur nouveau pouvoir? Jésus de Nazareth avait flétri les *princes des prêtres* comme des fourbes, comme des hypocrites ! Il avait surtout prêché l'humilité, le pardon, l'égalité, la communauté parmi les hommes, et voilà qu'en son nom divinisé, de nouveaux *princes des prêtres*, se donnant pour les futurs dominateurs de l'univers, méritent déjà, comme le pape Etienne, d'être accusés d'ambition, de fourberie, d'intolérance, même par les autres évêques chrétiens !

— Est-ce vous que j'entends parler ainsi, Victoria ? — reprit Tétrik en s'adressant à ma sœur de lait ; — vous, si sage, si éclairée, vous redoutez pour l'avenir de la Gaule ces malheureux qui confessent leur foi par le martyre !

— Oh ! s'écria la mère des camps avec exaltation, — j'aime, j'admire ces pauvres chrétiens mourant dans les tortures, en confessant l'égalité des hommes devant Dieu, l'affranchissement des esclaves, la communauté des biens, l'amour et le pardon des coupables !... J'aime.. j'admire ces pauvres chrétiens qui meurent suppliciés, en disant au nom de Jésus : « Ceux-« là sont des monstres d'iniquités qui retiennent « leurs frères en esclavage, qui les laissent « souffrir du froid et de la faim, au lieu de par-« tager avec eux leur pain et leur manteau... » Oh ! pour ces héroïques martyrs, pitié, vénération !... Mais je redoute, pour l'avenir de la Gaule, ceux-là qui se disent les chefs, les papes de ces chrétiens... Oui, je les redoute, ces princes des prêtres, venant établir à Rome le siège de leur mystérieux empire ! dans cette ville, centre de la plus effroyable tyrannie qui ait jamais écrasé les peuples...

— Victoria, — reprit Tétrik, — vous exagérez la puissance de ces pontifes chrétiens ; grand nombre d'entre eux, persécutés par les empereurs romains, n'ont-ils pas subi le martyre comme les pauvres néophytes ?...

— Toute bataille a ses morts, et les papes luttent contre les empereurs pour leur ravir la domination du monde !... Parmi ces évêques il s'en est trouvé plusieurs qui ont su parler et mourir au nom de Jésus... mais s'il se rencontre de dignes pontifes, et ils sont peu nombreux, la domination des prêtres n'en est pas moins redoutable pour les peuples ! Le gouvernement de nos prêtres à nous n'a-t-il pas été despotique, impitoyable ? Les druides n'ont-ils pas laissé pendant dix siècles et plus les peuples dans une crasse ignorance, les dominant par la barbarie, la superstition et la terreur ?... Ces temps d'oppression et d'abrutissement n'ont-ils pas duré jusqu'à ces époques glorieuses et prospères où nos druides, fondus dans le corps de la nation, comme citoyens, comme pères, comme soldats, ont participé à la vie commune, aux joies de la famille, aux guerres nationales contre l'étranger ?... Ce que je redoute pour l'avenir des nations, c'est qu'un jour il ne se fonde à Rome une ténébreuse alliance entre les empereurs, les rois, les puissants du monde et les papes catholiques !... Alors, malheur aux peuples ! car de cette alliance sortira une effroyable tyrannie politique et religieuse, cimentée par le sang de nouveaux martyrs !... Malheur aux peuples ! car ils auront à subir de nouveau le joug d'une théocratie impitoyable !...

Victoria, en parlant ainsi, me semblait inspirée par le génie prophétique des druidesses des siècles passés. Tétrik l'avait silencieusement écoutée, mais au lieu de lui répondre, il reprit en souriant :

— Nous voici loin de l'accusation que notre ami Scanvoch a portée contre moi... et pourtant, Victoria, vos paroles, au sujet des craintes que vous inspirent pour l'avenir *les princes des prêtres* chrétiens, comme vous les appelez, nous ramènent à cette accusation... Ainsi, selon vous, Scanvoch, le but des perfidies que vous me reprochez serait d'arriver au gouvernement de la Gaule, afin de la trahir au profit de Rome païenne ou de Rome catholique ?

— Oui, — je crois cela.

— En quelques mots, Scanvoch, je vais me justifier. L'un de mes secrétaires a cherché à exciter l'hostilité de nos soldats contre Victorin ; votre révélation me semble tardive...

— Je n'ai connu le fait qu'hier soir.

— Peu importe, — reprit-il, — ce secrétaire a été chassé par moi précisément parce que j'avais appris qu'irrité contre Victorin, qui, plusieurs fois ici, l'avait raillé, il s'était vengé en répandant sur lui des calomnies encore plus ridicules qu'odieuses ; mais laissons ces misères... Je suis ambitieux, dites-vous, ami Scanvoch ! je vise au gouvernement de la Gaule, dussé-je y arriver par d'indignes manœuvres ? Demandez à Victoria quel est le but de mon nouveau voyage à Mayence...

— Tétrik pense qu'il serait urgent pour la paix et la prospérité de la Gaule de proposer aux soldats d'acclamer le fils de mon fils, comme héritier du gouvernement de son père... Tétrik se croit certain du consentement de l'empereur Galien.

— Tétrik prévoit donc la mort prochaine de Victorin, — ai-je répondu, regardant fixement le gouverneur.

Mais celui-ci, dont on rencontrait rarement les yeux, qu'il tenait ordinairement baissés, répondit :

— Les Franks sont de l'autre côté du Rhin... et Victorin est d'une bravoure téméraire ; mon vif désir est qu'il vive de longues années ; mais la mort ne respecte pas les existences les plus précieuses, et, selon moi, la Gaule trouverait un gage de sécurité pour l'avenir, si elle savait qu'après Victorin le pouvoir resterait au fils de celui que l'armée a acclamé comme chef, surtout lorsque cet enfant aurait eu pour éducatrice Victoria, la mère des camps !...

— Mais dans le cas où Victoria mourrait, qui me dit que vous, Tétrik, vous n'espérez pas être nommé le tuteur de cet enfant, exercer le pouvoir en son nom et arriver ainsi au gouvernement de la Gaule ?

— Parlez-vous sérieusement, Scanvoch ? — reprit Tétrik. — Demandez à Victoria si elle a besoin de mon aide pour faire de son petit-fils un homme digne d'elle et du pays ?... La croyez-vous de ces femmes assez faibles pour partager avec autrui une tâche glorieuse ? L'idolâtrie des soldats pour elle ne vous est-elle pas un sûr garant qu'elle seule, dans le cas où Victorin mourrait prématurément, qu'elle seule pourrait conserver la tutelle de son petit-fils et gouverner en son nom ?

Victoria secoua la tête d'un air pensif et mélancolique, et reprit :

— Je n'aime pas votre projet de transmission de fonctions par voie d'hérédité, Tétrik ; quoi ? désigner au choix des soldats un enfant encore au berceau ; qui sait ce que sera cet enfant ?

— Ne vous a-t-il pas pour éducatrice ? reprit Tétrik.

— N'ai-je pas aussi été l'éducatrice de Victorin ? — répondit tristement la mère des camps ; — cependant, malgré mes soins vigilants, mon fils a des défauts qui autorisent des calomnies redoutables, auxquelles je vous crois étranger, je vous le dis sincèrement, Tétrik, j'espère maintenant que mon frère Scanvoch rendra, comme moi, justice à votre loyauté.

— Je l'ai dit, et je le répète, je soupçonne cet homme, — ai-je répondu à Victoria ; — elle s'écria avec impatience :

— Et moi, j'ai dit et je répète que tu es une tête de fer, une vraie tête bretonne, rebelle à toute raison, lorsqu'une idée fausse s'est implantée dans ta dure cervelle.

Convaincu par instinct de la perfidie de Tétrik, je n'avais pas de preuves contre lui, je ne pouvais insister davantage, je me suis tu.

Tétrik a repris en souriant et sans montrer plus d'émotion :

— Ni vous ni moi, Victoria, nous ne persuaderons le bon Scanvoch de son erreur; laissons ce soin à une irrésistible séductrice : *la vérité*. Avec le temps elle apportera la preuve de ma loyauté. Nous reparlerons, Victoria, de votre répugnance à faire acclamer par l'armée votre petit-fils comme héritier du pouvoir de son père; j'espère vaincre vos scrupules; mais j'ai vu tout à l'heure, en me rendant chez vous, un de vos officiers qui attend son tour d'audience; ne jugez-vous pas à propos de le faire entrer ? C'est le capitaine Marion, cet ancien ouvrier forgeron, qu'à mon autre voyage au camp vous m'avez présenté comme l'un des plus vaillants hommes de l'armée.

— Sa vaillance égale son bon sens et sa ferme raison, — reprit la mère des camps, — c'est aussi un noble cœur, un ami fidèle, car, malgré son élévation, il a continué d'aimer comme un frère un de ses anciens compagnons de forge, resté simple soldat.

— Dussé-je encore passer pour une tête de fer... je crois que dans cette affection le bon cœur et le bon sens du capitaine Marion font fausse route... Puissiez-vous, Victoria, n'être pas aussi aveugle que le capitaine Marion !

— Le fidèle compagnon du capitaine Marion serait son ennemi ? — reprit Victoria. — Tu es dans un jour de singulière méfiance, mon frère...

— Un envieux est toujours un ennemi. L'homme dont je parle est resté soldat; il porte envie à son camarade, devenu l'un des capitaines de l'armée... De l'envie à la haine, il n'y a qu'un pas.

En disant ceci, j'avais encore cherché à rencontrer le regard du gouverneur de Gascogne, mais inutilement; je remarquai chez lui, non sans surprise, une sorte de tressaillement de joie lorsque j'affirmais que le capitaine Marion avait pour ennemi secret son camarade de guerre. Tétrik, toujours maître de lui, craignant sans doute que son tressaillement ne m'eût pas échappé, reprit :

— L'envie est un sentiment si révoltant que je ne puis en entendre parler sans émotion. Je suis vraiment chagrin de ce que Scanvoch, qui, je l'espère, se trompe cette fois encore, nous apprend sur le camarade du capitaine Marion... Mais si ma présence vous empêche de recevoir le capitaine, dites-le-moi, Victoria, je me retire.

— Je désire, au contraire, que vous assistiez à l'entretien que je dois avoir avec Marion et mon frère Scanvoch; tous deux ont été chargés par mon fils d'importants messages... et pourtant, — ajouta-t-elle avec un soupir, — la matinée s'avance, et mon fils n'est pas ici...

A ce moment la porte de la chambre s'ouvrit, et Victorin entra chez sa mère accompagné du capitaine Marion.

Victorin était alors âgé de vingt-deux ans. Je t'ai dit, mon enfant, que l'on avait frappé plusieurs médailles où il figurait sous les traits du dieu *Mars*, à côté de sa mère, coiffée d'un casque ainsi que la *Minerve* antique; Victorin aurait pu en effet servir de modèle à une statue du dieu de la guerre. Grand, svelte, robuste, sa tournure, à la fois élégante et martiale, plaisait à tous les yeux; ses traits, d'une beauté rare comme ceux de sa mère, en différaient par une expression joyeuse et hardie. La franchise, la générosité de son caractère se lisaient sur son visage; malgré soi, l'on oubliait, en le voyant, les défauts qui déparaient ce vaillant naturel, trop vivace, trop fougueux pour réfréner les entraînements de l'âge. Victorin venait sans doute de passer une nuit de plaisir, pourtant sa figure était aussi reposée que s'il fût sorti de son lit. Un chaperon de feutre, orné d'une aigrette, couvrait à demi ses cheveux noirs, bouclés autour de son mâle et brun visage, à demi ombragé d'une légère barbe brune; sa saie gauloise, d'étoffe de soie rayée de pourpre et de blanc, était serrée à sa taille par un ceinturon de cuir brodé d'argent, où pendait son épée à poignée d'or curieusement ciselée, véritable chef-d'œuvre de l'orfèvrerie d'Autun. Victorin, en entrant dans la chambre de sa mère, suivi du capitaine Marion, alla droit à Victoria avec un mélange de tendresse et de respect; il mit un genou en terre, prit une de ses mains qu'il baisa, puis, ôtant son chaperon, il tendit son front en disant :

— Salut à ma mère !...

Il y avait un charme si touchant dans l'attitude, dans l'expression des traits du jeune général, ainsi agenouillé devant sa mère, que je la vis hésiter un instant entre le désir d'embrasser ce fils qu'elle adorait et la volonté de lui témoigner son mécontentement; aussi, repoussant légèrement de sa main le front de Victorin, elle lui dit d'une voix grave, en lui montrant le berceau placé à côté d'elle :

— Embrassez votre fils... vous ne l'avez pas vu depuis hier.

Le jeune général comprit ce reproche indirect, se releva tristement, s'approcha du berceau, prit l'enfant entre ses bras et l'embrassa avec effusion en regardant Victoria, semblant ainsi se dédommager de la sévérité maternelle.

Le capitaine Marion s'était approché de moi; il me dit tout bas :

— C'est pourtant un bon cœur que ce Victorin; combien il aime sa mère !... combien il chérit son enfant ! Il leur est certes aussi attaché que je le suis, moi, à mon ami Eustache, qui compose à lui seul toute ma famille... Quel dommage que cette *peste de luxure* (le bon capitaine prononçait peu de paroles sans y joindre cette exclamation), quel dommage que cette peste de luxure tienne si souvent ce jeune homme entre ses griffes !

— C'est un malheur !... Mais croyez-vous Victorin capable de l'infâme lâcheté dont on l'accuse dans le camp ? — ai-je répondu au capitaine de manière à être entendu de Tétrik, qui, parlant tout bas à Victoria, semblait lui reprocher sa sévérité à l'égard de son fils.

— Non, par le diable ! reprit Marion ; — je ne crois pas Victorin capable de ces indignités... surtout quand je le vois ainsi entre son fils et sa mère.

Le jeune général, après avoir soigneusement replacé dans le berceau l'enfant, qui lui tendait ses bras, dit affectueusement au gouverneur de la Gascogne :

— Salut à Tétrik !... J'aime toujours à voir ici le sage et fidèle ami de ma mère.

Puis, se tournant vers moi :

— Je savais ton retour, Scanvoch... En l'apprenant, ma joie a été grande, et grande aussi mon inquiétude durant ton absence. Ces bandits franks nous ont souvent prouvé comme ils respectaient nos trèves et les parlementaires.

Mais, remarquant sans doute la tristesse encore empreinte sur les traits de Victoria, son fils s'approcha d'elle et lui dit avec autant de franchise que de tendre déférence :

— Tenez, ma mère... avant de parler ici des messages du capitaine Marion et de Scanvoch... laissez-moi vous dire ce que j'ai sur le cœur... peut-être votre front s'éclaircira-t-il... et je n'y verrai plus ce mécontentement dont je m'afflige... Tétrik est notre bon parent, le capitaine Marion notre ami, Scanvoch votre frère... je n'ai rien à cacher ici... Avouez-le, chère mère, vous êtes chagrine parce que j'ai passé cette nuit dehors ?

— Vos désordres m'affligent, Victorin... je m'afflige davantage encore de ce que ma voix ne soit plus écoutée de vous...

— Mère... je veux tout vous avouer; mais, je vous le jure, je me suis plus cruellement reproché ma faiblesse que vous ne me la reprocherez vous-même... Hier soir, fidèle à ma promesse de m'entretenir longuement avec vous pendant une partie de la nuit sur de graves intérêts, je rentrais sagement au logis... j'avais refusé... oh ! héroïquement refusé d'aller souper avec trois capitaines des dernières légions de cavalerie arrivées à Mayence et venant de Béziers... Ils avaient eu beau me vanter de grandes vieilles cruches de vin de ce pays du vin par excellence ! soigneusement apportées par eux dans leur chariot de guerre pour fêter leur bienvenue... j'étais resté impitoyable... Ils crurent alors me gagner en me parlant de deux chanteuses bohémiennes de Hongrie, Kidda et Flora... (Pardon, ma mère, de prononcer de pareils noms devant vous, mais la vérité m'y oblige). Ces bohémiennes, disaient mes tentateurs, arrivées à Mayence depuis peu de temps, étaient belles comme nos astres, lutines comme des démons, dansaient à ravir, et chantaient comme des rossignols ! Il y avait certes de quoi me tenter dans ces descriptions.

— Ah ! je la vois... je la vois venir d'ici, cette peste de luxure, marchant sur ses pattes velues, comme une tigresse sournoise et affamée !!! — s'écria Marion. — Que je voudrais donc faire danser ces effrontées diablesses de Bohême sur des plaques de fer rougies... c'est alors qu'elles chanteraient d'une manière douce à mes oreilles...

— J'ai été encore plus sage que toi, brave Marion, — reprit Victorin ; — je n'ai voulu les voir chanter et danser d'aucune façon... j'ai fui à grands pas mes tentateurs pour revenir ici...

— Tu auras beau fuir, cette damnée luxure a les jambes aussi longues que les bras et les dents ! — dit le capitaine ; — elle t'aura rattrapé, Victorin !...

— Daignez m'écouter, ma mère, — reprit Victorin, voyant ma sœur de lait faire un geste de dégoût et d'impatience. — Je n'étais plus qu'à deux cents pas du logis... la nuit était noire... une femme enveloppée dans une mante à capuchon m'aborde...

— Et de trois ! — s'écria le bon capitaine en joignant les mains. — Voici les deux bohémiennes renforcées d'une femme à coqueluchon... Ah ! malheureux Victorin ! l'on ne sait pas les pièges diaboliques cachés sous ces coqueluchons... mon ami Eustache serait encoqueluchonné... que je le fuirais !...

« — Mon père est un vieux soldat, me dit « cette femme — reprit Victorin ; — une de ses « blessures s'est rouverte, il se meurt. Il vous « a vu naître, Victorin... il ne veut pas mourir « sans presser une dernière fois la main de « son jeune général ; refuserez-vous cette grâce « à mon père expirant ? » — Voilà ce que m'a dit cette inconnue d'une voix touchante; qu'aurais-tu fait, Marion ?

— Malgré mon épouvante des coqueluchons, je serais allé voir ce vieux bonhomme, — répondit le capitaine ; — certes j'y serais allé, puisque ma présence pouvait lui rendre la mort plus douce...

— Je fais donc ce que tu aurais fait, Marion, je suis l'inconnue; nous arrivons à une maison obscure, la porte s'ouvre, ma conductrice me prend la main, je fais quelques pas dans les ténèbres; soudain une lumière m'éblouit, je me vois entouré par les trois capitaines des légions de Béziers et par d'autres officiers;

la femme voilée laisse tomber sa mante, et je reconnais...

— Une de ces damnées bohêmes ! — s'écria le capitaine. — Ah ! je te le disais bien, Victorin, que les coqueluchons cachaient d'horribles choses !

— Horribles ?... Hélas ! non, Marion ; et je n'ai pas eu le courage de fermer les yeux... Aussitôt je suis cerné de tous côtés, l'autre bohémienne accourt, les officiers m'entourent : les portes sont fermées, on m'entraîne à la place d'honneur. Kidda se met à ma droite, Flory à ma gauche ; devant moi se dresse, sur la table chargée de mets, une de ces grosses vieilles cruches remplie d'un divin nectar, disaient ces maudits ; et..,

— Et le jour vous surprend dans cette nouvelle orgie, — dit Victoria en interrompant son fils. — Vous oubliez ainsi dans les plaisirs de la table, dans la débauche, l'heure qui vous rappelait auprès de moi. Est-ce là une excuse ?...

— Non chère mère, c'est un aveu... car j'ai été faible... mais, aussi vrai que la Gaule est libre, je revenais sagement près de vous sans la ruse qu'on a employée pour me retenir. Ne me serez-vous pas indulgente, cette fois encore ? je vous en supplie ! — ajouta Victorin en s'agenouillant de nouveau devant ma sœur de lait. — Ne soyez plus ainsi soucieuse et sévère ; je sais mes torts ! l'âge me guérira... Je suis trop jeune, j'ai le sang trop vif ; l'ardeur du plaisir m'emporte souvent malgré moi... pourtant, vous le savez, ma mère, je donnerais ma vie pour vous...

— Je le crois ; mais vous ne me feriez pas le sacrifice de vos folles et mauvaises passions...

— A voir Victorin aussi respectueux et repentant aux genoux de sa mère, — ai-je dit tout bas à Marion, — penserait-on que c'est là ce général illustre et redouté des ennemis de la Gaule, qui, à vingt-deux ans, a déjà gagné cinq grandes batailles ?

— Victoria, — reprit Tétrik de sa voix insinuante et douce, — je suis père aussi et enclin à l'indulgence... De plus, dans mes délassements, je suis poëte et j'ai écrit une ode *à la jeunesse*. Comment serais-je sévère ?... J'aime tant les vaillantes qualités de notre Victorin que le blâme m'est difficile ! Serez-vous donc insensible aux tendres paroles de votre fils ?... Sa jeunesse est son seul crime... Il vous l'a dit, l'âge le guérira... et son affection pour vous, sa déférence à vos volontés hâteront la guérison...

Au moment où le gouverneur de Gascogne parlait ainsi, un grand tumulte se fit au dehors de la demeure de Victoria : et bientôt on entendit ce cri :

— *Aux armes ! aux armes !*

Victorin et sa mère, près de laquelle il s'était tenu agenouillé, se levèrent brusquement.

— On crie aux armes ! — dit vivement le capitaine Marion en prêtant l'oreille.

— Les Franks auront rompu la trêve. — m'écriai-je à mon tour ; — hier un de leurs chefs m'avait menacé d'une prochaine attaque contre le camp ; je n'avais pas cru à une si prompte résolution.

— On ne rompt jamais une trêve avant son terme, sans notifier cette rupture, — dit Tétrik.

— Les Franks sont des barbares capables de toutes les trahisons, — s'écria Victorin en courant vers la porte.

Elle s'ouvrit devant un officier couvert de poussière, et si haletant qu'il put d'abord à peine parler.

— Vous êtes du poste de l'avant-garde du camp, à quatre lieues d'ici ? — dit le jeune général au nouveau venu, car Victorin connaissait tous les officiers de l'armée, — que se passe-t-il ?

— Une innombrable quantité de radeaux, chargés de troupes et remorqués par des barques commençaient à paraître vers le milieu du Rhin, lorsque, d'après l'ordre du commandant du poste, je l'ai quitté pour accourir à toute bride vous annoncer cette nouvelle, Victorin... Les hordes franques doivent à cette heure avoir débarqué... Le poste que je quitte, trop faible pour résister à une armée, s'est sans doute replié sur le camp ; en le traversant, j'ai crié aux armes ! Les légions et les cohortes se forment à la hâte.

— C'est la réponse de ces barbares à notre message porté par Scanvoch, — dit la mère des camps à Victorin.

— Que t'ont répondu les Franks ? — me demanda le jeune général.

— Néroweg, un des principaux rois de leur armée, a repoussé toute idée de paix, — ai-je dit à Victorin ; — ces barbares veulent envahir la Gaule et nous asservir... J'ai menacé leur chef d'une guerre d'extermination ; il m'a répondu insolemment que le soleil ne se lèverait pas six fois avant qu'il fût venu dans notre camp incendier les tentes, piller nos bagages et enlever *Victoria la Grande*...

— S'ils marchent sur nous, il n'y a pas un instant à perdre ! — s'écria Tétrik effrayé en s'adressant au jeune général qui, calme, pensif, les bras croisés sur sa poitrine, réfléchissait en silence, — il faut agir, et promptement agir !

— Avant d'agir, — répondit Victorin, — il faut penser.

— Mais, — reprit le gouverneur, si les Franks s'avancent rapidement vers le camp ?

— Tant mieux, — dit Victorin avec impatience, — tant mieux, laissons-les s'approcher...

La réponse de Victorin surprit Tétrik, et, je l'avoue, j'aurais été moi-même étonné, presque inquiet d'entendre le jeune général parler de temporisation en présence d'une attaque imminente, si je n'avais eu de nombreuses preuves de la sûreté du jugement de Victorin; sa mère fit signe au gouverneur de le laisser réfléchir à son plan de bataille, qu'il méditait sans doute, et dit à Marion :

— Vous arrivez ce matin de votre voyage au milieu des peuplades de l'autre côté du Rhin, si souvent pillées par ces barbares! Quelles sont les dispositions de ces tribus?

— Trop faibles pour agir seules, elles se joindront à nous au premier appel... Des feux allumés par nous, ou le jour ou la nuit, sur la colline de Bérak, leur donneront le signal ; des veilleurs l'attendent; aussitôt qu'ils l'apercevront, ils se trouveront prêts à marcher ; un de nos meilleurs capitaines, après le signal donné, fera embarquer quelques troupes d'élite, traversera le Rhin et opèrera sa jonction avec ces tribus, pendant que le gros de notre armée agira d'un autre côté.

— Votre projet est excellent, capitaine Marion, — dit Victoria; — en ce moment surtout une pareille alliance nous est d'un grand secours.. Vous avez vu juste, comme d'habitude.

— Quand on a de bons yeux, il faut tâcher de s'en servir de son mieux, — répondit avec bonhomie le capitaine; aussi ai-je dit à mon ami Eustache...

— Quel ami ? — demanda Victoria ; — de qui parlez-vous?

— D'un soldat... mon ancien camarade d'enclume : Je l'avais emmené avec moi dans le voyage d'où j'arrive ; or, au lieu de ruminer en moi-même mes petits projets, je les dis tout haut à mon ami Eustache ; il est discret, point sot du tout, bourru en diable, et souvent il me grommelle des observations dont je profite.

— Je connais votre amitié pour ce soldat, — reprit Victoria, — ce bon sentiment vous honore.

— C'est chose simple et bien naturelle que d'aimer un vieil ami; je lui ai dit : Vois-tu, Eustache, un jour ou l'autre ces écorcheurs franks tenteront une attaque décisive contre nous ; ils laisseront, pour assurer leur retraite, une réserve à la garde de leur camp et de leurs chariots de guerre ; cette réserve ne sera pas un morceau trop dur à avaler pour nos tribus alliées, renforcées d'une bonne légion d'élite commandée par un de nos capitaines... de sorte que si ces écorcheurs sont battus de ce côté-ci du Rhin, toute retraite leur sera coupée sur l'autre rive. Ce que je prévoyais alors arrive aujourd'hui ; les Franks nous attaquent, il faudrait donc, je crois, envoyer sur l'heure aux tribus alliées quelques troupes d'élite, commandées par un capitaine énergique, prudent et bien avisé.

— Ce capitaine... ce sera vous, Marion, — dit Victoria, en interrompant Marion.

— Moi, soit... Je connais le pays... mon projet est fort simple... Pendant que les Franks viennent nous attaquer, je traverse le Rhin, afin de brûler leur camp, leurs chariots et d'exterminer leur réserve... Que Victorin les batte sur notre rive, ils voudront repasser le fleuve et me retrouveront sur l'autre bord avec mon ami Eustache, prêt à leur tendre autre chose que la main pour les aider à aborder; Grande vanité d'abord pour eux d'aborder en ce lieu, puisqu'ils n'y trouveraient plus ni réserve, ni camp, ni chariots.

— Marion, — reprit ma sœur de lait après avoir attentivement écouté le capitaine, — le gain de la bataille est certain si vous exécutez ce plan avec votre bravoure et votre sang-froid ordinaires.

— J'ai bon espoir, car mon ami Eustache m'a dit d'un ton encore plus hargneux que d'habitude : « Il n'est point déjà si sot, ton projet, il n'est point déjà si sot, » Or, l'approbation d'Eustache m'a toujours porté bonheur.

— Victoria, — dit à demi-voix Tétrik, ne pouvant contraindre davantage son anxiété, — je ne suis pas homme de guerre... J'ai une confiance entière dans le génie militaire de votre fils; mais de moment en moment un ennemi qui est deux fois supérieur en nombre s'avance contre nous... et Victorin, absorbé dans ses réflexions, ne décide rien, n'ordonne rien !

— Il vous l'a dit avec raison : Avant d'agir il faut penser, — répondit Victoria.— Ce calme réfléchi... au moment du péril, est d'un sage... d'un prudent capitaine... N'est-il pas insensé de courir en aveugle au-devant du danger ?

Soudain Victorin frappa dans ses mains, sauta au cou de sa mère, qu'il embrassa, en s'écriant :

— Ma mère... Hésus m'inspire... Pas un de ces barbares n'échappera, et pour longtemps la paix de la Gaule sera assurée... Ton projet est excellent, capitaine Marion... il se lie à mon plan de bataille, comme si nous l'avions conçu à nous deux.

— Quoi ! tu m'as entendu ? — dit le capitaine étonné, — moi qui te croyais plongé dans tes méditations !

— Un amant, si absorbé qu'il paraisse, entend toujours ce qu'on dit de sa maîtresse, mon brave Marion, — répondit gaiement Victorin ; — et ma souveraine maîtresse... c'est la guerre !

— Encore cette peste de luxure ! — me dit à demi-voix le capitaine. — Hélas ! elle le poursuit jusque dans ses idées de bataille !

— Marion, — reprit Victorin, — nous avons ici, sur le Rhin, deux cents barques de guerre à six rames?

— Tout autant et bien équipées.

— Cinquante de ces barques te suffiront pour transporter le renfort de troupes d'élite, que

Bataille entre Franks et Gaulois (page 303)

tu vas conduire à nos alliés. Les cent cinquante autres, montées chacune par dix rameurs-soldats armés de haches, et par vingt archers choisis, se tiendront prêtes à descendre le Rhin jusqu'au promontoire d'Herfel, où elles attendront de nouvelles instructions ; donne cet ordre au capitaine de la flottille avant de l'embarquer.

— Ce sera fait... compte sur moi...

— Exécute ton plan de point en point, brave Marion... Extermine la réserve des Franks, incendie leur camp, leurs chariots... la journée est à nous si je force nos écorcheurs à la retraite.

— Et tu sauras les y contraindre, Victorin... Je cours chercher mon bon ami Eustache et exécuter tes ordres...

Avant de sortir, le capitaine Marion tira son épée, la présenta par la poignée à la mère des camps, en faisant le salut militaire...

— Touchez, s'il vous plaît, cette épée de votre main, Victoria... ce sera d'un bon augure pour la journée...

— Va, brave et bon Marion, — répondit la mère des camps en rendant l'arme, après en avoir serré virilement la poignée dans la main, — va, Hésus est pour la Gaule.

— Notre cri de guerre sera : Victoria ! et on l'entendra d'un bord à l'autre du Rhin, — dit Marion avec exaltation ; puis il ajouta en sortant précipitamment : — Je cours chercher mon ami Eustache, et à nos barques ! à nos barques !

Au moment où Marion sortait, plusieurs chefs de légions et de cohortes, instruits du débarquement des Franks par l'officier porteur de cette nouvelle, qui avait répandu l'alarme dans le camp, accoururent prendre les ordres du jeune général.

— Mettez-vous à la tête de vos troupes, — leur dit-il. — Rendez-vous avec elles au champ

38e livraison

d'exercice. Là j'irai vous rejoindre et je vous assignerai votre rang dans la bataille; je veux auparavant conférer avec ma mère.

— Nous connaissons ta vaillance et ton génie militaire, — répondit le plus âgé de ces chefs des cohortes, robuste vieillard à barbe blanche. — Ta mère, l'ange de la Gaule, veille à tes côtés... Nous attendons tes ordres avec confiance.

— Ma mère, — dit le jeune général d'une voix touchante, — votre pardon, à la face de tous, et un baiser de vous me donneraient bon courage pour cette grande journée de bataille !!!

— Les égarements de mon fils ont souvent attristé mon cœur, ainsi que le vôtre, à vous qui l'avez vu naître, — dit Victoria aux chefs des cohortes; — pardonnez-lui comme je lui pardonne...

Et elle serra passionnément son fils contre sa poitrine.

— D'infâmes calomnies ont couru dans l'armée contre Victorin, — reprit le vieux capitaine; — nous n'y avons pas ajouté foi, nous autres; mais, moins éclairé que nous, le soldat est prompt au blâme comme à la louange... Suis donc les conseils de ton auguste mère, Victorin, ne donne plus de prétexte aux calomnies... nous allons attendre tes ordres; compte sur nous, comme nous comptons sur toi.

— Vous me parlez en père, — répondit Victorin ému de ces simples et dignes paroles ; — je vous écouterai en fils; votre vieille expérience m'a guidé tout enfant sur les champs de bataille; votre exemple a fait de moi le soldat que je suis; je tâcherai, aujourd'hui et toujours, de me montrer digne de vous et de ma mère... digne de la Gaule...

— C'est ton devoir, puisque nous nous glorifions en toi et en elle, — répondit le vieux capitaine; puis, s'adressant à Victoria : — L'armée ne te verra-t-elle pas avant de marcher au combat ? Pour nos soldats et pour nous, ta présence est toujours d'un bon présage... et tes allocutions exaltent les courages...

— J'accompagnerai mon fils jusqu'au champ d'exercice, et puis bataille et triomphe !... Les aigles romaines planaient sur notre terre asservie ! le coq gaulois les en a chassées... et il ne chassera pas cette nuée d'oiseaux de proie qui veulent s'abattre sur la Gaule ! — s'écria la mère des camps avec un élan si fier, si superbe, que je crus voir en elle la déesse de la patrie et de la liberté. — Par le Frank barbare nous conquérir !... Il ne resterait donc en Gaule ni une lance, ni une épée, ni une fourche, ni un bâton, ni une pierre !... Par Hésus ! nous vaincrons ces Franks barbares...

A ces mâles paroles, les chefs des légions, partageant l'exaltation de Victoria, tirèrent spontanément leurs épées, les choquèrent les unes contre les autres et s'écrièrent à ce bruit guerrier :

— Par le fer de ces épées, Victoria, nous te le jurons, la Gaule restera libre ! ou tu ne nous reverras pas !...

— Oui... par ton nom auguste et cher, Victoria ! nous combattrons jusqu'à la dernière goutte de notre sang !...

Et tous sortirent en criant :
— Aux armes ! nos légions !...
— Aux armes ! nos cohortes !...

Durant toute cette scène, où s'étaient si puissamment révélés le génie militaire de Victorin, sa tendre déférence pour sa mère, l'imposante influence qu'elle et lui exerçaient sur les chefs de l'armée, j'avais souvent, à la dérobée, jeté les yeux sur le gouverneur de Gascogne, retiré dans un coin de la chambre; était-ce la peur de l'arrivée des Franks, était-ce la secrète rage de reconnaître en ce moment la vanité de ses calomnies contre Victorin (car malgré la doucereuse habileté de sa défense, je soupçonnais toujours Tétrik)? Je ne sais; mais sa figure livide, altérée, devenait de plus en plus méconnaissable... Sans doute de mauvaises passions, qu'il avait intérêt à cacher, l'animaient alors; car, après le départ des chefs de légions, la mère des camps s'étant retournée vers le gouverneur, celui-ci essaya de reprendre son masque de douceur habituelle et dit à Victoria, en s'efforçant de sourire :

— Vous et votre fils, vous êtes doués d'une sorte de puissance magique... Selon ma faible raison, rien n'est plus inquiétant que cette approche de l'armée franque, dont vous ne semblez pas vous soucier, délibérant aussi paisiblement que si le combat devait avoir lieu demain... Et pourtant votre tranquillité, en de pareilles circonstances, me donne une aveugle confiance.

— Rien de plus naturel que notre tranquillité, reprit Victorin; — j'ai calculé le temps nécessaire aux Franks pour achever de traverser le Rhin, de débarquer leurs troupes, de former leurs colonnes et d'arriver à un passage qu'ils doivent forcément traverser... Hâter mes mouvements serait une faute, une grave faute de stratégie, ma lenteur me sert.

Puis, s'adressant à moi, Victorin me dit :
— Scanvoch, va t'armer; j'aurai des ordres à te donner après avoir conféré avec ma mère.

— Tu me rejoindras avant que d'aller retrouver mon fils sur le champ d'exercice, — me dit à son tour Victoria; j'ai aussi quelques recommandations à te faire.

— J'oubliais de te dire une chose importante peut-être en ce moment, — ai-je repris. — La sœur d'un des *rois* franks, craignant d'être mise à mort par son frère, s'est échappée du camp des barbares et m'a accompagné jusqu'à notre camp.

— Cette femme pourra servir d'otage, — dit Tétrik, — c'est une précieuse capture ; il faut la garder comme prisonnière.

— Non, ai-je répondu au gouverneur, — j'ai promis à cette femme qu'elle serait libre dans dans le camp des Gaulois, et je l'ai assurée de la protection de Victoria.

— Je tiendrai la promesse que tu as faite, — reprit ma sœur de lait. — Où est cette femme ?

— Dans ma maison.

— Fais-la conduire ici après le départ des troupes, je veux la voir.

Je sortais, ainsi que le gouverneur de Gascogne, afin de laisser Victorin seul avec sa mère, lorsque j'ai vu entrer chez elle plusieurs bardes et druides qui, selon notre antique usage, marchaient toujours à la tête de l'armée, afin d'exalter les courages par leurs chants patriotiques et guerriers.

En quittant la demeure de Victoria, je courus chez moi pour m'armer et prendre mon cheval. De toutes parts les trompettes, les buccins, les clairons retentissaient au loin dans le camp; lorsque j'entrai dans ma maison, ma femme et Sampso, déjà prévenues par la rumeur publique du débarquement des Franks, préparaient mes armes ; Ellèn fourbissait de son mieux ma cuirasse d'acier, dont le poli avait été altéré par le feu du brasier allumé sur mon armure par l'ordre de Nérowegg, l'*aigle terrible*, ce puissant roi des Franks.

— Tu es bien la vraie femme d'un soldat, — dis-je à Ellèn, en souriant de la voir contrariée de ne pouvoir rendre brillante la place ternie qui contrastait avec les autres parties de ma cuirasse. — L'éclat des armes de ton mari est ta plus belle parure.

— Si nous n'étions pas si pressées par le temps, — me dit Ellèn, — nous serions parvenues à faire disparaître cette tache noire ; car, depuis une heure, Sampso et moi nous cherchons à deviner comment tu as pu noircir et ternir ainsi ta cuirasse.

— On dirait des traces de feu, — reprit Sampso, qui, de son côté, fourbissait activement mon casque avec un morceau de peau ; — le feu seul peut ainsi ronger le poli de l'acier.

— Vous avez deviné, Sampso, ai-je répondu en riant et allant prendre mon épée, ma hache d'armes et mon poignard, — il y avait grand feu au camp des Franks ; ces gens hospitaliers m'ont engagé à m'approcher du brasier ; la soirée était fraîche, et je me suis placé un peu trop près du foyer.

— L'annonce du combat te rend joyeux, mon Scanvoch, reprit ma femme : — c'est ton habitude, je le sais depuis longtemps.

— Et l'annonce du combat ne t'attriste pas, mon Ellèn, parce que tu as le cœur ferme.

— Je puise ma fermeté dans la foi de nos pères, mon Scanvoch ; elle m'a enseigné que nous allons revivre ailleurs avec ceux-là que nous avons aimés dans ce monde-ci, — me répondit doucement Ellèn, en m'aidant, ainsi que Sampso, à boucler ma cuirasse. — Voilà pourquoi je pratique cette maxime de nos mères. « La Gauloise ne pâlit jamais lorsque son vail-
« lant époux part pour le combat, et elle rou-
« git de bonheur à son retour ; » s'il ne revient plus, elle songe avec fierté qu'il est mort en brave, et chaque soir elle se dit : « Encore un
« jour d'écoulé, encore un pas de fait vers ces
« mondes inconnus où l'on va retrouver ceux
« qui vous ont été chers. »

— Ne parlons pas d'absence, mais de retour, — dit Sampso en me présentant mon casque, si soigneusement fourbi de ses mains qu'elle aurait pu mirer dans l'acier sa douce figure ; — vous avez été jusqu'ici heureux à la guerre, Scanvoch, le bonheur vous suivra, vous nous le ramènerez avec vous.

— J'en crois votre assurance, chère Sampso... Je pars, heureux de votre affection de sœur et de l'amour d'Ellèn ; heureux je reviendrai, surtout si j'ai pu marquer de nouveau à la face certain *roi* de ces écorcheurs franks, en reconnaissance de sa loyale hospitalité d'hier envers moi ; mais me voici armé... un baiser à mon petit Aëlguen, et à cheval !...

Au moment où je me dirigeais vers la chambre de ma femme, Sampso m'arrêtant :

— Mon frère... et cette étrangère ?

— Vous avez raison, Sampso, je l'oubliais.

J'avais, par prudence, enfermé Elwig ; j'allai heurter à sa porte, et je lui dis : — Veux-tu que j'entre chez toi ?

Elle ne répondit pas ; inquiet de ce silence, j'ouvris la porte : je vis Elwig assise sur le bord de sa couche, le front entre ses mains, dans la posture où elle avait dû passer la nuit. A mon aspect, elle jeta sur moi un regard farouche et resta muette.

— Le sommeil t'a-t-il calmée ?

— Il n'est plus de sommeil pour moi... m'a-t-elle brusquement répondu. — Riowag est mort !... Je pleure mon amant...

— Vers le milieu du jour, ma femme et ma sœur te conduiront auprès de Victoria la Grande ; elle te traitera en amie... Je lui ai annoncé ton arrivée au camp.

La sœur de Néroweg, l'*aigle terrible*, me répondit par un geste d'insouciance.

— As-tu besoin de quelque chose ? — lui ai-je dit. — Veux-tu manger ? veux-tu boire ?...

— Je veux de l'eau... j'ai soif...

Sampso, malgré le refus de la prêtresse, alla chercher quelques provisions, une cruche d'eau, du pain et des fruits, déposa le tout près d'Elwig, toujours immobile et muette ; je fermai la porte, et remettant la clé à ma femme :

— Toi et Sampso, vous accompagnerez cette malheureuse créature chez Victoria vers le milieu du jour; mais veille à ce qu'elle ne puisse se trouver seule avec notre enfant...

— Que crains-tu?

— Il y a tout à craindre de ces femmes barbares, aussi dissimulées que féroces... J'ai tué son amant en me défendant contre lui, elle serait peut-être capable, par vengeance, d'étrangler notre fils.

A ce moment je te vis accourir à moi, cher enfant. Entendant ma voix du fond de la chambre de ta mère, tu avais quitté ton lit et tu venais demi-nu, les bras tendus vers moi, tout riant à la vue de mon armure, dont l'éclat réjouissait tes yeux. L'heure me pressait, je t'embrassai tendrement, ainsi que ta mère et sa sœur; puis j'allai seller mon cheval, mon brave et vigoureux *Tom-Bras*, à qui j'avais donné ce nom, en commémoration de notre aïeul JOEL, qui appelait aussi *Tom-Bras* le fougueux étalon qu'il montait à la bataille de Vannes. Sampso et ta mère, qui le tenait entre ses bras, m'accompagnèrent jusqu'à l'écurie; ta tante m'aidait à brider ma monture, et, caressant sa nerveuse encolure, elle disait:

— *Tom-Bras*, ne laisse pas ton maître en péril, sauve-le par la vitesse, et au besoin défends-le comme ce vaillant Tom-Bras des temps passés, qui, monté par le brenn de la tribu de Karnak, attaquait les Romains à coups de pied et à coups de dents.

— Chère Sampso, — ai-je repris en riant et en me mettant en selle, — ne donnez pas ainsi de mauvais conseils à Tom-Bras en l'engageant à me sauver par sa vitesse. Le bon cheval de guerre est rapide dans la poursuite, lent dans la fuite... Quant à jouer des dents et des sabots, il s'en acquitte au mieux, témoin ce cheval frank, ma capture, qu'il a mis presque en lambeaux dans cette écurie... Tom-Bras est comme son maître, il abhorre la race franque... Adieu, chère Sampso!... adieu mon Ellèn bien-aimée!... adieu, mon petit Aëlguen!...

Et après un dernier regard jeté sur ta mère, qui te tenait entre ses bras, je partis au galop, afin de rejoindre Victoria sur le champ d'exercice, où l'armée devait être réunie.

Le bruit lointain des clairons, les hennissements des chevaux auxquels il répondait, animèrent Tom-Bras; il bondissait avec vigueur... Je le calmai de la voix, je le caressai de la main, afin de l'assagir et de ménager ses forces pour cette rude journée. A peu de distance du champ d'exercice, j'ai vu à cent pas devant moi Victoria, escortée de quelques cavaliers. Je l'eus bientôt rejointe... Tétrik, monté sur une petite haquenée, se tenait à la gauche de la mère des camps, elle avait à sa droite un barde druide, nommé Rolla, qu'elle affectionnait pour sa bravoure, son noble caractère et son talent de poète. Plusieurs autres druides étaient disséminés parmi les différents corps de l'armée, afin de marcher côte à côte des chefs à la tête des troupes.

Victoria, coiffée du léger casque d'airain de la Minerve antique, surmonté du coq gaulois en bronze doré, tenant sous ses pattes une alouette expirante, montait avec sa fière aisance, son beau cheval blanc, dont la robe satinée brillait les reflets argentés; sa housse, écarlate comme sa bride, traînait presque à terre, à demi cachée sous les plis de la longue robe noire de la mère des camps, qui, assise de côté sur sa monture, chevauchait fièrement; son mâle et beau visage semblait animé d'une ardeur guerrière; une légère rougeur colorait ses joues; son sein palpitait, ses grands yeux bleus brillaient d'un incomparable éclat sous leurs sourcils noirs... Je me joignis, sans être aperçu d'elle, aux autres cavaliers de son escorte... Les cohortes, bannières déployées, clairons et buccins en tête se rendant au champ d'exercice, passaient, successivement à nos côtés d'un pas rapide : les officiers saluaient Victoria de l'épée, les bannières s'inclinaient devant elle, et soldats, capitaines, chefs de cohortes, tous enfin criaient d'une même voix avec enthousiasme:

— Salut à Victoria la Grande!...

— Salut à la mère des camps!...

Parmi les premiers soldats d'une des cohortes qui passèrent près de nous, j'ai reconnu Douarnek, un de mes quatre rameurs de la veille, qui avait eu le bras atteint par une flèche. Malgré sa blessure récente, le courageux Breton marchait à son rang. Je m'approchai de lui au pas de mon cheval, et lui dis:

— Douarnek, les dieux envoient à Victorin une occasion propice de prouver à l'armée que, malgré d'indignes calomnies, il est toujours digne de la commander.

— Tu as raison, Scanvoch, — me répondit le breton. — Que Victorin gagne cette bataille, comme il en a gagné d'autres, et le soldat, dans la joie du triomphe acclamera son général et oubliera bien des choses... Au revoir, Scanvoch!

Quelques légions romaines, alors nos alliées, partageaient l'enthousiasme de nos troupes; en passant sous les yeux de Victoria, leurs acclamations la saluaient aussi... Toute l'armée, la cavalerie aux ailes, l'infanterie au centre, fut bientôt réunie dans le champ d'exercice, plaine immense, située en dehors du camp : elle avait pour limites, d'un côté la rive du Rhin, de l'autre, le versant d'une colline élevée; au loin on apercevait un grand chemin tournant et disparaissant derrière plusieurs rampes montueuses... Les casques, les cuirasses, les armes, les bannières surmontées du coq gaulois en cuivre doré, étincelants aux rayons du soleil, offraient une sorte de fourmillement lumineux, admirable pour l'âme du soldat... Victoria, dès qu'elle entra dans le champ de manœuvres, mit son cheval au galop, afin d'aller rejoindre son fils, placé au centre de cette plaine immense, et environné d'un groupe de chefs de légions et de cohortes, auxquels il donnait ses ordres. A peine la mère des camps, reconnaissable à tous les regards par son casque d'airain, sa robe noire et le cheval blanc qu'elle montait, eût-elle paru devant le front de l'armée, qu'un seul cri, immense, retentissant, partant de cinquante mille poitrines de soldats, salua Victoria la Grande !

— Que ce cri soit entendu de Hésus, — dit au barde druide ma sœur de lait d'une voix émue. — Que les dieux donnent à la Gaule une nouvelle victoire ! La justice et les droits sont pour nous... Ce n'est pas une conquête que nous cherchons, nous voulons défendre notre sol, notre foyer, nos familles et notre liberté !...

— Notre cause est sainte entre toutes les causes ! — répondit Rolla, le barde druide. — Hésus rendra nos armes invincibles !...

Nous nous sommes rapprochés de Victorin... Jamais, je crois, je ne l'avais vu plus beau, plus martial sous sa brillante armure d'acier, et sous son casque, orné comme celui de sa mère du coq gaulois et d'une alouette. Victoria elle-même, en s'approchant de son fils, ne put s'empêcher de se tourner vers moi et de trahir, par un regard compris de moi seul peut-être, son orgueil maternel. Plusieurs officiers, porteurs des ordres du jeune général pour divers corps de l'armée, partirent au galop dans des directions différentes. Alors je m'approchai de ma sœur de lait et je lui dis à demi-voix ;

— Tu reprochais à ton fils de n'avoir plus cette froide bravoure qui doit distinguer le chef d'armée ; vois cependant comme il est calme, pensif... Ne lis-tu pas sur son mâle visage la sage et prudente préoccupation du général qui ne veut pas aventurer follement la vie de ses soldats, la fortune de son pays ?

— Tu dis vrai, Scanvoch ; il était ainsi calme et pensif au moment de la grande bataille d'Offenbach... une de ses plus belles... une de ses plus utiles victoires ! puisqu'elle nous a rendu notre frontière du Rhin en refoulant ces Franks maudits de l'autre côté du fleuve !...

— Et cette journée complètera la victoire de ton fils, si, comme je l'espère, nous chassons pour toujours ces barbares de nos frontières.

— Mon frère, — me dit ma sœur de lait, — selon ton habitude, tu ne quitteras pas Victorin ?

— Je te le promets...

— Il est calme à cette heure ; mais, l'action engagée, je redoute l'ardeur de son sang, l'entraînement de la bataille... Tu le sais, Scanvoch, je ne crains pas le péril pour Victorin : je suis fille, femme et mère de soldat... mais je crains que, par trop de fougue, et voulant, par outre-vaillance, payer de sa personne, il ne compromette par sa mort le succès de cette journée, qui peut décider du repos de la Gaule !...

— J'userai de mon pouvoir pour convaincre Victorin qu'un général doit se ménager pour son armée.

— Scanvoch, — me dit ma sœur de lait d'une voix émue, — tu es toujours le meilleur des frères !

Puis, me montrant encore son fils du regard, et ne voulant pas, sans doute, laisser pénétrer à d'autres qu'à moi la lutte de ses anxiétés maternelles contre la fermeté de son caractère, elle ajouta tout bas :

— Tu veilleras sur lui ?

— Comme sur mon fils...

Le jeune général, après avoir donné ses derniers ordres, descendit de cheval à la vue de Victoria, s'approcha d'elle et lui dit :

— L'heure est venue, ma mère... J'ai arrêté avec les autres capitaines les dernières dispositions du plan de bataille que je vous ai soumis et que vous approuvez... Je laisse dix mille hommes de réserve pour la garde du camp, sous le commandement de Robert, un des chefs les plus expérimentés... Il prendra vos ordres... Que les dieux protègent encore nos armes... Adieu, ma mère... je vais faire de mon mieux...

Et il fléchit le genou.

— Adieu, mon fils, ne reviens pas ou reviens victorieux de ces barbares...

En disant ceci, la mère des camps se courba du haut de son cheval et tendit sa main à Victorin, qui la baisa en se relevant.

— Bon courage, mon jeune César, — dit le gouverneur de Gascogne au fils de ma sœur de lait, — les destinées de la Gaule sont entre vos mains... et, grâce aux dieux, vos mains sont vaillantes... Donnez-moi l'occasion d'écrire une ode sur cette nouvelle victoire.

Victorin remonta à cheval ; quelques instants après, notre armée se mettait en marche, les éclaireurs à cheval précédant l'avant-garde ; Victorin se tenait à la tête du corps d'armée. Nous laissions la rive du Rhin à notre droite ; quelques troupes légères d'archers et de cavaliers se dispersèrent en éclaireurs, afin de préserver notre flanc gauche de toute surprise. Victorin m'appela, je poussai mon cheval près du sien, dont il hâta un peu l'allure, de sorte que tous deux nous avons dépassé l'escorte dont le jeune général était entouré.

— Scanvoch, — me dit-il, — tu es un vieux et bon soldat ; je vais t'expliquer mon plan de bataille. Ce plan, je l'ai confié au chef qui doit me remplacer dans le commandement si je suis tué... Je veux aussi t'instruire de mes projets ; tu en rappellerais au besoin l'exécution.

— Je t'écoute ; parle, Victorin.

— Il y a maintenant près de trois heures que les radeaux des Franks ont été vus par nos éclaireurs vers le milieu du fleuve... Ces radeaux, chargés de troupes et remorqués par des barques naviguant lentement, ont dû employer plus d'une heure pour atteindre le rivage et débarquer de ce côté-ci du Rhin...

— Ton calcul est juste ; mais pourquoi n'as-tu pas hâté la marche de l'armée, afin d'arriver sur le rivage avant le débarquement des Franks ? Des troupes qui prennent terre sont toujours en désordre, ce désordre eût favorisé notre attaque.

— Deux raisons m'ont empêché d'agir ainsi ; tu vas les connaître. Combien crois-tu qu'il ait fallu de temps à l'officier qui est venu annoncer le débarquement de l'ennemi pour se rendre à toute bride des avant-postes à Mayence ?

— Une heure et demie... car de cet avant-poste au camp il y a presque cinq lieues.

— Et pour accomplir le même trajet, combien faut-il de temps à une armée, marchant d'un pas accéléré, point trop hâté cependant, afin de ne pas essouffler ni fatiguer les soldats avant la bataille ?

— Il faut environ deux heures et demie.

— Tu le vois, Scanvoch, il nous était impossible d'arriver assez tôt pour attaquer les Franks au moment de leur débarquement... L'indiscipline de ces barbares est grande ; ils auront mis quelque temps à se reformer en bataille, nous arriverons donc avant eux et nous les attendrons au défilé d'Armstradt, seule route militaire qu'ils puissent prendre pour venir attaquer notre camp, à moins qu'ils ne se jettent à travers des marais et des terrains boisés où leur cavalerie, leur principale force, ne pourrait se développer.

— Ceci est juste.

— J'ai temporisé, afin de laisser les Franks s'approcher des défilés.

— S'ils s'engagent dans ce passage... ils sont perdus.

— Je l'espère, nous les poussons ensuite, l'épée dans les reins vers le fleuve ; nos cent cinquante barques bien armées, parties du port, selon mes ordres, en même temps que nous, couleront bas les radeaux de ces barbares et leur couperont toute retraite... Le capitaine Marion a traversé le Rhin avec des troupes d'élite, il se joindra aux peuplades de l'autre côté du fleuve, marchera droit au camp des Franks, où ils ont dû laisser une forte réserve, et leurs chariots de guerre... tout sera détruit !

Victorin me développait ce plan de bataille, habilement conçu, lorsque nous vîmes accourir à toute bride quelques cavaliers envoyés en avant pour éclairer notre marche. L'un d'eux, arrêtant son cheval blanc d'écume, dit à Victorin :

— L'armée des Franks s'avance ; on l'aperçoit au loin du sommet des escarpements : leurs éclaireurs se sont approchés des abords du défilé, ils ont été tués à coups de flèche par les archers que nous avions emmenés en croupe, et qui s'étaient embusqués dans les buissons ; pas un des cavaliers franks n'a échappé.

— Bien visé, — reprit Victorin ; — ces éclaireurs auraient pu rencontrer les nôtres et retourner avertir l'armée franque de notre approche ; peut-être alors ne se serait-elle pas engagée dans les défilés ; mais je veux aller moi-même juger de la position de l'ennemi... Suis-moi, Scanvoch.

Victorin met son cheval au galop, je l'imite ; l'escorte nous suit, nous dépassons rapidement notre avant-garde, à qui Victorin donne l'ordre de s'arrêter. Nous sommes arrivés à un endroit d'où l'on dominait les défilés d'Armstradt ; cette route, fort large, s'encaissait à nos pieds entre deux escarpements ; celui de droite, coupé presque à pic, et surplombant la route, formait une sorte de promontoire du côté du Rhin ; l'escarpement de gauche, composé de plusieurs rampes rocheuses, servait pour ainsi dire de base aux immenses plateaux au milieu desquels avait été creusée cette route profonde, qui s'abaissait de plus en plus pour déboucher dans une vaste plaine, bornée à l'est et au nord par la courbe du fleuve, à l'ouest par des bois et des marais, et derrière nous par les plateaux élevés où nos troupes faisaient halte. Bientôt nous avons distingué à une grande distance d'innombrables masses noires et confuses : c'était l'armée franque.

Victorin resta pendant quelques instants silencieux et pensif, observant attentivement la disposition des troupes de l'ennemi et le terrain qui s'étendait à nos pieds.

— Mes prévisions et mes calculs ne m'avaient pas trompé, — me dit-il, — L'armée des Franks est deux fois supérieure à la nôtre ; s'ils connaissaient une tactique moins sauvage, au lieu de s'engager dans ce défilé, ainsi qu'ils vont le faire, si j'en juge d'après leur marche, ils tenteraient, malgré la difficulté de cette sorte d'assaut, de gravir ces plateaux en plusieurs endroits à la fois, me forçant ainsi à diviser sur une foule de points mes forces si inférieures aux leurs... alors notre succès eût été douteux. Cependant, par prudence, et pour engager l'ennemi dans le défilé, j'userai d'une ruse de guerre... Retournons à l'avant-garde, Scanvoch, l'heure du combat a sonné !...

— Et cette heure, — lui dis-je, — est toujours solennelle...

— Oui, — me répondit-il d'un ton mélancolique, — cette heure est toujours solennelle, surtout pour le général, qui joue à ce jeu sanglant des batailles la vie de ses soldats et les destinées de son pays. Allons, viens, Scanvoch... et que l'étoile de ma mère me protège !...

Je retournai vers nos troupes avec Victorin, me demandant par quelle contradiction étrange ce jeune homme, toujours si ferme, si réfléchi lors des grandes circonstances de sa vie, se montrait d'une inconcevable faiblesse dans sa lutte contre ses passions.

Le jeune général eut bientôt rejoint l'avant-garde. Après une conférence de quelques instants avec les officiers, les troupes prennent leur poste de bataille : trois cohortes d'infanterie, chacune de mille hommes reçoivent l'ordre de sortir du défilé et de déboucher dans la plaine, afin d'engager le combat avec l'avant-garde des Franks et de tâcher d'attirer ainsi le gros de leur armée dans ce périlleux passage. Victorin, plusieurs officiers et moi, groupés sur la cime d'un des escarpements les plus élevés, nous dominions la plaine où allait se livrer cette escarmouche. Nous distinguions alors parfaitement l'innombrable armée des Franks, le gros de leurs troupes, massé en corps compact, se trouvait encore assez éloigné; une nuée de cavaliers le devançaient et s'étendaient sur les ailes. A peine trois cohortes furent-elles sorties du défilé que ces milliers de cavaliers, épars comme une volée de frelons, accoururent de tous côtés pour envelopper nos cohortes; ne cherchant qu'à se devancer les uns les autres, ils s'élancèrent à toute bride et sans ordre sur nos troupes. A leur approche, elles firent halte et se formèrent en *coin* pour soutenir le premier choc de cette cavalerie; elles devaient ensuite feindre une retraite vers les défilés. Les cavaliers franks poussaient des hurlements si retentissants que, malgré la grande distance qui nous séparait de la plaine, et l'élévation des plateaux, leurs cris sauvages parvenaient jusqu'à nous comme une sourde rumeur mêlée au son lointain de nos clairons... Nos cohortes ne plièrent pas sous cette impétueuse attaque; bientôt, à travers un nuage de poussière, nous n'avons plus vu qu'une masse confuse, au milieu de laquelle nos soldats se distinguaient par le brillant éclat de leur armure. Déjà nos troupes opéraient leur mouvement de retraite vers le défilé, cédant pied à pied le terrain à ces nuées d'assaillants, de moment en moment augmentées par de nouvelles hordes de cavaliers, détachées de l'avant-garde de l'armée franque, dont le corps principal s'approchait à marche forcée.

— Par le ciel ! — s'écria Victorin, les yeux ardemment fixés sur le champ de bataille, — le brave Firmian, qui commande ces trois cohortes, oublie, dans son ardeur, qu'il doit toujours se replier pas à pas sur le défilé, afin d'y attirer l'ennemi. Firmian ne continue pas sa retraite, il s'arrête et ne rompt plus maintenant d'une semelle... il va faire inutilement écharper ses troupes...

Puis s'adressant à l'officier :

— Courez dire à Ruper d'aller au pas de course, avec ses trois vieilles cohortes, soutenir la retraite de Firmian... Cette retraite, Ruper la fera exécuter rapidement... Le gros de l'armée franque n'est plus qu'à cent portées de trait de l'entrée des défilés.

L'officier partit à toute bride; bientôt, selon l'ordre du général, trois vieilles cohortes sortirent du défilé au pas de course; elles allèrent rejoindre et soutenir nos autres troupes. Peu de temps après, la feinte retraite s'effectua en bon ordre. Les Franks, voyant les Gaulois lâcher pied, poussèrent des cris de joie sauvage, chargèrent nos cohortes avec impétuosité, et bientôt leur avant-garde se trouva proche de l'entrée des défilés. Tout à coup Victorin pâlit; l'anxiété se peignit sur son visage, et il s'écria :

— Par l'épée de mon père ! me serais-je trompé sur les dispositions de ces barbares... vois-tu leur mouvement ?...

— Oui, — lui dis-je; — au lieu de suivre l'avant-garde et de s'engager comme elle dans le défilé, l'armée franque s'arrête, se forme en nombreuses colonnes d'attaque et se dirige vers les plateaux... Courroux du ciel ! ils font cette habile manœuvre que je redoutais... Ah ! nous avons appris la guerre à ces barbares.

Victorin ne me répondit pas; il parut nombrer les colonnes d'attaque de l'ennemi; puis, rejoignant au galop notre front de bataille, il s'écria :

— Enfants! ce n'est plus dans les défilés que nous devons attendre ces barbares... il faut les combattre en rase campagne... Élançons-nous sur eux du haut de ces plateaux qu'ils veulent gravir... refoulons ces hordes dans le Rhin... Ils sont deux ou trois contre un... tant mieux.. ce soir, de retour au camp, notre mère Victoria nous dira : Enfants, vous avez été vaillants !

Alors le barde Rolla improvisa ce chant de guerre, qu'il entonna d'une voix éclatante :

« — Ce matin nous disions : — Combien
« sont-ils donc ces barbares, qui veulent nous
« voler notre terre, nos maisons, nos femmes
« et notre soleil ?

« — Oui, combien sont-ils donc ces Franks ?

« — Ce soir nous dirons : Réponds, terre
« rougie du sang de l'étranger... Réponde,
« flots profonds du Rhin... Répondez, corbeaux
« de la grève !... Répondez... répondez...

« — Combien étaient-ils donc ces voleurs de
« terre, de maisons, de femmes et de soleil ?

« — Oui, combien étaient-ils donc ces « Franks rapaces ? »

Et les troupes se sont ébranlées en chantant le refrain de ce bardit, qui vola de bouche en bouche jusqu'aux derniers rangs.

Bientôt notre armée s'est développée sur la cime des plateaux dominant au loin la plaine immense, bornée à l'extrême horizon par une courbe du Rhin. Au lieu d'attendre l'attaque dans cette position avantageuse, Victorin voulut, à force d'audace, terrifier l'ennemi ; malgré notre infériorité numérique, il donna l'ordre de fondre de la crête de ces hauteurs sur les Franks. Au même instant, la colonne ennemie, qui, attirée par une feinte retraite, s'était engagée dans les défilés, était refoulée dans la plaine par une partie de nos troupes ; reprenant l'offensive, notre armée descendit presque en même temps du sommet des plateaux, semblable à une avalanche. La bataille s'engagea, elle devint générale...

J'avais promis à Victoria de ne pas quitter son fils ; mais au commencement de l'action, il s'élança si impétueusement sur l'ennemi à la tête d'une légion de cavalerie, que le flux et le reflux de la mêlée me séparà d'abord de lui. Nous combattions alors une troupe d'élite bien montée, bien armée ; les soldats ne portaient ni casque ni cuirasse, mais leur double casaque de peaux de bêtes, recouverte de longs poils, et leurs bonnets de fourrure, intérieurement garnis de bandes de fer, valaient nos armures : ces Franks se battaient avec furie, souvent avec une férocité stupide. J'en ai vu se faire tuer comme des brutes, pendant qu'au fort de la mêlée ils s'acharnaient à trancher, à coups de hache, la tête d'un cadavre gaulois, afin de se faire un trophée de cette dépouille sanglante... Je me défendais contre deux de ces cavaliers, j'avais fort à faire ; un autre de ces barbares, démonté et désarmé, s'était cramponné à ma jambe afin de me désarçonner ; n'y pouvant parvenir, il me mordit avec tant de rage que ses dents traversèrent le cuir de ma bottine et ne s'arrêtèrent qu'à l'os de ma jambe. Tout en ripostant à mes deux adversaires, je trouvai le loisir d'asséner un coup de masse d'armes sur le crâne de ce Frank. Après m'être débarrassé de lui, je faisais de vains efforts pour rejoindre Victorin, lorsque, à quelques pas de moi, j'aperçois dans la mêlée, qu'il dominait de sa taille gigantesque, Néroweg, l'*aigle terrible*... A sa vue, au souvenir des outrages dont je m'étais à peine vengé la veille en lui jetant une hache à la tête, mon sang qu'animait déjà l'ardeur de la bataille, bouillonna plus vivement encore..... En dehors même de la colère que devait m'inspirer Néroweg pour ses lâches insultes, je ressentais contre lui je ne sais quelle haine profonde, mystérieuse, comme s'il eût personnifié cette race pillarde et féroce qui voulait nous asservir... Il me semblait (chose étrange, inexplicable) que j'abhorrais Néroweg autant pour l'avenir que pour le présent... comme si cette haine devait non-seulement se perpétuer entre nos deux races franque et gauloise, mais entre nos deux familles... Que te dirai-je, mon enfant! j'oubliai même la promesse faite à ma sœur de lait de veiller sur son fils ; au lieu de m'efforcer de rejoindre Victorin, je ne cherchai qu'à me rapprocher de Néroweg... Il me fallait la vie de ce Frank... lui seul, parmi tant d'ennemis, excitait personnellement en moi cette soif de sang... Je me trouvais alors entouré de quelques cavaliers de la légion à la tête de laquelle Victorin venait de charger si impétueusement l'armée franque... Nous devions sur ce point, refouler l'ennemi vers le Rhin, car nous marchions toujours en avant... Deux de nos soldats qui me précédaient, tombèrent sous la lourde francisque de l'*Aigle terrible*, et je l'aperçus à travers cette brèche humaine...

Néroweg, revêtu d'une armure gauloise, dépouille de quelqu'un des nôtres, tué dans l'une des batailles précédentes, portait un casque de bronze doré, dont la visière cachait à demi son visage tatoué de bleu et d'écarlate ; sa longue barbe d'un rouge, de cuivre, tombait jusque sur le corselet de fer qu'il avait endossé par-dessus sa casaque de peau de bête ; d'épaisses toisons de mouton, assujetties par des bandelettes croisées, couvraient ses cuisses et ses jambes ; il montait un sauvage étalon des forêts de la Germanie, dont la robe, d'un fauve pâle, était çà et là pommelé de noir ; les flots de son épaisse crinière noire tombaient plus bas que son large poitrail, sa longue queue flottante au vent fouettait ses jarrets nerveux lorsqu'il se cabrait, impatient de son mors à bossettes et à rênes d'argent terni, provenant aussi de quelque dépouille gauloise ; un bouclier de bois, revêtu de lames de fer, grossièrement peint de bandes jaunes et rouges, couleurs de sa bannière, couvrait le bras gauche de Néroweg ; de sa main droite il brandissait sa tranchante et lourde francisque, dégouttante de sang ; à son côté pendait une espèce de grand couteau de boucher à manche de bois, et une magnifique épée romaine à poignée d'or ciselée, fruit de quelque rapine... Néroweg poussa un hurlement de rage en me reconnaissant et se dressa sur ses étriers, s'écriant :

— L'homme au cheval gris !...

Frappant alors le flanc de son coursier du plat de sa hache, il lui fit franchir d'un bond énorme le corps et la monture d'un cavalier renversé qui nous séparait. L'élan de Néroweg fut si violent qu'en retombant à terre son cheval heurta le mien front contre front, poitrail contre poitrail ; tous deux, à ce choc

Seauvoeh et Victoria. Retour du combat (page 308)

terrible, plièrent sur leurs jarrets et se renversèrent avec nous... D'abord étourdi de ma chute, je me dégageai promptement; puis, raffermi sur mes jambes, je tirai mon épée, car ma masse d'armes s'était échappée de mes mains... Néroweg, un moment engagé comme moi sous son cheval, se releva et se précipita sur moi. La mentonnière de son casque s'étant brisée dans sa chute, il avait la tête nue, son épaisse chevelure rouge, relevée au sommet de sa tête, flottait sur ses épaules comme une crinière.

— Ah! cette fois, chien gaulois! — me criait-il en grinçant des dents et me portant un coup furieux de sa lourde francisque, que je parai, — j'aurai ta vie et la peau!...

— Et moi, loup frank! je te marquerai mort ou vif cette fois encore à la face, pour que le diable te reconnaisse!

Et, pendant quelques instants, nous nous sommes battus avec acharnement tout en échangeant des injures, des outrages qui redoublaient notre rage:

— Chien!... — me disait Néroweg, — tu as enlevé ma garce de sœur!

— Je l'ai enlevée à ton amour infâme! puisque dans sa bestialité la race immonde s'accouple comme les animaux... frère et sœur!...

— Tu oses parler de ma race, dogue bâtard! moitié Romain, moitié Gaulois! notre race asservira la vôtre, fils d'esclaves révoltés; nous vous remettrons sous le joug..... et nous vous prendrons vos biens, votre terre et vos femmes!...

— Vois donc au loin ton armée en déroute, ô grand roi! vois donc tes bandes de loups franks, aussi lâches que féroces, fuir les crocs des braves chiens gaulois!...

C'est au milieu de ce torrent d'injures que

30ᵉ livraison

nous combattions avec une rage croissante, sans nous être cependant jusqu'alors atteints. Plusieurs coups, rudement assénés, avaient glissé sur nos cuirasses, et nous nous servions de l'épée aussi habilement l'un que l'autre... Soudain, malgré l'acharnement de notre combat, un spectacle étrange nous a, malgré nous, un moment distraits : nos chevaux, après avoir roulé sous un choc commun, s'étaient relevés ; aussitôt, ainsi que cela arrive entre étalons, ils s'étaient précipités l'un sur l'autre, en hennissant, pour s'entre-déchirer ; mon brave *Tom-Bras*, dressé sur ses jarrets, faisant ployer sous ses durs sabots les reins de l'autre coursier, le tenait par le milieu du cou et le mordait avec frénésie... Néroweg, irrité de voir son cheval sous les pieds du mien, s'écria tout en continuant ainsi que moi de combattre :

— *Folg !* te laisseras-tu vaincre par le pourceau gaulois ? défends-toi des pieds et des dents... mets-le en pièces !...

— Hardi, *Tom-Bras !* — criai-je à mon tour, — tue le cheval, je vais tuer son maître...

J'achevais à peine de prononcer ces mots que l'épée du Frank me traversait la cuisse entre chair et peau, cela au moment où je lui assénais sur la tête un coup qui devait être mortel... mais, à un mouvement en arrière que fit Néroweg en retirant son glaive de ma cuisse, mon arme dévia, ne l'atteignit qu'à l'œil, et, par un hasard singulier, lui laboura la face du côté opposé à celui où je l'avais déjà blessé...

— Je te l'ai dit, mort ou vivant je te remarquerai encore à la face ! — m'écriai-je au moment où Néroweg, dont l'œil était crevé, le visage inondé de sang, se précipitait sur moi en hurlant de douleur et de rage... M'opiniâtrant à le tuer, je restais sur la défensive, cherchant l'occasion de l'achever d'un coup sûr et mortel. Soudain l'étalon de Néroweg, roulant sous les pieds de Tom-Bras, de plus en plus acharné contre lui, tomba presque sur nous et faillit nous culbuter... Une légion de notre cavalerie de réserve, dont quelques moments auparavant j'avais entendu le piétinement sourd et lointain, arrivait alors, broyant sous les pieds des chevaux impétueusement lancés tout ce qu'elle rencontrait sur son passage... Cette légion, formée sur trois rangs, arrivait avec la rapidité d'un ouragan ; nous devions être, Néroweg et moi, mille fois écrasés, car elle présentait un front de bataille de deux cents pas d'étendue ; eussé-je eu le temps de remonter à cheval, il m'aurait été presque impossible de gagner de vitesse ou la droite ou la gauche de cette longue ligne de cavalerie, et d'échapper ainsi à son terrible choc. J'essayai pourtant, et malgré mon regret de n'avoir pu achever le *roi* frank, tant ma haine contre lui était féroce !... Je profitai de l'accident qui, par la chute du cheval de Néroweg, avait interrompu un moment notre combat, pour sauter sur Tom-Bras, alors à ma portée. Il me fallut user rudement du mors et du plat de mon épée pour faire lâcher prise à mon coursier, acharné sur le corps de l'autre étalon, qu'il dévorait en le frappant de ses pieds de devant. J'y parvins à l'instant où la longue ligne de cavalerie, m'enveloppant de toute part, n'était plus qu'à quelques pas de moi : la précédant alors, et hâtant encore de la voix et des talons le galop précipité de Tom-Bras, je m'élançai, devançant toujours la légion et jetant derrière moi un dernier regard sur le *roi* frank ; la figure ensanglantée, il me poursuivait éperdu en brandissant son épée... Soudain je le vis disparaître dans le nuage de poussière soulevé par le galop impétueux des cavaliers.

— Hésus m'a exaucé ! — me suis-je écrié. — Néroweg doit être mort... cette légion vient de passer sur son corps...

Grâce à l'étonnante vitesse de Tom-Bras, j'eus bientôt assez d'avance sur la ligne de cavalerie dont j'étais suivi pour donner à ma course une direction telle qu'il me fût possible de prendre place à la droite du front de bataille de la légion. M'adressant alors à l'un des officiers, je lui demandai des nouvelles de Victorin et du combat ; il me répondit :

— Victorin se bat en héros !... Un cavalier qui est venu donner ordre à notre réserve de s'avancer nous a dit que jamais le général ne s'était montré plus habile dans ses manœuvres. Les Franks, deux fois nombreux comme nous, se battent avec acharnement et surtout avec une science de la guerre qu'ils n'avaient pas montrée jusqu'ici : tout fait croire que nous gagnerons la victoire, mais elle sera chèrement payée... Des milliers de Gaulois auront mordu la poussière.

Le cavalier disait vrai : Victorin s'est battu cette fois encore en soldat intrépide et en général consommé... Le cœur bien joyeux, je l'ai retrouvé au fort de la mêlée ; il n'avait, par miracle, reçu qu'une légère blessure... Sa réserve, prudemment ménagée jusqu'alors, décida du succès de la bataille... Les Franks en déroute, menés battant pendant trois lieues, furent refoulés vers le Rhin, malgré la résistance opiniâtre de leur retraite. Après des pertes énormes, une partie de leurs hordes fut culbutée dans le fleuve, d'autres parvinrent à regagner en désordre les radeaux et à s'éloigner du rivage remorqués par les barques ; mais alors la flottille de cent cinquante grands bateaux, obéissant aux ordres de Victorin, fit force de rames, doubla une pointe de terre, derrière laquelle elle s'était jusqu'alors tenue cachée, atteignit les radeaux... Et, après les avoir criblés d'une grêle de traits, nos barques les abordèrent de tous côtés... Ce fut un dernier et terrible combat sur ces immenses ponts flottants : leurs bateaux remorqueurs furent coulés bas à coups de hache, le petit nombre de Franks échappés à cette lutte suprême s'abandonnèrent au courant du fleuve, cramponnés aux débris des radeaux désemparés et entraînés par les eaux...

Notre armée, cruellement décimée, mais encore toute frémissante de la lutte, et massée sur les hauteurs du rivage, assistait à cette désastreuse déroute, éclairée par les derniers rayons du soleil couchant. Alors tous les soldats entonnèrent en chœur ces héroïques paroles des bardes qu'ils avaient chantées en commençant l'attaque :

« — Ce matin nous disions :
« — Combien sont-ils ces barbares, qui veulent nous voler notre terre, nos maisons, nos femmes et notre soleil ?
« — Oui, combien sont-ils donc, ces Franks ?
« — Ce soir nous disons :
« — Réponds, terre rougie du sang de l'é-
« tranger !... Répondez, flots profonds du
« Rhin !... Répondez, corbeaux de la grève...
« Répondez !... répondez !... »
« — Combien étaient-ils, ces voleurs de terre,
« de maisons, de femmes et de soleil ?
« — Oui, combien étaient-ils donc, ces
« Franks rapaces ? »

Nos soldats achevaient ce refrain des bardes lorsque de l'autre côté du fleuve, si large en cet endroit que l'on ne pouvait distinguer la rive opposée, déjà voilée d'ailleurs par la brume du soir, j'ai remarqué dans cette direction une lueur qui devenant bientôt immense, embrasa l'horizon comme les reflets d'un gigantesque incendie !... Victorin s'écria :

— Le brave Marion a exécuté son plan à la tête d'une troupe d'élite et des tribus alliées de l'autre côté du Rhin, il a marché sur le camp des Franks... Leur dernière réserve aura été exterminée, leurs huttes et leurs chariots de guerre livrés aux flammes ! Par Hésus ! la Gaule, enfin délivrée du voisinage de ces féroces pillards, va jouir des douceurs d'une paix féconde ! O ma mère !... tes vœux sont exaucés !

Victorin, radieux, venait de prononcer ces paroles lorsque je vis s'avancer lentement vers lui une troupe assez nombreuse de soldats appartenant à divers corps de cavalerie et d'infanterie de l'armée ; tous ces soldats étaient vieux ; à leur tête marchait Douarnek, s'avançant seul de quelques pas. Il dit d'une voix grave et ferme :

— Ecoute, Victorin ; chaque légion de cavalerie, chaque cohorte d'infanterie, a choisi son plus ancien soldat ; ce sont les camarades qui sont là m'accompagnant ; ainsi que moi, ils t'ont vu naître ; ainsi que moi, ils t'ont vu tout enfant, dans les bras de Victoria, la mère des camps, l'auguste mère des soldats. Nous t'a-

vons longtemps aimé pour l'amour d'elle et de toi... Nous t'avons acclamé notre général et l'un des deux chefs de la Gaule... Nous t'avons aimé, nous vétérans, comme notre fils, en t'obéissant comme à notre père... Puis est venu le jour où, t'obéissant toujours comme notre général et chef de la Gaule, nous t'avons moins aimé.

— Et pourquoi m'avez-vous moins aimé ? — reprit Victorin frappé de l'air presque solennel du vieux soldat ; — oui, pourquoi m'avez-vous moins aimé ?

— Parce que nous t'avons moins estimé... Mais si tu as eu des torts, nous avons eu les nôtres... la bataille d'aujourd'hui nous le prouve... et nous venons t'en faire l'aveu.

— Voyons, — reprit affectueusement Victorin, — voyons, mon vieux Douarnek, quels sont mes torts ? quels sont les vôtres ?

— Voici les tiens, Victorin : tu aimes trop... beaucoup trop le vin et les jolies filles.

— Par toutes les maîtresses que tu as eues, par toutes les coupes que tu as vidées et que tu videras encore, vieux Douarnek, pourquoi ces paroles le soir d'une bataille gagnée ? — répondit gaiement Victorin, revenant peu à peu à son naturel, que les préoccupations du combat ne tempéraient plus. — En vérité ! point n'était nécessaire de vous déranger toi et tes camarades pour me reprocher de telles peccadilles ! — Franchement, sont-ce là des reproches que l'on se fait entre soldats ?

— Entre soldats ! non, Victorin, — reprit sévèrement Douarnek ; — mais de soldats à général... oui !... Nous t'avons librement choisi pour chef, nous devons te parler librement..... Plus nous t'avons aimé... toi, jeune homme... plus nous t'avons honoré, plus nous sommes en droit de te dire : Demeure à la hauteur de ta mission...

— J'y tâche, brave Douarnek... en me battant de mon mieux, en conduisant nos légions au plus fort de la mêlée.

— Tout n'est pas dit quand on a bataillé..... Tu n'es pas seulement capitaine, tu es encore chef de la Gaule.

— Soit ; mais pourquoi diable t'imagines-tu, brave Douarnek, que comme général et chef de la Gaule je doive être plus insensible qu'un soldat à l'éclat de deux beaux yeux noirs ou bleus, au bouquet d'un vin vieux, blanc ou rouge ?

— L'homme élu chef par des hommes libres doit, même dans les choses de sa vie privée, garder une sage mesure, s'il veut être aimé, obéi, respecté ; cette mesure, l'as-tu gardée ? Non... Aussi comme nous t'avions vu avaler des pois, nous t'avons cru capable de manger un bœuf... et, en cela, nous avons eu tort.

— Quoi ! mes enfants, — reprit en riant le jeune général, vous m'avez cru la bouche si grande ?... J'aurais pu avaler un bœuf !...

— Nous t'avions vu souvent en pointe de vin... nous te savions coureur de cotillons ; on nous a dit qu'étant ivre tu avais fait violence à une femme, à la tavernière d'une île du Rhin, qui s'était tuée de désespoir..... nous avons cru cela... Peut-être avons-nous eu tort sur ce point?

— Courroux du ciel! — s'écria Victorin avec une douloureuse indignation, — vous avec cru cela du fils de ma mère?

— Oui, — reprit le vétéran, — oui.., là a été notre tort... Donc nous avons eu nos torts, toi les tiens ; nous venons t'annoncer que nous mettons le passé en oubli, que nos cœurs sont toujours à toi ; pardonne-nous aussi, afin que nous t'aimions et que tu nous aimes comme par le passé... Est-ce dit, Victorin?

— Oui, — répondit Victorin, ému de ces loyales et touchantes paroles, — c'est dit...

— Ta main, — reprit Douarnek, au nom de mes camarades!

— La voilà, — dit le jeune général en se penchant sur le cou de son cheval pour serrer cordialement la main du vétéran.—Merci de votre franchise, mes enfants... je serai à vous comme vous serez à moi, pour la gloire et le repos de la Gaule... Sans vous, je ne peux rien ; car si le général porte la couronne triomphale, c'est la bravoure du soldat qui la tresse, cette couronne, et l'empourpre de son généreux sang!...

— Donc..... c'est dit, Victorin, reprit Douarnek, dont les yeux devinrent humides. — A toi notre sang, jusqu'à la dernière goutte... et à notre Gaule bien-aimée : à ta gloire!...

— Et à ma mère, qui m'a fait ce que je suis! — reprit Victorin avec une émotion croissante.

— Et à ma mère, notre respect, notre amour, notre dévouement, mes enfants!...

— Vive la mère des camps! — s'écria Douarnek d'une voix sonore ; — vive Victorin, son glorieux fils!

Les compagnons de Douarnek, les soldats, les officiers, nous tous enfin présents à cette scène, nous avons crié comme Douarnek :

— Vive la mère des camps! vive Victorin, son glorieux fils!...

Bientôt l'armée s'est mise en marche pour regagner le camp, pendant que, sous la protection d'une légion destinée à garder nos prisonniers, les druides médecins et leurs aides restaient sur le champ de bataille pour faire enlever les morts et pour secourir les blessés gaulois ou franks.

L'armée reprit donc le chemin de Mayence par une superbe nuit d'été, en faisant résonner les échos des bords du Rhin de ce chant des bardes :

« — Ce matin nous disions :
« — Combien sont-ils donc, ces barbares « qui veulent nous voler notre terre, nos mai« sons, nos femmes et notre soleil?

« — Oui, combien sont-ils donc, ces Franks?
« — Ce soir nous disons :
« — Réponds, terre rougie du sang de l'é« tranger!... Répondez, flots profonds du « Rhin!... Répondez, corbeaux de la grève!...
« Répondez... répondez!...
« — Combien étaient-ils, ces voleurs de terre, de maisons, de femmes et de soleil?
« — Oui, combien donc étaient-ils ces Franks rapaces? »

Victorin, dans sa hâte d'aller instruire sa mère du gain de la bataille, remit le commandement des troupes à l'un des plus anciens capitaines ; nous laissâmes nos montures harassées à des cavaliers qui, d'habitude, conduisaient en main des chevaux frais pour le jeune général ; lui et moi, nous nous sommes rapidement dirigés vers Mayence. La nuit était sereine, la lune resplendissait parmi des milliers d'étoiles, ces mondes inconnus où nous allons revivre en quittant ce monde-ci. Chose étrange!... tout en songeant avec un bonheur ineffable au triomphe de notre armée, qui assurait la paix et la prospérité de la Gaule ; tout en songeant à mon prochain retour auprès de ta mère et de toi, mon enfant, après cette rude journée de bataille, j'ai soudain éprouvé un accès de mélancolie profonde, de douloureux pressentiment.

J'avais, dans l'élan de ma reconnaissance, levé les yeux vers le ciel pour remercier les dieux de notre succès... La lune brillait d'un radieux éclat... Je ne sais pourquoi, à ce moment, je me suis rappelé avec une sorte de pieuse tristesse, en pensant à nos aïeux, tous les faits glorieux, touchants ou terribles accomplis par eux, et que l'astre sacré de la Gaule avait aussi éclairés de son éternelle lumière depuis tant de générations!... Le sacrifice d'Héna, le voyage d'Albinik le marin et de sa femme Méroë vers le camp de César, à travers ces pays héroïquement incendiés par nos pères durant leur guerre contre les Romains... la marche nocturne de Sylvest l'esclave se rendant aux réunions secrètes des *Enfants du Gui* et au palais de Faustine... sa fuite du cirque d'Orange, où il avait failli être livré aux bêtes féroces ; puis, enfin, ces vaillantes insurrections, ces formidables soulèvements dont le cours ou le décours de la lune donnait le signal, fixé d'avance par nos druides vénérés... tous ces faits, si lointains déjà, apparaissaient en ce moment à mon esprit comme les pâles fantômes du passé...

Je fus tiré de mes réflexions par la voix joyeuse de Victorin.

— A quoi rêves-tu, Scanvoch? Toi, l'un des vainqueurs de cette belle journée, te voilà muet comme un vaincu...

— Victorin, je pense aux temps qui ne sont plus... aux évènements des siècles écoulés...

— Quel songe-creux!... — reprit le jeune général dans l'entraînement de son impétueuse gaîté. — Laissons le passé avec les coupes vides et les anciennes maîtresses! Moi, je pense d'abord à la joie de ma mère en apprenant notre victoire; puis je pense, et beaucoup, aux brûlants yeux noirs de Kidda la bohémienne, qui m'attend; car cette nuit, en la quittant à la fin du souper où elle m'avait attiré par ruse, elle m'a donné rendez-vous pour ce soir... Journée complète, Scanvoch! bataille gagnée le matin! et le soir, souper joyeux avec une belle maîtresse sur ses genoux! Ah! qu'il fait bon être soldat et avoir vingt ans!...

— Écoute, Victorin. Tant qu'a duré chez toi la préoccupation du combat, je t'ai vu sage, grave, réfléchi, comme il convient de l'être à un chef de la Gaule et digne en tout de ta mère et de toi-même...

— Et par les beaux yeux de Kidda, ne suis-je pas toujours digne de moi-même en pensant à elle après la bataille?

— Sais-tu, Victorin, que c'est une grave démarche que celle tentée auprès de toi par Douarnek, venant te parler au nom de l'armée? Sais-tu que cette démarche prouve la fière indépendance de nos soldats, dont la volonté seule t'a fait général? Sais-tu que de telles paroles, prononcées par ces hommes, ne sont et ne seront pas vaines... et qu'il serait funeste de les oublier?...

— Bon! une boutade de vétéran, regrettant ses jeunes années... paroles de vieillard blâmant les plaisirs qui ne sont plus de son âge.

— Victorin, tu affectes une indifférence éloignée de ton cœur... Je t'ai vu touché, profondément impressionné par le langage de ce vieux soldat... et par l'attitude de ses camarades.

— L'on est si content le soir d'une bataille gagnée, que tout vous plaît... Et d'ailleurs, quoique assez bourrues, ces paroles ne prouvent-elles pas l'affection de l'armée pour moi?

— Ne t'y trompe pas, Victorin, l'affection de l'armée s'était retirée de toi... elle t'est revenue avec la victoire d'aujourd'hui; mais prends garde, de nouvelles imprudences feraient naître de nouvelles calomnies de la part de ceux qui veulent te perdre dans l'esprit des soldats...

— Quelles gens auraient intérêt à me perdre?

— Un chef a toujours des envieux, et pour confondre ces envieux tu n'auras pas chaque jour une bataille à gagner; car, grâce aux dieux! l'anéantissement de ces hordes barbares assure pour de longues années la paix de notre Gaule bien-aimée...

— Tant mieux, Scanvoch, tant mieux! Alors, redevenu le plus obscur des citoyens, accrochant mon épée, désormais inutile, à côté de celle de mon père, je pourrai, sans contrainte, vider des coupes sans nombre et courtiser toutes les bohémiennes de l'univers!

— Victorin, prends garde! je te le répète... Souviens-toi des paroles du vieux soldat...

— Au diable le vieux soldat et sa sotte harangue!... je ne me souviens à cette heure que de Kidda... Ah! Scanvoch, si tu la voyais danser avec son court jupon écarlate et son corset de toile d'argent!

— Prends garde, le camp et la ville ont les yeux fixés sur ces créatures; ta liaison avec elles fera scandale... Crois-moi, sois réservé dans ta conduite, recherche tout au moins le secret et l'obscurité dans tes amours.

— L'obscurité! le secret! arrière l'hypocrisie! J'aime à montrer à tous les yeux les maîtresses dont je suis fier! et je serai plus fier de Kidda que de ma victoire d'aujourd'hui...

— Victorin! Victorin! sois prudent ou cette femme te sera fatale!

— Tiens, Scanvoch, si tu entendais Kidda chanter tout en dansant et s'accompagnant d'un petit tambour à grelots... oui, si tu l'entendais, si tu la voyais, tu deviendrais comme moi fou de Kidda, la bohémienne... Mais, — ajouta le jeune général en s'interrompant et regardant au loin devant lui, — vois donc là-bas ces flambeaux... Bonheur du ciel! c'est ma mère... Dans son inquiétude, elle aura voulu se rapprocher du champ de bataille pour savoir les nouvelles de la journée... Ah! Scanvoch, je suis jeune, impétueux, ardent aux plaisirs, jamais ils ne me lassent, j'en jouis avec ivresse... Pourtant, je t'en fais le serment par l'épée de mon père! je donnerais toutes mes joies à venir pour le bonheur que je vais éprouver, lorsque ma mère me pressera sur sa poitrine!

Et, en disant ceci, il s'élança à toute bride, et sans m'attendre, vers Victoria, qui s'approchait en effet. Quand j'eus rejoint le groupe, ils étaient descendus de cheval, Victoria tenait Victorin étroitement embrassé, lui disant avec un accent impossible à rendre:

— Mon fils, je suis une heureuse mère!...

À la lueur des torches que portaient les cavaliers de l'escorte de Victoria, je remarquai seulement alors que sa main droite était enveloppée de linges. Victorin dit avec anxiété:

— Seriez-vous blessée, ma mère?

— Légèrement, — répondit Victoria. Puis, s'adressant à moi, elle me tendit affectueusement la main:

— Frère, te voilà, mon cœur est joyeux...

— Mais qui vous a fait cette blessure?

— La femme franque qu'Ellèn et Sampso ont conduite près de moi... après ton départ.

— Elwig! — m'écriai-je avec horreur. — Oh! la maudite!... elle s'est montrée digne de sa race!...

— Scanvoch! me dit Victoria d'un air grave,

— il ne faut pas maudire les morts... celle que tu appelles Elwig n'existe plus...

— Ma mère, — reprit Victorin avec une anxiété croissante, — ma chère mère, vous nous l'attestez, cette blessure est légère ?

— Tiens, mon fils, regarde.

Et pour rassurer Victorin, elle déroula la bande dont sa main droite était enveloppée.

— Tu le vois, — ajouta-t-elle, — je me suis seulement coupée à deux endroits la paume de la main en désarmant cette femme...

En effet, les blessures de ma sœur de lait présentaient l'aspect de longues coupures sans aucun caractère de gravité.

— Elwig armée ! — ai-je dit en essayant de rappeler mes souvenirs de la veille. — Où a-t-elle trouvé une arme ? A moins qu'hier soir, avant de nous rejoindre à la nage, elle ait ramassé son couteau sur la grève et l'ait caché sous sa robe.

— Mais cette femme, à quel moment a-t-elle voulu vous frapper, ma mère ? Vous étiez donc seule avec elle ?

— J'avais prié Scanvoch de faire conduire cette Elwig chez moi vers le milieu du jour, dans la pensée d'être secourable à cette femme. Ellen et Sampso me l'ont amenée... Je m'entretenais avec Robert, chef de notre réserve, nous causions des dispositions à prendre pour défendre le camp et la ville en cas de défaite de notre armée. On fit entrer Elwig dans une pièce voisine, et la femme et la belle-sœur de Scanvoch laissèrent seule l'étrangère, pendant que j'envoyais chercher un interprète pour me faire entendre d'elle. Robert, notre entretien terminé, me demanda des secours pour la veuve d'un soldat, j'entrai dans la chambre où m'attendait Elwig ; je voulais prendre quelque argent dans un coffre où se trouvaient aussi plusieurs bijoux gaulois, colliers et bracelets, héritage de ma mère...

— Si le coffre était ouvert, — m'écriai-je, songeant à la sauvage cupidité de la sœur du *grand roi* Néroweg, — Elwig aura voulu, en vraie fille de race pillarde, s'emparer de quelque objet précieux.

— Tu l'as dit, Scanvoch ; au moment où j'entrais dans cette chambre, la femme franque tenait entre ses mains un collier d'or d'un travail précieux ; elle le contemplait avidement. A ma vue, elle a laissé tomber le collier à ses pieds ; puis, croisant ses deux bras sur sa poitrine, elle m'a d'abord contemplée en silence d'un air farouche : son pâle visage s'est empourpré de honte et de rage ; puis, me regardant d'un œil sombre, elle a prononcé mon nom ; j'ai cru qu'elle me demandait si j'étais Victoria, je fis un signe de tête affirmatif : « Oui, je suis Victoria. » A peine avais-je prononcé ces mots qu'Elwig s'est jetée à mes pieds ; son front touchait presque le plancher, comme si elle eût humblement imploré ma protection... Sans doute cette femme a profité de ce moment pour tirer son couteau de dessous sa robe sans être vue de moi, car je me baissais pour la relever, lorsqu'elle s'est redressée, les yeux étincelants de férocité, en me portant un coup de couteau et répétant avec un accent de haine : *Victoria ! Victoria !*...

A ces paroles de sa mère, quoique le danger fût passé, Victorin tressaillit, se rapprocha de ma sœur de lait et prit entre ses deux mains, la main blessée, qu'il baisa avec un redoublement de tendresse.

— Voyant le couteau d'Elwig levé sur moi, — ajouta Victoria, — mon premier mouvement fut de parer le coup et de saisir la lame en m'écriant : « A moi Robert ! » Celui-ci, au bruit de la lutte, accourut de la pièce voisine ; il me vit aux prises avec Elwig... Mon sang coulait... Robert me crut dangereusement blessée ; il tira son épée, saisit cette Elwig à la gorge et la tua avant que j'eusse pu m'opposer à cette inutile vengeance... Je déplore la mort de cette femme franque, venue volontairement près de moi.

— Vous la plaignez, ma mère, — dit vivement Victorin, — cette créature pillarde et féroce comme ceux de sa race ? Vous la plaignez ! et elle n'a sans doute suivi Scanvoch qu'afin de trouver l'occasion de s'introduire près de vous pour vous voler et vous égorger ensuite !

— Je la plains d'être née d'une telle race, — reprit tristement Victoria, je la plains d'avoir eu la pensée d'un meurtre !

— Croyez-moi, — ai-je dit à ma sœur de lait, — la mort de cette femme est un châtiment mérité, et elle met un terme à une vie souillée de forfaits dont la nature frémit..... Fassent les dieux que, comme Elwig, son frère, le *roi* Néroweg, ait aujourd'hui perdu la vie, et que sa race soit éteinte en lui, sinon je regretterais toujours de n'avoir pas achevé cet homme... Il me semble que sa descendance sera funeste à la mienne...

Victoria me regardait, surprise de ces paroles, dont elle ne comprenait pas le sens, lorsque Victorin s'écria :

— Béni soit Hésus, ma mère ! c'est un jour heureux pour la Gaule que celui-ci... Vous avez échappé à un grand danger, nos armes sont victorieuses, et les Franks sont chassés de nos frontières...

Puis, s'interrompant et prêtant au loin l'oreille, Victorin ajouta :

— Entendez-vous, ma mère ? Entendez-vous ces chants que le vent nous apporte ?

Tous nous avons fait silence, et ces refrains

lointains, répétés en chœur par des milliers de voix, vibrantes de la joie du triomphe, sont venus jusqu'à nous à travers la sonorité de la nuit :

« — Ce matin nous disions : Combien étaient-ils donc, ces barbares ?

« — Ce soir nous disons, combien étaient-ils donc ces Franks rapaces ?... »

CHAPITRE IV

Scanvoch est établi en Bretagne dans les champs de ses pères, près de la forêt de Karnak. — Suite du récit. — Victorin et Kidda la Bohémienne. — Le voyage. — Le cavalier mystérieux. — Retour de Scanvoch à Mayence. — Le soulèvement. — Victorin et Victorinin. — Tétrik. — Le capitaine Marion et son ami Eustache.

Plusieurs années se sont passées depuis que j'ai écrit pour toi, mon enfant, le récit de la grande bataille du Rhin.

L'extermination des hordes franques et de leurs établissements sur l'autre rive du fleuve a délivré la Gaule des craintes que lui inspirait cette invasion barbare toujours menaçante. Les Franks, retirés maintenant au fond des forêts de la Germanie, attendent peut-être une occasion favorable pour fondre de nouveau sur la Gaule. Je reprends donc ce récit d'autrefois après des années de douleur amère... De grands malheurs ont pesé sur ma vie ; j'ai vu se dérouler une épouvantable trame d'hypocrisie et de haine... Depuis lors, une tristesse incurable s'est emparée de mon âme... J'ai quitté les bords du Rhin pour la Bretagne, je suis établi avec ta seconde mère et toi, mon enfant, aux mêmes lieux où fut jadis le berceau de notre famille, près des pierres sacrées de la forêt de Karnak, témoins du sacrifice héroïque de notre aïeule Héna...

Hier encore, en revenant des champs avec toi, puisque de soldat je suis devenu laboureur comme nos pères, au temps de leur indépendance... hier encore je t'ai montré, au bord d'un ruisseau, deux saules creux, si vieux... si vieux... (ils ont plus de trois cents ans !) qu'ils ne végètent presque plus... Tu me priais d'attacher une corde de l'un à l'autre de ces deux arbres pour te balancer... Tu m'as vu avec étonnement m'attrister à ta demande et soudain rester pensif.

Je songeais que, par un rapprochement étrange, notre aïeul Sylvest et sa sœur Siomara avaient voulu, il y a près de trois siècles, attacher à ces deux saules une corde pour servir à leurs jeux enfantins... Et ces souvenirs, hélas ! n'étaient pas les seuls que ces troncs séculaires éveillaient dans ma pensée ; car je t'ai dit :

— Regarde ces deux arbres avec tristesse et vénération, mon enfant : un de nos aïeux, *Guilhern*, fils de *Joel*, le brenn de la tribu de Karnak, est mort dans un supplice atroce, garrotté à l'un de ces saules ; le fils de Guilhern, un adolescent un peu plus âgé que toi, nommé Sylvest, fut attaché à l'autre saule pour mourir du même supplice que son père... un hasard inespéré l'a arraché à cette effroyable torture.

— Et quel était donc leur crime ? — m'as-tu demandé...

— Le crime du père et de son fils était d'avoir voulu échapper à l'esclavage, afin de ne plus cultiver sous le fouet, le carcan au cou, la chaîne aux pieds, les champs paternels au profit des Romains qui les en avaient dépouillés par violence.

Ma réponse t'a surpris, mon enfant, toi qui a toujours vécu heureux et libre, toi qui, jusqu'ici, n'a connu d'autre douleur que le regret d'avoir perdu ta mère bien-aimée, dont tu n'as conservé qu'un vague souvenir ; car tu étais âgé de quatre ans et deux mois à peine lorsque peu de temps après la victoire remportée sur les Franks des bords du Rhin...

J'ai interrompu mon récit, cher enfant ; puis je suis tombé dans l'un de ces accès de morne tristesse que je ne peux vaincre... lorsque je me rappelle les terribles évènements domestiques qui se sont passés après notre victoire sur le Rhin ; mais j'ai repris courage en songeant au devoir que je dois accomplir, afin d'obéir aux derniers vœux de notre aïeul Joel, qui vivait il y a près de trois siècles dans ces mêmes lieux où nous sommes aujourd'hui revenus, après les vicissitudes sans nombre de notre famille.

Lorsque tu auras lu ces pages, mon enfant, tu comprendras la cause des accès de tristesse mortelle où tu me vois souvent plongé, malgré la tendresse et celle de ta seconde mère, que je ne saurais jamais trop chérir... Oui, lorsque tu auras lu les dernières et solennelles paroles de Victoria, *la mère des camps*, paroles effrayantes... tu comprendras que si douloureux que soit pour moi le passé qui m'attriste, jusqu'à la mort, mais les prévisions de l'avenir réservé peut-être à la Gaule par la mystérieuse volonté de Hésus. O mon enfant ! ces appréhensions pleines d'angoisses, tu les partageras en lisant cette réflexion sage et profonde de notre aïeul Sylvest :

— *Hélas ! à chaque blessure de la patrie, la famille saigne...*

Oui, car si elles se réalisent jamais, les redoutables prophéties de Victoria, douée peut-être comme tant d'autres de nos druidesses vénérées de la science de l'avenir... si elles se réalisent, ces redoutables prophéties, malheur à la Gaule ! malheur à notre race ! malheur à notre famille ! elle aura plus longtemps et plus cruellement à souffrir de l'oppression de la *Rome des évêques* qu'elle n'a souffert de l'oppression de la *Rome des Césars et des empereurs !*

Je reprends donc ce récit au point où je l'ai laissé, il y a plusieurs années. Sans doute, je l'interromprai plus d'une fois encore...

Victorin, le soir de la bataille du Rhin, regagna Mayence avec sa mère, après l'avoir longuement entretenue du résultat de la journée ; il prétexta d'une grande fatigue et de sa légère blessure pour se retirer. Rentré chez lui, il se désarma, puis, enveloppé d'un manteau, il se rendit chez les bohémiennes.

— *Cette femme te sera fatale !* — avais-je dit au jeune général... Hélas ! ma prévision devait s'accomplir. A propos de ces créatures, rappelle-toi, mon enfant, cette circonstance, que j'ai connue depuis, et tu apprécieras plus tard l'importance de ce souvenir :

« Ces bohémiennes, entrées dans Mayence la
« surveille du jour où Tétrik était arrivé lui-
« même dans cette ville, venaient de Gascogne,
« pays qu'il gouvernait. »

Cette révélation et bien d'autres, amenées par la suite des temps, m'ont donné une connaissance si exacte de certains faits que je pourrais te les raconter comme si j'en avais été spectateur. Victorin quitta donc son logis au milieu de la nuit pour aller au rendez-vous où l'attendait Kidda la bohémienne ; il la connaissait seulement depuis la veille. Elle avait fait sur ses sens une vive impression : il était jeune, beau, spirituel, généreux ; il venait de gagner le jour même une glorieuse bataille ; il connaissait la facilité de mœurs de ces chanteuses vagabondes, véritables courtisanes ; il se croyait certain de posséder l'objet de son caprice... Quelle fut sa surprise, son dépit, lorsque Kidda lui dit avec un apparent mélange de fermeté, de tristesse et de passion contenue :

« Je ne vous parlerai pas, Victorin, de ma
« vertu, vous ririez de la vertu d'une chan-
« teuse bohémienne ; mais vous me croirez si
« je vous dis que longtemps avant de vous
« voir, votre glorieux nom était venu jusqu'à
« moi ; votre renommée de courage et de bonté
« avait fait battre mon cœur, ce cœur indigne
« de vous, puisque je suis une pauvre créature
« dégradée... Voyez-vous, Victorin, — ajouta-
« t elle les larmes aux yeux, — si j'étais pure,
« vous auriez mon amour et ma vie ; mais je
« suis flétrie, je ne mérite pas vos regards ; je
« vous aime trop passionnément, je vous ho-
« nore trop pour jamais vous offrir les restes

« d'une existence avilie par des hommes indi-
« gnes de vous être comparés... »

Cet hypocrite langage, loin de refroidir l'ardeur de Victorin, l'exalta outre mesure ; son caprice sensuel pour cette femme, irrité par ses refus, se changea bientôt en une passion dévorante, insensée. Malgré ses protestations de tendresse, malgré ses prières, malgré ses larmes, car il pleurait aux pieds de cette misérable, la bohémienne resta inexorable dans sa résolution. Le caractère de Victorin, jusqu'alors joyeux, avenant et ouvert, s'aigrit ; il devint sombre, taciturne. Sa mère et moi nous ignorions alors les causes de ce changement ; à nos pressantes questions, le jeune général répondait que frappé des symptômes de désaffection manifestés par l'armée à son égard, il ne voulait plus s'exposer à une pareille défaveur, et que désormais sa vie serait austère et retirée. Sauf pendant quelques heures consacrées chaque jour à sa mère, Victorin ne sortait plus de chez lui, fuyant la société des anciens compagnons de plaisir. Les soldats, frappés de ce brusque revirement dans sa conduite, virent dans cette réforme salutaire le résultat de leurs observations présentées en leur nom au jeune général par Douarnek avec une amicale franchise ; ils s'affectionnèrent à lui plus que jamais. J'ai su plus tard que ce malheureux, dans sa solitude volontaire, buvait jusqu'à l'ivresse pour oublier sa fatale passion, allant cependant chaque soir chez la bohémienne, et la trouvant toujours impitoyable.

Un mois environ se passa de la sorte : Tétrik était resté à Mayence afin de vaincre la répugnance de Victoria à faire acclamer son petit-fils comme héritier du pouvoir de son père ; mais Victoria répondait toujours au gouverneur d'Aquitaine :

« — Ritha-Gaür, qui s'est fait une saie de la
« barbe des rois qu'il a rasés, a renversé, il
« y a dix siècles, la royauté en Gaule, les peu-
« ples étant las d'être transmis, eux et leur
« descendance, par droit d'héritage, à des rois
« rarement bons, presque toujours mauvais.
« Les Gaulois, de plus en plus éclairés par nos
« druides vénérés, ont sagement préféré choisir
« librement le chef qu'ils croyaient le plus
« digne de les gouverner ; ils se sont ainsi
« constitués en République. Mon petit-fils est
« un enfant au berceau, nul ne sait s'il aura
« un jour les qualités nécessaires au gouverne-
« ment d'un grand peuple comme le nôtre.
« Reconnaître aujourd'hui cet enfant comme
« héritier du pouvoir de son père, ce serait
« rétablir une sorte de royauté. Or, ainsi que
« Ritha-Gaür, je hais les royautés. »

Tétrik, espérant vaincre par sa persistance la résolution de la mère des camps, restait dans la ville (j'ai du moins longtemps cru que tel

Meurtre d'Ellèn et de Victorin (page 316)

était le seul but de son séjour à Mayence), et s'étonnait non moins que nous de la transformation du caractère de Victorin. Celui-ci, quoique plongé dans une morne tristesse, s'était toujours montré affectueux pour moi ; plusieurs fois même je le vis sur le point de m'ouvrir son cœur et de me confier ce qu'il cachait à tous ; craignant sans doute mes reproches, il retint ses aveux. Plus tard, ne venant plus chez moi comme par le passé, il évita même les occasions de me rencontrer ; ses traits, naguère si beaux, si ouverts, n'étaient plus reconnaissables ; pâlis par la souffrance, creusés par les excès de l'ivresse solitaire à laquelle il se livrait, leur expression semblait de plus en plus sinistre ; parfois une sorte d'égarement se trahissait dans la sombre fixité de son regard.

Environ cinq semaines après la grande victoire du Rhin, Victorin redevint assidu chez moi ; seulement il choisit pour ses visites à ma femme et à Sampso les heures où d'habitude j'allais chez Victoria pour écrire les lettres qu'elle me dictait. Ellèn accueillit le fils de ma sœur de lait avec son affabilité accoutumée. Je crus d'abord que, regrettant de s'être éloigné de moi sans motif et par caprice, il cherchait à amener entre nous un rapprochement par l'intermédiaire de ma femme ; car, malgré sa persistance à éviter ma rencontre, il ne parlait de moi à Ellèn qu'avec affection. Sampso assistait aux entretiens de sa sœur et de Victorin. Une seule fois elle les laissa seuls ; en rentrant, elle fut frappée de l'expression douloureuse de la physionomie de ma femme et de l'embarras de Victorin, qui sortit aussitôt.

— Qu'as-tu, Ellèn ? lui dit Sampso.
— Ma sœur, je t'en conjure, désormais ne me laisse pas seule avec le fils de Victoria...

40ᵉ livraison

— Quelle est la cause de ton trouble?

— Fassent les dieux que je me sois trompée! mais à certains demi-mots de Victorin, à l'expression de son regard, j'ai cru deviner qu'il ressent pour moi un coupable amour... et pourtant il connaît ma tendresse, mon dévouement pour Scanvoch!

— Ma sœur, — reprit Sampso, — les excès de Victorin m'ont toujours révoltée; mais depuis quelque temps il semble s'amender. Le sacrifice de ses goûts désordonnés lui coûte sans doute beaucoup, car chacun, tout en louant le changement de conduite du jeune général, remarque sa profonde tristesse... Je ne peux donc le croire capable de songer à déshonorer ton mari, qui aime Victorin comme son fils, qui à la guerre lui a sauvé la vie... tu es dans l'erreur, Ellèn... non, une pareille indignité est impossible...

— Puisses-tu dire vrai, Sampso; mais, je t'en conjure, si Victorin revient à la maison, ne me laisse pas seule avec lui, et, quoi qu'il en soit, je veux tout dire à Scanvoch.

— Prends garde, Ellèn... Si, comme je le crois, tu te trompes, c'est jeter un soupçon affreux dans l'esprit de ton mari; tu connais son attachement pour Victoria et pour son fils, juge du désespoir de Scanvoch à une telle révélation... Ellèn suis mon conseil, reçois une fois encore Victorin seule à seul, et si tu acquiers la certitude de ce que tu redoutes, alors n'hésite plus... révèle tout à Scanvoch, car il est imprudent à toi d'éveiller dans son esprit des soupçons peut-être mal fondés; tu dois démasquer un infâme hypocrite, lorsque tu n'as plus de doute sur ses projets.

Ellèn promit à sa sœur d'écouter ses avis; mais de ce jour Victorin ne revint plus... Je n'ai connu ces détails que plus tard. Ceci s'était passé durant les cinq ou six premières semaines qui suivirent la grande bataille du Rhin, et huit jours avant les terribles évènements qu'il me faut, hélas! mon enfant, te raconter.

Ce jour-là, j'avais passé la première partie de la soirée auprès de Victoria, conférant avec elle d'une mission très urgente pour laquelle je devais partir le soir même, et qui pouvait me retenir plusieurs jours hors de chez moi. Victorin, quoiqu'il l'eût promis à sa mère, ne se rendit pas à cet entretien, dont il connaissait l'objet. Je ne m'étonnai pas de son absence: depuis quelque temps, et sans qu'il m'eût été possible de pénétrer la cause de cette bizarrerie, il évitait les occasions de se rencontrer avec moi. Victoria me dit d'une voix émue, au moment où je la quittais, à l'heure accoutumée:

— Les affections privées doivent se taire devant les intérêts de l'État; j'ai longuement parlé avec toi de la mission dont tu te charges, Scanvoch; maintenant la mère te dira ses douleurs. Ce matin encore j'ai eu un triste entretien avec mon fils; en vain je l'ai supplié de me confier la cause du chagrin secret qui le dévore; il m'a répondu avec un sourire navrant:

« — Autrefois, ma mère, vous me reprochiez
« ma légèreté, mon goût trop ardent pour les
« plaisirs... ces temps sont loin déjà... je vis
« dans la retraite et la méditation... Ma de-
« meure, où retentissait jadis, pendant la nuit,
« le joyeux tumulte des chants et des festins
« aux flambeaux, est aujourd'hui solitaire,
« silencieuse et sombre... comme moi-même...
« Nos scrupuleux soldats, édifiés de ma conver-
« sion, ne me reprochent plus d'aimer trop la
« joie, le vin et les maîtresses? Que vous faut-il
« de plus, ma mère?...

« — Il me faut de plus que tu paraisses heu-
« reux comme par le passé, — lui ai-je répondu
« sans pouvoir retenir mes larmes; — car tu
« souffres, mon enfant, tu souffres d'une peine
« que j'ignore. La conscience d'une vie sage
« et réfléchie, comme doit l'être celle du chef
« d'un grand peuple, donne au visage une
« expression grave, mais sereine; tandis que
« ton visage est pâle, sinistre, comme celui
« d'un homme démoralisé, désespéré... »

— Que vous a répondu Victorin?

— Rien; il est retombé dans ce morne silence où je le vois si souvent plongé, et dont il ne sort que pour jeter autour de lui des regards presque égarés... Alors je lui ai présenté son enfant, que je tenais entre mes bras; il l'a pris et l'a embrassé plusieurs fois avec tendresse; puis il l'a replacé dans son berceau et s'est retiré brusquement sans prononcer une parole, sans doute pour me cacher ses larmes, car j'ai vu qu'il pleurait... Ah! Scanvoch, mon cœur se brise en songeant à l'avenir que je voyais si beau pour la Gaule, pour mon fils et pour moi...

J'ai essayé de consoler Victoria en cherchant inutilement avec elle la cause du mystérieux chagrin de son fils; puis, l'heure me pressant, car je devais voyager de nuit, afin d'accomplir ma mission le plus promptement possible, j'ai quitté ma sœur de lait pour rentrer chez moi et embrasser ta mère et toi, mon enfant, avant de me mettre en route. J'ai trouvé Ellèn et sa sœur assises auprès de ton berceau... En me voyant, Sampso s'écria:

— Vous arrivez à propos, Scanvoch, pour m'aider à convaincre Ellèn que sa faiblesse est sans excuse... voyez ses larmes.

— Qu'as-tu, mon Ellèn? — d'où vient ton chagrin?

Elle baissa la tête, ne me répondit pas et continua de pleurer.

— Elle n'ose vous avouer la cause de son chagrin, Scanvoch; ma sœur se désole ainsi... parce que vous partez...

— Quoi? — dis-je à Ellèn d'un air de

tendre reproche, — toi toujours si courageuse quand je partais pour la bataille, te voici craintive, éplorée, alors que je m'éloigne pour un voyage de quelques jours au plus, entrepris au milieu de la Gaule, en pleine paix!... Ellèn... tes inquiétudes n'ont pas de motif.

— Voilà ce que je ne cesse de répéter à ma sœur, — reprit Sampso. — Votre voyage ne vous expose à aucun danger, et si vous partez cette nuit, c'est que votre mission est urgente.

— Sans doute, et n'est-ce pas d'ailleurs un véritable plaisir que de voyager, ainsi que je vais le faire, par une douce nuit d'été, au milieu de notre beau pays, si calme, si tranquille aujourd'hui?

— Je sais tout cela, — reprit Ellèn d'une voix altérée, — ma faiblesse est insensée ; mais ce voyage m'épouvante...

Puis, tendant vers moi ses mains suppliantes :
— Scanvoch, mon époux bien-aimé! ne pars pas, je t'en conjure, ne pars pas...

— Ellèn, lui dis-je tristement, — pour la première fois de ma vie, je suis obligé de répondre à ton désir par un refus...

— Je t'en supplie... reste près de moi.

— Je te sacrifierai tout, hormis mon devoir... La mission dont m'a chargé Victoria est importante... j'ai promis de la remplir, je tiendrai ma promesse...

— Pars donc, — dit ma femme en sanglotant avec désespoir, — et que ma destinée s'accomplisse! tu l'auras voulu...

— Sampso, — de quelle destinée parle-t-elle?

— Hélas! ma sœur est accablée depuis ce matin de noirs pressentiments; ils lui paraissent, ainsi qu'à moi, inexplicables, pourtant elle ne peut les vaincre ; elle se persuade qu'elle ne vous verra plus... ou qu'un grand malheur vous menace pendant votre voyage.

— Ellèn, ma femme bien-aimée, — ai-je dit en la serrant contre ma poitrine, — ignores-tu que, si courte que doive être notre séparation, il m'en coûte toujours de m'éloigner d'ici!... Veux-tu joindre à ce chagrin celui que j'aurai en te laissant ainsi désolée?

— Pardonne-moi, — me dit Ellèn en faisant un violent effort sur elle-même, — tu dis vrai, ma faiblesse est indigne de la femme d'un soldat... Tiens, vois, je ne pleure plus, je suis calme... tes paroles me rassurent ; j'ai honte de mes lâches terreurs... mais au nom de notre enfant qui dort là dans son berceau, ne t'en vas pas irrité contre moi : que tes adieux soient bons et tendres comme toujours... j'ai besoin de cela... oui, j'ai besoin de cela pour retrouver le courage dont je manque aujourd'hui.

Ma femme, malgré son apparente résignation, semblait tant souffrir de la contrainte qu'elle s'imposait, qu'un moment, afin de rester auprès d'Ellèn, je songeai à prier Victoria de donner au capitaine Marion la mission dont je m'étais chargé ; une réflexion me retint : le temps pressait, puisque je partais de nuit, il faudrait employer plusieurs heures à mettre le capitaine Marion au courant d'une affaire à laquelle il était resté jusqu'alors complètement étranger, et qui, pour réussir, devait être traitée avec une extrême célérité. Obéissant à mon devoir, et, il faut le dire aussi, convaincu de la vanité des craintes d'Ellèn, je ne cédai pas à son désir ; je la serrai tendrement dans mes bras, et, la recommandant à l'excellente affection de Sampso, je suis parti à cheval.

Il était alors environ dix heures du soir ; un cavalier devait me servir d'escorte et de messager pour le cas où j'aurais à écrire à Victoria pendant la route; choisi par le capitaine Marion, à qui j'avais demandé un homme sûr et discret, ce cavalier m'attendait à l'une des portes de Mayence ; je l'ai bientôt rejoint ; quoique la lune se levât tard, la nuit était pourtant assez claire, grâce au rayonnement des étoiles ; j'ai remarqué, sans attacher d'importance à cette circonstance, que, malgré la douceur de la saison, mon compagnon de voyage portait une grosse casaque dont le capuchon se rabattait sur son casque, de sorte qu'en plein jour j'aurais eu même quelque difficulté à distinguer les traits de cet homme. Simple soldat comme moi, au lieu de chevaucher à mes côtés, il me laissa le dépasser sans m'adresser une parole ; puis il me suivit. En toute autre occasion, et enclin, comme tout Gaulois, à la causerie, je n'aurais pas accepté cette marque de déférence exagérée, qui m'eût privé de l'entretien d'un compagnon pendant un long trajet ; mais, attristé par les adieux de ma femme, et songeant, malgré moi, à mesure que je m'éloignais, aux sinistres pressentiments dont elle avait été agitée, je ne fus pas fâché de rester seul avec mes réflexions durant une partie de la nuit ; je m'éloignai donc de la ville suivi du cavalier, non moins silencieux que moi...

Nous avions, sans échanger une parole, chevauché environ deux heures, car la lune, qui devait se lever vers minuit, commençait à poindre derrière une colline bornant l'horizon. Nous nous trouvions à un carrefour où se croisaient trois grandes routes tracées ou exécutées par les Romains. J'avais ralenti l'allure de *Tom-Bras*, afin de reconnaître le chemin que je devais suivre, lorsque soudain mon compagnon de voyage, élevant la voix derrière moi, m'a crié :

— Scanvoch! reviens à toute bride sur tes pas... un grand crime se commet à cette heure dans ta maison !...

A ces mots je me retournai vivement sur ma selle et, grâce à la demi-obscurité de la nuit, je vis le cavalier, faisant faire à son cheval un bond énorme, franchir le talus de la route et disparaître dans l'ombre d'un grand bois dont nous longions la lisière depuis quelque temps...

Frappé de stupeur, je restai quelques moments immobile, et lorsque, cédant à une curiosité pleine d'angoisse, je voulus m'élancer à la poursuite du cavalier, afin d'avoir l'explication de ses paroles, il était trop tard, la lune ne jetait pas encore assez de clarté pour qu'il me fût possible de m'aventurer à travers des bois que je ne connaissais pas, le cavalier avait d'ailleurs sur moi une avance qui s'augmentait à chaque instant; prêtant attentivement l'oreille, j'entendis, au milieu du profond silence de la nuit, le galop rapide et déjà lointain du cheval de cet homme; il me parut reprendre par la forêt, et conséquemment par une voie plus courte, la direction de Mayence. Un moment j'hésitai dans ma résolution; mais, me rappelant les inexplicables pressentiments de ma femme, et les rapprochant surtout des paroles du cavalier, je fis volte-face et regagnai la ville à toute bride...

— Si, par un hasard inconcevable, — me disais-je, — l'avertissement auquel j'obéis est aussi mal fondé que les pressentiments d'Ellèn, avec lesquels il concorde pourtant d'une manière étrange; si mon alarme a été vaine, je prendrai au camp un cheval frais pour recommencer mon voyage, qui n'aura d'ailleurs subi qu'un retard de trois heures.

J'excitai donc des talons et de la voix la rapide allure de mon cheval *Tom-Bras*, et je me dirigeai vers Mayence avec une folle vitesse. A mesure que je me rapprochais des lieux où j'avais laissé ma femme et mon enfant, les plus noires pensées venaient m'assaillir; quel pouvait être ce crime qui se commettait dans ma maison? était-ce à un ami? était-ce à un ennemi que je devais cette révélation? Parfois il me semblait que la voix du cavalier ne m'était pas inconnue, sans qu'il me fût possible de me souvenir du lieu où je l'avais déjà entendue; mais ce qui redoublait surtout mon anxiété, c'était ce mystérieux accord entre le malheur dont on venait de me menacer et les pressentiments d'Ellèn. La lune, s'étant levée, facilitait la précipitation de ma course en éclairant la route; les arbres, les champs, les maisons disparaissaient derrière moi avec une rapidité vertigineuse. Je mis moins d'une heure pour parcourir cette même route, franchie naguère par moi en deux heures ; j'atteignis enfin les portes de Mayence... Je sentais *Tom-Bras* faiblir entre mes jambes, non pas faute d'ardeur et de courage, mais parce que ses forces étaient à bout. Avisant un soldat en faction, je lui dis :

— As-tu vu un cavalier rentrer cette nuit dans la ville ?

— Il y a un quart d'heure à peine, — me répondit le soldat, — un cavalier, vêtu d'une casaque à capuchon, a passé au galop devant cette porte; il se dirigeait vers le camp.

— C'est lui, — ai-je pensé en reprenant ma course, au risque de voir Tom-bras expirer sous moi. — Plus de doute, mon compagnon de voyage m'aura devancé par le chemin de la forêt; mais pourquoi se rend-il au camp, au lieu d'entrer dans la ville? — Quelques instants après j'arrivais devant ma maison : je sautai à bas de mon cheval, qui hennit en reconnaissant notre logis. Je courus à la porte, j'y frappai à grands coups... personne ne vint m'ouvrir, mais j'entendis des cris étouffés; je heurtai de nouveau, et tout aussi vainement, avec le pommeau de mon épée; les cris redoublèrent; il me sembla reconnaître la voix de Sampso... J'essayai de briser la porte... impossible... Soudain la fenêtre de la chambre de ma femme s'ouvre, j'y cours l'épée à la main. Au moment où j'arrive devant cette croisée, on poussait du dedans les volets qui la fermaient. Je m'élance à travers ce passage, je me trouve ainsi face à face avec un homme... L'obscurité ne me permit pas de reconnaître ses traits; il fuyait de la chambre d'Ellèn, dont les cris déchirants parvinrent jusqu'à moi: saisir cette homme à la gorge au moment où il mettait le pied sur l'appui de la fenêtre pour s'échapper, le repousser dans la chambre pleine de ténèbres, où je me précipite avec lui, le frapper plusieurs fois de mon épée avec fureur, en criant : — Ellèn ! me voici... — tout cela se passa avec la rapidité de la pensée; je retirais mon épée du corps étendu à mes pieds pour l'y replonger encore, car j'étais ivre de rage, lorsque deux bras m'étreignirent avec une force convulsive... Je me crois attaqué par un autre adversaire : je traverse de mon épée ce corps, qui dans l'obscurité se suspendait à mon cou, et aussitôt j'entends ces paroles prononcées d'une voix expirante:

— Scanvoch... tu m'as tuée... merci, mon bien-aimé... il m'est doux de mourir de ta main... je n'aurais pu vivre avec ma honte...

C'était la voix d'Ellèn !...

Ma femme était accourue, dans sa muette terreur, pour se mettre sous ma protection: ses bras, qui m'avaient d'abord enserré, se détachèrent brusquement de moi... je l'entendis tomber sur le plancher... Je restai foudroyé... mon épée s'échappa de mes mains, et pendant quelques instants un silence de mort se fit dans cette chambre complètement obscure, sauf une traînée de pâle lumière, jetée par la lune entre les deux volets à demi refermés par le vent... Soudain ils s'ouvrirent complètement du dehors, et à la clarté lunaire, je vis une femme svelte, grande, vêtue d'une jupe rouge et d'un corset de toile d'argent, montée au dehors sur l'appui de la fenêtre, se pencher vers l'intérieur.

— Victorin, dit-elle, — beau Tarquin d'une nouvelle Lucrèce, quitte cette maison, la nuit s'avance. Je t'ai vu à minuit, l'heure convenue, entrer par la porte en l'absence du mari... Tu vas sortir de chez ta belle par la fenêtre, chemin des amants... Tu as accompli ta promesse... maintenant je suis à toi... Viens, mon char nous attend... Que Vénus nous protège!...

— Victorin! — m'écriai-je avec horreur, me croyant le jouet d'un rêve épouvantable, — c'était lui... je l'ai tué...

— Le mari! — reprit Kidda la bohémienne, en sautant en arrière... — C'est le diable qui l'a ramené!...

Et elle disparut.

Quelques instants après, j'entendis le bruit des roues d'un char et le tintement du grelot de la mule qui l'entraînait rapidement, tandis que, au loin, du côté de la porte du camp, s'élevait une rumeur lointaine et toujours croissante, comme celle d'une foule qui s'approche en tumulte. A ma première stupeur succéda une angoisse terrible, mêlée d'une dernière espérance : Ellèn n'était peut-être pas morte... Je courus à la porte de la chambre, fermée en dedans, j'appelai Sampso à grands cris, sa voix me répondit d'une pièce voisine ; on l'y avait enfermée... Je la délivrai, m'écriant :

— J'ai frappé Ellèn dans l'obscurité... la blessure n'est peut-être pas mortelle ; courez chez *Omer*, le druide...

— J'y cours, — me répondit Sampso sans m'interroger.

Elle se précipita vers la porte de la maison, verrouillée à l'intérieur. Au moment où elle l'ouvrait, je vis s'avancer sur la place où était située ma maison, tout proche de la porte du camp, une foule de soldats : plusieurs portaient des torches, tous poussaient des cris menaçants au milieu desquels revenait sans cesse le nom de *Victorin*.

A la tête de ce rassemblement, j'ai reconnu le vétéran Douarnek, brandissant son épée.

— Scanvoch, — me dit-il, — le bruit vient de se répandre dans le camp qu'un crime affreux a été commis dans ta maison.

— Et le criminel est Victorin! — crièrent plusieurs voix qui couvrirent la mienne. — A mort l'infâme!

— A mort l'infâme! qui a fait violence à l'épouse de son ami...

— Comme il a fait violence à l'hôtesse de la taverne des bords du Rhin, qui s'est tuée de désespoir.

— Le lâche hypocrite avait feint de s'amender!

— Déshonorer la femme d'un soldat! de Scanvoch, qui aimait ce débauché comme son fils!

— Et qui lui avait sauvé la vie dans un combat.

— A mort! à mort le misérable!...

Il m'avait été impossible de dominer de ma voix ces cris furieux... Sampso faisait de vains efforts pour traverser la foule.

— Par pitié! laissez-moi passer! — criait Sampso d'une voix suppliante ; — je vais chercher un druide médecin... Ellèn respire encore... sa blessure peut n'être pas mortelle... Laissez-moi aller chercher du secours!...

Ces mots redoublèrent l'indignation et la fureur des soldats. Au lieu d'ouvrir leurs rangs devant la sœur de ma femme, ils se repoussèrent en se ruant vers la porte, bientôt ainsi encombrée d'une foule frémissante de colère, et d'où s'élevèrent de nouveaux cris...

— Malheur! malheur à Victorin!...

— Il a égorgé la femme de Scanvoch après l'avoir violentée!...

— Elle meurt comme l'hôtesse de la taverne de l'île du Rhin.

— Victorin! — s'écria Douarnek — tu n'échapperas pas à la peine de tes crimes!

— Nous serons tes bourreaux!

— A mort Victorin! à mort!...

— Impossible d'aller chercher le druide médecin ; ma sœur est perdue, — me dit Sampso avec désespoir, pendant que je m'efforçais, mais toujours en vain, de me faire entendre de cette foule en délire.

— Je vais essayer de sortir par la fenêtre, me dit Sampso.

Et elle s'élança vers la chambre mortuaire. Moi, faisant tous mes efforts pour empêcher les soldats furieux contre leur général d'envahir ma demeure, je criais:

— Retirez-vous... laissez-moi seul dans cette maison de deuil... justice est faite!... retirez-vous, camarades...

Le tumulte, toujours croissant, étouffa mes paroles, je vis revenir Sampso te portant dans ses bras, mon enfant ; elle me dit en sanglotant :

— Mon frère, plus d'espoir! Ellèn est glacée... son cœur ne bat plus... elle est morte!...

— Morte! morte!... Hésus ayez pitié de moi! — ai-je murmuré en m'appuyant contre la muraille du vestibule, car je me sentais défaillir. Mais soudain je revins à moi et tressaillis de tous mes membres, en entendant ces mots circuler parmi les soldats :

— Voici Victoria! voici notre mère!...

Et la foule, dégageant les abords de ma maison, reflua vers le milieu de la place pour aller au-devant de ma sœur de lait. Tel était le respect que cette femme auguste inspirait à l'armée, que bientôt le silence succéda aux furieuses clameurs des soldats ; ils comprirent la terrible position de cette mère qui, attirée par des cris de justice et de vengeance proférés contre son fils accusé d'un crime horrible, s'approchait dans la majesté de sa douleur maternelle.

Mon cœur, à moi, se brisa... Victoria, ma sœur de lait... cette femme, pour laquelle ma vie n'avait été qu'un long jour de dévouement, Victoria allait trouver dans ma maison le cadavre de son fils tué par moi... qui l'avais vu naître... qui l'avais aimé comme mon enfant!... je voulus fuir... je n'en eus pas la force... Je restai adossé à la muraille... désespéré... regardant devant moi, incapable de faire un mouvement.

Soudain, la foule des soldats s'écarte, forme une sorte de haie de chaque côté d'un large passage, et je vois s'avancer lentement, à la clarté de la lune et des torches, Victoria, vêtue de sa longue robe noire, tenant son petit-fils entre ses bras... Elle espérait sans doute apaiser l'exaspération des soldats en offrant à leurs yeux cette innocente créature. Tétrik, le capitaine Marion et plusieurs officiers, qui avaient prévenu Victoria du tumulte et de ses causes, suivaient. Ils parvinrent à calmer l'effervescence des troupes : le silence devint solennel... La mère des camps n'était plus qu'à quelques pas de ma maison, lorsque Douarnek s'approcha d'elle, et lui dit en fléchissant le genou :

— Mère, ton fils a commis un grand crime... nous te plaignons... Mais tu nous feras justice... nous voulons justice...

— Oui, oui, justice! — s'écrièrent les soldats, dont l'irritation, muette depuis quelques instants, éclata de nouveau avec une violence croissante en mille cris divers : — Justice! ou nous nous la ferons nous-mêmes...

— Mort à l'infâme !

— Mort à celui qui a déshonoré la femme de son ami...

— Maudit soit le nom de Victorin !

— Oui, maudit... maudit... — répétèrent une foule de voix menaçantes. — Maudit soit à jamais son nom !

Victoria, pâle, calme et imposante, s'était un instant arrêtée devant Douarnek, qui fléchissait le genou en lui parlant... Mais lorsque les cris de : Mort à Victorin ! maudit soit son nom ! firent de nouveau explosion, ma sœur de lait, dont le mâle et beau visage trahissait une angoisse mortelle, étendit les bras en présentant son petit-fils aux soldats, comme si l'enfant eût demandé grâce et pitié pour son père.

Ce fut alors qu'éclatèrent avec plus de violence ces cris :

— Mort à Victorin ! maudit soit son nom !

A ce moment j'ai vu mon compagnon de route, reconnaissable à sa casaque, dont le capuchon était toujours rabaissé sur son visage, s'avancer d'un air menaçant vers Victoria, lui montrant les poings, en criant :

— Oui, maudit soit le nom de Victorin... périsse à jamais sa race !...

Et cet homme arracha violemment l'enfant des bras de Victoria, le prit par les deux pieds, puis il le lança avec furie sur les cailloux du chemin, où il lui brisa la tête. Cet acte de férocité fut si brusque, si rapide, que lorsque Douarnek et les soldats indignés se jetèrent sur l'homme au capuchon, pour sauver l'enfant, cette innocente créature gisait sur le sol, la tête fracassée... J'entendis un cri déchirant poussé par Victoria, mais je ne pus l'apercevoir pendant quelques instants, les soldats l'ayant entourée, la croyant menacée de quelque danger. J'appris ensuite qu'à la faveur du tumulte l'auteur de ce meurtre horrible s'était échappé... Les rangs des soldats s'étant ouverts de nouveau au milieu d'un morne silence, j'ai revu, à quelques pas de ma maison, Victoria, le visage inondé de larmes, tenant entre ses bras le corps inanimé du fils de Victorin. Alors, du seuil de ma porte, je dis à la foule muette et consternée :

— Vous demandez justice? justice est faite... Moi, Scanvoch, j'ai tué Victorin ; il est innocent du meurtre de ma femme. Retirez-vous... laissez la mère des camps entrer dans ma maison pour y pleurer sur le corps de son fils et de son petit-fils...

Victoria me dit alors d'une voix ferme en s'arrêtant au seuil de mon logis :

— Tu as tué mon fils, mais tu avais le droit de venger ton outrage?

— Oui, — ai-je répondu d'une voix étouffée ; — oui, et, dans l'obscurité j'ai aussi frappé ma femme...

— Viens, Scanvoch, viens fermer les paupières d'Ellen et de Victorin.

Et elle entra chez moi au milieu du religieux silence des soldats groupés au dehors ; le capitaine Marion et Tétrik la suivirent ; elle leur fit signe de demeurer à la porte de la chambre mortuaire, où elle voulut rester seule avec moi et Sampso.

A la vue de ma femme, étendue morte sur le plancher, je me suis jeté à genoux en sanglotant, j'ai relevé sa belle tête, alors pâle et froide, j'ai clos ses paupières, puis, enlevant le corps entre mes bras, je l'ai placé sur mon lit ; je me suis agenouillé, le front appuyé au chevet, et n'ai plus contenu mes gémissements... Je suis resté longtemps ainsi à pleurer, entendant les sanglots étouffés de Victoria.

Enfin, sa voix m'a rappelé à moi-même et à ce qu'elle devait souffrir ; je me suis retourné : je l'ai vue assise à terre auprès du cadavre de Victorin ; sa tête reposait sur les genoux maternels.

— Scanvoch, — me dit ma sœur de lait en écartant les cheveux qui couvraient le front

de Victorin, — mon fils n'est plus là, je peux pleurer sur lui, malgré son crime... Le voilà donc mort, mort..... à vingt-deux ans à peine !
— Mort... tué par moi.... qui l'aimais comme mon enfant !...
— Frère, tu as vengé ton honneur... je te pardonne et te plains...
— Hélas ! j'ai frappé Victorin dans l'obscurité... je l'ai frappé en proie à un aveugle accès de rage... je l'ai frappé ignorant que ce fût lui ! Hésus m'en est témoin ! Si j'avais reconnu votre fils, ô ma sœur ? je l'aurais maudit, mais mon épée serait tombée à mes pieds...

Victoria m'a regardé silencieuse..... mes paroles ont paru la soulager d'un grand poids en lui apprenant que j'avais tué son fils sans le reconnaître ; elle m'a tendu vivement la main, j'y ai porté mes lèvres avec respect... Pendant quelque temps nous sommes restés muets ; puis elle a dit à la sœur d'Ellèn :

— Sampso, vous étiez ici cette nuit ? parlez, je vous prie, que s'est-il passé ?..

— Il était minuit, — répondit Sampso d'une voix oppressée, — depuis deux heures Scanvoch nous avait quittées pour se mettre en route ; je reposais ici auprès de ma sœur..... j'ai entendu frapper à la porte de la maison... j'ai jeté un manteau sur mes épaules... je suis allée demander qui était là : une voix de femme, à l'accent étranger, m'a répondu...

— Une voix de femme ? — lui dis-je avec un accent de surprise que partageait Victoria, — une voix de femme vous a répondu Sampso ?

— Oui, c'était un piège ; cette voix m'a dit : « Je viens de la part de Victoria donner à El- « lèn, femme de Scanvoch, parti depuis deux « heures, un avis très important. »

Victoria et moi, à ces paroles de Sampso, nous avons échangé un regard d'étonnement croissant ; elle a continué :

— N'ayant aucune défiance contre la messagère de Victoria, j'ai ouvert la porte... Aussitôt, au lieu d'une femme, un homme s'est présenté devant moi, m'a repoussée violemment dans le couloir d'entrée, et a verrouillé la porte en dedans... A la clarté de la lampe, que j'avais déposée à terre, j'ai reconnu Victorin... Il était pâle, effrayant... il paraissait ivre et pouvait à peine se soutenir sur ses jambes...

— Oh ! le malheureux ! le malheureux ! — me suis-je écrié ; — il n'avait plus sa raison ! sans cela jamais... oh ! non, jamais... il n'eût commis un pareil crime !...

— Continuez, Sampso, — lui dit Victoria, étouffant un soupir, — continuez votre récit...

— Sans m'adresser une parole, Victorin m'a montré l'entrée de la chambre que j'occupais, lorsque je ne partageais pas celle de ma sœur en l'absence de Scanvoch. Dans ma terreur j'ai tout deviné... j'ai crié à Ellèn : « Ma sœur, enferme-toi ! » Puis, de toutes mes forces, j'ai appelé au secours, mes cris ont exaspéré Victorin ; il s'est précipité sur moi et m'a jetée dans ma chambre... Au moment où il m'y enfermait, j'ai vu accourir Ellèn dans le couloir, pâle, épouvantée, demi-nue... J'ai entendu le bruit d'une lutte, les cris déchirants de ma sœur appelant à son aide... je me suis évanouie et je n'ai plus rien entendu... Je ne sais combien de temps aura duré ma défaillance ; je suis revenue à moi lorsque l'on a frappé à la porte et appelé du dehors, c'était Scanvoch. J'ai répondu à son appel... Au bout de quelques instants ma porte s'est ouverte... et j'ai vu Scanvoch...

— Et toi, — me dit Victoria, — comment es-tu revenu si brusquement ici ?

— A quatre lieues de Mayence, l'on m'a averti qu'un crime se commettait dans ma maison..

— Cet avertissement, qui te l'a donné ?

— Un soldat, mon compagnon de voyage.

— Ce soldat, qui était-il ? — me dit Victoria.

— Comment avait-il connaissance de ce crime ?

— Je l'ignore... il a disparu à travers la forêt, en me donnant ce sinistre avis... Ce soldat, revenu ici avant moi... est le même qui, arrachant ton petit-fils d'entre tes bras, l'a tué à tes pieds...

— Scanvoch, — reprit Victoria en frémissant et portant ses deux mains à son front, — mon fils est mort... je ne veux ni l'accuser ni l'excuser... mais, ce crime cache quelque horrible mystère !...

— Écoutez, — lui dis-je, me rappelant plusieurs circonstances dont le souvenir m'avait échappé dans le premier égarement de ma douleur. — Arrivé devant la porte de ma maison, j'ai heurté ; les cris lointains de Sampso m'ont seuls répondu. Peu d'instants après, la fenêtre basse de la chambre de ma femme s'est ouverte, j'y ai couru ! les volets s'écartaient pour livrer passage à un homme, tandis qu'Ellèn criait au secours... J'ai repoussé l'homme dans la chambre, alors noire comme une tombe, et j'ai, dans l'ombre, frappé votre fils. Presque aussitôt deux bras m'ont étreint... je me suis cru attaqué par un nouvel assaillant... J'ai encore frappé dans l'ombre... c'était Ellèn, ma femme bien-aimée, que je tuais...

Et je ne pus contenir mes sanglots.

— Frère, frère... — m'a dit Victoria, — c'est une terrible et fatale nuit que celle-ci...

— Écoutez encore... et surtout ceci... — ai-je dit à ma sœur de lait, en surmontant mon émotion. — Au moment où je reconnaissais la voix expirante de ma femme, j'ai vu à la clarté lunaire une femme debout sur l'appui de la croisée...

— Une femme ! — s'écria Victoria.

— Celle-là peut-être dont la voix m'avait

trompée, — dit Sampso, — en m'annonçant un message de la mère des camps...

— Je le crois, — ai-je repris, — et cette femme, sans doute complice du crime de Victorin, l'a appelé, lui disant qu'il fallait fuir... qu'elle était à lui, puisqu'il avait tenu la promesse qu'il lui avait faite.

— Une promesse? — reprit Victoria, — quelle promesse avait-il donc pu faire?

— Le déshonneur d'Ellèn!...

Ma sœur de lait tressaillit et ajouta :

— Je te dis, Scanvoch, que ce crime est entouré d'un horrible mystère... Mais cette femme, qui était-elle?

— Une des deux bohémiennes arrivées à Mayence depuis quelque temps... Ecoutez encore... La bohémienne ne recevant pas de réponse de Victorin, et entendant au loin le tumulte des soldats accourant furieux, la bohémienne a disparu; et bientôt après, le bruit de son chariot m'apprenait sa fuite... Dans mon désespoir je n'ai pas songé à la poursuivre... Je venais de tuer Ellèn à côté du berceau de mon fils... Ellèn, ma chère Ellèn et bien-aimée femme!...

En disant ces mots, je n'ai pu m'empêcher de pleurer encore... Sampso et Victoria gardaient le silence.

— C'est un abîme! — reprit la mère des camps, — un abîme où ma raison se perd... Le crime de mon fils est grand... son ivresse, loin de l'excuser, le rend plus honteux encore... et cependant, Scanvoch, tu ne sais pas combien ce malheureux enfant t'aimait...

— Ne me dites pas cela, Victoria, — ai-je murmuré en cachant mon visage entre mes mains, — ne me dites pas cela... mon désespoir ne peut être plus affreux!...

— Ce n'est pas un reproche, mon frère, — a repris Victoria. — Moi, témoin du crime de mon fils, je l'aurais tué de ma main, pour qu'il ne déshonorât pas plus longtemps et sa mère et la Gaule, qui l'a choisi pour chef... Je te rappelle l'affection de Victorin pour toi, parce que je crois que, sans son ivresse et je ne sais quelle machination ténébreuse, il n'eût pas commis ce forfait...

— Et moi, ma sœur, cette trame infernale, je crois la saisir...

— Toi?... alors parle...

— Avant la grande bataille du Rhin une calomnie infâme a été répandue contre Victorin... L'armée s'éloignait de lui... La victoire de ton fils lui avait ramené l'affection des soldats... Voici qu'aujourd'hui cette ancienne calomnie devient une terrible réalité... Le crime de Victorin lui coûte la vie... ainsi qu'à son fils : sa race est éteinte, un nouveau chef doit être donné à la Gaule, est-ce vrai?

— Oui, mon frère, tout cela est vrai...

— Ce soldat inconnu, mon compagnon de route, en me révélant cette nuit qu'un crime se commettait dans ma maison, ne savait-il pas que si je n'arrivais pas à temps pour tuer Victorin dans le premier accès de ma rage, il serait massacré par les troupes soulevées contre lui à la nouvelle de ce forfait?

— Et ce forfait, — dit Sampso, — comment l'armée l'a-t-elle connu si tôt, puisque personne n'avait pu sortir de cette maison?...

La mère des camps, frappée de cette réflexion de Sampso, me regarda. Je continuai :

— Quel est l'homme, Victoria, qui, arrachant de vos bras votre petit-fils, l'a tué à vos pieds? Encore ce soldat inconnu! Ce soldat a-t-il cédé à un emportement de fureur aveugle contre cet enfant? non... Il a donc été l'instrument d'une ambition aussi ténébreuse que féroce... Un seul homme avait intérêt au double meurtre qui vient d'éteindre votre race... car votre race éteinte, la Gaule doit choisir un nouveau chef... et l'homme que je soupçonne, l'homme que j'accuse, veut depuis longtemps gouverner la Gaule!...

— Son nom! — s'écria Victoria en attachant sur moi un regard plein d'angoisse, — le nom de cet homme que tu soupçonnes...

— Son nom est Tétrik, votre parent, gouverneur de Gascogne.

Pour la première fois, Victoria, depuis que je lui avais exprimé mes doutes sur son parent, sembla les partager; elle jeta les yeux sur le cadavre de son fils avec une expression de pitié douloureuse, baisa à plusieurs reprises son front glacé; puis, après quelques instants de réflexion profonde, elle prit une résolution suprême, se releva, et me dit d'une voix ferme :

— Où est Tétrik?

— Il attend vos ordres, sans doute, au dehors avec le capitaine Marion.

— Qu'ordonnez-vous?...

— Je veux qu'ils viennent ici tous les deux à l'instant.

— Dans cette chambre mortuaire?

— Ici, dans cette chambre mortuaire... Oui, ici, Scanvoch, devant les restes inanimés de ta femme, de mon fils et de son enfant. Si cet homme a noué cette ténébreuse et horrible trame, cet homme fût-il un démon d'hypocrisie et de férocité, se trahira par son trouble à la vue de ses victimes... à la vue d'une mère entre les corps de son fils et de son petit-fils... à la vue d'un époux près du corps de sa femme! Va, mon frère, qu'ils viennent... qu'ils viennent... Il faut aussi retrouver à tout prix ce soldat inconnu, ton compagnon de route.

— J'y songe... — ajoutai-je, frappé d'un souvenir soudain, — c'est le capitaine Marion qui a choisi ce cavalier dont j'étais escorté.

— Nous interrogerons le capitaine... Va,

La Chambre mortuaire (page 321)

mon frère, qu'ils viennent... qu'ils viennent...

J'obéis à Victoria... J'appelai Tétrik et Marion ; ils accoururent.

J'eus le courage, malgré ma douleur, d'observer attentivement la physionomie du gouverneur de Gascogne... Dès qu'il entra, le premier objet qui parut frapper ses regards fut le cadavre de Victorin... Les traits de Tétrik prirent aussitôt une expression déchirante, ses larmes coulèrent à flots, et se jetant à genoux auprès du corps en joignant les mains, il s'écria d'une voix entrecoupée :

— Mort à la fleur de son âge... mort... lui si vaillant... si généreux ! l'espoir, la forte épée de la Gaule... Ah ! j'oublie les égarements de cet infortuné devant l'affreux malheur qui frappe mon pays.

Tétrik ne put continuer, les sanglots étouffèrent sa voix. A genoux et affaissé sur lui-même, le visage caché entre ses deux mains, pleurant à chaudes larmes, il restait comme écrasé de douleur auprès du corps de Victorin.

Le capitaine Marion, debout et immobile au seuil de la porte, semblait en proie à une profonde émotion intérieure ; il n'éclatait pas en gémissements, il ne versait pas de larmes, mais il ne cessait de contempler avec une expression navrante le corps du petit-fils de Victoria, étendu sur le berceau de mon fils ; puis j'entendis seulement Marion dire tout bas, en regardant tour à tour l'innocente victime et Victoria :

— Quel malheur !... Ah ! le pauvre enfant !... ah ! la pauvre mère !...

S'avançant ensuite de quelques pas, le capitaine ajouta d'une voix brève et entrecoupée :

— Victoria, vous êtes à plaindre, et je vous plains... Victorin vous chérissait... c'était un digne fils ! je l'aimais aussi. J'ai la barbe grise,

41e livraison

et je me plaisais à servir sous ce jeune homme. C'était le premier capitaine de notre temps..... aucun de nous ne le remplacera; il n'avait qué deux vices : le goût du vin et surtout la peste de luxure; je l'ai souvent beaucoup querellé là-dessus..... j'avais raison, vous le voyez..... Enfin, il n'y a plus à le quereller maintenant..... C'était au fond un brave cœur!... Je ne peux vous en dire davantage, Victoria; d'ailleurs à quoi bon? on ne console pas une mère. Ne me croyez pas insensible parce que je ne pleure point. On pleure quand on le peut; mais enfin je vous assure que je vous plains du fond de mon âme... j'aurais perdu mon ami Eustache, que je ne serais ni plus affligé, ni plus abattu..

Et se reculant de quelques pas, Marion jeta de nouveau les yeux sur Victoria et sur le corps de son petit-fils en répétant :

— Ah! le pauvre enfant! ah! la pauvre mère!

Tétrik, toujours agenouillé auprès de Victoria, ne cessait de sangloter, de gémir. Aussi expansive que celle du capitaine Marion était contenue, sa douleur semblait sincère. Cependant mes soupçons résistaient à cette épreuve, et ma sœur de lait partageait mes doutes. Elle fit de nouveau un violent effort sur elle-même, et dit :

— Tétrik, écoutez-moi.

Le gouverneur de Gascogne parut ne pas entendre la voix de sa parente.

— Tétrik, — reprit Victoria en se baissant pour toucher son parent à l'épaule, — je vous parle, répondez-moi.

— Qui me parle? — s'écria le gouverneur d'un air égaré. — Que me veut-on? Où suis-je?

Puis, levant les yeux sur ma sœur de lait, il s'écria :

— Vous ici... ici, Victoria?... Oui, tout à l'heure je vous accompagnais... je ne me le rappelais plus... Excusez-moi, j'ai la tête perdue... Hélas! je suis père... j'ai un fils presque de l'âge de cet infortuné; plus que personne je compatis à votre désespoir.

— Le temps presse et le moment est grave, — reprit ma sœur de lait d'une voix solennelle, en attachant sur Tétrik un regard pénétrant, afin de lire au plus profond de la pensée de cet homme. — La douleur privée doit se taire devant l'intérêt public. Il me reste toute ma vie pour pleurer mon fils et mon petit-fils... Nous n'avons que quelques heures pour songer au remplacement du chef de la Gaule et du général de son armée.

— Quoi!... — s'écria Tétrik, — dans un tel moment...

— Je veux qu'avant la fin de la nuit, moi, le capitaine Marion, et Tétrik, vous mon parent, vous, l'un de mes plus fidèles amis, vous, si dévoué à la Gaule, vous qui regrettez si amèrement Victorin, nous cherchions tous les trois, dans notre sagesse, quel homme nous devrons proposer demain à l'armée comme successeur de mon fils.

— Victoria, vous êtes une femme héroïque! — s'écria Tétrik en joignant les mains avec admiration. — Vous égalez par votre courage, par votre patriotisme, les femmes les plus augustes dont s'honore l'histoire du monde!...

— Quel est votre avis, Tétrik, sur le successeur de Victorin?... Le capitaine Marion et moi, nous parlerons après vous, — reprit la mère des camps sans paraître entendre les louanges du gouverneur de Gascogne. — Oui, quel homme croyez-vous capable de remplacer mon fils... à la gloire et à l'avantage de la Gaule!

— Comment pourrais-je vous donner mon avis? — reprit Tétrik avec accablement. — Moi, vous conseiller sur un sujet aussi grave, lorsque j'ai le cœur brisé par la douleur... est-ce donc possible?

— Cela est possible, puisque me voici... entre le corps de mon fils et celui de mon petit-fils... prête à donner mon avis...

— Vous l'exigez, Victoria... je parlerai, si je puis toutefois rassembler deux idées... Il faudrait, selon moi, pour gouverner la Gaule, un homme sage, ferme, éclairé, plus enclin à la paix qu'à la guerre... maintenant surtout que nous n'avons plus à redouter le voisinage des Franks, grâce à l'épée de ce jeune héros, que j'aimais et que je regretterai éternellement...

Le gouverneur s'interrompit pour donner de nouveau cours à ses larmes.

— Nous pleurerons plus tard... — reprit Victoria. — La vie est longue, mais cette nuit s'avance...

Tétrik continua en s'essuyant les yeux :

— Il me semble donc que le successeur de notre Victorin doit être un homme surtout recommandable par son bon sens, sa ferme raison et par son dévouement longuement éprouvé au service de notre bien-aimée patrie... Or, si je ne me trompe, le seul qui réunisse ces excellentes qualités, c'est le capitaine Marion que voici...

— Moi! — s'écria le capitaine en levant au ciel ses deux mains énormes, — moi! chef de la Gaule... Le chagrin vous rend fou... Moi! chef de la Gaule!...

— Capitaine Marion, reprit douloureusement Tétrik, — certes, la mort affreuse de Victorin et de son innocent enfant jette dans mon cœur le trouble et la désolation; mais je crois parler en ce moment, non pas en fou, mais en sage... et Victoria partagera mon avis. Sans jouir de l'éclatante renommée militaire de notre Victorin, à jamais regretté... vous avez mérité, capitaine Marion, la confiance et l'affection des troupes par vos bons et nombreux services. Ancien ouvrier forgeron, vous avez quitté le marteau pour l'épée, les soldats verront en vous un de leurs égaux devenu leur chef par sa vaillance et leur libre choix ; ils s'affectionneront à vous davantage encore, sachant surtout que, parvenu aux grades éminents, vous n'avez jamais oublié votre amitié pour votre ancien camarade d'enclume.

— Oublier mon ami Eustache ! — dit Marion, — oh ! jamais !...

— L'austérité de vos mœurs est connue, — reprit Tétrik, — votre excellent bon sens, votre droiture, votre froide raison, selon mon pauvre jugement, sont un sûr garant de l'avenir... Vous mettez en pratique cette sage pensée de Victoria, qu'à cette heure le temps des guerres stériles est fini et que le moment est venu de songer à la paix féconde... La tâche est lourde, j'en conviens, elle doit effrayer votre modestie ; mais cette femme héroïque, qui, dans ce moment terrible, oublie son désespoir maternel pour ne songer qu'au salut de notre bien-aimée patrie, Victoria, j'en suis certain, en vous présentant aux soldats comme successeur de son fils, prendra l'engagement de vous aider de ses précieux conseils... Et maintenant, capitaine Marion, si ma faible voix peut être écoutée de vous, je vous adjure,... je vous supplie, au nom du salut de la Gaule, d'accepter le pouvoir. Victoria se joint à moi pour vous demander cette nouvelle preuve de dévouement à notre pays !

— Tétrik, — reprit Marion d'un ton grave, vous avez supérieurement défini l'homme qu'il faudrait pour gouverner la Gaule ; il n'y a qu'une chose à changer dans cette peinture, c'est le nom du portrait... Au lieu de mon nom, mettez-y le vôtre... tout sera bien...

— Moi ! — s'écria Tétrik, — moi, chef de la Gaule ! moi, qui de ma vie n'ai tenu l'épée !

— Victoria l'a dit, — reprit Marion, — le temps de la guerre est fini, le temps de la paix est venu ; en temps de guerre, il faut des hommes de guerre... en temps de paix, des hommes de paix... Vous êtes de ceux-là, Tétrik... c'est à vous de gouverner... n'est-ce point votre avis, Victoria ?

— Tétrik, par la manière dont il a gouverné la Gascogne, a montré comment il gouvernerait la Gaule, — répondit ma sœur de lait ; — je me joins donc à vous, capitaine, pour prier,... mon parent... mon ami... de remplacer mon fils...

— Que vous avais-je dit ? — reprit Marion en s'adressant au gouverneur. — Oserez-vous refuser maintenant ?

— Ecoutez-moi, Victoria, écoutez-moi, capitaine, écoutez aussi Scanvoch, — reprit le gouverneur en se tournant vers moi, — oui, vous aussi, écoutez-moi, Scanvoch, vous non moins malheureux en ce jour que la mère de Victorin... vous qui, dans l'ombrageuse défiance de votre amitié pour cette femme auguste, avez douté de moi, croyez tous à mes paroles... Je suis à jamais frappé... là, au cœur, par les évènements de cette nuit terrible ; ils nous ont à la fois ravi, dans la personne de notre infortuné Victorin et de son innocent enfant, le présent et l'avenir de la Gaule... C'était pour assurer, pour affermir cet avenir, en engageant Victoria à proposer aux troupes son petit-fils comme futur héritier de Victorin, que j'étais venu à Mayence... Mes espérances sont détruites... un deuil éternel les remplace...

Le gouverneur s'étant un moment interrompu pour donner cours à ses larmes intarissables, poursuivit ainsi :

— Ma résolution est prise... Non seulement je refuse le pouvoir que l'on m'offre, mais je renonce au gouvernement de Gascogne... Le peu de jours qui me restent à vivre s'écouleront désormais auprès de mon fils, dans la retraite et la douleur. En d'autres temps j'aurais pu rendre quelques services au pays, mais tout est fini pour moi... J'emporterai dans ma solitude de moins cruels regrets, sachant que l'avenir de mon pays est entre des mains aussi dignes que les vôtres, capitaine Marion... et que Victoria, le divin génie de la Gaule, veillera toujours sur elle..... Maintenant, Scanvoch, — ajouta le gouverneur de Gascogne en se tournant vers moi, — ai-je détruit vos soupçons ? me croyez-vous encore un ambitieux ? Mon langage, mes actes sont-ils ceux d'un perfide ? d'un traître ? Hélas ! hélas ! je ne pensais pas que les affreux malheurs de cette nuit me donneraient si tôt l'occasion de me justifier...

— Tétrik, — dit Victoria en tendant la main à son parent, — si j'avais pu douter de votre loyauté, je reconnaîtrais à cette heure combien mon erreur était grande...

— Je l'avoue, mes soupçons n'étaient pas fondés, — ai-je ajouté à mon tour ; car après tout ce que je venais de voir et d'entendre, je fus convaincu, comme Victoria, de l'innocence de son parent... Cependant, songeant toujours au mystère dont les évènements de la nuit restaient enveloppés, je dis à Marion, qui, muet et pensif, semblait consterné des offres qu'on lui faisait :

— Capitaine, hier, dans la journée, je vous ai demandé un homme discret et sûr pour me servir d'escorte.

— C'est vrai.

— Vous savez le nom du soldat désigné par vous pour ce service ?

— Ce n'est pas moi qui l'ai choisi... j'ignore son nom.

— Qui donc a fait ce choix ? — demanda Victoria.

— Mon ami Eustache connaît chaque soldat mieux que moi ; je l'ai chargé de me trouver un homme sûr, et de lui donner l'ordre de se rendre, la nuit venue, à la porte de la ville, où il attendrait le cavalier qu'il devait accompagner dans un voyage.

— Et depuis, — ai-je dit au capitaine, — vous n'avez pas revu votre ami Eustache?

— Non, il est de garde aux avant-postes du camp depuis hier soir, et il ne sera relevé de ce service que ce matin.

— On pourra du moins savoir par cet homme le nom du cavalier qui escortait Scanvoch, — reprit Victoria. — Je vous dirai plus tard, Tétrik, l'importance que j'attache à ce renseignement, et vous me conseillerez...

— Vous m'excuserez, Victoria, de ne pas me rendre à votre désir, — reprit le gouverneur en soupirant. — Dans une heure, au point du jour, j'aurai quitté Mayence... la vue de ces lieux m'est trop cruelle... Je possède une humble retraite en Gascogne, c'est là que je vais aller ensevelir ma vie, en compagnie de mon fils, car il est désormais la seule consolation qui me reste...

— Mon ami, — reprit Victoria d'un ton de douloureux reproche, — vous m'abandonnerez dans un pareil moment?... L'aspect de ces lieux vous est cruel, dites-vous, et à moi... ces lieux ne me rappelleront-ils pas chaque jour d'affreux souvenirs? pourtant je ne quitterai Mayence que lorsque le capitaine Marion n'aura plus besoin de mes conseils, s'il croit devoir m'en demander dans les premiers temps de son gouvernement.

— Victoria, — reprit Marion d'un accent résolu, — pendant cet entretien, où l'on a disposé de moi, je n'ai rien dit; je suis peu parleur, et cette nuit j'ai le cœur très gros; j'ai donc peu parlé, mais j'ai beaucoup réfléchi... Mes réflexions, les voici : J'aime le métier des armes, je sais exécuter les ordres d'un général, je ne suis pas malhabile à commander aux troupes qu'on me confie; je sais, au besoin, concevoir un plan d'attaque, comme celui qui a complété la grande victoire de Victorin, en détruisant le camp et la réserve des Franks... C'est vous dire, Victoria, que je ne me crois pas plus sot qu'un autre... en raison de quoi j'ai le bon sens de comprendre que je suis incapable de gouverner la Gaule...

— Cependant, capitaine Marion, — reprit Tétrik, — j'en atteste Victoria, cette tâche n'est pas au-dessus de vos forces.

— Oh! quant à ma force, elle est connue, — reprit Marion en interrompant le gouverneur.

— Amenez-moi un bœuf, je le porterai sur mon dos ou je l'assommerai d'un coup de poing; mais des épaules carrées ne suffisent pas au chef d'un grand peuple... Non, non... je suis robuste, soit; mais le fardeau est trop lourd... Donc, Victoria, ne me chargez pas d'un tel poids, je faiblirais dessous... et la Gaule faiblirait à son tour sous ma défaillance... Et puis, enfin, il faut tout dire, j'aime, après mon service, à rentrer chez moi pour vider un pot de cervoise en compagnie de mon ami Eustache, en causant de notre ancien métier de forgeron, ou en nous amusant à fourbir nos armes en fins armuriers... Tel je suis, Victoria, tel j'ai toujours été... tel je veux demeurer...

— Et ce sont là des hommes! ô Hésus!... — s'écria la mère des camps avec indignation. — Moi, femme... moi, mère... j'ai vu mourir cette nuit mon fils et mon petit-fils... j'ai le courage de contenir ma douleur... et ce soldat, à qui l'on offre le poste le plus glorieux qui puisse illustrer un homme, ose répondre par un refus, prétextant de son goût pour la cervoise et le fourbissement des armures!... Ah! malheur à la Gaule! si ceux-là qu'elle regarde comme ses plus valeureux enfants l'abandonnent aussi lâchement!...

Les reproches de la mère des camps impressionnèrent le capitaine Marion; il baissa la tête d'un air confus, garda pendant quelques instants le silence; puis il reprit :

— Victoria, il n'y a ici qu'une âme forte; c'est la vôtre... Vous me donnez honte de moi-même... Allons, — ajouta-t-il avec un soupir, — allons... vous le voulez... j'accepte... Mais les dieux m'en sont témoins... j'accepte par devoir et à mon corps défendant; si je commets des âneries comme chef de la Gaule, on sera mal venu à me les reprocher... J'accepte donc, Victoria, sauf deux conditions sans lesquelles rien n'est fait.

— Quelles sont ces conditions? demanda Tétrik.

— Voici la première, — reprit Marion; — la mère des camps continuera de rester à Mayence et me donnera ses conseils, je suis aussi neuf à mon nouveau métier qu'un apprenti forgeron mettant pour la première fois le fer au brasier...

— Je vous l'ai promis, Marion, — reprit ma sœur de lait; — je resterai ici tant que mes conseils vous seront nécessaires...

— Victoria, si votre esprit se retirait de moi, je serais un corps sans âme... Aussi, je vous remercie du fond du cœur. La promesse que vous me faites là doit vous coûter beaucoup, pauvre femme. Pourtant, — ajouta le capitaine avec sa bonhomie habituelle, — n'allez pas me croire assez sottement glorieux pour m'imaginer que c'est à ce bon gros taureau de guerre, nommé Marion, que Victoria la Grande fait ce sacrifice, d'oublier ses chagrins pour le guider... Non, non... c'est à notre vieille Gaule que Victoria le fait, ce sacrifice; et, en bon fils, je suis aussi reconnaissant du bien que l'on veut à ma vieille mère, que s'il s'agissait de moi-même...

— Noblement dit, noblement pensé, Marion,

— reprit Victoria, touchée de ces paroles du capitaine; — mais votre droiture, votre bon sens, vous mettront bientôt à même de vous passer de mes conseils, et alors, — ajouta-t-elle avec un accent de douleur profonde et contenue, — je pourrai, comme vous, Tétrik, aller m'ensevelir dans quelque solitude avec mes regrets...

— Hélas! — reprit le gouverneur, — pleurer en paix est la seule consolation des pertes irréparables... Mais, — aujouta-t-il en s'adressant au capitaine, — vous aviez parlé de deux conditions; Victoria accepte la première; quelle est la seconde?

— Oh! la seconde... — et le capitaine secoua la tête, — la seconde est pour moi aussi importante que la première...

— Enfin quelle est-elle? — demanda ma sœur de lait. — Expliquez-vous Marion.

— Je ne sais, — reprit le bon capitaine d'un air naïf et embarrassé, — je ne sais si je vous ai parlé de mon ami Eustache?

— Oui, et plus d'une fois, — répondit Tétrik. — Mais qu'a de commun votre ami Eustache avec vos nouvelles fonctions?

— Comment! — s'écria Marion, — vous me demandez ce que mon ami Eustache a de commun avec moi... alors demandez ce que la garde de l'épée a de commun avec la lame, le marteau avec son manche, le soufflet avec la forge..

— Vous êtes enfin liés l'un à l'autre d'une ancienne et étroite amitié, nous le savons, — reprit Victoria. — Désirez-vous, capitaine, accorder quelque faveur à votre ami?

— Je ne consentirais jamais à me séparer de lui, il n'est pas gai, il est toujours maussade, et souvent hargneux; mais il m'aime autant que je l'aime, et nous ne pouvons nous passer l'un de l'autre.. Or, l'on trouvera peut-être surprenant que le chef de la Gaule ait pour ami intime, et pour commensal, un soldat, un ancien ouvrier forgeron... Mais, je vous l'ai dit, Victoria, s'il faut me séparer de mon ami Eustache, rien n'est fait... je refuse. Son amitié seule peut me rendre le fardeau supportable.

— Scanvoch, mon frère de lait, resté simple cavalier de l'armée, n'est-il pas mon ami, — dit Victoria. — Personne ne s'étonne d'une amitié qui nous honore tous les deux. Il en sera ainsi, capitaine Marion, de votre ancien compagnon de forge.

— Et votre élévation, capitaine Marion, doublera votre mutuelle affection, — dit Tétrik; — car, dans son tendre attachement, votre ami jouira peut-être de votre élévation plus que vous-même.

— Je ne crois pas que mon ami Eustache se réjouisse fort de mon élévation, — reprit Marion; — Eustache n'est point glorieux, tant s'en faut; il aime en moi son ancien camarade d'enclume, et non le capitaine; il se souciera peu de ma nouvelle dignité... Seulement, Victoria, rappelez-vous toujours ceci: De même que vous me dites aujourd'hui: « Marion vous êtes nécessaire... » ne vous contraignez jamais, je vous en conjure, pour me dire: « Marion, allez-vous en, vous n'êtes plus bon à rien; un autre remplira mieux la place que vous... » Je comprendrai à demi-mot, et bien allègrement je retournerai, bras dessus bras dessous, avec mon ami Eustache, à notre pot de cervoise et à nos armures; mais tant que vous me direz: « Marion, on a besoin de vous, » je resterai chef de la Gaule, — et il étouffa un dernier soupir, — puisque vous voulez absolument que je sois chef de la Gaule.

— Et chef vous resterez longtemps, à la gloire de la Gaule, — reprit Tétrik. — Croyez-moi, capitaine, vous vous ignorez vous-même; votre modestie vous aveugle; mais ce matin lorsque Victoria vous proposera aux soldats comme général, les acclamations de toute l'armée vous apprendront ce que l'on pense de vos mérites.

— Celui qui sera le plus étonné de mes mérites ce sera moi, — reprit naïvement le bon capitaine. — Enfin, j'ai promis, c'est promis, comptez sur moi, Victoria, vous avez ma parole. Je me retire... je vais maintenant aller attendre mon ami Eustache... voici l'aube, il va revenir des avant-postes, où il est de garde depuis hier soir, et il serait inquiet de ne point me trouver ce matin.

— N'oubliez pas, capitaine, — lui ai-je dit, — de demander à votre ami le nom du soldat qu'il avait choisi pour m'accompagner.

— J'y songerai, Scanvoch.

— Et maintenant, adieu... — dit d'une voix étouffée le gouverneur à Victoria, — adieu..... Le soleil va bientôt paraître... Chaque instant que je passe ici est pour moi un supplice...

— Ne resterez-vous pas du moins à Mayence jusqu'à ce que les cendres de mes deux enfants soient rendues à la terre? — dit Victoria au gouverneur. — N'accorderez-vous pas ce religieux hommage à la mémoire de ceux-là qui viennent de nous précéder dans ces mondes inconnus, où nous irons les retrouver un jour? Fasse Hésus que ce jour arrive bientôt pour moi.

— Ah! notre foi druidique sera toujours la consolation des fortes âmes et le soutien des faibles, — reprit Tétrik. — Hélas! sans la certitude de rejoindre un jour ceux que nous avons aimés, combien leur mort serait plus affreuse!... Croyez-moi, Victoria, je reverrai avant vous ceux-là que nous pleurons; et, selon votre désir, je leur rendrai aujourd'hui, avant mon départ, un dernier hommage.

Tétrik et le capitaine Marion nous laissèrent seuls, Victoria, Sampso et moi.

Ne contraignant plus nos larmes, nous avons, dans un pieux et muet recueillement, paré Ellèn de ses habits de mariage, pendant que, cédant au sommeil, tu dormais dans ton berceau, mon enfant.

Victoria, pour s'occuper des plus grands intérêts de la Gaule, avait héroïquement contenu sa douleur ; elle lui donna un libre cours après le départ de Tétrik et de Marion ; elle voulut laver elle-même les blessures de son fils et de son petit-fils ; et de ses mains maternelles elle les ensevelit dans un même linceul. Deux bûchers furent dressés sur les bords du Rhin : l'un destiné à Victorin et son enfant, et l'autre à ma femme Ellèn.

Vers le milieu du jour, deux chariots de guerre, couverts de feuillages, et accompagnés de plusieurs de nos druides et de nos druidesses vénérées, se rendirent à ma maison. Le corps de ma femme Ellèn fut déposé dans l'un des chariots, et dans l'autre furent placés les restes de Victorin et de son fils.

— Scanvoch, — me dit Victoria, — je suivrai à pied le char où repose ta bien-aimée femme. Sois miséricordieux, mon frère... suis le char où sont déposés les restes de mon fils et de mon petit-fils. Aux yeux de tous, toi l'époux outragé, tu pardonneras ainsi à la mémoire de Victorin... Et moi aussi, aux yeux de tous, je te pardonnerai, comme mère, la mort, hélas ! trop méritée de mon fils...

J'ai compris ce qu'il y avait de touchant dans cette mutuelle pensée de miséricorde et de pardon. Le vœu de ma sœur de lait a été accompli. Une députation des cohortes et des légions accompagna ce deuil... Je le suivis avec Victoria, Sampso, Tétrik et Marion. Les premiers officiers du camp se joignirent à nous. Nous marchions au milieu d'un morne silence. La première exaltation contre Victorin passée, l'armée se souvint de sa bravoure, de sa bonté, de sa franchise ; tous me voyant, moi, victime d'un outrage qui me coûtait la vie d'Ellèn, donner un tel gage de pardon à Victorin, en suivant le char où il reposait ; tous, voyant sa mère suivre le char où reposait Ellèn, tous n'eurent plus que des paroles de pardon et de pitié pour la mémoire du jeune général.

Le convoi funèbre approchait des bords du fleuve, où se dressaient les deux bûchers, lorsque Douarnek, qui marchait à la tête d'une députation des cohortes, profita d'un moment de halte, s'approcha de moi et me dit tristement :

— Scanvoch, je te plains... Donne l'assurance à Victoria, ta sœur, que nous autres soldats, nous ne nous souvenons plus que de la vaillance de son glorieux fils... Il a été si longtemps aussi notre fils bien-aimé à nous... Pourquoi faut-il qu'il ait méprisé les franches et sages paroles que je lui ai portées au nom de notre armée, le soir de la grande bataille du Rhin... Si Victorin, suivant nos conseils, s'était amendé, s'était réformé, tant de malheurs ne seraient pas arrivés...

— Ce que tu me dis, camarade, consolera Victoria dans sa douleur, — ai-je répondu à Douarnek. — Mais sais-tu ce qu'est devenu ce soldat, vêtu d'une casaque, qui a eu la barbarie de tuer le petit-fils de Victoria ?

— Ni moi, ni ceux qui m'entouraient au moment où cet abominable crime a été commis, nous n'avons pu rejoindre ce scélérat ; il nous a échappé à la faveur du tumulte et de l'obscurité. Il se sera sauvé du côté des avant-postes du camp, où il a, grâce aux dieux, reçu le prix de son forfait.

— Il est mort !...

— Tu connais peut-être Eustache, cet ancien ouvrier forgeron, l'ami du brave capitaine Marion ? Il était de garde cette nuit aux avant-postes... Il paraît qu'Eustache a quelque amourette en ville... Excuse-moi, Scanvoch, de t'entretenir de telles choses en un moment si triste, mais tu m'interroges, je te réponds...

— Poursuis, ami Douarnek.

— Eustache, donc, au lieu de rester à son poste, a, malgré la consigne, passé une partie de la nuit à Mayence... Il s'en revenait, une heure avant l'aube, espérant, m'a-t-il dit, que son absence n'aurait pas été remarquée, lorsqu'il a rencontré, non loin des bords, sur les bords du Rhin, l'homme à la casaque, haletant et fuyant. — Où cours-tu ainsi ? — lui dit-il.

— Ces brutes me poursuivent, — reprit-il, — parce que j'ai brisé la tête du petit-fils de Victoria sur les cailloux, ils veulent me tuer. — C'est justice, car tu mérites la mort, — a répondu Eustache indigné, en perçant de son épée cet infâme meurtrier. De sorte que l'on a retrouvé ce matin, sur la grève, son cadavre couvert de sa casaque.

La mort de ce soldat détruisait mon dernier espoir de découvrir le mystère dont était enveloppée cette funeste nuit.

Les restes d'Ellèn, de Victorin et de son fils furent déposés sur les bûchers, au bruit des chants des bardes et des druides... La flamme immense s'éleva vers le ciel, et lorsque les chants cessèrent, l'on ne vit plus rien qu'un peu de poussière...

La cendre du bûcher de Victorin et de son fils fut pieusement recueillie par Victoria dans une urne d'airain ; elle fut placée sous un marbre tumulaire avec cette simple et touchante inscription :

Ici reposent les deux Victorin !

Le soir de ce jour, où les deux bohémiennes de Hongrie avaient disparu, Tétrik quitta Mayence après avoir échangé avec Victoria les plus touchants adieux. Le capitaine Marion, présenté aux troupes par la mère des camps, fut acclamé chef de la Gaule et général de l'armée. Ce choix n'avait rien de surprenant, et d'ailleurs, présenté par Victoria, dont l'influence avait pour ainsi dire augmenté encore depuis la mort de son fils et de son petit-fils, il devait être accepté. La bravoure, le bon sens, la sagesse de Marion, étaient d'ailleurs depuis longtemps connus et appréciés des soldats. Le nouveau général, après son acclamation, prononça ces paroles que j'ai vues plus tard reproduites par un historien contemporain :

« Camarades, je sais que l'on peut m'objec« ter le métier que j'ai fait dans ma jeunesse :
« me blâme qui voudra; oui, qu'on me re« proche tant qu'on le voudra d'avoir été forge« ron, pourvu que l'ennemi reconnaisse que
« j'ai forgé pour sa ruine ; mais à votre tour,
« mes bons camarades n'oubliez jamais que le
« chef que vous venez de choisir n'a su et ne
« saura jamais tenir que l'épée. »

. . . .

Marion, doué d'un rare bon sens, d'un esprit droit et ferme, recherchant sans cesse les conseils de Victoria, gouverna sagement, et s'attacha l'armée, jusqu'au jour où, deux mois après son acclamation, il fut victime d'un crime horrible. Je dois te raconter les circonstances de ce crime, mon enfant, car elles se rattachent à la trame sanglante qui devait un jour envelopper presque tous ceux que j'aimais et que je vénérais.

Deux mois s'étaient donc écoulés depuis la funeste nuit où ma femme Ellèn, Victorin et son fils avaient perdu la vie. Le séjour de ma maison m'était devenu insupportable ; de trop cruels souvenirs s'y rattachaient. Victoria m'engagea à venir demeurer chez elle avec Sampso, qui te servait de mère.

— Me voici maintenant seule au monde, et séparée de mon fils et de mon petit-fils jusqu'à la fin de mes jours... — me dit ma sœur de lait. — Tu le sais, Scanvoch, toutes les affections de ma vie se concentraient sur ces deux êtres si chers à mon cœur ; ne me laisse pas seule... toi, ton fils et Sampso, venez habiter avec moi ; vous m'aiderez à porter le poids de mes chagrins...

J'hésitai d'abord à accepter l'offre de Victoria... Par une fatalité terrible, j'avais tué son fils ; elle savait, il est vrai, que malgré la grandeur de l'outrage de Victorin, j'aurais épargné sa vie, si je l'avais reconnu ; elle savait, elle voyait les regrets que me causait ce meurtre involontaire et cependant légitime... mais enfin, affreux souvenir pour elle, j'avais tué son fils... et je craignais que malgré son vœu de m'avoir près d'elle, que malgré la force et l'équité de son âme, ma présence, désirée dans le premier moment de sa douleur, ne lui devint bientôt cruelle et à charge ; mais je dus céder aux instances de Victoria ; et plus tard, Sampso me disait souvent :

— Hélas ! Scanvoch, en vous entendant toujours parler si tendrement de Victorin avec sa mère, qui à son tour vous parle d'Ellèn, ma pauvre sœur, en termes si touchants, je comprends et j'admire, ainsi que tous ceux qui vous connaissent, ce qui d'abord m'avait semblé impossible, votre rapprochement à vous, les deux survivants de ces victimes de la fatalité...

Lorsque Victoria surmontait sa douleur pour s'entretenir des intérêts du pays, elle s'applaudissait d'avoir pu décider le capitaine Marion à accepter le poste éminent dont il se montrait de plus en plus digne ; elle écrivit plusieurs fois en ce sens à Tétrik. Il avait quitté le gouvernement de la province de Gascogne pour se retirer avec son fils, alors âgé de vingt ans environ, dans une maison qu'il possédait près de Bordeaux, cherchant, disait-il, dans la poésie une sorte de distraction aux chagrins que lui causaient la mort de Victorin et de son fils. Il avait composé des vers sur ces cruels évènements ; rien de plus touchant, en effet, qu'une ode écrite par Tétrik à ce sujet, sous ce titre: *les deux Victorin*, et envoyée par lui à Victoria. Les lettres qu'il lui adressa pendant les deux premiers mois du gouvernement de Marion furent aussi empreintes d'une profonde tristesse ; elles exprimaient d'une façon à la fois si simple, si délicate, si attendrissante, son affection et ses regrets que l'attachement de ma sœur de lait pour son parent s'augmenta de jour en jour. Moi-même je partageai la confiance aveugle qu'elle ressentait pour lui, oubliant ainsi mes soupçons par deux fois éveillés contre Tétrik, et d'ailleurs ces soupçons avaient dû tomber devant la réponse d'Eustache, interrogé par moi sur ce soldat, mon mystérieux compagnon de voyage, et l'auteur du meurtre du petit-fils de Victoria.

— Chargé par le capitaine Marion de lui désigner, pour votre escorte, un homme sûr; — m'avait répondu Eustache, — je choisis un cavalier nommé Bertal ; il reçut l'ordre d'aller vous attendre à la porte de Mayence. La nuit venue, il la quitta, malgré la consigne, l'avant-poste du camp pour se rendre secrètement à la ville. Je me dirigeais de ce côté, lorsque sur les bords du fleuve j'ai rencontré ce soldat à cheval; il allait vous rejoindre ; je lui ai demandé de garder le silence sur notre rencontre, s'il rencontrait en chemin quelque camarade ; il a promis de se taire : je l'ai quitté. Le lendemain, longeant le fleuve, je revenais de Mayence où j'avais passé une partie de la nuit, j'ai vu Bertal accourir à moi ; il était à pied, il fuyait éperdu la juste fureur de nos camarades. Apprenant par lui-même l'horrible crime dont il osait se glorifier, je l'ai tué... Voilà ce que je sais de ce misérable...

Loin de s'éclaircir, le mystère qui enveloppait cette nuit sinistre s'obscurcit encore. Les bohémiennes avaient disparu, et tous les renseignements pris sur Bertal, mon compagnon de route, et plus tard l'auteur d'un crime horrible, le meurtre d'un enfant, s'accordèrent cependant à représenter cet homme comme un brave et honnête soldat, incapable de l'acte affreux dont on l'accusait, et que l'on ne peut expliquer que par l'ivresse ou une folie furieuse.

Ainsi donc, mon enfant, je te l'ai dit, Marion gouvernait depuis deux mois la Gaule à la satisfaction de tous. Un soir, peu de temps avant le coucher du soleil, espérant trouver quelques distractions à mes chagrins, j'étais allé me promener dans un bois, à peu de distance de Mayence. Je marchais depuis longtemps machinalement devant moi, cherchant le silence et l'obscurité, m'enfonçant de plus en plus dans ce bois, lorsque mes pas heurtant un objet que je n'avais pas aperçu, je trébuchai, et fus ainsi tiré de ma triste rêverie... Je vis à mes pieds un casque dont la visière et le gardecou étaient relevés; je reconnus aussitôt le casque de Marion, le sien ayant cette forme particulière. J'examinai plus attentivement le terrain à la clarté des derniers rayons du soleil qui traversaient difficilement la feuillée des arbres; je remarquai sur l'herbe des traces de sang, je les suivis; elles me conduisirent à un épais fourré où j'entrai.

Là, étendu sur des branches d'arbre, pliées ou brisées par sa chute, je vis Marion, tête nue et baigné dans son sang. Je le croyais évanoui, inanimé, je me trompais... car en me baissant vers lui pour le relever et essayer de le secourir, je rencontrai son regard fixe, encore assez clair, quoique déjà un peu terni par les approches de la mort.

— Va-t'en! — me dit Marion avec colère et d'une voix oppressée — Je me traîne ici pour mourir tranquille... et je suis relancé jusque dans ce taillis... Va-t'en, Scanvoch, laisse-moi...

— Te laisser! — m'écriai-je en le regardant avec stupeur et voyant sa saie rougie de sang, sur laquelle il tenait ses deux mains appuyées un peu au-dessous du cœur, — te laisser... lorsque ton sang inonde tes habits, et que ta blessure est mortelle, peut-être...

— Oh! peut-être... — reprit Marion avec un sourire sardonique: — elle est bien mortelle, grâce aux dieux!

— Je cours à la ville, — m'écriai-je, sans me rendre compte de la distance que je venais de parcourir, absorbé dans mon chagrin. — J'y retourne pour chercher du secours...

— Ah! ah! ah!... courir à la ville, et nous en sommes à deux lieues, — reprit Marion avec un nouvel éclat de rire douloureux. — Je ne crains pas tes secours, Scanvoch... je serai mort avant un quart d'heure... Mais, au nom du ciel! va-t'en...

— Tu veux mourir... tu t'es donc frappé toi-même de ton épée?

— Tu l'as dit.

— Non, tu me trompes... ton épée est dans son fourreau...

— Que t'importe? va-t'en...

— Tu as été frappé par un meurtrier, — ai-je repris en courant ramasser une épée sanglante encore, que je venais d'apercevoir à peu de distance. — Voici l'arme dont on s'est servi contre toi.

— Je me suis battu en loyal combat... laisse-moi...

— Tu ne t'es pas battu, tu ne t'es pas frappé toi-même. Ton épée est à ton côté, dans son fourreau... Non, non, tu es tombé sous les coups d'un lâche meurtrier... Marion, laisse-moi visiter ta plaie; tout soldat est un peu médecin... il suffirait d'arrêter le sang... pour te sauver la vie...

— Arrêter le sang! cria Marion en me jetant un regard furieux. — Viens un peu essayer d'arrêter mon sang, et tu verras comme je te recevrai...

— Je tenterai de te sauver, — lui dis-je, — et malgré toi.

En parlant ainsi, je m'étais approché de Marion, toujours étendu sur le dos; mais au moment où je me baissais vers lui, il replia ses deux genoux sur son ventre, puis il me lança si violemment ses deux pieds dans la poitrine, que je fus renversé sur l'herbe, tant était grande encore la force de cet Hercule expirant.

— Voudras-tu encore me secourir malgré moi? — me dit Marion pendant que je me relevais, non pas irrité, mais désolé de sa brutalité; car aurais-je eu le dessus dans cette triste lutte, il me fallait renoncer à venir en aide à Marion.

— Meurs donc, — lui ai-je dit, — puisque tu le veux... meurs donc, puisque tu oublies que la Gaule a besoin de tes services; mais ta mort sera vengée... l'on découvrira le nom de ton meurtrier...

— Il n'y a pas eu de meurtrier... je me suis frappé moi-même...

— Cette épée appartient à quelqu'un, ai-je dit en ramassant l'arme, et en l'examinant je crus voir à travers le sang dont elle était couverte quelques caractères gravés sur la lame; pour m'en assurer, je l'essuyai avec des feuilles d'arbre, pendant que Marion s'écriait :

— Laisseras-tu cette épée... ne frotte pas ainsi la lame de cette épée... Oh! les forces me manquent pour me lever et t'arracher cette arme des mains... Malédiction sur toi, qui

Assassinat du capitaine Marion (page 330)

viens ainsi troubler mes derniers moments... Ah! c'est le diable qui t'envoie!...

— Ce sont les dieux qui m'envoient! — me suis-je écrié frappé d'horreur. — C'est Hésus qui m'envoie pour la punition du plus affreux des crimes... Un ami! tuer son ami!...

— Tu mens... tu mens...

— C'est Eustache qui t'a frappé!

— Tu mens!... Oh! pourquoi faut-il que je sois si défaillant... j'étoufferais ces paroles dans ta gorge maudite!...

— Tu as été frappé par cette épée, don de ton amitié à cet infâme meurtrier...

— C'est faux!

— *Marion a forgé cette épée pour son cher ami Eustache*... Tels sont les mots gravés sur la lame de cette arme, lui ai-je dit en montrant du doigt cette inscription creusée dans l'acier. C'est bien le glaive forgé par toi.

— Cette inscription ne prouve rien... — reprit Marion avec angoisse. — Celui qui m'a frappé avait dérobé l'épée de mon ami Eustache, voilà tout...

— Tu excuses encore cet homme... Oh! il n'y aura pas de supplice assez grand pour ce lâche meurtrier!...

— Ecoute, Scanvoch, — reprit Marion d'une voix affaiblie et suppliante, — je vais mourir... l'on ne refuse rien à un mourant...

— Oh! parle, parle, bon et brave soldat... Puisque, pour le malheur de la Gaule, la fatalité m'empêche de te secourir, parle, j'exécuterai tes dernières volontés...

— Scanvoch, le serment que l'on se fait entre soldats, au moment de la mort... est sacré, n'est-ce pas?...

— Oui... mon brave Marion.....

— Jure-moi... de ne dire à personne que tu

42e livraison

as trouvé ici l'épée de mon ami Eustache...
— Toi, sa victime... tu veux le sauver?...
— Promets-moi de faire ce que je te demande... bon Scanvoch...
— Arracher ce monstre à un supplice mérité... jamais... Non, mille fois non...
— Scanvoch, — je t'en supplie...
— Ton meurtre sera vengé...
— Sois donc maudit! toi, qui dis: Non, à la prière d'un mourant, à la prière d'un vieux soldat... qui pleure... car tu le vois... est-ce agonie, faiblesse... je ne sais; mais je pleure...

Et de grosses larmes coulaient sur son visage déjà livide.

— Bon Marion! ta mansuétude me navre... toi, implorer la grâce de ton meurtrier!...
— Qui s'intéresserait à ce malheureux... si ce n'est moi, — me répondit-il avec une expression d'ineffable miséricorde.
— Oh! Marion, ces paroles sont dignes du jeune homme de Nazareth que mon aïeule Geneviève a vu mourir à Jérusalem!
— Ami Scanvoch... merci... tu ne diras rien... je compte sur ta promesse...
— Non! non! ta céleste commisération rend le crime plus horrible encore... Pas de pitié pour le monstre qui a tué son ami...
— Va-t-en! — murmura Marion en sanglotant; — c'est toi qui rend mes derniers moments affreux! Eustache n'a tué que mon corps... toi, sans pitié pour mon agonie, tu tortures mon âme.
— Ton désespoir me navre... et pourtant, écoute-moi... Tout me dit que ce n'est pas seulement l'ami, le vieil ami que ce meurtrier a frappé en toi...
— Depuis vingt-trois ans... nous ne nous étions pas quittés, Eustache et moi... — reprit le bon Marion en gémissant.
— Non, ce n'est pas seulement l'ami que ce monstre a frappé en toi, c'est aussi, c'est surtout peut-être le chef de la Gaule, le général de l'armée... La cause mystérieuse de ce crime intéresse peut-être l'avenir du pays... Il faut qu'elle soit recherchée, découverte...
— Scanvoch, tu ne connais pas Eustache... il se souciait bien, ma foi, que je fusse ou non chef de la Gaule ou général... Et puis qu'est-ce que cela me fait... à cette heure où je vais aller vivre ailleurs... Seulement, accorde-moi cette dernière demande... ne dénonce pas mon ami Eustache... je te le demande à mains jointes.
— Soit... je garderai le secret, mais à la condition que tu m'apprendras comment ce crime s'est commis...
— As-tu bien le cœur de marchander ainsi... le repos à... un mourant...
— Il y va peut-être du salut de la Gaule, te dis-je! Tout me donne à penser que ta mort se rattache à une trame infernale, dont les premières victimes ont été Victorin et son fils... Voilà pourquoi j'insiste pour connaître de toi tous les détails de ce meurtre horrible...
— Scanvoch... tout à l'heure je distinguais ta figure... la couleur de tes vêtements... maintenant, je ne vois plus devant moi qu'une forme... vague... Hâte-toi... hâte-toi...
— Réponds... comment le crime s'est-il commis? et, par Hésus! je te jure de garder le secret... sinon... non...
— Scanvoch... mon bon ami...
— Eustache connaissait-il Tétrik?
— Jamais Eustache ne lui a seulement adressé... la parole...
— En es-tu certain?
— Eustache me l'a dit... il éprouvait même... sans savoir pourquoi, de l'éloignement pour le gouverneur... Cela ne m'a pas surpris... Eustache... n'aimait que moi...
— Et il t'a tué!... parle, et je te le jure par Hésus! je garderai le secret... sinon, non...
— Je parlerai... mais ton silence sur cette chose ne me suffit pas. Vingt fois j'ai proposé à mon ami Eustache de partager ma bourse avec lui... il a répondu à mes offres par des injures... Ah! ce n'est pas une âme vénale... que la sienne... il n'a pas d'argent... il est assurément dénué de ressources... comment pourra-t-il fuir?
— Je favoriserai sa fuite... je lui donnerai l'argent nécessaire, car j'aurai hâte de délivrer le camp de la présence d'un pareil monstre!
— Un monstre! — murmura Marion d'un ton de reproche. Tu es bien sévère pour Eustache.
— Comment, et à propos de quoi t'a-t-il frappé? Réponds à ma question.
— Depuis mon acclamation comme chef de la Gaule... et général, mon ami Eustache était devenu encore plus hargneux, plus bourru... que d'habitude... il craignait, la pauvre âme... que mon élévation ne me rendit fier...

Puis, s'interrompant, Marion ajouta en agitant çà et là ses mains autour de lui:
— Scanvoch, où es-tu?
— Je suis là, près de toi...
— Je ne te vois plus... — Et sa voix s'affaiblissait de moment en moment. — Appuie-moi le dos contre un arbre... j'étouffe...

J'ai fait, non sans peine, ce que me demandait Marion, tant son corps d'Hercule était pesant; je suis parvenu à l'adosser à un arbre. Il a ainsi continué son récit d'une voix de plus en plus défaillante:

— A mesure que la chagrine humeur de mon ami Eustache augmentait... je tâchais de lui être encore plus amical qu'autrefois... Je comprenais sa défiance... déjà, lorsque j'étais capitaine, il ne pouvait s'accoutumer à me traiter en ancien camarade d'enclume... Général et chef de la Gaule, il me crut un potentat... Il se montrait donc de plus en plus hargneux et sombre...

Moi, toujours certain de ne pas le désaimer... je riais à cœur joie de ces hargneries... je riais... c'était à tort, il souffrait... Enfin, aujourd'hui, il m'a dit : « Marion, il y a longtemps que nous « ne nous sommes promenés ensemble, viens-tu « dans le bois hors de la ville ? » J'avais à conférer avec Victoria ; mais dans la crainte de fâcher mon ami Eustache, j'écrivis à la mère des camps... afin de m'excuser... puis lui et moi nous partîmes bras dessus bras dessous pour la promenade... Cela me rappelait nos courses d'apprentis forgerons dans la forêt de Chartres... où nous allions dénicher des pies-grièches... J'étais tout content, et malgré ma barbe grise, comme personne ne nous voyait, je m'évertuais à des singeries pour dérider Eustache ; j'imitais, comme dans notre jeune temps, le cri des pies-grièches en soufflant dans une feuille d'arbre placée entre mes lèvres, et d'autres singeries encore... car... voilà qui est singulier, jamais je n'avais été plus gai qu'aujourd'hui... Eustache, au contraire, ne se déridait point... Nous étions à quelques pas d'ici, lui derrière moi... il m'appelle... je me retourne... et tu vas voir Scanvoch, qu'il n'y a pas eu de sa part méchanceté, mais folie... pure folie... Au moment où je me retourne, il se jette sur moi l'épée à la main, me la plonge dans le côté en me disant : « *La reconnais-tu cette épée ? toi, qui l'as forgée !* » Très surpris, je l'avoue, je tombe sur le coup... en disant à mon ami Eustache : « A qui en as-tu ?... au moins on s'ex- « plique... t'ai-je chagriné sans le vouloir !... » Mais je parlais aux arbres... le pauvre fou avait disparu... laissant son épée à côté de moi, autre signe de folie... puisque cette arme, remarque ceci... Scanvoch, puisque... cette arme... portait sur sa lame: *Cette épée a été forgée par Marion... pour... son cher ami... Eustache...*

Telles ont été les dernières paroles intelligibles de ce bon et brave soldat. Quelques instants après, il expirait en prononçant des mots incohérents, parmi lesquels revenaient souvent ceux-ci :

— *Eustache... fuite... sauve-le...*

Lorsque Marion eut rendu le dernier soupir, je regagnai en hâte Mayence pour raconter cet évènement à Victoria, sans lui cacher que je soupçonnais de nouveau Tétrik de n'être pas étranger à cette trame, qui, ayant déjà enveloppé Victorin, son fils et Marion, laissait vacant le gouvernement de la Gaule. Ma sœur de lait, quoique désolée de la mort de Marion, combattait mes défiances au sujet de Tétrik ; elle me rappela que moi-même, plus de trois mois avant ce meurtre, frappé de l'expression de haine et d'envie qui se trahissait sur la physionomie et dans les paroles de l'ancien compagnon de forge du capitaine, je lui avais dit devant Tétrik : — « que Marion devait être bien « aveuglé par l'affection pour ne pas recon- « naître que son ami était dévoré d'une impla- « cable jalousie. » Victoria partageait cette croyance du bon Marion : que le crime dont il venait d'être victime n'avait d'autre cause que la haineuse envie d'Eustache, poussée au délire par la récente élévation de son ami ; puis, singulier hasard, ma sœur de lait recevait ce jour-là même de Tétrik, alors en route pour l'Italie, une lettre dans laquelle il lui apprenait que sa santé dépérissait de plus en plus, les médecins n'avaient vu pour lui qu'une chance de salut : un voyage dans un pays méridional ; il se rendait donc à Rome avec son fils.

Ces faits, la conduite de Tétrik depuis la mort de Victorin, ses lettres touchantes et les raisons irréfutables, je l'avoue, que me donnait Victoria, détruisirent encore une fois ma défiance à l'égard de l'ancien gouverneur de Gascogne ; je me persuadai aussi, chose d'ailleurs rigoureusement croyable, qu'après les antécédents d'Eustache, que l'horrible meurtre dont il s'était rendu coupable n'avait eu d'autre motif qu'une jalousie féroce, exaltée jusqu'à la folie furieuse par la récente et haute fortune de son ami.

J'ai tenu la promesse faite au bon et bravo Marion à sa dernière heure. La mort a été attribuée à un meurtrier inconnu, mais non pas à Eustache. J'avais rapporté son épée à Victoria, aucun soupçon ne plana donc sur ce scélérat, qui ne reparut jamais ni à Mayence ni au camp. Les restes de Marion, pleuré par l'armée entière, reçurent les pompeux honneurs militaires dus au général et au chef de la Gaule.

CHAPITRE V

La ville de Trèves. — Sampso, seconde femme de Scanvoch. — Mora, la servante, ou Kidda, la bohémienne. — Entretien mystérieux. — Tétrik. — Projets du pape de Rome. — Le traître démasqué. — Sa vengeance. — Dernières prophéties de Victoria la Grande. — L'alouette du casque.

Le jour le plus néfaste de ma vie, après celui où j'ai accompagné jusqu'aux bûchers, qui les a réduits en cendres, les restes de Victorin, de son fils et de ma bien-aimée femme Ellèn, a été le jour où sont arrivés les évènements suivants. Cerécit, mon enfant, se passe deux cent soixante ans après que notre aïeule Geneviève a vu mourir sur la croix le jeune homme de Nazareth, cinq ans après le meurtre de Marion, successeur de Victorin au gouvernement de la Gaule. Victoria n'habite plus Mayence, mais *Trèves*, grande et splendide ville gauloise de ce côté-ci du Rhin. Je continue de demeurer avec ma sœur de lait ; Sampso, qui t'a servi de mère depuis la mort de mon Ellèn toujours regrettée, Sampso est devenue ma femme... Le soir de notre mariage elle m'a avoué ce dont je ne m'étais jamais douté : qu'ayant toujours ressenti pour moi un secret penchant, elle avait d'abord résolu de ne pas se marier et de partager sa vie entre Ellèn, moi et toi, mon enfant. La mort de ma femme, l'affection, la profonde estime que m'inspirait Sampso, ses vertus, les soins dont elle te comblait, ta tendresse pour elle, car tu la chérissais comme ta mère, qu'elle remplaçait, les nécessités de ton éducation, enfin les instances de Victoria, qui, appréciant les excellentes qualités de Sampso, désirait vivement cette union ; tout m'engageait à proposer ma main à ta tante. Elle accepta ; sans le souvenir de la mort de Victorin et de celle d'Ellèn, dont nous parlions chaque jour, avec Sampso, les larmes aux yeux ; sans la douleur incurable de Victoria, songeant toujours à son fils et à son petit-fils, j'aurais retrouvé le bonheur après tant de chagrins.

J'habitais donc la maison de Victoria dans la ville de Trèves ; le jour venait de se lever, je m'occupais de quelques écritures pour la mère des camps, car j'avais conservé mes fonctions près d'elle ; j'ai vu entrer chez moi sa servante de confiance, nommée *Mora ;* elle était née, disait-elle, en Mauritanie, d'où lui venait son nom de Mora ; elle avait, ainsi que les habitants de ce pays, le teint bronzé, presque noir, comme celui des nègres ; cependant, malgré la sombre couleur de ses traits, elle était belle et jeune encore. Depuis quatre ans (remarque cette date, mon enfant), depuis quatre ans que Mora servait ma sœur de lait, elle avait gagné son affection par son zèle, sa réserve et son dévouement qui semblait à toute épreuve : parfois Victoria, cherchant quelque distraction à ses chagrins, demandait à Mora de chanter, car sa voix était remarquablement pure ; elle savait des airs d'une mélancolie douce et étrange. Un des officiers de l'armée qui était allé jusqu'au Danube, nous dit un jour en écoutant Mora, qu'il avait déjà entendu ces chants singuliers dans les montagnes de Hongrie. Mora parut fort surprise, et répondit qu'elle avait appris toute enfant, dans son pays de Mauritanie, les mélodies qu'elle nous répétait.

— Scanvoch, — me dit Mora en entrant chez moi, ma maîtresse désire vous parler.

— Je te suis, Mora.

— Un mot auparavant, je vous en prie.

— Parle... Que veux-tu me dire ?

— Vous êtes l'ami, le frère de lait de ma maîtresse... ce qui la touche vous touche...

— Sans doute... Où veux-tu en venir ?

— Hier, vous avez quitté ma maîtresse après avoir passé la soirée près d'elle avec votre femme et votre enfant...

— Oui... et Victoria s'est retirée dans sa chambre à coucher, suivant son habitude.

— Écoutez... Peu de temps après votre départ j'ai introduit près d'elle un homme enveloppé d'un manteau ; après un entretien, qui a duré presque la moitié de la nuit, avec cet inconnu, ma maîtresse, au lieu de se coucher, a été si agitée, qu'elle s'est promenée dans sa chambre jusqu'au jour...

— Quel est cet homme ? — me suis-je dit tout haut dans le premier moment de ma surprise, car Victoria n'avait pas d'habitude de secrets pour moi. — Quel est ce mystère ?...

Mora, croyant que je l'interrogeais, indiscrétion dont je me serais gardé, par respect pour Victoria, me répondit :

— Après votre départ, Scanvoch, ma maîtresse m'a dit : « Sors par le jardin ; tu atten-
« dras à la petite porte... on y frappera d'ici à
« peu de temps ; un homme en manteau se
« présentera... tu l'introduiras ici... et pas un
« mot de cette entrevue à qui que ce soit... »

— Tu aurais dû alors t'abstenir de me faire cette confidence...

— Peut-être ai-je tort de ne pas garder le silence, même envers vous, Scanvoch, l'ami dévoué, le frère de ma maîtresse ; mais elle m'a paru si agitée après le départ de ce mystérieux personnage, que j'ai cru devoir vous dire tout... Puis, enfin, autre chose encore m'a décidée à m'adresser à vous... J'ai reconduit cet homme à la porte du jardin... marchant à quelques pas devant lui... sa colère paraissait excitée au suprême degré, et il laissait échapper de ses lèvres des menaces contre ma maîtresse. C'est ce qui m'a déterminée à vous révéler le secret de cette entrevue.

— As-tu fait part de tes observations à Victoria et des menaces dont elle était l'objet ?...

— Non... car à peine étais-je de retour auprès d'elle, qu'elle m'a ordonné d'un ton brusque, elle, toujours si douce pour moi... de la laisser seule... Je me suis retirée dans une chambre voisine... et jusqu'à l'aube, où ma maîtresse s'est jetée toute vêtue sur son lit, je l'ai entendue marcher avec agitation... Tout à l'heure, ma maîtresse m'a appelée pour me commander de venir vous quérir... Ah ! si vous l'aviez vue ! comme elle était pâle et sombre !... C'est alors que je me suis décidée à vous faire des révélations sur ce qui se passe...

Je me rendis chez Victoria très inquiet... Je fus douloureusement frappé de l'expression de ses traits... Mora ne m'avait pas trompé.

Avant de continuer ce récit et pour t'aider à le comprendre, mon enfant, je dois te donner quelques détails sur une disposition particulière de la chambre de Victoria... Au fond de cette vaste pièce se trouvait une sorte de cellule fermée par d'épais rideaux d'étoffe ; dans cette cellule, où ma sœur de lait se retirait souvent pour penser à ceux qu'elle avait tant aimés, se trouvaient, au-dessus des symboles de notre foi druidique, les casques et les épées de son père, de son époux et de Victorin; là aussi se trouvait, chère et précieuse relique... le berceau du petit-fils de cette femme si éprouvée par le malheur... et de terribles événements...

Victoria vint à moi, et, me tendant la main, me dit d'une voix altérée :

— Frère... pour la première fois de ma vie j'ai eu un secret pour toi... frère... pour la première fois de ma vie je vais user de ruse et de dissimulation à l'égard de quelqu'un.

Puis me prenant par la main, elle me conduisit vers la cellule, écarta les rideaux épais qui la fermaient, et ajouta :

— Les moments sont précieux; entre dans ce réduit, restes-y muet, immobile, et ne perds pas un mot de ce que tu vas entendre tout à l'heure... Je te cache là d'avance pour éloigner tout soupçon...

Les rideaux de la cellule se refermèrent sur moi, je restai dans l'obscurité pendant quelque temps, n'entendant que le pas de Victoria sur le plancher, elle marchait avec agitation; j'étais dans cette cachette depuis une demi-heure, peut-être, lorsque la porte de la chambre de Victoria s'ouvrit, se referma; une personne venait d'être introduite et une voix dit ces mots:

— Salut à Victoria la Grande.

C'était la voix de Tétrik, toujours mielleuse et insinuante. L'entretien suivant s'engagea entre lui et Victoria; ainsi qu'elle me l'avait recommandé, je n'en ai pas oublié une parole, car dans la journée même je l'ai transcrit de souvenir, parce que je sentais toute la gravité de cette conversation, et parce que cette mesure m'était commandée par une circonstance que tu connaîtras bientôt.

— Salut à Victoria la Grande, — avait dit l'ancien gouverneur de Gascogne.

— Salut à vous, Tétrik.

— La nuit a-t-elle porté conseil, Victoria?

— Tétrik, — répondit Victoria d'un ton parfaitement calme et qui contrastait avec l'agitation où je venais de la voir plongée. — Tétrik, vous êtes poète?

— Il est vrai... je cherche parfois dans la culture des lettres quelque distraction aux soucis des affaires d'État... et surtout aux regrets éternels que m'a laissés la mort de notre glorieux et infortuné Victorin... auquel je survis contre mon attente..... Je vous l'ai souvent répété, Victoria... en nous entretenant de ce jeune héros... que j'aimais aussi paternellement que s'il eût été mon enfant... J'avais deux fils, il ne m'en reste qu'un... je suis poète, dites-vous? hélas!... je voudrais être l'un de ces génies qui donnent l'immortalité à ceux qu'ils chantent...

Victorin vivrait dans la postérité comme il vit dans le cœur de ceux qui le regrettent! Mais pourquoi me parler de mes vers... à propos de l'important sujet qui me ramène auprès de vous?

— Comme tous les poètes... vous relisez plusieurs fois vos vers afin de les corriger... puis vous les oubliez, si cela se peut dire, à cette fin qu'en les lisant de nouveau vous soyez frappé davantage de ce qui pourrait blesser votre esprit et votre oreille.

— Certes, après avoir d'inspiration écrit quelque ode, il m'est parfois arrivé de laisser, ainsi que l'on dit, *dormir ces vers* pendant plusieurs mois, puis, les relisant, j'étais choqué de choses qui m'avaient d'abord échappé. Mais il n'est pas question de poésie entre nous.

— Il y a un grand avantage, en effet, à laisser ainsi dormir des idées et à les reprendre ensuite, — répondit ma sœur de lait avec un sang-froid dont j'étais de plus en plus étonné.

— Oui, cette méthode est bonne; ce qui, sous le feu de l'inspiration, ne nous avait pas d'abord blessé..... nous choque parfois, alors que l'inspiration s'est refroidie..... Si cette épreuve est utile pour un frivole jeu d'esprit, ne doit-elle pas être plus utile encore lorsqu'il s'agit des circonstances graves de la vie!,..

— Victoria... je ne vous comprends pas.

— Hier, dans la journée, j'ai reçu de vous une lettre conçue en ces termes : « Ce soir, je « serai à Trèves à l'insu de tous; je vous ad-« jure au nom des plus grands intérêts de no-« tre chère patrie, de me recevoir en secret, et « de n'en parler à personne, pas même à votre « ami et frère Scanvoch ; j'attendrai vers minuit « votre réponse caché dans mon manteau et « à la porte du jardin de votre maison. »

— Et cette entrevue... vous me l'avez accordée, Victoria... Malheureusement pour moi, elle n'a pas été décisive, et au lieu de retourner à Mayence, ainsi que je devais le faire, j'ai été forcé de rester aujourd'hui à Trèves, puisque vous avez demandé un délai, jusqu'à ce matin pour me faire connaître votre résolution.

— Je ne saurais prendre aucune détermination avant d'avoir soumis votre proposition à l'épreuve dont nous parlions tout à l'heure. Tétrik, j'ai laissé dormir... ou plutôt j'ai dormi avec vos offres ; répétez-moi ce que vous m'avez dit.!. peut-être alors ce qui m'avait blessée..... ne me semblera-t-il plus aussi choquant.

— Victoria, pouvez-vous plaisanter en un pareil moment?

— Celle-là, qui avant d'avoir à pleurer son père et son époux, son fils et son petit-fils, souriait rarement..... celle-là ne choisit pas le temps d'un deuil éternel pour plaisanter..... Croyez-moi, Tétrik, je vous le répète, vos propositions d'hier m'ont paru si extraordinaires... elles ont soulevé dans mon esprit tant d'indécision, tant d'étranges pensées, qu'au lieu de me prononcer sous le coup de ma première impression... je veux tout oublier et vous entendre encore, comme si pour la première fois vous me parliez de ces choses.

— Victoria, votre haute raison, votre esprit d'une décision toujours si prompte, si sûre, ne m'avaient pas habitué, je l'avoue, à ces tempéraments, à ces hésitations.

— C'est que jamais, dans ma vie, déjà longue, je n'ai eu à me prononcer sur des questions de cette gravité.

— De grâce, rappelez-vous qu'hier..

— Je ne veux rien me rappeler... Pour moi notre précédent entretien n'a pas eu lieu... Il est minuit, Mora vient d'aller vous quérir à la porte du jardin; elle vous a introduit près de moi; vous parlez, je vous écoute...

— Victoria... Où voulez-vous en venir?

— Prenez garde... si vous refusez de vous expliquer, je vous répondrai peut-être selon ma première impression d'hier, et, vous le savez, Tétrik, lorsque je me prononce..... c'est toujours d'une manière irrévocable....

— Votre première impression m'est donc défavorable, — s'écria Tétrik avec un accent rempli d'anxiété. — Oh! ce serait un grand malheur, un très grand malheur, s'il en était ainsi!

— Parlez donc, si voulez que ce malheur puisse être évité...

— Qu'il en soit ainsi que vous le désirez, Victoria... bien qu'une pareille singularité de votre part me confonde... Vous le voulez? Soit... notre entretien d'hier n'a pas eu lieu... je vous revois en ce moment pour la première fois après une assez longue absence, quoiqu'une fréquente correspondance ait toujours eu lieu entre nous, et je vous dis ceci : il y a cinq ans, frappé au cœur par la mort de Victorin... mort à jamais funeste, qui emportait avec elle mes espérances pour le glorieux avenir de la Gaule!... j'étais mourant en Italie, à Rome, où mon fils m'avait accompagné... Ce voyage, selon les médecins, devait rétablir ma santé ; ils se trompaient : mes maux empiraient... Dieu voulut qu'un prêtre chrétien me fût secrètement amené par un de mes amis récemment converti... la foi m'éclaira, et en m'éclairant, elle fit un miracle de plus, elle me sauva de la mort... Je revins à une vie pour ainsi dire nouvelle, avec une religion nouvelle... Mon fils abjura comme moi, mais en secret, les faux dieux que nous avions jusqu'alors adorés... A cette époque, je reçus une lettre de vous, Victoria ; vous m'appreniez le meurtre de Marion ; guidé par vous, et selon mes prévisions, il avait sagement gouverné la Gaule... Je restai anéanti à cette nouvelle, aussi désespérante qu'inattendue ; vous me conjuriez, au nom des intérêts les plus sacrés du pays, de revenir en Gaule : personne, disiez-vous n'était capable, sinon moi, de remplacer Marion... Vous alliez plus loin : moi seul, dans l'ère nouvelle et pacifique qui s'ouvrait pour notre pays, je pouvais, en le gouvernant, accroître sa prospérité ; vous faisiez un véhément appel à ma vieille amitié pour vous, à mon dévouement à notre patrie... Je quittai Rome avec mon fils ; un mois après j'étais auprès de vous, à Mayence ; vous me promettiez votre tout-puissant appui auprès de l'armée, car vous étiez ce que vous êtes encore aujourd'hui, *la mère des camps*... Présenté par vous à l'armée, je fus acclamé par elle... Oui, grâce à vous seule, moi, gouverneur civil, qui de ma vie n'avais touché l'épée, je fus acclamé chef unique de la Gaule, puisque vous déclariez fièrement de ce jour à l'empereur que la Gaule, vaillante et redoutée, désormais indépendante, n'obéirait qu'à un seul chef gaulois librement élu... L'empereur, engagé dans sa désastreuse guerre d'Orient contre la reine Zénobie, votre héroïque émule, l'empereur céda... Seul, je gouvernai notre pays. Ruper, vieux général éprouvé dans les guerres du Rhin, fut chargé du commandement des troupes; l'armée, dans sa constante idolâtrie pour vous, voulut vous conserver au milieu d'elle... Je m'occupai de développer en Gaule les bienfaits de la paix... Toujours secrètement fidèle à la foi chrétienne, je ne crus pas qu'il fût d'une bonne politique de la confesser publiquement, et je vous ai caché à vous-même, Victoria, ma conversion à la religion dont le pape est à Rome. Depuis cinq ans la Gaule prospère au dedans, est respectée au dehors; j'ai établi le siège de mon gouvernement et du sénat à Bordeaux, tandis que vous restiez au milieu de l'armée qui couvre nos frontières, prête à repousser, soit de nouvelles invasions des Franks, soit les Romains, s'ils voulaient attenter à notre complète indépendance si chèrement reconquise... Vous le savez, Victoria, je me suis toujours inspiré de votre haute sagesse, soit en venant vous visiter à Trèves, depuis que vous avez quitté Mayence, soit en correspondant avec vous sur les affaires du pays ; mais je ne m'abuse pas, Victoria, et je suis fier de reconnaître cette vérité : votre main toute-puissante m'a seule élevé au pouvoir, seule elle m'y soutient... Oui, du fond de sa modeste maison de Trèves, la mère des camps est de fait impératrice de la Gaule... et malgré le pouvoir dont je jouis, je ne suis que votre premier sujet... Ce rapide regard sur le passé était indispensable pour établir nettement la position présente...

— Poursuivez, Tétrik, j'écoute attentivement.

— La déplorable mort de Victorin et de son fils, le meurtre de Marion, vous disent combien sont fragiles les pouvoirs électifs... La Gaule est en paix, sa valeureuse armée vous est dévouée plus qu'elle ne l'a jamais été à aucun général, elle impose à nos ennemis; notre beau pays, pour atteindre à son plus haut point de prospérité, n'a plus besoin que d'une chose, la stabilité; il lui faut une autorité qui ne soit plus livrée au caprice d'une élection intelligente aujourd'hui, stupide demain ; il nous faut un gouvernement qui ne soit plus personnifié dans un homme toujours à la merci de ceux qui l'ont élu, ou du poignard d'un assassin. L'institution monarchique, basée non sur un homme, mais sur un principe, existait en Gaule il y a des siècles; elle peut seule aujourd'hui donner à notre pays la force, la prospérité qui lui manquent... Victoria, vous disposez de l'armée... moi je gouverne le pays; unissons-nous donc dans un but commun pour assurer l'avenir de notre glorieuse patrie, unissons, non pas nos corps, je suis vieux... vous êtes belle et jeune encore, Victoria... mais unissons nos âmes devant un prêtre de la religion nouvelle... Embrassez le christianisme, devenez mon épouse devant Dieu... et proclamez-nous, vous, impératrice, moi, empereur des Gaules... L'armée n'aura qu'une voix pour vous élever au trône... vous régnerez seule et sans partage... Quant à moi, vous le savez, je n'ai aucune ambition ; et, malgré mon vain titre d'empereur, je continuerai d'être votre premier sujet... Quant à mon fils, nous l'adopterons comme notre successeur au trône; il est en âge d'être marié; nous choisirons pour lui une alliance souveraine... et la monarchie des Gaules est à jamais fondée... Voilà, Victoria, ce que je vous proposais hier... voilà ce que je vous propose aujourd'hui... Je vous ai exposé de nouveau mes projets pour le bien du pays; adoptez ce plan, fruit de longues années de méditation... et la Gaule marche à la tête des nations du monde...

Un assez long silence de ma sœur de lait suivit ces paroles de son parent...

Elle reprit, toujours calme:

— J'ai été sagement inspirée en voulant vous entendre une seconde fois, Tétrik... Vous avez abjuré pour la religion nouvelle l'antique foi de nos pères, mais la Gaule, presque tout entière, est restée fidèle à la foi druidique.

— Aussi ai-je tenu, par politique, mon abjuration secrète, d'accord en cela avec le pape de Rome; mais si, acceptant mon offre, vous abjuriez aussi votre idolâtrie lors de notre mariage, je confesserais très-haut ma nouvelle croyance, et, selon la prévision des évêques, votre conversion entraînerait la conversion des populations. De plus, j'ai la promesse des évêques qu'ils vous glorifieront comme une sainte au milieu des pompes splendides de la nouvelle Église; et, croyez-moi, Victoria, un pouvoir consacré au nom de Dieu par les prélats gaulois et par le pape qui siège à Rome, aura sur les peuples une autorité presque divine...

— Dites-moi, Tétrik, vous avez abjuré la croyance de nos pères pour la foi nouvelle, pour l'Évangile prêché par ce jeune homme de Nazareth, crucifié à Jérusalem il y a plus de deux siècles... Cet Évangile, je l'ai lu... Une aïeule de Scanvoch a assisté aux derniers jours de Jésus, l'ami des esclaves et des affligés... Or, dans les tendres et divines paroles du jeune maître de Nazareth, je n'ai trouvé que des exhortations au renoncement des richesses, à l'humilité, à l'égalité parmi les hommes... et voici que, fervent et nouveau converti, vous rêvez la royauté... Le jeune homme de Nazareth, si doux, si aimant pour les souffrants, les coupables et les opprimés, parfois éclatait pourtant en de terribles menaces contre les riches, les puissants, les heureux du monde... et surtout, et toujours... il tonnait contre *les princes des prêtres*, qu'il traitait d'infâmes hypocrites. Or, voici que vous, fervent et nouveau converti, vous voulez mettre cette royauté, que vous rêvez, sous la consécration des évêques... Le jeune homme de Nazareth disait à ses disciples : « Enfermez-vous pour prier seul et en secret, « sous l'œil de Dieu; fuyez, dans vos dévotions, « le regard des hommes. » Et voici que vous, fervent et nouveau converti, vous me parlez de rendre notre abjuration et nos prières publiques, pompeuses, solennelles... puisque les évêques doivent glorifier ma conversion à la face de l'univers... Vraiment, ma faible intelligence, encore fermée à la lumière de la foi nouvelle, ne peut comprendre ces contradictions étranges —

— Rien de plus simple, cependant. L'Évangile du *Seigneur*...

— De quel Seigneur parlez-vous, Tétrik ?

— De *Notre Seigneur Jésus-Christ*, le fils de Dieu, ou plutôt Dieu en personne.

— Que les temps sont changés !... Durant sa vie, le jeune homme de Nazareth ne s'appelait pas SEIGNEUR... loin de là, il disait : « Le « maître n'est pas plus que le disciple... l'esclave « est autant que son seigneur... » Il se disait fils de Dieu, de même que notre foi druidique nous apprend que nous sommes tous fils d'un même Dieu... Il disait encore, avec nos druides, que notre esprit, débarrassé des liens matériels, va animer de nouveaux corps dans les mondes inconnus.

— Les temps sont changés... vous avez raison, Victoria... Pris en un sens absolu, l'Évangile de Notre Seigneur Jésus-Christ ne serait qu'une machine d'éternelle rébellion du pauvre contre le riche, du serviteur contre son maître, du peuple contre ses chefs, la négation de toute autorité; tandis que les religions, au contraire, n'ont d'autre but que de rendre l'autorité plus puissante et de tenir les peuples sous notre joug.

— Je sais cela... Nos druides, au temps de

leur barbarie primitive, et avant de devenir les plus sublimes des hommes, se sont aussi rendus redoutables aux peuples ignorants, alors qu'ils les frappaient de terreur et les écrasaient sous leur pouvoir; mais le jeune homme de Nazareth a flétri ces fourberies atroces, en disant avec indignation aux princes des prêtres : « Vous voulez faire porter aux hommes des « fardeaux écrasants, que vous ne touchez pas, « vous, prêtres, du bout du doigt... » Si pourtant il est Dieu, tout ce qu'il a dit et prêché doit être divin... Vous parlez, Tétrik, à peu près de la même façon que ces Pharisiens d'autrefois, qui ont fait crucifier le jeune homme de Nazareth...

— Ce sont là des susceptibilités... les esprits élevés comme le vôtre, Victoria, comprendront le véritable sens des critiques amères, des attaques violentes de Notre Seigneur contre les riches, les puissants et les prêtres de son temps. Ses prédications en faveur de la communauté des biens, sa miséricorde exagérée pour les femmes de mauvaise vie, pour les débauchés, les prodigues, les vagabonds, enfin sa prédilection pour la lie de la populace dont il s'entourait, ne sont point des moyens de gouvernement et d'autorité... Les prêtres et les évêques de la foi nouvelle peuvent seuls, par leurs prédications, détourner habilement ce dangereux courant d'idées d'égalité parmi les hommes, de haine contre les puissants, de revendication contre les riches, de liberté, de fraternité, de communauté de biens, de tolérance pour les coupables, courant funeste, qui prend sa source dans certains passages de l'Evangile mal interprétés par le vulgaire.

— Et c'est pourtant au nom de ces idées généreuses que sont morts et que meurent encore aujourd'hui tant de martyrs !...

— Hélas ! oui... Jésus, Notre Seigneur, est toujours pour eux l'ouvrier charpentier de Nazareth, mis à mort pour avoir défendu les pauvres, les esclaves, les opprimés, les coupables, contre les heureux du jour, promettant leurs biens à la populace, en lui disant, *qu'un jour les derniers seraient les premiers*.... Aussi ces martyrs confessent-ils avec un indomptable héroïsme la doctrine de Jésus, l'ami des pauvres, l'ennemi des puissants. La raison d'État passe avant les principes... L'intérêt du présent et de l'avenir vous fait donc une loi d'accepter mes offres... Je me résume : Prenez-moi pour époux, embrassez, comme moi, la foi nouvelle, faites-nous proclamer par l'armée empereur et impératrice ; adoptez mon fils et sa postérité... La Gaule, à notre exemple, se fait tout entière chrétienne ; nous comblons les prêtres et les évêques de privilèges et de richesses, et ils consacrent en nous l'autorité la plus souveraine, la plus absolue, dont ait joui jamais un empereur et une impératrice !...

Soudain la voix de Victoria, jusqu'alors calme et contenue, éclata indignée, menaçante :

— Tétrik ! vous me proposez là un pacte sacrilège... infâme !... Hier, je vous croyais insensé... aujourd'hui, que vous m'avez ouvert les profondeurs de votre âme infernale... je vois en vous un monstre d'ambition et de scélératesse !... A cette heure, le passé éclaire pour moi le présent, et le présent l'avenir... Béni soyez-vous, ô Hésus ! Je n'étais pas seule à entendre ce complot !...

— Vous m'avez inspirée, ô Hésus ! et j'ai voulu avoir un témoin qui affirmerait au besoin la réalité de ce projet monstrueux... car Victoria elle-même ne serait pas crue si elle dévoilait tant d'horreurs !... Viens, mon frère... viens Scanvoch !...

A cet appel de Victoria, je m'écriai :

— Ma sœur... je ne dis plus comme autrefois : Je soupçonne cet homme !... aujourd'hui j'accuse le criminel !

— Ce n'est pas d'aujourd'hui que vous m'accusez, Scanvoch, — reprit Tétrik avec dédain, — ce n'est pas d'aujourd'hui que ces folles accusations sont tombées devant mon mépris...

— Je te soupçonnais autrefois, Tétrik, — lui dis-je, — d'avoir, par tes machinations, amené la mort de Victorin et celle de son fils au berceau... Aujourd'hui je t'accuse de cette horrible trame ! Je porte contre toi l'accusation de meurtre.

— Prends garde, — dit Tétrik, pâle, sombre, menaçant, — prends garde, mon pouvoir est grand... je puis te réduire à néant......

— Mon frère, — me dit Victoria, — ta pensée est la mienne... parle sans crainte... moi aussi j'ai un grand pouvoir...

— Tétrik, je te soupçonnais autrefois d'avoir fait tuer Marion... aujourd'hui je t'accuse encore de ce crime !...

— Malheureux insensé ! où sont les preuves de ce que tu as l'audace d'avancer ?...

— Oh ! tu es prudent et habile autant que patient, tu brises tes instruments dans l'ombre après t'en être servi...

— Ce sont des mots, — reprit Tétrik avec un calme glacial ; — mais les preuves, où sont-elles ?... Je me ris de tes vaines menaces.

— Les preuves ! — s'écria Victoria, — elles sont dans les propositions sacrilèges... Tu as conçu le projet d'être empereur héréditaire de la Gaule longtemps avant la mort de Victorin ; ta proposition de faire acclamer mon petit-fils comme héritier du pouvoir de son père était à la fois un leurre destiné à me tromper sur tes desseins et un premier pas dans la voie que tu poursuivais.

— Victoria, la passion vous égare. Quel maladroit ambitieux j'aurais été, moi, voulant arriver un jour à l'empire héréditaire... vous

La vision de Victoria (page 340)

conseiller de décerner ce pouvoir à votre race...

— Le principe était accepté par l'armée : l'hérédité du pouvoir reconnue pour l'avenir, tu te débarrassais ensuite de mon fils et de mon petit-fils, comme tu l'as fait, par l'assassinat... Tout maintenant se dévoile à mes yeux... Cette bohémienne maudite a été ton instrument ; elle est venue à Mayence pour séduire mon fils, pour le pousser, par ses refus, à l'acte infâme au prix duquel cette créature mettait ses faveurs... Ce crime commis, mon fils devait être tué par Scanvoch, rappelé à Mayence cette nuit-là même, ou massacré par l'armée, prévenue et soulevée à temps par les émissaires...

— Des preuves! Victoria! des preuves...

— Je n'en ai pas... mais cela est! Dans la même nuit, tu as fait tuer mon petit-fils entre mes bras : ma race a été éteinte... ton premier pas vers l'empire était marqué dans le sang. Tu as ensuite refusé le pouvoir et proposé l'élévation de Marion... Oh! je l'avoue, à ce prodige d'astuce infernale, mes soupçons, un moment éveillés, se sont évanouis... Deux mois après son acclamation comme chef de la Gaule... Marion tombait sous le fer d'un exécrable meurtrier, ton instrument.

— Des preuves... — reprit Tétrik impassible, — fournissez des preuves...

— Je n'en ai pas, mais cela est... Tu restais seul : Victorin, son fils, Marion, tués... Alors, devenue, sans le savoir, ta complice, je t'ai adjuré de prendre le gouvernement du pays... Tu triomphais, mais à demi... tu gouvernais, mais, tu l'as dit, tu n'étais que mon premier sujet, à moi, la *mère des camps*; eh! je le vois à cette heure, mon pouvoir te gêne! l'armée, la Gaule ont accepté Tétrik pour leur chef, présenté par moi ; elles ne t'ont pas choisi... D'un mot je

43e livraison

peux te briser comme j'ai pu t'élever au poste où tu es... Aveuglé par l'ambition, tu as jugé mon cœur d'après le tien ; tu m'as crue capable de vouloir changer mon influence sur l'armée contre la couronne d'impératrice, et d'introniser ta race... Tu as conclu avec le pape et les évêques un pacte ténébreux dans l'espoir d'abrutir, d'asservir un jour ce fier peuple gaulois, qui choisit librement ses chefs, et reste fidèle à la religion de ses pères. Quoi! il a brisé depuis des siècles, par les mains sacrées de Ritha-Gaür, le joug des rois... et tu voudrais de nouveau lui imposer une domination détestée, en l'alliant avec la nouvelle Église... Eh bien, moi, Victoria, la mère des camps, devant le peuple et l'armée, je t'accuse de vouloir asservir la Gaule! je t'accuse d'avoir renié la foi de tes pères! je t'accuse d'avoir contracté une secrète alliance avec les évêques! je t'accuse de vouloir usurper la couronne impériale pour toi et ta race... Je t'accuserai devant le peuple et l'armée, te déclarant traître, renégat, meurtrier, usurpateur... Je vais demander sur l'heure que tu sois jugé par le sénat, et puni de mort pour tes crimes si tu es reconnu coupable !...

Malgré la véhémence des accusations de ma sœur de lait, Tétrik revint à son calme habituel, dont il était un moment sorti pour me menacer, et répondit de sa voix la plus onctueuse, en levant les yeux au ciel :

— Victoria, j'avais cru profitable à la Gaule le projet que je vous ai soumis... n'y pensons plus... Vous m'accusez, je suis prêt à répondre de mes actes devant le sénat et l'armée... Si ma mort, prononcée par mes juges, à votre instigation, peut être d'un utile enseignement pour le pays, je ne vous disputerai pas le peu de jours qui me restent à vivre. J'attendrai la décision du sénat... Adieu, Victoria... l'avenir prouvera qui de vous ou de moi comprenait le mieux les intérêts de notre pays, et aimait la Gaule avec un amour plus éclairé...

Et il fit un pas vers la porte ; j'y arrivai avant lui, et barrant le passage, je m'écriai :

— Tu ne sortiras pas ! tu veux fuir la punition due à tes crimes...

Tétrik me toisa des pieds à la tête avec une hauteur glaciale, et dit en se tournant à demi vers Victoria :

— Quoi ! dans votre maison, de la violence contre un vieillard... contre un parent venu chez vous sans défiance...

— Je respecterai ce qui est sacré en tout pays, l'hospitalité, — répondit la mère des camps. — Vous êtes venu ici librement, vous sortirez en toute liberté.

— Ma sœur ! — m'écriai-je, — prenez garde! votre confiance vous a déjà été funeste...

Victoria, d'un geste m'interrompit, et dit avec amertume :

— Tu as raison... ma confiance a été funeste au pays; elle me pèse comme un remords... ne crains rien pour cette fois.

Et elle frappa vivement sur un timbre... Presque aussitôt Mora parut. Après quelques mots que sa maîtresse lui dit à l'oreille, la servante se retira.

— Tétrik, — reprit Victoria, — j'ai envoyé quérir le capitaine Paul et plusieurs officiers ; ils vont venir vous chercher ici; ils vous accompagneront à votre logis... vous n'en sortirez que pour paraître devant vos juges...

— Mes juges ! Quels seront ces juges ?

— L'armée nommera un tribunal... ce tribunal décidera de votre sort.

— Je suis justiciable du sénat.

— Si le tribunal militaire vous condamne, vous serez renvoyé devant le sénat... si le tribunal militaire vous absout, vous serez libre; la vengeance divine pourra seule vous atteindre...

Mora rentra pour annoncer à sa maîtresse l'exécution de ses ordres au sujet du capitaine Paul. Je me souvins plus tard, mais hélas ! trop tard, que Mora échangea quelques paroles à voix basse avec Tétrik, assis près de la porte.

— Scanvoch, — me dit Victoria, tu as entendu ma conversation avec Tétrik ?

— Parfaitement. Je n'en ai pas perdu un mot.

— Tu vas la transcrire fidèlement.

Puis, se retournant vers le chef de la Gaule, elle ajouta :

— Ce sera votre acte d'accusation ; il sera lu devant le tribunal militaire qui prononcera la sentence.

— Victoria, — reprit froidement Tétrik, — écoutez les conseils d'un vieillard, autrefois, et encore à cette heure, votre meilleur ami. Accuser un homme est facile, prouver son crime offre plus de difficultés...

— Tais-toi, détestable hypocrite ! — s'écria la mère des camps avec emportement ; — ne me pousse pas à bout...

Puis, joignant les mains :

— Hésus, donne-moi la force d'être équitable, même envers cet homme... Apaise en moi, ô Hésus ! ces bouillonnements de colère qui troubleraient mon jugement!

Mora, ayant entendu quelque bruit derrière la porte, l'ouvrit, et revint dire à sa maîtresse :

— On annonce l'arrivée du capitaine Paul. Victoria fit signe à Tétrik, qui sortit en poussant un profond soupir, et en disant d'un accent pénétré :

— Seigneur ! Seigneur ! dissipez l'aveuglement de mes ennemis... pardonnez-leur comme je leur pardonne...

La mère des camps, s'adressant à sa servante au moment où elle sortait sur les pas du chef de la Gaule :

— Mora, j'ai la poitrine en feu... apporte-moi une coupe d'eau mélangée d'un peu de miel pour apaiser ma soif.

La servante fit un signe de tête empressé, puis elle disparut ainsi que Tétrik, resté pendant un instant au seuil de la porte.

— Ah! mon frère! — murmura Victoria avec accablement lorsque nous fûmes seuls, — ma longue lutte avec cet homme m'a épuisée... la vue du mal me cause un abattement douloureux... je suis brisée!

— L'insomnie, l'émotion, l'horreur que vous inspirait Tétrik, ont causé votre agitation fiévreuse... Prenez un peu de repos, ma sœur, je vais transcrire votre entretien avec cet homme... Ce soir, justice sera faite.

— Tu as raison : il me semble que si je pouvais dormir, cela me soulagerait... Va, mon frère, ne quitte pas la maison...

— Voulez-vous que Sampso vienne près de vous pour vous tenir compagnie?

— Non... je préfère être seule.

Mora parut à ce moment, portant une coupe pleine de breuvage, qu'elle offrit à sa maîtresse. Celle-ci prit le vase et en but le contenu avec avidité. Laissant ma sœur au soins de sa servante, je remontai chez moi afin de relater fidèlement les paroles de Tétrik. Je terminais ce travail, commencé depuis deux heures, lorsque je vis entrer dans la pièce Mora, pâle, épouvantée.

— Scanvoch, — me dit-elle d'une voix haletante, — venez... venez vite!... Laissez-là cette écriture... accourez auprès de ma maîtresse...

— Qu'y a-t-il? Que se passe-t-il donc?

— Ma maîtresse... malheur ! malheur !... Venez vite!...

— Victoria!... un malheur la menace? — m'écriai-je en me dirigeant à la hâte vers l'appartement de ma sœur de lait, tandis que Mora, me suivant, disait :

— Elle m'avait renvoyée pour être seule... Tout à l'heure je suis allée dans sa chambre, et alors, ô malheur!... j'ai vu ma pauvre maîtresse...

— Achève... tu as vu Victoria.....

— Je l'ai vue sur son lit... les yeux ouverts... mais immobile et livide comme une morte...

Jamais je n'oublierai le spectacle affreux dont je fus frappé en entrant chez Victoria. Couchée sur son lit, elle était, ainsi que me l'avait dit Mora, immobile et livide comme une morte. Ses yeux fixes, étincelants, semblaient retirés au fond de leur orbite; ses traits, douloureusement contractés, avaient la froide blancheur du marbre... Une pensée me traversa l'esprit comme un éclair sinistre... Victoria mourait empoisonnée!...

— Mora, m'écriai-je en me jetant à genoux auprès du lit de la mère des camps, — envoie à l'instant chercher le druide-médecin et cours dire à Sampso de venir ici...

La servante disparut. Je saisis une des mains de Victoria déjà raidies et glacées, je la couvris de larmes en m'écriant :

— Ma sœur! c'est moi... Scanvoch!...

— Mon frère... — murmura-t-elle.

En entendant sa voix sourde, affaiblie, il me sembla qu'elle me répondait du fond d'un tombeau. Ses yeux, d'abord fixes, se tournèrent lentement vers moi. L'intelligence divine, qui avait jusqu'alors illuminé ce beau regard si auguste et si doux, paraissait éteinte. Cependant, peu à peu, la connaissance lui revint, et elle dit :

— C'est toi... mon frère?... Je vais mourir...

Tournant alors péniblement la tête de côté et d'autre, comme si elle eût cherché quelque chose, elle reprit en essayant de lever un de ses bras, qui retomba presque aussitôt sur sa couche :

— Regarde là ce grand bahut, ouvre-le... tu y trouveras un coffret de bronze; apporte-le...

J'obéis, et je déposai sur le lit un petit coffret de bronze assez lourd. Au même instant entrait Sampso, avertie par Mora.

— Sampso, — dit Victoria, — prenez ce coffret, emportez-le chez vous... serrez-le soigneusement... Dans trois jours vous l'ouvrirez... la clé est attachée au couvercle...

Puis, s'adressant à moi :

— Tu as transcrit mon entretien avec Tétrik?

— J'achevais ce travail lorsque Mora est accourue auprès de moi.

— Sampso, portez ce coffret chez vous à l'instant, et rapportez les parchemins sur lesquels Scanvoch vient d'écrire. Allez, il n'y a pas un instant à perdre.

Sampso obéit et sortit éperdue... Je restai seul avec Victoria.

— Mon frère, — me dit-elle, — les moments sont précieux, écoute ce que j'ai à te dire sans m'interrompre... Je me sens mourir, je crois deviner la main qui me frappe, sans savoir comment elle m'a frappée... Ce crime couronne une longue suite de forfaits ténébreux... Ma mort est à cette heure un grand danger pour la Gaule ; il faut le conjurer... Tu es connu dans l'armée... on sait ma confiance en toi... rassemble les officiers, les soldats... instruis-les des projets de Tétrik... Cet entretien, que tu as transcrit, je vais le signer, pour donner créance à tes paroles... La vie m'abandonne... Oh! que n'ai-je le temps de réunir ici, à mon lit de mort, les chefs de l'armée, qui, ce soir, entoureront mon bûcher... Sur ce bûcher, tu déposeras les armes de mon père, de mon époux et de Victorin, et aussi le berceau de mon petit-fils!...

— Scanvoch! — s'écria Sampso en entrant précipitamment dans la chambre, — les parchemins que tu avais laissés sur la table... ont disparu!... Ils étaient cependant à la place où tu as coutume d'écrire lorsque Mora est venue m'avertir du malheur qui nous menaçait, ils auront été dérobés en ton absence.

— Ces parchemins dérobés ! oh ! cela est funeste ! — murmura Victoria. — Quelle main mystérieuse s'étend donc sur cette maison ? Malheur ! malheur à la Gaule !... Hésus ! Dieu tout-puissant ! tu m'appelles dans ces mondes inconnus, d'où l'on plane peut-être sur ce monde que je quitte pour aller revivre ailleurs... Hésus, abandonnerais-je cette terre sans être rassurée sur l'avenir de mon pays tant aimé ? avenir qui m'épouvante ! O tout-puissant ! que ton esprit m'éclaire à cette heure suprême !... Hésus, m'as-tu entendue ? — ajouta Victoria d'une voix plus haute, et se dressant sur son séant, le regard inspiré. — Est-ce l'avenir qui se dévoile à mes yeux ?... Cette femme, si pâle, quelle est-elle ?... Sa robe est ensanglantée... Sa couronne de feuilles de chêne est sanglante aussi... l'épée que tenait sa main virile est brisée à ses côtés... Un de ces sauvages Franks, la tête ornée d'une couronne, tient cette noble femme sous ses genoux ; il regarde d'un air farouche et craintif un homme splendidement vêtu, comme un pontife... Hésus ! cette femme ensanglantée... c'est la *Gaule !*... ce barbare, agenouillé sur elle... c'est un *roi frank !*... ce pontife... c'est un *évêque de Rome !*... Encore du sang ! un fleuve de sang ! il entraîne dans son cours, à la lueur des flammes de l'incendie, des ruines et des milliers de cadavres !... Oh ! cette femme... la *Gaule*, la voici encore, hâve, amaigrie, vêtue de haillons, portant au cou le collier de fer de la servitude, elle se traîne à genoux, écrasée sous un pesant fardeau... Le roi frank et l'évêque de Rome, hâtent, à coups de fouet, la marche de la Gaule esclave !... Encore un torrent de sang... encore des cadavres... encore des ruines... encore les lueurs de l'incendie... Assez ! assez de débris ! assez de massacres ! O Hésus !... joies du ciel ! — s'écria Victoria, dont les traits semblèrent un instant rayonner d'une splendeur divine, — la noble femme est debout ! la voilà... plus belle, plus fière que jamais... le front ceint d'une couronne de feuilles de chêne !... D'une main, elle tient une gerbe d'épis, de raisins et de fleurs, de l'autre, un drapeau rouge surmonté du coq gaulois... elle foule d'un pied superbe les débris de son collier d'esclavage, la couronne des rois franks et celle des pontifes de Rome !... Oui, cette femme, enfin libre, fière, glorieuse, féconde... c'est la Gaule !... Hésus ! Hésus !... pitié pour elle... Qu'elle brise le joug des rois et des évêques de Rome ! qu'elle devienne libre, glorieuse et féconde, sans être obligée de traverser d'âge en âge ces lacs de larmes, ces flots de sang qui m'épouvantent !...

Ces derniers mots épuisèrent les forces de Victoria ; elle céda pourtant à un dernier élan d'exaltation, leva les yeux vers le ciel en croisant ses deux bras sur sa mâle poitrine, poussa un long gémissement et retomba sur sa couche funèbre......

La mère des camps, VICTORIA LA GRANDE, était morte !...

Pendant qu'elle parlait, j'avais fait des efforts surhumains pour contenir mon désespoir ; mais lorsque je la vis expirer, le vertige me saisit, mes genoux fléchirent, mes forces, ma pensée, m'abandonnèrent, et je perdis tout sentiment au moment où j'entendis des bruits de voix et un grand tumulte dans la pièce voisine, tumulte dominé par ces mots :

— Tétrik, le chef de la Gaule, est à l'agonie, il meurt par le poison !...

. . . .

Pendant plusieurs jours, ta seconde mère, Sampso, mon enfant, me vit aux portes du tombeau. Deux semaines environ s'étaient passées depuis la mort de Victoria, lorsque, pour la première fois, rassemblant et raffermissant mes souvenirs, j'ai pu m'entretenir avec Sampso de notre perte irréparable... Les derniers mots qui frappèrent mon oreille, lorsque, brisé de douleur, je perdais connaissance auprès du lit de ma sœur de lait, avaient été ceux-ci :

— Tétrik, le chef de la Gaule, est à l'agonie, il meurt par le poison !...

En effet, Tétrik avait été, ou plutôt, parut avoir été empoisonné en même temps que Victoria. A peine arrivé dans la maison du général de l'armée, il sembla en proie à de cruelles souffrances ; et lorsque quinze jours après, je revins à la vie, on craignait encore pour les jours de Tétrik.

Je l'avoue, à cette nouvelle étrange, je restai stupéfait ; ma raison se refusait à croire cet homme coupable d'un forfait dont il était lui-même une des victimes.

La mort de Victoria jeta la consternation dans la ville de Trèves, dans l'armée ; plus tard, dans toute la nation. Les funérailles de l'auguste mère des camps semblaient être les funérailles de la Gaule ; on y voyait le présage de nouveaux malheurs pour le pays... Le sénat gaulois décréta l'apothéose de Victoria ; il fut célébré à Trèves, au milieu du deuil et des larmes de tous. La pompeuse solennité du culte druidique, le chant des bardes, donnèrent un imposant éclat à cette cérémonie funèbre......

Pendant huit jours, Victoria, embaumée et couchée sur un lit d'ivoire, couverte d'un tapis de drap d'or, fut exposée à la vénération de tous les citoyens, qui se pressaient en foule dans la maison mortuaire, sans cesse envahie par cette armée du Rhin, dont Victoria était véritablement la mère. Enfin, elle fut portée sur un bûcher, selon l'antique usage de nos pères : les parfums fumèrent dans les rues de Trèves, sur le passage du cortège, précédé des bardes chantant sur leurs harpes d'or les louanges de cette femme illustre; puis le bûcher mis en feu, elle disparut au milieu des flammes étincelantes...

Une médaille, frappée le jour même de la cérémonie funèbre, représente, d'un côté, la tête de l'héroïne gauloise, casquée comme Minerve, et de l'autre, un aigle aux ailes déployées, s'élançant dans l'espace, l'œil fixé sur le soleil, symbole de la foi druidique... l'âme abandonnant ce monde-ci, ne va-t-elle pas revêtir un corps nouveau dans les mondes inconnus.... Au revers de cette médaille fut gravée la formule ordinaire : *Consécration*, accompagnée de ces mots :

VICTORIA, EMPEREUR.

La Gaule, par cette appellation virile, immortalisait ainsi dans son enthousiasme, la glorieuse *Mère des camps*, en lui décernant un titre qu'elle avait toujours refusé pendant sa vie, existence aussi modeste que sublime, consacrée tout entière à son père, à son époux, à son fils, à la gloire et au salut de la patrie!...

Ma perplexité était profonde : l'empoisonnement de Tétrik, luttant encore, disait-on, contre la mort, la disparition du parchemin contenant l'entretien de ce traître avec Victoria, parchemin qu'elle n'avait pu d'ailleurs signer avant de mourir, rendait très difficile, sinon impossible, l'accusation que moi, soldat obscur, je devais porter contre Tétrik, survivant et chef suprême de la Gaule, et dont la souveraineté était d'autant plus imposante, qu'elle n'était plus balancée par l'immense influence de la *Mère des camps*. J'attendis, pour me déterminer à prendre une résolution dernière, que mon esprit, ébranlé par de terribles secousses, eût reconquis sa fermeté.

Sampso, trois jours après la mort de Victoria, et selon ses dernières volontés, ouvrit le coffret qu'elle lui avait remis... Ma femme y trouva une touchante et dernière preuve de la sollicitude de ma sœur de lait; un parchemin contenait ces mots écrits de sa main :

« *Nous ne nous séparerons qu'à la mort*, « avons-nous dit souvent, mon bon frère Scan-
« voch : c'est ton désir, c'est le mien; mais si
« je dois aller revivre avant toi dans ces
« mondes inconnus, où nous nous retrouverons
« un jour, je serais heureuse de penser que tu
« iras en Bretagne, berceau de ta famille, le
« jour de notre rencontre *ailleurs qu'ici*.

« La conquête romaine avait dépouillé ta
« race de ses champs paternels. La Gaule, re-
« devenue libre, a dû légitimement revendi-
« quer, au nom du droit ou par la force, l'héri-
« tage de ses enfants sur les descendants des
« Romains. Je ne sais quel sera l'état de notre
« pays, lorsque nous serons séparés; quoi qu'il
« arrive, tu pourras revendiquer ton légitime
« héritage par trois moyens : le droit, l'argent
« ou la force... Tu as le droit, tu as la force, tu
« as l'argent... car tu trouveras dans ce coffret
« une somme suffisante pour racheter, au be-
« soin, les champs de ta famille, et vivre dé-
« sormais heureux et libre près des pierres sa-
« crées de Karnak, témoins de la mort héroïque
« de ton aïeule HÉNA, *la vierge de l'île de Sên*.

« Tu m'as souvent montré les pieuses re-
« liques de ta famille... je veux y ajouter un
« souvenir... Tu trouveras dans ce coffret une
« *alouette* en bronze doré : je portais cet or-
« nement à mon casque le jour de la bataille
« de Riffenêl, où j'ai vu mon fils Victorin faire
« ses premières armes... Garde, et que ta race
« conserve aussi ce souvenir de fraternelle
« amitié; il t'est laissé par ta sœur de lait Vic-
« toria; elle est de ta famille..... n'a-t-elle pas
« bu le lait de ta vaillante mère?...

« A l'heure où tu liras ceci, mon bon frère
« Scanvoch, je revivrai ailleurs, auprès de
« ceux-là que j'ai aimés...

« Continue d'être fidèle à la Gaule et à la foi
« de nos pères... Tu t'es montré digne de ta
« race; puissent ceux de ta descendance être
« dignes de toi, et écrire sans rougir l'histoire
« de leur vie, ainsi que l'a voulu ton aïeul
« *Joel, le brenn de la tribu de Karnak*...

« VICTORIA. »

Ai-je besoin de te dire, mon enfant, combien je fus touché de tant de sollicitude... J'étais alors plongé dans un morne désespoir et absorbé par la crainte des graves évènements qui pouvaient suivre la mort de Victoria. Je restai presque insensible à l'espoir de retourner prochainement en Bretagne pour y finir mes jours dans les mêmes lieux où avaient vécu mes aïeux. Ma santé complètement rétablie, je me rendis chez le général commandant l'armée du Rhin : vieux soldat, il devait comprendre mieux que personne les suites funestes de la mort de Victoria. Je m'ouvris à lui sur les projets de Tétrik; je dis aussi mes soupçons que m'avait inspirés l'empoisonnement de ma sœur de lait... Telle fut la réponse du général :

— Les crimes, les desseins, dont tu accuses Tétrik sont si monstrueux, ils prouveraient une âme si infernale, que j'y croirais à peine, m'eussent-ils été attestés par Victoria, notre auguste mère, à jamais regrettée. Tu es, Scanvoch, un brave et honnête soldat; mais ta déposition ne suffit pas pour traduire le chef de la Gaule devant le Sénat et l'armée. D'ailleurs, Tétrik est mourant; son empoisonnement même prouve jusqu'à l'évidence qu'il est innocent de la mort de notre Victoria; tu serais donc le seul à accuser le chef de la Gaule, que chacun a aimé et vénéré jusqu'ici, parce qu'il s'est toujours comporté comme le premier sujet de Victoria, la véritable impératrice de la Gaule... Crois-moi, Scanvoch, raffermis tes esprits ébranlés par la mort de cette femme auguste... ta raison, peut-être égarée par ce coup désastreux, prend sans doute de vagues appréhensions pour des réalités. Tétrik a, jusqu'ici, sagement gouverné le pays, grâce aux conseils de notre bien-aimée *mère* ; s'il meurt, il aura nos regrets ; s'il survit au crime mystérieux dont il a été victime, nous continuerons d'honorer celui qui fut jadis désigné à notre choix par Victoria.

Cette réponse du général me prouva que jamais je ne pourrais faire partager au sénat, à l'armée, si prévenus en faveur du chef de la Gaule, mes soupçons et ma conviction.

Tétrik ne mourut pas : son fils accourut à Trèves, connaissant le danger que courait son père... Celui-ci, convalescent, s'entretint longuement avec les sénateurs et les chefs de l'armée ; il manifesta, au sujet de la mort de Victoria, une douleur si profonde, et en apparence si sincère ; il honora si pieusement sa mémoire par une cérémonie funèbre, où il glorifia la femme illustre dont la main toute-puissante l'avait, disait-il, si longtemps soutenu, et à laquelle il s'énorgueillissait d'avoir dû son élévation ; son chagrin parut enfin si déchirant lorsque pâle, affaibli, fondant en larmes, s'appuyant au bras de son fils, il se traîna, chancelant, à la triste solennité, qu'il s'acquit plus étroitement encore l'affection du peuple et de l'armée par ces derniers hommages rendus aux cendres de Victoria.

Je compris, dès lors, combien il serait vain de renouveler mes accusations contre Tétrik. Navré de voir les destinées de la Gaule entre les mains d'un homme que je savais être un traître, je me décidai à quitter Trèves avec toi, mon enfant, et Sampso, ta seconde mère, afin d'aller chercher en Bretagne, notre pays natal, quelque consolation à mes chagrins.

Je voulus cependant remplir ce que je considérais comme un devoir sacré. A force d'interroger ma mémoire au sujet de l'entretien de Tétrik et de Victoria, je parvins à transcrire de nouveau cette conversation mot pour mot ; je fis une copie de ce récit, et je la portai, la veille de mon départ, au général de l'armée, lui disant :

— Vous croyez ma raison égarée... conservez ce récit... puisse l'avenir ne pas vous prouver la réalité de cette accusation !

Le général garda le parchemin, et me renvoya avec cette compatissante bonté que l'on accorde à ceux dont le cerveau est dérangé.

Je rentrai dans la maison de ma sœur de lait, où j'avais demeuré depuis sa mort... Je m'occupai, avec Sampso, des préparatifs de notre voyage... Pendant cette dernière nuit, que je passai à Trèves, voici ce qui arriva :

Mora, la servante, était aussi restée dans la maison ; la douleur de cette femme, après la mort de sa maîtresse, m'avait touché. La nuit dont je te parle, mon enfant, je m'occupais, avec ta seconde mère, des préparatifs de notre voyage ; nous avions besoin d'un coffre ; j'allai en chercher un dans une salle basse, séparée par une cloison du réduit habité par Mora. Plus de la moitié de la nuit était écoulée ; en entrant dans la salle basse, je remarquai, non sans étonnement, à travers les fentes de la cloison qui séparait la chambre de la servante, une vive clarté. Pensant que peut-être le feu avait pris au lit de cette femme pendant son sommeil, je m'empressai de regarder à travers l'écartement des planches ; quelle fut ma surprise : je vis Mora se mirant dans un petit miroir d'argent à la clarté des deux lampes, dont la lumière venait d'attirer mon attention !... Mais ce n'était plus Mora la moresque ! ou du moins la couleur bronzée de ses traits avait disparu... je la revoyais pâle et brune, coiffée d'un riche bandeau d'or orné de pierreries, souriant à son image reproduite dans le miroir. Elle attachait à l'une de ses oreilles un long pendant de perles... elle portait enfin un corset de toile d'argent et un jupon écarlate.

Je reconnus Kidda la bohémienne.

Hélas ! je ne l'avais vue qu'une fois à la clarté de la lune ; lors de cette nuit fatale où, rappelé en toute hâte à Mayence par un sinistre avertissement de mon mystérieux compagnon de voyage, j'avais tué dans ma maison Victorin et ma bien-aimée femme Ellèn !

A ma stupeur succéda la rage... un horrible soupçon traversa mon esprit ; je fermai en dedans la porte de la salle basse ; d'un violent coup d'épaule, car la fureur centuplait mes forces, j'enfonçai des planches de la cloison, et je parus soudain aux yeux de la bohémienne épouvantée. D'une main, je la jetai à genoux ; de l'autre, je saisis une des lourdes lampes de fer, et la levant au-dessus de la tête de cette femme, je m'écriai :

— Je te brise le crâne... si tu n'avoues pas tes crimes.

Kidda crut lire dans mon regard son arrêt de mort... elle devint livide et murmura :

— Ne me tue pas... je parlerai !
— Tu es Kidda la bohémienne ?...
— Oui... je suis Kidda.
— Autrefois... à Mayence... pour prix de tes faveurs... tu as exigé de Victorin... le déshonneur de ma femme Ellèn ?
— Oui.... cela est exact...
— Tu obéissais aux ordres de Tétrik ?
— Non... je ne lui ai jamais parlé.
— A qui donc obéissais-tu ?

— A l'écuyer de Tétrik.
— Cet homme est prudent... Et ce soldat qui, dans cette nuit fatale, m'a averti qu'un grand crime se commettait dans ma maison, le connaissais-tu ?
— C'était le compagnon d'armes du capitaine Marion, ancien forgeron comme lui.
— Ce soldat, Tétrik le connaissait aussi ?
— Non... c'était son écuyer qui le voyait secrètement à Mayence.
— Et ce soldat, où est-il à cette heure ?
— Il est mort.
— Après s'être servi de lui pour assassiner le capitaine Marion...
— Tétrik l'a fait tuer ? réponds...
— Je le crois.
— C'est encore l'écuyer de Tétrik qui t'a envoyée dans cette maison sous les traits de Mora la moresque ?... Tu as teint ton visage pour te rendre méconnaissable ?
— Oui... tout cela est exact...
— Tu devais épier, et un jour empoisonner ta maîtresse ?... Si tu crois en Dieu... si ton âme infernale ose l'implorer en ce moment suprême, implore-le... tu n'as plus qu'un instant à vivre...
— Aie pitié de moi !...
— Avoue ton crime... tu l'as commis par ordre de Tétrik ?
— Oui... c'est par l'ordre de Tétrik.
— Quand... comment t'a-t-il donné l'ordre d'exécuter ce crime ?
— Lorsque je suis rentrée... après être allée quérir le capitaine Paul, afin de m'assurer de la personne de Tétrik...
— Et le poison... Tu l'as mis dans le breuvage que tu as présenté à ta maîtresse !
— Oui... tu dis vrai...
— Ce jour-là même, — ajoutai-je, car les souvenirs me revenaient en foule, — lorsque je t'ai envoyée pour chercher ma femme, tu as dérobé sur ma table un parchemin écrit par moi ?
— Oui, par ordre de Tétrik... Il avait entendu parler de ce parchemin à Victoria...
— Pourquoi, le crime commis, es-tu restée dans cette maison jusqu'à ce jour ?
— Afin de ne pas éveiller les soupçons.
— Qui t'a portée à empoisonner ta maîtresse ?
— Le don de ces bijoux, dont je m'amusais à me parer lorsque tu es entré... Je me croyais seule pour la nuit.
— Tétrik a failli mourir par le poison... Crois-tu son écuyer coupable de ce crime ?
— Tout poison a son contre-poison, — me répondit la bohémienne avec un sourire sinistre. — Celui qui en frappant paraît avoir bu, éloigne de lui tout soupçon...
La réponse de cette femme fut pour moi un trait de lumière... Tétrik, par une ruse infernale, et sans doute garanti de la mort ! grâce à un antidote, avait pris assez de poison pour provoquer chez lui des symptômes d'empoisonnement et paraître partager le sort de Victoria, en exagérant d'ailleurs les apparences du mal.

Saisir une écharpe sur le lit, et, malgré la résistance de la bohémienne, lui lier les mains et l'enfermer ensuite dans la salle basse, ce fut pour moi l'affaire d'un moment... Je courus aussitôt chez le général de l'armée... Parvenant à grand'peine jusqu'à lui, à cette heure avancée de la nuit, je lui racontai les aveux de Kidda. Il haussa les épaules d'un air mécontent, et me dit :

— Toujours cette idée fixe... Ton cerveau est complètement dérangé... M'éveiller pour me conter de pareilles folies !... Tu choisis d'ailleurs mal ton moment pour accuser ce vénérable Tétrik : hier soir il a quitté Trèves pour retourner à Bordeaux.

Le départ de Tétrik était funeste... Cependant j'insistai si vivement auprès du général, je lui parlai avec tant de chaleur et de raison, qu'il consentit à me faire accompagner par un de ses officiers, chargé de recueillir les aveux de la bohémienne... Lui et moi nous arrivâmes en hâte au logis... J'ouvris la porte de la salle basse, où j'avais laissé Kidda garrottée... Sans doute elle avait rongé l'écharpe avec ses dents et pris la fuite par une fenêtre encore ouverte et donnant sur le jardin... Dans mon trouble et ma précipitation, je n'avais pas songé à cette issue...

— Pauvre Scanvoch ! — me dit l'officier avec compassion, — le chagrin te rend visionnaire... tu es complètement fou...

Et sans vouloir m'écouter davantage il me quitta.

La volonté des dieux s'accomplit... Je renonçai à l'espoir de dévoiler les forfaits de Tétrik... Le lendemain, je quittai avec toi et Sampso, mon enfant, la ville de Trèves pour la Bretagne.

— Tu liras, hélas ! non sans tristesse et crainte pour l'avenir, mon enfant, les quelques lignes qui terminent ce récit ; tu y verras comment notre vieille Gaule redevenue libre après trois siècles de luttes, redevenue grande et puissante sous l'influence de Victoria, devait être de nouveau, non plus soumise, mais du moins inféodée aux empereurs romains par l'infâme trahison de Tétrik !

Voyant ses projets de mariage et d'usurpation, sous les auspices des évêques, repoussés par la mère des camps, ce monstre l'avait fait empoisonner... Seule, elle aurait pu, par son abjuration et par son union avec lui, frayer à son ambition le chemin de l'empire héréditaire des Gaules... Victoria morte, il reconnut l'impuissance de ses projets ; bientôt même il sentit que, n'étant plus soutenu par la sagesse et par la souveraine influence de cette femme auguste, il s'amoindrissait dans l'affection du peuple et de l'armée. Perdant chaque jour son ancien prestige, prévoyant sa prochaine déchéance, il songea dès lors à accomplir l'une des deux trahisons dont je l'avais toujours soupçonné. Il travailla, dans l'ombre, à replacer la Gaule, alors qu'elle était complètement indépendante, sous le pouvoir des empereurs de Rome. Longtemps à l'avance, et par mille moyens ténébreux, il sema des germes de discordes civiles dans le pays; en le divisant, il l'affaiblit; il sut réveiller les anciennes jalousies de province à province, depuis longtemps apaisées; il suscita, par des préférences et des injustices calculées d'ardentes rivalités entre les généraux et les différents corps de l'armée; puis l'heure de la trahison sonnée, il écrivit secrètement à Aurélien, empereur romain :

« Le moment d'attaquer la Gaule est arrivé;
« vous aurez facilement raison d'un peuple
« affaibli par les divisions, et d'une armée dont
« les divers corps se jalousent... Je vous ferai
« connaître d'avance la disposition des troupes
« gauloises et tous les mouvements qu'elles
« doivent faire, afin d'assurer votre triomphe. »

Les deux armées se rencontrèrent sur les bords de la Marne, dans la vaste plaine de Châlons. Au plus fort de l'action, Tétrik, selon sa promesse, se portant en avant avec le principal corps d'armée, se fit couper et envelopper par les Romains, tandis que les légions du Rhin combattaient avec leur valeur accoutumée; mais, prévenues dans leurs manœuvres, écrasées par le nombre, elles furent anéanties... Tétrik et son fils se réfugièrent dans le camp ennemi. Notre armée détruite, notre pays divisé, ainsi qu'aux plus tristes jours de notre histoire, rendirent aux Romains la victoire facile... La Gaule, complètement libre depuis tant d'années, redevint une province romaine. L'empereur *Aurélien*, comme autrefois *César*, pour glorifier ce grand évènement, fit une entrée solennelle au Capitole... Tous les captifs, ramenés par cet empereur de ses longues guerres d'Asie, défilèrent devant son char. Parmi eux, on vit la reine d'Orient, l'héroïque émule de Victoria... *Zénobie*, chargée de chaînes d'or rivées au carcan d'or qu'elle portait au cou. Après Zénobie venait Tétrik, le dernier chef de la Gaule avant qu'elle fût redevenue province romaine; lui et son fils marchaient libres, le front haut, malgré leur trahison infâme; ils portaient de longs manteaux de pourpre, une tunique et des braies de soie. Ils représentaient, dans ce cortège, la récente soumission des Gaulois à Aurélien, empereur.

Hélas! mon enfant, les récits de nos pères t'apprendront qu'autrefois, il y a trois siècles, un Gaulois marchait aussi devant le char triomphal de César... Ce Gaulois ne s'avançait pas splendidement vêtu, l'air audacieux et souriant à son vainqueur; ce captif chargé de chaînes, couvert de haillons, se soutenant à peine, sortait de son cachot; il y avait langui pendant quatre ans, après avoir défendu pied à pied la liberté de la Gaule contre les armées victorieuses du grand César. Ce captif, l'un des plus héroïques martyrs de la patrie, de notre indépendance, se nommait Vercingétorix, *le chef des cent vallées*...

Après le triomphe de César, le vaillant défenseur de la Gaule eut la tête tranchée...

Après le triomphe d'Aurélien, Tétrik, ce renégat qui avait livré son pays à l'étranger, fut conduit avec pompe dans un palais splendide, prix de sa trahison sacrilège...

Que ce rapprochement ne te fasse pas douter de la vertu, mon enfant; la justice de Hésus est éternelle, et les traîtres, pour leur punition, iront revivre ailleurs qu'ici!

. . . .

Tels sont les évènements qui se sont passés en Gaule après la mort de Victoria la Grande, pendant que, retirés ici, au fond de la Bretagne, dans les champs de nos pères, rachetés par moi aux descendants d'un colon romain, nous vivons paisibles avec ta seconde mère, mon enfant; la Gaule est, il est vrai, redevenue province romaine, mais toutes nos libertés, si chèrement reconquises par nos insurrections sans nombre et payées du sang de nos pères, nous sont conservées : nul n'aurait osé, nul n'oserait maintenant nous les ravir... Nous gardons nos lois, nos coutumes; nous jouissons de tous nos droits de citoyens; notre incorporation à l'empire, l'impôt que nous payons au fisc et notre nom de *Gaule romaine*, tels sont les seuls signes de notre dépendance. Cette chaîne, si légère qu'elle soit, est cependant une chaîne; nous ou nos fils, nous la briserons facilement un jour, je le crois... là n'est pas le péril que je redoute pour notre pays... non, ce péril, si j'en crois les dernières et effrayantes prédictions de Victoria... ce péril qui m'épouvante pour l'avenir, je le vois dans cet amas de hordes franques, toujours, toujours grossissant de l'autre côté du Rhin... je le vois dans les ténébreuses machinations des évêques de la nouvelle religion...

. . . .

Or donc, moi, Scanvoch, pour obéir aux volontés de notre aïeul Joel, *le brenn de la tribu de Karnak*, j'ai écrit ce récit pour toi, mon fils Aëlguen, dans notre maison, située près des pierres sacrées de la forêt de Karnak.

Ce récit, tracé à plusieurs reprises, je l'ai terminé pendant la vingtième année de ton âge, environ deux cent quatre-vingts ans après que notre aïeule Geneviève a vu mourir sur la croix le *jeune homme de Nazareth*...

Si quelques évènements venaient troubler la vie laborieuse et paisible dont nous jouissons,

Les Korrigans (page 349)

grâce à la sollicitude de Victoria, j'écrirais plus tard, sur ce parchemin, d'autres évènements.

La mort est parfois soudaine et prochaine; demain appartient à Hésus; je te lègue donc, dès aujourd'hui, à toi, mon fils Aëlguen, ces récits et les reliques de notre famille :

La Faucille d'or *de notre aïeule Héna* ;

Le Morceau de collier de fer *de notre aïeul Sylvest* ;

La Croix d'argent *de notre aïeule Geneviève* ;

Et enfin l'Alouette de casque *de ma sœur de lait Victoria*.

Tu légueras ceci à la descendance pour obéir aux dernières volontés de notre aïeul Joel.

Moi, Aëlguen, fils de Scanvoch, mort en paix dans notre maison, située près des pierres sacrées de la forêt de Karnak, je te lègue, à toi mon fils aîné Roderik, je te lègue ces récits de notre famille et nos pieuses reliques, afin que tu les transmettes aussi à notre descendance. Ces récits, tu les augmenteras si quelques évènements graves viennent agiter la vie ; jusqu'ici la mienne a été calme, heureuse; je cultive avec nos parents les champs paternels dont nous sommes redevenus possesseurs grâce à la sœur de lait de mon père, Victoria la Grande. Les sinistres prédictions de cette femme illustre ne se sont pas accomplies; puissent-elles ne se réaliser jamais! la Gaule relève toujours des empereurs romains; de rares voyageurs, qui parfois pénètrent jusqu'au fond de notre vieille Armorique, nous ont dit qu'il y avait eu dans les autres provinces de grands soulèvements populaires sous le nom de *Bagaudies*. Ces soulèvements ont dû avoir lieu peu d'années avant la mort de mon père Scanvoch, qui est allé revivre ailleurs, deux cent quatre-vingts ans après que notre aïeule Geneviève a vu mou-

11ᵉ livraison

rir Jésus de Nazareth. La Bretagne est restée étrangère à ces révoltes de *Bagaudes*; elle jouit d'une tranquillité profonde; l'impôt que nous payons au fisc des empereurs n'est pas trop lourd, et nous vivons paisibles et libres.

Plusieurs de nos aïeux, autrefois soumis à l'horrible esclavage de Rome, plongés dans l'ignorance et le malheur, ont fait écrire ou ont écrit sur nos parchemins que telle était la pesante uniformité de leurs jours passés de l'aube au soir dans un labeur écrasant, qu'ils n'avaient rien à inscrire sur notre légende, sinon : *je suis né, j'ai vécu, je mourrai dans les douleurs de l'esclavage :* fassent les dieux que le bonheur des générations qui succéderont à la nôtre soit aussi d'une telle uniformité que chacun de nos descendants puisse de même que moi n'avoir rien à ajouter à notre chronique de famille, sinon les quelques lignes qui terminent ce récit :

« J'ai vécu heureux, paisible et obscur, dans
« notre Bretagne armoricaine, en cultivant
« avec ma famille nos champs paternels; je
« quitterai ce monde sans crainte et sans regret
« lorsque Hésus m'appellera pour aller revivre
« dans les mondes inconnus. »

A toi donc, mon bien-aimé fils aîné Roderik, moi Aëlguen, fils de Scanvoch, arrivé à la soixante-huitième année de mon âge, je lègue ces récits et ces reliques de notre famille; ignorant si Hésus doit me laisser encore quelques années à vivre, j'accomplis aujourd'hui le vœu de notre aïeul Joel, le brenn de la tribu de Karnak.

Moi, Roderik, fils d'Aëlguen, mort trois cent quarante ans après que notre aïeule Geneviève a vu mourir Jésus de Nazareth, j'écris ici selon que l'avait espéré mon père :

« — Jusqu'à ce jour j'ai vécu paisible, heu-
« reux et obscur dans notre Bretagne armori-
« caine, cultivant avec ma famille les champs
« de nos pères; je puis quitter ce monde sans
« crainte et sans regret lorsque Hésus m'appel-
« lera pour aller revivre dans les mondes in-
« connus. »

Puisses-tu, mon fils Amaël, n'avoir non plus que moi et ton grand-père Aëlguen à augmenter du récit de tes malheurs ou de l'agitation de ta vie notre légende, que je te transmets avec nos pieuses reliques pour obéir aux derniers vœux de notre aïeul Joel.

Moi, Gildas, fils d'Amaël, j'écris ici bien tristement ces lignes, trois cent soixante-quinze ans après la mort de Jésus. Mon père avait toujours reculé d'année en année le jour où il ajouterait quelques mots à notre légende, n'ayant non plus que mon grand-père Roderik à transmettre à notre descendance que le souvenir d'une vie obscure, laborieuse et paisible... Il y a deux jours, mon père est mort dans notre maison, près de Karnak, après une courte maladie... Avant de quitter ce monde-ci pour aller revivre ailleurs, il m'a légué ces parchemins et ces pieuses reliques de notre famille...

J'ai dix-huit ans... si ma vie ne s'écoule pas calme et heureuse comme celle de mon père et de mon aïeul, j'écrirai ici en très grande sincérité le bien ou le mal, afin d'obéir aux dernières volontés de notre ancêtre JOEL, *le brenn de la tribu de Karnak*, et je léguerai à notre descendance ces reliques laissées par nos aïeux :

La Faucille d'or d'HÈNA, *la Clochette d'airain* de GUILHERN, *le Collier de fer* de SYLVEST, *la Croix d'argent* de GENEVIÈVE, et *l'Alouette de casque* de SCANVOCH.

LA GARDE DU POIGNARD OU KARADEUK LE BAGAUDE ET RONAN LE VAGRE

PROLOGUE

LES KORRIGANS (395-529)

Le vieil Araïm. — Danse magique des *Korrigans* et des *Dûs*. — Le colporteur. — Le roi Hlod-Wig et ses crimes. — Sa femme Chrotechild. — La basilique des saints apôtres à Paris. — *Bagaudes* et *Bagaudie*. — Karadeuk, favori du vieil Araïm, veut rencontrer les *Korrigans*. — Ce qu'il en advient.

Ils ont parfois la vie longue, les descendants du bon Joel, qui vivait en ces mêmes lieux, près les pierres sacrées de la forêt de Karnak, il y a cinq cent cinquante ans et plus. Oui, ils ont parfois la vie longue, les descendants du bon Joel, puisque moi, Araïm, qui aujourd'hui écris ceci dans ma soixante-dix-septième année, j'ai vu mourir, il y a cinquante-six ans, mon grand-père *Gildas*, alors âgé de quatre-vingt-seize ans... après avoir tracé dans sa première jeunesse, sur notre légende, les dernières lignes qui précèdent celles-ci.

Mon grand-père Gildas a vu mourir son fils *Goridek* (mon père); j'avais dix ans lorsque je l'ai perdu; neuf ans après, mon aïeul est mort... Plus tard, je me suis marié; j'ai survécu à ma femme *Martha*, et j'ai vu mon fils *Jocelyn* devenir père à son tour: il a aujourd'hui une fille et deux garçons; la fille s'appelle *Roselyk*; elle a dix-huit ans; l'aîné des garçons, *Kervan*, a trois ans de plus que sa sœur; le plus jeune, *Karadeuc*, mon favori, a dix-sept ans.

Lorsque tu liras ceci, mon fils Jocelyn, tu diras sans doute:

« Pourquoi donc mon bisaïeul Gildas n'a-t-il « écrit rien autre chose dans notre chronique « que la date de la mort de son père *Amaël*? « Pourquoi donc mon grand-père Araïm n'a-« t-il rien écrit non plus? Pourquoi donc enfin « mon père *Araïm* a-t-il attendu si tard... si « tard... pour accomplir le vœu du bon Joel? »

A ceci, mon fils Jocelyn, je répondrai:
Ton bisaïeul Gildas avait l'horreur des écritoires et des parchemins; de plus, ainsi que son père Amaël, il avait coutume de remettre toujours au lendemain ce qu'il pouvait se dispenser de faire le jour. Sa vie de laboureur n'était d'ailleurs ni moins paisible, ni moins laborieuse que celle de nos pères, depuis le retour de Scanvoch au berceau de notre famille, après qu'un si grand nombre de nos générations en avaient été éloignées par les dures vicissitudes de la conquête romaine et de l'esclavage antique. Ton bisaïeul Gildas disait d'habitude à mon père:

« J'aurai toujours le temps d'ajouter quelques « lignes à notre légende; et puis, il me paraît « (et c'est sottise, je l'avoue), qu'écrire : *J'ai* « *vécu*, cela ressemble beaucoup à écrire : « *Je vais mourir*... Or, je suis si heureux, « que je tiens à la vie ni moins ni plus que « les huîtres de nos côtes tiennent à leurs ro-« chers. »

C'est ainsi que, de demain en demain, ton bisaïeul Gildas est arrivé jusqu'à quatre-vingt-seize ans sans avoir augmenté d'un mot l'histoire de notre famille... Alors se voyant mourir, il m'a dit :

— Mon enfant, tu écriras seulement ceci sur notre légende :

« Mon grand-père Gildas et mon père Go-« ridek ont vécu dans notre maison, calmes, « heureux, en bons laboureurs, fidèles à l'amour « de la vieille Gaule et à la foi de leurs pères, « bénissant Hésus de les avoir fait naître et « mourir au fond de la Bretagne, seule pro-« vince où depuis tant d'années l'on n'ait « presque jamais ressenti les secousses qui « ébranlent le reste de la Gaule, car ces agi-« tations sont venues mourir aux frontières im-« pénétrables de l'Armorique bretonne, comme « les vagues furieuses de notre Océan viennent « se briser au pied de nos rocs de granit. »

Voilà donc, mon fils Jocelyn, pourquoi ni ton aïeul, ni son fils Goridek, n'ont pas écrit un mot sur nos parchemins.

« — Et pourquoi, — diras tu, — vous Araïm, « vous, mon père, si vieux déjà, ayant fils et « petits-fils, pourquoi avez-vous payé si tard « votre tribut à notre chronique? »

— Il y a deux raisons à ce retard : la première est que je n'avais *pas assez* à dire, la seconde est que j'aurais eu *trop* à écrire.

« — Bon, — penseras-tu en lisant ceci, — « le grand âge a troublé la raison du vieil « Araïm ; mé-dit-il pas avoir à la fois *trop* et « *trop peu* à raconter? est-ce raisonnable? »

— Attends un peu, mon garçon... ne te hâte pas de croire que le bon vieux père tombe en enfance... car, voilà comment j'ai à la fois *trop* et *point assez* à écrire dans notre légende.

En ce qui touche ma vie à moi, vieux laboureur, je n'ai pas, non plus que nos aïeux, depuis Scanvoch, assez à raconter ; car, en vérité, voyez un peu l'intéressant et beau récit :

L'an passé les semailles d'automne ont été plus plantureuses que les semailles d'hiver ; cet an-ci, c'est le contraire ; ou bien, la grande *taure* noire donne quotidiennement six pintes de plus de lait que la grosse *taure* poil de loup ; ou bien, l'aignelée de janvier est plus laineuse que l'aignelée de mars de l'an dernier ; ou bien encore, l'an passé, le froment était si cher, si cher, qu'un *muid* de blé vieux se vendait *douze à treize deniers;* de ce temps-ci, le prix des bestiaux et des volailles s'en va toujours augmentant, puisque nous payons maintenant un bœuf de travail *deux sous d'or;* une vache laitière, *un sou d'or;* un cheval de trait, *six sous d'or...* Voire encore : notre descendance ne sera-t-elle point fort aise de savoir qu'en ce temps-ci un porc, très en chair, vaut, en automme, *douze deniers,* ni plus ni moins qu'un maître bélier ? et que notre dernière bande de cent oies grasses a été vendue cet hiver, au marché de Vannes, *une livre d'argent pesant ?* La voilà-t-il pas bien avisée, notre descendance, quant elle saura que les journaliers que nous prenons en la moisson, nous les payons un denier par jour ? Oui, voilà-t-il pas de beaux et curieux récits à laisser à notre race ?

D'autre part, en sera-t-elle plus fière, quand je lui dirai : Ce qui fait ma fierté à moi, c'est de penser qu'il n'est point de plus fin laboureur que mon fils Jocelyn, de meilleure ménagère que sa femme *Madalèn,* de plus douce créature que ma petite-fille Roselyk, de plus beaux et de plus hardis garçons que mes petits-fils Kervan et Karadeuk; celui-ci surtout, le dernier né, mon favori ! vrai démon de gentillesse, de malice et de courage... Il faut le voir, à dix-sept ans, dompter les poulains sauvages de nos prairies, plonger dans la mer comme un poisson, ne pas perdre une flèche sur dix lorsqu'il tire au vol des corbeaux de mer sur la grève pendant la tempête... et quand il vous manie le *pën-bas*, notre terrible bâton breton !... voire cinq ou six soldats, armés de lances ou d'épées, auraient plus de horions que de plaisir s'ils s'y frottaient, au pën-bas de mon Karadeuk... Il est si robuste, si agile, si dextre ! et puis si beau, avec ses cheveux blonds coupés en rond, tombant sur le col de sa saie gauloise, ses yeux bleus de ciel et ses bonnes joues hâlées par l'air des champs et la brise de mer !...

Non, par les glorieux os du vieux Joel ! non, non, il ne pouvait être plus fier de ses trois fils; Guilhern, le laboureur ; Mikaël, l'armurier ; Albinik, le marin; et de sa douce fille Hèna, la vierge de l'île de Sên, île aujourd'hui déserte, qu'en ce moment, à travers ma fenêtre, je vois là-bas, là-bas... en haute mer, noyée dans la brume... Non, le bon Joel ne pouvait être plus fier de sa famille que moi, le vieil Araïm, je ne suis fier de mes petits-enfants !... Mais ses fils, à lui, ont vaillamment combattu ou sont morts pour la liberté; mais sa fille Hèna, dont le saint et doux nom a été jusqu'à nos jours chanté de siècle en siècle, a offert vaillamment sa vie à Hésus pour le salut de la patrie, tandis que les enfants de mon fils mourront ici, obscurs comme leur père, dans ce coin de la Gaule; libres du moins ils mourront ! puisque les Franks barbares, deux fois venus jusqu'aux frontières de notre Bretagne, n'ont osé y pénétrer : nos épaisses forêts, nos marais sans fond, nos rochers inaccessibles, et nos rudes hommes, soulevés en armes à la voix toujours aimée de nos druides chrétiens ou non chrétiens, ont fait reculer ces féroces pillards, maîtres pourtant de nos autres provinces depuis près de quinze ans !

Hélas ! elles se sont enfin réalisées après deux siècles, les sinistres divinations de la sœur de lait de notre aïeul Scanvoch ! Victoria la Grande ne l'a que trop justement prédit... les Franks ont depuis longtemps conquis et asservi la Gaule, moins notre Armorique bretonne.

Voilà pourquoi, le vieux Araïm pensait que, comme père et comme Breton, son obscur bonheur ne méritait pas d'être relaté dans notre chronique, et qu'il avait, hélas ! trop à écrire comme Gaulois. N'est-ce point *trop*, que d'écrire la défaite, la honte, l'esclavage de notre patrie commune, quoique nous soyons ici à l'abri des malheurs qui écrasent ailleurs nos frères !

« — Alors, — diras-tu, mon fils Jocelyn, —
« puisque le vieil Araïm a *trop* et *pas assez* à
« écrire dans cette légende, pourquoi avoir
« commencé ce récit plutôt aujourd'hui qu'hier
« ou ne pas l'avoir renvoyé à demain ! »

Voici ma réponse, mon fils : Lis le récit suivant, que j'écris en ce moment, à la tombée de ce jour d'hiver, pendant que toi, ta femme et tes enfants, vous vous préparez à la veillée dans la grande salle de la métairie, attendant le retour de mon favori Karadeuk, parti à la chasse au point du jour pour rapporter une pièce de venaison... Lis ce récit, il te rappellera *la soirée d'hier*, mon fils Jocelyn, et t'apprendras aussi ce que tu ignores... et ensuite tu ne diras plus :

« — Pourquoi le bonhomme Araïm a-t-il
« écrit ceci aujourd'hui plutôt qu'hier ? »

La neige et le givre de janvier tombent par rafales, le vent siffle, la mer gronde au loin et se brise jusque sur les pierres sacrées de Karnak... Il est quatre heures, pourtant voici déjà la nuit : le bétail affouragé est rentrémé dans les chaudes étables; les portes de la cour de la métairie sont closes, de peur des loups rôdeurs ; un bon feu flambe au foyer de la salle ; le vieux Araïm est assis dans son siège à bras, au coin de la cheminée, son grand chien fauve, à tête blanchie par l'âge, étendu à ses pieds... Le bonhomme travaille à un filet pour la pêche ; son fils Jocelyn charronne un manche de charrue ; Kervan ajuste des attèles neuves à un joug ; Karadeuk aiguise sur une pierre de grès la pointe de ses flèches : la tempête durera jusqu'au matin et davantage, car le soleil s'est couché tout rouge derrière de gros nuages noirs qui enveloppaient l'île de Sên comme un brouillard. Or, quand le soleil se couche ainsi, et que le vent souffle de l'ouest, la tempête dure deux, trois, et parfois quatre ou cinq jours. Le lendemain matin, Karadeuk ira donc tirer des corbeaux de mer sur la grève, quand ils raseront de leurs fortes ailes les vagues en furie... C'est le plaisir de ce garçon ; il est si adroit, il est si bon archer, mon favori !...

La mer gronde au loin comme un tonnerre, le vent souffle à ébranler la maison, le givre tombe dans la cheminée. Gronde, tempête ! souffle, vent de mer ! tombe, givre et neige ! Oh ! qu'il fait bon, qu'il fait bon d'entendre rugir cet ouragan, chargé de frimas, lorsqu'en famille on est joyeusement réuni dans sa maison autour d'un foyer flambant ! Et puis, les jeunes garçons et leurs sœurs disent à demi-voix de ces choses qui les font à la fois frissonner et sourire ; car, en vérité, depuis cent ans, on dirait que tous les lutins et toutes les fées de la Gaule se sont réfugiés en Bretagne... N'est-ce pas encore un plaisir que d'ouïr à la veillée, durant la tempête, ces merveilles, auxquelles on croit un peu quand on ne les a point vues, et plus encore quand on les a vues ?

Et voici ce qu'ils se disaient, ces enfants, mon petit-fils Kervan commence en secouant la tête :

— Un voyageur égaré qui passerait cette nuit près de la caverne Pen-March entendrait résonner les marteaux...

— Oui, des marteaux qui tombent en mesure, pendant que ces marteleurs du diable chantent leur chanson, dont le refrain est toujours : *Un, deux, trois, quatre, cinq, six, lundi, mardi, mercredi*...

— Ils ont même ajouté, dit-on : *Jeudi, vendredi, samedi*, jamais *dimanche*, le jour de la messe... des chrétiens.

— Bien heureux encore est le voyageur, si les petits Dûs quittant leur marteau de faux monnayeurs pour la danse, ne le forcent pas à se mêler à leur ronde, jusqu'à ce que pour lui mort s'ensuive...

— Quels dangereux démons pourtant, que ces Dûs, nains hauts de deux pieds à peine !... Il me semble les voir, avec leur figure vieillotte et ratatinée, leurs griffes de chat, leurs pieds de bouc et leurs yeux flamboyants : c'est à frisonner, rien que d'y penser...

— Prends garde, Roselyk, en voici un sous la huche... prends garde !...

— Que tu es imprudent de rire ainsi des Dûs, mon frère Karadeuk ! ces nains sont vindicatifs... je suis toute tremblante...

— Moi, si je rencontrais une bande de ces petits bonshommes, je vous en prendrais deux ou trois paires que je lierais par les pattes comme des chevreaux... et en route.

— Oh ! toi, Karadeuk, tu n'as peur de rien...

— Il faut rendre justice aux petits Dûs, s'ils font de la fausse monnaie dans les cavernes de *Pen-March*, on les dit très bons maréchaux et sans pareils pour la ferrure des chevaux.

— Oui... fiez-vous-y ; dès qu'un cheval a été ferré par l'un de ces nains endiablés, il jette du feu par les naseaux, et de courir... de courir sans plus jamais s'arrêter... jamais, ni jour, ni nuit ; voyez un peu la figure de son cavalier !

— Mes enfants, quelle tempête ! quelle nuit !

— Bonne nuit pour les petits Dûs, ma mère ; ils aiment l'orage et les ténèbres, mais mauvaise nuit pour les petites Korrigans qui n'aiment que les douces nuits du mois de mai...

— Certes, moi, j'ai grand'peur de ces nains, velus, griffus, avec leur bourse de fausse monnaie à la ceinture, et leur marteau de forgeron sur l'épaule ; mais j'aurais plus grand'peur encore de rencontrer au bord d'une fontaine solitaire une Korrigan, haute de deux pieds, peignant en se mirant dans l'eau claire, ses blonds cheveux, dont elles sont si glorieuses.

— Quoi ! peur de ces jolies petites fées, mon frère Kervan ! moi, au contraire, souvent j'ai cherché à en rencontrer. On assure qu'elles se rassemblent à la fontaine de *Lyrwac'h-Hên*, au plus épais du grand bois de chênes qui ombragent des pierres druidiques... trois fois j'y suis allé... trois fois je n'ai rien vu...

— Heureusement pour toi, tu n'as rien vu, Karadeuk ; car on dit que c'est toujours près des pierres sacrées que se réunissent les Korrigans pour leurs danses nocturnes ; malheur à qui les rencontre...

— Il paraît qu'elles sont curieuses de musique et qu'elles chantent comme des rossignols.

— On dit aussi qu'elles sont gourmandes ! comme des chattes... oui, Karadeuk, tu as beau rire... tu dois me croire, je ne suis point menteuse ; le bruit court que dans leurs fêtes de nuit, elles étendent sur le gazon, toujours au bord d'une fontaine, une nappe blanche comme la neige, et tissée de ces légers fils que l'on voit l'été sur les prairies. Au milieu de la nappe, elles mettent une coupe de cristal si vive, si vive qu'elle sert de flambeau à ces fées... L'on ajoute qu'une goutte de cette liqueur rendrait aussi savant que Dieu.

— Et que mangent-elles sur leur nappe d'un

blanc de neige, les Korrigans? le sais-tu, Karadeuk, toi qui les aimes tant?

— Chères petites! leur corps rose et transparent, à peine haut de deux pieds, n'est pas coûteux à nourrir. Ma sœur Roselyk les dit gourmandes... Que mangent-elles donc? le suc des fleurs de nuit, servies sur des feuilles d'*herbe d'or?*

— L'herbe d'or?... cette herbe magique qui, si on la foule par mégarde, vous endort et donne connaissance de la langue des oiseaux.

— Et que boivent elles, les Korrigans?

— La rosée du ciel dans la coquille azurée des œufs du roitelet... voyez-vous les ivrognesses? Mais au moindre bruit humain... tout s'évanouit, elles disparaissent dans la fontaine pour retourner au bord de l'onde, dans leur palais de cristal et de corail... c'est afin de pouvoir ainsi se sauver des hommes qu'elles restent toujours au bord des eaux... O gentilles naines... belles petites fées... ne vous verrai-je donc jamais! je donnerais mon meilleur arc et vingt flèches, je donnerais mes beaux filets de pêche, je donnerais dix ans, vingt ans de ma vie pour rencontrer une Korrigan!...

— Karadeuk, mon enfant, ne faites pas de ces vœux impies par une pareille nuit de tempête... cela porte malheur... jamais je n'ai entendu la mer en furie gronder ainsi... c'est comme un tonnerre...

— Ma bonne mère, je braverais nuit, tempête et tonnerre pour voir une Korrigan...

— Taisez-vous, méchant enfant... taisez-vous, vous m'effrayez... ne parlez pas ainsi...

— Quel aventureux et hardi garçon tu fais, mon petit-fils...

— Grand-père, blâmez donc aussi mon frère Karadeuk, au lieu de l'encourager dans ses désirs périlleux... Ne savez-vous pas...

— Quoi! ma blonde Roselyk.

— Hélas! grand-père, les Korrigans volent les enfants des pauvres mères, et mettent à leur place de petits monstres; la chanson le dit.

— Voyons la chanson, ma Roselyk.

— La voici, grand-père:

« — *Mary* est bien affligée; elle a perdu son
« petit *Laoïk*; la Korrigan l'a ememporté. »
« — En allant à la fontaine puiser de l'eau,
« je laissai mon Laoïk dans son berceau;
« quand je revins à la maison, il était bien loin.
« — Et à sa place la Korrigan avait mis ce
« monstre; sa face est aussi rousse que celle
« d'un crapaud; il égratigne et il mord. »
« — Et toujours il demande à téter, et il a
« sept ans passés, et il demande encore à téter.
« — Mary est bien affligée; elle a perdu son
« petit Laoïk; la Korrigan l'a emporté. »

— Telle est la chanson, grand-père. Maintenant, mon frère voudra-t-il rencontrer ces méchantes Korrigans, ces voleuses d'enfants?

— Qu'as-tu à répondre pour défendre tes fées, mon favori?

— Grand-père, ma gentille sœur Roselyk a été abusée par de mauvaises langues; toutes les mères qui ont de laids marmots crient qu'elles avaient un ange au berceau, et que les Korrigans ont mis en place un petit monstre!

— Bien trouvé, mon petit-fils!

— Je soutiens, moi, que les Korrigans sont au contraire avenantes et serviables... Vous connaissez le vallon de l'Hellè?

— Oui, mon intrépide.

— Il y avait autrefois les plus beaux foins du monde dans ce vallon...

— Foin de l'Hellè, foin parfumé.

— Or, c'était grâce aux Korrigans...

— Vraiment! conte-moi ça...

— Le temps de la fauchaison et de la fenaison venue, elles arrivaient sur la cime des rochers du vallon pour veiller sur les prés... avaient-ils, pendant le jour, trop séché, les Korigans y faisaient tomber une abondante rosée... Ce foin était-il coupé, elles éloignaient les nuées qui auraient pu gâter la fenaison... Un sot et méchant évêque voulut chasser ces gentilles petites fées si secourables; il fit, à la tombée du jour, allumer un grand feu de bruyère sur les rochers; puis, quand ils furent très chauds, on balaya la cendre... La nuit venue, les Korrigans ne se doutant de rien, arrivent pour veiller aux prés; mais aussitôt elles se brûlent les pieds sur la roche ardente... Alors elles se sont écriées en pleurant: *Oh! méchant monde! oh! méchant monde!...* Et depuis, elles ne sont plus jamais revenues, aussi dès lors, le foin a toujours été pourri par la pluie ou desséché par le soleil dans le vallon de l'Hellè... Voilà ce que c'est que de faire du mal aux petites Korrigans... Non, je ne mourrai pas content si je n'en ai rencontré une...

— Mes enfants, mes enfants, ne croyez pas à ces magies, et surtout ne désirez pas en être témoins, cela porte malheur...

— Quoi, mère, parce que je désire voir une Korrigan, il m'arriverait un malheur?... lequel?

— Hésus le sait, méchant enfant... tenez, vos paroles me serrent le cœur...

— Quelle tempête! la maison en tremble...

— Et c'est par une nuit pareille que Karadeuk ose dire qu'il donnerait sa vie pour voir des Korrigans...

— Allons, chère femme, cette alarme est faiblesse.

— Les mères sont faibles et craintives, Jocelyn... Il ne faut pas tenter Dieu...

Le vieil Araïm cesse un moment de travailler à son filet; sa tête se baisse sur sa poitrine...

— Qu'avez-vous, mon père? vous voici tout pensif! Croyez-vous, comme Madalèn, qu'un malheur menace Karadeuc, parce que, par une

nuit de tempête, il a désiré voir une Korrigan ?
— Je pense, non point aux fées, mais à cette nuit de tempête, Jocelyn... Je t'ai lu, ainsi qu'à tes enfants, les récits de notre aïeul Joel, qui vivait il y a cinq cents et tant d'années, sinon dans cette maison, du moins dans ces lieux où nous sommes. Je songeais que par un pareil jour de tempête, Joel et son fils, avides de récits comme de curieux Gaulois qu'ils étaient...
— Ont fait ce bon tour d'arrêter un voyageur dans la cavée de *Chraig'h*, puis ils ont garrotté cet étranger, et l'ont amené à la maison pour l'entendre raconter...
— Et ce voyageur, c'était le *chef des cent vallées*... un héros!...
— Oh! oh! comme tes yeux brillent en parlant ainsi, Karadeuk...
— S'ils brillent, grand-père, c'est qu'ils sont humides... Quand j'entends parler du *chef des cent vallées*, les larmes me viennent aux yeux.
— Qu'est-ce que cela, mon père ? Voyez donc, notre vieil *Erer* gronde entre ses dents et dresse les oreilles.
— Grand-père, entendez-vous aboyer les chiens de garde?
— Il faut qu'il se passe quelque chose au dehors de la maison...
— Hélas! si les dieux veulent punir mon fils de son désir audacieux, leur colère ne se fait pas attendre... Karadeuk, venez près de moi.
— Quoi! Madalèn... te voici pleurant et embrassant ton fils, comme si quelque malheur le menaçait... Allons, plus de raison.
— N'entends-tu pas les aboiements redoublés des chiens au dehors? Tiens, voici Erer qui court vers la porte... Il se passe quelque chose de sinistre autour de la maison...
— Ne crains rien, mère, c'est un loup qui rôde... A mon arc!
— Karadeuk, ne bougez pas...
— Ma chère Madalèn, ne tremblez pas ainsi pour votre fils, ni toi non plus pour ton frère, ma douce Roselyk... Peut-être vaut-il mieux ne point braver les lutins et les fées en une nuit de tempête, mais vos craintes sont vaines. D'abord ce n'est pas un loup qui rôde au dehors : il y a longtemps que le vieux Erer mordrait les ais de la porte pour aller recevoir ce mauvais hôte...
— Mon père a raison... c'est peut-être un étranger égaré.
— Viens, Kervan, viens, mon frère, allons à la porte de la cour.
— Mon fils, restez près de moi...
— Mais, ma mère, je ne peux laisser mon frère Kervan aller seul.
— Écoutez... écoutez... il me semble entendre, au milieu du vent, une voix appeler...
— Hélas! ma bonne mère, un malheur menace notre maison... vous l'avez dit...

— Roselyk, mon enfant, n'augmente pas ainsi la frayeur de ta mère... Qu'y a-t-il d'étonnant à ce qu'un voyageur appelle du dehors pour qu'on lui ouvre la porte...
— Ces cris n'ont rien d'humain.. je me sens glacée de frayeur...
— Viens avec moi, Kervan, puisque ta mère veut garder Karadeuk auprès d'elle... Quoique le pays soit tranquille, donne-moi mon *pen-bas*, et prends le tien, mon garçon.
— Mon mari, mon fils, je vous en conjure, ne sortez pas!...
— Chère femme... Et si un étranger est au dehors par un temps pareil!... Viens Kervan...
— Hélas! je vous le dis... les cris que j'ai entendus n'avaient rien d'humain... Kervan! Jocelyn!... ils ne m'écoutent pas... les voilà partis... hélas!... hélas!...
— Mon père et mon frère vont au danger, et moi je reste ici...
— Ne frappez pas ainsi du pied, méchant enfant! vous êtes cause de tout le mal, avec vos vœux impies...
— Calmez-vous, Madalèn... et vous, mon tavori, ne prenez point, s'il vous plaît, de ces airs de poulain sauvage regimbant contre ses entraves, et, obéissez à votre mère...
— J'entends des pas... on approche... Oh! grand père!...
— Eh bien! ma douce Roselyk, pourquoi trembler ? quoi d'effrayant dans ces pas qui s'approchent? Bon, voici maintenant au dehors de grands éclats de rire... Etes-vous rassurée?
— Des éclats de rire... une pareille nuit!
— Sont effrayants, n'est-ce pas, Roselyk, surtout lorsque les rieurs sont ton père et ton frère? Tiens, les voici. Eh bien, mes enfants?
— Ce malheur, qui menaçait la maison...
— Ces cris, qui n'avaient rien d'humain...
— Achevez donc, avec vos rires... Voire! le père est aussi fou que le fils... Parlerez-vous?
— Ce grand malheur, c'est un pauvre colporteur égaré...
— Cette voix surhumaine, c'était la sienne...
Et le père et le fils de rire, il faut l'avouer, comme gens enchantés d'être rassurés. La mère, pourtant, toujours inquiète, ne riait point, mais les jeunes garçons, mais la jeune fille, mais Jocelyn lui-même, tous de s'écrier joyeux :
— Un colporteur! un colporteur!
— Il a des rubans jolis et de fines aiguilles.
— Des fers pour les flèches, des cordes pour les arcs. Des ciseaux pour tondre les brebis.
— Des hameçons pour la pêche, puisqu'il vient sur la côte.
— Et il nous racontera ce qu'il sait des contrées lointaines, s'il vient de loin.
— Où est-il donc? où est-il donc, ce bon colporteur qu'Hésus nous envoie par cette longue veillée d'hiver ?

— Quel bonheur de voir en détail toutes ses marchandises !
— Où est il donc? où est-il donc ?
— Il secoue sous le porche les frimas dont il est couvert.
— Bonne mère, tel est le malheur qui nous menaçait parce que je désire voir une Korrigan?
— Taisez-vous, mon fils... demain est à Dieu !
— Voici le colporteur ! le voici...

C'était lui... Il secoua au seuil de la porte ses bottines de voyage, si couvertes de neige, qu'il semblait porter des chaussons blancs. Homme robuste, d'ailleurs, trapu, carré, dans la force de l'âge, à l'air jovial, ouvert et déterminé. Madalèn, toujours inquiète, ne le quittait point des yeux, et par deux fois elle fit signe à son fils de revenir à ses côtés; le colporteur, relevant le capuchon de son épaisse casaque où miroitait le givre, se débarrassa de sa *balle*, lourd fardeau qui semblait léger pour ses fortes épaules; puis, ôtant son bonnet, il s'avança vers Araïm, le plus vieux de la maisonnée : Longue vie et heureux jours aux gens hospitaliers ! c'est le vœu que fait pour toi et ta famille, *Hêcin*, le colporteur. Je suis Breton; je m'en allais à Falgoët, lorsque la nuit et la tempête m'ont surpris sur la côte ; j'ai vu au loin la lumière de cette demeure, je suis venu, j'ai appelé, l'on m'a ouvert... Merci à vous tous, merci aux gens hospitaliers...

— Madalèn, qu'avez-vous à rêver ainsi, pensive et triste? La bonne figure et les paroles de ce colporteur ne vous rassurent-elles pas ? lui croyez-vous une Korrigan dans sa manche ?

— Mon père, demain appartient à Dieu... Je me sens plus chagrine encore depuis l'entrée de cet étranger.

— Plus bas, parlez plus bas encore, chère fille ; ce pauvre homme pourrait vous entendre et se chagriner.... Ah ! ces mères ! ces mères !

Et s'adressant à l'étranger :
— Approche-toi du feu, brave porte-balle ; la nuit est rude. Karadeuk, en attendant le souper, un pot d'hydromel pour notre hôte.
— J'accepte, bon vieux père... le feu réchauffera le dehors, l'hydromel le dedans.
— Tu me parais un joyeux routier.
— C'est la vérité ; la joie est ma compagne : si long, si rude que soit mon chemin, elle ne se lasse pas de me suivre.
— Tiens, bois...
— Salut à vous, bonne mère et douce fille, salut à vous tous...

Et faisant claquer sa langue contre son palais : Jamais je n'ai bu meilleur hydromel. L'hospitalité cordiale rend les meilleurs breuvages... encore plus excellents.
— Mon joyeux routier, tu viens de loin ?
— Parles-tu de ma journée d'aujourd'hui ou du commencement de mon voyage ?

— Oui, du commencement de ton voyage.
— Il y a deux mois, je suis parti de Paris.
— De la ville de Paris ?
— Cela l'étonne, bon vieux père ?
— Quoi ! en ces temps-ci, traverser la moitié de la Gaule, envahie par ces Franks maudits ?
— Je suis un vieux routier ; je parcours en tous sens la Gaule depuis vingt ans... Le grand chemin est-il hasardeux ? je prends le sentier ; la plaine périlleuse ? je prends la montagne ; le jour chanceux ? je marche la nuit.
— Et tu n'as pas été cent fois dévalisé par ces pillards franks ?
— Je suis un vieux routier, te dis-je ; aussi, avant d'entrer en Bretagne, j'endossais bravement une robe de prêtre, et sur ma balle était peinte une croix avec les flammes rouges de l'enfer. Ces larrons franks, aussi féroces que stupides, craignent le diable, dont les évêques leur font peur pour partager avec eux les dépouilles de la Gaule ; ils n'osaient m'attaquer, me prenant pour un prêtre.
— Allons, voici le souper prêt... à table, — dit le vieil Araïm ; et, s'adressant tout bas à la femme de son fils, toujours pensive :
— Qu'avez-vous, Madalèn?... Songez-vous aux Korrigans ?
— Cet étranger, qui revêt la robe du prêtre sans être prêtre, portera malheur à notre maison... La tempête semble redoubler de fureur depuis qu'il est entré ici.

Rassurer le cœur d'une mère est impossible. On s'attable, on boit, on mange ; le colporteur boit et mange comme un homme à qui la route a donné grand appétit. Les mâchoires ont joué, les langues démangent, celle du grand-père lui démange non moins qu'aux autres ; on n'a pas tous les jours pour la veillée un colporteur venant de Paris.

— Et que se passe-t-il dans la ville de Paris, brave porte-balle?
— Ce que j'ai vu de plus satisfaisant dans cette ville, c'est la mise en terre du roi de ces Franks maudits!
— Ah ! il est mort, leur roi !...
— Il y a plus de deux mois... le 25 novembre de l'an passé, de l'an 512 de l'*Incarnation du Verbe*, comme disent les évêques, qui ont béni et enterré ce meurtrier couronné dans la basilique des saints apôtres de Paris.
— Ah! il est mort, le roi des Franks !.. Comment s'appelait-il ?
— Un nom du diable! *Hlode Wig*.
— Il y a de quoi étrangler en le prononçant..
— *Hlode-Wig*... Sa femme, qu'ils appellent la reine, n'est pas moins heureusement partagée ; elle se nomme *Chrotechild*... ses quatre fils, *Chlotachaire, Theuleber* et...
— Assez, ami porte-balle... Foin de ces noms sauvages ! ceux qui les portent en sont dignes.

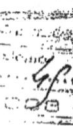

Bagaudes et Bagaudines (page 356)

— Jugez-en par le défunt roi Clovis; sa race promet encore de renchérir sur lui... Figurez-vous, réunies chez ce monstre, que saint Rémi a baptisé fils de l'Eglise catholique, figurez-vous la ruse du renard, jointe à la lâche férocité du loup. Vous nombrer les meurtres qu'il a commis à coups de couteau ou à coups de hache, serait trop long... je vous citerai les plus saillants... Un vieux chef frank, un boiteux, nommé *Sigebert*, était roi de Cologne?... Voici comment ces bandits se font rois : ils pillent, ils ravagent une province à la tête de leur bande, massacrent ou vendent comme bétail, hommes, femmes, enfants, réduisent les autres habitants en esclavage, et puis ils disent : « Nous sommes rois d'ici. » Les évêques répètent : « Oui, nos amis les Franks sont rois « d'ici; nous les baptisons au nom du Père, du « Fils et du Saint-Esprit..... Obéissez-leur, « peuple des Gaules, ou nous vous damnons. »

— Et il ne s'est pas trouvé un homme, un homme courageux! pour planter un poignard dans la poitrine de ce roi?

— Karadeuk, mon favori, ne vous échauffez pas de la sorte. Grâce aux Dieux, ce Clovis est mort; c'est toujours celui-là de moins. Continue, brave porte-balle.

— Donc, ce Sigebert le Boiteux était roi de Cologne; il avait un fils. Clovis lui dit : « Ton « père est vieux... tue-le, tu hériteras de lui. » Le fils trouve le conseil bon, et tue son père. Que fait Clovis? il tue à son tour le parricide et s'empare du royaume de Cologne.

— Vous frissonnez, mes enfants? je le crois. Tels sont donc ces nouveaux rois de la Gaule !

— Quoi! vous frissonnez déjà, mes hôtes? c'est trop tôt, attendez. Peu de temps après ce meurtre, Clovis égorge, de sa main, deux de ses

45ᵉ livraison

proches parents, le père et le fils, nommés *Chararic*, et ils les dépouille de ce qu'ils avaient eux-mêmes pillé en Gaule... Mais voici qui vaut mieux : Clovis combattait un autre bandit de sa royale famille, nommé *Ragnacaire*; il fait confectionner des colliers et des baudriers de faux or, les envoie par un de ses affidés aux *leudes*, compagnons de Ragnacaire, leur demandant en retour de ce présent de lui livrer leur chef et son fils. Le marché conclu, les deux Ragnacaire sont livrés à Clovis. Ce grand roi les abat à coups de hache comme bœufs en boucherie, après avoir ainsi larronné les leudes, ses complices, en payant leur trahison avec de faux or.

— Et les évêques chrétiens prêchent au peuple la soumission à de pareils monstres?

— Certes, puisque les crimes de ces monstres sont la source des richesses de l'Eglise! Songez-y donc, bon vieux père, les meurtres, les fratricides, les parricides, les incestes des rois et des seigneurs franks rapportent plus de sous d'or à ces gras fainéants d'évêques, que vos terres, fécondées par votre dur travail quotidien, honnêtes laboureurs, ne vous rapportent de deniers. Mais, écoutez le dernier tour du pieux roi Clovis... Il avait ainsi égorgé ou fait massacrer tous ses parents; un jour il rassemble les gens de son entourage, et dit en gémissant : « Malheureux que je suis! resté seul
« comme un voyageur au milieu des étrangers,
« je n'ai plus de parents pour me secourir si
« l'adversité venait. »

— Il se repent enfin de ses meurtres... C'est la moindre des punitions qui l'attendent.

— Se repentir! lui Clovis? bien sot il eût été, bon vieux père... est-ce que les prêtres ne le délivraient point du souci des remords, moyennant belles livres d'or et d'argent?

— Alors, pourquoi disait-il ces paroles : « Malheureux que je suis! resté seul sans parents pour me secourir si l'adversité venait? »

— Pourquoi? autre ruse sanglante, car « ce « n'était point que Clovis s'affligeât de la mort « de ses parents qu'il avait fait égorger... non, « il parlait ainsi par ruse, le scélérat, pour « *savoir s'il avait encore là quelque parent* « *afin de le tuer*... »

— Et il ne s'est pas trouvé un homme, un homme résolu! pour planter un poignard dans le cœur de ce monstre!...

— Taisez-vous, méchant enfant; voici la seconde fois que vous prononcez ces paroles de meurtre et de vengeance... Vous ne savez qu'imaginer pour m'effrayer.

— Ma chère femme, notre fils Karadeuk est indigné, comme nous tous, des crimes de ce roi frank... Par les os de nos pères! moi qui ne suis pas aventureux, je dis : Oui, c'est une honte pour la Gaule qu'un pareil monstre ait pendant quatorze ans, régné sur notre pays.... moins notre Bretagne, heureusement.

— Et moi qui, dans mon métier de colporteur, ai parcouru la Gaule d'un bout à l'autre, et vu ses misères et son sanglant esclavage, je dis que ceux-là qu'il faut aussi poursuivre d'une haine implacable, ce sont les évêques!... N'ont-ils pas appelé les Franks en Gaule? n'ont-ils pas baptisé ce meurtrier fils de l'Eglise de Rome? n'ont-ils pas songé à béatifier ce monstre sous l'appellation de *saint Clovis?*

— Dieux du ciel! est-ce folie ou lâche terreur chez ces prêtres?

— C'est ambition féroce et cupidité forcenée, bon vieux père. Les évêques, alliés aux empereurs, depuis que la Gaule était redevenue province romaine, étaient parvenus, par leur ruse et leur opiniâtreté habituelle, à se faire magnifiquement doter, eux et leurs églises, et à occuper les premières magistratures des cités. Cela ne leur a pas suffi; ils ont espéré mieux dominer les Franks barbares que les Romains civilisés... Alors ils ont trahi les Romains et appelé les Franks. Les Franks sont venus, la Gaule a été ravagée, pillée, asservie; et les évêques ont partagé ses dépouilles avec les conquérants, qu'ils ont bientôt dominés par la peur du diable... Voici donc ces pieux hommes cent fois plus puissants et plus riches sous la domination franque que sous la domination romaine, faisant curée de la vieille Gaule avec les barbares, et possédant d'immenses domaines, des richesses de toutes sortes, d'innombrables esclaves, esclaves si bien choisis, si bien dressés, si bien soumis au fouet, qu'un *esclave ecclésiastique* se vend généralement *vingt sous d'or*, tandis que tout autre esclave ne se vend d'ordinaire que *douze sous d'or*. Voulez-vous enfin avoir une idée des richesses des évêques? Ce saint Rémi, qui dans la basilique de Reims a baptisé Clovis, fils de la sainte Eglise romaine, a été si grassement rémunéré, qu'il a pu payer *cinq mille livres pesant d'argent* le domaine d'*Epernay*.

— Ah! trafiquer ainsi du sang de la Gaule... C'est horrible, c'est épouvantable!

— Tenez, bon père, si vous aviez, comme moi, traversé ces contrées jadis si florissantes, ravagées, incendiées par les Franks... si vous aviez vu ces bandes d'hommes, de femmes, d'enfants, garrottés deux à deux, marchant parmi le bétail et les chariots remplis de butin de toute sorte, que ces barbares poussaient devant eux, lorsqu'ils ont eu conquis le pays d'*Amiens*, où je passais alors... le cœur, comme à moi, vous eût saigné...

— Ces esclaves, ces femmes, ces enfants, où les conduisaient-ils?

— Hélas! bonne mère, ils les conduisaient sur les bords du Rhin, où les Franks tiennent un grand marché de chair gauloise ; tous les barbares de la Germanie, qui n'ont pas fait irruption dans notre malheureux pays, viennent là s'approvisionner d'esclaves de notre race, hommes, femmes, enfants...

— Et ceux qui restent en Gaule ?

— Tous les hommes des campagnes, esclaves aussi, cultivent, sous le bâton des Franks, les champs paternels que le roi Clovis a autrefois partagés avec ses *leudes*, ses anciens compagnons de pillage et de massacre, qu'il a faits depuis *ducs, marquis, comtes* en notre pays... Mais il reste encore quelques gouttes de sang généreux dans les veines de la vieille Gaule ; et si le règne des Franks et des évêques doit durer, ils ne jouiront pas du moins en paix de leur conquête.

— Que veux-tu dire ?

— Avez-vous entendu parler de la *Bagaudie* ?

— Assurément, et pour la glorifier.

— La Bagaudie... qu'est-ce donc, grand-père ?

— Laisse-moi d'abord répondre à notre ami le porte-balle ; cela, d'ailleurs, pourra t'instruire... Mon aïeul Gildas m'a raconté qu'il savait de son père que, peu d'années après la mort de Victoria la Grande, il y avait eu, non pas en Bretagne, mais dans les autres provinces, une première *Bagaudie*. La Gaule, irritée de se voir de nouveau province romaine, par suite de la trahison de Tétrik, et d'être obligée de payer au fisc des impôts écrasants, se souleva ; les révoltés s'appelèrent *Bagaudes*... Ils effrayèrent tellement l'empereur *Dioclétien*, qu'il envoya une armée pour les combattre ; mais en même temps il fit remise des impôts, et accorda presque tout ce que demandaient les Bagaudes... Il ne s'agit, voyez-vous, que de savoir demander aux rois ou aux empereurs... Tendez le dos, ils vous chargent votre bât à vous briser les reins ; montrez les dents, ils vous déchargent...

— Bien dit, vieux père... Demandez-leur les mains jointes, ils rient ; demandez-leur les poings levés, ils accordent... autre preuve que la Bagaudie a du bon.

— Elle a tant de bon que, vers le milieu du dernier siècle, elle a recommencé contre les Romains ; cette fois elle s'est propagée jusqu'ici, au fond de notre Armorique ; mais nous n'avons eu qu'à parler, point à agir. Le moment était bien choisi ; j'étais, si j'ai bonne mémoire, l'un de ceux qui, accompagnant nos druides vénérés, se sont rendus à Vannes auprès de la curie de cette ville, composée de magistrats et d'officiers romains, à qui nous avons dit :
« Vous nous gouvernez, nous, Gaulois bretons,
« au nom de votre empereur ; vous nous faites
« payer des impôts forts lourds, toujours au
« nom et au profit de ce même empereur. De-
« puis longtemps nous trouvons cela très in-

« juste ; nous jouissons, il est vrai, de nos
« libertés, de nos droits de citoyens ; mais notre
« sujétion à Rome nous pèse ; nous croyons
« l'heure venue de nous affranchir. Les autres
« provinces pensent ainsi, puisqu'elles se re-
« bellent contre votre empereur... Donc, il nous
« plaît de redevenir indépendants de Rome
« comme avant la conquête de César, comme
« au temps de Victoria la Grande ! Donc, cu-
« riales, exacteurs du fisc, allez-vous-en ; la
« Bretagne gardera son argent et se gouvernera
« elle-même... Bon voyage, et ne revenez plus,
« ou si vous revenez, vous nous trouverez de-
« bout, en armes, prêts à vous recevoir à coups
« d'épées, et au besoin à coups de faux et de
« fourches... » Les Romains ne tiennent plus garnison en ce pays ; leurs magistrats et leurs officiers, sans troupes pour les soutenir, sont partis, et point ne sont revenus : la Bagaudie en Gaule et les Franks sur le Rhin les occupaient assez. Cette seconde Bagaudie a eu, comme la première, de bons effets, encore meilleurs dans notre province que dans les autres, car les évêques, déjà ralliés aux Romains, sont parvenus à rebâter les autres peuples de la Gaule, moins lourdement pourtant que par le passé ; quant à nous, de l'Armorique bretonne, Rome n'a pas essayé de nous remettre sous le joug. Dès lors, selon nos antiques coutumes, chaque tribu a choisi un chef ; ces chefs ont nommé un chef des chefs qui gouvernait la Bretagne : conservé s'il marchait droit, déposé s'il marchait mal. Ainsi en est-il encore aujourd'hui, ainsi en sera-t-il toujours, je l'espère, malgré le règne de ces Franks maudits ; car le dernier Breton aura vécu avant que notre Armorique soit conquise par ces barbares, ainsi que les autres provinces de la Gaule... Maintenant, dis-tu, ami porte-balle, la Bagaudie renaît contre les Franks ? tant mieux, ils ne jouiront pas du moins en paix de leur conquête, si les nouveaux Bagaudes valent les anciens.

— Ils les valent, bon vieux père, ils les valent, je les ai vus à l'œuvre.

— Ces Bagaudes sont donc des troupes armées, nombreuses ?

— Karadeuk, mon favori, ne vous échauffez pas ainsi... écoutez sans interrompre.

— Méchant enfant, il ne songe qu'à ce qui est bataille, révolte et aventure !

Et la pauvre femme de dire tout bas à l'oreille du vieil Araïm :

— Ce colporteur avait-il besoin de parler de ces choses devant mon fils ? Hélas ! je vous l'ai dit, mon père, un mauvais sort a conduit cet homme chez nous...

— Le croyez-vous d'accord, chère Madalèn, avec les Dûs et les Korrigans ?

— Je crois, mon père, qu'un malheur menace cette maison... Il me tarde de voir cette soirée finie; je voudrais être à demain !

Et la mère alarmée, de soupirer, tandis que le colporteur répondait à Karadeuk, suspendu aux lèvres de cet étranger :

— Les nouveaux Bagaudes, mon hardi garçon, sont ce qu'étaient les anciens : terribles aux oppresseurs et chers au peuple !

— Le peuple les aime ?

— S'il les aime !... *Aëlian* et *Aman*, les deux chefs de la première Bagaudie, suppliciés, il y a près de deux cents ans, dans un vieux château romain, près de Paris, au confluent de la Seine et de la Marne, Aëlian et Aman sont encore aujourd'hui regardés par le peuple de ces contrées comme des martyrs !

— Ah ! c'est un beau sort que le leur ! Ces chefs de Bagaudes... aimés du peuple après deux cents ans ! vous entendez, grand-père ?

— Oui, j'entends, et ta mère aussi... Vois comme tu l'attristes.

Mais le *méchant enfant*, comme disait la pauvre femme, courant déjà en pensée la Bagaudie, reprenait, jetant des regards curieux et ardents sur le colporteur :

— Vous avez vu des Bagaudes ? étaient-ils nombreux ? avaient-ils déjà couru sur les Franks et sur les évêques ? y a-t-il longtemps que vous les avez vus ?

— Il y a trois semaines, en venant ici, je traversais l'Anjou... un jour, je m'étais trompé de route dans une forêt; la nuit vint; après avoir longtemps, longtemps marché, m'égarant de plus en plus au plus profond des bois, j'aperçois au loin une grande lueur qui sortait d'une caverne ; j'y cours : je trouve dans ce repaire une centaine de joyeux Bagaudes, festoyant autour du feu avec leurs Bagaudines, car ils ont souvent avec eux des femmes déterminées... Les autres nuits ils avaient fait, comme d'habitude, une guerre de partisans contre les seigneurs franks, nos conquérants, attaquant leurs *burgs*, ainsi que ces barbares appellent leurs châteaux, combattant avec furie, sans merci ni pitié, pillant les églises et les villas épiscopales, rançonnant les évêques, pendant même aux arbres les plus méchants de ces prêtres, assommant et dévalisant les collecteurs du fisc royal; mais donnant généreusement au pauvre monde ce qu'ils prenaient aux riches prélats, aux comtes franks, ces premiers pillards de la Gaule, et délivrant les esclaves qu'ils rencontraient enchaînés par troupeaux... Ah ! par Aëlian et Aman, patron des Bagaudes, c'est une belle et joyeuse vie que celle de ces gais et vaillants compères !... Si je n'étais revenu en Bretagne pour y voir encore une fois ma vieille mère, j'aurais avec eux couru un peu la Bagaudie en Anjou et dans les provinces voisines.

— Et pour être reçu parmi ces intrépides, que faut-il faire ?

— Il faut, mon brave garçon, faire d'avance le sacrifice de sa peau, être robuste, agile, courageux, aimer les pauvres gens, jurer la haine aux comtes et aux évêques franks, festoyer le jour, bagauder la nuit.

— Et où sont leurs repaires ?

— Autant demander aux oiseaux de l'air où ils perchent, aux animaux des bois où ils gîtent ? Hier, sur la montagne ; demain, dans les bois; faisant dix lieues dans une nuit, restant huit jours dans son repaire, le Bagaude ignore aujourd'hui où il sera demain...

— C'est donc un heureux hasard de les rencontrer sur sa route ?

— Heureux hasard pour les bonnes gens, mauvais hasard pour le comte, l'évêque ou le collecteur du fisc royal !

— Et c'est en Anjou que vous avez rencontré cette Bagaudie ?

— Oui, en Anjou... dans une forêt à huit lieues environ d'Angers, où je me rendais...

— Le voyez-vous, Karadeuk, mon favori ?... Regardez-le donc... quels yeux brillants, quelles joues enflammées; certes, si cette nuit il ne rêve pas des petites Korrigans, il rêvera de Bagaudie; ai-je tort, mon enfant ?

— Grand-père, je dis que les Bretons et les Bagaudes sont et seront les derniers Gaulois... Si je n'étais Breton, je voudrais courir la Bagaudie contre les Franks et les évêques.

— Et m'est avis, mon petit-fils, que tu vas la courir une fois la tête sur ton chevet; donc, bon rêve de Bagaudie je te souhaite, mon favori... Va te coucher, il se fait tard, et tu inquiètes sans raison ta pauvre mère.

Il y a trois jours, j'ai interrompu le récit. Je l'écrivais vers la fin de la journée où le colporteur, après la nuit passée dans notre maison, avait continué son chemin. Lorsqu'au matin il partit, la tempête s'était calmée. Je dis à Madalèn, en lui montrant le porte-balle, qui, déjà loin, et au détour de la route, nous saluait une dernière fois de la main :

— Eh bien, pauvre folle ! pauvre mère alarmée... les dieux en courroux ont-ils frappé Karadeuk, mon favori, pour le punir de vouloir rencontrer des Korrigans ? Où est le malheur que cet étranger devait attirer sur notre maison ?... La tempête est apaisée, le ciel serein, la mer calme et bleue... pourquoi votre front est-il toujours triste ? Hier, Madalèn, vous disiez : « Demain appartient à Dieu ! » Nous voici au lendemain d'hier, qu'est-il advenu de fâcheux ? Rien, absolument rien...

— Vous avez raison, bon père... mes pressentiments m'ont trompée; pourtant je suis chagrine, et toujours je regrette que mon fils ait ainsi parlé des Korrigans.

— Tenez, le voici, votre Karadeuk, son limier en laisse, bissac au dos, arc en main, flèche au côté ; est-il beau ! est-il beau ! a-t-il l'air alerte et déterminé !

— Où allez-vous, mon fils ?

— Ma mère, hier vous m'avez dit : Nous manquons depuis deux jours de venaison... Le temps est propice, je vais essayer d'abattre un daim dans la forêt de Karnak : la chasse peut être longue, j'emporte des provisions, du pain, des fruits et une bouteille de notre vin.

— Non Karadeuk, vous n'irez point aujourd'hui à la chasse, non je ne le veux pas...

— Pourquoi cela, ma mère ?

— Que sais-je... Vous pouvez vous égarer ou tomber dans une fondrière de la forêt...

— Ma mère, rassurez-vous, je connais les fondrières et tous les sentiers de la forêt.

— Non, non, vous n'irez pas à la chasse aujourd'hui. Je vous défends de quitter la maison.

— Bon grand-père, intercédez pour moi...

— De grand cœur ; car je me réjouis de manger un quartier de venaison, mais promets-moi, mon petit-fils, de ne point aller du côté des fontaines où l'on peut rencontrer des Korrigans..,

— Je vous le jure, grand-père !

— Allons Madalèn, laissez mon adroit archer partir pour la chasse... il vous jure de ne pas songer aux petites fées.

— Vous le voulez, mon père ? vous le voulez absolument ?

— Je vous en prie, il a l'air si chagrin !

— Qu'il en soit selon votre désir... C'est, hélas ! contre mon gré.

— Un baiser, ma mère ?

— Non, méchant enfant, laissez-moi...

— Un baiser, ma bonne mère ; je vous en supplie .. ne me refusez pas une caresse.

— Madalèn, voyez cette grosse larme dans ses yeux... Aurez-vous le courage de ne pas l'embrasser ?

— Tiens, cher enfant... j'étais plus chagrine que toi... Pars donc, mais reviens vite...

— Encore un baiser, ma bonne mère... et adieu... et adieu...

Karadeuk est parti, essuyant ses yeux ; deux ou trois fois il se retourne pour regarder encore sa mère... et disparaît... Le jour se passe ; mon favori ne revient pas : la chasse l'aura entraîné, la nuit le ramènera... Je me mets à écrire ce récit, que la douleur a interrompu. Le jour touchait à sa fin ; soudain on entre dans ma chambre.

— Mon père ! mon père ! un grand malheur !

— Hélas ! hélas ! mon père... je disais bien que les Korrigans et l'étranger seraient funestes à mon fils... Pourquoi vous ai-je cédé ? pourquoi ce matin, l'ai-je laissé partir, mon Karadeuk bien-aimé !... C'est fait de lui... je ne le verrai plus... pauvre femme que je suis !

— Qu'avez-vous Madalèn ? qu'as-tu Jocelyn ? pourquoi cette pâleur ? pourquoi ces larmes ? qu'est-il arrivé à mon Karadeuk ?

— Lisez, mon père, lisez ce petit parchemin, qu'Yvon, le bouvier, vient de m'apporter...

— Ah ! maudit ! maudit soit ce colporteur avec sa Bagaudie ; il a ensorcelé mon enfant... Les Korrigans sont cause de tout le mal...

Moi, pendant que mon fils et sa femme se désolaient, j'ai lu ce qu'avait écrit mon petit-fils :

« Mon bon père et ma bonne mère, lorsque
« vous lirez ceci, moi, votre fils Karadeuk, je
« serai très loin de notre maison... J'ai dit à
« Yvon, le bouvier, que j'ai rencontré ce matin
« aux champs, de ne vous remettre ce parche-
« min qu'à la nuit, afin d'avoir douze heures
« d'avance, et d'échapper à vos recherches... Je
« vais courir la Bagaudie contre les Franks
« et les évêques... Le temps des *chefs des cent*
« *vallées*, des Sacrovir, des Vindex, est passé ;
« mais je ne resterai pas paisible au fond de la
« Bretagne, seul pays libre de la Gaule, sans
« venger, ne fût-ce que par la mort d'un des
« fils de Clovis, l'esclavage de notre bien-aimée
« patrie !... Mon bon père, ma bonne mère, vous
« gardez auprès de vous mon frère aîné, Ker-
« van et ma sœur Roselik ; soyez sans courroux
« contre moi... Et vous, grand-père, qui m'ai-
« miez tant, obtenez mon pardon, que mes
« chers parents ne maudissent pas leur fils.

« KARADEUK »

Hélas ! toutes les recherches ont été vaines pour retrouver ce malheureux enfant.

J'avais commencé ce récit parce que l'entretien du colporteur m'avait frappé... J'avais longuement causé avec cet étranger, parcourant en tous sens la Gaule depuis vingt ans, ayant vu et observé beaucoup de choses ; il m'avait donné le secret de ce mystère :

« *Comment notre peuple, qui jadis avait*
« *su s'affranchir du joug des Romains si*
« *puissants, avait-il subi et subissait-il la con-*
« *quête des Franks, auxquels il est mille fois*
« *supérieur en courage et en nombre...* »

Je voulais écrire ici la réponse du colporteur, mais le départ de ce malheureux enfant, la joie de ma vieillesse, m'a frappé au cœur. Je n'ai pas le courage de poursuivre ce récit... Plus tard, si quelque bonne nouvelle de mon favori Karadeuk me donne l'espérance de le revoir, j'achèverai cette écriture... Hélas ! en aurai-je jamais des nouvelles ? Pauvre enfant ! partir seul à dix-sept ans, pour courir la Bagaudie !

Serait-il donc vrai que les dieux nous punissent de notre désir de voir les malins esprits? Hélas ! hélas ! je dis, ainsi que la pauvre mère, qui va sans cesse comme une folle à la porte de la maison regarder au loin si son fils ne revient pas :

« Les dieux ont puni Karadeuk, mon favori, « d'avoir voulu voir des Korrigans! »

Mon père Araïm est mort de chagrin peu de temps après le départ de mon second fils ; il m'a légué les reliques de notre famille.

J'écris ceci dix ans après la mort de mon père, sans avoir eu de nouvelles de mon pauvre fils Karadeuk... Il a trouvé sans doute la mort dans la vie aventureuse de Bagaude... La Bretagne conserve son indépendance, les Franks n'osent l'attaquer ; les autres provinces de la Gaule sont toujours esclaves sous la domination des évêques et des fils de Clovis ; ceux-ci surpassent, dit-on, leur père en férocité. Ils se nomment *Thierry*, *Childebert* et *Clotaire*; le quatrième, *Chlodomir*, est mort, dit-on, cette année.

Combien d'années me restent à vivre et quels événements m'attendent? C'est ce que j'ignore. Mais en ce jour-ci, je te lègue, à toi, mon fils aîné Kervan, notre légende de famille ; je te la lègue cinq cent vingt-six ans après que notre aïeule Geneviève a vu mourir Jésus de Nazareth.

Moi, Kervan, fils de Jocelyn, mort sept ans après m'avoir légué cette légende, j'y joins les récits suivants ; ils m'ont été rapportés ici dans notre maison, près de Karnak, par *Rônan*, l'un des fils de mon frère Karadeuk, qui s'en était allé, il y a longues années, courir la Bagaudie, l'an qui suivit la mort du roi Clovis... Ces récits contiennent les aventures de mon frère Karadeuk et de ses deux fils *Loysyk* et *Ronan*; ils ont été écrits par Ronan dans la première ardeur de sa jeunesse sous une forme qui n'est point celle des autres récits de cette chronique.

La Bretagne, toujours paisible, se gouverne par les chefs qu'elle choisit ; les Franks n'ont pas osé y pénétrer de nouveau... Mais dans le récit de mon neveu, notre descendance trouvera le secret de ce mystère, que mon grand-père Araïm n'a pas eu le courage d'écrire :

« *Comment le peuple gaulois, qui jadis* « *avait su s'affranchir du joug des Romains* « *si puissants, avait-il subi, subissait-il la* « *conquête des Franks, auxquels il est mille* « *fois supérieur en nombre et en courage ?* »

Plaise à Dieu qu'il n'en soit pas un jour de la Bretagne comme des autres provinces de la Gaule ! plaise aux dieux que notre contrée, la seule libre aujourd'hui, ne tombe jamais sous la domination des Franks et des évêques de Rome. Que nos *druides chrétiens* ou non chrétiens continuent de nous inspirer l'amour de la liberté et les mâles vertus de nos ancêtres !...

(529 à 615)

CHAPITRE PREMIER

Le chant des *Vagres* et des *Bagaudes*. — Ronan et sa troupe. — La villa épiscopale. — L'évêque Cautin. — Le comte Neroweg et l'ermite laboureur. — Prix d'un fratricide. — La belle évêchesse. — Le souterrain des Thermes. — Les flammes de l'enfer. — L'attaque. — Odille, la petite esclave. — Ronan le Vagre. — Le jugement. — Prenons aux seigneurs, donnons au pauvre monde. — Départ de la villa épiscopale.

« Au diable les Franks! Vive la *Vagrerie* et « la vieille Gaule ! c'est le cri de tout bon » *Vagre*... Les Franks nous appellent *Hom-« mes errants*, *Loups*, *Têtes de loups!*... « Soyons loups...

« Mon père courait la Bagaudie, moi je cours « la Vagrerie ; mais tous deux à ce cri : — Au « diable les Franks ! et vive la Gaule !...

« Aëlian et Aman, Bagaudes en leur temps, « comme nous Vagres en le nôtre, révoltés « contre les Romains, comme nous contre les « Franks, Aëlian et Aman, suppliciés il y a « deux siècles et plus dans leur vieux château, « près de Paris, sont nos prophètes. Nous com-« munions avec le vin, les trésors et les femmes « des évêques et des riches Gau-« lois ralliés à ces comtes, à ces ducs franks, « auxquels le roi Clovis a donné notre vieille « Gaule. Les Franks nous ont pillés, incendiés, « massacrés ; pillons, incendions, massacrons!... « et vivons en joie... *Loups! Têtes de loups!* « *Hommes errants!* Vagres que nous som-« mes! Vivons, l'été, sous la verte feuillée ; « l'hiver, dans les chaudes cavernes !

« Mort aux oppresseurs ! liberté aux escla-« ves ! Prenons aux seigneurs ! donnons au « pauvre monde !...

« Quoi! cent tonneaux de vin dans le cellier « du maître ? et l'eau du ruisseau pour l'esclave « épuisé ?

« Quoi ! cent manteaux dans le vestiaire ? et « des haillons pour l'esclave grelottant ?

« Qui donc a planté la vigne ? récolté, foulé « le vin ? l'esclave... Qui doit boire le vin ? « l'esclave...

« Qui donc a tondu les brebis ? tissé la laine ? « ouvragé les manteaux ? l'esclave...

« Qui doit porter le manteau ? l'esclave...

« Debout, pauvres opprimés ! debout ! révol-« tez-vous ! voici venir vos bons amis les « Vagres !... A mort les seigneurs et les évêques !

« Six hommes unis sont plus forts que cent « hommes divisés... Unissons-nous : chacun « pour tous, tous pour chacun !! Au diable les « Franks ! Vive la Vagrerie et la vieille Gaule ! »

Qui chantait ainsi? Ronan le Vagre... où chantait-il ainsi? sur une route montueuse qui conduisait à la ville de Clermont, en Auvergne, cette mâle et belle Auvergne, terre des grands souvenirs : *Bituit*, qui donnait pour repas du matin à sa meute de chiens de guerre, les légions romaines; le *chef des cent vallées! Vindex!* et tant d'autres héros de la Gaule n'étaient-ils pas enfants de l'Auvergne ? de la belle Auvergne, aujourd'hui la proie de Clotaire, le plus odieux, le plus féroce des quatre fils de Clovis?

Au chant de Ronan le Vagre, d'autres voix répondaient en chœur. Ils étaient là par une douce nuit d'été; ils étaient là une trentaine de Vagres, gais compères, rudes compagnons, vêtus de toutes sortes de façons, mais armés jusqu'aux dents, et portant à leur bonnet, en signe de ralliement, une branchette de chêne vert.

Ils arrivent à un carrefour : une route à droite, une route à gauche... Ronan fait halte ; une voix s'élève, la voix de *Dent-de-Loup*... Quel Titan ! il a six pieds, une encolure de taureau, des mains énormes : le cercle d'une tonne lui servirait de ceinture.

— Ronan, tu nous a dit : Frères, armez-vous, nous nous sommes armés... Prenez quelques torches de paille ; voici nos torches... Suivez-moi ; nous te suivons... Tu t'arrêtes ; nous nous arrêtons....

— Dent-de-Loup, je réfléchis... Donc, frères, répondez : Qui mérite la préférence de la femme d'un comte frank ou d'une évêchesse?

— Une évêchesse sent l'eau bénite, l'évêque bénit... La femme d'un comte sent le vin, son mari s'enivre...

— Dent-de-Loup, c'est le contraire : le prélat rusé boit le vin et laisse l'eau bénite au Frank stupide.

— Ronan a raison.

— Au diable l'eau bénite, et vive le vin !

— Oui, vive le vin de Clermont, dont *Luern*, le grand chef d'Auvergne au temps jadis, faisait remplir des fossés, grands comme des étangs, pour désaltérer les guerriers de sa tribu.

— C'était une coupe digne de toi, Dent-de-Loup... Mais, frères, répondez... A qui donner la préférence, à une évêchesse ou à la femme d'un comte ?

— A l'évêchesse ! à l'évêchesse !

— Non ; à la femme d'un comte !

— Frères, pour vous accorder, nous les prendrons toutes deux...

— Bien dit, Ronan...

— L'un de ces chemins conduit au BURG (château) du comte NÉROWEG... l'autre à la villa épiscopale de l'évêque Cautin.

— Il faut enlever l'évêchesse et la comtesse... il faut piller le burg et la villa !

— Par où commencer! Allons-nous chez le prélat? allons-nous chez le seigneur ?... L'évêque boit plus longtemps, il savoure en gourmet ; le comte boit davantage, il avale en ivrogne...

— Bien dit, Ronan...

— Donc, à cette heure de minuit, l'heure des Vagres, le comte Néroweg, gonflé comme une outre, doit ronfler dans son lit ; à ses côtés, sa femme ou sa concubine rêve les yeux grands ouverts. L'évêque Cautin, les coudes sur la table, tête à tête avec une vieille cruche et l'un de ses chambriers favoris, doit causer de gaudrioles.

— Allons d'abord chez le comte ; il sera couché.

— Frères, allons d'abord chez l'évêque, il sera levé... C'est plus gai de surprendre un prélat qui boit qu'un seigneur qui ronfle.

— Bien dit, Ronan... Allons d'abord chez l'évêque.

— Marchons... Moi, je connais la maison...

Qui parlait ainsi? Un jeune et beau Vagre de vingt-cinq ans; on l'appelait le *Veneur*... Il n'était pas de plus fin archer, sa flèche allait où il voulait... Esclave forestier d'un duc frank, et surpris avec une des femmes de son seigneur, il avait échappé à la mort par la fuite, et depuis il courait la Vagrerie.

— Je connais la maison épiscopale, — reprit ce hardi garçon.

— Me doutant qu'un jour ou l'autre nous irions communier avec les trésors de l'évêque, je suis allé, en bon veneur, observer son repaire, et là j'ai vu la biche du saint homme... Jamais chevrette n'eût l'œil plus noir et plus doux!

— Et la maison, Veneur, la maison, quelle figure a-t-elle?

— Mauvaise ! Fenêtres élevées, portes épaisses, fortes murailles.

— Veneur, — reprit le joyeux Ronan, — nous arriverons au cœur de la maison de l'évêque sans passer ni par la porte, ni par la fenêtre, ni par la muraille... de même que tu arrives au cœur de la maîtresse sans passer par ses yeux... la nuit sera bonne.

— Frères, à vous les trésors... à moi la belle évêchesse !

— A toi, Veneur, l'évêchesse ; à nous le pillage de la villa épiscopale... et vive la Vagrerie !

L'évêque Cautin habitait, pendant l'été, sa villa située non loin de la ville de Clermont, siège de son épiscopat... Jardins magnifiques, eaux cristallines, épais ombrages, frais gazons, gras pâturages, moissons dorées, vignes empourprées, forêt giboyeuse, étangs empoissonnés, étables bien garnies, entouraient le palais du saint homme ; deux cents *esclaves ecclésiastiques*, mâles et femelles, cultivaient les biens de l'Église, sans compter l'échanson, le cuisinier, le rôtisseur, le boucher, le boulanger, le baigneur, le raccommodeur de filets, le cordonnier, le tailleur, le tourneur, le charpentier, le maçon, le veneur et aussi les fileuses, les lavandières, esclaves presque toujours jeunes, souvent jolies. Chaque soir, l'une d'elles apportait à l'évêque Cautin, couché douillettement sur la plume, une coupe de vin chaud très épicé... Le matin, une autre jolie fille apportait, au réveil du pieux homme, une coupe de lait crémeux... Voyez un peu ce bon apôtre d'humilité, de chasteté, de pauvreté !...

. Quelle est donc cette belle grande femme, jeune encore et faite comme Diane chasseresse? Le cou et les bras nus, vêtue d'une simple tunique de lin, ses noirs cheveux, à demi dénoués ; elle est accoudée au balcon de la terrasse de cette villa. Brûlants et languissants à la fois, les yeux de cette jeune femme tantôt s'élèvent vers le ciel étoilé, tantôt semblent sonder la profondeur de cette nuit d'été, douce nuit qui protège de son ombre l'approche des Vagres, se dirigeant à pas de loups vers la demeure de l'évêque. Cette femme, c'est *Fulvie*, l'évêchesse de Cautin, qu'il avait épousée, alors que, simple tonsuré, il ne briguait pas encore l'épiscopat... Depuis qu'il est prélat, il l'appelle benoitement *ma sœur*, selon les canons des conciles...

— Oh ! malheur ! — disait la belle évêchesse, — malheur à ces nuits d'été où l'on est seule à respirer le parfum des fleurs, à écouter dans la feuillée le murmure des brises nocturnes, pareilles au frissonnement des baisers amoureux !... Oh ! je redoute cette énervante chaleur des nuits d'été ; elle me pénètre... J'ai vingt-huit ans... Voilà douze ans que je suis mariée... et ces années conjugales, je les ai comptées par mes larmes ! Recluse à la ville, recluse à la campagne par l'ordre de mon seigneur et mari, l'évêque Cautin, vivant dans mon gynécée, au milieu de mes femmes esclaves, dont ce luxurieux fait ses maîtresses, les conciles l'obligeant, dit-il, à vivre chastement avec sa femme... telle est ma vie... ma triste vie ! Ma jeunesse s'écoule sans que jamais j'aie eu un seul jour d'amour, de liberté... Amour ! liberté ! vieillirai-je sans vous connaître ? Malheur sur moi !

Et la belle évêchesse se redressa, secoua sa noire chevelure au vent de la nuit, fronça ses noirs sourcils, et d'un air de défi s'écria :

— Malheur aux maris violents et débauchés... ils font les femmes perdues ! Aimée, respectée, traitée, sinon en femme, du moins en sœur par l'évêque, j'aurais été chaste et douce... Dédaignée, humiliée devant les dernières esclaves de ma maison ; je suis devenue emportée, vindicative : et du haut de ma terrasse.... souvent le front rouge, je suis d'un regard troublé les jeunes esclaves laboureurs allant aux champs... J'ai battu de mes mains les concubines de mon mari... et pourtant, pauvres malheureuses, elles ne cèdent pas à l'amant qui prie, mais au maître qui ordonne... Je les ai battues par colère, non par jalousie ; cet homme, avant de m'être odieux, m'était indifférent... Je l'aurais aimé, cependant, s'il avait voulu... et comme il aurait voulu. *Femme-sœur* d'un évêque... c'était beau !... Que de bien à faire !... que de larmes à sécher !... Mais je n'ai séché que les miennes, puisque bientôt avilie... méprisée... La mesure est comble, j'ai assez pleuré .. assez gémi... assez résisté aux tentations qui me dévorent... Je fuirai de cette maison, dussé-je être prise et vendue comme esclave !... Maître pour maître, que perdrai-je au change ? Traîner mes jours dans cette opulente villa, tombeau doré ! est-ce vivre ?... Non, non ! je veux sortir de ce sépulcre ! Je veux le grand air, le soleil, l'espace ! Je veux un jour d'amour et de liberté. Oh ! si je revoyais ce jeune garçon, qui plusieurs fois déjà, est passé de si grand matin au pied de cette terrasse !... Comme il me regardait d'un œil fier et amoureux ! Quelle avenante et hardie figure sous son chaperon rouge ! Quelle taille svelte et robuste sous sa saie gauloise, serrée à ses reins agiles par le ceinturon de son couteau de chasse ! Ce doit être quelque esclave forestier des environs... Esclave, esclave ! Eh ! qu'importe ! Il est jeune, beau, leste, amoureux ! Les maîtresses de mon mari sont esclaves aussi... Oh ! n'aurai-je donc jamais un jour d'amour et de liberté.

. . . .

Que fait l'évêque pendant que son évêchesse, rêveuse, au balcon de sa terrasse, regarde les étoiles et jette au vent des nuits ses regrets, ses soupirs et ses espérances endiablées !... Le saint homme boit et devise avec le comte Néroweg, son hôte pour la nuit ; la salle du festin, bâtie à la mode romaine, est vaste, ornée de colonnes de marbre, enrichie de dorures et de peintures à fresque ; les vases d'or et d'argent sont étalés sur des buffets d'ivoire ; le plancher est dallé de riches mosaïques agréables à l'œil ; plus agréable encore est la large table chargée de coupes et d'amphores à demi pleines ; les *leudes*, compagnons de guerre de Néroweg, et ses égaux durant la paix, après avoir, selon l'usage, soupé à la même table que le comte, sont allés jouer aux dés sous le vestibule, avec les clercs et les chambrières de l'évêque. Çà et là sont déposées, le long des murs, les armes grossières des leudes : boucliers de bois, bâtons ferrés, *francisques*, ou haches à deux tranchants, *haugons*, ou demi-piques garnies de crampons de fer. Sur le bouclier du comte sont peintes en manière d'ornement trois *serres d'aigle*. Le prélat, resté attablé avec son hôte, le pousse à vider coupes sur coupes ; au bas bout de la table un ermite laboureur ne boit pas, ne parle pas ; parfois, il semble écouter les deux buveurs ; mais le plus souvent il rêve.

Le Frank, le comte Néroweg, a l'encolure et le fumet d'un sanglier en son printemps, et la

L'évêque Cautin et le comte Néroweg (page 363)

figure d'un oiseau de proie, avec son nez crochu et ses petits yeux renfoncés, tantôt hébétés, tantôt féroces, ses cheveux rudes et fauves, rattachés au sommet de sa tête par une courroie, retombant derrière son dos comme une crinière, car depuis deux cents ans et plus, la coiffure de ces Barbares n'a pas changé ; son menton et ses joues sont rasés, mais ses longues moustaches rousses descendent jusque sur sa poitrine, couverte d'une casaque de peau de daim, luisante de graisse, marbrée de taches de vin ; sur ses chausses de grosse toile crasseuse se croisent de longues bandelettes de cuir montant depuis ses gros souliers ferrés jusqu'à ses genoux ; de son baudrier flottant il a retiré sa lourde épée, placée sur un siège à côté d'un gros bâton de houx ; tel est le convive du prélat, tel est le comte Néroweg, l'un de ces nouveaux possesseurs de la vieille terre des Gaules.

L'évêque Cautin ressemble à un gros et gras renard en rut... Œil lascif et matois, oreille rouge, nez mobile et pointu, mains velues, chafriolant sous sa fine robe de soie violette... Et quel ventre ! On dirait une outre sous l'étoffe !
Quant à l'ermite laboureur... Respect à ce prêtre, selon le *jeune homme de Nazareth!*... Il a trente ans au plus... sa figure est pâle, à la fois douce et ferme, sa barbe blonde, son front déjà chauve, sa longue robe brune, d'étoffe grossière, çà et là éraillée par les ronces des terres qu'il a défrichées ; carrure rustique, mains robustes, le manche de la houe et de la charrue les a rendues calleuses.

L'évêque verse encore un grand coup à boire au Frank, lui disant : Comte... je te le répète... les vingt sous d'or, la prairie et la petite esclave blonde, sinon, pas d'absolution !

— Évêque, je reviendrai avec tous mes leudes

mettre ta maison à sac; je te ferai étendre sur un brasier ardent, et tu m'absoudras...

— Impie! scélérat blasphémateur! Pharaon! pourceau de luxure! réservoir à vin! comment oses-tu parler ainsi à ton évêque, toi! fils de l'Eglise catholique et apostolique!

— De gré ou de force, tu m'absoudras!

— Ah! le bestial! Tu veux donc aller au fin fond des enfers! tu veux donc rester plongé durant des siècles dans des cuves de poix ardente! tu veux être lardé à coups de fourche par les démons! Et quels démons! Têtes de crapauds, cornes de bouc, avec des serpents pour queue, des trompes d'éléphant pour bras... et les pieds fourchus! archifourchus!

— Tu les as vus? — dit le comte Frank d'un air farouche et craintif, — patron? tu les as vus, ces démons?

— Si je les ai vus!!! ils ont emporté devant moi, dans une nuée de bitume et de soufre, le duc Rauking, qui avait, le sacrilège! donné un coup de bâton à l'évêque Basile.

— Et ces diables ont emporté le duc Rauking!

— Au plus profond des entrailles de la terre!... Je les ai comptés; ils étaient treize! Un grand démon rouge, Lucifer, était à leur tête. Un sort semblable t'est réservé... si je ne te donne pas l'absolution.

Evêque, tu dis peut-être cela pour me faire peur et pour avoir mes vingt sous d'or, mes belles prairies et ma petite esclave blonde?

Le prélat frappa d'un timbre, un de ses chambriers entra; le saint homme dit quelques mots en latin en lui montrant de l'œil le sol dallé de compartiments de mosaïque. Le chambrier sortit; alors l'ermite laboureur s'adressa à l'évêque et lui dit aussi en latin:

— Ce que tu veux faire est une tromperie indigne, une dérision sacrilège!

— Ermite, tout n'est-il point permis aux ministres de notre sainte Eglise pour terrifier ces brutes franques?

— La fourberie n'est jamais permise...

Cautin haussa les épaules, et s'adressant au comte en langue germanique, car le prélat parlait l'idiome frank comme un barbare:

— Es-tu chrétien et catholique? As-tu reçu le saint baptême?

— L'évêque Macaire, il y a vingt ans, m'a ordonné de me mettre tout nu dans la grande auge de pierre de sa basilique, et puis il m'a jeté une écuellée d'eau sur la tête en marmottant des mots latins.

— Tu es catholique, puisque tu as communié au nom du Père, du Fils et du Saint-Esprit, trois personnes en une seule, qui est Dieu, puisqu'il est seul, et que pourtant Dieu est trois. En raison de quoi tu dois me respecter et m'obéir comme à ton père en Christ!

— Patron, je devine que tu veux troubler mon esprit par tes paroles, mais je ne serai pas ta dupe, sache-le bien. Notre grand roi Clovis, à la tête de ses braves leudes, a conquis et asservi la Gaule. Mon père Gonthram Néroweg, était l'un des guerriers, et...

— Tu mens, comte, c'est aux évêques que ton roi doit cette conquête; ce sont eux qui ont ordonné aux peuples de se soumettre à Clovis; et sans eux ton grand roi n'eût été qu'un chef de brigands. N'oublie pas cela, barbare... Tu peux continuer maintenant ce que tu avais à me dire et parle-moi avec respect.

— Quand vivait Théodorik, celui des fils du grand roi Clovis qui a eu l'Auvergne parmi ses royaumes, il m'a donné ici de grands domaines, terres, gens, bétail et maisons, et m'a envoyé pour le représenter dans cette contrée. Il m'a fait ce que vous appelez *graf* en ce pays, et ce que nous autres Franks appelons *comte*, et m'a autorisé à présider avec le chef évêque de la cité, les curiales de la ville de Clermont.

— Où veux-tu en venir avec tes divagations?

— Je veux prouver d'abord que le roi Clovis a commis un plus grand nombre de crimes que moi, et que ces crimes ne l'ont pas empêché d'entrer dans le paradis, d'après les évêques.

— Sans doute, brute que tu es; mais tu ignores donc ce que le paradis lui a coûté? Saint Remi, qui l'a baptisé, a été si richement doté par ce pieux roi, qu'il a pu acheter un domaine en Champagne au prix de cinq mille livres pesant d'argent?

— Je voulais dire ensuite que si tu es évêque, moi je suis comte ici, en pays conquis, et je peux te forcer à m'absoudre.

— Ah! tu blasphèmes, — et l'évêque frappa du pied sous la table, — ah! tu oses braver le courroux du Seigneur! toi... souillé de crimes exécrables!

— Eh bien! après tout! oui... Est-ce un péché irrémissible que d'avoir tué un frère? Je confesse avoir assassiné mon frère Ursio! donne-moi l'absolution.

— Tu oublies le meurtre de ta concubine Isanie et celui de ta quatrième femme *Wistgarde*, que tu avais épousée du vivant de tes deux premières femmes, car elles vivent encore, et tu a pris une cinquième femme, *Godégisèle*....

— Ne m'as-tu pas absous de ces péchés? Par l'*Aigle terrible*, mon glorieux aïeul! il m'en a coûté cinq cents arpents des meilleures terres de ma forêt, trente-huit sous d'or, vingt esclaves, et cette superbe pelisse de fourrures de martre du Nord, dans laquelle tu te prélassais cet hiver, et que le roi Clovis avait donnée à mon père!

— De ces premiers crimes, tu es absous..... aussi tu serais blanc comme l'agneau pascal sans ton abominable fratricide.

— Je n'ai pas tué Ursio par haine, je l'ai tué pour avoir sa part d'héritage.
— Et pourquoi aurais-tu tué ton frère, bestial? Pour le manger?
— Le grand Clovis n'a-t-il pas tué aussi tous ses parents pour avoir leur héritage, et cependant tu déclares qu'il est entré au paradis...... J'y veux aller aussi, moi qui ai moins tué que lui, et si tu ne me promets pas sur l'heure le paradis sans payer davantage, et si tu refuses de me donner l'absolution, je te fais tirer à quatre chevaux ou hacher par mes leudes!
— Je te dis que si tu n'expies pas ton fratricide par un don à mon église, tu iras en enfer, nouveau Caïn qui as tué ton frère.
— Tu dis cela pour avoir mes cent arpents de prairie, mes vingt sous d'or et ma petite esclave.
— Je dis cela pour le salut de ton âme, malheureux! Je dis cela pour t'épargner les tortures de l'enfer, dont la seule pensée devrait te faire frissonner d'épouvante.
— Tu parles toujours de l'enfer... Où est-il? L'évêque Cautin frappa du pied sur le sol.
— Comte, sens-tu cette odeur de soufre?
— Je sens une odeur très puante.
— Vois-tu cette fumée qui sort à travers ces dalles?
— D'où vient cette fumée? — s'écria Néroweg effrayé, en se levant de table et se reculant de l'endroit du sol d'où sortait une vapeur noire et épaisse. — Évêque, quelle est cette magie? Viens à mon secours!
— Seigneur, mon Dieu! vous avez entendu la voix de votre serviteur indigne, — dit Cautin en joignant les mains et se mettant à genoux, — vous voulez vous manifester aux yeux de ce barbare... Tu demandes où est l'enfer? Regarde à tes pieds; vois ce gouffre, vois cette mer de flammes prête à t'engloutir...
Et l'une des dalles de la mosaïque s'enfonçant sous le sol au moyen d'un contre-poids, laissa béante une large ouverture d'où s'échappèrent de grands tourbillons de feu répandant une forte odeur de soufre.
— La terre s'entr'ouvre, — s'écria le Frank livide de terreur. — Du feu! du feu! sous mes pieds... Au secours! au secours!
— C'est le feu éternel, — dit l'évêque en se redressant menaçant, tandis que le comte tombait à genoux cachant sa figure entre ses mains.
— Ah! tu demandes où est l'enfer, impie, blasphémateur, brute!
— Patron, mon bon patron, aie pitié de moi!
— Entends-tu ces cris souterrains? Ce sont les démons; ils viennent te chercher. Entends-tu comme ils crient: *Néroweg, Néroweg! le fratricide! Viens à nous! Caïn tu es à nous!*
— Ces cris sont affreux... Mon bon père en Christ, prie le Seigneur de me pardonner!
— Ah! te voilà à genoux, pâle, éperdu, les mains jointes, les yeux fermés par l'épouvante. Demanderas-tu encore où est l'enfer?
— Non, non, évêque, saint évêque Cautin; absous-moi de la mort de mon frère tu auras ma prairie, mes vingt sous d'or...
— Je veux cette gentille esclave.
— Ah! tu veux ma petite esclave blonde.
— J'ai là une charte de donation préparée... Tu vas faire venir un de tes leudes qui signera le parchemin. Mon témoin sera cet ermite, et la donation sera en règle et selon l'usage.
— Je consens à tout... aie pitié de moi. Renvoie ces démons! Renvoie-les! renvoie-les, mon bon patron, empêche qu'ils m'entraînent en enfer!
— Ils t'emporteraient dans les abîmes infernaux si tu manquais à ta promesse.
— Je remplirai tous mes engagements.
— Puisque tu ne doutes plus de la puissance du Seigneur, — reprit l'évêque en frappant de nouveau du pied sur le sol, — relève-toi, comte, ouvre les yeux, le gouffre de l'enfer est refermé (la dalle en remontant avait repris sa place). Ermite, apporte ce parchemin et ce qu'il faut pour écrire. Tu seras mon témoin.
— Je refuse mon concours, seigneur évêque, dans l'accomplissement de cette fourberie sacrilège, — répondit en latin l'ermite laboureur, — mais je ne veux pas dévoiler ta ruse à ce barbare qui te mettrait à mort... Dieu te jugera! et, en attendant son jugement, je m'élève contre tes indignes comédies.
— Serais-tu capable d'abuser de l'empire que tu possèdes sur le populaire pour exciter une rébellion dans mon diocèse? Est-ce une déclaration de guerre que tu veux me faire! Mais tu sais bien que les hommes d'église doivent se soutenir. Ou bien est-ce une faveur que tu désires m'arracher par intimidation? Réponds!
— Demain, avant de continuer ma route, je te dirai ce que j'attends de toi...
Cautin, à qui l'ermite laboureur imposait, frappait sur un timbre, pendant que le comte, toujours agenouillé, tremblant de tous ses membres, essuyait la sueur glacée qui coulait de son front. A l'appel de l'évêque, le chambrier parut; le saint homme dit en latin: — L'enfer a été très satisfaisant... Qu'on éteigne le feu!
Et il ajouta en langue franque:
— Commande à l'un des leudes du comte — mais sachant signer — de venir... Tu auras soin de l'accompagner pour un service que j'attends de toi.
Le chambrier sorti, l'évêque s'adressant au Frank agenouillé:
— Tu as cru, et tu te repens... Relève-toi!
— Mon bon patron, j'ai peur de retourner cette nuit à mon burg; les démons viendraient peut-être me prendre sur la route pour m'entraîner en enfer... Je suis épouvanté... garde-moi pendant cette nuit à ta villa.

— Tu seras mon hôte jusqu'à demain ; mais je veux que ta petite esclave me soit livrée ce soir même. Je l'ai promise à mon évêchesse, autrefois ma femme selon la chair, aujourd'hui ma sœur en Dieu. Elle a besoin d'une toute jeune fille pour son service : je lui ai promis celle-ci... et plus tôt elle l'aura, plus elle sera contente.

— Ainsi, patron, — dit le comte en se grattant l'oreille, — tu veux la petite esclave?

— Oserais-tu maintenant te dédire?

— Non, oh! non, patron... un de mes leudes va monter à cheval ; il ira chercher la petite esclave et la ramènera ici en croupe...

La charte de donation, validée selon l'usage par l'inscription du témoignage du chambrier de l'évêque et du leude, portait que Néroweg, comte du roi d'Auvergne en la ville de Clermont, faisait donation en rémission de ses péchés à l'Eglise, représentée par Cautin, évêque de cette ville, de cent arpents de prairie, vingt sous d'or, et une esclave filandière, âgée de quinze ans, nommée Odille. Après quoi l'évêque donna au comte Frank l'absolution de son fratricide et lui offrit trois coups à boire pour le réconforter au nom du Père, du Fils et du Saint-Esprit.

— Sigefrid, — dit le comte à son leude en étouffant un dernier soupir de regret ; — sois bon compagnon ; va au burg ; tu prendras en croupe la petite Odille, la filandière, et tu l'amèneras ici.

. . . .

Les Vagres sont arrivés non loin de la villa épiscopale.

— Ronan, les portes sont solides, les fenêtres élevées, les murailles épaisses... Comment entrer chez l'évêque ? — dit le Veneur.

— Tu nous a promis de nous conduire au cœur de la maison... moi, j'irai droit au cœur de l'évêchesse.

— Frères, voyez-vous à quelques pas, au pied de la montagne, ce petit bâtiment entouré de colonnes?

— Nous l'apercevons... la nuit est claire.

— Ce bâtiment était autrefois une salle de bains d'eaux thermales, dont la source chaude venait de ces montagnes... De la villa où nous allons, on se rendait à ces thermes par un long souterrain. L'évêque a fait détourner la source, et la transformé le bâtiment en chapelle qu'il a consacrée au grand *saint Loup*... Or, mes bons Vagres, par le souterrain nous entrerons au cœur de la villa épiscopale sans trouer de murailles, sans briser portes ou fenêtres... Si j'ai promis, ai-je tenu?

— Comme toujours, Ronan... tu as promis, tu as tenu.

On entre dans les anciens thermes changés en chapelle ; il y fait noir comme dans un four... Une voix se fait entendre :

— C'est toi, Ronan?

— Moi et les miens... Marche, Simon, bon serviteur de la villa épiscopale... marche, Simon, nous te suivons...

— Il faut attendre.

— Pourquoi ce retard?

— Le comte Néroweg est encore chez l'évêque avec ses leudes.

— Tant mieux... nous prendrons un renard et un sanglier : la chasse sera belle !

— Le comte a vingt-cinq leudes bien armés.

— Nous sommes trente... c'est quinze Vagres de trop pour une telle attaque... Marche! Simon, nous te suivons...

— Le passage n'est pas encore libre.

— Pourquoi n'est-il pas libre ce passage souterrain qui conduit d'ici dans la salle du festin?

— L'évêque a fait préparer ce soir un miracle pour effrayer le comte Frank et lui faire peur de l'enfer. Deux clercs ont apporté, sous la salle du festin, des bottes de paille, des fagots et du soufre... Ils doivent y mettre le feu en poussant des cris endiablés et souterrains... Après quoi, une des dalles de la mosaïque s'abaissera sous le sol, par un contre-poids, comme autrefois elle s'abaissait lorsqu'on voulait passer par le souterrain qui conduit à ces thermes.

— Et le Frank stupide, croyant voir béante une des bouches de l'enfer, fera au saint homme une plantureuse donation...

— Tu as deviné, Ronan; il faut donc attendre que le miracle soit accompli ; le comte parti, la villa silencieuse, toi et les tiens, vous vous y introduirez.

— A moi l'évêchesse !

— A nous le coffre-fort, les vases d'or et d'argent ! à nous les sacs gonflés de monnaie... et largesse, largesse au pauvre monde qui n'a pas un denier !

— A nous le cellier, les outres pleines, les sacs de blé... à nous les jambons, les viandes fumées ! Largesse, largesse au pauvre monde qui a faim !...

— A nous le vestiaire, les belles étoffes, les chauds vêtements, et largesse, largesse au pauvre monde qui a froid !...

— Et puis à feu et à sac la villa épiscopale !

— Liberté aux esclaves !

— Nous emmènerons les jeunes filles, qui nous suivront gaiement !

— Et vive l'union libre qui est le mariage en Vagrerie, — dit Ronan ; puis il chanta :

« Mon père était Bagaude, moi, je suis Vagre
« et né sous la verte feuillée, comme un oiseau
« de mai...
« Où est ma mère ? Je n'en sais rien...
« Un Vagre n'a pas de femme : le poignard
« d'une main, la torche de l'autre, il va de
« burg en villa épiscopale enlever femmes ou
« concubines à leur comte ou à leur évêque, et

« emmène ces charmantes au fond des bois...
« Elles pleurent d'abord et rient ensuite...
« Le joyeux Vagre est amoureux, et dans ses
« bras robustes ces belles chéries oublient bien-
« tôt le cacochyme évêque ou le duc hébété!... »
— Vive le mariage en Vagrerie!
— Tu es en belle humeur...
— Nous allons mettre à sac la maison d'un évêque, vieux Simon!
— Tu seras pendu, brûlé, écartelé...
— Ni plus ni moins qu'Aman et Aëlian, nos prophètes, Bagaudes en leur temps comme nous Vagres en le nôtre. Mais le pauvre monde dit : Bon Aëlian! bon Aman!... Puisse-t-il dire un jour : Bon Ronan!... je mourrais content, vieux Simon...
— Toujours vivre au fond des bois...
— La verdure est si gaie!
— Au fond des cavernes...
— Il y fait chaud en hiver, frais dans l'été.
— Toujours l'oreille au guet, toujours par monts et par vallées... toujours errer sans feu ni lieu...
— Mais vivre toujours libres, vieux Simon... libres! libres! au lieu de vivre esclaves sous le fouet d'un maître frank ou d'un évêque! Viens avec nous, Simon...
— Je suis trop vieux.
— Ne hais-tu pas ton maître, l'évêque Cautin et toute la seigneurie?
— Autrefois j'étais jeune, riche, heureux; les Franks ont envahi la Touraine, mon pays natal; ils ont égorgé ma femme après l'avoir violée; ils ont brisé sur les murailles la tête de ma petite-fille; ils ont pillé ma maison; ils m'ont vendu comme esclave, et de maître en maître, je suis tombé entre les mains de Cautin... J'ai donc sujet d'exécrer les Franks; mais j'exècre davantage, s'il se peut, les évêques gaulois, qui nous tiennent, nous, Gaulois, en esclavage! Je voudrais pouvoir les pendre tous.
— Qui va là? s'écria Ronan, en voyant au dehors, et dans l'ombre, une forme humaine rampant à deux genoux, et s'approchant ainsi de la porte de la chapelle. — Qui va là?
— Moi, Félibien, esclave ecclésiastique de notre saint évêque.
— Pauvre homme! pourquoi marcher ainsi à genoux?
— C'est par suite d'un vœu. Je viens à genoux... sur les cailloux du chemin, pour prier Loup, le grand saint Loup, à qui est dédiée cette chapelle. Je viens ainsi de nuit afin d'être de retour dès l'aube à l'heure du labeur; car ma hutte est loin d'ici...
— Frère, pourquoi t'infliger ce supplice à toi-même? N'est-ce pas déjà assez de te lever avec le soleil, et le soir de te coucher sur la paille, brisé de fatigue?
— Je viens à genoux prier saint Loup, le grand saint Loup, de demander au Seigneur de longs et fortunés jours pour notre évêque.
— Demander de longs jours pour ton maître, c'est demander d'allonger la lanière du fouet des surveillants qui te rouent de coups.
— Bénis soient leurs coups! Plus on souffre ici-bas, plus l'on est heureux dans le paradis.
— Mais le blé que tu sèmes, ton évêque le mange; le vin que tu foules, il le boit; les habits que tu tisses, il s'en revêt... te voici hâve, affamé, presque nu sous tes haillons!...
— Je voudrais manger les excréments des porcs, boire leur urine, me vêtir d'épines, qui déchireraient ma peau jusqu'aux veines, mon bonheur en serait plus grand dans le paradis.
— Le Seigneur a créé le froment, le raisin, le miel, les fruits, le lait, la douce toison des brebis... est-ce pour que sa créature se nourrisse d'ordures et se vêtisse d'épines? Réponds, mon pauvre frère...
— Tu n'es qu'un impie!
— Hélas! presque tous les esclaves sont, comme ce malheureux, tombés dans un lâche hébétement... le mal gagne de jour en jour... C'en est fait de la vieille Gaule...
— S'il en est ainsi, chantons le refrain des Vagres :
« Les Franks nous appellent *Hommes er-*
« *rants*, *Loups*, *Têtes de loups*... Vivons en
« loups, vivons en joie... l'été, sous la verte
« feuillée; l'hiver, dans les chaudes cavernes. »
— Allons, Simon, le miracle de l'évêque doit être accompli.
— Oui... d'ailleurs je marcherai seul à distance de vous dans le souterrain... Si j'aperçois de la clarté, je viendrai vous avertir.
— Mais cet esclave, qui est là marmottant à genoux ses patenôtres au grand saint Loup?
— La foudre tomberait à ses pieds qu'il ne bougerait point... il s'en ira comme il est venu, sur ses deux genoux. — Suivez-moi!

Et les Vagres, conduits par l'esclave ecclésiastique, disparurent dans le souterrain qui, de ces anciens thermes, aboutissait à la villa épiscopale, tous chantant à demi-voix :
« Le joyeux Vagre n'a pas de femme : le poi-
« gnard d'une main, la torche de l'autre, il va
« de burg en maison épiscopale enlever les
« femmes des comtes et des évêques, et em-
« mène ces charmantes au fond des bois... »

Que faisaient donc le prélat et le comte, pendant que les Vagres s'introduisaient dans le souterrain de la villa épiscopale?... Ce qu'ils faisaient?... ils buvaient coup sur coup; le leude du comte était retourné au burg pour en ramener l'esclave... En attendant, l'évêque Cautin, chafriolant de posséder enfin la jolie fille qu'il convoitait, s'était remis à table. Néroweg, toujours tremblant, croyant l'enfer sous ses pieds, aurait voulu quitter la salle du festin ; il n'osait, se croyant protégé par la sainte présence de l'évêque contre les attaques du diable. En vain l'homme de Dieu engageait son hôte à vider encore une coupe, le comte repoussait la coupe de sa main, roulant autour de lui ses petits yeux d'oiseau de proie effaré.

L'ermite laboureur, impassible, rêvait ou observait en silence...

— Qu'as-tu donc ? — dit l'évêque au comte, — tu es triste, tu ne bois plus... Tout à l'heure fratricide, tu es maintenant, de par mon absolution, blanc comme neige... ta conscience n'est-elle pas nette ?... M'aurais-tu caché quelque autre crime ?... Le moment serait mal choisi... tu l'as vu, l'enfer n'est pas loin...

— Tais-toi, patron... tais-toi... je me sens si faible que je ne porterais pas un chevreuil sur mes épaules, moi qui peux soulever un sanglier... N'abandonne pas ton fils en Christ ! toi qui sais conjurer les démons ; je ne te quitterai pas d'ici au jour...

— Tu me quitteras pourtant dès que la petite esclave sera venue ; car il faudra que je la conduise au gynécée de Fulvie.

— Aussi vrai qu'un de mes aïeux s'appelait l'*Aigle terrible* en Germanie, je ne te quitterai pas plus que ton ombre.

— Un des aïeux de ce Néroweg se nommait l'*Aigle terrible* en Germanie... la rencontre est étrange, — pensait l'ermite. — Ainsi, nos deux races ennemies, franque et gauloise, se sont rencontrées, se rencontrent... se rencontreront peut-être encore à travers les âges...

— Comte... ta terreur me prouve que ton âme n'est pas tranquille... Je crois que la confession n'a pas été complète ?

— Si, si, j'ai tout avoué.

— Dieu le veuille, pour le salut de ton âme... Mais déride-toi donc... parlons un peu de chasse... Et, à propos de chasse, j'ai à faire un reproche, à toi ou à tes esclaves forestiers... L'autre jour, ils sont venus lancer trois cerfs au milieu des bois de l'Eglise... dans l'enceinte touchant à l'extrémité de ta forêt, séparée du restant de tes domaines par la rivière.

— Si mes esclaves forestiers ont lancé des cerfs chez toi, tes esclaves en lanceront une autre fois chez moi : puisque nos bois ne sont séparés que par la rivière en route.

— Notre limite, à tous deux, pour nos domaines respectifs, devrait être la rivière.

— Il me faudrait pour cela t'abandonner mille arpents de bois qui sont en deçà du cours d'eau.

— Est-ce que tu tiens beaucoup à conserver ce bout de forêt ? Les arbres sont bien chétifs à cet endroit-là...

— Pas aussi chétifs que tu veux le dire ; il y a des chênes de vingt coudées, et c'est la partie la plus giboyeuse de mes domaines...

— Tu vantes la beauté de tes arbres, c'est ton droit ; mais tu serais mieux et plus sûrement limité, si tu l'étais par la rivière, et si tu consentais à céder à l'Eglise ces mille arpents qui touchent à mes terres...

— Pourquoi me parles-tu de mes bois ? je n'ai plus d'absolution à te demander... évêque ?

— Non... tu as tué une de tes femmes, une de tes concubines, et ton frère Ursio... tu as expié ces crimes en dotant l'Eglise : tu es absous... Cependant... et cela me revient à l'esprit, cependant nous n'avons pas songé à une chose... qui est d'une importance capitale...

— Quelle est cette chose, patron ?

— Ta quatrième femme, Wisigarde, a péri par les mains de mort violente ; elle n'a pas reçu en mourant l'assistance d'un prêtre... son âme est en peine, il se pourrait qu'elle vînt te tourmenter pendant la nuit sous la figure d'un fantôme effrayant, jusqu'à ce que tu aies tiré de peine cette pauvre âme...

— Comment la tirer de peine ?

— Par la sainte messe et par des prières que dirait un prêtre du Seigneur.

— Alors, patron, dis ces prières, pour cette âme en peine.

— Soit... Durant vingt ans, il sera récité à l'autel des prières pour l'âme de Wisigarde, à la condition que tu m'abandonneras ce bout de forêt, séparé de ton domaine par la rivière...

— Encore donner à ton Eglise... donner toujours... toujours !

— Aimes-tu mieux être tourmenté par des fantômes ?...

Le Frank regarda l'évêque d'un œil défiant et irrité.

— Gaulois rapace, tu veux me prendre pièce à pièce la part de conquêtes que nos rois ont donnée à ma famille en bénéfice héréditaire ! Doter encore ton Eglise ! je doterais plutôt le diable !... Par les cornes de Lucifer !...

— Dote-le donc... le voici ! — dit une grosse voix qui semblait sortir des entrailles de la terre.

. . . .

Au son de cette voix, l'ermite se leva surpris, l'évêque se renversa sur le dossier de son siège, se signa brusquement ; puis, réfléchissant, il dit en latin :

— C'est mon chambrier qui sera demeuré là-dessous... le tour est bien joué.

Le comte, frappé de terreur, se croyant poursuivi par le démon en personne, avait poussé un grand cri, s'enfuyant éperdu de la salle du festin, et manquant de renverser le leude, qui en ce moment, de retour de sa course au burg du comte, entrait, poussant devant lui une jeune fille !

— Voici la petite esclave, Odille, la filandière.

L'évêque se leva pour courir vers la pauvrette ; mais au moment où il s'élançait pour la saisir, une main vigoureuse, sortant par l'ouverture de la dalle abaissée, arrêta le prélat par un pan de sa robe, et une voix fit entendre ces paroles :

— Luxurieux point ne seras, saint homme de Dieu! Cette jolie fauvette n'est pas pour toi.

Lorsque l'évêque se retourna inquiet, il vit avec effroi Ronan à la tête de ses compagnons, qui sortaient par l'issue du souterrain, en poussant de grands cris... Tous, par plaisante humeur, les joyeux garçons, s'étaient noirci la figure avec les débris charbonnés des fagots destinés à produire les *flammes de l'enfer*.

A la vue de ces hommes noirs, sortant de dessous terre et hurlant comme des damnés, le leude qui avait amené la petite esclave crut aussi qu'ils venaient de l'enfer, et se précipita sur les traces de Néroweg en criant :

— Les démons! les démons!...

Le comte, de plus en plus épouvanté, courut à l'écurie, s'élança sur son cheval, et à toute bride s'éloigna de la villa épiscopale ; ses leudes l'imitèrent, sautèrent sur leurs montures, abandonnant leurs armes dans la salle du festin, et tous prirent la fuite en tumulte, répétant avec épouvante :

— Les démons! les démons!...

La villa épiscopale a été envahie par les Vagres. La place est à eux, sans combat.

Qui célèbre une messe de nuit dans la chapelle de l'évêque? les cierges sont allumés sur l'autel, ni plus ni moins que pour la fête de Pâques : ils éclairent de leur vive lumière les premiers arceaux : le reste de la chapelle est noyé d'ombre, jusqu'à la porte voûtée, à travers laquelle on aperçoit çà et là une lueur rouge, comme celle d'un brasier qui s'éteint... Quel brasier? celui que formaient les débris embrasés de la villa épiscopale.

La villa a donc été incendiée par les Vagres? Certes, auraient ils sans cela emporté des torches de paille?

Au milieu du chœur sont entassées pêle-mêle les richesses de l'évêque : vases d'or et d'argent, saints calices et coupes à boire, boîtes à Evangiles et plats à manger, patènes et bassins à rafraîchir le vin : gros sacs de peau éventrés, d'où ruissellent les sous d'or et d'argent ; riches étoffes pourpres et bleues n'attendant que la façon ; fourrures chaudes et rares, noires comme le corbeau, blanches comme la colombe ; et pour trophées, aux quatre coins de ce splendide monceau de butin, les haches, les boucliers et les piques des leudes fuyards par peur du diable ; or, argent, acier, vives couleurs, tout brille, fourmille et scintille de ces joyaux miroitements, particuliers aux monceaux de butin, si plaisants à l'œil d'un Vagre...

Ils sont là, les Vagres! ils sont dans la sainte chapelle de la villa épiscopale, où ils font ce que font les Vagres après avoir bu, ravagé, pillé : les uns ronflent et cuvent leur ivresse sur les marches de l'autel, les autres, se balançant sur leurs jambes avinées, se délectent en regardant amoureusement ces richesses qu'ils vont semer sur leur route et qui feront tant d'heureux ; car les Vagres de Ronan sont fidèles à ces saints commandements en Vagrerie :

« Prenons aux riches, donnons aux pauvres.
« Vagre qui garde un sou pour le lendemain
« n'est plus un Vagre, un *Loup*, une *Tête de*
« *loup*, un *Homme errant*... Toujours il par-
« tage son butin de la veille entre les pauvres
« gens pour avoir à piller de nouveau évêques
« renégats! Franks oppresseurs de la vieille
« Gaule! Ni paix ni trêve pour les seigneurs! »

Et ces autres Vagres, appuyés debout aux fûts des colonnes, ou assis sur les marches de l'autel, à côté des ronfleurs, leurs regards sont aussi fermes que leurs jambes, n'ont-ils donc point aussi goûté aux vins vieux de la villa épiscopale?

Ceux-là en ont bu deux fois, dix fois plus que les autres ; mais ce sont des Vagres aguerris, rudes compères qui vident une outre d'un trait, et marchent sans broncher sur une poutre à travers l'incendie qu'ils ont allumé dans le burg d'un Frank ou dans la villa d'un évêque...

Et ces hommes, à tête rasée, hâves, vêtus de haillons ; ces femmes, ces filles dont quelques-unes sont jolies?

Ce sont des esclaves de l'Eglise, joyeux d'avoir leur jour de justice et de vengeance... Mais d'autres esclaves en grand nombre ont fui dans les champs, craignant de voir le feu du ciel tomber sur les Vagres, assez sacrilèges pour mettre à sac et à feu la maison de leur évêque.

Que fait donc Ronan, se prélassant au banc épiscopal, où il est assis, revêtu des habits sacerdotaux et coiffé du bonnet de fourrure que le comte Néroweg a laissé dans la salle du festin en fuyant éperdu? Quatre Vagres assistent Ronan... étranges clercs! plaisants diacres! Parmi eux se trouve Dent-de-Loup, ce géant dont un cercle de tonne ne mesurerait pas la ceinture.

— Frères, sommes-nous tous ici?

— Ronan, il ne manque que le Veneur ; au plus fort de l'incendie, il a couru à la porte de l'évêché... et l'un des nôtres l'a vu ensuite traverser les flammes, courant vers le jardin, emportant dans ses bras la femme évanouie.

— Sans doute il s'occupe de la faire revenir à elle. Or, pendant qu'on ranime l'évêchesse, si nous jugions l'évêque?...

— Le saint homme a jugé ceux qu'il appelait ses justiciables, comme évêque de la cité de Clermont ; jugeons-le à son tour.

Les esclaves de l'abbaye criaient plus fort que les Vagres :

— Jugeons l'évêque.

— Qu'on l'amène ici et sur l'heure !

Deux Vagres allèrent quérir le saint homme de Dieu, jusqu'alors retenu dans un couloir voisin. Il fut introduit garrotté, pâle et courroucé devant le tribunal de Ronan et de ses clercs en Vagrerie.

— Seigneur évêque, — lui dit Ronan, — *votre charité, votre piété, votre clarissime pudicité* (afin d'employer les titres honorifiques que vous vous accordez entre vous, saints hommes, *votre clarissime pudicité* voudra-t-elle nous dire comment elle s'appelle ?

— Incendiaire ! pillard ! sacrilège !... voilà les noms, à toi... Je te damne et t'excommunie, ainsi que ta bande, dans ce monde et dans l'autre, où vous subirez pour vos forfaits les peines éternelles !

— Ta *clarissime charité* répond à ma question par des injures... Or, puisque tu refuses de dire ton nom, je vais répondre pour toi. Tu t'appelles Cautin...

— Puisse mon nom te brûler la langue !

— Esclaves de l'abbaye, — ajouta Ronan en s'adressant à ceux qui l'entouraient, — quels reproches faites-vous à votre évêque ?

— Il nous écrase de travaux, de corvées, de l'aube au soir tous les jours de l'année.

— Pour nourriture il nous donne une poignée de fèves ; pour vêtements des haillons, et pour abri des huttes de boue effondrées.

— Nos moindres fautes sont punies du fouet.

— Il abuse des filles par la menace... Quelle résistance peut faire l'esclave ? elle se soumet en frissonnant... et pleure...

— Qu'un Frank nous asservisse et nous accable de misères, cela se conçoit, c'est un conquérant qui abuse de sa force ; mais que des évêques, Gaulois comme nous, se joignent à ce Frank pour partager avec lui nos dépouilles, c'est ce qui ne peut se comprendre, et doit entraîner pour ceux qui agissent ainsi, les plus terribles châtiments... Ah ! nos anciens prêtres, les druides vénérés, ne s'alliaient point aux Romains conquérants de la Gaule... Non, non, le glaive d'une main, une branche de gui de l'autre, donnant les premiers le signal de la guerre sainte contre l'étranger, ils soulevaient les populations en armes avec ces mots : Patrie et liberté !! Alors surgissait du flot populaire : le *chef des cent vallées ! Sacrovir ! Vindex ! Marik ! Civilis !* et les Romains tremblaient jusque dans leur Capitole.

— Évêque, — reprit Ronan, — ta clarissime véracité a-t-elle quelque chose à répondre aux accusations de tes esclaves ?

— Ce sont des scélérats maudits, des sacrilèges qui auront à répondre de leurs crimes, lorsqu'ils paraîtront devant Dieu, au jour terrible du jugement dernier... Après quoi, ils grinceront des dents pour l'éternité...

— Évêque, ta clarissime pureté ne trouve rien autre chose à répondre que des injures ?

— Et fasse le Seigneur que ces injures soient autant de larmes ardentes qui vous percent le ventre, maudits !

— En attendant l'accomplissement de ton souhait... voici ce dont on t'accuse : tu convoitais les biens d'un de tes prêtres, nommé *Anastase* ; il a refusé de te les abandonner ; tu l'as, par ruse, attiré chez toi à Clermont ; tu l'as fait saisir, garrotter et enfermer tout vivant dans un sépulcre avec un mort en putréfaction. Oseras-tu nier avoir commis ce forfait ?

— Plaisant concile que celui de ces scélérats, de ces mendiants, de ces esclaves, pour interroger un évêque !

— Poursuivons. Ta clarissime pauvreté, dans sa rage d'augmenter ses richesses, a imaginé, ce soir, sous prétexte de miracle, un tour de bandit : tu as dépouillé le comte Néroweg en lui faisant peur du diable... En Vagrerie, dépouiller un Frank, c'est action pie ; mais si les Vagres se gaudissent à piller nos conquérants, c'est pour convier le pauvre monde au partage du butin. Mais dépouiller un voleur pour s'enrichir, est très damnable péché en Vagrerie... De plus, tu as absous le comte d'un crime pour obtenir la jouissance d'une jeune esclave, une enfant de quinze ans au plus ; or, en Vagrerie, cette luxure épiscopale est encore un très damnable péché qui appelle un châtiment.

Puis s'adressant aux Vagres, Ronan ajouta :

— Amenez la petite esclave.

Ronan disait vrai : donner quinze ans à cette enfant, c'était peut-être la vieillir... Ses blonds cheveux, séparés en deux longues tresses épaisses, tombaient à ses pieds, nus comme ses bras et ses épaules : le leude brutal, en allant la quérir au burg, lui avait à peine donné le temps de se vêtir pour l'emporter sur son cheval. Aussi, en présence des Vagres, quelle frayeur suppliante se lisait dans les grands yeux bleus de la pauvre créature encore toute tremblante... Sa course nocturne en croupe du guerrier frank, l'incendie de la villa épiscopale, l'aspect étrange des Vagres... que de sujets d'effroi pour elle ! Ses joues avaient dû autrefois être rondes et roses ; mais elles étaient devenues pâles et creuses ; cette figure enfantine, empreinte de souffrance, faisait mal à voir... Lorsque cette jeune esclave entra dans la chapelle, Ronan se sentit attristé, et sa voix même trahit son émotion quand il l'interrogea.

— Comment t'appelles-tu, mon enfant ?

— On m'appelle Odille.

— Où es-tu née ?

— Loin d'ici... dans l'une des hautes vallées du Mont-Dore.

La petite Odille

— Quel âge as-tu, petite Odille?
— Ma mère me disait ce printemps : « Odille, voilà quatorze ans que tu fais la joie de ma vie. »
— Comment es-tu devenue l'esclave du comte Frank? Raconte-nous ton histoire.
— Mon père est mort jeune... j'habitais dans la montagne avec mon grand-père, mon frère et ma mère... Nous vivions du produit de notre troupeau et nous filions la laine; nous n'avions jamais eu d'autre chagrin que la mort de mon père... Un jour les Franks sont montés en armes dans la montagne; ils ont pris notre troupeau, et nous ont dit : « Nous allons vous « emmener au burg de notre comte pour re- « peupler ses domaines en esclaves et en bé- « tail. » Mon frère a voulu nous défendre, les Franks l'ont tué... Ils nous ont liées, ma mère et moi à la même corde; ils nous ont poussées devant eux avec notre troupeau... Mon grand-père a demandé à genoux la grâce de nous suivre; les Franks lui ont dit : « Tu es trop vieux « pour gagner ton pain comme esclave. — Mais, « seul, je mourrai de faim dans la montagne? » — Meurs! » lui ont-ils dit; et ils nous ont fait marcher devant eux... Mon grand-père nous suivait de loin en pleurant; les Franks l'ont assommé à coups de pierres... Ils ont pris d'autres esclaves, emmené d'autres troupeaux, tué d'autres gens dans la montagne quand ils refusaient de les suivre. Ils ont ensuite parcouru la plaine; ils y ont encore enlevé du monde et des bestiaux. Nous étions cinquante peut-être, tant hommes que femmes et jeunes filles; les Franks massacraient les petits enfants comme n'étant bons à rien. La première nuit nous avons couché dans un bois; les Franks ont fait violence aux femmes malgré leurs prières... J'ai entendu les san-

47ᵉ livraison

glots de ma mère... Le soir on m'avait séparée d'elle... A moi, on ne m'a rien fait : le chef de ces guerriers me gardait, a-t-il dit, pour le comte. Le lendemain, nous nous sommes remis en marche, moi, toujours séparée de ma mère ; on a encore tué des gens qui ne voulaient pas suivre... on a encore pris des esclaves et des troupeaux... et puis on s'est remis en marche pour le burg. Avant d'y arriver, on a passé une seconde nuit dans les bois. Le chef, qui me réservait pour le comte, me faisait coucher à côté de son cheval... Au point du jour, nous avons continué notre route ; j'ai cherché ma mère des yeux... le Frank m'a dit : « Elle est « morte, deux guerriers, en se la disputant « cette nuit, l'ont tuée. » Moi, j'ai voulu rester là pour y mourir ; mais le chef m'a emportée sur son cheval, et nous sommes arrivés sur le domaine du comte...

— Entends-tu, évêque ? — dit Ronan, — entends-tu, Gaulois ? ce sont les Franks, tes alliés, qui, dans cette province et dans les autres contrées, massacrent les vieillards et les enfants comme bouches inutiles et enlèvent ainsi hommes et femmes de notre race pour repeupler les terres de la Gaule que les rois ont distribuées à leurs guerriers en nous dépouillant. Ce sont tes alliés, tes amis, tes fils en Christ et en Dieu qui font cela... et tu ordonnes sous peine de l'enfer, au pauvre peuple d'obéir à ces pillards, à ces ravisseurs, à ces meurtriers, qui violentent et tuent les mères sous les yeux de leurs filles. Entends-tu cela, évêque gaulois ?

— Les Franks respectent les biens de l'Eglise et les oints du Seigneur, — tandis que vous, maudits, vous osez porter vos mains impies sur les biens et les prêtres de l'Eglise.

— Continue, — dit Ronan à la petite esclave.

— Nous sommes arrivés au burg ; le comte m'a fait conduire dans sa chambre ; il s'est jeté sur moi, j'ai voulu lui résister, il m'a donné des coups de poings sur la figure, j'étais tout en sang ; la douleur et l'effroi m'ont fait perdre connaissance, le seigneur comte a abusé de moi ; depuis, j'ai été enfermée avec les autres esclaves dans l'appartement de sa femme *Godégisèle*, bien douce femme pour un si méchant homme ; cette nuit, un des leudes est venu me prendre, m'a emportée sur son cheval ; il m'a conduite ici, me disant que je serais l'esclave du seigneur évêque.

— Cela t'effraye, pauvre enfant, d'être esclave du seigneur évêque ?

— Ma mère et mes parents ont été tués ; je suis esclave, je suis avilie... tout m'est indifférent... J'ai essayé de m'étrangler avec mes cheveux, mais j'ai eu peur... et pourtant je voudrais mourir.

— Elle a quinze ans, évêque, et tu l'entends ?

— Assieds-toi sur les marches de l'autel, petite Odille... Tu n'as ici que des amis ; tu es jeune, ne désespère pas de l'avenir.

L'enfant contempla le Vagre d'un air surpris ; il lui parlait d'une voix douce ; elle alla s'asseoir sur les marches de l'autel, et ne regarda plus que Ronan, n'écouta plus que les paroles de Ronan.

— Eh ! le Veneur ! le Veneur ! — cria l'un de ces gais compagnons, debout près d'une petite porte de la chapelle donnant sur les jardins de la villa, — où vas-tu donc ainsi sous la feuillée, ta belle évêchesse au bras ? ne viendra-t-elle pas voir son honnête mari, le saint évêque Cautin, avant que nous le pendions ?

— Mes bons seigneurs les Vagres, — dit l'évêchesse, dont on distinguait à peine la forme svelte et blanche dans la pénombre de l'arceau de la porte, longtemps j'ai maudit celui-là qui fut mon mari... Je ne le maudis plus ; le bonheur rend indulgent... Faites-lui grâce comme je lui pardonne. Du reste, je n'étais plus sa femme... nos liens charnels étaient brisés... Qu'il aille en paix. J'ai enfin mon jour de liberté et d'amour... Vive la Vagrerie !

— Scélérate impudique ! Sacrée bougresse, tu iras brûler un jour dans les flammes de l'enfer !

Mais Cautin criait, menaçait en vain ; l'évêchesse continuait sa promenade sous la feuillée des grands arbres de la villa, tandis que Ronan disait au saint homme :

— Tu vas être jugé par ceux que tu as opprimés. Pauvres esclaves de l'Eglise, que ferez-vous de ce méchant et luxurieux papelard qui enterrait les vivants avec les morts ?

— Qu'il soit pendu ! A mort l'évêque !

— Oui, oui ! qu'il soit pendu !

— Il ne mourra qu'une fois, l'infâme, et notre vie a été un long supplice.

— Que penses-tu de l'idée de ces bonnes gens ?

— Mes frères, au nom de Jésus de Nazareth, l'ami des affligés : pardon pour le coupable si sa repentance est sincère.

Qui parlait ainsi ? L'ermite laboureur, jusqu'alors caché dans l'ombre d'un des arceaux de la chapelle ; soudain il parut aux yeux des Vagres et des esclaves courroucés contre l'évêque.

— L'ermite laboureur ! — s'écrièrent les esclaves avec un touchant respect, — l'ami des pauvres, des faibles, des opprimés !...

— Le consolateur de ceux qui pleurent !

— Que de fois, dans les champs, il a pris la houe d'un de nos compagnons, épuisé de fatigue, achevant ainsi la tâche de l'esclave pour lui épargner les coups de fouet du gardien ;

— Un jour, pendant que je faisais paître le troupeau confié à ma garde, deux brebis s'étaient égarées. L'ermite laboureur a tant cherché, qu'il les a trouvées et a pu me les ramener. Qu'il soit béni pour sa charité.

— Nos petits enfants ont toujours un sourire pour l'ermite laboureur.

— Oh! dès qu'ils l'aperçoivent, ils courent se pendre à sa robe!

— Aussi malheureux que nous, il aime à faire aux enfants de petits présents... Il leur donne quelques fruits cueillis dans les bois... un rayon de miel sauvage... un oiseau tombé de son nid...

— Aimez-vous... aimez-vous en frères, pauvres déshérités, — nous dit-il sans cesse; — l'amour rend le travail moins rude.

— Espérez! — nous dit-il encore; — espérez! le règne des oppresseurs passera en ce monde; alors les premiers seront les derniers et les derniers seront les premiers.

— Jésus, l'ami des affligés, a dit que les fers des esclaves seraient brisés... Espoir!

— Unissez-vous... aimez-vous... soutenez-vous... fils d'un même Dieu, enfants d'une même patrie!... Désunis, vous ne pourrez rien; unis, vous serez plus forts que vos oppresseurs... Le jour de la délivrance n'est peut-être pas éloigné... Amour, union, patience!

— Voilà quels sont les préceptes et les enseignements de l'ermite.

— De mes préceptes, frères, il faut vous souvenir en ce moment, — reprit le moine laboureur. — Jésus a dit : Malheur aux âmes endurcies! miséricorde à qui se repent!

— Moine insolent, tu oses m'accuser!

— Ermite, notre ami, tu entends ce saint homme... tu vois sa repentance... qu'en faisons-nous, mes Vagres?

— Mes frères, si vous m'aimez, accordez-moi la vie de l'évêque.

— L'évêque nous a fait souffrir. Œil pour œil, dent pour dent.

— La vengeance effacera-t-elle vos souffrances passées? vos aïeux étonnant le monde par leur bravoure généreuse... et vous voulez massacrer un homme sans défense!

Vagres et esclaves restèrent un moment silencieux; puis, après s'être consultés avec Ronan, ils chargèrent celui-ci de poser les conditions de la vie de Cautin,

— Évêque, choisis! cuisinier ou pendu?

— Sacrilèges, avoir pillé, incendié ma villa épiscopale, et me forcer d'être leur cuisinier! abomination de la désolation!... Moine, tu les entends, hélas! hélas!... et tu n'as pour eux ni malédiction, ni anathème... Est-ce ainsi que tu me défends?... Ne m'as-tu sauvé la vie que pour jouir de mon abjection!

— Tais-toi, Jésus de Nazareth, dont la vie avait été aussi pure que la tienne a été coupable; Jésus, dans le prétoire romain, au milieu des soldats qui l'accablaient de railleries, de sanglants outrages, disait : *Pardonnez-leur, mon Dieu; car ils ne savent ce qu'ils font...*

— Mais ils savent ce qu'ils font, ces impies, en me prenant pour cuisinier... Et tu veux que je leur pardonne ce sacrilège...

— Songe à ta vie passée...

— Allons, mes Vagres, — dit Ronan, allons, voici l'aube; emportons notre butin dans les chariots de l'évêque, et en route! Quel beau jour pour les bonnes gens du voisinage!

Et s'avançant vers la petite esclave, qui, assise sur les marches de l'autel, avait vu et écouté tout ce qui s'était passé.

— Pauvre enfant, sans père ni mère, veux-tu venir avec nous? la Vagrerie, c'est le monde renversé : l'esclave et le pauvre sont sacrés pour nous; notre haine est pour le mauvais riche... Si notre vie d'aventures et de dangers te fait peur, l'ermite, notre ami, te conduira chez quelque personne charitable, dans la ville voisine, où tu seras en sûreté.

— Je te suivrai, Ronan... je suis esclave et orpheline, — ajouta-t-elle en pleurant; — que veux-tu que je fasse? où veux-tu que j'aille, sinon avec toi qui me parles avec tant de bonté.

— Viens donc, et sèche tes larmes, petite Odille; on ne pleure pas en Vagrerie... Tu monteras sur l'un des chariots de la villa, dans lequel nos compagnons transportent le butin... Allons, prends mon bras, et marchons, pauvre enfant. Nous irons où le hasard nous mènera!...

Et voyant l'ermite s'approcher :

Adieu, notre ami.

— Ronan, je t'accompagne.

— Tu viens avec nous courir la Vagrerie? Toi, ermite? toi, avec nous, *Hommes errants, Loups, Têtes de loups*, Vagres que nous sommes? Un saint dans la compagnie des démons!

— Ce ne sont pas ceux qui se portent bien, mais les malades qui ont besoin de médecins...

— Moine, dis-tu vrai? — reprit Cautin à demi-voix. — Tu ne m'abandonneras pas? tu me protégeras contre ces Philistins?

— C'est mon devoir de rendre ces gens meilleurs.

— Meilleurs!... ces sacrilèges, qui ont pillé ma villa, qui ont volé mes belles coupes, mes beaux vases, mon or et mon argent...

« — L'épée homicide sera changée en serpe
« pour émonder la vigne en fleurs; la terre
« pacifique et féconde produira ses fruits pour
« tous les hommes; le lion dormira près du
« chevreau; le loup, près de la brebis; et un
« petit enfant les conduira tous. » Ne blasphème pas! le Créateur a fait la créature à son image; il l'a faite bonne pour qu'elle soit heureuse : aveugles, misérables ou ignorants sont les méchants. Guérissons leur ignorance, leur misère et leur aveuglement... et bons ils deviendront.

— Mensonges! — s'écria l'évêque avec emportement, — vois donc celle qui fut ma femme, avec sa jupe orange et ses bas rouges brodés d'argent... au bras de ce bandit à cheveux noirs? L'infâme! Ils sont enlacés dans bras l'un de l'autre.

— Jésus n'avait que des paroles de miséricorde pour Madeleine la courtisane et pour la femme adultère, oserais-tu jeter la première pierre à cette femme qui fut la tienne?... Allons, viens... tu me fais pitié... appuie-toi sur mon bras... tu vas défaillir...

— Hélas! où vont-ils me conduire, ces Vagres damnés?

— Peu t'importe! amende-toi... repens-toi!...

— Mon Dieu! mon Dieu! et pas d'espoir d'être délivré en route! Ah! nous vivons dans de terribles temps.

— Et ces temps! qui les a faits? sinon vous, *princes des prêtres!* Ah! nos pères ont vu pendant des siècles la Gaule paisible et florissante; elle était libre alors! — reprit amèrement l'ermite; aujourd'hui elle est retombée dans l'esclavage.

— Nos pères étaient de malheureux idolâtres! et à cette heure ils grincent des dents pour l'éternité! — s'écria Cautin, — tandis que nous avons la vraie foi... aussi le Seigneur Dieu réserve-t-il d'épouvantables châtiments pour les misérables qui osent insulter ses prêtres, ravir les biens de son Eglise... — Tiens, moine, vois si ce n'est pas un spectacle à fendre le cœur! Abomination de la désolation!

Ce spectacle, qui excitait la colère et la rage du saint homme, réjouissait fort le cœur des Vagres. Le jour était venu: quatre grands chariots de la villa, attelés chacun de deux paires de bœufs, s'éloignaient lentement des ruines fumantes de la maison épiscopale, chargés de butin de toutes sortes: vases d'or et d'argent, rideaux et tentures, matelas de plume et sacs de blé, outres pleines et lingerie, jambons, venaison, poissons fumés, fruits confits, victuailles de toutes sortes, lourdes pièces d'étoffe de lin, filées par les esclaves filandières, coussins moelleux, chaudes couvertures, souliers, manteaux, chaudrons de fer, bassins de cuivre, pots d'étain, si chers à l'œil des ménagères: les Vagres suivaient, chantant comme des merles au lever de ce gai soleil de juin... A l'avant de l'un des chariots, assise sur un coussin, la petite Odille, que l'évêchesse, tendrement apitoyée, avait soigneusement revêtue d'une de ses belles robes, un peu trop longue pour l'enfant; la petite Odille, non plus craintive, mais très étonnée, ouvrait ses jolis yeux bleus, et, pour la première fois depuis longtemps, respirait en liberté ce frais et bon air du matin, qui lui rappelait celui de ses montagnes, d'où elle avait été enlevée, pauvre enfant, pour être jetée dans le burg du comte. Ronan, de temps à autre, s'approche du char:

— Prends courage, Odille, tu t'habitueras avec nous; les Vagres ne sont pas si loups que les mauvaises gens le prétendent.

Sur l'autre char, l'évêchesse, pimpante sous ses colliers d'or et ses plus beaux atours, que son amoureux Vagre a sauvés de l'incendie, tantôt lisse sa noire chevelure, en jetant un coup d'œil sur un petit miroir de poche; tantôt attife son écharpe, tantôt gazouille, folle comme une linotte sortant de cage. De ce jour d'amour et de liberté tant rêvé, elle jouit enfin, après avoir, dix ans et plus, vécu presque prisonnière; elle semble émerveillée de ce voyage matinal à travers ces belles montagnes de l'Auvergne, ombragées de sapins immenses, et d'où bondissent des cascades bouillonnantes; elle parle, rit, chante, et chante encore, lorgnant du coin de son œil noir l'amoureux Vagre, lorsque, leste et triomphant, il passe près du chariot. Soudain, regardant au loin, elle paraît émue de pitié, avise une amphore entourée de jonc, placée près d'elle par la prévoyance du Veneur, la prend, et se tournant vers l'arrière du char, où se trouvaient entassées plusieurs femmes et filles esclaves, voulant de bon cœur, comme leur belle maîtresse, courir un peu la Vagrerie, elle dit à l'une d'elles:

— Porte cette bouteille de vin épicé à mon frère l'évêque; le pauvre homme aime à boire ce qu'il appelle son coup du réveil; mais ne lui dis pas que tu viens de ma part.

La jeune fille répond à l'évêchesse par un signe d'intelligence, saute à bas du char, et se met en quête de Cautin. La plupart des esclaves ecclésiastiques, lors de l'incendie et du pillage de la villa, ont fui dans les champs, craignant le feu du ciel s'ils se joignaient aux Vagres; mais les autres, moins timorés, accompagnent résolument la troupe de ces joyeux compères... Il faut les voir, alertes, dispos comme s'ils s'éveillaient après une paisible nuit passée sous la feuillée, le jarret nerveux, malgré l'orgie nocturne, aller, venir, sautiller, babiller, donner çà et là des baisers aux femmes ou aux outres pleines, mordre à belles dents un morceau de venaison épiscopale ou un gâteau de fleur de froment.

— Qu'il fait bon de vivre en Vagrerie!

Sur le dernier chariot, surveillé par Dent-de-Loup et quelques compagnons fermant la marche, Cautin, évêque et cuisinier en Vagrerie, habitué à se prélasser sur sa mule de voyage, ou à courir la forêt sur son vigoureux cheval de chasse, Cautin trouve la route raboteuse, poudreuse et montueuse; il sue, il souffle, il tousse, il gémit, et maugréant, traîne sa lourde panse, appelant à son aide les saints du paradis.

— Seigneur évêque, — lui dit la jeune fille, porteuse de l'amphore envoyée par l'évêchesse, — voici le bon vin épicé; buvez, cela vous donnera des forces pour la route.

— Donne, donne, ma fille! — s'écrie Cautin en tendant les mains, — Dieu te saura gré de ton attachement pour ton père en Christ, obligé de boire à la dérobée le vin de son cellier...

Et s'abouchant à l'amphore, il la pompa d'un trait; puis, la jetant vide à ses pieds, il s'écria, regardant la jeune fille :

— Tu veux donc courir aussi la Vagrerie, diablesse, sacrée garce?

— Oui, seigneur évêque : j'ai vingt ans, et voici le premier jour de ma vie où je peux dire : Je m'appartiens... je peux aller, venir, courir, sauter, chanter, danser à mon gré...

— Tu t'appartiens, effrontée! c'est à moi que tu appartiens; mais, Dieu merci, tu seras reprise, soit par l'Eglise, soit par quelque chef frank... et tu tomberas, je l'espère, en pire esclavage! coquine! bougresse!

— J'aurai du moins connu la liberté...

Et la jeune fille de s'élancer, sautant et chantant, à la poursuite d'un papillon voletant sur les buissons.

La troupe des Vagres arriva près de quelques huttes d'esclaves, dépendantes des terres de l'Eglise, situées au bord du chemin : de petits enfants hâves, chétifs, et complètement nus, par détresse et dénûment, se traînaient dans la poudre du chemin; leurs pères travaillaient aux champs depuis l'aube; les mères, aussi maigres, aussi hâves que leurs enfants, à peine couvertes de quelques lambeaux de toile, étaient au seuil de ces tanières, filant leur quenouille au profit de l'évêque, accroupies sur une paille infecte; leurs longs cheveux hérissés, emmêlés, tombant sur leur front et sur leurs épaules osseuses; les yeux caves, les joues creuses et tannées, couvertes de haillons sordides, elles avaient un aspect à la fois si repoussant, si douloureux, que l'ermite laboureur ne put s'empêcher de les montrer à l'évêque, en lui disant :

— Regarde ces infortunées!

— Résignation, misère et douleur ici-bas, récompenses éternelles là-haut... sinon, peines effrayantes et éternelles, — s'écrie Cautin, — c'est la loi de l'Eglise, c'est la loi de Dieu!

— Blasphémateur, tu parles comme ces médecins imposteurs qui prétendent que l'homme est né pour la fièvre, la peste, les ulcères, et non pour vivre en santé!

Les femmes et les enfants, à la vue de la troupe nombreuse et bien armée, avaient eu peur et s'étaient d'abord réfugiés au fond de leurs huttes, mais Ronan s'avançant cria :

— Pauvres femmes! pauvres enfants! ne craignez rien... nous sommes de bons Vagres!

La Vagrerie faisait trembler les Franks et les évêques, mais souvent les pauvres gens la bénissaient; aussi femmes et enfants, d'abord réfugiés, craintifs, au fond des tanières, en sortirent, et l'une des esclaves dit à Ronan :

— Est-ce votre chemin que vous cherchez? nous vous servirons de guides.

— Craignez-vous les leudes des seigneurs? — dit une autre. — Il n'en est point passé par ici; vous pouvez marcher tranquilles.

— Femmes, — reprit Ronan, — vos enfants sont nus; vous et vos maris, travaillant de l'aube au soir, vous êtes à peine couverts de haillons, vous couchez sur une paille pire que celle des porcheries, vous vivez de fèves pourries; vous broutez l'herbe, parfois, comme des bêtes!

— Hélas! c'est la vérité... bien misérable est notre existence.

— Voilà du linge, des étoffes, des vêtements, des couvertures, des matelas, des sacs de blé, des outres pleines, des provisions de toute sorte. Donnez, mes Vagres, donne, petite Odille, à ces bonnes gens... donne, belle évêchesse en Vagrerie... donnez encore, donnez toujours!

— Prenez... prenez, mes sœurs, — disait l'évêchesse les yeux remplis de douces larmes en aidant les Vagres à distribuer ce butin pris dans sa maison. — Prenez, mes sœurs! Hier, j'étais esclave comme vous, aujourd'hui, je suis libre!... Prenez, mes sœurs!

— Tenez... prenez, chères femmes, et que vos petits enfants ne vous soient jamais ravis! — disait Odille aidant à distribuer le butin. Et elle essuyait ses yeux en disant : — Comme Ronan le Vagre est bon au pauvre monde!

— Soyez bénis, — s'écriaient ces pauvres créatures pleurant de joie; — mieux vaut rencontrer un Vagre qu'un comte ou un évêque.

C'était plaisir de voir avec quelle ardeur les Vagres, perchés sur les chariots, distribuaient ce qu'ils avaient pris au méchant évêque; c'était plaisir de voir les figures de ces infortunées s'épanouir à la vue de cette aubaine inattendue. Elles regardaient, ébahies, ravies, cet amoncellement d'objets de toutes sortes jusqu'alors presque inconnus pour elles. Les enfants, plus impatients, s'attelaient gaiement deux, trois, quatre à un matelas pour le transporter dans une des masures, ou bien enlaçant leurs petits bras amaigris, s'opiniâtraient à soulever un gros rouleau d'étoffe de lin; mais voilà que soudain une voix courroucée, menaçante, véritable trouble-fête, épouvante et glace ces pauvres gens.

— Malheur à vous! damnation sur vos familles! si vous osez toucher d'une main sacrilège aux biens de l'Eglise... tremblez... tremblez! c'est péché mortel... vous, vos maris, vos enfants, vous serez tous plongés dans les flammes de l'enfer durant l'éternité...

C'était l'évêque Cautin accourant, malgré les remontrances de l'ermite laboureur, pour fulminer ses anathèmes.

— Oh! nous ne toucherons à rien de ce qui nous est offert, saint évêque, — répondirent les femmes frissonnant de tous leurs membres, — nous ne toucherons point à ces biens de l'Eglise.

— Mes Vagrès, — dit Ronan, — pendez l'évêque... nous trouverons ailleurs un cuisinier.

Déjà l'on s'emparait du saint homme, alors plus pâle, plus tremblant que les plus tremblantes des pauvres femmes naguère si joyeuses, lorsque le moine s'interposa de nouveau pour sauver Cautin de la pendaison.

— L'ermite! — s'écrièrent les esclaves, — l'ermite laboureur...

— Béni sois-tu, l'ami des affligés...

— Béni sois-tu, l'ami des petits enfants.....

Et toutes ces mains enfantines s'attachèrent à la robe de l'ermite, qui disait de sa voix douce et pénétrante :

— Chères femmes, chers petits enfants, prenez ce qu'on vous donne, prenez sans crainte. Jésus l'a dit : « Malheur au riche s'il ne partage « son pain avec qui a faim, son manteau avec « qui a froid. » Votre évêque vous donne tous ces biens... prenez tout ce qui vous est offert.

— Béni sois-tu, saint évêque! — exclamèrent les femmes en levant leurs mains reconnaissantes vers Cautin, — béni sois-tu, bon père, pour tes généreux dons!

— Je ne donne rien! — s'écria Cautin; — vous brûlerez éternellement en enfer, si vous obéissez à cet ermite apostat!...

La plupart des femmes regardèrent, indécises, Ronan, l'évêque et l'ermite; tour à tour elles approchaient et retiraient leurs mains des objets qui leur étaient offerts; deux ou trois vieilles s'éloignèrent cependant tout à fait de ces biens de l'Eglise, et se jetèrent à genoux en murmurant dans leur effroi :

— Saint évêque Cautin! pardonne-nous d'avoir eu la pensée de commettre un si grand péché... Grâce et miséricorde.

— Ne craignez rien, mes sœurs, — reprit l'ermite, — votre évêque vous donne toutes ces choses; il sait que le Seigneur, aimant également ses créatures, ne veut pas que celles-ci soient nues et frissonnantes... celles-là, suant sous le poids inutile de vingt habits... celles-ci affamées... celles-là repues... Ne redoutez pour votre évêque ni la faim ni le froid... il est vêtu de neuf et chaudement; il n'a que faire de tant de robes... il ne peut boire toutes ces outres de vin! il ne peut manger toutes ces provisions ! Prenez, prenez..., le bien de l'évêque est le bien des pauvres.

Plusieurs de ces infortunées persuadées par les paroles de l'ermite, et poussées aussi par l'âpreté de leur misère, commencèrent à emporter diligemment dans leurs cabanes, à l'aide de leurs enfants, les biens de l'Eglise : seules trois vieilles n'osèrent y toucher, restant agenouillées, se frappant la poitrine.

— Chères filles, persévérez dans votre sainte horreur du sacrilège! — s'écria l'évêque, — et vous irez en paradis entendre les séraphins jouer du théorbe devant le Seigneur, en chantant ses louanges!

— Mes Vagres, — dit Ronan, — une corde, et que l'on accroche ce bavard haut et court, puisque décidément il veut être pendu...

L'ermite arrêta d'un geste la colère des Vagres, et dit :

— Evêque, reconnais-tu comme divines les paroles de Jésus de Nazareth? — « Si l'on vous « prend votre manteau, courez après celui qui « vous l'a pris, et donnez-lui encore votre tu-« nique. — Que voulait dire Jésus par ces paroles? sinon que trop souvent le vol avait pour cause la misère, et que de cette misère il fallait avoir pitié?... Abandonne donc volontairement ces biens superflus, toi qui as fait serment de pauvreté, de charité, de chasteté!

— Tais-toi, ermite tentateur, qui oses contredire notre évêque. Nous ne pouvons toucher du doigt aux biens de l'Eglise, — s'écria une des trois vieilles; — nous serions damnées...

— Oui, oui, — reprirent les deux autres.

— Tais-toi, ermite.

— Pauvres créatures! plongées dans l'ignorance et l'aveuglement, — leur dit Ronan, — Tenez-vous à la vie de votre évêque?

— Pour lui nous souffririons mille morts!

— Oh! pieuses femmes! — s'écria Cautin jubilant. — Quelle superbe part de paradis vous aurez. Et, en attendant le jour de la vie éternelle, je vous donne l'absolution de tous vos anciens péchés et de ceux que vous pourrez commettre.

— O notre évêque, — reprirent les vieilles, se frappant la poitrine, — saint parmi les saints!... grâces te soient rendues!...

— Ecoutez-moi, pauvres brebis, qui prenez le boucher pour le pasteur. — leur dit Ronan. — Si à l'instant vous ne profitez pas de ces dons, nous pendons à vos yeux, l'évêque à cet arbre.

— Voici une corde, — dit Dent-de-Loup, Et il passa la corde au cou de Cautin.

— Chères filles, emportez tout! — s'écria le prélat en se débattant. — Votre père en Christ vous adjure, vous ordonne, d'emporter ce butin sur l'heure!

Une des vieilles obéit promptement; les deux autres restèrent agenouillées en disant :

— Tu veux nous éprouver, saint évêque!

— Mais ces païens vont me pendre...

— Un saint homme comme toi ne craint pas le martyre.

— Non, mes filles, je ne crains pas le martyre... mais je me crois indispensable au salut de mon troupeau... Emportez donc ce butin, sinon je vous damne! je vous excommunie, maudites vieilles, sacrées charognes, vous répondrez de ma mort au jour du jugement!

— Saint évêque, tu veux nous éprouver jusqu'à la fin, tu nous as dit : *Toucher aux biens* de l'Eglise, c'est péché mortel... Voudrais-tu nous commander un péché mortel?

— Non, non, — reprit l'autre vieille en se frappant à grands coups la poitrine, — tu ne veux pas nous commander un péché mortel... Tu vas recevoir le martyre...

— Et de là-haut tu nous béniras, grand saint Cautin!

— Evêque, tu entends ces pauvres vieilles? tu as semé, tu récoltes... Allons mes Vagres, haut la corde!

L'ermite s'interposait encore, afin de protéger le prélat, lorsque quelques Vagres, montés sur les chariots, s'écrièrent :

— Des leudes! des guerriers franks!...

— Ils sont sept à cheval, et conduisent des hommes garrottés... Allons, mes Vagres, mort aux leudes! liberté aux esclaves!...

— Mort aux leudes! liberté aux esclaves!... — crièrent les Vagres en courant aux armes.

— Les Franks vont me reprendre et me reconduire au burg du comte, — s'écria la petite Odille. — Ronan, ayez pitié de moi!

— Il n'en restera pas un pour t'emporter!

— Ronan, pas d'imprudence, — reprit l'ermite; ces cavaliers peuvent être les éclaireurs d'une troupe plus nombreuse. Détache éclaireurs contre éclaireurs, et garde ici le gros de la troupe, retranché derrière les chariots.

— Moine, tu as raison... Tu parles en soldat expérimenté. Tu as donc fait la guerre?

— Un peu... de çà et de là, dans l'occasion, pour défendre les faibles contre les forts...

— Des guerriers franks! s'écria Cautin en joignant les mains d'un air triomphant; — des amis! des alliés! je suis sauvé... A moi, chers frères en Christ! à moi, mes fils en Dieu!... Tombez sur cette canaille, délivrez-moi des mains des Philistins! à moi mes.....

Ronan, ayant tiré la corde restée pendante au cou du saint homme, l'interrompit net en serrant le nœud coulant.

— Evêque pas de cris inutiles, — dit l'ermite; — et toi Ronan, pas de violence, coupe cette corde...

— Soit; mais je vais lier ses mains, et s'il me rompt davantage les oreilles, je l'assomme.....

— Les cavaliers franks s'arrêtent à la vue des chariots, — s'écria un Vagre; — ils semblent se consulter.

— Notre conseil ne sera point long. Ces Franks sont sept à cheval, que six Vagres me suivent, et, foi de Ronan, il y aura tout à l'heure en Gaule sept conquérants de moins!

— Nous voilà six... marche.

Parmi les six Vagres était le Veneur... L'évêchesse, le voyant examiner la monture de sa hache, sauta du chariot à terre, et l'œil brillant, les narines gonflées, la joue en feu, retroussant la manche droite de sa robe de soie,
elle mit ainsi à nu, jusqu'à l'épaule, son beau bras, aussi blanc que nerveux, et s'écria :

— Donnez-moi une épée! une épée!...

— Voilà le glaive que tu demandes. Qu'en feras-tu, belle évêchesse en Vagrerie?

— Je me battrai près de mon Vagre! Et l'évêchesse, prenant une épée, comme une Gauloise des siècles passés, courut à l'ennemi.

— Petite Odille, attends-moi; ces Franks tués, je reviens, dit Ronan à la jeune fille, qui, toute pâle, le retenant de ses deux mains, le regardait de ses grands yeux bleus pleins de larmes.

— Ne tremble pas ainsi... pauvre enfant!

— Ronan, — murmura-t-elle en étreignant plus vivement encore le bras du Vagre, — je n'ai plus ni père ni mère; tu m'as délivrée du comte et de l'évêque, tu as bon cœur, tu es plein de compassion pour le pauvre monde, tu me traites avec une douceur de frère; cette nuit, je t'ai vu pour la première fois, et pourtant il me semble qu'il y a déjà longtemps, longtemps que je te connais....

Puis elle saisit les deux mains du Vagre, les baisa tout bas, les lèvres palpitantes :

— Et ces Franks, s'ils te tuaient?...

— S'ils me tuaient, petite Odille?...

Se retournant alors vers l'ermite, qu'il désigna du regard à la jeune fille, il ajouta :

— Si les Franks me tuent, ce bon moine laboureur veillera sur toi.

— Je te le promets, mon enfant, je te protégerais s'il arrivait malheur à ton ami.

— Petite Odille, — reprit Ronan presque avec embarras, — un baiser sur ton front... ce sera le premier et le dernier peut-être...

L'enfant pleurait en silence; elle tendit son front de quinze ans à Ronan; il y posa ses lèvres, et, l'épée haute, partit en courant... A peine fut-il éloigné des chariots, que l'on entendit les cris des Vagres attaquant les leudes. Odille, à ces cris, se jeta éperdue dans les bras de l'ermite, cachant sa figure dans son sein, et s'écria en sanglotant :

— Ils vont le tuer... ils vont le tuer...

— Courage, Franks... courage, mes fils en Dieu! — hurlait Cautin garrotté à la roue d'un chariot; — exterminez ces Moabites... et surtout exterminez ma diablesse de femme, cette grande impudique à robe orange, à écharpe bleue et aux bas rouges brodés d'argent... pas de merci pour cette Olliba! cette garce, cette putain! coupez-la en morceaux :

— Evêque, évêque... tes paroles sont inhumaines... Rappelle-toi la miséricorde de Jésus envers Madeleine et la femme adultère, — dit l'ermite, tandis qu'Odille, la figure toujours cachée dans le sein de ce vrai disciple du jeune homme de Nazareth, murmurait :

— Ils vont tuer Ronan... ils vont le tuer...

— Me voici revenu... les Franks ne m'ont

pas tué, petite Odille, et les gens qu'ils emmenaient sont délivrés.

Qui parlait ainsi? c'était Ronan. Quoi? déjà de retour? oui, les Vagres font vite. D'un bond, Odille fut dans les bras de son ami.

— J'en ai tué un... il allait transpercer mon Vagre avec sa dague! — s'écria l'évêchesse revenant aussi du combat... Et, jetant son épée sanglante, le regard étincelant, le sein à demi couvert par ses longues tresses noires, désordonnées comme ses vêtements par l'action du combat, elle dit au Veneur : — Es-tu content de ta femme?

— Forts pour l'amour, forts pour la guerre sont tes bras ! — répondit le joyeux garçon. — Maintenant, un coup à boire !

— Boire à ma barbe ce vin qui fut le mien ! courtiser et caresser devant moi cette impure, cette femme qui fut la mienne ! murmura l'évêque, — voilà qui est monstrueux ! voilà qui est le signe précurseur des calamités effroyables qui se répandront sur la terre...

Trois des Vagres avaient été blessés : l'ermite les pansait avec tant de dextérité, qu'on pouvait le croire médecin ; il se relevait pour aller de l'un à l'autre des blessés, lorsqu'il vit s'avancer vers lui les gens que les leudes emmenaient, et qui venaient d'être délivrés par les hommes de Ronan. Ces malheureux, un instant auparavant prisonniers, étaient couverts de haillons ; mais la joie de la délivrance brillait sur leurs traits. Conviés par leurs libérateurs à boire et à manger pour réparer leurs forces, ils venaient s'acquitter au mieux de ce soin. Pendant qu'ils dégonflaient les outres et faisaient disparaître le pain et le jambon, le moine dit à l'un d'eux, homme encore robuste, malgré sa barbe et ses cheveux gris :

— Frères, qui êtes-vous ? d'où venez-vous ?

— Nous sommes colons et esclaves, autrefois propriétaires et laboureurs des terres nouvelles que le fils de Clovis a ajoutées en *bénéfices* aux *terres saliques* ou terres *militaires* que le comte frank Néroweg tenait déjà de son père par le droit de la conquête.

— Ainsi le comte vous a dépouillés de vos champs, de vos habitations ?

— Plût au ciel ! bon ermite, qu'il eût agi ainsi.

— Votre réponse est étrange.

— Le comte nous les a laissés, au contraire ; il y a même ajouté deux cents arpents, le maudit ! deux cents arpents appartenant à mon voisin Féréol, qui s'était enfui de peur des Franks.

— On double ton bien, frère, et tu te plains ?

— Si je me plains !... Ignores-tu donc comment les choses se passent en Gaule ? Voici ce que m'a dit le comte : « — Mon glorieux roi m'a fait comte en ce pays, et m'a donné de plus à *bénéfice*, qui deviendra je l'espère, héréditaire, comme mes terres militaires, ces domaines-ci, avec leur bétail, leurs maisons et leurs habitants... Tu cultiveras pour moi les champs qui t'appartiennent ; j'y ajouterai de nouveaux guérets : tu deviens mon colon, tes laboureurs, mes esclaves ; tous vous travaillerez à mon profit et à celui de mes leudes ; vous leur fournirez, ainsi qu'à moi, selon tous nos besoins ; vous aiderez mes esclaves maçons et charpentiers à la bâtisse d'un nouveau burg que je veux faire construire à la mode germanique, vaste, commode et suffisamment retranché, au milieu d'un ancien camp romain que j'ai remarqué ; vos chevaux et vos bœufs, devenus les miens, charrieront les pierres et les poutres trop lourdes pour être portées par les hommes. En outre, tu me payeras cent sous d'or par an, sur lesquels j'en donnerai dix au roi lorsque j'irai lui rendre hommage une fois par an. — Cent sous d'or ! m'écriai-je ; mes terres et celles de mon voisin Féréol ne rapportent pas cette somme bon an mal an... comment veux-tu que je te donne cent sous d'or, et qu'en outre je nourrisse, toi, tes leudes, tes serviteurs, et que de plus je vive, moi, ma famille et mes laboureurs, devenus tes esclaves ? — A cela le comte m'a répondu en me menaçant de son bâton : — « J'aurai mes cent sous d'or tous les ans..... sinon je te fais couper les pieds et les mains par mes leudes... »

— Pauvre homme ! — dit tristement l'ermite.

— Et comme tant d'autres tu as consenti à ce servage ? Tu as accepté de telles conditions ?

— Que faire ? comment résister au comte et à ses leudes ? je n'avais que quelques laboureurs, et les prêtres leur prêchent la soumission à nos conquérants, qui, l'épée haute, viennent nous dire : « Les champs de vos pères, fécondés par leur travail et le vôtre, sont à nous... et vous les cultiverez pour nous. » Que faire ? résister ? impossible... Fuir ? c'était aller au-devant de l'esclavage dans une autre contrée, puisque toutes les provinces sont envahies par les Franks. J'avais alors une jeune femme... la servitude ou la vie errante m'effrayait plus encore pour elle que pour moi... enfin je tenais à ce pays, à ces champs où j'étais né ; il me semblait horrible de les cultiver pour un autre, et pourtant je préférai ne pas les abandonner..... Moi et mes laboureurs nous nous sommes résignés à une misère atroce, à un labeur incessant ! telle a été notre vie pendant bien des années... Je parvenais, à force de travail, de privations, à subvenir aux besoins de Néroweg et de ses leudes, et à faire produire à mes terres soixante-dix à quatre-vingts sous d'or par année... Deux fois le comte me fit mettre à la torture pour me forcer à lui donner les cent sous d'or auxquels il m'avait imposé.. Je ne possédais pas un denier au-delà de ce que je lui remettais : j'en fus pour la torture, et à la suite pour de longues souffrances, et lui pour sa cruauté...

Meurtre des enfants de Clodomir (page 381)

— Et jamais, — dit Ronan, — il ne t'est venu à l'idée de choisir une belle nuit noire pour mettre le feu au burg?

— Mais les prêtres persuadent aux esclaves que plus leur sort est atroce, plus belle sera leur part de paradis. Je ne pouvais donc compter sur mes compagnons d'esclavage, hébétés par la peur du diable, et énervés par la misère... puis, j'avais de jeunes enfants, et leur mère, accablée de chagrin, était très maladive; enfin, cette année, la pauvre créature, heureusement, est morte. Mes fils étaient devenus des hommes : eux et moi, ainsi que quelques autres esclaves, las de souffrir, las de travailler de l'aube au soir pour le comte et ses leudes, nous avons fui ces domaines... Nous étions allés nous réfugier sur les terres de l'évêque d'Issoire; c'était quitter un servage pour un autre; mais nous espérions que le prélat serait peut-être moins méchant maître que le comte. Celui-ci tenait à moi, qui avais fait rendre à nos terres, et à son profit, pendant bien des années, tout ce qu'elles pouvaient produire. Ayant eu connaissance du lieu où nous nous étions réfugiés, il a fait monter quelques leudes à cheval, pour venir nous réclamer à l'évêque d'Issoire; celui-ci nous a rendus; ses gens nous ont garrottés... Les leudes nous ramenaient pour nous forcer à cultiver nos champs, lorsque ces bons Vagres ont tué les Franks, et nous ont délivrés... Aussi, par ma foi, Vagres nous serons, moi, mes fils et ces esclaves que voilà, si vous voulez de nous, braves coureurs de nuit!

— Oui, oui! — crièrent ses compagnons, — mieux vaut courir la Vagrerie que labourer les champs de nos pères sous le bâton d'un comte frank et de ses leudes.

— Évêque, évêque! — dit Ronan au prélat,

48ᵉ livraison

— voilà ce que tes alliés ont fait de notre vieille Gaule! mais par la torche de l'incendie! par le sang du massacre! je le jure! viendra l'heure où prélats et seigneurs ne régneront plus que sur des ruines fumantes et des ossements blanchis... Allons, nouveaux frères en Vagrerie, soyez, comme nous, Hommes errants, Loups, Têtes de Loups! Comme nous, vous vivrez en loups, et en joie, l'été, sous la verte feuillée; l'hiver, dans les chaudes cavernes... Debout, mes bons Vagres! debout, le soleil monte; nous avons là, dans les chariots, du butin à distribuer sur notre passage... En route, petite Odille, en route, belle évêchesse! pillons les seigneurs, et largesse au pauvre monde! conservons seulement de quoi faire cette nuit grand gala dans les gorges d'Allange, sous le dôme des vieux chênes!... En route!... et demain, la dernière outre vidée, en chasse, mes Vagres! tant qu'il restera en Gaule un burg de Franks, une maison épiscopale!... Brûlons tous les repaires de la tyrannie. A mort, les seigneurs et les évêques!

Et la troupe se remit en marche au bruit du chant des Vagres... Lorsque au soleil couché, ils arrivèrent aux gorges d'Allange, l'un de leurs repaires, tout le butin emporté de la villa épiscopale avait été distribué sur la route aux pauvres gens... il ne restait dans les chariots que quelques matelas pour les femmes, les vases d'or et d'argent pour boire le vin de l'évêque, et des provisions suffisantes pour le grand gala de la nuit... Les huit paires de bœufs des chariots devaient être le rôti de ce festin gigantesque; car sur sa route la troupe des Vagres s'était encore recrutée d'esclaves, d'artisans, de laboureurs et de colons, tous réduits à la rage de la misère, sans compter bon nombre de filles, curieuses de courir la Vagrerie!

CHAPITRE II

Un festin en Vagrerie. — Meurtres de Clotaire, nouveau roi d'Auvergne, et miracles faits en sa faveur. — La ronde des Vagres. — Karadeuk le Bagaude. — Loysik l'ermite. — Comment l'évêque Cautin est miraculeusement enlevé au ciel par des Séraphins et comment il descend fort promptement de l'empirée. — Le comte Néroweg et ses leudes. — Attaque des gorges d'Allange.

Quels beaux festins l'on prépare en Vagrerie! daims, cerfs, sangliers, tués la veille par les Vagres dans la forêt qui ombrage les gorges d'Allange, ont été, comme les bœufs des chariots, dépecés et grillés au four. Quoi! un four en pleine forêt! un four capable de contenir bœufs, daims, cerfs et sangliers? Oui, le bon Dieu a creusé pour les bons Vagres plusieurs de ces fours dans les gorges profondes de l'Allange, un vaste cratère éteint comme les autres volcans de l'Auvergne... N'est-ce point un véritable four que cette grotte cintrée, profonde, dans laquelle un homme peut se tenir debout? donc, remplissez cette grotte de bois sec, un ou deux chênes morts vous suffisent; mettez le feu à ce bûcher; il se consume, devient brasier: sol, parois, voûte de lave, tout rougit bientôt, et l'on enfourne, dans cette bouche, ardente comme celle de l'enfer, daims, cerfs, sangliers entiers et bœufs dépecés; après quoi l'on referme l'ouverture de la grotte avec des pierres de lave sous une montagne de cendres brûlantes... quatre ou cinq heures après, bœufs et venaison cuits à point, fumants, appétissants, sont servis sur la table. Quoi! aussi des tables en Vagrerie? certes, et recouvertes du plus fin tapis vert; quelle table? quel tapis? la pelouse d'une clairière de la forêt; et pour sièges, encore la pelouse; pour tentures, les grands chênes; pour ornements, les armes suspendues aux branches; pour dôme, le ciel étoilé; pour lampadaire, la lune en son plein; pour parfums, la senteur nocturne des fleurs sauvages; pour musiciens, les rossignols et tous les oiseaux chanteurs.

Plusieurs Vagres, placés en vedette sur la lisière de la forêt, aux abords des gorges d'Allange, veillent à ce que la troupe ne soit pas surprise, dans le cas où, apprenant le sac et l'incendie de la villa, les comtes et ducs franks du pays, craignant une attaque sur leurs burgs, se seraient mis, avec leurs leudes, à la poursuite des bons Vagres.

L'évêque Cautin, malgré son courroux, se surpassa comme cuisinier; pendant longtemps on parla en Vagrerie de certaine sauce, dont le saint homme remplit un grand chaudron, dans lequel chacun trempait sa grillade de bœuf ou de venaison, sauce appétissante composée de vieux vin et d'huile aromatisée avec le thym et le serpolet des bois; on la trouva délectable, et l'évêchesse, mordant de ses belles dents blanches à la grillade de son Vagre, disait:

— Je ne m'étonne plus si celui qui fut mon mari se montrait si implacable pour ses esclaves-cuisiniers, qu'il faisait fouailler au moindre oubli... le seigneur évêque cuisinait mieux qu'eux tous; il pouvait se montrer difficile.

Deux convives prenaient peu de part au festin: l'ermite laboureur et la jeune esclave, assise à côté de Ronan; celui-ci mangeait valeureusement, mais le moine rêvait en regardant le ciel, et la petite Odille rêvait... en regardant Ronan... Les vases d'or et d'argent, sacrés ou non, circulaient de main en main; les outres se dégonflaient à mesure que le ventre des buveurs s'arrondissait; gais propos, éclats de rire, baisers pris et rendus entre Vagres et Vagredines, tout était liesse et fous ébats; parfois, cependant,

dant, pour quelque fin minois, éclatait une dispute entre deux compagnons, ni plus ni moins que dans les anciens festins gaulois; alors on décrochait les épées des arbres, sans haine, mais par simple outre-vaillance.

— A toi ce coup-ci... Pour moi la bellegarce.
— A toi celui-là... La bougresse me restera.
— Frappe... Voilà pour sa mine friponne.
— Riposte... La coquine est à moi.
— Je suis blessé ! A mon secours la belle...
— Je me meurs !... Adieu mes amours...

On pansait le blessé; on couvrait le mort de feuillage... Honneur aux braves qui vont renaître ailleurs, et vivent les festins en Vagrerie !! L'on entendait encore çà et là des propos joyeux, étranges, ou d'une gaieté sinistre; ces propos peignaient les choses, les hommes, les misères de la Gaule conquise, abrutie et démoralisée, mieux que ne le feront les légendaires, si jamais ce siècle de fer trouve des historiens...

— Ah! le bon temps! — disait Dent-de-Loup en rongeant l'ivoire de son second cuisson de daim ; — ah! le bon temps que nous devons à ces époques de désordre! de pillage! de batailles de grand'route! de sièges de burgs et d'incendie de maisons épiscopales! ah! le bon temps que nous font les rois franks!...

— Ronan l'a dit: Le feu est à la vieille Gaule., dansons, buvons sur ses décombres... et faisons l'amour sur la cendre des palais, sur les charbons éteints des églises et des abbayes !

— Oh! grand évêque! oh! béni soit-tu, grand saint Rémi! qui, dans la basilique de Reims, au milieu de l'encens et des fleurs, il y a cinquante ans et plus, as baptisé Clovis, fils soumis de l'Église de Rome! Béni sois-tu, grand saint Rémi, patron des scélérats et des bandits!

— Où est-elle? où est-elle, la fière et virile Gaule du chef des cent vallées, des *Sacrovir*, des *Vindex*, des *Civilis*, des *Victoria*?

— Qui a hérité de la vaillance de la Gaule? les Vagres... Loups et Têtes de loups! puisque eux seuls luttent contre les Barbares...

— Et nous sommes traqués comme bêtes de forêt; torturés, pendus, si on nous fait prisonniers.

— Mais nous avons l'ongle aigu, la dent tranchante pour étrangler et dévorer nos ennemis.

— Et ils nous appellent des pillards...
— Des meurtriers...
— Des sacrilèges...

— Frères, nous imitons nos glorieux et nouveaux maîtres, rois, ducs et comtes franks; ils tuent, nous massacrons; ils pillent, nous volons, nous incendions. A mort la seigneurie!

— Sinistre est le temps où nous vivons! — dit l'évêchesse en déroulant au vent de la nuit sa longue chevelure noire. — Jours de sanglantes fureurs! jours de débauche effrénée !... Jours d'ardent vertige, où l'on court au mal avec une joie farouche... Saintes vertus de nos mères ! chaste tendresse ! fier et pudique amour! où vous trouver aujourd'hui? est-ce chez la femme esclave, violentée par les maîtres de son corps? Est-ce chez la femme libre? quand sous ses yeux le foyer domestique devient un lupanar ? Oh ! fermons les yeux et mourons jeunes. Veux-tu mourir, mon Vagre ? Demain, aux premiers rayons du soleil; demain, à l'heure où les oiseaux s'éveillent, ta main dans la mienne, nous partirons ensemble pour ces mondes inconnus, où nos aïeux s'en allaient vaillamment et volontairement pour revivre ensemble !

— Et vive l'amour jusqu'à demain ! En attendant, un beau baiser, ma Vagredine!

Le Veneur prend le baiser, pendant que son voisin, grave comme un homme entre deux vins, dit d'une voix magistrale :

— Frères, j'ai une idée...
— Ton idée, Symphorien, semble être de vider complètement cette amphore...
— Oui, d'abord... puis de vous démontrer *logicè*... *à priori*...
— Au diable le langage romain !
— Frères, pour être Vagre l'on n'en est pas moins versé dans les belles lettres et la philosophie... J'enseignais la rhétorique aux jeunes clercs de l'évêque de Limoges; je fus mandé, pour le même office, par l'évêque de Tulle. En traversant les monts Jargeaux pour me rendre d'une ville à l'autre, j'ai été pris dans ces montagnes par une bande de mauvais Vagres... car il y a de bons et de mauvais Vagres.

Ces Vagres m'ont vendu à un marchand d'esclaves, lequel m'a revendu à l'évêque de...

— Au diable le rhétoricien !... le voici voyageant par monts et par vaux !

— C'est souvent l'effet de la rhétorique de vous entraîner ainsi à travers les plaines de l'imagination... Mais je reviens à ce que je veux vous prouver *logicè*... c'est ceci : Que nous n'avons pas à prendre souci des leudes ni des bandes armées qui peuvent nous poursuivre, parce que *logicè*... le Seigneur Dieu fera un miracle en notre faveur pour nous débarrasser de nos ennemis.

— Un miracle en notre faveur à nous, Vagres? Sommes-nous en si bons termes avec le ciel !

— Nous sommes d'autant mieux avec le bon Dieu, que nous agissons davantage en loups, en vrais loups.... Aussi, *logicè*, le Seigneur nous délivrera-t-il de nos ennemis par des miracles... Et ce, je vais vous le prouver.

— A la preuve, docte Symphorien...... à la preuve ! nous entendrons tes arguments.

— M'y voici... Et d'abord, frères, dites-moi sous quelle royale griffe est tombée cette belle terre d'Auvergne?

— Sous la griffe de Clotaire, le dernier et digne fils du glorieux roi Clovis... puisque ayant récemment épousé la veuve de son petit-neveu Théobald, ce Clotaire possède un double droit sur la province d'Auvergne... le voici donc en cette année 558, seul roi de toute la Gaule conquise. Gloire à Dieu au plus haut des cieux! Or, ce Clotaire est l'épouseur du genre humain... Les évêques l'ont marié autant de fois qu'il lui a plu de convoler à de nouvelles noces, même du vivant de la plupart de ses femmes; ils l'ont marié à *Gundioque*, femme de son propre frère; ils l'ont marié à *Radegonde*, à *Ingonde*, et, quinze jours après à la sœur de celle-ci, nommée *Aregonde*; ils l'ont marié à *Chemesne*, à bien d'autres encore, et en dernier lieu à cette *Waltrade*, veuve de son petit-neveu Théodebald; mais ce sont là des peccadilles...

— Docte et doctissime Symphorien, tu nous a promis de nous prouver *logicè* que le Seigneur Dieu ferait des miracles en notre faveur, et ta rhétorique ne vise qu'un sujet, Clotaire, cet épouseur éternel...

— Ma rhétorique pose les principes, vous allez en voir découler les conséquences... *ergo*, je pose cette autre prémisse, encore nécessaire: que ce Clotaire a commis, entre plusieurs crimes, un forfait devant lequel Clovis lui-même eût peut-être reculé... La chose se passait à Paris, en 533, dans le vieux palais romain habité par les rois franks... Or, écoutez...

— Nous écoutons, docte Symphorien; il est doux d'entendre les louanges de ses rois.

— Il y a donc environ vingt-cinq ans de cela... Clovis était, depuis longtemps, allé au paradis, sur la recommandation des évêques, après avoir partagé la Gaule entre ses quatre fils: *Thierri, Childebert, Clodomir* et ce *Clotaire*, aujourd'hui roi de toutes les provinces conquises..... Clodomir étant mort plus tard, laissa trois enfants; ils furent recueillis par leur grand'mère, la veuve de Clovis, la vieille reine Clotilde; elle faisait élever près d'elle ses petits-fils, attendant qu'ils fussent en âge d'hériter du royaume de leur père. Un jour qu'elle était venue à Paris, Childebert, qui résidait en cette ville, envoya secrètement un affidé à notre doux Clotaire pour lui dire ceci: « Clotilde, notre mère, garde auprès d'elle les enfants de notre frère, et elle veut qu'ils aient son royaume, viens donc promptement à Paris, afin que nous prenions ensemble conseil sur ce qu'il faut faire d'eux: savoir s'ils auront les cheveux coupés pour être comme le reste du peuple, ou placés dans un monastère, ou si nous les tuerons, afin de partager entre nous le royaume de leur père, notre frère... »

— Voilà qui commence tendrement.

— C'est la fraternité en usage chez les Franks.

— Quel est le Vagre qui méditerait de tuer le fils de son propre frère pour s'emparer de ce qui lui appartient?

— Il n'en est pas un... aucun de nous.

— Nous sommes loups et les loups ne se dévorent pas entre eux... mes frères...

— Et ces enfants, qu'ils voulaient égorger, docte Symphorien, étaient-ils jeunes?

— L'un avait dix ans, l'autre sept...

— Pauvres petites créatures...

— Je poursuis mon récit: Clotaire arrive à Paris, se concerte avec son frère, et tous deux vont dire à la vieille reine Clotilde: « Envoie-nous tes petits-fils pour que nous les embrassions, et ensuite que nous les déclarions devant le peuple héritiers du royaume de leur père. »

— Ah! ces rois franks, toujours aussi rusés que féroces! car c'était un leurre, n'est-ce pas docte Symphorien?

— Tu vas comprendre ce qu'ils projetaient...

La veuve de Clovis, toute joyeuse, envoya ses petits-fils à leurs oncles en disant à ces enfants: « Je croirai n'avoir pas perdu mon fils, votre père, si je vous vois lui succéder dans son royaume. » — A peine arrivés chez leurs oncles, les enfants sont arrêtés et séparés de leurs esclaves et de leurs gouverneurs. Aussitôt Clotaire et Childebert envoient un émissaire à leur grand'mère; il portait d'une main des ciseaux, de l'autre une épée nue; il dit à la vieille reine Clotilde: — « Très glorieuse reine, nos seigneurs tes fils désirent connaître ta volonté à l'égard de tes petits-fils... veux-tu qu'ils soient tondus (c'est-à-dire enfermés dans un couvent) ou veux-tu qu'ils soient égorgés?... — S'ils doivent renoncer au trône de leur père! — s'écria la vieille reine indignée, j'aime mieux les voir morts que tondus... » — L'émissaire revint dire aux deux rois: — « Vous avez l'aveu de la reine pour achever l'œuvre commencée... » — Aussitôt le roi Clotaire prend le plus âgé par les bras, le jette contre terre, et lui enfonce un couteau sous l'aisselle.

— Pauvre cher petit! — murmura Odille en fondant en larmes; — il a dû mourir en appelant sa mère à son secours...

— Le royal boucher qui le mettait ainsi à mort connaissait le bon endroit pour enfoncer son couteau, — dit Ronan. — C'est ainsi qu'on tue les jeunes torins. Continue, docte Symphorien.

— Aux cris de l'enfant, son petit frère se jette aux pieds de Childebert, et s'attachant à lui de toutes ses forces, il s'écrie: — « Mon oncle! mon bon oncle! viens à mon secours.... fais que je ne sois pas tué comme mon frère! » — Childebert, un moment ému, dit à Clotaire: — « Accorde-moi la vie de cet enfant? » — Mais Clotaire, furieux, répondit: — « Ou repousse l'enfant de tes genoux, ou tu vas mourir à sa place... C'est toi qui m'a mis dans cette affaire, et voilà que tu manques de courage? »

— Ce bon Clotaire avait raison, — dit Ronan: — comploter le meurtre de ces enfants, et reculer devant le crime, c'était faire injure à la race du glorieux roi Clovis; mais Childebert s'est ravisé, pour l'honneur de sa royale famille, docte Symphorien?

— En pouvait-il être autrement? Childebert repoussa l'enfant de ses deux genoux, le jeta vers Clotaire, qui lui enfonça, comme à l'autre un couteau sous l'aisselle et le tua... Les deux rois firent ensuite mettre à mort les esclaves et les gouverneurs des deux enfants, dont ils se partagèrent le royaume. »

— Et voilà comment se fondent les monarchies imposées par la conquête, — dit Ronan. — Ah! par Rita-Gaür! ce saint Gaulois des temps passés, qui tissait sa saie de la barbe des rois! tous ces monstres ont mérité d'être exterminés; n'est-ce point ton avis, notre ami? — ajouta-t-il en s'adressant à l'ermite laboureur, qui, toujours silencieux et rêveur, écoutait! — N'est-ce point le devoir de tout fils de la Gaule de courir sus à cette race de rois étrangers qui ont envahi notre pays et nous réduisent au plus dur esclavage?

— Mieux vaut prévenir le mal que de tuer le criminel, — répondit l'ermite.

— Ermite, empêcheras-tu un roi frank de naître voleur et rapace?

— Il faut l'empêcher de naître roi, duc, comte ou seigneur, et lui apprendre qu'il n'est pas le maître des biens et de la vie des autres hommes... Jésus de Nazareth l'a dit: — « L'esclave est l'égal de son maître... » — De l'égalité parmi les hommes un jour naîtra leur fraternité! A chacun sa part dans l'héritage commun. Propagez cette doctrine parmi vos frères et vous atteindrez le but sans effusion de sang!

Puis l'ermite laboureur retomba dans sa rêverie silencieuse.

— Deux fois déjà j'ai suivi à la piste ce dernier roi d'Auvergne par droit de pillage et de massacre, — dit Ronan; — je n'ai pu le joindre; mais, par Rita-Gaür! si Clotaire tombe sous ma main, je le raserai... mais si près de mes épaules, que sa tête ne repoussera pas...

— Ronan, tu comptes sans les démonstrations de ma rhétorique. J'ai posé les prémisses, maintenant arrivons aux conséquences; or, *togicè*, je vais te prouver que tu ne pourras rien contre Clotaire. Le Seigneur Dieu le protège... Oui, le Seigneur a fait un miracle en faveur de Clotaire, de tueur d'enfants; or donc, j'avais raison de dire que je prouverais *togicè* que Dieu fera certainement quelque petit miracle en notre faveur, à nous, pauvres Vagres...

— Décidément, nous avons eu tort de ne point pendre l'évêque.

— Il sera toujours temps d'attirer ainsi sur nous l'attention du Seigneur; mais conte-nous le miracle, doctissime Symphorien.

— C'était en 537, environ quatre ans après que Childebert et Clotaire eurent tué leurs neveux à coups de couteau... Nos deux fils de Clovis, dignes de leur race, ne songeaient qu'à se dépouiller et à s'égorger les uns les autres; aussi, un moment unis, en tendres frères, pour le meurtre de ces petits enfants, Clotaire et Childebert se déclarent la guerre. Theudebert, petit-fils de Clovis, se joignit à Childebert, et tous deux, à la tête de leurs leudes, ravageant, pillant, comme d'habitude, les contrées qu'ils traversaient, marchent contre Clotaire. Ce doux oncle, ne trouvant pas sa troupe assez nombreuse pour résister aux forces de son frère et de son neveu, refuse la bataille et se retire dans la forêt de Brotonne, entre Rouen et la mer... Theudebert et Childebert cernaient la forêt, attendant la nuit, espérant prendre leur bien-aimé frère et oncle au trébuchet.

— Childebert et Theudebert s'avançaient donc sans bruit à la tête de leurs troupes... Le jour se leva... ils n'étaient plus qu'à deux ou trois cents pas de l'endroit où Clotaire campait avec ses leudes... lorsque soudain tombe du ciel une épouvantable pluie de pierres et de feu... Les troupes de Childebert et de Theudebert sont écrasées par les pierres et brûlées par le feu céleste...

— Et Clotaire, que devient-il?

— Oh! Clotaire, ce favori du Seigneur, grâce au miracle, voit, à trois cents pas de lui, la troupe de son frère anéantie sous la pluie de feu et de pierres, tandis qu'au-dessus de lui et de son armée, le ciel aussi pur, aussi limpide, aussi serein que sa conscience, est du plus riant azur: pas un souffle de vent n'agite même la cime des arbres de la forêt, tandis que tout autour de cet endroit privilégié on n'aperçoit que cataractes de feu. Puis, du sein des nuées tombe une pluie de pierres, un déluge de cendres sous lesquelles demeurent ensevelis tous les ennemis de Clotaire.

— Et remarquez surtout, — reprit Symphorien, — que dans le récit de ce miracle, il est dit que c'est le grand saint Martin lui-même qui, habitant le paradis, a prié le Seigneur de donner cette preuve de bonne amitié à Clotaire; or, saint Martin n'intercédait ainsi auprès de l'Eternel pour ce grand scélérat, qu'à la fervente prière de la reine Clotilde.

— Quoi! la grand'mère des deux pauvres petites victimes de ce monstre de Clotaire? — dit Odille en joignant les mains. — Elle a prié Dieu de faire un miracle en faveur de son fils, le meurtrier de ses petits-enfants?

— Mon Vagre, — reprit l'évêchesse avec un sourire amer en passant ses doigts effilés dans la chevelure bouclée du jeune homme, et appuyant ses lèvres sur la bouche de son amant, — ne vaut-il pas mieux aller revivre ailleurs que de rester dans cet épouvantable monde?

— Oui, horrible... horrible est ce monde...

— s'écria l'ermite laboureur avec une douleur et une indignation profondes. — Quoi ! le nom de ce Dieu de miséricorde, d'amour et de justice... profané, souillé chaque jour... Quoi ! ces forfaits dont s'épouvante la nature, mis sous la protection divine !... O Jésus ! Jésus de Nazareth ! toi, le plus divin des sages ! tu prévoyais que ton céleste Évangile serait mal compris, quand l'âme attristée jusqu'à la mort, dans ta veillée suprême, tu pleurais sur le prochain avenir du monde... Jésus !... Jésus !... des siècles se passeront avant que ton jour arrive...

— Prends garde, notre ami ! — dit Ronan, — ne parle pas si haut... ce saint homme d'évêque qui dort là-bas, gorgé de vin et de viande, pourrait t'excommunier, s'il t'entendait... Mais au diable la tristesse !... nous sommes en un temps de damnation... vivons en damnés !... Évêques et rois franks donnent le branle !... Debout, mes Vagres ! debout... vous, trois fois saints ! !... que nos saturnales couvrent la vieille Gaule... que cette terre de nos pères soit le tombeau des Franks et le nôtre... Les ruines de nos cités désertes diront aux siècles futurs : « Ci gît un grand peuple !... Libre, il fut l'orgueil de l'univers... Esclave des rois conquérants, un jour il sut disparaître du monde en entraînant ses tyrans dans l'abîme. » Or donc, nous mourrons gaiement... Debout, Vagres et Vagredines ! le festin est fini, la lune brillante... Chantons, dansons, faisons l'amour jusqu'au jour ; qu'à nos chants endiablés le Frank tremble dans son burg ! que l'évêque cherche un refuge dans sa basilique ! et qu'ils se disent épouvantés : « Malheur à nous ! malheur à nous demain ! car cette nuit ils sont bien gais en Vagrerie ! »

Et Vagres et Vagredines, criant, chantant, hurlant, se culbutant, commencèrent une folle ronde sur la pelouse, aux pâles clartés de la lune.

L'ermite laboureur avait écouté en silence l'entretien des Vagres ; assis à côté de la petite Odille, il semblait la couvrir d'une protection paternelle... L'enfant paraissait étrangère à ce qui se passait autour d'elle. Lorsque Ronan, à la fin du repas, eut donné à ses compagnons le signal des chants et de la danse ; ils s'étaient éloignés en tumulte du lieu du festin pour courir à leur gaieté bachique et à leur danse effrénée au milieu d'une autre clairière, située non loin de la pelouse où ils venaient de festoyer... Ronan, se rapprochant alors de l'ermite laboureur et de l'esclave toujours assise, les yeux levés vers le ciel, dit joyeusement :

— Veux-tu danser, petite Odille ? La ronde est commencée ; elle durera jusqu'à l'aube...

La jeune fille secoua mélancoliquement la tête sans répondre, contemplant toujours le ciel.

— Odille, qu'as-tu à rêver ainsi en regardant la lune ? A quoi songes-tu, mon enfant ?

— Le sommeil me gagne, et je songe au vieux bardit que ma mère me chantait pour m'endormir quand j'étais petite.

— Quel est ce bardit ?

— Oh ! il est bien vieux, bien vieux... disait ma mère ; on le chante en Gaule depuis cinq ou six cents ans...

— Et il se nomme ?

— Le bardit d'Héna, *la vierge de l'île de Sên*.

— Le bardit d'Héna ! — s'écrièrent à la fois l'ermite et le Vagre en tressaillant.

Puis ils se turent, pendant qu'Odille, étonnée de leur silence et de l'émotion qui se peignait sur leur figure, les regardait en disant :

— Vous savez donc aussi le chant d'Héna ?

— Chante-le, mon enfant, — répondit Ronan d'une voix émue...

La petite Odille, de plus en plus surprise, ne reconnaissait pas son ami : le hardi et joyeux Vagre était devenu pensif et grave.

— Oh ! oui, mon enfant ; dis-nous ce bardit avec ta douce voix de quinze ans, reprit l'ermite ; — mais pas ici... Le tumulte de la danse et de l'orgie de là-bas, quoique lointain, couvrirait ta voix.

— L'ermite a raison... Viens avec nous, petite Odille, sous ce grand chêne, à quelques pas d'ici... Il est entouré d'un tapis de mousse ; tu pourras t'y endormir... je te couvrirai de mon manteau pour te garantir de la fraîcheur.

Du pied du chêne où l'enfant alla s'asseoir, entre Ronan et son compagnon, l'on n'entendait que le bruit éloigné de la folle ivresse des Vagres et des Vagredines... La lune, à son déclin, jetant ses rayons argentés sous la sombre verdure des feuilles, éclairait presque comme en plein jour l'ermite, Ronan et la petite esclave, qui bientôt, de sa voix enfantine, chanta ces premiers mots du bardit :

« *Elle était jeune, elle était belle, elle était sainte, elle s'appelait Héna, Héna, la vierge de l'île de Sên...* »

A ces paroles, l'ermite et le Vagre baissèrent la tête, et sans que l'un s'aperçût alors des larmes que versait l'autre, tous deux pleurèrent... Odille chanta le second verset ; mais, brisée par la fatigue de la nuit et de la journée, cédant au rhythme mélancolique de ce bardit, qui l'avait si souvent bercée dans son enfance et endormie sur les genoux de sa mère, la petite esclave ne chantait plus que d'une voix affaiblie, tandis qu'au loin, les Vagres entonnèrent soudain en chœur, et d'un mâle accent, un autre vieux bardit de la Gaule... Aussi l'ermite et Ronan tressaillirent de nouveau lorsque ces paroles arrivèrent jusqu'à eux sans couvrir tout à fait la voix d'Odille :

« — *Coule, coule, sang du captif... — Tombe, tombe, rosée sanglante ! — Germe, grandis, moisson vengeresse !...* »

Les deux hommes semblèrent frappés de ce

rapprochement singulier : au loin ce chant de révolte, de guerre et de sang ;... près d'eux, la voix angélique de l'enfant, chantant Héna, une des plus douces gloires de la Gaule armoricaine... Mais bientôt Odille, cédant au sommeil, ne fit plus que murmurer les paroles du bardit... puis elles devinrent inintelligibles... Sa tête se pencha sur sa poitrine, et, adossée au tronc de l'arbre, assise sur la mousse, elle s'endormit...

— Pauvre enfant ! — dit Ronan en la couvrant soigneusement de son manteau ; — elle est accablée de fatigue et de sommeil.

— Ronan, — reprit l'ermite en attachant sur son compagnon un regard pénétrant, — le chant d'Héna t'a fait pleurer...

— C'est vrai, bon ermite.

— Quelle est la cause de ton émotion ?

— Un souvenir de famille... si un Vagre, un Homme errant, un Loup a une famille...

— Ce souvenir de famille, quel est-il ?

— Cette douce Héna, dont parle le bardit, était une de mes aïeules...

— Comment le sais-tu ?

— Autrefois, mon père me l'a dit ; il me contait dans mon enfance des histoires des temps passés, il y a des centaines d'années.

— Où est ton père à cette heure ?

— Je ne sais... il courait la Bagaudie, il court peut-être la Vagrerie aujourd'hui, à moins qu'il ne soit mort en bon Vagre... Je saurai cela quand lui et moi nous nous retrouverons ailleurs qu'ici...

— Où cela ?

— Dans les mondes mystérieux que nul ne connaît, que tous nous connaîtrons... puisque tous nous irons y revivre...

— Tu as donc conservé la foi de tes ancêtres ?

— Mon père m'a appris que mourir c'était changer de vêtement, puisqu'on quitte ce monde-ci pour aller renaître ailleurs... La mort n'est qu'une transformation.

— Y a-t-il longtemps que tu as été séparé de ton père ?

— Brisons là... c'est triste, j'aime à être en joyeuse humeur... Cependant je me sens attiré vers toi, et tu n'es pas gai...

— Nous vivons dans un temps où, pour être gai, il faut avoir l'âme très forte ou très faible.

— Me crois-tu faible ?

— Je te crois fort et faible à la fois... Mais ton père... qu'est-il devenu ?

— Eh bien, mon père était *Bagaude* en sa jeunesse, et plus tard, quand les Franks nous ont baptisés *Vagres*, il est devenu Vagre : le nom était changé, le métier est resté le même...

— Et ta mère ?

— En Vagrerie on connaît peu sa mère ; je n'ai jamais connu la mienne... Du plus loin où je puisse reporter mes souvenirs, je devais alors avoir sept ou huit ans ; j'accompagnais mon père et la troupe dans ses courses, tantôt en Provence, tantôt ici, en Auvergne : étais-je fatigué, mon père ou l'un de ses compagnons me portait sur son dos... J'ai grandi ainsi ; nous avions souvent des jours de repos forcé... Parfois les comtes franks, exaspérés contre nous, se rassemblaient, eux et leurs leudes, pour nous donner la chasse... Avertis de leurs mouvements par les pauvres habitants des champs, qui nous aimaient, nous nous retirions dans nos repaires inaccessibles, et pendant quelques jours nous faisions les morts, tandis que les Franks battaient la campagne sans rencontrer l'ombre d'un Vagre... Durant ces jours de trêve au fond de quelque solitude, mon père, je te l'ai dit, me racontait des histoires du temps passé ; j'ai appris ainsi que notre famille était originaire de Bretagne, où elle vivait, où elle vit peut-être encore libre et paisible à cette heure, puisque jamais jusqu'ici les Franks n'ont pu entamer cette rude province : son granit est trop dur, et ses Bretons sont comme le granit de leurs rocs...

— Je connais le proverbe : *C'est un homme dur de l'Armorique.*

— Mon père me l'a souvent cité.

— Mais comment a-t-il quitté cette province paisible et libre encore aujourd'hui, grâce à son indomptable courage, que soutient toujours sa foi druidique, régénérée par la morale évangélique du jeune maître de Nazareth ?

— Mon père avait dix-sept ans, quand un jour sa famille donna l'hospitalité à un colporteur : celui-ci courant la Gaule pour son métier, raconta les malheurs du pays, et parla de la vie aventureuse des Bagaudes... Mon père s'ennuyait de la vie des champs ; il avait le cœur chaud, la tête ardente, et il avait sucé au berceau la haine des Franks. Frappé des récits du colporteur, il trouva l'occasion belle pour guerroyer contre les Barbares en se joignant aux Bagaudes, quitta la maison paternelle et alla retrouver le colporteur qui l'attendait à une lieue de là... Tous deux, au bout de quelques jours de marche, gagnèrent l'Anjou, rencontrèrent des Bagaudes. Jeune, robuste et hardi, mon père était une bonne recrue ; il se joignit à eux, et... Vive la Bagaudie !... De province en province, il est ainsi venu jusqu'en Auvergne, qu'il n'a plus guère quittée... le pays étant propice au métier, forêts, montagnes, rochers, cavernes, torrents, volcans éteints ; c'est une vraie terre de Bagaudie, vraie terre de Vagrerie !

— Comment as-tu été séparé de ton père ?

— Il y a trois ans... quelques *antrustions* ou leudes du roi percevaient en Auvergne la redevance du domaine royal ; nombreux et bien armés, ils ne voyageaient que de jour. Nous attendions la fin de leur récolte pour moissonner à notre tour... Ils s'arrêtèrent une nuit à Sifour, petite ville ouverte. L'occasion tente mon père ; nous marchons, croyant surprendre les Franks ; ils étaient sur leurs gardes... Après un combat acharné, nous sommes poursuivis la lance dans les reins. Au milieu de cette attaque nocturne, j'ai été séparé de mon père... A-t-il été tué ou seulement blessé et emmené prisonnier ? je l'ignore; tous mes efforts ont été vains pour connaître son sort... Depuis, mes compagnons m'ont choisi pour chef... tu m'as demandé mon histoire... la voilà ; maintenant, tu me connais.

— Plus que tu ne le penses... Ton père se nommait Karadeuk.

— D'où sais-tu cela ?

— Le père de ton père se nommait Jocelyn... s'il vit encore en Bretagne avec son fils aîné Kervan et sa fille Roselyk, il habite sa maison près des pierres sacrées de Karnak...

— Qui t'a dit...

— L'un de tes aïeux se nommait Joel, il était BRENN de la tribu de Karnak... Héna, la sainte du bardit, était fille de Joel, dont la race remonte jusqu'au BRENN gaulois, qui fit, il y a près de huit cents ans, payer rançon à Rome.

— Qui es-tu donc pour connaître ainsi les légendes de ma famille ?

— Ce chant d'esclaves révoltés contre les Romains : « *Coule, coule, sang du captif! tombe, tombe, rosée sanglante!* » a été recueilli par un de tes aïeux nommé Sylvest, livré aux bêtes féroces dans le cirque d'Orange... et ton père t'a sans doute aussi appris un autre fier bardit, chanté il y a deux siècles et plus, à l'occasion d'une des grandes batailles du Rhin contre les Franks gagnée par Victorin, fils de Victoria, la mère des camps...

— Tu dis vrai... mon père me l'a souvent chanté, ce bardit; il commence ainsi :

« *Ce matin nous disions : Combien sont-ils donc, ces barbares? combien sont-ils donc, ces Franks?* »

— Et il se termine ainsi, — reprit le moine laboureur :

« *Ce soir nous disons : Combien étaient-ils donc, ces barbares? ce soir nous disons: Combien étaient-ils donc ces Franks?* » — Scanvoch, un autre de tes aïeux, brave soldat et frère de lait de Victoria la Grande, a recueilli ce chant de guerre...

— Oui, la Gaule alors fière, libre, triomphante, avait refoulé les barbares de l'autre côté du Rhin, tandis qu'aujourd'hui... Tiens... moine, ne parlons plus de ce glorieux passé... le présent me semble plus horrible encore... Ah! maudite soit à jamais la crédulité de nos pères, martyrs de cette religion nouvelle...

— Nos pères ont dû croire aux paroles des premiers apôtres, qui leur prêchaient l'amour du prochain, le pardon des offenses, la délivrance des esclaves, au nom du jeune maître de Nazareth, que ton aïeule Geneviève a vu crucifier à Jérusalem...

— Mon aïeule Geneviève ?... tu n'ignores rien de ce qui touche à ma famille... Mon père seul a pu t'instruire de ce que tu sais... tu l'as donc connu ? Réponds à ma question.

— Oui... j'ai connu ton père... n'as-tu pas remarqué que de temps à autre, lorsque vous reveniez au cœur de l'Auvergne, ton père s'absentait pendant plusieurs jours ?

— C'est vrai... et je n'ai jamais connu le motif de ces absences.

— Ton père allait voir, près de Tulle, une pauvre femme esclave, attachée aux terres de l'évêché de cette cité... Cette esclave, il y a au moins trente ans de cela, avait trouvé ton père, Karadeuk, alors chef de Bagaudes, blessé, presque mourant dans les buissons de la route : le prenant en pitié, elle l'aida à se traîner dans la cabine où elle logeait avec sa mère... Ton père avait environ vingt ans... la jeune fille avait à peu près l'âge de cette enfant qui dort près de nous... Tous deux s'aimèrent... Ton père, à peine guéri de sa blessure, fut un jour surpris dans la hutte de l'esclave par le régisseur de l'évêque ; cet agent considérant Karadeuk comme de bonne prise, voulut l'emmener esclave à Tulle... Ton père résista, battit l'agent, et alla rejoindre les Bagaudes. La jeune esclave devint mère... et mit au monde un fils...

— J'ai donc un frère ?

— Le fils d'un esclave naît esclave, et appartient au maître de sa mère... Lorsque cet enfant, que ton père nomma *Loysik* en mémoire de sa race bretonne, eut quatre ou cinq ans, l'évêque de Tulle, ayant remarqué en lui quelques qualités précoces, le fit conduire au collége épiscopal, où il fut élevé avec quelques autres jeunes esclaves destinés à entrer un jour dans l'Eglise comme clercs... De temps à autre, Karadeuk allait pendant la nuit voir la mère de son fils à Tulle... Celui-ci, prévenu par elle, trouvait quelquefois le moyen de se rendre à la cabane ; là, le père et le fils s'entretenaient longuement des choses et des hommes du temps passé, de la Gaule, jadis glorieuse et libre ; car ton père conservait, par tradition de famille, un ardent et saint amour pour notre patrie ; il espérait faire battre le cœur de son fils à ces grands souvenirs d'autrefois, l'exaspérer contre les Franks, et l'emmener courir avec lui la Vagrerie ; mais Loysik, alors d'un caractère doux et timide, redoutait cette vie aventureuse... Les années se passèrent... ton frère, s'il eût voulu, aurait pu, comme tant d'autres, gagner honneurs et richesses en se consacrant à l'Eglise ; mais au moment d'être ordonné prêtre il vit de si près l'hypocrisie, la cupidité, la luxure cléricale,

Loysik, le moine laboureur

qu'il refusa la prêtrise en maudissant la sacrilège alliance du clergé gaulois et des conquérants... Il quitta la maison épiscopale, et alla rejoindre, sur les frontières de la Provence, plusieurs ermites laboureurs; il avait connu l'un d'eux à Tulle, où il s'était arrêté malade à l'hospice.

— Ces ermites laboureurs avaient donc fondé une espèce de colonie?

— Plusieurs d'entre eux s'étaient réunis dans une profonde solitude pour cultiver des terres dévastées et abandonnées depuis la conquête... c'étaient des hommes simples et bons, fidèles au souvenir de la vieille Gaule et aux préceptes de l'Evangile... Ces moines vivaient dans le célibat, mais ne faisaient point de vœux; ils restaient laïques et n'avaient aucun caractère clérical; c'est seulement depuis quelques années que la plupart des moines obtiennent d'entrer dans l'Église; aussi, devenus prêtres, perdent-ils de jour en jour cette popularité, cette indépendance qui les rendaient si redoutables aux évêques... Du temps dont je te parle, la vie de ces ermites laboureurs était paisible, laborieuse; ils vivaient en frères, selon les préceptes de Jésus, cultivaient leurs terres en commun, et aussi les défendaient rudement si quelques bandes de Franks, allant d'un burg à l'autre, s'avisaient, par malfaisance, de ravager leurs champs... de détruire les récoltes...

— J'aime ces ermites, à la fois laboureurs et soldats, fidèles aux préceptes de Jésus, à l'amour de la vieille Gaule et à l'horreur des Franks... Ces moines se battaient rudement, dis-tu... étaient-ils donc armés?

— Ils avaient des armes... et mieux que des armes... Tiens, — dit l'ermite en sortant de dessous sa robe une espèce de petit sabre ou de long poignard à poignée de fer, — remarque

40° livraison

cette arme... sa force n'est pas dans sa lame, mais par les mots gravés sur sa poignée.

— Je lis, — reprit Ronan, — sur l'un des côtés de la garde ce mot : GHILDE, et sur l'autre, ces deux mots gaulois : AMINTIAIZ-COMMUNITEZ... *amitié-communauté*... C'est sans doute la devise des ermites laboureurs ? Mais ce mot GHILDE, que signifie-t-il ? ce n'est pas un mot gaulois, il m'est tout à fait inconnu.

— C'est un nom saxon...

— Ah ! c'est un mot de la langue de ces pirates, qui descendant des mers du Nord, en suivant les côtes, remontent souvent le cours de la Loire pour ravager les pays riverains... Ce sont de terribles pillards, mais d'intrépides marins !... Venir ainsi des mers lointaines, dans des canots si frêles, si légers, qu'au besoin ils les portent sur leurs dos ; on affirme qu'ils ont remonté plusieurs fois la Loire jusqu'à Tours ?

— Cela est vrai, et la Gaule est aujourd'hui la proie des barbares du dedans et du dehors. Elle est à la merci des Francs et des Saxons.

— Mais comment ce mot saxon GHILDE, gravé sur le fer, peut-il donner de la force à cette arme, comme tu viens de le dire ?

— Je vais te l'expliquer... L'un des moines laboureurs, avant de se réunir à nous, habitait les bords de la Loire... Enlevé tout jeune, lors d'une descente des pirates en Touraine, il avait été emmené dans leur pays... Pendant qu'il y séjournait, il observa que ces hommes du Nord trouvaient une force immense dans certaines associations où chacun était solidaire de tous et tous de chacun... solidaires par la fraternité, par l'assistance, par les biens, par les armes, par la vie. Ces associations, que l'on croirait nées de la fraternité chrétienne, étaient pratiquées dans ces contrées plusieurs siècles avant la naissance de Jésus, et se nommaient des GHILDES. Plus tard, le captif des pirates parvint à s'échapper, rentra dans la Gaule et se joignit à nous autres, ermites laboureurs...

— Pourquoi l'interrompre ?

— Un serment que j'ai prêté ne me permet pas de t'en dire davantage...

— Soit, je dois respecter ton secret... Mais cette confiance que je t'inspire, je l'éprouve aussi pour toi... Mon frère, tu me l'as dit, était au nombre de ces ermites laboureurs dont tu fais partie... Tu dois l'avoir intimement connu ; car lui seul a pu te donner sur les descendants de Joel ces détails, qu'il tenait sans doute de mon père... Pourquoi me regarder ainsi ?... ton silence me trouble et m'émeut... tes yeux se remplissent de larmes...

— Ronan... ton frère est né il y a trente ans... c'est mon âge... Ton frère s'appelle *Loysik*... c'est mon nom...

— Loysik ! ce frère ?...

— C'est moi... Ne l'as-tu pas déjà pressenti ?

— Joies du ciel !... tu es mon frère !

L'ermite et le Vagre restèrent longtemps embrassés... Après leur premier épanchement de tendresse, Ronan dit à Loysik :

— Et notre père ; qu'est-il devenu ?

— J'ignore son sort... mais ayons confiance dans la bonté de Dieu... ne désespérons pas de le retrouver quelque jour...

— Ton instinct fraternel t'a donc poussé à nous accompagner ?

— Je ne t'ai reconnu pour mon frère qu'à ton attendrissement causé par le bardit d'Héna, une de tes aïeules, m'as-tu dit. Alors, pour moi, plus de doute, nous étions frères ou proches parents ; le récit de ta vie m'a prouvé que nous étions frères...

— Et pourquoi nous as-tu suivis en Vagrerie ?

— Ne m'as-tu pas entendu répondre à l'évêque Cautin : « Ce ne sont pas les gens bien portants, mais les malades qui ont besoin de médecin. »

— Me blâmerais-tu d'être Vagre, et blâmerais-tu notre père d'avoir été Bagaude ?...

— Comme toi, Ronan, j'ai horreur de l'esclavage et de la conquête, car depuis l'invasion franque, la Gaule, jadis puissante et féconde, est couverte de ruines et de ronces ; les propriétaires, les colons, les laboureurs, ont fui devant les barbares qui les réduisent à la servitude ou les font mourir de faim, à la suite de disettes effroyables. Grand nombre de ces malheureux, poussés à bout par le désespoir, courent comme toi la Vagrerie ; de rares esclaves, mourants de faim, écrasés de travail, cultivent seuls, sous le fouet, les biens de l'Eglise et des seigneurs franks... Les cités, autrefois si riches, si florissantes par leur commerce, aujourd'hui ruinées, presque dépeuplées, mais au moins défendues par leurs murailles, offrent plus de sécurité à leurs habitants, et encore les guerres civiles incessantes des fils de Clovis livrent parfois ces villes à l'incendie, au pillage et au massacre... Pendant les trèves, à peine les habitants osent-ils sortir de leurs murs ; les routes, infestées de bandes armées, rendent les communications, les approvisionnements impossibles... et trop souvent les horreurs de la famine ont décimé les grandes cités... Hélas ! tel est le triste sort de notre patrie.

— Oui, voilà ce que la conquête a fait de la Gaule... Elle ne peut plus être libre... qu'elle disparaisse du monde, ensevelissant sous ses ruines conquérants et conquis !

— Mon frère, cette Gaule que tu ravages avec autant d'acharnement que ses conquérants, n'est-ce pas notre patrie bien-aimée, notre mère ? Est-ce à nous, ses fils, de nous unir aux barbares pour l'accabler de maux et de misères... Comme toi, je veux travailler à la destruction de la barbarie ; comme toi, je veux mettre un terme au lâche hébétement des opprimés ; mais je veux détruire la barbarie par la civilisation, l'ignorance par l'enseignement, la misère par le travail, l'esclavage par le sentiment de nationalité, hélas ! presque éteint en nous aujourd'hui, mais si puissant chez nos pères, lorsque nos druides vénérés soulevaient les populations en armes contre les Romains. Saintes insurrections !

— Nos derniers druides, traqués par les évêques, ont péri dans les supplices !

— Mais la foi druidique n'est pas morte... non, non... les formes des religions passent, mais leur divin principe sera éternel... La foi druidique ravivée, régénérée par la douce morale de Jésus, revit dans les nobles cœurs ; elle a conservé sa croyance à l'immortalité des âmes, à leur réincarnation successive dans les mondes étoilés, afin que par de nouvelles épreuves, par de nouvelles existences, les méchants deviennent bons et les justes plus parfaits... Oui, l'humanité, visible ou invisible, doit s'élever de sphère en sphère dans son labeur éternel, dans son progrès continu, vers une perfection infinie... Telle est notre foi, à nous druides chrétiens, qui pratiquons la doctrine évangélique dans ce qu'elle a de tendre, de miséricordieux, de libérateur...

A ces mots de Loysik, une voix s'éleva du milieu d'un fourré situé près du chêne, et s'écria :

— Relaps ! sacrilège ? adorateur de Mammon ! ermite du diable ! suppôt de Belzébuth ! tu seras brûlé comme hérétique !...

C'était la voix de l'évêque Cautin... Et, presqu'au même instant, dans le lointain, du côté où les Vagres terminaient leur nuit d'orgie, ces cris retentirent :

— Alerte ! alerte, voici les leudes du comte Néroweg !... et le comte à leur tête !

— Alerte ! voici venir les leudes du comte Néroweg ! Aux armes ! aux armes !

La petite Odille, réveillée par le tumulte, et entendant les paroles des Vagres, s'écria avec terreur, en se jetant au cou de Ronan :

— Le comte Néroweg ! sauve-moi !

— Ne crains rien, pauvre enfant !

Puis, s'adressant à Loysik, Ronan ajouta :

— Mon frère, le destin nous envoie un descendant de cette race de Néroweg que notre aïeul Scanvoch a combattu, il y a deux siècles, sur les bords du Rhin... Je veux tuer ce barbare pour en délivrer la Gaule et pour que sa descendance ne soit plus funeste à la nôtre...

— Tue-moi, — murmura Odille en se jetant aux genoux du Vagre et en joignant les mains ; — j'aime mieux mourir de la main que de retomber au pouvoir du comte...

Ronan, touché du désespoir de l'enfant et ne pouvant prévoir l'issue du combat, resta un moment pensif ; puis, avisant une grosse branche de chêne, il s'élança d'un bond, la saisit à son extrémité, et la faisant plier :

— Loysik, dit-il à l'ermite, — assieds Odille sur cette branche ; en se redressant elle enlèvera cette pauvre enfant, qui pourra ainsi gagner la feuillée et s'y blottir jusqu'à la fin du combat... Je vais rassembler les Vagres... Bon courage, petite Odille... après la bataille je reviendrai...

Et il courut vers ses compagnons, pendant que l'esclave, placée sur la branche par Loysik, disparaissait au milieu de l'épaisse feuillée en tendant ses bras vers Ronan...

L'aube naissante éclairait la forêt ; la cime des arbres se rougissait des premiers feux du jour. Les Vagres qui venaient d'annoncer l'approche du comte de Néroweg et de ses leudes, avaient pris, à travers le fourré, un sentier impraticable aux chevaux des Franks, et beaucoup plus court que le chemin que ceux-ci devaient suivre pour arriver à la clairière. La plupart des Vagres, las de boire, de chanter et de danser, s'étaient endormis sur l'herbe peu de temps avant le lever du soleil ; réveillés en sursaut, ils coururent aux armes ; les esclaves, les colons, les femmes, les propriétaires ruinés, qui s'étaient joints à la Vagrerie, commencèrent, en apprenant l'arrivée des leudes, les uns à trembler, les autres à fuir au plus profond de la forêt, tandis que bon nombre, gardant au contraire une brave contenance, se munissaient en hâte, et faute de mieux, de gros bâtons noueux coupés aux arbres... Les Vagres comptaient parmi eux une douzaine d'excellents archers, les autres étaient armés de haches, de masses d'armes, de piques, d'épées, ou de faux emmanchées à revers. Aux premiers cris d'alarme, les hardis compagnons s'étaient réunis autour de Ronan et de l'ermite... Fallait-il combattre les leudes ? Fallait-il fuir devant eux, en se ménageant un retour offensif ? Peu voulaient fuir, beaucoup voulaient combattre...

Deux autres vedettes accoururent : cachées dans les taillis, elles avaient pu compter, à peu près, le nombre des leudes du comte : ils n'étaient guère qu'une vingtaine à cheval, bien équipés, mais une centaine de gens de pied, armés de piques et de bâtons, les accompagnaient ; les uns étaient Franks, les autres appartenaient à la cité de Clermont, requise, au nom du roi, par le comte Néroweg, d'envoyer des hommes à la poursuite des Vagres ; plusieurs esclaves de l'évêque Cautin, qui par peur de l'enfer, n'avaient pas voulu courir la Vagrerie après l'incendie de la villa épiscopale, augmentaient la troupe de Néroweg. La troupe de Ronan s'élevait à quatre-vingts hommes au plus.

Dans cette occurrence on tint conseil en Vagrerie et on décida que la bataille serait générale.

. . . .

Depuis une demi-heure, l'arrivée du comte

et de ses leudes a été annoncée par les vedettes; les Vagres ont disparu; au milieu des clairières où ils ont festoyé pendant la nuit, il ne reste que les débris de la grande orgie, des outres vides, des vases d'or et d'argent semés sur l'herbe foulée; près de là sont les chariots amenés de la villa épiscopale, et plus loin les carcasses des bœufs près d'un brasier fumant encore... Profond est le silence de la forêt... Bientôt un esclave de la villa, l'un des pieux guides des leudes, sort du fourré dont la clairière est entourée; il s'avance d'un pas défiant, prêtant l'oreille et regardant autour de lui, comme s'il redoutait quelque embûche; mais à la vue des débris du festin, il fait un mouvement de surprise et se retourne vivement; il allait sans doute appeler la troupe qu'il précédait de loin, lorsqu'à l'aspect des vases d'or et d'argent dispersés sur l'herbe, il réfléchit, se ravise, court au butin, se saisit d'un calice d'or qu'il cache sous ses haillons; puis il appelle les leudes.

On entend d'abord au loin, et se rapprochant de plus en plus, un grand bruit dans les bois, les branches des taillis se brisent sous le poitrail et sous le sabot des chevaux; des voix s'appellent et se répondent; enfin sort du fourré le comte Néroweg à cheval, et à la tête de plusieurs de ses leudes; les autres, moins impétueux, ainsi que les gens de pied le suivent de loin, à travers le taillis, et vont le rejoindre. Néroweg avait cru tomber sur la troupe des Vagres; mais il ne vit personne dans la clairière, sinon l'esclave qui accourait criant :

— Seigneur comte ! les Vagres impies qui ont saccagé la villa de notre saint évêque se sont enfuis dans la forêt.

Néroweg leva sa longue épée et abattit d'un seul coup la tête de l'esclave :

— Chien ! tu m'as trompé... tu t'entendais avec les Vagres !...

Le corps s'affaissa, et le vase d'or dérobé roula à terre.

— A moi le vase d'or ! — s'écria le comte, en montrant le calice du bout de son épée à un de ses hommes, qui le suivait à pied. — Karl, mets cela dans ton sac...

Ces pillards avaient toujours sur leurs talons quelques porteurs de grands sacs, où ils enfouissaient le butin; mais au moment où Karl s'apprêtait à obéir au comte, celui-ci aperçut plus loin, étincelants dans l'herbe aux rayons du soleil levant, les autres vases d'or et d'argent, emportés de la villa épiscopale. Néroweg, faisant faire alors un grand bond à son cheval, s'écria :

— A moi ces trésors !... Remplis ton sac, Karl... appelle Rigomer, qu'il entasse dans ses vastes poches tout ce qu'il pourra y mettre !...

— Non pas à toi seul tout le butin, mais à nous ! — s'écrièrent les leudes qui le suivaient; — à nous ces richesses, ces vases d'or et d'argent!... Ne sommes-nous pas tes égaux ?...

— Egaux à la bataille... nous sommes égaux au partage du butin... c'est de toute justice...

— Souviens-toi qu'au pillage de Soissons, le grand roi Clovis lui-même... n'osa pas disputer un vase d'or à l'un de ses guerriers.

— A nous ces trésors comme à toi... et faisons le partage...

Le comte n'osa pas résister aux réclamations des leudes, car ces guerriers, tout en reconnaissant un chef, traitaient toujours avec lui de pair à pair. Aussi plusieurs de ces pillards descendirent de cheval, convoitant des yeux les calices, les boîtes à Evangiles, les patènes, les coupes, les plats, les bassins et autres orfévreries d'or et d'argent... Déjà, se précipitant, se heurtant, ils allongeaient les mains vers ces richesses, lorsqu'une voix retentissante, qui semblait venir du ciel, s'écria :

— Arrêtez, sacrilèges ! Dieu vous entend... vous voit !... Si vous osez porter une main impie sur les biens de l'Eglise vous serez damnés.

A cette voix venue du ciel, le comte Néroweg pâlit, trembla de tous ses membres, et tomba à genoux... Plusieurs leudes l'imitèrent, se prosternèrent humblement, frappés de terreur.

— Tous à genoux, païens ! — reprit la voix de plus en plus menaçante, — tous à genoux, maudits, sacripants, pillards !...

Les derniers leudes qui restaient encore debout s'agenouillèrent éperdus, ainsi que tous les gens de pied qui avaient rejoint les cavaliers; cette foule effarée courba le front, se frappa la poitrine en murmurant :

— Miracle ! miracle ! c'est la voix du Seigneur Dieu !...

— Maintenant, grands pécheurs ! — reprit la voix d'en haut d'un ton plus terrible encore, — maintenant que vous vous êtes courbés, frappés de terreur sous l'œil du Seigneur, venez à mon secours...

La voix s'arrêta là..... Les rameaux d'un grand chêne, auprès duquel étaient agenouillés Néroweg et ses leudes, se brisèrent çà et là sous le poids d'un gros corps dégringolant de branche en branche, et dont la chute, ainsi amortie, fut si peu dangereuse, que ce gros corps, arrivant à terre presque sur ses pieds, faillit écraser le comte. Ce nouvel incident, ajoutant à la terreur de Néroweg et à celle de la foule, tous se jetèrent la face contre terre en murmurant :

— Seigneur ! Seigneur ! ayez pitié de nous dans votre colère !...

Qui était tombé du faîte de l'arbre ?... l'évêque Cautin... La voix d'en haut, c'était la sienne... Avant l'arrivée des Franks, Ronan, le piquant de la pointe de son épée, l'avait forcé à grimper devant lui comme un gros loir dans le branchage du chêne, où il l'avait accompagné, le laissant même parler au nom du Seigneur, tant qu'il s'était borné à épouvanter Néroweg et ses leudes; mais lorsque le saint homme voulut les appeler à son aide, le Vagre le saisit à la gorge... ce brusque mouvement fit choir Cautin de branche en branche presque sur le dos du comte; mais l'homme de Dieu était un rusé compère, et quoique un instant étourdi de sa chute, il voulut profiter de la terreur des Franks et de la foule, toujours agenouillés la face contre terre; il se raffermit sur ses jambes, puis il s'écria en gonflant ses joues et en frottant ses larges reins endoloris par sa chute :

— Malheureux! implorez votre saint évêque, qui redescend du ciel... sur l'aile des archanges du Seigneur!...

— Miracle! — dit la foule, et chacun de baiser la terre en se frappant la poitrine avec un redoublement de terreur, — miracle!...

— Saint évêque Cautin, qui descendez du ciel!... protégez-nous!

— Est-ce ta voix, patron? murmura Néroweg toujours la face contre terre, sans oser lever les yeux, — est-ce ta voix, saint évêque, ou est-ce un piège de Satan?

— C'est moi-même... ton évêque... en douter serait un sacrilège!

— D'où viens-tu, bon patron?

— Je descends du ciel... Le Seigneur, après le sac de la villa épiscopale, me voyant emmené par les Vagres! à jamais damnés! a envoyé à mon secours des anges exterminateurs, revêtus d'armures d'hyacinthe, et armés d'épées flamboyantes; ils m'ont arraché des mains des Philistins, m'ont pris sur leurs ailes d'azur et d'argent, m'ont emporté vers le ciel...

— Miracle! — répéta la foule tout d'une voix... — miracle!...

— Notre saint évêque a vu le Seigneur en face. Hosanna!

— Saint Cautin, — reprit Néroweg, — tu me protégeras, bon patron, mon cher père en Dieu! Veux-tu bénir ton fils?

— Oui, si tu te prosternes devant les évêques du Seigneur, et si tu enrichis son Eglise.

— Je te ferai bâtir une chapelle en ce lieu, saint évêque, pour glorifier ce grand miracle...

— Ce n'est point assez... non, ce n'est point assez... Ecoute bien, comte:

« — Néroweg et ses leudes ont fui lâchement de la villa épiscopale lorsqu'elle a été attaquée par les Vagres...

« Je veux que le comte Néroweg fasse abandon du quart de ses biens à moi, évêque de Clermont; je veux qu'il fasse rebâtir et orner richement la villa épiscopale, qu'il a laissé mettre à feu et à sac par les Vagres... Je veux de plus que le comte Néroweg poursuive les Vagres à outrance, qu'il les fasse périr dans les supplices, surtout leur chef, et un ermite relaps, renégat, idolâtre, qui accompagne ces damnés. Je veux enfin que le comte fasse brûler à petit feu une Moabite, une sorcière, une infernale diablesse, une garce, qui me fut autrefois liée par le mariage... Que le comte Néroweg accomplisse mes dites volontés, à ce prix seulement je lui remettrai ses péchés, et au jour de sa mort, je lui ouvrirai les portes du paradis... *Amen*...

Néroweg et quelques-uns de ses leudes se relevèrent, béants, sur leurs genoux, et virent par hasard deux Vagres chevelus et barbus, leurs arcs entre les dents, rampant comme des couleuvres le long d'une grosse branche d'arbre, afin de gagner un endroit d'où ils pourraient, en bons archers, viser sûrement leurs ennemis et les clouer sur le sol.

— Trahison! — s'écria le comte en se dressant de toute sa hauteur, et montrant la cime des arbres à ses leudes, — trahison! les Vagres sont là-haut cachés dans les arbres!...

A peine achevait-il ces mots qu'une volée de flèches, tirée du haut des arbres par les Vagres, cribla la troupe de Néroweg... Se voyant découverts, les hardis garçons n'hésitèrent plus à combattre; les traits furent lancés si juste par ces fins archers, que chaque flèche trouva son carquois dans la blessure qu'elle fit à l'ennemi.

— A toi, Néroweg, — dit Ronan du haut de son arbre, — à toi descendant de l'*Aigle terrible*... A toi la flèche du Vagre!

Malheureusement la flèche s'émoussa sur le casque de fer du comte; les Vagres, jusqu'alors cachés dans les fourrés, en sortirent en poussant de grands cris et attaquèrent intrépidement les troupes de Néroweg,

Et qui furent les vainqueurs dans ce combat? les Vagres ou les Franks!

Malédiction! presque tous les Vagres, après une lutte acharnée, ont été exterminés; quelques-uns, échappés au massacre, d'autres trop gravement blessés pour fuir, restèrent prisonniers de Néroweg. Ronan le Vagre fut de ceux-là. La supériorité des armes avait triomphé du courage.

Et Loysik? et la petite Odille? et l'évêchesse?

Aussi prisonniers... oui, tous ont été conduits au burg du comte frank, tandis que l'évêque Cautin, remportant ses vases d'or et d'argent, regagnait Clermont, suivi d'une foule pieuse criant sur son passage:

— Gloire à notre saint évêque! gloire au bienheureux Cautin!... Hosanna!

CHAPITRE III

Le bourg du comte Néroweg. — L'ergastule, où sont retenus prisonniers Ronan le Vagre, Loysik, l'ermite laboureur, l'évêchesse et Odille. — Vie d'un seigneur frank et de ses leudes dans son château, vers le milieu du sixième siècle (558). — Le festin. — Le *mahl*. — L'épreuve des fers brûlants et de l'eau froide. — L'appartement des femmes. — Godegisèle, cinquième épouse du comte Néroweg. — Ce qu'elle apprend du meurtre de Wisigarde, quatrième femme du comte. — L'enfer et le clerc. — Chram, fils de Clothaire, roi de France, arrive au burg du comte. — Suite de Chram ou *truste* royale. — Leudes campagnards et *ontrusions* de cour. — Le *Lion de Poitiers*. — *Imnachair* et *Spatachair*. — Irrévérence de ces jeunes seigneurs à l'endroit de l'évêque Cautin, qui confond ces incrédules par un nouveau miracle. — But de la visite de Chram au comte Néroweg. — Torture de Ronan et de Loysik destinés à périr le lendemain avec la belle évêchesse et la petite Odille. — Le bateleur et son ours. — Ce qu'il advient de la présence de cet homme et de cet ours dans le burg du comte.

Le burg du comte Néroweg, situé au milieu de l'emplacement d'un ancien camp romain fortifié, est bâti sur le plateau d'une colline qui domine une immense forêt ; entre cette forêt et le burg s'étendent de vastes prairies, arrosées par une large rivière; au delà de cette forêt, les hautes montagnes volcaniques de l'Auvergne s'étagent à l'horizon. L'habitation seigneuriale destinée au comte et à ses leudes, est construite à la mode germanique : au lieu de murailles, des poutres, soigneusement équarries et reliées entre elles, reposent sur de larges assises de pierre; de loin en loin, pour consolider ces boiseries épaisses d'un pied, des pilastres maçonnés, appuyés sur le soubassement, montent jusqu'au toit, construit de bardeaux de chêne et de planchettes d'un pied carré superposées les unes aux autres ; toiture aussi légère qu'impénétrable à la pluie. Ce bâtiment, formant un carré long orné d'un large portique de bois, s'appuie, de chaque côté, sur d'autres constructions également en charpente, recouvertes de chaume et destinées aux cuisines, aux celliers, à la buanderie, à la filanderie, aux ateliers des esclaves tisseurs de laine, tailleurs, cordonniers ou corroyeurs ; là sont aussi les chenils, les écuries, les perchoirs pour les faucons, la porcherie, les étables, le pressoir, la brasserie et d'immenses granges remplies de fourrage pour les chevaux et les bestiaux. Dans le bâtiment seigneurial se trouvait le *gynécée* (appartement des femmes), réservé à Godegisèle, cinquième épouse du comte (la seconde et la troisième vivaient encore). Elle passait là tristement ses jours, sortant rarement et filant sa quenouille au milieu des esclaves femelles de la maison, occupées à divers travaux d'aiguilles et de tissage; une chapelle en bois, desservie par un clerc, commensal du burg, attenait à ce gynécée, sorte de lupanar dont le comte se réservait seul l'entrée. Là, sous les yeux de sa femme, il choisissait, après boire, sa compagne de nuit; ses leudes s'accouplaient avec les femmes esclaves du dehors.

Tous ces immenses bâtiments, ainsi qu'un jardin et un vaste hippodrome, entouré d'arbres, destiné aux exercices militaires des leudes et des gens de guerre à pied, aussi libres, et de race franque, sont entourés d'un fossé de circonvallation, antique vestige de ce camp romain qui date de la conquête de César. Les parapets ont été dégradés par les siècles, mais ils offrent encore une bonne ligne de défense : une seule des quatre entrées de cette enceinte fortifiée, ouvertes, selon l'usage, au nord, au midi, à l'est et à l'ouest, a été conservée : c'est celle du midi ; de ce côté, un pont volant, construit de madriers, est jeté, durant le jour, sur ce fossé, pour le passage des piétons, des chariots et des chevaux ; mais chaque soir, pour plus de sûreté, car le comte est ombrageux et défiant, le pont est retiré par le gardien. Ce fossé profond, rendu marécageux par les suintements et par la permanence des eaux, est rempli d'un tel amoncellement de vase, que l'on s'y engloutirait si l'on tentait de traverser ce bourbier. Non loin de l'hippodrome et à une assez grande distance des bâtiments, mais en dedans de l'enceinte fortifiée, est bâti en briques impérissables, comme toutes les constructions romaines, un *ergastule*, sorte de cave profonde destinée, lors de la conquête romaine, à enfermer les esclaves employés aux travaux du camp et des routes voisines; Ronan, Loysik, l'ermite laboureur, la belle évêchesse, la petite Odille et plusieurs Vagres (morts, depuis leur captivité, des suites de leurs blessures), ont été renfermés, il y a un mois, dans cet ergastule, prison du burg, à la suite du combat des gorges d'Allange, où la plupart des Vagres ont péri; les autres ont fui dans la montagne.

La position de ce burg, le repaire du noble frank, n'est-elle pas bien choisie ! ... Les antiques fortifications romaines mettent cette demeure à l'abri d'un coup de main. Le seigneur comte veut-il chasser la bête fauve, la forêt est si voisine du burg, qu'aux premières nuits de l'automne l'on entend au loin bramer les cerfs et les daims en rut; veut-il chasser au vol, les plaines dont sa demeure est entourée offrent aux faucons des nichées de perdrix, et, non loin de là, d'immenses étangs servent de retraite aux hérons, qui souvent, dans leur lutte aérienne avec le faucon, transpercent de leur bec effilé l'oiseau chasseur; le seigneur comte veut-il enfin pêcher, ses nombreux étangs regorgent de brochets, de carpes, de lamproies, et la truite au dos d'azur, la perche aux nageoires de pourpré, sillonnent les ruisseaux d'eau vive.

Oh! seigneur comte Néroweg! qu'il est doux pour toi de jouir ainsi des biens de cette terre conquise par tes rois, avec l'aide de l'épée de ton père et de ses leudes!... Toi, comme tes pareils, les nouveaux maîtres de ce sol fécondé par les labeurs de notre race, vous vivrez dans la paresse et l'oisiveté... Boire, manger, chasser, jouer aux dés avec tes leudes, violenter nos femmes, nos sœurs, nos filles, et communier chaque semaine en bon catholique, voilà la vie... voilà la vie des Franks, possesseurs de ces immenses domaines dont ils nous ont dépouillés!... Oh! comte Néroweg, qu'il fait bon d'habiter ce burg bâti par des esclaves gaulois enlevés à leurs champs, à leur maison, à leur famille, apportant à dos d'homme, sous le bâton de tes gens de guerre, le bois des forêts, les roches de la montagne, le sable des rivières, la pierre de chaux tirée des entrailles de la terre; après quoi, ruisselants de sueur, brisés de fatigue, mourant de faim, recevant pour pitance quelques poignées de fèves, ils se couchaient sur la terre humide, à peine abrités par un toit de branchages; dès l'aube, les morsures des chiens réveillaient les paresseux... Oui, ces gardiens aux crocs aigus, dressés par les Franks, accompagnaient les esclaves au travail, hâtaient leur marche appesantie lorsqu'ils revenaient, courbés sous de lourds fardeaux, et si, dans son désespoir, le Gaulois tentait de fuir, aussitôt ces dogues intelligents les ramenaient au troupeau humain à coups de dents, de même que le chien de boucher ramène au bercail un bœuf ou un bélier récalcitrant.

Et ces esclaves, appartenaient-ils tous à la classe des laboureurs et des artisans, rudes hommes, rompus dès l'enfance aux durs labeurs? Non, non... parmi ces captifs, les uns, habitués à l'aisance, souvent à la richesse, avaient été, lors de la conquête franque ou des guerres civiles des fils de Clovis entre eux, enlevés de leurs maisons de ville ou des champs, eux, leurs femmes et leurs filles; celles-ci, envoyées au logis des esclaves femelles pour les travaux féminins et les débauches du Frank; les hommes, à la bâtisse, au labour, à la porcherie, aux ateliers; d'autres esclaves, jadis rhéteurs, commerçants, poètes ou trafiquants, avaient été pris sur les routes, lorsque réunis en troupes et croyant ainsi voyager plus sûrement, en ces temps de guerre, de ravage et de pillage, ils allaient d'une ville à l'autre pour leurs affaires ou pour les besoins de leur négoce.

Oui, l'esclavage rendait ainsi frères en misère, en douleur, en désespérance le Gaulois riche, habitué aux loisirs, et le Gaulois pauvre, rompu aux pénibles labeurs; oui, la femme aux mains blanches, au teint délicat, et la femme aux mains gercées par le travail, au teint brûlé par le soleil, devenaient ainsi, par l'esclavage, sœurs de honte et de déshonneur, jetées pleurantes, et, si elles résistaient, saignantes, dans la couche du seigneur frank.

Oh! nos pères!... oh! nos mères!... par tout ce que vous avez souffert!... oh! nos frères et nos sœurs!... par tout ce que vous souffrez!... oh! nos fils!... oh! nos filles!... par tout ce que vous souffrirez encore!... oh! vous tous, par les larmes de vos yeux, par le sang de votre corps, par le viol de votre chair, vous serez vengés!... vous serez vengés de ces Franks abhorrés!...

. . . .

Maintenant, entrons dans le burg du seigneur... Foi de Vagre! par la sueur et le sang de nos pères qui ont suinté sur chaque poutre, sur chaque pierre de cette bâtisse, c'est un commode, vaste et beau bâtiment que ce burg du seigneur comte! Douze poutres de chêne, bien arrondies, supportent le portique; il conduit à la salle du *mâhl*, ainsi que ces chefs barbares appellent le tribunal où ils rendent leur justice seigneuriale, salle immense, au fond de laquelle, sur une estrade, est élevé le siège du comte et le banc de ses leudes qui l'assistent. Là, il tient son mâhl, où se jugent les délits commis dans son domaine; dans un coin on voit un réchaud, un chevalet et quelques tenailles; pas de bonne justice sans torture et sans bourreau. Puis, làbas, dans ce coin, à fleur de terre, une grande cuve remplie d'eau, et si profonde qu'un homme pourrait s'y noyer; non loin de la cuve sont neuf socs de charrue, ce sont les instruments de l'*épreuve judiciaire*, ordonnée par la loi *salique*, loi des Franks, puisque la Gaule subit aujourd'hui la loi des Franks.

Et cette porte de cœur de chêne, épaisse comme la paume de la main et garnie de lames de fer, de clous énormes? cette porte est celle de la chambre où se trouve le trésor de ce noble seigneur; lui seul en a la clé. Dans cette pièce sont les grands coffres, aussi bardés de fer, où il renferme ses sous d'or et d'argent, ses pierreries, ses vases précieux, sacrés ou profanes, ses colliers, ses bracelets, son épée de parade à poignée d'or, sa belle bride à frein d'argent, et sa selle ornée de plaques et d'étriers du même métal, tout ce qu'il a rançonné, larronné sur cette noble terre gauloise.

Entrons dans la salle du festin : la nuit est venue; voilà, sur ma foi, de curieux candélabres de chair et d'os; dix esclaves tannés, décharnés, à peine couverts de haillons, sont rangés, cinq d'un côté de la table, cinq de l'autre, et immobiles comme des statues, tiennent de gros flambeaux de cire allumés, suffisant à peine à éclairer ces lieux; deux rangées de piliers de chêne arrondis, sorte de colonnade rustique, partagent cette salle en trois parties, la coupant dans sa longueur et aboutissant d'un côté à la porte du mahl, et de l'autre à la chambre du comte, laquelle communique au logis de Godegisèle et de ses femmes.

Entre les deux rangées de piliers se trouve la table du comte et des leudes ses pairs; à droite et à gauche, en dehors des piliers, sont deux autres tables, l'une réservée aux guerriers d'un rang inférieur, l'autre aux principaux serviteurs du comte, son sénéchal, son maréchal, son échanson, son écuyer, ses chambellans et autres, car les seigneurs imitent de leur mieux la cour de leurs rois. Dans les quatre coins de la salle, jonchée, selon la coutume, de feuilles vertes en été, de paille en hiver, sont quatre grosses tonnes, deux d'hydromel, une de cervoise et une de vin *herbé*, vin d'Auvergne mêlé d'épices et d'absinthe, boissons brassées ou foulées par les esclaves du burg; le long des boiseries sont suspendus les trophées de la vènerie du comte et des armes de chasse ou de guerre; têtes de cerfs, de chevreuils et de daims, garnies de leur ramure; têtes de buffles, d'ours et de sangliers, munies de leurs défenses ou de leurs crocs. Les chairs et les cuirs ont été enlevés, il ne reste de ces têtes que leurs ossements blanchis; épieux, piques, couteaux, trompes de chasse, filets de pêche, chaperons de fauconnerie, armes de guerre, lances, francisques, épées, hangons et boucliers peints de couleurs tranchantes, sont aussi appendus aux boiseries. Sur la table, chevreuils et sangliers rôtis tout entiers, montagnes de jambons de porcs ou de venaison fumée, avalanches de choux au vinaigre, mets favoris des Franks; pièces de bœuf, de mouton et de veau, engraissés dans les étables du comte, menu gibier, volailles, carpes et brochets, ceux-ci grands comme un Léviathan; légumes, fruits et fromages de la fertile Auvergne; les cruches et les amphores, sans cesse remplies par les sommeliers qui courent aux tonneaux défoncés, sont sans cesse vidées par les Franks, dans des cornes de taureau sauvage, leur coupe habituelle. La corne dont se sert Néroweg a dû appartenir à un buffle monstrueux; elle est noire et ornée du haut en bas de cercles d'or et d'argent. De temps à autre le seigneur comte fait un signe, et plusieurs esclaves, placés à l'un des bouts de la salle, et portant les uns des tambours, les autres des trompes de chasse, font une musique endiablée, peut-être moins assourdissante et discordante que les cris et les rires de ces épais Teutons, gloutons repus, et déjà pour la plupart ivres à demi.

Ces vins, ces venaisons, ces poissons, ces bœufs, ces porcs, ces moutons, ce gibier, ces volailles, ces légumes, ces fruits, qui les a produits? La Gaule! le pays cultivé, fécondé par ceux-là qui affamés au milieu de ces monceaux de victuailles, servent de flambeaux vivants pour éclairer le festin; par ceux-là qui, à cette heure, au fond des masures de boue et de roseaux partagent, épuisés de fatigue, leur maigre pitance avec leur famille, non moins affamée...

Voici donc les Franks, repus, avinés; rires, hoquets et défis de boire, de boire encore, de boire toujours, se croisent en tous sens; le seigneur comte est surtout en belle humeur; à côté de lui siège son clerc, qui lui sert de secrétaire et dessert l'oratoire du burg; car, selon la nouvelle coutume autorisée par l'Eglise, les seigneurs franks peuvent avoir un prêtre et une chapelle dans leur maison. Ce clerc a été placé près de Néroweg par Cautin. Le prélat rusé a dit au barbare stupide : « Ce clerc ne t'accordera pas la rémission des crimes que tu pourrais commettre et ne te sauvera pas des griffes de Satan; moi seul, j'ai ce pouvoir; mais la présence continuelle d'un prêtre rendra plus difficiles les entreprises du démon; cela te donnera le loisir, en cas d'urgence, d'attendre ma venue sans risquer d'être emporté en enfer. »

La bruyante gaieté des leudes est à son comble; Néroweg veut parler, par trois fois il frappe sur la table avec le manche de son couteau nommé *scramasax* par ces barbares; il s'en sert pour dépecer la viande et le porte habituellement à sa ceinture; on fait silence, ou à peu près, le comte va parler; les coudes sur la table, il passe et repasse entre le pouce et le premier doigt de sa main droite sa longue moustache rousse, graisseuse et vineuse. Ce mouvement annonce toujours chez lui quelque acte de cruauté sournoise; aussi les leudes font d'avance et de confiance entendre leur gros rire; Néroweg, sans mot dire, montre du geste à ses convives l'un des esclaves qui tenaient immobiles les lumières du festin; ce pauvre vieux homme, ridé, décharné, à longue barbe blanche comme ses cheveux, était vêtu d'une souquenille en lambeaux qui laissait voir sa chair jaune et tannée comme un parchemin; les haillons qui lui servaient de caleçon descendaient à peine au-dessus de ses genoux osseux; ses jambes nues, grêles, sillonnées de cicatrices faites par les ronces, semblaient pouvoir à peine le supporter; obligé de tenir, ainsi que ses compagnons, la torche de cire à bras tendu, sous la menace d'être martyrisé à coups de fouet, il sentait son maigre bras s'engourdir, faillir et vaciller malgré lui.

S'adressant alors à ses leudes avec une hilarité cruelle, le comte, désignant du geste le vieil esclave, leur dit :

— Hi... hi... hi... nous allons rire. Vieux chien édenté, pourquoi tiens-tu si mal ton flambeau?

— Seigneur... je suis très âgé... mon bras se lasse malgré moi...

— Ainsi, tu es fatigué?

— Hélas! oui, seigneur...

Les épreuves de l'eau et du feu (page 396)

— Tu sais cependant que celui qui ne tient pas droit son flambeau est régalé de cinquante coups de fouet ?
— Seigneur, la force me manque...
— Tu me l'assures ?
— Oh ! oui, seigneur... quelques moments de plus et le flambeau s'échappait de mes doigts engourdis.
— Pauvre vieux... allons éteins ton flambeau.
— Grâces vous soient rendues, seigneur.
— Un moment... Que vas-tu faire ?
— Souffler sur la mèche du flambeau l'éteindre... ainsi que vous ne l'avez ordonné.
— Oh ! ce n'est point ainsi que je l'entends.
Et Néroweg, caressant toujours sa moustache, jeta de nouveau sur ses leudes un regard ironique et sournois.
— Seigneur, comment voulez-vous que j'éteigne mon flambeau ?

— Je veux que tu l'éteignes entre tes genoux.
A cette plaisante idée du comte, les Franks applaudirent par des cris et des rires sauvages ; le vieux Gaulois trembla de tous ses membres, regarda Néroweg d'un air suppliant et, baissant la tête, murmura :
— Seigneur, mes genoux sont nus et le flambeau est ardent.
— Eh ! vieille brute... crois-tu que je t'ordonnerais d'éteindre cette torche entre les genoux s'ils étaient couverts de cuir de bœuf ou de jambards de fer !
— Seigneur... mon bon seigneur... ce sera pour moi une grande douleur ; par pitié ne m'imposez pas ce supplice !
— Bah ! les genoux sont tout en os !
Cette saillie du comte redoubla les rires et les joyeusetés des leudes.
— Je n'ai que la peau et les os, c'est vrai, —

50e livraison

répondit le vieillard essayant d'apitoyer son maître, — je suis très chétif... épargnez-moi donc ce mal, s'il vous plaît, mon bon seigneur.

— Ecoute... si tu n'éteins pas à l'instant ce flambeau entre tes genoux, je te fais saisir par mes hommes, et j'éteins la torche au fond du gosier... choisis donc et sur l'heure.

— Une nouvelle explosion d'hilarité prouva au vieux Gaulois qu'il n'avait pas à attendre merci des Franks. Il regarda en pleurant ses pauvres jambes frêles et flageolantes; puis cédant à un dernier espoir, il dit au clerc d'une voix suppliante :

— Mon bon père en Dieu..., au nom de la charité... intercédez pour moi auprès de mon seigneur le comte.

— Seigneur, je vous demande grâce pour ce vieux homme.

— Clerc! cet esclave m'appartient-il, oui ou non ? Suis-je son maître ?

— Il vous appartient, noble seigneur.

— Puis-je disposer de mon esclave selon que je le veux, et le châtier selon qu'il me plaît ?

— Mon noble seigneur, c'est votre droit.

— Alors qu'il éteigne vivement cette torche entre ses genoux, sinon, par le grand saint Martin! je l'éteins dans son gosier.

— Mon bon père en Dieu... intercédez encore pour moi auprès du noble comte.

— Mon cher fils... il faut acccepter avec résignation les maux que le ciel nous envoie...

— Finiras-tu ? — s'écria le comte en frappant sur la table avec le manche de son grand couteau. — Assez de paroles... choisis : tes genoux ou ton gosier pour éteignoir. Tu hésites...

— Non, non, mon seigneur, voici que j'obéis. Et ce fut une scène très comique pour les Franks. Foi de Vagre, il y avait vraiment sujet de rire : le pauvre vieux Gaulois, toujours pleurant, approcha d'abord de ses genoux tremblants la torche ardente ; puis, à la première atteinte de la flamme, il retira soudain le flambeau ; mais le comte, qui, les deux mains sur son ventre gonflé de vin et de viande, riait, ainsi que ses leudes, riait, à faire crever sa panse, et donna sur la table, d'un air terrible, un grand coup du manche de son couteau. L'esclave, d'une main tremblante, rapprocha la torche de ses genoux frissonnants, et voulut tout d'un coup en finir avec cette torture ; il écarta un peu les jambes, puis il les serra par deux fois convulsivement afin d'éteindre la flamme entre ses genoux, ce à quoi il parvint, mais en jetant un grand cri de douleur, et sa souffrance fut si violente que le vieillard tomba sur le dos, privé de connaissance.

— Ça sent le chien grillé, — dit le comte en dilatant les narines de son nez d'oiseau de proie ; et cette odeur de chair brûlée le mettant sans doute en goût, il s'écria comme frappé d'une idée subite : — Mes vaillants leudes, la prison du burg est bien garnie, ce me semble... Nous avons, enchaînés dans l'ergastule, d'abord Ronan le Vagre et l'ermite laboureur... tous deux maintenant à peu près guéris de leurs blessures ; la petite esclave blonde, non guérie celle-là, et toujours quasi mourante. Nous avons encore la belle évêchesse, non blessée, mais endiablée...

— Mais, comte, — reprit un des leudes, — que veux-tu faire de ces Vagres maudits, de cette petite Vagredine et de cette belle sorcière, amenés ici après le combat des gorges d'Allange ? Quel supplice leur infligeras-tu ?

— Ah ! que n'ont-ils mille membres à brûler, à tenailler, pour expier la mort de nos compagnons d'armes qu'ils ont tués dans ce combat des gorges d'Allange !

— Veux-tu comte, qu'ils soient jugés ici ?

— Non, non... ils seront jugés à Clermont ; l'évêque Cautin tient à avoir sa part du jugement ; oh! par l'*Aigle terrible!* mon aïeul, qui écorchait vifs ses prisonniers, le Vagre, l'ermite rénégat et les deux sorcières seront voués à de terribles supplices ; mais ce n'est point d'eux qu'il s'agit ce soir... En vous parlant des prisonniers de l'ergastule, mes bons leudes, je voulais dire que nous avons là un de mes esclaves domestiques accusé de larcin par l'esclave cuisinier : celui-ci affirme le vol, l'autre le nie ; qui des deux ment? Pour connaître la vérité, nous allons soumettre ces deux renardeaux à l'épreuve de l'eau froide et des fers ardents, selon notre loi des Franks Saliens.

. . . .

Le tribunal est assemblé : le comte, sur son siège, préside ce *mâhl*, sept leudes l'assistent. Les esclaves porte-flambeaux se tiennent debout derrière les juges ; le fond de la salle est vivement éclairé, le fond de la salle, où se pressent les autres leudes et guerriers du burg, reste dans une demi-obscurité, où se projettent çà et là de rouges lueurs sortant d'un grand réchaud que le forgeron des écuries attise et souffle ; dans ce brasier sont rougissant les neufs socs de charrue ; en face du fourneau se trouve enfoncée au niveau du sol, la cuve immense et remplie d'eau ; au pied du tribunal, l'esclave accusé de larcin est garrotté ; il est jeune et regarde les juges avec effroi ; l'accusateur, homme d'un âge mûr contemple le tribunal avec assurance. Autour de chacun de ces deux hommes se tiennent, selon l'usage, six autres esclaves *conjurateurs*, choisis par l'accusateur et l'accusé, pour affirmer par serment ce qu'ils croient être la vérité.

— Jugeons ! jugeons ! — dit le comte. — Toi, majordome, redis à cet esclave de quoi le cuisinier l'accuse.

— Justin, esclave cuisinier de notre seigneur

le comte, était seul dans la cuisine; sur la table se trouvait une petite écuelle d'argent, servant à l'usage de dame Godegisèle, noble épouse de notre maître. Pierre, cet autre esclave, est entré dans la cuisine y apportant du bois; aussitôt après son départ, Justin s'est aperçu que l'écuelle avait disparu ; il est venu dénoncer le larcin dont il accuse Pierre; je lui ai dit qu'il aurait une oreille coupée si l'écuelle ne se retrouvait point ; à quoi il m'a répondu qu'il jurait par le salut de son âme avoir dit vrai, et que le larron était cet esclave-ci.

— Et je le répète encore, seigneur comte : si l'écuelle a été dérobée, elle n'a pu être enlevée que par Pierre... Je le jure sur ma part de paradis! je suis innocent; mes conjurateurs sont prêts à le jurer comme moi sur leur salut.

— Oui, oui... — reprirent en chœur les six esclaves, — nous jurons que Justin est innocent du larcin... nous le jurons sur notre salut, nous le jurons sur notre part de paradis...

— Tu entends, chien ? — dit Néroweg en se retournant vers Pierre. — Qu'as-tu à répondre ? Qu'est devenue cette écuelle, cette précieuse écuelle que j'avais rapportée du pillage de la ville d'Issoire... Répondras-tu chien ?

— Seigneur, je n'ai pas volé l'écuelle, je ne l'ai même pas vue sur la table... mes conjurateurs sont prêts à l'affirmer comme moi sur leur salut... et sur leur part de paradis...

— Oui, oui... — reprirent en chœur les conjurateurs de l'accusé, — Pierre est innocent; nous le jurons sur notre salut...

— Mon cher frère en Christ, — dit le clerc à l'accusé, songez-y, c'est un gros péché que le vol, et c'est un autre gros péché que le mensonge... Prenez garde, le Tout-Puissant vous voit et vous entend... sa main s'appesantit sur les menteurs comme sur les voleurs...

— Mon bon père, j'ai grand'peur du Tout-Puissant, je suis ses commandements que tu nous enseignes, je supporte mes misères avec résignation, j'obéis à mon maître, le seigneur comte, avec la soumission que tu ordonnes pour gagner le paradis ; mais, je le jure, je n'ai pas volé l'écuelle...
Seigneur comte, je jure, par les peines éternelles, que je n'ai pas volé l'écuelle...

— Et moi, je soutiens que Pierre doit être l'auteur du vol... puisque je suis innocent...

— Justin affirme, Pierre nie, moi Néroweg, j'ordonne que, pour savoir le vrai, ils soient soumis, l'un à l'épreuve de l'eau froide, l'autre à l'épreuve des fers brûlants...

— Seigneur comte, — dit le clerc, — tu ordonnes que l'accusateur et l'accusé soient soumis tous deux à l'épreuve ; mais si le jugement du Tout-Puissant prouve que l'accusé soit coupable, l'accusateur ne sera-t-il pas ainsi déclaré innocent? Alors à quoi bon les soumettre tous les deux à l'épreuve?

— Si l'accusateur et l'accusé se sont entendus pour voler mon écuelle, — réplique le comte, — et si pour détourner nos soupçons ils s'accusent mutuellement... l'épreuve dira si tous les deux sont innocents ou coupables, ou bien s'il y a un coupable et un innocent.

— Oui, oui, — crièrent les leudes, se réjouissant d'avance à la pensée de ce spectacle, — la double épreuve...

— Je ne redoute pas l'épreuve ! — dit Justin d'une voix ferme. — Dieu rendra témoignage de mon innocence...

— Je suis bien certain de n'avoir pas volé l'écuelle, — dit Pierre en tremblant, — pourtant l'épreuve m'épouvante.

— Ton compagnon, mon cher fils, te donne l'exemple d'une pieuse confiance dans la justice divine, sachant que l'Éternel ne fait condamner que des coupables...

— Hélas ! bon père, songez donc, si l'épreuve tourne contre moi?

— Mon fils, c'est que tu auras volé l'écuelle.

— Non, non... je n'ai pas commis de larcin.

— Alors, mon fils, ne redoute rien du jugement de Dieu : sa justice est infaillible...

— Ah! mon bon père! puissiez-vous dire vrai.

— Ne parle pas ainsi, mon cher fils ; cette loi est sainte, c'est la loi salique, loi des Franks Saliens, nos conquérants; elle est placée sous l'invocation de Notre-Seigneur Jésus-Christ..... Voici le préambule de cette loi au nom de laquelle on va vous soumettre à l'épreuve : « L'illustre nation des Franks, fondée par Dieu, forte dans la guerre, profonde au conseil, d'une noble stature, d'une blancheur et d'une beauté singulières, hardie, agile et rude au combat, s'est récemment convertie à la foi catholique qu'elle pratique pure de toute hérésie; elle a cherché et a dicté la loi salique par l'organe des plus anciens de la nation qui la gouvernaient alors. Le *gast* de *Wiso*, le *gast* de *Bodo*, le *gast* de *Salo*, le *gast* de *Wido*, habitant les lieux appelés *Salo-Heim*, *Bodo-Hem*, *Wido-Heim*, se réunirent pendant trois *mâhls*, discutèrent avec soin et adoptèrent cette loi-ci.

« Vive celui qui aime les Franks! que le Christ maintienne leur empire! qu'il remplisse leurs chefs des clartés de sa grâce! qu'il protège l'armée, qu'il fortifie la foi, qu'il accorde paix et bonheur à ceux qui les gouvernent, sous les auspices de Notre-Seigneur Jésus-Christ. Amen. »

— Clerc, assez de paroles ! — reprit le comte. — L'accusé va subir l'épreuve de l'eau froide... Qu'on lui attache la main droite au pied gauche et qu'on le jette dans cette grande cuve ici la tête la première... S'il surnage, le jugement de Dieu le condamnera, il sera reconnu coupable, et demain il subira la peine due à son larcin; s'il reste au fond, le jugement de Dieu l'absoudra.

A un signe de Néroweg, plusieurs de ses hommes se jetèrent sur l'esclave gaulois, et, malgré sa résistance, ses prières, ils lièrent sa main droite à son pied gauche.

— Hélas! — dit-il en gémissant, — quelle terrible loi, pourtant, mon bon père!... Quel sort est le mien! Si je reste au fond de la cuve, je suis noyé, quoique innocent! si je surnage, je suis condamné au supplice des larrons!

— Le jugement de l'Éternel, mon cher fils, ne saurait jamais s'égarer.

Déjà les Franks, élevant l'esclave entre leurs bras, se préparaient à le lancer dans la cuve, lorsque le clerc s'écria :

— Et la consécration de l'eau !

Puis allant vers l'esclave qui ne cessait de gémir, il approcha de ses lèvres une croix d'argent qu'il portait au cou, et lui dit :

— Baise cette croix, mon cher fils.

Le jeune garçon baisa pieusement le symbole de la mort de l'ami des affligés, pendant que le clerc lui disait, selon la formule adoptée par l'Église :

« — O toi qui vas subir le jugement de l'eau froide, je t'adjure, par Notre-Seigneur Jésus-Christ, par le Père, le Fils et le Saint-Esprit, par la Trinité inséparable, par tous les anges, archanges, principautés, puissances, dominations, vertus, trônes, chérubins et séraphins, si tu es coupable, que la présente eau te rejette sans qu'aucun maléfice puisse l'en empêcher, et toi, Seigneur Jésus-Christ, montre-nous de ta majesté un signe tel, que si cet homme a commis le crime, il soit repoussé par cette eau, à la louange et à la gloire de ton saint nom, que tous reconnaissent que tu es le vrai Dieu !... Et toi, eau ! eau créée par le Père tout-puissant pour les besoins de l'homme, je t'adjure, au nom de l'indivisible Trinité qui a permis au peuple d'Israël de te traverser à pied sec, je t'adjure, eau, de ne pas recevoir ce corps s'il s'est allégé du fardeau des bonnes œuvres... Je te donne ces ordres, eau, confiant dans la seule vertu de Dieu, au nom duquel tu me dois obéissance... Amen. »

La consécration terminée par le clerc, les Franks élevèrent au-dessus de leur tête l'esclave gaulois, qui se débattait en criant, et le lancèrent d'une violente poussée au milieu de la cuve, à la grande risée de l'assistance.

— Jamais loutre, sautant du creux d'un saule à la poursuite d'une carpe, n'a fait un plus beau plongeon ! — disait le bon seigneur comte en se tenant les côtes, tant il riait ; l'assistance, riant aussi à cœur joie, se pressait autour de la cuve, les uns et les autres, disant :

— Il surnagera ! le drôle, le coquin.

— Il ne surnagera pas !

— Comme il bat l'eau !

— Et ces glou... glou... glou !...

— On dirait une bouteille qui s'emplit.

— Ah ! le voici qui reparaît !

— Non, il replonge !

Cependant l'esclave surnagea et parvint à rester un moment sur l'eau, la figure crispée, livide, les cheveux ruisselants, les yeux hagards et renversés, comme un homme qui, d'un effort désespéré, échappe à la noyade ; il agita au-dessus de l'eau la seule main qu'il eût de libre, en criant :

— A moi !... au secours !... je me noie !...

Cet innocent oubliait, dans son effroi, que cette vie qu'il demandait était réservée au cruel châtiment du larcin, dont il restait désormais convaincu de par le *jugement de Dieu*... Ce grand scélérat fut retiré demi-mort de la cuve; les Franks s'égayaient de plus en plus de ses contorsions et de l'expression de sa figure bleuâtre et encore épouvantée... Il tomba, gémissant, sur le sol.

— Mon fils, mon fils, je vous l'avais dit, — reprit le prêtre d'une voix menaçante, — c'est un grand péché que le larcin ! c'est un grand péché que le mensonge ! et voici que vous les avez commis tous les deux, ces péchés, puisque le jugement sacré du seigneur Dieu, dans son infaillible et divine vérité, vous déclare coupable.

— Va, misérable voleur ! — lui dit un de ses conjurateurs avec dédain et courroux, craignant d'être châtié avec ses compagnons comme les complices de Pierre. — **Tu nous avais assuré** de ton innocence, nous t'avons cru sur parole et tu nous as trompés, le jugement de Dieu t'a condamné !... Va, infâme !... nous assisterons avec joie à ton supplice !...

— Je suis innocent ! je suis innocent !...

— Et le jugement de Dieu, blasphémateur ! — s'écria Justin.

— Hélas ! je n'ai pourtant pas volé l'écuelle !

— Tais toi, impie !... L'épreuve que je vais subir à mon tour, avec une confiance aveugle dans la justice du Seigneur, va une fois de plus témoigner de ton crime !

— Bien, bien, mon cher fils ! Retirez-vous de ce misérable menteur, larron et blasphémateur ! Votre innocence sera vitement reconnue, votre piété aura sa récompense.

— Oh ! je le sais, mon bon père ! aussi l'épreuve me semble lente à venir. Que le saint nom de Dieu soit glorifié !...

— Ce chien étant déclaré coupable par le jugement de Notre-Seigneur tout-puissant, subira la peine de son larcin. Maintenant, passons à l'épreuve des fers ardents ; car si le premier témoignage prouve la larronnerie de cet esclave, rien ne nous démontre que l'autre soit innocent... Tous deux peuvent s'être entendus pour voler mon écuelle d'argent.

— Oh! mon noble seigneur, je ne redoute rien, — s'écria le cuisinier, la figure rayonnante d'une céleste confiance. — Je bénis Dieu de m'avoir réservé cette occasion de montrer une foi profonde dans notre sainte religion catholique, apostolique et romaine, et de triompher une seconde fois des accusations des méchants. Mais, fidèle à tes commandements, ô Seigneur, je triompherai avec humilité.

Pendant que ce croyant attendait impatiemment le nouveau triomphe de son innocence, le clerc, selon l'usage, alla consacrer et conjurer les fers au milieu du brasier, de même qu'il avait conjuré l'eau dans la cuve. A ces fers ardents, il ordonna, au nom du Père, du Fils et du Saint-Esprit, de respecter la plante des pieds de l'esclave s'il était innocent, et de la lui brûler jusqu'aux os s'il était coupable de vol envers le seigneur.

La conjuration terminée, les forgerons des écuries retirèrent, à l'aide de fortes tenailles, les socs de charrue de la fournaise, les rangèrent tous les neuf à plat sur le sol, à deux ou trois pouces de distance les uns des autres; on eût dit un énorme gril, d'une forme étrange, rougi au feu.

— Dépêchons, — dit le comte, — ne laissons pas refroidir les socs.

— Quelle danse ce renardeau va exécuter sur ces fers ardents, s'il s'est entendu avec l'autre pour voler l'écuelle!

— Quel miracle pourtant va s'accomplir si le cuisinier est vraiment innocent! — dit un autre leude avec une curiosité inquiète. — Marcher sur des socs rougis au feu sans se brûler les pieds!... il n'y a que le Dieu des chrétiens pour accomplir de pareilles choses!

Si grande était la curiosité des Franks que leur cruelle envie de voir danser l'esclave sur des fers rougis au feu était certainement combattue par le désir d'assister à un surprenant miracle. A peine le dernier des socs fut-il déposé sur le sol, que Néroweg, de crainte de les voir refroidir, dit précipitamment à Justin :

— Vite... vite... marche là-dessus!...

— Va, mon cher fils, et ne crains rien!...

— Oh! je ne redoute rien, mon bon père, — répondit le cuisinier d'une voix inspirée; — puis, croisant ses bras sur sa poitrine, il s'écria plein de ferveur : — Seigneur Dieu! tu lis dans le cœur, tu as déjà témoigné de mon innocence... donne en faveur de ton serviteur une nouvelle preuve de ta justice infaillible... Ordonne à ces feux ardents d'être aussi doux à mes pieds que si je foulais un tapis de verdure et de fleurs.

Et le Gaulois, le front rayonnant de sérénité, le regard levé vers le ciel, s'avança d'un pas ferme vers les coutres de charrue. Pendant le court espace de temps qui s'écoula jusqu'au moment où l'accusé s'exposa au jugement de Dieu, le comte, son clerc et l'assistance, dominés par l'imperturbable confiance de l'esclave, s'entre-regardèrent, et Néroweg dit à demi-voix aux leudes de son tribunal :

— Il faut que le cuisinier soit vraiment innocent du larcin.

— Va, mon fils en Dieu... — cria le clerc au moment où Justin levait le pied pour le poser sur le premier des coutres. — la justice de l'Éternel est infaillible... Tu l'as dit, c'est un tapis de verdure et de fleurs que tu vas fouler aux pieds.

A peine eut-il posé le pied sur le fer ardent, que notre fervent catholique poussa un cri terrible ; la douleur fut si atroce que, trébuchant, il tomba en avant sur les genoux et sur les mains. Roulant ainsi au milieu des fers ardents, il se fit de nouvelles et profondes brûlures ; puis, pour échapper à cette torture, il s'élança d'un bond désespéré, en rugissant de souffrance, et alla tomber à dix pas de là, auprès de son compagnon garrotté.

— Vive l'infaillible jugement du Seigneur! — s'écrièrent les leudes frappés d'admiration.

— Vive le Christ!

— Je le disais bien, — ajouta le comte, — ces deux larrons se sont entendus pour voler mon écuelle... Demain ils auront tous les deux l'oreille coupée et seront mis à la torture jusqu'à ce qu'ils aient fait connaître l'endroit où ils ont caché l'objet de leur larcin...

— Tais-toi, comte!... — s'écria Justin en rugissant de douleur et de rage, — Il n'y a de larrons et de pillards que toi et tes hommes... J'aurais volé l'écuelle, que je n'aurais fait que voler un voleur... mais je ne l'ai pas dérobée... aussi vrai que je renie cette religion infâme qui me condamne.

— Malheureux!... blasphémer notre sainte religion!... Je t'ordonne au nom de Dieu...

— Tais-toi... prêtre... tu ne me tromperas plus... Ta religion n'est que mensonge et fourberie, puisqu'elle témoigne contre les innocents... Oh! que je souffre!... que je souffre!...

— Ces souffrances sont les peines anticipées de l'enfer où tu brûleras éternellement, larron sacrilège... Ah! seigneur comte... si cet audacieux impie continue ses blasphèmes, nous ne pourrons pas conjurer les malheurs qu'il attire sur ta maison.

Néroweg épouvanté des sacrilèges paroles de l'esclave gaulois, pâle, tremblant, frémissant à cette pensée qu'appelé par les effrayants blasphèmes du condamné, le diable pouvait soudain paraître pour exterminer ce scélérat, et, par occasion, l'emporter peut-être aux enfers.

— Forgeron, tes tenailles sont encore dans le brasier et toutes rouges?...

— Oui, seigneur comte. Commande!

— Ce maudit ne blasphèmera plus et ne risquera pas ainsi d'attirer le diable dans mon burg... Qu'on saisisse ce sacrilège et qu'on lui coupe la langue avec le tranchant des tenailles. Dis, clerc, crois-tu que le Seigneur se trouve satisfait de ce châtiment infligé à l'esclave?

— Je crois, seigneur comte, qu'il n'y a pas de supplice assez terrible pour ce maudit qui a renié sa religion et traité les prêtres d'imposteurs!

— Veux-tu, clerc, que je le fasse écarteler pour conjurer plus sûrement la présence du démon dans mon burg?...

— Le châtiment que tu lui réserves suffira... Ce damné sera puni par là où il aura péché... Sa langue scélérate a blasphémé; elle ne fera plus entendre de blasphèmes.

L'esclave gaulois eut donc la langue tranchée avec les tenailles rougies au feu; après quoi le comte rentra dans la salle du festin avec ses leudes, pour achever de s'enivrer avant d'aller retrouver sa femme dans son gynécée.

. . . .

Godegisèle, pendant que son seigneur et maître Néroweg buvait encore avec ses leudes, Godegisèle, la cinquième femme du comte, retirée, selon la coutume, dans sa chambre, filait sa quenouille, au milieu de ses esclaves, à la clarté d'une lampe de cuivre. Godegisèle, toute jeune encore, était délicate et frêle; elle avait le teint d'une blancheur de cire; ses longs cheveux, d'un blond pâle, tressés en nattes et à demi couverts de son *obbon* (ainsi que les Franks appellent cette sorte de calotte d'étoffe d'or et d'argent, tombaient sur ses épaules nues, ainsi que sur ses bras. Son état de grossesse donnait à ses traits doux et tristes une expression de souffrance. Godegisèle portait le costume des femmes franques de haute condition : une longue robe décolletée, à manches ouvertes et flottantes, serrée par une écharpe à sa taille, alors déformée; ses bras étaient ornés de bracelets d'or enrichis de pierreries, et autour de son cou s'arrondissait un large collier d'or, piqué de rubis, nommé *murène*, du nom d'un poisson qui se cintre lorsqu'il est pris, de sorte que sa tête touche à sa queue. Une chose rendait ce costume étrange ; bien que Godegisèle fût de frêle et de petite taille, la riche robe dont elle était vêtue semblait faite pour une femme très grande et très forte. Une vingtaine de jeunes esclaves, misérablement habillées, assises à terre sur la feuillée dont le sol était jonché, entouraient la femme du comte, siégeant sur un escabel à bras, recouvert d'un tapis brodé d'argent; plusieurs, parmi les esclaves, étaient jolies ; les unes, ainsi que leur maîtresse, filaient leur quenouille ; d'autres s'occupaient de travaux d'aiguille ; parfois elles causaient entre elles à voix basse, en langue gauloise, que leur maîtresse, d'origine franque, comprenait difficilement. L'une d'elles, nommée *Morise*, belle jeune fille à cheveux noirs, vendue à dix ans à un noble Frank, parlait couramment l'idiome des conquérants, et Godegisèle s'entretenait de préférence avec elle. En ce moment elle lui disait d'une voix craintive, cessant de filer sa quenouille, qu'elle tenait posée en travers sur ses genoux :

— Ainsi, Morise, tu l'as vue assassinée?

— Oui, madame... j'ai assisté à ce triste spectacle. Elle avait ce jour-là cette même robe verte, à fleurs d'argent, que vous portez maintenant, et aussi le beau collier et les riches bracelets qui sont à votre cou et à vos bras.

Godegisèle frissonna et ne put s'empêcher de jeter un regard effaré sur ses bracelets et sur sa robe, deux fois trop large pour elle.

— Et...... à propos de quoi l'a-t-il tuée, Morise?... Quel était le sujet de son courroux?

— Ce soir-là il avait bu plus que de coutume... il est entré ici, où nous sommes, tout trébuchant... C'était l'hiver... il y avait du feu dans le foyer... Sa femme Wisigarde était assise au coin de la cheminée... Le seigneur comte avait alors parmi nous pour favorite une lavandière nommée *Martine*... Il se mit à dire à Martine: « Viens nous coucher... et toi, Wisigarde, — ajouta-t-il en s'adressant à sa femme, — prends la lampe et éclaire-nous. »

— C'était pour Wisigarde beaucoup de honte.

— D'autant plus, madame, qu'elle avait le cœur fier, le caractère impétueux... Elle nous battait souvent, nous mordait et querellait violemment le seigneur comte.

— Quoi, Morise! elle osait le quereller?...

— Oh! rien ne l'intimidait!... rien!... Quand elle était en furie, elle rugissait et grinçait des dents comme une lionne.

— Quelle terrible femme!...

— Enfin, madame, ce soir-là, au lieu d'obéir à la fantaisie du seigneur comte et de prendre la lampe pour le conduire jusqu'à son lit, Wisigarde se mit à les injurier l'un et l'autre.

— Elle bravait la mort!... Je n'ai pas une goutte de sang dans les veines!...

— Alors, madame, j'ai vu, comme je vous vois, les yeux du comte devenir sanglants et l'écume blanchir ses lèvres... Il s'est élancé sur sa femme, lui a donné un coup de poing sur le visage, puis d'un coup de pied dans le ventre il l'a renversée à terre... Elle, aussi furieuse que lui, ne cessait de l'injurier et même essayait de le mordre, lorsque après l'avoir jetée à terre, il s'est mis à deux genoux sur sa poitrine. Finalement, il lui a tant serré le cou entre ses deux grosses mains, qu'elle est devenue violette, et il l'a étranglée... et puis après, il est allé se coucher avec Martine.

— Morise, il m'en arrivera quelque jour autant. Ce terrible comte me tuera.

Et Godegisèle, frémissant de tout son corps, laissa tomber sa tête sur sa poitrine, et sa quenouille à ses pieds.

— Oh! madame, il ne faut pas ainsi vous alarmer... Tant que vous serez grosse vous n'aurez rien à craindre.. le seigneur comte ne voudrait pas tuer du même coup sa femme et son enfant.

— Mais quand je l'aurai mis au monde, cet enfant, je serai tuée comme Wisigarde!

— Cela dépendra, madame de l'humeur du seigneur comte... Peut-être aussi vous répudiera-t-il et vous renverra chez vos parents, comme il a renvoyé ses autres femmes qu'il n'a pas étranglées.

— Ah! Morise!... plût au ciel que monseigneur le comte me renvoyât dans ma famille!... Pourquoi faut-il que Néroweg m'ait vue lors du voyage qu'il a fait à Mayence!... Pourquoi le brin de paille qu'il a jeté sur ma poitrine, en me prenant pour femme, n'a-t-il pas été un poignard acéré!... je serais morte du moins au milieu des miens...

— Quel brin de paille, madame?

— N'est-ce donc pas aussi l'usage en ce pays-ci, que l'homme, en témoignage de ce qu'il épouse une fille libre, lui prenne la main droite, et, de la gauche, lui jette un brin de paille dans le sein?

— Non, madame.

— Tel est l'usage en Germanie... Hélas! Morise, je te le répète, pourquoi ce brin de paille n'a-t-il pas été un poignard!... je serais morte sans agonie... Et maintenant que je sais le meurtre de Wisigarde, ma vie ne sera plus qu'une longue et cruelle agonie...

— Madame, il fallait refuser d'épouser le comte, puisqu'il vous inspirait tant d'horreur.

— Je n'ai pas osé, Morise... Oh! il me tuera! malheur sur moi! il me tuera!...

— Pourquoi voulez-vous, madame, qu'il commette ce crime?... Vous le soufflez moi, quoi qu'il dise et fasse... Il abuse de nous autres esclaves, puisqu'il est le maître... vous ne vous plaignez de rien, vous ne mettez jamais le pied hors du gynécée, sinon pour faire une promenade d'une heure le long des fossés du burg... Encore une fois, madame, pourquoi voulez-vous croire que votre mari pourra vous tuer?

— Quand il est ivre il ne raisonne pas.

— C'est vrai... il n'y a que ce danger.

— Mais ce danger est de tous les instants, puisque tous les jours il s'enivre. Ah! pourquoi suis-je venue en ce lointain pays des Gaules... où je suis comme une étrangère!...

Et après être restée longtemps rêveuse et de plus en plus attristée:

— Morise? ma bonne Morise?

— Madame, j'attends vos ordres.

— Vous ne me haïssez pas, vous autres?

— Non, madame; vous n'êtes pas méchante comme Wisigarde... vous ne nous battez pas et ne nous mordez jamais.

— Morise... écoute-moi...

— Madame... Mais quoi! vous gardez le silence et vous voici rouge comme braise, vous toujours si pâle!...

— C'est que je n'ose te dire... Enfin, écoute-moi, tu es... tu es... l'une des favorites de monseigneur le comte...

— Il le faut bien... sinon de gré, du moins de force.. Malgré ma répugnance, j'aime encore mieux partager son lit quand il l'ordonne, que d'être hachée de coups de fouet ou d'aller tourner la meule du moulin... et puis ainsi, je suis employée aux travaux de la maison; c'est un métier moins rude que d'être esclave des champs... on a moins de mal et la nourriture est moins mauvaise.

— Je sais... je sais... Aussi, je ne te blâme pas, Morise; mais réponds-moi sans mentir: lorsque tu es avec monseigneur le comte, tu ne cherches pas à l'irriter contre moi?... Hélas! on a vu des esclaves faire ainsi tuer leur maîtresse, et ensuite devenir les femmes de leur seigneur.

— J'ai tant d'aversion pour lui, madame, que, je vous le jure, je ne desserre les dents qu'afin de répondre oui ou non s'il m'interroge. D'ailleurs, comme le soir presque toujours il est ivre quand il m'emmène d'ici, c'est à peine s'il me parle... Je n'ai donc ni le loisir ni l'envie de lui dire du mal de vous.

— C'est bien vrai, Morise, c'est bien vrai?...

— Oh! oui, madame...

— Je voudrais te faire quelques petits présents, mais monseigneur ne me donne jamais d'argent; il le tient sous clé dans ses coffres, et pour *morghen-gab*, présent du matin dans notre pays le mari fait à son épousée, le comte m'a donné les vêtements et les bijoux de sa quatrième femme Wisigarde. Chaque jour il me demande à les voir, et il les compte... Je n'ai rien à t'offrir, Morise, rien que ma bonne amitié, si tu me promets de ne pas irriter monseigneur contre moi.

— Il faudrait que j'eusse le cœur bien méchant pour agir ainsi à votre égard.

— Ah! Morise!... je voudrais être à ta place.

— Vous, la femme d'un comte, désirer être esclave!... cela semble impossible...

— Il ne te tuera pas, toi!...

— Bah! il me tuera comme une autre, si l'envie lui en prend... et au moins vous, madame, en attendant, vous avez de belles robes, de riches parures, des esclaves pour vous servir... et puis enfin, vous êtes libre.

— Je ne sors pas du burg.

— Parce que vous ne le voulez pas... Wisigarde montait à cheval et chassait... Il fallait la voir sur sa haquenée noire, avec sa robe de pourpre. son faucon sur le poing !... Au moins, si elle est morte jeune elle n'a pas perdu son temps à se chagriner, celle-là... Au lieu que vous, madame, vous filez votre quenouille, vous regardez le ciel par votre fenêtre ou vous pleurez... quelle vie ! quelle triste existence.

— Hélas, c'est que je pense toujours à mon pays, à mes parents qui sont si loin... si loin de ce pays des Gaules, où je suis étrangère.

— Wisigarde ne se donnait pas tant de chagrin... elle buvait à pleine coupe et mangeait presque autant que le comte.

— Il m'avait toujours dit, à moi et à mon père, qu'elle était morte par accident... Ainsi du dis, Morise, que c'est là, là qu'il l'a tuée?..

— Oui, madame, d'un coup de pied il l'a renversée ici, près de ce poteau... et puis alors...

— Qu'as-tu? Pourquoi trembles-tu, Morise?

— Madame, madame... entendez-vous ?

— Quoi donc ? Tout est calme.

— On marche dans la chambre du seigneur comte ; on agite les sièges.

— Ah ! c'est lui !... c'est mon mari !...

— Oui, madame, c'est son pas.

— Oh ! j ai peur !... reste près de moi !...

C'était Néroweg... Ses dernières libations l'avaient plongé dans une ivresse à peu près complète; aussi entra-t-il chez sa femme trébuchant sur ses jambes avinées. A l'aspect de leur maître, les esclaves se levèrent craintives ; Godegisèle tremblait si fort qu'elle put à peine se soulever de dessus son escabeau, tant elle se sentait faible. Le comte s'arrêta un instant au seuil de la porte, une main appuyée à l'un des chambranles et balançant légèrement son corps d'avant en arrière, tout en promenant sur les esclaves intimidées un regard hébété, demi-luxurieux ; enfin, après un hoquet, il dit à la confidente de sa femme :

— Morise, viens... viens, sacrée garce !...

Et regardant Godegisèle, il ajouta :

— Tu es bien pâle... tu as l'air troublé... ma colombe. Pourquoi es-tu si pâle ?

La pauvre créature se souvenait sans doute que la nuit où il avait étranglé sa dernière femme, le comte avait dit aussi à une esclave : *Viens! viens, sacrée garce !...* de sorte que les paroles de Néroweg, la troublant et l'effrayant davantage encore, Godegisèle ne put que murmurer presque sans savoir ce qu'elle disait :

— Monseigneur !... monseigneur !... pitié !...

— Quoi ? qu'as-tu ?... Réponds ! — reprit brutalement le comte. — Voudrais-tu te révolter parce que j'ai dit à cette esclave : Viens ?...

— Non... oh ! non !... monseigneur n'est-il pas ici le maître, ces esclaves sont à ses ordres, et moi, Godegisèle, son humble servante ?...

Et perdant tout à fait la tête, cette malheureuse, se voyant sur le point d'être étranglée comme Wisigarde, parce que celle-ci avait refusé d'éclairer son mari et sa maîtresse jusqu'à la couche conjugale, se hâta de balbutier :

— Et même... si monseigneur le désire... je vais l'éclairer avec cette lampe jusqu'à son lit.

— Ah ! madame ! lui dit tout bas Morise, — quelle mauvaise inspiration vous avez eue !... C'est rappeler au comte la cause du meurtre de son autre femme.

Néroweg, aux paroles de Godegisèle, tressaillit, s'avança brusquement vers elle d'un air défiant, puis, la saisissant par le bras :

— Pourquoi parles-tu d'éclairer ma couche avec cette lampe?

— Grâce ! monseigneur !... ne me tuez pas !...

Et elle tomba à genoux.

— Ne tuez pas votre servante comme vous avez tué Wisigarde !...

Soudain le comte devint aussi pâle que sa femme, et s'écria, frappé d'une terreur que redoublait son ivresse :

— Elle sait que j'ai étranglé Wisigarde !... elle me dit les mêmes paroles qu'elle a prononcées quand je l'ai tuée !... C'est l'œuvre du malin esprit !... Wisigarde ou son fantôme va peut-être m'apparaître cette nuit pour me tourmenter ! C'est un avertissement du ciel ou de l'enfer ! Il faut conjurer les maléfices.

Et s'adressant à Morise :

— Cours chercher le clerc !.., Il priera près de moi pendant la nuit... il ne me quittera pas... Le fantôme de Wisigarde n'osera pas approcher de moi, un prêtre étant à mes côtés.

Son épouvante augmentant pendant que Morise courait chercher le clerc et que Godegisèle, demi-morte de frayeur et toujours agenouillée s'adossait au poteau, se sentait défaillir; le comte se jeta à genoux, baisa le sol et s'écria, se frappant la poitrine :

— Seigneur Dieu ! ayez pitié d'un pauvre pécheur !... J'ai payé pour la mort de mon frère, j'ai payé pour la mort de ma femme Wisigarde... je payerai encore pour que Wisigarde ne vienne pas me tourmenter ! Dès demain je ferai bâtir une chapelle dans les gorges d'Allange ; je ferai rebâtir la villa de l'évêque Cautin ! Seigneur ! bon Seigneur Dieu, ayez pitié d'un pauvre pécheur ! Délivrez-moi du diable et du fantôme de Wisigarde !...

Et ce fervent catholique à genoux, hébété par la terreur et par l'ivresse, se frappait avec furie la poitrine, attendant, plein d'une anxiété terrible, l'arrivée du clerc.

D'après cette journée d'un noble comte dans son burg, voyez combien elle est humaine, généreuse, éclairée, cette race de conquérants de la vieille Gaule ! Quel tendre attachement ils ont pour leurs femmes ! Quel respect pour les doux liens de la famille et pour la sainteté du foyer domestique !... O nos mères ! viriles

L'évêque Cautin et les guerriers franks (page 406)

matrones si vénérées de nos aïeux! fières Gauloises d'autrefois qui siégiez à côté de vos époux dans ces conseils solennels de l'État, où l'on décidait de la paix ou de la guerre! mâles et austères éducatrices! épouses chéries, vaillantes guerrières! vierges saintes! femmes empereurs!... O Margarid, Héna, Meroë, Loyse, Geneviève, Ellèn, Sampso, Victoria la Grande, réjouissez-vous! réjouissez-vous d'avoir quitté ce monde-ci pour les mondes mystérieux où l'on va perpétuellement revivre!... Réjouissez-vous dans la fierté de votre cœur!... Quelle indignation! quelle honte! quelle douleur pour vos âmes de voir vos sœurs, quoique de races différentes et ennemies, de voir des femmes, épouses de rois, de seigneurs, de guerriers, traitées, bonnes ou méchantes, avec tant de mépris et de férocité par leurs maîtres barbares!

Voilà ces Franks appelés à la curée de la Gaule par les évêques!... Voilà ces conquérants patronnés, choyés, caressés, flattés, bénis par des prêtres du Christ!

. . . .

Seigneur comte! seigneur comte Néroweg! réveillez-vous!... Au lieu de passer cette nuit qui est finie entre les bras d'une de vos esclaves, vous l'avez passée, par crainte du diable, à genoux près de votre clerc et répétant d'une voix hébétée, les prières que marmottait le saint homme, tombant de sommeil; car, après boire, il eût préféré son lit à votre compagnie. Rassuré par les premières clartés de l'aube, heure close pour les démons, vous vous êtes endormi sur votre couche garnie de peaux d'ours, trophées de votre chasse... Seigneur comte Néroweg, réveillez-vous!... Voici l'un des cinq fils de votre bon roi Clotaire, aujourd'hui seul roi de toute la Gaule: les autres fils

51e livraison

et petits-fils du pieux Clovis, qui saintement repose dans la basilique des vénérés apôtres, à Paris, étant tous morts! Voici Chram le Bâtard, mais qu'importe! Chram, l'un des cinq fils de Clotaire et gouverneur de l'Auvergne pour son père... Il vient, faveur insigne, il vient avec ses trois favoris et bon nombre de leudes et d'*antrustions*, ainsi que fièrement s'appellent ces trois protégés du roi... Réveillez-vous, seigneur comte! Voici Chram qui vient vous visiter... La chevauchée est brillante et nombreuse! Les trois plus chers amis de Chram, encore plus chers amis du pillage, du viol et du meurtre, accompagnent le royal personnage; ils s'appellent *Imnachair*, *Spatachair* et le *Lion de Poitiers*, ce Gaulois renégat qui, comme tant d'autres de sa trempe, s'est rallié aux Franks conquérants. Le Lion de Poitiers est nommé de la sorte parce que, de même que le carnassier, il aime la rapine et les chairs saignantes.

Seigneur comte! seigneur comte Néroweg! réveillez-vous donc!... Eveillez aussi votre femme Godegisèle qui a rêvé de femmes étranglées!... Vite, vite, que Godegisèle se pare des plus beaux bijoux et des plus belles robes de votre quatrième épouse Wisigarde! Vite, vite, seigneur comte, que Godegisèle se pare de ses plus riches atours! Chram peut la trouver à son gré ou au gré de ses favoris... Gracieux roi serviable roi! il n'est point d'entremetteur plus accommodant : une fille ou une femme plait-elle, libre ou esclave, à quelqu'un de ses amis, aussitôt il lui donne un *diplôme royal* de par lequel le favori du prince traîne la belle dans son lit.

Vite, vite, seigneur comte, faites monter vos leudes à cheval et armer vos gens de pied, et vous, à la tête de la bande, seigneur comte, revêtu de votre armure de parade, portant à votre côté votre magnifique épée d'Espagne à poignée d'or ciselé, larronnée par vous lors du ravage du pays des Visigoths, damnés *Ariens*, maudits hérétiques contre lesquels les évêques catholiques vous ont lancé, torche en main, fer au poing, de même que vous lancez votre meute contre les bêtes fauves des bois... Vite, vite, enfourchez votre grand cheval rouan, harnaché de sa selle et de sa bride de cuir rouge, à frein, à chanfrein et à étriers d'argent!... Vite, courez au-devant de votre glorieux roi Chram, à la tête de vos cavaliers et de vos gens de pied! Déjà votre royal hôte et sa suite, annoncés par l'un de ses serviteurs, n'est plus qu'à une petite distance de votre burg... Seigneur comte, hâtez-vous de le conduire à votre maison seigneuriale! hâtez-vous, seigneur comte! car point ne vous attendez à cette dernière et heureuse nouvelle! Votre bon patron, le bienheureux évêque Cautin, accompagne le roi Chram.

— Maudite soit la venu de ce Chram!..... — disait Néroweg. — Pour peu que lui et ses hommes demeurent quelques jours en mon burg, ils vont boire mon vin, manger toutes mes provisions et peut-être me dérober quelque pièce de ma vaisselle. Ni moi ni mes compagnons nous n'aimons ces leudes de cour, qui ont toujours l'air de nous narguer parce qu'ils hantent les palais et les villes.

Ainsi disait le comte Néroweg allant, suivi de ses guerriers, à la rencontre du roi Chram, qui n'était plus, ainsi que sa chevauchée, qu'à deux portées de trait du fossé dont était ceint le burg du comte Néroweg.

Combien c'est beau, noble, glorieux, lumineux, un roi chevelu! surtout quand il a des cheveux, une longue tignasse que le ciseau n'a jamais touchée, étant l'un des attributs des races royales franques. Malheureusement, quoique jeune encore, le roi Chram épuisé par l'ivrognerie, les excès et les débauches, était presque chauve! Sa nuque et ses tempes étaient seules garnies de mèches aussi claires que longues, car elles tombaient jusqu'au milieu de sa poitrine et de son dos voûté ; sa longue dalmatique d'étoffe pourpre, fendue sur le côté, à la hauteur du genou, cachait à demi l'encolure et la croupe de son cheval noir; des bandelettes de cuir doré, partant de la chaussure, se croisaient sur ses chausses étroites et montaient jusqu'à ses genoux; il appuyait ses souliers éperonnés sur des étriers dorés; sa longue épée à poignée d'or et à fourreau de toile blanche était suspendue à son baudrier, superbement brodé; en guise de houssine, il tenait à la main une canne de bois précieux, au pommel d'or ciselé, sur laquelle, lorsqu'il marchait, ce luxurieux épuisé, s'appuyait; il avait l'air sinistre. A sa droite, cavalcadant aussi hardiment qu'un homme de guerre, se tenait l'évêque Cautin, il regardait de temps à autre Chram, d'un air craintif et haineux, car s'il détestait Chram, celui-ci n'abhorrait pas moins le saint homme. A la gauche du prince venait le Lion de Poitiers, ce scélérat endurci, qui, avec Imnachair et Spatachair, marchant tous deux au second rang, formaient cette trinité de perdition qui eût perdu Chram s'il n'eût été, ainsi que disent les prêtres, damné dans le ventre de sa mère. Insolence et luxure, dédain railleur et froide cruauté, étaient si profondément empreints sur les traits du Lion de Poitiers, le Gaulois renégat, que sur les os de sa face, cent ans après sa mort, on devra lire encore : luxure, insolence et cruauté.

Ces trois seigneurs portaient, selon la mode franque, de riches tuniques à manches courtes par-dessus leurs justaucorps; des chausses étroites et des bottines de cuir préparé, avec le poil en dessus. Derrière Chram et ses amis venaient son sénéchal, le comte de ses écuries, son majordome, son boutillier et autres premiers officiers, car il avait une maison royale. Après ces personnages s'avançait sa truste, formée de ses leudes et antrustions armés en guerre; leurs casques ornés de panache, leurs cuirasses, leurs jambards brillants et polis étincelaient aux rayons de soleil; leurs chevaux fringants piaffaient sous leurs riches caparaçons; les banderoles de leurs lances flottaient au vent, et leurs boucliers peints et dorés se balançaient, suspendus à l'arçon de leur selle. Autant cette suite royale était fringante, autant la troupe des leudes du comte était misérable, grotesque, et piètrement armée ; un assez grand nombre de ces hommes portaient des armures, mais incomplètes et rouillées ; d'autres, possesseurs d'une cuirasse, avaient la tête couverte d'un bonnet de laine ; les épées, non moins rouillées que les cuirasses, étaient pour la plupart, veuves de leur fourreau, souvent cet étui guerrier était raccommodé avec des ficelles, et plus d'un bois de lance tortu sortait brut du taillis avec son écorce; la plupart des chevaux valaient, pour l'apparence, leurs cavaliers. Le temps des labours n'étant pas encore venu, bon nombre des compagnons de Néroweg, faute de chevaux de guerre, enfourchaient des traîneurs de charrue, bridés avec des cordes. Aussi, foi de Vagre, rien de plus réjouissant que de voir déjà quels regards envieux et farouches les leudes du comte jetaient sur la brillante suite de Chram et quels regards insolents et moqueurs cette fière truste royale jetait sur la troupe du comte, troupe sauvage et dépenaillée. Derrière les gens de guerre du prince venaient les pages, les serviteurs et les esclaves à pied, conduisant des chariots attelés de bœufs ou de chevaux lourdement chargés, chevaux et chariots que les habitants du pays traversé par le roi et sa truste étaient forcés de fournir gratuitement.

Le comte Néroweg s'avança seul, à cheval, vers son royal hôte, qui, arrêtant aussi sa monture, dit à Néroweg :

— Comte, en allant de Clermont à Poitiers, j'ai voulu m'arrêter dans ton burg.

— Que ta *gloire* soit la bienvenue dans mon domaine... Il est en partie composé de terres *satiques* : je les tiens de mon père, qui les tenait autant de son épée que de la générosité de ton aïeul Clovis... C'est ton droit de loger, en voyage, chez les comtes et bénéficiers du roi ; c'est pour eux un plaisir de t'accueillir.

— Comte, — dit insolemment le Lion de Poitiers, — ta femme est-elle jeune et jolie ; vaut-elle la peine qu'on la courtise ?

— Mon favori qui te demande à sa manière, si ta femme est belle, — dit Chram en faisant signe au Gaulois renégat de se modérer, — mon favori, le Lion de Poitiers, est de sa nature fort plaisant.

— Alors, je répondrai au Lion de Poitiers qu'il ne pourra, non plus que toi, décider si ma femme est belle ou laide, car elle est enceinte et malade et ne sortira point de chez elle...

— Si ta femme est enceinte, reprit le Lion, — de qui serait l'enfant ?...

— Comte, ne te fâche pas de ces railleries... Je te l'ai dit, mon ami est d'un naturel plaisant.

— Chram, je ne m'offenserai donc pas des railleries de ton favori... Allons au burg.

— Marchons, comte, nous te suivrons.

L'on s'avance vers le burg et l'on cause.

— Comte, avoue à notre royal maître Chram qu'en tenant ta femme renfermée, tu caches ton trésor de crainte qu'on ne te le prenne !

— Mon favori Spatachair, qui te parle de la sorte, Néroweg, est aussi d'un joyeux esprit.

— Roi, tu choisis des amis très gais et peut-être trop hardis, ce me semble.

— Néroweg, tu nous caches ta femme... c'est ton droit..... Nous la dénicherons..... c'est le nôtre... Pour un bon larron, il n'y a pas de cachette. La chasse est ouverte.

— Chram, celui-ci est encore un de tes joyeux amis, sans doute ?

— Oui, comte, et des plus joyeux..... des plus hardis... il se nomme Imnachair.

— Et moi, qui me nomme Néroweg, je demanderai au seigneur Imnachair ce que fait le larron lorsqu'il a déniché la cachette qu'il cherche et trouvé la colombe.

— Néroweg, ta femme te contera la chose quand nous aurons découvert cette belle, car nous mettrons la main sur ce trésor, aussi vrai que je suis le Lion de Poitiers !

— Et moi, aussi vrai que je suis comte du roi en ce pays d'Auvergne, — s'écria Néroweg, — je tuerais comme un chien, comme un renardeau, celui qui voudrait se donner dans ma demeure des airs de lion !...

— Oh ! oh ! comte, tu parles résolument ! est-ce cette brillante armée qui est sur tes talons qui te donne cette audace ? — répondit le favori du roi en montrant du geste les leudes dépenaillés de Néroweg. — Si cette bande vaut ce qu'elle paraît, nous sommes perdus.

Deux ou trois des leudes du comte qui s'étaient peu à peu rapprochés, ayant entendu les insolentes railleries des favoris de Chram, murmurèrent tout haut d'un air farouche :

— Nous n'aimons pas qu'on raille Néroweg !

— Les leudes d'un comte valent bien les leudes royaux !

— Le poli de l'acier ne fait pas sa trempe !

L'un des hommes de Chram se retourna vers ses compagnons, et leur dit en riant, montrant du bout de sa lance les gens du comte en faisant allusion à leur grossier équipement :

— Sont-ce là des esclaves de charrue déguisés en guerriers, ou des guerriers déguisés en esclaves de charrue?

La truste royale répondit à cette plaisanterie par de grands éclats de rire; déjà de côté et d'autre on se regardait d'un air de défi, lorsque l'évêque Cautin s'écria:

— Mes chers fils en Christ, moi, votre évêque et père spirituel, je vous engage au calme et à la paix... Trêve de plaisanteries hors de saison.

— Comte, — dit gaiement Chram à Néroweg, — défie-toi de ce luxurieux et hypocrite évêque. Ne laisse pas ce bon apôtre donner seul à seul les eulogies à ta femme; il lui donnerait les eulogies de la Vénus aux belles fesses, la déesse des païens, tout saint homme qu'il soit!

— Chram, je suis le serviteur du fils de notre glorieux roi Clotaire; mais comme évêque j'ai droit à ton respect.

— Tu as raison, puisque aujourd'hui vous autres évêques vous êtes presque aussi puissants et surtout aussi riches que nous autres rois.

— Chram, tu parles de la puissance et de la richesse des évêques en Gaule... Oublies-tu que notre puissance est celle du Seigneur Dieu, et que nos richesses sont le bien des pauvres!...

— Par la peau flasque de toutes les bourses que tu as dégonflées, grosse belette qui suces le jaune des œufs et ne laisses aux sots que la coquille! tu dis cette fois la vérité... Oui, vos richesses sont le bien des pauvres, mais ce bien vous l'avez mis dans votre sac!

— Glorieux roi, je t'ai accompagné jusqu'au burg de mon fils en Christ, le comte Néroweg, pour accomplir l'acte de haute justice que tu sais, mais non pour laisser railler impudemment, en ma personne, notre sainte religion catholique et apostolique.

— Et moi je maintiens que de jour en jour votre puissance et vos richesses augmentent! J'ai deux filles de ma race, peut-être verront-elles le pouvoir royal s'amoindrir encore par les usurpations des évêques avec qui nous avons partagé notre conquête; de ceux que nous avons enrichis, de qui nous avons été les hommes d'armes et qui sont ingrats envers leurs bienfaiteurs.

— Nos hommes d'armes, à nous, hommes de paix! Tu te trompes, ô roi! nos seules armes sont nos prédications, nos exhortations.

— Et quand les peuples se moquent de vos prédications, comme ont fait les Visigoths, ces ariens de Provence et du Languedoc, vous nous envoyez extirper leur hérésie par le fer et par le feu! Voilà où est votre force.

— Gloire à Dieu!... Les rois franks, dans ces guerres contre les hérétiques, ont gagné un immense butin, ont fait triompher l'orthodoxie et arraché les âmes aux flammes éternelles, en les ramenant au giron de la sainte Église.

Celui qui eût assisté au souper de la villa épiscopale, où l'évêque avait convié Néroweg, n'aurait pas reconnu Cautin. Ce saint homme, tête à tête avec le comte, stupide, brutal et aveugle croyant, ne recherchait point la dignité dans son langage; mais en présence de Chram, effronté railleur qu'il détestait, il sentait le besoin d'imposer, par ses paroles et par son attitude, le respect et la crainte, sinon au prince et à ses favoris, aussi impudents que lui, du moins à leur suite, beaucoup plus dévotieuse; puis, autre grave appréhension pour Cautin et pour sa bourse, il craignait fort que l'audacieux exemple de Chram et de ses amis ne vînt altérer la naïve et fructueuse crédulité de Néroweg, dont Cautin tirait un parti si profitable en cultivant et exploitant la peur du diable dont était possédé son fils en Dieu. Du coin de l'œil l'évêque voyait le comte sournoisement écouter, d'un air à la fois satisfait et effrayé, les insolentes railleries de Chram, se demandant sans doute si lui, Néroweg, n'était pas bien sot de croire à la puissance miraculeuse de l'évêque et de payer si cher les absolutions de ce patron. Cautin, en homme habile, voulut frapper un grand coup. Habitué à observer les signes précurseurs de l'orage, si fréquents et si subits dans les pays de montagnes, il se servait, ainsi que tant d'autres prêtres, de ses connaissances atmosphériques pour épouvanter les simples; le prélat remarquait donc depuis quelque temps une nuée noire, qui d'abord à peine visible et formée sur la cime d'un pic à l'extrême horizon, s'approchant rapidement, devait bientôt s'étendre et obscurcir le ciel et le soleil, encore radieux; aussi Cautin, à une nouvelle insolence de Chram sur les fourberies épiscopales, répondit en mesurant la longueur de sa réplique sur la marche de l'orageuse nuée qui s'avançait:

— Ce n'est point à un serviteur indigne, à un humble ver de terre comme moi de défendre l'Église de Dieu; il a sa grâce et ses miracles pour convaincre les incrédules, ses châtiments célestes pour punir les impies: aussi, malheur à qui oserait ici, à la face de ce soleil qui brille en ce moment sur nos têtes d'un si vif éclat, ajouta l'évêque — d'une voix de plus en plus retentissante, — malheur à qui oserait, à la face du Tout-Puissant qui nous voit, nous entend, nous juge et nous châtie; malheur à qui oserait insulter sa divinité en la personne sacrée des évêques! Y a-t-il ici quelqu'un, roi ou seigneur, qui ose outrager la majesté divine?

— Il y a ici le Lion de Poitiers, qui te réponds ceci: Cautin, évêque de Clermont, je te casserai ma houssine sur le dos si tu ne cesses de parler avec tant d'insolence.

Foi de Vagre, ce Lion de Poitiers, ce Gaulois renégat, avait parfois du bon; mais ses hardies paroles firent frémir l'assistance, la truste royale comme les leudes du comte... Il paraissait monstrueux à ces bons catholiques de casser une houssine sur le dos d'un évêque, eût-il, à l'instar de Cautin, enfermé son prochain tout vivant dans le sépulcre d'un mort. Une stupeur profonde succéda à la menace du Lion de Poitiers ; Chram lui-même parut effrayé de l'audace de son favori... Cautin, d'un coup d'œil, vit tout cela ; aussi s'écria-t-il, simulant une sainte horreur en s'adressant au Lion, qui, d'un air de défi, brandissait toujours sa houssine :

— Malheureux impie, aie pitié de toi-même... le Seigneur Dieu a entendu ton blasphème... Vois, le ciel s'obscurcit, le soleil se couvre de ténèbres ! vois ces signes précurseurs du courroux céleste !... A genoux, chers fils ! à genoux ! votre père en Dieu vous l'ordonne... Priez pour apaiser le courroux de l'Eternel soulevé par un épouvantable blasphème !...

Et Cautin descendit précipitamment de cheval ; mais il ne s'agenouilla pas : debout et les mains levées vers le ciel, comme un prêtre officiant à l'autel, il semblait parler à un être invisible pour conjurer la colère céleste.

A la voix de l'évêque, les esclaves et les serviteurs de Chram, effrayés des approches de cet orage inattendu, se jetèrent à genoux ; la plupart des hommes de sa truste sautèrent à bas de leurs montures, et s'agenouillèrent aussi, non moins épouvantés que les autres à la vue du soleil presque subitement obscurci au moment où le Lion de Poitiers avait menacé l'évêque de sa houssine... Néroweg, l'un des premiers à genoux, se frappait la poitrine ; mais Chram, ses favoris et quelques-uns de ses antrustions restèrent à cheval, semblant hésiter, par orgueil, à obéir aux ordres de l'évêque. Alors, celui-ci d'un geste impérieux et d'un accent menaçant, s'écria :

— A genoux ! ô roi ! Le roi n'est pas plus que l'esclave devant l'œil du Tout-Puissant... le roi, comme l'esclave, doit courber le front devant l'Eternel pour apaiser son courroux... A genoux donc, ô roi ! à genoux, toi et tes favoris !...

— Oses-tu me commander, à moi ? — s'écria Chram le visage pâle de rage, voyant la pieuse soumission de ses hommes aux ordres de l'évêque. — Qui, de toi ou de moi, est ici le maître, prêtre insolent ?...

Un éclat de tonnerre répercuté par les échos de la montagne, ferma la bouche de Chram et servit à souhait la fourberie de Cautin, qui reprit :

— A genoux, roi !... n'entends-tu pas la foudre du ciel, cette voix grondante du Tout-Puissant irrité ?... Veux-tu attirer sur nous tous une pluie de feu ? O Seigneur Dieu, ayez pitié de nous ! éloignez de nous ces cataractes de lave ardente que, dans votre colère contre les impies, vous allez faire pleuvoir sur eux, et peut-être aussi sur nous, pauvres pécheurs... car les plus purs ne peuvent se dire irréprochables devant votre majesté, ô Seigneur !

Plusieurs nouveaux coups de tonnerre, accompagnés d'éclairs éblouissants, portèrent à son comble l'épouvante de la suite de Chram ; lui-même, malgré son audace et sa superbe insolence, ressentit quelque crainte ; cependant son orgueil répugnait encore à se soumettre aux ordres de l'évêque, lorsque des murmures, d'abord sourds, puis menaçants, s'élevèrent parmi sa truste et ses esclaves.

— A genoux, notre roi... à genoux !...

— Nous ne voulons pas, si petits que nous sommes, être brûlés par le feu du ciel à cause de ton impiété et de celle de tes favoris.

— A genoux, notre roi...à genoux ! Obéis à la parole du saint évêque... c'est le Seigneur qui nous parle par sa bouche...

— A genoux, roi... à genoux !...

Chram céda, il craignit d'exciter l'irritation de son entourage, et surtout de donner un exemple public de rébellion contre les évêques, qui venaient si bien en aide à la conquête. Chram, maugréant et blasphèmant entre ses dents, descendit donc de cheval, faisant signe à ses deux favoris, Imnachair et Spatachair, qui lui obéirent, de l'imiter et de se mettre, comme lui, à genoux.

Seul, à cheval, et dominant cette foule craintive agenouillée, le Lion de Poitiers, le front intrépide, la lèvre sardonique, bravait les roulements du tonnerre qui redoublait de fracas.

— A genoux ! — crièrent les voix de plus en plus irritées, — à genoux, le Lion de Poitiers !

— Notre roi Chram s'agenouille, et cet impie, cause de tout le mal par ses menaces sacrilèges, refuse seul d'obéir...

— Ce blasphémateur va attirer sur nous un déluge de feu...

— Mes fils, mes chers fils ! — s'écria Cautin, seul debout, comme le Lion de Poitiers, était seul à cheval, — préparons-nous à la mort ! un seul grain d'ivraie suffit à corrompre un muid de froment... un seul pécheur endurci va peut-être causer notre mort, à nous autres justes... Résignons-nous, mes chers fils... que la volonté de Dieu soit faite... peut-être nous ouvrira-t-il son saint paradis !

La foule épouvantée fit entendre des cris de plus en plus courroucés contre le Lion de Poitiers ; et Néroweg, qui gardait rancune à cet insolent de ses impudiques plaisanteries sur Godegisèle, se leva à demi, tira son épée, et s'écria :

— A mort l'impie ! son sang apaisera la colère de l'Eternel !...

— Oui, oui... à mort ! crièrent une foule de voix furieuses, à peine dominées par les retentissements de la foudre, rendus plus formidables encore par l'écho des montagnes.

Le ciel semblait véritablement en feu, tant les éclairs se succédaient, rapides, enflammés, éblouissants... Les plus braves tremblaient, le roi Chram lui-même regrettait d'avoir raillé l'évêque... Aussi, voyant le Lion de Poitiers, toujours imperturbable, répondre par un geste de dédain aux menaces de Néroweg et aux cris furieux de la foule, il dit à son favori :

— Descends de cheval et agenouille-toi... sinon, je te laisse massacrer... Jamais je n'ai vu pareil orage! Tu as eu tort de menacer l'évêque de ta houssine, et je regrette de l'avoir raillé... le feu du ciel va peut-être tomber sur nous...

Le Lion de Poitiers rugit de colère ; mais, prévoyant le sort qu'une plus longue résistance devait lui attirer, il céda, en grinçant des dents, aux ordres de Chram, descendit de cheval après une dernière hésitation, et tomba à genoux en montrant le poing à Cautin... Alors l'évêque, jusque-là toujours debout au-dessus de cette foule frappée de terreur et de respect, jeta un regard de triomphant orgueil sur Chram, sur ses favoris, ses leudes, ses serviteurs, ses esclaves, tous agenouillés, et se dit, savourant sa victoire, nous triomphons :

— Oui, roi, les évêques sont plus puissants que toi ! car te voici à mes pieds, le front courbé dans la poussière...

Puis il s'agenouilla lentement en s'écriant d'une voix éclatante :

— Gloire à toi, Seigneur! gloire à toi !.. L'impie rebelle, saisi d'une sainte terreur, abaisse son front superbe... Le lion dévorant est devenu, devant ta majesté divine, plus craintif que l'agneau. Apaise ta juste colère, ô Seigneur ! aie pitié de nous tous, agenouillés ici devant toi... dissipe les ténèbres qui obscurcissent le ciel... éloigne la nuée de feu que l'endurcissement d'un pécheur avait attirée sur nos têtes... daigne ainsi manifester, ô Tout-Puissant! que la voix de ton serviteur indigne est montée jusqu'à toi...

Le prélat dit encore beaucoup d'admirables choses mesurant et graduant ses actions de grâces et de merci sur l'apaisement progressif de l'orage, de même qu'à son approche il avait gradué ses paroles menaçantes ; aussi l'habile homme termina-t il son discours aux sourds roulements d'un tonnerre lointain : derniers grondements, disait-il, de la voix courroucée de l'Eternel enfin calmé dans sa colère... Après quoi le ciel s'éclaircit, les nuages se dissipèrent, le soleil rayonna de tout son éclat, et la truste royale, aussi rassérénée que le ciel, se mit en marche vers le burg, chantant à pleine poitrine :

« — Gloire! gloire éternelle au Seigneur !...

« — Gloire! gloire à notre bienheureux évêque!... *Hosanna! Gloria in excelcis Deo!*

« — Il a détourné de nous, par un miracle, le feu du ciel...

« — L'impie a courbé son front rebelle... »

« — Gloire! gloire au Seigneur !... »

. . . .

Pendant que les esclaves de Chram conduisaient les chevaux à l'écurie, que d'autres plaçaient, sous une vaste grange à demi remplie de fourrage, les chariots et les bâts, encore chargés de leurs fardeaux, ses leudes buvaient et mangeaient en hommes qui voyageaient depuis l'aube. Chram ayant, ainsi que ses favoris fait honneur au repas du comte, lui dit :

— Mène-moi dans un endroit où nous puissions parler en secret. Tu dois avoir une chambre où tu gardes tes trésors ? allons-y...

Néroweg ne se hâta pas de répondre, se souciant peu sans doute d'introduire dans ce sanctuaire le fils de son roi. Chram, voyant l'hésitation du comte, reprit :

— S'il y a dans ton burg un endroit plus retiré que ta chambre aux trésors, peu m'importe... Allons chez ta femme, si tu le veux.

— Non... non... viens dans ma chambre aux trésors... Permets seulement que je donne quelques ordres afin que tes gens ne manquent de rien et que les chevaux aient bonne provende.

Néroweg, tirant alors à l'écart un de ses leudes, lui dit :

— Bertefred et toi, Ansowald, bien armés tous les deux, vous resterez à la porte du réduit où je vais entrer avec ce Chram... Tenez-vous prêts à accourir à mon premier appel.

— Que crains-tu donc, seigneur comte ?

— La race de Clovis a beaucoup de goût pour le bien d'autrui, et quoique mes coffres soient fermés à triple serrure et bardés de fer, j'aime autant savoir que toi et Bertefred vous veillerez derrière la porte avec l'épée à la main.

— Nous obéirons à tes ordres.

— Recommande à Rigomer et à Bertechram de se tenir également armés à la porte du gynécée ; qu'ils frappent sans merci ceux qui tenteraient de s'introduire auprès de Godegisèle, et appellent à l'aide... Je me défie du Lion de Poitiers... Les deux autres favoris de Chram ne me semblent ni moins païens ni moins luxurieux que ce lion farouche ; je les crois capables de tout... comme leur royal maître... As-tu compté le nombre des gens armés qui accompagnent ce Chram ?

— Il n'a amené ici que la moitié de ses leudes... de ses antrustions, comme s'appellent ces hautains qui semblent nous dédaigner, nous autres, parce qu'ils sont les *fidèles* du fils d'un roi.

— Tout à l'heure, — ajouta Bertechram, — ils avaient l'air de manger du bout des dents et de regarder au fond des pots, pour s'assurer s'ils étaient propres... Ils ne tarissaient pas en plaisanteries sur notre vaisselle de terre et d'étain... sur tous nos ustensiles de cuisine.

— Oui, oui... pour me décider à exhiber ma vaisselle d'or et d'argent... dont ils me déroberaient quelque pièce. Mais je me mets en garde.

— Néroweg, il pourra couler du sang d'ici à ce soir, si ces insolents continuent de nous railler ; notre patience est à bout.

— Heureusement, nous tes leudes fidèles, les hommes de pied et les esclaves que l'on pourrait armer, nous sommes aussi nombreux que les hommes qui composent l'escorte de Chram.

— Allons, allons, mes bons compagnons, ne vous échauffez pas, chers amis... Si l'on se querelle à table on cassera la vaisselle et il faudra la remplacer. Il faut y songer.

— Néroweg, l'honneur passe avant la vaisselle, qu'elle soit même d'or ou d'argent.

— Certainement ; mais il est inutile de provoquer les disputes... Tenez-vous sur vos gardes, et recommandez que l'on veille à la porte du gynécée, le glaive au poing.

— Ce que tu demandes sera fait.

Quelques instants après, le roi Chram et le comte se trouvaient seuls dans la chambre des trésors, en grande et sérieuse conférence.

— Comte, quelle est la valeur des richesses renfermées dans ces coffres ?

— Oh ! ils contiennent peu de chose... Ils sont fort grands, parce que « il est toujours bon de se précautionner d'un grand pot et d'un grand coffre... » comme nous disons en Germanie, mais ils sont presque vides...

— Tant pis, comte, je voulais doubler, tripler, quadrupler peut-être la valeur qu'ils renferment.

— Tu veux railler ?

— Comte, je désire augmenter au-delà de tes espérances ta puissance et tes richesses... Je te le jure par l'indivisible Trinité ?

— Alors je te crois, car après le miracle de ce matin tu n'oserais, en le jouant d'un serment si redoutable, risquer d'attirer sur ma maison le feu du ciel... Mais pourquoi désires-tu me rendre si puissant et si riche z...

— Parce qu'à cela, j'ai un intérêt.

— Tu me persuades.

— Veux-tu avoir des domaines égaux à ceux du fils du roi ?

— Je le voudrais assurément.

— Veux-tu avoir, au lieu de ces coffres à moitié vides, cent coffres regorgeant d'or, de pierreries, de vases, de coupes, de patères, de bassins, d'armures, d'étoffes précieuses ?

— Je le voudrais, certes !

— Au lieu d'être comte d'une ville de l'Auvergne, veux-tu gouverner toute une province, être enfin aussi riche et aussi puissant que tu peux le désirer ?

— Par l'indivisible Trinité, parles-tu sérieusement ? Explique toi ; je bois tes paroles.

— Je te le jure, par le Dieu tout-puissant.

— Tu le jures aussi par le grand saint Martin, mon saint patron ?

— Je te jure aussi par le grand saint Martin que mes offres sont très-sérieuses.

Alors, arrive au fait. Quels sont tes projets ?

— Mon père Clotaire, à cette heure, guerroie hors de la Gaule contre les Saxons... je veux profiter de son absence pour me faire roi à la place de mon père... Plusieurs ducs et comtes des contrées voisines sont entrés dans la conspiration... Seras-tu pour ou contre moi ?

— Et tes frères *Charibert*, *Gontran*, *Chilperik* et *Sigibert* ? te laisseront-ils le royaume de ton père à toi seul ?

— Je ferai tuer mes frères...

— Clovis, ton aïeul, et ses fils se sont défaits de leurs plus proches parents de la même façon. Tu agis comme ceux de ta race.

— Réponds, comte, veux-tu t'engager, par serment sacré, à combattre pour moi à la tête de tes hommes ? je m'engagerai, par un serment pareil, à te faire duc d'une province à ton choix et à t'abandonner les biens, les trésors, les esclaves, les domaines du plus riche des seigneurs qui auront tenu pour mon père contre moi...

— Tu veux, roi, que je te promette, en mon nom et en celui de mes leudes et de mes hommes, que nous *obéirons à ta bouche*, ainsi que nous disons en Germanie ?

— Oui, telle est ma demande.

— Mais quel sort réserves-tu à ton père ?

— Déjà sa truste, avant la guerre contre les Saxons, a failli le massacrer... sais-tu cela ?

— Le bruit en est venu jusqu'ici.

— Mon projet est donc de faire tuer mes frères, de dire que mon père est mort pendant sa guerre contre les Saxons, et de me faire roi de la Gaule à sa place...

— Mais lorsqu'il reviendra de Saxe avec son armée, quelle sera ton attitude ?

— Je le combattrai à la tête de mes leudes, et je le tuerai... comme il a tué ses neveux.

— Je pense à ce qui peut m'advenir, à moi... Si dans la guerre contre ton père tu as le dessous, et que je me sois mêlé à cette guerre... il m'arrivera malheur... Je serai dépouillé comme traître des terres que je tiens à *bénéfices* ; il ne me restera que mes terres SALIQUES...

— Voudrais-tu gagner sans risquer d'enjeu ?

— Je préférerais cela de beaucoup... Mais écoute, Chram : que les comtes et ducs du Poitou, du Limousin, de l'Anjou, prennent parti avec toi contre ton père, alors moi et mes hommes nous *obéirons à ta bouche*. . mais je ne me déclarerai pour ta cause et n'entrerai en campagne que lorsque les autres se seront ouvertement déclarés en armes les premiers...

— Tu veux jouer à coup sûr ?

— Oui, je veux risquer peu pour gagner beaucoup... je te l'avoue sincèrement.

— Soit... alors échangeons nos serments.

— Attends, roi, nous jurerons sur une relique !

— Que vas-tu faire ? Pourquoi ouvrir ce coffre ?... Laisse donc du moins le couvercle relevé, que je voie les trésors... Par ma chevelure royale ! de ma vie je n'ai vu plus magnifique boîte à Evangile que celle que tu viens de tirer de ce coffre... Ce n'est qu'or, rubis, perles et escarboucles... Où as-tu pillé cela ?

— Dans une villa de Touraine : le cahier d'Evangile qui est dedans est tout écrit en lettres d'or...

— La boîte est superbe... j'en suis ébloui...

— Roi, nous allons nous engager par serment sur cet Evangile à tenir nos promesses...

— J'y consens... Or donc, sur les saints Evangiles que voici, moi, Chram, fils de Clotaire, je jure, au nom de l'indivisible Trinité et du grand saint Martin, je jure, selon la formule consacrée en Germanie, « que si toi, Néroweg, comte de la ville de Clermont en Auvergne, toi et tes leudes, qui regardiez autrefois du côté du roi, mon père, vous voulez maintenant vous tourner vers moi, Chram, me proposant de m'établir roi sur vous, et que je m'y établisse, je te ferai duc d'une grande province à ton choix, et te donnerai les domaines, maisons, esclaves et trésors du plus riche des seigneurs qui auront tenu pour mon père contre moi. Au nom du Père, du Fils et du Saint-Esprit. »

« — Et moi, Néroweg, comte de la ville de Clermont en Auvergne, je jure sur les Evangiles que voici, au nom de l'indivisible Trinité et du grand saint Martin, que si les comtes et ducs du Poitou, du Limousin et de l'Anjou, au lieu de regarder comme autrefois du côté de ton père, se tournent ouvertement vers toi, et en armes, te proposant de t'établir roi sur eux, je me tournerai aussi vers toi, Chram, moi et mes hommes, pour que tu t'établisses roi sur nous. Que je sois voué aux peines éternelles, moi, Néroweg, si je manque à mon serment ! au nom du Père, du Fils et du Saint-Esprit. »

« — Que je sois voué aux peines éternelles, moi, Chram, si je manque à mon serment !... »

— C'est juré... devant Dieu.

— C'est juré... devant le grand saint Martin.

— Maintenant, comte, laisse-moi examiner de plus près cette magnifique boîte à Evangile... Comte, je n'ai vu personne de comparable à toi pour ouvrir et fermer prestement un coffre... A cette heure, notre serment nous lie, je peux te parler sans détour... Il faut d'abord que je fasse mourir mes quatre frères, Gontran, Sigibert, Chilperik et Charibert.

— Le glorieux Clovis, ton aïeul, procédait toujours de cette façon lorsqu'il jugeait bon de joindre à ses possessions un royaume ou un héritage ; il préférait tuer d'abord... et prendre ensuite ; il n'avait pas d'adversaire à combattre.

— Mon père Clotaire aussi professait cette opinion ; il a commencé par tuer les enfants de son frère Clodomir, ensuite il s'est emparé de leur héritage.

— D'autres, comme ton oncle Théodorik, prenaient d'abord et tuaient ensuite... c'était mal avisé... On dépouille plus facilement un mort qu'un vivant...

— Comte, tu as la sagesse de Salomon ; mais je ne peux pas tuer mes frères moi-même. Deux d'entre eux sont très vigoureux ; moi, je suis faible et usé ; et puis ils ne me fourniraient pas l'occasion de bonne grâce ; ils se défient de moi... J'ai déjà trois hommes déterminés à ces meurtres : ce sont des hommes sur qui je peux compter... il m'en faut un quatrième.

— Où le trouver ?

— Ici... dans ce pays d'Auvergne.

— Dans mon burg ?

— Oui, peut-être... dans ta propre maison.

— Explique-toi...

— Sais-tu pour quel motif l'évêque Cautin a tenu à m'accompagner jusqu'ici ?

— Je l'ignore...

— C'est que l'évêque a grand'hâte de juger, de condamner et de voir supplicier les Vagres et leurs complices, qui sont prisonniers dans l'ergastule de ce burg... et surtout parce qu'il veut assister au supplice de l'évêchesse...

— Je ne te comprends pas, Chram. Ces scélérats et les deux femmes, leurs complices, doivent être, lorsqu'ils seront guéris, conduits à Clermont pour y être jugés par la curie.

— D'après des bruits très croyables qui nous sont parvenus, l'évêque craint, non sans raison, que la populace de Clermont ne se soulève pour délivrer ces bandits lorsqu'ils arriveront dans la cité ; le nom de l'ermite laboureur et de Ronan le Vagre sont chers à la race esclave et vagabonde ; elle pourrait se révolter pour arracher ces maudits au supplice... tandis qu'ici, dans le burg, il n'y a rien à craindre de pareil.

— Cette rébellion peut être à redouter.

— J'ai promis à l'évêque Cautin que, si tu consentais, moi, Chram, roi pour mon père en Auvergne (en attendant que je sois roi par moi-même de toute la Gaule), j'ordonnerais que ces criminels soient jugés, condamnés et suppliciés ici dans ce burg, devant ton mâhl justicier...

— Si mon bon patron l'évêque Cautin est de cet avis, je me rangerai à son opinion... Autant que lui je tiens à assister au supplice de ces scélérats, et je donnerais, je crois, vingt sous d'or, plutôt que de les voir échapper à la mort, ce

L'ergastule de Néroweg (page 414)

qui pourrait arriver, si la vile population de Clermont se soulevait en leur faveur. Mais quel rapport ceci a-t-il avec le meurtre de tes frères?
— Ronan le Vagre est guéri de ses blessures; il passe pour un bandit résolu...
— C'est un démon... un suppôt de l'enfer.
— Si l'on disait à ce démon, après qu'il aura été condamné à un supplice terrible : « Tu auras la grâce, tu seras libre, mais à la condition d'aller tuer quelqu'un... et, le meurtre accompli, tu recevras pour récompense vingt sous d'or... » crois-tu qu'il refuserait une offre semblable?...
— Chram, cet endiablé de Ronan et sa bande ont tué neuf de mes plus vaillants leudes; ils ont pillé, incendié la villa de l'évêque, et il faut que je la reconstruise à mes frais... Or, aussi vrai que le grand saint Martin est au paradis, ce Vagre maudit ne sera pas mis en liberté, il n'échappera pas au supplice dû à ses crimes!...

— Qui te dit le contraire?
— Tu parles de lui faire grâce...
— Mais, le meurtre accompli, au lieu de compter au Vagre vingt sous d'or... on lui compte cent coups de barre de fer sur les membres, après quoi on l'écartèle ou on le coupe en quartiers... Ah! cela te fait rire...
— Oui, cela me rappelle les baudriers et les colliers de faux or dont ton aïeul Clovis paya un jour ses complices, lors du meurtre des deux Ragnacaire... Ce Vagre retournera vers nous pour recevoir les vingt sous d'or promis, et on lui administrera cent coups de barre de fer.
— Les hommes déterminés sont rares; si le Vagre mène l'affaire à bonne fin pour sa part, avant huit jours mes quatre frères sont tués... et leur mort assure la réussite de mes projets... Ton intérêt comme le mien est de nous servir de ce Vagre. Donc, tu laisses la vie au bandit.

52e livraison

— Mais l'évêque, qui vient pour jouir du supplice de ce scélérat, ne consentira pas à accorder la grâce de ce Ronan.

Cautin se consolera de la fuite du Vagre en voyant rôtir l'évêchesse et supplicier l'ermite laboureur...

— Et si le Vagre promet de tuer et qu'il ne remplisse pas les conditions du marché?

— Et les vingt sous d'or sur lesquels il comptera sûrement après le meurtre?...

— C'est juste... sa cupidité garantit son retour. Mais comment favoriser sa fuite?

— Tu peux assembler ton mâhl dans deux heures, juger et condamner séance tenante?

— Oui, tout cela peut se faire comme tu le dis.

— Le jugement et la condamnation aujourd'hui, le supplice demain... d'ici à demain il nous reste la nuit... Pendant le sommeil de l'évêque tu feras sortir le Vagre de l'ergastule ; on le conduira près de Spatachair, mon favori... le reste me regarde... et demain nous dirons à l'évêque ; — Le Vagre s'est enfui... — Pourquoi ris-tu, comte Néroweg?

— Ce Vagre, qui croira gagner vingt sous d'or et qui recevra cent coups de barre de fer sur les membres, après quoi il sera écartelé...

— Tu le vois, comte, ta vengeance n'y perdra rien, et nos projets seront assurés ; car si je ne trouvais pas au plus tôt un quatrième homme déterminé comme ce Vagre, il me resterait toujours un frère qui peut prétendre au royaume de mon père... Réponds, sommes-nous d'accord pour la fuite du Vagre?

— Oui, oui... nous sommes d'accord.

— Ainsi, ton mâhl sera assemblé dans deux heures pour procéder au jugement?

— Dans deux heures il sera réuni.

— Adieu, Néroweg, comte de la ville de Clermont... mais au revoir, duc de Touraine et l'un des plus riches, des plus puissants seigneurs franks, fait tel par l'amitié de Chram, roi de toute la Gaule, après la mort de son père et de ses frères!... Au nom du Père, du Fils et du Saint-Esprit !

. . . .

Le soleil baisse, la nuit s'approche : un homme à barbe et à cheveux gris, âgé de cinquante-huit à soixante ans, mais aussi alerte et vigoureux que dans la maturité de l'âge, portant la saie gauloise, un bissac sur ses épaules, bonnet de fourrure et chaussures poudreuses, vient de la forêt ; il s'avance sur la route qui conduit au burg du comte Néroweg. Cet homme à barbe grise semble être un de ces bateleurs qui, dans les villes et les villages, montrent des animaux. Sur son dos, il a une cage où est enfermé un singe, et, au moyen d'une longue et forte chaîne de fer, il conduit un ours de belle taille, qui paraît d'ailleurs un paisible compagnon de route ; il suit son maître aussi docilement qu'un chien. Le bateleur s'arrête un instant au sommet de ce chemin montueux, d'où l'on découvre la plaine et la colline où est bâti le burg ; à ce moment, deux esclaves à tête rasée, courbés sous le poids d'un lourd fardeau suspendu à une rame de bateau dont chaque extrémité repose sur l'une de leurs épaules, s'avancent par un sentier qui, à quelques pas de là, coupe et rejoint la route suivie par le bateleur ; il hâte alors le pas afin de rejoindre les esclaves ; mais ceux-ci, peu rassurés à la vue de l'ours qui suit son maître, s'arrêtent court.

— Mes amis, n'ayez pas peur, mon ours n'est point méchant : il est apprivoisé.

L'appelant alors tout en raccourcissant sa chaîne :

— Viens ici près de moi, Mont-Dore!

A cet ordre, l'ours répondit en s'approchant et s'asseyant modestement sur son train de derrière ; puis il leva d'un air soumis la tête vers son maître, qui, debout devant lui, le cachait à demi aux esclaves. Ceux-ci, rassurés, reprirent leur marche et firent quelques pas au-devant du bateleur, demeurant cependant, par prudence, à une certaine distance de lui et de son ours.

— Mes amis, quelle est cette grande demeure que l'on voit là-bas, enceinte d'un fossé?

— C'est le burg du comte Néroweg, notre maître.

— Est-il au burg, aujourd'hui?

— Il y est, et en royale compagnie.

— En royale compagnie?

— Chram, le fils du roi des Franks, y est arrivé ce matin avec sa truste : nous venons de l'étang pêcher cette charge de poissons pour le souper de ce soir.

— Aussi vrai que j'ai la barbe grise, voilà une bonne aubaine pour un pauvre homme comme moi... je pourrai divertir ces nobles seigneurs en leur montrant mon ours et mon singe... Croyez-vous, mes enfants, qu'on me laissera entrer au burg?

— Oh! nous ne savons... Aucun étranger ne passe ordinairement le fossé du burg sans l'ordre du seigneur comte, et le pont, gardé durant le jour, est retiré chaque soir.

— Cependant, cet hiver, il est venu aussi un montreur de bêtes, et le seigneur comte s'est fort amusé à les voir travailler.

— Alors, il ne refusera pas ce soir d'offrir un pareil divertissement à son royal hôte...

— Il se peut... En ce cas, l'amusement de ce soir aidera ces seigneurs à attendre le beau spectacle réservé pour demain.

— En quoi consistera ce spectacle, mes amis?

— On procédera au supplice des quatre condamnés d'aujourd'hui : Ronan le Vagre, l'ermite laboureur, moine renégat en Vagrerie ; une petite esclave, leur complice, et l'évêchesse, une damnée sorcière, — à ce que l'on dit, —

autrefois la femme de notre bienheureux évêque Cautin.

— Ah! l'on a pris des Vagres par ici, mes amis?... Et ils ont été condamnés aujourd'hui?

— Le mahl s'est assemblé tantôt, le fils du roi et notre saint évêque y assistaient... Ronan le Vagre et l'ermite laboureur ont été d'abord mis à la torture...

— Ils refusaient donc d'avouer qu'ils avaient couru la Vagrerie?

— Non... Ronan le maudit s'en vantait, au contraire.

— Alors, pourquoi la torture?

— C'est ce que disait le fils du roi; il ne voulait pas la torture pour Ronan le Vagre; il s'y opposait de toutes ses forces.

— Mais notre saint évêque a prétendu qu'une vérité arrachée par la torture était plus certaine, puisque c'était comme le jugement de Dieu... Alors personne n'a osé s'élever contre sa volonté et les choses ont suivi leur cours.

— Aussi l'on a plongé, par son ordre, les pieds du Vagre et de l'ermite dans l'huile bouillante... et ils ont avoué une seconde fois.

— Puis on a été obligé de les porter dans l'ergastule, car ils ne pouvaient plus marcher.

— Et demain on les transportera sur le lieu du supplice qui sera, dit-on, terrible... mais non assez terrible pour expier les crimes de Ronan le Vagre...

Qu'a-t-il donc fait, mes amis?

— N'a-t-il pas, le sacrilège! à la tête de sa bande, incendié, pillé la villa épiscopale de notre évêque!...

— Comment, mes amis, Ronan le Vagre... cet impie, aurait osé commettre un pareil crime? Et les femmes, est-ce qu'on les a mises aussi à la torture?

— La petite esclave est encore quasi mourante d'une blessure qu'elle s'est faite en voulant se tuer, dans un accès de désespoir, lorsqu'elle a vu les Vagres exterminés.

— Quant à l'évêchesse, on se préparait à l'appliquer à la torture, lorsque notre saint évêque a dit: « Il faut se donner garde d'affaiblir la sorcière, peut-être ne résisterait-elle pas à la douleur, et il vaut mieux qu'elle reste en pleine santé, afin qu'elle ne perde rien des tourments de demain. »

— Votre évêque est très judicieux, mes amis. Et où ces scélérats attendent-ils la mort?

— Dans le souterrain du burg.

— Toute fuite est, je l'espère, impossible, à ces damnés?

— D'abord Ronan le Vagre et l'ermite laboureur seraient libres, qu'ils ne pourraient faire un pas à cause des suites de leurs brûlures.

— J'oubliais cela, mes amis.

— Et puis, l'ergastule est construit en briques et en ciment romain aussi dur que roche; cette cave est fermée par une grille de fer à barreaux gros comme le bras, et toujours gardée par une troupe d'hommes armés.

— Grâce à Dieu, il n'est pas possible, mes amis, que ces maudits échappent à leur supplice... bien mérité..... Je vois que vous n'êtes pas de ces mauvais esclaves, assez nombreux, qui prennent parti pour les Vagres.

— Les Vagres sont des démons, nous voudrions les voir supplicier jusqu'au dernier; ce sont les ennemis des évêques et des Franks.

— Votre maître est donc humain pour vous?

— Il est d'autant meilleur maître, nous a dit son clerc, qu'il nous fait plus souffrir, puisque la souffrance ici-bas nous assure le paradis après la mort. Ainsi soit-il!

— Vous ne pouvez manquer de faire votre salut, braves gens, avec de tels sentiments. J'espère que vos compagnons du burg sont, comme vous, bons chrétiens et résignés à leur sort?

— Il est des impies, des incrédules, partout... Plusieurs d'entre nous iraient courir la Vagrerie, si l'occasion s'en présentait; quelques-uns ne respectent pas même nos saints évêques, se moquent des prêtres, haïssent nos seigneurs les Franks, et se révoltent d'être en esclavage; mais nous les dénonçons au clerc de notre comte.

— Vous êtes, je le vois, des compagnons vraiment chrétiens, et ces mauvais esclaves-là ne sont pas en grand nombre parmi vous?

— Oh! non... ils sont quinze ou vingt peut-être, sur cent que nous sommes pour le service de la maison, et il y en a deux à trois cents sur plus de quatre mille colons et esclaves laboureurs que possède le comte sur ses domaines.

— Allons, mes enfants, il me semble que cela me porterait bonheur de passer quelques heures dans une maison ainsi peuplée d'esclaves selon Dieu, et, puisque vous me précédez au burg, annoncez ma venue au majordome du comte... Si ce noble seigneur veut se divertir des gambades de mon ours, il donnera des ordres pour que je puisse pénétrer dans l'enceinte.

— Nous allons annoncer ta venue, bateleur... le majordome décidera...

Et les esclaves, qui, ruisselants de sueur, avaient un instant déposé leur filet de pêche, rempli de gros poissons d'étang que l'on voyait frétiller encore à travers les mailles, reprirent leur pesant fardeau et se dirigèrent vers le burg. Lorsqu'ils eurent disparu, l'ours se dressa sur ses pattes de derrière, jeta sa tête à ses pieds, et s'écria:

— Sang et massacre! ils brûleront demain ma belle évêchesse!..., Et Ronan! notre brave Ronan! supplicié aussi! Souffrirons-nous cela, vieux Karadeuk?

— Je vengerai mes fils... ou je mourrai près d'eux!... O Loysik! ô Ronan! torturés... torturés!... et demain la mort!

— Aussi vrai que le souvenir de l'évêchesse me brûle le cœur, la torture d'aujourd'hui, le supplice de demain, l'arrivée de ce Chram avec ses gens de guerre... tout cela bouleverse nos projets... Au lieu d'être conduits et jugés à Clermont dans quelques jours, Ronan et l'évêchesse seront mis à mort demain matin dans ce burg... au lieu d'être ingambes et guéris de leurs blessures, Ronan et son frère sont impotents; les leudes de Chram, réunis à ceux du comte et à ses gens de pied, forment une garnison de plus de trois cents hommes de guerre, ils occupent ce burg... et pour enlever Ronan et Loysik, incapables de marcher, la petite esclave, quasi mourante, et ma belle évêchesse, combien sommes-nous ? toi et moi... Tiens, vieux Karadeuk, si je sais comment nous sortirons de ce guêpier, je veux devenir véritablement ours, et non plus ours des calendes de janvier, ainsi que je le suis à cette heure... Ah ! celui-là qui m'eût dit, lorsque déguisé, comme tant d'autres, en bestial, je fêtais les saturnales de la nuit de janvier... celui-là qui m'eût dit : Mon joyeux garçon, tu fêteras les calendes d'hiver en plein été, j'aurais répondu : Va, bonhomme, ce jour-là il fera chaud... et j'aurais dit vrai... car je serais plus au frais dans un four brûlant que sous cette peau !... La rage et la chaleur me mettent en eau... Tu restes muet, mon vieux Vagre... à quoi penses-tu ?

— A mes fils... Que faire... que faire ?...

— Meilleur je suis pour l'action que pour le conseil, en ce moment surtout, car la fureur me rend fou ! Pauvre et vaillante femme ! demain brûlée !... Ah ! pourquoi faut-il que j'aie été séparé d'elle dans les gorges d'Allange durant ce combat engagé par nos archers, du haut des chênes contre les gens du comte !... Pauvre... pauvre femme ! je l'ai crue morte ou prisonnière... Notre déroute était complète, impossible à moi de m'assurer du sort de ma maîtresse ; trop heureux de pouvoir, avec quelques-uns des nôtres, échappés au massacre, m'enfoncer au plus profond de la forêt, nous donnant rendez-vous dans les rochers du pic du mont Dore, un de nos anciens repaires... Enfin, nous nous sommes retrouvés là au bout de quelques jours, une douzaine de notre bande, et bientôt nous t'avons vu arriver aussi, en compagnie de deux esclaves fuyards ; toi, mon vieux Vagre, perdu pour nous depuis plus de trois ans... Alors, tu nous a renseignés sur le sort de tes fils, de la petite esclave et de l'évêchesse... C'est étrange, ce que je ressens pour cette vaillante femme ! son souvenir ne me quitte pas... mon cœur se brise de chagrin en la sachant aux mains du comte et de l'évêque ; il n'est pas en Vagrerie de Vagre plus Vagre que moi pour la vie d'aventure, et pourtant je ne sais quel hasard nous jetterait l'évêchesse et moi dans un coin de terre ignoré, que là, je vivrais, je crois, près d'elle, dix ans, vingt ans, cent ans !... Tu me prends pour un fou, vieux Karadeuk, ou mieux, pour un oison, car je deviens pleurard et je m'embête !... Au diable le chagrin ! il faut agir !...

— Oh ! mes fils ! mes fils !...

— S'il ne fallait, pour les sauver, eux et l'évêchesse, que donner ma peau... pas celle-ci, la vraie, je la donnerais, foi de Vagre ! car, tu le sais, lorsque tu nous a conté ton projet, et que le personnage de l'ours a été proposé à un garçon de bon vouloir, je me suis offert, vous disant qu'autrefois à Béziers, j'étais d'autant plus forcené pour les déguisements des calendes, que les prêtres les défendaient, et que dans ces saturnales je figurais surtout l'ours à s'y méprendre ; je fus tout d'une voix acclamé ours en Vagrerie, et... Mais tu trouves peut-être que je parle beaucoup ? Que veux-tu ! cela m'étourdit... car lorsque je reste muet et songeur... mon cœur se navre et je deviens stupide !...

— Loysik ! Ronan ! suppliciés demain... Non, non... ciel et terre !

— Quoi qu'il faille entreprendre pour sauver tes fils, la petite Odille et l'évêchesse, je te suivrai jusqu'au bout. Donc, lorsqu'il fut convenu que tu serais le bateleur et moi l'ours, il fallut trouver un ours de belle taille, assez obligeant pour me prêter sa tête, son justaucorps et ses chausses. J'ai emporté ma hache, mon couteau, et j'ai gravi les cimes du mont Dore... A bon veneur, bonne chance ; presque aussitôt je rencontre un compère de ma taille ; me prenant sûrement pour un ami, il accourt à moi les bras ouverts... et la gueule aussi. Craignant de gâter son bel habit à coups de hache, je lui plante mon couteau sous l'aisselle, au bon endroit, après quoi j'ai soigneusement déshabillé mon obligeant ami ; son justaucorps et ses chausses semblaient, foi de Vagre, taillés pour moi ; je vous ai rejoints dans notre repaire et nous voici redescendus dans le plat pays, déterminés à tout pour sauver tes deux fils, la petite esclave et mon évêchesse... Résumons-nous donc, car le calme me revient... Que faire ? Nous avions songé à nous introduire dans la ville de Clermont pendant la nuit qui devait précéder le jour du supplice, presque certains de soulever une partie des esclaves et du peuple des Vagres... A ce projet, il faut renoncer, ainsi qu'à l'idée de nous embusquer sur la route pour attaquer l'escorte qui aurait conduit les prisonniers à Clermont... C'était pour nous renseigner sur le moment de leur départ et sur la route qu'ils devaient suivre que nous voulions nous introduire dans le burg, sous notre déguisement, tandis que dix de nos compagnons nous attendraient cachés à la lisière de la forêt. Ils y sont, prêts à se rendre avec nous à Clermont ou sur la route, ou même à s'approcher cette nuit des fossés du burg; si nous donnons à ces bons Vagres le signal convenu... Ce qui s'est passé aujourd'hui, le supplice de demain, le grand nombre d'hommes de guerre rassemblés au burg ruinent tous nos projets... Que faire?... Voici longtemps que tu réfléchis, mon vieux Vagre... as-tu décidé quelque chose?

— Oui, viens... mon brave veneur...
— Au burg? mais il fait jour encore...
— La nuit sera noire avant notre arrivée.
— Quel est ton projet?
— Je te le ferai connaître en route. Le temps presse; viens, viens, et le pied leste.
— Marchons... Ah! j'oubliais... et la casaque?
— Quelle casaque?
— Celle que je dois endosser par bouffonnerie... La mesure est prudente; le capuchon rabattu dissimulera ce qu'il y a de défectueux dans la jointure de la fourrure de mon cou à celle de ma tête; ce capuchon cachera aussi à demi ma figure d'ours, car ces Franks seront peut-être plus clairvoyants que ces deux esclaves hébétés... complétons le déguisement.

Pendant que l'amant de l'évêchesse parlait ainsi, Karadeuk avait tiré de son bissac une casaque roulée: le faux ours l'endossa; elle traînait jusqu'aux pattes de derrière et le capuchon, à demi rabattu sur les yeux, ne laissait voir que le museau; les larges manches tombaient presque jusqu'au bout des pattes griffues; la noire fourrure du corps et des cuisses, découverte par l'écartement des deux pans du vêtement, paraissait toute entière. Rien de plus grotesque que cet ours ainsi costumé; il devait, foi de Vagre, donner fort à rire après boire, aux hôtes du comte Néroweg.

— Maintenant, Karadeuk, je vais cacher mon poignard dans un des plis de la casaque... et tiens, c'est justement ce couteau saxon qu'en fuyant des gorges d'Allange j'ai ramassé sur le champ de bataille... Vois, sur la garde de cette arme, ces deux mots gaulois gravés sur le fer: *Amitié, communauté... Amitié*, c'est un bon présage... L'amitié, comme l'amour, me conduit au burg... Sang et massacre! délivrer du même coup son ami, sa maîtresse?

— Viens, viens... O Ronan! Loysik! je vous sauverai tous deux... ou nous mourrons ensemble! Allons! en marche, mon brave compagnon.

. . . .

Lorsque, il y a cinq siècles et plus, les Romains possédaient la Gaule conquise, mais non soumise, ils construisaient solidement les ergastules, où la nuit ils renfermaient les esclaves gaulois enchaînés; voyez plutôt ce souterrain, antique dépendance du camp romain; la brique et le ciment sont encore tellement liés entre eux, qu'ils forment un corps plus dur que le marbre: des hommes munis de leviers, de masses, de ciseaux de fer, et travaillant de l'aube au soir, parviendraient à peine à pratiquer une ouverture dans les parois de cette prison; la voûte, basse et cintrée, est fermée par d'énormes barreaux de fer... Au dehors veillent un assez grand nombre de Franks armés de haches: les uns debout, les autres assis ou couchés sur la terre; de temps à autre ils jettent un regard d'envie du côté du burg, situé à cinq cents pas de là; mais le bâtiment principal est caché à la vue des Franks par la saillie des granges et des écuries, bâties en retour du logis seigneurial, où ces constructions s'appuient.

Pourquoi ces gardiens des prisonniers jettent-ils, du côté du burg, des regards d'envie? parce que arrivent jusqu'à eux, à travers les fenêtres ouvertes, les cris des buveurs, et, par intervalle, le bruit des tambours et des cornets de chasse; car l'on festoie chez le comte Néroweg, qui, ce soir-là, fête de son mieux Chram, son royal hôte.

Une lampe de fer, abritée par la saillie du cintre de l'antique ergastule, éclaire les abords du souterrain et en dedans son entrée.

Des pas se font entendre... un leude paraît suivi de plusieurs esclaves, portant des paniers et des cruches.

— Enfants! voilà de la cervoise, du vin, de la venaison, du pain de pur froment... Mangez, buvez; tous doivent être ici, aujourd'hui, en liesse... le fils du roi visite notre burg!

— Vive Sigefrid! vive le vin, la cervoise et la venaison!

— Mais veillez sur les prisonniers... ayez l'œil sur les prisonnières... que pas un de vous ne bouge d'ici!... faites bonne garde.

— Oh! ces chiens ne remuent pas plus là dedans que s'ils étaient endormis pour jamais sous la terre froide, où ils seront demain... Ne crains donc rien, Sigefrid.

— Hormis le seigneur roi, le seigneur évêque ou Néroweg, quiconque approcherait de cette grille pour parler aux condamnés...

— Tomberait sous nos haches, Sigefrid; elles sont pesantes et tranchantes.

— Au moindre évènement, qu'un son de trompe donne l'alarme au burg... et en un instant nous sommes ici.

— Bonnes précautions, Sigefrid, mais inutiles. Le pont est retiré, de plus, la bourbe des fossés est si profonde qu'un homme qui tenterait le passage disparaîtrait dans la vase... Enfin, il n'y a pas d'étrangers dans le burg; nous sommes ici, en comptant la truste du roi, plus de trois cents hommes armés... qui donc tenterait de délivrer ces chiens de prisonniers? Ne sont-ils pas, d'ailleurs, aussi incapables de marcher qu'un lapin ou un lièvre à qui on aurait cassé les quatre pattes... Encore une fois, Sigefrid, les précautions sont bonnes à prendre, nous le reconnaissons, mais elles seront vaines.

— Veillez toujours soigneusement jusqu'à demain, jour du supplice de ces maudits; ce n'est pour vous qu'une nuit à passer.

— Et nous la passerons joyeusement à boire et à chanter !

— Ainsi l'on est gai dans la salle du festin, Sigefrid ? Dis-nous ce qui s'y passe.

— Le soleil de mai pompe moins avidement la rosée que nos buveurs les tonneaux pleins; des montagnes de victuailles disparaissent dans les abîmes des ventres... déjà l'on ne parle plus, l'on crie; tout à l'heure on ne criera plus, on hurlera ! Les leudes de Chram faisaient d'abord la petite bouche, mais à cette heure ils l'ouvrent jusqu'aux oreilles pour rire, boire et manger... Ce sont, après tout, de bons et gais compagnons ; un peu de jalousie de notre part nous avait irrités contre eux ; cette rivalité s'est noyée dans le vin, et tout à l'heure dans son ivresse, le vieux Bertefred, poussant de monstrueux hoquets, embrassait, en pleurant comme un veau, un des jeunes guerriers de la suite royale, et l'appelait son fils mignon.

— Ah ! ah ! ah !... la bonne scène !...

— Enfin, pour compléter la fête, on dit qu'on vient d'introduire dans le burg un bateleur qui montre un ours et un singe. Néroweg a proposé ce divertissement au roi Chram, et le majordome a donné l'ordre de faire entrer l'homme et les bêtes dans la salle du festin; on est allé les quérir, aux trépignements de joie des convives. Je me hâte de retourner à la maison pour avoir ma part de l'amusement...

— Heureux Sigefrid ! il va voir les gambades de l'ours et les grimaces du singe !

— Enfants, je vous promets que lorsque le roi se sera diverti de ce bateleur, je demanderai au comte qu'on vous envoie de ce côté l'homme et ses bêtes, afin que vous vous divertissiez.

— Sigefrid, tu es un bon compagnon !

— Et surtout veillez bien sur les prisonniers !

— Sois tranquille, et bois sec... Maintenant, à nous le vin, la cervoise, la venaison ! En attendant l'homme, l'ours et le singe, vidons les pots à la santé du bon roi Chram et de Néroweg ! Maintenant, à l'assaut des victuailles...

. . . .

La lampe de fer, accrochée sous la saillie du cintre de l'antique ergastule, éclairait ses abords et les groupes de Franks qui mangeaient, riaient, buvaient au dehors; cette lampe éclairant aussi l'entrée du souterrain, fermé par des barreaux de fer, jetait sa rougeâtre lumière sur les prisonniers gaulois, réunis non loin de l'ouverture de cette prison, dont la profondeur restait pleine de ténèbres.

Près de la grille de l'ergastule, la petite Odille, couchée sur la terre, les mains croisées sur son sein de quinze ans, comme une morte que l'on va ensevelir, avait aussi la pâleur d'une agonisante ; assise près d'elle, l'évêchesse, toujours belle, quoique pâlie et amaigrie, soutenait sur ses genoux la tête de l'enfant, et la contemplait avec des yeux de mère... Ronan, les jambes enveloppées de chiffons, les mains chargées de menottes de fer, incapable de se tenir debout ou agenouillé, est assis non loin des deux femmes, le dos appuyé aux parois du souterrain ; il jette sur Odille un regard non moins apitoyé que celui de l'évêchesse ; l'ermite laboureur, garrotté comme son frère, dont il a partagé le supplice, se tient assis près de lui, et semble ému des soins que prodigue l'évêchesse à la petite esclave.

— Meurs, petite Odille! — disait Ronan, — meurs, mon enfant... Mieux vaut mourir de la blessure que tu t'es faite d'une vaillante main, lorsqu'il y a un mois tu m'as cru tué; mieux vaut pour toi mourir ici que d'être brûlée vive.

— Pauvre petite ! l'émotion de cette journée a épuisé ses forces... Voyez Ronan, son visage devient, hélas ! de plus en plus livide !

— Bénissons cette pâleur livide, belle évêchesse ; elle annonce une mort prochaine... cette mort sauvera la pauvre enfant des douleurs du supplice; sa blessure ne l'a-t-elle pas déjà sauvée des nouvelles brutalités du comte et de la torture d'aujourd'hui ? Meurs, meurs donc, petite Odille!, nous revivrons ailleurs. Libre, j'aurais fait de toi, pour toujours, ma femme en Vagrerie, si tu l'avais voulu; car déjà je t'aimais tendrement pour ta douceur, pour ta beauté, pour le malheur et la honte qui t'avaient frappée si jeune, enfant innocente encore après ton déshonneur !... Meurs donc, petite Odille !... Aussi vrai que moi et mon frère Loysik nous serons suppliciés demain, je redoute moins ce supplice que de te voir brûlée vive, puisque je serai mis à mort le dernier !... Oh ! si je n'avais les jambes en lambeaux, je me traînerais près de toi ; oh! si je n'avais les mains enchaînées, je t'étoufferais d'une main prévoyante, de même que nos mères, les Gauloises d'autrefois, tuaient leurs enfants pour les soustraire à l'esclavage ! Belle évêchesse ! toi dont les bras sont libres, ne pourrais-tu étrangler doucement cette chère enfant ? Le léger souffle de vie qui la soutient à peine serait si vite éteint ! .

— J'y ai déjà songé... Ronan, et je n'ose...

— Mais si par hasard elle survit, son sort sera le tien... Écoutez-bien : vous serez d'abord mises nues devant cette bande de Franks, et par eux fouettés de houssines !

— Tais-toi... Ronan... le rouge me monte au front !... Pour moi, femme, là est le pire du supplice... être mise à nu devant ces gens !

— Ton mari l'évêque le savait... comme il n'ignorait pas que la torture d'aujourd'hui te ferait perdre une partie de tes forces nécessaires pour endurer le supplice de demain; aussi t'a-t-il benoîtement épargnée tantôt... Vous serez ensuite placées chacune sur un pal aigu. Avant le supplice du pal, pauvres chères victimes, on vous arrachera le bout des seins avec des tenailles ardentes. Enfin, vous serez jetées dans le bûcher, encore un peu vivantes... La torture est, tu le vois, finement graduée, et tu ne veux pas, toi qui le peux, y soustraire cette douce enfant!... Ah! tu te décides enfin!... tes mains s'approchent du cou de la petite Odille... Allons, pas de faiblesse! souviens-toi de nos mères... mettant à mort les enfants qu'elles chérissaient... Mais quoi! tu hésites!... tes mains retombent!... tu pleures!...

— Je n'ose pas... je n'ose pas...

— Lâche cœur!!!

— Non, Ronan, mon cœur n'est pas lâche!... Non... si elle était ma fille... je la tuerais...

— C'est juste : Odille est pour toi une étrangère... tu ne peux l'aimer assez pour te résoudre à la tuer; il faut, n'est-ce pas Loysik, pardonner à l'évêchesse ce manque de tendresse...

A ce moment, la petite esclave fait un mouvement, pousse un léger soupir, sa tête se soulève à demi, ses yeux s'ouvrent, cherchent tout d'abord Ronan... s'arrêtent sur lui, et, au bout de quelques instants, elle dit d'une voix faible :

— Ronan... la nuit est-elle déjà passée, que voici le jour?

— Ce n'est pas le jour, mon enfant, c'est la clarté de la lampe qui brûle au dehors; tes forces semblent épuisées, tu étais assoupie.

— Je faisais un rêve doux et triste... Ma mère me berçait sur ses genoux en me chantant le bardit d'Hèna; et puis elle me disait en pleurant : « Odille, c'est toi, c'est toi que l'on va brûler... Alors, je me suis éveillée, j'ai cru que c'était le jour... Ah! Ronan! que c'est long, d'ici à demain! et ce supplice! ce supplice! comme il durera!... à moins que la douleur soit trop forte, alors je mourrai tout de suite...

— Et tu ne regretteras pas la vie?

— Ronan, j'ai voulu me tuer quand je vous ai cru mort... vous êtes condamnés comme nous, je n'ai plus ni père ni mère, que regretterais-je? Puisque l'on va revivre ailleurs auprès de ceux que l'on a aimés, nous nous retrouverons bientôt tous ensemble.

— Foi de Vagre, qu'est-ce que la mort, belle évêchesse? changer de vêtements et de logis. Le supplice! deux ou trois heures de souffrance, dont le terme plus ou moins rapproché est du moins certain... Sais-tu, Loysik, ce qui me chagrine à cette heure? c'est de quitter ce monde-ci, laissant notre Gaule bien-aimée à jamais soumise aux Franks et aux évêques!

— Non, non, frère... les siècles sont des siècles pour l'homme... ils sont à peine des heures pour l'humanité dans sa marche éternelle!... Ce monde où nous vivons nous semble grand... qu'est-il, roulant, confondu parmi ces milliers de mondes étoilés qui, à cette heure de la nuit, brillent à nos yeux dans l'immensité des cieux, mondes mystérieux où nous allons successivement revivre, âme et corps, mais avec des corps nouveaux et de plus en plus épurés!... Tiens, mon frère, lors de la conquête de César, nos aïeux esclaves, enchaînés il y a des siècles dans cet ergastule où nous sommes, ont peut-être aussi dit comme toi avec désespoir : — « Notre Gaule bien-aimée est à jamais soumise à la conquête étrangère... »

— Et pourtant deux siècles et demi ne s'étaient pas écoulés qu'à force d'héroïques insurrections contre les Romains, la Gaule avait pas à pas, au prix du sang de nos pères, reconquis ses droits, ses libertés, son indépendance, lors de l'ère victorieuse de Victoria la Grande! Tu dis vrai, Loysik, tu dis vrai.

Et la vision prophétique de cette femme auguste, cette vision que nous a transmise dans ses récits notre aïeul Scanvoch, et que notre père nous a si souvent racontée?

— Dans cette vision, Victoria voyait la Gaule esclave, épuisée, saignante, à genoux, écrasée sous le fardeau, se traînant sous le fouet des rois franks et des évêques!... Puis elle voyait la Gaule libre, fière, glorieuse, foulant d'un pied superbe son collier d'esclavage, la couronne des rois et la tiare des papes; la Gaule tenait d'une main une gerbe de fruits et de fleurs, de l'autre un étendard surmonté du coq gaulois! le drapeau rouge!

— Que crains-tu donc? Songe au passé! La Gaule, courbée d'abord sous la conquête romaine, se relève ensuite par le courage de ses enfants, libre et redoutable!... Que le passé te donne foi dans l'avenir!... Cet avenir est lointain peut-être; que nous importe le temps à nous, qui, en ce moment suprême, n'avons plus à mesurer d'ici à demain que les dernières heures de notre vie... Oh! mon frère, j'ai une foi profonde... invincible dans le réveil et l'affranchissement de la Gaule!... Les siècles sont des siècles pour l'homme; ils sont des instants pour l'humanité dans sa marche éternelle!

— Loysik... tu me rassures... tu raffermis ma croyance... Oui, je quitterai ce monde les yeux fixés sur cette vision radieuse de la Gaule renaissante!... Un dernier chagrin me reste!... l'incertitude où nous sommes du sort de notre père! qu'est-il devenu?

— S'il survit, puisse-t-il ignorer notre fin, Ronan! Il nous aimait tendrement... c'était un grand cœur! En temps de guerre nationale, à la tête d'une province soulevée en armes, il eût peut-être été un héros comme le *chef des cent vallées*, son idole !... A la tête d'une bande de révoltés... notre père n'a pu être qu'un intrépide chef de Bagaudes ou de Vagres... Tu connais mes sentiments à l'égard de ces terribles représailles, qui, si légitimes qu'elles soient... ne laissent après elles que ruines et désastres... Mais sans approuver sa conduite, je me sens disposé à l'absoudre, parce que jamais sa vengeance n'a atteint que les méchants...

— Frère, — dit Ronan, — ils sont bien gais là-bas, dans le burg!... Entends-tu leurs clameurs lointaines? Ah ! par les os de notre aïeul Sylvest, ils étaient aussi bien gais ces jeunes et brillants seigneurs romains qui riaient, insoucieux et cruels, couronnés de fleurs, au balcon doré du cirque, pendant que leurs esclaves, voués aux bêtes féroces, attendaient la mort sous les sombres voûtes de l'amphithéâtre, comme cette nuit nous attendons la mort dans ce souterrain... Oui.. ils était bien gais, ces seigneurs romains ! mais du fond de leurs ténèbres les esclaves gaulois, secouant leurs chaînes en cadence, chantaient ces paroles prophétiques :

« *Coule, coule, sang du captif! — Tombe, tombe, rosée sanglante! — Germe, grandis, moisson vengeresse! — A toi, faucheur, à toi, la voilà mûre! — Aiguise ta faux! aiguise, aiguise ta faux!...* »

. . . .

Néroweg fêtait de son mieux Chram, son royal hôte; il avait d'abord hésité à sortir de ses coffres sa vaisselle d'or et d'argent, fruit de ses rapines ; il craignait d'exciter la convoitise de Chram et de ses favoris, redoutant quelque vol sournois de la part de ceux-ci, ou de la part de leur maître quelque demande cupide ; mais cédant à sa vanité de barbare, le comte ne put résister au désir d'étaler ses richesses aux yeux de ses hôtes; il tira donc de ses coffres ses grandes amphores, ses vases à boire, ses bassins profonds et ses larges plats, le tout en or ou en argent massif et de forme grecque, romaine ou gauloise, formes variées comme les pilleries dont provenait cette vaisselle. Il y avait encore des coupes de jaspe, de porphyre et d'onyx, enrichies de pierreries ; des patères, sortes de cuvettes en bois rare, ornées de cercles d'or, incrustées d'escarboucles. Mais de ces objets précieux les hôtes du comte ne devaient point se servir ; ces trésors entassés sans ordre et comme un tas de butin au milieu de la table immense, devaient seulement réjouir ou faire étinceler d'envie les regards des invités, qui ne pouvaient rien dérober, vu la distance où ils se trouvaient de ces belles choses. Le comte avait fait étaler devant le roi Chram et l'évêque Cautin, en guise de nappe, un morceau d'étoffe pourpre, brochée d'or et d'argent, pareil à celui dont se trouvaient recouverts leurs sièges; seuls, le roi Chram et l'évêque se servaient chacun pour boire d'une grande coupe de jaspe, enrichie de pierreries; ils mangeaient dans un large plat d'or massif, où on leur servait les mets; les autres convives avaient devant eux des plats et des pots à boire en bois, en étain, en terre ou en cuivre étamé. En outre, le comte, pour faire honneur au fils du roi, avait endossé par dessus son buffle gras et ses chausses crasseuses, une ancienne dalmatique de drap d'argent, brodée d'abeilles d'or, présent fait à son père par le roi Clovis. Néroweg portait deux lourds et longs colliers d'or, auxquels il avait ingénieusement ajusté, de maille en maille, des boucles d'oreilles de femme, ruisselantes de pierreries; un paon n'eût pas été plus fier de son plumage que l'était, sous sa dalmatique et ses bijoux, ce seigneur frank, au menton rasé, aux longues moustaches rousses et à la chevelure fauve retroussée et rattachée au sommet de la tête par un bracelet d'or couvert de rubis, d'où cette rude et inculte crinière retombait derrière son cou comme la queue d'un cheval.

L'aspect de la salle était à l'avenant : mélange de luxe, de barbarie et de malpropreté sordide; autour de cette table de bois grossier, seulement recouverte d'un morceau de riche étoffe à la place occupée par Chram et par l'évêque, et ornée en son milieu d'un monceau de vaisselle précieuse; autour de cette table circulaient des esclaves en guenilles, sous la surveillance du sénéchal, du majordome, du sommelier ou autres principaux serviteurs du comte, vêtus de casaques de peau de bête, en toute saison, et sales autant que barbus, hérissés et dépenaillés. Le nombre d'esclaves portant des flambeaux de cire destinés à éclairer le festin avait été doublé, triplé, quadruplé, le nombre des tonneaux dressés dans les encoignures de la salle; à chaque angle, on voyait trois ou quatre grosses tonnes superposées, l'on eût dit autant de colonnes trapues ; les sommeliers, pour mettre en perce le tonneau le plus élevé et y remplir les pots à boire, se servaient d'une échelle, mais depuis longtemps les tonnes supérieures étaient vides ; le vieux vin de Clermont qu'elles avaient contenu égayait et échauffait de plus en plus les convives.

L'évêque Cautin, cédant à son penchant naturel pour la ripaille, voyant par avance Ronan le Vagre, l'ermite laboureur et la belle évêchesse suppliciés le lendemain, ne se sentait point d'aise, il buvait, chafriotait et discourait, aggressif, moqueur; le saint homme n'osait, malgré son aversion pour Chram, s'attaquer à lui, moins encore au Lion de Poitiers; le Gaulois renégat, rancuneux en diable, avait dit à l'homme de Dieu, en lui lançant des regards de lion courroucé : « Tu m'as forcé de descendre de cheval et de m'agenouiller devant

L'ours gaulois et les chiens franks (page 422)

toi, je me vengerai, j'attends mon heure. » La victime des railleries sardoniques de l'évêque était Néroweg, assez habituellement stupide et sans réplique.

— Comte, — lui disait Cautin, — ton hospitalité part du cœur, j'en suis certain ; mais ton repas est exécrable dans son abondance... ce ne sont que viandes et poissons bouillis et grillés, servis à profusion et sans recherche... vrai festin de Barbare vivant de son troupeau, de sa chasse et de sa pêche ; ou ne trouve ici aucun accommodement délicat et sollicitant la faim ; on est repu, voilà tout ! j'en prends à témoin sa gloire le roi Chram.

— Notre hôte et ami fait de son mieux, — dit Chram, qui, pour ses projets déjà dérangés par la torture de Ronan le Vagre, voulait se ménager le comte. Devant la cordiale hospitalité de Néroweg, je songe peu au festin.

— Moi, j'y songe, glorieux roi, reprit l'évêque. — Cent fois je l'ai dit au comte : il a de détestables cuisiniers... il ne sait point mettre le prix aux choses... Voyons, Néroweg, combien t'a coûté l'esclave chef de tes cuisiniers ?

— Il ne m'a rien coûté... Mes leudes, en revenant de Clermont, l'ont trouvé sur la route ; ils l'ont pris et amené ici garrotté ; mais hier il a eu les pieds brûlés par l'épreuve du jugement de Dieu, et ensuite la langue coupée pour ses blasphèmes ; il a dû s'en ressentir aujourd'hui et se faire aider par d'autres esclaves moins habiles que lui pour préparer ce festin.

— Je comprends, à la rigueur, qu'ayant eu la langue coupée, il n'ait pu goûter ses sauces, mais ce n'en est pas moins un pitoyable cuisinier... Cela ne m'étonne pas ; qu'attendre d'un cuisinier ramassé par hasard sur le grand chemin !... Tu ignores, comte, sans doute, que les

53e livraison.

mauvais cuisiniers gâtent les meilleures choses, ainsi, par exemple, voici des grues... des grues! gibier appétissant, succulent par excellence lorsqu'il est congrûment accommodé... or, comment cet âne de cuisinier, ce rustre, nous les sert-il, ces grues? bouillies à l'eau!

— Allons, patron, calme-toi, une autre fois on les fera rôtir...

— Rôtir!... mais c'est encore plus criminel! des grues rôties!... Ecoutez ici, majordome, et vous donnerez cette recette au cuisinier, si tant est qu'il soit capable et digne de l'exécuter.

— Oh! saint évêque! le fouet aidant... il faudra bien que le cuisinier exécute la recette.

— Je déclare humblement que je ne suis point l'auteur de cette manière d'accommoder les grues; je l'ai lue et apprise dans les écrits d'*Apicius*, célèbre gourmet romain, mort, hélas! il y a de longues années, mais son génie vivra tant que voleront les grues...

— Voyons, patron... voyons ta recette...

— Or donc : vous lavez et parez votre grue, et la mettez dans une marmite de terre avec de l'eau, du sel et de l'*anet*...

— Eh bien! c'est ce qu'a fait le cuisinier : il a fait bouillir la grue avec de l'eau et du sel...

— Mais laisse-moi donc achever, barbare, et tu verras que cet âne paresseux s'est arrêté au commencement du chemin, au lieu de le poursuivre jusqu'au bout... Donc, vous laissez réduire de moitié l'eau où a commencé de cuire votre grue, puis vous la mettez dans un chaudron avec de l'huile d'olive, du bouillon, un bouquet d'*origan* et de *coriandre* ; quand votre grue sera sur le point d'être cuite, ajoutez-y du vin mélangé de miel et de *livèche*, quelque peu de *cumin*, un scrupule de *benjoin*, un atome de *rue* et un peu de *carvi* broyé dans le vinaigre; usez ensuite d'amidon pour épaissir honnêtement votre sauce; elle doit être alors d'un joli brun doré; vous la versez sur votre grue après avoir gracieusement placé le volatile au milieu d'un grand plat, le col gentiment arrondi et tenant dans son bec un bouquet de fenouil vert. Maintenant, je le demande à sa gloire le roi Chram; je le demande à nos clarissimes convives... y a-t-il le moindre rapport entre une grue ainsi accommodée et cette chose sans forme, sans couleur, sans saveur, qui semble noyée dans ce bassin d'eau grasse?

— Si Dieu le Père avait besoin d'un cuisinier, il te choisirait, sensuel évêque, — dit le Lion de Poitiers, — je ne dérogerais pas au paradis; chef des cuisines de la Bondieuserie.

A cette impiété, le saint homme fit la grimace, se souvenant d'avoir cuisiné, non point en paradis, mais en Vagrerie; il remplit sa coupe et la vida d'un trait en regardant de travers le favori.

— Allons, comte Néroweg, — dit Spatachair,

— à tout péché miséricorde ; une autre fois tu nous donneras un festin plus délicat... et tu permettras à ta femme de présider le banquet.

— Et foi de Lion de Poitiers, je ne lui serrerai pas trop fort les genoux sous la table.

— Lors de ce festin-là, Néroweg, — ajouta Imnachair, malgré les coups d'œil de Chram pour mettre un terme à l'insolence de ses favoris, — lors de ce festin-là, tu ne nous feras pas, comme aujourd'hui, manger et boire dans le cuivre et dans l'étain, tandis que tu étales à nos yeux éblouis ta vaisselle d'or et d'argent au milieu de la table... hors de notre portée... Ne dirait-on pas que tu nous prends pour des larrons, rustre vaniteux ?

— Néroweg offre l'hospitalité comme il lui convient, — reprit d'un air sourdement courroucé Sigefrid, un des leudes du comte ; — ceux qui mangent la viande et boivent le vin d'ici sont mal venus à se plaindre des pots et des plats... qu'ils aillent goinfrer ailleurs.

— Nous reproche-t-on, à nous, hommes du roi, ce que nous buvons et mangeons dans ce burg ?

— Ce serait un audacieux reproche, car j'étais rassasié, moi, avant d'avoir touché à ces montagnes de victuailles grossières !

— Et de plus ce serait une insulte, — s'écria un autre des convives. — Or, nous autres de la truste royale, nous ne souffrirons pas qu'on nous insulte !

— Vous croyez-vous donc au-dessus de nous, parce que nous sommes leudes d'un comte ? Nous pourrions alors mesurer la distance qui nous sépare... gens de la truste royale... en mesurant la longueur de nos épées.

— Ce ne sont pas les épées qu'il faut mesurer... c'est le cœur...

— Ainsi, vous prétendez que nous, *fidèles* de Néroweg, nous avons le cœur moins grand que le vôtre... Est-ce un défi ?

— Défi si vous le voulez, épais rustiques...

— L'épais rustique vaut mieux que le guerrier de cour efféminé ! Vous allez le voir tout à l'heure si vous osez mettre l'épée à la main.

— Six contre six, ou plus s'il vous convient.

— Il nous plaira fort de nous battre avec vous.

Cette altercation, commencée à l'un des bouts de la table, entre ces Franks avinés, n'avait pas débuté sur un ton très élevé; mais elle finit avec un tel éclat d'emportement, que Chram, l'évêque et le comte s'empressèrent de s'interposer, afin de ramener la paix entre les convives; ceux-ci, fort animés par le vin s'apaisèrent d'assez mauvaise grâce, en échangeant des coups d'œil farouches.

Karadeuk et son ours, précédés du majordome, se trouvaient au seuil de la salle du festin lors de cette dispute promptement calmée. Le majordome, s'étant alors approché de son maître, lui dit :

— Seigneur comte, le bateleur, son ours et son singe sont là.
— Quoi, comte, tu as ici des ours ?
— Chram, c'est un bateleur voyageant avec ses bêtes... J'ai pensé que ce divertissement te plairait peut-être après le festin, et j'ai ordonné qu'on amenât cet homme.

La nouvelle de ce divertissement, accueillie avec joie par tous les Franks, leur fit oublier leur querelle et leurs défis échangés : les uns se levèrent, d'autres montèrent sur leurs bancs pour voir des premiers entrer l'homme, l'ours et le singe. Lorsque Karadeuk parut, des éclats de rire germaniques ébranlèrent la salle, non que l'aspect du vieux Vagre fût réjouissant, mais rien ne se pouvait imaginer de plus grotesque que l'amant de l'évêchesse sous la peau de l'ours ; il s'avançait pesamment, vêtu de sa casaque à capuchon rabattu, et semblait ébloui de la lumière des torches, quoique ces vingt flambeaux ne jetassent qu'une clarté vacillante et douteuse dans cette salle immense. Grâce à cette lumière peu éclatante et à l'ample casaque dont le Vagre était à demi enveloppé, son apparence *ursine* était parfaite. De plus, afin d'éloigner les curieux, Karadeuk, raccourcissant dès son entrée la chaîne qui attachait l'animal, s'écria :

— Seigneurs, n'approchez pas à la portée de la dent de cet ours, il est sournois et féroce...

— Bateleur, veille sur ta bête ; si elle avait le malheur de blesser quelqu'un ici, je la ferais couper en quatre quartiers, et tu recevrais pour ta part cinquante coups de fouet sur l'échine !

— Seigneur comte, ayez pitié de moi, pauvre vieux homme, je n'ai que mes animaux pour gagner ma vie... j'ai supplié vos nobles et nobilissimes hôtes de ne point trop s'approcher de mon ours, pour prévenir tout accident fâcheux.

— Avance, avance, que je le voie de près, ce plaisant compagnon ; il n'osera point, je le suppose, me griffer, moi, le fils du roi Clotaire...

— Oh ! très glorieux prince ! — ces malheureux animaux privés d'intelligence ne peuvent point distinguer entre les seigneurs du monde et les humbles esclaves.

— Avance, avance... plus près encore...

— Très glorieux roi, prenez garde... il y aurait moins de danger à considérer de près le singe... je peux le tirer de sa cage.

— Oh ! des singes... je suis peu curieux de cette maligne engeance, puisque j'ai des pages. Ah ! ah ! ah ! le réjouissant compère, avec sa casaque... Vois donc, Imnachair, comme il a l'air pantois et grognon... il ressemble au Lion de Poitiers en robe du matin, lorsque ce digne ami a passé une nuit à s'enivrer ou après avoir violenté sa femme...

— Que veux-tu, Chram ! je regarde comme perdues toutes les nuits que je n'emploie pas... à ton exemple, à faire l'amour ou à boire.

— Lion, tu es injuste... je suis devenu tempérant et chaste.

— Par épuisement... ô roi pudique et sobre ! Tu as renoncé aux jolies filles et au bon vin.

— Plains-moi donc alors au lieu de m'accuser... Ah çà, bateleur, que fait ton ours ? est-il savant ?

— Si vous l'ordonnez, glorieux roi, cet animal va se mettre à cheval sur mon bâton, et moi le tenant toujours à la chaîne, il fera ainsi, galopant avec grâce, le tour de la salle.

— Voyons d'abord ceci...

— Attention, Mont-Dore !

— Comment l'appelles-tu ?

— Mont-Dore, glorieux roi... Je l'ai ainsi nommé parce que je l'ai pris tout jeune sur l'un des pics du mont Dore...

— Je ne m'étonne plus si ton ours est féroce ; il est né dans l'un des plus fameux repaires de ces Vagres maudits, de ces hommes errants, loups, têtes de loups, qui ne hantent que les rochers, les bois et les cavernes ! Mais, aussi vrai que nous avons fait torturer ce matin un de ces Vagres, nous les exterminerons tous comme Néroweg a exterminé l'autre jour cette bande réfugiée dans les gorges d'Allange !

— Des Vagres, glorieux roi ! que le Tout-Puissant nous délivre de ces maudits ; qu'il me fasse la grâce de n'en jamais rencontrer que cloués à un gibet comme le seul et dernier que j'ai vu, je l'espère, car c'est là une terrible vision !... J'en suis encore tout tremblant.

— Et où l'as-tu vu, ce Vagre, au gibet ?

— Vers les frontières du Limousin ; on avait écrit sur la potence : *Celui-ci est* Karadeuk *le Vagre... Ainsi seront traités ses pareils !*

— Karadeuk ! ce vieux bandit qui, avec sa bande endiablée, a si longtemps ravagé l'Auvergne et le Limousin !...

— Pillant les burgs et les maisons épiscopales ! massacrant les Franks, soulevant les esclaves !...

— Digne exemple suivi par la bande de Ronan, cet autre chien qui sera supplicié demain.

— On serait enfin délivré de ce Karadeuk ; on le croyait courant ailleurs la Vagrerie, mais on redoutait son retour.

— O glorieux roi ! Il ne reviendra pas... à moins que ce scélérat ne descende de son gibet... et c'est peu probable ; car lorsque je l'y ai vu accroché, son cadavre était à demi déchiqueté par les corbeaux, et il avait les mains et les pieds coupés...

— Es-tu certain d'avoir vu le nom de Karadeuk sur la potence ?... Ce serait véritablement une grande délivrance pour le pays...

— Glorieux roi, ce nom, qui n'est pas en

usage dans nos contrées, m'a frappé, voilà pourquoi je me le suis rappelé.

— C'est un nom breton, — dit l'évêque Cautin, — un nom de ce pays hérétique et damné qui, à cette heure, s'opiniâtre à braver l'autorité, les ordres de nos conciles. Ah! Chram, les rois franks n'auront-ils jamais le pouvoir ou la volonté de réduire à l'obéissance cette sauvage Armorique, ce foyer d'idolâtrie druidique, la seule province de la Gaule qui ait, jusqu'aujourd'hui, pu résister aux armes du roi Clovis, ton aïeul, et de ses dignes fils et petit-fils?

— Evêque, tu parles de ces choses fort à ton aise... Plusieurs fois Clovis et les rois franks, mes ancêtres, ont envoyé leurs meilleurs guerriers à la conquête de cette terre maudite, et toujours nos troupes ont été anéanties au milieu des marais, des rochers et des forêts de l'Armorique... Non, ce ne sont pas des hommes, ces Bretons indomptables... ce sont des démons!... Ah! si toutes les Gaules avaient été peuplées de cette race infernale, rebelle à l'Eglise catholique, à cette heure, la plus grande partie de la Gaule ne serait pas en notre pouvoir!... mais qu'as-tu donc, bateleur? tu parais fortement ému. Une larme a coulé sur ta barbe grise...

— S'il n'en a coulé qu'une, c'est que les yeux des vieillards sont avares de larmes...

— Et pourquoi aurais-tu pleuré davantage?

— O roi! j'aurais versé toutes les larmes de mon corps sur ces Bretons, que leur détestable idolâtrie druidique voue aux flammes éternelles, comme le disait le saint évêque: malheureux aveugles, qui ferment les yeux à la divine lumière de la foi! malheureux rebelles, qui osent tourner leurs armes contre nos bons seigneurs et maîtres, les rois franks, à qui nos bienheureux évêques nous ordonnent d'obéir au nom du Père, du Fils et du Saint-Esprit!... O prince! je vous le répète, si les yeux d'un vieillard étaient moins avares de larmes elles couleraient à flots sur l'égarement de ces malheureux hérétiques!...

— Bateleur! tu es un pieux homme, — dit Cautin, — agenouille-toi et baise ma main...

— Saint évêque, bénie soit la faveur que vous m'accordez...

— Relève-toi et aie confiance dans le Seigneur et dans la sainte Trinité; ces damnés Bretons, idolâtres et rebelles, ne sauraient longtemps échapper aux châtiments qui les attendent.

— Oh non! et aussi vrai que les ciseaux n'ont jamais touché à ma chevelure, moi, Chram, fils de Clotaire, roi de France... je n'aurai ni cesse ni trêve tant que ces démons armoricains ne seront pas écrasés et noyés dans leur sang; depuis trop longtemps ils bravent nos armes! Mais nous finirons par les exterminer.

— Que le Tout-Puissant entende tes vœux, grand prince! et qu'il m'accorde à moi, pauvre vieux homme, assez de jours pour assister à la soumission de cette Bretagne si longtemps rebelle et indomptée!

— Et maintenant, bateleur, à ton ours, car nous l'oublions trop, ce compère, né dans l'un des repaires de ces Vagres maudits...

— Quoi d'étonnant? Glorieux roi, ces maudits ne sont-ils pas loups? Ours et loups n'ont-ils pas la même tanière?... Allons, Mont-Dore, debout, debout, mon garçon, montrez votre savoir-faire au saint évêque, ici présent, à l'illustre roi Chram, au clarissime comte et à la noble assistance... Prenez ce bâton... ce sera votre monture; donc à cheval et galopez autour de cette table de votre meilleure grâce... et de votre air le moins lourdaud... Allons, Mont-Dore... à cheval... Ce coursier-là ne vous emportera point malgré vous... Place... place, s'il vous plaît, nobles seigneurs!... et surtout ne vous approchez pas trop... Allons, Mont-Dore, au galop, mon hardi cavalier!

L'amant de la belle évêchesse se mit à califourchon sur le bâton qu'il prit entre ses pattes de devant, et, toujours conduit à la chaîne par Karadeuk, il commença de chevaucher avec une grotesque lourdeur autour de la salle, au milieu des rires bruyants de l'assistance.

Le vieux Vagre le guidait, se disant :

— Tout à l'heure, j'ai failli me trahir en entendant ce roi frank parler du courage de notre race bretonne; mon cœur battait d'orgueil à briser ma poitrine... et puis je pensais à mon bon vieux aïeul Araïm, qui jadis m'appelait son favori! Je pensais à mon père *Jocelyn*, à ma mère *Madâlen*... morts sans doute au pays que j'ai quitté depuis quarante ans et plus... et où vivent peut-être encore mon frère *Kervan* et ma tant douce sœur *Roselik*... Alors, malgré moi, les larmes me sont venues aux yeux... O mes fils! ô Ronan! Loysik! me voici près de vous... Mais comment faire pour vous sauver! Hésus! Hésus! inspire-moi!...

Le Veneur chevauchait toujours à califourchon sur son bâton, encouragé par le joyeux accueil des Franks; se souvenant de ses succès d'autrefois lors des nuits des calendes de janvier, il se livrait à des gambades qui délectaient ces épais Teutons et portaient leur hilarité jusqu'à la pâmoison; le comte surtout, les deux mains sur son ventre, riait, riait à faire crever sa belle dalmatique de drap d'argent. Soudain, sans s'interrompre de rire; il dit à Chram :

— Roi, veux-tu te divertir davantage?

— Achève, comte... Que veux-tu dire?... Te voilà rouge à étouffer... tu souffles comme un bœuf. Quelle idée germe dans ton épais cerveau?

— C'est que... j'ai un projet... Nous avons au burg, pour chasser le loup et le sanglier, des limiers énormes et très féroces... Nous allons en-

chaîner l'ours à l'un des poteaux de cette salle...
— Et lancer contre lui quelques-uns de tes chiens?... L'idée me paraît délicieuse.
— Oui, Chram; je veux t'offrir ce régal.
— Vive le comte Néroweg! Allons, des chiens! Plus ils seront mordants et féroces, plus le divertissement sera complet.
— Oui, oui, — crièrent les Franks avec des trépignements joyeux, — les chiens... les chiens!... Combat entre l'ours et les chiens.
— Eh! mon veneur Gondulf! amène ici *Mirff* et *Morff*... s'ils laissent à l'ours un lambeau de peau et de chair sur les os, je veux que cette coupe de vin me serve de poison.
— Seigneur, je cours au chenil, et je reviens avec vos deux molosses, Mirff et Morff.
En entendant la proposition du comte, universellement reçue avec acclamations, l'amant de l'évêchesse, qui fidèle à son rôle, s'en allait toujours chevauchant sur son bâton autour de la table, avait soudain interrompu ses gambades, tout prêt à exprimer par des gestes compromettants son refus de s'offrir aux crocs de Mirff et de Morff; heureusement Karadeuk, grâce à une légère secousse donnée à la chaîne, rappela le Vagre à la prudence, et celui-ci continua ses gambades de l'air le plus indifférent du monde; mais bientôt son conducteur, le tenant toujours enchaîné, se jeta suppliant aux pieds de Néroweg, lui disant:
— Seigneur comte, clarissime seigneur!...
— Que veux-tu de moi, vieux bateleur?
— Mon ours est mon gagne-pain... vous allez le faire étrangler...
— Et moi, est-ce que je ne m'expose pas à voir les deux meilleurs chiens de ma meute déchirés... à coups de griffes... puisque tu dis ton ours féroce?
— Seigneur, vos chiens ne vous font pas vivre, et mon ours est mon gagne-pain...
— Oserais-tu résister à ma volonté?
— O grand prince! — reprit Karadeuk toujours agenouillé, en se tournant vers Chram, — un pauvre vieillard s'adresse à votre gloire; un mot de vous à ce clarissime seigneur, qui vous respecte comme fils de son roi, et il renonce à son projet... Je vous le jure par mon salut! les autres tours de mon ours vous divertiront cent fois davantage que ce combat sanglant qui va me priver de mon gagne-pain...
— Allons, relève-toi... vieux bateleur, je ne t'empêcherai pas de gagner ta vie...
— Grâces vous soient rendues, grand roi! mon ours est sauvé.
Les paroles de Chram soulevèrent de violents murmures parmi les leudes du comte; non-seulement ils se voyaient privés d'un spectacle réjouissant pour eux, mais ils se croyaient de nouveau rabaissés dans la personne de leur patron. Les murmures allaient grossissant.

— Chram n'est pas roi dans ce burg, Néroweg, — s'écria Sigefrid, l'un des provocateurs de la dispute à peine étouffée au moment de l'entrée de Karadeuk et de son ours. — Non, le roi Chram ne peut, par caprice, nous priver d'un divertissement qu'il te plaît de nous donner. Néroweg est roi dans son burg.
— Non, non, — ajoutèrent à haute voix les autres guerriers du comte, — nous voulons voir étrangler l'ours... Les chiens! les chiens! Néroweg seul commande ici...
— Oui, et au diable le roi! — s'écria Sigefrid, — au diable Chram, s'il s'oppose à nos plaisirs! Nous sommes les maîtres ici.
— Il n'y a que des brutes campagnardes qui envoient au diable leur hôte... lorsqu'il est fils de leur roi, — reprit le Lion de Poitiers d'un air menaçant. — Sont-ce là les exemples de courtoisie que tu donnes à tes hommes, Néroweg? Je le crois, en voyant ton majordome se hâter, à cette heure, à peine le festin terminé, d'emporter ta vaisselle d'or et d'argent, de peur sans doute que nous la dérobions.
— Mes fils! mes chers fils en Christ! allez-vous recommencer vos querelles? La paix, mes fils... au nom du ciel, paix entre vous!
— Evêque, tu as raison de prêcher la paix; mais ces braves leudes qui me croient opposé à leur divertissement ne m'ont pas compris. Je t'ai dit, bateleur que je ne voulais pas t'empêcher de gagner ta vie...
— Grâces donc vous soient rendues, grand roi.
— Combien vaut ton ours?
— Il est pour moi sans prix.
— Quelle que soit la somme que tu fixes, elle te sera comptée, si l'ours est étranglé.
Cet accommodement, accueilli par les acclamations des Franks, apaisa la nouvelle querelle près de s'engager entre eux; mais Karadeuk, toujours à genoux, s'écria:
— Grand roi, aucune somme ne remplacerait pour moi mon ours; de grâce, priez le comte de ne pas donner suite à son projet.
— Les chiens!... oh! voici les chiens!...
— De ma vie je n'ai vu pareilles molosses! dit Chram. — Comte si toute ta meute est ainsi appareillée, elle peut rivaliser avec la mienne, que je croyais sans égale.
— Quels reins! quelles pattes énormes! Hein, Chram! Ah! si tu entendais leur voix! Les beuglements d'un taureau sont comme le chant du rossignol auprès de leurs aboiements quand ils sont aux trousses d'un loup ou d'un sanglier. Je suis justement fier de mes chiens!
— Je gage que l'un d'eux suffit à étrangler l'ours, aussi vrai que je m'appelle Spatachair.
— Allons, l'ours à un poteau, vieux bateleur, et commençons... Je te l'ai dit, si ta bête est étranglée, je t'en paye le prix que tu fixeras, royalement et sans rien rabattre.

— Illustre roi, ayez pitié d'un pauvre homme.
— Assez, assez... Enchaînez l'ours au poteau, et finissons...
— Seigneur évêque, au nom de votre main bénie, que vous m'avez donnée à baiser, soyez charitable envers ce pauvre animal...
— Est-il donc un chrétien pour que je lui sois charitable? Ah! bateleur! bateleur! si tu ne t'étais montré un pieux homme, je prendrais cette prière pour un outrage...

Insister plus longtemps, c'était risquer de tout perdre. Karadeuk le comprit, et s'adressant de nouveau à Chram :

— Glorieux roi, que votre volonté soit faite; permettez-moi seulement de faire une dernière demande.

— Hâte-toi...

— Ce spectacle ne sera qu'une boucherie, mon ours étant enchaîné ne pourra se défendre.

— Ne voudrais-tu pas, vieil idiot, qu'on le déchaînât pour qu'il nous dévore!...

— Non, roi; mais si vous désirez un divertissement qui dure quelque temps, du moins égalisez les forces ; permettez-moi d'armer mon ours de ce bâton.

— N'a-t-il pas ses ongles?

— Pour plus de prudence je les lui ai limés... Voyez plutôt comme ils sont émoussés...

— Soit, il aura pour arme un bâton... et tu crois qu'il saura s'en servir?

— Hélas! la peur d'être dévoré le forcera bien de se défendre comme il le pourra, et de votre vie vous n'aurez vu pareil spectacle...

— Et toi, Néroweg, — dit Sigefrid, plus qu'aucun autre leude chatouilleux sur la dignité du comte, — accordes-tu que l'ours ait un bâton? car enfin, seul tu as le droit de dire ici : Je veux.

— Oui, oui, j'accorde le bâton... je trouve que cet ours bâtonnant contre des chiens sera un spectacle réjouissant... Pourtant, j'aurais fort aimé à voir étrangler l'animal par Mirff et par Morff; mais cela eût été trop vite fait. Allons, esclaves sonneurs de trompe, et vous, esclaves batteurs de tambours, sonnez et tambourinez à tout rompre, ou je ferai tambouriner sur votre échine; et vous, esclaves porte flambeaux, approchez-vous tous du cercle que l'on va former! Haut vos torches, afin d'éclairer le combat... Allons, battez, tambours! sonnez, trompes de chasse! pour exciter les chiens.

— Au poteau, l'ours, au poteau!

Karadeuk conduisit l'amant de l'évêchesse à l'une des extrémités de la salle, l'enchaîna à l'une des poutres de la colonnade, et lui remettant le bâton noueux sur lequel il avait chevauché, il lui dit :

— Allons, mon pauvre Mont-Dore, courage, défends-toi de ton mieux, puisque tu dois te battre contre les chiens pour divertir ces nobles seigneurs. Montre-toi digne de ta race.

Un grand cercle se forma, éclairé par les esclaves porte-flambeaux. Au premier rang se trouvaient le roi Chram et ses favoris, le comte, l'évêque et plusieurs leudes; les autres assistants montèrent sur la table... Au centre du cercle, le Vagre-ours, revêtu de sa casaque, qu'on lui avait heureusement laissée, conservait un sang-froid intrépide; il s'était naïvement assis sur son train de derrière, comme un ours qui ne s'attend point à mal, tenant nonchalamment son bâton entre ses pattes de devant, et le quittant parfois pour se gratter prestement avec des mouvements d'un gracieux et naturel abandon. Soudain les trompes de chasse, les tambours redoublèrent leur vacarme assourdissant; Gondulf, le veneur du comte, entra dans le cercle, tenant en laisse deux limiers monstrueux; de leur cou énorme tombait jusque sur leur large poitrail un fanon pareil à celui des taureaux; leurs yeux, caves, sanglants, étaient à demi cachés par leurs longues oreilles pendantes; le noir, le fauve et le blanc nuançaient leur poil rude, qui se hérissa droit sur leur dos lorsqu'ils aperçurent l'ours; faisant entendre alors des aboiements formidables, d'un élan furieux ils brisèrent la laisse que Gondulf tenait encore, et en deux bonds ils se précipitèrent sur l'amant de l'évêchesse.

— Hardi, Mirff! hardi, Morff! — cria le comte en battant des mains, — hardi! à la curée, mes farouches! ne lui laissez pas un morceau de chair sur les os!...

— A moins d'un prodige de force et d'adresse, mon compagnon va être mis en pièces, notre ruse découverte, et la dernière chance de salut pour mes fils perdue... Alors je poignarde le comte et le roi! — se dit Karadeuk, et en pensant cela, il cherchait sous sa saie le manche de son poignard qu'il tint serré dans sa main, prêt à en faire usage.

Le Vagre-ours, à l'aspect des chiens, continua son rôle avec présence d'esprit, bravoure et dextérité; il fit un mouvement de surprise; puis s'acculant au poteau, il s'apprêta, le bâton haut, à repousser l'attaque des chiens : au moment où Mirff s'élançait le premier pour le saisir au ventre, le Veneur lui asséna sur la tête un si furieux coup de bâton, qu'il se brisa en trois morceaux, et Mirff tomba comme foudroyé en poussant un hurlement terrible.

— Malédiction! — s'écria le comte, — un limier qui m'avait coûté trois sous d'or! Oh là! que l'on éventre cet ours enragé à coups de barres de fer ou d'épieu!

Les imprécations du comte furent couvertes par les acclamations frénétiques des assistants, qui, plus désintéressés que Néroweg dans le combat, applaudissaient la vaillance de l'ours, et attendaient avec une curieuse anxiété l'issue de la lutte. Le Vagre-ours, désarmé, était aux prises, corps à corps, avec l'autre molosse, qui, au moment où le bâton s'était brisé, avait, de ses crocs formidables, saisi son adversaire à la cuisse, le renversant sous ce choc impétueux. Le sang du compagnon de Karadeuk coulait avec abondance et rougissait le sol et la feuillée dont il était jonché. L'ours et le chien roulèrent deux fois sur eux-mêmes; alors, pesant de tout le poids de son corps sur son ennemi, qui, comme *Deber-Trud*, ne démordait pas, le Vagre l'étouffa d'abord à demi, puis l'acheva en lui serrant si violemment la gorge entre ses mains vigoureuses, qu'il l'étrangla. Pendant cette lutte doublement terrible, car non-seulement la morsure du molosse avait traversé la cuisse du Vagre et lui causait une douleur atroce, mais il risquait d'être massacré, ainsi que Karadeuk, s'il se trahissait, l'amant de l'évêchesse, fidèle à son rôte *ursin*, ne poussa d'autre cri que quelques sourds grognements; puis, le combat terminé, le digne animal s'accroupit au pied du poteau, entre les cadavres des deux chiens et ramassé sur lui-même; la tête entre ses pattes, il parut lécher sa plaie saignante, tandis que Chram, ses favoris et plusieurs leudes du comte acclamaient à grands cris le triomphe de l'ours.

— Hélas! hélas! — murmurait le vieux Karadeuk en se rapprochant de son compagnon, — mon ours est blessé mortellement peut-être... J'ai perdu mon gagne-pain.

— Des épieux! des haches, criait le comte écumant de fureur, — que l'on achève ce féroce animal, qui vient de tuer Mirff et Morff, les deux meilleurs chiens de ma meute... Par l'*Aigle terrible!* mon aïeul, que cet ours damné soit mis en morceaux à l'instant même... M'entends-tu, Gondulf? — ajouta-t-il en s'adressant à son veneur en trépignant de rage; — prends un de ces pieux de chasse accrochés à la muraille... et à mort l'ours, à mort!...

Gondulf courut s'armer d'un épieu, tandis que Karadeuk, agenouillé et tendant les mains vers Chram, s'écriait :

— Grand roi, mon seul espoir est en toi... Je te demande merci, je me mets sous ta protection et sous celle de ta suite royale, redoutable et invincible à la guerre! Oh! valeureux guerriers! aussi terribles au combat que généreux après la victoire, vous ne voudrez pas la mort de ce pauvre animal, qui, vainqueur, mais blessé dans la lutte, s'est battu sans traîtrise... Non, non, à l'exemple de votre glorieux roi, votre honneur courtois et raffiné s'indignerait d'une brutale lâcheté, même commise à l'égard d'un pauvre animal... Oh! guerriers, non moins brillants par l'armure et la grâce militaire que foudroyants par la valeur... je me mets à merci sous la protection de votre roi... Il demandera la vie de l'ours au seigneur comte, qui ne peut rien refuser à de si nobles hôtes!

Le Frank est vaniteux; son orgueil se plaît aux louanges les plus exagérées; Karadeuk le savait, il espérait aussi en s'adressant seulement à la truste royale raviver entre elle et les leudes du comte les dernières querelles à peine calmées. Ses paroles furent favorablement accueillies par les guerriers de Chram, et celui-ci, s'approchant de Néroweg, lui dit :

— Comte, nous te demandons la grâce de ce courageux animal, et cela au nom de la vieille coutume germanique, selon laquelle la demande d'un hôte est toujours accordée.

— Roi, malgré la coutume, je vengerai la mort de Mirff et de Morff, qui me coûtaient six sous d'or... Gondulf, des épieux, des haches, que cet ours soit mis en quartiers sur l'heure!...

— Comte, ce pauvre batelier s'est mis à ma merci... je ne peux l'abandonner.

— Chram, que tu protèges ou non ce vieux bandit, je vengerai la mort de mes deux vaillants chiens, Mirff et Morff...

— Écoute, Néroweg, j'ai une meute qui vaut la tienne... tu l'as vue chasser dans la forêt de Margevol... tu enverras ton veneur à ma villa; il choisira six de mes plus beaux chiens pour remplacer ceux qui sont étendus à nos pieds.

— J'ai dit que je vengerais la mort de Mirff et de Morff! — s'écria le comte en grinçant des dents de fureur; — Gondulf, aux épieux! aux épieux!... A mort l'ours maudit!

— Sauvage campagnard! tu manques à tous les devoirs de l'hospitalité en repoussant la demande du fils de ton roi, — dit le Lion de Poitiers à Néroweg, — de même que tu nous a outragés, nous, les hôtes, en empêchant ta femme d'assister au festin et en faisant enlever la vaisselle avant la fin du repas... Tu es donc plus ours que cet animal, que tu ne tueras pas... je te le défends... car le batelier s'est mis sous la protection de Chram et de nous autres, ses hommes...

— Compagnons! — s'écria Sigefrid, — laisserons-nous insulter plus longtemps celui dont nous sommes les compagnons et les *fidèles?*

— Les entendez-vous, ces brutes rustiques? — dit l'un des guerriers de Chram. — Les voici encore à aboyer sans oser mordre.

— Moi, Néroweg, roi dans son burg, comme le roi dans son royaume, je tuerai cet ours! et si tu dis un mot de plus, toi qu'on appelle *Lion*, je t'abats à mes pieds, d'un coup de hache, effronté renard de palais!...

— Une injure, à moi... sanglier boueux! — s'écria le Gaulois renégat, pâle de colère, en tirant son épée d'une main et de l'autre saisissant le comte au collet de sa dalmatique. — Tu veux donc que ta gorge serve de fourreau à cette lame!... Demande grâce ou tu es mort.

— Ah! double larron! tu veux m'arracher mes colliers d'or? — s'écria Néroweg, ne pensant qu'à défendre ses bijoux, et croyant, au geste de son adversaire, que celui-ci voulait le voler. — J'ai donc eu raison de mettre ma vaisselle à l'abri de vos griffes à tous...

— Ainsi, nous sommes tous des larrons... Aux épées! hommes de la truste royale! vengeons notre honneur! écharpons ces ruraux!

— Ah! chiens bâtards! — cria Néroweg, séparé du Lion de Poitiers par Sigefrid, qui s'était jeté entre eux, — vous parlez d'épées... en voici une, et de bonne trempe; tu vas l'éprouver, luxurieux blasphémateur, toi qui n'a du lion que le nom... A moi, mes leudes! on a porté la main sur votre compagnon de guerre!... écharpons la truste royale.

— Néroweg! — s'écria Chram en s'interposant encore; car son favori, débarrassé de Sigefrid revenait l'épée haute vers le comte.

— Etes-vous fous de vous quereller ainsi?... Lion, je t'ordonne de rengainer cette épée...

— Oh! béni sois-tu. grand saint Martin! de me donner l'occasion de châtier ce sacrilège, qui a eu l'audace de lever sa houssine sur mon saint patron l'évêque, et qui, depuis son entrée dans le burg, ne cesse de me railler! — s'écria le comte, sourd aux paroles de Chram, et s'efforçant de rejoindre son adversaire, dont il venait encore d'être séparé au milieu du tumulte.

— Enfants! défendons Néroweg! — s'écria Sigefrid; — l'occasion est bonne pour montrer enfin à ces fanfarons que nos épées rouillées valent mieux que leurs épées de parade. Aux armes!... exterminons-les jusqu'au dernier.

— Et nous aussi, aux armes! Finissons-en avec ces dogues de basse-cour!

— Ils se croient forts parce qu'ils sont dans leur niche. A mort tous ces rustauds.

— Défendons le favori du roi Chram, notre roi! Les haches en mains!

— Mes chers fils en Dieu! — criait l'évêque, tâchant de dominer le tumulte et le vacarme croissant — je vous ordonne de remettre vos glaives dans le fourreau! c'est affliger le Seigneur que de combattre pour de futiles querelles... Obéissez tous à votre père en Dieu.

— Mes amis! — criait de son côté Chram, sans pouvoir être entendu, c'est folie, stupidité, de s'entr'égorger ainsi... Imnachair! Spatachair! apaisez ces hommes... et toi, Néroweg, calme les tiens au lieu de les exciter.

Vaines paroles... Et d'ailleurs Néroweg ne pouvait les entendre... Un flot de combattants l'avait éloigné de nouveau du Lion de Poitiers, qu'il appelait et cherchait avec des cris de rage. Les guerriers de Chram et ceux du comte, après s'être injuriés, provoqués, menacés de la voix et du geste, en étaient venus aux mains... Au premier coup porté, la mêlée s'engagea insensée, furieuse, ivre, et d'autant plus terrible, que les esclaves, porteurs des flambeaux, qui seuls éclairaient la salle, craignant d'être tués dans la bagarre, se sauvèrent au moment du combat, les uns jetant à leurs pieds leurs torches, qui s'éteignirent sur le sol; les autres fuyant au dehors, éperdus, tenant à la main leurs flambeaux allumés... Au bout de peu d'instants, la salle du festin étant privée de ces vivants luminaires, la lutte continua au milieu des ténèbres avec un aveugle acharnement.

Et Karadeuk? et l'amant de la belle évêchesse? étaient-ils donc restés au milieu de cette tuerie? Oh! non point! mieux avisé l'on est en Vagrerie... Le vieux Karadeuk, après avoir habilement jeté son brandon de discorde entre la truste royale et les leudes du comte. vit bientôt se rallumer la rivalité courroucée de ces barbares, déjà deux fois à peine apaisée; de sorte qu'ils l'oublièrent bientôt, lui et son ours. Aussi, lorsque tous les cœurs furent enflammés de fureur, le tumulte arrivant à son comble, le vieux Vagre se rapprocha de l'ours et dit tout bas à son compagnon :

— Ne me quitte pas de l'œil et imite-moi.

A ce moment la mêlée s'engageait... Déjà plusieurs des porte-flambeaux laissaient, par leur fuite ou par l'abandon de leurs torches, la salle du festin dans une obscurité presque complète. Karadeuk, suivi du Veneur, se jeta sous la table massive ébranlée, mais non renversée durant le combat, car elle était, contre l'usage habituel des Franks, fixée dans le sol. Ainsi un moment à l'abri, le vieux Vagre déboucla le collier de l'amant de l'évêchesse; puis tous deux, continuant de ramper sous la table, guidés par la dernière lueur de quelques torches à demi éteintes sur le sol, se dirigèrent vers une des portes de la salle du festin, porte que le flot des combattants laissait libre, et s'élancèrent au dehors. Presque aussitôt ils se trouvèrent en face de deux esclaves qui, ayant fui par une autre issue, couraient éperdus, leurs torches à la main. Chacun des Vagres prend un esclave à la gorge.

— Eteins ta torche, — dit Karadeuk, — et conduis-moi à l'ergastule, ou tu es mort...

— Donne-moi ta torche, — dit l'amant de l'évêchesse, — et conduis-moi aux granges, ou tu es poignardé à l'instant...

Les esclaves obéissent, les deux Vagres se séparent : l'un court aux granges, l'autre à l'ergastule, guidés par leurs conducteurs.

Les prisonniers de l'ergastule se sont, autant que possible, rapprochés des barreaux ; la petite Odille, endormie sur les genoux de l'évêchesse, s'est réveillée en sursaut, disant :

— Ronan, vient-on déjà nous chercher pour le supplice? Je suis prête pour le sacrifice!

Incendie du burg de Néroweg (page 427)

— Non, petite Odille; nous sommes à peine au milieu de la nuit. Je ne sais ce qui se passe au burg; tous les Franks qui nous gardaient ont abandonné les abords de notre prison pour suivre un des leurs, qui est venu les chercher; puis tous sont partis en courant et en agitant leurs armes.

— Ronan, mon frère, prête l'oreille dans la direction de la maison seigneuriale... il me semble entendre un bruit étrange...

— Ce sont des cris tumultueux... le choc des armes...

— Ronan, les Vagres viennent nous délivrer. Le feu est au burg !

— L'embrasement grandit... Voyez, voyez... devant notre souterrain, il fait maintenant clair comme en plein jour...

— Un homme accourt... C'est Karadeuk, le vieux Vagre... Loysik ! Ronan ! ô mes fils !

— Vous, mon père...

— Ronan, Loysik ! vous tous qui êtes là, joignez-vous à moi pour forcer la grille de votre cachot... poussez vigoureusement les barreaux.

— Hélas ! nous ne pouvons bouger... la torture nous a brisés !

— Voir là mes deux fils !... et ne pouvoir les sauver... Malédiction !

— A moi, Veneur ! mon hardi garçon !... délivrons mes fils !...

— Ma belle évêchesse, es-tu là ? Viens à moi, et un baiser à travers la grille ?

— Tes lèvres ont pressé les miennes... Je me sens plus fort. A nous deux, maintenant, Karadeuk, renversons cette grille ! J'ai mis le feu aux quatre coins du burg : étables, écuries, granges, tout flambe !... La maison du comte, pleine de Franks qui s'égorgent, et bâtie en char-

51ᵉ livraison

pente, commence à brûler au milieu de cet incendie, comme un fagot dans un four ardent...

— Malheur! malheur sur nous! impossible d'ébranler cette grille!...

— Fuyez, mon père!

— O mes fils! je mourrai de rage avant de tomber sous la hache des Franks, si je ne puis vous délivrer...

— Allons, un dernier effort, vieux Karadeuk; les Franks qui gardaient l'ergastule ne pensent maintenant qu'à éteindre le feu, creusons la terre sous la grille avec nos poignards, avec nos ongles.

— Les Franks!... les voilà... ils reviennent à l'ergastule, ils accourent...

— On voit là-bas briller leurs armes aux lueurs du feu.

— Mon père, plus d'espoir! vous êtes perdu! Sang et mort! perdu... et nous sommes là, brisés, incapables de vous défendre!

Une vingtaine d'hommes de pied et quelques leudes accouraient en armes vers l'ergastule; un des leudes disait :

— Une partie de ces chiens d'esclaves profitent de l'incendie pour se révolter; ils parlent de venir délivrer ce chef des Vagres et les prisonniers... Vite, vite, mettons-les tous à mort... ensuite nous exterminerons les esclaves... Qu'on me donne la clé de la grille?...

Au moment où Sigefrid remettait une clé au guerrier frank, il aperçut Karadeuk :

— Que fais-tu là, vieux vagabond?

— Noble leude, mon ours, effrayé par le feu, s'était échappé; je cours après lui... Il est tapi là, près de la grille... Hélas! quel malheur que cet incendie!

— Sigefrid, la grille est ouverte, — dit un des Franks. — Commençons-nous par les hommes ou par les femmes?

— Moi, je commence par les hommes! — s'écria Karadeuk en plantant son poignard au milieu de la poitrine de Sigefrid.

— A mon tour! — cria le Veneur en poignardant un autre Frank.

— Vagrerie! Vagrerie!... — A nous, bons esclaves!... Mort aux Franks! — Guerre aux seigneurs! — Liberté aux esclaves! — Vive la vieille Gaule!

— Les Vagres! — s'écrièrent les Franks abasourdis, stupéfaits de la mort des deux leudes, — les Vagres!... Ces démons sortent donc des profondeurs de l'enfer!...

— A moi! — cria Ronan d'une voix tonnante, — à moi, mes Vagres!... Tuez les Franks!...

C'étaient nos bons Vagres, qui, attirés par les clartés de l'incendie, signal convenu, avaient traversé le fossé; mais comment? Ce fossé n'était-il point rempli d'une vase tellement profonde, qu'un homme devait s'y engloutir s'il tentait de le traverser? Certes; mais nos Vagres, depuis la tombée de la nuit, rôdant comme des loups autour d'une bergerie, avaient sondé ce fossé; après quoi, ces judicieux garçons allèrent abattre à coups de hache, non loin de là, deux grands frênes droits comme des flèches, les dépouillèrent ensuite de leurs branches flexibles, dont ils lièrent solidement les deux troncs d'arbres bout à bout. Jetant alors sur la largeur du fossé, non loin de l'ergastule, ce long et frêle madrier, lestes, adroits comme des chats, ils avaient, l'un après l'autre, rampé sur ces troncs d'arbres, afin d'atteindre le revers de l'enceinte. Deux Vagres, dans cet aérien et périlleux passage, tombèrent et disparurent au fond de la vase : c'étaient le gros *Dent-de-Loup* et *Florent* le rhéteur... Que leurs noms vivent et soient bénis en Vagrerie!... Leurs compagnons, arrivés de l'autre côté du fossé, rencontrèrent, courant à l'ergastule pour délivrer les prisonniers, une trentaine d'esclaves révoltés, armés de bâtons, de fourches et de faux. Les guerriers de Chram et ceux de Néroweg, après s'être battus au milieu des ténèbres dans la salle du festin, oubliant leur querelle et laissant les morts et les blessés sur le lieu du combat, ne songèrent qu'à courir au feu : les hommes du comte, pour éteindre l'incendie; les hommes de Chram, pour sauver les chevaux ou les bagages de leur maître et les retirer des écuries à demi embrasées... Les Franks, accourus à l'ergastule pour mettre à mort les prisonniers, étaient une vingtaine au plus; ils furent entourés et massacrés par les Vagres de Ronan et par les esclaves, après une résistance enragée. Pas un des Franks n'échappa, non, pas un! Deux esclaves chargèrent Ronan sur leurs épaules, deux autres enlevèrent Loysik, et, à la demande de son évêchesse, le Veneur emporta dans ses bras vigoureux, comme on emporte un enfant au berceau, la petite Odille, trop faible pour marcher. Le vieux Karadeuk suivait ses deux fils.

Cette lutte triomphante aux abords de l'ergastule s'était passée en moins de temps qu'il n'en faut pour la décrire; mais il restait fort à faire pour sortir de l'enceinte du burg. Il fallait gagner le pont, seule issue praticable à cause de Ronan, de Loysik et d'Odille, incapables de marcher. Pour atteindre le pont, on devait, après avoir suivi le revers de l'enceinte, sous les arbres de l'hippodrome, on devait traverser le terrain complètement découvert qui s'étendait en face des bâtiments en feu. Le vieux Karadeuk, sage et prudent au conseil, fit faire halte à la troupe sous les arbres où elle se trouvait à l'abri de tout regard ennemi, et dit :

— Quitter le burg en bande ce serait nous faire égorger jusqu'au dernier. Une partie des Franks dans leur fureur abandonneraient l'incendie pour nous exterminer; donc, en arrivant sur le terrain découvert qu'il nous faut parcourir, séparons-nous et jetons-nous hardiment au milieu des Franks effarés, occupés à transporter ce qu'ils peuvent arracher aux flammes... Mêlons-nous à cette foule épouvantée, paraissons occupés de quelque sauvetage, allant, venant, courant, nous sortirons de ce dangereux passage, et nous gagnerons isolément le pont, notre rendez-vous général...

— Mais, mon père, moi et Loysik portés par ces bons esclaves, comment éviter que l'on nous remarque?

— Peu importe qu'on vous remarque; ces esclaves seront censés transporter deux hommes blessés par les décombres de l'incendie; vous cacherez vos visages entre vos mains et vous gémirez de votre mieux. Quant au Veneur, qui a prudemment dépouillé sa peau d'ours, il traversera la foule en courant, tenant la petite esclave entre ses bras, comme s'il venait d'arracher du milieu des flammes une jeune fille du gynécée; l'évêchesse va s'envelopper dans la casaque du Veneur, et au milieu du tumulte elle pourra passer inaperçue...

Les sages avis du père de Loysik et de Ronan furent de point en point exécutés.

Foi de Vagre, c'était un beau spectacle que ce vaste burg frank dévoré par les flammes! A chaque instant les toits de chaume des étables et des granges s'effondraient avec fracas en lançant vers le ciel étoilé d'immenses gerbes de flammes et d'étincelles; le vent du nord, frais et vif, poussait vers le sud les crêtes de ces grandes vagues de feu, ondoyant comme une mer au-dessus des bâtiments à demi écroulés. Au moment où Ronan, porté par les deux esclaves, passait devant la maison seigneuriale, construite presque entièrement en charpentes et recouverte de planchettes de chêne, il vit la toiture embrasée, soutenue jusqu'alors par quelques grosses poutres carbonisées, s'abîmer avec le retentissement du tonnerre au milieu des assises et des pilastres de pierre volcanique, restés seuls debout, ainsi que quelques énormes poutres noires et fumantes, se profilant sur un rideau de feu. Aux lueurs de de cette fournaise, on voyait briller les casques et les cuirasses des leudes de Chram, courant çà et là, ainsi que les gens de Néroweg, et s'efforçant de faire sortir des écuries embrasées les chevaux et les mulets.

Quel tumulte infernal!... Qu'il est doux à l'oreille d'un Gaulois! Par les os de nos pères! la belle musique! hennissement des chevaux, beuglements des bestiaux, imprécations des Franks, cris des blessés que les décombres enflammés brûlaient ou écrasaient en croulant! Et quelle belle lumière éclairait ce tableau, lumière rouge, flamboyante!

Voici les deux fils du vieux Karadeuk, toujours portés sur les épaules des esclaves, comme la petite Odille entre les bras du Veneur, qui passent, ainsi que plusieurs Vagres et esclaves, révoltés, le pont jeté sur le fossé, après avoir traversé la foule des Franks fourmillant autour de l'incendie. Le gardien du pont a été précipité par une vigoureuse poussée dans le fossé, et il a disparu dans la bourbe.

— Vite, passez! — Sommes-nous tous hors de l'enceinte du burg, dit le vieux Karadeuk?

— Oui, tous! tous!

— Maintenant, tirons à nous ce pont; j'ai fait briser les chaînes qui l'attachaient de l'autre côté de l'enceinte; s'il prend envie aux Franks de nous poursuivre, nous aurons sur eux une grande avance. Une fois en pleine forêt, adieu les Franks! Vive la Vagrerie et la vieille Gaule!... — O mes fils! vous êtes hors de danger.... Ronan, Loysik!... encore un embrassement, mes enfants!

— Par la joie sainte de ce père et de ses deux fils, belle évêchesse, tu es ma femme... je ne te quitterai qu'à la mort!

— Loysik, vous me disiez cette nuit dans la prison: « Fulvie, libre aujourd'hui, retrouvant le Veneur libre aussi, et vous offrant d'être sa femme, que répondriez-vous? — Libre à cette heure, — ajouta l'évêchesse en se retournant vers le Vagre, — je serai ta femme dévouée et mère vaillante si Dieu nous donne des enfants.

— Et toi, petite Odille, toi qui n'as plus ni père ni mère, veux-tu de Ronan pour mari, pauvre enfant, si tu survis à ta blessure?

— Ronan, je serais morte, que l'espoir d'être votre femme me ferait sortir du tombeau!...

. . . .

Les Vagres et les esclaves révoltés se dirigent en hâte vers la forêt, Loysik et Ronan toujours portés sur les épaules de leurs compagnons, et la petite Odille attachée au cou du Veneur. Un peu derrière eux quatre Vagres marchent essoufflés portant un lourd fardeau. C'est un homme bâillonné et garrotté.

— Et quel est cet homme, mon brave Veneur? Sais-tu quel il est?

— C'est le comte Néroweg dextrement enlevé au milieu de ses leudes par ton père, aidé de deux de nos camarades.

— Néroweg en notre pouvoir!... à nous Karadeuk, Ronan et Loysik, descendants de Scanvoch! Ciel et terre!

— Eh! vieux Karadeuk!... viens de notre côté... Ronan ne peut croire encore à l'enlèvement du sanglier frank...

— Oui, mon fils, cet homme dont la tête est enveloppée d'une casaque, c'est Néroweg... c'est ma part du butin...

— C'est la tienne, Karadeuk... mais nous, anciens esclaves du comte, nous te demandons ses os et sa peau...

— Quel dommage de n'avoir pas aussi l'évêque... la fête serait complète...

— Le Lion de Poitiers a tué l'évêque.

— Mon père, vous avez vu mourir cet évêque damné, cet infâme tonsuré?

— Oui... j'ai vu l'évêque Cautin frappé d'un coup d'épée par le Lion de Poitiers...

— Mais comment avez-vous pu vous emparer du comte Néroweg?

— Je vous suivais de l'œil, toi et Loysik, portés par nos Vagres criant : « Place! place à des blessés que nous venons de retirer de dessous les décombres! » Tout en me mêlant, ainsi que trois des nôtres, à la foule éperdue, je me rapprochais peu à peu du pont ; soudain, de loin, je vois accourir le comte, seul, et portant à grand'peine entre ses bras plusieurs gros sacs de peau remplis sans doute d'or et d'argent, se dirigeant vers une citerne abandonnée. Néroweg était seul et en ce moment assez éloigné du lieu de l'incendie ; la pensée me vint de m'emparer de lui! moi et deux des nôtres nous nous glissons en rampant derrière les arbrisseaux qui ombrageaient la citerne, au fond de laquelle le comte venait de jeter plusieurs de ses sacs, craignant sans doute qu'à travers le tumulte ils lui fussent volés ; nous tombons trois sur lui à l'improviste, il est terrassé, je lui mets les genoux sur la poitrine et la main sur la bouche pour l'empêcher de crier à l'aide... un des nôtres se dépouille de sa casaque et enveloppe la tête de Néroweg, les autres lui lient les mains et les pieds avec leur ceinture, après quoi nos Vagres ayant ramassé les sacs restants, nous enlevons le seigneur comte... Le pont était voisin... et... voici ma capture... ma part du butin. On ne peut plus entendre au burg les cris du comte... débarrassez-le de la casaque qui enveloppe sa tête. Et hurrah pour la Vagrerie!

Puis s'adressant à Néroweg : — Comte tes mains resteront garrottées, mais tes jambes seront libres... Veux-tu marcher jusqu'à la lisière de la forêt?

— Vous allez m'égorger là! Marchons, bateleur maudit! vous verrez qu'un noble frank va d'un pas ferme à la mort, chiens gaulois, race d'esclaves!

On arrive à la lisière de la forêt, alors que l'aube naissait ; elle est hâtive au mois de juin; au loin l'on aperçoit, luttant contre les premières clartés du jour, une lueur immense; ce sont les ruines du burg encore embrasées.

Ronan et l'ermite laboureur sont déposés sur l'herbe, la petite Odille est assise à leurs côtés. L'évêchesse s'agenouille près de l'enfant pour visiter sa blessure; les Vagres et les esclaves révoltés se rangent en cercle; le comte, toujours garrotté, l'air farouche, résolu, — car ces barbares, féroces, pillards et lâches dans leur vengeance, ont une bravoure sauvage, c'est à leurs ennemis de le dire, — jette sur les Vagres un regard intrépide ; le vieux Karadeuk, vigoureux encore, semble rajeuni de vingt ans ; la joie d'avoir sauvé ses fils et de tenir en son pouvoir un Néroweg semble lui donner une vie nouvelle ; son regard brille, sa joue est enflammée, il contemple le comte d'un œil avide.

— Nous allons être vengés, — dit Ronan, — tu vas être vengée, petite Odille.

— Ronan, je ne demande pas pour moi de vengeance ; dans la prison je disais au bon ermite laboureur : Si je redevenais libre, je ne rendrais pas le mal pour le mal.

— Oui, douce enfant... douce comme le pardon ; mais ne craignez rien, notre père ne tuera pas cet homme désarmé.

— Il ne le tuera pas, mon frère? Si, de par le diable! notre père tuera ce Frank, aussi vrai qu'il nous a fait mettre tous deux à la torture, qu'il a accablé de coups cette enfant de quinze ans avant de la violenter... Sang et massacre! pas de pitié!

— Non, Ronan, notre père ne tuera pas un homme sans défense.

— Vous tardez beaucoup à m'égorger, chiens gaulois! qu'attendez-vous donc! Et toi, bateleur, chef de ces bandits, qu'as-tu à me regarder ainsi en silence?

— C'est qu'en te regardant ainsi, Néroweg, je songe au passé..., j'évoque des souvenirs de famille auxquels se trouve mêlé un de tes aïeux : l'*Aigle terrible.*

C'était un grand chef... — reprit le Frank avec orgueil, — c'était un grand roi, un des plus vaillants guerriers de ma race; son nom est encore glorifié en Germanie... Puisse ma honte demeurer enfouie au fond de ma fosse... si vous ne creusez une fosse... chiens maudits!

— Il y a de cela plus de trois siècles, une grande bataille a été livrée sur les bords du Rhin entre les Gaulois et les Franks. Un de mes ancêtres s'est battu contre ton aïeul : l'*Aigle terrible.* Ce fut une lutte acharnée, non seulement un combat de soldat à soldat, mais un combat de deux races fatalement ennemies! Mon ancêtre pressentait que la descendance de Néroweg serait funeste à la nôtre, et il voulait le tuer pour éteindre la famille... Le sort des armes en a décidé autrement. Hélas! les pressentiments de mon aïeul ne l'ont pas trompé. Voici la seconde fois que nos deux familles se rencontrent à travers les âges... Tu as fait torturer mes deux fils ; tu devais aujourd'hui les livrer au supplice... Tu es actuellement en mon pouvoir; tu vas mourir, et ta race sera éteinte.

Un éclair de joie illumina les yeux du Frank ; il répondit d'une voix ferme : Tue-moi!...

— Mes Vagres! cet homme est à moi... c'est ma part du butin!

— Il est à toi, vieux Karadeuk....., tu peux en disposer. Commande et il sera frappé à mort.

— Je veux qu'il soit laissé libre de ses mouvements, mais formez autour de lui un cercle qu'il ne puisse franchir...

— Voici un cercle de pointes d'épées, de haches, de piques et de tranchants de faux qu'il ne pourra traverser.

— Un prêtre! — s'écria soudain le comte avec un accent d'angoisse, je ne veux pas mourir sans l'assistance d'un prêtre! Toi, ermite laboureur, veux-tu m'assister?

— Mon père, — s'écria Loysik, — mon père, vous ne tuerez pas ainsi cet homme!...

— Je ne vous demande pas grâce de la vie, chiens d'esclaves! mais je ne veux pas aller en enfer! Je veux l'absolution d'un prêtre!

— Prends cette hache, comte Néroweg; nous avons armes égales; c'est entre nous un combat à mort.

— Mon père! au nom de vos deux fils que vous avez sauvés renoncez à ce combat...

— Mes enfants cette hache ne pèse pas à mon bras.... j'éteindrai en ce Frank la race des Néroweg.

— Moi, de race illustre, me battre contre un gueux! un Vagre! un esclave révolté! non... je ne te ferai pas un tel honneur... chien bâtard... égorge-moi.

Saisissez-le et qu'on le tonde comme un esclave. Honte sur ce lâche!

— Moi, tondu comme un vil esclave! moi subir un tel outrage! Je préfère me battre contre toi, vil bandit, donne-moi la hache!...

— La voici, comte... Et vous, mes bons Vagres, élargissez le cercle, et victoire à la Gaule!

— Néroweg se précipita sur le vieux Vagre; le combat s'engagea, terrible, acharné. Loysik, Ronan, l'évêchesse et la petite Odille, pâles, tremblants, suivaient la lutte d'un œil alarmé. Le combat ne fut pas de longue durée. Karadeuk l'avait dit, la hache ne pesait point à son bras vigoureux, mais elle tomba rudement sur le front de Néroweg, qui roula sur l'herbe, le crâne entr'ouvert...

— Meurs donc! — s'écria Karadeuk avec une joie triomphante; — la race de l'*Aigle terrible* ne poursuivra plus la race de Joel!...

— Tu mens, chien gaulois, ma race ne sera pas éteinte, j'ai un fils de ma seconde femme à Soissons... et ma femme Godegisèle est enceinte. La race se perpétuera.

— Puis il ajouta d'une voix affaiblie, Ermite laboureur, donne-moi le paradis... bon patron, évêque Cautin, aie pitié de moi... Oh! l'enfer! l'enfer! les diables!...

Et Néroweg expira, la face contractée par une terreur diabolique.

Les leudes du comte, s'apercevant de sa disparition, durent le croire enseveli sous les décombres du burg ou enlevé..... S'ils l'ont cherché au dehors, ils auront trouvé le corps du comte vers la lisière de la forêt, mort, la tête fendue d'un coup de hache, étendu au pied d'un arbre dont on avait enlevé la première écorce et sur lequel étaient ces mots tracés avec la pointe d'un poignard:

Karadeuk le VAGRE, *descendant du Gaulois Joel, le brenn de la tribu de Karnak, a tué ce* COMTE *frank, descendant de Néroweg, l'Aigle terrible... Vive la Gaule!...*

Ici finit le récit de RONAN LE VAGRE, fils de KARADEUK LE BAGAUDE, mon frère à moi, Kervan, fils aîné de Jocelyn, et petit-fils d'Araïm. A cette histoire, j'ai ajouté les lignes suivantes, ce soir, jour du départ de mon neveu Ronan, qui retourne près des siens, en Bourgogne, après deux jours passés dans notre maison, toujours située non loin des pierres sacrées de la forêt de Karnak. Mon neveu Ronan m'ayant confié ses pensées durant son séjour ici, j'ai pu, en ce qui le touche, écrire ainsi qu'il aurait fait lui-même.

A propos de la forme nouvelle adoptée par lui dans ses récits, Ronan m'a dit non sans raison:

« — Le vœu de notre aïeul Joel, en demandant à ceux de sa descendance d'ajouter tour à tour à notre légende l'histoire de leur vie, a été de perpétuer d'âge en âge dans notre famille l'amour de la Gaule et la haine de la domination étrangère. Nos aïeux, jusqu'ici, ont raconté leurs aventures sous forme de mémoires; j'ai agi différemment; mais la même pensée patriotique m'a inspiré: tous les faits cités par moi sont vrais, et les scènes auxquelles je n'ai pas assisté m'ont été racontées par des gens qui ont été acteurs dans ces évènements. Il en a été ainsi, entres autres faits, de l'entrevue secrète de Néroweg et de Chram au burg du comte, dans la chambre des trésors. Chram rapporta cet entretien à Spatachair, l'un de ses favoris; un esclave entendit ce récit; et plus tard, après l'incendie du burg, cet esclave s'étant joint à nous pour courir la Vagrerie jusqu'en Bourgogne, m'a répété ce qu'il avait entendu. Peu importe donc la forme de ces légendes; il nous faut, avant tout, donner à notre descendance un tableau réel des temps où chacune de nos générations a vécu et vivra. Ces enseignements, transmis de siècle en siècle à notre race, rempliront ainsi le vœu suprême de notre aïeul Joel. »

Moi, Kervan, je dis comme mon neveu Ronan le Vagre: peu importe la forme de ces récits, pourvu qu'ils reproduisent fidèlement les temps où nous vivons. Je compléterai donc ainsi qu'il suit, et jusqu'à aujourd'hui l'histoire de mon frère Karadeuk et de ses deux fils, Ronan et Loysik.

CHAPITRE IV

Ronan le Vagre revient en Bretagne accomplir le dernier vœu de son père Karadeuk. — Il retrouve Kervan, frère de son père. — Ce qui est advenu à Ronan le Vagre avant et durant son voyage.

Deux ans se sont écoulés depuis la mort du comte Néroweg... On est en hiver : le vent siffle, la neige tombe. Par une nuit pareille, il y a de cela près de cinquante ans, Karadeuk, petit-fils du vieil Araïm, avait quitté la maison de son père, où se passe ce récit, pour aller courir la Bagaudie, séduit par les récits du colporteur.

Le vieil Araïm est mort depuis très longtemps, regrettant jusqu'à son dernier jour Karadeuk, son favori ; Jocelyn et Madalèn, père et mère de Karadeuk, sont morts aussi ; son frère aîné, Kervan, et sa douce sœur, Roselyk, sont encore vivants et habitent la maison située près des pierres sacrées de Karnak. Kervan a soixante-huit ans passés ; il s'est marié déjà vieux : son fils, âgé de quinze ans, s'appelle *Yvon ;* la blonde Roselyk, sœur de Kervan, est presque aussi âgée que lui : ses cheveux sont devenus blancs ; elle est restée fille et demeure avec son frère Kervan et sa femme *Martha.*

Le soir est venu, le vent souffle au dehors, la neige tombe.

Kervan, sa sœur, sa femme, son fils et plusieurs de leurs parents, qui cultivent avec eux les mêmes champs que cultivait, il y a plus de six cents ans, Joel et sa famille, sont occupés autour du foyer aux travaux de la veillée. Une violente rafale de vent ébranle les portes et les fenêtres de la maison. Kervan dit à sa sœur :

— Bonne Roselyk, c'est par une nuit semblable que, il y a beaucoup d'années, ce colporteur maudit est venu en notre logis, t'en souvient-il ?

— Hélas ! oui... et le lendemain notre pauvre frère Karadeuk nous quittait pour toujours... Sa disparition a causé tant de chagrin à notre grand-père Araïm, qu'il en est mort... Peu de temps après, nous avons perdu notre mère Madalèn, devenue presque folle de douleur... Seul, notre père Jocelyn a résisté au chagrin... Ah ! notre frère Karadeuk n'a été que trop puni de son désir de voir les *Korrigans.*

— Les Korrigans ! tante Roselyk, — reprit Yvon, fils de Kervan, — ces petites fées d'autrefois dont le vieux Gildas, le tondeur de brebis, parle souvent ? On ne les voit plus depuis de longues années dans le pays, les Korrigans, non plus que les *Dûs,* autres petits nains.

— Heureusement, mon enfant, le pays est débarrassé de ces génies malfaisants... Sans eux, ton oncle Karadeuk serait peut-être à cette heure avec nous à la veillée...

— Et jamais, mon père, vous n'avez eu de ses nouvelles ?

— Jamais, mon fils ! Il est mort sans doute au milieu de ces guerres civiles, de ces désastres qui continuent de déchirer la vieille Gaule, sous le règne des descendants de Clovis.

Puisse notre Bretagne ignorer longtemps ces maux dont souffrent si cruellement les autres provinces !

— Notre vieille Armorique a pu jusqu'à ce jour conserver son indépendance et repousser l'invasion des Franks, pourquoi faiblirions-nous à l'avenir ? Nos chefs de tribus, choisis par nous, sont vaillants... Le chef des chefs, choisi par eux, le vieux *Kando,* qui veille sur nos frontières, est aussi intrépide qu'expérimenté... N'a-t-il pas déjà repoussé victorieusement les attaques des Franks !

— Et trois fois déjà tu as été appelé aux armes, Kervan, nous laissant, moi ta femme, Roselyk ta sœur, et Yvon ton fils, dans des angoisses mortelles...

— Allons, allons, pauvres Gauloises dégénérées, ne parlez point ainsi ; songez à nos légendes de famille. *Margarid,* femme de Joel ; *Méroë,* femme d'Albinik le marin ; *Ellèn,* femme de Scanvoch, avaient-elles ces faiblesses, lorsque leurs époux allaient combattre pour la liberté de la Gaule ?

— Hélas ! non ; car Margarid et Meroë ont, comme leurs époux, trouvé la mort dans les batailles...

— Tandis que moi, je n'ai été blessé qu'une fois en combattant ces Franks maudits, que nous avons exterminés sur nos frontières.

— Oublies-tu, mon frère, le danger que tu as couru aux dernières vendanges ? Étranges vendanges ! que l'on va faire l'épée au côté, la hache sur l'épaule !

— Quoi donc ! ce sont des parties de plaisir... Sortir gaiement de nos frontières pour aller en armes vendanger la vigne que les Franks font cultiver par leurs esclaves vers le pays de Nantes !... Par la barbe du bon Joel ! il aurait ri de bon cœur en voyant notre troupe repasser les frontières, escortant gaiement nos grands chariots remplis de raisins vermeils ! Quel joyeux coup d'œil ! Les pampres verts ornaient les jougs de nos bœufs, les brides des chevaux et jusqu'aux fers de nos lances ; puis, tous en cœur nous chantions ce bardit :

« *Les Franks ne le boiront pas, ce vin de la vieille Gaule... non, les Franks ne le boiront pas !... — Nous vendangeons l'épée d'une main, la serpe de l'autre. — Nos chars de guerre sont des pressoirs roulants. Ce n'est pas le sang qui rougit leurs essieux, c'est le jus empourpré du raisin... — Les*

Franks ne le boiront pas, ce vin de la vieille Gaule... Les Franks ne le boiront pas !... »

— Mon père, j'aurai seize ans à la prochaine vendange au pays de Nantes... vous m'emmènerez avec vous?

— Tais-toi, Yvon, ne fais pas de semblables vœux ; cela m'effraye.

— Roselyk, ma chère sœur, ce que dit ma femme ne te rappelle-t-il pas notre pauvre mère grondant notre frère Karadeuk, de ce qu'il désirait voir les Korrigans : « Taisez-vous, méchant enfant, vous m'effrayez ?... »

— Hélas ! mon frère, le cœur de toutes les mères se ressemble.

— Mon père, j'entends des pas au dehors... je suis certain que c'est le vieux Gildas ; il avait promis de venir à la veillée pour nous apprendre un nouveau bardit qu'un tailleur ambulant lui a chanté. Justement, c'est lui... Bonsoir, vieux Gildas.

— Bonsoir, mon enfant ; bonsoir à vous tous.

— Ferme la porte, vieux Gildas ; la bise est froide, viens te placer près du foyer.

— Kervan, je ne suis pas seul. Un étranger m'accompagne ; il a frappé à ma porte et m'a demandé le logis de Kervan, fils de Jocelyn. Ce voyageur vient de Vannes, et de plus loin encore ; il demande à te voir.

— Pourquoi n'entre-t-il pas ?

— Il secoue dehors les frimas dont il est couvert, de la tête aux pieds.

— Mon Dieu ! Gildas, cet homme serait-il un colporteur ?

— Roselyk, Roselyk, entends-tu encore ma femme ?... Ah ! tu as raison : les cœurs des mères sont tous pareils...

— Non, Martha ; ce jeune homme ne m'a point paru être un colporteur ; à son air résolu, on le prendrait plutôt pour un soldat ; il porte un long poignard à son côté... Tenez, le voici.

— Approche, voyageur ; tu as demandé la demeure de Kervan, fils de Jocelyn ? Tu désires voir Kervan ; Et bien ! Kervan, c'est moi...

— Salut donc à toi et aux tiens, Kervan. Mais qu'as-tu à me considérer ainsi en silence ?

— Roselyk, regarde donc ce jeune homme... remarque son front, ses yeux, l'air de sa figure...

— Ah ! mon frère ! il est d'étranges ressemblances... On croirait avoir sous les yeux notre frère Karadeuk, lorsqu'il a quitté cette maison.

— Roselyk, cet étranger paraît singulièrement ému ; il pleure... Dis, jeune homme, tu es le fils de Karadeuk ?

Pour toute réponse, Ronan le Vagre se jeta au cou du frère de son père, et il embrassa non moins tendrement Martha, Roselyk et Yvon... Les larmes séchées, la première émotion apaisée, les premiers mots qui partirent du cœur et des lèvres de Roselyk et de Kervan furent ceux-ci :

— Et notre frère ? Notre cher Karadeuk ? Quelles nouvelles nous en apportes-tu ?

A cette question, Ronan le Vagre est resté muet ; il a baissé la tête, et de nouveau ses yeux se sont remplis de larmes...

Un grand silence se fit parmi ces descendants de la race de Joel ; les larmes continuèrent de couler.

Kervan, le premier, se remit de son trouble et dit à son neveu :

— Y a-t-il longtemps que mon frère Karadeuk est mort ?

— Il y a trois mois... mon cher oncle.

— Sa fin a-t-elle été douce ? S'est-il souvenu de moi et de Roselyk, qui l'aimions tant ?

— Ses dernières paroles ont été celles-ci : « Je meurs sans avoir pu accomplir, pour ma part, le devoir imposé par notre aïeul Joel à sa descendance... Promets-moi, mon fils Ronan, toi qui connais ma vie et celle de ton frère Loysik, de remplir ce devoir à ma place, et d'écrire, sans rien dissimuler, du bien et du mal, ce que nous avons fait... Ce récit terminé, promets-moi de le rendre au berceau de notre famille, près des pierres sacrées de Karnak... Mon père Jocelyn et ma mère Madalèn sont morts, assurément ; tu remettras cet écrit, soit à mon bon frère Kervan, s'il a survécu à nos vieux parents, soit au fils aîné de mon frère. Si Kervan était mort sans laisser de postérité, ses héritiers ou ceux de sa femme déposeront entre les mains, selon le vœu de notre aïeul Joel, la légende et les reliques de notre famille, et tu les transmettras à ta descendance. Si, au contraire, mon frère Kervan et ma douce sœur Roselyk vivent encore, dis-leur que je meurs en prononçant leurs noms chers à mon cœur. »

— Telles ont été les dernières paroles de mon père Karadeuk.

— Et ce récit de la vie de mon frère et de la tienne ?

— Le voici, — répondit Ronan en débouclant son sac de voyage.

Et il tira un rouleau de parchemin qu'il remit à Kervan. Celui-ci prit cet écrit avec émotion, tandis que, ôtant de sa ceinture ce long poignard à manche de fer qu'avait porté Loysik, puis le Veneur, et sur la garde duquel on voyait gravé le mot saxon : *Ghilde*, et les deux mots gaulois : *Amitié, Communauté*, Ronan donna cette arme à son oncle, et lui dit :

— Le désir de mon père était que vous joignissiez ce poignard aux reliques de notre famille. Lorsque vous aurez lu ce récit, vous reconnaîtrez que cette arme peut tenir sa place parmi les objets que nos aïeux nous ont légués... pieuses reliques que je contemplerai avec respect. La veillée commence... après-demain matin il me faudra vous quitter. Je vous prie donc de lire, dès ce soir, la légende que je vous apporte; demain je vous raconterai ce que je n'ai pas eu le loisir d'écrire. Mais je désirerais vivement connaître les chroniques de notre famille, dont mon père m'a souvent raconté les traits principaux.

— Viens, — dit Kervan en prenant une lampe.

Ronan le suivit... Tous deux entrèrent dans une des chambres de la maison. Sur une table était déposé le coffret de fer autrefois donné à Scanvoch par Victoria la Grande. Kervan tira de ce coffret la *faucille d'or* d'Héna, la vierge de l'île de Sèn; la *clochette d'airain*, laissée par Guilhern; le *collier de fer* de Sylvest; la *croix d'argent* de Geneviève; l'*alouette de casque* de Victoria la Grande; puis il déposa ces objets auprès du *poignard* de Loysik. Kervan prit aussi dans le coffret les différents parchemins qu'il remit à Ronan, et alla rejoindre sa famille.

Cette longue nuit d'hiver s'écoula pour le Vagre dans la lecture des légendes de sa race...

Kervan et sa femme avaient, de leur côté, prolongé leur lecture presque jusqu'à l'aube; et, contre leur habitude, ils ne s'étaient pas levés avec le jour. Ronan, encore sous l'impression de l'histoire de sa famille, alla visiter les abords de la maison : à chaque pas, il y trouva le souvenir de ses ancêtres; elle verdoyait toujours, la vaste prairie où son aïeul et ses fils, Guilhern et Mikaël, se livraient aux mâles exercices militaires de la *marhek-adroad*; il coulait toujours, le ruisseau d'eau vive, au bord duquel Sylvest et Siomara avaient, dans leurs jeux enfantins, élevé une petite cabane pour se mettre à l'abri de la chaleur du jour.

Le Vagre fut tiré de sa rêverie par la voix du frère de son père.

— Ronan, — dit Kervan, — la gelée a durci la terre, les troupeaux ne peuvent sortir des étables; nous avons à cribler le grain à la maison... rentrons; pendant notre travail, tu nous diras les évènements qui complètent ton récit. Je te promets de les transcrire fidèlement à la suite de l'histoire de ta vie.

Ronan et la famille de Kervan sont rassemblés dans la grande salle de la métairie; après le repas du matin, les femmes filent leur quenouille ou s'occupent des soins domestiques; les hommes criblent le grain qu'ils tirent de grands sacs et qu'ils reversent dans d'autres. Des troncs d'orme et de chêne brûlent dans l'immense foyer, car au dehors vive est la froidure; Ronan va parler; on fait silence, et chacun, tout en s'occupant de ses travaux, jette de temps à autre un regard curieux sur le Vagre, fils du Bagaude.

— Mon oncle, — dit Ronan, — vous avez lu le récit que je vous ai remis hier?

— Nous tous qui sommes ici nous l'avons entendu... mais il n'y est pas question de la mort de mon pauvre frère.

— Avant d'aborder ce sujet, mon cher oncle, il me faut d'abord vous apprendre ce qui s'est passé après l'incendie du burg de Néroweg.

— Le succès de notre attaque avait terrifié les Franks et les évêques de la contrée; ceux des esclaves qui n'étaient pas hébétés, les colons pressurés par les seigneurs, enfin un certain nombre d'hommes courageux vinrent se joindre à notre bande qui, de jour en jour, devint plus redoutable. Alors, il fallut de gré ou de force que les seigneurs consentissent à des améliorations dans le sort de leurs esclaves.

— Mon frère Loysik se montra fidèle à ce principe de Jésus de Nazareth, « que ce sont surtout les malades qui ont besoin de médecins, » il ne nous quitta pas; et bientôt il prit sur notre troupe un grand ascendant; sa bonté, son courage, son éloquence, son amour de la Gaule, son horreur de la conquête franque, lui avaient acquis tous les cœurs. Cependant, il se décida à faire un voyage dont il n'indiquait pas la destination; puis il nous écrivit pour nous engager à nous rapprocher des confins de la Bourgogne; il devait nous rejoindre aux environs de Marcigny, ville située à l'extrême frontière de cette province. Avant son départ, il nous avait fait promettre de ne plus incendier les burgs et les villas épiscopales; mais le pillage allait toujours au profit du pauvre monde, et nous faisions bonne justice des abbés, des évêques et des seigneurs franks dont les cruautés étaient avérées.

— Et les Franks ne se sont pas armés contre vous? Etaient-ils terrifiés à ce point?

— Le roi Clotaire ordonna une levée d'hommes, mais les seigneurs bénéficiers craignirent, en se séparant de leurs leudes, de laisser leurs burgs sans défense aux attaques de notre troupe; ils n'envoyèrent que peu de gens à la levée; aussi, par deux fois, nous avons rudement battu les Franks; mais, selon le désir de Loysik, nous nous rapprochions toujours des frontières de la Bourgogne...

— Et la petite Odille, Ronan; qu'est-elle devenue? Pauvre chère victime!

— Je l'avais prise pour femme... la chère enfant ne me quittait pas; elle était aussi douce que vaillante, aussi dévouée que tendre.

— Pauvre petite... et l'évêchesse qui nous a intéressés malgré ses égarements.

— Fulvie était pour le Veneur ce qu'Odille était pour moi.

— Et ce roi Chram, qui rêvait le parricide, a-t-il exécuté ses projets de révolte contre son père Clotaire, cet autre monstre qui tuait les enfants de son frère à coups de couteau?

— Il y a trois jours, en me rendant ici... j'ai

Supplice de Chramm et de sa famille (page 440)

retrouvé Chram et son père sur les frontières de notre Armorique.

— Le père et le fils sur nos frontières?

— Oui, et ils se sont montrés dignes l'un de l'autre... Ah! Kervan! j'ai couru la Vagrerie dès mon enfance... j'ai assisté à de terribles spectacles... mais, foi de Vagre, je n'ai jamais éprouvé une pareille épouvante... je frissonne d'horreur quand je songe à ce qui s'est passé sous mes yeux, il y a peu de jours, lors de la rencontre de Chram et de son père.

— Horrible... horrible. Je vous ferai ce récit tout à l'heure... Je reviens à notre propre histoire... Fidèles à notre promesse envers Loysik, nous nous rapprochions des confins de la Bourgogne. Cette contrée, l'une des premières conquises avant Clovis par d'autres barbares venus de Germanie et appelés *Burgondes*, était remplie des héroïques souvenirs de la vieille Gaule!

A la voix de Vercingétorix, le *chef des cent vallées*, les populations s'étaient soulevées en armes contre les Romains, *Epidorix*, *Convictolitan*, *Lictavic*, et d'autres patriotes de cette province, avaient rejoint avec leurs tribus le *chef des cent vallées*, jaloux de combattre avec lui pour la liberté des Gaules.

— Et cette contrée autrefois si vaillante... a subi le sort commun?

— Là comme ailleurs, Kervan, les évêques avaient hébété les populations.

— Dans notre Armorique, les druides chrétiens ou non chrétiens nous prêchent l'amour de la patrie, la haine de l'étranger.

— Aussi la Bretagne est restée libre; il en fut pas ainsi de la malheureuse province dont je vous parle; dès l'année 355, son peuple avait dégénéré. Deux chefs de hordes, *Westralph* et *Chnodomar*, avaient envahi cette contrée;

55e livraison

d'autres barbares, les Burgondes, venus des environs de Mayence, chassèrent à leur tour ces premiers envahisseurs et s'établirent en ce pays vers l'année 416. Ces Burgondes, qui ont donné leur nom à cette province, étaient des peuples pasteurs, moins féroces que les autres tribus de Germanie. Le plus grand nombre des habitants du pays avaient été massacrés ou emmenés en esclavage lors de la première conquête, en 355. La race de ceux qui survécurent, asservie par les Burgondes, ne fut pas aussi misérable que celles de la majorité des provinces conquises; les rois *Gondiok*, *Gondehaud* et son fils *Sigismond*, régnèrent tour à tour sur ce pays jusqu'en 534; à cette époque, Childebert et Clotaire, fils de Clovis, attaquant ces burgondes, comme eux de race germaine, ravagèrent de nouveau ce pays, asservirent la race burgonde et la race gauloise, et ajoutèrent ce territoire aux possessions de la royauté franque.

— Que de ruines! que de massacres!...

— C'est un terrible temps! mais, foi de Vagre, nous l'avons rendu épouvantable pour bon nombre de nos conquérants... Selon notre promesse faite à Loysik, nous nous étions rapprochés des confins de la Bourgogne... Nous arrivâmes près de Marcigny au commencement de l'automne; dans ces climats fortunés, cette saison est aussi douce que l'été. Le soleil baissait, nous avions marché pendant toute la journée, traversant des contrées jadis fécondes autant que peuplées, et alors incultes, presque désertes. Quelques esclaves se joignirent à nous, d'autres se réfugièrent dans la cité de Marcigny et y jetèrent l'alarme. Nous attendions toujours le retour de Loysik; pour plus de prudence, nous avions campé sur une colline boisée, d'où l'on dominait au loin la ville, à peine défendue par des murailles en ruines... Vers la fin du jour, nous vîmes arriver mon frère; il accourait, instruit de notre venue par les esclaves fugitifs. Il me semble encore le voir, gravissant la colline d'un pas précipité, ses traits rayonnaient de bonheur. Après avoir répondu aux témoignages d'affection dont nous l'entourions à l'envi, Loysik fit signe qu'il voulait parler; il gravit un monticule ombragé d'une châtaigneraie séculaire : la foule s'assembla autour de lui. A ses pieds s'assirent un grand nombre de femmes qui couraient avec nous la Vagrerie. Au premier rang parmi elles se trouvaient Odille et l'évêchesse. Loysik portait ce jour-là une robe de grosse laine blanche; un rayon du soleil couchant, traversant les châtaigniers, semblait entourer d'une auréole dorée sa grave et douce figure, encadrée de ses longs cheveux, séparés sur son front un peu chauve, et blonds comme sa barbe légère. Je ne sais pourquoi me vint alors à la pensée le souvenir du jeune homme de Nazareth, prêchant sur la montagne la foule vagabonde dont il était toujours suivi... Un grand silence se fit dans notre troupe; Loysik nous fit un discours que bientôt après j'ai transcrit sur un parchemin, afin de ne pas l'oublier, et que je puis vous redire textuellement : « Mes amis, mes frères, vous tous qui m'entendez, je reviens au milieu de vous avec la *bonne nouvelle*... Jusqu'à ce jour, vous avez, par de terribles représailles, rendu aux Franks, aux abbés et aux évêques le mal pour le mal : les méchants l'ont voulu, la violence a appelé la violence! l'oppression, la révolte; l'iniquité, la vengeance! Elles se sont réalisées, ces menaçantes paroles de Jésus : *Qui frappera de l'épée périra par l'épée! — Malheur à vous, qui retenez votre prochain en esclavage! — Malheur à vous, riches au cœur impitoyable!* Aux pauvres qui manquaient du nécessaire, vous avez distribué les biens de ces conquérants pillards ou de ces nouveaux *princes des prêtres*.... Beaucoup d'hommes endurcis, frappés de terreur, ont alors montré quelque charité... Vous avez fait justice; mais, hélas! justice aventureuse, implacable! En ces temps de tyrannie et de guerre civile, d'esclavage et de révolte, de misère atroce et de criminelle opulence, les peuples ont été jetés hors de toutes les voies de la morale. L'éternelle notion du juste et de l'injuste, du bien et du mal, s'est obscurcie dans les esprits : les uns, hébétés par l'épouvante, subissent des maux inouïs avec une résignation dégradante! les autres, en proie à un vertige furieux, mêlent les actes les plus généreux aux actions les plus répréhensibles!... Votre vengeance engendre fatalement d'incalculables malheurs!... Sans doute, quelques seigneurs, jusqu'alors impitoyables, se montrent moins cruels envers leurs esclaves, par crainte de la terreur que vous inspirez; mais demain?... vous serez loin, et les bourreaux redoubleront de cruauté... Vous incendiez les demeures de ces conquérants; mais ces demeures ne tardent pas à être rebâties, et ce sont nos frères, les esclaves, qui les reconstruisent. Vous partagez entre les pauvres une partie des dépouilles des seigneurs et des prélats; mais après quelques jours d'abondance, la misère pèse de nouveau sur ces malheureux, plus atroce encore que par le passé! Ces coffres, vidés par vous, doivent être remplis par nos frères esclaves, aux prix de nouveaux et écrasants labeurs. Que de larmes! que de sang versé! que de ruines amoncelées par votre faute, que de désastres irréparables!... »

Une voix s'écria du milieu de la foule : « — Nos conquérants ne l'ont-ils pas fait couler à flots, le sang de notre race?... Périsse le monde, et aussi l'iniquité qui nous dévore!... mort aux oppresseurs!... A mort les seigneurs et les prêtres! »

Mon frère prit de nouveau la parole :
« — Périsse l'iniquité ! oui, périsse l'esclavage ! oui, périssent la misère, l'ignorance !... Comme vous, j'ai horreur de la conquête barbare ; comme vous, j'ai horreur de l'asservissement ; comme vous, j'ai horreur de l'ignorance où de faux prêtres de Jésus tiennent leurs semblables ; comme vous, j'ai horreur de la dégradation de notre pays... Mais pour vaincre la barbarie, l'ignorance, la misère, l'esclavage, il faut les combattre par la civilisation, par la science, par la vertu, par le travail, par le réveil du patriotisme gaulois, engourdi au fond de tant de cœurs !

« — Ermite notre ami, cria de nouveau l'interrupteur, comment pouvons-nous combattre nos ennemis autrement que par les armes ? Ne sommes-nous pas hommes errants, loups, têtes de loups ?

« — Qui vous a fait Vagres, vous, hommes de toutes conditions avant d'être réduits en servitude ? qui vous a jetés dans la révolte ? N'est-ce pas la spoliation, la misère ? Si l'on vous disait : Renoncez à votre vie errante, et votre travail vous assurera largement les nécessités de la vie ; votre courage garantira votre repos et votre liberté... Vous qui regrettez ou désirez la paix du foyer, les joies de la famille, vous aurez ces pures et douces jouissances... Vous qui préférez l'austère isolement, vous suivrez votre goût, et vous vivrez heureux, tranquilles.

« — Ermite, ces promesses sont-elles réalisables ? Tu n'es pas de ces prêtres fourbes qui prétendent posséder le don des miracles...

« — Ah ! s'ils l'eussent voulu, les évêques eussent chaque jour accompli de pareils miracles au nom de la fraternité humaine prêchée par Jésus... Oui, s'ils avaient agi, comme l'évêque de Chalon, une voie d'émancipation pacifique aurait été ouverte pour la Gaule...

« — Et qu'a donc fait l'évêque de Chalon ?

« — Après m'être séparé de vous, je suis allé dans cette petite ville de Marcigny, qui dépend du diocèse de Chalon, et où l'évêque possède une villa qu'il habite pendant l'été... Ce n'est pas un méchant homme, quoiqu'il retienne ses frères en esclavage ; ses jours se sont écoulés, jusqu'ici, dans le calme, la fainéantise et l'opulence. Il est grand ami du roi Clotaire...

« — Je suis donc allé chez cet évêque, et voici quel a été notre entretien :

« — Tu as entendu parler des Vagres d'Auvergne, lui ai-je dit ? — Hélas ! oui... ces gens commettent de grands crimes en ce pays-là ; mais, grâce à Dieu, la Vagrerie n'est point venue jusqu'en Bourgogne. Évêque, je l'apprendrai alors que des bandes de Vagres s'approchent de ton diocèse. — Alors, malheur ! malheur sur nous ! Qu'allons-nous devenir ? Mon diocèse va être ravagé, mon trésor pillé, mon palais de Chalon saccagé, ma villa incendiée... Moine, c'est une grande désolation !...
— Évêque, la vallée de Charolles est située dans ton diocèse ? — Elle appartient au glorieux roi Clotaire, comme toutes les terres de la Gaule qui n'ont pas été distribuées en bénéfices, soit par lui, soit par son père Clovis, aux chefs des leudes ou à l'Église. Tu es l'ami du roi Clotaire ?
— Ce grand prince me témoigne beaucoup de bienveillance. — Demande-lui et en mon nom la donation de la vallée de Charolles ; j'y fonderai une communauté de moines laboureurs. Autour de ce monastère s'établira une colonie laïque ouverte aux Vagres. Une partie des terres sera réservée aux moines laboureurs, l'autre sera abandonnée aux colons ; mais cette donation doit être absolue, héréditaire, exempte de toutes charges et redevances... Les colons seront reconnus, de droit et de fait, hommes libres, eux et leur descendance... Obtiens cette donation du roi Clotaire, et la troupe de Vagres, au lieu d'être pour la contrée un sujet d'épouvante, sera un rempart, une protection pour le diocèse. L'évêque s'est empressé de transmettre ma demande à Clotaire, et hier même un messager royal a apporté la réponse du prince :

« Clotaire, guerrier illustre, roi des Franks...
« L'office et le devoir d'un roi est de venir en
« aide aux serviteurs de Dieu et d'accueillir
« favorablement leurs demandes. D'autre part,
« comme nous ne demeurons que peu de temps
« en cette vie, il importe d'amasser au plus
« vite des richesses pour l'éternité. Ces ri-
« chesses, nous pouvons les acquérir facile-
« ment au moyen de largesses accordées aux
« évêques et à l'Église. C'est pourquoi nous ac-
« cueillons la demande de notre vénérable père
« en Christ, Florent, évêque de Chalon-sur-
« Saône, et faisons savoir à tous les *fidèles*
« présents et futurs qu'un certain moine,
« nommé *Loysik*, nous a demandé, par l'entre-
« mise dudit Florent, notre vénérable père en
« Christ et ami, une terre où il pût habiter
« librement, prier et implorer pour nous la
« miséricorde divine ; il a ajouté qu'il était
« suivi d'un grand nombre d'hommes qu'il
« voulait retirer des désordres et des misères
« du siècle ; ces hommes ont promis de se
« fixer auprès de lui, et de se livrer à une vie
« paisible et laborieuse ; pour nous, considé-
« rant que la demande du moine est sage ;
« parce que nous croyons, d'ailleurs, que, si
« nous l'accueillons favorablement, nous ferons
« une chose agréable à Dieu et méritoire pour
« la rémission de nos péchés, nous accordons
« à ce moine la possession de la vallée de Cha-
« rolles, située dans le diocèse de Chalon,
« bornée au nord par les rochers dits *Roches-*

« *Balues*; au midi par la rivière de Charolles, « dont une branche traverse ladite vallée; à « l'ouest par le ravin appelé *Ravin d'Epidorix*; « à l'est, par la lisière des bois dits *Bois aux* « *Chèvres*, touchant aux terres de l'église de « Marcigny. Nous concédons à ce moine Loysik « tout ce qu'il rencontrera sur lesdites terres, « esclaves, animaux domestiques, construc- « tions, vignes, champs cultivés, prairies et « bois ; il usera de tout librement et pourra, « sans que nul ait droit d'y mettre empêche- « ment, labourer, planter, bâtir ; nous l'exemp- « tons, lui et ceux qui s'établiront avec lui « dans la vallée de Charolles, de tout ce qui est « dû à notre fisc. Nous défendons à tous nos « leudes, évêques, ducs, comtes et autres, « d'exiger pour eux et pour leur suite, ni « argent, ni présent, ni logement, ni redevance « de ce moine Loysik, ni de ceux qui s'établi- « ront sur le territoire que nous lui avons « accordé, les tenant et reconnaissant pour « hommes libres. Que nul ne soit assez auda- « cieux, pour enfreindre nos commandements, « nous voulons que ce moine Loysik, ses com- « pagnons et leurs successeurs vivent libres et « tranquilles sous notre protection. Et pour « que le présent acte ait plus de force, nous « avons voulu qu'il fût signé de notre main et « scellé de notre sceau.

« Clotaire »

« L'évêque en me remettant cette charte, a ajouté :
Maintenant, moine, fais usage de la donation et empêche les Vagres de ravager mon diocèse.
« Pendant que l'évêque me parlait ainsi, quelques esclaves fugitifs sont venus lui annoncer l'approche de votre troupe; le prélat m'a dit alors d'une voix suppliante : Va, cours, moine, je ferai tous les sacrifices pour vivre en paix avec de si redoutables voisins...
« A cette heure, mes amis, mes frères, il dépend de vous de vivre heureux et libres ! Ceux d'entre vous qui voudront entrer dans notre communauté de laboureurs y seront admis ; ceux qui, préférant la vie de famille, voudront s'unir à une femme de leur choix, recevront des terres héréditaires... J'ai visité la vallée dans toutes ses parties, une rivière poissonneuse traverse les prairies, des bois séculaires l'ombragent, les cultures en vignes et en céréales sont florissantes, les bestiaux nombreux. Les pauvres esclaves transportés ou nés en ce pays seront affranchis; les terres qu'ils ont jusqu'ici cultivées pour le fisc, leur appartiendront désormais à titre héréditaire. La vallée est immense, et, fussions-nous dix fois plus nombreux, la fertilité de son sol suffirait à nos besoins. Ces terres que le roi Clotaire nous restitue, sous forme de don ont été violemment conquises, il y a plus de deux siècles, par des tribus barbares, puis envahies par les Burgondes, et enfin reconquises sur ceux-ci par les Franks ; ces terres sont en partie incultes, la race de ceux qui les possédaient il y a deux cent cinquante ans et plus avant la première invasion est, depuis longtemps éteinte ; les populations, massacrées lors de ces conquêtes successives, emmenées au loin, en captivité ou mortes à la peine, en cultivant pour autrui les champs paternels, ont entièrement disparu. En occupant cette portion du sol de la Gaule, nous ne dépossédons personne de notre race ; mais il faudra savoir défendre au besoin ce territoire. En ces temps de guerre civile, les donations, quoique perpétuelles, ne sont pas toujours respectées par les héritiers des rois ou par les seigneurs et les évêques. Nous devons donc être prêts à repousser la force par la force. La vallée est garantie au nord par des rochers presque inaccessibles, au midi par une rivière profonde, à l'ouest par des ravins escarpés, à gauche par des bois épais ; il nous sera facile de nous fortifier dans cette possession et d'y maintenir nos droits... »

— Kervan après avoir écouté attentivement le Vagre, lui demanda si les conseils donnés par Loysik avaient été suivis par ses compagnons.

— Oui, cher oncle, le plus grand nombre des Vagres ont accepté les offres de Loysik : quelques-uns seulement préférèrent continuer leur vie aventureuse ; mais en promettant de ne pas entrer en Bourgogne... et depuis, nous n'avons plus entendu parler d'eux. Parmi ceux qui peuplent aujourd'hui la vallée de Charolles, plusieurs ont adopté la règle des moines laboureurs, sous la direction de Loysik ; mais la majorité de nos compagnons, formant la colonie laïque établie autour du monastère, se sont mariés, soit à des femmes qui couraient avec nous la Vagrerie, soit aux filles des colons voisins... J'ai épousé la petite Odille et le Veneur a pris pour compagne l'évêchesse ; les artisans, que l'esclavage et la misère avaient conduits en Vagrerie se sont remis à leurs anciens métiers et travaillent pour la colonie ; d'autres se livrent à la culture des terres et des vignes, à l'élevage des bestiaux. Quant à moi, je suis devenu bon laboureur, et ma petite Odille, habituée dès son enfance à soigner les troupeaux dans les montagnes où elle est née, s'occupe des mêmes soins ; l'évêchesse file sa quenouille, tisse la toile, en digne ménagère, et dirige l'hospice ouvert pour les femmes malades ; de même que Loysik dirige l'hospice des hommes dans son monastère.

— Ah ! Ronan ! puisque les évêques n'ont pas osé prêcher la guerre sainte contre les Franks, comme nos druides vénérés, pourquoi n'ont-ils pas agi comme ton frère ? Pourquoi l'Eglise n'a-t-elle pas restitué à leurs anciens possesseurs ces terres immenses qu'elle obtient si facilement de la crédulité des rois et des seigneurs franks? Ou bien, si les anciens possesseurs avaient disparu, pourquoi l'Eglise n'a-t-elle pas distribué ces terres aux esclaves qui les cultivaient?

— Hélas! les gens d'église ont préféré régner sur un peuple abruti, ils n'ont pas voulu vivre en simples citoyens au milieu d'un peuple libre!... Ah! malheur sur notre vieille Armorique, si elle tombait sous le joug des prêtres!

— Fasse le ciel que ces cruelles appréhensions ne se réalisent jamais, Ronan! Ecartons ces tristes pensées, parlons de la vie paisible et laborieuse de la colonie de Charolles.

— Oui, nous vivons heureux dans notre chère vallée, cultivant nos champs en commun, et partageant les fruits de notre travail, selon ces mots gravés sur la garde du poignard que je vous ai apporté : *Amitié, Communauté!*

— Mais que signifie cet autre mot *Ghilde?*

— C'est un mot saxon; il signifie association, confrérie, parce qu'en ce pays du Nord, d'après une coutume dont l'origine se perd dans la nuit des temps, tous ceux qui font partie d'une *ghilde* se jurent par serment mystérieux et sacré : amitié, appui, solidarité en toutes choses... La maison de l'un des associés brûle-t-elle, tous les autres l'aident à la reconstruire; sa récolte est-elle détruite par la grêle ou par l'orage, tous les associés se cotisant, l'indemnisent de ses pertes, de même si son navire périt dans un naufrage... Craint-on de partir seul pour un long voyage, un, deux ou plusieurs associés vous accompagnent; quelqu'un de la ghilde est-il victime d'une iniquité, tous prennent parti pour lui, afin d'obtenir justice; est-il outragé, tous se joignent à l'offensé pour l'aider à obtenir réparation ou vengeance... Ce qu'il y a de fécond dans ce principe de fraternelle solidarité, notre communauté l'a mis en pratique. Là, nous disons comme autrefois en Vagrerie : Tous pour chacun, chacun pour tous...

— Et mon frère Karadeuk, a-t-il joui de cette vie paisible, après tant d'aventures?

— Jusqu'au jour de sa mort il a vécu heureux dans notre maison, et il a pu bénir mon premier-né...

— Raconte-nous maintenant les circonstances de la mort de mon frère?

— Vous avez vu, Kervan, dans ces récits, quel homme était ce Chram, fils du roi Clotaire. Ses projets de révolte ayant échoué en Poitou et en Auvergne, il s'est jeté en Bourgogne, à la tête de quelques troupes, pour soulever ce pays contre son père; les comtes et les ducs de Clotaire, en ce pays, crurent de leur intérêt de combattre Chram dans cette nouvelle guerre civile; néanmoins il ravagea une partie de ce malheureux pays. Une des bandes de Chram arriva près de notre vallée; mon père et Loysik, prévoyant les éventualités de ces temps de troubles, avaient fait fortifier, au moyen de fossés et d'abatis d'arbres, les points de la vallée qui n'étaient pas défendus, soit par la rivière, soit par des ravins; nos colons et les hommes de la communauté occupaient ces positions tour à tour et en armes, depuis l'invasion du fils de Clotaire en Bourgogne. Mon père commandait un de ces postes avancés lorsque les guerriers de Chram s'approchèrent de notre vallée pour la ravager.

— Sans doute il y eut un combat entre les soldats de Chram et les habitants de Charolles, et mon pauvre frère Karadeuk...

— Fut mortellement blessé en repoussant les Franks à la tête de nos hommes... Mon père mourut après avoir prononcé les paroles que je vous ai répétées. Durant ce combat, il portait ce poignard saxon appartenant à Loysik, et ramassé par le Veneur lors de l'attaque des gorges d'Allange; celui-ci l'avait rendu à mon frère après notre fuite du burg de Néroweg.. Loysik donna plus tard cette arme à mon père; il la portait le jour où eut lieu le combat contre les Franks. Il m'a ordonné de vous l'apporter pour qu'elle fût réunie aux reliques de notre famille.

— La mort de mon frère a été vaillante comme sa vie... Maudit soit ce Chram, fils de Clotaire! S'il n'eût pas ravagé la Bourgogne, mon frère Karadeuk vivrait peut-être encore!

— Je dis comme vous, Kervan, maudit soit ce Chram! Du moins il a trouvé aux frontières de notre Bretagne la punition de ses crimes..

— Tu veux parler de cette aventure qui t'a frappé d'épouvante?

— Ah! Kervan! on dirait que ces rois franks et leur race sont prédestinés à devenir des objets d'horreur pour le monde entier!... Mon père mourant m'avait fait promettre de me rendre ici, au berceau de notre famille, aussitôt que j'aurais écrit la chronique que je vous ai remise, mais que je n'ai pu terminer pour le motif que je vais vous expliquer. — En ces temps désastreux, rien de plus difficile, de plus périlleux, que d'entreprendre un long voyage; on risque à chaque pas d'être enlevé en route et emmené captif par les bandes armées des ducs, des comtes, des seigneurs franks ou des évêques qui guerroient de province à province, de diocèse à diocèse, de domaine à domaine, se pillant les uns les autres ou envahissant réciproquement leur territoire, afin d'agrandir leurs possessions; aussi tous ceux qui sont forcés de voyager ne s'aventurent jamais hors des cités sans se réunir en assez grand nombre pour être en mesure de repousser l'attaque des bandes armées. J'appris qu'une compagnie de voyageurs devait partir de la ville de Marcigny pour se rendre à Moulins ; c'était précisément le chemin que je devais suivre. Je quittai la vallée en me joignant à la caravane ; nous partîmes de Marcigny environ trois cents personnes, hommes, femmes, enfants, les uns à pied, les autres à cheval ou en chariot, pour aller d'abord à Moulins ; de cette ville d'autres voyageurs devaient se diriger sur Bourges ; de cette dernière cité, j'espérais trouver de pareilles compagnies pour gagner Tours, et continuer ma route jusqu'à nos frontières, par Saumur et par Nantes. Pendant mon voyage de Marcigny à Tours, les voyageurs avec lesquels je cheminais eurent souvent à combattre contre des bandes armées ; je fus légèrement blessé dans l'une de ces attaques ; plusieurs de mes compagnons furent tués, d'autres, faits prisonniers, furent emmenés eux et leurs familles en esclavage ; moi, ainsi que bon nombre de mes compagnons, nous eûmes le bonheur d'arriver à Tours, où nous pûmes trouver repos et sûreté.

— Dans quel temps nous vivons ! Voyager en un pays ennemi ne serait pas plus dangereux !

— Ah ! Kervan... si vous voyiez les ravages de la conquête ! partout des ruines anciennes et nouvelles ; nos routes, nos chaussées, si larges, si soigneusement entretenues autrefois avec leurs relais de poste et leurs auberges, ne sont plus que décombres... Les communications, jadis si faciles sur tous les points de la Gaule, sont maintenant interrompues. Ici les routes sont coupées parce qu'elles passent sur le domaine d'un seigneur franc ou d'une abbaye ; ailleurs les ponts ont été détruits par quelque bande armée afin d'assurer sa retraite ; aussi étions-nous forcés de faire de longs détours pour arriver au terme de notre voyage ; nous avons passé plusieurs nuits dans les champs ; parfois il nous fallait abattre les arbres voisins des rivières afin de construire des radeaux où nous nous aventurions, n'ayant que ce moyen de traverser les fleuves.

— En arrivant à Tours, j'appris que le roi Clotaire rassemblait là des troupes pour marcher en personne contre son fils Chram qui venait de traverser la Touraine, se dirigeait, disait-on, vers les frontières de la Bretagne. L'occasion me parut bonne pour achever ma route en sûreté ; je suivis les troupes royales, composées des leudes et des hommes de guerre que les seigneurs franks possesseurs de bénéfices avaient amenés à leur roi, et des colons enrôlés de force. Cette armée se mit en marche et je l'accompagnai : hélas ! Kervan, des troupes ennemies n'auraient pas été plus impitoyables que les troupes du roi Clotaire pour les populations. A leur arrivée dans une cité, les Franks chassaient les habitants de leurs maisons, s'y établissaient en maîtres, consommaient les provisions, battaient les hommes, violentaient les femmes, et détruisaient tout ce qu'ils ne pouvaient enlever. Clotaire et sa *truste* rejoignirent les troupes royales qui étaient rassemblées à Nantes ; c'est là que, pour la première fois, je vis ce monstre. Il portait une longue dalmatique d'un rouge de sang, brodée d'or, et par-dessus ce riche vêtement une casaque de fourrure avec un capuchon aussi de fourrure à demi rabaissé sur son front ; ses yeux flamboyaient dans l'ombre de cette coiffure comme ceux d'un chat sauvage ; le visage cadavéreux de ce roi chevelu était entouré de longues mèches de cheveux gris tombant presque jusqu'à sa ceinture ; l'expression de ses traits était féroce ; il montait un grand cheval de guerre tout noir et caparaçonné de rouge ; à sa gauche chevauchait son connétable, à sa droite l'évêque de Nantes.

— Chram, n'ayant plus avec lui que peu de troupes, avait fui devant les forces supérieures de son père... espérant entrer en Bretagne ; mais il trouva les frontières gardées par le brave *Kanao*.

— Kanao est l'un des plus vaillants guerriers de l'Armorique.

— Chram, accompagné de son digne ami Spatachair (le Lion de Poitiers, ce Gaulois renégat dont il est question dans mes récits, était mort fou), Chram, accompagné de Spatachair, se rendit près de Kanao, et lui proposa de joindre ses troupes bretonnes à celles des Franks pour combattre Clotaire, son père. « — Je suis toujours fort aise de voir des Franks s'entr'égorger, — répondit Kanao à Chram ; — cependant l'horreur que m'inspirent tes projets parricides est telle, quoique ton père soit un monstre de ton espèce, que je ne veux aucune alliance avec toi ; mes troupes suffiront pour combattre Clotaire, s'il veut envahir nos frontières, que pas un guerrier frank n'a franchies jusqu'ici. » Chram, assuré du moins de la neutralité de Kanao, mais acculé aux confins de l'Armorique, comme un loup dans sa tanière, se prépara pour le lendemain à un combat désespéré, ayant eu toutefois la précaution de s'assurer d'un vaisseau, qui devait l'attendre près du petit port du Croisik.

— J'étais arrivé sain et sauf jusqu'aux limites de la Bretagne ; le résultat du combat m'importait peu. Le hasard me fit rencontrer près de Nantes deux Bretons. Ces deux Armoricains voulaient se rendre à Vannes ; de cette ville aux pierres sacrées de Karnak, la distance n'est pas trop longue. Nous partîmes tous les trois, avant le lever du soleil, le matin du combat que Clotaire devait livrer à son fils... Pour abréger le chemin, et ne pas nous trouver enveloppés dans la mêlée, nous avons gagné le bord de la mer, afin de nous diriger vers la baie du Morbihan...

— Nous avions marché une grande partie de la journée ; nous longions la côte, aux environs du port du Croisik, lorsque nous aperçûmes une cabane de pêcheur adossée à des rochers ; nous nous y rendions pour y prendre un peu de repos, lorsqu'à ma grande surprise je vois aux abords de cette hutte plusieurs mules de voyage, et des chevaux richement caparaçonnés, gardés par plusieurs esclaves ; trois de ces montures, dont une petite haquenée, portaient des selles de femmes.

— Singulière rencontre en ce pays solitaire... Et à qui appartenaient ces chevaux ?

— A Chram... Sa femme et ses deux filles se trouvaient dans cette cabane... Une barque était amarrée au rivage, et, à trois portées de trait, un vaisseau léger se tenait prêt à mettre sous voile.

— Tu m'as parlé des moyens de fuite que le fils de Clotaire s'était ménagés dans le cas où ses troupes seraient battues, ce vaisseau l'attendait sans doute, lui et sa famille ?

— Mes deux compagnons et moi, nous hésitions à entrer dans cette cabane, lorsque la porte s'ouvrit, et au seuil apparut une jeune femme richement vêtue : deux petites filles l'accompagnaient ; l'une, de cinq ou six ans, se tenait aux pans de la robe de sa mère ; celle-ci donnait la main à l'autre enfant, âgée d'environ douze ans... La jeune femme paraissait abattue : ses yeux étaient noyés de larmes ; derrière elle je reconnus l'un des trois favoris de Chram, Imnachair, celui-là même qui assistait à la torture que l'on m'avait fait subir dans le burg du comte Néroweg lorsque j'étais prisonnier des Franks.

— Cette femme, ces enfants, c'était la famille de Chram ?... Il me paraît toujours étrange que de pareils monstres aient une famille.

— Je faisais la même réflexion que vous, Kervan, lorsque cette jeune femme, remarquant sur nos épaules nos sacs de voyage, nous demanda avec une sorte d'anxiété, si nous venions de Nantes et si nous avions des nouvelles d'une bataille qui avait dû s'y livrer ?

« — Nous ne pouvons point vous donner de renseignements, madame, nous ignorons même que des armées fussent en ligne de bataille. »

— Soudain, un des esclaves, sans doute placé en vedette sur les rochers, accourut en criant : Des cavaliers !... On voit au loin, dans un nuage de poussière, une troupe de cavaliers accourir à bride abattue...

« — Mort et furie ! — dit Imnachair en pâlissant, — c'est Chram... la bataille est perdue !... »

— A ces mots la pauvre jeune femme se jeta à genoux, serra ses deux petites filles contre son sein, et je n'entendis plus que les sanglots et les gémissements de la mère et des enfants.

« — Vite, vite, au bateau — s'écria Imnachair.

— Esclaves, déchargez les mules, transportez dans la barque les caisses qu'elles portent, et vous, madame, tenez-vous prête à partir. »

— A ce moment on entendit au loin le galop précipité des chevaux, le choc des armures et des cris confus et furieux.

« — C'est mon mari ! — s'écria la femme de Chram en blêmissant ; — mais son père est à sa poursuite... Entendez-vous ces cris de mort ?

« Imnachair prêta l'oreille... — C'est la voix du roi Clotaire ! Fuyez, madame, vous et vos enfants... Courons au bateau... et force de rames... Dans un instant il sera trop tard...

« — Fuir... sans mon mari... jamais ! — reprit la jeune femme en serrant convulsivement ses deux enfants contre son sein. »

— Les cris : Tue ! tue ! à mort ! à mort ! devenaient de plus en plus distincts ; ceux qui les poussaient n'étaient plus qu'à trois cents pas. Le roi Clotaire en tête des poursuivants...

« — Venez, madame ! — dit Imnachair en saisissant la jeune femme par le bras.

« — Non, — répondit-elle résolument.

« — Vous voulez attendre Clotaire, s'écria Imnachair ; adieu donc, madame, puis il se mit à courir dans la direction du bateau.

— Moi et mes deux compagnons, peu soucieux de la rencontre de Clotaire et de sa truste, nous n'eûmes que le temps de courir aux rochers dont était bordé le rivage et de nous blottir dans les interstices des blocs de granit. De l'endroit où j'étais caché, je découvrais la cabane et la mer. Au bout de quelques instants je vis la barque chargée des caisses enlevées du bât des mules, et contenant sans doute les trésors de Chram, faire force de rames pour gagner le léger bâtiment à voiles.

— Et cette femme ? et ses deux enfants ?

— Imnachair les avait abandonnées. Assis à la proue, il tenait le gouvernail : les esclaves accompagnaient le favori de Chram dans sa fuite.

— Le ciel serait injuste si de tels hommes trouvaient des amis dévoués... Ce misérable livrait sans doute Chram à une mort méritée ; mais cette femme, mais ces deux petites filles ?

— Je vous ai dit, Kervan, que de ma cachette je découvrais la mer, la hutte et ses abords. Malgré mon éloignement du lieu de la scène horrible que je vais vous raconter, je pouvais entendre distinctement la voix des Franks, qui, de plus en plus, approchaient. Presque au même instant où Imnachair quittait le rivage, je vis l'épouse de Chram faire quelques pas, entraînant ses deux enfants après elle ; puis, la force venant à lui manquer, elle tomba sur ses genoux, ainsi que ses petites filles, tendant les mains d'un air suppliant et épouvanté... Alors, Chram, tête nue, livide, son armure en désordre, après être sauté à bas de son cheval, parut aux abords de la hutte, marchant à reculons et l'épée à la main, parant les coups que lui portaient trois guerriers... Soudain j'entendis la voix retentissante du roi Clotaire, et ses paroles arrivèrent jusqu'à moi :

« — Seigneur, regarde-moi du haut du ciel, et juge ma cause, car je suis indignement outragé par mon fils!... Vois, et juge-nous avec équité, et que ton jugement soit celui que tu prononças entre Absalon et l'épée à son père David. »

Clotaire achevait ces paroles lorsqu'il parut à mes yeux aux abords de la cabane; s'adressant alors à ses antrustions qui continuaient de charger Chram, il s'écria :

« — Suspendez vos attaques, je veux avoir ce traître vivant! »

Les guerriers abaissèrent leurs épées. Chram, dont le visage ruisselait de sang, fit deux ou trois pas en chancelant, puis il tomba dans les bras de sa femme, qui, s'élançant vers lui, l'étreignit convulsivement; ses deux petites filles, toujours agenouillées, tendaient leurs bras vers Clotaire, qui venait de descendre de son cheval blanchi d'écume; il tenait à la main sa longue épée; ses guerriers formèrent un cercle autour de Chram et de sa famille. Clotaire alors remit son épée au fourreau, croisa ses bras sur sa poitrine et contempla son fils en silence pendant quelques instants. Chram, après avoir imploré son père les mains jointes, courba son front jusque sur le sol; sa femme et ses deux enfants poussaient des sanglots; Clotaire, immobile, les regardait; enfin il donna des ordres à l'un des hommes de sa suite; aussitôt Chram, sa femme, ses deux petites filles, furent garrottés malgré leur résistance désespérée, puis entraînés dans la hutte; leurs cris perçants parvenaient jusqu'à moi; après quelques instants, les guerriers de Clotaire sortirent de la cabane, dont ils fermèrent la porte. — Nous les avons attachés sur un banc comme vous nous l'avez commandé, seigneur Roi, — dit l'un d'eux. Puis un autre soldat s'approcha de la cabane ayant à la main un tison embrasé.

— Mais quel supplice Clotaire réservait-il donc à son fils et à sa famille?

La cabane était construite de poutres jointes les unes aux autres, et recouverte d'une toiture de roseaux. Des hommes de la suite du roi apportèrent des bottes de joncs marins et de bruyères desséchées par l'hiver.

— Je devine ce qui va se passer... Ah! Ronan... cela est horrible! Le père va faire brûler vives ses victimes!...

— Lorsque ces matières inflammables furent amoncelées autour de la hutte, Clotaire fit un signe... le guerrier qui avait le tison à la main, aviva le feu de son souffle, et quand la flamme brilla, il l'approcha des joncs et des bruyères; bientôt la cabane disparut au milieu d'un tourbillon de flammes... Les cris des infortunés qui allaient périr de cette mort atroce devinrent affreux. Je détournai la tête par un mouvement d'horreur; jetant par hasard les yeux vers la haute mer, je vis au loin le léger vaisseau à voiles disparaître à l'horizon... il emportait Imnachair et les trésors de Chram.

— En cette année 560 où nous sommes, Clotaire a encore quatre fils nommés *Caribert, Gontran, Sigebert* et *Chilpérik*... ce dernier prince, paraît, dit-on, avoir hérité de la férocité de son père Clotaire et de son aïeul Clovis!

— Ce Clotaire laissera quatre fils après lui, c'est-à-dire quatre monstres!... Ah! Ronan! malheur... malheur sur la Gaule!...

. . . .

Le lendemain du jour où Ronan, fils de mon frère, eut cet entretien avec moi, il nous a quittés; ses dernières paroles ont été celles-ci :

« Kervan, je quitte cette maison, heureux d'avoir accompli le dernier désir de mon père et le vœu de notre aïeul Joel. »

Ronan le Vagre est donc parti dès l'aube pour retourner dans la vallée de Charolles. Mon neveu a promis, dans le cas où il lui arriverait quelque évènement important, de nous en instruire s'il trouvait un voyageur qui se rendît en Bretagne; ce récit, il l'adresserait soit à moi, soit à toi, mon fils aîné, Yvon, si à cette époque j'avais quitté ce monde.

Puisse Ronan, le fils de mon frère, arriver sain et sauf dans la vallée de Charolles et y retrouver sa famille heureuse et tranquille!

Si avant ma mort je n'ai rien à ajouter à notre chronique, je lègue à mon fils Yvon ces parchemins et nos reliques de famille.

. . . .

Moi, Yvon, fils de Kervan, petit-fils de Jocelyn, j'inscris ici la date de la mort de mon père : il est allé revivre dans les mondes inconnus, vers la fin de ce mois de juin 561. — Nous avons appris par des voyageurs qu'en cette même année est mort à Compiègne le roi Clotaire, dans la cinquante et unième année de son règne; il a été enterré dans la basilique de *Saint-Médard*, à Soissons.

Clotaire laisse quatre fils : Caribert, *roi de Paris;* Gontran, *roi d'Orléans;* Sigebert, *roi d'Austrasie,* contrées qui avoisinent le Rhin et s'étendent aussi vers le nord-est de la Gaule; Chilperik réside à Soissons et règne en *Neustrie,* territoire qui comprend la plus grande partie des provinces nord-ouest de la Gaule.

Je n'ai pas reçu de nouvelles de Ronan; puisse-t-il vivre toujours en paix dans la vallée de Charolles, de même que nous vivons ici heureux et libres, car la Bretagne n'a pas encore subi le joug des Franks; fasse Hésus qu'elle ne tombe jamais sous leur domination!

Les orgies à la cour de Frédégonde (page 448)

ÉPILOGUE

LE MONASTÈRE DE CHAROLLES & LE PALAIS DE LA REINE BRUNEHAUT (560-615)

CHAPITRE PREMIER

La vallée de Charolles. — L'anniversaire. — Le monastère. — Une communauté laïque et une colonie libre au septième siècle. — Condition des moines et des colons. — Le bac. — L'archidiacre Salvien et Gondowald, chambellan de la reine Brunehaut. — La fête au monastère. — Les vieux Vagres. — Les prisonniers. — Départ de Loysik pour le château de la reine Brunehaut.

Cinquante ans environ se sont écoulés depuis que Clotaire a fait brûler vifs son fils Chram, sa femme et ses deux filles. Oublions le spectacle désolant que la Gaule conquise continue d'offrir sous la descendance de Clovis depuis un demi-siècle, pour reposer nos regards sur la vallée de Charolles... Ah! les pères des heureux habitants de ce coin de terre n'ont pas courbé le front sous le joug des Franks et des évêques; non, non... ils ont prouvé que le vieux sang gaulois coulait dans leurs veines; aussi, voyez le paisible tableau de leur félicité! voyez, bâties à mi-côte du versant de la vallée, ces jolies maisons, à demi-voilées sous les vignes qui

56ᵉ livraison

tapissent les murailles, vieux ceps dont le soleil d'automne a rougi les feuilles et doré les grappes. Chacune de ces maisons est entourée d'un jardinet fleuri, ombragé d'un bouquet d'arbres... Jamais la vue ne s'est reposée sur un plus riant village... Un village? non, c'est plutôt un bourg, un gros bourg; il y a au moins six à sept cents maisons disséminées sur cette colline, sans compter ces vastes bâtiments couverts de chaume, situés au milieu des prairies basses, arrosées par la rivière qui prend sa source au nord de la vallée, la traverse et la borne au plus lointain horizon, en se divisant en deux bras ; l'un se dirige vers l'orient, l'autre vers l'occident, après avoir baigné dans son cours le pied d'un bois de gigantesques châtaigniers et de chênes séculaires, dont la cime laisse apercevoir les toits d'un grand bâtiment de pierre, surmonté d'une croix de fer.

Non, jamais terre promise n'a été mieux disposée pour les productions d'un sol fécondé par le travail : à mi-côte, les vignes empourprées; au-dessus du vignoble, les terres de labour, où brûle en quelques endroits le chaume des seigles et des blés de la dernière récolte ; ces fertiles guérets s'étendent jusqu'à la lisière des bois qui couronnent les hauteurs, entre lesquelles cette immense vallée est encaissée; au-dessous des coteaux commencent les prairies arrosées par la rivière ; de nombreux troupeaux de brebis et de génisses paissent ses gras pâturages ; on entend tinter les clochettes des béliers et des taureaux. Çà et là, pendant que des charrues attelées de bœufs creusent lentement une partie du sol dont les chaumes ont été brûlés la veille, des chariots à quatre roues, remplis de raisins, descendent les pentes escarpées du vignoble, et se dirigent vers le pressoir commun, situé, ainsi que les étables, les bergeries, et les porcheries communes, dans les bâtiments avoisinant la rivière. Sur les bords du ruisseau sont établis différents ouvroirs; celui des lavandières et des filandières, où se prépare le chanvre et où se lave la toison des brebis, plus tard convertie en chauds vêtements; là encore sont les tanneries, les forges, les moulins aux meules énormes; dans cette vallée, tout est paix, sécurité, contentement, travail. Le bruit du battoir des lavandières et des corroyeurs, le choc du marteau des forgerons, les cris joyeux des vendangeurs, le chant cadencé des laboureurs, qui marquent l'égale et lente allure de leurs bœufs, la flûte rustique des bergers; tous ces bruits, jusqu'au bourdonnement des essaims d'abeilles, autres infatigables travailleuses, qui se hâtent de recueillir le suc des dernières fleurs d'automne ; tous ces bruits si divers, des plus lointains, des plus vagues aux plus retentissants, se fondent en une seule harmonie à la fois douce et imposante : c'est la voix du travail et du bonheur s'élevant vers le ciel comme une éternelle action de grâce.

Que se passe-t-il donc dans cette maison bâtie comme les autres, mais qui, plus rapprochée de la crête de la colline, occupe le point culminant du village, domine au loin la vallée? Les habitants de cette demeure, parés d'habits de fête, vont et viennent du dedans au dehors ; ils amoncellent à une assez grande distance de la porte une espèce de bûcher de sarments de vigne ; des jeunes filles, des enfants, apportent joyeusement leurs brassées de bois sec, puis repartent en courant chercher d'autres combustibles. Une petite vieille, aux cheveux d'un blanc d'argent, mignonne, proprette et encore alerte pour son grand âge, surveille la confection du bûcher. Comme toutes les vieilles, elle bougonne et sermonne, non méchamment, mais gaiement... Ecoutez plutôt :

— Ah! ces jeunes filles, ces jeunes filles ! toujours folles! Hâtez-vous donc, au lieu de rire; ce bûcher n'est point encore assez haut. C'était vraiment bien la peine de vous lever dès l'aube afin d'avoir terminé vos travaux accoutumés avant vos compagnes, pour folâtrer ainsi, au lieu d'achever promptement ce bûcher... Tenez, je suis certaine que, déjà, du fond de la vallée, plus d'un regard impatient se sera tourné par ici, et que plus d'une voix aura dit : « Mais que font-ils donc là-bas, qu'ils ne nous donnent point le signal? est-ce qu'ils dorment comme en hiver? » Voici pourtant à quels terribles soupçons vous nous exposez, sempiternelles rieuses !... C'est de votre âge, je le sais, et ne devrais peut-être point vous le dire ; mais enfin les jours sont courts en cette saison d'automne, et avant que nos bonnes gens aient eu le temps de rentrer les troupeaux des champs, les bœufs du labour, les chariots de vendanges, et de vêtir leurs habits de fête, le soleil sera couché, de sorte que l'on n'arrivera au monastère qu'à la pleine nuit, tandis que la communauté nous attend avant le coucher du soleil.

— Encore quelques brassées de sarment, dame *Odille*, et il n'y aura plus qu'à y mettre le feu, — répondit une belle jeune fille de seize ans, aux yeux bleus et aux cheveux noirs; — c'est moi qui me charge d'allumer le bûcher... vous jugerez de mon courage !

— Oh ! combien ta grand-mère, ma vieille amie l'*évêchesse*, a raison de dire que tu ne doutes de rien, Fulvie.

— Bonne grand-mère est comme vous, dame Odille, ses gronderies sont des tendresses; elle aime tout ce qui est jeune et gai...

— C'est sans doute afin de la satisfaire, que tu te montres si folle ?

— Oui, dame Odille ; car il m'en coûte beaucoup, mais beaucoup, d'être gaie. Hélas ! hélas !

Et de rire de tout cœur à chaque exclamation, mais si drôlement que la bonne petite vieille de faire chorus avec la rieuse ; puis elle lui dit :

— Aussi vrai que voilà la cinquantième fois que nous fêtons l'anniversaire de notre établissement dans la vallée de Charolles, je n'ai jamais vu fille d'un caractère plus heureux que le tien, ma gentille Fulvie.

— Cinquante ans ! comme c'est long pourtant dame Odille... il me semble que je ne pourrai jamais avoir cinquante ans !

— Cela paraît ainsi lorsque l'on a, comme toi, ce bel âge de seize ans ; mais pour moi, Fulvie, ces cinquante ans de calme et de bonheur ont passé comme un songe... sauf la méchante année où j'ai vu mourir le père de Ronan... et où j'ai perdu mon premier-né.

— Tenez, dame Odille, voilà vos consolations qui reviennent des champs.

Ces *consolations*, c'étaient Ronan et son second fils *Grégor*, homme d'un âge déjà mûr, accompagné de ses deux enfants : *Guench*, beau garçon de vingt ans, et *Asilyk*, jolie fille de dix-huit ans. Ronan le Vagre, malgré sa barbe et ses cheveux blancs, malgré ses soixante-quinze ans était encore alerte, vigoureux, et, comme toujours, de bonne humeur.

— Bonsoir, — dit-il à sa femme en l'embrassant, — bonsoir, petite Odille.

Puis ce fut le tour de Grégor et de ses enfants à embrasser Odille.

— Bonsoir, ma chère mère.

— Bonsoir, bonne grand'mère.

— Les entendez-vous tous ? — reprit la compagne de Ronan avec ce rire si doux chez les vieillards, — les entendez-vous tous ? pour ces deux-ci je suis mère-grand, et pour celui-ci, je suis : petite Odille...

— Quand tu auras cent ans, et tu les auras, foi de Ronan ! je t'appellerai encore et toujours *petite Odille*... de même que ces vieux amis que voici, je les appellerai toujours le *Veneur* et *l'évêchesse*.

Le Veneur et sa femme venaient en effet rejoindre Ronan, tous deux aussi blanchis par les années, mais rayonnants de bonheur.

— Oh ! oh ! comme te voilà beau, mon vieux compagnon avec ta saie neuve et ton bonnet brodé !... Et vous, belle évêchesse, que vous voilà brave aussi !...

— Ronan, foi de vieux Vagre ! — dit le Veneur, — je t'aime encore autant, ma Fulvie ! ainsi vêtue en matrone, avec sa robe brune et sa coiffe blanche comme ses cheveux, qu'autrefois avec sa jupe orange, son écharpe bleue, ses colliers d'or et ses bas rouges brodés d'argent... Te souviens-tu, Ronan ? te souviens-tu ?

— Odille, si mon mari et le vôtre commencent à parler du temps passé, nous n'arriverons pas au monastère avant la nuit, et Loysik nous attend ; pressons donc notre départ.

— Belle et judicieuse évêchesse, vous serez écoutée, — reprit gaiement Ronan. — Viens, Grégor ; venez, mes enfants ; allons quitter nos habits de travail : hâtons-nous, car nous serons plus vite auprès de mon bon frère Loysik.

Bientôt, Fulvie, petite fille de l'évêchesse, tenant à la main un brandon allumé, sortit de la maison avec plusieurs de ses compagnes et mit le feu au bûcher... Les cris joyeux des jeunes filles et des enfants saluèrent la grande colonne de flamme claire et brillante qui monta vers le ciel. A ce signal, les habitants de la vallée, encore occupés aux travaux des champs, regagnèrent leurs maisons, et, une heure après, tous réunis, hommes, femmes et enfants, vieillards, se rendaient gaiement par bandes au monastère de Charolles.

La communauté de Charolles est un grand bâtiment de pierres, solide, mais sans ornement ; il contient, en outre des cellules des moines, les bâtiments de l'exploitation agricole, une chapelle, un hospice pour les malades de la vallée, une école pour les enfants. Ces frères laboureurs, depuis cinquante ans, ont réélu chaque année Loysik comme supérieur, ils sont, chose rare pour le temps, restés indépendants, Loysik les ayant toujours engagés à ne point se lier imprudemment par des vœux éternels, et à ne point se confondre avec le clergé. Les moines de la communauté de Charolles avaient jusqu'alors vécu sous une règle consentie en commun, et rigoureusement observée. La discipline de l'ordre de *Saint-Benoît*, adoptée dans un grand nombre de monastères de la Gaule avait paru à Loysik, en raison de certains statuts, anéantir ou dégrader la conscience, la raison, la dignité humaine. Ainsi, le supérieur ordonnait-il à un moine d'accomplir une chose *matériellement impossible*, le moine après avoir fait humblement observer à son chef l'impossibilité de l'acte que l'on exigeait de lui, devait cependant s'incliner devant l'ordre. Un autre statut disait formellement — qu'il n'était pas même permis à un moine d'avoir en sa propre puissance *son corps* et *sa volonté*. — Enfin, il était formellement interdit *a un moine d'en défendre, d'en protéger un autre, fussent-ils unis par les liens du sang*. — Ce renoncement volontaire aux sentiments les plus tendres et les plus élevés ; cette abnégation de sa conscience et de la raison humaine, poussée jusqu'à l'imbécillité ; cette obéissance passive, qui fait de l'homme une machine inerte, une sorte de *cadavre*, avait paru trop absurde à Loysik pour qu'il ne combattît pas l'envahissement de la règle de saint Benoît, alors presque généralement adoptée en Gaule.

Loysik dirigeait les travaux de la communauté, auxquels il avait participé jusqu'à ce que le grand âge eût affaibli ses forces ; il soignait les malades, enseignait les enfants des habitants de la vallée, assisté de plusieurs frères ; le soir, après les rudes labeurs de la journée, il réunissait la communauté, l'été, sous les arceaux de la galerie qui entourait la cour intérieure du cloître ; l'hiver, dans le réfectoire ; là, fidèle à la tradition de sa famille, il racontait à ses frères les gloires de l'ancienne Gaule, les actions des vaillants héros des temps passés, entretenant ainsi dans tous les cœurs le culte sacré de la patrie, combattant le découragement qui souvent s'emparait des âmes les plus fermes à l'aspect des ruines et des désastres des provinces qui étaient sous la domination des rois franks.

La communauté vivait ainsi laborieuse et paisible, depuis de longues années, sous la direction de Loysik ; rarement il avait besoin de rappeler ses frères au bon accord. Quelques ferments de troubles passagers, et bientôt étouffés par l'ascendant du vieux moine laboureur, s'étaient cependant parfois manifestés, voici à quelle occasion : La communauté de Charolles, quoique absolument libre et indépendante en ce qui touchait sa règle intérieure, l'élection de son supérieur, la disposition des fruits du sol cultivé par elle, était néanmoins soumise à la juridiction de l'évêque du diocèse ; de plus, le prélat avait le droit d'établir dans le monastère les prêtres de son choix pour y dire la messe, donner la communion, les sacrements, et desservir la chapelle du monastère, aussi destinée aux habitants de la vallée de Charolles. Loysik s'était soumis à cette nécessité du temps, afin d'assurer le repos de ses frères et des habitants de la vallée ; mais ces prêtres introduits au sein de la communauté laïque avaient plus d'une fois tenté de semer la division entre les moines laboureurs, disant à ceux-ci qu'ils ne donnaient pas assez de temps à la prière, engageant ceux-là à entrer dans l'Eglise et à devenir moines ecclésiastiques, afin de participer à la puissance du clergé. Plus d'une fois ces tentatives d'embauchage arrivèrent aux oreilles de Loysik, qui dit fermement à ces artisans de troubles :

« — Qui travaille prie... Jésus de Nazareth blâme fort *ces fainéants qui, ne touchant pas du doigt aux plus lourds fardeaux, en chargent, sous prétexte de longues prières, les épaules de leurs frères.* Nous ne voulons pas ici d'oisifs... nous sommes tous frères et fils d'un même Dieu : moines laïques ou ecclésiastiques se valent lorsqu'ils vivent chrétiennement ; que les uns, ayant vaillamment concouru aux travaux de la communauté, préfèrent employer à la prière les loisirs indispensables à l'homme après le labeur, libre à eux ; de même que, dans notre communauté, il nous plaît d'employer nos loisirs à la culture des fleurs, à la lecture, à la conversation entre amis, à la pêche, à la promenade, au chant, à la peinture des manuscrits, aux métiers d'agrément, et de temps à autre à l'exercice des armes, puisque nous vivons dans un temps où il faut souvent repousser la force par la force, et défendre sa vie et celle des siens contre la violence. Ainsi, à mes yeux, celui qui, après le travail, se récrée honnêtement, est aussi méritant que celui qui emploie ses loisirs à prier... Les fainéants seuls sont des impies !... nous méprisons ceux qui refusent de travailler... »

Loysik était si généralement vénéré, la communauté si heureuse que les prêtres étrangers ne parvinrent pas à troubler ce bon accord ; d'ailleurs Loysik possédait le sol et les bâtiments du monastère en vertu d'une charte authentique concédée par Clotaire. Les prélats de Chalon se voyaient forcés de respecter les droits de Loysik, tout en essayant d'arriver à leurs fins par des moyens astucieux.

C'était donc fête, ce jour-là, dans la colonie et dans la communauté de Charolles. Les moines laboureurs songeaient à recevoir de leur mieux leurs amis de la vallée qui venaient, selon l'usage adopté depuis un demi-siècle, remercier Loysik de l'heureuse vie que lui devait cette descendance de Vagres, braves diables convertis par la parole du moine. Une fois seulement chaque année était enfreinte la règle qui, librement consentie par la communauté, interdisait aux femmes l'entrée du monastère. Les moines préparaient de longues tables partout où elles pouvaient être placées, dans le réfectoire, dans les salles où ils travaillaient à différents métiers manuels, sous les galeries ouvertes dont était entourée la cour intérieure, et jusque dans cette cour elle-même, abritée, pour cette solennité, au moyen de pièces de lin tendues sur des cordes ; enfin l'on voyait des tables jusque dans la salle d'armes. Quoi ! un arsenal dans un monastère ?... Oui, ils avaient été déposées les armes des Vagres fondateurs de la colonie et de la communauté. Or, de cette mesure conseillée par Loysik, moines, laboureurs et colons s'étaient bien trouvés lors de l'attaque de la vallée par les troupes de Chram... Quoiqu'une pareille occurence ne se fût point renouvelée depuis, l'arsenal avait été soigneusement entretenu et augmenté. Deux fois par mois, dans le village ainsi que dans la communauté, l'on s'exerçait au maniement des armes, précaution toujours utile en ces temps de terribles violences, disait Loysik, où l'on pouvait être appelé d'un jour à l'autre à repousser les bandes des seigneurs franks.

Donc, les moines laboureurs dressaient des

tables de tous côtés; sur ces tables, ils plaçaient avec un innocent orgueil les fruits de leurs travaux, beau pain de froment de leurs terres, vin généreux de leur vignoble, quartiers de bœufs et de moutons de leurs étables, fruits et légumes de leurs jardins, laitage de leurs troupeaux, le miel de leurs ruches. Cette abondance, ils la devaient à leur rude labeur quotidien; ils en jouissaient, quoi de plus légitime? et c'était encore une très grande satisfaction pour eux de montrer à leurs vieux amis de la vallée qu'ils étaient bons laboureurs, fins vignerons, habiles jardiniers, soigneux pasteurs.

Parfois il arrivait aussi, le diable est si malin! qu'à l'un de ces anniversaires où les femmes et les jeunes filles pouvaient entrer dans l'intérieur du monastère, quelque moine laboureur, s'apercevant à l'impression que lui causait une belle fille qu'il s'était trop prématurément épris de l'austère liberté du célibat, ouvrait son cœur à Loysik; celui-ci exigeait trois mois de réflexion de la part du frère, et s'il persistait dans sa vocation conjugale, on voyait bientôt Loysik, appuyé sur son bâton, gagner le village; là, il s'entretenait avec les parents de la jeune fille de la convenance du mariage, et presque toujours, quelques mois après, la colonie comptait un ménage de plus, la communauté un frère de moins, et Loysik de dire, en manière de moralité: « Voilà qui prouve combien j'ai raison de ne point accepter de mes moines des vœux éternels. »

Les préparatifs de réception étaient depuis longtemps achevés dans l'intérieur du monastère, le soleil se couchait lorsque les moines laboureurs entendirent un grand bruit au dehors: la colonie tout entière arrivait. En tête de la foule marchent Ronan et le Veneur, Odille et l'évêchesse; ce sont les quatre plus anciens habitants de la vallée; quelques vieux Vagres, un peu moins âgés, viennent ensuite; puis les enfants, petits-enfants et arrière-petits-enfants de cette Vagrerie jadis si désordonnée, si redoutable.

Loysik, averti de l'approche de ses amis, s'est avancé à la porte de l'enceinte du monastère pour les recevoir; il porte, de même que tous les frères de la communauté, une robe de grosse laine brune, assujettie aux reins par une ceinture de cuir. Son front est devenu complètement chauve, sa longue barbe, d'un blanc de neige, tombe sur sa poitrine; sa taille est encore droite, sa démarche alerte, quoiqu'il ait quatre-vingts ans passés; ses mains vénérables sont agitées d'un léger tremblement. La foule s'arrête, Ronan s'approche et saisissant la main de son frère lui fait sa harangue:

— Loysik, il y a aujourd'hui cinquante et un ans qu'une troupe de Vagres déterminés t'attendait sur les confins de la Bourgogne, tu es venu à nous, tu nous as fait entendre de sages paroles, tu nous as prêché les mâles vertus du travail et du foyer domestique, puis tu nous as mis à même de pratiquer ces vertus en offrant à notre troupe la libre jouissance de cette vallée... Un an après, il y a cinquante ans de cela, notre colonie naissante fêtait le premier anniversaire de son établissement en ce pays; aujourd'hui nous venons, nous, nos enfants et les enfants de nos enfants, te dire une fois de plus, par ma voix: Nous sommes heureux, grâce à toi, frère; éternelle reconnaissance et amitié à Loysik!

— Oui, oui, — cria la foule, — reconnaissance éternelle à Loysik, respect et gratitude à notre ami, à notre bon père!..

Le vieux moine laboureur fut très ému; de douces larmes coulèrent de ses yeux, il fit signe qu'il voulait parler, et il dit, au milieu d'un grand silence:

— Merci à vous, mes amis, mes frères, à ceux qui viviez il y a cinquante ans, et à vous qui n'avez connu les terribles temps que nous avons traversés que par les récits de vos pères, merci de la joie que vous m'apportez en ce jour... Les fondateurs de cette colonie, après s'être fait craindre par leur vaillance, se sont fait aimer et respecter en se montrant hommes de labeur, de paix et de famille... Un heureux hasard a voulu qu'au milieu des désastres et des guerres civiles qui, depuis tant d'années, continuent de désoler notre patrie, la Bourgogne ait été préservée de ces malheurs, fruits d'une conquête sanglante. Bénissons Dieu, qui permet que nous vivions ici paisibles et libres; mais, hélas! dans les autres parties de cette province et de la Gaule, nos frères subissent toujours les douleurs de l'esclavage; ne l'oubliez pas. En attendant le jour encore lointain de l'affranchissement de nos frères, vos épargnes et celles de la communauté nous ont encore permis, cette année, de racheter quelques pauvres familles esclaves... Les voilà... Aimez-les comme nous nous aimons entre nous. Ce sont aussi les fils de la Gaule, déshérités comme nous l'étions il y a cinquante ans!

A peine Loysik avait-il prononcé ces paroles, que plusieurs familles, hommes, femmes, enfants, vieillards, sortirent du monastère, pleurant de joie. Ce fut, parmi les colons, à qui offrirait son foyer, ses soins à ces nouveaux venus. Il fallut l'intervention de Loysik, toujours écoutée, pour calmer cette tendre et ardente rivalité d'offres de services; il répartit, selon sa sagesse habituelle, les futurs colons dans certaines maisons.

Chaque année, Loysik, peu de temps avant cette fête anniversaire, quittait la colonie emportant une somme plus ou moins considérable, fruit des épargnes de la communauté, ainsi que des dons volontaires des habitants de la colonie, qui était destinée au rachat d'esclaves. Quelques moines laboureurs résolus et bien armés accompagnaient Loysik à Chalon-sur-Saône, où, vers le commencement de l'automne, se tenait un grand marché de chair gauloise, sous la présidence du comte et de l'évêque de cette cité, capitale de la Bourgogne. De la place du marché se voyait le splendide château de la reine Brunehaut. Loysik rachetait des esclaves jusqu'à ce que la somme qu'il possédait fût épuisée, regrettant que les esclaves de l'Eglise fussent d'un chiffre trop élevé pour sa bourse, les évêques les vendant toujours *deux fois plus cher* que les autres; parfois aussi, grâce à la persuasion pénétrante de sa parole, Loysik obtenait d'un seigneur frank, moins barbare que ses compagnons, le don de quelques esclaves, et augmentait ainsi le nombre des nouveaux colons qui, en touchant le sol de la vallée de Charolles, trouvaient bon accueil, travail et bien-être, et recouvraient leur liberté.

Après la *distribution* des nouveaux affranchis aux habitants de la vallée, moines laboureurs et colons, les hommes, les femmes et les enfants se mettent à table. Quel festin!...

— Nos festins en Vagrerie n'étaient rien auprès de ceux-là, — dit Ronan. — Est-ce vrai, vieux Veneur?...

— Te souviens-tu, entre autres gueuletons de ce fameux souper dans notre repaire des gorges d'Allange?

— Où l'évêque Cautin cuisina pour nous?

— Odille, vous souvenez-vous de cette nuit étrange, où, pour la première fois, je vous ai vue, lors de l'incendie de la villa de mon mari l'évêque?

— Certes, Fulvie, je m'en souviens, et aussi de ces largesses que les Vagres faisaient avec leur butin au pauvre monde.

— Loysik, c'est durant cette nuit-là que, pour la première fois, j'ai appris que nous étions frères.

— Ah! Ronan! combien était brave notre père Karadeuk! quel courage a-t-il déployé, avec notre vieil ami le Veneur, pour nous tirer de l'ergastule du burg du comte Néroweg!

— Te souviens-tu? Vous souvenez-vous? une fois sur ce sujet l'entretien de vieux amis attablés devint intarissable. Ainsi causaient du vieux temps Ronan, Loysik, le Veneur, Odille, l'évêchesse placés à table à côté les uns des autres, pendant que les convives plus jeunes se réjouissaient et parlaient du temps présent. De sorte que ce soir-là l'on était en grande liesse au monastère de Charolles.

Au milieu du festin, un moine laboureur dit à l'un de ses compagnons :

— Où sont donc nos deux prêtres, Placide et Félibien? Leur absence m'inquiète.

— Ces pieux hommes ont trouvé peut-être la fête trop profane; ils ont offert aux deux veilleurs qui sont de garde à la logette de l'embarcadère du bac de les remplacer pendant cette nuit, afin de laisser nos frères jouir de la fête.

— Je me défie de ces tonsurés!

La rivière, qui prenait sa source dans la vallée de Charolles, la traversait dans toute sa longueur; puis, se partageant en deux bras, servait de limites et de défense naturelle au territoire de la colonie. Par prudence, Loysik faisait ramener chaque soir et amarrer sur la rive de la vallée un bac, seul moyen de communication avec les terres qui s'étendaient de l'autre côté du cours d'eau, et appartenaient au diocèse de Chalon. Une logette, où veillaient à tour de rôle deux frères de la communauté, était construite près de l'embarcadère de ce bac.

La lune en son plein se réfléchissait dans l'eau limpide de la rivière, fort large en cet endroit, les deux prêtres qui s'étaient fraternellement offerts à remplacer les moines comme veilleurs allaient et venaient d'un air inquiet à quelques pas de la logette.

— Placide, tu ne vois rien? tu n'entends rien? Ainsi l'interpelle son camarade.

— Rien... Je ne vois et n'entends rien.

— Voilà pourtant la lune haute déjà... il doit être près de minuit, et personne ne paraît.

— Ne perdons pas espoir... Félibien!

— S'ils nous manquaient de parole, ce serait désolant; nous ne trouverions pas de longtemps une occasion comme celle d'aujourd'hui qui nous a permis de nous installer gardiens du bac.

— Et c'est surtout pendant cette nuit qu'il est important de surprendre le monastère.

— Et pourtant personne encore...

— Ecoute... Ecoute...

— Tu entends quelque chose?

— Je me suis trompé... c'est le bruissement de la rivière sur les cailloux du rivage.

— Notre évêque aura peut-être renoncé à son projet d'attaque sur le monastère.

— Cela n'est pas possible, ayant obtenu l'assentiment de la reine Brunehaut.

— Ecoute... écoute... cette fois je ne me trompe pas... Vois-tu là-bas, sur l'autre rive, ces points brillants?

— C'est le reflet de la lune sur l'armure des guerriers.

— Voilà ceux que nous attendons!... Entends-tu ces trois appels de trompe?

— C'est le signal convenu. Vite, vite... détachons le bac et passons à l'autre bord...

Les amarres étant détachées, le bac est manœuvré par Placide et Félibien, au moyen de longues perches; il touche à l'autre rive... Là, monté sur une mule, se trouve un homme de grande taille, vêtu d'une robe noire : c'est un prêtre catholique; il a l'air impérieux et dur; à côté de lui est un chef frank à cheval, escorté d'une vingtaine de cavaliers revêtus d'armures de fer; un chariot rempli de bagages, traîné par quatre bœufs et suivi de plusieurs esclaves à pied, arrive aussi sur la rive.

— Vénérable archidiacre, — dit Placide à l'homme à la robe noire, — nous commencions à désespérer de votre venue; mais vous arrivez encore à temps... toute la colonie, hommes, femmes, jeunes filles, est assemblée au monastère, et Dieu sait les abominations qui se passent en ce lieu sous les yeux de Loysik, qui provoque ces horreurs sacrilèges!

— Ces scandales vont avoir leur terme et recevoir leur châtiment, mes fils. Peut-on, sans danger, embarquer les chevaux de ces guerriers et le chariot qui porte mes bagages?

— Vénérable archidiacre, cette cavalerie est nombreuse; il faudra faire trois ou quatre voyages pour la conduire sur l'autre rive.

— Gondowald, dit l'archidiacre au chef frank, — si nous laissions provisoirement sur ce bord vos chevaux, ma mule et mon chariot? nous nous rendrions tout d'abord au monastère; vos cavaliers nous accompagneraient à pied.

— Qu'ils soient à pied ou à cheval, ils suffiront pour assurer l'exécution des ordres de ma glorieuse maîtresse, la reine Brunehaut, et à housser du manche de nos lances ces moines de Satan et cette plèbe rustique si elle osait broncher.

— Vénérable archidiacre, nous qui savons de quoi sont capables les moines et les habitants de la vallée, nous estimons qu'en cas de rébellion de leur part aux ordres de notre saint évêque de Chalon, vingt guerriers ne suffiraient pas pour les soumettre.

Gondowald toisa le prêtre d'un regard dédaigneux, et ne répondit même pas à l'observation.

— Je ne partage pas vos craintes, mes chers fils, et j'ai de bonnes raisons pour cela, — reprit l'archidiacre d'un air hautain. — Nous voici tous embarqués... maintenant, au large le bac!

Bientôt débarquèrent sur la rive de la vallée, l'archidiacre, Gondowald, chambellan de Brunehaut, et les vingt guerriers de la reine, casqués, cuirassés, armés de lances et d'épées; ils portaient en sautoir leurs boucliers peints et dorés.

— Y a-t-il un long trajet d'ici au monastère? — demanda l'archidiacre en posant le pied sur le rivage.

— Non, mon père... il y a tout au plus pour une demi-heure de marche pour des gens alertes.

— Montrez-nous la route, mes chers fils... nous vous suivrons.

— Ah! mon père! les impies de cette communauté ignorent à cette heure que le châtiment du ciel est suspendu sur leur tête!

— Hâtez le pas, mes fils... bientôt justice sera faite...

— Hermanfred, — dit le chef des guerriers en se retournant vers l'un des hommes de sa troupe, as-tu le trousseau de cordes et les menottes de fer?

— Oui, seigneur Gondowald.

. . . .

Au monastère, le festin continuait; partout régnait une douce cordialité. A la table où se trouvaient Loysik, Ronan, le Veneur et leur famille, l'entretien continuait, vif, animé; l'on parlait en ce moment des terribles choses qui se passaient dans le sombre palais de la reine Brunehaut. Les heureux habitants de la vallée écoutaient ces sinistres récits avec cette curiosité avide, inquiète et frissonnante, que souvent l'on éprouve à la veillée, lorsqu'au coin d'un foyer paisible l'on entend raconter quelque histoire épouvantable: heureux, humble et ignoré, l'on est certain de ne jamais être jeté au milieu d'aventures effrayantes comme celle dont la narration vous fait frémir, pourtant l'on redoute et l'on désire à la fois la continuation du récit.

— Tenez, — disait Ronan, — afin de démêler ce chaos sanglant, puisque nous parlons de Brunehaut, qui règne à cette heure en Bourgogne, rappelons les faits en quelques mots: Clotaire, après avoir fait brûler vifs, Chram, son fils, sa femme et leurs deux petites filles, est mort depuis cinquante-trois ans, n'est-ce pas?

— Oui, mon père, — reprit Grégor, — puisque nous sommes en l'année 613.

— Ce Clotaire avait laissé quatre fils: *Charibert* régnait à Paris, *Gontran* était roi d'Orléans et de Bourges; *Sigebert*, roi d'Austrasie résidait à Metz, et *Chilpérik*, roi de Neustrie, occupait la demeure royale de Soissons, puisque nos conquérants ont appelé Neustrie et Austrasie les provinces du nord et de l'est de la Gaule.

— Chilpérik? — reprit le fils de Ronan, — Chilpérik, ce Néron de la Gaule, qui terminait ainsi l'un de ses édits: *Que celui qui n'obéirait pas à cette loi ait les* YEUX ARRACHÉS!

— C'est de celui-là et de son frère Sigebert que nous nous occupons... Laissons de côté ses deux autres frères, Charibert et Gontran, tous deux morts sans enfants, le premier, en 566, le second en 593; ils se sont montrés les dignes descendants de Clovis.

— Mon père, l'effrayante histoire qui nous intéresse est celle de Brunehaut et de Frédégonde, puisque ces deux noms, désormais inséparables, sont accolés dans le sang...

— J'arrive à l'histoire de ces deux monstres et de leurs époux Chilpérik et Sigebert, car ces louves ont leurs loups, et qui pis est, pour la Gaule, leurs louveteaux... Chilpérik, quoique marié à Andowère, avait parmi ses nombreuses concubines, une esclave franque d'une beauté éblouissante, et douée, dit-on, d'un charme de séduction irrésistible; elle se nommait *Frédégonde*... Il en devint si épris que, pour jouir plus librement encore de la possession de cette esclave, il répudia sa femme Andowère, qui mourut plus tard dans un couvent; mais bientôt las de Frédégonde, il fut jaloux d'imiter, son frère, Sigebert, qui s'était marié à une princesse de sang royal, nommée Brunehaut, fille d'Athanagild, roi de race germanique comme les Franks, et dont les aïeux avaient conquis l'Espagne comme Clovis la Gaule. Chilpérik demanda et obtint la main de la sœur de Brunehaut, nommée Galeswinthe... L'on ne pouvait voir une figure plus touchante que celle de cette jeune princesse, et la bonté de son cœur égalait l'angélique douceur de ses traits. Lorsqu'il lui fallut quitter l'Espagne pour venir en Gaule épouser Chilpérik, la malheureuse créature eut des pressentiments de mort, ces pressentiments ne la trompaient pas. Après six ans de mariage, elle était étranglée dans son lit par son époux Chilpérik.

— Comme Wisigarde, quatrième femme de Néroweg, avait été étranglée par ce comte frank, dont la race existe encore en Auvergne. Rois et seigneurs franks ont les mêmes mœurs.

— Infortunée Galeswinthe!... Et pourquoi tant de férocité de la part de son mari Chilpérik ?

— Un moment apaisée, la passion de Chilpérik pour son esclave Frédégonde s'était réveillée plus ardente que jamais, et il avait étranglé sa femme pour épouser sa concubine. Voici donc Frédégonde mariée à Chilpérik après le meurtre de Galeswinthe, et devenue l'une des reines de la Gaule. Il est d'étranges contrastes dans les familles ; Galeswinthe était un ange, Brunehaut, sa sœur, mariée à Sigebert, était une créature infernale ; d'une rare beauté, d'un caractère de fer, vindicative jusqu'à la férocité, d'une ambition impitoyable et d'une intelligence qui eût été du génie si elle n'eût appliqué ses facultés extraordinaires aux forfaits les plus inouïs... Brunehaut devait épouvanter le monde... D'abord elle voulut venger la mort de sa sœur Galeswinthe, étranglée par Chilpérik à l'instigation de Frédégonde... Alors, entre ces deux femmes, mortelles ennemies, et dont chacune régnait avec son mari sur une partie de la Gaule, commença une lutte effrayante : le poison, le poignard, l'incendie, la guerre civile, le massacre, les combats des pères contre les fils, des frères contre les frères ; tels furent les moyens qu'elles employèrent l'une contre l'autre. Les populations Gauloises n'échappèrent pas à cette rage de destruction ; toutes les provinces soumises à Sigebert et à Brunehaut furent impitoyablement ravagées par Chilpérik, et les possessions de celui-ci furent à leur tour dévastées par Sigebert. Ces deux frères, ainsi poussés par la furie de leurs femmes, combattirent l'un contre l'autre jusqu'au jour où ils furent tous deux assassinés.

— Ah! si le sang gaulois n'avait coulé à torrents, si ces désastres affreux n'avaient écrasé de nouveau notre malheureux pays, je verrais un châtiment céleste dans la lutte de ces deux femmes, décimant ainsi les familles où elles sont entrées, — dit Loysik ; — mais, hélas! que de maux, que de misères atroces ces haines royales font peser sur les peuples !..

— Et ces deux monstres trouvaient des instruments pour servir leurs vengeances ?

— Les meurtres qu'elle ne commettaient pas elles-mêmes par le poison, elles les faisaient accomplir par le poignard... Frédégonde dont la dépravation dépassait celle de la Messaline antique, s'entourait de jeunes pages ; elle les enivrait de voluptés terribles, troublait leur raison par des philtres qu'elle composait ; ils entraient bientôt dans une sorte de frénésie, et elle les lançait alors sur les victimes qu'ils devaient frapper... C'est ainsi qu'elle fit poignarder le roi Sigebert, mari de Brunehaut et empoisonner leur fils Childebert... C'est ainsi qu'elle fit tuer, à coups de couteau, nombre de ses ennemis, et... suivant la chronique... son mari Chilpérik...

— Frédégonde, véritable furie vomie par les enfers, n'épargna pas même son époux ?

— Du moins certains historiens lui attribuent ce meurtre, d'autres en accusent Brunehaut... les deux suppositions peuvent être admises : les deux reines avaient intérêt à supprimer Chilpérik ; Brunehaut pour venger sa sœur Galeswinthe, étranglée par son mari ; Frédégonde pour se soustraire à la punition qu'elle redoutait pour ses adultères.

— Cette Frédégonde, cette femme abominable, a-t-elle subi la peine due à ses forfaits ?

— La reine Frédégonde est morte paisiblement dans son lit en 597, âgée de cinquante-cinq ans, bénie et enterrée par les prêtres catholiques dans la basilique de Saint-Germain-des-Prés, à Paris. Frédégonde a *longtemps et heureusement et habilement régné,* disent les dévots panégyriques de nos rois... A sa mort elle a laissé à son fils, Clotaire le jeune, son royaume intact, et les bénédictions du clergé l'ont accompagnée dans sa tombe !

Un frémissement d'horreur circula parmi les auditeurs de ce récit ; ces abominations royales contrastaient tellement avec les mœurs des habitants de la colonie, que ces bonnes gens croyaient entendre raconter quelque songe épouvantable éclos dans le délire de la fièvre.

Grégor reprit :

— Clotaire le jeune, fils de Frédégonde et de Chilpérik, se trouve être le petit-fils de Clotaire,

Enseignements de pornographie à la cour de Brunehaut (page 456)

le tueur d'enfants, à coups de couteau, et l'arrière-petit-fils de Clovis ?

— Oui... et comme il se montre digne de sa race, vous voyez, mes enfants, quelle ère de nouveaux crimes va s'ouvrir ; car sa mère Frédégonde lui a légué l'implacable haine dont elle poursuivait Brunehaut... et ce duel à mort va continuer entre celle-ci et le fils de sa mortelle ennemie.

— Hélas ! que de désastres vont encore déchirer la Gaule durant cette lutte sanglante...

— Oh ! elle sera terrible... terrible... car les crimes de Frédégonde pâlissent auprès de ceux de Brunehaut, notre reine aujourd'hui, à nous, habitants de la Bourgogne.

— Mon père, est-il possible que les crimes de Brunehaut surpassent ceux de Frédégonde ?

— Ronan, — dit Odille en portant ses deux mains à son front, — ce chaos de meurtres, accomplis dans une même famille, donne le vertige... L'esprit se trouble et se lasse à suivre le fil sanglant qui seul peut vous conduire au milieu de ce dédale de crimes sans nom, grand Dieu ! dans quel temps nous vivons !... Que verront donc nos enfants ?

— A moins que les démons ne sortent de l'enfer, petite Odille, nos enfants ne pourront rien voir qui surpasse ce qui existe à notre époque; car, je vous l'ai dit, les crimes de Frédégonde ne sont rien auprès de ceux de Brunehaut... Et si vous saviez ce qui s'accomplit à cette heure dans le splendide château de Châlon-sur-Saône, où cette vieille reine, fille, femme et mère de rois, tient en sa dépendance ses arrières-petits-enfants... Mais non.. je n'ose... Mes lèvres se refusent à raconter ces horreurs...

— Ronan a raison. Il se passe aujourd'hui dans le château de la reine Brunehaut des choses

57e livraison

épouvantables qui ne peuvent se traduire en aucune langue, — reprit Loysik en frémissant ; puis s'adressant à Ronan : — Mon frère, par respect pour nos jeunes familles, par respect pour l'humanité tout entière, n'achève pas ton récit.

— Tu as raison, Loysik ; je m'arrête devant l'impossibilité de raconter les forfaits de la reine Brunehaut, qui est cependant une créature de Dieu comme nous, et appartient à l'espèce humaine...

— A ce moment, un des moines laboureurs vint prévenir Loysik qu'on avait frappé à la porte extérieure du monastère et qu'une voix avait annoncé un message de l'évêque de Chalon et de la reine Brunehaut.

Ce nom, en un pareil moment, causa parmi l'assistance un profond étonnement et une sorte de crainte vague.

— Un message de l'évêque et de la reine ? — reprit Loysik en se levant et se dirigeant vers la porte extérieure du monastère, — cela est étrange : Le bac est amarré chaque soir de ce côté-ci de la rive, et des veilleurs ont l'ordre absolu de ne pas traverser la rivière durant la nuit ; sans doute ce messager aura pris une barque à Notsan pour remonter la rivière.

En parlant ainsi, le supérieur de la communauté s'était approché de la porte massive et verrouillée en dedans ; plusieurs moines portant des flambeaux, suivaient le supérieur ; Ronan, le Veneur et quelques colons accompagnaient aussi Loysik ; il fit un signe, la lourde porte roula sur ses gonds, et l'on vit au dehors, éclairés par la lune, l'archidiacre et Gondowald, le chambellan de Brunehaut ; derrière eux étaient rangés en haie les hommes de guerre, casqués, cuirassés, bouclier au bras, lance à la main, épée au côté.

— Il y a là une trahison, — dit à demi-voix Loysik, se retournant vers Ronan ; puis s'adressant à l'un des moines : — Qui donc, cette nuit, est de guet à la logette du bac ?

— Nos deux prêtres... Ils ont offert à nos frères de les remplacer pour cette nuit de fête.

— Je devine tout, répondit Loysik avec amertume ; puis s'adressant à l'archidiacre, qui s'était arrêté au seuil de la grande porte avec Gondowald, tandis que leur escorte restait au dehors, il dit au guerrier et au prêtre :

— Qui êtes-vous ? que voulez-vous ?

— Je me nomme Salvien, archidiacre de l'église de Chalon et neveu du vénérable Sidoine, évêque de ce diocèse... Je t'apporte les ordres de ton chef spirituel.

— Et moi, Gondowald, chambellan de notre glorieuse reine Brunehaut, je suis chargé par elle de prêter mon aide et celle de mes hommes à l'envoyé de l'évêque.

— Voici une lettre de mon oncle, — reprit l'archidiacre en présentant un parchemin à Loysik. — Prends-en connaissance.

— Mes yeux sont affaiblis par les années, un de nos frères va faire tout haut cette lecture pour moi.

— Il se peut qu'il y ait dans cette lettre des choses secrètes, — dit l'archidiacre ; — je t'engage à la faire lire à voix basse.

— Nous n'avons point ici de secret les uns pour les autres... Lis tout haut, mon frère.

Et Loysik remit la missive à l'un des membres de la communauté, qui exécuta l'ordre de son supérieur.

Cette lettre portait en substance que Sidoine, évêque de Chalon, instituait l'archidiacre Salvien comme abbé du monastère de Charolles, voulant ainsi mettre un terme aux scandales et énormités qui depuis tant d'années affligeaient la chrétienté par l'exemple de cette communauté ; elle devait être à l'avenir rigoureusement soumise à la règle de saint Benoît, ainsi que l'étaient alors presque tous les monastères de la Gaule. Les moines laïques qui mériteraient cette faveur par leur vertu et par leur humble soumission aux ordres de leur nouvel abbé, obtiendraient, faveur toute chrétienne, d'entrer dans la cléricature et de devenir moines de l'Église romaine. De plus, en vertu du canon 7 du concile d'Orléans, tenu deux années auparavant (en l'année 611), qui ordonnait que « les domaines, terres, vignes, esclaves, pécules qui seraient donnés aux paroisses demeurassent en la puissance de l'évêque, » tous les biens du monastère et de la colonie formant, à bien dire, la paroisse de Charolles, devaient, à l'avenir, demeurer en la puissance de l'évêque de Chalon, qui commettait son neveu, l'archidiacre Salvien à la direction de ces biens. Le prélat terminait la missive en ordonnant à son cher fils en Christ, Loysik, de se rendre sur l'heure en la cité de Chalon pour y entendre le blâme de son évêque et père spirituel, et y subir humblement la pénitence ou châtiment qu'il devait lui infliger. Enfin, comme il se pouvait faire que le frère Loysik, par une suggestion diabolique, commit l'énormité de mépriser les ordres de son père spirituel, le noble Gondowald, chambellan de la glorieuse reine Brunehaut, était chargé par cette illustrissime princesse de faire exécuter, au besoin, par force, avec l'appui de ses hommes d'armes, les ordres de l'évêque de Chalon.

Le moine laboureur achevait à peine la lecture de cette missive que Gondowald ajouta d'un air hautain et menaçant :

— Moi, chambellan de la glorieuse reine Brunehaut, notre très excellente et très redoutable maîtresse, je suis chargé par elle de te dire que si toi et les tiens vous aviez l'audace de désobéir aux ordres de l'évêque, ainsi que cela peut arriver, d'après les insolents murmures que je viens d'entendre, je fais attacher les plus récalcitrants à la queue des chevaux de nos cavaliers, et je vous conduis ainsi à Chalon, hâtant votre marche à coups de bois de lance.

La lecture de la missive de l'évêque avait été, en effet, plusieurs fois interrompue par les murmures des moines laboureurs ou des colons; il fallut que Loysik intervînt pour obtenir des assistants assez de silence pour que la lecture de la missive épiscopale pût se terminer; mais lorsque le Frank Gondowald eut prononcé, d'un air de défi, ses insolentes menaces, la foule y répondit par une explosion de cris furieux mêlés de dédaigneuses railleries.

Ronan, le Veneur et quelques vieux Vagres n'avaient pas été des derniers à se révolter contre les prétentions spoliatrices de l'évêque de Chalon, qui voulait s'approprier les biens des moines laboureurs et des colons, au mépris de tout droit. Quoique blanchis par l'âge, les Vagres avaient senti bouillonner leur vieux sang batailleur. Ronan, toujours homme d'action, se souvenant de son ancien métier, avait dit tout bas au Veneur:

— Prends vingt hommes résolus, ils trouveront des armes dans l'arsenal, et cours au bac, afin de couper la retraite à ces Franks... Je me charge de ce qu'il reste à faire ici, car, foi de Vagre... je me sens rajeuni de cinquante ans!

— Et moi donc, Ronan, pendant la lecture de cette insolente missive, et surtout lorsque le valet de cette reine infâme a osé nous menacer, j'ai cherché une épée à mon côté.

Et les deux vieux Vagres allèrent de ci de là, disant un mot à l'oreille de certains colons ou moines, qui disparurent successivement au milieu du tumulte croissant, que dominait à peine la voix ferme et sonore de Loysik, répondant à l'archidiacre:

— L'évêque de Chalon n'a pas le droit d'imposer à cette communauté une règle particulière ou un abbé; nous choisissons librement nos chefs, de même que nous consentons la règle que nous voulons suivre, pourvu qu'elle soit chrétienne; tel est le droit antérieur et originel qui a présidé à l'établissement de tous les monastères de la Gaule; les évêques n'ont sur nous que la juridiction spirituelle qu'ils exercent sur les autres laïques; nous sommes ici maîtres de nos biens et de nos personnes, en vertu d'une charte du feu roi Clotaire, qui défend formellement à ses ducs, comtes et évêques, de nous inquiéter. Tu parles de conciles; il y a de tout ce qu'on veut y trouver dans les conciles, le mal et le bien, le juste et l'injuste; or, ma mémoire ne faiblit pas encore, et voici ce que dit fort justement cette fois le concile de 611 :

« *Nous avons appris que certains évêques établissent injustement abbés, dans certains monastères, quelques-uns de leurs parents ou de leurs favoris et leur procurent des avantages iniques, afin de se faire donner par la violence tout ce que peut ravir au monastère l'exacteur qu'ils y ont envoyé.* »

L'archidiacre se mordit les lèvres, et une huée couvrit sa voix lorsqu'il voulut répondre.

— Ce concile ne tiendrait pas ce langage, qui est celui de la justice, reprit Loysik, — que je ne reconnais à aucune assemblée à aucun prélat, à aucun roi, à aucun pape, le droit de déposséder des gens honnêtes et laborieux des terres et de la liberté qu'ils tiennent de leur droit naturel, antérieur et supérieur à toute autorité.

— Je dis que ton monastère est une nouvelle Babylone, une moderne Gomorrhe! — s'écria l'archidiacre; — l'évêque de Chalon en avait été prévenu, j'ai voulu voir par moi-même... Et je vois des femmes, des jeunes filles dans ce lieu, qui devrait être consacré aux austérités, à la prière et à la retraite. Je vois tous les ferments d'une immonde orgie, qui devait sans doute se prolonger jusqu'au jour... sous les yeux, dans ce monastère.

— Assez! — s'écria Loysik indigné; — je te défends, comme chef de cette communauté, de souiller les oreilles de ces épouses, de ces jeunes filles rassemblées ici avec leurs familles pour célébrer paisiblement l'anniversaire de notre établissement dans cette terre libre!

— Archidiacre, c'est trop de paroles! — s'écria Gondowald; — à quoi bon raisonner avec ces chiens... n'as-tu pas là mes hommes pour faire obéir?

— Je veux tenter un dernier effort pour ouvrir les yeux de ces malheureux aveuglés, — répondit l'archidiacre; — cet indigne Loysik les tient sous son obsession diabolique... Vous tous qui m'entendez, tremblez si vous résistez aux ordres de votre évêque!

— Salvien, — dit Loysik, — ces paroles sont vaines, tes menaces seront impuissantes devant notre ferme résolution de maintenir la justice de nos droits; nous te repoussons comme abbé de ce monastère; ces moines laboureurs et les habitants de cette colonie ne doivent compte de leurs biens à personne... Ce débat inutile est affligeant, mettons-y fin; la porte de ce monastère est ouverte à ceux qui s'y présentent en amis, mais elle se ferme devant ceux qui s'y présentent en ennemis et en maîtres, au nom de prétentions iniques... Retire-toi d'ici...

— Va-t'en, archidiacre du diable! — clamèrent plusieurs voix, — ne trouble pas notre fête! tu pourrais t'en repentir.

— Une rébellion! des menaces! — s'écria l'archidiacre. — Gondowald, ajouta le prêtre en s'effaçant pour laisser pénétrer dans l'intérieur de la cour le chef des guerriers franks, — exécutez les ordres de la reine...

— Et sans tes lenteurs, ces ordres depuis longtemps seraient accomplis ! A moi, mes guerriers... garrottez ce vieux moine, et exterminez cette plèbe si elle bronche !

— A moi, enfants ! assommez ces Franks, et vive la vieille Gaule !

Qui parlait ainsi ? le vieux Ronan, suivi d'une trentaine de colons et de moines laboureurs, hommes résolus, vigoureux et parfaitement armés de lances, de haches et d'épées. Ces bonnes gens, sortant sans bruit de l'enceinte du monastère par la cour des étables, avaient fait le tour des bâtiments extérieurs jusqu'à l'angle du mur de clôture ; là, ils s'étaient tenus cois et embusqués, jusqu'au moment où Gondowald avait appelé à lui ses guerriers. Alors sortant de leur embuscade, les gens de Ronan s'étaient à l'improviste précipités sur les Franks. Au même instant, Grégor, accompagné d'une troupe déterminée, non moins nombreuse et bien armée que celle de son père, sortait des bâtiments intérieurs du monastère, se faisait jour à travers la foule, dont la cour était remplie, et s'avançait en bon ordre. L'archidiacre, Gondowald et leur escorte de vingt guerriers se trouvèrent ainsi enveloppés par une soixantaine d'hommes résolus, et, il faut leur rendre cette justice, animés d'intentions très malveillantes pour les Franks. Ceux-ci, pressentant ces dispositions, ne songèrent pas à résister sérieusement ; après un léger engagement ils se rendirent. Cependant, Gondowald ayant, dans un premier mouvement de surprise et de rage, levé son épée sur Loysik et blessé un des moines, qui avait couvert le vieillard de son corps, Gondowald, quoique chambellan de la glorieuse reine Brunehaut, fut terrassé, roué de coups devant ses hommes désarmés. Grâce à l'intervention de Loysik, il ne coula, dans cette rapide mêlée, d'autre sang que celui du moine légèrement blessé par Gondowald ; ce noble chambellan fut, par précaution, solidement garrotté au moyen des menottes et du trousseau de cordes dont il s'était muni à l'intention de Loysik, avec une prévoyance dont le vieux Ronan lui sut gré.

— Au nom du Père, du Fils et du Saint-Esprit, je vous excommunie tous ! — s'écria l'archidiacre blême de fureur. — Anathème à celui qui oserait porter une main sacrilège sur un prêtre de l'Église catholique, apostolique et romaine, sur l'oint du Seigneur !

— Ne me tente pas, archidiacre de Satan ! car, tout vieux que je suis, foi d'ancien Vagre, j'ai envie de mériter ton excommunication, en appliquant sur ton échine sacrée une volée de coups de fourreau d'épée !

— Ronan, Ronan ! pas de violence, — dit Loysik ; — ces étrangers sont venus ici en ennemis, ils ont versé le sang les premiers ; vous les avez désarmés, c'était justice...

— Et leurs armes enrichiront notre arsenal, — dit Ronan. — Allons, enfants, récoltez cette bonne moisson de fer... Par ma foi, nous serons armés comme des guerriers royaux !

— Que ces soldats et leur chef soient conduits dans une des salles du monastère, — ajouta Loysik ; — il y seront enfermés, des moines armés veilleront à la porte et aux fenêtres. Nous déciderons de ce qu'il y aura à faire.

— Oser me retenir prisonnier, moi ! officier de la maison de la reine Brunehaut ! — s'écria Gondowald en grinçant des dents et se débattant dans ses liens. — Oh ! tu payeras cher cette audace, moine insolent ! Ma maîtresse me vengera sur ta vieille peau.

— La reine Brunehaut a agi contrairement à tous les droits, à toute justice, en envoyant ici des hommes de guerre prêter main-forte au message de l'évêque de Chalon, lors même que sa prétention eût été aussi équitable qu'elle est inique, — répondit Loysik. Puis s'adressant à ses moines : — Emmenez ces hommes, et surtout qu'il ne leur soit point fait de mal ; s'ils ont besoin de provisions, qu'on leur en donne... Montrons-nous miséricordieux.

Les moines emmenèrent les guerriers franks et leur chef, qu'il fallut porter à bras, cet enragé refusant de marcher. Ceci fait, Loysik dit à l'archidiacre, pantois, colère et sournois comme un renard pris au piège :

— Salvien, je dois avant tout assurer le repos de cette colonie et de cette communauté ; je vais donc obligé d'ordonner que tu restes prisonnier dans ce monastère :... Ne redoute rien, tu seras traité avec égard, tu auras pour prison l'enceinte du monastère... Dans trois ou quatre jours au plus tard... lors de mon retour, tu seras libre... et tu pourras reprendre la route de Chalon.

Lorsque l'archidiacre eut disparu, Ronan dit à Loysik :

— Frère, tu as parlé à cet homme de ton retour, tu pars donc, et pour quel endroit ?

— A l'instant même... Je vais à Chalon... pour parler à l'évêque et pour voir la reine.

— Que dis-tu, Loysik ? — s'écria Ronan avec une anxiété douloureuse, — tu nous quittes, tu vas affronter Brunehaut : mais ce nom dit : Vengeance implacable, Loysik, c'est courir à la perte !... Non, non, tu ne feras pas ce voyage.

Les moines laboureurs et les colons, partageant l'inquiétude de Ronan, se livrèrent aux supplications les plus tendres, les plus pressantes, afin de détourner Loysik de son projet téméraire ; le vieux moine fut inébranlable ; et, pendant que l'un des frères qui devait l'accompagner faisait à la hâte quelques préparatifs de voyage, il se rendit dans sa cellule pour y prendre la charte du roi Clotaire. Ronan et sa famille accompagnèrent Loysik, cherchant à le dissuader de son projet; il leur dit tristement :

— Notre position est pleine de périls : il s'agit non seulement du sort de ce monastère, mais de celui de la colonie tout entière. Vous avez eu facilement raison d'une vingtaine de guerriers; mais nous ne pouvons songer à résister par la force à Brunehaut; le tenter serait appeler le ravage sur cette vallée, le massacre ou l'esclavage de ses habitants... La charte de Clotaire confirme notre droit; mais qu'est-ce que le droit pour Brunehaut!

— Alors, mon frère, que vas-tu faire à Chalon dans l'antre de cette louve?...

— Lui demander justice!

— Tu l'as dit, qu'est-ce que le droit, qu'est-ce que la justice pour Brunehaut?...

— Elle se joue du droit comme de la vie des hommes; pourtant j'ai quelque espoir... Je désire que vous gardiez ici l'archidiacre et ses guerriers prisonniers... d'abord parce que, dans leur fureur, ils m'auraient sans doute rejoint et tué en route; or, je tiens à vivre pour mener à bonne fin ce que j'entreprends aujourd'hui; puis, au lieu de me laisser prévenir par l'archidiacre et le chambellan, je préfère instruire moi-même l'évêque et la reine Brunehaut des motifs de notre résistance.

— Mon frère, si justice t'est refusée; si cette reine implacable te fait égorger... comme elle a fait égorger tant d'autres victimes?...

— Alors, l'acte d'iniquité s'accomplira. Alors, si l'on veut non seulement soumettre vos biens, vos personnes à la tyrannie et aux exactions de l'Eglise, mais encore vous ravir, par la violence, le sol et la liberté que vous avez reconquis et qu'une charte a garantis, alors vous aurez à prendre une résolution suprême, vous rassemblerez un conseil solennel, ainsi que faisaient autrefois nos pères lorsque le salut de la patrie était menacé... Qu'à ce conseil les mères et les épouses prennent place, selon l'antique coutume gauloise; car l'on décidera du sort de leurs maris et de leurs enfants... Là, vous aviserez avec calme, sagesse et résolution, sur ces trois alternatives, les seules, hélas! qui vous resteront : — Devrez-vous subir les prétentions de l'évêque de Chalon, et accepter un servage déguisé qui changera bientôt notre libre vallée en un domaine de l'Eglise exploité à son profit? — Devrez-vous obéir à la reine, si elle foule aux pieds tous vos droits, si elle déchire la charte de Clotaire et déclare notre vallée *domaine du fisc royal*, ce qui sera pour vous la spoliation, la misère, l'esclavage et la honte? — Ou bien enfin, devrez-vous, forts de votre bon droit, mais certains d'être écrasés, protester contre l'iniquité royale ou épiscopale par une défense héroïque, et vous ensevelir,

vous et vos familles, sous les ruines de vos maisons? Vous déciderez cette grave question.

— Tous, tant que nous sommes ici, hommes, femmes, enfants, nous saurons combattre et mourir comme nos aïeux, Loysik! Et ce sanglant enseignement fera peut-être sortir les populations voisines de leur torpeur... Mais, frère... frère... te voir partir seul... pour affronter un péril que je ne puux partager!...

— Allons, Ronan, pas de faiblesse... que tous les postes fortifiés de la vallée soient occupés comme il y a cinquante ans, lors de l'invasion de Chram en Bourgogne; ta vieille expérience militaire et celle du Veneur seront d'un grand secours ici; il n'y a d'ailleurs aucune attaque à redouter pendant quatre ou cinq jours; car il m'en faut deux pour me rendre à Chalon, et un laps de temps pareil est nécessaire aux troupes de la reine pour se rendre ici, dans le cas où elle voudrait recourir à la violence. Jusqu'au moment de mon arrivée à Chalon, l'évêque et Brunehaut ignoreront si leurs ordres ont été ou non exécutés, puisque le diacre et le chambellan restent ici prisonniers et bien gardés par nos gens.

— Et au besoin ils serviront d'otages.

— C'est le droit de la guerre... Si cet évêque insensé, si cette reine implacable veulent la guerre, il faut aussi conserver comme prisonniers les deux prêtres qui ont amené l'archidiacre par trahison, ces infâmes hypocrites.

— J'ai entendu les moines parler de la leçon qu'ils se réservent de leur donner... à grands coups de houssine...

— Je défends formellement toute violence à l'égard de ces deux prêtres! dit Loysik d'une voix sévère, en s'adressant à deux moines laboureurs qui étaient alors dans sa cellule. — Ces clercs sont les créatures de l'évêque, ils auront obéi à ses ordres; je vous le répète, pas de violences, mes enfants.

— Bon père Loysik, puisque vous l'ordonnez, il ne sera fait aucun mal à ces traîtres.

Les adieux que les habitants de la colonie et des membres de la communauté adressèrent à Loysik furent navrants; bien des larmes coulèrent, bien des mains enfantines s'attachèrent à la robe du vieux moine; mais ces tendres supplications furent vaines, il partit accompagné jusqu'au bac par Ronan et sa famille : là se trouva le Veneur, chargé de couper la retraite aux Franks. En occupant ce poste avec ses hommes, il avait aperçu, de l'autre côté de la rivière, les esclaves gardant les chevaux des guerriers et les bagages de l'archidiacre. Le Veneur crut prudent de s'emparer de ces hommes et de ces bêtes; il laissa près de la logette du guet la moitié de ses compagnons, et, à la tête des autres, il traversa la rivière dans le bac. Les esclaves ne firent aucune résistance, et, en trois voyages, chevaux, gens et chariots furent amenés sur l'autre bord. Loysik approuva la manœuvre du Veneur; car les esclaves, ne voyant pas revenir Goudowald et l'archidiacre, auraient pu retourner à Chalon donner l'alarme, et il importait au vieux moine, pour ses projets, que les évènements qui avaient eu lieu au monastère ne fussent pas connus au dehors. Loysik, vu son grand âge et les longueurs de la route, crut pouvoir user de la mule de l'archidiacre pour ce voyage; elle fut donc réembarquée sur le bac, que Ronan et son fils Grégor voulurent conduire eux-mêmes jusqu'à l'autre rive, afin de rester quelques moments de plus avec Loysik. L'embarcation toucha terre; le vieux moine laboureur embrassa une dernière fois Ronan et son fils, monta sur la mule, et, accompagné d'un jeune frère de la communauté, qui le suivait à pied, il prit la route de Châlon-sur-Saône, séjour de la terrible reine Brunehaut.

CHAPITRE II

Le château de Brunehaut. — Le marchand d'esclaves. — *Aurélie*, la pleureuse, et *Blandine*, la rieuse. — Ce que faisait la reine Brunehaut de ses petits-fils. — Lettre du PAPE *saint Grégoire le Grand* à cette sainte femme sur l'ÉDUCATION DE SON FILS. — *Childebert*, *Corbe*, *Mérovée*, arrière-petits-enfants de la reine Brunehaut. — La bonne aïeule. — Arrivée de Sigebert, fils aîné du défunt roi Thierry. — Le maire du palais Warnachaire. — Loysik et Brunehaut. — La reine marche à la tête de son armée pour aller combattre Clotaire II, fils de Frédégonde.

« Vive celui qui aime les Franks! que le Christ maintienne leur puissance! qu'il remplisse leur chef des clartés de sa grâce, qu'il protège l'armée, qu'il fortifie la foi, qu'il accorde paix et bonheur à ceux qui les gouvernent sous les auspices de Notre-Seigneur Jésus-Christ! Au nom du père, du Fils et du Saint-Esprit. »

— Foi de vieux Vagre, ce début tout catholique de la loi salique revient toujours à la pensée lorsqu'il s'agit des rois franks ou de leurs reines... Entrons dans le repaire de Brunehaut, splendide repaire! non pas rustique comme celui du comte Néroweg, vaste burg, que nous autres anciens de la Vagrerie avons réduit en cendres! non, cette grande reine a le goût raffiné : une de ses passions est l'architecture; elle aime les arts antiques de la Grèce et de l'Italie, cette noble femme! oui, elle aime les arts! Voyez plutôt le magnifique château qu'elle a fait construire à Châlon-sur-Saône, capitale de la Bourgogne; ses autres châteaux, même celui de *Bourcheresse*, ne sont rien auprès de son habitation royale, dont les jardins magnifiques s'étendent jusqu'aux bords de la Saône... palais à la fois splendide et guerrier; car, en ces temps de batailles incessantes, les rois et les seigneurs se fortifient dans leurs repaires. Le palais de Brunehaut est ceint d'épaisses murailles, flanqué de tours massives; on y arrive par une seule entrée, voûte profonde fermée à ses deux extrémités par des portes énormes renforcées de barres de fer. Sous cette voûte veillent jour et nuit les guerriers de Brunehaut, toujours armés; dans les cours intérieures sont d'autres logis pour un grand nombre de cavaliers et de gens de pied. Les salles du palais sont immenses, pavées de marbre ou de mosaïque, enrichies de colonnades de jaspe, de porphyre et d'albâtre oriental, surmontées de chapiteaux de bronze doré; ces magnificences architecturales, chefs-d'œuvre de l'art, dépouilles des temples et des palais de la Gaule, ont été transportées à grand renforts d'esclaves et de chariots dans le palais de la reine. Ces salles immenses, ornées de meubles d'ivoire, d'argent ou d'or massif, de statues païennes du travail le plus rare, de vases précieux, de trépieds, précèdent l'appartement particulier de Brunehaut... Le jour est à peine levé; déjà ces grandes salles se remplissent des esclaves domestiques de la reine, des officiers de ses troupes, des hauts dignitaires de sa maison, chambellans, écuyers, majordomes, connétables, venant attendre les ordres de leur maîtresse.

Une pièce de forme circulaire, pratiquée dans une des tours du palais, avoisine la chambre où se tient habituellement la reine; trois portes sont percées dans le mur : l'une conduit à la salle où se tiennent les officiers du palais, l'autre à la chambre à coucher de Brunehaut; la troisième, simple baie fermée par un rideau de cuir doré, donne sur un petit escalier tournant, pratiqué dans l'épaisseur de la muraille. Cette pièce est somptueusement meublée : sur une table recouverte d'un riche tapis brodé sont des parchemins blancs et un grand coffret d'or enrichi de pierreries. Autour de la table sont rangés des sièges ornés de coussins d'étoffe pourpre; çà et là des fûts de colonne servent de piédouches à des vases de jaspe, d'onyx ou de bronze de Corinthe, plus précieux que l'or ou l'albâtre rose. Sur un socle de vert antique est un magnifique groupe de marbre de Paros d'un travail exquis, représentant l'Amour païen caressant Vénus. Non loin de là, deux figures en airain, verdies par les siècles, offrent l'image obscène d'un faune et d'une nymphe. Entre ces deux chefs-d'œuvre de l'art païen, un tableau peint sur bois, apporté à grands frais de Byzance, représente le Christ enfant et saint Jean-Baptiste aussi enfant. Ce tableau de sainteté rappelle que Brunehaut est une fervente catholique... N'est-elle pas en correspondance réglée avec le pape de Rome, le pieux Grégoire, qui n'a pas assez de bénédictions pour cette sainte fille de l'Église! Plus loin, sur cette console d'ivoire, quel est ce riche médaillier rempli de grandes médailles romaines et gauloises en argent et en or? Parmi elles en voici une de bronze, la seule qui soit de ce métal... Que représente-t-elle?

Quoi! ici! dans ce lieu! ce visage auguste et vénéré. O profanation!

Ah! si le Dieu des catholiques veut faire un miracle, jamais moment ne fut plus opportun, plus solennel, et bientôt, si le Seigneur veut terrifier les méchants, cette effigie de bronze devra, prodige effrayant, frissonner d'horreur et d'épouvante!

Une vieille femme richement vêtue et d'une physionomie froide, sardonique, rusée, sortant de la chambre à coucher de Brunehaut, entre dans la salle de la tour. Cette femme, de noble race franque, est Chrotechilde, confidente depuis longues années des crimes et des débauches de la reine; elle s'approche d'un timbre, le fait vibrer et attend. Bientôt paraît à la porte qui s'ouvre sur le petit escalier pratiqué dans l'épaisseur du mur, une autre vieille femme; son costume des plus simples annonce qu'elle est de rang inférieur:

— J'ai entendu le timbre, noble dame Chrotechilde, me voici.

— Samuel, le marchand d'esclaves, est-il venu, comme on le lui avait ordonné?

— Depuis une heure il attend dans la salle basse avec deux jeunes filles et un vieillard à longue barbe blanche.

— Quel est ce vieillard?

— Sans doute un esclave que le juif Samuel doit conduire ailleurs en sortant d'ici.

— Ordonne à Samuel d'amener ici et à l'instant les deux filles.

La vieille femme disparaît: presque au même instant Brunehaut sort de sa chambre. Cette reine est âgée de soixante-sept ans; l'on retrouve sur sa figure les traces d'une beauté remarquable. Son visage blafard, ridé, semble illuminé par le sombre éclat de ses deux grands yeux, profondément caves et cernés; ils sont noirs comme ses longs sourcils, ses cheveux seuls ont blanchi; front d'airain, lèvres impassibles, regard profond, port de tête altier, démarche fière, superbe, car sa taille s'est conservée droite, svelte; telle est Brunehaut. A peine entrée, elle prête l'oreille et dit à Crotechilde:

— Qui vient là, par le petit escalier?

— Le marchand d'esclaves; il amène les deux jeunes filles.

— Qu'il entre... qu'il entre...

— Madame, à qui voulez-vous faire don de ces esclaves qu'il a amenées?

— Tu le sauras... Mais j'ai hâte d'examiner ces créatures, le choix est important.

— Madame, voici Samuel.

Le marchand de chair gauloise, juif d'origine comme la plupart de ceux qui se livraient à ce trafic, entra bientôt suivi des deux esclaves qu'il amenait; elles étaient enveloppées de longs voiles blancs, assez transparents pour qu'elles pussent voir à se conduire.

— Illustre reine, — dit le juif en mettant un genou en terre et inclinant son front presque à toucher le plancher, je me rends à vos ordres; voici deux jeunes esclaves, véritables trésors de beauté, de douceur, de grâces, de gentillesse et surtout de virginité. Votre excellence sait que le vieux Samuel n'a qu'une qualité... celle d'être honnête homme.

— Debout, debout! — dit Brunehaut s'adressant aux deux esclaves qui, en présence de la terrible reine, s'étaient agenouillées, comme le marchand, au seuil de la porte, — debout, les filles et ôtez vos voiles.

Les deux esclaves se hâtèrent de se relever pour obéir à la reine; le juif, afin de mieux mettre en valeur sa marchandise, avait vêtu les deux jeunes filles de tuniques à manches courtes et dont la jupe descendait à peine au-dessus du genou, tandis que l'échancrure du corsage découvrait à demi le sein et les épaules. L'une des esclaves, grande et svelte, portait une tunique blanche; elle avait les yeux bleus, une torsade de corail s'enroulait dans les nattes de ses cheveux noirs; on pouvait lui donner dix-huit ou vingt ans; son visage, d'une beauté touchante et candide, était baigné de larmes; abîmée dans la douleur et la honte, tremblant de tous ses membres, elle tenait constamment baissé son regard noyé de pleurs, de crainte de rencontrer les yeux de Brunehaut. La vieille reine, après avoir longtemps et attentivement examiné cette jeune fille, en lui ordonnant de tourner et de se retourner devant elle en tous sens, échangea un signe approbatif avec Chrotechilde, non moins occupée à examiner l'esclave, et dit à celle-ci:

— De quel pays es-tu?

— Je suis de la ville de Toul, — répondit la jeune fille d'une voix altérée.

— Aurélie! Aurélie! — s'écria Samuel en frappant du pied, — est-ce ainsi que tu te rappelles mes leçons? On répond: Glorieuse reine, je suis de la ville de Toul... — Et se tournant vers Brunehaut: — Veuillez lui pardonner, madame... mais c'est si naïf, si simple...

Brunehaut coupa la parole au juif, et s'adressant à l'esclave:

— Où as-tu été prise?

— A Toul, madame, lors du sac de cette ville par les troupes du roi de Bourgogne.
— Etais-tu de condition libre?
— Oui... mon père était maître armurier.
— Sais-tu lire? écrire? As-tu des talents agréables? Sais-tu chanter, faire de la musique?
— Je sais lire, écrire, et ma mère m'avait appris à jouer du théorbe et à chanter.

Et en disant qu'elle savait chanter, la malheureuse ne put retenir ses sanglots convulsifs... Elle songeait sans doute à sa mère.

— Allons, pleure encore et pleure toujours ! — maugréa Samuel avec dépit, — voilà ce que tu fais de mieux... Mais, vous le savez, grande reine, on a une certaine dose de larmes, après quoi, c'est fini... La poche est vide...

— Tu crois cela, juif? heureusement tu calomnies l'espèce humaine, — reprit la reine avec un cruel sourire en continuant d'examiner la jeune fille, à qui elle dit : — Tu n'as été jusqu'ici esclave nulle part?

— Foi de Samuel, illustre reine, elle est aussi neuve à l'esclavage qu'un enfant dans le sein de sa mère! — s'écria le juif, voyant la jeune Gauloise éclater en sanglots et hors d'état de répondre. — J'ai acheté Aurélie le jour même de la bataille de Toul, et depuis, ma femme Rebecca et moi nous avons veillé sur cette chère fille comme sur notre propre enfant, sachant que nous tirerions d'elle un très haut prix. Nous garantissons sa complète virginité.

Brunehaut, après avoir de nouveau contemplé la jeune fille, qui cachait à demi sa figure dans ses mains, dit à Samuel :

— Remets-lui son voile, qu'elle cesse de geindre, et fais approcher l'autre.

Aurélie reçut son voile des mains du juif comme un bienfait, et se hâta de s'envelopper dans les plis de l'étoffe pour y cacher sa douleur, sa honte et ses larmes. A l'ordre de la reine, l'autre esclave était prestement accourue ; mignonne et fraîche comme une Hébé, elle pouvait avoir seize ans : un collier de perles s'enroulait dans les nattes épaisses de ses cheveux d'un blond doré; ses grands yeux, d'un brun orangé, pétillaient de malice et de fou ; son nez fin, légèrement relevé, ses narines roses, palpitantes, ses lèvres vermeilles, un peu charnues, ses petites dents d'émail, son menton et ses joues à fossettes, donnaient à cette fillette la physionomie la plus vive, la plus gaie, la plus effrontée qu'il fût possible d'imaginer... Sa tunique de soie vert pâle rendait plus éblouissante encore la blancheur de son sein et de ses épaules... Oh ! le juif n'eut pas besoin de lui dire à celle-là de se tourner, de se retourner, pour que la vieille reine pût examiner à son aise les charmes de sa taille ; elle se rengorgeait, se cambrait, se redressait sur la pointe de ses pieds, arrondissait gracieusement les sant la *belle* aux yeux de Brunehaut et de Chrotechilde, qui échangeaient entre elles des regards approbatifs, tandis que le juif, aussi inquiet de l'audace de cette esclave que de l'accablement de sa compagne, lui disait à demi-voix :

— Tiens-toi donc en place, Blandine... ne remue pas ainsi les jambes et les bras... Un peu de retenue, ma fille, en présence de notre illustre et bien-aimée reine! On dirait que tu as du salpêtre dans les veines! Que Votre Excellence l'excuse, illustrissime princesse; c'est si jeune, si gai, si fou... ça ne demande qu'à s'envoler de sa cage pour faire admirer son plumage et son ramage. Baisseras-tu les yeux, Blandine! audacieuse! oses-tu regarder ainsi en face notre auguste reine ! !

Blandine, en effet, au lieu de fuir le noir regard de Brunehaut, le cherchait, le provoquait d'un air malin, souriant et assuré; aussi la reine lui dit-elle après un long et minutieux examen :

— L'esclavage ne t'attriste pas, toi ?

— Au contraire, glorieuse reine, car pour moi l'esclavage a été la liberté.

— Comment cela, effrontée ?

— J'avais une marâtre, quinteuse, revêche, grondeuse; elle me faisait passer sur le froid parvis des basiliques tout le temps que je n'employais pas à manier l'aiguille; cette vieille furie me battait, lorsque par malheur, levant le nez de dessus ma couture, je souriais aux garçons par ma fenêtre; aussi, grande reine, quel sort que le mien ! mal nourrie, moi si friande! mal vêtue, moi si coquette! sur pied au chant du coq, moi si amoureuse de me dorloter dans mon lit ! de sorte que grande a été ma joie quand votre invincible petit-fils et sa vaillante armée, ô reine illustre ! se sont approchés l'an passé de Tolbiac, où j'habitais.

— Pourquoi ta joie?

— Pourquoi, glorieuse reine ! Oh ! je savais, moi, que les guerriers franks ne tuent jamais les jeunes filles ; aussi me disais-je : « Peut-être je serai prise par un baron de Bourgogne, un comte ou même un duc, et une fois esclave, si je m'en crois, je deviendrai maîtresse... car l'on a vu des esclaves... »

— Devenir reine, comme Frédégonde, n'est-ce pas, ma mie ?

— Pourquoi donc pas, quand elles sont gentilles ! — répondit audacieusement cette fillette sans baisser les yeux devant Brunehaut, qui l'écoutait et la contemplait d'un air pensif.

— Mais, hélas ! — reprit Blandine avec un demi soupir, — je n'ai pas eu cette fois le bonheur de tomber aux mains d'un seigneur. Un vieux leude, à moustaches blanches et des moins amoureux, m'a eue pour sa part du butin, et il m'a vendue tout de suite au seigneur Samuel ; mais enfin, peut-être une chance heureuse me

Les amusements d'un roi fainéant (page 458)

viendra-t-elle. Que dis-je! — ajouta Blandine en adressant à Brunehaut son plus gracieux sourire, — n'est-ce pas déjà un grand, un inespéré bonheur que d'avoir été conduite en votre présence, ô reine illustre!

Brunehaut, après avoir réfléchi quelques instants, dit au marchand : — Juif, je t'achèterai une de ces deux esclaves.

— Illustre reine! laquelle des deux prenez-vous, Aurélie ou Blandine?

— Je ne sais encore... elles resteront au palais jusqu'à ce soir... où va les conduire dans l'appartement de mes femmes.

Chrotechilde, à un signe de la reine, frappa le timbre; la vieille femme reparut; la confidente de Brunehaut lui dit : — Emmenez ces deux esclaves...

— Illustre reine! choisissez-moi... — dit Blandine en se retournant une dernière fois vers Brunehaut, tandis que le juif enveloppait soigneusement de son voile cette petite diablesse.

— Oh! choisissez-moi, glorieuse reine! vous ferez une bonne œuvre... je voudrais tant rester à la cour!...

— Tais-toi donc, effrontée, — disait tout bas Samuel en poussant doucement Blandine vers la porte de la chambre à coucher de la reine, que Chrotechilde désignait du geste. — Trop est trop, ces familiarités peuvent déplaire à notre redoutable souveraine!

Les deux jeunes filles, l'une toute joyeuse, l'autre chancelante et accablée, entrèrent dans l'appartement de la reine, tandis que, après avoir avoir une dernière fois humblement salué Brunehaut, le juif quitta la salle en refermant sur lui le rideau de cuir qui masquait la baie de l'escalier tournant.

Brunehaut et sa confidente restèrent seules.

58e livraison

. . . .

Et maintenant! ô vous, descendants de Joel, qui en ce moment allez continuer de lire ce récit, le dégoût, l'horreur, l'épouvante que vous éprouverez n'égalera jamais le dégoût, l'horreur, l'épouvante dont je suis saisi en écrivant la scène sans nom qui va se passer entre ces deux exécrables vieilles.

. . . .

— Madame, — dit Chrotechilde à Brunehaut, à qui donc destinez-vous celle des deux esclaves que vous voulez acheter?

— Tu me le demandes?

— Oui, madame...

— Chrotechilde... l'âge affaiblit ta pénétration.. c'est fâcheux... mais il faudra que je me décide à prendre une autre confidente.

— Madame, expliquez-vous!...

— Il faut que j'éprouve jusqu'où peut aller ce manque d'intelligence si nouveau chez toi...

— En vérité, madame, je m'y perds...

— Dis-moi, Chrotechilde, lorsque mon fils Childebert est mort assassiné par Frédégonde, il m'a laissé la tutelle de mes deux petits-fils *Thierry* et *Theudebert.*

— Oui... madame... mais je vous parlais de ces esclaves... et non point de vos enfants.

— A quel âge mon petit-fils Theudebert était-il père?...

— A TREIZE ANS, car à cet âge il eut un fils de *Bilichilde*, cette esclave brune aux yeux verts, que vous avez payée si cher... Je vois encore ce regard fauve, étrange comme sa beauté... Du reste une taille de nymphe, des cheveux crépus d'un noir de jais traînant jusqu'à terre. Je n'ai vu de ma vie pareille chevelure.

— Cette esclave... qui la mit un soir, entièrement nue, dans le lit de mon petit-fils, alors à peine âgé de douze ans?...

— Vous MADAME; je vous accompagnais... Ah! ah! ah! j'en ris de souvenir... Il avait d'abord une peur, cet innocent!... Mais comme vous voilà devenue sombre...

— Cette vile esclave! cette Bilichilde, malgré les autres concubines que nous avions données à mon petit-fils Theudebert, n'avait-elle pas pris sur lui un funeste ascendant?

— Si funeste, madame, qu'elle nous a fait chasser de Metz, vous et moi et conduire prisonnières jusqu'à Arcis-sur-Aube, confins de la Bourgogne, royaume de votre autre petit-fils Thierry. Mais c'est là, madame, une vieille histoire : cette Bilichilde n'a-t-elle pas été, l'an dernier, étranglée par votre petit-fils, ce farouche idiot ayant passé de l'amour à la haine, et lui-même, après la bataille de Tolbiac, vaincu par son frère, que vous aviez déchaîné contre lui, n'a-t-il pas, selon vos ordres, tonsuré et poignardé? Enfin son fils âgé de cinq ans, n'a-t-il pas eu la tête brisée contre une pierre? Que pouvez-vous demander de plus?.., N'êtes-vous pas suffisamment vengée?

— Chez moi la haine survit à la vengeance, survit à la mort, comme le poignard survit au meurtre. Ma vengeance n'est pas complète.

— Vous n'êtes point raisonnable... Haïr au-delà de la tombe, c'est naïf pour votre âge.

— Ce que nous venons de dire ne t'ouvre point l'esprit?...

— A l'endroit de ces deux jolies esclaves?

— Oui... au sujet de ces deux belles filles.

— Non, madame, je ne devine pas votre pensée.

— Poursuivons... puisque ton intelligence est à ce point devenue obtuse... Dis-moi, avant que nous ayons mis cette esclave, Bilichilde, dans son lit, quel était le caractère de mon petit-fils Theudebert?

— Violent, actif, déterminé, opiniâtre et surtout fort glorieux... A dix ou onze ans, il sentait déjà l'orgueilleuse ardeur de son sang royal, et disait fièrement : « Je suis roi d'Austrasie! Je suis le maître! »

— Et deux ans après qu'il a eu possédé cette esclave brune aux yeux verts et aux cheveux crépus, si judicieusement choisie par toi, Chrotechilde, quel était le caractère de mon petit-fils? Réponds!

— Oh! madame, Theudebert était méconnaissable... Énervé, indécis, languissant, il n'avait plus que la volonté d'aller du lit à la table avec ses concubines... Car nous avions donné des compagnes à la Bilichilde... C'est à peine s'il avait le courage de chasser au faucon, divertissement de femme; la chasse aux bêtes fauves était pour lui trop fatigante. Cela ne m'étonnait point; né robuste, pétulant, aimant dans sa première enfance les jeux bruyants, le grand air, il était devenu chétif, pâle, étiolé, recherchant le demi-jour, comme si l'éclat du soleil eût blessé sa vue; enfin il annonçait devoir être de grande taille, et il est mort rabougri, presque imberbe!

— Mes vœux s'accomplissaient, Chrotelchilde. Les débauches précoces énervent l'âme autant que le corps, et la postérité de Theudebert n'est pas née viable...

— De fait, je n'ai jamais vu d'enfants si chétifs... Quelle race, d'ailleurs pouvait laisser un père nabot et presque idiot?

— Et dès l'âge de douze ou treize ans, Theudebert disait-il encore fièrement : « Je suis roi d'Austrasie! Je suis le maître! »

— Non, certes, madame, car s'il vous arrivait par manière d'épreuve de lui parler des affaires de l'État, sous prétexte qu'il était roi, l'enfant vous répondait de sa voix allanguie et les yeux à demi fermés : « Grand'mère, je suis roi de mes femmes, de mes amphores de vin vieux et de mes faucons! régnez pour moi, grand'mère, régnez pour moi si cela vous plaît! »

— Et cela m'a plu, Chrotechilde... J'ai régné en Austrasie, pour mon petit-fils Theudebert, jusqu'au jour où cette vile esclave Bilichilde, usant de son ascendant sur cet idiot, m'a chassée de Metz... m'a chassée, moi, Brunehaut !

— Encore ce souvenir, encore l'orage sur votre front, encore des éclairs dans vos yeux ! Mais pour Dieu, madame, l'esclave a été étranglée, l'idiot et son fils ont été tués... j'oubliais même, pour compléter l'hécatombe de ces animaux malfaisants... j'oubliais *Quintio*, maire du palais, duc de Champagne, qui s'étant incongrûment mêlé de l'affaire de Metz, a été mis à mort par vos ordres ! Que vouliez-vous de plus ? et d'ailleurs, est-ce que, pour une Austrasie perdue, vous n'avez pas retrouvé une Bourgogne ? Si Theudebert vous a chassée de Metz, ne vous êtes-vous pas réfugiée ici, à Chalon, auprès de votre autre petit-fils Thierry ? Hébété, énervé par les femmes que nous lui choisissions, ne l'avez-vous pas poussé à une guerre implacable contre son frère qu'il a vaincu à Toul, à Tolbiac, et qui après cette défaite, a été mis à mort lui et son fils, comme je vous le rappelais tout à l'heure ? Ainsi vengée de l'exil de Metz, n'avez-vous point dominé Thierry et régné à sa place ? *Aegila*, maire du palais, vous inquiétait par son influence sur votre petit-fils, vous vous défaites d'Aegila et vous le remplacez par votre amant *Protade*, qui devient ainsi maire du palais !

— Ils me l'ont tué... Chrotechilde ! ils me l'ont tué... mon amant, mon Protade !

— Allons, madame, entre nous, avouez qu'une reine ne chôme jamais d'amoureux ! Vous n'avez qu'à choisir parmi les beaux, les plus jeunes et les plus fringants de la cour de Bourgogne ; et puis, madame, sans reproche, s'il vous ont tué Protade, vous leur avez tué l'évêque *Didier*.

— Il ne méritait pas son sort peut-être ?

— Jamais punition n'a été plus légitime ! Astucieux prélat ! vouloir nous supplanter dans notre commerce amoureux ! Imaginer de faire épouser cette princesse d'Espagne à votre petit-fils, afin de l'arracher aux fangeuses débauches dont nous étions les pourvoyeuses ! Aussi, qu'est-il arrivé ?... les flots de la Chalaronne ont emporté le corps de l'évêque. Cette Espagnole, sur laquelle il comptait pour vous évincer et dominer par elle Thierry, et par Thierry la Bourgogne ; cette Espagnole, répudiée par votre petit-fils, est retournée dans son pays au bout de six mois de mariage, et nous avons mis la main sur sa dot ; enfin, Thierry est mort cette année de la dyssenterie, — ajouta la vieille avec un sourire affreux, — mort de la dyssenterie, de sorte que vous voici aujourd'hui maîtresse et reine souveraine de ce pays de Bourgogne, puisque Sigebert, le plus âgé des fils de Thierry, vos arrière-petits-enfants, n'a pas encore onze ans... Il ne faut pas qu'ils meurent, ces roitelets, car le fils de Frédégonde deviendrait l'héritier de leurs royaumes... Il faut seulement qu'ils vivotent, afin que vous régniez à leur place... Eh bien, madame, ils vivoteront... Mais nous oublions l'esclave que vous voulez acheter à Samuel.

— Au contraire, Chrotechilde, cet entretien nous ramène à l'esclave...

— Comment cela ?

— Il n'y a plus à en douter, l'âge amortit ton intelligence ; autrefois si prompte à me comprendre, depuis un quart d'heure tu me donnes la preuve de ce fâcheux affaiblissement de ton esprit.

— Moi, madame ?

— Oui, autrefois, au lieu de me demander ce que je compte faire d'une de ces deux esclaves de Samuel, tu m'aurais devinée ; mais je viens de me convaincre tout à mon aise de la lenteur sénile de ta perception.... cela est triste, Chrotechilde.

— Triste... autant pour moi que pour vous, madame... Mais expliquez-vous... je vous en prie... Entendre, ce sera obéir.

— Quoi ! cervelle appesantie ! Tu sais que j'ai la tutelle de mes arrière-petits-enfants, et soltement tu me demandes ce que je compte faire de l'une de ces jolies esclaves ! Devines-tu, maintenant quel est mon projet ?

— Eh ! oui, madame, je commence à comprendre, mais vos reproches, sont injustes ! Vous oubliez que Sigebert n'a pas onze ans !

— Tant mieux ! La débauche sera précoce.

— C'est vrai, — reprit l'autre monstre avec un éclat de rire épouvantable, — c'est vrai, tant mieux ! La débauche sera plus précoce.

Pendant cet horrible entretien, l'auguste masque de bronze, toujours immobile dans son médaillier sur la console d'ivoire, ne sourcilla pas... Sa bouche d'airain ne fit pas entendre un cri de malédiction, retentissant comme les clairons du dernier jugement.

L'entretien des deux matrones continua.

— Donner une concubine à votre arrière-petit-fils Sigebert, — avait dit Chrotechilde à la reine, — mais il n'a pas onze ans !

— Tant mieux ! — reprit Brunehaut ; — mais ce qui est arrivé avec Bilichilde me donne à réfléchir, et je ne sais laquelle préférer de ces deux esclaves... Qu'en pense ton expérience ?

— La grande brune qui pleure toujours ne sera jamais dangereuse ; c'est doux, candide et bête comme une brebis... Il n'y a point à craindre que cette innocente donne jamais à Sigebert de méchantes pensées contre vous.

— Aussi je penche fort pour cette pleureuse ; l'autre me paraît une petite commère par trop effrontée... Cette impudente n'a pas baissé les yeux devant moi, dont le regard épouvante les plus fermes, les plus audacieux.

— Il se peut, madame, que cette frétillante petite diablesse ait trop de ce que la grande n'a point assez... mais ce sera peut-être un mal pour un bien. Examinons le vrai des choses. Sigebert n'a pas onze ans, il est très enfant, ne songe qu'à la toupie ou aux osselets, il est de plus doux et timide, c'est un véritable agneau ; or, cette grande innocente étant de son côté une manière de sotte brebis... vous m'entendez, madame ? D'un autre côté, cette petite endiablée pourrait effaroucher notre agneau... Je me rappelle toujours la peur de Theudebert, à la vue de l'esclave aux yeux verts et aux cheveux crépus... Aussi, je vous le répète, madame, ceci demande réflexion... nous étudierons le caractère de ces jeunes filles... D'ailleurs, rien ne presse... Sigebert est en Germanie avec le duk Warnachaire, maire du palais de Bourgogne.

— Ils peuvent revenir d'un moment à l'autre. Peut-être arriveront-ils ici aujourd'hui ; aussi j'ai d'autant plus hâte d'acheter une esclave pour Sigebert, que je crains que pendant ce voyage en Germanie, Warnachaire n'ait pris une certaine influence sur Sigebert ; or, cette influence serait bientôt perdue au milieu du trouble et des curiosités du premier amour de cet enfant.

— Puisque vous vous défiez du duk, madame, pourquoi lui avoir confié Sigebert ?

— Ne fallait-il pas faire accompagner Sigebert ?... La vue de cet enfant roi, d'une douce figure, aura intéressé les chefs de tribus germaines d'au-delà du Rhin, dont ce Warnachaire est allé rechercher l'alliance... Leurs troupes doubleront mon armée... Oh ! dans cette guerre suprême, sans merci, entre moi et Clotaire II... ce fils de Frédégonde sera écrasé... il le faut... il le faut... ma vengeance doit être complète.

— Et cela sera, madame. Jusqu'ici vos ennemis sont toujours tombés sous vos coups... La mort du fils de Frédégonde couronnera l'œuvre... cependant ce duk Warnachaire m'inquiète... Tenez, madame... ces maires du palais qui ont, il y a quarante ou cinquante ans, sous le règne des fils du vieux Clotaire, commencé par être intendants des maisons royales... et qui, peu à peu, sont devenus gouvernants des peuples, ces maires du palais finiront par manger les rois, si les rois ne les suppriment point. Ces habiles gens disent aux princes : « Ayez des concubines, buvez, jouez, chassez, dormez, prodiguez l'argent dont nous remplirons vos coffres, tenez-vous en joie, ne prenez point souci de régner, nous nous chargerons de ce fardeau. » Ce sont là, madame, de dangereuses scélératesses. Qu'une mère, qu'une aïeule agisse ainsi envers ses fils et ses petits-fils, c'est chose concevable ; mais chez les maires du palais, ceci touche à l'usurpation, et ce Warnachaire, à qui vous avez laissé son office de maire après la mort de Thierry, me semble vouloir dominer Sigebert et vous évincer, madame... Je sais que nous aurons la petite ou la grande esclave... pour nous maintenir contre le duk, mais souvenez-vous, madame, de votre exil à Metz !

— Tu prêches une convertie. J'ai dernièrement écrit à *Aimoin*, qui revient avec Warnachaire, de le tuer en route.

— Eh ! que ne parliez-vous, glorieuse reine, le modèle des souveraines ! je vous aurais épargné ma rhétorique.

— Malheureusement Aimoin n'a pas exécuté mes ordres. Warnachaire est encore vivant.

— Pourquoi n'a-t-il pas obéi ?

— Je l'ignore encore ; je le saurai aujourd'hui peut-être.

— Du reste, il ne faut point nous hâter de penser mal de cet Aimoin. Une occasion favorable lui aura peut-être manqué ; qui sait si vous n'allez pas le voir revenir seul avec le petit Sigebert ! En cas contraire, une fois ici, à Chalon, dans ce château, il en sera, madame, ce qu'il vous plaira de Warnachaire..... et, croyez-moi, ces maires du palais ! oh ! ces maires du palais me semblent menaçants pour les royautés. Aussi, madame, les rois ne seront tranquilles sur leurs trônes que lorsqu'ils sauront se délivrer de ces dangereux rivaux toujours grandissants.

— Il faut du temps pour abattre leur puissance ; ils ont rallié à eux tous ces seigneurs bénéficiers enrichis par la générosité royale ! Oh ! le temps ! le temps ! ah ! que la vie est courte, lorsque l'on a la volonté, le pouvoir et la force ! Ce temps qu'il me faut, c'est un long règne, je l'aurai ; les tribus barbares de l'autre côté du Rhin ont répondu à mon appel ; elles se joindront à mon armée... Grâce à ce renfort, les troupes de Clotaire II écrasées, il tombe en mon pouvoir, le fils de Frédégonde ! oh ! faire lentement mourir le fils dans les tortures que je rêvais pour la mère ! venger ainsi le meurtre de ma sœur Galeswinthe et de mon époux Sigebert ! m'emparer des royaumes de Clotaire et régner seule sur la Gaule entière durant de longues années, car je me sens pleine de vie, de force et de volonté !...

— Vous vivrez cent ans et plus.

— Je le crois, je le sens ; oui, je sens en moi une volonté, une vitalité indomptables. Régner ! ambition des grandes âmes ! régner comme les empereurs de Rome ! Je veux les imiter dans leur toute-puissance souveraine ! compter par millions les instruments de ma volonté ! d'un signe redouté faire obéir les multitudes ! d'un geste pousser mes armées d'un bout à l'autre du monde ! agrandir mes royaumes à l'infini ! et dire : Ces contrées, des plus voisines aux plus lointaines, sont à moi! Je veux concentrer toutes les forces des nations dans ma main, courber tous les peuples sous mon joug. Je veux élever sur toute la Gaule ces merveilles de l'art dont j'ai déjà couvert la Bourgogne! châteaux forts, palais splendides, basiliques aux nefs d'or, chaussées immenses, prodigieux monuments, qui diront aux siècles futurs le nom de Brunehaut! Pour arriver à de si grandes choses, me laisserai-je arrêter par de vulgaires scrupules? Non, non!...... Ces enfants que j'énerve, ces hommes que je tue parce qu'ils me gênent! pourraient-ils accomplir ou seulement concevoir mes desseins gigantesques? De quel prix est pour le monde la vie de ces obscures victimes? Leurs os seront poussière, leur nom oublié depuis des siècles, que mon nom répété d'âge en âge continuera d'étonner la postérité!

— Voilà des raisons que sauront faire valoir, pour excuser vos crimes, les prêtres et les évêques qui vous assiègent de demandes de bénéfices, de terres et d'argent!

— Je te défends de parler mal des prêtres; ce sont eux qui traînent mon char triomphal...

— L'attelage est ruineux.

— Non pour moi. — Ces dons que je leur fais m'appauvrissent-ils? Ce que je leur donne, n'est-ce pas le superflu de mon superflu? D'ailleurs, ils m'aideront à rétablir les impôts autrefois décrétés par les empereurs, et à remplir mes coffres. Maintenant, prends cette clé, ouvre le coffret qui est sur la table et cherches-y un parchemin noué d'un ruban pourpre.

— Le voici, madame.

— Baise ce parchemin qui est écrit de la main du représentant de Dieu sur la terre, d'un pape... du pieux Grégoire!...

— Ainsi, le souverain pontife, le successeur de saint Pierre, à ce qu'il prétend, détenteur des clés du paradis, vous promet de vous ouvrir toutes grandes les portes du séjour éternel?

— N'est-ce pas justice? ne les ai-je pas assez richement dorées, les clés de leur paradis?... Redis-moi ce que contient ce parchemin.

« *Grégoire, à Brunehaut, reine des Franks.*
— *La manière dont vous gouvernez le royaume et l'éducation de votre fils attestent les vertus de votre excellence, vertus que l'on doit louer et qui sont agréables à Dieu; vous ne vous êtes point contentée de laisser intacte à votre fils la gloire des choses temporelles, vous lui avez aussi amassé les biens de la vie éternelle, en jetant dans son âme les germes de la vraie foi avec une pieuse sollicitude maternelle.* »

Soudain les deux vieilles furent interrompues dans la lecture de la lettre du pontife romain par le bruit de cris joyeux et enfantins partant de la chambre voisine; presque au même instant les trois frères de Sigebert, alors en voyage entrèrent suivis de leurs gouvernantes et coururent entourer leur bisaïeule. Childebert, le plus âgé de ces arrière-petits-fils de Brunehaut, avait dix ans, Corbe neuf ans, Mérovée, le dernier, six ans; ces pauvres enfants, nés d'un père presque épuisé avant son adolescence par la précocité des excès de toutes sortes, étaient délicats, frêles, étiolés déjà, et faisaient peine à voir; leur gaieté même attristait; leurs joues étaient creuses, d'une pâleur maladive, et semblaient rendre plus grands encore leurs yeux caves et cernés; leur longue chevelure, symbole de la royauté franque, tombait fine et rare sur leurs épaules; ils portaient de petites dalmatiques d'étoffes d'or et d'argent. Les gouvernantes, après avoir respectueusement fléchi le genou à l'entrée de la salle, se tinrent auprès de la porte, tandis que les enfants entouraient leur bisaïeule. Childebert se tenait debout auprès d'elle; Corbe et Mérovée, les deux plus petits, avaient grimpé sur ses genoux, tandis qu'elle leur disait:

— Vous êtes très gais ce matin, chers enfants! Dites-moi la cause de votre joie.

— Grand'mère c'est Corbe, notre frère, qui nous faisait rire...

— Qu'a donc fait Corbe de si plaisant?

— Il a arraché toutes les plumes de sa tourterelle blanche et elle criait... et elle criait...

— Et vous de rire... et de rire... démons !...

— Oui, grand'mère; mais notre petit frère Mérovée a pleuré!

— Tant il riait, ce garçonnet?

— Oh! non, j'ai pleuré parce que l'oiseau était tout saignant.

— Alors j'ai dit à mon frère Mérovée: Tu n'as donc pas de courage, que le sang te fait peur? Et quand nous irons à la bataille cela te fera donc pleurer, de voir le sang couler?

— Et, pendant que Corbe parlait ainsi à Mérovée, j'ai pris un couteau et j'ai coupé le cou à la colombe... Ah! je n'ai pas peur du sang, moi, et quand j'aurai âge d'homme, j'irai à la guerre, n'est-ce pas, grand'mère?

— Ah! mes enfants, vous ne savez pas ce que vous désirez! On peut bien s'amuser à couper le cou à des colombes, sans pour cela se croire obligé d'aller un jour à la guerre. Faire la guerre, c'est chevaucher jour et nuit, souffrir de la faim, du chaud, du froid, coucher sous la tente, et qui plus est, risquer de se faire tuer ou blesser, ce qui cause une bien grande douleur; ne vaut-il pas mieux, chers enfants, se promener tranquillement en char ou en litière, coucher dans un lit douillet, manger des friandises, s'amuser tant que la journée dure, satisfaire aux moindres fantaisies qui nous viennent? Le sang des races royales est trop précieux pour l'exposer ainsi, mes jolis roitelets ; vous avez vos leudes pour combattre l'ennemi à la bataille, vos serviteurs pour tuer les gens qui vous déplaisent ou vous offensent, vos prêtres pour commander aux peuples de vous obéir ; vous n'avez donc qu'à vous amuser, qu'à jouir des délices de la vie, heureux enfants, sans autre souci que de dire : *Je veux*. Comprenez-vous bien mes paroles, chers petits ? Réponds, Childebert, toi l'aîné et le plus raisonnable ?

— Oh ! oui, grand'mère, je ne suis pas plus soucieux qu'un autre d'aller à la guerre attraper des coups de lance, je préfère m'amuser et faire ce qui me plaît ; mais alors pourquoi notre frère Sigebert s'en est-il allé à cheval, suivi de guerriers, en compagnie du duk Warnachaire ?

— Votre frère est maladif ; les médecins ont conseillé de lui faire entreprendre pour le bien de sa santé, un long voyage...

— Reviendra-t-il bientôt ?

— Peut-être demain... peut-être aujourd'hui.

— Oh ! tant mieux, grand'mère, tant mieux ! Sa place ne restera pas vide dans notre chambre, il nous manque...

— Ne vous réjouissez pas trop quant à cela, chers roitelets ; désormais Sigebert aura sa maison royale, ses serviteurs particuliers, sa chambre à part. Oh ! c'est déjà un petit homme !

— Il n'a pourtant qu'un an de plus que moi.

— Oh ! oh ! mais dans un an tu seras aussi un homme, toi, mon petit Childebert, — répondit Brunehaut en échangeant avec Chrotechilde un regard diabolique ; — alors, comme ton frère, tu auras ta maison royale, ta chambre à part... tes chambellans, tes écuyers, tes serviteurs, tes esclaves, tous gens soumis à tes caprices, comme les chiens à la houssine.

— Oh ! que je voudrais être plus vieux d'un an pour avoir tout ce que vous nous promettez.

— Et moi aussi, je voudrais te voir plus vieux d'un an... et Corbe aussi et toi aussi, petit Mérovée, je voudrais vous voir tous de l'âge de Sigebert.

— Patience, madame, — dit Chrotechilde en échangeant de nouveau un regard infernal avec Brunehaut, — patience, cela viendra... Mais quel est ce bruit dans la grande salle ?... De nombreux pas approchent... si c'était le seigneur Warnachaire...

Chrotechilde ne se trompait pas, c'était en effet, le maire du palais de Bourgogne, accompagné de Sigebert. Cet enfant, à peine âgé de onze ans, était comme ses frères, chétif et pâle ; cependant l'animation du voyage, la joie de revoir ses frères coloraient légèrement son doux visage, car ce pauvre enfant, malgré les exécrables conseils de sa bisaïeule, conservait jusqu'alors un caractère angélique ; il courut embrasser la vieille reine, puis il répondit aux caresses et aux questions empressées de ses frères qui l'entouraient ; à chacun d'eux il remit de petits présents rapportés de son voyage et renfermés dans un coffret qu'il avait voulu prendre des mains d'un des serviteurs de sa suite, afin d'offrir plus tôt à ses frères ces témoignages de son souvenir. Chrotechilde, s'approchant alors de la reine, dit à voix basse :

— Madame... si vous m'en croyez nous garderons les deux esclaves jusqu'à ce soir : d'ici là nous aviserons.

— Oui, c'est le meilleur parti à prendre, — répondit Brunehaut ; et s'adressant à l'enfant :

— Va te reposer... tu raconteras ton voyage à tes petits frères ; j'ai à causer avec le duk Warnachaire sur de graves affaires.

Chrotechilde emmena les enfants, la reine resta seule avec le maire du palais de Bourgogne, homme de grande taille, d'une figure froide, impénétrable et résolue ; il portait une riche armure d'acier rehaussée d'or à la mode romaine ; sa large épée pendait à son côté, son long poignard à sa ceinture. Brunehaut, après avoir attaché longtemps son noir et profond regard sur Warnachaire, toujours impassible, lui fit signe de s'asseoir auprès de la table, s'y assit elle-même, et dit : — Quelles nouvelles ?

— Bonnes... et mauvaises, madame...

— Les mauvaises d'abord.

— La trahison des ducks Arnolfe et Pépin, ainsi que la défection de plusieurs grands seigneurs d'Austrasie, n'est plus douteuse ; ils ont fait défection et se sont rendus au camp de Clotaire II avec leurs hommes ; ils s'apprêtent à marcher contre votre armée.

— Depuis longtemps je soupçonnais cette trahison. Ah ! seigneurs enrichis, rendus puissants par la générosité des rois, vous poussez à ce point l'ingratitude ! Soit ; je préfère la franche guerre à des menées souterraines ; les domaines, terres saliques ou bénéfices de ces traîtres retourneront à mon fisc. Continue...

— Clotaire II a levé son camp d'Andernach, et il est entré au cœur de l'Austrasie. Sommé de respecter les royaumes de ses neveux, dont vous avez la tutelle, il a répondu qu'il s'en remettrait au jugement des grands d'Austrasie et de Bourgogne.

— Le fils de Frédégonde espère soulever contre moi les peuples et les seigneurs de mes royaumes, il se trompe ; des exemples prompts, terribles, épouvanteront les traîtres...

— Bien parlé, madame !

— Tous les traîtres, quels que soient leur rang, leur puissance, quel que soit le masque dont ils se couvrent, entends-tu, Warnachaire, maire du palais de Bourgogne ?...

— J'entends même ce que vous ne me dites pas... Mais je m'incline devant ma reine...

— Tu lis dans ma pensée ?

— Vous me croyez un traître... Vous me considérez comme votre ennemi, surtout depuis votre récent retour de Worms?

— Je me tiens en garde contre tout le monde.

— Votre soupçon, madame, s'est changé en certitude; vous avez dit à Aimoin, un homme à vous, de me poignarder.

— Je ne fais poignarder... que mes ennemis.

— Je suis donc pour vous un ennemi, madame, ou du moins vous me regardez comme tel? Voici les morceaux de la lettre écrite de votre main à Aimoin pour lui ordonner de me tuer.

Et le duk déposa sur la table plusieurs morceaux de parchemin; la reine regarda le maire du palais d'un œil défiant.

— Aimoin a livré ma lettre?

— Non, madame, le hasard a mis en ma possession ces morceaux de parchemin.

— Et pourtant... tu reviens ici?

— Pour vous prouver l'injustice de vos soupçons, je suis venu ici où vous êtes souveraine.

— Ou tu viens pour me trahir.

— Madame, si j'avais voulu vous trahir, je me serais rendu, comme tant d'autres seigneurs de Bourgogne, auprès de Clotaire II; je lui aurais donné votre petit-fils en otage, et je serais resté dans le camp de votre ennemi avec les tribus que j'ai ramenées de Germanie.

— Ces tribus me sont dévouées, elles ne t'auraient pas suivi; elles viennent ici pour renforcer mon armée.

— Ces tribus, madame, viennent ici pour piller, peu leur importe que ce soit comme auxiliaires de Brunehaut ou de Clotaire II, les pays de Soissons, de Bourgogne ou d'Austrasie. Ces Franks n'ont pas de préférence: pourvu qu'après s'être vaillamment battus et avoir aidé à la victoire, ils puissent ravager la contrée vaincue, faire un gros butin, et emmener de nombreux esclaves de l'autre côté du Rhin, tels sont les Franks que je vous ramène.

— Je te dis que la vue de mon petit-fils, ce roi enfant, venant demander par ta bouche aide et forces aux Germains, a intéressé ces barbares et a fait réussir ta mission.

— Si vous n'aviez expressément promis à ces Franks le pillage des territoires vaincus, ils seraient demeurés insensibles à la jeunesse de Sigebert; ils sont aussi sauvages que l'étaient nos pères, les premiers compagnons de Clovis; il m'a fallu de grands efforts pour les empêcher de tout ravager sur notre route; dans leur farouche impatience, ils se croyaient déjà en pays conquis; chaque jour leurs chefs me demandaient à grands cris la bataille, afin de pouvoir retourner en Germanie avec leur butin et leurs esclaves avant la saison d'hiver, qui rend la traversée périlleuse.

— Où sont actuellement les Franks?

— Je les ai laissés vers Montsarran.

— Pourquoi si loin de Chalon?

— Malgré mes recommandations, ces barbares ont volé et tué sur leur passage; les conduire ici, au cœur de la Bourgogne, puis les renvoyer en d'autres contrées, selon les besoins de la guerre et des approvisionnements, c'était exposer à des désastres inutiles les campagnes qu'ils auraient traversées... Ces nouveaux malheurs pouvaient accroître l'irritation des peuples; or, vous le savez, madame... de ce côté-ci de la Bourgogne, on commence à s'agiter.

— Oui... à l'instigation de ces traîtres qui ont rejoint le fils de Frédégonde, quelques seigneurs tentent de soulever le peuple contre moi, contre *la Romaine*, comme ils m'appellent; oh! seigneurs et populace sauront ce que pèse le bras de Brunehaut.

— Les ennemis de Brunehaut trembleront toujours devant elle, mais j'ai craint d'augmenter leur nombre en rendant nos populations victimes de la barbarie de vos nouveaux alliés; le territoire où j'ai fait camper ces tribus sera dévasté sans doute, mais ce ravage sera du moins limité. De plus, la position est assez centrale pour que ces auxiliaires soient dirigés partout où besoin sera, pour suivre les mouvements de Clotaire II; j'ai donc agi avec sagesse et prévoyance.

— Quelles sont les dispositions de l'armée?

— Elle est pleine d'ardeur, ne demande que la bataille; le souvenir des deux dernières victoires de Toul et de Tolbiac, et surtout l'immense butin, le grand nombre d'esclaves que les troupes ont enlevés, redoublent leur désir de combattre le fils de Frédégonde...Ce sont là, madame, les bonnes nouvelles qui balancent les mauvaises. Brunehaut croit-elle encore que Warnachaire ait agi en traître, et songe-t-elle encore à le faire poignarder?

— Un homme dont on a voulu se défaire, qui l'apprend, et qui revient à vous; ah! Warnachaire! cela donne à penser!

— Brunehaut est prompte au soupçon et au châtiment, mais elle est magnifique envers qui la sert fidèlement.

— Tu as donc quelque chose à me demander?

— Oui, madame, mais seulement après la guerre, ou plutôt, je l'espère, après la victoire... que je remporterai sur Clotaire II, et lorsque je vous le livrerai pieds et poings liés...

— Warnachaire! — s'écria la reine, frémissante d'une joie féroce à la pensée de tenir en son pouvoir le fils de Frédégonde... — si tu me livres Clotaire prisonnier, je te déflorai alors de former un vœu qui ne soit accompli par Brunehaut, et... — Mais se ravisant, elle jeta un sombre regard sur le maire du palais, et ajouta: — Si c'est un piège que tu me tends pour détourner mes soupçons, Warnachaire... si tu pensais à me trahir...

— Soit, madame, je suis un traître ; vous frappez sur ce timbre, à l'instant vos chambellans, vos écuyers accourent, et me tuent là, sous vos yeux ; me voilà mort !... Mais quel est l'homme que vous ne soupçonnez pas ? Qui prendrez-vous pour général ? Est-ce le duc ALETHÉE? Est-ce le duc ROCCON?

— Non ! Ni l'un ni l'autre.

— Est-ce le duc SIGOWALD ?

— Tu railles ! C'est mon ennemi personnel.

— Est-ce le duc EUBELAN ?

— Je n'ai pas perdu le souvenir de ses criminelles relations avec Arnolfe et Pépin... ces deux traîtres ! Il songe sans doute à les imiter et à passer à l'ennemi. Non, je ne me fierai pas à Eubelan ! C'est encore un ennemi.

— Ceux-là pourtant, madame, sont capables de commander l'armée ; ce sont des hommes de guerre, de vaillants chefs.

— Je n'ai voulu faire tuer aucun d'eux... ou du moins ils l'ignorent... tandis que j'ai voulu ta mort, Warnachaire.

— Vous me croyez animé contre vous d'un ressentiment de haine, parce que vous avez voulu me faire poignarder. Si l'espoir de la vengeance me ramène ici, qui m'empêche de mettre la main sur ce timbre pour vous ôter le moyen de donner le signal d'alarme?

Et le duc fit ce qu'il disait.

— Qui m'empêche de tirer ce poignard ?

Et le duc fit briller cette arme aux yeux de Brunehaut, dont le premier mouvement fut de se rejeter en arrière sur le dossier de son siège, en portant les mains devant elle.

— Qui m'empêche enfin de vous tuer d'un seul coup de ce fer qui est empoisonné comme l'étaient les poignards des pages de Frédégonde ?

Et en disant ces derniers mots, Warnachaire s'était tellement rapproché de Brunehaut qu'il pouvait la frapper avant qu'elle eût poussé un cri... La reine, sauf un premier mouvement de surprise, n'avait pas sourcillé ; son regard indomptable était resté hardiment fixé sur les yeux du maire du palais ; elle écarta d'un geste de dédain la lame du poignard, demeura quelques instants pensive, et reprit avec regret :

— Il faut pourtant croire à quelque chose. Tu aurais pu me tuer, c'est vrai ; tu ne l'as pas fait... je ne peux nier l'évidence... Tu ne veux donc pas te venger de moi... à moins que tu me réserves pour un sort plus terrible que la mort. Pourtant, non, l'homme qui hait ne tombe pas dans ces raffinements hasardeux. L'avenir n'appartient à personne ; on trouve une occasion pour frapper son ennemi, on le frappe tôt et ferme... Je te crois donc sans haine contre moi ; tu conserveras le commandement de l'armée. Écoute, Warnachaire, Brunehaut est implacable dans ses soupçons et sa haine, mais elle est magnifique pour qui la sert fidèlement... Que le fils de Frédégonde tombe entre mes mains, et ma faveur dépassera tes espérances... Oublions le passé, sois mon ami.

— Le passé est oublié, madame, pour ce qui me concerne.

— Raisonnons froidement, Warnachaire, allons au fond des choses. J'ai voulu te faire tuer... c'est vrai j'en ai fait tuer tant d'autres ! mais ce n'est pas par amour du sang... On a tué ma sœur Galeswinthe, on a tué mon mari, on a tué mon fils, on a tué mes plus fidèles serviteurs ; seule j'ai eu à défendre le royaume de mon fils et de mes petits-fils contre des rois acharnés à ma perte ; toute arme m'a été bonne, et, après tout, j'ai remporté de brillantes victoires, j'ai accompli de grandes choses. Cependant l'on me hait, les seigneurs franks me jalousent... cette vile plèbe gauloise, esclave ou populace, sourdement excitée contre moi... se rebellerait, si elle n'était retenue par la terreur que je lui inspire... Mais, cet homme ! quel est cet homme ? — s'écria Brunehaut en s'interrompant. Et se levant brusquement, elle indiqua du geste Loysik, qui, debout au seuil de la porte donnant sur l'escalier tournant pratiqué dans l'épaisseur de la muraille, soulevait d'une main le rideau qui l'avait tenu caché aux yeux de la reine et du maire du palais de Bourgogne Warnachaire fit quelques pas à l'encontre du vieil ermite laboureur qui s'avançait lentement et dit : — Moine, comment te trouves-tu là ? Ton audace est grande de t'introduire dans l'appartement de la reine... Qui es-tu ?

— Je suis le supérieur du monastère de la vallée de Charolles.

— Tu mens, — repartit Brunehaut ; — un de mes chambellans est présentement dans cette abbaye pour s'assurer de la personne du supérieur et l'amener ici garrotté.

— Votre chambellan, — reprit le moine, — votre chambellan, ainsi que l'archidiacre et vos hommes de guerre, sont à cette heure prisonniers dans ce monastère.

Venir annoncer une nouvelle non moins improbable qu'offensante pour l'orgueil de Brunehaut, l'annoncer à cette femme implacable, et s'exposer ainsi à une mort certaine, cela parut tellement exorbitant à la reine qu'elle n'y crut pas, elle haussa les épaules d'un air de pitié dédaigneuse et dit au maire du palais : — Duk... ce vieillard est fou... Mais comment ce vieillard s'est-il introduit ici ?

D'autres circonstances devaient bientôt augmenter la créance de Brunehaut à l'insanité de la raison du moine. Loysik avait continué de s'avancer lentement vers la reine ; mais en dépit de cette fermeté d'âme dont il avait donné tant de preuves durant sa longue vie, à mesure qu'il approchait de cette femme épouvantable, il perdit peu à peu son assurance, son esprit se

Loysik et Brunehaut (page 469)

troubla, il sentit ses genoux vaciller et fut obligé de s'appuyer sur une console d'ivoire qui était à sa portée. Cette émotion profonde, insurmontable, était causée par l'horreur qu'inspirait la reine au vieux moine et par la conscience de la terrible position où il se trouvait.

La tête penchée sur sa poitrine, il cherchait à raffermir ses esprits et à relier ses pensées... Son regard s'arrêta sur le médaillier que soutenait la console d'ivoire où il s'appuyait. La grande médaille de bronze attira d'autant plus facilement les yeux du moine, que celle-là seule était de métal vulgaire au milieu d'autres effigies en or et en argent. D'abord Loysik la contempla machinalement, puis, attiré par un intérêt indéfinissable, il se baissa, regarda, observa de plus près l'empreinte, et lut une inscription placée au-dessus du visage auguste qui semblait saillir du bronze... Le vieillard tressaillit, éprouva une impression soudaine, extraordinaire, mélangée d'enthousiasme, de stupeur et d'espoir; le trouble de son esprit cessa, il se sentit rassuré, réconforté, comme s'il eût trouvé un appui aussi inattendu que puissant; il voyait enfin quelque chose de providentiel dans ce rapprochement formidable : *L'image de Victoria dans le palais de la reine Brunehaut.*

Loysik s'était courbé, afin de contempler de plus près les traits de l'héroïne gauloise; lorsqu'il l'eut reconnue, il fléchit un genou et levant ses mains vers l'image auguste, il murmura :

— O Victoria... sainte guerrière de la Gaule ! ta présence en cet horrible lieu raffermit mon esprit ; il me semble qu'elle me donnera la force de sauver la descendance de Scanvoch, ce fidèle soldat que tu appelais ton frère, et qui fut un de mes aïeux !...

50e livraison

Brunehaut et Warnachaire, stupéfaits de l'étrangeté de ce vieillard, tantôt le suivaient des yeux, tantôt se regardaient en silence durant le peu d'instants qui suffirent à Loysik pour reconnaître l'effigie de Victoria. La reine, de plus en plus convaincue que ce moine était fou, perdit patience, frappa du pied et s'écria :

— Duk, appelle mes pages, qu'ils chassent d'ici à coups de houssine ce vieux fou qui se dit abbé du monastère de Charolles et qui vient s'agenouiller devant mes médailles antiques.

Brunehaut parlait encore lorsqu'un de ses pages entra par la porte de la grande salle, et, après avoir fléchi le genou, lui dit :

— Glorieuse reine... un messager arrive à l'instant de l'armée, il est porteur de lettres urgentes pour le seigneur Warnachaire.

— Cela est important, duk, va recevoir ce messager, reviens promptement m'instruire des nouvelles qu'il apporte. — Puis s'adressant au page en lui montrant Loysik, qui, le front haut, le regard ferme, s'avançait vers elle : — Va chercher quelques-uns de tes compagnons et chasse d'ici à coups de houssine ce vieux fou ; la perte de sa raison lui épargne un autre châtiment. — La reine se levant alors, se dirigea vers sa chambre à coucher, disant au maire du palais : — Warnachaire, reviens au plus tôt m'instruire des nouvelles apportées par le messager. Tu me communiqueras les dépêches.

— Je vais, madame, le recevoir à l'instant ; mais ce fou... qu'ordonnez-vous à son égard ?

— Cela regarde mes pages... Allons, mes enfants, aux houssines !...

Le maire du palais sortit ; au moment où la porte se trouvait ainsi ouverte, le page, sans quitter la salle, appela plusieurs de ses compagnons rassemblés dans la pièce voisine. Loysik voyant la reine, sans s'occuper plus de lui que d'un insensé, rentrer dans sa chambre, Loysik courut vers Brunehaut, et présentant un parchemin qu'il venait de tirer de sa robe, lui dit d'une voix forte : — Je ne suis pas fou... Cette charte signée par le feu roi Clotaire vous prouvera que je suis le supérieur du monastère de Charolles, où votre chambellan et ses soldats sont, à cette heure, retenus prisonniers par mon ordre.

— Loysik ! — s'écria l'un des jeunes pages qui venaient d'accourir à la voix de leur compagnon, — le frère Loysik ici !

— Quoi ! ce moine ! — s'écria Brunehaut stupéfaite, — c'est Loysik ?... l'abbé du monastère de Charolles ?

— Oui, glorieuse reine ! c'est le vénérable abbé.

— D'où le connais-tu ?

— On me l'a montré et nommé au dernier marché d'esclaves ; ce digne abbé achetait des captifs pour les affranchir ; ce matin je l'ai vu traversant une des cours du palais en compagnie du juif Samuel et de deux jeunes filles.

Brunehaut fit signe aux pages de sortir, et après un instant de réflexion, s'adressant à l'un d'eux :

— Va dire à Pog de se rendre dans la cave avec ses aides et ses garçons ; il allumera son brasier, ses lanternes, et il attendra.

Le page s'inclina en pâlissant ; mais avant de s'éloigner, il jeta sur le vieillard un regard de commisération. La reine, restée seule avec Loysik, marcha quelques instants silencieuse et d'un pas agité ; puis elle dit à l'ermite laboureur d'une voix sourde et brève :

— Donc, tu es Loysik ?

— Je suis Loysik, abbé et supérieur du monastère de Charolles.

— Comment as-tu pénétré ici ?

— J'ai rencontré ce matin, aux abords de ce château, un marchand d'esclaves nommé Samuel ; dernièrement encore je lui avais acheté plusieurs captifs : il m'a appris qu'il se rendait ici ; sachant que l'on entrait difficilement dans ce palais, j'ai demandé à Samuel de l'accompagner ; il a d'abord hésité ; deux pièces d'or ont fait cesser son hésitation.

— Et comme les gardiens des portes avaient l'ordre d'introduire Samuel et des esclaves, tu as passé avec sa marchandise ! De sorte que pendant que le juif me présentait les deux jeunes filles, tu étais demeuré dans la salle basse ?

Loysik fit un signe de tête affirmatif.

— Mais lorsque Samuel a eu quitté le palais ?

— Le juif m'ayant dit que de la salle basse on montait ici par cet escalier, j'y suis monté tout à l'heure, et, caché derrière le rideau, j'ai assisté à votre entretien avec l'une de vos femmes. J'ai tout entendu.

Brunehaut regarda le moine d'un air de doute effrayant : — Ainsi, tu as entendu tout ce qui a été dit par nous ?

— Oui ! j'ai écouté, tout entendu et retenu.

— Vieillard... tu connais Pog et ses garçons.

— Le bourreau et ses aides...

— Quel âge as-tu ?

— L'âge d'un homme qui va mourir.

— Tu l'attendais à la mort !

Loysik haussa les épaules sans répondre.

— C'est juste, — reprit Brunehaut avec un sourire affreux, — apporter de pareilles nouvelles, c'était courir au-devant du supplice...

— Je suis venu ici de mon plein gré, votre chambellan et ses hommes sont restés prisonniers dans le monastère ; il ne leur sera fait aucun mal.

— Tu te trompes... Un châtiment terrible les attend ! Infamie... lâcheté... honte et trahison ! Un officier, des hommes de guerre de Brunehaut prisonniers d'une poignée de moines ! Pog et ses garçons auront de la besogne...

— Vos hommes de guerre n'ont pas été lâches ; eussent-ils été plus nombreux, ils n'auraient pu résister aux gens du monastère et aux colons de la vallée de Charolles...

— Vraiment... ce sont donc de terribles gens?

— Non, mais ce sont des gens qui ont résolu de mourir libres, de s'ensevelir sous les ruines du monastère, si vous méconnaissiez les droits que leur garantit une charte du feu roi Clotaire Ier.

— Tu oses invoquer cette charte auprès de moi?... Une charte de celui qui fut le beau-père de Frédégonde? une charte de l'aïeul de Clotaire II, fils de Frédégonde, mon plus mortel ennemi. Tu oses me parler d'une charte signée de l'aïeul de celui que je poursuivrai jusqu'à la tombe... Vieillard insensé! Je brûlerais un arbre qui aurait prêté son ombrage au fils de Frédégonde! Je ferais empoisonner une source où cet homme se serait désaltéré... Il s'agit, non plus d'objets inanimés, mais d'hommes, de femmes, d'enfants qui doivent leur liberté à l'aïeul du fils de Frédégonde! Je peux les faire souffrir dans leur âme, dans leur chair et dans leur race! Oh! dès demain tous les habitants de cette vallée maudite seront envoyés comme esclaves à ces farouches tribus qui viennent de Germanie... Ce sera une avance sur le pillage promis.

— Soit, vous allez envoyer des troupes dans la vallée; elles y pénétreront de vive force, elles écraseront nos habitants malgré leur résistance héroïque; hommes, femmes, enfants sauront mourir. Vos soldats, après un combat acharné, entrant dans la vallée, n'y trouveront que cendres et cadavres. Mais vous oubliez que la guerre est déclarée entre vous et le fils de Frédégonde, que le moment est suprême et que vous avez besoin de toutes vos forces pour résister à vos ennemis. Exécrée du peuple, exécrée des seigneurs, dont les plus considérables sont déjà dans le camp de Clotaire II, à peine êtes-vous certaine de la fidélité de votre armée, puisque vous êtes obligée d'appeler comme auxiliaires des tribus barbares et de leur promettre le pillage... Vous oubliez que le peuple, guidé par son instinct et voyant s'accroître la grandeur des maires du palais, qu'il considère comme les ennemis des rois franks, est prêt à se révolter pour les soutenir. Nos gens de la vallée, malgré leur résistance héroïque, seront écrasés, j'en conviens... mais croyez-vous que les populations voisines, si hébétées, si craintives qu'elles soient devenues, resteront impassibles lorsqu'elles auront vu des hommes de leur race, défendant leur liberté, se faire exterminer jusqu'au dernier? L'horreur de la conquête, la haine de la servitude, l'excès de la misère, ont souvent poussé à d'indomptables révoltes des peuples encore plus abâtardis que le nôtre! Demain... peut-être... une insurrection terrible peut éclater contre vous à la voix des grands qui vous abhorrent!

— Est-ce que les seigneurs ne sont pas autant que les rois ennemis de ta race!

— Oui, leur but atteint, votre perte accomplie, les seigneurs écraseront le peuple comme vous le faites vous-même; après l'explosion de sa colère, ce malheureux peuple reprendra son joug avec docilité... car les temps, hélas! ne sont pas encore venus! Mais qu'importe! Cette révolte au cœur de votre royaume, en ce moment où votre implacable ennemi menace vos frontières, en ce moment où la trahison vous enveloppe...... cette révolte serait aujourd'hui votre perte... et vous livrerait, vous et vos royaumes, à votre terrible ennemi, au fils de Frédégonde!

A ce nom, Brunehaut tressaillit de fureur... Puis, le front penché, le regard fixe, elle parut plus attentive encore aux paroles de Loysik, qui continua avec un amer dédain :

— Voilà donc cette reine si fameuse par l'audace de sa politique! Pour assurer son empire, elle a commis des crimes qui feront un jour douter de la vérité de l'histoire... Et elle va risquer ses royaumes, sa vie, par haine d'une poignée d'hommes inoffensifs! L'avaient-ils donc outragée? Non, ils lui étaient inconnus jusqu'ici; son attention a été attirée sur eux par la cupidité d'un évêque envieux de posséder leurs biens. Ces hommes, qu'elle veut réduire à l'héroïsme du désespoir, sont-ils pour elle des ennemis dangereux? Non, ils ne demandent qu'à continuer de vivre libres, paisibles, laborieux; s'ils peuvent devenir redoutables, c'est par l'exemple de leur résistance... Leur martyre peut provoquer des soulèvements dont elle sera la première victime. Et cette femme les brave... Elle songe à punir ces hommes de ce que leur liberté a été garantie par un roi mort il y a un demi-siècle... Oh! vertige du crime! avec quelle joie je verrais cette femme se jeter dans l'abîme, si le pied ne devait pas glisser dans le sang de mes frères!

Brunehaut, après avoir écouté Loysik avec une attention profonde, garda un moment le silence et reprit : — Moine... il est fâcheux que tu aies l'âge des gens qui vont mourir... tu serais devenu mon conseiller le plus écouté; je suivrais tes avis. Cette vallée sera épargnée pour le présent... Tu dis vrai; en ce moment où la guerre menace... où les grands m'attendent que l'occasion de se rebeller contre moi, réduire les habitants de cette vallée au désespoir, au martyre, serait de ma part une folie.

— Loysik reprit : Mon but est rempli; je ne vous demande pas de promesse au sujet du monastère et des habitants de la vallée de Charolles, votre intérêt est pour moi la meilleure garantie. Maintenant je voudrais une feuille de parchemin pour écrire à mon frère... et à mes moines... quelques lignes seulement; vous pourrez en prendre connaissance... Ce sont des adieux à ma famille; je désire aussi prier les moines de laisser libres votre chambellan, l'archidiacre et vos hommes de guerre; un de vos messagers portera ma lettre.

— Il y a là sur cette table ce qu'il faut pour écrire. Assieds-toi.

Loysik s'assit et se mit à écrire avec sérénité; cependant sa joie était si grande d'avoir heureusement réussi dans cette difficile occurrence, que sa main vacillait un peu; Brunehaut l'observait, sombre et silencieuse. — Tu trembles... tu as donc peur, vieillard?

— La satisfaction d'avoir épargné tant de maux à mes frères m'émeut et fait trembler ma main. Voici la lettre... Lisez.

Brunehaut lut, et reprit en roulant le parchemin : — Ces adieux sont simples, dignes et touchants ; je comprends de mieux en mieux la puissante influence que tu exerces sur ces gens-là... Ils sont le bras, tu es la tête. Tout à l'heure ils ne seront plus qu'un corps sans tête... et, après la guerre, je les réduirai plus facilement. Tu n'as rien à me demander?

— Rien... sinon de hâter mon supplice.

— Je serai généreuse; ton inébranlable fermeté me plaît; je te fais grâce de la torture, et te laisse le choix du genre de mort... Tu peux choisir entre le poison, le fer, le feu ou l'eau.

— Faites-moi simplement couper la gorge...

— Il sera fait comme tu le demandes, moine. As-tu quelqu'autre faveur à réclamer ?

— Oui, — répondit Loysik en se dirigeant lentement vers la console d'ivoire où était le médaillier, — je voudrais emporter cette médaille de bronze, je la garderais pendant le peu de moments qui me restent à vivre... Il me serait doux de mourir les yeux attachés sur cette glorieuse effigie.

— Voyons cette médaille... Ce sont de ces choses antiques que l'on possède par curiosité. Vraiment... cette femme est belle et fière sous son casque de guerrière... Voyons cette inscription qui est gravée au-dessous : *Victoria, empereur.* Une femme empereur?

— Ce titre souverain lui fut décerné après après sa mort...

— Elle était sans doute de race royale?

— Elle était de race plébéienne.

— Quelle fut sa vie?

— Simple... austère, illustre! Sa grande âme se lisait dans ses traits, d'une sérénité grave... Figure auguste que le bronze a reproduite pour la postérité. Sa vie fut celle d'une chaste épouse... d'une mère sublime... d'une vaillante Gauloise. Elle ne quittait sa modeste demeure que pour suivre son fils à la guerre ou aux camps. Les soldats l'adoraient; ils l'appelaient leur mère. Elle élevait virilement son fils dans le saint amour de la patrie et lui donnait l'exemple des plus hautes vertus. Son ambition...

— Cette femme, austère était ambitieuse!

— Autant qu'une mère peut l'être pour son fils; elle avait l'ambition de faire de ce fils un grand citoyen, l'ardent désir de le rendre digne d'être élu chef de la Gaule par le peuple et par l'armée.

— Elevé par une mère si incomparable, il fut élu?

— Citoyens et soldats l'acclamèrent d'une seule voix. En le choisissant, ils glorifiaient encore Victoria... sa mâle éducatrice! Les qualités brillantes qu'ils honoraient en lui étaient son œuvre! L'élection du fils consacrait l'influence souveraine de la mère... véritablement souveraine par le courage, le génie, la bonté. Alors commença pour le pays une ère de gloire et de prospérité. S'affranchissant du joug de Rome, la Gaule libre, forte, refoula les Franks hors de ses frontières, et jouit enfin des bienfaits de la paix! Aussi, d'un bout à l'autre du territoire, un nom était idolâtré! Ce nom! le premier que les mères apprenaient à leurs enfants, après celui de Dieu... ce nom si populaire, ce nom entouré de tant de vénération, de tant d'amour... c'était celui de Victoria !

— Enfin, cette femme... cette mère incomparable, cette divinité, objet de ta vénération..... régnait pour son fils !

— Oui... comme la vertu règne sur le monde ! Invisible aux yeux, c'est aux cœurs qu'elle se révèle ; Victoria, aussi modeste dans ses goûts que la plus obscure matrone, fuyait l'éclat et les honneurs. Retirée dans une humble maison de Trèves ou de Mayence, elle jouissait de la gloire de son fils, de la prospérité de la Gaule... Mais non pour régner en reine... car elle méprisait les royautés.

— Quelle était la cause de ce dédain superbe pour les grandeurs de la terre?

— Elle disait que le droit que s'arrogeaient les rois, de transmettre à leurs enfants la possession des peuples comme un domaine avec ses esclaves, était un véritable outrage à la majesté de l'homme et un crime devant Dieu. Elle disait encore que le pouvoir royal héréditaire déprave les meilleurs naturels et fait les monstres qui ont épouvanté le monde... Fidèle à ses principes, elle refusa de rendre le pouvoir héréditaire pour son petit-fils !

— Elle avait un petit fils.

— Comme vous... Victoria était aïeule...

Et Loysik regarda fixement la reine. Dans la manière dont le vieux moine accentua ces mots adressés à Brunehaut : *Comme vous, Victoria était aïeule,* il y avait quelque chose de si souverainement écrasant, une condamnation si flétrissante des épouvantables moyens employés par ce monstre pour dépraver, énerver, tuer moralement ses petits-fils dont elle était forcée de respecter la vie pour régner en leur nom... que Brunehaut, livide de rage, mais se contenant toujours, pour ne pas laisser voir les blessures de son orgueil, baissa les yeux devant le vieillard. Loysik poursuivit :

— Victoria était aïeule, et, tout en régnant sur la Gaule par son génie, elle filait sa quenouille auprès du berceau de son petit-fils ; elle veillait sur lui comme elle avait veillé sur le père de cet enfant, avec une mâle sollicitude ; son espoir était de faire de cet enfant un bon citoyen, un brave soldat ; cet espoir fut détruit, une trame épouvantable enveloppa le fils et le petit-fils de cette femme auguste ; ils périrent dans un soulèvement populaire.

— Ah ! ah ! — s'écria Brunehaut avec un éclat de rire sardonique, comme si sa haine contre l'héroïne gauloise eût été assouvie. — Telle est donc la justice de Dieu !

— Telle est la justice de Dieu... car ce crime permit à Victoria de léguer à l'admiration des siècles un noble exemple d'abnégation et de patriotisme ! Après la mort de son fils et de son petit-fils, Victoria, suppliée par le peuple, par l'armée, par le sénat, de gouverner la Gaule... refusa. Oui, — ajouta Loysik, répondant à un geste de surprise échappé à Brunehaut, — oui, Victoria refusa par deux fois ; elle désigna ceux qu'elle croyait les plus dignes d'être élus chefs du pays, leur offrant le tout-puissant appui de sa popularité, les conseils de sa haute sagesse, pour le bien de l'Etat. Victoria continua de vivre modestement dans la retraite, et tant que dura sa vie, la Gaule vécut grande et prospère débarrassée des Romains et des Franks..... Victoria mourut... La mort de Victoria couronnait une série de crimes dont son fils et son petit-fils avaient été victimes. Cette femme illustre mourut par le poison.

— Ah ! ah ! — s'écria Brunehaut avec un nouvel éclat de rire sardonique... — Moine..... moine... toujours la justice de Dieu !...

— Toujours la justice de Dieu... car la mort des plus grands génies qui aient illustré le monde n'a jamais été pleurée comme fut pleurée la mort de Victoria ! On eût dit les funérailles de la Gaule ! Dans les plus grandes cités, dans les plus obscurs villages, les larmes coulaient de tous les yeux. Partout on entendait ces mots entrecoupés de sanglots : Nous avons perdu notre mère... Les soldats, ces rudes guerriers des légions du Rhin, bronzés par cent batailles, les soldats pleuraient comme des enfants... C'était un deuil universel, imposant comme la mort. A Mayence, où Victoria mourut, ce fut un spectacle de douleur sublime !... Victoria, couchée sur un lit d'ivoire recouvert de drap d'or, fut exposée pendant huit jours ; hommes, femmes, enfants, l'armée, le sénat, encombraient les abords de son humble maison ; chacun venait une dernière fois contempler dans un pieux recueillement les traits augustes de celle qui fut la gloire la plus chère, la plus admirée de la Gaule...

— Moine... — s'écria Brunehaut en saisissant le bras du vieillard et voulant l'entraîner avec elle, — les bourreaux attendent...

Loysik n'employa qu'une force d'inertie pour résister à la reine, resta immobile, et continua d'une voix calme et solennelle :

— Les restes de Victoria la Grande, portés sur le bûcher, disparurent dans une flamme pure, brillante, radieuse comme sa vie ; enfin, pour honorer son génie viril à travers les âges, le peuple des Gaules lui décerna ce titre souverain que toujours elle avait refusé, par une modestie sublime ; il y a plus de quatre siècles, ce bronze fut frappé à l'effigie de *Victoria, empereur !*

En disant ces derniers mots, Loysik avait pris la médaille entre ses mains. Brunehaut, dont la rage était arrivée à son paroxysme, arracha l'auguste image des mains du vieillard, la jeta sur le sol, et foula ce bronze sous ses pieds avec une fureur aveugle.

— Oh ! Victoria... Victoria ! — s'écria Loysik, la figure rayonnante d'enthousiasme, — ô femme empereur ! héroïne des Gaules ! je peux mourir ! ta vie aura été pour Brunehaut le châtiment de ses crimes. — Et, se tournant vers la reine, toujours possédée de son vertige frénétique : — La gloire de Victoria, ainsi que ce bronze que tu foules aux pieds, défient ta rage impuissante !

Soudain Warnachaire entra en s'écriant :

— Madame... madame... désastreuse nouvelle ?... Un second messager arrive à l'instant de l'armée... Clotaire II, par une manœuvre habile, a enveloppé nos tribus germaines ; l'espoir du pillage les a réunies à ses troupes ; il s'avance à marches forcées sur Chalon. Votre présence et celle des jeunes princes au milieu de l'armée est indispensable en un moment si grave. Je viens de donner les ordres nécessaires pour votre prompt départ. Venez, madame, venez ! Il s'agit du salut de vos Etats, de votre vie peut-être... car, vous le savez, le fils de Frédégonde est implacable...

Brunehaut, frappée de stupeur à cette brusque nouvelle, resta d'abord pétrifiée... tenant encore son pied sur la médaille de Victoria ; puis, ce premier saisissement passé, elle s'écria d'une voix retentissante comme le rugissement d'une lionne en furie.

— A moi, mes leudes ! un cheval... un cheval... Brunehaut se fera tuer à la tête de son armée, ou le fils de Frédégonde trouvera la mort en Bourgogne. Qu'on amène les jeunes princes, et à cheval ! Tout le monde en marche.

CHAPITRE III

Camp de Clotaire II. — Le village de Ryonne. — Sigebert, Corbe et Mérovée, petits-fils de Brunehaut. — Entretien d'un roi et d'une reine. — Trois jours de supplice. — Loysik. — Entrevue. — Le chameau et le cheval indompté. — Le bûcher. — La charte de l'évêque de Chalon. — Fête dans la vallée de Charolles.

Le village de Ryonne, situé sur les bords de la petite rivière de la Vigienne, est éloigné d'environ trois jours de marche de Chalon. Autour de ce village sont campées une partie des troupes de Clotaire II, fils de Frédégonde. La tente de ce roi a été dressée sous des arbres plantés au milieu du village. Le soleil vient de se lever; on voit, non loin de ce royal abri, une masure un peu plus grande et moins délabrée que les autres; sa porte fermée est gardée par deux guerriers franks; une seule petite fenêtre donne jour dans l'intérieur de cette masure; de temps en temps l'un des guerriers postés au dehors écoute ou regarde par cette fenêtre; un coffre vermoulu, deux ou trois escabeaux, quelques ustensiles de ménage, une sorte de caisse remplie de bruyères desséchées; tel est l'ameublement de la hutte; sur le lit de bruyères sont trois enfants vêtus de leurs habits de soie brodés d'or ou d'argent. Quels sont ces enfants si magnifiquement habillés et couchés comme des fils d'esclaves sur ce grabat? Ce sont les fils de Thierry, défunt roi de Bourgogne, ce sont les arrière-petit-fils de la reine Brunehaut; ces enfants dorment tous trois enlacés. Sigebert, l'aîné, est couché au milieu de ses deux frères, la tête de Mérovée, le plus jeune de ces enfants, est appuyée sur sa poitrine; Corbe, le second, a le bras passé autour du cou de Sigebert. Les traits de ces petits princes, plongés dans un sommeil profond, sont à demi cachés par leurs longs cheveux, symbole de race royale; ils semblent paisibles, presque souriants : la douce figure de l'aîné surtout a une expression d'angélique sérénité... Le soleil, montant de plus en plus à l'horizon, darda bientôt en plein ses vifs rayons sur le groupe des enfants endormis. Sigebert, éveillé par l'ardeur de cette vive lumière, passa ses mains blanches et fluettes sur ses grands yeux encore demi-clos, les ouvrit, regarda d'un air surpris, se dressa sur son séant, puis, se souvenant de la triste réalité, il retomba sur son grabat; bientôt les larmes inondèrent son pâle visage, et il appuya la main sur ses lèvres afin de comprimer des sanglots convulsifs; le pauvre enfant craignait d'éveiller ses frères; ils dormaient toujours, et, malgré le mouvement de Sigebert, qui, en se dressant, avait un peu dérangé la tête du petit Mérovée, son sommeil profond ne fut pas interrompu. Mais Corbe, à demi éveillé par l'ardeur des rayons du soleil, se frotta les yeux et murmura : — Crotechilde...

je veux... mon lait et mes gâteaux... j'ai faim.

— Corbe, — reprit Sigebert, la figure baignée de pleurs et les lèvres encore palpitantes, — mon frère... éveille-toi donc... Hélas! nous ne sommes plus dans notre palais à Chalon....

Corbe à ces mots de son frère, s'étant éveillé tout à fait, répondit avec un soupir :

— Je me croyais encore dans notre palais.

— Nous n'y sommes plus, mon frère... pour notre malheur...

— Pourquoi dis-tu : Pour notre malheur? est-ce que nous ne sommes pas fils de roi?...

— Pauvres fils de roi... car nous sommes en prison; et notre grand'mère, où est-elle, et notre frère Childebert, où est-il?... Tous peut-être sont aussi prisonniers.

— Et à qui la faute? A l'armée qui a trahi! — s'écria Corbe avec colère. — On le disait autour de nous... les troupes ont fui sans combattre. Le duc Warnachaire avait préparé cette trahison! Oh! le scélérat!

— Plus bas, Corbe, plus bas.... — reprit Sigebert d'une voix étouffée, — tu vas éveiller Mérovée... cher petit! Je voudrais dormir comme lui, je ne penserais à rien.

— Tu pleures toujours, Sigebert... dis-moi pour quel motif?

— Ne sommes-nous pas entre les mains de l'ennemi de notre grand'mère?

— Ne crains rien, elle va venir nous délivrer avec une autre armée, et elle tuera Clotaire... As-tu faim, toi?

— Non! oh! non! je n'ai ni faim ni soif!

— Le soleil est levé depuis longtemps; on va sans doute nous apporter à manger. Elle disait vrai, notre grand'mère : c'est fatigant et ennuyeux la guerre, mais quand on n'est pas prisonnier... Mais comme il dort ce Mérovée; éveille-le donc.

— Oh! mon frère, laissons-le dormir; il croit peut-être, comme toi, tout à l'heure, dans notre palais de Chalon.

— Tant pis! nous sommes éveillés, nous autres. Je ne veux plus qu'il dorme, lui...

— Corbe... ce que tu dis là n'est pas d'un bon cœur.

— Sigebert! la porte s'ouvre... on nous apporte à manger.

La porte s'ouvrit en effet; quatre personnages entrèrent dans l'intérieur de la masure; deux étaient vêtus de casaques de peaux de bête, et l'un tenait à la main un paquet de cordes. Clotaire II et Warnachaire accompagnaient ces deux hommes : le duc portait son armure de bataille, le roi une longue robe de soie de couleur claire, bordée de fourrure.

— Seigneur roi, — dit à demi-voix le duc Warnachaire, — vous ne voulez pas attendre le retour du connétable Herpon !...

— Qui sait s'il sera de retour aujourd'hui ?

— Songez qu'il a des chevaux frais, que ceux de Brunehaut sont épuisés de fatigue. Il est impossible qu'il n'ait pas atteint la reine aux pieds des montagnes du Jura, où elle n'aura pas osé s'aventurer. Le connétable peut d'un moment à l'autre arriver avec elle.

— Warnachaire, j'ai hâte d'en finir ; ce coup ne serait que peu sensible à Brunehaut, pourquoi l'attendre ? Cela doit être fait...

Et le jeune roi ayant fait un signe aux deux hommes, ils s'approchèrent des enfants. Le sommeil du premier âge est si profond, que le petit Mérovée, de qui Sigebert avait doucement déposé la tête sur la bruyère, continuait de dormir. Ses deux frères, interdits, effrayés surtout par la figure sinistre des deux hommes portant des casaques de peaux de bête, se reculèrent jusqu'à l'extrémité de leur couche ; là, ils se serrèrent l'un contre l'autre, tout tremblants et sans mot dire. Au signe de Clotaire II, l'un des hommes, celui qui portait un paquet de cordes, le déroula, et s'avança vers les petits princes, tandis que son compagnon tirait de sa ceinture un couteau, large, long, droit et aigu comme celui d'un boucher ; il tâta légèrement du bout du doigt le fil de la lame fraîchement aiguisée, tandis que le fils de Frédégonde lui disait : Allons, esclave, dépêchons !

— Hâte-toi ! répéta encore le roi !

Le bourreau répondit au roi par un signe de la main qui semblait signifier : — Soyez tranquille, j'irai vite. — L'aide du bourreau s'était approché des deux enfants livides et muets d'épouvante, tremblant si fort que l'on entendait leurs dents se choquer. Le bourreau mit sa main sur chacun d'eux, et dit sans retourner la tête :

— Par lequel commencer ?... Le plus grand, le plus petit, ou celui qui dort ?

— Commence par l'aîné, — répondit Clotaire II d'une voix sourde et brève ; — dépêchons, dépêchons...

Les deux enfants s'enfoncèrent dans l'angle du mur où était appuyé le grabat, et s'enlacèrent étroitement dans les bras l'un de l'autre.

— Grâce ! — criait Sigebert d'une voix plaintive et étouffée, — grâce pour mon frère ! grâce pour moi !

— Nous sommes fils de roi ! — criait Corbe avec plus de colère que d'épouvante. — Si vous me faites du mal, ma grand'mère vous tuera tous !...

A ce moment le petit Mérovée, éveillé enfin par le bruit, s'assit sur son séant et regarda autour de lui avec surprise, mais sans terreur.

Cet enfant de six ans ne pouvait comprendre ce dont il s'agissait, et, se frottant les yeux, il tournait de ci, de là, sa petite tête aux yeux encore bouffis par le sommeil, regardant tour à tour les quatre nouveaux venus et ses frères, comme pour leur demander ce que cela signifiait. L'un des bourreaux, à ces mots du roi :

— commence par l'aîné, — s'était emparé de Sigebert... Le pauvre enfant, plus mort que vif, ne fit aucune résistance ; il se laissa garrotter les pieds et les mains ainsi que l'agneau se laisse garrotter par le boucher : il murmurait seulement d'une voix dolente, en tournant la tête vers Clotaire II : — Seigneur roi ! bon seigneur roi, ne nous faites pas mourir... Pourquoi nous tuer ? nous serons esclaves... Envoyez-nous garder vos troupeaux bien loin d'ici ; nous vous obéirons en tout ; seulement, grâce, bon seigneur roi ! grâce de la vie pour mes petits frères et pour moi !...

Clotaire II, digne petit-fils de Clovis, resta impassible aux prières de sa victime.

Sigebert passa des mains de l'un des bourreaux dans celles de l'autre ; l'enfant avait les bras liés derrière le dos et les jambes attachées ; sa défaillance l'empêchait de se tenir debout. Il tomba sur ses deux genoux aux pieds de l'égorgeur... Celui-ci prit l'enfant par sa longue chevelure, avança l'un de ses genoux, y appuya fortement la nuque de l'enfant, de sorte que sa gorge bien tendue s'offrait à son couteau. Sigebert murmurait encore d'une voix étouffée, en jetant un regard agonisant sur le maire du palais : — Warnachaire, vous qui m'appeliez en voyage votre *cher enfant*, vous ne demandez pas ma grâce...

Ce furent les derniers mots de l'innocente créature. Clotaire II fit un signe d'impatience. Le bourreau approcha son couteau du cou de l'enfant ; mais, éprouvant sans doute malgré lui un ressentiment de pitié éphémère, l'égorgeur détourna, pendant un instant la tête en fermant les yeux, comme pour échapper au regard mourant de Sigebert ; puis, cessant de s'apitoyer, il plongea son large couteau dans la gorge de l'enfant, en imprimant à la lame un mouvement de scie jusqu'à ce qu'il eût rencontré les vertèbres du cou... Deux jets de sang vermeil jaillirent de cette large plaie béante, et allèrent tomber çà et là comme une rosée rouge sur l'un des pans de la robe du fils de Frédégonde et sur les jambards de fer du duc Warnachaire... L'enfant avait cessé de vivre. Le bourreau, retirant son genou, qui lui avait servi de billot, abandonna le petit corps à son propre poids ; il tomba à la renverse ; la tête inerte rebondit sur le sol : quelques tressaillements convulsifs agitèrent les épaules et les jambes, puis le cadavre resta immobile, au milieu d'une mare de sang. Pendant ce premier meurtre, Mérovée, toujours assis sur la bruyère, avait pleuré à chaudes larmes parce qu'il voyait bien que l'on *faisait du mal* à son frère; mais l'idée de la mort ne pouvait apparaître clairement à la pensée d'un enfant de cet âge; son frère Corbe, d'un caractère violent, vindicatif, n'avait pas imité la douce résignation de Sigebert; il s'était débattu en poussant des cris aigus, essayant d'égratigner ou de mordre le bourreau chargé de le lier... aussi celui-ci terminait-il de serrer les derniers nœuds lorsque l'égorgement de l'autre enfant s'achevait. — Chiens! meurtriers! — s'écria Corbe de sa petite voix grêle, tandis que ses yeux flamboyaient au milieu de son pâle visage, et il se raidissait, se tordait si convulsivement dans ses liens, que le bourreau pouvait à peine le contenir. — Oh! — ajoutait-il en grinçant des dents tout haletant de cette lutte, — oh! ma grand'mère vous fera tous torturer... tous... par Pog, son bourreau... vous verrez... vous verrez... quels supplices vous sont réservés!

Clotaire II, se retournant vers le maire du palais de Bourgogne, lui désigna Corbe du geste et lui dit : — Warnachaire, il eût été impolitique de laisser vivre cet enfant haineux et vindicatif! Il serait devenu un homme dangereux, quoique détrôné.

Les deux bourreaux franks eurent facilement raison de Corbe, malgré ses cris et ses soubresauts; mais comme il s'agitait violemment dans ses liens, l'un des deux tueurs, afin de contenir l'enfant, s'agenouilla sur sa poitrine, tandis que l'autre, enroulant autour de son poignet gauche la longue chevelure du petit prince, attira ainsi fortement la tête à lui de sorte que le cou très tendu offrit toute facilité au couteau. Une seconde fois la lame joua, une seconde fois le sang jaillit... et le cadavre de Corbe tomba sur celui de son frère. Il restait à égorger le petit Mérovée, toujours assis sur la bruyère; soit ignorance du danger, soit insouciance du premier âge, lorsqu'il vit le bourreau s'approcher, il se leva, vint à lui d'un air soumis, et voulant sans doute parler de la résistance de Corbe, il dit de sa voix enfantine, en tâchant de contenir ses pleurs : — Mon frère Sigebert ne s'est pas débattu... Je serai doux comme Sigebert... Mais ne me faites pas de mal...,.

Et l'enfant, renversant sa petite tête blonde en arrière, tendit de lui-même le cou.

Soudain un cavalier couvert de poussière entra en criant d'une voix à demi étouffée par la joie : — Grand roi! je précède le connétable Herpon; il ramène la reine Brunehaut prisonnière... Après deux jours de poursuite acharnée, il a pu la joindre à Orbe, au-delà des premières montagnes du Jura...

— Oh! ma mère! tu vas tressaillir de joie dans ton sépulcre... La voici enfin entre mes mains, cette femme que tu n'as pu frapper! — s'écria le fils de Frédégonde. Et, s'adressant aux bourreaux qui tenaient entre leurs mains le petit Mérovée : — Ne tuez pas cet enfant... qu'on le conduise dans ma tente. Vous attendrez mes ordres. Vous ne savez pas, ô grande reine, quelle gloire vous attend, — ajouta Clotaire II avec une expression de férocité sardonique. Puis, se tournant vers Warnachaire : — Allons recevoir dignement cette fille de roi, cette femme de roi, cette aïeule et bisaïeule de rois, Brunehaut, reine de Bourgogne et d'Austrasie..... Viens... viens...

Quel est ce bruit? on dirait les pas sourds et les cris lointains d'une grande multitude... Grande est la multitude, en effet, qui s'avance vers le village de Ryonne, où sont campés les guerriers de Clotaire II. Cette multitude, d'où vient-elle? Oh! elle vient de loin, des montagnes du Jura d'abord; puis elle s'est grossie, en route, d'un grand nombre d'habitants des lieux qu'elle traversait; des esclaves, des colons, des hommes des cités, des femmes, des enfants, des vieillards, tous ont quitté leurs champs, leurs huttes, leurs villes; colons et esclaves, au risque de la mutilation, de la prison et du fouet au retour; citadins, au risque de la fatigue de ce voyage rapide, qui, pour les uns, durait depuis deux jours, pour les autres, depuis un jour, un demi-jour, deux heures, une heure, selon qu'ils s'étaient joints à la foule depuis plus ou moins longtemps. Mais cette foule si empressée, qui l'attirait ainsi? Ces mots, répétés de proche en proche : — C'est la reine Brunehaut qui passe... on l'emmène prisonnière pour la livrer au fils de Frédégonde.

— Oui, telle était la haine, le dégoût, l'horreur, l'épouvante qu'inspiraient en Gaule ces deux noms, Frédégonde et Brunehaut, qu'un grand nombre de gens n'avaient pu résister à la curiosité de voir et de savoir ce qu'il allait advenir de la capture de Brunehaut par le fils de Frédégonde. Cette multitude s'avançait donc vers le village de Ryonne... Une cinquantaine de guerriers à cheval ouvraient la marche, puis venait le connétable Herpon, armé de toutes pièces; derrière lui, entre deux cavaliers qui tenaient la bride de sa haquenée, on voyait Brunehaut; cette vieille reine, garrottée sur sa selle, avait les mains liées derrière le dos, sa longue robe pourpre brodée d'or, couverte de poussière et de boue, tombait presque en lambeaux, par suite de la résistance désespérée de cette femme indomptable, lorsqu'elle fut atteinte par le connétable Herpon et ses hommes; une des manches et la moitié de son corsage arrachés, laissaient nus un des bras de la reine, ainsi que son cou et ses épaules couvertes de meurtrissures, livides, bleuâtres, à demi cachées par ses longs cheveux blancs, dénoués,

La fin tragique de la reine Brunehaut (page 478)

hérissés, emmêlés ; on voyait sur sa chevelure des débris d'ordure et de fumier, que le peuple lui avait jetés sur la route en l'accablant d'injures. De temps à autre elle essayait, par un mouvement de tête convulsif, de dégager son front voilé par son épaisse chevelure... alors apparaissait son visage hideux, horrible. Avant de se laisser prendre, elle s'était défendue comme une lionne ; on voulait surtout l'emmener vivante au fils de Frédégonde. Dans la lutte brutale et acharnée du connétable Herpon et de ses hommes contre Brunehaut, on lui avait donné des coups de poing, des coups de pied ; on lui avait meurtri les bras, les épaules, le sein, le visage ; un de ses yeux portait l'empreinte d'une atteinte violente, d'un coup de pommeau d'épée ; les paupières et une partie de la joue disparaissaient sous une large contusion noirâtre ; sa lèvre supérieure, fendue et gonflée, par suite d'un autre coup qui lui avait cassé deux dents, était couverte de sang desséché ; cependant, telle était l'énergie sauvage de cette créature, que son front restait altier, son regard étincelant d'un orgueil farouche... Chargée de liens, meurtrie, déguenillée, couverte de poussière, de boue, Brunehaut semblait encore redoutable : cris, huées, menaces, rien, durant la route, n'avait pu ébranler cette âme inflexible.

Clotaire II, dans sa hâte de jouir de la vue de sa victime, sortit du village et accourut à sa rencontre, accompagné de Warnachaire ; d'autres seigneurs de Bourgogne et d'Austrasie, qui avaient pris parti pour Clotaire, l'accompagnaient ; c'étaient les ducs Pepin, Arnolf, Alethée, Eudelan, Roccon, Sigowald, l'évêque de Troyes, et d'autres encore. Le connétable Herpon, à la vue du roi, voulut se rapprocher de lui ; il fit un signe aux deux cavaliers qui conduisaient la monture de Brunehaut, et partit au galop; les deux guerriers, se guidant sur son allure, emmenèrent la vieille reine; celle-ci, non garrottée, se fût tenue en selle comme une *amazone;* mais, gênée par les liens qui l'assujettissaient, elle ne pouvait suivre avec souplesse les mouvements de sa monture, de sorte que le galop de sa haquenée imprimait au corps de Brunehaut des soubresauts ridicules. La foule et les guerriers de l'escorte, la suivant en courant, l'accablèrent de railleries et de huées. Enfin, le connétable Herpon rejoignit le roi, sauta à bas de son cheval, et dit à ses hommes en leur montrant la reine : — Mettez-la par terre..... laissez-lui seulement les mains attachées derrière le dos.

Les cavaliers obéirent et dénouèrent les cordes qui garrottaient la reine sur sa selle; mais la rude pression des liens avait tellement endolori ses jambes, que ne pouvant se tenir debout, elle tomba d'abord sur ses genoux. Craignant que l'on n'attribuât sa chute à la faiblesse ou à la crainte, elle s'écria : — Mes membres sont engourdis... Brunehaut ne s'agenouille pas devant ses ennemis!...

Les guerriers franks ayant relevé la reine, la soutinrent debout. Sa haquenée de prédilection, qu'elle montait le jour de la bataille, et dont elle venait de descendre, allongea sa tête intelligente et lécha doucement les mains de la reine attachées derrière son dos... Pour la première fois, et pendant un moment, les traits de Brunehaut exprimèrent autre chose qu'un orgueil farouche ou une rage concentrée ; elle tourna la tête par-dessus son épaule et dit à sa haquenée d'une voix presque attendrie : — Pauvre animal ! tu as voulu me sauver par la rapidité de ta course... les forces t'ont manqué; maintenant tu me dis adieu à ta manière... Tu n'éprouves pas de haine contre Brunehaut; mais Brunehaut est fière d'être haïe par tous... car elle est redoutée par tous...

Clotaire II s'approcha lentement de la vieille reine. Un cercle immense, composé des seigneurs franks, des guerriers de l'armée et de la foule qui l'avait suivie, se forma autour du fils de Frédégonde et de sa mortelle ennemie. La vue de ce roi, la volonté de ne pas défaillir devant lui, donnèrent à Brunehaut une énergie, une force surhumaine. Elle s'écria d'un air farouche en s'adressant aux guerriers qui la soutenaient par dessous les bras : — Arrière !... je saurai me tenir debout !...

Elle se tint debout en effet, et fit deux pas à l'encontre du roi comme pour lui prouver qu'elle ne ressentait ni faiblesse ni crainte. Clotaire et Brunehaut se trouvèrent ainsi tous les deux face à face au milieu du cercle qui se rétrécit de plus en plus. Un grand silence se fit dans cette foule ; toutes les respirations étaient suspendues, on attendait avec anxiété le résultat de cette terrible entrevue. Le fils de Frédégonde, les deux bras croisés sur sa poitrine palpitante d'un triomphe farouche, contemplait silencieusement sa victime. Celle-ci, le front superbe, le regard intrépide, dit de sa voix mordante, sonore, qui retentit au loin :

— D'abord, bonjour au duc Warnachaire, à ce lâche soldat... qui a commandé à mon armée de fuir sans combattre... Grâce à ton infâme trahison, me voici moi, fille, femme, mère de rois... garrottée, la figure meurtrie de coups de poing que l'on m'a donnés... souillée de fumier, de boue et d'ordures que les populations m'ont jetés sur la route... Triomphe, fils de Frédégonde ! triomphe, jeune homme ! depuis deux jours le peuple couvre de huées, de mépris et de fange, en ma personne, la royauté franque ! la tienne, celle de ta race ! Tu m'as vaincue, mais la royauté ne se relèvera pas du coup que tu m'as porté !

— Glorieux roi ! — dit l'évêque de Troyes à Clotaire II, à voix basse, — faites bâillonner cette femme ; sa langue est plus venimeuse que celle d'un aspic...

— Je veux au contraire qu'elle parle, pour jouir des tortures de son orgueil !

Pendant ces mots échangés entre le prélat et le roi, Brunehaut avait continué d'une voix de plus en plus retentissante, en se tournant vers la foule des guerriers :

— Peuple stupide ! peuple hébété, vous nous respectez... vous nous craignez, nous autres de race royale... C'est pourtant une face royale que ma figure meurtrie à coups de poing, comme celle d'une vile esclave ! La mère de votre roi devait me ressembler, lorsqu'elle avait été battue par quelque goujat ! cette Frédégonde... prostituée à tous les valets du palais de Chilpérick !

— Oses-tu parler de prostitution ? vieille louve blanchie dans la débauche ! — s'écria Clotaire d'une voix non moins retentissante que celle de Brunehaut...

— Ta mère Frédégonde a fait poignarder mon mari Sigebert et mon fils Childebert par ses pages...

— Et toi, chienne, n'as-tu pas fait égorger *Lupence,* évêque de Saint-Privat, par le comte Cabale, un de tes amants !...

— Frédégonde, à son tour, n'a-t-elle pas fait poignarder Prétextat dans la basilique de Rouen, pour le punir de m'avoir mariée à *Mérovée,* ton frère...

— Mon frère t'a épousée, grâce à tes maléfices, abominable sorcière ! et après avoir abusé de sa jeunesse, tu l'as poussé au parricide... tu l'as armé contre son père, qui était aussi le mien.

— Quel tendre père ! Ce Chilpérick, non content de faire égorger son fils Mérovée à Noisy, il a livré au poignard et au poison de Frédégonde tous les enfants qu'il avait eus de ses autres femmes.

— Tu mens, monstre! tu mens!... — s'écria Clotaire! grinçant les dents de rage.

— Seigneur roi, faites bâillonner cette femme, — dit à demi-voix l'évêque de Troyes.

— Il restait à ton père Chilpérick, parmi ses épouses répudiées, une seule femme vivante, Audowère, — reprit Brunehaut; — Audowère avait deux enfants, Clodwig et Basine : la mère est étranglée, le fils poignardé, la fille livrée aux pages de Frédégonde, qui la violent sous ses yeux!

— Tais-toi, infâme entremetteuse! qui mets des concubines dans le lit de tes petits-fils pour les énerver et régner à leur place; qui fais égorger les honnêtes gens que ces monstruosités révoltent : témoin Berthoald, maire du palais de Bourgogne, poignardé par tes ordres; l'évêque Didier, écrasé à coups de pierres.

— Chilpérick, après avoir fait assassiner mon mari, s'empare de mon parent Sigila, lui fait brûler les jointures des membres avec des fers ardents, arracher les narines et les yeux, enfoncer des fers entre les ongles, et finalement couper les mains, les bras, les jambes et les cuisses!... Tous les supplices imaginables!

— Warnachaire, — dit Clotaire II en rugissant de fureur, — rappelle-toi ces supplices; n'oublie rien... nous trouverons à les appliquer. — Puis s'adressant à Brunehaut : N'as-tu pas rougi tes mains du sang de ton petit-fils Theudebert après la bataille de Tolbiac ? Son fils, un enfant de cinq ans, n'a-t-il pas eu, par tes ordres, la tête brisée sur une pierre?...

— Quel est ce sang tout frais dont ta robe est rougie? C'est le sang innocent de trois enfants de mes petits-fils, dont tu viens d'usurper les royaumes! Voilà comment nous agissons, nous autres hommes et femmes de race royale. Pour régner nous tuons nos enfants, nos parents, nos époux. Chilpérick gênait ta mère Frédégonde dans ses crapuleuses débauches, elle l'a fait poignarder!

— Qu'on bâillonne cette femme! — s'écrie Clotaire, — dans un paroxysme de fureur.

— O mes chers fils en Christ! — reprend l'évêque de Troyes essayant de couvrir la voix haletante de Brunehaut, — n'ajoutez pas foi aux paroles de cette femme exécrable, en ce qui concerne la famille de notre glorieux roi Clotaire... Ce sont d'infâmes calomnies.

— Guerriers, — avant de mourir... je veux dévoiler tous les crimes de vos rois...

— Tais-toi, démon! Belzébuth femelle!... — se hâta de dire l'évêque de Troyes d'une voix tonnante. Puis il ajouta en parlant bas à Clotaire : — Glorieux roi! il n'est que temps de la faire bâillonner, si vous ne voulez encore entendre de plus dures accusations!...

Deux leudes qui, sur le premier ordre de Clotaire s'étaient mis en quête d'une écharpe, la jetèrent sur la bouche de Brunehaut et la nouèrent derrière sa tête.

— Oh! monstre sorti de l'enfer! — lui dit alors l'évêque de Troyes, — si cette glorieuse race des rois franks, à qui le Seigneur a octroyé la possession de la Gaule en récompense de leur foi catholique et de leur soumission à l'Eglise; si ces rois avaient commis les crimes dont tu as l'audace de les accuser par tes impostures diaboliques, seraient-ils, comme le prouve le visible appui que Dieu leur prête en terrassant leurs ennemis, seraient-ils les fils chéris de notre sainte Eglise? Est-ce que nous, les pères en Christ du peuple des Gaules, nous lui ordonnerions l'obéissance, la résignation devant ses maîtres, s'ils n'étaient pas les élus du Seigneur? Va recherchuse de maléfices! tu es l'effroi du monde; il te revomit en enfer d'où tu es sortie. Retournes-y, monstre, qui t'es faite l'entremetteuse de tes petits-enfants, pour les énerver. O mes frères en Christ! qui de vous ne frémit d'épouvante à la pensée de ce crime inouï, dont cette misérable femme s'est glorifiée?

Ce crime, le plus exécrable de tous ceux que cette reine infâme avait avoués, révoltant si profondément la nature humaine, que les âmes les plus grossières s'émurent d'horreur; un seul cri vengeur sortit de la foule : — A mort Brunehaut, que la terre en soit débarrassée, qu'elle périsse dans les supplices!...

. . . .

Trois jours se sont écoulés depuis que Brunehaut est tombée au pouvoir de Clotaire II, le soleil de midi commence à décliner. Un homme à longue barbe blanche vêtu d'un froc brun à capuchon, et monté sur une mule, suit la route par laquelle Brunehaut, accompagnée de son escorte et de la foule, est arrivée au village. Cet homme est Loysik; il a échappé à la mort par suite du départ précipité de la reine; un des jeunes frères de la communauté accompagne à pied le vieux moine et guide sa mule par la bride. Venant à la rencontre du moine, un guerrier, armé de toutes pièces, gravissait à cheval, la route ardue que Loysik descendait au pas de sa mule. Lorsque le Frank fut à quelques pas du vieillard, celui-ci engagea la conversation. — Vous êtes de la suite du roi Clotaire?

— Oui, saint patron.

— Est-il encore dans le village de Ryonne?

— Jusqu'à ce soir... Je vais préparer ses logements sur la route.

— Le duc Roccon est-il parmi les seigneurs qui accompagnent le roi?

— Oui, moine, le duc Raccon est près du roi.

— La reine Brunehaut a été, dit-on, menée prisonnière au roi Clotaire, qui s'est aussi emparé de ses petits-fils.

— C'est une vieille nouvelle... D'où viens-tu donc pour ne pas savoir ce qui se passe ici ?

— J'arrive de Chalon... Qu'est-ce que le roi a fait de sa prisonnière et des enfants !

— Mon cheval a besoin de souffler, après la rude montée de cette côte... Je peux te répondre, saint patron, d'autant plus qu'il est d'un bon présage de rencontrer un prêtre et surtout un moine au commencement de sa route.

— Réponds-moi, je te prie ; qu'a-t-on fait de Brunehaut et de ses quatre petits-fils ?

— Il n'y a eu que trois des enfants pris sur les bords de la Saône ; le quatrième, Childebert, n'a pu être retrouvé... A-t-il été tué dans la mêlée ? s'est-il échappé ? on l'ignore...

— Et les trois autres ?

— L'aîné et le second ont été tués...

— Dans la bataille ?

— Non, non .. ils ont été tués dans le village... là-bas... Le roi les a fait périr sous ses yeux, afin d'être certain de leur mort, ne voulant pas que ces enfants revinssent un jour revendiquer leur royaume... Pourtant on dit que le roi a fait grâce au plus petit des trois... M'est avis qu'il a tort ; car... Mais qu'as-tu, saint patron ? tu frissonnes... C'est le froid du matin, sans doute ?

— Qu'est-il advenu de la reine Brunehaut ?

— Elle est arrivée ici, avec une fière escorte ! un véritable triomphe ! du fumier pour cucens et des injures pour acclamations !

— A son arrivée dans le village, la reine a été mise à mort, sans doute, par ordre du roi ?

— Non ; elle est encore en vie.

— Clotaire a donc eu pitié d'elle ?

— Clotaire... avoir eu pitié de Brunehaut ! Il faut, bon patron, que tu viennes de loin pour parler de la sorte... On a conduit Brunehaut il y a trois jours dans ce village que tu vois là-bas ; on l'a amenée dans la maison où ont été tués ses petits-fils : deux bourreaux fort experts et quatre aides, munis de toutes sortes d'ustensiles, se sont enfermés avec la vieille reine, il y a de cela trois jours, et elle n'est pas encore morte. Je dois ajouter qu'on lui laissait la nuit pour se reposer. De plus, comme elle avait beaucoup de se laisser mourir de faim, on lui entonnait de force, tantôt du vin épicé, tantôt de la farine détrempée de lait, ce qui la soutenait suffisamment... Mais, saint patron, voilà que tu frissonnes encore.

— C'est surtout le froid du matin... Et Clotaire a-t-il assisté aux supplices infligés pendant trois jours ?

La porte de la maison était fermée et gardée par des sentinelles ; mais il y avait une petite fenêtre donnant dans l'intérieur de la chambre de la torture : c'est par là que le roi, les duks, l'évêque de Troyes et quelques leudes favoris allaient contempler la victime. Clotaire, en connaisseur, n'allait jamais regarder au dedans lorsque Brunehaut criait, car elle criait parfois à être entendue jusqu'à l'autre bout du village ; mais dès qu'elle gémissait, il allait jeter un coup d'œil par la fenêtre ; car il paraît que les moments où l'on geint sont plus terribles que ceux-là où l'on crie. C'est d'ailleurs une vraie fête dans le village ; Clotaire, en roi généreux, a permis à bon nombre de gens qui ont suivi Brunehaut jusqu'ici d'y rester jusqu'à la fin du supplice ; il leur a fait distribuer des vivres... Ah ! patron ! il faut entendre comme ils répondent par des huées aux cris de la reine... Mais mon cheval a soufflé... Adieu, bon patron ; il faut te hâter, si tu es curieux d'assister à un spectacle que tu n'as jamais vu et que tu ne verras jamais.... On parle de choses extraordinaires pour la fin des tortures ; le roi a fait revenir de dix lieues d'ici un des chameaux qui portaient ses bagages. Que va-t-on faire de ce chameau ? c'est encore un secret. Adieu, donne-moi ta bénédiction.

— Je souhaite que ton voyage soit heureux.

— Merci, bon patron ; mais hâte-toi, car lorsque j'ai quitté le village, on venait de sortir le chameau de la grange où il a passé la nuit.

Le cavalier, pressant son cheval de l'éperon, s'éloigna rapidement. Peu de temps après Loysik arriva à l'entrée du village de Ryonne. Le vieillard descendit de sa mule et pria le jeune frère de l'attendre. Un leude, auquel Loysik demanda la demeure du duk Roccon, le conduisit à la tente de ce seigneur frank, voisine de celle du roi. Presque aussitôt le moine fut introduit auprès du duk, qui lui dit avec un accent de déférence respectueuse :

— Vous ici, mon bon père en Christ ?

— Je viens te demander une chose juste.

— Si elle est en mon pouvoir, je vous l'accorde d'avance.

— Tu es ami du roi Clotaire ? tu as quelque influence sur lui ?

— Si vous avez à lui demander une grâce, vous ne pouvez arriver plus à propos.

— Je ne ne veux pas de grâce de ton roi... je veux justice... Voici une charte octroyée par son aïeul Clotaire 1er ; en droit, elle n'a pas besoin d'être confirmée, puisque la concession est absolue ; mais l'évêque de Chalon nous inquiète ; il élève des prétentions sur les biens du monastère, sur ceux des habitants de la vallée, et par suite, sur leur liberté, biens et liberté garantis par la charte.... Veux-tu demander à Clotaire, maintenant roi de Bourgogne, d'apposer son sceau sur la charte octroyée par son aïeul, pour en garantir la pleine exécution ?

— Quoi ! c'est là toute la faveur que vous sollicitez du roi ?... Le roi honore trop la mémoire de son glorieux aïeul pour ne pas confirmer une charte octroyée par ce grand prince. Clotaire doit être à cette heure dans sa tente... Attendez-moi ici, mon père en Christ, je reviens.

Pendant la courte absence du seigneur frank, Loysik entendit au dehors le tumulte, les cris de la foule impatiente, les guerriers appelant à grands cris Brunehaut. Le duk Roccon reparut bientôt rapportant la charte sur laquelle Clotaire le Jeune avait apposé son sceau au-dessous de ces mots fraîchement écrits :

« *Nous voulons et ordonnons à tous leudes, duks, comtes et évêques, que ladite charte, signée de notre glorieux aïeul Clotaire, soit maintenue et respectée en tout ce qu'elle contient pour le présent et pour l'avenir, croyant en ceci honorer la mémoire de notre glorieux aïeul. Que ceux qui me succéderont maintiennent donc cette donation inviolablement, en tant qu'ils voudront participer à la vie éternelle, en tant qu'ils voudront être sauvés du feu éternel. Quiconque retranchera quelque chose de cette donation, que le portier du ciel retranche sa part dans le ciel ; quiconque y ajoutera quelque chose, que le portier du ciel y ajoute quelque chose.* »

Le vieillard demanda au duk qui avait écrit les derniers mots sur cette charte ; et il apprit, non sans surprise, que c'était l'évêque de Troyes.

— Alors vous n'aviez pas parlé au roi des prétentions de l'évêque de Chalon ?

— Je n'ai pas cru que cela fût nécessaire. J'ai dit à Clotaire : Je te prie de confirmer cette charte octroyée par ton aïeul en faveur d'un saint homme de Dieu. — « Je n'ai rien à refuser à mon fidèle, » a-t-il répondu ; — et il a chargé l'évêque d'écrire ce qu'il fallait. Après quoi le roi a apposé son sceau royal au-dessous de l'écriture.

— Roccon, — dit le vieillard, — je te remercie... adieu...

Puis se ravisant, Loysik ajouta :

— Tu m'as dit que le moment était favorable pour obtenir une faveur de ton roi... promets-moi de lui demander l'affranchissement de quelques esclaves du fisc royal et de me les envoyer au monastère de la vallée de Charolles.

Ah ! mon père en Christ, j'étais certain que notre entretien ne se passerait pas sans quelque demande d'affranchissement.

— Roccon, tu as une femme, des enfants..... les chances de la guerre sont variables : Brunehaut est prisonnière et vaincue ; mais si cette reine implacable, tant de fois victorieuse dans les batailles, n'eût pas été trahie par son armée, par ses auxiliaires... si elle eût vaincu Clotaire, quel aurait été votre sort, à vous, seigneurs de Bourgogne, qui avez pris parti pour ce roi ? que seraient devenues ta femme, tes filles ?

— Brunehaut m'aurait fait trancher la tête ; elle aurait livré ma femme et mes filles à l'esclavage des farouches tribus d'outre-Rhin ! Malédiction ! mes deux filles, Bathilde et Hermangarde, esclaves !... A cette pensée, la sueur me vient au front... Ne parlons pas de cela.

— Parlons-en, au contraire, car parmi ces esclaves inconnus dont je te demande la liberté, il en est peut-être qui ont avec eux des filles qu'ils chérissent autant que tu chéris les tiennes..... Juge donc de la joie que leur causerait leur délivrance par la joie que tu éprouverais, toi et tes enfants, si, étant esclaves, on vous affranchissait. Roccon, tu peux donner cette ineffable joie à de pauvres captifs..... Pense à tes chères filles !...

— Allons, mon père en Christ, je vous promets dix esclaves... Clotaire ne me les refusera pas pour ma part de butin de guerre.

— Seigneur duk, — dit un serviteur en entrant précipitamment dans la tente, — la promenade du chameau va commencer.

— Oh ! oh ! c'est un des meilleurs spectacles de la fête... Venez, mon père en Christ !

— Ah ! — s'écria le vieillard avec horreur, — je ne veux pas rester un moment de plus dans cet horrible lieu... Adieu, Roccon...

— Adieu, bon père, vous prierez Dieu pour moi, afin que j'aie une bonne part de paradis.

— L'homme trouve le paradis dans son cœur lorsqu'il fait le bien : les prêtres qui promettent le ciel sont des fourbes. Je demanderai à Dieu qu'il t'inspire des actions charitables... Adieu.

Loysik quitta la tente du duk, espérant sortir à l'instant du village ; cet espoir fut déçu. En s'éloignant, il se trouva dans une ruelle étroite, séparant deux rangées de huttes, et coupée transversalement par une voie plus large. Loysik se dirigeait de ce côté afin d'aller rejoindre le jeune frère qui gardait sa mule, lorsque soudain les cris qu'il avait déjà plusieurs fois entendus redoublèrent ; presque aussitôt un flot de ce peuple qui avait suivi Brunehaut pour jouir de la vue de son supplice, faisant irruption par cette rue transversale, vint à l'encontre de Loysik, et, malgré ses efforts, l'entraîna : hommes, femmes, enfants, tous déguenillés, étaient esclaves et de race gauloise ; ils criaient :

— Brunehaut revient du camp ! elle va passer !

Loysik ne chercha pas à lutter vainement contre cette foule ; bientôt il se trouva porté, malgré lui, presque au premier rang, et fut forcé de s'arrêter aux abords de l'espèce de place, au milieu de laquelle s'élevait la tente de Clotaire II ; plusieurs guerriers à pied formant le cordon autour de cette place, empêchaient la foule d'y pénétrer. Voici ce que vit Loysik : En face de lui, une sorte d'avenue assez large et complètement déserte; à gauche, l'entrée de la tente royale; devant cette tente, Clotaire II, entouré des seigneurs de sa suite, parmi lesquels se trouvait l'évêque de Troyes. Deux esclaves à pied venaient d'amener sous les yeux du roi un étalon fougueux, ils pouvaient à peine le contenir au moyen de deux longes pesant sur son mors; il se cabrait violemment, quoique ses deux pieds de derrière fussent entravés : l'œil sanglant, les naseaux fumants, il faisait de tels efforts pour échapper aux esclaves, que sa robe, d'un noir foncé, ruisselait d'écume aux flancs et au poitrail; il ne portait pas de selle, sa longue crinière tantôt flottait au vent, désordonnée par les bonds de cet animal furieux, tantôt cachait presque entièrement sa tête farouche. Les esclaves parvinrent cependant à l'amener devant Clotaire II; il fit un signe, et aussitôt ces malheureux, rampant à genoux et au risque d'être broyés, passèrent à chacune des jambes de derrière du cheval le nœud coulant d'une longue corde; puis d'autres esclaves, raidissant ces liens, empêchèrent ainsi les ruades du cheval, que leurs compagnons purent alors délivrer de ses premières entraves. Durant cette périlleuse manœuvre, l'étalon devint si furieux qu'il se cabra de nouveau avec une force irrésistible, et de ses pieds de devant atteignit à la tête un des esclaves; il tomba sanglant sous les pieds du cheval, qui, s'acharnant alors sur lui, l'écrasa sous ses sabots. Le cadavre fut emporté; et deux autres esclaves reçurent l'ordre de se joindre à ceux qui, pour maintenir l'étalon, se cramponnaient de toutes leurs forces à chacune de ses longes. De nouveaux cris, d'abord lointains, puis de plus en plus rapprochés, retentirent. La voie, d'abord déserte, qui aboutissait à la place en face de Loysik, se remplit d'une foule innombrable de soldats à pieds; bientôt un chameau dominant de toute l'élévation de sa taille cette multitude armée, apparut aux yeux du vieillard. La troupe de soldats franks poussait des clameurs furieuses.

— Brunehaut! Brunehaut! criaient ces milliers de voix. — Triomphe à Brunehaut!... Reine, regarde ton bon peuple de Bourgogne qui est à tes pieds!...

Quoique mourante, quoique brisée par les tortures qu'elle avait endurées pendant trois jours, la vieille reine, rappelée sans doute à elle par ce redoublement de cris, eut la force de se redresser une dernière fois sur le dos du chameau, où elle avait été mise à cheval et garrottée. A ce moment, elle n'était qu'à quelques pas de Loysik. Ce qu'il vit alors... oh! ce qu'il vit est sans nom, comme les crimes de Brunehaut... Ses longs cheveux blancs, maculés de sang caillé, couvraient seuls... seuls la nudité de la vieille reine... Ses jambes, ses cuisses, ses épaules, son sein, tout son corps enfin. n'avait plus forme humaine; ce n'étaient que plaies vives ou brûlures boursouflées, noirâtres, sanguinolentes; plusieurs ongles de ses pieds ayant été arrachés, pendaient encore, soutenus par une pellicule rougeâtre au bout des orteils; à d'autres doigts des pieds et des mains, on voyait, plantées entre l'ongle et la chair, de longues aiguilles de fer... Le visage seul n'avait pas été martyrisé; malgré sa lividité cadavéreuse, malgré les traces de souffrances inouïes, surhumaines, qu'y avaient laissées ces tortures de trois jours, il portait même l'empreinte de l'orgueil : un sourire affreux crispait les lèvres bleuâtres de la reine ; un éclair de fierté farouche illuminait parfois son regard agonisant... Et, fatalité! ce regard s'arrêta par hasard sur Loysik, au moment où Brunehaut passait devant lui. A la vue du vieux moine, dont le froc, la longue barbe blanche et la haute stature avaient sans doute attiré le regard mourant de la reine, elle parut frappée d'une émotion soudaine, se redressa, et, rassemblant le peu de force qui lui restait, elle s'écria d'une voix désespérée, presque repentante:

— Moine, tu disais vrai... il est une justice au ciel !..., A cette heure je pense, je pense... à la mort de Victoria...

Les clameurs furieuses de la foule couvrirent la voix de Brunehaut; son dernier effort pour se redresser et parler à Loysik avait épuisé ses forces défaillantes... Elle tomba renversée en arrière, et son corps inerte ballotta sur la croupe du chameau. Loysik avait longtemps lutté contre l'horreur de cet épouvantable spectacle; Brunehaut cessait à peine de parler qu'il sentit sa vue se troubler, ses genoux faiblir ; sans deux pauvres femmes qui, frappées de compassion pour sa vieillesse, le soutinrent, le moine eût été foulé aux pieds.

Loysik resta longtemps privé de sentiment... Lorsqu'il reprit ses sens, la nuit était venue; il se trouva couché dans une masure, sur un lit de paille; à côté de lui, le jeune frère, qui était parvenu à le rejoindre. Deux pauvres femmes esclaves avaient fait transporter Loysik dans leur misérable hutte. Le premier mot qu'il prononça, encore sous l'impression de l'horrible scène dont il avait été témoin, fut le nom de Brunehaut.

— Bon père, dit une des femmes, — cette horrible reine a été descendue de son chameau, elle n'était plus qu'un cadavre... On l'a liée par les bras au bout des cordes que l'on avait attachées aux jambes de derrière d'un cheval fougueux, et puis on a lâché l'animal; mais le supplice n'a pas duré longtemps : le cheval, dès sa première ruade, a cassé la tête de Brunehaut, son crâne a éclaté comme une coque de noix, et sa cervelle a jailli de tous côtés.

Soudain le jeune moine laboureur dit à Loysik, en lui montrant une lueur causée sans doute par la réverbération d'une grande flamme lointaine :

— Entendez-vous ces cris éloignés? voyez cette lueur!

— Cette lueur, mon enfant, est celle du bûcher élevé par ordre de Clotaire, — dit la vieille ; — ces cris sont ceux des gens qui dansent à l'entour du feu!

— Quel bûcher? demanda Loysik en tressaillant ; — de quel bûcher parlez-vous?

— Quand le cheval fougueux a eu brisé la tête de Brunehaut, ceux qui l'avaient suivie pour la voir mourir ont demandé au roi de porter sur un bûcher les restes maudits de cette vieille louve : le roi y a consenti avant son départ, car il est parti depuis tantôt. Le bûcher est dressé là-bas sur la place, et la lueur vient jusqu'ici.

Le vent du soir apporta jusqu'à Loysik les cris poussés par la foule dans l'ivresse de sa vengeance :

— Brûlez, brûlez, vieux os de Brunehaut la maudite! brûlez, brûlez, vieux os maudits...

Loysik alors s'écria :

— Oh! rapprochement formidable comme la voix de l'histoire!... *Le bûcher de* BRUNEHAUT... *le bûcher de* VICTORIA LA GRANDE!...

Ronan, la vieille petite Odille, le Veneur et l'évêchesse, se promenaient sur les bords de la rivière de Charolles, en face la logette destinée aux moines du monastère et aux habitants de la vallée, qui, tour à tour, venaient pendant la nuit veiller sur le bac. En outre, depuis la révélation des prétentions de l'évêque de Chalon, dix frères et vingt colons, bien armés, gardaient tour à tour ce passage, et campaient sous une cabane de planches.

— Mon vieux Veneur, disait tristement Ronan, — voici le septième jour depuis le départ de Loysik ; il n'est pas encore de retour ; je ne puis vaincre mon inquiétude...

— Le voici là-bas! — s'écria joyeusement Odille ; — voyez-vous sa mule blanche? il descend le coteau en grande hâte, et se dirige vers la rivière ; passez le bac et allez le chercher.

Ronan, le Veneur, Odille, l'évêchesse, leurs enfants, quelques moines et colons se jettent dans le bac ; on passe la rivière, on aborde, et tous de courir au-devant du bon moine. La vieille Odille et la vénérable évêchesse retrouvèrent ce jour-là leurs jambes de quinze ans. A peine donne-t-on à Loysik le temps de descendre de sa mule ; c'est un pêle-mêle de bras, de mains, de têtes, autour du vieillard ; c'est à qui l'embrassera le premier. Il ne sait à quelles caresses répondre. Enfin cette tempête de tendresse s'apaise ; on se calme, la joie n'étouffe plus, on peut causer en revenant au monastère ; Loysik alors raconte à ses amis ce qu'il sait des tortures et de la mort de la reine Brunehaut ; il leur apprend la confirmation de la charte de Clotaire Ier par Clotaire II.

— Enfin, reprit Loysik, — à mon retour de Ryonne, je suis allé trouver l'évêque de Chalon... La confirmation de notre charte par Clotaire II, c'était beaucoup, mais ce n'était pas tout. Il y avait encore des formalités à remplir.

— Frère Loysik, — reprit Ronan, — nous avons eu des nouvelles de l'évêque de Chalon... Voici comment : en suite du départ des hommes de guerre de Brunehaut, que nous avons relâchés, selon tes ordres, après que tu as eu échappé à la mort que ce monstre te réservait, l'archidiacre n'a-t-il pas eu l'audace de revenir ici à la tête d'une cinquantaine de tonsurés et autant de pauvres esclaves de l'évêché... Esclaves et tonsurés, armés tant bien que mal, portaient une croix en guise de drapeau à la tête de leur troupe cléricale, ils venaient bravement nous déclarer la guerre, si nous refusions d'obéir aux ordres de l'évêque, et de laisser mettre nos biens dans son sac épiscopal.

— Ah! la bonne journée! — reprit en riant le Veneur ; — cette troupe cléricale avait amené sur des chariots une barque pour traverser la rivière. J'étais ce jour de veille ici avec une trentaine de nos hommes ; nous voyons d'abord mettre à l'eau la barque et l'archidiacre y entrer avec deux clercs pour rameurs. Trois hommes nous inquiétaient peu ; nous les laissons aborder. L'archidiacre met pied à terre, casqué, cuirassé, par-dessus sa robe de prêtre, avec une longue épée au côté. « Si vous ne voulez pas vous soumettre aux ordres de l'évêque de Chalon, — nous dit d'un ton triomphant ce capitaine de basilique, — ma troupe va entrer dans cette vallée, afin de la réduire de vive force... Je vous accorde un quart d'heure pour vous rendre. »

— Il ne m'en faut pas tant pour prendre une décision. — Nous t'avons déjà relâché la peau sauve malgré tes insolences ; cette fois-ci tu vas recevoir d'abord une rude discipline, mon capitaine de Dieu!...

— Ah! vieux Vagre, vieux Vagre! — dit Loysik en secouant la tête, — voilà des violences que je désapprouve... Si j'avais été là, vous n'eussiez point ainsi gâté votre cause...

— Bon père, — reprit le Veneur en riant, ainsi que Ronan! — il n'y a rien de gâté que le cuir de l'archidiacre. Aussitôt dit aussitôt fait : on prend mon homme, on trousse sa robe de prêtre, et à grands coups de ceinturon on applique une rude discipline au capitaine de Dieu, tout casqué, cuirassé qu'il était... après quoi on le met dans le bac ; moi et mes gens y entrons, et nous trouvons en ligne, sur l'autre bord, l'armée cléricale. Cinq ou six de ces tonsurés s'étaient munis d'arcs; ils nous envoient une volée de flèches assez mal visées; mais le hasard veut qu'elle tue l'un des nôtres et en blesse deux; nous étions trente au plus, nous abordons cette centaine d'hommes d'église et de pauvres esclaves, amenés là de force; ils essayent de nous résister, mais nous invoquons notre très sainte Trinité : épée, lance et hache; aussi les vaillants de l'évêque de Chalon nous montrent bientôt comment est cousu le derrière de leurs chausses... Le glorieux capitaine épiscopal saute sur sa mule et donne le signal de la retraite en fuyant au galop; les tonsurés l'imitent... nous enterrons une demi-douzaine de morts; nous ramassons quelques blessés, qui ont été soignés au monastère, plus tard remis en liberté; or, depuis, nous n'avons pas entendu parler de la vaillante armée épiscopale.

— Je savais cela, mes amis, et je vous approuve, sauf la discipline de l'archidiacre, que je blâme fort, — dit Loysik; — car j'ai eu grand'peine à calmer la juste colère de l'évêque de Chalon à ce sujet... Vous avez donc agi comme il le fallait; oui, défendre son bon droit, repousser la force par la force, c'est justice, et de plus la résistance poussée jusqu'à l'héroïsme est souvent politique, car Brunehaut a reculé devant l'idée de vous pousser au désespoir... A mon retour du camp de Clotaire, j'ai vu l'évêque; il était furieux à cause de votre résistance et de l'outrage fait à l'archidiacre. Je lui ai dit que je blâmais l'outrage, mais que j'approuvais la résistance légitime de mes frères de la vallée... « A quoi bon la violence? — ai-je ajouté. — Vous, homme d'église, avez envoyé des gens armés contre des moines et des colons qui ne demandaient qu'à vivre libres, paisibles et laborieux, selon leur droit. Vos gens ont été battus, et ils le seront encore s'ils reviennent à la charge. Renoncez donc à toute prétention sur cette vallée, nous reconnaîtrons de notre côté, vos droits de juridiction spirituelle, mais rien de plus... — Alors, — s'est écrié l'évêque furieux, — je vous retirerai les prêtres qui disent la messe au monastère ! j'excommunierai la vallée ! — Soit, évêque; nous serons excommuniés; cependant nos prairies continueront de verdir, nos bois de brancher, nos champs de produire le blé, nos vignes donneront toujours du vin, nos troupeaux du lait, nos abeilles du miel; les enfants naîtront robustes et vermeils comme par le passé; votre excommunication ne peut rien changer à la nature des choses; seulement nos voisins se diront : — Oh! oh! voici une vallée excommuniée toujours fertile; voici des gens excommuniés toujours gais et bien portants; c'est donc une raillerie que l'excommunication.

— Or, évêque, de ce châtiment que tant de pauvres gens croient terrible, l'on se souciera peu ou point... Suivez mon avis, renoncez à la violence, à la bataille; vos soldats tonsurés ne brillent pas à la guerre; respectez nos biens, nos libertés, nous respecterons votre juridiction spirituelle... sinon, non; et les malheurs que peut causer votre iniquité retomberont sur vous !... » Enfin, mes amis, après de longs débats, j'ai obtenu de l'évêque une nouvelle charte; écoutez-en attentivement la lecture. Il y a peut-être là, en germe, l'affranchissement de la Gaule.

Et Loysik lut ce qui suit :

« Au saint et vénérable frère en Christ
« Loysik, supérieur du monastère de Cha-
« rolles, bâti en la vallée de ce nom, concédée
« audit frère Loysik en donation perpétuelle,
« en vertu d'une charte octroyée par le glo-
« rieux roi Clotaire, l'an 558, et confirmée par
« l'illustre Clotaire II, cet an-ci 613, Salvien,
« évêque de Chalon. Nous croyons devoir insérer
« dans cette feuille ce que nous et nos succes-
« seurs devrons faire, avec l'assistance du
« Saint-Esprit : 1º l'évêque de Chalon, par res-
« pect pour le lieu, et *sans en recevoir aucun
« prix*, bénira l'autel du monastère de Cha-
« rolles et accordera, si on le lui demande, le
« saint chrême chaque année; 2º lorsque par
« la volonté divine, un supérieur aura passé
« du monastère à Dieu, l'évêque, *sans en
« attendre de récompense*, élèvera au rang de
« supérieur ou d'abbé le moine remarquable
« par les mérites de sa vie, *qui aura été choisi
« par la communauté*; 3º nos successeurs,
« évêques ou archidiacres, ou tous autres ad-
« ministrateurs ou quelque personne que ce
« puisse être de la cité de Chalon, *ne s'arroge-
« ront aucune autre puissance sur le monas-
« tère de Charolles, ni dans l'ordination des
« personnes, ni sur les biens, ni sur les mé-
« tairies de la vallée, déjà données par le
« glorieux roi Clotaire I*er*, et confirmées par
« l'illustre Clotaire II*; 4º nos successeurs
« *n'oseront pas non plus prétendre extor-
« quer, à titre de présent, quoi que ce soit,
« du monastère ou des paroisses de la val-
« lée*; 5º nos successeurs, à moins d'être priés
« par le supérieur et la communauté de venir
« faire la prière au monastère, *n'entreront
« jamais dans son intérieur ou ne franchi-
« ront l'enceinte de ses limites*, et après la
« célébration des saints mystères, et avoir reçu
« de courts et simples remerciements, *l'évêque
« songera à regagner sa demeure sans besoin
« d'en être requis par personne*; 6º si quel-
« qu'un de nos successeurs (ce qu'à Dieu ne
« plaise), rempli de perfidie, et poussé par la
« cupidité, voulait, dans un esprit de témé-
« rité, violer les choses ci-dessus contenues,

Gauloise et Arabe (page 480)

« qu'abattu sous le coup de la vengeance di-
« vine, il soit soumis à l'anathème. Et pour
« que cette constitution demeure toujours en
« vigueur, nous avons voulu la corroborer de
« notre signature. « SALVIEN.
« Fait à Chalon, le huitième jour des ca-
« lendes de novembre de l'an de l'incarna-
« tion 613. »

— Mon bon frère Loysik, — dit Ronan, —
cette charte garantit nos droits ; merci à toi de
l'avoir obtenue ; mais n'avions-nous pas nos
épées pour nous défendre ?

— Oh ! toujours ce vieux levain de Vagrerie !
les épées, toujours les épées ! Ainsi les meilleures choses deviennent mauvaises par l'abus
et l'emportement ; oui, l'épée, la résistance, la
révolte poussée jusqu'au martyre, lorsque votre
droit est violé par la force ; mais pourquoi le
sang ? pourquoi la bataille ? lorsque le bon
droit est reconnu, garanti ? Et d'ailleurs, qui
vous dit que dans de nouvelles luttes vous auriez le dessus ? qui vous dit que l'évêque de
Chalon, ou son successeur, si vous refusiez de
reconnaître sa juridiction, n'appellerait pas quelque seigneur bourguignon à son aide... Vous
sauriez mourir... mais à quoi bon mourir lorsqu'on peut vivre libres et paisibles ? Cette
charte engage l'évêque et ses successeurs à
respecter les droits des moines de ce monastère et des habitants de cette vallée ; c'est une
garantie de plus ; mais si quelque jour on la
foule aux pieds, alors à vous les résolutions
héroïques ; jusque-là, mes amis, vivez les jours
tranquilles que cette charte vous assure.

— Tu as raison, Loysik, — reprit Ronan ; —
ce vieux levain de Vagrerie fermente toujours
en nous. Mais, cette soumission à la juridiction
spirituelle de l'évêque, soumission consacrée

61ᵉ livraison

par cette charte, n'est-elle pas une humiliation ?
— N'exerçait-il pas auparavant, plus ou moins, son pouvoir spirituel ? Reconnaître la juridiction de l'évêque est peu de chose, la méconnaître, c'est nous exposer à des luttes sans fin... Et à quoi bon ? nos biens, notre liberté, ne sont-ils pas consacrés ?
— C'est juste, mon bon frère...
— Cette charte, obtenue de l'évêque parce que vous avez su résister énergiquement à son iniquité, au lieu de vous résigner lâchement à son usurpation, cette charte contient en germe l'affranchissement progressif de la Gaule...
— Comment cela, bon frère Loysik ?
— Tôt ou tard, ce que nous avons fait ici dans la vallée de Charolles s'accomplira en d'autres provinces, le vieux sang gaulois ne restera pas toujours engourdi ; quelque jour nos fils, se comptant enfin, diront à leur tour aux seigneurs et aux évêques, malgré leur puissance : Reconnaissez nos droits et nous reconnaîtrons le pouvoir que vous vous êtes arrogé ; sinon, guerre à outrance, guerre à mort !..... luttes jusqu'à extermination !...
— Et pourtant, Loysik ! — s'écria Ronan, — honte ! iniquité !... reconnaître ce pouvoir maudit, né d'une conquête spoliatrice et sanglante ! reconnaître le droit du vol, du brigandage et du meurtre ! l'oppression de la race gauloise par les évêques et la race franque !...
— Frère, autant que toi je déplore ces malheurs ; mais que faire ? Hélas ! la conquête et l'Eglise, sa complice, pèsent sur la Gaule depuis plus d'un siècle, elles y ont déjà poussé de profondes racines. Notre descendance aura donc à compter avec ce pouvoir fortifié par les années ; elle devra forcément le reconnaître, tout en revendiquant de lui, par la force s'il le faut, une partie des droits dont nos pères ont été déshérités par la conquête. Mais qu'importe, mes amis ! ce premier pas fait, d'autres suivront sans doute ; mais à chacun de ces pas, marqué par son sang, notre race se rapprochera de plus en plus de l'affranchissement... oui, viendra enfin ce beau jour prophétisé par Victoria, ce beau jour où la Gaule, foulant enfin sous ses pieds la couronne des rois franks et la tiare des papes de Rome, se relèvera, fière, glorieuse et libre. Ayez confiance dans l'avenir !...

La nouvelle du retour de Loysik, volant de bouche en bouche, amena spontanément à la communauté tous les habitants de la vallée. On fêta ce jour avec une joyeuse cordialité ; il assurait de nouveau et pour une longue durée, le repos, les biens, la liberté des moines du monastère et de la colonie de Charolles.

. . . .

Moi, Ronan, fils de Karadeuk, j'ai terminé d'écrire ce dernier récit deux ans après la mort de la reine Brunehaut, vers la fin des calendes d'octobre de l'année 615. Clotaire II continue de régner sur toute la Gaule, comme avait régné seul son bisaïeul Clovis et son aïeul Clotaire Ier. Le meurtrier des petits-enfants de Brunehaut ne dément pas les sinistres commencements de sa vie. Cependant la charte royale et la charte épiscopale, relatives à la colonie et à la communauté, ont été jusqu'ici respectées. Mon frère Loysik, ma bonne vieille petite Odille, l'évêchesse et mon ami le Veneur, continuent de défier l'âge par leur santé.

Je charge le fils de mon fils de porter ce récit aux descendants de Kervan, frère de mon père, et comme lui le fils de Jocelyn... La Bretagne est toujours la seule province de la Gaule qui soit restée indépendante ; elle a repoussé les troupes franques de Clotaire II, comme elle a repoussé les attaques des autres rois.

Mon petit fils arrivera, je l'espère, sans malencontre, jusqu'au berceau de notre famille, situé près des pierres sacrées de Karnak, ainsi que j'ai fait moi-même ce pieux pèlerinage, il y a cinquante ans et plus.

Je consigne sur cette feuille un fait important pour notre famille, divisée en deux branches, l'une habitant la Bourgogne, l'autre la Bretagne. En ces temps de guerre civile et de désordre, la paix, la liberté dont nous jouissons peuvent être violemment attaquées ; nos descendants sauront mourir plutôt que de redevenir esclaves ; mais si des évènements imprévus s'opposaient à une résolution héroïque, si notre race devait de nouveau subir la servitude et être emmenée au loin captive, il serait bon, en prévision d'infortunes, hélas ! toujours possibles, que les membres de notre famille portassent un signe de reconnaissance ineffaçable imprimé sur le bras au moyen de la pointe d'une aiguille rougie au feu et trempée dans le suc de baies de troène ; la douleur n'est pas grande, et la peau délicate des enfants reçoit et conserve à jamais ces traces indélébiles : les mots gaulois *Brenn* et *Karnak*, mots qui rappellent les glorieux souvenirs de nos ancêtres, devraient être écrits sur le bras droit de tous les enfants de notre descendance, et toujours ainsi de génération en génération... Qui sait s'il n'adviendra pas, à travers les âges, des rencontres telles que notre famille, maintenant divisée en deux branches, puisse trouver dans ce signe convenu le moyen de se reconnaître et de se prêter secours ?

Et maintenant, ô nos fils ! vous qui lirez ces récits dictés, comme les autres légendes de nos aïeux, par l'ardent désir de conserver en vous le saint amour de la patrie, de la famille, ô nos fils ! que la moralité des aventures de ma vie, de celle de mon père Karadeuk et de mon frère Loysik, ne soit pas perdue pour vous ; puisez-y enseignement, exemple, espoir, courage.

LA CROSSE ABBATIALE OU BONAIK L'ORFÈVRE ET SEPTIMINE LA COLIBERTE

(615 à 793)

CHAPITRE PREMIER

Les Arabes en Gaule. — Ils ravagent la Bourgogne, le Limousin ; prennent Bordeaux et s'avancent jusqu'à Blois, Tours et Poitiers. — *Abd-el-Melek*. — *Abd-el-Kader* et ses cinq fils à Narbonne. — *Rosen-Aër*. — Arrivée de *Karl Martel* ou Marteau. — Le monastère de Saint-Saturnin. — *Septimine* la Coliberte. — Le dernier rejeton de *Clovis*. — Comment *Amael* avait changé son nom pour celui de Berthoald, capitaine aventurier. — Karl Martel.

— Moi, AMAEL, pour accomplir le vœu de notre ancêtre *Joel, le brenn de la tribu de Karnak*, j'ai écrit les récits suivants : Né en l'année 712, j'avais pour père *Guen-ael*, pour grand-père *Wanoch*, pour bisaïeul *Alan*, fils de *Grégor*, petit-fils de *Ronan le Vagre*, mort en 616, dans la vallée de Charolles, paisible colonie où la descendance de Ronan vécut libre et heureuse jusqu'en 732. A cette époque, les Arabes, depuis longtemps établis dans le midi de la Gaule, envahirent la Bourgogne, pillèrent et incendièrent Chalon-sur-Saône, ravagèrent la vallée de Charolles, et emmenèrent esclaves les habitants qui avaient survécu à une défense désespérée. Pendant les cent vingt ans qui s'écoulèrent entre la mort de Ronan et l'année 747, où commence ce récit, dix rois de la race de CLOVIS régnèrent sur la Gaule : *Clotaire II*, justicier de Brunehaut, mourut en 628; *Dagobert* en 638, *Clovis II* en 660, *Childérik II* en 673, *Thierry III* en 690, *Clovis III* en 695, *Childebert III* en 711, *Dagobert II* en 715, *Chilpérik II* en 720, *Thierry IV* en 736.

Après la mort de Dagobert 1er, commença le véritable règne des *maires du palais*, fonctions devenues presque toujours héréditaires, entre autres familles dans celle de *Pépin d'Héristal*, famille de race franque, issue de l'évêque *Arnulf*, dont les immenses domaines, dus à la sanglante iniquité de la conquête, embrassaient une grande partie de la Gaule. La plupart des rois descendant de Clovis, dépossédés de l'exercice de la royauté par l'ambition toujours croissante des maires du palais, se montrèrent dignes de leur royale lignée par leurs vices, leurs crimes, leurs précoces et honteuses débauches. N'ayant de rois que le nom, ils furent appelés *rois fainéants*. Sauf la Bretagne, toujours rebelle au joug des Franks, et la Bourgogne, qui trouvait sa sécurité dans son éloignement des contrées que les Franks d'Ostrasie et les Franks de Neustrie se disputaient dans de sanglantes batailles, la Gaule continua d'être livrée à toutes les misères de l'esclavage, à tous les désastres des guerres civiles, désastres portés à leur comble en 719 par la première invasion des Arabes venus d'Afrique à travers l'Espagne, leur première conquête. Ces fils de Mahomet, après s'être établis en Languedoc, en Provence et en Roussillon, ravagèrent la Bourgogne, s'avancèrent jusqu'à la Loire, prirent la cité de Bordeaux, pillèrent Tours, Blois, Poitiers, ville près de laquelle ils furent battus, en 732, par Karl Martel, maire du palais de Thierry IV et bâtard de Pépin d'Héristal. Malgré cette défaite, les Arabes conservèrent le Languedoc, où ils vivaient en maîtres depuis plus de vingt ans.

Les premiers évènements de cette nouvelle légende de notre famille se passent en Languedoc, pays cher à nos souvenirs, l'époux de *Siomara*, cette vaillante Gauloise, aïeule de *Margarid*, femme de Joel, n'était-il pas chef d'une des tribus originaires de cette contrée, qui allèrent en Asie fonder l'empire oriental des Gaules ? Plus tard, grand nombre des mêmes peuplades accompagnèrent Brennus lors de cette campagne d'Italie, où il fit payer rançon à Rome, rançon que la Rome des empereurs et que la Rome des papes a fait restituer à la Gaule ! Les funestes divisions, suscitées par les descendants des rois détrônés et rasés par *Ritta-Gaür*, vinrent ensuite ébranler et désunir la glorieuse *République des Gaules*, à qui le pays, sous la sage et patriotique inspiration des druides, avait dû plusieurs siècles de grandeur et de prospérité; alors le Languedoc, livré à ses propres forces pour résister à l'invasion romaine, combattit intrépidement, ayant à sa tête *Budok*, ce guerrier géant, qui, dédaigneux de la mort, allait demi-nu à la bataille, armé d'une massue de fer; *Bituit*, un des plus vaillants hommes de l'Auvergne, ce chef qui donnait pour repas à sa meute de guerre une légion romaine, se joignit à *Budok*; malgré leur résistance héroïque, ils furent écrasés par les forces supérieures des Romains, et ceux-ci établirent en Gaule leur première colonie, dont *Narbonne* fut la capitale. Triste souvenir !... ce fut non loin de *Narbonne* que notre aïeul SYLVEST, livré aux animaux féroces dans le cirque d'Orange, échappa à la mort presque certaine, pour entendre les cris déchirants de sa sœur *Siomara*, la courtisane, expirant dans les tortures sous les yeux de *Faustine*, la patricienne. Lors de la grande insurrection nationale de *Vindex*, le Languedoc, à la voix de ses druides, se souleva de nouveau. A cette formidable insurrection, ce pays gagna d'être régi par ses propres lois, d'élire ses chefs, et de faire respecter le culte druidique, dont les innombrables monuments sont encore debout, à cette heure... pierres sacrées qui défieront les âges ! Cette fertile province, sous le nom de *Gaule narbonnaise*, grandit de nouveau en prospérité, en richesse; et, au temps où vivait *Victoria la Grande*, nulle contrée ne fut plus opulente, plus civilisée; partout les arts, les lettres florissaient; partout s'élevaient des écoles dont le renom s'étendait jusqu'aux confins du monde connu ; ses navires sillonnaient la Méditerranée ou naviguaient sur la Garonne et sur le Rhône; mais bientôt les prêtres catholiques envahirent ces provinces!

Lors de l'invasion des hordes venues des forêts du Nord, les Franks de Clovis conquirent le nord de la Gaule; les Wisigoths, autres tribus franques, conquirent le midi, et, après des ravages sans nombre, ils s'établirent en Languedoc, vers 460, sous leur chef *Théodorih*. Les peuples du midi de la Gaule avaient jusqu'alors professé l'*arianisme*, secte dissidente, qui, se rapprochant davantage de l'Évangile, honorait dans Jésus, non pas un Dieu, mais un sage. Les évêques, après avoir adulé et consacré la conquête des Wisigoths, afin de partager avec eux la puissance, appelèrent à leur aide Clovis, l'orthodoxe, roi de ces Wisigoths, dont le crime était de tolérer l'hérésie arienne. Clovis accourut à l'appel des évêques et pilla le pays sur son passage, exterminant ou emmenant esclaves les populations accusées d'arianisme. Dans cette guerre horrible prêchée par les prêtres catholiques, le sang coula par torrents, les ruines s'amoncelèrent, et, en 508, Clovis, entrant à Toulouse, incendie, massacre, et s'en retourne au nord de la Gaule, traînant à sa suite de nombreux captifs. Après son départ, les anciens chefs wisigoths se disputent cette contrée, les discussions civiles la déchirent encore. En 561, elle est partagée entre les trois fils de *Clotaire I*er. Nouvelles guerres, nouveaux désastres. En 613, le Languedoc rentre sous la domination de *Clotaire II*, justicier de Brunehaut, et seul roi de toute la Gaule; plus tard, en 630, le *bon roi Dagobert* cède à son frère *Charibert* une partie du Languedoc, l'Aquitaine et la *Septimanie* (ainsi nommée à cause des sept villes principales de cette province). Bientôt *Charibert* meurt, son fils est tué au berceau par ordre de Dagobert. Plus tard, le roi cède l'Aquitaine, à titre de duché héréditaire, aux deux frères de *Charibert* ; leur descendant *Eudes*, duc d'Aquitaine, se soulève alors contre les rois franks du Nord, déjà gouvernés par les maires du palais. De cruelles guerres intestines dévastent encore ce pays jusqu'à l'invasion et la conquête des Arabes, en 719. Ceux-ci chassent ou asservissent les Wisigoths, gagnant presque à ce changement, les conquérants du Midi étant plus civilisés que les conquérants du Nord. Un grand nombre de ces Gaulois, hommes libres, colons, *Coliberts* ou esclaves, avaient même embrassé la religion de Mahomet, séduits par les promesses d'un paradis peuplé de houris. — Le *croyant vertueux* (disait le Koran) *doit être introduit dans les délicieuses demeures d'Eden, jardins enchantés où coulent des fleuves aux rives ombragées. Là, le croyant, paré de bracelets d'or, vêtu d'habits verts tissés de soie, rayonnant de gloire, reposera sur le lit nuptial, prix fortuné du séjour de délices.*

Ainsi, grand nombre de Gaulois du Midi, préférant les blanches houris promises par le Koran aux séraphins joufflus du paradis des catholiques, embrassèrent avec ardeur le mahométisme. Les mosquées s'élevaient en Languedoc à côté des basiliques ; les Arabes, plus tolérants que les évêques, permettaient aux catholiques de suivre leur culte. Le mahométisme, fondé par Mahomet pendant le siècle passé (vers 608) proclamait d'ailleurs la divinité des saintes Écritures, reconnaissait Moïse et les prophètes juifs comme élus du Seigneur ; mais ne reconnaissait pas Jésus comme fils de Dieu. — *O vous qui avez reçu les Écritures, ne passez pas les bornes de la foi ; ne dites de Dieu que la vérité : Jésus est le fils de Marie, l'envoyé du Très-Haut, mais non son fils. Ne dites pas qu'il y a une Trinité en Dieu. Dieu est un. Jésus ne rougira pas d'être le serviteur de Dieu : les anges qui environnent le trône de Dieu obéissent à Dieu!* — Telles sont les paroles du Koran ; elles sembleront peut-être curieuses à notre descendance, à nous, fils de Joel... Voilà pourquoi Amaël les cite ici.

La ville de Narbonne, capitale du Languedoc, sous la domination arabe, avait, en 737, un aspect tout oriental, autant par la pureté du ciel et l'ardeur du soleil, que par le costume et les habitudes d'un grand nombre de ses habitants : les lauriers-roses, les chênes verts, les palmiers, rappelaient la végétation africaine. Les femmes sarrazines allaient aux fontaines ou en revenaient, une amphore d'argile rouge élégamment posée sur leur tête, et drapées dans leurs vêtements blancs, comme ceux des femmes du temps d'Abraham ou du jeune maître de Nazareth. Des chameaux au long cou, chargés de marchandises, sortaient de la cité pour se rendre à *Nîmes*, à *Béziers*, à *Toulouse* ou à *Marseille*; souvent ces caravanes rencontraient dans les champs tantôt des masures de boue, recouvertes de roseaux, habitées par des Gaulois laboureurs, tour à tour esclaves des Wisigoths et des Musulmans, tantôt les tentes d'une tribu de *Berbères*, montagnards arabes, descendus des sommets de l'Atlas, et qui conservaient en Gaule leurs habitudes nomades guerrières, toujours prêts à monter leurs infatigables et rapides chevaux, pour aller combattre au premier appel de l'émir de la province; de loin en loin, sur les crêtes des montagnes, l'on voyait des tours élevées, où les Sarrazins, en temps de guerre, allumaient des feux afin de correspondre entre eux par ces signaux de nuit et pour signaler l'approche de l'ennemi.

Dans la cité presque musulmane de Narbonne, ainsi que dans toutes les autres villes de la Gaule soumises aux Franks et aux évêques, il y avait, hélas! des marchés publics où l'on vendait des esclaves; mais ce qui donnait au marché de Narbonne un caractère particulier, c'était la diversité de race des captifs que l'on offrait aux acheteurs : on voyait là grand nombre de nègres, de négresses et de négrillons d'Éthiopie d'un noir d'ébène; des *métis* au teint cuivré, de belles jeunes filles et de beaux enfants grecs venant d'Athènes, de Crète ou de Samos, captifs enlevés lors des nombreuses courses sur mer des Arabes; car Mahomet, leur prophète, avait, en politique habile, développé chez les sectateurs la passion des expéditions maritimes : — *Le croyant qui meurt sur terre n'éprouve qu'une douleur à peine comparable à celle d'une piqûre de fourmi,* — dit le Koran : — *mais le croyant qui meurt sur mer éprouve, au contraire, la délicieuse sensation qu'éprouverait l'homme en proie à une soif ardente, à qui l'on offrirait de l'eau glacée mélangée de citron et de miel.* — Autour du marché des esclaves s'élevaient de nombreuses boutiques arabes remplies d'objets fabriqués surtout à Grenade et à Cordoue, alors centre des arts et de la civilisation sarrasine : c'étaient des armes brillantes, des tasses d'or et d'argent ornées d'arabesques, des coffrets d'ivoire ciselé, des coupes de cristal, de riches étoffes de soie, des chaussures brodées, des colliers, des bracelets précieux ; à l'entour de ces boutiques se pressait une foule aussi variée de race que de costume : ici les Gaulois originaires du pays, avec leurs larges braies, vêtement qui avait fait donner à cette partie de la Gaule le nom de *Bracciata* (ou brayée) ; là des descendants des Wisigoths, conservaient, fidèles à la vieille mode germanique, leurs habits de fourrures malgré la chaleur du climat ; ailleurs c'étaient des Arabes portant robes et turbans de couleurs variées; de temps à autre, les cris des prêtres musulmans, appelant les croyants à la prière du haut des minarets, se joignaient aux tintements des cloches des basiliques, appelant les catholiques à la prière. — Chiens de chrétiens ! — disaient les Arabes ou Gaulois musulmans.

— Maudits païens, damnés renégats ! répondaient les catholiques ; et chacun s'en allait, paisiblement d'ailleurs, exercer son culte. Mahomet, beaucoup plus tolérant que les évêques de Rome, ayant écrit dans le Koran : — *Ne faites aucune violence aux hommes à cause de leur foi.*

Abd-el-Kader, l'un des plus vaillants chefs des guerriers d'*Abd-el-Rhaman,* lors du vivant de cet émir, tué depuis cinq ans dans les plaines de Poitiers, où il livra une grande bataille à Karl Martel (ou Marteau), Abd-el-Kader, après avoir ravagé et pillé le pays et les églises de Tours et de Blois, occupait une des plus belles maisons de la cité de Narbonne ; il avait fait accommoder cette demeure à la mode orientale, boucher les fenêtres extérieures, et planter de lauriers-roses la cour intérieure, au milieu de laquelle jaillissait une fontaine d'eau vive : son sérail occupait une des ailes de cette maison ; dans l'une des chambres de ce harem, tapissée d'une riche tenture, entourée de divans de soie et éclairée par une fenêtre garnie d'un treillis doré, se trouvait une femme d'une beauté rare, quoiqu'elle eût environ quarante ans. Il était facile de reconnaître à la blancheur de son teint, à la couleur blonde de ses cheveux, à l'azur de ses yeux, qu'elle n'était pas de race arabe; on lisait sur ses traits pâles, attristés, l'habitude d'un chagrin profond ; le rideau qui fermait la porte de la chambre où elle se tenait se souleva et Abd-el-Kader entra. Ce guerrier, au teint basané, avait environ cinquante ans ; sa barbe et sa moustache grisonnaient ; sa figure, calme, grave, avait une expression de dignité douce. Il s'avança lentement vers la femme et lui dit :

— *Rosen-Aër,* nous nous voyons peut-être aujourd'hui pour la dernière fois...

La matrone gauloise parut surprise et répondit : — Si je ne dois plus vous revoir, je me souviendrai de vous ; je suis votre esclave, mais vous avez été compatissant et généreux envers moi. Jamais je n'oublierai qu'il y a six ans, lorsque les Arabes ont envahi la Bourgogne, et sont venus ravager la vallée de Charolles, où ma famille vivait heureuse, depuis plus d'un siècle, vous m'avez respectée, conduite à votre tente; je vous ai déclaré qu'à la moindre violence je me tuerais... depuis, vous m'avez traitée en femme libre...

— *La miséricorde est le partage des croyants,* je n'ai fait qu'obéir à la voix du prophète ; mais toi, Rosen-Aër, peu de temps après avoir été amenée ici captive, lorsque *Ibrahim,* mon dernier né, a failli mourir, ne m'as-tu pas demandé à lui donner les soins d'une mère ? N'as-tu pas veillé sur lui durant de longues nuits, comme s'il eût été ton propre fils? Aussi, pour récompense et pour accomplir ces paroles du Koran : — *Délivrez vos frères de l'esclavage,* — je t'ai offert la liberté.

— Qu'aurais-je fait de ma liberté ? Je suis seule au monde... J'ai vu tuer sous mes yeux mon frère, mon mari, dans leur résistance désespérée contre vos soldats, lors de l'attaque de la vallée de Charolles, et déjà en ce triste temps, je pleurais mon fils Amaël, disparu depuis six années, je le pleurais, hélas ! comme je le pleure encore chaque jour, inconsolable de son absence.

Rosen-Aër, disant ces mots, ne put retenir ses larmes ; elles inondèrent son visage. Abd-el-Kader la regarda tristement et reprit : — Ta douleur de mère m'a souvent touché ; je ne peux ni te consoler, ni te donner quelque espoir. Comment retrouver ton enfant disparu si jeune, car il avait, m'as-tu dit, quinze ans à peine ? Est-il même vivant ?

— Et maintenant il aurait vingt-cinq ans ; mais, — ajouta Rosen-Aër en essuyant ses larmes, — ne parlons plus de mon fils ; il est à jamais perdu pour moi... Pourquoi nous voyons-nous peut-être aujourd'hui pour la dernière fois ?

— Karl Martel, le chef des Franks, s'avance à marches forcées à la tête d'une armée formidable pour nous chasser des Gaules. Hier, nous avons été instruits de son approche ; dans deux jours, peut-être, les Franks seront sous les murs de Narbonne. Abd-el-Malek, notre nouvel émir, pense que nos troupes doivent aller à la rencontre de Karl... Nous partons ; la bataille sera sanglante ; peut-être Dieu voudra-t-il m'envoyer la mort dans ce combat ; voilà pourquoi je viens te dire qu'il se peut que nous ne nous voyions plus..... Si tel est le dessein de Dieu, que deviendras-tu ?

— Plusieurs fois vous m'avez généreusement offert la liberté, de l'or et un guide pour voyager à travers les Gaules et rechercher mon fils ; mais le courage et la force m'ont manqué, ou plutôt ma raison m'a démontré la folie d'une pareille entreprise au milieu des guerres civiles qui désolent notre malheureux pays... Si je ne dois plus vous revoir, si je dois quitter cette maison, où j'ai du moins pu pleurer en paix, à l'abri des hontes et des misères de l'esclavage, il ne me reste plus qu'à mourir.

— Je ne veux pas que tu te désespères ainsi, Rosen-Aër, voici ce que je crois sage ; pendant mon absence, tu quitteras Narbonne. Nous allons à la rencontre des Franks ; notre armée est vaillante, mais la volonté de Dieu est immuable ; s'il a décidé que la victoire soit pour Karl, les Franks pourront vaincre le Croissant, mettre le siège devant cette ville et la prendre. Alors, toi, ainsi que tous les habitants, vous serez exposés au sort de ceux qui se trouvent dans une ville enlevée d'assaut, la mort ou l'esclavage. C'est pour te soustraire à cette triste destinée que je t'engage à sortir de la ville et à te laisser conduire à quelques lieues d'ici, dans un endroit écarté, chez l'un des colons gaulois qui cultivent mes terres.

— Vos terres ! — reprit Rosen-Aër avec amertume, — dites plutôt celles dont vos guerriers se sont emparés par la force et la violence, compagnes inséparables de la conquête !...

— Telle a été la volonté de Dieu...

— Ah ! pour vous et votre race, Abd-el-Kader, je souhaite que la volonté de Dieu vous épargne la douleur de voir un jour les champs de vos pères à la merci des conquérants !

— Les desseins de Dieu sont à lui... l'homme se soumet. Si Dieu veut que, dans la prochaine bataille contre Karl Martel, nous soyons victorieux, tu reviendras ici à Narbonne, si nous sommes vaincus, si je suis tué dans le combat, si nous sommes chassés des Gaules, tu n'auras rien à craindre dans la solitude où je t'envoie. Tu resteras dans la famille de mon serviteur. Voici un petit sac contenant assez de pièces d'or pour subvenir à tous tes besoins.

— Je me souviendrai de vous, Abd-el-Kader, comme d'un homme généreux, malgré le mal que votre race a fait à la mienne.

— Dieu nous a envoyés ici pour faire triompher la religion prêchée par Mahomet, la seule vraie. Que son nom soit glorifié !

— Les évêques catholiques, les prêtres et les moines prétendent aussi que leur religion est la seule véritable.

— Qu'ils le prouvent... nous les laissons libres de prêcher leurs croyances. La foi musulmane, depuis environ un siècle à peine qu'elle a été proclamée, a déjà soumis l'Orient presque tout entier, l'Espagne et une partie de la Gaule. Nous sommes les instruments de la volonté divine. Si Dieu a décidé que je devais mourir dans la prochaine bataille, nous ne nous reverrons plus ; si je meurs et que nos armes triomphent, mes fils, s'ils me survivent, prendront soin de toi... Ibrahim te vénère comme sa mère.

— Vous emmenez Ibrahim à la bataille ?

— L'adolescent qui peut dompter un cheval et tenir un sabre est en âge de se battre... Ainsi tu acceptes mes offres, Rosen-Aër ?

— Oui, seigneur. Je frémis à l'idée seule que je pourrais tomber aux mains des Franks ! Triste temps que le nôtre ! l'on n'a que le choix de la servitude. Heureux du moins ceux qui, comme moi, rencontrent chez leurs maîtres, des cœurs compatissants.

— Fais donc tes préparatifs de voyage.... Moi-même je vais partir dans une heure à la tête d'une partie de nos troupes ; je viendrai te chercher, et nous quitterons ensemble cette maison, toi, pour aller chez le colon qui occupe ma maison des champs, moi, pour aller à la rencontre de l'armée des Franks.

Lorsque Abd-el-Kader revint chercher Rosen-Aër, il avait revêtu son costume de bataille :

il portait une cuirasse d'acier brillant, un turban rouge enroulé autour de son casque doré; à son côté pendait un cimeterre d'un merveilleux travail : le fourreau, d'or massif ainsi que la poignée, était orné d'arabesques, de corail et de diamants. Le guerrier arabe dit à Rosen-Aër avec une émotion contenue : Permets que je t'embrasse comme ma fille.

Rosen-Aër tendit son front en répondant à Abd-el-Kader : — Je fais des vœux pour que vos enfants conservent longtemps leur père.

L'Arabe et la Gauloise quittèrent ensemble le harem. A l'extérieur de la maison, ils trouvèrent les cinq fils du vieillard : *Abd-Allah, Hasem, Abut-Casem, Mohamed* et *Ibrahim*, son dernier né, tous armés et à cheval, portant par-dessus leurs armes de longs et légers manteaux de laine blanche à houppes noires. Le plus jeune de la famille, adolescent de quinze ans au plus, descendit de cheval en voyant Rosen-Aër, alla lui prendre la main, la baisa respectueusement et lui dit : — Tu as été pour moi une mère, avant de partir pour la bataille, je te salue comme un fils.

La matrone gauloise songea à son fils Amaël, qui avait aussi quinze ans lorsqu'il disparut de la vallée de Charolles, et répondit au jeune homme : — Que Dieu te protège, toi, qui vas courir les dangers de la guerre!

— *Croyants, lorsque vous marchez à l'ennemi, soyez inébranlables*, dit le prophète, — reprit l'adolescent d'une voix grave et douce. — Nous allons guerroyer contre ces Franks infidèles! Je combattrai vaillamment sous les yeux de mon père... Dieu a marqué le terme de notre vie! Que sa volonté s'accomplisse!

Et le jeune Arabe, après avoir été baisé la main de Rosen-Aër, l'aida à monter sur une mule amenée par un esclave noir. Alors on entendit au loin le bruit guerrier des clairons. Abd-el-Kader fit de la main un dernier signe en guise d'adieu à Rosen-Aër; puis l'Arabe, dont l'âge n'avait pas affaibli la vigueur, s'élança sur son cheval, et partit bientôt au galop, suivi de ses cinq fils. Pendant un moment encore, la Gauloise suivit des yeux les longs manteaux blancs que soulevait la course rapide de l'Arabe et de ses fils; puis, lorsqu'ils eurent disparu au détour de la route dans un nuage de poussière, Rosen-Aër commanda à l'esclave noir de diriger la mule vers la porte de Narbonne, afin de gagner la campagne et la demeure du colon.

. . . .

Environ un mois s'était passé depuis le départ d'Abd-el-Kader et de ses cinq fils allant combattre les Franks de Karl Martel.

Un enfant de onze à douze ans, renfermé dans le couvent de Saint-Saturnin, en Anjou, s'accoudait à l'appui d'une étroite fenêtre, située au premier étage de l'un des bâtiments de l'abbaye, ayant vue sur la campagne; la chambre voûtée où se tenait cet enfant était froide, vaste, nue et dallée de pierres; dans un coin l'on voyait un petit lit, et sur une table quelques jouets grossièrement taillés dans le bois brut; des escabeaux et un coffre meublaient seuls cette grande salle. L'enfant, vêtu d'une serge noire, tout usée, çà et là rapiécée, était d'un aspect malingre; ses traits, d'une pâleur bilieuse, avaient une expression de tristesse profonde; il regardait au loin les champs, et des larmes coulaient lentement sur ses joues creuses. Pendant qu'il rêvait ainsi, la porte de sa chambre s'ouvrit, et une jeune fille de seize ans au plus entra doucement; elle avait le teint très brun, mais d'une fraîcheur extrême, la bouche vermeille, les cheveux d'un noir de jais, ainsi que ses grands yeux, et ses sourcils finement arqués; l'on ne pouvait imaginer une plus gracieuse personne, malgré son cotillon de bure et son tablier de grosse toile bise, rattaché par les coins à sa ceinture, et rempli de chanvre prêt à être filé, car Septimine tenait sa quenouille d'une main, et de l'autre un petit coffret de bois. A la vue de l'enfant, toujours tristement accoudé à la fenêtre, la jeune fille soupira et se dit d'un air apitoyé : — Pauvre petit... toujours chagrin... je ne sais si cette nouvelle sera pour lui un mal ou un bien.., S'il accepte, puisse-t-il ne jamais regretter ce sombre couvent... — Puis elle s'approcha légèrement de l'enfant, toujours sans qu'il l'entendît, lui mit avec une gentille familiarité la main sur l'épaule, en disant d'un air enjoué : — A quoi pensez-vous, mon cher prince?

L'enfant tressaillit de surprise, tourna son visage rempli de larmes vers Septimine, et répondit en se laissant tomber avec accablement sur un escabeau près de la fenêtre : — Hélas! je m'ennuie... je m'ennuie à mourir. — Et ses pleurs continuèrent de couler de ses yeux fixes et rougis.

— Allons, séchez ces vilaines larmes, répliqua affectueusement la jeune fille. — Je viens pour vous désennuyer; j'ai apporté une grosse provision de chanvre afin de filer auprès de vous, en causant, à moins que vous ne préfériez faire une partie d'osselets...

— Rien ne m'amuse. Tout me fatigue.

— Voilà qui est affligeant pour ceux qui vous aiment : rien ne vous amuse, rien ne vous plaît; vous êtes toujours accablé, taciturne; vous ne prenez aucun soin de votre personne. Vos cheveux sont tout emmêlés... et votre robe rapiécée! Si vos cheveux étaient lissés sur votre front, au lieu de tomber en désordre, vous n'auriez pas l'air d'un petit sauvage..... Depuis avant-hier vous n'avez pas voulu me laisser arranger votre chevelure, mais aujourd'hui, de gré ou de force, je vous peignerai.....

— Non... non, je ne veux pas, — dit l'enfant en frappant du pied avec une impatience fébrile, — laisse-moi. Tes soins me sont à charge.

— Oh! oh! vos trépignements ne me font pas peur, — reprit gaiement Septimine, — j'ai apporté dans cette boîte tout ce qu'il faut pour vous peigner. Montrez-vous sage et docile.

— Septimine... laisse-moi tranquille.

Mais la jeune fille, bon gré, mal gré, tourna la chaise du récalcitrant, et avec l'autorité d'une *grande sœur*, le força de laisser démêler sa chevelure en désordre; tout en lui rendant ces soins avec autant d'affection que de bonne grâce, Septimine debout derrière l'enfant, lui disait : — N'êtes-vous pas ainsi cent fois plus gentil, mon cher prince!

— Que m'importe d'être gentil ou laid?... Ne pouvoir jamais sortir de ce couvent... Qu'ai-je donc fait pour être si malheureux?

— Hélas! pauvre petit... vous êtes fils de roi!

L'enfant ne répondit rien, cacha sa figure entre ses mains, et se mit à pleurer de nouveau, criant d'une voix étouffée : — Mon père... mon père... Hélas!... il est mort!...

— Oh! si vous vous mettez de nouveau à pleurer et surtout à parler de votre père, vous me ferez fondre en larmes, car si je vous gronde de votre incurie, j'ai grand'pitié de vos chagrins; je venais pour vous donner peut-être un bon espoir.

— Que veux-tu dire, Septimine?

La jeune fille ayant donné ses soins à la chevelure de l'enfant, s'assit près de lui sur un escabeau, prit sa quenouille et commençant à filer lui dit à demi-voix d'un air grave et mystérieux : — Me promettez-vous d'être discret?

— A qui veux-tu que je parle? A qui pourrais-je faire des confidences? J'ai en aversion tous ceux qui sont ici.

— Excepté moi... n'est-ce pas?...

— Oui, excepté toi, Septimine... tu es la seule qui m'inspires un peu de confiance.

— Quelle défiance pourrait vous inspirer une pauvre *Coliberte*, comme on dit en Septimanie, où je suis née? Ne suis-je pas esclave, ainsi que ma mère, femme du portier extérieur de ce couvent? Lorsqu'il y a dix-huit mois, vous avez été conduit ici, je n'avais pas quinze ans, on m'a mise auprès de vous avec mission de vous distraire, en partageant vos jeux; depuis ce temps-là nous avons grandi ensemble; vous vous êtes habitué à moi... n'est-il pas naturel que vous me témoigniez quelque confiance?

— Tout à l'heure tu me disais que peut-être tu me ferais espérer... quelle espérance peux-tu me donner? Allons, explique-toi.

— D'abord me promettez-vous d'être discret?

— Sois en repos à cet égard. Je serai discret.

— Promettez-moi aussi de ne pas recommencer à pleurer, car il faut que je vous parle de votre père. Hélas! sujet douloureux pour vous.

— Je ne pleurerai plus, Septimine.

Il y a dix-huit mois de cela, le roi Thierry, votre père, est mort dans son domaine de Compiègne, et le maire du palais, ce méchant *Karl Marteau*, vous a fait conduire et emprisonner ici... pauvre cher innocent!

— Pourtant mon père m'avait toujours dit : « Mon petit Chilpérik, tu seras roi! comme moi, tu auras des chiens et des faucons pour chasser, de beaux chevaux, des chars pour te promener, des esclaves pour te servir...» Et ici je n'ai rien de tout cela! Mon Dieu! mon Dieu!... que je suis donc malheureux!

— Quoi! vous allez recommencer à pleurer?

— Non, Septimine... non, ma petite amie...

— Ce méchant Karl Marteau vous a donc fait conduire en ce couvent pour régner à votre place, comme il régnait déjà à la place de votre père, le feu roi Thierry.

— Il y a cependant en ce pays des Gaules assez de chiens, de faucons, de chevaux, d'esclaves pour que ce Karl en ait sa suffisance, et moi la mienne, n'est-il pas vrai?

— Oui.... si régner c'est seulement avoir toutes ces choses... mais moi, pauvre fille, je l'ignore. Je sais seulement que votre père avait des amis qui sont les ennemis de Karl Marteau, et qu'ils voudraient vous voir hors de ce couvent. Voilà le secret que j'avais à vous dire.

— Et moi, Septimine, je voudrais être hors d'ici! Au diable les moines et le couvent.

Après un moment d'hésitation la jeune fille, cessant de filer, dit au jeune prince d'une voix plus basse encore et regardant autour d'elle comme si elle eût craint d'être entendue : — Il dépend de vous de sortir de ce couvent...

— De moi! — s'écria Chilpérik, — alors ce sera vite fait, mais par quel moyen?

— De grâce, ne parlez pas si haut, — reprit Septimine avec inquiétude en jetant les yeux du côté de la porte. — Je crains toujours que quelqu'un soit là... à épier. — Puis, se levant, elle alla sur la pointe du pied écouter à la porte et regarder par le trou de la serrure. Rassurée par cet examen, Septimine revint prendre sa place, se remit à filer, et continua de parler à Chilpérik : — Durant le jour vous pouvez vous promener dans le jardin?

— Oui, mais ce jardin est entouré d'une clôture, et je suis toujours accompagné d'un moine; aussi j'aime mieux rester dans cette chambre que de me promener en semblable société.

— Le soir on vous renferme ici...

— Et un moine couche au dehors à ma porte.

— Regardez un peu par cette fenêtre.

— Pourquoi faire cela?

— Pour voir si l'élévation de cette croisée à terre vous semble très effrayante...

Chilpérik regarda au dehors. — C'est très haut, Septimine, c'est vraiment très haut.

Septimine la Coliberte (page 489)

— Petit poltron, il y a là huit à dix pieds au plus... Supposez qu'une corde garnie de gros nœuds soit attachée à cette barre de fer que voilà, auriez-vous le courage de descendre le long de cette corde en vous aidant des pieds et des mains.
— Oh! jamais je ne pourrai faire cela.
— Vous auriez peur? Est-ce Dieu possible!
— La chose me semble au dessus de mes forces.
— Je n'aurais pas peur, moi qui ne suis qu'une fille... Allons, du courage, mon prince.

L'enfant regarda de nouveau par la fenêtre et reprit en réfléchissant : — Tu as raison... c'est moins élevé que cela ne me l'avait paru d'abord; mais cette corde, Septimine, comment me la procurer? et puis, lorsque je serai en bas... pendant la nuit! que ferai-je?

— Au bas de cette fenêtre, vous trouveriez mon père, il vous jetterait sur les épaules la mante à capuchon que je porte habituellement; je ne suis guère plus grande que vous ; en croisant bien la mante et rabaissant le capuchon sur votre visage, mon père pourrait, la nuit aidant, vous faire passer pour moi, traverser l'intérieur du couvent, regagner sa loge au dehors ; là des amis de votre père vous attendraient avec des chevaux ; vous partiriez vite, vous auriez toute la nuit devant vous, et le matin, quand on s'apercevrait de votre fuite, il serait trop tard pour courir après vous... Maintenant, répondez, Chilpérik, aurez-vous le courage de descendre par cette fenêtre pour reprendre votre liberté?

— Septimine! j'en ai fort envie, mais...
— Mais vous avez peur... Fi! un grand garçon comme vous! c'est honteux!
— Et qui me donnerait une corde?
— Moi... Êtes-vous décidé? Il faut vous hâter, les amis de votre père sont dans les envi-

62e livraison

rous... ils viendront durant cette nuit et celle de demain attendre avec les chevaux non loin des murs du couvent... pour vous enlever.....

— Septimine, j'aurai le courage de descendre... Oui, je te le promets.

— N'oubliez pas, Chilpérik, que ma mère, mon père et moi nous nous exposons à des peines terribles, à la mort, peut-être, en favorisant votre fuite! Lorsque l'on a proposé à mon père d'aider à votre évasion, on lui a offert de l'argent, il a refusé, disant : « — Je ne veux d'autre récompense que la satisfaction de contribuer à la délivrance de ce pauvre petit, qui est toujours triste ou pleurant depuis dix-huit mois, et qui se meurt de chagrin. »

— Oh! sois tranquille; quand je serai roi comme mon père, je te ferai de beaux présents, je te donnerai de belles robes, des bijoux...

— Je n'ai pas besoin de vos présents; vous êtes un enfant très à plaindre; voilà ce qui nous touche. « — Ce n'est pas parce que ce pauvre petit est fils de roi qu'il m'intéresse, me dit parfois mon père, car, après tout, il est de la race de ces Franks qui nous tiennent en esclavage, nous autres Gaulois, depuis Clovis; non, je voudrais l'aider à se sauver parce qu'il me fait pitié...» — Songez-y, Chilpérik, la moindre indiscrétion de votre part attirerait sur nous de terribles malheurs.

— Septimine, je ne dirai rien à personne, j'aurai du courage, et cette nuit même, je descendrai par la fenêtre pour aller rejoindre les amis de mon père. Oh! quel bonheur! — ajouta l'enfant en frappant dans sa main, — quel bonheur! demain je serai libre... Je deviendrai roi comme l'était mon père...

— Attendez pour vous réjouir que vous soyez hors d'ici... Maintenant, écoutez-moi bien : on vous enferme toujours après la prière du soir; la nuit est alors tout à fait noire; il faudra que vous attendiez environ une demi-heure, puis vous attacherez la corde et vous descendrez dans le jardin; mon père sera au bas de cette fenêtre...

— C'est convenu ; mais où est la corde ?

— Tenez, — dit Septimine en tirant du milieu du chanvre contenu dans son tablier une corde enroulée, mince, mais très forte, garnie çà et là de gros nœuds, — il y a, vous le voyez, à ce bout, un crochet en fer, vous l'attacherez à la barre de cette croisée, puis vous descendrez, nœud à nœud, jusqu'à terre.

— Oh! je n'ai plus peur. Mais où cacher la corde ? Où la placer jusqu'à ce soir?

— Sous les matelas de votre lit.

— Tu as raison... donne vite. — Et le jeune prince, aide de Septimine, cacha la corde vers le milieu du lit, entre deux matelas. A peine le lit était-il recouvert, que l'on entendit au loin et au dehors un bruit de clairons. Septimine et Chilpérik se regardèrent un moment interdits ; puis la jeune fille dit vivement en retournant s'asseoir sur son escabeau et reprenant sa quenouille :

— Il se passe quelque chose d'inaccoutumé au dehors de l'abbaye; on va peut-être venir ici... prenez vos osselets et faites-les sauter,...

Chilpérik obéit machinalement à la jeune fille, s'assit à terre, et se mit à jouer aux osselets, tandis que Septimine continuait de filer tranquillement sa quenouille auprès de la fenêtre. Peu d'instants après, la porte de la chambre s'ouvrit; le père Clément, abbé du monastère, entra, et dit à la jeune fille : — Laisse-nous; je t'appellerai si besoin est.

Septimine se hâta de se retirer; mais croyant profiter d'un moment où le moine ne la verrait pas, elle mit son doigt sur ses lèvres pour recommander une dernière fois la discrétion à Chilpérik. L'abbé s'étant retourné brusquement, elle n'eut que le temps de porter la main à sa chevelure pour dissimuler la signification de son premier geste; cependant la Coliberte craignit d'avoir éveillé les soupçons du père Clément qui la suivit d'un regard pénétrant, ainsi qu'elle s'en aperçut, lorsque arrivée au seuil de la porte et se retournant une dernière fois pour saluer le père, elle rencontra l'œil scrutateur du moine fixé sur elle.

— Que Dieu nous sauve, — dit la jeune fille saisie d'une angoisse mortelle, en sortant de la chambre. — A la vue du moine, le malheureux enfant est devenu pourpre, et il ne quitte pas des yeux son lit où est cachée la corde. Ah! je tremble pour le petit prince et pour nous... Hélas ! que va-t-il advenir de tout cela ?...

. . . .

Karl Marteau (ou Martel) venait d'entrer dans le couvent de Saint-Saturnin, escorté seulement d'une centaine de guerriers; il devait ensuite rejoindre un détachement de son armée, qui faisait halte à quelque distance du monastère. Le maire du palais et l'un des chefs de bande qui l'accompagnaient étaient installés dans l'appartement du père Clément, pendant que celui-ci se rendait auprès du jeune prince. Karl Marteau, alors dans toute la vigueur de l'âge, exagérait, dans son langage et dans son costume, la rudesse de la race germanique; sa barbe et sa chevelure, d'un blond vif, incultes, hérissées, encadraient les traits fortement colorés où se peignait une rare énergie jointe à une sorte de bonhomie parfois joviale et narquoise; son regard audacieux révélait une intelligence supérieure; il portait, comme le dernier de ses soldats, une casaque de peau de chèvre par-dessus son armure ternie; ses bottines de gros cuir étaient armées d'éperons de fer rouillé; à son baudrier de buffle pendait une longue et large épée de *Bor-*

deaux, ville alors renommée pour la fabrication de ses armes.

Le guerrier qui accompagnait Karl Marteau paraissait âgé d'environ vingt-cinq ans; grand, svelte, robuste, il portait avec une aisance militaire sa brillante armure d'acier, à demi cachée par un long manteau blanc à houppes noires à la mode arabe; son magnifique cimeterre à fourreau et à poignée d'or massif, orné d'arabesques de corail et de diamants, était aussi d'origine arabe; l'on ne pouvait imaginer une figure d'une beauté plus accomplie que celle de ce jeune homme; il avait déposé son casque sur une table; sa chevelure noire bouclée, séparée au milieu de son front sillonné d'une profonde cicatrice, tombait de chaque côté de son mâle visage ombragé d'une légère barbe brune; ses yeux bleu de mer, au regard ordinairement doux et fier, semblaient cependant exprimer l'obsession d'un chagrin ou d'un remords caché... Alors un tressaillement nerveux fronçait ses noirs sourcils; ses traits, pendant quelques instants, devenaient sombres, mais bientôt ils reprenaient leur expression habituelle, grâce à la mobilité de ses impressions, à l'ardeur de son sang et à l'impétuosité de son caractère. Karl, gardant depuis quelques instants le silence, contemplait son jeune compagnon avec une sorte de satisfaction narquoise. Enfin il lui dit de sa grosse voix rauque. — Berthoald, comment trouves-tu cette abbaye et les champs que nous venons de traverser?

— L'abbaye me semble vaste, les champs fertiles; mais pourquoi me fais-tu cette question?

— Parce que je voudrais te faire un cadeau selon ton goût, mon garçon. — Le jeune homme regarda le chef des Franks avec une surprise profonde. Karl Marteau continua : — En 732, il y a bientôt six ans de cela, lorsque ces païens d'Arabes, établis en Gaule, s'étaient avancés jusqu'à Tours et à Blois, je marchais vers eux; j'ai vu arriver à mon camp un jeune chef suivi d'une cinquantaine de braves diables. C'était toi... fils d'un seigneur frank, mort, m'as-tu dit, dépossédé de ses bénéfices, comme tant d'autres. Peu m'importait ta naissance; quand la lame est de bonne trempe, je me soucie peu du nom de l'armurier, — poursuivit Karl sans remarquer un léger tressaillement des sourcils de Berthoald, dont le front rougit et dont le regard s'abaissa avec une sorte de confusion involontaire. —Tu cherchais fortune à la guerre, tu avais rassemblé une bande de gens déterminés, tu venais m'offrir ton épée et leurs services. Le lendemain, dans les plaines de Poitiers, toi et tes hommes, vous vous battiez si rudement contre les Arabes, que tu perdais les trois quarts de ton monde! tu tuais de ta main Abd-el-Rhaman, le général de ces païens, et tu recevais deux blessures en me dégageant d'un groupe de cavaliers qui allaient me tuer et auraient ainsi terminé la guerre au grand dommage des Franks.

— C'était mon devoir de soldat de défendre mon chef. Pour cela je ne mérite aucune louange.

— Mon devoir de chef était de récompenser ton courage de soldat. Jamais je n'oublierai que je dois la vie à ta vaillance; mes fils ne l'oublieront pas davantage; ils liront dans quelques notes que j'ai fait écrire sur mes guerres : *Lors de la bataille de Poitiers, Karl a dû la vie à Berthoald ; que mes fils s'en souviennent en voyant la cicatrice que porte au front ce courageux guerrier.*

— Karl, tes louanges m'embarrassent.

— Je t'aime sincèrement; depuis la bataille de Poitiers je t'ai regardé comme l'un de mes meilleurs compagnons d'armes, quoique tu sois parfois têtu comme un mulet et bizarre dans tes goûts. S'il s'agissait de guerroyer au nord ou à l'est, contre les Frisons ou les Saxons, au midi contre les Arabes, il n'était personne de plus enragé marteleur que toi; mais lorsqu'il a fallu comprimer quelques révoltes des gens de race gauloise, tu bataillais mollement, presque à contre-cœur... Tu n'étais plus le même vaillant champion... Ton épée ne sortait pas du fourreau.

— Karl, les goûts varient, reprit Berthoald en souriant d'un air forcé qui trahissait une pensée amère. — Il en est du goût des batailleurs comme de celui des femmes : les uns aiment les blondes, les autres les brunes; ils sont de feu pour celles-ci, de glace pour celles-là... Ainsi ma préférence est pour la guerre contre les Frisons, les Saxons et les Arabes.

— Je n'ai point de ces préférences; aussi vrai que l'on m'a surnommé *Marteau*, pourvu que je frappe où que j'écrase ce qui me fait obstacle, tout ennemi m'est bon... Je croyais que ces chiens d'Arabes, si rudement martelés, repasseraient en hâte les Pyrénées après leur déroute de Poitiers; je me suis trompé, ils tiennent encore ferme dans le Languedoc; malgré le succès de notre dernière bataille nous n'avons pu nous emparer de Narbonne, place de refuge de ces païens. Je suis forcé de retourner dans le nord de la Gaule pour repousser les Saxons qui redeviennent menaçants. Je regrette de laisser Narbonne aux mains des Sarrasins; mais du moins nous avons ravagé les environs de cette grande cité, fait un immense butin, emmené beaucoup d'esclaves, dévasté, en nous retirant, les pays de Nîmes, de Toulouse et de Béziers; bonne leçon pour ces populations qui avaient pris parti pour les Arabes; elle se rappelleront ce qu'on gagne à quitter l'Evangile pour le Koran, ou plutôt, car je me soucie du pape comme de Mahomet, ce qu'on gagne à s'allier aux Arabes contre les Franks. Du reste, quoiqu'ils restent maîtres de Narbonne, ces païens m'inquiètent peu : des voyageurs arrivés d'Espagne m'ont appris que la guerre civile a éclaté entre les deux kalifes de Grenade et de Cordoue; occupés à batailler entre eux, ils n'enverront pas de nouvelles troupes en Gaule, et ces maudits Sarrasins n'oseront sortir du Languedoc, d'où je les chasserai plus tard... Tranquille au midi, je retourne au nord; je voudrais auparavant caser à leur goût et au mien bon nombre de braves soldats, qui, comme toi, m'ont vaillamment servi, et faire d'eux de gros abbés, de riches évêques ou de grands bénéficiers.

— Karl, tu voudrais faire de moi un abbé ou un évêque? Tu plaisantes assurément.

— Pourquoi non? L'abbaye et l'évêché font l'évêque et l'abbé, quel que soit le titulaire!

— Explique plus clairement ta pensée.

— Je n'ai pu soutenir mes grandes guerres du nord et du midi, qu'en recrutant sans cesse des tribus germaines au delà du Rhin, afin de renforcer mes armées; les descendants de ces seigneurs bénéficiers, créés par Clovis et par ses fils, se sont amollis; ils sont devenus aussi fainéants que leurs rois; ils essayent d'échapper à leur obligation d'amener leurs colons à la guerre, sous prétexte qu'ils ont besoin de bras pour cultiver la terre. A part quelques évêques batailleurs, vieux endiablés, qui ont quitté le casque pour la mitre, et qui, reprenant la cuirasse, m'amenaient leurs hommes, l'Eglise n'a pas voulu, ne veut pas contribuer aux frais de la guerre. Or, foi de Marteau, cela ne peut durer... Mes braves guerriers nouveaux venus de Germanie, les chefs de bande qui m'ont bravement servi, ont droit à leur tour au partage des terres de la Gaule! Ils ont plus de droits que ces évêques rapaces, que ces abbés débauchés, qui ont des harems comme les kalifes des Arabes! Je veux mettre ordre à cela, récompenser les courageux, châtier les fainéants et les lâches... Je distribuerai à mes hommes nouvellement arrivés de Germanie une partie des biens de l'Eglise... J'établirai ainsi mes chefs et leurs hommes, et au lieu de laisser tant de terres et d'esclaves au pouvoir de paresseux tonsurés, je me créerai une forte réserve aguerrie, toujours prête à marcher au premier signal. Pour commencer, je te fais don de cette abbaye, terres, bâtiments, esclaves, à la charge par toi de payer une somme à mon fisc, et de te rendre, avec tes hommes, en armes à mon premier appel.

— Moi, comte en ce pays! moi, possesseur de tant de biens! — s'écria le jeune chef avec joie, pouvant à peine croire à une donation si magnifique; mais les biens de cette abbaye sont immenses! Ses terres et forêts s'étendent à plus de deux lieues à la ronde!...

— Tant mieux, mon garçon; toi et tes hommes vous vous établirez ici, il doit y avoir de jolies esclaves, vous ferez bonne souche de soldats; d'ailleurs, cette abbaye doit, par sa position, devenir un poste militaire important. Je concéderai à l'abbé de ce couvent d'autres terres... s'il en reste. Ce n'est pas tout, Berthoald, j'ai pour toi autant d'affection que de confiance... je te fais ce don, voilà pour l'affection; reste la confiance... je veux t'en donner une grande preuve en t'établissant ici, et te chargeant d'un devoir si important que... c'est encore moi qui demeurerai ton obligé...

— Karl, pourquoi t'interrompre? — dit Berthoald en voyant le chef des Franks réfléchir au lieu de continuer de parler.

— Karl reprit après quelques moments de silence. — Depuis près d'un siècle et demi que nous régnons de fait, nous autres, maires du palais... qui ont servaient les rois, ces descendants de Clovis?

— Ne t'ai-je pas entendu dire cent fois que ces fainéants passaient leur vie à boire, à manger, à jouer, à chasser, à dormir dans les bras de leurs concubines et à aller à la messe, à bâtir des églises pour racheter quelques crimes commis dans la furie du vin?

— Telle était la vie de ces *rois fainéants*, bien nommés. Nous autres, maires du palais, nous gouvernions de fait; à chaque assemblée du champ de Mai, nous tirions un de ces mannequins royaux de sa résidence de *Compiègne*, de *Kersy-sur-Oise* ou de *Braine;* on mettait l'homme sur un char doré, attelé de quatre bœufs, selon la vieille coutume germaine, et, couronne en tête, sceptre en main, pourpre au dos, le visage orné d'une longue barbe postiche, s'il était imberbe, afin de lui donner un certain air de majesté, on promenait autour du champ de Mai ce simulacre, qui recevait foi et hommage des ducs, des comtes et des évêques, venus à cette assemblée de tous les points de la Gaule... La comédie jouée, on remettait l'idole dans sa boîte jusqu'à l'année suivante. Mais à quoi bon ces momeries? le seul roi doit être celui qui gouverne et se bat! aussi, n'aimant point le superflu, j'ai supprimé la royauté... j'en ai confisqué le roi.....

— Pour cela, Karl, tu mérites d'être loué; les rois franks, descendants de Clovis, m'inspiraient haine et mépris...

— Et d'où te venait cette haine?

Berthoald rougit, fronça ses noirs sourcils :

— J'ai toujours haï la fainéantise et la cruauté.

— Le dernier d'entre ces rois, Thierry IV, mort il y a dix-huit mois, a laissé un fils, un enfant de neuf ans... je l'ai envoyé ici...

— Qu'en veux-tu faire?

— Le garder... Nous autres Franks, nous avons l'esprit variable; nous sommes habitués, depuis un siècle et demi, à mépriser ces rois, que jadis nous glorifiions... Aussi, lors du premier champ de Mai qui s'est passé sans la momerie royale, nul parmi les comtes et les évêques n'a eu souci de l'idole qui manquait à la fête; mais, cette année, quelques-uns ont demandé où était le roi; d'autres ont répondu : A quoi bon le roi?... Cependant il se peut qu'ils demandent quelque jour à voir le mannequin royal faire son tour du champ de Mai, selon la vieille coutume..... Peu m'importe, pourvu que je règne. Aussi je leur tiens en réserve, pour ce jour, l'enfant qui est ici. Ce marmot, moyennant une fausse barbe au menton et une couronne sur la tête, figurerait dans le char, ni mieux ni pire que tant d'autres rois de douze ou quinze ans qui ont figuré avant lui! au besoin il serait, l'an prochain, le roi Chilpérik III, si je crois la chose utile.

— Des rois de douze ans!... A quel abaissement arrivent les royautés!... A quel degré d'avilissement descendent les peuples!...

— Il s'en est fallu de peu que la charge de maire du palais, devenue héréditaire, fût non moins abaissée... N'ai-je pas eu un frère, âgé de onze ans, maire du palais d'un roi de dix ans?

— Tu plaisantes, Karl !

— Non, pardieu ! car ce temps-là ne fut point agréable pour moi... Ma marâtre *Plectrude* m'avait fait jeter en prison après la mort de mon père, *Pépin d'Héristal*... Selon cette dame, je n'étais qu'un bâtard, bon pour la prison ou pour le froc, tandis que mon père laissait à mon frère Théobald la charge de maire du palais, héréditaire dans notre famille... De sorte que mon frère, âgé de onze ans, devint maire du palais de ce roi de dix ans, qui fut plus tard l'aïeul de ce petit Chilpérik, prisonnier en ce monastère... Ce roi et ce maire du palais enfantins ne pouvaient guère usurper l'un sur l'autre que des toupies ou des osselets. Aussi la bonne dame Plectrude comptait régner à la place de ces deux marmots, pendant qu'ils joueraient aux billes... Tant d'audace et de sottise ont soulevé les seigneurs franks. Plectrude, au bout de quelques années, a été chassée, son fils aussi; tandis que moi, Karl, le maudit, le bâtard, je sortais de prison, et devenais, à mon tour, maire du palais de Dagobert III; depuis lors j'ai tant fait de bruit dans le monde en martelant de ci, de là, Saxons, Frisons et Sarrasins, que le nom de *Marteau* m'en est resté. Dagobert III laissa un fils, Thierry IV, mort il y a dix-huit-mois, lequel Thierry était père du petit Chilpérik, prisonnier ici. J'ai voulu, en passant dans cette contrée, visiter ce royal mioche, afin de savoir comment il supportait sa captivité. Je t'ai parlé d'une marque de confiance que je voulais te donner... Je te confie la garde de cet enfant, le dernier rejeton de Clovis... conquérant de la Gaule...

— A ma garde ! ce dernier rejeton de Clovis !— s'écria Berthoald, d'abord avec stupeur ; puis, tressaillant d'une joie farouche — : A ma garde ! celui-là qui eut pour ancêtres Clotaire, le tueur d'enfants ! Chilpérik, le Néron des Gaules ! Frédégonde, la Messaline ! Clotaire II, justicier de Brunehaut, et tant d'autres monstres couronnés ! A ma garde, leur dernier rejeton ! La destinée des hommes est parfois étrange... Moi, gardien du dernier descendant de ce conquérant des Gaules, si abhorré par mes pères !... Oh ! les dieux sont justes !...

— Berthoald, es-tu fou ? Qu'y a-t-il de si étonnant que tu sois gardien de cet enfant ?

— Excuse-moi, Karl, — reprit Berthoald en revenant à lui, craignant de s'être trahi. — J'étais profondément frappé de cette pensée : moi, obscur soldat, avoir en garde et comme prisonnier le dernier rejeton de tant de rois !... Étrange destinée !...

— Oui, elle finit misérablement cette race de Clovis, si vaillante autrefois, si abâtardie depuis... Que veux-tu ! ces roitelets, pères avant quinze ans, caduques à trente, hébétés par le vin, abrutis par l'oisiveté, énervés par une débauche précoce, étiolés, rabougris, stupides, devaient finir ainsi... Tandis que les maires du palais, hommes rudes, toujours allant, venant, du nord au midi, de l'est à l'ouest, toujours chevauchant, toujours bataillant, gouvernant, aboutissent à Karl, et il n'est point frêle ni rabougri, celui-là ! sa barbe n'est point postiche, et il pourra faire à son tour souche de vrais rois... car, foi de Marteau, ces rois-là ne se laisseront pas mettre sous le hangar ni avant ni après les assemblées du mois de mai... par d'autres maires du palais...

— Qui sait, Karl ? peut-être si tu fais souche de rois, leur race s'abâtardira-t-elle comme cette race de Clovis, dont tu veux confier à ma garde le dernier rejeton...

— Par le diable ! par le nombril du pape ! est-ce que nous nous sommes abâtardis, nous autres fils de Pepin l'Ancien, maires du palais, héréditaires dès avant le règne de Brunehaut !

— Vous n'étiez pas rois, Karl, et la royauté porte en soi un poison qui à la longue énerve et tue les races les plus viriles...

Berthoald fut interrompu dans sa réponse par l'arrivée du père Clément, abbé du monastère, qui entra précipitamment dans la salle, et s'adressant à Karl : — Seigneur, je viens de découvrir un complot ! le jeune prince s'est obstinément refusé à m'accompagner ici.

— Un complot ? ah ! ah ! l'on s'occupe donc de conspirations dans ton abbaye ?

— Grâce au ciel, seigneur, moi et mes frères nous sommes étrangers à cette indigne trahison ; les coupables sont de misérables esclaves qui seront châtiés selon leurs mérites.

— Explique-toi, et sans réticences !

— D'abord, seigneur, je dois vous apprendre qu'à l'arrivée du jeune prince en ce couvent, le comte Hugh, qui l'avait amené, me recommanda de mettre auprès de l'enfant une jeune esclave, jolie s'il était possible, et surtout provocante... et prête à tous les dévouements...

— Pour faire son éducation, à la façon de celle que la vieille Brunehaut donnait à ses petits-fils..... Le comte Hugh a dépassé mes ordres, et toi, saint homme, tu n'as pas rougi de te faire l'entremetteur de cette infamie?...

— Ah ! seigneur ! quelle abomination ! les deux enfants sont restés purs comme des anges... J'avais donc placé une jeune esclave auprès du petit prince ; cette fille, innocente créature, son père et sa mère se sont apitoyés sur le sort de Chilpérik ; ils ont ouvert l'oreille à des propositions détestables, et cette nuit même, au moyen d'une corde, l'enfant devait s'évader de sa chambre, grâce à la complicité de l'esclave-portier, puis rejoindre des fidèles du feu roi Thierry, cachés dans les environs du couvent. Voilà en quoi consistait le complot.

— Ah! ah!... le vieux parti royal se remue ! On me croyait pour longtemps occupé à la guerre contre les Arabes! l'on voulait rétablir la royauté en mon absence !

— Tout à l'heure, en entrant chez le jeune prince, mes soupçons ont été éveillés ; son trouble, sa rougeur, décelaient un coupable ; il ne quittait pas son lit du regard ; une idée subite me vient, je soulève le matelas, je trouve une corde soigneusement cachée ; je presse l'enfant de questions, et il me fait, en pleurant, des aveux complets sur le projet d'évasion.

— Trahison ! s'écria le chefs des Franks, affectant plus de courroux qu'il n'en ressentait : — pourquoi ai-je confié cet enfant à la garde de moines, traîtres ou incapables de défendre le prisonnier.

— Ah ! seigneur !... nous des traîtres !...

— Combien cette abbaye a-t-elle envoyé d'hommes à l'armée?

— Seigneur.. nos colons et nos esclaves suffisent à peine pour la culture de nos terres ; nos vignes sont négligées, nos guérets demeurent en friche ; nous n'avons pu envoyer aucun homme à l'armée.

— Combien avez-vous payé au fisc pour les frais de la guerre ?...

— Tous nos revenus ont été employés en bonnes œuvres... en fondations pieuses.

— Vous vous faisiez de grasses charités à vous-mêmes. Les voilà bien ces gens d'église ! toujours recevoir ou prendre, jamais donner ou rendre. Race de vipères ! De qui cette abbaye tient-elle ses terres ?

— Des libéralités du pieux roi Dagobert ; notre charte de donation est de l'an 640 de Notre Seigneur Jésus-Christ.

— Crois-tu, moine, que les rois franks vous aient fait ces donations, à vous autres tonsurés, à seule fin de vous engraisser dans la fainéantise et l'abondance, sans jamais concourir aux frais de guerre en hommes et en argent ?...

— Seigneur... ayez égard aux charges du monastère... aux frais du culte !

— Je vous confie un prisonnier important et vous ne pouvez le garder... misérables tonsurés !... ivrognes et paresseux...

— Seigneur, nous sommes innocents et incapables de vous trahir.

— Cela ne suffit pas, je veux établir ici des hommes de guerre... en état de garder le prisonnier, et, au besoin, de défendre cette abbaye, si les gens du parti royal tentaient d'enlever le jeune prince. — Karl ajouta, s'adressant à Berthoald. — Toi et tes hommes, vous prendrez possession de cette abbaye, je t'en fais donation !

L'abbé leva les mains au ciel, en signe de muette désolation, tandis que Berthoald, jusqu'alors pensif, dit au chef des Franks :

— Karl, cet emploi de geôlier répugne à mon caractère de soldat ; je suis reconnaissant du procédé, mais je refuse la donation.

— Ton refus m'afflige. Tu as entendu ce moine ; il faut ici un gardien vigilant ; cette abbaye est, par sa position, un poste militaire important !

— Karl, tu peux donner à d'autres guerriers de ton armée la garde de cet enfant, et leur confier la défense de ce poste. Tu trouveras des hommes qui ne seront pas arrêtés par le même scrupule.

Le chef des Franks resta quelques moments muet, soucieux, puis il reprit : — Moine, combien as-tu de terres, de colons et d'esclaves ?

— Seigneur, nous possédons cinq mille huit cents arpents de terre, sept cents colons et dix-neuf cents esclaves...

— Berthoald... tu entends, voilà ce que tu refuses pour toi et pour tes hommes. En outre, je t'aurais fait comte en ce pays ?

— Réserve pour d'autres que pour moi la faveur que tu voulais m'accorder. Je refuse absolument la fonction de geôlier.

— Seigneur, — reprit le père Clément avec une sainte résignation qui cachait mal son courroux contre Karl, — vous êtes chef des Franks et tout-puissant. Si vous établissez vos hommes de guerre en ce lieu et leur donnez nos terres, il nous faudra obéir, mais que deviendrons-nous ?

— Et que deviendront mes compagnons d'armes, qui m'ont si vaillamment servi durant la guerre, pendant que vous disiez ici vos paténôtres? Qui nourrira mes hommes?... Doivent-ils voler ou mendier sur les routes?

— Seigneur... il y aurait moyen de satisfaire vos compagnons d'armes et nous-mêmes. Vous voulez changer cette abbaye en un poste militaire; je l'avoue, vos hommes de guerre seront meilleurs gardiens du jeune prince que nous autres pauvres moines. Mais puisque vous disposez de cette abbaye, daignez, illustre seigneur, nous en donner une autre. Il existe près de Nantes l'abbaye de Meriadek; un de nos frères, mort depuis peu, y était resté plusieurs années comme intendant; il nous a même laissé ici un Polyptique renfermant la désignation exacte des biens et des personnes de l'abbaye. Elle était alors sous la règle de saint Benoît. L'on nous a dit que, plus tard, elle avait été changée en une communauté de femmes; mais nous n'avons, à ce sujet, aucune certitude. Du reste, la chose importe peu en soi.

— Et cette abbaye, — reprit Karl en se frottant la barbe d'un air sournois et narquois, — tu me la demandes charitablement pour toi et pour les moines?

— Oui, seigneur, puisque vous nous dépossédez de celle-ci; nous sollicitons une compensation.

— Et que deviendront les possesseurs de l'abbaye de Meriadek?

— Hélas! ce que nous serions devenus nous-mêmes. La volonté de Dieu soit faite. Charité bien ordonnée commence par soi-même.

— Oui, pourvu que cette volonté soit faite en ta faveur. Cette abbaye est-elle riche?

— Seigneur, avec l'aide de Dieu, nous y pourrons vivre humblement dans la retraite et la prière et avec abondance de toutes choses.

— Moine, pas de mensonge! Cette abbaye vaut-elle plus ou moins que celle-ci?... je veux savoir si on donne un bœuf ou un chevreau. Si tu me trompes, je pourrai revenir un jour sur cette donation; d'ailleurs tu m'as appris tout à l'heure que tu avais ici une exacte désignation des biens. Allons! parle, vieux radoteur.

— Oui, seigneur, — reprit l'abbé en se mordant les lèvres et allant chercher plusieurs rouleaux de parchemin formant le Polyptique. — Vous verrez par ces pièces que les biens et revenus de Meriadek valent au moins ceux dont nous jouissons ici... nous pourrions même, en réduisant, hélas! le nombre de nos bonnes œuvres, en restreignant nos charités, payer deux cents sous d'or par année à votre fisc.

— Tu dis cela un peu tard, — reprit Karl en feuilletant les pièces du Polyptique qui désignaient parfaitement l'étendue et les limites de la donation. — As-tu ici des parchemins pour écrire?... Je veux faire une donation en règle.

— Oui, seigneur, — s'écria joyeusement le moine en courant à son coffre, et croyant déjà tenir l'abbaye de Meriadek; — voici, gracieux seigneur, un parchemin; veuillez dicter les termes de la donation... à moins que vous ne préfériez adopter la formule ordinaire.

L'abbé se mettait en devoir de s'asseoir et de prendre la plume, lorsque Karl lui dit, en l'écartant de la table: — Moine, je ne suis point comme les rois fainéants et ignorants, moi, je sais écrire, j'aime fort à faire mes affaires...

Karl, consultant les parchemins que venait de lui remettre l'abbé, se mit à écrire, jetant parfois un regard sur Berthoald, qui demeurait pensif et presque étranger à ce qui se passait autour de lui; le moine, à quelques pas de la table, suivant d'un œil avide la main de Karl, se félicitait de s'être souvenu si à propos de l'abbaye de Meriadek, supputant déjà, sans doute, l'avantage qui résulterait pour lui de cet échange; aussi, s'adressant au chef des Franks, qui, silencieux, écrivait toujours, il lui dit avec une expression de joie contenue: — Puissant seigneur, voici mes noms; *Bonaventure Clément*, prêtre indigne et moine selon la règle de saint Benoît.

Karl releva la tête, regarda fixement l'abbé, sourit d'une façon singulière; puis, s'étant remis à écrire, il reprit après quelques instants: — De la cire!... que j'appose mon sceau à cette charte comme dernière formalité.

L'abbé s'empressa d'apporter ce qu'on lui demandait; Karl tira de son doigt un large anneau d'or, l'apposa sur la cire brûlante; — Voici la charte de donation bien en règle.

— Gracieux seigneur, — s'écria l'abbé en tendant les mains, — nous appellerons chaque jour sur vous la protection du ciel.

— Grâces te soient rendues, moine; les prières désintéressées doivent être particulièrement agréables au Tout-Puissant; — et se tournant vers le jeune chef: — Berthoald, par cette charte, je te fais comte au pays de Nantes, et te fais don à toi, à tes hommes, de l'abbaye de Meriadek avec toutes ses dépendances.

L'abbé resta pétrifié. Berthoald tressaillit de joie, et s'écria avec l'accent d'une profonde reconnaissance: — Karl, ta générosité ne se lasse donc pas?

— Non, mon vaillant! pas plus que ton bras ne se lasse à la bataille... Et maintenant, à cheval! noble comte. Si l'abbaye de Meriadek est un couvent de tonsurés et qu'il se trouve à sa tête quelque abbé bataillleur qui refuse de te faire place, tu as ton épée, les hommes ont leurs lances; si c'est un couvent de femmes, et que les nonnains soient jeunes et jolies, de par le diable!... — Karl n'acheva pas; à ce moment, des pas précipités se firent entendre derrière la porte; elle s'ouvrit brusquement, et Septimine, entrant, pâle, épouvantée, le visage baigné de larmes, les cheveux dénoués, se jeta aux pieds de l'abbé en criant: — Grâce! mon père, grâce!

Presque aussitôt deux esclaves, armés de fouets et portant à la main des trousseaux de corde, arrivèrent, en courant, sur les pas de la jeune fille; mais ils s'arrêtèrent respectueusement. Septimine était si belle, si touchante, ainsi éplorée, suppliante, que Berthoald resta frappé d'admiration, et ressentit soudain pour cette infortunée un intérêt inexprimable; Karl lui-même ne put s'empêcher de s'écrier; — Foi de marteau! la jolie fille!

— Que viens-tu faire ici? — dit brutalement le père Clément, furieux d'avoir vu la donation lui échapper; puis, se retournant vers les deux esclaves, immobiles au seuil de la porte : — Pourquoi ne l'avez-vous pas encore châtiée, cette misérable?

— Mon père... nous allions la dépouiller de ses vêtements pour l'attacher au chevalet, malgré sa résistance, mais elle s'est tellement débattue qu'elle nous a fait lâcher prise et nous a échappé.

— Oh! mon père, — s'écria Septimine d'une voix suffoquée par les sanglots, et tendant vers l'abbé ses mains suppliantes, — faites-moi mourir, mais épargnez-moi tant de honte...

— Karl, s'écria le père Clément, — cette esclave voulait faire évader le jeune prince!... Qu'on l'emmène, — ajouta-t-il, en se tournant vers les esclaves, — qu'on la châtie sur l'heure!

Les esclaves firent un pas dans la chambre; mais Berthoald, les arrêtant d'un geste menaçant, s'approcha de Septimine, et, lui tendant la main : — Ne crains rien, pauvre enfant; Karl, le chef des Franks, ne souffrira pas que tu sois châtiée.

La jeune fille, n'osant encore se relever, tourna son charmant visage vers Berthoald, et resta non moins frappée de la générosité du jeune homme que de sa beauté. En ce moment, leurs regards se rencontrèrent; Berthoald ressentit une émotion profonde, tandis que Karl disait à la *Coliberte* : — Allons, je te fais grâce... mais pourquoi diable, ma fille, voulais-tu faire évader le royal marmot?

— Hélas! seigneur, l'enfant est si malheureux! Mon père et ma mère ont été, comme moi, apitoyés : voilà tout notre crime... Seigneur, je vous le jure sur le salut de mon âme...

— Et les sanglots étouffèrent la voix de la jeune fille; — elle ne put qu'ajouter en joignant les mains : — Grâce! grâce! pour mon père, pour ma mère! Ayez pitié de nous, noble seigneur.

— Voilà que tu pleures encore à suffoquer, — dit Karl, touché, malgré sa rudesse, de tant de jeunesse, de douleur et de beauté. — Je défends que l'on châtie ton père et ta mère.

— Seigneur... on veut me vendre et me séparer d'eux... Ayez pitié de nous!

— Qu'est-ce à dire, moine? demanda Karl à l'abbé, tandis que Berthoald, sentant à chaque instant s'augmenter son trouble, son admiration et sa pitié, ne pouvait détacher ses regards de la charmante enfant.

— Seigneur, — reprit le père Clément : — j'ai ordonné qu'après avoir été rudement fouettés, ces trois esclaves, le père, la mère et la fille, seraient vendus et emmenés hors de ce couvent; un de ces marchands d'esclaves qui courent le pays est venu ce matin me proposer deux charpentiers et un forgeron-serrurier dont nous avons besoin; je lui ai offert en troc cette jeune fille, ainsi que son père et sa mère; mais Mardochée a refusé l'échange.

— Mardochée! — s'écria involontairement Berthoald, dont les traits, soudain pâlissants, exprimèrent autant de crainte que d'anxiété, — ce juif ici!...

— Que diable as-tu? — dit Karl au jeune homme, — te voilà blanc comme ton manteau.

Berthoald essaya de vaincre son émotion, baissa les yeux, et répondit d'une voix altérée :

— L'horreur que m'inspirent ces juifs maudits est si grande... que je ne peux les voir, ou seulement entendre prononcer leur nom sans frissonner malgré moi. — En disant ces mots, Berthoald prit vivement son casque, qu'il avait déposé sur la table, et le remit sur sa tête, l'enfonçant le plus possible, afin que la visière cachât le haut de son visage.

— Je comprends ton horreur pour les juifs, — reprit Karl, — et je partage ta répulsion pour cette race. Continue, moine!

— Mardochée consent à s'accommoder de la Coliberte, dont il a le placement; mais il ne veut ni du père ni de la mère : je lui ai donc vendu cette fille, me réservant le droit de la faire châtier avant de la livrer; je vendrai ses parents à quelque autre marchand.

— Seigneur! s'écria Septimine en fondant en larmes, — l'esclavage est une cruelle condition; mais il semble moins dur lorsqu'on le subit avec ceux qu'on aime...

— Le marché est conclu, — dit l'abbé; — Mardochée m'a donné des arrhes, il a ma parole, il attend la Coliberte.

En entendant dire que le juif se trouvait dans le couvent, Berthoald tressaillit de nouveau, se recula dans l'un des enfoncements de la salle, et ramena le capuchon de son long manteau blanc arabe par-dessus son casque, de sorte que ses traits étaient entièrement cachés; puis, s'adressant au chef des Franks d'une voix précipitée, comme un homme qui redoute un danger et veut quitter la place :

— Karl, avant que je prenne congé de toi, pour longtemps peut-être, mets le comble à ta générosité envers moi; rends la liberté au père et à la mère de cette pauvre enfant, rachète-la elle-même au juif, pour qu'elle ne soit pas séparée de sa famille. Si elle a été coupable, la

L'abbesse Méroflède

pitié seule l'a égarée. Tu vas placer ici des guerriers vigilants; l'évasion du petit prince ne sera plus à craindre.

Septimine, entendant les paroles compatissantes de Berthoald, leva vers lui son visage, empreint d'une reconnaissance ineffable.

— Sois satisfait, Berthoald, — dit Karl, — relève-toi, ma fille: cette abbaye, où je veux établir mes guerriers, comptera trois esclaves de moins; mais je n'aurai rien refusé à l'un de mes vaillants chefs.

— Tiens, mon enfant, — dit le jeune homme en mettant plusieurs pièces d'or arabe dans la main de Coliberte: — Voilà pour vous aider à vivre, toi, ton père et ta mère. Sois heureuse! bénis la générosité de Karl, et souviens-toi quelquefois de moi.

Septimine, par un mouvement supérieur à sa volonté, saisit la main que lui tendait Berthoald, et, sans prendre les pièces d'or qu'il lui offrait et qui roulèrent sur le plancher, elle baisa la main du jeune homme avec une reconnaissance si passionnée, qu'il sentit ses yeux, malgré lui, mouillés de larmes. Karl s'en aperçut, et cria en désignant du doigt les deux jeunes gens, en riant de son gros rire germanique:

— Foi de Marteau! je crois qu'il pleure!...

Berthoald rabaissa davantage le capuchon de son manteau, et cacha presque entièrement ses traits.

— Tu as raison, mon vaillant, de rabattre ton capuchon pour cacher tes larmes!

— Je ne te donnerai pas longtemps le spectacle de ma faiblesse, Karl... Permets-moi de me mettre en route à l'instant avec mes hommes pour l'abbaye de Meriadek.

— Va, mon bon compagnon de guerre, j'excuse ton impatience. Sois vigilant! exerce

63ᵉ livraison

journellement tes hommes ; qu'ils soient prêts à se rendre à mon premier appel, ou peut-être à aller attaquer ces damnés Bretons, qui, depuis Clovis, résistent à nos armes... Te voilà comte au pays de Nantes, près des frontières de cette Armorique endiablée. Ta loyale épée pourra me rendre de tels services, que ce soit moi, Karl, qui devienne encore ton obligé... Au revoir ! Heureux voyage et grosse abbaye je te souhaite !

Berthoald, grâce au capuchon qui voilait presque entièrement ses traits, put cacher sa cruelle angoisse lorsqu'il entendit Karl dire qu'un jour peut-être il lui donnerait l'ordre d'aller combattre les Bretons toujours indomptés ; il fléchit le genou devant le chef des Franks, et sortit en proie à une telle anxiété qu'il n'eut pas un dernier regard pour Septimine la Coliberte, toujours agenouillée au milieu des pièces d'or sarrasines éparses autour d'elle.

Le jeune chef traversait la cour de l'abbaye pour aller reprendre son cheval, lorsqu'à l'angle d'un mur il se trouva face à face avec un petit homme à barbe grise et pointue. C'était le juif Mardochée. Berthoald tressaillit, passa rapidement ; mais, quoiqu'il eût caché ses traits sous le capuchon de son manteau, ses yeux rencontrèrent le regard perçant du juif, qui sou rit d'un air sardonique, tandis que le jeune chef s'éloignait rapidement.

Le juif avait reconnu Berthoald.

CHAPITRE II

L'abbaye de Meriadek. — Les esclaves orfèvres. — Vie d'une abbesse au vIII^e siècle. — Etat et redevance des colons et des esclaves. — Punitions. — La chair vive et l'épervier. — Broute-Saule. — L'atelier. — Le meurtre et le souper. — L'inondation. — Les fugitifs. — Les frontières de l'Armorique.

Un atelier d'orfévrerie est agréable à voir pour l'artisan libre ou esclave, qui a vieilli dans la pratique de ce bel art illustré par Éloi, le plus célèbre des orfèvres gaulois. L'œil se repose avec plaisir sur le fourneau incandescent, sur le creuset où bouillonne le métal en fusion, sur l'enclume qui semble être d'argent veiné d'or, tant on a battu sur elle de l'argent et de l'or ; l'établi garni de ses limes, de ses marteaux, de ses doloires, de ses burins, de ses polissoirs de sanguine et d'agate, n'est pas moins agréable à l'œil ; ce sont encore les moules d'argile où se verse le métal fondu, et çà et là, sur des tablettes, quelques modèles en cire, empruntés aux débris de l'art antique, retrouvés parmi les ruines de la Gaule romaine ; il n'est pas jusqu'au grincement des limes, jusqu'au bruit haletant du soufflet de la forge, qui ne soit une musique douce à l'oreille de l'artisan qui a vieilli dans le métier. Telle est la passion de l'art, que parfois l'esclave oublie sa servitude pour ne songer qu'aux merveilles qu'il fabrique pour ses maîtres.

L'abbaye de Meriadek avait, ainsi que les riches couvents de la Gaule, son petit atelier d'orfévrerie ; un vieillard de quatre-vingt-seize ans et plus surveillait les travaux de quatre jeunes apprentis, esclaves comme lui, et réunis dans une salle basse voûtée, éclairée par une fenêtre cintrée, garnie de barreaux de fer, qui s'ouvrait sur un fossé rempli d'eau, le couvent ayant été bâti au milieu d'une espèce de presqu'île entourée d'étangs immenses. La forge s'adossait à l'un des murs dans l'épaisseur duquel était creusé une sorte de petit caveau où l'on descendait par plusieurs marches ; il contenait la provision de charbon nécessaire aux travaux. Le vieil orfèvre à la figure et aux mains noircies par la fumée de la forge, portait une souquenille à demi cachée par un large tablier de cuir, et ciselait avec amour une crosse abbatiale en argent.

— Père Bonaïk, — dit un des jeunes esclaves au vieillard, — voici le huitième jour que notre camarade Eleuthère ne vient pas à l'atelier... où peut-il être ?

— Dieu le sait, mes enfants... mais parlons d'autre chose.

— Je suis à moitié de votre avis, vieux père, car, à propos d'Eleuthère, j'ai autant envie de parler que de me taire. J'ai découvert un secret ; il me brûle la langue, et je crains qu'on me la coupe, si je bavarde.

— Alors, mon garçon, — reprit le vieillard en ciselant son orfévrerie, — garde ton secret, c'est prudent.

Mais les jeunes gens plus curieux que le vieillard, firent tant d'instance auprès de leur compagnon que, vaincu par leurs prières, il leur dit : — Avant-hier... c'était le septième jour de la disparition d'Eleuthère, j'étais allé reporter, par ordre du père Bonaïk, un bassin d'argent dans l'intérieur de l'abbaye. La tourière me dit d'attendre pendant qu'elle allait s'enquérir s'il n'y avait pas de pièces d'argent à nettoyer. Resté seul pendant l'absence de la tourière, j'ai eu la curiosité de monter sur un escabeau afin de regarder par une fenêtre très élevée donnant sur le jardin du monastère. Qu'est-ce que je vois ? ou plutôt qu'est-ce que je crois voir ? car il y a de ces ressemblances si frappantes... si extraordinaires...

— Eh bien ! qu'as-tu vu dans ce jardin ?

— J'ai vu l'abbesse, reconnaissable à sa taille élevée, marchant entre deux nonnes, ayant chacun de ses bras appuyé sur l'épaule de l'une et de l'autre de ces jeunes filles.

— Ne dirait-on pas qu'elle a près de cent

ans, comme le père Bonaïk, notre abbesse? elle qui monte à cheval comme un guerrier! elle qui chasse au faucon, elle dont la lèvre est ombragée d'une petite moustache rousse, ni plus ni moins que celle d'un jouvenceau de dix-huit ans.

Ce n'était point par faiblesse, mais sans doute par tendresse que l'abbesse s'appuyait ainsi sur les deux nonnes : l'une d'elles ayant marché sur sa robe, fait un faux pas, trébuche, se retourne, et je reconnais, ou je crois reconnaître, devinez qui... Eleuthère...

— Habillé en nonne ?
— Habillé en nonne...
— Allons donc!... tu rêvais.
— Pourtant, — reprit un autre esclave moins incrédule, — cela est possible, car notre camarade n'a pas encore dix-huit ans, et son menton est aussi imberbe que celui d'une jeune fille.
— Je soutiens que si cette nonne n'est pas Eleuthère, c'est sa sœur... s'il a une sœur.
— Je vous dis, — ajouta le vieil orfèvre avec une impatience anxiété, — je vous dis que vous êtes des oisons, et que si vous voulez aller au chevalet faire de nouveau connaissance avec les lanières du fouet, vous n'avez qu'à continuer à tenir de semblables propos.
— Mais, père Bonaïk....
— J'admets qu'on jase en travaillant ; mais quand les paroles peuvent se traduire en coups de fouet sur l'échine, le sujet de l'entretien me paraît inopportun. Vous savez, comme moi, que l'abbesse...
— Est ardente et endiablée, père Bonaïk.
— Vous voulez donc qu'il ne vous reste pas un morceau de peau sur le dos, malheureux enfants ! Je vous ordonne de vous taire.
— Et sur qui jaser, père Bonaïk, sinon sur les maîtres et sur les abbesses ?
— Tenez, — dit le vieillard, voulant détourner l'entretien qu'il trouvait, dangereux pour ces jeunes gens — je vous ai souvent promis de vous parler de mon illustre maître en orfèvrerie, la gloire des artisans de la Gaule. Parlons de ce grand artiste.
— Il s'agit du bon *Eloi*, du grand saint *Eloi*, père Bonaïk, l'ami du *bon* roi Dagobert?
— Dites le *bon Eloi*, mes enfants ; car jamais homme n'a été meilleur ; mais ne dites pas le *bon* roi Dagobert, car ce roi faisait égorger ceux qui lui déplaisaient, pillait, rançonnait le pauvre peuple, et avait un sérail comme en ont maintenant les kalifes des Arabes. Ecoutez, mes enfants : Le bon Eloi était né, vers 588, à Catalacte, petite ville des environs de Limoges. Ses parents étaient libres, mais d'une condition obscure et pauvre.
— Père Bonaïk, si Eloi est né en 588, sa naissance date donc d'environ cent cinquante ans? Cela fait un siècle et demi.

— Oui, mes enfants, puisque nous sommes bientôt en 738.
— Et vous l'avez connu ? — dit un des jeunes gens avec un sourire d'incrédulité, — vous l'avez connu, le bon Éloi ?
— Certes, je l'ai connu, puisque j'ai bientôt quatre-vingt-seize ans et qu'il est mort dans le courant du siècle dernier, en 659, il y a près de quatre-vingts ans de cela.
— Vous étiez tout jeune alors ?
— J'avais seize ans et demi la dernière fois que je l'ai vu... Son père s'appelait *Eucher* et sa mère *Terragie*. Eucher, remarquant que son fils, tout enfant, machinait toujours de petites figures ou de petits ustensiles en bois d'un joli dessin, l'envoya comme apprenti chez un habile orfèvre de Limoges, nommé maître *Abbon*, qui, à cette époque, dirigeait aussi pour le fisc l'atelier des monnaies dans la ville de Limoges. Après s'être perfectionné dans son art, à ce point qu'il dépassa son maître, Eloi quitta son pays et sa famille, laissant après lui de grands regrets, car tout le monde l'aimait pour sa gaîté, sa douceur et son excellent cœur ; il alla chercher fortune à Paris, l'un des séjours des rois franks. Eloi était recommandé par son ancien maître à un certain *Bobbon*, orfèvre et trésorier de Clotaire II. Ce Bobbon ayant pris notre Eloi comme ouvrier, remarqua bientôt son talent. Un jour, le roi Clotaire II voulut avoir un siège d'or massif, travaillé avec art et enrichi de pierres précieuses.
— Un siège d'or massif ! père Bonaïk ; quelle magnificence ! Rien ne coûte à ces rois !
— Hélas ! mes enfants, l'or ne coûtait aux rois franks que la peine de le prendre en Gaule, et ils ne s'en faisaient point faute. Clotaire II eut donc la fantaisie de posséder un siège d'or ; mais personne, dans les ateliers du palais, n'était capable d'accomplir une pareille œuvre. Le trésorier Bobbon, connaissant l'habileté d'Eloi, lui proposa de se charger de ce travail. Eloi accepta, se mit à la forge, au creuset, et avec la grande quantité d'or qu'on lui avait donnée pour orner un seul siège, il en fit deux. Portant alors au palais le siège qu'il a achevé, il cacha l'autre...
— Ah ! ah ! — dit en riant l'un des jeunes esclaves, — le bon Eloi faisait comme certains meuniers, fins matois et peu scrupuleux, il tirait de son sac deux moutures...
— Attendez, mes enfants, attendez, avant de porter votre jugement sur mon vénéré maître. Clotaire II, émerveillé de l'élégance et de la délicatesse du travail de l'artisan, ordonne aussitôt de le récompenser largement... Alors Eloi montre à Bobbon le second siège qu'il avait ouvragé, en disant : « Voici à quoi j'ai employé le restant de ton or, afin de ne rien perdre de la matière. J'ai agi comme tu pouvais le désirer. »

— Vous aviez raison, père Bonaïk, nous nous étions trop hâtés de juger le bon Eloi.

— Ce trait de probité, si honorable pour le pauvre artisan, mes enfants, fut l'origine de sa fortune. Clotaire II voulut se l'attacher comme orfèvre. C'est alors qu'Eloi fit ses plus beaux ouvrages : des vases d'or ciselés, enrichis de rubis, de perles et de diamants; des meubles d'argent massif d'un dessin admirable, rehaussés de pierres dures ; des reliquaires, des patères, des boîtes à Evangile travaillées à jour et incrustées d'escarboucles... J'ai vu le calice d'or émaillé, de plus d'un pied de haut, qu'il fit pour l'abbaye de Chelles : c'était un miracle de finesse, en émail et en or.

— Cela éblouit, rien que de vous entendre parler de ces beaux ouvrages, père Bonaïk.

— Ah ! mes enfants ! cette salle ne contiendrait pas les chefs-d'œuvre de cet artisan, la gloire de l'orfévrerie gauloise; les monnaies qu'il a frappées comme monétaire de Clotaire II, de Dagobert et de Clovis II, sont admirables de relief : ce sont des *tiers de sou d'or* d'une superbe empreinte... Eloi réussissait dans tous les genres d'orfévrerie; il excellait, comme les orfèvres de Limoges, dans l'incrustation des émaux et l'enchâssement des pierres fines; il excellait encore, comme les orfèvres de Paris, dans la statuaire d'or et d'argent au marteau ; il ciselait les bijoux aussi délicatement que les orfèvres de Metz ; les étoffes tissées de fils d'or, que l'on fabriquait sous ses yeux, d'après ses dessins, étaient non moins magnifiques que celles de Lyon. Mais aussi, mes enfants, quel rude travailleur que le bon Eloi ! toujours à sa forge au point du jour, toujours le tablier de cuir aux reins, la lime, le marteau ou le burin à la main, souvent il ne quittait son atelier qu'à une heure avancée de la nuit, aidé surtout par l'un de ses apprentis de prédilection, Saxon d'origine, et nommé *Thil.* Je l'ai connu ce Thil, il était bien vieux alors ; c'était aussi un grand artiste. Voilà des modèles pour vous, enfants.

— Eloi n'étant pas esclave, et jouissant des fruits de son travail, a dû devenir très riche, père Bonaïd ?

— Oui, mes enfants, très riche; car Dagobert, succédant à Clotaire II, son père, garda Eloi pour orfèvre; mais le bon Eloi, se souvenant de sa pauvre condition d'artisan, et du sort cruel des esclaves qui avaient souvent été ses compagnons de travail, dépensait, lorsqu'il fut riche, tout son gain au rachat des esclaves ; il en délivrait quelquefois vingt, trente, cinquante en un jour; souvent même il allait à Rouen acheter des cargaisons entières de captifs des deux sexes, qu'on amenait de tous pays en cette cité fameuse par son marché de chair humaine. On voyait parmi ces malheureux des Romains, des Gaulois, des Anglais, même des Maures, mais surtout des Saxons. S'il arrivait que le bon Eloi n'eût pas assez d'argent pour acheter les esclaves, il leur donnait, pour soulager leur misère, tout ce qu'il possédait. « — Que de fois, sa bourse épuisée, — me disait Thil, son apprenti favori, — j'ai vu mon maître vendre son manteau, sa ceinture, et jusqu'à sa chaussure. » — Mais il faut vous dire, mes enfants, que ce manteau, cette ceinture, cette chaussure, étaient brodés d'or, souvent enrichis de perles ; car le bon Eloi, qui ornait les vêtements des autres, se plaisait aussi à orner ses habits, et, dans sa jeunesse, il était magnifiquement vêtu

— C'était bien le moins qu'il se parât, lui qui paraît autrui. Ce n'est pas comme nous qui travaillons l'or et l'argent et ne quittons jamais nos haillons.

— Mes pauvres enfants, nous sommes esclaves, tandis qu'Eloi avait le bonheur d'être libre, mais de cette liberté il usait pour le bonheur de son prochain. Il avait autour de lui plusieurs serviteurs qui l'adoraient; j'en ai connu quelques-uns, entre autres *Bauderic, Tituen, Buchin, André, Martin* et *Jean.* Vous voyez que le vieux Banaïk ne manque pas de mémoire; mais comment ne pas se rappeler tout ce qui a rapport au bon Eloi ?

— Savez-vous, maître, que c'est un honneur pour nous, pauvres esclaves orfèvres, d'avoir eu un tel homme dans notre état?

— Si c'est un honneur, mes enfants ! certes, il faut nous en enorgueillir. Imaginez-vous que la réputation de charité du bon Eloi était si grande, si grande ! que l'on connaissait son nom dans toute la Gaule, et en d'autres pays encore. Les étrangers tenaient à honneur de visiter cet orfèvre, à la fois si grand artiste et si grand homme de bien. Aussi, lorsque l'on demandait sa demeure, à Paris, le premier passant répondait : « Tu veux savoir où loge le bon Eloi ? va à l'endroit où tu trouveras le plus grand nombre de pauvres rassemblés, c'est là qu'il demeure. »

— Oh ! le bon Eloi ! — dit l'un des jeunes gens, les yeux humides de larmes. — Oh ! le bon Eloi ! si bien nommé !

— Oui, mes amis, car il était aussi actif pour la charité que pour le travail. Le soir, à l'heure du repas, il envoyait ses serviteurs de différents côtés pour rassembler ceux qui souffraient de la faim et les voyageurs malheureux. On les amenait, il leur donnait à manger; remplissant auprès d'eux l'office d'un serviteur, il débarrassait les uns de leurs fardeaux, répandait de l'eau tiède sur les mains des autres, versait le vin dans les coupes, rompait le pain, tranchait la viande, la distribuait ; puis après avoir ainsi servi chacun avec une douce joie, il allait s'asseoir sur un siège; seulement alors il prenait sa part du repas qu'il offrait à ces pauvres gens. Il pratiquait ainsi la charité.

— Et quel visage avait-il, père Bonaïk, ce bon Eloi? Etait-il grand ou petit?

— Il était grand de taille et avait le visage coloré. Dans sa jeunesse, m'a dit Thil, son apprenti, sa chevelure noire bouclait naturellement; sa main, quoique endurcie par le marteau, était blanche et bien faite; il y avait quelque chose d'angélique dans son visage; son regard loyal était cependant rempli de finesse.

C'est ainsi, père Bonaïk, que j'aime à me le représenter, vêtu de ses magnifiques habits, qu'il vendait pour racheter des esclaves.

— Lorsque l'âge vint, le bon Eloi, renonçant à toute magnificence, ne porta plus qu'une robe de laine grossière avec une corde pour ceinture... Vers quarante ans, il fut nommé évêque de Noyon, sur sa demande.

— Lui, ce grand artiste, voulut être évêque!

— Oui, mes enfants... Affligé de voir tant de cupides et méchants prélats dévorer le bien des pauvres qu'il aimait tant, le bon Eloi demanda au roi l'évêché de Noyon, se disant que cet évêché serait au moins gouverné selon la douce morale de Jésus; et il pratiqua cette morale jusqu'à la fin de sa vie, sans renoncer à son art; il fonda plusieurs monastères où il établit de grands ateliers d'orfévrerie, sous la direction des apprentis qu'il avait formés dans l'abbaye de Solignac, entre autres, en Limousin. Ce fut là, mes enfants, que je fus conduit esclave à l'âge de seize ans, après beaucoup de vicissitudes; car je suis né en Bretagne... dans cette Bretagne encore libre aujourd'hui, et que je ne reverrai plus, quoique cette abbaye ne soit pas très éloignée du berceau de ma famille. — Et le vieillard, qui n'avait pas jusqu'alors discontinué de travailler à la crosse abbatiale qu'il ciselait, laissa tomber sur ses genoux la main qui tenait son burin. Pendant quelques instants il resta muet et pensif; puis se réveillant comme en sursaut, il reprit, s'adressant aux jeunes esclaves, étonnés de son silence : — Mes enfants, je me suis laissé entraîner malgré moi à des souvenirs à la fois doux et amers pour mon cœur... Que vous disais-je?

Vous nous disiez, père Bonaïk, que vous aviez été conduit esclave à seize ans à l'abbaye de Solignac, en Limousin.

— C'est là où, pour la première fois, je vis ce grand artiste. Chaque année, il quittait Noyon pour venir visiter ce monastère. Il y avait établi, comme abbé, Thil le Saxon, son ancien apprenti, qui dirigeait l'atelier d'orfévrerie. Il était bien vieux alors, le bon Eloi; mais il aimait à venir à l'atelier surveiller et diriger nos travaux. Souvent il prenait de nos mains la lime et le burin pour nous montrer la manière de nous en servir, et cela si paternellement, que tous les cœurs étaient à lui. Ah! c'était le bon temps... Les esclaves ne pouvaient quitter les terres du monastère, mais ils étaient aussi heureux qu'on peut l'être en servitude; car, à chaque visite, Eloi s'enquérait d'eux, pour savoir s'ils étaient doucement traités. Mais après sa mort tout changea.

Le vieil orfèvre en était là de son récit, lorsque la porte de l'atelier s'ouvrit, et deux nouveaux personnages entrèrent : l'un était le seigneur Ricarik, intendant de l'abbaye, Frank à figure basse et dure; l'autre était *Septimine la Coliberte*, de qui Berthoald, plusieurs jours auparavant, avait demandé et obtenu la liberté, ainsi que celle de sa famille. Depuis son départ de l'abbaye de Saint-Saturnin, la pauvre enfant était presque méconnaissable; son charmant visage était pâle et amaigri, tant elle avait souffert et pleuré, elle suivait l'intendant silencieuse et confuse.

— Notre sainte dame l'abbesse Méroflède t'envoie cette esclave, — dit Ricarik au vieil orfèvre en lui désignant du geste Septimine, qui honteuse de se trouver parmi les jeunes gens, n'osait lever les yeux. — Méroflède l'a achetée hier au juif Mardochée... Il faut que tu apprennes à cette fille à nettoyer les bijoux; notre sainte abbesse la conservera près d'elle pour cet emploi. Il faut que dans un mois, au plus tard, cette esclave soit dressée à ce service, sinon elle sera châtiée et toi aussi.

A ces mots, la Coliberte tressaillit et osa lever les yeux sur le vieillard, qui, s'approchant d'elle, lui dit avec bonté: — Ne craignez rien, mon enfant; avec un peu de bon vouloir de votre part nous pourrons vous apprendre à polir les bijoux et satisfaire aux désirs de notre sainte abbesse. Vous travaillerez là, près de moi.

Pour la première fois, depuis longtemps, les traits de la jeune fille exprimèrent d'autres sentiments que ceux de la crainte et du chagrin. Elle leva timidement les yeux sur Bonaïk, et, frappée de la douceur de ses traits vénérables, elle lui répondit avec l'accent d'une profonde reconnaissance: — Oh! merci, bon père! merci! d'avoir ainsi pitié de moi.

Tandis que les apprentis échangeaient à voix basse quelques remarques sur la beauté de leur nouvelle compagne de travail, Ricarik qui portait sous son bras un coffret, dit au vieillard : — Je t'apporte de l'or et de l'argent pour fabriquer la ceinture que tu sais, ainsi que le vase de forme grecque: notre dame Méroflède est impatiente de posséder ces deux objets.

— Ricarik, je vous l'ai dit, ce que vous m'avez déjà apporté, soit en morceaux, soit en sous d'or et d'argent ne suffit point; tout est là dans le coffre de fer, dont vous avez la clé. Il faudrait de plus, pour parfaire une de ces belles ceintures d'or, pareille à celles que j'ai vu fabriquer dans les ateliers fondés par l'illustre Éloi, il faudrait une vingtaine de perles et autant de pierreries.

— J'ai ici dans ce sac et cette cassette autant d'or, d'argent et de pierreries qu'il t'en faudra, tiens... — Et Ricarik versa d'abord sur l'établi du vieil orfèvre le contenu d'un sac de sous d'argent, puis il tira de la cassette un assez grand nombre de sous d'or, plusieurs lames, aussi d'or, bossuées, comme si elles eussent été arrachées de l'endroit qu'elles ornaient, et enfin un reliquaire d'or enrichi de pierreries.

— Auras-tu suffisamment d'or et de pierreries?

— Je le crois ; ces pierreries sont superbes... Ce reliquaire est orné de rubis sans pareils.

— Ce reliquaire, donné à notre sainte abbesse, contient un pouce de *saint Loup*, du grand *saint Loup* et deux dents de sa mâchoire.

— Ricarik, lorsque j'aurai déchâssé les rubis, et fondu l'or du reliquaire, que ferai-je du pouce et des dents qui s'y trouvent ?

— De quel pouce et de quelles dents ?

— Des ossements du bienheureux saint Loup qui sont là-dedans ?

— Fais-en ce que tu voudras... porte-les en relique pour prolonger ta vieillesse.

— Alors je vivrai deux cents ans au moins

— Qu'examines-tu avec tant d'attention?

— J'examine ces sous d'argent que tu m'as apportés: quelques-uns ne me semblent pas être de bon aloi.

— Quelque colon m'aura friponné... C'est aujourd'hui le jour où ils payent leur redevance ; quand ils donnent leur argent, on dirait qu'ils s'arrachent la peau. Malheureusement il est trop tard pour découvrir les fripons qui ont remis les mauvais sous d'argent ; mais tu vas me suivre pour examiner les pièces qui vont encore m'être données, et malheur au larron qui essayera de passer une pièce de mauvais aloi ! Sa peau lui en cuira !...

— Je ferai selon votre volonté... Nous allons serrer ces métaux précieux et les pierreries dans le coffre de fer, si vous le voulez bien, en attendant que je puisse les mettre en œuvre.

Pendant que le Frank examinait le contenu du coffre, le vieil orfèvre se rapprocha des jeunes apprentis et leur dit à voix basse : — Mes enfants, jusqu'ici j'ai toujours pris votre défense contre nos maîtres, palliant ou cachant vos fautes, afin de vous épargner des châtiments quelquefois mérités.

— C'est vrai, père Bonaïk.

— En retour, je vous demande de traiter comme une sœur cette pauvre enfant qui est là toute tremblante. Je vais sortir avec l'intendant durant une heure peut-être ; promettez-moi d'être réservés en vos propos pendant mon absence ; évitez les mauvais propos devant elle.

— Ne craignez rien, père Bonaïk, nous ne dirons rien qu'une nonne ne puisse entendre.

— Cela ne me suffit point ; certaines nonnes peuvent tout entendre ; promettez-moi de ne dire que ce que vous diriez devant votre mère.

— Nous vous le promettons, père Bonaïk.

Cet entretien avait lieu à l'autre bout de l'atelier, tandis que Ricarik inventoriait le contenu du coffre. Le vieillard revint alors près de Septimine, et lui dit à demi-voix : — Mon enfant, je vais vous quitter pendant quelques instants ; mais j'ai recommandé à ces jeunes gens de vous traiter en sœur ; soyez rassurée. Vous n'entendrez aucune parole malséante.

A peine Septimine avait-elle remercié le vieillard par un regard de gratitude, que l'intendant dit en fermant le coffre : — L'on n'a pas de nouvelles d'Eleuthère, ce fuyard ?

Le vieil orfèvre fit un signe d'intelligence aux esclaves qui avaient tous levé la tête au moment où le nom d'Eleuthère avait été prononcé ; tous se remirent à leurs travaux sans répondre à la question de l'intendant et sans paraître même l'avoir entendue.

— Sa disparition doit cependant vous étonner, vous autres ? — dit Ricarik en promenant son regard perçant sur les apprentis.

— Il aura trouvé le moyen de s'enfuir, — dit le jeune garçon qui avait cru reconnaître Eleuthère dans le cloître ; — il avait depuis longtemps l'idée de se sauver du monastère.

— Oui, oui, — répétèrent les deux autres apprentis, — Eleuthère nous avait annoncé qu'il se sauverait du monastère.

— Et pourquoi ne m'en avez-vous pas instruit, chiens d'esclaves ? — s'écria l'intendant. — Vous êtes donc ses complices ?

Les jeunes gens restèrent cois, les yeux baissés. Le Frank ajouta :

— Ah ! vous avez gardé le silence ! votre échine en cuira sous le fouet !

— Ricarik, — reprit le vieil orfèvre, — ces jeunes gens babillent comme des geais, et n'ont pas plus de cervelle que des oisillons... Eleuthère a souvent dit comme tant d'autres : « Ah ! que je voudrais donc courir les champs « au lieu d'être tenu à l'atelier de l'aube au « soir ! » Voilà ce que ces garçons appellent ses confidences ; pardonnez-leur donc ; de plus, songez-y, notre sainte dame Méroflède est impatiente d'avoir la ceinture et le vase ; mais si vous faites fouetter mes apprentis, ils passeront plus de temps à se frotter l'échine qu'à manier la lime et le marteau, et notre travail n'avancera guère. Ce sera la cause d'un grand retard.

— Soit, ils seront châtiés plus tard, car il faut non seulement que toi et eux vous travailliez le jour, mais encore la nuit : le jour vous façonnerez l'or et l'argent ; la nuit vous fourbirez le fer. Vous suffirez à une double besogne.

— Que voulez-vous dire ?

— Ce soir on apportera des armes, des haches et des épées que j'ai fait acheter à Nantes.

— Des armes ! — dit le vieillard fort surpris, — des armes ! les Arabes menacent-ils encore le cœur de la Gaule ?

— Vieillard, on t'enverra ce soir des armes, veille à ce que les lances soient aiguisées, les épées affilées, les haches tranchantes ; ne t'inquiète pas du reste. Mais voici l'heure où les colons apportent leurs redevances en argent. Suis-moi, afin de vérifier si ces larrons ne cherchent pas à écouler des pièces de mauvais aloi. Allons, en route, père Bonaïk.

Le vieil orfèvre quittant l'atelier avec Ricarik, le suivit sous un immense hangar situé au dehors de l'abbaye. Là étaient déjà réunis presque tous les esclaves et colons qui apportaient au monastère leurs redevances. Il y avait ainsi par an quatre jours fixés pour le payement des grandes redevances. A ces époques les produits des terres, si péniblement cultivées par les Gaulois, affluaient à l'abbaye ; l'abondance et l'oisiveté régnaient ainsi dans ce saint lieu comme dans tous les autres monastères, tandis que les populations asservies, à peine abritées sous des masures de boue et de roseaux, vivaient au milieu d'une misère atroce, accablées de charges de toutes sortes. Rien n'était à la fois plus triste et plus animé que ce tableau de redevances : ces hommes des champs, à peine vêtus, esclaves ou colons, dont la maigreur trahissait l'infortune, arrivaient portant sur leurs épaules ou charroyant sur des charrettes des denrées et des produits les plus variés. Au bruit tumultueux de la foule se joignaient les bêlements des moutons et des veaux, le grognement des porcs, les beuglements des bœufs, le gloussement des volailles, animaux que les redevanciers apportaient ou amenaient vivants ; d'autres ployaient sous le poids de grands paniers remplis d'œufs, de fromage, de beurre ou de gâteaux de miel ; d'autres roulaient des tonneaux de vin, conduits jusqu'à l'abbaye sur des espèces de traîneaux ; ailleurs on déchargeait des chariots de leurs pesants sacs de froment, de seigle, d'épeautre, d'avoine ou de graine de moutarde. Là s'amoncelaient le foin et la paille, plus loin s'empilaient les bois de chauffage ou de charpente, tels que poutres, voliges, bardeaux, échalas pour les vignes, pieux pour les clôtures : les esclaves forestiers apportaient des daims et des sangliers, venaison destinée à être fumée ; les colons amenaient en laisse des chiens courants pour la vénerie qu'ils devaient élever, ou tenaient en cage des faucons ou des éperviers qu'ils devaient dénicher pour la fauconnerie ; d'autres, taxés à un certain nombre de livres de fer et de plomb, nécessaires à l'entretien des bâtiments de l'abbaye, apportaient ces métaux ; plus loin, c'étaient des rouleaux de toile de lin, des ballots de laine ou de chanvre à filer, d'immenses pièces de serge tissée au métier, des paquets de peaux de moutons, de bœuf ou de veau, corroyées, toutes préparées pour la main-d'œuvre. Il y avait encore des redevanciers tenus à fournir une certaine quantité de livres de cire, d'huile, de savon, et jusqu'à des torches de bois résineux, des paniers, de l'osier, de la corde tissée, des haches, des cognées, des houes, des bêches et autres instruments aratoires ; d'autres, enfin, devaient fournir des meubles, des ustensiles de ménage, etc...

Ricarik s'était assis dans l'un des coins du hangar, auprès d'une table, pour percevoir les taxes en argent des colons retardataires tandis que plusieurs sœurs tourières du monastère, vêtues de leurs robes noires et de leurs voiles blancs, allaient de groupe en groupe, tenant un parchemin où elles inscrivaient les redevances en nature. Le vieil orfèvre, debout auprès de Ricarik, examinait l'un après l'autre les sous ou les deniers d'argent et de cuivre que donnaient en payement les redevanciers, et trouvait toute monnaie de bon aloi ; il eût craint d'exposer par son refus ces pauvres gens à de mauvais traitements, car l'intendant était impitoyable. Les colons hors d'état de payer ce jour-là formaient un groupe assez nombreux, attendant avec anxiété l'appel de leurs noms ; plusieurs étaient accompagnés de leurs femmes et de leurs enfants ; ceux qui purent payer leur taxe s'étant acquittés, Ricarik appela à haute voix Sébastien. Le colon s'avança tout tremblant, ayant à ses côtés sa femme et ses deux enfants, aussi misérablement vêtus que lui.

— Non-seulement tu n'as pas payé ta redevance fixée à vingt sous d'argent, — dit l'intendant, — mais, la semaine passée, tu as refusé de charroyer des laines, des toiles de lin et des peaux corroyées que l'abbesse envoyait à Rennes. Mauvais payeur, détestable serviteur.

— Hélas ! seigneur, si je n'ai pas payé ma redevance, c'est que, peu de temps avant la moisson l'ouragan a couché mes blés mûrs. J'aurais pu les faire moissonner à temps ; mais les esclaves qui cultivent avec moi ont été requis cinq jours sur sept pour travailler aux nouvelles clôtures du parc de l'abbaye et pour curer l'un des étangs. Seul, je ne pouvais moissonner le champ ; de grandes pluies sont venues, le blé a germé sur la terre, la récolte a été perdue. Il me restait un champ d'épeautre, moins maltraité par l'ouragan ; mais ce champ avoisine la forêt de l'abbaye, et les cerfs ont, comme l'an passé, ravagé ma moisson sur pied.

Ricarik haussa les épaules et ajouta : — Tu dois en outre six charretées de foin, tu ne les as pas apportées ; cependant les prairies que tu cultives sont excellentes ; tu pouvais avec le surplus de six charretées te procurer de l'argent et remplir tes engagements.

— Hélas! seigneur, je ne vois jamais la première coupe de ces prés ; les troupeaux qui appartiennent en propre à l'abbaye viennent paître sur mes terres dès le printemps; si pour les garder, j'y mets des esclaves, tantôt ils sont battus par ceux du monastère, tantôt ils les battent ; mais toujours leurs bras me font faute. De plus, seigneur, presque chaque jour amène sa redevance particulière, aujourd'hui il nous faut aller façonner les vignes de l'abbaye, demain labourer, herser, ensemencer ses terres, charroyer ses récoltes, construire ses clôtures ; il a fallu de plus, creuser des tranchées dans la chaussée des Étangs, lorsque l'abbesse a craint de voir le couvent attaqué par des bandes errantes. Il nous a fallu en ce temps-là faire le guet... Lorsque sur trois nuits on est forcé d'être deux nuits sur pied, et qu'il faut se remettre à l'ouvrage dès l'aube, les forces manquent, le travail est négligé.

— Et les charrois que tu as refusés ?

— Non, seigneur, je n'ai pas refusé de faire les charrois: mais un de mes chevaux a été fourbu par suite d'une charge trop lourde et d'un trop long trajet qu'il a fait pour l'abbaye, et il ne m'a pas été possible d'exécuter vos ordres pour tes derniers charrois.

— S'il ne te reste qu'un cheval fourbu, comment cultiveras-tu tes terres? comment t'acquitteras-tu des redevances arriérées et de celles de l'an prochain?

— Hélas! seigneur, je suis dans un embarras cruel ; j'ai amené ma femme et mes enfants que voici; ils se joignent à moi pour vous implorer et vous demander la remise de ce que je dois ; peut-être à l'avenir n'éprouverai-je pas tant de désastres coup sur coup.

À un signe du malheureux Gaulois, sa femme et ses enfants se jetèrent aux pieds du Frank en l'implorant avec larmes. Alors, il dit au colon : — Tu as sagement fait d'amener ta femme et tes enfants, tu m'épargnes la peine de les envoyer chercher. Je connais certain juif de Nantes, nommé Mardochée, qui prête sur les personnes; il donnera au moins dix sous d'or sur la femme et tes deux enfants qui sont en âge de travailler. Tu pourras employer cet argent à l'achat d'un cheval pour remplacer celui qui est fourbu, et plus tard, quand tu auras pu rembourser le juif ses avances, il te rendra ta femme et tes enfants.

Le colon et sa famille avaient écouté l'intendant avec une sorte de stupeur douloureuse; puis ils éclatèrent en sanglots et en prières. — Seigneur, — disait le Gaulois, — vendez-moi, si vous le voulez, comme esclave, ma condition ne sera pas pire que celle où je vis ; mais ne me séparez pas de ma femme et de mes enfants... Jamais je ne pourrai payer mes redevances arriérées et rembourser le juif ; je préfère l'esclavage avec les miens à ma vie de colon ! Prenez-nous en pitié

— Assez ! assez !... — dit Ricarik, — tu as à nourrir une famille trop nombreuse, cela te ruine... Lorsque tu n'auras à subvenir qu'à tes propres besoins, tu pourras payer tes redevances, et avec le prêt de Mardochée tu seras mis à même de continuer tes travaux. Et, s'adressant à l'un de ses hommes : — Qu'on emmène la femme et les enfants de Sébastien... et qu'on les présente au juif Mardochée, qui se trouve ici.

Bonaïk essaya d'apitoyer le Frank sur le sort de cette pauvre famille gauloise; ses supplications furent inutiles. Ricarik continuait d'appeler par leurs noms d'autres colons retardataires, lorsqu'on amena devant lui un jeune garçon de dix-sept à dix-huit ans, qui se débattait vigoureusement contre ceux qui l'entraînaient. — Laissez-moi ! j'ai apporté pour la redevance de mon père trois faucons et deux autours pour le *perchoir* de l'abbesse... Je les ai dénichés au risque de me briser les os... que voulez-vous de plus ?

— Ricarik, — dit l'un des deux esclaves de l'abbaye qui amenaient le jeune garçon, — nous étions près de la clôture de la cour du perchoir, lorsque nous avons vu un épervier, encore chaperonné, qui venait de s'échapper des mains du fauconnier. L'oiseau a quelque peu volé ; puis, empêché par son chaperon, il est allé s'abattre près de la clôture; aussitôt le jeune garçon a jeté son bonnet sur l'épervier et l'a mis dans son bissac. Nous avons saisi le larron sur le fait. Voici le bissac ; l'épervier est dedans tout chaperonné.

— Qu'as-tu à répondre? — demanda Ricarik au jeune garçon, qui resta sombre et silencieux. — Sais-tu de quelle manière la loi punit le vol de l'épervier ? Elle condamne le voleur à payer trois sous d'argent ou à se laisser manger six onces de chair sur la poitrine par l'oiseau. — J'ai fort envie de l'appliquer cette loi à titre de salutaire exemple pour les larrons d'éperviers... Qu'en dis-tu ?

— Si notre abbesse, — reprit audacieusement le jeune garçon, — donne en pâture à ses oiseaux de chasse notre chair, aussi vrai que je m'appelle *Broute-Saule*, tôt ou tard je me vengerai et d'elle et de vous !

— Qu'on le saisisse! — s'écria Ricarik, — qu'on l'attache sur un banc, au dehors du hangar, afin que son châtiment soit public... Que la chair de sa poitrine soit donnée en pâture à l'oiseau, dit-il en s'adressant aux esclaves : —

— Bourreau ! si je peux te joindre en un lieu écarté, toi ou ton abbesse du diable, vous ferez connaissance avec mon couteau.

L'orgie dans le monastère (page 511)

La foule des esclaves assistant à cette scène éclata en violents murmures contre Broute-Saule, assez impie pour parler ainsi de l'abbesse Méroflède ; et ces malheureux se pressèrent, curieux d'assister à son supplice. Le jeune Gaulois fut dépouillé de ses vêtements, mis nu jusqu'à la ceinture et garrotté sur un banc au dehors du hangar ; puis Ricarik fit une légère blessure au sein droit du patient pour appâtir l'épervier. Alléché par le sang, l'oiseau se jeta sur la poitrine de Broute-Saule, dont il becqueta la chair vive.

Soudain on entendit le pas de plusieurs chevaux. Bientôt les esclaves et les colons, témoins du supplice de Broute-Saule, s'agenouillèrent devant l'abbesse Méroflède qui arrivait montée sur un vigoureux étalon gris. Curieuse de connaître la cause du rassemblement groupé en dehors du hangar, l'abbesse arrêta brusquement sa monture. Méroflède, vêtue d'une longue robe noire, avait sur la tête un voile blanc dont les plis encadraient son visage et son menton ; par-dessus le costume monastique elle portait, agrafée à la hauteur du cou, une sorte de mante flottante d'étoffe rouge à capuchon. Cette femme, d'une taille svelte, souple et élevée, avait environ trente ans ; ses traits eussent été beaux, sans leur expression tour à tour sensuelle, insolente ou farouche. Son visage, pâli par les excès, défiait, par l'éclat de son teint éblouissant, la blancheur des voiles qui l'entouraient, de même que la couleur de sa mante luttait d'incarnat avec ses lèvres pourpres et charnues, ombragées d'une légère moustache d'un roux doré ; son nez, recourbé, se terminait par des narines palpitantes et gonflées ; ses grands yeux, vert de mer, étincelaient sous ses épais sourcils roux. Méroflède

64ᵉ livraison

s'était arrêtée à la vue du rassemblement qui encombrait les abords du hangar ; la foule s'agenouillant au passage de l'abbesse, découvrit à ses regards le jouvenceau demi-nu, dont l'épervier commençait à déchiqueter la poitrine... Broute-Saule tourna vers elle son visage encadré de sa chevelure noire et bouclée. Alors, malgré la douleur atroce que lui causaient les morsures de l'oiseau, le jeune Gaulois, dont les traits exprimèrent soudain la stupeur et l'admiration s'écria : — Qu'elle est belle !

Méroflède, immobile, appuyant sur sa cuisse la main gantée dont elle tenait sa houssine, ne quitta pas des yeux l'esclave dont l'épervier becquetait la chair vive ; et Broute-Saule, insensible à la souffrance, répétait à demi-voix en contemplant l'abbesse avec une sorte de ravissement : — Qu'elle est belle ! oh ! madame la reine Marie, mère de Dieu, n'est pas plus belle !

Méroflède contempla ce spectacle pendant quelques instants, puis appelant Ricarik, elle se pencha sur sa selle, dit quelques mots à voix basse, et jetant un dernier regard sur Broute-Saule, elle partit au galop, sans donner aux esclaves et aux colons agenouillés la bénédiction que ces pauvres gens attendaient de leur abbesse, au nom du Père, du Fils et du St-Esprit.

. . . .

Berthoald, en quittant le couvent de Saint-Saturnin, s'était mis en route avec ses hommes, afin de se rendre à l'abbaye de Meriadek. La marche de cette troupe de Franks avait été retardée par la rupture de deux ponts, qu'ils trouvèrent à demi démolis sur leur route, et par la dégradation des chemins, où plusieurs fois s'embourbèrent les chariots qui contenaient le butin de ces guerriers et les femmes arabes et gauloises qu'ils avaient prises dans les environs de Narbonne, lors du siège de cette ville. Le surlendemain du jour où Broute-Saule avait été livré aux serres de l'épervier, Berthoald et ses hommes arrivèrent près de Nantes. Le soleil baissait, la nuit approchait. Le jeune chef, à cheval, devançait de quelques pas ses compagnons au milieu desquels se trouvaient les nouvelles recrues faites par Karl Marteau au delà du Rhin, aussi farouches, aussi sauvages que les premiers soldats de Clovis, et, comme eux vêtus de peaux de bêtes, portant leurs cheveux liés au sommet de la tête, ainsi que les portait, il y avait plus de deux siècles, Néroweg, un des leudes du roi des Franks ; les autres guerriers étaient casqués et cuirassés. Berthoald se montrait réservé, presque hautain avec les hommes de sa bande ; ceux-ci se plaignaient de sa froideur, de sa fierté à leur égard ; mais l'ascendant de son courage, sa force physique redoutable, sa rare dextérité à manier les armes, la promptitude de ses expédients de guerre, enfin la haute faveur dont il jouissait auprès de Karl, imposaient à ces farouches guerriers. Berthoald chevauchait donc seul à la tête de sa troupe. Souvent, depuis son départ de l'abbaye de Saint-Saturnin, il était devenu rêveur en se rappelant la charmante image de Septimine la Coliberte ; il songeait à cette jeune fille, lorsque Richulf, l'un des guerriers franks, rejoignant le jeune chef, lui dit :

— D'après les renseignements que nous avons pris en route, *notre* abbaye doit se trouver dans ces parages... Si tu le permets, nous interrogerons les esclaves que nous apercevons dans ces champs.

Berthoald, sortant de sa rêverie, fit un signe de tête affirmatif à son compagnon : tous deux pressèrent l'allure de leurs chevaux.

— Moi, — dit en chevauchant Richulf, espèce de géant germain, au ventre énorme, — je ris d'avance de la figure de l'abbé de *notre* couvent, lorsque nous lui dirons : Nous sommes ici par la grâce du bon Karl ; cède-nous la place, tonsuré de Satan, et ouvre-nous la cave et le garde-manger, que nous y puisions à notre gré.

Berthoald, étant arrivé auprès des esclaves, demanda à l'un d'eux où se trouvait l'abbaye de Meriadek !

— Non loin d'ici, seigneur ; la route de traverse que vous voyez là-bas, bordée de peupliers, conduit à l'abbaye.

— Est-ce un abbé ou une abbesse qui est à la tête de cette abbaye de Meriadek ?

— C'est notre sainte dame Méroflède.

— Une abbesse ! — reprit Berthoald surpris. Puis, souriant, il ajouta : — Est-elle jeune et jolie, l'abbesse Méroflède ?

— Seigneur, je ne saurais répondre à votre question, ne l'ayant jamais aperçue que de loin, enveloppée dans ses voiles.

— Si elle s'enveloppe dans ses voiles, elle doit être vieille et laide, — reprit Richulf en hochant la tête. — Les terres de l'abbaye sont-elles fertiles ? Y a-t-il de nombreux troupeaux de porcs ? Y récolte-t-on de bons vins ?

— Les terres de l'abbaye sont très fertiles, seigneur... les troupeaux de porcs et de moutons très nombreux. Il y a deux jours, nous avons porté nos redevances à l'abbaye, les colons leur argent, et c'est à peine si le vaste hangar du monastère pouvait contenir le bétail et les provisions de toutes sortes.

— Berthoald, — dit le Frank, — Karl Marteau nous a généreusement partagés ; mais nous arrivons deux jours trop tard : les redevances sont payées, peut-être consommées par cette abbesse et ses nonnains, nous ne trouverons plus de porcs, ni une pièce de vin.

Le jeune chef ne parut pas partager les appréhensions de son compagnon, et dit à l'esclave : — Ainsi, pauvre homme, cette route

bordée de peupliers, qui est là devant nous, conduit à l'abbaye de Meriadek?
— Oui, seigneur; dans une demi-heure vous y serez rendu.
— Merci de tes renseignements.

Et il se préparait à rejoindre les autres guerriers, lorsque Richulf, riant d'un gros rire, reprit : — Par ma barbe, je n'ai jamais vu quelqu'un plus compatissant, plus doux que toi envers ces chiens d'esclaves, Berthoald.
— Il me plaît d'agir ainsi...
— Soit... Ainsi es-tu un homme étrange en ce qui touche les esclaves; on dirait qu'ils te font mal à voir... Nous traînons à notre suite dans les chariots une vingtaine de femmes esclaves, notre part du butin; il y en a parmi elles de très jolies, tu n'as jamais voulu seulement t'approcher des chariots pour regarder les femmes... elles t'appartiennent cependant autant qu'à nous.
— Je vous ai dit que je ne prétendais à aucune part sur ce lot de chair humaine, — reprit impatiemment Berthoald. — La vue de ces pauvres créatures me serait pénible. Vous avez refusé de leur rendre la liberté... soit, mais ne me parlez plus d'elles...
— Eh bien! nous avons fait, car après en être amusés durant la route, nous pourrons les vendre au moins quinze à vingt sous d'or chacune, d'après ce que nous a dit un juif, qui était venu les visiter pour les estimer.
— C'est assez... c'est trop parler du juif et des esclaves! — et voulant mettre fin à un entretien qui lui était pénible, il approcha ses éperons des flancs de son cheval pour rejoindre les autres guerriers franks, et leur cria de loin: — Compagnons, bonne nouvelle! notre abbaye est riche, bien pourvue de bestiaux, fertile, et nous venons succéder à une abbesse, est-elle jeune ou vieille, laide ou jolie, je ne sais. Avant une heure nous la verrons et nous en jugerons.
— Vive Karl Marteau! — dit un des guerriers, — il n'y a pas d'abbesses sans nonnes... nous rirons avec les nonnains.
— J'aurais préféré quelque abbé batailleur à déposséder; mais je me console en pensant que nous allons être maîtres de nombreux troupeaux de porcs.
— Toi, Richulf, tu ne penses qu'aux horions et aux jambons!

En causant ainsi gaiement, les guerriers suivent l'avenue bordée de peupliers. Enfin on aperçoit au loin l'abbaye, bâtie au milieu d'une sorte de presqu'île, où l'on arrivait de ce côté par une étroite chaussée pratiquée entre deux étangs. Hourra en l'honneur de Karl!
— Beau bâtiment! vois donc, Berthoald.
— Vastes dépendances! Et ces grands bois à l'horizon, sans doute ils dépendent de notre abbaye. Nous pourrons y chasser à notre aise.

— Ils doivent être giboyeux. Nous chasserons le cerf, le daim, le sanglier... Vive Karl Marteau!
— Et les étangs, qui là-bas s'étendent de chaque côté de la route, ils doivent être poissonneux... nous pêcherons des carpes, des tanches, des brochets, dont je suis si friand!... Vive Karl!
— Ne trouvez-vous pas, compagnons, que cette abbaye a une certaine mine guerrière, avec ses bâtiments élevés, les contre-forts de ses murailles, ses rares fenêtres, et ces étangs qui l'entourent comme une défense naturelle?
— Tant mieux, Berthoald! nous serons là retranchés comme dans une forteresse; et s'il plaisait aux successeurs du bon Karl, ou à ces fantômes de rois, de nous déposséder à notre tour, ainsi que nous allons déposséder cette abbesse, nous prouverons que nous portons des chausses et non des jupes.
— Nos cierges sont des lances, nos bénédictions des coups d'épée...
— Hâtons nos chevaux de l'éperon, car le jour baisse et j'ai grand'faim... Foi de Richulf, deux jambons, quatre brochets et une montagne de choux ne me rassasieront pas.
— Aiguise tes dents, glouton! quant à moi, je propose d'inviter au festin l'abbesse et ses nonnes. La fête sera complète ainsi.
— Je propose d'inviter celles qui seront jeunes et jolies à partager avec nous le séjour de l'abbaye. Qu'en dites-vous, compagnons?
— Quoi! les inviter! Sigewald... il faut, par ma barbe! les forcer à rester avec nous... Le bon Karl rira du tour. Si l'évêque de Nantes se plaint, nous lui dirons de venir chercher ses brebis au milieu des loups.
— Au diable l'évêque de Nantes! le temps des tonsurés est passé, celui des soldats est venu... nous sommes maîtres chez nous!

Pendant que ses compagnons se livraient à cette joie grossière, Berthoald, silencieux et pensif, les précédait. Karl l'avait revêtu de la haute dignité de comte; il traînait à sa suite, dans les chariots, un riche butin. La donation de l'abbaye lui assurait de grands biens, cependant le jeune chef paraissait soucieux; un sourire amer et douloureux effleurait parfois ses lèvres. Les cavaliers franks cheminaient sur l'étroite chaussée de chaque côté de laquelle deux étangs immenses s'étendaient à perte de vue. Au bout de quelques instants, Richulf dit au jeune chef: — Je ne sais si le crépuscule embrouille ma vue, mais il me semble que la chaussée est coupée par un amoncellement de terre, à une petite distance de nous.
— Voyons cela de plus près, — répondit Berthoald en mettant son cheval au galop. Richulf et Sigewald le suivirent; bientôt tous trois se trouvèrent en face d'une large et profonde

coupure pratiquée dans la chaussée, coupure remplie d'eau par la jonction de deux étangs à cet endroit. Au delà de cette tranchée s'élevait une sorte de parapet de terre, renforcé de pieux énormes. Cet obstacle était considérable, la nuit baissait de plus en plus, et de chaque côté les deux lacs s'étendaient à perte de vue Berthoald se retourna fort surpris vers ses compagnons, non moins étonnés que lui : — Ce retranchement a, comme l'abbaye, une mine tout à fait guerrière.

— Ces terres ont été nouvellement remuées, l'écorce de ces pieux est encore fraîche, ainsi que la feuillée de cette espèce de haie qui couronne le parapet... Pourquoi diable ces préparatifs de défense?

— Par le marteau de Karl! — dit Berthoald, — voici une abbesse bien versée dans l'art des retranchements! mais il doit y avoir une autre route pour se rendre à l'abbaye, et... — Berthoald ne put achever la phrase; une volée de pierres lancées par des frondeurs embusqués derrière la haie qui couronnait le parapet, atteignirent les trois guerriers : leurs casques et leurs cuirasses amortirent le choc; mais le jeune chef fut assez rudement contus à l'épaule, et le cheval de Richulf, arrêté au bord de la chaussée, atteint à la tête, se cabra si violemment, qu'il se renversa sur son cavalier; tous deux tombèrent dans l'étang, si profond en cet endroit, que, pendant un instant, cheval et cavalier disparurent complètement; mais bientôt le Frank surnagea, parvint à se cramponner au rebord de la chaussée et à y remonter, non sans peine et ruisselant d'eau, tandis que son cheval éperdu, affolé, s'éloignait en nageant vers le milieu de l'étang, où, épuisé de fatigue, il tourna sur lui-même et s'engloutit.

— Trahison! s'écria Berthoald.

Cette profonde coupure remplie d'eau avait vingt pieds de large; et, pour la combler selon l'art de la guerre, il eût fallu aller au loin couper cinq ou six cents fascines et commencer un véritable siège; de plus, la nuit s'assombrissait de plus en plus. Tandis que le jeune chef se consultait avec ses compagnons sur cette occurrence imprévue, une voix sortant de derrière la haie dont était couronné le retranchement, dit : — Cette volée de pierres est une pluie de roses en comparaison de ce qui vous attend si vous tentez de forcer ce passage.

— Qui que tu sois, tu payeras cher cette attaque! — s'écria Berthoald. — Nous venons ici par ordre de Karl, chef des Franks, qui a fait don de l'abbaye de Meriadek à moi et à mes hommes. Je commande, c'est à vous d'obéir.

— Et moi, reprit la voix, — je te fais don, en attendant mieux, de cette volée de pierres.

— Nous ne pourrons ce soir forcer le passage; mais nous camperons cette nuit sur cette chaussée; demain, au point du jour, nous enlèverons ce retranchement; or, je t'en préviens, l'abbesse de ce couvent et ses nonnes seront traitées comme on traite les femmes en ville conquise, les jeunes seront forcées, les vieilles fouettées, et les hommes seront tous massacrés...

— Notre sainte dame Méroflède fait peu de cas des menaces, — répondit la voix; — l'abbesse consent à recevoir le chef de ces bandits, mais seul, dans le couvent... ses compagnons camperont cette nuit sur la levée; demain, au point du jour, il viendra les rejoindre; et quand il leur aura raconté ce qu'il aura vu dans le monastère, et de quelle façon l'on se dispose à les recevoir, ils reconnaîtront qu'ils n'ont rien de mieux à faire que de retourner guerroyer auprès de Karl, ce païen qui ose disposer des biens de l'Eglise! ou, de par les cornes de Satan, nous saurons bien vous chasser d'ici.

— Je châtierai ton insolence!

— Mon cheval est noyé, — ajouta Richulf en fureur; — l'eau ruisselle sous mon armure, je suis transi, j'ai le ventre vide, et nous sommes condamnés à passer la nuit à la belle étoile!

— Assez de vaines paroles, décidez-vous, — reprit la voix. — On va jeter, du haut de ce retranchement, une longue planche, et pour peu que votre chef ait le pied sûr, il traversera ainsi la tranchée; je le conduirai à l'abbaye; demain il rejoindra ses compagnons, et que le diable qui vous a amenés vous conduise aux enfers.

Durant ce débat, les autres Franks, compagnons de Berthoald, et plus tard les chariots et les bagages, s'engageant sans défiance sur l'étroite chaussée, avaient rejoint le jeune chef. Il leur raconta ce qui venait de se passer, leur montrant la coupure et le retranchement, en ce moment infranchissables. Les nouveaux bénéficiers de l'abbaye, non moins interdits, non moins furieux que Berthoald, éclatèrent en menaces et en imprécations contre l'abbesse; mais la nuit était venue, il fallut songer à camper sur la chaussée; il fut convenu aussi que Berthoald se rendrait seul à l'abbaye, et que le lendemain, au point du jour, selon son rapport, ses compagnons aviseraient, très décidés d'ailleurs à recourir à la violence; enfin, ils recourraient encore à la force dans le cas où Berthoald, victime d'une trahison, ne reparaîtrait pas. Quant à lui, insoucieux du danger, il insista pour se rendre au monastère, cédant autant à son esprit d'aventure qu'à sa curiosité de voir cette abbesse guerrière. Ainsi que Ricarik, qui gardait le retranchement, l'avait offert à Berthoald, une planche fut poussée horizontalement du dedans au retranchement, puis elle bascula et s'abaissa, de sorte que l'une de ses extrémités reposait sur la levée, l'autre sur le faîte du parapet, où elle était solidement maintenue. Berthoald confia son cheval à l'un de ses compagnons, et d'un pas ferme et léger s'aventura sur la planche et fut bientôt de l'autre côté de la tranchée.

Après le passage de Berthoald, la planche fut retirée ; le jeune chef, contraignant sa colère, suivit l'intendant, tandis qu'une douzaine de frondeurs, colons et esclaves, requis par ordre de l'abbesse pour être de guet, gardaient la tranchée à la faible clarté de cette nuit étoilée. Berthoald vit deux chevaux de l'autre côté du retranchement. Ricarik lui fit signe d'enfourcher une de ces deux montures, s'élança sur l'autre et partit en avant. Le jeune chef suivait son guide en silence, éprouvant non moins de courroux que de curiosité à l'égard de cette abbesse batailleuse, si peu résignée à céder la place aux nouveaux bénéficiers. En deux autres endroits, Berthoald trouva une chaussée coupée et retranchée, mais praticable, grâce à des ponts volants. Bientôt il arriva non loin de la première clôture de l'abbaye, formée de madriers solidement reliés les uns aux autres et plantés à peu de distance de la berge des étangs qui, environnant l'espace où s'élevaient les bâtiments de l'abbaye, faisaient de ce vaste terrain couvert de constructions une sorte de presqu'île à laquelle, de ce côté, l'on ne pouvait arriver que par la chaussée mise récemment en état de défense ; derrière le monastère, une langue de terre, rejoignant la forêt dont la cime bornait l'horizon, offrait un autre passage. Berthoald remarqua en dedans de la clôture de vives lueurs projetées sans doute par des torches. L'intendant prit un cornet de cuivre suspendu à l'arçon de sa selle, sonna quelques appels ; aussitôt une porte bardée de fer, faisant face à la jetée, s'ouvrit. Berthoald, précédé de son guide, entra dans l'une des cours de l'abbaye : là, il se trouva en face de l'abbesse à cheval, entourée de plusieurs esclaves portant des torches. Méroflède avait à demi rabattu sur son front le capuchon de sa mante écarlate ; à son côté pendait un couteau de chasse à fourreau d'acier et à poignée d'or. Berthoald resta saisi d'étonnement à l'aspect de cette femme ainsi éclairée à la lueur des flambeaux ; son costume à la fois monastique et guerrier faisait valoir la taille souple et dégagée de l'abbesse. Le jeune chef la trouva belle, autant qu'il put en juger à travers l'ombre que projetait sur ses traits son camail à demi rabattu.

— Je sais qui tu es, Berthoald, — dit Méroflède d'une voix vibrante et mâle comme celle d'un homme ; — tu viens prendre possession de mon abbaye ?

— Cette abbaye a été donnée à moi et à mes compagnons de guerre par Karl, chef des Franks. Je viens en effet m'en emparer.

Méroflède se prit à rire d'un air dédaigneux, et malgré l'ombre qui voilait ses traits, ce rire découvrit aux yeux de Berthoald des dents blanches comme des perles ; puis donnant un léger coup de talon à son cheval, elle dit au jeune homme de la suivre.

Au moment où le cheval de Méroflède se mit en marche, Broute-Saule, sans doute guéri du becquetage de l'épervier, mais non plus vêtu de haillons, portant au contraire une élégante tunique verte, des chausses de daim, des bottines de cuir et un riche bonnet de fourrure, Broute-Saule se tint auprès de la monture de l'abbesse, la main sur les rênes ; ainsi placé entre elle et Berthoald, le jeune voleur d'épervier, attentif aux moindres mouvements de Méroflède, la couvait d'un œil ardent et jaloux ; de temps à autre, il jetait un regard inquiet sur le jeune chef. Les esclaves porteurs de flambeaux s'étaient mis en marche pendant que l'abbesse, entrant dans une des cours intérieures du couvent, montrait au jeune chef une cinquantaine de colons rangés en bon ordre et armés d'arcs et de frondes.

— Cette enceinte, — dit Méroflède à Berthoald, — te paraît-elle suffisamment gardée, vaillant capitaine ?

— Pour moi et pour mes hommes, un frondeur ou un archer n'est pas plus dangereux qu'un chien qui aboie de loin. On laisse siffler les traits, bruire les pierres, et l'on arrive à longueur d'épée. Demain, au point du jour, tu sauras à quoi t'en tenir, dame abbesse... si tu t'opiniâtres à défendre ce monastère.

Méroflède se prit encore à rire et répliqua : — Si tu aimes à te battre de près, tu trouveras demain à satisfaire tes goûts.

— Non pas demain, — s'écria Broute-Saule en regardant Berthoald d'un air haineux défi, — si tu veux combattre à l'instant... ici, dans cette cour, à la clarté des torches et sous les yeux de notre sainte abbesse, quoique je n'aie ni casque ni cuirasse.

Méroflède donna familièrement un coup de houssine sur le bonnet de Broute-Saule et dit en souriant : — Tais-toi, esclave.

Berthoald ne répondit rien à la provocation de l'ardent jouvenceau, et continua de suivre l'abbesse, qui, sortant de cette seconde enceinte, se dirigea vers un vaste bâtiment d'où partaient des cris confus ; elle se baissa sur son cheval et dit quelques mots à l'oreille de Broute-Saule ; celui-ci parut hésiter à obéir ; alors elle ajouta d'une voix impérieuse et dure : — M'as-tu entendue ?

— Sainte dame...

— Obéiras-tu ? — dit impétueusement Méroflède ; et, frappant Broute-Saule de sa houssine : — Va donc, vil esclave !

Les traits de Broute-Saule devinrent d'une pâleur livide et ses regards féroces s'arrêtèrent, non sur Méroflède, mais sur Berthoald. Cependant, après un violent effort sur lui-même, il se résigna et courut accomplir l'ordre de Méroflède. Bientôt après, une centaine d'hommes à figures sinistres, déterminés, vêtus de haillons, sortirent en tumulte du bâtiment, se rangèrent en haie en agitant des lances, des épées, des haches, et criant : — Vive notre sainte abbesse Méroflède! — Plusieurs femmes, mêlées parmi ces hommes criaient non moins bruyamment : — Vive l'abbesse! Vive notre sainte dame!

— Toi qui viens prendre possession de ce monastère, — dit Méroflède au jeune chef avec un sourire sardonique, — sais-tu ce que c'est que le droit d'asile ?

— Tout criminel réfugié dans une église est à l'abri de la justice des hommes.

— Tu es un trésor de science, digne de porter la crosse et la mitre! Or donc, ces bonnes gens que tu vois là sont la fleur des bandits du pays ; le plus innocent a commis un meurtre ou deux. Apprenant ta venue, je leur ai offert de quitter de nuit l'asile de la basilique de Nantes, leur promettant asile dans la chapelle de l'abbaye et la tolérance du bon vieux temps. S'ils sortent d'ici, le gibet les attend ; c'est te dire avec quelle rage ils défendront le monastère contre toi et tes hommes, qui ne conserveriez pas chrétiennement ici de pareils hôtes. Accepter le don d'une abbaye est facile, en prendre possession offre plus de difficulté. Maintenant tu connais les forces dont je dispose, rentrons au monastère ; après une longue route, tu dois être fatigué. Je t'offre l'hospitalité ; tu souperas avec moi... Demain, au point du jour, tu rejoindras tes compagnons ; tu dois être homme de bon conseil, tu engageras ta bande à se mettre en quête d'une autre abbaye, et tu les guideras dans cette recherche.

— Je vois avec plaisir, sainte abbesse, que la solitude et les austérités du cloître n'ont pas altéré ton humeur joviale.

— Ah ! tu me crois d'humeur joviale?

— Je te dis avec un sérieux fort plaisant, que moi et mes hommes, qui depuis la bataille de Poitiers guerroyons contre les Arabes, les Frisons et les Saxons, nous tournerons casaque devant cette poignée de meurtriers et de larrons, renforcés de pauvres colons qui ont quitté la charrue pour la lance, et la pioche pour la fronde !

— Guerrier fanfaron ! — s'écria Broute-Saule, qui était revenu prendre sa place à la tête du cheval de Méroflède, — veux-tu que nous prenions chacun une hache? nous nous mettrons nus jusqu'à mi-corps, et tu verras si les hommes d'ici sont des lâches?

— Tu me parais un vaillant garçon, — reprit Berthoald en souriant; si tu veux rester avec nous dans l'abbaye, tu y trouveras ta place au milieu de mes compagnons.

— D'ici à demain nous ferons trêve... tu dois être fatigué ; on va te conduire au bain, cela te délassera, après quoi nous souperons ; je ne te donnerai pas un festin pareil à ceux que sainte Agnès et sainte Radegonde donnaient à leur poète favori, l'évêque Fortunat, dans leur abbaye de Poitiers, en jupes courtes ; mais enfin tu ne jeûneras point. Puis s'adressant à Ricarik : — Tu as mes ordres, suis-les.

Méroflède, en parlant ainsi, s'était rapprochée de la porte intérieure de l'abbaye. D'un bond léger, elle descendit de sa monture et disparut dans le cloître après avoir jeté la bride de son cheval à Broute-Saule ; le jouvenceau la suivit d'un regard presque désespéré, puis il regagna lentement les écuries, après avoir montré le poing à Berthoald. Celui-ci de plus en plus frappé des étrangetés de cette abbesse, demeurait pensif, lorsque Ricarik l'arracha à sa rêverie : — Descends de cheval, des esclaves te conduiront au bain, ils t'aideront à te désarmer, et comme tes bagages ne sont pas ici, ils te donneront de quoi te vêtir convenablement, des chausses et une robe toute neuve que je n'ai jamais portée ; tu endosseras ces vêtements, si tu préfères quitter ta coquille de fer ; puis je viendrai te quérir pour souper avec notre sainte dame.

Une demi-heure après, Berthoald, sortant du bain et conduit par Ricarik, entrait dans l'appartement de l'abbesse.

Lorsque Berthoald parut dans la salle où l'attendait Méroflède, il la trouva seule ! l'abbesse avait quitté ses vêtements noirs pour revêtir une longue robe blanche ; un léger voile cachait à demi les tresses de son épaisse chevelure d'un roux ardent et doré ; un collier et des bracelets de pierreries ornaient son cou et ses bras nus. Les Franks ayant conservé l'habitude, jadis introduite en Gaule par les Romains, d'entourer leurs tables d'espèces de lits, l'abbesse, à demi couchée sur un long et large siège à dossier garni de coussins, fit signe au jeune chef de s'asseoir auprès d'elle. Berthoald obéit, de plus en plus frappé de l'étrange beauté de Méroflède. Un grand feu flambait dans l'âtre ; une riche vaisselle d'argent brillait sur la table recouverte de lin brodé ; des amphores, précieusement ciselées, se dressaient à côté des coupes d'or ; les plats contenaient des mets appétissants ; un candélabre, où brûlaient deux petits cierges de cire, éclairait à peine cette salle immense, qui, par l'insuffisance du luminaire, devenant presque obscure à quelques pas des deux convives, était plongée dans les ténèbres à ses deux extrémités. Le lit s'adossait à une muraille boisée, deux portraits y étaient suspendus ; l'un grossièrement peint sur un panneau de chêne, à la mode de Byzance, représentait un guerrier frank barbarement accoutré, ainsi que se vêtissaient, trois siècles auparavant, les leudes de Clovis, ces premiers conquérants des Gaules ; au-dessous de cette peinture on lisait : *Gonthramm Néroweg*. A côté de ce portrait on voyait celui de l'abbesse Méroflède, enveloppée de ses longs voiles noirs et blancs ; elle tenait d'une main sa crosse abbatiale, de l'autre une épée nue. Cette image, beaucoup plus petite que la première, était peinte sur parchemin, à la façon des miniatures dont on ornait alors les livres saints. Berthoald aperçut ces deux portraits au moment où il allait s'asseoir aux côtés de l'abbesse. A cette vue, il tressaillit, resta un moment frappé de surprise ; puis reportant tour à tour ses yeux de Gonthramm Néroweg sur Méroflède, il semblait comparer la ressemblance qui existait entre eux, en cela que Méroflède avait, comme Néroweg, la chevelure rousse, le nez en bec d'aigle, et les yeux verts. Le jeune chef ne put cacher son étonnement.

— Tu contemples avec bien de l'attention le portrait de l'un de mes aïeux, mort il y a plusieurs siècles !

— Tu es de la race de Néroweg !

— Oui, et ma famille habite encore ses grands domaines de l'Auvergne, conquis par l'épée de mes ancêtres, ou octroyés par dons royaux... Maintenant, c'est assez parler du passé : gloire aux morts, joie aux vivants ! Sieds-toi là, et soupons... Je suis une étrange abbesse ! mais par Vénus ! je vis comme les abbés et les évêques de mon temps, avec cette seule différence que ces porte-mitres soupent avec des jouvencelles, tandis que moi je vais passer la nuit avec un beau soldat... La chose est-elle de ton goût ? — Et soulevant d'un poignet viril une des lourdes amphores d'argent, elle remplit jusqu'au bord la coupe d'or placée près de son convive ; après y avoir seulement mouillé ses lèvres rouges et charnues, elle la tendit au jeune chef et lui dit résolûment :

— Buvons à la bienvenue dans ce couvent !

Berthoald garda un moment la coupe entre ses mains, et tout en jetant un dernier regard sur le portrait de Néroweg, il sourit d'un air sardonique, attacha sur l'abbesse un regard non moins hardi que ceux qu'elle lui jetait, et reprit : — Buvons, belle abbesse ! — Et d'un trait, vidant la large coupe, il ajouta : — Buvons à l'amour !... qui soumet les abbesses comme les simples jouvencelles !

— Soit, buvons à l'amour, le dieu du monde ! comme disaient les païens, répondit Méroflède en remplissant sa coupe d'un vin contenu dans une petite amphore de vermeil. Versant alors de nouveau à boire au jeune chef, qui la couvait d'un œil étincelant, elle ajouta : — J'ai bu selon tes vœux ; maintenant, bois aux miens !

— Quels qu'ils soient, sainte abbesse ; cette coupe fût-elle remplie de poison, je la viderai, je le jure par ton beau bras aussi blanc que la neige ! par tes beaux yeux, par les lèvres voluptueuses ! Je bois à Vénus Callipyge !

— Alors, — dit l'abbesse en jetant un regard pénétrant sur le jeune homme, — buvons au juif Mardochée !

Berthoald portait la coupe à ses lèvres ; mais au nom du juif il frissonna, posa brusquement le vase d'or sur la table, ses traits s'assombrirent ; et il s'écria avec effroi :

— Boire à la santé du juif Mardochée !...

— Allons, par Vénus ! la patronne des amoureux, ne tremble pas ainsi, mon vaillant !...

— Boire au juif Mardochée, moi !...

— Tu m'as dit : Buvons à l'amour... — ajouta l'abbesse en regardant fixement Berthoald ; — tu m'as juré par la blancheur de ce bras, — et elle releva davantage encore sa large manche, — tu m'as juré de boire selon mes vœux. Accomplis ta promesse !

— Femme ! — reprit Berthoald avec impatience et embarras, — qu'est-ce que ce caprice ? Pourquoi veux-tu que je boive au juif Mardochée, à un marchand de chair humaine ?

— Je vais satisfaire ta curiosité... Si Mardochée ne t'avait pas vendu comme esclave au seigneur Bodégésil, tu n'aurais pas volé le cheval et l'armure de ton maître pour courir les aventures en te donnant à ce Karl endiablé, toi, Gaulois de race asservie, pour noble de race franke et fils d'un bénéficier dépossédé... Karl, dont tu es devenu un des meilleurs capitaines, ne t'aurait pas octroyé cette abbaye. Donc tu ne serais pas ici à côté de moi, à cette table, où nous buvons ensemble à l'amour... Voilà pourquoi, mon vaillant, je vide cette coupe en mémoire de ce juif immonde ! Maintenant boiras-tu au juif Mardochée ?

Pendant que Méroflède parlait ainsi, Berthoald la contemplait avec une surprise croissante mêlée d'anxiété, ne pouvant trouver un mot à répondre. — Ah ! ah ! ah ! — dit l'abbesse en riant, — le voici muet ! Pourquoi pâlir et rougir tour à tour ? Que m'importe que tu sois de race gauloise ou de race franke ? cela rend-il tes yeux moins bleus, tes cheveux moins noirs, ta figure moins avenante ? Allons, déride-toi, beau vaillant. Faut-il que ce soit moi qui apprenne à un soldat comment on vide les coupes et de quelle manière on fait l'amour ?

Berthoald croyait rêver... Méroflède ne lui témoignait point de dédain, et ne paraissait point triompher de l'avantage qu'elle avait sur lui par la connaissance de son secret. Franche dans son cynisme, elle contemplait le jeune chef d'un œil fauve et ardent. Ces regards qui jetaient le trouble dans son esprit et le feu dans ses veines, l'étrangeté de l'aventure, la large coupe de vin qu'il venait de vider d'un trait, vin très capiteux ou mélangé de quelque philtre commençaient à égarer la raison de Berthoald ; voulant lutter d'audace avec l'abbesse, il lui dit résolûment : — Tu es de la race de Néroweg, et moi je suis de la race de Joel ?

— Nous boirons à Joel... il a fait souche de beaux soldats ?

— Connais-tu la mort du fils de ce Gonthramm Néroweg dont je vois le portrait ?

— Une tradition de ma famille rapporte qu'il fut tué, dans ses domaines d'Auvergne, par le chef d'une troupe de bandits et d'esclaves révoltés. Que le Diable ait son âme !

— Le chef de ces bandits se nommait *Karadeuk*... c'était le bisaïeul de mon grand-père !

— Par Dieu ! voilà qui est singulier ! Et comment ce bandit a-t-il tué Néroweg ?

— Ton aïeul et le mien se sont vaillamment combattus à coups de hache, le comte a succombé. Le Gaulois a triomphé du Frank.

— En effet... tu rappelles mes souvenirs d'enfance. Ton aïeul n'avait-il pas gravé avec la pointe d'un poignard quelques mots sur le tronc d'un arbre après ce combat ?

— *Karadeuk, descendant de Joel, a tué le comte Néroweg !*

— Quelques mois après la mort de son mari, la femme du comte, Godegisèle, mit au monde un fils qui fut l'aïeul de mon grand-père.

— Voilà qui est étrange... ma belle abbesse, tu écoutes ce récit avec bien du calme !

— Que me font à moi ces batailles de nos aïeux et de nos races ? Par Vénus, par sa belle croupe ! je ne connais qu'une race au monde : celle des amoureux !... Vide ta coupe, mon vaillant, et soupons gaiement. C'est trêve entre nous cette nuit... A demain la guerre !

— Honte ! remords ! raison ! devoir ! noyons tout dans le vin !... Je ne sais si je veille ou si je rêve en cette nuit étrange ! — s'écria le jeune chef ; puis, prenant sa main sa coupe pleine, il se leva et ajouta d'un air de défi sardonique en se tournant vers le sombre et farouche portrait du guerrier frank : — A toi, Néroweg ! — Puis Berthoald, sa coupe vidée, se jeta sur le lit, en proie à une sorte de vertige, disant à Méroflède : — Vive l'amour ! abbesse du diable ! Aimons nous ce soir et battons-nous demain !

— Battons-nous sur l'heure ! — cria une voix rauque et stranglée, qui parut sortir des profondeurs de cette grande salle que l'ombre envahissait à quelques pas de la table où siégeaient les deux convives ; puis les rideaux de l'une des portes s'étant soudain écartés, Broute-Saule, qui, à l'insu de l'abbesse, et poussé par une jalousie féroce, était parvenu à s'introduire dans l'intérieur de cet appartement, s'élança, agile comme un tigre, fut en deux bonds auprès de Berthoald, le saisit d'une main aux cheveux, tandis que de l'autre il levait son poignard pour le plonger dans sa gorge. Le jeune chef, quoique surpris à l'improviste, tira son épée, étreignit de son poignet de fer la main armée que Broute-Saule levait sur lui, et plongea son glaive dans le ventre de ce malheureux, qui pirouetta sur lui-même et tomba en criant : — Méroflède... ma belle maîtresse, je meurs sous tes yeux !

Berthoald, son épée sanglante à la main, sentant sa raison se troubler de plus en plus, retomba machinalement sur le lit ; il jetait autour de lui des regards effarés, lorsqu'il vit l'abbesse renverser d'un coup de poing le candélabre qui éclairait cette salle ; et au milieu des ténèbres il se sentit enlacer dans les bras de ce monstre. Il se souvient à peine de ce qui se passa pendant cette nuit d'ivresse et de débauche.

L'aube allait succéder à cette nuit où Broute-Saule avait été tué par Berthoald. Le jeune chef, profondément endormi et chargé de liens qui assujettissent ses mains derrière son dos, est étendu sur le plancher de la chambre à coucher de Méroflède. L'abbesse, enveloppée d'une mante noire, la figure pâle, à demi voilée par son épaisse chevelure rousse dénouée, qui traînait presque à terre, se dirigea vers la fenêtre, tenant à la main une torche de résine allumée. Se penchant alors à cette croisée d'où l'on découvrait au loin l'horizon, l'abbesse agita sa torche par trois fois en regardant du côté de l'orient qui commençait à se teinter des lueurs du jour naissant. Au bout de quelques instants, la clarté d'une grande flamme, s'élevant au loin à travers les dernières ombres de la nuit, répondit au signal de Méroflède. Ses traits rayonnèrent d'une joie sinistre ; elle jeta son flambeau dans le fossé rempli d'eau qui entourait le monastère ; et, à plusieurs reprises, elle secoua rudement Berthoald pour le réveiller. Celui-ci sortit difficilement de son sommeil léthargique. Voulant porter ses mains à son front, il s'aperçut qu'elles étaient garrottées ; se dressant alors péniblement sur ses jambes alourdies, l'esprit encore troublé, il regarda silencieusement Méroflède. Celle-ci, étendant son bras demi-nu vers l'horizon, que l'aube éclairait faiblement, dit à Berthoald : — Vois-tu, là-bas, au loin, cette chaussée qui traverse les étangs et se prolonge jusqu'à l'enceinte de ce couvent ?

— Oui, — répondit Berthoald, luttant contre la torpeur étrange qui paralysait encore son esprit et sa volonté, sans cependant obscurcir tout à fait son intelligence, — oui, j'aperçois cette chaussée entourée d'eau de tous les côtés.

— Tes compagnons d'armes n'ont-ils pas campé sur cette chaussée pendant la nuit ?

— Je le crois, reprit le jeune chef en essayant de rassembler ses souvenirs confus, — hier soir... mes compagnons...

— Écoute, — reprit vivement l'abbesse en

L'atelier de l'orfèvre Bonaïk (page 515)

mettant sa main sur l'épaule du jeune homme, — écoute... de ce côté où le soleil va se lever, qu'entends-tu ?

— J'entends un grand bruit... qui se rapproche de nous. On dirait le bruit des grandes eaux.

— Ton oreille ne te trompe pas, mon vaillant. — Et, s'appuyant sur l'épaule de Berthoald : — Il y a là-bas, à l'orient, un lac immense contenu par une digue et des écluses.

— Un lac ? Eh bien ! où veux-tu en venir ?

— Le niveau de ses eaux est élevé de huit à dix pieds au-dessus de ces étangs... Comprends-tu maintenant ce qui va s'ensuivre ?

— Non, mon esprit est appesanti... c'est à peine si je me souviens... de notre charmante nuit... mais pourquoi suis-je garrotté ?...

— C'est afin de contenir les élans de la joie, lorsque tout à l'heure tu auras recouvré complètement l'usage de la raison... Continuons nos confidences : Tu dois comprendre que les écluses de la digue étant ouvertes, les eaux de ces étangs vont tellement se gonfler, qu'elles submergeront la chaussée où tes compagnons d'armes ont campé cette nuit avec leurs chevaux et les chariots qui contiennent leur butin et leurs esclaves... Vois-tu comme l'eau monte, monte au loin... Elle atteint déjà la berge de la jetée... et avant une heure la jetée elle-même sera entièrement submergée. Pas un de tes compagnons n'aura pu échapper à la mort... s'ils veulent fuir, une tranchée profonde pratiquée cette nuit par mes ordres à l'extrémité de la levée, du côté de la route, les arrêtera... pas un seul n'échappera au trépas... Entends-tu, mon beau prisonnier ?

— Tous sont noyés !... — murmura Berthoald, encore sous l'empire d'une morne stupeur. — tous mes compagnons noyés...

65ᵉ livraison

— Ah! cette nouvelle confidence ne t'émeut pas assez pour te faire sortir de ton engourdissement!... passons à une autre communication. — Et l'abbesse reprit d'une voix éclatante: — Parmi les esclaves ramenées du Languedoc, que ta bande traînait à sa suite, il y avait une femme... qui sera noyée comme les autres, et cette femme, — ajouta Méroflède en accentuant ces mots comme s'ils devaient frapper Berthoald au cœur, — c'est ta mère!...

Berthoald agité d'un tressaillement formidable, bondit dans ses liens, essayant, mais en vain, de les rompre, poussa un cri terrible, jeta un regard de désespoir et d'épouvante sur l'immense nappe d'eau, qui, rougie par les premiers rayons du soleil levant, s'étendait alors à perte de vue. L'infortuné appelait à grands cris sa mère : Oh! ma mère!

— Maintenant, — dit Méroflède avec une joie féroce, — l'eau a envahi la chaussée presque entièrement; c'est à peine si l'on aperçoit encore les couvertures de toile qui surmontent les chariots. Le flot monte toujours, et à cette heure, pour ta mère, c'est l'angoisse de la mort, angoisse plus horrible que la mort même.

— Oh! démon! — s'écria le jeune homme en se tordant sous ses liens ; puis il ajouta : — Tu mens! ma mère n'est pas là...

— Ta mère s'appelle Rosen-Aër, elle a quarante-cinq ans; elle habitait la vallée de Charolles en Bourgogne...

— Malheur? malheur sur moi.

— Ta mère, tombée au pouvoir des Arabes lors de leur invasion en Bourgogne, a été emmenée en Languedoc comme esclave ; et, après le dernier siège de Narbonne par Karl, ta mère a été prise dans les environs de cette ville avec d'autres femmes. Lorsque le partage du butin a été fait, Rosen-Aër, placée dans le lot des hommes de ta bande, a été conduite jusqu'ici... Si tu doutes encore, je te donnerai une dernière preuve. Cette femme porte, comme toi, tracés sur le bras droit, en caractères ineffaçables, ces deux mots: *Brenn* — *Karnak*... Tous ces détails sont-ils exacts?

— Oh! ma mère! s'écria le malheureux en jetant un regard de la plus poignante douleur vers les étangs.

— Ta mère est morte?... La jetée a disparu sous les eaux, et elles montent encore... Oui, ta mère est noyée dans le chariot couvert où elle était enfermée avec les autres esclaves!

— Mon cœur se brise, — murmura Berthoald écrasé sous le poids de la douleur et du désespoir ; — c'est trop souffrir!

— Tu es déjà à bout de forces? — s'écria Méroflède avec un éclat de rire infernal; — oh! non! non! tu n'as pas assez souffert. Quoi! stupide esclave! Gaulois renégat! lâche menteur! qui te pares effrontément du nom d'un noble frank? Quoi! tu as cru que la vengeance ne bouillonnait pas dans mes veines parce que, hier soir, tu m'as vue sourire au récit de la mort de mon aïeul tué par un bandit de ta race! Oui, j'ai souri, parce que je pensais qu'au point du jour je te ferais assister de loin à l'agonie, à la mort de ta mère! Je préparais ma vengeance.

— Monstre de luxure et de férocité! — criait Berthoald en faisant des efforts surhumains pour briser ses liens. — Il faudra pourtant que je te châtie de tes scélératesses... Oui, par Hésus, je t'étranglerai de mes mains!...

L'abbesse, voyant l'impuissance de la fureur de Berthoald, haussa les épaules et reprit : — Ton aïeul, le bandit, a incendié, il y a un siècle et demi, le château de mon aïeul, le comte Néroweg, et l'a tué à coups de hache. Je réponds à l'incendie par l'inondation, et je noie ta mère! Quant au sort qui t'attend, il sera terrible!...

— Ma mère a-t-elle su que j'étais le chef des hommes qui l'avaient faite prisonnière?

— Ceci a manqué à ma vengeance?

— Qui donc, misérable femme, a pu le raconter ce que tu sais de ma mère?

— Le juif Mardochée.

— Comment l'a-t-il connue? où l'a-t-il vue?

— A la halte que tu as faite au couvent de Saint-Saturnin avec Karl Martel ; c'est là que le juif t'a reconnu.

— Merci, Dieu! ma mère a ignoré ma honte! sa mort eût été doublement horrible... Et maintenant, monstre! délivre-moi de ta présence et de la vie, j'ai hâte de mourir!

— Prends patience! je veux pour toi un supplice raffiné et prolonger ton agonie.

. . . .

Ce matin-là Bonaïk l'orfévre entra, suivant son habitude, dans l'atelier ; il y fut bientôt rejoint par les jeunes esclaves apprentis. Après avoir allumé le feu de la forge, le vieillard, ouvrant la fenêtre qui donnait sur le fossé, pour donner issue à la fumée, remarqua, non sans grand étonnement, que le niveau de l'eau de ce fossé avait tellement augmenté qu'entre elle et le soubassement de la fenêtre, il restait à peine un pied de distance. — Ah! mes enfants. — dit-il aux apprentis, — je crains qu'il soit arrivé cette nuit un grand malheur! Depuis nombre d'années les eaux de ce fossé n'ont jamais atteint à la hauteur où elles sont aujourd'hui, sinon lors de la rupture de la digue du lac supérieur aux étangs, rupture qui a causé de bien grands sinistres. Tenez, voyez de l'autre côté du fossé, l'eau s'élève presque jusqu'au soupirail de la cave creusée sous le bâtiment qui nous fait face.

— Et l'on dirait que l'eau monte toujours, père Bonaïk.

— Hélas! oui, mes enfants, elle monte encore. Ah! la rupture de ces digues amènera des désastres! Que de victimes, que d'infortunés!

A ce moment on entendit la voix de Septimine criant au dehors : — Père Bonaïk, ouvrez la porte de l'atelier ! — L'un des apprentis courut à la porte, et bientôt la Coliberte entra, soutenant une femme aux longs cheveux ruisselants, aux vêtements trempés d'eau, livide, se traînant à peine, et si défaillante, qu'après avoir fait quelques pas, elle tomba évanouie entre les mains du vieil orfèvre et de Septimine.

— Pauvre femme ! elle est glacée, — dit le vieillard ; et s'adressant aux apprentis : — Vite, vite, enfants ! prenez du charbon dans le réduit, faites jouer le soufflet, augmentez le feu de la forge, pour réchauffer cette infortunée. Je le disais bien, cette inondation aura causé de grands maux !

A la voix de l'orfèvre, deux apprentis coururent au profond réduit pratiqué derrière la forge, et descendirent dans ce caveau pour y prendre du charbon ; les autres esclaves attisèrent le feu, firent jouer le soufflet, tandis que le vieillard s'approcha de Septimine, qui, agenouillée devant la femme évanouie, pleurait en disant : — Hélas ! mon Dieu ! elle va mourir !

— Rassure-toi, — reprit le vieillard, — les mains de cette pauvre créature, tout à l'heure glacées, reprennent un peu de chaleur. Mais qu'est-il donc arrivé ? tes vêtements sont trempés d'eau ? Tu es singulièrement émue.

— Bon père, ce matin, au point du jour, je me suis levée comme mes compagnes, nous sommes allées dans la cour ; là, nous avons entendu d'autres esclaves crier : La digue est crevée ! Et elles sont sorties en courant pour aller voir les progrès de l'inondation. Machinalement, je les ai suivies. Elles se sont dispersées. Je m'étais avancée jusqu'à une pointe de terre que baigne l'eau des étangs. Il y a là un gros saule ; bientôt j'ai vu à peu de distance de moi un chariot à demi submergé ; il flottait entre deux eaux, une toile tendue sur des cerceaux le recouvrait.

— Grâce à Dieu ! cette toile, ainsi tendue, faisait ballon ; elle a dû empêcher ce chariot de sombrer tout à fait...

— Le vent soufflant dans cette espèce de voile poussait le chariot vers la rive où je me trouvais. Alors j'ai vu cette infortunée, cramponnée à cette toile, le corps à demi plongé dans l'eau.

— Que s'est-il passé ensuite ma pauvre fille ?

— Il n'y avait pas un instant à perdre : les mains défaillantes de cette pauvre créature, dont les forces étaient à bout, allaient abandonner la toile. J'attachai le bout de ma ceinture à une des branches du saule, l'autre bout à mon poignet gauche, et je me penchai vers l'infortunée en criant : Courage ! Elle m'entendit, saisit convulsivement ma main entre les siennes ; mais dans ce brusque mouvement mes pieds glissèrent de la berge, et je tombai à l'eau.

— Heureusement, ton poignet gauche était toujours attaché à l'un des bouts de ta ceinture nouée à l'arbre ?

— Oui, bon père ; mais la secousse fut violente, je crus mon bras arraché de mon corps. Par bonheur, la pauvre femme saisit un pan de ma robe. Ma première douleur passée, je fis de mon mieux, et à l'aide de ma ceinture nouée à l'arbre, sur laquelle je me halai, je parvins à regagner le bord et à retirer de l'étang celle avec qui j'allais périr. Notre atelier étant l'endroit le plus voisin, je l'ai amenée ici, elle pouvait à peine se soutenir... Mais, hélas ! — ajouta la Coliberte en pleurant de nouveau et regardant les traits inanimés de Rosen-Aër, car c'était la mère de Berthoald que Septimine venait de sauver, — j'aurai seulement retardé de quelques minutes le moment suprême !

— Ne te désespère pas, reprit le vieillard, — ses mains reprennent de la chaleur.

Grâce à l'activité des apprentis, non moins apitoyés que Septimine et le vieillard, Rosen-Aër, assise sur un escabeau, fut rapprochée du foyer. Peu à peu elle ressentit la salutaire influence de cette chaleur pénétrante, reprit lentement ses esprits, revint enfin tout à fait à elle, et, rassemblant ses souvenirs, elle tendit ses bras à Septimine, disant d'une voix faible :

— Chère enfant, tu m'as sauvée !

La Coliberte se jeta au cou de Rosen-Aër en versant de douces larmes, et reprit : — Nous avons fait ce que nous avons pu ; nous sommes de pauvres esclaves...

— Hélas ! mon enfant, je suis esclave comme vous, amenée en ce pays du fond du Languedoc. Nous avions passé la nuit sur la chaussée qui sépare les deux étangs dont ce monastère est entouré, l'on avait dételé les bœufs des chariots, lorsqu'au point du jour l'inondation nous a surpris, et... — Mais Rosen-Aër s'interrompit, se dressa de toute sa hauteur ; son visage exprima d'abord la stupeur, puis une sorte de joie délirante, elle se précipita vers la fenêtre ouverte, et passa ses bras à travers les épais barreaux en s'écriant : — Mon fils ! je vois là-bas mon fils Amaël !...

Septimine et Bonaïk crurent un moment cette infortunée privée de sa raison ; mais lorsqu'ils se furent rapprochés de la fenêtre, la jeune fille s'écria en joignant les mains : — Le chef frank, dans un des souterrains de l'abbaye !

Rosen-Aër et la Coliberte voyaient, de l'autre côté du fossé, Berthoald, se tenant des deux mains aux barreaux du soupirail de la cave. Soudain il reconnut sa mère, et, en proie à une sorte d'extase, il s'écria d'une voix vibrante, qui, malgré la distance, arriva jusqu'à l'atelier :

— Ma mère !... ma mère bien aimée !

— Septimine, — dit précipitamment Bonaïk à la Coliberte, — tu connais ce jeune homme ?

— Oh! oui... il a été bon pour moi comme un ange du ciel! Je l'ai vu au couvent de Saint-Saturnin ; c'est à ce guerrier que Karl a fait don de cette abbaye.

— A lui! — reprit le vieillard d'un air surpris et pensif. — Alors comment se trouve-t-il dans ce souterrain?

— Maître Bonaïk! — accourut dire un des esclaves, — j'entends au dehors la voix de l'intendant Ricarik; il s'est arrêté sous la voûte pour gourmander quelqu'un ; dans un instant il sera ici; il vient faire sa ronde matinale, selon son habitude. Voyez ce qu'il convient de faire.

— Grand Dieu! — s'écria le vieillard avec épouvante, — il va trouver cette femme en ce lieu, l'interroger; elle peut se trahir, avouer qu'elle est la mère de ce jeune homme, victime sans doute de l'abbesse... — Et le vieillard, courant à la fenêtre, saisit Rosen-Aër par le bras, et dit en l'entraînant : — Au nom de la vie de votre fils, venez ! venez!

— Qui donc menace la vie de mon fils?

— Suivez-moi... ou il est perdu et vous auss

— Et Bonaïk, sans répondre à Rosen-Aër, lui montra le petit caveau pratiqué derrière la forge, et ajouta : — Cachez-vous là, ne bougez pas. — S'adressant ensuite aux apprentis en courant à son établi ; — Vous, enfants, martelez de toutes vos forces et chantez à tue-tête. Toi, Septimine, polis ce vase. Dieu veuille que ce malheureux garçon ne reste pas au soupirail de la cave, ou qu'il ne soit pas vu de Ricarik! — Ce disant, le vieil orfèvre se mit à marteler sur son enclume, entonnant d'une voix sonore ce vieux chant des orfèvres à la louange du bon Eloi : — « De la condition d'ouvrier élevé à celle d'évêque, — Eloi, dans sa charge de pasteur, a purifié l'orfèvre ; — Son marteau est l'autorité de sa parole, — Son fourneau, la constance du zèle, — Son soufflet, l'inspirateur, — Son enclume, l'obéissance ! »

Ricarik entra dans l'atelier. L'orfèvre ne parut pas l'apercevoir, et continua de chanter en aplatissant à coups de marteau une feuille d'argent qui terminait la crosse abbatiale dont la ciselure supérieure était achevée. — Vous êtes bien gais ici, dit l'intendant en s'avançant au milieu de l'atelier. — Cessez ces chants... chiens d'esclaves...... ils m'assourdissent...

— Je n'ai pas une goutte de sang dans les veines, — murmura tout bas Septimine à Bonaïk. — Ce méchant homme s'approche de la fenêtre... s'il allait voir le chef frank...

— Pourquoi tant de feu dans cette forge ? — reprit l'intendant en faisant un pas vers le foyer derrière lequel se trouvait le réduit où se cachait Rosen-Aër. — T'amuses-tu donc à brûler du charbon sans nécessité?

— Non, puisque ce matin même je vais fondre l'or et l'argent que vous m'avez apportés hier.

— Les métaux se fondent au creuset, non pas à la forge...

— Ricarik, à chacun son métier. J'ai travaillé dans les ateliers du grand Eloi. Je connais mon état, seigneur intendant. Je vais d'abord exposer mes métaux au feu ardent de la forge, les marteler, puis je les mettrai au creuset ; la fonte en sera plus liée.

— Tu ne manques jamais de raisons.

— Parce que j'en ai toujours de bonnes à donner. Mais j'ai à vous demander plusieurs objets nécessaires pour cette fonte, la plus considérable que j'aurai faite dans ce monastère, puisque le vase d'argent doit avoir deux pieds de hauteur, ainsi que vous le voyez d'après le moule que voilà sur cette tablette.

— Que te faut-il vieux radoteur?

— J'aurais besoin d'un baril que je remplirai de sable et au milieu duquel je placerai mon moule... Ce n'est pas tout... J'ai vu souvent que, malgré les cercles qui entouraient les douves des barils, où l'on mettait les moules plongés dans le sable, ces douves éclataient lorsqu'on versait le métal en fusion dans les creux. Il me faudrait donc une longue corde que j'enroulerais très solidement autour du tonneau ; si les cercles éclatent, la corde du moins ne se rompra point. Il me faudrait de plus, une longue petite cordelle pour assujettir les parois du moule.

— Tu auras le baril, la corde et la cordelle.

— Ces jeunes gens et moi, nous serons forcés, pour cette fonte, de passer ici une partie de la nuit : les jours sont courts en cette saison. Faites-nous donner une outre de vin, à nous, qui ne buvons jamais que de l'eau ; cette largesse soutiendra nos forces durant notre rude labeur nocturne. Aux jours de fonte, dans l'atelier du grand Eloi, on régalait toujours les esclaves... On n'épargnait pas les victuailles.

— Vous aurez votre outre de vin... aussi bien, c'est aujourd'hui jour de liesse en ce couvent, car un miracle vient d'avoir lieu...

— Un miracle? Racontez-nous la chose...

— Oui... un juste châtiment du ciel a frappé une bande d'aventuriers, à qui Karl le maudit avait eu l'audace de concéder cette abbaye, bien sacré de l'Eglise. Ils campaient cette nuit sur la jetée, comptant attaquer le monastère au point du jour; mais l'Eternel, par un redoutable et surprenant prodige, a ouvert les cataractes du ciel. Les étangs se sont grossis, et tous les scélérats ont été noyés.

— Gloire à l'Eternel ! — cria le vieil orfèvre en faisant signe aux apprentis d'imiter son enthousiasme, — gloire à l'Eternel ! qui noie les impies dans les cataractes de sa colère!

— Gloire à l'Eternel ! — répétèrent à tue-tête et en chœur les jeunes esclaves, — gloire à l'Eternel! qui noie les impies dans les cataractes de sa colère! Ainsi soit-il!

— Miracle qui ne me surprend point du tout, Ricarik, ajouta l'orfèvre, — il est dû sans doute aux *dents* de saint Loup, à cette sainte relique que vous nous avez apportée hier.

— C'est probable... c'est même certain... ainsi, tu n'as pas besoin d'autre chose?

— Non, — répondit le vieillard en se levant et examinant plusieurs caisses, — j'ai là pour la fonte, du soufre et du bitume en suffisante quantité, le charbon ne manque point; l'un de mes apprentis va vous accompagner, Ricarik, il rapportera le baril, les cordes, et n'oubliez pas l'outre de vin, seigneur intendant!

— On vous la donnera plus tard, avec vos pitances en doubles rations.

— Ricarik, nous ne pourrons quitter l'atelier d'un instant à cause de la fonte. Faites-nous distribuer ce matin, s'il vous plaît, notre pitance quotidienne, afin que nous ne soyons pas dérangés; nous allons fermer la porte pour n'être pas dérangés dans notre opération.

— Que l'un de tes apprentis me suive, il rapportera toutes ces choses, mais que le vase soit fondu demain, pour complaire à notre sainte abbesse, sinon l'échine vous cuira.

— Vous pouvez assurer notre sainte et vénérable abbesse que le vase, en sortant du moule, sera digne d'un artisan qui a vu le grand Eloi manier la lime et le burin. — Et, s'adressant tout bas à l'un de ses apprentis, tandis que Ricarik se dirigeait vers la porte : — Ramasse en chemin une douzaine de cailloux gros comme des noix, cache-les dans ta poche et rapporte-les. — Et il ajouta tout haut : — Accompagne le seigneur intendant, mon garçon; surtout, en revenant, ne t'amuse pas en route.

— Soyez tranquille, maître, — dit l'apprenti en faisant un signe d'intelligence au vieillard et suivant l'intendant, — vos ordres seront exécutés à la lettre!

Le vieillard resta quelques instants sur le seuil, prêtant l'oreille aux pas de l'intendant qui s'éloignait; après quoi, fermant la porte au verrou, il alla vers le caveau où se cachait Rosen-Aër, et Septimine courut à la fenêtre, afin de voir si Berthoald s'y trouvait encore; mais soudain elle s'écria, saisie d'effroi : — Grand Dieu! le jeune chef est perdu!... l'eau a gagné le soupirail!

— Perdu! mon fils! — s'écria Rosen-Aër avec désespoir en se précipitant à la croisée malgré les efforts du vieillard pour la retenir. — O mon fils! t'avoir revu pour te perdre..... Amaël! Amaël!... réponds à ta mère...

— Elle nous trahit...si on l'entend au dehors! — dit le vieillard avec terreur, en essayant en vain d'arracher des barreaux, où elle se cramponnait, cette malheureuse femme qui appelait son fils d'une voix déchirante. Mais Amaël ne reparut pas. Le flot avait gagné l'ouverture du soupirail, et malgré la largeur du fossé qui séparait les deux bâtiments l'un de l'autre, on entendait le bruit sourd des eaux qui, s'engouffrant par cette ouverture, tombaient au fond du souterrain. Septimine, pâle comme une morte, ne pouvait pas prononcer une parole. Rosen-Aër, dans l'égarement de son désespoir, essayait d'ébranler les épais barreaux de la fenêtre en murmurant d'une voix entrecoupée de sanglots : — Savoir qu'il est là... dans l'agonie... mourant et sans pouvoir le sauver!...

— Espoir! — cria le vieillard, dont les larmes coulaient à la vue de cette douleur maternelle, — espoir!... Je fixe depuis un instant cette pierre couverte de mousse, à l'angle du soupirail, l'eau ne l'envahit pas; l'eau ne monte plus... voyez, voyez!

Septimine et Rosen-Aër essuyèrent leurs yeux et regardèrent la pierre que leur indiquait Bonaïk. Cette pierre ne fut pas, en effet, submergée... Bientôt même le bruit des eaux s'engouffrant dans le soupirail, s'amoindrit et cessa peu à peu. La crue des eaux semblait arrêtée.

— Il est sauvé! — s'écria Septimine. — Merci, mon Dieu! Le jeune chef frank ne sera pas noyé.

— Sauvé... — murmura Rosen-Aër d'un air de doute accablant. — Et s'il est tombé dans cette cave assez d'eau pour le noyer... Oh! s'il vivait encore, il eût répondu à ma voix... Non, non! il se meurt! il est mort!...

— Maître Bonaïk, on frappe à la porte, — accourut dire l'un des apprentis. — Que dois-je faire? Faut-il ouvrir?

— Retournez dans votre cachette, — dit le vieillard à Rosen-Aër; et comme elle ne semblait pas l'entendre, il ajouta : — Vous voulez donc vous perdre et nous perdre tous! nous qui sommes prêts à nous dévouer pour vous et votre fils? — Rosen-Aër quitta la fenêtre et rentra dans le réduit, tandis que le vieillard, s'approchant de la porte, disait : — Qui est là?

— Moi, — répondit au dehors la voix de l'apprenti qui était sorti avec Ricarik, — moi, Justin, j'ai fait vos commissions, père Bonaïk.

— Entre vite, — dit l'orfèvre au jeune garçon qui portait sur son épaule un baril vide et à sa main un panier renfermant des provisions, l'outre de vin et un gros paquet de cordes. Le vieillard, poussant les verrous de la porte, prit l'outre de vin dans le panier, et, allant vers le réduit où se tenait cachée Rosen-Aër : — Buvez un peu de vin pour vous réconforter.

Mais la mère d'Amaël repoussa l'outre en s'écriant d'une voix désespérée : — Mon fils! mon fils! Qu'est devenu mon cher Amaël?

— Justin, — dit le vieillard à l'apprenti, — donne moi les cailloux que tu as ramassés.

— Tenez, maître Bonaïk, voici les cailloux, j'en ai rempli mes poches.

Le vieillard prit une petite pierre et alla à la fenêtre disant : — Si ce malheureux n'est pas noyé, il se doutera, en voyant tomber ce caillou dans la cave, que c'est un signal. — Et après avoir visé et calculé le jet de sa pierre, l'orfèvre la lança dans l'ouverture du soupirail. Rosen-Aër et Septimine, en proie à une anxiété mortelle, attendaient le résultat de la tentative de Bonaïk : les apprentis eux-mêmes gardaient un profond silence. Quelques moments se passèrent ainsi dans une attente pleine d'angoisses. — Rien... — murmura l'orfèvre, les yeux fixés sur l'ouverture du soupirail...

— Il est mort ! — s'écria Rosen-Aër, tandis que Septimine la retenait entre ses bras. — Je ne reverrai plus mon cher fils !

Le vieillard lança un second caillou dans le souterrain. Ce fut encore un moment d'angoisse : toutes les respirations étaient suspendues. Au bout de quelques instants, Rosen-Aër, se dressant sur la pointe des pieds, s'écria : — Ses mains ! je vois ses mains ! il se cramponne aux barreaux du soupirail ! Merci, Hésus ! merci... vous me l'avez rendu ! — Et elle tomba à genoux, dans l'attitude de la prière.

Bonaïk vit alors la pâle figure d'Amaël encadrée de ses longs cheveux ruisselants d'eau, apparaître entre les barreaux. Le vieillard lui fit signe de se retirer promptement en disant à voix basse, et comme s'il avait pu être entendu par le prisonnier : — Et maintenant cachez-vous, disparaissez et attendez ! — Se retournant alors vers Rosen-Aër : — Votre fils m'a compris. Donc, plus d'imprudence. Soyez calme. — Allant ensuite à son établi, où se trouvaient plusieurs morceaux de parchemin, dont il se servait pour dessiner les modèles de ses orfévreries, il écrivit ces mots : « Si l'eau n'a pas tellement envahi le terrain que vous puissiez y rester sans danger jusqu'à la nuit, donnez trois secousses à la cordelle au bout de laquelle sera attachée la pierre qui aura ce billet pour enveloppe ; en ce cas, cette cordelle nous servira de moyen de communication ; lorsque vous la verrez s'agiter, préparez-vous à recevoir un nouvel avis : jusque-là, ne paraissez pas au soupirail. Courage ! »

Ces mots écrits, l'orfèvre enveloppa un caillou avec ce parchemin, heureusement, de sa nature imperméable, lia le tout au moyen de la corde, au milieu de laquelle il attacha un petit morceau de fer afin de la faire plonger dans l'eau, et de rendre ainsi invisible ce moyen de correspondance entre l'atelier et le souterrain ; puis il lança dans le soupirail la pierre, à laquelle était attachée la cordelle, dont il garda l'extrémité dans sa main. Quelques moments après, trois secousses données à cette corde annoncèrent à Bonaïk qu'Amaël pouvait rester jusqu'au soir sans danger dans sa prison, et qu'il exécuterait les recommandations du vieillard. Cette espérance ranima l'espoir de Rosen-Aër, et dans l'élan de sa reconnaissance, elle prit les mains de l'orfèvre, lui disant : — Bon père, vous le sauverez, n'est-ce pas ? vous sauverez mon cher fils ?

— Je l'espère, pauvre femme ! mais laissez-moi rassembler mes esprits... A mon âge, voyez-vous, de pareilles émotions sont rudes ; il faut, pour réussir, agir avec prudence et réflexion. L'entreprise est difficile... nous ne saurions agir avec trop de précautions...

Pendant que l'orfèvre, pensif, accoudé sur son établi, appuyait son front dans sa main, et que les apprentis demeuraient silencieux et inquiets, Rosen-Aër, rappelant ses souvenirs, dit à Septimine : — Mon enfant, vous avez dit que mon fils avait été bon pour vous comme un ange du ciel... Tout ce qui vous concerne m'intéresse. Où l'avez-vous donc connu ?

— Près de Poitiers, au couvent de Saint-Saturnin... Ma famille et moi touchées de compassion pour un jeune prince, un enfant, retenu prisonnier dans ce monastère, nous avons voulu favoriser l'évasion de ce pauvre petit ; tout a été découvert ; on voulait me châtier d'une manière honteuse, infâme ! — ajouta la Coliberte en rougissant. — On voulait me vendre, me séparer de mon père, de ma mère... Alors, votre fils, favori de Karl, le chef des Franks, est intervenu dans le débat et m'a prise sous sa protection...

— Mon fils ! dites-vous, chère enfant !

— Oui, madame, le seigneur Berthoald.

— Vous le nommez Berthoald ?

— Ainsi s'appelle le jeune chef frank qui est renfermé dans ce souterrain...

— Mon fils Amaël, portant le nom de Berthoald ! mon fils, favori du chef des Franks ! — s'écria Rosen-Aër, frappée de stupeur. — Mon fils, élevé dans l'horreur des conquérants de la Gaule, ces oppresseurs de notre race ! Mon fils, favori de l'un d'eux ! non, non... Cela est impossible...

— Je vivrais cent ans, que jamais je n'oublierai ce qui s'est passé au couvent de Saint-Saturnin, la touchante bonté du seigneur Berthoald envers moi, qu'il ne connaissait pas. N'a-t-il pas obtenu de Karl ma liberté, celle de mon père et de ma mère ? N'a-t-il pas été assez généreux pour me donner de l'or afin de subvenir aux besoins de ma famille.

— Ma raison se perd en cherchant à pénétrer ce mystère ; la troupe de guerriers qui nous emmenaient esclaves, s'est en effet arrêtée à l'abbaye de Saint-Saturnin, — reprit Rosen-Aër avec angoisse ; et elle ajouta : — Mais si celui-là, que tu appelles Berthoald, a obtenu ta liberté du chef des Franks, comment es-tu esclave ici, pauvre enfant ?

— Le seigneur Berthoald s'est fié à la parole de Karl, et Karl s'est fié à la parole du supérieur du couvent; mais, après le départ du chef des Franks et de votre fils, l'abbé, qui m'avait déjà vendue à un juif nommé Mardochée, a maintenu le marché... En vain, j'ai imploré les guerriers que Karl avait laissés au monastère pour en prendre possession et garder le petit prince, mes prières ont été vaines: j'ai été séparée de ma famille. Le juif a gardé l'or que votre fils m'avait donné généreusement, et m'a emmenée en ce pays; il m'a vendue à l'intendant de cette abbaye, qui était octroyée par Karl au seigneur Berthoald, ainsi que je l'ai appris au couvent de Saint-Saturnin.

— Cette abbaye octroyée à mon fils!... lui, compagnon de guerre de ces Franks maudits! lui, traître! renégat! Oh! si tu dis vrai, honte et malheur sur mon fils!...

— Traître! renégat! le seigneur Berthoald! le plus généreux des hommes! vous jugez trop sévèrement votre fils!

— Ecoute, pauvre enfant, et tu comprendras ma douleur... Après une grande bataille livrée près de Narbonne contre les Arabes, j'ai été prise par les guerriers de Karl: le butin, les esclaves ont été tirés au sort; on nous a dit à moi et à mes compagnes, que nous appartenions au chef Berthoald et à ses hommes.

— Vous... esclave de votre fils! Mais il l'ignorait, mon Dieu!

— Oui, de même que j'ignorais que mon nouveau maître, le jeune chef frank, Berthoald... fût mon fils Amaël.

— Durant ce voyage, votre fils se tenait en tête de sa troupe et ne vous a pas vue.

— Nous étions huit ou dix femmes esclaves dans chaque chariot couvert; nous suivions l'armée de Karl. Parfois les hommes du chef Berthoald venaient nous voir, et... mais je n'offenserai pas ta pudeur, pauvre enfant, en te racontant ces violences infâmes! — ajouta Rosen-Aër en frémissant à ces souvenirs de dégoût et d'horreur. — Mon âge m'a préservée d'une honte à laquelle j'aurais d'ailleurs échappé par la mort... Mon fils n'a jamais pris part à ces orgies mêlées de cris, de larmes et de sang; car on frappait jusqu'au sang les malheureuses qui voulaient échapper à ces outrages. Nous sommes ainsi arrivées jusqu'aux environs du couvent de Saint-Saturnin; là, nous avons fait une halte de quelques heures. Le juif Mardochée se trouvait alors dans ce monastère; apprenant sans doute qu'à la suite de l'armée il y avait des esclaves à acheter, il s'est rendu près de nous, accompagné de quelques hommes de la bande de Berthoald. Tu as été vendue, pauvre enfant, tu connais l'horrible examen que font subir aux captives ces marchands de chair gauloise?

— Oui, oui, cette honte, je l'ai subie devant les moines de Saint-Saturnin, lorsqu'ils m'ont vendue au juif, — répondit Septimine en cachant dans ses mains son visage empourpré de confusion.

Rosen Aër poursuivit:
— Des femmes, des jeunes filles, malgré leurs prières, leur résistance, ont été dépouillées de leurs vêtements et profanées, souillées par les regards des hommes qui voulaient nous vendre et nous acheter! A cette honte, mon âge n'a pu se soustraire... — Et fondant en larmes, tordant ses mains de désespoir, la mère d'Amaël ajouta en gémissant: — Voilà quels sont les Franks dont mon fils est le compagnon de guerre!

— C'est horrible!

— Cette indignité confond ma raison, révolte mon cœur. A l'âge de quinze ans, mon fils a disparu de la vallée de Charolles, où nous vivions libres et heureux... avant l'invasion des Sarrasins. Que s'est-il passé depuis? je l'ignore.

En entendant prononcer le nom de la vallée de Charolles, Bonaïk, jusqu'alors pensif, tressaillit, puis il prêta l'oreille à la suite de l'entretien de la Coliberte et de la mère d'Amaël, qui reprit: — Peut-être le juif a-t-il le secret de la vie mon fils.

— Ce juif... et comment?

— Malgré ma douleur, lorsque ce juif vint nous marchander, je subis le sort commun, je fus dépouillée de mes vêtements... Ah! que mon fils ignore toujours ma honte! cette pensée serait l'éternel remords de sa vie, s'il doit vivre... — ajouta Rosen-Aër à voix basse. — Pendant que je subissais le sort de mes compagnes d'esclavage... le juif remarqua sur mon bras gauche ces deux mots tracés en caractères ineffaçables: *Brenn — Karnak.*

— *Brenn — Karnak!* — reprit la Coliberte.
— Quels sont ces noms? pourquoi étaient-ils tracés sur votre bras?

— Cet usage, depuis plusieurs générations, a été adopté parmi nous; car, hélas! en ces temps de troubles, de guerres continuelles, les familles sont exposées à être séparées, dispersées au loin, et un signe indélébile peut les aider à se reconnaître.

A peine Rosen-Aër avait-elle prononcé ces mots que, s'approchant d'elle, Bonaïk, ému, troublé, s'écria: — Vous êtes de la race de Joel, le brenn de la tribu de Karnak?

— Oui, mon père.

— Vous habitiez en Bourgogne la vallée de Charolles? jadis concédée à Loysik, frère de Ronan, par le roi Clotaire Ier?

— Mais, bon père, comment savez-vous cela?

— Le vieillard releva la manche de son sarrau,

et, du doigt, montra ces deux mots : *Brenn — Karnak*, tracés sur son bras. — Vous aussi ? — s'écria Rosen-Aër, — vous aussi... vous, bon père, vous êtes de la famille de Joel ?...

— L'un de mes aïeux était Kervan, frère de Ronan. Voici ma filiation.

— Votre famille habitait en Bretagne, près de Karnak ?

— Mon frère Allan ou ses enfants n'ont pas quitté le berceau de notre race.

— Et comment êtes-vous tombé en esclavage ?

— Notre tribu, passant la frontière, est venue, selon la coutume immémoriale, vendanger en armes les vignes des Franks, vers le pays de Rennes. J'avais quinze ans, j'accompagnais mon père dans cette expédition ; une troupe de Franks nous a attaqués ; pendant le combat, j'ai été séparé de mon père, puis emmené esclave au loin. Revendu d'un maître à un autre, le hasard m'a conduit en ce pays, où je suis depuis douze ans. Hélas ! souvent mes yeux se sont tournés vers les frontières de notre vieille Bretagne, toujours libre ! mon grand âge, l'habitude d'un métier qui me plaît et me console, m'ont empêché de songer à une évasion. Ainsi donc, nous sommes parents !... Ce malheureux qui est là, près de nous, captif, est de notre sang ?... Mais comment était-il devenu le chef de cette troupe de Franks que l'inondation vient d'engloutir ?

— Je racontais à cette pauvre enfant qu'un juif, marchand d'esclaves, ayant vu sur mon bras ces deux mots : *Brenn — Karnak*, parut surpris, et me dit : — « N'as-tu pas un fils âgé de vingt-quatre ans, qui porte, comme toi, ces deux mots tracés sur son bras ? » — Malgré l'horreur que m'inspirait ce juif, ces mots ranimèrent en moi l'espérance de retrouver mon fils : — « Oui, — ai-je répondu ; — depuis dix ans mon fils a disparu des lieux que j'habitais.

— Et tu habitais la vallée de Charolles ? — m'a demandé le juif. — Tu connais donc mon fils ?

— me suis-je écrié. » — Mais cet homme, ce juif infâme, n'a pas voulu me répondre, et s'est éloigné en jetant sur moi un regard cruel.

— Et depuis, — reprit Septimine, — ne l'avez-vous jamais revu ?

— Jamais ! Les chariots se sont remis en route pour ce pays, où je suis arrivée avec mes compagnes d'esclavage. Toutes les femmes ont dû périr par l'inondation de cette nuit... Et sans le dévouement de cette courageuse enfant, je perdais aussi la vie...

— Le juif Mardochée, reprit le vieil orfèvre en réfléchissant, — ce marchand de chair gauloise, grand ami de l'intendant Ricarik, est venu ici depuis peu de jours ; il se trouvait au couvent de Saint-Saturnin lors de la donation de cette abbaye à votre fils et à ses hommes ; il aura, sans nul doute, pris les devants afin d'avertir l'abbesse ; aussi a-t-elle fait ses préparatifs de défense contre les guerriers qui voulaient la déposséder.

— Le juif a fait grande diligence depuis son départ du couvent de Saint-Saturnin, d'où il m'a emmenée, — reprit Septimine. — Nous n'étions que trois esclaves et lui dans un petit chariot léger, attelé de deux chevaux. Il a dû arriver ici deux ou trois jours avant la troupe du seigneur Berthoald, retardée dans sa marche par ses nombreux bagages.

— Ainsi le juif aura prévenu Mérofiède, lui révélant sans doute que le prétendu chef frank était de race gauloise, reprit Bonaïk ; — de là cette vengeance de l'abbesse, qui a fait jeter votre fils dans ce souterrain, croyant sans doute l'exposer à une mort certaine. Il s'agit maintenant de le sauver, et de nous mettre nous tous à l'abri de sa vengeance ; car rester en ce couvent après l'évasion de votre fils, ce serait exposer à la mort ces pauvres apprentis et Septimine.

— Oh ! bon père ! comment faire ? — reprit Septimine en joignant les mains. — Personne ne peut entrer dans ce bâtiment au-dessous duquel est enfermé le seigneur Berthoald...

— Nomme-le Amaël, mon enfant, — reprit Rosen-Aër avec amertume. — Ce nom de Berthoald me rappelle sans cesse une honte que je voudrais oublier...

— Tirer Amaël de ce souterrain n'est point chose impossible, — reprit l'orfèvre en hochant la tête. — J'ai réfléchi là-dessus tout à l'heure, et nous avons quelques chances de succès.

— Mais, bon père, — dit Rosen-Aër, — et les barreaux de la fenêtre de cet atelier ? ceux du soupirail de la cave où est enfermé mon fils ? enfin ce large et profond fossé ? que d'obstacles !

— Ces obstacles ne sont pas les plus difficiles à surmonter. Supposons la nuit venue, Amaël délivré nous a rejoints, que faire ?

— Quitter l'abbaye, — dit Septimine, — nous échapper... fuir tous...

— Et par quel moyen, mon enfant ? Ignores-tu qu'à la chute du jour la porte de la jetée est fermée ? Le gardien veille ; puis, eût-on franchi cette porte, l'inondation couvre la chaussée ; il faudra deux ou trois jours pour que les eaux se soient retirées tout à fait ; d'ici là, cette abbaye restera environnée d'eau comme une île.

— Maître Bonaïk, — reprit un des jeunes apprentis, — et les bateaux de pêche ?

— Où sont-ils amarrés d'ordinaire, mon garçon, dans quelle partie de l'étang ?

— Du côté de la chapelle.

— Il faudrait donc, pour y arriver, traverser la cour intérieure du cloître, et la porte est, chaque soir, verrouillée intérieurement !

Berthoald

— Hélas! — dit Rosen-Aër, — faut-il renoncer à tout espoir de sauvetage?
— Jamais il ne faut désespérer. Occupons-nous d'abord d'Amaël. Quoi qu'il lui arrive, une fois hors du souterrain, son sort ne pourra guère empirer. Maintenant, mes enfants, — ajouta l'orfèvre en s'adressant aux apprentis, — ce que nous allons tenter est grave; il y va de votre vie et de la nôtre... Vous n'avez pas à hésiter: il faut nous seconder ou nous trahir. Nous trahir serait une méchante action; cependant, vous n'avez d'autre intérêt à cette évasion que l'espoir incertain de recouvrer votre liberté. Voulez-vous nous trahir? dites-le franchement, tout de suite... alors je n'entreprendrai rien, le sort de cette digne femme et de son fils s'accomplira... Si, au contraire, avec votre aide, nous parvenons à sauver Amaël et à sortir de cette abbaye, voici quel est mon projet: Il y a, dit-on, près de quatre jours de marche d'ici aux limites de l'Armorique, seule terre libre de la Gaule aujourd'hui. Arrivés en Bretagne, nous prendrons la route de Karnak; nous y trouverons mon frère ou ses descendants; notre tribu vous accueillera comme des enfants de la famille; d'apprentis orfèvres, vous deviendrez apprentis laboureurs, à moins que vous ne préfériez continuer votre métier dans quelque ville de Bretagne; non plus en artisans esclaves, mais en artisans libres. Réfléchissez mûrement, et décidez-vous: la journée s'avance, le temps est précieux.

Justin, l'un des apprentis, après s'être consulté à voix basse avec ses compagnons, répondit au vieillard: Notre choix n'est pas douteux, maître Bonaïk; nous essayerons, avec vous, de rendre un fils à sa mère; quoi qu'il arrive, nous partagerons votre sort!

66ᵉ livraison

— Merci, généreux enfants! — dit Rosen-Aër les yeux remplis de larmes. — Hélas! je ne peux vous offrir, en échange de vos bons procédés, que la reconnaissance d'une mère?...

— Maintenant, — reprit l'orfèvre, qui parut retrouver la vivacité de sa jeunesse, — assez de paroles, agissons! Deux d'entre vous vont s'occuper de scier les barreaux de la fenêtre de l'atelier, mais sans les faire tomber.

— C'est entendu, père Bonaïk, — dit Justin ; les barreaux resteront en place... il ne faudra qu'un coup de lime pour les mettre à bas, quand vous ordonnerez de les faire tomber.

— Il n'y a pas à craindre d'être vu du dehors : le bâtiment qui nous fait face n'ayant pas de croisées de ce côté.

— Mais comment pourra-t-on scier les barreaux du soupirail de la cave où est enfermé mon pauvre fils?...

— Lui-même les sciera au moyen de cette lime lancée dans son cachot, enveloppée d'un nouveau billet dans lequel je vais écrire à Amaël ce qu'il doit faire. — Et le vieillard, s'asseyant à son établi, écrivit les lignes suivantes, que la Coliberte, penchée derrière lui, lisait à mesure et tout haut : — « Avec cette lime vous scierez les barreaux du soupirail sans les détacher complètement ; la nuit venue, vous les enlèverez. Trois secousses données à la cordelle dont vous avez l'un des bouts nous avertiront que vous êtes prêt. Alors vous attirerez vers le soupirail un baril vide que nous aurons attaché à l'extrémité de la cordelle. »

— Quoi! — vous avez eu bon père, assez de présence d'esprit pour songer à ce moyen d'évasion? Mon cœur vous est reconnaissant!

— Il nous faut bien trouver les moyens de fuir, — répondit le vieil orfèvre en continuant d'écrire, car il y va de notre vie à tous.

— Et nous autres, qui sommes du métier pourtant, nous croyions qu'il s'agissait de la fonte, — reprit Justin. — Quel bon tour! C'est le méchant Ricarik qui aura lui-même fourni la corde et le baril.

— « Lorsque le baril sera près du soupirail, » — reprit Septimine en continuant de lire, — « vous saisirez doucement de vos deux mains une corde dont ce tonneau sera entouré ; puis y prenant votre appui, vous vous mettrez à l'eau, vous le pousserez devant vous, et nous l'attirerons tout doucement jusqu'à la fenêtre, qu'il vous sera très facile alors d'escalader avec notre aide. Pour le surplus nous aviserons. »

— Oh! bon père, — dit Rosen-Aër, avec attendrissement, — gâce à vous mon fils est sauvé!

— Hélas! non, pas encore, pauvre femme! Je vous l'ai dit : le tirer de ce souterrain est possible ; mais ensuite il faudra sortir de ce malheureux couvent... — Enfin, nous essayerons. — Et il se remit à écrire ces dernières lignes : — « Il se peut que vous sachiez nager ; mais pas d'imprudence ! les meilleurs nageurs se noient ; réservez vos forces afin de pouvoir aider votre mère à fuir de cette abbaye. Lorsque vous aurez ce parchemin, déchirez-le ainsi que le premier, en petits morceaux, jetez-les dans le coin le plus obscur de votre cachot, car il est possible que l'on vienne vous retirer de ce souterrain avant ce soir. »

— O mon Dieu! — dit Rosen-Aër en joignant les mains avec douleur, — nous n'y avions pas songé ; ce malheur est possible.

— Hélas! il faut tout prévoir, — reprit le vieillard en terminant d'écrire ce qui suit : — « Ne désespérez pas, et confiez-vous en Hésus, le Dieu de nos pères! »

— Ah! — murmura douloureusement Rosen-Aër, — la foi de ses pères, les enseignements de sa famille! les souffrances de sa race! la haine de l'étranger... il a tout oublié!

— Mais la vue de sa mère lui aura tout rappelé, — répondit le vieillard. — Et il donna une secousse à la cordelle pour avertir Amaël ; celui-ci répondit de la même manière à ce signal. Alors, Bonaïk, enveloppant la lime dans le parchemin, la lança de l'autre côté du fossé, visant de nouveau avec justesse le soupirail de la cave au fond duquel elle tomba. Amaël, après avoir pris connaissance des nouvelles instructions du vieillard, parut derrière les barreaux. Ses regards avides semblaient demander la présence de sa mère.

— Il vous cherche des yeux, — dit la Coliberte à Rosen-Aër ; — montrez-vous à lui, ne lui refusez pas cette consolation!

La matrone gauloise soupira, et, s'appuyant sur Septimine, fit deux pas vers la croisée ; alors, d'un air solennel et résigné, elle leva un doigt vers le ciel, comme pour dire à son fils de se confier au dieu de ses pères. Amaël, à la vue de sa mère et de Septimine, dont la douce image lui était toujours restée présente depuis leur première entrevue au couvent de Saint-Saturnin, joignit ses mains qu'il éleva au-dessus de sa tête, et ses traits exprimèrent à la fois résignation, respect, reconnaissance.

— Et maintenant, mes enfants, — dit l'orfèvre aux jeunes esclaves, — prenez vos limes et sciez les barreaux ; moi et l'un de vous, nous allons mettre le creuset sur le brasier, y fondre les métaux. Ricarik peut venir, il faut qu'il nous croie occupés de notre fonte. La porte est fermée en dedans ; vous, Rosen-Aër, restez près de l'entrée du caveau, afin de pouvoir vous y cacher dans le cas où ce maudit intendant reviendrait ici, ce qui est peu probable, car, sa tournée du matin finie, nous ne le revoyons, Dieu merci, presque jamais dans la journée ; mais la moindre imprudence pourrait nous perdre tous!

. . . .
La nuit est venue, l'abbesse Méroflède, vêtue de ses habits religieux, est à demi couchée sur le lit de la salle du festin, où, la veille, Amaël s'est assis près d'elle : le pâle visage de cette femme est sinistre. Ricarik, assis devant la table éclairée par un flambeau de cire, vient d'écrire une lettre sous la dictée de l'abbesse.

— Madame, — lui dit-il, — vous n'avez plus qu'à apposer votre signature sur cette missive à l'évêque de Nantes. — Et comme Méroflède ne répondit pas, absorbée qu'elle était dans ses pensées, l'intendant reprit d'une voix plus haute : — Madame, j'attends votre signature.

Alors Méroflède, le front appuyé sur sa main, l'œil fixe, le sein palpitant, dit à l'intendant d'une voix lente et creuse : — Lorsque ce matin tu es allé le revoir dans ce cachot, que t'a dit Berthoald ?

— Il est resté muet et sombre.

L'abbesse se leva brusquement, marcha avec agitation ; faisant ensuite un violent effort sur elle-même, elle dit à l'intendant :

— Va chercher Berthoald !

— Madame... est-ce vous qui donnez cet ordre ?

— J'ai commandé ; obéis sans retard.

— Mais le messager que vous avez demandé attend cette lettre pour l'évêque de Nantes : le bateau est prêt avec quatre rameurs.

— L'évêque de Nantes recevra ma missive un jour plus tard. Va chercher Berthoald...

— J'obéis aux ordres de ma noble maîtresse.

Ricarik se dirigea lentement vers l'entrée de la salle ; il allait disparaître derrière le rideau, lorsque Méroflède, après une violente hésitation, lui cria : — Non... reviens ! — Et, se laissant tomber sur son lit en cachant sa figure entre ses mains, l'abbesse poussa des gémissements douloureux qui ressemblaient aux hurlements d'une louve blessée. L'intendant se rapprochant attendit, silencieux, que la crise violente à laquelle Méroflède était en proie fût calmée. Au bout de quelques instants l'abbesse se releva, la joue en feu, l'œil étincelant, la lèvre dédaigneuse, s'écriant : — Je suis trop lâche ! Oh ! cet homme ! cet homme ! il me payera cher ce qu'il me fait souffrir ! — Et après s'être encore promenée avec agitation, elle parut se calmer, se rejeta sur le lit, et dit à l'intendant : — Relis-moi cette lettre... j'étais folle...

L'intendant lut ce qui suit : — « Méroflède, servante des servantes du Seigneur, à son très cher père en Christ, Arsène, évêque du diocèse de Nantes, salut respectueux. Très cher père, le Seigneur, par un éclatant miracle, vient de montrer quels terribles châtiments il réserve aux impies qui outragent en la personne de ses pauvres filles. Karl, chef des Franks, contempteur de toutes les lois divines, désolateur de l'Église, dévastateur de ses biens sacrés, persécuteur des fidèles, avait eu la sacrilège audace d'octroyer à une bande de ses hommes de guerre la possession de cette abbaye-ci, patrimoine de Dieu. Le chef de ces aventuriers m'a sommée outrageusement d'avoir à quitter ce monastère, ajoutant que si je n'obéissais, il nous attaquerait de vive force au point du jour. Ces maudits, pour être plus à portée d'accomplir leur œuvre de damnation, ont campé la nuit dernière aux approches de l'abbaye. Mais l'œil du Seigneur veillait sur nous ; le Tout-Puissant a su nous défendre contre les loups ravisseurs. Pendant la nuit, les cataractes du ciel se sont ouvertes avec un fracas effrayant ; les flots des étangs, miraculeusement gonflés, ont englouti les sacrilèges ; pas un d'entre eux n'a échappé au châtiment céleste ! Prodige effrayant ! des lueurs rouges ont sillonné la profondeur des ondes, comme si une bouche de l'enfer se fût ouverte pour recevoir sa détestable proie. La justice du Seigneur accomplie, les eaux redevenues calmes, limpides, sont rentrées paisiblement dans leur lit. De même qu'après le déluge, la blanche colombe de paix et d'espérance est sortie de l'arche sainte, cette lettre, ô mon vénérable père en Christ, ira vers toi l'apprendre ce miracle. Cette nouvelle preuve de la toute-puissance du Seigneur devra édifier, réconforter, consoler, délecter les âmes pieuses et terrifier les impies. Je termine en te demandant ta bénédiction apostolique. Au nom de la Très sainte Trinité ! » Après avoir achevé la lecture de cette épître catholique, Ricarik dit à l'abbesse : — Madame, veuillez signer.

Méroflède prit la plume, écrivit au bas de l'épître : — *Méroflède, abbesse de Meriadek.* — Après quoi elle ajouta avec un sourire sardonique : — L'évêque de Nantes est habile homme, il saura faire valoir le miracle, et dans un siècle on parlera encore du prodige auquel les vierges du couvent de Meriadek ont dû leur salut... — Puis Méroflède reprit d'un air sinistre en appuyant son front brûlant entre ses mains : — J'ai l'enfer dans l'âme !

— Quoi ! madame, vous pensez encore à Berthoald ? Quelle impression il a faite sur vous !

— Ce que j'éprouve pour lui est un mélange de mépris, de haine et de frénésie amoureuse. Cela m'épouvante... Jamais aucun homme ne m'avait inspiré une telle passion !

— Il est un moyen bien simple de vous délivrer de ces angoisses... Ce moyen je vous l'ai proposé... et je suis prêt à l'employer.

— Prends garde ! nulle violence à son égard ; ta vie me répond de la sienne !

— Quels sont vos desseins ?

— Je ne sais à quoi m'arrêter... tantôt je veux lui faire souffrir mille morts, tantôt je me sens prête à tomber à ses genoux, à lui demander grâce... je suis folle... folle d'amour ! —

Et l'abbesse se tordait les mains, mordait les coussins de son lit ou les déchirait de ses ongles avec une sorte de furie sauvage ; puis, se relevant soudain, les yeux humides de larmes et étincelants de passion : — Allons! donne-moi la clé du cachot de Berthoald ?

— Elle est dans ce trousseau, — répondit l'intendant en montrant plusieurs clés pendues à sa ceinture. J'obéis à l'instant.

— Donne-moi vite cette clé.

— La voici, — dit l'intendant détachant du trousseau une grosse clé de fer. Méroflède prit la clé, la regarda en silence, et resta quelques instants rêveuse.

— Madame, — reprit Ricarik, — je vais faire partir le messager qui attend votre lettre pour l'évêque de Nantes.

— Va, va... porte cette lettre et reviens.

— J'irai aussi jeter un coup d'œil dans l'atelier du vieil orfèvre... il doit fondre aujourd'hui le grand vase d'argent.

— Eh! que m'importe!

— Il m'est venu quelque doute à l'esprit ; il m'a semblé, ce matin, remarquer certain embarras sur les traits de ce rusé vieillard ; il m'a prévenu qu'il s'enfermerait toute la journée ; il complote peut-être avec ses apprentis de dérober une partie du métal. Il m'a prévenu que la fonte ne commencerait guère qu'à la nuit ; je veux assister à la fonte, puis je reviendrai, madame. Vous n'avez pas d'autres ordres à me donner, madame l'abbesse?

Méroflède resta plongée dans ses rêveries, tenant dans sa main la clé du cachot d'Amaël ; après quelques moments de silence, et sans lever ses yeux toujours fixés sur le sol, elle dit à l'intendant :

— En sortant d'ici tu diras à Madeleine de m'apporter ma mante et une lampe allumée.

— Votre mante, madame? Vous voulez donc sortir? Serait-ce pour aller trouver Berthoald dans son cachot?...

Méroflède interrompit l'intendant en frappant du pied avec colère, et d'un geste impérieux lui montra la porte : sors d'ici, vil esclave!...

. . . .

Bonaïk, ses apprentis, Rosen-Aër et Septimine, enfermés depuis le matin dans l'atelier, avaient impatiemment attendu la nuit ; tout était préparé pour l'évasion d'Amaël lorsque le jour tomba : la lueur du brasier de la forge et du fourneau éclairait seule l'atelier ; les carreaux des fenêtres devaient être enlevés.

— Vous êtes jeunes et vigoureux, — dit le vieillard aux esclaves apprentis ; — à défaut d'autres armes, les barres de fer enlevées de la croisée pourront vous servir pour nous défendre ; déposez-les dans un coin. Maintenant, passez le baril par la fenêtre, et attachez à l'un des cercles cette cordelle, dont l'un des bouts est aux mains d'Amaël ; il est prêt, car il vient de répondre à notre signal.

Rosen-Aër et la Coliberte, le cœur palpitant d'espérance et d'angoisse, se tenaient auprès de la fenêtre serrées l'une contre l'autre. Les apprentis mirent le baril dehors ; les ténèbres étaient profondes, l'on ne distinguait pas même la blancheur du bâtiment dont la partie basse servait de cachot à Amaël. Bientôt, attiré par lui, le baril disparut dans l'ombre ; à mesure qu'il s'éloignait, l'un des apprentis déroulait peu à peu la corde dont le tonneau était entouré ; elle devait servir à le ramener, lorsque le fugitif y aurait pris son point d'appui. A ce moment, il se fit un grand silence dans l'atelier ; toutes les respirations semblaient suspendues ; malgré la nuit, qui était si noire, que l'on n'apercevait absolument rien au dehors, tous les regards cherchaient à percer ces ténèbres. Enfin, au bout de quelques minutes d'anxiété, l'apprenti qui, penché à la fenêtre, tenait la corde destinée à ramener le baril, dit au vieillard : — Maître Bonaïk, le prisonnier est sorti de la cave ; il s'appuie sur le tonneau, je viens de sentir la corde se raidir.

— Alors, mon garçon, tire à toi... tire doucement, sans secousse.

— Il vient de notre côté, — reprit joyeusement l'apprenti ; — le poids du prisonnier pèse maintenant sur le tonneau.

— Grand Dieu ! — s'écria Rosen-Aër, — voyez, dans le souterrain, cette lumière... tout est perdu !...

En effet, une vive lueur, produite par la clarté d'une lampe, apparaissant soudain dans l'intérieur de la cave, l'ouverture demi-circulaire du soupirail se dessina lumineuse à travers les ténèbres ; cette réverbération, se projetant jusque sur l'eau du fossé, éclaira le fugitif, qui, à demi plongé dans l'onde, se soutenait en s'appuyant des deux mains sur le tonneau flottant. A ce moment, Méroflède, enveloppée de sa mante écarlate à capuchon rabattu, parut au soupirail ; elle se cramponnait à deux des barreaux qu'Amael n'avait pas eu le temps de scier pour se frayer un passage. A la vue du fugitif, l'abbesse poussa un hurlement de rage, et cria par deux fois : — Berthoald! Berthoald !... — Puis elle disparut, emportant sa lampe avec elle, de sorte qu'au dehors tout fut de nouveau plongé dans l'obscurité. L'apprenti qui attirait le tonneau, effrayé de l'apparition de l'abbesse, se rejeta vivement en arrière et abandonna la corde de sauvetage... l'orfèvre, heureusement, la saisit, et, au milieu de l'épouvante de tous, amena le baril jusqu'au bord de la fenêtre en disant : — Sauvons d'abord Amaël.

Grâce au tonneau qui flottait presque à fleur de la croisée, elle fut escaladée facilement par le prisonnier ; son premier mouvement, en arrivant dans l'atelier, fut de se jeter au cou de sa mère... Tous deux oubliaient le danger dans un embrassement passionné, lorsqu'on frappa fortement à la porte.

— Malheur à nous... — murmura l'un des apprentis, — c'est l'abbesse !

— Impossible, — dit l'orfèvre ; — pour remonter du cachot, faire le tour du cloître, traverser les cours et venir jusqu'à notre atelier, il lui faut plus de dix minutes.

— Bonaïk, — dit au dehors la rude voix de Ricarik, ouvre à l'instant la porte...

— Oh ! que faire ! Le réduit au charbon est trop étroit pour y cacher Rosen-Aër et son fils, — murmura le vieillard ; et il répondit très haut en se tournant vers la porte : — Seigneur intendant, nous sommes au moment de la fonte ; nous ne pouvons la quitter...

— C'est justement à la fonte que je veux assister ! — cria l'intendant. — Ouvre à l'instant...

— Vous, votre fils et Septimine, restez près de la fenêtre, penchez-vous au dehors, vous seriez suffoqués, — dit le vieillard à Rosen-Aër après un instant de réflexion. Et poussant vers la croisée Amaël, sa mère et la Coliberte, il dit à l'un des apprentis : — Vide sur le brasier de la forge tout le contenu de la boîte au soufre et au bitume... nous allons enfumer l'atelier.

Le jeune esclave obéit machinalement, et au moment où Ricarik heurtait à la porte à coups redoublés, une fumée sulfureuse, bitumeuse, commençant de se répandre dans l'atelier, devint bientôt si intense, que l'on voyait à peine à deux pas devant soi. Aussi, lorsque le vieillard alla enfin ouvrir la porte à l'intendant, celui-ci, aveuglé, suffoqué par une bouffée de cette épaisse et âcre vapeur, se recula vivement au lieu d'entrer.

— Avancez donc, seigneur intendant, — dit Bonaïk, — c'est l'effet de la fonte à la mode du grand Eloi... Nous n'avons pu vous ouvrir plus tôt, de peur de laisser refroidir les métaux en fusion que nous versions dans le moule... Avancez, cher seigneur, venez voir la fonte...

— Va-t-en au diable ! répondit Ricarik en toussant à s'étrangler et reculant au delà du seuil. — Je suis suffoqué, aveuglé...

— C'est l'effet de la fonte, cher seigneur. — Puis avisant le trousseau de clés à la ceinture de l'intendant, qui, des deux mains, frottait ses paupières endolories par l'âcreté de la fumée, Bonaïk le saisit à la gorge et s'écria : — A moi, mes enfants, il a les clés des portes !

A l'appel du vieillard, les apprentis et Amaël accoururent, se précipitèrent sur l'intendant, étouffèrent ses cris en lui serrant le cou, pendant que Bonaïk, s'emparant du trousseau de clés, disait : — Entraînez cet homme dans l'atelier, et jetez-le dans le fossé ; ce sera plus tôt fait. Il ne fera plus supplicier de pauvres esclaves.

Les ordres du vieillard furent exécutés, malgré la résistance du Frank... Bientôt l'on entendit le bruit d'un corps tombant dans l'eau...

— Et maintenant, — s'écria le vieillard, — venez tous ! suivez-moi et courons. — Le vieillard avait à peine fait quelques pas dans le corridor, qu'il vit au loin s'avancer l'esclave portier tenant une lanterne à la main. — Restez cachés dans l'ombre, — dit tout bas l'orfèvre aux fugitifs. Et il alla vivement au-devant du portier qui lui cria : — Eh ! vieux Bonaïk, est-ce que l'intendant n'est pas dans ton atelier ? Je ne sais à quoi il pense ; voilà deux heures que le bateau et les rameurs attendent son messager... ils s'impatientent et veulent partir.

— Ils n'attendront pas longtemps, car ce messager, c'est moi-même.

— Tu vas remplir les fonctions de messager !

— Connais-tu ce trousseau de clés ?

— Certes, je connais le trousseau et les clés que l'intendant porte à sa ceinture.

— Il me les a confiées afin que je puisse sortir de l'enceinte du monastère dans le cas où tu ne serais pas à la loge. Allons vite au bateau. Marche devant. — Le portier, persuadé par la sincérité du vieillard, dont la présence d'esprit semblait augmenter avec les périls, le précéda ; mais Bonaïk ralentit son pas, et, appelant à voix basse un des apprentis : — Justin, toi et les autres, suivez-moi à distance ; la nuit est noire, la lueur de la lanterne du portier vous guidera ; mais dès que vous m'entendrez siffler, accourez tous. — Et s'adressant au portier, qui l'avait beaucoup devancé : — Eh ! Bernard ! ne va pas si vite ; tu oublies qu'à mon âge on n'est pas aussi ingambe que toi. — Bonaïk, précédé du portier, et suivi de loin dans les ténèbres par les fugitifs, arriva ainsi dans la cour extérieure du monastère... Soudain Bernard s'arrêta et prêta l'oreille.

— Qu'as-tu ? — lui dit le vieil orfèvre — pourquoi rester en chemin ?

— Ne vois-tu pas la lumière des torches éclairer la crête du mur de la cour intérieure du monastère ? n'entends-tu pas ce tumulte ?

— Marche, marche. J'ai autre chose à faire que de m'occuper de ces torches et de ce tumulte ; je dois obéir à notre sainte abbesse et remplir au plus tôt le message de Ricarik. Je n'ai pas un instant à perdre ; vite, dépêchons-nous.

— Mais il se passe quelque chose d'extraordinaire dans l'intérieur du monastère !

— C'est pour cela que l'intendant m'envoie si précipitamment en message... Hâte-toi, le temps presse...

— Ah ! c'est différent, vieux Bonaïk, — répondit Bernard en doublant le pas. Il arriva bientôt à la clôture extérieure, dont il ouvrit la porte. A ce moment, le vieillard siffla ; le portier, très surpris, lui dit : — Qui siffles-tu ?

Voici la porte ouverte. Sors donc, puisque tu es si pressé. Mais j'entends des pas ; on accourt de ce côté. Quels sont ces gens-là ? — dit Bernard, en haussant sa lanterne. — Il y a deux femmes...

Bonaïk coupa court aux réflexions du portier en criant : — Otez la clé de la porte et tirez-là sur vous, le portier restera enfermé. A peine le vieillard eut-il prononcé ces paroles, qu'Amaël, les apprentis, Rosen-Aër et Septimine se précipitèrent à travers l'issue ouverte; puis l'un des jeunes esclaves, repoussant rudement Bernard dans l'intérieur de la cour, ôta la clé de la serrure, tira la porte à lui et la ferma en dehors. Bonaïk ramassa la lanterne et cria : Hé! du bateau ! Venez nous embarquer...

— Venez par ici ! — répondirent plusieurs voix, — par ici... il est amarré au gros saule.

— Maître Bonaïk, — dit un des apprentis, — nous sommes poursuivis ; le portier appelle à l'aide. Voyez ces lueurs ; elles apparaissent maintenant dans la cour que nous venons de quitter !

— Il n'y a rien à craindre, mes enfants; la porte est bardée de fer et fermée en dehors ; avant qu'on ait eu le temps de la défoncer, nous serons embarqués ! — Ce disant, le vieillard continua de se diriger vers le gros saule; remarquant alors un bissac gonflé que Justin, l'un des apprentis, portait sur son dos, il lui dit ; — Qu'as-tu dans ce sac?

— Maître Bonaïk, pendant que vous parliez à l'intendant, Gervais et moi, nous doutant de quelque manigance de votre part, nous avons pris, par précaution, moi, mon bissac, où j'ai mis le restant de nos vivres, et Gervais, l'outre de vin encore demi pleine.

— Vous êtes de judicieux garçons, car nous aurons à faire une longue route après avoir débarqué.

Le vieillard et ses compagnons arrivèrent bientôt près du gros saule; un bateau y était amarré, quatre esclaves rameurs sur les bancs, le pilote au gouvernail. — Enfin ! — dit-il d'un ton bourru, — voilà trois heures que nous attendons ; nous sommes transis de froid et nous allons avoir à ramer pendant plus de deux heures...

— Je vais vous donner une bonne nouvelle, mes amis, — répondit l'orfèvre aux bateliers.

— J'ai amené du monde pour ramer ; les rameurs peuvent donc rentrer au monastère ; le pilote seul restera pour guider le bateau.

Joyeux et prestes, les esclaves s'élancèrent hors du bateau. Le pilote se résigna, non sans murmurer. Bonaïk fit rentrer Rosen-Aër et Septimine dans la barque ; Amaël et les apprentis s'emparèrent des avirons. Le pilote prit le gouvernail, l'embarcation s'éloigna du rivage, et le vieil orfèvre, essuyant son front baigné de sueur, dit avec un grand soupir d'allégement ! — Ah ! mes enfants! voilà un jour de fonte comme je n'en vis jamais dans l'atelier du grand Eloi !

. . . .

Le lendemain de la nuit où les fugitifs avaient quitté l'abbaye, ils se reposèrent vers midi, après avoir marché pendant toute la nuit et le commencement de cette journée ; ils réparèrent leurs forces, grâce à la précaution des apprentis, dont l'un s'était chargé de l'outre de vin, l'autre du bissac rempli de provisions. Les voyageurs s'étaient assis sur l'herbe, sous un grand chêne au feuillage jauni par l'arrière-saison. A leurs pieds coulait un ruisseau d'eau vive, derrière eux s'élevait une colline qu'ils avaient gravie, puis descendue, en suivant une antique voie romaine, alors délabrée, effondrée ; cette voie se prolongeait à une assez grande distance jusqu'au tournant d'un coteau boisé, derrière lequel elle disparaissait. Enfin, à l'extrême horizon, se dessinaient les cimes bleuâtres de hautes montagnes, limites et frontières de la Bretagne. Les fugitifs, guidés par l'un des apprentis qui connaissait les environs de l'abbaye, avaient rejoint l'ancienne route romaine ; elle conduisait de Nantes aux frontières de l'Armorique, près desquelles César, sept siècles auparavant, avait établi plusieurs camps retranchés, afin de protéger ses colonies militaires. Amaël, habitué par le métier de la guerre à évaluer les distances pensait qu'en marchant jusqu'au soleil couchant, et qu'en se remettant en route après une heure de repos, il serait possible d'arriver à la fin du jour suivant aux confins de la Bretagne. Septimine était assise auprès de Rosen-Aër et d'Amaël ; les apprentis, étendus sur l'herbe, terminaient leur frugal repas. Le vieil orfèvre, ayant aussi repris ses forces, tira d'une poche de son sarreau un paquet soigneusement enveloppé d'un morceau de peau. Les jeunes gens suivirent avec curiosité les mouvements du vieillard. A leur grande surprise, il dégagea de cette enveloppe la crosse abbatiale en argent, à la ciselure de laquelle il avait commencé de travailler depuis quelque temps. Dans ce paquet, se trouvaient aussi deux burins. Bonaïk, remarquant la physionomie ébahie des apprentis, leur dit : — Vous paraissez être étonnés, mes enfants, de voir que j'aie emporté de l'abbaye cette crosse d'argent? Ce n'est pas la valeur du métal qui m'a tenté !

— Sans doute, maître Bonaïk ; car il entre bien peu d'argent dans cette crosse, mais nous nous demandons pour quel motif vous l'avez emportée avec vous ?

— Que voulez-vous, mes enfants, j'aime mon art d'orfèvre ; je ne trouverai plus à l'exercer pendant le peu de temps que j'ai encore à vivre... J'ai gardé mes deux meilleurs burins ; je veux ciseler cette crosse si finement, si purement, qu'en y travaillant un peu tous les jours, j'emploierai à ce travail, le restant de ma vie. Ce sera le chef-d'œuvre de ma longue carrière.

— Vous nous félicitiez d'être des garçons de précaution, maître Bonaïk, parce que nous avions songé à l'outre et aux provisions, mais nous reconnaissons que votre prévoyance dépasse la nôtre.

— Bon père, et vous, mes amis, — dit Amaël en s'adressant au vieil orfèvre et aux apprentis, — veuillez vous approcher ; ce que j'ai à dire à ma mère, vous l'entendrez aussi ; j'ai fait le mal, je dois avoir le courage d'en faire l'aveu devant vous... et de solliciter le pardon.

Rosen-Aër soupira et attendit le récit de son fils avec une curiosité triste et sévère. Septimine, la regardant d'un air presque suppliant, semblait implorer pour Amaël l'indulgence de cette mère, de cette gauloise si justement, si douloureusement irritée contre son fils.

— Depuis que tout péril a cessé pour moi, — reprit Amaël, — ma mère, durant notre longue marche de jour et de nuit ne m'a pas adressé la parole ; elle a refusé l'appui de mon bras, préférant celui de cette pauvre enfant, qui lui a sauvé la vie. La sévérité de ma mère est juste, je ne m'en plains pas, j'en souffre... Puisse le récit sincère de mes fautes, l'aveu de mes erreurs, puisse mon repentir me mériter son pardon !

— Une mère pardonne toujours, — dit Septimine en regardant timidement Rosen-Aër. Mais celle-ci répondit d'une voix émue et grave, sans daigner même regarder Amaël :

— L'abandon de mon fils a déchiré mon cœur ; en proie à des angoisses sans cesse renaissantes, tour à tour je m'abandonnais au désespoir ou à une espérance insensée... Ces tourments ont duré pendant des années ; je puis pardonner à mon fils de les avoir causés, mais ce qu'il n'est pas en mon pouvoir de pardonner, c'est son alliance criminelle avec les oppresseurs de notre race, avec ces Franks maudits qui ont asservi nos pères, outragé nos mères et asservissent nos enfants !

— Mon crime est grand ; mais je vous le jure, ma mère, avant de vous avoir revue, je connaissais le remords. Il y a dix ans, j'ai quitté la vallée de Charolles où je vivais heureux près de ma famille ; mais je cédai à la curiosité, à un invincible besoin d'aventures ; car, selon moi, en dehors de nos limites, un monde tout nouveau devait s'offrir à mes yeux. Un soir je partis, non sans verser des larmes, non sans me retourner bien des fois pour voir encore notre vallée.

— Dans mon enfance, — dit le vieillard, — mon père m'a souvent raconté que Karadeuk, l'un de nos aïeux, avait aussi abandonné sa famille pour courir la Bagaudie... Rosen-Aër, que le souvenir de notre aïeul vous rende indulgente pour votre fils !

— Les Bagaudes et les Vagres guerroyaient contre les Romains et contre les Franks, nos oppresseurs, au lieu de s'allier et de combattre avec eux, comme l'a fait mon fils.

— Vos reproches sont mérités, ma mère ; la suite de ce récit vous prouvera que, plus d'une fois, je me les suis adressés. Presque au sortir de la vallée, je tombai entre les mains d'une bande de Franks. Ils revenaient d'Auvergne et se rendaient dans le nord ; ils me firent esclave. Leur chef me garda pendant quelque temps pour soigner ses chevaux et fourbir ses armes. J'avais l'instinct de la guerre ; la vue d'une arme ou d'un beau cheval me passionnait dès l'enfance. Vous le savez, ma mère.

— Oui, vos jours de fête étaient ceux où les colons de la vallée se livraient à l'exercice des armes... ou pour les courses de chevaux.

— Emmené esclave par ce chef franck, je ne cherchai pas à fuir ; il me traitait avec douceur. Puis, c'était pour moi un plaisir de fourbir ses armes, et, durant la route, de monter ses chevaux de bataille. Enfin, je voyais un pays nouveau... hélas ! bien nouveau, car les terres ravagées, les maisons en ruines, l'effroyable misère des populations asservies que nous traversions, contrastaient cruellement avec la vie indépendante et heureuse des habitants de notre vallée. Alors, me rappelant notre heureux pays, songeant à vous, à mon père, des larmes coulaient de mes yeux, mon cœur se brisait ; quelquefois j'ai songé à quitter les Franks pour revenir à vous, mais la crainte d'un accueil sévère me retenait.

— J'aurais éprouvé la même crainte, si j'avais commis la même faute, — dit Septimine, qui écoutait ce récit avec un tendre intérêt ; je n'aurais pas osé retourner dans ma famille.

— Après être resté plus d'une année chez ce chef frank, j'étais devenu bon écuyer, je domptais les chevaux les plus fougueux ; à force de fourbir les armes, j'avais appris à les manier. Le Frank mourut. Je devais être vendu avec tous les esclaves. Un juif, nommé Mardochée, qui courait la Gaule pour trafiquer de chair humaine, se trouvait alors à Amiens ; il vint visiter les esclaves. Il m'acheta et me prévint qu'il me revendrait à un riche seigneur frank, nommé Bodégésil, duc au pays de Poitiers. Ce seigneur possédait, disait le juif, les plus beaux chevaux, les plus belles armures que l'on pût voir... — « En prenant la fuite, tu peux me faire perdre une grosse somme d'argent, — ajoutait Mardochée, — car je t'ai acheté d'autant plus cher que je savais te revendre au seigneur Bodégésil avec un gros

bénéfice ; mais, si tu fuis, tu perdras une occasion de fortune pour toi ; Bodégésil est un généreux seigneur ; sers-le fidèlement, il t'affranchira, t'emmènera en guerre avec lui, lorsqu'il sera requis de marcher avec ses hommes, et l'on a vu, dans ces temps de guerre où nous vivons, des affranchis devenir comtes. » — L'ambition entra dans mon cœur, l'orgueil m'enivra, je crus aux promesses du juif, je ne cherchai pas à m'échapper ; lui-même, pour m'affermir dans cette résolution, me traita de son mieux, me promit même de vous faire parvenir, par un autre juif qui devait aller en Bourgogne, une lettre que je vous écrivis, ma mère...
— Cet homme n'a pas tenu sa promesse, — dit Rosen-Aër. — Aucune nouvelle de vous ne m'est parvenue.
— Ce manque de parole ne me surprend pas. Ce juif était cupide et sans foi. Il me conduisit chez le duc Bodégésil. Ce Frank, élevait, en effet, de superbes chevaux dans les immenses prairies de ses domaines ; l'une des salles de son burg, ancien château romain, était remplie de splendides armures ; mais le juif m'avait menti sur le caractère de ce duc, homme violent et cruel ; cependant, dès mon arrivée, frappé de la manière dont je domptais un poulain sauvage, jusqu'alors l'effroi de ses esclaves et des écuyers, il me traita moins durement que mes compagnons gaulois ou franks ; car, par la vicissitude des temps, vous le savez, ma mère, un grand nombre de descendants des premiers conquérants de la Gaule sont tombés dans la misère, et de la misère dans l'esclavage. Bodégésil se montrait aussi cruel envers ses esclaves de race germanique comme lui qu'envers ceux de race gauloise. Toujours à cheval, toujours occupé du fourbissement ou du maniement des armes, je poursuivais une idée qui devait enfin se réaliser. Le renom de Karl, maire du palais, était venu jusqu'à moi ; j'avais entendu dire à d'autres Franks, amis de Bodégésil, que Karl, obligé de défendre la Gaule, au nord contre les Frisons, au midi contre les Arabes, et se trouvant mal secondé dans ces guerres par les anciens seigneurs bénéficiers et par l'Église qui ne lui donnaient que peu d'argent et peu d'hommes, accueillait favorablement les aventuriers, dont quelques-uns, en combattant bravement sous ses ordres, parvenaient à des fortunes inespérées. J'avais vingt ans, lorsque j'appris que Karl se rapprochait du Poitou afin de repousser les Arabes qui menaçaient d'envahir cette contrée. Ce moment longtemps rêvé par mon ambition arrivait enfin. Un jour j'emportai la plus belle armure de Bodégésil ; je dérobai une épée, une hache, une lance et un bouclier. La nuit venue, j'allai chercher dans les écuries le plus beau et le plus vigoureux des chevaux du duc. Je revêtis l'armure et m'éloignai rapidement du château. Je voulais me rendre auprès de Karl, décidé à cacher mon origine et à me dire fils d'un seigneur de race germanique, afin d'intéresser à mon sort le chef des Franks. A cinq ou six lieues du château, je fus attaqué au point du jour par plusieurs de ces bandits qui infestaient la Gaule. Je me défendis vigoureusement ; je tuai deux de ces larrons et dis aux autres : — « Karl a besoin d'hommes vaillants ! il leur abandonne une large part du butin. Venez avec moi. Mieux vaut batailler à l'armée que d'attaquer les voyageurs sur les routes ; il y a péril égal, mais plus grand profit. » — Ces bandits suivirent mon conseil et m'accompagnèrent ; notre petite troupe se grossit en route d'autres gens sans aveu, mais déterminés. La veille de la bataille de Poitiers, nous arrivâmes au camp de Karl ; je me donnai à lui comme fils d'un noble frank, mort pauvre, et ne m'ayant laissé pour héritage que son cheval et ses armes. Karl m'accueillit avec sa rudesse habituelle : « On se bat demain, — me dit-il, — si toi et tes hommes faites une bonne besogne, vous serez contents de moi. » — Le hasard voulut que, dans cette bataille contre les Arabes, je sauvasse la vie du chef des Franks en l'aidant à se défendre contre un groupe de cavaliers berbères qui l'attaquaient avec furie ; je reçus plusieurs blessures. A dater de ce jour, je conquis l'affection de Karl ; je ne vous parlerai pas, ma mère de la faveur dont il m'a donné tant de preuves ; cette haute fortune était empoisonnée par cette pensée toujours présente à mon esprit : — « J'ai menti ! j'ai renié ma race, je me suis allié aux oppresseurs de la Gaule ; je leur ai prêté l'appui de mon épée pour repousser ces Saxons et ces Arabes, ni plus ni moins barbares que les Franks, nos conquérants maudits. » Plusieurs fois, dans ces combats incessants des seigneurs d'Austrasie contre les seigneurs de Neustrie ou d'Aquitaine, guerres impies où les comtes, les ducs, les évêques entraînaient leurs colons gaulois comme soldats, j'ai combattu les hommes de ma race... j'ai rougi mon épée de leur sang. Ce sont des crimes.
— Honte et douleur murmura Rosen-Aër en cachant sa figure baignée de larmes entre ses mains, — je suis la mère d'un tel fils !
— Oui, honte et douleur... non pour vous seule, mais aussi pour moi. Hélas ! je cédais à l'entraînement d'une première faute : je combattais les hommes de ma race, de crainte de paraître lâche aux yeux de Karl, de crainte de démentir mon passé. L'orgueil m'enivrait, lorsque je me voyais entouré par les plus fiers de nos conquérants... moi, fils de ce peuple conquis, asservi. Mais ces moments de vertige passés, j'enviais parfois les plus misérables esclaves ; ceux-là, du moins,

Les amours d'une princesse (page 536)

avaient droit au respect qu'inspire le malheur immérité. En vain j'ai cherché la mort dans les batailles : j'étais condamné à vivre... je trouvais seulement dans l'ivresse du combat, dans les entreprises périlleuses, une sorte d'étourdissement passager. Ah! que de fois j'ai songé avec amertume à la vallée de Charolles, où vivait ma famille!!! Puis, lorsque j'ai appris le ravage de cette contrée par les Arabes, la résistance désespérée de ses habitants... eux, mes parents, mes amis! Lorsque j'ai songé que mon épée aurait pu vous défendre ou vous venger, ma mère... De ce jour le remords a flétri ma vie! Je n'ai plus eu un instant de bonheur.

— Votre père a combattu jusqu'à son dernier soupir pour la liberté, pour celle des siens. Je l'ai vu tomber à mes pieds, percé de coups!... Où étiez-vous pendant que votre père défendait son foyer, sa liberté, sa famille?... Auprès du chef des Franks, briguant ses faveurs! ou combattant contre vos frères!

Amaël cacha son visage entre ses mains et répondit par un sanglot étouffé.

— Oh! par pitié, ne l'accablez pas! dit Septimine à Rosen-Aër. — Voyez comme il est malheureux... comme il se repent.

— Rosen-Aër, — ajouta le vieillard, — songez qu'hier, votre fils était encore le favori du chef souverain de la Gaule, et qu'aujourd'hui il renonce à ces faveurs qui l'avaient enivré. Le voici non moins misérable que nous, n'ayant d'autre désir que de vivre d'une vie pauvre et dure, mais libre, dans cette vieille Armorique, berceau de notre commune famille.

— Par Hésus! — s'écria Rosen-Aër, — ces biens, ces terres, ces faveurs, dons maudits de Karl, mon fils les a-t-il volontairement abandonnés? Ne l'avez-vous pas tiré de ce cachot

67e livraison

où, sans vous, il périssait? Ah! les dieux sont justes! Mon fils devait cette fortune à une ambition impie... elle lui a été funeste! Glorifié, enrichi par les Franks, il a été honteusement puni et dépouillé par une femme de leur race!

— Hélas! — s'écria Septimine en fondant en larmes, — croyez-vous qu'Amaël, même au comble de la fortune, n'y eût pas renoncé pour vous suivre, vous, sa mère?

— L'homme qui a renié sa patrie, sa race, aurait pu renier sa mère! J'ai maintenant le droit de douter du cœur de mon fils!

— Maître Bonaïk, — s'écria soudain l'un des apprentis avec un accent de frayeur, — voyez donc là-bas, au tournant de la route, ces guerriers... Ils approchent rapidement : dans peu d'instants ils seront près de nous.

A ces mots du jeune garçon, les fugitifs se levèrent; Amaël lui-même, oubliant un moment la douleur où le jetait la juste sévérité de sa mère, essuya son visage baigné de larmes et fit quelques pas en avant, afin de voir quels étaient ces cavaliers.

— Grand Dieu! — s'écria Septimine, — si l'on était à la poursuite d'Amaël!... Bon père Bonaïk, il faut nous cacher dans ce taillis...

— Mon enfant, ce serait risquer de nous faire poursuivre, car maintenant ces cavaliers nous ont aperçus... notre fuite éveillerait leurs soupçons. D'ailleurs, ils arrivent du côté de Nantes, ils ne peuvent donc pas être envoyés à leur poursuite.

— Maître Bonaïk, dit un des apprentis, voici trois de ces guerriers qui pressent l'allure de leurs chevaux en nous faisant de la main signe de venir à eux.

— Un nouveau danger nous menace peut-être! — dit Septimine en se rapprochant de Rosen-Aër, qui, seule, ne s'étant pas levée, semblait indifférente à ce qui se passait autour d'elle. — Hélas! qu'allons-nous devenir?

— Ah! pauvre enfant! — dit Rosen-Aër, peu m'importe la vie, à cette heure!... Et pourtant le seul espoir de retrouver un jour mon fils avait soutenu jusqu'ici ma triste vie!

— Mais il est retrouvé, ce fils si tendrement regretté! Il est là à vos côtés.

— Non, — répondit la Gauloise avec une morne et sombre douleur, — non, ce n'est plus là mon fils!

Amaël, assez inquiet, s'était avancé à la rencontre des trois cavaliers franks qui précédaient un groupe plus nombreux. L'un d'eux, arrêtant son cheval, dit au fils de Rosen-Aër : — Cette route conduit-elle à Nantes?

— Oui; c'est la route la plus droite.

— Conduit-elle aussi à l'abbaye de Meriadek?

— Oui, — répondit encore Amaël, aussi surpris de cette rencontre que de ces questions.

— Arnulf, — dit le guerrier à l'un de ses compagnons, après avoir interrogé Amaël, — va dire au comte Bertchramm que nous sommes en bonne route; en attendant que vous nous ayez rejoints je vais faire boire mon cheval à ce ruisseau.

Le cavalier partit; pendant que ces deux compagnons laissaient leurs chevaux boire quelques gorgées d'eau au courant du ruisseau, Amaël, qui n'avait pu cacher son étonnement croissant en entendant nommer le comte Bertchramm, dit aux cavaliers : — Que vient donc faire le comte Bertchramm en ce pays?

— Il vient comme messager de Karl, chef des Franks. Dis-nous, jeune homme, si nous avons encore une longue distance à franchir avant d'arriver à l'abbaye de Meriadek.

— Vous ne pourrez y être rendus qu'assez tard dans la nuit.

— Est-il vrai que cet abbaye soit fort riche, comme on le prétend?

— Elle est riche... Mais pourquoi me fais-tu cette question?

— Pourquoi? dit joyeusement le guerrier, — parce que Bertchramm et nous, ses hommes, nous allons prendre possession de cet abbaye, que le bon Karl nous a octroyée.

— J'avais entendu dire dans le pays que Karl avait donné ce monastère et ses biens à un certain Berthoald.

Pendant cet entretien, les autres cavaliers avaient rejoint ceux qui leur servaient d'avant-garde, et ceux-là étaient suivis par plusieurs chariots ou mulets chargés de bagages, et quelques chevaux conduits en main par des esclaves. A la tête du principal groupe marchait Bertchramm, guerrier à barbe grise, et d'une physionomie rude et stupide. Amaël fit quelques pas vers le comte; celui-ci arrêta brusquement son cheval, laissa tomber les rênes, se frotta les yeux comme s'il ne pouvait croire à ce qu'il voyait et s'écria en contemplant d'un air ébahi le fils de Rosen-Aër : — Berthoald! le comte Berthoald!

— Oui, c'est moi... salut à toi, Bertchramm!

Bertchramm, descendant de son cheval, courut au jeune homme pour le regarder de plus près. — C'est lui... c'est assurément lui! Et que fais-tu là, vaillant comte, en compagnie de ces mendiants et de ces mendiantes?

— Parle plus bas. — Je vais accomplir une mission de Karl.

— Ainsi nu-tête? sans armes, les habits souillés de boue et en guenilles?

— C'est un déguisement que j'ai pris.

— Tu es un rusé compagnon! Lorsque le bon Karl a quelque affaire délicate sur les bras, c'était sur toi qu'il s'en déchargeait, car tu es plus subtil que nous tous, ses fidèles. Karl me disait d'habitude : « Vieux Bertchramm, tu serais un fier homme si ta cervelle

valait les poings... » — Tu ignores sans doute que je suis chargé d'un message pour toi?
— Dis-moi en quoi consiste ce message?
— Je viens te remplacer tout simplement comme abbé à l'abbaye de Meriadek.
— Karl est le maître de donner et de reprendre.
— Ne va point considérer ce remplacement comme une disgrâce, Berthoald. Loin de là! Karl t'élève au rang de duc, et te réserve le commandement de son avant-garde dans la guerre qu'il va entreprendre contre les Frisons. « — Foi de Marteau, — nous a-t-il dit, — j'étais fou en confinant dans une abbaye l'un de mes plus jeunes capitaines, en ces temps où il faut si souvent guerroyer à l'improviste; c'est surtout depuis que je n'ai plus Berthoald à mes côtés, que je sens combien il me fait défaut : le poste que je lui ai donné est un poste de vétéran; il convient mieux à toi qu'à lui, vieux Bertchramm; va donc remplacer Berthoald et ses hommes; tu lui remettras cette lettre de moi, et en gage d'amitié constante, tu lui mèneras deux de mes meilleurs chevaux; de plus, tu lui porteras, de ma part, une magnifique armure de Bordeaux. Il aime les belles armes et les beaux chevaux, il sera content. » — Et, de fait, Berthoald, — ajouta Bertchramm, tu vas voir les chevaux; ils sont là, conduits en main par des esclaves; l'on ne peut rien voir de plus admirable : l'un est noir comme l'aile d'un corbeau, l'autre blanc comme un cygne. Quant à l'armure, elle est soigneusement emballée dans mes bagages, je ne peux te la montrer; c'est un chef-d'œuvre du plus fameux armurier de Bordeaux; elle est enrichie d'ornements d'or et d'argent; le casque est une merveille.
— Je suis touché de cette nouvelle preuve de l'affection de Karl, — répondit Amaël. — Je me rendrai à ses ordres lorsque j'aurai accompli ma mission.
— Mais il veut que tu ailles le rejoindre sur-le-champ, ainsi que tu le verras dans la lettre que j'ai placée précieusement sous ma cuirasse, — ajouta le guerrier en cherchant le parchemin.
— Karl ne regrettera pas de me voir arriver un jour ou deux plus tard, si je retourne auprès de lui après avoir accompli heureusement la mission dont il m'a chargé; je retrouverai les chevaux et les présents à l'abbaye, où j'irai te rejoindre, et de là, je partirai avec mes hommes, Mais, tu as dû faire un long circuit, d'après le chemin que tu as pris?
— Karl m'avait donné le commandement d'une grosse troupe qu'il envoie en cantonnement sur les frontières de la Bretagne.
— Veut-il donc attaquer l'Armorique?
— Je ne sais; j'ai laissé ces troupes retranchées dans l'enceinte de deux anciens camps romains, l'un à droite et l'autre à gauche de cette longue route qui y conduit.

— Cette troupe est-elle nombreuse?
— Il y a environ deux mille hommes, répartis dans les deux camps.
— Karl ne peut rien tenter contre la Bretagne avec un si petit nombre de soldats.
— Il veut seulement observer les frontières de ce pays jusqu'à ce que, sa guerre avec les Frisons terminée, il puisse venir en personne attaquer cette maudite Armorique. Cette province a résisté à nos armes depuis plus de trois siècles que le glorieux Clovis a conquis la Gaule, et, en vérité, c'est une honte pour nous !
— Oui, l'indépendance de l'Armorique est une honte pour les armes des Franks.
— Voici la lettre de Karl, dit Bertchramm en tirant de dessous sa cuirasse un petit rouleau de parchemin et le remettant à Amaël; puis voyant amener les chevaux caparaçonnés de riches housses dont les esclaves achevaient de les débarrasser, Bertchramm reprit : — Regarde! est-il au monde de plus nobles, de plus fiers animaux?
— Non, — répondit Amaël ne pouvant s'empêcher d'admirer les deux superbes étalons qui, difficilement contenus par les esclaves, tantôt se cabraient, tantôt de leur léger sabot, heurtaient et fouillaient le sol; le premier, d'un noir d'ébène, brillait de reflets bleuâtres; l'autre, d'un blanc de neige, avait des reflets argentés; leurs naseaux frémissaient, leurs yeux étincelaient sous leur longue crinière, et ils fouettaient l'air de leur queue flottante comme un panache.
— Ce sont de nobles coursiers! — dit Amaël en étouffant un soupir; et, faisant signe aux esclaves de couvrir les étalons de leurs housses de pourpre brodée, il murmura : — Adieu, beaux chevaux de bataille! adieu, riches armures! — Puis s'adressant au guerrier frank :
— Heureux voyage je te souhaite, Bertchramm... au revoir!... J'irai te rejoindre à l'abbaye de Meriadek où je te souhaite joie et plaisir.
— Adieu, Berthoald; mais... une pensée me vient à l'esprit. Si tes hommes refusaient de nous recevoir dans l'abbaye en ton absence; que devrai-je faire?
— Garde la lettre de Karl, tu pourras donner à mes hommes connaissance de ses volontés, tu briseras le sceau devant eux.
— Ainsi ferai-je, Berthoald. Adieu, je vais te remplacer à l'abbaye, où je compte faire grande chère. Au revoir très prochainement.
— Une dernière question... quels sont les chefs des troupes cantonnées près des frontières de Bretagne?
— Deux de nos amis, Hermann et Gondulf; ils m'ont prié de te porter leurs saluts.
— Maintenant au revoir, Bertchramm!
— Au revoir, Berthoald!
Le chef des guerriers franks s'étant remis en

marche, suivi de sa troupe et de ses bagages, s'éloigna et bientôt disparut aux yeux des fugitifs. Amaël se rapprocha de l'arbre sous lequel étaient réunis ses compagnons de route. A peine eut-il fait quelques pas au-devant de sa mère, qu'elle lui tendit les bras : — Viens, mon fils ! J'ai tout entendu. A cette heure du moins, c'est volontairement que tu renonces à un sort brillant qui aurait pu t'éblouir.

— Vous étiez près de moi, ma mère, et là-bas, je voyais les frontières de la Bretagne ; pouvais-je me laisser éblouir par les nouvelles faveurs de Karl ? Mère et patrie !

— Ah ! — s'écria la matrone en serrant Amaël contre son sein avec attendrissement, — ce jour me fait oublier tout ce que j'ai souffert.

— Ma mère, voilà, depuis dix ans, mon seul jour de bonheur pur et sans mélange !

— Vous le voyez, il ne fallait pas douter du cœur de votre fils, — dit Septimine à Rosen-Aër avec une grâce touchante.

— Septimine ! — reprit Amaël en attachant sur la Coliberte un regard attendri, — douteriez-vous de mon cœur pour l'avenir ?

— Non, Amaël, — répondit-elle naïvement en regardant le jeune homme d'un air timide et surpris. Je ne douterai jamais de vous.

— Ma mère, cette douce et courageuse enfant vous a sauvé la vie, la voilà fugitive, à jamais séparée sans doute des siens. Si elle consentait à m'accorder sa main, la prendriez-vous pour votre fille ?

— Oh ! avec joie ! avec reconnaissance ! — dit Rosen-Aër. — Mais à cette union consentirais-tu, Septimine ?

La Coliberte, rougissant de surprise, de bonheur et de douce confusion, se jeta au cou de la mère d'Amaël et cacha son visage dans son sein en murmurant :

— Je l'ai aimé du jour où il s'est montré si généreux pour moi au couvent de Saint-Saturnin. N'a-t-il pas protégé la pauvre Coliberte ?

— O Rosen-Aër ! — reprit le vieillard jusqu'alors plongé dans un silencieux recueillement : — les dieux ont béni ma vieillesse, puisqu'ils me réservaient un tel jour. — Puis, après quelques instants d'une muette émotion que partagèrent les jeunes apprentis, le vieillard reprit : — Mes amis, si vous m'en croyez, nous nous remettrons en route. Il nous faudra bien marcher pour arriver demain soir aux frontières de Bretagne.

— Ma mère, dit Amaël, — appuyez-vous sur moi ; cette fois vous ne refuserez pas l'appui de mon bras ?

— Non ! oh ! non, mon enfant ! répondit tendrement la Gauloise en prenant avec bonheur le bras de son fils.

— Et vous, bon père, — dit Septimine à l'orfèvre, — appuyez-vous sur moi.

Les fugitifs se remirent en marche.

Après avoir cheminé sans mauvaise rencontre jusqu'à la fin du jour, ainsi que pendant la nuit et la journée suivante, ils arrivèrent, au lever de la lune, non loin des premières rampes des sauvages et hautes montagnes qui servent de limite et de défense à l'Armorique. La vue du sol natal réveilla, comme par enchantement chez Bonaïk les souvenirs de sa première jeunesse ; ayant autrefois traversé les frontières avec son père pour aller aux *vendanges bretonnes,* il se rappela que quatre pierres druidiques colossales s'élevaient non loin d'un sentier pratiqué à travers les roches, et si étroitement encaissé, qu'il ne pouvait donner passage qu'à une seule personne de front. Les fugitifs s'engageant les uns après les autres dans ce passage, commencèrent à gravir sa pente escarpée : Amaël marchait le premier. Bientôt ils arrivèrent à une petite plate-forme entourée de précipices et surplombée par d'immenses rochers. Soudain les fugitifs entendirent à une grande hauteur au-dessus de leur tête, une voix sonore qui, vibrant au milieu du profond silence de la nuit, chantait mélancoliquement ces paroles : — « *Elle était belle, elle était jeune, elle était sainte ! — Elle s'appelait Héna... Héna, la vierge de l'île de Sên !* »

Rosen-Aër, Bonaïk et Amaël, ces trois descendants de Joel, restèrent un moment stupéfaits ; puis, cédant à un mouvement irrésistible, ils s'agenouillèrent pieusement... les larmes coulèrent de leurs yeux. Septimine et les apprentis partageant une émotion dont ils ne se rendaient pas compte, s'agenouillèrent aussi, et tous écoutèrent, tandis que la voix sonore, semblant descendre du ciel, acheva le vieux bardit gaulois qui datait de huit siècles.

— O Hésus ! — dit enfin Rosen-Aër en levant son noble visage baigné de larmes vers le firmament étoilé où rayonnait l'astre sacré de la Gaule. — O Hésus ! je vois un divin présage dans ce chant si cher à la mémoire des descendants de Joel... Béni soit ce chant ! il nous salue à cette heure solennelle où touchant enfin cette terre libre, nous revenons à l'antique berceau de notre famille !

. . . .

Amaël, sa mère, Septimine et les apprentis, guidés par le vieil orfèvre, arrivèrent près des pierres sacrées de Karnak, et furent tendrement accueillis par le fils du frère de Bonaïk. Amaël se fit laboureur, les jeunes apprentis l'imitèrent et s'établirent dans la tribu... A la mort de Bonaïk, la *crosse abbatiale* fut jointe aux reliques de la famille de Joel, ainsi que cette légende écrite par Amaël, peu de temps après son retour en Bretagne.

LES PIÈCES DE MONNAIE KAROLINGIENNES OU LES FILLES DE CHARLEMAGNE

(Karl le Grand, 727-814)

La Gaule au huitième siècle. — Charlemagne (*(Karl le Grand) Karolus Magnus*. — Amaël et Vortigern. — Les otages. — Le palais d'Aix-la-Chapelle. — Une journée chez Charlemagne. — La blonde Tétralde et la brune Hildrude. — Le bouquet de romarin. — L'école. — Les enfants pauvres et les enfants riches. — Le lutrin. — L'évêque et le rat empaillé. — La chasse. — La hutte du bûcheron. — *Les pièces de monnaie karolingiennes.* — L'esclave et sa fille. — Charlemagne et son empire. — Le pavillon de la forêt. — Mœurs de la cour karolingienne. — Les amoureux de quinze ans. — Vortigern et Thétralde.

Soixante-quatorze ans s'étaient passés depuis qu'Amaël avait retrouvé sa mère Rosen-Aër au couvent de Meriadek. L'ambitieuse espérance de Karl Marteau s'était réalisée. Ce descendant de tant de maires du palais avait fait souche de rois ; onze ans après sa mort, arrivée en 741, Pépin le Bref, son fils aîné, proclamé roi par ses bandes et par ses leudes en 752, fut sacré par l'évêque de Soissons dans la basilique de cette ville.

Et le dernier rejeton du pieux Clovis, ce petit Childérik III, envers qui Septimine la Coliberte s'était si généreusement apitoyée, ce petit Childérik, de qui Amaël refusa d'être le geôlier, qu'était-il devenu, ce roitelet, dernier rejeton de Clovis ? Par Ritta-Gaür ! ce saint de la vieille Gaule qui tondait et rasait les rois au profit des peuples, le dernier rejeton de Clovis avait été rasé, tondu, puis enfermé dans le monastère de Fontenelle, en Neustrie, où il mourut ! Durant le règne de Pépin le Bref, la Gaule fut ravagée, ensanglantée par les guerres civiles : Griffon, frère du roi usurpateur, s'arma contre lui et son autre frère, Karloman ; les seigneurs franks établis en Aquitaine et en Gascogne s'engagèrent dans cette lutte fratricide, tandis que les Frisons et les Saxons recommencèrent de menacer la Gaule. Les Arabes, un moment contenus, renouvelèrent leurs invasions ; les populations, décimées par ces guerres sans fin, suffisaient à peine à cultiver une partie du sol pour leurs seigneurs, comtes, ducs, évêques ou abbés. De terribles disettes se manifestèrent ; les esclaves des campagnes se virent souvent réduits à manger un mélange d'herbe et de terre ; les habitants des villes étaient non moins misérables que ceux des campagnes : tous souffraient, tous gémissaient ; mais quelques milliers de seigneurs, d'évêques et d'abbés, disséminés dans le pays, jouissaient, ripaillaient, chassaient, bataillaient entre eux, tandis que la vieille Gaule, hâve, épuisée, abrutie, saignant les sons son joug, nourrissait cette bande de fainéants couronnés, mitrés et casqués, comme le corps le plus exténué engraisse encore la vermine qui le ronge !

Vers le commencement du mois de novembre de l'année 811, une nombreuse chevauchée se dirigeait vers la ville d'Aix-la-Chapelle, alors capitale de l'empire de Karl le Grand, empire si rapidement augmenté par d'incessantes conquêtes sur la Germanie, la Saxe, la Bavière, la Bohême, la Hongrie, l'Italie, l'Espagne, que la Gaule, ainsi qu'aux temps des empereurs de Rome, n'était plus qu'une province de ses immenses États. Huit ou dix soldats de cavalerie devançaient la chevauchée qui se dirigeait vers Aix-la-Chapelle ; à quelque distance de cette escorte venaient quatre cavaliers ; d'eux d'entre eux portaient des brillantes armures à la mode germanique. L'un avait pour compagnon de route un grand vieillard d'une physionomie martiale et ouverte ; sa longue barbe, d'un blanc de neige comme sa chevelure, à demi cachée par un bonnet de fourrure, tombait sur sa poitrine. Il portait une saie gauloise en étoffe de laine grise, serrée à la taille par un ceinturon auquel pendait une longue épée à poignée de fer ; ses larges braies de grosse toile blanche, tombant un peu au-dessous du genou, laissaient apercevoir des jambards de cuir fauve étroitement lacés le long de la jambe, et rejoignant des bottines au talon desquelles s'attachaient des éperons. Ce vieillard était Amaël ; il atteignait alors sa centième année ; malgré son grand âge et sa taille un peu voûtée, il semblait encore plein de vigueur ; il maniait avec dextérité un cheval noir, aussi ardent que s'il n'eût pas déjà parcouru beaucoup de chemin. De temps à autre, Amaël se retournait sur sa selle afin de jeter un regard de sollicitude paternelle sur son petit-fils Vortigern, jouvenceau de dix-huit ans à peine, que l'autre guerrier frank accompagnait. La figure de Vortigern, d'une beauté rare chez un homme, s'encadrait de longs cheveux châtains, naturellement bouclés, qui, s'échappant de son chaperon de drap écarlate, tombaient jusqu'au bas de son cou, gracieux comme celui d'une femme ; ses grands yeux bleus, frangés de cils noirs, comme ses sourcils, hardiment arqués, avaient à la fois un regard ingénu et fier ; ses lèvres vermeilles, ombragées d'un duvet naissant, montraient, lorsqu'il souriait, des dents d'émail ; un nez légèrement aquilin, un teint frais et pur, quoique un peu bruni par le soleil, complétaient l'harmonieux ensemble du charmant visage de cet adolescent ; ses vêtements, coupés comme ceux de son aïeul, en différaient seulement par la couleur et une sorte d'élégance due à la main d'une mère tendrement orgueilleuse de la beauté de son fils : ainsi la saie bleue du jouvenceau était ornée à l'entour du cou, aux épaules et à l'extrémité des manches, de broderies de laine blanche; un ceinturon de buffle, où pendait une épée à poignée d'acier poli, serrait sa fine et souple taille. Ses braies de toile cachaient à demi ses jambards de peau de daim, étroitement lacés à sa jambe nerveuse, et rejoignaient ses bottines de peau tannée, armées de larges éperons de cuivre, brillants comme de l'or. Vortigern, quoiqu'il eût le bras droit soutenu par une écharpe d'étoffe noire, maniait de la main gauche son cheval avec autant d'aisance que d'habileté; il avait pour compagnon de route un jeune guerrier aux traits agréables, hardi, railleur, au regard vif et gai ; la mobilité de son visage ne rappelait en rien la pesanteur germanique. Il se nommait Octave. Romain de naissance, d'extérieur et de caractère, il savait, par son intarissable verve méridionale, dérider parfois son jeune compagnon; mais bientôt celui-ci retombait dans une sorte de rêverie silencieuse et sombre. Ainsi tristement absorbé depuis quelque temps, il marchait au pas de son cheval, lorsque Octave lui dit gaiement d'un ton de reproche amical : — Par Bacchus!... te voici encore soucieux et muet...

— Je pense à ma mère, — répondit l'adolescent en étouffant un soupir, — je pense à ma mère, à ma sœur, à mon pays!

— Chasse donc, au contraire, ces pensées chagrines ! Au diable la tristesse. Vive la joie!

— Octave... la gaieté sied mal aux prisonniers. Je ne puis partager ton insouciance.

— Tu n'es pas prisonnier, mais otage, tu n'as d'autre lien que ta parole, tandis que l'on conduit le prisonnier, solidement garrotté, au marché d'esclaves; aussi, ton aïeul et toi, vous chevauchez avec nous de compagnie, et nous vous conduisons au palais de l'empereur Karl le Grand, le plus puissant monarque du monde. Enfin, l'on désarme les prisonniers, et ton grand-père, ainsi que toi, vous gardez vos épées.

— A quoi bon maintenant nos épées ? — répondit Vortigern avec une douloureuse amertume, — la Bretagne est vaincue!

— C'est la chance de la guerre. Tu as fait bravement ton devoir de soldat; tu t'es battu comme un démon aux côtés de ton aïeul. Il n'a pas été blessé; tu n'as reçu qu'un coup de lance, et, par le vaillant dieu Mars ? vous frappiez tous deux si dru dans la mêlée, que vous auriez dû être hachés en morceaux.

— Nous n'aurions pas survécu à la honte de l'Armorique!

— Il n'y a pas de honte à être vaincu lorsqu'on s'est vaillamment défendu, et surtout lorsqu'on a combattu, décimé les vieilles bandes du grand Karl!.

— Pas un des soldats de ton empereur n'aurait dû échapper !

— Pas un seul, — reprit gaiement le jeune Romain. — Quoi ! pas même moi... qui prends tant de soin de me montrer à ton égard bon compagnon de route et me mets en frais d'éloquence pour t'égayer. En vérité, tu n'es guère reconnaissant!

— Octave, je ne te hais pas personnellement; je hais ceux de ta race; ils ont porté sans raison la guerre et le ravage dans mon pays.

— D'abord, mon jeune ami, je ne suis pas de race franque, je suis de race romaine... Je t'abandonne ces grossiers Germains, aussi sauvages que les ours de leurs forêts; mais entre nous, cette guerre de Bretagne ne manquait pas de motifs : voyons, n'avez-vous pas, endiablés que vous êtes! attaqué, exterminé, l'an dernier, la garnison franque établie à Vannes ?

— Et de quel droit Karl, il y a vingt-cinq ans, a-t-il fait envahir nos frontières par ses troupes? Son caprice lui a tenu lieu de droit.

L'entretien de Vortigern et d'Octave fut interrompu par la voix d'Amaël, qui, se retournant sur sa selle, appela son petit-fils. Celui-ci, pour se rendre auprès de son aïeul, et cédant aussi à un mouvement de colère provoqué par sa discussion avec le jeune Romain, attaqua brusquement de l'éperon les flancs de son cheval; l'animal, surpris, bondit si violemment, qu'en deux ou trois sauts il eut dépassé Amaël ; mais alors Vortigern, retenant sa monture d'une main ferme, la fit ployer sur ses jarrets, et marcha de front avec son aïeul et l'autre guerrier frank. Celui-ci dit au vieillard : — Je ne m'étonne pas de la supériorité de votre cavalerie bretonne, en voyant un garçon de l'âge de ton petit-fils, malgré la blessure qui le gêne, manier ainsi son cheval; toi-même, pour un centenaire, tu es aussi ferme en selle que ce jouvenceau. Par les cornes du diable!

— Il avait à peine cinq ans, que son père et moi nous mettions déjà cet enfant à cheval sur les poulains élevés dans nos prairies, — répondit le centenaire. Et son front s'étant légèrement assombri, sans doute au souvenir de ces temps paisibles, il reprit après un moment de silence, en s'adressant à Vortigern : — Je t'ai appelé pour savoir si tu ne souffrais pas davantage de ta blessure.

— Grand-père, je ne souffre presque plus, et, si vous le vouliez, je débarrasserais mon bras de cette gênante écharpe.

— Non, ta blessure pourrait se rouvrir ; pas d'imprudence : pense à ta mère, à ta sœur et à son époux, qui te chérit comme un frère.

— Hélas! cette mère, cette sœur, ce frère tant aimés, les reverrai-je un jour?

— Patience, — reprit Amaël à voix basse, de façon à ne pas être entendu du guerrier frank qui marchait à ses côtés, — tu reverras peut-être la Bretagne plutôt que tu ne le crois... prudence et patience !

— Il serait vrai, — s'écria impétueusement l'adolescent ! — Oh ! grand-père, quel bonheur !

Mais le vieillard fit signe à Vortigern de se modérer, et il ajouta tout haut : — Je crains toujours que la fatigue de la route n'enflamme de nouveau ta blessure. Heureusement nous devons approcher du terme de notre voyage, n'est-ce pas, Hildebrad ? — ajouta-t-il en se tournant vers le guerrier.

— Avant le coucher du soleil, nous serons à Aix-la-Chapelle, — répondit le Frank. — Sans cette colline que nous allons gravir, tu verrais au loin la ville.

— Va rejoindre ton compagnon, mon enfant, — dit Amaël ; — surtout replace ton bras dans son écharpe, et conduis ton cheval sagement ; des mouvements trop brusques pourraient rouvrir la plaie, à peine cicatrisée.

L'adolescent obéit, et alla au pas de sa monture rejoindre Octave. Grâce à la mobilité des impressions de la jeunesse, Vortigern se sentit apaisé, réconforté par les paroles de son aïeul, qui lui faisait espérer de revoir bientôt sa famille et son pays ; la douceur de cette pensée se réfléchit si visiblement sur ses traits ingénus, qu'Octave lui dit gaiement : — Quel magicien que ton aïeul !... Tu étais parti soucieux et irrité, enfonçant de colère tes éperons dans le ventre de ton cheval, qui n'avait rien fait pour exciter ton courroux... te voici revenu calme comme un évêque sur sa mule !

— La magie de mon grand-père a chassé ma tristesse. Tu dis vrai, Octave.

— Tant mieux ! Je pourrai, sans crainte de raviver ton chagrin, donner libre cours à ma joie croissante à chaque pas.

— Pourquoi ta joie va-t-elle toujours ainsi croissant, mon brave compagnon ?

— Pourquoi le plus piètre cheval prend-il une allure de plus en plus vive et allègre à mesure qu'il approche de la maison où il sait trouver sa provende ?

— Octave, je ne te savais pas si glouton.

— Ma figure, en ce cas, est fort trompeuse, car glouton je suis... terriblement glouton de ces délicates friandises que l'on ne trouve qu'à la cour, et qui sont ma provende !

— Quoi ! — dit ingénument Vortigern, — ce grand empereur dont le nom remplit le monde, est entouré d'une cour où l'on ne songe qu'aux friandises, aux gloutonneries ?...

— Certes, — répondit gravement Octave en contenant difficilement son envie de rire causée par la naïveté du jeune Breton, — certes, et plus que pas un de ses comtes, de ses ducs, de ses savants et de ses évêques, l'empereur Karl se montre glouton des friandises dont je te parle... il en a toujours une chambre remplie à côté de la sienne... parce que la nuit...

— Il se lève pour manger des gâteaux, des sucreries, peut-être ? — s'écria dédaigneusement le jouvenceau, pendant qu'Octave riait aux éclats. Je ne trouve rien de plus honteux que la goinfrerie chez un homme qui gouverne des empires !

— Que veux-tu, Vortigern ! Il faut pardonner quelques travers aux grands princes ; et puis, c'est un défaut qui tient de famille... car les filles de l'empereur...

— Ses filles aussi donnent dans cette laide passion de gourmandise ?

Hélas ! non moins gloutonnes que leur père, elles sont là six ou sept friandes... des plus affriolantes et des plus affriandées.

— Ah ! fi ! — s'écria Vortigern ! — fi ! elles ont peut-être aussi près de leur chambre à coucher des salles garnies de friandises ?

— Calme ta légitime indignation, mon bouillant ami ; des jeunes filles ne peuvent se permettre une commodité pareille, c'est bon pour l'empereur Karl, qui n'est plus ingambe ; car il se fait vieux, il boite du pied gauche et son ventre est énorme.

— Cela n'est pas surprenant ; le ventre a dû pousser chez un pareil glouton !

— Tu comprends donc qu'étant si peu alerte, ce puissant empereur, ne puisse, comme ses filles, voleter à une friandise picorée, ni plus ni moins qu'oiselets en plein verger, qui s'en vont becquetant amoureusement à une cerise vermeille, là une pomme empourprée, ailleurs une grappe de raisin doré. Non, non, avec son auguste bedaine et son pied boiteux, l'auguste Karl serait incapable de courir ainsi à la picorée ; les soins de son empire y perdraient trop. L'empereur a donc sous sa main, à sa portée une chambre à friandises, où... pendant la nuit, il trouve sa provende.

— Octave ! s'écria vivement Vortigern d'un air hautain, en interrompant le jeune Romain, — je ne veux pas être raillé ; j'ai pris d'abord tes paroles au sérieux... ton envie de rire, à peine contenue, me prouve que tu parlais par moquerie.

— Allons, mon hardi garçon, ne nous fâchons pas ; je ne me moque point ; mais respectant la candeur de ton âge, je me sers d'une image pour te dire la vérité. En un mot, cette *friandise*, dont moi, Karl, ses filles et, par Vénus ! tout le monde à la cour est plus ou moins glouton, c'est... l'*amour !*

— L'amour, — reprit Vortigern, rougissant et baissant pour la première fois les yeux devant Octave. Puis il ajouta dans son trouble croissant : — Mais, pour éprouver de l'amour, les filles de Karl sont donc mariées ?

— Ô innocence de l'âge d'or! ô naïveté armoricaine! ô chasteté gauloise! — s'écria Octave; mais voyant le jeune Breton froncer le sourcil à cette plaisanterie sur sa terre natale, le Romain ajouta : — Loin de moi la pensée de railler ton vaillant pays. Je te dirai, sans plus d'ambages, à toi que tu me représentes Adonis, avant que Vénus lui eût traduit le sens du mot *amour*, je te dirai que les filles de Karl ne sont pas mariées, il n'a jamais voulu leur donner d'époux, pour des motifs qu'il n'a pas jugé à propos d'expliquer à personne.

— Par fierté, sans nul doute?

— Oh! oh! on dit, à ce sujet bien des choses... Enfin, il ne veut pas se séparer d'elles; il les adore, et à moins qu'il n'aille en guerre, il les a toujours avec lui durant ses voyages, ainsi que ses concubines, ou, si tu le préfères ses *friandises*, le mot effarouchera moins la pudeur; car après avoir épousé et répudié ses cinq femmes : *Désidérata, Hildegarde, Fustrade, Himiltrude, Luitgarde*, l'empereur s'est approvisionné de friandises variées parmi lesquelles je te citerai en passant, la succulente *Mathalgarde*, la doucereuse *Gerswinthe*, la piquante *Regina*, l'appétissante *Adalinde*, sans parler des autres saintes de cet amoureux calendrier; car le grand Karl ne ressemble pas seulement au grand Salomon par la sagesse, il lui ressemble encore par son goût pour les sérails, ainsi que disent les Arabes. Mais à propos des filles de l'empereur, écoute une historiette : *Imma*, l'une de ces jeunes princesses, était charmante; un beau jour, elle s'amouracha de l'archichapelain de Karl, nommé *Eginhard*. Un archichapelain étant naturellement archiamoureux, Imma recevait Eginhard chaque soir, en secret dans sa chambre... pour parler de chapelinage je le suppose; or il arriva que, pendant une nuit d'hiver, il tomba tant et tant de neige, que la terre en fut couverte. Eginhard, un peu avant l'aube, quitta sa belle; mais au moment de descendre par la fenêtre, chemin ordinaire des amants, il voit, à la faveur d'un superbe clair de lune, la terre couverte de blancs frimas, et se dit : — Moi et Imma, nous sommes perdus! je ne puis sortir d'ici sans laisser sur la neige l'empreinte de mes pas...

— Alors, qu'a-t-il fait? — demanda Vortigern, de plus en plus intéressé à ce récit, qui jetait dans son cœur un trouble inconnu. — Comment ont-ils, tous les deux, échappé à ce danger, pauvres amoureux?

— Imma, robuste commère, fille de tête et de résolution, descend par la fenêtre, prend bravement son archichapelain sur son dos, et, sans broncher sous ce poids chéri, elle traverse une grande cour qui séparait sa demeure de l'une des galeries du palais. Imma, quoique de force à porter un archichapelain, avait de charmants petits pieds : leurs traces devaient éloigner tout soupçon à l'endroit d'Eginhard; mais par malheur, ainsi que tu le verras en arrivant à Aix-la-Chapelle, l'empereur Karl, possédé du démon de la curiosité, a fait construire son palais de telle sorte que d'une espèce de terrasse attenant à sa chambre, et qui domine l'ensemble des bâtiments, il découvre cet observatoire, tous ceux qui entrent, sortent ou traversent ses cours. Or, l'empereur, qui souvent se relève la nuit, vit, grâce au clair de lune, sa fille traversant la cour avec son amoureux fardeau.

— La colère de Karl dut être terrible?

— Terrible... puis sans doute fort enorgueilli d'avoir procréé une commère capable de porter sur son dos des archichapelains, l'auguste empereur pardonna aux coupables; ils vécurent depuis en amour et en joie.

— Cet archichapelain était un prêtre, cependant? Or la sainteté du sacerdoce!

— Hé! hé! mon jeune ami, les filles de l'empereur sont loin de mésestimer les prêtres. *Berthe*, une autre de ses filles, estime de toutes ses forces Enghilbert, le bel abbé de Saint-Riquier. Cependant, l'impartialité m'oblige d'avouer qu'une des sœurs de Berthe, nommée *Adeltrude*, estimait non moins fortement le comte *Lambert*, un des plus vaillants officiers de l'armée impériale. Quant à la petite *Rothaïlde*, autre fille de l'empereur, elle ne refusait point sa vive estime à *Romuald*, qui s'est fait un nom glorieux dans nos guerres contre les Bohémiens. Des autres princesses, je ne te parlerai pas, car voici déjà six mois que j'ai quitté la cour, et je craindrais de mériter leur compte. Toujours est-il que la crosse et l'épée se disputent généralement l'amoureuse tendresse des filles de Karl. J'excepte pourtant *Thétralde*, la plus jeune d'entre elles, trop novice encore pour estimer quelqu'un : quinze ans à peine! une fleur! ou plutôt le bouton d'une fleur prête à s'épanouir! Je n'ai rien vu de plus charmant! lors de mon départ de la cour, Thétralde promettait d'effacer, par sa douce et fraîche beauté, toutes ses sœurs et toutes ses nièces, car j'oubliais ce détail, mon cher ami, les filles des fils de Karl, élevées avec ses filles, sont non moins charmantes. Tu les verras; ton admiration n'aura qu'à choisir entre *Adélaïd, Atula, Gonnrade, Berthe* ou *Théodora*.

— Quoi! toutes ces jeunes filles habitent le palais de l'empereur!

— Certes, sans compter leurs suivantes, leurs gouvernantes, leurs caméristes, leurs lectrices, leurs cantatrices et autres innombrables femmes de service. Par Vénus! mon Adonis, on voit dans le palais impérial encore plus de cotillons

L'empereur Charlemagne

que de cuirasses ou de robes de prêtre, l'empereur aime au moins autant à être entouré de femmes que de soldats et d'abbés, sans oublier pourtant les savants, les rhétoriciens, les dialecticiens, les rhéteurs, les péripatéticiens et les grammairiens; le grand Karl étant aussi passionné pour la grammaire que pour l'amour, la guerre, la chasse et le plain-chant au lutrin. Dans son ardeur de grammairien, l'empereur invente des mots; oui; ainsi, par exemple, en langue gauloise, comment appelles-tu le mois où nous sommes?

— Le mois de novembre.

— Nous aussi, barbares Italiens que nous sommes! mais l'empereur a changé tout cela de par sa volonté souveraine et grammaticale; ses peuples, si toutefois ils peuvent obéir sans étrangler, diront, au lieu de *novembre*, HERMISMANOHT; au lieu d'*octobre*, WINDUMMEMANOTH.

— Octave... tu veux rire à mes dépens.

— Au lieu de *mars*, LENZHIMANOHT; au lieu de *mai*...

— Assez, assez, par pitié! — s'écria Vortigern; — ces noms barbares font frissonner. Quoi! il se trouve des gosiers capables d'articuler de pareils sons?

— Mon jeune ami, les gosiers franks sont capables de tout... Ah! prépare tes oreilles au plus farouche concert de mots rauques, gutturaux, sauvages, que tu aies jamais entendu, à moins que tu n'aies ouï à la fois coasser des grenouilles, piailler des chats-huants, beugler des taureaux, braire des ânes, bramer des cerfs et hurler des loups! car, sauf l'empereur et sa famille, qui savent à peu près parler la langue romaine et gauloise, les langues humaines, enfin, tu n'entendras parler que frank dans cette cour germanique, où tout est germain,

68ᵉ livraison

c'est-à-dire barbare : langage, costumes, mœurs, repas, habits, coutumes ; enfin, Aix-la-Chapelle n'est plus la Gaule, c'est la pure Germanie !
— Et pourtant Karl règne sur la Gaule !... Est-ce assez de honte pour mon pays ? L'empereur qui nous gouverne, sans autre droit que celui de la conquête, est un roi frank, entouré d'une cour franque et de généraux, d'officiers de même race, qui ne daignent seulement pas parler notre langue. Honte et mépris sur nous.
— Ne vas-tu pas t'attrister encore, Vortigern ? Par Bacchus ! imite donc mon insouciante philosophie ! Est-ce que ma race ne descend pas de cette fière race romaine qui fit trembler le monde il y a des siècles ? Est-ce que je n'ai pas vu le trône des Césars occupé par des papes hypocrites, ambitieux, cupides ou débauchés, avec leur noire milice de tonsurés ? Est-ce que les descendants de nos fiers empereurs romains ne sont pas allés, fainéants imbéciles, végéter à Constantinople, où ils rêvent encore l'empire du monde ? Les prêtres catholiques n'ont-ils pas chassé de leur Olympe les dieux charmants de mes pères ? n'ont-ils pas abattu, mutilé, ravagé ces temples, ces statues, ces autels, chefs-d'œuvre de l'art divin de Rome et de la Grèce ? Va, crois-moi, Vortigern, au lieu de nous irriter contre un passé fatal, buvons ! oublions ! que nos belles maîtresses soient nos saintes, les lits de table nos autels ! notre Eucharistie une coupe ornée de fleurs, et chantons, pour liturgie, les vers amoureux de Tibulle, d'Ovide ou d'Horace... Oui, crois-moi, buvons, aimons, jouissons ! c'est la vie ! Jamais tu ne retrouveras une occasion pareille ; le dieu des plaisirs t'envoie à la cour de l'empereur !
— Que veux-tu dire ? — reprit presque machinalement Vortigern, dont la jeune raison se sentait, non pervertie, mais éblouie par la facile et sensuelle philosophie d'Octave. Que veux-tu que je devienne au milieu de cette cour étrangère moi, élevé dans notre dure Bretagne ?
— Enfant !... une foule de beaux yeux vont être fixés sur toi !
— Octave, est-ce encore une raillerie ? L'on me remarquerait, moi, fils de laboureur ; moi, pauvre Breton prisonnier sur parole ?
— Et n'est-ce donc rien que ton renom de Breton endiablé ? J'ai entendu parler plus d'une fois de la curiosité furieuse qu'inspiraient, il y a vingt-cinq ans, les otages amenés à Aix-la-Chapelle, lors de la première guerre contre ton pays ; les plus charmantes femmes voulaient les voir, ces indomptables Bretons, que le grand Karl, seul, avait pu vaincre : leur air fier et rude, l'intérêt qui s'attachait à leur défaite, tout, jusqu'à leur costume étrange, tout attirait sur eux les regards et la sympathie des femmes, toujours fort disposées à l'amour en Germanie. Ces belles enthousiastes sont à cette heure mères ou grand'mères ; heureusement elles ont des filles ou des petites-filles dignes de t'apprécier. Tiens, moi, qui connais la cour et les mœurs de la cour, je voudrais, avec tes dix-huit ans, ta bonne mine, ta blessure, ta grâce à cheval et ton renom de Breton, je voudrais, avant huit jours, être l'amant de toutes ces belles...

Le jeune Romain fut interrompu par Amaël, qui, se retournant vers son petit-fils, en étendant la main à l'horizon, lui dit : — Regarde au loin, mon enfant ; voici la reine des villes de l'Empire de Karl, la ville d'Aix-la-Chapelle.

Vortigern se hâta de se rendre auprès de son aïeul, dont, pour la première fois peut-être, il évita le regard avec un certain embarras. Les conseils d'Octave lui semblaient mauvais, dangereux ; cependant il se reprochait de les avoir écoutés avec complaisance. Rejoignant Amaël, il jeta les yeux du côté que lui indiquait le vieillard, et vit, à une assez grande distance, une masse imposante de bâtiments, non loin desquels s'élevaient les hautes tours d'une basilique ; puis, au delà, il aperçut les toits et les terrasses d'une multitude de maisons se perdant à l'horizon dans la brume du soir : c'étaient le palais de l'empereur Karl, la basilique de la ville d'Aix-la-Chapelle. Vortigern contemplait avec curiosité ce tableau nouveau pour lui, lorsque Hildebrad, qui, pendant un moment, était allé interroger le conducteur d'un chariot passant sur la route, dit aux deux Bretons : — On attend l'empereur d'un moment à l'autre au palais ; ses coureurs ont annoncé sa venue ; il arrive d'un voyage dans le nord de la Gaule ; tâchons de le devancer à Aix-la-Chapelle, afin de pouvoir le saluer dès son arrivée.

Les cavaliers pressèrent l'allure de leurs chevaux, et, avant le coucher du soleil ils entrèrent dans la première cour du palais, cour immense, environnée de corps de logis de formes et de toitures variées, percés d'une innombrable quantité de fenêtres. Par une disposition étrange, dans un grand nombre de ces bâtiments, le rez-de-chaussée, complètement à jour, formait une sorte de hangar dont les piliers de pierres massives supportaient la bâtisse des étages supérieurs. Une foule d'officiers subalternes, de serviteurs et d'esclaves du palais, vivaient et logeaient sous ces abris ouverts à tous les vents, et se chauffaient en hiver à de grands fourneaux remplis de feu, allumés jour et nuit. Ces constructions bizarres avaient été imaginées par la curiosité de l'empereur ; car, de son observatoire, il voyait d'autant mieux tout ce qui se passait sous ces hangars qu'ils n'avaient pas de murailles. Plusieurs longues galeries reliaient entre eux d'autres bâtiments ornés de colonnes et de portiques richement sculptés à la mode romaine. Un pavillon carré, assez élevé, dominait l'ensemble de ces innombrables bâtiments. Octave fit remarquer à Vortigern une sorte de balcon situé au faîte de ce pavillon : c'était l'observatoire de l'empereur. Partout le mouvement et l'animation annonçaient l'arrivée de Karl : des clercs, des soldats, des femmes, des officiers, des rhéteurs, des moines, des esclaves, se croisaient en tous sens d'un air affairé, tandis que plusieurs évêques, jaloux de présenter des premiers leurs hommages à l'empereur, se dirigeaient à grands pas vers le péristyle du palais. Il advint même qu'au moment où la chevauchée dont faisaient partie Vortigern et son aïeul entra dans la cour, plusieurs personnes, trompées par l'apparence guerrière de cette troupe, s'écrièrent : — L'empereur ! voici l'escorte de l'empereur ! — Ce cri vola de bouche en bouche, et, au bout de quelques instants, la cour immense fut encombrée d'une foule compacte, à travers laquelle l'escorte des deux Bretons put à peine se frayer un passage pour se rendre non loin du portique principal. Hildebrad avait choisi cette place afin de se trouver l'un des premiers sur le passage de Karl et de lui présenter les otages qu'il ramenait de Bretagne. La foule reconnut qu'elle s'était trompée en acclamant l'empereur ; mais cette fausse nouvelle se propageant bientôt dans l'intérieur du palais, les concubines de Karl, ses filles, ses petites-filles, leurs suivantes, accoururent soudain et se groupèrent sur une vaste terrasse régnant au-dessus du portique dont les deux Bretons et leur escorte se trouvaient fort rapprochés.

— Lève les yeux, Vortigern, — dit Octave à son compagnon, — et vois quel essaim de beautés renferme le palais de l'empereur.

Le jeune Breton, rougissant, jeta les yeux sur la terrasse, et resta frappé d'étonnement à la vue de vingt-cinq ou trente femmes, toutes filles, petites-filles ou concubines de Karl, vêtues à la mode franque, et offrant à la vue la plus séduisante variété de figures, de chevelures, de tailles, de beauté, qu'il fût possible d'imaginer ; il y avait là des femmes brunes, blondes, rousses, châtaines, grandes, grosses, minces ou petites ; c'était un échantillon complet de la race féminine germanique, depuis la fillette jusqu'à l'imposante matrone de quarante ans. Les yeux de Vortigern s'étaient, de préférence, arrêtés sur une enfant de quinze au plus, vêtue d'une tunique vert pâle, brodée d'argent. Rien de plus doux que son rose et frais visage couronné de longues tresses blondes si épaisses, que son cou délicat, blanc comme celui d'un cygne, semblait ployer sous le poids de sa chevelure. Une autre jeune fille de vingt ans, brune, grande, forte, aux yeux hardis et aux cheveux noirs, vêtue d'une tunique orange, s'accoudait sur les balustres de la terrasse, à côté de la jeune enfant blonde, et appuyait familièrement son bras sur son épaule ; toutes deux tenaient à la main un bouquet de romarin dont elles aspiraient de temps à autre la senteur en se parlant à voix basse et regardant le groupe des cavaliers avec une curiosité croissante ; car elles venaient d'apprendre que l'escorte n'était pas celle de l'empereur, mais qu'elle amenait des otages bretons.

— Rends grâce à mon amitié, Vortigern, — dit à demi-voix Octave au jouvenceau ; — je vais le mettre en évidence et le faire valoir. — Ce disant, Octave appliquait à la dérobée un si violent coup de houssine sous le ventre du cheval de Vortigern, que celui-ci, moins bon cavalier, eût été désarçonné par le bond furieux de sa monture ; ainsi frappée à l'improviste, elle se cabra, fit une pointe formidable, et s'élança si haut, que la tête de Vortigern effleura le soubassement de la terrasse où se tenait le groupe de femmes. La blonde enfant de quinze ans pâlit d'effroi, et cachant son visage entre ses mains, s'écria : — Le malheureux !... il est perdu ! pauvre jeune homme !

Vortigern, cédant à l'impétuosité de son âge et à un sentiment d'orgueil, en se voyant l'objet des regards de la foule rassemblée en cercle autour de lui, châtia rudement son cheval, dont les bonds, les soubresauts devinrent furieux ; mais le jouvenceau, toujours plein de sang-froid et d'adresse, bien qu'il eût son bras droit en écharpe, montra tant de grâce dans cette lutte, que la foule s'écria en battant des mains : — Gloire au jeune Breton ! honneur au Breton ! — A ce moment, deux bouquets de romarin tombèrent aux pieds du cheval, qui, enfin dompté, rongeait son frein en creusant le sol de son sabot. Vortigern relevait la tête vers la terrasse d'où l'on venait de lancer des bouquets, lorsqu'il entendit au loin un cliquetis formidable, et soudain ce cri retentit : — L'empereur ! l'empereur ! — Aussitôt toutes les femmes disparurent du balcon pour descendre recevoir le monarque sous le portique du palais. La foule refluа en criant : — Vive Karl ! vive le grand Karl ! — Le petit-fils d'Amaël vit alors s'approcher au galop une troupe de cavaliers ; on les eût pris pour des statues équestres en fer ; montés sur des chevaux caparaçonnés de fer, leur casque de fer cachait leurs traits ; cuirassés de fer, gantelés de fer, ils portaient des jambards de fer, cuissards de fer, boucliers de fer ; et les derniers rayons du soleil luisaient sur la pointe de leur lances de fer ; enfin l'on n'entendait que le choc du fer. A la tête de ces cavaliers qu'il précédait, et, comme eux, couvert de fer de la tête aux pieds, s'avançait un homme de taille colossale. A peine arrivé en face du portique principal, il descendit lourdement de cheval et courut tout boitant vers le groupe de femmes qui l'attendaient sous le portique, leur criant joyeusement d'une petite voix grêle et glapissante, qui contrastait étrangement avec son énorme stature : — Bonjour, fillettes! bonjour, chères filles! bonjour à vous toutes, mes chéries! Et, sans s'occuper de répondre aux vivats de la foule et aux saluts respectueux des évêques et des grands, accourus sur son passage, l'empereur Karl, ce géant de fer, disparut dans l'intérieur du palais, et fut suivi de sa cohorte féminine.

. . . .

Amaël et son petits-fils, conduits par Hildebrad dans l'une des chambres hautes du palais s'y reposèrent; l'on y apporta leur modeste bagage; on leur servit à souper, et ils se couchèrent. Au point du jour, Octave vint frapper à la porte du logis des deux Bretons, et leur apprit que l'empereur voulait les voir à l'instant. Il engagea Vortigern à se vêtir de sa plus belle saie. Le jouvenceau n'avait guère de choix à faire; il ne possédait que deux vêtements, celui qu'il portait en route et un autre de couleur verte, brodé de laine orange. Cependant, grâce à ce vêtement frais et neuf, mélangé de couleurs harmonieuses, que rehaussaient sa charmante figure, sa taille élégante et sa bonne grâce, Vortigern parut à Octave digne de paraître honorablement devant le plus puissant empereur du monde. Le centenaire ne put s'empêcher de sourire avec un certain orgueil, en entendant vanter la tournure de son petit-fils par le jeune Romain, qui lui conseillait de serrer plus étroitement encore la ceinturon de son épée, sous ce prétexte, que lorsque l'on avait la taille fine, il était juste de la faire valoir. Octave, en donnant avec sa bonne humeur accoutumée ses avis à Vortigern, lui dit tout bas : As-tu vu tomber hier aux pieds de ton cheval deux bouquets de romarin ? As-tu remarqué celles qui portaient ces bouquets?

— Je crois que oui, — répondit le jeune Breton en balbutiant, et il devint cramoisi, songeant malgré lui à la charmante fille aux cheveux blonds. — Il me semble, — ajouta-t-il, — que j'ai vu tomber ces bouquets.

— Ah! il te semble, hypocrite!... C'est pourtant mon coup de houssine qui les a fait tomber, ces deux jolis bouquets! Et sais-tu quelles impériales mains les ont jetés aux pieds de ton cheval, comme un hommage à ton adresse et à ton courage ?

— Ces bouquets ont été jetés par des mains impériales ?

— Naturellement, puisque Thétralde, la timide enfant blonde, et Hildrude, la grande et hardie brune, sont toutes deux filles de Karl : l'une était vêtue d'une robe verte, couleur de ta saie; l'autre, vêtue d'une robe orange, couleur de tes broderies... Par Vénus! n'es-tu pas un mortel favorisé ? Deux conquêtes à la fois!

Amaël, occupé à l'autre extrémité de la chambre, n'entendit pas ces paroles d'Octave, qui rendirent Vortigern aussi écarlate que l'étoffe de son chaperon ; puis, ces préparatifs de présentation terminés, les deux otages suivirent leur guide pour se rendre auprès de l'empereur. Après avoir traversé un nombre infini de couloirs et d'escaliers, où ils rencontrèrent plus de femmes que d'hommes, car le nombre de femmes logées dans le palais impérial était prodigieux, ils furent introduits dans des salles immenses. Décrire leur somptueuse magnificence serait non moins impossible que d'énumérer les peintures dont elles étaient ornées. Des artisans, venus de Constantinople, où florissait alors l'école de peinture byzantine, avaient couvert les murailles de compositions gigantesques : ici, l'on voyait les conquêtes de Cyrus sur les Perses ; là, les crimes du tyran Phalaris, assistant au supplice de ses victimes, que l'on entraînait pour être brûlées vivantes dans l'intérieur d'un taureau d'airain rougi au feu ; ailleurs, c'était la fondation de Rome par Rémus et Romulus ; les conquêtes d'Alexandre, d'Annibal et tant d'autres sujets héroïques; l'une des galeries du palais était tout entière consacrée aux batailles de Karl Martel. On le voyait triompher des Saxons et des Arabes, enchaînés à ses pieds, implorant sa clémence. La ressemblance était d'ailleurs si frappante, qu'Amaël, en traversant cette salle, s'écria : — C'est lui ! ce sont ses traits, sa tournure! il revit! c'est Karl !

— Ne croirait-on pas que vous l'avez connu ? — dit en souriant le jeune Romain au centenaire. — Renouvelez-vous donc connaissance avec Karl Martel ?

— Octave, — reprit mélancoliquement le vieillard, — j'ai cent ans... je combattais à la bataille de Poitiers contre les Arabes.

— Dans les troupes de Karl Martel ?

— Je lui ai sauvé la vie, — répondit Amaël en contemplant la gigantesque peinture. Et, se parlant à lui-même, il ajouta en soupirant : — Ah! que de souvenirs doux et tristes ce temps me rappelle! Ma mère bien-aimée, ma douce Septimine la Coliberte!...

Octave regardait le vieillard avec une surprise croissante; puis, semblant soudain réfléchir, il devint pensif et hâta le pas, suivi des deux otages. Vortigern, ébloui, examinait avec la curiosité de son âge les richesses de toute sorte amoncelées dans ce palais; il ne put s'empêcher de s'arrêter devant deux objets qui attirèrent surtout son attention; le premier était un grand meuble en bois précieux, enrichi de moulures dorées; des tuyaux de cuivre, d'airain et d'étain de différentes grosseurs, placés les uns auprès des autres, s'étageaient sur l'une des faces de ce meuble. — Octave, — demanda

le jeune Breton, — qu'est-ce que ce meuble?
— C'est un *orgue* grec envoyé à Karl, il y a peu de temps, par l'empereur de Constantinople. Cet instrument est vraiment merveilleux; à l'aide de cuves d'airain et de soufflets de peau de taureau que tu ne peux apercevoir, l'air arrive dans ces tuyaux, et lorsqu'ils sont en jeu, tantôt l'on croit entendre les grondements du tonnerre, tantôt les sons légers de la lyre et de la cymbale. Mais, tiens, là, près de cette grande table d'or massif, où est figurée en relief la ville de Constantinople, voici un objet non moins curieux; c'est une horloge persane, envoyée, il y a quatre ans, par Abdhallah, roi des Perses. — Et Octave montra au jeune Breton et à son aïeul, non moins intéressé que Vortigern, une grande horloge en bronze doré : les chiffres des douze heures entouraient le cadran placé au centre d'une sorte de palais de bronze, aussi doré; douze portes, encadrées d'arcades, se voyaient au rez-de-chaussée de cette imitation monumentale. — Lorsque l'heure sonne, — dit Octave aux deux Bretons, — des boules d'airain, marquant le nombre des heures, tombent sur une petite cymbale. Au même instant (toujours selon le nombre des heures), ces portes s'ouvrent, et par chacune d'elles sort un cavalier armé de sa lance et de son bouclier. Si une, deux, trois, quatre heures sonnent, une, deux, trois, quatre portes s'ouvrent; les cavaliers sortent, saluent de la lance, puis ils rentrent, et les portes se referment sur eux.
— Cette œuvre est vraiment merveilleuse! — dit Amaël; et sait-on les noms des hommes qui ont fabriqué les prodiges dont nous sommes entourés, ces peintures magnifiques, cette table d'or, où toute une ville est figurée en relief, cet orgue, cette horloge, toutes ces merveilles enfin! Leurs auteurs doivent en être glorifiés.
— Par Bacchus! Amaël, voilà une plaisante question! — reprit Octave en souriant. — Qui se soucie du nom des obscurs esclaves qui ont créé ces choses?
— Et le nom de Clovis, de Brunehaut, de Clotaire, de Karl Marteau traversera les âges! — murmura le centenaire avec amertume, tandis que le jeune romain disait à Vortigern :
— Hâtons-nous! l'empereur nous attend. Il faudrait des journées, des mois, pour admirer en détail les trésors dont ce palais est rempli, car c'est la résidence favorite de l'empereur. Cependant, il aime presque autant que sa demeure d'Aix-la-Chapelle, son vieux château d'Héristall, berceau de sa puissante famille de maires du palais, et où il a entassé des merveilles de l'art.

Les deux otages, suivant leur guide, quittèrent ces somptueuses et immenses galeries pour monter, sur les pas d'Octave, un escalier tournant qui conduisait à l'appartement particulier de l'empereur, appartement autour duquel régnait le balcon qui servait à Karl d'observatoire. Deux chambellans, richement vêtus, se tenaient dans une première pièce. — Attendez-moi en ce lieu, — dit Octave aux Bretons; — je vais prévenir l'empereur de votre venue, prendre ses ordres, et savoir s'il lui plaît de vous recevoir en ce moment.

Vortigern, malgré sa haine de race et de famille contre les rois ou empereurs franks, conquérants et oppresseurs de la Gaule, éprouvait une sorte d'émotion à la pensée de se trouver en face de ce puissant Karl, souverain de presque toute l'Europe; puis, à cette émotion s'en joignait une autre : ce puissant empereur était le père de Thétralde, cette charmante enfant qui, la veille, avait jeté son bouquet au jouvenceau; car jamais sa pensée ne s'arrêtait sur la brune Hildrude. Au bout de quelques instants, Octave reparut, il fit signe à Amaël et son petit-fils d'entrer, en leur disant à demi-voix : — Ployez très-bas le genou devant l'empereur, c'est l'usage.

Le centenaire regarda Vortigern et lui fit de la tête un signe négatif; l'adolescent le comprit, et tous deux pénétrèrent dans la chambre à coucher de Karl, alors en compagnie de son favori, Eginhard, l'archichapelain qu'Imma avait autrefois bravement porté sur son dos. Un serviteur de la chambre impériale attendait les ordres de son maître. Lorsque les deux otages entrèrent chez lui, ce monarque, d'une taille colossale, était assis sur le bord de sa couche, seulement vêtu d'une chemise et d'un caleçon de toile qui dessinait la proéminence de son énorme ventre; il venait de mettre une de ses chaussettes et tenait encore l'autre à la main. Il avait les cheveux presque blancs, la tête ronde, les yeux grands et vifs, le nez long, le cou large et court, comme celui d'un taureau; sa physionomie, ouverte et empreinte d'une certaine bonhomie, rappelait les traits de son aïeul Karl Marteau. A l'aspect des deux Bretons, l'empereur se leva du bord de son lit, et, tenant toujours sa chaussette à la main, il fit, en boitant du pied gauche, deux pas à l'encontre d'Amaël, semblant en proie à une certaine émotion mêlée d'une vive curiosité; puis il s'écria de sa voix grêle, qui contrastait si singulièrement avec sa gigantesque stature :

— Vieillard! Octave m'a dit que tu as fait la guerre sous Karl Martel, mon aïeul, il y a près de quatre-vingts ans, et que tu lui as sauvé la vie à la bataille de Poitiers.

— C'est vrai. — Et portant son doigt à son front, où se voyaient les traces d'une profonde cicatrice, le vieux Breton ajouta : — J'ai reçu cette blessure à la bataille de Poitiers.

L'empereur se rasseyant sur le bord de son lit, mit sa chaussette et dit en se tournant vers son archichapelain : — Eginhard, toi qui as recueilli dans ta chronique les faits et gestes de mon aïeul, toi dont la mémoire est toujours si présente, te rappelles-tu avoir entendu raconter ce que rapporte ce vieillard ?

Eginhard resta un moment pensif et reprit :
— Je me souviens d'avoir lu dans quelques parchemins écrits de la main du glorieux Karl et renfermés dans ton cartulaire auguste, qu'on effet, à la bataille de Poitiers... — Mais s'interrompant et s'adressant au centenaire : — Ton nom ? Comment te nomme-t-on ?

— Amaël. Tel est mon nom.

L'archichapelain réfléchit, et dit en secouant la tête : — Quoiqu'il ne soit pas présent à mon souvenir, ce n'est pas le nom du guerrier qui sauva la vie de Karl Martel à la bataille de Poitiers... c'était certainement un nom frank, et non celui que tu dis.

— Ce nom, — reprit le vieillard, — était celui de *Berthoald.*

— Oui, — répondit vivement Eginhard ; — c'est ce nom-là, Berthoald... et dans quelques lignes écrites de sa main, le glorieux Karl recommandait à ses fils ce Berthoald, auquel il devait la vie et qu'il signalait à leur reconnaissance, si un jour il s'adressait à eux.

Pendant ces mots échangés entre le vieux Breton et l'archichapelain, l'empereur avait continué et terminé de s'habiller à l'aide du serviteur de sa chambre. Ce costume, l'antique costume des Franks auquel Karl restait fidèle, se composait d'abord d'un haut-de-chausses d'épaisse toile de lin, que des bandelettes de laine rouge, croisées les unes sur les autres, assujettissaient autour des cuisses et des jambes ; puis d'une tunique de drap de Frise, bleu-saphir, maintenue par une ceinture de soie ; l'empereur endossait ensuite, pour la saison d'automne et d'hiver une large casaque de peau de loutre ou de brebis. Karl, ainsi vêtu, s'assit sur un siège non loin d'un rideau destiné à voiler au besoin une des fenêtres donnant sur le balcon qui lui servait d'observatoire. Le serviteur sortit à un signe de Karl. Resté seul avec Eginhard, Vortigern et Amaël, il dit à ce dernier : — Vieillard, si j'ai bien écouté mon chapelain... un Frank, nommé Berthoald, a sauvé la vie de mon aïeul... Comment se fait-il que ce Berthoald et toi vous soyez le même personnage ?

— A quinze ans, poussé par l'esprit d'aventure, j'ai quitté ma famille, de race gauloise, alors établie en Bourgogne. Après plusieurs traverses, j'ai réuni une bande d'hommes déterminés ; j'avais alors vingt ans. J'ai pris un nom frank, me disant de cette race afin de gagner la protection de Karl Martel. Pour l'intéresser davantage à mon sort, je lui ai offert mon épée, celle de mes hommes, peu de jours avant la bataille de Poitiers. A cette bataille, je lui ai sauvé la vie ; depuis lors, comblé par lui de faveurs, j'ai combattu sous ses ordres pendant cinq ans.

— Et ensuite qu'est-il advenu ?

— Ensuite... honteux de mon mensonge et encore plus honteux de combattre avec les Franks, j'ai quitté Karl-Martel pour retourner en Bretagne, mon pays natal... Là, je me suis fait laboureur.

— Par la chappe de saint Martin, tu t'es fait aussi rebelle ! — s'écria l'empereur de sa voix glapissante, qui prit alors un ton de fausset perçant. — Je reconnais que l'on t'a justement choisi pour otage, toi l'instigateur et l'âme des révoltes, des guerres qui ont éclaté en Bretagne, sous le règne de Pépin, mon père, et sous mon règne à moi ! puisque dans cette dernière guerre tes endiablés de compatriotes ont décimé mes vieilles bandes aguerries !

— J'ai combattu de mon mieux dans toutes nos guerres.

— Traître ! Comblé des faveurs de mon aïeul, tu n'as pas craint de te révolter en armes contre son fils et contre moi ?

— Je n'ai eu qu'un remords, celui d'avoir mérité la faveur de ton aïeul. Je me reprocherai toujours de m'être battu pour lui... au lieu de m'être battu contre lui.

— Vieillard ! — s'écria l'empereur en devenant pourpre de colère, — tu as encore plus d'audace que d'années !

— Karl... brisons là ! Tu te regardes comme souverain de la Gaule... nous autres Bretons, nous ne reconnaissons pas tes droits. Ces droits, comme tout conquérant, tu les tiens de la force... Pour toi, la force prime le droit.

— Je les tiens de Dieu ! — s'écria l'empereur, en frappant du pied et en interrompant Amaël.

— Oui, je tiens mes droits sur la Gaule de Dieu et de mon épée !

— De ton épée, de la violence, oui ; mais de Dieu, non ! Dieu ne consacre pas le vol... qu'il s'agisse d'une bourse ou d'un empire. Clovis s'était emparé de la Gaule ; ton père et ton aïeul ont dépouillé de sa couronne le dernier rejeton de Clovis, peu nous importe, à nous autres, qui ne voulons obéir ni à la race de Clovis, ni à celle de Karl Martel. Tu disposes d'une armée innombrable, tu as déjà ravagé, vaincu la Bretagne, tu pourras la vaincre, la ravager encore, mais la soumettre... non ! Maintenant, Karl, j'ai dit. Tu n'entendras plus un mot de moi à ce sujet : je suis ton prisonnier, ton otage. Dispose de moi.

L'empereur, qui plusieurs fois avait failli laisser éclater son indignation, se tourna vers Eginhard, et lui dit d'un ton calme après un moment de silence : — Toi qui écris les faits et gestes de Karl, auguste empereur des Gaules.

césur de Germanie, patrice des Romains, protecteur des Suèves, Bulgares et Hongrois, tu écriras qu'un vieillard a tenu à Karl un langage d'une audace inouïe, et que Karl n'a pu s'empêcher d'estimer la franchise, le courage de l'homme qui lui parlait ainsi. — Et, changeant soudain d'accent, l'empereur, dont les traits un moment courroucés prirent une expression de bonhomie nuancée de finesse, dit au vieillard : — Ainsi donc, seigneurs bretons de l'Armorique, quoi que je fasse, vous ne voulez à aucun prix de moi pour empereur? Me connais-tu seulement?

— Karl, nous te connaissons en Bretagne par les guerres injustes que ton père et toi vous nous avez faites.

— Ainsi, pour vous autres hommes de l'Armorique, Karl n'est qu'un homme de conquête, de violence et de bataille?

— Oui, tu ne règnes que par la terreur.

— Eh bien, suis-moi, je te ferai peut-être changer d'avis, — dit l'empereur, après un moment de réflexion. Et se levant, il prit sa canne et son bonnet. Avisant alors Vortigern, qui jusque-là s'était tenu à l'écart : — Qu'est-ce que ce jeune et beau garçon-là?

— C'est mon petit-fils.

— Octave, — dit l'empereur en se retournant vers le Romain, — voici un otage bien jeune?

— Auguste prince, pour plusieurs raisons l'on a dû choisir ce jouvenceau. Sa sœur a épousé *Morvan*, simple laboureur, mais l'un des chefs bretons les plus intrépides; dans cette dernière guerre, il commandait la cavalerie.

— Mais alors, pourquoi ne l'a-t-on pas amené ici, ce Morvan? c'eût été un excellent otage !

— Prince auguste, pour l'amener ici, il eût fallu d'abord le prendre... et, quoique gravement blessé, Morvan, grâce à sa femme, une héroïne, est parvenu à s'échapper avec elle; il a été impossible de les atteindre dans les montagnes inaccessibles où ils se sont tous deux réfugiés. L'on a donc choisi pour otages deux autres chefs de tribu, très influents, que nous avons laissés en chemin par suite de leurs blessures; puis ce vieillard, qui a été l'âme des dernières guerres, et enfin ce jeune homme, qui, par sa famille, tient à l'un des chefs les plus dangereux de l'Armorique. L'on a cédé, je l'avoue, aux prières de la mère de ce jeune garçon; car elle désirait qu'il pût accompagner son aïeul durant ce long voyage, fort rude pour un centenaire.

— Et toi, — reprit l'empereur en s'adressant à Vortigern, qu'il avait, pendant le récit d'Octave, regardé avec attention et intérêt, — tu le hais sans doute aussi beaucoup, Karl le conquérant, le batailleur?

— L'empereur Karl a des cheveux blancs;

j'ai dix-huit ans, — répondit le jeune Breton en rougissant, — je ne saurais répondre.

— Vieillard, — reprit Karl en se tournant vers Amaël, — la mère de ton petit-fils doit être une heureuse mère. Mais j'y songe, mon garçon, est-ce qu'hier, peu de temps avant mon arrivée, tu n'as pas failli te casser le cou en tombant de cheval?

— Moi ! — s'écria Vortigern en rougissant d'orgueil, moi, tomber de cheval ! Qui a osé dire cela?

— Oh! oh! mon garçon, te voilà rouge jusqu'aux oreilles, — reprit l'empereur en riant. — Allons, rassure-toi, je ne veux pas blesser ton amour-propre d'écuyer, loin de là ; car avant de te voir, j'avais entendu d'interminables récits sur ta bonne grâce et ta hardiesse à cheval. Mes chères filles, et surtout la petite Thétralde et la grande Hildrude, m'ont dix fois répété, pendant le souper, qu'elles avaient vu un jeune sauvage breton, quoique blessé d'un bras, manier son cheval comme le meilleur de mes écuyers.

— Si je mérite quelques éloges, il faut les adresser à mon grand-père, — répondit modestement Vortigern; c'est lui qui m'a appris à monter à cheval.

— J'aime cette réponse, mon garçon ; elle me prouve ta modestie et ton respect pour les vieilles gens. Es-tu savant? Sais-tu lire et écrire?

— Oui, grâce aux enseignements de ma mère.

— Sais-tu chanter la messe au lutrin?

— Moi ! reprit Vortigern fort étonné, — moi, chanter la messe! Non, non, par Hésus ! l'on ne chante guère la messe chez nous.

— Les voyez-vous, ces païens bretons ! — s'écria Karl. Ah ! mes évêques ont raison, c'est un peuple endiablé, que ce peuple armoricain ! Quel dommage qu'un si beau et si modeste garçon ne sache point chanter au lutrin ! — Et, mettant son bonnet de fourrure sur sa grosse tête et s'appuyant sur sa canne, l'empereur dit au vieillard : — Allons suis-moi, seigneur breton. Ah ! tu ne connais que Karl le batailleur! Je vais t'en faire voir un autre Karl, que tu ne connais pas. Viens, viens ! — Et l'empereur, boitant et s'appuyant sur sa canne, se dirigea vers la porte en faisant signe aux assistants de le suivre; mais, s'arrêtant au seuil, il dit à Octave : — Va prévenir Hugh, mon grand veneur, que je chasserai tantôt le cerf dans la forêt d'Oppenheim, qu'il y envoie la meute, les chevaux et tout l'attirail de chasse.

— Auguste prince, vos ordres seront exécutés.

— Tu diras aussi au grand Nomenclateur de ma table que peut-être je dînerai dans le pavillon de la forêt. si la chasse se prolonge. Ma suite dînera aussi; que le festin soit somptueux. Tu diras au Nomenclateur que mon goût n'a pas varié : un bon gros cuissot de venaison rôti, que l'on m'apporte tout fumant sur la broche, c'est toujours mon régal.

Le jeune Romain s'inclina de nouveau; Karl sortit le premier de la chambre, puis Eginhard et Amaël. Octave s'approchant alors de Vortigern, lui dit tout bas : — Je vais faire savoir à l'appartement des filles de l'empereur qu'il chasse tantôt. Par Vénus! la mère des amours te protège, mon jeune Breton.

Le jouvenceau rougit de nouveau, et il hésitait à répondre au Romain, lorsque Amaël se retournant, l'appela : — Viens, mon enfant, l'empereur veut s'appuyer sur ton bras pour descendre l'escalier et parcourir le palais.

Vortigern, de plus en plus troublé, s'approcha de Karl, qui disait à ses chambellans : — Non, personne ne m'accompagnera, sinon Eginhard et ces deux Bretons. — S'adressant alors au jouvenceau : — Ton bras me sera d'un meilleur appui que ma canne, cet escalier est rapide; viens et marche prudemment.

L'empereur, appuyé sur le bras de Vortigern, descendit lentement les degrés d'un escalier qui aboutissait à l'un des portiques d'une cour intérieure; Karl abandonna le bras du jeune Breton et dit en reprenant sa canne : — Tu as marché fort sagement, tu es un bon guide. Quel dommage que tu ne saches pas chanter au lutrin! — Ce disant, Karl suivit une galerie qui longeait la cour; les personnes dont il était accompagné marchaient à quelques pas derrière lui. Bientôt il aperçut, en dehors de la galerie, un esclave qui traversait la cour et portait sur ses épaules un grand panier : — Eh! là-bas! — cria l'empereur de sa voix perçante, — l'homme au panier! approche! Qu'as-tu dans ce panier?

— Des œufs, seigneur.

— Où les portes-tu?

— Aux cuisines de l'auguste empereur.

— D'où viennent-ils ces œufs?

— De la métairie de Mulsheim, seigneur.

— De la métairie de Mulsheim? — répéta l'empereur en réfléchissant, et il ajouta presque aussitôt: — Il doit y avoir trois cent vingt-cinq œufs dans ce panier?

— Oui seigneur; c'est la redevance que chaque mois l'on apporte de la ferme.

— Va... et prends garde de casser tes œufs.

— L'empereur, s'arrêtant alors un instant, appuyé sur sa canne, se tournant vers Amaël, et l'appelant: — Eh! seigneur breton, venez ici, à côté de moi. — Amaël obéit; l'empereur continuant de marcher, ajouta: — Karl le batailleur, le conquérant, est du moins un bon ménager... qu'en penses-tu? Il sait, à un œuf près, combien pondent les poules de ses métairies. Si jamais tu retournes en Bretagne, tu raconteras ceci aux ménagères de ton pays.

— Si je revois mon pays, je dirai la vérité sur ce que je vois ici.

— En ce moment Karl frappa à une porte donnant sur la galerie. Aussitôt un clerc, vêtu de noir, vint ouvrir, et s'écria, frappé de surprise, en fléchissant le genou : — L'empereur!
— Et comme le clerc faisait un mouvement pour courir à la porte d'une salle voisine, dont on voyait l'entrée: — Ne bouge pas!... Maître Clément professe à cette heure, n'est-ce pas?

— Oui, prince auguste.

— Reste-là... — Et s'adressant à Amaël : — Seigneur breton, tu vas visiter une école que j'ai fondée; elle est sous l'enseignement de maître Clément, fameux rhéteur, que j'ai fait venir d'Ecosse. Les enfants des plus grands seigneurs de ma cour viennent, d'après ma volonté, étudier dans cette école, avec les enfants des plus pauvres de mes serviteurs.

— Karl, ceci est bien... je t'en félicite!

— C'est pourtant Karl le batailleur qui a fait cette bonne chose... Entrons. — Et se tournant vers Vortigern: — Eh! mon jeune homme, vous qui ne savez pas chanter la messe, ouvrez de toutes vos forces les yeux et les oreilles; vous allez voir des écoliers de votre âge et de toutes conditions.

L'école *palatine*, dirigée par l'Ecossais Clément, et dans laquelle les deux Bretons suivirent l'empereur, contenait environ deux cents écoliers ; tous se levèrent de leurs bancs à la vue de Karl; mais leur faisant signe de se rasseoir : — Restez assis, mes enfants; j'aime mieux vous voir le nez baissé sur vos cahiers d'étude, que le nez en l'air, sous prétexte de respect à mon égard. — Maître Clément, directeur de l'école palatine, se disposait à descendre de sa chaire, Karl lui cria : — Reste sur ton trône de sapience, mon digne maître; je ne suis ici que l'un de tes sujets; je désire seulement jeter un coup d'œil sur les travaux de ces enfants, savoir de toi s'ils te satisfont et s'ils ont progressé en mon absence. Que chacun des élèves m'apporte les cahiers où se trouvent les travaux de ce jour.

L'empereur se piquait fort de belles-lettres; il s'assit sur un siège près de la chaire de Clément et examina longuement plusieurs cahiers qui lui furent soumis par quelques écoliers; mais les élèves appartenant à des parents nobles ou riches ne présentèrent à l'empereur que des travaux médiocres ou détestables, tandis qu'au contraire, les élèves les plus pauvres, ou des conditions les moins élevées, présentèrent des ouvrages tellement distingués, que Karl s'écria se tournant vers Amaël: — Si tu étais plus lettré, seigneur breton, tu apprécierais comme moi ces lettres et ces vers que je viens de parcourir; les plus douces saveurs de la science se font sentir dans la plupart de

Vortigern le breton

ces écrits. — Et Karl, s'adressant aux écoliers : — « Je vous loue beaucoup mes enfants de votre zèle à remplir mes intentions ; efforcez-vous d'atteindre à la perfection, et je vous donnerai de riches évêchés, de magnifiques abbayes. » — Puis, fronçant le sourcil en jetant un regard irrité sur les nobles paresseux et sur les riches fainéants, il ajouta : — « Quant à vous, fils des principaux de la nation, quant à vous, enfants délicats et fort gentils, d'ailleurs, qui, vous reposant sur votre naissance et sur votre fortune, avez négligé mes ordres et vos études, préférant le jeu et la paresse... quant à vous ! » — s'écria-t-il de plus en plus courroucé en frappant le plancher de sa canne, — que d'autres vous admirent ; je ne fais aucun cas de votre naissance et de votre fortune !... Écoutez et retenez ces paroles : Si vous ne vous hâtez de réparer votre négligence par une constante application, vous n'obtiendrez jamais rien de moi ! » — Les riches fainéants baissèrent les yeux, tout tremblants. L'empereur alors se leva et dit à un jeune clerc, nommé Bernard, à peine âgé de vingt ans, l'un des écoliers dont les travaux distingués venaient d'attirer son attention : — Toi, mon garçon, suis-moi, je te fais dès aujourd'hui clerc de ma chapelle, et ma protection ne s'arrêtera pas là. — Puis s'adressant à Amaël : — Eh bien, seigneur breton, tu le vois Karl le batailleur agit dans son humble humanité, comme agit le Seigneur Dieu dans sa divinité ; il sépare l'ivraie du bon grain, met les bons à sa droite et les mauvais à sa gauche. Si jamais tu retournes en Bretagne, tu diras aux rhéteurs de ton pays que Karl ne surveille pas trop mal l'école qu'il a fondée.

— Je dirai, Karl, que je l'ai vu agir, au milieu des écoliers, avec sagesse, justice et bonté,

6ᵛᵉ livraison

— Je veux que les belles-lettres et la science illustrent mon règne. Si tu étais moins barbare, je te ferais assister à une séance de notre académie ; nous avons pris des noms de l'antiquité : Eginhard s'appelle *Homère*, Clément *Horace* ; moi, je suis le *roi David*. Ces noms immortels nous siéent comme des armures de géants à des nains ; mais, du moins, nous honorons ces génies de notre mieux. Et maintenant, — ajouta l'empereur en poursuivant sa marche, — allons, en bons catholiques, nous agenouiller à l'église et entendre la messe.

L'empereur, précédant les personnes dont il était accompagné, suivit une longue galerie. A l'angle d'un tournant, endroit assez sombre, Karl, rencontrant une jeune et jolie esclave, l'accosta familièrement, ainsi qu'il en usait avec l'innombrable quantité de femmes de toutes conditions dont il remplissait son palais, lui prit en riant le menton, puis la taille ; il allait même pousser plus loin ses agressions libertines, lorsque se souvenant que, malgré l'obscurité de la galerie, il pouvait être aperçu des personnes de sa suite, il fit signe à l'esclave de s'éloigner, et dit en riant à Amaël : — Karl aime à se montrer accessible à ses sujets.

— Et surtout à ses sujettes, — reprit le vieillard ; — mais le goupillon du prêtre t'absoudra de tes péchés !

— Ah ! païen de Breton ! païen de Breton ! — murmura l'empereur ; et peu d'instants après il entrait dans la basilique d'Aix-la-Chapelle attenante au palais impérial. Vortigern et son aïeul furent éblouis de l'incroyable magnificence de ce temple, dans lequel s'étaient rendus tous les commensaux du palais impérial. Vortigern vit au loin, près du chœur, parmi les concubines, les filles et petites-filles de Karl, brillamment parées, la blonde et charmante Thétralde, assise à côté de sa sœur Hildrude. L'empereur prit sa place accoutumée, derrière le lutrin, au milieu des chantres somptueusement vêtus. L'un d'eux offrit respectueusement à l'empereur un bâton d'ébène avec lequel il battait la mesure, et donna, lorsqu'il le fallut, le signal des différents chants indiqués par la liturgie. Un peu avant la fin de chaque verset, Karl, en manière de signal, poussait de sa voix grêle une sorte de cri gutural si étrange, que Vortigern, dont le regard venait de rencontrer, par hasard, les grands yeux bleus de la blonde Thétralde, obstinément fixés sur lui, faillit éclater de rire au cri de l'empereur, malgré la sainteté du lieu, malgré le trouble croissant où le jetaient les doux regards de Thétralde. La messe terminée, Karl dit à Amaël : — Eh bien, seigneur breton, avoue qu'au besoin, tout batailleur que je suis, je ferais un bon clerc et un bon chantre.

— Je ne me connais point à ces choses ; je te dirai seulement que, comme chantre, tu as poussé un cri cent fois plus discord que le cri du corbeau de mer de nos grèves. Puis, le chef d'un empire a, ce me semble, mieux à faire que de chanter la messe.

— Tu seras toujours un barbare et un idolâtre ! — s'écria l'empereur en sortant de la basilique. Au moment où il se trouvait sous le portail de ce monument, l'un des grands de sa cour qui se pressaient sur son passage lui dit : — Auguste prince, magnanime empereur, l'on vient d'apprendre à l'instant même la mort de l'évêque de Limbourg.

— Oh ! oh ! seulement à l'instant ? Cela m'étonne fort ; l'on est si âpre à la curée des évêchés, que l'on annonce toujours la mort des évêques au moins deux ou trois jours à l'avance. Est-il du moins mort en odeur de sainteté, ce défunt évêque ? S'est-il recommandé dans l'autre monde par de pieuses fondations ou par de grosses aumônes laissées aux pauvres ?

— Auguste prince, il n'a laissé, dit-on, aux pauvres, que deux livres d'argent.

— Quel léger viatique pour un si long voyage ! — s'écria une voix ; c'était celle de Bernard, le pauvre et savant écolier que Karl avait déjà nommé clerc de sa chapelle, et qui, d'après les ordres de l'empereur, se tenait non loin de lui, depuis sa sortie de l'école palatine. Karl, se tournant vers le jeune homme, qui, rouge de confusion, regrettait déjà la hardiesse de son langage, tremblait de tous ses membres, lui dit en se remettant en marche : — Suis-moi ; — mais voyant les grands de sa cour se préparer à l'accompagner, Karl ajouta : — Non, non ; ces deux Bretons, Eginhard et ce jeune clerc m'accompagneront seuls ; vous autres, tenez-vous prêts pour la chasse de tantôt.

La foule brillante s'arrêta, l'empereur regagna les galeries du palais sans autre suite que Vortigern, Amaël, Eginhard et le pauvre Bernard, plus mort que vif. Le clerc marchait le dernier, craignant d'avoir, par son indiscrète échappée, en critiquant l'avarice du défunt évêque, courroucé l'empereur. Aussi quelle fut la surprise de l'écolier, lorsque arrivé à l'extrémité de la galerie, Karl, se retournant à demi, lui dit : — Approche ! approche ! Tu trouves donc que l'évêque de Limbourg a laissé trop peu d'argent pour les pauvres ?

— Seigneur ! Pardonnez-moi cette hardiesse.

— Réponds ? Si je te donnais cet évêché, serais-tu, au moment de paraître devant Dieu, plus libéral que l'évêque de Limbourg ?

— Auguste prince, — répondit le pauvre clerc, abasourdi de cette fortune inouïe, en se jetant aux pieds de l'empereur, — c'est à la volonté de Dieu et à votre toute-puissance de décider de mon sort.

— Relève-toi, je te nomme évêque de Limbourg, et suis moi; il est bon que tu saches avec quelle âpreté l'on se dispute ici les évêchés! On peut juger des richesses qu'ils rapportent par l'ardeur que l'on apporte à leur poursuite. Et cependant, une fois que l'on tient l'évêché, la cupidité, loin de s'assouvir, s'irrite encore. Te souviens-tu, Eginhard, de cet insolent évêque de Mannheim? Lors d'une de mes campagnes contre les Huns, je l'avais laissé près de ma femme Hildegarde; ne voilà-t-il pas que ce compère, se gonflant de la familiarité que lui témoignait ma femme, poussa l'audace jusqu'à lui demander en don la baguette d'or dont je me sers comme symbole de mon autorité, à cette fin, disait l'évêque, de s'en servir comme de canne! Par le roi des cieux! le sceptre de Karl, empereur, ne servira pas de sitôt de bâton aux évêques de son empire!

— Tu te trompes, Karl! — reprit Amaël; — tôt ou tard tes évêques se serviront de ton sceptre comme d'un bâton pour conduire tes peuples et les rois à leur guise.

— Par le marteau de mon aïeul! je briserais les mitres des évêques sur leur tête s'ils voulaient usurper mon pouvoir!

— Non, tu ne feras pas cela, car tu les crains! J'en prends à témoin les grands biens et les flatteries que tu leur prodigues.

— Je redoute les évêques! — s'écria l'empereur; et s'adressant à Eginhard : — L'affaire du *rat* est-elle arrangée avec le juif?

— Oui, seigneur, — répondit en souriant Eginhard; — hier l'évêque a conclu le marché.

— Ceci arrive à propos pour te prouver que je ne crains point les évêques, seigneur Breton..... Les flatter! moi! lorsqu'au contraire je ne manque jamais l'occasion de leur donner de sévères ou plaisantes leçons lorsqu'ils méritent le blâme. Quant aux méritants, je les enrichis, et encore je regarde toujours à deux fois avant de leur donner des terres et des abbayes dépendant du domaine impérial; car, avec telle abbaye ou telle métairie, je suis certain de m'assurer un vassal guerrier plus fidèle que tel comte ou tel évêque.

En devisant ainsi, l'empereur avait regagné son palais et était remonté dans son appartement, accompagné d'Eginhard, d'Amaël, de son petit-fils et de Bernard, nouvel évêque de Limbourg. A peine Karl fut-il entré dans son observatoire, qu'un de ses chambellans lui dit :
— Auguste empereur, plusieurs grands officiers du palais ont sollicité l'honneur d'être admis en votre présence pour vous entretenir d'une demande très urgente... La noble dame Mathalgarde (c'était une des nombreuses concubines de Karl) est aussi déjà venue deux fois pour le même objet; elle attend vos ordres.

— Faites entrer ces quémandeurs, — dit Karl au chambellan, qui sortit aussitôt; se tournant ensuite vers le jeune clerc, en lui montrant le rideau de la fenêtre auprès de laquelle était placé son siège habituel, l'empereur ajouta en riant : — Cache-toi derrière ce rideau mon jeune homme, tu vas connaître le nombre de rivaux que suscite la vacance d'un évêché. Cela servira à ton instruction.

A peine le jeune clerc eut-il disparu derrière le rideau, que la chambre fut envahie par un grand nombre de familiers du palais, officiers ou seigneurs de la cour. Chacun d'eux faisant valoir ses propres droits à l'évêché ou les droits des postulants qu'il recommandait, assourdissait l'empereur de ses sollicitations. Parmi eux se trouvait un évêque magnifiquement vêtu, à l'air hautain et superbe. A son tour il s'approcha de Karl.

— Voici l'évêque au *rat*, — dit tout bas Eginhard à l'empereur; — le prix qu'il a payé au juif est de dix mille sous d'argent... le juif m'a scrupuleusement rapporté la somme, d'après vos ordres.

— Evêque de Bergues, n'as-tu pas assez d'un évêché? — dit Karl à ce prélat si magnifique; — viendrais-tu en solliciter un second?

— Prince auguste... je vous prie de m'accorder, en échange de l'évêché de Bergues, celui de Limbourg actuellement vacant.

— Parce que ce dernier est plus riche?

— Oui, seigneur, et, si je l'obtiens, la part des pauvres n'en sera que plus considérable.

— Vous tous, écoutez bien, — s'écria l'empereur d'un air sévère, en montrant l'évêque. — Connaissant le goût passionné du prélat pour les frivolités curieuses et ruineuses qu'il achète à des prix insensés, j'ai commandé à Salomon, le juif, de prendre un rat dans sa maison.... le plus vulgaire des rats qui ait jamais été pris dans une ratière, puis d'embaumer ce rat avec de précieux aromates, de l'envelopper d'étoffes orientales brodées d'or, de l'offrir à l'évêque de Bergues comme un rarissime rat de Judée rapporté par un vaisseau vénitien, et de le vendre à ce prélat comme le plus prodigieux, le plus miraculeux des rats.

Un immense éclat de rire éclata parmi les témoins de cette scène, tandis que l'évêque baissait les yeux devant Karl. — Or, savez-vous quel prix l'évêque de Bergues a payé ce rat prodigieux? *Dix mille sous d'argent!* Le juif m'a rapporté la somme... qui va être distribuée aux pauvres! — Puis il ajouta d'un air sévère : — « Evêques, songez-y bien!... vous devez être les pères, les pourvoyeurs des pauvres, ne point vous montrer avides de vaines frivolités... et voici que, faisant tout le contraire, vous vous adonnez plus que les autres mortels à l'avarice et à de vaines cupidités! » Par le roi des cieux! prenez-y garde!... la main de l'empereur vous a élevés, elle pourrait vous abaisser. Tenez-vous le pour dit.

A ce moment, les courtisans s'écartèrent pour donner passage à Mathalgarde, une des concubines de l'empereur. Cette femme, qui était d'une grande beauté, s'approcha de Karl d'un air confiant et lui dit gracieusement :

— Mon aimable seigneur, l'évêché de Limbourg est vacant ; je l'ai promis à un clerc que je protège, ne doutant pas de votre gracieuse approbation.

— Chère Mathalgarde, j'ai donné l'évêché à un jeune homme... très savant et méritant, et je ne saurais le lui reprendre.

Mathalgarde prenant alors sa voix la plus insinuante, saisit une des mains de l'empereur et ajouta tendrement : — Auguste prince, mon gracieux maître, pourquoi si mal placer cet évêché, en le donnant à un jeune homme, à un enfant peut-être. Je vous en conjure, accordez l'évêché à mon clerc.

Soudain une voix lamentable, sortant de derrière le rideau, s'écria, au grand étonnement des assistants : — « Seigneur empereur, tenez ferme !... ne souffrez pas qu'une personne arrache de vos mains la puissance que Dieu vous a donnée... Tenez ferme ! auguste prince ! tenez ferme ! » C'était la voix du pauvre Bernard, qui craignant de voir Karl se laisser séduire par les paroles caressantes de Mathalgarde, le rappelait ainsi à ses promesses. Alors l'empereur, écartant le rideau derrière lequel se tenait le clerc, le prit par la main, et dit en le présentant à l'assistance : — Voici le nouvel évêque de Limbourg... — Et s'adressant à Bernard : — N'oublie pas de distribuer d'abondantes aumônes... ce sera un jour ton viatique pour ce long voyage dont on ne revient pas.

La belle Mathalgarde, ainsi trompée dans son espérance, rougit de dépit et sortit brusquement de l'appartement, suivie bientôt par les courtisans, non moins déçus, et par l'orgueilleux évêque de Bergues.

— Seigneur Breton, — dit l'empereur, en faisant signe à Amaël de s'approcher de la fenêtre qu'il ouvrit, afin de sortir sur le balcon pour y jouir de la douce chaleur du soleil d'automne, — trouves-tu que Karl soit d'humeur à laisser les évêques se servir de son sceptre en guise de bâton, pour conduire ses peuples ?

— Karl, si tu veux, à la fin de cette journée, m'accorder quelques moments d'entretien, je te dirai sincèrement ma pensée sur ce que je vois ici ; je louerai le bien... je blâmerai le mal.

— Tu vois du mal ici ?

— Ici... et ailleurs.

— Comment, ailleurs ?

— Crois-tu que ton palais et ta ville d'Aix-la-Chapelle, ta ville de prédilection... soient la Gaule tout entière ?

— Que me parles-tu de la Gaule! Je viens de parcourir le nord de ses contrées... j'ai été jusqu'à Boulogne, où j'ai fait établir un phare pour les vaisseaux, et de plus... — Mais l'empereur, s'interrompant, lui désigna un endroit de la cour que le balcon dominait : — Regarde !... et écoute !

Amaël vit auprès d'une des galeries un jeune homme de haute et robuste taille, à barbe noire et touffue, portant les riches habits des évêques ; deux de ses esclaves venaient de lui amener un cheval des plus pacifiques, ainsi qu'il convient à un prélat, et de l'approcher d'un banc de pierre, afin qu'il fut plus facile à leur maître d'enfourcher sa monture ; mais le jeune évêque, remarquant deux femmes qui, d'une croisée, le regardaient, et voulant sans doute faire preuve d'agilité, ordonna impatiemment aux serviteurs d'éloigner le cheval du banc ; puis, dédaignant même le secours de l'étrier, il saisit d'une main la crinière de l'animal, et s'élança d'un bond si vigoureux, que, dépassant le but, il faillit tomber de l'autre côté du cheval et eut assez de peine à se raffermir en selle. Cette espèce de saut périlleux avait attiré l'attention de l'empereur aussi bien que du prélat ; aussi lui cria-t-il de sa voix grêle et glapissante en se penchant au balcon : — Eh !... eh !... mon alerte évêque... un mot, s'il te plaît ! — Le jeune homme releva la tête, et, reconnaissant Karl, s'inclina respectueusement.

— « Tu es vif et agile, tu as bon pied, bon bras, bon œil ; la tranquillité de notre royaume est, chaque jour, troublée par la guerre ; nous avons très grand besoin de *clercs* de ton espèce ; reste donc pour partager nos fatigues, puisque tu peux monter si lestement à cheval... Je donnerai ton évêché à un homme moins ingambe, et tu prendras place parmi mes hommes d'armes. »

Le jeune évêque baissa la tête avec confusion. Il regardait l'empereur d'un air suppliant, lorsque l'on entendit les aboiements lointains d'une meute nombreuse et le retentissement des trompes. — C'est ma vénerie, nous allons partir pour la chasse, seigneur Breton, et ce soir nous causerons.. Retourne chez toi avec ton petit-fils ; l'on vous servira la réfection du matin, après quoi vous viendrez me rejoindre, je suis curieux de voir si ton jouvenceau est aussi bon écuyer qu'on le dit, et puis, quoique l'exercice de la chasse soit un plaisir frivole, tu trouveras peut-être que Karl le Batailleur tire parfois bon parti des frivolités. Allez donc prendre votre repas, et ensuite, à cheval !

. . . .

Octave était venu chercher Amaël et son petit-fils pour leur réfection du matin. Tandis qu'ils se dirigeaient vers l'une des cours du palais, le jeune Romain, profitant d'un moment

où le vieillard ne pouvait l'entendre, dit tout bas à Vortigern : — Heureux garçon ! je suis certain que deux paires de beaux yeux, les uns noir d'ébène, les autres bleu d'azur, ont déjà cherché au loin dans la foule des courtisans...
— Mais, s'interrompant en voyant la vive rougeur dont le visage du jeune Breton se colorait :
— Attends donc la fin de mes paroles avant de devenir pourpre... deux beaux yeux bleus et deux beaux yeux noirs ont, plus d'une fois déjà, cherché dans la foule des courtisans... la vénérable figure de ton grand-père, car rien n'attire davantage les beaux yeux qu'une longue barbe blanche. Cela est si vrai, que, ce matin, à la messe, la blonde Thétralde et la brune Hildrude oubliaient l'office divin pour regarder incessamment... ton aïeul qui se trouvait à côté de toi... Allons, tu rougis encore Crains-tu donc que les charmantes filles de l'empereur deviennent amoureuses d'un centenaire ?
— Tes plaisanteries me sont insupportables.
— Oh ! que l'air de la cour est contagieux ! Ce Breton, à peine échappé de ses bruyères, est déjà aussi dissimulé qu'un vieux clerc !

Vortigern, de plus en plus embarrassé par les railleries d'Octave, balbutia quelques mots. Bientôt le vieillard, son petit-fils et le jeune Romain, montés sur d'excellents chevaux qu'ils trouvèrent gardés par des esclaves dans la cour du palais, rejoignirent l'empereur.

Karloman et Louis (*Luth-wig*, comme disent les Franks), arrivés le matin même du château d'Héristall, accompagnaient Karl, ainsi que cinq de ses filles et quatre de ses concubines, les autres femmes du palais impérial ne prenant pas, cette fois le divertissement de la chasse. Parmi les chasseresses, on remarquait Imma, qui avait vaillamment porté sur son dos Eginhard, l'archichapelain. Belle encore, elle atteignait la maturité de l'âge ; puis venait Berthe, cherchant du regard Enghilbert, le bel abbé de Saint-Riquier ; ensuite Adelrude, qui, de loin, souriait à Audoin, l'un des plus hardis capitaines de l'empereur ; puis, la brune Hildrude et la blonde Thétralde, qui, toutes deux, cherchaient des yeux... le Breton centenaire sans doute, ainsi que l'avait dit Octave à Vortigern. La plupart des seigneurs de la suite de Karl portaient de très singuliers habits, venus à grands frais de Pavie, où le commerce apportait les richesses de l'Orient. Parmi ces courtisans, les uns étaient vêtus de tuniques teintes de pourpre tyrienne ornées de larges pèlerines, de parements et de bordures en peaux d'oiseaux de Phénicie ; les plumes naissantes du cou, du dos et de la queue des paons d'Asie, faisaient resplendir ces riches vêtements de tous les reflets de l'azur, de l'or et de l'émeraude. D'autres courtisans portaient de précieux justaucorps de fourrures de loirs ou de belettes de Judée, pelleteries aussi fines, aussi délicates que la peau des oiseaux ; des bonnets à plumes flottantes, des hauts de-chausses d'étoffe de soie, des bottines de cuir oriental rouges ou vertes, brodées d'or ou d'argent, complétaient les splendides ajustements de ces gens de cour. La grossière rusticité du costume de l'empereur contrastait avec la magnificence des courtisans : ses grosses et grandes bottes de cuir, à éperons de fer montaient jusqu'aux cuisses ; il portait par-dessus sa tunique une ample casaque de peau de brebis, la toison en dessus, coiffé d'un bonnet de peau de blaireau ; il tenait à la main un fouet à manche court pour châtier ses chiens de chasse. Grâce à sa taille élevée, qui dépassait de beaucoup celle de ses officiers, Karl, apercevant de loin Vortigern, s'écria : — Eh ! seigneur Breton ! venez, s'il vous plaît, à côté de moi ; je veux savoir si votre petit-fils est aussi bon écuyer que le disent mes fillettes. — Les rangs des cavaliers s'ouvrirent, afin de donner passage à Amaël et à son petit-fils, qui suivait modestement son aïeul, n'osant lever les yeux sur le groupe de femmes dont était entouré l'empereur. Celui-ci, examinant attentivement Vortigern, qui maniait son cheval avec sa bonne grâce accoutumée : — Le vieux Karl juge d'un coup d'œil l'habileté d'un écuyer. Je suis content ; mais je crois que tu aimes mieux la chasse que la messe, et la selle de ton cheval qu'un banc d'église ?...

— Je préfère la chasse à la messe, — dit franchement Vortigern ; — mais j'aime mieux la guerre que la chasse.

— Si ta réponse n'est pas celle d'un bon catholique, elle est celle d'un garçon sincère. Qu'en pensez-vous, fillettes ? — ajouta l'empereur en se tournant vers le groupe de chasseresses. — N'êtes-vous pas de mon avis ?

— Tu avais demandé à ce jeune homme sa pensée ; il a parlé sincèrement. Il dit ce qu'il fait, il ferait ce qu'il dit. Vaillance et loyauté se lisent sur son visage.

La blonde Thétralde, n'osant parler après sa sœur, devint vermeille comme une cerise, et jeta un regard d'envie, presque de colère, sur la brune Hildrude, dont elle jalousait sans doute la répartie.

— Il me faut donc louer aussi ce jeune païen de sa franchise pour n'être point en désaccord avec ces fillettes. Allons, en marche ! — Et, se penchant à l'oreille d'Amaël, il lui désigna d'un regard malin la foule de ses courtisans si brillants, si miroitants sous leurs tuniques emplumées : — Voilà des compères fort richement vêtus ; considère-les avec attention pour te souvenir de leurs costumes en temps opportun. — Et l'empereur partit au galop suivi de toute sa cour, après avoir dit aux courtisans, ainsi qu'aux deux Bretons : — Une fois en forêt, chacun pour soi, et à la grâce de son cheval. A la chasse, il n'y a plus d'empereur et de cour, il n'y a que des chasseurs et des chasseresses !

. . . .

La chasse avait lieu dans une vaste forêt, située aux portes d'Aix-la-Chapelle. Le soleil d'automne, d'abord radieux, s'était peu à peu voilé sous l'un de ces brouillards si fréquents dans cette saison et dans ces pays du Nord. D'après l'ordre de l'empereur, aucun de ses courtisans ne s'était attaché à ses pas ; les chasseurs se disséminèrent : les uns, plus aventureux, ne quittaient pas la meute acharnée à la poursuite du cerf à travers les futaies ; les autres, moins intrépides veneurs, se guidant d'après le son des trompes ou les aboiements des chiens, se contentaient de suivre au loin le cerf, la meute et les veneurs quand ils sortaient des enceintes et traversaient les allées. Dès le début de la chasse, Karl, emporté par son ardeur, avait abandonné ses filles, incapables d'ailleurs de le suivre au plus épais des fourrés, où l'empereur des Franks pénétrait comme le dernier des veneurs. Vortigern, un moment séparé de son aïeul, au milieu de ce tumultueux rassemblement, où près de cent chevaux, réunis dans un carrefour, excités par les fanfares des trompes, et s'animant entre eux, piaffaient, hennissaient, se cabraient, Vortigern, dressé sur ses étriers, cherchait Amaël du regard, lorsque, faisant un violent écart, son cheval s'emporta rapidement ; et lorsque le jeune Breton parvint, après de grands efforts, à maîtriser sa monture, il se trouva à une grande distance de la chasse. Essayant alors de percer des yeux le brouillard qui s'épaississait de plus en plus, il reconnut qu'il était dans une longue avenue dont il était impossible de distinguer les issues. Il prêta l'oreille, espérant entendre au loin le bruit de la chasse, qui l'aurait guidé pour la rejoindre ; mais le plus profond silence régnait dans cette partie de la forêt. Cependant, au bout de quelques instants, le galop rapide de deux chevaux, s'avançant derrière lui à toute vitesse, frappa son oreille ; puis, un cri, paraissant poussé plutôt par la colère que par l'effroi, parvint à son oreille, et bientôt il aperçut à travers le brouillard une forme vague ; elle devint de plus en plus distincte, et la blonde Thétralde, fille de l'empereur des Franks, apparut aux yeux du jeune Breton, vêtue d'une longue robe de drap bleu-saphir, bordée d'hermine, blanche comme le pelage de sa haquenée. Thétralde portait, sur ses tresses blondes, un petit bonnet aussi d'hermine ; une écharpe de soie tyrienne, aux vives couleurs, dont les longs bouts flottaient au vent, ceignait sa fine taille. La naïve et charmante figure de la fille de l'empereur, animée par l'ardeur de sa course, brillait d'un vif incarnat ; rougissant de plus en plus à l'aspect de Vortigern, elle baissa ses grands yeux bleus, tandis que les brusques ondulations de son sein de quinze ans soulevaient l'étroit corsage de sa robe. Le trouble de Vortigern égalait celui de Thétralde ; comme elle, il restait muet, embarrassé ; il tenait les yeux baissés, et sentait son cœur battre avec violence. Le silencieux embarras des deux enfants fut interrompu par Thétralde. D'une voix timide et mal assurée, elle dit au jeune Breton, sans oser le regarder : — Je croyais ne pouvoir jamais te rejoindre ; ton cheval avait tant d'avance sur ma haquenée...

— Mon cheval m'a emporté...

— Oh ! je m'en suis aperçue... ma sœur Hildrude aussi, — ajouta Thétralde en fronçant ses jolis sourcils ; — alors nous sommes élancées toutes deux à ta poursuite... de peur que, dans ton ignorance des routes de la forêt, tu ne t'égarasses.

— Il m'avait semblé entendre le galop de deux chevaux...

— Ma sœur voulait me dépasser ; mais j'ai appliqué sur la tête de son cheval un coup de houssine. Alors, tout effaré, il s'est jeté de côté dans une allée où il a emporté Hildrude ; ce qui lui a fait pousser un cri de colère.

— Elle court un danger, peut-être ?

— Non ; ma sœur saura bien maîtriser son cheval. Mais, comme le brouillard est très épais, elle ne pourra nous rejoindre, et j'en suis fort aise.

Vortigern était au supplice ; pourtant un sentiment d'une douceur ineffable se mêlait à ses angoisses. Les deux enfants restèrent de nouveau silencieux ; la fille de l'empereur des Franks rompit encore la première le silence :

— Tu ne parles pas... Est-ce que cela te chagrine que je t'aie rejoint ?

— Oh ! non, aimable princesse !...

— Tu me trouves peut-être méchante, parce que j'ai battu le cheval de ma sœur ? quand je l'ai vue s'efforcer à me dépasser, je n'ai plus été maîtresse de moi.

— J'espère qu'il ne sera arrivé aucun mal à votre sœur.

— Je l'espère aussi.

Thétralde et Vortigern demeurèrent encore muets pendants quelques moments. La jeune fille reprit avec un léger accent de dépit : — Tu es très silencieux...

— Je ne sais que dire...

— Ni moi non plus ; cependant je mourais d'envie de te parler... Comment t'appelles-tu ?

— Vortigern.

— Moi, je me nomme Thétralde..... Répète mon nom.

— Thétralde...

— J'aime à l'entendre prononcer mon nom...
— De quel côté peut être la chasse? — reprit le jeune Breton avec une anxiété croissante, — il sera difficile de retrouver les chasseurs, le brouillard s'épaissit de plus en plus.
— Si nous allions nous perdre, — dit Thétralde en riant. — Je ne connais pas les routes de la forêt.
— Alors pourquoi n'êtes-vous pas restée auprès des gens de la cour et des seigneurs qui formaient l'escorte?
— Je t'ai vu t'éloigner rapidement et je t'ai suivi.
— Nous voilà l'un et l'autre dans un grand embarras!
— Es-tu mécontent de te trouver ici seul avec moi?
— Nullement, — s'écria Vortigern; — mais je crains que cet épais brouillard se change en pluie vers le soir, et que vous soyez mouillée. Nous devrions essayer de rejoindre la chasse. N'est-ce pas votre avis?
— De quel côté irons-nous?
— Tout à l'heure il m'a semblé entendre, très au loin, le bruit affaibli des trompes.
— Ecoutons encore, — dit Thétralde en penchant de côté sa tête charmante, tandis que Vortigern, faisant faire quelques pas à son cheval, allait, à peu de distance prêter l'oreille de son côté.
— Entends-tu quelque chose? — reprit la fille de l'empereur des Franks en élevant sa douce voix et s'adressant à Vortigern, éloigné d'elle de quelques pas. — Moi je n'entends rien.
— Ni moi non plus, — ajouta le jeune Breton.
— Nous voilà perdus, — dit la jeune fille en riant aux éclats. — Et si la nuit vient, quelle terrible chose!
— Quoi vous riez en un pareil moment!
— Est-ce que tu as peur, toi, un soldat? — Puis la jolie figure de Thétralde devenant inquiète, elle ajouta: — Ta blessure te fait-elle souffrir, mon brave compagnon?
— Je ne songe pas à ma blessure; mais je m'inquiète de voir que le brouillard s'épaissit de plus en plus... Comment retrouver notre route? Où pourrons-nous aller?
— Moi, je veux te parler de ta blessure, — reprit la fille de Karl avec une impatience enfantine. — Pourquoi ton bras n'est-il plus soutenu comme hier par une écharpe?
— Cela m'aurait gêné pendant la chasse.
Thétralde, détachant vivement sa longue ceinture de soie tyrienne, l'offrit à Vortigern: — Tiens, ma ceinture remplacera ton écharpe et soutiendra ton bras.
— C'est inutile, je vous l'assure.
— Méchant! - dit Thétralde, tenant toujours à la main la ceinture qu'elle présentait à Vortigern; puis, attachant sur lui ses beaux yeux bleus, presque suppliants: — Je t'en prie, ne me refuse pas!

Le jeune Breton, vaincu par ce timide et gracieux regard, accepta l'écharpe; mais, tenant en main les rênes de son cheval, il se trouvait fort empêché pour attacher cette ceinture en sautoir.

— Attends, — et Thétralde approchant sa haquenée tout près du cheval de Vortigern, se pencha sur sa selle, prit les deux bouts de l'écharpe, les noua derrière le cou du jouvenceau. Le contact des mains de la jeune fille lui causa un tressaillement si vif que Thétralde, s'en apercevant, lui dit en achevant le nœud: — Tu trembles... Est-ce de peur ou de froid?
— Le brouillard devient si épais, si humide... répondit Vortigern avec un trouble croissant. — Vous-même, n'avez-vous pas froid? Je redoute pour vous ce brouillard glacial...
— Ne crains rien pour moi... Mais puisque tu as froid, nous allons marcher au pas de nos chevaux. Il est inutile d'aller plus vite... Peut-être la chasse, que nous cherchons, reviendra-t-elle de ce côté.
— Tant mieux! Je me réjouis d'apprendre que ton grand-père et toi vous resterez longtemps ici.
— Puissions-nous avoir ce bonheur!

Les deux enfants continuèrent de s'avancer côte à côte et au pas dans cette longue avenue, où l'on ne distinguait rien à vingt pas de distance, tant le brouillard devenait épais: la nuit approchait. Thétralde reprit au bout de quelques instants de silence: — Nous sommes, nous autres Franks, les ennemis des gens de ton pays; et pourtant je ne me sens contre toi aucune inimitié... Et toi, as-tu de la haine contre moi?
— Je ne saurais éprouver de la haine pour une jeune fille!
— Tu dois être très chagrin d'être éloigné de ton pays? Veux-tu que je demande à l'empereur, mon père, de faire grâce à toi et à ton aïeul?
— Un Breton ne demande jamais grâce! s'écria fièrement Vortigern. — Moi et mon grand-père nous sommes otages, prisonniers sur parole; nous subirons la loi de la guerre.

Un nouveau silence suivit cet entretien; bientôt, ainsi que l'avait prévu Vortigern, l'épais brouillard se changea en une pluie fine et pénétrante. — Voici la pluie, — dit le jeune Breton; — l'on n'entend rien, et l'on dirait cette route sans fin; mais en voilà une à gauche. Si nous la prenions?
— Comme il te plaira, — dit Thétralde avec indifférence; et elle changea la direction de sa haquenée. Vortigern arrêta soudain son cheval, déboucla le ceinturon de son épée, ôta sa saie, restant vêtu d'un justaucorps d'épaisse toile blanche comme ses larges braies. — J'ai con-

senti à prendre votre écharpe, — dit-il à la fille de l'empereur; — mais, à votre tour, il faut que vous consentiez à vous couvrir de ma saie, qui vous servira de manteau.

— Alors, attache-la sur mes épaules, — répondit Thétralde en rougissant. — Je n'ose abandonner les rênes de ma haquenée.

Vortigern, non moins ému que sa compagne, se rapprocha et posa la tunique sur les épaules de Thétralde; mais lorsqu'il s'agit de nouer les manches du vêtement sous le cou, et presque sur le sein palpitant de la jeune fille, qui, les yeux baissés, la joue incarnate, levait son petit menton rose, afin de donner à Vortigern toute facilité pour l'accomplissement de son obligeant office, les mains de l'adolescent tremblèrent si fort, si fort... que, par deux fois, il se reprit à nouer les manches.

— Tu as froid; tu frissonnes encore plus fort que tout à l'heure.

— Ce n'est pas de froid que je tressaille...

— Qu'as-tu donc alors?

— Je ne sais... l'inquiétude où je suis pour vous; car la nuit approche... Nous sommes égarés dans la forêt... Cette pluie augmente, et nous ne savons quel chemin prendre.

Soudain, Thétralde, interrompant son compagnon, poussa un cri de joie, et dit en tendant la main vers l'un des côtés de l'allée qu'ils suivaient : — Vois donc là-bas, cette hutte.

Vortigern aperçut en effet, sous une futaie de châtaigniers séculaires, une hutte construite d'épaisses mottes de terre entassées les unes sur les autres. Une étroite ouverture donnait accès dans cette tanière, devant laquelle fumaient quelques débris de broussailles naguère allumées. — C'est une de ces cabanes où les esclaves bûcherons se retirent durant le jour lorsqu'il pleut, — dit Thétralde; — nous serons là-dedans à l'abri. Attache ton cheval à un arbre et aide-moi à descendre de ma haquenée.

A la seule pensée de partager ce réduit solitaire avec la jeune fille, Vortigern sentit son cœur tour à tour se serrer et s'épanouir; une chaleur brûlante lui monta au visage et pourtant il frissonnait; mais après un moment d'hésitation, obéissant aux ordres de sa compagne, il attacha son cheval à un arbre, et pour aider la jeune fille, qui se penchait vers lui, à descendre de sa monture, il lui tendit les bras et reçut bientôt le corps souple et léger de Thétralde. A ce contact, l'émotion de Vortigern fut si profonde qu'il se sentit presque défaillir; mais la fille de Karl, courant vers la cabane avec une curiosité enfantine, s'écria gaiement : — Il y a dans la hutte un banc de mousse et une provision de bois sec, nous allons faire du feu; il reste encore de la braise. Viens vite, viens vite!

L'adolescent accourait rejoindre sa compagne lorsqu'il trébucha sur un corps rond qui roula sous son pied; il se baissa et vit sur le sol un grand nombre de gousses épineuses tombées des immenses châtaigniers de cette futaie. Cédant à la mobilité des impressions de son âge; il dit vivement : — Grande découverte! des châtaignes! des châtaignes!

— Quel bonheur! — reprit non moins gaiement Thétralde, — nous ferons griller ces châtaignes ; je vais les ramasser pendant que tu rallumeras le feu!

Le jeune Breton se rendit d'autant plus volontiers aux désirs de sa compagne, qu'il espérait trouver dans ces jeux un refuge contre les pensées vagues, tumultueuses, ardentes, remplies de charme et d'angoisse auxquelles il se sentait en proie depuis sa rencontre avec Thétralde. Il entra donc dans la hutte, y prit plusieurs brassées de bois sec et raviva le brasier, tandis que la fille de Karl, courant de ci de là, ramassait une grosse provision de châtaignes qu'elle rapporta dans un pan de sa robe. S'asseyant alors sur le banc de mousse placé au fond de la cabane, dont l'intérieur était vivement éclairé par la lueur du feu allumé près du seuil, elle dit à Vortigern, en lui montrant une place à côté d'elle : — Assieds-toi là, et viens m'aider à écosser ces châtaignes.

L'adolescent s'assit auprès de Thétralde, luttant avec elle de prestesse, et, comme elle, se piquant plus d'une fois les doigts pour retirer les fruits mûrs de leur enveloppe : — Voici pourtant la fille de l'empereur des Franks assise dans une hutte de terre, écossant des châtaignes comme la pauvre enfant d'un esclave bûcheron.

— Vortigern, — reprit Thétralde en regardant son compagnon d'un air radieux, — jamais la fille de l'empereur des Franks n'a été plus heureuse qu'en ce moment.

— Et moi, Thétralde, je vous jure que depuis que j'ai quitté ma mère, ma sœur et la Bretagne, jamais je n'ai été plus content qu'aujourd'hui, près de vous.

— Et si demain ressemblait à aujourd'hui? et s'il en était ainsi pendant longtemps, bien longtemps... toujours tu serais satisfait?

— Et vous, Thétralde?

— Dis-moi donc *toi;* on se tutoie en Germanie. Dis-moi : Et toi, Thétralde?

— Mais le respect...

— Je te dis *toi*, et je t'en respecte pas moins, — reprit la jeune fille en riant; — ainsi tu me demandais si je serais heureuse de penser que tous les jours seraient semblables à celui-ci et si nous devions vivre ensemble?

— Oui, ma belle princesse.

La jeune fille resta pensive, tenant entre ses doigts délicats une gousse de châtaigne à demi-ouverte, puis, redressant la tête, après quelques

Thétralde et Vortigern (page 574)

instants de silence, elle reprit : — Vortigern, y a-t-il loin d'ici à ton pays?
— Nous avons mis plus d'un mois pour venir de la Bretagne.
— Vortigern, quel joli voyage à faire!
— Que dis-tu?
Thétralde fit un geste rempli de gentillesse, ordonna par un signe à Vortigern de garder le silence. — As-tu de l'argent?
Détachant alors de sa ceinture un petit sac brodé, Thétralde en vida sur ses genoux le contenu : il s'y trouvait plusieurs pièces d'or assez grosses, et un plus grand nombre de petites pièces d'argent et de cuivre. Deux de ces dernières, l'une en argent, l'autre en cuivre, et tout au plus de la grandeur d'un denier, étaient percées et reliées ensemble par un fil d'or. Voilà tout mon trésor.
— Pourquoi ces deux petites pièces sont-elles attachées ensemble? — dit Vortigern avec un regard de curiosité.
— Oh! il ne faudra pas dépenser celles-là, nous les garderons précieusement. L'une, celle de cuivre, a été frappée dans l'année de ma naissance; l'autre, celle d'argent, a été frappée cette année-ci, où je vais avoir quinze ans. Fabius, l'astronome de mon père, a gravé sur ces pièces certains signes magiques correspondant aux astres dont l'influence est heureuse; l'évêque d'Aix-la-Chapelle les a bénites : c'est un talisman.
— Si cela n'eût pas été un talisman, Thétralde, je l'aurais demandé, en souvenir de ce jour-ci, ces deux petites pièces.
— A quoi bon garder un souvenir de ce jour-ci plutôt que des autres jours? Ne désires-tu pas que tous se ressemblent? Si tu veux ces petites pièces, prends-les, je te les donne. L'un

70e livraison

talisman est chose utile pour un voyage. Mets-les dans la pochette de ton justaucorps.

Vortigern obéit presque machinalement, tandis que la jeune fille, après avoir compté ingénument son petit trésor, reprit : — Nous avons cinq sous d'or, huit deniers d'argent et douze deniers de cuivre, de plus mes bracelets, mon collier, mes boucles d'oreille. Avec cela, nous aurons assez d'argent pour voyager jusqu'en Bretagne. La nuit va venir ; nous la passerons abrités dans cette hutte. Demain, nous nous ferons conduire par l'esclave bûcheron à Werstern, petit bourg situé sur la lisière de la forêt, à deux lieues d'Aix-la-Chapelle. Nous y achèterons pour moi des vêtements simples, une mante de voyage en drap... Nous nous mettrons en route demain au point du jour. Ne crois pas que je redoute la fatigue ; je ne suis ni aussi grande ni aussi forte que ma sœur Hildrude, et pourtant si tu étais fatigué, blessé, je suis sûre que je te porterais sur mon dos comme ma sœur aînée Imma a porté jadis Eginhard, son amant ; mais voici nos châtaignes écossées ; viens m'aider à les mettre sous la cendre chaude, surtout prenons garde de nous brûler les doigts ; nous les mangerons dès qu'elles seront cuites.

Thétralde relevant d'une main le pan de sa robe où étaient contenus les fruits, courut au foyer. Vortigern la suivit ; il se croyait le jouet d'un songe. Parfois sa raison faiblissait au milieu d'une sorte d'amoureux et ardent vertige. Il s'agenouilla silencieux, troublé, côte à côte de Thétralde, devant le brasier, où, pensive, elle jetait lentement les châtaignes une à une. Au dehors, la pluie avait cessé, mais le brouillard, redoublant d'intensité aux approches de la nuit, rendait déjà l'obscurité complète ; les reflets du brasier éclairaient seuls les charmants visages des deux enfants agenouillés près l'un de l'autre. Lorsque la dernière châtaigne fut enfouie sous la cendre, Thétralde se releva en s'appuyant familièrement sur l'épaule de Vortigern, et dit en le prenant par la main : — Maintenant, pendant que notre souper va cuire, allons nous asseoir sur le banc de mousse, et j'achèverai de te raconter mes projets. J'ai pensé à ce que nous devions faire.

La nuit devint profonde. La flamme du foyer vacillante, expirante, semblait demander de nouveaux aliments... les châtaignes, éclatant bruyamment dans leur enveloppe, annonçaient la cuisson de leur pulpe savoureuse... le cheval et la haquenée de Vortigern et de Thétralde piaffaient, hennissaient comme pour appeler leur provende... le foyer s'éteignit, les châtaignes se changèrent en charbon, les hennissements des chevaux retentirent au milieu du silence de la forêt... Thétralde et Vortigern ne sortirent pas de la cabane.

. . . .

L'empereur des Franks, dès le début de la chasse, s'était élancé à la suite de la meute. Amaël, d'abord peu inquiet de la disparition de son petit-fils au milieu d'un si grand concours de cavaliers, s'était, par hasard, dirigé vers la partie de la forêt où le cerf se faisait poursuivre d'enceinte en enceinte. Amaël assista même, quelque temps avant la nuit, à la mort du cerf, qui, épuisé de fatigue après quatre heures d'une course haletante, fit tête aux chiens lorsqu'ils l'atteignirent enfin, et tenta de se défendre contre eux au moyen de l'énorme ramure dont sa tête était couronnée. L'empereur n'avait presque jamais quitté sa meute ; il arriva bientôt sur ses traces, ainsi que quelques-uns de ses veneurs ; sautant de cheval, il courut, tout boitant, vers le cerf, qui avait déjà, de ses bois aigus, transpercé plusieurs chiens. Choisissant alors, d'un coup d'œil expérimenté, le moment opportun, Karl tira son couteau de chasse, s'élança sur l'animal aux abois, lui plongea son arme au défaut de l'épaule, l'abattit à ses pieds et l'abandonna aux chiens ; ceux-ci se précipitèrent sur cette chaude curée, la dévorèrent au cri retentissant des fanfares sonnées par les veneurs, qui annonçaient ainsi la fin de la chasse et rappelaient les chasseurs. L'empereur, son couteau sanglant à la main, après avoir contemplé avec une vive satisfaction ses chiens aux mufles ensanglantés, qui se disputaient les lambeaux du cerf, aperçut Amaël et cria joyeusement :

— Eh ! seigneur Breton... ne suis-je pas un hardi veneur ?

— Tu me pardonneras ma sincérité, mais je trouve qu'en ce moment l'empereur des Franks, avec son grand couteau à la main, ses bottes et sa casaque tachées de sang, a l'air d'un boucher plutôt que d'un magnifique monarque.

— Je suis tout joyeux et disposé à l'indulgence, seigneur Breton, — répondit l'empereur en riant ; puis à demi-voix : — Vois donc comment sont accoutrés les seigneurs de ma cour.

En effet, la plupart des courtisans et des officiers de l'empereur accouraient à cheval des différents côtés, répondant à l'appel des trompes ; ces seigneurs, magnifiquement vêtus au début de la chasse, si glorieux sous leurs riches tuniques de soie, offraient, à leur retour, un aspect aussi piteux que ridicule. Les plumes de leurs tuniques, naguère diaprées de si vives couleurs, étaient ternies, hérissées, souillées de boue et en partie arrachées par les ronces des buissons ou par les branches des fourrés ; les panaches des bonnets de fourrure, pendaient, mouillés, brisés, dépenaillés, ressemblant, pour la plupart, à de longues arêtes de poisson ; les bottines de cuir oriental disparaissaient sous une épaisse couche de fange ; d'autres, déchirées par les épines, laissaient voir les chaussettes, souvent même la peau des chasseurs. Karl, au contraire, simplement, chaudement vêtu de son épaisse casaque de peau de brebis, qui tombait jusque sur ses bottes de gros cuir, la tête couverte de son bonnet de blaireau, se frottait les mains d'un air matois en voyant ses courtisans frissonnant de froid sous la pluie. Karl, faisant alors à Amaël un signe d'intelligence, dit à demi-voix : — Au moment de partir pour la chasse, je t'ai engagé à remarquer la magnificence des costumes de ces étourneaux aussi vains et non moins dénués de cervelle que les paons d'Asie dont ils portaient les dépouilles. Examine-les maintenant... ces beaux fils ! — Amaël sourit d'un air approbatif, tandis que l'empereur, de sa voix criarde, disait à ces seigneurs en haussant les épaules : — « Oh! les plus fous des hommes ! quel est, à cette heure, le plus précieux et le plus utile de nos habits ? Est-ce le mien, que je n'ai acheté qu'un sou ?... Sont-ce les vôtres, qui vous ont coûté si cher ? »

A cette judicieuse raillerie, les courtisans restèrent silencieux et confus, tandis que l'empereur, les deux mains sur son gros ventre, riait aux éclats de son rire glapissant.

— Karl, — dit tout bas Amaël, — j'aime mieux l'entendre parler avec cette sagesse narquoise que de te voir éventrer un cerf.

Mais l'empereur, au lieu de répondre au vieux Breton, dit soudain en étendant la main : — Oh ! la jolie fille !...

Amaël suivit des yeux le geste de Karl, et vit parmi plusieurs esclaves bûcherons de la forêt, attirés par la curiosité de la chasse, une toute jeune fille, à peine vêtue de haillons, mais d'une beauté remarquable ; une enfant, beaucoup plus jeune, âgée de dix ou onze ans, la tenait par la main : une pauvre vieille femme, aussi misérablement vêtue, les accompagnait toutes deux. L'empereur des Franks, dont les gros yeux à fleur de tête brillaient de luxure, répéta en s'adressant à Amaël : — Par la chappe de Saint Martin ! la jolie fille !... C'est plus parce que tu as cent ans, seigneur Breton, que tu restes insensible à la vue d'une si rare beauté ? Quelle jolie fille !

— Karl, la misère de cette créature me frappe plus que sa beauté.

— Tu es fort pitoyable, seigneur Breton... et moi aussi. Le lin et la soie doivent vêtir une si charmante enfant. C'est sans doute la fille de quelque esclave bûcheron. Il s'en trouve, par ma foi, de fort jolies dans la forêt, et souvent, en chassant, j'ai abandonné une chasse pour l'autre... Mais vrai, je n'ai jamais rencontré ici plus mignonne personne. Sa bonne étoile l'aura amenée sur le passage de Karl. — Et, sans quitter la jeune fille des yeux, il appela l'un des seigneurs de sa suite : — Eh ! Burchard... approche, j'ai des ordres à te donner.

Le seigneur Burchard descendit promptement de cheval et accourut à la voix de l'empereur, qui lui dit quelques mots à l'oreille en s'éloignant d'Amaël. Le seigneur Burchard, très honoré sans doute de la mission dont le chargeait son maître, s'inclina respectueusement, et, tenant son cheval par la bride, s'approcha de la vieille femme et des deux jeunes filles, leur fit signe de le suivre, et disparut avec elles derrière un groupe de chasseurs. Une vive rougeur colora les joues d'Amaël ; il fronça le sourcil, ses traits exprimèrent autant d'indignation que de dégoût. Soudain il vit l'empereur regarder autour de lui avec une certaine inquiétude disant à haute voix : — Où sont mes fillettes ? auraient-elles perdu la chasse ?

— Auguste empereur, — dit l'un des officiers, — Richulff, qui accompagnait vos augustes filles, affirme qu'au moment où la pluie a commencé de tomber, les unes se sont décidées à retourner à Aix-la-Chapelle, les autres à gagner le pavillon de la forêt où vous avez ordonné de préparer le souper.

— Voyez-vous, les peureuses ! Je gagerais que ma petite Thétralde est du nombre de ces amazones qui redoutent une goutte d'eau, et qui sont retournées en hâte au palais. Puisqu'il en est ainsi, je n'ai pas à m'inquiéter d'elles. Gagnons le pavillon de la forêt, car j'ai grand' faim. — Et l'empereur, remontant à cheval, ajouta : — Nous retrouverons dans ce pavillon les fillettes qui auront préféré souper avec leur père... à celles-là, à ces vaillantes, je ferai bonne fête et de riches présents.

Amaël, entendant Karl manifester une sorte d'inquiétude pour ses filles, commença de se préoccuper à son tour de Vortigern, que plusieurs fois déjà il avait cherché du regard. Avisant alors Octave, qui venait seulement de rejoindre au galop de son cheval les seigneurs de la cour, il dit vivement au jeune Romain : — Octave, tu n'as pas vu mon petit-fils ?

— Nous avons été séparés presque au commencement de la chasse.

— Il ne vient pas, — reprit Amaël avec inquiétude. — Voici la nuit et il ne connaît aucun des chemins de cette forêt.

— Oh ! oh ! seigneur Breton, — dit l'empereur des Franks, qui, remontant à cheval, s'était rapproché du vieillard et avait entendu ses questions au jeune Romain, — te voici donc fort inquiet pour ton jouvenceau ? Eh bien ! quand il se serait égaré ce soir ? demain il retrouvera son chemin. Mourra-t-il pour une nuit passée en pleine forêt ? La chasse n'est-elle pas l'école de la guerre ? Allons, allons, viens, rassure-toi ! et puis, d'ailleurs, qui sait ? — ajouta Karl d'un ton guilleret, — peut-être a-t-il rencontré quelque jolie fille de bûcheron dans une des huttes de la forêt? C'est de son âge; tu ne veux pas en faire un moine. Les belles filles sont faites pour les beaux garçons.

. . . .

L'empereur des Franks se mit en marche vers le pavillon où il devait dîner avec ses courtisans avant de regagner Aix-la-Chapelle. Il appela et fit placer près de lui Amaël, toujours inquiet au sujet de Vortigern. — Seigneur Breton, — dit gaiement l'empereur au centenaire, — que penses-tu de cette journée? Es-tu revenu de tes préventions contre Karl le Batailleur? Me crois-tu quelque peu digne de gouverner mon empire, aussi vaste que l'ancien empire romain? Me crois-tu digne de régner sur la peuplade armoricaine?

— Karl, dans ma jeunesse, ton aïeul m'a proposé d'être le geôlier du dernier descendant de Clovis, un malheureux enfant, prisonnier dans une abbaye, ayant à peine une robe pour se couvrir. Cet enfant, devenu jeune homme, a été, par ordre de Pépin ton père, tondu et enfermé dans un monastère, où il est mort obscur, oublié. Ainsi finissent les royautés ; telle est l'expiation prompte ou tardive, réservée aux races royales issues de la conquête.

— De sorte que la race de Karl, que le monde entier appelle le Grand, — répondit l'empereur, avec un sourire d'orgueil, — est destinée, selon toi, à finir obscurément, dans un roi fainéant?

— C'est ma ferme croyance.

— Je te considérais comme homme de jugement, — dit l'empereur en haussant les épaules, — je reconnais que je m'étais trompé.

— Ce matin, dans ton école Palatine, tu as remarqué que les enfants pauvres étudient avec ardeur, tandis que les enfants riches sont paresseux. Simple en est la raison : les premiers sentent le besoin de travailler pour assurer leur bien-être, les seconds étant pourvus et en possession de la fortune, ne font aucun effort pour acquérir de la science. Tes ancêtres, les maires du palais, ont agi comme les enfants pauvres; tes descendants, n'ayant pas à conquérir une couronne, imiteront les enfants riches.

— Ta comparaison, malgré une certaine apparence de logique, est fausse. Mon père a usurpé la couronne, mais il m'avait laissé tout au plus le royaume des Gaules; à cette heure, la Gaule n'est qu'une province de l'immense empire que j'ai conquis. Je ne suis donc pas resté paresseux, engourdi, comme un enfant riche, selon ta comparaison.

— Les rois franks, leurs leudes, plus tard devenus grands seigneurs bénéficiers, et les évêques ont dépouillé la Gaule, se sont partagé son sol et ont réduit les peuples en esclavage; mais après un temps plus ou moins long, sache-le, ô grand empereur, le peuple se relèvera libre, glorieux, terrible, et saura reconquérir son sol et son indépendance!

— Laissons l'avenir et le passé. Que penses-tu de Karl?

— Je pense que tu t'enorgueillis à tort d'avoir à peu près reconstruit l'administration des empereurs romains, de faire peser comme eux ta volonté d'un bout à l'autre de tes États. Car de tout ceci, il ne restera rien après toi! Tous les peuples conquis, asservis par les armes, se révolteront; ton immense empire, composé de royaumes qu'aucun lien commun d'origine, de mœurs, de langage ne rattache entre eux, se démembrera, s'écroulera, ensevelissant tes descendants sous ses décombres.

— Karl le Grand aura passé sur le monde comme une ombre, sans rien fonder, sans rien laisser après lui?

— Non, ta vie n'aura pas été inutile. En guerroyant sans cesse contre les Frisons, les Saxons et les autres peuples qui voulaient envahir la Gaule, tu as arrêté, sinon pour toujours, du moins, pour longtemps, ces hordes qui ravageaient le nord et l'est de notre malheureux pays ; mais si tu as fermé la terre des Gaules aux Barbares, il leur reste la mer. Les pirates NORTH-MANS font chaque jour des descentes sur les côtes de ton empire, et, remontant la Meuse, la Gironde ou la Loire dans leurs bateaux, ils arrivent jusqu'au cœur de ton empire.

— Ah! vieillard, cette fois, je te crains, tes prévisions ne te trompent pas. Les *North-mans* sont l'unique souci de mes veilles! À la seule pensée des invasions de ces païens, j'éprouve une appréhension étrange, involontaire. Un jour, pendant mon séjour à Narbonne, quelques barques de ces maudits vinrent pirater jusque dans le port. Un noir pressentiment me saisit, mes yeux, malgré moi, se remplirent de larmes. Un de mes officiers me demanda la cause de cette soudaine tristesse. — « Savez-vous, mes fidèles, — ai-je répondu, — savez-vous pourquoi je pleure amèrement? Certes, je ne crains pas que ces *North-mans* me nuisent par leurs misérables pirateries, mais je m'afflige profondément de ce que, moi vivant, ils ont l'audace d'aborder un des rivages de mon empire, et grande est ma douleur, car j'ai le pressentiment des maux que ces *North-mans* causeront à ma descendance et à mes peuples. » — Et l'empereur resta pendant quelques instants comme accablé sous cette sinistre prévision qui lui revenait à la pensée.

— Karl, — reprit Amaël d'une voix grave, — toute royauté provenant de la conquête ou de la violence porte en soi un germe de mort, parce que son principe est inique. Peut-être ces pirates *North-mans* feront-ils expier un jour à ta race l'iniquité originelle de ton pouvoir royal issu de la conquête.

— Soit que l'empereur, absorbé dans ses pensées, n'eût pas entendu les dernières paroles du Gaulois, soit qu'il ne voulût pas y répondre :
— Oublions ces maudits *North-mans*; parle-moi de ce j'ai fait de bon. Tes louanges sont rares, elles m'en plaisent davantage.
— Tu n'es pas cruel à plaisir, quoiqu'on puisse te reprocher le massacre de plus de quatre mille Saxons prisonniers.
— Ne me rappelle pas cette journée, — dit vivement Karl, — il me fallait terrifier ces Barbares par un exemple. Fatale nécessité !
— Ton cœur est accessible à certains sentiments de justice, d'humanité ; tu t'es occupé dans tes Capitulaires d'améliorer le sort des esclaves et des colons.
— C'était mon devoir de chrétien, de catholique. Tous les hommes sont frères.
— Tu n'es pas plus chrétien que tes amis les évêques ; tu as obéi à un instinct d'humanité naturel à l'homme, quelle que soit sa religion ; mais tu n'es pas chrétien.
— Par le roi des cieux ! je suis juif peut-être ?
— Le Christ a dit, selon *saint Luc* l'évangéliste : — *Le Seigneur m'a envoyé pour annoncer aux captifs leur délivrance, — pour renvoyer libres ceux qui sont dans les fers !*
— Or, les domaines sont peuplés de captifs enlevés par la conquête à leurs pays ; les terres de tes évêques et de tes abbés sont peuplées d'esclaves ; donc, ni les prêtres ni toi, vous n'êtes chrétiens, puisqu'un chrétien selon le Christ, ne doit jamais retenir son prochain en servitude. Tous les hommes sont égaux.
— La coutume le veut ainsi ; je m'y conforme.
— Qui vous empêche, les évêques et toi, tout-puissant empereur, d'abolir cette abominable coutume? qui vous empêche d'affranchir les esclaves ? Qui vous empêche de leur rendre, avec la liberté, la possession de ces terres qu'eux seuls fécondent de leurs sueurs ?
— Vieillard, de tous temps il y a eu et il y aura des esclaves... A quoi bon être de race conquérante, sinon pour garder les fruits de la conquête ? Par le roi des cieux ! me prends-tu pour un Barbare ? N'ai-je pas promulgué des lois, fondé des écoles, encouragé les lettres, les arts, les sciences ? Est-il au monde une cité comparable à ma ville d'Aix-la-Chapelle ?
— Ta somptueuse capitale d'Aix-la-Chapelle, capitale de ton empire germanique, n'est pas la Gaule. La Gaule est restée, pour toi, une contrée étrangère ; tu aimes ses forêts propices à tes chasses d'automne, et ses riches domaines, dont on voiture chaque année les revenus à tes résidences d'outre-Rhin ; mais tu n'aimes pas la Gaule, puisque tu l'épuises d'hommes et d'argent pour soutenir tes guerres. Une épouvantable misère désole nos provinces ; des millions de créatures de Dieu, presque sans pain,

sans abri, sans vêtements, travaillent de l'aube au soir, et meurent dans l'esclavage pour entretenir l'opulence de leurs maîtres. Si tu fais donner l'instruction dans ton école Palatine à quelques enfants, tu laisses des millions de créatures de Dieu naître et vivre comme des brutes ! Telle est la Gaule sous ton règne, Karl le Grand.

— Vieillard, — reprit l'empereur d'un air sombre et contenant à peine son courroux, — après t'avoir traité en ami durant cette journée, je m'attendais, de ta part, à un autre langage. Tu es plus que sévère, tu es injuste.
— J'ai été sincère envers toi, comme je l'ai été envers ton aïeul.
— En mémoire du service que tu as rendu à mon aïeul à la bataille de Poitiers, je voulais être généreux envers toi. Je désirais accomplir une chose bonne pour moi, pour ton peuple et pour toi. J'espérais, après cette journée passée dans mon intimité, te voir revenir de tes préventions, et pouvoir te dire : — J'ai vaincu les Bretons par la force de mes armes, je veux affermir ma conquête par la persuasion. Retourne en ton pays, raconte à tes compatriotes la journée que tu as passée avec Karl ; ils auront foi à tes paroles, car ils ont en toi une confiance absolue. Tu as été l'âme des deux dernières guerres qu'ils ont soutenues contre moi, sois l'âme de la pacification. Une conquête basée sur la force est souvent éphémère ; une conquête affermie par l'affection, par l'estime, devient impérissable. Je me fie à ta loyauté pour me gagner le cœur des Bretons.
— Tel était mon espoir ; l'amère injustice de tes paroles le détruit, n'y pensons plus. Tu resteras ici en otage ; je te traiterai comme un vaillant soldat qui a sauvé la vie de mon aïeul ; peut-être, à la longue, me jugeras-tu plus équitablement ; ce jour-là venu, tu pourras retourner en ton pays, et, j'en suis certain, tu diras ce que tu croiras être le bien, de même que tu leur dirais aujourd'hui ce que tu crois être le mal. Chaque chose viendra en son temps.
— Quoique ta pensée ne puisse atteindre le but que tu te proposais, elle n'en est pas moins l'indice d'une âme généreuse.
— Par la chappe de saint Martin ! vous êtes un étrange peuple, vous autres Bretons ! Quoi ! si tu avais créance que je mérite estime et affection, si tes compatriotes partageaient ton opinion, ni toi ni eux n'accepteriez avec joie l'autorité que vous subissez de force ?
— Il ne s'agit pas pour nous d'avoir un maître plus ou moins méritant : nous ne voulons pas de maître.
— Je suis pourtant maître chez vous, païens !
— Jusqu'au jour où nous aurons reconquis notre indépendance par l'insurrection.

— Vous serez écrasés, exterminés, j'en jure par la barbe du Père éternel.

— Fais exterminer jusqu'au dernier les Gaulois de Bretagne, fais égorger tous les enfants, alors tu pourras régner sur l'Armorique déserte; mais tant qu'un homme de notre race vivra dans ce pays, tu pourras le vaincre, jamais le soumettre.

— Vieillard, ma domination est-elle donc si terrible, mes lois si dures?

— Nous ne voulons pas de domination étrangère. Vivre selon la loi de nos pères, élire librement nos chefs, en hommes libres, ne point payer de tribut, nous renfermer dans nos frontières et les défendre, tel est notre vœu. Accepte-le, tu n'auras rien à redouter de nous.

— Dicter des conditions, à moi qui règne en maître sur l'Europe! Une misérable population de bergers et de laboureurs, imposer des conditions à moi, dont les armes ont conquis le monde! C'est le comble de l'extravagance.

— Je pourrais te répondre que pour vaincre ce misérable peuple de bergers, de bûcherons et de laboureurs, retranchés au milieu de leurs montagnes, de leurs rochers, de leurs marais et de leurs bois, il a fallu envoyer dans la Gaule armoricaine tes vieilles bandes...

— Oui! — s'écria l'empereur avec dépit; — et afin de maintenir ton maudit pays en obéissance, il faut y laisser mes troupes d'élite, qui d'un moment à l'autre me feront faute en Germanie, où je dois livrer des batailles.

— Ceci est déplaisant pour toi, Karl, j'en conviens; et sans parler des invasions maritimes des North-mans, les Bohémiens, les Hongrois, les Bavarois, les Lombards et autres peuples conquis par tes armes sont, comme les Bretons, vaincus, mais non soumis; d'un moment à l'autre, ils peuvent se soulever de nouveau, et, chose grave, menacer le cœur de ton empire. Nous autres, au contraire, nous ne demandons qu'à vivre libres, nous ne songeons pas à sortir de nos frontières.

— Qui me dit qu'une fois mes troupes hors de ton infernal pays, vous ne recommencerez pas vos excursions à main armée, vos attaques contre les troupes franques cantonnées en dehors de vos limites?

— Les autres provinces sont gauloises comme nous, notre devoir est de les provoquer, de les aider à briser le joug des rois franks; mais les gens sensés pensent que l'heure des soulèvements n'est pas venue. Depuis quatre siècles, les prêtres catholiques ont façonné les populations à l'esclavage; des siècles se passeront, hélas! avant qu'elles se réveillent. — Tu l'avoues, il est dangereux pour toi, d'être forcé de maintenir en Bretagne une partie de tes meilleures troupes? — Rappelle ton armée, je te donne ma parole de Breton, et je suis autorisé à prendre cet engagement au nom de nos tribus, que, jusqu'à ta mort, nous ne franchirons pas nos frontières.

— Par le roi des cieux! la raillerie est trop forte! Me prends-tu pour un sot? Ne sais-je pas que si, retirant mes troupes, je vous accorde une trêve, vous en profiterez pour vous préparer à recommencer la guerre après ma mort? Mais on saura réprimer vos révoltes.

— Oui, nous prendrons les armes, si tes fils ne respectent pas nos libertés.

— Moi, vainqueur, consentir à une trêve honteuse! consentir à retirer mes troupes d'un pays que j'ai dompté avec tant de peine!

— Laisse donc ton armée en Bretagne; mais tu peux compter que, dans un an ou deux, éclateront de nouvelles insurrections.

— Vieillard insensé! oses-tu me tenir un tel langage, lorsque toi, ton petit-fils et quatre autres chefs bretons vous êtes mes otages! Oh! j'en jure Dieu! votre tête tomberait à la première prise d'armes! Ne te fie pas trop à la bonhomie du vieux Karl; le terrible exemple que j'ai fait des quatre mille Saxons révoltés te le prouve que je ne recule devant aucune nécessité. Les morts seuls ne sont pas à craindre.

— Les chefs bretons, restés en route par suite de leurs blessures, et qui bientôt nous rejoindront à Aix-la-Chapelle, n'auraient pas accepté, non plus que moi et mon petit-fils, le poste d'otage, s'il eût été sans péril. Quel que soit le sort qui nous attende, nous ne faillirons pas à notre devoir: nous sommes ici au cœur de ton empire et à même de juger l'opportunité d'un soulèvement; et, d'ici même, nous donnerons le signal d'une nouvelle guerre lorsque le moment nous semblera favorable.

— Par le roi des cieux! est-ce assez d'audace? — s'écria l'empereur, pâle de fureur; — oser me dire que ces traîtres, d'après ce qu'ils verront ou épieront ici, enverront en Bretagne l'ordre de la révolte! Oh! j'en jure Dieu, dès demain, dès ce soir, toi et ton petit-fils vous serez plongés dans un cachot si noir qu'il vous faudra des yeux de lynx pour voir ce qui se passe ici. Par la chappe de saint Martin! tant d'insolence me rendrait féroce. Pas un mot de plus, vieillard! Nous voici arrivés au pavillon; je vais retrouver mes filles, leur vue me consolera de tant d'ingratitude! — Ce disant l'empereur des Franks mit son cheval au galop afin de se rendre promptement au pavillon de chasse situé à peu de distance. Les seigneurs de la suite de Karl se préparaient à hâter la marche de leurs montures, lorsqu'il se retourna vers eux s'écriant d'une voix courroucée: — Que personne ne me suive! je veux rester seul avec mes filles; vous attendrez mes ordres en dehors du pavillon.

Un profond et respectueux silence accueillit ces paroles de l'empereur; et tandis qu'il s'éloignait, les seigneurs de sa suite continuèrent lentement leur route vers le rendez-vous de chasse; Amaël, confondu parmi eux, les accompagna, réfléchissant à son entretien avec Karl, et sentant aussi augmenter l'inquiétude que lui causait l'absence prolongée de Vortigern. Les courtisans de l'empereur, frissonnant de froid sous leurs habits de soie emplumés et dépenaillés, maugréaient tout bas contre le caprice de leur souverain, qui retardait ainsi le moment où ils espéraient se réchauffer au foyer du pavillon et se réconforter en soupant; descendus de leurs chevaux, ils causaient depuis un quart d'heure, lorsque Amaël, qui, ayant aussi mis pied à terre, se tenait pensif, adossé à un arbre, vit Octave accourant vers lui : — Amaël, je vous cherchais; venez vite. — Le vieux Breton attacha son cheval à un arbre, suivit Octave, et lorsque tous deux furent éloignés de quelques pas du groupe des seigneurs franks, le jeune Romain reprit : — Je suis dans une inquiétude mortelle au sujet de Vortigern. Votre petit-fils ayant été emporté par son cheval au commencement de la chasse, Thétralde et Hildrude, deux des filles de l'empereur, l'ont suivi. Que s'est-il passé? je l'ignore; l'on m'assure qu'Hildrude, qui semblait fort irritée, est retournée à Aix-la-Chapelle avec deux de ses sœurs et les concubines de son père... donc Thétralde est restée seule avec Vortigern en quelque endroit de la forêt.

— Achève ton récit.

— Je connais par expérience la facilité des mœurs de cette cour. Thétralde a remarqué votre petit-fils; elle a quinze ans, elle a été élevée au milieu de ses sœurs, qui ont autant d'amants que son père a de maîtresses. Vortigern a fait une vive impression sur le cœur de Thétralde, à son insu; ce sont deux enfants; ils ont disparu ensemble, ils se seront perdus ensemble... car trois des filles de Karl sont retournées au palais, deux autres sont revenues ici. Thétralde seule ne se retrouve pas. Or, si elle s'est égarée en compagnie de Vortigern, il est à espérer, aurais-je dit ce matin...

— Ciel et terre! — s'écria le vieillard en pâlissant, — tu as le courage de plaisanter!

— Ce matin, j'aurais trouvé l'aventure divertissante; ce soir, elle me paraît redoutable. Tout à l'heure l'empereur ordonnant que personne ne le suivît, a piqué des deux vers le pavillon. — Rothaïde et Berthe, filles de Karl, croyant être prévenues de son arrivée par le bruit de sa chevauchée, avaient gagné les chambres hautes du pavillon; Berthe avec Enghilbert, le bel abbé de Saint-Riquier, Rothaïde avec Audoin, l'un des officiers de l'empereur.

— L'empereur arrive seul, descend de cheval.

— « Où sont mes filles? » — demande-t-il brusquement au grand Nomenclateur de sa table, qui veillait aux préparatifs du souper... Celui-ci se trouble et répond : — « Auguste empereur... je vais avertir les princesses de votre présence; elles sont montées aux chambres hautes pour prendre un peu de repos, en attendant le souper. » — « Je vais aller les rejoindre, » — reprit Karl, — et le voici grimpant à l'étage supérieur. Le vieux Vulcain, surprenant Mars et Vénus dans leurs amoureux ébats, ne dut pas être plus furieux que l'auguste empereur surprenant ses filles et leurs galants, car le grand Nomenclateur, resté près de la porte de l'escalier, entendit bientôt un tapage infernal dans les chambres hautes : l'irascible Karl jouait à tort et à travers du manche de son fouet de chasse sur les couples amoureux; après quoi un grand silence se fit. L'empereur, ayant l'habitude de ne point ébruiter ces choses, redescendit, calme en apparence, mais pâle de colère, et... — Le récit d'Octave fut soudain interrompu par des cris tumultueux; il vit des esclaves sortir du pavillon en tenant des torches à la main. Bientôt la voix perçante de l'empereur, dominant ce tumulte, s'écria : — A cheval !... ma fille Thétralde est égarée dans la forêt... elle n'est pas retournée au palais... et elle n'est pas venue dans ce pavillon... Prenez des torches... à cheval ! à cheval !...

— Amaël... au nom du salut de votre petit-fils, s'écria précipitamment Octave, — suivez-moi de loin... il nous reste une chance de sauver Vortigern du courroux de l'empereur. — Ce disant, le jeune Romain disparut au milieu des seigneurs de la cour, qui couraient à leurs chevaux, tandis que Karl, dont la colère, un moment contenue, faisait explosion de nouveau, s'écriait : — Les voilà ahuris comme un troupeau en désordre... Que chacun prenne une torche et suive une des allées de la forêt... en appelant ma fille à grands cris. Holà ! quelqu'un pour porter une torche devant moi ! — Octave, à ces mots, saisit une torche et s'approcha de l'empereur, tandis que d'autres seigneurs s'éloignaient rapidement dans diverses directions, afin d'aller à la recherche de Thétralde. Amaël comprit alors le sens de la recommandation d'Octave, et, remontant à cheval, ainsi qu'y étaient remonté Karl et le jeune Romain qui l'éclairait, il les laissa tous deux prendre une assez grande avance, puis il les suivit de loin, se guidant sur la lumière de la torche.

. . . .

L'empereur, ainsi que le racontait plus tard Octave à Amaël, semblait tour à tour en proie à la colère que lui causait la nouvelle preuve du libertinage de ses filles et à l'inquiétude où le jetait la disparition de Thétralde. Ces divers sentiments se traduisaient par quelques mots entrecoupés, parvenant aux oreilles du jeune Romain, qui précédait Karl de quelques pas :

— Malheureuse enfant!... où est-elle? mourant de froid et de frayeur... au fond de quelque taillis, peut-être! — murmurait l'empereur; puis il appelait à grands cris : — Thétralde! Thétralde! — Hélas! elle ne m'entend pas! Roi des cieux, aie pitié de moi! Si jeune... si délicate... une pareille nuit de froidure peut la tuer!... Oh! malheur à ma vieillesse! que cette enfant eût consolée... Elle n'eût pas ressemblé à ses sœurs; son front de quinze ans n'a jamais rougi d'une mauvaise pensée! Oh! morte, morte, peut-être! Non, non... la jeunesse est si vivace... et puis ces filles... je les ai élevées en garçons... elles sont habituées à la fatigue... à me suivre pendant mes voyages... et pourtant... cette nuit profonde... ce froid!... — Et il se reprenait à crier : — Thétralde! Thétralde! — Puis, s'arrêtant soudain et prêtant l'oreille, l'empereur des Franks dit vivement au jeune Romain après un moment de silence : — N'as-tu pas entendu le hennissement d'un cheval?

— En effet, auguste prince.

— Écoute... écoute...

Octave se tut; bientôt un nouveau et lointain hennissement retentit au milieu du silence de la forêt. — Plus de doute... ma fille, désespérant de retrouver son chemin, aura attaché sa haquenée à un arbre, s'écria Karl, palpitant d'espérance, et s'adressant à Octave :

— Au galop! au galop! — Précipitant alors sa course, l'empereur des Franks s'écria : — Thétralde! ma fille!...

Amaël, qui, à une assez grande distance et toujours dans l'ombre, suivait Karl, voyant la lumière de la torche sur laquelle il se guidait s'éloigner rapidement dans les ténèbres, prit aussi le galop, laissant toujours à l'empereur la même avance. Celui-ci eût bientôt atteint, ainsi qu'Octave, l'endroit de la route où Vortigern et Thétralde, avant d'entrer dans la hutte du bûcheron, avaient attaché leurs chevaux. Une lueur de la torche éclaira la forme blanche de la monture favorite de la jeune fille, et laissa dans l'ombre le noir coursier de Vortigern, attaché à quelques pas.

— La haquenée de Thétralde! — s'écria Karl; puis avisant la cabane à la clarté du flambeau porté par Octave, il ajouta : O roi des cieux! grâces le soient rendues!... ma chère enfant a trouvé un abri! — Mettant alors pied à terre, l'empereur dit au jeune Romain, en se dirigeant vers la hutte, éloignée d'une vingtaine de pas de la route. — Viens vite! ma fille est là... Marche devant.

Octave, doué d'un coup d'œil plus perçant que celui de Karl, avait reconnu en frémissant le cheval de Vortigern, attaché auprès de la haquenée de Thétralde; aussi, pressentant l'accès de fureur où allait entrer l'empereur à la vue du spectacle qui l'attendait, sans doute... Octave recourut à un moyen extrême : feignant de trébucher, il laissa tomber sa torche, dans l'espoir de l'éteindre sous ses pieds, comme par hasard. Mais Karl se baissa vivement, la ramassa... Puis il courut à l'entrée de la hutte... Le jeune Romain, plein d'épouvante, suivait l'empereur; soudain il le vit s'arrêter pétrifié au seuil de la cabane intérieurement éclairée par la torche. Amaël ayant aussi mis pied à terre, put s'approcher sans être entendu de l'empereur des Franks, au moment où celui-ci, frappé de stupeur, s'était arrêté immobile. Vortigern, profondément endormi, couché, son épée nue à côté de lui, défendait l'entrée de la cabane; car pour y pénétrer, il eût fallu marcher sur son corps placé en travers du seuil. Au fond de cette retraite, Thétralde, étendue sur un lit de mousse et soigneusement couverte de la tunique du jouvenceau, dormait aussi d'un profond sommeil; sa tête, candide et charmante, posée sur l'un de ses bras replié. Telle était la persistance de leur sommeil, que ni la jeune fille ni Vortigern ne furent d'abord réveillés par la lumière de la torche. De grosses gouttes de sueur tombaient du front pâle de l'empereur des Franks. A sa première stupeur de retrouver sa fille dans cette hutte solitaire en compagnie du jeune Breton, avait succédé sur les traits de Karl l'expression d'une angoisse terrible; puis, ces doutes cruels sur la chasteté de sa fille firent place à l'espoir, lorsqu'il aperçut la sérénité du sommeil de ces deux enfants. L'empereur se sentait encore rassuré par la précaution qu'avait eue Vortigern de se coucher en travers du seuil de la cabane, cédant, sans doute, ainsi à une pensée de respectueuse sollicitude. Thétralde, cependant, s'éveilla la première. La clarté de la torche frappa les paupières closes de la jeune fille; elle souleva d'abord à demi sa tête, encore appesantie, porta la main à ses yeux, les ouvrit bientôt tout grands, se dressa sur son séant; puis, à la vue de son père, elle poussa un cri de joie si sincère, ses traits enchanteurs exprimèrent un bonheur si pur de tout embarras, en se jetant d'un bond au cou de Karl, qu'il la pressa contre son cœur avec ivresse : — Ah! je ne crains plus rien... son front n'a pas rougi!

Ces mots arrivèrent aux oreilles d'Amaël, jusqu'alors debout et immobile derrière l'empereur, qui courut bientôt un assez grand danger, car Thétralde, courant à son père dans le premier élan de sa joie, avait heurté Vortigern en passant par-dessus son corps; le jeune Breton, réveillé en sursaut, ébloui par la lumière et l'esprit encore troublé par le sommeil, saisit son épée, se releva d'un bond; et voyant à l'entrée de la hutte deux hommes, dont l'un tenait Thétralde enlacée dans ses bras, il crut à un rapt, saisit d'une main Karl à la gorge, et le menaçant de

L'invasion des franks (page 565)

son épée nue, s'écria : — Tu es mort... — Mais reconnaissant le père de Thétralde, Vortigern, laissa tomber son glaive, se frotta les yeux : — L'empereur des Franks !...

— Lui-même, mon garçon ! — répondit joyeusement Karl en baisant de nouveau avec une sorte de frénésie le front et les cheveux de sa fille. — Tu avais défendu l'entrée de la hutte en te couchant en travers du seuil... Aussi, la vigueur de ton poignet me prouve qu'il eût été mal venu, celui qui aurait eu quelque méchante intention contre mon enfant !

— Nous sommes tes ennemis, et cependant tu nous as accueillis avec bonté, mon aïeul et moi, répondit simplement le jeune Breton, sans baisser les yeux devant le regard pénétrant de Karl ; j'ai veillé sur ta fille... comme j'aurais veillé sur ma sœur.

Vortigern accentua ces mots : *ma sœur*, de telle sorte qu'Amaël partageant la confiance de Karl, murmura tout bas à son oreille : — Je ne doute pas de la pureté de ces enfants.

— Toi ici ? — s'écria l'empereur. — Sois le bienvenu, mon cher hôte.

— Tu cherchais ta fille... je m'étais mis également à la recherche de mon petit-fils.

— Et je l'ai retrouvée, ma douce fille ! — reprit Karl avec un attendrissement ineffable, en baisant encore Thétralde au front. — Oh ! je l'aime... plus que je ne l'ai jamais aimée ! — Et, la tenant toujours enlacée de l'un de ses bras, l'empereur alla jusqu'au fond de la hutte, où il se jeta brisé par l'émotion. Faisant alors asseoir Thétralde sur ses genoux, en la contemplant avec bonheur, il lui dit : — Voyons, fillette, raconte-moi ton aventure... Comment as-tu perdu la chasse ? Comment t'es-tu résignée à passer la nuit dans cette hutte ?

71e livraison

— Mon père, — répondit Thétralde en baissant les yeux et cachant son visage dans le sein de Karl, — laisse-moi rassembler mes souvenirs... je vais te raconter tout ce qui s'est passé, absolument tout, sans rien te cacher.

Vortigern, pendant un moment de silence qui suivit la réponse de Thétralde, se rapprocha d'Amaël, qui le serra tendrement contre sa poitrine, tandis que, debout, la torche à la main, éclairant cette scène, le jeune Romain semblait, il faut l'avouer, encore plus surpris qu'enthousiasmé de la continence de Vortigern.

— Mon père, — reprit Thétralde en relevant la tête et attachant son regard candide sur l'empereur des Franks, — je dois te dire tout, n'est-ce pas? tout... absolument?

— Oui, fillette, sans rien omettre, — Et Karl, réfléchissant, dit à Octave: — Plante cette torche en terre, et veille sur nos chevaux avec ce jeune garçon. — Le Romain obéit, s'inclina, et sortit avec le petit-fils d'Amaël.

— Quoi! mon père... tu renvoie Vortigern? — dit Thétralde avec un accent de doux reproche. — J'aurais, au contraire désiré qu'il restât près de nous pour te confirmer mon récit ou pour le compléter, cher père.

— Tout ce que tu me diras, ma fille, je le croirai. Parle, parle sans crainte devant moi et devant l'aïeul de ce digne garçon.

— Hier, — reprit Thétralde, — j'étais au balcon du palais lorsque Vortigern est entré dans la cour. Apprenant qu'il venait ici comme prisonnier, si jeune et blessé, je me suis tout de suite intéressée à lui; puis, quand il a manqué d'être renversé, tué peut-être par son cheval, j'ai eu si grand'peur que j'ai poussé un cri d'effroi; mais lorsque Hildrude et moi nous l'avons vu se montrer intrépide cavalier, nous lui avons jeté nos bouquets.

— Vous m'aviez toutes les deux parlé de votre admiration pour ce jouvenceau comme habile écuyer, mais point du tout de l'envoi de vos bouquets; enfin, passons... continue.

— J'ai été certainement très heureuse de ton retour, bon père; cependant je te l'avoue, je pensais peut-être encore plus à Vortigern qu'à toi; toute la nuit, ma sœur et moi, nous avons parlé du jeune Breton, de sa grâce, de sa figure, à la fois douce et hardie...

— Bien, bien, passons là-dessus, ma fille, laissons de côté les détails sur le jouvenceau.

— Tu ne voyais pas, père, que je te dise tout?... Il nous avait fait une vive impression.

— Arrivons à l'épisode de la chasse.

— Au point du jour, je me suis endormie, mais c'était encore pour rêver de Vortigern; nous l'avons revu à l'église; quand je ne regardais pas son fier et doux visage, je priais pour le salut de son âme. Après la messe, lorsque j'ai su que l'on chasserait, ma seule crainte a été qu'il ne vînt pas à la chasse... Juge de ma joie, mon père, lorsque je l'ai aperçu. Soudain, son cheval s'emporte! moi, presque sans réfléchir, je donne un coup de houssine à ma haquenée pour rejoindre Vortigern. Hildrude me suit, elle veut me dépasser; alors cela m'irrite; je frappe son cheval à la tête; il fait un écart, emporte ma sœur dans une autre allée; j'arrive seule auprès de Vortigern. Le brouillard, la pluie, et bientôt la nuit nous surprennent; nous remarquons cette hutte de bûcheron et un foyer à demi éteint; alors nous nous disons : nous ne pouvons retrouver notre chemin, passons la nuit ici! Par bonheur nous voyons des châtaignes tombées des arbres; nous les ramassons, nous les faisons cuire sous la cendre, mais nous avons oublié de les manger...

— Parce que vous étiez trop fatigués, sans doute... de sorte que, pour prendre du repos, tu t'es couchée, toi sur cette mousse, et ce garçon en travers du seuil?

— Oh! non, mon père... avant de nous endormir nous avons beaucoup causé, beaucoup disputé, et c'est en discutant ainsi que nous avons oublié nos châtaignes, Vortigern et moi, puis le sommeil nous a pris et nous nous sommes étendus sur la mousse.

— Mais à quel propos toi et ce garçon vous êtes-vous disputés, ma chère fille?

— Hélas! j'avais eu des pensées mauvaises... ces pensées, Vortigern les combattait de toutes ses forces, et c'est à propos que nous nous sommes disputés; pourtant, au fond, il avait raison; car tu ne pourras jamais le croire. Je voulais fuir Aix-la-Chapelle, et aller en Bretagne avec Vortigern... pour nous y marier.

— Me quitter... ma fille... abandonner ton père... moi qui t'aime si tendrement!

— C'est ce que m'a répondu Vortigern. — « Thétralde, y songes-tu? quitter ton père, qui te chérit, — me disait-il. — Quoi tu aurais le triste courage de lui causer ce cruel chagrin? Et moi, qu'il a traité, ainsi que mon aïeul, avec bonté, je serais ton complice! Non, non; d'ailleurs, je suis ici prisonnier sur parole; prendre la fuite, ce serait me déshonorer. Ma mère refuserait de me voir... » — Ta mère t'aime trop, — disais-je à Vortigern, pour ne pas te pardonner; mon père aussi nous pardonnera : il est si bon! N'a-t-il pas été indulgent pour mes sœurs qui ont leurs amants comme il a des maîtresses? Cela ne fait ni tort ni mal à personne de s'aimer quand on se plaît; une fois mariés, nous reviendrons auprès de mon père; heureux de nous revoir, il oubliera tout, et nous vivrons auprès de lui comme Éginhard et ma sœur Imma. — Mais Vortigern, inflexible, me parlait sans cesse de sa promesse de prisonnier et du chagrin que te causerait ma fuite; il pleurait ainsi que moi à chaudes larmes en me consolant et me grondant comme une enfant que j'étais ; enfin, quand nous avons eu beaucoup disputé, beaucoup pleuré, il m'a dit : « Thétralde, la nuit s'avance; tu dois être fatiguée, il faut te coucher sur ce lit de mousse ; je me mettrai en travers du seuil, mon épée nue à côté de moi, pour te défendre au besoin... » Je tombais de sommeil ; Vortigern m'a couverte de sa tunique, je me suis endormie, et je rêvais encore de *lui*, quand tu m'as réveillée, mon bon père...

L'empereur des Franks avait écouté ce naïf récit avec un mélange d'attendrissement, de crainte et de chagrin; bientôt il poussa un profond soupir d'allégement qui semblait répondre à cette réflexion : — A quel danger ma fille a échappé!... — Cette pensée dominant bientôt toutes les autres, Karl embrassa de nouveau Thétralde avec effusion : — Chère enfant, ta franchise me charme; elle me fait oublier qu'un moment tu as pu songer à quitter ton père, ce qui eût été une très vilaine action.

— Oh! à ce méchant projet, Vortigern m'a fait renoncer ; aussi, pour le récompenser, tu seras bon, tu nous marieras, n'est-ce pas ?

— Nous reparlerons de cela. Quant à présent, il faut songer à regagner le pavillon, tu y prendras quelques moments de repos ; nous repartirons ensuite pour Aix-la-Chapelle. Attends-moi ici ; j'ai à m'entretenir un moment avec ce bon vieillard. — Karl sortit de la hutte avec Amaël, et lui dit en s'arrêtant à quelques pas : Ton petit-fils est un loyal garçon, vous êtes une famille de braves gens; tu as sauvé la vie de mon aïeul, ton petit-fils a respecté l'honneur de ma fille; car je sais ce qu'il y a de fatal, à l'âge de ces enfants, dans l'entraînement d'un premier amour; cet entraînement, Vortigern l'eût payé de sa vie... j'aime mieux louer que punir.

— Karl, lorsqu'il y a quelques heures je te disais mes inquiétudes à propos de l'absence de Vortigern, tu m'as répondu : « Bon ! il aura rencontré quelque jolie fille de bûcheron... l'amour est de son âge. Tu ne veux pas faire un moine de ce garçon ? » — Et pourtant s'il eût traité ta fille comme la fille d'un bûcheron.

— Par le roi des cieux! Vortigern ne serait pas sorti vivant de cette hutte!

— Donc il est permis de déshonorer la fille d'un esclave ! et le déshonneur de la fille d'un empereur est puni de mort! Toutes deux pourtant sont des créatures de Dieu, égales à ses yeux. Pourquoi cette différence dans tes idées?

— Vieillard, ces paroles sont insensées !

— Tu prétends être chrétien ! et tu nous traite de païens ! Mon petit-fils s'est conduit en honnête homme, rien de plus. L'honneur nous est cher, à nous autres Gaulois de cette vieille Armorique qui a pour devise : *Jamais Breton* *ne fit trahison*. Veux-tu m'accorder une grâce ? je t'en saurai un gré infini.

— Parle. Que désires-tu de Karl ?

— Tantôt, tu as paru frappé de la beauté d'une pauvre fille esclave; tu songes à faire d'elle une de tes concubines; sois généreux pour cette malheureuse créature, ne la corromps pas; rends la liberté à elle et à sa famille ; donne à ces gens le moyen de vivre laborieusement, mais honnêtement.

— Il en sera ainsi, foi de Karl, je te le promets. Bien plus, je consens à retirer mes troupes de ton pays, si tu engages ta foi de Breton que, durant ma vie, vous ne sortirez pas de vos frontières... Donne-moi ta main, Amaël... ta main loyale, en signe d'acquiescement.

— La voici Karl. Que ce soit la main d'un traître et qu'elle tombe sous la hache, si notre peuple parjure sa promesse ! Nous vivrons en paix avec toi ; si tes descendants respectent nos libertés, nous vivrons en paix avec eux.

— Amaël, c'est dit et juré.

— Karl, c'est accepté et juré.

— Au lieu de retourner à Aix-la-Chapelle, toi et ton petit-fils, vous passerez la nuit dans le pavillon de la forêt ; demain, au point du jour, je vous enverrai vos bagages et une escorte chargée de vous accompagner jusqu'aux frontières de l'Armorique. Vous vous mettrez en route sans retard.

— Tes recommandations seront suivies à la lettre.

— Je vais retourner au pavillon, seul avec ma fille. Je dirai à mes courtisans que je l'ai trouvée dans cette hutte! hélas! les médisances des cours sont cruelles; on n'y croit guère à l'innocence, et si l'on savait que Thétralde a passé une partie de la nuit dans ce réduit avec ton petit-fils, on penserait déjà d'elle ce qu'on attribue à ses sœurs! — Et portant sa main à ses yeux humides, l'empereur des Franks ajouta douloureusement : — Ah! mon cœur de père saigne étrangement ; j'ai trop aimé mes filles, j'ai été trop indulgent ! Et puis mes guerres continuelles au dehors de mon royaume, les affaires de l'Etat m'empêchaient de veiller sur mes enfants. Cependant, en mon absence, je les laissais aux mains des prêtres ! elles ne manquaient pas un office et brodaient des chasubles pour les évêques ! Enfin, le Seigneur Dieu, qui m'a toujours été secourable en toutes choses, a voulu me frapper dans ma famille. Que sa volonté soit faite ! Je suis un malheureux père ! — Et appelant le jeune Romain : — Octave, personne, tu m'entends, personne... ne doit savoir que ma fille a passé une partie de la nuit dans cette cabane avec ce jeune homme, car la malignité n'épargne pas même ce qu'il y a de plus chaste, de plus respectable au monde. Le secret de cette nuit n'est connu que de moi, de ma fille et de ces deux Bretons ; je suis aussi certain de leur discrétion que de la mienne et de celle de Thétralde. Tu es perdu si un seul mot de cette aventure circule à la cour ; en ce cas, toi seul aurais parlé; si, au contraire, tu me gardes le secret, tu peux compter sur ma faveur croissante.

— Auguste empereur, ce secret, je l'emporterai dans la tombe.

— J'y compte ; amène mon cheval et celui de ma fille ; tu vas nous accompagner au pavillon de chasse, puis à Aix-la-Chapelle ; tu commanderas l'escorte que je donne à ces deux otages pour retourner en leur pays ; je te remettrai un ordre pour le commandant de mon armée en Bretagne. Demain, tu te rendras au pavillon de la forêt avec l'escorte, et vous partirez pour l'Armorique.

Octave s'inclina. L'empereur dit alors à Amaël ; — La lune s'est levée, elle éclaire suffisamment la route. Monte à cheval avec ton petit-fils, suis cette allée jusqu'à ce que tu te trouves dans un carrefour ; tu t'y arrêteras ; c'est là que, par mes ordres, l'on viendra bientôt te chercher pour te conduire au pavillon d'où tu partiras demain au point du jour. Que ton peuple soit fidèle à ta parole, je serai fidèle à la mienne. Et maintenant, adieu.

Amaël alla rejoindre son petit-fils, qu'il trouva profondément pensif, assis au bord de la route, sur un tronc d'arbre, la figure cachée dans ses mains : il pleurait silencieusement et n'entendit pas le vieillard s'approcher de lui.

— Allons, mon enfant, — lui dit Amaël d'une voix douce et grave. — remontons à cheval et partons.

— Partir ! — dit Vortigern, en tressaillant et se levant brusquement pensif, puis il essuya du revers de sa main sous visage baigné de larmes.

— Oui, mon enfant, demain nous nous mettons en route pour la Bretagne, où tu reverras ta mère et ta sœur. La noblesse de ta conduite a porté ses fruits ; nous sommes libres : Karl rappelle ses troupes de l'Armorique.

. . . .

Mon aïeul Amaël, peu de temps après notre retour d'Aix-la-Chapelle, a écrit ce récit que j'ai joint à la légende de notre famille. Moi, Vortigern, j'ai vu mourir mon grand-père à l'âge de cent cinq ans, peu de temps après mon mariage avec la douce Josseline. Karl le Grand est mort à Aix-la-Chapelle, en l'année 814.

ÉPILOGUE

(818-912)

Le défilé de Glen-Clan. — Le marais de Peulven. — La forêt de Cardik. — Les landes de Kennor. — La vallée de Lokfern

L'an 818, sept années après qu'Amaël et son petit-fils Vortigern eurent quitté la cour de Karl, empereur des Franks, pour revenir en Bretagne, trois cavaliers et un piéton gravissaient péniblement une des chaînes ardues des *Montagnes Noires*, qui s'étendent vers le sud-ouest de l'Armorique. Lorsque du haut de l'entassement de rochers à travers lesquels serpentait la route, les voyageurs abaissaient leurs regards au-dessous d'eux, ils voyaient à leurs pieds une longue suite de collines et de plaines, tantôt couvertes de seigles et de blés déjà mûrs, tantôt se déroulant comme d'immenses tapis de bruyères ; çà et là, s'étendaient aussi à perte de vue de vastes marais ; quelques villages auxquels on arrivait par une chaussée, s'élevaient au milieu de ces marécages impraticables qui leur servaient de défense ; ailleurs, des troupeaux de moutons noirs paissaient les bruyères roses ou les vertes vallées, qu'arrosaient de nombreux ruisseaux d'eau vive. L'on voyait aussi dans ces herbages des bœufs, des vaches, et surtout un grand nombre de chevaux de race bretonne, rude au travail, ardente à la guerre. Les trois cavaliers, précédés du piéton, continuaient de gravir la pente escarpée de la montagne ; l'un de ces cavaliers, vêtu du costume ecclésiastique, était Witchaire, l'un des plus riches abbés de la Gaule. Les biens immenses de son abbaye presque royale avoisinaient les frontières de la Bretagne ; deux de ses moines, à cheval comme lui, et vêtus en religieux de l'ordre de *Saint-Benoît*, le suivaient. Entre eux marchait une mule de bât, chargée des bagages de cet abbé, homme de petite taille, à l'œil fin, au sourire tantôt béat, tantôt rusé. Le guide montagnard dans la force de l'âge, robuste et trapu, portait l'antique costume des Gaulois bretons : larges braies de toile serrées à sa taille par une ceinture de cuir, justaucorps d'étoffe de laine, et sur son épaule pendait du même côté que son bissac, sa casaque de peau de chèvre, quoiqu'on fût en été. Ses cheveux à demi cachés par un bonnet de laine, tombaient jusque sur ses épaules ; il s'appuyait de temps à autre sur son *pen-bas*, long bâton de houx, terminé par une crosse. Le soleil d'août, en son plein, dardait ses ardents rayons sur le guide, les deux moines et l'abbé Witchaire. Celui-ci, arrêtant son cheval, dit au piéton : — La chaleur est étouffante ; ces rochers de granit nous la renvoient brûlante comme si elle sortait de la bouche d'un four ; nos montures sont harassées. Je vois là-bas, à nos pieds, un bois épais; ne pourrais-tu nous y conduire? nous nous y reposerions à l'ombre.

Karouër, le guide, secoua la tête et répondit en indiquant du bout de son pen-bas le massif boisé : Pour nous rendre là, il faudrait faire un saut de deux cents pieds, ou un circuit de près de trois lieues dans la montagne; choisis.

— Poursuivons donc notre route, brave guide; mais dis-nous dans combien de temps nous pourrons arriver à la vallée de Lokfern.

— Vois là-bas, tout là-bas, à l'horizon, la dernière de ces cimes bleuâtres! C'est le *Menèz-c'Hom*, la plus haute des montagnes Noires; cette autre, vers le couchant, un peu moins éloignée, c'est le *Lach-Renan*; c'est entre ces deux montagnes que se trouve la vallée de Lokfern, où demeure MORVAN, le laboureur, chef des chefs de la Bretagne.

— Es-tu certain qu'il soit à sa métairie?

— Un laboureur revient à sa métairie après le soleil couché, nous l'y trouverons.

— Connais-tu personnellement ce Morvan?

— Je suis de sa tribu; j'ai guerroyé avec lui lors de nos dernières luttes contre les Franks, du vivant de Karl, leur empereur.

— Ce Morvan est marié, dit-on?

— Sa femme Noblède est digne de Morvan; elle est de la race de Joel, c'est tout dire. Nous l'honorons et la vénérons.

— Quel était ce Joel dont tu veux parler?

— Un des plus braves hommes dont l'Armorique ait gardé le souvenir. Sa fille Héna, la vierge de l'île de Sén, a offert sa vie en sacrifice pour le salut de la Gaule, lorsque les Romains ont envahi ce pays.

On m'a affirmé que vous craigniez une invasion des Franks en Bretagne, et que vous vous attendiez à une déclaration de guerre de *Louis le Pieux*, fils du grand Karl.

— Depuis que tu as passé nos frontières, as-tu vu des préparatifs de guerre?

— J'ai vu les laboureurs aux champs, les bergers conduisant leurs troupeaux, les cités ouvertes et paisibles; mais l'on sait qu'en votre pays, au premier signal, bûcherons, laboureurs et citadins se transforment en soldats.

— Oui, quand on veut envahir notre pays.

— Ainsi, vous vous attendez à être attaqués?

Karouër regarda fixement l'abbé, sourit d'un air sardonique, ne répondit rien, siffla entre ses dents, puis entonna un bardit breton, en faisant machinalement tournoyer son pen-bas, il devança d'un pas léger les trois moines.

La nuit s'approchait; Karouër et ceux qu'il guidait ayant marché durant tout le jour, arrivèrent à l'un des points culminants de la route montueuse qu'ils suivaient, lorsque soudain l'abbé Witchaire, frappé d'un spectacle étrange, arrêta sa monture. Il remarquait à l'extrême horizon, encore distinct malgré le crépuscule, un feu que l'éloignement rendait à peine visible. Presque aussitôt des feux pareils s'allumèrent de proche en proche sur les cimes espacées de la longue chaîne des montagnes Noires. Ces feux apparaissaient de plus en plus éclatants et considérables, à mesure qu'ils étaient plus proches de l'endroit où se trouvait l'abbé Witchaire. Soudain à vingt pas de lui, il vit poindre une lueur rougeâtre à travers une fumée épaisse; bientôt cette lueur se changea en une flamme brillante qui, s'élançant vers le ciel étoilé, jeta une clarté si vive, que l'abbé, les moines, le guide, les roches, une partie de la rampe de la montagne furent éclairés comme en plein jour. Quelques moments après, des feux pareils, continuant de s'allumer de colline en colline, semblèrent tracer la route que les voyageurs venaient de parcourir, et se perdirent au loin dans la brume du soir. L'abbé Witchaire restait muet d'étonnement. Karouër poussa par trois fois un cri guttural et retentissant comme celui d'un oiseau de nuit. Un cri semblable s'élevant de derrière le plateau de roches où brillait la flamme, répondit à l'appel de Karouër.

— Quels sont ces feux qui s'allument ainsi de montagne en montagne? — dit vivement l'abbé frank, après un premier moment de surprise; — c'est sans doute un signal?

— A cette heure, répondit le guide, — des feux pareils brillent sur toutes les cimes de l'Armorique, depuis les montagnes d'*Arrès* jusqu'aux montagnes Noires et à l'Océan.

— Quel est le but de ce signal?

Karouër, selon sa coutume, ne répondit rien, entonna un bardit breton et hâta le pas en faisant tournoyer son pen-bas.

La demeure de Morvan le laboureur, élu chef des chefs de la Bretagne, était située à mi-côte de la vallée de Lokfern, au milieu des derniers chaînons des montagnes Noires; de fortes palissades en troncs de chêne bruts reliés entre eux par de fortes traverses, et placées sur le revers de profonds fossés, défendaient les abords de cette métairie. En dehors de cette clôture fortifiée s'étendaient, au nord et à l'est, des bois séculaires; au midi, de vertes prairies descendaient en pente douce jusqu'aux sinuosités d'une rivière rapide bordée de saules et d'aulnaies. Le logis de Morvan, ses granges, ses écuries, ses étables, avaient l'extérieur agreste des constructions gauloises du vieux temps; une sorte de porche rustique s'étendait devant l'entrée principale de la maison; sous ce porche, et jouissant de la fin de ce beau jour d'été, se tenaient *Noblède*, femme de Morvan, et *Jossetine*, jeune épouse de Vortigern. Cette toute jeune femme, d'une riante beauté, allaitait son dernier né, ayant à ses côtés ses deux autres enfants, *Ewrag* et *Rosnéven*, âgés de quatre et cinq ans. *Caswallan*, druide chrétien, vieillard d'une figure vénérable, et dont la barbe était aussi blanche que sa longue robe, souriait doucement au petit *Ewrog*, qu'il tenait entre ses genoux. Noblède, femme de Morvan et sœur de Vortigern, âgée d'environ trente ans, était d'une grande beauté, quoique sa physionomie fût empreinte d'une vague tristesse ; car, depuis dix années de mariage, Noblède ne connaissait pas encore le bonheur d'être mère. Son grave maintien, sa haute stature, rappelaient ces matrones qui, aux jours de l'indépendance de la Gaule, siégeaient vaillamment à côté de leurs époux, aux conseils suprêmes de la nation. Noblède et Josseline filaient leur quenouille, tandis que les autres femmes et filles de la famille de Morvan s'occupaient des préparatifs du repas du soir ou de divers travaux domestiques, remplissant des fourrages les râteliers que les troupeaux devaient trouver garnis à leur retour des champs. Le druide chrétien Caswallan tenait sur ses genoux le petit Ewrag, le dernier né de la blonde Josseline, et achevait de lui faire réciter sa leçon religieuse sous cette forme symbolique : — « Enfant blanc du druide, réponds-moi ; que te dirai-je ?

— « Dis-moi la division du nombre trois, — reprit l'enfant, — fais-la-moi connaître afin que je l'apprenne aujourd'hui.

— « Il y a trois parties dans le monde...[trois commencements et trois fins pour l'homme comme pour le chêne... trois célestes royaumes, fruits d'or, fleurs brillantes, petits enfants qui rient. » Ces trois célestes royaumes où se trouvent les fruits d'or, les fleurs brillantes et les enfants qui rient, mon petit Ewrag, sont les mondes où vont tour à tour renaître et continuer de vivre de plus en plus heureux ceux-là qui, dans ce monde-ci, ont accompli des actions pures et célestes. — Que devons-nous être pour accomplir ces actions ?

— Nous devons être sages, bons, justes... En outre, il ne faut pas craindre la mort, car nous renaissons de monde en monde avec un corps toujours nouveau ; nous devons aimer la Bretagne comme une tendre mère... et la défendre vaillamment contre ses ennemis.

— Oui, mon enfant, — dit Noblède en attirant à elle le fils de son frère, — souviens-toi toujours de ces mots sacrés : — Aimer et défendre la Bretagne ; — et l'épouse de Morvan embrassa tendrement Ewrag.

— Mère ! mère ! — s'écria le petit Rosneven en frappant joyeusement dans ses mains et s'élançant hors du portique, bientôt suivi de son frère Ewrag, — voici notre père !

Caswallan, Noblède et Josseline se levèrent aux cris joyeux des enfants, et s'avancèrent à la rencontre de deux grands chariots lourdement chargés de gerbes dorées, traînés par des bœufs. Morvan et Vortigern se tenaient assis à l'avant-train d'une de ces voitures, entourées d'un assez grand nombre d'hommes et de jeunes gens de la famille ou de la tribu du chef des chefs, portant la faucille, la fourche et le râteau des moissonneurs. A quelque distance, derrière eux, venaient les bergers de leurs troupeaux, dont on entendait au loin tinter les clochettes. Morvan, alors dans la force de l'âge, robuste et trapu comme la plupart des habitants des Montagnes Noires, portait leur costume rustique : de larges braies de grosse toile blanche, une chemise de lin qui laissait entrevoir sa poitrine et son cou hâlés ; ses longs cheveux, châtains comme sa barbe touffue, encadraient son mâle visage, au large front, aux regards intrépides et perçants. Chez Vortigern, la mâle gravité de l'homme, de l'époux et du père, avait succédé à la fleur de l'adolescence. Ses traits exprimèrent une douce joie à la vue de ses deux enfants, qui accoururent à lui. Il les embrassa tendrement, cherchant des yeux sa femme et sa sœur, qui, accompagnées de Caswallan, ne tardèrent pas à s'approcher.

— Chère femme, la moisson sera abondante, — dit Morvan à Noblède. — Et il ajouta en se tournant vers les chariots chargés de gerbes : — As-tu jamais vu plus beaux épis, paille plus dorée ? Regarde et admire.

— Morvan, — reprit Josseline, — vous moissonnez avant l'époque ordinaire, cette année... nous autres, du côté de Karnak, nous laisserons nos blés mûrir sur pied pendant quinze jours, n'est-ce pas Vortigern ?

— Non, ma douce Josseline, — répondit-il, — j'imiterai Morvan ; dès demain, nous retournerons chez nous, afin de commencer au plus vite notre moisson.

— Je vais, de plus, beaucoup vous surprendre, Josseline, — reprit Morvan ; — car, au lieu de laisser, selon notre vieille et bonne coutume, les gerbes engrangées pour mûrir le grain... ce blé, moissonné aujourd'hui, sera battu cette nuit. Vortigern et moi, nous ne serons pas les derniers à jouer du fléau sur l'aire de la grange... Ainsi donc, Noblède, donne-nous vite à souper, et ensuite à la besogne.

— Quoi, Morvan ! — reprit Josseline, — vous et Vortigern, après cette fatigante journée de moisson, vous allez encore passer la nuit au travail, vous allez faire jouer le fléau ?

— Joyeuse nuit, ma Josseline, — reprit Vortigern, — car, pendant que nous battrons le blé, toi et Noblède, vous nous chanterez quelque chanson... Caswallan nous dira quelque vieux bardit, et l'on défoncera une tonne d'hydromel pour réconforter les travailleurs qui se sont joints à nous. Le travail va de pair avec le plaisir.

— Vortigern, — dit en souriant le druide

chrétien, — crois-tu donc mes bras tellement affaiblis par l'âge, que je ne puisse plus manier un fléau ? Je compte vous aider à la besogne.

— Et nous donc ? — reprit gaiement Josseline, — nous, filles et femmes de laboureurs, avons-nous donc perdu l'habitude d'apporter les gerbes sur l'aire ou d'ensacher le grain ?

— Et nous donc ? — dirent à leur tour le petit Ewrag et son frère Rosneven, — est-ce que nous ne pourrons pas traîner une gerbe, dix gerbes, vingt gerbes ?

— Oh ! vous êtes des vaillants, chers petits, — reprit Vortigern en embrassant ses enfants, tandis que Morvan disait à sa femme :

— Noblède, n'oublie pas de faire porter quelques vivres dans la chambre des hôtes.

— Attendez-vous des hôtes, Morvan ? — demanda gaiement Josseline. — Bien venus ils seraient ; car ils nous aideraient à battre le grain pendant cette nuit.

— Ma douce Josseline, — répondit en souriant le chef des chefs, — les hôtes que j'attends mangent le plus pur froment, mais ils ne se donnent pas la peine de le semer et de le récolter. Ce sont des gens qui vivent grassement.

— La chambre des hôtes est préparée, — reprit Noblède, — le sol jonché de feuilles fraîches... Hélas ! personne n'y a logé depuis les derniers jours qu'elle a été occupée par notre aïeul Amaël.

— Digne grand-père ! — reprit Vortigern en soupirant — il n'est venu chez vous que pour y languir quelques semaines et s'éteindre.

— Que sa mémoire soit bénie comme sa vie ! — dit Josseline. — Je l'ai connu pendant bien peu de temps, mais je l'aimais et je le vénérais à l'égal d'un père.

Bientôt la famille de Morvan et tous ceux de sa tribu qui cultivaient ses terres avec lui, hommes, femmes et enfants, au nombre de trente personnes environ, s'assirent à une longue table dressée dans une grande salle, servant à la fois, de cuisine, de réfectoire et de lieu de réunion pour les veillées d'hiver. Aux murailles étaient suspendues des armes de chasse et de guerre, des filets de pêche, des brides et des selles de chevaux. Quoiqu'on fût en plein été, telle était la fraîcheur de ce pays de bois et de montagnes, que la chaleur du foyer, devant lequel avaient grillé les viandes du souper, agréait fort aux moissonneurs. Sa flamboyante clarté se joignait à celle des torches de bois résineux plantées dans les trous de fer scellés à la muraille. Lorsque les laboureurs eurent pris leur repas, Morvan se leva le premier de table : — Maintenant, mes enfants, au travail !... La nuit est sereine, nous battrons le blé sur l'aire extérieure de la grange. Deux ou trois torches plantées entre les pierres de la margelle du puits nous éclaireront en attendant le lever de la lune. Nous aurons achevé notre besogne vers une heure de la nuit, nous dormirons jusqu'au point du jour, et nous retournerons aux champs pour achever la moisson.

Les torches placées au bord du puits jetèrent leurs vives lueurs sur une partie de la cour et des bâtiments renfermés dans l'enceinte fortifiée. Hommes, femmes, enfants, commencèrent de décharger les chariots remplis de gerbes, tandis que ceux qui devaient battre le grain, et parmi eux Morvan, Vortigern et le vieux Caswallan, attendaient les gerbées le fléau à la main, n'ayant, pour se trouver plus à l'aise, conservé que leurs braies et leurs chemises. Les premières gerbes furent apportées au milieu de l'aire, et aussitôt retentit le bruit sourd et précipité des fléaux, vigoureusement maniés par les robustes bras des laboureurs. Dans l'appréhension d'une guerre prochaine, les Bretons se hâtaient de moissonner et d'engranger, afin de soustraire leurs récolte sur pied aux ravages de l'ennemi et aussi de l'affamer, car les grains devaient être enfouis dans des cavités recouvertes de terre. Morvan, dont le front se mouillait déjà de sueur, dit en faisant voltiger rapidement son fléau : — Caswallan, tu nous as promis un bardit, repose-toi un peu et chante, cela nous donnera doublement cœur à l'ouvrage.

Le druide chrétien chanta *Lez-Breiz*, ce vieux bardit national, si doux à l'oreille des Bretons, et qui commence ainsi :

— « Entre un guerrier frank et *Lez-Breiz*, a été arrêté un combat en règle. — Que Dieu donne la victoire au Breton et de bonnes nouvelles à ceux de son pays ! — Lez-Breiz disait à son petit serviteur ce jour-là : — Éveille-toi, va fourbir mon beau casque, ma lance et mon épée, je veux les rougir du sang des Franks ; je les ferai encore sauter aujourd'hui ! »

— Vieux Caswallan, — dirent les batteurs, lorsqu'il eut achevé son bardit, qui fit bouillonner leur sang d'une ardeur guerrière, — que les Franks maudits viennent nous attaquer encore, et nous dirons comme Lez-Breiz. — A l'aide de nos deux bras, faisons-les encore sauter aujourd'hui. — A ce moment, les chiens des bergers, qui depuis quelques instants grondaient sourdement, aboyèrent soudain en se précipitant vers la porte de l'enceinte. Quelques instants après, Karouër parut précédant l'abbé Witchaire et ses deux moines, tous trois à cheval. — C'est ici la demeure de Morvan, — dit le guide à l'abbé, — nous voilà arrivés, tu peux mettre pied à terre.

— Quelles sont ces torches que je vois là-bas ? — demanda le prêtre en descendant de sa monture qu'il remit à l'un des deux moines, — quel est ce bruit sourd que j'entends ?

— C'est celui des fléaux ; sans doute Morvan

bat le grain de sa moisson. Viens, je vais te conduire auprès de lui. — L'abbé Witchaire et son guide s'approchèrent du groupe de laboureurs éclairé par les torches; Morvan occupé à sa besogne et assourdi par le bruit retentissant des fléaux, ne put entendre les pas des nouveaux venus. Karouër ayant frappé sur l'épaule du chef des chefs pour attirer son attention, il se retourna : — Ah! c'est toi, Karouër ; quelles nouvelles apportes-tu de notre homme ?

— Je t'amène le personnage, — répondit Karouër en lui désignant son compagnon de voyage. Il est devant tes yeux, en chair et en os.

— Tu es l'abbé Witchaire ? — reprit Morvan d'une voix encore haletante de son rude labeur : puis croisant ses deux robustes bras sur le manche de son fléau, il ajouta : — comme j'attendais ta visite, j'ai fait préparer le souper; viens te mettre à table.

— Je préfère m'entretenir d'abord avec toi.

— Noblède, — dit Morvan, en essuyant du revers de sa main la sueur qui baignait son front, — une torche, ma chère femme. — Et se retournant vers l'abbé : — Suis-moi. — Noblède prenant une des torches placées près de la margelle du puits, précéda son mari et l'abbé Witchaire dans la chambre destinée aux hôtes; deux grands lits y étaient préparés, ainsi qu'une table garnie de viande froide, de laitage, de pain et de fruits. Noblède, après avoir placé la torche dans un des bras de fer scellés dans la muraille, se préparait à sortir, lorsque Morvan lui dit avec un accent significatif : — Chère femme, tu reviendras me donner le baiser du soir lorsque le battage du grain sera terminé. — Un regard de Noblède répondit à son mari qu'elle l'avait compris ; elle quitta la chambre des hôtes où Morvan resta seul avec l'abbé Witchaire, qui, s'adressant au chef des chefs : — Morvan, je te salue; je t'apporte un message du roi des Franks, Louis le Pieux, fils de Karl le Grand.

— En quoi consiste ce message ?

— Il se compose de peu de mots : « Les Bretons occupent une province de l'empire du roi des Franks et refusent de lui payer tribut en gage de sa souveraineté; de plus, le clergé breton, généralement infecté d'un vieux levain d'idolâtrie druidique, méconnaît la suprématie de l'archevêque de Tours. Telles sont les conséquences de cette funeste hérésie, que Lantbert, comte de Nantes, a écrit au roi Louis le Pieux : *La nation bretonne est orgueilleuse, indomptable ; tout ce qu'elle a de chrétien, c'est le nom ; quant à la foi, aux cultes, aux œuvres, l'on en chercherait en vain en Bretagne.* Louis le Pieux, voulant mettre terme à une rebellion si outrageante pour l'église catholique et l'autorité royale, ordonne au peuple breton de payer le tribut qu'il doit au souverain de l'empire des Franks, et de se soumettre aux décisions apostoliques de l'archevêque de Tours ; faute d'exécution, Louis le Pieux, par la force de ses armes invincibles, ruinera le pays et contraindra le peuple breton à obéir. »

— Abbé Witchaire, — répondit Morvan, après quelques moments de réflexion, — Amaël, aïeul du frère de ma femme, est convenu avec l'empereur Karl, que si nous ne sortions pas de nos frontières, il n'y aurait jamais guerre entre nous et les Franks. Nous avons tenu notre promesse, Karl la sienne ; son fils que tu appelles *le Pieux*, ne nous avait point inquiétés jusqu'ici; s'il veut aujourd'hui nous faire payer, il manque aux clauses du traité.

— Louis le Pieux est roi, de droit divin, souverain et maître de la Gaule ; la Bretagne fait partie de la Gaule, donc la Bretagne lui appartient, et doit lui payer tribut.

— Nous ne payerons aucun tribut à ton roi. Quant à ce qui touche aux prêtres, je te dirai : Avant leur arrivée en Bretagne, jamais elle n'avait été envahie; depuis un siècle, tout a changé : cela devait être. Qui voit la robe noire d'un prêtre, voit bientôt luire l'épée d'un Frank.

— Tu dis vrai, le prêtre catholique est, en tout pays, le précurseur de la royauté.

— Nous n'avons que trop de ces précurseurs. Malgré leurs querelles avec l'archevêque de Tours, les bons prêtres sont rares, les mauvais sont nombreux. Lors des dernières guerres, plusieurs de vos gens d'église ont servi de guides aux Franks, d'autres ont amené la trahison de quelques-unes de nos tribus en leur persuadant que résister à vos rois, c'était encourir la colère du ciel. Malgré ces trahisons, nous avons défendu notre liberté, nous la défendrons encore contre les tonsurés et contre les Franks.

— Morvan, tu es un homme sensé ; s'agit-il de vous asservir ? non ; de vous déposséder de vos terres ? non. Que demande Louis le Pieux ! Que vous lui payiez tribut en hommage de sa souveraineté, rien de plus.

— C'est trop, c'est inique.

— Songe aux épouvantables malheurs auxquels s'expose la Bretagne, si elle refuse de reconnaître la souveraineté de Louis le Pieux. Peux-tu préférer le ravage de tes champs, de tes moissons, la perte de tes bestiaux, la ruine de ta demeure, l'esclavage de tes proches, au payement volontaire de quelques sous d'or versés pour ta part dans le trésor du roi des Franks ? Le tribut sera léger ; consens à le payer.

— Certes, je préférerais payer vingt sous d'or et n'être point battu.

— Il ne s'agit pas seulement des biens de la terre : tu as une femme, une famille, des amis ? Voudrais-tu, par vain orgueil, exposer tant de personnes chères à ton cœur, aux chances horribles de la guerre, d'une guerre d'extermination,

Les négociations (page 570)

d'une guerre sans pitié ! Et cela, au moment où tu ne retrouves plus dans le peuple breton son indomptable énergie d'autrefois ?

— Non, — répondit Morvan d'un air sombre et pensif, les coudes appuyés sur ses genoux et son front caché dans ses deux mains, — non, le peuple breton n'est plus ce qu'il était jadis !

— A mes yeux, ce changement est une des conquêtes de la foi catholique ; à tes yeux c'est un mal, mais ce mal existe, tu es forcé de l'avouer ; la Bretagne, jadis invincible, a été plusieurs fois envahie par les Franks depuis un siècle ! Ce qui est arrivé doit se reproduire ! Et pourtant, malgré cette défiance de tes forces, malgré la certitude de succomber, tu veux essayer une lutte, au lieu de payer un tribut qui n'aliène en rien la liberté et celle des tiens.

Morvan, ébranlé par les insidieuses paroles de l'abbé, garda le silence, puis il dit avec effort : — A quelle somme se monterait le tribut que demande ton roi ?

Witchaire tressaillit de joie à ces paroles de Morvan, qu'il supposait décidé à une lâche soumission. A ce moment, Noblède entra pour donner le baiser du soir à son époux ; celui-ci rougit ; il laissa sa femme approcher de lui sans aller affectueusement à sa rencontre, comme il avait coutume de faire. La Gauloise devina presque la vérité à l'air embarrassé de Morvan et à la physionomie triomphante de l'abbé frank ; mais dissimulant son chagrin, elle s'avança près de son époux toujours assis, et lui baisa les mains : le chef breton tressaillit, sa volonté chancelante se raffermit, et il étreignit passionnément sa femme contre sa poitrine. Heureuse et fière de sentir répondre aux battements de son cœur ceux de son mari, la Gauloise s'écria, en jetant un regard de mé-

72ᵉ livraison

pris sur le prêtre : — D'où vient cet étranger ? que veut-il ? Nous apporte-t-il la paix ou la guerre ? Race de prêtres, race de vipères.

— Ce moine est envoyé par le roi des Franks ; — répondit le chef breton ; — j'ignore encore s'il apporte la paix ou la guerre.

Noblède regardait son mari avec une surprise croissante, lorsque l'abbé croyant le moment opportun pour obtenir de Morvan une décision favorable, dit : — Je repars à l'instant ; quelle réponse porterai-je à Louis le Pieux ?

— Vous ne pouvez vous remettre en route sans avoir pris du repos, — se hâta de dire Noblède en interrogeant du regard son mari qui semblait retombé dans ses incertitudes ; — il sera temps de partir au lever du soleil. Demeurez ici pour vous remettre de vos fatigues.

— Non, non, — reprit vivement l'abbé, redoutant l'influence de la Gauloise sur l'esprit de son mari, — je repars à l'instant. Porterai-je à Louis le Pieux des paroles de paix ou de guerre ? Je veux une réponse catégorique.

Mais le chef breton se leva et se dirigeant vers la porte, répondit à Witchaire : — Je prendrai la nuit pour réfléchir, demain tu auras ma réponse ; — et malgré les instances de l'abbé, il sortit de la chambre des hôtes avec Noblède.

Quelques instants après, Morvan, sa femme Vortigern et Caswallan étaient réunis non loin de la maison sous un chêne immense et tenaient conseil sur l'objet qui avait amené l'abbé Witchaire en Bretagne.

— Que veut ce messager du roi des Franks, — dit Vortigern à Morvan ?

— Si nous consentons à payer tribut à Louis le Pieux et à le reconnaître comme souverain, nous éviterons une guerre implacable. Je ne sais quelle réponse je dois faire, et j'hésite devant la perspective des désastres d'une lutte nouvelle, avec les massacres, les incendies.

— Hésiter ! céder aux menaces ?

— Frère, — répondit tristement Morvan, — le peuple breton n'est plus ce qu'il était jadis !

— Tu dis vrai, — reprit Caswallan, — le souffle catholique, mortel à la liberté des peuples, a passé sur ce pays ; le patriotisme d'un grand nombre de nos tribus s'est refroidi ; mais si tu consens à subir une paix honteuse, la Bretagne sera peuplée d'esclaves avant qu'un siècle ne soit écoulé !

— Frère ! — ajouta Vortigern, céder à la menace au lieu de retremper l'énergie bretonne dans cette lutte sainte contre l'étranger, c'est nous perdre par l'avilissement ! Aujourd'hui, nous payerons tribut au roi des Franks pour éviter la guerre ; demain, nous lui concéderons la moitié de nos terres pour qu'il nous laisse maîtres du reste ; plus tard, nous subirons l'esclavage, ses hontes, ses misères, pour conserver seulement notre vie : la chaîne sera rivée ! nos enfants devront la traîner durant des siècles !

— Malheur sur la Bretagne ! — s'écria Noblède ; — sommes-nous donc tombés si bas ! qu'on en vienne à mesurer la longueur de notre chaîne ? Voici trois hommes vaillants, sages, éprouvés, qui perdent le temps à discuter sur l'insolence d'un roi frank ! vous n'aviez que deux mots à répondre : LA GUERRE ! O Gaulois dégénérés ! il y a huit siècles, César, le plus grand capitaine du monde, commandant une armée formidable, envoya aussi des messagers sommer la Bretagne de lui payer tribut ; on répondit à ces Romains en les chassant honteusement de la cité de Vannes ; le soir même, Héna, notre aïeule, offrait son sang à Hésus pour la délivrance de la Gaule, et le cri de guerre retentissait d'un bout à l'autre du pays !

— Albinik le marin et sa femme Méroë, accomplissaient un voyage de vingt lieues à travers les plus fertiles contrées de la Bretagne, incendiées par les populations elles-mêmes ! César n'avait plus devant lui qu'un désert de ruines fumantes, le jour de la bataille de Vannes, toute notre famille, femmes, jeunes filles, enfants, vieillards, combattaient ou mouraient vaillamment ! Ah ! ceux-là s'inquiétaient peu des terribles chances de la bataille ! Vivre libres ou périr, telle était leur foi ; ils la scellaient de leur sang et allaient revivre dans les mondes inconnus ! — Noblède parlait ainsi lorsque l'abbé Witchaire, qui s'était adressé aux gens de la ferme pour retrouver Morvan, s'approcha du chêne, autour duquel il vit le chef breton, Caswallan, Noblède et Vortigern. Quoique la lune brillât de tout son éclat au firmament étoilé, les premiers feux de l'aube, hâtive à la fin du mois d'août, rougissaient déjà l'Orient.

— Morvan, dit l'abbé Witchaire, — le jour va bientôt paraître, je ne puis attendre plus longtemps ; quelle est la réponse au message de Louis le Pieux ?

— Prêtre ! ma réponse ne te chargera pas la mémoire : « *Va dire à ton roi que nous lui payerons tribut... avec du fer.* »

— Tu veux la guerre ! tu l'auras donc sans merci ni pitié ! — s'écria l'abbé furieux, et s'élançant sur son cheval, que les moines venaient d'amener, il ajouta en se retournant vers le chef des chefs :

— La Bretagne sera ravagée, incendiée ! il ne restera pas une maison debout. Le dernier jour de ce peuple est arrivé ! Le prêtre sembla du geste maudire et anathématiser le chef breton ; éperonnant alors son cheval avec rage, et suivi de ses deux moines, il s'éloigna rapidement. Au bout d'un quart d'heure à peine, Witchaire entendit derrière lui le galop d'un cheval ; il se retourna et vit venir un cavalier à toute bride : c'était Vortigern. L'abbé s'arrêta, cédant à un dernier espoir ; — Puisse ta venue être d'un heureux augure. Morvan regrette sans doute sa résolution insensée?

— Morvan regrette que dans la précipitation, toi et les deux moines, vous soyez partis sans guides; vous pourriez vous égarer dans nos montagnes. Je t'accompagnerai jusqu'à la cité de Guenhek; là, je te donnerai un guide sûr, qui te conduira jusqu'aux frontières.

— Jeune homme, tu es le frère de l'épouse de Morvan, je t'adjure au nom du salut de la Bretagne, de faire tes efforts pour changer les résolutions insensées et funestes de cet homme qui est le chef de votre nation.

— Moine, les feux allumés sur nos montagnes pendant la dernière nuit étaient un signal d'alarme donné à nos tribus de se préparer à la guerre; ton roi veut la guerre, que sa volonté soit faite! Maintenant, réponds à une question : Tu viens de la cour d'Aix-la-Chapelle? Pourrais-tu me dire ce que sont devenues les filles de l'empereur Karl?

L'abbé regarda Vortigern avec surprise : — Que t'importe le sort des filles de l'empereur?

— Il y a huit ans j'ai accompagné mon aïeul à Aix-la-Chapelle; j'y ai vu les filles de Karl. Telle est la cause de ma curiosité sur leur sort.

— Les filles de Karl ont été reléguées dans des monastères par l'ordre de leur frère Louis le Pieux, — répondit brusquement Witchaire. — Puissent-elles par leur repentir mériter le pardon de leur abominable libertinage.

— Thétralde, la dernière fille de Karl, a-t-elle partagé le sort de ses sœurs?

— Thétralde est morte depuis longtemps.

— Elle! — s'écria Vortigern sans pouvoir cacher son émotion. — Pauvre enfant!... si belle et morte si jeune!

— De celle-là, du moins, l'auguste Karl n'a jamais eu à rougir.

— Quelle a été la cause de la mort de cette enfant? Pourrais-tu me le dire?

— On l'ignore. Elle avait joui jusqu'à quinze ans d'une santé florissante, soudain elle est devenue languissante, maladive, et à seize ans à peine elle s'est éteinte entre les bras de son père, qui l'a toujours pleurée. Mais assez parlé des filles de Karl le Grand; une dernière fois, veux-tu, oui ou non, tenter de faire revenir Morvan de sa résolution, qui sera la perte de ce pays? Tu gardes le silence: est-ce un refus?

— Vortigern, absorbé dans ses pensées, resta muet et triste, songeant à cette enfant morte si jeune, et dont le souvenir touchant avait longtemps rempli son cœur. L'abbé, impatienté du silence prolongé du Breton, mit la main sur son épaule : — Je te demande si tu veux, oui ou non, tenter de faire renoncer Morvan à sa résolution insensée?

— Ton roi veut la guerre, il aura la guerre.

— Et Vortigern, retombé dans ses réflexions, chemina silencieux à côté de Witchaire jusqu'à ce que les cavaliers eussent atteint la cité de Guenhek. Là, Vortigern confia la conduite de l'abbé à un guide sûr, et tandis que le messager de Louis le Pieux se dirigeait vers les frontières de la Bretagne, le frère de Noblède regagna la demeure de Morvan.

LE DÉFILÉ DE GLEN-CLAN

Le défilé de *Glen-Clan* est le seul passage praticable à travers le dernier chaînon des *Montagnes noires*, ceinture de granit qui défend le cœur de la Bretagne. Il est si étroit, le défilé de Glen-Clan, qu'un chariot peut à peine y trouver passage; elle est si rapide, la pente du défilé de Glen-Clan, que six paires de bœufs suffisent à peine à traîner un chariot sur sa rampe escarpée, du haut de laquelle une pierre roulerait d'elle-même avec vitesse jusqu'au bas de ce chemin creusé comme le lit d'un torrent, au fond d'immenses rochers à pic de cent pieds de hauteur. Un bruit lointain, d'abord confus, et de plus en plus rapproché, vient troubler le profond silence de cette solitude; on distingue peu à peu le sourd piétinement de la cavalerie, le cliquetis des armes de fer sur des armures de fer, le pas cadencé de nombreuses troupes de piétons, le cri de la roue des chariots cahotant sur un sol pierreux, le hennissement des chevaux, le mugissement des attelages de bœufs; tous ces bruits divers se rapprochent, grandissent, se confondent, ils annoncent l'approche d'un corps d'armée considérable. Soudain le cri lugubre et prolongé d'un oiseau de nuit se fait entendre à la cime des roches qui surplombent les défilés; d'autres cris, de plus en plus éloignés, répondent au premier signal comme un écho de plus en plus affaibli; puis l'on n'entend plus rien... rien que le bruit tumultueux du corps d'armée qui s'avance. Une petite troupe paraît à l'entrée de ce tortueux passage, un moine à cheval la guide. A côté de ce moine se trouve un guerrier de grande taille, revêtu d'une riche armure; son bouclier blanc, sur lequel sont peintes trois serres d'aigle, pend à l'arçon de sa selle, une masse de fer pend de l'autre côté; derrière ce chef frank s'avancent quelques cavaliers accompagnés d'une vingtaine d'archers saxons reconnaissables à leurs larges carquois.

— Hugh, — dit le chef des guerriers à l'un de ses hommes, — prends avec toi deux cavaliers, cinq ou six archers te précéderont pour s'assurer que nous n'avons pas à craindre d'embuscade; à la moindre attaque, repliez-vous sur nous en poussant le cri d'alarme. Je ne veux pas engager le gros de ma troupe dans ce défilé sans prendre mes précautions. — Hugh obéit à son chef. Cette petite avant-garde, hâtant le pas, disparut bientôt à l'un des tournants de la route.

— Néroweg, la mesure est sage, — dit le moine; — l'on ne saurait s'avancer avec trop de précaution dans ce maudit pays de Bretagne, que j'habite depuis longtemps et que je sais être fort dangereux.

— Au sortir de ces défilés, nous entrerons dans un pays de plaines.

— Oui, mais auparavant nous aurons à traverser le marais de *Peulven* et la forêt de *Cardik*; puis nous arriverons aux vastes landes de *Kennor*, rendez-vous des deux autres corps d'armée de Louis le Pieux qui se dirigent vers ce point en traversant la rivière de la *Vilaine* et le défilé des monts *Orock*, comme nous allons traverser celui-ci. Morvan sera attaqué de trois côtés et ne pourra résister à nos troupes.

— Je m'étonne que ce passage si important ne soit pas défendu.

— Je t'en ai donné le motif, en te livrant le plan de campagne de Morvan, qui m'avait été adressé par Kervor, excellent catholique, rallié à l'autorité de notre roi, et chef des tribus du sud que nous venons de traverser.

— Ces populations, abruties par nos prêtres, nous apportaient des vivres, et à ta voix s'agenouillaient sur notre passage.

— Du temps des autres guerres, tu aurais laissé la moitié de tes troupes dans ce pays entrecoupé de marécages, de haies et de bois? D'où vient ce changement? de ce que la foi catholique pénètre peu à peu chez ces peuples jusqu'alors indomptables; nous leur avons prêché la soumission à Louis le Pieux, les menaçant du feu éternel s'ils résistaient à vos armes.

— En effet, plusieurs Centeniers de ces vieilles bandes, qui ont guerroyé ici du temps de Karl le Grand, m'ont dit qu'ils ne reconnaissaient plus le peuple breton, jadis presque invincible. Cependant, moine, malgré tes explications, je ne puis comprendre que le passage de ces défilés soit abandonné.

— Rien de plus simple, cependant; Morvan, d'après son plan de campagne, comptait sur la résistance des tribus que nous venons de traverser; en un jour, sans tirer l'épée, tu as franchi un pays qui devait te coûter trois jours de bataille et le quart de tes troupes. Morvan, ne se doutant pas de la prompte arrivée aux défilés de Glen-Clan, ne les enverra occuper que ce soir ou demain; il n'a pas assez de combattants pour les laisser dans l'inaction lorsqu'il est attaqué de trois côtés différents par plusieurs corps d'armée.

— Je n'ai rien à répondre à cela, père en Christ; tu connais le pays mieux que moi. Si cette guerre réussit, j'aurai ma part des terres de la conquête, et selon la promesse de Louis le Pieux, je deviendrai aussi puissant seigneur en Bretagne, que Gonthram, mon frère aîné, est puissant comte en Auvergne.

— Et tu n'oublieras pas de doter les églises.

— Je ne serai pas ingrat envers les prêtres, bon père ; j'emploierai une partie du butin à bâtir une chapelle à saint Martin, pour lequel notre famille a toujours conservé une dévotion particulière. Toi, qui connais bien les usages de ces Bretons, pourrais-tu me dire en quels lieux ils cachent leur argent? L'on prétend qu'ils emportent tous leurs trésors quand ils sont forcés de fuir leurs maisons, et qu'ils les enterrent dans des retraites inaccessibles?

— Quand nous arriverons au cœur du pays, je t'indiquerai le moyen de découvrir ces trésors, qui sont, presque toujours, enfouis au pied de certaines pierres druidiques, pour lesquelles ces païens conservent un culte idolâtre.

— Mais où chercher ces pierres? A quels signes les reconnaître?

— C'est mon secret, Néroweg; ce sera le nôtre, lorsque nous serons au cœur du pays.

— En devisant ainsi, le moine et le chef frank gravissaient lentement les pentes escarpées du défilé; de temps à autre, quelqu'un des cavaliers ou des soldats de pied détachés, en éclaireurs, venaient instruire Néroweg de leurs observations. Enfin, Hugh, de retour, apprit à son chef que rien ne pouvait faire soupçonner une embuscade. Néroweg, complètement rassuré par ces rapports et par les affirmations du moine, donna l'ordre de faire avancer ses troupes, les hommes de pied d'abord, ensuite les cavaliers, après eux les bagages et enfin un dernier corps de soldats de pied. Le corps d'armée s'ébranlant, s'engagea dans cette passe si resserrée, que quatre hommes pouvaient à peine y marcher de front. Cette longue et tortueuse file d'hommes, couverts de fer, pressés les uns contre les autres, et cheminant lentement, offrait du sommet des rochers qui dominaient cette route étroite, un aspect étrange; on eût dit un gigantesque serpent à écailles de fer déployant ses replis sinueux dans un ravin creusé entre deux murailles de granit. La confiance des Franks, assez ébranlée au moment où ils s'engagèrent dans ce passage si propice aux embuscades, se raffermit bientôt. Déjà l'avant-garde, que précédaient Néroweg et le moine, approchait de l'issue du défilé de Glen-Clan, tandis que commençaient à peine à entrer, les chariots de bagages, attelés de bœufs, se mettaient en mouvement suivis de l'arrière-garde, composée de cavaliers Thuringiens et d'archers Saxons. Les derniers chariots et la tête de l'arrière-garde entraient dans le défilé, lorsque soudain le cri lugubre d'un oiseau de nuit, cri semblable à ceux qui avaient salué l'approche des Franks, retentit de loin en loin sur la cime des deux escarpements ; aussitôt

s'en détachant, poussés par des bras invisibles, plusieurs énormes blocs de rochers roulèrent, bondirent du haut en bas des montagnes avec le fracas de la foudre, tombèrent au milieu des chariots, et en broyèrent un grand nombre, écrasant ou mutilant leurs attelages. Les voitures brisées, les bœufs tués ou furieux de leurs blessures, s'affaissant ou se ruant les uns contre les autres, jetèrent un désordre effroyable dans l'arrière-garde des Franks, hors d'état d'avancer parmi ces obstacles, et ainsi séparée du gros des troupes, elle fut réduite à l'impuissance. Dans toute la longueur du défilé de Glen-Clan, des fragments de rochers roulèrent ainsi du haut des cimes, écrasant, décimant la file compacte des guerriers; ce gigantesque serpent de fer, mutilé, coupé en plusieurs tronçons ensanglantés, grouillait convulsivement au fond du ravin, lorsque les deux faîtes, se couronnant d'une foule de Bretons, jusqu'alors cachés, ceux-ci firent pleuvoir une grêle de flèches, d'épieux, de pierres, sur les cohortes franques éperdues, épouvantées, impuissantes et enserrées entre ces deux murailles de granit, du sommet desquelles nos hommes envoyaient à l'ennemi une mort prompte et sûre. Vortigern commandait ces vaillants, son arc d'une main, son carquois au côté; pas un de ses traits ne manquait son but. Terrible boucherie! superbe carnage! les cris de guerre et de triomphe des Gaulois armoricains répondaient aux imprécations des Franks! terrible boucherie! superbe carnage! cela dura tant que nos hommes eurent à lancer une pierre, un trait, un épieu. Les munitions et celles de ses compagnons épuisées, Vortigern s'écria de la cime d'un rocher, en faisant aux Franks un geste de défi: — Nous défendrons ainsi notre sol pied à pied; et chacun de nos pas sera marqué par notre sang ou par le vôtre; toutes nos tribus ne sont pas comme celles de Kervor.
— Et Vortigern entonna le chant guerrier de son aïeul Scanvoch: « — Ce matin nous disions: — Combien sont-ils donc ces Franks? — Combien sont-ils donc ces barbares? — Ce soir nous dirons: — Combien étaient-ils ces Franks? — Combien étaient-ils ces barbares? »

LE MARAIS DE PEULVEN

Le marais de *Peulven* est immense; il forme, à l'est au au sud, une sorte de baie; ses rives sont bordées par la lisière de l'épaisse forêt de Cardik; au nord et à l'ouest, il baigne la pente adoucie des collines qui succèdent aux derniers chaînons des Montagnes Noires dont les cimes apparaissent à l'horizon empourprées par les derniers rayons du soleil; une jetée, ou langue de terre aboutissant aux confins de la forêt, traverse le marais de Peulven dans toute sa longueur; le silence est profond dans cette solitude; les eaux dormantes réfléchissent les teintes enflammées du couchant; de temps à autre des volées de courlis, de hérons et autres oiseaux aquatiques, s'élevant au milieu des roseaux dont le marais est en partie couvert, tournoient ou montent vers le ciel en poussant leurs cris plaintifs. Plusieurs cavaliers franks, après avoir gravi le revers de la colline, arrivent à son faîte, arrêtent leurs chevaux; leurs regards plongent au loin sur le marais, et après quelques moments d'examen ils tournent bride afin d'aller rejoindre Néroweg et le moine dont les soldats ont été décimés, quelques heures auparavant, au fond des défilés de Glen-Clan, et ensuite continuellement harcelés sur leur route par de petites troupes de Bretons qui, embusquées derrière les haies ou dans les fossés à demi couverts de broussailles, attaquaient à l'improviste, l'avant-garde ou l'arrière-garde des Franks, et après des engagements acharnés disparaissaient à travers ce terrain coupé d'obstacles de toute nature, impraticable à la cavalerie, et complètement inconnu des soldats de pied qui n'osaient s'éloigner de la colonne principale, craignant de tomber dans de nouvelles embuscades. Néroweg, à cheval à côté du moine, se tenait au sommet d'une colline peu éloignée de celle que les éclaireurs avaient gravie; il attendait leur retour pour continuer sa route. A quelque distance du chef, l'avant-garde faisait halte; plus loin, le gros de ses troupes faisait halte aussi; une partie de l'arrière-garde avait dû rester à une lieue de là pour garder les bagages, les chariots et les blessés de ce corps d'armée qui auraient ralenti sa marche. Les traits du chef des Franks étaient sombres, abattus; il disait au moine:
— Quelle guerre! quelle guerre! J'ai combattu les *North-mans*, lorsqu'ils ont attaqué nos camps fortifiés à l'embouchure de la Somme et de la Seine; ces damnés pirates sont de terribles ennemis, aussi prompts à l'offensive qu'à la retraite qu'ils trouvent dans les légers bateaux à bord desquels ils viennent des mers du Nord jusque sur les côtes de la Gaule; mais par saint Martin! ces maudits Bretons sont encore plus endiablés, plus insaisissables que ces pirates! ils ont causé de l'inquiétude à Karl, le grand empereur! ils sont la désolation de son fils. — Puis Néroweg répéta d'un air sinistre: — Quelle guerre! quelle guerre!

Le moine se retourna sur sa selle, et étendant la main dans la direction que les troupes des Franks venaient de parcourir, il dit à Néroweg: Regarde vers l'Occident.

Le chef des Franks, suivant l'indication du prêtre, vit derrière lui, de loin en loin, des tourbillons de fumée teintée de feu qui s'élevaient des collines que l'armée laissait derrière elle.

— Vois ! l'incendie signale partout notre passage ; les bourgs, les villages abandonnés par les habitants en fuite, ont été par mes ordres livrés aux flammes ; les Bretons n'ont pas, comme les pirates North-mans, la ressource de leurs bateaux pour fuir sur l'Océan avec leurs richesses. Nous poussons devant nous ces populations fuyardes, les deux autres corps d'armée de Louis le Pieux font de leur côté une pareille manœuvre. Aussi devons-nous comme eux arriver demain matin dans la ville de *Lokfern* : là se trouveront refoulées, acculées, les populations attaquées depuis plusieurs jours au sud, à l'est et au nord ; là, entourées d'un cercle de fer, elles seront anéanties ou emmenées en esclavage ! Ah ! cette fois la Bretagne à jamais domptée sera soumise à la foi catholique et à la puissance des Franks ! Qu'importe que tes soldats aient été décimés pour le triomphe de la foi et de la royauté ! les troupes qui le restent, jointes aux autres corps de l'armée, suffiront pour exterminer les Bretons ?

— Moine, — répondit brusquement Néroweg, — tes paroles ne me consolent pas de la mort de tant de vaillants guerriers, dont les os blanchiront au fond du Glen-Clan et dans les bruyères de ce maudit pays !

— Envie plutôt leur sort ; ils sont morts pour la religion, ils sont actuellement dans le paradis, au milieu des chœurs de séraphins.

Néroweg hocha la tête d'un air assez incrédule, et reprit après un long silence : — Tu as promis de m'indiquer les lieux où ces païens enfouissent leurs richesses ?

— Au-delà du marais de Poulven que nous devons traverser, est une forêt profonde, où se trouvent grand nombre de pierres druidiques. Tu feras fouiller la terre autour de ces pierres, et tu y trouveras de grosses sommes d'argent et d'or et beaucoup d'objets précieux qui y ont été enfouis depuis le commencement de la guerre.

— Quand arriverons-nous à cette forêt ?

— Ce soir, avant la tombée de la nuit.

— Je ne veux pas engager mes troupes dans cette forêt, et tomber dans une embuscade pareille à celle du défilé ! — s'écria Néroweg ; — le jour touche à sa fin, nous camperons cette nuit au milieu des landes nues où nous sommes et où l'on n'a point à redouter de surprise.

— Tes éclaireurs sont de retour, — dit le prêtre au chef des Franks, — interroge-les avant de prendre une résolution.

— Néroweg, — dit l'un des cavaliers qui venaient de descendre le versant opposé de la colline, — aussi loin que la vue peut s'étendre l'on n'aperçoit rien sur le marais, pas un homme, pas un bateau et sur les rives aucune hutte, aucun retranchement. La lisière d'une grande forêt borne ce marais à l'horizon.

Le chef frank, impatient de juger de la position du terrain, eut bientôt, suivi du moine, atteint le faîte de la colline ; de là, il vit l'incommensurable nappe d'eau dont la morne surface miroitait aux derniers feux du soleil couchant ; la chaussée verdoyante, coupant de grands roseaux, allait rejoindre la lisière de la forêt. — Il n'y a pas du moins à craindre d'embûches durant la traversée de cette solitude, — dit Néroweg ; — cette marche peut durer une demi-heure au plus.

— Et il reste environ une heure de jour, — reprit le moine. — La forêt que tu aperçois là-bas s'appelle la forêt de Cardik ; elle s'étend très loin à droite et à gauche du marais, puisque à l'ouest elle atteint le rivage de la mer Armoricaine ; mais la partie qui fait face à la jetée a tout au plus un demi-quart de lieue de largeur ; nous pourrons l'avoir traversée avant la fin du jour, et nous arriverons alors aux landes de *Kennor*, plaine immense où tu pourras camper en toute sécurité. Demain, à l'aube, nous retournerons dans la forêt pour fouiller au pied des pierres druidiques où sont enfouies les richesses des Bretons, si tel est ton bon plaisir. Gloire à tes armes et gros butin.

Néroweg, après quelques moments d'hésitation, tenté par la cupidité, envoya un homme de son escorte donner l'ordre à ses troupes de se mettre en marche afin de traverser la chaussée, large d'environ trois pieds, parfaitement plane, recouverte d'herbe fine et accessible aux regards d'un bout à l'autre. Néroweg se sentit rassuré ; néanmoins se souvenant des rochers de Glen-Clan, il ordonna prudemment à plusieurs cavaliers de précéder de cent pas les troupes. Celles-ci, à la suite de leur chef, commençant à défiler sur la chaussée, elle fut bientôt couverte de troupes dans toute sa longueur ; au loin l'on voyait massées depuis le pied jusqu'au sommet de la colline les dernières cohortes de l'armée, s'ébranlant à mesure qu'arrivait leur tour de passage. Soudain, de loin en loin et du milieu de plusieurs massifs de roseaux, disséminés le long de la langue de terre, s'élevèrent des cris d'oiseaux de nuit, cris semblables à ceux qui avaient déjà retenti sur la cime des rochers de Glen-Clan. À ce signal les coups sourds et réitérés de plusieurs cognées semblèrent répondre, puis la chaussée, en différents endroits, s'effondra sous les pieds des soldats. Malheur à ceux qui se trouvèrent sur ces espèces de trappes, construites de poutres et de fortes claies cachées sous une couche de terre gazonnée ! Cette invention, due à Vortigern, était d'un succès certain ; ces ponts mobiles pouvaient ou supporter le poids des troupes qui les traversaient, ou basculer sous leurs pas, si l'on coupait à coups de hache certaines chevilles de bois, seul point d'appui de ces planchers volants. Vortigern et bon nombre d'hommes de sa tribu, plongés dans l'eau jusqu'au cou, s'étaient tenus immobiles, muets, invisibles au milieu des roseaux qui, à l'endroit des trappes, bordaient la jetée. Lorsqu'elle fut entièrement couverte de soldats franks, les haches jouèrent, les chevilles tombèrent, et elle se trouva soudain coupée par plusieurs tranchées de vingt pieds de largeur au fond desquelles s'entassèrent pêle-mêle piétons, cavaliers et chevaux, reçus dans leur chute sur la pointe aiguë d'une grande quantité de pieux enfoncés à fleur d'eau. A l'aspect de ces terribles pièges s'ouvrant sous leurs pas, aux cris féroces des blessés, un effroyable désordre suivi d'une terreur panique se répand parmi les Franks; croyant la chaussée partout minée, ils refluent éperdus les uns sur les autres, soit en avant, soit en arrière des tranchées; les chevaux épouvantés se cabrent, se renversent, ou furieux s'élancent dans le marais où ils disparaissent avec leurs cavaliers. Au plus fort de la déroute, les Bretons se dressent du milieu des roseaux et font pleuvoir une grêle de traits sur cet amoncellement de guerriers éperdus de frayeur, se foulant aux pieds ou écrasés par les chevaux; d'autres cris de guerre lointains répondent à l'appel de Vortigern; une troupe sort de la lisière de la forêt et se range en bataille sur la rive du marais, prête à disputer aux Franks le passage, s'ils osaient le tenter. La vue de ces nouveaux ennemis porte à son comble la panique des troupes de Néroweg; au lieu de marcher vers la lisière de la forêt, elles tournent casaque afin de rejoindre le gros de l'armée encore massée sur la colline, et se ruent de ce côté avec une telle furie que la profondeur des tranchées est bientôt comblée par les corps d'une foule de guerriers blessés, mourants ou morts. Cet entassement de cadavres sert de pont aux fuyards criblés de traits par les Bretons. Alors Vortigern et ses vaillants répètent le chant de guerre qu'ils avaient fait entendre dans les défilés de Glen-Clan : « — Ce matin, nous disions : — Combien sont-ils ces Franks ? — Combien sont-ils ces barbares ? — Ce soir, nous disons : — Combien étaient-ils ces Franks ? — Combien étaient-ils ces barbares ? » Victoire et gloire à Hésus !

LA FORÊT DE CARDIK

— Quelle guerre ! quelle guerre ! — disaient les guerriers de Louis le Pieux laissant à chaque pas quelques-uns de leurs compagnons au milieu des rochers et des marais de l'Armorique. Chaque haie des champs, chaque fossé des prairies cache un Breton au coup d'œil sûr, à la main ferme : la pierre de la fronde, la flèche de l'arc sifflent et ne manquent jamais le but... Le creux des précipices, la vase des eaux dormantes, engloutissent les cadavres de nos soldats; si nous pénétrons dans les forêts, le danger redouble ; chaque taillis, chaque cime d'arbre recèle un ennemi. Néroweg, échappé au désastre du marais de Peulven, a passé la nuit sur les collines, avec le reste de son armée. Mais quand l'aube est venue, il a fait sonner trompettes et clairons. A la tête de ses guerriers il traverse de nouveau la jetée du marais ; il veut pénétrer de vive force dans la forêt de Cardik. Piétons et cavaliers foulent de nouveau les cadavres entassés dans la profondeur des tranchées ; aucune embuscade n'a retardé le passage des Franks. Au lever du soleil les dernières phalanges ont traversé le marais, toutes les troupes de Néroweg sont développées sur la lisière de la forêt qui sert de retraite aux Gaulois armoricains et où ils se sont retirés. Ces bois séculaires s'étendent à l'ouest jusqu'aux bords escarpés d'une rivière qui se jette dans la mer, et à l'est, jusqu'à des précipices. Furieux de sa défaite de la veille, le chef frank peut à peine contenir son ardeur farouche ; toujours accompagné du moine, il s'avance vers la forêt : les chênes, les ormes, les frênes, les bouleaux pressent leurs troncs gigantesques, entrelacent leurs branchages; entre ces troncs, ce ne sont que taillis, ronces, broussailles ; une seule route tortueuse s'offre à la vue de Néroweg ; il s'y engage, c'est à peine si le jour peut pénétrer cette voûte de verdure, formée par les cimes touffues des grands arbres. Des fourrés de houx de sept à huit pieds d'élévation bordent le chemin, leurs feuilles épineuses rendent ces retraites impénétrables. Les soldats, ne pouvant s'écarter ni à droite ni à gauche, sont forcés de suivre ce défilé de verdure, encore frappés du souvenir de leurs désastres récents, ils s'avancent avec défiance à travers la sombre forêt de Cardik, se parlant à voix basse, et de temps à autre interrogeant d'un regard inquiet la cime touffue des arbres ou les taillis du bord de la route. Cependant rien n'a jusqu'alors justifié la crainte des cohortes; le bruit sourd et cadencé de leur marche, le cliquetis de leurs armures troublent seuls le silence de la forêt. Ce silence même redouble la vague effroi des Franks; ils étaient d'abord silencieux aussi les défilés de Glen-Clan et le marais de Peulven ! Déjà plus de la moitié de l'armée est engagée dans ces grands bois, lorsqu'à l'un des détours de la route, Néroweg, qui marchait en tête, accompagné du moine, s'arrête tout à coup... Aussi loin que sa vue peut s'étendre, devant lui, à gauche, à droite, il voit un immense abattis d'arbres ; des chênes, des ormes de cent pieds de hauteur et de quinze ou vingt pieds de tour, tombés sous la cognée des bûcherons, couvraient le sol, tellement enchevêtrés dans leur chute, que leurs branches énormes, leurs troncs gigantesques, formaient une barrière infranchissable à la cavalerie ; les gens de pied seuls auraient pu escalader ces obstacles et s'y frayer un passage à coups de hache. — Ah ! quelle guerre ! — s'écriait Néroweg en fermant les poings. — Après le défilé, le marais ! après le marais, la forêt ! A peine me restera-t-il le tiers de mes troupes lorsque je rejoindrai les autres chefs... Bretons endiablés ! que les flammes de l'enfer vous soient ardentes !

— Ils y brûleront, les idolâtres ! jusqu'au jour du jugement dernier ! — s'écria le moine. — Courage Néroweg ! courage ! ce dernier obstacle surmonté, nous arriverons aux landes de Kennor. Là nous rallierons les deux corps de l'armée de Louis le Pieux, et nous pénétrerons dans la vallée de Lokfern, où nous exterminerons ces maudits Armoricains jusqu'au dernier.

— M'as-tu vu manquer de vaillance ? Par le grand saint Martin ! tu serais d'accord avec l'ennemi que tu ne nous aurais pas autrement guidés ! Tu nous as déjà fait tomber deux fois dans des embuscades, misérable tonsuré !

— N'ai-je pas bravé ces périls avec toi ? répondit le prêtre en montrant son bras gauche soutenu par une écharpe ensanglantée. — N'ai-je pas été blessé hier dans le marais de Peulven ? Peux-tu mettre en doute mon courage.

— Comment trouver une autre route que celle-ci ? la seule, as-tu dit qui traverse cette forêt, partout ailleurs impraticable à une armée. — Le moine, hochant la tête d'un air pensif, ne répondit rien. Les troupes commençaient à murmurer, en proie au découragement et à une terreur croissante, lorsque trois cris d'oiseaux nocturnes dominèrent le tumulte. Aussitôt des frondeurs et des archers bretons, embusqués derrière les abattis d'arbres assaillirent les Franks d'une nuée de pierres et de flèches ; d'énormes branches sciées au sommet des chênes s'en détachèrent, et tombant écrasèrent ou mutilèrent les soldats : nouvelle panique, nouveau carnage des Franks ; cavaliers renversés de leurs montures, piétons broyés sous les pieds des chevaux, soldats aveuglés, déchirés en se précipitant effarés au milieu des fourrés de houx hérissés de pointes. Quel beau spectacle pour les yeux d'un Gaulois de l'Armorique ! Gémissements des mourants, imprécations des blessés, menaces de mort contre le moine accusé de trahison... Le carnage allait croissant au milieu de cette panique, lorsque Vortigern, dominant le point le plus élevé de l'abattis d'arbres, parut aux yeux des Franks : — maintenant, traversez cette forêt ; nos carquois sont vides ; nous allons vous attendre aux abords de la vallée de Lokfern ! — Puis avisant le chef des Franks, qui, descendu de cheval, opposait aux pierres et aux traits des assaillants son grand bouclier blanc, où se voyaient peintes trois serres d'aigles dorées, il ajusta sur la corde de son arc sa dernière flèche.

— Le descendant de Joel, envoie ceci au descendant des Nérowegs. — La flèche siffla, et effleurant la bordure inférieure du bouclier du Frank, traversa le genou au-dessous du cuissard. Néroweg, tombant agenouillé, désigna le Gaulois à plusieurs arbalétriers : — Tirez ! tirez sur ce bandit ! Tuez-le !

Trois flèches saxonnes volèrent, d'eux d'entre elles s'enfoncèrent en vibrant dans les branches d'arbres, mais la troisième atteignit Vortigern au bras gauche. Le descendant de Joel, arrachant le fer acéré, le rejeta sanglant contre les Franks avec un geste de défi et disparut derrière les branchages. Par trois fois, le cri de l'oiseau nocturne se fit entendre dans la forêt, et les Bretons se dispersèrent par les sentiers, chantant ce vieux bardit de guerre, qui se perdit peu à peu dans l'éloignement : « — Ce matin, nous disions : — Combien sont-ils ces Franks ! — Combien sont-ils ces barbares ? — Ce soir nous disons : — Combien étaient-ils ces Franks ? — Combien donc étaient-ils ces barbares ? » Victoire, victoire pour la Gaule !

LES LANDES DE KENNOR

Elles ont environ quatre lieues de longueur et trois lieues de largeur, les landes de Kennor : elles forment un vaste plateau qui s'abaisse au nord vers la vallée de *Lokfern*, et se trouve borné à l'ouest par une large rivière qui, à peu de distance, se jette dans la mer armoricaine. La forêt de Cardik et les dernières pentes de la chaîne du *Men-Brèz* bordent les landes ; elles sont couvertes, dans toute leur étendue, de bruyères hautes de deux à trois pieds que l'ardent soleil caniculaire a presque desséchées. Unie comme un lac, cette plaine immense, nue, déserte, offre un aspect désolé. Un vent violent, soufflant de l'est, fait onduler, comme des flots, les hautes bruyères couleur de feuilles mortes. Le ciel, par cette journée de vent et de hâle, est d'un azur éclatant ; le soleil d'août inonde de sa lumière torride ce désert, dont le silence est seulement troublé par l'aigre cri des cigales ou par les longs gémissements de la bise. Bientôt, longeant le bord de la rivière, une masse noire, confuse, paraît, s'étend et se dirige vers le centre de la plaine de Kennor. C'est un des trois corps de l'armée que Louis le Pieux conduit en personne contre les Gaulois bretons. Longtemps avant son apparition, d'autres troupes, formées en cohortes compactes, descendaient à l'est les dernières pentes de la chaîne du *Men-Brèz*, s'avançant aussi vers la plaine, lieu marqué pour la jonction des trois armées qui avaient envahi l'Armorique, incendiant, ravageant le pays sur leur passage et repoussant les populations vers la vallée de Lokfern. Seules, les troupes de Néroweg, engagées dans

Marthe et sa fille Anne-la-Douce (page 588)

la forêt de Cardik depuis le matin, manquaient encore à ce rendez-vous. Enfin elles sortent en désordre des bois et se reforment en phalanges. Après des fatigues et des travaux inouïs, se frayant un passage la hache à la main, abandonnant la cavalerie, obligée de rebrousser chemin vers les marais de Peulven, les troupes de Néroweg sont parvenues à traverser la forêt diminuées presque de moitié, autant par les pertes subies dans le passage des défilés et des marais, que par la défection de nombreux soldats qui, dans leur panique croissante, et malgré les ordres de leurs chefs, ont suivi le mouvement de retraite de la cavalerie. Ces trois corps d'armée se sont aperçus; leur marche converge vers le centre de la plaine : déjà la distance qui les sépare s'est tellement amoindrie, que de l'un à l'autre de ces corps, on voit miroiter au soleil les armures, les casques et le fer des lances. Les phalanges de Louis le Pieux, descendues les premières dans la plaine par les pentes du *Men-Brés*, firent halte, afin d'attendre les autres corps. Ces troupes démoralisées, décimées comme celles de Néroweg, en suite de leur longue marche à travers des périls, des embûches de toutes sortes, reprenaient courage. Elles allaient, cette fois, combattre en plaine, après avoir traversé cette immense plateau, que l'on pouvait mesurer des yeux dans toute son étendue : il ne devait cacher aucun piège ; cette dernière bataille allait mettre fin à la guerre ; les Bretons acculés dans la vallée de Lokfern seraient écrasés par des forces trois fois supérieures aux leurs. Les premières cohortes des deux armées venant des bords de la rivière et de la forêt, allaient se confondre avec les troupes de Louis le Pieux... Soudain vers l'est d'où soufflait un vent sec et

73ᵉ livraison

violent, de petits nuages de fumée, d'abord presque imperceptibles, s'élèvent, de loin en loin, sur les confins de la lande qui se prolongeait jusqu'à la dernière pente du *Men-Brèz*; puis ces points fumeux s'étendant, se reliant entre eux sur un développement de plus de deux lieues, forment peu à peu une immense ceinture de fumée noirâtre, rougie d'ardents reflets... Le feu vient d'être allumé en cent endroits à la fois par les Gaulois bretons dans les bruyères desséchées des landes de Kennor! Poussée par la violence de la bise, cette houle de flammes, embrasant bientôt l'horizon de l'est au midi, des versants du *Men-Brèz* à la lisière de la forêt, s'avance, rapide comme les grandes marées que le souffle du vent précipite encore... Epouvantés à la vue de ces flots embrasés qui arrivent sur leur droite avec la vitesse de l'ouragan, les Franks hésitent un moment : à leur gauche est une rivière profonde, derrière eux la forêt de Cardik, devant eux la pente du plateau qui s'abaisse vers la vallée de Lokfern; Louis le Pieux, se sauvant à toute bride dans la direction de cette vallée, donne à ses troupes le signal de la fuite, espérant sortir du plateau avant que les flammes, envahissant la lande entière, aient coupé tout passage à l'armée. La cavalerie, impatiente d'échapper au péril, rompt ses rangs, suit l'exemple du roi frank, traverse les cohortes d'infanterie, les culbute, leur passe sur le corps. Elles se débandent ; le désordre, le tumulte, la terreur sont à leur comble : les flots de feu avancent, avancent toujours... La course la plus impétueuse ne saurait longtemps les devancer. L'immense nappe de feu atteint d'abord les soldats renversés, mutilés par le choc de la cavalerie, enveloppe ensuite le gros de l'armée ; en un instant les phalanges effarées sont dans la flamme jusqu'au ventre. Par la vaillance de nos pères! c'est l'enfer des damnés en ce monde! douleurs atroces! inouïes! gai spectacle pour l'œil d'un Gaulois breton! des cavaliers franks, bardés de fer, tombés de leurs chevaux, grillent dans leur armure rougie, comme tortues dans leurs écailles; des piétons font des sauts réjouissants pour échapper au flot embrasé; il les rejoint, les devance; leurs pieds, leurs jambes, brûlés jusqu'aux os ne peuvent plus les soutenir, ils s'affaissent, ils tombent dans la fournaise en poussant des hurlements affreux ; des chevaux, malgré leur course haletante, sentant la flamme qui les poursuit dévorer leurs flancs et leurs entrailles, deviennent furieux ; frappés de vertige, ils se cabrent, se renversent sur leurs cavaliers; chevaux et cavaliers roulent au milieu du feu; les chevaux hennissent, les hommes gémissent ou hurlent; un immense concert d'imprécations, de cris de douleur et de rage, monte vers l'azur du ciel avec la flamme de cette magnifique hécatombe de guerriers franks ! Oh ! qu'elle était belle à voir, la lande de Kennor, rouge et fumante encore, une heure après son embrasement, qui avait mis en braise jusqu'aux racines de bruyères ! Splendide brasier de trois lieues d'étendue ! couvert de milliers de débris humains, informes, calcinés, chaude curée, au-dessus de laquelle tournoyaient déjà les bandes de corbeaux de la forêt de Cardik. Gloire à vous, Bretons! plus d'un tiers de l'armée des Franks a trouvé la mort dans les landes de Kennor.

— Quelle guerre! quelle guerre! disait aussi Louis le Pieux. — Oui, guerre impitoyable, guerre sainte, trois fois sainte, d'un peuple qui défend sa liberté, sa famille, son champ, son foyer ! O terre antique des Gaules ! vieille Armorique ! mère sacrée! tout devient arme pour tes rudes enfants ! rochers, précipices, marais, bois, landes enflammées! O Bretagne trahie, frappée au cœur, frappée à mort par l'épée des rois franks, perdant ton généreux sang par la poitrine de tes enfants, tu subiras peut-être le joug des conquérants ; mais les os de tes ennemis écrasés, noyés, brûlés dans cette lutte, diront à nos descendants la résistance de la Gaule armoricaine aux envahisseurs mitrés et casqués !

LA VALLÉE DE LOKFERN

L'armée des Franks, décimée par l'incendie de la lande de Kennor, avait fui en désordre dans la direction de la vallée de *Lokfern* que dominait l'immense plateau où s'étaient réunis les trois corps de troupes. Echappée au désastre, emportée par l'impétuosité de sa course, une partie de la cavalerie franque, suivant *Louis le Pieux* dans sa course précipitée, arriva la première aux confins du plateau. Là, les cavaliers, poussés par la terreur et ne songeant qu'à se dépasser les uns les autres, virent au-dessous d'eux, au pied du versant qu'il leur fallait descendre pour l'attaquer, la nombreuse cavalerie bretonne, rangée en bataille et commandée par Morvan et Vortigern, cavalerie rustique, mais intrépide, aguerrie et parfaitement montée. Les Franks, entraînés sur la pente rapide du vallon par la fougue de leurs chevaux, s'élancèrent en masses confuses, dans l'espoir d'écraser la cavalerie ennemie sous l'irrésistible élan de cette descente impétueuse ; mais soudain se divisant en deux corps, commandés l'un par Morvan, l'autre par Vortigern, les cavaliers armoricains prirent la fuite à droite et à gauche, au lieu d'attendre les Franks. Le vaste espace qui s'étendait au pied de la colline à la rivière, se trouvant ainsi dégagé par la volte subite et rapide des Gaulois, les premiers rangs des Franks purent à grand peine arrêter leurs chevaux à cent pas du bord de la Scoër. Alors Morvan et Vortigern, profitant du désordre des ennemis, successivement arrêtés par la largeur de la rivière, revinrent au combat, les prirent en flanc, à droite, à gauche, les chargèrent avec furie, et en firent un effroyable carnage, culbutant dans les eaux les Franks qui échappaient à leurs sabres ou à leurs haches. Pendant ce combat acharné, les débris de l'infanterie de Louis le Pieux, fuyant aussi la lande embrasée de Kennor, arrivèrent tour à tour en désordre; mais se reformant en cohortes sur le sommet des versants de la vallée, s'élancèrent sur les cavaliers bretons d'abord vainqueurs, et les écrasèrent sous le nombre. De l'autre côté de la rivière, était rangée la rustique infanterie gauloise, laboureurs, bergers, bûcherons, armés de piques, de faux, de haches, les plus exercés portant l'arc et la fronde. Derrière eux, dans une enceinte défendue par des abattis de bois et des fossés, étaient rassemblés les femmes, les enfants des combattants ; ces familles éplorées fuyant devant l'invasion, avaient emporté leurs objets les plus précieux, et attendaient dans une angoisse terrible l'issue de cette dernière bataille.

. . . .

Pleure! pleure! Bretagne, et pourtant glorifie-toi! Tes fils écrasés par le nombre ont résisté jusqu'à la fin! tous sont tombés blessés ou morts en défendant leur liberté!... La rivière était guéable en un seul endroit pour l'infanterie; le moine qui avait guidé Néroweg indiqua aux troupes de Louis le Pieux ce passage, et elles le traversèrent après l'extermination de la cavalerie de Morvan. Les Armoricains, rangés sur l'autre rive de la Scoër, défendirent héroïquement le terrain pied à pied, homme à homme, se repliant vers l'enceinte fortifiée, dernier refuge de leurs familles. Les soldats de Louis le Pieux, marchant sur des monceaux de cadavres, assaillirent l'enceinte fortifiée dont tous les défenseurs étaient tués ou blessés. Les Franks, selon leur coutume, égorgèrent les enfants, firent subir les derniers outrages aux femmes et aux filles, et les emmenèrent esclaves dans l'intérieur de la Gaule. *Ermord le Noir*, un moine, compagnon de Louis le Pieux dans cette guerre impie, en a écrit le récit en vers latins. Il raconte de la sorte la mort de Morvan : « — Bientôt se répand que la tête du chef des Bretons a été apportée au roi des Franks. — Les Franks accoururent en poussant des cris de joie pour contempler ce spectacle ; — l'on saisit de main en main la tête sanglante de Morvan, horriblement déchirée par le glaive qui l'a séparée du tronc. — *L'abbé* WITCHAIRE est appelé pour reconnaître si c'est bien celle du chef des Bretons. — Le moine jette. de l'eau sur cette tête ; — l'ayant lavée, il en écarte la chevelure et déclare qu'il reconnaît les traits de Morvan. — Ainsi la Bretagne, qui était perdue pour les Franks, est de nouveau placée sous leur dépendance. »

Vortigern, petit-fils d'Amaël, a écrit ce récit de la guerre des Franks contre la Bretagne ; laissé pour mort sur les rives de la Scoër, lorsqu'il a repris ses sens, un jour et une nuit s'étaient passés depuis la défaite des Bretons. Quelques druides chrétiens, guidés par Caswallan, qui avait échappé au massacre, vinrent sur le champ de bataille recueillir les blessés survivants. Vortigern fut de ce nombre ; il apprit que sa sœur Noblède, femme de Morvan, et quelques autres femmes et jeunes filles réfugiées dans l'enceinte fortifiée, s'étaient donné la mort pour se soustraire aux outrages des Franks et à l'esclavage. Vortigern, après que l'abbé Witchaire avait eu quitté la maison de Morvan, afin d'aller annoncer à Louis le Pieux le refus des Gaulois armoricains au sujet du tribut qu'il exigeait d'eux, Vortigern était retourné avec sa femme et ses enfants, près de Karnak, pour y moissonner ses champs. La moisson faite, il laissa sa famille dans la maison de ses pères, et alla rejoindre Morvan afin de combattre l'armée de Louis le Pieux. Vortigern, à peine guéri de ses blessures, revint à Karnak, où il retrouva sa femme et ses enfants ; les Franks n'avaient pas osé pousser leur invasion au-delà des vallées de Lokfern, laissant l'Armorique ravagée, dépeuplée de ses plus courageux défenseurs, mais non soumise et n'attendant que le moment de se révolter de nouveau. Vortigern a joint cette légende aux autres récits de sa famille, ainsi que *les deux pièces de monnaie karolingiennes*, don de Thétralde, une des filles de Karl le Grand. Ce jour-ci, 20 novembre de l'année 818, les pieuses reliques de la famille de Joel se composent de la *faucille d'or* d'Héna, de la *clochette d'airain* de Guilhern, du *collier de fer* de Sylvest, de *la croix* de Geneviève, de l'*alouette de casque* de Scanvoch, de la *garde de poignard* de Ronan le Vagre, de *la crosse abbatiale* de Bonaïk et des *pièces de monnaie karolingiennes* de Vortigern.

Moi, fils aîné de Vortigern, j'écris ici la date de la mort de mon père, le cinquième jour du mois de février 880. — La Bretagne a vu de tristes temps et notre famille de plus tristes jours encore, par la division de mes deux frères : l'un a quitté notre pays pour s'en aller dans les pays du nord avec les *pirates northmans* ; je n'ai ni le courage ni la volonté d'écrire ces lamentables récits ; peut-être mon fils aîné, Gomer, plus énergique, plus ferme, aura-t-il un jour ce courage et cette volonté.

LE FER DE FLÈCHE OU LE MARINIER PARISIEN ET LA VIERGE AU BOUCLIER

(818-912)

Paris au dixième siècle. — *Aidiol*, doyen des mariniers parisiens. — *Anne la Douce*. — *Guyrion le Plongeur*. — *Rustique le Gai*. — Le comte de Paris. — Le chantre *Fultrade*. — La relique. — Mœurs et navigation des pirates north-mans. — Les *Hoikers* de la belle *Shigne* et les vierges au bouclier. — *Gaëlo le Pirate*. — *Simon Grande-Oreille*. — *Lodbrog le Berserhe*. — Le chant de guerre d'*Hasting*. — *Rolf*, le roi de la mer. — L'abbaye de Saint-Denis. — Stratagème. — Les pirates north-mans et les vierges au bouclier. — Les North-mans remontent la Seine jusqu'à Paris. — Le roi KARL LE SOT. — *Ghisèle*, sa fille. — Le château de Compiègne. — La basilique de Rouen. — Le mariage de Rolf.

Il y a un siècle à peine, notre aïeul Amaël parlant à Karl le Grand des derniers descendants de Clovis, rois énervés, imbéciles et fainéants, disait au puissant empereur: — « Tôt ou tard les races royales et conquérantes expient l'iniquité de leur origine. » — Et de fait en 811, quel prince régnait en Gaule et presque sur le monde entier? — C'était Karl, empereur auguste, surnommé le GRAND...

Aujourd'hui, en 912, quel est ce roi qui règne sur quelques provinces de la Gaule? — C'est KARL, surnommé le SOT, et descendant de *Karl le Grand*. — Cet auguste empereur semblait avoir prévu ce qui adviendrait de sa race, lorsque les yeux baignés de larmes, il prononçait ces paroles prophétiques rapportées dans la chronique d'Éginhard, son archichapelain: — « Savez-vous, mes fidèles, pourquoi je pleure amèrement à la vue des bateaux pirates des North-mans? C'est que je prévois les maux dont les païens affligeront ma descendance! » Tu avais raison de pleurer sur l'avenir de la race, ô Karl le Grand, car soixante-huit ans après ta mort, deux pirates north-mans. *Gorm* et *Half*, remontant le Rhin, la Meuse et l'Escaut, ravageaient le territoire de Cologne, de Maëstricht, de Worms, de Tongres, saccageaient ces villes et réduisaient en cendres ton splendide palais d'Aix-la-Chapelle, ta résidence favorite! et la superbe basilique où tu te plaisais à chanter au lutrin et où reposaient tes os, servit d'écurie aux chevaux des pirates! Ta race impériale et royale, après avoir atteint le faîte de sa gloire, de sa puissance en la personne, ô *Karl le Grand*, est abaissée jusqu'à *Karl le Sot* et peut-être se dégradera encore davantage dans les descendants de ce prince! Mais pour tomber aussi bas, que lui est-il donc advenu à cette race issue des maires du palais, dont Karl Marteau fut le modèle? Pour votre enseignement, descendants de Joel, voici, en quelques lignes, l'histoire de cette race dégradée, depuis 818 jusqu'en cette année 912.

Le fils de Karl, *Louis le Pieux*, fervent catholique qui ravagea la Bretagne, défendue par Morvan et Vortigern, monta sur le trône en 814. A la mort de son père il avait quatre fils: *Lothaire, Louis, Pépin* et *Bernard*. Il garda pour lui une partie de la Germanie et de la Gaule, fit l'aîné de ses fils empereur d'Italie, le second roi de Bavière et le troisième roi d'Aquitaine; Bernard n'eut aucune province en partage. Louis le Pieux était d'un tempérament très ardent. Sa femme étant morte, il épousa, en 818, Judith, fille du comte Wolp. La reine Judith, belle, jeune, dissolue, devint la cause de cuisants chagrins pour Louis le Pieux. Bernard, qui n'avait point sa part à la curée des royaumes, se révolta contre son père; celui-ci, après un combat sanglant, s'empare de son fils et lui fait crever les yeux. Bernard survécut peu de temps à ce supplice, et les prêtres consentirent à absoudre Louis le Pieux de cet acte d'abominable cruauté moyennant de riches dotations. La belle Judith eut un fils, qui fut nommé plus tard *Karl le Chauve*, et auquel Louis octroya l'Allemanie, la Rhétie et une partie de la Bourgogne démembrée des Etats de Lothaire, de Louis et de Pépin. Ceux-ci, furieux de se voir dépossédés en faveur de leur jeune frère, marchent contre Louis le Pieux et le forcent de se retirer dans un couvent avec la reine Judith; mais, bientôt après, la guerre éclate entre les trois fils rebelles. Grâce à cette division, habilement exploitée par le moine Gombaud, Louis sort du couvent et est rétabli roi dans une diète tenue à Nimègue; en 834, ses trois fils se soulèvent de nouveau contre lui, rassemblent leurs troupes entre Bâle et Strasbourg, dans un endroit appelé depuis le camp du *Mensonge*, et s'emparent de leur père! Le pape *Grégoire IV*, complice de ces fils dénaturés, se joint à eux pour contraindre leur père à abdiquer; après quoi on conduit ce roi dévotieux à l'abbaye de Saint-Médard, à Soissons, où on l'enferme revêtu d'un cilice. De nouvelles guerres éclatent entre les trois frères; quelques partisans de Louis, profitant de l'occurence, le font évader de sa prison; l'abbé de Saint-Denis, moyennant une grosse somme, le sacre roi de nouveau. Louis, espérant apaiser les haines, partage de nouveau ses Etats entre ses fils; mais ceux-ci, mécontents de la distribution, se soulèvent encore; il les combat et il meurt pendant la guerre, de la peur que lui inspire une éclipse de soleil.

Après les luttes parricides viennent les guerres fratricides. En 840, Karl le Chauve monte sur le trône à dix-sept ans ; il s'allie à son frère Louis de Bavière contre leur frère Lothaire. Pendant trente-six ans que régna ce roi (de 840 à 876), la Gaule, la Germanie et l'Italie, héritage de Karl le Grand, furent incessamment dévastées par les guerres de Karl le Chauve contre ses frères ou de leurs descendants contre lui ; les Arabes, les Hongrois envahissent la Gaule, les pirates north-mans, maîtres de l'embouchure des grands fleuves, ravagent le littoral des rivières, font payer rançon à Paris qu'ils assiègent à plusieurs reprises, et leurs bandes s'établissent à poste fixe dans des camps retranchés à l'embouchure de la Seine, de la Somme, de la Gironde et de la Loire, vont piller Orléans, Blois et Tours. Les grands seigneurs bénéficiers, descendants des Leudes de Clovis, méprisant l'autorité de Karl le Chauve, élèvent partout des châteaux forts, et se déclarent comtes ou ducs souverains, héréditaires et propriétaires des comtés et duchés qu'ils avaient jusqu'alors tenus à bénéfices temporaires ou gouvernés au nom des rois franks. Parmi ces seigneurs franks, la famille de Rothbert le Fort, investie de père en fils du comté de Paris et du duché de France se mit en révolte ouverte contre la royauté. Ces comtes de Paris devaient être pour la race dégénérée de Karl le Grand ce que les maires du palais avaient été pour la race énervée de Clovis. Karl le Chauve, revenu d'Italie, meurt par le poison en 876, dans le village de Brios, situé au sommet du mont Cenis. *Louis le Bègue* succède au roi défunt ; nouvelles guerres civiles entre *le Bègue* et ses neveux, descendants de Karl le Chauve ; les North-mans, les Arabes, les Hongrois redoublent leurs incursions dans la Gaule ; les serfs, poussés à bout par les misères de l'esclavage, se joignent aux pirates pour se venger de l'oppression des seigneurs et des évêques. Enfin, Louis le Bègue meurt à Compiègne le 10 avril 879, laissant sa seconde femme grosse du prince qui fut plus tard *Karl le Sot*. De sa première femme, Louis le Bègue avait eu Louis III et Karloman ; les deux frères se partagent les États de leur père, et de longues guerres civiles éclatent entre eux ou contre *Karl le Gros*, leur oncle. Celui-ci, à la mort de Louis III et de Karloman, s'empare du trône à l'exclusion de son neveu *Karl le Sot*, et après plusieurs années d'un règne souillé par des hontes, des lâchetés sans nombre, *Karl le Gros* meurt en 888 après avoir assisté des hauteurs de Montmartre au siège et au sac de Paris par les pirates north-mans. *Karl le Gros* mort, *Arnulf*, bâtard de Karloman, règne sur la Germanie au préjudice de Karl le Sot, héritier naturel des royaumes d'Allemagne et de Gaule.

Eudes, comte de Paris, fils de Roth-bert le Fort, s'empare d'une partie de la Gaule et se fait proclamer par sa bande de guerriers, roi de France, et, comme tel, il est sacré et couronné par *Gauthier*, archevêque de Sens. Eudes, l'usurpateur, meurt en 893. Cette fois, *Karl le Sot* monte sur le trône, et il règne encore en cette année 912, justifiant son surnom de Sot, incapable de résister aux pirates north-mans, aux grands seigneurs, aux évêques et aux abbés qui lui arrachent son royal héritage, ville à ville, domaine à domaine, province à province.

Voilà donc cette grande lignée de Karl le Grand ! *Louis le Pieux*, *Karl le Chauve*, *Louis le Bègue*, *Karl le Gros*, *Karl le Sot !* Un PIEUX, un CHAUVE, un BÈGUE, un GROS, un SOT ! rois imbéciles, lâches ou cruels, mourant par la peur, la débauche ou le poison : voilà quels sont tes descendants, auguste empereur ! Ton immense empire démembré ; la Gaule, l'Allemagne, l'Italie, ravagées durant un siècle par les guerres parricides ou fratricides de leurs rois ; envahies par les Arabes, les Hongrois, les North-mans ; asservies, épuisées par les seigneurs et les prélats : voilà quels sont les fruits amers de cette royauté des Franks ! Hélas ! la Gaule, notre mère patrie, ne s'appelle plus la Gaule ; on la nomme la FRANCE !

Les faits que j'ai à raconter se passent dans la cité de Paris, noble ville, qui fut toujours citée parmi les plus vaillantes. Jusqu'à l'époque de l'invasion de la Gaule par César, et plus tard, par Clovis, les habitants de Paris avaient vécu libres ; ils prirent les armes des premiers contre les légions romaines. *Labiénus*, à la tête de troupes nombreuses, s'étant présenté devant Paris pour s'en rendre maître, les habitants la livrent héroïquement aux flammes, et se retirent sur les hauteurs de la ville. Un combat acharné s'y engage. — « L'on ne vit pas, a écrit César dans ses *Commentaires*, en parlant de cette bataille acharnée, — l'on ne vit pas un seul Gaulois de Paris abandonner son poste ; tous périrent les armes à la main. Le vieux Camulogène, leur chef, subit le même sort. » — Cette défaite accrut la haine des Parisiens contre les Romains, et ils envoyèrent huit mille hommes qui se réunirent aux troupes du *chef des cent vallées*. Ceux-là aussi se firent tuer jusqu'au dernier. L'esprit de révolte des Parisiens courrouça César ; il rangea Paris parmi les villes *Vegtigales*, cités sur lesquelles la conquête romaine pesait plus cruellement encore que les autres villes. Julien, l'empereur romain, bâtit, vers 356, le palais des Thermes que devaient habiter plus tard les rois franks. Vers l'an 494, Clovis s'empara de Paris et y fixa le siège de sa royauté en 508. Le roi, invité par l'Église à exterminer les Ariens du midi de la Gaule, fit vœu d'employer une partie des dépouilles des hérétiques à bâtir une basilique dans Paris. Il tint parole, et il éleva une basilique dédiée à *saint Pierre* et à *saint Paul*, église où on l'enterra en 511. On la dédia dans la suite à *sainte Geneviève*. Après la mort de Clovis, Paris échut en partage à Childebert, dont les os furent plus tard transportés dans la basilique de Saint-Denis. Ce fut dans le vieux palais romain, bâti par Julien, que ce Childebert et son frère Clotaire Ier égorgèrent leurs neveux, les enfants de Chlodomir. En 584, au commencement du règne de Clotaire II, Frédégonde vint se réfugier dans la basilique de Paris pour échapper aux poursuites de Brunehaut; plus tard, Dagobert fonda près de cette ville l'abbaye de Saint-Denis. Les derniers rejetons de Clovis, dominés par les maires du palais, habitèrent rarement Paris, et les descendants de Karl Marteau préférèrent à cette cité leurs grandes résidences germaniques des bords du Rhin. D'ailleurs, sauf quelques rues ou parcelles de rues qui relevaient en fief des comtes de Paris, gouverneurs pour les rois des Franks, la plus grande partie de la ville relevait de la suzeraineté de l'évêque, qui possédait à peu près tout le territoire de la ville et des environs. Un prêtre nommé Fultrade, qui fut official de l'évêché de Paris, a laissé le *Cartulaire* de la basilique de *Notre-Dame*, où sont inscrits tous les biens de l'évêché de Paris. Au NORD, l'évêque possède les terres et les villages de *Deuil*, de *Bonneuil*, de *Boissy*, de *Goussainville*, d'*Epiais*, de *Lagny*, de *Luzarches*, de *Viry*, de *Noureuil*. Au MIDI, l'évêque de Paris possède les terres et les villages de *Montrouge*, de *Gentilly*, d'*Ivry*, de *Vitry*, de *Bagneux*, de *Clamart*, de *Plessis-Piquet*, de l'*Hay*, de *Chevilly*, de *Fresnes-lès-Rungis*, de *Chatenay*, de *Rungis*, d'*Orly*, de *Wissou*, de *Massy*, de *Palaiseau*, de *Champlau*, de *Limours*, de *Mont-lhéry*, de *Saint-Michel-sur-Orge*, de *Bretigny*, d'*Avrainville*, de *Soisy-sous-Etiolles*, de *Combes-la-Ville*, de *Moissy*, de *Galande*, de *Perray*, de *Machaut*, de *Sannois*, de *La Celle*, de *Vernon*, de *Tréchy*, d'*Emant*, de *Loutteville*, d'*Itteville*, de *Lardy*, de *la Ferté-Aleps*, du *Pressoir*, de l'*Archaut*, de *Corbreuse*, de *Richarville*. Au LEVANT, l'évêque de Paris possède les terres et les villages de *Conflans l'Archevêque*, de *Charenton-le-Pont*, de *Vincennes*, de *Fontenay-sous-Bois*, de *Champigny-sur-Marne*, de *Créteil*, de *Bonneuil*, de *Sucy-en-Brie*, de *Boissy-Saint-Léger*, de *Noiseau*, de *Laqueue*, de *Chenevières-sur-Marne*, de *Gournay-sur-Marne*, de *Charmant*, de *Torcy*, de *Lagny*, de *Villepinte*, du *Tremblay*, de *Milry*, de *Mory*, de *Compans*, de *Saint-Mard*, de *Tournan*, de *Bozoy-en-Brie*, de *Champeaux*, de *Saint-Merry*, de *Quiers*, de *Rebais*, de *Chezy-l'Abbaye*. — Au COUCHANT, l'évêque de Paris possède les terres et les villages de *Saint-Cloud*, de *Sèvres*, de *Châville*, de *Marnes*, de *Garches*, de *Nueil*, de *Maisons-sur-Seine*, de *Conflans-Sainte-Honorine*, d'*Andresy*, de *Jouy-le-Moutier*, de *Feuillancourt*, de *Noisy-le-Roi*, de *Villepreux*, de *Maurepas*, du *Menil-Saint-Denis*, de *Milon-la-Chapelle*, de *Trons*, de *Chevreuse*, d'*Epone* et le *Mézières*, — De plus, l'évêque de Paris possédait la *terre de Celle*, dans le pays de Fréjus; et la *terre de Naintri*, en Poitou; les possessions des évêques de Paris, d'une contenance d'environ *deux cent mille arpents*, peuplées de vingt mille esclaves ou serfs de l'Eglise, rapportaient plus d'UN MILLION de sous d'argent à l'évêque : sur cette somme il gardait pour LUI SEUL quatre cent mille pièces d'argent, son clergé en prélevait deux cent mille autres, pareille somme était laissée entre les mains de l'église pour les frais du culte, et les deux cent mille pièces d'argent restant étaient distribuées aux pauvres, ce dont personne ne pouvait s'assurer. Voilà quels étaient les prêtres à cette époque ! et comment ils pratiquaient le vœu de pauvreté ! Quant à l'humilité de ces prêtres du Christ, vous allez en juger : lors de l'intronisation du nouvel évêque de Paris, Karl le Sot, roi de France, assisté de plusieurs seigneurs franks, parmi lesquels se trouvaient *Burchart*, seigneur du pays de Montmorency, et *Conrad*, comte de la ville de Saint-Pol, ont enlevé sur leurs épaules la litière d'or où se prélassait l'évêque de Paris, *et le portèrent ainsi depuis son palais jusqu'au chœur de sa cathédrale.*

. . . .

La maison de *maître Eidiol*, doyen de la corporation des *Nautonniers* ou *mariniers parisiens*, était située non loin du port Saint-Landry et des remparts de la Cité, baignés par les deux bras de la Seine, et flanqués de tours à l'entrée du grand et du petit pont, qui seuls donnent accès dans la ville et nul ne peut les traverser sans payer un denier au péager de l'évêque ; la maison de maître Eidiol était, ainsi que toutes celles des gens du peuple, construite en charpentes solidement reliées entre elles, haute d'un étage, et couverte en chaume. Les basiliques, les riches abbayes de Saint-Germain-des-Prés, de Saint-Germain-d'Auxerre et autres, ainsi que les maisons occupées par les comtes, les vicomtes et les évêques de Paris, étaient seules bâties en pierre et recouvertes de toitures de plomb souvent dorées. A l'étage supérieur de la maison d'Eidiol, *Marthe*, sa femme, cousait auprès de sa fille *Anne la Douce*, qui filait sa quenouille. Eidiol, selon l'esprit de nouveauté de ces temps-ci, qui, des familles des rois et des grands, était descendu jusqu'au populaire des villes, avait donné un surnom à ses enfants, appelant sa fille *Anne la Douce*, car rien n'était plus doux au monde que cette enfant, d'un caractère angélique comme son visage; Eidiol avait surnommé son fils *Guyrion le Plongeur*, parce que ce hardi garçon, marinier comme son père, était l'un des plus adroits plongeurs qui eût jamais traversé les flots rapides de la Seine. Anne la Douce filait son chanvre, assise à côté de sa mère, bonne vieille femme de soixante ans et plus, à l'air maladif, vêtue de noir et portant au cou plusieurs reliquaires. Marthe dit à sa fille, en lui montrant les gais rayons du soleil de mai, qui traversaient les petits carreaux enchâssés de plomb, de l'étroite fenêtre de leur chambre : — Voici un beau jour de printemps; peut-être verrons-nous aujourd'hui le père Fultrade, le digne chantre de l'abbaye de Saint-Denis sur son magnifique cheval.

— Par ce beau soleil de mai, je préférerais marcher à pied. Te souviens-tu, ma mère, du jour où *Rustique le Gai* a gagé avec mon frère, une caille apprivoisée pour moi, qu'il ferait trois lieues en une heure! Il a gagné son pari, et j'ai eu la caille.

— Es-tu simple! Est-ce qu'un personnage comme le chantre de l'abbaye de Saint-Denis peut, durant deux lieues et plus, marcher à pied comme un pauvre homme?

— Le père Fultrade est pourtant assez jeune, assez grand et assez fort pour parcourir une route pareille. Rustique le Gai en aurait pour une demi-heure à peine.

— Rustique n'est pas le père Fultrade; quel saint homme! c'est lui qui m'a donné toutes les pieuses reliques que je porte, lorsqu'il était en cette ville, prêtre de l'église de Notre-Dame et favori du seigneur Roth-Bert, comte de cette cité de Paris. Hélas! sans les saintes reliques, je serais morte de la maudite toux qui ne m'a point encore quittée.

— Pauvre mère, cette toux ne cesse de nous inquiéter, mon père, mon frère et moi! pourtant vous seriez peut-être guérie, si vous aviez consenti à essayer de certain remède, que l'on dit excellent.

— Quel remède?

— Celui qu'emploient les mariniers du port; ils mettent du goudron dans de l'eau, la font bouillir et la boivent ensuite. Rustique le Gai nous disait avoir vu des effets surprenants dus à cette boisson.

— Tu parles toujours de Rustique le Gai!

— Moi? — répondit ingénument la jeune fille, sans trahir le moindre embarras, et attachant son candide regard sur celui de sa mère, — si je vous parle souvent de Rustique, c'est donc sans y songer.

— Je le crois, mon enfant; mais comment veux-tu qu'aucun remède humain opère ma complète guérison, lorsqu'elle résiste aux reliques? C'est comme si tu me disais qu'un pouvoir humain pourrait me faire retrouver ma chère petite fille, qui, hélas! a disparu d'auprès de nous, dix ans avant la naissance de ton frère! Inclinons-nous devant la volonté de Dieu.

— Pauvre sœur! je pleure son absence quoique je ne l'aie jamais connue.

— Ma pauvre chère fille aurait pu me remplacer auprès de toi, car aujourd'hui elle serait d'âge à être ta mère.

Un assez grand bruit mêlé de cris venant de la rue, interrompit l'entretien de Marthe et de sa fille. — Ah! ma mère, — dit Anne en tressaillant, — c'est peut-être encore un pauvre pénitent que l'on poursuit d'injures et de coups! Hier, un malheureux que l'on poursuivait ainsi est resté sanglant et demi-mort dans la rue, ses vêtements en lambeaux.

— Bon! — répondit Marthe en hochant la tête, — c'était justice; j'aime fort à voir maltraiter les pénitents; s'ils sont pénitents, c'est à cause de leur impiété ou de leur manque de foi; je ne saurais plaindre les impies.

— Pourtant, ma mère, la pénitence que leur impose l'église en expiation de leurs péchés, est déjà cruelle! marcher pieds nus, les fers aux jambes, pendant dix ou douze ans et souvent davantage, se vêtir d'un sac, se couvrir la tête de cendres et mendier leur pain, puisque la religion leur défend de travailler.

— Mon enfant, ces pénitents que la foule se plaît à accabler de coups devraient bénir chacune de leurs meurtrissures, elles comptent pour leur salut; mais le bruit et le tumulte redoublent, ouvre donc la fenêtre, que nous voyions ce qui se passe dans la rue.

Anne et sa mère se levèrent et coururent à l'étroite fenêtre, où Marthe passa la tête, tandis que sa fille, appuyée sur son épaule, hésitait encore à regarder au dehors; heureusement pour la douce enfant, il ne s'agissait pas de l'une de ces poursuites sauvages, auxquelles les bons catholiques se livraient contre les pénitents qu'ils regardaient comme des animaux immondes. La rue étroite et bordée de maisons de bois couvertes de chaume comme celle d'Eidiol, n'offrait qu'un passage resserré; une pluie abondante, tombée la veille, ayant détrempé le sol, un grand chariot, attelé de quatre bœufs et pesamment chargé de bois, s'était embourbé; l'attelage, impuissant à retirer la voiture de cette profonde ornière, barrait complétement la rue, et s'opposait au passage de plusieurs cavaliers venant en sens inverse; à leur tête un noble seigneur franck, Roth-bert, *Comte de Paris* et *Duc de France*, frère d'Eudes, qui avant sa mort, s'était fait couronner roi, au détriment de Karl le Sot, aujourd'hui régnant. Roth-bert, escorté de cinq à six cavaliers, se trouvait arrêté dans sa marche par le chariot embourbé ; ce comte, à la mine hautaine et dure, portant toujours casque et cuirasse, jambards, cuissards et gantelets de fer, comme s'il allait en guerre, montait un grand cheval noir. Il vitupérait contre le chariot, son attelage de bœufs et le pauvre serf, leur conducteur, qui, épouvanté des menaces de ce seigneur, s'était caché sous la voiture. Le comte de Paris, de plus en plus courroucé, dit à l'un de ses hommes : — Pique ce vil esclave avec le fer de ta lance, et force-le de déguerpir de dessous le chariot. Pique-le à la poitrine, à la tête et ferme !

Le guerrier mit pied à terre, et armé de sa lance, il se baissa, essayant d'atteindre le serf, qui, courbé sur les mains et sur les genoux, recula vivement ; le Frank, irrité, blasphémait en plongeant sa lance sous le chariot, lorsqu'elle fut heurtée par le fer très aigu d'un croc emmanché d'une longue perche qui sortit de dessous la voiture, et en même temps, une voix ferme et sonore cria : — Si les cavaliers du comte ont leurs lances, les nautouniers de Paris ont leurs crocs !

Le Frank, à la vue de ce fer acéré, recula d'un bond, tandis que le comte Roth-bert s'écriait pâle de colère : — Où est le *vilain* qui ose menacer un de mes hommes ?

Le croc disparut aussitôt, et un moment après, un garçon de grande taille, d'une mâle figure, portant une casaque de gros drap et les amples culottes des mariniers du port, s'élança d'un bond sur les bûches entassées dans le chariot, et se mit en arrêt ayant à la main le long croc dont il venait de menacer le guerrier : — Celui-là qui a empêché un pauvre serf d'être lardé à coups de lance, c'est moi ! je me nomme Guyrion le Plongeur, je suis nautonnier parisien ! Je n'ai peur ni de toi ni de tes hommes !

— Mon frère ! — s'écria la douce Anne, d'une voix effrayée en se penchant vivement à la fenêtre, pour l'amour de Dieu, Guyrion, ne brave pas ces cavaliers !

Mais l'impétueux jeune homme, ne prenant point souci des craintes de sa sœur et de sa mère, défiait les soldats du haut du chariot, en agitant son redoutable croc : — Qui veut tenter l'assaut ? — Et se retournant à demi vers le serf éperdu, qui se tenait accroupi derrière la voiture : — Sauve-toi pauvre homme, ton maître saura bien venir réclamer ses bœufs.

L'esclave suivit ce sage conseil et disparut. Le comte de Paris, de plus en plus irrité, montrant son poing ganté de fer à Guyrion le Plongeur, s'écria, en s'adressant à ses hommes : — Vous laisserez-vous outrager par ce vil coquin ? Mettez tous pied à terre et saisissez cette écrevisse de rivière !

— Écrevisse, non, scorpion, oui, et voilà mon dard ! — répondit Guyrion en faisant voltiger dans ses mains robustes son croc qui, ainsi manié, devenait une arme si terrible, que les cavaliers du comte, regardant du coin de l'œil les mouvements rapides et menaçants de l'engin nautique, descendaient de cheval avec une lenteur prudente ; Marthe et sa fille, penchées à leur fenêtre, suppliaient Guyrion de renoncer à cette lutte dangereuse ; lorsque soudain un nouveau personnage à barbe et cheveux blancs, vêtu comme le jeune marinier, monta derrière lui sur le chariot, et dit en mettant la main sur l'épaule de Guyrion : — Mon fils, ne t'expose pas à la colère de ces soldats ; — puis, au moment où Guyrion se retournait très surpris de la présence de son père, celui-ci, d'un geste d'autorité, abaissant le croc dont le nautonnier était armé, dit au comte de Paris : — Roth-bert, j'arrive à l'instant du port Saint-Landry, j'apprends ce qui s'est passé ; mon fils a cédé à l'impétuosité de son âge, il a eu tort ; mais tes hommes ont eu tort aussi de vouloir frapper à coups de lance un serf inoffensif. Maintenant nous allons, moi, mon fils et nos voisins, pousser à la roue pour retirer le chariot de l'ornière et te faire place ; l'on aurait dû commencer par là. — Se retournant alors vers son fils qui lui obéit à regret : — Allons, Guyrion, descends du chariot, descends !

Les paroles sensées du vieux nautonnier ne parurent pas apaiser la colère du comte de Paris, car il parla bas à ses hommes, tandis que, grâce aux efforts d'Eidiol, du Guyrion et de plusieurs de leurs voisins qui poussèrent à la roue, le chariot fut retiré de l'ornière et rangé le long des maisons : ainsi le passage devint libre devant Roth-bert et ses cavaliers ; mais tandis que l'un d'eux tenait en main les brides des chevaux de ses compagnons, ceux-ci, au lieu de se remettre en selle, se précipitèrent sur Eidiol et sur son fils, qui, succombant à cette attaque inattendue, furent, sans que leurs voisins osassent leur porter secours jetés à terre et maintenus par les hommes du comte, au grand effroi de Marthe et de Jeanne la Douce. Toutes les deux, voyant le vieux nautonnier et son fils ainsi traités quittèrent précipitamment leur fenêtre, et sortant de leur maison, se jetèrent suppliantes aux pieds de Roth-bert, demandant la grâce des prisonniers ; mais Eidiol fronçant le sourcil, s'écria : — Debout, ma femme, debout, ma fille ! rentrez au logis !

— Marthe et Anne n'osèrent désobéir au vieillard, toutes deux se relevèrent et retournèrent en sanglotant à leur maison. — Roth-bert, — reprit Eidiol, — tu n'as pas le droit de nous retenir prisonniers ; nous ne sommes pas, grâce à Dieu, abandonnés à merci comme les serfs des campagnes ! nous avons quelques franchises dans la Cité ; si nous sommes coupables, nous

Shigne, la vierge au bouclier.

devons, comme mariniers, être jugés par le *Parloir aux bourgeois* des MARCHANDS DE L'EAU.

— Le compagnon qui est chargé de couper les oreilles des bandits de ta sorte devant la croix du *Trahoir*, te prouvera que j'ai le droit de l'essoriller, — reprit le comte en remontant à cheval ; puis, s'adressant à ses hommes : — Que deux de vous me suivent, les autres conduiront les prisonniers à la geôle du Châtelet, mon prévôt les jugera ce soir, et demain... leur supplice ! Pendus haut et court.

— Seigneur comte, — dit un homme en sortant de la foule, et s'approchant de Rothbert, — je suis sergent de l'évêque de Paris.

— Je le vois à ton habit, que veux-tu ?

— La juridiction de la partie gauche de cette rue appartient à mon Seigneur l'évêque : je réclame ces prisonniers, la foule me prêtera main-forte pour les conduire à l'évêché, où notre prévôt les jugera, comme c'est notre droit.

— Si la gauche de la rue appartient à la juridiction de l'évêque, la droite est sous mon autorité, — s'écria le comte de Paris, — je garde les prisonniers pour les faire juger.

— Seigneur, ce serait votre droit si le délit avait été commis du côté de la rue qui relève de votre fief.

— Ces deux coquins, — reprit Roth-bert, en interrompant le sergent, — étaient montés sur un chariot qui obstruait la rue dans toute la largeur ; il ne s'agit donc ni de côté droit ni de côté gauche.

— Alors, seigneur comte, ces délinquants appartiennent autant à l'évêque qu'à vous.

— Et moi, je prétends, — reprit Eidiol, — qu'au Parloir aux bourgeois appartient seul le droit de nous juger.

— Je me soucie du Parloir aux bourgeois

comme de l'évêché, — s'écria le comte, je garde les prisonniers! Le passage libre, canailles!

Le sergent et Eidiol s'apprêtaient à réclamer encore, mais, à la vue d'un nouveau personnage devant lequel la foule s'agenouillait dévotement, le sergent s'écria : — Bon père Fultrade, venez à mon aide; mieux que moi vous convaincrez le seigneur comte des droits de l'évêque sur ces prisonniers.

Le père Fultrade, chantre de l'abbaye de Saint-Denis, auquel s'adressait le sergent, était un grand moine de trente ans au plus, qui s'avançait dans la rue au pas de son cheval, distribuant à droite et à gauche ses bénédictions d'une main velue jusqu'au bout des ongles. Ce moine, d'une carrure d'Hercule, avait la figure vivement colorée, les oreilles écarlates, et, malgré les ordonnances des conciles qui prescrivaient aux gens d'église de se raser, il portait une barbe aussi noire que ses épais sourcils, qui tombait jusque sur sa robuste poitrine. Fultrade ayant entendu l'appel du sergent et reconnaissant le comte de Paris, descendit de cheval, en confia les rênes à un jeune garçon qui s'inclina dévotement, et se dirigea d'un pas pressé vers Roth-bert à travers la foule de plus en plus tumultueuse et agitée; les uns prenaient hautement parti pour les prétentions judiciaires du sergent de l'évêché, les autres pour celle des mariniers; enfin la très petite minorité soutenait les prétentions du comte; aussi, ce dernier sachant qu'à l'encontre des vilains et des serfs des campagnes que rien ne protégeait contre l'oppression des seigneurs, les habitants des cités, quoique très misérables, jouissaient du moins de certaines franchises auxquelles il était souvent imprudent de porter atteinte, et, voulant gagner l'appui du chantre, lui dit cordialement : — Sois le bienvenu, Fultrade, tu es un homme docte; tu vas être certainement de mon avis, au sujet de ces deux vauriens. Ils ont eu l'audace de m'outrager; ils prétendent être jugés, par le Parloir aux bourgeois, le sergent de l'évêque les réclame, et moi je prétends qu'ils appartiennent à mon prévôt. Je veux les faire pendre.

Le moine reconnaissant Eidiol et son fils, leur adressa un regard affectueux et dit à Roth-bert : — Seigneur comte, il est un moyen de tout concilier; tu es l'offensé, sois charitable, mets les prisonniers en liberté. Ne repousse pas ma prière, — se hâta d'ajouter le chantre, répondant à un mouvement d'impatience du comte, — lorsque j'étais prêtre de Notre-Dame, tu m'as souvent offert tes bons offices, accorde-moi la grâce de ces deux hommes; je les connais depuis longtemps, je suis garant de leur repentir. Pitié et miséricorde pour eux.

— Fultrade! — s'écria impétueusement Guyrion le Plongeur, peu satisfait de l'intervention du chantre, — ne parle pas de mon repentir! non, je ne me repens pas, aussi vrai que si j'avais les mains libres, j'enfoncerais mon croc dans le ventre de ces vaillants, qui se mettent à trois pour contenir un homme!

— Tu entends ce misérable, — dit le comte de Paris, au chantre. — Roth-bert, — reprit Eidiol, en faisant signe à son fils de garder le silence, — la jeunesse est fougueuse et mérite indulgence; moi, qui ai la barbe blanche, je te demande, non point grâce, mais justice. Fais-nous conduire au Parloir aux bourgeois.

— Noble comte, — dit à demi-voix Fultrade à Roth-bert, — n'irrite pas le populaire, il se peut que d'un moment à l'autre, nous ayons besoin de lui; ne sommes-nous pas au *printemps?* — Et il ajouta, baissant de plus en plus la voix : — N'est-ce pas en cette saison de l'année que les pirates north-mans remontent le fleuve jusqu'à Paris? Si le populaire est irrité, au lieu de repousser l'ennemi, il se tiendra coi, et nous autres, gens d'Église ou seigneurs, nous serons obligés de payer la rançon qu'exigeront ces païens.

L'observation du chantre parut faire réfléchir le comte de Paris qui cependant reprit :

— Rien ne fait présager une nouvelle descente des North-mans; leurs bateaux n'ont pas été signalés à l'embouchure de la Seine.

— Ces maudits pirates n'arrivent-ils pas soudain comme une tempête? Par prudence et par politique, comte, montre-toi miséricordieux envers ces deux hommes.

Roth-bert hésitait à accepter cette transaction qui blessait son orgueil, lorsque, jetant par hasard les yeux sur la maison d'Eidiol, à laquelle se tenaient Marthe et Anne la Douce, tremblantes, éplorées, il remarqua l'angélique beauté de l'enfant du vieux marinier; souriant alors d'un air narquois — Par Dieu! j'étais un grand sot! cette jeune fille me fait deviner le mobile de la charité pour ces deux coquins!

— Qu'importe la source de la charité, — répondit le moine, en échangeant un sourire avec le seigneur frank.

— Allons, soit, — dit Roth-bert, en faisant signe à l'un de ses hommes de lui amener son cheval; je ne cède pas à l'appréhension des North-mans, en l'accordant la grâce de ces deux vauriens, mais au désir de me rendre agréable à la maîtresse, charmante fraise à cueillir.

— Noble seigneur, cette enfant est ma fille spirituelle. Honni soit qui mal y pense!

— Conte cela à d'autres, grand dénicheur de fauvettes! — reprit Roth-bert en remontant à cheval; puis il dit à ses cavaliers : — Laissez ces deux hommes libres; mais s'ils ont l'audace de se retrouver sur mon chemin, cassez-leur le bois de vos lances sur le dos! — Et le comte de Paris, devant qui la foule s'ouvrit respectueusement, partit au galop, suivi de son escorte. Quelques mots du chantre au sergent de l'évêché le firent renoncer à une accusation d'ailleurs inutile, le comte offensé ayant pardonné ; la foule se dissipa, le vieux nautonier, accompagné de son fils, rentra dans sa maison où Fultrade les précéda d'un air solennel et protecteur. Dès qu'il entra dans la maison, Marthe se jetant aux pieds du moine, dit en pleurant :

— Grâces à vous ! mon saint père en Dieu ! vous m'avez rendu mon mari et mon fils !

— Relève-toi, bonne femme, — répondit Fultrade, — j'ai agi selon la charité chrétienne. Ton fils a été très imprudent ; qu'il devienne plus sage à l'avenir. — Et le chantre ajouta, en se dirigeant vers l'escalier de bois qui conduisait à la chambre supérieure : — Marthe, montons avec ta fille ; j'ai à vous entretenir l'une et l'autre de choses pieuses.

— Fultrade, — dit le vieux marinier, qui, non plus que son fils, ne semblait voir d'un bon œil le chantre en sa maison, — j'avais la justice pour moi dans cette dispute avec le comte, cependant je te remercie de ton bon vouloir. Maintenant, ma femme, tu vas, s'il te plaît, avant de t'occuper de choses pieuses, nous donner, à mon fils et à moi, un pot de cervoise, un morceau de pain et de lard, ensuite tu nous prépareras des provisions, car dans une heure nous allons en basse Seine, où nous demeurerons jusqu'à demain soir. — Eidiol remarqua, sans toutefois y attacher d'importance, qu'à l'annonce de son départ, le chantre, en apparence impassible, n'avait pu contenir un léger tressaillement.

— Quoi, mon père, — dit tristement Anne la Douce au vieillard, — tu pars, et toi aussi, mon frère ? Et vous resterez un jour hors du logis !

— Nous avons un chargement à porter au petit port de Saint-Audoin, répondit Eidiol. — Rassure-toi, mon enfant, nous serons de retour demain. — Puis, s'adressant à sa femme : — Allons, Marthe, donne-nous à manger, apporte-nous un pot de cervoise et apprête nos provisions, le temps presse.

— Mon ami, attends un moment ; le bon père Fultrade voudrait nous entretenir, Anne et moi, de choses pieuses.

— Alors, que ma fille reste ici, — répondit le vieux marinier avec impatience, elle nous donnera ce dont nous avons besoin.

Le moine fit signe à Marthe d'accepter la proposition de son mari, et elle accompagna le saint homme dans la chambre supérieure, où tous deux restèrent seuls. — Marthe, — se hâta de dire le chantre, — je n'ai que quelques instants à passer ici ; la fervente piété, celle de ta fille méritent une récompense ; le trésor de l'abbaye de Saint-Denis vient de recevoir de notre saint père, de Rome, une relique d'un prix inestimable... une mèche de la chevelure de Notre-Seigneur Jésus-Christ, coupée par un garçonnet aux noces de Cana.

— Grand Dieu ! quel divin trésor

— Doublement divin, car les fidèles assez heureux pour pouvoir toucher cette incomparable relique, ne seront pas seulement passagèrement soulagés de leurs maux, mais à jamais guéris de toute espèce de fièvres.

— A jamais guéris ! — dit Marthe en joignant les mains avec admiration, — à jamais guéris de toutes fièvres pernicieuses !

— Et de plus, grâce à la vertu doublement miraculeuse de cette relique, ceux mêmes qui ont toujours été sains de corps, sont pour toujours préservés des maladies futures !

— Ah ! bon père, quelle foule immense va se presser dans votre abbaye pour jouir de ces miraculeux bienfaits !

— Aussi, je veux, en récompense de votre piété, que ta fille et toi, vous soyez des premières à vous approcher de ce divin trésor. Les seigneurs et les grands ne viendront qu'après vous. Je vous réserverai les premières places.

— A de pauvres femmes de notre sorte !

— « Les derniers seront les premiers et les premiers seront les derniers, » — a dit le Rédempteur du monde. On prépare une châsse magnifique pour cette relique ; elle ne sera pas offerte à l'adoration des fidèles avant la confection de cette orfèvrerie ; mais je puis vous faire entrer secrètement, ta fille et toi, ce soir même, dans l'oratoire de l'abbé de Saint-Denis, où la relique a été déposée.

— Oh ! combien je vous devrai de reconnaissance ! Je serai à jamais guérie de mes fièvres, ma fille ne sera jamais malade ; et cette relique miraculeuse, cette mèche de cheveux sera peut-être assez puissante pour me faire retrouver ma pauvre fille, qui, tout enfant, a disparu d'ici, il y a trente années de cela ?

— Rien n'est impossible à la foi ; mais pour jouir des bienfaits de la relique, il faudrait se hâter. J'ai accompagné notre abbé à Saint-Germain d'Auxerre ; il y restera jusqu'à demain ; il serait donc urgent que ce soir, ta fille et toi, vous m'accompagniez à Saint Denis. Je vous attendrai à la nuit tombante près de la tour du Petit-Pont ; vous monterez toutes les deux en croupe sur mon cheval, nous partirons pour l'abbaye et je vous introduirai dans l'oratoire de l'abbé où vous ferez vos dévotions, puis, après avoir passé la nuit dans la maison d'une de nos serves, vous rentrerez l'une et l'autre à Paris demain matin.

— Oh ! mon saint père en Jésus-Christ ! combien sont impénétrables les desseins de la Providence ! mon mari qui n'a pas la même foi que nous aux reliques, et se serait opposé à notre pieux pèlerinage, bien certainement, mais il doit précisément s'absenter cette nuit.

— Marthe, ni ton mari ni ton fils ne sont dans la voie de leur salut : tu dois redoubler de piété, afin de pouvoir plus sûrement intercéder pour eux auprès du Seigneur. Je te défends de parler de notre pèlerinage à Eidiol ou à ton fils?

— Je vous obéirai, bon père; n'est-ce pas pour vivre plus longtemps près d'eux que je vais adorer cette incomparable relique?

— Or donc, à la tombée du jour, ta fille et toi, vous m'attendrez en dehors de la tour du Petit-Pont. C'est bien convenu.

— Moi et Anne nous vous attendrons bien encapées, saint père.

Fultrade quitta la chambre, descendit gravement l'escalier, et avant de quitter la maison, il dit au vieux nautonnier, affectant de ne pas jeter les yeux sur Anne la Douce : — Que le Seigneur soit favorable à ton voyage, Eidiol.

— Merci de ton souhait, Fultrade, — répondit Eidiol; mais mon voyage ne saurait manquer d'être favorable; nous descendons la Seine, le courant nous porte, mon bateau est fraîchement goudronné, mes rames de frêne sont neuves, mes mariniers sont jeunes, vigoureux et je suis vieux pilote.

— Tout cela n'est rien sans la volonté du Seigneur, — répondit sévèrement le chantre, en suivant d'un regard oblique et luxurieux Anne la Douce qui montait à la chambre haute pour y prendre les casaques que son père et son frère voulaient emporter pour leur voyage de nuit. — Non, — reprit Fultrade, — sans la volonté du Seigneur, aucun voyage ne peut être favorable. Dieu gouverne toutes choses.

— Par le vin d'Argenteuil que tu nous vendais si cher dans l'église de Notre-Dame, lorsque nous allions y jouer aux dés, père Fultrade, voilà parler en sage! — s'écria Rustique le Gai, le bien nommé. Ce digne garçon, ayant appris au port Saint-Landry l'arrestation du doyen des nautonniers parisiens, était vite accouru, tout inquiet, offrir ses services à Marthe et à sa fille.

— Ah! père Fultrade, — reprit ce joyeux garçon, — quelles bonnes grillades, quels fins saucissons tu nous vendais, au fond de cette petite chapelle de Saint-Gratien où tu tenais ta petite buvette! Que de fois j'y ai vu des moines, des soldats, des vagabonds, y faire chère-lie avec les commères de la rue du Four-Banal; quelles furieuses rondes on dansait devant ton ermitage.

— Grâce à Dieu, le père Fultrade n'en est plus à vendre du vin et des grillades! — reprit Marthe avec une impatience chagrine, voyant les deux jeunes nautonniers chercher à humilier le saint homme à propos du commerce de vin et de victuailles, auquel il s'était livré selon l'usage des prêtres d'un rang inférieur. — Le père Fultrade, est, à cette heure, chantre de l'abbaye de St-Denis et l'un des hauts dignitaires de l'Eglise. Taisez-vous, têtes sans cervelle.

— Marthe, laisse dire ces fous! — reprit dédaigneusement le moine en se dirigeant vers la porte; — le vrai chrétien pratique l'humilité; je n'ai point honte d'avoir été tavernier : la fin justifie les moyens ; tout ce qui se fait dans le temple du Seigneur est sanctifié.

— Quoi! père Fultrade, — reprit Rustique-le-Gai, — tout est sanctifié? même les fornifications!

Mais le chantre sortit en haussant les épaules et sans répondre.

— Rustique, — reprit aigrement Marthe, — si tu viens céans pour humilier notre bon père Fultrade, tu peux te dispenser de remettre les pieds ici. Arrière les mécréants.

— Allons, allons, chère femme, — dit Eidiol, — calme-toi; ce garçon n'a dit après tout que la vérité; est-ce que les bas-prêtres ne trafiquent point de vin et de victuailles dans les églises, et même des jolies filles?

— Grâces en soient rendues au Seigneur! répondit Marthe, — du moins, ce qu'on boit, ce qu'on mange aux abords du saint lieu est sanctifié, comme dit le vénérable père Fultrade; cela ne vaut-il pas mieux que d'aller dans les tavernes où Satan tend ses pièges!

— Adieu, chère femme, je ne veux point disputer là-dessus, quoiqu'il me semble étrange, malgré la coutume qu'on en a, de voir changer la maison du Seigneur en taverne.

— Mon Dieu! mon pauvre homme, — reprit Marthe en soupirant, affectée de l'endurcissement de son mari; — n'est-ce point partout l'usage? On fricotte dans toutes les chapelles.

— C'est l'usage, soit; aussi je te l'ai dit, chère femme, ne disputons point là-dessus; mais Anne ne revient pas? — Et, s'approchant de l'escalier, le vieillard appela deux fois sa fille.

— Me voici, mon père, — répondit de sa douce voix la blonde enfant ; et elle descendit portant sur son bras les casaques de son père et de son frère. Bientôt le vieux nautonnier, son fils et Rustique-le-Gai eurent terminé les préparatifs de leur départ, aidés par Anne, qui acheva de remplir un panier de diverses provisions, après quoi elle embrassa tendrement son père.

— Adieu, chère femme, adieu, chère fille, à demain, et surtout cette nuit fermez bien la porte de la maison, de crainte des pénitents rôdeurs; il n'est pire espèce de larrons.

— Le Seigneur veillera sur nous, — répondit Marthe en baissant les yeux devant le regard de son mari.

— Adieu, bonne mère, — reprit à son tour Guyrion, je regrette de l'avoir alarmée; mon père a eu raison, j'ai été trop prompt à jouer du croc contre les lances franques.

— Grâce à Dieu, mon fils, — reprit Marthe avec onction, — le bon père Fultrade s'est rencontré là, comme un ange envoyé par Dieu pour le sauver! Béni soit-il pour son intervention.

— Si les anges ont cette mine-là, quelle diable de figure ont donc les démons? — murmura Rustique le Gaï, en se chargeant du panier de provisions, tandis que Guyrion prit sur son épaule deux rames de rechange et son redoutable croc. Au moment où, suivant les pas d'Eidiol et de son fils, Rustique allait quitter la maison, Anne la Douce dit au jeune homme à demi voix : — Rustique, veillez bien sur mon père, sur mon frère; ma mère et moi, nous prierons Dieu pour vous trois.

— Anne, — répondit le jeune marinier, non plus joyeusement, mais d'une voix pénétrée, — j'aime votre père comme mon père, Guyrion comme mon frère, j'ai du cœur et de bons bras, je me ferais tuer pour vous tous, je ne saurais vous dire rien de plus. — Et après avoir échangé un dernier regard avec la jeune fille qui devint vermeille comme une cerise, Rustique rejoignit Eidiol et son fils, au seuil de la porte, puis tous trois disparurent au tournant de la rue, aux yeux de Marthe et d'Anne la Douce. Bon voyage et à la grâce de Dieu!

Ce jour-là même où maître Eidiol se rendait au petit port de *Saint-Audoin* descendait la Seine à bord de son bateau de charge, deux bâtiments remontant ce même fleuve dans la direction de Paris dont ils se trouvaient encore éloignés de quinze lieues, faisaient force de rames; tous deux de forme étrangère, longs de trente pieds, peu élevés au-dessus de l'eau, sont allongés comme des serpents de mer; leur proue, façonnée de la même manière que la poupe, leur permet de naviguer sans virer de bord, le gouvernail se plaçant, selon l'évolution maritime, soit à l'avant, soit à l'arrière : ces bâtiments portent un mât et une seule voile carrée, alors repliée sur sa vergue, car il ne fait pas un souffle de vent. Montés de douze rameurs, d'un pilote et d'un chef, ces deux *holkers*, ainsi que les North-mans appellent ces bateaux, sont si légers, que les pirates peuvent les porter sur leurs épaules pendant un assez long trajet, et ensuite les remettre à flot. Quoique de vitesse et de nature pareille, ces deux holkers ne se ressemblent pas plus qu'un homme robuste ne ressemble à une svelte jeune fille : l'un, peint de noir, avait pour ornement de proue un *aigle de mer* couleur de vermillon; son bec et ses serres étaient de fer poli. Au sommet du mât, une girouette ou *wire-wire* représentant aussi un aigle de mer découpé dans une plaque de métal, tournait au moindre vent, dont la direction était indiqué par le déploiement d'un léger pavillon rouge placé au flanc droit du holker, pavillon sur lequel le même oiseau marin était brodé en noir. Au-dessus des bordages percés des ouvertures nécessaires au maniement des rames, une rangée de boucliers de fer étincelait aux rayons du soleil couchant, ainsi que les armures des pirates, façonnées de petites écailles de fer, qui, les couvrant de la tête aux pieds, leur donnaient l'apparence de poissons gigantesques.

Terribles hommes que ces pirates!..... Des rivages de la Suède, de la Norwège et du Danemark, ils arrivaient en quelques jours de traversée sur les côtes de la Gaule; ils se glorifiaient dans leurs *Sagas* ou chants populaires, de « — n'avoir jamais dormi sous un toit de planches ou vidé leur coupe de corne auprès d'un foyer abrité; — » pillant églises, châteaux, abbayes, changeant les chapelles en écuries, se taillant chemises et culottes dans les nappes des autels, ravageant tout sur leur passage; ils — *chantaient ainsi*, — disaient-ils, — *la messe des lances*, la commençant à l'aube, la finissant le soir. » — Guider son bateau comme un bon cavalier manie son rapide cheval, courir pendant la manœuvre sur les rames en mouvement, lancer en se jouant trois javelots au sommet d'un mât, les recevoir dans sa main, et les lancer encore sans manquer une seule fois le but; telles étaient les qualités d'un bon pirate. « — Narguons la tempête, — disaient leurs chansons de mer, — l'ouragan est notre serviteur, il aide nos rames, enfle nos voiles, et nous pousse où nous voulons aller. En quelque lieu que nous abordions nous mangeons le repas préparé par d'autres; après quoi, mettant l'hôte à mort et le feu à la maison, nous reprenons la route azurée des cygnes ! » — Ces North-mans avaient pour divinité *Odin*, dieu du Nord, qui promettait aux vaillants tués à la bataille, le séjour de Walhalla, riante demeure des héros célestes; mais plus confiants dans leur bravoure que dans l'assistance de leur dieu, ils ne l'invoquaient guère. « — Mon frère d'armes et moi, — disait à ces pirates Gunkator, fameux roi de la mer, qui souvent ravagea les châteaux et les églises de la Gaule, — mon frère d'armes et moi, nous ne sacrifions jamais aux dieux, nous n'avons de foi que dans nos armes et dans nos forces; nous nous en trouvons très-bien. » Plusieurs chefs de ces pirates se prétendaient issus de l'union des *Trolls*, génies de mers, avec les *Ases* et les *Dwalines*, gentilles petites fées qui se plaisent à danser au clair de lune sur la glace des lacs du Nord, où à jouer dans les branches des grands sapins couverts de neige.

Gaëlo, qui commandait le holker noir orné à sa proue d'un aigle de mer, pouvait se fier à sa force, elle égalait son courage, et son courage égalait son adresse; mais ce qui surpassait son adresse, sa force, son courage, c'était la mâle beauté de ce jeune chef de pirates; voyez-le plutôt une main appuyée sur ce harpon et debout à l'avant de son bateau, couvert de la tête aux pieds de sa souple armure d'écailles de fer. A son côté pendent sa large épée, son cor d'ivoire au son connu de ses pirates; son casque pointu, presque sans visière, découvre ses traits hâlés par l'air marin, le soleil et le grand air, car Gaëlo, non plus que le héros de la *Saga* « — n'a jamais dormi sous un toit, ni vidé sa coupe auprès d'un foyer abrité. — » L'on devine, à l'intrépidité de son regard, au pli railleur de sa lèvre, qu'il a souvent, de l'aube au soir, dit *la messe des lances*, parfois taillé sa chemise dans la nappe des autels et parfois encore brûlé l'abbaye après avoir mangé le souper de l'abbé, mais il n'a point tué l'abbé, si celui-ci est resté inoffensif; non, la vaillante physionomie de Gaëlo n'a rien de féroce; s'il est de ceux qui pratiquent cette loi donnée par *Trodd le Danois* au pays de Garderig : — « Un bon pirate jamais ne cherche d'abri pendant la tempête, jamais ne panse ses blessures avant la fin du combat; il doit attaquer un ennemi seul, se défendre contre deux, ne pas céder à trois et fuir sans honte devant quatre. » Gaëlo pratique aussi cette loi du bon chef *Half* à ses champions : « — Il ne faut ni tuer les femmes, ni jeter les petits enfants en l'air pour les recevoir par amusement sur la pointe de vos lances. » Non, Gaëlo n'a pas l'air féroce; loin de là, en ce moment surtout, sa figure exprime les sentiments les plus tendres; ses yeux brillent d'un doux éclat, lorsque de temps à autre il tourne la tête vers le holker qui lutte de vitesse avec le sien. Jamais, en effet, bateau pirate n'a offert à l'œil d'un marin plus charmant aspect ! construit dans les mêmes proportions que celui de Gaëlo, mais plus fin, plus élancé, ce holker était peint en blanc; les rames et les boucliers rangés à la file en dehors de ses flancs étaient bleu d'azur; un cygne doré ornait sa proue; au sommet du mât, un cygne aux ailes ouvertes, découpé dans une plaque de cuivre étincelant, tournait au souffle de la bise qui faisait aussi flotter un pavillon couleur d'azur où était brodé un cygne blanc. A l'intérieur du léger bâtiment, les épées, les piques, les haches, symétriquement rangées, se trouvaient à portée des rameurs, revêtus de flexibles armures, non pas d'écailles, mais de mailles de fer, et la tête couverte d'un casque à courte visière. Le chef du holker se tenait, ainsi que Gaëlo, debout à la proue, appuyé d'une main sur un long harpon, il s'en servait au besoin avec dextérité pour faire dévier le bateau dans sa route lorsqu'il rasait les bords de quelques îlots plantés de saules qui obstruaient le cours de la Seine. Ce chef northman, d'une taille plus svelte, mais aussi élevée que celle de Gaëlo, était une femme, une vierge de vingt ans au plus, nommée la *belle Shigne*. Elle portait, ainsi que les guerrières qu'elle commandait, une armure de mailles d'acier si fines, si souples, qu'on eût dit une brillante étoffe de soie grise; cette espèce de tunique, échancrée à la naissance du cou, accusait les fermes contours de son sein et descendait jusqu'au-dessus des genoux, serrée aux hanches par un ceinturon brodé auquel pendaient d'un côté un cor d'ivoire, de l'autre une épée. La jambe de la belle Shigne se dessinait aussi sous une maille de fer; elle chaussait des bottines de veau marin étroitement lacées jusqu'à la cheville. Cette guerrière avait déposé son casque à ses pieds; ses cheveux d'un blond pâle, séparés sur son large front et coupés à la hauteur du cou, encadraient de leurs boucles son fier et blanc visage légèrement teinté de rose; le froid azur du ciel du Nord semblait se réfléchir dans ses grands yeux bleus, clairs et limpides ; son nez aquilin, sa bouche sérieuse, hautaine, donnaient une expression austère à sa mâle beauté. Les *Sagas* avaient déjà chanté la bravoure de la belle Sighne, l'une des plus vaillantes parmi les *vierges aux boucliers* ou SHOLDMOES, ainsi que disent les North-mans; le nombre de ces guerrières était considérable en ces pays du Nord ; elles prenaient part aux expéditions des pirates, et souvent les surpassaient en courage. Rien de plus sauvage, de plus indomptable que ces fières créatures; qu'on en juge par un trait choisi entre mille : *Thoborge*, fille du pirate *Erik*, jeune vierge au bouclier, belle et chaste, toujours armée, toujours prête à combattre, avait refusé tous les prétendants à sa main ; elle les chassait honteusement, les blessait ou les tuait lorsqu'ils lui parlaient d'amour. *Sigurd*, pirate renommé, attaqua Thoborge dans sa maison de l'île Garderig, où elle s'était retranchée avec ses compagnes de guerre; elle résista héroïquement ; grand nombre de pirates et de vierges aux boucliers trouvèrent la mort dans cette bataille. Sigurd ayant grièvement blessé Thoborge d'un coup de hache, elle s'avoua vaincue et épousa le pirate.

Telle était la chasteté farouche de ces valeureuses filles du Nord : la belle Shigne se montrait digne de cette race. Orpheline après la perte de son père et de sa mère tués dans un combat sur mer, la jeune guerrière avait été adoptée par ROLF, vieux chef de pirates northmans, célèbre par ses nombreuses excursions en Gaule ; en moins de quinze jours, il était venu cette année-ci des mers du Nord à l'embouchure de la Seine, et la remontait pour venir assiéger Paris à la tête de deux mille bateaux de guerre, qui s'avançaient lentement à la rame, précédés des holkers de Gaëlo et de Shigne ; ceux-ci devançaient la flotte d'une lieue environ, par suite d'un défi.

— Les bras de mes vierges sont plus robustes que les bras de tes *Champions*, — avait dit la belle Shigne à Gaëlo. — Je défie ton holker d'égaler le mien en vitesse : les bras de tes hommes seront lassés avant que mes compagnes aient ralenti le mouvement de leurs rames.

— Shigne, j'accepte le défi ; mais si l'épreuve tourne contre toi, mon holker combattra bord à bord du tien pendant cette guerre ?

— Tu espères donc mon secours si tu es en péril ? — avait répondu Shigne avec un sourire de raillerie fière, en ordonnant d'un geste à ses guerrières de ramer vigoureusement. Gaëlo ayant donné le même ordre à ses hommes, les deux holkers s'étaient rapidement éloignés de la flotte des North-mans, cherchant à se dépasser l'un l'autre. Pendant longtemps les vierges aux boucliers eurent l'avantage ; mais grâce à leurs efforts redoublés, les champions de Gaëlo (ainsi que les chefs north-mans appellent leurs hommes) regagnèrent la distance perdue. Le soleil disparaissait derrière la cime boisée de l'une des îles de la Seine, au moment où les deux bateaux marchaient d'une vitesse égale.

— Shigne, le soleil est couché, — dit le pirate ; — nos bateaux sont bord à bord et les bras de mes champions ne se sont pas lassés ?

— Leur vigueur est grande, puisqu'ils ont tenu contre mes compagnes, — répondit l'héroïne avec son ironique et fier sourire.

— Veux-tu glorifier mes hommes, ou les railler ? Explique plus clairement ta pensée.

— Si nous n'avions à batailler contre les Franks, je te dirais : Abordons dans une de ces îles et combattons sept contre sept... tu verrais alors si mes vierges valent tes champions ?

— Faut-il donc te vaincre pour te plaire ?

— Je l'ignore... jamais je n'ai été vaincue. Orwarodd m'a demandée en mariage au vieux Rolf, notre chef ; Rolf lui a répondu : — « Je te donne Shigne si tu peux la prendre ; elle sera demain dans l'île de *Garin*, seule et armée... viens-y. » — Orwarodd est venu. Nous nous sommes battus ; il m'a percé le bras d'un coup d'épée ; je l'ai tué... Plus tard *Olaff* a voulu aussi m'épouser ; mais il a dit au moment du combat : — « Femme, je n'ai pas le courage de lever mon épée sur toi. »

— Shigne, sois juste... les sagas ont chanté les prouesses d'Olaff, brave entre les plus braves. S'il ne combattait pas contre toi, c'était non par lâcheté, mais par amour.

La guerrière sourit dédaigneusement et reprit : — J'ai balafré Olaff au visage... avec la pointe de mon épée. Telle a été ma réponse.

— Ton cœur est plus froid que la glace des lacs de ton pays ! Tu repousses mon amour parce que je suis de race gauloise !

— Peu m'importe ta race ! Olaff et Orwarodd étaient nés comme moi dans une île du Danemark ; ils n'ont pu me vaincre : j'ai tué l'un, j'ai marqué l'autre à la figure.

— Promets-moi du moins que tu ne seras la femme de personne.

— Facile promesse !... Où trouver un guerrier assez vaillant pour me vaincre ?

— Si tu étais vaincue tu en ressentirais une violente colère et tu haïrais ton vainqueur.

— Non ! j'admirerais son courage !

— Shigne, nous ne pouvons nous battre l'un contre l'autre, sinon tu me tuerais ou tu deviendrais ma femme, dût mon épée se teindre de ton sang ! Mais puisque le combat nous est interdit... m'aimeras-tu si je fais quelque grand acte de vaillance ? Si les sagas de ton pays chantent mon nom à l'égal des noms des guerriers les plus célèbres ?

— Ta bravoure n'étonnera jamais la mienne !

— Hier un vieux serf fugitif est venu dire au vieux Rolf que les Franks avaient tellement fortifié l'abbaye de Saint-Denis, qu'elle était imprenable.

— Il n'est aucune forteresse, ni ville, ni abbaye d'imprenable : mais, peut-être serons-nous forcés de nous arrêter pendant plusieurs jours devant le monastère de Saint-Denis, dont Rolf comptait se rendre maître par un coup de main. C'est un poste important ; il est voisin de Paris.

— M'aimeras-tu, si je m'empare de l'abbaye de Saint-Denis, seul avec mes champions ?

Le visage de la vierge au bouclier devint pourpre ; les battements de son sein de marbre soulevèrent les mailles de son armure, et, se redressant de toute sa hauteur, elle répondit fièrement à Gaëlo : — Moi, je prendrai l'abbaye de Saint-Denis réputée imprenable. — A peine la belle Shigne eût-elle prononcé ces mots, qu'elle donna l'ordre à ses compagnes de virer de bord pour rejoindre la flotte de Rolf, et le bateau s'éloigna rapidement.

Gaëlo, suivant d'un œil attristé le léger holker qui emportait la guerrière, resta silencieux, pensif, tandis que ses champions se reposaient sur leurs rames. Le pilote, homme de trente ans environ, d'une figure réjouie, vêtu de la casaque et des larges braies des mariniers de la Seine, se nommait *Simon Grande-Oreille*. Il devait ce surnom à une énorme paire d'oreilles très écartées des tempes, et non moins rouges que son gros nez. Simon, naguère serf de la pêcherie de l'abbaye de Saint-Paterne, ainsi que trois de ses compagnons assis aux bancs des rameurs, et portant casque pointu et cuirasse à écailles de fer, comme les Northmans, était allé, ainsi que tant d'autres serfs de de race gauloise, offrir aux pirates ses services comme pilote et, ceux de ses compagnons comme rameurs, dès que les innombrables bateaux de la flotte des North-mans avaient apparu à l'embouchure de la Seine ; Simon et ses camarades demandèrent, selon l'usage, part au butin de l'expédition.

Gaëlo, debout, silencieux, pensif, voyait s'éloigner et disparaître le holker de la belle Shigne à travers la brume légère qui, au coucher du soleil, s'élève souvent de la surface des fleuves. Simon Grande-Oreille, assis à la poupe, et tenant, comme pilote, la barre du gouvernail, dit à un de ses compagnons, surnommé *Robin Mâchoire*, parce que sa mâchoire était saillante comme celle d'un molosse : — As-tu entendu l'entretien de la belle Shigne et de Gaëlo ? Quelles farouches diablesses que ces filles des North-mans ! Il faut les courtiser à grands coups d'épée, les caresser avec le tranchant de la hache et arriver à leur cœur en leur trouant la poitrine, sinon ces enragées vous font épouser la mort... Que dis-tu des fiançailles ?

— Je préférerais courtiser une des lionnes africaines dont nous parlait l'autre jour Ibrahim le Sarrazin. — Et, se tournant vers son compagnon de banc, géant north-man, à la barbe si blonde qu'elle en était presque blanche, Robin ajouta : — Hé ! Lodbrog ! si toutes les femmes de ta race accueillent ainsi les amoureux, il doit y avoir dans ton pays plus de morts que de nouveaux-nés ?

— Oui... mais les enfants de ces guerrières, que l'on ne possède qu'après les avoir vaincues par l'épée deviennent des hommes qui, chacun, valent dix hommes pour le courage, — répondit le géant d'une voix grave et redressant sa tête énorme, il ajouta fièrement : — Ces enfants-là, comme moi, naissent *Berserkes*.

— Oui, oui, — reprirent les autres Northmans à voix basse avec un accent de déférence presque craintive, — Lodbrog est né berserke !

— Je ne vous contredis pas, camarades, — répondit Simon ; — mais, par le diable ! expliquez-moi ce que c'est qu'un berserke ?

— Un guerrier toujours terrible à ses ennemis, — reprit un des North-mans, — et parfois redoutable pour ses amis !

Le géant Lodbrog baissa sa grosse tête d'un air affirmatif, tandis que Simon et Robin le regardaient d'un air surpris, n'ayant rien compris aux mystérieuses paroles des pirates. Gaëlo, sortant enfin de la rêverie profonde où l'avait plongé la disparition de la vierge au bouclier se retourna vers ses hommes : — Mes champions, il faut devancer la belle Shigne et nous emparer de l'abbaye de Saint-Denis ! A vous le butin, à moi la gloire !

— Gaëlo, — répondit Simon, — quand je l'ai entendu parler de cette prouesse à la guerrière, moi qui connais l'abbaye de Saint-Denis, où je suis allé souvent dans ces derniers temps, alors que j'étais serf de la Pêcherie de Saint-Paterne, que l'enfer confonde ! j'ai pris tes paroles pour un propos d'amoureux. Gardée comme elle l'est, fortifiée d'épaisses murailles, cette abbaye pourrait résister à cinq ou six cents hommes déterminés ; comment peux-tu songer à t'en rendre maître avec quinze hommes ? Allons, Gaëlo, il faut renoncer à l'entreprise.

— Mes vaillants, — reprit Gaëlo après un moment de silence, — si je vous disais qu'un serf, gardeur de pourceaux, est à cette heure comte, seigneur et maître d'une province que lui a octroyée Karl le Chauve, aïeul de Karl le Sot, en cette année roi des Franks, me répondriez-vous : — « Un serf, gardeur de pourceaux, devenir maître et seigneur d'une province ? c'est impossible ! »

— Foi de Grande-Oreille, telle serait ma réponse ! Un porcher ne peut devenir comte.

— Vraiment ? — reprit Gaëlo, — et qui donc est maintenant comte de Chartres et possesseur du pays chartrain ? sinon un pirate autrefois serf et gardeur de porcs à *Trancoul*, pauvre village situé près de Troyes ?

— Oh ! oh ! notre chef, — reprit Robin-Mâchoire, — tu veux parler d'Hastain, ce vieux bandit qui a guerroyé avec les pirates northmans ? On connaît la chanson :

— « Quand il eut les Franks dépouillés, — et qu'il vit tous ses bateaux appareillés, — Hastain de Rome entend parler — et à Rome Hastain dit qu'il irait — et qu'il ferait roi de Rome son ami Boern Côte-de-Fer. »

— Simon, — dit Gaëlo, — écoute de tes larges oreilles la fin de la chanson : — Continue, mon champion !

— La chanson finit très bien, — reprit Robin. — « Quand ses pirates eurent ravagé l'Italie — et chargé leurs vaisseaux des dépouilles des églises, — Hastain décide qu'il retournerait en France, — et en France Hastain est revenu ; — le roi des Franks, effrayé du retour des pirates, — a dit à Hastain : Ne pille plus les saintes abbayes, ni les châteaux des seigneurs ; — je te donnerai tout le pays chartrain, — et je te ferai comte de Chartres. — Hastain le pirate a dit : Je veux bien. — Et il est devenu comte de Chartres et maître du pays chartrain, lui, l'ancien porcher ! »

— Par le diable et ses cornes ! vive Hastain ! tout est possible, s'écria Simon Grande-Oreille, et il joignit sa voix retentissante à celles des pirates qui, frappant de leurs rames la file de boucliers rangés sur les flancs du holker, chantaient à tue-tête : — « Hastain le pirate a dit : Je veux bien, — et il est devenu Comte au pays chartrain, lui, l'ancien porcher ! »

— Quoi ! un serf gardeur de pourceaux est devenu comte et maître d'une province ! — s'écria Gaëlo, lorsque ses hommes eurent achevé leur chant de guerre ; — et vous croyez impossible à quinze champions résolus de s'emparer

La tentative de viol dans un cachot de l'abbaye de Saint-Denis (page 505)

de l'abbaye de Saint-Denis, de l'abbaye la plus riche de la Gaule !

— Non, non, — crièrent les pirates enflammés par l'espoir du pillage, en frappant de nouveau à coups de rames les boucliers de fer suspendus aux flancs du holker : — A Saint-Denis ! à Saint-Denis! Mort aux tonsurés ! pillage ! pillage ! Tout à feu et à sang !

— La voix tonnante de Lodbrog le Géant dominait la voix des North-mans ; dressé sur son banc, faisant d'une seule main tournoyer sa longue rame aussi facilement qu'il eût manié un roseau, il criait à tue-tête : — A Saint-Denis ! à Saint-Denis ! — S'enivrant ainsi de ses propres clameurs, ses traits farouches exprimèrent bientôt une exaltation qui devint une sorte de délire : ses yeux roulèrent rapidement dans leur orbite, ses lèvres se blanchirent d'écume ; puis, poussant soudain un cri terrible, il fit ployer entre ses mains sa rame et la brisa en deux comme une baguette. A cette preuve de force surhumaine, les North-mans, qui avaient jusqu'alors observé Lodbrog avec anxiété, s'écrièrent : — Gare à nous ! le voilà berserke ! — Et avant que Gaëlo eût pu s'opposer à leurs mouvements, les pirates, se jetant sur le géant debout sur son banc, réunirent leurs efforts et le précipitèrent dans la Seine en s'écriant : — Il va nous tuer tous !

Gaëlo avait fait ancrer son bateau à peu de distance d'une des îles boisées baignées par la rivière ; Lodbrog, renversé, tomba entre le holker et le rivage ; mais d'un bond il sortit de l'eau peu profonde en cet endroit, et atteignit la terre en hurlant : — A Saint-Denis ! à Saint-Denis ! — La frénésie décuplant alors la force prodigieuse de ce géant, il déracine un peuplier de vingt pieds de hauteur ; et,

75ᵉ livraison

armé de cet arbre comme d'une massue, il fracasse les arbres qui se trouvent à sa portée ; les plus grosses branches volent en éclats, les troncs se brisent et le furieux vertige du colosse s'augmente encore ; les ruines d'une maison à demi couverte de sa toiture s'élevaient non loin du rivage, ces murailles arrêtent la course insensée du berserke ; à cet obstacle, sa rage redouble, le tronc du peuplier lui sert de bélier, ses coups réitérés ébranlent un pan de muraille ; elle s'écroule avec fracas ; une partie de la toiture retenue par le scellement des charpentes dans le mur opposé restait encore debout ; le géant gravit les décombres, s'accroche des deux mains aux poutres du toit, les secoue avec fureur en hurlant toujours : — A Saint-Denis ! à Saint-Denis ! — Les poutres cèdent, s'affaissent avec un craquement formidable, la toiture vermoulue à demi couverte de tuiles s'effondre sur Lodbrog, un moment il disparaît au milieu d'un tourbillon de poussière ; mais ce nuage dissipé, le géant, protégé par son casque et son armure de fer, reparaît au-dessus de cet entassement de ruines, regarde autour de lui, et ne voyant plus rien à détruire, se baisse, arrache des solives, des poutres, saisit des pierres énormes et les lance autour de lui avec la force irrésistible de ces machines de guerre appelées catapultes ; mais tout à coup le berserke pousse un rugissement semblable à celui d'un lion, lève ses grands bras vers le ciel, son corps se raidit, reste un moment immobile, comme une gigantesque statue de fer ; puis, ainsi qu'un colosse renversé de sa base, Lodbrog vacille, tombe, et tout d'une pièce il roule de ce monceau de décombres au bas duquel il reste gisant, inanimé comme un cadavre.

Gaëlo et les pirates north-mans ne furent pas surpris de la frénésie de Lodbrog : ils savaient que plusieurs guerriers du Nord étaient sujets à ces emportements terribles comme la furie d'un insensé, sorte d'épilepsie particulière aux berserkes, et dont l'attente ou l'ardeur du combat, la colère, l'ivresse provoquaient les accès ; mais Simon Grande-Oreille et Robin Mâchoire assistant pour la première fois à un pareil spectacle, le contemplaient avec surprise et terreur. Simon, voyant de loin Lodbrog étendu raide, inanimé, s'écria : — Heureusement, le voici mort ! Nous n'avons plus rien à craindre.

— Les North-mans avaient raison, — reprit Robin ; — de pareils enragés sont aussi dangereux pour leurs compagnons que pour l'ennemi. Si ce berserke était demeuré au milieu de nous dans le holker, il nous eût assommés ou noyés tous !

— Après quoi, il aurait lancé par-dessus sa tête le bateau comme un sabot, car il lançait des poutres et des pierres qui certes devaient peser trois fois le poids d'un homme, — ajouta Grande-Oreille. — Que de forces perdues ! quelle belle tuerie ! quel ravage aurait fait un pareil compagnon dans l'abbaye de Saint-Denis où il croyait batailler ! Après tout, c'est dommage qu'il ait rendu le dernier soupir.

— Mais il n'est pas mort, — levez l'ancre, mes champions ; en deux coups de rames nous aborderons dans l'île, et avant peu d'instants vous verrez Lodbrog revenir à lui comme s'il sortait d'un rêve.

— Par les cornes du diable ! — s'écria Simon ; — de peur que se reprenant à rêver, ce géant me mette en bouillie, je désire garder le bateau avec Robin, mon compère. — Et tout en ramant, Grande-Oreille jetait un regard défiant sur le corps du berserke, toujours immobile, que l'on voyait à cent pas du rivage.

— Les North-mans iront, s'ils le veulent au secours de ce furieux, — ajouta Simon, au moment où le holker abordait ; il sera très doux à Lodbrog de reconnaître des figures de son pays natal en reprenant connaissance, n'est-ce, pas Robin ?

— Souvent tel feu qui paraît éteint, se réveille soudain.

Le bateau toucha terre, Gaëlo et les North-mans s'approchèrent du colosse non sans précaution ; l'un des pirates ôta son casque, le remplit d'eau à demi, y jeta une poignée du sable de la grève et manipula ce mélange, tandis que ses compagnons essayaient, mais en vain, tant son corps était raidi, de mettre Lodbrog sur son séant ; il leur fut impossible d'arracher de sa main crispée une pierre qu'il serrait encore avec la force d'un étau ; ses traits, encadrés dans la jugulaire de son casque, étaient livides, immobiles, ses mâchoires contractées, ses lèvres écumantes, ses yeux fixes, dilatés, vitreux ; l'un des North-mans puisant dans son casque le sable détrempé d'eau froide, le jetait à poignée au visage du géant.

— Prends donc garde ! — dit Gaëlo, — tu vas l'aveugler avec le sable mêlé à l'eau.

— Non, non, — reprit le pirate en redoublant ses aspersions sablonneuses ; c'est surtout quand le fin gravier entre dans les yeux qu'il produit bon effet. — L'expérience du pirate ne le trompait pas ; de légers tressaillements convulsifs agitèrent bientôt les traits de Lodbrog, ses doigts crispés se détendirent, laissèrent échapper la pierre qu'ils enserraient, et au bout de quelques instants ses membres redevinrent souples. L'un des North-mans alla puiser dans son casque de l'eau limpide et fraîche, la jeta aux yeux du berserke ; celui-ci murmura bientôt d'une voix sourde en frottant ses paupières : — Les yeux me cuisent fort ; suis-je donc dans le céleste Walhalla qu'Odin promet à ses braves après leur mort ?

— Tu es au milieu de tes compagnons de

guerre, vaillant champion, — répondit Gaëlo, tu as brisé une vingtaine de gros arbres et démoli une maison, est-ce assez pour essayer tes forces? Que te faut-il encore?

— Oh! oh! — fit le géant en secouant son énorme tête et continuant de se frotter les yeux avec ses poings, — cela ne m'étonne pas d'avoir ainsi ravagé; j'ai commencé à me sentir berserke en criant : A Saint-Denis! et puis j'ai cru démolir l'abbaye et assommer ses moines et leurs soldats. J'aurais voulu les exterminer tous.

— Ne regrette rien, mon Hercule, — répondit Gaëlo; — la lune se lève tôt, nous ramerons toute la nuit; demain soir nous serons à Saint-Denis et après-demain à Paris!

L'abbaye de Saint-Denis ressemblait à un vaste château fort ; son enceinte de murailles hautes et épaisses sans autre entrée qu'une porte voûtée, bardée de plaques de fer, percée ainsi que les murs, de meurtrières d'où les archers pouvaient tirer sur l'ennemi, mettait le saint lieu à l'abri d'un coup de main: pour se rendre maître de cette forteresse, il eût fallu de grandes machines de guerre et une nombreuse troupe d'attaque. Tenant sa promesse faite le matin au père Fultrade, Marthe et sa fille Anne la Douce se trouvèrent, à la tombée de la nuit, au rendez-vous fixé par le chantre; il arriva monté sur son grand cheval, assez vigoureux pour porter en croupe la femme d'Eidiol, et sur le devant de la selle, la jeune fille que le prêtre tenait ainsi enlacée; le cheval chargé de ce triple poids ne pouvait, malgré sa robuste encolure, que suivre au pas l'antique voie romaine qui, allant de Paris à Amiens, passait devant l'abbaye de Saint-Denis; le trajet nocturne fut long, silencieux. Marthe, toute fière de se voir en croupe d'un saint homme, ne songeait qu'aux reliques dont la divine influence devait la préserver ainsi que sa fille de tous maux présents et à venir. Anne avait obéi à sa mère avec répugnance ; le moine lui inspirait une vague frayeur, la nuit était noire, la route peu sûre ; lorsque parfois le cheval bronchait, la jeune vierge sentait Fultrade la serrer contre lui plus étroitement, et son souffle embrasé venait la frapper au visage. Arrivé avec ses compagnes de voyage à la porte massive de l'abbaye, le moine frappa d'une façon particulière, la clarté d'une lanterne apparut à un guichet; il s'ouvrit, le frère portier échangea quelques mots à voix basse avec Fultrade, puis la lumière s'éteignit, la porte massive roula sur ses gonds et se referma lorsque Marthe et sa fille furent entrées dans l'abbaye; elles se trouvèrent au milieu des ténèbres; un personnage invisible emmena le cheval du prêtre; celui-ci prenant alors le bras de Marthe, lui dit tout bas : — Donne la main à ta fille et suivez-moi toutes les deux ; votre arrivée ici doit être enveloppée du plus grand mystère.

Après avoir descendu un escalier rapide et suivi pendant assez longtemps les détours d'un couloir voûté, le chantre s'arrêta, chercha à tâtons l'orifice de la serrure d'une porte qu'il ouvrit : — Entrez-là ; attendez-moi, chères filles. Faites vos oraisons.

Au bout de peu d'instants la porte se rouvrit, et le moine, revenant encore sans lumière, dit :

— Marthe, la première, tu adoreras la relique; viendra ensuite le tour de ta fille.

— Oh! non! — s'écria vivement Anne la Douce; — je ne resterai pas seule ici dans l'obscurité! Non, je veux rester près de ma mère.

— Mon enfant, ne crains rien, — reprit Marthe; — nous sommes dans une sainte abbaye, sous la protection du bon père Fultrade.

— Et d'ailleurs l'on n'est jamais seule lorsque l'on pense à Dieu, — ajouta le moine. — Ta mère sera bientôt de retour.

— Ma mère, je ne te quitte pas... j'ai peur! — s'écria la jeune fille ; mais avant qu'elle eût pu rejoindre sa mère, elle sentit qu'une main vigoureuse l'attirait brusquement au dehors. La porte se referma sur Anne de plus en plus effrayée; en vain elle poussa de grands cris, les pas s'éloignèrent; tout bruit cessa, et de silencieuses ténèbres régnèrent autour d'elle. Bientôt il lui sembla entendre, au milieu de l'obscurité, le souffle d'une respiration haletante; puis elle se sentit enlever de terre, enlacée de deux bras vigoureux. La jeune fille se débattait en appelant sa mère, lorsqu'on frappa violemment à la porte, une voix prononça d'un ton alarmé quelques paroles en latin. Aussitôt Anne, délivrée de l'étreinte qui l'épouvantait, tomba défaillante sur le sol. Quelqu'un passa près d'elle, sortit en courant, et referma la porte à double tour. La pauvre enfant restait prisonnière.

Tandis que Marthe et sa fille venaient d'être séparément enfermées par Fultrade et un autre prêtre, son complice, dans les cachots souterrains de l'abbaye de Saint-Denis, où l'on jetait les serfs et les vilains justiciables de l'abbé, un grand mouvement régnait dans le saint lieu. Des moines, subitement arrachés au sommeil, et portant des torches, allaient et venaient sous les arceaux du cloître. Au milieu de l'une des cours intérieures, l'on voyait une vingtaine de cavaliers ; la sueur dont leurs chevaux ruisselaient témoignait de la rapidité de leur course; ils avaient escorté jusqu'à l'abbaye le comte de Paris, qui, arrivant de sa cité en toute hâte, s'était aussitôt rendu à l'appartement de Fortunat, abbé de Saint-Denis. Ce prêtre, d'une obésité difforme, les yeux encore bouffis de sommeil, endossait une longue robe du matin, chaudement fourrée, que lui présentait l'un de ses serviteurs; d'autres allumaient les cierges de deux candélabres d'argent massif, placés sur un meuble richement orné, car rien n'était plus somptueux que cet appartement. L'abbé ayant revêtu sa robe, se frottait les yeux, assis sur le bord de son lit douillet. Le comte Roth-bert, introduit auprès de Fortunat, demandait impatiemment qu'on fît venir Fultrade.

— Seigneur comte, on l'est allé quérir, mais il ne se trouvait pas dans sa cellule, — répondit le *Chambellan* de l'abbé qui avait accompagné le comte de Paris chez l'abbé, ainsi que plusieurs de ses confrères, le *Maréchal*, l'*Ecuyer*, le *Bouteillier*, et autres dignitaires de l'abbaye.

— Le père Fultrade était sans doute à l'église, — reprit une voix, — occupé à dire les matines.

— A moins qu'il ne soit allé à Paris, où je l'ai rencontré ce matin, — reprit Roth-bert. — Jamais pourtant sa présence ici n'aurait été plus nécessaire qu'en ce moment !

— Comte, — dit l'abbé en étouffant un bâillement, — aucun de mes chers frères en Christ ne couche hors de l'abbaye, à moins que je l'envoie en mission. Fultrade a dû certainement rentrer ici ce soir. Apprends-moi donc la cause de cette alerte nocturne.

— Je vais te donner une nouvelle qui sera de nature à te faire ouvrir complètement les yeux et les oreilles : Les North-mans ont reparu à l'embouchure de la Seine ; ils s'avancent sur Paris avec une flotte de navires !

L'abbé Fortunat, malgré son énorme corpulence, bondit sur son lit : ses trois mentons tremblotèrent, sa rouge et large face devint blême ; il joignit les mains avec épouvante ; ses lèvres s'agitèrent convulsivement ; mais, dans son effroi, il ne put articuler une parole. Les autres personnages se montrèrent, comme lui, terrifiés de la nouvelle apportée par le comte ; les uns poussèrent de longs gémissements, d'autres se jetèrent à genoux, invoquant l'intercession du Seigneur ; et, tous, y compris l'abbé, qui avait enfin retrouvé la voix, s'écrièrent : — Dieu tout-puissant, aie pitié de nous ! délivre-nous de ces païens ! de ces démons ! Hélas ! hélas ! que de maux vont fondre encore sur les serviteurs de ton Eglise ! que de ravages ! Nos biens vont encore être pillés par ces abominables sacrilèges ! O Seigneur ! délivre-nous des North-mans ! Commande à tes anges d'exterminer ces païens !

Fultrade entra au milieu de ces lamentations. Il paraissait sombre, irrité ; son visage était enflammé. — Arrive donc, Fultrade, — dit le comte de Paris ; — tu es ici le seul homme de main et de conseil. — Puis, s'adressant à l'abbé : — Fortunat, mets un terme à tes lamentations ; il faut agir et non pas geindre...

Les prêtres continrent à grand' peine leurs gémissements tandis que le comte de Paris, s'adressant particulièrement à Fultrade : — Les moments sont précieux... Les North-mans ont reparu à l'embouchure de la Seine ; on les dit commandés par un de leurs plus intrépides rois de la mer, nommé Rolf. Leur flotte est si nombreuse, qu'elle couvre toute la largeur de l'embouchure de la Seine ; ils ne doivent pas être maintenant à plus de dix à douze lieues d'ici ! Il faut aviser aux moyens de les repousser.

— Et comment n'a-t-on pas été prévenu de l'arrivée de ces maudits ? — s'écria le chantre.

— Ils ont passé à Rouen ; comment les gens de cette cité n'ont-ils pas, de proche en proche, fait répandre l'alarme ? Il y a trahison !

— Eh ! qu'importe aux gens de Rouen l'arrivée des pirates ! N'ayant pas été cette fois attaqués par les North-mans, ils n'ont eu souci des autres contrées ; ce soir seulement j'ai été averti de l'approche des pirates par quelques messagers des seigneurs et abbés riverains de la Seine ; ils m'ont appris de plus que cette vile plèbe rustique, qui n'a rien à perdre, se montre partout joyeuse des maux dont ces païens vont encore accabler l'Eglise et les seigneurs ; c'est donc à nous, seigneurie et clergé, de nous unir, de nous défendre ! Nous n'avons aucun secours à attendre de Karl le Sot, qui ne songera qu'à défendre, s'il le peut, ses domaines royaux, et laissera les North-mans ravager nos biens !

— Hélas ! hélas ! — reprit en gémissant l'abbé de Saint-Denis, — à quelles nouvelles calamités sommes-nous réservés ?... N'a-t-on pas vu Karl le Chauve forcé d'octroyer le comté de Chartres à cet exécrable Hastain, chef des pirates northmans ! un vil serf révolté ! un bandit souillé de crimes, de sacrilèges abominables ! Hélas ! en quels terribles temps vivons-nous ! Que faire, mon Dieu ? Invoquer ton saint nom !

— Ne compter que sur nous, organiser notre défense, armer nos colons, nos vilains et les contraindre à se battre contre les North-mans par la menace des supplices !... Toi, Fultrade, homme d'énergie et d'intelligence, tu vas partir sur l'heure avec quelques-uns de mes officiers et une bonne escorte pour aller convier, de ma part, les évêques et les abbés de mon duché de France à mettre en armes leurs vilains et leurs serfs ; une partie de ces gens resteront dans les abbayes et les châteaux pour la défense, les autres seront dirigés vers Paris, par petites bandes, pour la défense commune.

— Comte, y penses-tu ? — s'écria l'abbé en levant les mains au ciel. — En un moment si périlleux, tu veux m'enlever Fultrade !

— Ne crains rien, — reprit Roth-bert, — en quittant Paris, j'ai donné l'ordre à cent de mes guerriers de se rendre en hâte ici pour défendre ce poste qui domine la Seine.

— Hélas ! — murmura l'abbé en fondant en larmes. — Cinq fois déjà cette abbaye a été envahie, saccagée, pillée par ces païens ; et quoiqu'on l'ait entourée de nouvelles fortifications, elle ne saurait résister aux North-mans. Hélas ! les plus épaisses murailles s'écroulent devant ces démons ! Nous sommes perdus.

— La frayeur trouble ton jugement, Fortunat. Je te dis qu'à moins d'un siége en règle, mes cent vieux soldats suffiront pour défendre l'abbaye. Maintenant, Fultrade, à cheval ! si tu réussis dans ta mission tu recevras de moi un riche évêché en récompense.

Le moine avait jusqu'alors écouté le comte de Paris d'un air soucieux ; mais en entendant la promesse d'un évêché, ses yeux étincelèrent :

— Seigneur, si notre saint abbé m'y autorise, j'accomplirai ses ordres et les tiens. Que le ciel me protège ! j'espère conduire à bonne fin l'entreprise dont tu me charges !

L'un des officiers du comte entra : — Selon vos ordres, quelques archers amenés en croupe par nos cavaliers se sont postés sur la rive de la Seine. Ils ont, à la clarté de la lune, aperçu un grand bateau qui remontait la Seine vers Paris. Ils ont forcé les mariniers de descendre à terre, les menaçant, s'ils refusaient d'obéir, de leur envoyer une volée de flèches. On amène le patron de cette barque.

— Qu'on le fasse entrer, — répondit Roth-bert. Et s'adressant à l'abbé : — J'ai donné l'ordre de ne laisser passer aucun bateau sans interroger les mariniers, afin d'avoir quelques renseignements sur la flotte des pirates, dont ils peuvent avoir des nouvelles !

Le patron qu'on introduisit était Eidiol, doyen de la corporation des nautonniers, qui avait été si brutalement traité par le comte dans la journée. Roth-bert, donnant à ses traits l'expression d'une surprise empreinte de cordialité, dit à Eidiol : — Je ne m'attendais pas à te revoir ce soir, mon brave nautonnier. — Et montrant d'un geste le vieillard à l'abbé : — Cet homme est le doyen de l'honorable corporation des mariniers parisiens.

Eidiol, fort étonné de l'accueil de Roth-bert, qui, le matin même, lui avait parlé avec tant d'insolence, le regardait d'un œil narquois, et cherchait à se rendre compte de la cause de ce brusque revirement de procédés à son égard. Fultrade était resté comme frappé de stupeur à l'apparition du père d'Anne la Douce. Il se remit de son trouble et dit à Roth-bert : — Les moments sont précieux ; je pars de suite pour remplir la mission dont tu m'a chargé.

— Fais comprendre aux seigneurs et aux abbés que nous serons vainqueurs à la condition de demeurer unis.

Le chantre disparut, et Roth-bert, redoublant d'affabilité envers Eidiol : — Sois le bien-venu... brave nautonnier, tu ne pouvais arriver plus à propos. Tes conseils nous seront utiles.

— Telle a été sans doute la pensée de tes archers, puisqu'ils nous ont menacés d'une volée de flèches, si notre bateau n'abordait point à leur commandement.

— Ces mesures sont indispensables en ce moment, mon digne nautonnier. Tu connais sans doute la nouvelle ? Les North-mans ont reparu à l'embouchure de la Seine !

— Ah ! il s'agit des North-mans ! — reprit Eidiol avec une parfaite indifférence. — En ce cas, oui, je suis instruit de leur approche ; je sais même par le patron d'un chaland qui remontait en Seine, que la flotte des pirates s'était ancrée cette nuit près de l'île d'Oissel, un de leurs anciens repaires.

— Par l'épée de mon aïeul, Roth-bert le Fort ! voilà qui me confond ! — s'écria le comte de Paris stupéfait de l'insouciance du marinier au sujet de l'invasion des North-mans. — Quoi ! une pareille apathie, lorsque des maux terribles vont fondre sur le pays !

— Oh ! je ne suis point du tout insoucieux de la venue des pirates, puisqu'au lieu de descendre la Seine jusqu'à Saint-Audoin, où je portais un chargement, je remonte le fleuve pour retourner à Paris, où j'ai pensé que ma présence pouvait être utile.

— Allons, mon vaillant marinier, je me trompais, tu n'es pas indifférent, mais calme comme un brave à l'approche du danger.

— En vérité je ne vois pas où est le danger.

— Ne fuis-tu pas à l'approche de ces païens ?

— Je ne fuis point, je retourne à Paris embrasser ma femme et ma fille ; cela me semblera d'autant meilleur, que je n'espérais les revoir que demain soir ; puis je me consulterai avec mes compères sur les mesures à prendre.

— Quels sont donc ces compères ?

— Eh, mais ! les doyens des corporations de la cité de Paris : les forgerons, les charpentiers, les armuriers, les tisseurs, les corroyeurs, les tailleurs de pierre et autres.

— Et le but de ce conseil est d'organiser la défense de Paris contre les pirates... Gloire à vous, citadins ! je suis fier de compter dans ma cité des valeureux tels que vous ! — Et se retournant tout joyeux vers l'abbé, anéanti par l'épouvante. — Bénis ceux qui défendent l'église ! tous leurs péchés leurs seront remis.

— Ah ! — s'écria Roth-bert en montrant Eidiol du geste, — à la tête de pareils hommes nous serons invincibles !

— Cependant, — reprit le vieillard, — ce matin, tu ordonnais à tes cavaliers de nous casser leurs lances sur le dos.

Roth-bert se mordit les lèvres, fronça les sourcils et répondit avec embarras : — Tu dois excuser un mouvement de vivacité.

— Tes glorifications actuelles forment un

singulier contraste avec les insolences que tu m'a prodiguées ce matin.

— Fortunat, — reprit le comte en contraignant son dépit et s'adressant à l'abbé, — le bonhomme aime à plaisanter ; seulement il pourrait mieux choisir son temps ; il faut courir aux armes, et non railler, lorsque ces maudits North-mans nous menacent !

— Eh ! eh ! pas si maudits — reprit en souriant Eidiol. — Grâce aux North-mans, tu me courtises ce soir. Le noble flatte le vilain.

— Trêve de raillerie, vieillard ! s'écria Roth-bert, revenant malgré lui à son caractère hautain et violent.

— Je vais droit au but, seigneur comte, car j'ai hâte d'aller embrasser ma femme et ma fille. Il y a vingt-sept ans environ, en l'année 885, les North-mans, sous la conduite d'Hastain, aujourd'hui maître et seigneur du pays chartrain, venaient pour la cinquième ou sixième fois assiéger Paris.

— Cette fois, du moins, et ce fut là seule, la plèbe de Paris, sous les ordres d'Eudes, mon père, résista courageusement, et les pirates ne ravagèrent plus la cité ; il en sera de même aujourd'hui ; car j'en jure Dieu ! de gré ou de force, vilains, vous irez combattre aux remparts !

— Jusqu'à cette année dont tu parles, jamais Paris n'avait résisté aux pirates ; parce que le populaire, les corporations d'artisans, n'avaient eu souci de la chose.

— Oui, oui, — reprit Roth-bert avec une colère concentrée, — cette plèbe laissait piller, ravager, incendier églises, abbayes et châteaux !

— Les North-mans ne pillent que les riches. Iront-ils charger leurs barques de nos guenilles, de nos meubles grossiers, de notre vaisselle de grès, lorsqu'ils peuvent les remplir de vases d'or et d'argent, de richesses de toute espèce dont regorgent los châteaux, les églises et les abbayes. Ils attaquent les seigneurs ; que les seigneurs se défendent !

— Par la mort du Christ ! ce vieillard est insensé ! — s'écria le comte de Paris : — Pouvons-nous nous défendre sans l'aide du populaire ? Est-ce avec deux mille guerriers que j'entretiens dans mon duché de France que je pourrai repousser trente mille North-mans !

— Oh ! je le sais, vous ne pouvez rien sans le populaire ; ton père, le comte Eudes, le savait aussi, car à l'approche des pirates, il voulut amadouer le populaire et convoqua dans son châtelet de Paris les doyens des corporations d'artisans. Mon père, doyen des nautoniers, répondit à ton père : « Vous autres, rois, seigneurs et gens d'église, vous avez besoin de nous, pour sauvegarder vos biens des pilleries des North-mans ; soit, faisons un marché ; allégez nos taxes, rendez-nous la vie moins dure, et nous défendrons vos richesses. — Tope ! »

dit le comte Eudes. On convient de certaines allégeances et de certaines franchises pour la plèbe de la cité. Le lendemain, cette bonne plèbe court aux remparts, se bat intrépidement ; grand nombre de gens sont tués, d'autres blessés, mon père et moi nous sommes de ceux-là ; les North-mans sont repoussés... Mais, le danger passé, le roi, les seigneurs et les gens d'église oublièrent leurs promesses.

Le comte de Paris, durant la réponse d'Eidiol, avait difficilement surmonté son indignation ; enfin il s'écria pâle de fureur : — Ainsi votre plèbe refusera de défendre la cité ?

— Je le crois. Nous autres mariniers, nous prendrons à bord de nos bateaux nos familles et celles de nos compères qui voudront nous suivre ; nous sortirons des eaux de Paris par un côté pendant que les North-mans y entreront par un autre et nous remonterons fort tranquillement la Seine vers la Marne, vous laissant, seigneurs, vous accommoder avec les North-mans comme vous l'entendrez.

— Quoi ! infâme poltron ! ton vil cœur d'esclave ne ressent ni colère ni honte à cette outrageante pensée que l'étranger, que les North-mans sont à Paris ?

A cet outrage, une légère rougeur monta au front d'Eidiol, un éclair brilla dans ses yeux, mais se contenant, il reprit : — Comte, mon grand-père a lu dans nos vieux parchemins de famille qu'une petite colonie d'hommes de notre race, il y a de cela trois siècles et plus, vivait libre, heureuse dans un coin de la Bourgogne au temps où les Arabes envahirent et ravagèrent la Gaule...

— Et cette colonie de couards, — reprit le comte, — tremblant devant les Arabes comme vous devant les North-mans, a laissé les païens ravager, piller, incendier le pays ?

— Comte, — reprit fièrement le vieillard, — les gens de cette colonie se firent tuer jusqu'au dernier en combattant l'étranger, parce qu'ils défendaient leurs droits, leur famille, leur sol, leur liberté ; mais comme cette poignée de vaillants étaient, sauf les indomptables Bretons, les seuls hommes libres de la Gaule, les Arabes ont pu ravager les autres provinces et s'établir dans le Languedoc. En ce siècle-ci, il en sera de même des North-mans : la population esclave dans les champs, misérable dans les cités, est indifférente à la vue des maux qui vous frappent, vous, riches seigneurs ou prélats. Maintenant, adieu ; j'ai hâte de retourner à Paris pour embrasser ma femme et ma fille.

Pendant qu'Eidiol parlait ainsi, le comte avait donné ses ordres à l'un de ses officiers, qui sortit précipitamment. Le vieux marinier se dirigeait vers la porte, lorsque Roth-bert, faisant signe à quelques-uns de ses guerriers de barrer le passage au vieillard, s'écria d'une

voix menaçante: — Tu n'iras pas porter le trouble et la révolte dans ma cité de Paris. — Et s'adressant à l'abbé: — Tu as ici une prison?
— Nous avons des cachots qui savent garder les scélérats qui osent résister à nos volontés.
— Que l'un de tes clercs guide mes hommes qui vont conduire cet audacieux marinier dans les cachots de l'abbaye.

Eidiol ne put réprimer un premier mouvement de surprise et de chagrin. — Mon fils est resté à bord de mon bateau; permets-moi de le voir et de le charger d'instruire de mon sort ma femme et ma fille, afin qu'elles ne s'inquiètent pas trop de mon absence.

— Tu seras satisfait, — reprit Roth-bert avec un sourire cruel, — je viens d'envoyer quérir les nautonniers de ton bateau.

— Trahison! — ils vont venir confiants, et c'est la prison qui les attend!

— Tu l'as dit, reprit le comte de Paris, et il ajouta en montrant du geste Eidiol à l'un de ses officiers: — Qu'on l'emmène!

— Ma chère femme, ma douce fille! quelle va être votre inquiétude, lorsque demain vous ne nous verrez pas de retour ni mon fils, ni moi! — murmura tristement le vieillard, et il suivit sans résistance l'officier qui le conduisait aux cachots souterrains de l'abbaye.

. . . .

Après le départ du comte de Paris, les cent guerriers qu'il avait promis d'envoyer au secours de l'abbaye y arrivèrent; leur commandant s'occupa durant toute la nuit de ses préparatifs de défense; les serfs, les vilains, sous la menace de coups, du cachot, de la torture, et surtout sous la menace de l'enfer, transportèrent sur la plate-forme des murailles de grosses pierres, des bûches, des poutres, destinées à servir de projectiles contre les assaillants, sans compter les barils d'huile et de poix qui, mises en ébullition dans les chaudrons, devaient être versées bouillantes sur la tête des ennemis, ainsi que le contenu d'un grand nombre de sacs de chaux et de plâtre, à seule fin de les aveugler. Pendant la nuit et une partie de la matinée, les troupeaux des terres de l'abbaye furent amenés dans son enceinte; là se rendirent aussi par ordre de l'abbé, pour sa défense, grand nombre de serfs et de vilains. D'autres, au contraire, prirent la fuite, résolus à se joindre aux North-mans, lors de leur débarquement, et de glaner après leurs pilleries. Plusieurs hommes *francs* ainsi que l'on nomme les libres possesseurs de petits domaines, habitant les environs de Saint-Denis, emportèrent avec eux leurs objets les plus précieux, et vinrent chercher un refuge derrière les murailles de l'abbaye. Les cours, les galeries du cloître s'encombraient ainsi d'heure en heure d'une foule effarée, tandis que des bestiaux de toute sorte se pressaient dans les jardins et dans un vaste préau enclavés dans l'enceinte fortifiée; l'abbé, aidé de ses chanoines armés de bêches et de pioches, enfouissaient en toute hâte, sous le sol d'une petite cour écartée, les richesses du trésor de l'église, vases, reliquaires, calices, ostensoirs, statues, croix, flambeaux, patènes et autres saints ustensiles en argent, en vermeil ou en or massif enrichis de pièces d'or et d'argent, fruit du labeur et des redevances des serfs et des vilains. D'autres prêtres, agenouillés dans la basilique, imploraient en gémissant le secours du ciel et vouaient les North-mans à toutes ses vengeances.

Plus de la moitié du jour se passait dans des transes continuelles; les hommes de guet qui veillaient sur le rempart au-dessus de la porte, l'avaient vue s'ouvrir fréquemment pour donner passage à des serfs et à des troupeaux retardataires ou à des chariots remplis du fourrage nécessaire à la nourriture de la grande quantité de bétail et de chevaux alors réunie dans l'enceinte fortifiée. Deux de ces voitures remplies de foin, traînées chacune par quatre bœufs et conduites par un homme à figure sinistre, à peine vêtu de haillons, s'approchèrent des remparts; à la vue de cet homme bien connu dans l'abbaye, un gros moine pansu, placé au guichet de la porte, s'écria: — Béni sois-tu, toi et les fourrages! nous avons ici tant de bétail, que l'on craignait de manquer d'approvisionnements. A-t-on des nouvelles de ces païens North-mans? A-t-on vu leurs bateaux en Seine? sont-ils près ou loin de nous?

— On dit qu'ils approchent; mais, Dieu merci, l'abbaye est imprenable. Ah! maudits soient les North-mans! — répondit Savinien avec un sourire étrange, en jetant un regard oblique et sournois sur les monceaux de foin qui s'élevaient beaucoup au-dessus de ces deux chariots. — J'ai tellement poussé mes bœufs, pour me rendre aux ordres de notre saint abbé, que les pauvres bêtes seront, je le crains, fourbues... Vois comme ils soufflent.

— Ils ne souffleront pas longtemps, car on va sans doute les abattre pour nourrir tous ces nobles hommes *francs* qui sont venus se réfugier ici, — reprit le moine. Et déjà, déplaçant à l'aide d'autres frères, d'énormes barres et chaînes de fer dont était renforcée intérieurement la porte massive, il se préparait à l'ouvrir, lorsqu'il entendit au loin de lugubres gémissements poussés par des voix de femmes. Telle était la panique inspirée aux gens d'église par l'approche des North-mans, que le moine portier, effrayé de ces lamentations féminines de plus en plus rapprochées, n'osant pas même ouvrir en ce moment la porte de l'abbaye, en refusa l'entrée aux chariots de Savinien, malgré ses instances. Soudain, au détour d'un massif d'arbres plantés non loin des murailles, l'on vit apparaître une procession de nonnes, reconnaissables à leurs vêtements noirs et blancs, ainsi qu'aux longs voiles dont leur figure était couverte, afin de se soustraire aux regards profanes. Quatre d'entre elles, portant sur une espèce de brancard, formé de branches d'arbres, le corps de l'une de leurs compagnes, poussaient, ainsi que huit ou dix autres nonnes composant ce funèbre cortège, des gémissements lamentables. Une jeune religieuse, son voile à demi relevé, précédait le corps de quelques pas, se tordait les mains de désespoir, et s'écriait de temps à autre d'une voix désolée : — Seigneur! Seigneur! ayez pitié de nous! notre sainte abbesse a trépassé!

Savinien, quoiqu'il ne cessât de jeter des regards de plus en plus inquiets sur le chargement de ses chariots, depuis qu'on lui avait refusé l'entrée de l'abbaye se mit pieusement à genoux lorsque la procession mortuaire passa devant lui, précédée de la nonne éplorée; celle-ci, devançant ses compagnes d'un pas rapide, s'approcha de la porte de l'abbaye, et à travers le guichet s'écria d'une voix entrecoupée de sanglots : — Mes chers frères, ouvrez ce saint lieu de refuge à de pauvres brebis qui fuient les loups ravisseurs. Notre vénérable mère en Dieu a déjà succombé; nous apportons sa dépouille mortelle! Ouvrez les portes de ce saint monastère!

— C'est vous, sœur Agnès ? — dit le gros moine portier à travers son guichet. — Ces démons north-mans sont-ils déjà si près d'ici, qu'ils aient envahi le couvent de Sainte-Placide?

— Hélas! mon cher frère, cette nuit, une vingtaine de ces maudits ont débarqué non loin du monastère, — répondit la nonne en sanglotant. — Réveillées par la lueur des flammes de l'incendie, par les cris d'effroi des serfs qui occupaient les bâtiments extérieurs de notre couvent, quelques-unes de nous ont pu se vêtir et fuir à la hâte avec notre sainte abbesse, par une issue donnant sur les champs; mais, hélas! hélas! notre vénérable mère, affaiblie déjà par la maladie, a ressenti une si grande épouvante, qu'au bout d'un quart d'heure de marche, elle s'est évanouie entre nos bras, et bientôt... — ajouta sœur Agnès, dont les sanglots éclatèrent de nouveau, — et bientôt notre vénérable mère est passée de la terre au ciel!.. Nous apportons son corps pour qu'on puisse lui rendre les derniers devoirs et l'enterrer dans un lieu consacré.

Le frère portier, après avoir écouté ce récit en gémissant et se frappant la poitrine, ouvrit la porte et envoya l'un des moines prévenir l'abbé de ce nouveau malheur. Le corps de la supérieure et les nonnes qui l'accompagnaient entrèrent dans l'abbaye, suivis des deux chariots de fourrages, conduits par Savinien. La sombre figure du serf parut tressaillir d'une joie sinistre, difficilement contenue, lorsque la porte se fut refermée, après l'entrée de ses voitures. Les fugitifs, dont les cours de l'abbaye étaient encombrées, s'agenouillèrent au passage des nonnes; celles-ci, guidées par l'un des moines, se dirigèrent vers le parvis de la basilique, suivies de la foule, qui chantait en chœur cette prière répétée depuis un siècle dans toutes les abbayes, dans tous les châteaux de la Gaule : — Seigneur! ayez pitié de nous! — Seigneur! délivrez-nous des North-mans! — Seigneur! exterminez ces maudits!

Le lugubre cortège, arrivant sous le portail de la basilique, y fut reçu par un des diacres; il venait de revêtir à la hâte ses vêtements sacerdotaux. Des prêtres, portant la croix et les cierges, se tenaient derrière l'officiant, sombres, pâles, tremblants. Ils dirent les psaumes mortuaires avec une précipitation distraite, en proie à l'effroi que leur inspirait l'approche des pirates. Après ces premières prières, le corps, toujours porté par les nonnes sur le brancard de feuillage, fut introduit dans le chœur et déposé sur les dalles, non loin du lutrin. Un désordre inexprimable régnait dans l'intérieur de l'immense église : des moines, aidés de serfs, achevaient de déménager en hâte les ornements précieux de cette splendide basilique; l'on voyait, rangées dans les *transepts*, ou bas côtés qui s'étendent de chaque côté de la nef, plusieurs cryptes, caveaux souterrains, au-dessus desquels s'élevaient les magnifiques mausolées d'un grand nombre de rois et de reines de la race de Clovis et de Karl Martel. Les figures effarées des moines de Saint-Denis, leurs lamentations en emportant les ornements sacrés des autels, les chants de mort, répétés d'une voix sourde, pour le repos de l'âme de la supérieure, dont le corps venait d'être apporté dans l'église par les nonnes, les gémissements des nobles Franks et de leurs familles, réfugiés dans le saint lieu, augmentaient la terreur générale. La plupart des guerriers envoyés par le comte de Paris pour la défense de l'abbaye avaient, plutôt par curiosité que par pitié, suivi dans l'église la procession mortuaire. Ces gens de guerre, farouches, grossiers, aussi mécréants que les North-mans et les Arabes, s'étaient brutalement frayé passage jusqu'aux abords du chœur, où gisait le corps de l'abbesse, entouré de ses nonnes. Peu touchés du caractère religieux de la cérémonie et de la majesté du saint lieu, ces soldats attachaient leurs regards licencieux sur les filles du Seigneur, dont ils essayaient de distinguer les traits à travers la transparence de leurs voiles baissés. Agenouillé auprès de l'une d'elles qui, aussi à genoux et le front penché, semblait prier

Les orgies des pirates (page 605).

avec une grande dévotion, Sigefred, chef de ces gens de guerre, osa toucher le coude de la sainte fille ; celle-ci tressaillit, mais resta muette. Sigefred souleva doucement le voile qui tombait du sommet de la tête de la nonne jusqu'à sa ceinture, eut l'audace de glisser une main profane sous l'échancrure du col de la robe ; mais à peine eut-il commis cette indignité, qu'il retira vivement sa main comme s'il eût touché un charbon ardent : — Par le nombril du pape ! cette nonne a une peau de fer ! — Sigefred n'eut pas le temps de dire une parole de plus, il tomba frappé d'un coup de poignard que lui porta la nonne à la peau de fer. Les autres guerriers restèrent un moment stupéfaits, cherchant à s'expliquer comment les longues et larges manches de la robe noire de cette religieuse pouvaient cacher des bras et des mains dont l'épiderme semblait être de métal.

— Miracle ! — crièrent quelques-uns des témoins de la tentative de Sigefred. — Miracle ! le Seigneur protège le pucelage de ses vierges en les couvrant d'un tissu de mailles d'acier.

— Trahison ! — s'écrièrent les guerriers moins crédules en tirant leurs épées. — Ces nonnes sont des soldats habillés en femmes ! Trahison ! Aux armes ! aux armes ! vengeons Sigefred ! Au diable les miracles et les pucelles !

— Skodmoë ! — cria tout à coup d'une voix retentissante l'abbesse dont on célébrait les funérailles... et se dressant de toute sa hauteur, se débarrassant de son voile, laissant tomber à ses pieds sa robe noire, SMENE, *la vierge au bouclier*, apparut dans son armure guerrière, son fier visage encadré d'une résille de mailles de fer qui remplaçait son casque. — Skodmoë ! — s'écria-t-elle en répétant son cri de guerre, — debout, mes vierges ! pitié pour

76e livraison

les femmes ! exterminez les hommes ! tuez-les tous jusqu'au dernier ! — Et brandissant une hache à deux tranchants, elle bondit comme une panthère, et abattit à ses pieds l'un des guerriers franks qui s'élançait sur elle.

— Skoldmoë ! — répétèrent les autres vierges aux boucliers en se débarrassant de leurs voiles, de leurs robes, et comme la belle Shigne, elles chargèrent les guerriers à coups de hache et d'épée. Les fidèles, naguère en prières, éperdus, fuyaient vers les portes de la basilique, les moines se cachaient derrière les mausolées des tombes royales ou embrassaient les autels, leur dernier refuge ; les voûtes de l'église retentissaient de cris de terreur, de gémissements, d'invocations suprêmes.

Sœur Agnès, qui avait introduit les femmes pirates dans l'abbaye, était une pauvre victime de l'autorité ecclésiastique mise au couvent de Sainte-Placide contre sa volonté. Pendant la nuit les guerrières avaient forcé les portes du monastère et elle les avait aidées dans l'accomplissement du stratagème imaginé par Shigne pour s'emparer de l'abbaye de Saint-Denis.

Les guerriers, plus nombreux que les femmes pirates, s'efforçaient de les rejoindre à travers la foule épouvantée ; mais l'étrangeté de ce combat avec des guerrières dont quelques-unes étaient d'une grande beauté, étonnait les plus jeunes de ces soldats ; involontairement ils hésitaient à frapper ces jolies pucelles ; celles-ci, animées par l'exemple de Shigne, qui faisait rage à coups de hache, se battaient héroïquement. Les vieux soldats, insensibles à l'émotion que causait à quelques-uns de leurs compagnons cette lutte à mort contre des femmes, les attaquaient avec acharnement. Plusieurs compagnes de Shigne furent tuées, d'autres blessées ; mais celles-ci semblaient ne pas sentir leurs blessures et combattaient avec une ardeur croissante. Fultrade, de retour de la mission dont l'avait chargé le comte de Paris, accourait à l'église, attiré par le bruit de la bataille. Shigne était, en ce moment, adossée au mausolée du tombeau de Clovis, et luttait intrépidement contre deux guerriers franks ; l'héroïne faisait tournoyer son arme d'une main si agile, que sa hache, en écartant les épées de ses deux adversaires, faisait parfois jaillir des étincelles de ces chocs de l'acier contre le fer. Pendant cette attaque, l'épée de l'un des guerriers fut brisée ; Shigne allait le tuer, lorsque Fultrade, qui s'était glissé derrière le mausolée de Clovis la saisit brusquement aux jambes. Surprise par cette attaque inattendue, Shigne tombe à terre et laisse échapper sa hache ; les deux soldats franks se jettent sur la guerrière, et la maintiennent sous leurs genoux désespérés.

— Skoldmoë ! — à moi mes sœurs ! — Mais sa voix fut couverte par le retentissement des armes, par les cris furieux des guerriers et des vierges aux boucliers qui continuaient à se battre sous les arceaux de la basilique. En vain l'héroïne appela ses compagnes ; Fultrade, agenouillé près d'elle, pour aider les deux guerriers à la maintenir terrassée, mit la main sur sa bouche. — Compagnons, cette sorcière est jeune et belle ; entraînons-la dans la crypte de ce mausolée, et qu'elle soit à nous...

Les Franks poussèrent un éclat de rire sauvage et emportèrent la guerrière dans un caveau creusé sous le mausolée, réduit souterrain incessamment éclairé par une lampe sépulcrale. Le chantre et les deux soldats, malgré les efforts surhumains de la vierge au bouclier venaient de l'étendre sur les dalles de la crypte, lorsqu'un bruit croissant, formidable que dominait ce cri de guerre des pirates : — Koempe ! koempe ! — retentissant sous les voûtes de la basilique, arriva jusqu'au fond du caveau.

— Malédiction sur nous ! dit le chantre en prêtant l'oreille, c'est le cri des North-mans !

— Par où sont-ils entrés dans l'abbaye ? — reprit un des soldats, — ces démons sortent-ils de l'enfer ?

— A moi, mes vierges ! s'écria de nouveau la guerrière, que le chantre et ses complices tenaient toujours sous leurs genoux, — à moi, mes sœurs ! Skoldmoë ! Skoldmoë !

A ces derniers mots répondit la voix sonore de Gaëlo : — Shigne, me voilà ! — Et presque aussitôt, le jeune pirate parut à l'entrée du caveau, suivi de Simon Grande-Oreille, de Robin Mâchoire et du serf qui avait amené à l'abbaye les deux chariots remplis de fourrage ; tous hurlaient : — Koempe ! A mort ! au sac ! pillage ! pillage ! — A la vue de ce renfort inattendu, Fultrade et ses complices abandonnèrent leur victime. Shigne se releva, saisit l'épée de l'un des soldats, la plongea dans la poitrine du chantre, et encore toute frémissante de rage et de honte, se précipita l'épée haute sur le jeune pirate. — Je te tuerai ou tu me tueras, Gaëlo ! pour que tu ne puisses pas dire que tu m'as vue exposée aux derniers outrages. — Stupéfait de cette brusque attaque de la part d'une femme au secours de laquelle il accourait, Gaëlo se contenta d'abord de parer les coups, mais quand il se sentit frappé au visage, il se précipita sur elle s'écriant : — Que ta volonté soit faite ! tu me tueras ou je te tuerai ! Combat à outrance entre nous.

Et Gaëlo combattit la belle Shigne avec acharnement. Simon Grande-Oreille et Robin Mâchoire, après avoir tué les deux guerriers réfugiés dans la crypte du tombeau de Clovis, se disaient : — Ces nonnains qui venaient gémir à la porte de l'abbaye pendant que nous nous tenions cachés dans les chariots de fourrage, usaient comme nous de stratagème pour s'introduire ici ! Ruse féminine.

— Ah ! Simon, — répondit Robin en montrant l'héroïne et Gaëlo qui se battaient avec un redoublement de fureur, — quel dommage ! un si beau garçon et une si belle fille chercher à s'entre-tuer, au lieu de faire l'amour !

— Et s'ils survivent ils se chériront clopin-clopant, car dans leur rage, ils perdront quelque membre ; vois quels coups ils se portent !

Gaëlo n'avait jamais rencontré d'adversaire plus redoutable que la belle Shigne ; à une force peu commune elle joignait l'adresse, le sang-froid, l'intrépidité. Emporté par l'ardeur de la lutte, le pirate oubliait son amour passionné, ou s'il se rappelait qu'il combattait une femme, il s'irritait d'autant plus de trouver en elle cette indomptable résistance ; enfin il parvint à lui porter un si violent coup d'épée sur la tête que la résille de mailles de fer, et les épais cheveux blonds de Shigne coupés par le tranchant du glaive ne purent la préserver d'une blessure profonde ; le sang inonda son visage, son arme s'échappa de ses mains et elle tomba d'abord sur les deux genoux, puis sur le côté.

— Malheur à moi ! — s'écria Gaëlo désespéré, — je l'ai tuée ! — S'agenouillant alors auprès de la jeune fille pour la secourir, il souleva sa belle tête pâle, sanglante, au regard déjà demi-clos.

— Gaëlo, — murmura la vierge au bouclier d'une voix défaillante, — tu as pu me vaincre, je t'aime ! — et ses yeux se fermèrent. Robin et Simon apitoyés s'étaient rapprochés de Gaëlo, lorsque dominant le tumulte de la bataille qui continuait plus loin sous les arceaux de l'église, ces cris retentirent poussés par les pirates : — Berserke ! Berserke !

— Lodbrog le Géant est en furie ! — s'écria Simon Grande-Oreille, — le berserke est aussi terrible à ses amis qu'à ses ennemis. Gaëlo, la mêlée peut refluer par ici, ton amoureuse n'est peut-être pas morte, transportons-la dans le caveau, elle y sera plus en sûreté qu'ici.

Gaëlo s'empressa de suivre le conseil de Simon, et enlevant dans ses bras la guerrière inanimée, il la déposa doucement au fond de la crypte funèbre.

Dans le même moment avait lieu un spectacle étrange, un combat de géants : les guerriers franks postés sur les remparts venaient d'accourir en aide à leurs compagnons tour à tour attaqués par les vierges de Shigne et par les pirates. Lodbrog le berserke avait jusqu'alors vaillamment combattu sans que son intelligence s'obscurcît ; mais l'enivrement de la bataille, l'odeur du carnage, la vue du renfort de guerriers qui, pressés sous la porte de la basilique, s'y précipitaient criant : — A mort ! à mort ! les North-mans ! — jetèrent le géant dans un nouvel accès de frénésie ; brandissant une massue de fer hérissée de pointes, il rugit et s'élance sur le groupe compacte des Franks. Dix marteaux de forge martelant dix enclumes ne feraient pas autant de tapage que la massue de Lodbrog tombant, retombant, se relevant pour tomber et retomber sur les casques, sur les armures des guerriers ; les uns s'affaissent sous ces chocs foudroyants sans pousser un cri, leur crâne est broyé dans leur casque comme la noix dans sa coque ; d'autres roulent avec des imprécations de douleur et de rage ; les cadavres s'amoncellent aux pieds de Lodbrog, sur ces cadavres il monte... Il monte comme sur un piédestal, et sa taille paraît plus gigantesque encore. Les cimiers des casques des soldats qui le combattent atteignent à peine la hauteur de son ceinturon ; Gaëlo, qui accourait prendre part à la mêlée, vit pendant un moment les guerriers survivants entourer le berserke alors au paroxysme de sa frénésie ; on eût dit des assaillants monter à l'assaut d'une tour ; vingt bras, vingt épées se levaient à la fois pour frapper le géant ; mais au-dessus de ces bras, de ces épées, de ces casques, apparaissait le buste cuirassé du colosse, et sa massue de fer se levant et s'abaissant, brisant épées, têtes, membres, armures. Gaëlo, les pirates et les vierges aux boucliers se précipitent sur les Franks qui assiègent Lodbrog ; soudain le berserke pousse un nouveau rugissement, jette en l'air sa massue, se baisse et se redresse tenant par les cheveux et par son ceinturon un guerrier qui se débat en vain, et de toute sa hauteur il le lance avec rage sur les derniers soldats qui l'assaillent ; plusieurs roulent à terre. Lodbrog les écrase sous ses pieds avec la fureur de l'éléphant qui piétine et broie ses victimes, puis ne voyant plus d'ennemis à combattre, car tous les soldats avaient été tués ou blessés par les pirates ou par lui, en proie à son vertige de destruction, criblé de blessures qu'il ne sent pas encore, mais dont le sang rougit son armure brisée en vingt endroits, Lodbrog avise un grand mausolée de marbre noir ; c'est le tombeau de Frédégonde... Le géant saisit de ses mains puissantes l'une des colonnes qui supportent l'entablement, il la secoue, l'ébranle avec une force surhumaine ; la colonne cède, entraîne dans sa chute une partie du couronnement du mausolée qui s'écroule. Le fracas retentissant de ces ruines redouble la rage du berserke ; apercevant alors la lueur sépulcrale qui s'échappe de la crypte où la belle Shigne est gisante, il se précipite dans le caveau avec des cris féroces et disparaît à tous les yeux...

Une nuit et près d'un jour s'étaient passés depuis qu'Anne la Douce, conduite dans l'une des cellules souterraines de l'abbaye de Saint-

Denis, par le chantre Fultrade, avait échappé aux violences de ce prêtre.

L'obscurité la plus profonde régnait dans le réduit où Anne la Douce était renfermée; à ses premières terreurs, à son désespoir d'être séparée de sa mère, avait succédé une sorte d'anéantissement; ses larmes à force de couler avaient tari ; assise sur les dalles de sa cellule et adossée à la muraille, la jeune fille dormait d'un sommeil fiévreux agité de rêves sinistres ; tantôt le chantre Fultrade lui apparaissait, alors elle se réveillait frissonnant d'horreur, et les silencieuses ténèbres dont elle était entourée lui causaient de nouvelles épouvantes ; tantôt rêvant qu'on l'avait oubliée dans cette demeure souterraine, elle se voyait en proie aux tortures de la faim, et entendait les cris déchirants de sa mère vouée au même supplice. Soudain Anne fut arrachée à ces songes cruels par un bruit croissant de voix et de pas précipités. Elle redressa la tête, prêta l'oreille et d'un bond fut à la porte où elle frappa de toutes ses forces, criant : — Mon père ! mon frère ! délivrez-moi ! au secours ! au secours ! — Anne la Douce venait de reconnaître les voix d'Eidiol et de Guyrion le Plongeur.

— Éloigne-toi du seuil, mon enfant. — cria le nautonnier ; — nous allons enfoncer la porte.

— La jeune fille, ivre de joie, se recula de quelques pas ; bientôt la porte, ébranlée sous les coups des leviers, fut jetée hors de ses gonds, et elle put presser dans ses bras son père et son frère. Puis, regardant autour d'elle. — Et ma mère ? Où est ma chère mère ?

— Tu vas la revoir, mon enfant; c'est elle qui tout à l'heure m'a appris la trahison de ce moine infâme ! — répondit le doyen des nautonniers qui ne pouvait se lasser d'embrasser sa fille avec frénésie. — A ma vue, — ajouta-t-il, — la pauvre Marthe a éprouvé un tel saisissement qu'elle a perdu connaissance ; heureusement elle a repris ses sens ; mais sa faiblesse est si grande qu'elle n'a pu sortir de l'une des cellules voisines où elle nous attend.

— Vous ici, dans cette abbaye, mon père ? — reprit la jeune fille avec stupeur, lorsque sa première émotion fut calmée, — toi aussi, mon frère? vous aussi, Rustique? Est-ce donc un rêve? Est-ce bien vous que je revois dans ce cachot?

— Le comte de Paris avait posté des archers au bord de la Seine, afin d'arrêter les bateaux qui la remontaient, — répondit le vieillard ; — deux de ces guerriers m'ont amené auprès de Roth-bert, et après une discussion avec lui, il m'a fait conduire en ces lieux.

— De plus, ce traître nous a dépêché un de ses hommes pour nous dire que mon père nous mandait à l'instant auprès de lui, — ajouta Guyrion, — nous sommes venus sans défiance...

— Et à peine avions-nous mis le pied dans l'abbaye, — ajouta Rustique le Gai, — que les soldats du comte se sont jetés sur nous à l'improviste pour nous faire partager le sort de maître Eidiol.

— Mais, vous êtes libres actuellement ; — reprit Anne la Douce, — qui donc vous a délivrés ?

— Les pirates north-mans, ma chère enfant.

— Grand Dieu ! — s'écria la jeune fille épouvantée en joignant les mains, — quoi, mon père, ces païens vous ont été miséricordieux...

Des païens qui nous délivrent valent mieux que des chrétiens qui nous emprisonnent ; — en outre, ces hardis et rusés compères se sont introduits ici par stratagème, et ont exterminé une centaine de guerriers franks sans compter les moines qu'ils ont assommés.

— Après quoi, ma sœur, — ajouta Guyrion, — ils se sont mis à piller la basilique et l'abbaye : il y a dans la cour un tas de butin qui dépasse la hauteur des arceaux du cloître !

— Ensuite, — dit Rustique, — les North-mans sont descendus dans les caves pour défoncer les tonnes du cellier de l'abbaye qui est voisin de ces cachots; et croyant y trouver des richesses, ils ont brisé la porte du souterrain où nous étions entassés; leur chef, qu'ils nomment Gaëlo, leur a ordonné de nous bien traiter et de nous aider à délivrer les autres prisonniers. Voilà l'histoire de notre délivrance.

— C'est ainsi, mon enfant, que nous sommes arrivés dans le cachot où était renfermée ta mère, — ajouta Eidiol en embrassant de nouveau Anne la Douce.

— Le jeune chef Gaëlo nous a quittés pour aller rejoindre le vieux Rolf, le chef de ces North-mans, — reprit Guyrion, — qui venait de débarquer et d'entrer dans l'abbaye à la tête d'une troupe nombreuse; ses pirates creusent à la hâte des retranchements aux abords de l'abbaye du côté de Paris, car avant de naviguer vers cette cité, ils veulent se fortifier ici, pour s'y ménager un lieu de refuge.

— Holà ! hé ! les mariniers de Paris, — cria dans le lointain la voix de Gaëlo, — venez, mes braves; Rolf veut vous voir.

— Jeune homme, — dit Eidiol au pirate qui s'approcha, — merci à toi qui nous as délivrés ! Nous allons te suivre, mais tu permettras que mon fils reste près de sa sœur et de sa mère, qui étaient renfermées comme nous dans ces cachots. Elles ont besoin de protection.

— Qu'il en soit ainsi, — répondit Gaëlo ; — et pendant que Anne la Douce et son frère allaient rejoindre Marthe, le doyen des nautonniers de Paris, Rustique et les autres hommes suivirent Gaëlo, afin de se rendre auprès de Rolf qui festoyait dans l'appartement de l'abbé de Saint-Denis. Le jeune pirate quitta un instant ses compagnons et courut à l'une des salles basses de l'abbaye où avait été transportée la belle Shigne, dont la blessure, quoique grave, n'était pas mortelle; lorsque Lodbrog le berserke, en proie à son vertige furieux, se fut précipité dans la crypte du mausolée de Clovis, où la guerrière se trouvait gisante, elle eût été mise en pièces par le géant si, trébuchant à la première marche de l'escalier du caveau, il n'y eût roulé expirant et perdant tout son sang par les blessures qu'il avait reçues, blessures dont plusieurs étaient mortelles.

Rolf, roi de la mer et chef suprême des pirates North-mans, était déjà vieux; sa barbe et ses cheveux, d'un blond jaune, grisonnaient; de nombreuses cicatrices sillonnaient son visage, d'un rouge de brique, tanné, cuivré par le soleil et l'air marin. Sa physionomie était rendue hideuse par suite d'un coup de sabre qui lui avait crevé l'œil gauche et coupé le nez jusqu'à l'os. Son œil unique brillait comme un charbon ardent sous son épais sourcil, ses grosses lèvres à demi cachées par sa rude moustache et sa barbe hérissée, donnaient à sa large bouche une expression railleuse et sensuelle. Rolf était d'une taille moyenne et d'une carrure athlétique; ses bras étaient démesurément longs; il portait, ainsi que ses champions, une armure écaillée de fer; mais pour festoyer et s'ébattre plus à l'aise, il s'était débarrassé de sa cuirasse, n'ayant gardé qu'un justaucorps de peau de renne, çà et là noirci par les frottements de l'armure, et qui s'entr'ouvrant parfois, laissait voir sa chemise, et sous la chemise une poitrine velue comme celle des ours de la mer du Nord. Le pirate terminait son repas; des chanoines et des officiers dignitaires de l'abbé, blêmes d'épouvante, servaient Rolf agenouillés; il ne leur permettait pas de marcher autrement qu'à genoux pour apporter ou emporter les plats et les vases à boire; si l'allure de ces servants était trop lente, des pirates ou des serfs de l'abbaye hâtaient la marche des saints hommes à coups de bâton.

Donc, Rolf achevait son festin, il semblait en belle humeur; ivre à demi de vieux vin des Gaules, et se prélassant dans le siège à dossier de l'abbé; il venait de faire asseoir une femme sur chacun de ses genoux. Gaëlo, de retour de sa visite à la belle Shigne rendu sur sa vie, venait d'entrer dans la salle du festin, accompagné d'Eidiol, de Rustique et de leurs nautonniers, qu'il devait présenter au chef north-man.

— Les prêtres d'ici vous retenaient donc prisonniers? — dit Rolf aux mariniers en essuyant du revers de sa main son épaisse moustache encore trempée de vin; — vous devez être avec nous contre les rats d'église et les faucons des châteaux!

— Nous autres brochets de rivière, nous pouvons échapper aux rats et aux faucons, — répondit Eidiol; — cependant nous aimons à voir les faucons percés d'une flèche et les rats écrasés dans le piège. Nous applaudissons à ta victoire sur les moines de Saint-Denis.

— Tu es de la cité de Paris?
— Oui, seigneur, je suis chef des nautonniers.
— Les Parisiens défendront-ils la ville?
— Si tu mets à mal les pauvres gens, oui; si tu veux simplement brûler les églises, rançonner les riches abbayes et les palais des seigneurs franks, le peuple ne bougera pas.

— Ainsi les bonnes gens de Paris ne se défendront point? Ils feront sagement; car avec la réserve de soldats que je vais laisser dans cette abbaye fortifiée et mes deux mille bateaux, qui vont remonter la Seine jusqu'à Paris, ce n'est ni le comte Roth-bert, ni le roi Karl le Sot qui pourraient me résister. Votre roi nous payera rançon, après quoi nous reprendrons vers le Nord la route des cygnes, à moins cependant qu'il me plaise de m'établir en ce pays des Gaules, comme s'est établi dans le comté de Chartres mon compère Hastain! Hé! hé! mes champions, je me fais vieux, je devrais peut-être me fixer en ce pays-ci, dans quelque grasse province, riche en jolies filles et en bon vin. Ah! mes champions, je suis comme dit la Saga: « Je suis un vieux corbeau de mer, depuis tantôt quarante ans je rase de mes ailes les eaux douces des fleuves et les vagues amères de l'Océan; » — or, il faut faire une fin, mes braves champions! Karl le Sot a une fille nommée Ghisèle, une enfant de quatorze ans, belle à éblouir. Il se peut que j'épouse la fille de Karl le Sot, et que je lui demande une province pour dot. Que pensez-vous de ce projet?

Les pirates, non moins avinés que leur chef, poussèrent de grands éclats de rire, en hurlant à pleine voix: — Nous boirons à ta noce, vieux Rolf! Une jolie pucelle à mettre dans ton lit. Gloire à l'époux de Ghisèle, fille de Karl le Sot!

— Ce vieux brigand est ivre comme une grive en automne, maître Eidiol, que nous conte-t-il là, — dit à demi-voix Rustique.

Un grand tumulte se faisant entendre au dehors, tumulte mêlé d'imprécations et de menaces, interrompit Rustique; presque aussitôt il vit entrer plusieurs pirates, traînant, malgré sa résistance, Guyrion le Plongeur, le visage inondé de sang.

— Mon fils! — s'écria Eidiol en courant vers le jeune homme, — mon fils blessé!

— Et ta mère, et ta sœur, où sont-elles? — ajouta Rustique en courant sur les pas du vieillard. Oh! je pressens un grand malheur.

— Ces bandits ont tué ma mère, en voulant arracher Anne de ses bras, — répondit Guyrion d'une voix désespérée; j'ai voulu les défendre et ils m'ont frappé d'un coup d'épée à la tête! Je suis tombé sans connaissance.

— Ma femme morte! — s'écria le vieillard

avec stupeur; puis il s'écria d'un ton déchirant : — Rolf ! justice! justice et vengeance!
— Oui, Rolf, justice et vengeance! — dirent plusieurs des pirates qui venaient d'accompagner Guyrion, — ce chien que nous l'amenons a tué un de nos compagnons ! Fais justice!

Rolf, de plus en plus ivre, car il continuait de vider coupes sur coupes, répondit d'une voix rauque : — Oui, mes champions, je vais faire justice, laissez-moi seulement achever cette amphore de vin.

D'autres pirates entrèrent à ce moment, ils portaient Anne la Douce évanouie; ils la déposèrent aux pieds du chef des North-mans : — Vieux Rolf, voici une belle fille que nous l'avons réservée. C'est dans ta part du butin.

Eidiol, Rustique, Guyrion et plusieurs mariniers dont ils étaient accompagnés voulurent courir au secours d'Anne, mais ils furent violemment repoussés et contenus par les pirates.
— Mes champions, je vais faire justice. — S'adressant alors à Guyrion le Plongeur, qui, oublieux de la blessure qui ensanglantait son front, contemplait tour à tour, d'un air désespéré, son père et sa sœur évanouie : — Qui es-tu ? D'où viens-tu ? Réponds, jeune homme.

— C'est mon fils, — répondit Eidiol d'une voix sourde : — il est, comme moi, nautonnier de Paris, et il venait me rejoindre dans ces parages.

— Et aussi vrai que je manie une rame depuis mon enfance, — s'écria Rustique, — puisque toi et tes hommes, Rolf, vous nous maltraitez ainsi, nous pauvres gens, notre corporation de mariniers soulèvera les autres corporations de Paris contre vous.

Rolf accueillit cette menace avec un grand éclat de rire, et se balançant sur ses jambes alourdies, il répondit d'une voix entrecoupée de hoquets : — Je pardonne à tous ces compagnons, mais je garde la fille. Maintenant, Parisiens, retournez dans votre cité, vous êtes libres ; je défends à mes champions de vous faire le moindre mal.

— Rolf, — s'écria Eidiol d'une voix suppliante, — rends-moi ma fille, laisse-nous emporter dans notre barque le corps de ma femme!

— Mes champions ! jetez ces chiens à la porte de l'abbaye, et qu'ils se hâtent d'aller annoncer à Karl le Sot que... je veux... épouser sa fille Ghisèle... Oui, je veux pour moi cette pucelle...

— Oui! oui ! tu épouseras la princesse, — s'écrièrent les pirates très joyeux de la plaisanterie de leur chef, puis entraînant les nautonniers parisiens, malgré leur résistance désespérée, ils les poussèrent l'épée dans les reins et les mirent hors de l'abbaye de Saint-Denis!

. . . .

L'immense flotte des pirates, quittant les parages de l'abbaye de Saint-Denis, et poussée par une brise favorable, avait mis à la voile peu de temps après le lever du soleil, se dirigeant vers Paris ; elle comptait plus de deux mille bateaux, montés par vingt-cinq mille combattants. L'ordre de marche des navires était indiqué par la profondeur des eaux de la Seine ; les bateaux légers, d'un tirant d'eau considérable, tels que les *hothers*, naviguaient à proximité des deux rives, puis venaient, se rapprochant du milieu du fleuve, les *snehars*, bateaux à vingt bancs de rameurs ; et enfin dans la partie la plus profonde de la rivière, les *drehars*, bâtiments de haut-bord, assez semblables aux grandes galères des Romains; d'épaisses plaques de fer défendaient leurs flancs ; à leur poupe s'élevait un *kastalt*, retranchement demi-circulaire construit de charpentes de huit à dix pieds de hauteur. Postés sur cette plate-forme, les North-mans lançaient à leurs adversaires des pierres, des traits, des épieux, des brandons enflammés, des poutres et aussi des vases très fragiles remplis d'une poussière corrosive, qui aveuglait les assaillants, tandis que d'autres pirates armés de longues faux coupaient les cordages des navires ennemis.

Les bâtiments north-mans qui remontaient alors la Seine faisant voile pour Paris, couvraient le fleuve d'une rive à l'autre, dans la longueur d'une lieue, et ses eaux disparaissaient sous cette masse de navires de toute grandeur, encombrés de pirates ; c'était un incroyable fourmillement d'hommes, de casques, d'armes, de cuirasses, de boucliers, de figures bizarres peintes ou dorées, placées soit à la proue des navires, soit au sommet des mâts ; des pavillons de toutes couleurs et de grandes voiles coloriées où figuraient des animaux fabuleux ; dragons ailés, aigles à deux têtes, poissons à têtes de lions et autres monstres flottaient au gré du vent, et les farouches chants de guerre des North-mans retentissaient au loin, et à ces chants répondaient les cris sauvages de la foule de serfs révoltés qui côtoyaient la Seine et réglait sa marche sur celle de la flotte. Les North-mans atteignirent enfin une partie du fleuve d'où l'on apercevait au loin dans la brume les tours et les murailles de la cité de Paris enfermée dans son île fortifiée, à la pointe de laquelle s'élevait la cathédrale. Sur le versant des rives de chaque bras de la rivière où commençaient les champs et les faubourgs, l'on voyait aussi les clochers et les églises ainsi que les nombreux bâtiments des abbayes de Saint-Germain d'Auxerre, de Saint-Germain des Prés, de Saint-Étienne des Grès, et à l'horizon, la haute colline où est bâtie la basilique de Sainte Geneviève. A l'aspect de cette ville si souvent attaquée, ravagée, pillée, rançonnée depuis un siècle par les hommes de leur race, les North-mans poussèrent des hurlements de triomphe, criant : — Paris ! Paris !

A la tête de la flotte marchait le *drekar* de Rolf, le roi de la mer ; ce bâtiment se nommait Grimsnoth ; Rolf l'avait enlevé à un autre pirate après un combat meurtrier, selon la saga (le chant) de *Gothrek*, le Grimsnoth surpassait autant par sa grandeur et par sa beauté les autres drekars des mers du nord, que Rolf surpassait les autres pirates par sa vaillance ; jamais enfin l'on n'avait vu de navire comparable au Grimsnoth. Ce drekar ressemblait à un dragon gigantesque ; sa tête de cuivre et son cou écaillé, s'élançaient de la proue, qui figurait son large poitrail orné de deux ailes repliées vers l'arrière, façonné de manière à imiter les replis de la queue du monstre marin. Au milieu de l'immense voile carrée de ce drekar teinte en rouge, se voyait encore un dragon doré ; à la poupe s'élevait le kastali, petite forteresse demi-circulaire construite de fortes poutres équarries cerclées de larges bandes de fer, et percée de meurtrières à travers lesquelles les archers, placés à l'intérieur, pouvaient tirer à couvert lors des abordages, une large plate-forme pouvant contenir vingt guerriers couronnait le retranchement et avait pour parapet une ceinture de boucliers de fer.

Le vieux Rolf se tenait debout sur son kastali, l'air farouche, inspiré ; ses armes, ses mains ruisselaient de sang ; à ses pieds, étendu dans une mare sanglante, pantelait encore le cadavre d'un cheval blanc, enlevé des écuries de l'abbaye de Saint-Denis, puis, garrotté et hissé sur la plate-forme du drekar, à l'aide de poulies et de cordages, pour être solennellement égorgé en l'honneur d'Odin et des dieux du Nord. Le sacrifice achevé, le vieux pirate prit son cor d'ivoire et sonna par trois fois, donnant à chacun des sons un ton particulier ; chaque chef de navire emboucha sa trompe et répéta le signal de Rolf ; ce signal parvint ainsi de proche en proche d'un bout à l'autre de la flotte ; les chants de guerre des pirates cessèrent, et bientôt, accomplissant l'ordre donné par le retentissement du cor de leurs chefs, les North-mans orientèrent leurs voiles de façon que leurs bateaux se maintinrent immobiles et debout au courant du fleuve qu'ils remontaient ; les holkers de Gaëlo et de la belle Shigne, servant d'éclaireurs au drekar de Rolf, naviguaient à peu de distance de lui ; le vieux pirate les héla et leur ordonna de se rendre à son bord. Tous deux obéirent et passèrent sur une planche étroite garnie de crampons de fer, jetée de chaque holker et accrochée aux flancs du Grimsnoth. La vierge au bouclier, pâlie par la perte de son sang, avait le front ceint d'un bandeau de lin sous la résille de fer qu'elle portait en guise de casque. Au moment où elle s'apprêtait à monter sur le kastali de Rolf, Gaëlo dit à l'héroïne : — Shigne, la guerre a ses hasards, je peux être tué demain ; sois ma femme ce soir. Que notre union s'accomplisse.

La vierge au bouclier rougit, son regard, qui jamais ne s'était abaissé devant celui d'un homme, se voila devant l'ardent regard de Gaëlo, elle répondit d'une voix basse et émue :
— Gaëlo, tu m'as vaincue, je t'appartiens, j'en suis fière, je ne pouvais appartenir qu'à un homme plus vaillant. Rolf a été pour moi un père, je dois le consulter sur ta demande : s'il dit oui, je dirai oui ; et, dès ce soir, je t'appartiendrai.

Et sans ajouter une parole, la guerrière précéda Gaëlo sur la plate-forme du kastali où se trouvait le vieux pirate.

— Gaëlo, — dit Rolf, — toi et Shigne vous allez précéder la flotte, faire force de rames et vous rendre à Paris avec vos deux holkers.

— Jamais je ne t'aurai obéi avec tant de joie.

— Vous vous ferez conduire chez le comte de Paris, et Shigne lui dira : Le roi des Franks a une jolie fille ; Rolf veut cette fille en mariage.

Puis le pirate se frotta la barbe, se prit à rire de son gros rire et ajouta : — Je veux épouser une fille de race royale !

— Quant à toi, Gaëlo, tu diras au comte de Paris que je veux avec la fille, pour dot, la Neustrie ; c'est une grasse et fertile contrée bordée par la mer tout à fait à la convenance d'un marin qui aime l'Océan. Le vieil Hastain a obtenu de Karl le Chauve le pays Chartrain, Rolf, chef des North-mans, aura la Neustrie, qui deviendra la *North-mandie* et où je vous établirai, mes champions !

— Nous porterons tes ordres au comte de Paris, qui, pour toute réponse, nous fera poignarder, Shigne et moi.

— Par Odin, il n'oserait pas ! Tu diras au comte que ma flotte va jeter l'ancre sous les murs de Paris ; et que si, demain, avant le coucher du soleil, Shigne et toi vous n'êtes pas de retour près de moi, je mets la ville à feu, à sac et à sang ! Si, demain, avant la fin du jour, Karl le Sot ne m'a pas accordé la main de sa fille, la Neustrie et dix mille livres d'argent pour la rançon de Paris, il ne restera pas pierre sur pierre de cette cité. Tel est mon message.

— Rolf, nous allons partir pour obéir à tes ordres. Demain nous serons morts ou de retour ici avant le coucher du soleil ; j'ai supplié Shigne de m'accepter pour son mari ce soir même ; elle m'a répondu : Je dirai oui, si Rolf dit oui ; et, dès ce soir, je t'appartiendrai.

— Gaëlo épousera la belle Shigne, — répondit le pirate d'un air narquois, — le jour où Rolf épousera Ghisèle, fille du roi des Franks ! Allez accomplir la mission dont je vous ai chargés. Le devoir et l'amour. Chaque chose en son temps.

Shigne et Gaëlo, après avoir quitté le drekar de Rolf, avaient regagné leurs holkers, faisant force de rames, pendant que la flotte les suivait lentement et de loin, vers la pointe de l'île fortifiée où s'élevait la cité de Paris.

— Gaëlo, — dit Simon Grande-Oreille en ramant vigoureusement ainsi que ses compagnons, vois donc ces bandes de serfs qui nous ont suivis le long de la rivière depuis hier; les voilà qui courent comme des bandes de loups affamés vers les abbayes que l'on voit çà et là dans la campagne.

— Ils vont commencer le pillage sans nous attendre! — reprit Robin-Mâchoire d'une voix lamentable, à laquelle se joignirent bientôt les imprécations des autres pirates, qui cessèrent un moment de ramer pour contempler avec colère ces bandes de gens déguenillés, à l'air farouche, qui, agitant leurs bâtons, leurs fourches, leurs faux, poussaient des cris furieux.

— Si Lodbrog n'était pas mort en vrai berserke, un pareil spectacle lui eût donné un accès de frénésie! Que de misères s'étalent devant nous!

— A vos rames! mes champions, à vos rames! — s'écria Gaëlo, — vous n'aurez pas à regretter votre part du pillage; à vos rames!

— Et du geste, leur montrant le bateau de Shigne qui les devançait, il ajouta : — Vous laisserez-vous dépasser par les vierges aux boucliers? Hardi, mes champions!

A la voix de Gaëlo, les pirates, maugréant, reprirent leurs avirons afin de rejoindre l'autre holker. Sur la rive droite de la Seine, en remontant vers Paris, l'on voyait des grands massifs d'arbres plantés au milieu de vastes prairies dépendant de l'abbaye de Saint-Germain-des-Prés, dont les grands bâtiments s'élevaient au loin; sur la rive gauche de la rivière, la berge beaucoup plus élevée encaissait le fleuve et masquait l'horizon. Au pied de ce talus, s'avançait de cinquante pieds environ dans la Seine une estacade de gros pieux serrés les uns contre les autres; c'étaient les *Palées* du port de la Grève alors désert, et destinées à mettre les bateaux à l'abri des grandes eaux. Les deux holkers, forçant de rames, naviguaient de façon à passer au large de l'estacade, lorsque, sortant soudain de derrières ces palées où il s'était jusqu'alors tenu embusqué, un bateau parisien, monté par Eidiol, Guyrion, Rustique et plusieurs autres mariniers, se mit en travers des holkers north-mans, leur envoya une volée de flèches, jeta ses grappins sur l'un d'eux placé à sa portée (c'était celui de Gaëlo), puis, les nautonniers armés de coutelas, de piques, de haches, sautèrent résolûment à l'abordage, tandis que le vieil Eidiol s'écriait : — Exterminez ces North-mans! mais prenez vivants les deux chefs, il nous serviront d'otages!

Lors de cette attaque imprévue, la belle Shigne et Gaëlo, qui reçut une flèche bardelée au défaut de son brassard, se tenaient, selon la coutume, auprès du gouvernail; ils se précipitèrent à l'avant du holker, prêts à combattre. Mais, au moment où le vieil Eidiol s'écriait d'exterminer ces pirates, une exclamation de surprise s'éleva du holker des vierges aux boucliers, puis ces mots arrivèrent à l'oreille du doyen des mariniers : — Mon père! mon père! n'attaque pas ces jeunes guerrières; celle qui les commande m'a protégée, elle me ramenait à Paris auprès de vous! Elle est chargée d'une mission pacifique. — Et Anne la Douce, debout au milieu du bateau, tendait ses bras à Eidiol.

— Guyrion! Rustique! bas les armes! — s'écria le vieillard, Anne, ma chère fille, est dans le bateau de ces guerrières!

La belle Shigne, toute frémissante encore de cette lutte interrompue, donna ordre à ses compagnes de déposer les armes, et Anne la Douce, tendant les bras vers Eidiol, lui cria : — Bénissez cette guerrière, ô père! elle m'a protégée auprès de Rolf; grâce à elle, j'ai échappé aux outrages des pirates!

— Combien alors je regrette de l'avoir envoyé cette flèche, — disait en même temps Guyrion à Gaëlo, le voyant essayer d'arracher le trait qu'il avait reçu dans la jointure de son brassard. — Maintenant je te reconnais, brave pirate; c'est toi qui es venu nous ouvrir les portes des cachots de l'abbaye de Saint-Denis.

Rustique le Gai, tenant encore son coutelas à la main et contemplant Simon qui faisait laide grimace en portant sa main à l'un des côtés de sa tête ensanglantée, Rustique le Gai ajouta : — Et moi, je regretterais aussi d'avoir abattu la moitié de l'oreille de ce North-man, si cette oreille, démesurément longue, n'eût pas dépassé son casque de trois doigts au moins.

— Vienne une autre rencontre! — s'écria Simon Grande-Oreille, en montrant le poing à Rustique, — c'est ta langue insolente que je couperai, foi de Simon!

— Tu n'es pas plus North-man que moi, honnête pirate, — reprit Rustique en reconnaissant un compatriote, — alors, mon regret est plus vif encore, de te laisser avec une si ridicule inégalité; j'aurais dû les raccourcir toutes les deux, mais ce n'est que partie remise.

Simon ne répondit pas à cette nouvelle raillerie, occupé qu'il était à étancher le sang de sa blessure, qu'il lavait avec de l'eau fraîche puisée dans son casque, tandis que son compère Robin-Mâchoire disait en manière de consolation : — Si seulement, nous avions ici un peu de feu, je ferais rougir la pointe de mon épée et je cicatriserai la plaie en un instant.

Quelques moments après ce court abordage, les grappins du bateau parisien étaient levés; Anne la Douce, passant du holker de la belle Shigne dans la barque d'Eidiol, lui racontait, ainsi qu'à Guyrion et à Rustique, comment,

Rolf, chef des pirates northmans

reprenant ses esprits au milieu des pirates qui l'avaient conduite près de Rolf, et voyant entrer la guerrière, elle s'était jetée à ses pieds, la suppliant de la protéger ; comment Shigne, touchée de compassion, obtint de Rolf la liberté de la jeune fille, et la conduisit à son holker, où elle était restée jusqu'au moment de sa rencontre inespérée avec son père. A son tour, celui-ci apprit à Anne que, désespéré de la voir prisonnière des North-mans, et sachant qu'ils envoyaient souvent quelques bâtiments légers en avant de leur flotte, il s'était embusqué derrière les palées du port de la Grève, dans l'espoir d'exterminer les pirates pour venger la mort de Marthe et prendre leur chef vivant, afin d'obtenir par échange la liberté d'Anne la Douce. Les deux holkers et le bateau parisien débarquèrent leurs passagers sur le rivage, à quelque distance des remparts ; les North-mans devaient attendre le retour de Shigne et de Gaëlo, chargés de porter au comte de Paris les messages contenant les volontés de Rolf.

Au moment de quitter le bord de la rivière pour se diriger vers la cité dans laquelle l'on ne pouvait entrer que par l'un des deux ponts défendus par des tours, Eidiol dit au pirate : — Afin d'arriver sûrement jusqu'au palais du comte de Paris, toi et ta compagne devez endosser par dessus vos armures la casaque à capuchon de deux de nos mariniers ; votre qualité de messager de Rolf ne serait pas respectée par les guerriers du comte. Vous êtes braves, mais à quoi servirait le courage lorsqu'on se trouve deux contre cent ? Je vous guiderai jusqu'au palais : là, vous demanderez à être conduits près de l'un des officiers de Rothbert et vous pourrez accomplir votre mission.

— J'accepte ton offre, brave marinier, — répon-

77e livraison

dit Gaëlo, après avoir échangé à voix basse quelques mots avec Shigne. — J'ai grandement à cœur de réussir dans la mission dont je suis chargé ; nous désirons arriver le plus promptement possible auprès du comte de Paris.

— De plus, — ajouta Guyrion en s'adressant au pirate, — je vois à la manière dont tu portes ton bras que tu souffres beaucoup ; le fer de ma flèche est resté dans la plaie. Entre dans notre maison avant de te rendre au palais, nous y panserons ta blessure. Si la mort de ma mère est due aux North-mans, je n'oublie pas que tu nous a délivrés de prison ainsi que mon père et que ta compagne a sauvé ma sœur des outrages de Rolf. A toi notre reconnaissance.

— J'accepte tous ces arrangements, — répondit le jeune homme.

La belle Shigne et Gaëlo, endossant deux casaques de mariniers, quittèrent le rivage, remontèrent la berge, et se dirigèrent vers le pont ; ils virent une grande lueur éclairer l'horizon vers le nord, et lutter avec éclat contre les derniers feux du soleil couchant. A mesure qu'ils se rapprochaient de la ville, ils entendaient un tumulte croissant ; bientôt ils se trouvèrent au milieu d'un grand nombre de serfs qui, se dirigeant en hâte vers la porte de la tour dont le pont était surmonté, apportaient dans la cité, sous la conduite de gens d'église, les richesses des lieux saints, incendiés par d'autres serfs révoltés : des caisses remplies de numéraire, des ornements d'autel d'or et d'argent, des statues de métal précieux, des châsses massives, éblouissantes de pierreries, et si pesantes que huit serfs suffisaient à peine au transport de ces reliquaires. Les prêtres accompagnaient ces reliques, poussant des gémissements désespérés ou des malédictions contre les North-mans. Parmi la foule, les uns se lamentaient non moins que les gens d'église ; mais peu soucieux d'aller aux remparts, ils répondaient aux instances des prêtres : — Que la volonté de Dieu s'accomplisse ! — En vain, de leur côté, les hommes du comte de Paris parcouraient les rues à cheval, criant : — Aux armes, vilains ! aux armes, citadins ! aux remparts ! Mais vilains et citadins rentraient prestement dans leurs maisons de bois, dont ils barricadaient les portes. Après avoir traversé quelques rues tortueuses, Eidiol et ses compagnons arrivèrent à la porte de la demeure du nautonier ; Guyrion l'ouvrit et Gaëlo, la belle Shigne, Rustique, Anne et son père se trouvèrent réunis dans la salle basse du logis, dont on ferma prudemment les volets. — Ma sœur, allume une lampe, — dit Guyrion, — donne-moi de l'eau dans un vase, puis du linge et de l'huile. — S'adressant alors à Gaëlo, tandis qu'Anne s'occupait des préparatifs du pansement : — Déboucle ton brassard ; lorsque la plaie sera lavée avec de l'eau fraîche et recouverte d'un linge imbibé d'huile saturée de plantes aromatiques, tu te sentiras soulagé.

Gaëlo quitta son armure, releva la manche de son justaucorps de renne, et mit à nu son bras ensanglanté. Le pirate, en voulant retirer de sa blessure la flèche acérée à travers la ceinture du brassard, en avait brisé la hampe à fleur de peau, le fer seul restait enfoncé dans la chair ; cependant, comme il saillissait quelque peu en dehors, il fut possible à Eidiol de le saisir et de l'enlever avec autant de précaution que de dextérité. Cette extraction causa un grand soulagement à Gaëlo ; le vieillard, avant de placer l'appareil sur la peau, prit un linge imbibé d'eau, afin de laver les abords de la blessure couverte de sang caillé, jusqu'à la moitié du bras. Soudain il poussa un cri de surprise, recula d'un pas, regarda Gaëlo avec anxiété, puis dit vivement :

— Qui a tracé ces deux mots gaulois : *Brenn-Karnak*, que j'aperçois maintenant sur ton bras ? Parle, jeune homme.

— Mon père... peu de temps après ma naissance, a tracé cette inscription sur mon bras.

— Où es ton père ?...

— Il est mort ainsi que ma mère.

— Il n'était pas de la race des North-mans ?

— Non, quoiqu'il combattît avec eux et qu'il fût né dans leur pays ; il était de race gauloise...

— A quelle époque le père de ton père est-il allé habiter la terre des North-mans ?

— Vers le milieu du siècle passé.

— Ce fut peu de temps après une nouvelle et grande insurrection de la Bretagne, lorsque, pour combattre les Franks, les Bretons s'allièrent aux North-mans établis à l'embouchure de la Loire ?

— Oui, — répondit Gaëlo, — mais comment sais-tu cela ? Qui t'a instruit de ces choses ?

— Quels évènements ont amené ton père à se joindre aux North-mans ?

— Après la nouvelle insurrection de l'Armorique, d'abord triomphante, la division se mit entre les chefs bretons ; la famille même de mon grand-père se divisa, et ensuite d'une violente dispute avec l'un de ses frères, ils tirèrent l'épée l'un contre l'autre ; blessé dans ce combat fratricide, mon aïeul quitta pour toujours la Bretagne et s'embarqua avec une troupe de North-mans qui abandonnaient l'embouchure de la Loire pour retourner en Danemark où mon père et moi nous sommes nés.

— Ton aïeul se nommait *Ewrag*, — reprit Eidiol avec une émotion croissante, — il était fils de *Vortigern*, l'un des plus vaillants compagnons de guerre de Morvan, qui résista héroïquement à l'armée de Louis le Pieux, dans les landes, les marais et les rochers de l'Armorique. Vortigern avait pour aïeul *Amaël*, qui vécut cent ans et plus, refusa d'être le geôlier du dernier rejeton de Clovis, et fut l'un des chefs de bandes de Karl Martel, l'ancêtre de Karl le Grand, dont le descendant règne aujourd'hui sous le nom de Karl le Sot.

— Vieillard! — s'écria Gaëlo, — qui a pu ainsi t'instruire des aventures de ma famille?

— Ta famille est la mienne, — répondit Eidiol, dont les yeux devinrent humides ; — je suis descendant de Joël, le brenn de la tribu de Karnak ; mon grand-père était le frère de ton aïeul. Telle est notre filiation.

— Que dis-tu? — s'écria Gaëlo, — tu serais comme moi de la race de Joël? nous serions de la même famille?

— Ces mots que ton père a tracés sur ton bras en signe de reconnaissance, je les porte aussi, de même que mon fils et ma fille, selon la sage recommandation de *Ronan le Vagre*, l'un de nos aïeux, qui vivait au temps de *Brunehaut*.

— Nous sommes parents! — s'écrièrent à la fois Anne et Guyrion en se rapprochant de Gaëlo, tandis que la belle Shigne et Rustique le Gai écoutaient cet entretien avec un redoublement d'intérêt.

— Nous sommes parents! — reprit Gaëlo en regardant tour à tour le vieillard, Anne et Guyrion; puis s'adressant à la guerrière : —
— Shigne, je te rends doublement grâce ; la jeune fille si généreusement sauvée par toi se trouve être de ma famille.

— Qu'elle soit pour moi une sœur, — dit la guerrière de sa voix grave et sonore; mon épée la défendra toujours.

— Et à défaut de votre épée, belle héroïne, — reprit Rustique, — mes deux bras joints à ceux de maître Eidiol et de mon ami Guyrion protégeront Anne la Douce, quoique le malheur ait voulu que nos trois paires de bras aient été insuffisantes pour défendre la pauvre enfant contre Rolf.

— Bon père, — dit Gaëlo à Eidiol, — voudriez-vous me dire pour quelle cause vous avez quitté la Bretagne?

— Ton grand-père Ewrag avait deux frères, comme lui fils de Vortigern. Lorsque, après la funeste division dont tu parles, Ewrag abandonna la Bretagne pour aller vivre au pays des North-mans, ses deux frères, *Rosneven* et *Gomer* (ce dernier fut mon aïeul), continuèrent d'habiter le berceau de notre famille près des pierres sacrées de Karnak ; Nominoë, Judicaël, Allan Barbe-Forte, furent tour à tour élus chefs de l'Armorique. Plus d'une fois encore les armées des Franks envahirent et ravagèrent notre pays, mais ils ne purent y établir leur conquête d'une manière durable comme dans les autres contrées de la Gaule ; l'influence druidique entretint longtemps encore chez nos rudes populations la haine de l'étranger. Malheureusement les perfides conseils des prêtres catholiques et l'exemple des seigneurs franks devenus peu à peu possesseurs héréditaires des terres et des hommes de la Gaule par droit de conquête, eurent une funeste influence sur les chefs bretons; élus d'abord librement par les peuples, selon l'antique coutume gauloise, en raison de leur vaillance, de leur sagesse et de leur patriotisme, ces chefs nés de l'élection voulurent rendre le pouvoir héréditaire dans leurs familles, ainsi qu'avaient fait les seigneurs des autres provinces de la Gaule. Les prêtres catholiques s'unirent aux chefs bretons pour accomplir cette iniquité, et ordonnèrent aux peuples la soumission à ces nouveaux seigneurs, comme ils avaient ordonné la soumission envers Clovis et ses leudes. Peu à peu la Bretagne perdit ses vieilles franchises; les chefs, jadis électifs et temporaires, devenus héréditaires et tout-puissants à l'aide du clergé, enlevèrent aux peuples bretons presque toutes leurs libertés; toutefois ils ne les ont point jusqu'ici dégradés à ce point de les traiter en esclaves ou en serfs. Des deux frères de ton aïeul, l'un, Gomer, mon grand-père, vit avec douleur et indignation cet abaissement de la Bretagne. Gomer était marin; établi au port de Vannes comme Albinik, l'un de nos ancêtres, il faisait souvent les voyages d'Angleterre et portait aussi des chargements jusqu'aux embouchures de la Somme et de la Seine. Une fois il remonta ce fleuve jusqu'à Paris; son métier de marin le mit en rapport avec le doyen de la corporation des nautoniers parisiens, qui avait une fille belle et sage ; mon aïeul l'épousa; mon père naquit de cette union. Il fut marinier; sa vie s'est écoulée au milieu des tribulations ordinaires; avec des alternatives de bien et de mal; j'ai fait le même métier; mon existence a été jusqu'ici aussi heureuse qu'elle peut l'être en ces tristes temps. Deux malheurs seulement m'ont frappé : la mort de Marthe que j'ai perdue hier, et il y a trente ans, la disparition d'une fille, la première née de mes enfants, qui s'appelait Jeanike.

— Et comment a-t-elle disparu?

— Ma femme, alors malade, avait confié cette enfant à l'une de nos voisines pour la conduire à la promenade hors de la cité. Jamais nous n'avons revu ni la voisine ni ma fille.

— Heureusement les enfants qui vous restent ont dû rendre votre chagrin moins cruel, — reprit Gaëlo. — Dites-moi, bon père, avez-vous eu des nouvelles de la branche de notre famille restée en Bretagne?

— J'ai su par un voyageur que la tyrannie des seigneurs bretons se fait sentir de jour en jour plus durement et que les prêtres catholiques dominent dans l'Armorique.

— Eidiol, — reprit Gaëlo en ramassant le fer de la flèche que le vieillard avait laissé tomber à terre, après l'avoir extrait de la blessure du jeune pirate, — gardez ce *fer de flèche*, il augmentera le nombre des reliques de notre famille, si vous retrouvez jamais ceux de nos parents qui, habitant peut-être encore la Bretagne, ont conservé sans doute les légendes de nos aïeux. Légende et relique nouvelle.

Un tumulte, d'abord lointain, puis de plus en plus rapproché, interrompit Gaëlo. Bientôt l'on entendit les pas des chevaux et le cliquetis des armures. Rustique courut entr'ouvrir le ventail mobile et supérieur de la porte d'entrée, regarda en dehors et se retournant, dit à demi-voix : — C'est le comte Roth-bert qui passe avec ses hommes, accompagné de l'archevêque de Rouen ; il revient sans doute des remparts et retourne à son châtelet.

— Bon père, — dit vivement Gaëlo en rebouclant son brassard ; — vous m'avez promis de me conduire, moi et ma compagne, au palais du comte de Paris ; venez, le temps presse, j'ai hâte d'accomplir mon étrange mission.

— Quelle est cette mission ?

— La belle Shigne va signifier au comte que Rolf, le pirate north-man, veut épouser Ghisèle, fille de Karl le Sot, roi des Français, et je vais lui signifier que Rolf exige pour dot la Neustrie.

Eidiol resta un moment muet de stupeur ; puis il s'écria : — Voilà donc comment finissent les races royales ! l'un des descendants de Joël a refusé d'être le geôlier du dernier rejeton de Clovis, et c'est encore un de tes descendants, ô Joël, qui est chargé de signifier au successeur de Karl le Grand, qu'il ait à donner sa fille à un vieux pirate souillé de tous les crimes et à lui abandonner une des plus belles provinces qui lui restent !

Quelques instants après, la belle Shigne et Gaëlo, ayant endossé par dessus leurs armures les casques à capuchon des mariniers parisiens, se rendaient au château du comte Roth-bert, guidés par Eidiol, pour remplir la mission dont les avait chargés le vieux Rolf.

. . . .

L'un des pavillons de la résidence royale de Compiègne servait d'habitation à *Ghisèle*, fille de *Karl le Sot*, roi des Franks. La jeune princesse se tenait d'habitude avec ses femmes dans la grande salle du premier étage ; une haute et étroite fenêtre garnie de petits vitraux percée dans une muraille de dix pieds d'épaisseur, s'ouvrait sur la sombre et immense forêt au milieu de laquelle s'élevait le château de Compiègne ; Ghisèle, ce matin-là, travaillait à un morceau de tapisserie : elle venait d'atteindre sa *quatorzième année*, Karl le Sot, marié à seize ans, ayant été père à dix-sept. La figure de Ghisèle était enfantine et douce ; sa nourrice, femme d'environ trente-six ans, lui donnait des laines de couleurs variées dont se servait la jeune princesse pour son travail. A ses pieds, sur un escabeau, se tenait Yvonne, sa sœur de lait ; plus loin, quelques jeunes filles, assises sur leurs talons, filaient leur quenouille ou s'occupaient, tout en causant, de divers ouvrages de lingerie.

— Jeanike, — disait Ghisèle à sa nourrice, — mon père vient toujours m'embrasser chaque matin, et il n'est pas encore venu.

— Le comte Roth-bert et le seigneur *Francon*, archevêque de Rouen, accompagnés d'une nombreuse escorte sont arrivés cette nuit de Paris ; le chambellan est allé éveiller le roi votre père, et depuis quatre heures du matin, il s'entretient avec le comte et l'archevêque. La conférence aura été bien longue.

— Ce voyage de nuit m'inquiète : pourvu qu'il ne s'agisse pas d'une mauvaise nouvelle.

— Quelle mauvaise nouvelle y a-t-il à craindre ? croirait-on pas *que les North-mans sont à Paris ?* comme dit le proverbe, — reprit la nourrice en souriant et haussant les épaules ; — ne vous alarmez donc pas ainsi, chère fille.

— Je sais, Jeanike, que les North-mans ne sont pas à Paris. Dieu nous sauve de ces pirates ! Qu'ils les retiennent dans leurs repaires glacés !

— Le chapelain assurait l'autre jour, — reprit Yvonne, — qu'ils ont des pieds de bouc et sur la tête des cornes de bœuf.

— Tais-toi ! tais-toi ! Jeanike, — reprit Ghisèle en frissonnant, — ne parle pas de ces païens, leur nom seul me fait horreur ! Hélas ! n'ont-ils pas fait mourir ma mère !

— Il est vrai, — reprit tristement la nourrice. — Ah ! ce fut une nuit fatale que celle où ces démons, conduits par Rolf le damné, attaquèrent le château de *Kersy-sur-l'Oise*, après avoir remonté cette rivière. La reine votre mère vous nourrissait ; elle ressentit une telle épouvante que son sein tarit et elle mourut. De ce moment, vous avez partagé mon lait avec ma petite Yvonne. J'avais été jusqu'alors très malheureuse ; enfant trouvée, vendue toute petite à l'intendant du domaine royal de Kersy, mon sort s'est amélioré lorsque je suis devenue votre nourrice, et mon fils aîné Germain est devenu l'un des chefs forestiers des bois de Compiègne.

— Ah ! nourrice, — reprit en soupirant Ghisèle, dont les yeux se remplirent de larmes, — chacun a ses peines ! je suis fille de roi, mais je n'ai plus de mère ; par pitié, ne prononce jamais devant moi le nom des North-mans, de ces païens maudits qui m'ont privée des tendresses maternelles !

— Allons, chère fille, ne pleurez pas ainsi, — dit affectueusement Jeanike, en essuyant les yeux de Ghisèle, tandis que sa sœur de lait, agenouillée sur son escabeau, ne pouvant non plus retenir ses pleurs, regardait la jeune princesse d'un air navré.

A ce moment le rideau qui remplaçait la porte de la chambre se souleva, et le roi des Français, Karl le Sot, entra. Ce descendant de Karl, le grand empereur, avait alors trente-deux ans; ses yeux à fleur de tête, sa lèvre inférieure presque toujours pendante, son menton rentré, donnaient à sa physionomie, une apparence si stupide, si épaisse, qu'à la mine on l'eût surnommé *le Sot*; ses longs cheveux, symbole de race royale, encadraient sa figure bouffie terminée par une barbe clair-semée; il semblait profondément abattu, et dit brusquement à Jeanike : — Dehors, nourrice, dehors tout le monde ! — Le roi resta seul avec Ghisèle, qui l'embrassa tendrement, cherchant dans sa présence une consolation aux pénibles pensées que venait d'éveiller le souvenir de sa mère. Karl le Sot se prêta aux caresses de sa fille : — Bonjour, enfant, bonjour; mais pourquoi pleures-tu ?

— Pour bien peu de chose, mon bon père; j'étais triste, votre vue me fait oublier mon chagrin. Vous venez tard ce matin; ma nourrice m'a dit que cette nuit le comte de Paris est arrivé avec l'archevêque de Rouen. — Le roi fit, en soupirant, un signe de tête affirmatif. — Ils ne vous ont pas, je l'espère, apporté de fâcheuses nouvelles, cher père ?

— Hélas ! — répondit Karl le Sot en soupirant de nouveau et hochant la tête, — elles seraient fort désastreuses, ces nouvelles, si je n'acceptais point certaines conditions !

— Et ces conditions, sera-t-il en votre pouvoir de les remplir ? Ghisèle, en disant ces mots, regarda son père d'un air si naïf, si doux, que Karl, sot, mais non point méchant, parut troublé, attendri, baissa les yeux devant sa fille, et répondit en balbutiant :

— Ces conditions ! ah! ces conditions, elles sont dures !... oh ! très dures !... Mais enfin... que faire? J'aurais beau vouloir regimber, on me force... Que veux-tu que je fasse, si l'on me contraint à faire ce qui m'afflige ?

— On ne peut rien commander à vous, le maître, le souverain, roi des Français.

— Le roi des Français, moi ! — s'écria Karl avec amertume et colère. — Est-ce qu'il y a aujourd'hui un roi des Français ? Ce sont les comtes, les ducs, les marquis, les évêques, les abbés, qui sont des rois ! Est-ce que depuis un siècle, les seigneurs ne se sont pas tous rendus maîtres et souverains héréditaires des comtés, des duchés, qu'ils devaient seulement administrer pendant leur vie et au nom des rois ? Qui règne dans le Vermandois ?... Est-ce moi ? Non, c'est le *comte Héribert*... Qui règne sur le pays de Melun ? Est-ce moi ? Non, c'est le *comte Errenger*; et sur le pays de Reims ?

C'est l'*archevêque Foulque*; et en Provence ? C'est le *duk Louis l'Aveugle*; et en Lorraine ? C'est le *duk Louis IV*; et en Bourgogne ? C'est le *duk Rodulf*; et en Bretagne ? C'est le *duk Allan*... Ces brigands-là et tant d'autres larrons, grands ou petits, nous ont dépouillés, province à province, pièce à pièce, du royal héritage de nos pères... Je te dis cela, mon enfant, pour te faire comprendre que si dures que soient les conditions qu'on m'impose, il me faut, hélas ! les subir. Les seigneurs commandent, j'obéis ; est-ce que je peux leur résister? Ne sont-ils pas retranchés dans leurs châteaux forts, dont ils ont hérissé la Gaule ; c'est à peine si j'ai assez de soldats pour défendre le peu de territoire qui me reste ; car enfin, sur quel pays puis-je dire que je règne aujourd'hui, moi, descendant de Karl le Grand, ce redoutable empereur qui régnait sur le monde ? Je ne possède pas la centième partie de la Gaule ! Fais mon compte, Ghisèle, fais mon compte, tu verras qu'il ne me reste rien que l'Orléanais, la Neustrie, le pays de Laon, et mes domaines de Compiègne, de Fontainebleau, de Braine et de Kersy. Comment veux-tu qu'avec si peu de puissance je résiste aux seigneurs, et que je dise non, quand ils m'ordonnent ? — Puis, frappant du pied avec colère, Karl le Sot, fermant les poings, s'écria : — Oh! ma pauvre Ghisèle ! si nous avions pour nous défendre notre ancêtre, Karl le Grand, on ne nous ferait pas ainsi la loi ! et ce vaillant empereur irait les écraser dans leurs repaires à la tête de ses vieilles troupes. — Hélas ! hélas ! je n'ai ni courage, ni volonté, ni pouvoir ! Ils m'appellent le Sot ! ils ont raison, — ajouta le roi avec accablement et en pleurant. — Oui, oui, je suis un sot ! mais un pauvre sot bien à plaindre, en ce moment surtout... mon enfant !

— Mon bon père ! — reprit Ghisèle en se jetant au cou du roi tout en larmes, ne vous affligez pas ainsi ; ne vous restera-t-il pas toujours assez de domaines pour y vivre en paix avec votre fille, qui vous chérit, et vos serviteurs, qui vous aiment.

Le roi regarda fixement Ghisèle, et essuyant ses yeux du revers de sa main, il lui dit d'une voix entrecoupée de sanglots ; — Sais-tu ce que cette nuit le comte Roth-bert... — Puis s'interrompant, il ajouta avec une explosion de vaine colère : — J'abhorre cette race des comtes de Paris ! ce sont eux qui nous ont volé la duché de France..... Ces gens-là sont nos ennemis les plus dangereux ! Un beau jour ce Roth-bert me détrônera tout à fait, comme son frère Eudes a détrôné Karl le Gros ! O race félonne, audacieuse et pillarde ! avec quel bonheur je l'exterminerais, si j'avais la force de Karl le Grand ! Mais je suis sans courage... je n'ose pas seulement les faire tuer ; ils le savent bien. Aussi me mettent-ils sous leurs pieds! — ajouta le roi en sanglotant. Honte et humiliation.

— Je vous en conjure, mon tendre père, chassez ces sinistres pensées... Mais que vous a dit ce méchant comte Roth-bert?

— Il m'a dit d'abord que les North-mans étaient devant Paris et en nombre immense!

— Les North-mans! — s'écria Ghisèle avec épouvante, devenant pâle et frissonnant de tout son corps. — Les North-mans devant Paris! Oh! malheur! malheur à nous! — Et elle cacha dans ses mains son visage baigné de larmes, tandis que le roi, n'osant lever les yeux sur elle, reprenait avec embarras, balbutiant à chaque mot :

— Le comte de Paris m'a donc appris que les North-mans étaient devant la cité. « Que veux-tu que je fasse à cela? ai-je répondu; je n'ai point de soldats, point d'argent; vous autres seigneurs qui êtes maîtres de presque toute la Gaule, vous n'avez qu'à défendre vos possessions, cela vous regarde. »

— Roth-bert a répliqué : « Les North-mans menacent de mettre Paris à feu et à sang, de ravager de nouveau la Gaule; on ne peut leur résister. La plupart des vilains et des serfs refusent de combattre; nos guerriers, à nous autres seigneurs, sont en trop petit nombre pour lutter contre les pirates; il faut traiter avec eux. » Alors, ma petite Ghisèle, j'ai dit au comte : « Eh bien, traite, c'est ton affaire, puisque ces païens assiègent la cité de Paris et sont au cœur de ta duché de France. — Ainsi ai-je fait, — m'a répondu Roth-bert. — J'ai traité en ton nom avec les envoyés de Rolf, le chef des North-mans. »

— Avec Rolf! — murmura Ghisèle en joignant les mains avec horreur, — avec ce pirate souillé de tant de crimes, de tant de sacrilèges, ce monstre qui a causé la mort de ma mère!

— Hélas! pour notre désolation à tous deux, chère fille, ce damné Roth-bert, afin de sauver sa cité de Paris et sa duché de France des griffes de ce vieux brigand, a promis en mon nom que je lui abandonnerais la Neustrie..... la Neustrie, la meilleure province qui me reste, et de plus...

Mais comme le roi hésitait à achever sa phrase, Ghisèle, essuyant ses larmes. — Et de plus, qu'exige-t-on encore, mon père?

Karl garda le silence, tressaillit; puis, surmontant l'imbécile faiblesse de son caractère, il s'écria, fondant en larmes : — Non, non, je ne veux pas! Si sot que je sois, cela ne sera pas... non; au moins une fois dans ma vie j'agirai en roi! — Et serrant sa fille entre ses bras, il la couvrit de larmes et de baisers : — Non, non, il ne l'aura pas, ma Ghisèle! ce vieux brigand épouser... la petite-fille de Karl le Grand..... une enfant de quatorze ans à peine!... Plutôt que de te voir la femme de Rolf, je te tuerais... et je me tuerais ensuite... Seigneur Dieu, ayez pitié de moi!.,.

Ghisèle écoutait son père presque sans le comprendre; elle le contemplait avec un mélange de doute et de stupeur, lorsqu'un nouveau personnage entra dans la salle; cet homme était *Francon*, archevêque de Rouen. Sa figure impassible, froide et dure, ressemblait à un masque de marbre; il s'avança jusqu'auprès de Ghisèle et du roi qui se tenaient encore étroitement embrassés, puis il dit de sa voix âpre et brève, en indiquant du geste le rideau derrière lequel il s'était tenu jusqu'alors caché : — Karl, j'ai tout entendu.

— Tu m'épiais, — s'écria le roi, tu as osé surprendre les secrets de ton maître!

— Je me défiais de ta faiblesse; après notre entretien avec Roth-bert, je t'ai suivi et j'ai tout entendu. — Puis s'adressant à la jeune fille, qui était retombée sur son siège et frissonnante de tous ses membres, l'archevêque de Rouen ajouta d'une voix solennelle, menaçante : — Ghisèle, ton père t'a dit vrai, il n'est plus roi que de nom; le peu de territoire dont il demeure encore maître est, comme sa couronne, à la merci des seigneurs franks; ils le détrôneront quand il leur plaira, de même qu'ils ont détrôné Karl le Gros et couronné, il y a vingt-cinq ans, Eudes comte de Paris.

— Oui, oui... et il se trouvera encore un évêque pour sacrer ce nouvel usurpateur, comme il s'en est trouvé un pour sacrer le comte Eudes, n'est-ce pas Francon? — s'écria Karl le Sot avec amertume. — Telle est la gratitude des prêtres envers la descendance de ces rois franks qui ont rendu l'Eglise si puissante et si riche!

— L'Eglise ne doit rien aux rois et les rois doivent à l'Eglise la rémission de leurs péchés! — répondit dédaigneusement l'archevêque; — les rois ont donné à l'Eglise ici-bas, ils ont reçu au centuple dans le ciel et pour l'éternité; écoute donc ce que j'ai à te dire, Ghisèle... Si, par suite de ton refus ou celui de ton père, les païens north-mans recommençaient en Gaule la guerre terrible, sacrilège, à laquelle ils ont promis de mettre fin dans le cas où ton père, accorderait à leur chef Rolf ta main et la Neustrie, ton père et toi vous seriez seuls responsables des maux affreux qui de nouveau désoleraient notre pays.

— Francon, — reprit Karl le Sot d'une voix suppliante, — les seigneurs ont des provinces et des filles; que ne donnent-ils à Rolf une de leurs provinces et une de leurs filles?

— Rolf veut la Neustrie... et la Neustrie t'appartient; Rolf veut Ghisèle... et Ghisèle est ta fille. Les deux sacrifices s'imposent au roi.

— Moi épouser ce monstre qui a fait mourir

ma mère! — s'écria Ghisèle, — non, jamais! jamais!... j'aime mieux mourir!

— Alors, malédiction sur toi en ce monde et dans l'autre! — s'écria l'archevêque d'une voix tonnante; — que le sang qui va couler dans ces guerres impies retombe sur ton père et sur toi, vous répondrez devant Dieu de tous les sacrilèges que vous pouviez empêcher! vous les expierez ici-bas par l'excommunication, et après cette vie, par les flammes éternelles! Karl, excommunié, damné en ce monde, sera un objet d'horreur pour tous ses sujets. L'Eglise qui l'avait sacré roi, le déclarera maudit et déchu du trône! Sa vie s'éteindra dans un cachot!

La terreur de Karl le Sot était à son comble; tombant à genoux devant le prêtre catholique, il joignit les mains : — Grâce! grâce! saint évêque! je donnerai à Rolf la Neustrie, mais non pas ma fille! elle a quatorze ans à peine! Quatorze ans! c'est déjà presque un crime de marier un enfant de cet âge; et puis si timide, si craintive, hélas! la mettre dans le lit de ce monstre, ce serait la vouer à la mort! — Et le malheureux sanglotait, les mains jointes : — Grâce! grâce! Tu ne peux me menacer des peines éternelles parce que je refuse de livrer mon enfant à un bandit que l'Eglise a excommunié pour ses crimes abominables!

— Rolf recevra le baptême! — répondit l'archevêque de Rouen d'une voix solennelle; — l'eau lustrale effacera ses souillures, et il entrera dans le lit nuptial vêtu de la robe blanche du catéchumène, symbole de l'innocence.

— Au secours! nourrice, au secours! ma fille se meurt! — s'écria Karle le Sot, en serrant convulsivement entre ses bras Ghisèle qui venait de s'évanouir, pâle et glacée comme une morte. Le prêtre triomphait de toutes les résistances.

La ville de Rouen était ce jour-là très animée; la foule, encombrant les rues, se dirigeait en tumulte vers la basilique dont les cloches sonnaient à toute volée. Parmi ceux qui se rendaient aux abords de l'église, se trouvaient Eidiol, sa fille Anne la Douce, Guyrion le Plongeur et Rustique le Gai; partis de Paris l'avant-veille, ils avaient descendu la Seine jusqu'à Rouen, dans le bateau du doyen des mariniers parisiens; navigation de plaisir et d'utilité : Eidiol, en amenant à Rouen un chargement de marchandises, venait assister au mariage de la fille de Karl le Sot, roi des Français, avec Rolf, chef des North-mans, désormais duk souverain de Neustrie, qui prenait le nom de *North-mandie*. Telle était l'indifférence de ce pauvre peuple de vilains et de serfs pour la forme de son joug, que le populaire de Rouen, capitale de la Neustrie, devenue North-mandie, se réjouissait presque de voir cette grande province au pouvoir des pirates. Eidiol et sa famille se dirigèrent vers la place de la basilique afin d'assister au défilé du cortège nuptial; Anne donnait le bras à son père et à son frère; Rustique les précédait pour leur frayer un passage à travers la multitude de plus en plus compacte aux abords de la cathédrale; la famille d'Eidiol parvint à l'angle d'une rue qui débouchait sur la place. — Maître Eidiol, — dit Rustique, — voici près de cette maison une borne, faites-y monter Anne pour qu'elle puisse voir le cortège. Elle sera à l'abri des poussées de la foule.

— Non, Rustique, — répondit la jeune fille, — je n'oserais prendre cette place.

— Monte sur la borne, toi, Rustique, — dit le vieillard, — si nous ne pouvons voir par nos yeux, nous verrons par les tiens; moi et mon fils nous demeurerons auprès d'Anne.

A ce moment le bruit lointain des clairons se joignit au tintement redoublé des cloches, et une grande clameur courut dans la foule. — Voici le cortège, — s'écria Rustique. Il débouche dans la place, des sonneurs de clairons à cheval ouvrent la marche, puis viennent des cavaliers franks, armés de lances aux banderolles flottantes, ils portent suspendus à leur cou des boucliers peints et dorés. Ah! voici les pirates north-mans couverts de leurs armures, et l'étendard du vieux Rolf; on voit sur le drapeau un corbeau de mer ayant les serres et le bec ouverts. Pousse ton cri de triomphe, vieux corbeau de mer! ta proie est belle : une province de la Gaule et la fille d'un roi!

— Ah! Rustique, pouvez-vous plaisanter ainsi? — dit Anne la douce d'un ton de triste et affectueux reproche, — pauvre petite Ghisèle! épouser ce vieux monstre! Apercevez-vous cette infortunée! Pauvre victime!

— Non, je ne vois rien encore; voici maintenant les femmes pirates; oh! qu'elles sont fières sous leurs armures de mailles d'acier ayant aux bras leurs boucliers couleur d'azur! Ce sont maintenant les seigneurs de la suite du comte de Paris, avec leurs longues robes brodées d'or et garnies de fourrures. Tiens, ils s'arrêtent soudain; ils se retournent avec inquiétude. Que se passe-t-il donc? — Et Rustique le Gai, s'appuyant à la muraille, se dressa sur la pointe des pieds afin de voir plus loin; au bout d'un instant il s'écria : — Oh! la pauvrette! Anne, vous aviez raison, quoique fille de roi elle est à plaindre. Elle a l'air d'une victime destinée au supplice.

— Est-ce de Ghisèle dont vous parlez, Rustique? — dit la jeune fille, — que lui est-il arrivé? Comme je plains la pauvre enfant.

— Elle s'avançait soutenue sur le bras de Karl le Sot, plus pâle qu'une morte sous sa robe blanche de fiancée, lorsque soudain les forces lui ont manqué tout à fait. Elle s'est affaissée et est tombée évanouie dans les bras des seigneurs qui se trouvaient à ses côtés.

— Ah ! mon père, — dit Anne la douce à Eidiol, les yeux humides de larmes, — le sort de cette infortunée n'est-il pas affreux ?

— Moins affreux pourtant que le sort de ces milliers de femmes de notre race qui ont été violentées par les seigneurs franks ou par les gens d'église. Les infortunées, sortant de la couche de leurs maîtres, retournaient aux écrasants labeurs de la servitude, avilies, battues, achetées, vendues comme bétail, mourant à la peine ou sous les coups, ignorant les saintes joies de la famille, dépravées, abruties par l'esclavage. Telle a été pendant des siècles, telle est encore la condition des femmes de notre race. Combien de milliers de femmes meurent dans les tortures de la chair et de l'âme !

— Hélas ! cette pauvre fille de roi est innocente de ces maux ! Elle est bien à plaindre.

— Maître Eidiol, — reprit Rustique, — la fille de Karl le Sot a repris ses sens, elle s'avance soutenue par son père et par le comte de Paris. Voici Rolf ; il porte, sur son armure de guerre une longue chemise blanche. — Derrière Rolf viennent notre parent Gaëlo et la belle Shigne ; le cortège se remet en marche vers la basilique. Le clergé catholique ayant à sa tête l'archevêque Francon, s'arrête sous le portail... Ah ! maître Eidiol, je suis ébloui, les pierreries étincellent sur les chappes d'or, sur les mitres d'or, sur les crosses d'or ! Partout de l'or, des rubis, des perles, des diamants, des émeraudes ! La grande croix que l'on porte devant le clergé est en or massif, elle ruisselle de pierres précieuses ! Les richesses de Golconde !

— O jeune homme de Nazareth ! — dit Eidiol, — ô Jésus l'ouvrier charpentier ! l'ami des pauvres en haillons, toi que notre aïeule Geneviève a vu mettre à mort à Jérusalem par le prince des prêtres ! reconnaîtrais-tu pour tes disciples ces prêtres, ces évêques si magnifiquement vêtus et entourés de tant de splendeurs ? O clergé, race de vipères !

— Entendez-vous, maître Eidiol, les chants des prêtres, le son des orgues portatives ? Les clairons sonnent et résonnent. Les cloches redoublent de fracas. Le roi, sa fille et le vieux Rolf, entrent sous le portail de la basilique ; les encensoirs d'or fument, se lèvent et s'abaissent ; leur vapeur embaumée monte vers le ciel !

— Ils ont encensé Clovis, ils ont encensé le père de Karl le Grand qui détrôna la race de Clovis ! et ils encensent aujourd'hui Rolf, le vieux pirate, Rolf le meurtrier, Rolf le sacrilège ! Le Dieu des prêtres, c'est l'or !

. . . .

Le mariage de Rolf et de Ghisèle a été béni, consacré dans la somptueuse basilique de Rouen par l'archevêque Francon ; l'union de Shigne et de Gaëlo a aussi été bénie par ce prélat. A peine la cérémonie achevée, Ghisèle, succombant à une nouvelle défaillance, a été emportée dans les bras de ses femmes ; Rolf, Karl le Sot, le comte de Paris et les seigneurs de sa suite se sont rendus dans l'immense salle du chapitre de l'archevêché de Rouen. Karl le Sot, portant sur sa tête la couronne d'or des rois franks, à sa main le sceptre et traînant le long manteau royal, monte et se tient debout sur une estrade élevée de quelques marches ; à la droite de Karl et debout, l'archevêque de Rouen et les évêques des diocèses voisins, à la gauche de Karl est Roth-bert, comte de Paris, duc de France, ainsi que les comtes et vicomtes des pays de *Montlhéry*, d'*Argenteuil*, de *Pontoise* et autres seigneurs franks, parmi lesquels on distingue Burchart, seigneur du pays de *Montmorency*, remarquable par sa grande taille ; au bas de l'estrade, en face du roi et de cette assemblée de seigneurs et de prélats, se trouve Rolf, accompagné de Gaëlo, de la belle Shigne et des principaux chefs north-mans. Le vieux pirate porte toujours la chemise blanche de néophyte par-dessus son armure ; sa physionomie est triomphante, insolente et narquoise ; Karl le Sot, triste et abattu, essuie ses larmes à la dérobée ; cet homme, malgré son imbécile faiblesse, cet homme aime sa fille, et le sort de Ghisèle l'épouvante.

Radieux d'échapper aux nouveaux désastres que Rolf menaçait de déchaîner sur la Gaule, le comte de Paris, l'archevêque de Rouen, les autres seigneurs et prélats, savourent l'abjection de ce roi : mais si avili, si vain que soit son titre, ils le jalousent encore. L'archevêque Francon, revêtu de ses ornements épiscopaux, descend de l'estrade d'un pas majestueux, s'approche de Rolf et dit d'une voix solennelle :

— Karl, roi des Franks, a bien voulu t'octroyer à toi et à tes hommes tous les champs, forêts, villes, bourgs, villages, les habitants et le bétail de la Neustrie...

— Si le roi ne m'eût pas donné cette province, je l'aurais prise, — dit Rolf interrompant le prélat. — Tu m'as baptisé, moi et mes champions ; nous nous sommes laissé mettre tout nus dans de grands cuveaux, comme de vrais poissons, et asperger d'eau salée, vraie saumure d'océan, après quoi nous avons revêtu par-dessus nos armures une longue chemise blanche. Tout cela n'est que balivernes de prêtre.

— C'est le sacré symbole de la pureté de ton âme, lavée de ses souillures par la sainte immersion du baptême, — reprit l'archevêque ; — désormais tu es catholique et fils de l'Eglise de Rome. C'est pour toi un grandissime honneur.

— Mais tu m'as demandé en retour pour l'Eglise toutes les terres des abbayes de mon duché de North-mandie ; or j'ai appris qu'elles composaient le quart de ma province.

— Les biens de l'Eglise sont les biens de

Hugues le Capet, empoisonneur et assassin, le fondateur de la race capétienne en France (page 623)

Dieu, — répondit avec hauteur l'archevêque; — ce qui est à Dieu est à Dieu, nulle puissance humaine ne peut s'en emparer.

— Prêtre! — s'écria Rolf en fronçant les sourcils, — prends garde que me prenne l'envie de chasser les tonsurés de leurs abbayes pour te prouver une fois de plus que Rolf et ses champions prennent ou gardent ce qu'il plaît à Rolf et à ses champions de prendre ou de garder, sans demander permission à ton Eglise.

— Au diable l'homme au bonnet d'or à deux pointes! — s'écrièrent quelques-uns des pirates nouvellement baptisés. — Par le cheval blanc de notre dieu Thomarog! est-ce qu'il nous prend pour des brutes? A mort le tonsuré!

— Rolf! — dit l'archevêque, afin d'apaiser le vieux pirate, — la lumière de la foi n'a point encore suffisamment éclairé les ténèbres où le paganisme avait plongé ton esprit; je ne te menace pas... je serai fidèle à nos conventions.

— Alors, c'est dit, — reprit Rolf, — donnant, donnant : si tes prêtres me servent bien, ils garderont leurs terres. Mais je veux reprendre ailleurs l'équivalent des biens que je laisse à tes abbés. — Et s'adressant au roi qui, indifférent à cet entretien, restait muet, sombre et affligé : — Karl, tu m'as donné Ghisèle et la Neustrie; ce n'est point assez, la fille d'un roi doit être plus richement dotée. Ma duché de North-mandie confine à la Bretagne, je veux cette province, avec toutes ses villes, ses abbayes et dépendances.

— Tu veux la Bretagne ! — s'écria Karl le Sot, sortant pour la première fois de son morne abattement. — Ah ! tu veux la Bretagne ? Je te la donne de grand cœur... Va en prendre possession... Ce sera un beau jour pour moi que celui où j'apprendrai que tu as mis le pied dans

78ᵉ livraison

ce pays. Je te donne volontiers cette Armorique, avec ses villes, ses abbayes et dépendances ! Il ne s'agit pour toi que d'en prendre possession.

Le vieux pirate, assez surpris de l'empressement du roi à lui faire une cession si considérable, se retourna vers ses hommes pour les interroger. Gaëlo lui dit à demi-voix :

— Karl t'accorde le pays des Bretons parce qu'il sait que le pays est imprenable, étant défendu par une race d'hommes indomptables.

— Il n'y a rien d'imprenable pour vous, mes champions ! Vous vous chargerez de la besogne.

— Depuis six cents ans, les Franks n'ont pas encore pu réussir à s'établir dans cette contrée ; ils l'ont envahie, vaincue... jamais ils ne l'ont soumise.

— Les North-mans dompteront ceux qui ont résisté aux Franks.

— L'Armorique, — dit Gaëlo, — sera le tombeau de tes plus vaillants soldats.

Le vieux pirate haussa les épaules avec impatience, et faisant deux pas vers le roi : — Ainsi, Karl, cette province est à moi...

— Oui... elle est à toi... duk de North-mandie et de Bretagne, si tu peux la conquérir.

— Rolf, — reprit Gaëlo à demi-voix, — renonce à tes prétentions sur l'Armorique... ou tu auras sujet de te repentir de ton obstination.

— Rolf veut ce qu'il veut ! — répondit le pirate avec hauteur.

— De ce jour, reprit fièrement Gaëlo, tu ne me compteras plus parmi tes hommes...

Le chef north-man allait demander au jeune guerrier la cause de cette brusque résolution, lorsque l'archevêque de Rouen, s'adressant au vieux pirate : — Karl t'a investi de la souveraineté des duchés de North-mandie et de Bretagne, tu dois prêter foi et hommage à Karl, roi des Franks, comme à ton seigneur suzerain. C'est l'usage... Ton investiture ne sera complète qu'après cette formalité.

— Allons, soit ; mais dépêchons ; car j'ai faim et grand'hâte d'aller rejoindre ma femme... cette royale fillette qui m'attend...

— Rolf, répète avec moi la formule consacrée, — dit l'archevêque de Rouen ; et il prononça les paroles suivantes, que le chef northman redit à mesure qu'il les prononçait : « Au nom du Père, du Fils et du St-Esprit, indivisible Trinité, moi, Rolf, duc de North-mandie et de Bretagne, je jure foi et hommage à Karl, roi des Franks ; je jure de lui garder la fidélité la plus entière, de lui prêter appui en tout, de ne jamais soutenir à son préjudice ses ennemis par mes armes. Je le jure en présence de la Majesté divine et des âmes des bienheureux, espérant la bénédiction éternelle en récompense de ma fidélité. *Amen!* »

Karl le Sot avait écouté ce serment de foi et d'hommage avec une sombre amertume, connaissant par expérience la vanité de ces formules inventées par les prêtres.

— Est-ce tout ? — demanda le pirate à l'archevêque ; toutes ces simagrées m'obsèdent.

— Il reste une dernière formalité à remplir, — reprit l'archevêque. — Tu dois, en signe de respect, baiser le pied du roi.

A ces mots de l'archevêque de Rouen, il y eut parmi les North-mans une explosion de huées, d'imprécations, de menaces. La seule pensée de l'acte humiliant que l'on osait exiger de leur chef les révoltait. Rolf, dont le visage s'était empourpré de fureur, avait répondu à la proposition de Francon par un geste si menaçant, que l'archevêque, effrayé, s'était vivement reculé ; mais après un moment de réflexion, le pirate, calmant d'un signe les cris tumultueux de ses hommes, se rapprocha de l'archevêque, et dit d'un air sournois et farouche : — Ainsi... je dois baiser le pied de Karl ?

— L'usage veut que tu donnes au roi cette marque de respect et d'humilité...

— Mes champions, — dit le chef north-man à ses pirates en leur faisant un signe d'intelligence, — Rolf va, suivant l'usage, prouver la grandeur de son respect pour le roi des Franks. — Puis, s'avançant gravement vers Karl : — Donne ton pied que je le baise...

Le pauvre sot, toujours debout sur son estrade, au bas de laquelle se trouvait Rolf, tendit son pied droit ; mais le vieux bandit, saisissant, à la hauteur de la cheville, la jambe du roi, la tira si violemment à lui, que, perdant l'équilibre, Karl le Sot tomba tout de son long à la renverse sur l'estrade, tandis que Rolf, riant de son gros rire, s'écriait : — Voilà comment le duk de Normandie et de Bretagne témoigne son respect au roi des Franks !

La joviale brutalité du pirate fut accueillie par les éclats de la joie et les huées des North-mans. Les seigneurs franks et les prélats, loin de songer à venger l'outrage fait à leur roi, restèrent muets et immobiles. Le descendant de Karl, le grand empereur, se releva, pleurant d'humiliation et de douleur, car, dans sa chute, il s'était blessé à la tête... son sang coulait...

Eidiol, son fils, sa fille et Rustique le Gai, revenus de Rouen depuis deux jours, étaient réunis le soir dans leur pauvre maison de Paris. Plus que jamais ils s'apercevaient du vide que laissait au foyer domestique la mort de Marthe, la bonne ménagère. La rue est silencieuse, la nuit noire ; on frappe à la porte, Rustique le Gai va ouvrir et voit entrer, portant des manteaux par-dessus leurs armures, Gaëlo et la belle Shigne. Le vieux nautonnier ne s'était pas rencontré avec les jeunes gens depuis la nuit où ils étaient tous deux revenus attendre, dans la maison d'Eidiol, le retour du comte

Roth-bert, parti en hâte pour Compiègne, afin d'instruire Karl le Sot des volontés du pirate.

— Bon père, — dit Gaëlo à Eidiol, — nous venons, ma femme et moi, te faire nos adieux et t'apprendre une nouvelle qui réjouira ton cœur. Je t'ai entendu déplorer la disparition de ta fille, la première née de tes enfants ; elle n'est pas morte... je l'ai vue...

— Ma fille ! — s'écria le vieillard avec stupeur en joignant les mains. — Quoi ! Jeanike vivrait ! tu l'as vue !

— Où est notre sœur ? — dirent à la fois Anne et Guyrion. Où pourrons-nous la voir ?

— Elle est auprès de Ghisèle, femme de Rolf, duk de North-mandie.

— Il serait vrai ? — reprit Eidiol avec une surprise croissante. — Mais comment se trouve-t-elle auprès de Ghisèle ?

— Selon ses vagues souvenirs, ta fille a été enlevée toute petite par ces mendiants qui volent les enfants pour en trafiquer. On l'avait vendue à l'intendant du domaine royal ; c'est par suite de cet évènement qu'elle a vécu et grandi, à Kersy-sur-Oise. Mariée plus tard à un serf de cette résidence, Jeanike fut attachée à la domesticité du palais et eut deux enfants : un fils, à cette heure serf forestier des bois de Compiègne, et une fille qu'elle allaitait tandis que la reine nourrissait Ghisèle. Cette reine étant morte de frayeur lors d'une descente des Northmans à Kersy, on chargea Jeanike de l'enfant, et celle-ci dut partager son lait entre sa fille et la petite princesse. Affranchie depuis, elle n'a plus quitté la pauvre créature qui est aujourd'hui la femme de Rolf.

— Quel étrange hasard ! — reprit Eidiol avec émotion. — Mais pourquoi Jeanike ne t'a-t-elle pas accompagné ? Ne lui as-tu pas dit que nous étions parents, et que je demeurais à Paris ?

— Ghisèle est mourante... L'horreur que lui inspire Rolf l'a mise aux portes du tombeau ; elle a supplié ta fille de ne pas la quitter... Jeanike ne pouvait refuser.

— Ah ! mon père ! — dit Anne la Douce en pleurant, — cette sœur que nous retrouvons s'est aussi apitoyée sur le sort de cette malheureuse fille de roi !

— La femme assez lâche pour partager la couche d'un homme qu'elle hait, mérite son sort ! — reprit avec une fierté farouche la belle Shigne. — Pas de pitié pour les cœurs méprisables !

— Hélas ! — dit timidement Anne la Douce sans oser lever les yeux sur la guerrière, — que pouvait faire cette infortunée Ghisèle ?

— Tuer Rolf ! — répondit l'héroïne. — Et si elle ne se sentait pas la main assez ferme pour frapper un tel coup, elle devait se tuer...

— Gaëlo, — reprit le vieillard, — ta femme parle comme nos mères des temps passés, qui préféraient la mort aux hontes de l'esclavage... Mais comment as-tu reconnu ma fille ?

— Après la cérémonie de son mariage et de l'investiture de ses duchés de North-mandie et de Bretagne, Rolf alla souper, s'enivra, et voulut aller chez sa femme ! Si peu pitoyable que je sois pour les races royales, le sort de Ghisèle me toucha ; je fis comprendre à Rolf qu'il fallait prévenir sa femme de sa visite, et, me chargeant de ce soin, je me fis conduire à l'appartement de Ghisèle. Sa nourrice me reçut ! je l'engageai, pour cette nuit du moins, à cacher la jeune épousée, afin de la soustraire aux brutalités de l'ivresse de Rolf. En parlant à Jeanike, je remarquai par hasard sur ses bras, qu'elle avait demi-nus selon la coutume, ces deux mots : *Brenn-Karnak*.

— Maintenant, je comprends tout ! — reprit Eidiol ; — reconnaissant à ce signe que Jeanike appartenait à notre famille, et te souvenant de ma fille disparue, tes soupçons se sont éveillés...

— Oui, bientôt je n'ai plus douté que Jeanike fût ta fille... Juge de sa joie à cette révélation ! Malheureusement, retenue auprès de Ghisèle mourante, Jeanike n'a pu se rendre auprès de toi ; mais bientôt tu la verras avec sa fille *Yvonne* et son fils *Germain*, le serf forestier, s'il obtient la permission de quitter le domaine pour un jour. Maintenant, adieu... Je pars heureux de te laisser au cœur un bon souvenir de moi, puisque je t'ai révélé l'existence de ta fille... Mon souvenir demeurera parmi vous.

— Où vas-tu Gaëlo ?

— Je retourne dans le pays du nord avec ma bien-aimée Shigno.

— Et que vas-tu faire dans ces pays lointains ?

— La guerre ! — répondit fièrement l'héroïne.

— Gaëlo et moi, nous ne sommes pas de ces lâches qui, oubliant leur vœu de ne jamais dormir sous un toit, désertent les combats de l'Océan pour vivre sur terre, comme Rolf et ses compagnons !

— Karl le Sot a octroyé le duché de Bretagne à Rolf ; en vain je lui ai prédit que cette terre serait le tombeau de ses vaillants soldats, s'il tentait de l'envahir ; il a persisté dans ses idées de conquête et a voulu me donner le commandement de la flotte qu'il doit envoyer sur les côtes de l'Armorique pour en prendre possession. Il persiste dans ses projets de conquête.

— Tu as refusé de te charger de cette mission, mon brave Gaëlo.

— Mais quelle étrange destinée la conquête franque fait à la Gaule ! Un de nos ancêtres, Amaël, favori de Karl Martel, avait servi les Franks ; il sut réparer sa faute, lorsque Karl Martel lui proposa d'envahir la Bretagne, berceau sacré de notre famille. Un siècle plus tard, mon grand-père, mon père, puis moi, par haine contre les Franks, nous avons bataillé contre eux, et Rolf me propose d'être le chef de sa guerre contre l'Armorique ! Ah ! quoiqu'elle soit toujours opprimée par des prêtres et des seigneurs de race bretonne, cette terre est encore libre si on la compare aux autres provinces de la Gaule, et j'aurais voulu défendre cette liberté contre les North-mans, bien loin de chercher à la leur ravir.

— Qui t'empêche de suivre cette généreuse inspiration et de te rendre en Bretagne ?

— Vieillard ! — reprit la belle Shigne, — les hommes de Rolf sont de ma race... Combattrais-tu les hommes de la Bretagne ?

— Je ne peux qu'approuver votre résolution.

— Avant notre dernier adieu, — dit Gaëlo en remettant au vieux nautonnier un rouleau scellé, — garde ces parchemins, tu y trouveras le récit des aventures qui ont amené mon mariage avec Shigne ; là aussi tu trouveras quelques détails sur les mœurs des pirates north-mans et sur le stratagème à l'aide duquel ma compagne et moi, nous nous sommes emparés de l'abbaye de Saint-Denis. Si un jour, toi ou ton fils, afin d'accomplir le vœu de notre aïeul Joel, vous écrivez une chronique destinée à continuer notre légende, tu pourras raconter ma vie, et joindre à ce récit LE FER DE FLÈCHE retiré par toi de ma blessure ; cet objet augmentera le nombre des reliques de notre famille. Nos noms se transmettront ainsi à notre descendance.

— Gaëlo, tes vœux seront accomplis, — répondit le vieillard avec émotion. — Si obscure qu'ait été ma vie jusqu'ici, j'avais eu la pensée de retracer les évènements qui se sont passés depuis l'apparition des pirates north-mans sous les murs de Paris jusqu'au mariage de Rolf et de la fille de Karl le Sot ; je compléterai ce récit avec les notes que tu me donnes.

Après un dernier et touchant embrassement, Gaëlo et la belle Shigne quittèrent la maison d'Eidiol. Leurs deux horkers, montés, l'un par les vierges aux boucliers, l'autre par les champions de Gaëlo, les attendaient dans le port St-Landry. Bientôt les deux légers bâtiments, chargés de voiles et poussés par les avirons, descendirent la Seine pour prendre la route azurée des Cygnes à travers l'océan du Nord.

. . . .

Moi, Eidiol, j'ai écrit la chronique précédente peu de jours après le départ de Gaëlo, me servant de son récit en ce qui touche ses aventures et les particularités de la vie des pirates north-mans et des vierges aux boucliers.

Le lendemain du départ de Gaëlo, je me suis rendu à Rouen, auprès de ma bien-aimée fille Jeanike. J'ai embrassé avec bonheur ses deux enfants, Yvonne et Germain, le forestier. Après m'avoir témoigné sa joie et sa tendresse, Jeanike m'a raconté l'entretien de Ghisèle, de son père, et de l'archevêque de Rouen, ensuite de l'arrivée du comte de Paris à Compiègne. Ma fille avait entendu cette conversation, qui m'a permis de reproduire avec exactitude les faits qui se rapportent au mariage du vieux pirate Rolf avec Ghisèle, la pauvre fille du roi Karl, à cette heure quasi mourante.

J'ai fini d'écrire cette légende aujourd'hui, le onzième jour des calendes d'août, l'an 912, date heureuse, car ce matin j'ai confié le sort d'Anne la Douce à Rustique le Gai.

Hélas ! ma pauvre femme Marthe manquait seule à cette joie de notre foyer domestique.

LE CRANE D'ENFANT OU LA FIN DU MONDE

YVON LE FORESTIER (912-1042)

CHAPITRE PREMIER

La forêt de Compiègne. — La Fontaine-aux-Biches. — Le rendez-vous. — La reine *Blanche* et *Hugh le Chapet* (Hugues Capet), comte de Paris et d'Anjou, duc de l'Ile-de-France, abbé de Saint-Martin de Tours et de Saint-Germain-des-Prés. — Manière de se défaire d'un mari gênant. — *Yvon le Bestial* et *Marceline aux cheveux d'or*. — *Ludwig V le Fainéant* (Louis V le Fainéant), dernier rejeton de Charlemagne. — Le festin. — L'empoisonnement. — *Yvon le Forestier*. — Comment finissent et comment se fondent les royautés. — *Hugh le Chapet*, roi des Français et chef de la troisième race des souverains étrangers à la Gaule.

Notre aïeul Eidiol, le doyen des nautonniers parisiens, écrivait (il y a de cela soixante-quinze ans et plus), en parlant de l'avilissement continu des races royales, que la lignée de *Karl le Grand*, déjà si abaissée dans la personne de *Karl le Sot*, continuerait sans doute de s'avilir encore à travers les âges. Les prévisions de notre aïeul Eidiol ne le trompaient pas. Jugez-en, fils de Joel!

Après avoir forcé Karl le Sot de donner sa fille Ghisèle (bientôt morte de chagrin) à Rolf, avec la Bretagne et la Neustrie pour dot, Roth-bert, comte de Paris, ne se contentant plus d'outrager, de spolier la royauté, se révolta ouvertement en 922 contre Karl le Sot, se fit couronner et sacrer à Reims. Cependant bon nombre de seigneurs franks, jaloux de voir Roth-bert, leur égal, s'emparer du trône, lui livrent bataille; il est tué. Sa mort ne profite pas à Karl le Sot; en 929, il meurt détrôné dans le château de Péronne, prisonnier d'Herberth, comte de Vermandois. La dernière femme du roi quitte la Gaule et se retire avec son enfant auprès d'Adelestan, roi d'Angleterre. Après la mort de Roth-bert, *Radulf* (ou Raoul), duc de Bourgogne, s'emparant du trône vacant, au préjudice du fils de Karl le Sot, fut sacré roi par le clergé dans la basilique de Saint-Médard, à Soissons. Durant son règne (924 à 936), de nouvelles expéditions de pirates north-mans partis des mers du nord viennent ravager la Gaule; les Hongrois l'envahissent à leur tour, les guerres incessantes des seigneurs entre eux mettent le comble aux maux du pays. L'usurpateur Raoul meurt sans enfants; un parti de seigneurs franks fait alors revenir d'Angleterre le fils de Karl le Sot. Ce fils, nommé Ludwig, qui arrivait ainsi d'outre-mer, fut surnommé *Ludwig d'Outre-mer*. Sous son règne, qui dura de 936 à 964, année où il mourut à Reims d'une chute de cheval, la Gaule fut constamment déchirée par les guerres civiles et étrangères, surtout excitées par les violentes ambitions des comtes de Paris, descendants d'*Eudes* et de *Roth-bert le Fort*. Cette puissante famille franke devait être aussi fatale à la race de Karl Martel que ses aïeux les maires du palais avaient été funestes à la race de Clovis. Les comtes de Paris, plusieurs fois maîtres du trône, étaient d'origine germanique comme tous les seigneurs franks, leurs parents, qui s'étaient partagé la Gaule, notre mère patrie. Ainsi, le fils de Roth-bert, *Hugh l'Abbé*, après avoir fait épouser sa sœur Herberge à Ludwig d'Outre-mer, laissa en mourant deux filles et trois fils : l'aîné *Hugh*, surnommé le *Chapet* (parce qu'il portait toujours une chape d'abbé), fut duc de l'Ile-de-France, comte de Paris et d'Anjou; ses deux frères *Otho* et *Henrich* furent ducs de Bourgogne; ses deux filles épousèrent l'une *Richard*, duk de Normandie, petit-fils du vieux Rolf, et l'autre *Frédérich*, duk de Lorraine. Ludwig d'Outre-mer, mort en 964, eut un fils, Lothèr, qui, après un règne désastreux, mourut à Reims le 2 mars 985, empoisonné par sa femme, la reine Imma, et l'évêque de Laon, son amant, laissant un fils de vingt ans nommé *Ludwig le Fainéant*. Ce dernier rejeton de Karl le Grand règne depuis un an sur la Gaule au moment où commence ce récit, qui se passe vers le mois de mai 987.

La *Fontaine-aux-Biches*, source d'eau vive, coule sous les chênes de l'une des plus profondes solitudes de la forêt de Compiègne: cerfs et biches, daims et daines, chevreuils et chevrettes viennent s'abreuver à ce cours d'eau et laissent de nombreuses empreintes de leurs pas sur les bords du ruisseau ou sur le sol sablonneux des étroits sentiers pratiqués par ces bêtes fauves à travers les taillis dont la source est environnée. Une heure à peine après le lever du soleil, et sortant de l'un de ces sentiers, une femme, simplement vêtue et encore haletante de la précipitation de sa marche, arriva près de la Fontaine-aux-Biches, regardant de côté et d'autre avec surprise, comme si elle s'attendait à être devancée par quelqu'un en cet endroit solitaire; son espoir trompé, elle fit un mouvement d'impatience, s'assit essoufflée sur l'un des rochers qui bordait la source et releva le capuchon de sa cape. Cette femme, à peine âgée de vingt ans, avait les cheveux, les yeux et les sourcils noirs, le teint brun, les lèvres d'un rouge vif; ses traits étaient beaux, la mobilité de ses narines gonflées, la vivacité de ses mouvements annonçaient un caractère violent. A peine se fût-elle reposée quelques instants qu'elle se releva et marcha çà et là d'un pas agité, s'arrêtant parfois pour écouter si personne ne venait; enfin entendant le bruit d'un pas lointain, elle tressaillit et courut à la rencontre de celui qu'elle attendait; il parut. C'était un homme simplement vêtu et dans la force de l'âge, grand, robuste, au regard perçant, à la physionomie sombre et rusée. La jeune femme, s'élançant d'un bond dans les bras de ce personnage, lui dit d'une voix passionnée : — Hugh! je voulais t'accabler de reproches, te battre! te voilà, j'oublie tout. — Et elle ajouta avec un emportement amoureux : — Tes lèvres, oh! tes lèvres à baiser!

Hugh, après plusieurs baisers donnés et rendus, se délivrant non sans peine de l'étreinte de cette endiablée, lui dit gravement : — Il ne s'agit pas d'amour à cette heure.

— A cette heure, aujourd'hui, hier, demain, partout et toujours, je t'aime, je t'aimerai!

— Blanche, téméraires sont ceux-là qui disent: *toujours*, lorsque quatorze ans à peine nous séparent du terme assigné à la durée du monde! Ce sont des choses graves, redoutables.

— Quoi! ce rendez-vous matinal dans cet endroit solitaire, où je suis venue sous prétexte d'aller à l'ermitage de Saint-Eusèbe, ce rendez-vous, tu me l'aurais donné pour me parler de la fin du monde! Hugh, Hugh... la fin du monde pour moi... c'est la fin de ton amour!

— Ne raille pas des choses saintes! Ne sais-tu pas que, dans quatorze ans, le premier jour de l'an mil, ce monde aura cessé d'exister, et avec lui ceux qui l'habitent?

Blanche, frappée de la froideur des réponses de son amant, se recula brusquement, le sourcil froncé, la narine gonflée, le sein palpitant, lançant à Hugh un regard qui semblait vouloir lire au plus profond de son cœur; elle le fixa ainsi pendant quelques instants, puis s'écria d'une voix tremblante de colère : — Tu aimes une autre femme! Tu as cessé de m'aimer!

— Tes paroles sont insensées!

— Ciel et terre! moi ainsi méprisée! moi... la reine!... Oui, tu aimes une autre femme, la tienne peut-être! cette Adélaïde de Poitiers dont tu m'avais promis de te débarrasser par le divorce! — Puis, la parole expirant sur ses lèvres, la femme du roi Ludwig le Fainéant éclata en sanglots, et, les yeux étincelants de fureur, elle montra le poing au comte de Paris : — Hugh, si j'en étais sûre, je tuerais toi et la femme! Je vous poignarderais l'un et l'autre.

— Blanche, — dit lentement Hugh, en suivant avec attention l'effet de ses paroles sur la physionomie de la reine, qui, les yeux fixés sur le sol, semblait méditer quelque sinistre projet, — je ne suis pas seulement comte de Paris et duc de France comme mes ancêtres, je suis aussi comme eux abbé de Saint-Martin-de-Tours et de Saint-Germain-des-Prés, abbé non seulement par la chape... mais par la foi; aussi je blâme ton incrédulité au sujet de la fin prochaine du monde. Les plus saints évêques la prédisent, engageant les fidèles à se hâter de faire leur salut pendant les quatorze ans qui les séparent du jour du jugement dernier... Quatorze ans! c'est bien peu pour gagner le paradis pour l'éternité.

— Par l'enfer que j'ai dans le cœur! cet homme me fait un sermon! — s'écria la reine avec un éclat de rire sardonique. — Où veux-tu en venir? Est-ce un piège que tu veux me tendre? — Malédiction sur moi! — cet homme n'est que ruse, artifice et ténèbres! et je l'aime! et j'en suis affolée!... Oh! il y a là quelque charme magique! — Et mordant son mouchoir avec une rage sourde : — Je ne t'interromprai plus, dussé-je étouffer de colère! parle donc, Hugh le Chapet! Explique-toi!

— Blanche, l'approche des temps redoutables où le monde doit finir me donne à penser pour mon salut; j'envisage avec effroi notre commerce doublement adultère, car nous sommes tous les deux mariés. — Puis, arrêtant du geste une nouvelle explosion de fureur de la reine, le comte de Paris ajouta d'une voix solennelle, en levant sa main vers le ciel : — J'en jure Dieu par le salut de mon âme! si j'étais veuve j'obtiendrais du pape mon divorce, et je t'épouserais avec une sainte joie; mais aussi j'en jure Dieu par le salut de mon âme! je ne veux plus désormais braver les peines éternelles en continuant un commerce criminel avec une femme liée, comme je le suis moi-même, par le sacrement du mariage. Je veux passer dans la mortification, le jeûne, l'abstinence, le repentir, la prière, les années qui nous séparent de l'an MIL, afin d'obtenir du Seigneur Dieu la rémission de mes péchés et de mon adultère avec toi. Blanche, n'essaye pas de changer ma résolution : selon les caprices de ton amour, tu as tour à tour maudit ou vanté l'inflexible ténacité de mon caractère; or ce que j'ai dit est dit : ce jour sera le dernier jour de notre commerce adultère. Nos relations charnelles ont pris fin.

La femme de Ludwig le Fainéant, à mesure que Hugh le Chapet parlait, avait observé sa figure avec une attention dévorante; lorsqu'il se tut, loin d'éclater en récriminations désespérées, elle porta ses deux mains à son front et parut s'abîmer dans ses réflexions; le comte de Paris, jetant sur Blanche un regard oblique, semblait attendre avec anxiété la première parole de la reine. Enfin celle-ci, tressaillant, redressa la tête, frappée sans doute d'une pensée soudaine, puis, contenant son émotion : — Crois-tu que le roi Lothèr, père de Ludwig, mon mari, soit mort empoisonné l'an passé au mois de mars?

— Je crois qu'il est mort par le poison.

— Crois-tu Imma, femme de Lothèr, coupable de l'empoisonnement de son mari?

— On l'accuse de ce crime.

— Crois-tu Imma coupable de ce crime?

— Je crois ce que je vois.

— Et quand tu ne vois pas?

— Le doute est naturel.

— Tu sais que, dans ce meurtre, la reine Imma eut pour complice son amant Adalberon, évêque de Laon?

— Ce fut un grand scandale pour l'Église!

— Après l'empoisonnement de Lothèr, la reine et l'évêque, délivrés de cet ombrageux mari, se sont chéris davantage encore.

— Double et horrible sacrilège! — s'écria le comte de Paris avec indignation, — un évêque et une reine adultères! homicides!

Blanche parut surprise de l'indignation de Hugh le Chapet, le regarda de nouveau très attentivement, puis elle ajouta : — Sais-tu bien que le roi Lothèr serait mort à propos pour toi, comte de Paris, si tu étais ambitieux! L'évêque Adalberon, complice et amant de la reine, l'évêque empoisonneur, était ton ami!

— Il était mon ami avant son crime.

— Tu répudies son amitié, mais tu profites du crime. C'est de la haute politique.

— En quoi, Blanche, ai-je profité de ce crime odieux? Le fils de Lothèr ne règne-t-il pas aujourd'hui? Quand mes aïeux, les comtes de Paris, ont voulu la couronne, ils n'ont pas assassiné les rois, ils les ont détrônés, ainsi que Eudes a détrôné Karl le Gros, et Roth-bert... Karl le Sot. Une transmission de couronne est facile.

— Ce qui n'a pas empêché Karl le Sot, neveu de Karl le Gros, de remonter sur le trône, de même que Ludwig d'Outre-mer, fils de Karl le Sot, a repris sa couronne, tandis que le roi Lothèr, empoisonné l'an passé, ne régnera plus; d'où il suit... qu'il vaut mieux tuer les rois que de les détrôner, lorsqu'on veut régner à leur place, n'est-ce pas vrai, comte de Paris?

— Oui... si l'on n'a point souci des excommunications des évêques et des peines éternelles.

— Hugh, si d'aventure mon mari, quoique jeune, venait à mourir?... Cela peut arriver.

— La volonté du Seigneur est toute-puissante, — répondit Hugh le Chapet d'un air contrit; — tel qui est aujourd'hui plein de vie et de jeunesse, sera demain cadavre et poussière! Les desseins de Dieu sont impénétrables.

— Donc, si d'aventure le roi mon mari mourait... — reprit Blanche en ne quittant pas des yeux le visage du comte de Paris, — enfin si un jour ou l'autre je devenais veuve... Tes scrupules tomberaient... mon amour ne serait plus adultère, n'est-ce pas, Hugh?

— Non, puisque tu serais libre.

— Et toi, serais-tu fidèle à ce que tu viens de dire tout à l'heure : « Blanche, j'en jure Dieu par le salut de mon âme! si tu devenais veuve, je me séparerais de ma femme Adélaïde de Poitiers, et je t'épouserais avec une joie pure et sainte? »

— Blanche, je te le répète, — reprit Hugh le Chapet, en évitant le regard de la reine obstinément fixé sur lui, — j'en jure Dieu par le salut de mon âme! si tu devenais veuve, je demanderais au pape la permission de divorcer d'avec Adélaïde de Poitiers, et je t'épouserais; notre amour aurait cessé d'être criminel.

Un nouveau silence suivit cette réponse du comte de Paris. Blanche reprit lentement : — Hugh, il est des morts étranges et subites.

— En effet, l'on a souvent vu, dans les familles royales, des morts étranges et subites.

— Personne n'est à l'abri de ces hasards du destin, aussi bien les princes que leurs sujets.

— La volonté du ciel dispose seule de nos destinées. On doit s'incliner devant l'arrêt de Dieu.

— Mon mari, Ludwig, le Fainéant, est soumis, comme tout autre, en ce qui touche le terme de sa vie, aux décrets de la Providence.

— Assurément, le roi comme l'humble serf.

— Il peut donc, quoiqu'il ait à vivre vingt ans, mourir subitement... dans un an, dans six mois, aujourd'hui... demain...

— La fin de l'homme est la mort.

— Si ce malheur arrivait, — reprit la reine après un nouveau silence, — une chose m'inquiète, Hugh, sur laquelle je veux te consulter.

— Laquelle, ma chère Blanche?

— Les médisants, voyant Ludwig mourir si promptement, parleraient peut-être... de poison.

— Une conscience pure méprise les calomnies. On laisse parler les méchants.

— Oh! moi, je les mépriserais ces calomnies; mais toi, mon bien aimé Hugh, toi, quoi qu'il arrive, m'accuserais-tu d'être une empoisonneuse? Porterais-tu sur moi un tel jugement?

— Je crois ce que je vois... quand je ne vois pas..... je doute. — Blanche, que la malédiction du ciel me frappe, si jamais j'étais assez infâme pour concevoir un pareil soupçon contre toi! — s'écria Hugh le Chapet avec une tendresse passionnée, en enlaçant la reine entre ses bras. — Quoi! le Seigneur, rappelant à lui ton mari, comblerait le rêve de ma vie! me permettrait de sanctifier par le mariage cet ardent amour à qui je sacrifierais tout, sauf mon salut éternel! et au lieu de remercier Dieu, j'irais te soupçonner d'un crime odieux, toi! toi, âme de ma vie!

La reine semblait plongée dans l'extase.

Hugh le Chapet ajouta d'une voix basse et palpitante : — O délices de mon cœur ! si tu étais un jour ma femme devant Dieu, dans cet amour désormais pur et saint, nous fondrions nos âmes ; et puis, joies du ciel ! nous ne vieillirions pas ! la fin du monde approche, et ensemble nous quitterions cette vie pleins d'ardeur et d'amour ! — En disant ces derniers mots, le comte de Paris approcha sa bouche des lèvres de la reine ; celle-ci ferma les yeux et murmura quelques mots d'une voix défaillante ; mais lui, se dégageant avec effort des bras de Blanche : — Il faut un courage surhumain pour résister à la passion qui me dévore ! Adieu, Blanche, la bien-aimée de mon cœur, je retourne à Paris !

Hugh le Chapet disparut à travers les taillis, tandis que la reine, anéantie par la lutte et la violence de sa passion, le suivait du regard : — Hugh, mon amant, je serai veuve, et toi le roi !

. . . .

Parmi les serfs domestiques du domaine royal de Compiègne, se trouvait un jeune garçon de dix-huit ans, nommé YVON ; depuis la mort de son père, serf forestier, il demeurait avec son aïeule, lavandière du château, celle-ci ayant obtenu du bailli la faveur de garder ainsi près d'elle son petit-fils. Yvon fut d'abord employé aux étables ; mais, sortant pour la première fois du fond des bois, il parut si sauvage, si stupide, qu'il passa bientôt pour idiot, et on l'appela *Yvon le Bestial* ; dès lors il servit à tous de jouet et de risée ; le roi lui-même, *Ludwig le Fainéant*, s'amusait parfois de la sottise du jeune serf : on lui apprenait à contrefaire le chien en aboyant et en marchant à quatre pattes ; on le forçait de manger des lézards, des araignées, des grenouilles. Yvon obéissait en riant d'un air hébété. Ainsi livré aux mauvais traitements et aux mépris de chacun, ce garçon, depuis la mort de son aïeule, n'inspirait qu'à une pauvre serve du château, nommée *Marceline aux cheveux d'or*, parce qu'elle avait une abondante chevelure d'un blond doré ; cette jeune fille servait dame Adelinde, camériste favorite de la reine. Or, le matin de ce jour où Blanche et Hugh le Chapet s'étaient rencontrés à la Fontaine-aux-Biches, Marceline, portant sur sa tête une cruche d'eau, traversa une des cours du château pour regagner la chambre de sa maîtresse. Soudain elle entendit pousser des huées, puis elle vit presque aussitôt Yvon entrer dans la cour, poursuivi par des enfants et plusieurs serfs du domaine, criant à tue-tête : — Oh ! le bestial ! le bestial ! — et ils jetaient à l'idiot des pierres et des ordures. Marceline montrait un très bon cœur en s'intéressant à ce malheureux, non que les traits d'Yvon fussent difformes, mais leur expression d'idiotisme faisait peine à voir. Il tressait habituellement avec de la paille ses longs cheveux noirs en cinq ou six nattes, et elles pendaient de sa nuque et de ses tempes comme autant de queues ; à peine vêtu d'un mauvais sarrau rapiécé de haillons de toutes couleurs, il portait pour chaussure des peaux de lapins ou d'écureuils attachées autour de ses pieds et de ses jambes avec des liens d'osier. Yvon, poursuivi de près et de différents côtés par les serfs du château, fit dans la cour plusieurs crochets pour échapper à ses tourmenteurs ; mais, reconnaissant Marceline, qui, debout sur le premier degré de la tourelle, où elle se disposait à monter, contemplait l'idiot avec grand'pitié, il courut vers la jeune fille, et, se jetant à ses pieds, afin de se mettre sous sa protection, il dit en joignant les mains : — Pardon ! pardon ! Marceline, défends le pauvre Yvon contre ces méchants !

— Monte vite l'escalier ! — dit Marceline à l'idiot en lui indiquant du geste la tourelle. Se relevant en hâte, Yvon suivit le conseil de la jeune serve ; celle-ci se plaça dans l'embrasure de la porte, déposa sa cruche à ses pieds, et s'adressant aux persécuteurs d'Yvon qui s'approchaient : — Ayez pitié de ce pauvre idiot, il ne fait de mal à personne.

— Je l'ai vu sortir à pas de loup des taillis de la forêt, du côté de la Fontaine-aux-Biches, — s'écria un serf forestier. — Ses cheveux et ses haillons sont trempés de rosée ; il aura été dans quelque épais fourré tendre des lacets pour prendre le gibier qu'il mange cru.

— Oh ! il est bien le digne fils de Leduccq, le forestier, qui vivait comme un sauvage dans sa tanière, ne sortant jamais du fond des bois, — dit un autre serf. — Il faut nous amuser de ce bestial !

— Oui, oui, plongeons-le jusqu'aux oreilles dans la vase de la mare voisine, ce sera son châtiment, puisqu'il va tendre des lacets pour y prendre le gibier ! — dit le forestier. Puis, faisant un pas vers la jeune serve qui se tenait toujours devant la porte : — Hors de là ! servante du diable, sinon nous te faisons prendre un bain de bourbe avec le bestial !

— Ma maîtresse, dame Adelinde, camériste de la reine, saura bien vous punir si vous me maltraitez. Allez ! gens sans pitié et sans cœur.

— Au diable Adelinde ! A la mare, le bestial !

— Oui, à la mare, le bestial ! et Marceline aussi ! Un bain de boue et de fange pour eux.

Au plus fort de ce tumulte, une des croisées du château s'ouvrit, et un jeune homme de vingt ans au plus, se penchant sur l'appui de cette croisée, cria d'une voix irritée : — Je vais vous faire rougir l'échine à coups de lanière, maudits chiens hurleurs !

— Le roi ! — murmurèrent les tourmenteurs d'Yvon ; et, en un instant, ils s'enfuirent par la porte de la cour. — Sauvons-nous !

Mort du roi Ludwig le fainéant (page 620)

— Hé! la fille! — dit Ludwig le Fainéant à Marceline, qui reprenait sa cruche remplie d'eau. — Hé! la fille! quelle était la cause du tapage infernal de ces criards?

— Seigneur roi, — répondit en tremblant Marceline aux cheveux d'or, — on voulait maltraiter le pauvre Yvon.

— Est-ce qu'il est là, ce bestial?

— Seigneur, je ne sais où il est allé se cacher, — reprit la serve, — craignant de voir l'idiot, à peine échappé à ses persécuteurs, servir de jouet aux caprices de Ludwig. Celui-ci s'étant retiré de la fenêtre, Marceline se hâta de remonter l'escalier de la tourelle. A peine eut-elle gravi une douzaine de marches, qu'elle vit Yvon accroupi sur l'un des degrés, les coudes sur ses genoux, son menton dans les mains; à l'aspect de la jeune fille, il secoua la tête disant d'une voix émue : — Bonne! toi! oh! Marceline bonne!... — Et il attacha sur la jeune fille des yeux si reconnaissants qu'elle reprit en soupirant : — Qui croirait pourtant que ce malheureux, au regard parfois si doux, soit privé de raison? — Déposant alors sa cruche à ses pieds, elle ajouta : — Yvon, pourquoi es-tu allé ce matin dans la forêt? tes cheveux et tes haillons sont trempés de rosée. Est-il vrai que tu vas tendre des lacets pour prendre du gibier? — L'idiot répondit par une espèce de rire hébété en balançant sa tête en avant et en arrière. — Yvon, — dit tristement Marceline, — tu ne me comprends donc pas? — L'idiot resta muet; puis, remarquant la cruche que la serve venait de déposer à ses pieds, il la prit et la posa sur sa tête en faisant signe à Marceline aux cheveux d'or de monter l'escalier devant lui. — La pauvre créature me témoigne de son mieux sa reconnaissance, — pensait la

70e livraison

jeune fille, lorsqu'elle entendit les pas de quelqu'un qui descendait de l'étage supérieur de la tourelle en criant :
— Oh ! bestial ! es-tu là ?
— C'est la voix de l'un des serviteurs du roi ! dit Marceline ; — il vient chercher Yvon. Hélas ! on va encore le tourmenter !

En effet, l'un des gens de la chambre royale parut au tournant de l'escalier, et s'adressant à l'idiot : — Allons, monte vite et suis-moi ; le seigneur roi veut s'amuser de toi, double brute !
— Le roi ! Oh ! oh ! le roi ! — s'écria Yvon d'un air triomphant en frappant joyeusement dans ses mains ; de sorte qu'ayant ainsi abandonné l'anse de la cruche qu'il portait sur sa tête, le vase, dans sa chute, se brisa aux pieds du serviteur royal, dont les jambes furent mouillées jusqu'aux genoux.
— Maudit soit l'idiot ! — s'écria Marceline malgré son bon cœur. — Voilà ma cruche cassée ! ma maîtresse me battra !

Le serviteur royal, furieux de l'accident, éclaboussé de la tête aux pieds, accabla Yvon le Bestial de gourmades et d'injures ; mais parfaitement insoucieux des injures et des gourmades, il suivit le serviteur en répétant d'un air triomphant : — Le roi ! Oh ! le roi !

Ludwig, ainsi que la reine sa femme, atteignait à peine sa vingt et unième année. Justement surnommé le *Fainéant*, il paraissait aussi nonchalant qu'inepte et ennuyé. Après avoir vitupéré par la fenêtre contre les serfs, dont les clameurs l'assourdissaient, il s'était de nouveau étendu sur son lit de repos. Plusieurs de ses familiers se tenaient debout autour de lui. Il leur dit en bâillant à se décrocher la mâchoire : — Quelle idée a eue la reine de se rendre au point du jour, seule avec une cameriste, à l'ermitage de Saint-Eusèbe pour y prier ? Une fois éveillé, je n'ai pu me rendormir. Alors je me suis levé. Hélas ! cette journée sera sans fin !
— Seigneur roi, si vous chassiez ? — dit l'un des familiers de Ludwig ; — la journée est belle. Nous tuerions certainement du gibier.
— La chasse me fatigue ; c'est un rude exercice.
— Seigneur roi, si vous alliez à la pêche ?
— La pêche ennuie ; c'est une sotte distraction.
— Seigneur roi, si vous appeliez vos joueurs de luth et de flûte, vous pourriez vous livrer au plaisir de la danse.
— La musique me rompt la tête et la danse m'est insupportable. Cherchons autre chose.
— Seigneur roi, si votre chapelain vous faisait la lecture de quelque bel ouvrage ?
— Je n'aime pas la lecture ; il me semble que je m'amuserais de l'idiot ; il ne vient donc point, ce bestial !
— Seigneur roi, un des serviteurs de votre chambre est allé le quérir... Mais j'entends des pas. C'est lui, sans doute, qui vient à votre appel.

En effet, la porte s'ouvrit, et un serviteur, fléchissant le genou, introduisit Yvon. Celui-ci, dès son entrée dans la salle, se mit d'abord à marcher sur ses genoux et sur ses mains, en simulant les aboiements d'un chien ; puis s'animant peu à peu, il sauta, cabriola en s'abattant et hurlant avec des contorsions si grotesques, que le roi et ses familiers se prirent à rire aux éclats. Encouragé par ces approbations, Yvon, toujours cabriolant, imita tour à tour le cri du coq, le miaulement du chat, le grognement du porc, le bruinement de l'âne, mêlant à ces cris des gestes bouffons, des bonds ridiculement désordonnés, qui redoublèrent l'hilarité du roi et de ses courtisans. Cette joyeuseté atteignait à son comble, lorsque la porte s'ouvrit de nouveau, et l'un des chambellans dit à voix haute en restant au seuil : — Seigneur roi, voici venir la reine ! A ces mots, les familiers de Ludwig, dont quelques-uns pâmant de rire s'étaient jetés sur des sièges, se levèrent ou s'empressèrent de se rendre près de la porte, afin de saluer la reine à son entrée. Ludwig, étendu sur son lit de repos, continuait de rire, et criait à l'idiot : — Danse encore, bestial ; danse toujours, tu vaux ton pesant d'or ! Je ne me suis jamais mieux diverti.

— Seigneur roi, voici la reine, — dit un des courtisans, voyant Blanche traverser la salle voisine et s'approcher de la porte. Le battant de cette porte, en se développant, atteignait presque l'angle d'une grande table couverte d'un splendide tapis d'Orient, dont les plis traînaient sur le plancher. Yvon le Bestial, continuant ses gambades, se rapprocha peu à peu de cette table, caché aux yeux du roi par le dossier de son lit de repos, où il se tenait toujours étendu ; les familiers du prince, rangés aux abords de la porte, afin de saluer la reine, tournaient aussi le dos à cette table, sous laquelle Yvon se blottit prestement au moment où les seigneurs s'inclinèrent devant Blanche. Elle répondit à leurs saluts, et, les précédant de quelques pas, se dirigea vers Ludwig, toujours riant et criant : — Hé ! bestial, où es-tu ? Reviens-donc de ce côté, que je voie tes cabrioles... Es-tu soudain devenu muet, toi qui glousses, miaules et aboies si bien ?

— Mon bien-aimé Ludwig est fort gai ce matin, — dit Blanche d'une voix caressante en s'approchant du lit de son mari. — D'où vient la joyeuseté de mon cher époux ?

— Cet idiot ferait rire un mort avec ses cabrioles. Hé ! bestial ! approche donc, misérable ! sinon je te fais rompre les os.

— Seigneur roi, — dit un des familiers après s'être retourné pour chercher Yvon du regard, — cette bête brute se sera sauvée au moment où l'on ouvrait la porte pour le passage de la reine. Il n'est plus ici ni dans la pièce d'entrée.

— Qu'on le cherche ; il ne saurait être loin ! — s'écria Ludwig avec impatience et colère. — Qu'on me l'amène à l'instant !

Un des seigneurs s'empressa d'exécuter les ordres du roi, tandis que Blanche, s'asseyant à ses côtés, disait avec un tendre sourire : — Je vais essayer, mon aimable seigneur, de vous faire patiemment attendre le retour de cet idiot.

— Qu'on me l'amène : Courez tous après lui, plus nombreux vous serez pour le chercher, plus promptement vous le trouverez...

Blanche resta seule avec son époux, dont le visage, un moment épanoui, redevint morne et ennuyé. La reine avait quitté ses simples vêtements du matin pour se parer avec recherche ; ses cheveux noirs, tressés de perles, étaient disposés avec art ; elle portait une robe orange de riche étoffe à longues manches flottantes qui laissait demi-nus son sein et ses épaules ; un collier, des bracelets d'or, enrichis de pierreries, ornaient son cou et ses bras. Ludwig, toujours à demi étendu sur le lit de repos, qu'il partageait alors avec sa femme, assise à l'un des bouts de ce siége, n'avait pas un regard pour elle. La tête appuyée sur l'un des coussins, il murmurait entre ses dents : — Vous verrez que ces maladroits se montreront plus stupides que l'idiot, et qu'ils ne sauront le rattraper.

— En cas désastreux, — reprit Blanche avec un sourire insinuant, — il me faudra, mon gracieux seigneur, essayer de vous consoler. Pourquoi cet air soucieux ! Ne daignez-vous pas seulement jeter les yeux sur votre femme, sur votre humble servante ?

Ludwig tourna la tête vers sa femme avec indolence et dit : Comme vous voici parée !

— Cette parure plaît-elle à mon aimable maître ? — répondit la reine d'un ton caressant ; mais voyant soudain le roi tressaillir, devenir sombre et détourner brusquement la tête, elle ajouta : — Qu'avez-vous Ludwig ?

— Je n'aime point la couleur de cette robe là.

— Que n'ai-je su que la couleur vous déplaisait, cher seigneur! je me serais donné de garde de prendre cette robe.

— Vous aviez une robe de pareille couleur le dernier jour du mois de l'an passé.

— Mes souvenirs à ce sujet ne sont pas aussi présents que les vôtres, mon cher seigneur.

— C'est le 2 mars de l'an passé... que j'ai vu mourir mon père, empoisonné par ma mère ! — répondit le roi d'un air sinistre.

— Quel lugubre souvenir ! Combien je hais cette maudite couleur orange, puisqu'elle a pu éveiller en vous ces tristes pensées !

Le roi resta muet ; il se retourna sur ses coussins et mit la main sur ses yeux. La porte de la salle se rouvrit ; l'un des courtisans de Ludwig dit : — Seigneur, malgré toutes nos recherches nous n'avons pu retrouver Yvon le Bestial ; il se sera caché dans quelque coin ; mais il sera rudement châtié dès que l'on mettra la main sur lui. — Ludwig ne répondit rien. Blanche, d'un geste impérieux fit signe au courtisan de se retirer. Les deux époux restèrent seuls ; la reine, voyant son mari de plus en plus soucieux, redoubla de câlineries douccreuses, cherchant à provoquer des caresses :

— Cher seigneur, votre tristesse m'afflige.

— Vous êtes d'une tendresse extrême... ce matin, et bien différente des autres jours.

— Ma tendresse pour vous augmente en raison du chagrin où je vous vois plongé, mon aimable maître.

— Ah ! j'ai tout perdu à la mort de mon père ! — murmura Ludwig d'une voix dolente ; et il ajouta d'un ton de fureur concentrée : — Scélérat d'évêque de Laon ! empoisonneur adultère ! Infâme tonsuré ! Et ma mère ! ma mère... sa complice ! De tels crimes annoncent la fin du monde ! Je punirai les coupables.

— De grâce, mon seigneur, oubliez ce passé funèbre ! Que parlez-vous de la fin du monde ! c'est une fable !

— Une fable !... Quoi ! les plus saints évêques n'affirment-ils pas que le monde doit finir dans quatorze ans... en l'an MIL !

— Ce qui rend leur affirmation douteuse pour les gens qui raisonnent, Ludwig, c'est qu'en annonçant cette fin du monde, les prêtres recommandent aux fidèles d'abandonner leurs biens aux églises, de leur faire donation de leurs domaines.

— A quoi bon garder des richesses périssables, puisque toutes choses doivent périr bientôt !

— Mais alors, cher seigneur, si tout doit périr, que ferait l'Eglise des biens qu'elle demande chaque jour à la foi de ses fidèles ?

— Après tout, vous avez raison, c'est sans doute une nouvelle fourberie des tonsurés. Plus rien ne doit surprendre, quand on voit des évêques adultères et empoisonneurs !

— Encore ces lugubres pensées, cher seigneur ! Oubliez, de grâce, ces indignes calomnies sur votre mère... Dieu juste ! une femme se rendre coupable du meurtre de son mari ! c'est impossible ! Dieu ne le permettrait pas.

— N'ai-je donc pas assisté à l'agonie, à la mort de mon père ! Oh ! l'effet de ce poison était étrange... terrible ! — ajouta le roi d'un air pensif et sombre. — Mon père a senti ses pieds se refroidir, se glacer, devenir inertes, incapables de le soutenir ; puis cet engourdissement mortel a envahi lentement ses membres, comme si on l'eût plongé peu à peu dans un bain glacé ! Quel spectacle terrible !...

— Il est des maladies si soudaines, si étranges, mon aimable maître... Lorsqu'il s'agit de pareils crimes, je suis de ceux qui disent :

Quand je vois, je crois ; quand je n'ai pas vu, je me refuse de croire à tels de forfaits.

— Hélas ! je n'ai que trop vu ! — s'écria Ludwig, et cachant de nouveau son visage entre ses mains, il ajouta d'une voix lamentable : — Je ne sais pourquoi ces pensées me poursuivent aujourd'hui ! Seigneur Dieu, ayez pitié de moi ! Eloignez de mon esprit ces angoisses.

— Ludwig, ne pleurez pas ainsi, vous me déchirez le cœur. Cette tristesse est une injure à ce beau jour de mai ; voyez par la croisée ce brillant soleil, voyez la verdure printanière de la forêt ; écoutez le gai ramage des oiseaux. Quoi ! tout est animé, joyeux dans la nature, et, seul, vous êtes triste ! Allons, mon gracieux seigneur, — ajouta Blanche en prenant les deux mains du roi, — je veux vous tirer de cet abattement qui me navre autant que vous, aussi je m'applaudis de mon projet... qui a pour but de vous récréer, de vous distraire.

— Quelles sont vos intentions ?

— Je veux passer la journée entière près de vous ; nous prendrons ici notre repas du matin ; j'ai donné pour cela des ordres, cher indolent ; puis nous irons entendre la messe ; nous ferons ensuite une longue promenade en litière dans la forêt, et enfin... Mais non, non, la surprise que je vous ménage demeurera un secret, ce sera le prix de votre soumission.

— En quoi consiste votre surprise !

— Jamais vous n'aurez passé plus charmante soirée... Vous que tout fatigue, que tout ennuie... vous serez ravi de ce que je vous ménage, mon bien-aimé mari.

Ludwig le Fainéant, d'un caractère indolent et puéril, sentit sa curiosité redoubler ; mais il ne put obtenir de Blanche aucune explication. Bientôt les chambellans et les serviteurs entrèrent portant des plats d'argent, des vases d'or et les objets devant servir pour le repas du matin. D'autres hommes de la chambre du roi prirent la grande table recouverte d'un tapis traînant sous laquelle s'était blotti Yvon le Bestial, et la transportèrent devant le lit de repos où se tenaient Blanche et Ludwig. L'idiot, courbé sous la table, et caché par l'ampleur du tapis, dont les plis balayaient le plancher, marcha sur ses genoux et sur ses mains à mesure que la table s'avançait portée par des serviteurs ; il s'arrêta lorsqu'elle fut placée devant Blanche et Ludwig. Echansons et écuyers s'apprêtaient à accomplir leur service habituel, lorsque la reine dit en souriant à son mari : — Mon gracieux maître consent-il à ce que je sois en ce jour sa seule servante ?

— Si cela vous plaît, qu'il en soit ainsi, — répondit Ludwig le Fainéant ; puis à demi-voix il ajouta : Mais vous le savez, selon mon habitude, je ne mangerai rien, je ne boirai rien que vous n'en ayez goûté la première.

— Quel enfant vous êtes !... — répondit Blanche en souriant à son mari d'un air d'amical reproche, — toujours des soupçons ! Nous boirons à la même coupe comme deux amoureux.

Les officiers du roi sortirent sur un signe de la reine ; elle resta seule avec Ludwig.

. . . .

Le jour baissait, les ténèbres commençaient d'envahir cette salle immense, dans laquelle soixante-quinze ans auparavant Francon, l'archevêque de Rouen, avait signifié à Karl le Sot qu'il eût à donner sa fille Ghisèle et la Neustrie à Rolf le pirate.

Ludwig le Fainéant dormait étendu sur son lit de repos, non loin de la table encore couverte de plats et de vases d'or et d'argent. Le sommeil du roi était pénible, agité ; une sueur froide coulait de son front de plus en plus livide, bientôt une torpeur accablante succéda aux premières agitations de Ludwig, il resta plongé dans un calme apparent, quoique ses traits devinssent de moment en moment d'une pâleur cadavéreuse. Debout derrière le lit de repos et accoudé au dossier de ce meuble, Yvon le Bestial contemplait le roi des Franks avec une expression de sombre et farouche triomphe ; Yvon avait quitté son masque hébété ; ses traits révélaient alors sans contrainte son intelligence jusque-là cachée sous l'apparence de l'idiotisme. Le plus profond silence régnait dans cette salle obscurcie par les approches de la nuit... Soudain, Ludwig le Fainéant, poussant un gémissement plaintif, s'éveilla en sursaut : Yvon se baissa et disparut derrière le lit de repos, tandis que Ludwig disait à demi-voix : Ce que j'éprouve est étrange ! j'ai ressenti au cœur une si violente douleur qu'elle m'a réveillé... — Regardant alors par la fenêtre : — Quoi ! déjà la nuit ? J'ai donc dormi longtemps ? Où est la reine ? Pourquoi m'a-t-on laissé seul ?... Je me sens appesanti, j'ai les pieds froids. Holà ! quelqu'un ! — ajouta Ludwig en se tournant vers la porte et appelant : — Hé ! Gondulf !... Wilfrid !... Sigefried ! — Au troisième nom que prononça le roi, sa voix, d'abord assez élevée, devenant presque inintelligible, ne sortit plus qu'avec effort de son gosier desséché. Se dressant alors sur son séant : — Qu'ai-je donc ? ma voix est tellement affaiblie que je m'entends à peine parler moi-même, tant mon gosier se resserre ; et puis ce froid... ce froid qui glaçait mes pieds..... gagne mes jambes. — A peine le roi des Franks achevait-il ces mots qu'il tressaillit de frayeur à l'aspect d'Yvon le Bestial, qui soudain se dressa debout derrière le dossier du lit de repos. — Que fais tu là ? — dit Ludwig, puis il ajouta d'une voix de plus en plus affaiblie : — Cours vite quérir quelqu'un... Je me sens en danger ! — Mais s'interrompant : — A quoi bon cet ordre ! ce malheu-

reux est idiot... Pourquoi me laisse-t-on ainsi seul? Je vais moi-même... — Et Ludwig se leva péniblement; mais à peine eut-il posé ses pieds à terre que ses jambes se dérobèrent sous lui et il s'affaissa lourdement sur le plancher :
— A l'aide! à l'aide! Seigneur Dieu... ayez pitié de moi! A l'aide! à l'aide!
— Ludwig, il est trop tard! — reprit Yvon d'une voix grave, — tu vas mourir... à vingt ans à peine, ô roi des Franks!
— Que dit cet idiot? Que fait ici ce bestial?
— Tu vas mourir comme est mort l'an passé ton père Lothèr, empoisonné par sa femme! Tu es empoisonné par la reine Blanche!

L'épouvante arracha un cri à Ludwig; ses cheveux se hérissèrent sur son front baigné d'une sueur glacée, ses lèvres déjà violettes s'agitèrent convulsivement sans rendre aucun son, puis le regard attaché sur Yvon devint trouble, vitreux, une dernière lueur d'entendement y paraissait encore, mais son corps restait complètement inerte.

— Ce matin, — dit Yvon, — le comte de Paris, Hugh le Chapet, s'est rencontré dans la forêt avec ta femme; Hugh est un homme astucieux et féroce; l'an passé il a fait empoisonner ton père par la reine Imma et son complice l'évêque de Laon... aujourd'hui il t'a fait empoisonner par Blanche ta femme, et demain le comte de Paris sera roi! — Ludwig comprit ce que lui disait Yvon, quoique son entendement fût obscurci par les approches de la mort, et un sourire de haine contracta ses lèvres. — Tu te croyais à l'abri du danger, — poursuivit Yvon, — parce que tu obligeais ta femme à goûter aux mets qu'elle te servait; mais tout poison a son contre-poison, et Blanche a pu tremper ses lèvres dans un breuvage empoisonné par elle sans avoir à redouter les atteintes du poison..... — Ludwig parut à peine entendre les dernières paroles d'Yvon, son corps se raidit, sa tête rebondit sur le parquet, ses yeux roulèrent une dernière fois dans leur orbite, une légère écume teinta ses lèvres noirâtres, il poussa un faible gémissement... le dernier rejeton couronné de la race karolingienne avait vécu! Puissent tous les monarques avoir semblable destinée!

— Ainsi donc finissent les races royales! Ainsi elles expient tôt ou tard leur crime originel! — pensait Yvon, en contemplant le cadavre du dernier des rois karolingiens étendu à ses pieds. — Mon aïeul Amaël a refusé d'être le geôlier de ce petit Chilpérik, en qui s'est éteinte la race de Clovis, et je vois disparaître par un crime, dans Ludwig le Fainéant, la race de Karl le Grand, seconde lignée des rois conquérants de la Gaule! O fils de Joel! peut-être un jour à travers les âges, votre descendance assistera-t-elle aussi au châtiment de cette troisième race des rois franks que Hugh le Chapet vient d'introniser par un lâche attentat!

A la nuit, un bruit de pas se fit entendre au dehors; Sigefried, un des courtisans, entra dans la salle et interpellant le roi : Seigneur, malgré les ordres formels de la reine qui nous a commandé de respecter votre sommeil, je viens vous annoncer l'arrivée du comte de Paris.

En parlant ainsi, Sigefried s'approchait, laissant derrière lui la porte ouverte. Yvon profita de cette circonstance et sortit de la salle en rampant, protégé par l'ombre. Sigefried, ne recevant aucune réponse de Ludwig, crut que le roi était toujours endormi, se rapprochant alors, il distingua le corps de Ludwig étendu sur le plancher. Sigefried toucha la main glacée du roi, se redressa frappé de terreur et courut vers la porte en criant : A l'aide! à l'aide!
— Puis il traversa la salle voisine en continuant d'appeler au secours. Peu de moments après, plusieurs serviteurs parurent avec des torches et précédant Hugh le Chapet, revêtu de sa brillante armure et accompagné de plusieurs de ses officiers. — Que dis-tu? — s'écriait le comte de Paris, avec un accent de surprise et d'alarme, s'adressant à Sigefried, — le roi ne peut être mort!

— Hélas! seigneur, j'ai trouvé Ludwig tombé à bas de son lit de repos; j'ai touché sa main, elle était glacée! — Sigefried suivit Hugh le Chapet dans la salle où les flambeaux apportés par les serviteurs jetèrent bientôt une vive clarté. Le comte de Paris contempla un instant le cadavre du dernier roi karolingien, et s'écria d'un ton apitoyé : — Hélas! mort à vingt ans. — Puis se tournant vers Sigefried, en portant sa main à ses yeux comme pour cacher ses larmes : — Comment expliquer cette mort si rapide?

— Seigneur, le roi n'était nullement maladif ce matin; il s'est mis à table avec la reine, puis elle l'a quitté, nous ordonnant de ne pas troubler le sommeil de notre maître; et.... — Sigefried fut interrompu par des gémissements de plus en plus rapprochés. Blanche accourait suivie de plusieurs de ses femmes; elle entra les cheveux épars, la figure bouleversée : — Ludwig est-il véritablement mort? — Et sur la réponse qui lui fut faite, elle s'écria :

— O malheur à moi! malheur à moi! j'ai perdu mon époux bien-aimé! Par pitié, seigneur Hugh, ne m'abandonnez pas! Oh! promettez-moi de joindre vos efforts aux miens pour découvrir l'auteur de cette mort, si mon Ludwig a péri par un crime!

— O digne épouse! j'en jure Dieu et ses saints! je vous aiderai à découvrir le criminel! — s'écria Hugh le Chapet; puis il ajouta en voyant Blanche trembler et vaciller sur ses jambes comme une personne prête à s'évanouir : — Au secours ! la reine va défaillir. — Et il reçut dans ses bras, le corps de Blanche qui murmurait à l'oreille du comte de Paris : — Je suis veuve... tu es roi!

. . . .

Yvon sortant de la salle où gisait le cadavre de Ludwig le Fainéant, monta au logis d'Adelinde, cameriste royale et maîtresse de Marceline aux cheveux d'or, qu'il espérait rencontrer seule, Adelinde ayant suivi la reine lorsque celle-ci était accourue, s'efforçant de feindre le désespoir en apprenant la mort de son époux. Yvon trouva sur le seuil de la porte la jeune serve, très surprise de l'agitation qui régnait dans cette partie du château, — Marceline, — lui dit Yvon, — j'ai à causer avec toi, entrons chez ta maîtresse ; de longtemps elle ne quittera pas la reine, nous ne serons pas interrompus, viens. — La jeune fille ouvrit de grands yeux en entendant le Bestial s'exprimer pour la première fois d'une manière sensée, puis ses traits n'avaient plus leur expression d'hébètement accoutumé ; aussi, dans son saisissement, la jeune fille ne put d'abord répondre à Yvon, qui reprit en souriant : — Marceline, mon langage t'étonne ; c'est que, vois-tu, je ne suis plus Yvon le Bestial, mais... Yvon qui t'aime ! Yvon qui adore Marceline !

— Yvon qui m'aime ! — s'écria la pauvre enfant presque avec effroi, — Jésus mon Dieu ! c'est de la sorcellerie !

— Alors, Marceline, tu serais la sorcière ; mais écoute moi : lorsque tu m'auras entendu, tu me répondras si tu veux, oui, ou non, me prendre pour mari. — Le serf entra dans la chambre où Marceline le suivit machinalement. Elle croyait rêver, ne quittant pas le Bestial des yeux, trouvant sa figure de plus en plus avenante ; elle se souvenait alors que plusieurs fois, frappée de la douceur et de l'intelligence du regard d'Yvon, elle s'était demandé comment un pareil regard pouvait être celui d'un pauvre adolescent privé de raison.

— Marceline, — reprit-il, — pour faire cesser ta surprise, je dois d'abord parler de ma famille.

— Oh ! parle, Yvon, parle ! je suis heureuse de t'entendre t'exprimer comme une personne raisonnable et en termes si bien choisis.

— Eh bien donc, ma douce Marceline, mon arrière-grand-père, marinier de Paris, qui se nommait Eidiol, avait un fils et deux filles. L'une d'elles, Jeanike, volée toute petite à ses parents fut vendue comme à l'intendant de ce domaine ; plus tard elle devint nourrice de la fille de Karl le Sot, dont la descendant, Ludwig le Fainéant, est mort tout à l'heure.

— Il est donc vrai ? le roi est mort ! si promptement ! C'est vraiment étrange.

— Marceline, les rois franks ne sauraient mourir trop promptement !... Jeanike, fille de mon bisaïeul, avait deux enfants : *Germain,* serf forestier de ce domaine et *Yvonne,* charmante enfant de seize ans, que Guyrion le Plongeur, fils de mon bisaïeul, épousa ; elle vint habiter avec lui à Paris, où il exerçait, comme son père, l'état de nautonnier ; Guyrion eut d'Yvonne un fils nommé *Ledueck...* qui fut mon père. Guyrion, mon aïeul, et Rustique le Gai, mari d'Anne la Douce, continuaient à Paris, leur métier de nautonnier ; Anne fut outragée par un des officiers du comte de la cité ; Rustique assomma l'officier, les soldats vinrent en armes, les mariniers se soulevèrent à la voix de Rustique et de Guyrion, mais tous deux furent tués ainsi qu'Anne la Douce dans la sanglante mêlée qui s'engagea ; mon aïeul avait été l'un des chefs de cette révolte ; le peu qu'il possédait, sa maison et son bateau, héritage paternel, fut confisqué ; sa veuve, réduite à la misère, quitta Paris avec son enfant, vint demander un asile et du pain à Germain son frère, serf forestier ; il partagea sa hutte avec la pauvre Yvonne et son fils. Telle est l'iniquité de la loi des Franks que ceux qui habitent un an et un jour une terre royale ou seigneuriale deviennent serfs de cette terre : ce fut le sort de la veuve de mon grand-père et de son fils Ledueck ; elle fut employée aux travaux des champs ; Ledueck, suivant la condition de son oncle, lui succéda comme forestier du canton de la Fontaine-aux-Biches ; plus tard il épousa une serve dont la mère était lavandière du château. Je suis né de ce mariage. Mon père, aussi tendre pour sa femme et pour moi que rude et ombrageux envers les autres, songeait toujours à la mort de mon aïeul Guyrion, massacré par les soldats du comte de Paris ; jamais il ne sortait de la forêt que pour porter au château ses redevances de gibier ; d'un caractère sombre, indomptable, souvent battu de verges pour ses rebellions contre les agents du bailli de ce domaine, il se serait cruellement vengé de ces mauvais traitements sans la crainte de nous laisser à l'abandon, moi et ma mère. Celle-ci est morte il y a un an ; mon père lui a survécu quelques mois ; lorsque je l'ai perdu, je suis venu, par ordre du bailli habiter avec ma grand'mère, serve lavandière du château de Compiègne. Tu connais maintenant la famille.

— Bonne Marthe ! lors des premiers temps de ton arrivée ici, elle me répétait toujours : « Il ne faut pas s'étonner de ce que mon petit-fils ait l'air d'un sauvage, il n'a jamais quitté la forêt ; » mais, hélas ! la vérité est que dans les derniers temps de sa vie, ta grand'mère me disait souvent en pleurant : « Le bon Dieu a voulu que le pauvre Yvon soit idiot ; » moi je pensais comme elle : aussi me faisais-tu grand'pitié. Combien je me trompais pourtant ! tu parles comme un clerc, et tout à l'heure en t'écoutant je me disais : Est-ce bien lui... Yvon le Bestial, qui dit ces choses? Yvon amoureux !

— Maintenant, es-tu contente de voir ton erreur dissipée? Corresponds-tu à mes sentiments?

— Je ne sais, — répondit la jeune serve en rougissant, — je suis si surprise de ce que tu m'apprends! J'ai besoin de me consulter.

— Marceline, veux-tu, oui ou non, nous marier? Tu es orpheline, tu dépends de la maîtresse, et moi du bailli, nous sommes serfs du même domaine, pourquoi nous refuserait-on la permission de nous unir? — et il ajouta avec amertume ; — L'agneau qui naît n'augmente-t-il pas le troupeau du maître?

— Hélas! suivant la loi des Franks, nos enfants naissent et meurent serfs comme nous! mais Adelinde, ma maîtresse, consentira-t-elle à mon mariage avec un idiot ?

— Voici mon projet : Adelinde est favorite et confidente de la reine; or, c'est aujourd'hui un beau jour pour la reine.

— Quoi ! le jour où le roi son mari est mort?

— Précisément ; donc la reine est joyeuse, et pour mille raisons sa confidente, la maîtresse, doit être non moins joyeuse que la veuve de Ludwig le Fainéant; demander une grâce en un pareil moment, c'est l'avoir pour assurée.

— Quelle grâce te proposes-tu de demander ?

— Si tu consens à m'épouser, Marceline, il faut obtenir d'Adelinde la permission de me prendre pour mari, et la promesse de me donner à guider, comme serf forestier, le canton de la Fontaine-aux-Biches : deux mots de la maîtresse à la reine, deux mots de la reine au bailli du domaine, et notre désir sera satisfait.

— Yvon, y songes-tu? Tout le monde te croit un idiot, et l'on te confierait la garde d'un canton de la forêt! Il ne faut pas y compter.

— Qu'on me donne un arc, des flèches, et je ferai mes preuves de fin archer; j'ai le coup d'œil sûr et la main prompte.

— Mais comment expliquer ce changement soudain qui a fait de toi un homme raisonnable ? Et puis on demandera pourquoi tu as feint d'être idiot. On te fera cruellement expier ta ruse. Oh! mon ami, tout cela me fait trembler.

— Lorsque nous serons mariés, je te dirai quels sont les motifs de cette longue feinte; quant à ma transformation de bestial en créature raisonnable... ce sera l'affaire d'un miracle. L'idée m'en est venue ce matin en suivant ta maîtresse et la reine à l'ermitage de St-Eusèbe. Avec l'intervention d'un saint tout s'expliquera.

— Et pourquoi as-tu suivi la reine ?

— Ce matin, éveillé avant l'aube, j'étais près des fossés du château. A peine le soleil levé, je vois de loin ta maîtresse et la reine se diriger toutes les deux seules vers la forêt. Cette promenade mystérieuse éveille ma curiosité ; je les suis de loin à travers les taillis ; elles arrivent à l'ermitage de Saint-Eusèbe, ta maîtresse y reste, mais la reine prend le chemin de la Fontaine-aux-Biches.

— Et qu'allait-elle faire là de si bon matin, Yvon ? Cela excite vivement ma curiosité.

— Encore une question à laquelle je répondrai lorsque nous serons mariés, Marceline, — reprit Yvon après un moment de réflexion ; — mais pour revenir au miracle qui expliquera ma transformation d'idiot en créature raisonnable, il est fort simple : Saint-Eusèbe, le patron de l'ermitage, aura accompli ce prodige, et le religieux à qui l'ermitage rapporte de bons profits ne me démentira pas, car le bruit de ce nouveau miracle doublera ses aubaines. Tous les prêtres spéculent sur la bêtise humaine.

Marceline aux cheveux d'or sourit à l'idée du jeune garçon, et reprit :

— Est-ce bien Yvon le Bestial qui parle ainsi ?

— Non, chère et douce fille, c'est Yvon l'amoureux, Yvon de qui tu avais compassion lorsqu'il était le jouet, la victime de tous ! Yvon qui, en retour de ton bon cœur, t'offre amour et dévouement; c'est tout ce que peut promettre un pauvre serf, puisque son travail et sa vie appartiennent à ses maîtres. Accepte mon offre, Marceline, nous serons aussi heureux qu'on peut l'être en ces temps maudits. Nous cultiverons au profit du domaine la terre qui environne la cabane du forestier ; je tuerai pour le château le gibier qu'il faudra, et aussi vrai que le bon Dieu a créé les daims pour celui qui les chasse, nous ne manquerons jamais d'un morceau de venaison; je donnerai les soins au jardinet de la hutte, le ruisseau de la Fontaine-aux-Biches coule à cent pas de notre demeure; nous vivrons seuls au fond des bois, sans autre compagnie que celle des oiseaux et de nos enfants ; maintenant, est-ce oui ? est-ce non ? Je veux prompte réponse.

— Ah ! Yvon, — répondit la jeune fille, les yeux baignés de larmes d'attendrissement, — si une serve pouvait disposer d'elle-même, je dirais oui... oui, oh ! cent fois oui !

— Ma bien-aimée, notre bonheur dépend de toi : si tu as le courage de demander à la maîtresse la permission de me prendre pour mari, tu peux être assurée d'avoir son consentement.

— Est-ce dans la soirée de ce jour qu'il me faudra adresser ma demande à dame Adelinde ?

— Non, mais demain matin, lorsque je serai de retour *avec ma raison* ; je vais de ce pas la chercher à l'ermitage de Saint-Eusèbe, et demain je te la rapporterai toute fraîche du saint lieu... avec l'approbation du frocard.

— Et on l'appelait le Bestial ! — murmura de nouveau la jeune serve de plus en plus émerveillée des réparties d'Yvon, qui disparut bientôt, de crainte d'être surpris par madame Adelinde, la camériste de la reine.

. . . .

Yvon avait dit à Marceline qu'on ne pouvait choisir un moment plus opportun pour obtenir une faveur de la reine, tant elle était joyeuse de la mort de Ludwig le Fainéant et de l'espérance d'épouser Hugh le Chapet. Grâce à la protection d'Adelinde, qui consentit au mariage de la jeune serve, le bailli du domaine donna la même autorisation à Yvon, lorsque celui-ci, selon sa promesse faite à Marceline, revint *avec sa raison* de la chapelle de l'ermitage de Saint-Eusèbe. Le serf raconta comment étant le soir entré dans la chapelle, il avait vu à la lueur de la lampe du sanctuaire un monstrueux serpent noir enroulé aux pieds de la statue du saint; comment, éclairé subitement par un rayon d'en haut, l'idiot avait écrasé à coups de pierres cet horrible dragon qui n'était autre qu'un démon, car l'on ne trouva aucune trace du monstre, et enfin comment saint Eusèbe avait miraculeusement rendu la raison au Bestial pour le récompenser de son bon secours. Yvon fut de plus, en glorification du miracle opéré en sa faveur par saint Eusèbe, envoyé, selon son désir, comme serf forestier du canton de Fontaine-aux-Biches, et le lendemain de son mariage avec Marceline aux cheveux d'or, il alla s'établir avec elle dans l'une des profondes solitudes de la forêt de Compiègne, et ils y vécurent heureux pendant longtemps.

. . . .

Moi, Yvon, fils de Ledueck, petit-fils de Guyrion, arrière-petit-fils d'Eidiol, le doyen des nautoniers parisiens, j'ai terminé aujourd'hui, 30 août, ce récit de la mort du dernier des rois de la race de Karl le Grand.

. . . .

HUGH LE CHAPET, comte de Paris et d'Anjou, duc de l'Ile-de-France, abbé de Saint-Martin, de Tours et de Saint-Germain des Prés, s'est fait proclamer roi par sa bande de guerriers, le 3 juillet de cette année-ci 987, à l'exclusion de l'oncle de Ludwig, et sacrer roi de France par l'Eglise; dans deux mois, selon le temps prescrit par les conciles, il doit épouser Blanche, la veuve de Ludwig le Fainéant, Blanche, la reine empoisonneuse... dont le crime abominable assure l'usurpation de ce Hugh le Chapet. Ainsi se fondent les royautés... Peut-être un jour la race de ce *Chapet* expiera-t-elle aussi l'iniquité de son origine.

Voici quels avaient été les motifs déterminants de mon prétendu idiotisme: J'ai été élevé par mon père dans la haine des rois. Mon aïeul Guyrion, massacré dans un soulèvement populaire, avait enseigné à mon père à lire et à écrire, afin qu'il pût augmenter la chronique de notre famille; il conservait le *fer de flèche barbelé*, ainsi que le récit laissé par son grand-père Eidiol, le doyen des nautoniers parisiens.

Nous ignorons ce qu'est devenue la branche de notre famille qui habitait la Bretagne auprès des pierres sacrées de Karnak; elle possède les autres légendes et les reliques laissées à travers les âges par nos ancêtres... Mon aïeul et mon père n'ont rien écrit sur leur vie obscure; mais dans la profonde solitude où nous vivions, le soir, après ses journées de chasse ou ses travaux de labour, mon père me racontait ce qu'il avait appris de mon aïeul Guyrion sur les aventures des fils de Joel; Guyrion tenait ces traditions d'Eidiol, qui les tenait de son aïeul établi en Bretagne avant la séparation des petits-fils de Vortigern. J'avais à peine dix-huit ans lorsque mon père mourut; il m'avait fait promettre d'écrire le récit de ma vie si j'assistais à quelque évènement important; il me remit le rouleau de parchemin écrit par Eidiol et le fer de flèche retiré de la blessure de Gaëlo, le pirate. Je serrai ces reliques dans la poche de mon sarrau: le soir je fermai les yeux de mon père; au point du jour je creusai sa fosse près de sa hutte, je l'y ensevelis. Son arc, ses flèches, quelques vêtements, son grabat, son coffre, sa marmite appartenaient au domaine du roi; le serf ne peut rien posséder. Cependant je pensais à m'emparer de l'arc, des flèches, d'un sac de châtaignes qui nous restait, résolu de courir les bois en liberté, lorsqu'un hasard singulier changea mes projets. Je m'étais couché sur l'herbe, au milieu d'un taillis voisin de notre hutte, soudain, j'entends le pas de deux cavaliers de haute mine; ils se promenaient dans la forêt; descendus de leurs chevaux richement caparaçonnés, ils les tenaient par la bride et marchaient lentement; l'un disait à l'autre :

— Le roi Lothèr a été empoisonné l'un passé par sa femme Imma et par son amant l'archevêque de Laon.., mais il reste Ludwig, fils de Lothèr, Ludwig le Fainéant.

— Et si ce Ludwig mourait, son oncle, le duc de Lorraine, à qui de droit revient le trône, oserait-il me disputer la couronne de France, à moi... Hugh, comte de Paris?

— Non, seigneur... Mais voilà six mois à peine que le roi Lothèr est mort, il faudrait un singulier hasard pour que son fils le suivît de si près dans la tombe.

— Les vues de la providence sont impénétrables... Au printemps prochain, Ludwig viendra habiter Compiègne avec la reine, et...

Je n'entendis pas la fin de l'entretien, les cavaliers s'éloignaient continuant leur chemin. Cette conversation me donna à réfléchir; je me souvins des récits de mon père et de la légende d'Amaël, un de nos aïeux, qui avait refusé d'être le geôlier du dernier rejeton de Clovis. Je me dis que, peut-être moi, fils de Joël, j'assisterais à la mort du dernier des rois de la race de Karl le Grand. Cette pensée s'empara de

Un repas de chair humaine (page 640)

mon esprit et me fit abandonner mon premier projet ; au lieu de courir les bois, je me rendis le lendemain chez ma grand'mère, une des serves lavandières de la maison royale. Je n'avais jamais quitté la forêt où je vivais dans une complète solitude avec mon père. Mon caractère était taciturne, sauvage. En arrivant au château je rencontrai par hasard une bande de soldats franks qui venaient de s'exercer au maniement des armes ; par passe-temps ils se jouèrent de moi. Ma haine de leur race, mon étonnement de me trouver pour la première fois de ma vie au milieu de tant de monde, me rendirent muet : ces soldats prirent mon silence farouche pour de l'hébétement, ils crièrent tout d'une voix : — C'est un bestial ! — Ils m'emmenèrent ainsi au milieu des cris, des huées, des coups ! Il m'importait peu de passer pour idiot ; et réfléchissant que personne ne se méfierait d'un idiot, je me mis à en jouer le rôle, espérant que, grâce à cette stupidité apparente, je pourrais m'introduire dans l'intérieur du château sans éveiller les soupçons. Ma pauvre grand'mère me crut dénué de raison, les commensaux du palais, les courtisans, plus tard le roi lui-même, s'amusèrent de l'imbécilité d'Yvon le Bestial ; et un jour, après avoir assisté invisible à l'entretien de Hugh le Chapet avec Blanche, auprès de la Fontaine-aux-Biches, j'ai vu expirer sous mes yeux le descendant dégénéré de Karl le Grand ; j'ai vu s'éteindre dans Ludwig le Fainéant la seconde race des rois de la Gaule. Je l'avoue ici, profitant de la facilité que j'avais à m'introduire dans le château, j'ai commis un vol... j'ai dérobé un rouleau de peau préparée pour l'écriture ; n'ayant jamais possédé un denier, il m'eût été impossible d'acheter une chose aussi coûteuse que le par-

80e livraison

chemin; les plumes des aigles ou des corbeaux que je tirais au vol, le suc noir des baies de troëne, me servaient à écrire, ce qui m'a permis de transcrire les évènements qui se sont passés jusques aujourd'hui, trentième jour du mois d'août de l'année 987.

CHAPITRE II

La fin du monde. — La hutte du forestier. — La chasse au daim. — La taverne de *Grégoire Ventre-Creux*. — Le repas de chair humaine. — La famille d'Yvon. — Den-Braö, le maçon

Il y a quarante-huit ans, j'ai écrit le récit de la mort de Ludwig le Fainéant. Les faits que je dois ajouter à cette légende sont horribles! ils se sont passés au commencement de l'année 1033. En ce moment encore, ma pensée recule devant ces évènements épouvantables!

Avant de commencer ce récit, je tracerai en quelques lignes l'histoire des rois de la race de *Hugh le Chapet*, qui ont occupé le trône depuis quarante-huit ans. Après l'empoisonnement de Ludwig le Fainéant, en 987, Hugh se fit sacrer roi de France par l'Eglise; il usurpait ainsi la couronne de KARL, *duk de Lorraine*, oncle de l'époux de Blanche, l'adultère empoisonneuse; cette usurpation amena de sanglantes guerres civiles entre le duk de Lorraine et le roi Hugh le Chapet. Celui-ci mourut en 996, laissant pour successeur son fils ROTH-BERT, prince imbécile et pieux; son long règne fut troublé par les luttes acharnées des seigneurs entre eux: comtes, duks, abbés ou évêques, retranchés dans leurs châteaux forts, désolèrent le pays par leurs brigandages et leurs massacres. Le roi Roth-bert, fils de Hugh, mourut en 1031; son fils *Henrich Ier* lui succéda. Son avènement au trône amena de nouvelles guerres civiles soulevées par son frère, à l'incitation de sa mère. Un autre Roth-bert, surnommé *Roth-bert le Diable*, duk de Normandie, qui descendait du vieux Rolf le pirate, prit part à ces combats et se rendit maître de Gisors, de Chaumont et de Pontoise. Vint l'année 1033, où se sont passés les terribles évènements que je dois raconter, évènements inouïs, incroyables... et, pourtant, avant ces temps maudits, je croyais avoir assisté à un spectacle sans pareil parmi les siècles passés, et peut-être dans les siècles futurs; je veux parler des derniers mois de l'an 1000, époque fixée par les prêtres de l'Eglise catholique comme le terme assigné à la durée du monde. Grâce à cette jonglerie, le clergé extorqua les biens d'un grand nombre de seigneurs franks. Pendant ces derniers mois de l'an 1000, on assista à une immense saturnale, où se déchaînèrent les passions, où s'accomplirent les actes les plus insensés, les plus bouffons, les plus atroces, pour le plus grand bien des tonsurés!

— *Voici venir la* FIN DU MONDE! — disaient les prêtres catholiques; — saint Jean l'Evangéliste ne l'a-t-il pas prophétisé dans l'Apocalypse: *Au bout de mille ans, Satan sortira de sa prison et séduira les peuples qui sont aux quatre angles de la terre; le livre de la vie sera ouvert; la mer rendra ses morts; l'abîme infernal rendra ses morts; chacun sera jugé par celui qui est assis sur un trône resplendissant, et il y aura un ciel nouveau et une terre nouvelle.* — Tremblez, peuples! — dirent les prêtres; — les MILLE ANS annoncés par saint Jean seront écoulés à la fin de cette année! Satan, l'antechrist, va venir! Tremblez! le clairon du dernier jugement va retentir, les morts vont se lever de leur sépulcre; l'Eternel, au milieu des éclairs et des foudres, entouré d'archanges aux épées flamboyantes, va nous juger tous! Tremblez! grands de la terre: pour conjurer le courroux implacable du Tout-Puissant, donnez vos biens à l'Eglise il en est temps encore, il sera temps jusqu'au dernier jour, jusqu'à la dernière heure, jusqu'à la dernière minute de cette redoutable année. Donnez vos biens, vos trésors, aux prêtres du Seigneur; donnez tout ce que vous possédez à l'Eglise catholique, apostolique et romaine.

Les seigneurs, non moins abrutis que leurs serfs par l'ignorance et par la peur du diable, espérant conjurer la vengeance de l'Eternel, donnèrent aux prêtres, par actes authentiques, en bonne et due forme, terres, maisons, châteaux, serfs, jouvencelles, troupeaux, splendide vaisselle, or monnayé, riches armures, tableaux, statues, somptueux vêtements.

— Quelques-uns, plus avisés, disaient: Il nous reste à peine un an, un mois, une semaine à vivre! nous sommes pleins de jeunesse, de désirs, d'ardeur! mettons ce peu de temps à profit, vidons nos coffres-forts! défonçons nos tonnes! faisons l'amour! A nous les ribaudes, à nous toutes les ivresses!

— *Voici venir la* FIN DU MONDE! — disaient avec une joie farouche les millions de serfs des domaines du roi, de l'Eglise et des seigneurs. — Nos pauvres corps, brisés par le travail, vont donc se reposer dans la nuit éternelle. Bénie soit-elle la fin du monde! c'est le terme de nos misères, de nos souffrances.

Et ces pauvres serfs n'ayant rien à dépenser, rien à prodiguer, voulurent du moins anticiper sur le repos éternel; le plus grand nombre laissèrent là pioche, houe, charrue dès l'automne. A quoi bon ensemencer une terre qui, dès avant la récolte, doit s'abîmer dans le chaos ? Par suite de cette panique universelle, les derniers jours de l'année 999 offrirent en Gaule un spectacle inouï, fabuleux ! Bouffonneries et gémissements ! éclats de rire et lamentations ! chants d'ivresse et chants de mort ! Ici les cris, les danses frénétiques de la suprême orgie ; ailleurs les lamentations du cantique suprême ; puis, planant sur cette vague épouvante, la formidable curiosité des peuples, attendant la destruction du monde. Il vint enfin ce jour prophétisé par saint Jean l'Évangéliste ! elle vint cette dernière heure, cette dernière minute de l'année 999 ! Tremblez, pécheurs ! tremblez, peuples de la terre ! voici le moment terrible prédit par les saints livres ! Encore une seconde, encore un instant, minuit sonne... et l'an 1000 commence !

Alors, dans l'attente de ce moment fatal, les cœurs les plus endurcis, les âmes les plus certaines de leur salut, les intelligences les plus hébétées ou les plus rebelles, éprouvèrent quelque chose qui n'a jamais eu, qui jamais n'aura de nom dans aucune langue...

Minuit sonna !... Heure solennelle... MINUIT ! L'an 1000 commençait !

O stupeur !... les morts ne sortent pas de leurs sépulcres, les profondeurs de la terre ne s'entr'ouvrent pas, les océans demeurent cloués au fond de leurs abîmes, les astres, lancés hors de leur orbite, ne se heurtent pas dans l'immensité. Pas même un éclair ! le tonnerre ne gronde pas ! Rien ! Le nuage de feu, au sein duquel devait apparaître l'Éternel. Jéhovah reste invisible. Aucun de ces prodiges effrayants prophétisés par saint Jean l'Évangéliste, pour le minuit de l'an 1000, ne se réalise. La nuit fut calme et sereine ; la lune et les étoiles brillèrent d'un vif éclat dans l'azur du firmament. Pas un souffle de vent n'agita la cime des arbres, et les hommes, dans le silence de leur stupeur, purent entendre le murmure des plus petits ruisseaux coulant sous l'herbe. L'aube paraît, le jour luit... et le soleil jeta sur la création ses torrents de lumière ! De miracle... nulle part !

On ne pourrait exprimer ce qui suivit cette universelle déconvenue ; ce fut une explosion de regrets, de remords, de surprise, de récriminations et de rage. Les dévots catholiques, qui s'étaient crus au seuil du séjour des justes, perdaient un paradis payé d'avance à l'Église ; d'autres, ayant gaspillé leurs trésors, contemplaient leur ruine avec épouvante. Les millions de serfs, qui avaient espéré s'endormir dans le repos de la nuit éternelle, voyaient se lever de nouveau pour eux l'aube sinistre de ce long jour de misères et de douleurs, dont leur naissance était le matin, et leur mort le soir. On prévoyait que la terre laissée inculte, dans l'attente de la fin du monde, ne pourrait plus nourrir ses habitants, et qu'il s'ensuivrait d'horribles famines. Une immense clameur s'éleva contre l'Église... Mais les prêtres surent ramener à eux l'opinion publique par de nouvelles fourberies accompagnées de prédications.

« Oh ! les malheureux incrédules ! qui osent douter du Tout-Puissant qui leur a parlé par la voix du prophète. Oh ! les malheureux aveugles ! qui ferment les yeux à la lumière divine. Les prophètes ont annoncé la fin des temps, les saintes Écritures ont prédit que le jour du dernier jugement viendrait mille ans après le Sauveur du monde... Mais si le Christ est né mille ans avant l'an 1000, il ne s'est manifesté comme Dieu qu'à sa mort, à savoir trente-deux ans après sa naissance. Donc, ce sera en 1032 que s'accomplira la fin des temps !... »

L'hébétement des peuples était tel que bon nombre de fidèles crurent benoîtement à ces prédications ; cependant, quelques seigneurs coururent sus aux hommes de Dieu pour leur reprendre, par la force, les biens qu'ils leur avaient abandonnés. Mais les hommes de Dieu, armés et retranchés dans les châteaux forts, se défendirent avec fureur contre les dépossédés. De là suivirent des guerres entre les évêques ou abbés larrons et les seigneurs dépouillés de leurs domaines. A ces désastres se joignirent les massacres religieux ; l'Église avait jadis convié Clovis à l'extermination des hérétiques *ariens*, l'Église prêcha de nouveau l'extermination contre les *manichéens* d'Orléans et les juifs. De ces abominations, fils de Joel, j'ai été témoin : un jour, allant porter du gibier au chapelain du château de Compiègne, j'ai vu et lu en attendant ce saint homme dans son réfectoire, la copie d'un manuscrit écrit par un certain moine nommé RAOUL GLABER, manuscrit où se trouvaient ces passages que j'ai pu transcrire, ayant trouvé près de moi ce qu'il fallait pour écrire :

« Peu de temps après la destruction du temple de Jérusalem, en l'année 1010, on sut, à n'en pouvoir douter, qu'il fallait imputer cette calamité à la méchanceté des juifs de tous les pays, et quand le secret fut divulgué dans l'univers, les chrétiens décidèrent d'un commun accord qu'ils expulseraient de leur territoire et de leurs villes tous les juifs jusqu'au dernier ; ils devinrent donc l'objet de l'exécration universelle ; les uns furent chassés des villes, d'autres massacrés par le fer, précipités dans les flots ou livrés à des supplices divers ; d'autres se dévouèrent eux-mêmes à une mort volontaire ; de sorte qu'après la *juste vengeance* exercée contre eux, on en comptait encore à peine *quelques-uns* dans le monde catholique romain. »

Ainsi les malheureux juifs des Gaules furent persécutés, massacrés à la voix des prêtres catholiques parce que les Sarrasins de Judée ont détruit le temple de Jérusalem! Quant aux manichéens d'Orléans, un passage de cette même chronique s'exprimait ainsi à leur sujet: « ... En 1017, le roi et tous les assistants voyant la folie de ces misérables hérétiques d'Orléans, firent allumer non loin de la ville, un grand bûcher, espérant qu'à cette vue la crainte triompherait de leur endurcissement; mais comme ils persistèrent, on en jeta treize dans le feu... Tous ceux que l'on put convaincre ensuite de partager leur perversité subirent la même peine, et *le culte vénérable de la foi catholique*, après ce nouveau triomphe sur la folle présomption de ses ennemis *n'en brilla qu'avec plus d'éclat sur la terre.* »

Hélas! ce sont là les moindres crimes de l'Église de cette triste époque. Aussi insatiable d'or que de sang elle a continué de désoler la Gaule jusqu'à cette funeste année 1033, où devait arriver la fin du monde. Cette créance au jour prochain du jugement dernier, entretenue par les prêtres, sans être aussi universelle qu'en l'an 1000, n'en eut pas moins d'horribles résultats. En 999, l'attente de la fin du monde avait arrêté les travaux; toutes les terres étant demeurées en jachères, sauf celles du clergé, il en résulta une famine affreuse en l'an 1000, famine suivie d'une grande mortalité. Les bras manquant à l'agriculture, chaque disette engendrait une mortalité nouvelle, la Gaule se dépeupla rapidement, la famine devint presque permanente pendant plus de trente années; les plus désastreuses furent celles de 1000, 1001, 1003, 1008, 1010, 1014, 1027, 1029, 1031; enfin la famine de 1033 dépassa toutes les autres en atrocités. Les serfs, les vilains, la plèbe des cités, furent presque seuls victimes du fléau; le peu qu'ils produisaient suffisait à l'existence de leurs maîtres et seigneurs, comtes, duks, évêques ou abbés; mais le peuple souffrait ou expirait dans les tortures de la faim. Les cadavres des malheureux morts d'inanition se rencontraient à chaque pas; ces corps putréfiés viciaient l'air, engendraient des pestes et des maladies, jusqu'alors inconnues, décimèrent les populations échappées aux horreurs de la famine; en trente ans, la Gaule perdit plus de la moitié de ses habitants, les enfants nouveau-nés mouraient, pressant en vain le sein tari de leurs mères...

Et maintenant, fils de Joel, lisez ce récit, écrit par moi, *Yvon le Forestier*, jadis Yvon le Bestial. L'ennemi, c'est le roi, le noble, le prêtre!

C'était à la fin du mois de décembre 1033; depuis cinq ans ma bien-aimée femme Marceline était morte; j'habitais toujours la hutte du canton de la Fontaine-aux-Biches avec mon fils *Den-Braô*, sa femme *Gervaise* et ses trois enfants: l'aîné, *Nominoë*, était âgé de neuf ans; *Julyan*, le second, avait sept ans; *Jehannette*, la dernière, deux ans. Mon fils, serf comme moi, avait été employé, dès son adolescence, à extraire des pierres d'une carrière voisine. Un goût naturel pour le métier de maçon se développa en lui; à ses moments de repos il taillait dans certaines pierres tendres de la carrière de petites maisons ou des châtelets, dont la structure attira l'attention du maître maçon du domaine de Compiègne. Cet artisan remarquant l'aptitude de mon fils, lui apprit la coupe des pierres, le dessin des plans, la bâtisse, et le chargea de la direction des travaux de construction de différents donjons fortifiés, que le roi Henri Ier faisait élever sur les limites de son domaine de Compiègne. Mon fils Den-Braô, doux, laborieux, résigné à la servitude, aimait passionnément son métier de maçon. Souvent je lui disais: « Mon enfant, ces donjons redoutables dont tu traces les plans, et que tu bâtis avec tant de soin, servent ou serviront à opprimer notre race; les os de nos frères opprimés, martyrisés, pourriront dans les cachots souterrains étagés avec un art infernal! »

« — Hélas! tu dis vrai, mon père, — me répondait-il; — mais, à défaut de moi, d'autres les bâtiraient... mon refus d'obéir aux ordres du maître n'aboutirait donc qu'à me faire châtier, mutiler ou tuer. » Gervaise, la femme de mon fils, active ménagère, adorait ses trois enfants; elle me témoignait une affection filiale. Notre demeure était située dans l'un des endroits les plus solitaires de la forêt. Jusqu'à cette année maudite, nous avions souffert moins que d'autres des famines qui dépeuplaient la Gaule; je pouvais de temps à autre abattre un daim ou un serf; je faisais fumer sa chair, ces ressources nous mettaient à l'abri du besoin; mais dès le commencement de l'année 1033, ces épidémies dont les bestiaux des champs sont souvent frappés atteignirent les bêtes fauves de la forêt; elles maigrissaient, perdaient leurs forces, mouraient dans les taillis ou sur les routes, et leur chair, corrompue en un instant, se détachait de leurs os. A défaut de venaison, nous étions réduits, vers la fin de l'automne, à vivre des racines sauvages ou des baies desséchées de quelques arbustes; nous mangions aussi des couleuvres, que nous prenions engourdies dans les trous où elles se retirent aux approches de l'hiver. La faim nous pressant de plus en plus, j'avais tué un pauvre vieux limier, mon compagnon de chasse, nommé *Deber-Trud* en mémoire du chien de guerre de notre aïeul Joel; nous avions ensuite mangé la moelle du bois de sureau, puis des feuilles d'arbres bouillies dans l'eau; mais elles jaunirent sur les branches aux premiers froids; cette nourriture de feuilles mortes nous devint insupportable. Il fallut aussi renoncer à l'aubier, ou seconde écorce des arbres tendres, tels que le tremble ou l'aune, concassé entre les pierres. Lors des dernières famines, quelques malheureux avaient, disait-on, soutenu leur existence en se nourrissant d'une sorte d'argile grasse. Il se trouvait non loin de notre demeure un filon de cette terre ; j'en allai quérir vers les derniers jours de décembre ; c'était une glaise verdâtre, d'une pâte fine, molle et lourde, sans autre saveur qu'un goût fade ; nous nous crûmes sauvés. Mon fils, sa femme, leurs enfants et moi, nous dévorâmes d'abord cette argile ; le lendemain, notre estomac contracté refusa cette nourriture, pesante comme du plomb.

Trente-six heures se passèrent ; la faim recommença de nous mordre les entrailles. Il avait beaucoup neigé pendant ces trente-six heures : laissant ma famille affamée, je sortis de notre hutte, la mort dans l'âme ; j'allai visiter les lacets tendus par moi dans l'espoir de prendre quelques oiseaux de passage en ce temps de neige. Mon espoir fut trompé. A peu de distance de ces lacets se trouvait le ruisseau de la Fontaine-aux-Biches, alors gelé ; la neige couvrait ses bords, j'y reconnus les pas d'un daim : la largeur de son pied empreint sur le neige annonçait la hauteur de sa taille ; je jugeai de son poids par le brisement de la glace du ruisseau qu'il venait de traverser, glace d'une telle épaisseur, qu'elle aurait pu me supporter. Depuis plusieurs mois, je rencontrais pour la première fois la trace d'un daim. Avait-il, par hasard, échappé à la mortalité commune ? venait-il d'une forêt lointaine ? je ne savais ; mais je suivis avec ardeur cette trace récente. J'avais mon arc, mes flèches ; atteindre la bête fauve, la tuer, enfumer cette venaison, c'était assurer la vie de ma famille expirante pour un mois peut-être. L'espoir ranima mes forces ; je poursuivis le daim ; l'empreinte régulière de ses pas prouvait qu'il suivait paisiblement une des grandes routes de la forêt ; de plus, ses traces étaient si nettement imprimées sur la neige, qu'il devait avoir traversé le ruisseau depuis une heure au plus, sinon le contour des empreintes laissées par l'animal sur la neige se fût arrondi, déformé en fondant à la tiédeur de l'air ; en moins d'une heure je pouvais, en suivant sa piste, le rejoindre, le surprendre et l'abattre.

Dans l'ardeur de cette chasse, j'oubliais ma faim. Je marchais depuis une heure environ ; soudain, au milieu du profond silence de la forêt, le vent m'apporte un bruit confus ; il me semble entendre un bramement éloigné ; cela me surprend, car ordinairement les animaux des bois ne crient que la nuit ; craignant de m'être mépris, je colle mon oreille au sol... Plus de doute, le daim bramait à mille pas de là environ ; heureusement une courbe de la route me dérobait à sa vue ; car ces fauves s'arrêtent souvent pour regarder derrière elles ou écouter au loin. Alors, au lieu de suivre le chemin au-delà du coude qui me cachait, j'entrai dans un taillis, espérant devancer le daim, dont l'allure était lente, m'embusquer dans un fourré du bord de la route et le tirer à son passage. Le ciel était sombre ; le vent s'éleva, je vis avec effroi tourbillonner quelques flocons de neige ; si elle devait tomber abondamment avant que j'eusse tué le daim, elle recouvrirait l'empreinte de ses pas, et si de mon embuscade je n'avais trouvé l'occasion favorable de lui lancer une flèche, je ne pourrais plus le suivre à la piste. Mes craintes se réalisèrent ; le vent se changea en ouragan chargé d'une neige épaisse. Je sors du taillis au-delà du détour du chemin, et à cent pas environ d'une clairière, où il se partageait en deux longues allées, je regarde au loin, je ne vois pas le daim ; m'éventant sans doute, il s'était rembûché dans les fourrés qui bordaient les deux routes ; impossible de me rendre compte de la direction qu'il avait prise ; la trace de ses pieds disparaissait sous la neige, dont la couche s'épaississait de plus en plus. En proie à une rage insensée, je me jette à terre, je m'y roule poussant des cris furieux ; ma faim, jusqu'alors oubliée dans l'ardeur de ma chasse, se réveillant implacable, déchirait mes entrailles ; je mordis l'un de mes bras, la douleur me fit lâcher prise ; puis frappé de vertige, je me relève, avec l'idée fixe de retrouver le daim, de le tuer, de m'étendre à côté de lui, de le dévorer, de demeurer là tant qu'il resterait sur ses os un lambeau de chair ; j'aurais, en ce moment, défendu ma proie à coups de couteau contre mon fils lui-même. Obsédé par l'idée fixe, délirante, de retrouver le daim, j'allai au hasard, sans savoir où je me dirigeais ; je marchai longtemps, la nuit s'approchait, un évènement étrange vint en partie dissiper l'égarement de mon esprit.

La neige, fouettée par l'ouragan, tombait toujours ; tout à coup mon odorat est frappé de l'exhalaison qui s'échappe de viandes grillées ; cette senteur, répondant aux appétits féroces qui troublaient ma raison, me rend au moins l'instinct de chercher à assouvir ma faim ; je m'arrête, flairant çà et là comme un loup qui évente au loin le carnage ; je regarde autour de moi pour reconnaître aux dernières lueurs du crépuscule les lieux où je me trouve. J'étais à l'embranchement d'un chemin de la forêt conduisant de la petite ville d'Ormesson à Compiègne ; ce chemin passait devant une taverne où s'arrêtaient d'ordinaire les voyageurs, tenue par un serf de l'abbaye de Saint-Maximin, surnommé *Grégoire Ventre-Creux*, parce que rien ne pouvait, disait-il, satisfaire à son insatiable appétit ; obligeant et joyeux homme d'ailleurs, ce serf, lorsqu'avant ces temps maudits j'allais au château de Compiègne porter ma redevance de gibier, m'offrait parfois amicalement un pot d'hydromel. En proie à l'âpreté de ma faim, exaspéré par la senteur de chair grillée qui s'échappait de la taverne, je m'approche avec précaution de la porte close; Grégoire, pour donner issue à la fumée, avait entr'ouvert la croisée sans crainte d'être aperçu; à la lueur d'un grand feu brûlant dans l'âtre, je vois Grégoire Ventre-Creux assis sur un escabeau au coin de son foyer, il surveillait la cuisson de ce gros morceau de viande dont l'odeur irritait si violemment ma voracité.

A ma grande surprise, le tavernier, homme robuste, dans la force de l'âge, n'était plus comme jadis nerveux et maigre, mais chargé d'embonpoint: ses joues rebondies, encadrées d'une épaisse barbe noire, brillaient des vives couleurs de la santé. Je remarquai, placé à la portée du tavernier, un coutelas, une pique et une hache rougie de sang; à ses pieds, un dogue énorme rongeait un os garni de chair. Ce spectacle me courrouça; je me disais que moi et ma famille nous aurions vécu un jour des débris abandonnés à ce chien; et puis je me demandais comment le tavernier avait pu se procurer cette viande. Les bestiaux coûtaient si cher que les seigneurs et les prélats seuls pouvaient en acheter; un bœuf coûtait cent sous d'or, un mouton cent sous d'argent! Je ressentais une sorte de haine contre Grégoire, que j'avais considéré jusqu'alors presque comme un ami. Je ne pouvais détacher mes yeux de ce morceau de viande, pensant à la joie des miens s'ils me voyaient revenir chargé d'un pareil butin. Je fus tenté de frapper à la porte du serf et lui demander le partage de sa nourriture, ou au moins les débris que rongeait son chien; mais jugeant du tavernier par moi-même, et sachant qu'il était bien armé, je me dis: — En ces temps-ci, pain et viande sont plus précieux qu'or et argent! Implorer de Grégoire Ventre-Creux le partage de son souper est une folie; il me refuserait ou, si je tentais de la lui ravir, il me tuerait. — Ces réflexions se succédaient rapidement dans mon cerveau troublé. Je me cachais depuis quelques secondes à peine près de la fenêtre, lorsque l'énorme dogue, me flairant sans doute, se met à gronder avec colère, sans abandonner son os. Ses cris devinrent bientôt des hurlements.

Grégoire, à ce moment, retirait la viande de la broche: « Qu'est-ce qu'il y a, Fillot? Hardi, mon brave! défendons notre souper; tu as tes crocs, j'ai mes armes; ne crains rien, personne n'oserait entrer ici… Paix-là donc! paix-là, mon Fillot! » Le dogue, loin de s'apaiser, abandonna son os et se mit à aboyer avec furie en se rapprochant de la fenêtre, « Oh! oh! — dit le tavernier déposant la viande dans un grand plat de bois placé sur la table, — Fillot quitte un os pour aboyer,… il y a quelqu'un au dehors… » Je me recule aussitôt, et du milieu des ténèbres où je me cachais, je vois Grégoire armé de sa pique, ouvrir toute grande la fenêtre et y paraître à mi-corps criant d'une voix menaçante: « Qui va là? Si l'on cherche la mort on la trouve ici… » L'action devançant presque ma pensée, je saisis mon arc, j'ajuste ma flèche, et, invisible à Grégoire, grâce aux ombres de cette nuit profonde, je le vise en pleine poitrine; ma flèche siffle, il pousse un cri suivi d'un long gémissement, tombe la tête et le buste en avant sur le rebord de la fenêtre, sa pique s'échappe de ses mains, je la saisis au moment où le dogue furieux, s'élançant par-dessus les épaules de son maître, sautait au dehors pour se jeter sur moi; je le cloue sur le sol d'un coup de pique au travers du corps. J'avais commis ce meurtre avec la férocité d'un loup affamé. La faim causait mon vertige, il cessa lorsqu'elle fut apaisée; la raison me revint je me trouvai seul dans la taverne en face du morceau de viande dont je venais de dévorer la moitié.

Croyant sortir d'un songe; je regarde autour de moi avec stupeur; soudain, à la lueur du foyer, mes yeux s'arrêtent par hasard sur les ossements abandonnés par le dogue de Grégoire Ventre-Creux; parmi ces débris sanglants, il me sembla reconnaître une main et un tronçon de bras à demi dévorés… Saisi d'horreur, je m'approche des os encore entourés de lambeaux saignants…

J'avais sous les yeux des restes humains! Une épouvantable pensée me traverse l'esprit. Je me souviens du surprenant embonpoint du tavernier. Plus de doute, ce monstre, nourri de chair humaine, égorgeait les voyageurs qui s'arrêtaient chez lui. La viande grillée dont je m'étais repu provenait d'un meurtre récent… Mes cheveux se hérissent, je n'ose tourner les yeux du côté de la table, chargée encore du restant de ce mets de cannibale; je me demande comment ma bouche ne l'a pas rejeté; puis cette première et instinctive horreur passée, je me dis que cette chair différait peu par le goût, de la chair de bœuf. A cette remarque succéda une réflexion poignante. « Mon fils, sa femme, ses enfants, sont à cette heure exposés aux tortures de la faim; la mienne a été assouvie par cette nourriture; si abominable qu'elle soit, j'en emporterai le reste; ainsi que je l'ai ignoré d'abord, ma famille ne saura pas quelle est la nature de ce mets…. du moins je l'aurai arrachée pour un jour aux horreurs de la faim! »

Cette résolution prise, je me disposais à quitter la taverne, lorsque l'ouragan qui grondait au dehors, s'engouffrant avec fracas par la fenêtre, ébranle et ouvre la porte d'un réduit donnant sur cette salle basse, et aussitôt de ce réduit s'exhale une odeur cadavéreuse comme celle d'un charnier, je cours au foyer, j'y saisis un tison enflammé ; éclairé par cette lueur, j'entre dans la pièce voisine : les murailles nues étaient çà et là tachées de jets de sang noirâtre, dans un coin je vis un amoncellement de bruyère et de fougère desséchées, dont on se sert en ce pays pour allumer le feu ; puis j'aperçus un pied et la moitié d'une jambe sortant de dessous des broussailles entassées... je les écarte... elles cachaient un cadavre fraîchement mutilé ; et il en restait la moitié du tronc, une cuisse et une jambe... L'odeur du charnier, de plus en plus pénétrante, devait s'échapper d'un réduit plus profond ; je découvre une sorte de trappe, je la soulève ; une bouffée d'odeur putréfiée s'en exhale si infecte que je recule d'un pas ; mais poussant jusqu'au bout ce sinistre examen, j'approche de l'ouverture mon tison allumé, et je vois un caveau presque entièrement rempli d'ossements, de têtes, de membres humains, débris sanglants des voyageurs que Grégoire Ventre-Creux égorgeait pour les dévorer. Afin d'échapper à cet horrible spectacle, je jette au milieu du caveau mortuaire mon brandon enflammé ; il s'éteint ; je reste un moment dans l'ombre, immobile, saisi d'épouvante et d'horreur ; puis je rentre dans la salle basse, et après une nouvelle hésitation, surmontant mes scrupules en songeant à ma famille affamée, j'emporte dans mon bissac le morceau de chair grillée.

Au dehors de la caverne, l'ouragan redoublait de violence ; la lune, alors en son plein, quoique voilée par des tourbillons de neige, jetait assez de clarté pour me guider. Je reprends en hâte le chemin de la Fontaine-aux-Biches, marchant d'un pas rapide et ferme ; l'infernale nourriture prise chez le tavernier m'avait rendu mes forces. Arrivé à deux lieues environ de ma demeure, je m'arrêtai frappé d'un regret soudain : le dogue tué par moi était énorme et fort gras, il pouvait, pendant deux ou trois jours au moins, assurer l'existence de ma famille. Je retournai à la taverne, quoiqu'il y eût une longue route à parcourir de nouveau. J'approchais de la demeure de Grégoire, lorsque de loin, à travers sa neige qui tombait toujours, j'aperçois une grande lueur ; elle s'échappait à travers la porte et la fenêtre de la maison ; cependant, deux heures auparavant, lors de mon départ, le foyer était éteint. Quelqu'un venu depuis avait donc rallumé le feu ? Je me glisse près de la maison, dans l'espoir d'enlever le chien sans être vu ; mais un bruit de voix arrive jusqu'à moi.

« Compagnon, attendons que le chien soit grillé à point.

« J'ai faim ! j'ai faim !... »

« — Moi aussi... mais je suis plus patient que toi, qui aurait mangé cru cet excellent morceau... Ah ! la puante odeur que celle de ce charnier ! pourtant la porte et la fenêtre sont ouvertes.

« — Qu'importe !... J'ai faim !... »

« — Ainsi maître Grégoire Ventre-Creux égorgeait les voyageurs pour les voler, sans doute... L'un d'eux, mieux avisé l'aura tué... Mais au diable le tavernier ! son chien est cuit, mangeons-le.

« — Mangeons !... »

J'étais seul et vieux ; comment disputer leur proie à ces deux hommes ? Je regagnai notre demeure, j'y arrivai vers la fin de la nuit. En entrant chez nous, voilà ce que j'ai vu, à la lueur d'une torche de bois résineux fixée contre la muraille dans un anneau de fer : Mon fils Den Braö étendu près du foyer, avait caché son visage sous sa blanche casaque de maçon ; expirant lui-même d'inanition, il voulait échapper au spectacle de l'agonie des siens. Sa femme Gervaise, si maigre que l'on pouvait compter les os de sa face sous sa peau terreuse, était agenouillée près d'une couche de paille où se débattait convulsivement Julyan, le second de ses enfants, moins épuisé que les autres grâce à sa robuste nature. Gervaise, presque défaillante, luttait contre son fils, qui poussant des cris tantôt plaintifs, tantôt furieux, essayait de porter à ses dents l'un de ses bras dans la frénésie de sa faim. Nominoé, l'aîné, couché à plat ventre sur le même lit que son frère, m'eût semblé mort, sans de légers tressaillements qui de temps à autre agitaient ses membres beaucoup plus amaigris que ceux de Julyan, tandis que Jehanne, petite fille de trois ans, murmurait dans son berceau d'une voix expirante : — Mère... j'ai faim... j'ai faim !

Gervaise, au bruit de mes pas, tourna la tête vers moi, — Père, — me dit-elle avec désespoir, — si vous ne rapportez rien, je tue mes enfants pour abréger leur agonie... et je me tue ensuite !

Jetant mon arc, j'ôtai de dessus mes épaules mon bissac. A sa lourdeur, à son volume, Gervaise reconnut qu'il était plein ; elle me l'arracha des mains dans son impatience farouche, le fouilla, en retira le morceau de chair grillée, le saisit et l'élevant au-dessus de sa tête pour le montrer à toute la famille, s'écria d'une voix patelante : — De la viande !... Eh ! nous ne mourrons pas encore ! Den-Braô !... mes enfants ! de la viande ! de la viande ! — A ces mots, mon fils se redressa brusquement sur son séant ; Nominoé, trop faible pour se relever, se retourna sur sa couche en tendant vers sa mère ses mains avides ; la petite Jehanne tendit aussi les siennes en dehors de son berceau, pendant que Julyan, cessant d'être contenu par sa mère et n'entendant rien, ne voyant rien, en proie au délire de la faim, portait son bras à ses dents ; ni moi, ni personne, hélas ! ne s'aperçut alors du mouvement de cet enfant. Tous les yeux étaient attachés sur Gervaise, qui, courant à une table et prenant un couteau, dépeça la chair en criant : — De la viande !... de la viande !...

— Oh ! donne... donne... — s'écria mon fils, tendant vers elle ses mains décharnées ; et il reçut un morceau qu'il dévora en un instant.

— A toi, Jehanne ! — reprit ensuite Gervaise en jetant un autre morceau à sa petite fille qui poussa un cri de joie, tandis que sa mère, cédant à la faim, mordait à la tranche qu'elle allait donner à Nominoé, son fils aîné. Celui-ci, saisissant sa proie, se mit comme les autres à la manger avec une voracité silencieuse. — A toi maintenant, Julyan ! — ajouta Gervaise ; l'enfant ne répondit rien... elle se baissa vers lui : — Julyan, ne mords donc pas ainsi ton bras ! Voilà de la viande, cher petit !

— Mais son frère aîné, Nominoé, ayant déjà mangé son morceau, s'empara brusquement de celui que sa mère offrait à Julyan. Le voyant toujours immobile et muet : — Mon enfant, ôte donc ton bras d'entre tes dents ! — A peine eut-elle prononcé ces mots qu'elle ajouta, en se tournant vers moi : — Venez donc, père !... son bras est glacé, raidi... si raidi que je ne puis le lui ôter d'entre les mâchoires ?

J'accourus : le petit Julyan venait d'expirer dans les convulsions de la faim, moins affaibli, moins amaigri cependant que son frère et sa sœur. — Eloigne-toi ! — ai-je dit à la femme de mon fils, — éloigne-toi ! Gervaise comprit que Julyan venait d'expirer. Elle n'obéit d'abord, et se mit à manger ; puis, sa faim assouvie, elle se rapprocha du cadavre et éclata en sanglots.

— Pauvre petit Julyan ! — disait Gervaise en gémissant : — ah ! mon cher enfant ! il est mort de faim, hélas !.. Quelques instants de plus, tu aurais eu à manger comme les autres, et tu aurais été sauvé... pour aujourd'hui du moins !

— Où vous êtes-vous procuré cette viande grillée, mon père ? — me dit Den-Braô.

— J'avais trouvé la trace d'un daim, — ai-je répondu en baissant les yeux devant le regard de mon fils ; — j'ai suivi cette bête fauve à la piste mais sans pouvoir l'atteindre ; je suis ainsi arrivé jusqu'à la taverne de Grégoire-Ventre-Creux ; il soupait... j'ai partagé son repas avec lui et il m'a donné ce que vous avez mangé.

— Un tel don ! en ces temps de famine, mon père ! en ces temps où les seigneurs et les prélats seuls ne souffrent pas de la faim !...

— J'ai apitoyé le tavernier sur notre détresse, — ai-je brusquement répondu à mon fils, et, — pour mettre fin à cet entretien, j'ajoutai : — Je suis brisé de fatigue ; j'ai besoin de me reposer.

— J'allai dans la pièce voisine m'étendre sur ma couche ; mon fils et sa femme restèrent agenouillés près du corps du petit Julyan ; les deux autres enfants s'endormirent, disant qu'ils avaient faim. Je me suis réveillé après un long sommeil agité de rêves sinistres ; la fin du jour approchait ; je vis Gervaise toujours agenouillée près du corps de Julyan ; son frère et sa sœur disaient : — Mère ! donnez-nous à manger... nous avons faim !

— Plus tard, chers petits, — répondait la malheureuse femme pour les consoler ; — plus tard... vous aurez à manger. — Mon fils, assis sur un escabeau, son visage caché dans ses mains, releva sa tête et me dit : — Le jour finit, où allez-vous, mon père.

— Creuser la fosse de mon petit-fils... Je veux t'épargner cette triste besogne.

— Creusez aussi notre fosse, mon père, — me répondit Den-Braô avec un sombre abattement : — cette nuit nous allons mourir ! Notre faim, un moment satisfaite, devient plus terrible encore que la nuit dernière... Creusez une grande fosse pour nous tous, mon père.

— Ne désespérons pas, mes enfants : la neige a cessé de tomber, peut-être retrouverai-je les traces de ce daim que j'ai poursuivi hier.

J'emportai une pelle, une pioche, afin de creuser la fosse de mon petit-fils, non loin de l'endroit où j'avais enseveli mon père Leduëck. Il se trouvait près de là un amoncellement de branches de bois mort préparé quelque temps auparavant par des serfs bûcherons pour être réduites en charbon. La fosse ouverte, j'ai laissé là ma pioche et ma pelle ; la neige ne tombait plus. Il restait encore une heure de jour, j'espérais retrouver les traces du daim ; mais je parcourus en vain plusieurs chemins sans revoir l'empreinte de ses pas. La nuit était noire, la lune se levait tard ; déjà je jugeais de la faim féroce que devaient éprouver les miens par ce que je ressentais moi-même. Je regagnai notre hutte ; là m'attendait un spectacle plus déchirant encore que celui de la veille... Cris convulsifs des enfants affamés, gémissements de leur mère, sinistre abattement de mon fils, couché sur le sol, attendant la mort, en me reprochant d'avoir prolongé de quelques heures son agonie et celle de sa famille ; tel était l'anéantissement de ces malheureux que, sans retourner la tête vers moi, sans m'adresser une seule parole, ils me laissèrent emporter le corps de mon petit-fils.

Au bout d'une heure, je suis rentré dans notre cabane ; il y régnait une obscurité profonde, le foyer est éteint. Personne n'avait eu le courage d'allumer un flambeau de résine. J'entendis des râlements sourds ou convulsifs ; soudain Gervaise s'écrie en courant vers moi à

Perrine la chèvre

tâtons à travers les ténèbres : — Je sens l'odeur de la viande grillée... c'est comme l'autre nuit... Nous ne mourrons pas! Den-Brad, ton père apporte encore de la viande... Au partage, enfants, au partage... Vite de la lumière !

— Non, oh ! non ! pas de lumière ! — me suis-je écrié les cheveux hérissés d'épouvante. — Prenez ! — dis-je à Gervaise, qui m'arrachait mon bissac des épaules, prenez... partagez-vous cette venaison, et mangez dans l'ombre !

Ces malheureux dévorèrent leur proie au milieu de l'obscurité, trop affamés pour me demander ce que je leur donnais à manger.

Moi, j'ai fui la cabane, presque fou d'horreur ! Abomination ! un repas de chair humaine !

J'errai longtemps sans savoir où j'allais ; une forte gelée succédait à la tombée de la neige qui couvrait le sol ; la lune brillait éclatante ; le froid me saisit ; je reviens à moi, et me jette désespéré au pied d'un arbre pour y attendre la mort. Tout à coup j'entends, à cinquante pas, dans un taillis qui me faisait face, ce craquement de branches qui annonce le passage et la venue d'une bête fauve... Malheureusement, j'avais laissé mon arc et mes flèches dans notre cabane. — C'est le daim ! oh ! je le tuerai ! — murmurai-je. — Cette volonté domina l'épuisement de mes forces et mon regret d'être privé d'armes au moment où une proie allait sans doute s'offrir à moi. Le froissement des branchages devenait de plus en plus distinct ; je me trouvais sous une futaie de chênes séculaires, au delà s'étendait l'épais taillis qu'en ce moment traversait la bête fauve. Je me dresse immobile le long de l'énorme tronc d'arbre au pied duquel je m'étais jeté. A l'abri de sa grosseur et de son ombre, le cou tendu, l'œil et l'oreille au guet, je prends mon long couteau de forestier entre

31e livraison

mes dents et j'attends... Après quelques minutes d'une angoisse mortelle, car le daim pouvait m'éventer ou sortir du fourré hors de ma portée, je l'entends se rapprocher, puis s'arrêter un instant tout proche et derrière l'arbre auquel je m'adossais et qui me cachait aux yeux de l'animal ; je ne pouvais non plus l'apercevoir, mais à six pieds de mon embuscade, à ma droite, je voyais, dessinée en noir sur la neige, rendue éblouissante par la clarté lunaire, je voyais l'ombre du daim et de la haute ramure qui couronnait sa tête... Suspendant ma respiration, je demeure immobile tant que l'ombre reste fixe ; après quelques instants l'ombre s'avançant de mon côté, d'un bond prodigieux je m'élance et je saisis l'animal par ses bois ; il était de grande taille, il se débat vigoureusement, mais je me cramponne de la main gauche à sa ramure, et je lui plonge de la main droite mon couteau dans la gorge; il roule sur moi, expire ; je colle ma bouche à sa blessure et je pompe le sang qui coulait à flots.

Ce sang vivifiant me réconforta.... Je n'avais rien mangé le soir dans ma cabane...

Après quelques moments de repos, je liai les deux pieds de derrière du daim avec une branche flexible, et le traînant, non sans peine à cause de sa pesanteur, j'arrivai avec ma proie à notre demeure de la Fontaine-aux-Biches. Ma famille se trouvait ainsi pour longtemps à l'abri de la faim ; ce daim devait nous fournir près de trois cents livres de chair qui, soigneusement dépecée et fumée à la façon des forestiers, pouvait se conserver pendant plusieurs mois.

Maintenant il me reste à faire un horrible aveu que mon fils, sa femme et ses enfants n'apprendront qu'après ma mort, lorsqu'ils liront ces lignes. A côté de la fosse où je portai le corps de Julyan, se trouvait un amas de bois sec destiné à être réduit en charbon par les bûcherons ; je me suis dit : « Hier, l'abominable nourriture dont j'ai apporté les restes à ma famille l'a empêchée d'expirer au milieu des tortures de la faim ; mon petit fils est mort... vaut-il mieux ensevelir le corps du petit Julyan ou le faire servir à prolonger la vie de ceux qui lui ont donné le jour ? »

Après avoir hésité devant cette effrayante extrémité, je m'y suis résolu, songeant à l'agonie des miens. J'ai allumé le monceau de bois sec, j'y ai jeté les chairs de mon petit-fils, et à la lueur du bûcher j'ai enseveli ses os, moins un fragment de son crâne, que j'ai conservé comme une triste et pieuse relique, sur laquelle j'ai gravé ces mots sinistres en langue gauloise : FIN-AL-BRED (*fin du monde*). Puis, retirant du brasier ces chairs grillées, je les ai apportées à ma famille expirante ! et, dans l'ombre, ces malheureux ont mangé... ignorant ce qu'ils mangeaient. Affreux repas de cannibales !

Le surlendemain de ces nuits maudites, j'appris d'un serf bûcheron qu'un de mes camarades, forestier comme moi des bois de Compiègne, trouvant au matin le corps de Grégoire le Tavernier percé d'une flèche restée dans sa blessure, et ayant reconnu cette flèche pour l'une des miennes, à la façon particulière dont elle était empennée, m'avait dénoncé comme coupable du meurtre. Le bailli du domaine de Compiègne me détestait, et quoique mon crime eût délivré la contrée d'un monstre qui égorgeait les voyageurs pour les dévorer, le bailli ordonna mon arrestation. Instruit à temps, décidé à fuir, je me préparai à quitter mon fils ; mais il voulut me suivre ainsi que sa femme et leurs deux enfants. Nous nous mîmes en route, laissant à la providence le soin de décider de notre sort ; du reste nous ne pouvions être plus misérables. La chair du daim fumée que nous emportions dans nos bissacs assurait notre subsistance pendant un long trajet ; servage pour servage, peut-être serions-nous moins à plaindre en d'autres lieux. La famine, quoique générale, sévissait moins, disait-on, dans certaines contrées. Nous avons quitté notre demeure de la Fontaine-aux-Biches ; mon fils et sa femme portant tour à tour sur leur dos la petite Jehanne ; l'autre enfant, Nominoé, déjà grand, marchait à mes côtés. Hors des limites du domaine royal, je me trouvai en sûreté. Apprenant plus tard par des pèlerins que l'Anjou souffrait moins de la famine que d'autres provinces, nous nous sommes dirigés vers ce pays ; d'ailleurs l'Anjou touchait à la Bretagne, berceau de notre famille ; je désirais m'en rapprocher, dans l'espoir de retrouver peut-être en Armorique quelqu'un de nos parents. Notre voyage s'accomplit durant les premiers mois de l'année 1034 au milieu de mille vicissitudes, presque toujours en compagnie de pèlerins, de mendiants ou de vagabonds pillards. Partout sur notre passage nous avons vu les traces horribles de la famine et des ravages causés par les guerres privées des seigneurs. La petite Jehanne mourut de fatigue en route.

Mon père Yvon le Forestier n'a pu achever ce récit, interrompu par la maladie à laquelle il a succombé ; au moment de mourir, il m'a remis ce parchemin, ainsi qu'un os du CRANE de mon pauvre petit Julyan et le FER DE FLÈCHE qui est joint à la légende laissée par notre aïeul Eidiol, le nautonier parisien. Un jour peut-être ces légendes seront jointes aux chroniques de notre famille, possédées sans doute par ceux de nos parents qui doivent encore habiter la Bretagne... Mon père Yvon est mort le neuvième jour du mois de septembre de l'année 1034. Voici comment s'est terminé notre voyage. Suivant le désir de mon père et afin de nous rapprocher de la Bretagne, nous nous dirigions vers l'Anjou. Nous sommes ainsi arrivés dans cette province, sur le territoire du seigneur *Guiscard*, comte du pays et du château de *Mont-Ferrier*; tous les voyageurs qui passaient sur ses terres devaient un tribut à ses péagers; les pauvres gens hors d'état de payer étaient, selon les caprices des gens du seigneur, contraints d'accomplir des actes pénibles, humiliants ou ridicules, de recevoir des coups de fouet, de marcher sur les mains, de gambader ou de baiser les verrous de la porte du péager; quant aux femmes, elles devaient se soumettre aux obscénités les plus révoltantes. Plusieurs pauvres gens, aussi misérables que nous, subirent ces hontes et ces brutalités. Désirant les épargner à ma femme et à mon père, je dis au bailli de la seigneurie, qui d'aventure se trouvait là : « Ce château que je vois là-haut me semble menacer ruine en plusieurs endroits; je suis habile artisan maçon, j'ai bâti grand nombre de donjons fortifiés, employez-moi, je travaillerai à la satisfaction de votre seigneur; je vous demande pour seule grâce de ne pas maltraiter mon père, ma femme et mes enfants, et de nous accorder l'abri et le pain, tant que dureront mes travaux. » Le bailli accepta mon offre, car on n'avait pas encore remplacé l'artisan maçon tué lors de la dernière guerre contre le château de Mont-Ferrier. Je montrai suffisamment que je savais bâtir. Le bailli nous assigna pour demeure une cabane où nous devions recevoir la pitance des serfs; mon père avait à cultiver un petit jardin dépendant de notre masure, et mon fils Nominoë, déjà en âge de travailler, devait m'aider dans mon labeur qui pouvait durer jusqu'à la saison d'hiver; nous comptions ensuite entreprendre le voyage de Bretagne. Nous vivions ici depuis cinq mois, lorsqu'il y a trois jours j'ai perdu mon père, qui, le soir, après ses travaux, avait écrit le récit précédent.

. . . .

Aujourd'hui, onzième jour du mois de juin de l'année 1035, moi, Den-Braō, je relate ici un évènement bien triste. Les travaux du château de Mont-Ferrier n'ayant pas été terminés avant l'hiver de l'année 1034, le bailli du seigneur, peu de temps après la mort de mon père, m'a proposé de reprendre la bâtisse au printemps. J'ai accepté, car j'aime mon métier de maçon; d'ailleurs, ma famille se trouvait moins malheureuse ici qu'à Compiègne, et je n'éprouvais pas le même désir que mon père de me rendre en Bretagne où peut-être il ne reste personne de notre famille. J'ai donc accepté les offres du bailli, et j'ai continué à travailler aux bâtisses, qui sont actuellement terminées, ayant mis la dernière main à une issue secrète qui conduit hors du château. Hier, le bailli est venu me trouver et m'a dit : « L'un des alliés du seigneur de Mont-Ferrier, qui est en visite au château, a admiré les travaux que tu as accomplis, et comme il songe à augmenter les fortifications de son manoir, il a offert au comte, notre maître, de t'échanger contre un serf, très habile armurier, dont nous avons besoin. C'est une affaire réglée. — Je ne suis pas serf du seigneur de Mont-Ferrier, — ai-je répondu; — je me suis engagé à travailler ici librement. » Le bailli haussa les épaules : « Voici la loi : *Tout homme* NON FRANC *qui habite plus d'un an et un jour la terre d'un seigneur, devient serf ou homme de corps dudit seigneur, et est comme tel taillable à merci et à miséricorde*. Or, tu demeures ici depuis le dixième jour de juin de l'an 1034, nous sommes au onzième jour du mois de juin de l'an 1035; il y a un an et un jour que tu vis sur la terre du seigneur de Mont-Ferrier; tu es son serf, tu lui appartiens et il a le droit de t'échanger contre un serf du seigneur de Plouernel. Ne songe pas à résister aux volontés de notre maître, car si tu voulais regimber, NÉROWEG IV, *seigneur et comte du pays de Plouernel*, te ferait attacher à la queue de son cheval et te ferait traîner jusqu'à son château. »

Je me serais résigné avec grand chagrin à cette nouvelle condition; pendant quarante ans, j'avais vécu serf du domaine de Compiègne, et peu m'importait de faire mon état de maçon dans une seigneurie ou dans une autre; mais je me souvenais que mon père m'avait raconté qu'il tenait de son aïeul Guyrion, qu'une antique famille du nom de NÉROWEG, établie en Gaule depuis la conquête de Clovis, avait toujours été funeste à notre famille, et j'éprouvais une sorte de terreur à la pensée de me trouver le serf d'un des descendants de l'*Aigle terrible*. — Fasse le ciel que mes pressentiments ne soient jamais justifiés! Fasse le ciel, mon cher fils Nominoë, que tu n'aies à enregistrer sur ce parchemin que la date de ma mort, avec ces seuls mots : « Mon père Den-Braō a terminé paisiblement sa laborieuse vie de serf artisan maçon ! »

LA COQUILLE DU PÈLERIN OU FERGAN LE CARRIER

PREMIÈRE PARTIE

LE CHATEAU FÉODAL (1035-1120)

La France féodale aux xi° et xii° siècles. — Le village. — Condition des serfs. — Le bailli *Garin Mange-Vilain*. — Néroweg VI seigneur et comte de Plouernel, surnommé *Pire qu'un loup*. — La taille à merci et miséricorde. — *Pierre le Boiteux* et *Perrine la Chèvre*. — *Jeanne la Bossue*. — *Fergan le Carrier*. — Le *petit Colombaïk*. — Le gibet seigneurial. — Les voyageurs. — *Yeronimo*, légat du pape, et l'évêque de Nantes. — *Bezeneeh le Riche* et sa fille. — Les pèlerins. — Le marchand de reliques. — Les péagers. — Le château de Plouernel. — Néroweg VI et ses deux fils. — *Azenor la Pâle*, la magicienne. — Le donjon. — La salle de la table de pierre. — Investiture d'un vassal. — Les trois épouseurs d'Yolande. — Le passage secret — Le souterrain. — La rançon. — Les tortures. Le supplice. — Le fratricide. — La chasse au serf — Pierre l'ermite (dit *Coucou piètre*) et le chevalier *Gautier sans Avoir*. — *Perrette la Ribaude* et *Corentin Nargue-Gibet*. — Comment et pourquoi l'on prêchait la croisade pour entraîner le peuple en Palestine. — *Dieu le veut! Dieu le veut!* — Chant des croisés. — Départ pour Jérusalem.

Depuis l'année 1035, époque de la mort de mon bisaïeul Yvon le Forestier, jusqu'en l'année 1098, où commence la légende suivante, écrite par moi *Fergan*, pour obéir au vœu de mon grand-père Den-Braô, l'habile artisan maçon, et aux dernières volontés de mon père Nominoé; depuis 1035 jusqu'en 1098, la Gaule a été, comme par le passé, ravagée par les guerres privées des seigneurs laïques ou ecclésiastiques entre eux et par les guerres royales de Henri Ier (descendant de *Hugh le Chapet*), qui revendiquait la succession du duché de Bourgogne, composé d'une partie de la Provence et du Dauphiné. Henri 1er, qui régna de l'an 1031 à l'an 1060, fut un prince lâche et inerte, il put à peine se défendre contre ses rivaux ; le plus puissant d'entre eux était *Wilhem* (Guillaume) *le Bâtard*, duc de Normandie, fils de *Roth-bert le Diable* et descendant du vieux Rolf. Après la mort du roi Henri, son fils, *Philippe Ier*, âgé de sept ans, lui succéda en 1060; six ans après, Wilhem le Bâtard, devenu *Wilhem le Conquérant*, conquit l'Angleterre à la tête des Normands, et le descendant du vieux Rolf le pirate devint le souverain d'un grand pays. Philippe Ier, roi régnant en 1098, était le plus glouton, le plus libertin des hommes; les seigneurs bataillaient entre eux ou désolaient la Gaule par leurs massacres et leurs brigandages; Philippe n'en prenant souci, buvait, chassait, dormait, faisait l'amour. Son royaume se composait seulement du territoire et des villes de *Paris*, d'*Orléans*, de *Beauvais*, de *Soissons*, de *Reims*, de *Châlons*, de *Dreux*, du *Maine*, de l'*Anjou*, de *la Marche* et de *Bourges*; tandis que la *Bretagne*, la *Normandie*, l'*Aquitaine*, la *Provence*, la *Bourgogne*, la *Flandre* et la *Lorraine*, étaient sous la dépendance absolue de leurs comtes et de leurs ducs souverains. Et encore, Philippe 1er ne régnait pas en roi sur ce qu'il appelait son royaume de France. Car son royaume était divisé, subdivisé en une multitude de seigneuries et d'abbayes dont les possesseurs tout en se reconnaissant ses vassaux, vivaient et agissaient en maîtres dans leurs terres, ne respectant sa suzeraineté que lorsqu'il les y contraignait par les armes. Philippe avait répudié sa femme pour épouser une certaine *Bertrade*, femme d'un seigneur nommé *Foulques le Réchin*, ce qui lui valut une excommunication majeure avec accompagnement de sonneries à grande volée quand il se trouvait dans le voisinage des églises. Mais le gros roi, point méchant d'ailleurs, riait à gorge déployée, disant à sa maîtresse, au sujet de ces sonneries excommunicatrices : « Entends-tu, ma belle, comme les tonsurés nous pourchassent? » Tel était le prince qui régnait en l'année 1098, où commence ce récit.

. . . .

Le jour touchait à sa fin, le soleil d'automne jetait ses derniers rayons sur l'un des villages de la seigneurie de *Plouernel*; un grand nombre de maisons, à demi démolies, avaient été récemment incendiées, pendant une de ces guerres fréquentes entre les seigneurs féodaux. Les murailles des huttes de ce village, construites de pisé ou de pierres reliées avec une terre argileuse, étaient lézardées ou noircies par le feu ; l'on voyait encore, à demi carbonisés, les débris de la charpente des toitures, remplacés par quelques perches chargées de bottes de genêts ou de roseaux. L'aspect des serfs, à ce moment de retour des champs, n'était pas moins misérable que celui de leurs tanières : hâves, décharnés, à peine vêtus de haillons, ils se serraient les uns contre les autres, tremblants et inquiets. Le bailli, justicier de la seigneurie, venait d'arriver dans le village, accompagné de cinq ou six hommes armés. Ils se trouvèrent bientôt au nombre de trois cents environ, rassemblés autour du bailli, si méchant envers les pauvres gens qu'on avait ajouté à son nom de *Garin* le surnom de *Mange-Vilain*. Cet homme redouté portait un casque de cuir garni de lames de fer et une casaque de peau de chèvre comme ses chausses; une longue épée pendait à son côté; il montait un cheval roux qui semblait aussi farouche que son maître. Des hommes de pied diversement armés formant l'escorte de *Garin Mange-Vilain* surveillaient plusieurs serfs chargés de liens, amenés prisonniers d'autres localités. Non loin d'eux était étendu un malheureux affreusement mutilé, hideux, horrible à voir; il avait eu les yeux crevés, les pieds et les mains coupés, punition ordinaire des révoltés. Cet infortuné, à peine couvert de haillons, les moignons de ses bras et de ses jambes enveloppés de chiffons sordides, attendait que quelques-uns de ses compagnons de misère, à leur retour des champs, eussent le loisir de le transporter sur la litière qu'il partageait avec les bêtes de labour. Aveugle et sans pieds ni mains, il se trouvait à la charitable merci de ses compagnons, qui le faisaient boire et manger depuis dix ans. D'autres serfs de Normandie et de Bretagne, lors de leur révolte contre les seigneurs, avaient été aveuglés, mutilés comme ce malheureux, et abandonnés sur le lieu de leur supplice, où ils avaient péri dans les tortures de la faim!

Lorsque les gens du village furent réunis sur la place, Garin Mange-Vilain tira de sa poche un parchemin et lut ce qui suit: « Ceci est l'ordre du très haut et très puissant Néroweg VI, seigneur du comté de Plouernel, par la grâce de Dieu. Tous ses serfs, hommes de corps, mainmortables, taillables haut et bas, à merci et miséricorde, sont taxés par la volonté dudit seigneur comte à payer à son trésor quatre sous de cuivre par chaque serf, avant le dernier de ce mois pour tout délai... » Les serfs menacés de cette nouvelle exaction ne purent contenir leurs lamentations; Garin Mange-Vilain promena sur l'assistance un regard courroucé: « Si ladite somme de quatre sous de cuivre par chaque tête n'est pas payée avant le délai fixé, il plaira audit haut et puissant seigneur Néroweg VI, comte de Plouernel, de faire saisir certains serfs qui seront châtiés ou pendus par son prévôt à son gibet seigneurial; la taille annuelle ne sera en rien diminuée ni les redevances ordinaires par cette taille extraordinaire de quatre sous de cuivre, destinée à réparer les pertes causées à notre dit seigneur par la nouvelle guerre que lui a déclarée son voisin le sire de *Castel-Redon*. »

Le bailli était descendu de cheval pour adresser quelques mots à l'un des hommes de son escorte. Plusieurs serfs se dirent tout bas les uns aux autres: — Où est Fergan?... — lui seul aurait le courage de remontrer humblement au bailli que nous sommes misérables, que les tailles, corvées et les redevances ordinaires et extraordinaires nous écrasent et qu'il nous sera impossible de payer cette taxe.

— Fergan sera resté à la carrière d'où il tire des pierres, — reprit un autre serf; tandis que le bailli poursuivait ainsi sa lecture: « Le seigneur *Gonthram*, fils aîné du très noble, très haut et très puissant Néroweg VI, comte de Plouernel, ayant atteint sa dix-huitième année, et ayant âge de chevalier, il sera payé, selon la coutume de Plouernel, un denier par chacun des serfs et vilains du domaine, en l'honneur et gloire de la chevalerie dudit seigneur Gonthram. Le paiement devra être fait en ce mois. »

— Encore! — murmurèrent les serfs avec amertume; — il est heureux que notre seigneur n'ait pas de fille, nous aurions un jour à payer des tailles en l'honneur de son mariage, comme nous en payerons pour la chevalerie des fils de Néroweg VI. Que Dieu ait pitié de nous!

— Payer, mon Dieu! mais avec quoi payer? — reprenait tout bas un autre serf. — Ah! c'est grand dommage que Fergan ne soit pas là pour réclamer en notre nom...

Le bailli ayant terminé sa lecture, appela un serf nommé *Pierre le Boiteux* (Pierre ne boitait pas; mais son père, en raison de son infirmité, avait reçu le surnom que gardait son fils). Il s'avança tremblant devant Garin Mange-Vilain. — Voici trois dimanches que tu n'as pas apporté ton pain à cuire au four seigneurial, — dit le bailli; tu as pourtant mangé du pain depuis trois semaines, puisque tu es vivant?

— Maître Garin... ma misère est si grande...

— Tu as eu l'audace de faire cuire ton pain sous la cendre, mauvais gueux!...

— Hélas! bon maître Garin, notre village a été mis à feu et à sac par les gens du sire de Castel-Redon; le peu de hardes que nous possédions ont été pillées ou brûlées, nos bestiaux tués ou enlevés, nos moissons saccagées pendant la guerre. Soyez-nous miséricordieux.

— Je te parle de four et non de guerre! Tu dois trois deniers de droits de cuisson; tu payeras en outre trois deniers d'amende.

— Six deniers! misère de moi! six deniers! et où voulez-vous que je prenne tant d'argent?

— Je connais vos ruses, fourbes que vous êtes? Vous avez des cachettes où vous enfouissez vos deniers... veux-tu payer, oui ou non, vermine de terre? Réponds immédiatement.

— Nous n'avons pas une obole... Les gens du sire de Castel-Redon ne nous ont laissé que les yeux pour pleurer sur nos désastres!

Garin, haussa les épaules, fit un signe à l'un des hommes de sa suite; celui-ci prit à sa ceinture un trousseau de cordes et s'approcha de Pierre le Boiteux. Le serf tendit ses mains à l'homme d'armes: — Emmenez-moi prisonnier si cela vous plaît; je ne possède pas un denier. Il me sera impossible de vous satisfaire.

— C'est ce dont nous allons nous assurer, — reprit le bailli ; et pendant que l'un de ses hommes garrottait Pierre le Boiteux, sans qu'il opposât la moindre résistance, un autre d'entre eux prit dans une pochette de cuir suspendue à sa ceinture de l'amadou, un briquet et une mèche soufrée qu'il alluma. Garin Mange-Vilain s'adressant alors à Pierre, qui, à la vue de ces préparatifs, commençait de pâlir : — On va te mettre cette mèche allumée entre les deux pouces ; si tu as une cachette où tu enfouisses tes deniers, la douleur te fera parler. Allons! que l'exécuteur se mette à l'œuvre.

Le serf ne répondit rien, ses dents claquaient d'épouvante ; il tomba aux genoux du bailli en tendant vers lui ses deux mains garrottées ; soudain une jeune fille sortit du groupe des habitants du village ; elle avait les pieds nus et pour vêtement un sayon grossier ; on l'appelle *Perrine la Chèvre*, parce qu'autant que ses chèvres elle était sauvage et amoureuse des solitudes escarpées ; son épaisse chevelure noire cachait à demi son visage farouche brûlé par le soleil ; s'approchant du bailli sans baisser les yeux, elle lui dit brusquement : — Je suis la fille de Pierre le Boiteux ; si tu veux torturer quelqu'un, laisse là mon père et prends-moi.

— La mèche!... dit impatiemment Garin Mange-Vilain à ses hommes, sans regarder ni écouter Perrine la Chèvre, — la mèche... et dépêchons, la nuit vient. — Pierre le Boiteux, malgré ses cris, malgré les supplications déchirantes de sa fille, fut renversé à terre et contenu par des gens du bailli. La torture du serf commença sous les yeux de ses compagnons de misère, abrutis par la terreur et par l'habitude du servage. Pierre jetait d'affreux hurlements ; Perrine la Chèvre ne criait plus, n'implorait plus les tourmenteurs de son père : immobile, pâle, sombre, l'œil fixe et noyé de larmes, tantôt elle mordait ses poings avec une rage muette, tantôt elle murmurait : — Si je savais où est la cachette, je le dirais...

Enfin, Pierre le Boiteux, vaincu par la douleur, dit à sa fille d'une voix entrecoupée :
— Prends la houe, cours dans notre champ ; tu fouilleras au pied du gros orme et tu trouveras en terre neuf deniers dans un morceau de bois creux. — Puis, jetant sur le bailli un regard désespéré, le serf ajouta : — C'est tout mon trésor, seigneur Garin, me voilà ruiné !

— Oh ! j'étais certain que tu avais une cachette ; — et s'adressant à ses gens : — Cessez la torture ; l'un de vous suivra cette fille et rapportera l'argent. Qu'on ne la perde pas de vue.

Perrine la Chèvre s'éloigna précipitamment, suivie de l'homme d'armes, après avoir jeté sur Garin un coup d'œil sournois et féroce...
Les serfs, terrifiés, silencieux, osaient à peine se regarder les uns les autres, tandis que Pierre, poussant des gémissements plaintifs, quoiqu'on eût mis fin à son supplice, murmurait en pleurant à chaudes larmes : — Hélas ! comment travailler à la terre avec mes pauvres mains martyrisées, endolories!...

Le bailli avisant par hasard le serf aveugle, mutilé des quatre membres, désigna ce malheureux et s'écria d'une voix menaçante :
— Que cet exemple vous profite, gens de glèbe ; voyez comme on traite ceux qui osent se rebeller contre leurs seigneurs ! Etes-vous, oui ou non, serfs taillables à merci et à miséricorde ?

— Hélas ! nous sommes serfs, maître Garin, — reprirent ces infortunés ; — nous sommes serfs à la merci de notre maître !

— Puisque vous êtes serfs, vous et votre race, pourquoi toujours lésiner, frauder, larronner sur les tailles ? Combien de fois ne vous ai-je pas pris en dol et en faute ? L'un aiguise son soc de charrue sans m'en prévenir, afin de dérober le denier qu'il doit à la seigneurie toutes les fois qu'il aiguise son soc ; l'autre prétend ne pas avoir à payer le droit de *cornage* sous prétexte qu'il ne possède pas de bêtes à cornes ; ceux-là poussent l'audace jusqu'à se marier dans une seigneurie voisine, et tant d'autres énormités ! Faut-il donc vous rappeler, misérables, que vous appartenez à votre seigneur à vie et à mort, corps et biens ; faut-il vous répéter que tout en vous lui appartient, les cheveux de votre tête, les ongles de vos mains, la peau de votre vile carcasse ; tout, jusqu'à la virginité de vos filles !

— Hélas ! bon maître Garin... — se hasarda de répondre, sans oser lever les yeux, un vieux serf nommé *Martin l'Avisé*, en raison de sa subtilité, — hélas ! nous le savons, les prêtres nous répètent sans cesse que nous appartenons âme, corps et biens aux seigneurs que la volonté de Dieu nous envoie. Seulement on dit... Oh ! ce n'est point nous qui osons rien dire... à l'encontre de ces avertissements... — se hâta d'ajouter Martin l'Avisé.

— Qui donc alors ose contredire nos saints prêtres ? Nommez-moi cet impie, ce téméraire.

— C'est... *Fergan le Carrier*.

— Où est ce coquin, ce scélérat ? Pourquoi ne se trouve-t-il pas ici avec vous ?

— Il sera resté à tirer de la pierre à sa carrière, — reprit une voix timide ; — il ne quitte son travail qu'à la nuit noire.

— Et que dit Fergan le Carrier ? Voyons jusqu'où va son audace, — reprit le bailli.

— Maître Garin, — reprit le vieux serf, — Fergan reconnaît que nous sommes serfs de notre seigneur, que nous sommes forcés de cultiver à son profit les terres où il lui a plu de nous attacher pour jamais nous et nos enfants ; il dit que nous sommes obligés de labourer, d'ensemencer, de moissonner les terres du château, de faire le guet dans les maisons fortes de sa seigneurie et de le défendre.

— Nous connaissons les droits de la seigneurie ; mais que dit ensuite Fergan le Carrier ?

— Fergan prétend que les tailles qu'on nous impose augmentent sans cesse, et qu'après avoir payé nos redevances en nature, le peu que nous pouvons tirer de nos récoltes est insuffisant à satisfaire aux demandes toujours nouvelles de notre seigneur. Hélas! cher maître Garin... nous buvons de l'eau, nous sommes vêtus de haillons, nous n'avons pour toute nourriture que des châtaignes, des fèves, et aux bons jours un peu de pain d'orge ou d'avoine...

— Comment ! — s'écrie le bailli d'une voix menaçante, — vous avez toutes ces bonnes choses et vous osez vous plaindre !

— Non, non, maître Garin, — reprirent les serfs effrayés, — non, nous ne nous plaignons pas ! Nous sommes sur le chemin du paradis.

— Si parfois nous souffrons un peu, c'est tant mieux pour notre salut, comme nous le dit le curé. Nous aurons les joies de l'autre monde.

— Non, non, ne nous plaignons pas ; c'est Fergan qui l'autre jour parlait ainsi. Nous l'écoutions, mais sans approuver ce qu'il disait.

— Et nous l'avons même fort blâmé de tenir un pareil langage, — ajouta le vieux Martin l'Avisé tout tremblant ; nous sommes satisfaits de notre sort ; nous vénérons, nous chérissons notre seigneur Néroweg VI et son secourable bailli Garin. Puisse Dieu le conserver longtemps.

— Oui ! oui ! — crièrent les serfs tout d'une voix, — c'est la vérité... la pure vérité !

— Vils esclaves ! — cria le bailli avec un courroux mêlé de dédain, — lâches coquins ! vous léchez bassement la main qui vous fouaille ; ne sais-je pas, moi, que vous nommez entre vous le noble seigneur Néroweg VI Pire qu'un loup, et moi, son *secourable* bailli, Mange-Vilain ! Voilà nos surnoms.

— Sur notre salut éternel, maître Garin, ce n'est point nous qui vous avons donné ce sobriquet, maître Garin.

— Par ma barbe ! nous espérons mériter ces surnoms. Oui, Néroweg VI sera *pire qu'un loup* pour vous, ramassis de fainéants, de voleurs et de traîtres ! Et moi, je vous mangerai jusqu'à la peau, vilains ou serfs, lorsque vous frauderez les droits de votre seigneur. Quant à Fergan, ce beau diseur, je le retrouverai un autre jour, et m'est avis qu'il fera connaissance avec le gibet justicier de la seigneurie de Plouernel. Il sera pendu haut et court !

— Et nous ne le plaindrons pas, cher et bon maître Garin ; que Fergan soit maudit, s'il a osé mal parler de vous et de notre vénéré seigneur ! — répondirent les serfs effrayés. Perrine la Chèvre revint à ce moment, accompagnée de l'homme d'armes chargé par le bailli d'aller déterrer le *trésor* de Pierre le Boiteux. La jeune serve avait l'air de plus en plus sombre et farouche, ses larmes étaient taries, mais ses yeux lançaient des éclairs. Par deux fois elle écarta de sa main gauche ses épais cheveux noirs qui voilaient son front, car elle tenait sa main droite derrière le dos. Elle s'approcha pas à pas du bailli, tandis que l'homme d'armes disait en remettant à Garin une rondelle de bois creusée : — Il y a là dedans neuf deniers de cuivre, mais quatre ne sont pas de la monnaie frappée par notre seigneur Néroweg VI.

— Encore de la monnaie étrangère à la seigneurie ! — et cependant je vous avais défendu d'en recevoir sous peine du fouet !

— Hélas ! maître Garin, — reprit Pierre le Boiteux toujours étendu sur le sol et ne cessant de pleurer en regardant ses mains mutilées, — les marchands forains qui passent et nous achètent parfois un porc, un mouton ou un chevreau, n'ont souvent que des deniers frappés dans les autres seigneuries ; comment devons-nous faire ? Si nous refusons de vendre le peu que nous avons, où trouverons-nous l'argent nécessaire pour payer les tailles ?

Le bailli mit les deniers de Pierre le Boiteux dans une grande poche de cuir, et répondit au serf ; — Tu dois six deniers ; il y a, sur ces neuf pièces, quatre deniers de monnaie étrangère, je les confisque ; restent cinq deniers de la seigneurie, je les prends en à-compte, tu me donneras le sixième lorsque tu payeras la taxe prochaine, ou sinon, gare à toi !

— Moi je paye tout de suite ! — s'écria Perrine la Chèvre en frappant de toutes ses forces le bailli en pleine figure, avec un grosse pierre qu'elle avait ramassée en chemin. Garin trébucha sous la violence du coup et le sang jaillit de son front ; mais il se remit promptement de cette secousse, et se jetant furieux sur la jeune serve, il la renversa, la foula aux pieds, puis, tirant à demi son épée, il allait la tuer, lorsque se ravisant, il dit à ses hommes ; — Qu'on la garrotte, qu'on l'emmène, on lui crèvera les yeux ce soir, et demain à l'aube, elle sera pendue aux fourches patibulaires.

— Le supplice de Perrine la Chèvre sera mérité ! — crièrent les serfs, dans l'espoir de détourner d'eux la fureur de Garin Mange-Vilain.

— Malheur à cette maudite, elle a fait couler le sang du secourable bailli de notre glorieux seigneur ! Qu'elle soit punie comme elle le mérite.

— Vous êtes tous des lâches ! — s'écria Perrine la Chèvre, le visage et le sein meurtris, saignants, des coups que lui avait donnés Garin en la foulant aux pieds ; puis se tournant vers Pierre le Boiteux qui sanglotait, mais n'osait défendre sa fille ou élever la voix pour implorer sa grâce : — Adieu ; demain tu verras voler des corbeaux du côté du gibet seigneurial, ce seront les cercueils vivants de ta fille ; — et montrant les poings aux serfs consternés : — Lâches ! vous êtes trois cents et vous craignez six hommes d'armes !... Il n'y a parmi vous qu'un homme vraiment brave, c'est Fergan !

— Oh ! — s'écria le bailli exaspéré par les hardies paroles de Perrine la Chèvre, et étanchant le sang qui coulait de son visage, — si je rencontre ce Fergan sur ma route, il sera ton compagnon de gibet, infâme scélérate ! — Et Garin Mange-Vilain, remontant à cheval, suivi de ses hommes ainsi que des serfs qu'ils emmenaient prisonniers avec Perrine la Chèvre, disparut bientôt, laissant les habitants du village frappés d'une telle épouvante, que ce soir-là ils oublièrent d'emporter le pauvre aveugle mutilé... qui dut passer la nuit à la belle étoile.

. . . .

Depuis longtemps déjà le bailli avait emmené ses prisonniers. La nuit devenait de plus en plus noire ; une jeune femme pâle, maigre et contrefaite, vêtue d'un sarrau en haillons, pieds nus, la tête à demi couverte d'une coiffe d'où s'échappait sa chevelure, tenait son visage caché entre ses mains, assise sur une pierre près du foyer de la hutte que Fergan habitait à l'extrémité du village. Quelques broussailles flambaient dans l'âtre ; au-dessus des murailles noircies, lézardées par l'incendie, des touffes de genêts placées sur des perches remplaçant la toiture, laissaient apercevoir çà et là quelques étoiles brillantes ; une litière de paille dans le coin le mieux abrité de cette tanière, un coffre, quelques vases de bois, tel était l'ameublement de la demeure d'un serf. La jeune femme assise près du foyer était l'épouse de Fergan, *Jehanne la Bossue* ; son front dans ses mains, accroupie sur la pierre qui lui servait de siège, Jehanne restait immobile ; seulement de temps à autre, un léger tressaillement de ses épaules annonçait qu'elle pleurait. Un homme entra dans la hutte, c'était Fergan le Carrier. Agé de trente ans, robuste et de grande taille, il avait pour vêtement un sayon de peau de chèvre au poil presque entièrement usé ; son mauvais caleçon laissait nus ses jambes et ses pieds ; sur son épaule il portait le pic de fer et le lourd marteau dont il se servait pour casser et extraire la roche des carrières. Jehanne la Bossue releva la tête à la vue de son mari. Quoique laide, sa figure souffrante et timide respirait une angélique bonté. S'avançant rapidement vers Fergan, le visage baigné de larmes, Jehanne lui dit avec un mélange d'espoir et d'anxiété inexprimable, en l'interrogeant du regard : — As-tu appris quelque chose ?

— Rien, répondit le serf désespéré en jetant son pic et son marteau, — rien, rien !

Jehanne retomba sur la pierre en sanglotant, leva les bras au ciel et murmura !

— Je ne verrai plus *Colombaïk* ! mon pauvre enfant est perdu pour jamais !

Fergan, non moins désolé que sa femme, s'assit sur une autre pierre placée près du foyer, le coude appuyé sur son genou, le menton dans sa main ; il resta longtemps ainsi, morne, silencieux ; puis, se relevant brusquement, il se mit à marcher avec agitation, disant d'une voix sourde : — Cela ne peut durer... J'irai... j'irai ! Il faut absolument que je le retrouve.

Jehanne entendant le serf répéter : J'irai, j'irai ! releva la tête, essuya ses pleurs du revers de sa main : — Où veux tu donc aller ?

— Au château ! — s'écria le carrier en continuant de marcher avec agitation, ses deux bras croisés sur sa poitrine. Jehanne trembla de tout son corps, joignit ses deux mains et voulut parler ; mais, dans sa terreur, elle ne put d'abord prononcer un mot, ses dents s'entrechoquaient. Enfin, elle dit d'une voix affaiblie : — Fergan... tu n'as pas la tête à toi en disant que tu iras au château.

— J'irai après le coucher de la lune.

— Hélas ! j ai déjà perdu mon pauvre enfant, — reprit Jehanne en gémissant, — je vais perdre mon mari. — Et de nouveau elle sanglota ; les imprécations et les pas du serf interrompaient seuls le silence de la nuit. Le foyer s'éteignit ; mais la lune, alors levée, jetait ses pâles rayons dans l'intérieur de la hutte, à travers l'intervalle des perches et des bottes de genêts qui remplaçaient la toiture incendiée. Ce nouveau silence dura longtemps. Jehanne la Bossue ayant réfléchi, reprit avec un accent presque rassuré : — Tu veux aller cette nuit... au château... Heureusement, c'est impossible... — Puis, comme le serf ne discontinuait pas de marcher sans prononcer une parole, Jehanne prit la main de son mari qui revenait près d'elle. — Pourquoi ne pas répondre ? Cela m'effraye. — Mais il retira brusquement sa main et repoussa sa femme en s'écriant d'une voix irritée : — Laisse-moi, femme, laisse-moi.

La faible créature alla tomber à quelques pas de là parmi des décombres, et sa tête ayant heurté contre un morceau de bois, elle ne put retenir un cri de douleur ; Fergan se retourna, et à la clarté de la lune, il vit Jehanne se relever péniblement. Il courut à elle, l'aida à se rasseoir sur l'une des pierres du foyer, disant avec angoisse : — tu t'es blessée en tombant ?

— Non... non... mon cher mari.

— Ma pauvre Jehanne ! — s'écria le serf alarmé, car il avait porté une de ses mains au front de sa femme, — tu saignes ?

— C'est que j'ai pleuré, — reprit-elle doucement en essuyant sa blessure avec une mèche de ses longs cheveux en désordre.

— Tu souffres ? Réponds-moi, chère femme.

— Non, non, je suis tombée parce que je suis

Le gibet de la seigneurie de Néroweg (page 652)

faible, — répondit Jehanne avec sa mansuétude angélique ; — ne pensons plus à cela ; — et elle ajouta en souriant tristement, faisant allusion à sa difformité. — Je n'ai pas à craindre d'être enlaidie par une cicatrice.

Fergan crut que Jehanne la Bossue s'imaginait qu'il l'eût traitée avec moins de brusquerie si elle eût été belle, et en conçut un vif chagrin ; il reprit d'un ton d'affectueux reproche :

— A part quelques emportements de mon caractère, ne t'ai-je pas toujours traitée comme la meilleure des épouses ?

— Cela est vrai, mon cher Fergan, et ma reconnaissance est grande.

— Ne t'ai-je pas librement prise pour femme ?

— Oui, et cependant tu pouvais choisir parmi les serves de la seigneurie une compagne qui n'eût pas été contrefaite.

— Jehanne, — reprit le carrier avec une sombre amertume, — si ton visage eût été aussi beau que ton cœur est bon, à qui aurait appartenu la première nuit de nos noces ? A Néroweg pire qu'un loup ou à ses louveteaux ?

— Hélas ! Fergan, ma laideur nous aura épargné cette suprême honte...

— La femme de Sylvest, un de mes aïeux, pauvre esclave des Romains, échappa aussi au déshonneur en se défigurant, — pensait le carrier en soupirant. — Hélas ! esclavage et servage pèsent sur notre race depuis des siècles... Viendra-t-il jamais le jour de l'affranchissement prédit par Victoria la Grande !

Jehanne, voyant son mari plongé dans ses réflexions, lui dit :

— Fergan, te rappelles-tu ce que Perrine la Chèvre nous a raconté, il y a trois jours, au sujet de notre enfant ?

— Elle avait, selon son habitude, conduit ses

82º livraison

chèvres sur les hauteurs les plus escarpées du grand ravin, elle a vu un des cavaliers du comte de Plouernel sortir au galop d'un taillis où notre petit Colombaïk était allé ramasser du bois mort. Perrine a pensé que ce cavalier emportait notre enfant sous son manteau.

— Les soupçons de Perrine étaient fondés.

— Grand Dieu ! Que me dis-tu là ?

— Tantôt, j'étais à la carrière ; plusieurs serfs chargés des réparations de la chaussée du château, à moitié détruite pendant la dernière guerre, sont venus chercher de la pierre. Depuis trois jours, je suis comme fou ; je raconte à tout le monde la disparition de Colombaïk. J'en ai parlé à ces serfs ; l'un d'eux a prétendu avoir vu, l'autre soir, à la tombée de la nuit, un cavalier tenant sur son cheval un enfant de sept à huit ans, ayant les cheveux blonds...

— Malheur à nous ! c'était Colombaïk.

— Puis, le cavalier a gravi la montagne qui conduit au manoir de Plouernel et il y est entré.

— Mais que peuvent-ils faire de notre enfant ?

— Ce qu'ils en feront ! — s'écria le serf en frissonnant, — ils l'égorgeront et se serviront de son sang pour quelque filtre infernal... Il y a une sorcière à demeure au château !

Jehanne poussa un cri d'épouvante ; mais la fureur succédant à son effroi, elle s'écria délirante et courant à la porte : — Fergan, allons au manoir... nous y entrerons, devrions-nous arracher les pierres avec nos ongles... J'aurai mon enfant... la sorcière ne l'égorgera pas... non !... non !... — Le serf, la saisissant par le bras, l'arrêta, et presque aussitôt, elle tomba défaillante entre ses bras. La pauvre femme murmurait d'une voix éteinte : — Il me semble que je vais mourir... on m'écraserait le cœur dans un étau que je ne souffrirais pas davantage... Il est trop tard... la sorcière aura égorgé l'enfant... Non... qui sait ! — ajouta-t-elle en prenant son mari par la main. — Tu voulais aller au château... viens... viens !

— J'irai seul, lorsque la lune sera couchée.

— Hélas ! nous sommes fous, mon pauvre homme ! la douleur nous égare... Comment pénétrer dans le repaire du seigneur comte ?

— Par une issue secrète.

— Et qui t'en a donné connaissance ?

— Mon aïeul Den-Braô avait accompagné en Anjou son père, Yvon le Forestier, lors de la grande famine, en 1033. Den-Braô, habile maçon, après avoir travaillé pendant plus d'un an au château d'un seigneur de l'Anjou, devint son serf et fut échangé par son maître contre un armurier de Nérowey IV, l'ancêtre du seigneur actuel. Mon grand-père, tombé dans le servage du seigneur de Plouernel, a construit le donjon qui fut ajouté au château ; cette bâtisse a duré plusieurs années. Mon père Nominoé, presque enfant lors du commencement de cette construction, était devenu un homme lorsqu'elle s'achevait. Il aidait son père dans ses travaux, et se fit maçon lui-même ; après ses journées de labeur, mon aïeul traçait, sur un parchemin, le plan des diverses parties du donjon qu'il devait exécuter. Un jour mon père lui demanda l'explication de certaines constructions dont il ne pouvait comprendre la destination. « Ces différentes maçonneries, reliées entre elles par les travaux du charpentier et du forgeron, — répondit mon aïeul, formeront un escalier caché pratiqué dans l'épaisseur de la muraille du donjon, et il montera des dernières profondeurs de cet édifice jusqu'à son sommet, en donnant accès dans plusieurs réduits rendus invisibles à tous. Grâce à cette issue secrète, le seigneur de Plouernel, s'il est assiégé dans son château et hors d'état de résister à ses ennemis, pourra fuir et gagner une longue galerie souterraine aboutissant aux rochers qui s'étendent vers le nord, au pied de la montagne où s'élève le manoir seigneurial. » En effet, Jehanne, par ces temps de guerres continuelles, de pareils travaux s'exécutent dans tous les châteaux forts, leurs possesseurs voulant toujours se réserver le moyen d'échapper à l'ennemi. Environ six mois avant l'achèvement de ce donjon et lorsqu'il ne restait plus qu'à construire l'escalier et l'issue secrète tracés sur les plans de mon aïeul, mon père eut les deux jambes brisées par la chute d'une pierre énorme. Ce grave accident devint la cause d'un grand bonheur.

— Que dis-tu, Fergan ?

— Mon père resta ici, dans cette masure, pendant six mois, incapable de travailler par suite de ses blessures. Durant ce laps de temps, le donjon, fut achevé ; mais les serfs artisans, au lieu de revenir chaque soir à leurs villages, ne sortirent plus du château. Le seigneur de Plouernel voulait, disait-on, hâter l'achèvement des travaux et épargner le temps perdu le matin et le soir, par le déplacement des serfs. Pendant six mois environ, les gens de la plaine virent le mouvement des travailleurs rassemblés sur les dernières assises du donjon, qui s'élevait de plus en plus ; puis, lorsque la plateforme et les tourelles dont il est couronné furent achevées, l'on ne vit plus rien... les serfs ne reparurent jamais dans leurs villages, et leurs familles désolées les attendent toujours.

— Qu'étaient-ils donc devenus ?

— Nérowey VI, craignant qu'ils ne fissent connaître l'issue secrète construite par eux, les avait fait enfermer dans le souterrain dont je t'ai parlé ; ce fut là que mon aïeul et ses compagnons de travail, au nombre de vingt-sept, expirèrent en proie aux tortures de la faim.

— C'est horrible ! Quelle barbarie !

— Oui, c'est horrible !... Mon père, retenu ici par ses blessures, échappa seul à cette mort affreuse, oublié sans nul doute par le seigneur de Plouernel. A force de chercher les causes de la disparition de mon aïeul, et se souvenant des indications qui lui avaient été données en traçant devant lui le plan du donjon et de son issue secrète, mon père se rendit pendant une nuit dans cette solitude et parvint à découvrir un soupirail caché sous des broussailles ; il se glissa par cette ouverture, et après avoir longtemps cheminé dans une galerie étroite, il fut arrêté par une énorme grille de fer ; voulant essayer de l'ébranler, il passa le bras à travers les barreaux, sa main rencontra un amas d'ossements... d'ossements humains et de crânes...

— Grand Dieu ! Pauvres victimes !

— C'étaient les ossements des serfs qui, enfermés dans ce souterrain avec mon aïeul, étaient morts de faim... Mon père ne tenta pas de pénétrer plus avant ; certain du sort de mon aïeul, mais n'ayant pas l'énergie de le venger, il me fit, à son lit de mort, cette révélation. Je suis allé, il y a longtemps déjà, visiter les rochers, j'ai découvert l'issue souterraine, et par là, cette nuit, je m'introduirai dans le donjon pour y chercher notre enfant.

— Fergan, je n'essayerai pas de m'opposer à ton dessein, — reprit Jehanne la Bossue, après un moment de silence, en contraignant son effroi ; mais comment franchiras-tu cette grille qui a empêché mon père de pénétrer dans le souterrain ? N'est-ce pas au-dessus de tes forces ?

— Cette grille a été scellée dans le roc, on peut la desceller avec mon pic de fer et mon marteau. J'ai la vigueur nécessaire pour ce travail.

— Entré dans le souterrain, que feras-tu ?

— Hier soir, j'ai tiré du petit coffret de bois caché là, sous les décombres, quelques morceaux de parchemin où Den-Braö avait tracé le plan de ses constructions ; je me suis rendu compte des lieux : la galerie cachée, en remontant vers le château, aboutit au dedans du donjon à l'escalier secret pratiqué dans l'épaisseur de la muraille ; il conduit au plus profond des trois étages de cachots souterrains jusqu'à la tourelle qui s'élève au nord de la plate-forme.

— Cette tourelle... — reprit Jehanne en pâlissant, — cette tourelle d'où, la nuit, il sort parfois des lueurs étranges ?

— C'est là qu'*Azenor la Pâle*, la sorcière de Néroweg, prépare ses maléfices, — dit le carrier d'une voix sourde. — C'est dans cette tourelle que doit être Colombaïk... s'il vit encore ; c'est là que j'irai chercher notre enfant !

— Ah ! mon pauvre homme ? — murmura Jehanne, — je me sens défaillir en pensant aux périls que tu vas braver !

— Jehanne, — dit soudain le serf en levant la main vers le ciel étoilé, que l'on apercevait à travers les débris de la toiture, — avant une heure la lune sera couchée ; je vais partir.

La femme du carrier, après un effort surhumain pour dompter sa terreur, dit d'une voix presque ferme : — Je ne demande pas à t'accompagner, Fergan, je pourrais être un embarras dans cette entreprise ; mais je pense comme toi, qu'il faut à tout prix essayer de sauver notre enfant. Si dans trois jours tu n'es pas de retour...

— C'est que j'aurai trouvé la mort au château de Plouernel.

— Je ne te survivrai pas d'un jour, cher époux... As-tu des armes pour te défendre ?

— J'ai mon pic de fer et mon marteau.

— Et du pain ? Il te faut quelques provisions.

— Il reste un fort morceau de pain dans mon bissac ; tu vas remplir ma gourde d'eau... ces provisions me suffiront. — Pendant que sa femme s'occupait de ce soin, le serf se munit d'une longue corde qu'il enroula autour de lui : il emporta aussi dans son bissac un briquet, de l'amadou et une de ces mèches enduites de résine dont se servent les carriers pour éclairer les souterrains où ils travaillent. Ces préparatifs terminés, Fergan tendit silencieusement ses bras à sa femme ; la courageuse et douce créature s'y jeta, les deux époux prolongèrent durant quelques instants cette étreinte douloureuse comme un dernier adieu ; puis le serf, prenant sur son épaule son lourd marteau et son pic de fer, se dirigea vers les rochers où aboutissait l'issue secrète du manoir seigneurial.

Le lendemain du jour où Fergan le Carrier avait résolu de pénétrer dans le château de Plouernel, une troupe assez nombreuse de voyageurs de toutes conditions, partis de Nantes depuis la veille se dirigeait vers les frontières d'Anjou. On y voyait des pèlerins, reconnaissables aux coquilles attachées à leurs robes, des vagabonds, des mendiants, des colporteurs chargés de leurs balles de marchandises. Parmi ces derniers on distinguait un homme de grande taille, à la barbe et aux cheveux d'un blond jaune, portant sur son dos une boîte surmontée d'une croix et couverte de peintures grossières représentant des ossements humains, tels que crânes, os de bras, de jambes et de doigts. Cet homme, nommé *Harold le Normand*, se livrait, ainsi que plusieurs des descendants des pirates du vieux Rolf, au commerce des reliques, vendant aux fidèles, pour de saints débris, les ossements qu'il enlevait, durant la nuit, aux gibets seigneuriaux. Aux côtés d'Harold le Normand marchaient deux moines qui se nommaient entre eux *Simon* et *Yeronimo*. Le capuchon du froc de Simon était abaissé et cachait complètement sa figure ; mais celui de Yeronimo, rabattu sur ses épaules, laissait voir le brun et maigre visage de ce moine, que ses gros sourcils, aussi noirs que sa barbe, rendaient d'une dureté farouche.

A quelques pas derrière ces prêtres, monté sur une belle mule blanche aux formes rebondies, au poil lustré, brillant comme de l'argent, venait un marchand de Nantes, nommé *Bezenecq le Riche*, en raison de ses grands biens. Encore dans la force de l'âge, d'une figure ouverte, intelligente et affable, il portait un chaperon de feutre noir, une robe de fin drap bleu, serrée à sa taille par une ceinture de cuir à laquelle pendait une pochette brodée. Derrière lui, et sur une partie de la selle façonnée à cet usage, se tenait en croupe sa fille *Isoline*, jouvencelle de dix-huit ans, aux yeux bleus, aux cheveux bruns, aux dents blanches, au visage rose comme une rose de mai, et aussi jolie qu'avenante ; la longue robe gris de perle d'Isoline cachait ses petits pieds, sa mante de voyage, d'une moelleuse étoffe vert foncé, enveloppait sa taille élégante et souple ; et sous le capuchon de cette mante, doublé d'incarnat se montrait à demi son frais visage. On devinait les sentiments de tendre sollicitude que se portaient le père et la fille aux regards et aux sourires d'affection qu'ils échangeaient souvent, ainsi qu'aux petits soins qu'ils se rendaient l'un à l'autre ; la sérénité d'un bonheur sans mélange, les douces joies du cœur, se lisaient sur leurs traits empreints d'une félicité radieuse. Un serviteur bien vêtu, alerte et vigoureux, conduisait à pied une seconde mule chargée des bagages du marchand ; de chaque côté du bât pendait une épée dans son fourreau, car en ces temps l'on ne marchait jamais sans armes. Bezenecq le Riche s'était conformé à l'usage, quoique ce bon et digne citadin fût d'un naturel peu batailleur.

Les voyageurs arrivèrent à un carrefour où la grande route de Nantes à Angers se bifurquait ; à l'entrée de chacun des deux chemins se dressait un gibet seigneurial, symbole et preuve parlante du droit de haute et basse justice exercé par les seigneurs dans leurs domaines ; ce massif pilier de pierre se terminait à son sommet par quatre fourches de fer scellées à angle droit et en potence ; au gibet élevé à l'embranchement du chemin de l'ouest pendaient enfourchés par le cou trois cadavres ; le premier déjà réduit à l'état de squelette, le second à demi putréfié ; des corbeaux, distraits de leur sanglante curée par l'approche des voyageurs, tournoyaient encore dans les airs au-dessus du troisième cadavre. C'était celui d'une jeune fille, absolument nu, n'ayant pas même un lambeau de haillons. Ce corps était celui de Perrine la Chèvre, torturée, suppliciée à l'aube du jour, selon les menaces de Garin Mange-Vilain. Les épais cheveux noirs de la victime tombaient sur son visage contracté par l'agonie et sillonné de longues traces de sang desséché, épandu, la veille, de ses yeux crevés : ses dents serraient encore une figurine de cire longue de deux ou trois pouces, vêtue d'une robe d'évêque et coiffée d'une mitre en miniature façonnée avec un petit morceau d'étoffe d'or. Les sorcières, pour accomplir leurs charmes diaboliques, faisaient souvent placer plusieurs de ces figurines entre les dents des pendus au moment où ils rendaient l'âme ; les sorcières appelaient ces magies *des envoûtements*. A côté de ce gibet s'élevait le poteau seigneurial de Néroweg VI, seigneur et comte du pays de Plouernel ; ce poteau, indiquant les limites de la seigneurie traversée par la route de l'ouest, était surmonté d'un écusson rouge, au milieu duquel se voyaient trois serres d'aigle peintes en jaune d'or. Un autre poteau, portant pour emblème un serpent-dragon de couleur verte, peint sur fond blanc, indiquait la route de l'est qui coupait les domaines de DRACO (Dragon), SEIGNEUR DE CASTEL-REDON, et accostait aussi un gibet à quatre fourches patibulaires : deux d'entre elles seulement étaient garnies ; à l'une pendait le cadavre d'un enfant de quatorze ans au plus ; à l'autre le corps d'un vieillard, tous deux à demi déchiquetés par les corbeaux. Isoline, fille de Bezenecq le Riche, poussa un cri d'effroi à la vue de ces cadavres, et se serrant contre le marchand, derrière qui elle se tenait en croupe, murmura tout bas : — Mon père ! oh ! mon père !... vois donc ces pendus ! Ce spectacle est hideux.

— Ne regarde pas de ce côté, mon enfant, — répondit tristement le bourgeois de Nantes, en se tournant vers sa fille. — Plus d'une fois, durant notre route, nous ferons de ces sinistres rencontres. Hélas, aux limites de chaque seigneurie on trouve des fourches patibulaires ! Et, souvent même, des arbres sont garnis de pendus !

— Hélas ! mon père, — reprit Isoline, dont le visage, naguère si riant, s'attrista douloureusement, — je crains que cette rencontre ne soit d'un funeste augure pour notre voyage !

— Ma fille chérie, — reprit le marchand avec angoisse, — ne sois pas si prompte à t'alarmer. Sans doute nous vivons en des temps où l'on ne peut sortir des villes et entreprendre de longs trajets avec sécurité, et c'est le motif qui m'a empêché d'aller visiter en la cité de LAON mon bon frère Gildas, dont je suis séparé depuis tant d'années ; malheureusement il y a loin d'ici en Picardie, et je n'ai pas osé m'aventurer en une telle chevauchée. Mais le voyage que nous entreprenons doit durer deux jours à peine, et nous n'avons pas à redouter une triste issue de cette visite que nous allons faire à ton aïeule qui veut te connaître et l'embrasser avant de mourir. Ta présence adoucira l'amertume de ses regrets à l'encontre de ta mère, dont la perte est aussi douloureusement sentie par elle aujourd'hui qu'à l'époque où ma chère femme nous a été ravie. Reprends donc courage, calme ton esprit, mon enfant.

— J'aurai du courage, mon père, ainsi que vous me le recommandez, et je surmonterai mes vaines terreurs, mes craintes puériles.

— S'il ne s'agissait pas d'un devoir aussi impérieux, je te dirais : Retournons dans notre paisible maison de Nantes, où tu es heureuse et gaie du matin au soir ; car si ton sourire épanouit mon âme, — ajouta Bezenecq d'une voix profondément attendrie, — chacune de tes larmes tombe sur mon cœur !

— Regarde-moi, — reprit Isoline ; — est-ce que maintenant j'ai l'air soucieux, alarmé ? — En parlant ainsi, elle tendait au marchand sa charmante figure redevenue confiante et sereine. Le citadin contempla un instant, silencieux, les traits chéris de sa fille, puis une larme de joie lui vint aux yeux, et il s'écria, cherchant à dissimuler son émotion : — Au diable les selles de croupe ! on ne peut pas seulement embrasser son enfant à son aise ! — La jeune fille, alors, par un mouvement rempli de grâce, jeta ses deux bras sur les épaules de son père, et avança son frais visage tellement près de Bezenecq qu'il n'eût qu'à tourner la tête pour baiser la jouvencelle au front et sur les joues, ce qu'il fit à plusieurs reprises avec un bonheur inexprimable. Pendant ce tendre échange de paroles et de caresses entre le marchand et sa fille, les voyageurs, avant de s'engager dans l'une des deux routes qui s'offraient à eux, s'étaient réunis au milieu du carrefour afin de se concerter sur la direction qu'ils devaient prendre. Les deux routes conduisaient également à Angers ; mais l'une, celle qu'indiquait le poteau surmonté d'un serpent-dragon, faisant un long circuit, traversait une sombre forêt, elle était d'une longueur double de l'autre. Chacun de ces chemins ayant ses avantages et ses inconvénients, plusieurs voyageurs insistaient pour que l'on prît la route du poteau des trois serres d'aigle. Simon, le moine dont le capuchon rabattu cachait presque entièrement les traits, s'efforçait au contraire, d'engager ses compagnons à prendre l'autre chemin. — Mes chers frères ! je vous en conjure ! s'écriait Simon, — croyez-moi... ne passez pas sur les terres du seigneur de Plouernel..... on l'a surnommé Pire qu'un loup, et ce scélérat ne justifie que trop son surnom..... Chaque jour l'on parle des voyageurs qu'il arrête et dévalise à leur passage sur ses terres.

— Mon cher frère, — reprenait un citadin, — je sais comme vous que le châtelain de Plouernel est un méchant homme, et que son donjon est un terrible donjon... Plus d'une fois, du haut des remparts de notre cité de Nantes, nous avons vu les gens du comte, bandits de la pire espèce, piller, incendier, ravager le territoire de notre évêque, avec lequel Néroweg était en guerre pour la possession de l'ancienne abbaye de Mériadek.

— Cette abbaye où il se fit un si prodigieux miracle, il y a quatre cents ans et plus ? — dit un autre bourgeois. — *Sainte Méroflède*, abbesse de ce monastère, sommée par les soldats de Karl Martel de leur céder la place, invoqua le ciel, et ces mécréants, écrasés sous une pluie de pierres et de feu, furent noyés dans des flots de soufre et de bitume enflammés où les entraînèrent des démons cornus, velus et griffus d'un épouvantable aspect... Aussi la vénérable abbesse est-elle morte en odeur de sainteté.

— Odeur ineffable qui s'est perpétuée jusqu'à ce jour ; car le populaire a une dévotion toute particulière pour la chapelle de Sainte-Méroflède, bâtie sur les bords d'un vaste étang, près du lieu même où s'est accompli le miracle.

— La chapelle ne désemplit pas de fidèles, et les offrandes sont d'un gros revenu pour le chapelain ; aussi le seigneur de Plouernel voulut-il revendiquer la propriété de cette chapelle : de là des guerres entre le comte et l'évêque de Nantes. Redoutables guerres, mes compères : elles arrivèrent en ce temps où l'évêque mariait sa dernière fille, à laquelle il donnait en dot la cure de Saint-Paterne. — Ce fut un beau mariage.... La femme et la fille du seigneur évêque étaient superbement parées. La jeune épouse avait un collier d'un prix inestimable.

Du moment où l'on avait prononcé le nom de l'évêque de Nantes, Simon le moine avait rabaissé le capuchon de son froc, comme s'il eût voulu cacher entièrement ses traits. — Certes, mes dignes compères, — reprit un autre citadin, — nous savons que le seigneur Pire qu'un loup est un brigand ; mais vous figurez-vous que le sire Draco, seigneur de Castel-Redon, soit un agneau ? Il est aussi dangereux de passer sur les terres de l'un que sur celles de l'autre, et nul moyen d'éviter ce passage ; le chemin de l'est, barré par une rivière, aboutit à un pont gardé par les gens du seigneur de Castel-Redon ; le chemin de l'ouest, bordé d'immenses marais, aboutit à une chaussée gardée par les gens du seigneur de Plouernel ; en prenant la moins longue de ces deux routes, nous réduisons de moitié les chances de danger.

— Ce digne homme a raison, — dirent plusieurs voix. Suivons son conseil.

— Mes chers frères, prenez garde ! — s'écria Simon le moine ; — le seigneur de Plouernel est un monstre de férocité ; il s'adonne à la sorcellerie avec une magicienne, sa concubine... une juive ! C'est un excommunié, un païen.

— Au diable les juifs ! — s'écria Harold le Normand, marchand de reliques. — Les juifs ont été tous pendus, brûlés, noyés, égorgés, écartelés, lors de la chasse qu'on leur a faite dans toutes les provinces, comme à des bêtes fauves ; il ne doit plus en rester un seul vivant sur notre terre de Gaule.

— Depuis le supplice des hérétiques d'Orléans, qui périrent par le feu, — reprit le moine Yeronimo, — jamais extermination de bêtes immondes ne fut plus méritoire que celle de ces juifs maudits qui ont poussé les Sarrasins de Palestine à détruire le temple de Salomon à Jérusalem ? A mort tous les juifs !

— Quoi ! cher frère, — dit un citadin, — les juifs de ce pays de Gaule avaient poussé à la destruction du temple de Jérusalem ?

— Oui, mes frères, car les abominables maléfices de ces juifs bravent le temps et l'espace... Mais patience ! viendra bientôt le jour où, par la volonté divine, ce ne seront plus des pèlerins isolés qui s'en iront gémir et prier à Jérusalem sur le tombeau de Notre-Seigneur Jésus-Christ, mais la chrétienté tout entière qui marchera en armes vers la terre sainte, pour exterminer les infidèles et délivrer de leur présence sacrilège le sépulcre du Sauveur du monde ! A mort tous les mécréants !

A ce moment, Bezenecq le Riche se rapprocha du groupe des voyageurs ; il apprit bientôt le motif de la discussion, et craignant surtout d'effrayer sa fille, il dit : — M'est avis qu'il vaut mieux choisir la route la plus courte; quant à vos alarmes, elles sont exagérées; lorsque nous aurons payé aux péagers du seigneur de Plouernel le droit de circuler sur les routes et de traverser ses bourgs et ses villages, qu'aura-t-il à réclamer de nous ? Nous ne sommes ni ses serfs ni ses vilains.

— Vous, homme à barbe grise, pouvez-vous dire de telles choses ? — reprit Simon le moine. — Est-ce que ces seigneurs endiablés se soucient du juste et de l'injuste ?

— Mais je m'en soucie fort ! — reprit Bezenecq le Riche; — si le seigneur de Plouernel me violentait, moi bourgeois de Nantes, j'en appellerais à Wilhelm IX, duc d'Aquitaine, dont relève le seigneur de Plouernel, de même que Wilhelm IX relève de Philippe Ier, roi des Franks. Chacun de ces seigneurs a son suzerain.

— Et ce serait en appeler du loup au tigre, — reprit Simon le moine en haussant les épaules. — Vous ne connaissez donc pas Wilhelm IX, duc d'Aquitaine ? Ce scélérat a voulu forcer Pierre, évêque de Poitiers, à lui donner l'absolution de ses crimes en lui mettant un poignard sur la gorge. Wilhelm a enlevé *Malborgiane*, femme du vicomte de Châtellerault, grande impudique, dont il ose porter le portrait peint sur son bouclier. Wilhelm a eu l'audace de répondre à Gérard, évêque d'Angoulême, qui lui reprochait ce nouvel adultère : « Évêque, je renverrai Malborgiane lorsque tu friseras tes cheveux ! » Le prélat était chauve... Tel est l'homme à qui vous voudriez appeler des violences du seigneur de Plouernel.

Ce Wilhelm IX est certainement un grand criminel, — reprit Yeronimo ; — mais il faut lui rendre cette justice qu'il s'est montré le plus implacable exterminateur des juifs. Pas un de ceux qui habitaient ses domaines n'a échappé au supplice !

— On prétend que la présence d'un juif le fait pâlir d'horreur et que, si libertin qu'il soit, une juive, fût-elle un astre de beauté, fût-elle pucelle comme la vierge Marie, le ferait fuir bien loin.

— Cela n'empêche point, — reprit Simon le moine, — que si vous comptez sur le duc d'Aquitaine pour obtenir justice des violences du seigneur de Plouernel, vous agirez en insensés. En cela, vous manquez de jugement.

— Si Wilhelm IX ne vous rend pas justice, — reprit Bezenecq le Riche, — nous en appellerons au roi Philippe. Oh ! oh ! nous autres citadins, nous ne nous laissons pas tyranniser sans protester ! Nous savons rédiger une requête.

— Hé ! quel souci prendra de votre requête le roi Philippe ? Ce sardanapale ! ce glouton ! ce fainéant ! ce double adultère ! et, qui pis est, ce soliveau dont les seigneurs, ses grands vassaux, se raillent à la journée ! c'est à lui que vous iriez demander justice si le duc d'Aquitaine vous la refusait ? D'ailleurs, celui-ci voulût-il, comme suzerain du seigneur de Plouernel, le punir de sa violence contre vous, en aurait-il le pouvoir ?

— Certes ! — dit Bezenecq le Riche, — il entrerait sur le territoire du seigneur de Plouernel et l'assiégerait dans son château.

Simon le moine secoua tristement la tête :

— Les seigneurs réservent leurs forces pour arrondir leurs domaines, pour venger leurs propres offenses, jamais ils ne combattront la cause des petites gens, si juste qu'elle soit.

— Nous vivons, je le sais, en de tristes temps, et les siècles passés ne valaient guère mieux, — ajouta le citadin en soupirant et jetant sur sa fille un regard inquiet, car elle semblait s'alarmer de nouveau ; — mais il ne faut point nous exagérer les dangers de la situation. Nous avons à choisir entre les deux routes ; supposons qu'il y ait péril égal à les traverser, le bon sens veut que nous prenions la plus courte et que nous fassions en hâte le trajet.

— La route la plus courte est la plus périlleuse, — riposta Simon le moine, qui paraissait plus que personne redouter de passer sur les terres de la seigneurie de Plouernel.

— Hélas ! mon père, — dit Isoline au marchand, — est-il donc vrai que nous ayons à redouter tant de dangers ?

— Non, non, chère enfant... Ce pauvre moine a l'esprit troublé par la peur. — Le Normand, marchand de reliques, ayant entendu les dernières paroles d'Isoline à son père, s'approcha d'elle et lui dit avec componction : — Jolie jouvencelle, j'ai là, dans mon coffre de reliques, une superbe dent provenant de la bienheureuse mâchoire d'un saint homme mort à Jérusalem, martyr des Sarrasins. Je vous céderai cette dent moyennant trois deniers d'argent. Cette sainte relique vous préservera de tout péril en voyage... — Et Harold le Normand se préparait à exhiber la *dent* merveilleuse, lorsque Bezenecq le Riche lui dit en souriant, afin de rassurer sa fille : — Plus tard, notre ami, plus tard nous verrons ta relique... Tu affirmes qu'elle préserve de tout péril en voyage ?

— Oui, respectable citadin, je le jure sur mon salut éternel, sur ma part de paradis.

— Puisque tu portes cette sainte relique, tu ne seras exposé à aucune mauvaise rencontre, et, comme nous marchons avec toi de compagnie, nous profiterons de la miraculeuse protection ; ce qui ne nous empêchera point, si vous m'en croyez, mes compères, de prendre la route la plus courte. Que ceux qui partagent mon avis me suivent, — ajouta le citadin en donnant deux coups de talon à sa mule, afin de mettre un terme à la discussion ; et il prit la route qui traversait le territoire de la seigneurie de Plouernel. La majorité des voyageurs suivit l'exemple de Bezenecq, d'abord, parce qu'il parlait sagement, on le savait riche, sa fille l'accompagnait, et il avait trop à perdre pour prendre une résolution imprudente. Ceux qui partageaient les appréhensions du moine Simon, réduits à un petit nombre, n'osant se séparer du gros de la troupe, se rallièrent à elle après un moment d'hésitation. Il en fut de même de Simon le moine et de Yeronimo, qui craignirent de s'aventurer seuls sur l'autre route. Harold le Normand demeura un instant en arrière, s'approcha du gibet, arracha les deux pieds et les deux mains d'un cadavre réduit à l'état de squelette, et les mit dans son sac, comptant les vendre aux fidèles comme saintes reliques. Puis il rejoignit les voyageurs, qui continuaient de suivre la route de la seigneurie de Plouernel.

Le château de Néroweg VI, sombre repaire situé comme un nid d'oiseau de proie au faîte d'une montagne escarpée, dominait le pays à plusieurs lieues à la ronde. L'un des hommes du guet postés dans les tourelles situées aux angles de la plate-forme du donjon apercevait-il au loin une troupe de voyageurs, il sonnait du cor ; aussitôt la bande du comte, pillarde et féroce, sortait du manoir. Ces bandits, non contents d'exiger le payement de droits de passage et de circulation, pillaient les voyageurs, souvent même les massacraient ou les conduisaient au château pour les mettre à la torture

et les obliger à payer rançon. La surface de la Gaule était hérissée de pareils repaires, bâtis par les seigneurs franks sous le règne de Karl le Grand ; forteresses inexpugnables, du haut desquelles barons, comtes, marquis et ducs bravaient l'autorité royale et désolaient le pays. L'histoire du comte de Plouernel est celle de tous ces seigneurs, issus de la race des premiers conquérants de la Gaule. En l'année 818, un Néroweg, second fils du chef de cette famille franque, si richement établie en Auvergne depuis Clovis, fut l'un des chefs de l'armée de *Louis le Pieux*, lorsqu'il ravagea la Bretagne, insurgée à la voix de *Morvan* et de notre aïeul *Vortigern*. Ce Néroweg, en récompense de ses services durant cette guerre, reçut du roi en fief les terres et la comté de Plouernel, qui étaient retournées au domaine du roi par la mort de son dernier bénéficier qui ne laissait pas d'héritiers. Néroweg, en retour de la cession de la comté de Plouernel, devait se reconnaître vassal de Louis le Pieux, lui prêter foi et hommage, comme à son roi et seigneur suzerain, lui payer une redevance et l'assister dans ses guerres en marchant à la tête des hommes de sa seigneurie. Dans le pays de Plouernel, ainsi que dans les autres provinces de la Gaule, quelques *colons* que l'on nomme *vilains*, étaient parvenus à s'affranchir et à redevenir propriétaires d'une partie du sol. Néroweg 1ᵉʳ (premier du nom de cette seconde branche de sa famille) ne se révolta pas contre l'autorité royale ; mais son fils, Néroweg II, fit bâtir un château fort sur le sommet de la montagne de Plouernel, y rassembla une bande nombreuse de gens déterminés ; puis comme la plupart des seigneurs, il dit au roi des Franks : « Je ne reconnais pas ta suzeraineté, je ne veux plus être ton vassal ; je me déclare souverain chez moi, comme tu l'es chez toi ; les serfs, vilains et citadins de ma comté deviennent mes hommes ; eux, leurs terres, leurs biens, n'appartiennent qu'à moi ; je les taxerai selon ma volonté, de tributs, de redevances, de tailles qu'ils ne payeront qu'à moi ; ils ne se battront que pour moi et contre toi... si tu oses venir m'assiéger dans ma forteresse de Plouernel, » Le roi n'y vint pas, car presque tous les seigneurs tinrent le même langage aux descendants de Karl le Grand ou à ceux de Hugh le Chapet, dont le royaume fut peu à peu réduit à la possession des seules provinces qu'ils pouvaient défendre et conserver par les armes. Néroweg III et Néroweg IV imitèrent leur aïeul, et demeurèrent maîtres indépendants, absolus et héréditaires du pays de Plouernel. Grand nombre de seigneurs franks s'emparèrent ainsi d'autres parties du territoire de la Gaule. *Robert* devint de la sorte COMTE (du pays) DE PARIS ; *Milo*, COMTE (du pays) DE TONNERRE ; *Hugh*, COMTE (du pays) du Maine; *Burcharth*, sire (du pays) de Montmorency; *Landry*, duc (du pays) de Nevers; *Radulf*, comte (du pays) de Beaugency; *Enghilbert*, comte (du pays) de Ponthieu, etc. Ceux-là, et quantité d'autres seigneurs, descendants des leudes de Clovis ou des chefs des bandes de Karl-Marteau, abandonnant leurs *noms franks* ou y ajoutant les *noms gaulois* des contrées dont ils s'étaient emparés, se firent appeler : — *Seigneurs, sires, ducs* ou *comtes de Paris, de Plouernel, de Montmorency, de Nevers, de Tonnerre, de Ponthieu*, etc., etc. — Durant ces siècles de guerres et de brigandages, les Néroweg avaient fortifié leur château, vivant de rapines, d'extorsions et du travail de leurs vilains et de leurs serfs; Néroweg V, surnommé *Tête d'étoupes*, en raison de la teinte de ses cheveux couleur de filasse, et Néroweg VI, surnommé *Pire qu'un loup* par les pauvres gens de ses domaines, en raison de sa cruauté, se montrèrent dignes de leurs ancêtres.

Le manoir de Plouernel s'élève au sommet d'une montagne rocheuse et aride, baignée à l'occident par un cours d'eau ; à l'orient, elle surplombe une étroite chaussée contruite au-dessus du niveau d'immenses marais où se déverse, par un canal, le trop-plein des vastes étangs de l'ancienne abbaye de Mériadek, située à plusieurs lieues de là et dépendant autrefois des grandes possessions du diocèse de Nantes. S'ils suivent la route de terre, les voyageurs sont forcés de traverser cette jetée lorsqu'ils se rendent d'Angers à Nantes, à moins de parcourir un long circuit en traversant les domaines du seigneur de Castel-Redon. Les bateaux qui vont rejoindre la Loire par la rivière de Plouernel, dont le cours baigne la montagne, passent forcément au pied du château. Habilement choisi est l'emplacement du repaire : il domine les deux seules voies de communication qui existent entre les villes les plus importantes de ces contrées. Une estacade barre à demi la rivière de Plouernel et sert d'abri aux barques du seigneur. Des bateaux marchands sont-ils signalés du haut du donjon, aussitôt des hommes d'armes montent dans une barque, abordent les mariniers, leur font payer le droit de navigation, et souvent pillent les cargaisons. Non moins périlleux est le chemin de terre : un retranchement palissadé, au milieu duquel s'ouvre une porte, interdit le passage de la chaussée; on ne peut la traverser que moyennant un péage arbitrairement imposé aux voyageurs par les hommes du comte, qui de plus larronnent les bagages à leur convenance. Soupçonnent-ils qu'un voyageur est en état de payer rançon, ils le traînent en prison et le torturent jusqu'à ce qu'il ait consenti à se racheter; les malheureux, trop pauvres pour satisfaire au péage sont forcés, hommes ou femmes, de subir des avanies obscènes, ridicules ou cruelles, au grand divertissement des gens du seigneur. Sur l'une des pentes de la montagne, moins escarpée du côté du nord, s'étage la petite ville de Plouernel, bâtie en amphithéâtre, à égale distance du manoir et de la plaine, où sont disséminés les villages habités par les vilains et par les serfs. Un chemin étroit, sinueux, ardu, bordé çà et là de précipices, conduit à la première enceinte fortifiée du château; ses remparts, de trente pieds de hauteur, de dix pieds d'épaisseur, flanqués de grosses tours carrelées, ne forment qu'une masse avec le roc qui leur sert de base, roc taillé à pic et environné d'abîmes. La route vertigineuse qui serpente au-dessus de ces précipices aboutit à une porte massive bardée de plaques de fer et de clous énormes qui seule donne accès dans l'intérieur de la première enceinte, cour sombre où le soleil ne pénétrait que vers midi, en raison de la hauteur des nombreux bâtiments intérieurement adossés aux remparts ; ces bâtiments sont destinés au logement des hommes d'armes, à la maçonnerie, à la chapelle, à la boulangerie, à la forge, et à plusieurs autres ateliers, entre autres à celui des monnaies. Le comte de Plouernel battait monnaie comme les autres seigneurs féodaux, et, comme eux, la fabriquait à sa guise. Au centre de la cour se dresse le donjon principal ; ce bâtiment carré, de plus cent pieds de hauteur, couronné d'une plate-forme d'où l'on découvre au loin le pays, est assis sur trois étages de cachots souterrains, entourés d'un fossé rempli d'eaux de sources servant aussi de citerne. Ce donjon semble s'élever du milieu d'un puits gigantesque où serait enfouie la moitié de cette construction massive, sa partie supérieure s'élevant seule au-dessus du revêtement du fossé, sur lequel s'abaissait un pont-levis. Lorsqu'on relevait ce pont au moyen d'énormes chaînes, il masquait et renforçait la porte du donjon. De rares et étroites fenêtres irrégulièrement percées sur les quatre pans, et presque aussi étroites que des meurtrières, donnaient un jour ténébreux aux divers étages et au rez-de-chaussée. La pierre de tous ces bâtiments, noircie par les intempéries de l'air et par la vétusté, rendait plus sinistre encore l'aspect de cette forteresse.

O fils de Joel! que de sueurs, que de larmes, que de sang a coûté aux vilains et aux serfs de notre race l'édification de ces grands repaires seigneuriaux qui couvrent aujourd'hui le sol de la Gaule! Plusieurs générations de serfs, travaillant sous le fouet, de l'aube au soir, ont à peine suffi à élever, à compléter le redoutable château fort de Néroweg VI, seigneur de Plouernel! Il a fallu d'abord aplanir ou creuser le roc

Azénor la pâle

vif avec le pic ou la masse de fer, transporter à dos d'homme, du bas au faîte de la montagne, chaque pierre de l'immense édifice. Combien d'infortunés, épuisés de labeur, sont morts à la peine ! combien ont été mutilés ou écrasés sous les pierres ! combien ont été flagellés, mutilés, tués, par ordre du seigneur, lorsque leurs forces ne répondaient pas à la farouche impatience du maître ! Elles sont bien hautes les tours du château des sires de Néroweg !... ils sont bien profonds les fossés qui entourent leur manoir !... et pourtant, si l'on entassait les os de ceux qui sont morts à la tâche... si l'on avait recueilli leurs sueurs, leurs larmes, leur sang... ces sueurs, ces larmes, ce sang rempliraient les fossés ! ces ossements amoncelés dépasseraient les plus hautes tours du château des seigneurs de Néroweg !...

Hélas ! mon aïeul Den-Braô, le serf maçon, et ses compagnons de travail, morts, ainsi que lui, au milieu des horreurs de la faim dans le souterrain du château de Plouernel, ne sont pas les seules victimes des seigneurs !...

. . . .

Un étroit escalier, spirale de pierre, conduisait des profondeurs des souterrains jusqu'à la plate-forme qui couronnait le donjon du manoir de Plouernel. Les hommes d'armes chargés du guet sur la plate-forme ne manquaient jamais de se signer en passant devant la porte d'un réduit situé au dernier étage du donjon, et ayant pour annexe l'une des tourelles élevées aux quatre angles de la plate-forme. On disait que l'étroite fenêtre de cette tourelle semblait intérieurement illuminée pendant la nuit de lueurs d'un rouge de sang, et l'on attribuait ces clartés sinistres aux sortilèges d'*Azénor la Pâle*, concubine de Néroweg VI.

83e livraison

Le seigneur de Plouernel avait accumulé dans la chambre de sa maîtresse une foule d'objets précieux produits de ses rapines. Une baie, masquée par un rideau de pourpre frangé d'or, donnait entrée dans une tourelle dont la partie supérieure, plafonnée au niveau de la plate-forme, servait de poste pour le guet. Azenor la Pâle, âgée d'environ vingt-cinq ans, était d'une beauté parfaite ; son visage mat et blanc, ses lèvres sensuelles avaient la blancheur de sa peau, de là son surnom. Un turban de riche étoffe de soie pourpre à mentonnière, encadrant le visage de la sorcière, laissait à découvert ses bandeaux de cheveux noirs comme ses sourcils et ses grands yeux. Sa tunique de drap d'argent était jetée négligemment sur ses épaules ; son sein et ses bras étaient dignes de figurer auprès de cette belle statue grecque qui a survécu aux siècles, et que l'on admire encore, dit-on, dans le palais des ducs d'Aquitaine ; la tunique d'Azenor ne tombant qu'aux genoux, laissait voir, sous ses plis argentés, le bas de sa robe, pourpre comme son turban. Cette femme s'occupait en ce moment de confectionner, au moyen de morceaux de cire malléable, deux figurines pareilles à celle placée, le matin même, entre les mains de Perrine la Chèvre, lors de son agonie ; l'une de ces poupées portait une robe d'évêque, l'autre, une espèce d'armure simulée en étoffe grise ayant à peu près la couleur du fer. Azenor la Pâle plantait un certain nombre d'aiguilles, disposées dans un ordre cabalistique, sur le côté gauche de la poitrine de ces deux poupées, lorsque s'ouvrit en dehors la porte du réduit. Néroweg VI entra chez sa maîtresse et referma soigneusement la porte.

Le comte de Plouernel, surnommé *Pire qu'un loup*, alors âgé de cinquante ans, avait une carrure athlétique ; sa coiffure ne ressemblait point à celle de son ancêtre, le comte Néroweg, leude de Clovis, ni à celle de *Néroweg l'Aigle terrible*, le chef sauvage d'une tribu franque. Les cheveux roux de Néroweg VI, déjà grisonnants, étaient rasés jusqu'à la moitié des tempes et du crâne, puis tombaient carrément derrière son cou et le long de ses oreilles. Les gens de guerre se font ainsi raser le devant de la tête, afin que leur chevelure ne les gêne point sous le casque et ne dépasse pas sa visière. Au lieu de conserver de longues moustaches, comme ses ancêtres, Néroweg VI laissait pousser dans toute sa longueur sa barbe épaisse et rude, qui encadrait son visage farouche, au nez recourbé. Ses gros sourcils se joignaient au-dessus de ses yeux de faucon, ronds et perçants. Toujours prêt à guerroyer contre ses voisins ou contre les troupes de voyageurs qui, parfois, tentaient de s'opposer par la force aux brigandages des châtelains, le seigneur de Plouernel portait un casque, qu'il déposa en entrant chez sa maîtresse. Son justaucorps et ses chausses de buffle disparaissaient sous un haubert ou tunique de mailles de fer serré à sa taille par un ceinturon de cuir où pendaient deux épées, la plus courte à droite, la plus longue à gauche. Ce haubert garantissant ses bras jusqu'à la hauteur de ses gantelets, tombait un peu au-dessous de ses genoux, défendus, ainsi que ses jambes, par des plaques de fer garnies de courroies. Les traits de Néroweg VI trahissaient un morne et sombre accablement ; Azenor la Pâle, toujours occupée à enfoncer des aiguilles dans le côté gauche de la figurine de cire, murmura quelques paroles en langue étrangère, et ne parut pas s'apercevoir de la venue du comte. Il s'approcha lentement et lui dit d'une voix sourde : — Eh bien ! Azenor, ton philtre est-il prêt ?

La sorcière, sans répondre, continua ses opérations magiques, puis, montrant à Néroweg VI les deux poupées représentant un évêque et un guerrier, elle reprit : — Dis-moi encore quels sont ceux de tes ennemis que tu redoutes et que tu hais davantage ?

— C'est l'évêque de Nantes et Draco, sire de Castel-Redon ? Voilà mes plus grands ennemis.

— Hier, j'ai façonné une figure pareille à celle-ci ; a-t-elle été, selon mes ordres, placée entre les dents d'un pendu au moment où il rendait le dernier soupir ?

— Une de mes serves avait frappé mon bailli, on l'a pendue ce matin à mes fourches seigneuriales, et au moment où elle rendait l'âme, le bourreau a mis entre ses dents la poupée de cire. Tes ordres ont été exécutés.

— Selon ma promesse, tes ennemis seront bientôt en ton pouvoir. Cependant, pour compléter le charme, il faudra porter ces deux autres figurines sous les racines d'un arbre planté au bord d'une rivière où un homme ou bien une femme aura été noyé.

— Ce sera chose facile à exécuter ; il y a de gros vieux saules plantés au bord de ma rivière, et souvent mes hommes y noient les mariniers récalcitrants et ceux ou celles qui refusent le péage de mes droits de navigation.

— Cet *envoûtement* magique doit être fait par toi-même. Tu placeras ces figurines à l'endroit désigné, cette nuit, au coucher de la lune, et, par trois fois tu prononceras les noms de *Jésus*, d'*Astaroth* et de *Judas* ; alors le charme aura toute sa puissance.

— Je n'aime guère le nom du Christ mêlé à tout ceci... Tu veux peut-être me pousser à commettre quelque sacrilège.

Un sourire sardonique effleura les lèvres blanches d'Azenor la Pâle. — J'ai au contraire mis le charme magique sous l'invocation du Christ ; j'ai prononcé un verset de l'Evangile à chaque aiguille que j'ai enfoncée dans ces poupées. Le Seigneur sera ainsi notre protecteur.

— Si tu ne m'avais pas poussé à tuer mon chapelain, j'aurais pu le consulter et apprendre de lui si je commettais un sacrilège.

— Tu as tué le tonsuré parce que tu soupçonnais le saint homme d'avoir forniqué avec ta femme et d'être quelque peu le père de Guy...

— Tais-toi ! — s'écria Néroweg VI d'un ton courroucé ; — tais-toi, maudite ! Depuis ce meurtre, je n'ai plus eu de chapelain ; aucun prêtre n'a consenti à demeurer ici. Assez sur ce sujet... Le philtre est-il prêt ?

— Pas encore. Patience, seigneur comte.

— Que te manque-t-il pour le composer ?... Il te fallait le sang d'un jeune enfant : on t'a livré le jeune fils d'un de mes serfs...

— Il est nécessaire que l'enfant soit préparé au sacrifice par des formules magiques.

— Enfin, peux-tu me dire quand ce philtre merveilleux que tu m'as promis sera fait ?

— J'y travaillerai cette nuit, pendant le temps qui s'écoulera entre le lever et le coucher de la lune... c'est-à-dire pendant plusieurs heures...

— Encore un retard ! et mon mal augmente... Je te soupçonne de m'avoir jeté ce maléfice sous lequel je me débats... et qui me pousse à des actes de folie furieuse...

— Tu as tort de m'attribuer une telle influence sur ta destinée.

— N'est-ce pas toi qui m'as excité à tuer mon fils aîné, Gonthram ?

— Ton fils a voulu me violenter, et naturellement j'ai dû réclamer ton intervention pour me mettre à l'abri de nouveaux outrages.

— Si mon écuyer *Eberhard le Tricheur* ne s'était jeté entre moi et Gonthram, je tuais mon fils en son retour de la chasse. Il a affirmé que tu lui avais proposé de te donner à lui, s'il consentait à me poignarder.

— C'était un odieux mensonge !

— J'aurais peut-être dû plonger mon épée dans le cœur et en finir avec toi.

— Pourquoi ne l'avoir pas fait ?

— Parce que tu as vu dans les astres que nos vies étaient liées l'une à l'autre, et que la mort devait précéder la mienne de trois jours... Mais si je dois mourir du mal que je ressens, malheur à toi, sorcière ! tu ne me survivras pas ! Garin Mange-Vilain est chargé de ma vengeance. Oh ! tu ne sortiras pas vivante de ce château. — Puis, portant ses deux mains à son front, Néroweg ajouta d'un air de plus en plus accablé : — Ce philtre... me guérira-t-il ?... Depuis que tu as jeté sur moi un maléfice diabolique, les jours me semblent sans fin, je suis indifférent à tout. Quand j'ai parcouru mes domaines enclavés au milieu des seigneuries de mes voisins, tous mes ennemis ; quand j'ai ravagé leurs terres, brûlé leurs maisons, tué leurs serfs ; quand j'ai rançonné les voyageurs, fait rendre la justice par mon bailli, mon prévôt et le bourreau... je me sens plus triste, plus ennuyé, plus fatigué que jamais de la vie... et je me prends à désirer la mort !...

— Tu batailles, tu manges, tu bois, tu chasses, tu dors et tu mets tes serves dans ton lit, lorsqu'elles se marient. Que te faut-il encore ?

— Je suis las rassasié de ces jouissances grossières ; le vin me semble amer ; je suis inquiet quand je chasse dans mes forêts, redoutant quelque embuscade tendue par mes voisins ; je trouve mon donjon sinistre comme une tombe, j'étouffe sous ces voûtes de pierre. Si je sors de ce manoir je n'ai toujours sous les yeux que le même paysage qui m'attriste.

— Quitte le pays, loup stupide et farouche !

— Où pourrais-je aller pour me trouver plus heureux ? Ici je suis le maître ; quel serait mon sort ailleurs ? Pendant mon absence mes voisins s'abattraient sur mes domaines comme une volée de vautours ! Enfer ! je suis attaché à ma seigneurie comme mes serfs à la glèbe !

— Ton sort est celui des nobles, tes pareils.

— Mais cette existence ne leur pèse pas comme à moi. Il y a quelques années, du vivant de ma femme Hermengarde, j'attaquais mes voisins autant par plaisir que dans le but de m'emparer de leurs terres ou de piller leurs châteaux ; j'allais en chasse des caravanes de marchands avec joie et entrain ; je faisais mettre à la torture les prisonniers, et je me délectais de leurs grimaces ; enfin je me sentais vivre, j'étais heureux, je mangeais et je buvais d'une façon formidable, puis je m'endormais dans les bras de l'une de mes serves. Le lendemain j'allais entendre la messe et je partais pour la chasse, pour la bataille ou pour le pillage, c'est-à-dire pour courir à de nouveaux plaisirs. — Après un moment de silence, le seigneur de Plouernel ajouta en soupirant : — En ce temps-là j'étais bon catholique ; je pratiquais la foi de mes pères, et chaque matin, après la messe, le chapelain me donnait l'absolution des choses de la veille ! Aujourd'hui, par tes maléfices, toutes mes idées sont bouleversées, je suis devenu un païen !... un vrai païen !

— Toi, pauvre imbécile, qui portes sous ton haubert quatre reliques bénies par le pape !

— Oserais-tu bien me railler sur ma foi aux reliques ? — s'écria Néroweg VI d'un ton courroucé. — Sans les reliques que je porte sur moi, tu m'aurais déjà peut-être entraîné au fond des enfers, digne femme de satan !

— Peut-être tu dis vrai, seigneur comte ?

— Tu n'as rien d'humain, tes lèvres sont froides comme le marbre, tes baisers sont glacés.

— Quand un amour partagé embrasera mes veines, mes lèvres deviendront pourpres et mes baisers seront de feu !

— Oh! je le sais, tu ne m'as jamais aimé!
— Autant aimer le loup des bois qu'un Néroweg. Tu m'as enlevée de force, et j'ai dû subir tes violences! L'homme que j'aurais adoré, que j'aime depuis longtemps sans l'avoir vu, c'est Wilhem IX, le beau duc d'Aquitaine!

— Wilhem! — s'écria Néroweg VI avec un accent de jalousie féroce; — ce sacrilège qui porte peint sur son bouclier le portrait de *Malborgiane*, sa maîtresse!

— Wilhem IX est poète, jeune, beau, audacieux, spirituel et gai; toutes les femmes rêvent de lui et tous les hommes le redoutent.

— Tu es son vassal, et si tu essayais de le mordre, malheur à toi! il ne laisserait pas pierre sur pierre de ton château, te ferait courber mains et genoux à terre, te mettrait *une selle sur les reins et chevaucherait sur ton dos cent pas durant*, selon le droit du suzerain sur son vassal révolté. Tu es aussi loin du beau duc d'Aquitaine que la lourde buse l'est du noble faucon qui s'élance vers le soleil en faisant tinter ses clochettes d'or!

Néroweg VI poussa un cri de rage et, tirant son poignard, se précipita sur Azenor la Pâle; mais sa figure de marbre resta impassible, ses lèvres blanches sourirent de dédain. — Tue-moi donc, chevalier couard, assassin!

Néroweg VI, après un moment d'irrésolution farouche, remit son poignard au fourreau. — Oh! maudit soit le jour où je t'ai enlevée sur la route d'Angers! car c'est toi qui as apporté la malédiction sur ce château. Mais de gré ou de force, tu détruiras le maléfice que tu as jeté sur moi et sur mes fils, qui deviennent comme leur père, sombres et taciturnes.

— C'est l'affaire du philtre que je prépare.

L'entretien fut interrompu par deux coups extérieurement frappés à la porte. Néroweg dit brusquement : — Qui est là? — Seigneur comte, — répondit une voix, — on vous attend pour commencer *le plaid*, dans la salle de la table de pierre. — Néroweg VI fit un geste d'impatience, et coiffant son casque de fer qu'il avait déposé sur un meuble, il reprit : — Jadis ces hommages de mes vassaux réjouissaient mon orgueil; aujourd'hui, tout m'ennuie! tout me fatigue! Que mon existence est lamentable!

— Demain, grâce à mon philtre, rien ne pèsera ni à toi... ni aux tiens, — répondit Azenor la Pâle. Et remettant au comte les deux figurines de cire, elle ajouta : — Tes deux ennemis le sire de Castel-Redon et l'évêque de Nantes, tomberont bientôt en ton pouvoir, si tu places toi-même ces figures magiques à l'endroit que je t'ai indiqué, en prononçant trois fois les noms de *Judas*, d'*Astaroth* et de *Jésus*.

— Le nom de Jésus me coûte fort à prononcer en cette sorcellerie. — ajouta Néroweg VI en hochant la tête et recevant presque avec crainte les deux figurines. — A ce soir le philtre! Ou, demain, ton supplice! — Puis, se ravisant, où est l'enfant du serf?

— Dans ce réduit, répond Azenor.

Néroweg VI alla vers la tourelle, souleva le rideau et vit le petit Colombaïk, fils de Fergan le Carrier, couché sur le sol; l'innocente créature dormait profondément au pied d'un meuble chargé de vases de formes bizarres. Les murailles de la tourelle, pavée de dalles, s'élevaient nues jusqu'au plafonnement de son étage supérieur, dont le sol était au niveau de la plate-forme du donjon. Néroweg VI, après avoir contemplé l'enfant pendant un instant, sortit du donjon dont il ferma la porte à double tour, ayant grand soin de retirer la clé de la serrure et de la mettre dans son pourpoint.

Eberhard le Tricheur, l'un des écuyers du seigneur de Plouernel, attendait son maître au dehors du réduit d'Azenor, en compagnie de *Thiébold*, prévôt justicier de la seigneurie; celui-ci dit à Néroweg VI, qui descendait lentement l'escalier de pierre : — Le châtelain de la maison forte de la *Ferté-Mehan* a signé l'abandon de son fief du *Haut-Ménil*, au troisième coin que le bourreau lui a enfoncé entre les genoux. — Néroweg VI fit un signe de tête approbatif; le prévôt continua : — Le sire de *Breuil le Haudoin* est mort des suites de la torture. L'abbé Guilbert offre trois cents sous d'argent pour sa rançon! mais comme il n'a point encore subi la torture, de telles offres ne comptent point. Nous procéderons avec ordre.

— Et puis? Quelles autres causes en instance?

— C'est tout. Aujourd'hui, il n'y a rien au rôle.

En devisant ainsi le seigneur de Plouernel, son prévôt et son écuyer descendirent jusque dans la salle basse du donjon, à l'un des angles de laquelle aboutissait l'escalier ; une étroite fenêtre garnie d'énormes barreaux de fer éclairait seule cette vaste salle, nue, sombre et voûtée; la porte cintrée, alors ouverte, laissait apercevoir le pont-levis abaissé; au milieu de la cour intérieure se tenaient plusieurs hommes d'armes prêts à monter à cheval; vers le centre de la salle du plaid se trouvait, selon l'usage, une grande table de pierre, derrière laquelle se rangèrent les officiers de la maison du comte, l'écuyer de ses écuries, l'écuyer de sa chambre, l'écuyer de sa vénerie, de sa fauconnerie, de sa table, et plusieurs autres dignitaires. Ces gens, au lieu d'être payés par les seigneurs, achetaient d'eux ces offices héréditaires dans les familles, hérédité parfois étrange par le contraste de la fonction et des titulaires: ainsi il arrivait qu'une charge de coureur vendue en fief à un homme agile, vigoureux, devenait souvent l'héritage de son fils, aussi impropre à la course qu'un bœuf poussif. Les seigneurs, afin de tirer profit de la vente de ces offices, les multipliaient autant qu'il leur était possible ; leurs acquéreurs cédaient moins à l'orgueil d'appartenir aux maisons seigneuriales qu'au désir de se mettre à peu près à l'abri des violences du maître, ou de participer aux profits de ses brigandages. Hélas ! en ces temps maudits, il faut choisir, être opprimé ou oppresseur, subir les horreurs du servage ou devenir l'instrument des tyrans féodaux, se joindre à eux pour violenter, larronner, torturer ses frères ou se résigner à supporter toutes les souffrances. Telles sont les tristes conséquences de la conquête franque ! Les seigneurs ont imposé la servitude, les prêtres ont prêché la résignation, alors le peuple des Gaules est devenu lâche, égoïste, cruel ; il se déchire de ses propres mains en se faisant le complice de ses bourreaux !

En outre des premiers domestiques de Néroweg VI assistant à ce *plaid* justicier qui remplaçait le *mâhl* germanique sous le règne de Clovis, on voyait encore le prévôt, le bailli et le tabellion de la seigneurie. Ce dernier, assis sur un escabeau, ses parchemins sur ses genoux, son écritoire au côté, sa plume entre les dents, attendait l'ouverture de la séance. Les premiers domestiques du comte, respectueux et craintifs, se tenaient debout en demi-cercle derrière leur maître. Depuis quatre ou cinq siècles, la classe des leudes, qui, aux premiers temps de la conquête franque, vivaient en commun et en égaux avec leur chef, avait cessé d'exister. A mesure que la conquête s'était affermie, les seigneurs bénéficiers titulaires des terres de la Gaule, choqués des habitudes d'égalité contractées par leurs anciens compagnons d'armes, les avaient évincés peu à peu de ces domaines, où chefs et leudes avaient vécu en commun. La descendance de ces obscurs guerriers franks, sacrifiés à l'orgueil et à la cupidité des bénéficiers, tomba bientôt dans la misère, et de la misère dans une servitude pareille à celle des Gaulois ; dès lors, Franks et Gaulois déshérités les premiers par l'ingratitude, les seconds par la conquête, unis dans le malheur et dans le servage, ressentirent une haine commune contre l'Église et les seigneurs. Il n'y eut plus que deux classes d'hommes : les *roturiers*, serfs, manants ou bourgeois, et les *nobles*, chevaliers ou seigneurs ; ces derniers s'isolant de plus en plus, vécurent en souverains absolus dans leurs châteaux forts n'ayant pas d'alliés, mais des serviteurs complices de leurs brigandages, ou des serfs hébétés par la terreur et abrutis par les tonsures.

Gonthram et *Guy*, les deux fils de Néroweg VI, le plus jeune à gauche et l'aîné à droite du siège de leur père, assistaient à ce plaid justicier, l'aîné venait d'atteindre l'âge de *chevalerie*, glorieux avènement, si chèrement payé par les serfs de la seigneurie. Gonthram ressemblait beaucoup à son père ; en voyant le louveteau on devinait ce qu'il serait quand l'âge en aurait fait un loup. Guy, le puîné, âgé de dix-sept ans, rappelait la physionomie sardonique et vindicative de sa mère Hermangarde. Ces deux jeunes gens, élevés au milieu de cette vie de guerre, de rapine et de débauche, abandonnés à la violence de leurs passions sauvages, disposant en maîtres d'une population abrutie, n'avaient aucun des charmes qui sont l'attribut de l'adolescence. Dans l'un des angles de la salle se tenaient des bourgeois de la petite ville de Plouernel, qui venaient réclamer contre les exactions des gens du comte ou pour s'excuser de n'avoir point payé les tailles en argent et les redevances en marchandises qu'il avait plu à leur seigneur de leur imposer, ou pour remontrer que les crédits qu'ils devaient accorder audit seigneur étaient dès longtemps expirés ou dépassés ; ou bien pour déclarer qu'ils avaient enlevé du faîte de leurs maisons les girouettes qu'ils y avaient placées au mépris des droits seigneuriaux, et pour annoncer qu'ils avaient abattu les colombiers qu'ils avaient commencé de bâtir contrairement aux prescriptions du droit féodal.

A ce plaid se trouvaient aussi de nobles vassaux de Néroweg VI, possesseurs de maisons fortes ou de châtellenies relevant du comte de Plouernel, suzerain de ces fiefs, de même que Néroweg VI, vassal de Wilhem IX, duc d'Aquitaine, relevait de ce suzerain, lequel, vassal de Philippe Ier, relevait à son tour de ce roi des Français, suzerain suprême. Cette hiérarchie de toute seigneurie féodale existait de nom, jamais de fait : les grands vassaux, véritables souverains retranchés dans leurs duchés, se raillaient de l'impuissante autorité du roi ; la suzeraineté des ducs était à son tour presque toujours méprisée, contestée ou attaquée par leurs vassaux, maîtres absolus dans leurs seigneuries, comme le duc dans son duché ; mais le vasselage immédiat, pareil à celui que subissaient les vassaux de la seigneurie de Plouernel, s'exerçait toujours dans sa pleine et tyrannique dureté, car à chaque instant l'implacable vengeance du suzerain pouvait directement atteindre les biens et les personnes des vassaux récalcitrants. Parmi ces gens venus de la ville, de leurs maisons fortes ou de leurs châtellenies, se trouvait une belle jeune fille, accompagnée de sa mère ; toutes deux tristes, inquiètes, échangèrent un regard alarmé lorsque le seigneur de Plouernel, entrant d'un air sombre dans la salle du plaid, s'assit sur son siège, l'un de ses fils à sa droite, l'autre à sa gauche, et ordonna à *Garin Mange-Vilain* d'appeler les causes inscrites au rôle pour la séance.

Le bailli ne portait d'autre trace de la blessure qu'il avait reçue de *Perrine la Chèvre*, qu'un emplâtre sur le front. Il prit un parchemin et commença l'appel des causes. « Gerhard, fils de Hugh, mort le mois passé, succède à son père dans le fief de *Heurte-Mont* relevant de la comté de Plouernel ; il vient acquitter le droit de *relief* et prêter foi et hommage à son suzerain. » Alors, un homme jeune encore, coiffé d'un casque de cuir, portant au côté une longue épée, sortit du groupe des personnages venus pour le plaid, s'avança, tenant à la main une grosse bourse remplie d'argent, et la déposa sur la table de pierre, acquittant ainsi le droit de *relief* dû au seigneur par tout vassal qui prend possession de son héritage. Puis, à un signe du bailli, le châtelain de Heurte-Mont, ôtant son casque, débouclant le ceinturon de son épée, se mit humblement à deux genoux devant le seigneur de Plouernel ; mais le bailli, remarquant que le hobereau, venu à cheval, conservait ses éperons, l'interpella d'un ton courroucé : — Vassal ! oses-tu prêter hommage et foi à ton seigneur avec des éperons aux talons ?

Le châtelain répara cette incongruité en ôtant ses éperons, se remit à genoux aux pieds de Néroweg VI, et, les mains jointes, la tête baissée, il attendit humblement que son seigneur eût prononcé la formule consacrée : — *Tu reconnais être mon homme lige en raison de ce que tu possèdes à fief une châtellenie dans ma seigneurie ?*

— Oui, mon seigneur.

— *Tu jures, par la foi de ton âme, de ne jamais porter les armes contre moi, de me servir et de me défendre contre mes ennemis ?*

— Je le jure mon seigneur.

— Tiens ton serment... sinon, à la première félonie, *ton fief est à moi*... — Gerhard, se relevant, rechaussa ses éperons et reboucla le ceinturon de son épée en jetant un triste regard sur la bourse d'argent laissée en payement du droit de relief. Après le châtelain de Heurte-Mont, s'avança, inquiète, tremblante et les yeux pleins de larmes, une jeune fille richement vêtue et sa mère, non moins émue, qui l'accompagnait. Lorsque toutes deux furent à quelques pas de la table de pierre, le seigneur de Plouernel dit à la demoiselle : — Es-tu décidée à obéir aux ordres de ton suzerain ?

— Monseigneur, — répondit la belle jeune fille d'une voix faible et suppliante, — il m'est impossible de me résigner à... — Elle ne put achever, les sanglots étouffèrent sa parole et, fondant en larmes, elle appuya son front sur l'épaule de sa mère, qui dit au comte — Mon bon seigneur, ma fille aime *Eucher*, un de vos vassaux ; Eucher aime non moins tendrement ma fille *Yolande*, l'union de ces deux enfants ferait le bonheur de ma vie...

— Non... non !... — s'écria le seigneur de Plouernel d'un ton courroucé en interrompant la mère. — Yolande, par la mort de son père, possède un fief relevant de ma suzeraineté : *à moi seul appartient le droit et le pouvoir de la marier*. Elle doit faire le choix d'un mari entre trois de mes hommes que je lui ai désignés, selon notre coutume, trois hommes *franks*, c'est-à-dire nobles : *Richard, Enguerrand* et *Conrad*. Le plus vieux n'ayant pas encore soixante ans, les conditions d'âge sont donc observées. Yolande prend-elle un de mes trois hommes liges pour époux ?

— Hélas ! mon seigneur — reprit la mère d'une voix suppliante, tandis que la jeune fille continuait de sangloter, Richard est laid et borgne ; Conrad est un meurtrier, puisqu'il a tué sa première femme dans un accès de colère ; Enguerrand est boiteux, méchant, redouté de tous ceux qui l'approchent, et trop vieux pour ma fille, puisqu'il aura soixante ans dans deux mois... Aucun d'eux ne convient à Yolande.

— Ainsi ta fille refuse d'épouser un de ces trois hommes présentés par moi ?

— Seigneur, elle ne veut pas d'autre époux que Eucher, et je vous assure que ce jouvenceau est digne de l'amour de ma fille.

— Par le diable ! assez de paroles ! — si ta fille, refusant de choisir parmi mes hommes, épouse Eucher, le *fief m'appartiendra ; c'est mon droit*... j'en userai !

— Au nom du ciel, monseigneur ! si vous vous emparez de notre bien, de quoi vivrons-nous ? Faudra-t-il donc mendier notre pain ? Ayez pitié de nous !...

Yolande releva son beau visage, pâle et inondé de larmes, fit un pas vers Néroweg VI et dit avec dignité : — Gardez l'héritage de mon père, j'aime mieux vivre misérable avec celui que j'aime, que d'épouser l'un de vos hommes qui me font horreur.

— Ma fille ! — s'écria la mère désolée, — si tu désobéis au seigneur de Plouernel, c'est la misère pour nous !

— Épouser l'un des trois hommes que l'on me propose, c'est la mort pour moi, — répondit la pauvre enfant.

— Seigneur, mon bon seigneur ! — dit la mère éplorée, — daignez permettre à Yolande de rester fille ? Hélas ! voulez-vous la contraindre à choisir entre notre ruine et un mariage qui lui inspire tant d'effroi ?

— Aucun fief ne peut demeurer en possession d'une femme, dit sentencieusement le bailli, notre coutume s'y oppose.

— Assez de paroles ! — s'écria Néroweg VI en frappant du pied avec colère ; — cette fille refuse d'épouser l'un de mes hommes, le fief m'appartient ! Bailli, tu enverras ce soir prendre possession de la maison et de tout ce qui s'y trouve. Tu en chasseras ces deux femmes.

— Sortons d'ici ma mère, — reprit fièrement

Yolande ; — nous étions libres et heureuses, nous voici aussi misérables que des serves, mais je préfère ce triste sort à celui que me réservait le comte Néroweg en me livrant à l'un de ses bandits.

Le seigneur de Plouernel se fût sans doute vengé des amers reproches d'Yolande, s'il n'en eût été empêché par la soudaine arrivée de l'un de ses hommes qui, accourant du dehors tout essoufflé, apporta la nouvelle de l'arrestation de l'évêque de Nantes qui s'était présenté au péage de la chaussée, déguisé en moine mendiant, et qui avait été reconnu par un des hommes de garde.

— L'évêque de Nantes en mon pouvoir ! — exclama Néroweg, — Azenor l'avait prédit ; son charme magique opère déjà ! — Il se leva précipitamment de son siège, et suivi de ses fils et de plusieurs de ses écuyers, il courut au devant de l'évêque, son ennemi, qu'on amenait prisonnier avec les autres voyageurs qui avaient été arrêtés par les hommes d'armes postés dans le corps de garde du péage. Bezenecq le Riche et sa fille Isoline accompagnaient Simon, l'évêque de Nantes, et Yeronimo, vêtu en moine comme le prélat ; celui-ci, après ses vains efforts pour engager les voyageurs à ne pas traverser la seigneurie de Plouernel, s'était cependant joint à eux, n'osant s'aventurer, seul avec Yeronimo, sur les terres du seigneur de Castel-Redon, et espérant n'être pas reconnu au milieu d'une troupe nombreuse. Malheureusement pour lui, se trouvait parmi les hommes d'armes postés au corps de garde de la chaussée un soldat nommé Robin le Nantais, qui avait habité la cité de Nantes, et où il avait eu occasion de voir et de connaître les plus marquants d'entre les habitants. Il avait désigné tout d'abord Bezenecq le Riche comme un citadin dont il serait facile de tirer une grosse rançon ; puis, remarquant un moine qui rabaissait le capuchon de son froc, il avait enlevé le vêtement du moine et avait reconnu l'évêque de Nantes, l'ennemi personnel du comte. Alors les hommes d'armes de Néroweg VI s'emparèrent des deux tonsurés, les garrottèrent ainsi que Bezenecq et sa fille, et firent payer le péage aux autres voyageurs, qui poursuivirent leur route. Les hommes du comte amenèrent au château le bourgeois de Nantes lié sur sa mule, ayant en croupe sa fille éplorée ; l'évêque et Yeronimo, les mains attachées derrière le dos, suivaient à pied. Lorsque les captifs arrivèrent dans la première enceinte du château, Bezenecq descendit de sa monture, et délivré de ses liens, il put soutenir les pas de sa fille, prête à défaillir. L'évêque, pâle comme un mort, s'appuyait sur le bras de Yeronimo, dont la figure résolue ne trahissait aucune crainte. Néroweg VI, accompagné de ses fils, s'arrêta quand il fut près des prisonniers et s'adressant à l'évêque, il lui dit d'un air sardonique : — Salut, Simon ! salut, saint homme, mon père en Christ ! je ne m'attendais pas à cette heureuse rencontre !

— Je suis à ta merci, — répondit le prélat, — que la volonté de Dieu s'accomplisse, fais de moi ce que tu voudras.

— J'userai de ta permission, — répondit le seigneur de Plouernel. — Ah ! c'est pour moi un beau jour que celui-ci !

— Je ne demande qu'une grâce, — reprit l'évêque, — celle de conserver près de moi ce pauvre moine jusqu'au moment du supplice, pour qu'il m'aide à mourir en chrétien.

— Je ne veux point t'envoyer si vite en paradis, j'ai d'autres vues sur toi. — Puis, faisant signe à Garin Mange-Vilain de s'approcher, le seigneur de Plouernel lui dit quelques mots à l'oreille. Le bailli fit un signe de tête affirmatif, traversa le pont-levis et rentra dans l'intérieur du donjon. Pendant le court entretien de leur père avec l'évêque, Guy et Gonthram n'avrient cessé de poursuivre Isoline de leurs regards lascifs, et la jeune fille effrayée, avait caché son visage dans le sein de son père. Robin le Nantais, élevant alors la voix, dit à Néroweg VI, en mettant la main sur l'épaule du citadin : — Voici l'un des plus riches marchands de la cité de Nantes. On le nomme Bezenecq le Riche, n'oubliez pas qu'il vaut son pesant d'or.

Le comte attacha son regard de faucon sur le captif, et faisant deux pas vers lui : — On l'appelle Bezenecq le Riche ?...

— C'est ainsi qu'on me nomme, noble seigneur, — répondit humblement le bourgeois ; — si vos hommes m'ont arrêté afin de me faire payer rançon ; je demande seulement à ne pas être séparé de ma fille. Donnez-moi un parchemin, je vais écrire au dépositaire de mon argent l'ordre de remettre cent sous d'or à celui de vos hommes qui lui apportera ma lettre. Vous aurez la somme dès le retour de votre messager, alors vous nous rendrez la liberté à ma fille et à moi. — Puis, voyant le comte hocher la tête avec un sourire sardonique, le marchand ajouta : — Illustre seigneur, au lieu de cent sous d'or je vous en donnerai deux cents ; mais, de grâce, faites-moi conduire avec ma fille dans quelque réduit où la pauvre enfant puisse se remettre de son effroi et des fatigues du chemin. — Isoline, de plus en plus effrayée des regards ardents des deux louveteaux, tremblait convulsivement ; Néroweg VI, toujours silencieux, jetait parfois les yeux du côté du donjon, comme s'il eût attendu le retour du bailli. Bezenecq reprit avec effort : — Seigneur, si deux cents pièces d'or ne vous suffisent point, j'irai jusqu'à trois cents ; c'est ma ruine ; mais je m'y résigne, pourvu que vous nous laissiez libres, ma fille et moi.

A ce moment, Garin Mange-Vilain sortit du donjon, traversa le pont-levis, et vint parler bas au comte Néroweg VI, qui, s'adressant à ses prisonniers : — Allons, mes hôtes, en marche, votre logis vous attend.

— Comte, — reprit l'évêque en pâlissant, — que veux-tu faire de moi ?

— Entre d'abord dans ma pauvre demeure. Tu sauras plus tard ce que je veux faire de toi. Tu en causeras avec certaine dame persuasive.

— Ah ! bourreau ! je comprends que tu veux me faire torturer, — s'écria l'évêque éperdu de terreur. — Jésus, mon Dieu, ayez pitié de moi ! Grâce ! miséricorde !

— Pas de faiblesse, Simon, dit à demi-voix le moine Yeronimo, — il faut se soumettre à la volonté de Dieu. Ses desseins sont impénétrables.

— Que le saint évêque soit conduit à son logis ; le moine lui tiendra compagnie. — L'évêque poussa des cris lamentables et essaya de résister aux hommes qui l'entraînaient dans l'intérieur du donjon. — A ton tour d'entrer, Bezenecq le Riche. — Allons, mon compère, toute résistance est inutile.

— Ne t'ai-je pas offert trois cents sous d'or pour ma rançon, comte de Plouernel ? — répondit le marchand. — Si tu ne trouves pas la somme assez forte, j'y ajouterai encore cent sous d'or. Je t'aurai donné toute ma fortune.

— Oh ! mon compère ! pour l'honneur du commerce de Nantes, je ne puis pas admettre que l'un de ses plus riches marchands ne possède que quatre cents sous d'or ! — Puis s'adressant à ses hommes : — Conduisez mon hôte et sa fille à leur demeure.

Au moment où les gens de Néroweg VI allaient s'emparer de Bezenecq le Riche, Gonthram dit en saisissant brutalement la main d'Isoline que le marchand soutenait défaillante et enlacée dans ses bras : — Moi, je prends cette fille ! C'est ma part de la rançon.

— Je la veux aussi, — s'écria Guy, les yeux flamboyants, en s'avançant vers son frère d'un air menaçant ; mais Gonthram, peu soucieux des paroles et des menaces de son frère, s'approcha de la jouvencelle pour l'emporter dans ses bras. Alors Guy tira son épée.

Gonthram dégaina à son tour. La fille du citadin, éperdue de terreur, s'affaissa sur elle-même, inerte, presque évanouie.

— Guy ! Gonthram ! bas les armes ! Cette fille ne sera à aucun de vous deux, — reprit Néroweg VI, — elle ne quittera pas son père. En présence de sa fille, le bourgeois se montrera plus accommodant. Rengaînez vos épées ! Toi, Garin, — ajouta-t-il en se tournant vers son bailli, — prends cette belle entre tes bras, si elle ne peut marcher, porte là près du bonhomme. — Isoline, malgré son épouvante entendit les dernières paroles de Néroweg VI ; elle se releva péniblement et dit à Garin d'une voix suppliante : — Oh ! de grâce, mon bon seigneur, conduisez-moi près de mon père ; j'aurai la force de marcher.

— Viens, — dit le bailli en la guidant vers le pont-levis, pendant que Guy et Gonthram, remettant lentement leurs épées au fourreau, échangeaient des regards si vindicatifs que le comte crut devoir rester près d'eux afin de prévenir de nouveaux défis. Isoline, suivant Garin d'un pas chancelant, traversa le pont-levis et entra dans la salle de la table de pierre, où se trouvaient encore plusieurs vassaux du seigneur qui attendaient la fin du plaid justicier, interrompu par l'arrivée des prisonniers. Dans l'un des angles de cette salle se trouvait l'escalier de pierre en spirale qui conduisait de la plate-forme du donjon jusqu'aux dernières profondeurs de ses cachots, et près de l'escalier une trappe placée au milieu du sol. Deux hommes à figures sinistres, vêtus de peaux de chèvre et porteurs de lanternes, se tenaient au bord de l'ouverture béante. Bezenecq le Riche appelait sa fille à grands cris et résistait de toutes ses forces aux hommes qui voulaient l'entraîner ; mais lorsqu'il vit sa fille accourir à son appel, il cessa d'opposer de la résistance, puis il se mit à fondre en larmes.

— Dépêchons, mon riche citadin ! — lui dit Garin Mange-Vilain, — mon seigneur veut que ta fille et toi ne soyez pas séparés. — Puis, s'adressant aux geôliers porteurs de lanternes :
— Descendez les premiers et éclairez-nous.
— Les geôliers obéirent, et bientôt le marchand et Isoline disparurent avec eux dans les profondeurs souterraines du donjon.

Les cachots du manoir de Plouernel se composaient de trois étages voûtés, ils ne recevaient de jour que par d'étroites ouvertures donnant sur le puits gigantesque au milieu duquel s'élevait le donjon ; à l'intérieur, sauf une porte massive bardée de fer, ces cachots n'étaient que pierre, voûte de pierre, dalles de pierre, murailles de pierre de dix pieds d'épaisseur. La cellule où furent conduits l'évêque de Nantes et le moine Yeronimo était située au plus bas de ces souterrains ; une étroite meurtrière filtrait à peine un pâle rayon de lumière au milieu de ces demi-ténèbres ; les murs suintaient une humidité verdâtre ; au centre du cachot un lit de pierre, destiné à la torture ou à la mort ; des chaînes et de gros anneaux de fer, scellés au chevet, sur les côtés et aux pieds de cette longue dalle, élevée de trois pieds au-dessus du sol, annonçaient l'usage de ce lit funèbre, où se tenaient alors assis le moine et l'évêque de Nantes. Ce dernier, en proie d'abord à une douleur désespérée, s'était peu à peu calmé ; sa figure presque sereine et empreinte

Isoline et Bénézecq dans la chambre de la torture (page 671)

d'une sorte de bonhomie mélancolique, contrastait avec la sombre âpreté des traits de son compagnon. — Je suis maintenant résigné à la mort, — disait le prélat à Yeronimo. — Mais, je l'avoue, je sens mon cœur défaillir à la pensée de laisser ma femme et mes enfants sans appui, en ces tristes temps.

— Voilà les conséquences du mariage des prêtres, — reprit durement le moine; — combien Grégoire VII a eu raison de forcer les conciles à interdire le mariage aux prêtres !

L'évêque de Nantes, après un moment de silence, reprit en souriant avec mélancolie : — Stoïques comme les philosophes de l'antiquité, au moment de subir la torture et la mort, traitons les questions de dogme qui ont trait à notre position,

— Abordons la grande question de la domination spirituelle et temporelle de l'Eglise.

— C'est un beau sujet à traiter, je t'écoute.

— De nos jours, pour vingt abbés ou évêques souverains dans leurs évêchés ou dans leurs abbayes, n'y a-t-il pas cent duks, comtes, marquis ou seigneurs souverains dans leurs duchés, comtés et seigneuries ?

— Hélas ! c'est la vérité.

— Une grande partie des biens des seigneurs provenant des donations de Karl Martel n'était-elle pas revenue entre les mains du clergé lors de la terreur qu'inspirait aux peuples la fin du monde, terreur habilement fomentée par l'Eglise jusqu'en l'an mil, et prolongée jusqu'en l'année 1033 par d'habiles manœuvres ?

— C'est encore la vérité : les seigneurs épouvantés ont abandonné à l'Eglise une grosse part de leurs biens, croyant toucher au jour du dernier jugement ; mais, depuis, les seigneurs ou leurs descendants ont repris au clergé ces ri-

84e livraison

ches donations; la haine dont me poursuit le comte Néroweg n'a pas d'autre cause que la revendication des terres que son aïeul avait octroyées à mon prédécesseur, à l'époque où ces brutes attendaient la fin monde. Le comte me fait la guerre pour reprendre les domaines de sa famille. La lance s'insurge contre le goupillon.

— Il en a été ainsi dans toutes les provinces; une des causes des guerres des seigneurs contre les évêques et les abbés a été, depuis cinquante ans, la revendication des biens donnés à l'Eglise à l'occasion de la fin du monde. Dans ces luttes impies, les seigneurs ont presque toujours eu le dessus; l'Eglise a été vaincue.

— C'est une triste réalité.

— Pour reconquérir sa toute-puissance, l'Eglise doit redevenir plus riche que les seigneurs, elle doit surtout se débarrasser à jamais de ces brigands qui osent porter une main sacrilège sur les biens de l'Eglise et sur les prêtres du Seigneur, sur les ministres de Dieu.

— Hélas ! Yeronimo, du désir au fait il y a loin. Le glaive a raison de la crosse de l'évêque.

— Il y a simplement la longueur du trajet d'ici à Jérusalem... voilà tout.

L'évêque regarda le moine d'un air ébahi, répétant, sans en comprendre le sens, ces mots:

— Le voyage d'ici à Jérusalem !

— Je suis légat du pape Urbain II, poursuivit Yeronimo, et, à ce titre, initié à la politique de Rome. Le pape français Gerbert, et, après lui, Grégoire VII, ont eu une grande pensée : soumettre les peuples de l'Europe à la volonté des papes ; mais pour les habituer à cette obéissance passive, il fallait indiquer un but. Gerbert imagina la délivrance du tombeau du Christ, qui était tombé au pouvoir des Sarrasins, maître de la Syrie et de Jérusalem. Cette idée féconde, éclose dans le cerveau de Gerbert, couvée par Grégoire VII, fut l'objet des préoccupations de leurs successeurs. Les papes recommandèrent aux fidèles le pèlerinage de Jérusalem, auquel ils attachèrent des indulgences et des grâces spéciales. Les peuples de Germanie, d'Espagne, de Gaule, d'Angleterre, entendirent peu à peu parler de Jérusalem, la ville sainte ; les pèlerinages se multiplièrent ; si long que fût le voyage, il ne parut pas impossible ; puis il assurait des indulgences pour tous les crimes, et, en fin de compte, c'était un voyage de plaisir pour les mendiants, les vagabonds, les serfs échappés des domaines de leurs maîtres. Les pèlerins trouvaient bon gîte dans les abbayes, quelque argent dans les villes, et le passage gratuit sur les vaisseaux génois ou vénitiens jusqu'à Constantinople ; d'où ils partaient ensuite pour Jérusalem, traversant la Syrie, gîtant de couvent en couvent ; puis, arrivés dans la ville sainte, ils y faisaient leurs dévotions.

— Et cela sans aucun empêchement de la part des Sarrasins. Il faut l'avouer entre nous, Yeronimo, ces mécréants se montraient bien tolérants!... Les églises s'élevaient en paix à côté des mosquées ; les chrétiens vivaient tranquilles dans le pays et les pèlerins n'étaient jamais inquiétés.

Jusqu'au jour où les Sarrasins exaspérés par les anathèmes lancés contre les sectateurs de Mahomet par les prêtres catholiques de Jérusalem, ont porté le marteau sur le saint temple de Salomon, démolition dont nous nous sommes vengés par le massacre des juifs dans les divers pays de l'Europe ! Après tout, peu nous importait la destruction du temple et du saint sépulcre, notre but était atteint ; les peuples connaissaient le chemin de Jérusalem ; les sandales des pèlerins avaient frayé la route de la terre sainte aux peuples catholiques. Le nombre des pèlerinages augmentait d'année en année ; aux mendiants, aux vagabonds se joignaient souvent des seigneurs, certains d'obtenir par ce pieux voyage l'absolution de leurs crimes. Ce perpétuel va-et-vient de gens de toute condition attirait de plus en plus les regards de l'Europe vers l'Orient. Les merveilles racontées par les pèlerins au retour de leur long voyage, les reliques qu'ils rapportaient, le respect dont l'Eglise les environnait, tout frappait de plus en plus l'esprit crédule et la grossière imagination des peuples. Grégoire VII prévoyait ces résultats ; il crut opportun de prêcher la guerre sainte ; l'Eglise éleva la voix : « Honte et douleur pour le monde catholique ! — le sépulcre du Sauveur des hommes est au pouvoir des Sarrasins ! Rois et seigneurs, marchez à la tête de vos peuples pour la délivrance du tombeau du Christ et pour l'extermination des infidèles... » A cet appel prématuré, l'Europe demeura indifférente, l'heure des croisades n'avait pas encore sonné. Mais, depuis ce moment, l'idée a progressé, et aujourd'hui nous sommes assurés de trouver les esprits disposés à seconder le pape dans ses projets ; aussi Urbain II n'a-t-il pas hésité à quitter Rome pour venir prêcher la croisade en Gaule, le pays des niais, c'est-à-dire le pays catholique par excellence.

— Que dis-tu ? Le pape vient lui-même prêcher la croisade ! Serait-il vrai, ô mon Dieu !

— Sa Sainteté se dirige vers l'Auvergne et envoie ses émissaires dans les autres provinces.

— Et quels sont les hommes investis de la confiance du pape et chargés de mener à bonne fin une telle entreprise ?

— L'un, *Pierre l'Ermite*, vulgairement appelé *Coucou-Piètre*, est un moine qui a déjà accompli deux fois le pèlerinage de Jérusalem ; homme ardent, passionné, doué d'une sauvage éloquence qui exerce sur les multitudes une action puissante ; un autre de ses émissaires est *Gauthier sans Avoir*, chevalier d'aventure, hardi Gascon, chargé de séduire, par la gaieté de ses paroles et par l'exagération de ses descriptions, ceux qui resteraient indifférents à la farouche éloquence de Pierre l'Ermite.

— Mais quelles considérations feront valoir ces émissaires pour pousser les peuples à ces émigrations insensées ?

— Je répondrai tout à l'heure à ta question ; mais laisse-moi te rappeler quels sont les principaux motifs de l'Eglise à pousser les peuples aux croisades : habituer l'Europe catholique à se lever à la voix des papes pour l'extermination des hérétiques.... envoyer en Palestine grand nombre de ces seigneurs qui disputent à l'Eglise les biens de la terre et la domination des peuples, se débarrasser de ses ennemis.

— La pensée est bonne, profonde, politique, et je vois quel est le but que se propose d'atteindre le pape.

— Laisse-moi encore appeler ton attention sur un fait qui rend nécessaire une grande migration du populaire vers la terre sainte. En Gaule, malgré les guerres privées des seigneurs et les misères du siècle, la population des serfs a pullulé d'une manière extraordinaire depuis environ cinquante ans.

— Il est vrai que la population serve, par les famines qui ont régné depuis l'an 1000 jusqu'en 1034, a recommencé de s'accroître, lorsque des temps d'abondance ont succédé aux disettes.

— Et surtout lorsque l'Eglise, désireuse de repeupler ses domaines, privés de serfs cultivateurs, a eu proclamé LA TRÊVE DE DIEU, qui interdissait aux seigneurs et aux évêques de guerroyer pendant trois jours de chaque semaine, sous peine d'excommunication.

— Cette accroissement de plèbe a amené les révoltes formidables des serfs de Normandie et de Bretagne, pendant lesquelles on chantait des bardits où se trouvaient des strophes d'une audace inouïe, comme tu peux en juger : — *Pourquoi nous laissons-nous opprimer ? Ne sommes-nous pas hommes comme nos seigneurs ? — Comme eux n'avons-nous pas des membres ?* — NOTRE CŒUR N'EST-IL PAS AUSSI GRAND QUE LE LEUR ? — *Ne sommes-nous pas cent, deux cents serfs contre un chevalier ? — Battons-nous à coups de fourches ! à coups de faux ! — A défaut d'armes, ramassons les pierres du chemin. A mort les prêtres !*

— Tu dis vrai, Yeronimo, ces chants de révolte ont donné le signal de terribles insurrections en Normandie, en Bretagne ; mais deux ou trois mille de ces rebelles ont eu les yeux crevés, les pieds et les mains coupés, et la révolte a été étouffée. Il faut exterminer ce mauvais peuple.

— Il est nécessaire, pour conjurer le retour de pareils soulèvements de pousser au dehors ce surcroît de populaire. La plèbe devient redoutable puisqu'elle a pour elle le nombre et la force ; et, pour l'affaiblir, il suffit de la faire partir pour la croisade, à travers l'Europe.

— Explique-moi comment les croisades doivent produire les résultats que tu regardes comme devant être assurés par les prédications des émissaires du pape.

— N'est-il pas évident que, sur chaque millier de serfs qui abandonneront la Gaule pour aller guerroyer en Palestine, une centaine à peine arrivera jusqu'à Jérusalem ? Ces misérables partant à la grâce de Dieu, en haillons, sans provisions, accompagnés de leurs femmes, de leurs enfants, ravageant les pays qu'ils auront à traverser, la Germanie, la Hongrie, la Bohême, la Bulgarie, les pays du Danube, car, durant un si long voyage, de pareilles multitudes ne sauraient vivre qu'en pillant et ravageant sur leur route, les trois quarts de ces *croisés* seront exterminés par les habitants des pays qu'ils doivent parcourir, ou seront morts de faim, de fatigue, avant d'avoir pu atteindre Jérusalem. Le petit nombre d'entre eux qui arrivera devant la ville sainte sera décimé par les Sarrasins, et l'on peut affirmer qu'il ne reviendra presque aucun de ceux qui seront partis et, par suite, nous serons débarrassés de cette vile et dangereuse populace qui ose se rebeller contre ses maîtres et surtout contre l'Eglise !

— Reste à savoir, Yeronimo, si cette plèbe sera assez insensée pour s'aventurer dans un lointain et périlleux voyage.

Le moine romain reprit : — Le sort des vilains et des serfs dans les seigneuries laïques ou ecclésiastiques, n'est-il pas des plus misérable, et, de toutes les servitudes, celle qui leur pèse davantage n'est-elle pas celle de la glèbe qui leur interdit de franchir les limites du territoire de leur seigneur ? — Lorsque l'Eglise dira à ces milliers de pauvres gens enchaînés à la glèbe : — « Allez ! vous êtes libres ! allez combattre les Sarrasins en Palestine, le pays des merveilles, où vous ramasserez un immense butin ! Ne vous occupez pas des besoins du voyage, Dieu y pourvoira, et vous ferez par surplus votre salut éternel, » les serfs partiront en masse, entraînés par le désir de se trouver libres, par la soif du butin, par l'esprit d'aventure, et par la pieuse ardeur de délivrer le saint sépulcre des outrages des infidèles !

— Yeronimo, — reprit l'évêque de Nantes en secouant la tête, — le besoin de liberté, l'esprit d'aventure, l'espoir du butin, pousseront peut-être ces malheureux en Palestine ; mais c'est un faible mobile que le désir de venger le tombeau du Sauveur des prétendus outrages des infidèles. Là, nous aurons un échec.

— Lorsque cette sainte cause, trois fois sainte, éloquemment prêchée par l'Eglise, se trouvera appuyée par la soif de liberté, l'espoir du butin, la certitude de gagner le paradis et la curiosité d'un avenir inconnu, qui ne saurait être pire que le présent, l'entraînement des populations vers la Palestine deviendra irrésistible.

— Je l'accorde ; mais les seigneurs laisseront-ils ainsi dépeupler leurs terres, en permettant aux serfs de partir pour la croisade ?

— Les seigneurs redoutent autant que nous la révolte des serfs ; en cela notre intérêt est commun : puis ce trop-plein de populaire, qu'il est d'une sage politique de déverser au dehors, se compose au plus du tiers de la plèbe ; ce tiers seul partira.

— Qui nous assure qu'un grand nombre ne cédera pas à l'entraînement que tu crois irrésistible et ne viendra pas avec nous ?

— Cette plèbe est devenue lâche par l'habitude de l'esclavage qui pèse sur elle depuis la conquête franque ; une partie seulement de la population des villes et des campagnes est assez disposée à la révolte ; or ceux-là les plus impatients du joug, les plus intelligents, les plus aventureux, les plus hardis, et conséquemment les plus dangereux, seront les premiers à s'en aller en Palestine ; de la sorte nous serons délivrés de ces incitateurs de rébellions.

— Cette remarque est juste.

— Ainsi, un tiers au plus de la plèbe rustique émigrera ; ceux qui resteront suffiront à cultiver la terre ; moins nombreux à la tâche, leur labeur augmentera. Bœuf lourdement chargé, âne lourdement bâté ne regimbent point. Toute nouvelle révolte sera conjurée, l'Église reprendra sa prépondérance sur le populaire et sur les seigneurs.

— J'admire, Yeronimo, les puissantes combinaisons de la politique des papes ; mais l'un des résultats les plus importants de cette politique serait de nous délivrer d'un grand nombre de ces maudits seigneurs, toujours en guerre contre nous. Ah ! ceux-là ne seront pas, comme les serfs, poussés par le désir d'échapper à un sort affreux ou de jouir de leur liberté ! Hélas ! ils resteront dans leurs domaines.

— Grand nombre d'entre eux sont aussi désireux que leurs serfs de changer de condition ; après tout, quelle est la vie de ces seigneurs, n'est-ce pas celle de chefs de brigands ? Toujours en guerre ; toujours l'œil et l'oreille au guet, de crainte d'être attaqués ou surpris par leurs voisins ; ne pouvant sortir que rarement et à main armée de leurs seigneuries ; n'osant même pas aller en chasse dans leurs domaines ; forcés de se retrancher dans leurs repaires ; ces hommes farouches sont fatigués de cette existence monotone ; ils suivront le torrent.

— Plusieurs fois, en effet, j'ai été frappé de l'expression de mortel ennui qui se reflète sur la physionomie des seigneurs.

— Voilà quel sera le langage des prêtres à l'égard de ces hommes souillés de crimes, presque aussi abrutis que leurs serfs, ayant tous plus ou moins au fond de l'âme la peur du diable : vous étouffez dans vos citadelles de pierre, vous vous disputez les maigres dépouilles de quelques voyageurs ou les terres fécondes de l'Occident, terres peuplées de misérables, plus semblables à des bêtes qu'à des êtres humains ; quittez le sol ingrat et le sombre ciel de l'Occident ! Allez en Palestine, allez en Orient, pays d'azur et de soleil, terre féconde, splendide, radieuse, aux villes magnifiques, aux palais de marbre, aux coupoles dorées, aux jardins délicieux ! Là vous trouverez des trésors accumulés par les Sarrasins depuis des siècles, trésors si prodigieux qu'ils suffiraient à couvrir d'or, de rubis, de perles, de diamants la route de la Gaule à Jérusalem ! Dieu vous donne cette terre féconde, les palais, les belles femmes, les trésors. Partez pour la guerre sainte ! » Un grand nombre de seigneurs mordront de toute la force de leurs lourdes mâchoires à cet hameçon étincelant de tous les feux du soleil d'Orient.

— Tu dis vrai, Yeromino, — reprit l'évêque de Nantes, — mais ne crains-tu pas que la seigneurie dépouillée, ruinée, amoindrie, ne laisse la place à la royauté, aujourd'hui sans puissance, et que cette royauté ne veuille partager avec nous la domination des peuples, ou même ne s'efforce de dominer l'Église ?

— Nous n'avons pas à redouter la rivalité des rois, leur intérêt même nous est un sûr garant de leur soumission aux volontés du pape, le représentant de Dieu sur la terre, le dispensateur des récompenses ou des châtiments éternels !

— Ah ! Yeronimo ! tes paroles ont ouvert devant moi un nouvel horizon ; l'avenir de l'Église catholique m'apparaît dans sa formidable majesté ; je me prends maintenant à regretter la vie et voudrais assister à ce magique spectacle.

— Cet entretien a trait à notre position actuelle de prisonniers de Néroweg VI, et tu vas t'en inspirer, Simon, pour régler ta conduite dans l'occurence.

— Dicte-moi ce que je dois faire, Yeronimo, car je ne puis prendre un guide plus judicieux que toi dans toutes les choses qui regardent notre sainte religion.

— Néroweg compte sur la torture pour t'extorquer la donation des terres de ton diocèse qu'il convoite depuis longtemps ; accède à tout ce qu'il demandera ; Pierre l'Ermite et Gauthier sans Avoir, ne tarderont pas à venir en ce pays pour y prêcher la croisade ; Néroweg VI partira pour Jérusalem et ne pourra pas profiter des concessions que tu lui auras faites.

— Mais s'il s'obstine à vouloir me faire appliquer à la torture pour assouvir sa haine contre moi ? Je frémis devant cette perspective.

L'entretien de l'évêque de Nantes et du moine fut interrompu par un bruit sourd, étrange, qui semblait sortir de l'intérieur de l'épaisse muraille... Les deux prêtres tressaillirent, se regardèrent, puis, se rapprochant du mur, prêtèrent l'oreille de ce côté avec anxiété; mais, au bout de quelques instants, le bruit diminua et cessa complètement.

. . . .

Le cachot de Bezenecq le Riche et de sa fille était, comme les autres cellules souterraines, dallé de pierres et voûté, mais situé au second étage de ces lieux redoutables, la lumière pénétrait plus vive à travers l'étroite meurtrière; au milieu de ce cachot se trouvait un gril de fer long de six pieds, large de trois, assez élevé au-dessus du sol, et composé de barres de fer peu éloignées les unes des autres; des chaînes, des anneaux ajustés à ce gril devaient maintenir la victime. Près de cet instrument de supplice se dressaient deux autres engins de torture, construits avec une ingénieuse férocité; l'un consistait en une barre de fer saillante, sorte de potence scellée dans le mur, à une hauteur de sept à huit pieds au-dessus du sol, qui se terminait par un carcan de fer s'ouvrant et se fermant à volonté; une grosse pierre pesant environ deux cents livres, garnie d'un anneau et d'une courroie de suspension, était déposée au-dessous de cette potence; l'autre engin apparaissait sous la forme d'un croc gigantesque recourbé, très aigu, et pareil à ceux dont les bouchers se servent pour accrocher les quartiers de bœuf; les dalles, partout ailleurs verdâtres d'humidité, étaient d'un brun sanguin au-dessous de ce croc. En face de cet instrument de supplice, apparaissait, grossièrement sculpté dans la muraille, une sorte de masque grimaçant, hideux, moitié bête, moitié homme; ses yeux et l'ouverture de sa gueule béante, profondément creusés, ressemblaient à des trous noirs; enfin, placée près de la porte du cachot, se trouvait une caisse de bois remplie de paille, là était étendue la fille du bourgeois de Nantes, blême comme une morte et glacée de terreur. Parfois son corps tressaillait de frissonnements convulsifs, et parfois elle demeurait immobile, les yeux fermés, sans que ses larmes cessassent de couler le long de son visage. Bezenecq le Riche, assis au bord de la couche de paille, les coudes sur ses genoux, son front caché dans ses mains, disait : — Le seigneur de Plouernel... un descendant de Néroweg! rencontre étrange, fatale! Malheur sur nous!

— Ah! mon père, — murmura la jeune fille d'une voix défaillante, — cette rencontre est l'arrêt de notre mort.

— L'arrêt de notre ruine, mais non de notre mort. Rassure-toi, pauvre enfant, le seigneur de Plouernel ignore que notre obscure famille s'est trouvée en lutte avec la sienne à travers les âges... Mais lorsque ce bailli a prononcé le nom de Néroweg VI, que je n'avais pas encore entendu pendant cette journée maudite, et qu'interrogé par moi, cet homme m'a répondu que son maître appartenait à l'ancienne famille franque des Néroweg, établie en Auvergne depuis la conquête des Gaules par Clovis, je n'ai conservé aucun doute, et malgré moi j'ai frémi au souvenir des légendes de notre famille, qu'autrefois mon père nous lisait à Laon, et qui sont restées en ce pays entre les mains de Gildas, mon frère aîné.

— Hélas! pourquoi notre aïeul a-t-il quitté la Bretagne?... Nous y avions vécu heureux.

— Chère enfant, notre aïeul, qui avait continué d'habiter près des pierres sacrées de Karnak, le berceau de notre famille, n'a pu souffrir plus longtemps l'oppression des seigneurs bretons, devenus aussi cruels que les seigneurs franks; il a vendu le peu qu'il possédait, s'est embarqué à Vannes avec sa femme sur un navire marchand qui allait à Abbeville; il s'est établi dans cette cité, où il s'est livré à un modeste trafic; plus tard, mon père est allé s'installer dans cette même province de Picardie, à Laon, où mon frère aîné Gildas exerce encore le métier de maître corroyeur. En venant par mer, d'Abbeville à Nantes, trafiquer des objets de notre commerce, fabriqués à Laon, j'ai connu ta mère... fille du marchand auquel j'étais adressé. Ses parents ne voulurent pas se séparer d'elle, et me firent promettre de ne plus quitter la ville de Nantes. Je devins l'associé du père de ma femme et je m'enrichis dans le commerce. Plus tard ta mère mourut; tu étais encore enfant; sa mort fut le plus grand chagrin de ma vie; mais tu me restais, tu grandissais en grâce, en beauté; enfin, tout me souriait... j'étais heureux, et voilà qu'aujourd'hui, en nous rendant aux vœux de ton aïeule... — Puis s'interrompant, Bezenecq le Riche s'écria désespéré : — Oh! c'est affreux!

— Et il reprit avec amertume : — Peut-être aussi est-ce juste une punition !

— Et comment avons-nous pu mériter cette terrible punition qui semble nous être réservée?

— Hélas! — reprit le bourgeois de Nantes en soupirant, — mon bonheur m'a fait oublier le malheur de nos frères! J'ai été égoïste!

— Cher père, vous vous exagérez sans nul doute les fautes ou les erreurs de votre vie.

— Des millions de serfs, de vilains peuplent les terres des seigneurs et du clergé... Parmi eux les uns traînent une pénible existence qui aboutit à la mort par l'épuisement et la misère; d'autres sont attachés aux fourches patibulaires. Ces malheureux sont comme nous de race gauloise. Si quelques citadins vivent tranquilles, dans les cités, lorsqu'ils ont pour seigneur un évêque assez débonnaire comme Simon, de Nantes, des millions de serfs et de vilains sont voués à toutes les misères de la vie et victimes des seigneuries et de l'Eglise !

— Hélas ! mon père, il n'a pas dépendu de vous d'alléger les maux de ces infortunés.

— Mon père parlait en homme vaillant et généreux, lorsqu'il disait aux bourgeois de la ville de Laon : — « Nous sommes soumis aux exactions de l'évêque, notre seigneur, mais enfin, nous autres citadins, nous jouissons de certaines franchises; c'est donc à nous, plus intelligents et moins misérables que les serfs des campagnes, d'aider ceux-ci à leur affranchissement, en nous insurgeant contre les seigneurs, et en donnant ainsi l'exemple de la révolte contre l'oppression ; et s'ils se soulèvent d'eux-mêmes contre leurs seigneurs, comme en Bretagne, comme en Normandie, comme en Picardie, c'est notre devoir de nous mettre à leur tête pour assurer le succès de l'insurrection... N'est-ce pas une honte, une indigne lâcheté de laisser écraser, supplicier ces malheureux pour une cause qui est également la nôtre ! La tyrannie des nobles et des prêtres ne pèse-t-elle pas sur nous ? Ne sommes-nous pas aussi la proie des brigands féodaux, lorsque nous sortons de l'enceinte de nos villes, où nous souffrons déjà tant d'avanies ! » Mais les paroles de mon père ne purent décider les citadins à s'insurger ; ils craignaient de risquer leurs biens, d'empirer leur sort. Moi-même, devenu riche, je me suis rangé du côté des égoïstes et j'ai répété comme les autres marchands : « La condition des serfs est horrible sans doute, mais je ne puis rien faire pour l'améliorer et je ne veux pas aventurer ma fortune et ma vie dans une insurrection. » — Notre lâche et égoïste insouciance a accru l'audace des seigneurs, et maintenant nous ne pouvons plus mettre le pied hors de cités sans être exposés aux brigandages des châtelains. Ah ! mon enfant, je suis puni d'avoir manqué d'énergie et d'avoir méconnu les enseignements de mon père !...

— Nous sommes perdus... il n'y a plus d'espoir ! — s'écria la jouvencelle, dont les sanglots éclatèrent ; — la mort... une mort affreuse nous attend ! — Et Isoline, dont les dents se heurtaient d'épouvante, montra du geste à son père les instruments de torture qui garnissaient le cachot ; puis, cachant son visage entre ses deux mains, elle poussa des gémissements convulsifs.

— Isoline ! — reprit Bezenecq d'une voix suppliante et désolée, — ma fille bien-aimée... entends la voix de la raison : tes terreurs sont exagérées... l'aspect de ce souterrain t'épouvante. Hélas ! je le comprends, mais nous ne devons pas perdre tout espoir. Lorsque j'aurai souscrit à tout ce que le seigneur de Plouernel peut exiger de moi ; lorsque j'aurai consenti à me dépouiller pour lui de tout ce que je possède, que veux-tu qu'il fasse ? A quoi lui servirait de me torturer ? Il n'a pas contre moi de haine personnelle ; il en veut à mes biens, je donnerai tout, absolument tout.

— Bon père... vous essayez de rassurer mon esprit... Je vous en rends mille grâces.

— Notre sort n'est-il pas assez malheureux déjà ? pourquoi assombrir encore la réalité ? J'espérais te doter richement, te laisser plus tard mes biens, qui auraient assuré le bonheur de tes enfants... et je vais être dépouillé de tout ! Notre descendance sera réduite à la misère.

— Ah ! si le seigneur de Plouernel nous accordait la vie... j'aurais peu de souci de ces richesses que vous regrettez pour moi.

— Et je n'aurai pas moins de courage que toi, — dit Bezenecq en serrant tendrement les mains de sa fille ; — je me figurerai avoir placé tout mon argent à bord d'un vaisseau et je me persuaderai que le vaisseau a péri. Une fois hors de cet infernal château, chère enfant, nous retournons à Nantes ; j'irai trouver mon compère *Thibaut l'Argentier ;* il connaît mon aptitude au commerce, il m'emploiera et me donnera un salaire qui suffira à nos besoins. Mais il faudra, belle Isoline, — ajouta Bezenecq en essayant de sourire pour calmer l'effroi de sa fille, — il faudra, de vos petites mains blanches, coudre vos robes et préparer notre frugal repas. Au lieu d'habiter notre belle maison de la place du Marché-Neuf, nous choisirons un humble réduit dans le quartier des remparts ; mais, bah ! qu'importe, quand on a le cœur joyeux ! et puis, j'aurai toujours bien en poche quelques deniers pour acheter de temps à autre, en revenant au logis, un frais ruban pour ta gorgerette, chère et douce enfant, ou un bouquet de roses pour garnir ta chambrette.

Isoline sentit renaître en elle un peu d'espoir en écoutant son père, et ferma les yeux afin de ne pas être rappelée à l'horrible réalité par la vue du hideux masque de pierre et des instruments de supplice. La jouvencelle cacha son visage dans le sein de son père, et murmura d'une voix émue : — Oh ! si tu disais vrai ! si nous pouvions sortir de ce château ! Loin de regretter nos richesses perdues je remercierais Dieu d'avoir bien voulu me fournir l'occasion de travailler à mon tour pour mon père vénéré !

— Je saurai suffire à tout, damoiselle Isoline, — reprit gaiement Bezenecq ; — qui sait, d'ailleurs, si je ne trouverai pas bientôt un aide ? Qui nous dit qu'un digne garçon ne te demandera pas en mariage, s'énamourant de cette charmante figure, lorsqu'elle aura repris ses fraîches couleurs ? — ajouta le marchand en embrassant tendrement sa fille.

— Mon père, — dit Isoline en indiquant d'un geste épouvanté la muraille dans laquelle était sculpté le hideux masque de pierre, — les yeux de cette tête semblent s'illuminer intérieurement... Voyez, voyez ces lueurs qui s'en échappent! Il y a quelqu'un qui nous épie.

Le marchand tourna vivement la tête du côté du mur que lui indiquait sa fille et auquel il tournait alors le dos, mais déjà les lueurs avaient disparu; Bezenecq crut à une illusion de l'esprit effrayé d'Isoline, et répondit : — Tu te seras trompée; comment veux-tu que les yeux de cette laide figure jettent des lueurs; il faudrait donc qu'il y eût une lumière dans l'épaisseur de la muraille; est-ce possible, mon enfant? Reviens à la raison.

La porte du cachot faisait face au masque de pierre, soudain elle s'ouvrit. Bezenecq le Riche et sa fille virent entrer le bailli Garin Mange-Vilain et le tabellion du seigneur de Plouernel, suivis de plusieurs gens à figures sinistres; l'un portait un soufflet de forge et un sac de charbon, un autre de ces hommes était chargé de plusieurs fagots. Isoline, un moment rassurée par son père, mais rappelée à la réalité par l'approche des bourreaux, jeta un cri d'effroi. Bezenecq, pour calmer les angoisses de sa fille, se leva et dit au bailli d'une voix ferme, en lui désignant le tabellion : — Ce cher maître qui tient des parchemins sous son bras est sans doute le notaire du seigneur comte? — Garin Mange-Vilain fit un signe de tête affirmatif. — Ce notaire, — poursuivit le bourgeois de Nantes, — vient me faire signer l'acte par lequel je consens à payer rançon? — Le bailli fit un nouveau signe de tête affirmatif. Bezenecq, s'adressant alors à sa fille et affectant le calme, presque la gaieté : — Ne crains rien, chère enfant, moi et ces dignes hommes, nous allons à l'instant être d'accord; après quoi, j'en suis certain, nous n'aurons rien à redouter d'eux, et ils nous mettront en liberté. Or donc, maître tabellion, je consens à faire par acte authentique, en faveur du seigneur de Plouernel, don et cession de tous mes biens, consistant en cinq mille trois cents pièces d'argent, déposées chez mon compère Thibaut, l'argentier et monnayeur de l'évêque de Nantes; 2° en huit cent soixante pièces d'or et neuf lingots d'argent, déposés dans ma maison en un endroit secret, dont je donnerai connaissance à la personne que le seigneur comte chargera d'aller à Nantes; 3° en une assez grande quantité de vaisselle d'argent, étoffes précieuses et meubles, qu'il sera facile de charroyer ici, moyennant l'ordre que je vais donner par écrit à mon serviteur de confiance; enfin, il reste ma maison, mais comme il serait peu praticable, mes dignes maîtres, de la faire transporter ici, je vais écrire et vous remettre une lettre pour mon compère Thibaut; deux jours même avant mon départ de Nantes, il m'avait promis d'acheter ma maison au prix de deux cents pièces d'or; il maintiendra son offre, j'en suis certain, surtout lorsqu'il saura la position difficile où je me trouve; c'est donc deux cents pièces d'or de plus que, sur mon avis, Thibaut devra remettre à l'envoyé du seigneur de Plouernel; ces donations faites, il nous reste à moi et à ma fille les vêtements que nous avons sur le corps... Maintenant, digne tabellion, écrivez la donation, je la signerai, j'y joindrai des lettres pour mon serviteur et pour mon compère l'argentier; celui-ci connaît trop les choses de ce temps-ci, pour ne pas s'empresser d'acquiescer à mon désir au sujet du dépôt qu'il a entre les mains et de l'achat de maison; il remettra la somme au messager que le seigneur comte va dépêcher à Nantes; quant à l'argent qui se trouve chez moi dans un réduit secret, il sera facile de le trouver grâce à cette clé et aux indications que je vais dicter au tabellion.

— Il faudrait d'abord que le notaire écrivît la donation, et toi les lettres à ton compère, — dit Garin en interrompant Bezenecq; — les renseignements sur le réduit secret viendraient ensuite... Allons et dépêchons...

— Vous avez raison, digne bailli, — reprit vivement le bourgeois de Nantes, complètement rassuré par l'accent de Garin, et se penchant vers sa fille, assise au bord du lit de paille, il lui dit à demi-voix : — Eh bien! avais-je tort, chère peureuse, de te certifier que, moyennant un abandon complet de tous mes biens, ces dignes maîtres ne nous feraient aucun mal?— Puis, embrassant de nouveau Isoline, dont la frayeur commençait à faire place à l'espérance, et essuyant du revers de sa main les larmes qu'il versait malgré lui, il dit à Garin : — Excusez, bailli, vous comprendriez mon émotion si vous saviez les folles terreurs de cette pauvre enfant... Mais que voulez-vous, à son âge, ayant jusqu'ici vécu heureuse auprès de moi... elle s'alarme vite...

— Nous disons : premièrement *cinq mille trois cents pièces d'argent* déposées chez l'argentier Thibaut, — dit le tabellion de sa voix aigre en interrompant Bezenecq; et, s'asseyant au rebord du gril, il écrivit sur ses genoux, éclairé par la lueur d'une lanterne. — Puis, secondement, — poursuivit-il, — combien y a-t-il de pièces d'or dans le trésor secret de la maison de Nantes?

— Huit cent soixante pièces d'or, — se hâta de répondre Bézenecq, comme s'il avait eu hâte d'être débarrassé de ces richesses; — de plus, neuf lingots d'argent de différentes grosseurs.

— Et en continuant d'énumérer ainsi ses biens au tabellion qui les inscrivait à mesure, le marchand serrait avec ivresse les mains de sa fille, pour augmenter sa confiance et son courage.

— Maintenant, Bezenecq le Riche, — dit

Garin, — il nous faudrait les deux lettres pour ton serviteur de confiance et pour ton compère Thibaut l'argentier.

— Secourable tabellion, — répondit le marchand, prêtez-moi votre tablette, donnez-moi deux parchemins et une plume, je vais écrire là sur les genoux de ma fille. — Et se plaçant, en effet, aux genoux d'Isoline, sur lesquels il posa la tablette du notaire, il écrivit les lettres, disant parfois à la pauvre enfant en souriant : — Ne fais donc pas trembler ainsi ma table..... tu donnerais à ces dignes hommes mauvaise opinion de mon écriture... — Les deux lettres achevées, le marchand les remit à Garin, qui, après les avoir lues, ajouta :

— Maintenant, il nous faut les renseignements sur ton trésor secret, sans lesquels la donation ne pourrait s'effectuer.

— Voici deux clés, — dit le marchand en les tirant de sa poche, — l'une ouvre les portes d'une sorte de petit caveau qui donne dans la pièce qui me sert de comptoir...

— *Dans la pièce qui sert de comptoir*, — répéta le tabellion en écrivant à mesure qu'il les prononçait les paroles du marchand. Celui-ci poursuivit : — L'autre clé ouvre un coffre garni de fer, au fond de ce réduit; dans ce coffre, l'on trouvera les lingots d'argent et une cassette contenant les huit cent soixante pièces d'or. Je ne possède pas un denier de plus; aussi mes dignes maîtres, nous voici, ma fille et moi, aussi pauvres que les plus pauvres des serfs, car je n'ai pas fait de tort d'une obole au seigneur de Plouernel... Mais le courage ne nous manquera pas! — Pendant que le tabellion achevait de transcrire les paroles de Bezenecq, celui-ci, uniquement occupé de sa fille, ne remarquait, non plus qu'elle, ce qui se passait à quelques pas de lui dans ce cachot, faiblement éclairé par la lueur des lanternes, car la nuit était venue : l'un des bourreaux commençait d'entasser le charbon et les fagots sous le gril.

— Le seigneur de Plouernel peut envoyer à Nantes son messager avec une escorte, dit Bezenecq à Garin Mange-Vilain ; — si ce messager se hâte, il sera de retour demain dans la nuit; nous ne serons sans doute, ma fille et moi, remis en liberté que lorsque le seigneur comte sera en possession de mes biens; seulement en attendant notre départ du château, soyez assez généreux, bailli, pour nous faire conduire dans un endroit quel qu'il soit, mais moins sinistre que celui-ci... Ma fille est brisée de fatigue ; de plus, elle est fort craintive, aussi passerait-elle une triste nuit dans ce cachot au milieu de ces instruments de torture...

— Puisque tu parles de ces engins de supplice, — dit Garin Mange-Vilain avec un sourire étrange et prenant la main du bourgeois,

— viens, Bezenecq le Riche, je veux t'expliquer leur usage... et surtout leur mécanisme.

— Je suis peu curieux de connaître ces détails.

— Viens près de nous Bezenecq le Riche.

— Ce surnom de *Riche* que vous persistez à me donner n'est plus le mien, — dit le marchand avec un triste sourire; — appelez-moi plutôt Bezenecq le Pauvre.

— Oh! oh! — fit Garin d'un air de doute, en hochant la tête; et il ajouta : — Viens donc, Bezenecq le Riche.

— Mon père! — s'écria Isoline avec inquiétude en voyant le bourgeois s'éloigner d'elle, — où vas-tu? Père, père, reste près de moi.

— Ne crains rien, chère enfant; demeure où tu es, je vais donner au bailli quelques renseignements sur la route que devra prendre le messager du seigneur comte. — Et craignant de mécontenter Garin, il le suivit, heureux de ce qu'Isoline ne pouvait entendre l'explication qu'il allait recevoir de Mange-Vilain. Celui-ci s'arrêta d'abord devant la potence de fer terminée par un carcan; l'un des bourreaux ayant haussé sa lanterne à l'ordre de Garin, il dit au marchand : — Ce carcan, tu le vois, s'ouvre à volonté. Tu en devines la destination.

— Oui, de telle sorte qu'on y introduit le cou du patient, le malheureux y reste attaché.

— C'est cela, on le fait monter à l'échelle que voici ; puis comme il a le cou dans le carcan, on n'a qu'à refermer le collier de fer au moyen d'une clavette, puis on enlève l'échelle. Or, la potence se trouvant élevée de neuf à dix pieds au-dessus de la terre... Le reste se devine.

— Le patient demeure pendu et étranglé?

— Non pas! il demeure suspendu... mais non pendu ; le carcan est trop large pour l'étrangler ; aussi, lorsque notre homme est ainsi gigottant à égale distance de la voûte et du sol, on lui attache avec ces courroies cette grosse pierre aux pieds, afin de modérer ses gigottements et de le forcer à demeurer tranquille.

— Ce tiraillement doit être atroce.

— Atroce, Bezenecq le Riche, atroce ! Figure-toi que la mâchoire se déboîte, le cou s'allonge, les jointures des genoux et des cuisses se disloquent et craquent à les entendre à dix pas ; cependant, Bezenecq le Riche, croirais-tu qu'il se rencontre des gens assez entêtés pour ne point se rendre à cette première épreuve?

— Ce que je ne comprends point, — reprit le marchand en dissimulant l'horreur qu'il éprouvait, — c'est qu'au lieu de s'exposer à cette torture, on ne donne pas tout de suite loyalement tout ce qu'on possède, ainsi que je l'ai fait. Au moins l'on échappe au supplice et l'on recouvre sa liberté ; n'est-ce pas, digne bailli?

— Bezenecq le Riche... tu es la perle des citadins! On voit que tu es très intelligent.

— Vous me flattez... j'ai seulement fait un

Ce que voit Fergan par les trous des yeux du masque (page 677)

raisonnement très-simple, ajouta le marchand, essayant de capter la bienveillance de Garin. — Je disais tout à l'heure à ma fille : Supposons que ma fortune entière soit placée à bord d'un vaisseau ; il naufrage, je perds tout mon avoir, je me trouve absolument dans la même position où je suis aujourd'hui ; mais loin de me laisser abattre, je me mets à travailler de nouveau avec courage pour soutenir mon enfant... N'est-ce pas le meilleur parti à prendre, digne bailli ? N'agiriez-vous pas de même ?

— Tu n'en seras jamais réduit là... Bezenecq le Riche ! Tu as des ressources inépuisables.

— Vous aimez à plaisanter, il vous plaît de me donner ce surnom de riche, à moi, maintenant non moins pauvre que Job.

— Non, non, je ne plaisante point... Mais revenons à la torture. Je te disais donc que si la première épreuve ne suffit pas à décider le têtu à abandonner ses biens, on le soumet à la seconde torture... que je vais t'expliquer. — Et Garin, tenant toujours le marchand par la main, le conduisit devant le crochet de fer : — Tu vois ce croc, il est de métal bien forgé et de taille à supporter le poids d'un bœuf.

— Je le crois aisément... ce croc est, en effet, de forte dimension...

— Lorsque notre entêté a résisté à l'épreuve du carcan, on le met nu et on l'accroche à ce fer, soit par la chair du dos, soit par la peau du ventre, soit plus bas... par les parties génitales.

— Ne parle pas si haut, — dit le marchand, contenant à peine son indignation et son épouvante, — ma fille pourrait entendre.

— C'est juste, — reprit le bailli avec un sourire sardonique, — il faut ménager la pudeur de ta fille... Eh bien ! Bezenecq le Riche, figure-toi que j'ai vu des têtus rester ainsi sus-

85e livraison

pendus à ce croc par la chair, durant une heure, saignant comme un bétail en boucherie, et refuser encore la donation de leurs biens ; mais ils ne résistaient pas à la troisième épreuve, dont je vais t'entretenir, Bezenecq le Riche ; prête-moi attention, la description t'intéressera.

— C'est étrange, — dit soudain le marchand en interrompant Garin Mange-Vilain, — on sent la fumée ici. D'où provient cette odeur ?

— Mon père, du feu ! — s'écria Isoline avec épouvante, — on allume du feu... sous les barres de fer !

Le bourgeois de Nantes se retourna brusquement, et vit les combustibles amassés sous le gril commencer de s'embraser ; quelques jets de flamme, éclairant de leurs reflets rougeâtres les noires murailles du cachot, se faisaient jour à travers une fumée épaisse ; un effroyable soupçon traversa l'esprit du marchand, mais sa pensée n'osa pas même s'y arrêter ; puis, voulant calmer les alarmes de sa fille, il lui dit : — Ne crains rien, chère peureuse ! on fait ce feu pour chasser l'humidité de ce cachot ; il nous faudra peut-être y passer la nuit. Je remerciais le digne bailli de sa prévoyance. — Mais, après cette réponse faite seulement pour rassurer sa fille, le marchand, pâlissant malgré lui, dit à Garin : — En vérité, pourquoi allumer du feu sous ce gril?

— Afin de te donner une idée de la toute-puissance de cette dernière épreuve, Bezenecq le Riche. Je commence la description.

— C'est inutile... Je vous crois sur parole...

— On fait du feu sous ce gril, comme en ce moment ; lorsque ce feu ne flambe plus, c'est essentiel, et forme un beau brasier, on étend le récalcitrant tout nu sur ce gril, et on l'y maintient au moyen de ces anneaux et de ces chaînes de fer ; au bout de quelques instants la peau du patient, rougit, grésille, se fend, saigne, noircit... J'ai vu le brasier pétiller sous la graisse qui, toute sanguinolente, filtrait du corps de quelques hommes encore moins gras que toi, Bezenecq le Riche.

— Tenez, bailli, je vous en fais l'aveu, le cœur me manque, la tête me tourne à la seule pensée d'un pareil supplice ; — dit le bourgeois de Nantes en frémissant ; je me sens prêt à défaillir... Laissez-moi sortir de mon cachot avec ma fille... Je vous ai fait donation de tous mes biens... Tout est donc réglé entre nous.

— Allons, allons, Bezenecq le Riche, — reprit le bailli en interrompant le marchand, — un homme qui s'exécute aussi aisément que toi, au premier mot, sans avoir souffert la moindre torture, doit avoir gardé d'autres richesses. C'est ce que nous saurons bientôt.

— Moi, avoir gardé une partie de ma fortune ! — s'écria le marchand frappé de stupeur ; mais je vous ai donné tout, jusqu'à ma dernière pièce.

— Tu as remarqué, mon rusé compère, que, malgré cet abandon de tous les biens que tu étais censé posséder, j'ai continué de t'appeler Bezenecq le Riche ; je suis certain que tu mérites encore ce surnom. Allons ! il faut t'exécuter ! Allons ! donne-nous le reste de ta fortune.

— Sur le salut de mon âme, il ne me reste rien ! Je vous ai donné tout ce que je possède.

— Alors, mon compère, les trois épreuves ne t'arracheront aucun aveu contraire ?

— De quelles épreuves voulez-vous parler ?

— Celles du carcan, du croc et du gril... Oui, si tu ne m'abandonnes pas les autres biens que tu nous caches, tu subiras ces trois épreuves sous les yeux de ta fille. — En disant ces derniers mots, Garin Mange-Vilain éleva tellement la voix, qu'Isoline, entendant ces menaces, se faisant jour à travers les bourreaux, se jeta éperdue aux pieds du bailli, en criant : — Grâce... pour mon père ! Ayez pitié de nous.

— Sa grâce dépend de lui, — dit Garin ; — qu'il abandonne au seigneur comte ce qu'il tient en réserve.

— Mon père ! — s'écria la jeune fille, — j'ignore quels sont tes biens ; mais si, dans ta tendresse pour moi, tu avais songé à réserver quelque chose pour me mettre à l'abri de la misère, je t'en conjure... donne tout... oh ! mon cher père abandonne tout.

— Tu entends ! — reprit Garin Mange-Vilain avec un sourire sardonique, voyant le marchand atterré des imprudentes paroles que la terreur arrachait à Isoline, — je ne suis pas le seul à te soupçonner de nous dissimuler une partie de tes trésors, Bazenecq le Riche. En bon père tu as voulu garder une grosse dot pour ta fille, allons ! il faut nous donner la dot.

— Garin, — vint dire au bailli un des bourreaux, le feu est en brasier ; il pourrait s'éteindre si tu faisais passer l'homme par les épreuves du carcan et du croc.

— En faveur de cette jolie fille, je serai généreux, — reprit Garin ; — l'épreuve du gril suffira, mais avive le feu. Maintenant, réponds, Bezenecq le Riche : une dernière fois, veux-tu, oui ou non, donner tout ce que tu possèdes à mon seigneur le comte de Plouernel, y compris la dot de ta fille ?

— C'est à ma fille que je répondrai, — dit le marchand d'un ton solennel ; — les bourreaux ne me croiraient pas. — Et s'adressant à Isoline d'une voix entrecoupée de larmes : — Je te le jure, mon enfant, par le souvenir sacré de ta mère, par ma tendresse pour toi, par toutes les joies que tu m'as données depuis ta naissance... je te le jure, par le salut de mon âme... il ne me reste plus un denier, j'ai tout abandonné au seigneur comte !

— Oh ! mon père ! je te crois... — s'écria la jeune fille toujours agenouillée. Et se retournant vers Garin, elle tendit vers lui ses mains suppliantes : — Vous entendez le serment de mon père, vous pouvez y ajouter foi.

— Je crois Bezenecq le Riche incapable de laisser ainsi sa fille dépouillée de tous biens, — répondit le bailli. Et s'adressant aux bourreaux : — C'est à nous qu'il va se confesser... Mettez-le tout nu, étendez-le sur le gril et avivez le brasier. Que les tisons flambent.

Les hommes du seigneur de Plouernel se jetèrent sur Bezeneck le Riche ; malgré sa résistance et les cris déchirants, désespérés, de sa fille, qu'ils contenaient brutalement, ils dépouillèrent le bourgeois de Nantes de ses vêtements, l'étendirent sur le gril ; puis, au moyen des chaînes de fer, l'attachèrent au-dessus du brasier. — Oh ! mon père ! — s'écria Bezenecq, — j'ai méprisé tes conseils... je subis le châtiment de ma lâcheté... de mon égoïsme... Je meurs dans les tortures pour avoir craint de périr les armes à la main, à la tête des serfs révoltés contre les seigneurs franks !... Triomphe, Néroweg ! mais viendra peut-être pour les fils de Joel le jour terrible des représailles !

. . . .

Azenor la Pâle achevait, dans son réduit éclairé par une lampe, la préparation du philtre magique promis par elle au seigneur de Plouernel. Après avoir versé plusieurs poudres dans une liqueur dont elle remplit un flacon, elle tira d'un coffret une petite fiole dont elle but le contenu ; puis elle dit avec un sourire sinistre : — Et maintenant, Néroweg, tu peux venir... je t'attends. — Reprenant alors le flacon demi-plein d'une liqueur mélangée de différentes poudres, elle ajouta : — Il faut remplir ce flacon avec du sang... il faut frapper l'imagination de ces brutes farouches... allons... — ajouta-t-elle en soupirant et se dirigeant vers la tourelle où était relégué le petit Colombaïk. Soulevant alors le rideau qui masquait ce réduit, Azenor vit l'innocente petite créature pelotonnée sur elle-même dans un coin et pleurant silencieusement. — Viens, — lui dit la sorcière d'une voix douce, — viens près de moi. — Le fils de Fergan le Carrier obéit, se leva et s'avança timidement. Hâve, maigre, étiolé par la misère, sa pâle figure avait, comme celle de sa mère, Jehanne la Bossue, un grand charme de douceur. — Tu es donc toujours triste ? — dit Azenor en s'asseyant et attirant l'enfant près d'elle et d'une table où se trouvait un poignard. — Pourquoi pleurer sans cesse ? — Le garçonnet versa de nouvelles larmes. — Quelle est la cause de ton chagrin ?

— Ma mère, mon père, — balbutia l'enfant, pleurant toujours ; — hélas ! je ne les vois plus !

— Tu aimes donc beaucoup ton père et ta mère ? — Le pauvre petit, au lieu de répondre à la sorcière, se jeta à son cou en sanglotant ;

elle ne put s'empêcher de répondre à ce naïf élan de douleur caressante, et embrassa Colombaïk au moment où, craignant d'avoir manqué de respect à Azenor, il allait s'agenouiller devant elle, puis, s'affaissant sur lui-même, il continua de fondre en larmes. La jeune femme, de plus en plus apitoyée, regarda silencieusement Colombaïk pendant quelques instants, et murmura : — Non, non... le courage me manque... je ne veux pas tuer ce pauvre enfant, quelques gouttes de son sang suffiront pour le philtre.

— Déjà sa main s'approchait du poignard placé sur la table, lorsque soudain elle entendit dans la tourelle un bruit étrange. C'était comme le grincement d'une chaîne se déviant difficilement sur un axe de fer ; la sorcière, alarmée, repoussait l'enfant et courait vers la tourelle, lorsqu'elle en vit sortir Fergan le Carrier, pâle, baigné de sueur, tenant à la main son pic de fer. Azenor recula frappée de stupeur et d'effroi, tandis que Colombaïk, poussant un cri de joie, s'élançait vers le carrier, lui tendant les bras en criant : — Mon père !... — Mon père !... — Fergan, ivre de bonheur, laissa tomber sa barre de fer, saisit l'enfant entre ses bras robustes, et l'élevant à la hauteur de sa poitrine, l'étreignit passionnément, interrogeant avec une inexprimable anxiété les traits de Colombaïk, tandis que celui-ci pressait entre ses petites mains la rude figure du carrier, et murmurait en le couvrant de baisers : — Bon père !... oh ! bon père ! je te revois enfin !...

Le serf, sans s'occuper de la présence de la sorcière, dévorait des yeux Colombaïk ; bientôt il dit avec un profond soupir d'allégement : — Il est pâle, il a pleuré, mais il ne semble pas avoir souffert, ils ne lui auront pas fait de mal ! — Et embrassant encore Colombaïk avec frénésie, il répétait : — Mon pauvre enfant ! ah ! combien ta mère sera heureuse ! — Puis, ses alarmes paternelles calmées, il se souvint qu'il n'était pas seul, et ne doutant pas qu'Azenor ne fût la magicienne dont le nom redoutable était parvenu jusqu'aux serfs de la seigneurie, il déposa son fils à terre, ramassa son pic, s'approcha lentement de la jeune femme d'un air farouche, et lui dit : — C'est donc toi qui fais voler les enfants pour servir à tes sorcelleries diaboliques ? — Puis, le regard étincelant, il leva des deux mains sa barre de fer : — Tu vas mourir, infâme sorcière !

— Père, ne la tue pas ! — dit vivement l'enfant en enlaçant de ses deux bras les genoux du carrier ; — oh ! ne tue pas cette bonne dame qui m'embrassait lorsque tu es entré !...

Fergan regarda Azenor, qui, sombre, pensive, les bras croisés sur son sein palpitant, semblait braver la mort, et s'adressant à l'enfant : — Cette femme t'embrassait ?

— Oui, père... et depuis que je suis ici, elle

a été douce pour moi, elle a cherché à me consoler... et bien souvent m'a bercé dans ses bras.

— Alors, — dit le carrier en s'adressant à la sorcière, — pourquoi as-tu fait enlever mon enfant? J'attends tes explications.

Azenor la Pâle, sans répondre à la question du serf et poursuivant la pensée qu'elle méditait, dit à Fergan : — Où aboutit l'issue par laquelle tu as pénétré dans cette tourelle?

— Que t'importe?

La jeune femme alla vers un meuble de chêne massif, y prit un coffret, l'ouvrit et montrant au carrier les pièces d'or dont il était rempli : — Prends cette cassette et laisse-moi t'accompagner; tu as pu t'introduire par un passage secret dans ce donjon, tu pourras en sortir. Nous nous échapperons ensemble de cet antre maudit. Je paie richement ma rançon.

— Toi.... tu songerais à m'accompagner?

— Je veux fuir ce château où je suis prisonnière et aller rejoindre à Angers Wilhelm IX, duc d'Aquitaine... — Puis, s'interrompant et tendant l'oreille vers la porte, Azenor fit un signe à Fergan pour lui recommander le silence et reprit tout bas : — J'entends des voix et des pas dans l'escalier, on monte ici... c'est Néroweg!

— Le comte! — s'écria le carrier avec une joie farouche et s'avançant vers la porte. — Ah! *Pire qu'un loup!* tu ne mordras plus personne! Je vais tuer le misérable!...

— Demeure en repos, ou nous sommes perdus, — dit Azenor à voix basse. — Le comte n'est pas seul; songe à ton fils! — Puis, montrant d'un geste rapide le meuble de chêne massif, elle dit précipitamment au serf et toujours à voix basse : — Mets ce meuble en travers de la porte. Hâte-toi, nous aurons le temps de fuir, ton ennemi Néroweg n'a plus que quelques degrés à monter... j'entends résonner ses éperons sur les dalles de pierre.

Fergan, ne songeant qu'au salut de son enfant, suivit le conseil d'Azenor la Pâle et, grâce à la force herculéenne dont il était doué, il parvint à pousser le meuble massif en travers de la porte, dont le battant, ainsi barricadé, ne pouvait plus se développer en dedans de la chambre; la sorcière s'enveloppa en hâte d'une mante, prit dans le meuble d'où elle avait tiré la cassette un petit sac de peau contenant des pierreries, et dit au carrier, en lui montrant le coffret : Prends cet or et fuyons.

— Porte ton or! je porte mon enfant et mon pic pour le défendre! — répondit le serf en ramassant d'une main sa barre de fer et asseyant sous son bras gauche le petit Colombaïk, qui s'attacha au cou de son père. A ce moment, les fugitifs entendirent au dehors le bruit de la clé qui tournait dans la serrure, puis la voix du seigneur de Plouernel : — Qui retient cette porte en dedans? Est-ce un de tes sortilèges, sorcière maudite! — Pendant que le comte frappait à la porte et l'ébranlait en vain, redoublant d'imprécations, le carrier, son fils et Azenor, réunis dans la tourelle, se préparaient à fuir par le passage secret. L'une des dalles du sol, ayant basculé au moyen d'un contre-poids et de chaînes enroulées sur un axe de fer, laissait apercevoir les premiers degrés d'un escalier si étroit, qu'il pouvait à peine donner passage à une personne, escalier d'une cage si peu élevée en cet endroit que l'on ne pouvait descendre ses dix premiers degrés qu'en se laissant couler assis de marche en marche, renversé presque sur le dos. Azenor s'engagea la première dans l'étroite issue, le petit Colombaïk l'imita; ils furent suivis par Fergan, qui fit ensuite jouer le contre-poids; la dalle, reprenant sa position habituelle, masqua de nouveau le passage secret. Cette partie rapide et surbaissée de l'escalier était pratiquée dans la culée de la tourelle à l'endroit où sa base formait saillie en dehors de la muraille du donjon; ces marches aboutissaient à l'étroite spirale de pierre qui, pratiquée dans ce mur, de dix pieds d'épaisseur, descendait jusqu'aux dernières profondeurs du donjon. A chaque étage, une sortie habilement masquée donnait accès sur cette issue secrète, qu'aucun jour du dehors n'éclairait; mais Fergan, muni d'amadou, d'un briquet et d'une mèche pareille à celle dont il se servait durant son travail au fond des carrières, l'alluma, et son pic de fer d'une main, sa lumière de l'autre, il précéda son fils et Azenor dans la spirale de pierre. La descente s'opérait lentement.

Bientôt les fugitifs, laissant au-dessus d'eux le niveau du sol de la salle de la table de pierre, située au rez-de-chaussée, arrivèrent à la partie de l'escalier correspondant aux prisons souterraines; en cet endroit, le couloir servait non seulement de moyen de retraite en cas de siège, mais il permettait encore au châtelain de venir épier ses prisonniers et de surprendre les confidences qu'ils pouvaient se faire entre eux. Par sa construction, le cachot de Bezenecq le Riche facilitait tout particulièrement cet espionnage; de plus, une dalle de trois pieds carrés, de deux pouces d'épaisseur, scellée sur une forte planche de chêne à charnière, formait une espèce de porte revêtue de pierre, invisible à l'intérieur du sombre réduit, mais facile à ouvrir du dehors; le seigneur se réservait ainsi un accès dans les lieux souterrains, même à l'insu des habitants du château. Au-dessus de cette issue était sculpté en dedans du cachot le masque hideux dont la vue avait effrayé la fille du marchand; les deux yeux et la bouche de cette figure de pierre, troués dans toute l'épaisseur du mur, extérieurement creusé en forme de niche, permettaient à l'espion posté dans cette cachette d'apercevoir les prisonniers et d'écouter leurs entretiens. Ainsi, quelques heures auparavant, Fergan le Carrier, montant à la lueur de sa mèche d'étage en étage sur la tourelle d'Azenor, avait entendu la conversation de l'évêque de Nantes et de Yeronimo, légat du pape, puis celles du bourgeois de Nantes et de sa fille. Les fugitifs se trouvaient au niveau du cachot de Bezenecq, lorsque soudain jaillirent à travers les ouvertures du masque de pierre des rayons lumineux dont le foyer se trouvait dans l'intérieur de la prison.

Fergan précédait son fils et Azenor, il s'arrêta, entendant des éclats de rire rauques, effrayants comme ceux d'un fou ; le serf regarda par les trous percés à l'endroit des yeux du masque, et voici ce qu'il vit aux lueurs d'une lanterne posée à terre : deux cadavres nus, suspendus, l'un par le cou à la potence de fer scellée dans la muraille, l'autre par le flanc au croc de fer ; le premier, raidi, horriblement distendu, disloqué par le poids énorme de la pierre attachée à ses pieds ; le second, accroché par les chairs au croc aigu qui pénétrait dans les entrailles, avait le buste renversé en arrière et les bras ballants contre les jambes. Ces victimes, enlevées peu d'heures auparavant, lors du passage d'une nouvelle troupe de voyageurs sur les terres du seigneur de Plouernel, et amenées dans cette prison, mieux garnie que les autres en instruments de supplice, n'avaient pas survécu à la torture. Le cadavre de Bezenecq le Riche était enchaîné sur le gril, au-dessus des débris du foyer alors éteint. Les souffrances de ce malheureux avaient été si atroces que ses membres, assujettis par des liens de fer, s'étaient convulsivement tordus ; au moment d'expirer sans doute, il avait, dans un suprême effort, tourné la tête du côté de sa fille, afin de mourir les yeux fixés sur elle. La figure du marchand, noirâtre, effrayante, conservait l'expression de son agonie ; à quelques pas du corps de son père, Isoline, accroupie sur la couche de paille, les genoux enlacés de ses deux bras, se balançait d'avant en arrière, poussant de temps à autre avec une sorte de cadence des éclats de rire insensés. Elle était devenue folle. Fergan, ému de pitié, songeait à délivrer la fille de Bezenecq, lorsque la porte du cachot s'ouvrit, et Gonthram, fils aîné de Néroweg VI, entra un flambeau à la main et les joues empourprées ; l'éclat de son regard, sa démarche incertaine, annonçaient son ivresse ; en s'approchant d'Isoline, il heurta le gril où gisait le cadavre du bourgeois de Nantes. Sans s'émouvoir de ce spectacle, Gonthram s'avança vers la jeune fille, la saisit rudement par le bras et lui dit d'une voix avinée : — Viens... suis-moi ! — La folle ne parut pas l'entendre, ne leva pas même les yeux sur lui et continua de se balancer en riant. — Tu es très gaie, — dit le louveteau ; — moi aussi, je suis gai ! Viens là-haut, nous rirons ensemble !

— Ah ! traître ; — s'écria d'une voix essoufflée un nouveau personnage en se précipitant dans le cachot, — je me doutais de ton dessein en te voyant quitter la table au moment où mon père montait chez la sorcière ! — Et se jetant sur son frère, *Guy*, le second fils de Néroweg VI, s'écria : — Si tu veux cette fille, tu la payeras de ton sang !

— Vil bâtard ! toi, le fils du chapelain de ma mère, tu oses me menacer ! — Et dans sa rage, augmentée par son ivresse, levant son flambeau de cire allumé, Gonthram en frappa son frère au visage et tira son épée ; Guy poussa un hurlement de rage et mit aussi l'épée à la main ; la lutte ne fut pas longue, Guy tomba sans vie aux pieds de son frère, qui s'écria : — Le bâtard est mort... je suis le plus brave... à moi la fille !... — Et se précipitant sur Isoline : — Maintenant tu m'appartiens !

— Non ! — s'écria une voix menaçante ; et avant que Gonthram, qui tenait la fille de Bezenecq le Riche enlacée dans ses bras, eût pu se retourner, il reçut sur le crâne un terrible coup de barre de fer qui le renversa sur le corps de son frère. De la cachette où se tenait Fergan, celui-ci avait vu commencer la lutte fratricide et s'était introduit dans le cachot par l'ouverture secrète, au plus fort du combat des deux fils de Néroweg VI. Les moments pressaient, quelques-uns des hommes du seigneur de Plouernel, remarquant l'absence prolongée des deux louveteaux, pouvaient descendre dans les souterrains ; Fergan prit la pauvre folle par la main et la conduisit jusqu'à l'issue secrète. — Maintenant, — baisse-toi, chère enfant, et passe par cette ouverture. — Isoline resta immobile. Renonçant à se faire comprendre d'elle, Fergan appuya fortement ses deux mains sur les épaules de la jeune fille ; elle céda machinalement à cette pression, fléchit les genoux et s'agenouilla devant l'issue ouverte. — Femme ! — dit alors le serf à Azenor la Pâle, restée en dehors du cachot et contemplant les deux corps sanglants des deux fils de Néroweg VI, — prends les mains de cette infortunée et tâche de l'attirer à toi... elle obéira peut-être à ton mouvement.

— Pourquoi emmener cette folle ? — dit Azenor à Fergan, — elle va retarder notre marche et accroître les difficultés de notre fuite.

— Je veux sauver cette infortunée.

Isoline, soutenue par Fergan, que précédait Colombaïk portant la mèche allumée, descendit péniblement les degrés de l'escalier. Les fugitifs, s'enfonçant de plus en plus dans les entrailles de la terre, arrivèrent aux dernières marches de la spirale de pierre ; elle aboutissait à un souterrain creusé en plein roc, à une telle profondeur que, passant sous la nappe d'eau du puits gigantesque au milieu duquel s'élevait le donjon, il avait son issue à une demi-lieue du château, parmi des blocs de rochers entassés au fond d'un précipice caché sous d'épaisses broussailles...

Enfermé dans ce souterrain avec les serfs qui partagèrent son sort, Den-Braô *le maçon* était mort en proie aux tortures de la faim.

. . . .

L'aube naissante succédait à cette nuit, pendant laquelle les fugitifs étaient parvenus à s'échapper du manoir de Plouernel ; Jehanne la Bossue, assise au seuil de sa hutte située à l'extrémité du village, tournait incessamment ses yeux baignés de larmes vers la route par laquelle devait revenir Fergan, parti depuis la veille à la recherche du petit Colombaïk ; soudain, la serve entendit au loin un grand tumulte, causé par l'approche d'une foule nombreuse ; de temps à autre retentissaient des clameurs confuses, prolongées, que dominaient ces cris poussés avec frénésie : — Dieu le veut !... Dieu le veut ! — Enfin, Jehanne aperçut, débouchant d'un chemin et se dirigeant vers le village, une multitude de gens ; à leur tête marchaient un moine monté sur une vieille mule blanche, dont les os perçaient la peau, et un homme de guerre chevauchant sur un petit cheval noir, non moins maigre que la mule de son compagnon.

Le moine, appelé par les uns Pierre l'Ermite, par le plus grand nombre *Coucou-Piètre* portait un froc brun déguenillé ; sur sa manche gauche, à la hauteur de l'épaule, était cousue une *croix* d'étoffe rouge, signe de ralliement des *Croisés* partant pour la sainte *croisade*. Une corde lui servait de ceinture ; ses pieds nus, chaussés de mauvaises sandales, reposaient sur des étriers de bois ; son capuchon rabattu laissait voir son crâne chauve, crasseux et osseux comme sa figure bronzée par l'ardent soleil de la Palestine ; ses yeux caves, brillant d'un feu sombre, flamboyaient au fond de leur orbite ; ses traits décharnés exprimaient un fanatisme sauvage ; d'une main il tenait une croix de bois rustique à peine équarrie, dont il frappait de temps à autre la croupe de sa mule, afin d'accélérer sa marche.

Le compagnon de Coucou-Piètre était un chevalier gascon surnommé Gauthier sans Avoir ; d'une physionomie aussi grotesque, aussi joviale que celle du moine était farouche et sinistre, le seul aspect de cet aventurier provoquait le sourire ; son regard pétillant de malice, son nez démesurément long et rejoignant presque son menton, sa bouche goguenarde, fendue de l'une à l'autre oreille, ses traits toujours grimaçants divertissaient tout d'abord, et lorsqu'il parlait, ses bouffonneries, ses saillies plaisantes, débitées avec la verve méridionale, portaient l'hilarité à son comble. Coiffé d'un vieux casque rouillé, fêlé, bossué, orné d'une touffe de plumes d'oie à demi brisées, la poitrine couverte d'une cuirasse non moins rouillée, non moins fêlée, non moins bossuée que son casque, *Gauthier sans Avoir* portait aussi la croix rouge à la manche gauche de son pourpoint rapiécé ; chaussé de peaux de mouton attachées autour de ses longues jambes de héron avec des cordes, il se tenait aussi triomphant sur son maigre cheval noir, au poil hérissé comme celui d'un bourriquet, qu'il appelait *Soleil de gloire*, que s'il eût enfourché un fringant dextrier de bataille ; sa longue épée à fourreau de bois, qu'il nommait la *Commère de la Foi*, pendait à son baudrier de cuir. A son bras gauche il portait un bouclier en fer-blanc couvert de peintures grossières ; l'une, occupant la partie supérieure, représentait un homme vêtu de haillons, bissac au dos, bâton de voyage en main, qui partait pour la croisade, ainsi que l'indiquait la croix d'étoffe rouge figurée sur son épaule ; la peinture inférieure du bouclier représentait ce même homme, non plus hâve et maigre, non plus couvert de guenilles, mais splendidement habillé, crevant d'embonpoint et étendu sur un lit couvert d'étoffe pourpre, à côté d'une belle Sarrasine sans autre vêtement que ses colliers et ses bracelets ; un Sarrasin, coiffé d'un turban et piteusement agenouillé, versait le contenu d'un coffre rempli d'or au pied du lit où le croisé s'ébattait avec sa compagne dans les postures les plus obscènes. La crudité même de l'idée qu'exprimaient ces peintures grossières devait frapper vivement l'esprit naïf des multitudes.

A la suite de Coucou-Piètre et de Gauthier sans Avoir venait une foule d'hommes, de femmes, d'enfants, serfs ou vilains, mendiants, vagabonds, prostituées, voleurs, ces derniers reconnaissables à leurs oreilles coupées, ainsi que les meurtriers, dont quelques-uns, par ostentation sanguinaire, ornaient leur poitrine d'un morceau de toile noire où se voyaient figurées en blanc une ou deux, quelquefois trois ou quatre têtes de mort ; sinistre emblème signifiant que la sainte croisade absolvait, si nombreux qu'ils fussent, les meurtres commis par ces criminels. Tous avaient la croix rouge à l'épaule gauche. Des femmes portaient sur leurs dos leurs enfants trop petits pour marcher, ou trop fatigués déjà pour continuer leur route ; d'autres femmes parvenues à un état de grossesse avancée, s'appuyaient sur le bras de leurs maris, chargés d'un bissac contenant tout l'avoir du ménage. Les moins misérables de ces croisés voyageaient sur des ânes, sur des mules ou dans des charrettes ; ils emmenaient avec eux tout ce qu'ils possédaient, jusqu'aux porcs et aux volailles; celles-ci, attachées par les pattes aux ridelles du chariot, gloussaient à assourdir; d'autres pauvres gens se faisaient suivre de leur chèvre nourricière ou d'une brebis apprivoisée ou même d'une ou de plusieurs vaches.

On voyait encore çà et là, contrastant avec cette multitude déguenillée, quelques couples, le cavalier en selle et son amoureuse en croupe, heureux de fuir, par ce saint pèlerinage, la surveillance jalouse ou gênante d'un père ou d'un époux; ces échappés prenaient aussi leur joyeuse volée vers l'Orient. Parmi eux se trouvait Eucher avec la belle Yolande, dépossédée de l'héritage de son père par le seigneur de Plouernel. Ils avaient vendu quelques bijoux, avaient donné la moitié du prix de leur vente à la mère d'Yolande, et, avec le reste de la somme, les amoureux avaient acheté une mule de voyage pour suivre les croisés jusqu'à Jérusalem.

Cette foule, composée de trois à quatre mille personnes venant d'Angers ou des pays voisins de cette cité, se recrutait incessamment sur la route de nouveaux pèlerins; les figures des serfs et des vilains respiraient la joie: pour la première fois, ils quittaient une terre maudite arrosée de leurs sueurs, de leur sang, à laquelle, de génération en génération, eux et leurs pères avaient été jusqu'alors enchaînés par la volonté de leurs seigneurs; enfin ils jouissaient d'un jour de liberté, bonheur inappréciable pour l'esclavage. Leurs cris joyeux, leurs chants désordonnés, grossiers, licencieux, retentissaient au loin, et de temps à autre ils répétaient avec frénésie ces mots hurlés par Coucou-Piètre d'une voix enrouée: « Mort aux Sarrasins! Marchons à la délivrance du saint-sépulcre! Dieu le veut! » Ou bien encore ils répétaient après le chevalier gascon Gauthier sans Avoir: « A nous Jérusalem, la ville des merveilles! à nous Jérusalem, la ville des ripailles, du bon vin, des belles putains, de l'or et du soleil! à nous la terre promise! »

Cette troupe, chantant, dansant, hurlant d'allégresse, traversa le village et passa devant la hutte de Fergan; les serfs, au lieu de se rendre aux champs pour commencer leurs durs travaux, accouraient au-devant de la multitude, alors resserrée entre les deux rangées de masures bordant le chemin. Jehanne, debout au seuil de sa porte, regardait passer cette cohue avec un mélange de surprise et de frayeur. Un grand coquin à figure railleuse et patibulaire, surnommé par ses compagnons *Corentin Nargue-Gibet*, donnait le bras à une toute jeune fille qu'on appelait *Perrette la Ribaude*. Elle aperçut la pauvre Jehanne la Bossue debout au seuil de sa masure, et lui cria, faisant allusion à sa difformité: — Hé! toi qui portes ton bagage sur ton dos, viens avec nous à Jérusalem, tu y seras admirée comme un prodige au milieu des merveilles!

— Par le nombril du pape! par le cul de Satan! tu as raison, ma ribaude! s'écria Nargue-Gibet; — il ne doit pas y avoir de bossues à Jérusalem, le pays des belles Sarrasines, selon le dire de notre ami Gauthier sans Avoir. Nous ferons voir cette bossue pour de l'argent... Allons! — dit le bandit en saisissant Jehanne par le bras, — suis-nous, chameau!

— Oui, oui, — ajouta Perrette la Ribaude en riant aux éclats et saisissant l'autre bras de la femme du carrier, — viens à Jérusalem, viens au pays des merveilles.

— Laissez-moi, dit la pauvre Jehanne en se débattant, — par pitié, laissez-moi! J'attends mon mari et mon enfant.

Mais forcée de suivre ses persécuteurs, et emportée malgré elle par le flot des croisés, Jehanne craignant d'être étouffée ou écrasée sous les pieds de la multitude, n'essaya pas de lutter contre le torrent. Soudain, au lieu de continuer d'avancer, la foule reflua, et ces mots coururent de bouche en bouche: — Silence! Coucou-Piètre et Gauthier sans Avoir vont parler, silence! — Alors un grand silence se fit, le moine et son compagnon, faisant halte au milieu d'un vaste terrain où étaient rassemblés ébahis de curiosité, les serfs du village, se préparèrent à haranguer cette pauvre plèbe rustique. Coucou-Piètre arrêta sa mule blanche et se dressant sur la selle, s'écria d'une voix rauque et retentissante, en s'adressant aux serfs de la seigneurie de Plouernel: — Savez-vous, chrétiens, ce qui se passe en Palestine? Le divin tombeau du Sauveur est au pouvoir des Sarrasins! Il est au pouvoir des infidèles, le saint sépulcre de Notre-Seigneur! Malheur! malheur! malédiction! malédiction! — Et le moine se frappa la poitrine, déchira son froc, fit rouler ses yeux caves au fond de leur orbite, grinça des dents, écuma, fit mille contorsions sur sa mule, et reprit avec une furie croissante: — L'infidèle règne en maître dans Jérusalem, la ville sainte! le mécréant insulte par sa présence au tombeau du Christ! et vous, chrétiens, mes frères, vous demeurez indifférents devant cet horrible sacrilège! devant cette abomination!!...

— Non, non! — cria tout d'une voix la foule des croisés qui accompagnait Coucou-Piètre et Gauthier sans Avoir; — mort aux infidèles! Délivrons le saint tombeau! Marchons à Jérusalem, la ville des merveilles et des belles garces! Dieu le veut! Dieu le veut!

Les serfs du village, ignorants, hébétés, craintifs, ouvraient les yeux, les oreilles, se regardaient les uns les autres, n'ayant jamais entendu prononcer les noms de Jérusalem et de Sarrasins, ne comprenaient rien à la furie et aux contorsions du moine; aussi le vieux serf surnommé Martin l'Avisé, celui-là même qui, deux jours auparavant, s'était hasardé à exposer au bailli les doléances de ses compagnons, dit timidement à Coucou-Piètre : — Saint patron, puisque Notre-Seigneur Jésus-Christ trône dans le ciel avec Dieu le père, dans la gloire éternelle, qu'est-ce que ça peut lui faire que son tombeau soit au pouvoir de ceux que vous appelez les Sarrasins ? Veuillez éclairer notre entendement.

— Nous voudrions bien savoir ça, — reprit un autre serf, jeune garçon qui semblait moins hébété que les autres ; — nous demandons ceci d'abord, nous ferons ensuite d'autres questions.

— Oh! oh! — dit Gauthier sans Avoir, — par ma vaillante épée la Commère de la foi ! voici un rude questionneur. Comment t'appelles-tu, mon brave garçon ?

— Je me nomme *Colas Trousse-Lard*.

— Aussi vrai que le jambon est l'ami du vin, tu dois être parent de mon compère *Simon Gratte-Couenne*, — répondit le chevalier gascon, au milieu des éclats de rire des serfs, égayés par cette saillie. — Or, tu voudrais savoir, mon digne Colas Trousse-Lard, ce que cela fait à Jésus-Christ, trônant dans le ciel avec le Père éternel et la douce colombe, son Saint-Esprit, de voir son sépulcre aux Sarrasins ?

— Oui, seigneur, — reprit le jeune serf ; — car enfin, si ça le chagrine, comment, puisqu'il est Dieu, puisqu'il est tout-puissant, ne les extermine-t-il pas? pourquoi ne met-il pas en bouillie d'un seul geste ces Sarrasins ?

— Malheur! abomination! désolation sur le monde! s'écria Coucou-Piètre avec des gestes frénétiques, en coupant la parole à l'aventurier gascon, qui se préparait à répondre. — Ah ! gens sans foi, ingrats, impies, enfants rebelles ! Jésus-Christ vous a donné son sang pour vous racheter... Cela est il vrai? Oui ou non?

— Serfs ont été nos pères, serfs nous sommes, serfs seront nos enfants, — dit Colas Trousse-Lard. — Nous ne sommes donc pas rachetés, saint père, comme vous le prétendez.

La réponse du jeune Colas embarrassa sans doute le moine, car il lui lança des regards foudroyants, se tortilla sur sa mule et reprit d'une voix tonnante : « Malédiction ! désolation ! Ah ! gens de peu de foi ! Jésus vous a donné son sang pour vous racheter, et en retour vous refusez de répandre le sang de ces Sarrasins maudits qui chaque jour outragent son sépulcre! « Voilà ce qu'il dit le divin Sauveur... entendez-vous ! voilà ce qu'il dit ! Ecoutez... »

Puis Gauthier sans Avoir continua sa harangue. « Ces Sarrasins maudits sont gorgés d'or, de pierreries, de vaisselle d'argent, ils habitent un pays merveilleux où se trouvent à profusion, sans qu'on se donne seulement la peine de le cultiver, froment doré, fruits délicieux, vins exquis, commères de tous poils! il faut y aller voir pour le croire! Figurez-vous que l'hiver y est inconnu, le printemps éternel ; les plus pauvres de ses chiens d'habitants ont des maisons de marbre blanc et des jardins enchanteurs ornés de claires fontaines ; les mendiants vêtus d'habits de soie, jouent au petit palet avec des rubis et des diamants. » Un murmure de stupeur, puis d'admiration, circula parmi les serfs; l'œil fixe, la bouche béante, les mains jointes, ils écoutaient avec une avidité croissante l'aventurier gascon : « Tel est donc le miraculeux pays habité par ces chiens de Sarrasins, et les chrétiens, les fils chéris de la sainte Église catholique, habitent des tanières, mangent du pain noir, boivent de l'eau croupie, grelottent sous un ciel glacé l'hiver et pluvieux l'été; non, de par tous les diables ! ça n'est pas juste... Que mes chers frères viennent délivrer le saint sépulcre, exterminer les infidèles, et alors ils auront pour récompense les terres prodigieuses de la Palestine ! A eux Jérusalem, la ville aux murailles d'argent, aux portes d'or cloutées d'escarboucles ! à eux les vins, les jolies pucelles, les richesses des Sarrasins maudits ! Si vous voulez tout cela, braves gens, c'est à vous ! » Et se retournant vers Pierre l'Ermite : — Est-ce vrai saint homme?

— C'est la vérité, — répondit Coucou-Piètre, — c'est la vérité... *Le bien du pêcheur est réservé à l'homme juste*.

A mesure que l'adroit compère de Coucou-Piètre avait fait miroiter aux yeux éblouis des pauvres habitants du village le mirage enchanteur des délices, des richesses de Palestine, bon nombre de ces serfs affamés, vêtus de guenilles, et qui, de leur vie, n'avaient dépassé les limites de la seigneurie de Plouernel, frémirent d'une ardente convoitise, d'une espérance fiévreuse ; d'autres, plus craintifs ou moins crédules, hésitaient à croire à ces merveilles. De ceux-là, le vieux Martin l'Avisé fut l'organe, et s'adressant à ses compagnons : — Mes amis, ce chevalier monté sur un petit cheval noir qui ressemble à un bourriquet vous a dit : « Il faut aller dans ce pays-là pour croire à ces merveilles en les voyant ; » or, selon moi, mieux vaut y croire que d'y aller voir ; ce n'est point le tout de partir pour ces contrées, il faut être assuré d'avoir des vivres pour la route et de pouvoir revenir de si loin.

— Le vieux Martin a raison, — reprirent quelques serfs ; Écoutons-le, restons chez nous.

— Et puis, — ajoutait un autre serf, — ces Sarrasins ne se laisseront point dépouiller sans regimber ; il y aura là des horions à recevoir... des hommes tués, et par milliers...

Ces paroles, échangées à voix haute, n'inquiétèrent pas l'aventurier gascon, il tira sa fameuse épée la Commère de la foi, et indi-

Les croisés (page 682)

quant de sa pointe les peintures dont son bouclier était orné, il s'écria de son accent joyeux et entraînant : — Mes bons amis, voyez-vous ce pauvre homme, son bâton à la main ? Il part pour la terre sainte, sa pochette aussi vide que son ventre, son bissac aussi creux que ses joues; il est si dépenaillé qu'on croirait qu'une bande de chiens a houspillé ses chausses !... Le voyez-vous, ce pauvre homme, il fait vraiment pitié! Quelle misère! quelle dèche, mes amis!

— Oui, oui! — crièrent les serfs tout d'une voix; il fait vraiment pitié.

— Et maintenant, mes amis, que voyez-vous? — reprit l'aventurier gascon en touchant de la pointe de son épée l'autre peinture du bouclier.

— Voici encore notre pauvre homme! Vous ne le reconnaissez pas? Cela ne me surprend pas, il n'est plus le même, ce pauvre homme! et pourtant c'est bien lui, avec la joue vermeille, vêtu comme un seigneur et crevant dans sa peau! A ses côtés il a une belle esclave sarrasine, tandis qu'à ses pieds un Sarrasin vient déposer ses trésors! Eh bien! mes amis, cet homme si pauvre, si dépenaillé en son pays, c'est vous, c'est moi, c'est nous tous... et ce même compère si dodu, si vermeil, si bien vêtu, ce sera vous, ce sera moi, ce sera nous tous, quand nous arriverons en Palestine. Venez donc à la croisade! venez délivrer le tombeau du Sauveur! Au diable guenilles, masures, litières de paille et pain noir! A nous palais de marbre, habits de soie, tapis de pourpre, coupes de vin délicieux, bourses d'or à pleines mains, et belles garces sarrasines pour nous bercer de leurs chants! Venez à la croisade!

— Venez! venez! — cria Coucou-Piètre, — quand vous auriez pillé, incendié, massacré... quand vous seriez adultère, prostituée, fratri-

86ᵉ livraison

cide, parricide, tous vos péchés vous seront remis... Venez à la croisade! En voulez-vous un exemple, mes chers frères? Wilhelm IX, duc d'Aquitaine, un impie, un ravisseur, un débauché, qui compte ses crimes et ses adultères par milliers, Wilhelm IX, ce scélérat endiablé, part demain de sa ville d'Angers pour la Palestine... blanc comme l'agneau pascal.

— Et moi blanc comme un signe! — dit Corentin Nargue-Gibet. — Dieu le veut! Partons pour Jérusalem!

— Et moi blanche comme une colombe! — dit Perrette la Ribaude en riant aux éclats. — Dieu le veut! Partons pour Jérusalem!

— Oui, oui, partons pour la croisade! — crièrent les plus hardis des serfs du village, enivrés par ces espérances; — partons pour Jérusalem! — D'autres, moins résolus, moins aventureux, et c'était le plus grand nombre, suivaient les conseils du vieux Martin l'Avisé, craignant de risquer leur sort, quoique horriblement misérable, contre les hasards d'un voyage périlleux en des pays inconnus; ils trouvaient insensé l'exaltation de leurs compagnons de servitude. — D'autres, enfin, hésitaient encore à prendre une si grave détermination, aussi Colas Trousse-Lard dit-il à Gauthier sans Avoir: — Partir, c'est bien! mais que dira notre seigneur? Il nous est défendu de quitter ses domaines sous peine d'avoir les pieds coupés, ce qu'il ordonnera certainement.

— Votre seigneur! — reprit l'aventurier gascon en riant aux éclats; — moquez-vous de votre seigneur comme d'un loup pris au piège! Demandez donc à ces bons compagnons qui nous suivent s'ils ont eu souci de leur seigneur.

— Non, non, au diable les seigneurs! — crièrent les croisés; — nous allons à Jérusalem... Dieu le veut! Dieu le veut!

— Quoi! — reprit Coucou-Piètre, — l'Eternel veut quelque chose, et un seigneur, un misérable ver de terre, oserait s'opposer à sa volonté!... Oh! désolation! malédiction éternelle sur le seigneur, sur le père, sur l'époux, sur la mère, qui oseraient arrêter le saint entraînement de leurs enfants, de leurs femmes, de leurs serfs, qui courent à la délivrance du tombeau du Seigneur!

Ces paroles de Pierre l'Ermite furent accueillies par les acclamations des croisés; la belle Yolande et son amant Eucher, ainsi que d'autres couples amoureux, crièrent à l'envi plus fort que tous les autres: — Dieu le veut! il n'y a pas de volonté contre la sienne!

— Maître Gauthier sans Avoir, — reprit Colas Trousse-Lard en se grattant l'oreille, est-ce qu'il y a loin d'ici à Jérusalem!

— Il y a la distance du péché au salut! — s'écria Coucou-Piètre d'une voix retentissante; — le chemin est court pour les croyants, mais sans terme pour les impies! Es-tu chrétien ou mécréant? Es-tu idolâtre ou bon catholique?

Colas Trousse-Lard ne se trouvant point, non plus que quelques autres serfs encore hésitants comme lui, suffisamment renseigné par la réponse du moine sur la longueur du voyage, reprit: — Enfin, mon père, on dit qu'il y a grandement loin d'ici à Nantes; y a-t-il aussi loin d'ici à Jérusalem?

— Homme de peu de foi! — riposta Pierre l'Ermite, — oses-tu vouloir mesurer le chemin qui conduit au paradis où est la sainte Vierge?

— Par les quatre pieds agiles de mon bon cheval Soleil de gloire! ils songent à la longueur de la route? — s'écria Gauthier sans Avoir. — Hé! mes amis, l'oiseau sortant de cage s'enquiert-il de la longueur du chemin dès qu'il peut voler en liberté! l'âne du moulin tournant sa meule et piétinant de l'aube au soir dans le même circuit ne fait-il pas autant de chemin que le cerf errant à son gré dans les bois? O mes amis! ne vaut-il pas mieux, au lieu de piétiner sans cesse comme l'âne du moulin cette terre seigneuriale où vous êtes enchaînés, marcher à l'aventure, libres, joyeux comme cerf en forêt, et voir chaque jour des pays nouveaux?

— Si, si, — reprit Nicolas, — mieux vaut être le cerf des bois que l'âne du moulin. Partons en Palestine?

— Oui, partons en Palestine! — crièrent plusieurs autres habitants du village. — En route! en route pour le pays des merveilles!

— Mes amis, prenez garde! — dit à son tour le vieux Martin l'Avisé en hochant la tête; — l'âne du moulin reçoit du moins le soir à l'étable sa maigre pitance. Les cerfs des forêts ne s'en vont point paître en bandes, aussi trouvent-ils leur suffisance dans les bois; mais si vous partez avec cette grosse troupe, et que chemin faisant toujours elle augmente, vous finirez par être des mille et des milliers de mille en arrivant à Jérusalem. Qui donc, mes amis, vous nourrira? qui donc vous logera durant la route, qui donc vous donnera chaussures et vêtements?

— Et qui loge et nourrit les oiseaux du bon Dieu! hommes de peu de foi! — s'écria Coucou-Piètre. Est-ce que les oiseaux portent avec eux des provisions? est-ce qu'ils ne picorent pas les moissons du chemin, nichant chaque soir sous le chaume des maisons? Répondez, pécheurs endurcis!...

— Foi de Nargue-Gibet! vous pouvez croire ce saint homme! — s'écria Corentin; — aussi vrai que Perrette a la mine égrillarde, notre route, depuis Angers jusqu'ici, n'a été qu'une longue picorée pour nous autres gros oiseaux à deux pattes. Quelles ripailles! Poulets et pigeons! jambons et saucissons! porcs et moutons! tonnes de vin! tonnes d'hydromel! par

mon ventre et mon gosier! nous avons fait rafle de tout sur notre passage ne laissant derrière nous qu'os à ronger, tonnes à égoutter!
— Et si ces bonnes gens se plaignaient, — ajouta Perrette la Ribaude en riant aux éclats, —nous leur répondions : « Taisez-vous, oisons, Coucou-Piètre a lu dans les saints livres que *le bien du pécheur est réservé à l'homme juste!* Ne sommes-nous pas les *justes,* nous autres qui allons délivrer le saint tombeau ? n'êtes-vous pas des *pécheurs,* vous autres qui restez ici à croupir dans votre couardise ? » Et s'ils soufflaient mot, ces oisons, Nargue-Gibet, soutenu par toute la bande, achevait de les convaincre à grands coups de bâton.

Ces saillies de Perrette et de Corentin achevèrent de décider ceux des serfs qui hésitaient encore à partir ; ne voyant dans la route qu'une longue et joyeuse ripaille, bon nombre d'entre eux, et Colas Trousse-Lard à leur tête s'écrièrent : — Partons pour Jérusalem, le pays des belles garces, des bons vins et des lingots d'or.

— Allons, en route, mes compères! n'ayez souci ni du chemin, ni du logis, ni de la nourriture; le bon Dieu nous prendra sous son aile, — ajouta Gautier sans Avoir. — En route, en route!... Avez-vous des provisions ? emportez-les; avez-vous des ânes ? montez-les ; des charrettes ? attelez-les, mettez-y femmes et enfants ; si vous n'avez que vos jambes, sanglez-vous les reins, et en route pour Jérusalem! Nous sommes des cent et des cent, nous serons bientôt des mille et des mille, nous serons plus tard des centaines de mille; et en arrivant en Palestine, nous trouverons trésors et délices pour tous, belles femmes, bons vins, riches vêtements et lingots d'or à foison!

— Et tous nous aurons gagné notre salut éternel! nous aurons une place au paradis — ajouta Coucou-Piètre d'une voix éclatante, en agitant sa croix de bois au-dessus de sa tête. — Partons pour Jérusalem!... Dieu le veut!...

— En route!... partons pour la Palestine!... —s'écrièrent une centaine de serfs du village, entraînés par Colas malgré les prudents conseils du vieux Martin l'Avisé. Ces malheureux, en proie à une sorte de délire, coururent à leurs huttes, y ramassèrent le peu qu'ils possédaient ; les uns bâtant leur âne à la hâte ; les moins misérables attelant un cheval ou des bœufs à leur charrette et y faisant monter leur famille tandis que Pierre l'Ermite et Gauthier sans Avoir, afin d'enflammer encore l'ardeur de ces nouveaux soldats de la foi pendant qu'ils faisaient leurs préparatifs de départ, entonnaient ce chant des croisades, bientôt répété en chœur par tous les croisés :

« — Jérusalem! Jérusalem — ville des merveilles, — ville heureuse entre toutes, — tu es l'objet des vœux des anges, — et tu fais leur bonheur! Tu seras nos délices!

« — Le bois de la croix — est notre étendard ; — suivons ce drapeau — qui marche en avant, — guidé par le Saint-Esprit!

« — Jérusalem! Jérusalem! — ville de merveilles, — ville heureuse entre toutes, — tu es l'objet des vœux des anges, — et tu fais leur bonheur! — Jérusalem! Jérusalem! »

Jehanne la Bossue, parvenue à se délivrer des mains de Corentin et de sa ribaude, avait, non sans peine traversé la foule et se disposait à regagner, par les dehors du village, sa pauvre demeure, afin d'y attendre le retour de son mari et de son fils, retour qu'elle n'osait plus espérer: soudain, elle devint pâle comme une morte et voulut crier, mais l'épouvante paralysait sa voix. Jehanne, de l'endroit un peu élevé où elle se trouvait, voyait dans la plaine, Fergan le Carrier, portant son fils entre ses bras, se diriger vers le village, fuyant à toutes jambes devant Garin Mange-Vilain; celui-ci, pressant son cheval de l'éperon, poursuivait le serf l'épée à la main ; plusieurs hommes d'armes, à pied, suivant au loin les traces du bailli, essayaient de le rejoindre pour lui prêter main-forte. Fergan, malgré ses efforts pour échapper à Garin, avait à peine une avance de cinquante pas ; cette distance diminuait de moment en moment; déjà par deux fois, croyant le carrier à la portée de son épée, le bailli avait cherché à l'atteindre en se penchant sur l'encolure de son cheval ; mais, grâce à plusieurs crochets semblables à ceux du lièvre devant le lévrier, Fergan avait échappé à la mort ; enfin, prenant un élan désespéré, il courut pendant quelques pas droit devant lui avec une incroyable rapidité; puis il disparut soudain aux yeux de Jehanne, comme s'il se fût abîmé dans les entrailles de la terre. Au bout d'un instant, la pauvre femme vit Garin, arrêtant à grand'peine son cheval à peu près à l'endroit où le carrier venait de disparaître, lever avec rage son épée vers le ciel ; puis, au lieu de pousser droit devant lui, tourner à gauche, et suivre à toute bride, dans le prolongement, une ligne verdoyante qui coupait transversalement la plaine. Jehanne comprit alors que son mari, au moment d'être atteint ayant sauté avec son enfant au fond d'un fossé infranchissable pour le cheval du bailli, celui-ci s'était vu forcé de côtoyer la berge de cette tranchée jusqu'à un pont qu'il fallait traverser pour se rendre au village où Garin comptait sans doute s'emparer du carrier. Jehanne craignait que son mari ou son fils se fussent blessés en sautant au fond du fossé ; mais bientôt elle vit le petit Colombaïk, s'aidant de ses mains, sortir de la tranchée, soutenu par son père dont l'on n'apercevait que les deux bras;

Fergan sortit à son tour, reprit son enfant, et chargé de ce cher fardeau, continua de fuir à toutes jambes vers le village, où il espérait arriver avant le bailli. Malgré sa faiblesse, Jehanne, s'élançant à la rencontre de son fils et de son mari, les rejoignit. Fergan, alors, sans s'arrêter et portant toujours l'enfant, dit à sa femme d'une voix haletante, épuisée :
— Gagnons le village, tâchons d'y devancer Garin, et nous serons sauvés !
— Mon petit Colombaïk... enfin te voilà ! — disait Jehanne la Bossue tout en courant à côté du serf et dévorant son fils des yeux, oubliant, à sa vue, les périls passés et présents, tandis que Colombaïk, souriant et tendant vers elle ses petits bras, lui criait :
— Mère !... mère !... combien je suis heureux de te revoir ! chère et bonne mère !
— Oh ! s'écriait le serf en redoublant d'efforts afin de gagner le village avant Garin, qui poussait son cheval à toute bride, — si je n'avais été attardé pour enterrer une morte au sortir du souterrain, j'aurais été ici avant le jour ! Nous aurions été réunis pour la fuite.
— Mon enfant !... ils ne t'ont pas fait de mal ? — disait Jehanne, ne songeant qu'à son fils, dont elle avait saisi une des mains qu'elle baisait en pleurant et continuant de courir à côté de son mari. A ce moment, le chant de départ des croisés retentit au loin avec une nouvelle puissance. Jérusalem ! la ville des merveilles !
— Quels sont ces chants ? — demanda le carrier ; — quelle est cette grande foule rassemblée là-bas ? D'où viennent tous ces gens ?
— Ce sont ceux qui s'en vont, disent-ils, à Jérusalem. Grand nombre des habitants du village les suivent ; ils sont comme fous !
— Nous sommes bien réellement sauvés ! — s'écria Fergan le Carrier, frappé d'une idée subite ; — partons avec eux !
— Quoi ! Fergan ! — s'écria Jehanne, haletante, épuisée par cette marche précipitée ; — nous en aller au loin avec notre enfant !
Mais le serf, qui se voyait à cent pas au plus du village, ne répondit rien, et suivi de Jehanne, il atteignit enfin la foule, au milieu de laquelle il tomba, brisé de fatigue, avec Colombaïk, en disant à sa femme, qui l'avait rejoint :
— Ah ! sauvés ! nous sommes sauvés !
Garin Mange-Vilain, continuant de pousser son cheval le long du fossé jusqu'au pont qu'il traversa, remarquait avec surprise cette multitude qui encombrait la place et les abords du village ; il s'en approchait, lorsqu'il vit venir à lui plusieurs des serfs qui préféraient leur écrasant servage aux chances d'un voyage lointain et inconnu. Parmi eux se trouvait le vieux Martin l'Avisé ; pour flatter le bailli il lui dit en tremblant : — Bon maître Garin, nous ne sommes pas de ces rebelles qui osent fuir les terres de leur seigneur pour s'en aller en Palestine avec cette troupe de croisés passant par le pays... nous ne voulons pas abandonner les domaines de notre seigneur, nous voulons travailler pour lui jusqu'à notre dernier jour.
— Sang et mort ! — s'écria le bailli, oubliant le carrier à l'annonce de cette désertion d'un grand nombre de serfs ; les misérables qui ont osé penser à fuir seront suppliciés ! — La foule s'écartant devant le cheval de Garin, il arriva près du moine et de Gauthier sans Avoir, qu'on lui désigna comme chefs des croisés ; s'adressant alors à eux d'un air menaçant : — De quel droit entrez-vous ainsi en grande troupe sur le territoire de mon seigneur Néroweg VI, comte souverain du pays de Plouernel ? — Puis, élevant davantage la voix et s'adressant aux habitants du village : — Ceux d'entre vous, serfs et vilains, qui auriez l'audace de vouloir suivre ces vagabonds auront sur l'heure les mains et les pieds coupés... comme rebelles...
— Impie !... blasphémateur !... — s'écria Coucou-Piètre d'une voix tonnante, en interrompant le bailli ; — tu oses menacer des chrétien qui s'en vont à la délivrance du tombeau du Seigneur !... Malheur sur toi...
— Scélérat enfroqué ! reprit le bailli, bouillant de colère, en tirant son épée, — tu viens donner des ordres dans la seigneurie de mon maître ! — Et ce disant Garin Mange-Vilain, poussant son cheval vers le moine, leva sur lui son épée ; mais Pierre l'Ermite para le coup à l'aide de sa lourde croix de bois, et en asséna un si rude coup sur le casque du bailli que celui-ci, un moment étourdi, laissa tomber son épée.
— A mort ce bandit qui veut couper les pieds et les mains des vengeurs du Christ ! — crièrent plusieurs voix, — à mort !... à mort...
— Oui, à mort ! crièrent les serfs du village décidés à partir pour la terre sainte, et qui abhorraient le bailli. — A mort, Garin Mange-Vilain ! il ne mangera plus personne ! — Et Colas Trousse-Lard enfonça une fourche dans le flanc de Garin, le renversa de son cheval, et en un instant le bailli, foulé aux pieds, fut massacré et mis en lambeaux. Les serfs lui brisèrent les membres, lui coupèrent le cou, et Colas Trousse-Lard prenant au bout de sa fourche la tête livide de Mange-Vilain, éleva ce trophée sanglant au-dessus de la foule, et rejoignit la troupe des croisés ; ceux-ci, se remettant en marche, chantèrent à pleine poitrine :

« — Jérusalem ! Jérusalem ! — ville des merveilles, — ville heureuse entre toutes, — tu es l'objet des vœux des anges, — et tu fais leur bonheur ! Tu seras nos délices !

« Le bois de la croix est notre étendard ; — suivons ce drapeau — qui marche en avant, — guidé par le Saint-Esprit ! Dieu le veut ! — Dieu le veut ! — Dieu le veut ! »

DEUXIÈME PARTIE

LA CROISADE (1099-1140)

Les croisés en Palestine. — Leur marche. — Leurs mœurs. — Leurs souffrances. — *Wilhelm IX*, duk d'Aquitaine. — *Azenor la Pâle* et le chevalier *Gauthier sans Avoir*. — La route de Marhala. — Le désert. — Fergan le Carrier, Jehanne la Bossue et Colomba¨ık rencontrent un pèlerin. — La trombe de sable. — La ville de Marhala. — Débauches des croisés. — La reine des Ribaudes. — Yolande. — Le palais de l'émir. — Le jeu. — Le vin. — L'orgie. — Attaque des Sarrasins. — Le roi des truands et sa bande. — Les cadavres sarrasins. — Les mangeurs de chair humaine. — Les miracles de la Sainte-Lance. — Ce qu'il advint à Pierre Barthélemy, auteur de ce miracle. — Le bûcher. — La juive. — La conversion. — Comment et pourquoi *Bohémond*, prince de Tarente l'un des chefs des soldats de la croix, fit mettre en broche et rôtir le fils d'un émir — Départ pour Jérusalem. — Généreuse hospitalité des Sarrazins. — Le vieil Arabe et sa femme. — Prise de Jérusalem par les soldats du Christ. — Le lac de sang. — La mosquée d'Omar. — Le roi de Jérusalem. — Le baron de Galilée. — Le marquis de Nazareth.

Le soleil de Palestine inonde de son éblouissante et brûlante lumière un désert couvert de sable rougeâtre; aussi loin que la vue s'étend, on n'aperçoit pas une maison, pas un arbre, pas une broussaille, pas un brin d'herbe, pas un caillou; dans cette immensité, un passereau ne pourrait s'abriter à l'ombre. Partout un sable mouvant, profond, et fin comme de la cendre, renvoie plus torride encore la chaleur dont le pénètre ce soleil flamboyant au milieu d'un ciel de feu, qui, à l'horizon, se fond avec la terre aride dans une zone de vapeur ardente. Çà et là apparaissent à demi enfouis dans des vagues de sable, soulevées naguère par le terrible vent de ces parages, de blancs ossements d'hommes, d'enfants, de chevaux, d'ânes, de bœufs, de chameaux; la chair de ces cadavres a été dévorée par les vautours, les chacals et les lions; le proverbe sarrasin s'est vérifié: « Ici, les chrétiens ne trouveront d'ombre que dans le ventre des vautours, des chacals ou des lions! » Ces débris humains et d'autres en putréfaction tracent à travers le désert la route de *Marhala*, ville située à dix jours de marche de Jérusalem, cité sainte vers laquelle convergent les différentes armées des croisés, venues de Gaule, de Germanie, d'Italie et d'Angleterre, pour la conquête d'un tombeau vide. S'il y a des squelettes, des cadavres à demi dévorés dans cette solitude, il s'y trouve aussi des agonisants et des vivants; nombreux sont les agonisants, peu nombreux au contraire les vivants; ceux-ci auraient lieu de rire, s'ils n'étaient plus à plaindre que morts et mourants. Voyez-les, fils de Joel, voyez-les, ces croisés qui, dans leur crédulité, ont quitté, l'an passé la terre ingrate de l'occident pour la terre miraculeuse de l'Orient, ou ils sont enfin arrivés après un voyage de onze à douze cents lieues. Le gros du corps d'armée venu des Gaules, et alors commandé par BOHEMOND, *prince de Tarente*, disparaît lentement là-bas, là-bas, au milieu de ces épais nuages de poussière soulevés par la marche des croisés. Puis viennent éparpillés à la débandade une longue suite de traînards, de blessés, de femmes, d'enfants, de vieillards, de malades, de malheureux mourant de soif, de chaleur, de fatigue; ils tombent çà et là dans ce désert sans bornes pour ne plus se relever.

Parmi ces traînards, les moins à plaindre sont ceux qui, ayant perdu leurs chevaux, ont bravement enfourché un âne, un bœuf, un bouc, voire même quelqu'un de ces grands dogues de Syrie hauts de trois pieds; ils s'en vont ainsi au pas de leurs grotesques montures, l'épée sur la cuisse, la lance dernière le dos. Afin de se préserver de la dévorante ardeur du soleil qui, tombant d'aplomb sur le crâne, cause souvent la folie ou la mort, ils portent des coiffures étranges: ceux-ci s'abritent sous un morceau de toile tendue sur des bâtons, qu'ils tiennent de chaque main comme une sorte de dais; d'autres mieux avisés, ont tressé avec les feuilles desséchées du dattier de grands chapels qui projettent l'ombre sur leur figure. Les plus nombreux portaient des espèces de masques faits de lambeaux de toile et percés d'un trou à la hauteur des yeux, afin de préserver leurs paupières de la poussière, si brûlante, si corrosive, qui produisait une inflammation douloureuse et amenait la perte de la vue.

A une longue distance de ces croisés aux montures grotesques, venaient les piétons, enfonçant jusqu'à mi-jambe dans les sables mouvants, dont le contact cuisant rendait intolérable l'excoriation de leurs pieds mis à vif par les fatigues de la route; les blessés, les membres enveloppés de chiffons sordides, cheminaient péniblement appuyés sur des bâtons; des femmes haletantes portaient à dos leurs enfants ou les traînaient entassés sur de grossiers traîneaux qu'elles tiraient après elles avec l'aide de leurs maris. Parmi ces malheureux presque tous déguenillés, on en voyait de bizarrement accoutrés: les uns à peine vêtus d'une mauvaise souquenille, coiffaient un riche turban d'étoffe orientale; d'autres, ayant les chausses trouées qui laissaient voir la chair, portaient un splendide cafetan de soie brodée, çà et là taché de sang, comme toutes les dépouilles provenant du pillage et du massacre.

Ces infortunés, suffoqués par une chaleur étouffante, aveuglés par la poussière soulevée sous leurs pas, ruisselants de sueur, le gosier corrodé par une soif dévorante, le teint brûlé par le soleil, l'air farouche, morne, découragé, cheminaient maugréant et blasphémant contre la croisade, lorsqu'ils virent à une assez grande distance derrière eux s'approcher à travers des tourbillons poudreux une nombreuse et brillante chevauchée ; à sa tête et monté sur un beau cheval arabe noir comme l'ébène, s'avance un jeune homme splendidement vêtu : c'est WILHELM IX, le beau duc d'Aquitaine, le poète impie, le contempteur de l'Eglise, le séducteur de Malborgiane, dont il portait en Gaule le portrait peint sur son bouclier ; mais Malborgiane est oubliée, délaissée, comme tant d'autres victimes de ce grand débauché. Wilhelm IX s'avance à la tête de ses gens de guerre ; sa figure à la fois hardie et railleuse, disparaît à demi sous la capuche d'un peliçon de soie blanche qui couvre à demi ses épaules ; sa taille élégante et souple se dessine sous une tunique de légère étoffe couleur pourpre, et ses larges chausses flottantes à l'orientale laissent apercevoir ses bottines de cuir vert brodées d'argent appuyées sur des étriers dorés. Wilhelm IX ne porte ni armes ni armure ; de sa main gauche il conduit son cheval ; sur sa main droite, couverte d'un gantelet de daim brodé, se tient son faucon favori chaperonné d'écarlate, et les pattes ornées de clochettes d'or ; tel est le courage de ce vaillant oiseau de chasse que souvent son maître lance contre les vautours du désert, de même qu'il a souvent poussé contre les hyènes et les chacals les deux grands lévriers blancs, à collier de vermeil, qui, haletants, suivent son cheval. En croupe de ce fier animal se tient un négrillon de huit à dix ans bizarrement vêtu ; il porte un large parasol oriental dont l'ombre abrite la tête de Wilhelm IX. A sa droite et le dominant de la hauteur de sa grande taille, chemine un chameau richement caparaçonné, il est guidé par un autre négrillon assis sur le devant d'une double litière fermée de rideaux de soie et assujettie par des sangles de chaque côté de l'échine et sous le ventre du chameau, de sorte que dans chacun des compartiments de cette litière une personne pouvait être commodément assise à l'abri du soleil et de la poussière, et souvent Wilhelm IX y prenait place.

A son côté chevauchait le chevalier GAUTHIER SANS AVOIR : avant son départ pour la croisade, l'aventurier gascon, hâve, osseux et dépenaillé, ressemblait fort au pauvre diable peint sur la partie supérieure de son bouclier, mais à ce moment, grâce à la somptuosité de ses vêtements, le chevalier rappelait le second emblème de son bouclier. A l'arçon de sa selle pendait un casque à la vénitienne qu'il avait quitté pour un turban, coiffure plus commode pour la route ; une longue dalmatique d'étoffe légère endossée par-dessus sa riche armure l'empêchait de devenir brûlante aux rayons du soleil. Le Gascon ne conservait de son pauvre équipement d'autrefois que sa bonne épée la *Commère de la foi* et son petit cheval *Soleil de gloire* ; survivant, par un miraculeux hasard, aux périls, aux fatigues de ce long trajet, Soleil de gloire, par le lustre de son poil, témoignait de la bonne qualité de l'orge sarrasine, qui ne semblait non plus lui manquer que les vivres à son maître. Derrière ces personnages venaient les écuyers du duc d'Aquitaine, portant sa bannière, son épée, sa lance et son bouclier, sur lequel Wilhelm IX faisait d'habitude peindre l'effigie de ses maîtresses, objets éphémères de ses caprices libertins ; aussi le portrait d'AZENOR LA PALE, remplaçant celui de Malborgiane, occupait le centre de l'écu de Wilhelm IX ; mais, par un raffinement de corruption effrontée, d'autres médaillons représentant quelques-unes de ses nombreuses concubines entouraient l'image d'Azenor et lui faisaient cortège.

Des écuyers conduisaient en main les destriers de bataille du duc d'Aquitaine, vigoureux chevaux bardés et caparaçonnés de fer, portant attachées sur leur selle les différentes pièces de l'armure de leur maître ; il pouvait ainsi endosser son harnais de guerre lorsque venait l'heure du combat, au lieu de supporter durant une longue route le poids accablant de ses armes. Après les écuyers s'avançaient, conduits par des esclaves noirs enlevés aux Sarrasins, les mules et les chameaux chargés des bagages et des provisions du duc d'Aquitaine ; car si la faim, la soif, la fatigue, décimaient la multitude, les seigneurs croisés, grâce à leur richesse, échappaient presque toujours aux privations ; ainsi l'un des chameaux de Wilhelm IX était chargé de plusieurs sacs de citrons et de grosses outres remplies de vin et d'eau, ressources inestimables pour la traversée de ce désert torride.

Environ trois cents hommes d'armes formaient la chevauchée du duc d'Aquitaine ; ces cavaliers, seuls survivants de mille guerriers partis pour la croisade, habitués au combat, rompus à la fatigue, bronzés par le soleil de Syrie, bravaient depuis longtemps les dangers de ce climat meurtrier ; leur lourde armure de fer ne pesait pas plus à leurs corps robustes qu'une casaque de toile ; le dédain du péril et la férocité se lisaient sur leurs traits farouches ; plusieurs d'entre eux portaient à l'arçon de leur selle, en manière de sanglant trophée, des têtes de Sarrasins fraîchement coupées, suspendues par l'unique mèche de chevelure que les mahométans conservent au sommet du crâne. Les cavaliers du duc d'Aquitaine avaient pour armes une forte lance de frêne ou de tremble à banderoles flottantes, une longue épée à deux tranchants et, à l'arçon de leur selle, une hache ou une masse d'armes hérissée de pointes; boucliers ovales, hauberts ou jaques de mailles d'acier, casques, brassards, cuissards, jambards de fer, telle était leur armure. La troupe de Wilhelm IX traversait rapidement les bandes de traînards lorsqu'une main blanche et effilée entr'ouvrit les rideaux de la litière auprès de laquelle chevauchait le duc, et une voix se fit entendre :

— Wilhelm, j'ai soif; fais-moi donner de l'eau.

— Azenor désire se rafraîchir! — reprit le croisé en arrêtant son cheval, et s'adressant à Gauthier sans Avoir : — Va chercher de l'eau pour ma maîtresse; je connais l'impatience de toutes les femmes : point ne faut laisser languir des lèvres qui demandent un frais breuvage ou un chaud baiser !

— Seigneur duc, je vais chercher le breuvage, charge-toi du baiser, — répondit l'aventurier en se dirigeant vers les bagages, tandis que, penché sur son cheval, le duc d'Aquitaine avança la tête sous les rideaux de la litière.

— Oh! Wilhelm, jadis mes lèvres étaient blanches et glacées; le feu de tes baisers les a rendues vermeilles.

— Cela prouve que je suis capable d'opérer d'aussi grands prodiges que toi, ma belle sorcière.

— Cesse de me donner ce nom, Wilhelm, car il me rappelle les jours que j'ai passés dans la tourelle de Néroweg *Pire, qu'un loup*, que j'exécrais, jours de honte, jours de douleurs pour moi et dont le souvenir m'obsède.

— Mais de ces jours de honte tu es bien vengée, car le comte Néroweg est actuellement plus pauvre que le dernier des serfs, par suite de ses pertes au jeu à Joppé, où il a rencontré de forcenés joueurs qui lui ont gagné cinq mille besans d'or, sa vaisselle d'argent, ses bagages, ses chevaux, ses armes et jusqu'à son épée. Par Satan ! il me semble voir ce Néroweg, ce Néroweg *Pire qu'un loup*, de Plouernel, si rudement étrillé au début de sa croisade, guerroyer avec un vieux bonnet pour casque, un bâton pour lance, et pour coursier un âne, un bouc ou un grand chien de Palestine !

— Laissons ce triste sujet, Wilhelm, et parlons de toi, qui as été le rêve de ma jeunesse. Maintenant que je suis à toi, je devrais me trouver heureuse, et cependant mon cœur est cruellement tourmenté. Ton inconstance me désespère... Je me sens mourir de jalousie..... C'est ainsi que cette infâme *Perrette la Ribaude* a sa part de tes caresses...

— Quelle joyeuse et hardie commère que cette Perrette ! Après le siège d'Antioche, la coupe en main, la chevelure au vent...

— Tais-toi, Wilhelm ! J'en suis jalouse !

— Pauvre Ribaude !... elle sera morte en route... Depuis ce moment elle n'a pas reparu.

— J'aurais voulu pouvoir l'étrangler de mes mains, et Yolande aussi !

— Quelle belle fille ! quelles formes admirables! une peau de satin! On croyait voir revivre en elle la Diane antique !

— Tu es sans pitié ! — reprit Azenor d'une voix altérée. Je hais ces deux femmes.

— A d'autres la conquête de Jérusalem ! quant à moi, il me suffit de conquérir des Germaines, des Saxonnes, des Bohêmes, des Hongroises, des Valaques, des Moldaques, des Bulgares, des Grecques, des Byzantines, des Sarrasines, des Syriennes, des Mauresques, des négresses, et par Vénus ! si j'ai souci d'entrer à Jérusalem, c'est pour y prendre la plus belle des vierges arabes.

— Audace et débauche ! Ainsi, il n'est pas une femme, une seule, que je n'aie à redouter comme rivale! et je suis affolée de cet homme ! Malheur à moi !

— Pour calmer ton courroux, je te dirai qu'il est une race tout entière dont ta jalousie n'a rien à craindre... Ciel et terre ! la vue seule d'une femme de cette engeance me rendrait aussi chaste qu'un saint, ferait de ton amant un nouveau saint Antoine !

— De quelle race veux-tu parler ?

— De la race juive ! — répondit le duc d'Aquitaine avec une expression de dégoût. — Oh ! lorsque j'ai fait exterminer tous les juifs, toutes les juives dans mes seigneuries, pas une femme de cette espèce maudite n'a échappé aux tortures et aux supplices !

— D'où te venait tant de rage contre ces infortunées ? quel mal t'avaient-elles fait ? Tu t'es montré bien cruel à leur égard, — dit Azenor la Pâle d'une voix légèrement altérée.

— Sang du Christ ! j'aurais pu prendre une juive pour maîtresse ! une juive ! — reprit le duc d'Aquitaine en frémissant de nouveau. Puis s'interrompant et voulant échapper sans doute aux pensées dont il était obsédé, Wilhelm IX s'écria joyeusement : — Au diable les juives et vive l'amour ! Un beau baiser, ma charmante; notre entretien sur cette infernale engeance me laisse un arrière-goût de soufre et de bitume comme si j'avais tâté de la cuisine de Satan ! A moi l'ambroisie de tes baisers, de tes caresses passionnées, mon amoureuse !

Quelques cris lointains et une sorte de tumulte qui s'éleva parmi les hommes d'armes du duc d'Aquitaine interrompirent sa conversation avec Azenor; il tourna la tête et vit venir à lui Gauthier sans Avoir tenant de la main dont il ne guidait pas son cheval une petite amphore de vermeil. — Quel est ce tapage ? — dit Wilhelm IX, en prenant l'amphore apportée par l'aventurier gascon et la remettant à Azenor; — à quel sujet ces cris?

— Seigneur duc, au moment où tes esclaves

noirs détachaient des bagages une outre remplie d'eau, afin de remplir cette amphore dans laquelle j'avais d'abord exprimé le jus de deux citrons et le suc de l'un de ces roseaux que l'on trouve en ce pays et dont la moelle est aussi douce que le miel, des traînards éclopés se sont rués autour de l'outre : — De l'eau ! de l'eau ! je meurs de soif ! — criait celui-ci. — Ma femme, mon enfant expirent de besoin ! — criaient ceux-là. — Par la Commère de la foi, ma bonne épée ! jamais grenouilles à sec en temps caniculaire n'ont plus épouvantablement coassé que ces coquins ; mais à ces affreux coassements, quelques-uns de tes hommes d'armes ont mis fin à grands coups de bois de lance. Conçoit-on l'effronterie de ces bélîtres ? « Où donc sont les claires fontaines que tu nous promettais à notre départ des Gaules ? hurlaient-ils à mes oreilles ; où donc sont-ils, les frais ombrages ? »

— Et que leur as-tu répondu, mon joyeux Gascon, à ces questionneurs mal avisés ? — dit en riant Wilhelm IX, tandis que Azenor, à demi penchée hors de sa litière, se délectait et buvait avidement le contenu de la petite amphore de vermeil.

— J'ai pris la grosse voix de mon compère Coucou-Piètre, et j'ai dit à ces brutes : « La foi est une abondante fontaine qui rafraîchit les âmes ; la foi est en vous, soldats du Christ. Vous osez demander où sont les jardins ombreux ? La foi n'est-elle pas non-seulement une fontaine, mais encore un arbre immense qui étend sur les fidèles ses rameaux tutélaires ? Donc, reposez-vous, étendez-vous à l'ombre... et jamais chêne séculaire ne vous aura prêté plus délectable ombrage sous ses rameaux feuillus ! Enfin, si ces divers rafraîchissements ne vous suffisent point, crevez de chaleur comme poissons sur le sable. »

— Bien répondu, ma digne gascon. — Puis, se retournant vers sa troupe, il dit à haute voix : — En route, et hâtons le pas afin que l'armée ne prenne pas sans nous la ville de Marhala, où nous trouverons riche butin.

. . . .

Le nuage de poussière soulevé par la troupe du duc d'Aquitaine se perdait au loin dans une brume ardente, dont les vapeurs rougeâtres envahissaient de plus en plus l'horizon ; ceux des traînards qui avaient résisté à la fatigue, à une soif dévorante ou à leurs blessures, suivaient péniblement à une longue distance les uns des autres le chemin de Marhala, jalonné par tant de débris humains au-dessus desquels des bandes de vautours, un moment effarouchées, revenaient tournoyer. Le dernier groupe des traînards disparut dans les tourbillons poudreux soulevés par sa marche, et bientôt trois créatures vivantes, un homme, une femme et un enfant, *Fergan le Carrier*, *Jehanne la Bossue* et *Colombaïk*, restèrent seuls au milieu de ce désert. Colombaïk, expirant de soif, était étendu sur le sable à côté de sa mère, que ses pieds endoloris, blessés, entourés de chiffons ensanglantés, ne pouvaient plus supporter ; à genoux près d'eux, le dos tourné vers le soleil, Fergan essayait de faire ombre de son corps à sa compagne et à son enfant. Non loin de là se voyaient les cadavres d'un homme et d'une femme ; celle-ci, une heure auparavant, trépassait dans les douleurs de l'avortement et mettait au monde un enfant mort : le pauvre petit était gisant aux pieds de la mère, presque sans forme et déjà noirci, corrodé par ce soleil de feu ; l'homme avait été tué à coups de lance par les guerriers du duc d'Aquitaine, parce qu'il avait essayé de s'emparer d'une outre remplie d'eau. Triste fin, hélas !

Jehanne la Bossue, assise à côté de Colombaïk, dont elle tenait la tête sur ses genoux disait en pleurant : — Tu ne m'entends plus, cher petit ?... tu ne me réponds pas ? — Les larmes de la pauvre femme en tombant sillonnaient la figure poudreuse de son fils ; elles coulèrent ainsi sur ses joues et jusqu'au coin de ses lèvres desséchées ; Colombaïk, les yeux demi-clos, sentant son visage baigné des pleurs de Jehanne, portant machinalement ses petits doigts à sa joue, puis à sa bouche comme s'il eût cherché à apaiser sa soif avec les larmes maternelles. — Oh ! — murmura Jehanne en remarquant le mouvement de son fils, — oh ! si mon sang pouvait le rappeler à la vie ! — Puis, frappée de cette idée, elle dit au carrier : — Fergan, prends ton couteau et ouvre une de mes veines ; peut-être parviendrons-nous à sauver l'enfant !

— Je songeais aussi à lui faire boire du sang, — répondit le carrier ; — mais je suis plus robuste que toi... — Le serf s'interrompit, entendant le bruit d'un grand battement d'ailes au-dessus de sa tête ; puis il sentit l'air agité autour de lui, leva les yeux et vit un énorme vautour brun, au cou et au crâne dépouillés de plumes, s'abattre pesamment sur le cadavre de l'enfant nouveau-né, saisir ce petit corps entre ses serres, puis, emportant sa proie, s'élever dans l'espace en poussant un cri prolongé. Jehanne et son mari, un moment distraits de leurs angoisses, suivaient d'un regard épouvanté le vol circulaire du vautour, lorsqu'au loin le serf aperçut se dirigeant de son côté un pèlerin monté sur un âne.

— Fergan, — disait Jehanne au carrier dont le regard ne quitta plus le pèlerin, qui se rapprochait de plus en plus, — Fergan, affaibli comme tu l'es, si tu donnes ton sang pour notre enfant, tu mourras peut-être, je ne te survivrai pas ; alors, qui protégera Colombaïk ? Tu es encore capable de marcher, de le prendre sur

Le combat à mort. Gaulois contre Franck (page 690)

ton dos; moi, je suis hors d'état de continuer notre route, mes pieds saignants refusent de me porter, laisse-moi me sacrifier pour notre fils; ensuite, tu me creuseras une fosse dans le sable, pour que je ne sois pas mangée par les vautours ou par les animaux féroces.

Au lieu de répondre à sa femme, Fergan s'écria : — Jehanne, étends-toi à terre, ne bouge pas, fais la morte comme je vais faire le mort... nous sommes sauvés! — Ce disant, le serf se coucha sur le ventre à côté de sa femme. Déjà l'on entendait la respiration haletante de l'âne du pèlerin qui s'approchait; l'animal, harassé, cheminait lentement, péniblement, enfonçant dans le sable jusqu'aux genoux; son maître, homme d'une haute et robuste stature, était vêtu d'une robe brune déguenillée, tombant jusqu'à ses pieds chaussés de sandales; afin de se garantir contre l'ardeur du soleil, il avait relevé sur sa tête, en manière de capuchon, la pèlerine de sa robe, parsemée de plusieurs coquilles, la croix rouge des croisés était cousue sur son épaule droite; au bât de l'âne pendaient un bissac et une grosse outre remplie de liquide. En approchant des corps de l'homme et de la femme dont le nouveau-né venait d'être emporté par un vautour, le pèlerin dit à demi-voix en se parlant à lui-même : — Toujours des morts! La route de Marhala est pavée de cadavres! — En disant ces mots, il arriva près de l'endroit où, immobiles, se tenaient étendus sur le sable Jehanne et son mari. — Encore des trépassés! — murmura-t-il en détournant la tête, et il donna deux coups de talons à son âne afin de hâter sa marche. A peine se fut-il éloigné de quelques pas, que, se redressant et s'élançant d'un bond, Fergan sauta en croupe de l'âne, saisit le voyageur par les épaules, le

87e livraison

renversa en arrière, le fit choir de sa monture, et, lui mettant ses deux genoux sur la poitrine, il le contint en s'écriant : — Jehanne! il y a une outre pleine accrochée au bât de l'âne, prends-la vite et donne à boire à notre fils! — La courageuse mère était hors d'état de marcher, mais se traînant sur les genoux et sur les mains jusqu'à l'âne, resté immobile après le désarçonnement de son maître, elle parvint à détacher l'outre du bât, et pleurant de joie, elle retourna vers son fils, se traînant de nouveau sur ses genoux, s'aidant d'une main, et de l'autre tenait l'outre. — Pourvu qu'il ne soit pas trop tard, mon Dieu! et que notre enfant revienne à la vie!

Pendant que Jehanne la Bossue s'empressait de donner à boire à son enfant, espérant l'arracher à la mort, Fergan luttait vigoureusement contre le voyageur, dont il ne pouvait distinguer les traits, la pèlerine de sa robe s'étant complètement enroulée autour de sa tête; cet homme, aussi robuste que le carrier, faisait de violents efforts pour échapper à l'étreinte du serf. — Je ne veux pas te faire de mal, — disait Fergan, continuant de lutter contre son adversaire. — Mon enfant meurt de soif, tu as dans ton outre un précieux breuvage, je m'en empare, sachant que tu aurais répondu par un refus si je t'avais demandé quelques gouttes de l'eau qu'elle renferme.

— Oh! n'avoir pas une seule arme pour tuer ce chien qui me vole mon eau! — murmurait le pèlerin en redoublant d'énergie; — dans un instant je t'aurai tué; je t'étranglerai, truand!

— Je connais cette voix!... — s'écria Fergan, et d'un brusque mouvement écartant les plis de la pèlerine dont les traits du voyageur étaient couverts, le serf demeura frappé de stupeur : — Il avait sous son genou NÉROWEG *Pire qu'un loup!*

Le seigneur de Plouernel, profitant de ce moment de surprise, se débarrassa de l'étreinte de Fergan, se releva, et ne songeant qu'à son outre, jeta les yeux autour de lui; il vit à quelques pas Jehanne à la fois radieuse et pleurante, agenouillée près de Colombaïk, et soutenant l'outre que l'enfant pressait de ses deux petites mains en buvant avec avidité; il semblait renaître à mesure qu'il apaisait sa soif dévorante.

— Cet avorton boit mon eau! — s'écria Néroweg VI avec fureur, — et dans ce désert, l'eau... c'est la vie. — Il allait se précipiter sur Jehanne et sur son fils lorsque le carrier, sortant de sa stupeur et reprenant des forces, saisit entre ses bras robustes le comte de Plouernel : — Nous ne sommes plus ici dans ta seigneurie! toi couvert de fer et moi nu; nous voici homme à homme, corps à corps! Au fond de ce désert, nous sommes égaux, Néroweg!..... j'aurai ta vie ou tu auras la mienne! Bataille!

Alors commença une lutte terrible, aux cris éplorés de Jehanne et de Colombaïk tremblants pour un père et pour un époux. Le seigneur de Plouernel était d'une force redoutable; mais le serf, quoique affaibli par les privations, par les fatigues, puisait un redoublement d'énergie dans sa haine contre son implacable ennemi. Serf gaulois, Fergan luttait contre un descendant des Nérowegs! Les deux lutteurs avançant, reculant, muets, acharnés, poitrine contre poitrine, visage contre visage, livides, terribles, écumants de rage, palpitants d'une ardeur homicide, s'étreignaient avec fureur sous un ciel embrasé, au milieu d'épais tourbillons de poussière soulevés sous leurs pieds; Jehanne et Colombaïk, agenouillés, les mains jointes, passant tour à tour de l'espoir à l'épouvante, n'osaient s'approcher des deux athlètes, qui de temps à autre apparaissaient, effrayants, à travers un nuage poudreux. Soudain le bruit sourd d'une lourde chute se fit entendre ainsi que la voix épuisée de Fergan : — Malheur à moi! — criait le serf. — Oh! ma femme!... oh! mon enfant! — Ceux-ci virent alors Fergan renversé sur le sable se débattant en vain contre Néroweg; ayant ce moment l'avantage, il cherchait à étrangler son adversaire; il le tenait sous son genou gauche en s'arc-boutant sur sa jambe droite tendue avec effort. A ces cris désespérés poussés par le serf : — Ma femme! mon enfant! — Colombaïk courut à son père, puis, se jetant à plat ventre et se cramponnant à la jambe nue et raidie de Néroweg VI, l'enfant le mordit au mollet; le comte, à cette douleur vive et imprévue, poussa un cri et se retourna brusquement vers Colombaïk, tandis que Fergan, ainsi délivré de l'étreinte de son seigneur, se redressa, reprit l'avantage, et parvint à terrasser Néroweg VI. Appelant alors son fils à son aide, le serf put lier les mains du comte au moyen de la longue corde dont sa robe était ceinte, et garrotter ses jambes avec les attaches de ses sandales; mais sentant ses forces épuisées par cette lutte acharnée, Fergan, défaillant, trempé de sueur, se jeta sur le sable à côté de Jehanne et de son fils; ceux-ci s'empressèrent d'approcher de ses lèvres l'outre où il restait encore de l'eau, pendant que le seigneur de Plouernel, haletant, brisé, lançait sur le carrier des regards de rage impuissante.

— Nous sommes sauvés! — dit Fergan, lorsqu'il eut apaisé sa soif et peu à peu repris ses forces. — En ménageant l'eau que contient encore cette outre, elle nous suffira pour atteindre Marhala; j'ai une provision de dattes dans mon bissac, cet âne vous servira de monture à toi et à notre fils, ma pauvre Jehanne, moi je puis encore marcher. Quant au seigneur de Plouernel, — ajouta Fergan d'un air sombre, — il n'aura bientôt besoin ni de provisions ni de

monture! — Et se relevant tandis que sa femme et son fils suivaient ses mouvements d'un œil inquiet, le serf se rapprocha de Néroweg; celui-ci, toujours étendu sur le sable, parfois se tordait dans ses liens, qu'il essayait de rompre, puis anéanti par ces vains efforts, il restait immobile. — Me reconnais-tu? — dit le carrier en croisant ses bras sur sa poitrine et baissant les yeux sur le comte de Plouernel garrotté à ses pieds; — me reconnais-tu?... En Gaule, tu étais mon seigneur, j'étais ton serf. Je suis le petit-fils de *Den Braô le Maçon*, que ton aïeul Néroweg IV a fait périr de faim dans le souterrain du donjon de Plouernel... je suis parent de *Bezenecq le Riche*, mort dans les tortures sous les yeux de sa fille, devenue folle d'épouvante et morte aussi au moment où je l'arrachais de son cachot... Hélas! il m'a fallu creuser sa fosse au milieu des roches qui avoisinent l'issue du passage secret de ton château.
— Par le tombeau du Sauveur! c'est donc toi, truand, qui t'es introduit dans la tourelle d'Azenor la Pâle? Tu as aidé à la fuite.
— Je suis allé chercher dans ton repaire cet enfant que tu vois là!
— Malheur sur moi!... Je suis seul dans le désert, sans armes, garrotté, à la merci de ce vil serf... Pourquoi faut-il que ce chien ait survécu à ce long voyage? Malédiction sur lui!...
— J'ai survécu pour venger sur toi le mal que tu as fait aux miens. Ce n'est pas la première fois qu'un descendant de Joël *le Gaulois* se rencontre avec un descendant de Néroweg *le Frank*. Déjà tes aïeux et les miens se sont rencontrés les armes à la main dans le courant des siècles passés... Le destin l'a voulu! c'est une guerre à mort entre nos deux races, peut-être cette lutte se poursuivra-t-elle à travers les âges! Néroweg... je suis le démon de ta race comme tu es le persécuteur de la mienne...
— Rencontrer ici ce misérable serf échappé de mes domaines, et me trouver en son pouvoir au fond d'un désert de la Syrie! — murmurait le seigneur de Plouernel en proie à une terreur superstitieuse. — Jésus, mon Dieu, ayez pitié de moi! je suis un grand pécheur! Grand saint Martin, venez à mon secours!...
— Néroweg, — reprit Fergan après un moment de réflexion, la chaleur devient suffocante, quoique le soleil se voile sous cette brume rougeâtre qui monte lentement vers le ciel; nous ne nous remettrons en route, ma femme et moi, qu'au lever de la lune, nous pouvons donc causer des choses de là-bas en attendant que nous nous séparions pour toujours.
Le seigneur de Plouernel contemplait le serf avec un mélange de surprise, de défiance et de crainte; Fergan, échangeant avec Jehanne un regard, s'assit sur le sable à quelque distance de Néroweg VI. L'atmosphère devenait en effet tellement étouffante, que les voyageurs, haletants, ruisselants de sueur, sans faire un seul mouvement, eussent été incapables de se remettre en route.
— En Gaule, dans ta seigneurie, tu étais à la fois accusateur, juge et bourreau de tes serfs; en ce jour, ma seigneurie, à moi, c'est ce désert! mon serf, c'est toi! Je vais être à mon tour accusateur, juge et bourreau; mon accusation... sera le récit de mon voyage... Tu comprendras peut-être alors l'horreur que vous inspirez à vos serfs, vous autres seigneurs, quand tu sauras les dangers que nous bravons pour échapper à votre tyrannie et jouir d'un jour de liberté. En quittant ta seigneurie, nous étions trois mille croisés, hommes, femmes ou enfants, chaque jour notre nombre allait grossissant; aussi, après avoir traversé la Gaule de l'occident à l'orient, de l'Anjou à la Lorraine, nous étions soixante mille et plus en franchissant les frontières de la Germanie. D'autres troupes de croisés, non moins nombreuses que la nôtre, quittant aussi la Gaule, au nord par les Flandres, au sud par la Bourgogne ou la Provence, prenaient comme nous la route de l'Orient. Après avoir traversé la Hongrie, la Bohême, côtoyé la mer Adriatique jusqu'en Valachie, suivi les bords du Danube, nous sommes arrivés à Constantinople; de là, nous sommes entrés dans l'Asie-Mineure, et de l'Asie-Mineure nous avons gagné la Palestine, où nous voici. Quel voyage! Pour de pauvres serfs pieds nus, en guenilles, le trajet est bien long! quinze cents lieues à faire pour fuir l'oppression des seigneurs; mais, pauvres serfs que nous sommes! nous fuyons les seigneuries, et les seigneuries nous poursuivent jusqu'en Palestine. Le seigneur Baudoin s'empare du pays d'Édesse, et voilà un *comte d'Édesse*; Godefroy, *duk de Bouillon*, s'empare du pays de Tripoli, et voici un *prince de Tripoli*. Quand nous arriverons en Galilée, à Nazareth, à Jérusalem, nous verrons peut-être un roi de Jérusalem, un baron de Galilée, un marquis de Nazareth! toute l'engeance seigneuriale.
— Ce misérable serf a perdu la raison, — murmurait le seigneur de Plouernel, — il oubliera peut-être de me tuer!
— Notre troupe de croisés quitta donc la Gaule au nombre de soixante mille personnes, sous la conduite de l'ermite Coucou-Pietre et du chevalier Gauthier sans Avoir; sur la route, on pillait, on ravageait, on massacrait les populations inoffensives, et l'on criait: *Dieu le veut!* Trompés sur la longueur du chemin, les croisés, dans leur ignorance et à peine au sortir des Gaules, demandaient à l'aspect de chaque ville nouvelle: « Est-ce là Jérusalem? — Pas encore, — répondait Coucou-Pietre; — marchons toujours! » Et l'on marchait. Ce fut

d'abord une joie, un délire, un triomphe! serfs et vilains étaient maîtres ; on fuyait, on tremblait à leur approche! Les soldats du Christ saccageaient ou brûlaient les villes, incendiaient les récoltes sur pied, tuaient le bétail qu'ils ne pouvaient emmener, égorgeaient vieillards et enfants, violentaient les femmes, les éventraient, se chargeaient de butin, et de ville en ville allaient disant toujours: « N'est-ce donc point encore là Jérusalem? — Pas encore! — répondaient Coucou-Piètre et Gauthier sans Avoir ; — pas encore! Marchons, marchons! » Et l'on marchait. Les peuples étrangers, d'abord épouvantés, se laissèrent piller, massacrer par les soldats de la foi ; mais bientôt, avertis de proche en proche des ravages et de la férocité des croisés, ils les combattirent à outrance et les exterminèrent tant et si bien que notre troupe, composée de plus de soixante mille personnes à notre départ des Gaules, ne comptait plus en arrivant à Constantinople que cinq à six mille survivants ; ce nombre fut réduit de moitié, durant la traversée de l'Asie-Mineure et de la Palestine, par les combats, la peste, la soif, la faim, la fatigue. Parmi ces survivants, les uns, saisis et gardés comme serfs des nouvelles seigneuries d'Edesse, d'Antioche ou de Tripoli, ont été forcés de cultiver ces terres pour les seigneurs, sous le soleil dévorant de la terre sainte; quelques autres et je suis de ce nombre, préférant la liberté à un nouveau servage, ont risqué leur vie pour continuer leur marche vers Jérusalem. Les uns espèrent trouver dans la ville sainte un butin considérable ; les autres s'imaginent qu'ils vont gagner le paradis en sauvant le tombeau du Christ. Moi seul, peut-être, je veux arriver à Jérusalem pour voir ces lieux où, il y a mille ans et plus, notre aïeule Geneviève assistait au supplice du jeune homme de Nazareth... Voilà comment s'est accompli le pèlerinage de ces milliers de vilains et de serfs dont les os forment une longue traînée depuis les frontières de la Gaule jusqu'ici. La fatalité les poussait, il leur fallait aller en avant ou mourir en route. Ainsi, moi, fuyant ta seigneurie pour échapper à tes bourreaux, m'arrêter en Gaule, c'était m'exposer à un nouveau servage; au delà des frontières, me séparer des croisés pour m'aventurer avec ma femme et mon enfant au milieu des populations soulevées par les férocités des soldats de la croix, c'eût été folie... Il fallait marcher, toujours marcher... Et puis, si misérable qu'elle fût, notre vie errante n'était pas pire que notre vie de servage... Voici comment, Néroweg, nous nous retrouvons ici, dans ce désert où tu m'appartiens, de même que dans ta seigneurie je t'appartenais, à merci et à miséricorde! à vie et à mort! As-tu bien entendu, as-tu bien compris ?

Le seigneur de Plouernel murmura d'une voix sourde avec un accent de rage concentrée:
— Oh ! périr de la main d'un vil serf !
— Oui, tu vas mourir, mais je veux rendre ton agonie cruelle. L'ennui, la cupidité, l'ambition de fonder des seigneuries en Orient, l'espoir de racheter vos forfaits et d'échapper aux griffes du diable vous ont poussés à la croisade, vous autres seigneurs! Oh ! combien vous avez été stupides ! combien il en est parmi vous, fiers seigneurs, qui, après avoir vendu ou engagé leurs terres à l'Église, sont à cette heure ruinés par le jeu ou la débauche et réduits à mendier! Combien ont été massacrés ou abandonnés par leurs serfs à quelques lieues de leurs seigneuries ! Combien sont morts de la peste ou sous le cimeterre des Sarrasins ! Que cette pensée rende ton agonie cruelle, Néroweg, tu vas mourir comme un mendiant au milieu des sables de la Syrie, et l'évêque de Nantes, ton ennemi mortel, échappé de tes mains, jouit de la plus grande partie de tes domaines !... Tu hurles à cette heure d'une rage impuissante, et ma vengeance commence !
— Ah! maudit soit ce prêtre italien que j'avais fait prisonnier en même temps que l'évêque de Nantes! Ce Yeronimo m'a tourné la cervelle en me parlant de la croisade, en m'épouvantant sur mon salut, en me montrant la main de Dieu appesantie sur moi par la mort de l'un de mes fils tué par son frère !
— Tes deux fils sont morts, Néroweg ; d'un coup de barre de fer j'ai tué le fratricide au moment où il voulait violenter la fille de Bézenecq le Riche! Loups et louveteaux des seigneuries sont bêtes de rapine et de carnage... il est bon de les détruire!
— Mon fils Gonthram n'est pas mort, et Yeronimo m'a promis au nom de Dieu que si je partais pour la croisade en rendant la liberté à l'évêque de Nantes, j'assurerais la guérison de mon fils... Hélas! navré de voir l'un de mes fils mort et l'autre mourant, je n'avais plus ma raison ; j'ai obéi au prêtre et je suis parti pour la Palestine... hélas! pour mon plus grand malheur!... Hélas! je m'en repens amèrement.
Fergan, frappé de l'attendrissement dont n'avait pu se défendre le seigneur de Plouernel en parlant de Gonthram, lui dit : — Tu aimais donc ton fils ?
Néroweg VI, toujours étendu sur le sable aux pieds du serf, jeta sur lui un regard de haine, et bientôt deux larmes roulèrent sur ses traits farouches ; mais voulant cacher son émotion aux yeux de Fergan, il détourna brusquement la tête. Jehanne la Bossue et Colombaïk, s'étant rapprochés du carrier, écoutaient en silence son entretien avec Néroweg VI; lorsque celui-ci voulut dissimuler ses larmes, la serve s'en aperçut et dit tout bas à son mari : — Malgré

sa méchanceté, ce seigneur pleure en pensant à son fils! Sa douleur m'attendrit.

— Oh! père! — reprit Colombaïk en joignant ses mains, — s'il pleure, sois miséricordieux, ne lui fais pas de mal.

Le serf garda un moment le silence, puis, s'adressant à son seigneur : — Tu t'attendris en songeant à ton fils, et tu voulais faire égorger mon enfant; crois-tu donc qu'un serf n'ait pas comme toi des entrailles de père ? — Néroweg VI répondit par un éclat de rire sardonique; Fergan reprit : — De quoi ris-tu ?

— Je ris comme si j'entendais l'âne de bât ou le bœuf de labour parler de leurs entrailles de père! — répondit le seigneur de Plouernel. —Ah! truand! si je n'étais pas en ton pouvoir au milieu de ce désert, je te tuerais comme un vil chien que tu es!

— A ses yeux, un serf n'a pas plus d'âme qu'une bête de somme! — répéta lentement le carrier. — Oui, cet homme parle dans la sincérité de son sauvage orgueil; il pleure son fils, il est homme enfin... et cependant, pour lui, qu'est-ce qu'un serf? Un animal sans cœur, sans raison, sans entrailles! Pourquoi m'étonner? Cette foi dans notre abjection bestiale, Néroweg et ses pareils doivent la partager; notre hébétement craintif la confirme. Quoi! nos conquérants se comptent par mille, nous autres conquis nous nous comptons par millions et patiemment nous portons leur joug! et jamais plus docile bétail n'a marché sous le fouet du maître ou tendu la gorge au couteau du boucher! — Puis, après un moment de silence, Fergan reprit : — Ecoute-moi, Néroweg, tu es en mon pouvoir, désarmé, garrotté, je vais accomplir un grand acte de justice en t'assommant à coups de bâton comme un loup pris au piège, c'est la mort que tu mérites; j'aurais une épée, je ne m'en servirais pas contre toi; mais ce que tu viens de me dire tout à l'heure en me faisant réfléchir gâte un peu ma joie... Je l'avoue, en raison de notre abrutissement, de notre couardise, nous méritons d'être regardés, traités par vous, nos seigneurs, comme bétail; vrai, nous sommes aussi lâches que vous êtes féroces, mais si notre lâcheté explique votre scélératesse, elle ne l'excuse point; donc tu vas mourir, Néroweg, oui, au nom des maux affreux que ta race a fait souffrir à la mienne, tu vas mourir... Seulement, je veux garder un souvenir de toi, descendant des Néroweg. — Fergan se baissa brusquement vers le seigneur de Plouernel; celui-ci, croyant sa dernière heure venue, ne put retenir un cri d'effroi; mais le serf arracha de la robe de Néroweg VI une des coquilles dont elle était parsemée, en symbole de pieux pèlerinage. Pendant un instant, Fergan contempla cette coquille d'un air pensif; Jehanne et son fils, suivant d'un regard surpris, inquiet, les mouvements du carrier, le virent relever la saie en haillons qui cachait à demi ses braies, et détacher une large ceinture de grosse toile qui entourait ses reins. Dans l'intérieur de cette ceinture se trouvaient le *fer de flèche* légué par EIDIOL à sa descendance, et l'*os de crâne* du petit-fils d'YVON-LE-FORESTIER, ainsi que les parchemins écrits par lui, par son fils Den-Braô et leur aïeul Eidiol, le nautonnier parisien; pieuses reliques de famille emportées par Fergan avant de se réunir à la troupe des croisés. Il joignit à ces reliques la coquille qu'il venait d'arracher à la robe de Néroweg VI; puis, le serf renouant sa ceinture, s'écria : — Et maintenant, justice et vengeance, Néroweg! Je t'ai accusé, jugé, condamné, tu vas mourir.

— Et cherchant des yeux son gros bâton noueux, il ramassa bientôt cette massue et la saisit de ses deux mains robustes au moment où sa femme et son fils criaient : — Grâce! — mais le serf, s'élançant sur le seigneur de Plouernel, lui mit un pied sur la poitrine : — Non, pas de grâce! Les Néroweg ont-ils fait grâce à mon aïeul, à Benezecq le Riche et à sa fille? — Le carrier leva sa massue au-dessus de la tête de Néroweg *Pire qu'un loup*, qui, grinçant des dents, affrontait la mort sans pâlir... C'en était fait du seigneur de Plouernel si Jehanne n'eût embrassé les genoux de son mari en s'écriant d'une voix suppliante : — Fais-lui grâce pour l'amour de ton fils... Hélas! sans l'eau que tu as prise à ce seigneur, Colombaïk expirait de soif dans ce désert!

Fergan céda aux prières de sa femme, il répugnait, malgré la justice de ses représailles, à tuer un ennemi désarmé; il jeta donc son bâton loin de lui, resta un moment sombre et silencieux, et dit à son seigneur : — On dit que malgré vos forfaits, toi et tes pareils, vous restez parfois entre vous fidèles à vos serments; jure-moi sur le salut de ton âme et par ta foi de chevalier de respecter dès ce moment la vie de ma femme, de mon enfant et la mienne. Je ne te crains pas tant que nous serons seuls dans ce désert; mais si je te retrouve à Marhala ou à Jérusalem, parmi les autres seigneurs de la croisade, moi et les miens nous serons à ta merci; tu pourrais nous faire pendre ou brûler. Jure-moi donc de respecter notre vie, je te fais grâce et te délivre de tes liens.

— Un serment à toi, vil serf! souiller ma parole en te la donnant! — s'écria Néroweg VI; et il ajouta avec un éclat de rire sardonique : —Autant donner ma parole de catholique et de chevalier à l'âne de bât ou au bœuf de labour!

— Ah! c'en est trop! — s'écria Fergan exaspéré en courant ramasser son bâton, qu'il avait jeté loin de lui; par les os de mes pères! tu vas mourir, Néroweg!

Mais au moment où le serf se saisissait de sa

massue, Jehanne, se cramponnant à son bras, lui dit avec épouvante :

— Entends-tu ce bruit qui s'élève ?... il s'approche... il gronde comme le tonnerre.

— Père ! s'écria Colombaïk non moins terrifié que Jehanne, — regarde donc ! le ciel est rouge comme du sang !

Le serf leva les yeux et, frappé d'un spectacle étrange, effrayant, il oublia Néroweg VI. L'orbe du soleil, déjà près de l'horizon, était énorme et d'un pourpre éclatant ; ses rayons disparaissaient de moment en moment au milieu d'une brume ardente qu'il illuminait d'un feu sombre, dont les reflets colorèrent soudain le désert et l'espace. On aurait cru voir cette scène terrible à travers la transparence d'une vitre tintée de rouge cuivré. Un vent furieux, encore lointain, balayant le désert, apportait avec ses mugissements sourds et prolongés une bise aussi brûlante que l'exhalaison d'une fournaise ; des volées de vautours fuyant à tire-d'aile devant l'ouragan rasaient le sol, où bientôt ils s'abattaient et restaient immobiles, palpitants et poussant des glapissements plaintifs. Soudain, le soleil, de plus en plus obscurci, disparut sous un immense nuage de sable rougeâtre qui, voilant le désert et le ciel, s'avançait avec la rapidité de la foudre, chassant devant lui des chacals, des lions ; hurlant d'épouvante, ils passèrent effarés à quelques pas de Fergan et de sa famille. — Nous sommes perdus ! s'écria le carrier ; — c'est une trombe !

— A peine le serf eut-il prononcé ces paroles désespérées qu'il se trouva enveloppé de ce tourbillon de sable, fin comme la cendre, épais comme le brouillard ; le sol mobile, creusé, fouillé, bouleversé par la force irrésistible de la trombe, tournoya, s'abîma sous les pieds de Fergan, qui disparut avec sa femme et son fils sous une vague de sable, car l'ouragan sillonnait, labourait, soulevait les sables du désert comme la tempête sillonne, laboure, soulève les eaux de l'Océan !

. . . .

La ville de MARHALA, comme toutes les villes d'Orient, était traversée par des rues étroites, tortueuses, bordées d'habitations blanchies à la chaux et percées de petites fenêtres ; çà et là, le dôme d'une mosquée ou la cime d'un palmier, planté au milieu d'une cour intérieure, rompaient l'uniformité des lignes droites formées par les terrasses qui surmontaient toutes les maisons. Depuis quinze jours environ, la ville de Marhala, après un siège meurtrier, était tombée au pouvoir de l'armée des croisés commandée par BOHÉMOND, prince de Tarente ; les remparts de la cité, à demi démantelés par les machines de guerre, n'offraient en plusieurs endroits que des monceaux de ruines, d'où s'échappait une odeur pestilentielle causée par la putréfaction des corps des Sarrasins ensevelis sous les décombres des murailles. La porte d'*Agra* avait été l'un des points les plus vivement attaqués par une colonne de croisés sous les ordres de Wilhelm IX, duc d'Aquitaine, et le plus vaillamment défendu par la garnison ; non loin de cette porte s'élevait le palais de l'émir de Marhala, tué lors du siège de la ville. Wilhelm IX, selon la coutume des croisades, avait fait arborer sa bannière au-dessus de la porte ce palais, dont il prit possession.

Le jour touchait à sa fin ; assise dans une des salles basses du palais de l'émir, *Gertrude*, grande vieille femme ridée, au nez crochu, au menton saillant, vêtue d'une longue pelisse sarrasine, se tenait accroupie sur une sorte de divan garni de coussins. Elle venait de dire à une personne invisible : — Fais entrer cette créature ; je veux l'interroger.

La créature qui entra était Perrette la Ribaude, la maîtresse de Corentin Nargue-Gibet. Le teint de la jeune fille, brûlé par le soleil, rendait plus éclatants encore la blancheur de ses dents, le corail de ses lèvres, le feu de ses regards ; l'expression de sa jolie mine était toujours d'une joyeuse effronterie. Son costume dépenaillé tenait des deux sexes ; un turban de vieille étoffe jaune et rouge couvrait à demi ses cheveux noirs, épais et frisés, une longue veste ou cafetan de soie vert pâle, à broderies écaillées, dépouille d'un Sarrasin et deux fois trop large pour elle, lui servait de robe ; serré à sa taille par un lambeau d'étoffe, ce vêtement laissait voir les jambes nues de la Ribaude et ses pieds poudreux chaussés de mauvaises sandales ; elle portait au bout d'un bâton un petit paquet de hardes. A son entrée dans la salle, Perrette dit à la vieille d'un ton délibéré : — Je me trouvais sur la place, où l'on faisait une vente de butin à la criée, une vieille femme, après m'avoir longtemps regardée, m'a dit : « Tu me parais une bonne fille... veux-tu changer tes guenilles pour de beaux habits et mener joyeuse vie dans un palais ? viens avec moi. » J'ai répondu à la vieille : « Marche, je te suis. Bombances et palais sont fort de mon goût. »

— Tu me parais une délurée commère.

— J'ai dix-huit ans et je m'appelle Perrette la Ribaude. Voilà ce que je suis.

— Ton nom est écrit sur ta mine effrontée ; mais es-tu bonne compagne ? point querelleuse ? point jalouse ?

— Plus je vous regarde, honnête matrone, plus je crois vous avoir déjà vue... Ne teniez-vous pas à Antioche la fameuse taverne de la *Croix du Salut*?

— Tu ne te trompes pas, ma fille.

— Ah ! vous avez dû gagner bien des sacs de besans d'or dans votre sacré bordel ?

— Que faisais-tu à Antioche, ma belle enfant ?

— J'étais amoureuse... d'un roi!
— Tu plaisantes, ma mie; il n'y avait point de roi à la croisade.
— Vous oubliez le *roi des Truands*.
— Quoi! le chef de ces bandits, de ces écorcheurs, de ces mangeurs de chair humaine?
— Avant qu'il fût roi des truands, je l'aimais déjà sous le modeste nom de Corentin Nargue-Gibet. Hélas! qu'est-il devenu?
— Tu l'as donc quitté?
— Un jour j'ai dérogé... je lui ai fait une infidélité. Je ne me pique pas de constance; j'ai délaissé le roi des truands pour un duc.
— Un duc des gueux?
— Non, non, un vrai duc, le plus beau des ducs croisés, Wilhelm IX!
— Tu as été la maîtresse du duc d'Aquitaine?
— C'était à Antioche, après le siège; Wilhelm IX passait à cheval sur la place; il m'a souri en me tendant la main, j'ai mis mon pied sur le bout de sa bottine, d'un saut je me suis assise sur le devant de sa selle et il m'a emmenée dans son palais... — Puis, semblant se rappeler un souvenir, Perrette se mit à rire aux éclats.
— Tu ris de quelqu'un de tes tours, — lui dit la mégère.
— Ce jour-là même où le duc d'Aquitaine m'emmenait sur son cheval, vint à passer en litière une très belle femme; à sa vue il tourne bride et suit la litière; moi, craignant qu'il me plante en chemin pour l'autre femme, je dis à Wilhelm IX: « Quel trésor de beauté que cette Rebecca, la juive qui vient de passer en litière! » Ah! ah! ah! matrone! — ajouta Perrette en recommençant de rire aux éclats, — grâce à cet heureux mensonge, mon débauché a de nouveau tourné bride et pris le galop vers son palais en fuyant la litière, non moins effrayé que s'il eût vu le diable; et voilà comment, pour ce jour-là du moins, j'ai gardé mon duc et nous avons passé la nuit ensemble.
— Ah çà, et qu'est devenu ton roi?
— Le soir même de cette aventure, il est parti d'Antioche avec ses truands pour une expédition; depuis je ne l'ai plus revu.
— Hé! hé! ma mie! à défaut de ton roi, tu retrouveras ton duc! tu es ici chez Wilhelm.
— Chez le duc d'Aquitaine?
— Après le siège de la ville, Wilhelm IX s'est emparé du palais de l'émir de Marhala; il y donne ce soir une fête à plusieurs seigneurs, la fine fleur de la croisade; presque tous d'anciens commensaux de ma taverne d'Antioche: *Robert Courte-Heuse*, DUC DE NORMANDIE; *Heracle*, SEIGNEUR DE POLIGNAC; *Bohemond*, PRINCE DE TARENTE; *Gerhard*, COMTE DE ROUSSILLON; *Burchard*, SEIGNEUR DE MONTMORENCY; *Vilhelm*, SIRE DE SABRAN; *Radulf*, SEIGNEUR DE BEAUGENCY; *Heberhard*, SEIGNEUR DE HAUT-POUL, et tant d'autres joyeux compères, sans compter les gens de froc et les tonsurés amoureux des belles, du vin de Chypre et des dés.
— C'est donc pour cette fête seulement, vieille maquerelle, que tu m'engages?
— Tu resteras dans ce palais jusqu'au départ de l'armée pour Jérusalem, ma gentille pupille, la perle des putains.

L'entrée d'une troisième femme interrompit l'entretien de Gertrude et de Perrette, qui s'écria en courant au-devant d'une jeune fille misérablement vêtue et que l'on venait d'introduire dans la salle basse: — Toi ici, Yolande?

Yolande était toujours belle, mais sa physionomie avait perdu ce charme ingénu qui la rendait si touchante, alors qu'elle et sa mère suppliaient Néroweg VI de ne pas les dépouiller de leurs biens; le regard d'Yolande, tour à tour hardi ou sombre, selon qu'elle s'étourdissait sur sa dégradante condition ou qu'elle en rougissait, témoignait au moins qu'elle avait conscience de son avilissement. A la vue de Perrette qui accourait vers elle avec un empressement amical, Yolande s'arrêta interdite, honteuse de cette rencontre avec la reine des ribaudes; celle-ci lisant sur les traits de la noble demoiselle un mélange d'embarras et de dédain, lui dit d'un ton de reproche: — Tu n'étais pas si fière lorsqu'à dix lieues d'Antioche je t'ai empêchée de mourir de soif et de faim! Ah! tu fais la glorieuse! Tu es devenue fière!...

— Pourquoi ai-je quitté la Gaule? — murmura Yolande dans un douloureux abattement. — Réduite à la misère, je n'aurais pas du moins connu l'ignominie; je ne serais pas devenue courtisane! Maudit sois-tu, Néroweg! En me dépouillant de l'héritage de mon père, tu as causé mes malheurs et ma honte!

Et la demoiselle, ne pouvant retenir ses larmes, cacha sa figure dans ses mains, tandis que Gertrude, qui l'avait attentivement examinée, dit tout bas à Perrette: — Eh! la belle en cuisses, tu connais donc cette Yolande?

— Nous sommes parties de Gaule ensemble: moi au bras de Nargue-Gibet, Yolande en croupe de son amant Eucher. En Bohême, Eucher a été tué par les Bohémiens qui regimbaient. Yolande, veuve et esseulée, ne pouvait continuer un si long voyage sans protection. De protecteurs en protecteurs, Yolande est tombée sous la garde du beau duc d'Aquitaine, à Bereyte, en Syrie. Plus tard, je l'ai rencontrée chevauchant sur la route de Tripoli mourant de faim, de soif, de fatigue, et près de rendre l'âme...

— Et tu es venue à mon secours, Perrette, — reprit Yolande, qui, ses larmes séchées, avait écouté les paroles de la reine des ribaudes; — tu m'as donné pain et eau, pour apaiser ma faim et ma soif, tu m'as sauvé la vie.

— Allons, mes filles, point de chagrin, — reprit la matrone, — les pleurs enlaidissent. On va vous conduire aux bains de l'émir, où sont réunies quelques-unes des plus belles esclaves sarrasines de ce chien d'infidèle.

A ce moment une vieille femme, qui avait déjà introduit dans la salle basse Perrette et Yolande, entra en riant aux éclats et dit à l'autre mégère : — Ah! Gertrude, la bonne trouvaille! Un diamant dans ton bordel.

— Qu'as-tu à rire ainsi?

— Tout à l'heure, je suis retournée jeter mon hameçon sur la place du marché, — puis elle ajouta en se remettant à rire, — et j'ai trouvé là... et j'ai trouvé là... Un diamant.

— Achève donc.

Mais la vieille, au lieu de répondre, disparut un instant derrière le rideau qui masquait la porte et revint bientôt riant toujours, traînant avec elle Jehanne la Bossue, qui, pouvant à peine marcher, tenait par la main le petit Colombaïk, non moins épuisé que sa mère par les privations et par la fatigue. Pour tout cœur impitoyable, la pauvre femme avait en effet un aspect risible ; ses longs cheveux emmêlés, cachant à demi sa figure, tombaient sur ses épaules nues, poudreuses comme son sein, ses bras et ses jambes ; elle n'avait pour vêtement que des lambeaux déguenillés, attachés autour de sa taille avec un lien de roseaux tressés, de sorte que sa triste difformité apparaissait dans sa nudité. Jehanne s'était dépouillée des guenilles qui formaient l'espèce de corsage de sa robe, pour envelopper les pieds de Colombaïk, écorchés à vif par sa longue marche à travers les sables brûlants. La femme du carrier, triste et abattue, suivant toujours la mégère qui continuait de rire aux éclats, n'osait lever les yeux.

— Quelle créature m'amènes-tu là ! — s'écria l'entremetteuse ; — que veux-tu faire de ce monstre?

— Une excellente bouffonnerie, — reprit l'autre vieille en calmant enfin son hilarité ; nous attiferons grotesquement cette vilaine bête, en laissant sa bosse bien à nu, et nous présenterons cet astre de beauté à ces nobles seigneurs, ils crèveront de rire... Vois-tu d'ici cette poupone au milieu d'une bande de jolies filles ?... C'est là ce que tu appelles un diamant ?

— Ah! ah! ah! excellent sujet! — reprit la matrone en riant non moins bruyamment que sa compagne. — Nous la coifferons d'un turban démesuré, orné de plumes de paon ; nous ornerons sa bosse de toutes sortes d'affiquets... Ah! ah! combien ces chers seigneurs vont se divertir! Nous en tirerons un bon parti.

Ce n'est pas tout, Gertrude, ma trouvaille est doublement excellente ; regarde un peu ce marmot, vois ces beaux yeux bleus... C'est un petit Cupido... Tous les goûts sont dans la nature.

— Il est vraiment gentil... Malgré sa maigreur et la poussière dont ses traits son couverts, sa petite mine est avenante.

Yolande, saisie de compassion à la vue de Jehanne et de son enfant, n'avait pas partagé la cruelle gaieté des deux mégères ; mais Perrette, moins apitoyée, s'était mise à rire aux éclats ; puis, frappée d'un souvenir soudain, et regardant attentivement Jehanne, contre laquelle Colombaïk se serrait non moins confus et inquiet que sa mère, la reine des ribaudes s'écria : — Par tous les saints du paradis ! est-ce que tu n'habitais pas en Gaule l'un des villages d'une seigneurie voisine de l'Anjou ?

— Oui, — répondit la pauvre femme d'une voix faible, — c'est de là que nous sommes partis pour la croisade...

— Te souviens-tu d'une jeune fille et d'un grand coquin qui voulaient t'emmener avec eux en Palestine?

— Je m'en souviens, — répondit Jehanne en regardant Perrette avec surprise ; mais j'ai pu échapper à ces méchantes gens...

— Dis donc à ces bonnes gens, puisque la jeune fille c'était moi, et le grand coquin, mon amant Corentin ; nous voulions te conduire en terre sainte, t'assurant que l'on te montrerait pour de l'argent! Or, foi de reine des ribaudes! avoue, Yolande, que je suis une fière devineresse ! — ajouta Perrette en se retournant vers sa compagne. Mais celle-ci lui dit d'un ton de reproche : — Comment as-tu le courage de railler une mère devant son enfant!...

Ces mots parurent faire impression sur Perrette ; elle cessa de rire, resta silencieuse par réflexion parut s'attendrir sur le sort de Jehanne, tandis que Yolande lui disait avec bonté : — Pauvre chère femme, comment vous êtes-vous laissée amener ici avec votre enfant ? Hélas! vous ignorez en quel lieu on vous a menée ! Vous êtes ici dans un lupanar.

— J'arrivais en cette ville avec une troupe de pèlerins et de croisés, échappés par miracle, ainsi que moi et mon fils, à une trombe qui a enseveli, il y a quinze jours, tant de voyageurs sous les sables du désert, je m'étais assise à l'ombre d'un mur avec mon épuisé de fatigue et de faim, lorsque cette femme que voilà, — et Jehanne montra la mégère, — après m'avoir assez longtemps regardée, m'a dit charitablement ; « Vous semblez être très fatiguée toi et ton enfant ; veux-tu me suivre? je te conduirai chez une sainte dame très secourable. » C'était pour moi un bonheur inespéré, — ajouta Jehanne, — j'ai ajouté foi aux paroles de cette femme, je l'ai suivie ici.

— Hélas! vous êtes tombée dans un piège odieux ; on s'apprête à faire de vous un jouet, — reprit tristement Yolande à voix basse ; — n'avez-vous pas entendu ces mégères ?

Perrette la Ribaude.

— Peu m'importe, je subirai toutes les humiliations ; tous les mépris, pourvu que l'on donne des vêtements et du pain à mon fils, — reprit Jehanne avec un accent à la fois courageux et résigné ; — je souffrirai tout à la condition que mon pauvre enfant pourra se reposer pendant quelque temps, reprendre des forces et revenir à la santé. Hélas ! maintenant il m'est doublement cher...

— Vous avez donc perdu son père ?

— Il est sans doute resté enseveli sous les sables, — répondit Jehanne, et ainsi que Colombaïk elle ne put retenir ses larmes au souvenir de Fergan ; — lorsque la trombe a fondu sur nous, je me suis sentie aveuglée, suffoquée par le tourbillon ; mon premier mouvement a été de prendre mon enfant dans mes bras, le sol s'est abîmé sous mes pieds, et j'ai perdu connaissance. Je n'ai plus souvenance de rien,

— Mais comment êtes-vous venue jusqu'en cette ville, pauvre femme ? — dit la reine des ribaudes, intéressée par tant de douceur et de résignation. — La route est longue à travers le désert, et vous paraissez bien faible pour supporter la fatigue d'un semblable trajet.

— Lorsque j'ai repris connaissance, — répondit Jehanne, — j'étais couchée dans un chariot avec mon fils, à côté d'un vieux homme qui vendait aux croisés quelques provisions ; il avait eu pitié de moi et de mon enfant, nous trouvant mourants, à demi ensevelis sous le sable. Sans doute mon mari a péri, car le vieillard m'a dit n'avoir vu d'autres victimes autour de nous, au moment où il nous a recueillis. Malheureusement le mulet dont était attelé le chariot de cet homme charitable est mort de fatigue à dix lieues de Marhala ; forcé de rester en chemin et d'abandonner la troupe de pèle-

88° livraison

rins, notre protecteur a été tué en voulant défendre ses provisions contre des traînards ; ils ont tout pillé, mais ils ne nous ont fait aucun mal ; nous les avons suivis de crainte de nous égarer ; j'ai porté mon enfant sur mon dos lorsqu'il s'est trouvé hors d'état de marcher : c'est ainsi que nous sommes arrivés en cette ville. Hélas ! c'est une triste histoire.

— Mais peut-être votre mari aura, comme vous, échappé à la mort... — dit Yolande ; — ne vous désespérez donc pas.

— Hélas ! s'il a échappé à ce danger, ce sera peut-être pour retomber dans un péril plus grand, car le seigneur de Plouernel...

— Le seigneur de Plouernel ! — s'écria Yolande en interrompant Jehanne, — vous connaissez ce scélérat ?

— Nous étions serfs de sa seigneurie ; c'est du pays de Plouernel que nous sommes partis pour la terre sainte, le hasard nous a fait rencontrer le seigneur comte peu de temps avant que la trombe ait fondu sur nous ; mon mari s'est battu contre lui...

— Et il n'a pas tué Néroweg ?

— Non, grâce à ma prière.

— Quoi ! de la pitié pour Néroweg Pire qu'un loup ! — s'écria Yolande avec une explosion de colère et de haine. — Oh ! je ne suis qu'une femme ! mais je l'aurais poignardé sans remords... le monstre, l'infâme !...

— Que vous a-t-il fait ?

— Il m'a dépouillée de l'héritage de mon père, et, de honte en honte, je suis devenue la compagne de la reine des ribaudes.

— Ah ! demoiselle Yolande, — dit Perrette en revenant à sa gaieté cynique, — tu seras donc toujours fière ?

— Moi ? — répondit la jeune fille avec un triste et amer sourire. — Non, non, la fierté ne m'est pas permise ; tu es la reine, je ne suis qu'une de tes humbles sujettes.

— Allons, mes filles ! — dit la matrone, — le jour baisse, rendez-vous aux bains de l'émir. Quant à toi, ma belle, — ajouta l'horrible mégère en s'adressant à Jehanne et riant aux éclats, — quant à toi, nous allons aussi te parer, te parfumer, et surtout faire rayonner ta bosse d'un incomparable éclat !

— Vous ferez de moi tout ce qu'il vous plaira lorsque vous aurez donné à mon fils de quoi apaiser sa faim et sa soif ; il faut qu'il répare ses forces, qu'il dorme ; je ne le quitterai pas d'un moment.

— Sois tranquille, mon astre de beauté, tu resteras près de lui, et ton fils ne chômera de rien. Nous aurons pour lui toute sorte d'attentions.

La cour intérieure du palais de l'émir de Marhala offrait ce soir-là un coup d'œil féerique ; cette cour formait un carré parfait ; sur chacune de ses faces régnait une large galerie à ogives mauresques découpées en trèfle et soutenues par des colonnettes de marbre rose. Entre chaque colonne, du côté de la cour, de grands vases d'albâtre oriental remplis de fleurs servaient de base à des candélabres dorés, garnis de flambeaux de cire parfumée. Des mosaïques aux couleurs variées couvraient le sol de ces galeries ; leurs plafonds et leurs murailles disparaissaient sous des arabesques blanches et or découpées sur un fond pourpre ; de moelleux divans de soie s'appuyaient à ces murs, percés de plusieurs portes ogivales à demi fermées par de splendides rideaux frangés de perles. Ces portes conduisaient aux appartements intérieurs. A chaque angle des galeries, des cages aux montants d'or et au treillis d'argent renfermaient les oiseaux d'Arabie les plus rares ; le chatoiement du rubis, de l'émeraude et du saphir azuré, miroitait sur leur plumage. Au centre de la cour un jet d'eau s'élançant d'une large vasque de porphyre y retombait en pluie brillante, et faisait incessamment bruire et déborder l'eau limpide de la vasque dans un grand bassin, dont le revêtement de marbre servait de socle à de grands candélabres dorés pareils à ceux des vases des galeries ; cette fraîche fontaine, étincelante de lumière, servait d'ornement central à une table ronde et basse disposée autour du bassin et recouverte d'une nappe de soie brodée ; là, brillait la splendide vaisselle d'or et d'argent apportée de Gaule par le duc d'Aquitaine, et augmentée de toutes les richesses provenant du butin fait sur les Sarrasins ; coupes et hanaps ornés de pierreries, grandes amphores remplies de vin de Chypre ou de Grèce ; vastes plats d'or où s'étalaient les paons de Phénicie, les faisans d'Asie, les quartiers d'antilopes et de moutons de Syrie, les jambons de Byzance, les hures de sangliers de Sion et les pyramides de fruits et de confitures. La salle du festin avait pour dôme la voûte étoilée. La nuit était calme, sereine, et pas un souffle de vent n'agitait la flamme des flambeaux.

Mais le tumulte de l'orgie éclatait à cette table somptueuse, autour de laquelle festoyaient, assis ou couchés sur des lits de repos, les convives de Wilhelm IX. D'abord, à la place d'honneur, le légat du pape et puis venaient à gauche ou à droite du duc d'Aquitaine, *Bohémond*, prince de Tarente ; *Tancrède*, *Robert Courte-Heuse*, duc de Normandie ; *Héracle*, seigneur de Polignac ; *Sigefried*, seigneur de Sabran ; *Gerhard*, duc de Roussillon ; *Arnulf*, seigneur de Hautpoul ; *Radulf*, sire de Beaugency, d'autres seigneurs d'origine franque, et le chevalier *Gaulhier sans Avoir*. Ces seigneurs, amollis déjà par les habitudes orientales, au lieu de rester armés de l'aube au soir, comme en Gaule, avaient quitté leur harnais de guerre pour de longues robes de soie; le duc d'Aquitaine, dont les cheveux flottaient sur une tunique de drap d'or, portait, selon la mode antique, une couronne de rose et de violettes déjà fanées par les vapeurs du festin ; Azenor la Pâle, dont les lèvres, non plus blanches, comme autrefois, mais qui brillaient d'un vif incarnat, était assise à côté de Wilhelm IX et superbement parée, ayant à ses bras et à son cou des bracelets et des colliers étincelants de pierreries. Le légat du pape, vêtu d'une robe de soie pourpre brodée d'hermine, avait au cou une croix ornée d'escarboucles, suspendue par une chaîne d'or; derrière lui, prêt à le servir, se tenait un jeune esclave noir, habillé d'une courte jupe de soie blanche, et portant bracelets et collier d'argent ornés de corail. Les échansons et les écuyers des autres seigneurs faisaient pareillement le service de la table ; les vins de Chypre et de Samos avaient coulé des amphores de vermeil depuis le commencement du festin, et ils coulaient encore, emportant dans leurs flots parfumés la raison des convives. Le duc d'Aquitaine, entourant de l'un de ses bras la taille souple d'Azénor la Pâle, et levant vers le ciel le hanap d'or où sa maîtresse venait de tremper ses lèvres : — Je bois à vous, mes hôtes ! Que Bacchus et Vénus vous soient propices ! Honneur aux plus amoureux !

Héracle, seigneur de Polignac, leva sa coupe à son tour et répondit : — Wilhelm, duc d'Aquitaine, nous tes hôtes, nous buvons à la courtoisie et à ton splendide régal !

— Oui ! oui ! — crièrent les croisés, — buvons au régal de Wilhelm IX ! buvons à la courtoisie du duc d'Aquitaine!

— J'y bois de grand cœur, dit Radulf, seigneur de Beaugency, déjà ivre, et, secouant la tête, il ajouta d'un air méditatif ces mots déjà vingt fois répétés par lui durant le repas avec la ténacité des ivrognes : — Je voudrais bien savoir ce que fait à cette heure, dans son château, ma femme... la noble dame *Capeluche ?*

— Ma foi, mes seigneurs, — dit le seigneur de Hautpoul, — aussi vrai que, pendant la disette du siège d'Antioche, on payait une tête d'âne dix deniers, je n'ai de ma vie festiné comme cette nuit... Gloire au duc d'Aquitaine !

— Parlons de ces disettes, — reprit Bohémond, prince de Tarente, — peut-être ces souvenirs réveilleront-ils notre appétit satisfait et notre soif qui s'éteint.

— J'ai mangé mes chaussures détrempées dans l'eau et accommodées avec force aromates, — dit le sire de Montmorency.

— Savez-vous, mes nobles seigneurs, — dit Gauthier sans Avoir, — qu'il y a des compères, plus heureux ou mieux avisés que vous, qui n'ont jamais souffert de la famine en terre sainte et dont le visage est frais et vermeil ?

— Quels sont ceux-là, brave chevalier ?

— Le roi des truands et sa bande.

— Ces misérables qui mangent les Sarrasins et se repaissent de chair humaine !

— Mes seigneurs, — reprit Robert Courte-Heuse, duc de Normandie, — il ne faut pas médire de la chair de Sarrasin.

— Ces mangeries de chair humaine, — reprit le seigneur de Sabran, — n'ont rien de surprenant par elles-mêmes ; mon grand-père m'a dit que, pendant la fameuse disette de l'année 1033, le populaire s'entre-dévorait.

— Je me rappelle qu'un soir, — dit Gauthier sans Avoir, — moi et mon compère Coucou-Piètre avons fait un fameux souper...

— Et où est-il donc ce Pierre l'Ermite ? — reprit Gerhard, duc de Roussillon, en interrompant l'aventurier gascon ; voilà un mois bientôt qu'il nous a quittés, et nous n'avons plus de ses nouvelles. Est-il mort ou vivant ?

— Il est allé rejoindre le corps d'armée de Godefroid, duc de Bouillon, que nous devons rallier devant Jérusalem, — reprit Gauthier ; mais permettez, nobles seigneurs, que je vous conte mon histoire. Donc, un soir, au camp devant Edesse, Coucou-Piètre et moi, attirés par une délicieuse odeur de cuisine qui s'épandait du quartier du roi des truands, nous entrâmes dans cette truanderie, et son digne monarque nous fit souper d'une certaine grillade si tendre, si grasse, si congrûment assaisonnée de sel, de safran et de thym, que, je le jure par ma bonne épée, la Commère de la foi, Coucou-Piètre et moi, nous nous en sommes léché les babines ! Quelle délectation !

— C'est trop nous étendre sur les abominables festins de chair humaine, mes seigneurs, dit le légat, nous pouvons nous entretenir d'un sujet plus réjouissant et plus pieux. Si vous le voulez bien, je vous parlerai du miracle qui se prépare pour demain.

— Quel miracle, saint homme ? — demandèrent les croisés. ; quelle heureuse aubaine ?

— Un prodigieux miracle, mes fils, qui sera l'un des plus éclatants triomphes de la chrétienté. Pierre Barthelmy, diacre de Marseille, a eu une vision après la prise d'Antioche ; *saint André* lui est apparu et lui a dit : « Va dans l'église de mon frère saint Pierre, située aux portes de la ville, tu creuseras la terre au pied du maître-autel, et tu trouveras le fer de la lance qui perça le flanc du Rédempteur du monde. Ce fer mystique, porté à la tête de l'armée, assurera la victoire des chrétiens et percera le cœur des infidèles. » Pierre Barthelmy m'ayant fait part de cette miraculeuse vision, j'ai rassemblé six évêques et six seigneurs, des plus pieux, des plus simples ; nous nous sommes rendus dans l'église, on a creusé en notre présence au pied du maître-autel, et... à notre grande stupéfaction...

— Et l'on trouve le fer de la sainte lance ! — dit Wilhelm IX en riant aux éclats et revenant à ses habitudes d'incrédulité railleuse.

— Tu te trompes, mécréant, — répondit le légat : — Pierre Barthelmy ne trouva rien dans le trou... — Quel malheur qu'un homme qui hait si vigoureusement les juifs se montre à ce point incrédule ! Mais tôt ou tard la grâce d'en haut descendra sur toi. — Pour le moment je vais confondre ton incrédulité. On ne trouva donc point d'abord le fer de lance dans le trou ; mais Pierre Barthelmy, poussé par une nouvelle inspiration de saint André, se jette dans le trou, le creuse avec ses ongles, et découvre enfin le fer de la sainte lance... Demain le diacre doit traverser un bûcher enflammé pour constater aux yeux de tous la vertu de cette précieuse relique, qui le rendra insensible aux atteintes du feu. Le miracle est assuré...

— Trêve aux discours oiseux, dit Wilhelm, interrompant le légat. Holà, échansons, écuyers ! apportez les dés, les échecs, ma cassette d'or, et faites entrer les bayadères ; rien de tel après le festin, que de tenir sa coupe d'une main, ses dés de l'autre et de voir danser de jolies filles toutes nues ou vêtues de gaze !...

— Au jeu ! au jeu ! — crièrent les croisés. — Ecuyez, apportez les dés et les échecs, faites entrer les bayadères et retirez-vous !

Les ordres du duc d'Aquitaine furent exécutés ; les hommes de sa maison disposèrent sous les galeries, à proximité des divans, de petites tables sarrasines en ivoire sculpté, sur lesquelles ils placèrent des échecs et des dés ; les croisés, selon leurs habitudes de jeu effréné, s'étaient précautionnés de grosses bourses de besans d'or apportées par leurs écuyers. Pendant le tumulte, résultant des apprêts du jeu et du déplacement des seigneurs, qui quittèrent la table pour aller s'étendre sur les divans des galeries, Azénor, les traits bouleversés par les angoisses de la jalousie, saisissant d'une main convulsive le bras du duc d'Aquitaine qui ouvrait en ce moment une cassette remplie d'or, s'écria d'une voix sourde et altérée : — Wilhelm ! tu as donné l'ordre de faire entrer des femmes à peines vêtues ou même nues... !

— C'est vrai, ma charmante, et tu as entendu les reconnaissantes clameurs de mes hôtes.

— Quelles sont ces femmes ?

— Des bayadères... la joie des convives après le festin ! des belles qui n'ont rien à refuser...

— D'où viennent-elles ?

— Du pays des merveilles, de l'Inde !

— Prends garde !... ne me pousse pas à bout, Wilhelm... j'ai l'enfer dans le cœur ! Misère de moi !... ces créatures ici !... sous mes yeux !... Tu sais que la jalousie me rend folle !

Le duc d'Aquitaine répondit à sa maîtresse avec une insouciance railleuse, et se rapprocha des autres seigneurs qui regardaient les bayadères qui avaient fait irruption dans la salle du festin. Parmi elles on remarquait surtout Perrette et Yolande ; la première, toujours effrontée, provoquante. Déjà les croisés, qu'enflammaient l'ivresse et la luxure, acclamaient ce cortège par des cris d'une licence grossière, lorsque Gertrude, élevant la voix : — Un moment, mes nobles seigneurs, réservez votre enthousiasme pour le trésor de jeunesse, de grâce et d'appas que je tiens sous ce voile et qui va éblouir vos yeux enchantés !

En disant ces mots, la mégère montra du geste une forme confuse, cachée sous un long voile blanc traînant à terre. La surprise et la curiosité calmèrent un moment l'ardeur impure des croisés ; un grand silence se fit ; tous les regards s'efforçaient de pénétrer à travers la demi-transparence du voile, lorsque soudain le duc d'Aquitaine s'écria : — Mes hôtes ! cet astre de beauté doit être, à mon avis, la récompense du chevalier qui a montré le plus de vaillance au siège de Marhala !

— Oui ! oui ! — crièrent les croisés, c'est justice ! ce trésor doit être le prix du plus vaillant !

— Or, je ne serai contredit par personne, — poursuivit Wilhem IX, — en proclamant qu'Héracle, seigneur de Polignac s'est montré brave entre les plus braves au siège de cette ville. — Des cris d'adhésion accueillirent les paroles du duc d'Aquitaine, qui reprit : — Héracle, seigneur de Polignac, à toi donc ce trésor de beauté ! à toi seul le privilège de dévoiler cet astre rayonnant qui doit nous éblouir !

Le seigneur de Polignac fendit avec empressement le groupe des croisés, tandis que Perrette, la reine des ribaudes, disait, en feignant un désespoir railleur : — Hélas ! cruel, tu me délaisses pour une beauté miraculeuse ! — Puis, avisant Wilhelm IX, elle s'écria : — Mon beau duc me consolera de tous mes déboires.

— Par Vénus ! — dit joyeusement Wilhelm IX, — sois la bien-venue, ma ribaude ! viens dans mes bras ! Avec toi toutes les voluptés !

— Ton Azénor va m'étrangler !

— Au diable Azénor, et vive l'amour !...

Pendant le court entretien du duc d'Aquitaine et de la reine des ribaudes, le seigneur de Polignac s'était approché de la femme voilée et enlevait la gaze qui cachait à tous les yeux le prix du plus vaillant. La surprise, la déconvenue des croisés se traduisirent pendant quelques instants par une muette stupeur ; ils voyaient apparaître à leurs yeux la pauvre Jehanne la Bossue coiffée d'un énorme turban rouge orné de plumes de paon, vêtue d'une courte jupe de même couleur qui, attachée à sa ceinture, laissait complètement à nu sa triste difformité. A ses côtés, se serrant près d'elle avec inquiétude, le petit Colombaïk, vêtu d'une tunique flottante, les cheveux frisés et parfumés, mais les yeux et les oreilles cachés sous un bandeau... « Je consens à vous servir de jouet, à endurer toutes les humiliations, parce que vous m'avez promis de prendre soin de mon fils et de ne pas me séparer de lui, — avait dit Jehanne à Gertrude avant de se prêter à cette cruelle bouffonnerie ; — mais je veux, au nom de ma dignité de mère, au nom de la pudeur de mon enfant, lui couvrir les yeux et les oreilles, afin qu'il ne soit pas témoin de l'avilissement de sa mère. » A l'aspect de Jehanne la Bossue, les croisés d'abord stupéfaits de surprise, poussèrent bientôt des éclats de rire redoublés par le désappointement que paraissait éprouver Héracle, le seigneur de Polignac ; celui-ci, encore sous le coup de sa déconvenue, regardait Jehanne bouche béante.

A ce moment, Azénor, effarée, livide, les traits bouleversés par les fureurs de la jalousie, courait de l'un à l'autre des croisés, leur demandant où était le duc d'Aquitaine ; mais ces seigneurs, à moitié ivres et insoucieux des douleurs de cette infortunée, lui répondaient par des railleries. — Portons la bossue en triomphe ! — acclamèrent plusieurs voix mêlées d'éclats de rire assourdissants.

Jehanne pâlissait d'épouvante ; résignée d'avance à toutes les railleries, à toutes les humiliations, elle n'avait jamais pu prévoir un tel excès d'indignité. La malheureuse mère, tremblante, éperdue, tombant agenouillée, suppliante, enlaçait de ses bras, son fils, et murmurait en sanglotant : — Mon pauvre enfant, pourquoi ne sommes-nous pas morts comme ton père dans les sables du désert — Déjà, malgré les pleurs de Jehanne, les croisés la saisissaient, lorsqu'une grande rumeur s'éleva dans l'une des chambres qui s'ouvraient sur les galeries. Bientôt Fergan le Carrier, menaçant, terrible, se précipita au milieu de la salle, armé d'une massue et appelant à grands cris Jehanne et Colombaïk !

— Fergan ! Mon père ! — crièrent à la fois la femme et l'enfant. A cet appel, le carrier s'élança au travers du groupe des croisés, faisant voltiger son lourd bâton et distribuant devant lui, à droite, à gauche, des coups si rudes que les seigneurs, abasourdis, effrayés, refluèrent devant le serf ; celui-ci, se frayant un passage au milieu d'eux, rejoignit enfin sa femme et son fils, les serra contre sa poitrine dans une étreinte passionnée. Les serviteurs renversés, foulés aux pieds, à demi assommés par Fergan, se relevèrent haletants et dirent aux seigneurs : — Nous étions en dehors de la porte de la rue, jouant aux osselets, lorsqu'est accouru ce furieux, venant de la place du marché ; il nous a demandé si l'on n'avait pas amené dans ce palais une femme bossue et un enfant. — Oui, — lui avons-nous répondu, — et, à cette heure, ils font la joie des nobles convives de notre seigneur le duc d'Aquitaine. — Alors ce forcené s'est élancé au milieu de nous, a franchi la porte du palais, nous a frappés de son bâton, et est arrivé ici.

— Il faut le pendre, et sur l'heure ! s'écria le duc de Normandie ; — ces colonnes vaudront un gibet. Qu'on apporte une corde.

— Ce bandit a osé nous menacer de son bâton ! Il a mérité la potence.

— A mort ce scélérat ! à mort ! — crièrent les croisés, revenus de leur première stupeur, — à mort ! à mort, le truand !

— Où est donc le duc d'Aquitaine ? On ne peut pendre ici personne sans sa permission.

— Il a disparu avec la reine des ribaudes ; mais son absence ne peut arrêter l'exécution de ce misérable ; à son retour il trouvera ce truand pendu haut et court ; Wilhelm ratifiera la sentence et nous approuvera.

— Je donne ma ceinture pour servir de corde.

— A mort le truand, à mort, et sur l'heure !

Fergan, après avoir embrassé sa femme et son enfant, jugea d'un coup d'œil la gravité du péril, et remarqua que les seigneurs n'étaient pas armés. Profitant de leur première surprise, il fit monter sa femme et son fils sur la table du festin, leur recommanda de s'adosser au revêtement de marbre du bassin ; puis se plaçant devant eux, un gros bâton à la main, il se prépara à une défense désespérée. Voulant cependant tenter un dernier moyen de salut, il dit aux croisés qui allaient l'assaillir : — Par pitié, laissez-moi sortir de ce palais avec ma femme et mon enfant !

— Entendez-vous ce bandit qui demande grâce !... — Vite, vite, qu'une colonne lui serve de gibet ! Qu'on lui passe un lien autour du cou.

— Vous me pendrez ! — s'écria le serf avec désespoir. — mais plus d'un d'entre vous tombera sous mon bâton ! — Cette menace exaspéra la fureur des croisés. Déjà, bravant le mouvement rapide de la massue de Fergan, plusieurs seigneurs s'élançaient pour se saisir du serf, lorsque soudain retentit au loin le bruit des clairons et des cris de plus en plus rapprochés :
— Aux armes ! voici les Sarrasins ! Aux armes ! aux remparts ! — Et bientôt plusieurs guerriers du duc d'Aquitaine parurent l'épée à la main, s'écriant : — Les Sarrasins ont profité de la nuit pour surprendre la ville ; ils viennent de s'introduire près de la porte d'Agra par la brèche que nous avons faite : on se bat sur les remparts. Aux armes, seigneurs ! aux armes, duc d'Aquitaine ! aux armes ! — A peine ces guerriers venaient-ils de prononcer le nom du duc, au milieu du tumulte croissant causé par

l'annonce de cette attaque imprévue, qu'apparut Wilhelm IX, les vêtements en désordre, sortant d'une des chambres donnant sur la galerie, pâle, épouvanté, tenant entre ses mains un parchemin et criant d'une voix terrifiée :
— Une juive !... une juive ! Damnation !

— Wilhelm, arme-toi ! — lui dirent ses compagnons, en sortant précipitamment avec les guerriers : — les Sarrasins attaquent la ville ! Courons au remparts ! Aux armes !

— Une juive ! — répétait le duc d'Aquitaine, le regard fixe, le front baigné d'une sueur froide, et paraissant ne pas entendre, ne pas voir ses compagnons de guerre. — Puis, apercevant le légat du pape, Wilhelm IX se précipita aux genoux du prélat : — Saint patron, aie pitié de moi, je suis damné !... Pendant que je devisais avec la reine des ribaudes, Azénor est entrée dans la chambre où nous étions et me tendant ce parchemin, elle m'a dit qu'elle était juive, et que le parchemin écrit en langue hébraïque m'en fournissait la preuve. J'ai été un misérable pécheur... Saint prélat, aie pitié de moi... je suis damné !... Pitié pour mon âme !.... Je te demande à genoux l'absolution...

. . . .

A l'aube, le soleil se leva sur la plaine qui environne la ville de Marhala, attaquée pendant la nuit par les Sarrasins et défendue par les croisés. Les infidèles, plus confiants dans leur audace que dans leur nombre, ont tous succombé dans l'assaut, sauf un petit groupe de prisonniers. Les abords de la brèche des remparts, non loin de la porte d'Agra, par laquelle les Sarrasins ont tenté de surprendre la ville, disparaissent sous des monceaux de cadavres. Des nuées de vautours planent au-dessus de cette abondante curée, mais ils n'osent encore s'abattre sur elle. Des hommes de proie ont devancé ces oiseaux ; ces hommes sont là, entièrement nus ; rouges et dégouttants de sang, hideux et horribles à voir, allant, venant, comme les démons de la mort au milieu de ce champ de carnage. Voici ce qu'ils font : d'abord ils prennent le corps d'un Sarrasin et le dépouillent de ses habits dont ils font un paquet ; puis, le cadavre mis à nu, ils s'agenouillent près de lui, ouvrent ses mâchoires contractées par la mort, et fouillent soigneusement dans la bouche et sous la langue du mort ; après quoi, à l'aide longs couteaux, ils lui fendent le gosier, ouvrent sa poitrine, son ventre, en arrachent les entrailles, les intestins, et y fouillent et y cherchent encore... Le visage, les mains, les membres ruisselants de sang, ces démons obéissaient à un chef ; il ordonnait et dirigeait leurs profanations sacrilèges, ils l'appelaient leur roi. C'était Corentin Nargue-Gibet, devenu chef des truands ; son sénéchal, ancien serf de la seigneurie de Plouernel, était ce même Trousse-Lard qui, d'un coup de fourche, avait jeté bas de son cheval le bailli Garin Mange-Vilain, avant que celui-ci fût massacré par les habitants du village. Le roi des truands et son sénéchal témoignaient d'une rare dextérité dans leur épouvantable métier ; ils venaient de saisir, l'un par les pieds, l'autre par la tête, le corps d'un jeune Sarrasin ; sa figure, ses riches vêtements hachés de coups d'épée, les cadavres de plusieurs croisés étendus à ses côtés, témoignaient de la résistance acharnée de ce guerrier. — Oh ! oh ! — dit le roi des truands, — ce chien devait être un chef, cela se devine à son cafetan vert brodé ; c'est grand dommage que cet habit soit aussi tailladé, il eût pu servir de peliçon à Perrette.

— Tu penses encore à la ribaude ? — répondit Trousse-Lard en aidant Corentin à dépouiller le Sarrasin de ses vêtements ; — ta Perrette est dans le paradis des ribaudes, en croupe de quelque chanoine, ou dans le harem d'un émir.

— Sénéchal, Perrette quitterait paradis, émir ou chanoine si Trompe-Gibet lui disait : Viens... Mais voici notre cadavre nu, fais un paquet des vêtements ; ils trouveront acheteurs sur la place du marché de Marhala... Maintenant que nous avons ôté la pelure de ce fruit de Syrie, — ajouta-t-il en montrant le mort, — ouvrons-le ; c'est au dedans qu'il faut chercher ses précieuses amandes, telles que beaux besans d'or et pierreries... Donne-moi ton couteau, je vais l'aiguiser contre le mien, le tranchant de sa lame s'est émoché sur le brechet de ce vieux Sarrasin à barbe blanche... Par le diable ! il avait le cartilage des côtes aussi dur que celui d'un vieux bouc ; — et, pendant que son sénéchal faisait un paquet des vêtements, le roi des truands, aiguisant les couteaux, disait, en jetant un regard de convoitise satisfaite sur les cadavres dont il se voyait environné : — Voilà ce que c'est que de se lever matin ; les croisés, après leur combat nocturne, sont allés se coucher ; lorsqu'ils viendront pour dépouiller les morts, nous aurons fait rafle !

— Grand roi ! il est facile de se lever matin lorsqu'on ne s'est point couché ; aussi sommes-nous arrivés fort à propos pour récolter la moisson de ce champ de carnage.

— Me reprocherez-vous encore, truands, de vous avoir engagés à quitter la forteresse du marquis de Jaffa ? — répondit le roi en continuant d'aiguiser ses couteaux. — Songer à se retrancher dans un château fort, pour brigander en Palestine, c'était folie !

— Pourtant, beaucoup de ces nouveaux seigneurs qui se sont établis ducs, marquis, comtes et barons en terre sainte, recommencent de tous côtés, ainsi qu'ils le faisaient en Gaule, leur métier de détrousseurs de grands chemins.

— A cette différence près, sénéchal, qu'il n'y

a point ici de grands chemins et quasi personne à détrousser. Il faut parcourir dix et douze lieues au milieu des sables ou des rochers, pour rencontrer quelque maigre troupe de voyageurs qui, au lieu de se laisser bénignement dépouiller comme les citadins ou les marchands de la Gaule, regimbent fort souvent, montrent les dents et s'en servent.

— Grand roi ! tu parles judicieusement ; car en vérité, pendant ces deux mois passés au service du marquis de Jaffa, nous n'avons fait que deux piètres rencontres ; et encore, dans l'une nous avons été, foi de Trousse-Lard, chaudement étrillés, rudement battus, le tout presque sans profit.

— Mais aussi, cette belle curée sarrasine nous attendait ce matin aux portes de Marhala ; notre besogne faite, nous nous plongerons dans cette fontaine qu'ombrage là-bas ce bouquet de dattiers ; grâce à ce bain, nous qui sommes rouges comme des anguilles écorchées, nous redeviendrons blancs comme de petites colombes ; après quoi, n'ayant qu'à choisir parmi ces nippes sarrasines, et notre pochette bien garnie, nous ferons notre royale entrée dans la plus belle taverne de Marhala.

— Où tu retrouveras peut-être ta reine, servant à boire et couchant avec ses clients.

— Que le ciel t'entende, sénéchal, et que le diable m'exauce ! et sur ce, vite à l'œuvre : le soleil monte, nous sommes nus et courons risque d'être grillés avant la fin de notre besogne. Le bain d'abord et la ripaille ensuite.

— Ce mot grillé me fait penser que ce jeune Sarrasin est dodu et bien en chair. À l'occasion, quel régal que les filets de ces larges reins et de ces mollets rebondis, accommodés avec quelques aromates et une pincée de safran ! Te rappelles-tu, entre autres ragoûts, la tête bouillie de ce séide du vieux de la montagne, avec certaine sauce poivrée, pimentée ?...

— Sénéchal, mon ami, vous êtes trop loquace ; au lieu d'ouvrir sans cesse votre bouche, d'où ne sortent que de vaines paroles, ouvrez donc celle de ce Sarrasin, et peut-être en tombera-t-il beaux besans d'or ou diamants de Bassorah. — Ce fut un spectacle effrayant, comme la violation d'un sépulcre ; le roi des truands prit la tête du cadavre entre ses genoux, tandis que Trousse-Lard s'efforçait d'entr'ouvrir les mâchoires du mort fortement contractées ; n'y pouvant parvenir, il dit à Corentin : — Ce chien d'infidèle devait rager en expirant, il a les dents serrées comme un étau !

— Et cela t'embarrasse, jeune oison ! Introduis donc entre ses dents la lame de ton couteau sur le plat ; après quoi, tourne-la sur le tranchant : tu écarteras suffisamment les mâchoires pour pouvoir y fourrer les doigts. — Pendant que Trousse-Lard continuait ses abominables recherches en suivant les conseils du roi des truands, celui-ci dit avec un ricanement féroce : — Ah ! Sarrasins mécréants, vous avez la malice de cacher dans le creux de vos joues, voire même d'avaler bysantins et pierreries, afin de soustraire ces richesses aux soldats du Christ !

— Rien, — dit le sénéchal avec déconvenue en interrompant le roi des truands, — rien dans les bajoues, rien sous la langue.

— Tu as soigneusement fouillé ?

— Oh ! j'ai fouillé et refouillé partout ; peut-être, durant le combat de cette nuit, un croisé fin renard aura-t-il, en homme d'expérience, serré le cou de ce Sarrasin au moment où il expirait, et lui aura-t-il ainsi fait cracher l'or qu'il cachait dans sa bouche ; à moins que ce chien n'ait avalé le tout.

— Le scélérat en est capable ; donc fouillons le gosier, après le gosier nous fouillerons la poitrine et le ventre. — Ainsi dit, ainsi fait ; ces deux monstres se livrèrent sur ce cadavre à une épouvantable boucherie. Leur cupidité féroce fut satisfaite, et après des profanations qui soulèvent le cœur de dégoût et d'horreur, ils retirèrent des entrailles sanglantes du cadavre trois diamants, un rubis et cinq besans d'or, petites pièces très épaisses, mais à peine de la dimension d'un denier. Pendant que les deux truands achevaient leur carnage, des nuages d'une fumée noire, épaisse, nauséabonde, s'élevaient d'un bûcher dressé proche de là, par les autres truands, avec des branchages de chêne vert et de térébinthe ; ceux-là, au lieu d'éventrer les cadavres, les brûlaient afin de chercher parmi leurs cendres l'or et les pierreries que les Sarrasins pouvaient avoir avalées. Ces monstruosités accomplies, les truands allèrent à une source voisine laver leurs corps rougis de sang, reprirent leurs vêtements ou s'affublèrent des dépouilles des Sarrasins ; puis se partageant le poids du butin, habits, armes, turbans, chaussures, ils se dirigèrent vers la porte d'Agra. Au moment d'entrer dans la ville, le roi de ces bandits, montant sur un monceau de décombres, dit à ses hommes, qui se groupèrent autour de lui : « Truands, mes fils et bien-aimés sujets ! nous allons entrer dans Marhala, butin sur le dos, bysantins en poche ; j'entends, je veux, j'ordonne au nom du vin, des dés et des ribaudes, qu'avant de quitter Marhala nous soyons redevenus aussi gueux que des truands que nous sommes ; n'oubliez jamais notre règle : « Un vrai truand, vingt-quatre heures après le pillage du butin, ne doit posséder que sa peau et son couteau. » Car, celui-là qui garde un denier devient froid à la curée, est indigne du beau nom de truand ; il est chassé de mon royaume ! »

— Oui, oui, vive notre roi ! vivent le vin, les

dés et les belles putains ! — répondirent les bandits. — Au diable le truand qui, riche, aujourd'hui, garde pour demain autre chose que sa peau et son couteau ! Vive notre grand roi Corentin Nargue-Gibet ! Vive le roi !

Et la troupe féroce, chantant et hurlant, se dirigea vers la porte d'Agra, pour entrer dans la ville de Marhala. Gloire à ces braves croisés !

. . . .

Fergan le Carrier, heureusement soustrait à la fureur des convives du duc d'Aquitaine par l'attaque imprévue des Sarrasins, avait profité du tumulte pour s'échapper du palais de l'émir avec Jehanne et Colombaïk. Pendant que les croisés couraient aux remparts de la porte d'Agra, le serf se dirigea, avec sa femme et son enfant, loin du lieu du combat. Le calme s'étant rétabli dans Marhala peu de temps avant l'aube, Fergan, avisant l'une de ces nombreuses tavernes ordinairement établies après la prise des villes dans quelques maisons sarrasines par les gens qui suivaient l'armée, Fergan entra dans cette demeure ; puis, au grand étonnement de Jehanne, il tira de sa ceinture une pièce d'or qu'il changea au tavernier contre des deniers d'argent, afin de payer le loyer d'une chambre. Seul avec sa famille, le serf put se livrer à sa tendresse et raconter comment, après avoir été séparé des siens et jeté loin d'eux par la trombe, il s'était trouvé à demi enseveli sous les sables et privé de sentiment ; la nuit venue, il fut tiré de son engourdissement par une grosse morsure aiguë à l'épaule ; c'était une hyène qui, déblayant avec ses pattes le sable sous lequel Fergan était presque entièrement enfoui, s'apprêtait à le dévorer, le prenant pour un cadavre ; mais, le voyant se redresser la hyène prit la fuite. Ainsi délivré d'un double danger, le serf avait erré durant la nuit, entendant les bêtes féroces hurler à la curée qu'elles faisaient des corps déterrés par elles. A l'aube il vit, à demi dévorés, les restes de Néroweg VI : telle fut la fin du seigneur de Plouernel...

Après avoir en vain cherché Jehanne et son enfant, Fergan les crut à jamais perdus pour lui, et suivit le chemin jalonné par des ossements humains. Au bout de quelques heures de marche, il rencontra les débris du cadavre d'un *seigneur*, à en juger par la richesse de ses vêtements mis en lambeaux par les bêtes de proie. Parmi ces lambeaux se trouvait une pochette brodée, remplie d'or, Fergan s'en empara sans scrupule, et bientôt après fut rejoint par une troupe de voyageurs se rendant à Marhala ; il fit route avec eux ; à son arrivée dans la ville, apprenant la venue de plusieurs voyageurs aussi échappés aux désastres de la trombe, il s'informa d'une femme contrefaite accompagnée d'un enfant. Un mendiant qui, d'aventure, avait vu Jehanne et son fils entrer dans le palais de l'émir, renseigna Fergan à leur sujet, et il put arriver à temps pour les arracher aux violences dont ils étaient menacés.

Fergan, après le récit de ses aventures, laissant sa femme et Colombaïk dans la taverne, sortit au lever du soleil et se dirigea vers la place du marché, afin d'y acheter des vêtements provenant du butin, que l'on vendait à la criée. Craignant d'être rencontré par quelques-uns des convives du duc d'Aquitaine, le serf s'était frotté la figure avec de la suie mélangée de graisse ; ainsi méconnaissable, grâce à son teint devenu non moins brun que celui d'un Maure, il se rendit sur la place du marché ; mais au lieu de la trouver couverte de revendeurs trafiquant du butin, il vit grand nombre d'hommes travailler en hâte à la construction d'un bûcher sous la surveillance du légat du pape et de plusieurs prélats ; une rangée de soldats, placés à une assez grande distance de ces préparatifs, empêchaient les curieux de s'approcher. Fergan venait de se glisser au premier rang de cette foule lorsqu'un diacre, vêtu de noir, dit à haute voix : « Y a-t-il parmi vous des hommes robustes qui veuillent gagner deux deniers en aidant à achever promptement ce bûcher ? qu'ils se présentent et se mettent à la besogne. Ils seront payés aussitôt le travail fait.

— J'aiderai si l'on veut, répondit Fergan ; car deux deniers étaient bons à gagner, et ce petit profit ménagerait sa bourse.

— Viens, — répondit le prêtre, — tu me parais un vigoureux compère ; les bûches ne péseront pas plus que des fétus à tes larges épaules. — Cinq ou six autres malheureux s'étant offerts pour s'adjoindre à Fergan, le diacre les conduisit au milieu de la place, où, à grand renfort de troncs d'oliviers, de palmiers, de chênes verts et de broussailles desséchées, l'on dressait le bûcher destiné à l'accomplissement du miracle annoncé par Pierre Barthelmy, prêtre marseillais et possesseur de la *sainte lance*. Ce Barthelmy tirait un gros profit de sa relique en l'exposant, moyennant argent, à la vénération des croisés ; d'autres prêtres, jaloux des recettes du Marseillais, avaient fort médit de sa lance ; il craignit de voir diminuer son pécule, et voulant donner une preuve de la vertu de sa lance et confondre ses détracteurs, il avait promis un miracle. Fergan se mit à la besogne avec ardeur, afin de gagner ses deux deniers. Bientôt il remarqua qu'un étroit sentier traversait cet amoncellement de bois, d'une étendue de trente pieds carrés environ, mais qui, élevé de quatre à cinq pieds sur chacune de ses faces, allait toujours s'abaissant en talus de chaque côté du sentier qui le partageait en deux ; de sorte que, vers son milieu et sur une largeur de

Le massacre des infidèles par les Croisés (page 712)

deux coudées environ, ce bûcher n'offrait au feu presque aucun aliment. Après une demi-heure de travail, Fergan dit au diacre : — Nous allons maintenant mettre partout de niveau ce tas de bois et combler cette coulée qui le traverse pour que le bûcher flambe partout.

— Non pas, non pas, — reprit le diacre, — votre travail est terminé de ce côté ; il faut maintenant planter la potence et établir la broche. — Fergan et ses compagnons, curieux de connaître la destination de cette potence et de cette broche, suivirent le prêtre. Un chariot attelé de mules, venait d'apporter sur la place plusieurs poutres ; l'une d'elles, haute de quinze pieds environ, et à certains endroits garnie d'anneaux et de chaînes de fer, présentait vers son milieu une sorte de tablette d'appui. Les compagnons de Fergan, suivant les indications du diacre, dressèrent cette potence à l'un des angles du bûcher où le bois se trouvait surtout entassé ; d'autres travailleurs établissaient, non loin de là, deux X de fer destinés à supporter une barre de fer longue de huit pieds environ et fort aiguë.

— Oh ! oh ! quelle terrible broche ! — dit Fergan au prêtre, en plaçant, non sans peine, la barre de fer sur les deux X. — Est-ce que l'on va faire rôtir ici un bœuf ? — Mais au lieu de répondre au serf, le diacre prêta l'oreille du côté d'une des rues aboutissant à la place, fouilla prestement dans sa pochette, et dit à Fergan et aux autres hommes, en leur distribuant à chacun le salaire promis : — Votre besogne est achevée, partez ; voici la procession qui s'approche.

Fergan et ses compagnons se retirèrent au milieu de la foule que le cordon de soldats repoussait loin du bûcher ; des chants d'église, d'abord lointains, mais de plus en plus rappro-

80e livraison

chés, se firent entendre, et bientôt le religieux cortège déboucha sur la place. D'abord marchaient des moines, ensuite des clercs portant croix et bannières ; puis, au milieu d'un groupe de hauts dignitaires de l'Eglise, dont les mitres et les chapes d'or étincelaient au soleil levant, venait le prêtre marseillais, Pierre Barthelmy, pieds nus, et vêtu d'une chemise blanche ; il tenait triomphalement à la main la sainte et miraculeuse lance. Ce faiseur de miracles, d'une physionomie à la fois béate, matoise et sournoise, précédait d'autres clercs portant des bannières ; puis, entre deux files de soldats, s'avançait Azenor la Pâle, vêtue d'une longue robe noire, les mains liées derrière le dos, assistée de deux moines, et reconnue coupable de l'abominable crime d'être née juive ; elle était convaincue de cette énormité, non-seulement par la révélation qu'elle avait faite à Wilhelm IX dans un moment de jalousie, mais encore par la lecture du parchemin qu'elle lui avait remis afin de dissiper ses doutes. Dans ce parchemin, écrit en langue hébraïque et remontant à plusieurs années, le père d'Azenor lui recommandait de mourir fidèle à la foi d'Israël. A quelques pas derrière la victime se traînait, par pénitence, sur ses genoux nus, Wilhelm IX, duc d'Aquitaine, les cheveux en désordre et couvert de cendres. Vêtu d'un sac, les pieds nus et poudreux comme ses genoux, tenant un crucifix entre ses mains jointes, il s'écriait de temps à autre d'une voix lamentable, en se meurtrissant la poitrine à coups de poing : — *Meâ culpâ ! Meâ culpâ !* Seigneur Dieu ! ayez pitié de mon âme ; j'ai commis le péché de la chair avec une juive immonde, je suis damné sans votre miséricorde. O seigneur, *meâ culpâ ! meâ culpâ !* Le légat du pape et l'archevêque de Tyr, debout et splendidement vêtus, marchaient à côté du duc d'Aquitaine, criant de temps à autre, à haute voix, afin d'être entendus de l'assistance :

— Mon fils en Christ, espère en la miséricorde du Seigneur ; rends-toi digne de sa clémence par ton repentir !

— Sois fidèle à ton vœu de chasteté, toi qui fus luxurieux et débauché !

— Sois fidèle à ton vœu de pauvreté, toi qui fus prodigue et magnifique !

— Sois fidèle à ton vœu d'humilité, toi qui fus orgueilleux et superbe !

— Mais, cela ne suffit pas, il faut que tu abandonnes à l'Eglise tes richesses périssables, terres, domaines, châteaux, esclaves, pour que les prêtres implorent auprès de l'Eternel la rémission de tes souillures, de tes nombreux péchés.

Venaient ensuite quelques Sarrasins, faits prisonniers lors de la dernière attaque nocturne contre Marhala : des soldats les conduisaient garrottés ; le roi des truands, son sénéchal, Trousse-Lard, et quelques-uns de leurs hommes avaient été joints à cette escorte, par ordre de Bohemond, prince de Tarente, chef de l'armée, qui fermait le cortège en compagnie d'un grand nombre de seigneurs croisés, casque en tête et lance au poing.

Cette lugubre procession fit le tour de la place au milieu d'une foule de plus en plus grossissante, et vint se ranger devant le bûcher où étaient préparées la potence et la broche.

— Le miracle de la lance ! — s'écria la foule impatiente de voir Barthelmy traverser en chemise et sans brûlure un bûcher enflammé, — le miracle de la lance.

— Hélas ! — murmurait piteusement Wilhelm IX en redoublant les coups de poing dont il se meurtrissait la poitrine, — hélas ! je suis un si grand pécheur, que peut-être l'Eternel ne daignera pas, devant moi, manifester sa toute-puissance par un prodige !

— Rassure-toi mon fils, — répondit le légat du pape, — l'Eternel va se manifester pour corroborer ta foi, puisque la grâce t'a touché, puisque tu t'es humilié devant son Eglise.

— Hier, mon père, j'étais un immonde criminel, un scélérat infâme, un misérable aveugle ; mais aujourd'hui mes yeux se sont ouverts à la vérité ; et je vois les flammes éternelles qui m'attendent. Ayez pitié de moi !

— Abandonne tous tes biens à l'Eglise, reste pauvre comme Job, et alors l'Eglise s'entremettra pour ton salut, — répliqua le légat du pape en donnant l'ordre à son diacre de mettre le feu au bûcher. Pierre Barthelmy, traversant presque sans danger le sentier caché par l'élévation des flammes allumées sur les quatre faces du bûcher, devait, aux yeux de la foule crédule, paraître traverser le lac de feu. Il en fut ainsi : le serf vit à travers un nuage d'épaisse fumée qui augmentait l'illusion, Pierre Barthelmy, semblant marcher dans la flamme jusqu'au ventre, parcourir à toutes jambes la largeur du bûcher dont il sortit en brandissant sa lance. La foule, aveugle et fanatique, battit des mains et hurla :

— Miracle !... miracle !... — Fergan, révolté de l'impudence de ce prêtre, qui abusait si effrontément de la crédulité de ces pauvres gens, voulut lui donner une cuisante leçon ; il s'écria, paraissant céder à un religieux enthousiasme : — Pierre Barthelmy est un saint, un grand saint ! ceux qui pourront posséder la moindre parcelle de ses vêtements ou de son bienheureux corps, ne serait-ce qu'un cheveu, seront délivrés de tous maux — La foule accueillit avec frénésie la proposition de Fergan ; la ligne de soldats, qui contenait la multitude assez loin des abords du bûcher, fut rompue, et les plus exaltés de ces fanatiques s'élancèrent sur Pierre Barthelmy au moment où, laissant le bûcher à quelques pas derrière lui, il brandissait la sainte lance. Il se passa alors une scène fort étrange, ainsi racontée par BAUDRY, archevêque de Dole, témoin oculaire des faits, dans son *Histoire de la prise de Jérusalem.* —

« ... *Lorsque Pierre Barthelmy sortit du bûcher avec sa sainte lance, la multitude se jeta sur lui et le foula aux pieds, parce que chacun voulait le toucher et prendre quelque morceau de sa chemise; on lui fit plusieurs blessures aux jambes; on lui coupa des morceaux de chair; on lui enfonça les côtes; on lui brisa l'épine du dos; il aurait expiré, à ce que nous croyons, si* RAYMOND, *seigneur* DE PELET, *illustre chevalier, réunissant une foule de soldats, ne se fût précipité au milieu de la foule en désordre, et n'eût, au péril de sa vie, sauvé Pierre Barthelmy.* »

Après cette rude leçon donnée à ce fourbe, Fergan se rapprocha du groupe de soldats qui transportaient dans une maison voisine le faiseur de miracles presque mourant. — Les brutes maudites! les sauvages animaux!... — murmurait d'une voix pantelante le prêtre marseillais. A-t-on jamais vu plus endiablés scélérats! Vouloir me faire passer à l'état de reliques!

— C'est la juste punition de l'hébétement où vous plongez ces malheureux par un calcul infâme, — dit Fergan en se penchant vers Barthelmy. — Le Marseillais se retourna furieux; mais le serf disparut dans la foule et passa de l'autre côté du bûcher, alors en plein embrasement A l'un de ses angles, enchaînée à la poutre, apparaissait Azenor; ses pieds reposaient sur la tablette d'appui, que les flammes commençaient d'atteindre. A quelques pas de la victime, le duc d'Aquitaine, agenouillé parmi les prêtres, répétant leurs chants de mort, s'écriait de temps à autre en sanglotant : — Seigneur! Seigneur! absolvez-moi de ma souillure! Que mon repentir et le juste supplice de cette juive immonde me méritent votre grâce! Absolvez-moi de mes fornications!

— O Wilhelm! — s'écria la condamnée d'une voix encore ferme et vibrante, — je sens déjà l'ardeur des flammes; elles vont réduire mon corps en cendres! Ces flammes sont moins dévorantes que celles de la jalousie! Hier, poussée à bout, j'ai assuré ma vengeance; quelques instants de supplice vont me débarrasser de la vie, et ta crédule stupidité me venge; à cette heure, le voilà, brillant duc d'Aquitaine, le jouet des prêtres, les ennemis implacables, et la dupe de ceux qui se rient de ton imbécile épouvante! S'il y a un enfer, nous nous y verrons.

— Tais-toi, infâme, bête immonde! — s'écria le légat du pape; — les flammes dont tu es entourée ne sont rien auprès du feu éternel où tu vas aller brûler jusqu'à la fin des siècles. Malédiction sur ton exécrable race, qui a mis en croix le Sauveur du monde!

— Malédiction sur les juifs! mort aux juifs! gloire à Dieu dans le ciel et à ses prêtres sur la terre! — hurlèrent les assistants.

Soudain des cris déchirants dominèrent ces clameurs; Azenor la Pâle se tordait de douleur sous ses chaînes, en sentant l'atteinte du feu qui, commençant à lui brûler les jambes, venait d'enflammer sa robe et ses longs cheveux. Bientôt le madrier où elle était enchaînée, prenant feu sur le pied, vacilla, tomba dans la fournaise et y disparut avec la victime au milieu d'un nuage de flammes et d'étincelles. Le duc d'Aquitaine, embrassant alors les genoux du légat du pape, s'écria d'une voix gémissante entrecoupée de sanglots : — O mon père en Christ, je fais vœu d'abandonner tous mes biens à notre sainte Eglise catholique, apostolique et romaine! je fais vœu de suivre la croisade pieds nus et vêtu d'un sac! je fais vœu de m'ensevelir au fond d'un cloître à mon retour en Gaule! je fais vœu de mourir dans les austérités de la pénitence, afin d'obtenir de Dieu la rémission de mes péchés et de mes fornications!

— Au nom du Tout-Puissant et de ton salut éternel, je prends acte de tes engagements, Wilhelm IX, duc d'Aquitaine! — reprit le légat du pape d'une voix éclatante et solennelle. — L'observance de ces vœux peut seule te mériter un jour la miséricorde céleste, grâce à l'intercession de l'Eglise. — Le duc d'Aquitaine, courbé aux pieds du légat, le front dans la poussière, réitérait ses protestations, ses lamentations, lorsque le roi des truands, sortant de l'escorte de soldats qui entouraient les prisonniers sarrasins, et accompagné de son sénéchal Trousse-Lard, s'approcha du légat.

— Saint père en Dieu, je suis venu avec mon sénéchal et quelques-uns de mes sujets, afin de mettre un de ces mécréants de Sarrasins à la broche; vous n'avez qu'à me livrer la victime.

— Ceci regarde Bohemond, prince de Tarente, — répondit le légat au roi des truands, en lui indiquant du geste un groupe de seigneurs croisés qui venaient d'assister au miracle de Pierre Barthelmy et au supplice d'Azenor la Pâle. Le prince de Tarente vint au-devant de Corentin et lui parla à voix basse en l'emmenant du côté où la broche gigantesque avait été disposée sur les X de fer. Le prince de Tarente, se rapprochant alors de l'escorte qui entourait les prisonniers, fit un signe : les soldats ouvrirent leurs rangs, et cinq Sarrasins garrottés se trouvèrent en face de Bohemond et des autres croisés. Deux d'entre ces prisonniers, le père et le fils, étaient surtout remarquables, l'un par sa figure noble et calme, encadrée d'une longue barbe blanche; l'autre par la fière et juvénile beauté de ses traits. Le vieillard, blessé à la tête et au bras pendant l'attaque nocturne, avait déchiré quelques morceaux de son long manteau de laine blanche pour bander ses blessures et celles de son fils ; leurs superbes écharpes de laine de Tyr, leurs cafetans de soie brodée d'or, quoique souillés de sang, de poussière, annonçaient le rang de ces deux chefs. Grâce à un prêtre arménien, qui leur servit d'interprète, ils eurent l'entretien suivant avec le prince de Tarente, qui, s'adressant au vieillard, lui fit dire : — Tu étais le chef de ces chiens d'infidèles qui ont tenté de surprendre la ville de Marhala pendant cette nuit ?

— Oui, Nazaréen ; toi et les tiens vous êtes venus apporter la guerre en notre pays, nous nous défendons contre les envahisseurs.

— Par la croix de mon épée ! vil mécréant, oses-tu douter des droits des soldats du Christ sur la terre sainte ?

— De même que j'ai hérité du cheval et de la tente noire de mon père, la Syrie nous appartient, à nous les fils de ceux qui l'ont conquise sur les Grecs ; notre conquête n'a pas été impitoyable comme la vôtre. Lorsque *Abubeker-Alwakel*, successeur du prophète, a envoyé *Yzèd-Ben-Sophian* conquérir la Syrie, il lui a dit : — « Toi et ces guerriers, conduisez-vous en hommes vaillants dans le combat, mais ne tuez ni les vieillards, ni les femmes, ni les enfants ; ne détruisez ni les arbres à fruits ni les moissons, car *Allah* en fait présent aux hommes. Si vous trouvez des ermites chrétiens dans leurs solitudes, servant Dieu en travaillant de leurs mains, ne leur faites aucun mal ; quant aux prêtres grecs qui, sans soulever les nations contre les nations, honorent Dieu sincèrement dans la foi de Jésus, fils de Marie, nous devons être pour eux un bouclier protecteur, car, sans regarder *Jésus* comme un Dieu, nous le vénérons comme un grand sage, fondateur de la religion chrétienne ; mais nous abhorrons la doctrine que certains prêtres ont tirée de la morale si pure du fils de Marie. »

Ces paroles du vieil émir, de tous points conformes à la vérité des faits et qui contrastaient si noblement avec les cruautés des soldats de la croix, exaspérèrent Bohémond, prince de Tarente : — J'en jure par le Christ, Dieu mort et ressuscité ! — s'écria-t-il, — tu vas payer cher l'audace de ces paroles sacrilèges !

— *Soyez fidèles à votre foi, même au péril de vos jours*, a dit le prophète, — reprit le vieux Sarrasin. — Je suis en ton pouvoir, Nazaréen ; tes menaces ne m'empêcheront pas de dire la vérité. Dieu est Dieu !

— La vérité, — ajouta le fils de l'émir, — c'est que vous autres Franks avez envahi notre pays, ravageant les champs, massacrant nos femmes et nos enfants, profanant les cadavres !

— Silence, mon fils ! — reprit l'émir d'une voix grave ; — Mahomet l'a dit : — *La force de l'homme juste est dans le calme de sa raison et dans la justice de sa cause.* — Le jeune homme se tut, et son père ajouta, s'adressant au prince de Tarente : — Je t'ai dit la vérité ; je te plains si tu l'ignores ou si tu la nies. Notre peuple, séparé du tien par l'immensité des mers et des terres lointaines, ne pouvait nuire à ta nation ; nous respections les ermites et les prêtres chrétiens ; leurs monastères s'élevaient au milieu des plaines fertiles de la Syrie, leurs basiliques brillaient dans nos villes à côté de nos mosquées ; et au nom d'Abraham, notre père à tous, musulmans, juifs ou chrétiens, nous accueillions en frères vos pèlerins qui venaient adorer à Jérusalem le sépulcre de Jésus, ce sage des sages. Les chrétiens exerçaient en paix leur religion, car Allah, Dieu du prophète, a dit par la bouche de Mahomet, prophète de Dieu : — *Ne faites violence à personne pour sa foi.* — Mais notre mansuétude a enhardi vos prêtres, ils ont excité contre nous les chrétiens ; ils ont outragé notre croyance, prétendant que la leur seule était vraie, et que Satan inspirait nos prières. Longtemps nous sommes restés patients ; mille fois supérieurs en nombre aux chrétiens, nous aurions pu les exterminer : nous nous sommes bornés à les emprisonner. Selon notre loi, ceux de vos prêtres qui nous outrageaient et semaient la discorde dans le pays ont été punis ; alors vous êtes venus d'outremer par milliers, vous avez envahi notre pays, vous avez déchaîné sur nous les maux les plus affreux, vos prêtres ont prêché la guerre sainte, nous nous sommes défendus, nous nous défendrons encore. Dieu protège ses croyants !

Le calme du vieil émir exaspéra le croisé ; il eût été mis en pièces, ainsi que son fils et ses compagnons, sans l'intervention de Bohémond, qui apaisa les seigneurs du geste et de la voix, puis s'adressant au Sarrasin par l'intermédiaire de l'interprète : — Tu mériterais cent fois la mort, mais je te fais grâce !

— Je raconterai aux miens ta générosité.

— Soit ! tu leur diras aussi : *Le prince gouverneur de la ville et les seigneurs ont arrêté aujourd'hui dans leur conseil que tous les Sarrasins qui seront pris désormais seront tués et rôtis afin de faire viande de leur propre corps tant aux seigneurs qu'à toute l'armée.* (Guillaume, archevêque de Tyr, a relaté cette épouvantable allocution dans l'histoire des croisés qu'il a écrite.)

Le prince de Tarente, en parlant et agissant comme un cannibale, suivait l'inspiration d'une politique atroce ; il savait que les repas de chair humaine inspiraient une extrême horreur aux mahométans, qui professaient pour les morts un culte religieux. Aussi Bohémond espérait-il jeter parmi les Sarrasins une telle épouvante qu'elle paralyserait leur résistance et qu'ils n'oseraient plus combattre de peur de tomber morts ou vivants entre les mains des soldats du Christ et d'être dévorés par eux.

Oui, fils de Joel, celui qui écrit ceci a entendu de ses oreilles ces paroles du prince de Tarente, paroles orthodoxes, puisque BAUDRY, l'archevêque de Dôle, avait dit : — *qu'il n'était pas imputé à crime de manger des Sarrasins, parce que c'était guerroyer contre eux avec les dents.* — Oui, fils de Joel, celui qui a écrit ceci a vu, de ses yeux vu, le roi des truands et ses hommes, obéissant aux ordres du prince de Tarente, s'emparer du fils de l'émir, et, tandis que des soldats contenaient les autres prisonniers pour les forcer d'assister à cet effroyable spectacle, le jeune Sarrasin fut égorgé, vidé et rôti devant le brasier du bûcher qui venait d'être le théâtre du miracle de Pierre Barthelmy et du supplice d'Azenor la juive ; oui, Fergan a vu de ses yeux cette monstruosité. En présence des seigneurs croisés, du légat du pape et du clergé, le fils de l'émir fut grillé, puis dévoré par les truands de Corentin Nargue-Gibet, assistés d'autres misérables poussés, par une forfanterie féroce, à prendre part à ce festin d'anthropophages ; après quoi le père de la victime et ses compagnons, délivrés de leurs liens, furent laissés libres... De cette liberté, le vieux Sarrasin ne profita pas : il tomba mort de douleur et d'épouvante à la fin du supplice de son fils ; l'un des Sarrasins devint soudainement fou de terreur, et les deux autres s'enfuirent éperdus de cette ville maudite, au moment où des messagers de GODEFROY DE BOUILLON ET DE BASSE-LORRAINE, venaient avertir Bohémond qu'il eût à partir sur l'heure avec son armée pour rejoindre sous les murs de Jérusalem les troupes de Godefroy, qui s'apprêtaient à commencer le siège de la ville éternelle. Aussitôt les clairons sonnèrent dans la ville de Marhala, les cohortes se formèrent, et l'armée du prince de Tarente ayant laissé garnison dans la cité sarrasine, se mit en marche pour Jérusalem en chantant ce refrain de la croisade, répété en chœur par la multitude qui suivait l'armée :

« Jérusalem ! Jérusalem ! — ville des merveilles, — ville heureuse entre toutes, — tu es l'objet des vœux des anges, — et tu fais leur bonheur ! — Le bois de la croix — est notre étendard ! — Suivons ce drapeau — qui marche en avant, — guidé par le Saint Esprit ! — Dieu le veut ! — Dieu le veut ! — Dieu le veut ! »

. . . .

Moi, Fergan, j'avais quitté Marhala avec ma femme et mon fils, habillés à neuf, grâce à l'or que j'avais trouvé dans le désert. Un âne portait nos provisions, une outre pleine d'eau et un sac de dattes ; je m'étais armé, afin de pouvoir nous défendre contre les maraudeurs. Quitter l'armée des croisés en ce moment aurait été folie ; j'espérais qu'après la prise de Jérusalem un assez grand nombre de croisés retourneraient en Europe en s'embarquant à Tripoli sur les vaisseaux génois ou vénitiens : j'espérais qu'au moyen de notre petit trésor je pourrais payer notre passage jusqu'à Gênes ou Venise, et de là, traversant une partie de l'Italie, revenir en Gaule et nous rendre à LAON, en Picardie, où sans doute devait habiter encore *Gildas,* frère aîné de *Bezenecq le Riche,* comme nous descendant de Joel. J'éprouvais un vif désir de voir Jérusalem, cette ville où, plus de mille ans auparavant, notre aïeule Geneviève avait assisté au supplice du charpentier de Nazareth, ce pauvre artisan, ce doux et grand sage, l'ami des captifs, des pauvres et des affligés, l'ennemi des prêtres hypocrites, des riches et puissants du jour. Jehanne et Colombaïk montaient tour à tour sur notre âne lorsqu'ils étaient fatigués ; j'éprouvais un grand bonheur à voir, pour la première fois de ma vie, ma femme et mon enfant proprement vêtus et reprendre peu à peu leurs forces, naguère épuisées par tant de fatigues et de privations. Nous suivions l'armée ; en tête marchaient des chevaliers portant la bannière de SAINT PIERRE, le disciple de Jésus ; PIERRE, le premier des papes de Rome, à ce qu'affirment les prêtres, celui qui renia par trois fois son jeune maître. Après la bannière de PIERRE, venaient, sous le commandement des seigneurs, leurs hommes d'armes, portant la bannière de chaque seigneurie, où étaient brodées des armoiries ou des mots servant de *cri* de guerre, tels que : AU CHRIST VICTORIEUX ! AU RÈGNE DE JÉSUS ! Ce dernier cri se lisait sur l'étendard du prince de Tarente. Ensuite s'avançait le légat du pape accompagné du clergé ; puis des troupes de guerriers à cheval et à pied, enfin la multitude d'hommes, de femmes, d'enfants déguenillés qui suivaient l'armée. Nous cheminions avec eux-là : désireux de ménager notre petit pécule, je m'employais, soit à soigner les mules ou à conduire les chariots, recevant en échange de ces services quelques deniers et la nourriture. Le trajet de Marhala jusqu'aux environs de Jérusalem fut extrêmement pénible ; grand nombre de pauvres gens restèrent en route, moururent de soif, de faim ou de fatigue, furent la proie des hyènes, des vautours, et leurs os blanchis tracèrent, ainsi que ceux de tant d'autres victimes, la route de Jérusalem. A une demi-journée de marche de cette ville je faillis perdre mon fils ; renversé par un cheval, il eut la jambe brisée en deux endroits. Il souffrait de vives douleurs : il me fallut renoncer à le transporter sur notre âne. Nous étions, ainsi que la multitude, à l'arrière-garde de l'armée, nos compagnons de voyage continuèrent leur marche, nous restâmes seuls ; le sol était en cet endroit, aride, montueux ; les souffrances de mon fils devenaient intolérables. Dans l'espoir d'apercevoir au loin quelque habitation, je montai sur un palmier ; je découvris, à une grande distance, au pied d'une colline, et enfouies au milieu d'un bouquet de dattiers, quelques maisons agrestes. Connaissant la douceur naturelle du peuple sarrasin, que la férocité des croisés poussait seule à une résistance désespérée, sachant surtout avec quel respect religieux cette nation exerce les devoirs de l'hospitalité, je me décidai à transporter mon fils, avec l'aide de Jehanne, dans l'une de ces demeures et d'y demander du secours, craignant d'être attaqué par les traînards, les maraudeurs et les truands, qui, venant à quelque distance, nous auraient égorgés pour nous dépouiller de nos vêtements. Les habitants de ce petit village s'étaient enfuis à l'approche de l'armée, moins un Arabe et sa femme. Tous deux, accablés de vieillesse, assis au seuil de leur logis, tenant leurs chapelets entre leurs mains, priaient, calmes, recueillis, attendant la mort, persuadés que quelques soldats du Christ viendraient piller et ravager leur maison. Le vieux Sarrasin et sa compagne, nous voyant, Jehanne et moi, nous avancer vers eux, portant dans nos bras notre enfant, qui jetait des cris plaintifs, reconnurent qu'ils n'avaient pas à redouter en nous des ennemis ; ils vinrent à notre rencontre avec empressement ; ignorant notre langue, comme nous ignorions la leur, ils échangèrent entre eux quelques mots, en se montrant mon fils d'un air apitoyé ; puis, pendant que sa compagne se dirigeait vers un petit jardin, le vieillard nous fit signe de le suivre dans l'intérieur de sa maison. Elle était, selon la coutume du pays, blanchie à la chaux, surmontée d'une terrasse, et n'avait d'autre ouverture qu'une porte étroite ; deux nattes servaient de lit ; après nous avoir fait signe d'étendre mon fils sur l'une d'elles, puis de mettre sa jambe à nu, notre hôte, qui possédait quelques connaissances chirurgicales, examina longtemps et toucha la jambe de Colombaïk, et sortit, nous faisant signe de l'attendre.

— Ah ! Fergan ! — me dit Jehanne agenouillée, — avec quelle sollicitude ce Sarrasin et sa femme regardaient notre enfant ! Nous sommes cependant pour eux des inconnus, des ennemis ! Les croisés, que nous suivons, ravagent leur pays, les massacrent, les font périr dans les supplices ! Et cependant vois avec quelle bonté ces dignes gens nous accueillent.

— C'est qu'aussi les prêtres mahométans, tout en prêchant l'amour sacré du pays, la résistance à l'oppression étrangère, prêchent les saintes lois de l'humanité envers toute créature de Dieu, quelle que soit sa foi ; hélas ! certains prêtres catholiques ordonnent et pratiquent l'extermination de ceux qui ne partagent pas leurs croyances ! Religion atroce !

Notre hôte revint avec sa femme ; elle portait un vase rempli d'eau, quelques grandes feuilles de palmier fraîchement coupées, ainsi que plusieurs herbes qu'elle venait de broyer entre deux pierres ; le Sarrasin tenait plusieurs baguettes de la longueur de la jambe de Colombaïk et une longue bande d'étoffe, à l'aide de laquelle il assujettit fortement les baguettes autour de la jambe de mon fils, après l'avoir couverte des herbes broyées ; ce bandage posé, la vieille Arabe l'arrosa d'eau fraîche et le recouvrit des feuilles de palmier. Notre enfant se trouva soulagé comme par enchantement. Pleins de reconnaissance, et incapables de l'exprimer dans une langue qui n'était pas la nôtre, nous avons, Jehanne et moi, baisé les mains de notre hôte ; une larme a roulé sur sa barbe blanche, et, d'un air grave, il nous a montré le ciel pour exprimer sans doute — que c'était Dieu qu'il fallait remercier. — Ensuite, il est allé prendre notre âne, resté au dehors, et l'a conduit à l'étable. La vieille Arabe nous apporta du miel, des dattes fraîches, du lait de brebis et une galette de farine d'orge. Jehanne et moi nous étions profondément touchés de cette généreuse hospitalité ; la douleur de notre enfant s'amoindrissait à chaque instant ; le vieillard nous fit comprendre, par un geste significatif, en ouvrant et fermant par trois fois les dix doigts de sa main et nous montrant mon fils étendu sur la natte, qu'il devrait rester pendant trente jours sans se lever, afin sans doute que les os de sa jambe brisée pussent se ressouder et se consolider. Grâce à la solitude où était enfouie cette maison, le temps nécessaire à la guérison de notre enfant s'écoula paisiblement ; ce furent les jours les plus heureux que nous eussions jusqu'alors connus. Le vieil Arabe, après avoir exercé envers nous l'hospitalité sans nous connaître, et au seul nom de l'humanité, s'attacha beaucoup à nous, touché de notre reconnaissance, que nous manifestions de notre mieux, et de la tendre affection qui nous unissait, ma femme et moi ; un jour il me prit par la main, me conduisit sur une hauteur escarpée d'où l'on découvrait au loin l'horizon, qu'il me désigna en me faisant un signe de tête négatif ; puis il me montra, au pied de la colline, cette tranquille demeure où nous vivions depuis près d'un mois ; je compris qu'il m'engageait à rester dans cette retraite ; je le regardais avec surprise : il mit une main sur sa poitrine, ferma les yeux en secouant mélancoliquement la tête, et il me montra la terre, voulant me dire qu'il était très vieux, qu'il mourrait bientôt, ainsi que sa compagne, et que, si nous le voulions, leur maison, leur jardin et leur petit champ nous appartiendraient...

O Joel, notre aïeul ! je n'étais qu'un pauvre

serf conduit à la croisade par la nécessité d'échapper, ainsi que ma femme et mon fils, aux vengeances de mon seigneur et aux horreurs du servage; pourtant, dans ce moment suprême et pour obéir à tes dernières volontés, ô Joel! j'ai accompli un sacrifice devant lequel eussent reculé des gens peut-être plus heureux que moi! Je pouvais accepter l'offre du vieillard, finir mes jours libre, heureux, dans cette solitude, entre ma femme et mon fils; mais j'étais dépositaire d'une partie des légendes et des reliques de notre famille; je savais que Gildas, frère de Bezenecq le Riche, possédait les chroniques de celle race qui remontaient jusqu'à l'invasion de la Gaule par César, et moi je possédais les écrits de nos aïeux, EIDIOL, *le nautonier parisien*, et YVON *le Forestier*. Peut-être un jour je pourrais joindre à ces chroniques le récit de mes souffrances et de celle des miens durant la terrible oppression féodale, et raconter aussi ce dont nous avons été témoins pendant cette croisade, l'un des crimes les plus monstrueux de Rome! J'ai donc regardé comme un devoir sacré l'obligation de tout tenter pour retourner en Gaule afin de me rendre dans la cité de Laon, auprès de notre parent Gildas le Tanneur. En outre, depuis notre arrivée en Syrie, j'avais entendu raconter que les populations de plusieurs grandes villes, plus éclairées, plus hardies que la pauvre plèbe rustique, commençaient à s'agiter; l'on m'avait parlé de l'insurrection de plusieurs cités de la Gaule contre les seigneurs, les évêques et les abbés, maîtres de ces villes. Peut-être ces révoltes des bourgeoisies amèneraient-elles les révoltes des serfs des campagnes; et alors, je me disais que le soulèvement contre l'Église, les seigneurs et la royauté pouvait devenir général! — O fils de Joel! qu'il soit prochain ou éloigné ce jour de délivrance, — me disais-je, — je regarderais comme un crime de ne pas tout tenter afin de me trouver en Gaule à l'heure de la révolte et de l'affranchissement! Mort aux prêtres et aux princes! J'ai donc refusé l'offre du vieil Arabe.

Le 15 juillet de l'année 1099, je n'oublierai jamais cette date funèbre, vers le milieu du jour, Colombaïk, appuyé sur sa mère et sur moi, essayait ses forces; pour la première fois, depuis trente-deux jours, il quittait sa couche, nos hôtes suivaient des yeux avec une tendre sollicitude les mouvements de mon fils; soudain nous entendons le galop d'un cheval descendant rapidement le versant de la colline qui dominait notre demeure. Le vieux Sarrasin échange quelques paroles avec sa femme, ils sortent précipitamment, et au bout de quelques instants rentrent accompagnés d'un autre musulman à barbe grise et couvert de poussière; ses traits pâles, bouleversés, exprimaient l'épouvante et le désespoir. D'une voix saccadée, haletante, il s'adressait à nos hôtes; des linges ensanglantés serrés autour de son bras et de sa cuisse témoignaient de deux blessures récentes. Plusieurs fois, dans l'animation de ses paroles, il répéta le nom de *Jérusalem*, seul mot que j'entendisse à son langage; à mesure qu'il parlait, l'effroi, l'indignation, l'horreur, se peignaient sur les traits bouleversés du vieux Sarrasin et de sa femme, bientôt leurs figures vénérables se couvrant de larmes, ils tombèrent agenouillés en gémissant et levant leurs mains vers le ciel. A ce moment, l'étranger, qui, dans sa préoccupation, ne nous avait pas aperçus, nous reconnut à nos vêtements pour des chrétiens, poussa un cri de rage et tira son cimeterre; mais notre hôte, se relevant, courut à lui, et après quelques mots prononcés d'un ton de reproche amical, le Sarrasin parut regretter son emportement, remit son sabre au fourreau et échangea quelques paroles avec nos hôtes; ceux-ci semblaient conjurer cet étranger de rester chez eux; mais il secoua la tête, pressa leurs mains dans les siennes, sortit, s'élança sur son cheval baigné de sueur, invoqua d'un geste la vengeance du ciel, gravit au galop la pente de la colline et disparut à nos yeux. Cet ami de nos hôtes venait les instruire de la prise de Jérusalem par les croisés; le récit des massacres, du pillage, des atrocités sans nom dont les soldats du Christ avaient souillé, déshonoré leur victoire, causait la consternation du vieil Arabe et de sa compagne; voulant m'assurer de la réalité, je leur dis d'un ton à la fois triste et interrogatif : *Jérusalem?* mais au lieu de me répondre, ils s'éloignèrent brusquement de moi comme s'ils m'eussent enveloppé dans l'horreur que leur inspiraient les croisés. J'échangeais un triste regard avec Jehanne lorsque notre hôte, regrettant sans doute son premier mouvement, revint près de nous, se pencha vers mon fils, recouché par nous sur sa natte, et le baisa au front. Je compris la délicatesse de ce sentiment, j'en fus ému jusqu'aux larmes... Ce vieux Sarrasin me croyait l'un des soldats de cette croisade féroce, impie, et il déposait un baiser de pardon, d'oubli, sur le front innocent de notre enfant; puis le vieillard sortit de la maison avec sa femme.

— Jérusalem est tombée au pouvoir des croisés, — ai-je dit à Jehanne; — en quelques heures je puis me rendre dans cette ville, je veux y aller, il n'y a rien à craindre pour moi, attends-moi ici; demain à l'aube je serai de retour, et nous verrons ce qu'il y aura à faire.

La douce Jehanne, quoique inquiète de mon projet de départ, ne tenta pas de me retenir; après l'avoir embrassée, je lui confiai notre petit trésor, la ceinture contenant nos parchemins et nos reliques de famille et je partis pour Jérusalem. A peine arrivé sur la route qui passait à une assez grande distance de notre retraite, je rencontrai une troupe de pèlerins ; ils se hâtaient de se rendre dans la ville sainte dont nous aperçûmes au loin, après quatre heures de marche, les dômes, les tours, les minarets et les remparts. Cette vaste cité formait un carré long d'une lieue d'étendue ; cette enceinte, dominée au couchant par la haute montagne de *Sion*, contenait les quatre collines rocheuses sur lesquelles Jérusalem est bâtie en amphithéâtre. A l'orient la colline *Moriah*, où s'élevait la mosquée d'*Omar*, bâtie sur l'emplacement de l'antique temple de *Salomon* ; du midi à l'orient s'élevait la colline d'*Acra*, au nord celle de *Bezetha* ; et à l'occident le *Golgotha*, ce MONT-CALVAIRE où avait été mis en croix le jeune homme de Nazareth sous les yeux de notre aïeule Geneviève. Au sommet du Calvaire s'élevait l'église de la *Résurrection*, bâtie sur les lieux mêmes du supplice de Jésus, église splendide jusqu'alors religieusement respectée, ainsi que ses trésors, par les Sarrasins, malgré la guerre des croisés. Dans cette église se trouvait le sépulcre du Christ, prétexte de cette effroyable guerre. Tel était l'aspect lointain de Jérusalem ; à mesure que j'en approchai je voyais plus distinctement au delà de l'enceinte des murailles, des amphithéâtres de maisons blanches, carrées, surmontées de terrasses et, çà et là, se découpant sur l'azur foncé du ciel, les dômes de ses mosquées, les tours des basiliques chrétiennes et quelques verts bosquets de palmiers. Aux environs de la ville l'on n'apercevait pas un arbre ; le sol rougeâtre, pierreux, tourmenté, renvoyait la chaleur torride du soleil, qui allait bientôt disparaître à l'horizon. Aux abords du camp dont les tentes se dressaient à peu de distance des murailles, je vis un grand nombre de croisés morts ou mourants des blessures reçues lors d'une sortie des assiégés ; les survivants poussaient des gémissements lamentables, appelant du secours, mais en vain ; tous les hommes, non-seulement valides, mais ceux-là même à qui leurs blessures permettaient de marcher, s'étaient précipités dans la ville, afin de prendre part au pillage. Le camp abandonné ne contenait que des morts, des mourants, des chevaux et des bêtes de somme ; à mesure que je m'approchais de la ville, dont les portes avaient été enfoncées après le siège, j'entendais un bruit confus, formidable ; effrayant mélange de cris d'épouvante et de rage, de supplications désespérées, çà et là dominés par ces clameurs frénétiques : — *Dieu le veut ! Dieu le veut !* — Après avoir chancelé, trébuché sur des milliers de cadavres amoncelés aux abords de la porte de *Bezetha*, j'arrivai à l'entrée d'une longue rue aboutissant à une vaste place au milieu de laquelle s'élevait la merveilleuse mosquée d'Omar, bâtie sur l'emplacement de l'ancien temple de Salomon.

Mes souvenirs ne me trompent pas, voilà ce que j'ai vu. A ces souvenirs, fils de Joel, j'éprouve une sorte de vertige, il me semble que, penché au-dessus d'un fleuve de sang rouge et fumant encore, entraînant dans son cours des milliers de cadavres mutilés, de têtes, de membres épars, ma vue se trouble et ma raison s'égare... Lisez, fils de Joel, lisez ; voilà ce que j'ai vu :

La rue où je pénétrais appartenait au quartier neuf, le plus riche de la ville ; de hautes maisons et plusieurs palais de marbre surmontés de terrasses à balustres s'élevaient de chaque côté de cette large voie pavée de dalles. Une multitude furieuse, soldats, hommes, femmes, enfants, tous appartenant à la croisade, fourmillait dans cette longue rue en poussant des cris féroces ; soudain, je vois s'élancer de la porte de la troisième maison à ma droite une belle jeune femme sarrasine, pâle d'épouvante, les cheveux épars, ses riches vêtements presque en lambeaux. Elle tenait entre ses bras deux enfants de deux ou trois ans ; derrière elle sortit, marchant à reculons et essayant de la défendre, un vieillard déjà blessé ; le sang coulait à flots et inondait son visage, sa longue barbe blanche, et il luttait encore contre deux croisés : l'un portant sur son épaule gauche une charge de vêtements précieux, attaquait de sa main droite le vieillard à coups d'épée, il la lui plongea enfin dans la poitrine et le tua aux pieds de la jeune mère. Aussitôt, l'autre croisé, qui, dédaignant sans doute un lourd butin, avait passé à son cou plusieurs chaînes d'or pillées dans cette maison, saisit la jeune femme par le cou et la renversa sur un monceau de cadavres... L'autre soldat écrasait sous ses talons ferrés la tête des deux enfants, échappés des bras de leur mère. Soudain accourait une de ces femmes qui suivaient l'armée, une vieille femme hideuse et farouche : elle tenait à la main un mauvais couteau déjà rougi par le sang. Un garçonnet de l'âge de Colombaïk accompagnait cette mégère. — A chacun son tour, dit-elle au soldat ; abandonne-moi ces avortons du diable, mon fillot va les achever ! — Puis, mettant son couteau dans la main de l'enfant, elle ajouta : — Coupe la tête, ouvre le ventre à ces chiens d'infidèles ! — L'enfant obéit à la mégère avec une férocité naïve ; et il éventra ces deux petites créatures !... — Plus loin, une bande de truands et de ribaudes, ivres de vin et de carnage, faisaient le siège d'un palais dont s'étaient emparés les gens d'Héracle, seigneur de Polignac ; ceux-ci, en signe de possession, avaient arboré la bannière armoriée de leur seigneur sur la

Pillage de l'église du Saint-Sépulcre par les Croisés (page 715)

terrasse de cette splendide demeure. Truands et ribaudes, après avoir lancé une grêle de pierres aux guerriers du seigneur de Polignac, se ruaient sur eux à coups de bâtons, de piques, ou de coutelas; au milieu de cette sanglante mêlée, les truands hurlaient: — A mort! à sac! cette maison et ses richesses sont à nous aussi bien qu'aux seigneurs! A sac! tue! tue! — Exterminez cette truanderie! — criaient les hommes d'armes en se défendant à coups de lance et d'épée; — à mort ces chacals qui veulent dévorer la proie du lion! — A mesure que j'avançais dans cette rue, j'étais témoin de scènes épouvantables; jamais, jamais je n'oublierai que j'ai vu un soldat d'une taille gigantesque qui portait enfilés au bout de sa lance, trois petits enfants âgés de cinq ou six mois!..

— Soudain je fus refoulé, puis bientôt enserré dans un cercle d'hommes armés rangés dans une sorte d'ordre aux abords de l'un des plus beaux palais de la rue; des citronniers et des lauriers-roses, plantés dans des caisses, mais à demi brisés et renversés ornaient encore les balustrades moresques de la terrasse. Cet attroupement, au milieu duquel se trouvaient quelques femmes, laissant un assez grand espace libre entre lui et les murailles du palais, poussait des clameurs d'impatience farouche; soudain un moine, les manches de son froc brun retroussées jusqu'au coude et les mains ensanglantées, se pencha en dehors de la balustrade de la terrasse: c'était Pierre l'Ermite, le compagnon de Gauthier sans Avoir; ce Coucou-Pietre, dont les yeux caves étincelaient d'un fanatisme farouche, criait à la foule d'une voix enrouée: — Mes frères en Christ, êtes-vous prêts? Approchez-vous et venez recevoir votre part du butin.

90ᵉ livraison

— Nous sommes prêts, saint homme, et depuis longtemps nous attendons! — répondirent plusieurs de ces bandits; — nous perdons ici notre temps, on pille ailleurs, saint père de Dieu! Nous voulons notre part du butin.

— Voici venir votre part de ce grand festin, mes frères en Christ; la vapeur du sang des infidèles monte vers le Seigneur comme un encens de myrrhe et de baume! Que pas un des mécréants que nous allons vous jeter du haut de la terrasse n'échappe à l'extermination!

Pierre l'Ermite disparut, et presque aussitôt je vis le buste d'un Sarrasin, vêtu d'un cafetan pourpre brodé d'or, apparaître au-dessus de la balustrade; quoique ce malheureux fût garrotté, ses brusques soubresauts prouvaient qu'il se raidissait de toutes ses forces contre ceux qui voulaient le jeter dans la rue. Mais au bout d'un instant, la moitié de son corps parut en dehors, les reins cambrés sur la balustrade; un moment il se raidit de nouveau, puis il tomba dans l'espace tout droit et la tête en bas: la terrasse s'élevait au moins de trente pieds au-dessus du sol. Une clameur joyeuse accueillit la chute de ce malheureux; je crois encore entendre le bruit sourd de son corps lorsqu'il tomba, et le bruit sec que rendit son crâne en rebondissant brisé sur les dalles de la rue. Il survécut quelques instants, essaya de se retourner sur le côté en poussant des hurlements affreux; mais bientôt, percé de coups d'épée, broyé à coups de bâtons et de pierres, il ne resta de lui que des débris informes au milieu d'une mare de sang. — Père en Dieu, c'est fait!

— Dépêchons... à un autre!

La hideuse figure de Pierre l'Ermite reparut au-dessus de la balustrade; il avança la tête en dehors, contempla les restes du Sarrasin: — Bien travaillé, mes fils! — A peine le moine eut-il disparu que deux adolescents de quinze à seize ans, les deux frères sans doute, garrottés face à face, furent précipités du haut en bas de la terrasse; la violence de la chute fit rompre le lien qui les attachait l'un à l'autre. Le plus grand fut tué sur le coup, l'autre eut les deux cuisses fracassées; pendant un moment il se traîna sur les mains en poussant des cris affreux, essayant de se rapprocher du corps de son frère. Les croisés se ruèrent sur ces nouvelles victimes: des femmes, des monstres, leur arrachèrent les entrailles, exercèrent sur ces cadavres des mutilations obscènes et infâmes, et lançant en l'air ces lambeaux sanglants, elles criaient: — Exterminons les infidèles! Dieu le veut! — Vingt fois Pierre l'Ermite parut à la terrasse, et vingt fois des corps furent lancés du haut de la balustrade et mis en lambeaux par cette multitude ivre de meurtre; parmi les victimes, j'ai compté cinq toutes jeunes filles et deux autres jouvenceaux de dix à douze ans.

Tous les habitants de Jérusalem faits prisonniers ou ayant même racheté leur vie, hommes, femmes, enfants, tous furent ainsi massacrés, oui, tous, au nombre de plus de SOIXANTE-DIX MILLE créatures de Dieu! L'extermination dura deux jours et trois nuits, en vertu de cet ordre du seigneur Tancrède, un des héros de la croisade: « *Il nous paraît nécessaire de livrer sans délai au glaive les prisonniers et ceux qui se sont rachetés.* » On massacrait les dernières victimes jetées à la foule par Pierre l'Ermite, lorsqu'une autre bande de croisés accourant de l'extrémité de la rue et se dirigeant vers la grande place, passa en criant: — Les gens de Tancrède pillent la mosquée d'*Omar*... Par tous les saints du paradis et tous les diables de l'enfer, il nous faut une part du butin!

— Et nous restons ici à nous amuser aux cadavres! — crièrent les massacreurs. — Courons à la mosquée! A sac! à sac!

Le torrent de la foule m'emporte, j'arrive sur une place immense pavée de cadavres sarrasins; car après l'assaut, combattant avec acharnement de rue en rue, les mahométans s'étaient ralliés devant la mosquée, où s'était livré un dernier combat. Là, ces héros furent tous tués en défendant le temple, refuge des femmes, des enfants, des vieillards, trop faibles pour combattre, et qui espéraient en la miséricorde et la pitié des vainqueurs. Hélas! il eût été plus aisé d'exciter la pitié d'un tigre affamé que celle des croisés! O fils de Joel! jugez de l'immensité de ce carnage, jusqu'alors inouï dans l'histoire des batailles. Malédiction sur cette infâme religion! Voici ce que j'ai vu:

On descend dans la mosquée d'Omar par plusieurs marches de marbre, le sol de cette mosquée se trouve ainsi de trois pieds environ plus bas que le niveau du monument. Les croisés avaient tant égorgé... il avait coulé tant de sang dans ce temple qui mesurait plus de mille pieds de circonférence, que ce sang, baignant les premières marches, commençait à déborder sur la place... Oui, l'intérieur de la mosquée d'Omar n'offrait à ma vue qu'une immense nappe de sang rouge où flottaient çà et là des têtes, des membres séparés du tronc à coups de hache... Oui, j'ai vu ceux-là qui, devant moi, descendirent dans la mosquée d'Omar, pour prendre part au pillage... j'ai vu ces pillards marcher et clapoter dans le sang jusqu'au ventre... La chaude senteur du carnage, l'aspect de cette épouvantable boucherie me donna le vertige, mon cœur se souleva, mes forces défaillirent; en vain je voulus me retenir à l'une des colonnes de porphyre du parvis de la mosquée, je tombai sans connaissance; mes jambes baignaient dans le sang...

Combien de temps suis-je resté ainsi privé de sentiment? je l'ignore : lorsque je revins à moi, la nuit était profonde; bientôt mes yeux sont frappés de l'éclat d'un grand nombre de torches, j'entends des chants religieux répétés en chœur par des milliers de voix, et au milieu de deux rangs de soldats marchant lentement et portant des flambeaux, je vois une longue procession passer devant le temple; elle se dirigeait vers la rue montueuse du Golgotha, aboutissant à l'église de la Résurrection, où se trouvait le sépulcre de Jésus-Christ. A la tête de la procession s'avançaient triomphalement, en chantant les louanges du Tout-Puissant, le légat du pape, Pierre l'Ermite et le clergé ; puis les chefs de la croisade, et parmi eux, vêtu d'un vieux sac, Vilhelm IX, duc d'Aquitaine, se frappant la poitrine; venaient ensuite les gens d'armes des seigneurs et une multitude de soldats, d'hommes, de femmes, d'enfants, de pèlerins, répétant tous en chœur le *Laudate Creator*. Cette foule était si nombreuse, qu'au moment où les prélats et les chefs de la croisade qui ouvraient le cortège atteignaient le parvis de l'église de la Résurrection, les derniers rangs de la procession se pressaient encore au milieu de la place de la mosquée. D'autres croisés marchaient en dehors des deux files de soldats porteurs de torche. Lorsque j'approchai des portes de l'église du Saint-Sépulcre, intérieurement éclairée, j'entendis des éclats de rire et des hurlements avinés ; le roi des truands et sa bande, en compagnie des ribaudes, tous ivres de vin et de carnage, s'étaient emparés du saint lieu, dont ils commençaient à piller les ornements ; au fond du sanctuaire, je vis Perrette, *la reine des ribaudes*, échevelée comme une bacchante! Obscénité!

. . . .

La prise de Jérusalem, le massacre de plus de soixante-dix mille Sarrasins: telle fut, fils de Joel, la fin de cette première croisade prêchée en Europe par l'Église sous le prétexte de conquérir le sépulcre de Jésus! Plus de onze siècles auparavant, mon aïeule Geneviève avait, en ces mêmes lieux, entendu le jeune charpentier de Nazareth dire à ses disciples : — *Aimez vous les uns les autres.* — *Ne faites pas à autrui ce que vous ne voudriez pas qu'on vous fît.* — *Laissez venir à moi les petits enfants.* — *Si votre prochain a péché contre vous, reprenez-le et pardonnez-lui.* — Jésus a dit cela, et moi j'ai vu, des hommes commander en son nom de massacrer des vieillards, des femmes et des petits enfants! J'ai vu des populations innombrables entraînées, au fond de la Syrie par des prédications insensées. J'ai vu les croisés, devenus plus féroces que des tigres, se nourrir de chair humaine. J'ai vu, le lendemain de la prise de Jérusalem, les disputes les plus violentes entre les chefs de la croisade, tous jaloux de se faire élire roi de Jérusalem, et le légat du pape qui prétendait à la domination de la ville sainte comme avocat du souverain pontife. J'ai vu les grands seigneurs tirer l'épée l'un contre l'autre pour le partage des richesses renfermées dans la ville et dans la mosquée d'Omar! Enfin, dérision amère, j'ai vu, dans cette ville où le pauvre artisan de Nazareth prêchait et pratiquait la pauvreté, l'humilité, le mépris des orgueilleux et des superbes, j'ai vu un *comte de Sidon*, un *baron de Galilée* et un *marquis de Nazareth*.

Mais hélas! ainsi que je l'ai entendu dire à Yeronimo, légat du pape, lorsque, caché dans le réduit secret des cachots souterrains du donjon de Plouernel, j'écoutais l'entretien du moine et de l'évêque de Nantes, le but secret de la première croisade était pour l'Église de déverser au loin le trop-plein du populaire et de le vouer à l'extermination ; l'Église voulait encore amoindrir la puissance des seigneurs en s'enrichissant de leurs biens vendus pour subvenir aux frais de leur croisade ; l'Église enfin voulait habituer les peuples et les rois au massacre des hérétiques et à marcher contre eux au premier ordre du pape. L'Église a atteint son but, j'en atteste les faits dont j'ai été témoin et qui se sont reproduits ailleurs !

Tremblez, peuples ! tremblez, fils de Joel !

. . . .

Deux jours après la prise de Jérusalem, Fergan ayant fait prix avec le maître d'un vaisseau génois, dont le bâtiment se trouvait ancré à Tripoli, port éloigné de plusieurs jours de marche de la ville sainte, s'embarqua pour Gênes avec Jehanne la Bossue et Colombaïk ; débarqués en Italie après une longue traversée, le serf et sa famille se dirigèrent vers les frontières de la Gaule, arrivèrent en Picardie, puis enfin dans la cité de Laon, où ils trouvèrent Gildas le Tanneur, frère aîné de Bezenecq le Riche. Gildas accueillit Fergan et sa famille comme de bien-aimés parents.

. . . .

Aujourd'hui, le dixième jour du mois d'octobre de l'année 1100, quelques mois après notre arrivée chez notre parent Gildas, moi, Fergan, j'ai achevé d'écrire dans la cité de Laon ce récit de nos souffrances durant notre servage et la croisade.

Je te lègue ce récit, mon fils Colombaïk.

Hier, notre bon parent Gildas m'a dit:

« Ma fille Martine est de quatre ans plus jeune que ton fils Colombaïk, il me serait doux de réunir par un mariage les derniers descendants des deux branches de notre famille ; si tu y consens, ton fils me succédera dans mon métier de tanneur, où j'ai gagné quelque bien. J'ai acheté hier une carrière considérable; si tu le veux, tu l'exploiteras comme maître carrier, et après ma mort, elle t'appartiendra. »

Jehanne et moi nous avons été profondément touchés de la paternelle bonté de Gildas le Tanneur; nous l'avons remercié avec effusion et nous avons donné notre consentement au mariage de notre fils avec Martine; c'est à peine si nous commençons à nous habituer à notre bonheur, tant il contraste avec notre vie passée, si remplie de douleurs, [de périls, d'aventures. S'il nous arrive quelque évènement important, je l'écrirai à la suite de ce récit.

TROISIÈME PARTIE

LA COMMUNE DE LAON (1112-1117)

Une commune au xiie siècle. — La charte, le sceau, la bannière et le beffroi. — *Fergan et Jehanne*. — *Colombaïk et Martine*. — *Ancel-Quatre-Mains le Talmelier* et *Simonne la Talmelière*. — Le beffroi et le bourdon. — La cathédrale et l'hôtel communal. — Les Episcopaux et les Communiers. — *La dame de Haut-Pourcin*. — La milice bourgeoise. — Fête pour l'inauguration de l'hôtel communal. — Le palais épiscopal. — Intérieur d'une seigneurie ecclésiastique au xiie siècle. — Gaudry, *évêque et seigneur de Laon*. — *L'archidiacre Anselme*. — *Jean le Noir*. — *Thiegaud-le-Compère-Ysengrin et sa fille*. — Exploits de Jean le Noir. — L'échevin chez l'évêque. — Arrivée de *Louis le Gros, roi des Français*, dans la cité de Laon. — Aux armes, communiers! — Subtilité du petit *Robin-Brise-Miche*, apprenti forgeron. — Vengeance de *Bernard des Bruyères*. — Les suppliciés et les bannis. — Renaissance de la commune de Laon.

LAON eut pendant des siècles pour seigneur temporel l'évêque de ce diocèse, et compta toujours parmi les cités les plus considérables de la Picardie; depuis la conquête franque jusqu'en ces temps-ci (1112), cette ville fit partie du domaine particulier des rois francs. Clovis se rendit maître de Laon par la trahison de saint Remi, qui, à Reims, baptisa ce bandit couronné; sa femme, la reine Clotilde, fonda l'église collégiale de *Saint-Pierre* dans cette ville, et plus tard Brunehaut y fit bâtir un palais. Un évêque de Laon, *Adalberon*, amant de la reine Imma, fut son complice dans l'empoisonnement de Lother, père de *Ludwig le Fainéant*, exemple homicide, bientôt imité par la reine Blanche, autre adultère empoisonneuse, qui, par ce meurtre, assura l'usurpation de HUGUES LE CAPET, au détriment du dernier roi Karolingien. *Karl, duc de Lorraine*, oncle de Ludwig le Fainéant, devenu, par la mort de ce prince, l'héritier de la couronne des rois francs, s'empara de Laon. Hugues le Capet vint l'assiéger, et, après plusieurs attaques, se rendit maître de cette ville, grâce aux intelligences qu'Adalberon, l'évêque adultère et empoisonneur, avait conservées dans la place. Laon, depuis ce temps, continua d'être une seigneurie ecclésiastique souveraine, reconnaissant toutefois la suzeraineté du roi français. En l'année 1112, époque de ce récit, le roi se nommait LOUIS LE GROS. Aussi obèse, mais beaucoup moins indolent que son père, le gros *Philippe Ier*, l'amant excommunié de la belle Berthrade, mort en 1108, ne se résignant pas comme lui aux dédains et aux empiètements des seigneurs féodaux, Louis le Gros les guerroyait à outrance, afin d'augmenter son domaine royal de leurs dépouilles; car il ne possédait en souveraineté que *Paris, Melun, Compiègne, Étampes, Orléans, Montlhéry, le Puiset* et *Corbeil*, de sorte qu'au fléau des guerres privées des seigneurs entre eux se joignaient les désastres des guerres du roi contre les seigneurs, et des Normands contre le roi. Les Normands, ces descendants du vieux *Rolf* le pirate, avaient conquis l'Angleterre sous les ordres de leur duc *Guillaume;* mais, quoique établis dans ce pays d'outre-mer, les rois d'Angleterre conservaient en Gaule le duché de *Normandie, Gisors*, et de là, dominant le *Vexin* presque jusqu'à Paris, bataillaient sans cesse contre Louis le Gros. La Gaule continuait d'être ainsi ravagée par des luttes sanglantes; et quelle était la constante victime de ces désastres? Le populaire serf ou vilain. Aussi la pauvre plèbe des champs, décimée par l'exécrable entraînement des croisades, qui continuait malgré la prise de Jérusalem par les Turcs, voyait chaque jour augmenter ses misères, forcée qu'elle était de pourvoir, par un redoublement d'écrasant labeur, aux besoins, aux prodigalités, aux débauches des prêtres et des seigneurs.

Les bourgeois et les habitants des cités, plus unis, plus à même de se compter, et surtout plus éclairés que les serfs des campagnes, s'étaient, depuis quelques années, dans un grand nombre de villes, révoltés en armes contre leurs seigneurs laïques ou ecclésiastiques, et, à force de bravoure, d'énergie, d'opiniâtreté, ils avaient, au prix de leur sang, recouvré leur indépendance et exigé l'abolition de ces droits honteux, horribles, dont la féodalité jouissait depuis longtemps. Un petit nombre de cités, sans recourir aux armes, avaient, grâce à de grands sacrifices pécuniaires, acheté leur affranchissement en se rédimant des droits seigneuriaux à prix d'argent. Ainsi délivrés de leur séculaire et cruelle servitude, les populations des cités fêtaient avec enthousiasme toutes les circonstances qui se rattachaient à leur émancipation. Aussi, le 15 avril 1112, les bourgeois, marchands et artisans de la ville de Laon, étaient dès l'aube, en liesse ; d'un côté à l'autre des rues, voisins et voisines s'appelaient par les fenêtres, échangeant de joyeuses paroles : — Eh bien ! compère, — disait l'un — le voici venu ce beau jour de l'inauguration de notre hôtel communal et de notre beffroi !

— Ne m'en parlez pas, mon voisin, je n'ai pas dormi de la nuit ; ma femme et mes enfants, nous avons veillé jusqu'à trois heures du matin pour fourbir mon casque de fer et mon jaque de mailles ; notre milice armée donnera un grand lustre à la cérémonie. Que Dieu soit loué pour ce beau jour !

— Et la marche de nos corporations d'artisans sera non moins superbe ! Croiriez-vous, voisin, que moi, qui n'ai, vous le pensez bien, dans mon métier de charpentier tenu de ma vie une aiguille, j'ai aidé ma femme à coudre les fragments de notre bannière neuve ?

— Dieu merci ! le temps sera beau pour la cérémonie. Voyez comme l'aurore est claire et brillante.

— Un beau temps ne pouvait manquer à une si belle fête ! Vertudieu ! il me semble que lorsque je vais entendre sonner pour la première fois notre beffroi communal, chaque coup de cloche me fera bondir le cœur.

Ces propos et tant d'autres, naïfs témoignages de l'allégresse des habitants de Laon, s'échangeaient dans toutes les rues, de maison à maison, des plus humbles aux plus riches. Presque toutes les fenêtres ouvertes dès l'aurore laissaient ainsi voir de riantes figures d'hommes, de femmes et d'enfants, activement occupés des préparatifs de la fête ; cette joyeuse animation, presque universelle dans chaque quartier de la ville, rendait plus remarquable encore l'aspect morne, sombre, et, pour ainsi dire, renfrogné, d'un certain nombre de demeures d'une construction déjà fort ancienne, et dont la porte était généralement flanquée de deux tourelles à toit aigu surmonté d'une girouette. Aucune croisée de ces maisons noirâtres de vétusté ne s'ouvrit en cette matinée ; elles appartenaient à des prêtres dignitaires de l'Eglise métropolitaine ou à des chevaliers, qui, ne possédant pas d'assez grands domaines pour vivre à la campagne selon leurs goûts, habitaient les villes, et, en toutes circonstances, prenaient contre les bourgeois le parti du seigneur laïque ou ecclésiastique ; aussi, à Laon, désigne-t-on ces prêtres et ces chevaliers sous le nom d'*Episcopaux*, tandis que les habitants qui, selon le langage de ces temps-ci, ont *juré la Commune*, s'appellent *Communiers*. Les antiques tourelles des maisons des épiscopaux étaient à la fois une fortification et un symbole de la noblesse de leur origine.

Aujourd'hui la nation ne se distingue plus guère en *Francs* et en *Gaulois* mais en *nobles* et en *roturiers* ; la noblesse commence à la chevalerie et finit à la royauté ; la roturerie embrasse toutes les conditions laborieuses, utiles, depuis le serf jusqu'au riche marchand ; mais si l'on ne dit plus : Francs et Gaulois, conquérants et conquis, le nom seul des conditions a changé, le roi et sa noblesse, descendants, héritiers ou représentants des Francs, continuent de traiter la roture gauloise en peuple vaincu. Aussi, même au sein des villes, les demeures des nobles affectent une mine féodale et guerrière ; mais, ce matin-là, silencieuses et fermées, elles semblaient témoigner du déplaisir que causait aux nobles épiscopaux l'allégresse de la roture laonaise. Cependant l'on voyait d'autres maisons que celles des nobles flanquées de tourelles ; mais la blancheur des pierres de leur bâtisse, contrastant avec la vétusté du bâtiment primitif, dont elles n'étaient que des annexes, témoignait de leur construction récente.

L'un de ces logis, ainsi fortifié depuis peu de temps, s'élevait à l'angle de la rue du *Change*, rue marchande par excellence ; la vieille porte cintrée, aux assises et aux linteaux de pierre, de chaque côté de laquelle s'élevaient deux blanches et hautes tourelles nouvellement édifiées, avait été ouverte au point du jour, et l'on voyait à chaque instant entrer dans ce logis ou en sortir plusieurs habitants, venant se renseigner là sur certains préparatifs de la cérémonie. Dans l'une des chambres de cette maison se trouvaient Fergan et Jehanne la Bossue ; depuis environ douze ans ils avaient quitté la Terre sainte. Les cheveux et la barbe de Fergan, alors âgé de quarante ans passés, commençaient de grisonner, ce n'était plus le serf d'autrefois, inquiet, farouche, déguenillé ; ses traits respiraient le bonheur et la sérénité ; équipé presque en soldat, il portait un jaque ou cotte de mailles de fer, un corselet d'acier, et, assis près d'une table, il écrivait ; Jehanne, vêtue d'une robe de laine brune et coiffée d'un chaperon noir à bourrelet, d'où tombait un long voile blanc flottant sur ses épaules, semblait non moins heureuse que son mari ; sur la douce figure de cette vaillante mère si rudement éprouvée jadis, on lisait l'expression d'une félicité profonde. Elle venait, selon le désir de Fergan, de retirer d'un vieux meuble de chêne un coffret de fer, qu'elle plaça sur la table où écrivait Fergan ; ce coffret, héritage de Gildas le Tanneur, contenait plusieurs rouleaux de parchemins jaunis par les siècles et ces divers objets, si chers à la famille de Joel : *La faucille d'or*, d'Héna la vierge de l'Ile de Sên ; — *la clochette d'airain*, de Guilhern le Laboureur ; — *le collier de fer*, de Sylveste l'Esclave ; — la petite *croix d'argent*, de Geneviève ; — *l'alouette de casque*, de Victoria la Grande, laissée par Scanvoch le Soldat ; — *la garde de poignard*, de Ronan le Vagre ; — *la crosse abbatiale*, de Bonaïk l'Orfèvre ; — *les deux pièces de monnaie karolingiennes*, de Vortigern ; — *le fer de flèche*, d'Eidiol, le Nautonier parisien ; le fragment de *crâne*, du petit-fils d'Yvon le Forestier ; — et enfin *la coquille de pèlerin*, enlevée par Fergan le Carrier, dans les déserts de la Syrie, à Néroweg VI, seigneur de Plouernel. Fergan achevait de transcrire sur un parchemin une copie de la *Charte communale*, sous l'empire de laquelle depuis trois ans la cité de Laon vivait libre, paisible et florissante. Le carrier voulait joindre la copie de cette charte aux légendes de la famille de Joel, comme témoignage du réveil de l'esprit de liberté en ces temps-ci, et de l'inexorable résolution où l'on est de lutter contre les rois, les prêtres et les seigneurs descendants ou héritiers de la conquête franque. Depuis quinze ou vingt ans d'autres villes que Laon, poussées à bout par les horreurs de la féodalité, avaient, soit par l'insurrection, soit par de grands sacrifices d'argent, obtenu des chartes semblables, à l'abri desquelles les cités se gouvernaient républicainement, ainsi qu'aux temps héroïques de la splendeur et de l'indépendance de la Gaule, plusieurs siècles avant l'invasion romaine. Cette copie de la charte communale de Laon, dont l'original, déposé dans la maison du maire, portait le nom et la signature de GAUDRY, *évêque du diocèse de Laon* et de LOUIS LE GROS, *roi des Français*, était ainsi conçue :

CHARTE DE LA COMMUNE DE LAON

I

« Tous les hommes domiciliés dans l'enceinte du mur de la ville et dans les faubourgs, de quelque seigneur que relève le terrain où ils habitent, prêteront serment à cette Commune.

II

« Dans toute l'étendue de la ville chacun prêtera secours aux autres, loyalement et selon son pouvoir.

III

« Les hommes de cette Commune demeureront entièrement libres de leurs biens : *ni le roi, ni l'évêque, ni aucuns autres ne pourront réclamer d'eux quoi que ce soit, si ce n'est par jugement des échevins.*

IV

« Chacun gardera en toute occasion fidélité envers ceux qui auront juré la Commune et leur prêtera aide et conseil.

V

« Dans les limites de la Commune, tous les hommes s'entr'aideront mutuellement, selon leur pouvoir et ne souffriront en aucune manière que qui que ce soit, le seigneur évêque ou autre, enlève quelque chose ou fasse payer des tailles à l'un d'eux.

VI

Treize ÉCHEVINS seront élus par la Commune ; l'un de ces échevins, d'après le vote de tous ceux qui auront juré la Commune, sera élu MAIRE.

VII

« Le maire et les échevins jureront de ne favoriser personne pour cause d'inimitié, et de donner en toutes choses, selon leur pouvoir, une décision équitable ; tous les autres jureront d'obéir et de prêter main-forte aux décisions du maire et des échevins. Quand la cloche du beffroi sonnera pour assembler la Commune, si quelqu'un ne se rend pas à l'assemblée, il payera douze sous d'amende.

VIII

Quiconque aura forfait envers un homme qui aura juré cette Commune-ci, le maire et les échevins, si plainte leur est faite, *feront justice du corps et des biens du coupable*.

IX

« Si le coupable se réfugie dans quelque château-fort, le maire et les échevins de la Commune parleront sur cela au seigneur du château ou à celui qui sera en son lieu ; et si, à leur avis, satisfaction leur est faite de l'ennemi de la Commune, ce sera assez ; mais si le seigneur refuse satisfaction, *ils se feront justice eux-mêmes sur ses biens et sur ses hommes*.

XI

« Si quelqu'un de la Commune a confié son argent à quelqu'un de la ville, et que celui-ci, auquel l'argent aura été confié se réfugie dans quelque château-fort, le seigneur, en ayant reçu plainte, ou rendra l'argent, ou chassera le débiteur de son château ; si le seigneur ne fait ni l'une ni l'autre de ces choses, *justice sera faite sur ses biens et sur ses hommes*.

XII

« Partout où le maire et les échevins voudront fortifier la ville, ils pourront le faire sur le terrain de quelque seigneur que ce soit.

XIII

« Les hommes de la Commune pourront

moudre leur blé et cuire leur pain partout où ils voudront.

XIV

« Si le maire et les échevins de la Commune ont besoin d'argent pour les affaires de la ville, et qu'ils lèvent un impôt, ils pourront asseoir cet impôt sur les héritages et l'avoir des bourgeois, et sur les ventes et profits qui se font dans la ville.

XV

« Aucun étranger, censitaire des églises où des chevaliers, établi *hors de la ville et des faubourgs*, ne sera compris dans la Commune que du consentement de son seigneur.

XVI

« Quiconque sera reçu dans cette Commune bâtira une maison dans le délai d'un an ou achètera des vignes, ou apportera dans la ville assez d'effets mobiliers pour que justice soit faite s'il y a quelque plainte contre lui.

XVII

« Si quelqu'un attaque de paroles injurieuses le maire en l'exercice de ses fonctions, sa maison sera démolie ou il payera rançon pour sa maison, ou s'abandonnera à la miséricorde des échevins.

XVIII

« Nul ne causera ni vexation ni trouble aux étrangers de la Commune; s'il ose le faire, il sera réputé violateur de la Commune, et justice sera faite sur sa personne et sur ses biens.

XIX

« Quiconque aura blessé avec armes un de ceux qui ont comme lui juré la Commune, à moins qu'il ne se justifie par le serment ou le témoin, perdra le poing et payera neuf livres : six pour les fortifications de la ville et de la Commune, trois pour la rançon de son poing ; mais s'il est incapable de payer, il abandonnera son poing à la miséricorde de la Commune. »

Fergan achevait de transcrire cette charte lorsque la porte de la chambre s'ouvrit; Colombaïk entra ; une jeune femme de dix-huit ans au plus l'accompagnait. Le fils du carrier, beau et grand garçon de vingt-deux ans, réunissait, dans l'expression de sa physionomie, la douceur de sa mère et l'énergie de son père ; il était, comme lui, vêtu moitié en citadin, moitié en soldat; son casque de cuir noir, garni de lames de fer luisantes, donnait un caractère martial à sa figure avenante et ouverte; il tenait sur son épaule une pesante arbalète ; à son côté droit pendait un fourreau de cuir contenant les *carreaux* destinés au jet de son arme, et à son côté gauche il portait une courte épée ; sa femme *Martine*, fille unique de la vieillesse de *Gildas*, frère aîné de *Bezenecq le Riche*, avait l'âge et la beauté de la pauvre Isoline, victime comme son père de la cupidité de Néroweg VI.

— Mon père, — dit gaiement Colombaïk à son entrée dans la chambre, en faisant allusion à son attirail guerrier, — en votre qualité de connétable de notre milice de bourgeois et d'artisans, me trouvez-vous digne de figurer dans la troupe? Colombaïk le soldat fait-il, par sa tournure guerrière, oublier Colombaïk le citadin, le tanneur?

— Grâce à Dieu, Colombaïk le soldat n'aura pas, je l'espère, à faire oublier Colombaïk le tanneur, — reprit Jehanne avec son doux sourire,—pas plus que Fergan le connétable n'aura à faire oublier Fergan le maître carrier; vous continuerez de guerroyer, toi avec tes foulons, contre les peaux de la tannerie, ton père avec son pic, contre les pierres de sa carrière. N'est-ce pas aussi ton espérance et ton vœu, chère Martine ? — ajouta Jehanne en s'adressant à la femme de son fils.

— Certes, ma bonne mère, — répondit affectueusement Martine. — Heureusement ils sont déjà loin, ces temps maudits, où les bourgeois et les artisans de Laon, pour échapper aux violences ou aux exactions de l'évêque, des clercs et des chevaliers, se barricadaient dans leurs maisons afin d'y soutenir des sièges, et souvent encore, malgré leur résistance, forçait-on leur maison et les emmenait-on au palais épiscopal, où on les torturait pour obtenir rançon. Quelle différence, mon Dieu ! depuis que nous vivons en *Commune !* nous sommes si libres, si heureux ! — Puis, Martine ajouta en soupirant : — Ah ! je regrette que mon pauvre père n'ait pas été témoin de ce changement! ses derniers moments n'eussent pas été attristés par l'inquiétude que lui causait notre avenir. Hélas ! en voyant les terribles violences exercées en ce temps-là par l'évêque *Gaudry* et par les nobles sur les habitants de Laon, violences qui pouvaient nous atteindre, comme tant d'autres de nos voisins, mon père avait toujours présent à la pensée le terrible sort de mon oncle Bezenecq le Riche et de sa pauvre fille Isoline !

— Rassure-toi, ma femme, — reprit Colombaïk ; — ces temps maudits ne reviendront pas ! Non ! non ! Aujourd'hui la vieille Gaule se couvre de communes libres, de même qu'il y a trois cents ans elle se couvrait de châteaux féodaux; les communes sont nos forteresses, à nous ! notre tour du beffroi est notre donjon ; nous n'avons plus à craindre les seigneurs !

— Ah ! Marthe, ma douce fille, — dit Jehanne avec émotion à la femme de Colombaïk, — plus heureuses que nous, vous autres jeunes femmes, vous ne verrez pas vos enfants, vos maris, endurer les horreurs du servage!

— Oui, nous sommes affranchis, nous autres

artisans et bourgeois des cités, — reprit Fergan d'un air pensif; — mais le servage pèse aussi cruellement que le passé sur les serfs des champs! aussi ai-je vainement combattu de tout mon pouvoir cette clause de notre charte qui exclut de notre commune les serfs habitant au dehors de la ville, ou ceux qui ne possèdent pas assez d'argent pour y bâtir une maison; n'est-ce pas les exclure que d'exiger pour leur admission le consentement de leurs seigneurs ou une somme suffisante pour bâtir une maison dans la cité, eux qui ne possèdent que leurs bras? Et cette seule richesse de l'homme laborieux en vaut bien une autre, pourtant! — Puis s'adressant à Martine : — Ah! le père de ton père et de Bezenecq le Riche parlait en homme généreux et sensé lorsque, il y a longues années, excitant vainement ses concitoyens à l'insurrection qui éclate aujourd'hui dans un si grand nombre de cités de la Gaule, il voulait non seulement la révolte des bourgeois et des artisans, mais aussi celle des serfs; car servage et bourgeoisie écraseraient promptement églises et seigneuries; mais, réduite à ses seules forces, la tâche de la bourgeoisie sera longue, rude... L'on doit s'attendre à de nouvelles luttes...

— Cependant, mon père, — reprit Colombaïk, — depuis que, moyennant une grosse somme, l'évêque, renonçant à ses droits seigneuriaux, nous a vendu à beaux deniers comptants notre liberté, a-t-il osé broncher? lui, ce Normand batailleur et féroce, qui, avant l'établissement de la Commune, faisait crever les yeux ou mettre à mort les citadins, seulement coupables d'avoir blâmé ces honteuses débauches; lui qui, dans sa cathédrale, il y a quatre ans, a tué de sa main le malheureux Bernard des Bruyères! Non, non, malgré sa scélératesse, l'évêque Gaudry sait bien que, si après avoir empoché notre argent pour consentir notre commune, il essayait de revenir à ses violences d'autrefois, il paierait cher son parjure! Trois ans de liberté nous ont appris à la chérir, cette liberté sainte ! Nous saurions la défendre et courir aux armes, ainsi que les communes de *Cambrai*, d'*Amiens*, d'*Abbeville*, de *Noyon*, de *Beauvais*, de *Reims* et de tant d'autres villes !

— Ah ! Colombaïk, — reprit Martine, — je ne peux m'empêcher de trembler lorsque je vois passer par les rues *Jean le Noir*, ce géant africain, qui servait autrefois de bourreau à ce méchant évêque; ce nègre semble toujours méditer quelque cruauté, comme une bête sauvage qui n'attend que le moment de rompre sa chaîne.

— Rassure-toi, Martine, — répondit en riant Colombaïk, la chaîne est solide, non moins solide que celle qui contient cet autre bandit, *Thiégaud*, serf de l'abbaye de Saint-Vincent, et favori de l'évêque Gaudry, qui l'appelle familièrement son *compère Ysengrin*, surnom que les enfants donnent au compère le loup; mais, chose étrange, ma mère, croiriez-vous que ce Thiégaud, souillé de tous les crimes, cet abominable scélérat adore sa fille.

— Les bêtes féroces aiment leurs petits, — répondit Jehanne. — *Pire qu'un Loup*, notre ancien seigneur, contre lequel ton père s'est battu du temps où nous étions en Palestine, ne pleurait-il pas en songeant à son fils?

— C'est vrai, ma mère; il en est ainsi de cet autre loup de Thiégaud. Le métayer du petit bien que nous a laissé ton père, ma chère Martine, me disait hier qu'il y a quelque temps la fille de Thiégaud avait failli mourir, et qu'il en était devenu comme fou de chagrin. Bien plus, ce misérable est aussi jaloux de la chasteté de cette enfant que s'il eût toujours vécu en honnête homme!

— Ce coquin voulait, je crois, nous larronner, — reprit Colombaïk ; — car si notre métayer m'a parlé de Thiégaud, c'est que celui-ci voulait acheter, au nom de l'évêque, forcené chasseur, comme vous le savez, un jeune cheval élevé dans notre prairie.

— Prends garde, — reprit Fergan, — l'évêque est perdu de dettes; si tu lui vends le cheval, tu n'auras pas ton argent.

— Rassurez-vous, mon père, je connais le beau sire; aussi ai-je dit au métayer : « Si Thiégaud paye le cheval comptant, vendez-le, sinon, non. » — Oh! il est passé le temps où les seigneurs avaient le droit d'acheter à crédit, en d'autres termes, le droit d'acheter sans jamais payer ; car, vouloir les contraindre de s'acquitter, c'était risquer la prison ou sa vie ; mais aujourd'hui, si l'évêque osait larronner un communier, la Commune, de gré ou de force, se ferait justice sur les biens épiscopaux; c'est le texte de notre charte, signée non seulement par l'évêque, mais encore par le roi Louis le Gros, signature payée par nous, il est vrai, fort cher.

— Nous l'avons payé fort cher, — reprit Fergan ; — ce gros roi a lésiné, liardé deux jours durant. Notre ami, *Robert le Mangeur*, était l'un des communiers envoyés à Paris, il y a trois ans, pour obtenir notre charte. Quel coupe-gorge que la cour! D'abord il a fallu donner beaucoup d'argent aux conseillers royaux pour les disposer en notre faveur; puis Louis le Gros a voulu que la somme proposée fût augmentée d'un quart, puis d'un tiers; enfin, en outre du rachat de ses anciens droits d'ost et de chevauchée, pour lui et pour son armée, s'il venait dans la cité de Laon, il a exigé qu'on lui assurât trois gîtes par an, et, s'il n'en usait, ce droit de gîte devait être remplacé par vingt livres pesant

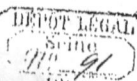

Simoune et Ancel le Talmelier (p. 724)

d'argent par chaque année, demandant en outre le payement de trois années d'avance. Avouez, mes enfants, que c'est vendre un peu cher l'abandon de ces droits *régaliens*, comme ils disent, droits monstrueux, nés des iniques et sanglantes violences de la conquête.

— Il est vrai, mon père, — reprit Colombaïk; — nous pouvons dire que ce roi et ces seigneurs, nous vendant à prix d'argent ce qu'ils appellent leurs droits, agissent comme des larrons de grand chemin, qui, vous mettant le poignard sur la gorge, vous diraient : — Je t'ai volé hier : donne-moi la bourse, et je ne te volerai pas demain.

— Mieux vaut encore donner son argent que son sang, — dit Jehanne. — A force de labeurs, de privations, on peut voir se reconstituer ses modestes économies, et l'on est du moins délivré de cet affreux servage, auquel je ne puis songer sans frémir.

— Et puis enfin, mon père, — reprit Martine, il me semble que nous devons d'autant moins craindre le retour de la tyrannie des seigneurs, que le roi les hait autant que nous et les combat à outrance; chaque jour on entend parler de ses guerres contre les grands vassaux, des batailles qu'il leur livre et des provinces qu'il leur enlève.

— Et des guerres, mes enfants, qui a le profit? Le roi ; et, en raison des ravages dont elles sont accompagnées, qui en paye les frais? Le peuple..... Oui, le roi hait les seigneurs, parce que, de siècle en siècle, ils s'étaient emparés d'un grand nombre de provinces, qui toutes appartenaient à la royauté franque, lorsqu'elle eut conquis la Gaule; oui, le roi combat les seigneurs à outrance ; mais le boucher aussi combat à outrance les loups qui dévorent les moutons destinés à l'abattoir..... Telle est la

91ᵉ livraison

cause de la haine de Louis le Gros et des prélats contre les seigneurs laïques! Eglise et Royauté veulent anéantir les seigneurs pour diriger à leur gré le troupeau populaire que leur a légué la conquête. Ah! mes enfants, j'ai le cœur rempli d'espérance; mais tant que serfs, artisans et bourgeois ne seront pas unis comme frères contre leurs ennemis de tous les temps, l'avenir me semblera gros de nouveaux périls. Plus heureux que nos aïeux, nous commençons une sainte lutte, nos fils auront à la continuer à travers les âges...

— Pourtant, mon père, ne vivons-nous pas en pleine paix, en pleine prospérité, délivrés d'impôts écrasants, gouvernés par des magistrats de notre choix qui n'ont d'autre but que le bien de la chose publique? Notre cité devient chaque jour de plus en plus industrieuse et riche. L'évêque et les épiscopaux ne peuvent être assez insensés pour vouloir maintenant revenir au temps passé et attenter à notre liberté! Nous avons des armes pour nous défendre!

— Mon enfant, si nous voulons conserver nos franchises, il nous faut redoubler de vigilance, d'énergie, et nous tenir prêts pour la lutte.

— Pourquoi devons-nous tant nous préoccuper de l'avenir, mon père? pourquoi devons-nous redoubler de vigilance!

— L'évêque Gaudry et les nobles de la ville nous soumettaient, selon leur caprice et sans merci à des impôts écrasants, à des droits odieux; nous leur avons dit: « Renoncez pour toujours à vos droits, à vos taxes annuelles, affranchissez-nous, signez notre Commune, nous vous donnerons une somme considérable une fois payée. » Ces gens oisifs, prodigues et cupides, ne songeant qu'au présent, ont accepté notre offre; mais à cette heure l'argent est dépensé ou peu s'en faut, et ils regrettent d'avoir, comme dans le conte, *tué la poule aux œufs d'or!* Ils cherchent à briser le contrat.

— Vertudieu! — s'écria Colombaïk. — Et maintenant ils oseraient songer à rompre le pacte librement consenti!...

— Ecoutez-moi, — reprit Jehanne en interrompant son fils, — je ne veux pas exagérer les craintes de ton père pour l'avenir; cependant je crois m'être aperçue... — Puis elle ajouta, par réticence : — Après tout, peut-être me suis-je trompée...

— Que voulez-vous dire, ma mère?

— Est-ce que tu n'as pas remarqué que, depuis quelque temps, les chevaliers, les clercs de ville, enfin tous ceux du parti de l'évêque, qu'on appelle les *épiscopaux*, font mine, dans les rues de braver les bourgeois et les artisans?

— Tu as raison, Jehanne, reprit Fergan d'un air pensif; — j'ai été frappé, moins peut-être encore des bravades des épiscopaux que de l'insolence de leurs gens ; c'est là un symptôme grave, un indice de leurs ressentiments.

— Bon! rancune ridicule, et rien de plus! — dit Colombaïk en souriant avec dédain. — Ces saints chanoines et ces nobles hommes ne pardonnent pas aux bourgeois d'être libres comme eux, d'être armés comme eux, et d'avoir comme eux, quand la chose leur plaît, des tourelles à leur maison, plaisir que je me suis donné, grâce aux plus belles pierres de votre carrière, mon père ; aussi notre tannerie pourrait-elle maintenant soutenir un siège contre ces épiscopaux de mâle humeur ; sans compter que j'ai arrangé dans l'une des tours un joli réduit pour Martine, et que son chiffre, taillé par moi dans une plaque de cuivre, brille en girouette au faîte de nos tourelles, absolument comme le chiffre d'une dame de haut parage.

— Plus que jamais, sans doute, il sera bon d'avoir une maison forte, — reprit Fergan ; — ce ne sont point les girouettes de nos tourelles, mais les épaisses murailles qui offusquent les nobles et les gens d'église.

— Il faudra pourtant qu'ils s'habituent à voir nos maisons fortes, sinon, par la mort-Dieu...

— Pas d'emportement, Colombaïk, — reprit la douce Jehanne en interrompant de nouveau l'impétueux jeune homme ; — ton père a fait la même remarque que moi, et dès que les gens des chevaliers se montrent provocants, leurs maîtres sont bien près de le devenir. La cérémonie de ce matin attirera sans doute, pour plus d'un motif, grand nombre d'épiscopaux dans les rues au passage du cortège ; de grâce, cher enfant, pas d'imprudences!

— Sois tranquille, Jehanne, — reprit Fergan, — nous avons trop conscience de notre droit et de la force de la Commune pour ne pas rester calmes et dédaigneux en face d'insolents défis. Prudence n'exclut pas fermeté.

A peine le carrier avait-il prononcé ces mots, que la porte s'ouvrit de nouveau; on vit entrer avec pétulance une jeune et jolie femme, brune, vive et galamment vêtue, comme une riche bourgeoise qu'elle était, d'une cotte de soie couleur orange, serrée à sa fine taille par une ceinture d'argent, son peliçon, de beau drap blanc d'Arras, bordé d'une bande de fourrure de martre, descendait à peine à ses genoux : sur ses cheveux noirs, brillants comme du jais, elle portait un chaperon rouge comme ses bas, qui dessinaient sa jambe fine et ronde, chaussée d'un petit soulier de maroquin luisant. *Simonne la Talmetière*, elle se nommait ainsi, avait pour mari *Ancel-Quatre-Mains*, le maître *talmelier*, renommé dans la cité de Laon et même dans ses faubourgs pour l'excellence du pain, des talmelles à la crème, des nieules au miel, des oublies aux amandes, et autres gâteaux confectionnés dans son officine; il exerçait aussi le métier de marchand de farine, et la Commune l'avait élu un de ses échevins. Ancel-Quatre-Mains, ce surnom lui venait de sa prodigieuse activité à pétrir la pâte, offrait un contraste singulier avec sa femme : aussi calme et réfléchi qu'elle était pétulante et étourdie, aussi sobre de paroles qu'elle était babillarde, aussi gros qu'elle était svelte ; sa physionomie annonçait une grande bonhomie, qui s'alliait chez lui à un sens droit, à un cœur généreux et à une extrême prud'homie.

Le talmelier, afin de complaire à sa gentille femme, qu'il aimait autant qu'il en était aimé, s'était à peu près harnaché en guerre ; grand nombre de citadins et d'artisans, privés jusqu'alors du droit de porter des armes, droit exclusivement réservé aux seigneurs, aux chevaliers ou à leurs hommes, trouvaient à la fois plaisir et triomphe dans cet équipement soldatesque. Ancel-Quatre-Mains partageait médiocrement ces goûts ; mais, pour agréer à Simonne, très-affriolée de l'attirail militaire, il avait endossé un gobisson, espèce de corselet de cuir très rembourré, très épais, qui, n'ayant pas été façonné à sa taille, comprimait sa poitrine et faisait saillir davantage encore son ventre proéminent ; par contre, son casque de fer, beaucoup trop large, tombait souvent sur ses yeux, inconvénient auquel le digne talmelier remédiait de temps à autre en rejetant fort en arrière sa malencontreuse et pesante coiffure ; parfois aussi ses jambes s'empêtraient dans sa longue épée suspendue à un baudrier de buffle, brodé de soie incarnate et d'argent par Simonne, désireuse d'imiter en ce cadeau les prévenances des nobles dames pour leurs preux chevaliers. Ancel était depuis longtemps l'ami de Fergan, qui l'affectionnait et l'estimait profondément. Simonne, élevée avec Martine, et ne lui plus âgée qu'elle, la chérissait comme une sœur. Grâce à leur voisinage, les deux jeunes femmes se visitaient chaque jour après l'accomplissement de leurs nombreux devoirs de ménagères et d'artisanes ; car si Martine aidait Colombaïk dans plusieurs travaux de sa tannerie ; Simonne, non moins laborieuse qu'accorte, laissant à Ancel-Quatre-Mains et à ses deux apprentis gindres le soin de confectionner le pain, pétrissait de ses jolies mains, aussi blanches que la fleur du froment, ces fins gâteaux dont les citadins et même les nobles épiscopaux se montraient si friands. Simonne la Talmelière entra donc chez ses voisins avec sa pétulance ordinaire ; mais son charmant visage, non plus joyeux et avenant comme de coutume, exprimait une vive indignation, et elle s'écria, devançant son mari de quelques pas : — L'insolente ! Aussi vrai qu'Ancel se nomme Quatre-Mains, j'aurais voulu, foi de Picarde, avoir quatre mains pour la souffleter,

toute noble dame qu'elle est, cette vieille mégère, aussi laide que méchante et hargneuse !

— Oh ! oh ! — dit Fergan en souriant, car il connaissait le caractère de la jeune femme, — vous, d'ordinaire si gaie, si rieuse, vous voici bien courroucée, ma voisine ?

— Que t'est-il arrivé Simonne ? Qui donc excite à ce point ta colère ? — ajouta Martine.

— Peu de chose à vous raconter, — reprit le talmelier en secouant la tête et répondant aux regards interrogatifs de Fergan, de Jehanne et de Colombaïk ; — rien, mes bons voisins.

— Comment ?... rien ! — s'écria Simonne en bondissant et se tournant vers son mari. — Ah ! de pareilles insolences doivent passer inaperçues selon toi ! — Le talmelier secoua de nouveau négativement la tête, et, profitant de l'occurence pour se débarrasser de son casque qui lui pesait fort, il le mit sous son bras. — Ah ! ce n'est rien, — reprit Simonne en s'adressant à Fergan et à Jehanne. — Je vous prends tous deux pour juges ; vous êtes gens sages et judicieux.

— Mais, que sommes-nous donc, Martine et moi, belle talmelière ? — dit en riant Colombaïk. — Quoi ! vous nous récusez ?...

— Je ne vous prends pour juges ni vous ni Martine, parce que vous seriez trop de mon avis, — reprit Simonne en interrompant Colombaïk ; — maître Fergan et sa femme ne sont pas, que je sache, soupçonnés d'être des étourneaux ! ils décideront si je me courrouce pour rien, — ajouta-t-elle en lançant de nouveau un regard indigné au talmelier, qui, très embarrassé de sa longue épée, s'était assis en la plaçant en travers sur ses genoux après avoir déposé son casque à terre. — Voici donc ce qui est arrivé, — reprit Simonne : — selon ma promesse faite hier à Martine de venir la chercher ici ce matin pour assister à la cérémonie de l'inauguration de notre beffroi, nous sortons, Ancel et moi ; en suivant la rue du Change, nous passons devant la fenêtre basse de la maison forte d'Arnulf, noble homme de Haut-Pourcin, comme il s'intitule.

— Je connais le seigneur de Haut-Pourcin, — dit Colombaïk, — c'est l'un des plus forcenés épiscopaux de la ville.

— Et sa femme est une des plus effrontées diablesses qui se soient jamais ensabbatées ! — s'écria Simonne ; — jugez-en, mes voisins. Elle et sa servante se trouvaient à une fenêtre basse lorsque nous sommes passés, Ancel et moi : — « Vois donc, ma mie, — dit-elle très haut à sa suivante, en riant aux éclats ; — vois donc la talmelière comme elle s'en va battant neuf avec sa cotte de soie lombarde, sa ceinture d'argent et son peliçon bordé de martre ? Dieu me pardonne ! de pareilles créatures oser porter de la soie et de riches fourrures comme nous autres nobles dames, au lieu de s'en tenir humblement à une jupe de tiretaine et à un surcot doublé de peau de chat, vêtements convenables à la basse condition de ces vilaines ! Quelle pitié ! Heureusement sa robe jaune est de la couleur de ses nieulles et de ses galettes ; elle leur servira d'enseigne !

— Cela prouvait en faveur de l'excellente cuisson des galettes de Simonne, n'est-ce pas, voisins ? — dit le talmelier ; — car, au sortir du four, la galette doit être jaune comme de l'or.

— Voyez si je suis sotte, moi ! Je n'ai point pris les paroles de la noble dame pour un compliment, — reprit Simonne, et je lui ai vertement répondu, à cette insolente : « Foi de Picarde, dame du Haut-Pourcin, si ma cotte est l'enseigne de mes galettes, votre visage est l'enseigne de vos cinquante ans, en dépit de vos cosmétiques, et quoique vous fassiez la mignonne, la pouponne et la muguette fleurie ! »

— Ah ! ah ! — dit Colombaïk en riant, — la bonne réponse à cette vieille fée, qui, en effet, toujours s'attife en jeunette. Les voilà bien ces nobles ! le gentil accoutrement de nos femmes les offusque autant que les tourelles de nos maisons ! Qu'elles en crèvent de dépit !

— Ma réponse a porté coup, — reprit Simonne. — La dame de Haut-Pourcin s'est cramponnée, comme une furie, aux barreaux de sa fenêtre en criant ; — « Ah ! musarde ! ah ! pendarde ! oser me parler ainsi ! vile serve émancipée !... Patience... patience ! Bientôt je te ferai fouetter par mes servantes ! »

— Oh ! oh ! quant à cela, moi je lui ai répondu : — Ne dites donc point de folles choses, dame de Haut-Pourcin, » reprit le talmelier ; — « il est passé ce temps-là, où les nobles dames faisaient battre les bourgeoises ! »

— Oui, — ajouta Simonne avec indignation ; — et savez-vous ce qu'elle a dit, cette harpie, en montrant le poing à Ancel ? « Va, gros butor ! la vile bourgeoisie ne parlera pas longtemps si haut ! Bientôt l'on ne verra plus des manants porter le casque des chevaliers, et des coquines comme ta femme porter des cottes de soie payées par leurs amants !... » — En disant ces derniers mots, Simonne, dont la colère s'était jusqu'alors nuancée d'une sorte d'animation joyeuse, devint pourpre de confusion ; deux larmes roulèrent de ses beaux yeux noirs, et elle ajouta, d'une voix émue : — Un tel outrage... à moi... Et Ancel dit que ce n'est rien ! Ces outrages m'exaspèrent.

— Allons ! calme-toi. N'es-tu pas aussi honnête femme que laborieuse ménagère ? — répondit affectueusement le talmelier en se rapprochant de Simonne, qui essuyait ses yeux du revers de sa main. — Cette sotte injure ne peut pas t'atteindre, ma mie, et ne mérite pas seulement qu'on s'en souvienne.

— Ancel a raison, — reprit Fergan ; — cette vieille est folle, et paroles de folle ne comptent pas. Seulement, mes amis, il faut le reconnaître, l'insolence des épiscopaux va chaque jour plus croissante... Ah ! ces allusions au temps passé annoncent de leur part quelque méchant dessein ! Il est bon de prévoir l'avenir.

— Quoi, mon père, ces gens-là seraient assez mal inspirés pour songer à attaquer notre Commune ? Il faudrait prendre souci de leur insolence ! Il faudrait se mettre en garde contre leurs mauvais desseins !

— Levain qui fermente est toujours aigre, mon garçon, — reprit le talmelier en hochant la tête d'un air pensif. — L'observation de ton père est juste, les provocations des épiscopaux ont une cause cachée. Tout à l'heure je disais à Simonne : ce n'est rien ; maintenant, je dis : c'est quelque chose.

— Eh bien, soit ! qu'ils osent ! — s'écria Colombaïk, nous les attendons ces nobles hommes, ces clercs, tous ces tonsurés et leur évêque !

— Et si les femmes s'en mêlent, comme lors de l'insurrection de Beauvais, — s'écria Simonne la talmelière, en serrant ses petits poings, — moi qui n'ai pas d'enfants, j'accompagne mon mari à la bataille, et la dame de Haut-Pourcin me payera cher ses injures ; foi de Picarde ! je soufflèterai son insolente face, aussi sèche qu'une oublie de Pâques à la Noël !

Le bon talmelier souriait de l'héroïque enthousiasme de sa gentille femme, lorsque l'on entendit au loin le tintement d'une grosse cloche ; Fergan, sa famille et ses voisins tressaillirent et écoutèrent avec recueillement ce bruit sonore et prolongé.

— Ah ! mes amis, — dit Fergan d'une voix émue, — l'entendez-vous sonner, pour la première fois, le beffroi de notre Commune ? L'entendez-vous ? il nous appelle aujourd'hui à une fête, demain il nous conviera au conseil où nous réglons les intérêts de la cité ; un jour, peut-être, il nous donnera le signal de la bataille. . O beffroi populaire ! ta voix de bronze, réveillant enfin la vieille Gaule, a donné le signal de l'insurrection des communes ! — A peine le carrier achevait-il ces mots que toutes les cloches des églises de la ville de Laon se mirent en branle à grande volée ; ce carillon assourdissant domina et couvrit bientôt complètement le tintement isolé du beffroi. Cette rivalité de sonneries n'était pas due au hasard, mais au calcul de l'évêque et des gens de son parti ; ceux-ci connaissant l'importance patriotique que les Communiers de Laon attachaient à l'inauguration du symbole de leur affranchissement, s'étaient ainsi proposé de troubler la fête.

— Oh ! ces prêtres ! toujours haineux et hypocrites, jusqu'au jour où ils se croient assez forts pour être impitoyables ! — s'écria Colombaïk. — Allez, sonnez, hommes noirs ! sonnez à toute volée! les cloches cafardes de vos églises ne feront pas taire notre beffroi communal! Les cloches appellent les hommes à la servitude, à l'hébêtement, au renoncement de leur dignité; le beffroi les convie à remplir leurs devoirs civiques et à défendre la liberté! Venez, mon père, venez! la milice bourgeoise doit être à cette heure assemblée sous les piliers des halles; vous êtes connétable et moi dizainier, partons, mon bon père, ne nous faisons pas attendre plus longtemps! Liberté ou la mort!

. . . .

Fergan prit son casque, et bientôt, donnant le bras à Jehanne la Bossue, de même que Colombaïk donnait le sien à Martine, et Quatre-Mains le talmelier à sa femme Simonne, les trois couples sortirent de la tannerie de Colombaïk suivis de ses apprentis, qui faisaient aussi partie des communiers. La rivalité de sonneries continuait toujours; de temps à autre, les cloches des églises cessaient leur carillon, espérant sans doute avoir étouffé le son du beffroi; mais son tintement sonore et régulier se faisant toujours entendre, le carillon clérical recommençait avec un redoublement de furie. Cet incident, puéril en apparence, grave au fond, car l'intention des épiscopaux était manifeste, produisit un vif mécontentement contre le parti des nobles. Le trajet à parcourir depuis la tannerie de Colombaïk jusqu'aux piliers des halles, rendez-vous de la milice bourgeoise, était assez long; la foule encombrait les rues, se dirigeant vers l'hôtel communal, en construction depuis trois ans et récemment achevé. La fonte et la pose du beffroi dans son campanile avaient seules retardé l'inauguration de ce monument, si cher aux citadins. Plus d'une fois Jehanne la Bossue se retourna, non sans inquiétude, vers son fils, qui la suivait avec Martine, précédant Quatre-Mains le talmelier et sa femme; les craintes de Jehanne étaient fondées: beaucoup de serviteurs appartenant aux clercs ou aux nobles se mêlaient à la foule, et de temps à autre lançaient quelque injure grossière contre les communiers, après quoi ils fuyaient à toutes jambes: des chevaliers revêtus de leurs armures traversaient les rues à cheval, le poing sur la hanche, la visière haute, jetant sur le populaire des regards de dédain ou de défi. Ces provocations redoublèrent surtout aux abords du lieu de rendez-vous de la milice, à la tête de laquelle le maire de Laon et ses douze échevins, armés comme pour un combat, devaient se rendre processionnellement à l'hôtel de la commune, afin de l'inaugurer par une séance solennelle, les réunions de ces magistrats ayant eu lieu jusqu'alors dans la maison de *Jean Molrain*, le maire.

Les halles, ainsi que celles de toutes les cités de la Gaule, se composaient de vastes hangars, sous lesquels le samedi, et quelquefois à d'autres jours de la semaine, les marchands, quittant leurs boutiques habituelles, allaient à leurs comptoirs *halliers* exposer denrées et marchandises; les habitants du dehors et des faubourgs, qui venaient s'approvisionner à Laon, trouvaient ainsi à acheter dans un même endroit ce dont ils pouvaient avoir besoin. Mais les halles, en ce jour de fête, servaient de lieu de réunion à bon nombre de bourgeois et d'artisans qui s'étaient armés pour se rendre au cortège et lui donner un caractère plus imposant. En cas de guerre, tout communier devait, au premier appel du beffroi, se munir d'une pique, d'une hache ou d'un bâton, et accourir au rendez-vous. La foule se montrait généralement insoucieuse des insolentes railleries ou des provocations des épiscopaux: les communiers, la majorité du moins, se sentaient assez forts pour mépriser ces défis; quelques-uns, cependant, moins résolus, obéissaient à une certaine appréhension de ces nobles bardés de fer, accoutumés au maniement des armes, et contre lesquels les Laonnais ne s'étaient pas encore mesurés, puisqu'ils devaient leur affranchissement, non à une insurrection, mais à un contrat. Puis, enfin, à peine délivrés de leur rude et honteux servage, beaucoup de citadins conservaient, involontairement, une ancienne habitude, sinon de respect, du moins de crainte envers ceux dont ils avaient pendant si longtemps subi la cruelle oppression. Bientôt les dizainiers, commandant à dix hommes, et les centeniers, commandant aux dizainiers, sous les ordres de Fergan, qui avait été élu connétable ou chef de la milice, rangèrent leurs gens sous les piliers des halles; Colombaïk était dizainier, sa troupe au complet, moins un jeune garçon nommé Bertrand, fils de *Bernard des Bruyères*, riche bourgeois assassiné trois ans auparavant dans la cathédrale par Gaudry, évêque de Laon.

— Sans doute ce pauvre Bernard ne se joindra pas à nous. — dit Colombaïk; — c'est fête aujourd'hui, et il n'est plus de fêtes pour cet infortuné depuis le meurtre de son père!

— Pourtant, voici venir Bernard — dit l'un des miliciens en montrant du geste, à quelques pas de là, un tout jeune homme, pâle, frêle, maladif, à l'air timide et doux, coiffé d'un casque de cuir et armé d'une lourde hache qui semblait peser sur son épaule. — Pauvre Bernard! — ajouta le milicien, — si faible, si chétif! on l'excuse de n'avoir pas vengé la mort de son père sur notre maudit évêque! — Bernard, cordialement accueilli par ses compagnons, répondit à leur marques d'intérêt avec une sorte d'embarras et prit silencieusement place à son rang; bientôt arriva le maire accompagné de ses échevins, les uns sans armes, les autres armés comme Ancel-Quatre-Mains, qui alla les rejoindre. Jean Molrain, le maire, homme dans la force de l'âge et d'une figure à la fois calme et énergique, marchait à la tête des magistrats de la cité ; l'un d'eux portait la *bannière* de la commune de Laon, car si la tour des beffrois populaires se dresse fièrement aujourd'hui en face des donjons féodaux, les bannières communales flottent non moins haut que les bannières seigneuriales. Celle de Laon représentait deux tours crénelées, entre lesquelles se trouvait figurée une épée nue ; tel était le sens de cet emblème : — « Notre ville fortifiée de murailles saura se défendre par les armes contre ses ennemis. » — Un second échevin portait, dans un étui de vermeil, sur un coussin de soie, *la charte communale* signée par l'évêque, par les nobles, et confirmée par la signature de Louis le Gros, roi des Français. Enfin un troisième échevin portait, aussi sur un coussin, le *sceau* d'argent de la Commune servant à sceller les actes et les arrêts rendus en son nom par son échevinage : cette grande médaille, moulée en creux, représentait le maire vêtu de sa longue robe ; la main droite levée vers le ciel, il semblait prêter un serment, tandis que de sa main gauche il tenait une épée dont la pointe reposait sur son cœur. — « Moi, maire de Laon, j'ai juré de maintenir et de défendre les franchises de la Commune ; plutôt mourir que trahir mon serment ! » — Telle était la signification patriotique du sceau communal. Liberté ou la mort !

Lors de l'arrivée des magistrats de la cité, Fergan, qui donnait ses derniers ordres aux miliciens, vit sortir de la foule un prêtre, archidiacre de la cathédrale et nommé Anselme ; Fergan tenait les tonsurés en singulière aversion, mais il affectionnait beaucoup Anselme, véritable disciple du Christ. — Fergan, — dit tout bas l'archidiacre au carrier, — engage tes amis à redoubler de calme, de prudence, je t'en conjure, empêche-les de répondre à aucune provocation ; je ne saurais t'en dire davantage, le temps presse, je vais me rendre à l'évêché ;— En disant ces mots, Anselme disparut dans la foule. L'avis de l'archidiacre, homme sage, aimé de tous, et par sa position mis en mesure d'être sûrement informé, frappa Fergan ; il ne douta plus qu'il fût question d'une conspiration ourdie en secret par les épiscopaux contre la Commune ; et, profondément préoccupé, il se mit en tête des miliciens, afin d'escorter jusqu'à l'hôtel communal le maire et les échevins. Fergan inscrit ici leurs noms obscurs ; puissent-ils rester chers à votre mémoire, fils de Joel !

Le maire se nommait : — Jean Molrain ; les échevins : — Foulque, *fils de Bomar* ; — Raoul Cabricion : — Ancel, *gendre de Lebert* ; — Haymon ; — Payen-Seille ; — Robert ; — Remy-But ; — Menard-Dray ; — Raimbaut *le Soissonnais* ; — Payen-Oste-Loup ; — Ancel-Quatre-Mains ; et Raoul-Gastines.

Le cortège se mit en marche au milieu des acclamations joyeuses de la foule, criant avec enthousiasme son cri de ralliement : — *Commune ! Commune !* — auquel se joignait le tintement sonore du beffroi, car le carillon clérical avait enfin cessé, les épiscopaux craignant de paraître prendre part à la fête, grâce à la sonnerie prolongée de leurs cloches ; le cortège, avant d'arriver sur la place où s'élevait l'hôtel communal, passa devant la demeure du chevalier de Haut-Pourcin, grande maison forte flanquée de deux grosses tours reliées entre elles par une sorte de terrasse crénelée formant saillie au-dessus de la porte ; sur cette espèce de balcon se trouvaient réunis grand nombre de chevaliers, de prêtres et de nobles dames élégamment parées, les unes jeunes et jolies, les autres vieilles ou laides ; parmi les moins vieilles et les plus laides se distinguait surtout la dame de *Haut-Pourcin*, grande femme de cinquante ans environ, sèche, osseuse, à la mine arrogante et portant un surcot violet à boutons d'or enrichi d'une pèlerine en plumage de paon ; sur ses cheveux grisonnants elle avait amoureusement placé un chapel de muguet fleuri, ainsi que se serait coiffée une bergerette ; la blancheur de ces fleurettes faisait paraître plus jaune encore le teint bilieux de la dame de Haut-Pourcin, teint moins jaune cependant que ses longues dents. A la vue du cortège, en tête duquel marchait le maire et les échevins, elle s'adressa aux personnes de sa compagnie et s'écria d'une voix aigre et perçante, qui fut entendue des communiers, car la terrasse n'était élevée que de douze ou quinze pieds au-dessus du pavé de la rue : — Mesdames et messeigneurs, avez-vous jamais vu une bande de baudets se rendre à leur moulin d'un air plus triomphant ?

— Ah ! ah ! — reprit très haut l'un des chevaliers riant aux éclats en désignant du bout de sa houssine le maire Jean Molrain, — voyez surtout le maître baudet qui guide les autres ! comme il se prélasse sous sa housse fourrée !

— Il est dommage que son chaperon nous dérobe la vue de ses longues oreilles.

— Sang du Christ ! n'est-il pas honteux de voir ces manants de race gauloise, faits esclaves par nos ancêtres, porter le casque et l'épée comme nous autres nobles hommes ? — ajouta le seigneur de Haut-Pourcin. — Nous, descendants des conquérants, nous chevaliers ! nous souffrons cette vilenie ?

— Holà ! eh ! Quatre-Mains le Talmelier, — s'écria la dame de Haut-Pourcin, d'une voix glapissante en se penchant sur l'appui de la terrasse, — seigneur échevin, qui vous en allez cocu et content, armé en guerre : le dernier pain que mon panetier a été prendre à votre boutique n'était point assez cuit, et je vous soupçonne de m'avoir larronnée sur le poids !

— Holà ! eh ! Remi le Corroyeur, — ajouta un gros chanoine de la cathédrale, — seigneur échevin, qui vous en allez, musardant, administrer les affaires de la cité, vous ne travaillez point à la selle de mule que je vous ai commandée !

— Ah ! messeigneurs, voici la chevalerie ! dit une jeune femme en riant et aspirant la senteur d'un bouquet de marjolaine ; — voyez donc l'air matamore de ce truand qui commande ces vaillants, ne dirait-on pas qu'il va tout pourfendre.

— Ah ! ah ! messeigneurs, regardez ce héros qui, sans doute offusqué par sa visière, porte bravement son casque sens devant derrière et sa flamberge sur l'épaule.

— Et cet autre, qui tient son épée comme un cierge ! On dirait un soldat du pape.

— En voici un qui a failli crever l'œil de son voisin avec sa pique ! Quels ridicules compagnons ! Quelles sottes gens !

— Tudieu ! messeigneurs, est-ce que vous ne vous sentez point glacés d'épouvante en songeant que nous pourrions un jour nous trouver la lance au poing devant cette bourgeoisie, formidable cohue de fronts chauves, de grosses bedaines et de pieds plats !

Ces injures, accompagnées d'éclats de rire insultants et de gestes de dédain, d'abord endurées patiemment par les communiers, finirent cependant par émouvoir les plus impétueux : de sourds murmures s'élevèrent dans la foule ; déjà le cortège s'arrêtait, malgré les instances de Fergan, qui, en vain, recommandait aux miliciens un calme méprisant ; les uns menaçaient du poing, les autres de leurs armes les épiscopaux, dont les rires redoublaient à l'aspect de l'irritation populaire ; soudain Jean Molrain, le maire, s'élançant sur l'un de ces bancs de pierre placés près des portes des maisons, et dont l'on se sert pour enfourcher plus facilement les chevaux, demanda le silence, et d'une voix retentissante, dit ces paroles, qui arrivèrent aux oreilles des épiscopaux :
— Frères et conjurés de la commune de Laon, ne répondez pas à l'impuissants outrages ! que l'on ose attaquer notre Commune par des actes et non par des paroles, alors, nous, votre maire, nous vos échevins, nous citerons le coupable à notre tribunal, et il sera fait justice de nos ennemis... énergique et prompte justice ! Jusque-là, répondons aux provocations par le dédain ; l'homme résolu et fort de son bon droit méprise les injures... à l'heure du jugement, il condamne et punit !

Ces paroles sages et mesurées calmèrent l'agitation de la foule, mais elles parvinrent aux oreilles des nobles, rassemblés sur la terrasse de la maison du seigneur de Haut-Pourcin, et excitèrent leur courroux ; ils menacèrent les communiers du bâton et de l'épée en redoublant leurs insultes. — Vos épées ne sont pas assez longues ! elle ne nous atteignent pas ! — cria Colombaïk le tanneur en passant avec ses miliciens au pied du balcon crénelé ; — descendez dans la rue ! alors nous verrons si le fer pèse plus dans la main d'un bourgeois que dans celle d'un chevalier !

A cet appel, les épiscopaux répondirent par de nouveaux outrages ; mais ils n'osèrent point descendre dans la rue où ils auraient été saisis et emmenés prisonniers par les miliciens. Le cortège, un moment arrêté dans sa marche, se remit en route et arriva sur la place où s'élevait l'hôtel communal, cet édifice, la joie, l'orgueil des artisans et des bourgeois, car il symbolisait leur affranchissement. Cet édifice, vaste et beau bâtiment récemment construit, formait un carré long ; d'élégantes sculptures ornaient sa façade et les linteaux de ses nombreuses fenêtres et de son parvis, composé de trois arcades ogivales soutenues par d'élégants faisceaux de colonnettes de pierre ; mais dans ce monument, la partie que l'on avait construite et embellie avec une prédilection particulière, était la tour du beffroi et le campanile, où l'on suspendait la cloche ; cette tour, hardiment élancée au-dessus de la toiture, semblait presque entièrement à jour ; d'étage en étage une mince assise supportait des rangées de colonnettes surmontées d'ogives découpées en trèfle, de sorte qu'à travers ce réseau de pierres ciselées l'on voyait la spirale de l'escalier conduisant au campanile caché sous des toiles jusqu'au moment où le cortège entra sur la place. Aussi, lorsque ces toiles tombèrent... un cri d'admiration de patriotique enthousiasme s'éleva de toutes les poitrines. Rien de plus léger que ce campanile, sorte de cage de fer doré, dont les nervures, les rinceaux se découpaient sur l'azur du ciel comme une dentelle d'or étincelante aux premiers rayons du soleil, et dominant ce dôme éblouissant, la bannière communale flottait au vent printanier de cette belle matinée d'avril. Les cris d'enthousiasme de la foule redoublèrent, et la bise dut porter aux oreilles des épiscopaux ce cri mille fois répété : — *Commune !... Commune !...* Vive la Commune !

O fils de Joel ! contemplez-les avec un pieux respect, nos vieilles maisons communales ! elles vous diront un jour les luttes opiniâtres, laborieuses, sanglantes de vos pères, pour reconquérir et vous léguer la liberté ! O fils de Joel ! la maison communale : — c'est l'héroïque et saint berceau de l'affranchissement de la Gaule !

. . . .

L'évêché de Laon, avoisinant la cathédrale, était ceint d'épaisses murailles et fortifié de deux grosses tours, entre lesquelles se trouvait la porte d'entrée. Au point de vue de la douce morale de Jésus, l'ami des pauvres et des affligés, rien de moins *épiscopal* que l'intérieur de ce palais ; l'on se serait cru dans le château fort de quelque seigneur féodal, batailleur et chasseur ; ce singulier contraste entre l'aspect des lieux et le caractère qu'ils auraient dû présenter, causait une impression pénible aux cœurs honnêtes. Tel était le sentiment qu'éprouvait l'archidiacre Anselme lorsque, peu de temps après avoir engagé Fergan à obtenir des communiers de se montrer indifférents aux provocations des épiscopaux, le disciple du Christ traversait les cours de l'évêché. Ici les fauconniers lavaient et préparaient la chair vive destinée aux faucons, ou nettoyaient leur perchoir ; plus loin, les veneurs, le cornet de chasse en sautoir, le fouet en main, conduisaient à *l'ébat* une meute nombreuse de ces grands chiens picards, si estimés des chasseurs ; ailleurs, des serfs du domaine épiscopal s'essayaient, sous le commandement de l'un des écuyers de l'évêque, au maniement des armes ; cette dernière circonstance frappant d'étonnement l'archidiacre, et augmentant ses craintes pour le repos de la cité, il ressentit un redoublement de tristesse et deux larmes tombèrent de ses yeux.

Anselme, quoique prêtre catholique, était un homme d'une grande bonté, pur, désintéressé, austère, et d'un rare savoir ; on l'appelait *le docteur des docteurs ;* plusieurs fois il avait refusé l'épiscopat, de crainte, disait-il, « de paraître censurer, par la chrétienne mansuétude de son caractère et par la chasteté de ses mœurs, la conduite du plus grand nombre des évêques de la Gaule. » Sa pâle figure, à la fois pensive et sereine, son front chauve, dépouillé par l'étude, donnaient à sa personne un aspect imposant, tempéré par la douceur de son regard. Modestement vêtu d'une robe noire, Anselme traversait lentement les cours de l'abbaye, comparant leur bruyant tumulte au calme de sa studieuse retraite, lorsqu'il vit de loin venir à lui un nègre d'une taille gigantesque, vêtu à la mode orientale, coiffé d'un turban rouge ; cet esclave africain, d'une physionomie sardonique et farouche, se nommait *Jean*, depuis son baptême ; il avait été donné en présent, plusieurs années auparavant à l'évêque Gaudry par un seigneur croisé, de retour de la Terre sainte. Peu à peu, Jean le Noir devint le favori du prélat, l'entremetteur de ses débauches ou l'instrument de ses cruautés avant l'établissement de la Commune. Depuis cette transformation, la personne et les biens des communiers étant désormais garantis, si l'un d'eux éprouvait quelque dommage, la Commune obtenait ou faisait elle-même justice de l'agresseur ; aussi l'évêque et les nobles avaient-ils dû renoncer à leurs habitudes de violence et de rapines. Au moment où l'archidiacre aperçut Jean le Noir, celui-ci descendait d'un escalier aboutissant à une porte pratiquée sous une voûte fermée d'une grille, qui séparait les deux premières cours d'un préau réservé à l'évêque ; une femme, enveloppée d'une mante à capuchon complètement rabattu, accompagnait l'esclave. Anselme ne put retenir un mouvement d'indignation ; connaissant les êtres du palais, et sachant que l'escalier donnant sous la voûte conduisait à l'appartement de l'évêque, il ne pouvait douter que cette femme encapuchonnée sortant de chez le prélat à une heure si matinale, sous la conduite de Jean le Noir, l'entremetteur habituel de Gaudry, n'eût passé la nuit chez lui ; aussi l'archidiacre, rougissant d'une chaste confusion, tourna-t-il la tête avec dégoût au moment où, après avoir ouvert la grille, l'esclave et sa compagne passèrent à ses côtés ; puis, pénétrant sous la voûte, il entra dans le préau ; ce vaste enclos gazonné, planté d'arbres, s'étendait devant la façade des appartements particuliers de l'évêque Gaudry.

Cet homme, d'origine normande, et descendant des pirates du vieux *Rolf*, après avoir bataillé à la suite du duc Guillaume le Bâtard, lorsqu'il alla conquérir l'Angleterre, fut plus tard, en 1106, promu à l'évêché de Laon. Cruel et débauché, cupide et prodigue, Gaudry était de plus un chasseur forcené ; encore agile et vigoureux, quoiqu'il eût dépassé la maturité de l'âge, il essayait ce matin-là un jeune cheval et le faisait manéger au milieu du préau où entra Anselme. Afin d'être plus à l'aise, le prélat, quittant sa longue robe du matin, garnie de fourrures, n'avait conservé que ses chausses terminées en forme de bas, et une courte jaquette de moelleuse étoffe. Nu-tête, ses cheveux gris au vent, habile et hardi cavalier, montant à poil le jeune étalon, sorti pour la première fois de sa prairie, Gaudry, serrant entre ses cuisses nerveuses le fougueux animal, résistait à ses bonds, à ses ruades, et le forçait à parcourir en cercle la terre gazonnée du préau. L'écuyer de l'évêque applaudissait du geste et de la voix à l'adresse de son maître, tandis qu'un serf d'une carrure robuste et d'une figure patibulaire suivait cette équitation d'un regard sournois : ce serf, qui appartenait à l'abbaye de Saint-Vincent, fief de l'évêché, s'appelait *Thiégaud*. Cet homme, jadis préposé au péage d'un pont voisin de la ville, et dépendant de la châtelenie d'Enguerrand de Coucy, l'un des plus féroces tyrans féodaux de la Picardie, redoutable par son audace et sa cruauté, s'était rendu coupable d'une foule d'extorsions et de

Le délégué des Communiers chez l'évêque (p. 735)

meurtres. Gaudry, frappé du caractère déterminé de ce scélérat, l'ayant demandé au seigneur de Coucy en échange d'un autre serf, le chargea de percevoir les taxes arbitraires qu'il imposait à ses vassaux, charge que Thiégaud remplit avec une impitoyable dureté ; aussi l'évêque, le traitant avec une grande familiarité, l'appelait-il habituellement : — *compère Ysengrin* — compère le loup, et au besoin le faisait l'entremetteur de ses débauches, non sans éveiller la vindicative jalousie de Jean le Noir, secrètement courroucé de voir un autre que lui dans la confidence des secrets de son maître,

Gaudry, en cavalcadant à l'entour du préau, aperçut l'archidiacre, fit faire une volte-face subite à l'étalon, et, après quelques nouveaux soubresauts de l'impétueux animal, arriva près d'Anselme ; puis, sautant lestement à terre, il dit à son écuyer, en lui jetant les rênes de la bride : — Je garde le cheval ! conduis-le dans mes écuries ; il sera sans pareil pour la chasse du cerf ou du sanglier !

— Si vous gardez le cheval, seigneur évêque, — répondit Thiégaud, — donnez cent vingt sous d'argent ; c'est le prix qu'on en demande.

— Bon, bon ! rien ne presse, — répondit le prélat. Et s'adressant à son écuyer : — Gherard, emmène le cheval.

— Non pas, — reprit Thiégaud ; — le métayer attend à la porte de l'évêché ; il doit ramener le cheval ou recevoir son prix en argent ; c'est l'ordre du patron de ce bel étalon.

— L'effronté coquin qui a donné cet ordre mérite de recevoir autant de coups de bâton que son cheval a de crins sur la queue ! — s'écria l'évêque. — Est-ce que je n'ai pas, de droit, six mois de crédit dans ma seigneurie ?

— Non, — répondit froidement Anselme ; —

92e livraison

ce droit seigneurial est aboli depuis que la ville de Laon est une commune affranchie; n'oublie pas cette différence entre le présent et le passé. Les droits seigneuriaux sont abolis.

— Je ne m'en souviens que trop souvent! — répondit l'évêque avec un dépit concentré. — Quoi qu'il en soit, Gherard, emmène le cheval; obéis à mon ordre.

— Seigneur, — dit Thiégaud, le métayer attend; je vous le répète, il lui faut l'argent... cent vingt sous d'argent ou la bête.

— Il n'aura pas le cheval, — répondit Gaudry en frappant du pied avec colère. — Si le métayer ose murmurer, dis-lui de m'envoyer son maître... nous verrons, pardieu! s'il aura l'audace de venir ici devant son évêque.

— Il aura cette audace, seigneur évêque, — répondit Thiégaud; — le propriétaire du cheval est Colombaïk le Tanneur, communier de Laon, fils de Fergan, le maître des carrières de la Butte au Moulin. Je connais ces gens-là; or, je vous en préviens, le père et le fils sont de ceux... qui osent tout...

— Sang du Christ! cornes du diable! assez de paroles! — s'écria l'évêque; — Gherard, conduis à l'instant l'étalon aux écuries!

L'écuyer obéit; l'archidiacre Anselme allait remontrer à Gaudry l'injustice et le danger de sa conduite, lorsque, entendant un certain tumulte s'élever dans les cours qui précédaient le préau; l'évêque, courroucé déjà, cédant à l'emportement de son caractère, se précipita hors de l'enceinte de son jardin, sans prendre le temps de revêtir sa robe, qu'il laissa sur un banc. A peine eut-il traversé la première cour, suivi de l'écuyer conduisant le cheval, et de Thiégaud, souriant, dans sa perversité, à cette nouvelle iniquité de son maître, que celui-ci vit venir à lui grand nombre de gens de sa maison; tous poussaient des clameurs, gesticulaient violemment, et entouraient Jean le Noir, dont la taille gigantesque les dépassait de toute la tête; non moins animé que ses compagnons, il criait et gesticulait aussi, écumant de rage, vociférant, hurlant et brandissant à la main son long poignard sarrasin.

— D'où vient ce tapage? — dit l'évêque de Laon en s'avançant au devant de ce groupe; — pourquoi poussez-vous ces cris?

Plusieurs voix irritées répondirent au prélat:
— Nous crions contre les bourgeois de Laon!
— Ces chiens de communiers!
— Que s'est-il passé? répondez de suite.
— Jean le Noir va le dire à Monseigneur! — clamèrent plusieurs voix.

Le géant africain se tourna vers ses compagnons, leur fit de la main signe de garder le silence; et, essuyant sur sa cuisse la lame ensanglantée de son poignard, il dit à Gaudry d'une voix palpitante, encore altérée par la colère, en jetant pourtant sur Thiégaud un regard de haine sournoise: — Je venais, seigneur évêque, de conduire jusqu'à la porte du dehors *Mussine la Belotte*...

— Ma fille! — s'écria Thiégaud stupéfait, au moment où le prélat, frappant du pied avec colère et haussant les épaules, reprochait du geste et du regard à son esclave l'indiscrétion de ses paroles; Jean le Noir resta coi comme un homme qui comprend trop tard la sottise qu'il a dite, tandis que les gens de l'évêché souriaient en tapinois de l'air ébahi de Thiégaud; les uns le redoutaient à cause de sa méchanceté, d'autres le jalousaient en raison de sa familiarité avec l'évêque. Thiégaud, devenant livide à cette foudroyante révélation, jeta sur Gaudry un regard effrayant... mais rapide comme l'éclair; puis, ses traits reprenant soudain leur expression habituelle, il se mit à rire plus haut que personne de la maladresse de Jean le Noir, et s'inclina même avec une déférence ironique devant Gaudry. Celui-ci, connaissant depuis longtemps la vie criminelle du serf de Saint-Vincent, ne s'étonna pas de le voir rester, en apparence, si insoucieux de la honte de sa fille; mais, par suite de ce respect humain dont les caractères les plus dépravés ne se dépouillent jamais entièrement, l'évêque apaisa d'un geste impérieux l'hilarité générale et dit: — Ces rires sont malséants, la fille de Thiégaud était venue de grand matin, comme viennent tant d'autres pénitentes, me consulter, sur un cas de conscience; et après l'avoir entendue dans le confessionnal, je l'ai fait accompagner par Jean jusqu'à la porte de l'évêché.

— Cela est si vrai, — ajouta Thiégaud avec un calme parfait, — cela est si vrai, qu'en amenant ici ce matin un cheval à notre seigneur l'évêque, je comptais repartir avec ma fille; mais elle est sortie par la porte de la voûte, tandis que j'étais dans le préau.

— Compère Ysengrin, — reprit le prélat avec un mélange de hauteur et de familiarité, nos paroles peuvent se passer de ton témoignage. — Puis, empressé de couper court à cet incident qui avait pour témoin l'archidiacre Anselme, toujours silencieux, mais profondément indigné, Gaudry dit à l'esclave noir: — Parle! que s'est-il passé entre toi et ces communiers, que la peste étouffe et que l'enfer confonde! Que Satan les emporte tous!

— J'ouvrais la porte de l'évêché à Mussine-la-Belotte, lorsque trois bourgeois, venant des faubourgs et se dirigeant vers la principale entrée de la ville, afin d'aller assister à la cérémonie annoncée par le beffroi des pendards, passèrent devant le palais; en voyant sortir de céans une femme encapuchonnée, ces coquins se sont mis à rire malignement, en se poussant le coude et continuant leur chemin; moi, je cours après eux et leur dis : « De quoi riez-vous, chiens de communiers? » — Ils me répondent avec insolence, m'appellent le bourreau de l'évêque; je tire mon poignard, je frappe l'un d'eux au bras, et tandis que ces compagnons vocifèrent et me menacent d'aller demander justice à la Commune, je rentre et referme sur moi la porte; par Mahom! je suis content de ce que j'ai fait; j'ai vengé mon maître des insultes de ces maudits!

— Jean le Noir a bien agi! s'écrièrent les gens de l'évêché — nous ne pouvons sortir sans être honnis par les bourgeois de Laon.

— L'autre jour, s'écria un des fauconniers, — le boucher de la rue du Change, l'un des échevins de cette Commune, a refusé de me donner de la viande à crédit pour nos faucons.

— Dans les tavernes, on nous oblige à payer avant de boire! Outrage et humiliation!

— Il n'en était pas ainsi il y a trois ans!

— C'était le bon temps! tout homme de l'évêché prenait sans payer ce qu'il voulait chez les marchands, caressait leurs femmes et leurs filles, et pas un n'osait souffler mot. Par le ventre de la vierge Marie! nous étions les maîtres alors! Mais depuis l'avènement de la Commune, ce sont les bourgeois qui commandent! Au diable la Commune! vive l'ancien temps!

— Aux enfers les communiers! Ils nous font crever de male honte pour notre seigneur évêque, — dit l'un des jeunes serfs qui naguère s'exerçaient au maniement des armes; et s'adressant résolûment au prélat, qui, loin de calmer l'effervescence de ses gens, semblait ravi de leurs récriminations et les encourageait par un sourire approbateur : Dites un mot, notre évêque, nous sommes ici une cinquantaine qui commençons à manier l'arc et la pique, mettez quelques chevaliers à notre tête, nous descendrons dans la ville et nous ne laisserons pas pierre sur pierre des maisons de cette bourgeoisie et de cette artisannerie.

— Dis un mot! s'écria Thiégaud, — et je t'amène, saint patron, une centaine de bûcherons et de charbonniers de la forêt de Saint-Vincent; ils feront, des maisons de ces artisans et de ces bourgeois, un brasier à rôtir Belzebuth! Mort et damnation pour ces communiers!

Si l'évêque de Laon avait pu conserver quelque doute sur l'indifférence du serf de Saint-Vincent au sujet de la honte de sa fille, ce doute eût été détruit par les paroles de cet homme: aussi le prélat, doublement satisfait des témoignages de dévouement de Thiégaud, dit aux gens de l'évêché : — Je suis content de vous trouver dans ces dispositions; persistez-y : le moment de vous mettre à l'œuvre arrivera plus tôt que vous ne le pensez. — Quant à toi, mon brave Jean, tu m'as vengé de l'insolence de ces communiers; ne crains rien, il ne sera pas touché à un cheveu de ta tête; et toi, compère Ysengrin, tu signifieras au métayer que je garde le cheval; je le payerai s'il me convient de le payer; sinon non! Tu iras ensuite voir nos amis les bûcherons et les charbonniers de la forêt; d'un jour à l'autre je pourrai avoir besoin d'eux; et, ce jour venu, ils pourront, en retour de leur bonne volonté, faire rafle à leur guise dans les boutiques et les maisons des bourgeois de Laon. — Et s'avançant vers l'archidiacre Anselme, qui avait assisté à cette scène sans prononcer un mot, il lui dit : — Rentrons chez moi; ce qui vient de se passer sous tes yeux t'aura préparé à l'entretien que nous allons avoir, et pour lequel je t'ai mandé ici ce matin.

L'archidiacre suivit le prélat, et tous deux se rendirent dans les appartements de l'évêché.

— Anselme, tu viens de voir et d'entendre des choses qui, sans doute, auront impressionné désagréablement ton esprit; nous en reparlerons tout à l'heure, — dit Gaudry lorsqu'il fut seul avec l'archidiacre. — Je t'ai mandé à l'évêché parce que je connais ton faible pour le menu peuple et la bourgeoisie, et afin de te donner l'occasion de rendre un signalé service à tes favoris. Prête attention à mes paroles.

— Je m'efforcerai de correspondre à vos bienveillantes intentions, seigneur évêque.

— Tu iras trouver les bourgeois et les artisans de cette ville et tu leur tiendras ce langage : — « Renoncez, bonnes gens, à cet exécrable esprit de nouveauté, à cette forcennerie diabolique qui pousse le vassal à se dresser contre son seigneur; abjurez au plus tôt cet orgueil effronté, impie, qui persuade à l'artisan et au citadin qu'ils peuvent se soustraire à l'autorité seigneuriale, afin de se gouverner par eux-mêmes. Retournez à vos métiers, à vos boutiques : la chose publique se passera fort bien de vous; vous délaissez l'Eglise pour l'Hôtel communal, vous ouvrez l'oreille au son de votre beffroi et la fermez au tintement des cloches de l'Eglise; cela ne vous est point bon; vous finiriez par oublier la soumission que vous devez aux prêtres, aux nobles et au roi... Ne confondons jamais les conditions, bonnes gens, à chacun ses droits, à chacun ses devoirs; le droit du prêtre, du noble, du roi, est de commander, de gouverner; le devoir du serf, de l'artisan, du bourgeois est d'obéir à la volonté de leurs maîtres naturels. Cette comédie communière et républicaine, que vous jouez depuis tantôt trois ans a trop duré. Renoncez de bon gré à vos rôles de maire, d'échevins, de guerriers; l'on a commencé par rire de vos sottises, dans l'espoir que vous reviendriez au bon sens; mais à la longue on se lasse. Le moment est venu de mettre fin à ces saturnales; et pour éviter un juste châtiment, revenez de vous-mêmes à l'humilité de votre condition ; faites de vos robes d'échevins des cottes pour vos femmes, remettez vos armes aux gens qui savent les manier ; apportez respectueusement à l'Eglise, en manière d'hommage expiatoire, votre assourdissant beffroi : il augmentera la sonnerie de la cathédrale; votre superbe bannière servira de nappe d'autel, et quant à votre magnifique sceau d'argent, fondez-le pour acheter quelques tonnes de vin vieux, que vous viderez au rétablissement de la seigneurie de votre évêque en Jésus-Christ; de la sorte tout n'a bien, bonnes gens, le passé vous sera pardonné à la condition que vous serez désormais soumis, humbles, repentants devant l'Eglise, la noblesse et la royauté, et que vous renoncerez de vous-mêmes à votre peste de Commune. »

Anselme avait écouté l'évêque de Laon avec un mélange de surprise, d'indignation et de profonde anxiété, ne cherchant pas à interrompre le prélat, et se demandant comment cet homme, auquel il ne pouvait refuser ni esprit ni sagacité, s'aveuglait assez sur les hommes et sur les choses pour concevoir des projets tels que les siens. L'émotion de l'archidiacre était si profonde qu'il garda le silence pendant quelques moments; enfin il dit à l'évêque, d'une voix grave et pénétrée : — Tu m'engages à conseiller aux habitants de Laon de renoncer à leur Charte? cette Charte, que toi et eux vous avez consentie et jurée d'un commun accord ?

— Cette convention a été conclue, pendant un voyage que j'ai fait en Angleterre, par le chapitre et le conseil des chevaliers qui gouvernaient en mon absence.

— Faut-il te rappeler qu'à ton retour de Londres, et moyennant une somme d'argent considérable donnée par la bourgeoisie, tu as signé cette Charte de ta main, que tu l'as scellée de ton sceau, que tu as juré sur ta foi qu'elle serait fidèlement observée?

— J'ai eu tort d'agir ainsi; l'Eglise tient sa seigneurie de Dieu seul, elle ne doit pas aliéner ses droits. Je suis délié de tous engagements.

— As-tu rendu l'argent reçu pour consentir la commune? Une restitution a-t-elle été opérée?

— L'argent que j'ai reçu représentait au plus quatre années du revenu que je tirais ordinairement des habitants de Laon. Trois ans se sont écoulés depuis l'établissement de cette Commune, je suis donc en avance d'une année envers mes vasseaux; or, comme mon droit est de taxer à merci et à miséricorde, je doublerai la taxe de l'année présente, et me trouvant ainsi au pair, j'exigerai, si bon me semble, la taxe de l'an prochain.

— Tu aurais ce droit si tu ne l'avais aliéné ; mais tu ne peux renier ta signature, ton sceau, ton serment! Tes engagements sont formels.

— Qu'est-ce qu'une signature? Un mot ou deux mots placés au bas d'un parchemin ! Qu'est-ce qu'un sceau? Un morceau de cire! Qu'est-ce qu'un serment? Un son de voix qui s'est perdu dans l'air, que le vent a emporté! C'est l'opinion des papes, des nobles et des rois.

Anselme, quoique vivement indigné de la réponse du prélat, se contint et reprit : — Ainsi, tu persistes dans ton idée de manquer à ton serment et d'abolir la Commune de Laon?

— Oui, je veux anéantir cette Commune.

— Tu refuses de tenir un engagement sacré, soit! mais les communiers de Laon ont fait confirmer leur Charte par le roi Louis le Gros, et ils s'adresseront à lui pour te contraindre à en respecter les clauses. Tu auras à lutter contre deux ennemis, populaire et royauté.

— Demain, — répondit l'évêque — Louis le Gros sera ici à la tête de bon nombre de chevaliers et d'hommes de guerre, résolu à écraser ces misérables bourgeois s'ils osaient défendre leur Commune! C'est chose convenue entre nous.

— Je ne puis croire ce que tu dis, seigneur évêque, — répliqua l'archidiacre ; — le roi Louis le Gros qui a confirmé, juré la Charte d'affranchissement des bourgeois de Laon, qui a reçu le prix convenu, ne voudra pas se parjurer et commettre une infamie.

— Le roi commence à écouter la voix de l'Eglise; il a compris que, s'il est d'une bonne politique et profitable de vendre des Chartes d'affranchissement aux villes soumises, aux seigneurs laïques, ses rivaux et les nôtres, il compromet gravement sa puissance en favorisant l'émancipation des seigneurs ecclésiastiques. Louis le Gros est résolu à faire rentrer sous l'autorité épiscopale toutes les villes ecclésiastiques affranchies, et à en exterminer les habitants s'ils essayent de résister à sa volonté. Demain, peut-être même aujourd'hui, le roi sera dans cette ville à la tête de ses hommes de guerre; les nobles de la ville ont été avertis comme moi de la prochaine arrivée de Louis le Gros. Nous signifierons nos volontés à ce peuple.

— Mes pressentiments ne me trompaient pas lorsque j'engageais les communiers à redoubler de calme et de prudence !

— Tu étais dans la bonne voie; aussi, connaissant ton influence sur ces musards, je t'ai mandé ici afin de te charger de les engager à renoncer d'eux-mêmes à leur Commune ensabbatée, s'ils veulent échapper à un châtiment terrible. Nous voulons une soumission absolue.

— Evêque de Laon, — dit Anselme d'une voix émue et solennelle, — je refuse la mission dont tu me charges, je ne veux pas voir couler dans cette ville le sang de mes frères ! Si l'on soupçonnait seulement tes projets, un soulèvement éclaterait parmi le populaire, et toi, les clercs, les chevaliers de la ville vous seriez les premières victimes de la fureur des communiers. Vos maisons seraient livrées aux flammes.

— Un soulèvement n'est pas à craindre, — reprit l'évêque de Laon, en éclatant de rire ; — Jean, mon noir, prendra le plus farouche de ces musards par le nez et l'amènera ici à genoux à mes pieds, criant miséricorde, tremblant et repentant, quand je le voudrai.

— Si tu oses toucher aux droits de la Commune, toi, les prêtres et les nobles, vous serez exterminés par le peuple insurgé. Ah ! la malédiction du ciel s'appesantira sur moi avant qu'une imprudente parole de ma part ait déchaîné une pareille tempête !

— Ainsi, toi, Anselme, qui relèves de mon autorité, tu refuses la mission dont je te charge ?

— Je te le jure sur le salut de mon âme ; tu joues ta vie à ce jeu terrible ! Puissé-je n'avoir pas à disputer aux fureurs populaires tes restes sanglants pour leur donner la sépulture !

L'accent convaincu, l'imposante autorité du caractère de l'archidiacre, impressionnèrent l'évêque de Laon ; s'il ne reculait devant aucun crime pour satisfaire ses passions, il tenait fort à la vie ; aussi, malgré son dédain aveugle pour le menu peuple, un moment il hésita dans sa résolution, et songeant aux triomphantes révoltes qui, en des circonstances semblables, avaient eu lieu depuis peu d'années dans d'autres communes de la Gaule, il resta sombre et silencieux. Soudain, Jean le Noir entrant, dit à l'évêque d'un air sardonique et triomphant :

— Patron, un de ces chiens de bourgeois est venu de lui-même se prendre au piège ; nous le tenons, ainsi que sa femelle, qui, par Mahom ! est des plus gentilles ; car si le mari est un dogue, la femme est une mignonne levrette digne de figurer dans le chenil ecclésiastique !

— Trêve de plaisanteries, coquin, — reprit l'évêque de Laon avec impatience, — De quoi s'agit-il ? Explique-toi.

— Tout à l'heure on a heurté à la grande porte ; j'étais dans la cour avec les serfs qui s'exercent aux armes ; j'ai regardé au guichet j'ai vu un gros homme casqué jusqu'au nez, crevant dans son corselet de cuir, et aussi embarrassé de son épée qu'un chien à qui l'on a attaché une poêle à la queue ; une jeune et jolie femme l'accompagnait. — Que veux-tu ? ai-je dit à ce bonhomme. — « Parler au seigneur évêque, et sur l'heure, pour chose grave ; je suis échevin de la commune de Laon. » — Tenir ici un de ces chiens de communiers m'a paru fort à propos, aussi, après avoir envoyé un de nos gens voir par l'une des meurtrières de la tour si le bourgeois était seul, j'ai ouvert la porte. Ah, ah, ah, tu aurais ri, — ajouta Jean le Noir, — si tu avais vu ce bonhomme au moment de passer le seuil de la porte de l'évêché embrasser sa femme comme s'il allait entrer chez Lucifer, tandis que la belle lui disait : — « Je t'attends ici ; je serai moins longtemps inquiète que si j'étais restée à l'Hôtel communal. » — Par Mahom ! me suis-je dit, mon patron aime trop à recevoir chez lui de jolies pénitentes pour laisser dehors cette mignonne ; et, l'enlevant comme une plume, je l'apporte dans la cour ; j'avais envie de fermer la porte au nez du mari, mais j'ai pensé qu'il valait mieux le garder ici. Sa petite femme, furieuse comme une chatte en amour, a crié, m'a égratigné quand je l'ai prise dans mes bras, mais lorsqu'elle a pu rejoindre son oison de mari, elle a fait la brave et m'a craché au visage ; ils sont tous deux dans la salle voisine. Faut-il les introduire ici ?

L'annonce de la venue de l'un de ces communiers, objet de la haine de l'évêque Gaudry, réveilla sa colère, un moment contrainte par les paroles de l'archidiacre Anselme, et le prélat s'écria : — Par Dieu ! Par le nombril du pape ! il vient à propos ce bourgeois ! Amène-le...

— Et sa femme aussi ? — dit le noir en s'éloignant ; — ce sera le contre-poison réservé à votre seigneurie. — Et, sans attendre la réponse de son maître, il disparut.

— Prends garde ! — dit Anselme de plus en plus alarmé, — prends garde à ce que tu vas faire ! les échevins sont élus par les habitants ; ce serait la plus mortelle injure que de violenter un de leurs élus !

— Assez de remontrances, — s'écria Gaudry avec une hautaine impatience ; — tu oublies trop que je suis ton supérieur, ton évêque !

— Ce sont tes actes qui me le feraient oublier ; mais c'est au nom de l'épiscopat, au nom du salut de ton âme, au nom de ta vie, que je t'adjure de ne pas allumer un incendie que ni toi ni le roi ne pourrez éteindre !

— Quoi ! — reprit l'évêque de Laon avec un ricanement féroce ; — quoi ! on n'éteindrait pas cet incendie même dans le sang de ces chiens maudits, de ces manants révoltés ?

Le prélat venait de prononcer ces exécrables paroles, lorsqu'entra Ancel-Quatre-Mains le Talmelier, accompagné de sa femme Simonne, et précédé de Jean le Noir, qui, les laissant au seuil de la porte, sortit en souriant d'un air cruel. L'échevin était pâle, ému ; mais le bonhomie ordinairement empreinte sur ses traits avait fait place à une expression de fermeté réfléchie ; cependant, il faut l'avouer, son casque, placé fort en arrière sur sa tête, son ventre gonflé au-dessous de son corselet de cuir, donnaient au citadin une apparence presque grotesque dont l'évêque de Laon fut frappé ; aussi, partant d'un éclat de rire mêlé de colère et de dédain, s'écria-t-il, en montrant l'échevin à l'archidiacre : — Voilà donc un échantillon de ces preux hommes qui doivent faire trembler et reculer les évêques, les chevaliers et les rois? Par le sang du Christ, quel grotesque personnage!

L'échevin et sa femme, qui se serrait contre lui, s'entre-regardèrent, ne comprenant pas le sens des paroles du prélat. Simonne, non moins troublée que son mari, semblait partagée entre deux sentiments : la crainte de quelque danger pour Ancel, et l'horreur que lui inspirait l'évêque Gaudry.

— Eh bien! seigneur échevin, clarissime élu de l'illustrissime commune de Laon! — dit le prélat avec un accent railleur et méprisant, — tu as voulu me voir, me voici; parle, que veux-tu?

— Seigneur évêque, je n'ai point, tant s'en faut, ambitionné de venir céans, j'accomplis un devoir; je suis ce mois-ci échevin judiciaire, et comme tel, chargé des procédures; c'est en cette qualité que je viens ici remplir mon office.

— Oh! oh! salut à vous, seigneur procédurier, — reprit le prélat en s'inclinant ironiquement devant le talmelier; — peut-on du moins connaître le sujet de cette procédure?

— Certes, seigneur évêque, puisque je viens procéder contre toi et contre Jean, ton serviteur africain. Vous allez apprendre ce dont il s'agit.

— Et pendant que mon mari accomplit une mission judiciaire, — ajouta résolûment Simonne, — il demandera aussi justice et réparation des injures que m'a dites la noble dame de Haut-Pourcin, femme de l'un des épiscopaux de la ville, seigneur évêque.

— Jean, mon noir, avait pardieu raison; jamais je ne vis plus gentille créature! — dit l'évêque dissolu en examinant attentivement la talmelière, dont il s'était jusqu'alors peu occupé. Puis, semblant réfléchir : — Depuis combien de temps es-tu mariée, mignonne? Réponds avec sincérité à ton seigneur évêque.

— Depuis cinq ans, monseigneur.

— Bonhomme, — reprit Gaudry en s'adressant à l'échevin, — tu as donc racheté la femme du droit de *Cuillage* du temps qu'Amaury le chanoine était préposé à la perception de ce droit?

— Oui, seigneur, répondit le talmelier, tandis que sa femme, baissant les yeux, devenait pourpre de confusion en entendant le prélat parler de ce droit infâme des évêques de Laon, qui, avant l'établissement de la Commune, avaient le droit d'exiger *la première nuit des noces des nouvelles mariées*, exécrable honte dont l'époux parvenait parfois à se rédimer moyennant une somme d'argent.

— Ce vieux bélître d'Amaury n'en faisait point d'autres, reprit le prélat avec un éclat de rire cynique : — j'avais beau lui dire : « — Lorsque deux fiancés viennent déclarer à l'église leur prochain mariage, inscris à part celles des fiancées assez accortes pour que je puisse exiger d'elles l'amoureuse redevance en nature!»

— Mais point. A entendre Amaury, et j'ai devant les yeux une preuve vivante de sa fourberie ou de son aveuglement, presque toutes les mariées étaient des laiderons!

— Heureusement, seigneur évêque, ils sont passés ces mauvais temps-là, — répondit Ancel, contenant à peine son indignation; — ils ne reviendront plus ces temps où l'honneur des époux et de leurs femmes était à la merci des évêques et des seigneurs.

— Mon frère, — ajouta l'archidiacre, douloureusement affecté des paroles de l'évêque et s'adressant à Ancel, — croyez-moi, l'Eglise rougit elle-même de ce droit monstrueux dont jouissent ses prélats lorsqu'ils sont seigneurs temporels.

— Ce que je sais, père Anselme, — répondit judicieusement le talmelier en hochant la tête, — c'est que l'Eglise ne défend point aux prélats d'en user de ce droit monstrueux, puisqu'ils en usent et déflorent les jeunes fiancées.

— Par le sang du Christ! — s'écria l'évêque de Laon, tandis que l'archidiacre demeurait interdit, ne pouvant rien répondre au talmelier, — ce droit prouve mieux que tout argument combien la personne du serf, du vilain ou du vassal non noble, est en la possession absolue, souveraine de son seigneur laïque ou ecclésiastique; aussi, loin de rougir de ce droit, l'Eglise le revendique pour ses seigneuries et excommunie ceux qui osent le contester!

L'archidiacre, n'osant contredire son évêque, car son évêque disait vrai, baissa la tête avec accablement et resta muet. L'échevin reprit avec un mélange de bonhomie narquoise et de fermeté : — Je suis, seigneur évêque, trop ignorant en théologie pour discuter sur l'orthodoxie d'un droit dont les honnêtes gens ne parlent que l'indignation au cœur et la honte au front! mais, grâce à Dieu, depuis que Laon est une commune affranchie, cet abominable droit-là est aboli comme tant d'autres : tel que celui de se faire délivrer des marchandises sans argent et de prendre le cheval d'autrui sans le payer. Ceci, seigneur évêque, me ramène naturellement à la cause qui m'a conduit céans.

— Donc, tu viens procéder contre moi?

— J'accomplis mon office : il y a une heure, Pierre le Renard, métayer de Colombaïk le Tanneur, est venu déclarer au maire et aux échevins, assemblés dans l'Hôtel communal, que toi, évêque de Laon, tu gardais, contre tout droit, un cheval appartenant audit Colombaïk, et que tu refusais d'en payer le prix réclamé par le maître.

— Est-ce tout? — demanda l'évêque en riant; — n'ai-je point commis d'autre péché? N'as-tu pas à formuler d'autre accusation?

— Germain le Fort, maître charpentier de la Grande-Cognée, assisté de deux témoins, est venu déclarer au maire et aux échevins que, passant devant la porte de l'évêché, il avait été d'abord outragé, puis frappé d'un coup de poignard au bras gauche par Jean le Noir, l'un de tes serviteurs, ce qui constitue un grave délit.

— Eh bien, seigneur justicier, — dit l'évêque en continuant de rire, — condamne-moi, brave échevin. Formule le jugement et la sentence.

— Pas encore, — répondit froidement le talmelier ; — il faut : premièrement instruire l'affaire ; secondement entendre les témoignages ; troisièmement rendre l'arrêt ; quatrièmement l'exécuter. Chaque chose en son temps.

— Voyons... instruis... va, je serai patient... je suis curieux de voir jusqu'où ira ton audace, communier de Satan. Allons, à l'œuvre !

— Mon audace est celle d'un homme qui accomplit son devoir, et je n'y faillirai pas.

— Un honnête homme que l'on n'intimide pas, — ajouta résolûment Simonne ; — un homme qui saura faire respecter les droits de la Commune et que les dédains ne troublent point ! Homme de sens et d'exécution.

— J'aime à voir ta mine friponne, reprit l'évêque en s'adressant à la jeune femme ; — elle me donne le courage d'écouter ce musard, j'en jure par ta gorge rondelette, par tes beaux yeux noirs, par tes charmes secrets !

— Et moi, par les pauvres yeux de Gérard le Soissonnais, que tu as fait si cruellement priver de la vue, je te jure que ton aspect m'est odieux, évêque de Laon ! toi, dont les mains sont encore tachées du sang de Bernard des Bruyères, que tu as assassiné dans ton église !

— En prononçant ces paroles imprudentes, que lui arrachait une généreuse indignation, la talmelière tourna brusquement le dos à l'évêque ; celui-ci, courroucé de s'entendre ainsi reprocher deux de ses crimes, devint livide et s'écria, en se levant à demi son siège, dont il serrait convulsivement les supports : — Misérable serve ! Je saurai t'apprendre à modérer ta langue de vipère !...

— Simonne ! — dit l'échevin à sa femme avec un accent de grave reproche et interrompant le prélat, — tu ne devrais pas parler ainsi ; ces crimes passés sont justiciables de Dieu... mais non de la Commune, ainsi que le sont les méfaits contre lesquels je viens procéder. C'est donc sur les deux faits énoncés que l'évêque doit répondre.

— Je vais t'épargner la moitié de la besogne ! — s'écria Gaudry avec une fureur concentrée, au lieu de continuer de railler dédaigneusement l'échevin ; — je déclare avoir retenu ici le cheval d'un métayer ; je déclare que Jean, mon noir, a donné un coup de poignard à un manant de cette ville. Allons, conclus... brute stupide.

— Puisque tu avoues ces délits, seigneur évêque de Laon, je conclus à ce que tu rendes le cheval à son propriétaire, ou que tu lui en comptes le prix, cent vingt sous d'argent ; je conclus à ce qu'il soit fait justice par toi du crime commis par Jean, ton esclave noir.

— Et moi, je prétends garder le cheval sans en compter le prix ; et moi, je prétends que Jean, mon serviteur, a châtié justement un insolent communier ! Maintenant, prononce ton arrêt.

— Évêque de Laon, ces paroles sont très graves, — répondit l'échevin avec émotion ; — je t'en conjure, veuille y réfléchir pendant que je te lirai à haute voix deux textes de notre Charte communale jurée par toi, signée de ta main, scellée de ton sceau, ne l'oublie pas... et, de plus, confirmée par notre seigneur le roi Louis le Gros. — Et l'échevin, tirant un parchemin de sa poche, lut ce qui suit : « — Lorsque quiconque aura forfait envers un homme qui aura juré la Commune de Laon, le maire et les échevins, si plainte leur en est faite, feront, après information et témoignage, justice du corps et des biens du coupable... — Si le coupable se réfugie dans un château fort, le maire ou les échevins parleront sur cela au seigneur dudit château ou à celui qui sera en son lieu ; et si, à l'avis du maire et des échevins, satisfaction est faite du coupable, ce sera assez ; mais si le seigneur refuse satisfaction, la Commune se fera justice sur les biens et sur les hommes dudit seigneur... » Telle est, seigneur évêque, la loi de notre Commune, consentie, jurée par toi et par nous. Donc, si tu ne rends point le cheval ; si tu ne nous donnes pas satisfaction sur le crime de Jean, ton serviteur, nous nous verrons forcés de nous faire justice sur tes biens et sur tes hommes.

L'évêque et les épiscopaux, certains de l'appui du roi, désiraient et provoquaient, depuis quelque temps, une lutte avec les communiers, se croyant assurés du succès, et espérant ainsi reconquérir violemment leurs droits seigneuriaux, trésor jadis inépuisable, mais aliéné par eux depuis trois ans pour une somme d'argent considérable déjà dissipée. Le prélat, en refusant de satisfaire aux légitimes réclamations des échevins, devait fatalement amener une collision au moment même où Louis le Gros allait arriver à Laon avec une nombreuse troupe de chevaliers ; aussi, ne doutant pas que le populaire fût écrasé dans la lutte, et se voyant parfaitement servi par les circonstances, Gaudry, loin de répondre avec emportement aux sages et fermes paroles du talmelier, reprit, en affectant une humilité sardonique :

— Hélas ! illustre échevin, il nous faudra pourtant, pauvres seigneurs que nous sommes, essayer de vous résister, mes vaillants Césars, et vous empêcher de vous faire justice sur nos biens et sur nos personnes, ainsi que vous le dites triomphalement ! Il nous faudra mettre casque et cuirasse et vous attendre la lance au poing, montés sur nos chevaux de bataille !

— Seigneur évêque, — répondit le talmelier en joignant les mains avec anxiété ; — ton refus de faire justice à la Commune, équivaut à une déclaration de guerre entre nous citadins et toi !

— Hélas ! — répondit Gaudry en contrefaisant ironiquement Ancel, — il nous faudra nous résigner à la bataille; heureusement, les chevaliers épiscopaux savent manier la lance et l'épée avec lesquelles ils vous pourfendront.

— La bataille dans notre cité sera terrible, — s'écria l'échevin d'une voix altérée ; — pourquoi veux-tu nous réduire à une pareille extrémité, lorsqu'il dépend de toi de prévenir de si grands maux en te montrant équitable et fidèle à ton serment ?

— Je t'en supplie, rends-toi à ces paroles sensées, — dit à son tour l'archidiacre à Gaudry ; — ton refus va déchaîner tous les fléaux de la guerre civile et faire couler des torrents de sang ! Malheur ! malheur sur nous tous !

— Seigneur évêque, — reprit l'échevin d'une voix pressante, avec un accent triste et pénétré, — que te demandons-nous ? Justice... rien de plus ! Rends ce cheval ou payes-en le prix. Ton serviteur a commis un crime, inflige-lui un châtiment exemplaire. En vérité, est-ce trop exiger de toi ? Iras-tu, par ta résistance, livrer notre cher pays à des calamités sans nombre, faire couler le sang ?... Songe aux suites de cette bataille! songe aux femmes que tu auras rendues veuves, aux enfants que tu auras rendus orphelins!... Songe aux calamités que tu vas faire fondre sur la cité!...

— Je crois deviner, héroïque échevin, — reprit l'évêque avec un ricanement dédaigneux, — que tu as peur de la guerre !

— Non ! nous n'avons pas peur, — s'écria Simonne, ne pouvant dominer son impétueux naturel. — Que le beffroi appelle les habitants à la défense de la Commune, et, comme à Beauvais, comme à Noyon, comme à Reims, les hommes courront aux armes, et les femmes les accompagneront pour panser les blessés !

— Par le sang du Christ ! ma gentille amazone, si je te fais prisonnière, tu payeras les arrérages du droit de ton seigneur.

— Seigneur évêque, — dit l'échevin, — de pareilles paroles sont mauvaises dans la bouche d'un prêtre, surtout lorsqu'il s'agit d'ensanglanter la cité. Nous redoutons la guerre ! oui, certes, nous la redoutons, car ses maux sont irréparables ; je crains la guerre autant et plus que personne, car je tiens à vivre pour ma femme, que j'aime, et pour jouir en paix de notre modeste aisance, fruit de notre travail quotidien ; je crains la guerre pour les désastres et la ruine qui en sont la conséquence.

— Mais tu te battrais comme un autre ! — s'écria Simonne presque irritée de la sincérité de son mari. — Oh ! oh ! je te connais, moi, tu te battrais plus courageusement qu'un autre.

— Plus courageusement qu'un autre, c'est trop dire, — reprit naïvement le talmelier ; — je ne me suis jamais battu de ma vie, mais je ferais mon devoir, quoique je sois moins habitué à manier la lance ou l'épée que le fourgon de mon four. A chacun son métier.

— Avoue-le, bonhomme, — dit l'évêque en riant aux éclats, — tu préfères le feu de ton four à la chaleur de la bataille ?

— C'est ma foi vrai, seigneur évêque ; nous tous bonnes gens, bourgeois et artisans que nous sommes, nous préférons le bien au mal, la paix à la guerre ; mais, crois-moi, il est quelque chose que nous préférons à la paix : c'est l'honneur de nos femmes, de nos filles, de nos sœurs ; c'est notre dignité ; c'est notre indépendance ; c'est le droit de faire, par nous-mêmes et pour nous-mêmes, les affaires de notre cité. Tous ces avantages, nous les devons à notre affranchissement des droits seigneuriaux : aussi nous nous ferions tous tuer jusqu'au dernier pour défendre notre Commune et maintenir notre affranchissement. Voilà pourquoi, au nom de la paix publique, nous te supplions de faire justice à nos réclamations !

— Patron, — dit Jean le Noir en entrant précipitamment, — un écuyer du roi vient d'arriver ; il annonce qu'il devance son maître de deux heures, et que celui-ci est accompagné d'une forte escorte.

— Louis le Gros aura hâté sa venue ! — s'écria le prélat triomphant. — Par le sang du Christ ! tout nous sert à souhait !

— Le roi, — dit l'échevin avec joie, — le roi dans notre cité !... ah ! nous n'avons plus rien à craindre !... Il a signé notre Commune, il saura le forcer à la respecter, évêque de Laon ! Tes méchantes intentions seront paralysées.

— Certes ! reprit Gaudry avec un sourire sardonique, — comptez sur l'appui du roi, bonnes gens ! il vient ici en personne, suivi d'une grosse troupe de chevaliers armés de fortes lances, d'épées bien tranchantes. Or donc, maintenant, vaillant bourgeois, va rejoindre tes héros de boutiques, et porte-leur ma réponse : — « Gaudry, évêque et seigneur de Laon, certain de l'appui du roi des Français, attend dans son palais épiscopal que les communiers viennent se faire justice eux-mêmes sur ses biens et sur ses hommes ! » — Et, s'adressant à Jean le Noir : — Que mon écuyer me fasse seller cet étalon amené ici ce matin ; je ne saurais enfourcher plus fière monture pour me rendre au-devant du roi en chevauchant

Fergan le Carrier

à la barbe de tous ces manants! Que l'on prévienne les chevaliers de la cité, ils me serviront d'escorte, et à cheval... à cheval!! — Ce disant, le prélat entra dans une autre chambre de son appartement, laissant le talmelier aussi stupéfait qu'alarmé, voyant ruiner ses espérances, au sujet de l'intervention royale, par les paroles de l'évêque, auxquelles il hésitait encore à croire. Le citadin demeurait comme anéanti.

— Ancel, — lui dit l'archidiacre, — il n'y a pas à en douter, Louis le Gros prendra parti pour les épiscopaux. Il faut absolument éviter un conflit; recommande aux autres échevins de redoubler de prudence; de mon côté je m'efforcerai de conjurer l'orage qui vous menace.

— Viens, ma pauvre femme, — dit l'échevin, dont les yeux se remplirent de larmes; — viens; hélas! le roi des Français est contre nous; Dieu protège la commune de Laon!

— Quant à moi, je n'ai pas grande confiance dans l'intervention de Dieu, — répondit Simonne, — et, foi de Picarde! je compte avant tout, sur le courage des communiers! sur les piques, sur les haches, sur les épées de nos amis!

. . . .

Le roi Louis le Gros était entré dans la ville de Laon la veille du jeudi saint de l'année 1112. Le lendemain de l'arrivée de ce prince, Colombaïk, sa femme et sa mère se trouvaient réunis dans la chambre basse de leur maison. L'aube naissante allait bientôt paraître; le fils de Fergan, Martine et Jehanne la Bossue avaient veillé toute la nuit; une lampe les éclairait; les deux femmes, profondément inquiètes, taillaient dans de vieux linges des bandes et des morceaux de toile, tandis que Colombaïk et ses trois apprentis tanneurs, maniant la scie et la plane, façonnaient activement, avec des tiges

93ᵉ livraison

de chêne et de frêne récemment coupées, des manches de piques de quatre pieds de longueur. Colombaïk ne paraissait pas partager les alarmes de sa mère et de sa femme, qui, silencieuses, étouffant parfois un soupir, continuaient leurs travaux, et de temps à autre prêtaient l'oreille du côté de la petite fenêtre donnant sur la rue. Elles attendaient, avec autant d'impatience que d'anxiété, le retour de Fergan, resté absent depuis la soirée de la veille. Quelles nouvelles allait-il rapporter ?

— Hardi ! mes garçons, — disait gaiement Colombaïk aux apprentis, — jouez prestement de la plane et de la scie ! Peu importe que ces manches de piques soient raboteux, ils seront maniés par des mains calleuses comme les nôtres. Vienne donc l'occasion de s'en servir !

— Oh ! maître Colombaïk, — reprit en riant un des jeunes artisans, — quant à cela, ces manches seront moins doux à la main que ces fines peaux de chevreaux que nous tannons pour les gants brodés des nobles dames et des gentilles damoiselles.

— L'ornement d'une pique, c'est son fer ! — reprit Colombaïk : — mais le petit *Robin-Brise-Miche*, l'apprenti forgeron, tarde beaucoup à nous apporter ces ornements ; il n'en est pourtant pas de lui comme du petit gindre de notre ami le talmelier, il n'y a pas à craindre que Robin grignotte sa marchandise en route.

— Les jeunes garçons se prirent à rire de la plaisanterie de Colombaïk ; mais, ayant par hasard tourné les yeux vers Jehanne et Martine, il fut frappé de l'inquiétude croissante peinte sur leurs traits. — Ma bonne mère, — dit-il à Jehanne d'une voix tendre et pénétrée, pardonnez-moi si je vous ai attristée par des plaisanteries qui sont peut-être hors de saison dans ce moment.

— Hélas ! — mon enfant, — répondit Jehanne, — si je suis attristée, ce n'est pas à cause de tes plaisanteries, mais par suite des réflexions que me suggère la vue des hommes qui apprêtent des armes et des femmes qui préparent des linges pour le pansement des blessés.

— Et quand on songe, — reprit Martine sans pouvoir retenir ses larmes, — qu'un père, un fils, un mari, seront peut-être parmi les blessés ! Maudits soient ceux-là qui ont appelé la guerre sur cette ville ! Maudits soient les épiscopaux du diable et tous les gens d'église !

— Chère Martine, et vous, bonne mère, — reprit Colombaïk cherchant à rassurer les deux femmes, — se préparer à la guerre ce n'est pas la faire, mais il est prudent de se tenir sur ses gardes, précisément pour obtenir la paix, mais une paix honorable.

— Ton père !... voilà ton père ! — dit vivement Jehanne entendant frapper à la porte de la maison ; et elle se leva, ainsi que Martine, tandis que l'un des jeunes apprentis courait à la porte pour l'ouvrir ; mais l'attente des deux femmes fut déçue. Elles entendirent une voix enfantine s'écrier joyeusement : — Ça brûle !... ça brûle !... qui veut des nieules ?... ça brûle !...

— Et Robin-Brise-Miche, l'apprenti forgeron, garçonnet de douze à treize ans, à la mine éveillée, mais toute noircie par la fumée de la forge, entra en tenant dans son petit tablier de cuir replié une vingtaine de fers de pique qu'il laissa tomber : — Qui veut des nieules !... c'est tout chaud, ça sort du four !...

— Maître Colombaïk craignait que tu n'eusses grignoté ta marchandise en route, — dit gaiement un des jeunes tanneurs. — Nous te croyions capable d'accomplir cette goinfrerie, petit Robin-Brise-Miche.

— Vous dites vrai, car j'ai pris en route mon morceau ! — répondit en riant le garçonnet ; — mais pour emmancher mon joli morceau de fer pointu, il me faut une de vos belles tiges de frêne. Passez-m'en une.

— Que diable veux-tu faire d'une pique ? reprit en riant Colombaïk, toi, un enfant de douze ans à peine. Ce n'est pas un jouet de gamin.

— Je veux m'en servir si l'on se bat ! mon patron ; *Payen-Osteloup*, tapera sur les grands épiscopaux, moi, je rosserai de mon mieux les petits nobliaux : ils m'ont assez souvent injurié, ces garnements, en me montrant du doigt par les rues se disant : « Voyez donc ce petit vilain avec sa figure noire, avec l'air d'un négrillon ! »

— Tiens, mon vaillant, — dit Colombaïk à Robin-Brise-Miche ! — voilà un beau manche de frêne. Donne-nous des nouvelles : que fait-on dans la ville ? — On est gai comme pendant la nuit de Noël ! On voit de la lumière à toutes les fenêtres ; les forges flamboient ; les enclumes résonnent ! On fait un tapage infernal ! on croirait que les forgerons, serruriers et haubergiers travaillent tous à leur chef-d'œuvre ! et on croirait que toutes les boutiques sont des forges.

— Cette fois, c'est ton père ! — dit vivement Jehanne à son fils entendant frapper de nouveau. En effet, Fergan parut bientôt et entra au moment où Robin-Brise-Miche sortait, brandissant la tige de frêne en criant : — Commune ! Commune ! À mort les épiscopaux !

— Ah ! — dit le carrier en suivant du regard l'apprenti forgeron, — comment craindre pour notre cause lorsque les enfants eux-mêmes...

— Puis s'interrompant pour s'adresser à sa femme, qui accourait au-devant de lui, ainsi que Martine : — Allons, chères peureuses, rassurez-vous ! les nouvelles sont à la paix.

— Il serait vrai ! — s'écrièrent les deux femmes en joignant les mains, — il n'y aura pas de guerre ? — Et courant se jeter au cou de Colombaïk, Martine s'écria : — Tu entends ton père ? Il n'y aura pas de guerre ! quel bonheur, tout est fini ! — Réjouissons-nous, mes enfants !

— Ma foi, ma chère Martine, tant mieux ! — dit le jeune tanneur en répondant à l'étreinte de sa femme : — on ne recule pas devant la bataille, mais la paix vaut mieux. Ainsi donc, mon père, tout est concilié ? l'évêque paye ou rend le cheval ; l'on fait justice de ce scélérat de Jean le Noir ; et le roi, fidèle à son serment, soutient la Commune contre l'évêque ?

— Mes amis, — répondit le carrier, — il ne faut pas exagérer nos espérances de bon accord.

— Mais tes paroles de tout à l'heure, Fergan ? — reprit Jehanne avec inquiétude ; — ne m'as-tu pas dit que les nouvelles étaient bonnes ?

— Je t'ai dit, Jehanne, que les nouvelles étaient favorables et à la paix. Voilà ce qui s'est passé cette nuit : Vous avez su l'insolente réponse de l'évêque, rapportée au conseil des échevins par notre voisin Quatre-Mains le Talmelier, réponse rendue plus menaçante encore par l'entrée du roi dans notre ville à la tête d'une troupe d'hommes d'armes. L'échevinage s'est décidé à prendre des mesures de résistance et de sûreté. Connétable de la milice, j'ai ordonné qu'on plaçât des postes dans les tours qui dominent les portes de la cité, avec recommandation de les fermer, de n'y laisser pénétrer personne ; j'ai également ordonné de faire fabriquer en hâte, par les corporations de forgerons, de serruriers et de haubergiers, un grand nombre de piques, afin de pouvoir armer tous les communiers. Quatre-Mains le Talmelier, en homme de prévoyance et de bon jugement, a proposé d'envoyer, sous bonne escorte, chercher aux moulins des faubourgs tous les approvisionnements de farine, de peur que l'évêque ne les fît piller par ses serfs afin d'affamer Laon. Ces précautions prises, le conseil avisa ; on ne reculait pas devant la guerre, mais l'on voulait tout tenter pour la conjurer ; il fut convenu que Jean Molrain se rendrait auprès du roi pour le supplier d'obtenir de l'évêque qu'il nous fît justice, et qu'il promît de respecter désormais notre Charte. Le maire se rendit à l'hôtel du chevalier de Haut-Pourcin, où logeait le roi ; mais, ne pouvant voir ce prince, il conféra longtemps avec l'abbé Pierre de la Marche, l'un des conseillers royaux, et lui remontra que nous ne demandions rien que d'équitable. L'abbé ne cacha pas à Jean Molrain que l'évêque, étant allé à cheval au-devant du roi, l'avait longtemps entretenu, et que Louis le Gros semblait fort irrité contre les habitants de Laon. Jean Molrain avait déjà traité à Paris avec l'abbé de la Marche pour la confirmation de notre Commune ; comme il connaissait sa cupidité, il lui dit : « — Nous sommes résolus de maintenir nos droits par les armes, mais avant d'arriver à cette extrémité, nous voulons tenter tous les moyens de conciliation ; aucun sacrifice ne nous coûtera. Nous avons déjà payé à Louis le Gros une somme considérable pour obtenir son adhésion à notre Charte, qu'il daigne la confirmer de nouveau et ordonner à l'évêque de nous faire justice ; nous offrons au roi une somme égale à celle qu'il a déjà reçue, et à vous, seigneur abbé, un beau présent d'argent, comme témoignage de notre gratitude. »

— Et, alléché par cette promesse, — reprit Colombaïk, — l'abbé a sans doute accepté ?

— Le tonsuré, sans prendre d'engagement, a promis qu'au coucher du roi il lui ferait part de cette offre, et il a donné rendez-vous à Jean Molrain pour onze heures du soir. Les échevins, approuvant la proposition du maire, ont parcouru la ville afin de prier chacun de nos amis de contribuer, selon son avoir, au montant de la somme offerte au roi. Ce dernier sacrifice devait éloigner de la cité les maux de la guerre. Tous les habitants se sont empressés de verser leur cotisation ; ceux qui n'avaient pas assez d'argent donnaient une pièce de vaisselle ; des femmes, des jeunes filles, offrirent leurs bagues, leurs colliers, enfin, vers le soir, la somme ou son équivalent en objets d'or et d'argent fut déposée dans la caisse communale. Jean Molrain est retourné chez le roi pour connaître sa réponse ; l'abbé Pierre de la Marche a dit au maire que le roi ne paraissait pas éloigné d'accepter nos propositions, mais qu'il voulait attendre jusqu'au matin avant de prendre une résolution définitive. Voilà où en sont les choses. Empressé d'aller visiter nos postes de guet pendant la nuit, et n'ayant pas le loisir de revenir ici quérir de l'argent, j'ai prié notre bon voisin le talmelier de payer pour nous notre part de contribution ; Colombaïk ira porter à Ancel l'argent qu'il a avancé pour la famille.

— Sans nul doute le roi acceptera l'offre des échevins, — dit Jehanne ; — quel intérêt aurait-il à refuser de réaliser un si grand bénéfice ? C'est un prince cupide ; il acceptera notre argent.

— Quel misérable trafiquant que ce Louis le Gros ! — dit Colombaïk ! — il s'est fait payer pour confirmer notre Charte, il se fait payer de nouveau pour une seconde confirmation. Pauvres bonnes gens que nous sommes ! il nous faut payer, toujours payer !

— Eh ! qu'importe, mon enfant ! — dit Jehanne ; — pourvu que le sang ne coule pas, payons double tribut s'il le faut !

— « C'est avec du fer que l'on paye aux rois ces tributs-là ! » disait notre aïeul Vortigern à cet autre tonsuré, envoyé de *Louis le Pieux*, — reprit Colombaïk en regardant presque avec regret les fers de piques déposés devant les apprentis qui continuaient leurs travaux. Hélas ! ces temps sont bien loin de nous !

— Fergan, — dit soudain Jehanne en prêtant l'oreille du côté de la rue, — écoute donc...

n'est-ce pas la cloche et la voix d'un crieur ? Nous allons savoir de quoi il s'agit...

A ces mots la famille du carrier s'approcha de la fenêtre basse et l'ouvrit. Le soleil s'était levé depuis quelques moments ; l'on vit un crieur de l'évêque, reconnaissable aux armoiries qu'il portait brodées sur le devant de son surcôt, passer devant la maison ; tour à tour il agitait sa clochette et criait : — Au nom de notre seigneur le roi ! au nom de notre seigneur l'évêque ! habitants de Laon, rendez-vous aux halles à la huitième heure du jour ! — et le crieur agita de nouveau sa sonnette, dont le bruit se perdit bientôt dans le lointain... Pendant un instant la famille du carrier garda le silence, chacun cherchant à deviner dans quel but le roi et l'évêque assignaient ce rendez-vous aux habitants de la ville. Jehanne, cédant toujours à l'espérance, dit à Fergan : — Le roi veut probablement rassembler les habitants afin de leur faire annoncer qu'il accepte l'argent et confirme de nouveau notre Charte ?

— Si telle était l'intention de Louis le Gros, s'il avait adhéré aux offres de la Commune, il en aurait fait prévenir le maire, répondit le carrier en secouant tristement la tête.

— C'est peut-être ce qu'il a fait, mon bon père ? C'est ce que nous pouvons espérer.

— En ce cas, le maire eût donné l'ordre de sonner le beffroi afin de réunir les communiers pour leur annoncer cette heureuse nouvelle. Je n'aime point cette convocation faite au nom du roi et de l'évêque, elle ne me présage rien de bon. Nous avons tout à redouter de nos ennemis.

— Hélas ! Fergan, — reprit Jehanne alarmée ; — faut-il donc renoncer à tout espoir d'accommodement ? Est-ce la guerre ; est-ce la paix ?

— Nous serons bientôt fixés à cet égard ; la huitième heure ne tardera pas à sonner ; — puis Fergan reprit son casque et son épée, qu'il avait déposés en entrant sur un meuble, et dit à son fils : — Arme-toi et allons aux halles. Quant à vous, mes enfants, — ajouta-t-il en s'adressant aux jeunes apprentis, — continuez d'emmancher les fers de piques.

— Hélas ! Fergan, — dit Jehanne avec angoisse, — c'est la guerre que tu prévois ?

— Ah ! Colombaïk, — dit Martine en pleurant et se jetant au cou de son mari, — je meurs d'effroi en songeant aux dangers que ton père et toi vous allez courir !

— Calme-toi, chère femme ; en ordonnant de continuer ces préparatifs de résistance, mon père conseille une mesure de prudence, — reprit Colombaïk ; — rien n'est désespéré.

— Ma pauvre Jehanne, — dit tristement le carrier, — je t'ai vue plus courageuse au milieu des sables de la Syrie ; rappelle-toi à quels périls toi, ton fils et moi, nous avons échappé durant notre long voyage en Palestine, et alors que nous étions serfs de Néroweg VI...

— Fergan, — répondit Jehanne avec une angoisse profonde, — les dangers passés étaient terribles, et l'avenir est menaçant.

— L'on était si heureux dans cette cité ! — murmura Martine ; ces méchants épiscopaux qui veulent ainsi changer notre joie en deuil ont pourtant, de même que les communiers, des épouses, des mères, des sœurs, des filles !

— Cela est vrai, — dit Fergan avec amertume, — mais ces nobles hommes et leurs familles, poussés à bout par l'orgueil de race, et vivant dans l'oisiveté, sont furieux de ne plus avoir à disposer des fruits de notre rude labeur ! Ah ! s'ils lassent notre patience, s'ils veulent reconquérir leurs droits odieux... malheur aux épiscopaux ! de terribles représailles les attendent ! — Puis, embrassant Jehanne et Martine, le carrier ajouta : — Adieu, femme, adieu, mon enfant.

— Adieu, bonne mère, adieu, Martine, — dit à son tour Colombaïk ; — j'accompagne mon père aux halles ; dès que nous saurons quelque chose de certain, je reviendrai vous avertir. Demeurez calmes et sans inquiétude.

— Allons, ma fille, — dit Jehanne à Martine, après avoir donné un dernier embrassement à son mari et à son fils, qui s'éloignaient, — reprenons notre triste besogne. Hélas ! un instant j'avais espéré que nous pourrions y renoncer !

Les deux femmes recommencèrent de préparer des linges pour le pansement des blessés, tandis que les jeunes apprentis, se remettant à l'ouvrage avec une nouvelle ardeur, continuèrent d'emmancher les fers de piques.

Une foule grossissant de moment en moment affluait aux halles ; ce n'était plus, comme la veille, une multitude joyeuse, remplie de sécurité, venant, hommes, femmes, enfants, fêter l'inauguration de l'hôtel et du beffroi communal, symbole de l'affranchissement des habitants de Laon ; non, ni femmes, ni enfants, n'assistaient à cette réunion, si différente de la première ; les hommes seuls s'y rendaient, sombres, inquiets, les uns déterminés, les autres abattus, et tous pressentant l'approche d'un grand danger public. Rassemblés en groupes nombreux sous les piliers des halles, les communiers s'entretenaient des dernières nouvelles (ignorées de Fergan, lorsque, accompagné de son fils, il avait quitté la maison), nouvelles significatives et alarmantes. Les hommes de guet, apostés dans les deux tours entre lesquelles s'ouvrait une des portes de la cité donnant sur la promenade qui s'étendait entre les remparts et le palais épiscopal, y avaient vu entrer au point du jour une troupe nombreuse de serfs bûcherons et charbonniers, ayant à leur tête Thiégaud, ce bandit familier de Gaudry ; puis, peu de temps après le lever du soleil, le roi, accompagné de ses chevaliers et de ses gens d'armes, s'était aussi retiré dans la demeure fortifiée du prélat, quittant Laon par la porte du midi, dont on n'avait osé refuser l'ouverture à la royale chevauchée. Les courtisans de Louis le Gros l'ayant averti que les habitants avaient veillé toute la nuit, que les enclumes des forgerons et des serruriers avaient constamment retenti sous le marteau pour la fabrication d'un grand nombre de piques, ces préparatifs de défense, cette agitation nocturne si contraire aux paisibles habitudes des citadins, éveillant la défiance et les craintes du roi, il s'était hâté de se rendre à l'évêché, où il se croyait plus en sûreté. Jean Molrain, le maire, instruit du départ du prince, avait couru au palais épiscopal, dont l'entrée lui fut refusée ; dans cette prévision, il s'était précautionné d'une lettre pour l'abbé conseiller du roi, lettre dans laquelle Molrain rappelait ses propositions de la veille, les renouvelant encore, suppliant le roi de les accepter au nom de la paix publique ; ajoutant que la Commune tenait la somme promise à la disposition de Louis le Gros. Celui-ci, à cette lettre si sage, si conciliante, fit répondre que, dans la matinée, les habitants de Laon connaîtraient ses volontés. Durant cette même nuit, l'on s'était aperçu à l'intérieur de la ville que les épiscopaux, retranchés dans leurs maisons fortes solidement barricadées, avaient fréquemment échangé entre eux des signaux, au moyen de flambeaux placés à leurs fenêtres et tour à tour éteints ou rallumés. Ces nouvelles alarmantes, détruisant presque complètement l'espérance d'un accommodement, jetaient les communiers dans une agitation et une anxiété croissantes ; les échevins s'étaient rendus des premiers aux halles ; ils y furent bientôt rejoints par le maire ; celui-ci, grave et résolu, demanda le silence, monta sur l'un des comptoirs des boutiques désertes, et dit à la foule : — La huitième heure du jour va sonner, j'ai commandé d'introduire dans la ville le messager royal lorsqu'il se présentera ; le roi et l'évêque nous ont ordonné de nous réunir ici, aux halles, pour y attendre leurs volontés, mais nous préférons recevoir le messager royal dans notre maison communale. Là se trouve le siège de notre pouvoir ; et plus on nous conteste ce pouvoir, plus nous devons nous en montrer jaloux !

La proposition du maire fut accueillie par acclamation, et tandis que la foule suivait ses magistrats, Fergan et son fils, chargés d'attendre le messager de l'évêque, virent arriver à pas précipités l'archidiacre Anselme ; grâce à sa bonté, à sa droiture, ce prêtre était aimé, vénéré de tous ; faisant signe au carrier de s'approcher, il lui dit d'une voix émue : — Veux-tu te joindre à moi pour essayer de prévenir les affreux malheurs dont cette ville est menacée ?

— Ainsi, le roi n'a même pas été touché du dernier sacrifice que nous nous étions imposé ? il a refusé l'offre de Jean Molrain ?

— L'évêque, sachant que le maire avait offert au roi une somme d'argent considérable pour une nouvelle confirmation de votre Charte, a proposé le double de cette somme à Louis le Gros pour l'abolition de la Commune et a promis de riches cadeaux à ses conseillers.

— Le roi a profité de cette enchère infâme ?

— Hélas ! il a écouté la suggestion de sa cupidité, il a prêté l'oreille aux conseils de son entourage et il a accepté les offres de l'évêque.

— Le serment que Louis le Gros a juré ; sa signature, son sceau apposés sur notre Charte ; tout cela est donc mis à néant ?

— L'évêque a délié le roi de son serment, en vertu de son pouvoir épiscopal de lier et délier ici-bas. Fourberie sacerdotale !

— Le roi espère à tort recevoir le prix de ce marché infâme ; le trésor de l'évêque est vide. Comment le roi, ce trafiquant toujours si bien avisé, a-t-il pu croire aux promesses de Gaudry ?

— Son pouvoir seigneurial rétabli comme par le passé, l'évêque frappera sur les habitants, redevenus taillables et corvéables à merci, un impôt pour payer la somme promise au roi, et celui-ci prêtera main forte à l'évêque pour lever les nouvelles contributions.

— Malédiction ! — s'écria Fergan avec fureur ; — ainsi nous aurons payé pour obtenir notre affranchissement, et nous payerons encore pour retomber en servitude !

— Les projets de l'évêque sont aussi criminels qu'insensés ; mais si tu veux prévenir de plus grands malheurs, tu chercheras à calmer l'effervescence populaire lorsque la résolution du roi sera signifiée aux échevins.

— Tu me conseilles un acte de couardise ! Non, je ne chercherai pas à apaiser le peuple lorsque l'insolent défi lui sera jeté ! tu m'entendras crier le premier : Commune ! Commune ! et je marcherai à la tête de mes hommes contre l'évêché. Alors bataille acharnée !

— Promets-moi de ne pas précipiter ce sanglant dénoûment afin que je puisse faire encore de nouveaux efforts auprès de l'évêque pour le ramener à des sentiments plus équitables.

Anselme achevait à peine de parler, qu'un homme à cheval, précédé d'un sergent d'armes, tout bardé de fer, la visière du casque relevée, parut à l'entrée de la rue des Halles.

— Voici le messager royal, — dit le carrier à l'archidiacre en s'avançant vers les deux cavaliers ; — si la résolution de Louis le Gros et de l'évêque est telle que tu viens de me l'annoncer, que sur eux retombe le sang qui va couler ! — Puis, s'adressant au messager royal :

— Le maire et les échevins t'attendent dans la grande salle de l'hôtel de la Commune.

— Monseigneur le roi et monseigneur l'évêque avaient ordonné aux habitants de se réunir ici, aux halles, pour entendre la lecture du rescrit que j'apporte, — répondit le messager ; — je dois obéir aux commandements que j'ai reçus.

— Si tu veux remplir ta mission, suis-moi, — reprit le carrier ; — nos magistrats, représentant les habitants de cette cité, sont rassemblés à la maison de ville ; il ne leur a point plu d'attendre ici. — L'homme du roi, redoutant quelque piège, hésitait à suivre Fergan, qui, devinant sa pensée, ajouta : — Ne crains rien, tu es seul, désarmé, tu seras respecté, je réponds de toi sur ma tête.

La sincérité de l'accent de Fergan rassura l'envoyé, qui, pour plus de prudence, ordonna au cavalier dont il était escorté de ne pas l'accompagner plus loin, de crainte que la vue d'un homme d'armes n'irritât la foule ; et le messager royal suivit le carrier.

— Fergan, — dit l'archidiacre d'une voix pénétrée, — une dernière fois, je t'en conjure, essaye de contenir le courroux populaire ; je retourne auprès du roi et de l'évêque, afin de leur remontrer dans quelle voie funeste ils se jettent ! — Et l'archidiacre quitta précipitamment le carrier. Celui-ci sortit des halles, gagna la place de la maison de ville, précédant le messager à travers la foule en disant : — Place et respect à cet envoyé ; il est seul et sans armes.

Arrivé au seuil de l'Hôtel communal, le messager laissa son cheval à la garde de Robin-Brise-Miche, qui s'offrit avec empressement de veiller sur le palefroi ; puis, accompagné du carrier, il monta dans la grande salle où se trouvaient réunis le maire et les échevins, les uns armés, les autres revêtus de leurs robes. La physionomie de ces magistrats était à la fois grave et anxieuse ; ils pressentaient l'approche d'évènements désastreux pour la cité. Au-dessus du siège du maire, flottait la bannière communale ; devant lui, sur la table, était placé le sceau d'argent servant à sceller les actes. Silence et recueillement dans l'assemblée !

— Maire et échevins ! — voici le messager royal qui demande à vous faire une communication.

— Nous l'écouterons, — répondit le maire Jean Molrain ; — qu'il nous fasse part du message dont il est chargé.

L'homme du roi semblait embarrassé d'accomplir sa mission ; il tira de son sein un parchemin scellé du sceau royal, et le déployant promptement, il dit d'une voix émue : — Ceci est la volonté de notre seigneur le roi ; il m'a commandé de vous lire ce rescrit à haute voix et de vous le laisser ensuite, afin que vous n'en ignoriez. Ecoutez-le avec respect.

— Lisez, — dit Jean Molrain ; et, s'adressant aux échevins : — Surtout, mes amis, quelle que soit la vivacité de nos sentiments, n'interrompons pas ce messager pendant la lecture.

Alors l'homme du roi lut à haute voix ce qui suit : — « Louis, par la grâce de Dieu, roi des Français, au maire et aux habitants de Laon, salut. — Nous vous mandons et ordonnons strictement de rendre, sans contradiction ni retard, à notre amé et féal Gaudry, évêque de Laon, les clés de cette ville, qu'il tient de nous ; nous vous mandons et ordonnons également d'avoir à remettre à notre amé et féal Gaudry, évêque du diocèse de Laon, le sceau, la bannière et le trésor de la Commune, que nous déclarons abolie. La tour du beffroi et la maison communale seront démolies avant l'espace d'un mois pour tout délai. Nous vous mandons et ordonnons de plus d'avoir désormais à obéir aux bans et ordres de notre amé et féal Gaudry, évêque de Laon, ainsi que ses prédécesseurs et lui ont toujours été obéis avant l'établissement de ladite Commune ; car nous ne pouvons manquer de garantir à nos amés et féaux évêques la possession des seigneuries et des droits qu'ils tiennent de Dieu comme ecclésiastiques et de nous comme laïques.

« Ceci est notre volonté.

« *Signé* : Louis. »

La recommandation de Jean Molrain fut religieusement observée. L'envoyé du roi lut son message au milieu d'un morne silence ; mais, à mesure qu'il avançait dans la lecture de cet acte, dont chaque mot était une menace, une iniquité, un outrage, un parjure envers la Commune, le maire et les échevins échangeaient des regards où se peignaient tour à tour la surprise, le courroux, la douleur et la consternation. Oui, grande était la surprise des échevins... car Fergan n'avait encore pu leur faire part de son entretien avec l'archidiacre ; et quoiqu'ils s'attendissent au mauvais vouloir du roi, jamais ils n'avaient pu supposer une si flagrante négation de leurs droits consentis, reconnus, solennellement jurés par ce prince et par l'évêque. Oui, grand était le courroux des échevins... car les moins belliqueux d'entre eux sentaient leur cœur bondir d'indignation à cet insolent défi jeté à la Commune, à cette voierie effrontée de ce roi et de ce prélat rétablissant des droits odieux, dont une charte, vendue à prix d'argent, proclamait le perpétuel abolissement. Oui, grande était la douleur des échevins... car Louis le Gros leur ordonnait de remettre à l'évêque leur bannière, leur sceau, leur trésor, d'abattre l'Hôtel communal et son beffroi ! A ce beffroi, à ce sceau, à cette bannière, symboles si chers d'un affranchissement obtenu après tant d'années d'oppression, de servitude et de honte, les communiers devaient donc renoncer ! il leur fallait retomber sous le joug de Gaudry, alors que, dans leur légitime orgueil, ils espéraient léguer à leurs enfants, à leur descendance, une liberté si péniblement acquise. Ah! des larmes de colère et de désespoir roulaient dans tous les yeux à la seule pensée d'un tel abaissement! Oui, grande était la consternation des échevins... car les plus énergiques de ces magistrats, peu soucieux de leur vie, et résolus de défendre jusqu'à la mort les franchises communales, songeaient cependant, avec une affliction profonde, aux désastres dont était menacée cette cité si florissante, et aux torrents de sang que la guerre civile allait faire couler! Victoire ou défaite, combien de misères, de ravages, de veuves et d'orphelins!

En ce moment suprême, quelques échevins, ils l'avouèrent ensuite, après avoir triomphé de leur défaillance passagère, sentirent leur résolution chanceler. Entrer en lutte contre le roi des Français, c'était, pour la ville de Laon, une outre-vaillance presque insensée; c'était exposer presque sûrement les habitants à de terribles vengeances; et ces magistrats, époux et pères, hommes d'habitudes paisibles, laborieux et peu batailleurs, ignoraient les choses de la guerre. Sans doute, se résigner à porter le joug de l'évêque et de la noblesse, c'était le comble de la dégradation, c'était se soumettre, pour l'avenir, soi et sa descendance, à des indignités, à des spoliations incessantes; mais l'on avait du moins la vie sauve; mais l'on obtiendrait peut-être, à force de soumission envers l'évêque, quelques concessions qui rendraient la vie moins misérable. Heureusement, chez ceux qui les éprouvaient, ces coupables irrésolutions à l'heure du péril, eurent cet avantage qu'elles montrèrent aux courages ébranlés l'abîme d'infamie où la peur pouvait les entraîner; faisant alors un généreux retour sur eux-mêmes, ces hommes reconnurent qu'il leur fallait fatalement choisir entre l'avilissement et la servitude ou les dangers d'une résistance sainte comme la justice; qu'il leur fallait choisir entre la honte ou une mort glorieuse; aussi, bientôt, leur fierté reprenant le dessus, ils rougirent de leur faiblesse; et lorsque l'envoyé de Louis le Gros eut achevé la lecture du royal message, aucun de ceux des échevins qui venaient d'être en proie à de cruelles perplexités n'éleva la voix pour conseiller l'abandon des franchises de la Commune. La lecture du rescrit du roi achevée, Jean Molrain dit au messager d'une voix émue et solennelle : — As-tu mission d'écouter nos réclamations!

— L'on ne réclame point contre un acte de la volonté souveraine de notre seigneur le roi, signé de sa main, scellé de son sceau, — répondit le messager. — Le roi commande dans sa toute-puissance, ses sujets obéissent avec humilité. Que vos genoux fléchissent, que vos fronts s'abaissent!

— La volonté de Louis le Gros est irrévocable ? — reprit le maire.

— Irrévocable! — répondit le messager. — Et, comme première preuve de votre obéissance à ses ordres, le roi vous commande, à vous échevins, de me remettre les clés, le sceau et la bannière de cette ville. J'ai ordre de les rapporter au seigneur évêque en témoignage de soumission à l'abolition de votre Commune.

Ces paroles du messager portèrent à son comble l'exaspération des échevins; les uns bondirent sur leurs sièges ou levèrent des poings menaçants vers le ciel ; d'autres cachèrent leur figure dans leurs mains. Des menaces, des imprécations, des gémissements s'échappèrent de toutes les lèvres : mais Jean Molrain, dominant ce tumulte réclama le silence. Tous les échevins se rassirent; le maire, se levant alors, digne, calme et ferme, se retourna vers la bannière de la Commune, qui flottait au-dessus de son siège, la montra du geste au messager de Louis le Gros, et dit : — Sur cette bannière, dont le roi nous commande le lâche abandon, sont figurés deux tours et un glaive: ces tours sont l'emblème de la ville de Laon, ce glaive est celui de la Commune. Notre devoir est écrit sur ce drapeau : Défendre par les armes les franchises de notre cité !... Ce sceau que le roi exige comme un témoignage de renoncement à nos libertés, — ajouta Jean Molrain en prenant une médaille d'argent sur la table, — ce sceau représente un homme levant sa main droite au ciel pour attester la sainteté de son serment; de sa main gauche il tient une épée, dont la pointe repose sur son cœur. Cet homme c'est le maire de la Commune de Laon; ce magistrat jure par le ciel de mourir plutôt que de trahir son serment! *Moi, maire de la Commune de Laon, librement élu par mes concitoyens, je jure de maintenir et défendre jusqu'à la mort nos droits et nos franchises!*

— A ce serment nous serons tous fidèles! — s'écrièrent les échevins avec enthousiasme; — nous le jurons! — plutôt mourir que de renoncer à nos franchises!

— Tu as entendu la réponse du maire et des échevins de Laon, — dit Jean Molrain à l'homme du roi lorsque le tumulte fut apaisé. Notre charte a été jurée, signée par le roi et par l'évêque Gaudry en l'année 1109; nous défendrons cette Charte par le glaive. Le roi des Français est puissant en Gaule... et la Commune de Laon n'est forte que du son droit et du courage de ses habitants; elle a tout fait pour éviter une guerre impie... elle attend ses ennemis.

A peine Jean Molrain eut-il prononcé ces dernières paroles qu'une immense clameur retentit au dehors de l'Hôtel communal. Colombaïk s'était joint à son père pour accompagner le messager royal jusque dans la salle du conseil

des échevins; puis, après la lecture du rescrit de Louis le Gros, il n'avait pu contenir son indignation, et descendant en hâte jusqu'au parvis, encombré de foule, il annonça que le roi, abolissant la Commune, rétablissait l'évêque dans la souveraineté de ses droits si justement abhorrés. Tandis que cette nouvelle se répandait de proche en proche par toute la ville avec la rapidité de la foudre, le peuple, amassé sur la place, commença de faire retentir l'air de ses imprécations; les Communiers les plus exaspérés envahirent la salle où se tenaient les échevins et s'écrièrent, enflammés de fureur :
— Aux armes! aux armes! à bas le roi et l'évêque, mort aux épiscopaux!...

Le messager royal, déjà fort inquiet, devint pâle d'épouvante, et courut se réfugier derrière le maire et les échevins, leur disant d'une voix tremblante : — Je n'ai fait qu'obéir aux ordres de mon seigneur le roi, protégez-moi.

— Ne crains rien, — répondit Fergan : — j'ai répondu de toi sur ma tête, je t'accompagnerai jusqu'aux portes de la ville.

— Aux armes! s'écria Jean Molrain, s'adressant aux habitants qui venaient d'envahir la salle. — Que l'on sonne le beffroi pour appeler le peuple aux halles! de là nous marcherons aux remparts! Aux armes, communiers! aux armes!

Ces mots de Jean Molrain firent oublier l'envoyé du roi. Tandis que plusieurs habitants montaient à la tour du beffroi afin de mettre en branle cette lourde cloche, d'autres descendirent précipitamment sur la place et se répandirent dans la cité en criant : — Aux armes!... Commune !... Commune !... — Et bientôt, à ces cris répétés par la foule, se joignirent les tintements du beffroi.

Molrain, — dit Fergan au maire, — je vais accompagner l'envoyé de Louis le Gros jusqu'à la porte de la ville, qui s'ouvre en face du palais épiscopal et je resterai à la garde de cette poterne, l'un de nos postes les plus importants.

— Va, — répondit le maire; nous autres, échevins, nous demeurerons ici en permanence, afin d'aviser aux mesures à prendre.

Fergan et Colombaïk descendirent de la salle des échevins; le messager du roi marchait entre eux. La foule, courant aux armes, venait d'abandonner la place; quelques groupes seulement y restaient encore. Le petit Robin-Brise-Miche, à qui avait été confiée la garde de la monture du messager, s'était hâté de profiter de cette occasion d'enfourcher un cheval pour la première fois de sa vie, et se tenait triomphant sur la selle; mais il en descendit au plus vite à la vue du carrier, et dit en lui remettant les rênes : — Maître Fergan, voilà le cheval, j'aime mieux être piéton que cavalier. Je cours chercher ma pique; gare aux petits épiscopaux, si j'en rencontre, je les massacre.

L'ardeur belliqueuse de cet enfant parut frapper peut-être plus vivement encore le messager royal que tout ce qu'il avait vu jusqu'alors; il remonta sur son cheval escorté de Fergan et de son fils. Les tintements redoublés du beffroi retentissaient au loin. Dans toutes les rues que l'homme du roi traversa pour se rendre à la porte de la ville, les boutiques se fermaient à la hâte, et bientôt des figures de femmes, d'enfants, apparaissaient aux fenêtres, suivantes d'un regard rempli d'anxiété l'époux ou le père, le fils ou le frère, qui, sortant de la maison, se rendait en armes à l'appel du beffroi. Le messager du roi, taciturne et sombre, ne pouvait cacher la surprise et la crainte que lui causait l'agitation guerrière de ce peuple de bourgeois et d'artisans courant tous, avec enthousiasme, à la défense de la Commune. — Avant d'arriver à la porte de la ville, — dit Fergan à l'envoyé, — tu t'attendais à rencontrer ici une lâche obéissance aux ordres du roi et de l'évêque? Mais tu le vois, ici comme à Beauvais, comme à Cambrai, comme à Noyon, comme à Amiens, le vieux sang gaulois se réveille après des siècles d'esclavage. Rapporte fidèlement à Louis le Gros et à Gaudry ce dont tu as été témoin en traversant cette ville; peut-être, en ce moment suprême, reculeront-ils devant l'iniquité qu'ils méditent; ils épargneraient de grands désastres à cette cité qui ne demande qu'à vivre paisible et heureuse au nom de la foi jurée.

— Je n'ai aucune autorité dans les conseils de mon seigneur le roi, — répondit tristement le messager; — mais j'en jure Dieu! je ne m'attendais pas à voir ce que j'ai vu, à entendre ce que j'ai entendu, je raconterai fidèlement le tout à mon maître.

— Le roi des Français est puissant en Gaule... la cité de Laon n'est forte que de son bon droit et du courage de ses habitants. Elle attend ses ennemis! tu le vois, elle est sur ses gardes, — ajouta Fergan en lui signalant une troupe de milice bourgeoise, qui occupait les remparts voisins de la porte par laquelle sortit l'homme du roi. Le palais épiscopal, fortifié de tours et d'épaisses murailles, était séparé de la ville par un grand espace planté d'arbres servant de promenade. Fergan et son fils organisaient le transport des matériaux destinés à la défense des murailles en cas d'attaque, lorsque le carrier vit au loin s'ouvrir la porte extérieure de l'évêché; puis plusieurs hommes d'armes du roi, ayant regardé de çà et de là avec précaution, comme pour s'assurer que la promenade était déserte, rentrèrent précipitamment dans l'intérieur du palais. Bientôt après, une forte escorte de cavaliers reparut, se dirigeant vers la route

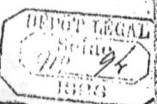

L'évêque de Laon dans un tonneau (page 748)

qui conduit aux frontières de Picardie ; cette avant-garde fut suivie par quelques guerriers revêtus de brillantes armures ; l'un d'eux, marchant le premier de tous était remarquable par son énorme embonpoint : deux hommes eussent tenu à l'aise dans sa cuirasse ; son casque avait pour cimier une couronne d'or fleurdelisée, la longue housse écarlate qui cachait son cheval était aussi brodée de fleurs de lis d'or ; à ces insignes et à sa corpulence extraordinaire, Fergan reconnut Louis le Gros ; à quelques pas derrière ce prince le carrier remarqua le messager qu'il avait, peu de temps auparavant, accompagné jusqu'aux portes de la ville, et qui, fort animé, causait avec l'abbé de la Marche ; puis venaient plusieurs courtisans à cheval, des mulets de bagages et des serviteurs ; puis enfin un autre groupe de cavaliers. Bientôt cette chevauchée prit le galop,

et Fergan vit de loin le roi, se retournant du côté des remparts de Laon, dont le beffroi ne cessait de retentir, menacer la ville par un geste de courroux, en tendant vers les remparts son poing fermé couvert d'un gantelet de fer ; pressant ensuite son cheval de l'éperon, Louis le Gros disparut avec son escorte au tournant de la route, au milieu d'un nuage de poussière.

— Tu fuis devant les communiers insurgés, ô roi des Franks ! noble descendant de Hugues-Capet ! — s'écria Colombaïk avec l'entraînement de son âge. — La vieille Gaule se réveille ! les descendants des rois de la conquête fuient devant les soulèvements populaires. Le voilà donc arrivé, ce jour prédit par Victoria : L'extermination des seigneurs et des prêtres.

Fergan, mûri par l'âge et par l'expérience, répondit à son fils d'une voix grave et mélancolique : — Mon enfant, ne prenons pas les

94e livraison

premières lueurs de l'aube naissante pour le rayonnement du soleil en son midi. A ce moment le bourdon de la cathédrale, que l'on ne mettait en branle qu'à certaines grandes fêtes, se fit soudain entendre; mais au lieu de tinter régulièrement et lentement comme d'habitude, sa sonnerie, tour à tour précipitée puis espacée d'assez longs silences, dura peu de temps, après quoi la cloche se tut. — Aux armes ! — s'écria Fergan d'une voix tonnante ; — ceci doit être un signal convenu entre les chevaliers de la ville et l'évêché ; en attendant les renforts que le roi va chercher sans doute, les épiscopaux se croient capables de nous vaincre ! Aux armes ! garnissez les remparts ! A mort les épiscopaux !

A la voix de Fergan et à celle de son fils, qui courut rallier les insurgés, les communiers accoururent, les uns armés d'arcs, d'arbalètes, les autres de piques, de haches ou d'épées, prêts à repousser l'assaut ; d'autres se rangèrent auprès de plusieurs amas de grosses pierres et de poutres destinées à être jetées sur les assaillants ; d'autres allumèrent des brasiers sous des chaudières remplies de poix, tandis que leurs compagnons roulaient péniblement des machines de guerre appelées *chattes* et *trébuchels*, qui, au moyen de la détente de larges palettes fixées au milieu d'un câble tordu, lançaient d'énormes pierres à plus de cent pas de distance. Tout à coup une grande rumeur mêlée de cris et du cliquetis des armes retentit au loin dans l'intérieur de la ville; les épiscopaux, ainsi que l'avait prévu Fergan, sortant de leurs maisons fortes au signal donné par le bourdon de la cathédrale, attaquaient les bourgeois dans la cité, au moment où les serfs de l'évêché, sous la conduite de plusieurs chevaliers, se préparaient à assiéger les remparts. Les communiers devaient ainsi se trouver placés entre leurs ennemis du dedans et ceux du dehors; en effet, Fergan vit s'ouvrir la porte de l'enceinte du palais épiscopal, et en sortir, poussé à force de bras et à reculons, un grand chariot à quatre roues rempli de paille et de fagots entassés à une telle hauteur, que cet amoncellement de combustibles, élevé de douze à quinze pieds au-dessus des ridelles du char, cachait ceux qui le poussaient et leur servait d'abri contre les projectiles qu'on pouvait leur lancer du haut des murailles. Les assaillants comptaient mettre le feu aux matières inflammables contenues dans cette voiture, espérant, lorsqu'ils l'auraient suffisamment rapprochée de la poterne, incendier la porte de la ville. Ce plan, habilement conçu, fut déjoué par la subtilité du petit Robin-Brise-Miche, l'apprenti forgeron ; armé de sa pique, il était l'un des premiers accouru aux remparts et il avait vu le chariot s'avancer lentement, toujours poussé à reculons; plusieurs insurgés, armés d'arcs, cédant à un mouvement irréfléchi, se hâtèrent de lancer leurs flèches sur la voiture; mais elles se fichèrent inutilement dans la paille ou dans le bois. Soudain Robin-Brise-Miche, seulement vêtu de ses chausses, d'un tablier de cuir et d'une chemise, se dépouille de cette chemise, la déchire en lambeaux, et avisant un gros milicien qui, séduit par l'exemple de ses compagnons, allait ainsi tirer inutilement sur le char, l'apprenti forgeron désarme brusquement le citadin, saisit la flèche, l'entoure d'un morceau de sa chemise, court plonger dans une chaudière de poix déjà liquéfiée par l'action du feu le trait ainsi enveloppé, puis, l'ajustant sur la corde de son arc, il lance cette flèche enflammée au milieu du chariot rempli de combustibles, qui ne se trouvait plus qu'à peu de distance des murailles; et ravi de son invention, Robin-Brise-Miche bat des mains, gambade et s'écrie en rendant son arc au milicien ébahi :
— Commune ! Commune ! les épiscopaux préparent le feu de joie, les communiers l'allument !... — Après quoi l'apprenti forgeron courut ramasser sa pique.

A peine le brandon incendiaire fut-il tombé au milieu de cette charretée de paille et de fagots qu'elle s'embrasa, et n'offrit plus aux yeux qu'une masse de flammes couronnée d'une épaisse fumée poussée par le vent vers l'évêché ; Fergan, remarquant cette circonstance, se hâta d'en profiter et s'écria : — Mes amis, achevons l'œuvre du petit Brise-Miche ! ces nuages de fumée masqueront notre mouvement aux épiscopaux ; faisons une sortie, qu'une colonne de combattants se forme et enlevons l'évêché d'assaut ! A mort les épiscopaux !

— Oui, oui, — crièrent les insurgés ; — à l'assaut ! — Commune ! Commune !...

— La moitié des nôtres resteront ici avec Colombaïk pour garder les murailles, — reprit Fergan ; — on se bat dans la ville, et les épiscopaux pourraient tenter d'attaquer les remparts à revers. Que ceux qui veulent assaillir l'évêché me suivent ! En avant !

Grand nombre de communiers s'élancèrent sur les pas de Fergan, et parmi eux se trouvait Bernard, fils de Bernard des Bruyères, assassiné plusieurs années auparavant par Gaudry dans son église métropolitaine. Bernard, jeune, frêle et de petite stature, restait silencieux, presque impassible au milieu de cette bruyante effervescence populaire, se préoccupant seulement de ne pas laisser tomber sa lourde hache, si pesante à sa débile épaule. Fergan avait judicieusement commandé la sortie des insurgés ; un moment masqués aux yeux de l'ennemi par la flamme et la fumée de l'embrasement du chariot, ils arrivèrent bientôt près des murailles de l'évêché, virent sa porte ouverte, et sous sa voûte une foule de serfs armés ; conduits par bon nombre de chevaliers, ils se disposaient à aller assaillir la poterne, leurs chefs ayant, ainsi que Fergan, compté masquer leur attaque à l'abri du chariot enflammé; mais, à l'aspect inattendu des insurgés, les épiscopaux voulurent fermer l'entrée du palais : il était trop tard. Une sanglante mêlée s'engagea sous la sombre voûte qui séparait les deux tours dont la porte était flanquée. Les communiers, s'habituant à la bataille, y faisaient rage; beaucoup furent tués, d'autres blessés; Fergan reçut d'un chevalier un coup de hache qui, brisant son casque, l'atteignit au front. Cependant les habitants de Laon, après une lutte acharnée, refoulèrent les épiscopaux au delà de la voûte; le combat continua dans les vastes cours du palais. Fergan, se battant toujours malgré sa blessure, se crut perdu lui et les siens, car soudain, au plus fort de cette mêlée furieuse, où ils conservaient à peine l'avantage, Thiégaud déboucha du préau de l'évêque à la tête d'une grosse troupe de serfs bûcherons de forêt armés de lourdes cognées; ce renfort devait écraser les insurgés; mais quelle fut leur surprise lorsqu'ils entendirent le serf de Saint-Vincent et ses hommes crier : — Mort à l'évêque ! — à sac l'évêché ! — à sac ! — Commune !

Dès lors, le combat changea de face : la plupart des serfs de l'évêché qui avaient pris part à la lutte, entendant les bûcherons crier : — Commune ! — Mort à l'évêque ! — à sac l'évêché ! — mirent bas les armes; les chevaliers, abandonnés par une partie de leurs gens, redoublèrent en vain d'efforts et de valeur; ils furent tous tués ou mis hors de combat; bientôt les insurgés, maîtres du palais, se répandirent de tous côtés en criant : — A mort l'évêque ! — A mort tous les prêtres !

Fergan vit alors venir à lui Thiégaud, triomphant de haine et en agitant un coutelas : — J'avais répondu à Gaudry de la fidélité des bûcherons de l'abbaye, — s'écria le serf de Saint-Vincent; — mais pour me venger de ce misérable qui a débauché ma fille, j'ai ameuté nos hommes contre lui et ses tonsurés du diable.

— Où est l'évêque ? — hurlèrent les insurgés en agitant leurs armes. — A mort ! — A mort !

— Compagnons ! votre vengeance sera satisfaite, et la mienne aussi; Gaudry ne nous échappera pas, — reprit Thiégaud. — Je sais où se cache le saint homme; dès que vous avez enfoncé la porte de l'évêché, craignant l'issue du combat, Gaudry a d'abord endossé la casaque d'un de ses serviteurs, espérant fuir à l'aide de ce déguisement; mais je lui ai conseillé de s'enfermer dans son cellier, et de se fourrer au fond d'un tonneau. Venez, venez ! — ajouta-t-il avec un éclat de rire féroce, — nous allons percer la barrique et tirer du vin rouge ! — Et le serf de Saint-Vincent, suivi par la foule des insurgés exaspérés contre l'évêque, se dirigea vers le cellier; parmi cette foule furieuse se trouvait le fils de Bernard des Bruyères; le frêle jouvenceau, sorti par hasard sain et sauf de la mêlée, marchait derrière Thiégaud, s'efforçant, malgré sa petite stature et sa faiblesse, de ne pas perdre le poste qu'il venait de choisir. Ses traits pâles, maladifs, se coloraient de plus en plus, une ardeur fiévreuse illuminait ses yeux et lui donnait une force factice; sa lourde hache ne semblait plus peser à son bras chétif, et de temps à autre il la contemplait avec amour en passant son doigt sur le tranchant du fer, après quoi il poussait un soupir de joie contenue en levant vers le ciel son regard étincelant. Le serf de Saint-Vincent, guidant les communiers, se dirigea vers le cellier, grand bâtiment situé dans l'un des angles de la première cour de l'évêché. Avant d'y arriver, les habitants de Laon ayant rencontré le cadavre de Jean le Noir percé de coups, s'acharnèrent sur les restes inanimés du féroce exécuteur des cruautés de Gaudry. Dans le mouvement tumultueux qui accompagna ces représailles, le fils de Bernard des Bruyères fut, malgré l'opiniâtreté de ses efforts, séparé de Thiégaud, au moment où celui-ci, à l'aide de plusieurs insurgés, ébranlait et enfonçait la porte du cellier intérieurement verrouillée par le prélat pour plus de sûreté. La foule se précipita sous ce vaste hangar, à peine éclairé par d'étroites lucarnes et rempli de futailles vides ou pleines; il régnait au milieu de cet amoncellement de barriques une sorte d'allée, où entra Thiégaud, puis faisant signe aux insurgés de faire halte et de rester à quelque distance de lui, et voulant prolonger l'agonie de l'évêque, il frappa du plat de son coutelas le couvercle de plusieurs tonnes, disant à chaque coup : — Y a-t-il quelqu'un là-dedans ? — Naturellement il ne recevait aucune réponse; arrivant enfin près d'une grande barrique dressée debout, il tourna la tête du côté des communiers avec un ricanement farouche, puis, de la pointe de son coutelas, déplaçant et faisant tomber le couvercle du tonneau, il répéta sa question : — Hé !... il y a quelqu'un là-dedans ?

— Il y a là... un malheureux prisonnier, — répondit la voix tremblante de l'évêque; — ayez pitié de lui ! au nom du Christ !

— Ah ! ah ! mon compère Ysengrin, — dit Thiégaud en donnant à son tour ce surnom à son maître; — c'est donc vous qui êtes blotti dans ce tonneau ? Sortez ! sortez donc ! je veux voir si d'aventure ma fille ne serait point là cachée avec vous ? — Et d'une main vigoureuse le serf de Saint-Vincent saisit le prélat par sa longue chevelure, et le força, malgré sa résistance, de se dresser peu à peu du fond de cette tonne, où il s'était accroupi; ce fut un spectacle effrayant... il y eut un moment où, tirant toujours l'évêque par les cheveux à mesure que celui-ci se soulevait du fond de la tonne, Thiégaud parut tenir à la main la tête d'un cadavre, tant était livide la figure de Gaudry; enfin il sortit à mi-corps du tonneau, et se tint un moment debout sur ses jambes; mais elles vacillaient si fort que, voulant s'appuyer au rebord de la tonne, il lui imprima un brusque mouvement qui la fit choir, et l'évêque de Laon roula aux pieds du serf; celui-ci, se baissant tandis que le prélat se relevait péniblement, regarda au fond de la barrique, et s'écria : — Non, compère Ysengrin, ma fille n'est point là ; cette péronnelle sera restée dans votre couche.

— Mes chers fils en Jésus-Christ! — balbutiait Gaudry qui, agenouillé, tendait les mains vers les communiers — je vous le jure sur l'Évangile et sur mon salut éternel ! je maintiendrai votre Commune! Ayez pitié de moi!

— Menteur! renégat!... — s'écrièrent les insurgés courroucés, — nous savons ce que vaut ton serment! Fourbe et hypocrite!

— Oh! tu payeras de ta vie le sang des nôtres qui a coulé aujourd'hui! Justice! Justice!

— Oui, justice et vengeance au nom des femmes qui ce matin avaient un époux, et qui ce soir sont veuves!...

— Justice et vengeance au nom des enfants qui ce matin avaient un père, et qui ce soir sont orphelins!...

— Ah! Gaudry, toi et les tiens, à force de parjures, de défis et d'outrages, vous avez lassé la patience du peuple; malheur à toi !

— De nous ou de toi, qui a voulu la guerre? As-tu écouté nos prières? As-tu eu pitié du repos de cette cité? Non! Eh bien! pas de pitié pour toi!... A mort l'évêque!

— Mes bons amis... faites-moi grâce de la vie ! — reprit l'évêque dont les dents claquaient de terreur. — Oh! je vous en supplie! faites-moi grâce de la vie! je renoncerai à l'épiscopat, je quitterai cette ville, vous ne me verrez plus; mais laissez-moi la vie!...

— As-tu fait grâce à mon frère Gérard, qui a eu les yeux crevés par ton ordre? — s'écria un communier en saisissant le prélat par le collet de sa casaque et le secouant avec fureur. Infâme scélérat, as tu eu pitié de lui?

— As-tu fait grâce à mon ami Robert-du-Moulin, poignardé par Jean, ton noir? — ajouta un autre insurgé. — Et ces deux accusateurs, saisissant le prélat qui se laissait traîner agenouillé, s'écrièrent : — Tu vas mourir au grand jour! — Tu vas mourir à la face du soleil, qui a vu tes crimes!

Gaudry, accablé de coups et d'outrages, fut poussé hors du cellier; en vain il criait : — Ayez pitié de moi!... Je vous rendrai votre Commune... je vous le jure... je vous le jure!...

Les insurgés répondaient : — Rendras-tu aux veuves leurs maris. — Rendras-tu aux orphelins leurs pères?

— Après avoir été traître, homicide ; après avoir exaspéré à force d'iniquités, de défis, de menaces, un peuple inoffensif qui ne demandait qu'à vivre paisible selon la loi jurée, il ne suffit pas de crier : pitié ! pour être absous.

— La clémence est sainte, mais l'impunité est impie ! A mort l'évêque !

— Ciel et terre ! — s'écria Fergan ; — la justice du peuple est la justice de Dieu ! à mort l'évêque ! A mort !...

— Oui, oui ! — A mort l'évêque ! A mort !

Le prélat, au milieu de ces cris furieux, fut entraîné hors du cellier ; soudain une voix glapissante, dominant le tumulte, s'écria : — Quoi ! le fils de Bernard des Bruyères ne pourra pas venger son père ! — Aussitôt, par un mouvement simultané, les insurgés ouvrirent un passage au fils de la victime ; il accourut, la figure radieuse, le regard étincelant, s'élança sur l'évêque gisant à terre, et, de ses débiles mains, levant sa lourde hache, Bernard fendit le crâne de Gaudry ; puis, rejetant son arme ensanglantée, il dit : — Tu es vengé, mon père !

— Bien travaillé, mon garçon ! la mort de ton père et le déshonneur de ma fille sont vengés du même coup ! — s'écria Thiégaud. Puis, avisant au doigt de l'évêque son anneau épiscopal, il ajouta : — Je prends la bague de mariage de ma fille ! — Mais ne pouvant arracher l'anneau de la main du prélat, le serf de Saint-Vincent lui coupa le doigt d'un coup de coutelas et mit le doigt et l'anneau dans sa poche. Gaudry inspirait une haine si légitime aux communiers, que cette haine survécut même à la mort de cet homme ; son cadavre fut percé de coups et accablé de malédictions. On allait précipiter ce corps inanimé dans un égout voisin du cellier, lorsque les insurgés entendirent crier : — Commune !... Commune !... mort aux épiscopaux !...

Une seconde troupe de gens de Laon envahissaient à leur tour l'évêché, conduits par Ancel-Quatre-Mains le Talmelier, accompagné de sa gentille femme Simonne; Fergan courait à eux lorsqu'il vit l'archidiacre Anselme, qui, jusqu'alors éloigné du théâtre du combat, accourait, instruit du sort de l'évêque par quelques-uns de ses serviteurs. L'archidiacre obtint des communiers qu'ils ne feraient pas subir aux restes de leur ennemi un vain et dernier outrage. Ce digne prêtre du Christ, aidé de deux serviteurs, transportait le cadavre de l'évêque, lorsque, apercevant Fergan, il lui dit d'une voix émue, sans pouvoir retenir ses larmes : — Je vais ensevelir le corps de ce malheureux et prier pour lui. Hélas! mes tristes prévisions se sont réalisées! Hier encore, dans sa jactance et sa funeste sécurité, Gaudry méprisait mes conseils, et je lui répondais : — « Fasse le ciel que je n'aie pas à prier bientôt sur ta sépulture ! » Ah ! Fergan, la guerre civile est un fléau terrible ! »

— Malédiction sur ceux qui provoquent ces luttes exécrables, qui sont un deuil pour les vainqueurs et les vaincus ! reprit Fergan ; puis le carrier, laissant l'archidiacre accomplir son pieux devoir, alla rejoindre Quatre-Mains le Talmelier, qui commandait l'autre troupe d'insurgés. Le digne échevin, toujours si empêtré, si gêné sous son équipement militaire, l'avait quitté au moment du combat : remplaçant son casque de fer par un bonnet de laine, ne gardant que son surcot de bure, retroussant les manches de sa casaque, ainsi qu'il faisait pour pétrir son pain, il s'était armé de son fourgon, grand et lourd engin de fer recourbé, dont il se servait pour fourgonner son four ; sa courageuse petite femme Simonne, la joue en feu, l'œil brillant, portait, attaché à son côté, un sac de linge préparé pour panser les blessures des combattants, et un flacon recouvert d'osier rempli d'une infusion de simples, — merveilleux, — disait-elle, — pour arrêter l'écoulement du sang. — La joie, l'animation du triomphe éclataient sur les jolis traits de la talmelière ; mais à la vue de Fergan, dont le visage était ensanglanté par suite de sa blessure, elle s'écria tristement : — Voisin Fergan, vous êtes blessé ? Laissez-moi panser votre plaie, la bataille est finie ; ne soyez point inquiet de votre fils, nous venons de le voir au poste des remparts : il est sain et sauf, quoique l'on se soit battu avec rage de ce côté ; asseyez-vous sur ce banc, je vais vous donner les mêmes soins que j'aurais donnés à mon pauvre Ancel s'il eût été blessé comme vous l'êtes. Foi de Picarde, s'il a échappé aux horions, ce n'est point de sa faute ; car il a de nouveau mérité son surnom de Quatre-Mains en tapant vite et dru sur les nobles épiscopaux !

Fergan accepta l'offre de Simonne et s'assit sur un banc, tandis que la jeune femme cherchait dans son sac le linge nécessaire au pansement. Le talmelier s'était arrêté à quelques pas de là pour s'informer des détails de la prise de l'évêché ; il revint près de sa compagne, et la voyant aux côtés de Fergan, il s'écria en s'approchant d'eux avec intérêt : — Quoi ! voisin, tu es blessé ? Ta blessure est-elle grave ?

— J'ai reçu un coup de hache sur mon casque. — Puis, relevant la tête qu'il avait tenue baissée pour faciliter le pansement de Simonne, Fergan remarqua l'accoutrement peu guerrier de son ami, et lui dit : — Pourquoi donc as-tu quitté ton armure au milieu de la bataille ?

— Ma foi, compère, le casque me tombait toujours sur le nez, le corselet me sanglait le ventre à le faire crever, mon épée s'empêtrait dans mes jambes ; aussi, l'heure du combat venue, je me suis mis à l'aise, ainsi que je me mets dans mon pétrin quand je pétris ma pâte, j'ai retroussé mes manches et au lieu de cette diable d'épée, dont je ne sais point me servir, je me suis armé de mon fourgon de fer, dont le maniement m'est familier.

— Et que pouvais-tu faire de ton fourgon, singulier instrument dans la bataille ?

— Ce qu'il en faisait ? — reprit Simonne en imbibant, du contenu de son vase recouvert d'osier, un linge qu'elle appliqua sur la blessure du carrier ! — Oh ! oh ! Ancel n'est point manchot ; s'il venait un noble à cheval, armé de toutes pièces, mon mari l'attrappait par le cou avec le crochet de son long fourgon, et puis il tirait de toutes ses forces ; je l'aidais s'il le fallait ; et presque toujours, désarçonnant ainsi le noble chevalier, nous le jetions à bas de cheval ; l'ennemi était à notre discrétion.

— Ensuite de quoi... — ajouta tranquillement le talmelier, — après avoir abattu mon homme avec le croc de mon fourgon, je l'assommais avec le manche. J'en ai écharpé plusieurs. Eh ! eh !... compère, on fait ce qu'on peut.

— Ah ! voisin, — reprit Simonne avec enthousiasme, — c'est surtout au siège de la maison du chevalier de Haut-Pourcin qu'Ancel a fait un fameux emploi de son fourgon ! Plusieurs épiscopaux et leurs serviteurs, retranchés sur une terrasse crénelée, tiraient sur nous à coups d'arbalète ; déjà ils avaient tué ou blessé bon nombre de communiers ; l'on n'osait plus s'approcher de cette maudite maison, et nos gens s'étaient retirés au bout de la rue, lorsque nous apercevons ce forcené chevalier de Haut-Pourcin, son arbalète à la main, se pencher à mi-corps en dehors des créneaux de sa terrasse, afin de voir s'il pourrait atteindre quelqu'un des nôtres. En ce moment... — mais s'interrompant, Simonne dit à son mari :

— Conte l'histoire, Ancel ; en parlant je me distrais du pansement de la blessure de notre voisin. — Et tandis que Simonne achevait de donner ses soins à Fergan, le talmelier continua le récit commencé par sa femme.

— Moi, voyant le chevalier de Haut-Pourcin se pencher ainsi plusieurs fois en dehors de sa terrasse, je profite d'un moment où il s'était retiré, je me glisse le long des murs jusqu'au bas de sa maison ; et comme la saillie du balcon empêchait qu'il me vît, je guette mon homme ; au bout d'un instant il avance de nouveau le cou, je le happe avec le crochet de mon fourgon juste à la jointure de son casque et de sa cuirasse, je tire... je tire de toutes mes forces, Simonne m'aide, et nous avons l'agrément de faire faire la culbute à ce noble personnage du haut en bas de sa terrasse ; nos communiers accourent; les épiscopaux s'élancent hors de la maison du chevalier pour le délivrer; ils sont repoussés et nous entrons dans la maison.

— Et là ! — s'écria héroïquement Simonne la Talmelière, — moi qui ne quittais pas les talons d'Ancel, je me trouve face à face avec cette vieille mégère de dame de Haut-Pourcin, qui hurlait comme une furie : — « Tuez! Tuez! pas de quartier pour ces vils manants! exterminez-les! » — La colère me saisit, et me rappelant les injures que cette harpie m'avait adressées la veille, je saute sur elle, je la prends à la gorge, et, aussi vrai qu'Ancel s'appelle Quatre-Mains, je la soufflette aussi dru que si j'avais eu six mains, en lui disant : — « Tiens ! tiens ! fière et noble dame de Haut-Pourcin ! Tiens ! tiens ! et tiens encore, vieille méchante ! Ah ! mes galants payent mes cottes ! Eh bien, moi, je paye comptant, et surtout battant, les injures que l'on me fait ! » — Foi de Picarde ! si elle n'avait eu les cheveux gris comme ma mère, je l'aurais étranglée, cette diablesse !

Fergan ne put s'empêcher de sourire de l'exaltation de Simonne ; puis il dit à Ancel : — Lorsque j'ai entendu le bourdon de la cathédrale sonner d'une façon particulière, j'ai pensé que c'était le signal convenu entre l'évêque et ses partisans pour attaquer les nôtres au dehors et au dedans de la ville.

— Tu ne t'es pas trompé, voisin; à ce signal, les épiscopaux, qui s'étaient concertés et réunis pendant la nuit, sont sortis de leurs maisons en criant : — Tue! tue les communiers! — D'autres nobles ont été assiégés dans leurs demeures ; le combat a continué avec la même vigueur dans les rues et sur les places, tandis qu'une troupe d'épiscopaux se dirigeait vers les remparts, du côté de la porte de l'évêché.

— Pour prendre à revers nos gens qu'ils croyaient attaqués au dehors, — dit Fergan ; — aussi avais-je recommandé à mon fils de se tenir sur ses gardes; tu m'assures qu'il n'est pas blessé ? Dieu en soit loué !

— S'il est blessé, voisin Fergan, — reprit Simonne, — ce ne peut être que légèrement; car il nous a crié du haut du rempart : — « Victoire ! victoire ! nos gens sont maîtres du palais de l'évêque. »

— Maintenant, — reprit Ancel-Quatre-Mains, — m'est avis que le maire et les échevins doivent se rendre à l'Hôtel communal pour aviser à ce que nous devons faire ?

— Je pense, comme toi, Ancel; nous laisserons ici un nombre d'hommes suffisant pour garder l'évêché; on veillera aussi sur les remparts de la ville, dont on fermera et dont on barricadera les portes ; ne nous abusons pas : si légitime que soit notre insurrection, il faut nous attendre à voir Louis le Gros revenir assiéger la ville à la tête des renforts qu'il est allé quérir. Les princes sont du côté des prêtres.

— C'est aussi ma croyance, — reprit l'échevin avec résignation et fermeté, — Jean Molrain l'a dit au messager royal : « — Le roi des Français est tout-puissant en Gaule ; la Commune de Laon n'est forte que de son bon droit et du courage de ses habitants. » — Cependant nous lutterons de notre mieux contre Louis le Gros et son armée, et nous nous ferons tuer, s'il le faut, jusqu'au dernier.

— Merci de vos soins, bonne voisine, — dit Fergan à Simonne ; je me sens tout à fait dispos maintenant ; ma pauvre Jehanne sera jalouse.

— C'est plutôt à moi d'être jalouse; car en passant dans notre rue, nous avons vu la salle basse de votre maison remplie de blessés autour desquels s'empressaient votre femme et Martine. Quels bons cœurs !

— Chères âmes ! combien elles doivent être inquiètes ! — dit Fergan ; — je vais aller les rassurer, puis je reviendrai veiller à notre défense. — L'entretien de Fergan et d'Ancel fut troublé par des cris et des huées accompagnés des clameurs joyeuses qui s'élevèrent dans l'une des cours du rempart, livré au pillage et à la dévastation. Les insurgés se vengeaient non moins du parjure de Gaudry que des odieuses exactions et des cruautés dont ils avaient cruellement souffert avant l'établissement de la Commune ; les uns, défonçant les tonnes du cellier, s'enivraient des vins précieux de l'évêque, dîme abondante autrefois prélevée par lui sur le vignoble des vilains ; d'autres, amoncelant les tentures, les meubles de son appartement au milieu de l'une des cours, mettaient le feu à cet entassement d'objets de toutes sortes ; d'autres, enfin, et les clameurs de ceux-là venaient d'interrompre l'entretien du carrier et du talmelier, d'autres, enfin, s'emparant des vêtements sacerdotaux et des insignes du prélat, s'organisaient en une procession grotesque dont le petit Robin-Brise-Miche était le héros. L'apprenti forgeron, coiffé de la mitre épiscopale qui cachait presque entièrement son visage, vêtu d'une chape de drap d'or qui traînait sur ses talons, tenant à la main une crosse de vermeil enrichie de pierreries, était porté sur une table par quatre insurgés ; il distribuait à droite et à gauche des bénédictions grotesques, tandis que des communiers, ivres à demi, ainsi que les serfs de l'évêché, qui, après le combat, s'étaient joints aux vainqueurs, hurlaient à pleine voix une parodie des chants d'église, et criaient de temps à autre : — Vive Robin-Brise-Miche !

Fergan et ses voisins, laissant ces gais enfants se divertir à leur gré dans le palais épiscopal, se dirigèrent vers la porte de la ville ; la nuit approchait: le carrier, quittant Quatre-Mains le Talmelier et sa femme, les pria de passer chez lui en rentrant à leur logis, et de rassurer Jehanne et Martine; puis il monta au rempart pour y retrouver son fils. Celui-ci, pensant qu'il était prudent, même après la victoire du jour, de veiller à la garde de la cité, s'occupait des dispositions à prendre pour la nuit; à la vue de son père le front ceint d'un bandeau, Colombaïk ne put retenir un cri d'alarme, mais Fergan le rassura; puis tous deux, après avoir recommandé quelques nouvelles mesures de défense, regagnèrent leur demeure. La nuit était venue, la bataille depuis longtemps avait partout cessé; les communiers ramassaient leurs morts et leurs blessés à la lueur des torches, des femmes éplorées accouraient aux endroits où l'on s'était battu avec le plus d'acharnement, et cherchaient un père, un mari, un fils, un frère, au milieu des cadavres gisants par les rues. Ailleurs, les insurgés, exaspérés contre les chefs du parti épiscopal, démolissaient leurs maisons fortes; enfin, au loin, une grande lueur empourprant le ciel jetait çà et là ses reflets sur les pignons des hautes maisons; c'était la lueur de l'incendie: le feu dévorait la demeure du trésorier de l'évêché, l'un des plus exécrés des épiscopaux: la cathédrale fut également incendiée par les communiers de Laon. Puissent toutes les églises être flambées.

— Ah! mon enfant, n'oublie jamais ce terrible spectacle!... Voilà donc les fruits de la guerre civile! — dit Fergan à son fils en s'arrêtant au milieu de la petite place du Change, l'un des endroits les plus élevés de la ville, et d'où l'on découvrait au loin l'embrasement de la cathédrale. — Vois les lueurs de l'incendie qui dévore la cathédrale; entends le bruit de ces tours seigneuriales s'écroulant sous le marteau des communiers; écoute les gémissements de ces enfants, devenus orphelins! de ces femmes, devenues veuves! contemple ces blessés, ces cadavres sanglants emportés par des parents, par des amis en larmes; vois, à cette heure, partout dans cette ville, le deuil, la consternation, la vengeance, le désastre, le feu, la mort! et rappelle-toi l'aspect heureux, paisible, que cette cité offrait hier, alors que le peuple, dans son allégresse, inaugurait le symbole de son affranchissement acheté, consenti, juré par nos oppresseurs! C'était un beau jour; comme nos cœurs bondissaient à chaque tintement de notre beffroi populaire! comme tous les regards brillaient d'orgueil à la vue de notre bannière communale! Nous tous, bourgeois et artisans, joyeux du présent, confiants dans l'avenir, nous voulions continuer de vivre sous une Charte jurée par les nobles, par l'évêque et par le roi; mais il est advenu que les nobles, l'évêque et le roi, ayant dissipé l'argent dont nous avions payé nos franchises, se sont dit: « — Qu'importe une signature, un serment; nous sommes puissants, nombreux; nous sommes habitués à manier la lance et l'épée; ces artisans, ces bourgeois, vils manants, fuiront devant nous. Allons, à cheval, nobles épiscopaux! en avant! haut l'épée! haut la lance! et tue... massacre, tue les communiers! »

— Mais les communiers ont fait fuir le roi des Français et ont exterminé les chevaliers! — s'écria Colombaïk avec enthousiasme. — Et le fils d'une des victimes de cet infâme évêque lui a fendu la tête d'un coup de hache! et la cathédrale est en feu, et les tours seigneuriales s'écroulent! Voilà le prix du parjure! voilà le terrible et juste châtiment de ces gens qui ont déchaîné les fureurs de la guerre civile dans cette cité, hier si tranquille! Ah! que le sang versé retombe sur eux! qu'ils tremblent à leur tour! La vieille Gaule se réveille après six siècles d'engourdissement..... Rois, prêtres et nobles ont fait leur temps... l'heure de la délivrance a sonné!

— Pas encore, mon enfant!
— Quoi! le roi est en fuite! l'évêque est tué! les épiscopaux sont exterminés ou cachés dans leurs caves! la ville est à nous!
— As-tu songé au lendemain de la victoire?
— Demain? Nous conserverons notre conquête, ou nous livrerons d'autres batailles.
— Pas d'illusion, mon cher enfant; Louis le Gros a fui devant l'insurrection, qu'il n'était pas en mesure de combattre, mais avant peu il sera sous les murs de Laon avec des forces considérables, et il nous dictera ses volontés.
— Nous résisterons jusqu'à la mort!
— Je sais que, malgré notre héroïsme, nous succomberons dans la lutte.
— Quoi! ces franchises payées de notre argent, scellées maintenant de notre sang, ces franchises nous seraient ravies! nos enfants retomberaient sous le joug abhorré des seigneurs et de l'Église! Quoi! mon père, il faudrait désespérer de l'avenir?
— Désespérer! Oh! non, non; grâce aux insurrections communales provoquées par les atrocités féodales, nos plus mauvais temps sont passés! De légitimes et terribles représailles à Noyon, à Cambrai, à Amiens, à Beauvais, ont, comme ici, jeté l'épouvante dans l'Église et les seigneuries; ces saintes insurrections ont prouvé aux descendants des conquérants que manants, artisans et bourgeois ne se laisseront plus impunément tailler à merci et miséricorde, larronner, torturer, supplicier! Nos plus mauvais jours sont passés; mais notre descendance aura encore de sanglantes batailles à livrer avant l'avènement de ce beau jour prédit par Victoria la Grande!
— Et pourtant, tout nous seconde en ce jour?
— Crois-en mon expérience et mes prévisions: Louis le Gros va prochainement revenir

à la tête de forces redoutables ; la mort, si juste, de cet infâme Gaudry va déchaîner contre notre cité les fureurs de l'Eglise ; les foudres de l'excommunication seconderont les armes royales. Donc, nous succomberons, non sous l'excommunication, on s'en rit, mais sous les coups des soldats de Louis le Gros ; nos plus vaillants hommes seront tués à la bataille ou bannis ou suppliciés, après la victoire du roi. L'on imposera un autre évêque à la ville de Laon ; on abattra notre beffroi, on brisera notre sceau, on déchirera notre bannière, on pillera notre trésor ! les épiscopaux, appuyés par le roi, se vengeront de leur défaite avec une haine féroce ; des torrents de sang couleront, la terreur régnera dans la ville. Voilà ce qui existera.

— Hélas ! alors, tout est perdu !

— Enfant ! — reprit Fergan avec un sourire mélancolique ; on tue les hommes, on ne tue pas les idées d'affranchissement, lorsque ces idées ont pénétré dans tous les cœurs. Louis le Gros, le nouvel évêque, les nobles, si cruelle que soit leur vengeance, massacreront-ils tous les habitants de Laon ? Non ; ils laisseront toujours vivre le plus grand nombre des communiers, ne fût-ce que pour les écraser de taxes. Les mères, les sœurs, les femmes, les enfants de ceux qui seront morts pour la liberté vivront aussi. Oh ! sans doute, pendant quelque temps l'épouvante sera profonde, le souvenir des désastres, des massacres, des bannissements, des supplices qui auront suivi la lutte paralysera d'abord toute velléité de nouvelle insurrection. Mais tout cela n'aura qu'un temps.

— Ainsi le nouvel évêque et les nobles redoubleront d'audace ? leur oppression deviendra plus affreuse que par le passé ?

— Non ! le nouvel évêque, si forcené qu'il soit, n'oubliera pas le terrible sort de Gaudry, les nobles n'oublieront pas la mort de tant des leurs tombés sous les coups de la justice populaire. Cet utile exemple nous sera profitable... la première vengeance des Episcopaux assouvie, ils allégeront le joug, dans la crainte de nouvelles révoltes. Ce n'est pas tout : ceux d'entre nous qui survivront à la lutte oublieront peu à peu ces jours néfastes, pour se rappeler les temps heureux où la Commune, libre, paisible, florissante, exempte d'impôts écrasants, sagement gouvernée par les magistrats de son choix, faisait l'orgueil et la sécurité de ses habitants ? Ceux qui auront vu ces heureuses années en parleront à leurs enfants avec enthousiasme, ils leur raconteront comment un jour, le roi et l'évêque s'étant ligués contre la Commune, elle s'insurgea vaillamment, obligea Louis le Gros à fuir, extermina l'évêque et les chevaliers. Alors la gloire du triomphe fera oublier les désastres de la défaite du lendemain ; et l'on voudra prendre la revanche de la défaite en rétablissant la Commune. Peu à peu l'exaltation gagnera les esprits, et, le moment venu, l'insurrection éclatera de nouveau ; de justes représailles seront encore exercées contre nos ennemis ; nos franchises seront proclamées. Il se peut que ce nouveau pas vers la liberté soit de nouveau suivi d'une réaction féroce ; mais le pas sera fait, certaines franchises demeureront encore acquises aux habitants, et ainsi, pas à pas, péniblement, à force de luttes, de courage, de persévérance, nos descendants tour à tour vainqueurs et vaincus, s'arrêtant parfois après la bataille pour panser leurs blessures et reprendre haleine, mais ne reculant jamais d'une semelle, arriveront à travers les siècles au terme de ce laborieux et sanglant voyage... Et alors se lèvera dans toute sa splendeur le jour radieux de l'affranchissement de la Gaule entière !

— Oh ! mon père, — dit Colombaïk avec accablement, — malheur ! malheur ! si la prédiction de Victoria ne doit s'accomplir, selon sa vision prophétique, qu'à travers des monceaux de ruines et des torrents de sang !

— Crois-tu que la liberté s'acquière sans combats ? Tiens, vois, nous sommes vainqueurs ; notre cause est sainte comme la justice, sacrée comme le bon droit ; et pourtant, regarde autour de toi, — répondit le carrier en montrant à son fils le lugubre spectacle que présentait la place du Change, encombrée de morts et de mourants, éclairée par la lueur des torches et les dernières lueurs de l'incendie de la cathédrale, — regarde ! que de sang ! que de ruines !

— Oh ! pourquoi cette terrible fatalité ? — reprit Colombaïk avec un accent presque désespéré ; — pourquoi la conquête de droits si légitimes coûte-t-elle tant de maux ?

L'insurrection des bourgeoisies communales n'est que le symptôme d'un affranchissement universel, mais encore lointain... il viendra ce jour de délivrance, mais il viendra lorsque tous, bourgeois et artisans des villes, vilains et serfs des campagnes, se soulèveront en masse contre les rois, les prêtres et les seigneurs. Oui, ce grand jour viendra !... dans des siècles peut-être, mais j'aurai du moins entrevu son aurore ; j'aurai assisté au réveil de la vieille Gaule, endormie depuis six siècles... et je mourrai content !

. . . .

Ici se termine la chronique que m'a léguée, à moi, Colombaïk le Tanneur, mon père, Fergan le Carrier. Il est mort pour la liberté, il est mort comme il l'a dit : le cœur plein de foi dans l'avenir.

Trois jours après avoir écrit cette chronique inachevée, mon père est mort sur les remparts de la cité de Laon, qu'il défendait avec les communiers contre la troupe de Louis le Gros. Hélas ! ce qu'il y avait de douloureux dans les

La Cour d'amour (page 757)

prévisions de mon père s'est réalisé ! Ses espérances d'affranchissement se réaliseront elles aussi ? C'est le secret de l'avenir. Ayons confiance.

Tels sont les faits qui se sont passés :

Le soir de ce jour où notre Commune avait triomphé de l'évêque et des épiscopaux, mon père et moi, ensuite de notre entretien sur la place du Change, entretien qu'il a rapporté dans le récit précédent, dernières lignes tracées par sa main vénérée, nous sommes rentrés dans notre maison, où nous avons trouvé ma mère et Martine, rassurées sur notre sort par nos bons voisins, Ancel Quatre-Mains le Talmelier et sa femme Simonne. Cette nuit-là, mon père, retournant au poste qu'il occupait dans l'une des tours servant de défense à la porte de la cité, s'était muni d'un parchemin pour raconter à notre descendance l'insurrection de la commune de Laon. Hélas ! il semblait pressentir que ses jours étaient comptés. Il a continué ce récit lorsqu'il trouvait quelques moments de loisir au milieu des temps d'agitation et de perplexité qui ont suivi notre victoire. Le lendemain, le maire, les échevins et plusieurs habitants notables de la ville se rassemblèrent, afin d'aviser aux dangers de la situation : l'on s'attendait à une attaque de Louis le Gros, l'issue de cette attaque n'était pas douteuse ; seuls à combattre le roi des Français, nous serions écrasés ; aussi l'on songea à une alliance contre lui. L'un des plus puissants seigneurs de Picardie, THOMAS, seigneur du château de *Marle*, connu par sa bravoure et sa férocité, qui égalait celle de Néroweg VI, était l'ennemi personnel de Louis le Gros ; il s'était ligué en 1108 avec GUY, seigneur de *Rochefort*, et plusieurs autres chevaliers, pour empêcher le roi d'être sacré à Reims. Malgré la scélératesse de Thomas de Marle, et

95ᵉ livraison

contre l'avis de mon père, la Commune, pressée par l'imminence du péril, offrit à ce seigneur, qui possédait un grand nombre d'hommes d'armes, de s'allier avec elle contre Louis le Gros. Thomas de Marle, n'osant affronter la puissance du roi, refusa de lui déclarer la guerre, mais consentit, moyennant argent, à recevoir sur ses terres ceux des habitants qui redouteraient la vengeance royale.

Grand nombre d'insurgés, prévoyant les suites d'une lutte contre la royauté, acceptèrent l'offre de Thomas de Marle, et, emportant leurs objets les plus précieux, quittèrent Laon avec leurs femmes et leurs enfants ; d'autres, mon père fut de ce nombre, préférèrent rester dans la ville et se défendre contre le roi jusqu'à la mort. Quoique le nombre des communiers fût réduit par la migration de beaucoup d'entre eux dans les pays voisins, les habitants de Laon, généreux et crédules, avaient accepté les propositions pacifiques des épiscopaux, consternés de leur défaite ; mais lorsque ceux-ci virent une grande partie des nôtres abandonner la cité, ils s'enhardirent, et, donnant rendez-vous aux serfs des possessions de l'abbaye pour l'un des jours du marché, ils attaquèrent les communiers dans leurs maisons, et massacrèrent tous ceux qui tombèrent entre leurs mains. La guerre civile se ralluma, on se battit de rue en rue ; les serfs pillèrent et incendièrent les maisons des bourgeois dont ils purent s'emparer. Mon père, moi, ma femme et ma mère, retranchés avec nos apprentis dans notre demeure, heureusement fortifiée, nous avons plusieurs fois soutenu de véritables sièges.

Durant ces troubles, qui décimaient nos rangs, Louis le Gros rassemblait ses forces. Apprenant que Thomas de Marle donnait refuge sur ses terres à des habitants de Laon, il marcha d'abord contre ce seigneur, ravagea ses domaines, l'assiégea dans sa forteresse de Coucy, le fit prisonnier et lui imposa une forte rançon. Quant aux gens de notre Commune trouvés sur les terres de Thomas de Marle, le roi des Français les fit tous égorger ou pendre, et leurs corps servirent de pâture aux oiseaux de proie. Un riche boucher de Laon, ami de mon père, nommé *Robert le Mangeur*, fut attaché à la queue d'un cheval fougueux et périt de la mort affreuse de la reine Brunehaut ; ces sanglantes exécutions terminées, Louis le Gros marcha contre Laon. Mon père, le maire, les échevins, et plusieurs des nôtres, fidèles à leur serment de défendre la Commune jusqu'à la mort, voulant s'opposer à l'entrée du roi, coururent aux remparts ; dans cette dernière bataille, grand nombre de communiers furent blessés ou laissés pour morts. Mon père fut tué ; je reçus deux blessures ; notre défaite était inévitable. Louis le Gros s'empara de cette ville et la soumit à la seigneurie d'un nouvel évêque ; mais, selon les prévisions de mon père, grâce au souvenir de notre insurrection et de nos légitimes représailles, les droits exorbitants de l'évêque et des nobles furent modifiés. Je ne devais pas jouir de cet adoucissement au sort de nos concitoyens. Moi, et plusieurs des plus compromis dans l'insurrection, nous fûmes bannis, nous, nos femmes et nos enfants, et dépouillés du peu que nous possédions ; d'autres furent suppliciés. Ces vengeances atteignirent aussi le maire et les échevins.

A peine remis de mes blessures, je quittai Laon avec ma femme, quelques jours après la mort de ma mère, qui survécut peu de temps à mon père. Martine et moi nous avions pour toute ressource six pièces d'or, soustraites à l'avidité des gens du roi ; je portais dans un bissac quelques vêtements et les reliques de notre famille. Un de mes amis avait un parent maître tanneur à Toulouse, en Languedoc ; il me donna une lettre pour lui, le priant de m'employer comme artisan. Après de nombreuses traverses nous sommes arrivés sains et saufs à Toulouse, où maître Urbain le tanneur nous accueillit avec bonté ; il m'employa lorsque j'eus fait mes preuves de bon artisan. Ma douce et chère Martine, se résignant courageusement à son sort, devint filareuse de soie, l'un des principaux commerces du Midi avec l'Italie étant le tissage de la soie, que les Lombards apportent dans ce pays-ci. Fidèle aux enseignements de mon père, je supporte fermement ma mauvaise fortune, plein de foi dans l'avenir et consolé par cette pensée, que, du moins, grâce à notre insurrection, mes concitoyens de Laon, quoique retombés sous le joug de la seigneurie épiscopale, sont moins malheureux qu'ils ne l'eussent été sans notre révolte. Et d'ailleurs, béni soit le ciel ! l'adversité m'a jeté dans un pays libre, non moins libre que ne l'était notre cité sous le règne de notre Commune. Le Languedoc et la Provence, comme autrefois la Bretagne, sont les seules contrées indépendantes de la Gaule ; chaque cité a conservé et depuis longtemps reconquis ses antiques franchises ; les villes forment autant de républiques gouvernées par des *consuls* ou des *capitouls*, magistrats élus du peuple. Ce pays fortuné a peu souffert de l'oppression féodale, le servage y est presque inconnu ; la race des premiers conquérants germains, nommés *Wisigoths*, tribu beaucoup moins nombreuse et moins féroce que les tribus *franques* de Clovis, au lieu de se conserver unie, compacte, sans mélange, comme dans le nord de la Gaule, a presque entièrement disparu par sa fusion avec la race gauloise et ses croisements avec celle des Arabes, longtemps maîtres du Midi.

Cette population, devenue pour ainsi dire un

peuple nouveau, est pleine d'intelligence et d'industrieuse activité; on n'y voit aucune trace de fanatisme. La plupart des habitants, répudiant l'Eglise de Rome, y pratiquent la douce morale de Jésus dans sa pureté première. Les seigneurs, presque tous bonnes gens et sans orgueil, issus, pour la plupart, de marchands enrichis, continuent le négoce de leurs pères ou cultivent leurs champs ; ils cèdent le pas aux *Consuls* populaires ; il n'existe presque aucune différence entre la noblesse et la bourgeoisie. Notre vie est laborieuse et tranquille ; notre maître est bon pour nous, notre salaire suffit à nos besoins. Il y a trois jours (deux ans après notre bannissement de Laon), ma femme m'a donné un fils ; cette circonstance m'a engagé à ajouter quelques lignes à la légende que m'a léguée mon père Fergan ; j'ai maintedant l'espoir de la transmettre à mon fils, pour obéir aux derniers vœux de notre aïeul Joel, le brenn de la tribu de Karnak. Lorsque Martine et moi nous avons cherché comment nous appellerions notre enfant, et songeant qu'en ces temps-ci l'on ajoute généralement au nom baptismal un autre nom que l'on transmet à sa race, j'ai voulu, après avoir appelé mon fils *Sacrovir*, en l'honneur de l'un des plus vaillants insurgés de la Gaule contre la conquête romaine, ajouter à ce nom celui de : LE BRENN, en mémoire de notre aïeul *Joel, le brenn de la tribu de Karnak*, et aussi en souvenir de cet autre guerrier, notre ancêtre, encore plus éloigné dans la nuit des âges, qui fut le *brenn* (BRENNUS) de l'armée gauloise, et fit payer jadis rançon à Rome.

J'engage mon fils, s'il a postérité, de donner à ses descendants, comme nom de famille, celui de : Le Brenn.

J'écris ceci le vingt-sixième jour du mois d'août de l'année 1114.

Oh ! mon père, toutes vos prédictions se réalisent ! La Commune de Laon, abolie, écrasée il y a seize ans, est rétablie, grâce à l'énergie des habitants de la ville et à de nouveaux soulèvements populaires ! Aujourd'hui, septième jour du mois de novembre de l'année 1128, un voyageur lombard arrive de Laon. L'ami qui m'avait recommandé à son parent, maître Urbain, chez qui je continue de travailler comme tanneur, lui ayant appris, par l'occasion de ce Lombard, que la Commune était de nouveau confirmée par l'évêque et par Louis le Gros, a envoyé à maître Urbain le préambule de cette nouvelle Charte communale ainsi conçue :

« Au nom de la sainte et indivisible Trinité, ainsi soit-il ! — Louis, par la grâce de Dieu, roi des Français, faisons savoir à tous nos féaux présents et à venir que, du consentement des barons de notre royaume et des habitants de la cité de Laon, nous avons institué en ladite cité *établissement de paix*. »

Ce nom d'*établissement de paix* remplace, dit le parent de maître Urbain, le mot de COMMUNE, qui rappelle trop le souvenir de l'insurrection populaire ; mais si le nom est changé, l'institution reste la même. Oh ! mon père, vous disiez vrai, quand vous écriviez ces paroles prophétiques : — « C'est ainsi que, pas à pas, péniblement, à force de luttes, de courage, de persévérance, nos enfants, tour à tour vainqueurs et vaincus, s'arrêtant parfois, après la bataille, pour panser leurs blessures et reprendre haleine, mais ne reculant jamais d'une semelle, arriveront, à travers les siècles, au terme de ce laborieux et sanglant voyage, et alors se lèvera, dans toute sa splendeur, le jour radieux de l'affranchissement de la Gaule, de l'émancipation du peuple. » Commune et fédération !

Aujourd'hui, premier jour de l'année 1140, moi, Colombaïk, j'ai atteint ma soixantième année. Mon fils, Sacrovir le Brenn, âgé de vingt-huit ans, se marie demain ; ma femme Martine, exerce allégrement son métier de filaresse, et moi mon métier de tanneur ; mon fils a pris la même profession que moi ; le Languedoc jouit toujours d'une grande prospérité ; Toulouse, gouvernée par ses *Capitouls* est plus florissante que jamais ; les mauvais prêtres sont conspués ; l'influence de leur Eglise romaine décline de jour en jour en ces heureux pays. Les habitants du Languedoc, guidés par leurs pasteurs qu'ils nomment PARFAITS, gens éclairés, doux, humains, presque tous pères de famille et remplissant généralement les fonctions de médecins ou d'éducateurs d'enfants, pratiquent les doctrines évangéliques dans leur simplicité primitive ; Louis VII, roi des Français, a succédé à son père Louis le Gros, mort en l'année 1137 ; la guerre désole plus que jamais le nord de la Gaule ; Henri, roi des Anglais (les descendants des pirates allemands du vieux Rolf), s'est emparé, après plusieurs batailles, reconquises par lui, de l'Anjou, du Maine et de la Touraine. J'ai appris par des voyageurs que la cité de Laon continue de jouir de ses franchises communales, reconquises par la persistante énergie de ses habitants ; Louis VII, d'abord excommunié par le pape, s'est relevé de cette excommunication en partant pour la Terre sainte ; car Jérusalem et le saint sépulcre sont retombés au pouvoir des Sarrasins, les seigneuries franques détruites ; et les barons et baronnies de Galilée, les marquis et marquisats de Nazareth ont disparu.

Ces lignes seront sans doute les dernières que j'ajouterai à ce parchemin, que je lègue à mon fils *Sacrovir le Brenn*, avec les reliques de notre famille, auxquelles j'ai joint la COQUILLE DE PÈLERIN laissée par mon père et enlevée par lui pendant la première croisade à Néroweg VI, comte de Plouernel, jadis notre seigneur, le type des nobles de notre époque.

LES TENAILLES DE FER OU MYLIO LE TROUVÈRE ET KARVEL LE PARFAIT

PREMIÈRE PARTIE

LA COUR D'AMOUR (1140-1300)

Mœurs *françaises* au XIIIe siècle. — Le verger de Marphise, dame d'Ariol. — Les douze amies. — La dame confesseuse. — La confession. — Mylio le Trouvère et Peau d'Oie le Jongleur. — Chaillotte la Meunière. — Florette. — Reynier, abbé de Citeaux. — La friture du moine. — Comment Peau-d'Oie fut glorieusement vainqueur de l'abbé de Citeaux. — La cour d'Amour. — La reine de beauté. — *Le sénéchal des Marjolaines.— Le conservateur des hauts priviléges d'amour.* — Plaid d'amour. — Les Bernardines contre les Chanoinesses. — La comtesse Ursine demande justice au nom de douze mies qui ont le même bel ami. — Défense de Mylio. — Grande et scélérate perfidie de Peau-d'Oie à l'endroit d'un jouvenceau. — Combat de Mylio et de Foulques de Bercy. — Arrivée de onze chevaliers revenant de la Terre sainte, tous cocus. — L'abbé Reynier, légat du pape. — Lettre du pape Innocent III ordonnant la croisade contre les hérétiques albigeois.

Mylio le Trouvère, arrière-petit-fils de Colombaïk, dont le père fut *Fergan le Carrier*, mort en défendant les franchises de la commune de Laon; Mylio le Trouvère a écrit ce jeu ou récit dialogué, selon la mode de ce temps-ci. Les évènements suivants ont lieu sous le règne de Philippe-Auguste, fils de Louis VII, mort en l'année 1180. Ce Philippe-Auguste, durant les premières années de son règne, se montra selon le cœur des prêtres : il commença par faire pendre, brûler ou chasser les Juifs de son royaume, et partagea leurs dépouilles avec l'Eglise; puis il poursuivit, contre les seigneurs féodaux, la lutte entreprise par son aïeul *Louis le Gros*, dans le dessein de faire rentrer sous l'unique domination royale la bourgeoisie et le populaire, afin de les exploiter au profit de la couronne. Les guerres civiles et étrangères continuèrent, comme par le passé, de désoler, de ruiner la Gaule; Philippe-Auguste batailla sans paix ni trêve contre ses grands vassaux et contre ses voisins. En 1182, guerre dans le Berry contre les Brabançons, qui s'en étaient emparés; en 1183, guerre avec le comte de Flandres, pour la possession du Vermandois; en 1187 et années suivantes, guerres incessantes contre l'empereur d'Allemagne et contre le roi d'Angleterre; celui-ci, descendant du vieux Rolf le Pirate, possédait le tiers de la Gaule, et augmentait chaque année ses conquêtes. Philippe-Auguste se *croisa* comme son père, et comme son père revint rudement battu de la Terre sainte, entièrement retombée, sauf deux ou trois villes du littoral, au pouvoir des Sarrasins; aussi Philippe refusa-t-il d'obéir au pape et de retourner en Palestine.

Cette tiédeur à l'égard de la délivrance du saint sépulcre, et certaines ordonnances très justement rendues par ce roi contre l'abominable convoitise des prêtres au sujet des mourants qui ne pouvaient tester qu'en présence de leur curé, lequel, pour valider le testament, exigeait toujours la plus grosse part de l'héritage, irritèrent l'Eglise contre Philippe-Auguste; aussi l'Eglise pour se venger du roi l'excommunia, en raison de ce que, déjà marié à *Ingerburge*, il avait par surcroît épousé la belle *Agnès de Méranie*, dont il était fort amoureux. Le pape de Rome délia de leur serment de fidélité les peuples et les barons de Philippe-Auguste, le mit hors la loi, et le détrôna moralement. Ce roi épouvanté, reprit sa femme Ingerburge, fit enfermer la pauvre Agnès dans un monastère, où elle mourut; puis, pour faire sa paix avec l'Eglise, il contribua en hommes et en argent, à la quatrième croisade; mais les seigneurs croisés, obéissant aux ordres du légat du pape, et trouvant plus fructueux et moins périlleux de ne point pousser jusqu'à la Terre sainte, où il n'y avait plus que des horions à gagner, s'arrêtèrent à Constantinople, dont ils s'emparèrent sans coup férir, et se partagèrent l'empire de la Grèce comme ils s'étaient partagé la Terre sainte. Il y eut alors le *Marquis de Sparte*, des *Comtes du Péloponèse*, des *Ducs d'Athènes*, et Baudouin, descendant de ce Baudouin de la première croisade, qui fut roi de Jérusalem, devint empereur de Constantinople. C'est en l'an 1208, au plus fort des guerres de Philippe-Auguste contre Jean, roi d'Angleterre, et contre l'Allemagne, que se passent les évènements suivants, représentés dans ce jeu qui porte son enseignement et sa moralité en soi. Quoique la peinture de la *cour d'amour* reflète, en l'affaiblissant beaucoup, la licence effrénée des mœurs de ce temps-ci, ces mœurs des nobles dames, des seigneurs et des prêtres, doivent vous être dévoilés, fils de Joël! La connaissance de ces faits redoublera votre juste aversion contre les descendants de nos conquérants, contre les nobles et aussi contre les princes de l'Eglise romaine, leurs éternels complices !

Ce que nous avons à raconter se passe à la fin d'un beau jour d'automne, dans le verger de Marphise, noble dame d'Ariol; ce verger, situé tout près des remparts de la ville de Blois est entouré d'une haute muraille garnie de charmilles; un joli pavillon d'été s'élève au milieu de ce jardin rempli d'arbres dont les branches, ployant sous leur charge de fruits empourprés, sont enlacées de ceps aux raisins vermeils; non loin du pavillon, un pin immense jette son ombre sur un bassin de marbre blanc, rempli d'une eau limpide, et entouré d'une fine pelouse de gazon où la rose, l'anémone et le glaïeul marient leurs vives couleurs; un banc de verdure s'arrondit au pied du pin gigantesque, dont les épais rameaux laissent glisser çà et là les derniers rayons du soleil, qui vont dorer l'eau cristalline du bassin; douze femmes, dont la plus âgée, *Marphise*, dame d'Ariol, atteint à peine trente ans, et la plus jeune, Eglantine, vicomtesse de Séligny, n'a pas encore dix-sept ans; douze femmes, dont la moins jolie eût paru, partout ailleurs qu'en ce lieu, un astre de beauté, douze femmes sont rassemblées dans ce verger. Après une collation où les vins de Blois, de Saumur et de Beaugency ont arrosé les délicats pâtés de venaison, les anguilles à la moutarde, les perdrix froides à la sauce au verjus, fin repas terminé par de friandes pâtisseries et des confitures, non moins arrosées d'hypocras ou de vins épicés, ces nobles dames ont l'œil émerillonné, la joue incarnate.

Certaines d'être seules entre elles, à l'abri des regards indiscrets ou des oreilles curieuses, ces joyeuses commères ne gardent ni dans leurs propos, ni dans leurs ébats, la retenue qu'elles conserveraient peut-être ailleurs; les unes, étendues sur le gazon, prenant l'eau limpide du bassin pour miroir, s'y mirent et s'y font, à elles-mêmes, toutes sortes de mines gentilles; d'autres, perchées sur une échelle, s'amusent à cueillir aux arbres du verger les pommes empourprées, les poires jaunissantes, et, comme les cottes de ces belles dames leur servent de tablier pour recevoir leur cueillette, on voit parfois la couleur de leurs jarretières, et même au-delà, ce dont nos grimpeuses n'ont point souci, car leur jambe est fine et les cuisses bien tournées; quelques-unes, se tenant par la main, se livrent, en riant aux éclats, à une folle ronde, qui gonfle ou fait voltiger les jupes, découvrant de secrets trésors; d'autres, plus indolentes, groupées sur le banc de verdure, jouissent paresseusement du calme de cette douce soirée. Il faut nommer ces indolentes: *Marphise*, dame d'Ariol; *Eglantine*, vicomtesse de Séligny, et *Déliane*, chanoinesse du saint chapitre de Nivelle. Marphise, grande, brune, aux sourcils hardiment arqués, non moins noirs que ses cheveux et ses grands yeux, ressemblerait à la Minerve antique, si, comme cette déesse, Marphise eût porté un casque d'airain et si sa large poitrine, d'une blancheur de marbre, eût été emprisonnée dans une cuirasse, si, enfin, sa physionomie eût rappelé l'austère fierté de la sage divinité; heureusement, il n'en est rien, grâce à la brillante gaieté du regard de Marphise et à ses lèvres rieuses, sensuelles et purpurines; son chaperon d'étoffe orange, à bourrelet galamment retroussé sur l'oreille, découvre les nattes de ses cheveux noirs, tressés d'un fil de perles; sa taille accomplie se devine sous sa robe de soie blanche, riche étoffe lombarde ramagée de légers dessins orange; ses manches ouvertes et flottantes, son collet renversé, son corsage échancré laissent voir ses beaux bras nus et sa *camise* de lin d'un blanc de neige, plissée à fraiseaux et lisérée d'or à la naissance du sein. Marphise, pour rafraîchir sa joue animée, agite un éventail de plumes de paon à manche d'ivoire; mollement étendue sur le banc de gazon, elle ne s'aperçoit pas, la nonchalante, qu'un pli relevé de sa robe laisse voir une de ses jambes chaussées de bas de soie vert tendre à coins brodés d'argent, et son mignon soulier d'étoffe de Lyon, à bouclette de vermeil ornée de rubis. Marphise se tourne, riante, vers Eglantine, qui, debout derrière le banc de verdure, s'accoude à son dossier. Aussi ne voyez-vous que la figure et le corsage de cette gentille vicomtesse de Séligny; bien nommée est-elle, Eglantine; jamais fleur d'églantier, à peine éclose, n'a été d'un coloris plus délicat, plus printanier, que le visage enchanteur de cette blondinette aux yeux bleus comme le ciel de mai; tout est rose en elle: rose est sa joue, rose est sa lèvre, rose est le petit chapel de fleurs parfumées qui couronne sa résille de lacets d'argent entrecroisés sur le blond cendré de sa chevelure, rose enfin est la soie de sa gorgerette, aux doux contours, étroitement boutonnée depuis sa ceinture jusqu'au col par un rang de fraisettes d'argent sarrasinoises merveilleusement ouvragées à jour. Tandis qu'Eglantine est ainsi accoudée au dossier du banc de gazon, vous voyez, agenouillée de l'autre côté de ce siège de verdure, Déliane, chanoinesse du chapitre de Nivelle: l'un de ses bras familièrement appuyé sur la blanche épaule de Marphise, elle écoute en souriant le graveleux entretien d'Eglantine et de la dame d'Ariol. De ces deux jaseuses l'une est d'une beauté superbe, l'autre d'une joliesse charmante; mais Déliane la Chanoinesse est céleste. Rêvez une femme aussi finement belle que vous le pourrez, revêtez-la d'une longue robe de fine étoffe écarlate bordée d'hermine, joignez-y un surplis de lin d'un blanc de lis comme la guimpe et le voile qui encadrent la figure idéale de la Chanoinesse, noyez ses beaux yeux bruns de langueur saintement amoureuse, et vous aurez le portrait de cette incomparable chanoinesse; cela fait, dorez d'un rayon du soleil couchant le groupe de ces trois femmes, et vous reconnaîtrez qu'en ce moment le verger de la dame d'Ariol, rempli de fruits délicieux, ressemblait fort au paradis terrestre, mieux que cela, le primait; car d'abord, au lieu d'une seule *Ève*, vous en voyez une douzaine, blondes, brunes ou châtaines; puis ce rustre d'Adam est absent, et aussi absent est le serpent aux couleurs diaprées, à moins qu'il ne soit là caché, le maudit, sous quelque touffe de roses et de glaïeuls. Vous avez admiré; maintenant, écoutez leurs discours badins, joyeux et, parfois, anacréontiques : mots salés et poses lubriques.

MARPHISE. — Je ris encore, Eglantine, de cette bonne histoire... l'éternelle bêtise des maris.

LA CHANOINESSE. — Voyez-vous ce benêt de mari apportant la lumière et trouvant; quoi ?... sa femme tenant un veau par la queue !

EGLANTINE. — Et le moine s'était échappé dans l'obscurité ?

MARPHISE. — Ah ! ce sont de madrés amants que ces tonsurés !

LA CHANOINESSE. — Je ne sais trop... On les croit plus secrets que d'autres... il n'en est rien.

EGLANTINE. — De plus ils vous ruinent en chapes, en aumusses; rien de trop brillant pour eux ! Ils sont toujours à quémander.

MARPHISE. — Les chevaliers sont aussi d'un entretien fort dispendieux ! Si le clerc aime à se pavaner à l'autel, le chevalier aime à briller dans les tournois, et il nous faut souvent équiper ces bravaches depuis l'éperon jusqu'au casque, depuis la bride jusqu'au cheval, et garnir leur escarcelle de pièces d'or et d'argent !

EGLANTINE. — Puis un beau jour, cheval, armure, housse brodée, tout va chez l'usurier pour nipper quelque ribaude : après quoi votre bel ami vous revient vêtu... de sa seule gloire, et vous avez la faiblesse de l'équiper à nouveau ! Ah ! croyez-moi, chères amies, c'est un triste amant qu'un coureur de tournois ! sans compter que souvent ces pourfendeurs sont plus bêtes que leurs chevaux...

LA CHANOINESSE. — Un clerc est un choix non moins triste; ces gens d'église ont, il est vrai, plus d'esprit que les chevaliers ; mais voyez le gai plaisir ! aller entendre son bel ami chanter la messe, ou bien le rencontrer escortant un mort en marmotant vite ses prières, afin de courir prendre sa part du festin des funérailles. De vrai, cela répugne à la délicatesse.

EGLANTINE. — S'il vous fait un présent, pouah !... ses cadeaux sont imprégnés d'une odeur nauséabonde ; son argent sent la mort.

MARPHISE, *riant*. — « Si vous mourez, ma belle, je recommanderai très benoîtement et particulièrement votre âme à Dieu, et vous dirai une superbe messe avec chants en fauxbourdon. » — Les trois femmes rient aux éclats de la plaisanterie de Marphise.

LA CHANOINESSE. — Pourtant, sur dix femmes, vous n'en trouverez pas deux qui n'aient un tonsuré ou un chevalier pour bel ami.

MARPHISE. — Je crois que Déliane se trompe...

EGLANTINE. — Voyons, nous voici douze dans ce verger; nous sommes toutes jeunes, nous le savons ; jolies, on le dit ; nous ne sommes point sottes, puisque nous trouvons à nous divertir tandis que nos maris sont en Terre sainte.

MARPHISE, *riant*. — Où ils expient leurs péchés et les nôtres.

LA CHANOINESSE. — Béni soit Pierre l'Ermite ! ce saint homme, en prêchant, il y a cent ans et plus la première croisade, a donné le signal de l'ébaudissement des femmes...

MARPHISE. — Ce Pierre l'Ermite devait être soudoyé par les amants... car plus d'un mari parti pour la Palestine a répété, se grattant l'oreille, le fameux dicton du bon sire de Beaugency : « Je voudrais bien savoir ce que fait à cette heure ma femme Capeluche ? Par la Sang Dieu, que fait donc ma femme ? »

EGLANTINE, *avec impatience*. — Ce que nous faisons ? Eh ! pardieu ! nous enrôlons nos maris dans la grande confrérie de *Saint-Arnould*, ils sont de plus Croisés; donc leur salut est doublement certain. Mais, de grâce, chères amies, laissons nos maris en Palestine, qu'ils y restent le plus longtemps possible, et revenons à mon idée, elle est plaisante. Déliane prétend que sur dix femmes il n'en est pas deux qui n'aient pour bel ami un tonsuré ou un chevalier; nous sommes douze ici : nous avons chacune notre tendre secret. Quelle est la femme assez cruelle pour repousser un galant, lorsqu'elle est gentiment et loyaument priée d'amour ? Céder est un devoir bien doux.

LA CHANOINESSE, *languissamment*. — Dieu merci ! nous ne voulons point la mort du prochain ! Il faut se donner à qui nous aime.

MARPHISE, *gravement*. — La femme qui, priée d'amour, causerait mort d'homme par son refus, serait damnée comme homicide. La *Cour d'amour* a, sous ma présidence, rendu ce mémorable arrêt dans ce dernier plaid sous l'ormeau ; ledit arrêt a été rendu à la requête du *Conservateur des hauts privilèges d'amour*, requête présentée *en la Cour des doux engagements* ; le demandeur était, si je m'en souviens, un amant demeurant à *l'enseigne de la Belle Passion, rue de la Persévérance, hôtel du Désespoir*, où l'infortuné se mourait des rigueurs de son inhumaine. Heureusement, lorsque notre *Sénéchal des Marjolaines*, accompagné du *Bailli de la joie des joies*, alla signifier l'arrêt de la cour à cette tigresse, elle recula devant la crainte de tomber en péché mortel en causant la mort de son bel ami, et se rendit à lui sans condition.

LA CHANOINESSE, *avec onction*. — Il est si doux d'arracher au trépas une créature de Dieu !

EGLANTINE. — De grâce, chères amies, écoutez mon projet : Toutes les douze nous avons un secret d'amour : choisissons sur l'heure l'une de nous pour confesseuse ; nous irons l'une après l'autre lui faire notre doux aveu : cette confesseuse proclamera le résultat de nos confidences, et ainsi nous saurons le nombre de celles qui ont un chevalier ou un tonsuré pour bel ami. La question se trouvera vidée.

LA CHANOINESSE. — Excellente idée ! Qu'en dis-tu, Marphise ? Je l'approuve complètement.

MARPHISE. — Je l'adopte, et nos amies, j'en suis certaine, se rangeront à notre avis ; cela nous divertira jusqu'à la nuit.

La proposition d'Eglantine est en effet joyeusement acceptée par les jeunes femmes ; elles se rassemblent, et, d'un commun accord, désignent Marphise pour *dame confesseuse*. Celle-ci s'assied sur le banc de gazon ; ses compagnes s'éloignent de quelques pas et jettent de malins regards sur la dame confesseuse et sur la confessée ; celle-ci est Eglantine, la jolie vicomtesse de Séligny ; elle est agenouillée aux pieds de Marphise, qui, se rengorgeant comme une béguine, presse amoureusement ses deux mains et lui dit d'un air confit et d'une voix béate :

— Allons, chère fille, ouvrez-moi votre cœur, ne déguisez rien, avouez franchement tous vos péchés, dites quel est votre bel ami ?

EGLANTINE, *les mains jointes et baissant les yeux*. — Dame prêtresse, celui que j'aime est jeune et beau, il est vaillant comme un chevalier, bien disant comme un clerc, et pourtant il n'est ni tonsuré ni chevalier ; il a plus grand renom que les plus fameux des comtes et des ducs, et pourtant il n'est ni duc ni comte. (*Marphise écoute la confession avec un redoublement d'attention.*) Sa naissance peut être obscure, mais sa gloire brille d'un éclat incomparable !

MARPHISE. — D'un tel choix, vous devez être fière ; c'est une merveille, c'est un phénix ; quel est le nom de ce merveilleux bel ami ?

EGLANTINE. — Dame prêtresse, je peux le nommer hardiment ; il s'appelle : Mylio le Trouvère.

MARPHISE, *tressaillant, rougissant, et d'une voix altérée*. — Quoi !... vous dites chère enfant que c'est... Mylio le Trouvère ?

EGLANTINE, *les yeux baissés*. — Oui, dame prêtresse. Tel est son nom.

MARPHISE, *contenant sa surprise et sa vive émotion*. — Allez, chère fille ! je prie Dieu que votre amant vous soit fidèle.

LA CHANOINESSE s'avance à son tour, s'agenouille, et souriant, elle frappe légèrement de sa main blanchette son sein arrondi.

MARPHISE. — Ces signes de douleur annoncent une grande faute, chère fille ! Votre choix est-il donc blâmable ?

LA CHANOINESSE. — Oh ! point du tout ! Je crains seulement de n'être point assez belle pour mon doux ami, qui est le plus accompli des hommes : jeunesse, esprit, beauté, courage, il réunit tout ! Quelle vaillance dans ses ébats !

MARPHISE. — Et le nom de ce phénix ?

LA CHANOINESSE, *languissamment*. — Mylio le Trouvère. Tel est mon bel ami.

MARPHISE, *avec dépit et colère*. — Encore lui !

LA CHANOINESSE. — Connaîtriez-vous d'aventure mon bel ami ?

MARPHISE, *se contenant*. — L'aimez-vous tendrement, cet amant si fidèle ?

LA CHANOINESSE, *avec feu*. — Oh ! je l'aime de toutes les forces de mon âme.

MARPHISE. — Allez, chère fille. Qu'une autre s'approche. (*Avec un soupir.*) Dieu protège les amours constantes !

URSINE, comtesse de Mont-Ferrier, accourt en sautillant comme une chevrette au mois de mai. Jamais n'avez vu, jamais ne verrez plus mignonne, plus pétulante, plus savoureuse créature ; elle avait été l'une des plus forcenées grimpeuses pour la cueillette des fruits ; son chapel de fleurs de glaïeul est posé de travers, et l'une des grosses nattes de ses cheveux, d'un blond ardent, tombe déroulée sur son épaule à fossettes, aussi blanchette que rondelette ; sa cotte est verte et ses bas roses ; sa bouche friponne est encore empourprée du jus d'un gros raisin, non moins que ses lèvres ; elle mordille une dernière fois à la grappe d'un petit coup de ses dents perlettes ; puis, riant aux éclats, elle se jette aux pieds de Marphise qu'elle serre tendrement, et, avant d'être interrogée, s'écrie avec volubilité :

— Dame prêtresse, mon bel ami n'est qu'un simple bachelier ; mais il est si parfait, si beau, si plantureux ! ah ! (*elle fait claquer sa langue contre son palais*) qu'il mériterait d'être duc, roi, empereur ou pape ! oui, pape et mieux encore, à la place de Dieu, si c'était possible !

MARPHISE, *avec une vague appréhension*. — Et quel est le nom de ce modèle des amants, de cette merveille des galants ?

URSINE. — Son nom, dame prêtresse ? (*mordillant de nouveau sa grappe de raisin*) son nom ? Oh ! pour ses exploits en amour, il devrait s'appeler : Vaillant ! pour son charme : le prince Charmant ! pour sa constance : Constant ! pour son amour : Cupidon, avec la vigueur d'Hercule !

MARPHISE. — Heureuse vous êtes, chère fille ; la constance est rare en ces temps-ci de légèreté et de tromperie !

URSINE, *avec emportement*. — Si mon amant s'avisait de m'être infidèle ! jour de Dieu ! je lui arracherais les yeux ! Vingt fois sur sa harpe divine il m'a chanté sa fidélité... car il chante comme un cygne, mon bel ami ! (*Fièrement.*) C'est Mylio le Trouvère !

Après cet aveu, Ursine se relève, et, bondissant comme un chevreau, va rejoindre ses compagnes. Marphise, soupirant et maugréant à part soi, appelle et confesse tour à tour Florie, Huguette, Dulceline, Stéphanette, Alix, Emma, Argentine, Adeline. Mais, hélas! la voyez-vous la dame confesseuse? la voyez-vous? l'entendez-vous? — Et vous, chère fille, le nom de votre bel ami? — C'est Mylio. — Et vous? — Mylio! — Et vous? — Mylio! — Toujours et toujours Mylio! Toutes les douze n'ont à la bouche que ce damné nom de Mylio. La dame confesseuse, après avoir failli crever de jalousie, finit par rire de l'aventure, surtout lorsque la brunette Adeline, la dernière confessée, lui eut dit : — Moi, j'ai pour bel ami le plus glorieux des trouvères, le plus vaillant, le plus fidèle des amoureux, c'est vous nommer Mylio, dame prêtresse.

MARPHISE, *riant toujours*. — Ah! pauvres amies, si ces malins jongleurs, Adam le Bossu d'Arras, ou Audefroid le Bâtard, savaient notre histoire, demain elle se chanterait sur toutes les violes et courrait les châteaux! nous deviendrions la risée du monde entier!

EGLANTINE. — Que veux-tu dire?

LA CHANOINESSE. — Maintenant, décide, Marphise; combien en est-il parmi nous qui aient un clerc pour bel ami?

MARPHISE. — Pas une! chère langoureuse!

EGLANTINE. — Et combien en est-il qui aient un chevalier pour bel ami, dame confesseuse?

MARPHISE. — Pas une! (*Les onze femmes s'entre-regardent en silence et fort surprises.*) Ah! chères amies, nous avons été indignement jouées; nous avons toutes le même bel ami! oui, ce scélérat de Mylio le Trouvère nous a trompées toutes les douze!

La révélation de Marphise jette d'abord la stupeur, puis le courroux dans la gentille assemblée; ces belles n'ont pas eu, comme la dame d'Ariol, le loisir de s'habituer à la découverte et d'en philosopher. Toutes les bouches demandent vengeance; la chanoinesse invoque la justice de madame sainte Marie, mère de Dieu, contre la félonie de Mylio; Eglantine, dans son désespoir, s'écrie qu'elle se fera dès le lendemain bernardine... dans un couvent de bernardins; Ursine, arrachant son chapel de glaïeuls, le foule aux pieds et jure par ses jarretières qu'elle se vengera de cet effronté ribaud. Puis toutes se demandent par quel sortilège diabolique ce scélérat a pu si longtemps et si admirablement dissimuler son infidélité; ce souvenir redouble la fureur des nobles dames; Marphise, qui d'abord a ri de l'aventure, sent sa colère se ranimer et s'écrie : — Belles amies, notre cour d'amour tient demain justement son dernier plaid d'automne, le traître sera sommé de comparoir devant notre tribunal, à cette fin de s'y entendre juger et condamner, selon l'énormité de ses crimes! La cour d'amour jugera le félon, l'infâme scélérat qui nous a trompées.

URSINE, *avec énergie*. — Non, non! faisons-nous justice nous-mêmes! la Cour peut, en raison de certaines circonstances, se montrer d'une coupable indulgence envers ce monstre!

UN GRAND NOMBRE DE VOIX. — Ursine a raison. — Faisons-nous justice nous-mêmes! — Il doit être puni par où il a péché.

LA CHANOINESSE, *avec onction*. — Chères sœurs, avant la rigueur, que n'essayons-nous de la persuasion? Laissez-moi emmener Mylio loin d'un monde corrupteur, dans quelque profonde solitude, et là, si Dieu m'accorde sa grâce, j'espère amener le coupable à la repentance de ses fautes passées et à la pratique d'une fidélité exemplaire. Il faut avoir pitié de la faiblesse humaine.

URSINE. — Ouais, ma mie! afin qu'il pratique avec vous, sans doute, cette fidélité exemplaire? Voyez-vous la bonne âme! Non, non, ce scélérat nous a indignement trompées: justice et vengeance! ni grâce ni pitié pour une telle félonie!

Toutes les voix, moins celle de la miséricordieuse chanoinesse, demandent, comme la comtesse Ursine : justice et vengeance.

MARPHISE. — Mes amies, nous serons vengées! Ce félon, ce soir même, m'a donné rendez-vous ici, au lever de la lune... voici le soleil couché, restons toutes céans; Mylio entrera dans le verger, me croyant seule, et nous le tiendrons en notre pouvoir... alors nous agirons.

La proposition de Marphise est acceptée tout d'une voix, et au milieu des récriminations et des imprécations de toutes sortes, on entend l'endiablée comtesse Ursine prononcer d'une voix courroucée les noms du chanoine Fulbert et d'Abailard! Nous voulons une mutilation des parties coupables...

La nuit est venue, les étoiles brillent au ciel, la lune n'est pas encore levée; au lieu du riant verger de la marquise d'Ariol, vous voyez une des dernières maisons de Blois, et non loin de là un chêne touffu, à l'abri duquel dort un gros homme; on le prendrait pour Silène, s'il n'était vêtu d'un vieux surcot de drap brun taché de graisse et de vin, habit non moins dépenaillé que ses chausses de tiretaine jonquille; ses brodequins éculés ont pour cothurnes des ficelles; son énorme bedaine, soulevée par des ronflements sonores, a fait craquer les boutons de corne de son surcot; son nez bourgeonné, informe, rugueux, montueux, a pris, comme son crâne pelé, la couleur vineuse du jus de la treille, dont ce dormeur a coutume de s'abreuver à flots. Près de lui, sur le gazon, est le chapel des feuilles de vigne dont il couvre le peu de cheveux gris qui lui restent; non loin du bonhomme est sa *Rotte*, vieille sonore qu'il sait faire chanter sous ses doigts agiles, car maître

Florette

Peau-d'Oie (c'est son nom) est habile *jongleur*; ses chants bachiques ou licencieux sont sans pareils pour mettre en belle humeur les moines, les truands et les ribaudes. Si profond est le sommeil de ce dormeur, qu'il n'entend pas s'approcher de lui un nouveau personnage sortant de la dernière maison du faubourg; ce personnage est *Mylio le Trouvère*.

Mylio a vingt-cinq ans; de sa figure, à quoi bon parler? son portrait, ressemblant ou non, a été tracé par Marphise et ses compagnes; la stature du trouvère est robuste et élevée; sur ses cheveux noirs bouclés, il porte, à demi rabattu, un camail écarlate, dont la pèlerine couvre ses larges épaules; sa tunique blanche de fin drap de Frise, fermée sur sa poitrine par une rangée de boutons d'or, est brodée de soie écarlate au collet et aux manches; de ces doubles manches, les unes, flottantes et tailladées, sont ouvertes un peu au-dessous de l'épaule; les autres, justes, sont serrées au poignet par des boutons d'or. A son ceinturon brodé pendent, d'un côté, une courte épée, de l'autre, une aumônière; Mylio est depuis peu de moments descendu de cheval, car au lieu d'être, selon la mode du temps, chaussé de souliers à longue pointe recourbée en forme de corne de bélier, il porte par dessus ses chausses de grandes bottes en cuir jaune bordé de rouge qui lui montent jusqu'au milieu des cuisses. Tandis que *Peau-d'Oie*, toujours profondément endormi, ronfle s'arrête à quelques pas du vieux jongleur et dit, avec sérénité, Mylio soucieux et pensif :

— Je n'ai pu rencontrer à Amboise, d'où je viens, ce marchand lombard, et il n'est pas de retour ici : le maître de l'auberge où il loge d'habitude prétend qu'il est allé à Tours pour y vendre ses soieries : j'attendrai son retour;

comme il a quitté le Languedoc il y a deux mois, il m'apporte sans doute un message de mon frère Karvel.

Mieux que personne Karvel mérite ce nom de *Parfait* que donnent à leurs pasteurs ces Albigeois *hérétiques*, comme disent les prêtres. Ce n'est point par un vain orgueil que mon frère a accepté ce nom de *Parfait !* c'est pour s'engager solennellement à le justifier par sa vie ; et dans cette vie, si admirablement remplie, quel concours lui apporte sa femme ! bonne et douce *Morise !* non, jamais la vertu n'apparut sous des traits plus enchanteurs ! Oui, Morise est parfaite comme mon frère est Parfait... (*Souriant.*) Et pourtant Karvel et moi nous sommes du même sang ! Eh bien ! après tout, ne puis-je me dire, avec cette modestie particulière aux trouvères... que je suis parfait dans mon espèce ? Et puis enfin, quoique amoureux fou de Florette, ne l'ai-je pas respectée ?... (*Long silence.*) Ah ! quand je compare cet amour ingénu à ces amours effrontés qui font aujourd'hui de la vieille Gaule un vaste lupanar... quand je compare à la vie stoïque de mon frère la vie d'aventures où l'ardeur de la jeunesse, le goût irrésistible du plaisir m'ont jeté depuis cinq ans, je me sens presque décidé à suivre cette bonne inspiration éveillée en moi par l'amour de Florette... (*Il réfléchit.*) Certes, en ces temps de corruption effrénée, pour peu qu'il ait quelque renom, autant d'audace que de libertinage; et qu'il soit un peu mieux tourné que mon ami Peau-d'Oie, que voilà ronflant comme un chanoine à matines, un trouvère courant les monastères de femmes, ou les châteaux dont les seigneurs sont à la croisade, n'a que le choix des aventures. Choyé, caressé, largement payé de ses chants par l'or et les baisers des châtelaines ou des abbesses, un trouvère n'a rien à envier aux prêtres ni aux chevaliers ; il peut avoir à la fois une douzaine de maîtresses et se donner le régal des plus piquantes infidélités ; joyeux oiseau de passage, lorsqu'il a fait entendre son gai refrain, il va, s'échappant d'un coup d'aile des blanches mains qui le retiennent, il va chanter ailleurs, sans souci de l'avenir, sans regret du passé ; il a rendu baiser pour baiser, charmé les oreilles par ses chants, les yeux par son plumage... que lui veut-on de plus ? Oui, de nos jours, en Gaule, ainsi va l'amour ! son emblème n'est plus la colombe de Cypris, mais le moineau lascif de Lesbie, ou le satyre de l'antique Ménade ! C'est le triomphe du Dieu Cupido et de dame Vénus !

Oh ! qu'il est doux de sortir de cette ardente bacchanale, pour rafraîchir son âme, pour reposer son cœur dans la pureté d'un chaste amour ! quel charme ineffable dans ce tendre respect dont on se plaît à entourer la confiance innocente d'une enfant de quinze ans ! (*Nouveau silence.*) Chose étrange ! lorsque je songe à Florette, toujours me revient la pensée de mon frère et de sa vie... de son existence... qui fait honte à la mienne... Enfin, quoi que je décide, il faut cette nuit même enlever Florette au danger qui la menace. (*Bruit de cloches dans le lointain.*) On sonne en ce moment le couvre-feu, il est neuf heures ; la douce enfant ne m'attend qu'au lever de la lune. La marquise d'Ariol et la comtesse Ursine se passeront ce soir de ma visite ; la tombée du jour m'aurait vu entrer chez l'une... et l'aube naissante sortir de chez l'autre. (*Riant.*)... C'était leur nuit... Eveillons Peau-d'Oie, j'aurai besoin de lui. (*Il l'appelle.*) Hé, Peau-d'Oie ! comme il ronfle ! il cuve son vin bu à crédit dans quelque cabaret. (*Il se baisse et le secoue rudement.*) Te réveilleras-tu, pendard ? Vieille outre gonflée de vin !

PEAU-D'OIE pousse d'abord des grognements sourds, puis il souffle, il renacle, il geint, il bâille ; il se détire et se lève enfin sur son séant en se frottant les yeux.

MYLIO. — Je t'avais prié de m'attendre sous cet arbre ! Singulière façon de veiller.

PEAU-D'OIE se relève courroucé, ramasse son chapel de feuilles de vigne, le pose brusquement sur sa tête ; puis prenant à côté de lui sa vielle, il en menace le trouvère en s'écriant : — Ah ! traître ! double larron ! quelle bombance tu m'as volée !

MYLIO. — Quelle bombance t'ai-je volée ? dom Bedaine ! Allons ! reprends tes sens.

PEAU-D'OIE. — Tu m'as réveillé au plus beau moment de mon rêve ! et quel rêve ! J'assistais au combat de *Carême* contre *Mardi-Gras ! Carême*, armé de pied en cap, s'avançait monté sur un saumon ; il avait pour casque une huître énorme, un fromage pour bouclier, une raie pour cuirasse, des oursins de mer pour éperons, et pour fronde une anguille tenant en guise de pierre un œuf farci entre ses dents !

MYLIO. — Telle est la gloutonnerie de ce messire goinfre, qu'en dormant il rêve de mangeaille ! Ah ! satané gourmand.

— PEAU-D'OIE. — Malheureux ! tu m'as arraché de la bouche des mets qui ne me coûtaient rien !... car, hélas ! si *Carême* était savoureusement armé, *Mardi-Gras* ne l'était pas moins : casqué d'un pâté de venaison dont un succulent paon rôti formait le cimier, *Mardi-Gras*, tout bardé de jambon, enfourchait un cerf dont les bois ramus étaient chargés de perdrix, et tenait pour lance une longue broche garnie de chapons rôtis ! (*S'adressant au trouvère avec un redoublement de fureur grotesque,*) Truand ! homme sans foi ni loi ! tu m'as éveillé au moment où *Carême* succombant sous les coups de *Mardi-Gras*, j'allais manger vainqueur et vaincu ! armes et armures ! tout ! manger tout, jusqu'aux montures des combattants ! Ah ! de ma vie je ne te pardonnerai ta scélératesse...

MYLIO. — Calme-toi, je remplacerai ton rêve par la réalité. Tu ne manqueras pas de victuailles.

PEAU-D'OIE. — Corbœuf ! la belle avance ! manger les yeux ouverts, qu'y-t-il là d'étonnant ! tandis que sans toi je mangeais en dormant ! Ah ! maudit sois-tu !

MYLIO. — Mais si je te donne de quoi baffrer durant tout un jour et toute une nuit, qu'auras-tu à me reprocher ? Réponds-moi, camarade.

PEAU-D'OIE, *gravement*. — Tu me fermes la bouche en promettant de la remplir, en me proposant de quoi baffrer !

MYLIO. — Veux-tu me rendre un service !

PEAU-D'OIE. — Je suis glouton, ivrogne, joueur, libertin, putassier, menteur, tapageur, bavard, poltron ! mais, corbœuf ! je ne suis point ingrat ; jamais je n'oublierai que toi, Mylio, le brillant et célèbre trouvère, dont la harpe fait les délices des châteaux, tu as souvent partagé ta bourse avec le vieux Peau-d'Oie le Jongleur, dont l'humble vielle n'égaye que les tavernes hantées par les vagabonds, les serfs et les ribaudes ! Non, jamais je n'oublierai ta générosité, Mylio, et je te jure que tu peux toujours compter sur moi... Foi de Peau-d'Oie qui est mon nom de guerre.

MYLIO. — Ne sommes-nous pas confrères en la gaie science ? Ta joyeuse vielle, qui met en liesse les pauvres gens et leur fait oublier un moment leurs misères, ne vaut-elle pas ma harpe, qui amuse l'oisiveté libertine ou blasée des nobles dames ? Ne parlons pas des services que je t'ai rendus, mon vieil ami.

PEAU-D'OIE, *l'interrompant*. — En m'assistant, tu as fait plus que ton devoir ; jamais, non jamais je ne l'oublierai...

MYLIO. — Soit ! mais écoute-moi...

PEAU-D'OIE, *d'un ton solennel*. — ...Lorsque Dieu créa le monde, il y plaça trois espèces d'hommes : les nobles, les prêtres et les serfs ; aux nobles il donna la terre ; aux prêtres les biens des sots, et aux serfs de robustes bras pour travailler sans merci ni relâche au profit des nobles et des prêtres.

MYLIO. — Bien dit ; mais fais trêve de discours et laisse-moi t'apprendre...

PEAU-D'OIE. — ...Les lots ainsi faits par le Tout-puissant, il restait à pourvoir deux classes intéressantes entre toutes : les jongleurs et les ribaudes ; le seigneur Dieu chargea les prêtres de nourrir les putains, et enjoignit aux nobles de rassasier les jongleurs. Donc ce n'est point à toi, qui n'es pas noble, de partager ta bourse avec moi, donc tu as fait plus que ton devoir ; donc ceux qui manquent à leur mission divine envers les jongleurs, ce sont ces nobles dégénérés, ces ladres, ces crasseux, ces grippe-sou, ces cuistres, ces bélîtres, ces cocus et archi-cocus.....

MYLIO. — Sang-Dieu ! par les cornes de saint Joseph ! me laisseras-tu parler à mon tour ?

PEAU-D'OIE, *d'un ton piteux et dolent*. — Ah ! le bon temps des jongleurs est passé ! Jadis on remplissait sans cesse leur escarcelle et leur ventre. Hélas ! nos pères ont mangé la viande, nous rongeons les os ! Maintenant, parle, Mylio, je serai muet comme ma mie *Gueulette*, la fille du cabaretier, quand je la priai d'amour, la cruelle, la sacrée garce ! parle, mon secourable compagnon, je t'écoute.

MYLIO, *avec impatience*. — As-tu fini ?

PEAU-D'OIE. — Tu m'arracherais la langue plutôt que de me faire dire un mot, un seul mot de plus ! ma mie Gueulette elle-même, cette friponne dont le nez est si camus et le corsage si plantureux... avec sa gorge en bossoir...

MYLIO, *s'éloignant*. — Au diable le bavard !

PEAU-D'OIE court après le trouvère, et, imitant les gestes d'un muet, il lui jure sur sa vielle qu'il ne prononcera plus un mot.

MYLIO, *revenant*. — J'ai là, dans mon aumônière, dix beaux deniers d'argent ; ils seront à toi si tu me sers bien ; mais pour chaque parole superflue ce sera un denier de moins.

PEAU-D'OIE jure de nouveau par gestes sur sa vielle et sur son chapel de feuilles de vigne, qu'il restera muet comme une carpe.

MYLIO. — Tu connais Chaillot, le meunier de l'abbaye de Citeaux ?

PEAU-D'OIE fait un signe de tête affirmatif.

MYLIO, *souriant*. — Tudieu ! maître Peau-d'Oie, vous êtes ménager de vos deniers d'argent. Donc ce Chaillot, ivrogne fieffé, a pour femme Chaillotte, fieffée coquine ; accorte en son temps, elle faisait bonne fête aux moines de Citeaux lorsqu'ils allaient collationner à son moulin ; seule elle n'aurait pu tenir tête à ces rudes buveurs, aussi mandait-elle à son aide quelques gentilles serves de son abbaye. Sa meunerie devenait bordel. Il y a quinze jours, l'abbé Reynier, supérieur de Citeaux...

PEAU-D'OIE. — Si je ne craignais que cela me coûtât un denier d'argent, je dirais que Reynier est le plus forcené ribaud, le plus méchant coquin que le diable ait tonsuré ! mais de peur de payer ces vérités de mon pécule, je reste muet !

MYLIO. — En faveur de la ressemblance du portrait, je te pardonne l'interruption ; mais ne recommence plus ! Or, cet abbé Reynier me dit, il y a quinze jours : « — Veux-tu voir un trésor de beauté rustique ? viens demain collationner avec nous au moulin de l'abbaye ; là se trouve une fillette de quinze ans ; sa tante la meunière l'a élevée à l'ombre pour en faire un jour un morceau d'abbé. Le moment viendra bientôt de croquer ce friand tendron ; je veux te faire juge de sa gentillesse. » — J'acceptai l'offre de l'abbé : j'aime à voir en débauche ces moines, que je hais ; ils me fournissent ainsi de bons traits pour mes satires. J'accompagnai donc au moulin le supérieur et quelques-uns de ses amis; grâce aux provisions apportées de l'abbaye, la chair était délicate, le vin vieux, les têtes se montent, et, à la fin du repas, cette infâme Chaillotte amène triomphalement sa nièce, une enfant de quinze ans, jolie! mais jolie!... une fleur de grâce et d'innocence... A sa vue, ces ribauds enfroqués, ces piliers de bordels, échauffés par le vin, se lèvent en hennissant d'admiration lubrique; la pauvre petite, éperdue de frayeur, se recule brusquement, oubliant que derrière elle est ouverte une fenêtre sans appui et donnant sur la rivière du moulin...

PEAU-D'OIE, *d'un air apitoyé.* — Et la fillette tombe à l'eau? Pauvre petite!

MYLIO. — Oui, mais heureusement, je m'élance... Il était temps : Florette, entraînée par le courant, allait être broyée sous la roue du moulin au moment où je l'ai retirée de la rivière.

PEAU-D'OIE. — Dût-il m'en coûter mes dix deniers, je crierais à pleins poumons que tu t'es conduit en garçon de cœur!

MYLIO. — Je ramène Florette sur la rive; elle revient à elle; je lis dans son doux regard sa reconnaissance ingénue; profitant du temps que met l'infâme Chaillotte à venir nous rejoindre, je dis à la pauvre enfant : — « On a sur toi des projets odieux; feins, pendant le plus longtemps possible d'être malade des suites de ta chute; je veillerai sur toi. » — Puis, remarquant que nous nous trouvions dans un clos entouré d'une charmille, j'ajoute : — « Après demain soir, lorsque ta tante sera couchée, si tu le peux, viens me trouver ici, je t'en apprendrai davantage. » — Florette me promit tout ce que je voulus; et le surlendemain elle était au rendez-vous... Les choses en sont là.

PEAU-D'OIE. — Hé... hé... de sorte que tu as croqué le friand morceau que ce coquin d'abbé se réservait? C'était de bonne guerre.

MYLIO. — Non j'ai respecté cette charmante enfant, elle m'a séduit par sa candeur; j'en suis amoureux, amoureux fou, et je veux l'enlever cette nuit même; voici pourquoi : Hier, j'ai rencontré l'abbé. — « Eh bien; lui ai-je dit,— et cette jolie fille que toi et tes moines avez si fort effrayée qu'elle en est tombée à l'eau? — Elle a été assez souffrante des suites de cette malencontreuse baignade, — m'a répondu l'abbé; — mais sa santé s'est rétablie, et avant la fin de la semaine, — a-t-il ajouté en riant — j'irai manger une friture au moulin de la Chaillotte.»

PEAU-D'OIE. — Ah! moine scélérat! c'est toi qui devrais frire dans la grande poêle de Lucifer! Or, si l'abbé Reynier t'a dit cela hier, c'est demain vendredi, après-demain samedi..... il faut donc te hâter de soustraire cette innocente aux poursuites de ce bouc en rut!

MYLIO. — Lors de notre dernière entrevue, Florette m'a promis de se trouver à notre rendez-vous habituel cette nuit au lever de la lune...

PEAU-D'OIE. — Consentira-t-elle à te suivre?

MYLIO. — J'en suis certain.

PEAU-D'OIE. — Alors, qu'as-tu besoin de moi?

MYLIO. — Il se pourrait que cette fois Florette n'ait pu échapper à la surveillance de sa tante pour venir à notre rendez-vous.

PEAU-D'OIE. — Ce serait fâcheux, car le temps presse; il me semble déjà entendre ce coquin d'abbé rugir après sa friture...

MYLIO. — Aussi est-il indispensable que je voie Florette ce soir. J'avais prévu la possibilité d'un empêchement, voici mon projet, dont j'ai prévenu la chère enfant : Le meunier Chaillot se couche ivre chaque soir; or, si Florette, n'ayant pu sortir de la maison, manquait au rendez-vous, tu irais frapper bruyamment à la porte du moulin; Chaillot, ivre comme une brute, ne quittera certes pas son lit pour venir voir qui frappe, et...

PEAU-D'OIE, *se grattant l'oreille.* — Tu es très certain que ce Chaillot ne se relèvera point?

MYLIO. — Oui, et lors même qu'il se relèverait... Il n'y a rien à craindre de lui.

PEAU-D'OIE. — C'est que, vois-tu, ces meuniers ont la détestable habitude d'être toujours escortés d'un chien monstrueux...

MYLIO. — Maître Peau-d'Oie, je vous ai déjà pardonné des interruptions qui auraient dû réduire de beaucoup vos dix deniers, laissez-moi achever; s'il ne vous convient point de me prêter votre aide, libre à vous, lorsque je vous aurai confié mon projet. (*Peau-d'Oie jure de rester muet.*) Donc, si Florette manque au rendez-vous, tu iras frapper rudement à la porte de clôture du moulin; de deux choses l'une : ou la meunière, voyant l'ivresse de son mari, se lèvera pour aller demander qui frappe, ou elle y enverra Florette; dans le premier cas la chère enfant, c'est convenu entre elle et moi, profite de l'absence de sa tante et accourt me rejoindre; dans le second cas Florette, ayant un prétexte pour sortir de la maison, vient encore me retrouver, au lieu d'aller voir qui frappe à la porte. Maintenant, supposons que, par miracle, Chaillot, ne s'étant pas couché ivre, vienne demander qui va là? (*Peau-d'Oie imite l'aboiement d'un chien.*) Oui, je vous comprends, messire poltron, Chaillot vient avec son chien, et de ce chien vous avez grand'peur, hein? (*Peau-d'Oie fait un signe affirmatif en frottant le derrière de ses chausses.*) Mais ne savez-vous pas, dom couard, que la nuit, de crainte des larrons, les habitants des maisons isolées n'ouvrent jamais tout d'abord leur porte? qu'ils demandent, à travers l'huis, ce qu'on leur veut? vous n'aurez donc rien à redouter de ce terrible chien; vous direz seulement à Chaillot que vous désirez sur l'heure parler à sa femme de la part d'un moine de Cîteaux ; le meunier courra chercher sa digne compagne ; elle s'empressera de venir, car la vieille entremetteuse a toujours plus d'un secret avec ces papelards, et alors je me fie à votre faconde, seigneur jongleur, pour expliquer le but de votre visite nocturne et retenir le plus longtemps possible Chaillotte à la porte par le charme irrésistible de vos balivernes.

PEAU-D'OIE. — Vénérable matrone ! — dirai-je à la meunière, — je viens frapper à votre porte pour vous offrir mes petits services : je sais casser des œufs en marchant dessus, vider un tonneau par sa bonde, faire rouler une boule et éteindre une lampe en la soufflant... Avez-vous besoin de coiffes pour vos chèvres ? de dents pour vos chiens ? de souliers pour vos vaches ? Je sais fabriquer ces menus objets... je sais encore mille secrets des plus curieux...

MYLIO. — Je ne doute pas de ton éloquence, réserve-la pour Chaillotte. Voilà donc mon projet, veux-tu m'aider ? Si tu y consens, ces dix deniers d'argent sont à toi.

PEAU-D'OIE. — Donne... donne... cher et tendre ami. Je te glorifierai pour ta libéralité.

MYLIO, *lui mettant l'argent dans la main.* — Voilà les dix deniers d'argent.

PEAU-D'OIE *saute, gambade, trémousse son énorme bedaine en faisant tinter l'argent dans sa main. Il suit Mylio en disant :* — O dom argent ! bénis sois-tu, dom argent ! avec toi l'on achète cottes de femmes et absolutions ! chevaux gascons et abbayes ! belles damoiselles et évêchés ! O dom argent ! montre seulement un coin de ta face reluisante et aussitôt, à ta poursuite, l'on voit trotter les ribaudes, courir les boiteux ! (*Il chante en dansant.*)

> Robin m'aime, Robin m'a ?
> Robin me demande, il m'aura !
> Robin m'acheta une cotte
> D'écarlate bonne et belotte.
> Robin m'aime, Robin m'a !

(Peau-d'Oie, sautant et chantant, suit Mylio, qui prend à travers les arbres un sentier conduisant au moulin de Chaillot.)

. . . .

Après l'escaboucle étincelante, l'humble violette cachée sous la mousse. Vous avez assisté, fils de Joël, au divertissement libertin, lubrique des nobles dames réunies au verger de la marquise d'Ariol ; oubliez les arbres rares, les fleurs cultivées avec soin, les bassins de marbre ; oubliez ces magnificences pour le spectacle agreste qui s'offre à vos yeux ; voyez : la lune s'est levée dans l'azur du ciel étoilé, elle éclaire de ses rayons une saulaie ombreuse, sous laquelle coule et murmure un ruisseau formé par le trop-plein des eaux retenues pour le service du moulin de Chaillot ; le murmure de cette onde courant et bruissant sur un lit de cailloux, puis, de temps à autre, le chant mélodieux du rossignol, sont l'harmonie de cette belle nuit, embaumée par le parfum du thym sauvage, des iris et des genêts. Une enfant de quinze ans, c'est Florette, est assise au bord du ruisseau, sur le tronc renversé d'un vieux saule ; un rayon de la lune, perçant la voûte ombreuse, éclaire à demi la figure de la fillette : ses longs cheveux châtains, séparés sur son front virginal, tressés en deux longues nattes, traînent jusque sur le gazon ; pour tout vêtement elle porte une vieille jupe de serge verte par-dessus sa chemise de grosse toile grise, fermée à la naissance de son sein virginal par un bouton de cuivre ; ses jolis bras sont nus comme ses jambes et ses pieds, que caresse l'onde argentée du ruisseau ; car, pensive et pleurante, Florette s'est assise là, sans s'apercevoir que ses pieds trempaient dans l'eau. Vous avez vu, fils de Joel, les beaux ou charmants visages des nobles amies de la marquise d'Ariol ; mais aucune d'elles n'était douée de cette grâce pudique et touchante qui donne aux traits ingénus de Florette un charme inexprimable ; n'est-ce pas le fruit dans sa prime-fleur, lorsque au matin, à demi-caché sous la feuille humide de la rosée nocturne, il offre à vos yeux ravis cette fraîcheur vaporeuse que le plus léger souffle peut ternir ? Telle est *Florette la Filaresse*. Laborieuse enfant, de l'aube au soir, et souvent la nuit, à la clarté de sa petite lampe, elle file, file et file encore le lin et le chanvre, du bout de ses doigts mignons, non moins déliés que son fuseau. Toujours enfermée dans un réduit obscur, le teint pur et blanc de cette jeune serve n'a pas été brûlé par l'ardeur du soleil ; le dur travail des champs n'a pas déformé ses membres délicats. Florette est là, tellement absorbée dans sa tristesse, qu'elle n'entend pas un léger bruit à travers la charmille dont est entouré l'enclos du moulin ; oui, si chagrine, si rêveuse est Florette, qu'elle ne voit pas Mylio qui, ayant escaladé la haie, s'avance avec précaution, regardant de çà, de là, comme s'il cherchait quelqu'un ; puis, apercevant la jeune fille, qui, toujours assise, lui tourne le dos, il s'approche sans être entendu d'elle, et souriant lui pose doucement ses deux mains sur les yeux ; mais sentant couler sous ses doigts les larmes de la serve, il saute par-dessus le tronc de l'arbre, s'agenouille devant elle, et lui dit d'une voix inquiète et attendrie :
— Tu pleures, ma belle enfant ?

FLORETTE, *essuyant ses yeux et souriant*. — Vous voilà, Mylio ; je vais essayer de ne plus pleurer. Votre vue me donne force et courage.

MYLIO. — Je craignais de ne pas te trouver à notre rendez-vous ; mais me voici près de toi, j'espère calmer ton chagrin. Dis, chère enfant, de ce chagrin, quelle est la cause ?

FLORETTE. — Ce soir, ma tante Chaillotte m'a donné une jupe neuve, une gorgerette de fine toile, et m'a apporté du muguet et des roses, afin que je me tressasse un chapel fleuri.

MYLIO. — Ces apprêts de parure ne doivent pas avoir fait couler tes larmes ?

FLORETTE. — Hélas ! ma tante veut ainsi me parer parce que demain le seigneur abbé vient au moulin... et à mon intention, a-t-elle ajouté.

MYLIO. — Quoi ! cette infâme Chaillotte...

FLORETTE. — Ma tante m'a dit : « Si le seigneur abbé te prie d'amour, tu dois te livrer à lui. Une fille ne doit rien refuser à un prêtre. »

MYLIO. — Et qu'as-tu répondu ?

FLORETTE. — Que j'obéirais au saint abbé.

MYLIO. — Tu consentirais ?...

FLORETTE. — Je ne voulais pas irriter ce soir ma tante par un refus ; elle a été sans défiance, et j'ai pu me rendre ici.

MYLIO. — Mais demain, lorsque l'abbé viendra... tu consentiras au sacrifice ?

FLORETTE. — Demain vous ne serez plus là, comme il y a quinze jours, Mylio, pour venir à mon secours, et m'empêcher d'être écrasée sous la roue du moulin...

MYLIO. — Songerais-tu à mourir ?

FLORETTE. — Il y a quinze jours, par frayeur des seigneurs moines, je suis tombée à l'eau sans le vouloir... demain, c'est volontairement que je me jetterai dans la rivière. — (*La jeune fille essuie ses larmes du revers de sa main ; puis, tirant de son sein un petit fuseau de buis, elle le donne au trouvère.*) — Serve et orpheline, je ne possède rien au monde que ce fuseau ; pendant six ans, pour gagner le pain que ma tante m'a souvent reproché, ce fuseau a roulé de l'aube au soir entre mes doigts, mais depuis quinze jours, il s'est arrêté plus d'une fois, lorsque j'interrompais mon travail en pensant à vous, Mylio... à vous qui m'avez sauvé la vie... Aussi, je vous le demande comme une grâce, conservez ce fuseau en souvenir de moi, pauvre serve si malheureuse.

MYLIO, *les larmes aux yeux et pressant le fuseau de ses lèvres.* — Cher petit fuseau, compagnon des veillées solitaires de la pauvre filaresse, qui lui a gagné un pain bien amer ! toi que, rêveuse, elle a souvent contemplé suspendu à un fil léger... cher petit fuseau, je te garderai toujours, tu seras mon trésor le plus précieux ! — (*Il ôte de ses doigts plusieurs riches bagues d'or ornées de pierreries et les jette dans l'eau du ruisseau qui coule à ses pieds. Au diable tous ces impurs souvenirs.*)

FLORETTE, *avec surprise.* — Pourquoi jeter ces bagues ? Pourquoi ces imprécations ?

MYLIO. — Allez, allez, souvenirs honteux d'une existence mauvaise ! gages éphémères d'un amour changeant comme le flot qui vous emporte ! allez, je préfère le fuseau de Florette !

FLORETTE *prend les mains du trouvère, les baise en pleurant et murmure :* — O Mylio ! je mourrai contente !

MYLIO, *la serrant dans ses bras.* — Mourir ! toi mourir, chère et douce enfant ! oh ! non, non. Veux-tu me suivre ?

FLORETTE, *tristement.* — Vous vous raillez de moi. Quelle offre venez-vous de me faire ?

MYLIO. — Veux-tu m'accompagner ? Je connais à Blois une digne femme chez laquelle je te conduirai ; tu resteras cachée dans la maison deux ou trois jours, ensuite nous partirons pour le Languedoc, où je vais rejoindre mon frère. Durant le voyage tu seras ma sœur, et à notre arrivée tu deviendras ma femme ; mon frère bénira notre union. Veux-tu te confier à moi ? veux-tu me suivre à l'instant ? veux-tu venir dans mon pays, près de mon frère ? Tout ce que je t'ai dit est d'exécution facile.

FLORETTE *a écouté le trouvère avec une surprise croissante, elle passe ses deux mains sur son front, puis elle dit d'une voix tremblante :* — Je ne rêve pas ?... c'est vous qui me demandez si je veux vous suivre ? si je consens à devenir votre femme ?

MYLIO *s'agenouille devant la jeune serve, prend ses deux mains et répond d'une voix passionnée :* — Oui, douce enfant, c'est moi qui te dis : viens, tu seras ma femme ! Veux-tu être à Mylio ?

FLORETTE. — Si je le veux ! quitter l'enfer pour le paradis ! Oui, je consens à te suivre.

MYLIO *se relève vivement et tend l'oreille du côté de la charmille.* — C'est la voix de Peau-d'Oie, il crie à l'aide ! Que se passe-t-il ?

FLORETTE, *joignant les mains avec désespoir.* — Ah ! je le disais bien, c'était un rêve !

MYLIO *tire son épée, prend la main de la jeune fille.* — Suis-moi, chère enfant, ne crains rien. Mylio saura te défendre.

Le trouvère s'avance rapidement vers la charmille, tenant toujours par la main Florette, qui le suit ; les cris de Peau-d'Oie redoublent à mesure que Mylio s'approche de la haie qui entoure le jardin du moulin, et derrière laquelle il fait cacher Florette, lui recommandant de rester immobile et muette ; puis il franchit la clôture et voit, à la clarté de la lune, le jongleur haletant, soufflant et se colletant avec un homme, dont les traits sont cachés par le capuchon de sa chape brune. A l'aspect de Mylio accourant à son secours, Peau-d'Oie redouble d'efforts et parvient à renverser son adversaire ; abusant alors de sa pesanteur énorme et contenant facilement sous lui l'homme à la chape, le jongleur, mis hors d'haleine par cette lutte, se repose, se vautre, s'étend, se goberge sur le vaincu, qu'il écrase, et qui murmure d'une voix à la fois courroucée et suffoquée : — Misérable... truand... tu... m'étouffes...

PEAU-D'OIE, *d'une voix haletante.* — Ouf ! après la victoire qu'il est délectable, qu'il est glorieux de se reposer sur ses lauriers ! Victoire, victoire, Mylio !... Le monstre est abattu.

L'HOMME A LA CHAPE. — Je meurs... sous cette montagne de chair ! au secours... à l'aide !... au secours !... à l'aide !...

MYLIO. — Mon vieux Peau-d'Oie, jamais je n'oublierai le service que tu m'as rendu. Ne bouge pas, maintiens toujours notre homme ; empêche-le de se lever et de fuir.

PEAU-D'OIE, *prenant de plus en plus ses aises sur le corps de son adversaire.* — Je voudrais bouger que je ne le pourrais point, tant je suis essoufflé ; je me trouve d'ailleurs... assez commodément sur deux coussins rebondis.

L'HOMME A LA CHAPE. — A l'aide ! au meurtre ! ce gueux me brise les côtes !... au secours !...

MYLIO, *se baissant vivement.* — Je connais cette voix.... — *(Il écarte le capuchon qui cache les traits du vaincu et s'écrie :)* — L'abbé Reynier !... le supérieur de l'abbaye de Citeaux !...

PEAU-D'OIE, *faisant un brusque mouvement qui arrache au moine un gémissement plaintif.* — Un abbé ! j'ai pour couche les deux fesses d'un abbé ! Corbœuf ! si je m'endors, je rêverai de friandes nonnettes en léger costume !

MYLIO, *au moine.* — Ah ! ah ! dom ribaud ! mordu par votre luxurieux appétit, vous n'avez pu attendre jusqu'à demain pour manger ce savoureux plat de friture dont vous me parliez hier ? Oui, la faim pressant, vous alliez cette nuit même vous introduire chez cette infâme Chaillotte, certain qu'elle vous servirait à toute heure un plat de son honnête métier : Ah ! ah ! messire Priape ! vous voici comme un renard pris sous l'assommoir !

PEAU-D'OIE. — J'étais caché dans l'ombre, j'ai vu ce dom ribaud s'avancer vers la charmille, se préparer à l'escalader ; alors en vrai César, j'ai fondu sur lui et j'y fonds encore... car je suis en eau... Mais l'ennemi est vaincu.

L'ABBÉ REYNIER, *gémissant toujours sous le poids de Peau-d'Oie.* — Ah ! vils jongleurs ! vous payerez cher vos outrages...

MYLIO. — Tu dis vrai, Reynier, abbé supérieur des moines de Citeaux de l'abbaye de Saint-Victor ! demain il fera jour, et ce jour éclairera ta honte... Vous autres tonsurés, forts de votre hypocrisie, de votre toute-puissance et de l'hébétement des sots, vous terrifiez les simples et les poltrons ; mais mon vaillant ami Peau-d'Oie et moi nous ne sommes ni poltrons ni simples ; nous aussi, nous avons notre puissance ! Or, retiens ceci, dom ribaud : si tu as l'audace de vouloir nous causer quelque dommage pour l'aventure de cette nuit, nous la mettrons en chanson, Peau-d'Oie pour les tavernes, et moi pour les châteaux, et pardieu ! d'un bout à l'autre de la Gaule on chantera le Lai de « Reynier, abbé de Citeaux, allant de nuit manger une friture chez Chaillotte la meunière et ne trouvant plus la pucelle. »

PEAU-D'OIE. — Grand friturier de tendrons ! et fie-toi à moi pour assaisonner de gros sel la plantureuse friture de l'abbé de Citeaux !

L'ABBÉ REYNIER, *d'une voix toujours étouffée.* — Vous êtes des scélérats... je suis à votre merci... je vous promets le silence... Mais, Mylio, tu ne veux pas ma mort ?... ordonne donc à ce monstrueux coquin de bouger... je suffoque... grâce et miséricorde !

MYLIO. — Pour te punir d'avoir rêvé un paradis d'amour, fais encore un peu ton purgatoire, mon pudique moine. Toi, Peau-d'Oie, maintiens-le jusqu'à ce que j'aie crié : Bonsoir, dom ribaud. Alors tu te soulèveras, et le seigneur renard pourra s'échapper l'oreille basse et regagner son saint terrier ; voici mon épée pour contenir ce modèle de chasteté monacale, s'il tentait de se rebeller contre toi. Demain matin, mon vaillant César, je te dirai mes projets.

PEAU-D'OIE *prend l'épée, se soulève, et, changeant de posture, s'assied sans plus de façon, et en plein, sur le ventre du supérieur de l'abbaye de Citeaux ; puis le tenant en respect avec la pointe de l'épée, il dit :* — Va, Mylio, j'attends le signal.

Le trouvère rentre dans le jardin, et bientôt en sort avec Florette, qu'il a enveloppée de son manteau ; il la prend entre ses bras, afin de l'aider à franchir la haie, puis les deux amoureux se dirigent rapidement vers un chemin ombragé de grands arbres, par lequel ils disparaissent. A la vue de la jeune serve, qu'il a reconnue, l'abbé Reynier pousse un soupir de regret et de rage, soupir rendu doublement plaintif par la pression du poids du jongleur, qui, toujours assis sur le ventre du moine, essaye de charmer ses loisirs en lui chantant ce *tenson* de sa façon :

> Quand florit la violette,
> La rose et le glayol,
> Quand chante le rossignol,
> Je sans ardre l'amourette,
> Et fais chanson joliette
> Pour l'amour de ma miette,
> Pour l'amour de ma Guenlette.

L'ABBÉ REYNIER, *d'une voix défaillante* — Ce truand... me... crève les entrailles... me fait rendre l'âme... — *et il laisse échapper un pet formidable.*

MYLIO, *dans le lointain.* — Bonsoir, dom ribaud ! Tu te fais entendre de loin.

PEAU-D'OIE, *à l'abbé, en se soulevant péniblement d'une main, et de l'autre menaçant toujours le moine de l'épée en s'en allant à reculons.* — Bonsoir, dom ribaud ! voici la moralité de l'aventure : « Souvent celui-là qui met le poisson en poêle... le voit manger par autrui. »

La nuit et les deux tiers du jour se sont passés depuis les aventures de la veille. Vous voyez une longue avenue d'arbres odoriférants conduisant à la COUR D'AMOUR, autrement dite *le plaid sous l'ormeau*; ce plaid se tient dans le jardin du château d'Eglantine, vicomtesse de Séligny: de chaque côté de l'avenue, des fossés, entourés de balustres de pierre, sont remplis d'une eau limpide où nagent des cygnes et d'autres beaux oiseaux aquatiques. Ils sont amoureusement unis par couples, ils sillonnent les eaux avec grâce; les poissons du canal, brillants de pourpre et d'or, les oiseaux jaseurs, qui volettent d'arbre en arbre, sont aussi réunis par couples; un pauvre tourtereau dépareillé, perché au faîte d'un arbre desséché, gémit seul d'un ton plaintif. Cette longue allée, coupée par le pont du canal, aboutit à une pelouse de gazon émaillé de mille fleurs, au milieu de laquelle s'élève un magnifique ormeau formant un dôme épais, impénétrable aux rayons du soleil. Sous cet ormel se tient la cour d'amour, tribunal libertin, qui prend aussi le nom de *Chambre des doux engagements*; il est présidé par une *Reine de beauté*, représentant VÉNUS. Cette reine, c'est Marphise, marquise d'Ariol; les autres dames-juges sont : Déliane, chanoinesse de Nivelle, Eglantine, vicomtesse de Séligny, et Huguette de Montreuil; les hommes-juges de la cour d'amour sont d'abord : *dom Hercule, seigneur de Chinon*, redoutable chevalier, borgne, laid, mais, dit-on, fort recherché des femmes; il porte une riche tunique à manches flottantes, et, sur sa chevelure noire et crépue, un chapel de glaïeuls orné de rubans roses. Vient ensuite *Adam le Bossu d'Arras*, trouvère renommé pour ses chants licencieux, petit, bossu par derrière et par devant; ses yeux pétillent de malice, il ressemble à un vieux singe; puis maître *Œnobarbus*, le rhéteur théologal, célèbre par l'orthodoxie de ses controverses religieuses contre l'Université de Paris. Ce disputeur illustre est un homme sec, bilieux, chauve, et cependant il fait le joliet, clignote des yeux, contourne sa bouche en cœur et farde ses joues creuses; il porte une tunique de soie vert tendre, et son chapel de pâquerettes et de violettes, ne cache qu'à demi son vilain crâne pelé, couleur de citrouille ; le dernier juge masculin est *Foulques, seigneur de Bercy*, récemment de retour de la Terre sainte; son visage bronzé, cicatrisé, témoigne de ses vaillants services outre-mer; il est jeune, grand, et malgré son air quelque peu féroce, sa figure est gracieuse.

Des guirlandes de fleurs, des lacs de rubans, suspendus à des pilliers peints et dorés, marquent l'enceinte du tribunal; au-delà se tient une foule brillante et choisie : nobles dames et chevaliers, abbés et abbesses des monastères voisins; pages malins et écuyers railleurs se sont rendus à ce plaid amoureux. Parmi cette foule se trouvent les onze compagnes de Marphise, qui, la veille, ont partagé sa collation, et ont juré ensemble elle de se venger de Mylio le Trouvère, qui a échappé à leurs mauvais desseins en manquant le soir au rendez-vous qui l'appelait dans le verger de Marphise. La pétulante et rancuneuse petite comtesse Ursine, la plus forcenée de toutes ces belles courroucées, ne peut se tenir un moment en place; elle va, elle vient de l'une à l'autre de ses amies d'un air affairé, irrité, parlant à l'oreille de celle-ci, faisant un signe à celle-là, et de temps à autre échangeant un regard d'intelligence avec Marphise, la présidente du tribunal. Deux grands poteaux couverts de feuillages et de fleurs, surmontés de bannières de soie où sont peintes d'un côté *Vénus*, et de l'autre son fils *Cupidon* indiquent l'entrée de la cour d'amour. Là se tient *Giraud de Lançon*, noble chevalier, portier de la *chambre des doux engagements*; il ne laisse entrer nulle requérante sans exiger pour péage un beau baiser; en dedans de l'enceinte, se tiennent aux ordres du tribunal, Guillaume, seigneur de Lamotte, *Conservateur des hauts priviléges d'amour*; Lambert, seigneur de Limoux, *Bailli de la joie des joies*, Hugues, seigneur de Lascy, *Sénéchal des marjolaines*, et comme tel introducteur des plaideuses, desquelles il a aussi le droit, de par sa charge, d'exiger un beau baiser; de plus il est tenu d'assister le *Bailli de la joie des joies* pour enchaîner les condamnés avec des lacs de rubans et de fleurs, et les conduire à la prison d'amour, sombre tonnelle de verdure garnie de lits de mousse, située dans un lieu écarté du jardin. C'est au fond de cet ombreux et frais réduit que s'exécutent souvent, sur l'heure et à huis-clos, les arrêts prononcés contre les amants par la chambre des doux engagements, arrêts ordonnant : raccommodements savoureux ou expiations plantureuses.

Telles sont les mœurs des nobles hommes, tels sont les passe-temps et les distractions des nobles dames en ce temps-ci. Fils de Joël, écoutez, regardez, mais ne vous étonnez pas si parfois votre cœur se soulève d'indignation et de dégoût. Putains et ribauds rivalisent.

Bientôt la foule fait silence; Marphise, la présidente, ouvre une cage à treillis d'or placée près d'elle; deux blanches colombes s'en échappent, volettent un moment, puis vont se percher sur l'une des branches de l'ormel, où elles se becquettent amoureusement; ce vol des colombes annonce l'ouverture du plaid.

MARPHISE *se levant*. — Que notre conservateur des hauts priviléges d'amour appelle les causes qui doivent venir aujourd'hui par-devant la chambre des doux engagements.

Mylio le Trouvère et Peau-d'Oie

GUILLAUME DE LAMOTTE, *lisant sur un parchemin orné de fleurs bleues et roses :* — *Aigline*, haute et noble dame de la Roche-Aubert, chanoinesse de Mons-en-Puelle, demanderesse contre *sœur Agnès*, religieuse bernardine, ayant pour surnom *la belle en fesses*.

Les deux plaideuses sortent de la foule et s'approchent de l'enceinte du tribunal, conduites par le *Sénéchal des marjolaines*. La chanoinesse *Aigline* est belle et grande, son air est impérieux. Elle s'avance, fière et superbe, vêtue d'une longue robe écarlate brodée d'hermine ; sa démarche délibérée, son regard noir, brillant et hardi, sa beauté altière, contrastent avec l'humble attitude de son adversaire, *sœur Agnès la bernardine aux belles fesses* ; celle-ci porte une simple robe de bure grise, luisante et proprette, qui, malgré sa coupe austère, trahit le léger embonpoint de la nonnette ; un voile de lin, blanc comme la neige, encadre son visage éclatant de fraîcheur et de santé ; ses joues dodues et vermeilles sont duvetées comme une pêche ; un sourire, à la fois béat et matois, effleure sa bouche, quelque peu grande, mais d'un humide incarnat et meublée de dents perlées ; ses grands yeux bleus, amoureux, mais dévotement baissés, son allure de chatte-mite, rasant la fine pelouse presque sans faire tressaillir les plis de sa robe, font de sa jolie personne une des plus appétissantes nonnains dont le sein ait jamais soupiré sous la guimpe et dans les oratoires des couvents.

Au moment où la svelte et hautaine chanoinesse, accompagnée de la modeste et rebondie petite sœur grise, passe devant Giraud de Lançon, grand diable au teint basané, à l'œil de feu, préposé à la porte du prétoire amoureux, il réclame des deux plaideuses son droit de

97ᵉ livraison

péage : un beau baiser. La superbe Aigline jette ce baiser avec le dédaigneux orgueil d'un riche qui fait l'aumône à un pauvre; sœur Agnès, au contraire, acquitte son péage avec tant de conscience et de suavité, que les yeux du portier brillent comme des charbons ardents. La chanoinesse et la bernardine entrent dans l'enceinte réservée aux plaideurs. Aigline s'avance résolûment au pied du tribunal, et, après s'être à peine inclinée, comme si cette preuve de déférence eût fort coûté à son orgueil, elle s'adresse ainsi, d'une voix sonore, à Marphise, trônant au lieu et place de Vénus, reine des amours :

— Gracieuse reine, daigne nous écouter, reçois avec bonté les plaintes de sujettes fidèles qui, jusqu'ici, ardentes pour ton culte, promettent de conserver toujours le même zèle. Longtemps tout ce qui était noble et preux se faisait gloire de nous aimer, nous autres chanoinesses ; mais voilà qu'aujourd'hui les nonnes grises, les bernardines, s'efforcent de nous enlever nos amis ; elles sont agaçantes, complaisantes, n'exigent ni soins, ni patients dévouements ; aussi les hommes ont-ils parfois la bassesse de les préférer à nous autres femmes nobles. Nous venons donc, gracieuse reine, te supplier de réfréner l'insolence des bernardines, afin que désormais elles ne puissent plus prétendre aux nobles hommes qui sont faits pour nous, et pour lesquels nous sommes créées.

La bernardine, à son tour, s'approcha si timidement, si modestement, ses mains blanchettes si pieusement jointes sur son sein rondelet, que tous les cœurs sont pour elles avant qu'elle ait parlé ; puis, au lieu de s'incliner à demi devant le tribunal, comme son accusatrice, la petite sœur grise, avec humilité, s'agenouille, et, sans même oser lever ses beaux yeux bleus, elle s'adresse ainsi à Marphise, d'une voix douce et perlée :

— Reine aimable et puissante, au service de laquelle nous sommes vouées pour la vie, nous autres pauvres bernardines, je viens d'entendre le reproche de nos fières ennemies... Quoi ! le Dieu tout-puissant ne nous a-t-il pas aussi créées pour aimer ? n'en est-il pas parmi nous d'aussi belles, d'aussi savoureuses que parmi ces chanoinesses si superbes? L'hermine et l'écarlate ornent leurs habits, et les nôtres n'ont, dans leur simplicité, d'autre luxe que la propreté, j'en conviens ; mais en récompense, nous avons des soins, des prévenances, des gentillesses qui valent bien, ce me semble, une belle robe. Les chanoinesses prétendent que nous leur enlevons leurs amis..... Non, non, c'est leur fierté seule qui les écarte ; aussi, attirés par notre angélique douceur, viennent-ils à nous. Plaire sans exigences, charmer sans dominer, offrir un amour humble, mais fervent et désintéressé, voilà tout notre art. O aimable reine ! est-ce de notre faute si nos adversaires ne pratiquent point cet art si simple — l'art d'aimer?

AIGLINE LA CHANOINESSE, *avec emportement.*
— Eh quoi ! ces servantes des pauvres ajoutent l'insulte à l'arrogance ! Certes, celui-là doit bien rougir de son goût, qui préfère à nous ces bernardines, avec leur cotte grise et leurs niais commérages de couvent. Sans leurs agaceries impudentes et obstinées, quel chevalier songerait à elles ? Des provocations effrontées, tel est donc le secret de leur pouvoir, puisqu'il faut te le dire, ô reine, à la honte de l'amour dont tu es la mère, à la honte de l'amour qui gémit de voir ainsi se dégrader, par la bassesse de leurs attachements, tant de nobles cœurs qui devraient nous appartenir. (*S'adressant impérieusement à la petite sœur grise.*) Allez, ma mie ! vous avez vos moines mendiants et vos frères convers, que cela vous suffise ; gardez-les ; ils feraient piètre mine dans nos moutiers de Maubeuge, de Mons ou de Nivelle, rendez-vous de la belle et galante compagnie ; mais n'élevez point vos prétentions jusqu'aux chevaliers, aux princes de l'Église, aux nobles, aux chanoines et aux abbés, je vous le défends !

LA BERNARDINE, *avec un accent doucereusement aigrelet.* — Vous en revenez toujours à nos cottes grises ! Certes elles ne valent pas vos belles robes écarlates ; aussi n'est-ce point en cela que nous nous comparons à vous, nobles chanoinesses ; mais nous pensons au moins vous égaler par le cœur, la jeunesse et par nos charmes secrets. C'est au nom de ces humbles agréments que nous croyons posséder, c'est au nom de la ferveur avec laquelle nous avons toujours desservi tes autels, ô aimable reine, que nous te conjurons de nous accorder bénéfice d'amour, à nous bernardines, requérant qu'il plaise à la Cour de repousser l'injuste prétention des chanoinesses, et que, par arrêt de la chambre des doux engagements, ces insatiables demanderesses se voient et demeurent à jamais... déboutées.

La petite sœur grise, après avoir prononcé avec énergie les derniers mots de son plaidoyer, s'incline modestement devant la Cour. Aussitôt de bruyantes discussions s'engagent dans l'auditoire, les opinions sont partagées : les uns approuvent le fier accaparement auquel aspirent les chanoinesses ; d'autres au contraire, soutiennent que les bernardines ont pour elles le bon droit, en ne voulant pas se laisser déposséder des amis qu'elles ont gagnés par leur douceur et leur bonne grâce. Marphise, après avoir consulté le tribunal, prononce l'arrêt suivant au milieu d'un religieux silence.

— Vous, chanoinesses, et vous bernardines, vous venez ici chercher un jugement rendu au nom de la déesse d'amour, dont je suis l'indigne représentante ; voici l'arrêt qu'elle me dicte en son nom : C'est moi, Vénus, qui fais aimer; il n'est aucune créature dans la nature à qui je n'inspire quelques désirs : poissons, oiseaux, quadrupèdes, obéissent à mon empire; mais l'animal ne suit que son instinct, l'homme est le seul à qui Dieu ait octroyé le don de choisir. Ainsi, quels que soient ces choix, je les approuve, pourvu qu'ils soient guidés par l'amour. A mes yeux, la serve et la fille du monarque sont égales pourvu qu'elles soient jeunes, belles, et qu'elles aiment loyaument et plantureusement. Chanoinesses aux manteaux d'hermine et aux robes de pourpre, j'ai toujours chéri vos serviteurs : vos riches atours, vos belles grâces, votre esprit orné, votre antique noblesse vous attireront constamment des amis; conservez-les, mais ne chassez pas de ma cour amoureuse ces pauvres bernardines qui me servent, dans leurs humbles moutiers, avec tant d'ardeur, de zèle et de constance. Vous les primez par la parure; le lait et l'eau de rose donnent à votre teint une suave blancheur; l'incarnat du fard vermillonnant vos joues rend plus brillant encore le feu de vos regards ; les parfums d'Orient embaument vos cheveux élégamment tressés; sans cesse entourées par la fleur de la chevalerie et de l'Eglise, habituées aux recherches du langage et de la fine galanterie, votre entretien est plus divertissant que celui des pauvres sœurs grises, habituées aux sots propos ou aux joyeusetés grossières des moines mendiants et des frères convers. Vous êtes plus éblouissantes, plus pimpantes que les humbles bernardines; mais, cependant, la mule paisible et rebondie du curé fournit une aussi longue course que la fringante haquenée du chevalier... Par son plumage d'or et d'azur, le faisan séduit nos yeux ; néanmoins c'est de sa chair délicate, blanche et grasse dont on est friand ; et la perdrix, sous sa modeste plume grise, est aussi savoureuse que le brillant oiseau de Phénicie. Je ne saurais défendre à aucun des sujets de mon empire de préférer celle-ci à celle-là; je veux que les choix soient libres, variés, nombreux. Quant à vos amants, nobles chanoinesses, de vous seules il dépend de les conserver; soyez, comme les bernardines, douces et ardentes, complaisantes, empressées, vous n'aurez jamais à redouter des infidélités.

Ce jugement, digne de Salomon, est généralement accueilli avec faveur. Toutefois, cédant à un esprit de confrérie fort excusable, Déliane la Chanoinesse sort de ses habitudes langoureuses, et semble protester auprès des autres membres du tribunal contre un arrêt qu'elle regarde comme défavorable à l'ordre des chanoinesses. Non moins courroucée que Déliane, et oubliant le respect religieux dont on doit entourer les arrêts de la Cour souveraine, Aigline, au moment où elle sort du prétoire, sous

la conduite du *Sénéchal des marjolaines*, pince jusqu'au sang la bernardine, en lui disant d'une voix courroucée : — Ah ! servante ! tu m'as fait débouter... justes dieux !... moi !... déboutée !... — A ces paroles et à ce pincement, la petite sœur grise ne répond qu'en jetant vers le ciel un regard angélique comme pour faire hommage de son martyre au Tout-Puissant. Le léger tumulte causé par l'incartade de la chanoinesse apaisé, Marphise reprend la parole et dit : — La cause est entendue et jugée ; maintenant notre *Bailli de la joie des joies* va nous soumettre, s'il en existe, les questions de controverse amoureuse sur lesquelles la Cour peut être appelée à statuer, afin que ses décisions aient force de loi.

Le *Bailli de la joie des joies* s'avance au pied du tribunal, portant à la main un rouleau de parchemin orné de rubans, et, s'inclinant, il dit à Marphise : — Reine illustre, j'ai reçu l'envoi d'un grand nombre de questions touchant aux points les plus graves, les plus litigieux, les plus délicats de l'orthodoxie amoureuse. Du fond de toutes les provinces de l'empire de Vénus, l'on s'adresse à l'infaillible autorité de notre Cour suprême pour implorer la charité de ses lumières : *la duché des Langueurs, le marquisat des Désirs, la comté des Refus, la baronnie de l'Attente*, et tant d'autres fiefs de votre royaume, ô gracieuse reine, supplient humblement la chambre des doux engagements de résoudre les questions suivantes, afin que son arrêt mette un terme aux doutes des populations et fixe leur doctrine ; car en ces matières amoureuses, elles redouteraient l'hérésie à l'égal de la perte de leur salut.

MARPHISE. — Que notre bailli de la joie des joies nous donne lecture des questions qui sont soumises à la Cour, ensuite elle en délibérera, à moins qu'il ne survienne une cause à juger d'urgence. (En disant ces derniers mots, Marphise échange un regard d'intelligence avec la comtesse Ursine, dont la pétulante impatience semble s'augmenter à chaque instant.)

LE BAILLI DE LA JOIE DES JOIES. — Voici les questions qui sont soumises à la suprême et infaillible décision de la Cour :

« 1º — Lequel doit éprouver le plus grand chagrin, de celui dont la maîtresse est morte, ou de celui dont la maîtresse ne l'aime plus ?

« 2º — Lequel doit souffrir davantage, ou du mari dont la femme est infidèle, ou de l'amant trompé par sa maîtresse ?

« 3º — Lequel est le plus blâmable de celui qui se vante des faveurs qu'on ne lui a pas accordées, ou de celui qui divulgue celles qu'il a reçues de sa belle maîtresse ?

« 4º — Vous avez un rendez-vous d'amour avec une femme mariée, que devez-vous préférer ? Voir le mari sortir de chez votre maîtresse, vous entrant chez elle, ou de le voir y entrer, vous en sortant ?

« 5° — Vous avez une maîtresse, un rival vous l'enlève, lequel doit être le plus glorieux, de vous, qui avez été le premier amant de la belle, ou de votre rival, qu'elle vous préfère ?

« 6° — Un amant jouit des faveurs de sa maîtresse, un rival est certain de les obtenir ; elle meurt : lequel des deux doit éprouver le plus de regrets de cette perte cruelle ?

« 7° — Votre mie vous propose une seule nuit de bonheur, à la condition que vous ne la reverrez jamais, ou elle vous offre de la voir tous les jours sans jamais rien obtenir d'elle, que devez-vous préférer ? »

— Ah ! pardieu !... — s'écrie brutalement Foulques de Bercy, l'un des juges de la Cour d'amour, en interrompant le bailli de la joie des joies, — il faut accepter la nuit qui vous est proposée, et s'en donner à cœur joie.

MARPHISE, *sévèrement au seigneur de Bercy*. — Je rappellerai à notre gracieux confrère qu'en une si grave, si importante matière, l'appréciation individuelle d'un membre de la Cour ne peut préjuger en rien le fond de la quesiton. (*Foulques de Bercy s'incline*). — Que notre bailli continue sa lecture :

LE BAILLI DE LA JOIE DES JOIES. — « 8° Lequel doit s'estimer le plus heureux, d'une vieille femme ayant pour bel ami un jouvenceau, ou d'un vieillard ayant pour mie une jouvencelle ?

« 9° — Vaut-il mieux avoir pour maîtresse une dame ou une demoiselle ?

« 10° — Que doit-on préférer, une belle maîtresse infidèle, ou une maîtresse moins belle, mais fidèle à son amant ?

« 11° — Deux femmes sont égales en jeunesse, en mérite en beauté ; l'une a déjà aimé ; l'autre est encore novice en amour, doit-on être plus envieux de plaire à la première que d'être aimé par la seconde ?

« 12° — La femme qui, priée d'amour, a causé par ses refus obstinés la mort de son galant ; sera-t-elle regardée comme barbare et homicide, et responsable de cette mort ? »

Telles sont les graves questions soumises à l'infaillible décision de la chambre des doux engagements, et sur lesquelles les populations de l'empire de Cythère supplient humblement la Cour de délibérer et de statuer, afin de prendre ses arrêts pour guides, et de ne point s'exposer à tomber dans une détestable et damnable hérésie en matières amoureuses.

ADAM LE BOSSU D'ARRAS. — Comme membre de la Cour, je demanderai à notre toute belle et toute gracieuse présidente la permission de présenter une observation sur la dernière question.

MARPHISE. — Illustre trouvère, c'est toujours pour nous un bonheur d'entendre votre voix. Faites-nous part de vos précieuses observations.

ADAM LE BOSSU D'ARRAS. — M'est avis que la dernière question doit être écartée ; elle ne souffre plus la discussion, ayant été maintes fois affirmativement résolue...

MAITRE ŒNOBARBUS, *théologien*. — Oui, la question a été affirmativement résolue sur mes conclusions. Je demande à la Cour la permission de les lui rappeler.

« La Cour, consultée sur la question de savoir si une femme qui, par ses rigueurs, cause la mort du galant qui la prie d'amour, est homicide ; considérant que : si l'amour hait les cœurs durs, Dieu les hait aussi ; — considérant que : Dieu, de même que l'amour, se laisse désarmer par une tendre prière ; — considérant que : quelle que soit la manière dont vous ayez causé la mort d'un homme, vous êtes coupable de meurtre, dès qu'il appert que cette mort provient de votre fait ; la cour des doux engagements décrète cet arrêt : — La femme qui aura, par la rigueur de ses refus, causé la mort du galant dont elle aurait été loyaument priée d'amour est bien réellement coupable de barbarie et d'homicide. »

— Telle a été la décision de la Cour, je ne pense point qu'elle veuille se déjuger.

Tous les membres du tribunal se lèvent et déclarent qu'ils maintiennent leur jugement.

ADAM LE BOSSU D'ARRAS. — Afin de corroborer notre décret et de le rendre plus populaire, je propose de le formuler d'une manière facile à retenir :

> Vous êtes belle, jeune et tendre,
> Digne à autrui de faire grand bien ;
> Je vous le déclare, il n'est rien
> Qui si fort à Dieu ne déplaise,
> Que laisser mourir un chrétien,
> Que pourriez sauver à votre aise.

Le tribunal et l'auditoire applaudissent à cet arrêt formulé par les vers d'Adam le Bossu d'Arras. On passe aux autres questions.

MARPHISE. — Notre Bailli de la joie des joies insérera cette mémorable décision dans les archives de la Cour, et nous requérons tous nos trouvères, ménestrels, jongleurs, et autres frères-prêcheurs du gai savoir, de répandre, en la chantant, la formule de notre arrêt souverain parmi les populations de Cythère, afin qu'elles ne puissent exciper d'ignorance à l'endroit de cette monstrueuse hérésie : qu'une femme priée d'amour et causant, par ses refus, la mort de son galant, n'est point homicide.

MAITRE ŒNOBARBUS, *le théologien, avec un emportement fanatique*. — Oui, qu'elles sachent bien que si les autres hérésies sont d'abord et justement expiées ici-bas dans les flammes du bûcher, vestibule du feu éternel, qu'elles sachent bien, ces tigresses, qu'en attendant la fournaise de Satan, elles expieront en ce monde leur impiété au milieu de la fournaise des remords; elles auront, et le jour et la nuit, sous les yeux, se dressant devant elles, le spectre de l'infortuné, leur victime, les priant d'amour!

DÉLIANE LA CHANOINESSE, *d'un ton langoureux et apitoyé*. — Ah! c'est lors de cette poursuite outre-tombe que ces inhumaines comprendront, mais trop tard, hélas! tout le mal qu'elles ont fait!

MARPHISE, *cherchant en vain d'un regard impatient la comtesse Ursine dans l'auditoire.* — Allons... puisqu'il ne se présente à juger aucune cause d'urgence, le tribunal va s'occuper de résoudre les questions qui lui ont été soumises et qui, toutes, réclament une solution.

A peine la reine de beauté a-t-elle prononcé ces mots que la pétulante Ursine traverse la foule et se présente à l'entrée du prétoire. Giraud, seigneur de Lançon, en sa qualité de portier, réclame, selon la coutume, pour son péage, un beau baiser; Ursine en donne deux en pleine bouche, et se présente au pied du tribunal en criant : — Justice! justice!

MARPHISE, *avec un soupir d'allégement et de triomphe.* — Parlez, douce amie... justice vous sera rendue si bon droit vous avez.

LA COMTESSE URSINE, *impétueusement*. — Si j'ai bon droit, justes dieux! si nous avons bon droit, devrais-je dire! car je suis l'interprète de onze victimes dont je suis, hélas! la douzième!

MARPHISE. — Justice sera faite pour chacune et pour toutes! Quels sont vos griefs?

LA COMTESSE URSINE. — Mes onze compagnes et moi nous avions chacune en secret un bel ami, charmant, spirituel, empressé, vaillant, et soudain nous apprenons que nous avions le même amoureux! le traître nous trompait à la fois toutes les douze! Vit-on jamais pareille audace?

ADAM LE BOSSU D'ARRAS *joint les mains et s'écrie :* — Quoi! toutes les douze!... Ah! le terrible homme! Quel rude jouteur!

L'accusation de ce forfait inouï rend, pendant un moment, les membres de la Cour muets de surprise, moins Marphise, Déliane, Huguette et Eglantine, qui échangent entre elles des regards d'intelligence.

FOULQUES DE BERCY. — Je poserai à la requérante cette question : Au moment où sa coupable infidélité a été découverte, ce prodigieux félon s'était-il montré moins empressé que de coutume auprès de la demanderesse et de ses compagnes d'infortune?

LA COMTESSE URSINE, *avec une explosion d'indignation courroucée.* — Jamais le scélérat ne s'était montré plus charmant; aussi nous nous disions l'une à l'autre, en confidence, ignorant, hélas! que nous parlions du même trompeur : — « J'ai un vaillant amoureux, un incomparable bel ami! il est toujours le même... »

FOULQUES DE BERCY. — Par ainsi, vous étiez savoureusement trompées toutes les douze?

LA COMTESSE URSINE *furieuse*. — Oui! et c'est là ce qui rend ce traître d'autant plus criminel!

Foulques de Bercy, hochant la tête, ne paraît point partager l'opinion de la plaignante sur l'aggravation de culpabilité du prévenu; plusieurs membres de la Cour (moins Marphise, Déliane, Eglantine, Huguette et la majorité des belles dames de l'auditoire) semblent, au contraire, ainsi que Foulques de Bercy et plusieurs autres juges, voir une sorte d'excuse dans l'énormité même du forfait. Marphise s'apercevant avec frayeur de cette propension à l'indulgence se lève majestueusement et dit :
— J'aime à croire que tous les membres de la Cour éprouvent, comme moi, la plus légitime indignation contre le mécréant qui, foulant aux pieds toutes les lois divines et humaines de l'amour, a osé commettre un formidable attentat à la fidélité; si, cependant, je me trompe, s'il se trouve un des membres de ce tribunal pour incliner à l'indulgence à l'endroit de cette énormité, qu'il le confesse hautement, et son nom, son opinion seront proclamés dans toute l'étendue de notre royaume de Cythère.

(Profond silence parmi les membres de la Cour d'amour.)

MARPHISE *avec joie.* — Ah! j'étais certaine que ce tribunal auguste, fondé pour veiller avec une sévère sollicitude sur les crimes d'amour et les flétrir, les punir même au besoin, se montrerait digne de sa mission. (*Elle s'adresse à la comtesse*). Douce amie, avez-vous cité le criminel à notre barre?

LA COMTESSE URSINE. — Oui, je l'ai cité devant la Cour de deux engagements, et, soit audace, soit conscience de son forfait, il s'est rendu à la citation; je demande qu'il plaise à la Cour de le livrer aux douze victimes de sa félonie, elles tireront de lui une vengeance éclatante. (*Avec impétuosité*.) Il faut que désormais, ce monstre, ce traître, ce félon, ne puisse plus tromper aucune femme.. et qu'il soit puni sur l'heure.

MARPHISE *se hâtant d'interrompre la comtesse.* — Douce amie, la Cour, avant d'appliquer la peine, doit entendre l'accusé.

LA COMTESSE URSINE. — Le coupable s'est rendu à notre citation en compagnie d'un gros vilain homme peut être, selon l'accusé, nécessaire à sa défense. Ils sont tous deux enfermés dans la geôle d'amour, au fond du jardin.

MARPHISE. Nous requérons notre *Sénéchal des marjolaines* et notre *Bailli de la joie des joies* d'aller chercher le coupable et de l'amener ici, enchaîné, selon la coutume, avec les guirlandes fleuries et les rubans à nos couleurs.

Le Sénéchal et le Bailli se munissent de deux longs rubans roses et bleus où sont noués, çà et là, des bouquets de fleurs, et se dirigent vers la tonnelle ombreuse pour y chercher le prisonnier; une grande agitation règne dans la foule : les avis sont partagés sur le degré de culpabilité du criminel, mais l'extrême curiosité de voir ce rude champion est unanime. Bientôt Mylio le Trouvère paraît, conduit par le Sénéchal des marjolaines et le Bailli de la joie des joies. Peau-d'Oie reste modestement en dehors du prétoire. La jeunesse et la bonne mine de l'accusé, son renom de poète, semblent disposer en sa faveur la partie féminine de l'assemblée.

MARPHISE, à *Mylio, d'une voix imposante.* — Tu es accusé, par devant la Chambre des doux engagements, d'un crime inouï dans les fastes de l'amour. Qu'as-tu à dire pour ta défense ?

MYLIO. — De quel crime suis-je donc accusé ?

MARPHISE. — Tu as trompé douze femmes à la fois ; chacune d'elles croyait seule t'avoir pour bel ami. Quelle plus noire trahison ?

MYLIO. — Quelles sont mes accusatrices ? Je demande à les voir et à leur être confronté.

LA COMTESSE URSINE, *impétueusement.* — Moi ! je t'accuse, moi l'une de tes douze victimes ; oseras-tu nier ton crime ?

MYLIO. — Mon accusatrice est si charmante, qu'innocent je m'avouerais coupable ; je suis venu faire ici une expiation solennelle du passé ; je ne pouvais mieux choisir le lieu, le moment et l'auditoire. Veuillez bien m'écouter.

MARPHISE. — Ta franchise n'atténue pas tes forfaits, mais elle fait honneur à ton caractère ; ainsi tu avoues ta félonie ?

MYLIO. — Oui, j'ai prié d'amour de nobles dames, belles, faciles, légères, folles de plaisir, et n'ayant d'autre loi que leur caprice.

MARPHISE. — Tu oses accuser tes victimes !

MYLIO. — Loin de moi cette pensée !... Elevées dans la richesse, l'ignorance et l'oisiveté, ces pauvres femmes ont cédé à des exemples, à des conseils corrupteurs. Nées dans une condition obscure, vivant honorées au milieu des travaux et des joies de la famille, elles auraient été l'exemple des mères et des épouses ; mais comment ces nobles dames n'oublieraient-elles pas, vertu, honneur, devoirs, en ces temps honteux où la débauche a son code, le libertinage ses arrêts, et où l'impudeur, siégeant en Cour souveraine, réglemente le vice et décrète l'adultère. C'est la mission de la Cour d'amour.

Une incroyable stupeur accueille les paroles de Mylio ; les membres des chambres des doux engagements s'entre-regardent un moment ébahis de ce langage irrévérencieux ; puis maître Œnobarbus le Rhéteur et Adam le Bossu d'Arras se lèvent pour répondre, tandis que le chevalier Foulques de Bercy, le Sénéchal des marjolaines et le Bailli de la joie des joies, tous preux chevaliers, cherchent machinalement leurs épées à leur côté ; mais ils siègent désarmés, selon les us de la Cour d'amour. Marphise recommande le silence, et dit au trouvère d'une voix majestueuse et indignée : — Malheureux ! tu as l'audace d'insulter ces tribunaux augustes fondés par toute la Gaule pour propager les lois de la belle galanterie !

— Et de la grandissime putanerie..... — s'écrie une petite voix flûtée en interrompant Marphise ; c'est Peau-d'Oie qui, pour lancer ces mots incongrus, a déguisé son organe et s'est traîtreusement caché derrière un massif de feuillage, auquel s'adosse un jeune page placé près de l'entrée du prétoire, non loin du Sénéchal des marjolaines. Ce dignitaire, furieux, se retourne, saisit le jouvenceau par le collet, tandis que Peau-d'Oie, quittant son abri, s'écrie, enflant encore sa grosse voix : — L'insolent drôle ! de quel bordel sort-il donc, pour se montrer si outrageusement embouché au vis-à-vis de ces nobles dames ? Il faut le chasser d'ici et sur l'heure, seigneur Sénéchal des marjolaines. Corbœuf !... expulsons-le de céans !

Le pauvre page, abasourdi, cramoisi, ahuri, veut en vain balbutier quelques mots pour sa défense ; il est battu par la foule indignée. Aussi, pour échapper à de nouveaux horions, il s'enfuit vers l'allée du canal. La vive agitation, soulevée par cet incident, se calme enfin.

MARPHISE, *avec dignité.* — Je ne sais quels mots infâmes ont été lancés par ce misérable page, ivre sans doute ; mais, en vertu du poids de leur lourde grossièreté, ces viles paroles retombées dans la fange d'où elles sont sorties, n'ont pu monter jusqu'au pur éther d'amour où nous planons ! (*Un murmure approbateur accueille la réponse éthérée de Marphise, qui continue, s'adressant à Mylio.*) Quoi ! tu as cent fois répété sur la hupe les arrêts du tribunal de Cythère, et tu viens l'insulter ! Oublies-tu que, seuls, tes chants ont abaissé la barrière infranchissable qui s'élevait entre toi et les nobles compagnies où tu étais toléré parmi les chevaliers et les abbés, toi, fils de vilain, toi, fils de serf, sans doute ! car la bassesse de ton langage d'aujourd'hui ne révèle que trop l'ignominie de ton origine.

MYLIO, *avec amertume.* — Tu dis vrai ; je suis de race serve... Depuis des siècles ta race asservit, dégrade et écrase la mienne ; oui, tandis qu'ici vous discutez effrontément en langage raffiné de sottes ou obscènes subtilités amoureuses, des milliers de pauvres serves n'entrent dans la couche de leurs époux que souillées par les seigneurs au nom d'un droit infâme ! Oh ! j'avoir oublié cela, je m'accuse... trois fois, je m'accuse !

MARPHISE. — Cet humble aveu est une preuve de la grandeur de ton insolence et de ton ingratitude. Douze fois traître et félon !

MYLIO. — Tu dis encore vrai ; cruellement ingrat j'ai été envers ma famille, lorsqu'il y a quelques années, entraîné par la fougue de la jeunesse, j'ai quitté le Languedoc, pays de liberté, pays de mœurs honnêtes; fortuné pays qui a su abaisser les seigneuries et reconquérir sa dignité, son indépendance.

MAÎTRE ŒNOBARBUS, *le rhéteur théologien, avec courroux*. — Tu oses glorifier le Languedoc, ce pays ensabbaté, ce foyer d'hérésie !...

FOULQUES, *seigneur de Bercy, avec emportement*. — Le Languedoc ! où sont encore debout ces exécrables communes populacières !

MYLIO, *fièrement*. — Je m'accuse d'avoir quitté cette noble et valeureuse province, pour venir, en ces contrées avilies, charmer par des chants licencieux cette noblesse ennemie de ma race ! C'est là mon crime.

Ces fières paroles de Mylio soulèvent l'indignation des seigneurs; Peau-d'Oie, craignant d'être victime du courroux général en sa qualité de compagnon du trouvère, profite du tumulte pour se retirer à l'écart du côté de la tonnelle de verdure servant de geôle amoureuse. La voix irritée du seigneur de Bercy domine le tumulte, et il s'écrie, en menaçant Mylio du poing : — Misérable !... oser outrager ici la seigneurie et notre sainte Église catholique ! je te ferai prendre par mes hommes, et ils useront leurs baudriers sur ton échine ! misérable esclave ! Abominable coquin !

MYLIO, *calme et dédaigneux*. — Foulques de Bercy, tes hommes sont de trop... Va chercher une épée; j'ai la mienne dans le pavillon de verdure; et par Dieu ! si tu as du cœur, cette Cour d'amour va se changer en champs clos, et ces belles dames en juges d'armes !

FOULQUES DE BERCY, *furieux*. — C'est à coups de bâton que je vais châtier ton insolence, vil serf ! A genoux, scélérat !

MYLIO, *raillant*. — Vrai Dieu ! si ta gentille femme Emmeline t'entendait me menacer, elle te dirait : — « Doux ami, n'outrage point ainsi Mylio... le père de ton dernier enfant ! »

Foulques, à ce sanglant sarcasme, s'élance de son siège ; un des nobles hommes de l'auditoire tire son épée, et la donnant au seigneur de Bercy, lui dit : — Venge ton offense ! tue ce vilain comme un chien ! — *Mylio*, désarmé croise les bras et brave son adversaire ; mais *Peau-d'Oie* qui, après avoir cédé à un premier mouvement de poltronnerie, s'était enfui du côté de la geôle amoureuse, où Mylio avait déposé son épée, Peau-d'Oie a entendu les menaces de Foulques, et songeant au péril que court le trouvère, il prend l'épée, revient en hâte, et, au moment où le seigneur de Bercy s'élance, l'arme haute sur Mylio, celui-ci entend derrière lui la voix essoufflée du vieux jongleur :

— Voilà ton épée, défends-toi, défends-nous ; car je serais écharpé en vertu de notre compagnonnage. Corbœuf ! Pourquoi sommes-nous venus nous fourrer dans ce guêpier ?

MYLIO *saisit l'épée, se met en défense.* —

Merci, mon vieux Peau-d'Oie, je vais travailler pour nous deux ! Tu vas en juger.

Le jongleur, tout tremblant, se met à l'abri du corps de Mylio ; Foulques de Bercy, surpris de voir le trouvère soudainement armé, reste un moment perplexe : un chevalier peut tuer un vilain sans défense, mais croiser le fer avec lui, c'est une honte !

MYLIO. — Quoi ! Foulques, tu as peur ! Va, ton fils sera plus vaillant que toi ; il aura du sang gaulois dans les veines !

FOULQUES DE BERCY, *poussant un cri de rage et attaquant le trouvère avec fureur*. — Tu en as menti par ta gorge ! chien !...

MYLIO, *se défendant et toujours raillant*. — Emmeline n'a-t-elle pas un petit signe noir au bas de l'épaule gauche, et un autre sur sa belle cuisse, à droite ? Réponds, dom César de Rabastens, son premier bel ami, que je vois là-bas !

FOULQUES DE BERCY, *redoublant l'impétuosité de ses attaques*. — Mort et furie ! j'aurai ta vie !

MYLIO, *se défendant et toujours raillant*. — J'avais prié ta femme d'amour, son refus devait causer mon trépas... elle m'a cédé de peur d'être homicide, selon l'arrêt que tu as doctement confirmé ! Quelle belle amoureuse !

PEAU-D'OIE, *toujours retranché derrière le trouvère.* — Corbœuf ! retiens donc ta langue. Il n'y aura pour nous ni merci, ni pitié... Tu vas nous faire écorcher vifs !

FOULQUES DE BERCY, *combattant toujours avec fureur, mais sans pouvoir atteindre Mylio*. — Sang du Christ ! ce vil manant se sert de son épée comme un chevalier !

Le combat continue pendant quelques instants avec acharnement au milieu d'un cercle formé par l'auditoire et par les membres de la Cour, sans que le trouvère et le chevalier soient blessés ; tous deux habiles et robustes sont exercés au maniement des armes. Le gros Peau-d'Oie, soufflant d'ahan, trémousse son énorme bedaine, suivant de ci, de là, autant qu'il le peut, les évolutions de Mylio, qui tour à tour avance, recule, se jette à droite ou à gauche. Enfin le trouvère, parant habilement un coup terrible que lui porte Foulques de Bercy, lui plonge son épée dans la cuisse ; le chevalier jette un cri de rage, chancelle et tombe à la renverse sur le gazon rougi de son sang. Les témoins du combat s'empressent autour du vaincu, et oublient un moment le trouvère.

PEAU-D'OIE, *essoufflé, se tenant toujours à l'abri de Mylio*. — Ouf ! ce grand coquin nous a donné furieusement de peine à abattre. Maintenant, crois-moi, Mylio, profitons du tumulte pour tirer nos chausses de la bagarre !

Soudain on entend à la porte de l'avenue du canal un bruit de clairons retentissants, et presque aussitôt on voit déboucher par cette longue allée, au galop de leurs montures, une nombreuse troupe de chevaliers armés de toutes pièces, portant à l'épaule la croix des croisades et couverts de poussière; au milieu d'eux se trouve, aussi à cheval, l'abbé Reynier, supérieur des moines de Cîteaux, vêtu de son froc blanc; des écuyers viennent ensuite, portant les bannières de leurs seigneurs; ceux-ci mettent pied à terre avant de traverser le pont, et accourent poussant des clameurs joyeuses et criant : — Chères femmes! nous voici de retour de la Terre sainte! Onze nous sommes partis, et onze nous revenons par la protection miraculeuse du Seigneur.

— Et du grand saint Arnould, le patron des cocus, — s'écria Peau-d'Oie en profitant du tumulte de cette arrivée pour gagner l'avenue du canal avec le trouvère : — Quelle heureuse chance !... C'est le retour des onze maris de tes onze mies qui te sauve du courroux de ces autres enragés ! j'en crèverai de rire !

Le jongleur et le trouvère disparaissent, grâce à l'agitation de la foule, tandis que les onze bons seigneurs croisés appellent à grands cris leurs nobles épouses (la chanoinesse Déliane n'étant pas mariée). Les onze femmes se jettent dans les bras des preux croisés, noirs comme les taupes, poudreux comme des routiers, et ils se délectent dans les embrassements de leurs fidèles épouses. Cette émotion calmée, l'abbé Reynier, vêtu de la longue robe blanche des moines de Cîteaux, monte sur le siège occupé naguère par Marphise, reine de la Cour d'amour, commande le silence et, nouveau *Coucou-Piètre*, se dispose à prêcher une autre croisade. Il ne s'agit plus d'aller, au nom de la foi, exterminer en Terre sainte les Sarrasins, mais de courir sus aux hérétiques du midi de la Gaule. Le silence se fait, et l'abbé Reynier, ce luxurieux sycophante qui, la veille encore s'introduisait dans le clos de Chaillot pour abuser de Florette, s'exprime ainsi, non pas avec le farouche emportement de Pierre l'Ermite, mais d'une voix brève, froide et tranchante comme le fer d'une hache, ainsi qu'il convient à un dignitaire de l'Eglise catholique :

— J'ai accompagné les seigneurs croisés qui, dans leur empressement de revoir plus tôt leurs chastes épouses, se rendaient en ce lieu, où se trouvent aussi réunis les plus illustres chevaliers de la Touraine. Nobles hommes, savants trouvères, nobles dames qui m'écoutez, le temps des jeux frivoles est passé, l'ennemi est à nos portes; le Languedoc est le foyer d'une exécrable hérésie qui envahit peu à peu les Gaules et menace trois choses saintes, archi-saintes : l'Eglise, la Royauté, la Noblesse. Les plus enbattus de ces mécréants, pires que les Sarrasins, arguant du primitif Evangile, nient l'autorité de l'Eglise, les privilèges des seigneurs, affirment l'égalité des hommes, regardent comme larronée toute richesse non acquise ou perpétuée par le travail; et déclarent, « que le serf est l'égal de son seigneur, et que celui-là qui n'a pas travaillé ne doit point manger!... »

PLUSIEURS NOBLES VOIX. — C'est infâme!... c'est insensé! A mort tous ces mécréants...

L'ABBÉ REYNIER. — C'est insensé, c'est infâme, et de plus, fort dangereux. Les sectaires de cette hérésie font de nouveaux prosélytes; leurs chefs, d'autant plus pernicieux qu'ils affectent de mettre en pratique les réformes qu'ils prêchent, acquièrent ainsi, sur le populaire, une détestable influence. Leurs pasteurs, qui ont remplacé nos saints prêtres catholiques, se font appeler *Parfaits*; et, dans leur scélératesse infernale, ils s'évertuent à rendre leur vie exemplaire! Il n'est que temps de les exterminer.

PLUSIEURS NOBLES VOIX. — Les misérables, les hypocrites! A mort tous ces scélérats.

L'ABBÉ REYNIER. — Le Languedoc, ce fertile pays qui regorge de richesses, est dans une situation effroyable : les prêtres catholiques y sont méprisés, conspués ; l'autorité royale y est à peine connue ; la seigneurie est non moins abaissée que l'Eglise, et, chose énorme, inouïe! cette seigneurie est presque entièrement infectée elle-même de cette hérésie; les seigneurs des villes, partout effacés par les magistrats populaires et perdant toute dignité, se confondent avec le menu peuple; le servage, en ce pays, n'existe plus, la noblesse fait valoir ses terres pêle-mêle avec ses métayers. L'on y voit des comtes, des vicomtes, se livrer au commerce comme des bourgeois et s'enrichir par le négoce! Enfin, pour comble d'abomination, la noblesse s'allie parfois à des juives, filles d'opulents trafiquants!

PLUSIEURS NOBLES VOIX. — C'est la honte, c'est l'abomination de la désolation. C'est la ruine de la chrétienté! — Cela crie vengeance! A sac le Languedoc! à mort les hérétiques!

L'ABBÉ REYNIER. — C'est à la fois une honte et un terrible danger, mes frères. L'hérésie gagne de proche en proche; si elle triomphe, c'est fait de l'Eglise, du trône et des seigneuries; le populaire perd la terreur satanique que nous lui imposons; alors il faut renoncer à nos droits, à nos biens, à nos richesses; il faut dire adieu à la vie facile, oisive, heureuse que nous menons ; il faut nous résigner à vivre de notre travail comme les serfs, les manants et les bourgeois ! Nous serons condamnés à nous servir de nos mains ! Quelle misérable perspective !

PLUSIEURS NOBLES VOIX. — C'est la fin du monde! le chaos! — Il faut en finir avec ces hérétiques! — il faut les exterminer !

L'ABBÉ REYNIER. — Pour écraser l'hérésie, mouvons une croisade contre le Languedoc ! Une telle guerre ne sera qu'un jeu pour tant d'hommes vaillants qui sont allés en Terre

Peau-d'Oie dans la taverne (page 782)

sainte combattre les Sarrasins, et sera encore plus méritoire aux yeux de Dieu.

LES ONZE CROISÉS, *tous exclament d'une voix*. — Sang du Christ ! arrivés aujourd'hui de la Palestine, si Dieu le veut, nous sommes prêts à repartir demain pour le Languedoc !

LES ONZE FEMMES, *avec héroïsme*. — Partez, ô nos vaillants époux ! nous sommes résignées à tout ce que commande le service de Dieu, et surtout à votre absence ! Partez, champions de l'Église ! Que saint Joseph vous protège !

L'ABBÉ REYNIER. — Je n'attendais pas moins de la foi de ces preux chevaliers et du courage de leurs dignes épouses ! Ah ! chers frères ! si la croisade en Terre sainte nous gagne le Paradis, sachez bien que la croisade en Languedoc, œuvre à la fois pie et terrestre, vous vaudra, de la part de Dieu, un double Paradis ; en outre vous aurez à vous partager les terres de cette riche contrée ! Telle est la volonté de notre saint père *Innocent III*. Ce grand pontife nous a donné, à nous, son serviteur, l'ordre de prêcher cette sainte guerre d'extermination ; je vais faire lecture, mes chers frères, de la lettre qu'il nous a adressée à cette occasion :

« Innocent III à son très cher fils Reynier, abbé de Cîteaux.

« Nous vous ordonnons de faire savoir à tous princes, comtes, seigneurs, de vos provinces, que nous les requérons de vous assister contre les hérétiques du Languedoc ; et, arrivés en ce pays, de bannir ceux que vous, frère Reynier, vous aurez excommuniés, de confisquer leurs biens et d'user envers eux de la dernière rigueur s'ils persistaient dans leur hérésie. Nous enjoignons à tous les catholiques de s'armer contre les hérétiques du Languedoc, lorsque frère Reynier les en requerra, et *nous accordons*

(48e livraison)

à ceux qui prendront part à cette expédition pour le maintien de la foi LES BIENS DES HÉRÉTIQUES, et les mêmes indulgences que nous accordons à ceux qui partent pour la croisade en Palestine. Sus donc, soldats du Christ! sus donc, miliciens de la sainte milice! *exterminez l'impiété* par tous les moyens que Dieu vous aura révélés ; combattez d'une main vigoureuse, impitoyable, les hérétiques, *en leur faisant plus rude guerre qu'aux Sarrasins*, car ils sont pires ; et que les *catholiques orthodoxes soient établis dans tous les domaines des hérétiques. Ainsi soit-il* »

Ces derniers mots de la lettre du pape Innocent III redoublent le religieux enthousiasme de l'auditoire. Ces nobles hommes ont souvent entendu parler des industrieux habitants du midi de la Gaule, enrichis par leurs relations commerciales, qui embrassent l'Orient, la Grèce, l'Italie et l'Espagne, et possesseurs d'un sol fertile, admirablement cultivé, qui abonde en vin, en grain, en huile, en bétail. La conquête de cette nouvelle et véritable terre promise est facile ; il s'agit d'un voyage de cent cinquante lieues au plus. Qu'est-ce qu'un semblable trajet pour ces rudes batailleurs, dont grand nombre sont allés guerroyer en Terre sainte ? La prédication de l'abbé Reynier obtint donc le plus heureux résultat ; les femmes, ravies d'être débarrassées de leurs époux, et espérant avoir leur part des dépouilles du Languedoc, excitent ces preux chevaliers à se croiser de nouveau, et sur-le-champ, contre les hérétiques. N'ont-ils pas, ces insabbattés, sans prétendre imposer leur loi aux autres provinces, aboli chez eux ces plantureux privilèges grâce auxquels les nobles dames du nord de la Gaule vivent dans le luxe, les plaisirs, l'oisiveté, le libertinage, sans autre souci que de faire l'amour! Aussi, songeant à la contagion possible d'une pareille pestilence, et se voyant réduites, par la pensée, elles, nobles dames, à vivre modestement, laborieusement de leurs travaux, comme des vilaines ou des bourgeoises, elles crient plus fort encore que leurs époux : — Aux armes ! mort aux hérétiques ! — *La Cour des doux engagements* se sépare au milieu d'une vive agitation, et la plupart des chevaliers, depuis *le Bailli de la joie des joies* jusqu'au *Sénéchal des marjolaines*, vont faire leurs préparatifs de départ pour la croisade en Languedoc, pour aller exterminer les hérétiques du midi de la France.

. . . .

Mylio et son compagnon, heureusement oubliés depuis l'arrivée des onze croisés revenus de la Terre sainte, ont profité du prêche de l'abbé Reynier pour gagner un escalier conduisant aux rives du canal ; puis là, cachés sous l'arche du pont, ils ont entendu les paroles du moine de Cîteaux et les acclamations de l'auditoire. Aussi surpris qu'alarmé de cette guerre, car son frère, Karvel le Brenn, est l'un des pasteurs ou *Parfaits* des hérétiques du Languedoc, le trouvère se hâte de quitter le jardin sans être aperçu, en suivant le bord du canal ; puis il arrive dans un endroit écarté, voisin des remparts de Blois.

PEAU-D'OIE a suivi son ami, qui, durant ce trajet précipité, est resté silencieux et profondément absorbé ; il s'arrête enfin, et le vieux jongleur essoufflé lui dit : — Parce que tu as des jambes de cerf, tu n'as pas la moindre charité pour un honnête homme empêché dans sa marche par une bedaine dont le ciel l'a affligé !... Ah ! Mylio ! quelle journée ! elle m'a altéré jusqu'à la rage. Si l'eau ne m'était point une sorte de poison mortel, j'aurais tari la rivière du jardin. Voici la nuit, si nous allions un peu reprendre nos esprits dans le cabaret de ma mie Gueulette ?... hein ?... Mylio ?... tu ne m'entends donc pas ?) *Il lui frappe sur l'épaule.*) Hé ! mon brave trouvère... est-ce que tu rêves à la lune ?

MYLIO *sort de sa rêverie et tend la main au jongleur.* — Adieu ! Je prends congé de toi.

PEAU-D'OIE. — Comment, adieu ! Tu pars ! tu abandonnes un ami... quelle ingratitude !

MYLIO *fouille à son escarcelle.* — Je partagerai ma bourse avec toi ; je n'ai pas oublié les services que tu m'as rendus.

PEAU-D'OIE *empoche l'argent que le trouvère vient de lui donner.* — Quoi ! tu délaisses ainsi ton vieux compagnon ?... je me promettais tant de joie de courir le pays avec toi !

MYLIO. — C'est impossible !... Je pars de suite et j'emmène Florette en croupe...

PEAU-D'OIE. — Je n'ai jamais eu la barbarie de songer à écraser ton cheval de mon poids ; tu viens de me donner de l'argent, j'achèterai un âne, et je le talonnerai si fort et si dru qu'il faudra bien qu'il suive le pas de ton cheval.

MYLIO. — Tu demandes à m'accompagner sans t'enquérir du but de mon voyage.

PEAU-D'OIE. — Corbœuf ! tu vas aller de château en château charmer les oreilles et les yeux des belles châtelaines, faire bombance, te divertir... Eh ! laisse-moi te suivre... A chacun son rôle : tu enchanteras les nobles dames et moi les servantes... A ta harpe, la grande salle du manoir ; à ma vielle, la cuisine et les Margotons. Vive la joie et gloire à saint Joseph ?

MYLIO. — Non, non, je renonce à cette vie de licence et d'aventures... je retourne auprès de mon frère en Languedoc ; je me marierai avec Florette, et, à peine marié, il me faudra peut-être abandonner ma femme pour la guerre.

PEAU-D'OIE. — La guerre ! Tu as dit *la guerre*.

MYLIO. — N'as-tu pas entendu ce sycophante d'abbé Reynier prêcher l'extermination des hérétiques ? Mon frère est l'un de leurs chefs, l'un des *parfaits*, je vais le rejoindre et prendre part à ses dangers. Ainsi donc, adieu ! Ce n'est pas un gai voyage que j'entreprends.

PEAU-D'OIE, *se grattant l'oreille*. — Non, tant s'en faut... et cependant, si j'étais certain de ne pas t'embarrasser en route, j'aurais grand plaisir de t'accompagner... Que veux-tu? l'amitié, l'habitude... je serais tout chagrin de me séparer de toi... Il me semble qu'après t'avoir quitté, je trouverais, pendant longtemps, le vin amer et que pas une chanson ne pourrait sortir de mon gosier. Je ne puis vivre sans ta compagnie.

MYLIO. — Ton affection me touche ; mais, venir en Languedoc, c'est aller se jeter dans les aventures de la guerre.

PEAU-D'OIE. — Je suis, il est vrai, poltron comme un lapin, mais peut-être m'aguerrirai-je en restant près de toi ; le courage est, dit-on, contagieux, et, puis, tu le vois, à l'occasion je peux être bon à quelque chose, rendre un petit service... Je t'en prie, Mylio, laisse-moi te suivre. Grâce à cet argent que tu m'as si généreusement donné, j'achèterai une monture... Tiens ! justement le père de ma mie se défaisait presque pour rien d'une vieille mule, non moins têtue que Gueulette, et, en partant avec toi, je prouverai à cette tigresse que je fais fi de ses appas. Ce sera ma vengeance. Or donc, je t'en supplie, permets-moi de t'accompagner.

MYLIO. — Soit, mon vieux Peau-d'Oie !... Va donc acheter ta monture ; voici la nuit, je cours chercher Florette chez la digne femme où je l'ai cachée ; il nous faut au plus tôt quitter Blois, où l'abbé Reynier et les amis de Foulques pourraient nous inquiéter.

PEAU D'OIE. — Qu'ils viennent !... corbœuf ! je me sens déjà valeureux... Loin de craindre les dangers, je les désire, je les appelle !... Oui, je vous défie, géants, enchanteurs, démons ! osez paraître ! osez ! (*Il suit Mylio en se trémoussant, chantant.*)

Le voyage s'effectue heureusement.

DEUXIÈME PARTIE

LES HÉRÉTIQUES DE L'ALBIGEOIS (1140-1300)

Karvel *le Parfait* et sa femme Morise. — La dame de Lavaur, son frère et son fils. — Aventures de Mylio, de Peau-d'Oie et de Florette. — La vertu de Peau-d'Oie. — Croyances et mariage des hérétiques. — Chant de Mylio sur la croisade. — L'abbé Reynier. — *Simon, comte de Leicester et de Montfort l'Amaury*. — Sa femme *Alix de Montmorency*. — Karvel, le médecin. — Mylio et Peau-d'Oie prisonniers. — Comment le vieux jongleur demande le baptême. — Les deux frères. — Le siège de Lavaur. — Aimery. — Dame Giraude et Florette. — La Torture. — Le bûcher, la torture et le glaive. — La citerne. — Le clair de lune.

Fils de Joël, vous connaissez les mœurs des nobles dames, des seigneurs et des abbés du nord de la Gaule, tous, d'ailleurs, bons catholiques, à en juger par leur ardeur à mouvoir la croisade prêchée par l'abbé Reynier contre le Languedoc : — ce pays infecté d'une diabolique hérésie, — a dit ce moine. — O Fergan, notre aïeul ! Il y a un siècle, à l'aspect de cette gigantesque tuerie de Jérusalem, où soixante-dix mille Sarrasins furent égorgés en deux jours, tu t'écriais : — « Tremblez, peuples ! l'Église de Rome s'est enivrée de sang, et cette sanguinaire ivresse durera longtemps encore ; » Tu disais vrai, Fergan ! Les monstruosités des croisades sont aujourd'hui renouvelées en Gaule... Une guerre d'extermination est déclarée par le pape, non plus aux Sarrasins, mais aux fils de la mère-patrie ! Et maintenant apprenez à connaître les mœurs de ces hérétiques du Languedoc, de ces honnêtes et laborieux habitants, contre lesquels on déchaîne tant de fureurs !

Lavaur, ville florissante du pays d'Albigeois, est située non loin d'Albi. Sacrovir le Brenn, fils de Colombaïk, et comme lui artisan tanneur, ayant amassé un petit pécule, est venu s'établir avec sa femme et ses enfants, non loin de Lavaur, vers l'année 1060. En ce pays, il acheta un bien de terre qu'il cultiva, eut de ses deux fils ; l'un mourut sans enfants ; l'autre eut pour fils Conan le Brenn, père de Karvel le Parfait et de Mylio le Trouvère. La scène se passe dans l'humble et riante demeure de Karvel, située à l'extrémité de l'un des faubourgs de Lavaur, ville forte, distante d'environ sept lieues de Toulouse, capitale du marquisat de ce nom, dont le titulaire était alors Raymond VII. Karvel le Parfait exerce la profession de médecin. Il a affermé l'héritage de son père à un métayer qui occupe avec sa famille une partie de la maison, l'autre est réservée à Karvel et à sa femme. Une vaste chambre dont l'étroite fenêtre, garnie de petits vitraux enchâssés de nervures de plomb, s'ouvre sur une prairie traversée par la rivière de l'Agout, qui coule non loin des remparts de la ville ; une grande table, couverte de parchemins, occupe le milieu de la chambre ; sur des tablettes placées le long du mur sont rangés des vases contenant des feuilles, des fleurs ou des sucs de plantes médicinales ; un fourneau garni de différents vases de cuivre sert à la distillation de certaines herbes, soin dont s'occupe Morise, épouse de Karvel, tandis que celui-ci, penché sur la table, consulte différents manuscrits sur l'art de guérir. Karvel a trente-six ans environ ; sa belle figure est surtout remarquable par son expression de haute intelligence et d'adorable bonté. Une longue robe de drap noir, largement échancrée autour du cou, laisse voir les plis de sa chemise, fermée par des boutons d'argent. Sa femme Morise est âgée de trente ans ; ses cheveux blonds, tressés en nattes, encadrent son aimable visage où, grâce à un heureux mélange, l'enjouement s'allie à la douceur et à la fermeté. Soudain elle interrompt son travail, reste un moment pensive, en contemplant un vase de cuivre de forme arrondie, sourit et dit à son mari : — Ce vase de cuivre me rappelle les folies de ce pauvre Mylio, ton frère, qui ne manquait jamais de se coiffer de ce bassin en guise de casque, pour exciter ma gaieté.

KARVEL, *souriant mélancoliquement.* — Mais aussi tu forçais notre étourdi de goûter à nos décoctions les plus amères... Cher et bon Mylio ! puisse notre ami, le marchand lombard l'avoir rejoint en Touraine !

MORISE. — Notre ami, en s'informant du célèbre Mylio le Trouvère, l'aura facilement rencontré... Le nom de ton frère est si connu qu'il est parvenu jusqu'ici ; avant-hier encore, Aimery ne nous citait-il pas des vers de Mylio traduits en langue d'oc ?

KARVEL, *encore souriant.* — Dame Giraude ne partageait pas absolument l'enthousiasme de son frère Aimery pour ces vers licencieux, non qu'elle soit d'une pruderie affectée, car jamais plus haute vertu ne s'est jointe à plus charmante indulgence... Jamais !... si... chez toi.

MORISE. — Fi ! le flatteur ! me comparer à dame Giraude ! cette femme charmante entre les plus vertueuses, qui, veuve à vingt ans, belle comme le jour, comtesse de Lavaur, et n'ayant qu'à choisir parmi les plus riches seigneurs du Languedoc, a préféré rester veuve pour se livrer toute entière à l'éducation de son fils Aloys ?

KARVEL. — Oh ! dis tout le bien imaginable de notre amie Giraude et tu resteras toujours au-dessous de la vérité... Noble femme ! quel cœur angélique ! quelle inépuisable charité ! Ah ! le proverbe du pays n'est pas menteur : « Jamais pauvre ne frappe à la porte de dame de Lavaur, qu'il ne reparte souriant. »

MORISE. — C'est elle qui surveille cette école de petits enfants qu'elle a fondée, afin de combattre l'ignorance et la misère qui engendrent tous les vices. Filles et garçons y trouvent asile.

KARVEL. — Et quel courage n'a-t-elle pas montré lors de la grande contagion de l'an passé !... quand il a fallu soigner les malades, noble et sainte femme !...

MORISE. — Combien j'admire la mâle éducation qu'elle donne à son fils ! jamais je n'oublierai ce jour où Aloys, atteignant sa douzième année, fut conduit à l'hôtel de ville de Lavaur par Giraude, qui dit à nos consuls : « Mes amis, soyez les tuteurs de mon fils ; mon père l'aurait élevé comme il l'a été lui-même, dans le respect de vos franchises communales ; le seul privilège qu'il réclamera un jour de vous, sera de marcher au premier rang, si la ville était attaquée, ou de vous offrir refuge dans notre château ; mais, grâce à Dieu, nous continuerons à jouir de la paix, et mon fils, suivant l'exemple de son père, fera valoir nos biens avec ses métayers ; ce sera fête à Lavaur, lorsque Aloys aura tracé dans nos champs son premier sillon, guidé par notre plus vieux laboureur, car il s'honorera toujours de mettre la main à la charrue nourricière et de cultiver ses champs ! »

KARVEL. — Sais-tu qu'il n'était pas de plus savant agriculteur que le châtelain de Lavaur ? de tous côtés on venait lui demander conseil... Ah ! quelle différence entre les seigneurs du nord de la Gaule et ceux de notre heureuse contrée ! les premiers ne songent qu'à briller dans les tournois, à afficher un luxe ruineux, qu'ils ne soutiennent qu'en accablant leurs serfs de taxes écrasantes ; ici, hormis quelques fous, les seigneurs, presque tous issus de la bourgeoisie, font valoir leurs terres de gré à gré avec leurs tenanciers, ou équipent des vaisseaux pour le commerce... Aussi, quelle prospérité ! quelle richesse en notre fortuné pays !

MORISE. — Aimery, le frère de la dame de Lavaur, ne nous disait-il pas encore hier : « Le Languedoc fait l'envie de la Gaule entière ! »

KARVEL. — A propos d'Aimery, avoue, Morise, que rien n'est plus touchant que l'affection ineffable qui l'unit à sa sœur Giraude ! Aussi, lorsque je les vois jouir tous les deux de ce sentiment délicieux, je regrette plus vivement encore l'absence de notre Mylio, notre cher et bien-aimé frère.

MORISE. — Patience ! le cœur de ton frère est bon... lorsque la première fougue de la jeunesse sera passée, il reviendra près de nous.

KARVEL. — Je n'ai jamais douté du cœur de Mylio. Il a cédé à l'ardeur de l'âge, à la vivacité de son caractère... à ce besoin d'aventures, qui semble parfois se réveiller en nous, fils de Joël.

MORISE. — En effet, dans ces légendes de la famille que nous avons lues si souvent, n'avons-nous pas vu Karadeuk le Bagaude, Ronan le Vagre, Amaël, qui fut le favori de Karl Martel, entraînés d'abord, comme ton frère, à une vie vagabonde ; mais j'en suis certaine, Mylio regrettera ses erreurs et nous le reverrons !

KARVEL. — Une seule joie a manqué jusqu'ici à notre union, nous n'avons pas d'enfant, j'aurais été content de voir Mylio marié, la race de Joël ne serait peut-être pas éteinte.

MORISE. — Je me charge du mariage... Lorsque

ton frère sera de retour ici, il n'aura qu'à choisir parmi les plus sages et les plus jolies filles de Lavaur. L'une d'elles saura bien le fixer ici.

A ce moment la porte de la chambre s'ouvre, le métayer de Karvel entre précipitamment : — Maître Karvel, voici dame Giraude, son frère et son fils ! ils apportent une jeune fille évanouie.

Au moment où le *Parfait* va sortir pour aller à leur rencontre, Aimery, sa sœur Giraude et son fils entrent, transportant Florette évanouie. La dame de Lavaur et son frère tiennent la jeune fille entre leurs bras ; ses pieds sont soutenus par Aloys, adolescent de quatorze ans. On dépose Florette avec précaution sur une sorte de lit de repos tressé de paille, et pendant que Morise court chercher un cordial, Karvel touche le pouls de la douce enfant ; l'on voit à ses habits poudreux, à ses chaussures en lambeaux, qu'elle vient de parcourir une longue route ; son front est baigné de sueur, son visage pâle, sa respiration oppressée. La dame de Lavaur, son frère et son fils, silencieux, inquiets, attendent les premières paroles du médecin. Giraude, du même âge que Morise, et d'une beauté remarquable, est vêtue très simplement d'une robe d'étoffe verte ; un chaperon orange, d'où pend un voile blanc qui entoure à demi son visage, découvre ses deux épais bandeaux de cheveux noirs ; ses grands et doux yeux bleu d'azur, humides de larmes sont attachés sur Florette avec l'expression du plus tendre intérêt. Aimery, âgé de quarante ans, porte le costume campagnard : large chapel de feutre, tunique serrée à sa taille par un ceinturon de cuir, surcot de drap et grosses bottes de cuir ; sa physionomie ouverte, avenante et résolue semble, non moins que celle de la dame de Lavaur, apitoyée sur le sort de Florette. Aloys, aussi rustiquement vêtu que le frère de sa mère, ressemble à celle-ci d'une manière frappante ; seulement, son frais et charmant visage est légèrement bruni par le grand air et le soleil, car sa mère et son oncle lui donnent une éducation virile ; ses yeux se sont aussi remplis de larmes en contemplant Florette, à qui le médecin fait boire, malgré son évanouissement, un réconfortant, en introduisant le goulot d'un flacon entre ses lèvres. Le tableau du groupe est ravissant.

LA DAME DE LAVAUR, *soutenant toujours Florette, dit à voix basse au Parfait et à Aimery :* — Pauvre enfant ! elle ne revient pas encore à elle... comme elle est pâle !... Vois donc, mon frère, quelle douce et charmante figure !

AIMERY. — Une figure d'ange ! ami Karvel ; d'où pensez-vous que provienne son évanouissement ? Le cas vous paraît-il inquiétant ?

KARVEL. — Je ne remarque aucune trace de blessure ou de chute... Cette infortunée a sans doute éprouvé un grand saisissement ou peut-être elle a succombé à une violente fatigue !

(*S'adressant à sa femme.*) Morise, donne-moi un peu d'eau fraîche.

Aloys est venu souvent chez le *Parfait*, il connaît les êtres de la maison, et, prévenant Morise, il court vers un vase d'argile, y puise de l'eau avec une écuelle, la remplit, et revient l'offrir au médecin. Celui-ci, touché de l'empressement de l'adolescent, regarde dame Giraude d'un air attendri ; elle baise son fils au front en disant à Karvel : — Aloys, en agissant ainsi, mon ami, se souvient de vos leçons ; il cherche à être utile aux autres.

Florette, dont le *Parfait* vient d'humecter les tempes avec de l'eau fraîche mélangée de quelques gouttes d'électuaire, reprend peu à peu ses sens ; son visage se colore légèrement, par deux fois elle soupire. Bientôt des larmes coulent lentement sous ses longues paupières, et elle murmure d'une voix faible : — Mylio !... Mylio !... Au secours ! Au secours !

KARVEL *avec stupeur.* — Que dit-elle ?

AIMERY. — Elle prononce le nom de votre frère et elle appelle au secours.

Florette porte ses deux mains à son front ; il se fait dans la chambre un profond silence. Elle se dresse sur son séant : ses grands yeux timides et étonnés errent çà et là autour d'elle ; puis rassemblant ses souvenirs, elle s'écrie d'une voix déchirante en fondant en larmes : — Oh ! de grâce, sauvez Mylio ! sauvez-le !

KARVEL, *alarmé.* — Quel est le grand danger que court mon frère ?

FLORETTE, *les mains jointes.* — Vous êtes donc Karvel le Parfait, le frère de Mylio !

KARVEL. — Oui, oui ; mais calmez-vous, pauvre enfant, et dites-moi où est mon frère ? quel danger le menace ? Dites-nous qui vous êtes ? comment vous avez connu mon frère ?

FLORETTE. — Je suis une pauvre serve du pays de Touraine ; Mylio m'a sauvé la vie et l'honneur. Il m'a dit : « — Florette, je retourne en Languedoc ! pendant le voyage, tu seras ma sœur ; en arrivant auprès de mon frère, tu seras ma femme... Je veux qu'il bénisse notre union. » — Mylio a tenu sa promesse ; nous arrivions le cœur joyeux, lorsque, à quatre ou cinq lieues d'ici... (*Les sanglots étouffent la voix de Florette, et elle ne peut parler.*)

LA DAME DE LAVAUR, *tout bas au parfait.* — Ah ! Karvel, j'en prends à témoin son touchant amour pour cette pauvre serve, le cœur de votre frère est resté bon, malgré l'égarement de sa jeunesse ! que Dieu en soit loué !

KARVEL, *essuyant ses yeux.* — Nous n'en avons jamais douté... Mais qu'est-il devenu ! mon Dieu ! Qu'allons-nous apprendre ?

AIMERY. — Ma sœur, je vais visiter les environs de cette demeure, peut-être recueillerai-je quelque nouvelle.

ALOYS, *vivement.* — Mon oncle... je vous accompagne, si ma mère le permet, je vous aiderai dans vos recherches.

KARVEL, *à Aimery*. — Attendez un moment encore, mon ami. (*A Florette qui sanglotte*). Chère fille... chère sœur... car vous êtes maintenant notre sœur, je vous en supplie, calmez-vous, et apprenez-nous ce qui est arrivé à Mylio, et où nous pourrons le trouver.

FLORETTE. — Il m'avait dit que, outre son désir d'être promptement de retour près de vous, une autre raison, dont il vous instruirait, devait hâter notre marche, et que nous voyagerions presque nuit et jour; c'est ce que nous avons fait. J'étais en croupe de Mylio, un de ses amis nous accompagnait monté sur une mule; ce matin, nous nous sommes arrêtés dans un gros bourg, où l'on entre par une arcade en pierre.

KARLEL. — C'est le bourg de Montjoire, à quatre lieues d'ici.

FLORETTE. — Depuis notre départ de Touraine, nous avions voyagé si rapidement que, les fers de notre cheval s'étant usés, il en perdit deux avant d'entrer dans ce bourg; Mylio, voulant faire referrer sa monture, s'informa de la demeure d'un maréchal, et nous conduisit, son ami et moi, dans une auberge où il nous dit de l'attendre. Le compagnon de Mylio est un jongleur très joyeux. Il se mit à jouer de la vielle et à chanter des chansons contre l'Eglise et les prêtres, devant les gens de l'auberge. A ce moment, deux moines, escortés de plusieurs cavaliers, entrèrent et ordonnèrent au jongleur de se taire, au nom de l'Eglise et du pape, Il répondit par des railleries; alors les hommes de l'escorte des moines se sont jetés sur le pauvre vieux Peau-d'Oie, c'est son nom, et l'ont battu, en l'appelant chien d'hérétique!

AIMERY. — C'est une grave affaire! jamais jusqu'ici les moines n'ont osé montrer tant d'audace; car, à Montjoire, comme dans tout l'Albigeois, on aime les prêtres de Rome comme la peste! Mais, les gens de l'auberge étaient du pays, et ils ont dû prendre le parti de votre compagnon de voyage?

FLORETTE. — Oui, messire, et Mylio est entré au plus fort de la batterie; il a voulu défendre son ami que l'on maltraitait, mais les hommes d'armes étaient nombreux; les gens de l'auberge ont eu le dessous et se sont enfuis, laissant Mylio et le vieux jongleur au pouvoir des moines; ceux-ci ont dit qu'ils allaient faire emprisonner ces deux hérétiques dans le château du seigneur de ce bourg.

AIMERY. — C'est impossible! Raoul de Montjoire exècre autant que moi cette milice enfroquée. J'ai peine à concevoir l'impudence de ces moines; se croient-ils dans le nord de la Gaule? Cette sale engeance sera mise à la raison.

FLORETTE. — Hélas! messire, ce que je vous raconte n'est que trop vrai; aussi Mylio se voyant, malgré sa résistance, chargé de liens et entraîné, ainsi que son compagnon, m'a crié: « Florette, va vite à Lavaur; tu demanderas ton chemin, et, en arrivant dans les faubourgs de la ville, informe-toi de la demeure de Karvel le Parfait et dis à mon frère que l'on veut me retenir ici prisonnier. » Alors je me suis hâtée d'accourir ici...

LA DAME DE LAVAUR. — Sans doute, vos forces trahissant votre courage, vous êtes tombée évanouie à deux cents pas d'ici, à l'endroit où nous vous avons trouvée au bord du chemin?...

FLORETTE. — Oui, madame; mais ! par grâce, sauvez Mylio! ces moines vont le tuer peut-être! Courez à son secours.

AIMERY, *à Karvel*. — Je reconduis ma sœur à Lavaur, puis nous montons à cheval pour nous rendre chez Raoul; et nous ramènerons Mylio, j'en réponds!

FLORETTE, *soudain tressaille, prête l'oreille du côté de la porte, se lève et s'écrie*: — C'est lui!... c'est Mylio... j'entends sa voix!

Mylio, suivi de Peau-d'Oie, entre presqu'au même instant; Florette, Karvel et Martine s'élancent à la rencontre du trouvère; il répond à leurs étreintes avec un bonheur inexprimable. Aimery, Aloys et sa mère, doucement émus, contemplent ce tableau, et la dame de Lavaur dit à son frère à demi-voix: — Ah! celui qui inspire de pareilles affections doit les mériter!

ALOYS, *tout bas à Giraude en lui montrant Peau-d'Oie resté à l'écart*. — Ma mère, voyez donc ce pauvre vieux homme... personne ne lui parle... On l'oublie en ce moment; aussi comme il paraît triste! si j'allais lui souhaiter la bienvenue en ce pays?

LA DAME DE LAVAUR. — C'est une bonne pensée, suis ton inspiration, cher enfant, va!

Pendant que Mylio, dans un muet transport répond aux caresses de ceux qui lui sont chers, Aloys s'approche timidement du vieux jongleur; celui-ci n'est point triste, mais fort embarrassé, Mylio, en lui parlant des austères vertus de Karvel le Parfait et de sa femme, a surtout recommandé à Peau-d'Oie de ne point s'échapper, selon son habitude, en joyeusetés grossières ou licencieuses; aussi le jongleur, fidèle aux instructions de son ami, se gourme, se guinde, pince ses grosses lèvres, prend un air sérieux et vénérable qui donne à sa figure, ordinairement réjouie, cette expression piteuse, qui, trompant la bienveillante candeur d'Aloys, lui fait croire à la tristesse de Peau-d'Oie, et il lui dit d'une voix touchante: — Soyez-le bienvenu en notre pays, bon père!

PEAU-D'OIE, *à part soi*. — Ce garçonnet doit être aussi un petit *Parfait*, veillons sur ma langue! (*Haut à Aloys, d'un ton grave et sentencieux.*) Que Dieu vous garde, mon jeune maître, et vous conserve toujours en la vertu ; car la vertu... donne plus de vrai et gaillard contentement que la plus charmante garce... Que dis-je !... La vertu est la ribaude de l'homme de bien ! La vertu passe avant la ribauderie. (Aloys, ne comprenant rien aux dernières paroles de Peau-d'Oie, le regarde d'un air naïf et surpris ; puis il retourne auprès de sa mère.)

PEAU-D'OIE, *à part soi.* — Je suis content, j'ai donné à ce jouvenceau une excellente idée de ma sagesse et dans le beau langage.

KARVEL, *ramenant Mylio vers Aimery et sa sœur, dit à celle-ci* : — Dame Giraude, je vous demande pour Mylio un peu de la bonne amitié que vous avez pour nous.

LA DAME DE LAVAUR. — Vous le savez, Karvel, ce n'est pas d'aujourd'hui qu'Aimery et moi nous avons pris part à la tendre affection que vous portez à votre frère.

MYLIO, *d'un ton respectueux et pénétré.* — Karvel vient de me dire, madame, la reconnaissance que je vous dois. (*Montrant Florette.*) Cette chère enfant, épuisée de fatigue, était tombée mourante sur la route... et vous, votre digne frère et votre fils, vous l'avez secourue... vous l'avez transportée chez mon frère.

LA DAME DE LAVAUR, *interrompant Mylio.* — Si l'accomplissement d'un devoir méritait une récompense, nous la trouverions dans le bonheur d'avoir porté aide et assistance à cette charmante enfant, qui va bientôt appartenir au frère de l'un de nos meilleurs amis !

MYLIO *à Aimery, en souriant.* — Me laisserez-vous, du moins, messire, vous remercier de votre bon vouloir pour moi et pour mon compagnon de voyage ? Vous étiez prêt, m'a dit Karvel, de monter à cheval afin de venir nous délivrer et de nous arracher à nos ennemis.

AIMERY. — Rien de plus simple ; Raoul de Montjoire est mon ami ; il a, comme nous tous, habitants du Languedoc, la gent monacale en aversion ; j'étais certain qu'à ma demande il vous remettrait en liberté, vous et votre joyeux compagnon, ce gros compère dont les chants drôlatiques ont amené la bagarre.

PEAU-D'OIE, *s'entendant appeler drôlatique et joyeux compère, redouble de gravité en songeant qu'il se trouve au milieu de gens plus ou moins PARFAITS, et répond.* — Je supplie la noble dame, le noble sire et l'assistance de ne point me prendre pour un drôlatique compère... Mon chant, qui a provoqué la colère de ces tonsurés, était simplement le cri d'indignation d'un homme qui fut peut-être vertueux... mais qui certainement, mûri par l'expérience, sait que l'habit ne fait pas le moine, que la cruche ne fait pas le vin, que la gorgerette ne fait pas la gorge, que la cotte ne fait pas les fesses...

Mylio interrompt Peau-d'Oie d'un regard courroucé ; le jongleur se tait, se recule tout penaud, et, afin de se donner une contenance, il va examiner les vases de cuivre placés sur le fourneau de distillerie. Mylio s'adresse à Aimery, qui, non plus que Karvel, n'a pu s'empêcher de sourire des paroles du jongleur, et leur dit : — Saisi, désarmé, garrotté, malgré ma résistance, par les hommes d'escorte des deux moines, j'ai été, avec mon compagnon, conduit chez Raoul de Montjoire. L'un des moines lui a dit : « Ces deux hérétiques ont eu l'audace, l'un de chanter une chanson outrageante pour les prêtres du Seigneur, l'autre, de prendre la défense du chanteur ; je te somme, au nom de l'Eglise catholique de faire justice de ces deux scélérats. — Pardieu, moine, je te remercie, — a répondu Raoul ; — tu ne pouvais m'amener de meilleurs hôtes. » — Puis, s'adressant à ses gens : — « Ça, mes amis, que l'on délivre de leurs liens ces braves contempteurs de l'Eglise de Rome, cette moderne Babylone souillée de rapines et de sang. »

AIMERY. — Raoul... ne pouvait tenir un autre langage. Prêtres, moines, gens de sac et de corde.

MYLIO. — Aussitôt dit que fait ; on nous délivre, et le sire de Montjoire ajoute, en montrant la porte au moine : « — Hors d'ici, et au plus tôt, suppôt de Rome, vil ROMIEU, méchant ROMPÈDE !... tu n'es pas ici en France où les tonsurés commandent en maîtres ! — Détestable ensabbatté ! hérétique damné ! — s'écrie le moine furieux, en sortant et menaçant Raoul. Tremble ! le jour du courroux céleste est arrivé !... Bientôt vous serez tous écrasés dans votre nid, vipères hérésiarques ! »

LA DAME DE LAVAUR. — L'audace de ces moines devrait nous révolter, si l'on ne connaissait l'impuissance de leur haine.

MYLIO. — Le jour est venu, madame, où malheureusement, la haine des prêtres est à redouter comme je vais vous l'apprendre.

KARVEL. — Que veux-tu dire ?

MYLIO. — J'ai voyagé presque jour et nuit pour devancer une nouvelle qui, je le vois, n'est pas encore parvenue jusqu'à vous, et qui explique l'insolence des paroles et des menaces adressées à Raoul par ce moine.

AIMERY. — Qu'est-il donc passé de nouveau ?

MYLIO. — Le pape Innocent III a donné l'ordre à tous les évêques de prêcher une croisade contre les hérétiques du Languedoc.

AIMERY, *riant.* — Une croisade ? Est-ce que ces tonsurés prennent notre pays pour la Terre-Sainte ? Nous ne sommes pas des sarrasins.

MYLIO. — A cette heure, ils déchaînent contre vos provinces les haines fanatiques, les cupidités sauvages qu'ils ont, jadis, déchaînées contre les Sarrasins. Le pape a déjà donné vos terres et vos richesses aux futurs croisés, et, par surcroît, il leur a promis le pardon de tous leurs crimes, passés, présents et futurs, et le paradis. Richesses terrestres et trésors célestes.

LA DAME DE LAVAUR. — Ce que vous nous dites, Mylio, paraît invraisemblable! D'où viendrait tant de haine contre nous autres *hérétiques*, ainsi qu'on nous appelle? L'Eglise catholique ne conserve-t-elle pas, en Languedoc, ses églises, ses domaines, ses évêques, ses moines, ses prêtres? Les a-t-on jamais inquiétés dans l'exercice de leur culte? Pourquoi ferait-on une croisade contre nous? Parce que nous pratiquons simplement, selon notre foi, l'évangélique morale de Jésus! parce que notre cœur et notre raison repoussent le mythe du péché originel, qui frappe d'anathème, jusque dans le sein maternel, un enfant encore à naître! parce que nous sourions de la prétention de ces prêtres, qui se disent les représentants infaillibles de Dieu sur la terre et affirment que notre enfant nouveau-né sera damné, s'il meurt sans baptême. Peut-on vouloir nous punir parce que nous préférons nos *Parfaits*, de dignes pasteurs comme vous, Karvel, qui, laborieux, austères, pratiquent et enseignent, au milieu des saintes joies de la famille, la doctrine sublime du Christ, l'ami des pauvres et des affligés; l'ennemi des hypocrites et des superbes! Et puis à quoi bon la violence? Les prêtres catholiques sont-ils dépositaires de la véritable foi? Eux seuls sont-ils inspirés de Dieu? Alors qu'ils nous convertissent par la raison, par la douceur, par la persuasion; mais en appeler à la violence!... au fer et au feu!... non, non, ce serait le comble de l'aveuglement et de la méchanceté humaine!

MYLIO. — Les croisades contre les Sarrasins ont été prêchées par l'Eglise, et, aujourd'hui, l'Eglise ameute de nouveau d'exécrables passions contre les provinces qui ont su échapper à la tyrannie de Rome. De grands périls menacent le Languedoc. En passant à Cahors, j'ai appris qu'un homme, d'une rare valeur militaire, mais fanatique, impitoyable, SIMON, COMTE DE MONTFORT-L'AMAURY, l'un des plus fameux héros de la dernière croisade en Terre-Sainte, commandait en chef l'armée catholique, qui va bientôt envahir ce pays.

KARVEL. — Simon de Montfort est bien connu de nous!... Le choix d'un pareil chef est le signal d'une guerre d'extermination, sans merci ni pitié! Hélas! que de désastres à redouter!

AIMERY. — Si les catholiques nous attaquent, nous saurons nous défendre, et, j'en jure Dieu! la guerre sera terrible!...

LA DAME DE LAVAUR, *avec angoisse*. — Mais quel tort faisons-nous aux catholiques? Leur imposons-nous nos croyances? de quel droit voudraient-ils nous imposer les leurs par la violence, par la guerre? Mais dans les batailles on tue les enfants des pauvres mères! — (*En disant ces mots d'une voix altérée, les yeux humides de larmes, dame Giraude serre avec tendresse et anxiété son fils entre ses bras; puis, pressant la main d'Aimery.*) Mais la guerre c'est l'épouvante des mères, des sœurs, des épouses! La guerre est une chose exécrable.

AIMERY. — Amie, calme tes craintes!

LA DAME DE LAVAUR. — Hélas! je ne suis pas une héroïne; je vis de mon amour pour mon fils et pour toi, et quand je pense que vous, et tant d'amis bien chers à mon cœur, vous pouvez périr dans cette guerre horrible... — (*Elle s'interrompt, embrasse de nouveau son fils avec passion en murmurant.*) — Oh! j'ai peur... j'ai peur! Mon Dieu! ayez pitié de nous.

ALOYS. — Ma bonne mère, ne crains rien, nous te défendrons!

LA DAME DE LAVAUR. — Dès ce soir, nous fuirons avec mon frère... Nous irons nous embarquer à Aigues-Mortes...

AIMERY. — Et qui défendra la ville et le château de Lavaur, dont ton fils est le seigneur?

LA DAME DE LAVAUR. — Que ces prêtres s'emparent de notre château, de nos biens, mais que mon enfant et toi vous me restiez!

AIMERY. — La prise de la ville et du château entraîne fatalement la ruine et la mort de tous ses habitants et des gens des campagnes qui vont s'y réfugier à la première nouvelle de la croisade. Veux-tu les laisser sans guides?

LA DAME DE LAVAUR. — Pardon, mon frère, pardon mes amis; ce que je disais là était lâche...

LE MÉTAYER, *entrant*. — Messire Aimery, un de vos serviteurs arrive du château, où viennent de se rendre vos amis qui ont hâte de vous entretenir de choses graves, ainsi que dame Giraude. On réclame votre présence.

AIMERY. — Hélas! la nouvelle apportée par Mylio se confirme!

KARVEL, *à la dame de Lavaur*. — Courage, Giraude! les cœurs amis, les dévouements fermes ne vous manqueront pas.

LA DAME DE LAVAUR, *essuyant ses larmes*. — Adieu, bon Karvel! plaignez ma faiblesse, j'en ai honte! Pardonnez à un instant de défaillance.

KARVEL. — Non, vous n'avez pas été faible, vous avez été mère... vous avez été sœur..... le cri de la nature s'est échappé de votre âme, je vous en honore davantage; car, je sais que vous ne manquerez à aucun de vos devoirs, quand viendra le moment de les remplir.

LA DAME DE LAVAUR. — Hélas! je l'espère..... Ah! quelle horrible chose que la guerre!..... Nous étions si heureux! (*Regardant son fils et l'embrassant en pleurant.*) Quel mal, mon pauvre enfant et moi avons-nous fait à ces prêtres? Que cette infâme religion soit maudite!!

AIMERY, *à Mylio*. — Bienvenue soit votre présence en ces temps périlleux, car vous êtes homme de résolution, Mylio... Au revoir, Karvel; je vous ferai connaître ce soir le résultat

Karvel le Parfait

de notre entretien avec nos amis, et les résolutions qui auront été prises.

LA DAME DE LAVAUR, avant de quitter la maison du *Parfait*, s'approche de Florette, qui est restée près de Morise; Peau-d'Oie, après s'être tenu à l'écart, s'est assis sur un banc et a fini par s'endormir, car il est brisé de fatigue. La dame de Lavaur prend les mains de Florette, et lui dit avec un triste sourire : — Pauvre petite, aussi bonne que dévouée, vous arrivez dans notre pays en des jours malheureux ; puissions-nous les traverser sans perdre aucun des êtres qui nous sont chers ! Quoi qu'il arrive, comptez sur mon affection ! — Florette, émue jusqu'aux larmes, porte avec effusion à ses lèvres la main de la dame de Lavaur; celle-ci, après un dernier adieu à Morise et au *Parfait*, sort accompagnée de son fils et d'Aimery.

MYLIO *la regarde s'éloigner, puis il dit à Karvel* : — Non, je ne peux t'exprimer combien je suis touché de la bonté de cette charmante femme... qui, au milieu de ses angoisses de mère et de sœur, a montré pour Florette tant de bienveillance.

KARVEL. — Cette femme est un ange ! *Puis, regardant Mylio, les yeux du Parfait deviennent de nouveau humides d'attendrissement; il ouvre ses bras, et dit à son frère d'une voix entrecoupée :* — Encore un embrassement !... encore... cher et bien-aimé frère. Mylio serre Karvel sur son cœur; Morise et Florette partagent la silencieuse émotion des deux frères; les uns et les autres semblent ne pas entendre les ronflements de Peau-d'Oie, dont le sommeil devient de plus en plus profond et bruyant.

MORISE, *s'adressant à Mylio.* — Ainsi, frère, vous voilà pour toujours revenu près de nous?

199ᵉ livraison

MYLIO. — Oh! chère sœur, oui, pour toujours... N'est-il pas vrai, Florette?

FLORETTE. — Ma volonté sera la vôtre, Mylio; mais il m'est doux de m'y conformer, lorsque je suis accueillie avec tant de bonté par vos chers parents.

MYLIO. — Pourtant, frère, si tu approuves mon projet, il me faudra bientôt te quitter pendant quelques jours.

MORISE. — Quoi! déjà? L'entendez-vous, Florette, ce méchant? Il songe à nous quitter.

FLORETTE, *souriant*. — Ou Mylio m'emmènera avec lui, ou il me laissera près de vous; quoi qu'il arrive, je serai contente.

KARVEL. — Quel est donc ton projet, cher frère?

MYLIO. — Mon sincère amour pour Florette a mis terme aux égarements de ma jeunesse; ton indulgence, celle de Morise, jettent un voile sur le passé; mais enfin, j'ai mal usé de ces facultés de poésie que j'ai reçues de la nature, et je veux maintenant en faire un utile emploi. Frère, tu as lu, comme moi, dans les légendes de notre famille, que lors de l'invasion de la Gaule par les Romains, les bardes gaulois excitaient le courage des combattants ; et que, plus tard, après la conquête romaine, les bardes soulevaient par leurs chants patriotiques le peuple des Gaules contre le conquérant étranger... Ce bardit du CHEF DES CENT VALLÉES : — « *Tombe, tombe, rosée sanglante...,* » a armé plus d'un bras contre les Romains !

KARVEL. — Je comprends ta pensée... et je l'approuve, Mylio... Oui, ce sera noblement user du talent de poète que Dieu t'a donné, que de le faire servir à exciter l'enthousiasme de nos populations.

MYLIO. — L'Église fait prêcher par ses moines l'extermination de ce pays; nous, trouvères, comme jadis les bardes gaulois, nous soulèverons par nos chants les peuples contre les fanatiques qui menacent notre liberté, notre vie !

MORISE. — Cette pensée est généreuse et noble. Je joins mon approbation à celle de Karvel.

MYLIO. — Tout à l'heure, la dame de Lavaur a, par deux fois, répété quelques mots qui m'ont arraché des larmes : — « Quel mal leur avons-nous fait à ces prêtres, mon pauvre enfant ? »

FLORETTE. — Ah ! Mylio, ces paroles m'ont fait pleurer ! J'en suis encore émue.

MYLIO. — C'est qu'elles sont vraies et navrantes, ces paroles échappées au cœur d'une mère. Quel mal a-t-il fait à ces prêtres ?

Un éclatant ronflement de Peau-d'Oie, toujours endormi, retentit au milieu du silence qui a suivi les dernières paroles de Mylio; il se retourne, et voyant le jongleur profondément endormi, il dit à Karvel en souriant : — Frère, j'ai oublié jusqu'ici de te parler de mon compagnon de voyage. Deux mots à son sujet.

MORISE. — Malgré son air sérieux, ton brave compagnon me donne envie de rire!

KARVEL. — Ce pauvre homme est peut-être attristé de ce que, tout à l'heure, Mylio l'a arrêté court au plus bel endroit de sa paraphrase sur cette vérité : Que l'habit ne fait pas le moine. Son discours s'est trouvé interrompu.

MYLIO. — Mon compagnon est jongleur, c'est te dire, Karvel, que ces chants grossiers, fort goûtés dans les cabarets, sont peu faits pour des oreilles délicates ; aussi, j'avais prévenu Peau-d'Oie, c'est son nom de guerre, que chez toi il devait s'observer dans ses paroles ; de là son embarras, et son obstination à se donner une apparence vénérable... Je demande pour lui ton indulgence... Accordez-lui la vôtre aussi, Morise, il y a quelque droit, par le véritable attachement dont il m'a donné des preuves.

KARVEL. — Tout bon cœur mérite indulgence et amitié, frère. (*Souriant.*) Mais je suis tenté de te reprocher d'avoir fait de nous des épouvantails de vertu et causé l'effroi de ce pauvre homme! De là son embarras dans la conversation.

Peau-d'Oie, à ce moment, pousse un si prodigieux ronflement, qu'il en est lui-même réveillé en sursaut ; il se frotte les yeux et roule autour de lui un regard effaré ; puis, se levant brusquement et reprenant son air grave, il dit à Morise avec une affectation de langage courtois : — Que notre compatissante hôtesse me fasse l'aumône de sa miséricorde pour l'énorme incongruité de mon sommeil ; mais depuis Blois nous voyageons jour et nuit, et ma fatigue est grande. D'ailleurs, le sommeil, en cela qu'il endort les vils et méprisables appétits, le sommeil est en soi une manière de vertu...

MYLIO, *l'interrompant*. — Chère sœur Morise, ce gros homme vous vante la vertueuse innocence du sommeil, en cela qu'il endort les appétits terrestres! Eh bien, ce même gros homme qui vous parle ainsi a failli m'étrangler un jour parce que s'éveillant au milieu d'un rêve succulent où, après avoir vu battre *Carême* contre *Mardi-Gras*, armés, l'un de poissons, l'autre de saucissons, il s'apprêtait à dévorer le vainqueur, le vaincu et leurs armes.

PEAU-D'OIE, *d'un ton de reproche piteux à son compagnon de voyage en voyant rire Karvel et sa femme*. — Ah ! Mylio !...

MYLIO. — Donc, il est entendu que mon ami Peau-d'Oie, que je vous présente, est gourmand, un peu ivrogne... c'est-à-dire beaucoup.....

PEAU-D'OIE. — Moi, justes dieux !

MYLIO. — Et aussi menteur, tapageur, poltron, mais surtout libertin, bavard. Voilà son portrait au moral !...

PEAU-D'OIE, *d'un air contrit*. — Ah ! mes respectables hôtes ! ne croyez pas ce méchant railleur Tout ce qu'il vient de dire est faux.

MYLIO. — Après cette confession, que la modestie retenait sur les lèvres de mon ami, j'ajouterai : mais il a bon cœur, il partage son morceau de pain avec qui a faim, son pot de vin avec qui a soif ; et enfin il m'a donné des preuves d'affection que de ma vie je n'oublierai. Ceci dit, mon vieux Peau-d'Oie, mes amis et moi, nous t'en supplions, n'aie plus sans cesse le mot de vertu à la bouche, et, au lieu de baisser les yeux, de te gourmer, de te pincer les lèvres d'un air confit, laisse s'épanouir à l'aise ta bonne grosse mine réjouie, et même, si cela te plaît, chante à plein gosier ta chanson favorite. Personne ne s'en effarouchera.

KARVEL, *à Peau-d'Oie qui soupire avec allégement, et dont la figure semble peu à peu se dilater.* — Mon frère est l'interprète de notre pensée ; allons, cher hôte, pas de contrainte ; revenez à votre gaieté naturelle. Nous aimons beaucoup les gros rires, nous autres ; savez vous pourquoi ? Parce que jamais cœur faux ou méchant n'est franchement joyeux. Nous pensons enfin qu'il faut beaucoup pardonner à ceux qui sont restés bons, parce qu'ils deviendront meilleurs encore ; vous êtes de ceux-là, notre hôte. Donc, soyez le bienvenu ! nous vous aimerons comme vous êtes, compère grivois, aimez-nous comme nous sommes.

PEAU-D'OIE, *tout à fait à son aise.* — Ah ! dame Vertu ! Je m'incline devant vous.

MYLIO. — Comment ? encore des façons ?

PEAU-D'OIE. — ...Ah ! dame Vertu, vous vous embéguinez d'une sale coiffe ; et l'œil louche, la bouche écumante, le cou tors, vous pourchassez les gens, leur disant de votre voix de chouette amoureuse, en les menaçant de vos doigts griffus : « — Ça, viens vite à moi me chérir, gros pendard ! sac à vin ! porc de goinfrerie ! bouc de luxure ! lièvre de couardise ! ça, viens vite m'adorer, me servir, me becqueter, sinon, je t'étrangle, truand ! chien vert ! âne rouge ! triple mule !... » Et vous vous étonnez, mignonne, que l'on prenne sa bedaine à deux mains, afin de mieux trotter pour échapper à votre gracieux appel ?

MORISE, *à Karvel en souriant.* — Il a raison !

PEAU-D'OIE. — Ah ! dame revêche ! dame paillarde ! dame griffue ! prenez donc un peu le doux air, la douce voix, le doux cœur, le doux langage de dame Morise, mon aimable hôtesse, que voici, ou de notre digne hôte Karvel, que voilà, et vous verrez, dame Vertu, vous ferez fuir les gens, si l'on ne vous dira point au contraire : (*il s'adresse à Morise*) Dame Vertu, le pauvre vieux Peau-d'Oie a été jusqu'ici poursuivi par une horrible sorcière qui, usurpant votre nom, voulait, à grand renfort d'injures et de coups de griffes, se faire becqueter par lui. Hélas ! le vieux Peau-d'Oie reconnaît trop tard les artifices de la sorcière, car il n'est plus d'âge à becqueter personne ; aussi, gracieuse dame Vertu, plaignez Peau-d'Oie, il vous voit pour la première fois dans votre pure et charmante réalité. Mais, hélas ! je suis trop vieux pour oser lever les yeux sur vous.

MORISE, *souriant.* — Soit ! je suis dame Vertu ; et en acceptant ce nom, je ne suis certes pas dame Modestie ! Enfin, il n'importe, je suis dame Vertu ; or, comme telle, je vous engage fort, mon cher hôte, à lever les yeux sur moi. Point ne suis fière, ni exigeante, ni difficile, ni jalouse ; jeunes ou vieux, beaux ou laids, pourvu que leurs actes me prouvent que, parfois, ils gardent quelque souvenance de moi, me trouvent très heureuse de leur amour. Vous le voyez, cher hôte, malgré votre âge, vous pouvez aimer dame Vertu...

PEAU-D'OIE, *se grattant l'oreille.* — Oh ! certes, s'il ne s'agissait point de prouver cet amour, çà et là, par quelques bons petits actes, je me ferais votre servant, gracieuse dame Vertu ; mais en toute humilité, je me connais.

MYLIO. — Allons, mon vieil ami, pas de modestie outrée ; je vais te mettre en mesure de prouver à mon frère et à ma sœur que tu es capable d'un acte vaillant et généreux.

PEAU-D'OIE. — Ne t'engage pas trop... prends garde ! Je ne suis pas trop ferré sur la vertu.

MYLIO. — Tout à l'heure, pendant que tu dormais, j'ai fait part à Karvel, qui l'adopte, d'un projet utile et bon. Tu as entendu comme moi, à Blois, les paroles de l'abbé Reynier, l'Église va bientôt déchaîner la guerre sur le Languedoc. Il faut, par nos chants, exalter jusqu'à l'héroïsme la résistance du peuple contre cette croisade sans pitié ni merci... Seconde-moi dans cette entreprise. Je compte sur toi.

PEAU-D'OIE. — Eh ! Mylio, ma pauvre vielle, au lieu d'accompagner mes chants, éclaterait toute seule... de rire entre mes mains, si elle m'entendait prendre le ton héroïque... Non, non, à la harpe le laurier des batailles ; et à mon humble vielle un rameau de pampre ou un bouquet de marjolaines.

KARVEL, *à Peau-d'Oie.* — Notre hôte, croyez-en mon frère... S'il a charmé par ses chants l'oreille des riches, vous avez charmé l'oreille des pauvres ; de même aussi vous ferez battre leur cœur si vous leur dites les maux affreux dont notre pays est menacé par cette croisade prêchée contre nous.

PEAU-D'OIE. — Digne hôte, que de ma vie je ne touche à un broc de vin, si je saurais quoi chanter sur un pareil sujet !

FLORETTE, *timidement.* — Mylio.. si j'osais.

MYLIO. — Parle, douce enfant.

FLORETTE. — Je vous ai entendu dire pendant la route que ce méchant moine de Citeaux, l'abbé Reynier, à qui j'ai échappé, grâce à vous, Mylio, était l'un des chefs de la croisade... Il me semble que si maître Peau-d'Oie racontait dans une chanson comment ce méchant moine, l'un des chefs de cette guerre entreprise au nom du seigneur Dieu... a voulu abuser d'une pauvre serve...

PEAU-D'OIE, *frappant joyeusement dans ses mains.* — Florette a raison... LA FRITURE DE L'ABBÉ DE CITEAUX! voilà le titre de la chanson... Tu te souviens, Mylio, des paroles de ce dom ribaud se rendant au moulin de Chaillotte? Ah! par ma vielle! je le salerai, je le poivrerai si rudement, ce chant, que ceux qui l'auront goûté, eussent-ils le palais épais comme celui d'une baleine, se sentiront le furieux appétit d'assommer ces sycophantes! Quoi! ces hypocrites, souillés de luxure, viennent massacrer les gens au nom du Sauveur du monde! Pouah! ces moines puent la crasse, le rut et le sang! satanés tonsurés!

MYLIO. — Bien! bien! mon vieux Peau-d'Oie! mets dans tes vers l'indignation de ton âme, et ta chanson vaudra dix mille guerriers pour la défense du Languedoc. (*A Florette.*) Ton excellent bon sens t'a servi, douce enfant; ton cœur droit et naïf s'est justement révolté de ce qu'il y a d'horrible dans l'hypocrisie de ces prêtres orgueilleux, cupides et débauchés, menaçant d'exterminer le pays en invoquant Jésus, ce Dieu d'amour et de pardon... (*A Morise et à Karvel.*) Je reviendrai au jour du danger; si mon amour pour Florette m'a inspiré le dégoût de ma vie stérile et licencieuse, votre souvenir à vous, Morise, à toi, mon frère, m'a ramené ici. J'ai voulu que mon mariage avec celle qui sera la compagne de ma vie fût consacré par ta présence et par celle de ta femme; me marier sous vos auspices, n'est-ce pas m'engager à vous prendre pour modèles?

KARVEL, *profondément ému, prend les mains de Florette et de Mylio, les joint dans les siennes et dit d'une voix attendrie:* — Demain, votre mariage sera inscrit sur le livre des magistrats de la cité. Mylio, mon frère, Florette, ma sœur, vous que les liens mystérieux de votre cœur unissent déjà, j'en prends à témoin la pensée de votre âme et les paroles de vos lèvres, soyez pour toujours l'un à l'autre! Désormais jouissez des mêmes joies, souffrez des mêmes peines, consolez-vous en une même espérance, partagez-vous le labeur quotidien qui assurera dignement votre pain de chaque jour. Si, plus heureux que Morise et moi, vous revivez dans vos enfants, appliquez-vous, par vos leçons, par vos exemples, à développer leur bonté originelle. Elevez-les dans l'amour du travail, du juste et du bien : que, fidèles à la morale du Christ, l'un des plus grands sages de l'humanité, ils soient indulgents envers celui que l'ignorance, l'abandon ou la misère ont jeté dans une voie mauvaise: qu'ils aient pour lui pardon enseignement, amour et charité.

Mais habituez aussi leurs jeunes âmes à avoir conscience et horreur de l'oppression ou de l'iniquité; habituez vos enfants à cette pensée : qu'ils pourront avoir un jour à souffrir, à lutter, à mourir peut-être pour la défense de leurs droits! Enseignez-leur que si la clémence envers les faibles et les souffrants est une vertu, la résignation aux violences de l'oppresseur est une lâcheté, est un crime! Trempez vigoureusement leur âme dans cette sainte haine de l'injustice; et, au jour de l'épreuve, vos enfants seront prêts et résolus! Qu'ils aient une foi inébranlable dans l'avenir, dans l'affranchissement de la Gaule, notre mère patrie.

Enfin, donnez à vos enfants cette virile croyance druidique : — « Que l'homme, immortel et infini comme Dieu, va de monde en monde éternellement revivre corps et esprit dans ces astres innombrables qui brillent au firmament; — donnez-leur cette mâle croyance, et ils seront, comme l'étaient nos pères, aux temps héroïques de notre histoire, guéris du mal de la mort. Et maintenant, Mylio, mon frère, Florette, ma sœur, puissent votre union être selon les désirs les plus ardents de mon cœur! Puissent les maux qui menacent ce pays ne pas vous atteindre! Ah! croyez-le, Florette, vous serez doublement aimée de nous, car grâce à vous notre frère nous revient, et ma femme et moi nous avons en vous une sœur!

En achevant ces mots, Karvel le *Parfait*, serrant contre son cœur Florette et Mylio, les tient, pendant quelques instants, embrassés. Morise, le front appuyé sur l'épaule de son mari, partage son attendrissement et celui des fiancés. Peau-d'Oie lui-même ne peut retenir une larme, qu'il essuie du bout de son doigt; puis bientôt revenant à sa joyeuseté habituelle, il s'écrie : — Corbeuf! maître Karvel, excusez la sincérité du vieux Peau-d'Oie, mais il lui semble qu'au nord comme au midi de la Gaule, dans le pays de la Langue d'oïl comme dans celui de la Langue d'oc, il n'est point de noces sans repas. Or, je réclame pour ce soir le festin des épousailles ; demain aura lieu l'inscription du mariage aux registres de la cité; et après-demain, Mylio et moi, nous partirons pour prêcher l'anti-croisade à notre façon. (*S'adressant à Morise*) Ah! dame Vertu! voilà de vos coups : je suis poltron comme un lapin, et pour vous plaire, je m'en vais prêcher la guerre avec ma vielle pour clairon. Mais, voire-Dieu, je me sens si furieusement disposé à chanter mon chant de guerre, que, d'avance, mon gosier se sèche! Il faudra largement l'humecter.

KARVEL, *souriant.* — Heureusement, notre hôte, nous avons ici certain baril de vin de Montpellier que nous allons mettre en perce.

MORISE, *à Peau-d'Oie.* — Et moi j'ai là, dans le buffet, certain jambon d'Aragon, digne de servir de massue à ce fameux chevalier *Mardi-Gras*, dont vous avez rêvé la défaite !

PEAU-D'OIE.. — Ah! douce dame Vertu, vous croirez rêver, vous-même, en me voyant jouer des mâchoires et engloutir vos victuailles.

KARVEL. — Vous pourrez encore vous exercer sur une paire de superbes chapons que notre métayer nous apporta hier, et sur une truite digne de servir de monture au chevalier *Carême*.

PEAU-D'OIE. — C'est un festin digne d'un chapitre de chanoines ! Que Belzébuth en soit loué !

KARVEL, *montrant Mylio qui parle bas à Florette.* — L'enfant prodigue est de retour ; ne faut-il pas tuer le veau gras ?

MYLIO, *à Florette, d'une voix basse et passionnée.* — Enfin, douce amie, ma charmante Florette, tu es actuellement ma femme !

FLORETTE, *regardant son époux avec amour et les yeux humides de larmes.* — Mylio, je n'ai que mon cœur, mon amour, ma vie à vous donner ; c'est peu... pour le bonheur que je vous dois ! Je vous appartiens, corps et âme.

PEAU-D'OIE, *venant interrompre les deux amants.* — Qu'avez-vous à chuchotter ainsi d'un air langoureux ? Chantez donc, au contraire, à pleine voix, ma chanson, petite Florette...

Robin m'aime, Robin m'a,
Robin m'a voulu... il m'aura.

CHANT DE MYLIO LE TROUVÈRE
SUR
LA CROISADE CONTRE LES ALBIGEOIS

Les voilà, prêtres en tête — Les voilà, les croisés catholiques ! — la rouge croix sur la poitrine, — le nom de Jésus aux lèvres, — la torche d'une main, — l'épée de l'autre ! — Les voilà dans notre doux pays du Languedoc ! — Les voilà les croisés catholiques, — les voilà, prêtres en tête !

—Quel mal leur avons-nous fait, à ces prêtres ?
—Quel mal leur avons-nous donc fait ?

— De toutes les contrées de la Gaule, — ils entrent dans l'Albigeois, les croisés catholiques. — A leur tête marchent le légat du pape et Reynier, abbé de Cîteaux. — Avec eux maint évêque et maint archevêque ; — l'archevêque de Sens et celui de Reims, — l'évêque de Cahors et celui de Limoges, — l'évêque de Nevers et celui de Clermont, — l'évêque d'Agde et celui d'Autun.

— Nombreuse est la seigneurie, — Simon, comte de Montfort, la commande ; — puis viennent le comte de Narbonne et le comte de Saint-Paul, — le vicomte de Turenne et Adhémar de Poitiers, — Bertrand de Cardaillac et Bertrand de Gordon, — le comte du Forez et celui d'Auxerre, — Pierre de Courtenay et Foulques de Bercy, — Hugues de Lascy et Lambert de Limoux, — Néroweg, de l'Ordre du Temple, — et Gérard de Lançon, — et tant d'autres encore ! et tant d'autres ! par centaines !... par milliers !...

— Quelle armée ! quelle armée ! — Vingt mille cavaliers bardés de fer. — Deux cent mille piétons, routiers, serfs ou truands. — De près, de loin, tous, à la voix des prêtres, — ils sont venus faire sanglante curée du Languedoc. — Ils sont venus d'Auvergne et de Bourgogne, — du Rouergue et du Poitou, — de Normandie et de Saintonge, — de Lorraine et de Bretagne.

— Par monts, par vaux, par chemins, par rivières, ils sont venus, ils viennent, — ils viendront encore, criant : — Mort aux hérétiques !

Les voilà, prêtres en tête ! — les voilà, les croisés catholiques ! — la rouge croix sur la poitrine, — le nom de Jésus aux lèvres, — la torche d'une main, — l'épée de l'autre, — Les voilà dans notre doux pays, les croisés catholiques — les voilà, prêtres en tête !

— Quel mal leur avons-nous fait, à ces prêtres ?
— Quel mal leur avons-nous donc fait ?

CECI EST LA TUERIE DE CHASSENEUIL

— Les voilà devant CHASSENEUIL, les croisés catholiques ! — devant la ville forte de Chasseneuil. — A l'abri de ses hautes murailles, hommes, femmes, enfants, — quittant bourgs et villages, se sont réfugiés : — les hommes, armés sont aux remparts ; — les femmes, les enfants sont pleurant dans les maisons.

Les femmes, les enfants sont pleurant dans les maisons ; — les croisés cernent la ville. — Voici l'abbé Reynier, de Cîteaux ; — il s'avance, il parle. Ecoutez-le ! « — Hérétiques de Chasseneuil, choisissez : la foi catholique ou la mort ! » — Va-t'en, moine ! — va-t'en, Romieu ! — va-t'en, Romipède ! — Nous préférons la mort à l'Eglise de Rome ! — Au diable votre pape !

— Va-t'en, moine ! nous préférons la mort à l'Eglise de Rome ! — Furieux, l'abbé Reynier s'en est allé vers les siens, leur criant : — « Tue, brûle, pille, ravage !... — Que pas un des hérétiques de Chasseneuil n'échappe au feu et au glaive ! — Leurs biens sont aux catholiques ! — Tue, brûle, pille, ravage ! » — Les assaillants font rage et aussi les assiégés ! — Que de sang ! oh ! que de sang ! — Innombrables sont les assiégeants ! — peu nombreux les assiégés ! — Malheur ! ils sont vaincus ! — Les remparts escaladés, — les prêtres entrent la croix en main : — Tue !... tue les hérétiques de Chasseneuil.

— Tue !... tue les hérétiques de Chasseneuil ! — Les croisés ont massacré, tué et égorgé : —

les vieillards et les jeunes hommes, — les aïeules et les jeunes femmes, — les vierges et les petits enfants ! — Le sang coulait par les rues de Chasseneuil ! — le sang coulait, rouge fumant, — comme dans l'étal du boucher ! — Ils ont égorgé sept mille des nôtres à Chasseneuil, — les croisés catholiques !

— Ils ont égorgé sept mille des nôtres à Chasseneuil ! — et puis, las de viol et de carnage, — ils ont pillé, tout pillé ! — En fouillant les maisons, ils ont trouvé des femmes et des vieillards, — des enfants et des blessés, — réfugiés dans les caves, dans les greniers ! — Des potences se dressent ! — des bûchers s'allument ! — La corde et le feu achèvent — ce que le glaive a commencé ! — Tortures et égorgement !

— La corde et le feu achèvent — ce que le glaive a commencé ! — Ravagée de fond en comble, la ville n'est plus remplie que de cadavres ! « — A Béziers ! — crie le légat du pape ! — Hardi, Montfort ! en route ! — notre saint-père l'ordonne ! Tue, pille, brûle les hérétiques comme à Chasseneuil ! » — A Béziers ! — a répondu Montfort ! — Et les voilà partis pour Béziers, les croisés catholiques ! — la rouge croix sur la poitrine, — le nom de Jésus aux lèvres, — l'épée d'une main, — la torche de l'autre ! — Tortures et égorgement !
— Quel mal leur avons-nous fait, à ces prêtres ?
— Quel mal leur avons-nous donc fait.

CECI EST LA TUERIE DE BÉZIERS

— Les voilà devant Béziers, les croisés catholiques ! — gorgés de pillage et de sang, — toujours prêtres en tête ! — Aux côtés de Montfort, voici l'archevêque de Sens et celui de Bordeaux, — les évêques d'Autun, — du Puy, — de Limoges, — de Bazas, — et les évêques d'Agde, — de Clermont, — de Cahors et de Nevers. — L'armée de la Foi entoure la ville. — Réginald de Montpayroux, évêque de Béziers — (les hérétiques l'avaient laissé vivre paisible, lui et ses prêtres, — dans son palais épiscopal), — Réginald de Montpayroux dit au peuple : « — Renie ton hérésie, — soumets-toi à l'Eglise catholique, — sinon, j'en jure par le Dieu sauveur ! — pas une maison ne restera debout dans la cité de Béziers, — pas une créature ne restera vivante ! » — Va t'en, évêque ! — va-t'en, Romieu ! — Nous nous tuerions plutôt, — nous, nos femmes, nos enfants, que de nous soumettre à l'Eglise de Rome !

« — Va-t'en, évêque ! Nous nous tuerions plutôt, — nous, nos femmes, nos enfants, — que de nous soumettre à l'Eglise de Rome, » m'a répondu à moi le peuple, — dit à Montfort, l'évêque de Béziers, accourant de cette ville.

« — Hardi ! Montfort ! notre saint-père l'ordonne ! — Aux armes ! — Tue, brûle, pille, ravage ! — Que pas un hérétique n'échappe à la mort ! — Leurs biens sont à nous ! — Non, fussent-ils vingt mille, cent mille, — crie l'abbé de Cîteaux, — que pas une créature, non, pas une, — n'échappe au fer, à la corde ou au feu ! — Tortures et égorgement ! »

— Non ! que pas une créature n'échappe — au fer, à la corde ou au feu ! — a dit l'abbé de Cîteaux. — Mais, — a répondu Montfort, — il est à Béziers des catholiques ? — comment au milieu du carnage les reconnaître ? « — Tuez toujours ! — s'est écrié le légat du pape ! — Tuez-les tous ! — le seigneur Dieu reconnaitra bien ceux qui sont a lui ! »

— Tuez-les tous ! — s'est écrié le légat du pape ! — le seigneur Dieu reconnaîtra ceux qui sont à lui ! — Béziers est enlevé d'assaut. — Ils ont tout tué comme à Chasseneuil, les croisés catholiques ! — D'abord sept mille enfants, réfugiés dans l'église Sainte-Madeleine, — et puis le carnage a continué deux jours durant. — Oui, deux jours durant, de l'aube au soir, — ce n'est pas trop, deux jours et deux nuits, pour égorger soixante-trois mille créatures de Dieu ; oui, soixante-trois mille, — c'est le nombre des hérétiques et des catholiques égorgés à Béziers.

— Soixante-trois mille, — c'est le nombre des hérétiques égorgés à Béziers. — Après le viol et la tuerie, le pillage ; — après le pillage : l'incendie. — Le butin hors de la ville est charroyé ; — et puis, — brûle, Béziers ! brûle, foyer d'hérésie ! — Et tout brûla, tout... — maisons des artisans et maisons des bourgeois ; — l'hôtel communal et le palais du vicomte ; — l'hôpital des pauvres et la grande cathédrale bâtie par maître Gervais ; — tout brûla, tout ! — Et quand tout a été brûlé, et les chariots de butin remplis, — et les vignes arrachées dans les vignobles, — et les oliviers coupés dans les vergers, et les moissons brûlées dans les guérets. — « A Carcassonne ! » — a crié le légat du pape ! — Hardi, Montfort ! — en route ! — notre saint-père l'ordonne ! — à Carcassonne ! — Tue, pille, brûle les hérétiques comme à Chasseneuil, comme à Béziers ! — A Carcassonne ! »

— A Carcassonne ! — Tue, pille, brûle les hérétiques, comme à Chasseneuil, comme à Béziers ! — A Carcassonne ! — a répondu Montfort ! — Et les voilà partis pour Carcassonne, — les croisés catholiques, prêtres en tête ! — la rouge croix sur la poitrine, — le nom de Jésus aux lèvres, — l'épée d'une main, — la torche de l'autre ! — Viol, tortures, égorgement !
— Quel mal leur avons-nous fait, à ces prêtres ?
— Quel mal leur avons-nous donc fait ? — Et les voilà partis pour Carcassonne.

CECI EST LE DÉSASTRE ET LA BRULERIE DE CARCASSONNE

— Ils se dirigent vers CARCASSONNE, — les croisés catholiques! Peu forte est cette ville, — là s'est jeté Roger, le jeune vicomte de Béziers, trop tard revenu d'Aragon pour défendre la capitale de sa vicomté. — Ce jeune homme est vaillant, généreux, — aimé de chacun. — Hérétique comme tous les seigneurs du Languedoc, — cette terre de liberté, — le jeune vicomte s'incline devant les magistrats populaires — et devant les franchises des cités. — Le vicomte et les échevins raniment l'enthousiasme des habitants, — un moment atterrés par les massacres de Chasseneuil et de Béziers. — Fossés profonds se creusent, hautes palissades se dressent — pour renforcer les remparts de Carcassonne. — Vieux et jeunes, — riches et pauvres, femmes et enfants, tous ardemment travaillent à la défense de la ville, et ils se disent : — Non! nous ne serons pas égorgés comme ceux de Chasseneuil et de Béziers, — non!

— Non! nous ne serons pas égorgés comme ceux de Chasseneuil et de Béziers... non! — Mais voilà que la route à l'horizon poudroie, — la terre, au loin, tremble — sous le pas des chevaux caparaçonnés de fer, — montés de guerriers bardés de fer. — Les fers d'une forêt de lances brillent, — brillent comme les armures — aux premiers feux du soleil, — et voilà que la colline, et le val, et la plaine — se couvrent d'innombrables cohortes. — Cette multitude armée, toujours et toujours augmentée, — s'étend, déborde de l'Orient à l'Occident, — du Nord au Midi. — Bientôt de tous côtés, Carcassonne est entourée. — Viennent ensuite les chariots, les bagages, — et d'autres multitudes encore, et d'autres encore. — Au soleil levant, ils commençaient à descendre le versant des collines lointaines, — les croisés catholiques! — Et il en arrivait encore au soleil couché.

— Au soleil levant, ils commençaient à descendre le versant des collines lointaines, les croisés catholiques! — Et il en arrivait encore au soleil couché. — Le soir vient, Montfort, les prélats, les chevaliers dressent leurs tentes. — La multitude couche à terre sous le ciel étoilé. — Elles sont si douces, oh! si douces, les nuits d'été du Languedoc. — D'autres croisés envahissent, pillent et incendient les faubourgs, dont les habitants se sont réfugiés dans Carcassonne. — Dès l'aube, les clairons sonnent dans le camp des croisés : — « A l'assaut! Mort aux hérétiques de Carcassonne! — « Tue!... Tue comme à Chasseneuil, comme à Béziers! »

« — A l'assaut! Mort aux hérétiques de Carcassonne! — Tue! Tue comme à Chasseneuil, comme à Béziers! — A l'assaut! » — Les gens de Carcassonne sont aux remparts! — La mêlée s'engage sanglante, furieuse; — le jeune vicomte, les consuls — redoublent par leur exemple, par leur courage, — l'énergie des assiégés; — les femmes, les enfants apportent des pierres pour les machines de guerre; — les fossés se comblent de cadavres. — Victoire aux hérétiques! cette fois, victoire! — les assaillants sont repoussés. — Ils l'ont payé cher cette victoire, les hérétiques! — hélas! ils l'ont payée cher! — Onze mille des leurs sont tués ou hors de combat, — la fleur des vaillants; — plus grande encore est la perte des croisés. Mais ils sont encore près de deux cent mille. — Arrive dans Carcassonne un messager de Montfort, et il dit : « Sire vicomte, messires consuls, — le bienheureux légat du saint Père et monseigneur le comte de Montfort — vous offrent trève et vous jurent, sur — leur foi de prêtres catholiques et de chevaliers, — que si toi, vicomte, et vous, consuls, vous vous rendez au camp des croisés, vous serez respectés et libres de revenir en votre cité, — si point vous n'acceptez les propositions du légat et de Montfort. » — Partons pour le camp! — répond le vicomte de Béziers, — confiant dans le serment d'un prêtre et d'un chevalier. — Partons pour le camp! disent les consuls, — espérant sauver la ville ; — et les voilà sous la tente de Montfort.

— Et les voilà sous la tente de Montfort. — Le vicomte lui a dit : « — Epargne cette malheureuse cité, fixe sa rançon, elle te sera payée. — Moi, je t'abandonne la moitié de mes domaines. — Si tu refuses, nous retournerons à Carcassonne — nous ensevelir sous ses ruines!! »

« — Beau sire, ta vicomté tout entière m'appartient, — a répondu Montfort; — le saint Père, aux soldats du Christ, a donné les biens des hérétiques. — Ecris aux gens de la ville de renoncer à leur damnable hérésie, sinon, demain, un nouvel assaut. — Et par le Dieu mort et ressuscité, — je le jure, tous les habitants seront pendus, torturés, livrés au glaive — comme ceux de Chasseneuil et de Béziers. »

— Adieu, Montfort, a dit le vicomte, — l'Eglise de Rome nous fait horreur; nous refusons tes propositions; — nous saurons mourir!

« — Non pas adieu, vicomte de Béziers; toi, et ces échevins, vous êtes mes prisonniers, à moi, Montfort, chef de cette sainte croisade.

— Nous tes prisonniers, Montfort? nous ici couverts par la trève? — nous ici sur la foi de prêtre, du légat du pape? — nous ici sur la foi de chevalier? Nous ne sommes pas tes prisonniers!

— Notre saint Père l'a dit : « Nul n'est tenu de garder sa foi envers qui ne la garde point envers Dieu, » — a répondu l'abbé de Cîteaux.

— Tu resteras donc notre prisonnier, vicomte de Béziers! — A demain l'assaut! — Hardi, Montfort! — le saint Père l'ordonne! — Tue, brûle, pille, [ne] pas un hérétique de Carcassonne — n'éc[happe] au fer, à la corde ou au feu! — Que pas [un] hérétique de Carcassonne n'échappe au [fer], à la corde ou au feu! — Le jeune vicomt[e, l]es consuls sont garrottés, — (le vicomte e[st m]ort depuis par le poison, — les consuls o[nt ex]piré dans les supplices). — Dès l'aube, les [clai]rons sonnent, — les croisés marchent aux [mur]ailles; — personne ne garde ces murailles, [pers]onne ne les défend. — Les croisés abatte[nt le]s palissades, comblent les fossés, enfonce[nt le]s portes de la ville. — Personne ne garde [la] ville, personne ne la défend. — Les croisés, sans avoir combattu, se précipitent en tumulte dans les rues de la cité, — dans les maisons. — Il n'y a personne dans les rues de la cité, — il n'y a personne sur les places de la cité, — il n'y a personne dans les maisons. — Le silence des tombeaux plane sur Carcassonne. — Que sont devenus les habitants ?

— Le silence des tombeaux plane sur Carcassonne. — Les croisés fouillent les caves, les greniers, les réduits, — et enfin, ils trouvent çà et là cachés, — des gens grièvement blessés, des malades, des vieillards, — ou des femmes prêtes à mettre au jour un enfant; — les croisés trouvent aussi des épouses, des filles, des mères, — qui n'ont pas voulu abandonner un père, un fils, un mari, — trop blessés ou trop vieux pour fuir, — pour fuir à travers les bois, les montagnes, — et là rester errants ou cachés — pendant des jours, pendant des mois. — Fuir ? Ils ont donc fui tous les habitants de Carcassonne!

Ils ont donc fui tous les habitants de Carcassonne ? — Oui, avertis pendant la nuit du sort du vicomte et des consuls, — redoutant l'extermination dont la ville est menacée, — ils ont tous fui ; les blessés se traînant, — les femmes emportant leurs petits enfants sur leur dos, — les hommes se chargeant de quelques provisions ; — oui, tous, abandonnant leurs foyers, leurs biens, ils ont fui par un secret souterrain, — ils ont fui les habitants de Carcassonne.

— Ils ont fui par un secret souterrain, — les hérétiques de Carcassonne. — Les halliers des forêts, — les cavernes des montagnes seront leurs refuges, — durant des jours, durant des mois, — et s'ils revoient jamais leur ville, — combien reviendront du fond des bois et des cavernes, des rochers ? — combien auront échappé à la fatigue, — à la misère, aux maladies, à la faim ? — Ils sont partis vingt mille et plus, — quelques milliers reviendront peut-être. — « Oh ! ils nous ont échappé les hérétiques de Carcassonne ! » s'écrie le légat du pape ; — ceux qui n'ont pu les suivre porteront la peine de tous. — Pillez la ville, et après le pillage, le bûcher, la potence — pour les mécréants qui sont entre nos mains. » — Carcassonne est ravagée de fond en comble. — Après le pillage on dresse les potences, — on amoncelle le bois des bûchers. Viol, tortures, égorgement !

— Carcassonne est ravagée du fond en comble. — Après le pillage on dresse les potences, — on amoncelle le bois des bûchers. — Les croisés amènent les blessés ; les uns mutilés, les autres mourants, — les infirmes, les vieillards, les femmes au moment de mettre un enfant au monde ; — les croisés amènent encore les épouses, les filles, les mères de ceux-là qui n'ont pu fuir. — Flammes du bûcher, flambez ! — cordes des potences, raidissez-vous sous le poids des pendus ! — Tous ils ont été pendus ou brûlés, — les hérétiques de Carcassonne restés dans la ville ; — tous ils ont été pendus ou brûlés, — puis les chariots de butin chargés. — « A Lavaur ! — s'est écrié le légat du pape. — Hardi, Montfort ! en route ! — Tue, pille, brûle les hérétiques ! — notre saint Père l'ordonne ! » — A Lavaur ! à Lavaur ! — a répondu Montfort ! — Et les voilà partis pour Lavaur, les croisés catholiques, — prêtres en tête, — la rouge croix sur la poitrine, — le nom de Jésus aux lèvres, l'épée d'une main, la torche de l'autre. — Quel mal leur avons-nous fait à ces prêtres ? — Quel mal leur avons-nous donc fait ?

CECI EST LE CRI DE GUERRE DES HÉRÉTIQUES

— Oui, les voilà en route pour Lavaur, — la torche d'une main, l'épée de l'autre, les croisés catholiques ; — oui, voilà ce qu'ils ont fait jusqu'ici. — O vaillants fils du Languedoc ! — ô vous, fils de la vieille Gaule ! — qui avez su, comme nos pères, reconquérir vos libertés, — lisez sur la bannière des croisés catholiques, — lisez... lisez en traits de sang et de feu ; — Chasseneuil, — Béziers, — Carcassonne. — Dites : y lira-t-on bientôt : Lavaur ? — Alby ? — Toulouse ? — Arles ? — Narbonne ? — Avignon ? — Orange ? — Beaucaire ? — Dites ? est-ce assez de rapines, de viols, de carnage, d'incendies ? — Dites, est-ce assez : Chasseneuil. — Béziers, — Carcassonne ? — est-ce assez ?

— Dites : Chasseneuil, — Béziers, — Carcassonne, — est-ce assez ? — Dites, nos cités seraient-elles des monceaux de cendres ? — nos champs... des déserts blanchis d'ossements ? — nos bois... des forêts de potence ? — nos rivières... des torrents de sang ? — nos cieux... la lueur enflammée de l'incendie ou des bûchers ? — Dites, le voulez-vous ? — tiers hommes affranchis du joug de l'Église catholique ? — voulez-vous retomber, vous, vos femmes, vos enfants, — sous le pouvoir exécrable de ces prêtres, — dont les soldats violent, égorgent,

La tente de Simon de Montfort (page 795)

brûlent les femmes et les enfants ? — le voulez-vous ? — Non, vous ne le voulez pas ! non, — votre cœur bondit, votre sang s'allume, et vous dites : — Chasseneuil, Béziers, Carcassonne... c'est assez ! c'est trop !

— Oh ! oui, Chasseneuil, Béziers, Carcassonne, c'est assez ! — Malgré leur vaillance, nos frères ont péri ; — redoublons de vaillance, — écrasons l'ennemi. — Pour lui, ni trêve, — ni merci, ni repos, ni pitié ; — par monts, par vaux, — poursuivons-le ! harassons-le ! écharpons-le ! — Levons-nous tous, fils du Languedoc, — tous ! — guerre implacable ! — guerre à mort aux croisés catholiques. — Le droit est pour nous ; — tout est bon contre eux : — la fourche et la faux, — le bâton et la pierre, — les mains et les dents ! — Aux armes, hérétiques du Languedoc ! — aux armes ! — Nous aussi, crions : — A Lavaur !... Et que Lavaur soit le tombeau des croisés catholiques ! Vengeance ! Mort aux catholiques !

. . . .

Mylio composa ce chant peu de temps après les massacres de Chasseneuil, de Béziers et de Carcassonne, et il alla chantant par tout le pays, tandis que l'armée des croisés se dirigeait vers la ville et le château de Lavaur.

Fils de Joel, les scènes suivantes se passent dans une belle villa abandonnée par ses maîtres hérétiques, et située à peu de distance du château de dame Giraude, assiégé par les croisés. Cette maison est occupée par le général de l'armée de la foi, Simon, comte de Montfort, et par sa femme, Alyx de Montmorency, qui, depuis peu de temps, est venue rejoindre son

100ᵉ livraison

mari en Languedoc; les tentes des seigneurs environnent la demeure du chef de la croisade. Le camp, formé de huttes de terre ou de branchages pour les soldats, s'étend au loin, la foule des serfs échappés des domaines de leurs seigneurs, et attirés par l'espoir du pillage, couchent sur la dure et sans abri. Il fait nuit; un flambeau de cire éclaire faiblement la salle basse de la villa: un feu ardent brûle dans la cheminée, car la soirée est fraîche. Deux chevaliers s'entretiennent auprès du foyer; l'un d'eux est Lambert, seigneur de Limoux, qui remplissait à la cour d'amour de Blois les fonctions de *Conservateur des hauts privilèges d'amour*; l'autre est Hugues, seigneur de Lascy, ex-*Sénéchal des marjolaines* près la même cour. Bien qu'armé de pied en cap, il porte un bonnet de fourrure qui laisse voir son front ceint d'un bandeau; ce chevalier a été blessé durant le siège de Lavaur.

HUGUES DE LASCY, *s'adressant à son compagnon qui vient d'entrer dans la salle basse.* — Montfort est moins souffrant; un de ses écuyers qui, tout à l'heure, est sorti de la chambre voisine, m'a dit que le comte dormait et que sa fièvre semblait diminuée.

LAMBERT DE LIMOUX. — Tant mieux; car je venais apprendre à Alix de Montmorency qu'elle ne doit plus guère compter sur le médecin qu'elle attend de Lavaur.

HUGUES DE LASCY. — Quel est ce médecin?

LAMBERT DE LIMOUX. — Ce matin, la comtesse, voyant Montfort en proie à une fièvre ardente et à de douloureux étouffements que son écuyer chirurgien ne pouvait soulager, s'est rappelé avoir entendu dire par l'un de nos prisonniers que le plus fameux médecin du pays, quoique hérétique endiablé, se trouvait dans le château de Lavaur. La comtesse a fait venir ce prisonnier, lui offrant la liberté, à condition qu'il remettrait au médecin une lettre, dans laquelle on lui promettait la vie sauve s'il consentait à venir donner ses soins à Montfort; ensuite de quoi le célèbre Esculape pourrait rentrer dans la ville assiégée.

HUGUES DE LASCY. — Quelle imprudence! Comment la comtesse a-t-elle confier une si précieuse existence à un hérétique?

LAMBERT DE LIMOUX. — Rassure-toi, nous en serons quittes pour un prisonnier de relâché. Ce coquin est parti depuis tantôt, et, selon le désir de la comtesse, j'ai attendu à nos avant-postes le médecin jusqu'à cette heure, afin de le conduire ici; la nuit est venue, il n'a pas paru, il ne faut plus compter sur lui. Cependant, j'ai laissé des ordres pour qu'il fut amené céans, s'il se présentait au camp, ce qui est peu probable. Ma mission est remplie. Tout va bien.

HUGUES DE LASCY. — La comtesse est insensée. Comment a-t-elle pu songer à confier à un ennemi la vie de Montfort!

LAMBERT DE LIMOUX. — J'ai fait cette objection à Alix de Montmorency; elle m'a répondu que ce médecin étant ce que ces damnés appellent un *Parfait*, cet homme pousserait certainement l'hypocrisie jusqu'à ne pas trahir la confiance que l'on mettrait en lui. Tant est grande l'affectation de ces misérables à paraître honnêtes gens. Le sublime de la fourberie.

HUGUES DE LASCY. — Ces ensabbattés sont, il est vrai, capables des feintes les plus scélérates pour se donner un semblant de vertu.

LAMBERT DE LIMOUX. — Ce qui n'est pas un faux semblant, c'est la résistance enragée de ces gens de Lavaur; sais-tu qu'ils se défendent comme des lions? Sang du Christ! on croit rêver! Le siège de cette ville maudite, qui nous coûte déjà tant de capitaines et de soldats, dure depuis près d'un mois; tandis que Chasseneuil, Béziers, Carcassonne, ont été enlevés presque sans coup férir. Quels rudes champions!

HUGUES DE LASCY. — On attribue cette résistance, aussi acharnée qu'inattendue, rencontrée par nous ici et ailleurs, lors de nos derniers combats contre les Albigeois, à l'enthousiasme qu'ont excité parmi les populations des vers d'une furie sauvage! chantés de ville en ville par Mylio le Trouvère, celui-là même que nous avons connu dans le nord de la Gaule.

LAMBERT DE LIMOUX. — Ce Mylio doit être parmi les assiégés; sans doute il pousse à cette défense désespérée la dame de Lavaur, une des plus forcenées hérétiques du pays.

HUGUES DE LASCY, *avec un sourire cruel.* — Patience! patience! il ne s'agit plus ici de *Cour d'Amour*, où les gens de guerre s'inclinent devant l'autorité des femmes. Sang du Christ! lorsque nous nous serons emparés de cet infernal château, il s'y tiendra une terrible cour de justice, et la dame de Lavaur y sera proclamée la reine du bûcher.

LAMBERT DE LIMOUX. — Et après le supplice de cet ensabbattée, nous te saluerons: seigneur de Lavaur, heureux Lascy! puisque Montfort t'a promis la possession de cette seigneurie, l'une des plus considérables de l'Albigeois.

HUGUES DE LASCY. — Serais-tu jaloux de ce don? Montfort n'a-t-il pas déjà, comme maître et conquérant de la vicomté de Béziers, octroyé plusieurs seigneuries aux chefs de la croisade?

LAMBERT DE LIMOUX. — Dieu me garde de te jalouser, Hugues!... Quant à moi, ma part est faite; et, à vrai dire, les bons sacs d'or et la belle vaisselle d'argent dont je me suis emparé lors du sac de Béziers, et qui sont dans mes bagages, me semblent préférables à tous les domaines de l'Albigeois. L'on n'emporte avec soi ni terres, ni châteaux, et les chances de la guerre sont hasardeuses; mais j'espère n'avoir plus à craindre ces chances le 10 de ce mois.

HUGUES DE LASCY. — Pourquoi cette date?

LAMBERT DE LIMOUX. — Le lendemain de cette date expirent pour moi les quarante jours de croisade que tout croisé doit à la guerre sainte, à partir du moment où il a mis le pied sur la terre hérétique, après quoi il reprend avec ses hommes le chemin de son manoir; c'est ce que je me propose de faire bientôt...

La confidence de l'ex-*Conservateur des hauts privilèges d'amour* est interrompue par l'un des écuyers de Montfort, qui sort en courant d'une chambre voisine.

HUGUES DE LASCY, *à l'écuyer*. — Où courez-vous ainsi? Quelle nouvelle pressante?

L'ÉCUYER. — Ah! messire, le comte est dans un grand péril. Il est à l'agonie.

HUGUES DE LASCY. — Mais, tout à l'heure, il dormait profondément, et la fièvre avait diminué? Quel changement s'est-il opéré?

L'ÉCUYER. — Le comte vient de se réveiller en proie à une suffocation terrible; je cours chercher l'abbé Reynier, par ordre de la comtesse, afin qu'il donne à monseigneur les derniers sacrements et qu'il lui ouvre le Paradis.

A peine l'écuyer est-il sorti qu'un homme d'armes entre et dit à Lambert de Limoux: — Seigneur, je vous amène l'hérétique de Lavaur que j'ai attendu à nos avant-postes, suivant vos ordres. Il demande à être introduit ici.

LAMBERT DE LIMOUX. — Qu'il vienne! qu'il vienne!... Il ne saurait arriver plus à propos.

HUGUES DE LASCY. — Tu persistes à vouloir confier la vie de Montfort à ce damné hérétique? Tu assumes là une grande responsabilité.

LAMBERT DE LIMOUX. — Je vais le conduire auprès d'Alix de Montmorency... Elle seule avisera dans cette grave circonstance.

L'homme d'armes rentre bientôt avec *Karvel le Parfait*; sa physionomie est empreinte de sa sérénité habituelle; il tient à la main une petite cassette. Il salue les assistants.

LAMBERT DE LIMOUX, *à Karvel*. — Suis-moi, je vais te conduire auprès d'Alix de Montmorency, la vaillante épouse du comte de Montfort.

. . . .

Simon, comte de Leicester et de Montfort l'Amaury est couché sur son lit et expire; Alix de Montmorency, agenouillée au chevet de son mari, est à peine âgée de trente ans.

Lambert de Limoux a conduit *Karvel le Parfait* auprès d'Alix de Montmorency, et l'a laissé seul avec elle dans la chambre de Montfort. Après avoir fait le signe de la croix, elle dit au médecin d'une voix faible: Tu viens tard?

KARVEL. — Nous avons beaucoup de blessés à Lavaur; j'ai dû leur donner d'abord mes soins. Vous m'avez fait appeler au nom de l'humanité, je viens, madame, remplir un devoir sacré.

ALIX DE MONTMORENCY. — Il plaît parfois au Seigneur d'employer pour le bien de ses élus, les instruments les plus pervers!

Karvel sourit de cet accueil étrange et s'approche de la couche de Simon dont le regard fixe, ardent, hagard ne donne plus aucun signe d'intelligence. Après avoir longtemps et attentivement examiné le comte, posé sa main sur son front, touché légèrement du doigt ses lèvres desséchées, consulté son pouls, le Parfait dit à la comtesse; — Il faut promptement saigner votre époux, madame (ce disant il tira de sa poche un étui contenant une bande de drap rouge et des lancettes, il en choisit une et ajoute:) — Veuillez, madame, approcher cette table et ce flambeau... vous m'aiderez ensuite à soutenir le bras de votre mari. Ce bassin d'argent que je vois là, sur ce meuble, servira pour recevoir le sang de la saignée.

Je vous recommande, madame, de ne pas laisser fléchir le bras du comte lorsque je piquerai la veine; car, près d'elle se trouve une artère que je pourrais atteindre au moindre tressaillement du malade avec la pointe de la lancette, et cette atteinte serait pour lui... mortelle.

ALIX DE MONTMORENCY, *impassible*. — Mon époux peut mourir... il est en état de grâce.

Karvel, effrayé de cette insensibilité glaciale, demeure un moment interdit; puis il ouvre dextrement la veine. Aussitôt il s'en échappe un jet de sang noir et épais qui tombe, fumant, dans le bassin d'argent.

KARVEL. — Quel sang noir!... Cette saignée sauvera, je l'espère, votre mari, madame.

ALIX DE MONTMORENCY. — Que la volonté du Seigneur soit faite! Que son nom soit glorifié.

Le sang du malade continue de couler dans le bassin d'argent. Ce bruit sourd et continu interrompt seul le profond silence qui règne dans la chambre. Le Parfait observant attentivement les traits de Montfort, voit peu à peu opérer la bienfaisante influence de la saignée. La peau du malade, jusqu'alors sèche et brûlante, se couvre d'une sueur abondante; sa respiration devient de plus en plus facile; sa poitrine s'allège; ses yeux d'abord fixes et ardents, se ferment bientôt sous leur paupières appesanties. Karvel consulte de nouveau le pouls du comte et s'écrie vivement: — Il est sauvé!

ALIX DE MONTMORENCY, *levant vers le plafond son regard terne*. — Seigneur, puisqu'il vous plaît de laisser mon époux dans cette vallée de larmes et de misères!... qu'il soit fait selon votre volonté! Que votre saint nom soit glorifié!...

Karvel arrête l'effusion du sang au moyen d'une bande qu'il roule autour du bras du comte; puis allant vers la cassette apportée par lui et déposée sur une table, il prend plusieurs fioles et compose un breuvage. L'état de Montfort s'améliore comme par enchantement; il sort peu à peu de sa léthargie et pousse un profond soupir de soulagement. Le Parfait, achève la confection du breuvage, se rapproche et dit à la comtesse : — Soutenez, je vous prie, la tête de votre mari, madame, et aidez-moi à lui faire boire cette potion qui doit le rappeler à la vie. Tout danger de mort se trouve écarté.

Alix de Montmorency obéit à Karvel; quelques instants après l'action du breuvage se manifeste. Le regard de Montfort, jusqu'alors vague et errant, s'arrête sur le médecin ; il le contemple longtemps ; puis, tournant la tête vers la comtesse et levant péniblement son bras pour désigner le Parfait, il dit d'une voix faible et caverneuse : — Quel est cet homme ?

ALIX DE MONTMORENCY. — C'est le médecin hérétique de Lavaur que nous avons mandé.

Simon, à ces mots, tressaille de surprise et d'horreur; puis, fermant les yeux, il semble réfléchir. Karvel, après avoir déposé un flacon sur la table, referme la cassette, la prend et dit à la comtesse : — Vous ferez, madame, durant cette nuit, boire d'heure en heure, à votre mari, quelques gorgées du breuvage contenu dans ce flacon... cela suffira, je le pense, à assurer la guérison du comte. Il devra garder deux ou trois jours le lit. Et maintenant, adieu, madame; les blessés de Lavaur m'attendent.

MONTFORT, *voyant son sauveur se diriger vers la porte, se soulève à demi sur sa couche, et dit à Karvel d'un ton impératif* : — Reste ! — (Le Parfait hésite à obéir au comte); celui-ci frappe sur un timbre placé près de lui, et dit à l'un de ses écuyers qui est accouru. — Ce médecin ne sortira pas d'ici sans mon ordre.

L'écuyer s'incline et quitte la chambre.

MONTFORT. — Ecoute, médecin, je me connais en courage ; tu as fait preuve de bravoure en venant ici, seul... dans l'antre du lion.

KARVEL. — Ta femme m'a mandé au camp, en faisant appel à mon humanité... Tu es homme... tu souffrais... je suis accouru... Puis il m'a semblé bon de montrer une fois de plus comment ces hérétiques, ces monstres... contre lesquels on déchaîne tant de fureurs, pratiquent la morale évangélique de Jésus... Tu es notre implacable ennemi, Montfort, et pourtant je m'applaudis de t'avoir sauvé la vie.

MONTFORT. — Ne blasphème pas ! Tu n'as été que le vil instrument de la volonté du Seigneur, qui a voulu conserver mes jours, à moi, son serviteur indigne, à moi, l'humble épée de sa victorieuse Eglise... Mais, je te le répète, tu es un homme courageux ; à ce titre tu m'intéresses; je voudrais pouvoir sauver ton âme.

KARVEL. — Ne prends point ce souci ; laisse-moi seulement retourner sur l'heure à Lavaur, où nos blessés m'attendent.

MONTFORT. — Non... tu ne partiras pas encore.

KARVEL. — Tu as la force... j'obéis... (*Après un moment de réflexion.*) Puisque tu t'opposes à mon départ, puisque tu crois me devoir quelque reconnaissance, acquitte-toi en répondant sincèrement à mes questions.

MONTFORT. — Je te permets de parler.

KARVEL. — Ta vaillance est connue... tes mœurs sont austères... tu es humain envers tes soldats... On t'a vu, au passage de la Durance, te jeter à la nage pour sauver un piéton qui était entraîné dans le courant.

MONTFORT, *brusquement*. — Assez, assez ! Tu n'éveilleras pas dans mon âme le démon d'orgueil ; je ne suis qu'un ver de terre !

KARVEL. — Je ne te flatte pas... Tu es accessible aux sentiments d'humanité. Dis-moi donc si tu n'as pas gémi sur le sort des soixante mille créatures de Dieu, hommes, femmes, enfants qui ont été égorgés à Béziers par tes ordres et par ceux du légat du pape ?

MONTFORT. — Jamais je n'ai senti mon âme plus épanouie. Obéir au pape, c'est obéir à Dieu.

KARVEL, *frappé de la sincérité de l'accent de Montfort, reste un moment pensif et reprend*. — Le délire de la guerre est aveugle et féroce, je le sais ; mais enfin, après le combat ? quand cette fièvre sanguinaire est calmée ? massacrer de sang-froid et par milliers des créatures désarmées, inoffensives, des femmes, des enfants... c'est affreux ! songes-y donc, Montfort, massacrer des enfants !...

MONTFORT, *avec affliction*. — Combien la surprise sacrilège de ce mécréant prouve la profondeur de son hérésie ! Il ignore que les enfants meurent en état de grâce !

KARVEL. — Explique-toi plus clairement ; sois indulgent pour mon ignorance. Précisons les faits : Dans une ville prise d'assaut, une femme fuit avec son enfant, tu égorges la mère... Est-ce un acte méritoire devant Dieu ?

MONTFORT. — La vipère écrasée ne fait plus de petits. C'est affaiblir les mécréants.

KARVEL. — C'est logique ; mais pourquoi égorger l'enfant ? C'est une action abominable.

MONTFORT. — Quel âge suppose-tu à l'enfant ?

KARVEL. — J'admets qu'il soit à la mamelle.

MONTFORT. — A-t-il été baptisé par un prêtre catholique ?

KARVEL. — Cet enfant à la mamelle que tu égorges... a été baptisé.

MONTFORT. — Alors il se trouve en état de grâce et monte droit au Paradis ; quant aux enfants âgés de plus de sept ans, ils vont dans le purgatoire attendre leur admission au bienheureux séjour ; mais, s'ils n'ont point reçu le baptême... Alors la situation s'aggrave...

KARVEL. — Qu'arrive-t-il pour ces enfants ?

MONTFORT. — Les pauvres petites créatures, encore toutes dégoûtantes de la souillure du péché originel s'en vont droit en enfer où elles seront privées pour toujours de la vue de Dieu ; mais du moins, vu leur jeune âge, elles ont l'espoir d'être exemptes des flammes éternelles par les prières des fidèles, grâce qu'elles n'auraient pas obtenue si elles avaient croupi dans la pestilence hérésiarque ! Leur mort aura donc abouti à un allègement à leurs maux.

KARVEL. — Ainsi, en ces temps de guerre sainte, égorger au hasard un enfant catholique, c'est l'envoyer tout droit au Paradis ? égorger un enfant hérétique, c'est lui donner grande chance d'échapper aux flammes éternelles, mais non de l'arracher à l'enfer !

MONTFORT. — Tu dis vrai ; l'enfant non baptisé est toujours fatalement voué à l'enfer.

KARVEL. — Me voilà fixé sur le sort des enfants... Abordons la question des femmes...

MONTFORT. — Je voudrais pouvoir sauver ton âme... et peut-être, durant notre entretien, tes yeux s'ouvriront-ils à la lumière.

KARVEL. — Il y a dans le château de Lavaur, que tu assièges, une femme... un ange de bonté, de vertu ; elle se nomme dame Giraude. Laisse-moi achever ce que j'ai à dire, — *ajoute Karvel en voyant le comte bondir de fureur sur sa couche*, — pas d'emportement ! l'irritation te serait funeste en ce moment ; bois quelques gouttes de ce breuvage. Ta femme, pieusement absorbée dans ses oraisons, oublie la créature pour le Créateur.....

MONTFORT, *à Karvel, après avoir bu et poussant un nouveau soupir de soulagement.* — Le Seigneur a eu pitié de moi, misérable pécheur que je suis ! je me sens renaître ; que sa miséricorde soit bénie ! Que les hérétiques tremblent dans leurs repaires !

KARVEL. — La dame de Lavaur est renfermée avec son fils et son frère dans le château que tu assièges... Giraude est un ange de vertu, de bonté. Je suppose que, demain, plus heureux que dans les attaques précédentes, tu emportes le château d'assaut, dame Giraude et son fils, enfant de quatorze ans... ayant par hasard échappé au massacre, tombent entre les mains ; que fais-tu de cette femme et de son enfant ? Réponds, noble comte de Montfort!

MONTFORT. — Le légat du pape dit à cette hérétique : « — Veux-tu, oui ou non, renoncer à Satan et rentrer dans le sein de l'Eglise catholique, apostolique et romaine, notre mère commune ? veux-tu, oui ou non, renoncer à tous les biens de ce monde et t'enfermer à jamais dans un cloître pour y expier ton hérésie ? »

KARVEL. — Giraude répond au légat du pape : « J'ai ma foi, vous avez la vôtre... je veux rester fidèle à ma croyance. »

MONTFORT, *courroucé.* — Il n'y a qu'une foi au monde, la foi catholique !... Tous ceux qui refusent de rentrer dans le giron de l'Eglise méritent la mort... et, si la dame de Lavaur persiste dans sa détestable perdition, elle périra dans les flammes du bûcher. »

KARVEL. — Je ne sais si tu as des enfants, mais tu as une femme. Ta mère vit où elle a vécu... Pense à ta mère, pieux serviteur de l'Eglise ! Montfort, guerrier indomptable, tu as sans doute aimé ta mère ?

MONTFORT, *avec émotion.* — Oh ! oui... je l'ai tendrement aimée.

KARVEL. — Et tu ferais sans pitié brûler une femme qui fut le modèle des épouses et qui est le modèle des mères ?

MONTFORT, *avec un sourire d'une bonhomie sinistre.* — Cela t'étonne ? tu me crois un homme féroce ? Eh ! mon Dieu ! il en doit être ainsi, tu n'as pas la foi. Sinon tu comprendrais que j'agis, au contraire, avec humanité, en portant le fer et le feu dans vos contrées.

KARVEL. — En faisant brûler, massacrer les hérétiques, en autorisant les viols et les tueries.

MONTFORT. — Ecoute, et à mon tour, je te dirai : réponds sincèrement. Tu as une femme, une mère, des enfants, des amis, tu les aimes tendrement ? Il existe dans ton pays une province, foyer permanent d'une contagion qui menace d'envahir les contrées voisines, d'atteindre ta famille, tes amis, la population tout entière ? hésiteras-tu un instant à purifier ce coin de terre par le fer et le feu ? Au nom même de cette humanité dont tu parles, hésiteras-tu à sacrifier mille, vingt mille pestiférés, pour sauver des millions d'hommes de cette incurable pestilence ? Non, non, tu frapperas toujours : ton bras ne s'arrêtera que lorsque le dernier de ces exécrables empestés aura vécu, emportant avec lui dans la tombe le dernier germe de cette effroyable maladie et tu auras fait acte de haute humanité.

Karvel a écouté Montfort en silence et avec une émotion croissante ; il reste un moment épouvanté de la sincérité sauvage des paroles du chef de la croisade. Puis le Parfait s'écrie avec une douloureuse indignation : — Oh ! prêtres catholiques ! tel est donc votre astuce infernale, que pour assurer le triomphe de votre ambition et votre cupidité effrénée, vous savez exploiter jusqu'aux sentiments généreux pour l'accomplissement de vos forfaits !

MONTFORT. — Qu'oses-tu dire, blasphémateur, impie ! Rétracte ces paroles infâmes.

KARVEL. — Ce n'est pas toi que j'accuse, fanatique aveugle et convaincu. Tu le dis et cela est ; oui tu te crois humain : oui, si tu égorges des enfants, c'est pour les envoyer en Paradis... si tu nous extermines, sans merci ni pitié, c'est que dans ta pensée, notre croyance damne éternellement les âmes ! Mais quelle religion, grand Dieu ! que cette religion telle que la font les prêtres catholiques ! Prodige inouï, effrayant ! elle bouleverse à ce point dans les âmes les notions du bien et du mal, que toi, et les complices vous croyez agir humainement, pieusement, en poussant la férocité au delà des limites du possible ! Qu'ils soient maudits ces prêtres catholiques !

Alix de Montmorency ayant terminé ses oraisons s'est relevée ; elle entend les dernières paroles de Karvel, s'approche du comte et lui dit avec autant de douleur que d'effroi, en lui désignant le *Parfait* d'une main tremblante :
— Ah ! combien d'âmes ce malheureux endurci peut perdre à jamais... Qu'il meure donc.

MONTFORT, *pensif.* — J'y songeais... et il n'y a rien à espérer de lui... (*à Karvel lentement*). Ainsi, tu persistes dans ton hérésie ?

KARVEL. — Ecoute, Montfort, à Chasseneuil, à Béziers, à Carcassonne, à Termes, à Minerve, dans tous les lieux où l'armée de la foi... a porté le ravage et le meurtre, des femmes, des jeunes filles, des enfants échappés au massacre et par toi réservés au bûcher, se sont héroïquement précipités dans les flammes plutôt que de reconnaître, même des lèvres, cette Eglise de Rome, dont le nom seul soulève chez nous le dégoût et l'horreur ; c'est que l'hérésie est passée dans notre sang, nos enfants la sucent avec le lait, et, à moins de les égorger tous, tu n'extirperas jamais l'hérésie de ce pays ; et encore tu exterminerais les hommes, les femmes, les enfants, tu peuplerais à nouveau nos provinces désertes, qu'à l'aspect des ruines de nos villes, qu'à l'aspect des ossements de nos frères calcinés dans tes bûchers, les générations nouvelles apprendraient encore à exécrer l'Eglise de Rome, cause de tant de maux. L'air qu'on respire dans ces contrées depuis des siècles est tellement imprégné, saturé de liberté, il est si pur, si pénétrant, qu'il n'a pu être altéré ni par la vapeur du sang versé à torrents par tes prêtres, ni par la fumée des bûchers allumés par tes moines. Ici, nos aïeux ont vécu libres, ici, nous saurons vivre libres ou mourir ; ici, nos enfants sauront comme nous vivre libres ou mourir sans se soumettre à l'Eglise de Rome.

En entendant le *Parfait* s'exprimer ainsi, Montfort et sa femme ont échangé des regards exprimant tour à tour l'indignation, l'horreur et l'épouvante ; peu à peu des larmes ont coulé des yeux ternes d'Alix de Montmorency ; elle joint les mains et dit au comte avec un accent d'affliction et de compassion profondes : Ah ! mon cœur saigne comme celui de notre sainte Vierge aux sept douleurs ! je vous en prends à témoin, Seigneur Dieu, mon divin maître ! Affermie par la foi, contre les épreuves qu'il vous a plu de m'envoyer pour mon salut, depuis longtemps je n'avais pleuré ! Non, j'avais vu mourir mon père et mon second fils d'un œil tranquille, puisque vous les rappeliez à vous en état de grâce, ô mon Dieu ! Mais aujourd'hui, mes larmes coulent, en songeant aux milliers de pauvres âmes que les abominables prédications de ce monstre de perdition pourraient envoyer encore brûler à jamais en enfer !

MONTFORT, *pleurant comme la comtesse qu'il enlace de ses bras.* — Console-toi, chère et sainte femme ! console-toi ! nous prierons pour ceux que ce forcené a damnés ; il a plu au Seigneur de me rappeler en ce jour à la vie... je prouverai ma religieuse reconnaissance en employant à des œuvres pies une partie du butin que nous ferons à Lavaur ; et je fonderai des messes pour le repos de l'âme des hérétiques de cette ville que j'aurai exterminés.

Cette ingénieuse idée de messes spécialement consacrées à la défense de l'âme de ces hérétiques, que Montfort se promettait d'exterminer ou de brûler bientôt, semble apaiser la douleur de la comtesse. Soudain un bruit lointain, tumultueux, dominé çà et là par le retentissement des clairons, s'entend dans la direction du camp. Montfort tressaille, se lève à demi sur sa couche, prête l'oreille et s'écrie : Alix ! on sonne aux armes ! c'est une sortie des assiégés ! A moi, mes écuyers !... mon armure !... Que l'on selle mon cheval ! — En disant ces derniers mots, le comte se dresse debout et demi-nu sur son lit ; mais, affaibli par la fièvre et par la saignée, il est saisi de vertige, ses jambes se dérobent sous lui, il s'affaisse, et, en tombant, la bande enroulée autour de son bras se dénoue, la veine se rouvre, le sang jaillit de nouveau avec abondance. Karvel courant à Montfort, étendu, presque inanimé sur sa couche, s'occupe d'arrêter l'effusion de sang, lorsqu'un écuyer, entrant précipitamment du dehors, s'écrie : Monseigneur !... monseigneur !... aux armes... le camp est forcé !...

ALIX DE MONTMORENCY. — Que signifie ce bruit de clairons ? Un combat est-il engagé ?

L'ÉCUYER. — Madame, les sires de Lascy et de Limoux se tenaient dans la chambre voisine, attendant les ordres du seigneur comte, lorsqu'un chevalier est accouru leur apprendre qu'une nombreuse troupe d'hérétiques avait tenté de s'introduire, à la faveur de la nuit, dans le château de Lavaur, pour renforcer la garnison de la ville ; Hugues de Lascy et Lambert de Limoux sont sortis avec le chevalier et ont couru aux armes.

KARVEL, *continuant de donner ses soins à Montfort.* — Ah ! les chants de Mylio n'ont pas été stériles ! Ils ont redoublé le courage des habitants du Languedoc !

UN SECOND ÉCUYER *entre et dit à la comtesse :*
— Madame, un messager arrive ; voici les nouvelles : Les hérétiques combattent en désespérés ; l'abbé Reynier supplie monseigneur de monter à cheval, espérant que sa vue redoublera l'ardeur de nos soldats.

ALIX DE MONTMORENCY, *montrant le comte encore évanoui, tandis que le Parfait lui pro-*

digue des soins. — Répondez au messager de notre vénérable père, l'abbé Reynier, que monseigneur est sans connaissance et hors d'état de monter à cheval... allez ! (*L'écuyer sort précipitamment. Alix lève les yeux vers le ciel, joint les mains et dit :*) — Que le Tout-Puissant veille sur ses élus !

KARVEL, *tristement*. — Ah ! combien de nos frères vont encore périr dans cette attaque !

LE SECOND ÉCUYER, *rentrant*. — Madame, un homme d'armes descend de cheval, il devance l'abbé Reynier. On dit que, grâce à une intrépide sortie des assiégés accourus au secours des gens qui tentaient de s'introduire dans Lavaur, ces païens ont pu y entrer ; mais beaucoup d'entre eux ont été tués, blessés ou pris ; l'on amène les prisonniers sous la conduite de Limoux et de Hugues de Lascy ; ils accompagnent l'abbé Reynier.

KARVEL, *avec angoisse*. — Grand Dieu ! si Mylio et son ami le jongleur se trouvaient parmi ces prisonniers, ce serait leur arrêt de mort !

. . . .

Les craintes de Karvel le Parfait se sont réalisées. Mylio, prisonnier des croisés, a été pris par eux au moment où, à la tête d'une troupe d'habitants du pays, il essayait de pénétrer avec eux dans Lavaur, afin de renforcer sa garnison. Peau-d'Oie est aussi captif : il a été amené avec le trouvère dans la grande chambre de la villa par Lambert de Limoux et Hugues de Lascy. Karvel est resté auprès de Montfort. Mylio est blessé au bras, un mouchoir ensanglanté bande sa plaie ; le jongleur, quoique sain et sauf, semble sous l'empire d'une grande peur. L'abbé Reynier, instruit de l'état inquiétant du comte, s'est rendu près de lui, tandis que Hugues de Lascy et Lambert de Limoux, gardant baissée la visière de leurs casques, s'entretiennent à voix basse et s'éloignent de quelques pas du trouvère et de son ami.

MYLIO, *à son compagnon, avec un accent de regret*. — Mon pauvre Peau-d'Oie ! te voilà prisonnier... c'est par ma faute.

PEAU-D'OIE, *d'un ton bourru*. — Oui, c'est par ta faute ! J'étais mort, très mort ; ne pouvais-tu laisser en paix mes cendres ?

MYLIO. — Au moment où, grâce à la sortie des braves gens de Lavaur, commandée par Aymery, j'allais entrer dans la ville, je m'aperçois de ton absence ; inquiet, je m'arrête, et, à la faveur du clair de lune, je te vois à vingt pas de moi, couché sur le ventre...

PEAU-D'OIE. — Corbœuf ! couché sur le dos, j'aurais eu la bedaine crevée sous le piétinement des combattants !

MYLIO. — ... J'accours, te croyant blessé ; pendant ce temps-là nos compagnons entrent dans la ville, la porte se referme sur eux, et... nous sommes pris. Nous voilà prisonniers.

PEAU-D'OIE. — Ce que je te reproche, c'est d'avoir attiré sur moi, honnête et paisible mort que j'étais, l'attention de ces truands ; car l'un d'eux s'écrie, en me désignant : « — Cette montagne de chair est si énorme, que je gage qu'après l'avoir traversée, ma pique y demeure enfoncée jusqu'à la moitié de son manche. » Attention ! compagnons...

MYLIO. — A ces mots, tu as fait une espèce de saut de carpe si prodigieux, que je suis resté aussi heureux de ta résurrection qu'émerveillé de ton agilité. Un véritable saut de carpe.

PEAU-D'OIE. — Corbœuf ! on serait agile à moins. Ne fallait-il pas sauver ma bedaine ?

MYLIO. — Ainsi, tu avais fait prudemment le mort au commencement de l'attaque ?

PEAU-D'OIE. — Pardieu ! dès que j'ai entendu ces brutes de croisés des avant-postes crier : Aux armes ! je me suis aussitôt jeté à plat-ventre ! Et voilà comme on récompense l'héroïsme ! car enfin je m'étais dit : « En me plaçant bravement comme un obstacle insurmontable entre l'ennemi et mes compagnons, j'assure leur retraite, puisqu'ils seront entrés dans la ville avant que les croisés aient eu le temps de gravir mon corps... et d'en descendre.

MYLIO. — Ta gaieté revient, tant mieux.

PEAU-D'OIE, *montrant du geste les deux chevaliers qui se rapprochent, après avoir ôté leur visière*. — Mylio, il me semble que nous connaissons ces hommes-là ? Que le diable les emporte en enfer !

MYLIO, *se retournant*. — Hugues de Lascy ? Lambert de Limoux ? (*S'adressant à eux d'un air sardonique.*) Salut au sénéchal des Marjolaines ! salut au bailli de la joie des joies ! voilà qui est, mort-Dieu ! d'une hypocrisie infâme ! C'est vous, saints hommes, qui venez extirper l'hérésie en Albigeois ? (*S'adressant à Peau-d'Oie*) Te rappelles-tu ce dernier plaid amoureux de la cour d'amour ?

PEAU-D'OIE. — ... De la cour de grandissime ribauderie et putasserie, dont ces pieux catholiques étaient les dignes officiers !

HUGUES DE LASCY, *à Lambert*. — Entends-tu cette langue de vipère ? Notre capture est bonne, car depuis que ces deux jongleurs ont couru le pays, ces chiens d'hérétiques sont devenus encore plus enragés ! mais nous saurons les guérir de leur rage !

PEAU-D'OIE, *d'un air apitoyé*. — Pauvres gens ! ainsi devenus enragés ? Sans doute quelque moine en rut les aura mordus ? N'est-ce pas, seigneur bailli de la joie des joies ?

Simon de Montfort entre à ce moment, vêtu d'une longue robe brune pareille à un froc de moine ; d'un côté, il s'appuie sur le bras d'Alix de Montmorency et, de l'autre, sur le bras de l'abbé Reynier, portant l'habit blanc de l'ordre de Cîteaux ; l'un des écuyers du prince s'empresse de mettre un siège à sa portée; l'autre écuyer reste debout à la porte de la chambre voisine où Karvel le Parfait est retenu prisonnier. Montfort garde le silence; l'abbé Reynier jette sur Mylio et sur Peau-d'Oie un regard de triomphe et de haine sournoise; il n'a pas oublié cette nuit où, venant au moulin de Chaillotte pour violenter Florette, la jeune serve lui a été enlevée par le trouvère et le jongleur.

MONTFORT, *s'adressant à Mylio d'une voix caverneuse.* — Tu étais parmi ces hérétiques, dont un grand nombre est parvenu à forcer le camp pour entrer dans le château de Lavaur?

MYLIO. — Oui, seigneur comte, j'étais parmi les combattants, et j'ai fait de mon mieux.

MONTFORT. — Tu t'appelles Mylio le Trouvère... Tu exerçais à Blois ton indigne métier de perdition; tu souillais du venin de tes calomnies les prêtres de l'Eglise, les personnages les plus sacrés... Je suis bien renseigné sur toi.

MYLIO, *interrompant Simon, et s'adressant à l'abbé.* — Ah! sycophante! tu as déjà pris tes précautions contre le récit de l'aventure nocturne du moulin de Chaillotte et autres preuves de ta lubricité!

Alix de Montmorency lève les mains et les yeux au ciel, comme pour le prendre à témoin. Simon jette un coup d'œil terrible sur Mylio.

PEAU-D'OIE, *bas au trouvère.* — Le regard de ce spectre me glace jusqu'à la moelle des os... Nous sommes perdus!

MONTFORT, *à Mylio d'une voix irritée.* — Tais-toi, blasphémateur... chien d'hérétique... sinon, je te fais arracher la langue!

L'ABBÉ REYNIER, *à Monfort avec onction.* — Mon cher frère, méprisons ces outrages, ce malheureux est possédé; hélas! il ne s'appartient plus, le démon parle par sa bouche.

MYLIO, *impétueusement à l'abbé.* — Tu oserais nier que tu t'es introduit une nuit dans l'enclos du moulin de Chaillotte, ton entremetteuse habituelle, qui devait te livrer Florette, sa nièce, une enfant de quinze ans... Sans moi et Peau-d'Oie que voilà, tu allais commettre un odieux attentat sur cette infortunée.

PEAU-D'OIE, *tremblant de tous ses membres, interrompt Mylio, se jette aux pieds de Montfort, et s'écrie, les mains jointes:* — Illustre et secourable seigneur, je ne me rappelle rien... Je suis bouleversé, fasciné, ébloui... Le passé se brouille dans mon cerveau... Tout ce dont je me souviens, c'est que j'étais un porc, une bête immonde. Hélas! ce n'était pas de ma faute: car, redoutable soutien de l'Eglise, je n'ai point encore reçu le baptême... Hélas! non. Mais tout à l'heure, en contemplant votre auguste face, il m'a semblé voir resplendir autour de votre sainte personne une manière d'auréole; un de ces divins rayons, me pénétrant soudain, m'a donné une soif inextinguible de la source céleste, et m'a affamé du baptême, qui me purifiera de mes abominables péchés.... Ah! pieux seigneur! vous et votre sainte épouse, daignez me servir de parrain et de marraine; consentez à me tenir sur les fonts baptismaux... Je vous devrai le salut de mon âme, et onc vous n'aurez vu plus forcené catholique que votre fillot. Je serai l'exemple des fidèles, le corps bardé de chapelets et de scapulaires.

MONTFORT, *à demi-voix, à l'abbé Reygnier, d'un air de doute.* — Hum!... ce gros mécréant me paraît bien promptement touché de la lumière divine... Pourtant il peut être sincère.

ALIX DE MONTMORENCY. — Souvent le Seigneur se plaît à retarder les effets de sa grâce pour la rendre plus éclatante.

L'ABBÉ REYNIER, *à demi-voix.* — Il se pourrait aussi que la crainte du supplice, et non la foi, amenât la conversion de ce pêcheur.

MONTFORT. — Alors, que faire, révérendissime abbé? A quel parti nous arrêter?

L'ABBÉ REYNIER, *à demi-voix.* — Envoyons-le au bûcher comme les autres!

ALIX DE MONTMORENCY. — Mais, mon père, s'il est sincère; si cet homme est touché par la grâce?

L'ABBÉ REYNIER, *à demi-voix.* — Raison de plus... S'il est sincère, les flammes du bûcher seront, aux yeux du Seigneur, une très agréable expiation de l'abominable passé de ce nouveau converti; s'il nous trompe, le bûcher sera la juste punition de son mensonge sacrilège; de toutes façons le bûcher est ce qui convient le mieux à ce mécréant. La question est tranchée.

Montfort et sa femme, frappés du double avantage de la proposition du moine, échangent un regard approbatif.

MONTFORT. — Relève-toi! Dieu saura si ta conversion est sincère.

PEAU-D'OIE, *à part lui.* — Bon, bon; ce n'est plus qu'une affaire entre Dieu et moi... Nous nous arrangerons toujours bien ensemble!

MONTFORT, *à Mylio.* — Tu as un frère pasteur de ces hérétiques endiablés, et il jouit d'une grande influence dans la ville de Lavaur?

MYLIO, *fièrement.* — Tous les habitants donneraient leur vie pour sauver la sienne; mon frère est leur idole.

MONTFORT. — Je te permets de retourner à Lavaur; tu diras aux habitants de ma part: « Abjurez votre hérésie, rentrez dans le giron de la sainte Eglise catholique, livrez à Monfort, sans condition, la dame de Lavaur, son fils, les consuls de la ville, et cent habitants des plus notables, abandonnez vos biens aux soldats du Christ, et vous aurez la vie sauve; sinon, demain, à l'aube, le signal de l'attaque sera donné aux croisés par les flammes du bûcher de Karvel le Parfait. » Voilà quelle mission tu vas remplir.

MYLIO, *avec stupeur.* — Mon frère!... tu parles de brûler mon frère! Horrible alternative!

Le supplice de Florette (page 803)

MONTFORT. — Il est ici prisonnier!...
MYLIO, *consterné*. — Mon frère!... prisonnier!
PEAU-D'OIE, *tout bas, à Mylio*. — Imite-moi donc!... abjure... et demande le baptême...
MYLIO, *à Montfort, d'une voix émue*. — Mon frère est, dis-tu, ton prisonnier?... Tu me tends sans doute un piège... mais, fût-il là, devant moi, chargé de liens, Karvel me maudirait si, acceptant ton offre, j'étais assez infâme pour te promettre, en son nom, d'exhorter les habitants de Lavaur à se soumettre à l'Église de Rome!

Soudain on entend la voix sonore et douce du médecin, qui, retenu dans la chambre voisine, a entendu les paroles de Mylio, et s'écrie :
— Frère, ne faiblis pas devant nos ennemis!
MYLIO, *tressaillant*. — La voix de Karvel!...

Le trouvère veut aller rejoindre son frère, mais Lambert de Limoux et Hugues de Lascy se jetant sur Mylio le maintiennent. Montfort se retourne vers l'un de ses écuyers et dit : — Laisse entrer l'autre hérétique.

Presque aussitôt Karvel le Parfait s'avance vers son frère avec un sourire de tendresse ineffable, puis, s'adressant à Montfort et lui montrant les chevaliers qui contiennent Mylio : — De la violence contre un ennemi Mylio désarmé!...

A un signe du comte, les chevaliers laissent Mylio en liberté : les deux frères se jettent dans les bras l'un de l'autre.

Karvel instruit son frère du motif qui l'a conduit au camp des croisés.

Hugues de Lascy s'approche de Montfort et lui dit : — Seigneur, l'aube va bientôt paraître, tout est prêt pour l'attaque de Lavaur... L'armée n'attend qu'un signal... Quels sont vos ordres?
MONTFORT. — Qu'au soleil levé on sonne l'attaque... Encore trop faible pour monter à cheval, je me ferai porter en litière. Quant à ces trois hé-

101e livraison

rétiques, leur supplice sera le signal de l'assaut.

PEAU-D'OIE, *stupéfait*. — Un instant ! diable ! j'ai abjuré ! moi, j'ai abjuré ! je suis catholique !

KARVEL, *à Montfort*. — Ainsi, comte, nous allons mourir !..... Merci de cette mort !.....

MYLIO, *à Montfort*. — Merci de cette mort... lâche, félon... chevalier sans parole et sans foi ! misérable fanatique !...

Le comte, à ce reproche, baisse la tête, son cœur de soldat est cruellement atteint par cette juste accusation de félonie.

L'ABBÉ REYNIER. — Ces misérables osent parler de foi ! et toi, Montfort, tu serais sensible à des reproches sortis de pareilles bouches... as-tu oublié que notre saint-père Innocent III a dit que : « *Nul n'est tenu à la foi envers ceux qui manquent de foi envers Dieu.* » Veux-tu conserver la vie de ces forcenés pour qu'ils entraînent dans leur hérésie des milliers de malheureux ? acceptes-tu cette responsabilité ?

MONTFORT, *avec épouvante*. — Oh ! non, mon père ! mille fois non !

L'ABBÉ REYNIER. — Allons ! haut le front ! intrépide soldat de la foi catholique ! le ciel fera tomber Lavaur entre nos mains...

MONTFORT, *avec une fanatique exaltation*. — Aux armes, chevaliers !... à l'assaut !... Dieu est avec nous... En entrant à Lavaur, pas de pitié ! tuez, massacrez les femmes, les enfants, les vieillards ! tuez tout ! comme à Béziers, Dieu saura reconnaître ceux qui sont à lui. (*Puis, montrant les prisonniers.*) Que l'on garrotte ces trois hommes ! on les gardera en lieu sûr jusqu'au moment de leur supplice !

PEAU-D'OIE, *éperdu de terreur, se jetant aux pieds de Montfort et s'accrochant à sa robe*. — Secourable parrain ! tu m'as promis de me tenir sur les fonts du baptême, je veux vivre désormais en catholique. Je crois en l'Église, je crois en tous ses saints passés, présents ou futurs, je crois aux miracles les plus étonnants, je crois à tout ce que tu voudras !

MONTFORT, *se tournant vers l'abbé Reynier*. — Vous disiez vrai, ce misérable cède à la peur et non à la foi ; c'est un mécréant.

L'ABBÉ REYNIER, *à Peau-d'Oie*. — Si ta foi est sincère, le bûcher purifiera les souillures passées... Mais si tu feins une conversion sacrilège, les flammes éternelles seront ton juste châtiment. Tu seras brûlé comme les autres.

PEAU-D'OIE, *se relève furieux*. — Oh ! bouc de luxure, porc de saleté, tigre de cruauté ! tu te venges de cette nuit où, venant au moulin de Chaillotte pour violenter Florette, je t'ai terrassé pour t'empêcher de commettre une infamie nouvelle ! hypocrite ! scélérat !

Les écuyers du comte se jettent sur Peau-d'Oie et le garrottent, ainsi que Karvel et Mylio, qui n'opposent aucune résistance. Soudain les clairons sonnent : Hugues de Lascy entre et dit au comte : Seigneur, tout est prêt pour l'attaque de Lavaur ; votre litière vous attend.

ALIX DE MONTMORENCY, *agenouillée*. — Va, mon noble époux ; je resterai à genoux à cette place jusqu'à la fin de la bataille, priant pour le triomphe de tes armes, pour l'extermination de nos ennemis et pour le salut des pauvres âmes hérétiques de Lavaur.

L'ABBÉ REYNIER, *à Montfort*. — Viens, vaillant soldat du Christ ! viens recevoir de mes mains le pain des anges, la sainte communion !

Montfort sort appuyé sur le bras du moine et suivi de ses écuyers, tandis qu'Alix de Montmorency reste agenouillée et prie avec ferveur.

MYLIO *jetant sur Peau-d'Oie un regard humide*. — Hélas ! c'est son amitié pour moi qui l'a conduit en ce pays !

KARVEL, *pensif, contemplant Alix de Montmorency qui murmure ses oraisons*. — Pauvre créature ! son cœur est resté bon, elle implore le ciel pour les victimes !

. . . .

La ville et le château de Lavaur, après une héroïque défense, se sont rendus aux croisés ; les consuls ont stipulé que les habitants auraient la vie sauve ; mais comme, selon le pape Innocent III : *Nul n'est tenu de garder sa foi envers ceux qui manquent de foi envers Dieu*, presque tous les prisonniers, au mépris de la capitulation, ont été égorgés ; les survivants sont réservés à divers supplices.

Une nuit s'est passée depuis la reddition de Lavaur.

Soudain la cloche d'une église voisine sonne un glas funèbre ; bientôt s'ouvre la petite porte qui donne accès sur le balcon de pierre où des sièges ont été disposés d'avance ; là s'asseoient tour à tour : les archevêques de Lyon et de Rennes, les évêques de Poitiers, de Bourges, de Nantes, et d'autres prélats, vêtus de leurs habits sacerdotaux ; Montfort et Alix de Montmorency viennent ensuite, accompagnés du légat du pape et de l'abbé Reynier ; ils prennent place au premier rang de cette tribune qui domine l'esplanade. Des hommes d'armes se rangent au pied des murailles et sont suivis de prêtres et de moines de différents ordres, portant des croix d'argent, des bannières noires, et chantant à pleins poumons, des cantiques d'un rhythme funèbre.

LE BOURREAU, *accroupi devant son fourneau s'adresse à un sergent d'armes*. — Mes fers sont prêts, va chercher ces fils de Satan !

Le sergent se dirige vers la voûte, heurte à la porte et donne passage à vingt-huit hommes et à quinze femmes de tout âge, de toute condition. Ces prisonniers peuvent marcher à petits pas, quoique leurs jambes soient liées. Ils ont les mains garrottées derrière le dos. Ils s'arrêtent devant la tribune de pierre.

L'ABBÉ REYNIER, *d'une voix menaçante.* — Hérétiques de Lavaur! voulez-vous abjurer? voulez-vous reconnaître l'infaillible autorité de l'Eglise catholique, apostolique et romaine?

UN VIEILLARD, *à l'abbé Reynier.* — Mon fils est mort en défendant la ville; les ruines de ma maison incendiée après le pillage sont encore fumantes; je touche à la tombe, je ne possède plus rien; mais je devrais vivre autant d'années que j'en ai vécu, je serais très riche, j'aurais encore là près de moi... le fils chéri de ma vieillesse... que moi et mon enfant nous te dirions : mille fois la mort plutôt que d'embrasser ta religion infâme.

LES PRISONNIERS, *parmi lesquels se trouve Florette, s'agenouillent en criant.* — Grâce pour notre dame de Lavaur et pour son fils!

Florette reste seule debout; la jeune femme de Mylio, pâle, livide, ne voit rien de ce qui se passe autour d'elle; sa pensée est avec son époux qu'elle croit déjà mort. La pauvre enfant ne s'étant pas agenouillée comme les autres prisonniers, attire ainsi l'attention de l'abbé Reynier qui la reconnaît, tressaille et se dit : — Ah! pendard de Mylio, je serai doublement vengé!

LE VIEILLARD, *à Alix de Montmorency qui, pâle et les yeux baissés, égrène dévotement son chapelet.* — Madame..., au nom de votre mère, grâce pour notre dame de Lavaur?

ALIX DE MONTMORENCY, *impassible.* — Si elle n'abjure pas son hérésie, elle doit périr...

L'ABBÉ REYNIER, *d'une voix tonnante.* — Hérétiques endurcis, l'Eglise vous livre au bras séculier! Ennemis de Dieu, que votre supplice frappe vos pareils d'une terreur salutaire!

LE PRÉVÔT DE L'ARMÉE, *au roi des ribauds.* — Prends tes fers rougis au feu... Tu laisseras un œil à ce vieillard qui a parlé haut pour les autres; il servira de guide à la bande.

Le bourreau et ses gens saisissent au hasard l'un des prisonniers, c'est un jeune homme, ils le garrottent sur le siège de l'échafaud, pendant que le bourreau court à son réchaud.

L'HÉRÉTIQUE, *aux aides du bourreau.* — Qu'allez-vous me faire? Ayez pitié de moi!

UN AIDE. — Nous allons te crever les deux yeux, chien d'hérétique! païen!

L'HÉRÉTIQUE *épouvanté.* — Oh! la mort... par pitié, la mort plutôt que cette torture! (*Il essaie en vain de briser ses liens et se tord convulsivement, en criant.*) — A moi, mes frères! au secours!... ou veut nous crever les yeux à tous! Seigneur, ayez pitié de nous!...

LES PRISONNIERS, *se tournent vers Montfort.* — Ce supplice est affreux! fais-nous plutôt brûler, égorger, ou pendre! Grâce!

MONTFORT, *d'une voix caverneuse.* — Pas de grâce! Votre âme aveugle est fermée à la lumière divine! les yeux de votre corps vont être à jamais fermés à la lumière du jour!

UN HÉRÉTIQUE, *dont les dents claquent de terreur.* — Seigneur, moi et plusieurs de mes compagnons nous abjurons. Pitié... pitié!

L'ABBÉ REYNIER. — Il est trop tard!

Le jeune hérétique garrotté sur l'échafaud est vigoureusement maintenu par deux aides du bourreau; celui-ci s'approche du patient, qui pousse des cris horribles et clôt machinalement ses paupières avec force; mais d'un coup de son fer rouge et aigu, le bourreau transperce les paupières et le globe de chaque œil. Le sang et la fumée sortent des orbites... Les hurlements de la victime deviennent affreux; ils sont bientôt couverts par le chœur des prêtres et des moines psalmodiant des litanies.

Le supplice des hérétiques, hommes ou femmes, se poursuit avec l'accompagnement de cette funèbre psalmodie. Florette est la dernière victime réservée à l'horrible supplice. A la vue de ces horreurs, sa raison s'est presque complètement égarée : elle se croit sous l'obsession d'un rêve. Soutenue par les aides, elle marche d'un pas chancelant vers l'échafaud. Les bourreaux eux-mêmes se sentent émus; et, au moment où elle vient d'être attachée sur le siège, le roi des ribauds lui dit tout bas avec compassion : Crois-moi, petite; — ouvre les yeux, tu souffriras moins. Quand on ferme les paupières, la douleur est double, car le fer les traverse avant d'arriver à l'œil..... Me comprends-tu? Allons, mignonne, es-tu prête pour la cérémonie?

FLORETTE, *tout bas à elle-même, retrouvant une lueur d'intelligence.* — Il me semble que l'on m'a dit d'ouvrir les yeux afin de souffrir moins... Oh! non, je les fermerai pour souffrir davantage, mourir tout de suite, et aller rejoindre Mylio. (*Tournant çà et là autour d'elle ses yeux hagards, elle aperçoit l'abbé Reynier. Elle frissonne.*) Oh! le moine de Cîteaux! le moine!... l'infâme tonsuré!... le voilà dans sa robe blanche comme un spectre qui m'annonce la mort!

LE BOURREAU, *tenant à la main son fer rougi à blanc, dit à la victime :* — Vite!... ma jolie fille, ouvre les yeux tout grands.

Florette, clôt, au contraire ses paupières avec force; elle devient d'une lividité cadavéreuse; ses lèvres bleuâtres sont convulsivement serrées, dans l'attente du supplice.

LE BOURREAU, *frappe du pied.* — Ouvre donc vite les yeux! mon fer va se refroidir. (*La jeune fille n'obéit pas.* Va t'en au diable! petite sotte. (*Le bourreau darde son fer brûlant et aigu dans l'œil droit de la victime.*) Au diable l'obstinée hérétique!... L'œil droit est brûlé!...

FLORETTE, *poussant un cri affreux défaille et murmure :* — Mylio... à mon secours!

La pauvre créature s'évanouit complètement; elle ne pousse qu'un gémissement plaintif lorsque le bourreau lui crève l'œil gauche.

L'ABBÉ REYNIER, *à part, sur le balcon.* — Quel dommage !... de si beaux yeux !... Pourquoi m'a-t-elle préféré ce misérable Mylio !

MONTFORT, *s'adressant au vieillard à qui on n'a crevé qu'un œil.* — Emmène ces pécheurs ; on va délier leurs bras... Qu'ils consacrent au repentir la vie que je leur laisse !

ALIX DE MONTMORENCY, *tristement à son mari.* — Hélas ! ces exécutions commandées par l'endurcissement de ces malheureux, sont horribles, mais elles sont commandées par l'Eglise...

LE PRÉVÔT, *s'avançant au pied du balcon, et s'adressant à Montfort :* — Monseigneur, faut-il allumer actuellement le bûcher ?

MONTFORT. — Faites vite, que le bûcher soit promptement allumé pour brûler les hérétiques !

L'ABBÉ REYNIER, *d'une voix retentissante.* — Amenez les hérétiques ! cet enfer terrestre sera pour eux le vestibule de l'enfer éternel !

La porte voûtée s'ouvre : il en sort poussée le fer dans les reins par les soldats qui s'avancent derrière elle, une foule d'hommes, de femmes, d'enfants de tout âge, les mains liées derrière le dos. Les hommes d'armes formant un cordon le long des remparts de l'esplanade, abaissent leurs lances la pointe en avant, marchent en convergeant vers le fossé rempli de feu et y refoulent le troupeau humain.

Parmi les dernières victimes qui sortent de dessous la voûte, se trouvent : Karvel le Parfait et Morise, la dame de Lavaur et son fils ; le hasard les a rassemblés tous quatre ; dame Giraude, vêtue de noir, a les mains liées derrière le dos, ainsi qu'Aloys, assez gravement blessé à l'épaule ; car, durant le siège, il a voulu, malgré son jeune âge, combattre aux côtés de son oncle. Giraude ne quitte pas son enfant du regard, elle le couve des yeux. On lit sur les traits angéliques de cette mère au désespoir, qu'insoucieuse de son sort, elle songe avec terreur au supplice atroce qui attend Aloys. Celui-ci devine la préoccupation de sa mère et essaye de lui sourire ; Karvel sa femme, le front serein, s'avancent d'un pas ferme. Cependant, à l'aspect du tableau qui s'offre à lui dès son entrée dans l'esplanade, le Parfait s'arrête et tressaille d'horreur ; à gauche s'élèvent quatre-vingts potences qui ont été dressées et qui attendent de nouvelles victimes ; à droite sont étendus autour de l'échafaud les corps de ceux qui, morts ou agonisants, n'ont pu résister à la torture de *l'aveuglement.* Enfin, au delà de ces potences et de ces cadavres, des lueurs ardentes s'échappent du fossé, immense brasier avivé par la lente combustion de la chair et des entrailles des hérétiques.

Au milieu de cet entassement de débris humains, on voit encore quelques survivants dont les vêtements ont d'abord pris feu, ce sont des bras, des jambes qui s'agitent, des bustes qui se dressent et se tordent convulsivement, des têtes dont la chevelure flambe, dont les traits se crispent... Oh ! fils de Joel... non, aucune langue humaine ne pourrait vous peindre les regards de ces agonisants ! Tel est le spectacle qui s'offre à la vue de Karvel et de sa femme au moment où ils s'approchent du brasier. Le Parfait s'arrête, se tourne vers le balcon où trônent Montfort, sa femme, les prélats mitrés, les nobles hommes, ducs, comtes et chevaliers ; puis, le visage rayonnant d'une inspiration, prophétique, il s'écrie :

— O prêtres catholiques ! je vous le dis en vérité : la foi évangélique s'est retirée de vous, elle est désormais avec ceux que vous nommez les hérétiques ; elle y restera impérissable comme la vérité ! A vous autres, il reste la force... la force.. éphémère comme ce bûcher qui, ce soir, ne sera plus que cendres !

L'ABBÉ REYNIER, *se levant furieux.* — Qu'on arrache la langue de cet hérétique !

Les bourreaux s'emparent de Karvel ; le roi des ribauds saisit dans son fourneau de petites tenailles de fer, à manche de bois, rougies au feu, et, tandis que ses aides contiennent le *Parfait,* il lui arrache et la langue et quelques lambeaux des lèvres ; Morise ferme les yeux et s'élance dans la fournaise ardente, où a été précipité son mari. Il ne reste, des hérétiques condamnés au bûcher, que la dame de Lavaur et son fils. Au moment où les bourreaux les entraînaient vers le fossé, Giraude se jette à genoux devant le balcon où elle vient d'apercevoir Alix de Montmorency, et, les mains jointes, s'écrie d'une voix palpitante de terreur :

— Madame ! je ne vous demande pas la vie, mais j'ai peur pour mon fils du supplice du feu... Oh ! madame, par pitié obtenez de votre époux qu'on nous égorge, *reste muette et serre son chapelet entre ses mains tremblantes.*)

LA DAME DE LAVAUR, *d'une voix déchirante.* — Je vous en conjure ! écoutez une dernière prière ; dites qu'on me brûle, mais qu'on tue mon fils d'un coup d'épée. Vous restez muette ! mon Dieu !... Vous n'avez donc pas d'enfant, que vous vous montrez si impitoyable ?

Aloys s'agenouille à côté de dame Giraude ; les mains attachées derrière le dos, ses mouvements sont gênés ; mais fondant en larmes, il approche son visage des lèvres de sa mère qui le couvre de pleurs et de baisers. Alix de Montmorency, dont les yeux deviennent humides, regarde timidement Montfort, et lui dit à voix basse : — Monseigneur, cette hérétique me fait pitié... Ne pourrait-on pas lui accorder ce qu'elle demande ?

L'ABBÉ REYNIER, *vivement.* — Madame, cette femme est, en sa qualité de dame châtelaine de Lavaur, encore plus condamnable qu'une autre, il faut qu'elle et son fils soient brûlés vifs.....

MONTFORT, *avec impatience*. — Eh! mon père, pourvu que cette hérétique meure par la corde, par le fer ou par le feu, peu importe! l'exemple sera fait. La dame de Lavaur est, après tout, de noble race... l'on doit accorder quelque chose à la noblesse! (*Jetant çà et là autour de lui son regard morne, le comte avec une expression de dégoût et de lassitude :*) Pourtant, voir égorger là... devant moi... cette femme et son enfant... Que Dieu me pardonne une coupable faiblesse, mais le cœur me manque! (*Il remarque la citerne et appelle le prévôt.*) Allons... finissons-en! qu'on jette dans ce puits la mère et le fils, et quelques grosses pierres par-dessus eux!

LA DAME DE LAVAUR, *avec reconnaissance*. — Oh! merci! merci! (*A son fils.*) Viens, mon enfant, nous serons noyés tous deux...

En descellant quelques-unes des pierres de la margelle du puits, qui doivent servir à écraser Giraude et Aloys, lorsqu'ils auront été jetés à l'eau, les aides du bourreau aperçoivent Florette étendue sans mouvement, mais respirant encore. Deux de ces hommes, saisis de pitié, transportent la pauvre enfant à quelques pas de là, pendant que la dame de Lavaur et son fils sont amenés devant l'ouverture de la citerne...

GIRAUDE, *au bourreau*. — Nous allons mourir... Nous ne pouvons, mon fils et moi, faire aucune résistance; par grâce, délivrez-nous de nos liens... nous pourrons au moins une dernière fois nous embrasser!

La dame de Lavaur et Aloys sont délivrés de leurs liens, et tandis que, enlacés dans les bras l'un de l'autre, ils s'étreignent en sanglotant et échangent un dernier adieu, le roi des ribauds fait un signe à ses hommes, et ceux-ci poussent brusquement dans le puits la mère et le fils... On entend le bruit de deux corps tombant dans l'eau... bientôt après celui des grosses pierres lancées sur Giraude et Aloys... Les cris de leur agonie s'élèvent des profondeurs de la citerne, et au bout d'un instant l'on n'entend plus rien...

Voyant le soleil à son déclin, Montfort, peut-être las de ces tueries, et voulant hâter leur fin, ordonne au prévôt de l'armée d'amener sur l'esplanade les hérétiques condamnés à la pendaison. A leur tête, et se soutenant à peine, car il a reçu plusieurs blessures durant le siège, s'avance Aimery, frère de la dame de Lavaur; près de lui sont Mylio le Trouvère et Peau-d'Oie le jongleur; viennent ensuite les consuls et les hommes notables de la ville; des soldats, l'épée nue, conduisent les prisonniers au pied des instruments de supplice.

L'ABBÉ REYNIER, *se levant*. — Gens de Lavaur, voulez-vous abjurer votre hérésie?

AIMERY, *l'interrompant*. — Entre ton Eglise et la potence, nous choisissons la potence...

L'ABBÉ REYNIER, *d'une voix tonnante*. — A mort les hérétiques! Qu'ils soient tous pendus!

MYLIO, *jetant autour de lui un regard navré*. — Pauvre Florette! elle aura succombé à la torture!... Ma dernière pensée sera pour mon frère et pour toi, douce enfant! J'ai suspendu à mon cou ton petit fuseau... il est sur mon cœur... Bientôt nous nous retrouverons dans ces mondes où nous allons revivre... (*S'adressant à Peau-d'Oie qui paraît très pensif.*) Mon vieil ami, pardonne-moi ta mort; c'est ton dévouement pour moi qui t'a conduit ici...

PEAU-D'OIE, *gravement*. — Je me demandais s'il y a du vin et des jambons dans ces autres mondes étoilés dont nous parlait ton frère, et où, selon lui, nous allons renaître en esprit, en chair et en os? Corbœuf! si nous ressuscitons aussi en bedaine... la mienne me gênera furieusement lors de mon ascension vers l'empyrée!

Les bourreaux, au moyen d'une échelle appliquée à la potence, ont hissé Aimery jusqu'à la corde, terminée par un nœud coulant. Les aides du bourreau enlèvent brusquement l'échelle, le supplicié demeure pendu, ses membres s'agitent convulsivement pendant quelques instants; puis ils se raidissent et demeurent immobiles...

LE BOURREAU, *s'approchant de Peau-d'Oie*. — A ton tour, mon gros compère... allons, pas de façons, vite en place...

PEAU-D'OIE, *se grattant l'oreille*. — Hum! hum! la corde de ta potence me paraît bien mince et ton échelle bien frêle... Je suis fort pesant... je crains, par mon poids, de démolir ta machine. Tu devrais surseoir à ma pendaison...

LE BOURREAU. — Rassure-toi, je te pendrai haut et court, bel et bien; dépêchons, voici la nuit.

PEAU-DOIE, *que l'on entraîne vers la potence*. — Adieu, Mylio! j'ai bu ici-bas mon dernier broc de vin! nous trinquerons dans les étoiles? (*Se tournant vers le balcon où se trouve l'abbé Reynier.*) Va au diable qui t'attend sa grande poêle à la main, abbé de luxure! évêque d'hypocrisie, cardinal de scélératesse!

Le bourreau, monté jusqu'au milieu de l'échelle appuyée à la potence, tire violemment à lui le condamné par le collet de sa tunique pour le forcer de gravir les premiers échelons; mais, ne se prêtant nullement à la chose, et abusant de sa pesanteur inerte, Peau-d'Oie reste immobile. Alors les aides du bourreau, le soulevant à grands renforts de bras et d'épaules, parviennent à le hisser, malgré lui, jusqu'au milieu de l'échelle; mais le poids énorme du jongleur, et les brusques secousses que sa résistance a imprimées à la potence, hâtivement et peu solidement plantée, l'ébranlent, elle fléchit, vacille; et tombant avec l'échelle, Peau-d'Oie et les bourreaux, dans sa chute, elle atteint la troisième potence; celle-ci cédant à ce choc, est renversée sur la quatrième, et ainsi de proche en proche; le plus grand nombre de ces instruments de supplice, mal assurés dans le sol durant la nuit, sont abattus sur l'esplanade.

MONTFORT, *avec impatience.* — Puisque les potences nous font défaut, exterminez ces hérétiques par le glaive !

Le comte quitte bientôt le balcon, emmenant Alix de Montmorency, qui se soutient à peine. Les hommes d'armes qui ont amené les quatre-vingts hérétiques garrottés les massacrent à coups de lances et d'épées, et lorsque les soldats du Christ ont entassé cadavres sur cadavres, l'abbé Reynier se retire, accompagné du clergé.

. . . .

La lune, brillant d'un éclat radieux au milieu du ciel étoilé, inonde de ses clartés l'esplanade du château de Lavaur; à quelques pas de là, gisent les corps des malheureux qui n'ont pu survivre au supplice de *l'aveuglement.* Parmi ces corps est celui de Florette, toujours évanouie, mais dont le sein se soulève péniblement; sa tête, appuyée sur une pierre, est éclairée par la lune. Non loin de là sont amoncelés les cadavres de ceux qui ont échappé à la corde pour tomber sous le fer des soldats de la foi. Aucun bruit ne trouble le silence de la nuit; l'un des corps gisants sur le sol se soulève peu à peu sur son séant : C'est Mylio le trouvère.

MYLIO *écoute, regarde avec précaution autour de lui, et appelant à demi-voix :* — Peau-d'Oie !..... il n'est resté aucun soldat ici..... ne crains rien..., il n'y a pas de danger.... Ah ! le malheureux ! il sera mort étouffé sous le poids des cadavres ! Jamais je n'oublierai que son dévouement pour moi a causé sa mort... Le voici à demi-caché par ces deux cadavres, la face sur le sol et ses bras repliés sous lui. (*Mylio se baisse pour prendre une des mains du jongleur.*)

PEAU-D'OIE, *relevant la tête.* — Corbœuf ! moi vivant, j'ai entendu mon oraison funèbre !...

MYLIO. — Joie du ciel !... tu n'es pas mort ?... Tu m'entendais, et tu restais muet ?...

PEAU-D'OIE. — Par prudence d'abord... Et puis j'étais curieux de savoir ce que tu dirais du vieux Peau-d'Oie. Aussi je suis tout glorieux d'apprendre que tu m'aimais encore... Maintenant, dis-moi quels sont tes projets ?

MYLIO. — Cette nuit, je quitte Lavaur, après être allé chercher un coffret précieux pour moi, qui a été déposé par mon pauvre frère en un lieu sûr chez Julien le libraire. Quant à toi, mon brave compagnon... (*Mylio s'interrompt; il a heurté du pied les tenailles de fer qui ont servi à martyriser Karvel le Parfait.*) Qu'est-ce que cela ? Un instrument de torture laissé là par le bourreau... (*Il ramasse les tenailles et les contemple en silence.*) O fils de Joel ! je payerai mon tribut aux légendes et aux reliques de notre famille ! (*Il place les tenailles à sa ceinture.*)

Le trouvère et le jongleur se trouvent en ce moment non loin de la citerne dont les abords sont vivement éclairés par la lune. Soudain Mylio s'arrête... regarde, jette un cri, s'élance, et, d'un bond se précipite auprès de Florette, qu'il a reconnue. Il saisit une de ses mains : elle est tiède; son cœur bat encore... Le trouvère emporte la pauvre petite aveugle dans ses bras; et, courant avec son précieux fardeau vers la sortie de l'esplanade, il crie au jongleur, d'une voix entrecoupée de sanglots : Elle vit encore !

PEAU-D'OIE, *joyeusement.* — Elle vit !... Ah ! corbœuf ! si nous échappons aux griffes des croisés, j'égayerai encore la douce enfant en lui chantant ma chanson favorite : *Robin m'aime...*

Mylio s'est arrêté à la porte de l'esplanade pour attendre Peau-d'Oie, qui arrive haletant au moment où Florette, que le trouvère tient entre ses bras, murmure d'une voix faible :

— Mylio... Mylio... cher et bien-aimé Mylio...

. . . .

Moi, Mylio le trouvère, j'ai écrit ce JEU-PARTIE, ici, à PARIS, environ trois années après les massacres de Lavaur; voici, en peu de mots, fils de Joel, comment je suis arrivé avec Florette et Peau-d'Oie dans la capitale de la Gaule : après avoir quitté l'esplanade, emportant ma femme entre mes bras, je la cachai dans les ruines d'une maison voisine, incendiée la veille par les soldats de la foi. Grâce à mes soins, Florette reprit ses sens, mais, hélas ! jamais elle ne devait revoir la lumière ! Confiant ma femme à Peau-d'Oie, je me rendis chez un ami de mon frère; cet ami, nommé Julien le libraire, avait reçu de Karvel, en dépôt, le coffret renfermant nos reliques de famille. Julien échappé, par hasard, aux massacres de Lavaur, m'accorda un refuge pour Florette, Peau-d'Oie et moi. En sûreté dans cette maison hospitalière, nous y attendîmes le départ de l'armée de Montfort. Résolu de consacrer ma vie à Florette, je renonçai à continuer la guerre, nous quittâmes le Languedoc, bientôt soumis à Montfort par la terreur. Julien le libraire, correspondait souvent pour les achats de son commerce, avec un des plus célèbres libraires de Paris, nommé JEAN BELOT; connaissant la beauté de mon écriture, Julien me proposa de me recommander à son confrère qui pourrait m'employer à la copie des livres anciens ou modernes. J'acceptai cette offre. Quand Florette fut en état d'entreprendre ce long voyage, nous partîmes avec Peau-d'Oie, et lorsque ma femme, neuf mois après avoir quitté le Languedoc, m'eut donné un fils que j'appelai KARVELAÏK, en mémoire de mon bon frère, le vieux jongleur ne quitta plus la maison et voulut servir de berceuse à notre enfant. Florette, devenue mère, ressentit plus cruellement encore le chagrin d'être aveugle; jamais, hélas ! elle ne pourrait contempler les traits chéris de son fils. Malgré ma tendresse et mes soins empressés, elle tomba dans une mélancolie profonde; sa santé s'altéra, elle dépérit peu à peu, et environ deux ans après notre départ du midi de la Gaule, Florette s'éteignit dans mes bras, en embrassant notre enfant. Longtemps inconsolable de cette perte, je trouvai quelque adoucissement à mes peines, dans ma tendresse pour mon fils et mon amitié pour Peau-d'Oie.

Plus tard, enfin, je cherchai quelques distractions à mon chagrin, en écrivant, sous forme de JEU-PARTIE la légende précédente que j'ai jointe aux chroniques de notre famille, rapportées, par moi, du Languedoc, ainsi que les TENAILLES DE FER ramassées sur l'esplanade du château de Lavaur et qui avaient servi au *martyre* de mon frère Karvel le Parfait.

Mon fils KARVELAÏK transmettra ce récit, ainsi que nos chroniques, à sa descendance, si la race de Joel ne doit pas s'éteindre.

. . . .

Oh! Fergan, notre aïeul! tes paroles étaient prophétiques : —« Pas de défaillance! ne désespérons jamais, l'avenir appartient à la liberté. » —Aujourd'hui, dixième jour du mois de juillet 1218, moi, Mylio, j'apprends par un voyageur arrivé du midi de la Gaule, qu'après avoir poursuivi en Languedoc pendant huit ans la guerre d'extermination contre les hérétiques, Simon, comte de Montfort, avait été tué devant Toulouse. Les habitants de cette ville, assiégés, se sont défendus en héros sous les ordres des consuls, leurs magistrats populaires. A l'annonce de la mort de Montfort, le Languedoc, l'Agenois, le Querci, le Rouergue se sont soulevés en masse; les croisés sont chassés du Midi, ainsi que les prêtres catholiques; partout l'hérésie triomphante a brisé encore une fois le joug des papes de Rome!

Ce jourd'hui, 14 juillet 1223, j'inscris ici la date de la mort du roi des Français : PHILIPPE-AUGUSTE; son fils LOUIS VIII lui succède; hélas! de nouvelles et cruelles épreuves menacent le Languedoc; le pape Honoré III, qui succède à Innocent III, est non moins que ce dernier fanatique et impitoyable; il prêche une nouvelle croisade contre le Languedoc.

. . . .

Il y a quelques mois, Peau-d'Oie est mort en chantant sa chanson favorite : *Robin m'aime, Robin m'a, etc.* Sa perte laisse un grand vide autour de nous; car mon fils Karvelaïk regrette autant que moi notre vieil ami, qui l'avait vu naître et bercé tout enfant.

En cette même année, *Louis VIII*, fils de *Philippe-Auguste*, est mort empoisonné, dit-on, par l'amant de sa femme; cette reine s'appelle BLANCHE, comme cette autre reine, empoisonneuse et adultère, femme de Ludwig le Fainéant, le dernier des rois karolingiens. Le complice du meurtre de Louis VII est grand ami du légat du pape et se nomme THIBAUT, *comte de Champagne*. La reine, Blanche de Castille, demeure régente du royaume, son fils Louis IX étant encore enfant; le Languedoc résiste à la croisade prêchée par le pape Honoré III, et malgré des massacres sans nombre et la terreur inspirée par l'INQUISITION établie par le pape dans ce malheureux pays, les hérétiques restent inébranlables dans leur foi. Mon fils *Karvelaïk* a seize ans, je l'élève dans mon métier d'écrivain, afin qu'il puisse, ainsi que moi, gagner sa vie par son travail, chez maître Jean Belot, le libraire, dont l'affection pour nous va toujours croissant.

Au cours de l'année 1229, le Languedoc, vaincu après vingt années de luttes héroïques, succombe sous le fer impitoyable des soldats de la foi, et sous les coups de l'INQUISITION. Une partie des riches provinces du midi de la Gaule, dont les communes et les franchises municipales ont été détruites, sont réunies à la couronne du roi des Français; la haute Provence et Avignon sont abandonnés aux papes de Rome, qui ont ainsi leur part dans cette sanglante curée. — Adieu, noble terre du Languedoc! dernier refuge de l'indépendance gauloise, comme l'était autrefois l'Armorique... Adieu! Ta liberté, pour un temps, s'est éclipsée sous la fumée des bûchers de l'Inquisition; mais un jour viendra, et tu le verras peut-être, mon fils Karvelaïk, un jour viendra où l'hérétique liberté reparaîtra plus radieuse que jamais, dans ce pays écrasé aujourd'hui sous le joug catholique et sous le sceptre de la royauté..

. . . .

Mon bien-aimé père *Mylio le Trouvère* est mort cette année 1246, le dernier jour de novembre. Il a béni mon nouveau-né *Julyan*. J'exerce toujours mon métier d'écrivain de livres dans la boutique du fils de Jean Belot, le libraire; ma vie s'écoule aussi paisible que possible en ces temps de troubles et de guerres continuelles. Le pape de Rome et le clergé poussent les peuples à une nouvelle croisade en Terre sainte, et le roi *Louis IX*, devenu majeur, se prépare à partir pour la Palestine, retombée au pouvoir des Turcs.

. . . .

Moi, KARVELAÏK LE BRENN, fils de Mylio le Trouvère, je te lègue, à toi, mon fils Julyan, cette chronique laissée par mon père, chronique à laquelle j'ajoute aujourd'hui quelques lignes : J'ai atteint, en cette année 1270, ma cinquante-huitième année, sans être, pour ainsi dire, jamais sorti de la boutique que le fils de Jean Belot m'a cédée. Le roi Louis IX est mort cette année de la peste à Tunis, ensuite de sa vaine croisade contre la Palestine. Ce prince dévotieux, dernièrement canonisé par l'Eglise sous le nom de saint Louis, était d'un caractère bénin, malgré sa dévotion outrée. Peu batailleur, il a dû céder aux Anglais le Périgord, le Limousin, l'Agenois, et une grande partie du Querci et de la Saintonge ; de sorte que les Anglais, ces descendants des pirates normands du vieux Rolf, sont toujours maîtres d'une grande partie de la Gaule, ravagent incessamment les provinces qu'ils ne possèdent pas, et mettent le comble aux misères des serfs des campagnes, plus que jamais pressurés, torturés par les seigneurs féodaux. En ces temps de troubles, les communications sont si difficiles, que je ne sais rien de la Bretagne et du Languedoc. Je te lègue à toi, mon fils Julyan, nos reliques de famille et la légende écrite par mon père, Mylio le Trouvère.

Moi, JULYAN LE BRENN, petit-fils de Mylio le Trouvère, et fils de Karvelaïk, j'inscris ici la date de la mort de mon père : je l'ai perdu le 28 du mois de juin 1271. J'exerce, comme lui, le métier d'écrivain libraire dans notre boutique de la porte Saint-Denis. Marguerite, ma femme, ne m'a pas encore donné d'enfant.

A Philippe le Hardi, fils de *saint Louis*, a succédé Philippe IV, dit le Bel. Jamais l'on n'a vu roi de France plus âpre à la curée des impôts. Le plus grand nombre des bourgeois murmurent, plusieurs menacent de se révolter. Les seigneurs, afin de pouvoir briller à la cour et dans les tournois, écrasent leurs serfs de travail et de taxes ; les denrées augmentent et deviennent d'un prix fabuleux ; la guerre des Anglais, dont les conquêtes vont toujours croissant en Gaule, met le comble à tous ces maux. C'est à peine si je puis vendre un livre de temps à autre. Enfin, Dieu nous prendra peut-être en pitié. Je n'aurai rien à ajouter à notre légende : peut-être n'aurai-je pas même à la léguer à notre descendance ; car je n'ai pas d'enfant, et la race de Joel s'éteindra sans doute en moi.

Dieu soit loué ! un fils m'est né cette année, 1300. Il sera la consolation de ma vieillesse ; car j'ai cinquante-deux ans. J'ai nommé cet enfant MAZUREC LE BRENN. Hélas ! quel sera son avenir ! Je tremble pour lui ; car les désastres de la Gaule vont empirant sous le règne de PHILIPPE LE BEL, roi des Français.

FIN DU TOME PREMIER

Paris. — Imp. Wattier et Cie, 4, rue des Déchargeurs.

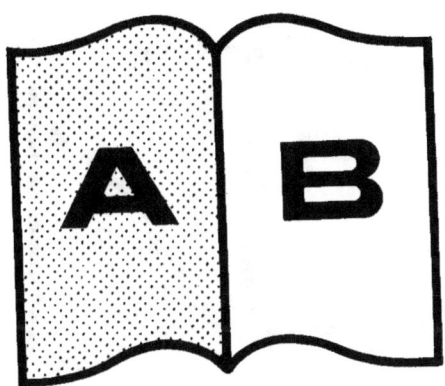

Contraste insuffisant
NF Z 43-120-14

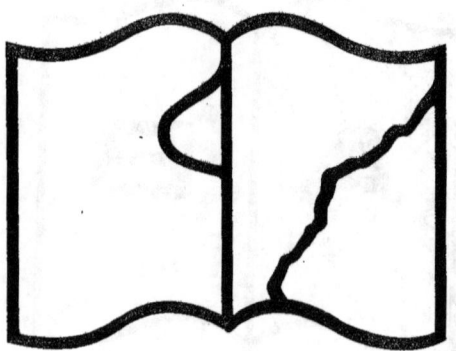

Texte détérioré — reliure défectueuse
NF Z 43-120-11

Reliure serrée

www.ingramcontent.com/pod-product-compliance
Lightning Source LLC
Chambersburg PA
CBHW061724300426
44115CB00009B/1099